에듀윌과 함께 시작하면,
당신도 합격할 수 있습니다!

대학 진학 후 진로를 고민하다 1년 만에
서울시 행정직 9급, 7급에 모두 합격한 대학생

직장생활과 병행하며 7개월간 공부해
국가공무원 세무직에 당당히 합격한 51세 직장인까지

누구나 합격할 수 있습니다.
시작하겠다는 '다짐' 하나면 충분합니다.

마지막 페이지를 덮으면,

**에듀윌과 함께
공무원 합격이 시작됩니다.**

공무원 1위

70개월 베스트셀러 1위
에듀윌 공무원 교재

기초부터 확실하게 기본 이론

기본서
국어 독해

기본서
국어 문법

기본서
영어 독해

기본서
영어 문법

기본서
한국사

기본서
행정법총론

기본서
행정학

다양한 출제 유형 대비 문제집

단원별 기출&예상 문제집
국어

단원별 기출&예상 문제집
한국사

단원별 기출&예상 문제집
행정학

단원별 기출&예상 문제집
행정법총론

* YES24 수험서 자격증 공무원 베스트셀러 1위 (2017년 3월, 2018년 4월~6월, 8월, 2019년 4월, 6월~12월, 2020년 1월~12월, 2021년 1월~12월, 2022년 1월~12월, 2023년 1월~12월, 2024년 1월~7월, 9월~10월 월별 베스트, 매월 1위 교재는 다름)
* YES24 국내도서 해당분야 월별, 주별 베스트 기준

에듀윌 공무원

출제경향 파악 기출문제집

9급공무원 기출문제집
영어

9급공무원 기출문제집
한국사

9급공무원 기출문제집
행정학

9급공무원 기출문제집
행정법총론

7급공무원 시험 대비 PSAT 교재

민간경력자
PSAT 기출문제집

7급공무원
PSAT 기출문제집

영어 집중 영단어 교재

영어 빈출 VOCA

실전 대비 모의고사

기출 품은 모의고사
국어

더 많은
공무원 교재

* 교재 이미지는 변경될 수 있습니다.

공무원 1위

1초 합격예측
모바일 성적분석표

1초 안에 '클릭' 한 번으로 성적을 확인하실 수 있습니다!

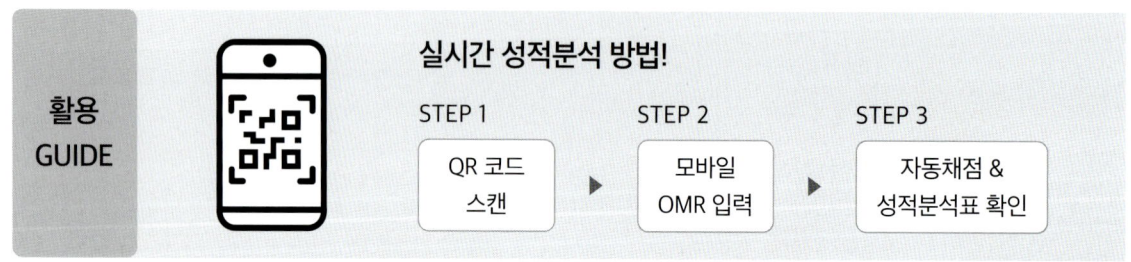

활용 GUIDE

실시간 성적분석 방법!

- STEP 1: QR 코드 스캔
- STEP 2: 모바일 OMR 입력
- STEP 3: 자동채점 & 성적분석표 확인

STEP 1

QR 코드 스캔

- 교재의 QR 코드를 모바일로 스캔 후 에듀윌 회원 로그인
- QR 코드 하단의 바로가기 주소로도 접속 가능

STEP 2

모바일 OMR 입력

- 회차 확인 후 '응시하기' 클릭
- 모바일 OMR에 답안 입력
- 문제풀이 시간까지 측정 가능

STEP 3
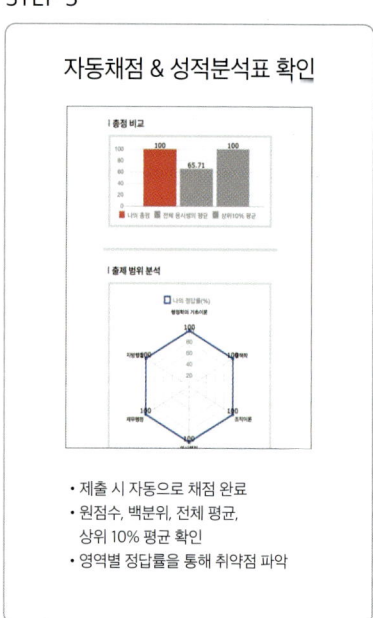

자동채점 & 성적분석표 확인

- 제출 시 자동으로 채점 완료
- 원점수, 백분위, 전체 평균, 상위 10% 평균 확인
- 영역별 정답률을 통해 취약점 파악

※ 본 서비스는 에듀윌 공무원 교재(연도별, 회차별 문항이 수록된 교재)를 구입하는 분에게 제공됨.

공무원, 에듀윌을 선택해야 하는 이유

합격자 수 수직 상승
2,100%

명품 강의 만족도
99%

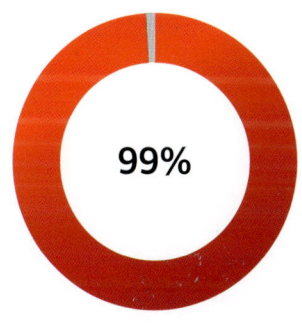

공무원

베스트셀러 1위
70개월(5년 10개월)

5년 연속 공무원 교육
1위

* 2017/2022 에듀윌 공무원 과정 최종 환급자 수 기준 * 9급공무원 대표 교수진 2023년 7월 ~ 2024년 4월 강의 만족도 평균(배영표, 헤더진, 한유진, 이광호, 김용철)
* YES24 수험서 자격증 공무원 베스트셀러 1위 (2017년 3월, 2018년 4월~6월, 8월, 2019년 4월, 6월~12월, 2020년 1월~12월, 2021년 1월~12월, 2022년 1월~12월, 2023년 1월~12월, 2024년 1월~7월, 9월~10월 월별 베스트, 매월 1위 교재는 다름)
* 2023, 2022, 2021 대한민국 브랜드만족도 7·9급공무원 교육 1위 (한경비즈니스) / 2020, 2019 한국브랜드만족지수 7·9급공무원 교육 1위 (주간동아, G밸리뉴스)

1위 에듀윌만의
체계적인 합격 커리큘럼

원하는 시간과 장소에서, 1:1 관리까지 한번에
온라인 강의

① 독한 교수진의 1:1 학습관리
② 과목별 테마특강, 기출문제 해설강의 무료 제공
③ 초보 수험생 필수 기초강의와 합격필독서 무료 제공

쉽고 빠른 합격의 첫걸음 **합격필독서 무료** 신청

최고의 학습 환경과 빈틈 없는 학습 관리
직영 학원

① 현장 강의와 온라인 강의를 한번에
② 확실한 합격관리 시스템, 아케르
③ 완벽 몰입이 가능한 프리미엄 학습 공간

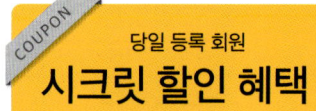

합격전략 설명회 신청 시 **당일 등록 수강 할인권** 제공

친구 추천 이벤트

"**친구 추천**하고 한 달 만에
920만원 받았어요"

친구 1명 추천할 때마다 현금 10만원 제공
추천 참여 횟수 무제한 반복 가능

※ *a*o*h**** 회원의 2021년 2월 실제 리워드 금액 기준
※ 해당 이벤트는 예고 없이 변경되거나 종료될 수 있습니다.

친구 추천 이벤트
바로가기

* 2023 대한민국 브랜드만족도 7·9급공무원 교육 1위 (한경비즈니스)

회독플래너

실패율 Zero! 따라만 해도 5회독 가능!

권 구분	PART	CHAPTER	1회독	2회독	3회독	4회독	5회독
上권	행정법 서론	행정	1	0.5	0.5	0.2	0.3
		행정법의 의의	5	4	4	1.8	
	행정법 통칙	행정법 관계	2	1.5	1.5	1	0.1
		행정상 법률요건과 법률사실	2	1.5	1.5	1	0.2
		행정입법	3	2	2	1	0.3
		행정행위	13	12	12	6	1
		그 밖의 행정의 주요행위형식	3	2	2	1	0.2
		「행정기본법」과 「행정절차법」	3	3	3	1.5	0.2
		행정정보공개와 개인정보보호	2	2	2	1	0.2
下권	행정상 의무이행 확보수단	행정상 의무이행 확보수단 개괄	0.5	0.5	0.5	0.2	0.3
		행정강제	3.5	3	3	1.5	
		행정상 즉시강제 및 행정조사	2	1.5	1.5	1	0.2
		행정벌	3	2.5	2.5	1	0.2
		새로운 실효성 확보수단	1	1	1	0.8	0.1
	행정구제	행정구제 개괄	0.5	0.5	0.5	0.3	0.3
		손해전보 개관	0.5	0.5	0.5	0.2	
		손해배상	5	4	4	2	
		손실보상	5	4	4	1.5	0.2
		행정쟁송	5	4	4	2	0.2
		행정소송	10	10	10	5	1
			70일 완성	**60일 완성**	**60일 완성**	**30일 완성**	**5일 완성**

승자는 시간을 관리하며 살고, 패자는 시간에 쫓기며 산다.
– J. 하비스 –

회독플래너

직접 체크하는

본문의 회독체크표를 한눈에!

권 구분	PART	CHAPTER	1회독	2회독	3회독	4회독	5회독
上권	행정법 서론	행정					
		행정법의 의의					
	행정법 통칙	행정법 관계					
		행정상 법률요건과 법률사실					
		행정입법					
		행정행위					
		그 밖의 행정의 주요행위형식					
		「행정기본법」과 「행정절차법」					
		행정정보공개와 개인정보보호					
下권	행정상 의무이행 확보수단	행정상 의무이행 확보수단 개괄					
		행정강제					
		행정상 즉시강제 및 행정조사					
		행정벌					
		새로운 실효성 확보수단					
	행정구제	행정구제 개괄					
		손해전보 개관					
		손해배상					
		손실보상					
		행정쟁송					
		행정소송					

승자는 시간을 관리하며 살고, 패자는 시간에 쫓기며 산다.
- J. 하비스 -

__일 완성　__일 완성　__일 완성　__일 완성　__일 완성

에듀윌이
너를
지지할게
ENERGY

세상을 움직이려면
먼저 나 자신을 움직여야 한다.

– 소크라테스(Socrates)

설문조사에 참여하고 스타벅스 아메리카노를 받아가세요!

에듀윌 7·9급공무원 기본서 행정법총론을 선택한 이유는 무엇인가요?
소중한 의견을 주신 여러분들에게 더욱더 완성도 있는 교재로 보답하겠습니다.

- **참여 방법** QR코드 스캔 ▶ 설문조사 참여(1분만 투자하세요!)
- **이벤트 기간** 2025년 6월 16일~2026년 5월 31일
- **추첨 방법** 매월 1명 추첨 후 당첨자 개별 연락
- **경품** 스타벅스 아메리카노(tall size)

2026
에듀윌 7·9급공무원 기본서

행정법총론 上권

INTRO 머리말

행정법을 전략과목으로 만드는 기본서다운 기본서

**본 교재와 함께 행정법을 여러분의 전략과목으로 만들기 바랍니다.
본 교재가 행정법을 여러분의 전략과목으로 만드는 데 많은 도움을 주리라 확신합니다.**

"행정법은 어렵다" 행정법을 처음 접하는 수험생들 대부분의 말입니다. "행정법은 고득점 과목이다" 행정법에 어느 정도 내공이 갖춰진 수험생들의 공통된 말들입니다.
모순되는 말처럼 들리지만, 사실은 맞는 말입니다. 시작하는 시점에서는 다른 과목에 비해 크게 어려움을 느끼지만 회독 횟수를 늘려갈수록 input에 비해 output이 커서 가파르게 성적이 오를 수 있습니다. 그래서 행정법은 전략과목입니다.

흔히 법학을 용어학, 논리학이라고들 말합니다. 논리적 토대로 형성된 규범을 거창한 문장으로 서술하는 것은 간결하고 명확하여야 할 법학의 기본적인 의무에 반하기 때문에, 규범을 집행하여야 할 행정기관과 이를 따라야 할 국민에게 어려움을 주게 됩니다. 그리하여 논리를 통해 만들어진 법리를 간결한 용어를 통해 응축시키고 법학을 구성합니다. 이러한 용어들은 친숙한 것들이 아니며, 그 안에 압축된 논리를 모두 찾아내고 이를 해석하는 것도 쉽지 않습니다. 하지만 반복된 회독으로 용어에 익숙해지고 담겨진 논리를 마음으로 받아들이면 행정법은 이미 반(半)은 마치게 됩니다.

수험의 일선에서 다년간 수험생들의 어려움과 합격의 행복을 같이 했던 본 편저자는 행정법의 초학자들의 어려움이 어떤 과정을 통해 고득점으로 이어지는지 눈으로 지켜보았고, 이에 관한 축적된 노하우를 토대로 십수년을 지도해 왔습니다. 그리고 교재를 통해 부족함이 없는 학습을 할 수 있도록 하려면 어떻게 서술해야 할지, 어떻게 불필요한 내용을 줄일 수 있을지를 알게 되었습니다.

이에 본 편저자는 그를 기반으로 하여 행정법을 처음 접하는 수험생들과 공부가 어느 정도 되어 있는 수험생들을 모두 충족시키기 위해 본 교재를 집필하였습니다.

1. 풍부한 핵심 기출문제
행정법에 입문하는 수험생들은 단원 하나를 마치게 되면, 해당 단원이 어떤 식으로 출제되는지, 최근의 경향은 어떠한지, 어떻게 활용되는지에 대해 궁금해합니다. 이를 해소하기 위해 해당 단원마다 핵심이 될 수 있는 최신 기출문제를 제시하여 입문자로 하여금 단원의 핵심을 파악하고 공부의 방향을 잡을 수 있도록 하였습니다.

2. 세부적 내용에 관한 OX
특히 단원의 핵심적인 내용들은 보조단의 기출선지 OX 문제를 통해 세부적인 내용의 학습에 누수가 없도록 신경을 기울였습니다.

3. 심화 학습 활용 및 기본이론 표로 정리
관련된 용어의 이해를 돕기 위해 심화 학습을 많이 활용했고, 내용이 복잡한 단원은 서술형의 기본이론을 표로 정리하였습니다.

4. 이론과 관련된 판례와 법령을 동시에 확인
행정법 공부가 어느 정도 되어 있는 수험생들을 위해서, 단원마다 최신의 판례들을 박스 형태로 정리해 두었으며 내용과 관련된 실정법을 실어 해당 단원의 이론, 판례, 법령을 확인할 수 있도록 해 두었습니다.

2026년 6월
김동철

ANALYSIS

기출분석의 모든 것

최근 5개년 출제 문항 수
2025~2021 9급
국가직, 지방직/서울시 기준

권구분	PART	CHAPTER	2025 국	2024 국	2024 지/서	2023 국	2023 지/서	2022 국	2022 지/서	2021 국	2021 지/서	합계
上권	행정법 서론	행정				1						1
		행정법의 의의	1	1	1		1	1	1	2	2	10
	행정법 통칙	행정법 관계			1	1	1	1				4
		행정상 법률요건과 법률사실	2				1		1		1	5
		행정입법	1	1	1	1	1	1	1	1	1	9
		행정행위	6	5	3	3	2	5	6	5	3	38
		그 밖의 행정의 주요행위형식	2	2	1		2	1	1	2	1	12
		「행정기본법」과 「행정절차법」	2	2	1	3	2	1	1		1	13
		행정정보공개와 개인정보보호	1	1	1	1		1	1	2	2	11
下권	행정상 의무이행 확보수단	행정상 의무이행 확보수단 개괄										0
		행정강제	1	1	3	2	2		1	2	2	14
		행정상 즉시강제 및 행정조사			1	1		1		1		4
		행정벌		1		1	1	1	1		1	6
		새로운 실효성 확보수단		1				1	1			3
	행정구제	행정구제 개괄										0
		손해전보 개관										0
		손해배상	1	1	2	1	1	1	1	1	1	10
		손실보상	1	1	1	1	1	1				6
		행정쟁송	1	1	1		1	1	1	2	2	10
		행정소송	1	2	3	4	3	3	3	2	3	24
	합계		20	20	20	20	20	20	20	20	20	180

최근 5개년 출제 개념

2025~2021 9급
국가직, 지방직/서울시 기준

권 구분	PART	CHAPTER	출제 개념
上권	행정법 서론	행정	통치행위의 개념 및 판례, 행정의 의의
		행정법의 의의	법률유보, 신뢰보호의 요건과 판례, 자기구속 법리의 요건, 비례원칙에 관한 판례, 행정법의 시간적 효력
	행정법 통칙	행정법 관계	공법과 사법관계에 관한 판례, 행정주체 등
		행정상 법률요건과 법률사실	사인의 공법행위에서의 신고, 사인의 공법행위에 적용되는 법리, 개인적 공권의 확대화 경향, 행정법 관계의 특질
		행정입법	법규명령의 사법적 통제, 위임명령의 요건과 한계, 법규명령형식의 행정규칙의 효력, 법령보충규칙, 자치입법에 대한 상위법의 위임
		행정행위	행정행위에서의 재량과 기속, 허가·특허·인가의 비교, 부관의 종류(부담, 법률효과 일부배제 등)와 부관의 한계 및 부관의 하자, 행정행위의 효력요건, 공정력과 선결문제, 무효와 취소의 구분기준, 근거법의 위헌결정과 이에 따른 처분의 효과, 하자의 승계·치유, 쟁송취소와 직권취소의 비교, 철회의 사유와 한계
		그 밖의 행정의 주요행위형식	확약의 법적 성질, 공법상 계약의 특질 및 쟁송, 행정지도의 원칙 및 불복, 행정계획의 계획재량과 집중효, 행정계획에 대한 청구권 및 불복
		「행정기본법」과 「행정절차법」	「행정기본법」의 주요내용, 「행정절차법」이 적용되는 범위와 배제, 처분에 대한 사전통지, 의견청취, 이유제시
		행정정보공개와 개인정보보호	정보공개청구권의 범위, 정보공개 청구절차와 불복, 정보공개의 긍정·부정판례, 개인정보자기결정권과 손해배상, 단체소송
下권	행정상 의무이행 확보수단	행정상 의무이행 확보수단 개괄	의무이행 확보수단의 흐름, 강제와 제재의 구분
		행정강제	행정강제와 민사강제, 행정대집행의 요건과 판례, 행정대집행의 절차와 하자승계, 이행강제금의 특징과 불복방법, 강제징수에서의 공매결정과 통지의 하자 및 공매처분
		행정상 즉시강제 및 행정조사	즉시강제와 영장주의, 즉시강제에 대한 불복방법, 행정조사기본원칙, 행정조사의 방법, 행정조사와 영장주의, 행정조사의 위법이 행정행위에 미치는 영향
		행정벌	양벌규정에서 법인과 사용자책임의 성질, 행정형벌의 고의·과실 여부, 통고처분의 특징과 불복, 과태료 성립요건과 적용, 과태료 부과절차 및 불복
		새로운 실효성 확보수단	과징금의 종류와 성질, 과징금의 감액·증액에 대한 불복
	행정구제	행정구제 개괄	행정쟁송의 구성
		손해전보 개관	손해배상과 손실보상의 구체적 차이
		손해배상	헌법과 「국가배상법」의 비교, 「국가배상법」 제2조에서 공무원의 직무, 직무와 피해의 인과관계, 공무원의 위법과 고의·과실, 이중배상금지제도, 배상책임자와 배상책임의 성질, 「국가배상법」 제5조의 무과실책임과 면책사유
		손실보상	헌법 제23조 제3항의 해석과 보상규정의 흠결, 사회적 제약과 특별한 희생에 대한 경계이론과 분리이론, 생활보상의 개념과 범위, 손실보상의 청구절차
		행정쟁송	행정심판의 종류와 특징, 관할 행정심판위원회, 청구인과 참가인, 집행정지와 임시처분의 요건, 심리의 원칙과 범위, 재결의 효력
		행정소송	행정소송의 대상(처분성 여부), 재결주의, 원고적격과 협의의 소익, 피고적격, 관할법원, 제소기간, 필요적 행정심판전치주의의 적용과 예외, 집행정지의 요건과 절차 및 효력, 심리원칙과 범위, 판결의 기속력·기판력·간접강제, 무효등확인소송에서의 취소소송의 준용 배제, 부작위위법확인소송의 취소소송 준용, 당사자소송의 대상성 구분

STRUCTURE

이 책의 구성

영역별 구성

上권 / 下권

이론 학습

행정법총론은 판례의 출제비중이 압도적으로 높지만 이론 문제에서 득점을 놓친다면 높은 점수를 보장할 수 없다. 또한 이론 부분의 충실한 이해가 뒷받침되지 않고서는 판례나 법령을 완벽하게 이해할 수 없다는 점에서 이론 학습은 대단히 중요하다. 따라서 본책은 행정법 서론, 행정법 통칙, 행정의 의무이행 확보수단, 행정구제 총 4개의 파트로 이론을 구성하여 학습할 수 있도록 하였다.

개념확인 OX

모든 학습의 첫걸음은 개념확인이다. 모든 학습은 개념에 대한 정확한 이해로부터 출발하므로 개념학습과 동시에 OX 문제를 풀어보며 개념 이해를 도울 수 있도록 구성하였다.

개념 적용문제

개념 적용문제에서는 실제 기출문제를 통해 학습한 내용을 복습하면서 자신의 학습내용을 되돌아보고 확인할 수 있도록 하였다. 특히 수록한 기출은 모두 시험에 재출제될 확률이 높은 문제들로 엄선하였으며 완벽히 이해하고 문제를 풀 수 있을 때까지 학습해야 한다.

이론 학습 > 개념확인 OX > 개념 적용문제

탄탄한 기출분석 & 기출분석 기반의 개념

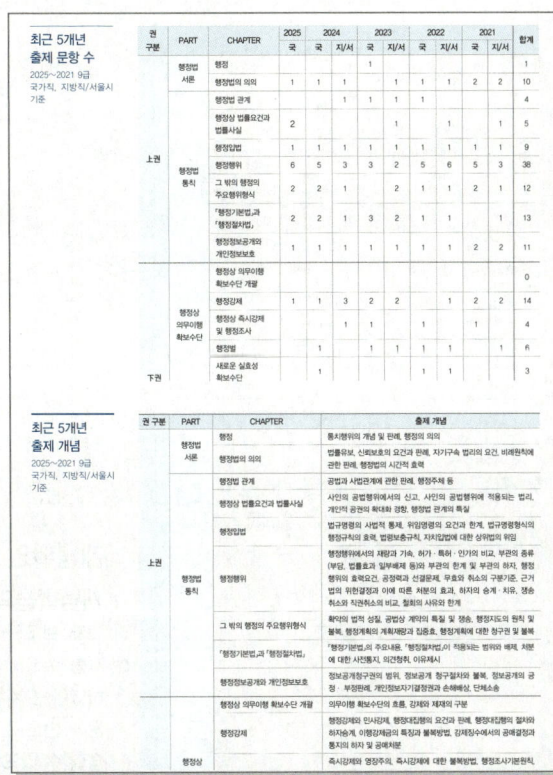

탄탄한 기출분석

최근 5개년 9급 기출을 분석하여 영역별 출제문항 수와 출제개념을 분석하였다. 본격적인 개념학습 전에 영역별 출제비중과 개념을 먼저 파악하면 학습의 나침반으로 활용할 수 있을 것이다.

▶ 최근 5개년 출제 문항 수: 최근 5개년 동안 국가직, 지방직/서울시 9급 시험에서 영역별로 몇 문항이 출제되었는지 분석하였다.

▶ 최근 5개년 출제개념: 최근 5개년 동안 국가직, 지방직/서울시 9급 시험에서 영역별로 어떤 개념이 출제되었는지 분석하였다.

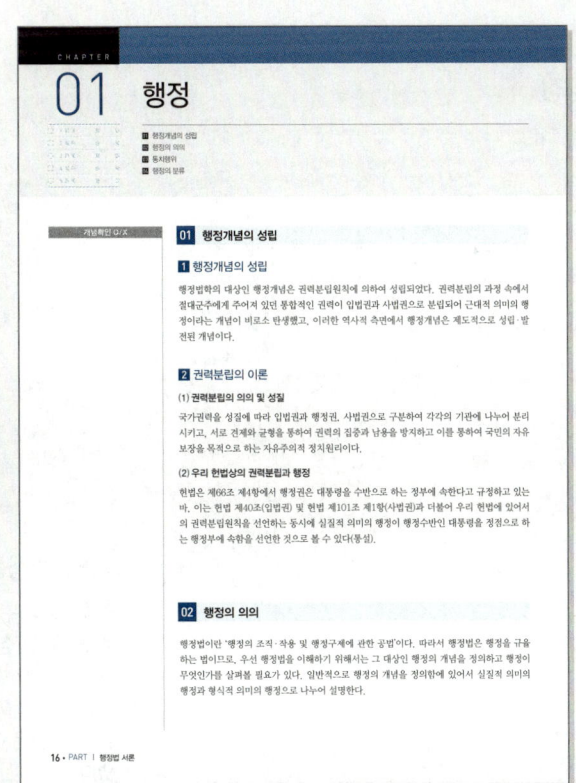

기출분석 기반의 개념

학습효과를 높일 수 있도록 개념을 체계적으로 배열하였고, 베이직한 내용은 본문에, 더 알아두어야 할 내용은 【심화 학습】에 수록하였다. 빈출되는 부분을 따로 표시하여 전략적으로 학습할 수 있도록 구성하였다.

▶ Daily 회독체크표: 챕터마다 회독체크와 공부한 날을 기입할 수 있다.

▶ 심화 학습: 더 깊게 또는 참고로 알아두면 좋은 내용을 담았다.

STRUCTURE

이 책의 구성

단계별 문제풀이

개념확인 OX
개념학습의 효율성 극대화!
교재 보조단에 개념과 판례에 대한 OX 문제를 수록하여 바로 개념확인이 가능하도록 하였다. OX 문제의 근거가 되는 부분을 본문에 번호로 표시하여 본문과 함께 연결 학습할 수 있도록 하였다.

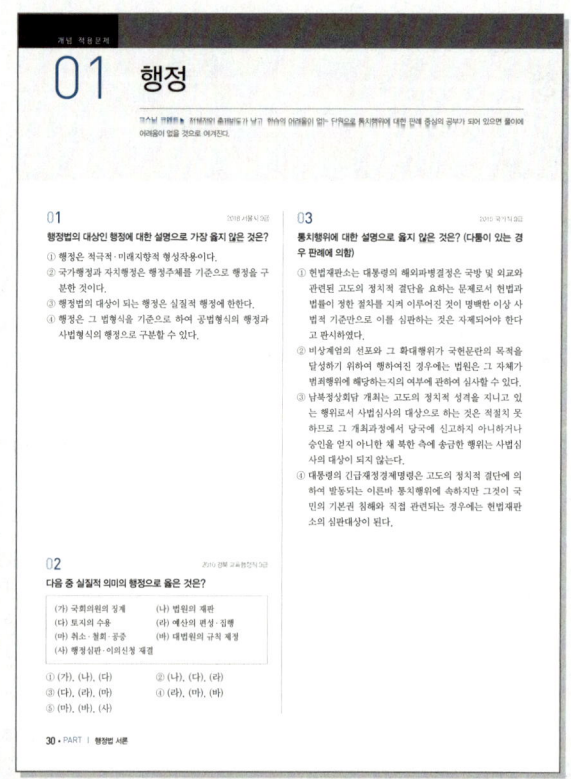

개념 적용문제
챕터별 공무원 기출문제 풀이로 문제 적용력 향상!
챕터별 다시 출제될 확률이 높은 공무원 기출문제를 수록하여 개념이 어떻게 출제되는지, 유형은 어떠한지 파악할 수 있도록 하였다.

부가학습자료

회독플래너 &
2025년 최신기출
무료특강

회독플래너
회독 실패율 ZERO!
중도에 실패하지 않고 끝까지 회독을 할 수 있도록 5회독플래너를 제공한다. 앞면에는 회독의 방향성을 잡을 수 있도록 가이드라인을 제시하였고, 뒷면에는 직접 공부한 날짜를 매일 기록하여 누적된 회독 횟수를 확인할 수 있도록 하였다.

▶ [앞] 회독플래너
▶ [뒤] 직접 체크하는 회독플래너

2025년 최신기출 무료특강
최신기출 전격 해부!
2025년 최신기출 해설특강으로 출제경향을 꼼꼼히 살피고 약점을 파악할 수 있도록 구성하였다.

※ 접속 방법: 에듀윌 도서몰(book.eduwill.net) 접속 → 동영상강의실에서 수강 또는 좌측 QR코드를 통해 바로 접속

CONTENTS

이 책의 차례

부가학습자료 회독플래너, 2025년 최신기출 무료특강

- 머리말
- 기출분석의 모든 것
- 이 책의 구성

PART Ⅰ
행정법 서론

CHAPTER 01	행정	16
	개념 적용문제	30
CHAPTER 02	행정법의 의의	32
	개념 적용문제	82

PART II
행정법 통칙

CHAPTER 01	행정법 관계	96
	개념 적용문제	141
CHAPTER 02	행정상 법률요건과 법률사실	148
	개념 적용문제	181
CHAPTER 03	행정입법	189
	개념 적용문제	235
CHAPTER 04	행정행위	246
	개념 적용문제	413
CHAPTER 05	그 밖의 행정의 주요행위형식	436
	개념 적용문제	482
CHAPTER 06	「행정기본법」과 「행정절차법」	492
	개념 적용문제	535
CHAPTER 07	행정정보공개와 개인정보보호	540
	개념 적용문제	586

- 찾아보기   592

PART

I

행정법 서론

5개년 챕터별 출제비중 & 출제개념

CHAPTER 01 행정	9%	통치행위의 개념 및 판례, 행정의 의의
CHAPTER 02 행정법의 의의	91%	법률유보, 신뢰보호의 요건과 판례, 자기구속 법리의 요건, 비례원칙에 관한 판례, 행정법의 시간적 효력

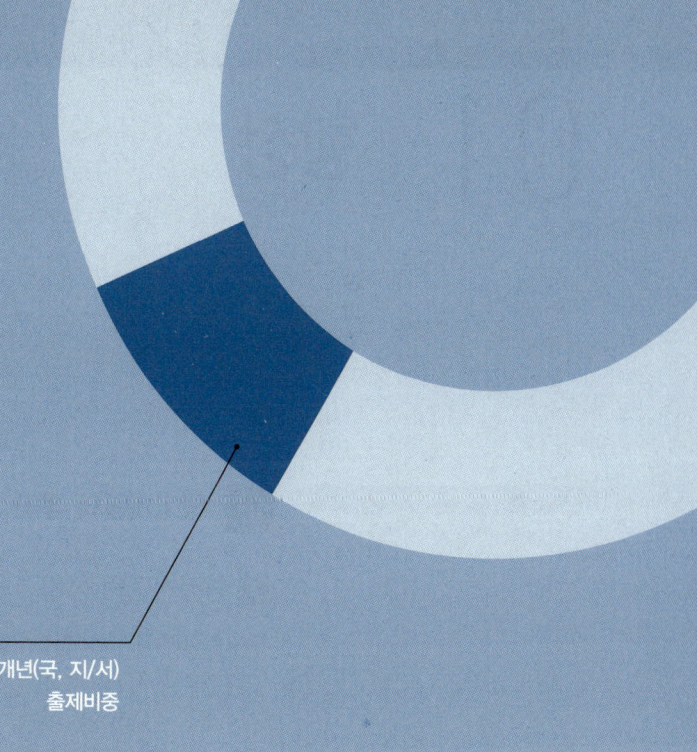

6%
※최근 5개년(국, 지/서)
출제비중

학습목표	
CHAPTER 01 행정	통치행위의 성립요건, 관련 판례를 숙지하고, 행정의 의의와 입법, 사법의 개념을 비교할 수 있도록 한다.
CHAPTER 02 행정법의 의의	❶ 법치행정의 변화와 법률유보에 관한 개념 및 판례를 알도록 한다. ❷ 비례원칙에 반하는 판례와 부합되는 판례를 구분한다. ❸ 신뢰보호의 각각의 성립요건과 관련 판례를 숙지하고, 적용되는 영역을 파악한다. ❹ 자기구속의 법리의 개념과 기능 및 요건을 암기하도록 한다. ❺ 행정법의 시간적 효력(법률불소급)과 관련된 법령을 파악한다.

CHAPTER

01 행정

☐ 1회독   월   일
☐ 2회독   월   일
☐ 3회독   월   일
☐ 4회독   월   일
☐ 5회독   월   일

01 행정개념의 성립
02 행정의 의의
03 통치행위
04 행정의 분류

개념확인 O/X

01 행정개념의 성립

1 행정개념의 성립

행정법학의 대상인 행정개념은 권력분립원칙에 의하여 성립되었다. 권력분립의 과정 속에서 절대군주에게 주어져 있던 통합적인 권력이 입법권과 사법권으로 분립되어 근대적 의미의 행정이라는 개념이 비로소 탄생했고, 이러한 역사적 측면에서 행정개념은 제도적으로 성립·발전된 개념이다.

2 권력분립의 이론

(1) 권력분립의 의의 및 성질

국가권력을 성질에 따라 입법권과 행정권, 사법권으로 구분하여 각각의 기관에 나누어 분리시키고, 서로 견제와 균형을 통하여 권력의 집중과 남용을 방지하고 이를 통하여 국민의 자유보장을 목적으로 하는 자유주의적 정치원리이다.

(2) 우리 헌법상의 권력분립과 행정

헌법은 제66조 제4항에서 행정권은 대통령을 수반으로 하는 정부에 속한다고 규정하고 있는 바, 이는 헌법 제40조(입법권) 및 헌법 제101조 제1항(사법권)과 더불어 우리 헌법에 있어서의 권력분립원칙을 선언하는 동시에 실질적 의미의 행정이 행정수반인 대통령을 정점으로 하는 행정부에 속함을 선언한 것으로 볼 수 있다(통설).

02 행정의 의의

행정법이란 '행정의 조직·작용 및 행정구제에 관한 공법'이다. 따라서 행정법은 행정을 규율하는 법이므로, 우선 행정법을 이해하기 위해서는 그 대상인 행정의 개념을 정의하고 행정이 무엇인가를 살펴볼 필요가 있다. 일반적으로 행정의 개념을 정의함에 있어서 실질적 의미의 행정과 형식적 의미의 행정으로 나누어 설명한다.

1 형식적 의미의 행정

'형식적 의미의 행정'이란 국가작용의 성질이나 내용과는 상관없이 제도적인 입장에서 현실적인 국가기관(입법기관·행정기관·사법기관)의 권한을 기준으로 한 개념으로서, 행정부에 속하는 기관에 의해 이루어지는 모든 작용을 의미한다. 01

2 실질적 의미의 행정

'실질적 의미의 행정'이란 국가작용의 성질이나 내용상의 차이가 있음을 전제로 그 성질에 따라 행정을 입법·사법과 구별하여 행정내용의 의의를 본질적 특성을 중심으로 구성하려는 개념이다. 02

(1) 긍정설(행정의 본질적 특성을 인정하는 견해)
① 공제설(소극설, 증류설)
  ㉠ 의의: 행정작용은 다양하기 때문에 행정을 적극적으로 정의하기 어렵다고 보면서 비교적 국가작용 중 정의하기 용이한 입법과 사법을 정의하고, 그 공제된 나머지의 국가작용을 행정이라고 정의하는 견해이다(Jellinek).
  ㉡ 문제점: 내용이 없다는 점과 입법과 사법개념의 정의가능성을 전제로 하고 있으나 이점 또한 명확하지 않다는 점, 입법과 사법을 제외한 관념 속에는 통치행위도 있다는 점 등이다.
② 적극설
  ㉠ 목적설: 행정을 '법질서 아래에서 국가목적을 실현하기 위한 작용(Otto Mayer)', '국가가 국민의 이익을 도모하는 작용(Georg Mayer)' 등으로 정의한다.
  ㉡ 양태설·결과실현설: 행정이란 '법 아래서 법의 규제를 받으면서, 사법 이외의 국가목적 또는 공익을 현실적·구체적으로 실현하기 위하여 행하는 통일적이고 계속적인 형성적 국가작용'이라는 설, '법 아래서 현실적으로 국가목적을 실현하여 구체적 결과를 가져오는 작용(F. Fleiner)' 등으로 정의한다(우리나라의 다수설).
  ㉢ 문제점: 행정이 매우 다양하기 때문에 적극설에 의한 행정의 정의가 행정의 모든 것을 포함하지 못하고, 적극설의 개념내용이 '개념'에 해당하는지 아니면 단순히 행정의 '특징'을 서술한 것인지 분명하지 않다는 것이다.

(2) 부정설(행정의 본질적 특성을 인정하지 않는 견해)
① 법단계설: 입법은 헌법의 직접적 집행작용인 데 반하여, 행정은 법의 집행을 통한 헌법의 간접적 집행작용이라 하여 입법과 행정을 법단계구조의 차이로 본다(H. S. Kelsen).
② 기관양태설: 사법은 직무상 상호간에 독립된 대등관계에 있는 기관이 행하는 법집행행위인 데 반하여, 행정은 상명하복관계에 있는 기관에 의한 법집행작용이라 하여 그 작용을 담당하는 기관의 태양의 차이에 불과하다는 견해이다(A. Merkl).

(3) 결어
① 일반적인 입장: 양태설에 따라 행정을 적극적으로 정의하면서도 행정의 다양성에 비추어 볼 때 행정의 개념은 불충분할 수밖에 없다. 따라서 오늘날 새로운 견해는 행정의 본질적 성격을 특징지을 수 있는 개념징표를 찾는 것이 입법·사법으로부터 행정을 구별할 수 있는 보다 용이한 방법이 될 것이라는 입장이다. 이러한 입장이 행정개념징표설에 해당된다.

개념확인 O/X

01 형식적 의미의 행정은 실정법에 의해 행정부 권한으로 되어 있는 모든 작용을 의미한다.
(O / X)

02 실질적 의미의 행정은 국가작용의 성질을 기준으로 한 것이다.
(O / X)

② 행정개념징표설
  ㉠ 행정을 입법과 사법으로부터 구분지을 수 있는 행정의 특질을 묘사하자는 입장이다.
  ㉡ E. Forsthoff의 개념징표설 ⇨ "행정은 정의할 수는 없고, 다만 묘사될 수 있을 뿐이다."

> **심화 학습** 행정의 개념적 징표
>
> 1. 행정은 공익을 실현하는 작용이다(가장 핵심적인 징표).
> 2. 행정주체에 의한 활동작용이다.
> 3. 다양한 행위형식에 의하여 행하여진다.
> 4. 사회의 공동생활을 대상으로 하는 사회형성적 작용이다.
> 5. 개별적·구체적 사안에 대한 규율을 행한다. 01
> 6. 법적 구속을 받으면서도 광범위한 활동의 자유가 인정된다.
> 7. 적극적이고 미래지향적인 작용이다.

개념확인 O/X

01 행정은 추상적 사안에 대한 규율을 행한다. (O / X)
※ 구체적 사안에 대한 규율

3 형식적 의미의 행정과 실질적 의미의 행정의 관계

현실의 국가작용은 국정의 합리적 수행이라는 정책적 측면에서 행정기관은 실질적 의미의 행정을 주로 행하면서도 실질적인 입법(예 행정입법 등)이나 실질적인 사법(司法)(예 행정심판의 재결, 통고처분 등)도 담당한다. 그리하여 형식적인 행정과 실질적인 행정이 주로 일치하나, 완전히 일치하지는 않는다.

실질적·형식적 의미의 입법·행정·사법			
실질적 의미 \ 형식적 의미	입법 (의회의 모든 작용)	행정 (정부의 모든 작용)	사법 (법원의 모든 작용)
입법 (법정립작용)	• 법률 제정 • 국회규칙 제정	• 대통령령 • 총리령 • 부령 • 대통령의 긴급명령 등 • 조례나 규칙 제정	• 대법원규칙 제정 등 02
행정 (법집행작용)	• 국회사무총장의 직원 임명 03 • 국회 예산집행	• 영업허가 등 • 조세체납처분 • 대통령의 대법원장 임명, 대법관 임명 • 예산의 편성이나 집행 • 대통령의 국무총리 등의 임명, 공무원 임명 등	• 법원행정처장의 직원 임명 • 등기업무 등 • 대법원장의 일반법관 임명 • 법원의 예산집행
사법 (법판단·선언작용)	• 국회의원 징계, 제명 등	• 행정심판, 이의신청 • 통고처분 • 징계위원회의 징계의결 • 국가배상심의회의 배상결정	• 각종 소송

02 대법원규칙인 「법무사법 시행규칙」의 제정은 형식적 의미의 사법이나 실질적으로는 입법작용이다. (O / X)

03 국회사무총장이 국회소속 공무원에 대한 임명행위는 실질적 의미와 형식적 의미에서 모두 행정에 해당한다. (O / X)

| 정답 | 01 X 02 O 03 X

4 입법 및 사법과의 비교

(1) 입법과 행정

국가, 지방자치단체 등이 보통 일반적·추상적 효력을 가지는 성문의 법규를 정립하는 작용이며, 행정과 사법이 따라야 할 기준을 정하는 작용이 입법이라면, 행정은 법질서 아래서 개별적·구체적으로 국가목적을 실현하는 작용이라는 점에서 구별된다.

심화 학습 행정 vs 입법

행정	개별적·구체적	법집행작용
입법	일반적·추상적	법정립작용

(2) 사법과 행정

① **구별**: 행정과 사법은 다 같이 법 아래에서 법을 집행하는 작용이라는 점에서 같다. 그러나 사법은 법률상의 분쟁에 대하여 소송이 제기된 경우 소극적으로 무엇이 법인가를 판단하고 선언하는, 이미 발생한 법적 분쟁에 대한 법질서 유지작용이라면(수동적, 과거 회고적, 1회적 작용), 행정은 국가목적을 적극적·능동적으로 미래를 향하여 구체적으로 실현해 가는 형성적이고 계속적인 작용이라는 점에서 구별된다. 01

② **국가기관의 양태**: 국가작용의 담당기관의 형태에서 볼 때에도 사법은 병렬적인 기관의 복합체로서의 독립된 기관에 의해 수행되는 것임에 반해, 행정은 상명하복의 계층체기관에 의해 행해진다.

심화 학습 행정 vs 사법

행정	능동적·적극적	재량 많음	미래 지향적	상하계층체 기관
사법	수동적·소극적	재량 적음	과거분쟁 해결	상호독립체 병렬기관

01 행정은 행정주체가 우월한 지위를 가지고 소극적·예외적으로 공익을 추구하는 국가작용이다.
(O / X)

03 통치행위

1 개설

(1) 개념

> **결정적 코멘트** 어려운 단원은 아니지만 여전히 특정시험(군무원)에서는 출제빈도가 높다. 판례에 중점을 둔 학습이 필요하다.

'통치행위'란 국가기관의 작용 중 고도의 정치성 때문에 법 이론상 법적 판단이 가능함에도 불구하고 법치주의가 배제되고 사법심사의 대상에서 제외되는 국가작용으로서, 입법·사법·행정 어느 것에도 포함되지 않는 '제4의 국가작용'을 말한다.

(2) 개념적 징표

개념적 징표에는 정치성, 사법심사의 부적합성, 판결의 집행곤란성을 말할 수 있다.

| 정답 | 01 X

(3) 기능

① 기능적 측면에서의 통치행위는 헌법형성의 기본결단의 차원에서 입법과 행정에 방향을 제시하며, 아울러 국가를 통합하여 국가작용의 단일성을 보장하는 국가지도적인 정치행위를 의미한다.
② O. Mayer는 통치행위를 '제4의 국가작용으로서 헌법상 보조활동'이라고 했다.

2 통치행위의 주체

(1) 입법부와 행정부의 행위

① 통치행위는 일반적으로 행정부(대통령 또는 내각)에 의해 이루어지며, 그것이 통치행위 논의의 중심적인 지위를 차지하는 것이기는 하나, 국회에 의해 이루어질 수도 있다.
② 우리 대법원도 "국회의 자율권과 저촉되는 범위 내에서는 법원의 심사권은 인정되지 않는다(대판 1972.1.18. 71도1845)."고 한다.

(2) 사법부의 행위

사법부는 정치적 중립에 서서 공정한 판단을 하는 기관이다. 따라서 통치행위는 사법부에 의하여서는 가능하지 아니할 것이다. 또한 사법부가 판결로서 통치행위를 판단하는 그 자체는 사법작용일 뿐이므로 사법부에 의한 통치행위는 예상하기 어렵다.

(3) 통치행위론의 제도적 전제

법치주의의 확립, 행정소송사항의 개괄주의의 채택, 공권력 행사에 대한 사법심사가 고도로 발달되어야 한다는 등의 요건이 구비되어 있을 때 통치행위의 관념을 논할 실익이 크다 할 것이다. 01

3 통치행위의 이론적 근거

(1) 통치행위 부정설

① 개념: 모든 국가작용은 법적 근거가 있어야 하고, 통제를 받아야 한다는 법치주의원칙과 행정소송사항에 관하여 개괄주의(헌법 제107조 제3항, 「행정소송법」 제19조)가 인정되는 이상 사법심사에서 제외되는 통치행위라는 관념은 인정될 수 없다고 한다. 이러한 부정설은 통치행위의 인정을 사법권의 포기로 이해한다. 02
② 비판: 물론 개괄주의와 실질적 법치주의를 취하고 있는 점을 고려한다면 논리적 타당성을 가지고 있으나, 현실을 간과하고 있으며 실질적 법치주의나 개괄주의가 반드시 통치행위의 개념과 양립할 수 없다고 보기 어렵다.

(2) 통치행위 긍정설

① 사법부자제설[프랑스 – 최고행정재판소 Conseil d'Etat(국참사원) 판례] 03
  ㉠ 통치행위가 사법심사의 대상에서 제외되는 것은 법원이 다른 국가기관의 정치성 있는 행위에 관여하는 것을 억제 또는 자제하기 때문이라는 견해이다.

개념확인 O/X

01 통치행위는 행정소송의 개괄주의와 국가배상제도를 갖추고 있는 경우에 논의의 실익이 있다. (O / X)

02 법치주의와 개괄주의는 통치행위의 제도적 전제이고 또한 통치행위의 긍정설의 논거이다. (O / X)

03 통치행위라는 개념은 프랑스 판례를 통하여 처음으로 성립한 것으로 입법·행정·사법도 아닌 제4의 국가작용으로 불린다. (O / X)

| 정답 | 01 O 02 X 03 O

- ⓒ 즉, 이론상으로는 통치행위에도 사법권이 당연히 미치지만 사법(司法)이 정치에 관여함으로써 사법의 정치화 현상이 발생할 우려가 있어 사법권이 이를 스스로 자제하는 것이 좋다는 입장이다(Guizot는 "정치는 얻는 것이 없으나 사법은 모든 것을 잃고 만다."라고 하였다).
- ⓒ 비판: 사법의 과도한 자제는 결코 기본권의 수호자인 법원이 취해야 할 바람직한 태도는 아니라는 비판이 있다.

② 권력분립설[또는 내재적 한계설(미국)]
- ㉠ 통치행위는 권력분립의 원칙상, 입법기관이나 행정기관의 정치부분에 맡겨져 있는 사항이므로, 사법기관의 관여가 허용되지 않는다고 한다. 이 주장은 권력분립이 이루어진 당시에 일정 작용(정치문제)에 대한 판단권은 법원이 아니라 정치부문에 맡겨진 것이라는 입장이다.
- ㉡ 사법기관은 이러한 점에서 스스로 내재적 한계를 가지고 있다는 것이며, 우리나라 행정법학계의 일반적인 입장이다.
- ㉢ 미국은 Luther vs Borden사건에서 이 학설을 통해 통치행위가 최초로 이론화되었다.
- ㉣ 비판: 사법심사의 배제현상을 민주정치의 관점에서 인식하고 있으나 민주정치의 본질은 자유정치에 있다는 점을 생각해볼 때 국민의 기본권을 침해하고 제한하는 행위는 정치적 의미를 갖는 경우라 할지라도 사법심사의 대상이 되어야 한다는 점에서 비판을 받고 있다. 아울러 이 견해는 결과적으로 사법부의 기능을 축소하게 되어 국민의 권리구제가 미흡해진다는 것도 문제점으로 지적된다.

③ 대권행위설(영국의 판례)
- ㉠ 통치행위는 국왕의 대권행위이기 때문에 사법심사의 대상에서 제외된다는 견해로 영국에서 유래된 고전적인 학설이다.
- ㉡ "왕은 소추될 수 없다.", "의회의 각원은 그 특권에 관한 유일한 법관이다."라는 관념에 의해 왕의 행위와 의원의 행위는 통치행위라는 입장이다.
- ㉢ 비판: 시대착오적이라는 비판이 있다.

④ 재량행위설(2차대전 이후의 독일·일본)
- ㉠ 개념: 통치행위는 정치문제인 문제로서 자유재량에 속하므로 당·부당의 문제이지 위법·적법의 문제는 아니라는 점에서 통치행위는 사법심사로부터 제외된다는 주장이다.
- ㉡ 비판: 통치행위는 사법심사의 대상의 문제인데, 이를 사법심사의 범위의 문제인 재량문제로 파악한 것은 잘못이라는 비판이 있다.

| 통치행위의 인정 여부에 관한 학설

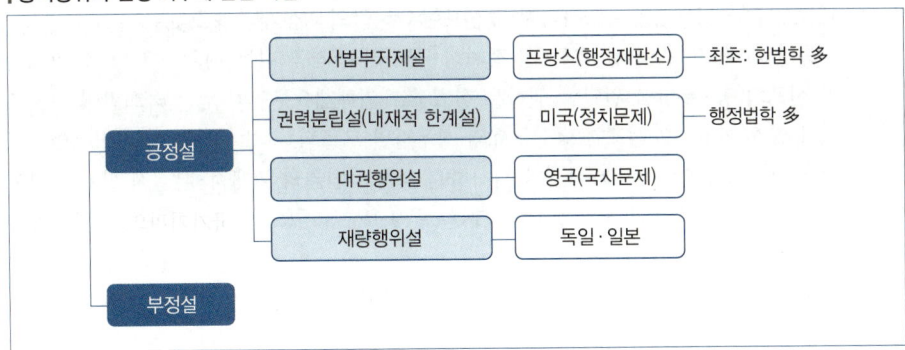

4 우리나라의 통치행위

(1) 서설

① **실정법상 규정**: 우리나라의 현행 제도에는 통치행위의 인정 여부에 대한 실정법상 직접적인 규정은 존재하지 않는다. 다만, 헌법 제64조 제2항과 제3항과 제4항에 의하면 국회의원의 자격심사·징계·제명처분에 대해서는 법원에 제소할 수 없다라는 규정을 두고 있다.

② **기타영역**: 헌법 제64조 제4항 이외의 통치행위 관념을 인정할 것인지의 여부에 관하여는 학설·판례에 의하여 해결할 문제이다.

(2) 학설

① **부정설**: 현행법이 행정소송에 있어 개괄주의를 채택하고, 헌법은 국민에게 재판청구권을 보장하고 있으므로 헌법에서 명문으로 규정하고 있는 경우를 제외하고는 통치행위를 인정할 수 없다고 한다(김철용). 또한 부정설은 통치행위의 인정을 사법권의 포기로 이해한다.

② **긍정설**
  ㉠ 통치행위가 가지고 있는 고도의 정치성을 고려하여 그것을 사법심사의 대상으로 하기보다 정치적 비판의 대상으로 남겨두는 것이 더욱 합목적적이라는 견지에서 긍정하는 입장으로, 지배적 견해이다.
  ㉡ 우리나라에서는 통치행위를 인정하는 이론적 근거로는 권력분립설(내재적 한계설)과 사법부자제설이 일반적이다.

(3) 판례

① 대법원에서 통치행위를 긍정한 경우 [빈출]
  ㉠ **대통령의 계엄선포**
  1964년 한일국교정상화를 반대하는 6·3사태수습을 위한 대통령의 계엄선포행위는 고도의 정치적·군사적 성격을 지니고 있는 행위로서 그것이 누구나 일견 헌법이나 법률에 위반되는 것이 명백하게 인정될 수 있는 것이라면 몰라도 그렇지 아니한 이상 당연무효라고 단정할 수 없나. … (중략) … 계엄선포의 당·부당을 판단할 권한과 같은 것은 오로지 정치기관인 국회만이 가지고 있다 할 것이다(대판 1964.7.21. 64초4). 01

  ㉡ **「군사시설보호법」에 의한 군사시설보호구역의 설정·변경·해제행위**
  「군사시설보호법」에 의한 군사시설보호구역의 설정·변경 또는 해제와 같은 행위는 행정입법행위 또는 통치행위라는 점에서 협의의 행정행위와 구별된다(대판 1983.6.14. 83누43).

  ㉢ **1979년 10·26사태를 수습하기 위해 선포한 대통령의 비상계엄선포행위**
  대통령의 계엄선포행위는 고도의 정치적·군사적 성격을 띠는 행위라고 할 것이어서, 그 선포의 당·부당을 판단할 권한은 헌법상 계엄해제요구권이 있는 국회만이 가지고 있다 할 것이고, 그 선포가 당연무효의 경우라면 모르되, 사법기관인 법원이 계엄선포의 요건구비나 선포의 당·부당을 심사하는 것은 사법권의 내재적·본질적 한계를 넘어서는 것이 되어 적절한 바가 못 된다(대판 1979.12.7. 79초70).

  ㉣ **대통령의 사면권행사**
  잔여형기를 면제하는 것을 포함하여 대통령의 사면권은 고도의 정치적 결단에 의하여 발동되는 행위이고 그 결단을 존중하여야 할 필요성이 있는 행위라는 의미에서 이른바

---

01 대법원은 계엄선포의 요건구비 여부나 선포의 당·부당에 대한 판단을 통치행위로 보고 있다.
11 국회9급 (O/X)

| 정답 | 01 O

통치행위에 속한다고 할 수 있고, 이러한 대통령의 사면권은 사법심사의 대상이 되지 않는다고 할 것이다(서울행정법원 2000.2.2. 99구24405). 01

> **심화 학습** 사면권과 관련된 헌법재판소 결정례
>
> 우리 헌법 제79조 제1항은 "대통령은 법률이 정하는 바에 의하여 사면·감형 또는 복권을 명할 수 있다."고 대통령의 사면권을 규정하고 있고, 제3항은 "사면·감형 또는 복권에 관한 사항은 법률로 정한다."고 규정하여 사면의 구체적 내용과 방법 등을 법률에 위임하고 있다. 그러므로 사면의 종류, 대상, 범위, 절차, 효과 등은 범죄의 죄질과 보호법익, 일반국민의 가치관 내지 법감정, 국가이익과 국민화합의 필요성, 권력분립의 원칙과의 관계 등 제반사항을 종합하여 입법자가 결정할 사항으로서 광범위한 입법재량 내지 형성의 자유가 부여되어 있다(헌재 2000.6.1. 97헌바74).

ⓐ 남북정상회담의 개최행위

남북정상회담의 개최는 고도의 정치적 성격을 지니고 있는 행위라 할 것이므로 특별한 사정이 없는 한 그 당부를 심판하는 것은 사법권의 내재적·본질적 한계를 넘어서는 것이 되어 적절하지 못하다(대판 2004.3.26. 2003도7878).

② 대법원에서 통치행위를 부정한 경우

㉠ 군사반란 및 내란행위는 처벌의 대상

전두환 장군 등 군인들이 군사반란과 내란을 통하여 폭력으로 정권을 장악한 것은 통치행위에 해당하지 아니하고 따라서 그 군사반란과 내란행위는 처벌의 대상이 된다(대판 1997.4.17. 96도3376 전합).

㉡ 국헌문란목적의 비상계엄선포나 확대

비상계엄선포나 확대가 국헌문란의 목적을 위한 경우에는 법원은 그 자체가 범죄행위에 해당하는지의 여부에 관하여 심사할 수 있다(대판 1997.4.17. 96도3376 전합).

㉢ 남북정상회담의 개최과정에서 통일부장관의 승인 없이 한 대북송금행위

남북정상회담의 개최과정에서 재정경제부장관에게 신고하지 아니하거나 통일부장관의 협력사업 승인을 얻지 아니한 채 북한 측에 사업권의 대가 명목으로 송금한 행위 자체는 헌법상 법치국가의 원리와 법 앞에 평등원칙 등에 비추어 볼 때 사법심사의 대상이 된다(대판 2004.3.26. 2003도7878). 02

㉣ 서훈취소결정

서훈취소는 법원이 사법심사를 자제해야 할 고도의 정치성을 띤 행위가 아니다(대판 2015.4.23. 2012두26920). 03

> **심화 학습**
>
> 1. 대통령의 긴급조치 제1호
>   소위 유신헌법 제53조에 근거한 '대통령 긴급조치 제1호'가 헌법에 위배되어 무효이다(대판 2010.12.16. 2010도5986 전합).
>
> 2. 계엄포고
>   1979.10.18. 자 비상계엄선포에 따른 계엄포고 제1호가 해제 또는 실효되기 이전부터 이미 유신헌법, (구)「계엄법」에 위배되어 위헌·위법한 것으로서 무효이다(대판 2018.11.29. 2016도14781).

개념확인 O/X

01 대통령의 특별사면은 통치행위라는 것이 일반적인 견해이다.
(O / X)

02 조약의 체결, 이라크 파병결정, 남북정상회담 개최과정에서 이루어진 대북송금행위 등이 통치행위에 해당된다.
(O / X)

03 대통령의 서훈취소행위는 통치행위에 해당한다.
16 교육행정 (O / X)

| 정답 | 01 O 02 X 03 X

③ 헌법재판소결정

㉠ 긴급재정·경제명령사건

대통령의 긴급재정·경제명령은 국가긴급권의 일종으로서 고도의 정치적 결단에 의하여 발동되는 행위이고 그 결단을 존중하여야 할 필요성이 있는 행위라는 의미에서 이른바 통치행위에 속한다 할 수 있으나, 통치행위를 포함하여 모든 국가작용은 국민의 기본권적 가치를 실현하기 위한 수단이라는 한계를 반드시 지켜야 하는 것이고, 헌법재판소는 헌법의 수호와 국민의 기본권 보장을 사명으로 하는 국가기관이므로 비록 고도의 정치적 결단에 의하여 행해지는 국가작용이라고 할지라도 그것이 국민의 기본권 침해와 직접 관련되는 경우에는 당연히 헌법재판소의 심판대상이 된다(헌재 1996. 2. 29. 93헌마186). 01 02

㉡ 이라크 파병결정

헌법재판소는 국군(자이툰부대)을 이라크에 파병하기로 한 결정의 위헌확인사건에서 국군의 외국에의 파병결정은 그 성격상 국방 및 외교에 관련된 고도의 정치적 결단을 요하는 문제로서, 헌법과 법률이 정한 절차를 지켜 이루어진 것임이 명백하므로, 대통령과 국회의 판단은 존중되어야 한다(헌재 2004. 4. 29. 2003헌마814). 03 04

㉢ 「신행정수도의 건설을 위한 특별조치법」에 대한 위헌사건

「신행정수도의 건설을 위한 특별조치법」에 대한 위헌확인사건에서 신행정수도건설이나 수도이전의 문제를 국민투표에 붙일지 여부에 관한 대통령의 의사결정이 국민의 기본권 침해와 직접 관련되는 경우에는 헌법재판소의 심판대상이 될 수 있고, 이와 관련된 법률도 헌법재판소의 심판대상이 될 수 있다. … (중략) … 헌법재판소는 헌법의 수호와 국민의 기본권 보장을 사명으로 하는 국가기관이므로, 비록 고도의 정치적 결단에 의하여 행해지는 국가작용이라고 할지라도 그것이 국민의 기본권 침해와 직접 관련되는 경우에는 당연히 헌법재판소의 심판대상이 될 수 있다(헌재 2004. 10. 21. 2004헌마554·566). 05

㉣ 한미연합군사훈련으로서 전시증원연습의 결정

한미연합군사훈련은 1978. 한미연합사령부의 창설 및 1979. 2. 15. 한미연합연습 양해각서의 체결 이후 연례적으로 실시되어 왔고, 특히 이 사건 연습은 대표적인 한미연합군사훈련으로서, 피청구인이 2007. 3.경에 한 이 사건 연습결정이 새삼 국방에 관련되는 고도의 정치적 결단에 해당하여 사법심사를 자제하여야 하는 통치행위에 해당된다고 보기 어렵다(헌재 2009. 5. 28. 2007헌마369). 06

심화 학습 | 통치행위의 인정 여부

통치행위 인정	통치행위 부정
• 국회의원의 자격심사·징계·제명처분(헌법 제64조 제4항)	• 대통령·국회의원선거(합성행위)
• 대통령의 법률안거부권 행사	• 한국은행총재 임명(공법상 대리)
• 대통령의 임시회 소집 요구	• 국회공무원 징계행위(행정처분)
• 의회의 자율권에 속하는 사항	• 지방의회의원 제명(제소가능)
• 국무총리·국무위원의 해임건의	• 도시계획 결정·공고(행정행위인 일반처분)
• 국무총리 및 국무위원의 임면	• 대통령령 제정(행정입법)
• 대통령의 국민투표회부권	• 서울시장의 국제협약 체결행위
• 비상계엄선포·긴급명령	• 헌법재판소의 위헌법률심사
• 영예수여권의 행사	• 대법원장의 법관인사조치
• 대통령의 사면·복권행위	• 대통령의 국회해산(학설상 인정되지만 현행법령상 부정)
• 전쟁선포·강화 등 군사에 관한 사항	• 국무총리의 부서거부행위, 국무총리의 총리령 제정행위
• 외국정부의 승인·대사의 임명 등 외교에 관한 사항 등	• 고등검찰청장의 파면
• 대통령의 외교에 관한 행위(조약의 체결·비준)	• 계엄 관련 집행행위

개념확인 O/X

01 헌법재판소는 고도의 정치성을 띠는 행위일지라도 기본권 침해와 직접 관련되는 경우에는 당연히 헌법재판소의 심판대상이 된다고 보았다.
11 국회8급 (O / X)

02 헌법재판소는 대통령의 금융실명거래 및 비밀보장에 관한 긴급재정·경제명령의 발령을 국가긴급권의 일종으로서 통치행위로 보았다.
11 국회8급 (O / X)

03 외국에 국군 파병결정행위는 고도의 정치적 결단인 통치행위에 해당한다는 것이 헌법재판소의 입장이다.
15 군무원 (O / X)

04 대통령의 국군(일반사병) 이라크 파견결정은 그 성격상 국방 및 외교에 관련된 고도의 정치적 결단을 요하는 문제로서, 헌법과 법률이 정한 절차를 지켜 이루어진 것임이 명백하므로, 대통령과 국회의 판단은 존중되어야 하고 헌법재판소가 사법적 기준만으로 이를 심판하는 것은 자제되어야 한다.
16 경찰2차 (O / X)

05 신행정수도건설이나 수도이전의 문제를 국민투표에 붙일지 여부에 관한 대통령의 의사결정이 사법심사에 대상이 될 경우 위 의사결정은 고도의 정치적 결단을 요하는 문제로서 사법심사를 자제함이 바람직하다고 한 수 있다.
16 경찰2차 (O / X)

06 대통령이 한미연합군사훈련의 일종인 2007년 전시증원연습을 하기로 한 결정은 국방에 관련되는 고도의 정치적 결단에 해당하여 사법심사를 자제하여야 하는 통치행위에 해당한다.
11 경찰1차 (O / X)

| 정답 | 01 O 02 O 03 O 04 O 05 O 06 X

5 통치행위의 한계

(1) 기본권적 한계

통치행위의 인정은 그 한도 내에서 법원에 의한 개인의 권리구제가 부정됨을 의미하기에 통치행위의 관념은 국민의 기본권과의 관계에서 매우 제한적인 범위에서 인정해야 할 것이다(헌법재판소도 국민의 기본권 침해와 직접 관련되는 경우에는 헌법재판소의 심판대상이 된다고 한다).

(2) 법으로부터의 자유 여부(헌법원리적 한계)

통치행위가 재판으로부터 자유롭다 하여도 그것은 '법령(法令)'으로부터 자유로울 뿐이지, '法'으로부터의 자유일 수는 없다. 즉, 통치행위도 헌법에 근거하는 작용인 이상 헌법의 기본이념이나 제(諸)원칙인 국민주권주의·자유민주주의·평등원칙·비례원칙 등에 위배될 수 없다. 뿐만 아니라 통치행위라는 명분에 의하여 정치적 문제 모두에 대한 사법심사가 배제되는 것을 막아야 할 것이다. 통치행위에 대한 정치적 통제 및 의회나 국민의 여론에 의한 통제가 가능하고, 국민의 기본권 침해와 직접 관련되는 경우에는 당연히 헌법재판소의 심판대상이 된다.

(3) 통치행위의 판단주체와 범위

① **판단주체**: 통치행위의 판단주체는 모든 법원이다(검찰은 판단주체가 될 수 없다). 법원은 청구된 소송이 통치행위라고 판단될 경우 해당 소송을 각하하여야 할 것이다.

② **범위문제**: 우리 대법원은 "고도의 정치성을 띤 국가행위에 대하여는 이른바 통치행위라 하여 법원 스스로 사법심사권의 행사를 억제하여 그 심사대상에서 제외하는 영역이 있을 수 있으나, 이와 같이 통치행위의 개념을 인정하더라도 과도한 사법심사의 자제가 기본권을 보장하고 법치주의 이념을 구현하여야 할 법원의 책무를 태만히 하거나 포기하는 것이 되지 않도록 그 인정을 지극히 신중하게 하여야 한다."(대판 2010.12.16. 2010도5986 전합)고 한다.

> **관련 판례**
>
> **B** 고도의 정치성을 띤 국가행위인 이른바 통치행위가 사법심사의 대상이 되는지 여부(적극)와 통치행위의 판단주체 [11 국회직 8급] 01 02
>
> 이와 같이 통치행위의 개념을 인정한다고 하더라도 과도한 사법심사의 자제가 기본권을 보장하고 법치주의 이념을 구현하여야 할 법원의 책무를 태만히 하거나 포기하는 것이 되지 않도록 그 인정을 지극히 신중하게 하여야 하며, 그 판단은 오로지 사법부에 의하여 이루어져야 한다(대판 2004.3.26. 2003도7878).

01 대법원은 통치행위의 인정을 지극히 신중하게 하여야 하지만 그 판단은 오로지 사법부만에 의하여 이루어져야 하는 것은 아니라고 보았다.
11 국회8급 (O / X)

02 통치행위는 사법부에 의한 법적 판단과 선거에 의한 정치적 판단으로부터 자유롭다.
(O / X)

> ᴮ 통치행위에 대해 사법심사를 자제한다고 하더라도 이러한 대통령과 국회의 판단은 선거를 통한 국민의 평가와 심판까지 면제되는 것은 아니다

이 사건 파견결정은 그 성격상 국방 및 외교에 관련된 고도의 정치적 결단을 요하는 문제로서, 헌법과 법률이 정한 절차를 지켜 이루어진 것임이 명백하므로, 대통령과 국회의 판단은 존중되어야 하고 헌법재판소가 사법적 기준만으로 이를 심판하는 것은 자제되어야 한다. 이에 대하여는 설혹 사법적 심사의 회피로 자의적 결정이 방치될 수도 있다는 우려가 있을 수 있으나 그러한 대통령과 국회의 판단은 궁극적으로는 선거를 통해 국민에 의한 평가와 심판을 받게 될 것이다(헌재 2004. 4. 29. 2003헌마814).

> ᴮ 검찰은 사법심사의 자제를 결정할 주체가 될 수 없다

검찰은 사법기관이 아닌 행정기관이기 때문에 사법심사의 자제를 결정할 주체가 될 수 없다(헌재 1995. 12. 15. 95헌마221).

(4) 국가배상과 손실보상의 문제

① 국가배상의 문제
  ㉠ 긍정설: 국가배상에 있어서 위법성의 문제는 수권의 근거가 있는지의 시각에서 검토되므로, 국가의 배상책임을 인정하는 데에는 어려움이 없을 것 같다는 견해이다(김남진).
  ㉡ 부정설: 수권의 근거의 유무와 수권의 근거대로 따랐는가의 문제는 별개이므로, 수권의 근거 없이 한 통치행위도 문제지만, 수권이 있다고 해도 수권의 근거대로 따르지 않은 통치행위도 문제이므로 통치행위와 관련하여「국가배상법」상 위법성의 문제를 수권의 근거 유무문제로만 접근하는 것은 충분하지 않다는 견해이다(홍정선).
  ㉢ 제한적 긍정설: 통치행위는 원칙적으로 손해배상청구권이 부정되지만, 일견 누구에게도 위법성이 명백한 것으로서 주장될 수 있는 경우에는 국가배상이 가능할 수 있다는 견해이다(실제 통치행위의 위법을 명백히 입증하는 것이 곤란하여 현실성이 없고, 또한 그래서 현실적으로 국가배상이 더 배제될 수 있는 견해라는 비판이 있다).

② 손실보상의 문제
  ㉠ 긍정설: 통치행위로 인해 국민에게 특별한 희생이 가하여지는 경우 평등의 원칙에 비추어 손실보상이 주어져야 한다는 견해이다(박균성).
  ㉡ 부정설: 위법한 통치행위가 적법으로 전환되는 것은 아니며, 통치행위에 관련한 보상규정이 법령에 없는 현실에서 손실보상을 통해 구제받기는 국가배상의 경우보다 더 어렵다고 한다(김용섭).

(5) 통치행위의 축소 여부

① 의의: 통치행위의 영역은 국민의 기본권 보장이라는 측면에서 더욱 축소되는 방향으로 나아가야 한다는 논의이다.
② 가분행위론(可分行爲論): 통치행위로부터 분리될 수 있는 행정작용이나 통치행위를 원인으로 한 후속의 행위들은 사법심사가 가능하며, 국가배상 또한 인정될 수 있다는 이론(예 남북정상회담은 통치행위이나 개최과정에서의 대북송금행위는 사법심사의 대상이 된다)이다.

③ 정치적 분쟁과 정치적 법률분쟁
   ㉠ 정치적 문제는 순수한 정치적인 것만 문제가 되는 정치적 분쟁과 법률문제가 포함된 정치적 법률문제로 나뉘어지는데 전자는 법원의 심사로부터 배제되지만, 후자는 법원의 심사대상이 되어야 한다고 한다(홍정선).
   ㉡ 우리 헌법재판소도 '신행정수도의 건설을 위한 특별조치법'에 관한 헌법소원사건에서 "법률의 위헌 여부가 헌법재판의 전제가 헌법재판소의 대상으로 된 경우, 당해 법률이 정치적인 문제를 포함한다는 이유만으로 사법심사의 대상에서 제외되지 않는다(헌재 2004.10.21. 2004헌마554)"고 한다.

04 행정의 분류

1 주체에 의한 분류

(1) 국가행정

국가가 직접 그 기관을 통하여 행하는 행정을 말한다.

(2) 자치행정

지방자치단체 그 밖에 공공단체가 주체로 되어 행하는 행정을 말한다. 공공단체는 국가로부터 파생된 행정주체로서 지방자치단체·공공조합·영조물법인·공법상 재단이 있다.

(3) 위임행정

국가 또는 공공단체가 자기의 사무를 다른 공공단체나 그 기관 또는 사인에게 위임하여 처리하게 하는 것을 말한다. 특히 사인에게 위임된 경우를 공무수탁사인이라고 한다.

2 수단에 의한 분류

(1) 권력행정

행정주체가 행정객체에 대한 우월한 지위에서 공권력을 발동하여 개인에 대하여 일방적으로 명령·강제하거나 개인의 법적 지위를 발생·변경·소멸시키는 행정을 말한다. 예컨대 행정행위, 경찰, 규제, 조세 등 행정을 들 수 있다.

(2) 비권력적 행정

① 관리작용: 공법상 계약, 공법상 합동행위, 공물관리, 공기업 경영, 재정상 관리, 군정상 관리 등
② 행정지도
③ 국고작용(사경제적 작용)

| 개념확인 O/X |

3 목적(내용)에 의한 분류

(1) 전통적 분류

① 행정조직(대내적 조직관계)

② 행정작용(대외적 활동관계) 01
　㉠ 사회목적적 행정(내무행정)
　　ⓐ 질서행정(소극목적, 경찰행정)
　　ⓑ 복리행정(적극목적)
　　　ⅰ) 급부행정(공급행정·사회보장행정·조성행정)
　　　ⅱ) 규제행정(경제규제행정·환경규제행정)
　　　ⅲ) 공용부담행정(인적 공용부담행정·물적 공용부담행정)
　㉡ 국가목적적 행정
　　ⓐ 재무행정
　　ⓑ 군사행정
　　ⓒ 외무행정
　　ⓓ 사법(司法)행정

01 복리행정, 군사행정, 외무행정 등은 국가목적적 행정에 해당된다.
(O / X)

(2) 새로운 분류

① **질서행정(경찰행정·소극행정)**: 위해방지를 위한 사회공공의 안녕·질서의 유지를 목적으로 하는 행정이다. 예컨대, 교통정리·영업규제·감염병예방활동 등이 이에 속한다.

② **급부행정(복리행정·적극행정)**: 국민의 복지를 적극적으로 증진시키기 위하여 행하는 수익적 행정작용이다. 예컨대, 공급행정·사회보장행정·조성(造成)행정 등이 이에 속한다.

③ **유도(誘導)행정**: 사회·경제·문화활동 등을 규제·지원 등의 조치에 의하여 일정한 방향으로 유도하고 개선하기 위하여 행하는 활동이다. 그 전형적인 수단으로 행정계획과 보조금 지급 등이 있다.

④ **계획행정**: 장래에 실현하게 될 행정수요를 충족하기 위하여 현재에 미리 계획하는 행정유형을 말한다. 예컨대, 공간이용계획·건축계획·시설수요계획(例 병원, 학교 등의 시설수요계획)·자원이용 또는 보존계획(환경행정의 경우) 등이 이에 속한다.

⑤ **공과(公課)행정(재무행정)**: 국가·지방자치단체 등이 그 소요 재원을 마련하기 위하여 조세 기타 공과금을 징수하고 관리하는 행정이다.

⑥ **조달(調達)행정**: 행정목적 달성을 위하여 필요한 인적 수단 및 물적 수단을 마련하는 행정유형이다. 예컨대, 공무원을 채용하거나(공무원법상의 행위), 청사 부지를 위한 부동산 매입 또는 사무용품의 구입행위(이른바 국고행위) 등이 해당된다. 그 법적 형태는 고권행위에 의하는 경우뿐 아니라 사법(私法)적 형식에 의하는 경우(국고행위)도 존재한다. **02**

02 조달행정이란 국가나 지방자치단체 등이 그 소요 재원을 마련하기 위하여 조세 기타 공과금을 징수하고 관리하는 행정을 말한다.
(O / X)
※ 공과행정에 대한 설명

4 법형식에 따른 분류

(1) 공법상 행정(고권행정)

권력행정(협의의 고권행정)과 관리행정(단순고권행정)이 있다.

| 정답 | 01 X　02 X

(2) 사법상(私法上) 행정(국고행정)

행정주체(또는 행정청)가 하는 사법형식에 의한 활동을 총칭하는 개념이다. 대표적 예는 협의의 국고행정이다. 행정사법, 조달행정 및 영업활동(영리행위)이 포함된다.

5 행정의 효과에 따른 분류

(1) 침해적 행정(부담적 행정)

국민의 자유 또는 권익을 제한·침해하는 행정작용이다. 예컨대, 조세부과처분, 운전면허의 취소, 징집영장, 파면처분 등이 있다.

(2) 수익적 행정

국민에게 제한된 자유를 회복시켜 주거나 새로운 권리·이익을 부여하는 행정작용을 말한다. 예컨대, 운전면허, 발명특허, 납세의무면제 등이 있다.

(3) 복효적 행정

하나의 행정으로 어느 일방에게는 수익적 효과를 가져오고, 타방에게는 침해적 효과를 가져오는 행정을 말한다. 예컨대, 합격자 결정, 당선자 결정, 경원면허, 주택가에 연탄공장건축허가, 원자로 설치허가 등이 있다.

개념 적용문제

01 행정

교수님 코멘트 ▶ 전체적인 출제빈도가 낮고, 학습의 어려움이 없는 단원으로 통치행위에 대한 판례 중심의 공부가 되어 있으면 풀이에 어려움이 없을 것으로 여겨진다.

01
2018 서울시 9급

행정법의 대상인 행정에 대한 설명으로 가장 옳지 <u>않은</u> 것은?

① 행정은 적극적·미래지향적 형성작용이다.
② 국가행정과 자치행정은 행정주체를 기준으로 행정을 구분한 것이다.
③ 행정법의 대상이 되는 행정은 실질적 행정에 한한다.
④ 행정은 그 법형식을 기준으로 하여 공법형식의 행정과 사법형식의 행정으로 구분할 수 있다.

02
2010 경북 교육행정직 9급

다음 중 실질적 의미의 행정으로 옳은 것은?

(가) 국회의원의 징계	(나) 법원의 재판
(다) 토지의 수용	(라) 예산의 편성·집행
(마) 취소·철회·공증	(바) 대법원의 규칙 제정
(사) 행정심판·이의신청 재결	

① (가), (나), (다)
② (나), (다), (라)
③ (다), (라), (마)
④ (라), (마), (바)
⑤ (마), (바), (사)

03
2015 국가직 9급

통치행위에 대한 설명으로 옳지 <u>않은</u> 것은? (다툼이 있는 경우 판례에 의함)

① 헌법재판소는 대통령의 해외파병결정은 국방 및 외교와 관련된 고도의 정치적 결단을 요하는 문제로서 헌법과 법률이 정한 절차를 지켜 이루어진 것이 명백한 이상 사법적 기준만으로 이를 심판하는 것은 자제되어야 한다고 판시하였다.
② 비상계엄의 선포와 그 확대행위가 국헌문란의 목적을 달성하기 위하여 행하여진 경우에는 법원은 그 자체가 범죄행위에 해당하는지의 여부에 관하여 심사할 수 있다.
③ 남북정상회담 개최는 고도의 정치적 성격을 지니고 있는 행위로서 사법심사의 대상으로 하는 것은 적절치 못하므로 그 개최과정에서 당국에 신고하지 아니하거나 승인을 얻지 아니한 채 북한 측에 송금한 행위는 사법심사의 대상이 되지 않는다.
④ 대통령의 긴급재정경제명령은 고도의 정치적 결단에 의하여 발동되는 이른바 통치행위에 속하지만 그것이 국민의 기본권 침해와 직접 관련되는 경우에는 헌법재판소의 심판대상이 된다.

04

2017 지방직 9급

통치행위에 대한 판례의 입장으로 옳지 않은 것은?

① 고도의 정치적 성격을 지니는 남북정상회담 개최과정에서 정부에 신고하지 아니하거나 협력사업 승인을 얻지 아니한 채 북한 측에 사업권의 대가 명목으로 송금한 행위 자체는 사법심사의 대상이 된다.
② 기본권 보장의 최후 보루인 법원으로서는 사법심사권을 행사함으로써, 대통령의 긴급조치권 행사로 인하여 우리나라 헌법의 근본이념인 자유민주적 기본질서가 부정되는 사태가 발생하지 않도록 그 책무를 다하여야 한다.
③ 신행정수도건설이니 수도이전문제는 그 자체로 고도의 정치적 결단을 요하므로 사법심사의 대상에서 제외되고, 그것이 국민의 기본권 침해와 관련되는 경우에도 헌법재판소의 심판대상이 될 수 없다.
④ 외국에의 국군 파견결정은 그 성격상 국방 및 외교에 관련된 고도의 정치적 결단을 요하는 문제로서, 헌법과 법률이 정한 절차가 지켜진 것이라면 대통령과 국회의 판단은 존중되어야 하고 사법적 기준만으로 이를 심판하는 것은 자제되어야 한다.

정답&해설

01 ③ 행정의 의의
③ 행정법의 대상은 원칙적으로 실질적 의미의 행정이다. 그러나, 행정입법이나 행정쟁송처럼 실질적으로는 입법이나 사법인 경우에도 비고유한 영역으로서 행정법의 대상이 된다. 따라서, 실질적 행정에 한하는 것은 아니다.
|오답해설| ① 행정은 사법(司法)과 달리 적극적이고 능동적인 국가작용이며, 공익을 추구하는 미래지향적 작용이다(형성작용이란 공익을 위해 필요한 것을 발생시키고, 변경하고, 소멸시키는 행위를 말한다).
② 국가행정은 행정의 주체가 국가이고, 자치행정은 지방자치단체 등의 공공단체가 주체인 자치적인 행정업무를 말한다.
④ 행정이 공법적 형식으로 이루어지는지, 사법적 형식에 따라 이루어지는지 여부에 의해 공법형식과 사법형식의 행정으로 분류할 수 있다.

02 ③ 행정의 의의
(다) 토지의 수용 – 실질적 행정
(라) 예산의 편성·집행 – 실질적 행정
(마) 취소·철회·공증 – 실질적 행정
|오답해설| (가) 국회의원의 징계 – 실질적 사법
(나) 법원의 재판 – 실질적 사법
(바) 대법원의 규칙 제정 – 실질적 입법
(사) 행정심판·이의신청의 재결 – 실질적 사법

03 ③ 통치행위
③ 승인을 얻지 아니한 채, 북한 측에 사업권의 대가 명목으로 송금한 행위 자체는 헌법상 법치국가의 원리와 법 앞에 평등원칙 등에 비추어 볼 때 사법심사의 대상이 된다(대판 2004.3.26, 2003도7878).
|오답해설| ② 군인들이 군사반란과 내란을 통하여 폭력으로 정권을 장악한 것은 통치행위에 해당하지 아니하고, 따라서 그 군사반란과 내란행위는 처벌의 대상이 된다(대판 1997.4.17, 96도3376 전합).
④ 헌법재판소는 헌법의 수호와 국민의 기본권 보장을 사명으로 하는 국가기관이므로 비록 고도의 정치적 결단에 의하여 행해지는 국가작용이라고 할지라도 그것이 국민의 기본권 침해와 직접 관련되는 경우에는 당연히 헌법재판소의 심판대상이 된다(헌재 1996.2.29, 93헌마186).

04 ③ 통치행위
③ 신행정수도건설이나 수도이전의 문제가 정치적 성격을 가지고 있는 것은 인정할 수 있지만, 그 자체로 고도의 정치적 결단을 요하여 사법심사의 대상으로 하기에는 부적절한 문제라고까지는 할 수 없다. 더구나 이 사건 심판의 대상은 이 사건 법률의 위헌 여부이고 대통령의 행위의 위헌 여부가 아닌바, 법률의 위헌 여부가 헌법재판의 대상으로 된 경우 당해 법률이 정치적인 문제를 포함한다는 이유만으로 사법심사의 대상에서 제외된다고 할 수는 없다. 다만, 이 사건 법률의 위헌 여부를 판단하기 위한 선결문제로서 신행정수도건설이나 수도이전의 문제를 국민투표에 붙일지 여부에 관한 대통령의 의사결정이 사법심사의 대상이 될 경우 위 의사결정은 고도의 정치적 결단을 요하는 문제여서 사법심사를 자제함이 바람직하다고는 할 수 있고, 이에 따라 그 의사결정에 관련된 흠을 들어 위헌성이 주장되는 법률에 대한 사법심사 또한 자제함이 바람직하다고는 할 수 있다. 그러나 대통령의 위 의사결정이 국민의 기본권 침해와 직접 관련되는 경우에는 헌법재판소의 심판대상이 될 수 있고, 이에 따라 위 의사결정과 관련된 법률도 헌법재판소의 심판대상이 될 수 있다(헌재 2004.10.21, 2004헌마554).

|정답| 01 ③ 02 ③ 03 ③ 04 ③

CHAPTER 02 행정법의 의의

- 01 행정법의 의의
- 02 행정법의 특성
- 03 행정법의 성립과 발달
- 04 법치행정의 원리
- 05 행정법의 법원(法源)(= 존재형식)
- 06 행정법의 일반원칙
- 07 우리나라 행정법의 기본원리
- 08 행정법의 효력

01 행정법의 의의

1 개념

행정법은 행정의 조직·작용 및 행정구제에 관한 국내공법이다. 행정법은 통일된 법전이 없으나 독자성과 고유성이 부정되는 것은 아니며 공통된 원리를 가지고 있다.

2 행정법의 개념규정

(1) 행정법은 '행정'에 관한 법이다

① 헌법·입법법·사법법과의 구별
  ㉠ 행정법은 행정권을 중심관념으로 하므로 국가를 중심관념으로 하는 헌법이나, 입법권을 중심관념으로 하는 입법법(「국회법」 등), 그리고 사법권을 중심관념으로 하는 사법법[司法法(「법원조직법」 등)]과 구별된다.
  ㉡ 여기서의 행정은 실질적 의미의 행정을 말하며, 형식적으로 입법이나 사법에 속하는 작용도 성질이나 내용상 행정에 해당되면 행정법학의 대상이 된다.
  ㉢ 실질적으로 행정에 속하지 않는 행정입법(실질적 의미의 입법)과 행정쟁송(실질적 의미의 사법)은 비고유적인 행정법학의 대상이다.

② 헌법과 행정법의 관계
  ㉠ O. Mayer: "헌법은 변해도 행정법은 변하지 않는다(존속한다)."는 헌법의 정치성과 행정법의 비정치성, 즉 헌법은 한 나라가 추구하는 이념과 목적의 문제이고 행정법은 그러한 이념을 실현하기 위한 수단의 문제라는 점을 강조한 말이다. 그러나 최근에는 헌법과 행정법은 일정한 시차를 두고 변한다고 보는 것이 일반적이다. 01
  ㉡ 헌법과 행정법의 비교: 헌법의 이념을 구체적으로 실현시켜 나가는 합목적이고 기술적인 법이 행정법이다. 따라서 행정법의 내용과 구성은 헌법의 정신에 따라 이루어져야 하며, 헌법은 행정법의 항상 지침이며 원리라 할 수 있다.

(2) 행정법은 '행정'에 관한 공법이다

행정법은 행정에 관련된 모든 법이 아니라 행정에 고유한 공법만을 말한다. 국가 또는 공공단체와 같은 행정주체도 때로는 사인과 같은 지위에서 행위를 할 때가 있으나, 이러한 경우에 국가 또는 공공단체는 사인과 같이 사법의 적용을 받음이 원칙이다(예 국가의 물품구입, 수표발행, 재산불하, 공사도급계약 등).

개념확인 O/X

01 헌법과 행정법은 일정한 시차를 두고 변화한다. (O / X)

정답 | 01 O

(3) 행정법은 '행정'에 관한 국내공법이다

① **국내법으로서의 행정법**: 행정법은 행정에 관한 국내법인 점에서 국제법과 구별된다. 국제행정도 광의의 행정에 포함되지만 그것은 국제법의 규율을 받으며, 국제법은 국내법과는 그 원리와 성질을 달리 하므로 행정법은 국제법을 제외한 국내행정에 관한 법만을 의미한다.

② **국제법이 행정법이 될 수 있는지에 대한 문제**: 우리 헌법은 "헌법에 의하여 체결·공포된 조약과 일반적으로 승인된 국제법규는 국내법과 같은 효력을 가진다."(헌법 제6조 제1항)고 규정하였으므로 행정의 조직·작용 및 구제에 관련 있는 국제법규를 그 범위 내에서 국내행정법의 일부를 구성하며, 국내 행정법의 법원(法源)이 된다.

02 행정법의 특성

1 규정형식상의 특성

(1) 행정법의 성문성

행정법은 다수의 개인에 대한 획일적·강행적 규율을 행하는 작용으로 국민의 안정된 법 생활의 보장을 위해서는 국민들이 행정작용을 예측할 수 있도록 하여야 한다는 점에서 필요하다. 하지만 성문법주의는 「형법」상의 죄형법정주의와 같이 엄격한 것은 아니며, 행정법은 흠결도 적지 않으므로 불문법도 보충적 법원이 된다.

(2) 형식의 다종·다양성

행정법은 비록 성문법주의를 원칙으로 하고 있지만 행정법을 구성하는 법의 존재형식은 헌법과 법률 외에도 매우 다양하게 존재한다. 법률에 의한 행정원리에 따라 행정은 법률에 의하는 것을 원칙적으로 하나 위임명령·집행명령, 조례·규칙 등 다양한 형식으로 존재한다. 01

2 성질상의 특성

(1) 행정법의 기술성(수단성)

행정법은 행정목적을 합목적적이고 공정하게 실현하기 위한 기술성(수단성)을 가지고 있다는 점에 특색이 있다. 이러한 성격은 "헌법은 변하지만 행정법은 변하지 않는다."라고 말한 O. Mayer의 표현에 잘 나타나 있다.

(2) 행정법의 획일·강행성

행정법은 개개인의 의사 여하를 불문하고 획일·강행적으로 규율함이 원칙이며 이러한 점에서 사적 자치의 원칙을 기본으로 하는 사법(私法)과 차이가 있다.

(3) 행정법의 재량행위성

행정법은 구체적이고 개별적인 사안에 가장 타당하고 정의로운 행정을 적극적으로 실현하기 위하여 법규의 범위 내에서 행정기관에게 재량권을 많이 인정하고 있다.

개념확인 O/X

01 행정법은 단일법전으로 구성되어 있지 않으므로 행정법의 공통원리가 존재하지 않는다.
(O / X)

| 정답 | 01 X

개념확인 O/X

01 행정법은 능력규정원칙, 사법(私法)은 명령규정이 주를 이룬다.
(O / X)

※ 행정법 – 명령규정, 사법 – 능력규정

02 행정법에서 인정되는 행정주체의 국민에 대한 우위성은 행정의 고유한 속성에 기한 특성이다.
(O / X)

※ 법에 의해 부여된 효력

03 행정법은 비록 공익에 부합되지 않더라도 정의를 우선한다.
(O / X)

(4) 명령규범성(단속규범성)

행정법의 강행법규는 주로 명령규정이고 사법(私法)의 강행규정은 주로 능력규정(효력규정)이다.

(5) 행위규범성

행정법은 법치행정, 행정의 법률에의 구속원리상 행정은 법률에 따라 이루어져야 할 것인바 행정법은 이에 따라 행정권의 활동의 기준이 되는 행위규범으로서의 성격이 강하다. 01

공법(公法)과 사법(私法)의 비교

구분	공법(公法) – 행정법 등	사법(私法) – 「민법」 등
기본원칙	법치	사적 자치
특성	• 행위규범 • 명령·단속규정 • 자력강제 가능	• 재판규범 • 능력·효력규정 • 자력강제 불가

3 규정내용상의 특성

(1) 행정주체의 우위성

공익의 효과적인 구현을 위해서는 행정주체에 우월한 법적 지위가 필요하게 된다. 이에 따라 행정법은 국가·공공단체 등의 행정주체에게 일방적으로 명령·강제하며 법률관계를 형성·변경하는 힘, 즉 지배권을 인정한다. 02

(2) 행정법의 집단·평등성

행정법은 공익실현과 관련하여 불특정 다수인의 많은 사람을 규율대상으로 하는 경우가 대부분이기 때문에 법적 평등이 특히 문제가 된다. 이에 따라 행정법은 획일·강행성과 더불어 국민에게 법적 평등이 보장될 수 있도록 규정되어 있다.

(3) 공익우선성

당사자 간의 이해조정을 주된 내용으로 하는 사법(私法)과 달리, 행정법은 국민 전체의 공익실현을 주된 목적으로 삼아 행하는 것이므로 행정주체가 우위적 지위에서 행정객체와 맺는 관계는 물론이고, 비권력관계에서도 공익의 우선을 위해 사법(私法)과는 다른 규율을 하는 경우가 많다. 03

03 행정법의 성립과 발달

1 행정법의 성립(법치주의와 행정제도에 의한 성립)

(1) 법치국가

행정법 성립의 제1차적 전제조건은 국가의 작용은 국민의 대표기관인 의회가 제정한 법률에 구속되어야 한다는 법치국가사상이다.

| 정답 | 01 X 02 X 03 X

(2) 행정제도의 발전(대륙법계)

'행정제도'란 행정권의 사법권으로부터의 해방과 행정권의 독립한 지위를 보장하기 위하여 행정사건에 대한 사법재판소의 관할권을 부정하고, 행정권 내부에 행정사건을 재판하기 위하여 행정재판소를 설치하여 사법(私法)이 아닌 특수한 법(공법: 행정법)을 적용함으로써 행정권의 자주·독립성을 보장하는 제도이다.

2 대륙법계 국가(성문법에 의한 법률의 지배)

(1) 프랑스
프랑스는 행정법이 최초로 성립한 나라이다. 프랑스 행정재판소의 판례와 공역무를 중심으로 행정에 관한 고유한 체계로서 행정법을 성립·발전시켰다.

(2) 독일
① 성립: 독일은 프랑스 행정법을 모방했지만 프랑스와는 달리 제정법과 공권력 중심으로 행정권의 우위 확보를 목적으로 하여 성립·발전하였다.
② 발전: 독일 행정법은 원칙적으로 국가권위주의에 기초하여 공권력의 개념을 중심으로 성립·발전하였다.

3 영·미법계 국가(보통법에 의한 법률의 지배)

(1) 행정법 성립의 한계
초기의 영·미 국가에서는 국가와 국민 사이에도 사인 상호간을 지배하는 보통법(Common Law)이 지배하고 그에 관한 쟁송도 원칙적으로 일반법원이 재판한다는 '법의 지배(Rule of Law)'이론이 발전되었기 때문에 19세기까지는 국가와 국민 간에만 적용되는 행정에 특유한 법인 행정법은 성립할 여지가 없었다(보통법은 행정법 성립의 저해요인). 이처럼 행정제도가 별도로 없는 국가를 사법국가(행정사건도 사법부 소속 법원에서 재판하는 국가)라 한다.

(2) 최근의 경향
영국에는 대륙법계 국가의 행정법과 행정재판소에 해당하는 것이 없다. 그러나 제1차 세계대전 전후에 영·미에서는 행정기능과 행정법규가 급격하게 증대하여 행정 분야의 전문적·기술적 사무를 처리하기 위해 행정위원회제도 등을 통해 행정법이 대두되었고 발달하게 되었다.

4 우리나라 행정법의 성립과 유형

(1) 성립
우리의 근대적 행정법은 일제 지배 하에서는 일제의 식민지 지배의 효율화를 위한 비민주적 경찰권 중심으로 구성되었으나, 해방 이후에 민주주의적 행정법이 성립되었다.

(2) 유형

① **사법(司法)국가원칙**: 우리 헌법(제101조 제1항, 「법원조직법」 제2조)은 행정소송을 포함한 모든 법률적 쟁송을 일반 사법법원이 통일 관할하게 하기에 영·미법계의 사법국가 형태를 원칙으로 하고 있다[행정법원·특허법원의 신설 ⇨ 1998년 3월 1일부터 행정법원(지방법원급, 3심제 – 종전 2심제에서 3심제로 변경)과 특허법원(고등법원급, 2심제)이 신설되어 전문화되었다].

② **행정국가 요소의 가미**
  ㉠ 실체법적 측면: 대륙법계 행정법의 영향과 행정의 특수성을 인정하여 독립한 법체계로서의 행정법이 있고, 그 결과 실체법적 측면에서 공·사법의 이원적 체계를 유지하고 있다.
  ㉡ 절차법적 측면: 행정사건은 「행정소송법」이 제정되어 있어 민사소송과 다른 여러 특수성이 인정되고(행정심판전치주의, 제소기간 단기, 사정판결, 피고의 특수성, 판결의 대세효 등) 있다.

5 행정제도국가와 사법제도국가의 융화·접근

영·미 등 사법국가에서는 행정위원회를 설치하여 지나친 자유를 규제하기 위한 측면에서 어느 정도는 행정국가화하고, 프랑스·독일 등 행정국가에서는 의무이행소송까지 인정하는 등 자유의 확대를 위한 사법국가화 경향이 있어 서로 접근·융화하는 경향이 있다.

04 법치행정의 원리

1 법치행정의 의의

결정적 코멘트 ▶ 행정법 전체의 기초단원으로 용어를 반복학습하고, 법률유보에 관한 중요사항 유보설의 판례를 암기하여야 한다.

(1) 개념

'법치주의'란 인(人)의 지배가 아닌 법의 지배를 의미하며, 행정은 의회가 제정한 법률에 구속되어야 하고, 이를 위반한 행정으로 국민의 자유와 권리가 침해되면 사법제도를 통한 구제 제도가 마련된 정치원리를 말한다.

(2) 본질

법치주의의 본질은 권력분립에 의한 국가권력 제한원리로서 그 기초는 자유주의적 정치조직원리인 권력분립이다.

(3) 기본적 이념

법치주의의 두 가지 기본적 이념의 표현형태는 법적 안정성과 민주적 통제이다. 01

---

01 법치행정의 목적은 행정의 효율성과 행정작용의 예견가능성을 보장하는 데 있다.
11 국가9급 (O/X)

2 독일의 법치행정

(1) 서설
독일의 법치주의는 국가권력의 제한과 통제를 요구하는 법 기술적인 원리를 의미하는 것으로서 형식적 법률의 지배로 이해되었다. 이러한 법치행정의 원리는 O. Mayer에 의하여 체계화된 법률의 법규창조력, 법률의 우위, 법률의 유보 3개의 원칙을 그 내용으로 한다.

(2) 법치행정의 내용(O. Mayer의 법률의 지배)
① 법률의 법규창조력
  ㉠ 의미 : 국민의 대표기관인 의회가 제정한 법률만이 국민의 권리와 의무에 관한 사항을 규정할 수 있는 힘이 있다는 것을 의미한다. 따라서 의회에서 제정한 법률만이 법규로서의 구속력을 갖는다는 것을 의미하고, 행정기관은 원칙적으로 법규를 창조할 수 없다. 01
  ㉡ 의미의 변화 : 오늘날에는 법률 외의 행정법의 일반원칙이나 관습법은 물론이고, 또는 행정규칙에서도 심지어 법규성이 인정되는 경우가 있고 법률대위명령도 예외적으로 인정되고 있는바 이제는 반드시 법률만이 법규를 창출한다고 하기가 곤란해졌다.

② 법률의 우위(행정의 법률종속성)
  ㉠ 의미 : '법률우위'란 정당하고 합헌적 절차로 제정된 법률은 헌법 이외의 모든 국가의사에 우월하므로 행정은 법률에 위반하여서는 안 된다는 원칙을 말한다(소극적 의미의 법률적합성).
  ㉡ 범위 : 행정의 모든 영역에 적용된다. 따라서 수익적인가 침익적인가, 공법형식인가 사법형식인가 등을 가리지 않는다. 02 03 04
  ㉢ 의미의 변화 : 법률우위에서 말하는 '법률'은 오늘날 모든 법(형식적 의미의 법률을 포함하여 헌법 등의 성문법뿐만 아니라 불문법원칙도 포함한다. 다만, 행정규칙은 포함되지 않는다)으로 본다.

③ 법률의 유보
  ㉠ 의미 : '법률유보원칙'이란 행정권의 발동에는 법률에 근거가 있어야 하며, 법률의 근거가 없는 행정은 행정작용의 필요성이 있어도 행정권이 발동될 수 없음을 말한다(적극적 의미의 법률적합성). 법률유보원칙에서 문제가 되는 것은 조직법적 근거가 아니라 행정의 작용법적 근거를 말하며, 특정의 행정영역에서만 문제가 된다. 05 06 07

> **심화 학습**
>
> **1. 조직규범과 작용규범의 비교**
>
> | 조직규범(권한규범·직무규범) | 작용규범(권능규범·수권규범) |
> | --- | --- |
> | • 행정사무를 행정기관에 배분하는 권한규범을 의미함
• 행정의 모든 영역에 있어서 당연히 존재하여야 함 | • 행정권이 행정작용을 함에 있어서 국민의 권리·의무에 관련되는 행위를 하는 경우에 법률상 근거를 부여하는 규범을 의미함
• 작용규범은 조직규범을 전제로 함 |
>
> **2. 법률우위와 법률유보의 비교**
>
> | 법률우위 | 법률유보 |
> | --- | --- |
> | • 소극적 의미의 법률적합성(기존 법률의 침해금지)
• 행정의 모든 영역에 적용
• 법의 단계 질서문제
• 법이 있을 때 문제
• 오늘날 – 모든 법 | • 적극적 의미의 법률적합성(행정작용의 법적 근거문제)
• 일정한 행정영역에 적용
• 입법과 행정 사이의 권한 문제
• 법이 없을 때 문제
• 오늘날 – 법률과 법률의 위임에 근거한 명령 |

개념확인 O/X

01 규율대상이 국민의 기본권 및 기본적 의무와 관련한 중요성을 가질수록, 그리고 그에 관한 공개적 토론의 필요성 또는 상충하는 이익 사이의 조정 필요성이 클수록, 그것이 국회의 법률에 의해 직접 규율될 필요성은 더 증대된다고 보아야 한다.
23 지방9급 (O / X)

02 법률우위의 원칙은 공법적 행위에만 적용되고 사법적(私法的)행위에는 적용되지 않는다.
24 군무원9급 (O / X)

03 법률우위의 원칙은 행정행위와 같은 구체적인 규율은 물론 법규명령이나 조례와 같은 행정입법에도 적용된다.
24 군무원9급 (O / X)

04 행정작용은 법률에 위반되어서는 아니 되며, 국민의 권리를 제한하거나 의무를 부과하는 경우와 그 밖에 국민생활에 중요한 영향을 미치는 경우에는 법률에 근거해야 한다.
23 지방9급 (O / X)

05 법률유보의 원칙은 행정권의 발동에 있어서 조직규범 외에 근거규범이 필요하다는 것을 말한다.
(O / X)

06 법률유보에서의 '법률'은 작용법적 근거인 개별법을 말한다.
(O / X)

07 법률유보의 원칙은 행정의 모든 분야에서 적용되지만, 법률우위의 원칙에서는 법률우위의 원칙이 적용되는 행정의 범위가 문제가 된다.
(O / X)

| 정답 | 01 O 02 X 03 O 04 O 05 O 06 O 07 X

ⓛ 법률유보의 범위에 대한 논의
  ⓐ **침해유보설(일부유보설)**: 행정작용 가운데 국민의 자유와 권리를 침해 또는 제한하거나, 새로운 의무를 부과하는 침해행정의 경우에만 법률의 수권을 요한다는 견해로 19세기 자유주의적 법치국가시대의 법률유보이론이다. 이 학설은 자유주의적 이념에 기초한 것이며 특별권력관계 내부에는 법률유보가 적용되지 않는다는 입장이다. 하지만 오늘날의 기본권에 부합하지 않으며 행정의 자유범위를 넓히게 된다는 비판이 있다.
  ⓑ **전부유보설**
    - 전부유보설은 모든 행정작용의 성질이나 종류를 불문하고 모두 법률의 근거를 요한다는 입장이다(D. Jesch). 이 견해는 행정의 자의를 방지하고 철저한 의회민주주의와 국민주권주의를 강조하는 입장에 있다.
    - 하지만 입법자가 법률을 제정하지 않으면 규범의 결여로 집행부의 활동영역이 좁아져 행정이 위축되어 현대행정에 부합되지 않고, 행정부는 독자성의 상실로 입법부 집행기관으로 전락되고 권력분립에 반하게 된다는 비판이 있다. 01 02
  ⓒ **권력행정유보설**: 권력행정유보설이란 행정작용이 침해적인가 수익적인가로 구별하지 않고, 행정권의 일방적인 의사에 국민의 권리·의무를 결정하는 모든 권력작용에는 법률의 근거가 있어야 한다는 입장이다. 이는 침해유보설의 다른 형태로 본다. 이 학설은 침해유보설과 동일한 비판이 가해진다.
  ⓓ **급부행정유보설**: 권력행위뿐만 아니라, 비권력행위 중에서 급부행정상의 행위는 모두 법률의 근거를 요한다는 설이다. 그 근거 내지 논거를 사회복지국가적 이념과 법 앞의 평등원칙에서 구한다. 오늘날의 국가의 급부제공이 예산의 형식으로도 행해진다는 점을 간과한 문제가 있다.
  ⓔ **신침해유보설**: 신침해유보설은 원칙적으로 침해유보설의 입장을 취하면서 특별권력관계에 있어서도 구성원의 자유와 권리를 침해하기 위해서는 법률의 근거가 필요하다는 입장이다(일반권력관계에서의 침해적 행정 + 특별권력관계에서의 침해적 행정, Ossenbühl).
  ⓕ **본질사항유보설[본질성설, 단계적 유보설, 중요사항유보설(독일헌법재판소, 우리나라 헌법재판소의 입장)]**: 중요사항유보설은 일반권력관계에 있어서든 특별권력관계에 있어서든 국민의 기본권과 관련하여 본질사항은 반드시 법률의 근거를 요하지만 비본질적인 사항에 대해서는 법률의 근거가 없어도 행정권을 발동할 수 있다는 입장이다(침해적 행정과 본질적 사항). 본질사항유보설은 기존의 법률유보론과는 달리 법적 근거의 필요성 여부를 당해 행정작용의 법적 효과와는 관계없이 개인의 기본권 실현문제로 결부시키고 있다. 03

개념확인 O/X

01 전부유보설은 모든 행정작용이 법률에 근거해야 한다는 입장으로, 행정의 자유영역을 부정하는 견해이다.
13 지방9급 (O / X)

02 민주국가에서는 주권이 국민에게 있고 국민은 그들의 대표기관인 의회에 권력을 위임하고 있기 때문에 국가의 다른 기관은 의회가 제정한 법률이 있어야만 비로소 행정을 할 수 있다는 논거를 통해 법률유보의 원칙에서 전부유보설이 주장된다.
(O / X)

03 중요사항유보설은 행정작용에 법률의 근거가 필요한지 여부에 그치지 않고 법률의 규율 정도에 대해서도 설명하는 이론이다.
13 지방9급 (O / X)

정답 | 01 ○ 02 ○ 03 ○

ⓒ 최근의 변화: 오늘날에는 '법률에 의한 규제'가 아닌 '법률에 근거한 규제' 원칙이 강조되고 있어 '법률의 근거'가 있다면, 특정 행정이 법률에 의해 직접 규정되어 있지 않다고 하여 법률유보원칙에 반하지 않는다고 본다.

관련 판례

A 기본권 제한과 법률유보 [23 지방직 9급, 19 서울시 9급, 17 국가직 9급] 01 02

법률유보의 원칙은 '법률에 의한 규율'만을 요청하는 것이 아니라 '법률에 근거한 규율'을 요청하는 것이기 때문에 기본권의 제한에는 법률의 근거가 필요할 뿐이고 기본권 제한의 형식이 반드시 법률의 형식일 필요는 없다. 법률에 근거를 두면서도 헌법 제75조가 요구하는 위임의 구체성과 명확성을 구비하기만 하면 위임입법에 의하여도 기본권을 제한할 수 있다(헌재 2016.4.28. 2012헌마549, 헌재 2005.3.31. 2003헌마87).

개념확인 O/X

01 오늘날의 법률유보는 '법률에 의한 규율'만 의미하는 것이어서 기본권의 제한에는 법률의 근거만으로 부족하고 기본권 제한의 형식이 반드시 법률의 형식이어야 한다.
(O / X)

02 법률유보의 원칙은 '법률에 의한 규율'만을 요청하는 것이 아니라 '법률에 근거한 규율'을 요청하는 것이기 때문에 기본권의 제한에는 법률의 근거가 필요할 뿐이고 기본권 제한의 형식이 반드시 법률의 형식일 필요는 없다.
23 지방9급 (O / X)

심화 학습 | 법률유보 · 행정유보 · 의회유보의 비교

법률유보	행정유보	의회유보
'법률유보'란 행정작용은 개별적인 법률의 근거(법률의 수권)가 있어야 한다는 것을 말함	• '행정유보'란 행정권이 입법에 의한 제한을 받지 않고 스스로 규율할 수 있는 행정의 고유영역을 의미(재량영역) • 법률유보의 적용 하에서도 공백으로 남게 되는 영역에 대하여 행정기관이 독자적으로 규범적 규율을 할 수 있음을 의미하는 것 • 배타적 행정유보와 허용적 행정유보가 있음	• '의회유보'란 국민의 권리 · 의무에 관한 본질적 사항은 행정입법에 위임할 수 없고, 국민의 대표기관인 의회가 정하여야 한다는 것을 말함 • 일정한 규율장소(의회)와 일정한 규율밀도(명확성)를 강조한 것으로서 중요사항(위임금지사항)은 직접 의회에서 심의 · 결정하여야지 타 기관에 위임해서는 안 된다는 이론 • 본질성설의 한 분파로 볼 수 있음 • 중요사항 중에서도 중요한 것은 반드시 의회에서 정하여야 함(위임금지)

ⓔ 결론
ⓐ 법률유보의 범위에 관해 위와 같이 다양한 학설이 존재하는 이유는 어디까지를 법치행정의 적용범위로 보느냐가 국민의 기본권에 중요한 영향을 미치기 때문이다.
ⓑ 이에 따라 우리나라 다수설과 판례(헌재)는 국가 및 사회생활에 있어 중요하고도 본질적인 사항에 관해서는 법률의 근거를 두고 그 외의 사항은 행정입법으로 해결하려는 절충적 입장인 중요사항유보설을 취하는 경향을 보이고 있다.

(3) 형식적 법치주의

① 개념: '형식적 법치주의'란 법률과 행정과의 관계를 형식적으로 규율함에 그치고, 의회가 제정한 법률이면 그 내용의 정당성 여부를 불문하고 국민에 대한 구속력을 가지는 것을 말한다.

② 특징 03
㉠ 법률내용의 정당성은 불문하고 행정의 합법성만 강조하였다.
㉡ 국민의 기본권 보장보다 국가목적의 실현을 위한 절차나 형식만을 중시하여 인권보장이 형식에 그치게 되었다.
㉢ 행정소송사항으로서 열기주의를 취하고 그러한 소송을 행정재판소에 의하여 수행하게 함으로써 법률의 양면적 구속력이 불충분하였고 국민의 권익구제의 기회는 축소되었다.

03 형식적 법치주의는 법률의 형식뿐 아니라 법률의 실질적인 내용도 정의에 부합되어야 함을 말하여, 합헌적 법률우위에 따른 법치행정을 내세운다.
(O / X)

| 정답 | 01 X   02 O   03 X |

(4) 실질적 법치주의

① 개념
  ⓐ 종래의 형식적 법치주의의 문제점과 반성이 제기되어 이에 개인의 기본권 보장을 최고 이념으로 하고, 의회가 제정한 법이면서 그 내용 및 목적도 정당성을 획득하여 기본권 침해가 없는 법률만이 구속력을 가지는 것을 의미하는 실질적 법치가 대두되었다.
  ⓑ 제2차 세계대전 이후 오늘날에는 모든 나라가 실질적 법치주의를 일반적으로 채택한다.

② 내용(법률의 지배의 현대적 수정)
  ⓐ **법률의 법규창조력의 관철**: 독립명령이나 긴급명령제도를 인정하지 아니함으로써 행정권에 의한 법규창조력을 원칙적으로 부인하였다. 다만, 입법기술적 견지에서 위임명령을 인정하되 그 요건을 엄격하게 제한하였다. 01
  ⓑ **합헌적 법률의 우위**: 법률에 의하여 헌법을 침해할 수 없는 헌법원칙을 규정하고 그 보장을 위한 위헌법률심사제도를 두었다. 그래서 단순한 법률우위의 원칙이 아니라 합헌적 법률우위의 원칙을 의미하게 되었다(입법부에 대한 사법부의 우위).
  ⓒ **법률유보의 범위 확대**: 침해행정을 포함하여 국민의 기본권과 관련된 행정은 법률의 근거를 요하는 영역으로 인정되고 있다. 02

3 영·미의 법의 지배원리

(1) 의의
법의 지배원리는 국민의 인권보장을 이념으로 법의 실질적 내용도 인권 침해가 없도록 보장하려는 실질적 법치주의의 원리이다.

(2) 법의 지배의 내용(A. V. Dicey의 법의 지배의 3원칙)
① **법의 절대적 우위**: 제1원칙은 자의적인 전제권력의 지배에 대한 보통법(Common Law)의 절대적 우위를 의미한다.
② **법 앞의 평등**: 제2원칙은 법적 평등원칙으로서 군주든 국민이든 모두 정규법(보통법)에 복종해야 하는 것을 의미한다(공사법일원). 군주든 국민이든 모두 일반사법재판소 관할에 복종해야 한다(동일재판소).
③ **판례법**: 제3원칙으로 인권보장을 위한 헌법은 보통법의 산물로서 판례법을 통해서 확립된 결과이다. 따라서 행정에 관한 공법관념이나 행정재판소제도가 발전할 수 없었다.

(3) 법의 지배의 수정
영·미에서의 근대적·시민적 '법의 지배'의 원리는 20세기에 들어와서 특히 행정법의 탄생과 더불어 수정을 겪게 되었다. 행정법의 성립으로 국가는 사인(私人)에게 적용되는 법의 적용을 받지 않고 행정심판소가 설치·운영되어짐으로써 통상법원의 관할에 복종하지 않게 되었다. 영·미의 전통적인 법의 지배의 원칙은 행정법에 의하여 수정을 받고 있지만 그 근본적인 원리가 변질된 것은 아니다.

개념확인 O/X

01 상위법률로부터 구체적인 위임이 있다면 행정부에 의한 법규창조를 법률의 법규창조력에 반한다고 볼 수 없다. (O / X)

02 중요사항유보설은 침해유보설의 입장보다 유보의 범위를 확장하였다고 보기 곤란하다. (O / X)

정답 | 01 O 02 X

4 우리나라의 법치행정원리

(1) 성문헌법주의 원칙

성문헌법주의를 취함으로써 법치국가를 제도적으로 보장하고 있고, 현행 헌법에 국민의 다양한 기본권을 규정하여 보장하고 있으며, 적법절차 등을 통해서 법치국가의 목적과 수단을 규정하고 있다.

(2) 권력분립, 합헌적 법률우위에 의한 실질적 법치주의

헌법에서는 입법권은 국회에, 행정권은 정부에, 사법권은 법원에 각각 배분하고 권력 간의 상호 견제와 균형을 제도화하여 법치주의의 제도적 기반인 권력분립을 규정하고 있다. 더불어 헌법 제107조 제1항은 "법률이 헌법에 위반되는 여부가 재판의 전제가 되는 경우에는 법원은 헌법재판소에 제청하여 그 심판에 의하여 재판한다."고 규정하고 있어 법률의 내용을 중시하는 실질적 법치주의에 입각해 있음을 확인할 수 있다.

(3) 법률의 법규창조력

포괄적 위임입법금지(법률의 법규창조력)에 관하여는 법률에서 구체적으로 범위를 정하여 위임받은 사항에 대하여서만 법규명령을 제정할 수 있다고 규정(헌법 제75조)하고 있어 법률의 법규창조력을 통한 법치주의 구현을 실현하고 있다.

(4) 법률유보의 범위 [빈출]

법률유보범위를 확대하여 중요사항유보설을 다수학자와 헌법재판소가 취하고 있으며, 통치행위나 재량행위, 특별권력관계 등에도 법적 기속을 확대하고 있으며, 형식적 법률 이외의 불문법 역시도 법규개념의 범주에 포함시키고 있다.

> **관련 판례** 중요사항유보설과 관련된 판례
>
> **A** TV수신료와 관련한 경우 [19 국가직 9급, 19 서울시 사복, 14 서울시 9급, 13 지방직 9급] 01 02
>
> 오늘날 법률유보원칙은 단순히 행정작용이 법률에 근거를 두기만 하면 충분한 것이 아니라, 국가공동체와 그 구성원에게 기본적이고도 중요한 의미를 갖는 영역, 특히 국민의 기본권실현과 관련된 영역에 있어서는 국민의 대표자인 입법자가 그 본질적 사항에 대해서 스스로 결정하여야 한다는 요구까지 내포하고 있다(의회유보원칙). 그런데 텔레비전방송수신료는 대다수 국민의 재산권보장의 측면이나 한국방송공사에게 보장된 방송자유의 측면에서 국민의 기본권실현에 관련된 영역에 속하고, 수신료 금액의 결정은 납부의무자의 범위 등과 함께 수신료에 관한 본질적인 중요한 사항이므로 국회가 스스로 행하여야 하는 사항에 속하는 것임에도 불구하고 「한국방송공사법」 제36조 제1항에서 국회의 결정이나 관여를 배제한 채 한국방송공사로 하여금 수신료 금액을 결정해서 문화관광부장관의 승인을 얻도록 한 것은 법률유보원칙에 위반된다(헌재 1999. 5. 27. 98헌바70).
> 주의 한편, 수신료 징수업무를 한국방송공사가 직접 수행할 것인지 제3자에게 위탁할 것인지, 위탁한다면 누구에게 위탁하도록 할 것인지, 위탁받은 자가 자신의 고유업무와 결합하여 징수업무를 할 수 있는지는 징수업무 처리의 효율성 등을 감안하여 결정할 수 있는 사항으로서 국민의 기본권제한에 관한 본질적인 사항이 아니라 할 것이다. 따라서 「방송법」 제64조 및 제67조 제2항은 법률유보의 원칙에 위반되지 아니한다.
>
> **B** 국가의 통치조직 및 작용에 관한 기본적이고 본질적인 사항은 법률유보에 해당한다 03
>
> 우리 헌법 제40조("입법권은 국회에 속한다.")의 의미는 적어도 국민의 권리와 의무의 형성에 관한 사항을 비롯하여 국가의 통치조직과 작용에 관한 기본적이고 본질적인 사항은 반드시 국회가 정하여야 한다는 것이다(헌재 1998. 5. 28. 96헌가1).

개념확인 O/X

01 헌법재판소는 텔레비전방송수신료의 금액결정은 납부의무자의 범위 등과 함께 수신료에 관한 본질적인 중요한 사항이므로 국회가 스스로 행하여야 하는 사항에 속한다는 입장이다.
13 지방9급 (O / X)

02 "오늘날 법률유보원칙은 단순히 행정작용이 법률에 근거를 두기만 하면 충분한 것이 아니라, 국가공동체와 그 구성원에게 기본적이고도 중요한 의미를 갖는 영역, 특히 국민의 기본권실현과 관련된 영역에 있어서는 국민의 대표자인 입법자가 그 본질적 사항에 대해서 스스로 결정하여야 한다는 요구까지 내포하고 있다."는 헌법재판소 결정과 가장 관계가 깊은 것은 의회유보설이다.
14 서울9급 (O / X)

03 국민의 권리나 의무의 형성에 관한 기본적이고 본질적인 사항이 법률에 정해진 경우에는 국가의 통치조직과 작용은 법률에 의해 근거를 요하는 것은 아니다.
(O / X)

| 정답 | 01 O 02 O 03 X

B 과세와 관련하여 중요사항인지(조세법률주의) 여부

> 1. 고급주택, 고급오락장이 무엇인지 하는 것은 취득세 중과세요건의 핵심적 내용을 이루는 본질적이고도 중요한 사항(헌재 1998.7.16. 96헌바52)
> 2. (구)「토지초과이득세법」상의 '기준시가'는 중요사항(헌재 1994.7.29. 92헌바49)
> 3. 특별부가세의 과세대상의 범위는 중요사항(헌재 2000.1.27. 96헌바95·97헌바1)

B 의료보험요양기관의 지정취소사유의 중요사항 여부

> 의료보험요양기관의 직업수행의 자유를 제한하는 그 지정취소의 경우, 국회는 그 취소의 사유에 관하여 … (중략) … 일반 국민이 그 기준을 대강이라도 예측할 수 있도록 법률로서 명확히 정하여야 하고, 하위법령에 위임하는 경우에도 그 구체적인 범위를 정하였어야 한다(헌재 1998.5.28. 96헌가1).

B 교육제도에 관한 기본방침(중학교 의무교육의 실시 여부 자체 및 의무교육 연한)이 중요사항인지 여부

> 중학교 의무교육처럼 그 실시 여부 및 연한과 같은 교육제도 수립의 본질적 내용은 반드시 법률로 규정되어야 할 기본적 사항이라 하겠다(후략)(헌재 2001.10.25. 2001헌마113).
>
> **주의** 교육제도에 관한 기본방침을 제외한 세부적 사항(중학교 의무교육 실시의 시기와 범위 등)은 중요사항이 아니다(헌재 2001.10.25. 2001헌마113).

A 사업시행인가를 얻기 이전에 토지 등 소유자의 동의요건이 중요사항인지 여부

❶ 도시환경정비사업의 시행자인 토지 등 소유자가 사업시행인가를 신청하기 전의 토지 등 소유자의 동의요건의 경우 [18 서울시 9급, 17 국가직 9급]

> 사업시행인가 신청 시 필요한 토지 등 소유자의 동의는 개발사업의 주체 및 정비구역 내 토지 등 소유자를 상대로 수용권을 행사하고 각종 행정처분을 발할 수 있는 행정주체로서의 지위를 가지는 사업시행자를 지정하는 문제로서 그 동의요건을 정하는 것은 국민의 권리와 의무의 형성에 관한 기본적이고 본질적인 사항이므로 국회가 스스로 행하여야 하는 사항에 속하는 것임에도 불구하고 사업시행인가 신청에 필요한 동의정족수를 토지 등 소유자가 자치적으로 정하여 운영하는 규약에 정하도록 한 것은 법률유보원칙에 위반된다(헌재 2011.8.30. 2009헌바128).

❷ 주택재개발사업의 시행자인 조합에 의한 사업시행인가 신청에서 토지소유자에 대한 동의요건의 경우(대법원의 입장)

> 조합의 사업시행인가 신청 시의 토지 등 소유자의 동의요건이 비록 토지 등 소유자의 재산상 권리·의무에 영향을 미치는 사업시행계획에 관한 것이라고 하더라도, 그 동의요건은 사업시행인가 신청에 대한 토지 등 소유자의 사전 통제를 위한 절차적 요건에 불과하고 토지 등 소유자의 재산상 권리·의무에 관한 기본적이고 본질적인 사항이라고 볼 수 없으므로 법률유보 내지 의회유보의 원칙이 반드시 지켜져야 하는 영역이라고 할 수 없고, 따라서 개정된 「도시 및 주거환경정비법」 제28조 제4항 본문이 법률유보 내지 의회유보의 원칙에 위배된다고 할 수 없다(대판 2007.10.12. 2006두14476).

B 퇴역연금지급정지의 요건 및 내용의 규정이 중요사항인지 여부

> 퇴역연금지급정지의 요건 및 내용의 규정(소득의 유무와 그 수준의 결정)은 중요사항에 해당한다(헌재 2005.12.22. 2004헌가24).

Ⓐ 지방의회의원에 신분변화를 일으킬 유급보좌인력제도는 중요사항에 해당되는지 여부 [18 서울시 9급, 17 지방직 7급, 17 국가직 9급] 01

지방의회의원에 대하여 유급보좌인력을 두는 것은 지방의회의원의 신분·지위 및 그 처우에 관한 현행 법령상의 제도에 중대한 변경을 초래하는 것으로서, 이는 개별 지방의회의 조례로써 규정할 사항이 아니라 국회의 법률로써 규정하여야 할 입법사항이다(대판 2013.1.16. 2012추84).

Ⓐ 자치법적 사항의 위임과 국민의 권리·의무에 기본적인 사항의 제정 [19 서울시 9급, 18 서울시 7급, 17 지방직 9급, 17 서울시 7급, 15 지방직 9급] 02 03

법률이 공법적 단체 등의 정관에 자치법적 사항을 위임한 경우에는 헌법 제75조가 정하는 포괄적인 위임입법의 금지는 원칙적으로 적용되지 않는다고 봄이 상당하고, 그렇다 하더라도 그 사항이 국민의 권리·의무에 관련되는 것일 경우에는 적어도 국민의 권리·의무에 관한 기본적이고 본질적인 사항은 국회가 정하여야 한다(대판 2007.10.12. 2006두14476).

Ⓑ 병의 복무기간의 법률제정 여부

병의 복무기간은 국방의무의 본질적 내용에 관한 것이어서 이는 반드시 법률로 정하여야 할 입법사항에 속한다(대판 1985.2.28. 85초13).

Ⓑ 「교원의 노동조합 설립 및 운영에 관한 법률」 및 동법 시행령에 의한 고용노동부장관의 전국교직원노동조합에 대한 법외노조 통보처분에 관한 규정의 법률유보 여부 04

법외노조 통보는 이미 법률에 의하여 법외노조가 된 것을 사후적으로 고지하거나 확인하는 행위가 아니라 그 통보로써 비로소 법외노조가 되도록 하는 형성적 행정처분이다. … (중략) … 결국 이 사건 시행령 조항은 법률이 정하고 있지 아니한 사항에 관하여, 법률의 구체적이고 명시적인 위임도 없이 헌법이 보장하는 노동3권에 대한 본질적인 제한을 규정한 것으로서 법률유보원칙에 반한다(대판 2020.9.3. 2016두32992).

Ⓑ 국가유공자단체의 대의원선출에 관한 사항(부정)

국가유공자단체의 대의원의 선출에 관한 사항은 각 단체의 구성과 운영에 관한 것으로서, 국민의 권리와 의무의 형성에 관한 사항이나 국가의 통치조직과 작용에 관한 기본적이고 본질적인 사항이라고 볼 수 없으므로, 법률유보 내지 의회유보의 원칙이 지켜져야 할 영역이라고 할 수 없다(헌재 2006.3.30. 2005헌바31).

Ⓐ 예산의 일반국민에 대한 구속 여부 [19 서울시 9급, 13 지방직 9급] 05

예산은 일종의 법규범이고 법률과 마찬가지로 국회의 의결을 거쳐 제정되지만 법률과 달리 국가기관만을 구속할 뿐 일반국민을 구속하지 않는다. 국회가 의결한 예산 또는 국회의 예산안 의결은 「헌법재판소법」 제68조 제1항 소정의 '공권력의 행사'에 해당하지 않고 따라서 헌법소원의 대상이 되지 아니한다(헌재 2006.4.25. 2006헌마409).

개념확인 O/X

01 지방의원의 유급보좌관제도와 국가유공자단체의 대의원선출방식은 법률로 정해져야 할 중요사항에 해당한다. (O / X)

※ 국가유공자단체 대의원선출방식은 중요사항이 아님

02 지방자치단체에 자치법적 사항을 위임하는 경우에도 헌법이 규정한 포괄위임금지원칙이 적용된다. (O / X)

03 지방자치단체의 세자녀 이상 세대 양육비 등 지원에 관한 조례안은 저출산 문제의 국가적·사회적 심각성을 십분 감안하여 향후 지방자치단체의 출산을 적극 장려토록 하여 인구정책을 보다 전향적으로 실효성 있게 추진하고자 세 자녀 이상 세대 중 세 번째 이후 자녀에게 양육비 등을 지원할 수 있도록 하는 것으로서, 위와 같은 사무는 지방자치단체 고유의 자치사무이므로 그 제정에 있어서 반드시 법률의 개별적 위임이 따로 필요한 것은 아니다.
18 서울7급 (O / X)

04 형성적 처분인 교원노동조합에 대한 법외노조 통보는 「교원의 노동조합 설립 및 운영에 관한 법률 시행령」에 근거한 것으로 법률에 근거가 없이 시행령이 제정되었다고 하여 이를 위헌이라 할 수 없다. (O / X)

05 헌법재판소는 예산도 일종의 법규범이고, 법률과 마찬가지로 국회의 의결을 거쳐 제정되며, 국가기관뿐만 아니라 일반국민도 구속한다고 본다. 따라서 법률유보원칙에서 말하는 법률에는 예산도 포함된다.
13 지방9급 (O / X)

| 정답 | 01 X 02 X 03 O 04 X 05 X

B 국가공무원인 교원의 보수에 관한 구체적인 내용(보수체계, 보수내용, 지급방법 등)은 '기본적인 사항'으로서 반드시 법률의 형식으로 정해야 하는지 여부(소극)

> 국가공무원인 교원의 보수는 본질적으로 급부적 성격이 강한 국가행정의 영역에 속하는 것으로서 해마다 국가의 재정상황 등에 따라 그 액수가 수시로 변화하고, 교원의 보수체계 역시 국가의 정치·사회·경제적 상황, 시대 변화에 따른 교원의 지위 및 역할의 변화, 민간 영역의 보수체계의 변화 등 사회적·경제적 여건에 따라 적절히 대처할 필요성이 있기 때문에 이에 관한 모든 사항을 법률에 규정하는 것은 입법기술상 매우 어렵다. 따라서 국가공무원인 교원의 보수에 관한 구체적인 내용(보수체계, 보수내용, 지급방법 등)까지 반드시 법률의 형식으로만 정해야 하는 '기본적인 사항'이라고 보기는 어렵고, 이를 행정부의 하위법령에 위임하는 것은 불가피하다. 교육부장관에게 재외 한국학교 파견공무원에 대한 수당 지급과 관련하여 재량권이 인정되고, 교육부장관이 정한 위 선발계획의 수당 부분에 재량권 일탈·남용의 위법이 없다(대판 2023. 10. 26. 2020두50966).

│정리

중요사항으로 본 경우	• TV수신료의 결정과 납부범위 • 국민의 권리와 의무의 형성에 관한 사항을 비롯하여 국가의 통치조직과 작용 • 조세 관련(중과세 요건인 고급주택이나 고급오락장, (구)「토지초과이득세법」상 기준시가, 특별부과세의 과세범위 등) • 의료보험기관 지정취소사유 • 교육제도의 기본방침(의무교육의 실시 여부와 의무교육 연한) • 도시환경정비사업의 시행자인 토지 등 소유자가 사업시행인가를 신청하기 전의 토지 등 소유자의 동의요건 • 퇴역연금지급정지의 요건 및 내용의 규정 • 지방의원의 유급보좌관제도 • 병의 복무기간 • 법외노조 통보에 관한 규정
중요사항이 아니라는 경우	• 교육제도 기본방침 이외의 세부적 사항(중학교 의무교육 실시시기와 범위) • TV 수신료 징수주체 • 국가유공자단체 대의원선출에 관한 사항 • 주택재개발사업의 시행자인 조합에 의한 사업시행인가 신청에서 토지소유자에 대한 농의요건

(5) 법률에 의한 행정원리의 보장 강화

실질적 법치주의는 행정이 헌법과 법의 기속을 받음은 물론 행정권의 행사에 의하여 국민의 권익이 침해된 경우에 그 구제를 위한 제도적 보장이 요청된다.

(6) 실정법상의 규정

「행정기본법」 제8조에는 행정작용은 법률에 위반되어서는 아니 되며, 국민의 권리를 제한하거나 의무를 부과하는 경우와 그 밖에 국민생활에 중요한 영향을 미치는 경우에는 법률에 근거하여야 한다고 규정하고 있다. 01

> **관련 법령**
>
> 「행정기본법」 제8조 【법치행정의 원칙】 행정작용은 법률에 위반되어서는 아니 되며, 국민의 권리를 제한하거나 의무를 부과하는 경우와 그 밖에 국민생활에 중요한 영향을 미치는 경우에는 법률에 근거하여야 한다.

개념확인 O/X

01 국민의 권리를 제한하거나 의무를 부과하는 경우와 국민생활에 중요한 영향을 미치는 경우에 법률에 근거를 요한다는 기본적인 규정을 두고 있는 현행법은 없다.

(O / X)

정답 | 01 X

05 행정법의 법원(法源)(= 존재형식)

1 개설

(1) 의의

행정법의 법원이란 행정법의 조직과 작용에 관한 법의 존재형식 또는 인식근거를 말한다.

(2) 법원(法源)의 범위

① 개념: 법원(法源)을 법의 존재형식 또는 인식근거라 할 때 여기에서 법을 어느 범위로 이해 하느냐에 따라 법원의 범위에 관하여 학설의 다툼이 있다. 특히 행정규칙의 법원성 인정 여부와 관련하여 문제가 된다.

② 학설: 협의설인 법규설은 국민과 행정주체 사이에서 구속력이 있는 일반적·추상적인 법 규만을 법원으로 본다(행정규칙 – 법원으로 부정). 반면 광의설인 행정기준설은 행정사무 처리기준이 되는 모든 법규범(⑩ 행정규칙)을 포함하는 것으로 이해하는 입장이다. 광의설을 다수설로 본다. 01 02

(3) 행정법의 성문법주의

행정법의 성문법주의란 행정법의 인식 근거, 즉 존재형식이 원칙적으로 성문법이어야 한다는 것을 말한다.

① 이론적 근거
  ㉠ 행정작용에 대한 국민의 예측가능성과 법적 안정성을 도모하는 데 있다.
  ㉡ 행정구제절차를 명확히 하여 국민의 권익을 보장하려는 데 있다.

② 실정법적 근거: 우리의 헌법은 국민의 기본권에 관한 사항을 대부분 법률에 유보하고(헌법 제12조 내지 제37조), 행정조직도 원칙적으로 법률에 의하도록 하고 있으며(헌법 제96 조), 중요한 행정작용을 법률에 유보(헌법 제23조 등)하고, 위임입법(헌법 제75조, ·제95 조, ·제114조 등) 등을 규정함으로써 행정법의 성문법주의를 취하고 있다.

③ 한계: 행정법이 성문법주의를 택한다고 하여도 철저하지는 못하다. 또한 민법전에 비견할 만한 단일 행정법전은 없다.

2 행정법의 성문법원

(1) 헌법

① 의의: 헌법은 국가의 기본법으로서 국가의 통치권 전반에 걸친 근본조직과 작용을 규율하는 기본법으로서 행정법의 기본적인 법원이다. 03

② 기능: 헌법은 항상 행정법 해석의 지침과 기준이 된다.

③ 종류
  ㉠ 성문헌법: 문자로 구성되어 있고 일정한 절차를 통해 제정된 법이다.
  ㉡ 관습헌법: 성문헌법이라고 하여도 그 속에 모든 헌법사항을 빠짐없이 완전히 규율하는 것은 불가능하고, 또한 헌법은 국가의 기본법으로서 간결성과 함축성을 추구하기 때문에 형식적 헌법전에는 기재되지 아니한 사항이라도 이를 불문헌법(不文憲法) 내지 관습헌법으로 인정할 소지가 있다(헌재 2004.10.21. 2004헌마554). 04

개념확인 O/X

01 광의의 법원개념을 취하더라도 행정규칙은 법원이 될 수 없다.
(O/X)

※ 광의설: 법규+행정규칙

02 감사원규칙은 헌법에 규정되지 않은 행정법원이다.
18 소방 (O/X)

03 헌법은 행정법의 법원이 된다.
(O/X)

04 헌법재판소는 「신행정수도의 건설을 위한 특별조치법」의 위헌확인사건에서 관습헌법은 성문헌법과 같은 헌법 개정절차를 통해서 개정될 수 있다고 판시하였다.
12 지방9급 (O/X)

| 정답 | 01 X 02 O 03 O 04 O

이러한 관습헌법은 성문헌법과 동일한 효력을 가지며, 일정한 절차를 통해 개정도 가능하다.

(2) 법률

법률은 헌법에서 정해 놓은 절차에 따라 국회에서 제정한 법규범으로서, 성문의 법률은 행정법의 가장 일반적인 법원이 된다.

(3) 긴급명령, 긴급재정·경제명령

대통령의 긴급명령, 긴급재정·경제명령은 국회입법의 예외로서 법률의 효력(국회의 승인 필요)을 가지며 행정법의 법원이다.

(4) 조약 등의 국제법규

① **헌법 규정**: 우리 헌법은 "헌법에 의하여 체결·공포된 조약과 일반적으로 승인된 국제법규는 국내법과 같은 효력을 가진다."라고 규정(헌법 제6조 제1항)하고 있다. 01

② **법원성 인정 여부**: 국제법이 국내행정에 관한 사항을 포함하고 있을 때에는 그 범위에서 행정법의 법원이 된다. 02

③ **국제법의 발효요건**: 우리의 헌법은 국제법규를 국내법과 동일한 효력을 갖는다고 하여 국제법규가 별도의 특별한 입법과정이나 절차 없이 일반적으로 국내법으로 적용될 수 있음을 규정하고 있다. 03

④ **국제법의 효력**: 국제법의 효력에 대해 우리는 조약과 국제법규는 법률과 동일한 효력을 갖는다(법규명령과 효력을 같이하는 경우도 있다). 다만, 조약과 국제법규가 그와 동일의 효력을 갖는 법률과 충돌할 경우에는 국제법과 국내법의 관계에 대해 일원적으로 보고 그 효력을 동위로 보는 통설적 견해에 따르면 신법우선원칙 및 특별법우선원칙이 적용된다. 04

관련 판례

Ⓐ **국제법을 위반한 국내하위법의 효력** [21 국가직 9급, 20 국가직 9급, 17 국가직 9급, 14 지방직 9급, 12 지방직 9급, 11 지방직 9급] 05 06

학교급식을 위해 국내 우수농산물을 사용하는 자에게 식재료나 구입비의 일부를 지원하는 전라북도학교급식조례안은 GATT(1994년 관세 및 무역에 관한 일반협정)나 APG(세계무역기구설립을 위한 마라케쉬협정)에 위반되어 무효이다(대판 2005.9.9. 2004추10).

Ⓐ **WTO 위반을 이유로 사인이 국내 법원에 제소할 수 있는지 여부** [19 서울시 9급, 11 지방직 9급] 07

위 협정은 국가와 국가 사이의 권리·의무관계를 설정하는 국제협정으로, 그 내용 및 성질에 비추어 이와 관련한 법적 분쟁은 위 WTO 분쟁해결기구에서 해결하는 것이 원칙이고, 사인(私人)에 대하여는 위 협정의 직접 효력이 미치지 아니한다고 보아야 할 것이므로, 위 협정에 따른 회원국 정부의 반덤핑부과처분이 WTO 협정 위반이라는 이유만으로 사인이 직접 국내 법원에 회원국 정부를 상대로 그 처분의 취소를 구하는 소를 제기하거나 위 협정 위반을 처분의 독립된 취소사유로 주장할 수는 없다(대판 2009.1.30. 2008두17936).

Ⓑ **남북 사이의 화해와 불가침 및 교류협력에 관한 합의서의 법적 성격** [12 지방직 9급] 08

남북 사이의 화해와 불가침 및 교류협력에 관한 합의서는 남북관계를 '나라와 나라 사이의 관계가 아닌 통일을 지향하는 과정에서 잠정적으로 형성되는 특수관계'임을 전제로, 조국의 평화적 통일을

개념확인 O/X

01 헌법에 의하여 체결·공포된 조약과 일반적으로 승인된 국제법규는 국내법과 같은 효력을 가진다. (O/X)

02 조약은 행정법의 법원이 될 수 없다. (O/X)

03 일반적으로 승인된 국제법규라도 의회에 의한 입법절차를 거쳐야 행정법의 법원이 된다.
07 국가9급 (O/X)

04 헌법에 의하여 체결·공포된 조약과 일반적으로 승인된 국제법규가 동일한 효력을 가진 국내의 법률, 명령과 충돌하는 경우에는 신법우위의 원칙 및 특별법우위의 원칙이 적용된다.
11 지방9급 (O/X)

05 학교급식을 위해 국내 우수농산물을 사용하는 자에게 식재료나 구입비의 일부를 지원하는 것 등을 내용으로 하는 지방자치단체의 조례안은 '1994년 관세 및 무역에 관한 일반협정'에 위반되어 그 효력이 없다.
11 지방9급 (O/X)

06 지방자치단체가 제정한 조례가 1994년 관세 및 무역에 관한 일반협정(General Agreement on Tariffs and Trade 1994)이나 정부조달에 관한 협정(Agreement on Government Procurement)에 위반되는 경우, 그 조례는 무효이다.
17 국가9급 (O/X)

07 사인(私人)은 반덤핑부과처분이 세계무역기구(WTO) 협정 위반이라는 이유로 직접 국내 법원에 회원국 정부를 상대로 그 처분의 취소를 구하는 소를 제기할 수 있다.
11 지방9급 (O/X)

08 대법원은 「남북 사이의 화해와 불가침 및 교류협력에 관한 합의서」를 조약이라고 판시하였다.
12 지방9급 (O/X)

정답 | 01 O 02 X 03 O 04 O 05 O 06 O 07 X 08 X

이룩해야 할 공동의 정치적 책무를 지는 남북한 당국이 특수관계인 남북관계에 관하여 채택한 합의문서로서, 남북한 당국이 각기 정치적인 책임을 지고 상호간에 그 성의 있는 이행을 약속한 것이기는 하나 법적 구속력이 있는 것은 아니어서 이를 국가 간의 조약 또는 이에 준하는 것으로 볼 수 없고, 따라서 국내법과 동일한 효력이 인정되는 것도 아니다(대판 1999.7.23. 98두14525).

주의 「남북관계 발전에 관한 법률」(2005년)의 제21조부터 제24조까지 남북합의서의 체결 등에 대해 규정하고 있음

(5) 법규명령

'법규명령'이란 행정권에 의하여 국가와 국민과의 관계를 직접 규율하는 일반적·추상적 규범을 말한다. 오늘날 행정법의 법원으로 당연히 인정되며 그 중요성이 더해가고 있다.

(6) 행정규칙(행정명령)

행정기관이 상위법령의 위임 없이 행정조직 내부의 활동을 규율하여 정립하는 일반적·추상적 규정이다. 이러한 행정규칙의 법원성에 대하여 법규설은 행정규칙의 법원성을 부정하나(우리 대법원의 입장), 행정기준설에 의하면 행정규칙의 법원성을 긍정한다(독일이나 일본과 달리 우리의 다수설).

(7) 자치법규(조례·규칙)

자치법규는 지방자치단체 또는 그 기관이 '법령의 범위 안에서 제정하는 자치에 관한 규정'을 말한다. 자치법규에는 자치단체가 지방의회를 거쳐 제정하는 조례와 자치단체의 장이 제정하는 규칙이 있다. 이러한 조례와 규칙은 특히 자치행정의 중요한 법원으로서 실질적 행정입법에 해당한다. 01 02 03

3 행정법의 불문법원

행정법의 짧은 역사성과 복잡다기한 현대행정의 특성으로 인하여 성문법의 불비와 흠결이 불가피하고 따라서 이러한 성문법의 불비와 흠결을 보완하기 위해서 불문법이 필요하다. 04

(1) 관습법

① 의의: '관습법'이란 일정한 사실이 국민 사이에 다년간 계속하여 존재하며 일반사회생활 및 행정의 운용에 있어서 오랜 관행으로 성립되고, 이 관행을 준수함이 국민 일반의 법적 확신을 얻음으로써 성립하는 법규범을 말한다.

관련 판례

Ⓑ '관습법'이란 사회의 거듭된 관행으로 생성된 사회생활규범이 사회의 법적 확신과 인식에 의하여 법적 규범으로 승인·강행되기에 이르는 것을 말하고 사실인 관습은 사회의 관행에 의하여 발생한 사회생활규범인 점에서 관습법과 같으나, 다만 사실인 관습은 사회의 법적 확신이나 인식에 의하여 법적 규범으로서 승인될 정도에 이르지 않은 것을 말한다(대판 1983.6.14. 80다3231)

Ⓑ 법적 확신의 판단기준은 특정인이 아닌 대다수 사람에게 일반적으로 시인될 정도에 이른 것으로 보는 것이 판례의 입장이다(대판 1994.3.25. 93다45701)

개념확인 O/X

01 지방자치단체의 자치입법 중 지방의회가 제정한 조례는 행정법의 법원이 되지만, 지방자치단체장이 제정하는 규칙은 법원이 될 수 없다.
(O / X)

02 지방자치행정의 중요한 법원으로 조례와 규칙이 있으나 교육규칙은 포함되지 않는다.
10 교육행정 (O / X)

03 지방자치단체의 학생인권조례는 행정법의 법원이 된다.
16 교육행정 (O / X)

04 행정법은 확일성·강행성이 요구되기 때문에 「민법」 영역과 같이 관습법이 성립할 여지가 없다.
(O / X)

| 정답 | 01 X 02 X 03 O 04 X

| 개념확인 O/X |

② **성립요건**: 관습법이 성립하기 위해서는 국민의 법적 확신 외에 국가의 명시적·묵시적 승인이 있어야 하는가에 대하여 긍정설(국가승인설)과 부정설(법적 확신설)이 대립한다. 통설·판례는 행정에 관한 관행이 존재하고, 그에 대한 법적 확신만 있으면 법규범이 된다고 한다. 여기에서 요구되는 법적 확신은 특정인이 아닌 일반인의 인식을 기준으로 판단한다(대판 1994.3.25. 93다45701)고 한다.

③ **법원성 인정 여부**
  ㉠ 긍정설: 행정은 복잡다기하여 모든 행정영역에 성문법규를 완비할 수 없기 때문에 명문의 규정이 있는 경우는 물론이고 그렇지 않은 경우에도 행정관습법의 법원성을 인정한다(통설·판례). 01 02
  ㉡ 부정설: 행정법규가 관습법을 허용한다는 명문의 규정을 두지 않는 한 행정법의 성문법주의와 행정의 법률적합성의 원칙 때문에 관습법의 법원성을 인정할 수 없다고 한다(O. Mayer).

01 행정법에는 법의 흠결이 존재하는 경우가 적지 않기 때문에 사법(私法)에 비하여 관습법이 성립할 가능성이 크다. (O / X)

02 관습법의 효력에 대하여는 성문법이 없는 경우에 보충적 효력만을 인정하는 견해가 다수설의 견해이다. (O / X)

④ **관습법의 효력**
  ㉠ 성문법 개폐적 효력설: 관습법에 성문의 법률과 다른 그 자체의 고유한 효력을 인정하여 관습법이 성문법과 저촉되는 경우에는 관습법이 우선한다는 견해이다.
  ㉡ 성문법 보충적 효력설: 성문법이 없거나 그 규정의 불비가 있는 경우에 관습법이 성문법을 보충하는 효력만을 가진다는 입장(통설·판례)이다.

| 관련 판례 |

B 관습법의 성립과 효력요건

사회의 거듭된 관행으로 생성한 어떤 사회생활규범이 법적 규범으로 승인되기에 이르렀다고 하기 위하여는 그 사회생활규범은 헌법을 최상위 규범으로 하는 전체 법질서에 반하지 아니하는 것으로서 정당성과 합리성이 있다고 인정될 수 있는 것이어야 하고, 그렇지 아니한 사회생활규범은 비록 그것이 사회의 거듭된 관행으로 생성된 것이라고 할지라도 이를 법적 규범으로 삼아 관습법으로서의 효력을 인정할 수 없다고 할 것이다(대판 2003.7.24. 2001다48781 전합).

⑤ **종류**
  ㉠ 행정선례법: 행정청의 선례가 반복되어 이루어진 관습법을 행정선례법이라 한다. 특히 행정청의 결정선례 등이 발하여지고 그에 기한 사무처리 관행이 반복되는 경우에 행정선례법으로서 의의가 있다. 「행정절차법」 제4조 제2항과 「국세기본법」 제18조 제3항은 행정선례법의 존재를 인정하고 있다.

| 관련 법령 | 행정선례법과 관련된 현행법 |

「**행정절차법**」 제4조 【신의성실 및 신뢰보호】 ② 행정청은 법령 등의 해석 또는 행정청의 관행이 일반적으로 국민들에게 받아들여졌을 때에는 공익 또는 제3자의 정당한 이익을 현저히 해칠 우려가 있는 경우를 제외하고는 새로운 해석 또는 관행에 따라 소급하여 불리하게 처리하여서는 아니 된다.

「**국세기본법**」 제18조 【세법 해석의 기준 및 소급과세의 금지】 ③ 세법의 해석이나 국세행정의 관행이 일반적으로 납세자에게 받아들여진 후에는 그 해석이나 관행에 의한 행위 또는 계산은 정당한 것으로 보며, 새로운 해석이나 관행에 의하여 소급하여 과세되지 아니한다. 03

03 「국세기본법」은 세법의 해석과 국세행정에 있어서 행정선례법의 존재를 명문으로 인정하고 있다. (O / X)

| 정답 | 01 X   02 O   03 O

> **관련 판례**
>
> **B** 국세행정에서 비과세 관행의 묵시적 의사표시 인정 여부 [14 지방직 9급] 01
>
> (구)「국세기본법」제18조 제2항(1984.8.7. 법률 제3746호로 개정되기 전의 것, 현행법 제18조 제3항)에서 정한 일반적으로 납세자에게 받아들여진 국세행정의 관행은 비과세의 사실상태가 장기간에 걸쳐 계속되는 경우에 그것이 그 사항에 대하여 과세의 대상으로 삼지 아니하는 뜻의 과세관청의 묵시적인 의향표시로 볼 수 있는 경우 등에도 이를 인정할 수 있다(대판 1986.3.25. 85누561).

  ⓒ **민중적 관습법**: 국민 사이에 공법관계에 관한 일정한 관행이 다년간 계속됨으로써 성립되는 관습법을 말한다. 주로 공물, 공수 등의 사용관계에서 나타난다. 예컨대, 관개용수권, 음용용수권, 하천사용권, 유지사용권, 온천용수권(판례는 부정), 입어권(入漁權) 등이다(주의 어업권은 국가로부터 얻어진 특허상의 권리이다. 관습법이 아니다). 02

> **관련 판례**
>
> **B** 공유하천으로부터 관습상 관개인수사용권(민중관습법) 인정
>
> 농지소유자들이 수백년 전부터 공유하천에 보를 설치하여 그 연안의 논에 관개를 하여왔고 원고도 그 논 중 일부를 경작하면서 위 보로부터 인수를 하여왔다면, 공유하천으로부터 허가를 얻어야 한다고 하더라도 그 허가를 필요로 하는 법률시행 이전부터 원고가 위 보에 의하여 용수할 수 있는 권리를 관습에 의하여 취득하였음이 뚜렷하므로 원고는「하천법」에 관한 법규에 불구하고 그 기득권이 있는 것이다(대판 1972.3.31. 72다78).

⑥ **소멸**: 사회구성원들이 관행의 법적 구속력에 대하여 법적 확신을 갖지 않게 되었다거나, 사회를 지배하는 기본적 이념이나 사회질서의 변화로 인하여 그러한 관습법을 적용하여야 할 시점에 있어서의 전체 법질서에 부합하지 않게 되었다면 그러한 관습법은 법적 규범으로서의 효력이 부정될 수밖에 없다[대법원도 같은 입장이다(대판 2005.7.21. 2002다1178 전합)].

(2) 판례법

① **의의**: 행정사건에 대한 법원의 판결은 추상적인 행정법규를 구체화하고 명백히 하여 무엇이 법인지를 선언함으로써 판결의 선례로서 장래 동종사건에 대한 재판의 준거가 될 때 법원으로서 효력을 갖게 되는 것을 말한다.

② **각국의 판례법의 법원성**: 영·미법계는 판례법국가로서 판례의 법적 구속력(선결례의 구속의 법리)과 판례의 법원성을 긍정한다. 대륙법계는 성문법국가로서 판례의 사실상 구속력은 인정하나 판례의 법원성은 부정한다. 03

③ **우리나라에서의 법원성 및 효력**
  ㉠ **논의**: 우리나라는 대륙법계에 속하며(판례 불구속의 원칙) 법률상으로는 상급법원 재판에서의 판단은 해당 사건에 관하여 하급심을 기속하는 효력만이 있다(「법원조직법」제8조). 따라서 판례에 법원성이 있는가에 대하여 다툼이 있다. 04 05
  ㉡ **학설**
    ⓐ **법원성 긍정설**: 판례의 변경이 어려워 판례의 안정성이 보장된다는 점과 대법원의 판시내용은 당해 사건은 물론이고 동종사건에도 사실상 하급심을 구속한다는 점, 하급법원이 대법원 판례와 다른 판결 시 상고이유가 된다는 점을 들어 법원성을 긍정하는 견해이다.

개념확인 O/X

01 판례는 국세행정상 비과세의 관행을 일종의 행정선례법으로 인정하지 아니한다.
14 지방9급 (O / X)

02 어업권은 민중관습법이 아니다.
(O / X)

03 영미법계 국가에서는 '선례구속의 원칙'이 엄격하게 적용되어 유사사건에서 상급심의 판결은 하급심을 구속한다.
14 지방9급 (O / X)

04 대법원은 "유사사건에 관한 대법원 판례가 하급심 법원을 직접 기속한다."고 판시한 바 있다.
07 국가9급 (O / X)

05 대법원 확정판결의 효력은 성문법보다 우선한다.
16 교육행정 (O / X)

| 정답 | 01 X 02 O 03 O 04 X 05 X

| 개념확인 O/X |

01 대법원의 판례가 법원이라는 규정은 없지만 판례의 사실상 구속력을 부정하기는 어렵다.
(O/X)

ⓑ **법원성 부정설**: 「법원조직법」 제8조 규정에 '해당 사건에 관하여'라고 명시되어 있다는 점과 판례변경이 허용된다는 점을 들어 부정하고 있다.
ⓒ **일반적 견해**: 법적인 구속력은 없으나, 사실상의 구속력은 인정하고 있다. 01

> 관련 판례
>
> **B** 대법원의 판례가 법률해석의 일반적인 기준을 제시한 경우는 유사사건 재판에 하급심법원을 기속하고, 사안이 서로 다른 사건의 재판에는 하급법원을 직접 기속하는 효력이 없다(대판 1996.10.25. 96다31307)

ⓒ **타국의 경우**: 판례구속성의 원칙이 인정되는 영·미법계에서는 당연히 판례의 법원성이 인정되지만(영국이 특히 판례의 구속성이 강하다) 대륙법계는 인정하고 있지 않다.

(3) 조리·법의 일반원칙

① **의의**: 일반사회의 정의감에 비추어 반드시 그러하여야 할 것이라고 인정되는 경우이다. 즉, 조리(條理)란 사물의 본질적 또는 일반원칙을 말한다.

02 성문법주의를 원칙으로 하기 때문에 조리(법의 일반원칙)는 행정법의 법원이 되지 못한다.
07 국가9급 (O/X)

03 조리법 중에서는 헌법상 효력을 갖는 경우도 있다.
(O/X)

04 조리는 행정법 분야에 있어서 입법의 불비, 법의 흠결이 있는 경우 법원으로 기능할 수 있다.
(O/X)

② **기능·역할**: 조리는 행정법해석의 기본원리며, 성문법·관습법 및 판례법이 모두 없는 경우에 적용되는 최후의 보충법원으로서 중요한 의미를 가지고 행정법규 상호간의 모순·결함이 생긴 경우, 법령해석상의 의문이 있거나 법규명령상 미흡한 점이 있는 경우 조리를 통한 해석으로 해결할 수 있다. 하지만 영구불변의 것은 아니며 시대와 사회에 따라 변하고, 행정권의 재량권행사의 한계로서 역할을 한다.
또한 최근에는 기능과 역할이 증대되어 헌법적 지위까지 올라섰다는 주장도 상당하며, 성문법령의 위헌 여부를 판단하는 기능도 있다고 한다. 02 03 04

③ **조리의 내용**: 조리의 예로서 비례의 원칙(과잉금지의 원칙), 평등의 원칙 및 행정의 자기구속의 법리, 신뢰보호의 원칙, 신의성실·권리남용금지의 원칙, 과잉급부금지의 원칙, 보충성의 원칙, 부당결부금지의 원칙 등을 들 수 있다.

④ **행정법의 일반원칙으로 사용**: 조리의 내용들은 오늘날 모든 행정법의 불문법원리를 포괄적으로 포함하는 제3의 불문법원 또는 헌법상의 원칙으로 그 지위가 격상되어 사용되고 있다. 이들은 행정법의 일반원칙에 해당한다. 이에 관한 내용은 「행정기본법」 등에 규정되어 있다.

(4) 헌법재판소의 위헌결정

05 헌법재판소에 의한 법률의 위헌결정은 국가기관을 구속하지만, 지방자치단체를 기속하는 것은 아니다.
(O/X)

06 헌법재판소에 의한 법률의 위헌결정은 국가기관과 지방자치단체를 기속한다는 「헌법재판소법」 제47조에 의해 법원으로서의 성격을 가진다.
12 지방9급 (O/X)

① **법원성 인정 여부**: 헌법재판소의 위헌결정은 법원과 그 밖의 국가기관 및 지방자치단체를 기속하며, 위헌결정된 법률 또는 법률조항은 효력을 상실하므로 헌법재판소의 위헌결정은 법원으로 인정된다고 본다. 05 06

> 관련 법령
>
> 「헌법재판소법」 제47조 【위헌결정의 효력】 ① 법률의 위헌결정은 법원과 그 밖의 국가기관 및 지방자치단체를 기속한다.
> ② 위헌으로 결정된 법률 또는 법률의 조항은 그 결정이 있은 날부터 효력을 상실한다.
> ③ 제2항에도 불구하고 형벌에 관한 법률 또는 법률의 조항은 소급하여 그 효력을 상실한다. 다만, 해당 법률 또는 법률의 조항에 대하여 종전에 합헌으로 결정한 사건이 있는 경우에는 그 결정이 있은 날의 다음 날로 소급하여 효력을 상실한다.

| 정답 | 01 O 02 X 03 O 04 O 05 X 06 O

② **헌법재판소의 법률해석에 대한 법원의 구속 여부**: 대법원은 헌법재판소가 법률의 위헌 여부를 판단하기 위하여 한 법률해석에 법원은 구속되지 않는다고 한다.

> **관련 판례**
>
> **B 헌법재판소가 법률의 위헌 여부를 판단하기 위하여 한 법률해석에 법원이 구속되는지 여부(소극)**
>
> 구체적 분쟁사건의 재판에 즈음하여 법률 또는 법률조항의 의미·내용과 적용범위가 어떠한 것인지를 정하는 권한, 곧 법령의 해석·적용 권한은 사법권의 본질적 내용을 이루는 것이고, 법률이 헌법규범과 조화되도록 해석하는 것은 법령의 해석·적용상 대원칙이므로, 합헌적 법률해석을 포함하는 법령의 해석·적용 권한은 대법원을 최고법원으로 하는 법원에 전속한다. 따라서 헌법재판소가 법률의 위헌 여부를 판단하기 위하여 불가피하게 법원의 최종적인 법률해석에 앞서 법령을 해석하거나 그 적용 범위를 판단하더라도 헌법재판소의 법률해석에 대법원이나 각급 법원이 구속되는 것은 아니다(대판 2008.10.23. 2006다66272).
>
> **B 헌법재판소의 법률해석·적용에 대한 한정위헌의 효력**
>
> 법률조항 자체는 그대로 둔 채 법률조항에 관한 특정한 내용의 해석·적용만을 위헌으로 선언하는 이른바 한정위헌결정에 「헌법재판소법」제47조가 규정하는 위헌결정의 효력을 부여할 수 없고 한정위헌결정이 재심사유가 될 수 없다(대판 2013.3.28. 2012재두299).

06 행정법의 일반원칙 빈출

> **결정적 코멘트** ▶ 특별한 규정 유무와 상관없이 행정법 전반에 걸쳐 적용되는 행정법의 '일반원칙'에 해당된다. 출제빈도가 높으므로 관련 판례에 대한 이해와 암기를 병행하여야 한다.

모든 행정법 분야에서 적용되고 지배되는 법의 일반적 원리로서, 법적 공동체로서의 인간단체에서 당연히 도출되는 윤리적 최소한의 원칙을 일반법의 원리라고 부른다. 기본적으로는 정의의 원칙을 말하며, 이러한 일반법 원칙의 행정법에서의 표현이 행정법의 일반원칙이다.

1 과잉금지의 원칙(광의의 비례원칙)

(1) 의의

① **개념**: 행정상 비례원칙이란 행정주체가 구체적인 행정목적을 실현함에 있어서 그 목적실현과 수단 사이에는 합리적인 비례관계가 있어야 한다는 원칙을 말한다(광의의 비례원칙).

② **발전**: 이 원칙은 O. Mayer의 행정법이론, 특히 경찰권의 한계에서 찾을 수 있다. 따라서 처음에는 질서행정의 영역에서 경찰권의 발동과 관련하여 논의되었으며, 널리 권력행정 일반에 미치게 되고, 특히 오늘날에는 급부행정 등 행정법 전 영역에 적용되는 법의 일반원칙 내지 헌법상의 법원칙이 되었다.
결국 비례원칙은 경찰행정에서의 과잉금지만 의미하는 것은 아니고 급부행정에서의 과잉금지나 과소보호금지원칙에 대한 것(지나침과 부족함의 금지)도 포함하여 행정의 적정성에 대한 의미라고 할 수 있다.

개념확인 O/X

01 어떤 행정목적을 달성하기 위한 수단은 그 목적달성에 유효·적절하고 또한 가능한 한 최소침해를 가져오는 것이어야 하며 아울러 그 수단의 도입으로 인한 침해가 의도하는 공익을 능가하여서는 아니 된다.
19 국회8급 (O/X)

02 과잉금지원칙에 따라 노후된 건축물을 개수하여 붕괴위험을 충분히 방지할 수 있다면 스스로 원하지 않는다는 한도에서 철거명령을 내려서는 안 되는데, 필요성원칙이 적용된 결과이다.
14 국가9급 (O/X)

03 협의의 비례원칙인 상당성의 원칙은 재량권 행사의 적법성의 기준에 해당한다.
13 국가9급 (O/X)

관련 판례

B 비례원칙 [19 국회직 8급] 01

비례의 원칙(과잉금지의 원칙)이란 어떤 행정목적을 달성하기 위한 수단은 그 목적달성에 유효·적절하고(적합성의 원칙), 또한 가능한 한 최소침해를 가져오는 것이어야 하며(필요성의 원칙), 아울러 그 수단의 도입으로 인한 침해가 의도하는 공익을 능가하여서는 아니 된다(협의의 비례원칙)는 헌법상의 원칙을 말하는 것이다(대판 1997.9.26. 96누10096, 헌재 1997.3.27. 95헌가17).

A 과소보호금지원칙 [21 국가직 9급, 17 국가직 7급]

그것이 이 사건 법률조항과 같이 국민의 생명·신체에 대한 국가의 보호의무와 관계가 있을 때에는 국민의 생명·신체에 대한 국가의 보호가 과소(過少)하여서는 아니 되는 동시에 그 보호에 있어서 평등원칙에 반해서는 안 된다(헌재 1997.1.16. 90헌마110).

(2) 근거 및 효력

① 근거
 ㉠ 이론적 근거: 비례원칙의 이론적 근거로는 자연법상의 정의·공평·형평 등의 관념을 들 수 있다(O. Mayer).
 ㉡ 실정법적 근거: 헌법 제37조 제2항, 「행정기본법」 제10조, 「경찰관 직무집행법」 제1조 제2항, 「행정소송법」 제27조(재량권의 남용·일탈), 「행정규제기본법」 제5조 제3항, 「식품위생법」 제79조 제4항, 「행정절차법」 제48조(행정지도의 원칙) 등을 들 수 있다.

관련 법령

「행정기본법」 제10조 【비례의 원칙】 행정작용은 다음 각 호의 원칙에 따라야 한다.
1. 행정목적을 달성하는 데 유효하고 적절할 것
2. 행정목적을 달성하는 데 필요한 최소한도에 그칠 것
3. 행정작용으로 인한 국민의 이익 침해가 그 행정작용이 의도하는 공익보다 크지 아니할 것

② 효력: 비례의 원칙은 법치국가의 파생원칙의 하나이므로 법치국가원리를 채택하고 있는 나라에 있어서는 헌법상의 원칙이라고 할 수 있다.

(3) 내용

① 적합성의 원칙: 행정기관이 취한 수단 및 조치는 그것이 달성하고자 하는 행정목적에 적합한 것이어야 한다는 원칙이다. 즉, 수단은 목적을 달성하는 데 객관적 관련성이 존재하여야 함을 말한다.
② 필요성의 원칙(최소침해의 원칙): 적합한 수단 중에서 개인이나 공공에 최소한의 침해를 가져오는 수단의 채택이어야 한다는 원칙이다. 02
③ 상당성의 원칙(협의의 비례원칙): 어떤 행정조치가 설정된 목적 실현을 위하여 필요한 경우라 할지라도 그 행정조치를 취함에 따른 불이익이 그것에 의해 초래되는 이익보다 큰 경우에는 당해 행정조치를 해서는 안 된다는 원칙이다. 03

정답 | 01 O 02 O 03 O

(4) 비례원칙의 적용영역

① **신뢰보호의 원칙**: 신뢰보호의 원칙은 그 요건에 해당하더라도 그 한계로서 법률적합성의 원칙과 비교·형량하여야 한다.

② **행정행위의 부관**: 행정행위의 부관에서 비례원칙은 그 한계로서 작용한다. 부관은 행정행위의 목적의 필요 범위 내에서 최소한도에 그쳐야 하는 것이다. **01**

③ **자유재량행위**: 자유재량행위도 그 내적 한계로서의 원리들인 공익원칙, 평등원칙, 비례원칙 등에 기속되며, 따라서 비례원칙을 위반한 자유재량권의 행사는 재량권의 법적 범위 내에서 행사되었다고 하여도 재량권의 내적 한계를 넘는 재량권의 남용으로 위법을 면치 못한다.

④ **행정행위의 취소·철회**: 행정행위에 취소사유·철회사유가 있더라도 그 취소권·철회권의 행사에는 일정한 제한이 따르게 된다. **02**

⑤ **행정강제**: 의무를 이행시키는 확보수단으로서의 행정강제는 모든 경우에 비례원칙이 적용되어야 한다.

⑥ **행정계획**: 행정계획을 수립하는 경우에는 공익과 공익, 공익과 사익, 사익과 사익 간의 이익형량이 이루어져야 하며 이러한 형량의 과정에서 비례원칙이 적용되어야 함은 당연하다 할 것이다. **03**

⑦ **사정재결 및 사정판결**: 중대공익과 법치주의의 와해를 통한 개인의 권익 침해 사이에 이익형량이 이루어져야 할 것이므로 비례원칙이 당연 적용된다 할 것이다(「행정심판법」 제44조 제1항, 「행정소송법」 제28조 제2항).

⑧ **행정지도**: 지도를 통하여 얻고자 하는 공익과 이를 통해 발생할 수 있는 침해 사이에 비례원칙이 적용되어야 할 것이며, 이를 「행정절차법」이 명문으로 규정하고 있다. **04**

⑨ **경찰행정**: 경찰권은 사회질서유지를 위하여 묵과할 수 없는 장해 또는 장해 발생의 직접적 위험을 제거하기 위하여서만, 그리고 그 제거를 위하여 필요한 최소한도에 있어서만 발동할 수 있다.

(5) 위반의 효과

헌법적 효력을 가지는 법의 일반원칙인 비례원칙에 위반한 처분 등은 위헌·위법이 된다. 따라서 비례원칙에 위반한 처분은 행정소송대상이 되고 손해배상의 청구 등에 의하여 구제받을 수 있다.

관련 판례 비례의 원칙(과잉금지의 원칙) 개념과 관련된 경우

Ⓑ **수익적 처분의 취소의 제한 법리**

> 행정처분에 하자가 있음을 이유로 처분청이 이를 취소하는 경우에도 그 처분이 국민에게 권리나 이익을 부여하는 수익적 처분인 때에는 그 처분을 취소하여야 할 공익상의 필요와 그 취소로 인하여 당사자가 입게 될 불이익을 비교교량한 후 공익상의 필요가 당사자가 입을 불이익을 정당화할 만큼 강한 경우에 한하여 취소할 수 있는 것이다(대판 1996.10.25. 95누14190).

Ⓑ **헌법재판소는 목적의 정당성·수단의 상당성·침해의 최소성·법익의 균형성을 갖춘 것을 요구하는 과잉금지원칙을 인정한다**(헌재 1996.1.25. 93헌바5, 헌재 1990.9.3. 89헌가95) [12 국가직 7급] **05**

개념확인 O/X

01 부관이 주된 행정행위와 실질적 관련성을 갖더라도 주된 행정행위의 효과를 무의미하게 만드는 경우라면 그러한 부관은 비례원칙에 반하는 하자 있는 부관이 된다.
15 국가9급 (O / X)

02 수익적 행정처분을 취소 또는 철회하는 경우 비례원칙이 적용된다.
12 국가7급 (O / X)

03 행정계획과 관련하여서는 계획재량을 제한하는 형량명령이론으로 발전하였다.
12 국가7급 (O / X)

04 행정지도를 함에 있어서 명문의 규정은 없지만 비례원칙이 적용된다.
12 국가7급 (O / X)
※ 「행정절차법」에 규정

05 헌법재판소는 비례원칙을 위헌법률심사기준으로 삼고 있다.
12 국가7급 (O / X)

| 정답 | 01 O 02 O 03 O 04 X 05 O

개념확인 O/X

관련 판례 비례원칙에 위반된다고 본 경우

🅑 행정규제의 상대방에게 침해되는 기본권을 보호할 수 있는 다른 대체수단이 존재하고 있다 하더라도 그와 같은 사유만으로 기본권의 제한이 정당화되어 비례원칙을 충족하는 것으로는 보지 않는다(대판 1994.3.8. 92누1728)

🅑 주유소영업의 양도인이 등유가 섞인 유사휘발유를 판매한 바를 모르고 이를 양수한 석유판매업자에게 전운영자의 위법사유를 들어 사업정지기간 중 최장기간인 6월의 사업정지에 처한 피고의 이 사건처분은 … (중략) … 위법이 있다(대판 1992.2.25. 91누13106) **01**

🅑 「변호사법」 제10조 제2항의 변호사 개업지 제한규정은 비례원칙·평등원칙에 위반되어 위헌이다(헌재 1989.11.20. 89헌가102)

🅑 입법자의 입법에 관한 필요성원칙의 충족 여부

> 입법자가 임의적(재량적) 규정으로도 법의 목적을 실현할 수 있음에도 여객운송사업자가 지입제 경영을 한 경우 구체적 사안의 개별성과 특수성(해당 사업체 규모, 지입차량의 비율, 지입의 경위 등)을 전혀 고려하지 않고 그 사업면허를 필요적(기속적)으로 취소하도록 한 「여객자동차 운송사업법」 제76조 제1항 단서 중 제8호 부분이 비례의 원칙의 요소인 '피해최소성의 원칙' 및 '법익균형성의 원칙'에 반한다(헌재 2000.6.1. 99헌가11).

🅑 주택건설사업계획 승인처분에 부가한 부담이 그로써 달성하려는 공익의 내용이나 정도에 비하여 그로 인해 입게 되는 사업자의 불이익의 내용 및 정도가 훨씬 심대하여 그 부담 부가행위가 재량권을 일탈하거나 남용하였다고 본 사례(대판 1994.1.25. 93누13537)

🅑 미결수용자에게 수용시설 안에서 재소자용 의류를 입게 하는 것은 필요최소한의 조치이나 수용시설 밖에서 재소자용 의류를 입게 하는 것은 비례의 원칙에 반한다(헌재 1999.5.27. 97헌마137)

🅑 청소년유해매체물로 결정·고시된 만화인 사실을 모르고 있던 도서대여업자가 그 고시일로부터 8일 후에 그 위반사유로 금 700만 원의 과징금을 부과한 것은 재량권의 일탈·남용한 것으로 위법하다(대판 2001.7.27. 99두9490) [21 소방직]

🅑 출장 등의 사유로 근무지를 이탈하고 자신의 상사를 비판하는 기자회견을 한 검사장에 대한 면직처분은 재량권의 한계를 벗어나 위법이 있다(대판 2001.8.24. 2000두7704)

🅑 공무원임용시험령이 5급 공개경쟁채용시험의 응시연령 상한을 '32세까지'로 한 부분은 과잉금지의 원칙에 위배된다(헌재 2008.5.29. 2007헌마1105)

🅑 기부행위금지규정에 위반하여 물품·음식물·서적·관광 기타 교통편의를 제공받은 자에 대하여 부과할 과태료의 액수를 감액의 여지없이 일률적으로 '제공받은 금액 또는 음식물·물품 가액의 50배에 상당하는 금액'으로 정하고 있는 「공직선거법」 조항은 과잉금지원칙에 위배된다(헌재 2009.3.26. 2007헌가22)

🅑 요청한 물품보다 품질이 더 우수하다는 이유의 영업정지처분은 비례원칙에 반한다

> 갑 주식회사가 조달청장과 우수조달물품으로 지정된 고정식 연결의자를 수요기관인 지방자치단체에 납품하는 내용의 물품구매계약을 체결한 후 각 지방자치단체에 지정된 우수조달물품보다 품질이 뛰어난 프리미엄급 의자를 납품하였는데, 조달청장이 갑 회사가 수요기관에 납품한 의자가 우수조달물품이 아닌 일반제품이라는 이유로 3개월간 입찰참가자격을 제한하는 처분을 한 사안에서, 원심이 위 처분에 처분사유가 인정되지 않는다고 판단한 부분은 수긍하기 어려우나 위 처분이 비례원칙 등을 위반하여 재량권을 일탈·남용하였으므로 결과적으로 위법하다고 판단한 원심의 결론은 정당하다(대판 2018.11.29. 2018두49390).

---

01 주유소영업의 양도인이 등유가 섞인 휘발유를 판매한 바를 모르고 이를 양수한 석유판매업자에게 전(前)운영자의 위법사유를 들어 사업정지기간 중 최장기간인 6월의 사업정지에 처한 처분은 비례의 원칙을 위반한 위법한 처분이다.

(O / X)

정답 | 01 O

ⓑ 훈령 1회 위반에 따른 파면처분은 비례원칙에 반한다 [21 소방직, 18 소방직] 01

원심이 원고가 단지 1회 훈령에 위반하여 요정 출입을 하다가 적발된 것만으로는 공무원의 신분을 보유케 할 수 없을 정도로 공무원의 품위를 손상케 한 것이라 단정키 어려운 한편, … (중략) … 이 사건 파면처분은 이른바 비례의 원칙에 어긋난 것으로서 심히 그 재량권의 범위를 넘어서 한 위법한 처분이라고 아니할 수 없다(대판 1967.5.2. 67누24).

ⓑ 독서실 남녀 혼석금지 조례는 비례원칙에 반한다

독서실 열람실 내 남녀별 좌석을 구분 배열하도록 하여 혼석을 금지하도록 하고, 그 위반 시 교습정지처분을 할 수 있도록 한 「전라북도 학원의 설립·운영 및 과외교습에 관한 조례」 제11조 제1호, 위 조례 시행규칙 제15조 제1항 [별표 3]이 과잉금지원칙에 반하여 독서실 운영자와 이용자의 헌법상 기본권을 침해한다(대판 2022.1.27. 2019두59851).

ⓑ 개별성과 특수성을 고려하지 않은 면허취소규정은 비례원칙에 반한다 [19 국회직 8급] 02

자동차 등을 범죄행위에 이용하기만 하면 운전면허를 취소하도록 하고 있는 것은 구체적 사안의 개별성과 특수성을 고려할 수 있는 여지를 일체 배제하고 그 위법의 정도나 비난의 정도가 극히 미약한 경우까지도 운전면허를 취소할 수밖에 없도록 하는 것으로 최소침해성의 원칙에 위반된다 할 것이다(헌재 2005.11.24. 2004헌가28).

관련 판례 비례원칙에 위반되지 않는다고 본 경우

ⓑ 원고가 다른 차들의 통행을 원활히 하기 위하여 승용차를 주차목적으로 자신의 집앞 약 6m를 운행했다 해도 이는 「도로교통법」상의 음주운전에 해당하고, … (중략) … 운전면허취소는 적법하다(대판 1996.9.6. 96누5995)

ⓑ 자동차운전을 생업으로 하고 있는 원고에게 음주운전 면허취소는 지나치다고 볼 수 없고, 더욱 음주운전을 예방해야 할 필요가 있다(대판 1995.9.26. 95누6069) [23 지방직 7급] 03

ⓑ 자동차를 이용하여 동종의 범죄를 재범할 위험이 크다는 이유로 한 운전면허취소처분은 적법하다(대판 1997.10.24. 96누17288)

ⓑ 공익상의 이유로 산림훼손허가를 거부하는 것은 비례원칙에 반하지 않는다 [08 국가직 9급] 04

산림훼손 금지 또는 제한지역에 해당하지 않더라도 허가관청은 산림훼손허가신청 대상토지의 현상과 위치 및 주위의 상황 등을 고려하여 국토 및 자연의 유지와 환경의 보전 등 중대한 공익상 필요가 있다고 인정될 때에는 산림훼손허가를 거부할 수 있고, 그 거부처분에 법규상 명문의 근거가 필요한 것은 아니다(대판 1997.9.12. 97누1228).

ⓑ 해당 지역에서 일정기간 거주하여야 한다는 요건 이외에 해당 지역 운수업체에서 일정기간 근무한 경력이 있는 경우에만 개인택시 운송사업면허신청 자격을 부여한다는 개인택시운송사업면허 업무규정은 비례원칙에 위배되지 않는다(대판 2005.4.28. 2004두8910)

ⓑ 사법시험 제2차 시험에 과락제도를 적용하고 있는 규정이 비례의 원칙, 과잉금지의 원칙 및 평등의 원칙 등을 위반하였다고 할 수는 없다(대판 2007.1.11. 2004두10432)

개념확인 O/X

01 비례의 원칙에 의할 때 공무원이 단지 1회 훈령에 위반하여 요정 출입을 하였다는 사유만으로 한 파면처분은 위법하다.
18 소방 (O / X)

02 자동차를 이용하여 범죄행위를 한 경우 범죄의 경중에 상관없이 반드시 운전면허를 취소하도록 한 규정은 과잉금지원칙을 위반한 것이다.
19 국회8급 (O / X)

03 음주운전으로 인한 운전면허취소처분의 재량권 일탈·남용 여부를 판단할 때, 운전면허의 취소로 입게 될 당사자의 불이익보다 음주운전으로 인한 교통사고를 방지하여야 하는 일반예방적 측면이 더 강조되어야 한다.
23 지방7급 (O / X)

04 법규에 명문의 근거가 없는 경우에 환경보전을 이유로 산림훼손허가를 거부하는 것은 비례원칙에 반한다.
08 국가9급 (O / X)

| 정답 | 01 O 02 O 03 O 04 X

개념확인 O/X

Ⓑ 「사법시험법 시행령」상의 영어대체시험제도와 법학과목 이수제도는 비례의 원칙과 평등의 원칙에 반하지 않는다(헌재 2007.4.26. 2003헌마947).

Ⓑ 선거법으로서 100만 원 이상의 벌금형을 선고받아 확정되면 5년 동안 피선거권이 제한되는 「공직선거법」 조항은 과잉금지원칙에 위배되지 않는다(헌재 2008.1.17. 2004헌마41).

Ⓑ 심야시간에 보호자와 동행하지 않은 청소년의 찜질방 출입제한규정에 위반한 찜질방 영업자에게 형벌과 행정적 제재를 부과하는 것은 비례의 원칙에 위배되지 않는다(헌재 2008.1.17. 2005헌마1215).

Ⓑ 농림지역 안에서의 건폐율을 20% 이하로, 용적률을 80% 이하로 제한하는 규정이 농림지역 내 토지소유자의 재산권을 과도하게 침해한 것은 아니다(헌재 2008.4.24. 2005헌바43).

Ⓑ 과징금부과에 관한 (구)「부동산 실권리자명의 등기에 관한 법률」 제5조가 이중처벌금지 원칙 또는 비례의 원칙에 위반되지 않는다(대판 2007.7.12. 2006두4554).

Ⓑ 사립학교 교원이 파산선고를 받으면 당연퇴직되도록 규정한 것은 비례의 원칙에 위배되지 않는다(헌재 2008.11.27. 2005헌가21).

Ⓑ 「도로교통법」 위반에 음주전과를 포함하는 것은 비례원칙에 반하지 않는다 [13 국가직 9급] 01

> 「도로교통법」 제148조의2 제1항 제1호에서 정하고 있는 「도로교통법」 제44조 제1항을 2회 이상 위반한 것에 개정된 「도로교통법」이 시행된 2011.12.9. 이전에 (구)「도로교통법」(2011.6.8. 법률 제10790호로 개정되기 전의 것) 제44조 제1항을 위반한 음주운전 전과까지 포함되는 것으로 해석하는 것이 형벌불소급의 원칙이나 일사부재리의 원칙 또는 비례의 원칙에 위배된다고 할 수 없다(대판 2012.11.29. 2012도10269).

Ⓑ 경찰관의 적극적 금품수수에 대한 징계로써 해임은 비례원칙에 반하지 않는다

> 경찰공무원이 그 단속의 대상이 되는 신호위반자에게 먼저 적극적으로 돈을 요구하고 다른 사람이 볼 수 없도록 돈을 접어 건네주도록 전달방법을 구체적으로 알려주었으며 동승자에게 신고 시 범칙금처분을 받게 된다는 등 비위신고를 막기 위한 말까지 하고 금품을 수수한 경우, <u>비록 그 받은 돈이 1만 원에 불과하더라도 위 금품수수행위를 징계사유로 하여 당해 경찰공무원을 해임처분한 것은 징계재량권의 일탈·남용이 아니다</u>(대판 2006.12.21. 2006두16274).

Ⓑ 특정대기유해물질 배출시설을 설치허가 대상으로 규정한 시행령은 비례원칙에 반하지 않는다

> 특정대기유해물질이 발생되는 배출시설을 설치허가 대상으로 규정한 (구)「대기환경보전법 시행령」 제11조 제1항 제1호 및 계획관리지역에서 특정대기유해물질을 배출하는 시설의 설치를 금지하는 (구)「국토의 계획 및 이용에 관한 법률 시행령」 제71조 제1항 제19호, [별표 20] 제1호 (자)목 ① 중 [별표 19] 제2호 (자)목 ① 부분이 헌법 제37조 제2항의 과잉금지원칙에 반하지 않는다(대판 2019.10.18. 2018두34497).

Ⓑ 학교환경 위생정화구역 내에서 숙박업의 금지규정은 비례원칙에 반하지 않는다

> 학교환경 위생정화구역 안에 관광호텔을 신축하고자 하는 갑 주식회사가, <u>학교환경 위생정화구역 안에서 호텔시설의 영업을 금지한 「학교보건법」 제6조 제1항 제13호 중 '호텔' 부분이 과잉금지의 원칙 등에 위배된다며 위헌법률심판제청을 신청한 사안에서, 위 법률조항은 입법목적의 정당성과 방법의 적정성이 인정되고 법익균형성 원칙에도 위배되지 않는다</u>(대결 2012.6.28. 자 2012아35).

---

01 「도로교통법」 제148조의2 제1항 제1호의 "「도로교통법」 제44조 제1항을 2회 이상 위반한' 것에 (구)「도로교통법」 제44조 제1항을 위반한 음주운전 전과도 포함된다고 해석하는 것은 비례원칙에 위반된다.
13 국가9급 (O/X)

| 정답 | 01 X

ⓑ 옥외집회·시위에 대한 사전신고 이후 기재사항의 보완, 금지통고 및 이의절차 등이 원활하게 진행되기 위하여 늦어도 집회가 개최되기 48시간 전까지 사전신고를 하도록 규정한 것은 지나치다고 볼 수 없다(헌재 2014.1.28. 2011헌바174) [20 소방직] 01

ⓒ 골프장 입장행위에 대하여 1명 1회 입장마다 1만 2천 원의 개별소비세를 골프장 경영자에게 부과하는 개별소비세법이 과잉금지원칙에 위반되어 재산권을 침해하지 않는다(헌재 2024.8.29. 2021헌바34).

개념확인 O/X

01 옥외집회의 사전신고의무를 규정한 (구)「집회 및 시위에 관한 법률」제6조 제1항 중 '옥외집회'에 관한 부분은 과잉금지원칙에 위배하여 집회의 자유를 침해하는 것으로 볼 수 있다는 것이 헌법재판소의 태도이다.
20 소방 (O / X)

2 평등의 원칙

(1) 평등원칙의 의의와 근거

① **의의**: 행정법의 일반원칙으로서의 평등원칙은 행정작용에 있어서 특별한 합리적 사유가 없는 한 행정객체인 국민을 공평하게 대우하여야 한다는 원칙을 말한다. 즉, 자의금지원칙이라 한다(불합리한 차별 금지 – 합리적 이유의 차별은 평등원칙에 합치. 따라서 '같은 것은 같게, 다른 것은 다르게'). 02

② **근거**: 헌법 제11조 제1항에서 법 앞의 평등원칙을 규정하고 있다. 또한 「행정기본법」 제9조에도 규정되어 있다.

02 행정법의 일반원칙으로서 평등의 원칙은 행정작용에 있어서 특별한 합리적 사유가 없는 한 행정객체인 국민을 공평하게 처우하여야 한다는 원칙을 말한다.
(O / X)

> **관련 법령**
> 「행정기본법」 제9조【평등의 원칙】 행정청은 합리적 이유 없이 국민을 차별하여서는 아니 된다.

③ **범위**: 평등원칙은 불평등한 법의 적용은 물론이고 불평등한 처우를 내용으로 하는 법의 정립(입법권구속)을 금지하는 취지를 포함한다.

> **관련 판례** 평등의 원칙에 위반된다고 본 경우
>
> ⓑ 당직근무대기 중 심심풀이로 돈을 걸지 않고 점수따기 화투놀이를 한 사실이 징계사유에 해당한다고 할지라도, 징계처분으로 파면을 택한 것은 화투놀이를 한 3명은 견책에 처하기로 한 사실을 고려하면 공평의 원칙상 그 재량의 범위를 벗어난 위법한 것이다(대판 1972.12.26. 72누194) 03
>
> ⓑ 다른 지방선거 후보자와는 달리 기초의회의원선거의 후보자에 대해서만 정당표방을 금지한 것은 아무런 합리적 이유 없이 불리하게 차별하고 있으므로 평등원칙에 위배된다(헌재 2003.1.30. 2001헌가4)
>
> ⓑ 제대군인에 대한 공무원시험에서의 군가산점제도는 여성과 장애인들의 평등권과 공무담임권을 침해하여 헌법에 위반된다(헌재 1999.12.23. 98헌마363)
>
> ⓑ 청원경찰의 인원감축을 위한 면직처분대상자 선정에서 학력에 따라 집단을 구분하여 같은 감원비율을 적용한 것은 평등의 원칙에 위반된다(대판 2002.2.8. 2000두4057) [08 국가직 9급] 04
>
> ⓑ 국가기관이 채용시험에서 국가유공자의 가족에게 10%의 가산점을 부여하는 규정은 평등권과 공무담임권을 침해한다(헌재 2006.2.23. 2004헌마675)
>
> ⓑ 잡종재산(현, 일반재산)에 대해 시효취득을 배제하고 있는 (구)「국유재산법」 제5조 제2항은 합리적 사유없이 국가와 사인을 차별하는 것으로서 평등원칙에 위반된다(헌재 1991.5.13. 89헌가97)

03 대법원은 동일한 징계사유(당직근무대기 중 화투놀이를 한 사실)에 대해서 3명은 견책을 하고 1명에 대해서는 파면을 한 것은 평등(공평)의 원칙에 반하는 것이라고 판시하였다.
(O / X)

04 청원경찰의 인원감축을 위하여 초등학교 졸업 이하 학력소지자 집단과 중학교 중퇴 이상 학력소지자 집단으로 나누어 각 집단별로 같은 감원비율의 인원을 선정한 것은 위법한 재량권 행사이다.
08 국가9급 (O / X)

| 정답 | 01 X 02 O 03 O 04 O

개념확인 O/X

01 조례안이 지방의회의 감사 또는 조사를 위하여 출석요구를 받은 증인이 5급 이상 공무원인지 여부, 기관(법인)의 대표나 임원인지 여부 등 증인의 사회적 신분에 따라 미리부터 과태료의 액수에 차등을 두고 있는 경우 그 합리성을 인정할 수 없고 지위의 높고 낮음만을 기준으로 한 부당한 차별대우라고 할 것이어서 평등의 원칙에 위배되어 무효이다.
24 국회9급 (O / X)

02 국회의원과 달리 지방의회의원을 후원회지정권자에서 제외하고 있는 것은 불합리한 차별로서 청구인들의 평등권을 침해한다.
23 군무원7급 (O / X)

B 지방의회의 조사·감사를 위해 채택된 증인의 불출석·증언거부 등에 대한 과태료를 사회적 신분에 따라 차등 부과할 것을 규정한 조례는 평등원칙에 위반되어 무효이다(대판 1997.2.25. 96추213) [17 서울시 9급, 24 국회직 9급] **01**

B 행정청이 이러한 처분기준(「식품위생법 시행규칙」제재적 처분기준 별표15)을 따르지 아니하고 특정한 개인에 대하여만 위 처분기준을 과도하게 초과하는 처분을 한 경우에는 재량권의 한계를 일탈하였다고 볼 만한 여지가 충분하다(대판 1993.6.29. 93누5635)

B (교원징계재심위원회) 재심결정에 대하여 교원에게만 행정소송을 제기할 수 있도록 하고 학교법인에게는 이를 금지한 「교원지위 향상을 위한 특별법」제10조 제3항은 헌법에 위배된다(헌재 2006.2.23. 2005헌가7·2005헌마1163)

B 국회의원과 달리 지방의회의원을 후원회지정권자에서 제외하고 있는 것은 불합리한 차별로서 청구인들의 평등권을 침해한다(헌재 2022.11.24. 2019헌마528) [23 군무원 7급] **02**

B 동성 사실혼 배우자의 건강보험(직장가입)등록 취소의 평등위반 여부

> 갑이 동성인 을과 교제하다가 서로를 동반자로 삼아 함께 생활하기로 합의하고 동거하던 중 결혼식을 올린 뒤 국민건강보험공단에 건강보험 직장가입자인 을의 사실혼 배우자로 피부양자 자격취득 신고를 하여 피부양자 자격을 취득한 것으로 등록되었는데, 이 사실이 언론에 보도되자 국민건강보험공단이 갑을 피부양자로 등록한 것이 '착오 처리'였다며 갑의 피부양자 자격을 소급하여 상실시키고 지역가입자로 갑의 자격을 변경한 후 그동안의 지역가입자로서의 건강보험료 등을 납입할 것을 고지한 사안에서, 위 처분이 「행정절차법」제21조 제1항과 헌법상 평등원칙을 위반하여 위법하다(대판 2024.7.18. 2023두36800).

C 외국인만으로 구성된 가구 중 영주권자 및 결혼이민자만을 긴급재난지원금 지급대상에 포함시키고 난민인정자를 제외한 관계부처합동 긴급재난지원금 가구구성 및 이의신청 처리기준 중 '외국인만으로 구성된 가구'에 관한 부분이 난민인정자인 청구인의 평등권을 침해하는지 여부

> 이 사건 처리기준이 긴급재난지원금 지급 대상인 외국인만으로 구성된 가구에 '영주권자 및 결혼이민자'를 포함시키면서 '난민인정자'를 제외한 것은 합리적 이유 없는 차별이라 할 것이므로, 이 사건 처리기준은 난민인정자인 청구인의 평등권을 침해한다(헌재 2024.3.28. 2020헌마1079).
> ※ 이 사건 처리기준은 재량준칙으로 자기구속의 법리에 따라 헌법소원 대상이 되는 대외적 구속력이 있음

A 재림교의 안식일로 면접일시가 지정되어 면접에 응시하지 못한 재림교 신자에 대한 불합격처분은 위법함

> ○○대학교 법학전문대학원 입시 과정에서 재림교 신자들이 종교적 신념을 이유로 결과적으로 불이익을 받게 되는 경우, 이를 해소하기 위한 조치가 공익이나 제3자의 이익을 다소 제한한다고 하더라도, 그 제한의 정도가 재림교 신자들이 받는 불이익에 비해 현저히 적다고 인정된다면, 헌법이 보장하는 실질적 평등을 실현할 의무와 책무를 부담하는 피고로서는 재림교 신자들의 신청에 따라 그들이 받는 불이익을 해소하기 위한 적극적인 조치를 취할 의무가 있다(대판 2024.4.4. 2022두56661).

정답 | 01 ○   02 ○

관련 판례 | 평등의 원칙에 위반되지 않는다고 본 경우

- 남녀고용평등법·「근로기준법」상의 남녀의 차별적 대우 금지규정은 합리적인 이유 없이 부당하게 대우하는 것을 뜻하며, 교환직렬에 차등정년을 둔 것은 평등원칙에 위배되지 않는다(대판 1988.12.27. 85다카657, 대판 1996.8.23. 94누13589) **01**

- 「정치자금법」이 국회의원과는 달리 지방의원에게 개인후원회를 금지하고 있는 규정은 합헌이다(헌재 2000.6.1. 99헌마576)

- 대통령과 달리 국회의원과 지방의회의원이 「공직선거법」상 공무원의 선거중립의무 조항의 적용을 받지 않는 것은 합리적인 차별이므로 평등의 원칙에 반하지 않는다(헌재 2008.1.17. 2007헌마700)

- 컴퓨터나 휴대폰 등 다른 방송수신매체에는 수신료를 부과하지 아니하고 텔레비전수상기에 대하여만 수신료를 부과하는 것은 평등원칙에 위반되지 않는다(헌재 2008.2.28. 2006헌바70)

- 개인택시 운송사업자의 운전면허가 취소된 경우 개인택시 운송사업면허를 취소할 수 있도록 한 규정은 평등의 원칙에 위배되지 않는다(헌재 2008.5.29. 2006헌바85)

- 이륜차의 고속도로 등에서의 통행을 금지하는 규정은 평등의 원칙에 위배되지 않는다(헌재 2007.1.17. 2005헌마1111)

- 군인이 자비 해외유학을 위하여 휴직을 하는 경우 다른 국가공무원과 달리 봉급을 지급하지 않도록 하고 있는 「군인사법」 규정은 평등권을 침해한다고 볼 수 없다(헌재 2009.4.30. 2007헌마290)

- 같은 정도의 비위를 저지른 자들에 대하여 그 구체적인 직무의 특성, 금전수수의 경우에는 그 액수와 횟수, 의도적·적극적인 행위인지 여부, 개전의 정이 있는지 여부 등에 따라 차별적인 취급을 하는 것은 평등원칙에 반하지 않는다(대판 2012.5.24. 2011두19727) [23 군무원 9급, 20 지방직 9급, 20 군무원 9급] **02**

- 미신고집회의 주최자를 미신고시위 주최자와 동등하게 처벌하는 것은 평등원칙에 위배되지 않는다(헌재 2009.5.28. 2007헌바22)

- 원주시 내에 건설되는 혁신도시·기업도시의 주민 등에게만 일정한 지원을 하도록 하고 있는 '원주 혁신도시 및 기업도시 편입지역 주민지원 조례안'은 평등원칙에 위반하지 않는다(대판 2009.10.15. 2008추32)

- '인천광역시 공항고속도로 통행료 지원 조례안'의 차별적 지원은 평등원칙에 위반되지 않는다(대판 2008.6.12. 2007추42)

- 시각장애인에 대해서만 안마사 자격인정을 받을 수 있도록 규정한 (비맹제외기준) 「의료법」 조항은 평등권을 침해하지 않는다(헌재 2008.10.30. 2006헌마1098)

- 개인택시 면허기준을 유예기간 없이 변경하여도 평등원칙 등에 반하지 않는다

> 매년 그때의 상황에 따라 적절히 면허 숫자를 조절해야 할 필요성이 있는 개인택시 면허제도의 성격상 그 자격요건이나 우선순위의 요건을 일정한 범위 내에서 강화하고 그 요건을 변경함에 있어 유예기간을 두지 아니하였다 하더라도 그러한 점만으로는 행정청의 면허신청 접수거부처분이 신뢰보호의 원칙이나 형평의 원칙, 재량권의 남용에 해당하지 아니한다(대판 1996.7.30. 95누12897).

- 석유와 LPG의 위와 같은 차이를 고려하여 연구단지 내 녹지구역에 LPG충전소의 설치를 금지한 것은 위와 같은 합리적 이유에 근거한 것이므로 이 사건 시행령 규정이 평등원칙에 위배된다고 볼 수 없다(헌재 2004.7.15. 2001헌마646) [20 소방직] **03**

개념확인 O/X

01 교환직렬의 여성근로자를 남성보다 5년의 정년을 단축한 규정은 평등원칙에 반한다.
(O / X)

02 같은 정도의 비위를 저지른 자들 사이에 있어서 그 직무의 특성 등에 비추어, 개전의 정이 있는지 여부에 따라 징계의 종류의 선택과 양정에 있어서 차별적으로 취급하는 것은, 자의적 취급이라고 할 수 있어서 평등원칙 내지 형평에 반한다.
23 군무원9급 (O / X)

03 연구단지 내 녹지구역에 위험물저장시설인 주유소와 LPG충전소 중에서 주유소는 허용하면서 LPG충전소를 금지하는 시행령 규정은 LPG충전소 영업을 하려는 국민을 합리적 이유 없이 자의적으로 차별하여 결과적으로 평등원칙에 위배된다는 것이 헌법재판소의 태도이다.
20 소방 (O / X)

| 정답 | 01 X 02 X 03 X

| 개념확인 O/X |

B 국방부 등의 보조기관 등에 군무원을 제외한 규정은 평등원칙에 반하지 않는다 [20 군무원]

> 현역군인만을 국방부의 보조기관 및 차관보·보좌기관과 병무청 및 방위사업청의 보조기관 및 보좌기관(이하 국방부, 병무청 및 방위사업청을 함께 부를 때는 이를 '국방부 등'이라고 하고, 보조기관·차관보 및 보좌기관을 함께 부를 때는 이를 '보조기관 등'이라 한다)에 보할 수 있도록 정하여 군무원을 제외하고 있는 이 사건 법률조항이 군무원인 청구인들의 평등권을 침해하지 않는다(헌재 2008.6.26. 2005헌마1275).

01 「의료법」 등 관련 법령이 정신병원 등의 개설에 관하여는 허가제로, 정신과의원 개설에 관하여 신고제로 각 규정하고 있는 것은 합리적 차별로서 평등의 원칙에 반하지 않는다.
23 지방7급   (O / X)

B 허가제로서의 정신병원과 신고제로서의 정신과의원의 합리적 차별 [23 지방직 7급] 01

> 관련 법령이 정신병원 등의 개설에 관하여는 허가제로, 정신과의원 개설에 관하여는 신고제로 각 규정하고 있는 것은 각 의료기관의 개설 목적 및 규모 등 차이를 반영한 합리적 차별로서 평등의 원칙에 반한다고 볼 수 없다(대판 2018.10.25. 2018두44302).

C 국가가 공무원이 아닌 사람들로서 지방국토관리청장과 기간의 정함이 없는 근로계약을 체결하고 국토관리사무소에서 도로의 유지·보수 업무를 하는 도로보수원 또는 과적차량 단속 등의 업무를 하는 과적단속원으로 근무하는 사람들에게 그들과 같거나 유사한 업무를 담당하는 운전직 공무원 및 과적단속직 공무원들에게 지급하는 정근수당, 직급보조비, 성과상여금, 가족수당을 지급하지 않은 것이 「근로기준법」 제6조를 위반한 차별적 처우에 해당하여 불법행위를 구성하지 않는다(대판 2023.9.21. 2016다255941 전합).

> **결정적 코멘트** 자기구속의 법리에 관한 이론적 근거, 대외적 구속력의 인정 여부는 다수설과 대법원과 헌법재판소가 동일한 점과 다른 점이 있으므로 구분이 필요하고, '자기구속의 법리'의 성립요건에 대한 암기가 필요하다.

(2) 평등원칙을 근거로 한 행정의 자기구속의 법리 [빈출]

02 행정기관은 행정결정에 있어서 동종의 사안에 대하여 이전에 제3자에게 행한 결정과 동일한 결정을 상대방에게 하도록 스스로 구속당한다.
19 국회8급   (O / X)

① 의의: 평등의 원칙이 행정규칙, 특히 재량준칙에 적용되면, 행정기관은 동종의 사안에 대하여 이전에 제3자에게 행한 결정과 동일한 결정을 상대방에게 하도록 스스로 구속당하게 되는 중요한 법리를 형성하게 되는데 이것을 '행정의 자기구속의 법리'라 한다. 02 03

03 평등의 원칙은 우리 헌법이 명문으로 규정한 원칙으로서 재량권행사의 한계원리로서 중요한 의미를 갖는다.
                                      (O / X)

② 법리등장의 배경 및 인정 이유
  ㉠ 배경: 행정의 자기구속의 법리는 오늘날 복리국가에서의 행정 기능 확대에 따라 법률에 의한 행정의 구속만으로는 행정에 대한 법적 통제가 충분하지 못하다는 것을 그 배경으로 한다. 04

04 행정의 자기구속 원칙이 등장하게 된 배경은 현대행정의 기능 확대에 따라 법률에 의한 행정의 구속만으로는 행정에 대한 법적 통제가 충분하지 못하다는 점에 있다.
                                      (O / X)

  ㉡ 인정 이유: 자기구속론은 행정청의 재량영역에서 행정의 통일성을 유지하고 국민의 행정에 대한 예측가능성 및 법적 안정성을 도모하며 이를 위반할 경우 재량영역에서의 사법 심사를 가능하게 하여 국민의 권리보호의 효과를 가지게 한다. 행정권의 재량영역에서 국민의 권리보호를 위하여 재량권 행사에 대한 사후적 사법 심사범위를 확대시킨다는 데에 의의가 있다(재량통제법리 – 행정재량에서도 사법 심사 가능).

③ 구별개념: 행정의 자기구속은 행정에 고유한 재량영역에서 스스로 정립한 기준에 구속된다는 점에서 타자 구속인 법률에 의한 구속과 다르다. 행정의 자기구속은 동종의 사안에 대해 이미 제3자에게 내린 정립기준에 일반적·추상적으로 구속된다는 점에서, 행정행위의 구속은 당해 사안 자체에 대해 개별적·구체적으로 구속된다는 점에서 다르다.

| 정답 | 01 O 02 O 03 O 04 O

④ 근거
  ㉠ **신의칙설**: 자기구속의 법리의 근거를 신뢰보호의 원칙 또는 신의성실의 원칙에서 찾는 견해이다.
  ㉡ **평등원칙설**: 자유재량영역에서의 활동이라도 당연 헌법상 평등원칙의 적용은 받아야 하며, 따라서 동종 사안에 있어서는 모든 사람에게 동일한 판단을 하여야 한다는 평등원칙에서 구하는 것이 보다 직접적이라는 견해이다(통설).

⑤ 기능
  ㉠ **국민의 권리보호 기능**: 행정의 자기구속은 행정재량에 대한 사법심사의 영역을 확대시키고 재량의 모든 행정작용에 적용되므로 자기구속은 행정청이 재량영역에서 스스로 만든 기준에 구속되게 하여 재량을 기속으로 변화시켜 국민의 예측가능성을 확립하고, 법적 안정성을 도모하여 국민의 권리보호 기능을 수행한다.
  ㉡ **행정규칙의 법규로 전환 기능**: 행정의 자기구속은 행정규칙과 관련하여 더욱 중요한 의미를 갖는다. 행정조직 내부의 규범인 행정규칙이 평등원칙을 매개로 하여 국가와 국민 간에 관계를 규율하는 법규로 전환시키는 기능을 한다(법률의 법규창조력에 위반된다는 비판이 있다).

관련 판례

Ⓐ 헌법재판소 – 자기구속의 법리와 재량준칙의 대외적 구속력을 인정함 [20 지방직 9급, 18 국가직 9급, 18 서울시 7급, 16 국가직 7급] 01

> 행정규칙이 법령의 규정에 의하여 행정관청에 법령의 구체적 내용을 보충할 권한을 부여한 경우 또는 재량권 행사의 준칙인 규칙이 규정한 바에 따라 되풀이 시행되어 행정관행이 정착되면, 평등의 원칙이나 신뢰보호의 원칙에 따라 행정기관은 그 상대방에 대한 관계에서 그 규칙에 따라야 할 자기구속을 당하게 되고, 그러한 경우에는 대외적인 구속력을 가지게 된다 할 것이다(헌재 1990. 9. 3. 90헌마13).

Ⓑ 대법원 – 자기구속의 법리는 인정하나 재량준칙의 직접적인 법규성을 인정하지는 않음
– 상급행정기관이 하급행정기관에 발하는 이른바 '행정규칙이나 내부지침'을 위반한 행정처분이 위법하게 되는 경우 [18 서울시 7급, 13 국가직 9급] 02 03 04

> 상급행정기관이 하급행정기관에 대하여 업무처리지침이나 법령의 해석적용에 관한 기준을 정하여 발하는 이른바 '행정규칙이나 내부지침'은 일반적으로 행정조직 내부에서만 효력을 가질 뿐 대외적인 구속력을 갖는 것은 아니므로 행정처분이 그에 위반하였다고 하여 그러한 사정만으로 곧바로 위법하게 되는 것은 아니다. 다만, 재량권 행사의 준칙인 행정규칙이 그 정한 바에 따라 되풀이 시행되어 행정관행이 이루어지게 되면 평등의 원칙이나 신뢰보호의 원칙에 따라 행정기관은 그 상대방에 대한 관계에서 그 규칙에 따라야 할 자기구속을 받게 되므로, 이러한 경우에는 특별한 사정이 없는 한 그를 위반하는 처분은 평등의 원칙이나 신뢰보호의 원칙에 위배되어 재량권을 일탈·남용한 위법한 처분이 된다(대판 2009. 12. 24. 2009두7967).

  ㉢ **기타**: 행정의 통일성 유지, 행정에 대한 국민의 신뢰보호, 행정의 예측가능성 확보와 행정법관계의 안정에 기여하게 된다.

개념확인 O/X

01 행정규칙이 재량권행사의 준칙으로서 반복적으로 시행됨으로써 평등원칙이나 신뢰보호원칙에 따라 행정기관이 그 규칙에 따라야 할 자기구속을 당하게 되는 경우에는 그 행정규칙은 대외적인 구속력을 갖게 되어 헌법소원의 대상이 된다.
(O / X)

02 대법원과 헌법재판소는 평등의 원칙과 신뢰보호의 원칙을 행정의 자기구속의 원칙의 근거로 삼고 있다. 13 국가9급
(O / X)

03 대법원은 재량준칙이 평등이나 신뢰보호를 매개로 대외적 구속력이 있는 법규로 전환되어, 이를 위반한 처분은 직접적인 법규위반으로 위법이라고 한다.
(O / X)

04 재량준칙이 정한 바에 따라 되풀이 시행되어 행정관행이 이루어지게 되면 평등의 원칙이나 신뢰보호의 원칙에 따라 행정청은 상대방에 대한 관계에서 그 규칙에 따라야 할 자기구속을 받게 되므로, 이러한 경우에는 특별한 사정이 없는 한 그에 반하는 처분은 평등의 원칙이나 신뢰보호의 원칙에 어긋나 재량권을 일탈·남용한 위법한 처분이 된다. 18 서울7급
(O / X)

| 정답 | 01 O 02 O 03 X 04 O

개념확인 O/X

01 행정청 내부의 사무처리준칙에 해당하는 지침의 공표만으로도 신청인은 보호가치 있는 신뢰를 갖게 된다.
16 지방9급 (O / X)

02 재량준칙이 공표된 것만으로는 행정의 자기구속의 원칙이 적용될 수 없고, 재량준칙이 되풀이 시행되어 행정관행이 성립한 경우에 행정의 자기구속의 원칙이 적용될 수 있다.
23 지방7급 (O / X)

03 행정처분이 수차례에 걸쳐 반복적으로 행하여졌다면, 설령 그러한 처분이 위법한 것인 때에도 행정청에 대하여 자기구속력을 갖게 된다.
24 국회9급 (O / X)

04 개별국민이 행정기관의 어떤 언동의 정당성 또는 존속성을 신뢰한 경우 그 신뢰가 보호받을 가치가 있는 한 그러한 귀책사유 없는 신뢰는 보호되어야 한다.
19 국회8급 (O / X)

05 신뢰보호원칙은 신의칙에 의한다는 것이 일반적인 입장이다.
(O / X)

06 신뢰보호의 원칙은 「행정절차법」에 명문의 근거가 있다.
18 국가7급 (O / X)

---

⑥ **행정의 자기구속의 요건**
  ㉠ **행정규칙 또는 행정선례의 존재**: 비교의 대상이 되는 1회 이상의 행정선례 또는 행정규칙이 존재하여야 한다. 재량준칙의 단순한 공표만으로는 평등이나 신뢰보호에 따른 자기구속의 법리를 주장할 수 없다. **01 02 03**
  ㉡ **재량영역의 존재**: 자기구속의 원칙은 행정청이 스스로 준칙을 정립할 수 있는 재량영역에서 재량권 행사와 관련해서 논의되는 것이지 행정청의 재량이 인정되지 않는 기속영역에서는 인정될 수 없다.
  ㉢ **행정규칙의 적법성**: 행정규칙 적용에 따른 종전 행정선례의 내용이 위법한 경우에는 평등원칙 적용이 인정되지 않는다는 것이 통설이다. 행정규칙이 위법인 경우에 신뢰보호의 원칙에 의해 해결하면 된다.

> **관련 판례**
>
> **A** 위법한 선례의 자기구속법리의 적용 여부 [21 국가직9급, 18 서울시7급, 17 국가직7급, 16 지방직9급]
>
> 행정청이 조합설립추진위원회의 설립승인 심사에서 위법한 행정처분을 한 선례가 있다고 하여 그러한 기준을 따라야 할 의무가 없는 점 등에 비추어, 평등의 원칙이나 신뢰보호의 원칙 또는 자기구속의 원칙 등에 위배되고 재량권을 일탈·남용하여 자의적으로 조합설립추진위원회 승인처분을 한 것으로 볼 수 없다(대판 2009.6.25. 2008두13132).

⑦ **효과 - 청구권과 쟁송권**: 자기구속원칙을 위반한 행정청의 처분에 대해서는 행정쟁송을 통하여 그 위법성을 다툴 수 있게 된다. 원칙적으로 재량행위는 부당의 문제로서 위법의 문제는 발생하지 않으나 그 행위가 행정의 자기구속원칙에 위반되면 평등원칙을 위반하게 되므로 위법이 된다. 따라서 쟁송을 통해 권리구제가 가능하다.

3 신뢰보호의 원칙 [빈출]

> **결정적 코멘트** ▶ 행정법의 일반원칙 중 출제빈도가 가장 높고 관련 판례의 분량이 많다. 특히 신뢰보호의 요건에 관한 이해와 관련된 판례의 암기가 필요하다.

(1) 의의

'신뢰보호의 원칙'이란 국민이 행정기관의 어떤 공적 견해(명시적·묵시적·적극적·소극적 - 부작위 포함)의 정당성이나 존속성에 대하여 신뢰한 경우, 그 신뢰가 보호받을 가치가 있는 한 그 신뢰를 보호해 주는 법리이다. **04**

(2) 근거

① **이론적 근거**
  ㉠ **신의칙설**: 신의성실의 원칙은 법의 일반원칙의 하나로서 행정기관의 행위를 국민은 적법한 작용으로 신뢰하게 되므로 위법한 행정작용에 대한 개인의 정당한 신뢰도 보호하여야 한다는 입장이다. 독일 연방행정법원은 신뢰보호를 신의성실의 원칙에서 이해하고 있다.
  ㉡ **법적 안정성설**: 행정작용의 정당성·존속성을 통한 개인의 법적 생활의 안정(개인의 신뢰보호)은 법치국가원리의 내용 중 하나라는 입장이다. 즉, 헌법상의 법치국가원리는 내용적으로 법률적합성의 원칙과 법적 안정성의 원칙이 구성요소인데, 이러한 신뢰보호의 원칙 역시도 법적 안정성에서 도출된다고 한다(다수설·판례). **05**
  ㉢ **기타의 근거**: 사회국가원리설·기본권설·독자성설 등이 있다.

② **실정법적 근거**: 「행정절차법」, 「행정기본법」, 「국세기본법」 등에서 찾을 수 있다. **06**

| 정답 | 01 X 02 O 03 X 04 O 05 X 06 O

관련 법령

「**행정절차법**」 제4조 【신의성실 및 신뢰보호】 ② 행정청은 법령 등의 해석 또는 행정청의 관행이 일반적으로 국민들에게 받아들여졌을 때에는 공익 또는 제3자의 정당한 이익을 현저히 해칠 우려가 있는 경우를 제외하고는 새로운 해석 또는 관행에 따라 소급하여 불리하게 처리하여서는 아니 된다. 01 02

「**행정기본법**」 제12조 【신뢰보호의 원칙】 ① 행정청은 공익 또는 제3자의 이익을 현저히 해칠 우려가 있는 경우를 제외하고는 행정에 대한 국민의 정당하고 합리적인 신뢰를 보호하여야 한다.

「**국세기본법**」 제18조 【세법 해석의 기준 소급과세의 금지】 ③ 세법의 해석이나 국세행정의 관행이 일반적으로 납세자에게 받아들여진 후에는 그 해석이나 관행에 의한 행위 또는 계산은 정당한 것으로 보며, 새로운 해석이나 관행에 의하여 소급하여 과세되지 아니한다. 03

「**행정심판법**」 제27조 【심판청구의 기간】 ⑤ 행정청이 심판청구 기간을 제1항의 규정된 기간(90일)보다 긴 기간으로 잘못 알린 경우 그 잘못 알린 기간에 심판청구가 있으면 그 행정심판은 제1항의 규정된 기간에 청구된 것으로 본다.

(3) 신뢰보호의 요건

① 선행조치

㉠ **공적 견해표명**: 행정기관이 행정권을 행사함에 있어서 국민에게 신뢰를 주는 선행조치가 있어야 하며 그러한 신뢰의 대상이 되는 '공적인 견해표명'을 하여야 한다.

관련 판례

Ⓐ 병무청 담당부서의 담당공무원에게 공적 견해의 표명을 구하는 정식의 서면질의 등을 하지 아니한 채 총무과 민원팀장에 불과한 공무원이 민원봉사차원에서 상담에 응하여 안내한 것을 신뢰한 경우, 신뢰보호의 원칙이 적용되지 않는다(대판 2003.12.26. 2003두1875) [22 국가직 9급, 18 서울시 7급, 18 지방직 9급, 16 국가직 7급, 13 국가직 9급] 04

㉡ **'묵시적·부작위' 포함 여부**: 선행조치에는 법령·행정규칙·행정처분·확약·행정지도 기타 명시적이거나 묵시적이거나 적극적 또는 소극적 언동을 포함한다.

관련 판례

Ⓑ 공적인 견해표명에 대해서 명시적 또는 묵시적인 경우도 요건충족으로 인정하고, 묵시적 견해표시가 있다고 하기 위해서는 단순한 부작위와는 달리 일정한 의사표시를 한 것으로 볼 수 있는 사정이 있어야 한다(대판 1995.2.3. 94누11750) [18 소방직] 05

㉢ **구체적인 행정권 행사에 대한 언동일 것**: 행정권의 선행조치는 행정권 행사에 관한 언동이어야 한다(행정권의 행사와 무관한 단순한 법령의 해석에 대한 질의에 대하여 회신해 주는 것은 신뢰보호대상이 아니다).

관련 판례

Ⓑ 상대방의 추상적인 질의에 대한 행정청의 회신내용이 일반론적인 견해표명인 경우는 신뢰보호원칙의 적용이 부정된다(대판 1993.7.27. 90누10384)

㉣ **판단기준**: 대법원에 의하면 행정청의 공적 견해표명의 여부의 판단기준은 반드시 행정조직상의 형식적인 권한분배에 구애될 것은 아니고 담당자의 지위와 임무, 당해 언동을 하게 된 구체적인 경위 등을 토대로 실질적으로 판단하여야 한다는 입장이다. 따라서 처분청 자신의 공적인 견해표명이 있어야 하는 것은 아니며 경우에 따라서는 담당공무원의 공적인 견해표명도 신뢰를 형성시키는 선행조치가 될 수 있다. 06

개념확인 O/X

01 「행정절차법」과 「국세기본법」에서는 법령 등의 해석 또는 행정청의 관행이 일반적으로 국민에게 받아들여졌을 때와 관련하여 신뢰보호의 원칙을 규정하고 있다.
18 지방9급　　　　　　　(O / X)

02 행정청은 공익 또는 제3자의 이익을 현저히 해칠 우려가 있는 경우를 제외하고는 행정에 대한 국민의 정당하고 합리적인 신뢰를 보호하여야 한다.
21 국가7급　　　　　　　(O / X)

03 면허세의 근거법령이 제정되어 폐지될 때까지의 4년 동안 과세관청이 면허세를 부과할 수 있음을 알면서도 수출확대라는 공익상 필요에서 한 건도 부과한 일이 없었다면 비과세의 관행이 이루어졌다고 보아도 무방하다.
20 지방7급　　　　　　　(O / X)

04 서울지방병무청 총무과 민원팀장이 국외영주권을 취득한 사람의 상담에 응하여 법령의 내용을 숙지하지 못한 채 민원봉사차원에서 현역입영대상자가 아니라고 답변하였다면 그것이 서울지방병무청장의 공적인 견해표명이라 할 수 없다.
18 지방9급　　　　　　　(O / X)

05 신뢰보호의 원칙에서 행정기관의 공적인 견해표명은 명시적이어야 하고 묵시적인 경우에는 인정되지 아니한다.
18 소방　　　　　　　　(O / X)

06 행정청의 공적 견해표명이 있었는지 여부를 판단하는 데 있어 반드시 행정조직상의 형식적인 권한분장에 구애될 것은 아니고 담당자의 조직상의 지위와 임무, 당해 언동을 하게 된 구체적인 경위 및 그에 대한 상대방의 신뢰가능성에 비추어 실질에 의하여 판단하여야 한다.
20 국가9급　　　　　　　(O / X)

| 정답 | 01 O　02 O　03 O　04 O　05 X　06 O

개념확인 O/X

01 행정청의 공적 견해표명이 있었는지를 판단할 때 행정조직상의 형식적인 권한분장에 구애될 것은 아니다.
23 국회8급 (O / X)

02 행정청이 폐기물처리업 사업계획에 대하여 적정 통보를 한 것만으로 그 사업부지 토지에 대한 국토이용계획변경신청을 승인하여 주겠다는 취지의 공적인 견해표명을 한 것으로 볼 수 없다.
19 지방9급 (O / X)

관련 판례

ⓐ 행정청의 공적 견해표명이 있었는지의 여부를 판단하는 데 있어 반드시 행정조직상의 형식적인 권한분장에 구애될 것은 아니고 담당자의 조직상의 지위와 임무, 당해 언동을 하게 된 구체적인 경우 및 그에 대한 상대방의 신뢰가능성에 비추어 실질에 의하여 판단하여야 한다(대판 1997.9.12. 96누18380) [23 국회직 8급, 20 국가직 9급, 20 지방직 9급, 16 지방직 9급, 12 사회복지직] **01**

관련 판례   공적 견해로 인정되는 경우

ⓑ 보세운송면허세비과세사건에서 부작위에 대해서도 선행조치의 요건 충족을 인정하고 있다(대판 1980.6. 10. 80누6 전합)

ⓑ 상대방의 질의에 대한 국세청의 회신을 공적인 견해를 명시적으로 표명한 것으로 본다(대판 1994.3.22. 93누22517)

ⓑ 구청장의 지시에 따른 총무과 소속직원의 대체취득으로 인한 취득세 면제약속은 과세관청의 견해표명으로 볼 수 있다(대판 1995.6.16. 94누12159)

ⓑ (구)보건사회부장관의 신청공고에 비과세내용은 공적 견해에 해당된다

> 보건사회부장관이 의료 취약지 병원설립운영자 신청공고를 하면서 국세 및 지방세를 비과세하겠다고 발표하였고, 그 후 행정안전부장관이나 시·도지사가 도 또는 시·군에 대하여 지방세 감면 조례제정을 지시하여 그 조례에 대한 승인의 의사를 미리 표명하였다면, 보건복지부장관에 의하여 이루어진 위 비과세의 견해표명은 당해 과세관청의 그것과 마찬가지로 볼 여지가 충분하다(대판 1996.1.23. 95누13746).

ⓑ 「폐기물관리법」상의 사업계획서 적정성 통보는 폐기물처리업허가에 대한 공적 견해표명에 해당한다(대판 1998.5.8. 98두4061) [19 지방직 9급] **02**

주의 사업계획서에 대한 적정성 통보는 국토이용계획변경신청에 대한 공적 견해는 아님

ⓑ 장관의 비과세 회신은 구체적인 공적 견해에 해당한다

> 취득세 등이 면제되는 (구)「지방세법」 제288조 제2항에 정한 '기술진흥단체'인지 여부에 관한 질의에 대하여 건설교통부장관(현 국토교통부장관)과 내무부장관(현 행정안전부장관)이 비과세 의견으로 회신한 경우 공적인 견해표명에 해당한다(대판 2008.6.12. 2008두1115).

ⓑ 대통령의 담화와 후속조치로서의 장관의 보상공고는 신뢰보호의 공적 견해에 해당한다

> 대통령이 담화를 발표하고 이에 따라 국방부장관이 삼청교육 관련 피해자들에게 그 피해를 보상하겠다고 공고하고 피해신고까지 받은 것은, 대통령이 정부의 수반인 지위에서 피해자들인 국민에 대하여 향후 입법조치 등을 통하여 그 피해를 보상해 주겠다고 구체적 사안에 관하여 종국적으로 약속한 것에 해당한다(대판 2001.7.10. 98다38364).

ⓑ 출생신고와 주민등록증 발급 후 국적 비보유 판정

> 법적으로 혼인한 상태가 아닌 대한민국 국적인 부와 중화인민공화국 국적인 모 사이에 출생한 갑과 을이 출생신고에 따라 주민등록번호를 부여받고 가족관계등록부에 등록되었으며 각각 17세 때 주민등록증을 발급받았는데, 관할 행정청이 '외국인 모와의 혼인외자 출생신고'라며 가족관계등록부를 말소하고 출입국관리 행정청이 부모들에게 갑과 을에 대한 국적 취득 절차를 안내했음에도

| 정답 | 01 O   02 O

이를 진행하지 않다가 성년이 된 후 「국적법」에 따라 국적보유판정을 신청했으나, 법무부장관이 대한민국 국적 보유자가 아니라는 이유로 갑과 을에게 국적비보유 판정을 한 사안에서, 위 판정은 갑과 을의 신뢰에 반하여 이루어진 것으로 신뢰보호의 원칙에 위배된다(대판 2024.3.12. 2022두60011).

관련 판례 | 공적 견해로 인정되지 않은 경우

ⓑ 상대방의 추상적인 질의에 대한 행정청의 회신내용이 일반론적인 견해표명인 경우는 신뢰보호원칙의 적용이 부정된다(대판 1993.7.27. 90누10384)

ⓑ 행정청이 환지확정되기 이전의 종전토지에 대하여 건축허가를 한 바 있지만 이것이 환지확정된 대지의 건축허가에 관한 공적인 견해표명을 한 것이라고 할 수 없다(대판 1992.5.26. 91누10091)

ⓑ 건설교통부장관(현 국토교통부장관)의 지방자치단체 도시기본계획 승인만으로는 장차 건축제한 등이 해제되어 재산권 행사상 제약을 받지 않게 되리라고 하는 신뢰를 주었다고 볼 수 없다(대판 1997.9.26. 96누10096)

ⓑ 세무서장이 납세의무자의 면세사업자등록증을 검열하고, 이에 따른 사업자등록증을 교부하거나 면세사업자로서 한 부가가치세 예정신고 및 확정신고를 받은 행위만으로는 부가가치세를 과세하지 아니함을 시사하는 공적인 견해를 표명한 것이라 할 수 없다(대판 2000.2.11. 98두2119)

ⓑ 도시계획결정만으로는 도시계획의 사업시행자로 지정받게 된다는 공적인 견해표명이라고 볼 수 없다(대판 2000.11.10. 2000두727)

ⓑ 재정경제부(현 기획재정부)가 시행규칙에 관한 보도자료를 통해 일정 시기까지 공포·시행하겠다는 내용을 밝힌 것은 공적 견해표명이라고 볼 수 없다(대판 2002.11.26. 2001두9103)

ⓑ 헌법재판소의 위헌결정은 행정청이 개인에 대하여 신뢰의 대상이 되는 공적인 견해를 표명한 것이라고 할 수 없으므로 헌법재판소의 위헌결정에 관련한 개인의 행위에 대하여는 신뢰보호의 원칙이 적용되지 아니한다(대판 2003.6.27. 2002두6965) [19 지방직 9급] **01**

ⓐ 폐기물처리업 사업계획에 대하여 적정 통보를 한 것만으로 그 사업부지 토지에 대한 국토이용계획변경신청을 승인하여 주겠다는 취지의 공적인 견해표명을 한 것으로 볼 수 없다(대판 2005.4.28. 2004두8828) [21 국가직 9급, 20 국가직 9급, 19 지방직 9급, 17 지방직 7급, 12 사회복지직, 11 국가직 9급]

ⓑ 문화부장관의 지방자치단체장에 대한 회신은 사인에 대한 공적 견해가 아니다

「관광숙박시설지원 등에 관한 특별법」의 유효기간까지 관광호텔업 사업계획 승인신청을 한 경우에는 그 유효기간이 경과한 이후에도 특별법을 적용할 수 있다는 내용의 문화관광부장관의 지방자치단체장에 대한 회신내용을 담당공무원이 알려주었다는 사정만으로 위 지방자치단체장의 공적인 견해표명이 있었다고 보기 어렵다(대판 2006.4.28. 2005두9644).

ⓑ 민원예비심사 의견은 공적 견해가 아니다 [21 국가직 7급, 17 지방직 7급] **02**

「개발이익 환수에 관한 법률」에 정한 개발사업을 시행하기 전에, 행정청이 민원예비심사에 대하여 관련 부서 의견으로 '저촉사항 없음'이라고 기재하였다고 하더라도, 이후의 개발부담금부과처분에 관하여 신뢰보호의 원칙을 적용하기 위한 요건인, 신뢰의 대상이 되는 공적인 견해표명을 한 것이라고는 보기 어렵다(대판 2006.6.9. 2004두46).

개념확인 O/X

01 헌법재판소의 위헌결정은 행정청이 개인에 대하여 신뢰의 대상이 되는 공적인 견해를 표명한 것이라고 할 수 있으므로 그 결정에 관련한 개인의 행위에 대하여는 신뢰보호의 원칙이 적용된다.
19 지방9급 (O/X)

02 「개발이익 환수에 관한 법률」에 정한 개발사업을 시행하기 전에, 행정청이 민원예비심사에 대하여 관련 부서 의견으로 '저촉사항 없음'이라고 기재한 것은 공적인 견해표명에 해당한다.
21 국가7급 (O/X)

| 정답 | 01 X 02 X

개념확인 O/X

01 과세관청이 납세의무자에게 부가가치세 면세사업자용 사업자등록증을 교부하거나 고유번호를 부여하였다고 하더라도 그가 영위하는 사업에 관하여 부가가치세를 과세하지 않겠다는 언동이나 공적 견해를 표명한 것으로 볼 수 없다.
17 지방7급 (O / X)

02 입법 예고를 통해 법령안의 내용을 국민에게 예고한 적이 있다고 하더라도 그것이 법령으로 확정되지 아니한 이상 국가가 이해관계자들에게 그 법령안에 관련된 사항을 약속하였다고 볼 수 없으며, 이러한 사정만으로 어떠한 신뢰를 부여하였다고 볼 수도 없다.
20 국가9급 (O / X)

03 당초 정구장 시설을 설치한다는 도시계획결정을 하였다가 정구장 대신 청소년 수련시설을 설치한다는 도시계획 변경결정 및 지적승인을 한 경우 당초의 도시계획결정만으로는 도시계획사업의 시행자 지정을 받게 된다는 공적 견해를 표명했다고 할 수 없다.
19 국가7급 (O / X)

04 수익적 행정처분의 하자가 당사자의 사실은폐에 의한 신청행위에 기인한 것이라면 당사자는 그 처분에 관한 신뢰이익을 원용할 수 없다.
20 지방7급 (O / X)

05 신뢰보호의 원칙에 있어서 신청을 요하는 행정행위와 관련하여 개인의 귀책사유의 유무는 상대방을 기준으로 판단하여야 하고, 상대방으로부터 신청행위를 위임받은 수임인 등 관계자 모두를 기준으로 판단하여야 하는 것은 아니다.
24 국회9급 (O / X)

06 상대방에게 귀책사유가 있어 그 신뢰의 보호가치가 인정되지 않는다면 신뢰보호의 원칙이 적용되지 않는데, 이 때 귀책사유의 유무는 상대방을 기준으로 판단하여야 하고, 상대방으로부터 신청행위를 위임받은 수임인 등의 귀책사유 유무는 고려하지 않는다.
23 지방7급 (O / X)

07 신뢰보호의 원칙이 적용되기 위한 요건 중 귀책사유의 유무는 상대방과 그로부터 신청행위를 위임받은 수임인 등 관계자 모두를 기준으로 판단하여야 한다.
21 국가7급 (O / X)

B 과세관청이 납세의무자에게 부가가치세 면세사업자용 사업자등록증을 교부하거나 고유번호를 부여한 행위가 부가가치세를 과세하지 아니함을 시사하는 언동이나 공적인 견해표명에 해당되지 않는다(대판 2008.6.12, 2007두23255) [17 지방직 7급] **01**

B 국회에서 법률안을 심의하거나 의결한 사정만으로 신뢰이익을 인정할 수 없다(대판 2008.5.29, 2004다33469) [20 국가직 9급] **02**

B 행정청이 지구단위계획을 수립하면서 그 권장용도를 판매·위락·숙박시설로 결정하여 고시한 행위를 당해 지구 내에서는 공익과 무관하게 언제든지 숙박시설에 대한 건축허가가 가능하리라는 공적 견해를 표명한 것이라고 평가할 수는 없다(대판 2005.11.25, 2004두6822·6839·6846)

B 도시계획결정은 사업시행자 지정에 대한 공적 견해가 아니다 [19 국가직 7급] **03**

> 당초 정구장 시설을 설치한다는 도시계획결정을 하였다가 정구장 대신 청소년 수련시설을 설치한다는 도시계획 변경결정 및 지적승인을 한 경우, 당초의 도시계획결정만으로는 도시계획사업의 시행자 지정을 받게 된다는 공적인 견해를 표명하였다고 할 수 없다(대판 2000.11.10, 2000두727).

B 질의에 대한 장관의 검토의견은 공적 견해가 아니다 [24 국회직 9급]

> 고등훈련기 양산참여권의 포기대가와 관련하여 국내에서 세금이 면제될 수 있도록 협조를 구하는 국방부장관의 질의에 대하여 답변한 재정경제부장관의 검토의견은, 외국법인의 국내원천소득에 대한 재정경제부장관의 일반론적인 견해표명에 불과하므로 그에 대하여 신의성실의 원칙이 적용된다고 할 수 없다(대판 2010.4.29, 2007두19447,19454).

② **귀책사유가 없고, 보호가치가 있을 것**: 선행조치의 정당성·존속성에 대한 관계인의 신뢰가 보호가치 있는 것이어야 하고, 그렇게 신뢰하게 된 데 대하여 관계인에게 귀책사유가 없어야 한다. 귀책사유 여부는 사위의 방법으로 수익 등을 얻은 경우, 선행조치에 하자 있음을 인식하고 취한 처리, 선행조치에 하자 있음을 인식하지 못한 경우, 중대한 과실을 통해 인식하지 못한 경우 등이 해당된다. **04**

관련 판례

A 귀책사유의 개념과 판단기준 [24 국회직 9급, 23 지방직 7급, 21 국가직 7급, 19 국가직 7급, 18 지방직 9급, 11 국가직 9급]
05 06 07

> '개인의 귀책사유'라 함은 행정청의 견해표명의 하자가 상대방 등 관계자의 사실은폐나 기타 사위의 방법에 의한 신청행위 등 부정행위에 기인한 것이거나 그러한 부정행위가 없더라도 하자가 있음을 알았거나 중대한 과실로 알지 못한 경우 등을 의미한다고 해석함이 상당하고, 귀책사유의 유무는 상대방과 그로부터 신청행위를 위임받은 수임인 등 관계자 모두를 기준으로 판단하여야 한다(대판 2008.1.17, 2006두10931).

귀책사유의 유무는 상대방과 그로부터 신청행위를 위임받은 수임인 등 관계자 모두를 기준으로 판단하여야 한다.

| 정답 | 01 O | 02 O | 03 O | 04 O | 05 X | 06 X | 07 O |

> **관련 판례**

> **B** 상대방의 사위에 의한 신청과 수익적 처분의 취소에서 귀책사유 여부
>
> > 충전소 설치 예정지로부터 100m 내에 있는 건물주의 동의를 모두 얻지 못하였음에도 불구하고 이를 갖춘 양 허가신청을 하여 그 허가를 받아낸 경우에 당사자는 처분에 의한 이익이 위법하게 취득되었음을 알아 그 취소가능성을 능히 예상하고 있었다고 보아야 할 것이므로 수익적 행정행위인 액화석유가스충전사업허가취소처분에 위법이 없다(대판 1992.5.8. 91누13274).

> **B** 수익적 처분이 같은 사유로 인하여 취소될 것임을 예상할 수 없었다고 할 수 없으므로, 이러한 경우에까지 상대방의 신뢰를 보호하여야 하는 것은 아니라고 할 것이다(대판 1995.1.20. 94누6529)

> **B** 귀책사유 여부는 상대방과 수임인 모두를 기준으로 판단한다
>
> > 건축주와 그로부터 건축설계를 위임받은 건축사가 상세계획지침에 의한 건축한계선의 제한이 있다는 사실을 간과한 채 건축설계를 하고 이를 토대로 건축물의 신축 및 증축허가를 받은 경우, 그 신축 및 증축허가가 정당하다고 신뢰한 데에 귀책사유가 있다(대판 2002.11.8. 2001두1512).
> > ⇨ 귀책사유의 유무는 상대방과 그로부터 신청행위를 위임받은 수임인 등 관계자 모두를 기준으로 판단하여야 한다.

> **B** 당사자의 사실은폐나 기타 사위의 방법에 의한 신청행위가 제3자를 통하여 소극적으로 이루어졌다고 하여 달리 볼 것이 아니다(대판 2008.11.13. 2008두8628)

> **B** 생년월일의 수정에 따른 정년연장의 신의성실 위반 여부
>
> > 지방공무원 임용신청 당시 잘못 기재된 호적상 출생연월일을 생년월일로 기재하고, 이에 근거한 공무원인사기록카드의 생년월일 기재에 대하여 처음 임용된 때부터 약 36년 동안 전혀 이의를 제기하지 않다가, 정년을 1년 3개월 앞두고 호적상 출생연월일을 정정한 후 그 출생연월일을 기준으로 정년의 연장을 요구하는 것이 신의성실의 원칙에 반하지 않는다(대판 2009.3.26. 2008두21300).

③ **처리보호**: 행정청의 선행조치만을 믿는 것만으로는 부족하고, 선행조치를 믿고 일정한 행위(예 자본투자, 이사, 물품의 구입 등)를 해야 한다. 즉, 신뢰보호의 원칙은 행정청의 행위의 존속이 목적이 아니라, 행정청의 조치를 믿고 그에 따른 사인의 행위를 보호하기 위함이다. 01

④ **인과관계**: 신뢰보호의 원칙이 적용되기 위해서는 선행조치에 대한 신뢰와 관계자의 처리 사이에 인과관계가 있어야 한다. 신뢰와 처리 사이에 인과관계가 없을 경우에는 신뢰보호의 문제는 발생하지 않는다. 02

⑤ **선행조치에 반하는 처분의 존재 또는 부작위**: 신뢰보호가 적용되기 위해서는 선행조치에 반하는 행정청의 처분 또는 부작위의 존재가 요구되며, 그로 인하여 선행조치를 신뢰한 개인의 권익이 침해된 경우에 인정된다.

⑥ **권익침해**: 선행조치에 반하는 행정청의 후행처분이 있거나 또는 행정청이 선행조치에 의하여 신뢰를 준 행위를 하지 않음으로써 그것을 신뢰한 상대방 및 관계인의 권익이 침해되어야 한다. 따라서 아직 후행처분행위가 존재하지 않는 경우에는 기대이익이나 예상이익을 이유로 신뢰보호를 주장할 수 없다.

개념확인 O/X

01 행정청의 선행조치에 대하여 상대방인 사인의 아무런 처리행위가 없었던 경우라도 정신적 신뢰를 이유로 신뢰보호를 요구할 수 있다.
08 국회8급 (O / X)

02 행정청의 선행조치와 무관하게 우연히 행해진 사인의 처리행위도 신뢰보호의 대상이 될 수 있다.
08 국회8급 (O / X)

| 정답 | 01 X 02 X

(4) 신뢰보호의 적용영역

① 위법한 수익적 행정행위의 직권취소의 제한

> **관련 판례**
>
> **B 수익적 행정행위의 취소는 공익과 비교형량한 후 결정한다** [20 소방직] **01**
>
> 행정청이 수익적 행정처분을 취소할 때에는 비록 취소 등의 사유가 있더라도 이를 취소하여야 할 공익상의 필요와 그 취소로 인하여 당사자가 입게 될 신뢰보호 및 법률생활의 안정의 침해 등을 비교량한 후 공익상의 필요가 당사자가 입을 불이익을 정당화할 만큼 강한 경우에 한하여 취소할 수 있다(대판 1994.10.11. 93누22678).

② 적법한 수익적 행정행위의 철회의 제한

③ **행정법상 확약**: 확약으로 인한 신뢰 역시 보호되어야 한다는 것은 학설상으로 오늘날 널리 인정되고 있다. 따라서 확약에 반하는 행정청의 처분의 경우 상대방은 신뢰보호 위반을 주장할 수 있다.

> **관련 판례**
>
> **B 확약에 관한 신뢰보호와 손해배상 여부**
>
> 국방부장관이 삼청교육 관련 피해자들에게 그 피해를 보상하겠다고 공고하고 피해신고까지 받은 것은, 단순한 사실상의 기대를 넘어 법적으로 보호받아야 할 이익이라고 보아야 하므로, 국가로서는 정당한 이유 없이 이 신뢰를 깨뜨려서는 아니 되고, 이를 어긴 경우에는 그 신뢰의 상실로 인한 손해를 배상하여야 하고, 이러한 손해에는 정신적 손해도 포함된다(대판 2001.7.10. 98다38364).

④ **행정계획의 변경**: 행정계획을 신뢰하고 자본을 투하한 뒤 그 계획이 폐지·변경되었기 때문에 손해 입은 개인에게 신뢰보호의 견지에서 계획집행청구권과 손실보상청구권을 인정할 것인가가 문제되나, 우리의 경우에는 계획보장청구권이 인정되지 않으므로 일반적으로 손실보상청구권만 인정한다. **02**

⑤ **불법에 있어서의 평등대우**: 위법한 행정규칙이나 행정관례를 신뢰한 자가 신뢰보호를 이유로 장래에도 그 위법한 관계에 따라 처리해줄 것을 주장할 수 있을 것인가가 문제되는바 위법한 상태는 적법으로 시정되어야 한다는 의미에서 그런 주장을 할 수 없다는 것이 다수설·판례이다. 따라서 손해배상청구권만 인정된다.

⑥ **행정법상 실권**
  ㉠ **의의**: 행정기관이 위법상태를 알고도 장기간 묵인·방치함으로써 개인이 당해 위법상태의 존속을 신뢰한 경우에는 행정기관은 뒤늦게 위법성을 주장하지 못하고 행정기관의 취소권은 소멸된다는 이론이다.
  ㉡ **근거**: 「행정기본법」 제12조는 신뢰보호 부분에 규정을 두고 있으나 대법원은 신의성실 원칙에서 근거를 찾고 있다.

> **관련 법령**
>
> 「**행정기본법**」 **제12조【신뢰보호의 원칙】**② 행정청은 권한 행사의 기회가 있음에도 불구하고 장기간 권한을 행사하지 아니하여 국민이 그 권한이 행사되지 아니할 것으로 믿을 만한 정당한 사유가 있는 경우에는 그 권한을 행사해서는 아니 된다. 다만, 공익 또는 제3자의 이익을 현저히 해칠 우려가 있는 경우는 예외로 한다.

개념확인 O/X

01 하자 있는 처분이 국민에게 권리나 이익을 부여하는 이른바 수익적 행정행위인 때에는 취소하여야 할 공익상 필요와 취소로 인하여 당사자가 입게 될 기득권과 신뢰보호 및 법률생활안정의 침해 등 불이익을 비교량한 후 공익상 필요가 당사자가 입을 불이익을 정당화할 만큼 강하지 않아도 이를 취소할 수 있다는 것이 판례의 태도이다.
20 소방 (O/X)

02 행정계획의 가변적 속성보다 신뢰보호의 중요성이 강조되어 일반적으로 행정계획존속청구권이 인정된다.
(O/X)
※ 원칙적으로 부정

| 정답 | 01 X 02 X

ⓒ **범위**: 권력관계뿐만 아니라 비권력관계에서도 적용된다.

> **관련 판례** 실권의 법리가 적용되는 경우
>
> Ⓑ **택시운전면허취소처분** ⇨ 3년
>
> 원고의 행정행위 위반이 있은 후 장기간에 걸쳐 아무런 행정조치가 없이 3년이 지난 후에 이를 이유로 운전면허를 취소하는 것은, 행정청이 그간 별다른 행정조치를 하지 않은 것을 믿은 신뢰의 이익과 법적 안정성을 빼앗는 매우 가혹한 것이라 할 것이다(대판 1987.9.8. 87누373).
>
> Ⓐ **실권, 실효의 법리의 의미** [17 국가직 7급, 14 국가직 9급, 10 지방직 9급] **01**
>
> 실권 또는 실효의 법리는 신의성실의 원칙에 바탕을 둔 파생적인 원리로서 이는 본래 권리행사의 기회가 있음에도 불구하고 권리자가 장기간에 걸쳐 그 권리를 행사하지 아니하였기 때문에 의무자인 상대방이 이미 그의 권리를 행사하지 아니할 것으로 믿을 만한 정당한 사유가 있게 됨으로써 새삼스럽게 그 권리를 행사하는 것이 신의성실의 원칙에 위반되는 결과가 될 때 그 권리행사를 허용하지 않는 것을 의미한다(대판 2005.7.15. 2003다46963).

> **관련 판례** 실권의 법리가 적용되지 않은 경우
>
> Ⓑ **택시운송사업면허취소** [13 국가직 9급] **02**
>
> 택시운송사업면허취소(철회에 해당)사유에 해당하지만 1년 10개월간 철회권을 행사하지 아니한 경우에 그 기간 동안 별다른 행정조치가 없었다고 신뢰의 이익을 주장할 수는 없으며, 또한 재량권의 범위를 일탈한 것으로 보기도 어렵다(대판 1989.6.27. 88누6283).
>
> Ⓑ 행정서사업 허가를 행한 뒤 20년이 다 되어 허가를 취소하였더라도, 그 취소사유를 행정청이 모르는 상태에 있다가 취소처분이 있기 직전에 알았다면, 실권의 법리가 적용되지 않고 그 취소는 정당하다(대판 1988.4.27. 87누915) [19 국가직 7급] **03**
>
> Ⓑ 허위의 고등학교 졸업증명서를 제출하는 사위의 방법에 의한 하사관 지원의 하자를 이유로 하사관 임용일로부터 33년이 경과한 후에 행정청이 행한 하사관 및 준사관 임용취소처분이 적법하다(대판 2002.2.5. 2001두5286).

⑦ **소급효(개정 법규명령의 적용)**: 법적 통용력에 대한 신뢰보호의 견지에서 법규명령·행정규칙 등의 소급적 변경은 진정소급·부진정소급 모두 법적 안정성 내지 당사자의 신뢰보호의 문제와 개정 법규명령의 소급적용으로 실현하고자 하는 공익의 이익형량의 문제로 귀결된다. **04**

⑧ **기타**: 이외에도 '사실상 공무원'이론, 공법상 계약, 급부행정, 행정지도 등 행정법의 모든 영역에서 신뢰보호의 원칙이 적용된다. **05**

> **관련 판례**
>
> Ⓑ 실제의 공원구역과 다르게 경계측량 및 표지를 설치한 십수년 후 착오를 발견하여 지형도를 수정한 조치가 신뢰보호의 원칙에 위배되거나 행정의 자기구속의 법리에 반하는 것이라 할 수 없다(대판 1992.10.13. 92누2325).

개념확인 O/X

01 실권의 원칙은 신의성실원칙에서 파생된 원칙으로서 공법관계 가운데 권력관계뿐 아니라 관리관계에도 적용되어야 함을 배제할 수는 없다.
14 국가9급 (O / X)

02 교통사고가 일어난 지 1년 10개월이 지난 뒤 그 교통사고를 일으킨 택시에 대하여 운송사업면허를 취소한 경우, 택시운송사업자로서는 「자동차운수사업법」의 내용을 잘 알고 있어 교통사고를 낸 택시에 대하여 운송사업면허가 취소될 가능성을 예상할 수 있었으므로 별다른 행정조치가 없을 것으로 자신이 믿고 있었다 하여도 신뢰의 이익을 주장할 수는 없다.
13 국가9급 (O / X)

03 처분청이 착오로 행정서사업 허가처분을 한 후 20년이 다 되어서야 취소사유를 알고 행정서사업 허가를 취소한 경우, 그 허가취소처분은 실권의 법리에 저촉되는 것으로 보아야 한다.
19 국가7급 (O / X)

04 개정 법령이 기존의 사실 또는 법률관계를 적용대상으로 하면서 종전보다 불리한 법률효과를 규정하고 있는 경우에도 그러한 사실 또는 법률관계가 개정 법률이 시행되기 이전에 이미 종결된 것이 아니라면 이를 헌법상 금지되는 소급입법이라고 할 수는 없다.
18 국가7급 (O / X)

05 법령이나 비권력적 사실행위인 행정지도 등은 신뢰의 대상이 되는 선행조치에 포함되지 않는다.
19 국가7급 (O / X)

| 정답 | 01 O 02 O 03 X 04 O 05 X

개념확인 O/X

01 법령 개폐에 있어서 신뢰보호원칙의 위반 여부는 한편으로는 침해받은 신뢰이익의 보호가치, 침해의 중한 정도, 신뢰침해의 방법 등과 다른 한편으로는 새 입법을 통해 실현코자 하는 공익목적을 종합적으로 비교형량하여 판단하여야 한다.
19 지방9급 (O / X)

02 법률에 따른 개인의 행위가 국가에 의하여 일정 방향으로 유인된 신뢰의 행사가 아니라 단지 법률이 부여한 기회를 활용한 것이라 하더라도, 신뢰보호의 이익이 인정된다.
18 국가7급 (O / X)

03 신뢰보호는 절대적이거나 어느 생활영역에서나 균일한 것은 아니고 개개인 사안마다 관련된 자유나 권리 등에 따라 보호의 정도와 방법이 다를 수 있으며, 새로운 법령을 통하여 실현하고자 하는 공익적 목적이 우월할 때에는 이를 고려하여 제한될 수 있다.
24 국회8급 (O / X)

04 신뢰보호의 원칙과 행정의 법률적합성의 원칙이 충돌하는 경우 국민보호를 위해 원칙적으로 신뢰보호의 원칙이 우선한다.
20 지방7급 (O / X)

05 선행조치의 상대방에 대한 신뢰보호의 이익과 제3자의 이익이 충돌하는 경우에는 신뢰보호원칙이 우선한다.
19 국회8급 (O / X)
※ 이익형량을 하여야 함

B 법령의 개정과 신뢰보호의 고려 [19 지방직 9급, 18 국가직 7급] **01 02**

> 법률의 개정 시 구법 질서에 대한 당사자의 신뢰가 합리적이고도 정당하며, 법률의 개정으로 야기되는 당사자의 손해가 극심하여 새로운 입법으로 달성하고자 하는 공익적 목적이 당사자의 신뢰의 파괴를 정당화할 수 없다면 새로운 입법은 신뢰보호의 원칙 등에 비추어 허용될 수 없다(대판 2016.11.9. 2014두3228).

B 보다 침익적 처분을 위해 수익적 처분을 취소하는 것은 신뢰보호에 반한다

> 운전면허 취소사유에 해당하는 음주운전을 적발한 경찰관의 소속 경찰서장이 사무착오로 위반자에게 운전면허정지처분을 한 상태에서 위반자의 주소지 관할 지방경찰청장이 위반자에게 운전면허취소처분을 한 것은 선행처분에 대한 당사자의 신뢰 및 법적 안정성을 저해하는 것으로서 허용될 수 없다(대판 2000.2.25. 99두10520).

(5) 신뢰보호의 법적 효과

① **존속보호**: 선행조치를 폐지하여 달성되는 공공이익보다 이를 능가하는 개인의 보호가치 있는 신뢰이익 비중이 더 큰 경우에 행정청은 선행조치를 폐지할 수 없고, 선행조치를 존속시켜야 하며, 이를 존속보호라 한다(원칙).

② **보상보호**: 행정청의 선행조치에 반하는 후행행정을 허용하면서 이로 인해 침해된 개인의 보호가치 있는 신뢰이익에 대해서 재산상의 손실을 보상해 주며, 이를 보상보호라 한다.

③ 우리나라 다수설은 존속보호원칙의 입장이나 독일 연방행정절차법은 보상보호를 원칙으로 한다.

(6) 신뢰보호원칙의 한계[행정의 법률적합성과 신뢰보호(법적 안정성)와의 관계]

① **법률적합성과 신뢰보호**: 위법한 행정행위를 신뢰한 경우에 신뢰보호를 위해 위법한 선행처분을 존속하게 되면 적법으로의 시정을 할 수 없게 되어, 법률적합성에 문제가 발생한다. 학설로는 법률적합성 우위설, 동위설 및 이익형량설이 대립하나, 이익형량설이 다수설·판례이다. **03**

B 이익형량과 신뢰보호 위반 여부 [20 지방직 7급] **04**

> 행정처분이 이러한 요건을 충족하는 경우라고 하더라도 행정청이 앞서 표명한 공적인 견해에 반하는 행정처분을 함으로써 달성하려는 공익이 행정청의 공적 견해표명을 신뢰한 개인이 그 행정처분으로 인하여 입게 되는 이익의 침해를 정당화할 수 있을 정도로 강한 경우에는 신뢰보호의 원칙을 들어 그 행정처분이 위법하다고 할 수 없다(대판 1998.11.13. 98두7343).

② **제3자의 정당한 이익과 신뢰보호**: 상대방의 신뢰를 보호하기 위해 제3자의 정당한 이익이 침해될 수 있는지에 대한 문제이다. 제3자의 정당한 이익이 침해되면서 신뢰이익이 보호될 수는 없다고 할 것이다(「행정절차법」 제4조 제2항). 따라서 위법한 복효적 처분의 직권취소 등에서 상대방의 신뢰이익이 주장될 수 없을 것이나, 제3자에 불가쟁력이 발생한 경우에는 처분의 상대방의 신뢰이익은 강해질 수 있을 것이다. **05**

| 정답 | 01 O 02 X 03 O 04 X 05 X

③ **사정변경(사실관계나 법률관계의 변동)과 신뢰보호**: 신뢰를 형성한 요인인 공적 견해의 기초가 어떤 사실이나 법률관계를 토대로 이루어진 경우, 해당 사실이나 법률관계가 변경되었다면 공적 견해는 행정청의 별도의 의사표시 없이 실효된다. 01 02

> **관련 판례**
>
> **B** 확약에 종기가 붙은 경우, 종기도래로서 확약은 실효된다 [20 지방직 9급]
>
> 행정청이 상대방에게 장차 어떤 처분을 하겠다고 확약 또는 공적인 의사표명을 하였다고 하더라도, 그 자체에서 상대방으로 하여금 언제까지 처분의 발령을 신청하도록 유효기간을 두었는데도 그 기간 내에 상대방의 신청이 없었다거나 확약 또는 공적인 의사표명이 있은 후에 사실적·법률적 상태가 변경되었다면, 그와 같은 확약 또는 공적인 의사표명은 행정청의 별다른 의사표시를 기다리지 않고 실효된다(대판 1996.8.20. 95누10877).

4 부당결부금지의 원칙

(1) 의의

'부당결부금지의 원칙'이란 행정기관이 공권력을 통한 행정을 행함에 있어서 그것과 '실질적 관련성'이 없는 상대방의 반대급부와 결부시켜서는 안 된다는 것을 말한다. 03

(2) 근거

이 원칙은 「행정기본법」에 명문의 규정을 두고 있으나, 비록 명문의 규정이 없다고 해도 법치행정의 원칙·법적 안정성·행정의 예측가능성 및 행정의 자의의 금지에서 나온 행정법상의 일반원칙으로서 헌법적 효력을 가진다고 할 것이다(헌법 제37조 제2항, 「경찰관 직무집행법」 제1조 제2항).

> **관련 법령**
>
> 「**행정기본법**」 제13조 【부당결부금지의 원칙】 행정청은 행정작용을 할 때 상대방에게 해당 행정작용과 실질적인 관련이 없는 의무를 부과해서는 아니 된다.

(3) 요건

행정기관의 공권력 행사가 있어야 한다. 그 행정청의 권한 행사가 상대방의 반대급부와 결부·의존되어 있어야 한다. 그리고 공권력 행사와 반대급부 사이에 실질적 관련성이 있어야 한다.

(4) 적용영역

① **부관**: 부관에 의하여 당해 행정행위에 반대급부를 결부시키는 경우(주로 조건 내지 부담)로서 예컨대 주택사업계획승인을 함에 있어서 관계없는 토지의 기부채납의 경우는 위법을 면하지 못한다. 04
② **공법상 계약**: 공법상 계약을 체결함에 있어서 반대급부를 결부시키는 경우에 적용된다. 05
③ **실효성 확보수단**: 행정상의 의무를 이행시키는 수단으로서 의무와 관련 없는 수단이어서는 안 된다. 예컨대, 공급거부라거나 관허사업제한의 경우(「국세징수법」 제112조)가 해당된다. 06

개념확인 O/X

01 행정청이 공적 견해를 표명할 당시의 사정이 사후에 변경된 경우에는 그 공적 견해가 더 이상 개인에게 신뢰의 대상이 된다고 보기 어려운 만큼, 특별한 사정이 없는 한 행정청이 그 견해표명에 반하는 처분을 하더라도 신뢰보호원칙에 위반된다고 할 수 없다.
23 국회8급 (O / X)

02 신뢰보호의 원칙은 행정청이 공적인 견해를 표명할 당시의 사정이 그대로 유지됨을 전제로 적용되는 것이 원칙이므로, 사후에 그와 같은 사정이 변경된 경우에는 특별한 사정이 없는 한 행정청이 그 견해표명에 반하는 처분을 하더라도 신뢰보호의 원칙에 위반된다고 할 수 없다.
21 국회8급 (O / X)

03 행정주체가 행정작용을 함에 있어서 상대방에게 이와 실질적인 관련이 없는 의무를 부과하거나 그 이행을 강제하여서는 아니 된다.
19 국회8급 (O / X)

04 고속국도 관리청이 고속도로 부지와 점도구역에 송유관 매설을 허가하면서 상대방과 체결한 협약에 따라 송유관 시설을 이전하게 될 경우 그 비용을 상대방에게 부담하도록 한 부관은 부당결부금지원칙에 반하지 않는다.
19 국회8급 (O / X)

05 부당결부금지의 원칙은 공법상 계약에 있어서도 그 적용이 있다.
08 지방7급 (O / X)

06 체납된 공과금의 이행담보를 위하여 여권교부를 거부하였다면 이는 부당결부금지의 원칙에 위배된다.
(O / X)

| 정답 | 01 ○ 02 ○ 03 ○ 04 ○ 05 ○ 06 ○

| 개념확인 O/X |

| 심화 학습 |

(구)「건축법」제69조 제2항과 (구)「국세징수법」제7조

1. 「건축법」제69조 제2항의 무허가건축물에 대하여 발한 시정명령을 불이행한 자에 대한 전기나 전화·수도 등의 공급을 거부할 수 있도록 한 규정이, 부당결부금지원칙에 반하는가에 대한 의문이 있었는데 이 규정은 삭제가 되었다.
2. (구)「국세징수법」제7조는 세무서장이 국세체납자에 대하여 허가 등의 제한을 주무관서에 요구할 수 있도록 한 규정. 이 규정에 대하여서도 부당결부금지원칙에 반하는가에 대한 의문이 제기되었으나, 이 규정은 국가재정을 확보하기 위한 입법정책상의 불가피한 것으로 보아 위헌이 아니라고 보는 견해가 지배적이었다. 즉, 부당결부금지원칙을 무조건 적용한다면 국세징수 행정이 무력화되어 국가의 존립위기인 국가재정확보가 어려워지며 이러한 상황을 극복하는 것도 또한 헌법 제37조 제2항이 정하는 질서유지와 공공복리를 위해 필요한 것이고, 이를 위한 입법적 장치가 「국세징수법」제7조라는 것이다.

「국세징수법」제112조【사업에 관한 허가 등의 제한】① 관할 세무서장은 납세자가 허가·인가·면허 및 등록 등(이하 이 조에서 '허가 등'이라 한다)을 받은 사업과 관련된 소득세, 법인세 및 부가가치세를 체납한 경우 해당 사업의 주무관청에 그 납세자에 대하여 허가 등의 갱신과 그 허가 등의 근거 법률에 따른 신규 허가 등을 하지 아니할 것을 요구할 수 있다. 다만, 재난, 질병 또는 사업의 현저한 손실 그 밖에 대통령령으로 정하는 사유가 있는 경우에는 그러하지 아니하다.
※ 개정된 「국세징수법」규정

01 부당결부금지의 원칙은 행정작용을 함에 있어서 그와 실체적 관련이 없는 상대방의 반대급부를 조건으로 하여서는 안 된다는 원칙을 말한다.
18 소방 (O / X)

④ **급부행정에의 적용**: 일반국민에게 행정주체 등이 급부를 행함에 있어 관련 없는 상대방의 반대급부와 결부시키는 경우에 문제된다. **01**

⑤ **운전면허취소와 부당결부금지원칙**
  ㉠ **일부취소 원칙**: 한 사람이 여러 종류의 자동차 운전면허를 취득하는 경우뿐 아니라 이를 취소 또는 정지함에 있어서도 서로 별개의 것으로 취급하는 것이 원칙이다. 또한 외형상 하나의 행정처분이라 하더라도 가분성이 있거나 그 처분대상의 일부가 특정될 수 있다면 그 일부만의 취소도 가능하고 그 일부의 취소는 당해 취소부분에 관하여 효력이 생긴다고 할 것인바, 이는 한 사람이 여러 종류의 자동차 운전면허를 취득한 경우 그 각 운전면허를 취소하거나 그 운전면허의 효력을 정지함에 있어서도 마찬가지이다.
  ㉡ **전체취소**: 한 사람이 여러 자동차운전면허를 취득한 경우 이를 취소함에 있어서 서로 별개로 취급하는 것이 원칙이나, 취소사유가 특정의 면허에 관한 것이 아니고 다른 면허와 공통된 것이거나 운전면허를 받은 사람에 관한 것일 경우에는 여러 면허를 전부 취소할 수도 있다.

| 관련 판례 |

02 원고가 운전한 오토바이는 이륜자동차로서 제2종 소형면허를 가진 사람만이 운전할 수 있는것이고, 이륜자동차의 운전은 제1종 대형면허와는 아무런 관련이 없는 것이므로 오토바이를 음주운전하였음을 이유로 이륜자동차 이외의 다른 차종을 운전할 수 있는 제1종 대형면허를 취소한 피고의 이 사건 처분은 부당결부금지원에 반하여 위법하다.
10 국회9급 (O / X)

B 125cc 초과 오토바이 음주운전의 경우 [10 국회직 9급] **02**

제2종 소형면허를 가지고 음주운전을 하였음을 이유로 제1종 대형면허를 취소한 것은 부당결부로서 위법하다(대판 1992.9.22. 91누8289).

B 택시 음주운전의 경우

특수면허가 제1종 운전면허의 하나인 이상 특수면허 소지자는 승용자동차로서 자동차운수사업법 등에 규정된 사업용자동차인 택시를 운전할 수 있다. 따라서 택시의 운전은 제1종 보통면허 및 특수면허 모두로 운전한 것이 되므로 택시의 음주운전을 이유로 두 가지 운전면허 모두를 취소할 수 있다(대판 1996.6.28. 96누4992).

Ⓑ 승합차 음주운전의 경우 [24 국가직 7급] 01

제1종 보통면허 소지자는 승용자동차만이 아니라 원동기장치 자전거까지 운전할 수 있도록 규정하고 있어 제1종 보통면허의 취소에는 원동기장치 자전거의 운전까지 금지하는 취지가 포함된 것이어서 이들 차량의 운전면허는 서로 관련된 것이라고 할 것이므로 제1종 보통면허로 운전할 수 있는 차량을 운전면허 정지기간 중에 운전한 경우에는 이와 관련된 원동기장치 자전거면허까지 취소할 수 있다(대판 1997.5.16. 97누2313).

Ⓑ 대형버스의 음주운전의 경우

제1종 대형면허의 취소에는 당연히 제1종 보통면허 소지자가 운전할 수 있는 차량의 운전까지 금지하는 취지가 포함된 것이어서 이들 차량의 운전면허는 서로 관련된 것이라고 할 것이므로, 제1종 대형면허로 운전할 수 있는 차량을 음주운전하거나 그 제재를 위한 음주측정의 요구를 거부한 경우에는 그와 관련된 제1종 보통면허까지 취소할 수 있다(대판 1997.2.28. 96누17578).

Ⓑ 레이카크레인의 음주운전의 경우

제1종 보통, 대형 및 특수면허를 가지고 있는 자가 레이카크레인을 음주운전한 행위는 위 특수면허의 취소사유에 해당될 뿐 위 보통 및 대형 면허의 취소사유는 아니라고 하여 3종의 면허를 모두 취소한 처분 전체를 취소한 원심판결 중 특수면허에 대한 부분은 위법하다(대판 1995.11.16. 95누8850 전합).

Ⓑ 125cc 이륜자동차 음주운전의 경우

갑이 혈중알코올농도 0.140%의 주취상태로 배기량 125cc 이륜자동차를 운전하였다는 이유로 관할 지방경찰청장이 갑의 자동차운전면허[제1종 대형, 제1종 보통, 제1종 특수(대형견인·구난), 제2종 소형]를 취소하는 처분을 한 사안에서, 위 처분 중 제1종 대형, 제1종 보통, 제1종 특수(대형견인·구난) 운전면허를 취소한 부분에 재량권을 일탈·남용한 위법이 있다고 본 원심판단에 재량권 일탈·남용에 관한 법리 등을 오해한 위법이 있다(대판 2018.2.28. 2017두67476).

(5) 위반의 효과 ⇨ 위법

관련 판례

Ⓑ 건축물의 건축허가(준공거부처분)와 도로기부채납의무는 별개인 것인바, 도로기부채납의무를 불이행하였음을 이유로 하는 준공거부처분은 「건축법」에 근거 없이 이루어진 부당결부로서 위법하다(대판 1992.11.27. 92누10364) [13 국가9급] 02

Ⓐ 지방자치단체장이 사업자에게 주택사업계획승인을 하면서 그 주택사업과는 아무런 관련이 없는 토지를 기부채납하도록 하는 부관을 주택사업계획승인에 붙인 경우, 그 부관은 부당결부금지의 원칙에 위반되어 위법하다(대판 1997.3.11. 96다49650) [19 지방직 9급, 16 국가직 7급, 15 국가직 9급, 13 국가직 9급, 08 국가직 9급] 03 04

Ⓑ 본질적 내용 또는 효력에 대하여는 행정청이 임의로 부관을 붙일 수 없다(대판 1990.4.27. 89누6808)

Ⓑ 65세대의 주택건설사업에 대한 사업계획승인시 '진입도로 설치 후 기부채납, 인근주민의 기존 통행로 폐쇄에 따른 대체 통행로 설치 후 그 부지 일부 기부채납'을 조건으로 붙인 것은 위법한 부관에 해당하지 않는다(대판 1997.3.14. 96누16698)

개념확인 O/X

01 제1종 보통면허로 운전할 수 있는 차량을 음주운전한 경우에도 이와 관련된 면허인 제1종 대형면허와 원동기장치자전거면허까지 취소할 수 있는 것은 아니다.
24 국가7급 (O / X)

02 건축물에 인접한 도로의 개설을 위한 도시계획사업시행허가 처분은 건축물에 대한 건축허가처분과는 별개의 행정처분이므로 사업시행허가를 함에 있어 조건으로 내세운 기부채납의무를 이행하지 않았음을 이유로 한 건축물에 대한 준공거부처분은 「건축법」에 근거 없이 이루어진 것으로서 위법하다.
13 국가9급 (O / X)

03 지방자치단체장이 사업자에게 주택사업계획승인을 하면서 그 주택사업과는 아무런 관련이 없는 토지를 기부채납하도록 하는 부관을 붙인 경우, 그 부관은 부당결부금지의 원칙에 위반되어 위법하다.
19 지방9급 (O / X)

04 주택사업계획을 승인하면서 입주민이 이용하는 진입도로의 개설 및 확장과 이의 기부채납의무를 부담으로 부과하는 것은 부당결부금지의 원칙에 반한다.
08 국가9급 (O / X)

> ⓑ 행정청이 수익적 행정처분을 하면서 사전에 상대방과 체결한 협약상의 의무를 부담으로 부가하였는데 부담의 전제가 된 주된 행정처분의 근거법령이 개정되어 부관을 붙일 수 없게 된 경우에도 협약의 효력이 소멸되거나, 협약에 포함된 부관이 부당결부금지원칙에 반하는 것은 아니다(대판 2009.2.12. 2005다65500).

5 성실의무 및 권한남용금지의 원칙

「행정기본법」제11조에 규정을 두고 있으며, 행정청은 법령상의 의무를 성실히 수행하여야 하며, 권한을 남용하거나 그 범위를 넘어서는 아니 된다는 원칙이다.

관련 법령

「행정기본법」제11조【성실의무 및 권한남용금지의 원칙】① 행정청은 법령 등에 따른 의무를 성실히 수행하여야 한다.
② 행정청은 행정권한을 남용하거나 그 권한의 범위를 넘어서는 아니 된다.

07 우리나라 행정법의 기본원리

① 민주행정주의
② 법치행정주의
③ 지방분권주의
④ 복지국가주의
⑤ 사법국가주의

08 행정법의 효력

1 의의

행정법의 효력이란 행정법이 어떠한 범위에서 관계자를 구속하는 힘이 있느냐의 문제로서 규범이 실현하고자 하는 이념과 현재 사실로서 실현되고 있는 상대가 합치되느냐의 문제이다. 이는 법철학적 문제로서 법의 타당성 및 실효성과 관련이 있다.

(1) 타당성

법효력의 규범적·당위적 측면인 정당성을 의미한다. 법의 타당성은 법의 이념과 다수 국민의 도의에서 근거를 찾아야 하며, 만약 결여되면 악법이 된다.

(2) 실효성

행위규범에 위반하는 일이 현실적으로 발생할 경우 강제규범을 발동하는 것을 말하며, 법의 존재성 문제와 관련된다. 따라서 결여되면 사문화된다.

2 시간적 효력(시행일~폐지일)

(1) 효력발생시기(시행일)

결정적 코멘트 「행정기본법」의 시행으로 시행일의 시점은 중요성이 높아졌다. 「행정기본법」의 관련 규정을 암기하여야 하고, 더불어 진정소급·부진정소급의 이해가 필요한 단원이다.

① 공포시점과 시행시점: 법령의 내용을 일반국민들에게 상당기간 알려주고 준비할 수 있도록 공포시점과 시행시점 간에 일정한 유예기간을 두는 것이 일반적 관행이다.

> **심화 학습** 공포의 의미
> ① 공포란 확정된 법령을 국민에게 알리기 위해 국가의 법령과 조약을 관보 또는 신문에 게재하는 행위
> ② 자치법규에 있어서는 당해 지방자치단체의 공보나 신문에 게재하거나 게시하는 행위

② 시행시점
  ㉠ 원칙
    ⓐ 우리의 현행법은 시행시점에 관하여 특별한 규정이 없으면 공포한 날부터 20일이 경과함으로써 효력을 발생한다고 규정하고 있다(「법령 등 공포에 관한 법률」 제13조).
    ⓑ 법령 등을 공포한 날부터 일정 기간이 경과한 날부터 시행하는 경우 법령 등을 공포한 날을 첫날에 산입하지 아니한다(「행정기본법」 제7조 제2호).
    ⓒ 법령 등을 공포한 날부터 일정 기간이 경과한 날부터 시행하는 경우 그 기간의 말일이 토요일 또는 공휴일인 때에는 그 말일로 기간이 만료한다(「행정기본법」 제7조 제3호).
  ㉡ 예외: 국민의 권리제한 또는 의무부과와 직접 관련되는 법령은 특별한 사유가 있는 경우를 제외하고는 30일이 경과한 날부터 시행해야 한다(「법령 등 공포에 관한 법률」 제13조의2). 01

③ 공포한 날
  ㉠ 개념: 법령을 공포한 날이라 함은 해당 법령 등을 게재한 '관보나 신문이 발행된 날'이다(「법령 등 공포에 관한 법률」 제12조). 여기서 '공포'란 관보나 신문에 게재하는 행위를 말한다. 02
  ㉡ 공포방법: 원칙적으로 대통령이 공포하는 법률을 공포하는 경우에는 관보에 게재하는 방법으로 한다. 하지만 국회의장이 법률을 공포하는 경우에는 서울특별시에서 발행되는 2곳 이상의 일간신문에 게재한다. 03

> **심화 학습** 법령 등의 공포
>
> 1. 법률
>   • 대통령(원칙): 관보
>   • 국회의장: 서울시에서 발행되는 둘 이상의 일간신문
> 2. 시행령, 시행규칙
>   관보
> 3. 조례
>   • 지방자치단체의 장: 공보
>   • 지방의회의장: 공보 또는 일간신문 또는 게시판
> 4. 규칙
>   공보(단, 교육규칙은 시·도의 공보 또는 일간신문에 게재하거나 시·도 교육청의 게시판에 게시함과 동시에 해당 교육청의 인터넷 홈페이지에 게시)

개념확인 O/X

01 국민의 알 권리를 제한하는 법령은 공포 후 20일 후에 효력이 발생한다.
(O / X)

02 대통령령·총리령 및 부령의 공포일은 그 법령 등을 게재한 관보 또는 신문이 발행된 날로 한다.
(O / X)

03 국회의장이 법률을 공포하는 경우에는 수도권에서 발행되는 2곳 이상의 일간신문에 게재한다.
(O / X)
※ 서울시에서 발행

| 정답 | 01 X   02 O   03 X

④ 발행된 날의 시점
  ㉠ 공포일과 시행일이 동일한 경우
    ⓐ 「행정기본법」규정: 법령 등을 공포한 날부터 시행하는 경우에는 공포한 날을 시행일로 한다.
    ⓑ 공포된 시점: 행정법 전반에 효력시점에 대해 원칙적으로 도달주의를 취하고 있는데, 이에 대하여는 관보일부일영시설, 인쇄완료시설, 발송절차완료시설, 최초구독가능시설(중앙보급도달시설), 지방분포시설이 대립하나, 통설·판례는 최초구독가능시설을 취하고 있다(대판 1970.7.21. 70누76). 이 견해는 도달주의의 입장에서 관보가 서울의 중앙보급소에 도달하여 일반 국민이 구독 가능한 상태에 놓인 최초의 시점으로 본다. 01
  ㉡ 공포일과 시행일이 다른 경우: 판례는 공포일을 관보가 실제로 인쇄된 날로 본다. 02

관련 판례

B 공포한 날부터 시행하기로 한 법령의 시행일은 관보의 발행일자가 아니다

공포한 날로부터 시행하기로 한 법령 등의 시행일은 그 법령이 수록된 관보의 발행일자가 아니고 그 관보가 정부간행물 판매센터에 배치되거나 관보취급소에 발송된 날이다(대판 1970.7.21. 70누76).

B 공포일과 시행일이 일치하지 않는 경우의 관보발행일은 관보의 실제 인쇄·발행일 [10 국회직 9급]

(구)「국가배상법」이 1967.3.3. 자 관보에 게재는 되어 있으나 실제로는 위 관보가 같은 달 9일에야 인쇄·발행되었다면, 위법이 공포된 날짜는 1967.3.9.이라고 보아 같은 법 부칙 제1항이 정한 바(이 법은 공포 후 30일이 경과한 날로부터 시행한다)에 따라 같은 해 4.9.부터 시행된다고 보아야 한다(대판 1968.12.6. 68다1753).

(2) 소급효금지의 원칙 [빈출]

원칙적으로 소급효는 금지된다. 다만, 국민의 기득권에 영향을 주지 않거나 국민에게 권익을 부여하는 것인 때, 공익과 관련되는 경우에는 소급적용이 있을 수 있다.

① 진정소급
  ㉠ 의미: 새로운 법령이 시행되기 이전에 이미 종결된 사안에 대하여 새로운 법령을 소급 적용하는 것을 말한다.

관련 판례

B 조세법령의 폐지 또는 개정 전에 종결된 과세요건 사실에 대하여 폐지 또는 개정 전의 조세법령을 적용하는 것이 조세법률주의에 위배되지 않는다(대판 1993.5.11. 92누18399)

  ㉡ 허용 여부
    ⓐ 원칙: 진정소급입법은 국민에게 권익을 부여하는 경우가 아니라면 개인의 신뢰보호와 법적 안정성을 내용으로 하는 법치주의 원칙에 반하게 되어 허용하지 않음이 원칙이다.
    ⓑ 허용될 수 있는 경우: 일반적으로 국민이 소급입법을 예상할 수 있었거나, 법적 상태가 불확실하고 혼란스러워서 보호할만한 신뢰이익이 적은 경우, 소급입법에 의한 당사자의 손실이 없거나 아주 경미한 경우, 신뢰보호의 요청에 우선하는 중대한 공익상의 사유가 소급입법을 정당화 하는 경우에 경과규정 등의 특별한 규정을 두어 허용될 수 있다. 03 04

개념확인 O/X

01 공포일과 시행일이 일치하는 경우, 공포일인 관보발행일은 도달주의에 입각하여 최초구독가능 시를 기준으로 한다.
(O / X)

02 법령의 공포일에 관하여 공포일자와 시행일자가 다른 경우에는 공포일을 관보가 실제로 인쇄된 날로 본다.
10 국회9급 (O / X)

03 국민의 기득권에 영향을 주거나 국민에게 권리이익을 부여하는 것인 때에도 소급할 수 없다.
(O / X)

04 진정소급입법이라 하더라도 예외적으로 국민이 소급입법을 예상할 수 있었거나 신뢰보호의 요청에 우선하는 심히 중대한 공익상의 사유가 소급입법을 정당화하는 경우 등에는 허용될 수 있다.
24 국회8급 (O / X)

| 정답 | 01 O 02 O 03 X 04 O

ⓒ 특별한 규정이 없는 경우: 법령이 특별한 규정 없이 개정된 경우, 구법 당시에 발생한 사안에 대해서 적용될 법은 개정 후 신법이 아니라 개정 전 구법을 적용하여야 한다.

> **관련 법령**
>
> 「질서위반행위규제법」 제3조 【법 적용의 시간적 범위】 ① 질서위반행위의 성립과 과태료처분은 행위 시의 법률에 따른다.
> ② 질서위반행위 후 법률이 변경되어 그 행위가 질서위반행위에 해당하지 아니하게 되거나 과태료가 변경되기 전의 법률보다 가볍게 된 때에는 법률에 특별한 규정이 없는 한 변경된 법률을 적용한다.
> ③ 행정청의 과태료처분이나 법원의 과태료재판이 확정된 후 법률이 변경되어 그 행위가 질서위반행위에 해당하지 아니하게 된 때에는 변경된 법률에 특별한 규정이 없는 한 과태료의 징수 또는 집행을 면제한다.
> 「행정기본법」 제14조 【법 적용의 기준】 ① 새로운 법령 등은 법령 등에 특별한 규정이 있는 경우를 제외하고는 그 법령 등의 효력발생 전에 완성되거나 종결된 사실관계 또는 법률관계에 대해서는 적용되지 아니한다.

② 부진정소급

㉠ 의미: 새로운 법이 시행되는 시점에 이미 시작되어 법 시행일에도 종결되지 않고 현재 진행 중인 사안에 새로운 법령을 소급적용하는 것을 말하며, 이는 원칙적으로 허용된다. 법률불소급의 원칙은 새로운 법령의 시행일 이전에 이미 종결된 행위에 새로운 법을 적용할 수 없음을 의미하는 것이지, 새로운 법령의 시행일에도 종결되지 않고 진행 중인 사안이나 법령의 시행일 이후에 새로이 발생한 사실에 법을 적용할 수 없음을 의미하는 것은 아니다. 01

㉡ 제한: 부진정소급은 원칙적으로 허용되지만 부진정소급입법을 요하는 공익상의 필요와 이에 따른 국민의 신뢰보호의 요청과의 형량에 의해 입법자의 입법형성권이 제한될 수 있다. 02

> **관련 법령**
>
> 「행정기본법」 제14조 【법 적용의 기준】 ② 당사자의 신청에 따른 처분은 법령 등에 특별한 규정이 있거나 처분 당시의 법령 등을 적용하기 곤란한 특별한 사정이 있는 경우를 제외하고는 처분 당시의 법령 등에 따른다.

> **관련 판례** 소급효를 인정하는 경우
>
> **B 헌법재판소**
>
> 일반적으로 국민이 소급입법을 예상할 수 있었거나 법적 상태가 불확실하고 혼란스러워 보호할 만한 신뢰이익이 적은 경우와 소급입법에 의한 당사자의 손실이 없거나 아주 경미한 경우 그리고 신뢰보호요청에 우선하는 심히 중대한 공익상의 사유가 소급입법을 정당화하는 경우 등에는 예외적으로 진정소급입법이 허용된다(헌재 1999.7.22. 97헌바76).
>
> **대법원**
>
> B 행정법규의 소급적용은 일반적으로 법치주의의 원리에 반하고 개인의 권리 자유에 부당한 침해를 가하며, 법률생활의 안정을 위협하는 것이어서, 이를 인정하지 않는 것이 원칙이고, 다만 법령을 소급적용하더라도 일반 국민의 이해에 직접 관계가 없는 경우, 오히려 그 이익을 증진하는 경우, 불이익이나 고통을 제거하는 경우 등의 특별한 사정이 있는 경우에 한하여 예외적으로 법령의 소급적용이 허용된다(대판 2005.5.13. 2004다8630).
> B 법령이 변경된 경우 신법령이 피적용자에게 유리하여 이를 적용하도록 하는 경과규정을 두는 등의 특별한 규정이 없는 한 헌법 제13조 등의 규정에 비추어 볼 때 그 변경 전에 발생한 사항에 대하여는 변경 후의 신법령이 아니라 변경 전의 구법령이 적용되어야 한다(대판 2002.12.10. 2001두3228) [17 국가직 7급] 03

개념확인 O/X

01 새로운 법령 등은 법령 등에 특별한 규정이 있는 경우를 제외하고는 그 법령 등의 효력 발생 전에 완성되거나 종결된 사실관계 또는 법률관계에 대해서는 적용되지 아니한다.
24 군무원7급 (O / X)

02 새로운 법령에 의한 신뢰이익의 침해는 새로운 법령이 과거의 사실 또는 법률관계에 소급적용되는 경우에 한하여 문제된다.
24 국회8급 (O / X)

03 법령이 변경된 경우 신법령이 피적용자에게 유리하여 이를 적용하는 경과규정을 두는 등의 특별한 규정이 없는 한 그 변경 전에 발생한 사항에 대하여는 변경 후의 신법령이 아니라 변경 전의 구법령이 적용되어야 한다.
17 국가7급 (O / X)

| 정답 | 01 O 02 X 03 O

B 구법을 개폐하는 신법이 제정된 경우에도 별도의 명문규정이 없는 이상, 구법 시행 당시에 발생한 사유에 대하여는 개폐된 구법이 그대로 적용되어야 한다(대판 1994.3.11. 93누19719).

B 예외적으로 진정소급효가 적용되는 경우
법령의 소급적용, 특히 행정법규의 소급적용은 일반적으로는 법치주의의 원리에 반하고, 개인의 권리·자유에 부당한 침해를 가하며, 법률생활의 안정을 위협하는 것이어서, 이를 인정하지 않는 것이 원칙이고(법률불소급의 원칙), 다만 ① 법령을 소급적용하더라도 일반 국민의 이해에 직접 관계가 없는 경우, ② 오히려 그 이익을 증진하는 경우, ③ 불이익이나 고통을 제거하는 경우 등의 특별한 사정이 있는 경우에 한하여 예외적으로 법령의 소급적용이 허용된다(대판 2005.5.13. 2004다8630).

관련 판례

B 부진정소급효의 경우는 소급적용이 원칙적으로 허용된다(대판 1983.4.26. 81누423)

B 계속된 사실이나 법 시행일 이후 사실은 새로운 법령을 적용할 수 있다

소급입법금지의 원칙은 각종 조세나 부담금 등을 납부할 의무가 이미 성립한 소득, 수익, 재산, 행위 또는 거래에 대하여 그 성립 후의 새로운 법령에 의하여 소급하여 부과하지 않는다는 원칙을 의미하는 것이므로 계속된 사실이나 새로운 법령 시행 후에 발생한 부가요건사실에 대하여 새로운 법령을 적용하는 것은 위 원칙에 저촉되지 않는다(대판 1995.4.25. 93누13728).

B 성적불량을 이유로 한 학생징계처분에 있어서 수강신청 이후 징계요건을 완화한 학칙개정의 부진정소급효를 인정하였다(대판 1989.7.11. 87누1123)

B 행정처분의 근거가 되는 개정 법령이 종결되지 않은 기존의 사실 또는 법률관계를 적용대상으로 하면서 종전보다 불리한 법률효과를 규정하고 있는 경우 헌법상 금지되는 소급입법이라 할 수 없다(대판 2011.4.14. 2009두7844)

A 기간과세에 부진정소급효가 가능하다 [21 국가직 9급, 17 국가직 7급] 01

법인세는 과세기간인 사업연도 개시와 더불어 과세요건이 생성되어 사업연도 종료 시에 완성하고, 그때 납세의무가 성립하며 그 확정절차도 과세기간 종료 후에 이루어지므로, 사업연도 진행 중 세법이 개정되었을 때에도 그 사업연도 종료 시의 법에 의하여 과세 여부 및 납세의무의 범위가 결정되는바, 이에 따라 사업연도 개시 시부터 개정법이 적용된다고 하여 이를 법적 안정성을 심히 해하는 소급과세라거나 「국세기본법」 제18조 제2항이 금하는 납세의무 성립 후의 새로운 세법에 의한 소급과세라 할 수 없고, 신의성실의 원칙에 위배되는 것이라 할 수도 없다(대판 1996.7.9. 95누13067).

B 진행과정에 있는 사실관계 등에 부진정소급입법이 허용된다 [10 국회직 9급] 02

「개발이익 환수에 관한 법률」 부칙 제2조(1993.6.11. 법률 제4563호로 개정된 것)는 동법이 시행된 1990.1.1. 이전에 이미 개발을 완료한 사업에 대하여 소급하여 개발부담금을 부과하려는 것이 아니라 동법 시행 당시 개발이 진행 중인 사업에 대하여 장차 개발이 완료되면 개발부담금을 부과하려는 것이므로, 이는 아직 완성되지 아니하여 진행과정에 있는 사실관계 또는 법률관계를 규율대상으로 하는 이른바 부진정소급입법에 해당하는 것이어서 원칙적으로 헌법상 허용되는 것이다(헌재 2001.2.22. 98헌바19).

개념확인 O/X

01 기간과세인 법인세에 있어 사업연도 진행 중 세법이 개정된 경우 적용할 법률은 개정법이다.
17 국가7급 (O / X)

02 법률 시행 이후의 사항에 대하여 신법을 적용하도록 정한 「개발이익 환수에 관한 법률」의 부칙은 진정소급입법으로 원칙적으로 헌법상 허용될 수 없다.
10 국회9급 (O / X)
※ 법 시행일 이후 사항에 신법을 적용하는 것은 소급이 아님

| 정답 | 01 O 02 X

B 성폭력범죄를 저질러 벌금형이 확정된 체육지도자의 자격을 필요적으로 취소하도록 개정된 국민체육진흥법 조항을 개정법 시행 후 발생하는 자격취소사유부터 적용하도록 한 부분이 소급입법금지원칙에 위반되는지 여부(소극)

> 이 사건 부칙조항에 의하면 자격취소조항은 개정법 시행 후 발생하는 자격취소 사유부터 적용되는 바, 자격취소조항은 '성폭력범죄를 저질러 벌금형이 확정된 경우'를 체육지도자 자격취소의 요건으로 하고 있으므로, 범죄행위가 종료되었다고 하더라도 이에 대한 형이 확정되지 않는 이상 체육지도자 자격취소에 관한 사실 내지 법률관계가 완성된 것이라고 볼 수 없다. 따라서 이 사건 부칙조항은 진행 중인 사실 내지 법률관계에 대한 규율이므로 헌법상 원칙적으로 금지되는 진정소급입법에 해당하지 아니한다(헌재 2024.8.29. 2023헌바73).

B 부진정소급이 제한될 수 있는 경우

> 현재 진행 중인 사실관계에 작용케 하는 부진정소급 입법은 원칙적으로 허용되지만 소급효를 요구하는 공익상의 사유와 신뢰보호의 요청 사이의 교량과정에서 신뢰보호의 관점이 입법자의 형성권에 제한을 가하게 된다(헌재 1998.11.26. 97헌바58).

(3) 효력의 소멸(폐지일)

① **한시법인 경우**: 그 종기의 도래로써, 즉 한정된 유효기간이 경과됨으로써 자동적으로 효력을 상실한다.

② **한시법이 아닌 경우(폐지·실효)**
  ㉠ **폐지**: 폐지란 법령의 효력을 장래에 향해 소멸시키는 직접적·명시적 의사표시이다(상위 또는 동위의 법령으로 해야 한다).
  ㉡ **실효(失效)**: 상위법 우선의 원칙에 의하여 하위법, 특별법 우선의 원칙에 의하여 일반법, 신법 우선의 원칙에 의하여 구법의 실효 등이 해당된다.
  ㉢ **법규명령의 경우**: 근거법령이 폐지되면 소멸된다.

관련 판례

B 법령이 개정된 이후, 개정 이전의 사유를 들어 개정된 이후에 처벌이 가능한지 여부

> 「개발제한구역의 지정 및 관리에 관한 특별조치법」 제11조 제3항 및 같은 법 시행규칙 관련 조항의 신설로 허가나 신고 없이 개발제한구역 내 공작물 설치행위를 할 수 있도록 법령이 개정된 경우, 그 법령의 시행 전에 이미 범하여진 위법한 설치행위에 대한 가벌성이 소멸하지 않는다(대판 2007.9.6. 2007도4197).

(4) 법령의 개정

① **일부개정**: 전체 법령 중의 일부만 개정하는 것으로서 개정된 법의 시행 등에 대해 주로 부칙에 경과규정을 두어 법적 안정성이 확보되도록 한다.

심화 학습 | 경과규정(경과조치)

법령의 개정이나 폐지의 경우, 국민의 법적 안정성을 위해 신법과 구법의 적용에 대하여 필요한 규정을 해 두는 것으로 일반적으로 부칙에 두고 있다. 01

개념확인 O/X

01 법령의 개정에 있어서 구 법령의 존속에 대한 당사자의 신뢰가 합리적이고도 정당하며, 법령의 개정으로 야기되는 당사자의 손해가 극심하여 새로운 법령으로 달성하고자 하는 공익적 목적이 그러한 신뢰의 파괴를 정당화할 수 없다면, 입법자는 경과규정을 두는 등 당사자의 신뢰를 보호할 적절한 조치를 하여야 한다.
24 국회8급 (O/X)

| 정답 | 01 O

② **전문개정**: 법령 전부가 개정되는 것으로서 원칙적으로 종전 법령의 부칙의 경과규정은 실효된다. 다만, 대법원에 의하면 특별한 규정을 둔다거나 특별한 규정이 없어도 특별한 사정이 있는 경우에는 경과규정은 실효되지 않는다고 한다. 반면 헌법재판소는 법령이 전문개정되는 경우에는 특별한 사정이 없으면 경과규정은 실효되는데, 특별한 사정이란 특별한 규정을 둔 경우에 한한다는 입장이다.

| 관련 판례 | 법률이 전문개정된 경우 법률부칙의 경과규정도 실효되는지 여부 |

B 대법원의 입장 [08 국가직 9급] 01

개정 법률이 전문개정인 경우에는 기존 법률을 폐지하고 새로운 법률을 제정하는 것과 마찬가지여서 종전의 본칙은 물론, 부칙 규정도 모두 소멸하는 것으로 보아야 하므로 종전의 법률부칙의 경과규정도 실효된다고 보는 것이 원칙이지만, 특별한 사정이 있는 경우에는 그 효력이 상실되지 않는다고 보아야 한다. 여기에서 말하는 '특별한 사정'은 전문개정된 법률에서 종전의 법률부칙의 경과규정에 관하여 계속 적용한다는 별도의 규정을 둔 경우뿐만 아니라, 그러한 규정을 두지 않았다고 하더라도 종전의 경과규정이 실효되지 않고 계속 적용된다고 보아야 할 만한 예외적인 사정이 있는 경우도 포함한다. 이 경우 예외적인 '특별한 사정'이 있는지 여부를 판단함에 있어서는 종전 경과규정의 입법 경위 및 취지, 전문 개정된 법령의 입법 취지 및 전반적 체계, 종전의 경과규정이 실효된다고 볼 경우 법률상 공백상태가 발생하는지 여부, 기타 제반 사정 등을 종합적으로 고려하여 개별적·구체적으로 판단하여야 한다(대판 2008.11.27. 2006두19419).

B 헌법재판소의 입장

법률이 전부개정된 경우에는 기존 법률을 폐지하고 새로운 법률을 제정하는 것과 마찬가지여서, 종전의 본칙은 물론 부칙 규정도, 그에 관한 경과규정을 두거나 이를 계속 적용한다는 등의 규정을 두지 않은 이상 위 전부개정 법률의 시행으로 인하여 실효된다(헌재 2012.5.31. 2009헌바123).

3 지역적 효력

(1) 원칙

행정법규는 당해 행정법규를 제정하는 기관의 권한이 미치는 지역 내에서만 효력을 가지는 것이 원칙이다. 여기에서 '지역'이란 영토뿐만 아니라 영해·영공까지도 포함하는 의미이다.

(2) 예외

국제법상 치외법권이 미치는 구역에는 국제관례 또는 조약이나 협정에 의하여 행정규칙의 효력이 미치지 않는다. 「자유무역지역의 지정 및 운영에 관한 법률」과 같이 영토의 일부지역 내에서만 적용되는 경우도 있고, 지방자치단체의 조례나 규칙이 본래의 관할구역을 넘어 적용되는 경우가 있다. 예컨대 다른 지방자치단체의 관할구역에 공공시설을 설치할 경우에 당해 시설을 설치한 지방자치단체의 조례가 적용된다. 02 03

개념확인 O/X

01 법령이 전문개정된 경우 특별한 사정이 없는 한 종전의 법률부칙의 경과규정도 모두 실효된다.
08 국가9급 (O / X)

02 특정 지역만을 규율대상으로 하는 법률은 무효이다.
16 교육행정 (O / X)

03 하나의 지방자치단체의 조례가 다른 지방자치단체의 구역 내에서도 그 효력을 가지는 경우가 있다.
(O / X)

| 정답 | 01 O 02 X 03 O

4 대인적 효력

(1) 속지주의(영토고권)의 원칙

'속지주의'란 국적 여하를 불문하고 자국영토 안의 모든 사람에 대해 우리나라 법을 적용하는 원칙이다. 법은 장소 및 시간에 관한 효력이 미치는 범위 안에서는 원칙적으로 모든 사람에 대하여 적용된다(내국인·외국인·자연인·법인 여하를 불문한다). 01

(2) 속인주의(대인고권)

'속인주의'란 있는 곳을 불문하고 모든 한국인에 대하여 본국법(우리나라법)을 적용하는 원칙이다. 대인고권의 효과로서 '행정법은 외국에 있는 내국인에게도 적용됨이 원칙'이다.

관련 판례

B 국외에서 이루어진 부당한 공동행위에 관하여 공정거래법 제19조 제1항 등을 적용하기 위한 요건 및 국외 행위인 이 사건 합의에 관하여 공정거래법 제19조 제1항 등을 적용할 수 있다

> 「독점규제 및 공정거래에 관한 법률」 제19조 제1항, 제21조, 제22조는 사업자가 다른 사업자와 공동으로 부당하게 경쟁을 제한하는 가격 결정 등의 행위를 할 것을 합의하는 행위 등을 금지하고, 이를 위반한 사업자에 대하여 위반행위의 중지 등 시정조치를 하거나 과징금을 부과할 수 있도록 규정하고 있다. 그리고 공정거래법 제2조의2는 국외에서 이루어진 행위라도 국내시장에 영향을 미치는 경우에는 그 법을 적용하도록 규정하고 있다(대판 2014.5.16. 2012두13665).

(3) 예외

치외법권이 인정되는 외국원수·외교사절에는 우리의 행정법규가 적용되지 않으며(외교관계에 관한 Wien조약), 한·미행정협정에 따라 미국 군대구성원에게도 적용이 배제·제한된다. 외국인에게도 원칙적으로 우리의 행정법규가 적용되지만, 특별규정을 두는 경우가 많다(예 외국인에 대한 참정권의 부인 등). 02

(4) 우리나라

우리나라 현행법은 위에서 본 바와 같이 속지주의를 원칙으로 하고 속인주의 및 보호주의(장소와 국적을 불문하고 자국 또는 자국민의 법익을 침해하는 모든 행위에 대하여 우리나라 법을 적용하는 원칙이다)를 가미하고 있다.

개념확인 O/X

01 행정법령의 대인적 효력은 속지주의를 원칙으로 한다.
16 교육행정 (O / X)

02 국내에 거주하는 미합중국 군대의 구성원에 대하여는 「대한민국과 아메리카합중국 간의 상호방위조약 제4조에 의한 시설과 구역 및 대한민국에서의 합중국 군대의 지위에 관한 협정」(이른바 한미행정협정)에 의해 국내법령의 적용이 제한된다.
10 국회9급 (O / X)

| 정답 | 01 O   02 O

개념 적용 문제

02 행정법의 의의

교수님 코멘트▶ 주로 1문항 이상 출제되는 단원으로서 여기에서 중점을 두고 공부하여야 할 부분은 다음과 같다.
- 법치행정에서 법률우위와 법률유보의 비교, 법률유보에 대한 학설의 특징, 중요사항유보설에 관련된 판례, 평등과 자기구속의 법리의 요건, 신뢰보호의 요건과 판례, 행정법의 효력발생과 진정소급, 부진정소급의 이해

01
2024 국회직 8급

법률유보원칙에 대한 설명으로 옳지 않은 것은?

① 법률유보원칙은 입법자 스스로 국민의 기본권 실현에 본질적인 사항을 직접 정해야 하는 의회유보와는 별개의 원칙이다.
② 헌법상 법률유보원칙은 법률에 의한 규율만을 요청하는 것이 아니라 법률에 근거한 규율을 요청하는 것이기 때문에 기본권 제한의 형식이 반드시 법률의 형식일 필요는 없다.
③ 법률의 위임범위를 벗어난 하위법령에 의한 기본권 제한은 법률의 근거가 없는 것이 되고 이는 법률유보원칙에 위반된다.
④ 헌법상 법치주의의 한 내용인 법률유보원칙은 기본권규범과 관련 없는 경우에까지 준수되도록 요청되는 것은 아니다.
⑤ 헌법재판소는 초등교원 임용 시 지역가산점의 배점비율, 최종합격자 결정방식은 직접 법률에 규정되어야 할 본질적인 사항으로 보기 어렵다고 판시하였다.

02
2019 국가직 9급

법률유보의 원칙에 대한 설명으로 옳지 않은 것은? (다툼이 있는 경우 판례에 의함)

① 법률유보의 원칙에서 요구되는 법적 근거는 작용법적 근거를 의미한다.
② 개인택시운송사업자의 운전면허가 아직 취소되지 않았더라도 운전면허 취소사유가 있다면 행정청은 명문 규정이 없더라도 개인택시운송사업면허를 취소할 수 있다.
③ 법률유보의 원칙은 국민의 기본권실현과 관련된 영역에 있어서는 입법자가 그 본질적 사항에 대해서 스스로 결정하여야 한다는 요구까지 내포하고 있다.
④ 국회가 형식적 법률로 직접 규율하여야 하는 필요성은 규율대상이 기본권 및 기본적 의무와 관련된 중요성을 가질수록, 그에 관한 공개적 토론의 필요성 또는 상충하는 이익 사이의 조정 필요성이 클수록 더 증대된다.

03

2022 국회직 8급

법률유보와 법률의 위임에 대한 설명으로 옳지 않은 것은? (다툼이 있는 경우 판례에 의함)

① 자격이나 신분 등을 취득 또는 부여할 수 없거나 인가, 허가, 지정, 승인, 영업등록, 신고 수리 등을 필요로 하는 영업 또는 사업 등을 할 수 없는 사유는 법률로 정하여야 한다.
② 텔레비전방송수신료 금액의 결정은 납부의무자의 범위와는 달리 수신료에 관한 본질적인 중요한 사항이 아니므로 국회가 스스로 결정할 필요는 없다.
③ 도시환경정비사업시행인가 신청 시 요구되는 토지 등 소유자의 동의정족수를 정하는 것은 법률유보 내지 의회유보의 원칙이 지켜져야 할 영역이다.
④ 헌법재판소에 따르면 지방자치단체의 조례에 대한 법률의 위임은 법규명령에 대한 위임과 달리 반드시 구체적으로 범위를 정하여야 할 필요가 없고 포괄적인 것으로 족하다.
⑤ 헌법재판소에 따르면 법률이 자치적인 사항을 공법적 단체의 정관으로 정하도록 위임한 경우에는 포괄위임입법금지원칙이 적용되지 않는다.

04

2019 지방직 7급

행정청이 별도의 법령상의 근거 없이도 할 수 있는 행위를 모두 고르면? (다툼이 있는 경우 판례에 의함)

> ㄱ. 수익적 행정처분인 재량행위를 하면서 침익적 성격의 부관을 부가하는 행위
> ㄴ. 부관인 부담의 불이행을 이유로 수익적 행정행위를 철회하는 행위
> ㄷ. 부작위의무를 위반함으로써 생긴 결과를 시정하기 위한 작위의무를 명하는 행위
> ㄹ. 철거명령의 위반을 이유로 행정대집행을 하면서 철거의무자인 점유자에 대해 퇴거명령을 하는 행위

① ㄱ, ㄴ
② ㄴ, ㄷ
③ ㄷ, ㄹ
④ ㄱ, ㄴ, ㄹ

정답&해설

01 ① 법치행정의 원리

① 오늘날 법률유보원칙은 단순히 행정작용이 법률에 근거를 두기만 하면 충분한 것이 아니라, 국가공동체와 그 구성원에게 기본적이고도 중요한 의미를 갖는 영역, 특히 국민의 기본권 실현과 관련된 영역에 있어서는 국민의 대표자인 입법자가 그 본질적 사항에 대해서 스스로 결정하여야 한다는 요구까지 내포하고 있다(의회유보원칙)(헌재 1999.5.27. 98헌바70).

|오답해설| ② 기본권 제한에 관한 법률유보원칙은 '법률에 의한 규율'을 요청하는 것이 아니라 '법률에 근거한 규율'을 요청하는 것이므로, 기본권 제한에는 법률의 근거가 필요할 뿐이고 기본권 제한의 형식이 반드시 법률의 형식일 필요는 없다(헌재 2013.7.25. 2012헌마167).
③ 국민의 기본권은 헌법 제37조 제2항에 의하여 국가안전보장·질서유지 또는 공공복리를 위하여 필요한 경우에 한하여 이를 제한할 수 있으나, 그 제한의 방법은 원칙적으로 법률로써만 가능하고 제한의 정도도 기본권의 본질적 내용을 침해할 수 없으며 필요한 최소한도에 그쳐야 한다. 여기서 기본권 제한에 관한 법률유보원칙은 '법률에 근거한 규율'을 요청하는 것이므로, 그 형식이 반드시 법률일 필요는 없다 하더라도 법률상의 근거는 있어야 한다 할 것이다. 따라서 모법의 위임범위를 벗어난 하위법령은 법률의 근거가 없는 것으로 법률유보원칙에 위반된다(헌재 2010.4.29. 2007헌마910).
④ 헌법상 법치주의의 한 내용인 법률유보의 원칙은 국민의 기본권 실현에 관련된 영역에 있어서 국가 행정권의 행사에 관하여 적용되는 것이지, 기본권규범과 관련 없는 경우에까지 준수되도록 요청되는 것은 아니라 할 것이다(헌재 2010.2.25. 2008헌바160).
⑤ 지역가산점의 배점비율, 최종합격자 결정방식이 법률에 직접 규정되어야 할 본질적 사항으로 보기 어렵다(헌재 2014.4.24. 2010헌마747).

02 ② 법치행정의 원리

② 운전면허가 취소되면 그에 따라 개인택시면허가 취소되는 것이다. 따라서 경찰서장이 운전면허취소를 하지 않은 상태에서 관할행정청이 (법적 근거 여부와 무관하게) 개인택시면허를 취소할 수 없다(대판 2008.5.15. 2007두26001).

03 ② 법치행정의 원리

② 텔레비전방송수신료는 대다수 국민의 재산권 보장의 측면이나 한국방송공사에게 보장된 방송자유의 측면에서 국민의 기본권실현에 관련된 영역에 속하고, 수신료 금액의 결정은 납부의무자의 범위 등과 함께 수신료에 관한 본질적인 중요한 사항이므로 국회가 스스로 행하여야 하는 사항에 속하는 것임에도 불구하고 「한국방송공사법」 제36조 제1항에서 국회의 결정이나 관여를 배제한 채 한국방송공사로 하여금 수신료 금액을 결정해서 문화관광부장관의 승인을 얻도록 한 것은 법률유보원칙에 위반된다(헌재결 1999.5.27. 98헌바70).

04 ④ 법치행정의 원리

ㄱ. (O) 대판 2009.2.12. 2005다65500
ㄴ. (O) 대판 1992.1.17. 91누3130
ㄹ. (O) 이 경우 별도의 권원은 필요하지 않다(대판 2017.4.28. 2016다213916).

|오답해설| ㄷ. (X) 부작위의무를 불이행한 의무자에게 시정조치를 취하기 위한 시정명령권은 부작위의무를 규정한 법률로부터 당연히 도출되는 것은 아니고, 별도의 명문의 규정이 필요하다(대판 1996.6.28. 96누4374).

| 정답 | 01 ① 02 ② 03 ② 04 ④

05
2020 국가직 9급

행정법의 법원(法源)의 효력에 대한 설명으로 옳지 않은 것은? (다툼이 있는 경우 판례에 의함)

① 학교급식을 위해 국내 우수농산물을 사용하는 자에게 식재료나 구입비의 일부를 지원하는 것 등을 내용으로 하는 지방자치단체의 조례안이 '1994년 관세 및 무역에 관한 일반협정'을 위반하여 위법한 이상, 그 조례안은 효력이 없다.
② 국민의 권리제한 또는 의무부과와 직접 관련되는 법률, 대통령령, 총리령 및 부령은 긴급히 시행하여야 할 특별한 사유가 있는 경우를 제외하고는 공포일부터 적어도 30일이 경과한 날부터 시행되도록 하여야 한다.
③ 진정소급입법이라 하더라도 예외적으로 국민이 소급입법을 예상할 수 있었거나 신뢰보호의 요청에 우선하는 심히 중대한 공익상의 사유가 소급입법을 정당화하는 경우 등에는 허용될 수 있다.
④ 개발제한구역의 지정 및 관리에 관한 특별조치법령의 개정으로 허가나 신고 없이 개발제한구역 내 공작물 설치 행위를 할 수 있게 되었다면, 그 법령의 시행 전에 이미 범하여진 위법한 설치행위에 대한 가벌성은 소멸한다.

06
2021 국가직 9급

행정법의 법원(法源)에 대한 설명으로 옳지 않은 것은? (다툼이 있는 경우 판례에 의함)

① 지방자치단체가 제정한 조례가 헌법에 의하여 체결·공포된 조약에 위반되는 경우 그 조례는 효력이 없다.
② 행정소송에 관하여 「행정소송법」에 특별한 규정이 없는 사항에 대하여는 「법원조직법」과 「민사소송법」 및 「민사집행법」의 규정을 준용한다.
③ 평등원칙은 일체의 차별적 대우를 부정하는 절대적 평등을 의미하는 것이 아니라 입법과 법의 적용에 있어서 합리적인 근거가 없는 차별을 배제하는 상대적 평등을 뜻한다.
④ 개정 법령이 기존의 사실 또는 법률관계를 적용대상으로 하면서 국민의 재산권과 관련하여 종전보다 불리한 법률효과를 규정하고 있는 경우, 그러한 사실 또는 법률관계가 개정 법률이 시행되기 이전에 이미 완성 또는 종결된 것이 아니라면 소급입법금지원칙에 위반된다.

07

2022 군무원 9급

다음 중 행정법의 법원에 대한 설명으로 가장 옳은 것은?

① 행정청 내부의 사무처리준칙이 제정·공표되었다면 이 자체만으로도 행정청은 자기구속을 받게 되므로 이 준칙에 위배되는 처분은 위법하게 된다.
② 헌법재판소의 위헌결정이 있다면 행정청이 개인에 대하여 공적인 견해를 표명한 것으로 볼 수 있으므로 위헌결정과 다른 행정청의 결정은 신뢰보호원칙에 반한다.
③ 부당결부금지의 원칙은 판례에 의해 확립된 행정의 법원칙으로 실정법상 명문의 규정은 없다.
④ 법령의 규정만으로 처분 요건의 의미가 분명하지 아니한 경우에 법원이나 헌법재판소의 분명한 판단이 있음에도 합리적 근거가 없이 사법적 판단과 어긋나게 행정처분을 한 경우에 명백한 하자가 있다고 봄이 타당하다.

08

2024 군무원 9급

다음 중 행정상 신뢰보호원칙에 관한 설명으로 가장 적절하지 않은 것은? (다툼이 있는 경우 판례에 의함)

① 도시관리계획결정만으로는 기존의 계획을 앞으로도 계속하겠다는 공적인 견해표명을 한 것으로 볼 수 없다.
② 대법원과 헌법재판소는 신뢰보호원칙이 헌법상 법치주의원리에서 도출된다고 한다.
③ 신뢰보호원칙은 법률적·사실적 사정이 변경된 경우 그 적용이 제한될 수 있다고 보는 것이 판례의 태도이다.
④ 행정기관의 선행행위를 명시적 또는 묵시적 공적 견해의 표명에 국한시키지 않고 추상적 질의에 대한 일반적 견해표명도 이러한 공적견해의 표명으로 볼 수 있다.

정답&해설

05 ④ 행정법의 법원

④ 법령이 개정되었다고 하더라도, 그 법령의 시행 전에 이미 범하여진 위법한 설치행위에 대한 가벌성이 소멸하는 것은 아니다(대판 2007.9.6. 2007도4197).

06 ④ 행정법의 법원

④ 행정처분은 그 근거법령이 개정된 경우에도 경과규정에서 달리 정함이 없는 한 처분 당시 시행되는 개정 법령과 그에 정한 기준에 의하는 것이 원칙이고, 그 개정 법령이 기존의 사실 또는 법률관계를 적용대상으로 하면서 국민의 재산권과 관련하여 종전보다 불리한 법률효과를 규정하고 있는 경우에도 그러한 사실 또는 법률관계가 개정 법령이 시행되기 이전에 이미 완성 또는 종결된 것이 아니라면 이를 헌법상 금지되는 소급입법에 의한 재산권 침해라고 할 수는 없으며, 그러한 개정 법령의 적용과 관련하여서는 개정 전 법령의 존속에 대한 국민의 신뢰가 개정 법령의 적용에 관한 공익상의 요구보다 더 보호가치가 있다고 인정되는 경우에 그러한 국민의 신뢰를 보호하기 위하여 그 적용이 제한될 수 있는 여지가 있을 따름이다(대판 2009.4.23. 2008두8918).

|오답해설| ③ 평등은 합리적 차별을 말한다. 즉, 불합리한 차별의 금지의 의미로서 절대적 평등을 의미하지 않는다.

07 ④ 행정법의 법원

|오답해설| ① 행정청 내부의 사무처리준칙(재량준칙)에 해당하는 지침의 공표만으로는 행정청이 자기구속을 받게 되는 것은 아니므로 이 준칙에 위배되는 처분은 위법하게 되는 것은 아니다.
② 헌법재판소의 위헌결정은 행정청이 개인에 대하여 신뢰의 대상이 되는 공적인 견해를 표명한 것이라고 할 수 없으므로 그 결정에 관련한 개인의 행위에 대하여는 신뢰보호의 원칙이 적용되지 아니한다(대판 2003.6.27. 2002두6965).
③ 부당결부금지의 원칙은 「행정기본법」 제13조에 규정되어 있다.

08 ④ 행정법의 일반원칙

④ 「국세기본법」 제15조, 제18조 제3항의 규정이 정하는 신의칙 내지 비과세관행이 성립되었다고 하려면 장기간에 걸쳐 어떤 사항에 대하여 과세하지 아니하였다는 객관적 사실이 존재할 뿐만 아니라 과세관청 자신이 그 사항에 대하여 과세할 수 있음을 알면서도 어떤 특별한 사정에 의하여 과세하지 않는다는 의사가 있고 이와 같은 의사가 대외적으로 명시적 또는 묵시적으로 표시될 것임을 요한다고 해석되며, 특히 그 의사표시가 납세자의 추상적인 질의에 대한 일반론적인 견해표명에 불과한 경우에는 위 원칙의 적용을 부정하여야 한다(대판 1993.7.27. 90누10384).

|오답해설| ① 이 사건 도시관리계획을 고시한 것만으로는 피고가 이 사건 도시관리계획의 유지나 원고들의 이 사건 사업 시행에 관한 공적인 견해를 표명하였다고 보기 어렵고, 일반적으로 기존 행정계획의 존속에 대한 특정인의 기대이익을 행정계획의 변경에 대한 공익보다 항상 우선시할 수도 없다(대판 2018.10.12. 2015두50382).
② 신뢰보호의 원칙은 헌법상 법치국가의 원칙으로부터 도출된다(헌재 2002.11.28. 2002헌바45).
③ 신뢰보호의 원칙은 행정청이 공적인 견해를 표명할 당시의 사정이 그대로 유지됨을 전제로 적용되는 것이 원칙이므로, 사후에 그와 같은 사정이 변경된 경우에는 그 공적 견해가 더 이상 개인에게 신뢰의 대상이 된다고 보기 어려운 만큼, 특별한 사정이 없는 한 행정청이 그 견해표명에 반하는 처분을 하더라도 신뢰보호의 원칙에 위반된다고 할 수 없다(대판 2020.6.25. 2018두34732).

| 정답 | 05 ④ 06 ④ 07 ④ 08 ④

09

2024 지방직 9급

신뢰보호의 원칙에 대한 설명으로 옳지 않은 것은?

① 행정청의 공적 견해의 표명 후 그 견해표명 당시의 사정이 변경된 경우에도 행정청이 공적 견해표명에 반하는 처분을 하는 경우에는 특별한 사정이 없는 한 신뢰보호의 원칙에 위반된다.
② 신뢰보호의 원칙에서 개인의 귀책사유라 함은 행정청의 견해표명의 하자가 상대방 등 관계자의 사실은폐나 기타 사위의 방법에 의한 신청행위 등 부정행위에 기인한 것이거나 그러한 부정행위가 없더라도 하자가 있음을 알았거나 중대한 과실로 알지 못한 경우 등을 의미한다.
③ 행정청의 공적 견해표명이 있었는지 여부를 판단함에 있어서는, 반드시 행정조직상의 형식적인 권한분장에 구애될 것은 아니고, 담당자의 조직상의 지위와 임무, 당해 언동을 하게 된 구체적인 경위 및 그에 대한 상대방의 신뢰가능성에 비추어 실질에 의하여 판단하여야 한다.
④ 행정청은 권한 행사의 기회가 있음에도 불구하고 장기간 권한을 행사하지 아니하여 국민이 그 권한이 행사되지 아니할 것으로 믿을 만한 정당한 사유가 있는 경우에는 그 권한을 행사해서는 아니 되지만, 공익 또는 제3자의 이익을 현저히 해칠 우려가 있는 경우는 예외이다.

10

2022 지방직 9급

행정법의 일반원칙에 대한 설명으로 옳은 것만을 모두 고르면? (다툼이 있는 경우 판례에 의함)

> ㄱ. 비례의 원칙은 법치국가원리에서 당연히 파생되는 헌법상의 기본원리이다.
> ㄴ. 평등의 원칙은 본질적으로 같은 것을 자의적으로 다르게 취급함을 금지하는 것이므로, 위법한 행정처분이 수차례에 걸쳐 반복적으로 행하여졌다면 행정청에 대하여 자기구속력을 갖게 된다.
> ㄷ. 국가가 임용결격사유가 있는 자에 대하여 결격사유가 있는 것을 알지 못하고 공무원으로 임용하였다가 나중에 결격사유가 있음을 발견하고 그 임용행위를 취소하는 경우 신의칙이 적용된다.
> ㄹ. 지방자치단체장이 사업자에게 주택사업계획승인을 하면서 그 주택사업과는 아무런 관련이 없는 토지를 기부채납하도록 하는 부관을 주택사업계획승인에 붙인 경우, 그 부관은 부당결부금지의 원칙에 위반되어 위법하다.

① ㄱ, ㄴ
② ㄱ, ㄹ
③ ㄴ, ㄷ
④ ㄷ, ㄹ

11

2023 국가직 7급

신뢰보호의 원칙에 대한 설명으로 옳지 않은 것은?

① 「행정기본법」에 의하면 행정청은 공익 또는 제3자의 이익을 현저히 해칠 우려가 있는 경우를 제외하고는 행정에 대한 국민의 정당하고 합리적인 신뢰를 보호하여야 한다.
② 「행정기본법」에 의하면 행정청은 권한 행사의 기회가 있음에도 불구하고 장기간 권한을 행사하지 아니하여 국민이 그 권한이 행사되지 아니할 것으로 믿을 만한 정당한 사유가 있는 경우에는, 공익 또는 제3자의 이익을 현저히 해칠 우려가 있는 경우를 제외하고는 그 권한을 행사해서는 아니 된다.
③ 신법의 효력발생일까지 진행 중인 사건에 대하여 신법을 적용하는 것은 법률의 소급적용에 해당하므로 원칙적으로 허용될 수 없다.
④ 헌법재판소의 위헌결정은 행정청이 개인에 대하여 신뢰의 대상이 되는 공적인 견해를 표명한 것이라고 할 수 없으므로 그 결정에 관련한 개인의 행위에 대하여는 신뢰보호의 원칙이 적용되지 아니한다.

정답&해설

09 ① 행정법의 일반원칙

① 신뢰보호의 원칙은 행정청이 공적인 견해를 표명할 당시의 사정이 그대로 유지됨을 전제로 적용되는 것이 원칙이므로, 사후에 그와 같은 사정이 변경된 경우에는 그 공적 견해가 더 이상 개인에게 신뢰의 대상이 된다고 보기 어려운 만큼, 특별한 사정이 없는 한 행정청이 그 견해표명에 반하는 처분을 하더라도 신뢰보호의 원칙에 위반된다고 할 수 없다(대판 2020.6.25. 2018두34732).

|오답해설| ② 귀책사유라 함은 행정청의 견해표명의 하자가 상대방 등 관계자의 사실은폐나 기타 사위의 방법에 의한 신청행위 등 부정행위에 기인한 것이거나 그러한 부정행위가 없다고 하더라도 하자가 있음을 알았거나 중대한 과실로 알지 못한 경우 등을 의미한다고 해석함이 상당하고, 귀책사유의 유무는 상대방과 그로부터 신청행위를 위임받은 수임인 등 관계자 모두를 기준으로 판단하여야 한다(대판 2002.11.8. 2001두1512).
③ 행정청의 공적 견해표명이 있었는지의 여부를 판단함에 있어서는, 반드시 행정조직상의 형식적인 권한분장에 구애될 것은 아니고, 담당자의 조직상의 지위와 임무, 당해 언동을 하게 된 구체적인 경위 및 그에 대한 상대방의 신뢰가능성에 비추어 실질에 의하여 판단하여야 한다(대판 2008.1.17. 2006두10931).
④ 「행정기본법」 제12조 제2항

10 ② 행정법의 일반원칙

ㄱ. (○) 비례원칙은 헌법 제37조 제2항을 근거로 한 헌법상의 원칙으로 본다.
ㄹ. (○) 대판 1997.3.11. 96다49650

|오답해설| ㄴ. (×) 평등의 원칙은 본질적으로 같은 것을 자의적으로 다르게 취급함을 금지하는 것이고, 위법한 행정처분이 수차례에 걸쳐 반복적으로 행하여졌다 하더라도 그러한 처분이 위법한 것인 때에는 행정청에 대하여 자기구속력을 갖게 된다고 할 수 없다(대판 2009.6.25. 2008두13132).
ㄷ. (×) 국가가 공무원임용결격사유가 있는 자에 대하여 결격사유가 있는 것을 알지 못하고 공무원으로 임용하였다가 사후에 결격사유가 있는 자임을 발견하고 공무원 임용행위를 취소하는 것은 당사자에게 원래의 임용행위가 당초부터 당연무효이었음을 통지하여 확인시켜 주는 행위에 지나지 아니하는 것이므로, 그러한 의미에서 당초의 임용처분을 취소함에 있어서는 신의칙 내지 신뢰의 원칙을 적용할 수 없고 또 그러한 의미의 취소권은 시효로 소멸하는 것도 아니다(대판 1987.4.14. 86누45).

11 ③ 행정법의 일반원칙

③ 법령불소급의 원칙은 법령의 효력발생 전에 완성된 요건 사실에 대하여 당해 법령을 적용할 수 없다는 의미일 뿐, 계속 중인 사실이나 그 이후에 발생한 요건 사실에 대한 법령적용까지를 제한하는 것은 아니다(대판 2014.4.24. 2013두26552).

|오답해설| ①, ② 「행정기본법」 제12조 제1항·제2항

> 「행정기본법」 제12조【신뢰보호의 원칙】 ① 행정청은 공익 또는 제3자의 이익을 현저히 해칠 우려가 있는 경우를 제외하고는 행정에 대한 국민의 정당하고 합리적인 신뢰를 보호하여야 한다.
> ② 행정청은 권한 행사의 기회가 있음에도 불구하고 장기간 권한을 행사하지 아니하여 국민이 그 권한이 행사되지 아니할 것으로 믿을 만한 정당한 사유가 있는 경우에는 그 권한을 행사해서는 아니 된다. 다만, 공익 또는 제3자의 이익을 현저히 해칠 우려가 있는 경우는 예외로 한다.

④ 헌법재판소의 위헌결정은 행정청이 개인에 대하여 신뢰의 대상이 되는 공적인 견해를 표명한 것이라고 할 수 없으므로 그 결정에 관련한 개인의 행위에 대하여는 신뢰보호의 원칙이 적용되지 아니한다(대판 2003.6.27. 2002두6965).

| 정답 | 09 ①   10 ②   11 ③

12

행정법의 일반원칙에 대한 설명으로 옳지 않은 것은?

① 폐기물처리업에 대하여 사전에 관할 관청으로부터 사업계획적합통보를 받고 막대한 비용을 들여 허가요건을 갖춘 다음 허가신청을 하였음에도 다수 청소업자의 난립으로 안정적이고 효율적인 청소업무의 수행에 지장이 있다는 이유로 한 불허가처분은 신뢰보호의 원칙 및 비례의 원칙에 반하는 것으로서 재량권을 남용한 위법한 처분이다.
② 지방자치단체장이 사업자에게 주택사업계획승인을 하면서 그 주택사업과는 아무런 관련이 없는 토지를 기부채납하도록 하는 부관을 붙인 경우, 그 부관은 부당결부금지의 원칙에 위반되어 위법하다.
③ 지방의회의 조사·감사를 위해 채택된 증인의 불출석 등에 대한 과태료를 그 사회적 신분에 따라 차등 부과할 것을 규정한 조례안은 과태료를 부과하는 목적에 비추어 볼 때 그 합리성을 인정할 수 있어서 헌법에 규정된 평등의 원칙에 위배되지 않는다.
④ 과세관청이 납세의무자에게 부가가치세 면세사업자용 사업자 등록증을 교부한 행위는 그 영위하는 사업에 관하여 부가가치세를 과세하지 아니함을 시사하는 공적인 견해를 표명한 것으로 볼 수 없다.

13

행정법의 기본원칙에 대한 설명으로 옳은 것은?

① 평등의 원칙은 본질적으로 같은 것을 자의적으로 다르게 취급함을 금지하는 것이므로, 위법한 행정처분이 수차례에 걸쳐 반복적으로 행하여졌다면 행정청에 대하여 자기구속력을 갖게 된다.
② 진정소급입법은 허용되지 않는 것이 원칙이지만 국민이 소급입법을 예상할 수 있었거나 신뢰보호의 요청에 우선하는 심히 중대한 공익상의 사유가 소급입법을 정당화하는 경우에는 허용된다.
③ 어떤 행정처분이 실효의 법리를 위반하여 위법한 것이라면 이는 행정처분의 당연무효사유에 해당한다.
④ 제1종 보통면허로 운전할 수 있는 차량을 음주운전한 경우에도 이와 관련된 면허인 제1종 대형면허와 원동기장치자전거면허까지 취소할 수 있는 것은 아니다.

14

행정법의 일반원칙에 대한 설명으로 옳지 않은 것은? (다툼이 있는 경우 판례에 의함)

① 「행정기본법」은 비례의 원칙을 명문으로 규정하고 있다.
② 행정처분이 수차례에 걸쳐 반복적으로 행하여졌다면 그 처분이 위법한 것인 때에도 행정청에 대하여 자기구속력을 갖게 된다.
③ 공적 견해표명 당시의 사정이 사후에 변경된 경우 특별한 사정이 없는 한 행정청이 그 견해표명에 반하는 처분을 하더라도 신뢰보호원칙에 위반된다고 할 수 없다.
④ 주택사업계획승인을 하면서 그 주택사업과 아무 관련이 없는 토지를 기부채납하도록 하는 부관을 붙인 경우, 그 부관은 부당결부금지원칙에 위반되어 위법하다.

정답&해설

12 ③ 행정법의 일반원칙

③ 조례안이 지방의회의 감사 또는 조사를 위하여 출석요구를 받은 증인이 5급 이상 공무원인지 여부, 기관(법인)의 대표나 임원인지 여부 등 증인의 사회적 신분에 따라 미리부터 과태료의 액수에 차등을 두고 있는 경우, 그와 같은 차별은 증인의 불출석이나 증언거부에 대하여 과태료를 부과하는 목적에 비추어 볼 때 그 합리성을 인정할 수 없고 지위의 높고 낮음만을 기준으로 한 부당한 차별대우라고 할 것이어서 헌법에 규정된 평등의 원칙에 위배되어 무효이다(대판 1997.2.25. 96추213).

|오답해설| ① 대판 1998.5.8. 98두4061
② 대판 1997.3.11. 96다49650
④ 대판 2002.9.4. 2001두9370

13 ② 행정법의 일반원칙

② 일반적으로 국민이 소급입법을 예상할 수 있었거나 법적 상태가 불확실하고 혼란스러워 보호할 만한 신뢰이익이 적은 경우와 소급입법에 의한 당사자의 손실이 없거나 아주 경미한 경우 그리고 신뢰보호의 요청에 우선하는 심히 중대한 공익상의 사유가 소급입법을 정당화하는 경우 등에는 예외적으로 진정소급입법이 허용된다(헌재 1999.7.22. 97헌바76, 98헌바50·51·52·54·55(병합)).

|오답해설| ① 평등의 원칙은 본질적으로 같은 것을 자의적으로 다르게 취급함을 금지하는 것이고, 위법한 행정처분이 수차례에 걸쳐 반복적으로 행하여졌다 하더라도 그러한 처분이 위법한 것인 때에는 행정청에 대하여 자기구속력을 갖게 된다고 할 수 없다(대판 2009.6.25. 2008두13132).
③ 어떤 행정처분이 실효의 법리를 위반하여 위법한 것이라고 하더라도, 이러한 하자의 존부는 개별·구체적인 사정을 심리한 후에야 판단할 수 있는 사항이어서 객관적으로 명백한 것이라고 할 수 없으므로, 이는 행정처분의 취소사유에 해당할 뿐 당연무효사유는 아니다(대판 2021.12.30. 2018다241458).
④ 제1종 보통면허로 운전할 수 있는 차량의 음주운전은 당해 운전면허뿐만 아니라 제1종 대형면허로도 가능하고, 또한 제1종 대형면허나 제1종 보통면허의 취소에는 당연히 원동기장치자전거의 운전까지 금지하는 취지가 포함된 것이어서 이들 세 종류의 운전면허는 서로 관련된 것이라고 할 것이므로 제1종 보통면허로 운전할 수 있는 차량을 음주운전한 경우에 이와 관련된 면허인 제1종 대형면허와 원동기장치자전거면허까지 취소할 수 있는 것으로 보아야 한다(대판 1994.11.25. 94누9672).

14 ② 행정법의 일반원칙

② 위법한 행정처분이 수차례에 걸쳐 반복적으로 행하여졌다 하더라도 그러한 처분이 위법한 것인 때에는 행정청에 대하여 자기구속력을 갖게 된다고 할 수 없다(대판 2009.6.25. 2008두13132).

|정답| 12 ③ 13 ② 14 ②

15
2024 국가직 9급

신뢰보호의 원칙에 대한 설명으로 옳지 않은 것은?

① 개발사업을 시행하기 전에 사건 토지 지상에 예식장 등을 건축하는 것이 관계 법령상 가능한지 여부를 질의하여 민원 부서로부터 '저촉사항 없음'이라고 기재된 민원예비심사 결과를 통보받았다면, 이는 이후의 개발부담금부과처분에 관하여 신뢰보호의 원칙을 적용하기 위한 공적인 견해표명을 한 것에 해당한다.
② 시의 도시계획과장과 도시계획국장이 도시계획사업의 준공과 동시에 사업부지에 편입한 토지에 대한 완충녹지 지정을 해제함과 아울러 당초의 토지소유자들에게 환매하겠다는 약속을 했음에도 이를 믿고 토지를 협의매매한 토지소유자의 완충녹지지정해제신청을 거부한 것은 신뢰보호의 원칙을 위반하거나 재량권을 일탈·남용한 위법한 처분이다.
③ 국회에서 일정한 법률안을 심의하거나 의결한 적이 있다고 하더라도 그것이 법률로 확정되지 아니한 이상 국가가 이해관계자들에게 위 법률안에 관련된 사항을 약속하였다고 볼 수 없으며, 이러한 사정만으로 어떠한 신뢰를 부여하였다고 볼 수도 없다.
④ 헌법재판소의 위헌결정은 행정청이 개인에 대하여 신뢰의 대상이 되는 공적인 견해를 표명한 것이라고 할 수 없으므로 그 결정에 관련한 개인의 행위에 대하여는 신뢰보호의 원칙이 적용되지 아니한다.

16
2022 군무원 9급

다음 중 행정법의 효력에 대한 설명으로 가장 옳지 않은 것은?

① 행정법령의 시행일을 정하지 않은 경우에는 공포한 날부터 20일이 경과함으로써 효력을 발생하는데, 이 경우 공포한 날을 첫날에 산입하지 아니하고 기간의 말일이 토요일 또는 공휴일인 때에는 그 말일의 다음 날로 기간이 만료한다.
② 법령을 소급적용하더라도 일반 국민의 이해에 직접 관계가 없는 경우, 오히려 그 이익을 증진하는 경우, 불이익이나 고통을 제거하는 경우 등의 특별한 사정이 있는 경우에 한하여 예외적으로 법령의 소급적용이 허용된다.
③ 신청에 따른 처분은 신청 후 법령이 개정된 경우라도 법령 등에 특별한 규정이 있거나 처분 당시의 법령을 적용하기 곤란한 특별한 사정이 있는 경우를 제외하고는 개정된 법령을 적용한다.
④ 법령상 허가를 받아야만 가능한 행위가 법령개정으로 허가 없이 할 수 있게 되었다 하더라도 개정의 이유가 사정의 변천에 따른 규제 범위의 합리적 조정의 필요에 따른 것이라면 개정 전 허가를 받지 않고 한 행위에 대해 개정 전 법령에 따라 처벌할 수 있다.

17
2021 군무원 9급

행정법의 효력에 대한 설명으로 옳지 않은 것은?

① 조례와 규칙은 특별한 규정이 없으면 공포한 날부터 20일이 경과함으로써 효력을 발생한다.
② 행정법령은 특별한 규정이 없는 한 시행일로부터 장래에 향하여 효력을 발생하는 것이 원칙이다.
③ 법령을 소급적용하더라도 일반국민의 이해에 직접 관계가 없는 경우에는 법령의 소급적용이 허용된다.
④ 법률불소급의 원칙은 그 법률의 효력발생 전에 완성된 요건사실뿐만 아니라 계속 중인 사실이나 그 이후에 발생한 요건사실에 대해서도 그 법률을 소급적용할 수 없다.

18

2023 국회직 9급

행정법의 효력에 대한 설명으로 옳은 것만을 〈보기〉에서 모두 고르면?

―| 보기 |―
ㄱ. 「국회법」 제98조 제3항 전단에 따라 하는 국회의장의 법률 공포는 서울특별시에서 발행되는 하나 이상의 일간신문에 게재함으로써 한다.
ㄴ. 속지주의원칙에 의거하여 행정법규는 당해 지역 안에 있는 모든 자에게 적용되므로 자연인·법인·내국인뿐만 아니라 외교 특권을 가진 외국인도 국내 행정법규의 적용을 받는다.
ㄷ. 대통령령, 총리령 및 부령은 특별한 규정이 없으면 공포한 날부터 20일이 경과함으로써 효력을 발생한다.

① ㄱ
② ㄴ
③ ㄷ
④ ㄱ, ㄷ
⑤ ㄴ, ㄷ

정답&해설

15 ① 행정법의 일반원칙

① 「개발이익환수에 관한 법률」에 정한 개발사업을 시행하기 전에, 행정청이 토지 지상에 예식장 등을 건축하는 것이 관계 법령상 가능한지 여부를 질의하는 민원 예비심사에 대하여 관련 부서 의견으로 「개발이익환수에 관한 법률」에 '저촉사항 없음'이라고 기재하였다고 하더라도, 이후의 개발부담금부과처분에 관하여 신뢰보호의 원칙을 적용하기 위한 요건인, 개인에 대하여 신뢰의 대상이 되는 공적인 견해표명을 한 것이라고는 보기 어렵다(대판 2006.6.9. 2004두46).

|오답해설| ② 시의 도시계획과장과 도시계획국장이 도시계획사업의 준공과 동시에 사업부지에 편입한 토지에 대한 완충녹지 지정을 해제함과 아울러 당초의 토지소유자들에게 환매하겠다는 약속을 했음에도, 이를 믿고 토지를 협의매매한 토지소유자의 완충녹지지정해제신청을 거부한 것은, 행정상 신뢰보호의 원칙을 위반하거나 재량권을 일탈·남용한 위법한 처분이다(대판 2008.10.9. 2008두6127).
③ 국회에서 일정한 법률안을 심의하거나 의결한 적이 있다고 하더라도, 그것이 법률로 확정되지 아니한 이상 국가가 이해관계자들에게 위 법률안에 관련된 사항을 약속하였다고 볼 수 없으며, 이러한 사정만으로 어떠한 신뢰를 부여하였다고 볼 수도 없다(대판 2008.5.29. 2004다33469).
④ 헌법재판소의 위헌결정은 행정청이 개인에 대하여 신뢰의 대상이 되는 공적인 견해를 표명한 것이라고 할 수 없으므로 그 결정에 관련한 개인의 행위에 대하여는 신뢰보호의 원칙이 적용되지 아니한다(대판 2003.6.27. 2002두6965).

16 ① 행정법의 효력

① 「행정기본법」 제7조

> 「행정기본법」 제7조【법령 등 시행일의 기간 계산】 법령 등(훈령·예규·고시·지침 등을 포함한다. 이하 이 조에서 같다)의 시행일을 정하거나 계산할 때에는 다음 각 호의 기준에 따른다.
> 1. 법령 등을 공포한 날부터 시행하는 경우에는 공포한 날을 시행일로 한다.
> 2. 법령 등을 공포한 날부터 일정 기간이 경과한 날부터 시행하는 경우 법령 등을 공포한 날을 첫날에 산입하지 아니한다.
> 3. 법령 등을 공포한 날부터 일정 기간이 경과한 날부터 시행하는 경우 그 기간의 말일이 토요일 또는 공휴일인 때에는 그 말일로 기간이 만료한다.

17 ④ 행정법의 효력

④ 법률불소급의 원칙은 법 시행일 이전에 이미 완성된 사실에 새로운 법을 적용할 수 없다는 의미일 뿐이지, 법 시행일에도 종결되지 않고 진행 중인 사안이나 법 시행일 이후에 발생한 사안에 새로운 법을 적용하지 못하는 것은 아니다(대판 2014.4.24. 2013두26552).

18 ③ 행정법의 효력

ㄷ. (O) 「법령 등 공포에 관한 법률」 제13조

|오답해설| ㄱ. (X) 「법령 등 공포에 관한 법률」 제11조 제2항

> 「법령 등 공포에 관한 법률」 제11조【공포 및 공고의 절차】 ② 「국회법」 제98조 제3항 전단에 따라 하는 국회의장의 법률 공포는 서울특별시에서 발행되는 둘 이상의 일간신문에 게재함으로써 한다.

- 법률 공포
  - 대통령의 법률 공포: 관보
  - 국회의장의 법률 공포: 서울시에서 발행되는 둘 이상의 일간신문
- 조례 공포
  - 지방자치단체장의 조례 공포: 공보
  - 지방의회의장의 조례 공포: 공보 또는 게시판 또는 일간신문

ㄴ. (X) 속지주의의 예외로서 외국원수, 외국대사, 외교사절단, UN직원, 한미행정협정에 따른 외국군대 등이 있다.

| 정답 | 15 ① 16 ① 17 ④ 18 ③

에듀윌이
너를
지지할게

ENERGY

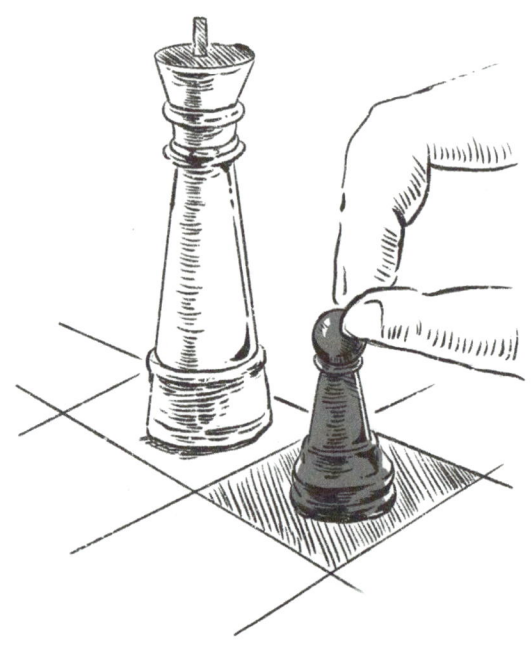

작은 기회로부터 종종
위대한 업적이 시작된다.

― 데모스테네스(Demosthenes)

PART II 행정법 통칙

5개년 챕터별 출제비중 & 출제개념

CHAPTER 01 행정법 관계	4%	공법과 사법관계에 관한 판례, 행정주체 등
CHAPTER 02 행정상 법률요건과 법률사실	6%	사인의 공법행위에서의 신고, 사인의 공법행위에 적용되는 법리, 개인적 공권의 확대화 경향, 행정법 관계의 특질
CHAPTER 03 행정입법	10%	법규명령의 사법적 통제, 위임명령의 요건과 한계, 법규명령형식의 행정규칙의 효력, 법령보충규칙, 자치입법에 대한 상위법의 위임
CHAPTER 04 행정행위	41%	행정행위에서의 재량과 기속, 허가·특허·인가의 비교, 부관의 종류(부담, 법률효과 일부배제 등)와 부관의 한계 및 부관의 하자, 행정행위의 효력요건, 공정력과 선결문제, 무효와 취소의 구분기준, 근거법의 위헌결정과 이에 따른 처분의 효과, 하자의 승계·치유, 쟁송취소와 직권취소의 비교, 철회의 사유와 한계
CHAPTER 05 그 밖의 행정의 주요행위형식	13%	확약의 법적 성질, 공법상 계약의 특질 및 쟁송, 행정지도의 원칙 및 불복, 행정계획의 계획재량과 집중효, 행정계획에 대한 청구권 및 불복
CHAPTER 06 「행정기본법」과 「행정절차법」	14%	「행정기본법」의 주요내용, 「행정절차법」이 적용되는 범위와 배제, 처분에 대한 사전통지, 의견청취, 이유제시
CHAPTER 07 행정정보공개와 개인정보보호	12%	정보공개청구권의 범위, 정보공개 청구절차와 불복, 정보공개의 긍정·부정판례, 개인정보자기결정권과 손해배상, 단체소송

51% ※최근 5개년(국, 지/서) 출제비중

학습목표

CHAPTER 01 행정법 관계	❶ 공법관계와 사법관계에 관한 판례를 구분하도록 한다. ❷ 개인적 공권과 반사적 이익의 개념을 파악하고 공권의 확대화와 관련된 판례를 익혀둔다. ❸ 행정법관계의 특질의 개념을 명확히 한다.
CHAPTER 02 행정상 법률요건과 법률사실	❶ 행정처분에 의한 부당이득의 성립과 반환청구절차를 이해하도록 한다. ❷ 사인의 공법행위에서의 신고종류와 각 신고의 효력을 파악한다. ❸ 사인의 공법행위에 적용되는 법리를 이해하도록 한다.
CHAPTER 03 행정입법	❶ 위임명령의 한계와 법규명령의 사법적 통제는 명확한 이해를 통해 암기한다. ❷ 법령보충적 행정규칙의 요건을 파악한다. ❸ 법규명령형식의 행정규칙에 대한 대법원의 입장을 파악하고 암기한다.
CHAPTER 04 행정행위	❶ 행정행위의 개념을 명확히 하도록 한다. ❷ 재량의 한계와 사법심사를 파악한다. ❸ 복효적 행정행위에서 제3자 권익구제제도를 「행정절차법」과 「행정심판법」, 「행정소송법」으로 구분하여 암기한다. ❹ 허가·특허·인가를 비교하여 구분한다. 인·허가의제제도와 관련된 판례 및 법령을 이해하도록 한다. ❺ 부관의 한계와 하자 및 독립쟁송을 이해한다. ❻ 공정력과 선결문제, 해당 판례를 이해한다. ❼ 무효와 취소의 구분실익과 구분기준을 명확히 파악한다. ❽ 쟁송취소와 직권취소의 차이 및 취소·철회를 비교하여 구분하도록 한다.
CHAPTER 05 그 밖의 행정의 주요행위형식	❶ 확약의 법적 성질을 파악한다. ❷ 공법상 계약의 특질과 불복방법을 암기하도록 한다. ❸ 행정지도의 원칙을 파악하고 불복방법을 이해한다. ❹ 행정계획과 형량명령원리 및 계획에 대한 국민의 청구권 판례를 암기한다.
CHAPTER 06 「행정기본법」과 「행정절차법」	❶ 「행정기본법」은 전 단원과 연관하여 다회독하도록 한다. ❷ 「행정절차법」이 적용되는 범위와 처분의 사전통지, 의견청취, 이유제시에 관한 법령 및 관련 판례를 암기하도록 한다.
CHAPTER 07 행정정보공개와 개인정보보호	❶ 정보공개와 비공개의 판례를 구분하고, 정보공개청구절차와 이에 대한 불복절차를 법을 통해 파악한다. ❷ 개인정보자기결정권의 개념 파악과 정보수집에 방법과 제한, 민감정보, 주민등록번호 등의 수집제한, 단체소송 및 손해배상에 대한 법령을 명확히 읽도록 한다.

CHAPTER 01 행정법 관계

- 01 행정상 법률관계
- 02 행정법관계의 당사자
- 03 공법과 사법(私法)의 구별
- 04 행정법관계의 특질
- 05 행정법관계에서의 사인의 공권
- 06 개인적 공권의 확대화 경향
- 07 공의무
- 08 특별권력관계
- 09 공법관계에 대한 사법(私法)의 적용

01 행정상 법률관계

1 행정상 법률관계의 의의

'행정상 법률관계'란 행정주체가 법률관계(권리나 의무관계)의 일방당사자인 경우를 총칭하는 개념으로서 넓게는 행정작용법적 관계와 행정조직법적 관계를 포함하나, 좁게는 행정주체와 그 상대방인 국민 간의 법률관계인 행정작용법적 관계만을 의미한다.

이러한 행정작용법적 관계는 다시 공법관계인 권력관계와 관리관계 및 국고관계인 사법관계로 구분되며, 이 중에서 국고관계는 행정법관계는 아니다.

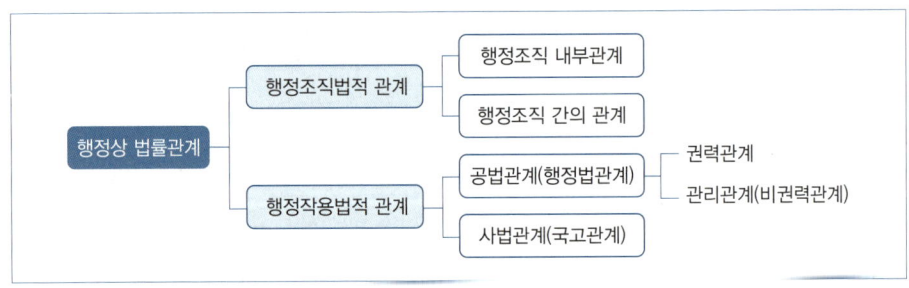

2 행정조직법적 관계(광의의 행정상 법률관계)

(1) 행정조직 내부관계(행정주체 내부관계)

상급청과 하급청과의 관계, 대등 관청 간의 관계, 권한 위임사무에 관한 관계, 행정주체와 공무원의 관계, 행정기관 상호관계 등으로서 행정조직 내부관계로서 행정주체 내의 행정기관 상호관계를 말한다. 이러한 주체 내부에서의 관계나 분쟁은 권리·의무관계나 법률상 쟁송이 아니므로 법에 특별한 규정이 없는 한 제소할 수 없다. 그러나 실무상의 분쟁해결에 대하여 법에 특별한 규정이 있는 경우에는 제소가 가능하다. 행정소송 중 기관소송이 이에 해당된다. 01

(2) 행정주체 간의 관계

국가의 지방자치단체에 대한 감독관계, 원조관계, 지방자치단체 상호간에 이루어지는 협의, 사무위탁, 공동처리, 조합설립 등이 이에 해당한다. 그런데 이런 행정주체 간의 관계를 행정작용법적 관계로 보는 견해도 있다.

개념확인 O/X

01 기관소송은 개인의 권익침해를 목적으로 하는 소송으로 현행 「행정소송법」상 개괄주의에 해당한다.
(O/X)

행정조직법적 관계	행정조직 내부관계(행정주체 내부관계)	행정주체 간의 관계
성질	• 권리나 의무관계가 아니고, 법률상 분쟁이 아님(법에 특별한 규정이 있는 경우 가능 – 기관소송 등) • 상급청과 하급청과의 관계, 대등 관청 간의 관계, 권한 위임사무에 관한 관계, 행정주체와 공무원의 관계, 행정기관 상호관계 등	• 조직법적 관계로 인식할 것인지, 작용법적 관계로 볼 것인지 논란이 있으나 조직법적 관계로 인식함이 다수 • 헌법재판소의 권한쟁의심판 대상이 될 수 있음

3 행정작용법적 관계

> **결정적 코멘트** ▶ 행정작용법적 관계에서 공법관계와 사법관계의 구분은 그 자체로도 중요할뿐 아니라 행정소송과 연계되어 소송종류 구분과 관련한 출제가 많은 단원이다.

(1) 개설

'행정작용법적 관계'란 행정주체와 국민 사이에 맺는 법률관계로서 외부관계라고도 한다. 여기에는 다시 공법관계인 권력관계와 관리관계, 그리고 행정상의 사법관계(국고관계)로 나누어진다.

(2) 공법관계

① **권력관계(본래적 공법관계)**
  ㉠ 의의: '권력관계'란 행정목적을 달성하기 위하여 법이 행정주체에게 우월한 효력을 부여하여 국가 기타의 행정주체가 우월한 공권력 주체로서 국민에 대하여 일방적으로 명령·강제 또는 법률관계를 형성하는 법률관계로서 공정력 등의 특수한 효력이 인정된다. 01
  ㉡ 종류
    ⓐ 일반권력관계: 국가와 국민관계
    ⓑ 특별권력관계: 특별한 행정목적을 위한 특별한 법적 원인에 의해 성립하는 관계
  ㉢ 특색
    ⓐ 법률에 엄격한 기속과 수권을 요한다.
    ⓑ 법에 의해 공정력·확정력·강제력 등의 특별한 효력이 인정된다.
    ⓒ 원칙적으로 사법규정의 적용이 배제되고, 공법의 규율을 받는다.
    ⓓ 분쟁의 해결은 '항고쟁송(항고심판·항고소송)'의 방법에 의한다.

② **공법상 비권력관계(관리관계·전래적 공법관계)**
  ㉠ 의의: '관리관계'란 행정주체가 우월적 의사주체(공권력 주체)로서가 아니라 공기업의 관리상의 사업의 경영 또는 공물의 관리상의 공적 재산권의 관리주체로서 국민과 맺는 법률관계로서 법이 우월한 효력을 인정한 것은 아니라서 특수한 효력은 인정될 수 없다.
  ㉡ 종류: 공법상 계약, 공법상 합동행위, 공물관리(공원·하천·도로·공용주택·학교·요양원 등), 공기업경영(우편·수도·통신 등), 회계 등이다.
  ㉢ 특색
    ⓐ 관리관계는 권력관계와는 달리 공법규정 내지 공법원리가 전면적으로 적용되지 않으며 사법(私法)이 원칙상 적용된다. 따라서 행정주체의 행위에 공공성이 요구되는 한도 안에서만 공법적 규율을 받을 뿐이며 그렇지 않으면 사법(私法)을 적용한다. 02
    ⓑ 관리관계는 비권력관계인 점에서는 사법(私法)관계와 같으나, 공공복리성(공익성)과 윤리성에 밀접한 관계를 가짐으로써 대등당사자 사이의 관계가 수정되고·보완되는 점에서 특색이 있다.
    ⓒ 권력작용이 아니므로 관리관계는 행정주체와 행정객체가 대등한 지위에서 이루어지는 관계이다.

개념확인 O/X

01 행정주체의 우월성으로 공권력을 행사할 수 있는 것은 행정의 고유한 속성에 의한다.
(O/X)
※ 법이 부여한 효력임

02 관리관계는 원칙적으로 공법이 적용되지만 예외적인 측면에서 사법의 적용이 배제되는 것은 아니다.
(O/X)

| 정답 | 01 X 02 X

| 개념확인 O/X |

ⓓ 관리관계는 행정주체의 우월적 효력으로서 권력관계에 인정되는 공정력·확정력·강제력 등이 인정되지 않는다.
ⓔ 공법적 규율을 받는 관리관계에 있어서의 분쟁은 행정소송 중 '당사자소송'의 방법에 의하고, 그 밖의 경우에는 일반 민사소송에 의한다.

(3) 사법(私法)관계(국고관계)

행정주체가 사법상 재산권의 주체로서 사경제적 활동을 일반사인과 대하는 경우에는 사인 상호간의 관계처럼 사법(私法)의 적용을 받게 된다. 넓은 의미의 국고작용은 그 추구하는 목적에 따라 '조달행정작용(행정의 사법적 보조작용)', '영리경제적 작용', '행정사법작용(行政私法이론)'이 있으나, 좁은 의미로는 행정사법 이론을 제외한 조달행정작용과 영리 경제적 작용만을 의미한다. 이러한 국고관계는 사법(私法)의 적용을 받고 분쟁의 해결은 민사소송의 대상이 된다.

공법관계(행정법 관계)		사법(私法)관계
권력관계	관리관계	국고관계
• 본래적 공법관계 • 일방적으로 행정주체가 사인에게 명령·강제관계 • 법이 부여한 특수한 효력 • 원칙: 공법 적용 • 예외적으로 사법 적용 가능 • 불복의 경우: 항고소송 예 행정행위, 행정강제 등	• 전래적 공법관계 • 공기업의 관리상 사업의 경영 또는 공물의 관리상 공적 재산권의 관리주체로서 국민과 맺는 법률관계 • 원칙: 사법 적용 • 공공성, 윤리성: 공법 적용 • 분쟁 시: 민사소송 또는 당사자소송 예 공법상 계약, 공법상 합동행위, 공물관리, 공기업경영, 회계 등	• 사법관계 • 행정주체의 경제활동 • 사법 적용 • 민사소송으로 해결 예 조달행정, 영리경제작용 등

심화 학습 판례에 따른 공·사법관계의 구별 빈출

공법관계	사법(私法)관계
① 귀속재산의 매각·임대 ② 행정재산 사용료의 부과(최근 판례) 01 ③ 공공단체와 사인 간의 공용부담계약 ④ 회시의 소득세 원친징수 ⑤ 공유수면매립 면허 ⑥ 시·구 도서관 이용관계 ⑦ 체신관서의 전화요금징수(공공요금징수) ⑧ 영조물경영·하천관리 ⑨ 사립대학의 학위수여(공무수탁사인의 행위) ⑩ 광업권 허가 ⑪ 특별권력관계 ⑫ 행정벌·행정강제·행정행위 ⑬ 국·공립병원의 강제입원 ⑭ 공무원 임명 ⑮ 국유재산의 무단점유자에 대한 변상금부과처분 02 ⑯ 공무원 연금관리공단의 퇴직급여결정(VA) cf. 공무원연금관리공단이 퇴직연금 중 일부금액에 대해 지급거부의 의사표시(VA-X), 미지급퇴직연금의 지급을 구하는 소송은 당사자소송 ⑰ 국립대학교 교원의 신분관계 ⑱ 수도료 부과징수와 수도료의 납부관계	① 물품매매계약(물품구매) ② 국유재산 대부·매각·양여행위 ③ 국유일반재산(구. 잡종재산) 매각행위, 매각신청 반려행위 ④ 국유일반재산(구. 잡종재산)인 국유림의 대부행위 및 대부료의 납입고지 03 ⑤ 회사의 주주가 되는 관계(주식매매) ⑥ 시영버스·국영철도·시영식당 이용관계 ⑦ 지방채의 모집 ⑧ 지방자치단체의 은행으로부터의 일시차입 ⑨ 사립대학의 등록금징수행위·사립대학생의 징계처분 ⑩ 국유광산의 경영 ⑪ 전화가입 청약 및 승낙 ⑫ 당좌수표 지급보증 ⑬ 국·공립병원의 유료입원 ⑭ 창덕궁·비원 안내원들의 근무관계 ⑮ 공법인의 임직원에 대한 징계처분 ⑯ 주한미군의 한국인 직원의료보험조합 직원의 근무관계 04 ⑰ 전기나 전화, 가스 공급관계 ⑱ (구)예산회계법(현, 『국가재정법』)에 따른 입찰보증금의 국고귀속(대판 1983.12.27, 81누366) 05 ⑲ 체비지매각 ⑳ 폐천부지양여행위 ㉑ 조세과오납금환급청구권(判): 학설은 공권 ㉒ 환매권의 행사(判): 학설은 공권설 06

01 행정재산의 사용·수익 허가는 강학상 특허로서 공법관계의 일종에 해당한다.
21 국회8급　　　　　　(O/X)

02 『국유재산법』상 국유재산 무단사용에 대한 변상금부과처분은 사법관계이다.
13 서울9급　　　　　　(O/X)

03 국유의 일반재산 대부료 납부고지는 사법상 이행청구에 해당하고, 이를 행정처분이라고 할 수 없다.
24 국회8급　　　　　　(O/X)
※ 대부는 사법관계이나 대부료징수는 공법관계

04 주한미군 한국인 직원의료보험조합 직원의 근무관계는 공법관계에 속하는 것이다.
24 국회8급　　　　　　(O/X)

05 『국가를 당사자로 하는 계약에 관한 법률』에 의한 입찰보증금의 국고귀속조치는 국가가 공권력을 행사하거나 공권력작용과 일체성을 가진 것으로서 이에 대한 분쟁은 행정소송의 대상이 된다.
23 국회8급　　　　　　(O/X)

06 공용수용의 목적물이 불필요하게 된 경우 피수용자가 다시 수용된 토지의 소유권을 회복할 수 있도록 하는 환매권은 일종의 공권이다.
20 국회8급　　　　　　(O/X)

| 정답 | 01 O　02 X　03 O　04 X　05 X　06 X

⑲ 국공립유치원 전임강사의 근무
⑳ 「징발재산정리에 관한 특별조치법」에 의한 국방부장관의 매수결정
㉑ 「하천법」상 준용하천의 제외지로 편입된 토지소유자가 직접 하천관리청을 상대로 한 손실보상청구권
㉒ 「하천법」상 손실보상지급을 구하거나 손실보상청구
㉓ 공유수면매립으로 인한 관행어업권자의 손실보상
㉔ 조세채무관계
㉕ 공익사업을 위한 토지 등의 취득 및 보상에 관한 법령에 의하여 주거용 건축물의 세입자에게 인정되는 주거이전비 보상청구권
㉖ 텔레비전수신료 부과행위
㉗ 농지개량조합의 직원에 대한 징계처분
㉘ 토지개량소합의 직원에 대한 징계처분
㉙ 도시재개발조합과 조합원과의 관계
 • 조합원지위확인소송은 당사자소송
  cf. 조합장, 임원의 해임에 관한 소송은 민사소송
 • 관리처분계획(분양)을 다투고자 할 때는 항고소송
 • 「도시 및 주거환경정비법」상 주택재건축정비사업조합을 상대로 관리처분계획안에 대한 조합 총회결의의 효력을 다투는 소송(당사자소송)
㉚ 어업협동조합의 임원선출
㉛ 국가나 지방자치단체에 근무하는 청원경찰의 근무관계
㉜ 공법상 계약
 • 광주광역시립합창단원 재위촉거부
 • 서울특별시립무용단 단원의 위촉과 해촉
 • 국립중앙극장 전속합창단원의 채용
 • 지방전문직 공무원 채용계약의 의사표시
 • 공중보건의사전문직 공무원 채용계약의 해지
 • 국방일보의 발행책임자인 국방홍보원장으로 채용된 계약직 공무원에 대한 채용계약
㉝ 폐광된 광산에서 업무상 재해를 입은 근로자에게 지급하는 재해위로금의 지급청구권
㉞ 단수처분
㉟ 세관장이 여행자의 휴대품을 유치하는 관계(행정강제)
㊱ 서울특별시장의 입찰참가자격제한처분(행정처분)
㊲ 국가의 대한주택공사에 대한 감독관계
㊳ 한국수력원자력 주식회사의 입찰참가자격제한 조치(VA)
㊴ 공물지정 및 해제, 사유공물의 지정관계
㊵ 국가 또는 지방자치단체의 입찰참가자격제한 01
㊶ 국가의 한국토지주택공사에 대한 감독관계
㊷ 지방소방공무원의 보수에 관한 법률관계
㊸ 부가가치세 환급세액 지급청구(당사자소송) 02
㊹ 국립의료원 부설주차장 위탁관리용역운영계약(행정처분)과 이에 따른 가산금지급채무부존재확인소송(당사자소송) 03
㊺ 조달청의 나라장터 종합쇼핑몰 거래정지 조치 및 '중소기업자 간 경쟁입찰 참여제한 대상기업에 해당하는 경우 물량 배정을 중지하겠다'는 내용의 통보 04

㉓ 징발보상청구권
㉔ 손해배상청구권(判): 학설은 공권
㉕ 손실보상청구권(判): 학설은 공권
 cf. 「하천법」상 손실보상청구권은 공권
㉖ 결과제거청구권(判): 학설은 공권
㉗ 국유광업권매각
㉘ 기부채납받은 공유재산을 무상으로 기부자에게 사용을 허용하는 행위
 cf. 기부채납받은 행정재산의 사용·수익에 대한 허가는 공법관계
㉙ 기부채납 부동산의 사용허가기간 연장신청 반려행위
㉚ 청사에 대한 건축도급계약, 도로·항만 등 토목 도급계약
㉛ 국고수표발행행위, 행정주체의 자금차입
㉜ 토지수용이 협의취득
 cf. 통설: 공법상 계약
㉝ 공공사업의 시행자가 토지수용법에 의하여 그 사업에 필요한 토지를 취득하는 경우
㉞ 공공조합의 급여관계(토지개량조합 연합회직원의 동 연합회에 대한 급여청구권)
㉟ 공사·공단의 근무관계, 급여관계 05
 • 서울특별시지하철공사의 임원과 근무관계
 • 한국조폐공사의 임원과 직원의 근무관계 06
 • 공무원 및 사립학교 교직원 의료보험관리공단과 직원의 근무관계
 • 한국전력공사 사장이 한 입찰참가자격제한처분·한국토지개발공사의 입찰참가자격제한(모두 「공공기관운영에 관한 법률」 개정 이전의 판례)
  cf. 행정청에 의한 입찰참가자격제한조치는 행정처분으로 인정한 바 있음
 • 한국방송공사와 직원 간의 임용관계
㊱ 종합유선방송위원회 소속직원의 근로관계
㊲ 철도국장이 관리하는 건물을 임대하는 계약
㊳ 농지개량조합이 농지개량사업의 시행으로 인하여 조성된 재산 중 농지개량사업에 공하지 아니하는 매립지를 분배하는 행위나 그 분배 취소행위
㊴ 농공단지 내 토지매각의 경우 분양대상기업체의 선정
㊵ 국가가 부실은행에 출연한 지원금을 자본으로 전환하는 관계
㊶ 「국가계약법」에 따라 지방자치단체가 당사자가 되는 공공계약(관급공사계약)은 사법상의 계약 07
㊷ 국·공립병원의 전공의(인턴, 레지던트) 임용
㊸ 한국토지주택공사로부터의 주택구입
㊹ 한국마사회가 조교사 또는 기수의 면허를 부여하거나 취소하는 행위
㊺ 공설시장 점포에 대한 시장의 사용허가 및 취소행위
㊻ 사립학교 교원과 학교법인의 관계, 사립학교(학교법인)가 소속 교원을 징계(단, 사립학교교원이 교원소청심사위원회의 결정을 거친 경우에는 공법관계) 08
㊼ 국가의 주식매입
㊽ (구)「한국공항공단법」에 의하여 한국공항공단이 정부로부터 무상사용허가를 받은 행정재산을 전대하는 행위 09 10

개념확인 O/X

01 「국가를 당사자로 하는 계약에 관한 법률」상 국가기관에 의한 입찰참가자격제한행위는 사법상 관념의 통지에 해당한다.
21 국회8급　　　　　　(O/X)
※ 국가기관, 지자체에 의한 경우 ⇨ 처분

02 부가가치세 환급세액 지급청구소송은 민사상 부당이득반환청구로서 민사소송에 의한다.
　　　　　　　　　　　(O/X)

03 국립의료원 부설주차장에 관한 위탁관리용역운영계약은 공법상 계약에 해당한다.
23 국회9급　　　　　　(O/X)

04 조달청이 국가종합전자조달시스템인 나라장터 종합쇼핑몰에 거래정지조치를 하는 것은 처분으로서 공법관계에 속한다.
20 국회8급　　　　　　(O/X)

05 헌법재판소는 정부투자기관(한국토지공사)의 출자로 설립된 회사(한국토지신탁) 내부의 근무관계(인사상의 차별 및 해고)에 관한 사항은 특별한 공법적 규정이 존재하는 경우라도 사법관계에 속하는 것이라고 본다.
16 지방7급　　　　　　(O/X)
※ 특별한 규정 시 공법관계

06 한국조폐공사가 행한 소속직원 파면행위는 공법관계로서 처분이다.
14 서울7급　　　　　　(O/X)

07 「국가를 당사자로 하는 계약에 관한 법률」상 국가가 당사자가 되는 공공계약은 국가가 사경제의 주체로서 상대방과 대등한 위치에서 체결하는 사법상의 계약에 해당한다.
21 국회8급　　　　　　(O/X)

08 사립학교교원에 대한 징계는 사법관계이나 그에 대해 교원소청심사가 제기되어 그에 대한 결정이 있으면 그 결정은 공법의 문제가 된다.
20 국회8급　　　　　　(O/X)

09 (구)「한국공항공단법」에 의하여 한국공항공단이 정부로부터 무상사용허가를 받은 행정재산을 전대(轉貸)하는 행위는 행정소송의 대상이 되는 행정처분이다.
23 국회8급　　　　　　(O/X)

10 국유재산 중 행정재산의 사용허가는 공법관계이나, 한국공항공단이 무상사용허가를 받은 행정재산에 대하여 하는 전대행위는 사법관계이다.
23 국가9급　　　　　　(O/X)

| 정답 | 01 X　02 X　03 X　04 O　05 X　06 O　07 O　08 O　09 X　10 O

02 행정법관계의 당사자

1 행정주체

(1) 행정주체의 의의

① **개념**: '행정주체'란 행정상 법률관계에 있어서 행정권을 행사하고 그 법적 효과가 궁극적으로 귀속되는 당사자를 행정주체라 한다. 또한 재산권 취득이 가능하다.

② **구분**: 행정주체를 위해서 행정사무를 수행하는 행정기관(대통령, 행정안전부장관, 서울시장 등)은 행정주체가 아니다. 행정주체는 행정기관을 통하여 행정사무를 집행할 뿐이며 행정기관은 그 자체로서 주체가 될 수는 없다. 다만, 행정기관은 행정심판이나 행정소송에서 피청구인 또는 피고가 될 수 있다. 행정주체로는 국가·공공단체·공무수탁사인이 있다.

(2) 행정주체의 종류

① **국가**: 국가는 하나의 독립된 인격을 가진 법인으로서 행정법관계에 있어서 권리·의무의 주체가 된다. 국가는 시원적 행정주체이며 행정객체는 될 수 없다.
그러나 국가행정의 일부가 지방자치단체, 공공단체, 사인에게 위임 또는 위탁되어 행하여지는 경우도 있다.

② **공공단체(전래적 행정주체)**
  ㉠ 지방자치단체
   ⓐ **의의**: 일정한 지역적 범위의 주민에 대하여 포괄적 지배권(자치권)을 행사하는 국가로부터 독립된 법인격을 갖고 있는 단체이다(자치권·지역·주민).
   ⓑ **다른 공공단체와 구별**: 지방자치단체도 광의의 공공단체에 해당되지만, 협의의 공공단체와 달리 일정한 지역 내에서 지역주민에게 포괄적인 행정을 담당한다는 점에서 특정한 사업수행만 목적으로 하는 다른 공공단체와는 구별된다.
   ⓒ **종류**: 보통지방자치단체(특별시·광역시·도·특별자치도·특별자치시, 시·군·구)와 특별지방자치단체(지방자치단체조합 등)가 있다.

보통지방자치단체	광역자치단체	특별시, 광역시, 도, 특별자치도, 특별자치시
	기초자치단체	시, 군, 구(자치구)
특별지방자치단체		지방자치단체조합

   ⓓ **업무**: 고유사무와 위임사무가 있고, 위임사무는 단체위임과 기관위임사무가 있다. 고유사무와 단체위임사무는 지방자치단체의 사무가 되므로 이 행위의 법적 효과는 지방자치단체에 귀속된다. 그러나 기관위임사무는 국가의 사무를 지방자치단체의 장에게 위임한 사무로 이 사무의 수행효과는 위임기관이 속한 국가나 지방자치단체에 귀속된다.

> **주의** 지방자치단체가 아닌 경우
> 1. 자치구가 아닌 구(예 수원시 팔달구, 전주시 완산구 등)
> 2. 제주시, 서귀포시(행정시)
> 3. 읍·면·동·리

- ⓒ 공공조합
  - ⓐ 의의: 특정한 국가목적을 위하여 일정한 자격을 가진 사람에 의해 공법상 사단법인이다(인적 결합체+법인등기).
  - ⓑ 종류: 의료보험조합, 도시개발사업조합, 농업협동조합, 대한변호사협회, 수산업협동조합, 산림조합, 약사회, 대한의사회, 건설공제조합, 전국중개업자협회, 감정평가협회, 재향군인회 등이 있다. 01 02
- ⓒ 영조물 법인
  - ⓐ 의의: 특정한 국가목적에 제공된 인적·물적 시설의 종합체로서 공법상 법인격이 부여된 공공단체이다(인적·물적 결합체+법인등기).
  - ⓑ 종류: 한국은행, 대한적십자병원, 국립대학교병원, 한국방송공사, 서울메트로, 한국토지주택공사, 과학기술원, 한국산업인력공단 등이 있다. 주의할 것은 영조물이라도 국립대학, 국립도서관 등과 같이 독립된 법인격을 취득하지 못한 경우에는 행정주체가 되지 못한다(단, 서울대학교와 인천대학교, 울산과학기술대학은 행정주체이다). 03
- ⓔ 공법상 재단
  - ⓐ 의의: 재단설립자에 의해 출연된 재산을 관리하기 위하여 설립된 공공단체이다(재산+법인등기).
  - ⓑ 종류: 현행법상으로는 한국연구재단(구, 한국학술진흥재단), 한국학중앙연구원(구, 한국정신문화연구원) 등이 있다.
  - ⓒ 특색: 공법상 재단에는 직원 및 수혜자는 있으나 구성원은 없는 점이 특색이다. 04

③ 공무수탁사인
  - ⓐ 의의
    - ⓐ 사인이 자신의 이름으로 공행정 사무를 처리할 수 있는 권한을 부여받은 자를 수권사인 또는 공무수탁사인이라 한다(공무수탁사인은 자연인일 수도 있고, 사법인 또는 법인격 없는 단체일 수도 있다).
    - ⓑ 이러한 사인은 일반적으로 행정객체의 지위를 갖지만 행정주체로부터 공행정사무를 위탁받아 수행하는 범위 내에서는 행정주체의 지위를 갖게 된다. 그러나 국가, 공공단체가 공권력을 부여한 행정주체이지, 수탁사인은 행정주체가 될 수 없다는 견해도 있다.
  - ⓑ 지위: 공무수탁사인은 공법상 위임관계에 놓이게 되며, 행정임무의 수행을 위하여 공권을 수여받은 사인은 행정기관과 동일한 지위에 있게 된다.
    이러한 수권사인의 처분 등에 대하여는 행정의 상대방 등은 공권을 부여한 행정청을 재결기관으로 하여 이의신청이나 행정심판을 제기한 후 불복의 경우에는 행정소송을 제기할 수 있다.
  - ⓒ 행정주체와의 관계: 공무위탁자는 공무수탁사인에 대하여 법에 의하여 규정된 감독권을 갖는다. 따라서 공무수탁사인과 공무를 위탁한 행정주체와는 특별권력관계의 유형인 특별감독관계가 된다. 05
  - ⓓ 국민과의 관계: 공무수탁사인의 지위에 대하여 「행정절차법」, 「행정심판법」, 「행정소송법」, 「행정기본법」 등에 행정청으로 규정되어 있어 공무수탁사인의 공무에 대한 관계에서 행정의 상대방은 공무수탁사인을 상대로 쟁송이 가능하다. 또한 「국가배상법」(제2조)상 공무수탁사인은 공무원에 해당(「국가공무원법」이나 「지방공무원법」상의 공무원은 아니다)되어 국가나 지방자치단체를 상대로 배상 등을 청구할 수 있다. 06 07 08

개념확인 O/X

01 대법원은 농지개량조합(현 한국농어촌공사)과 그 직원과의 관계는 사법상의 근로계약관계가 아닌 공법상의 특별권력관계이고, 그 조합의 직원에 대한 징계처분의 취소를 구하는 소송은 행정소송사항에 속한다고 본다.
16 지방7급 (O/X)

02 「도시 및 주거환경정비법」에 따른 주택재건축정비사업조합은 행정주체이다.
13 국가9급 (O/X)

03 서울대학교는 영조물법인으로서 행정주체이다.
(O/X)

04 공법상 재단에는 수혜자만 있으므로 행정주체가 될 수 없다.
(O/X)

05 국가가 공무수탁사인의 공무수탁사무수행을 감독하는 경우 수탁사무수행의 합법성뿐만 아니라 합목적성까지도 감독할 수 있다.
17 서울7급 (O/X)

06 공무수탁사인은 행정주체이면서 동시에 행정청의 지위를 갖는다.
17 서울7급 (O/X)

07 법령에 의하여 공무를 위탁받은 공무수탁사인이 행한 처분에 대하여 항고소송을 제기하는 경우 피고는 위임행정청이 된다.
10 지방9급 (O/X)

08 「국가배상법」에 의하면 공무수탁사인에 의한 위법한 직무수행의 경우에도 「국가배상법」이 적용되어 배상이 이루어질 수 있다.
(O/X)

| 정답 | 01 O 02 O 03 O 04 X 05 O 06 O 07 X 08 O

개념확인 O/X

01 교육법에 의하여 학위를 수여하는 사립대학은 공무수탁사인이 아니다.
(O/X)

02 「토지보상법」상 사업시행자도 행정주체가 될 수 있다는 것이 통설이다.
(O/X)

03 공무수탁사인은 행정임무를 자기책임하에 수행함이 없이 단순한 기술적 집행만을 행하는 사인인 행정보조인과는 구별된다.
10 지방9급 (O/X)

04 경찰과의 계약을 통해 주차위반차량을 견인하는 민간 사업자도 공무수탁사인에 해당한다.
17 서울7급 (O/X)

05 국가가 자신의 임무를 스스로 수행할 것인지 아니면 그 임무의 기능을 민간부문으로 하여금 수행하게 할 것인지에 대하여 입법자에게 광범위한 입법재량 내지 형성의 자유가 인정된다고 보는 것이 판례의 입장이다.
10 지방9급 (O/X)

ⓜ 종류
  ⓐ 학위를 수여하는 사립대학 총장 01
  ⓑ 선박 항해 중의 경찰사무 호적사무를 집행하는 선장·항공기의 기장
  ⓒ 토지수용에 있어서 사업시행자 02
  ⓓ 한국광고자율심의기구(헌재 2008.6.26. 2005헌마506)
  ⓔ 사인이 별정우체국의 지정을 받아 체신업무를 수행하는 별정우체국장
  ⓕ 강제집행을 행하는 집행관
  ⓖ 공증사무를 수행하는 공증인
  ⓗ 교정업무를 위탁받은 민간교도소
  ⓘ 공무를 수행(직업에 대한 규제법규를 제정, 등록업무를 수행, 위법한 영업활동을 한 회원에 대한 제재처분을 내리는 등)하는 변호사협회와 의사협회와 같은 직업별 협회
  ⓙ 건축공사에 관한 조사, 검사 및 확인 업무를 행하는 건축사 등

> **주의** 공무수탁사인과 구별개념
>
> 1. 행정의 보조자 03
>   • 부탁에 의하여 교통사고 현장에서 경찰을 돕는 경우
>   • 아르바이트로 행정서류를 정리하는 사인
>   • 아르바이트로 우편업무를 수행하는 사인 등
> 2. 사법상 계약에 의한 경영 수탁의 경우
>   • 경찰과 계약에 의한 주차위반차량을 견인(공법적인 행위가 아님)하는 민간업자 04
>   • 쓰레기 수거(공법적 행위가 아님)업자
>   • 대집행을 실행하는 제3자
> 3. 제한된 공법상의 근무관계에 있는 경우 (예 국립대학의 시간강사)
> 4. 행정을 대행하는 경우(예 차량등록의 대행, 자동차 검사의 대행 등)
> 5. 공무집행에 자진하여 협력하는 사인

ⓑ 법적 근거: 공권의 행사를 사인에게 이전하는 제도이므로, 법적 근거가 필요하다. 따라서 국가의 임무수행방법을 민간으로 행하도록 하는 것이 입법재량인지에 대하여 헌법재판소는 긍정하고 있다.

> **관련 판례**
>
> **B** 국가가 자신의 임무를 그 스스로 수행할 것인지 아니면 그 임무의 기능을 민간부문으로 하여금 수행하게 할 것인지 하는 문제 판단에 관하여는 입법자에게 광범위한 입법재량 내지 형성의 자유가 인정된다(헌재 2007.6.28. 2004헌마262) [10 지방직 9급] 05

ⓐ 공무수탁사인의 권리
  ⓐ 공무를 수행할 권리(행정주체는 동일한 업무를 다른 사인에게 위탁할 수 없다)
  ⓑ 공권적 특권부여(강제징수권, 수용권 등)
  ⓒ 위탁자에 대한 비용청구권
ⓞ 공무수탁사인의 의무
  ⓐ 공무수행의 계속수행의무(불가항력을 제외하고는 의무 부담)
  ⓑ 의무를 이행하지 않을 경우 위탁자에 의해 제재 등 가능

| 정답 | 01 O 02 O 03 O 04 X 05 O

| 관련 판례 | 소득세원천징수의무자와 관련된 판례

B 소득세원천징수의무자가 행정주체인지 여부(부정 ⇨ 행정기관의 보조기관으로 봄) [17 군무원 9급] 01 02 03

> 소득세원천징수의무자는 「소득세법」 제142조 및 제143조의 규정에 의하여 자동적으로 확정되는 세액을 소급자로부터 징수하여 과세관청에 납부하여야 할 의무를 부담하고 있으므로 … (중략) … 그의 원천징수행위는 법령에서 규정된 징수 및 납부의무를 이행하기 위한 것에 불과한 것이지, 공권력의 행사로서의 행정처분을 한 경우에 해당하지 아니한다(대판 1990. 3. 22. 89누4789).

B 소득금액변동통지의 처분성 여부와 법률상 이익

❶ 과세관청의 소득처분에 따른 소득금액변동통지가 항고소송의 대상이 되는 조세행정처분인지 여부(적극)

> 과세관청의 소득처분과 그에 따른 소득금액변동통지가 있는 경우 원천징수의무자인 법인은 소득금액변동통지서를 받은 날에 그 통지서에 기재된 소득의 귀속자에게 당해 소득금액을 지급한 것으로 의제되어 그때 원천징수하는 소득세의 납세의무가 성립함과 동시에 확정되고, 원천징수의무자인 법인으로서는 소득금액변동통지서에 기재된 소득처분의 내용에 따라 원천징수세액을 그 다음달 10일까지 관할 세무서장 등에게 납부하여야 할 의무를 부담하며, 만일 이를 이행하지 아니하는 경우에는 가산세의 제재를 받게 됨은 물론이고 형사처벌까지 받도록 규정되어 있는 점에 비추어 보면, 소득금액변동통지는 원천징수의무자인 법인의 납세의무에 직접 영향을 미치는 과세관청의 행위로서, 항고소송의 대상이 되는 조세행정처분이라고 봄이 상당하다(대판 2006. 4. 20. 2002두1878).

❷ 소득귀속자에 대한 통지

> 1. (구)「소득세법 시행령」 제192조 제1항 단서에 따른 소득의 귀속자에 대한 소득금액변동통지가 항고소송의 대상이 되는 행정처분인지 여부(소극)
> (구)「소득세법 시행령」(2008. 2. 22. 대통령령 제20618호로 개정되기 전의 것) 제192조 제1항 단서에 따른 소득의 귀속자에 대한 소득금액변동통지는 원천납세의무자인 소득 귀속자의 법률상 지위에 직접적인 법률적 변동을 가져오는 것이 아니므로, 항고소송의 대상이 되는 행정처분이라고 볼 수 없다.
>
> 2. 소득처분에 따른 소득의 귀속자가 법인에 대한 소득금액변동통지의 취소를 구할 법률상 이익이 있는지 여부(소극)
> 원천징수의무자에 대한 소득금액변동통지는 원천납세의무의 존부나 범위와 같은 원천납세의무자의 권리나 법률상 지위에 어떠한 영향을 준다고 할 수 없으므로 소득처분에 따른 소득의 귀속자는 법인에 대한 소득금액변동통지의 취소를 구할 법률상 이익이 없다(대판 2015. 3. 26. 2013두9267).

| 개념확인 O/X |

01 소득세원천징수의무자의 원천징수행위는 행정주체와 행정청의 지위를 가지고 행하는 행정처분이다.
(O / X)

02 대법원은 조세원천징수의무자의 원천징수행위는 행정처분에 해당한다고 보았다.
(O / X)

03 판례는 소득세의 원천징수의무자를 공무수탁사인으로 인정하고 있다.
17 군무원9급 (O / X)

2 행정객체

'행정객체'란 행정주체에 의한 공권력 행사의 상대방을 말한다. 행정객체는 사인이 원칙이나, 공공단체도 국가에 대한 관계에서는 행정객체가 된다[국가에 대한 수도료의 부과에서와 같이 국가도 예외적으로 행정객체가 될 수 있다고 한다(박균성, 행정법론, 박영사 2005)].

| 관련 판례 |

B 우체국장에게 부과한 관세는 무효에 해당한다

> 서울국제우체국장은 우편사업을 담당하는 국가의 일개 기관에 불과할 뿐이므로 우체국장에 대한 관세부과처분은 관세의 납세자가 될 수 없는 자를 그 납세의무자로 한 위법한 처분으로서 그 하자가 중대하고도 명백하여 당연무효라 할 것이다(대판 1987. 4. 28. 86누93).

| 정답 | 01 X   02 X   03 X

> 개념확인 O/X

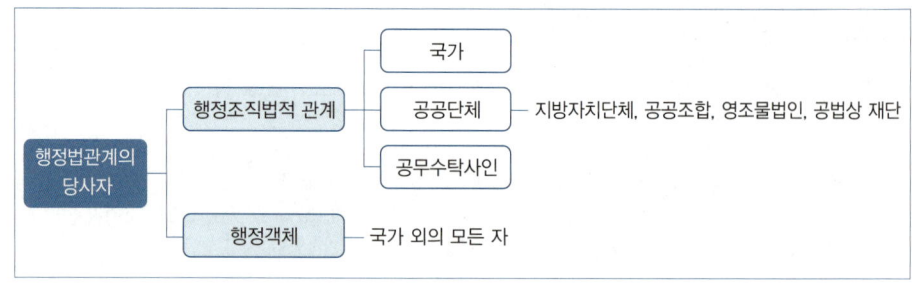

03 공법과 사법(私法)의 구별

1 논의

행정법은 사법과 구별되는 공법으로서 행정에 관한 모든 법률관계가 행정법의 규율대상이 아니라 공법의 규율을 받는 행정법관계만 행정법학의 대상으로 삼아왔다. 따라서 행정상 법률관계를 어떻게 볼 것인가와 관련하여 먼저 공법과 사법의 구별 기준이 논의되어 왔다.

2 구별의 실익

(1) 실체법상 구별실익

행정주체와 사인 간의 구체적인 사안에 대한 법률관계에 대해서 사법 또는 사법원칙을 적용할 것인가, 아니면 공법 또는 공법원칙을 적용할 것인가를 결정하기 위해서는 양자를 구별할 필요가 있다(통용법규 및 통용원리의 결정의 필요).

구분	공법관계	사법관계
적용법규 및 법원리	공법·공법의 원리	사법·사법의 원리
손해배상	「국가배상법」	「민법」
공정력	권력관계에 인정됨	인정되지 않음
소멸시효	5년(「국가재정법」/「지방재정법」)	10년(「민법」상 일반채권)
자력집행	○	×

(2) 절차법상 구별실익

구체적인 사건의 쟁송에 있어서 어느 소송절차로 행하여야 할 것인가를 결정하기 위하여 우선적으로 공법과 사법의 구별이 필요하다(재판관할 및 소송절차의 결정의 필요). 즉, 행정소송은 관할법원·제소기간·제소절차판결의 대세효 등에 있어서 민사소송과는 다른 특례가 인정된다.

구분	공법관계	사법관계
구제	행정소송	민사소송
재판관할	행정법원	일반법원
제소기간	취소소송의 경우 단기의 제척기간 有	취소소송과 같은 기간제한 無
사정판결	취소소송에 인정됨	인정되지 않음

(3) 행정강제

행정상 강제는 행정법상의 공권력 행사로서의 하명에서 의무 위반 또는 의무불이행에 대하여만 적용되고, 사법상 법률관계에는 강제를 할 수 없다 할 것이므로 행정강제 가능성 여부를 결정하기 위해서는 당해 법률관계가 행정법관계인지 사법관계인지를 구별할 실익이 있다.

(4) 행정법학의 범위

행정법은 행정에 관한 국내공법이므로 행정법학의 연구대상이 되는지 여부를 결정하기 위해서는 공법의 범위를 밝힐 필요가 있다.

3 구분의 기준

(1) 이론적 구분

① **이익설(목적설)**: 공익을 목적으로 하는 법은 공법이고, 사익을 목적으로 하는 법은 사법이라고 보는 견해이다. 문제로는 사법도 공익을 위하는 경우가 있고, 공법도 사익을 보호하는 경우가 적지 않으며 특히 공·사익을 아울러 규정하는 법규범이 많다는 점에서 공법과 사법의 명확한 구별기준을 제시하였다고 볼 수 없다.

② **생활관계설**: 정치적 생활관계 또는 국민으로서의 생활관계를 규율하면 공법이고, 민사적 생활관계 또는 인류로서의 생활관계를 규율하면 사법이라고 한다. 그러나 정치적 생활관계인지 민사적 생활관계인지가 모호하다는 비판이 있다.

③ **성질설(권력설·복종설·종속설·지배관계설)**: 법률관계가 상·하관계 내지 권력적 지배·복종관계에 있으면 공법, 대등관계에 있으며 사법이라고 한다. 그러나 오늘날 비권력관계인 급부행정에 대하여서는 설명이 되지 않으며 사법(私法)에서도 친자관계 등은 종속적 성질을 가지고 있다는 점에서 문제로 지적되고 있다.

④ **주체설(구 주체설)**: 국가 또는 공공단체 등 행정주체를 한쪽의 당사자로 하는 법률관계를 규율하는 법을 공법이라 하고, 사인 상호간의 법률관계를 규율하는 법을 사법이라고 한다. 그러나 이 견해에 의하면 공무수탁사인의 행위는 사법이 되고, 국고관계는 공법이 되는 문제를 야기시킨다.

⑤ **귀속설(신 주체설·법규설·특별법설)**
   ㉠ 국가 또는 기타 공권력의 주체만을 권리·의무의 귀속주체로 하고 배타적으로 공권력의 행사에 적용되는 법을 공법이라 하고, 누구에게나, 즉 행정주체(국고)를 포함한 모든 권리주체에 권리·의무가 귀속되는 법을 사법이라고 한다(H. Wolff).
   ㉡ 이 견해는 최근 독일에서 지지를 점차 많이 받고 있는 학설이나 구체적인 법률관계에서 행정주체가 공권력주체로서의 지위를 가지는지의 여부가 분명치 못한 경우가 있다고 비판받고 있다.

⑥ **구별부정설**: 법실증주의에 입각한 비인학파가 주장하는 견해로서 공법과 사법은 모두 본질적으로 동일한 것으로 구별할 필요가 없다고 한다(H. S. Kelsen).

⑦ **복수기준설(통설)**: 복수의 기준을 통하여 공법과 사법을 구별해야 한다는 입장으로서 배분적 정의실현·국가적·지배적·윤리적·공익적·타율적(법치행정)인 성질을 가진 법은 공법이고, 교환적 정의실현·개인적·평등적·경제적·사익적·자율적(사적 자치)인 성질을 가진 법은 사법이라고 한다.

⑧ **결어**: 어느 설도 일면적 타당성 밖에 없어서 완벽한 구별기준을 제시하지 못하고 있으므로 제(諸)학설을 종합하여 공·사법을 구별해야 한다는 것이 일반적 견해이다.

> **관련 판례**
>
> ® 행정청의 행위가 행정소송의 대상인가 민사소송의 대상이 되는가의 구별의 표준은 그 행위의 내용과 방법 및 분쟁이 일어났을 때에 그 해결에 관한 특별규정이 있느냐 없느냐 하는 점 등을 고려하여 결정한다 (대판 1961.10.5. 4292행상125)

(2) 공법과 사법의 제도적 구별

① **구별의 필요성**: 각기 나라의 현실적인 실정법 제도하에서 기술상 필요하였으며, 주로 행정법원을 두고 있는 나라에서 행정법원의 관할범위를 결정하기 위해 구분이 필요하였다. 따라서 제도적 구별은 각 나라의 역사와 정치 등에 따라 서로 다르다.

② **구분기준**
  - ⊙ **실정법에 명문규정이 있을 때(법규상 기준)**: 법규에서 명문으로 공법관계임을 규정하고 있는 경우에는 법규가 구별의 기준이 되어 문제가 없다. 예컨대 행정상 강제집행, 행정벌, 행정상 손해전보, 행정쟁송, 사권의 제한 등의 규정이 있을 때는 공법이다.
  - ⓒ **실정법에 명문규정이 없을 때(성질상 기준)**: 공법과 사법을 구별하는 제도적 의의와 당해 법규가 규율하고 있는 목적과 내용에 따라 개별적·합리적으로 판단해야 한다. 예컨대 행정주체에 공권력의 행사를 인정한 경우, 공공복리의 실현이라는 행정목적이 있는 경우, 행정사법의 범주에 속하는 경우 등은 공법관계라 할 것이다.

04 행정법관계의 특질

행정법관계는 법률에 의하여 인정된 권리의 관계라는 점에서 본질적으로 사법관계와 동일하지만, 행정주체가 우월한 의사의 주체로서 국민에게 일방적으로 명령·강제하는 부대등관계이기 때문에 대등한 사이의 법률관계인 사법관계에서 볼 수 없는 여러 법적 규율상의 특질이 인정된다.

1 법률적합성(法律適合性)

법치행정의 당연한 결과로 행정의사는 법률에 적합해야 한다. 사법상의 법률행위는 사적 자치의 원칙에 의하여 그 의사표시에 따른 자유로운 활동으로 의사가 중요시되지만, 행정행위는 국민에 대하여 명령·강제하는 우월한 힘을 가지고 있기에 법치의 중요성에 의해 행정의사의 법률적합성이 요구된다.

2 공정력

결정적 코멘트 공정력의 본질적인 내용은 행정행위 단원에서 후술하나, 해당 단원에서도 공정력의 개념을 요하는 부분이 많다. 공정력과 구성요건적 효력을 구분하여 개념을 정리해 두어야 한다.

(1) 개념

국가·공공단체 기타 행정주체의 의사는 비록 그 성립에 흠이 있을지라도 하자가 중대·명백하여 당연무효인 경우를 제외하고는 권한 있는 기관(처분청·행정심판위원회·수소법원)이 취소하기까지는 (잠정적·절차적) 일단 유효하다는 추정을 받아 상대방은 물론 제3자, 타 행정청까지도 구속하는 힘을 공정력 또는 예선적 효력이라 한다. 01 02 03 04

> **관련 법령**
>
> 「행정기본법」 제15조【처분의 효력】 처분은 권한이 있는 기관이 취소 또는 철회하거나 기간의 경과 등으로 소멸되기 전까지는 유효한 것으로 통용된다. 다만, 무효인 처분은 처음부터 그 효력이 발생하지 아니한다.

(2) 잠정적 효력

공정력은 행정행위에 하자가 있을지라도 잠정적인 사실상 통용력을 가지는 것으로 절차법적 효력이 인정되는 것에 불과하며 실체법적으로 행정행위의 하자를 치유하는 것은 아니다(공정력은 행정행위를 적법화시킬 수 없다). 이에 대한 이론적 근거나 실정법상의 근거 등에 대하여는 행정행위의 효력 단원에서 후술하도록 한다.

3 구성요건적 효력

(1) 의의

'구성요건적 효력'이란 행정주체의 처분이 유효하게 존재하고 있는 이상 다른 국가기관은 그의 효력을 존중하여 스스로의 판단의 기초로 삼아야 한다는 것을 말한다. 즉, 특정 행정작용의 구성이 다른 행정기관의 특정행위에 의해 요건이 갖추어지는 경우, 그의 존재를 인정하는 것을 말한다.

(2) 근거

구성요건적 효력에 대해 직접 규정하고 있는 규정은 없으나, 권력분립이나 국가기관 간의 권한의 상호분장과 이에 대한 존중에서 근거를 찾고 있다. 05 06

(3) 공정력과의 구분 여부

① **구분부정설(광의의 공정력설)**: 효력이나 내용의 동일성을 들어 공정력과 구분을 부정하는 견해이다.
② **구분긍정설(협의의 공정력설)**: 공정력은 상대방이나 이해관계인이 법적 안정성 또는 행정정책적인 측면에서 처분의 효력에 구속되는 효력인데, 구성요건적 효력은 권력분립이나 권한의 상호분장을 근거로 다른 국가기관이 구속되는 효력이라는 점에서 구분을 긍정하는 견해(협의의 공정력설 – 통설)이다. 07

개념확인 O/X

01 공정력은 공법상 계약·행정지도와 같은 비권력적 행위에는 인정되지 않는다. (O / X)

02 공정력은 무효인 행정행위에는 미치지 않는다. (O / X)

03 행정처분이 아무리 위법하다고 하여도 그 하자가 중대하고 명백하여 당연무효라고 보아야 할 사유가 있는 경우를 제외하고는 아무도 그 하자를 이유로 무단히 그 효과를 부정하지 못한다.
21 지방9급 (O / X)

04 행정행위의 공정력이란 행정행위가 위법하더라도 취소되지 않는 한 유효한 것으로 통용되는 효력을 의미하는 것이다.
22 군무원7급 (O / X)

05 법무부장관의 귀화허가에 하자가 있어도 당연무효의 것이 아닌 한 행정안전부장관은 귀화허가의 상대방에게 선거권을 부여하여야 한다. (O / X)

06 구성요건적 효력에 대한 명시적인 법적 근거는 없으나 국가기관 상호간에 관할권의 배분이 간접적 근거가 된다.
20 국회8급 (O / X)

07 구분긍정설에서 공정력과 구성요건적 효력은 법적 안정성을 동일한 논거로 인정한다. (O / X)

| 정답 | 01 O 02 O 03 O 04 O 05 O 06 O 07 X

| 협의의 공정력(상대방과 이해관계인) + 구성요건적 효력(타 국가기관) ⇨ 광의의 공정력

구분	공정력	구성요건적 효력
의의	행정행위가 중대명백한 하자여서 당연무효인 경우가 아닌 한, 상대방 또는 이해관계인은 권한 있는 기관(처분청, 행정심판위원회, 수소법원)에 의해 취소되기까지는 일단 그 효력을 부인하지 못하는 효력	유효한 행정행위(취소되기 전의)가 존재하는 이상 비록 행정행위에 하자가 있을지라도, 처분에 대하여 취소권을 가진 기관 이외의 다른 국가기관(지방자치단체를 포함한 행정기관이나 수소법원 외의 다른 법원)은 그의 존재, 유효성이나 내용을 존중하여 스스로의 구성요건이나 판단의 기초로 삼아야 한다는 효력
대상	상대방 또는 이해관계인	모든 국가기관 (지방자치단체를 포함한 행정기관이나 법원)
이론적 근거	행정의 안정성·실효성 확보	국가기관은 각기 권한·직무·관할을 달리하므로 서로 타 기관의 그러한 권한 등을 존중하여야 하며 침해해서는 안 됨
실정법상 근거	취소쟁송제도, 직권취소, 처분의 쟁송제기기간, 처분의 집행정지제도 등	권력분립, 행정기관 간의 사무분장규정 등

4 확정력(確定力)(=존속력) 빈출

행정행위가 일단 행하여진 경우에는 그 행정행위의 효력을 가능한 한 존속시키는 것이 법적 안정성을 위하여 필요하여 하자 있는 행정행위라도 일정한 경우에는 행정행위에 취소할 수 없는 힘이 부여되는데, 이를 '확정력(또는 존속력)'이라 한다. 이러한 확정력(존속력)에는 형식적 확정력인 불가쟁력과 실질적 확정력인 불가변력이 있다.

(1) 불가쟁력(不可爭力, 형식적 확정력, 절차적 효력)

> 결정적 코멘트 ▶ 불가쟁력은 행정쟁송의 기초단원이다. 불가쟁력의 개념과 기판력과의 구분에 관한 이해를 필요로 한다.

① 의의: '불가쟁력'이란 행정행위에 대한 쟁송제기기간의 경과 또는 쟁송수단을 모두 마친 경우에는 상대방 기타 이해관계인이 더 이상 행정행위의 효력을 다툴 수 없는 구속력을 말한다. 이러한 불가쟁력은 쟁송절차의 제소기간이 경과한 때 또는 심급이 완료된 때에 발생한다.

② 인정범위: 모든 행정행위(무효인 행정행위 제외)에서 인정된다. 01

③ 기능: 행정법관계의 명확화, 법적 안정성, 능률적인 행정목적 달성의 기능을 갖고 있다.

④ 불가쟁력의 대상: 상대방과 이해관계인을 구속한다. 따라서 불가쟁력 후에도 행정청은 직권취소가 가능하다. 02

⑤ 하자의 치유 및 국가배상청구: 불가쟁력이 발생하더라도 행정행위의 하자가 치유되어 위법성이 제거되는 것도 아니며, 따라서 상대방은 별도로 국가배상청구를 할 수 있다. 03

⑥ 불가쟁력이 발생한 행정행위에 대한 재심사 여부: 불가쟁력이 발생한 경우 처분청에 의한 직권취소는 가능하나 행정의 상대방이나 이해관계인의 재심사청구가 가능한지 여부에 대하여 불가쟁력이 발생한 행정행위라 하여 재심사청구를 인정하지 않는 것은 불합리하다 하여 재심사청구를 인정하여야 한다는 견해가 유력하다[법원의 확정판결은 재심청구의 기회가 부여되어 있다(「민사소송법」 제451조, 「형사소송법」 제420조)].

이에 신설된 「행정기본법」에는 재심사에 대한 규정을 두고 있다.

개념확인 O/X

01 무효인 행정행위는 불가쟁력이 발생하지 않는다. (O/X)

02 불가쟁력이 발생한 행위라도 행정청은 직권으로 취소할 수 있다. (O/X)

03 불가쟁력이 발생한 행정행위로 손해를 입은 국민은 국가배상청구를 할 수 있다.
21 지방9급 (O/X)

정답 | 01 O 02 O 03 O

관련 법령

「**행정기본법**」**제37조 【처분의 재심사】** ① 당사자는 처분(제재처분 및 행정상 강제는 제외한다. 이하 이 조에서 같다)이 행정심판, 행정소송 및 그 밖의 쟁송을 통하여 다툴 수 없게 된 경우(법원의 확정판결이 있는 경우는 제외한다)라도 다음 각 호의 어느 하나에 해당하는 경우에는 해당 처분을 한 행정청에 처분을 취소·철회하거나 변경하여 줄 것을 신청할 수 있다.
1. 처분의 근거가 된 사실관계 또는 법률관계가 추후에 당사자에게 유리하게 바뀐 경우
2. 당사자에게 유리한 결정을 가져다주었을 새로운 증거가 있는 경우
3. 「민사소송법」 제451조에 따른 재심사유에 준하는 사유가 발생한 경우 등 대통령령으로 정하는 경우

⑦ **불가쟁력의 발생시기**: 쟁송수단이 인정되지 않는 행정행위(통치행위나 통고처분 등)는 행정행위의 성립·발효 시에 불가쟁력이 발생하나, 쟁송수단이 인정되는 행정행위는 쟁송기간의 경과나 심급의 완료로서 발생하게 된다.

⑧ **불가쟁력과 기판력의 관계**
　㉠ **불가쟁력**: 행정청의 행정처분이 법령이 규정해 놓은 쟁송기간이 경과되어 상대방이나 이해관계인은 더 이상 불복을 할 수 없는 효력을 말하고 이에 따라 처분의 위법이나 적법 여부가 판단되는 것은 아니며, 또한 처분의 기초가 된 사실문제나 법률적 판단이 확정되지 않는다.
　㉡ **기판력**: 확정판결의 효력으로서 법원의 판결이 확정되면 해당 처분의 위법이나 적법 여부 및 처분의 기초가 된 사실관계나 법률적 판단이 확정되고 당사자들이나 법원이 이에 기속되어 모순되는 주장이나 판단을 할 수 없는 것을 말한다. 01
　㉢ **양자의 관계**: 불가쟁력이 발생하였다고 하여 기판력의 효력이 발생하는 것은 아니다.

관련 판례

Ⓐ **처분에 관한 불가쟁력은 판결의 기판력과 구분된다** [22 군무원 7급, 19 지방직 7급, 19 지방직 9급, 18 국회직 8급, 18 지방직 7급, 18 서울시 7급, 16 국가직 7급] 02

> 행정처분이나 행정심판의 재결이 불복기간의 경과로 인하여 확정될 경우 확정력은 처분으로 인하여 법률상의 이익을 침해받은 자가 처분이나 재결의 효력을 더 이상 다툴 수 없다는 의미일 뿐 판결에 있어서와 같은 기판력이 인정되는 것은 아니어서 처분의 기초가 된 사실관계나 법률적 판단이 확정되고 당사자들이나 법원이 이에 기속되어 모순되는 주장이나 판단을 할 수 없는 것은 아니다 (대판 1993. 4. 13. 92누17181).

⑨ **불가쟁력이 발생한 처분에 대한 변경신청권의 여부**: 대법원에 의하면 제소기간이 이미 도과하여 불가쟁력이 생긴 행정처분에 대하여는 개별 법규에서 그 변경을 요구할 신청권을 규정하고 있거나 관계 법령의 해석상 그러한 신청권이 인정될 수 있는 등 특별한 사정이 없는 한 국민에게 그 행정처분의 변경을 구할 신청권이 있다 할 수 없다는 입장이다.

관련 판례

Ⓑ 제소기간이 이미 도과하여 불가쟁력이 생긴 행정처분에 대하여는 개별 법규에서 그 변경을 요구할 신청권을 규정하고 있거나 관계 법령의 해석상 그러한 신청권이 인정될 수 있는 등 특별한 사정이 없는 한 국민에게 그 행정처분의 변경을 구할 신청권이 있다 할 수 없다(대판 2007. 4. 26. 2005두11104) [22 군무원 9급, 18 국회직 8급] 03

개념확인 O/X

01 행정처분이 불복기간의 경과로 인하여 확정될 경우 그 처분의 기초가 된 사실관계나 법률적 판단이 확정되고 당사자들이나 법원이 이에 기속되어 모순되는 주장이나 판단을 할 수 없게 된다.
24 국가7급　　(O/X)

02 일반적으로 행정처분이나 행정심판 재결이 불복기간의 경과로 확정될 경우 그 확정력은, 처분으로 법률상 이익을 침해받은 자가 당해 처분이나 재결의 효력을 더 이상 다툴 수 없다는 의미일 뿐, 판결과 같은 기판력이 인정되는 것은 아니다.
18 서울7급　　(O/X)

03 제소기간이 이미 도과하여 불가쟁력이 생긴 행정처분에 대하여는 개별 법규에서 그 변경을 요구할 신청권을 규정하고 있거나 관계 법령의 해석상 그러한 신청권이 인정될 수 있는 등 특별한 사정이 없는 한 국민에게 그 행정처분의 변경을 구할 신청권이 있다 할 수 없다.
22 군무원9급　　(O/X)

| 정답 | 01 X　02 O　03 O

개념확인 O/X

01 영업허가를 취소하는 처분에 대해 불가쟁력이 발생하였더라도 이후 사정변경을 이유로 그 허가취소의 변경을 요구하였으나 행정청이 이를 거부한 경우라면, 그 거부는 원칙적으로 항고소송의 대상이 되는 처분이다.
19 지방7급   (O/X)

02 불가변력이라 함은 행정행위를 한 행정청이 당해 행정행위를 직권으로 취소 또는 변경할 수 없게 하는 힘으로 실질적 확정력 또는 실체적 존속력이라고도 한다.
22 군무원9급   (O/X)

※ 구분하여야 할 판례

B 종전의 산업재해보상급여취소처분이 불복기간의 경과로 확정되었더라도 요양급여청구권이 없다는 내용의 법률관계까지 청구할 수 있고 그것이 거부된 경우 이는 새로운 거부처분으로 그 위법 여부를 소구할 수 있다(대판 1993.4.13. 92누17181) [19 지방직 7급] **01**

(2) 불가변력(不可變力, 실질적 확정력, 실체적인 힘)

① **의의**: 행정행위에 하자가 있거나 새로운 사정이 있으면 행정청은 직권으로 이를 취소하거나 철회할 수 있음이 원칙이다. 그러나 행정청도 일정한 행정행위에 대해서는 당해 행위에 구속되어 직권으로 취소·변경 및 철회할 수 없는 효력을 불가변력 또는 실질적 확정력이라고 한다. **02**

② **근거**
  ㉠ 소송법적 확정력설(O. Mayer 등): 일정한 쟁송절차를 거친 경우 그 결과에 대한 법률생활의 안정성, 소송경제와 재판의 권위존중의 이유로 발생하는 효력이라는 견해로서 법적 근거가 필요하며, 중대공익에 의하여서도 불가변력은 배제되지 않는 힘을 가진다고 한다.
  ㉡ 불가변력설(다수설): 쟁송절차와 무관하며 법적 안정성이나 신뢰보호의 측면에서 행정작용의 성질에 의하여 발생하는 효력으로 보아, 법적 근거는 필요 없고 중대공익에 의하여 불가변력은 배제될 수 있다고 한다.

③ **불가변력이 인정되는 행정행위의 범위**
  ㉠ 준사법적 행정행위의 경우: 일정한 쟁송절차를 거쳐 행하여지는 확인적 행위(예 행정심판의 재결, 이의신청의 결정, 징계처분의 결정, 징계처분에 대한 소청심사위원회의 결정 등) 및 쟁송절차와는 관계없지만 이해관계인의 참여에 의하여 객관적 절차에 따라 행해지는 확인행위(예 공적시험의 합격자결정, 당선자결정) 등에 불가변력이 인정된다.
  ㉡ 법률의 규정에 의하여 인정되는 경우: 법률의 규정에 의하여 확정판결과 동일한 효력이 있는 경우(예 통고처분, 토지수용위원회의 확정재결 등)에는 송래의 불가변력이 발생된다고 보았으나, 최근에는 불가변력과는 무관한 것으로 보는 것이 통설이다. 즉, 소송법적 확정력은 행정행위의 내재적 효력이 아니라 법률에 의하여 부여된 효력인 점에서 행정행위 구속력의 하나로서의 불가변력은 아니라고 보는 것이다(반대설 있음).
  ㉢ 수익적 행정행위: 수익적 행정행위는 취소 또는 철회가 제한되는 경우가 있는바 이를 수익적 행정행위에도 불가변력이 발생한다고 견해가 있지만, 다수설은 신뢰보호의 원칙이 충족되는 경우에 상대방의 신뢰보호를 위하여 취소권이 제한되는 것이라고 본다.
  ㉣ 공공복리의 확보: 행정행위를 취소함으로 인하여 공공복리를 해치게 되는 경우(예 사정재결, 발전소 댐 공사진행 중의 하자 있는 토지수용행위의 취소불가 등)에 불가변력이 인정되는 것으로 보는 견해도 있으나, 이제는 취소·철회 제한의 문제로 파악하고 있다.

④ **효력**: 불가변력의 행정행위에 대하여서는 행정청은 직권으로 취소나 철회를 할 수 없다. 그러나 불가변력이 있는 행정행위에 대하여 상대방이나 이해관계인은 불복기간 내에 쟁송을 제기하여 행정행위의 효력을 다툴 수 있다.

⑤ **불가변력의 대상**: 동종의 행정처분의 경우 사안을 달리하는 경우에 불가변력이 발생할 수 있는지 여부에 대해 대법원은 이를 인정할 수 없다는 입장이다. 따라서 불가변력은 당해 사건에 한하여 인정되는 효력이다. **03**

03 행정행위의 불가변력은 당해 행정행위에 대해서만 인정되는 것이 아니고, 동종의 행정행위라면 그 대상을 달리하더라도 인정된다.
21 지방9급   (O/X)

| 정답 | 01 X | 02 O | 03 X |

> **관련 판례**
>
> Ⓐ 국민의 권리와 이익을 옹호하고 법적 안정을 도모하기 위하여 특정한 행위에 대하여는 행정청이라 하여도 이것을 자유로이 취소, 변경 및 철회할 수 없다는 행정행위의 불가변력은 당해 행정행위에 대하여서만 인정되는 것이고, 동종의 행정행위라 하더라도 그 대상을 달리할 때에는 이를 인정할 수 없다(대판 1974.12.10, 73누129) [21 지방직 9급, 18 지방직 7급, 17 지방직 7급, 16 국가직 7급]

⑥ **위반의 효과**: 행정청이 불가변력을 위반하였을 경우의 행정행위는 위법하나 당연무효는 아니고 취소의 사유가 된다. 따라서 불가변력을 위반한 행위도 공정력이 발생한다.

(3) 불가쟁력과 불가변력과의 관계

① **공통점**: 양자는 모두 행정법관계의 안정과 상대방의 신뢰보호를 목적으로 한다는 점과 행정의사의 구속력이라는 점에서 같다.

② **차이점**
  ㉠ **성질**: 불가쟁력은 모든 행정행위에 인정되는 절차법적 구속력인 데 대하여, 불가변력은 행정행위 중 준사법적 행정행위 등에만 인정되는 실체법적 구속력이다.
  ㉡ **적용대상**: 불가쟁력은 행위의 상대방 또는 이해관계인인 국민에 대한 구속력인 데 대하여, 불가변력은 행정청에 대한 구속력이라 할 수 있다.
  ㉢ **적용되는 행정행위의 대상**: 불가쟁력은 모든 행정행위에 인정되나(무효는 제외), 불가변력은 특정의 행정행위에만 인정되는 효력이다.

③ **관계**: 불가쟁력이 발생한 행정행위라도 불가변력의 발생이 없는 한 권한 있는 기관이 직권으로 취소할 수 있으며, 불가변력이 있는 행정행위라도 이해관계인 측에서는 불가쟁력이 생기지 않는 한 쟁송절차에 따라 다툴 수 있다. 01

> **심화 학습** 불가쟁력과 불가변력
>
> | 불가쟁력 | 불가변력 |
> |---|---|
> | 형식적 확정력, 절차적 효력 | 실질적 확정력, 실체적 효력 |
> | 모든 행정행위 | 특정의 행정행위 |
> | 상대방과 이해관계인 구속 | 국가기관 |
>
> ※ 불가쟁력이 발생한 행정행위라도 불가변력의 특정행정행위가 아니면 불가변력은 아님
> ※ 불가변력이 발생한 행정행위라도 쟁송제기기간이라면 불가쟁력은 아님

5 강제력

행정상 의무를 상대방이 이행하지 아니할 경우, 행정청은 직접 실력을 행사하여 그 이행을 확보하거나(자력집행력), 의무를 위반할 경우에는 일정한 제재를 가하여 간접적으로 그 의무이행을 담보할 수 있다(제재력, 즉 행정벌).

(1) 자력집행력

'자력집행력'이란 행정법상의 의무를 의무자가 이행하지 아니할 경우에 행정청이 이를 법원의 힘을 빌리지 않고 직접 실력을 행사하여 그 의무의 이행을 실현시킬 수 있는 힘을 말한다. 이러한 효력이 인정되기 위해서는 법률의 근거가 있어야 하며, 현재 일반법으로는 「행정대집행법」과 「국세징수법」 등이 있고 이외에도 행정상 강제집행을 정하는 개별법이 존재한다. 02

개념확인 O/X

01 불가쟁력이 발생한 처분에 대해 원칙적으로 불가변력이 발생한다.
(O / X)

02 행정주체는 권력관계에 있어서 타인의 힘을 빌리지 않고 스스로의 힘으로 자기의사를 실현할 수 있다.
(O / X)

| 정답 | 01 X 02 O

(2) 제재력

행정행위의 상대방이 과거에 행정행위에 부과된 의무를 위반하는 경우에는 제재로서 행정형벌이나 행정질서벌을 과하는 경우가 일반적이며 이를 '제재력'이라 한다. 이러한 행정벌이 과하여지기 위하여서는 법률의 명시적 근거가 있어야 한다.

6 권리·의무의 특수성

(1) 내용

사법관계에서의 권리·의무는 당사자 간에 대립하는 사익 간의 조절을 내용으로 한다. 그러나 행정법관계에서의 권리·의무는 공익성으로 말미암아 권리가 동시에 의무의 성질을 가진다(상대성). 그런 이유로 포기성 제한, 이전성 제한, 비대체성, 보호의 특수성 등의 특수성을 갖게 된다.

(2) 공권과 공의무의 승계

① **행정주체의 승계**: 지방자치단체 등 공법상 법인이 소멸되거나 합병되는 경우(이 경우, 행정주체의 권리와 의무는 독자성을 상실하고 새로운 행정주체에게 이전되며, 기능을 수행할 새로운 행정주체가 없다면 그 법인을 설립한 국가나 지방자치단체에 이전)가 아니면, 법률의 명시적인 규정 없이 주체의 변경은 인정되지 않는다. 「지방자치법」에는 지방자치단체의 구역을 변경하거나 폐치·분합할 때의 사무와 재산의 승계를 규정하고 있다.

> **관련 법령**
>
> 「지방자치법」 제8조 【구역의 변경 또는 폐지·설치·분리·합병 시의 사무와 재산의 승계】 ① 지방자치단체의 구역을 변경하거나 지방자치단체를 폐지하거나 설치하거나 나누거나 합칠 때에는 새로 그 지역을 관할하게 된 지방자치단체가 그 사무와 재산을 승계한다.

② **사인 간의 승계**
  ㉠ **명문의 규정이 있는 경우**: 개인적 공권이나 공의무의 승계에 관한 일반법은 없으나 「행정절차법」 제10조에는 규정을 두고 있고, 다양한 개별법률이 존재한다(예 「국가배상법」 제4조, 「체육시설의 설치·이용에 관한 법률」 제27조, 「도로법」 제106조, 「전기통신사업법」 제18조, 「국세기본법」 제23조, 「식품위생법」 제39조 등).

> **관련 법령**
>
> 「행정절차법」 제10조 【지위의 승계】 ① 당사자 등이 사망하였을 때의 상속인과 다른 법령 등에 따라 당사자 등의 권리 또는 이익을 승계한 자는 당사자 등의 지위를 승계한다.
> ② 당사자 등인 법인 등이 합병하였을 때에는 합병 후 존속하는 법인 등이나 합병 후 새로 설립된 법인 등이 당사자 등의 지위를 승계한다. 01
> ③ 제1항 및 제2항에 따라 당사자 등의 지위를 승계한 자는 행정청에 그 사실을 통지하여야 한다.
> ④ 처분에 관한 권리 또는 이익을 사실상 양수한 자는 행정청의 승인을 받아 당사자 등의 지위를 승계할 수 있다. 02
> ⑤ 제3항에 따른 통지가 있을 때까지 사망자 또는 합병 전의 법인 등에 대하여 행정청이 한 통지는 제1항 또는 제2항에 따라 당사자 등의 지위를 승계한 자에게도 효력이 있다.
>
> 「행정심판법」 제16조 【청구인의 지위 승계】 ① 청구인이 사망한 경우에는 상속인이나 그 밖에 법령에 따라 심판청구의 대상에 관계되는 권리나 이익을 승계한 자가 청구인의 지위를 승계한다.
> ② 법인인 청구인이 합병(合倂)에 따라 소멸하였을 때에는 합병 후 존속하는 법인이나 합병에 따라 설립된 법인이 청구인의 지위를 승계한다.
> ③ 제1항과 제2항에 따라 청구인의 지위를 승계한 자는 위원회에 서면으로 그 사유를 신고하여야 한다. 이 경우 신고서에는 사망 등에 의한 권리·이익의 승계 또는 합병 사실을 증명하는 서면을 함께 제출하여야 한다.

개념확인 O/X

01 「행정절차법」에는 법인의 합병으로 인한 지위승계에 관한 규정을 두고 있다. (O / X)

02 처분에 관한 권리 또는 이익을 사실상 양수한 자는 행정청의 승인을 받아 당사자 등의 지위를 승계한다. (O / X)

| 정답 | 01 O 02 O

- ㉡ **명문의 규정이 없는 경우**: 명문의 규정이 없는 경우에는 권리와 의무의 이전에 적합하여야 하고, 이전의 사유가 발생할 경우에는 가능하다고 할 것이다.
- ㉢ **한계**
    - ⓐ 대인적 행정의 경우에는 명문의 규정 여부와 상관없이 일신전속적인 경우에 해당되어 승계가 불가하다. 반면 대물적 행정은 승계에 관한 합의 없이도 물건의 승계인에게 자동적으로 승계된다. **01**
    - ⓑ **제재사유의 승계와 제재의 효과 승계**
        - ⓘ **제재사유**: 사업이 양도·양수가 이루진 경우에 양도인의 제재사유가 양수인에게 승계될 수 있는지에 대한 문제로서 대법원은 긍정하는 입장이다. 따라서 양도인의 제재사유를 이유로 양수인에게 제재를 가할 수 있다. **02 03**

> **관련 판례**
>
> ▶ **공중위생영업에 있어 그 영업이 양도·양수되었다 하더라도 양수인에 대하여 영업정지처분을 할 수 있다**
>
> 양수인이 그 양수 후 행정청에 새로운 영업소개설통보를 하였다 하더라도, 그로 인하여 영업양도·양수로 영업소에 관한 권리의무가 양수인에게 이전하는 법률효과까지 부정되는 것은 아니라 할 것인바, 만일 어떠한 공중위생영업에 대하여 그 영업을 정지할 위법사유가 있다면, 관할 행정청은 그 영업이 양도·양수되었다 하더라도 그 업소의 양수인에 대하여 영업정지처분을 할 수 있다고 봄이 상당하다(대판 2001.6.29. 2001두1611).
>
> ▶ **개인택시 운송사업의 양도·양수 이전의 양도인에 대한 운송사업면허 취소사유를 들어 양수인의 사업면허를 취소할 수 있다**
>
> (구)「여객자동차 운수사업법」(2007.7.13. 법률 제8511호로 개정되기 전의 것, 이하 '법'이라고 한다) 제15조 제4항에 의하면 개인택시 운송사업을 양수한 사람은 양도인의 운송사업자로서의 지위를 승계하는 것이므로, 관할관청은 개인택시 운송사업의 양도·양수에 대한 인가를 한 후에도 그 양도·양수 이전에 있었던 양도인에 대한 운송사업면허 취소사유를 들어 양수인의 사업면허를 취소할 수 있는 것이다(대판 2010.4.8. 2009두17018).

- ⓘⓘ **제재의 효과승계**: 일반적인 규정은 없으나 「식품위생법」에 의하면 양수인이나 합병 후 존속하는 법인이 양수하거나 합병할 때에는 그 처분 또는 위반사실을 알지 못한 경우 이를 입증하면 승계되지 않는다는 규정을 두고 있다. 대법원 판례는 위법사유를 알고 이전이 되었는지 여부에 따라 제재처분의 위법 여부를 구분하고 있다. **04**

> **관련 법령**
>
> 「식품위생법」 제78조 【행정 제재처분 효과의 승계】 영업자가 영업을 양도하거나 법인이 합병되는 경우에는 제75조 제1항 각 호, 같은 조 제2항 또는 제76조 제1항 각 호를 위반한 사유로 종전의 영업자에게 행한 행정 제재처분의 효과는 그 처분기간이 끝난 날부터 1년간 양수인이나 합병 후 존속하는 법인에 승계되며, 행정 제재처분 절차가 진행 중인 경우에는 양수인이나 합병 후 존속하는 법인에 대하여 행정 제재처분 절차를 계속할 수 있다. 다만, 양수인이나 합병 후 존속하는 법인이 양수하거나 합병할 때에 그 처분 또는 위반사실을 알지 못하였음을 증명하는 때에는 그러하지 아니하다.

개념확인 O/X

01 건축허가는 대물적 허가로서 건축물의 권리변동에 따라 허가효과는 승계되어 별도의 승계를 위한 허가 등은 불요하다.
(O / X)

02 전 운영자의 법령 위반행위는 새로운 운영자에게 승계되면 소멸하는 것으로서 전 운영자의 제재사유를 이유로 새로운 운영자에 대한 영업정지처분은 위법하다.
(O / X)

03 양도인의 위법행위로 양도인에게 이미 제재처분이 내려진 경우에 영업정지 등 그 제재처분의 효력은 양수인에게 당연히 이전된다.
17 서울9급 (O / X)

04 허가영업이 양도·양수되었지만 아직 승계신고 및 그 수리처분이 있기 전에는 비록 양수인이 양도인의 허락하에 당해 영업을 영위 중에 법령 위반행위가 적발되더라도 그 행정적인 책임은 양도인에게 귀속된다는 것이 판례의 태도이다.
(O / X)

| 정답 | 01 O 02 X 03 O 04 O

개념확인 O/X

01 양도인이 위법행위를 한 후 제재를 피하기 위하여 영업을 양도한 경우 그 제재사유의 승계에 관하여 명문의 규정이 없는 경우, 위법행위로 인한 제재사유는 항상 인적 사유이고 경찰책임 중 행위책임의 문제라는 논거는 승계부정설의 논거이다.
17 서울9급 (O / X)

02 법인합병의 경우 합병 후 존속하는 법인은 합병으로 인하여 소멸하는 법인에게 부과되거나 그 법인이 납부할 국세의 납세의무를 승계한다.
(O / X)

03 회사분할 시 분할 전 회사에 대한 제재사유가 신설회사에 대하여 승계되지 않으므로 회사의 분할 전 법 위반행위를 이유로 과징금을 부과하는 것은 허용되지 않는다.
17 서울9급 (O / X)

양수인이 운행정지처분을 받은 사실을 알지 못한 경우	양수인이 운행정지처분이 내려진 것을 알고 양수한 경우
대리운전금지조건 위배로 1회 운행정지처분을 받은 사실을 알지 못한 채 개인택시운송사업면허를 양수한 원고가 지병인 만성신부전증 등으로 몸이 아파 쉬면서 생계유지를 위하여 일시 대리운전을 하게 하고, 또 전날 과음한 탓으로 쉬면서 대리운전을 하게 하여 2회 적발되었는데, 원고는 그의 개인택시영업에 의한 수입만으로 가족의 생계를 유지하고 있는 사정 등을 참작하면 원고에 대한 자동차운송사업면허취소의 처분이 재량권을 일탈한 위법한 처분이다(대판 1991.11.8. 91누4973). **01**	대리운전을 이유로 이미 2회에 걸쳐 운행정지처분이 내려진 사실을 알고 개인택시운송사업면허를 양수한 원고가 약 40일 간 대가를 받고 타인에게 대리운전케 한 경우, 3회에 걸친 대리운전금지 위반행위는 자동차운수사업법 제31조 소정의 개인택시운송사업면허취소사유에 해당하고 원고가 개인택시영업으로 가족의 생계를 유지하고 있다 하더라도 대리운전행위의 동기, 태양 및 그 기간 등에 비추어 볼 때 원고에 대한 개인택시운송사업면허를 취소한 처분에 재량권을 일탈한 위법이 없다(대판 1991.11.8. 91누100).

> **관련 판례**

B 법인의 합병으로 인한 승계 [17 서울시 9급] **02 03**

(구)「주식회사의 외부감사에 관한 법률」제17조의2에 정해진 손해배상공동기금 및 같은 법 시행령 제17조의9에 정해진 손해배상공동기금의 추가적립과 관련한 공법상의 관계가 합병으로 존속회계법인에게 승계된다(대판 2004.7.8. 2002두1946).

B 사망으로 인한 승계

(구)산림법령상 채석허가를 받은 자가 사망한 경우, 상속인이 그 지위를 승계하고 산림을 무단형질변경한 자가 사망한 경우, 당해 토지의 소유권 또는 점유권을 승계한 상속인이 그 복구의무를 부담한다(대판 2005.8.19. 2003두9817·9824).

7 권리구제수단의 특수성

(1) 행정상 손해전보

행정작용으로 인한 손해의 전보는 행정상 손해배상 또는 손실보상의 방법에 의하여야 한다. 행정상 손해전보의 청구는 그 성질상으로는 공법상의 법률관계에 의한 소송으로서 행정소송(당사자소송)에 의하여야 할 것이나, 소송실무상으로는 민사소송으로 다루어지고 있다.

(2) 행정쟁송

우리나라는 영미식의 통일관할주의를 취하여 행정사건도 일반법원이 심판하게 하고 있으나, 행정사건의 특수성에 비추어 단기 제소기간·집행부정지원칙·사정판결 등의 민사소송에 대한 여러 가지 절차적 특수성을 인정하고 있다.

05 행정법관계에서의 사인의 공권

1 공권의 개념

'공권'이라 함은 행정법관계에서 권리주체가 직접 자기를 위하여 일정한 이익을 주장할 수 있는 법률상의 힘이다. 일정한 이익이 법률상에서 인정되어 주장될 수 있다는 점에서 단순한 법의 반사적 이익인 사실상의 이익과는 구별되며 공법상에서의 권리라는 점에서 사법(私法)상의 사권과도 구별된다. 이러한 공권에는 국가적 공권과 개인적 공권이 있다.

2 공권의 종류

(1) 국가적 공권

① 의의: 국가적 공권은 국가 또는 공공단체 등 행정주체가 우월한 의사주체로서 행정객체에 대하여 가지는 권리로서 일방적으로 명령·강제·형성시킬 수 있으며, 공정력·확정력·강제력 등의 특수한 힘이 인정된다.

② 종류
  ㉠ 목적 기준: 조직권·형벌권·경찰권·규제권·공기업특권·공용부담특권·재정권·군정권 등으로 나눌 수 있다.
  ㉡ 내용 기준: 하명권·강제권·형성권·공법상의 물권 등으로 나눌 수 있다.

(2) 개인적 공권

① 의의: '개인적 공권'이란 국민이 국가에 대하여 자기를 위하여 일정한 행위(작위·부작위·급부 또는 수인)를 청구할 수 있는 법적인 힘을 말한다. 개인적 공권은 침해 시 행정소송을 통하여 구제를 받을 수 있다는 점에서 권익구제를 받을 수 없는 반사적 이익과 구별이 된다. 01

> **관련 판례**
>
> Ⓑ 도롱뇽은 당사자적격이 없다고 한 사례 02
>
> 도롱뇽은 천성산 일원에 서식하고 있는 도롱뇽목 도롱뇽과에 속하는 양서류로서 자연물인 도롱뇽 또는 그를 포함한 자연 그 자체로서는 소송을 수행할 당사자능력을 인정할 수 없다(대결 2006.6.2. 자 2004마1148·1149).

② 성립배경: 개인이 단순한 통치의 대상에 불과하던 시기에는 개인적 공권의 관념은 없었다. 개인적 공권의 관념은 19세기 법치국가의 성립을 전제로 한다. 국가가 법질서로 파악되고 개인이 단순히 통치의 객체에만 머무르지 않고 하나의 권리주체로 승인되면서 개인의 국가에 대한 권리의 인식은 가능하게 되었다.

③ 종류: 개인적 공권은 내용을 표준으로 자유권·참정권·수익권 등으로 나눌 수 있다. 그런데 근래에는 개인적 공권의 확대화 경향으로서 반사적 이익의 공권화·무하자재량행사청구권·행정개입청구권·행정행위발급청구권·정보공개청구권·문서열람청구권·청문권 등이 논해지고 있다.

개념확인 O/X

01 행정상 법률관계에 있어 개인적 공권이 인정되는 경우에는 행정소송상 원고적격이 인정된다.
(O / X)

02 천성산 도롱뇽은 행정상 법률관계의 일방 당사자로서 항고소송을 청구할 수 있는 원고적격이 있다.
(O / X)

| 정답 | 01 O 02 X

| 개념확인 O/X |

01 공권은 계약이나 관습법에 의하여 성립할 수 있다.
(O / X)

02 헌법은 행정에 관한 최상위 법률이므로 헌법상에서 인정되는 모든 기본권은 행정상 법률관계에 있어 당연히 공권이 인정된다.
(O / X)

03 공무원연금 수급권과 같은 사회보장수급권은 헌법규정만으로는 이를 실현할 수 없어 법률에 의한 형성이 필요하고, 그 구체적인 내용 즉 수급요건 등은 법률에 의하여 비로소 확정된다.
24 지방9급 (O / X)

④ 개인적 공권의 근거 및 헌법상 기본권의 공권화 [빈출]
  ㉠ **근거**: 개별행정법(법률, 명령, 자치법규 등)상의 권리뿐 아니라 불문법상의 관습법이나 행정법의 일반원칙 및 공법상 계약 등을 근거로 한다. 다만, 행정규칙을 근거로 주장될 수 있는지에 대해서는 다툼이 있으나 일반적으로 부정하는 입장이다. 01
  ㉡ **헌법상의 기본권의 공권화 – 문제의 소재**: 개인적 공권의 성립 여부는 원칙적으로 관계 법률을 기준으로 판단하고 도출된다. 따라서 사익을 보호하는 관계 법률이 없을 경우에 헌법상의 기본권도 소송상 보호되는 공권이 성립될 수 있는지가 문제가 된다.
  ㉢ **학설**
    ⓐ **다수설**: 견해의 다툼이 있으나, 적극설이 다수의 견해이다. 그러나 보충적이고 최후로서 인정하고 있다. 즉, 공권은 일단 개별법규에서 도출되며, 개별법규에서 성립이 불가능할 경우에 2차적으로 기본권에서 도출되는 것으로 본다.
    ⓑ **자유권, 평등권, 재산권**: 헌법상의 기본권이 구체적인 내용을 가지고 있어 법률에 의하여 구체화되지 않아도 직접 적용될 수 있어 재판에서 주장될 수 있는 공권이 된다.
    ⓒ **사회권(생존권, 생활권)**: 생존권은 추상적 권리지만, 적극적인 공권력 행사에 의해 생존권이 침해된 경우 그 침해를 배제하기 위해 공권력행사의 취소를 청구함으로 최소한의 보장을 청구함은 구체적 권리성을 갖는 것으로 보아 개인적 공권이 된다고 보아야 한다(헌재는 부정).
    ⓓ **청구권**: 청구권적 기본권은 법률이 청구권적 기본권의 행사절차, 내용, 범위 등을 확정하기 전에는 청구권적 기본권 자체가 구체적·현실적인 권리가 되었다고 보기 어려워 개인적 공권이 성립된다고 보기 어렵다. 02
  ㉣ **헌법재판소의 입장**
    ⓐ 헌법 제21조에 규정된 표현의 자유의 해석상 '알 권리'의 실현은 법률의 제정이 없더라도 가능하다(헌재 1989.9.4. 88헌마22).
    ⓑ 우리 헌법은 변호인의 조력을 받을 권리가 불구속 피의자·피고인 모두에게 포괄적으로 인정되는지 여부에 관하여 명시적으로 규율하고 있지는 않지만, 불구속 피의자의 경우에도 변호인의 조력을 받을 권리는 우리 헌법에 나타난 법치국가원리, 적법절차원칙에서 인정되는 당연한 내용이고 … (중략) … 변호인과 상담하고 조언을 구할 권리는 변호인의 조력을 받을 권리의 내용 중 <u>구체적인 입법형성이 필요한 다른 절차적 권리의 필수적인 전제요건으로서 변호인의 조력을 받을 권리 그 자체에서 막바로 도출되는 것이다</u>(헌재 2004.9.23. 2000헌마138).
    ⓒ **사회적 기본권이 구체적인 개인적 공권인지 – 부정**: 헌법 제32조 제1항이 규정하는 근로의 권리는 사회적 기본권으로서 국가에 대하여 직접 일자리를 청구하거나 일자리에 갈음하는 생계비의 지급청구권을 의미하는 것이 아니라 고용증진을 위한 사회적·경제적 정책을 요구할 수 있는 권리에 그치며, 근로의 권리로부터 국가에 대한 직접적인 직장존속청구권이 도출되는 것도 아니다. 나아가 <u>근로자가 퇴직급여를 청구할 수 있는 권리도 헌법상 바로 도출되는 것이 아니라 퇴직급여법 등 관련 법률이 구체적으로 정하는 바에 따라 비로소 인정될 수 있는 것</u>이므로 계속근로기간 1년 미만인 근로자가 퇴직급여를 청구할 수 있는 권리가 헌법 제32조 제1항에 의하여 보장된다고 보기는 어렵다(헌재 2011.7.28. 2009헌마408). 03

| 정답 | 01 O 02 X 03 O

ⓓ 대법원의 입장
　　ⓐ 구속된 피고인 또는 피의자의 타인과의 접견권은 헌법상의 기본권규정에 의하여 인정된다(대판 1992.5.8. 91누7552).
　　ⓑ 환경영향평가 대상지역 밖에 거주하는 주민에게 헌법상의 환경권 또는 「환경정책기본법」에 근거하여 공유수면매립면허처분과 농지개량사업 시행인가처분의 무효확인을 구할 원고적격이 없다고 한다(새만금 사건)(대판 2006.3.16. 2006두330).

⑤ 개인적 공권의 성립요건 ── **결정적 코멘트** ▶ 행정상 법률관계의 주요 부분인 공권은 심판이나 소송의 원고적격과 관련된다. 공권의 성립요건에 관한 이해가 필요하다.
　㉠ 공권성립의 3요소론(O. Bühler)
　　ⓐ 행정주체의 의무에 대한 강행법규의 존재: 공권이 성립하기 위해서는 먼저 행정주체에 대하여 일정한 작위의무를 부과하는 강행법규가 존재해야 한다(이러한 의무는 원칙적으로 기속행위의 성질을 가져야 한다). 01 02 03

관련 판례

B 행정규칙을 직접 근거로 한 개인적 공권성립은 인정하지 않는다

서울특별시가 '철거민에 대한 시영아파트특별분양개선지침'에서 정하고 있는 자에게 공법상의 분양신청권이 부여되는 것은 아니다(대판 1989.12.26. 87누1214).

　　ⓑ **사익보호성(私益保護性)**: 강행법규에 의하여 행정주체에게 일정한 법적 행위의무가 부과되어 있는 경우에도 해당 법규가 적어도 특정인의 이익을 객관적으로 보호하기 위한 경우에만 비로소 권리성이 인정된다. 04
　　ⓒ **의사력의 존재(意思力의 存在)**: 개인의 공권이 성립하기 위해서는 개인이 받고 있는 이익이 침해된 경우에 행정 주체에 대하여 소송을 통해 자기의 의사를 관철할 수 있는 법적인 힘이 부여되어야 한다. 이러한 의사력을 '이익관철의사력(利益貫徹意思力)'이라고도 한다(공법상의 재판청구권).
　㉡ 공권성립의 2요소(Maurer, Wolf/Bachof)의 등장: 종전에는 공권성립을 위한 3요소가 불가결한 것으로 간주되어 왔으나, 제2차 세계대전 이후 본 기본법 제19조 제4항에 재판청구권의 보장(누구든지 공권력에 의하여 자기의 권리를 침해받은 자에게는 제소의 길이 열려져 있다)은 공권의 성립으로 강행법규와 사익보호성만으로 족하고, 의사력은 특별히 공권의 성립요소로 내세울 필요가 없다는 경향이다. 05

⑥ 개인적 공권의 특수성
　㉠ 이전성의 제한
　　ⓐ 양도·상속 등 이전성이 금지되는 경우: 「국가배상법」(제4조)상의 손해배상청구권, 「공무원연금법」(제39조)상의 연금청구권, 「국민기초생활 보장법」(제36조)상의 급여를 받을 권리 등은 양도가 금지된다.

관련 법령

「국가배상법」 제4조【양도 등 금지】생명·신체의 침해로 인한 국가배상을 받을 권리는 양도하거나 압류하지 못한다. 06
「공무원연금법」 제39조【권리의 보호】① 급여를 받을 권리는 양도, 압류하거나 담보로 제공할 수 없다. 다만, 연금인 급여를 받을 권리는 대통령령으로 정하는 금융회사에 담보로 제공할 수 있고, 「국세징수법」, 「지방세징수법」 그 밖의 법률에 따른 체납처분의 대상으로 할 수 있다.
「국민기초생활 보장법」 제36조【양도금지】수급자는 급여를 받을 권리를 타인에게 양도할 수 없다.

개념확인 O/X

01 개인적 공권이 성립하려면 공법상 강행법규가 국가 기타 행정주체에게 행위의무를 부과해야 한다. 과거에는 그 의무가 기속행위의 경우에만 인정되었으나, 오늘날에는 재량행위에도 인정된다고 보는 것이 일반적이다.
17 국가9급　　　　　　　　(O/X)

02 개인적 공권은 성문의 기속적 법규범에서만 성립된다.
　　　　　　　　　　　(O/X)

03 행정청에 일정한 의무가 부과되어 있는 경우에는 항상 이에 대응하는 개인의 권리가 성립한다.
　　　　　　　　　　　(O/X)

04 공무원의 직무행위로 인한 국가배상책임이 인정되려면 공무원에게 부과된 직무상 의무의 내용이 단순히 공공 일반의 이익을 위한 것이거나 행정기관 내부의 질서를 규율하기 위한 것이 아니고 전적으로 또는 부수적으로 사회구성원 개인의 안전과 이익을 보호하기 위하여 설정된 것이어야 한다.
15 국가9급　　　　　　　　(O/X)

05 공권의 성립요건 가운데 의사력(법상의 힘)의 존재의 중요성은 감퇴되고 있음이 많은 문헌에서 강조되고 있다.
　　　　　　　　　　　(O/X)

06 생명·신체의 침해로 인한 국가배상청구권은 타인에게 양도할 수 없다.
　　　　　　　　　　　(O/X)

| 정답 | 01 O　02 X　03 X　04 O　05 O　06 O

ⓑ **압류가 금지되는 경우**: 「국가배상법」(제4조)상의 손해배상청구권, 「공무원연금법」(제39조)상의 연금청구권, 「국민기초생활 보장법」(제35조)상의 급여를 받을 권리 등은 압류가 금지되며, 「국세징수법」(제42조)의 공무원 봉급 2분의 1의 초과 압류는 제한된다.

> **관련 법령**
>
> 「**공무원연금법**」 제39조 【권리의 보호】 ② 수급권자에게 지급된 급여 중 「민사집행법」 제195조 제3호에서 정하는 금액 이하는 압류할 수 없다.
>
> 「**국민기초생활 보장법**」 제35조 【압류금지】 ① 수급자에게 지급된 수급품(제4조 제4항에 따라 지방자치단체가 실시하는 급여를 포함한다)과 이를 받을 권리는 압류할 수 없다.
> ② 제27조의2 제1항에 따라 지정된 급여수급계좌의 예금에 관한 채권은 압류할 수 없다.
>
> 「**국세징수법**」 제42조 【급여채권의 압류 제한】 ① 급료, 연금, 임금, 봉급, 상여금, 세비, 퇴직연금 그 밖에 이와 비슷한 성질을 가진 급여채권에 대해서는 그 총액의 2분의 1에 해당하는 금액은 압류가 금지되는 금액으로 한다.

ⓒ **이전이 가능한 경우**: 개인적 공권 중에서도 주로 채권적·경제적 성질의 것은 이전성이 인정된다. 예컨대 손실보상청구권, 하천사석채취권, 공무원 여비청구권, 유선장의 설치 등 공물사용권에 있어서는 이전성이 인정된다. **01**

ⓓ **명문의 규정**: 개인적 공권·공의무의 승계에 관하여 명문으로 그의 이전·상속을 인정하고 있는 규정도 있다.

ⓛ **포기의 제한성**

ⓐ **원칙**: 개인적 공권이라도 공권의 공익적 성격으로부터 포기를 제한할 수 있음(포기할 수 없음)이 원칙이다(⑩ 봉급청구권, 선거권, 소권, 고소권 등). 그러나 불행사는 가능하다.

ⓑ **예외**: 그 권리가 주로 경제적 가치를 내용으로 하고, 그 포기가 공익에 현저한 영향이 없는 것일 때에는 포기가 인정된다(⑩ 손실보상청구권, 공무원여비, 국회의원의 세비 등). **02 03**

> **관련 판례** 개인적 공권의 포기 불가
>
> 🅑 행정소송에 있어서 소권은 개인의 국가에 대한 공권이므로 당사자의 합의로써 이를 포기할 수 없다(행정소송에서 부제소특약의 효력은 무효) **04**
>
> 지방자치단체장이 도매시장법인의 대표이사에 대하여 위 지방자치단체장이 개설한 농수산물도매시장의 도매시장법인으로 다시 지정함에 있어서 그 지정조건으로 "지정기간 중이라도 개설자가 농수산물 유통정책의 방침에 따라 도매시장법인 이전 및 지정취소 또는 폐쇄 지시에도 일체 소송이나 손실보상을 청구할 수 없다."라는 부관을 붙였으나, 그중 부제소특약에 관한 부분은 당사자가 임의로 처분할 수 없는 공법상의 권리관계를 대상으로 하여 사인의 국가에 대한 공권인 소권을 당사자의 합의로 포기하는 것으로서 허용될 수 없다(대판 1998.8.21. 98두8919).
>
> 🅑 「석탄산업법 시행령」 제41조 제4항 제5호 소정의 재해위로금 청구권은 개인의 공권으로서 그 공익적 성격에 비추어 당사자의 합의에 의하여 이를 미리 포기할 수 없다(대판 1998.12.23. 97누5046)

ⓒ **대행제한성(비대리성)**: 개인적 공권은 그 일신전속적 성질로 인하여 타인에게 대리 또는 위임이 금지되는 경우가 있다(⑩ 투표권, 선거권, 응시권 등). **05**

ⓔ **개인적 공권보호의 특성**: 공권이 침해된 경우 행정상의 손해전보제도(손실보상+손해배상), 행정쟁송제도(행정심판+행정소송) 등의 구제절차가 인정된다.

ⓜ **시효제도의 특성**: 공권의 소멸시효는 사권에 비해 단기인 것이 보통이며, 공법상 금전채권의 소멸시효기간은 5년이다.

---

01 공권 중 재산적 성질을 갖는 것은 그 성질상 이전성이 없다.
(O / X)

02 공권은 권리자의 이익을 위해서만 존재하는 것이 아니고 공익성도 갖는다.
(O / X)

03 개인적 공권은 공익적 성질을 가지므로 임의로 포기할 수 없는 것이 원칙이다.
(O / X)

04 소권은 합의하에 포기할 수 없는 것으로 상대방과 협의하여 이루어진 경우라도 부제소특약은 위법하다.
(O / X)

05 개인적 공권은 일반적으로 일신전속적 성질을 가지므로 대행이나 위임이 제한되는 경우가 많다.
09 국가9급 (O / X)

| 정답 | 01 X 02 O 03 O 04 O 05 O

3 공권과 반사적 이익

(1) 반사적 이익의 개념

'반사적 이익'이란 법이 개인 또는 국가에게 작위·부작위를 규정하고 있는 결과로 인하여 반사적으로 얻는 이익, 즉 행정법규 또는 그 적용의 제3자가 간접적으로 얻게 되는 사실상의 이익을 말한다. 또한 법규가 사실상에 현실에서 단순히 개인에게 이익을 줄 뿐이지 법규가 그 이익을 보호하려는 의도가 없을 때 그 이익이 반사적 이익이다. 이는 침해가 되더라도 법에 의해 구제될 수 없다.

(2) 구별의 실익

① **원고적격**: 공권과 반사적 이익을 구별하는 실익은 소권의 여부이다. 공권은 침해 시 행정소송을 통해서 권익구제가 가능하나, 반사적 이익은 소권을 인정받을 수 없어 권익구제를 받을 수 없다. 01

② **국가배상과 손해**: 단순한 반사적 이익이 침해된 경우, 국가배상에서의 손해라고 할 수 없다.

(3) 구별의 상대화(반사적 이익의 범위 축소, 공권의 확대)

최근에는 반사적 이익의 법적 이익화(공권화) 또는 보호이익화를 통하여 행정소송에서의 원고적격의 확대를 긍정하는 견해가 일반적이다. 그 결과 반사적 이익의 영역감소를 가져오게 되었으나 모든 반사적 이익이 법적 이익화 또는 보호이익화되는 것은 아니기 때문에 공권과 반사적 이익은 여전히 구별되어야 하는 것이다. 02

> **심화 학습** 공권과 반사적 이익의 구별의 기준
>
> 공권은 처분의 관계 법규에 의해 보호된 개인의 이익으로 공익을 보호하는 법규가 개인의 이익을 더불어 보호하고 있는 경우에 그 이익이 공권이다. 반면, 반사적 이익은 실정법규가 공익의 보호만을 목적으로 하여 개인이 그로 인하여 반사적으로 누리는 사실상의 이익이 반사적 이익이다. 따라서 공권과 반사적 이익의 구별기준은 처분의 근거법규의 목적이 무엇인가에 의해 구별된다. '근거법규'란 행정주체에게 일정한 작위와 부작위를 발생시키는 실정법의 직접적인 근거법규만 의미하지 않고 처분의 관계 법규도 포함한다.

(4) 반사적 이익의 일반적 범위

① **제3자에 대한 법적 규제로부터 얻은 이익**: 국가 또는 공공단체나 개인의 어떤 행위에 관하여 법이 규제하고 있는 결과로서 개인이 이익을 얻는 경우(예 「의료법」에 규정된 의사나 조산원에 대한 구급진료 또는 조산거부금지의무를 부과하고 있는 결과로서 환자가 심야나 휴일에도 진료받을 수 있는 이익)

② **경찰허가에 의하여 얻는 이익**: 특정한 영업에 관해 법이 일정지역 내에 있어서의 영업허가의 건수를 제한하는 규정을 두고 있는 결과로서 허가받은 자가 사실상 일정한 독점이익을 받는 경우(예 공중목욕탕, 전당포영업허가 등)

③ **행정명령 준수로 얻는 이익**: 공무원이 상관의 훈령 또는 직무명령을 잘 준수하여 수행함으로써 개인이 이익을 얻는 경우

④ **공물의 일반사용에 의하여 얻는 이익**: 일정한 공공시설로부터 이익을 받은 이익(예 도로·공원 등의 일반사용 등) ⇨ 오늘날에는 공물의 일반사용으로 인한 이익은 어느 정도의 한정된 범위 안에서 법률상의 이익이나 공권의 성질을 가진다고 보는 것이 일반적이다. 03

개념확인 O/X

01 공권과 반사적 이익과는 소송법적 측면에서 구별실익이 있다.
(O / X)

02 공권과 반사적 이익은 절대적 개념이다.
(O / X)

03 공물의 적법한 개발로 일반사용을 제한받는다고 해도 이는 사실상의 반사적 이익침해에 해당되어 소송을 청구할 수 있는 것은 아니다.
(O / X)

| 정답 | 01 O 02 X 03 O

4 반사적 이익의 보호이익화(공권의 확대화)

> **결정적 코멘트** ▶ 이 단원의 보호이익은 제3자효 행정처분, 제3자의 원고적격과 관련하여 중요한 단원이다. 판례 중심의 학습이 필요하다.

(1) 보호이익의 의의

'보호이익'이란 공권력 요소는 갖추지 못하였으나 쟁송을 통하여 구제되어야 할 이익으로서 권리는 아니면서도 그렇다고 반사적 이익이라고 볼 수도 없는 이익을 말한다. 혹은 반사적 이익 중에서 행정소송을 통하여 구제받을 수 있는 이익이라고 정의한다. 즉, 보호이익은 반사적 이익과는 달리 침해의 경우 소의 이익과 원고적격이 인정된다는 점에서 특색이 있다.

(2) 공권과 보호이익(법적 이익)의 구별

① 학설
  ⊙ **구별긍정설**: 전통적인 견해는 행정법규에 의하여 상대방에게 부여하는 사익보호와 그 이익을 관철할 수 있는 의사력이라는 개념을 요소로 하는 공권과 권리는 아니지만 쟁송절차를 통하여 구제될 수 있는 보호이익이라는 개념을 구별하려는 입장이다.
  ⓒ **구별부정설(다수설)**: 이 견해는 법이 보호하는 이익을 의미하는 보호이익은 바로 권리를 의미하는 것이기 때문에 보호이익을 권리와 구별할 필요 없이 권리에 포함시켜 이해하여야 한다는 입장이다.

② **특징**: 공권은 행정법규가 보호하는 이익이 직접 개개의 국민을 위한 것일 때 성립하는 데 반하여, 보호이익은 행정법규가 직접 개인의 이익을 보호하는 것이 아닌 경우에도 법규의 해석상 간접적이나마 개인의 이익을 보호하는 경우에 성립한다. 또한 공권은 강행법규에 의하여 직접 개인의 권리로써 인정되는 데 반하여, 보호이익은 권리로써 인정되는 것이 아니라 행정법규가 공익과 사익보호를 함께 규정한 경우에 당해 제3자 보호규범을 매개로 간접적으로 성립한다. 즉, 공권의 침해에 대한 청구권은 처음부터 부여되는 것이나, 보호이익은 제3자 보호규범의 해석과 관련하여 학설과 판례가 인정한 것이다.

(3) 논의

① **인근주민의 이익[인인(隣人)관계]**: 건축이나 개발 등을 제한하는 행정법규가 공익과 아울러 인근주민의 이익도 보호하고 있다고 판단되는 경우에는 그로 인하여 인근주민이 받는 이익은 법적 이익이다. 다만, 행정법규가 공익만을 보호목적으로 하는 경우와 일반 국민이 공통으로 가지는 간접적·일반적·추상적 이익만 발생하는 경우에는 사실상 이익으로 반사적 이익에 해당된다.

관련 판례

B 행정처분의 직접 상대방이 아닌 제3자가 행정처분의 무효확인을 구할 수 있는 요건으로서 '법률상 보호되는 이익'의 의미 [13 국가직 9급] 01

> 여기에서 말하는 법률상 보호되는 이익이라 함은 당해 처분의 근거 법규 및 관련 법규에 의하여 보호되는 개별적·직접적·구체적 이익이 있는 경우를 말하고, 공익보호의 결과로 국민 일반이 공통적으로 가지는 일반적·간접적·추상적 이익이 생기는 경우에는 법률상 보호되는 이익이 있다고 할 수 없다(대판 2006.3.16, 2006두330 전합).

개념확인 O/X

01 처분의 직접 상대방이 아닌 경우에는 처분의 근거법률에 의하여 보호되는 법률상 이익이 있는 경우에도 원고적격이 인정될 수 없다.
13 국가9급 (O / X)

| 정답 | 01 X

B 환경영향평가 대상지역 밖의 주민에게 그 원고적격이 인정되기 위한 요건

환경영향평가 대상지역 밖의 주민이라 할지라도 공유수면매립면허처분 등으로 인하여 그 처분 전과 비교하여 수인한도를 넘는 환경피해를 받거나 받을 우려가 있는 경우에는, 공유수면매립면허처분 등으로 인하여 환경상 이익에 대한 침해 또는 침해우려가 있다는 것을 입증함으로써 그 처분 등의 무효확인을 구할 원고적격을 인정받을 수 있다(대판 2006.3.16. 2006두330).

인인(隣人)관계에서 법률상 이익이 긍정된 경우 빈출

1. 「도시계획법」 및 「건축법」에 저촉되는 연탄공장 건축허가에 대한 인근주민의 취소청구소송(대판 1975.5.13. 73누96·97) **01**
2. 공설화장장설치를 내용으로 하는 도시계획결정에 대한 지역주민의 원고적격 - 긍정(대판 1995.9.26. 94누14544) **02**
3. 자연공원법령 및 환경영향평가법령에 저촉되는 속리산국립공원 내 용화온천 집단시설 지구기반 조성사업 시행허가처분에 대한 환경영향평가 대상지역 안의 주민들의 환경영향평가 대상사업에 관한 변경승인 및 허가처분의 취소청구소송(대판 1998.4.24. 97누3286)
    - 환경영향평가 대상지역 내의 주민들에게는 법률상 이익 인정 [17 국가직 9급] **03**
    - 환경영향평가 대상지역이 아닌 주민들에게는 법률상 이익 부정 [08 국회직 8급] **04 05**
4. 인근주민의 자동차 LPG 충전소설치허가취소청구(대판 1983.7.12. 83누59) [12 서울시 9급] **06**
5. 폐기물처리시설 설치기관이 주변영향지역으로 지정·고시하지 아니한 경우, 폐기물소각시설의 부지경계선으로부터 300m 밖에 거주하는 주민들이 폐기물소각시설의 입지지역을 결정·고시한 처분의 무효확인을 구할 원고적격 인정(대판 2005.3.11. 2003두13489) [14 서울시 9급] **07**
6. 주류제조면허는 반사적 이익이 아니라 보호이익
    주류제조면허는 국가의 수입확보를 위하여 설정된 재정허가의 일종이지만 일단 이 면허를 얻은 자의 이익은 단순한 사실상의 반사적 이익에만 그치는 것이 아니라 「주세법」의 규정에 따라 보호되는 이익이다(대판 1989.12.22. 89누46).
7. 도로의 용도폐지처분의 폐지로 침해받은 자의 원고적격
    도로의 용도폐지처분에 관하여 이러한 직접적인 이해관계를 가지는 사람이 그와 같은 이익을 현실적으로 침해당한 경우에는 그 취소를 구할 법률상의 이익이 있다(대판 1992.9.22. 91누13212). **08**
8. 원자로 시설부지 인근주민들에게 방사성물질 등에 의한 생명·신체의 안전침해를 이유로 부지사전승인처분의 취소를 구할 원고적격 인정(대판 1998.9.4. 97누19588) [14 서울시 9급] **09**
9. 원자로 시설부지 인근주민들이 방사성물질 이외의 원인에 의한 환경침해를 이유로 원자로 시설부지사전승인처분의 취소를 구할 원고적격 인정(대판 1998.9.4. 97누19588)
10. 문화재보호구역 내에 있는 토지소유자 등으로서는 위 보호구역의 지정해제를 요구할 수 있는 법규상 또는 조리상의 신청권이 있다(대판 2004.4.27. 2003두8821).
11. 레미콘공장의 부지와 바로 연접된 지역에서 생활하고 있는 주민들의 생활환경상 이익은 레미콘 공장의 신설로 인해 침해될 우려가 있다고 봄이 상당하고, 따라서 인근주민들에게는 레미콘공장설립 등 승인처분의 취소를 구할 법률상 이익이 있다(대판 2007.6.1. 2005두11500).
12. 환경정책기본법령상 사전환경성검토협의 대상지역 내에 포함될 개연성이 충분하다고 보이는 주민들에게 그 협의 대상에 해당하는 창업사업계획승인처분과 공장설립승인처분의 취소를 구할 원고적격이 인정된다(대판 2006.12.22. 2006두14001).
13. 광업권설정허가처분과 그에 따른 광산 개발로 인하여 재산상·환경상 이익의 침해를 받거나 받을 우려가 있는 토지나 건축물의 소유자와 점유자 또는 이해관계인 및 주민들은 그 처분 전과 비교하여 수인한도를 넘는 재산상·환경상 이익의 침해를 받거나 받을 우려가 있다는 것을 증명함으로써 그 처분의 취소를 구할 원고적격을 인정받을 수 있다(대판 2008.9.11. 2006두7577).
14. 집합건물 공용부분의 대수선과 관련한 행정청의 허가, 사용승인 등 일련의 처분에 관하여 처분의 직접 상대방 외에 해당 집합건물의 구분소유자에게도 취소를 구할 원고적격이 인정된다(대판 2024.3.12. 2021두58998).

개념확인 O/X

01 (구)「도시계획법」상 주거지역에 설치할 수 없는 연탄공장 건축허가처분에 대한 지역주민의 원고적격은 긍정될 수 없다.
(O / X)

02 공설화장장설치를 내용으로 하는 도시계획결정에 대한 지역주민의 원고적격은 긍정된다.
(O / X)

03 환경영향평가에 관한 자연공원법령 및 환경영향평가법령들의 취지는 환경공익을 보호하려는 데 있으므로 환경영향평가 대상지역 안의 주민들이 수인한도를 넘는 환경침해를 받지 아니하고 쾌적한 환경에서 생활할 수 있는 개별적 이익까지 보호하는 데 있다고 볼 수는 없다.
17 국가9급 (O / X)

04 환경영향평가 대상지역 밖의 주민은 공유수면매립면허처분 전과 비교하여 수인한도를 넘는 환경피해를 받을 우려가 있는 때에는 이를 입증함으로써 처분의 무효확인을 구할 법률상 이익을 인정받을 수 있다.
08 국회8급 (O / X)

05 환경영향평가 대상지역 밖의 주민은 헌법상 환경권 또는 「환경정책기본법」상 쾌적한 환경에서 생활할 권리에 근거하여 공유수면매립면허처분의 무효확인을 구할 법률상 이익이 있다.
08 국회8급 (O / X)

06 자동차 LPG 충전소설치허가에 대한 인근주민의 이익은 법률상 이익이다.
12 서울9급 (O / X)

07 1일 50t의 쓰레기를 소각하는 시설의 부지경계선으로부터 300m 안의 주민들이 폐기물소각시설의 입지지역을 결정·고시한 처분의 무효확인을 구하는 경우에 원고적격이 인정된다.
14 서울9급 (O / X)

08 공공용물의 폐지로 직접적인 이해관계를 가지는 주민은 취소를 구할 법률상 이익이 인정된다.
(O / X)

09 원자로 시설부지 인근주민들이 방사성물질 등에 의한 생명·신체의 안전침해를 이유로 부지사전승인처분의 취소를 구하는 경우에 원고적격이 인정된다.
14 서울9급 (O / X)

| 정답 | 01 X | 02 O | 03 X | 04 O | 05 X | 06 O | 07 O | 08 O | 09 O |

| 개념확인 O/X |

01 상수원보호구역 설정의 근거가 되는 규정은 상수원의 확보와 수질보전일 뿐이고, 그 상수원에서 급수를 받고 있는 지역주민들이 가지는 이익은 상수원의 확보와 수질보호라는 공공의 이익이 달성됨에 따라 반사적으로 얻게 되는 이익에 불과하다.
23 국회8급, 17 국가9급 (O / X)

02 개발제한구역 중 일부 취락을 개발제한구역에서 해제하는 내용의 도시관리계획변경결정에 대하여, 개발제한구역 해제대상에서 누락된 토지의 소유자는 위 결정의 취소를 구할 법률상 이익이 있다.
13 국가9급 (O / X)

인인(隣人)관계에서 법률상 이익이 부정된 경우

1. 제3자에게 상수원보호구역변경처분의 취소를 구할 법률상 이익이 없다고 한 사례(대판 1995.9.26. 94누14544) [23 국회직 8급, 17 국가직 9급] 01
2. 행정처분의 직접 상대방이 아닌 부락민 등이 자신들의 농경지 등이 훼손 또는 풍수해를 입을 우려가 있다는 이유로서는 산림훼손허가 및 중소기업창업지원승인처분의 취소를 구할 소의 이익이 없다(대판 1991.12.13. 90누10360).
3. 도로부지 위에 점용허가를 받음이 없이 무허가건물을 축조, 점유하여 온 원고가 행정청이 제3자에 대하여 한 같은 도로부지의 점용허가처분으로 인하여 어떠한 불이익을 입게 되었다고 하더라도 처분의 직접상대방이 아닌 제3자인 원고로서는 위 처분의 취소에 관하여 법률상으로 보호받아야 할 직접적이고 구체적인 이해관계가 있다고 할 수 없어 위 처분의 취소를 구할 원고적격이 없다(대판 1991.11.26. 91누1219).
4. 공장입지지정승인처분이 취소됨으로 인하여 그 공장설립예정지에 인접한 마을과 주위 토지 및 그 지상의 묘소가 분진, 소음, 수질오염 등의 해를 입을 우려에서 벗어나는 것과 같은 이익은 법률상 이익이라고 할 수 없다(대판 1995.2.28. 94누3964).
5. 갑이 을 소유의 도로를 공로에 이르는 유일한 통로로 이용하였으나 갑 소유의 대지에 연접하여 새로운 공로가 개설되어 그 쪽으로 출입문을 내어 바로 새로운 공로에 이를 수 있게 된 경우, 갑이 을 소유의 도로에 대한 도로폐지허가처분의 취소를 구할 법률상 이익이 없다(대판 1999.12.7. 97누12556).
6. 행정처분의 상대방이 아닌 제3자라도 당해 행정처분의 취소를 구할 법률상의 이익이 있는 경우에는 그 처분의 취소를 구할 수 있으나, 이 경우 법률상의 이익이란 당해 처분의 근거 법률에 의하여 직접 보호되는 구체적인 이익을 말하므로 제3자가 단지 간접적인 사실상 경제적인 이해관계를 가지는 경우에는 그 처분의 취소를 구할 원고적격이 없다(대판 2000.4.25. 98두7923).
7. 문화재는 문화재의 지정이나 그 보호구역으로 지정이 있음으로써 유적의 보존 관리 등이 법적으로 확보되어 지역주민이나 국민일반 또는 학술연구자가 이를 활용하고 그로 인한 이익을 얻는 것이지만, 그 지정은 문화재를 보존하여 이를 활용함으로써 국민의 문화적 향상을 도모함과 아울러 인류문화의 발전에 기여한다고 하는 목적을 위하여 행해지는 것이지, 그 이익이 일반 국민이나 인근주민의 문화재를 향유할 구체적이고도 법률적인 이익이라고 할 수는 없다(대판 1992.9.22. 91누13212).
8. 처분의 무효 등 확인소송이나 취소소송은 처분의 무효 등 확인이나 취소를 구할 법률상 이익이 있는 자만이 제기할 수 있다고 할 것이어서 신축한 건물이 무단증평, 이격거리 위반, 베란다돌출, 무단구조변경 등 「건축법」에 위반하여 시공됨으로써 인접주택 소유자의 사생활과 일조권을 침해하고 있다고 하더라도, 인접건물소유자로서는 위 건물 준공처분의 무효확인이나 취소를 구할 법률상 이익이 없다(대판 1993.11.9. 93누13988).
9. (구)「문화재보호법」상의 도지정문화재 지정처분으로 인하여 침해될 수 있는 특정 개인의 명예 내지 명예감정이 그 지정처분의 취소를 구할 법률상의 이익에 해당하지 않는다(대판 2001.9.28. 99두8565).
10. 건물건축 과정에서 피해를 입은 인접주택 소유자가 신축건물에 대한 사용검사처분의 취소를 구할 법률상 이익이 없다(대판 2007.4.26. 2006두18409).
11. 개발제한구역 중 일부 취락을 개발제한구역에서 해제하는 내용의 도시관리계획변경결정에 대하여, 개발제한구역 해제대상에서 누락된 토지의 소유자는 위 결정의 취소를 구할 법률상 이익이 없다(대판 2008.7.10. 2007두10242). [21 국가직 9급, 13 국가직 9급] 02
12. 재단법인 갑 수녀원이, 매립목적을 택지조성에서 조선시설용지로 변경하는 내용의 공유수면매립목적 변경승인처분으로 인하여 법률상 보호되는 환경상 이익을 침해받았다면서 행정청을 상대로 처분의 무효확인을 구하는 소송을 제기한 사안에서, 갑 수녀원에는 처분의 무효확인을 구할 원고적격이 없다(대판 2012.6.28. 2010두2005). [16 지방직 9급]
13. 환경영향평가 대상지역 밖에 거주하는 주민에게 헌법상의 환경권 또는 「환경정책기본법」에 근거하여 공유수면매립면허처분과 농지개량사업 시행인가처분의 무효확인을 구할 원고적격이 없다(대판 2006.3.16. 2006두330 전합). [17 지방직 9급]

② 경업자 관계와 경원자 관계
㉠ **경업자 관계**: 영업을 규제하는 법령으로 인하여 경쟁관계에 있는 영업자가 받는 이익이 법적 이익인지 반사적 이익인지가 문제가 된다. 당해 법령이 공익뿐만 아니라 경쟁관계에 있는 영업자의 영업상 이익도 아울러 직접 보호하고 있는 경우에는 법적 이익이고, 당해 법령이 공익의 보호만을 목적으로 하는 경우에는 당해 경쟁관계에 있는 영업자의 이익은 반사적 이익이다.

| 정답 | 01 O 02 X

ⓒ 경원자 관계
  ⓐ 인·허가 등의 수익적 행정처분을 신청한 수인이 서로 경쟁관계에 있어서 일방에 대한 허가 등의 처분이 타방에 대한 불허가 등으로 귀결될 수밖에 없는 때 허가 등의 처분을 받지 못한 자는 비록 경원자에 대하여 이루어진 허가 등 처분의 상대방이 아니라 하더라도 당해 처분의 취소를 구할 원고적격이 있다. 01 02
  ⓑ 다만, 명백한 법적 장애로 인하여 원고 자신의 신청이 인용될 가능성이 처음부터 배제되어 있는 경우에는 당해 처분의 취소를 구할 정당한 이익이 없다[법학전문대학원의 설치·운영에 관한 예비인가처분 취소사건(대판 2009.12.10. 2009두8359)].

개념확인 O/X

01 경원자소송(競願者訴訟)에서는 법적 자격의 흠결로 신청이 인용될 가능성이 없는 경우를 제외하고는 경원관계의 존재만으로 거부된 처분의 취소를 구할 법률상 이익이 있다.
08 국회8급 (O / X)

02 인가·허가 등 수익적 행정처분을 신청한 여러 사람이 서로 경원관계에 있어서 한 사람에 대한 허가 등 처분이 다른 사람에 대한 불허가 등으로 귀결될 수밖에 없을 때 허가 등 처분을 받지 못한 사람은 신청에 대한 거부처분의 직접 상대방으로서 원칙적으로 자신에 대한 거부처분의 취소를 구할 법률상 이익이 있다.
23 국회8급 (O / X)

03 한정면허를 받은 시외버스운송사업자가 일반면허를 받은 시외버스운송사업자에 대한 사업계획변경인가처분으로 수익감소가 예상되는 경우 일반면허 시외버스운송사업자에 대한 사업계획변경인가처분의 취소를 구할 법률상 이익이 있다.
23 국회8급 (O / X)

04 숙박업을 운영하는 자는 자신의 숙박소 인근 숙박업소에 대한 행정청의 숙박업구조변경허가처분에 대해 취소를 구할 법률상 이익이 인정되지 않는다.
(O / X)

05 신규 담배 구내소매인 지정처분에 대한 담배 일반소매인인 기존 업자는 취소를 구할 법률상 이익이 있다.
12 서울9급 (O / X)

경업자소송이나 경원자소송에서 법률상 이익의 인정 여부

경업자소송이나 경원자소송에서 법률상 이익을 인정한 경우	경업자소송이나 경원자소송에서 법률상 이익을 부정한 경우
1. 자동차운수사업의 노선연장인가처분의 취소에 대한 자동차운송사업법 제6조 제1호에 의한 기존 업자의 이익은 법률상 이익이다(대판 1974.4.9. 73누173). 2. 선박운송사업면허취소에 관한 기존 업자의 이익은 법률상 이익이다(대판 1987.9.22. 85누985). 3. 정류장설치허가처분의 취소에 경업자 관계는 원고적격이 인정된다(대판 1975.7.22. 75누12). 4. 기존 시내버스 업자의 시외버스의 시내버스 전환을 허용하는 사업계획인가처분 취소에 대해 경업자 관계로서 원고적격이 인정된다(대판 1987.9.22. 85누985). [23 국회8급, 16 지방직 9급] 03 5. 광업권자에 대한 증구허가처분의 취소청구권이 있다(대판 1982.7.27. 81누271). 6. 하천부지 점용허가처분에 대한 경원자의 취소청구가 가능하다(대판 1986.7.22. 86누97). 7. 허가지역이 정해져 있는 약종상 영업장소 이전허가처분에 대한 기존 약종상의 취소청구가 인정된다(대판 1988.6.14. 87누873). 8. 검사임용 거부처분의 취소청구권이 인정된다(대판 1991.2.12. 90누5825). 9. 교과용도서 검정신청 합격결정처분에 대한 동시출원자의 취소청구가 인정된다(대판 1992.4.24. 91누6634). 10. LPG충전소 허가처분에 대한 경원자의 취소청구인정된다(대판 1992.5.8. 91누13274). 11. 비관리청 항만공사시행허가 거부처분에 대한 경원자의 취소청구가 가능하다(대판 1998.9.8. 98두6272). 12. 사업용 화물자동차 면허대수 보충인가처분에 대한 법률상 이익이 있다(대판 1992.7.10. 91누9107). 13. 종합유선방송국 허가대상 법인선정처분에 대한 경원자의 취소청구권이 있다(대판 1995.8.22. 94누8129). 14. 수익적 행정처분을 신청한 수인이 서로 경쟁관계에 있어서 일방에 대한 허가 등의 처분이 타방에 대한 불허가 등으로 귀결될 수밖에 없는 때에는 허가 등의 처분을 받지 못한 자는 비록 경원자에 대하여 이루어진 허가 등 처분의 상대방이 아니라 하더라도 당해 처분의 취소를 구할 법률상 이익이 있다(대판 1996.6.28. 96누3630; 1992.5.8. 91누13274). [23 국회직 8급]	1. 공중목욕장업 허가에 대한 인근 기존 업자의 취소청구를 인정할 수 없다(대판 1963.8.31. 63누101). 2. 국내산업의 보호육성도 (구)「무역거래법」이 기도하고 있는 목적의 하나가 된다는 것만으로써 원고가 제조판매하는 것과 같은 품종의 수입을 다른 사람에게 허가하는 것이 곧 원고에 대한 법률상의 이익이 침해된다고는 할 수 없다(대판 1971.6.29. 69누91). 3. 신규석탄가공업 허가에 대한 기존 업자의 취소청구는 법률상 이익이 아니다(대판 1980.7.22. 80누33). 4. 의료용 근린생활시설로서의 건물용도 변경처분에 대한 인근 치과의사의 취소청구권은 인정될 수 없다(대판 1990.5.22. 90누813). 5. 인근건물 4·5층의 숙박업구조변경허가처분에 대한 기존 여관업자의 취소청구는 인정할 수 없다(대판 1990.8.14. 89누7900). 04 6. 신규양곡가공 허가처분에 대한 기존 업자의 취소청구를 인정할 수 없다(대판 1990.11.13. 89누756). 7. 담배 일반소매인으로 지정되어 영업을 하고 있는 기존 업자의 신규 구내소매인에 대한 이익이 법률상 보호되는 이익으로서 기존 업자는 신규 구내소매인 지정처분의 취소를 구할 원고적격이 없다(대판 2008.4.10. 2008두402). [20 국회8급, 12 서울시 9급] 05 8. 도로점용 허가처분에 대한 기존 무단점유자의 취소청구권을 인정할 수 없다(대판 1991.11.26. 91누1219). 9. 신규축산업협동조합 설립인가 거부처분의 취소청구를 인정할 수 없다(대판 1992.10.23. 92누2387). 10. 제3자에 대한 석유판매업허가처분으로 말미암아 석유판매업허가신청이 반려된 자가 위 제3자에 대한 석유판매업허가처분의 취소를 구할 법률상의 이익이 있는 자에 해당하지 않는다(대판 1992.3.13. 91누3079). 11. 하천부지점용허가의 만료로 점용허가의 효력이 상실된 기존 업자는 그 만료일 후의 제3자에 대한 행정청의 하천부지점용허가의 취소를 구할 법률상 이익이 없다(대판 1993.10.8. 93누5017).

| 정답 | 01 O 02 O 03 O 04 O 05 X

개념확인 O/X

01 분뇨 관련 영업허가를 받은 기존 업자가 다른 업자에 대한 영업허가처분을 다투는 경우에 원고적격이 인정된다.
14 서울9급 (O/X)

02 수익적 행정처분의 근거가 되는 법률이 해당 업자들 사이의 과다경쟁으로 인한 경영의 불합리를 방지하는 목적도 가지고 있는 경우, 기존 업자가 경쟁자에 대한 면허나 인·허가등의 수익적 행정처분의 취소를 구할 원고적격이 있다.
23 국회8급, 13 국가9급 (O/X)

03 장의자동차업자의 영업구역 위반에 따른 과징금부과처분의 취소재결에 대해 인근의 동종업자는 취소를 구할 법률상 이익은 없다.
(O/X)

04 경업자에 대한 행정처분이 경업자에게 불리한 내용이라면 그와 경쟁관계에 있는 기존의 업자에게는 특별한 사정이 없는 한 유리할 것이지만 기존의 업자는 그 행정처분의 무효확인 또는 취소를 구할 법률상 이익이 있다.
23 국회8급 (O/X)

경업자소송이나 경원자소송에서 법률상 이익을 인정한 경우

15. (구)「오수·분뇨 및 축산폐수의 처리에 관한 법률」과 같은 법 시행령상 업종을 분뇨와 축산폐수 수집·운반업 및 정화조청소업으로 하여 분뇨 등 관련 영업허가를 받아 영업을 하고 있는 기존 업자의 이익이 법률상 보호되는 이익이라고 보아, 기존 업자에게 경쟁자에 대한 영업허가처분의 취소를 구할 원고적격이 있다(대판 2006.7.28. 2004두6716). [14 서울시9급] **01**

16. 「방송법」에 의한 중계유선방송사업허가를 받지 아니한 갑이 적법한 중계유선방송사업인 을과 아파트입주자대표회의 사이의 계약갱신을 방해하고, 적법한 방송사업자인 것처럼 가장하여 위 아파트 입주자와 계약을 체결함으로써 을의 재계약이 무산되었으므로 을의 법률상 이익을 침해한 것이다(대판 2007.5.11. 2004다11162).

17. 담배 일반소매인으로 지정되어 영업 중인 기존 업자의 이익이 있다(대판 2008.3.27. 2007두23811).

18. 수익적 행정처분의 근거가 되는 법률이 해당 업자들 사이의 과다경쟁으로 인한 경영의 불합리를 방지하는 목적도 가지고 있는 경우, 기존 업자가 경쟁자에 대한 면허나 인·허가 등의 수익적 행정처분의 취소를 구할 원고적격이 있다(대판 2010.6.10. 2009두10512). [23 국회 8급, 13 국가직 9급] **02**

19. 기존의 시외버스운송사업자인 을 회사에 다른 시외버스운송사업자 갑 회사에 대한 시외버스운송사업계획변경인가처분의 취소를 구할 법률상 이익이 있다고 한 사례(대판 2010.6.10. 2009두10512).

20. (구)「임대주택법」상 임차인대표회의도 임대주택 분양전환승인처분에 대하여 취소소송을 제기할 원고적격이 있다(대판 2010.5.13. 2009두19168).

21. 행정처분으로써 이루어지는 사업으로 환경상 침해를 받으리라고 예상되는 영향권의 범위가 그 처분의 근거 법규 등에 구체적으로 규정되어 있는 경우, 영향권 내의 주민에게 행정처분의 취소 등을 구할 원고적격이 인정되는지 여부(원칙적 적극)(대판 2010.4.15. 2007두16127).

22. <u>경원관계에 있어 경원자에 대한 수익적 처분의 취소를 구하지 아니하고 자신에 대한 거부처분의 취소만을 구하는 소에 협의의 소의 이익이 인정되는지 여부(적극)</u> 주유소 운영사업자 선정에 관하여 경원관계에 있는 소외인과 원고 중 소외인에 대하여 사업자 선정처분이, 원고에 대하여 불선정처분이 내려진 사안에서, 원고에 대한 사업자 불선정처분을 취소하는 판결이 선고·확정되더라도, 경원관계에 있는 소외인에 대한 사업자 선정처분이 취소되지 아니하는 이상, 원고가 주유소 운영사업자로 선정될 수 없다는 이유로 원고에게 그 불선정처분의 취소를 구할 소의 이익이 없다고 판단한 원심을 파기한 사례(대판 2015.10.29. 2013두27517).

경업자소송이나 경원자소송에서 법률상 이익을 부정한 경우

12. 면허받은 장의자동차운송사업구역에 위반하였음을 이유로 한 행정청의 과징금부과처분에 의하여 동종업자의 영업이 보호되는 결과는 사업구역제도의 반사적 이익에 불과하기 때문에 그 과징금부과처분을 취소한 재결에 대하여 처분의 상대방 아닌 제3자는 그 취소를 구할 법률상 이익이 없다(대판 1992.12.8. 91누13700). **03**

13. 유기장영업허가로 인한 영업상 이익이 법률상 이익에 해당하지 않는다(대판 1986.11.25. 84누147).

14. 환경영향평가대상지역 밖의 주민 등과 전원개발사업구역 밖의 주민은 전원개발사업실시계획승인처분의 취소를 구할 원고적격이 없다(대판 1998.9.22. 97누19571).

15. 한의사에게 약사들의 한약제조권을 인정하는 시험의 합격처분을 다툴 법률상의 이익이 없다(대판 1998.3.10. 97누4289).

16. 갑 주식회사와 을 주식회사가 공동으로 건축용 판유리 제품 가격을 인상한 후 갑 회사가 1순위로 부당한 공동행위 자진신고자 등에 대한 시정조치 등 감면신청을 하고 을 회사가 2순위로 감면신청을 하였으나 공정거래위원회가 갑 회사는 감면요건을 충족하지 못하였다는 이유로 감면불인정 통지를 하고 을 회사에 1순위 조사협조자 지위확인을 해준 사안에서, 갑 회사는 공정거래위원회의 을 회사에 대한 1순위 조사협조자 지위확인의 취소를 구할 소의 이익이 없다(대판 2012.9.27. 2010두3541).

17. 경업자에 대한 행정처분이 경업자에게 불리한 내용이라면 그와 경쟁관계에 있는 기존의 업자에게는 특별한 사정이 없는 한 유리할 것이므로 기존의 업자가 그 행정처분의 무효확인 또는 취소를 구할 이익은 없다고 보아야 한다(대판 2020.4.9. 2019두49953). [23 국회직 8급] **04**

| 정답 | 01 O 02 O 03 O 04 X

> 관련 판례

Ⓑ 「주택법」상 사용검사처분에 관하여 입주예정자들이 그 취소를 구할 법률상 이익이 있는지 여부(소극)
[19 국회직 9급, 18 지방직 9급]

> 사용검사처분은 건축물을 사용·수익할 수 있게 하는 데에 그치므로 건축물에 대하여 사용검사처분이 이루어졌다고 하더라도 그 사정만으로는 건축물에 있는 하자나 「건축법」 등 관계 법령에 위반되는 사실이 정당화되지는 아니하며, 또한 그 건축물에 대한 사용검사처분이 취소된다고 하더라도 사용검사 이전의 상태로 돌아가 그 건축물을 사용할 수 없게 되는 것에 그칠 뿐 곧바로 건축물의 하자 상태 등이 제거되거나 보완되는 것도 아니다(대판 2014.7.24. 2011두30465).

Ⓑ 무선개설허기 유효기간이 만료된 경우, 전송망사업자는 주파수에 대한 법률상 이익이 없다

> 종합유선방송 전송선로시설 제공역무를 사업내용으로 하는 전송망사업자로 지정받은 자가 특정주파수대역을 이용한 무선국개설허가를 받은 뒤 유효기간만료 등으로 그 허가의 효력을 상실할 경우, 위 전송망사업자는 위 주파수대역에 대하여 법률상 보호되는 이익을 가지고 있지 않다(대판 2007.4.12. 2004두7924).

Ⓑ 국세체납처분을 원인으로 한 압류등기 이후에 압류부동산을 매수한 자는 위 압류처분에 대하여 사실상이며 간접적인 이해관계를 가진 데 불과하여 위 압류처분의 취소나 무효확인을 구할 원고적격이 없다(대판 1985.2.8. 82누524)

Ⓑ 대한의사협회는 '건강보험요양급여행위 및 그 상대가치점수 개정에 관한 고시'에 취소를 구할 법률상 이익이 없다

> 사단법인 대한의사협회는 「의료법」에 의하여 의사들을 회원으로 하여 설립된 사단법인으로서, 국민건강보험법상 요양급여행위, 요양급여비용의 청구 및 지급과 관련하여 직접적인 법률관계를 갖지 않고 있으므로, 보건복지부 고시인 '건강보험요양급여행위 및 그 상대가치점수 개정'으로 인하여 자신의 법률상 이익을 침해당하였다고 할 수 없다는 이유로 위 고시의 취소를 구할 원고적격이 없다(대판 2006.5.25. 2003두11988).

Ⓑ 행정처분에 있어서 불이익처분의 상대방은 직접 개인적 이익의 침해를 받은 자로서 원고적격이 인정되지만 수익처분의 상대방은 그의 권리나 법률상 보호되는 이익이 침해되었다고 볼 수 없으므로 달리 특별한 사정이 없는 한 취소를 구할 이익이 없다(대판 1995.8.22. 94누8129)

Ⓑ 「도시 및 주거환경정비법」상 조합설립추진위원회의 구성에 동의하지 아니한 정비구역 내의 토지 등 소유자는 조합설립추진위원회 설립승인처분의 취소를 구할 원고적격이 인정된다(대판 2007.1.25. 2006두12289)

Ⓑ 이른바 예탁금회원제 골프장의 기존회원은 체육시설업자 등이 제출한 회원모집계획서에 대한 시·도지사의 검토결과 통보의 취소를 구할 법률상의 이익이 있다(대판 2009.2.26. 2006두16243) [16 지방직 9급]

Ⓑ 과세관청이 체납자가 점유하고 있는 제3자 소유의 동산을 압류한 경우, 체납자가 그 압류처분의 취소나 무효확인을 구할 원고적격이 있다(대판 2006.4.13. 2005두15151)

Ⓑ 관할청이 학교법인의 임원취임승인신청에 대하여 이를 반려하거나 거부하는 경우 학교법인에 의하여 임원으로 선임된 사람은 학교법인의 임원으로 취임할 수 없게 되는 불이익을 입게 되어 관할청의 임원취임승인신청 반려처분을 다툴 수 있는 원고적격이 있다(대판 2007.12.27. 2005두9651)

Ⓑ 4급 공무원이 당해 지방자치단체 인사위원회의 심의를 거쳐 3급 승진대상자로 결정되고 임용권자가 그 사실을 대내외에 공표한 경우, 그 공무원에게 승진임용 신청권이 있다(대판 2008.4.10. 2007두18611)

개념확인 O/X

01 주주는 자신이 소유한 주식이 소각되거나 주주의 법인에 대한 권리가 소멸하는 등의 지위에 중대한 변동을 초래하는 처분에 대해서 취소를 구할 원고적격이 인정된다.
(O / X)

02 무하자재량행사청구권은 기속규범에서는 인정되지 않고 재량법규에서 인정된다.
09 국가9급 (O / X)

Ⓑ 위법한 징계재결을 받은 해양사고 관련자가 소로써 불복하지 아니하는 경우, 해양사고의 조사 및 심판에 관한 법률상의 조사관이 공익의 대표자로서 대법원에 대하여 위법한 징계재결의 취소를 구할 법률상의 이익이 있다(대판 2002.9.6. 2002추54).

Ⓑ 채석허가를 받은 자에 대한 관할 행정청의 채석허가 취소처분에 대하여 수허가자의 지위를 양수한 양수인에게 그 취소처분의 취소를 구할 법률상 이익이 있다(대판 2003.7.11. 2001두6289).

Ⓑ 법인의 주주의 원고적격 인정 여부 01

> 일반적으로 법인의 주주는 당해 법인에 대한 행정처분에 관하여 사실상이나 간접적인 이해관계를 가질 뿐이어서 스스로 그 처분의 취소를 구할 원고적격이 없는 것이 원칙이라고 할 것이지만, 그 처분으로 인하여 궁극적으로 주식이 소각되거나 주주의 법인에 대한 권리가 소멸하는 등 주주의 지위에 중대한 영향을 초래하게 되는데도 그 처분의 성질상 당해 법인이 이를 다툴 것을 기대할 수 없고 달리 주주의 지위를 보전할 구제방법이 없는 경우에는 주주도 그 처분에 관하여 직접적이고 구체적인 법률상 이해관계를 가진다고 보이므로 그 취소를 구할 원고적격이 있다(대판 2004.12.23. 2000두2648).

Ⓑ 제약회사는 약제상한금액고시에 취소를 구할 법률상 이익이 있다

> 제약회사는 자신이 공급하는 약제에 관하여 「국민건강보험법」 등 약제상한금액고시의 근거법령에 의하여 보호되는 직접적·구체적인 이익을 향유하는데, 보건복지부 고시인 약제급여·비급여목록 및 급여상한금액표로 인하여 자신이 제조·공급하는 약제의 상한금액이 인하됨에 따라 위와 같이 보호되는 법률상 이익이 침해당할 경우, 제약회사는 위 고시의 취소를 구할 원고적격이 있다(대판 2006.9.22. 2005두2506).

Ⓑ 다른 공동상속인의 상속세에 대한 연대납부의무를 지는 상속인은 다른 공동상속인에 대한 과세처분 자체의 취소를 구할 원고적격이 인정된다(대판 2001.11.27. 98두9530).

06 개인적 공권의 확대화 경향

1 무하자재량행사청구권

무하자재량행사청구권은 행정청에게 재량이 부여된 경우에 개인이 행정청에 대하여 하자 없는 재량행사(적법한 재량행사), 즉 재량권을 흠 없이 행사하여 줄 것을 청구할 수 있는 권리를 말한다. 02

(1) 의의 및 성질

① 의의: 행정청이 재량권을 행사함에 있어서 재량하자를 범하지 말 것을 청구하는 공법상의 권리(광의 ⇨ 결정재량 + 선택재량의 경우) 또는 행정청의 재량권행사에 있어 결정재량권은 부인되면서도 선택재량권만을 가지고 있는 경우에 그 재량권의 하자 없는 행사를 청구할 수 있는 권리(협의 ⇨ 선택재량만의 경우)를 말한다.

② 연혁: 무하자재량행사청구권은 연혁적으로는 O.Bühler(1914)에 의해 전개되고 O.Bachof에 의해 체계화되었다. 이러한 학자들의 주장은 독일 판례로서도 널리 받아들여지고 있다.

정답 | 01 O 02 O

③ 성질
  ㉠ 절차적·형식적 공권: 무하자재량행사청구권은 그 내용이 재량처분에 있어서 종국처분 형성과정상 재량권의 법적 한계를 준수하면서 어떠한 처분을 할 것을 구하는 데 그치고, 특정처분을 구할 수 있는 실질적 권리는 아니라는 점에서, 이를 절차적 또는 형식적 공권이라 한다. 01 02 03
  ㉡ 재량의 영(0)으로의 수축: 재량권이 영으로 수축되어 오직 하나의 처분만이 적법한 재량권 행사로 인정되는 경우에는 개인은 행정청에 대하여 특정처분을 할 것을 청구할 수 있으므로 이 경우는 실질적 청구권(행정개입청구권)으로 전환된다. 이는 사전예방적인 행정개입청구를 구체화한 이론이며 무하자재량행사청구권은 재량수축론을 바탕으로 하고 있다.

> **관련 판례**
>
> **B** 단속경찰관의 주취운전자에 대한 권한 불행사가 직무상 위법행위에 해당하는지 여부
>
> 경찰관의 주취운전자에 대한 권한 행사가 관계 법률의 규정 형식상 경찰관의 재량에 맡겨져 있다고 하더라도, 그러한 권한을 행사하지 아니한 것이 구체적인 상황하에서 현저하게 합리성을 잃어 사회적 타당성이 없는 경우에는 경찰관의 직무상 의무를 위배한 것으로서 위법하게 된다(대판 1998. 5. 8. 97다54482).

(2) 인정 여부

① 부정설
  ㉠ 실익문제: '재량의 하자'란 재량의 한계를 벗어난 위법한 행위, 즉 법규범의 침해와 다를 것이 없으므로 그로 인한 권익침해가 있는 경우에 실체와 관련시켜 권리구제를 인정하면 되는 것이지 구태여 실체법적 권리와 구분되는 절차법적 권리를 따로 인정할 법적 실익이 없다.
  ㉡ 남소폐단·민중소송화 우려: 추상적·일반적인 형식적 권리를 인정한다면, 남소의 폐단이 있을 뿐만 아니라 민중소송화의 우려가 있다는 견해이다. 04
  ㉢ 명문규정의 부재: 현행법상 그의 적절한 근거를 찾아볼 수 없다는 견해이다.

② 긍정설(다수설·판례)
  ㉠ 실체적 하자입증의 곤란: 실체적인 권리 하자를 주장하기 어려운 경우에는 이를 주장할 실익이 있다.
  ㉡ 사익보호성(주관적 공권): 동 청구권을 일반적(추상적) 청구권으로 인정하는 것은 아니고, 재량을 허용하는 행정법규가 공익보호와 함께 관계인의 이익보호(사익보호성)를 규정하고 있는 경우에 한하여 인정되는 것이고, 재량의 하자는 재량권의 일탈·남용이라서 위법이 된다고 한다. 05
  ㉢ 원고적격의 확대: 행정소송을 제기할 수 있는 소익 확대, 원고적격 확대를 하는 데 그 중요한 의미를 가진다(대법원은 검사임용 거부처분 취소소송과 관련하여 무하자재량행사청구권의 법리를 인정한 바 있다).

(3) 적용범위

① 협의로 보는 입장: 무하자재량행사청구권을 협의로 보아 행정기관의 결정재량에는 동 청구권이 부인되고 선택재량에만 동 청구권을 인정한다.

개념확인 O/X

01 무하자재량행사청구권은 행정청의 재량이 인정되어 있는 경우에 특정 행정처분을 요구할 수 있는 실체적 공권이다.
(O/X)

02 무하자재량행사청구권은 위법한 처분의 배제를 구하는 실체적 권리이다.
09 국가9급 (O/X)

03 무하자재량행사청구권은 적극적 권리로서의 성질만이 아니라 소극적·방어적 권리로서의 성질도 갖는다.
(O/X)

04 무하자재량행사청구권을 부정하는 견해는 당해 권리는 객관적 공권으로서 남소폐단이 있을 수 있음을 우려한다.
(O/X)

05 행정청의 재량영역일지라도 법률상 이익 내지 주관적 공권이 도출될 수 없는 것은 아니다.
08 국회8급 (O/X)

| 정답 | 01 X 02 X 03 O 04 O 05 O

② **광의로 보는 입장**: 동 청구권의 존재 의의는 권리구제의 실익차원에서 접근할 수도 있지만, 중요한 것은 "행정청이 재량권을 가지는 경우에는 개인에게 공권은 성립할 수 없다."는 19세기적 금지를 불식하는 이념적·역사적 측면에서 찾아야 한다는 점에서도 선택재량뿐만 아니라 결정재량에 있는 경우에도 동 청구권은 인정하여야 할 것이다(최근의 다수적 견해).

③ **판례의 태도**: 판례는 검사임용거부처분의 취소소송과 관련하여 무하자재량행사청구권의 법리를 인정한 바 있다. 당해 판례는 재량권의 한계·일탈이나 남용이 없는 적법한 응답을 요구할 권리, 즉 형식적 신청권으로 본 점에서 가장 큰 특징이 있다.

> **관련 판례**
>
> **B** 사법시험에 합격하고 사법연수원의 소정과정을 마친 후 검사임용신청을 하였으나 그 임용이 거부된 자가 제기한 취소소송 [15 국가직 9급] **01 02**
>
> "검사의 임용 여부는 임용권자의 자유재량에 속하는 사항이나, 임용권자가 동일한 검사신규임용의 기회에 원고를 비롯한 다수의 검사지원자들로부터 임용신청을 받아 전형을 거쳐 자체에서 정한 임용기준에 따라 이들 중 일부만을 선정하여 검사로 임용하는 경우에 있어서 법령상 검사임용신청 및 그 처리의 제도에 관한 명문규정이 없다고 하여도 조리상 임용권자는 임용신청자들에게 전형의 결과인 임용 여부의 응답을 해 줄 의무가 있다고 보아야 하고, 응답할 것인지 여부조차도 임용권자의 편의재량사항이라고는 할 수 없다. 검사의 임용에 있어서 임용권자가 임용 여부에 관하여 어떠한 내용의 응답을 할 것인지는 임용권자의 자유재량에 속하므로 일단 임용거부라는 응답을 한 이상 설사 그 응답내용이 부당하다고 하여도 사법심사의 대상으로 삼을 수 없는 것이 원칙이나, 적어도 재량권의 한계일탈이나 남용이 없는 위법하지 않은 응답을 할 의무가 임용권자에게 있고 이에 대응하여 임용신청자로서도 재량권의 한계일탈이나 남용이 없는 적법한 응답을 요구할 권리가 있다고 할 것이며, 이러한 응답 신청권에 기하여 재량권남용의 위법한 거부처분에 대하여는 항고소송으로서 그 취소를 구할 수 있다고 보아야 하므로 임용신청자가 임용거부처분이 재량권을 남용한 위법한 처분이라고 주장하면서 그 취소를 구하는 경우에는 법원은 재량권남용 여부를 심리하여 본안에 관한 판단으로서 청구의 인용 여부를 가려야 한다(대판 1991.2.12. 90누5825)."

④ **내용(재량하자의 원인)**: 무하자재량행사청구권이 재량권의 일탈·남용, 재량권의 불행사·해태 등의 재량하자를 범하지 말 것을 청구하는 것을 내용으로 하는 것이다.

(4) 성립요건

① **강행법규의 존재 여부**
  ㉠ **행정청 의무의 강행법규의 존재**: 무하자재량행사청구권은 행정청에게 강행법규에 의해 어떠한 법적 처분의무가 부과되어야 한다(강행법규성).
  ㉡ **법의 일반원칙으로서의 의무**: 행정청의 처분의무는 법령상의 의무만 인정될 수 있는 것은 아니고 조리상 인정될 수 있다. 대법원도 같은 입장이다(대판 1991.2.12. 90누5825).

② **사익보호성**: 무하자재량행사청구권은 당해 재량처분을 규정하고 있는 관계 법규의 목적·취지가 적어도 개인의 이익도 보호하고자 하는 경우에만 인정된다. 따라서 관련 규범의 공익뿐만 아니라 사익보호의 요건도 필요하다. **03**

(5) 구체적인 행사방법

① **의무이행심판**: 관계인의 신청에 대하여 행정청이 위법·부당하게 이를 거부하거나 부작위 상태로 방치하는 경우에는 의무이행소송이 보다 직접적인 구제수단이지만 현행법상 인정되고 있지 않다. 다만, 의무이행심판을 제기할 수 있고 이를 통해 무하자재량행사청구권이 실현될 수 있다.

개념확인 O/X

01 다수의 검사 임용신청자 중 일부만을 검사로 임용하는 결정을 함에 있어, 임용신청자들에게 전형의 결과인 임용 여부의 응답을 할 것인지는 임용권자의 편의재량사항이다.
15 국가9급 (O / X)

02 신청에 대한 처분이 행정청의 재량인 경우에 행정청은 신청에 대한 응답의 의무는 없다.
(O / X)

03 무하자재량행사청구권은 공권의 확대화 경향에 의해 등장된 이론으로 공권의 성립요건 중 사익보호성을 필요로 하지 않는다.
(O / X)

정답 | 01 X 02 X 03 X

② **취소소송**: 관계자가 행정청에 하자 없는, 즉 적법한 재량처분을 구하고, 행정청이 이를 거부한 경우에는 당사자는 거부처분의 위법을 이유로 그 취소를 구할 수 있다. 이를 통하여 무하자재량행사청구권을 실현할 수 있다.

③ **부작위위법확인소송**: 무하자재량행사청구권이 있는 자의 신청에 대하여는 행정청은 처분을 할 의무가 있으므로, 상대방의 신청에 대하여 이를 부작위로 방치하는 것은 위법한 것이 된다. 따라서 관계자는 부작위위법확인소송을 제기하여 그 부작위가 위법한 것이라는 확인을 받을 수 있다(이 경우에도 보다 직접적인 구제수단은 의무이행소송이 되지만 현행 법상 인정되고 있지 않다).

2 행정개입청구권

결정적 코멘트 ▶ 사례형으로 출제될 가능성이 높은 단원이다. 재량의 0으로의 수축과 행정개입청구권에 관한 철저한 이해를 요한다.

(1) 개념

'행정개입청구권'이란 행정청의 위법한 부작위로 인하여 권익이 침해된 자가 제3자에게 대하여 행정권발동을 청구할 수 있는 권리를 말한다(협의의 행정개입청구권). 광의로는 개인이 자기의 이익을 위해 자기에 대한 행정권의 발동을 구하는 권리인 행정행위발급청구권을 포함하여 협의의 행정개입청구권 또는 행정권발동 청구권의 일종으로 설명한다.

① **행정행위발급청구권**: '행정행위발급청구권'이란 허가나 인가를 청구하는 권리와 같이 국민이 자기의 이익을 위하여 자신에 대한 행정권발동을 청구할 수 있는 권리를 말한다(⑩ 자신을 생활보호대상자로 지정해 달라고 청구하는 경우).

> **관련 판례**
>
> **B** 광의의 행정개입청구권이 인정된 사례
>
> 지방자치단체장이 공장시설을 신축하는 회사에 대하여 사업승인 내지 건축허가 당시 부가하였던 조건을 이행할 때까지 신축공사를 중지하라는 명령을 한 경우, 위 회사에게는 중지명령의 원인사유가 해소되었음을 이유로 당해 공사중지명령의 해제를 요구할 수 있는 권리가 조리상 인정된다(대판 2007.5.11. 2007두1811).
> ※ 영광아스콘주식회사가 포천시장의 공사중지명령처분의 취소를 구한 사건

② **협의의 행정개입청구권**: '협의의 행정개입청구권'이란 공해기업에 대한 개선조치명령의 발동을 청구하는 인근주민의 권리와 같이 국민이 자기의 이익을 위하여 타인에 대한 행정권(규제 내지 단속) 발동을 청구할 수 있는 권리를 말한다. 01

(2) 연혁

우리나라 대법원은 김신조 무장공비 침투사건과 관련된 판례(대판 1971.4.6. 71다124)에서 행정청의 부작위로 인한 손해에 대하여 국가의 손해배상책임을 인정한 바가 있으나, 이 판례는 행정개입청구권의 법리를 추론할 수 있는 것이지 직접 행정개입청구권을 인정한 것이라고 볼 수 없다는 견해가 지배적이다.

(3) 법적 성질 및 기능

행정개입청구권의 법적 성질은 실질적 권리이며, 재량권이 0으로 수축됨으로써 성립할 수 있는 청구권이다. 동 청구권은 행정청의 위법한 부작위에 대한 구제수단으로 가능하고 사전예방적·사후시정적 기능을 모두 가지며, 복효적 행정행위에서 중요한 역할을 한다.

개념확인 O/X

01 협의의 행정개입청구권은 자신을 위해 자신에게 특정처분을 요구하는 권리이다.
(O / X)

| 정답 | 01 X

(4) 적용영역

행정개입청구권은 행정의 모든 영역에서 논의될 수 있으나, 특히 '경찰행정 내지 질서행정'과 관련하여 논의할 주된 실익이 있다.

(5) 성립요건

① **개입 의무**: 행정권 발동의 대상이 되는 행정의 현실이 매우 다양하며 행정수단이 제약되어 있기에 원칙상 행정권의 발동 여부는 재량에 속한다. 그러나 법에서 행정권의 발동 여부를 행정권의 재량으로 인정하지 않는 경우도 있고, 비록 법에 행정권의 발동 여부를 행정권에 재량으로 부여하고 있는 경우에도 일정한 경우에는 당해 재량권이 0으로 수축되는 경우가 있다. 이러한 경우에는 행정청에게 개입의무가 존재한다. 01 02 03 04

② **사익보호성**: 당해 법규의 취지가 적어도 개인의 이익도 보호하는 것이나, 개인이익의 보호도 목적으로 하는 제3자 보호규범의 성질을 가지는 것이어야 한다. 05

(6) 구체적 행사방법

① 행정쟁송의 제기
   ㉠ **의무이행소송**: 개인의 실체법적 공권으로서의 행정개입청구권의 실행을 위한 가장 실효적인 소송형식은 의무이행소송이다. 06
   ㉡ **우리의 경우**: 그러나 우리나라에서는 의무이행소송이 인정되고 있지 아니하므로 현행 제도상으로는 행정심판으로서의 의무이행심판과 행정소송으로서의 거부취소소송 및 부작위법확인소송에 의할 수밖에 없다.

② **국가배상청구**: 행정청의 부작위는 일정요건 하(0으로의 재량권수축론)에서 위법이 되어 피해자에게 국가배상청구권이 인정된다.

> **관련 판례** 행정개입청구권이 인정된 경우
>
> ▶ 사인의 경찰개입청구권을 정면으로 전적으로 인정한 것은 아니나, 대법원은 경찰관의 부작위로 인한 손해에 대하여 국가배상책임을 인정하고 있다
>
> '1·21사태 시에 무장공비가 출현하여 그 공비와 격투 중에 있는 가족구성원인 청년이 위협을 받고 있던 경우에, 다른 가족구성원이 경찰에 세차례나 출동을 요청하였음에도 불구하고 즉시 출동하지 않아 사살된 사건'에서 행정청의 부작위로 인한 손해에 대하여 국가의 손해배상책임을 인정하였다[김신조 무장공비 사건(대판 1971. 4. 6. 71다124)].
>
> ▶ 피해자로부터 범죄신고와 함께 신변보호요청을 받은 경찰관의 보호의무 위반을 인정한 사례
>
> 가해자가 피해자를 살해하기 직전까지 오랜 기간에 걸쳐 원한을 품고 집요하게 피해자를 괴롭혀 왔고, 이후에도 피해자의 생명·신체에 계속 위해를 가할 것이 명백하여 피해자의 신변이 매우 위험한 상태에 있어 피해자가 살해되기 며칠 전 범죄신고와 함께 신변보호를 요청하고 가해자를 고소한 경우, 범죄신고와 함께 신변보호요청을 받은 파출소 소속 경찰관들이나 고소장 접수에 따라 피해자를 조사한 지방경찰청 담당경찰관은 사태의 심각성을 깨달아 수사를 신속히 진행하여 가해자의 소재를 파악하는 등 조치를 취하고, 피해자에 대한 범죄의 위험이 일상적인 수준으로 감소할 때까지 피해자의 신변을 특별히 보호해야 할 의무가 있다(대판 1998. 5. 26. 98다11635).

개념확인 O/X

01 규제권한발동에 관해 행정청의 재량을 인정하는 「건축법」의 규정은 소정의 사유가 있는 경우 행정청에 건축물의 철거 등을 명할 수 있는 권한을 부여한 것일 뿐만 아니라, 행정청에 그러한 의무가 있음을 규정한 것이다.
15 국가9급 (O / X)

02 행정개입청구권은 재량인 상태에서도 가능한 권리이다.
(O / X)
※ 재량이 0으로 수축되어야 함

03 행정청에게 결정재량이 법령에 의해 부여된 경우에도 재량이 0으로 수축되면 일정한 처분을 하여야 할 의무가 발생한다.
(O / X)

04 재량권의 0으로의 수축이론은 개인적 공권을 확대시키는 이론이다.
(O / X)

05 일반적인 개인적 공권의 성립요건인 사익보호성은 무하자재량행사청구권이나 행정개입청구권에는 적용되지 않는다.
15 국가9급 (O / X)

06 현행 「행정소송법」상으로 행정개입청구권이 완전하게 관철되기는 어렵다.
(O / X)

| 정답 | 01 X　02 X　03 O　04 O　05 X　06 O

B 단속경찰관의 주취운전자에 대한 권한 불행사가 직무상 위법행위에 해당하는지 여부

> 경찰관의 주취운전자에 대한 권한 행사가 관계 법률의 규정 형식상 경찰관의 재량에 맡겨져 있다고 하더라도, 그러한 권한을 행사하지 아니한 것이 구체적인 상황하에서 현저하게 합리성을 잃어 사회적 타당성이 없는 경우에는 경찰관의 직무상 의무를 위배한 것으로서 위법하게 된다(대판 1998.5.8. 97다54482).

B 경찰관의 직무수행 불행사가 의무를 위반으로 위법할 수 있는 경우

> 「경찰관 직무집행법」 제5조는 경찰관은 인명 또는 신체에 위해를 미치거나 재산에 중대한 손해를 끼칠 우려가 있는 위험한 사태가 있을 때에는 그 각 호의 조치를 취할 수 있다고 규정하여 형식상 경찰관에게 재량에 의한 직무수행권한을 부여한 것처럼 되어 있으나, 경찰관에게 그러한 권한을 부여한 취지와 목적에 비추어 볼 때 구체적인 사정에 따라 경찰관이 그 권한을 행사하여 필요한 조치를 취하지 아니하는 것이 현저하게 불합리하다고 인정되는 경우에는 그러한 권한의 불행사는 직무상의 의무를 위반한 것이 되어 위법하게 된다(대판 1998.8.25. 98다16890).

B 지방자치단체에 자연암벽붕괴사고로 인한 배상책임

> 지방자치단체 소유의 임야에 주민들이 무허가로 주택을 지어 살고 있더라도 그에 대하여 관리행정을 실시해 온 이상 그 자치단체로서는 주택가에 돌출하여 위험이 예견되는 자연암벽이 있으면 복지행정의 집행자로서 이를 사전에 제거하여야 할 의무가 있고, 그 의무를 해태한 부작위로 인하여 붕괴사고가 일어나서 주민들이 손해를 입었다면 이를 배상할 책임이 있다(대판 1980.2.26. 79다2341).

관련 판례 │ 행정개입청구권이 부정된 경우

B 「건축법」에 위반한 건축물에 대하여 시정명령을 해야 하는 작위의무가 인정된다고 볼 수 없다(소극)(헌재 2010.4.20. 2010헌마189) **01**

B 국민이 행정청에 대하여 제3자에 대한 건축허가와 준공검사의 취소 및 제3자 소유의 건축물에 대한 철거명령을 요구할 수 있는 법규상 또는 조리상 권리가 없다(대판 1999.12.7. 97누17568)

정리 02

구분	무하자재량행사청구권	행정개입청구권
내용	재량의 적법한 한계의 준수를 요함	특정한 행위를 요함
성질	• 형식적·절차적 권리 • 소극적·적극적 권리	실질적·실체적 권리
이론	재량 통제법리	재량의 0으로의 수축이론
대상	재량(선택, 결정재량)에서 인정	기속과 재량(결정재량에서만)에서 인정
요건	• 재량준수의무 • 사익보호성	• 행정의 개입의무 • 사익보호성

개념확인 O/X

01 인근 건물주가 위법한 건축시설을 설치하는 경우에 이웃주민은 행정청에 위법한 시설물에 대한 철거명령을 요구할 수 있다.
(O / X)

02 무하자재량행사청구권은 실질적 실체적 권리인 반면, 행정개입청구권은 형식적 절차적 권리이다.
(O / X)

07 공의무

1 의의

공권에 대응하는 개념이다. 타인의 이익을 위해 의무자의 의사에 가해진 공법상의 구속을 말한다. 그러나 하나의 법관계에서 공권과 공의무는 언제나 대칭관계에 있는 것은 아니다.

2 종류

(1) 주체

행정주체의 의무(예 봉급지급의무 등), 개인적 공의무(예 납세의무 등)로 구분된다.

(2) 내용

부작위 의무(예 사익을 위해서 경찰권을 발령해서는 안 될 의무 등), 작위의무(예 건축허가를 발령해 줄 의무 등), 수인의무(예 감염병예방을 위한 강제접종의 경우 수인의무 등), 급부의무(예 납세의무 등) 등으로 구분된다.

(3) 근거

법규에 의한 의무(예 「청소년 보호법」에 의한 준수의무 등), 처분에 의한 의무(예 과세처분에 의한 납세의무 등) 등으로 구분된다.

08 특별권력관계

1 의의

'특별권력관계'란 특별한 법률원인에 의하여 성립되어 특정한 행정목적에 필요한 범위 내에서 특정한 자에게 포괄적 지배권이 부여됨으로써 상대방인 특정한 신분에 있는 자가 그 포괄적 지배권에 복종하는 권력관계로 보아, 특정한 행정목적의 능률적이고 효과적인 실현을 위한 특별권력의 발동에는 법치주의가 적용되지 않는다는 이론이다.

2 성립배경 및 이론적 기초

(1) 성립배경

19세기 후반 독일의 외견적 입헌군주정을 배경으로 군주와 의회와의 타협의 산물로 생성된 이론이다. 입헌주의가 발달함에 따라 군주와 의회와의 권한 범위를 확정·조정하고, 군주에게 의회(법률)로부터 자유로운 영역을 확보해 주는 데 이바지한 이론이다. 이러한 특별권력관계 이론은 프랑스, 영국, 미국에는 없는 제도이다. 01

(2) 이론적 기초

이론적 기초는 P. Laband나 G. Jellinek 등의 법규의 관념이다. 이들에 의하면 법이란 인격주체 상호간의 의사의 범위를 정해주는 것으로서 인격주체 간에는 법이 적용되지만, 인격주

---

01 특별권력관계는 의회와 군주의 타협에 의해 성립되었다.
(O / X)

체 간의 관계가 아닌 국가 내부에는 외부의 법이 침투할 수 없다고 한다(P. Laband의 법의 불침투성이론). 이에 대하여 법적으로 이론구성을 한 것은 O. Mayer, F. Fleiner 등이다. 01

3 특징

(1) 법률유보의 적용

일반권력관계와는 달리 특별권력관계에서는 법치행정의 원리, 그중에서도 특히 법률유보의 원칙이 적용되지 않고, 특별권력관계 설정목적에 필요한 한도 안에서 개별적인 법률의 근거를 요하지 않고 포괄적 지배권의 발동(명령·강제)이 가능하다(법률유보배제: 포괄적 지배권 – 법률우위는 적용된다는 점에 주의).

(2) 기본권의 제한

특별권력관계 설정 목적에 필요한 한도에서 구체적인 법률의 수권 없이도 그 구성원의 기본권을 제한할 수 있고(기본권 제한), 특별권력에 의해서 발하여지는 일반적·추상적 명령(행정규칙)은 법규성이 없으며(실질적 법규개념론, 즉 행정규칙의 법규성 부인). 특별권력 내의 사항은 사법심사(행정소송)의 대상이 되지 않는 점(재판통제배제) 등에서 일반권력관계와는 차이가 있다.

4 성립과 소멸

(1) 성립

① **상대방의 동의에 의하여 성립**: 임의적 동의(예 국공립학교의 입학이나 국공립도서관의 이용 등)에 의한 경우와 의무적 동의(예 학령아동의 초등학교 취학 등)에 의한 경우가 있다. 02

② **법률의 규정에 의한 성립**: 직접적인 법률의 규정(국가의 일방적 의사에 의해 강제되는 경우)에 의하여 성립하는 경우로서, 그 예로는 징·소집대상자의 입대(「병역법」), 강제입원(「감염병예방법」), 죄수의 수감(「형집행법」), 공공조합의 강제가입(「산림조합법」) 등을 들 수 있다.

(2) 소멸

① **목적의 달성**: 특별권력관계로서의 목적이 달성되는 경우로서 예를 들어 국공립학교의 졸업, 만기전역 등이 해당된다.

② **구성원 스스로의 탈퇴**: 특별권력관계의 구성원 스스로 탈퇴하는 경우로서 예를 들어 공무원의 사임, 국공립학생의 자퇴 등이 해당된다.

③ **권력주체에 의한 일방적인 해제**: 권력주체의 일방적인 배제로서 예를 들어 공무원의 파면, 학생의 퇴학 등이 해당된다.

5 특별권력관계의 종류

(1) 공법상 근무관계

공법상의 근무관계는 포괄적인 근무의무를 내용으로 하는 윤리적 관계로서 국가와 국가공무원, 국가와 병사관계 등이 있다. 03 04

개념확인 O/X

01 특별권력관계의 전통적인 이론적 기초는 법규개념에 관한 불침투성이론에 근거하고 있다.
(O / X)

02 특별권력관계는 법률의 규정 또는 상대방의 동의에 의하여 성립된다.
(O / X)

03 국가와 납세자와의 관계는 특별권력관계이다.
(O / X)

04 경찰공무원의 근무관계는 특별권력관계이다.
(O / X)

| 정답 | 01 O   02 O   03 X   04 O

(2) 공법상 영조물이용관계

① 영조물은 국가 등이 공공복리를 위하여 관리·경영하는 시설로서 그 시설을 이용하는 모든 관계를 말하는 것이 아니라 윤리적 성격을 가진 것만을 말한다. 즉, 국·공립학생의 재학관계, 국·공립박물관·도서관이용관계, 교도소수감관계, 감염병환자의 재원관계 등이 있다. 01

> **관련 판례**
>
> ▶ 영조물 법인과 임직원의 관계는 포함되지 않음
>
> 서울지하철공사의 임·직원의 근무관계의 성질은 사법관계에 해당하며, 소속직원에 대한 징계처분에 대한 불복절차는 민사소송에 의하고 행정소송에 의할 수 없다(대판 1989.9.12. 89누2103).

② 그러나 시영식당이나 시영버스의 이용관계는 특별권력관계가 아님을 유의하여야 한다.

(3) 공법상 특별감독관계

국가적 목적을 위하여 국가와 특별한 법률관계를 가짐으로써 국가로부터 특별한 감독을 받는 관계를 말한다. 즉, 국가와 공공단체, 국가와 공무수탁사인 등이 있다.

(4) 공법상 사단관계

조합원에 대한 특별한 권력을 가지는 관계로서 공공조합과 조합원과의 관계 등이 있다.

> **관련 판례**
>
> ▶ 농지개량조합과 그 직원과의 관계는 사법상의 근로계약관계가 아닌 공법상의 특별권력관계이고, 그 조합의 직원에 대한 징계처분의 취소를 구하는 소송은 행정소송사항에 속한다(대판 1995.6.9. 94누10870) 02
>
> ※ 농림부가 농지개량조합을 2006년 4월부터 '한국농촌공사'의 조직으로 통·폐합됨에 따라 이제는 더는 존재하지 않게 되었다.
>
> ▶ 서울지하철공사와 직원의 근무관계는 사법관계이다
>
> 서울특별시지하철공사의 임원과 직원의 근무관계의 성질은 「지방공기업법」의 모든 규정을 살펴보아도 공법상의 특별권력관계라고는 볼 수 없고 사법관계에 속할 뿐만 아니라, 위 지하철공사의 사장이 그 이사회의 결의를 거쳐 제정된 인사규정에 의거하여 소속직원에 대한 징계처분을 한 경우 위 사장은 「행정소송법」 제13조 제1항 본문과 제2조 제2항 소정의 행정청에 해당되지 않으므로 공권력발동주체로서 위 징계처분을 행한 것으로 볼 수 없고, 따라서 이에 대한 불복절차는 민사소송에 의할 것이지 행정소송에 의할 수는 없다(대판 1989.9.12. 89누2103).
>
> ▶ 사립학교 교원도 「교원지위 향상을 위한 특별법」에 의해 설치된 교원소청심사위원회에 재심청구를 하고 교원징계재심위원회의 결정에 불복하는 경우는 행정소송이 제기된다(대판 1993.2.12. 92누13707).

6 특별권력의 내용

특별권력의 종류에는 직무상 권력·영조물 권력·감독 권력 및 사단 권력으로 구분되며, 그 내용으로는 포괄적인 명령권과 징계권을 포함한다. 03

개념확인 O/X

01 국립대학과 재학생의 관계는 특별권력관계이다.
(O / X)

02 판례는 농지개량조합과 그 직원과의 관계는 사법상의 근로계약관계가 아닌 공법상의 특별권력관계라고 한다.
(O / X)

03 특별권력의 내용으로 명령권, 징계권, 징세권 등이 있다.
(O / X)
※ 명령권과 징계권

| 정답 | 01 O 02 O 03 X

(1) 명령권

① **행정규칙 제정권**: 그 발동형식에 따라 일반적·추상적인 행정규칙(⑩ 영조물규칙, 특허명령서, 훈령, 복무규정 등)의 형식에 의하거나, 개별적·구체적인 명령·처분(⑩ 직무명령, 시정명령)의 형식에 의한다.

② **법규명령 제정권**
  ㉠ 긍정설: 특별권력주체도 법규명령의 효력을 갖는 특별명령을 제정할 권한이 있다는 견해이다. 특별권력주체와 상대방과의 관계를 규율하는 사항을 내용으로 하는 명령으로서 특별명령은, 상대방의 권리와 의무를 규율하는 것으로서 실질적으로 법규명령의 성질을 갖는다는 입장이다.
  ㉡ 부정설: 법률의 법규창조력이나 법률유보의 원칙상 행정권에 고유한 법규명령제정권은 인정될 수 없다는 입장이며, 특별권력주체가 상대방의 권리와 의무를 정하는 법규사항을 정하기 위해서는 법령에 근거가 있어야 한다고 본다. 이러한 부정설이 일반적인 견해이다.

(2) 징계권

특별권력관계 내부질서유지를 위해 질서문란자에 대해 징계벌을 과할 수 있다. 이러한 징계벌은 특별권력관계에 있는 자가 일반국민의 지위와 겸하여 행정벌과 병과될 수 있다. 01

7 특별권력관계에 관한 학설

(1) 긍정설

① **절대적 구별설**: 일반권력관계와 특별권력관계는 그 성립원인이나 지배권의 성질 등에 있어서 본질적 차이가 있으며, 법치주의는 특별권력관계에 적용되지 않는다는 견해로서(O. Mayer), 오늘날에는 이러한 견해를 지지하는 학자는 없다.

② **상대적 구별설(제한긍정설)**: 일반권력관계와 특별권력관계의 본질적 차이를 부정하면서도 특별권력관계에서는 특별한 행정목적달성을 위하여 필요범위 내에서 법치주의가 완화적용될 수 있음을 긍정하나, 원칙적으로 법치주의가 적용된다고 보는 견해이다(F. Fleiner, W. Jellinek, 다수설).

(2) 부정설

① **일반적·형식적 부정설**: 오늘날의 실질적 법치주의 헌법학에서는 헌법이나 법률에 근거가 없는 특별권력관계라는 관념은 인정될 수 없다고 한다. 따라서 특별권력관계에서도 법치주의가 전면적으로 적용된다는 견해이다. 즉, 특별권력관계를 전면적으로 부정한다.

② **개별적·실질적 부정설**: 특별권력관계의 내용을 개별적·구체적으로 검토하여 일반권력관계 내지 관리관계로 분해·귀속시켜 특별권력관계를 실질적으로 부정하는 견해이다.

③ **특별행정법관계설**: 실질적 부정설을 취하면서 특별권력관계는 특별권력이 아닌 법관계이며, 행정법관계의 특수한 형태라는 의미에서 특별행정법관계라 한다. 02

④ **울레(C. H. Ule)의 특별권력관계 수정설**: 종래 내부관계로 여겨온 특별권력관계 내에서도 내부관계의 범위를 축소하고 외부계의 존재를 인정함으로써 거기까지 법치주의 적용범위를 확대하려는 입장을 말한다. Ule는 특별권력관계를 다음과 같이 기본관계와 경영수행관계로 나누어 기본관계에서는 사법심사에 의한 권리보호를 인정하여 특별권력관계 내에서 법치주의의 적용영역을 확대하고자 하였다. 03

개념확인 O/X

01 특별행정법관계에서의 징계권은 특별행정법관계의 배제 및 그 이익의 박탈에 그친다.
(O / X)

02 특별권력관계의 개별적·실질적 부정설은 종래 특별권력관계로 다루어지던 권력관계를 관리관계 내지 일반적인 권력관계로 분해·귀속시키려는 견해이다.
(O / X)

03 울레는 특별권력관계를 기본관계와 경영수행관계로 나누고, 경영수행관계만 사법심사의 대상으로 보았다.
(O / X)

| 정답 | 01 ○ 02 ○ 03 X

㉠ 기본관계
  ⓐ 개념 : '기본관계'란 특별권력관계 자체의 성립·변경·소멸을 가져오는 행위로서 복종자의 법적 지위와 직접 관련된 관계를 말한다. 따라서 기본관계에서의 행위는 행정행위로서 사법심사가 가능하다고 보았다.
  ⓑ 종류 : 기본관계로는 수형자의 형의 집행, 공무원의 임명·전직·퇴직·파면, 군인의 입대·제대, 국·공립학교 학생의 입학·전과·정학·제적 등이다.
㉡ 경영수행관계 : '경영수행관계'란 특별권력 내부에서 직무관계 또는 영조물관계에서의 경영수행적 관계로서 복종자의 법적 지위와 관련된 관계가 아닌 경우를 말한다. 따라서 경영수행관계에 관한 행위는 행정행위가 아니므로 사법심사가 원칙적으로 안 된다.

8 오늘날 특별권력관계와 법치주의

(1) 법률유보의 원칙

오늘날의 여러 학설은 특별권력관계에 있어서도 복종자의 권리·의무에 관한 명령·강제는 법률유보의 원칙, 즉 개별적인 법률의 근거가 있어야 한다고 본다. 다만, 특별권력관계는 그 목적과 기능이 특수하다는 점에서 당해 관계가 제대로 기능을 발휘할 수 있도록 법치주의가 상대적으로 완화될 수 있다. 01

(2) 기본권 제한

오늘날에는 특별권력관계에 있어서 기본권 제한도 원칙적으로 헌법이나 법률의 근거에 의해서만 가능하다(예 공무원의 정치운동 제한, 노동 3권, 수형자의 서신검열 등). 단, 종교의 자유, 양심의 자유, 학문과 예술의 자유 등 헌법상의 절대적 기본권은 어떠한 경우에도 제한될 수 없다. 02

관련 판례

B 구속된 피고인 등에 대한 과도한 접견권 제한의 기본권 침해 여부

1. 구속된 피고인·피의자에 대한 과도한 접견권의 제한은 기본권 침해에 해당한다(대판 1992.5.8. 91부8).
2. 수형자에 대한 기본권 제한이 비례원칙에 충족되어야 한다(헌재 2004.12.16. 2002헌마478).
3. 미결수용자의 변호인 접견 시 교도관이 참여하는 것은 위헌이다(헌재 1992.1.28. 91헌마111).
4. 수형자의 서신을 검열하는 것은 수형자의 통신의 자유 등 기본권을 침해하는 것은 아니다(헌재 1998.8.27. 96헌마398).
5. 금치처분을 받은 수형자에 대하여 금치기간 중 접견, 서신수발을 금지하고 있는「행형법 시행령」제145조 제2항 중 접견, 서신수발 부분이 수형자의 통신의 자유 등을 침해하지 않는다(헌재 2004.12.16. 2002헌마478).
6. 금치처분을 받은 수형자에 대하여 금치기간 중 운동을 금지하는「행형법 시행령」제145조 제2항 중 운동 부분이 수형자의 인간의 존엄과 가치, 신체의 자유 등을 침해한다(헌재 2004.12.16. 2002헌마478).
7. 피청구인이 접견횟수 초과를 이유로 청구인에 대하여 변호사와의 접견을 불허한 처분이 수형자의 재판청구권 등을 침해하지 않는다(헌재 2004.12.16. 2002헌마478).

개념확인 O/X

01 오늘날에는 특별권력관계에 있는 자의 기본권을 제한하기 위해서도 법률의 근거가 있어야 한다고 보고 있다. (O/X)

02 오늘날 특별권력관계의 특수성은 여전히 인정되므로, 특별권력관계의 목적 달성을 위하여는 법률의 근거가 없는 경우에도 당연히 기본권이 제한된다. (O/X)

| 정답 | 01 O 02 X

⑧ 사관생도의 기본권 제한의 정도 01

사관생도는 군 장교를 배출하기 위하여 국가가 모든 재정을 부담하는 특수교육기관인 육군3사관학교의 구성원으로서, 학교에 입학한 날에 육군 사관생도의 병적에 편입하고 준사관에 준하는 대우를 받는 특수한 신분관계에 있다(「육군3사관학교 설치법 시행령」 제3조). 따라서 그 존립 목적을 달성하기 위하여 필요한 한도 내에서 일반 국민보다 상대적으로 기본권이 더 제한될 수 있으나, 그러한 경우에도 법률유보원칙, 과잉금지원칙 등 기본권 제한의 헌법상 원칙들을 지켜야 한다(대판 2018.8.30. 2016두60591).

(3) 사법심사

① **원칙**: 오늘날에는 특별권력관계에서의 행위일지라도 상대방의 권리·의무에 관한 사항은 원칙적으로 사법심사의 대상이 된다.
② **제한**: 예외적으로 특별한 행정목적의 달성을 위하여 필요한 범위 내에서 사법심사가 배제된다(상대적 구별설).

관련 판례

⑧ 서울교육대학의 학장이 학칙 위반자인 재학생에게 국가공권력의 하나인 징계권을 발동하여 원고의 학생으로의 신분을 일방적으로 박탈하는 국가의 교육행정에 관한 의사를 외부에 표시하는 행위는 행정처분이며, 따라서 사법심사의 대상이 된다(대판 1991.11.22. 91누2144). **02**

⑧ 피고 조합(당진농지개량조합)과 직원과의 관계가 사법상 근로계약관계가 아닌 공법상의 특별권력관계이고, 따라서 조합의 직원에 대한 징계처분의 취소를 구하는 이 사건 소송은 행정소송사항에 속한다(대판 1995.6.9. 94누10870).

⑧ 교도소장의 미결수용자를 다른 수용시설로의 이송처분은 행정처분이다(대결 1992.8.7. 자 92두30). **03**

⑧ 병역복무관계는 결코 기본권의 사각지대가 될 수 없고, 기본권의 효력이 미친다는 입장을 취하고 있다(헌재 1989.10.27. 89헌마56).

⑧ 동장과 구청장의 관계는 특별권력관계이다

동장과 구청장과의 관계는 이른바 행정상의 특별권력관계에 해당되며, 이러한 특별권력관계에 있어서도 위법·부당한 특별권력의 발동으로 말미암아 권리를 침해당한 자는 「행정소송법」 제1조의 규정에 따라 그 위법 또는 부당한 처분의 취소를 구할 수 있다고 보는 것이 상당하다(대판 1982.7.27. 80누86).

⑧ 국가나 지방자치단체에 근무하는 청원경찰에 대한 징계처분은 행정처분이다(대판 1993.7.13. 92다47564).

⑧ 육군 3사관학교 '사관생도 행정예규'의 기본권 제한이 과도한 규정에 해당된다

육군3사관학교 사관생도인 갑이 4회에 걸쳐 학교 밖에서 음주를 하여 '사관생도 행정예규' 제12조에서 정한 품위유지의무를 위반하였다는 이유로 육군3사관학교장이 교육운영위원회의 의결에 따라 갑에게 퇴학처분을 한 사안에서, 위 금주조항은 사관생도의 일반적 행동자유권, 사생활의 비밀과 자유 등 기본권을 과도하게 제한하는 것으로서 무효인데도 위 금주조항을 적용하여 내린 퇴학처분이 적법하다고 본 원심판결에 법리를 오해한 잘못이 있다(대판 2018.8.30. 2016두60591).

개념확인 O/X

01 사관생도는 일반국민에 비해 기본권의 제한이 상대적으로 더 할 수 있지만 그러한 제한에도 헌법상의 기본권 제한의 원칙은 지켜져야 한다. (O / X)

02 국립대학교의 재학관계는 특별권력관계이므로 퇴학처분은 행정쟁송법상의 처분에 해당되지 않아 퇴학처분에 대하여 행정쟁송을 제기할 수 없다. (O / X)

03 교도소장의 서신검열행위는 이른바 특별권력관계 내부에서의 행위이지만 그에 대한 사법심사는 가능하다. (O / X)

| 정답 | 01 O   02 X   03 O

개념확인 O/X

01 교도소 내 마약류 관련 수형자에 대한 교도소장의 소변강제채취는 권력적 사실행위이나 헌법소원의 대상은 아니다. 23 지방9급 (O/X)

B 교도소장의 재소자에 대한 소변강제채취의 헌법소원 대상 여부 [23 지방직 9급] 01

> 교도소 수형자에게 소변을 받아 제출하게 한 것은, 형을 집행하는 우월적인 지위에서 외부와 격리된 채 형의 집행에 관한 지시·명령을 복종하여야 할 관계에 있는 자에게 행해진 것으로서 그 목적 또한 교도소 내의 안전과 질서유지를 위하여 실시하였고 … (중략) … 권력적 사실행위로서「헌법재판소법」제68조 제1항의 공권력의 행사에 해당한다(헌재 2006.7.27. 2005헌마277).

09 공법관계에 대한 사법(私法)의 적용

1 논의

대륙법계처럼 우리나라 역시 영·미법계와 달리 공·사법을 이원화하여 공법과 사법관계를 각기 다른 법원리로 적용시키고 있다. 하지만 공법과 사법의 구별과 한계는 명백하지 않아 모호하고 또한 공법은 역사가 짧고 통일된 법전도 없으며 총칙적인 규정도 존재하지 않는다. 따라서 행정법에 흠결이 발생하게 된다. 이러한 공법에 흠결을 사법규정으로 적용하여 보완할 수 있는지, 또 적용할 수 있다면 어떤 방법으로 어느 범위의 한계까지 적용할 수 있는가 하는 것의 문제가 발생하게 된다.

2 적용 여부

(1) 명문의 규정이 있는 경우

행정법관계에 법의 흠결·공백이 있는 경우 법이 자체에 사법규정의 적용을 명문으로 규정하여 인정하고 있는 경우에는 사법규정의 적용에 있어 문제가 발생하지 않는다. 예컨대「국가배상법」제8조 등의 규정은 사법규정의 적용을 명문으로 인정한 것이다.

(2) 명문의 규정이 없는 경우(학설)

① 공법규정의 유추적용(유사법령의 준용): 법의 흠결이 있는 경우 이를 보완하는 가장 보편적인 유사 공법규정을 유추하여 준용하는 방법이다. 공법 중 준용할 만한 규정이 있으면 사법규정에 앞서 공법규정이 준용되고 그런 공법규정의 준용을 통해 행정법상의 흠결이 보완되지 않는 경우에만 사법규정이 준용된다고 보아야 한다.

관련 판례 공법규정의 유추적용을 인정한 판례

02 제외지에 대한 보상규정이 없는 경우에「하천법」의 규정을 유추적용하여 보상할 수 있다는 것이 대법원의 입장이다. (O/X)

B「하천법」을 유추적용하여 제외지 보상을 할 수 있다는 사례 02

>「하천법」제74조의 손실보상에 관한 규정은 보상사유를 제한적으로 열거한 것이라기보다는 예시적으로 열거하고 있으므로 국유로 된 제외지(堤外地)의 소유자에 대하여는 위 법의(法意)를 유추적용하여 관리청은 그 손실을 보상하여야 한다(대판 1987.7.21. 84누126).

B 「수산업법」을 유추적용하여 어업피해를 배상하라는 사례

> 사업시행자가 손실보상의무를 이행하지 아니한 채 공유수면에서 허가어업을 영위하던 어민들에게 피해를 입힐 수 있는 공유수면매립공사를 시행함으로써 어민들이 더 이상 허가어업을 영위하지 못하는 손해를 입게 된 경우에는, 어업허가가 취소 또는 정지되는 처분을 받았을 때 손실을 입은 자에 대하여 보상의무를 규정하고 있는 「수산업법」 제81조 제1항을 유추적용하여 그 손해를 배상하여야 할 것이고, 이 경우 그 손해액은 공유수면매립사업의 시행일을 기준으로 삼아 산정하여야 한다(대판 2004.12.23. 2002다73821).

② 사법 적용 여부
  ㉠ 소극설(공법 적용설): 공법과 사법을 전혀 별개의 법체계로 보아 어떠한 경우에도 공법관계에 사법규정이 적용될 수 없다는 견해이다(O. Mayer). 그러나 행정법의 독자성을 강하게 집착한 나머지 형식논리라는 비판을 받을 수 있다.
  ㉡ 적극설(사법 적용설)
    ⓐ 직접적용설: 공법관계와 사법관계의 본질적인 동일성을 강조하여 사법규정의 공법관계에의 직접적인 적용을 인정하는 견해이다. 그러나 행정법의 독자성을 부인하여, 공·사법 이원체계가 붕괴된다는 문제가 있다.
    ⓑ 유추적용설: 공법관계와 사법관계의 유사성을 근거로 공법관계에 대한 사법규정의 적용을 인정하되, 공법관계의 특수성을 무시할 수는 없으므로 사법규정이 유추적용되어야 한다는 견해이다.
      ⓘ 개괄적 구별설(통설): "사법규정은 주로 일반법원리적 규정, 법기술적 규정, 이해조절적 규정 등으로 이루어져 있고, 여기서 일반법원리적 규정이나 법기술적 규정에 해당하는 조항은 권력관계와 공법상 비권력관계에 모두 적용되며, 다만 이해조절적인 규정은 비권력관계에서 유추적용되는 경우도 있다."고 한다.

사법규정의 주된 유형	행정상 법률관계		
	권력관계	공법상 비권력관계	국고관계(사법관계)
일반법원리적 규정	적용	적용	적용
법기술적 규정	적용	적용	적용
이해조절적 규정		유추적용될 수 있음	적용

(위 표는 「행정법 특강」 제11판-박영사, 홍정선 저, 2012출간, 52쪽 인용)

      ⓘ 개별적 결정설: 행정법관계에 있어서의 사법규정의 적용한계 문제는 어떤 법률관계냐와 관계없이 "개별적으로 하나하나 법률관계 내용의 구체적 성격·기능에 따라 판단해야 한다."는 주장이다. 이러한 개별적 구별설에 의하면 권력관계의 경우에도 사법규정이 적용될 수 있다는 것이다.
  ㉢ 법일원설(특별사법설): 공·사법의 구별을 부인하고 공법을 사법의 특별법으로 보는 견해로서, 이에 따르면 공법에 특별한 규정이 없는 이상 당연히 일반법으로서 사법이 적용된다.

3 사법규정의 적용

사법규정은 사적 자치 또는 당사자의 이해조정을 목적으로 하는 것이 보통이지만 그 일반적 성격에 따라 행정법관계에도 적용되는 것이 있다.

(1) 모든 법 분야에 타당한 법의 일반원리에 관한 규정

법원, 신의성실·권리남용의 금지, 법인·자연인, 법률행위·준법률행위, 무효·취소, 대리, 기한·조건, 하자의 치유, 무효행위의 전환, 추인, 물건, 사무관리, 부당이득, 불법행위 등에 관한 규정 01

> **관련 판례**
>
> ⑤ 실권 또는 실효의 법리는 법의 일반원리인 신의성실의 원칙에 바탕을 둔 파생원칙인 것이므로 공법관계 가운데 관리관계는 물론이고 권력관계에도 적용되어야 함을 배제할 수는 없다(대판 1988.4.27. 87누915).

(2) 법기술적인 약속으로서의 다른 법분야에도 적용될 수 있는 규정

기간, 시효에 관한 규정

(3) 기타규정

이들 규정을 제외한 그 밖의 규정은 공법관계의 성질에 따라 결정된다.

(4) 공법관계의 성질에 의한 적용한계

① **권력관계**: 권력관계는 행정주체의 의사의 우월성이 인정되는 관계로서 사법관계와는 전혀 그 성질을 달리한다. 따라서 법의 일반원칙적 규정 이외의 사법규정은 원칙적으로 이에 적용되지 않는다. 02

② **관리관계**: 관리관계는 재산이나 사업을 경영·관리하는 관계로서 사법관계와 본질적인 차이가 없다. 따라서 관리관계에 대해서는 법률에 특별한 규정이 없는 한 원칙적으로 사법규정이 폭넓게 적용된다 할 것이다. 03

4 공법관계에「민법」규정의 적용배제의 예

「민법」에서는 제한능력자(행위무능력자)의 행위는 원칙적으로 취소할 수 있게 되어 있으나 공법에서는 취소하지 못하는 경우가 많다(예 「우편법」, 「전기통신사업법」 등). 「민법」에서는 선량한 풍속 기타 사회질서 또는 공서양속에 위반하는 법률행위는 무효이나, 행정법관계에서는 취소사유로 보는 것이 통설이다. 또한 의사표시에 관한 것도 그대로 적용되지 않는 경우가 많다(예 착오, 비진의의사표시, 사기·강박에 의한 의사표시, 취소권의 소멸 등). 더불어 기간 계산, 시효, 주소 등에 관하여는 공법관계에서 특례를 두고 있는 경우가 있다.

> **심화 학습** 법규의 적용순서
>
> 공법상 특별규정 有 ⇨ 공법의 일반원칙 규정 有 ⇨ 공법상「민법」규정 有(예「국가배상법」제8조의 손해배상, 「국세기본법」제4조의 기간) ⇨ 공법규정에 흠결 有 ⇨ 공법규정의 유추적용(공법적 관습법도 검토) ⇨ 사법의 일반원칙적 규정 ⇨ 사법규정의 유추적용(권력관계·관리관계 구별)

개념확인 O/X

01 행정법의 일반원리와 사법의 일반원리는 전혀 별개이다. (O/X)

02 권력관계에는 사법규정의 적용이 전혀 있을 수 없다. (O/X)

03 관리관계는 본질적으로 사법관계와 성질이 다르다. (O/X)

| 정답 | 01 X 02 X 03 X

개념 적용문제

01 행정법 관계

교수님 코멘트▶ 이 단원에서 주로 출제되는 부분은 공법관계와 사법관계의 구분이다. 이외에도 행정주체, 공무수탁사인, 공정력과 구성요건적 효력의 개념, 불가쟁력과 기판력의 개념 구분, 개인적 공권의 성립요건과 보호이익과 관련된 판례 구분, 행정개입청구권에 대한 이해를 요한다.

01
2020 국가직 7급

공법관계와 사법관계에 대한 설명으로 옳은 것은? (다툼이 있는 경우 판례에 의함)

① (구)「예산회계법」에 따른 입찰보증금의 국고귀속조치는 국가가 공법상의 재산권의 주체로서 행위하는 것으로 그 행위는 공법행위에 속한다.
② 공유재산의 관리청이 행하는 행정재산의 사용·수익에 대한 허가는 순전히 사경제주체로서 행하는 사법상의 법률행위이다.
③ 개발부담금부과처분이 취소된 후의 부당이득으로서의 과오납금 반환에 관한 법률관계는 공법상 법률관계이다.
④ 공익사업을 위한 토지 등의 취득 및 보상에 관한 법령에 의한 협의취득은 사법상의 법률행위이다.

02
2020 지방직 9급

공법관계와 사법관계에 대한 설명으로 옳은 것은? (다툼이 있는 경우 판례에 의함)

①「행정절차법」은 공법관계는 물론 사법관계에 대해서도 적용된다.
② 공법관계는 행정소송 중 항고소송의 대상이 되며, 사인 간의 법적 분쟁에 관한 사법관계는 행정소송 중 당사자소송의 대상이 된다.
③ 법률관계의 한쪽 당사자가 행정주체인 경우에는 공법관계로 보는 것이 판례의 일관된 입장이다.
④ 입찰보증금의 국고귀속조치는 국가가 사법상의 재산권의 주체로서 행위하는 것이지, 공권력을 행사하는 것이거나 공권력작용과 일체성을 가진 것이 아니라 할 것이다.

정답&해설

01 ④ 행정상 법률관계
④「토지보상법」상의 협의취득은 사법관계에 해당한다는 것이 대법원의 입장이다.

| 판례 |

(구)「공공용지의 취득 및 손실 보상에 관한 특례법」은 사업시행자가 토지 등의 소유자로부터 토지 등의 협의취득 및 그 손실보상의 기준과 방법을 정한 법으로서, 이에 의한 협의취득 또는 보상합의는 공공기관이 사경제주체로서 행하는 사법상 매매 내지 사법상 계약의 실질을 가진다(대판 2004.9.24, 2002다68713).

|오답해설| ① (구)「예산회계법」에 따른 입찰보증금의 국가귀속조치는 사법관계에 해당한다.

| 판례 |

입찰보증금의 국고귀속조치는 국가가 사법상의 재산권의 주체로서 행위하는 것이지 공권력을 행사하는 것이거나 공권력작용과 일체성을 가진 것이 아니라 할 것이므로 이에 관한 분쟁은 행정소송이 아닌 민사소송의 대상이 될 수밖에 없다고 할 것이다(대판 1983.12.27, 81누366).

② 행정재산의 사용·수익허가는 강학상 특허로서 행정처분이다(대판 1998.2.27, 97누1105).
③ 과오납금 반환에 관한 법률관계는 사법관계이다.

| 판례 |

개발부담금 부과처분이 취소된 이상 그 후의 부당이득으로서의 과오납금 반환에 관한 법률관계는 단순한 민사관계에 불과한 것이고, 행정소송절차에 따라야 하는 관계로 볼 수 없다(대판 1995.12.22, 94다51253).

02 ④ 행정상 법률관계
④ 입찰보증금의 국고귀속조치는 사법관계로서 민사소송에 의한다.
|오답해설| ①「행정절차법」은 처분절차, 신고절차, 행정입법예고절차, 행정예고절차, 행정지도절차 등 공법관계에 대한 내용들을 규정하고 있다.
② 공법관계는 항고소송과 당사자소송의 대상이 되며, 사인 간의 관계는 민사소송의 대상이 된다.
③ 행정주체의 행위라도 국고관계의 경우에는 사법관계이다.

| 정답 | 01 ④   02 ④

03

2024 군무원 9급

다음 중 행정상 법률관계에 대한 설명으로 가장 적절하지 않은 것은? (다툼이 있는 경우 판례에 의함)

① 국·공유재산의 매각 또는 대부행위는 사법상 계약이지만, 미납된 대부료의 징수행위는 행정처분에 해당한다.
② 시립합창단원의 위촉계약은 공법상 계약이지만, 재위촉 신청을 거부하는 것은 항고소송의 대상이 되는 행정처분이다.
③ 한국산업단지공단의 산업단지 입주자에 대한 입주계약해지는 항고소송의 대상인 행정처분이다.
④ 행정주체와 사인간의 입찰계약은 사법상 계약이지만, 행정기관의 입찰참가자격제한은 항고 소송의 대상이 되는 행정처분이다.

04

2017 국가직·사회복지직 9급

다음 중 행정주체에 대한 설명으로 옳지 않은 것은? (단, 다툼이 있는 경우 판례에 의함)

① 「도시 및 주거환경정비법」상 주택재건축정비사업조합은 공법인으로서 목적 범위 내에서 법령이 정하는 바에 따라 일정한 행정작용을 행하는 행정주체의 지위를 갖는다.
② 공무수탁사인은 수탁받은 공무를 수행하는 범위 내에서 행정주체이고, 「행정절차법」이나 「행정소송법」에서는 행정청이다.
③ 경찰과의 사법상 용역계약에 의해 주차위반차량을 견인하는 민간사업자는 공무수탁사인이 아니다.
④ 지방자치단체는 행정주체이지 행정권 발동의 상대방인 행정객체는 될 수 없다.

05

2017 군무원(복원)

다음 공무수탁사인에 대한 설명 중 바르지 않은 것은?

① 판례는 소득세의 원천징수의무자를 공무수탁사인으로 인정하고 있다.
② 공무수탁사인의 처분은 행정쟁송의 대상이 되는 행정처분이다.
③ 교육법에 의하여 학위를 수여하는 시립대학 총장은 공무수탁사인에 해당하지 않는다.
④ 「국가배상법」에 의하면 공무수탁사인에 의한 위법한 직무수행의 경우에도 「국가배상법」이 적용되어 배상이 이루어질 수 있다.

정답&해설

03 ② 행정상 법률관계

② 광주광역시문화예술회관장의 단원 위촉은 광주광역시문화예술회관장이 행정청으로서 공권력을 행사하여 행하는 행정처분이 아니라 공법상의 근무관계의 설정을 목적으로 하여 광주광역시와 단원이 되고자 하는 자 사이에 대등한 지위에서 의사가 합치되어 성립하는 공법상 근로계약에 해당한다고 보아야 할 것이므로, 광주광역시립합창단원으로서 위촉기간이 만료되는 자들의 재위촉 신청에 대하여 광주광역시문화예술회관장이 실기와 근무성적에 대한 평정을 실시하여 재위촉을 하지 아니한 것을 항고소송의 대상이 되는 불합격처분이라고 할 수는 없다(대판 2001.12.11. 2001두7794).

|오답해설| ① 국유일반재산의 대부와 대부료 부과, 납입 고지 등은 사법관계에 해당하지만 대부료의 징수는 「국세징수법」을 준용하여 강제징수를 하도록 하여 공법관계에 해당한다.
③ 입주변경계약 취소는 행정청인 관리권자로부터 관리업무를 위탁받은 산업단지관리공단이 우월적 지위에서 입주기업체들에게 일정한 법률상 효과를 발생하게 하는 것으로서 항고소송의 대상이 되는 행정처분에 해당한다(대판 2017.6.15. 2014두46843).

④ 「국가계약법」상의 입찰계약	조달청장의 입찰참가자격제한 처분
국가를 당사자로 하는 계약에 관한 법률 시행규칙이 계약담당 공무원이 입찰절차에서 지켜야 할 내부규정이라고 하더라도 … (중략) … 「국가를 당사자로 하는 계약에 관한 법률」에 따라 국가가 당사자가 되는 이른바 공공계약은 사경제 주체로서 상대방과 대등한 위치에서 체결하는 사법상 계약으로서 본질적인 내용은 사인 간의 계약과 다를 바가 없으므로, 그에 관한 법령에 특별한 정함이 있는 경우를 제외하고는 사적 자치와 계약자유의 원칙 등 사법의 원리가 그대로 적용된다(대결 2012.9.20. 자 2012마1097).	조달청장은 「국가계약법」에서 … (중략) … 「국가계약법」 제6조 제3항의 '계약에 관한 사무 위탁'에는 「국가계약법」에 정한 중앙관서의 장의 입찰참가자격 제한 처분 권한에 관한 수권도 당연히 포함되는 것으로 볼 수 있다. … (중략) … 「국가계약법」 제6조 제3항에 따라 요청조달계약의 형식으로 계약에 관한 사무를 위탁받은 피고(조달청장)는 「국가계약법」 제27조 제1항에 의하여 원고들에 대하여 이 사건 처분을 할 수 있는 권한이 있다(대판 2017.10.12. 2016두40993).

04 ④ 행정법관계의 당사자

④ 지방자치단체는 행정주체이고 행정권 발동의 상대방인 행정객체도 될 수 있다. 국가만 행정객체가 될 수 없다.

05 ① 행정법관계의 당사자

① 소득세의 원천징수의무자는 공무수탁사인이 아니다(대판 1990.3.23. 89누4789).

|오답해설| ② 공무수탁사인은 행정주체이고 행정청의 지위를 갖게 된다.
③ 교육법상의 사립대학 총장은 학위를 수여하는 업무를 교육부로부터 위탁받아 행하는 것으로서 공무수탁사인이 된다. 그러나 시립대학 총장은 행정청이라서 행정주체가 될 수 없다.

|정답| 03 ② 04 ④ 05 ①

06
2021 소방직 9급

행정행위의 존속력에 관한 설명으로 옳지 <u>않은</u> 것은? (다툼이 있는 경우 판례에 의함)

① 불가변력은 처분청에 미치는 효력이고, 불가쟁력은 상대방 및 이해관계인에게 미치는 효력이다.
② 불가쟁력이 생긴 경우에도 국가배상청구를 할 수 있다.
③ 불가변력이 있는 행위가 당연히 불가쟁력을 발생시키는 것은 아니다.
④ 불가쟁력은 실체법적 효력만 있고, 절차법적 효력은 전혀 가지고 있지 않다.

07
2021 군무원 9급

개인적 공권에 대한 설명으로 옳지 <u>않은</u> 것은? (다툼이 있는 경우 판례에 의함)

① 한의사들이 가지는 한약조제권을 한약조제시험을 통하여 약사에게도 인정함으로써 감소하게 되는 한의사들의 영업상 이익은 법률에 의하여 보호되는 이익이라 볼 수 없다.
② 합병 이전의 회사에 대한 분식회계를 이유로 감사인 지정 제외처분과 손해배상공동기금의 추가적립의무를 명한 조치의 효력은 합병 후 존속하는 법인에게 승계될 수 있다.
③ 당사자 사이에 「석탄산업법 시행령」 제41조 제4항 제5호 소정의 재해위로금에 대한 지급청구권에 관한 부제소합의가 있는 경우 그러한 합의는 효력이 인정된다.
④ 석유판매업허가는 소위 대물적 허가의 성질을 갖는 것이어서 양수인이 그 양수 후 허가관청으로부터 석유판매업허가를 다시 받았다 하더라도 이는 석유판매업의 양수양도를 전제로 한 것이어서 이로써 양도인의 지위 승계가 부정되는 것은 아니므로 양도인의 귀책사유는 양수인에게 그 효력이 미친다.

08
2024 지방직 9급

개인적 공권에 대한 설명으로 옳지 <u>않은</u> 것은?

① 환경영향평가 대상지역 밖의 주민이라 할지라도 공유수면매립면허 처분 등으로 인하여 그 처분 전과 비교하여 수인한도를 넘는 환경피해를 받거나 받을 우려가 있는 경우에는, 공유수면매립면허 처분 등으로 인하여 환경상 이익에 대한 침해 또는 침해우려가 있다는 것을 입증함으로써 그 처분 등의 무효확인을 구할 원고 적격을 인정받을 수 있다.
② 공무원연금 수급권과 같은 사회보장수급권은 헌법규정만으로는 이를 실현할 수 없어 법률에 의한 형성이 필요하고, 그 구체적인 내용 즉 수급요건 등은 법률에 의하여 비로소 확정된다.
③ 행정처분에 있어서 수익처분의 상대방은 그의 권리나 법률상 보호되는 이익이 침해되었다고 볼 수 없으므로 달리 특별한 사정이 없는 한 그 수익처분의 취소를 구할 이익이 없다.
④ 행정계획은 행정기관 내부의 행동 지침에 불과하므로, 도시계획 구역 내 토지 등을 소유하고 있는 주민은 입안권자에게 도시계획 입안을 요구할 수 있는 법규상 또는 조리상의 신청권이 없다.

09

2015 국가직 9급

개인적 공권에 대한 설명으로 옳은 것은? (다툼이 있는 경우 판례에 의함)

① 규제권한발동에 관해 행정청의 재량을 인정하는 「건축법」의 규정은 소정의 사유가 있는 경우 행정청에 건축물의 철거 등을 명할 수 있는 권한을 부여한 것일 뿐만 아니라, 행정청에 그러한 의무가 있음을 규정한 것이다.
② 공무원의 직무행위로 인한 국가배상책임이 인정되려면 공무원에게 부과된 직무상 의무의 내용이 단순히 공공 일반의 이익을 위한 것이거나 행정기관 내부의 질서를 규율하기 위한 것이 아니고 전적으로 또는 부수적으로 사회구성원 개인의 안전과 이익을 보호하기 위하여 설정된 것이어야 한다.
③ 다수의 검사 임용신청자 중 일부만을 검사로 임용하는 결정을 함에 있어, 임용신청자들에게 전형의 결과인 임용 여부의 응답을 할 것인지는 임용권자의 편의재량사항이다.
④ 일반적인 개인적 공권의 성립요건인 사익보호성은 무하자재량행사청구권이나 행정개입청구권에는 적용되지 않는다.

정답&해설

06 ④ 행정법관계의 특질

④ 불가쟁력은 절차적 효력이고, 불가변력이 실체적 효력이다.

오답해설 ① 불가변력은 처분청이나 감독청에 대한 구속력이며, 불가쟁력은 처분의 상대방 등에 대한 구속력이다.
② 불가쟁력은 쟁송(행정심판, 행정소송)을 청구할 수 없는 효력으로 손해전보와는 무관하다. 따라서 불가쟁력이 발생한 후에도 손해배상은 가능하다.
③ 불가변력과 불가쟁력은 구속하는 대상이 달라 무관하다.

07 ③ 공권

③ 합의로 소권을 포기하지 못하며, 부제소특약은 무효이다(대판 1999.1.26. 98두12598).

오답해설 ② 법인의 합병 후 존속하는 법인이나 합병으로 설립된 법인에 합병 전 법인에게 부과된 의무 등이 승계되나, 법인이 분할되는 경우에는 승계되지 않는다.

08 ④ 공권

④ 도시계획구역 내 토지 등을 소유하고 있는 주민으로서는 입안권자에게 도시계획입안을 요구할 수 있는 법규상 또는 조리상의 신청권이 있다고 할 것이고, 이러한 신청에 대한 거부행위는 항고소송의 대상이 되는 행정처분에 해당한다(대판 2004.4.28. 2003두1806).

오답해설 ① 환경영향평가 대상지역 밖의 주민이라 할지라도 공유수면매립면허처분 등으로 인하여 그 처분 전과 비교하여 수인한도를 넘는 환경피해를 받거나 받을 우려가 있는 경우에는, 공유수면매립면허처분 등으로 인하여 환경상 이익에 대한 침해 또는 침해우려가 있다는 것을 입증함으로써 그 처분 등의 무효확인을 구할 원고적격을 인정받을 수 있다(대판 2006.3.16. 2006두330).
② 헌법 제34조 제1항은 "모든 국민은 인간다운 생활을 할 권리를 가진다."라고 규정하고, 제2항은 "국가는 사회보장·사회복지의 증진에 노력할 의무를 진다."라고 규정하고 있는바, 국민연금수급권이나 공무원연금수급권과 같은 사회보장수급권은 이 규정들로부터 도출되는 사회적 기본권의 하나이다. 이와 같은 연금수급권은 국가에 대하여 적극적으로 급부를 요구하는 것이므로 헌법규정만으로는 이를 실현할 수 없고 법률에 의한 형성을 필요로 하며, 그 구체적 내용, 즉 수급요건, 수급권자의 범위, 급여금액 등은 법률에 의하여 비로소 확정된다(헌재 2012.5.31. 2009헌마553).
③ 행정처분에 있어서 불이익처분의 상대방은 직접 개인적 이익의 침해를 받은 자로서 원고적격이 인정되지만 수익처분의 상대방은 그의 권리나 법률상 보호되는 이익이 침해되었다고 볼 수 없으므로 달리 특별한 사정이 없는 한 취소를 구할 이익이 없다(대판 1995.8.22. 94누8129).

09 ② 공권

오답해설 ① 제3자에 대한 건축허가와 준공검사취소, 제3자 소유의 건축물에 대한 철거명령을 요구할 법규상 또는 조리상 권리가 없다(대판 1999.12.7. 97누17568).
③ 검사의 임용 여부는 임용권자의 자유재량에 속하는 사항이나, 조리상 임용권자는 임용신청자들에게 전형의 결과인 임용 여부의 응답을 해 줄 의무가 있다고 보아야 하고, 원고로서는 그 임용신청에 대하여 임용 여부의 응답을 받을 권리가 있다고 할 것이며, 응답할 것인지 여부조차도 임용권자의 편의재량사항이라고는 할 수 없다(대판 1991.2.12. 90누5825).
④ 이 경우에도 개인적 공권의 성립요건이 필요하다.

| 정답 | 06 ④ 07 ③ 08 ④ 09 ② |

10

영업허가의 양도와 제재처분의 효과 및 제재사유의 승계에 관한 설명으로 가장 옳지 않은 것은? (다툼이 있는 경우 판례에 의함)

① 양도인의 위법행위로 양도인에게 이미 제재처분이 내려진 경우에 영업정지 등 그 제재처분의 효력은 양수인에게 당연히 이전된다.
② 주택건설사업이 양도되었으나 그 변경승인을 받기 이전에 행정청이 양수인에 대하여 양도인에 대한 사업계획승인을 취소하였다는 사실을 통지한 경우 이러한 통지는 양수인의 법률상 지위에 변동을 일으키므로 행정처분이다.
③ 회사분할 시 분할 전 회사에 대한 제재사유가 신설회사에 대하여 승계되지 않으므로 회사의 분할 전 법 위반행위를 이유로 과징금을 부과하는 것은 허용되지 않는다.
④ 양도인이 위법행위를 한 후 제재를 피하기 위하여 영업을 양도한 경우 그 제재사유의 승계에 관하여 명문의 규정이 없는 경우, 위법행위로 인한 제재사유는 항상 인적 사유이고 경찰책임 중 행위책임의 문제라는 논거는 승계부정설의 논거이다.

11

개인적 공권에 대한 설명으로 옳지 않은 것은? (다툼이 있는 경우 판례에 의함)

① 환경영향평가에 관한 자연공원법령 및 환경영향평가법령들의 취지는 환경공익을 보호하려는 데 있으므로 환경영향평가 대상지역 안의 주민들이 수인한도를 넘는 환경침해를 받지 아니하고 쾌적한 환경에서 생활할 수 있는 개별적 이익까지 보호하는 데 있다고 볼 수는 없다.
② 행정처분에 있어서 불이익처분의 상대방은 직접 개인적 이익의 침해를 받은 자로서 취소소송의 원고적격이 인정되지만 수익처분의 상대방은 그의 권리나 법률상 보호되는 이익이 침해되었다고 볼 수 없으므로 달리 특별한 사정이 없는 한 취소를 구할 이익이 없다.
③ 상수원보호구역 설정의 근거가 되는 규정은 상수원의 확보와 수질보전일 뿐이고, 그 상수원에서 급수를 받고 있는 지역주민들이 가지는 이익은 상수원의 확보와 수질보호라는 공공의 이익이 달성됨에 따라 반사적으로 얻게 되는 이익에 불과하다.
④ 개인적 공권이 성립하려면 공법상 강행법규가 국가 기타 행정주체에게 행위의무를 부과해야 한다. 과거에는 그 의무가 기속행위의 경우에만 인정되었으나, 오늘날에는 재량행위에도 인정된다고 보는 것이 일반적이다.

12
2023 국회직 9급

특별권력관계에 대한 설명으로 옳지 않은 것은? (다툼이 있는 경우 판례에 의함)

① (구)「군인사법」제47조의2가 군인의 복무에 관한 사항에 관한 규율권한을 대통령령에 위임하면서 다소 개괄적으로 위임하였다고 하여 헌법 제75조의 포괄위임금지원칙에 어긋난다고 보기 어렵다.
② 금치처분을 받은 수형자에 대해 금치기간 중 운동을 절대적으로 금지하는 것은 필요 최소한도의 범위를 넘어선 것으로서 헌법 제10조의 인간의 존엄과 가치 및 제12조의 신체의 자유를 침해하는 것이다.
③ 육군3사관학교의 사관생도는 학교에 입학한 날에 육군사관생도의 병적에 편입하고 준사관에 준하는 대우를 받는 특수한 신분관계에 있으므로, 그 존립 목적을 달성하기 위하여 필요한 한도 내에서 일반 국민보다 상대적으로 기본권이 더 제한될 수 있다.
④ 육군3사관학교의 사관생도 행정예규에 따라 사관생도의 모든 사적 생활에서까지 예외 없이 금주의무를 이행할 것을 요구하면서 경위 등을 묻지 않고 일률적으로 2회 위반 시 원칙적으로 퇴학 조치하도록 정한 것은 사관생도의 기본권을 지나치게 침해하는 것은 아니다.
⑤ 서울특별시지하철공사의 임원과 직원의 근무관계의 성질은 공법상의 특별권력관계라고는 볼 수 없고 사법관계에 속하기 때문에 소속직원에 대한 징계는 행정소송이 아니라 민사소송의 대상이 된다.

13
2016 국가직 9급

행정법관계에서 「민법」의 적용에 대한 설명으로 옳지 않은 것은?

①「민법」상의 일반법원리적인 규정은 행정법상 권력관계에 대해서도 적용될 수 있다.
② 행정법관계에서 기간의 계산에 관하여 특별한 규정이 없으면 「민법」의 기간 계산에 관한 규정이 적용된다.
③ 현행법상 국가에 대한 금전채권의 소멸시효에 대하여는 「민법」의 규정이 그대로 적용된다.
④ 현행법상 행정목적을 위하여 제공된 행정재산에 대해서는 공용폐지가 되지 않는 한 「민법」상 취득시효규정이 적용되지 않는다.

정답&해설

10 ② 공권
② 사업계획승인취소처분 등의 사유가 있는지의 여부 및 취소사유가 있다고 하여 행하는 취소처분은 피승인자인 양도인을 기준으로 판단하여 그 양도인에 대하여 행하여져야 할 것이므로 행정청이 주택건설사업의 양수인에 대하여 양도인에 대한 사업계획승인을 취소하였다는 사실을 통지한 것만으로는 양수인의 법률상 지위에 어떠한 변동을 일으키는 것은 아니므로 위 통지는 항고소송의 대상이 되는 행정처분이라고 할 수는 없다(대판 2000.9.26. 99두646).

11 ① 공권
① 환경영향평가 대상지역 안의 주민들이 개발 전과 비교하여 수인한도를 넘는 환경침해를 받지 아니하고 쾌적한 환경에서 생활할 수 있는 개별적 이익까지도 이를 보호하려는 데에 있다 할 것이므로, 위 주민들이 당해 변경승인 및 허가처분과 관련하여 갖고 있는 위와 같은 환경상의 이익은 단순히 환경공익 보호의 결과로 국민일반이 공통적으로 가지게 되는 추상적·평균적·일반적인 이익에 그치지 아니하고 주민 개개인에 대하여 개별적으로 보호되는 직접적·구체적 이익이라고 보아야 한다(대판 1998.4.24. 97누3286).
|오답해설| ④ 무하자재량행사청구권 등이 해당된다.

12 ④ 특별권력관계
④ (구)예규 및 예규 제12조에서 사관생도의 모든 사적 생활에서까지 예외 없이 금주의무를 이행할 것을 요구하면서 제61조에서 사관생도의 음주가 교육 및 훈련 중에 이루어졌는지 여부나 음주량, 음주 장소, 음주 행위에 이르게 된 경위 등을 묻지 않고 일률적으로 2회 위반 시 원칙으로 퇴학 조치하도록 정한 것은 사관학교가 금주제도를 시행하는 취지에 비추어 보더라도 사관생도의 기본권을 지나치게 침해하는 것이다(대판 2018.8.30. 2016두60591).

13 ③ 공법관계에 대한 사법규정의 적용
③ 행정법상 시효제도는 일반법인 「국가재정법」, 「지방재정법」에서는 국가나 지방자치단체가 국민에 대하여 갖는 채권이나 국민이 국가·지방자치단체에 대하여 갖는 채권에 대하여 다른 법률에 특별한 규정(더 짧은 기간규정)이 없으면 「민법」과 달리 5년간 행사하지 않으면 소멸한다(헌재 2004.3.25. 2003헌바22).

| 정답 | 10 ② 11 ① 12 ④ 13 ③

CHAPTER 02 행정상 법률요건과 법률사실

01 의의 및 종류
02 행정법상의 사건
03 공법상 사무관리·부당이득
04 사인의 공법행위

01 의의 및 종류

1 의의

'행정법상의 법률요건'이란 행정법관계의 발생·변경·소멸이라는 법률효과를 발생시키는 원인이 되는 사실을 말한다. 이러한 법률요건을 이루는 개개의 사실을 '행정법상의 법률사실'이라 한다. 행정법상의 법률요건은 여러 개의 법률사실로 이루어질 때도 있고(예 건축허가에 있어서 신청과 허가처분), 1개의 법률사실로 성립되는 때도 있다(예 공법상의 상계).

2 법률사실의 종류

행정법상 법률사실은 「민법」에 있어서와 같이 사람의 정신작용을 요소로 하는지의 여부에 따라 사건과 용태로 나눌 수 있다.

(1) 용태(정신작용을 요소로 하는 법률사실)

행정법상의 용태는 사람의 정신작용이 외부로 표현된 것으로서 일정한 행정법상의 법률적 효과를 발생시키는 '외부적 용태'와 외부에 표시되지 아니한 정신상태로서 행정법상 효과를 발생시키는 '내부적 용태(고의·과실·선의·악의 등)'로 나누어진다.

① 외부적 용태
  ㉠ 공법행위
    ⓐ 부당행위: 재량을 그르친 행위로서 공익에 부합되지 않는 행위를 말한다.
    ⓑ 위법행위: 법규를 위반하는 행위를 말한다.
    ⓒ 적법행위: 법률행위적 공법행위를 말한다(의사표시가 요소이고, 효과는 그 의사내용에 의해 법률효과가 발생되는 공법행위로서, 허가나 면제, 특허 등이 이에 해당된다).
  ㉡ 사법행위(예 사인 간의 매매에 의한 납세의무의 발생)

② 내부적 용태: 외부에 표시되지 않은 정신상태로서 행정법상 효과를 발생시키는 선의나 악의, 고의나 과실 등이 해당된다.

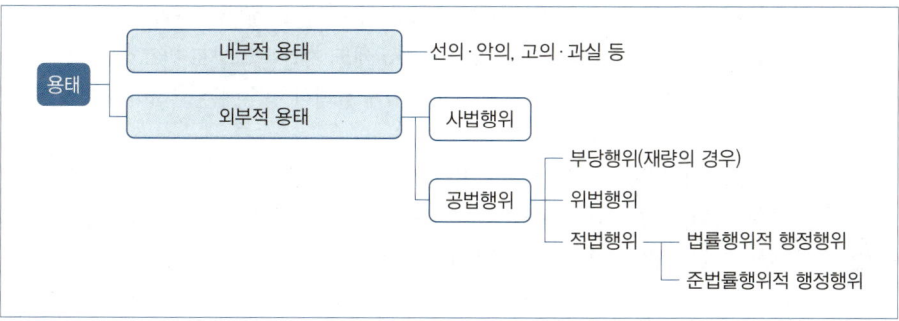

(2) 사건(정신작용을 요소로 하지 않는 법률사실)

행정법상의 사건에는 자연적 사실(사람의 생사, 시간의 경과, 기간, 일정한 연령에의 도달 등)과 사실행위(물건의 소유·점유, 행정강제, 행정지도, 부당이득, 목적물의 멸실, 거주행위 등)가 있다.

02 행정법상의 사건

1 시간의 경과

결정적 코멘트 ▶ 「행정기본법」이 시행됨에 따라 「민법」과 「행정기본법」의 기간 계산에 대한 구분이 필요한 단원이다.

(1) 기간

① 의의
  ㉠ '기간'이란 한 시점에서 다른 시점까지의 시간적 간격을 말한다.
  ㉡ 이 점에서 기간은 기일 또는 기한과 다르다.
  ㉢ 행정에 관한 기간의 계산에 관하여는 「행정기본법」 또는 다른 법령 등에 특별한 규정이 있는 경우를 제외하고는 「민법」을 준용한다(「행정기본법」 제6조 제1항). 01

② 기간의 계산
  ㉠ 원칙: 「민법」상의 기간 계산방법
    ⓐ 기간을 시, 분, 초로 정한 때에는 즉시로부터 기산한다(「민법」 제156조).
    ⓑ 기간을 일, 주, 월 또는 연으로 정한 때에는 기간의 초일은 산입하지 아니한다. 그러나 그 기간이 오전 0시로부터 시작하는 때에는 초일을 산입한다(동법 제157조). 또 나이는 출생일을 산입하여 만(滿) 나이로 계산하고, 연수(年數)로 표시한다. 다만, 1세에 이르지 아니한 경우에는 월수(月數)로 표시할 수 있다(동법 제158조).
    ⓒ 기간을 일, 주, 월 또는 연으로 정한 때에는 기간말일의 종료로 기간이 만료한다(동법 제159조).
    ⓓ 기간을 주, 월 또는 연으로 정한 때에는 역(曆)에 의하여 계산한다(동법 제160조 제1항).(예 2월은 28일 또는 29일뿐이라도 한 달에 해당된다).
    ⓔ 기간의 말일이 토요일 또는 공휴일에 해당한 때에는 기간은 그 익일로 만료한다(동법 제161조).
  ㉡ 특별규정(「행정기본법」 등) [빈출]
    ⓐ 「행정기본법」상 기간 계산방법: 법령 등 또는 처분에서 국민의 권익을 제한하거나 의무를 부과하는 경우 권익이 제한되거나 의무가 지속되는 기간의 계산은 다음의 기준에 따른다(동법 제6조 제2항).

01 행정에 대한 기간의 계산에 관하여는 「민법」 또는 다른 법령등에 특별한 규정이 있는 경우를 제외하고는 「행정기본법」에 따른다.
23 소방직 (O / X)

개념확인 O/X
01 국민의 권익을 제한하는 행정에서의 기간 계산은 기간을 일, 주, 월, 연으로 정한 경우에 기간의 첫날을 산입하지 않는다. (O/X)
02 「행정기본법」에 의하면, 국민에게 의무를 부과한 행정의 기간이 진행되어 기간의 말일이 된 경우 말일이 토요일 또는 공휴일인 경우에도 그 기간은 그날로 만료한다. (O/X)
03 정보공개신청의 공공기관 비공개 결정에 대한 이의신청의 경우 공공기관의 이의신청 결정기간은 '일' 단위로 계산하고 첫날은 산입하되, 공휴일과 토요일은 산입하지 않는다. (O/X)

ⓘ 기간을 일, 주, 월 또는 연으로 정한 경우에는 기간의 첫날을 산입한다. 01
ⓘⓘ 기간의 말일이 토요일 또는 공휴일인 경우에도 기간은 그날로 만료한다. 02
다만, ⓘ과 ⓘⓘ의 기준에 따르는 것이 국민에게 불리한 경우에는 그러하지 아니하다.

ⓑ 「민원 처리에 관한 법률」상 처리기간의 계산
   ⓘ 민원의 처리기간을 5일 이하로 정한 경우에는 민원의 접수시각부터 '시간' 단위로 계산하되, 공휴일과 토요일은 산입(算入)하지 아니한다. 이 경우 1일은 8시간의 근무시간을 기준으로 한다(동법 제19조 제1항).
   ⓘⓘ 민원의 처리기간을 6일 이상으로 정한 경우에는 '일' 단위로 계산하고 첫날을 산입하되, 공휴일과 토요일은 산입하지 아니한다(동조 제2항).
   ⓘⓘⓘ 민원의 처리기간을 주·월·연으로 정한 경우에는 첫날을 산입하되, 「민법」 제159조부터 제161조까지의 규정을 준용한다(동조 제3항).

ⓒ 「공공기관의 정보공개에 관한 법률」상 기간의 계산
   ⓘ 원칙: 기간의 계산은 「민법」에 따른다(동법 제29조 제1항).
   ⓘⓘ 예외: 다음의 기간은 '일' 단위로 계산하고 첫날을 산입하되, 공휴일과 토요일은 산입하지 아니한다(동조 제2항).
      • 정보공개 여부 결정기간
      • 정보공개 청구 후 경과한 기간
      • 이의신청 결정기간 03

ⓓ 기타 공법에 특별한 규정이 있는 경우
   ⓘ 국회의 회기기간(「국회법」)
   ⓘⓘ 국회 임시회 집회공고일(「국회법」)
   ⓘⓘⓘ 형의 집행과 형의 시효기간(「형법」)
   ⓘⓥ 공소 구속기간(「형사소송법」), 시효기간(「형사소송법」)
   ⓥ 인감증명 발급일(「인감증명법 시행령」)
   ⓥⓘ 출생·사망 등의 신고기간(「가족관계의 등록 등에 관한 법률」)

③ 기간의 역산: 기간 계산방식은 역산에서도 초일불산입 등이 동일하게 적용된다.

심화 학습	기간의 역산

1. 선거일 5일 전: 선거일 전일부터 계산하여 5일에 해당하는 날 이전
   예 선거일 5월 10일
   ④ 5 6 7 8 9 |
   ⇩
   ○

2. 선거일 전 5일: 선거일 전일부터 계산하여 5일에 해당하는 날
   예 선거일 5월 10일
   ⑤ 6 7 8 9 |
   ⇩
   ○

④ 기간의 특례
   ㉠ 천재지변이나 그 밖에 당사자 등에게 책임이 없는 사유로 기간 및 기한을 지킬 수 없는 경우에는 그 사유가 끝나는 날까지 기간의 진행이 정지된다(「행정절차법」 제16조 제1항).
   ㉡ 외국에 거주하거나 체류하는 자에 대한 기간 및 기한은 행정청이 그 우편이나 통신에 걸리는 일수를 고려하여 정하여야 한다(동조 제2항).

| 정답 | 01 X 02 O 03 O

(2) 시효

① **의의**: 일정한 사실상태(권리행사의 외관은 취득시효, 권리불행사의 상태는 소멸시효)가 오랫동안 계속된 경우에(시효기간) 진실한 법률관계가 어떤 것인가를 묻지 않고, 그 사실상태를 그대로 존중하여 이를 법률적으로 보호함으로써 법률생활의 안정을 기하려는 제도를 '시효제도'라고 한다.

② **취지**: 시효제도는 정의실현을 위한 것이 아니라, 증거보전의 곤란, 권리 위에 잠자는 자는 보호할 필요성이 없다는 등의 이유로 법적 생활의 안정을 도모하기 위해 인정된 제도이다. 01

③ **기산점과 시효의 중단·정지**
  ㉠ 기산점은「민법」의 경우와 같이 권리를 행사할 수 있는 때로부터 진행한다(「민법」제166조 제1항).

> **관련 판례**
>
> Ⓑ 과세처분의 취소를 구하였으나 재판과정에서 그 과세처분이 무효로 밝혀진 경우 오납금반환청구권의 소멸시효의 기산점(=오납 시)
>
> 과세처분의 취소를 구하였으나 재판과정에서 그 과세처분이 무효로 밝혀졌다고 하여도 그 과세처분은 처음부터 무효이고 무효선언으로서의 취소판결이 확정됨으로써 비로소 무효로 되는 것은 아니므로 오납 시부터 그 반환청구권의 소멸시효가 진행한다(대판 1992.3.31. 91다32053 전합).
>
> Ⓑ 당연무효인 변상금부과처분에 의하여 납부하거나 징수당한 오납금의 법적 성질 및 이 오납금에 대한 부당이득반환청구권의 소멸시효 기산점(= 납부 또는 징수 시)
>
> 「지방재정법」제87조 제1항에 의한 변상금부과처분이 당연무효인 경우에 이 변상금부과처분에 의하여 납부자가 납부하거나 징수당한 오납금은 지방자치단체가 법률상 원인 없이 취득한 부당이득에 해당하고, 이러한 오납금에 대한 납부자의 부당이득반환청구권은 처음부터 법률상 원인이 없이 납부 또는 징수된 것이므로 납부 또는 징수 시에 발생하여 확정되며, 그때부터 소멸시효가 진행한다(대판 2005.1.27. 2004다50143).
>
> Ⓑ 근로복지공단이 부정한 방법으로 보험급여를 받은 사람에게 「산업재해보상보험법」에 정한 금액을 부당이득으로 징수하는 경우 그 징수권의 소멸시효 기산일
>
> 근로복지공단이 부정한 방법으로 보험급여를 받은 사람에게 「산업재해보상보험법」에 정한 금액을 부당이득으로 징수하는 경우, 그 징수권의 소멸시효는 특별한 사정이 없는 한 근로복지공단이 보험급여를 지급한 날부터 진행한다고 보아야 하고, 위와 같은 징수사유의 발생 사실을 근로복지공단이 알지 못하였고, 알지 못한 데 과실이 없다고 하여도 위 징수권의 소멸시효 기산일을 달리 볼 것은 아니다(대판 2009.5.14. 2009두3880).
>
> Ⓑ 보험급여의 청구에 따른 시효중단은 근로복지공단의 결정 시까지 이루어진다
>
> 시효중단제도의 취지에 비추어 볼 때 시효중단사유인 보험급여 청구에 대한 근로복지공단의 결정이 있을 때까지는 청구의 효력이 계속된다고 보아야 한다. 따라서 보험급여 청구에 따른 시효중단은 근로복지공단의 결정이 있은 때 중단사유가 종료되어 새로이 3년의 시효기간이 진행된다(대판 2019.4.15. 2015두39897).

  ㉡ 시효의 중단·정지는 공법에 특별규정이 없는 한「민법」에 의한다. 02 03

개념확인 O/X

01 시효제도의 취지는 권리자의 권리실현을 보장하여 정의를 구현함에 있다. (O / X)

02 공법상의 권리행사의 시효중단이나 정지는 공법상의 특수성에 의해 「민법」의 규정이 준용될 수 없다. (O / X)

03 금전의 급부를 목적으로 하는 국가의 권리에 있어서는 소멸시효의 중단·정지 그 밖의 사항에 관하여 「민법」의 규정이 적용될 수 없다.
16 경찰2차 (O / X)

| 정답 | 01 X 02 X 03 X

ⓒ 공법상의 특별규정에 따라 납입고지 및 독촉·납부최고서에 시효중단의 효력이 있다 (「국가재정법」).
ⓔ 공법상의 최고에 시효중단효력을 인정하는 것이 「민법」의 경우와 달리 평등원칙에 위반되는지에 대하여 헌법재판소는 그렇지 않다고 한다.
입법자가 비록 사법상의 원인에 기한 국가채권의 경우에도 납입의 고지에 있어 「민법」상의 최고의 경우보다 더 강한 시효중단 효력을 인정한 것은 합리적 이유가 있어 평등권을 침해하지 않는다(헌재 2004.3.25. 2003헌바22).

관련 판례

B 부과처분이 취소된 경우 소멸시효의 중단 여부(적극)

국세에 대하여 그 부과징수권의 소멸시효기간 5년이 경과되기 전에 부과처분이 있었다면 이에 의하여 소멸시효의 진행은 중단되었다 할 것이고, 그 시효중단의 효력은 후에 그 부과처분이 취소되어도 없어지는 것은 아니다(대판 1987.1.20. 86누346).

A 납입고지에 의한 부과처분이 취소된 경우 시효중단의 효력이 상실되는지 여부(소극) [16 지방직 9급] 01

(구)「예산회계법」제98조에 의하여 법령의 규정에 의한 납입고지는 시효의 중단사유가 되고, 이러한 납입고지에 의한 시효의 중단은 그 납입고지에 의한 부과처분이 추후 취소되더라도 그 효력이 상실되지 않는다(대판 1999.4.9. 98두6982).

B 압류목적물이 없어 압류를 하지 못한 경우의 시효중단 여부(적극) [16 경찰직 2차] 02 03

세무공무원이 체납자의 재산을 압류하기 위해 수색을 하였으나 압류할 목적물이 없어 압류를 실행하지 못한 경우에도 시효중단의 효력이 발생한다(대판 2001.8.21. 2000다12419).

B 복수채권과 시효중단의 효과 04

채권자가 동일한 목적을 달성하기 위하여 복수의 채권을 갖고 있는 경우, 어느 하나의 청구권을 행사하는 것이 다른 채권에 대한 소멸시효 중단의 효력이 있다고 할 수 없다(대판 2002.5.10. 2000다39735).

B 변상금부과처분에 대한 취소소송의 진행 중에 그 부과권의 소멸시효가 진행되는지 여부(적극) 05

변상금부과처분에 대한 취소소송이 진행 중이라도 그 부과권자로서는 위법한 처분을 스스로 취소하고 그 하자를 보완하여 다시 적법한 부과처분을 할 수도 있는 것이어서 그 권리행사에 법률상의 장애사유가 있는 경우에 해당한다고 할 수 없으므로, 그 처분에 대한 취소소송이 진행되는 동안에도 그 부과권의 소멸시효가 진행된다(대판 2006.2.10. 2003두5686).

B 세무서장이 「국세징수법」상 교부청구를 한 경우, 체납자에게 교부청구 사실을 알리는 것이 국세징수권에 관한 소멸시효 중단의 요건인지 여부(소극)

「국세기본법」제28조에서 교부청구로 국세징수권의 소멸시효가 중단된다고 규정하고 있고, 「국세징수법」등 관련 법규에서 교부청구를 한 세무서장 등이 체납자에게 교부청구한 사실을 알릴 것을 요하지 아니하므로, 체납자에게 교부청구 사실을 알리지 아니하였다고 하여 소멸시효 중단의 효력에 영향이 없다(대판 2010.5.27. 2009다69951).

개념확인 O/X

01 국세징수권자의 납입고지에 의하여 발생한 시효중단의 효력은 그 납입고지에 의한 부과처분이 취소되면 소멸된다.
(O / X)

02 세무공무원이 체납자의 재산을 압류하기 위해 「국세징수법」상의 절차로서 수색을 하였으나 압류할 목적물이 없어 압류를 하지 못한 경우에는 시효중단의 효력은 발생하지 않는다.
(O / X)

03 세무공무원이 「국세징수법」제26조에 의하여 체납자의 가옥·선박·창고 기타의 장소를 수색하였으나 압류할 목적물을 찾아내지 못하여 압류를 실행하지 못하고 수색조서를 작성하는 데 그친 경우에도 소멸시효 중단의 효력이 있다.
16 경찰2차 (O / X)

04 국가배상청구에서 채권자가 동일한 목적을 달성하기 위하여 복수의 채권을 갖고 있는 경우, 어느 하나의 청구권을 행사하였다면 다른 채권에 대한 소멸시효 중단의 효력이 발생한다.
(O / X)

05 「국유재산법」상의 변상금부과처분에 대한 취소를 구하는 소송이 진행되는 동안에도 그 부과권의 소멸시효가 진행된다.
(O / X)

정답 | 01 X 02 X 03 O 04 X 05 O

ⓑ 과세처분의 취소 또는 무효확인의 소가 소멸시효 중단사유인 재판상 청구에 해당하는지 여부(소극)

> 국가가 공매절차에서 공매대금을 배분받아 결손처분이 취소된 체납세액에 충당한 것이 당연무효에 해당하여 부당이득반환청구권이 발생하였으나 위 공매대금 배분일로부터 5년의 시효기간이 경과한 사안에서, 소멸시효 완성 전에 제기한 공매처분 취소의 소는 부당이득반환청구권을 행사한 것으로 볼 수 없으므로 소멸시효 중단사유인 재판상 청구에 해당하지 않는다(대판 2010.9.30. 2010다49540).

ⓑ 납입고지에 의한 시효중단의 효력은 공법상의 채권뿐만 아니라 사법상의 채권에 대해서도 발생하는지 여부(적극)

> 「예산회계법」 제98조는 법령의 규정에 의하여 국가가 행하는 납입의 고지는 시효중단의 효력이 있다고 규정하여 「민법」의 시효중단의 효력에 대한 예외를 두고 있는바, 금전의 급부를 목적으로 하는 국가의 채권에 대하여 「예산회계법」 제51조와 「예산회계법 시행령」 제26조 등의 규정이 정한 형식과 절차를 거쳐 납입의 고지가 이루어진 경우에는 그 채권의 발생원인이 공법상의 것이건 사법상의 것이건 간에 시효중단의 효력이 생긴다(대판 2001.12.14. 2001다45539).

④ 공법상 금전채권의 소멸시효
  ㉠ 시효기간
    ⓐ 일반법인 「국가재정법」과 「지방재정법」에 의하여 국가나 지방자치단체가 국민에 대하여 갖는 채권이나 국민이 국가·지방자치단체에 대하여 갖는 채권에 대하여 다른 법률에 특별한 규정(더 짧은 기간규정)이 없으면 5년간 행사하지 않으면 소멸한다.
    ⓑ 다른 법률에 특별한 규정이라 함은 「국가재정법」과 「지방재정법」 외의 모든 법률(「민법」·「상법」 등 사법 포함)에서 5년보다 단기로 규정하고 있는 경우를 말한다. 01 02 03 04 05

관련 판례

ⓑ 「예산회계법」 제96조 소정의 소멸시효기간이 적용되지 않는 '다른 법률의 규정'의 의미 및 「민법」 제766조 제2항이 이에 해당하는지 여부(소극)

> 「예산회계법」 제96조에서 '다른 법률의 규정'이라 함은 다른 법률에 「예산회계법」 제96조에서 규정한 5년의 소멸시효기간보다 짧은 기간의 소멸시효의 규정이 있는 경우를 가리키는 것이고, 이보다 긴 10년의 소멸시효를 규정한 「민법」 제766조 제2항은 「예산회계법」 제96조에서 말하는 '다른 법률의 규정'에 해당하지 아니한다(대판 2001.4.24. 2000다57856).

ⓐ 특별한 규정이 없는 경우의 소멸시효기간 [20 소방직, 17 군무원, 16 지방직 9급, 16 교육행정직]

> 타법률에서 5년보다 짧은 기간을 규정한 경우 외에는 모두 소멸시효기간은 5년이다(대판 1995.2.28. 94다42020).

ⓒ 사인이 그 지방자치단체에 대하여 갖는 손해배상청구권에 「지방재정법」 소정의 소멸시효기간이 적용된다(대판 1995.2.28. 94다42020).

  ⓒ 공법상 특별규정
    ⅰ) **국가배상청구권**: 가해자와 가해행위가 직무집행임을 안 날로부터 3년, 있은 날(종료일)부터 5년
    ⅱ) **공무원징계권**: 3년(단, 금품의 향응·수수, 공금의 유용·횡령의 경우는 5년)

개념확인 O/X

01 「국가재정법」과 「지방재정법」에서는 국가(또는 지방자치단체)와 사인 간의 금전채권의 소멸시효에 관해서 다른 법률에 특별한 규정이 없는 한 5년으로 정하고 있다. (O / X)

02 원칙적으로 사권의 시효는 10년에 해당하므로 공법상의 부당이득반환청구권은 10년의 소멸시효에 해당된다. (O / X)

03 과태료는 행정청의 과태료 부과처분이나 법원의 과태료 재판이 확정된 후 5년간 징수하지 아니하거나 집행하지 아니하면 시효로 인하여 소멸한다. (O / X)

04 국가의 국민에 대한 권리행사는 다른 법령에 특별한 규정이 있는 경우를 제외하고는 5년의 시효에 해당되지만 이에 국가의 국민에 대한 사법상의 금전채권의 경우는 포함되지 않는다. (O / X)

05 대법원에 의하면 공유수면매립면허에 의한 관행어업권자의 보상청구권은 공권에 해당되어 어장을 상실한 피해어민의 보상청구권의 소멸시효는 5년에 해당한다. (O / X)

| 정답 | 01 O 02 X 03 O 04 X 05 X

ⅲ 「공무원연금법」상의 급여지급청구권: 5년
ⅳ 「관세법」상의 관세징수권: 5년[단, 5억원 이상의 관세(내국세를 포함)는 10년]
ⓥ 「질서위반행위규제법」상의 과태료징수권: 5년

ⓛ 소멸시효 완성의 효과
ⓐ 상대적 소멸설: 당사자의 원용이 있을 경우에 소멸한다는 견해이다.
ⓑ 절대적 소멸설: 당사자의 원용이 없어도 당연히 소멸한다는 견해이다.
ⓒ 판례의 태도: 절대적 소멸설의 입장을 취하면서 상대방의 원용이 필요하다는 입장이다. **01 02**

> **개념확인 O/X**
>
> **01** 소멸시효 완성 후에 부과된 조세부과처분은 납세의무 없는 자에 대하여 부과처분을 한 것으로서 그와 같은 하자는 중대하고 명백하여 그 처분의 효력은 당연무효이다.
> 16 경찰2차 (O / X)
>
> **02** 권리행사기간이 경과되어 시효가 완성된 국가배상청구에 대해서도 국가의 시효완성의 주장은 언제나 신의성실원칙에 반한다.
> (O / X)

관련 판례

B 시효의 완성 시 상대방의 원용 필요

소멸시효에 있어서 그 시효기간이 만료되면 권리는 당연히 소멸하지만 그 시효의 이익을 받는 자가 소송에서 소멸시효의 주장을 하지 아니하면 그 의사에 반하여 재판할 수 없고, 그 시효이익을 받는 자는 시효기간 만료로 인하여 소멸하는 권리의 의무자를 말한다(대판 1991.7.26. 91다5631).

⑤ 공물의 취득시효
㉠ 공물이 취득시효의 대상이 될 수 있는지의 여부에 대해서는 부정설, 제한적 취득시효설, 완전취득설이 대립하고 있는바, 공물은 공용폐지가 없는 한 취득시효의 목적이 될 수 없다는 부정설이 판례의 입장이다.

관련 판례

B 행정재산과 취득시효

1. 행정재산은 취득시효의 대상이 아니다(대판 1994.9.13. 94다12579). [16 경찰 2차] **03**
2. 공용폐지의 의사표시가 없는 한 공물의 시효취득은 부정되며, 이때의 공용폐지의 의사표시는 명시적이든 묵시적이든 상관없으나 적법한 의사표시는 있어야 한다(대판 1994.3.22. 93다56220). **04**
3. 국립공원으로 지정·고시된 국유토지(행정재산 중 공공용재산)는 시효취득의 대상이 되지 아니한다(대판 1996.7.30. 95다21280).
4. 공용기능을 상실한 토지(행정재산)도 용도폐지가 안 된 이상 취득시효의 대상이 안 된다(대판 1998.11.10. 98다42974).

> **03** 행정재산은 「민법」 제245조에도 불구하고 시효취득의 대상이 되지 아니한다.
> 16 경찰2차 (O / X)
>
> **04** 공물이 공용의 기능을 상실한 경우라면 별도의 의사표시 없이도 취득시효의 대상이 된다.
> (O / X)

B 예정공물도 시효취득의 대상이 되지 않는다

도로구역이 결정·고시되어 공사가 진행 중인 경우에 위 구역 내에 있지만 아직 공사가 진행되지 아니한 국유토지(예정공물)는 시효취득의 대상이 되지 않는다(대판 1994.5.10. 93다23442).

B 취득시효에 대한 입증책임

취득시효의 대상이 된다는 사실에 대한 입증책임은 시효취득의 이익을 주장하는 자에게 있다(대판 1994.3.22. 93다56220).

B 일반재산이 취득시효 완성 후 행정재산이 된 경우 소유권이전등기의 가능성 여부

(구)잡종재산에 대한 취득시효가 완성된 후 그 (구)잡종재산이 행정재산으로 된 경우, 취득시효 완성을 원인으로 소유권이전등기를 청구할 수 없다(대판 1997.11.14. 96다10782).

| 정답 | 01 O   02 X   03 O   04 X

🅐 ❶ 「국유재산법」상 국유재산에 대한 취득시효가 완성되기 위해서는 그 국유재산이 취득시효기간 동안 계속하여 시효취득의 대상이 될 수 있는 일반재산이어야 하는지 여부(적극) ❷ 행정재산이 기능을 상실하여 본래의 용도에 제공되지 않는 상태에 있으면 곧바로 취득시효의 대상이 되는 일반재산이 된다고 볼 것인지 여부(소극) [20 국가직 7급] 01

> 「국유재산법」 제7조 제2항은 "행정재산은 「민법」 제245조에도 불구하고 시효취득의 대상이 되지 아니한다."라고 규정하고 있으므로, 국유재산에 대한 취득시효가 완성되기 위해서는 그 국유재산이 취득시효기간 동안 계속하여 행정재산이 아닌 시효취득의 대상이 될 수 있는 일반재산이어야 한다. 또 행정재산이 기능을 상실하여 본래의 용도에 제공되지 않는 상태에 있다 하더라도 관계 법령에 의하여 용도폐지가 되지 아니한 이상 당연히 취득시효의 대상이 되는 일반재산이 되는 것은 아니고, 공용폐지의 의사표시는 묵시적인 방법으로도 가능하나 행정재산이 본래의 용도에 제공되지 않는 상태에 있다는 사정만으로는 묵시적인 공용폐지의 의사표시가 있다고 볼 수도 없다(대판 2010.11.25. 2010다58957).

ⓒ 국유재산인 공물은 (구)「국유재산법」 제5조 제2항에서 시효취득의 대상에서 제외하고 있기 때문에 국유재산인 공물에 관한 한 학설의 논의는 의미가 없다. 그러나 일반재산(구 국유잡종재산)은 시효취득의 대상이 된다.

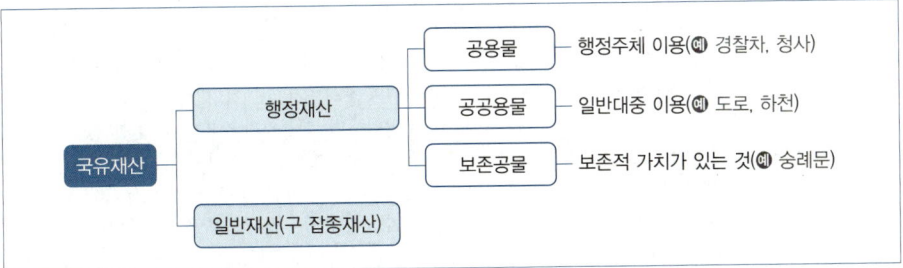

관련 판례

🅑 헌법재판소의 위헌결정 02

> (구)「국유재산법」 제5조 제2항(국유잡종재산도 시효취득의 대상에서 제외)은 동법의 국유재산 중 공물(행정재산과 보존재산)의 시효취득을 배제하는 것은 긍정되나 사물인 잡종재산(현 일반재산)에 대하여도 시효취득을 배제하는 것은 국가와 사인을 차별하는 것으로 평등원칙에 위반된다(헌재 1992.10.1. 92헌가6).
> ※ 아울러 헌법재판소는 유사한 내용의 「지방재정법」 제74조 제2항도 「국유재산법」의 경우와 동일한 논거로써 위헌으로 선언하였다.

(3) 제척기간

① 의의: '제척기간'이란 일정한 권리에 대하여 법률이 정한 권리의 존속기간을 말하며, 행정심판청구기간·행정소송제소기간·토지수용에 있어서의 사업인정실효 등에서 제척기간을 인정하고 있다.

개념확인 O/X

01 시효취득대상이 되는 일반재산은 취득시효기간 동안 계속해서 일반재산의 상태를 유지하여야 시효로서 취득할 수 있다.
(O / X)

02 공물에 대한 시효취득을 배제하는 규정은 긍정될 수 있으나 일반재산에 대해 시효취득을 배제하는 것은 사인과 국가의 합리적인 차별이라 할 수 없어 평등원칙에 반한다는 것이 헌법재판소의 입장이다.
(O / X)

② 시효기간과의 구별

구분	소멸시효	제척기간
공통점	일정기간이 경과하면 권리 소멸	
취지	일정한 사실상태의 존중	행정법관계의 신속한 확정
중단	중단·정지제도 있음	중단·정지제도 없음
포기	포기 가능(사후포기)	포기 불가능
기간의 기산점	권리를 행사할 수 있는 때부터 진행	권리가 발생한 때부터 진행
주장책임	소송에서 원용(주장)해야 함	법원이 직권으로 고려(주장 불요)
효과	소급적으로 소멸	장래에 향해서 소멸
기간	원칙적으로 5년, 비교적 긺	행정쟁송의 제기기간, 비교적 짧음

관련 판례

B (구)「공익사업을 위한 토지 등의 취득 및 보상에 관한 법률」제74조 제1항의 잔여지 수용청구권 행사기간의 법적 성질(= 제척기간) 및 잔여지 수용청구 의사표시의 상대방(= 관할 토지수용위원회) 01

> (구)「공익사업을 위한 토지 등의 취득 및 보상에 관한 법률」(2007.10.17. 법률 제8665호로 개정되기 전의 것) 제74조 제1항에 의하면, 잔여지 수용청구는 사업시행자와 사이에 매수에 관한 협의가 성립되지 아니한 경우 일단의 토지의 일부에 대한 관할 토지수용위원회의 수용재결이 있기 전까지 관할 토지수용위원회에 하여야 하고, 잔여지 수용청구권의 행사기간은 제척기간으로서, 토지소유자가 그 행사기간 내에 잔여지 수용청구권을 행사하지 아니하면 그 권리가 소멸한다. 또한 위 조항의 문언내용 등에 비추어 볼 때, 관할 토지수용위원회가 사업시행자에게 잔여지 수용청구의 의사표시를 수령할 권한을 부여하였다고 인정할 만한 사정이 없는 한, 사업시행자에게 한 잔여지 매수청구의 의사표시를 관할 토지수용위원회에 한 잔여지 수용청구의 의사표시로 볼 수는 없다(대판 2010.8.19. 2008두822).

B 제척기간이 도과한 후에 이루어진 과세처분의 효력(= 무효) 02

> 종합소득세에 대한 부과제척기간은 5년이라고 봄이 상당하고, 그 기산일은 1996년 및 1997년 귀속 각 종합소득세의 과세표준신고기한 다음 날인 1997.6.1.과 1998.6.1.이므로 각 그로부터 5년이 경과하였음이 역수상 명백한 2003.6. 이후 이루어진 이 사건 각 부과처분은 그 제척기간이 경과한 후의 것으로서 무효라고 할 것이다(대판 2009.5.28. 2007두24364).

2 공법상 주소·거소

(1) 주소

① **의의**: 「민법」상의 주소는 "생활의 근거가 되는 곳을 주소로 한다."라고 규정하여(「민법」제18조 제1항), 생활의 근거라는 사실에 따라 주소의 개념을 정의하고 있다(객관주의). 행정법상 자연인의 주소에 관하여는 「주민등록법」이 통칙적 규정을 두어 다른 법률에 특별한 규정이 없으면 「주민등록법」에 의한 주민등록지가 주소로 된다고 규정하고 있다. 03

② **공법상의 법률요건으로서 주소**: 공법상의 주소는 지방자치단체의 주민이 되는 요건이고 선거권 또는 피선거권의 발생요건이며 주민세 납세의무가 성립되는 요건, 인감신고지 등의 법률요건을 구성하게 된다.

개념확인 O/X

01 (구)「공익사업을 위한 토지 등의 취득 및 보상에 관한 법률」에 의한 잔여지 수용청구권의 성질은 형성권이고 이에 대한 청구기간은 제척기간이다.
(O / X)

02 시효가 완성된 이후의 권리행사는 무효에 해당되지만, 제척기간이 경과한 이후의 권리행사는 무효라고 볼 수 없다.
(O / X)

03 전입신고일을 기준으로 주소가 변경된 것으로 인정한다.
(O / X)

정답 | 01 O 02 X 03 O

③ **주소의 수**: 주민등록은 30일 이상 거주할 목적으로 일정한 곳에 주소나 거소를 가지는 경우에 하는 것이므로 「주민등록법」은 자연인에 대한 주소의 인정에 있어 의사주의에 따르면서도 주민등록이란 형식적 절차에 의한다. 「주민등록법」은 이중등록을 금지하고 있으므로 결국 다른 법률에 특별한 규정이 없는 한 행정법상의 주소는 원칙적으로 1개소에 한정된다. 01 02

> **개념확인 O/X**
>
> 01 특별한 사정이 있는 경우에 주민등록의 주소지는 2곳으로 인정한다.
> (O / X)
>
> 02 주민등록전입신고의 수리 여부와 관련하여서는, 전입신고자가 거주의 목적 외에 다른 이해관계에 관한 의도를 가지고 있었는지 여부, 무허가건축물의 관리, 전입신고를 수리함으로써 당해 지방자치단체에 미치는 영향 등도 고려하여야 한다.
> 17 지방7급 (O / X)

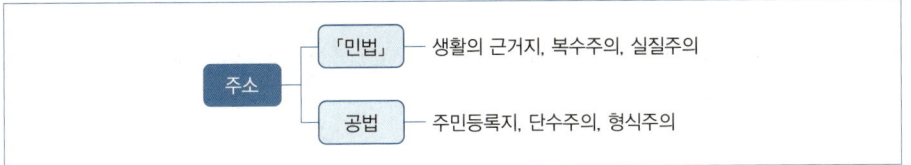

(2) 거소

① **의의**: 사람이 다소의 기간 동안에 계속 거주하는 장소를 말하며, 주소보다 밀접성이 낮은 곳을 말한다. 주소지 이외의 장소에 상당기간에 걸쳐 거주하여도 주소와 같이 밀접한 일반적 생활관계가 발생하지 아니하는 장소이다(대판 1984.3.27. 83누548).

② **법률효과 및 적용**: 공법관계에서 거소에 대하여 일정한 법률효과(예 「소득세법」 등)를 부여하는 경우가 있으며, 거소·가주소에 관하여 다른 특별한 규정이 없으면 「민법」의 규정이 적용된다.

> **심화 학습** 「민법」상 규정
>
> 「민법」 제18조 【주소】 ① 생활의 근거되는 곳을 주소로 한다.
> ② 주소는 동시에 두 곳 이상 있을 수 있다.
> 제19조 【거소】 주소를 알 수 없으면 거소를 주소로 본다.
> 제20조 【거소】 국내에 주소 없는 자에 대하여는 국내에 있는 거소를 주소로 본다.

03 공법상 사무관리·부당이득

1 공법상 사무관리

(1) 의의

'사무관리'란 법률상 의무 없이 타인의 사무를 관리하는 행위를 말한다(「민법」 제734조 제1항). 원래 사법상의 관념이나, 공법관계에도 존재할 수 있다고 봄이 일반적 견해이다.

(2) 공법상 사무관리의 인정 여부

① **부정설(W. Jellinek)**: 공법상 사무관리는 대부분이 공법상 의무가 있기 때문에 성립된다. 따라서 공법영역에서는 사무관리가 성립될 여지가 없다는 견해이다(예 「수상에서의 수색·구조 등에 관한 법률」상의 수난구호, 시·군에서 행하는 행려병자와 사자의 관리, 「경찰관 직무집행법」상의 경찰관의 보호조치 등).

② **긍정설(다수설·판례)**: 공법상 사무관리의 공법상 의무는 국가에 대한 일반적인 의무이지 피관리자에 대한 개별적인 의무는 아니기 때문에, 피관리자에 대한 관계에서 공법상 사무관리가 성립한다고 본다.

| 정답 | 01 X 02 X

개념확인 O/X

01 빈 점포의 물건처분은 부당이득에 해당한다.
(O/X)

(3) 종류

① **강제관리**: 국가의 특별감독하에 있는 사업에 대하여 감독권의 작용으로써 당해 사업을 강제적으로 관리하는 경우를 말한다(예 공기업에 대한 강제관리, 학교재단에 대한 교육위원회의 강제관리 등).

② **보호관리**: 행려병자의 보호관리, 재해발생 시 구호조치나 빈 점포의 물건의 처분 등이 있다. 01

③ **역무제공**: 사인이 행정사무의 일부를 비상시 관리하는 경우를 말한다(예 사인에 의한 도로시설의 응급복구, 사인의 조난자 구호조치 등).

(4) 적용법규

공법상 사무관리에 대하여는 법령에 특별한 규정이 없으면 「민법」상의 사무관리에 관한 규정을 준용한다. 따라서 관리자와 피관리자 사이에 관리자의 통지의무, 피관리자의 비용상환의무 등 기타 이해조절이 이루어져야 한다(준법률행위적 공법행위).

관련 판례

❷ 사인이 국가의 사무를 처리한 경우, 사무관리가 성립하기 위한 요건

> 사무관리가 성립하기 위하여는 우선 사무가 타인의 사무이고 타인을 위하여 사무를 처리하는 의사, 즉 관리의 사실상 이익을 타인에게 귀속시키려는 의사가 있어야 하며, 나아가 사무의 처리가 본인에게 불리하거나 본인의 의사에 반한다는 것이 명백하지 아니할 것을 요한다. 다만, 타인의 사무가 국가의 사무인 경우, 원칙적으로 사인이 법령상 근거 없이 국가의 사무를 수행할 수 없다는 점을 고려하면, 사인이 처리한 국가의 사무가 사인이 국가를 대신하여 처리할 수 있는 성질의 것으로서, 사무처리의 긴급성 등 국가의 사무에 대한 사인의 개입이 정당화되는 경우에 한하여 사무관리가 성립하고, 사인은 그 범위 내에서 국가에 대하여 국가의 사무를 처리하면서 지출된 필요비 내지 유익비의 상환을 청구할 수 있다(대판 2014.12.11. 2012다15602).

❷ 갑 주식회사 소유의 유조선에서 원유가 유출되는 사고가 발생하자 을 주식회사가 피해 방지를 위해 해양경찰의 직접적인 지휘를 받아 방제작업을 보조한 사안에서, 을 회사는 사무관리에 근거하여 국가에 방제비용을 청구할 수 있다고 한 사례

> 갑 주식회사 소유의 유조선에서 원유가 유출되는 사고가 발생하자 해상 방제업 등을 영위하는 을 주식회사가 피해 방지를 위해 해양경찰의 직접적인 지휘를 받아 방제작업을 보조한 사안에서, 갑 회사의 조치만으로는 원유 유출사고에 따른 해양오염을 방지하기 곤란할 정도로 긴급방제조치가 필요한 상황이었고, 위 방제작업은 을 회사가 국가를 위해 처리할 수 있는 국가의 의무 영역과 이익 영역에 속하는 사무이며, 을 회사가 방제작업을 하면서 해양경찰의 지시·통제를 받았던 점 등에 비추어 을 회사는 국가의 사무를 처리한다는 의사로 방제작업을 한 것으로 볼 수 있으므로, 을 회사는 사무관리에 근거하여 국가에 방제비용을 청구할 수 있다(대판 2014.12.11. 2012다15602).

정답 | 01 X

2 공법상 부당이득

> **결정적 코멘트** ▶ 행정처분에 의한 부당이득의 성립 여부 및 부당이득반환청구권의 성질에 대한 학습이 필요한 단원이다.

(1) 의의

'부당이득'이란 법률상 원인 없이 타인의 재산이나 노무로 인하여 이익을 얻고, 이로 인하여 타인에게 손해를 끼치는 것을 말한다(「민법」 제741조). 부당이득은 공법분야에서도 존재하는 것으로 조세의 과오납, 봉급의 과액수령, 무자격자의 연금수령, 국가가 타인의 토지를 불법점유한 경우, 체신요금의 과다수령 등이 그 예시이다.

(2) 적용법규

공법상의 부당이득에 관하여는 개별법령에 특별한 규정(「국세기본법」, 「우편법」 등)이 있는 경우도 있으나 일반적 규정은 없다. 따라서 특별한 규정이 없는 한 「민법」 규정이 직접 또는 유추 적용되어야 할 것이다.

(3) 종류

① 행정주체의 부당이득(예 조세의 과오납, 무효세금의 납부) [빈출]
   ㉠ 행정행위로 인한 경우
      ⓐ 당해 행위가 당연무효이거나 후에 실효되거나 또는 권한 있는 기관에 의하여 취소된 경우에 부당이득의 문제가 생긴다.
      ⓑ 행정행위에 하자가 있어도 그것이 단순 취소사유에 그치는 것인 때에는 행정행위의 공정력으로 인하여 권한 있는 기관이 취소하기 전까지는 부당이득의 문제는 생기지 아니한다(예 체납처분의 무효, 조세부과처분의 취소).
   ㉡ 행정행위 이외의 행정작용으로 인한 경우: 행정주체가 정당한 권한 없이 타인의 토지를 도로에 편입하는 것과 같은 경우로서 이 경우는 법령상 달리 규정되어 있지 아니하는 한 법률상의 원인 없음을 이유로 부당이득반환청구를 할 수 있다(예 착오에 의한 사유지의 국유지 편입).

관련 판례

A 행정행위로 인한 경우는 취소되어야 부당이득이 성립된다 [19 서울시 7급, 19 지방직 9급, 18 지방직 7급, 18 국회직 8급, 17 사회복지직, 14 지방직 9급, 13 국가직 9급] **01 02 03 04 05 06**

> 행정처분이 아무리 위법하다고 하여도 그 하자가 중대하고 명백하여 당연무효라고 보아야 할 사유가 있는 경우를 제외하고는 아무도 그 하자를 이유로 무단히 그 효과를 부정하지 못하는 것으로, 이러한 행정행위의 공정력은 판결의 기판력과 같은 효력은 아니지만 그 공정력의 객관적 범위에 속하는 행정행위의 하자가 취소사유에 불과한 때에는 그 처분이 취소되지 않는 한 처분의 효력을 부정하여 그로 인한 이득을 법률상 원인 없는 이득이라고 말할 수 없는 것이다(대판 1994.11.11. 94다28000).

B 퇴직연금 지급정지 사유기간 중 퇴직연금 수급자에게 지급된 퇴직연금이 「공무원연금법」 제31조 제1항 제3호 소정의 '기타 급여가 과오급된 경우'에 해당하는지 여부

> 재직기간 중에는 「공무원연금법」 제47조, 같은 법 시행령 제40조 제1항에 의하여 공무원연금관리공단의 지급정지처분 여부에 관계없이 그 사유가 발생한 때로부터 당연히 퇴직연금의 지급이 정지되는 것이므로, 그 지급정지 사유기간 중 퇴직연금 수급자에게 지급된 퇴직연금은 「공무원연금법」 제31조 제1항 제3호에 정하여진 '기타 급여가 과오급된 경우'에 해당한다(대판 2000.11.28. 99두5443).

개념확인 O/X

01 과세처분의 하자가 단지 취소할 수 있는 정도에 불과할 때에는 과세관청이 이를 스스로 취소하거나 행정쟁송절차에 의하여 취소되지 않는 한 그로 인한 조세의 납부가 부당이득이 된다고 할 수 없다.
19 지방9급 (O / X)

02 행정청의 처분이 취소할 수 있는 하자가 있는 경우에도 취소되지 않는 한 부당이득이 성립되지 아니한다는 것이 일반적인 입장이다.
(O / X)

03 과세처분의 하자가 취소할 수 있는 사유인 경우 과세관청이 이를 스스로 취소하거나 항고소송절차에 의하여 취소되지 아니하여도 해당 조세의 납부는 부당이득이 된다.
18 지방7급 (O / X)

04 과세처분의 하자가 단지 취소할 수 있는 정도에 불과할 때에는 과세관청이 이를 스스로 취소하거나 항고소송절차에 의하여 취소되지 않는 한 그로 인한 조세의 납부가 부당이득이 된다고 할 수 없다.
14 지방9급 (O / X)

05 조세의 과오납이 부당이득이 되기 위하여는 납세 또는 조세의 징수가 전혀 법률상의 근거가 없거나 과세처분의 하자가 중대하고 명백하여 당연무효이어야 하고, 과세처분의 하자가 단지 취소할 수 있는 정도에 불과할 때에는 과세관청이 이를 스스로 취소하거나 항고소송절차에 의하여 취소되지 않는 한 그로 인한 조세의 납부가 부당이득이 된다고 할 수 없다.
13 국가9급 (O / X)

06 조세의 과오납으로 인한 부당이득반환청구소송에서 행정행위가 당연무효가 아닌 경우 민사법원은 그 처분의 효력을 부인할 수 없다.
17 사회복지 (O / X)

| 정답 | 01 O 02 O 03 X 04 O 05 O 06 O

개념확인 O/X

B 무효인 변상금부과처분에 의한 오납금은 부당이득이고 그에 따른 부당이득반환청구권의 소멸시효 기산점

> 「지방재정법」 제87조 제1항에 의한 변상금부과처분이 당연무효인 경우에 이 변상금부과처분에 의하여 납부자가 납부하거나 징수당한 오납금은 지방자치단체가 법률상 원인 없이 취득한 부당이득에 해당하고, 이러한 오납금에 대한 납부자의 부당이득반환청구권은 처음부터 법률상 원인이 없이 납부 또는 징수된 것이므로 납부 또는 징수 시에 발생하여 확정되며, 그때부터 소멸시효가 진행한다(대판 2005.1.27. 2004다50143).

B 「행정소송법」 제35조에 규정된 '무효확인을 구할 법률상 이익'이 있는지를 판단할 때 행정처분의 무효를 전제로 한 이행소송 등과 같은 직접적인 구제수단이 있는지를 따져보아야 하는지 여부(소극)

> 행정에 대한 사법통제, 권익구제의 확대와 같은 행정소송의 기능 등을 종합하여 보면, 행정처분의 근거 법률에 의하여 보호되는 직접적이고 구체적인 이익이 있는 경우에는 「행정소송법」 제35조에 규정된 '무효확인을 구할 법률상 이익'이 있다고 보아야 하고, 이와 별도로 무효확인소송의 보충성이 요구되는 것은 아니므로 행정처분의 무효를 전제로 한 이행소송 등과 같은 직접적인 구제수단이 있는지 여부를 따질 필요가 없다고 해석함이 상당하다(대판 2008.3.20. 2007두6342 전합).

01 국유재산 무단점유자에 대해 국유재산 관리청은 변상금부과처분과 이에 대한 강제집행만을 할 수 있을 뿐 별도의 민사상 부당이득반환청구소송을 청구할 수 없다.
(O / X)

A 국유재산 무단점유에 대해 변상금 부과·징수권과 별도로 민사상 부당이득반환청구소송이 가능한지 여부 [16 서울시 7급] 01

> (구)「국유재산법」 제51조 제1항·제4항·제5항(2009.1.30. 법률 제9401호로 전부 개정되기 전의 것, 현행 「국유재산법」 제72조 제1항, 제73조에 해당한다)에 의한 변상금 부과·징수권은 민사상 부당이득반환청구권과 법적 성질을 달리하므로, 국가는 무단점유자를 상대로 변상금 부과·징수권의 행사와 별도로 국유재산의 소유자로서 민사상 부당이득반환청구의 소를 제기할 수 있다(대판 2014.7.16. 2011다76402 전합 참고). 그리고 이러한 변상금 부과·징수권과 민사상 부당이득반환청구권은 동일한 금액 범위 내에서 경합하여 병존하게 되고, 민사상 부당이득반환청구권이 만족을 얻어 소멸하면 그 범위 내에서 변상금 부과·징수권도 소멸하는 관계에 있다(대판 2014.9.4. 2012두5688).

02 취소소송과 부당이득반환청구소송이 행정법원에 병합되어 제기된 경우 부당이득반환청구가 인용되기 위해서는 처분의 취소가 확정되어야 한다.
(O / X)

A 취소소송과 부당이득반환소송이 병합된 경우 [18 국가직 7급] 02

> 「행정소송법」 제10조는 처분의 취소를 구하는 취소소송에 당해 처분과 관련되는 부당이득반환소송을 관련 청구로 병합할 수 있다고 규정하고 있는바, 이 조항을 둔 취지에 비추어 보면, 취소소송에 병합할 수 있는 당해 처분과 관련되는 부당이득반환소송에는 당해 처분의 취소를 선결문제로 하는 부당이득반환청구가 포함되고, 이러한 부당이득반환청구가 인용되기 위해서는 그 소송절차에서 판결에 의해 당해 처분이 취소되면 충분하고 그 처분의 취소가 확정되어야 하는 것은 아니라고 보아야 한다(대판 2009.4.9. 2008두23153).

03 부가가치세 환급세액 지급청구는 민사상 부당이득반환청구의 일종으로 민사소송에 의한다.
(O / X)

B 부가가치세 환급세액 지급청구소송은 당사자소송 03

> 납세의무자에 대한 국가의 부가가치세 환급세액 지급의무는 그 납세의무자로부터 어느 과세기간에 과다하게 거래징수된 세액 상당을 국가가 실제로 납부받았는지와 관계없이 부가가치세법령의 규정에 의하여 직접 발생하는 것으로서, 그 법적 성질은 정의와 공평의 관념에서 수익자와 손실자 사이의 재산상태 조정을 위해 인정되는 부당이득반환의무가 아니라 부가가치세법령에 의하여 그 존부나 범위가 구체적으로 확정되고 조세 정책적 관점에서 특별히 인정되는 공법상 의무라고 봄이 타당하다. 그렇다면 납세의무자에 대한 국가의 부가가치세 환급세액 지급의무에 대응하는 국가에 대한 납세의무자의 부가가치세 환급세액 지급청구는 민사소송이 아니라 「행정소송법」 제3조 제2호에 규정된 당사자소송의 절차에 따라야 한다(대판 2013.3.21. 2011다95564 전합).

| 정답 | 01 X 02 X 03 X

② **사인의 부당이득**: 공무원의 봉급 과액수령, 무자격자의 연금수령, 보조금 교부결정이 취소된 경우, 국가나 지방자치단체 재산을 무단 사용한 경우 등

(4) 성질

① **공권설(다수설)**: 부당이득반환청구권의 성질은 발생원인과 밀접한 관련을 갖는데, 그 원인이 공법상의 것이므로 공법상 부당이득반환청구권은 공권이라 한다(따라서 당사자소송).

② **사권설(판례)**: 부당이득반환청구권은 순수 경제적인 관점에서 이해조절을 위한 것이고, 또한 부당이득반환청구권이 인정될 때에는 이미 이득할 법률상의 원인은 없는 것이라는 점에서, 그리고 부당이득은 오로지 경제적 이해 조정의 견지에서 인정되므로 사법상의 것과 구별할 필요가 없다는 점에서 부당이득반환청구권은 사권이라 한다(따라서 민사소송). 01

> **관련 판례**
>
> Ⓑ 공법상 부당이득반환청구권의 관할법원은 민사법원이다(대판 1995.12.22, 94다51253)
>
> Ⓑ 조세부과처분이 당연무효임을 전제로 하여 이미 납부한 세금의 반환을 청구하는 것은 민사상의 부당이득반환청구로서 민사소송절차에 따라야 한다(대판 1995.4.28, 94다55019)

(5) 부당이득의 반환범위

① **행정주체의 부당이득**: 대부분의 특별규정은 행정주체의 선의·악의를 불문하고 항상 전액을 반환해야 한다고 정하고 있다. 그러나 「민법」은 선의·악의에 따라 반환범위를 달리하고 있다(「민법」 제742조).

② **사인의 부당이득**: 사인에 의하여 법에 위반되는 이득은 허용되지 아니하는 것이므로 항상 사인이 받은 이익의 전액을 반환해야 한다고 할 것이다.

(6) 소멸시효

특별한 명문규정이 없으면 공법상 부당이득반환청구권의 소멸시효기간은 원칙적으로 5년이다(「국가재정법」, 「지방재정법」). 특별히 명문규정을 둔 「관세법」의 경우 5년, 「산업재해보상보험법」의 경우 3년을 시효기간으로 규정하고 있다.

> **개념확인 O/X**
>
> 01 대법원은 공법상 부당이득청구권을 공법상 권리로 이해하지만 이에 대한 소송은 민사소송으로 다루어진다는 입장이다.
> (O / X)

04 사인의 공법행위

1 공법행위의 의의

'공법행위'란 국가·공공단체 등 행정주체와 사인 간의 공법관계에 있어서의 행위로서 공법적 법률효과를 형성(발생, 변경, 소멸)하는 모든 행위형식들을 총칭하는 것으로 사법(私法)행위에 대응하는 개념이며 학문상의 개념이다. 공법행위에는 행정주체의 공법행위(권력행위, 관리행위)와 사인의 공법행위가 있다.

| 정답 | 01 X

CHAPTER 02 행정상 법률요건과 법률사실 • 161

2 사인의 공법행위

(1) 의의 및 기능

① **의의**: 국가 또는 공공단체에 대한 공법관계에서 사인의 행위로서 보통 공법적 효과가 발생하는 행위를 말한다. 그 행위가 효과의사표시를 요소로 하는 것이든 효과의사표시 이외의 정신작용을 요소로 하는 것이든 가리지 않는다(그러나 정신작용을 요소로 하지 않는 사실행위는 제외된다).

② **기능**: 현대 복리국가에서 행정기능이 확대됨에 따라 행정에서 사인의 역할이 커지고, 행정과정에서의 참여·협력기회가 확대되며, 국민주권주의에 의한 행정의 민주화에도 기여한다는 점에서 중요한 의미를 가진다.

> **심화 학습**
>
> 1. **사인의 공법행위와 행정행위의 구분**
>   양자 모두 공법적 효과를 발생시킨다는 공통점이 있다. 하지만 행정행위는 행정청의 행위이고 공권력을 가지고 있으나 사인의 공법행위는 사인의 행위이고 공권력이 없다는 차이가 있다. 01
> 2. **사인의 공법행위와 사인의 사법행위(私法行爲)의 구분**
>   양자 모두 법적 행위라는 공통점이 있다. 하지만 사법적 효과발생을 목적으로 하는지, 공법적 효과발생을 목적으로 하는지에 차이가 있다. 02

(2) 종류

① **사인의 지위에 의한 분류**
  ㉠ 사인이 국가나 지방자치단체의 기관으로서 행하는 행위(예 국민투표, 선거 등)
  ㉡ 사인이 행정객체의 지위에서 국가나 공공단체에 대하여 행하는 행위(예 각종 신고나 신청, 소송제기, 동의·승낙 등)

② **행위의 성질에 의한 분류**
  ㉠ **합성행위**: 여러 사람이 공동하여 하나의 의사를 구성하는 경우를 말하며 선거, 국민투표 등이 있다. 03
  ㉡ **신고행위**
    ⓐ 의의: 사인이 행정주체에 대하여 일정한 의사를 표시하거나 사실 또는 관념을 통지하는 행위를 말한다.
    ⓑ 종류
      ⅰ) 의사표시로서의 신고: 국적이탈신고, 혼인신고, 퇴거신고 등
      ⅱ) 단순한 사실의 통지행위로서의 신고: 「가족관계의 등록 등에 관한 법률」상 신고(예 출생신고, 사망신고 등), 질서행정법상 신고(예 도난신고, 숙박신고 등), 조세법상 신고(예 납세신고, 폐업신고 등)
  ㉢ **신청행위**
    ⓐ 의의: 행정청에 대하여 사인이 일정한 조치를 취해줄 것을 요구하는 의사표시를 말한다. 자신에게 일정한 처분(주로 수익처분)을 요구하는 경우와 제3자에 대하여 일정한 조치(주로 규제조치)의 발동을 요구하는 것이 있다. 04

개념확인 O/X

01 사인의 공법행위는 공정력이 없으나 사인의 공법행위를 전제로 이루어진 행정청의 처분은 공정력을 가지고 있다. (O / X)

02 사인의 공법행위는 사법행위와 법적 행위인 점에서 동일하나 공법적 효과의 발생을 목적으로 하는 행위인 점에서 구별된다. (O / X)

03 투표행위와 같은 합성행위는 그 집단성·형식성이 중시되므로 착오를 이유로 취소를 주장할 수 없다. (O / X)

04 신청의 심사나 행정청의 행정처분은 일사부재리의 원칙에 따라 선행 거부처분에 불가쟁력이 발생하였다면 재신청을 할 수 없다. (O / X)

| 정답 | 01 O 02 O 03 O 04 X

관련 판례

B 행정청에 대한 의사표시의 방법

신청인의 행정청에 대한 신청의 의사표시는 명시적이고 확정적인 것이어야 한다고 할 것이므로 신청인이 신청에 앞서 행정청의 허가업무 담당자에게 신청서의 내용에 대한 검토를 요청한 것만으로는 다른 특별한 사정이 없는 한 명시적이고 확정적인 신청의 의사표시가 있었다고 하기 어렵다(대판 2004.9.24. 2003두13236).

ⓑ 요건: 신청권은 실정법규상이나 조리상 정당한 신청권이 인정될 수 있어야 한다. 01
ⓒ 신청의 효과
　ⓘ 접수의무
　　• 「행정절차법」제17조 제4항: 행정청은 신청을 받았을 때에는 다른 법령 등에 특별한 규정이 있는 경우를 제외하고는 그 접수를 보류 또는 거부하거나 부당하게 되돌려 보내서는 아니 된다. 02
　　• 「민원 처리에 관한 법률」제9조 제1항: 행정기관의 장은 민원의 신청을 받았을 때에는 다른 법령에 특별한 규정이 있는 경우를 제외하고는 그 접수를 보류하거나 거부할 수 없으며 접수된 민원서류를 부당하게 되돌려 보내서는 아니 된다.
　ⓘⓘ 부적법한 신청의 효과
　　• 「행정절차법」규정에 의하면 행정청은 신청에 구비서류의 미비 등 흠이 있는 경우에도 접수를 거부해서는 안 되며 상당기간을 정하여 지체 없이 신청인에게 보완을 요구하여야 한다. 03
　　• 이에 신청인이 보완을 요구하였음에도 보완을 하지 아니하였을 때에는 그 이유를 구체적으로 밝혀 접수된 신청을 되돌려 보낼 수 있다.
　　• 이 경우 보완의 요청행위는 처분이 아니고, 보완하지 아니함을 이유로 한 신청서의 반려행위는 거부처분으로서 항고소송의 대상이 된다.

관련 판례

B 건축불허가처분을 하면서 그 사유의 하나로 소방시설과 관련된 소방서장의 건축부동의 의견을 들고 있으나 그 보완이 가능한 경우, 보완을 요구하지 아니한 채 곧바로 건축허가신청을 거부한 것은 재량권의 범위를 벗어난 것이다(대판 2004.10.15. 2003두6573).

　ⓘⓘⓘ 처리의무 04
　　• 적법한 신청에 대하여 행정청은 상당기간 내에 신청에 대한 응답을 하여야 한다. 여기에서의 응답은 신청된 내용대로 처분할 의무를 말하지 않는다.
　　• 즉, 행정청은 신청행위에 대하여 신청에 대한 행정처분을 하거나 또는 거부처분을 하여야 하는바, 여기에서 처분이 기속일 때 뿐 아니라 재량일 경우에도 행정청은 신청에 대한 응답의 의무를 가진다. 05 06 07
　　• 만약, 상당기간이 경과하였음에도 응답하지 않으면 부작위가 되나, 상당기간의 부작위를 거부처분으로 간주하는 규정이 있는 경우에는 거부처분이 된다.
ⓓ 권리구제
　ⓘ 항고쟁송: 거부처분에 대하여서는 의무이행심판이나 취소심판, 취소소송이 가능하며, 부작위에 대하여서는 의무이행심판이나 부작위위법확인소송이 가능하다.

개념확인 O/X

01 법규상 또는 조리상 신청권이 없는 경우에는 거부행위의 처분성이 인정되지 아니한다.
14 지방9급　　　　　　　　(O / X)

02 「행정절차법」규정에 의하면 처분에 대한 신청의 경우 행정청은 접수증을 주어야 함이 원칙이다.
　　　　　　　　　　　　(O / X)

03 행정청은 신청인의 허가신청이 법이 정한 요건을 갖추지 못한 경우에 지체 없이 이유를 명기하여 반환하여야 한다.
　　　　　　　　　　　　(O / X)

04 행정청에게는 사인의 공법행위에 상응하여 법적 처리를 하여야 할 의무가 있다.
　　　　　　　　　　　　(O / X)

05 신청권은 행정청의 응답을 구하는 권리이며, 신청된 대로의 처분을 구하는 권리는 아니다.
14 지방9급　　　　　　　　(O / X)

06 정당한 신청권의 유무와 상관없이 행정청에게는 사인의 신청에 대해 일정한 응답의 의무가 있다.
　　　　　　　　　　　　(O / X)

07 신청에 따른 행정청의 처분이 기속행위인 때에는 행정청은 신청에 대한 응답의무를 지지만, 재량행위인 때에는 응답의무가 없다.
14 지방9급　　　　　　　　(O / X)

| 정답 | 01 O　02 O　03 X　04 O　05 O　06 X　07 X

ⓗ **국가배상**: 적법한 신청에 대하여 접수를 거부하거나 보완명령을 내렸는데 그 보완명령이 거부처분의 성질로 해석될 경우, 이로 인한 손해에 대하여 국가배상을 청구할 수 있다.

㉣ **동의 또는 승낙**: 공무원 임명의 동의, 공법상 계약에서의 동의 등이 있다.

③ 사인의 공법행위 자체로서 법률효과 완성 여부에 의한 분류 **01**

㉠ **자체완성적 사인의 공법행위**: 사인의 공법행위가 있으면 행정기관의 행위를 기다릴 것 없이 그 행위 자체로서 법률효과가 완성되는 행위이다(예 선거, 신고, 합동행위).

㉡ **행정요건적 사인의 공법행위**: 사인의 공법행위 그 자체로서는 법적 효과가 완성되지 않고 행정기관의 행위를 기다려서 그 효과가 완성되는 경우이다(예 신청, 동의, 승낙, 협의 등).

④ 의사표시의 수에 의한 분류

㉠ **단순행위**: 하나의 의사로 구성되는 행위(예 출생신고, 사망신고 등)

㉡ **합성행위**: 다수의 다른 의사들이 하나의 의사를 구성하는 행위(예 투표, 선거, 의결 등)

㉢ **합동행위**: 다수의 동일한 의사들이 하나의 의사를 구성하는 행위(예 조합의 설립행위 등)

⑤ 의사표시의 방향에 의한 분류

㉠ **단독행위**: 당사자의 의사표시로 하나의 법률효과가 발생하는 행위이다(일방적 의사표시 예 행정행위).

㉡ **쌍방행위**: 둘 이상의 당사자의 의사표시의 합치로서 하나의 법률효과를 발생하는 행위이다(예 공법상 계약, 공법상 합동행위).

(3) 신고 빈출

> **결정적 코멘트** ▶ 출제빈도가 높은 단원이다. 수리를 불요로 하는 신고와 필요로 하는 신고의 효력발생과 수리거부의 처분성 여부, 해당 사례 등을 구분하고 영업자지위승계신고와 관련된 판례는 충분한 이해와 암기를 해야 한다.

① 수리를 기준으로 한 종류

㉠ **본래적 의미의 신고(수리불요신고, 자기완결적 신고, 「행정절차법」상의 신고)**

ⓐ **개념**: 행정청에 법령 등이 정하고 있는 일정한 사항을 통지함으로써 의무가 끝나는 신고를 말한다. 이 경우 요건을 갖춘 신고 자체로서 법률효과가 완성되어 행정청의 수리는 필요하지 않다.

관련 법령

「행정절차법」 제40조【신고】 ① 법령 등에서 행정청에 일정한 사항을 통지함으로써 의무가 끝나는 신고를 규정하고 있는 경우 신고를 관장하는 행정청은 신고에 필요한 구비서류, 접수기관 그 밖에 법령 등에 따른 신고에 필요한 사항을 게시(인터넷 등을 통한 게시를 포함한다)하거나 이에 대한 편람을 갖추어 두고 누구나 열람할 수 있도록 하여야 한다.
② 제1항에 따른 신고가 다음 각 호의 요건을 갖춘 경우에는 신고서가 접수기관에 도달된 때에 신고의무가 이행된 것으로 본다. **02**
1. 신고서의 기재사항에 흠이 없을 것
2. 필요한 구비서류가 첨부되어 있을 것
3. 그 밖에 법령 등에 규정된 형식상의 요건에 적합할 것
③ 행정청은 제2항 각 호의 요건을 갖추지 못한 신고서가 제출된 경우에는 지체 없이 상당한 기간을 정하여 신고인에게 보완을 요구하여야 한다.
④ 행정청은 신고인이 제3항에 따른 기간 내에 보완을 하지 아니하였을 때에는 그 이유를 구체적으로 밝혀 해당 신고서를 되돌려 보내야 한다.

ⓑ **수리 또는 수리거부의 처분성**: 신고에 의하여 곧바로 법령에 정한 법적 효과가 발생하여 행정청의 수리행위가 있다고 해도 그것은 행정사무의 편의를 위한 것으로 이해된다. 또한 행정청의 수리거부는 원칙적으로 항고소송대상이 되는 처분이라 할 수 없다. 다만, 대법원에 의하면 건축신고는 수리불요신고에 해당하지만 수리거부에

개념확인 O/X

01 사인의 공법행위는 사인의 행위만으로 공법적 효과를 가져오는 것과 국가나 지방자치단체의 행위의 전제요건이 되는 것으로 구분할 수 있다.
14 서울9급 (O / X)

02 「행정절차법」상 신고요건으로는 신고서의 기재사항에 흠이 없고 필요한 구비서류가 첨부되어 있어야 하며, 신고의 기재사항은 그 진실함이 입증되어야 한다.
14 국가9급 (O / X)

| 정답 | 01 O 02 X

처분성을 인정하여 장래에 발생할 분쟁을 미연에 해결하기 위해 항고소송을 인정하고 있다.

> **관련 판례**
>
> **Ⓐ 행정청의 건축신고 반려행위 또는 수리거부행위가 항고소송의 대상인지 여부(적극)** [20 국가직 9급, 20 지방직 9급, 19 지방직 9급, 17 서울시 9급, 12 국가직 9급] **01 02**
>
> (구)「건축법」관련 규정의 내용 및 취지에 의하면, 건축주 등으로서는 신고제하에서도 건축신고가 반려될 경우 당해 건축물의 건축을 개시하면 시정명령, 이행강제금, 벌금의 대상이 되거나 당해 건축물을 사용하여 행할 행위의 허가가 거부될 우려가 있어 불안정한 지위에 놓이게 된다. 따라서 건축신고 반려행위가 이루어진 단계에서 당사자로 하여금 반려행위의 적법성을 다투어 그 법적 불안을 해소한 다음 건축행위에 나아가도록 함으로써 장차 있을지도 모르는 위험에서 미리 벗어날 수 있도록 길을 열어 주고, 위법한 건축물의 양산과 그 철거를 둘러싼 분쟁을 조기에 근본적으로 해결할 수 있게 하는 것이 법치행정의 원리에 부합한다. 그러므로 이 사건 건축신고 반려행위는 항고소송의 대상이 된다고 보는 것이 옳다(대판 2010.11.18. 2008두167 전합).
>
> **Ⓑ 행정청의 착공신고 반려행위가 항고소송의 대상이 되는지 여부(적극)** [17 서울시 9급] **03**
>
> 건축주 등으로서는 착공신고가 반려될 경우, 당해 건축물의 착공을 개시하면 시정명령, 이행강제금, 벌금의 대상이 되거나 당해 건축물을 사용하여 행할 행위의 허가가 거부될 우려가 있어 불안정한 지위에 놓이게 된다. 따라서 착공신고 반려행위가 이루어진 단계에서 당사자로 하여금 반려행위의 적법성을 다투어 법적 불안을 해소한 다음 건축행위에 나아가도록 함으로써 장차 있을지도 모르는 위험에서 미리 벗어날 수 있도록 길을 열어 주고, 위법한 건축물의 양산과 철거를 둘러싼 분쟁을 조기에 근본적으로 해결할 수 있게 하는 것이 법치행정의 원리에 부합한다. 그러므로 행정청의 착공신고 반려행위는 항고소송의 대상이 된다고 보는 것이 옳다(대판 2011.6.10. 2010두7321).

이후 「건축법」은 법률을 개정하여 건축신고가 있게 되면 일정기간 내에 행정청은 수리 여부에 대해 응답을 하도록 규정하였다.

> **관련 법령**
>
> 「건축법」**제14조【건축신고】** ③ 특별자치시장·특별자치도지사 또는 시장·군수·구청장은 제1항에 따른 신고를 받은 날부터 5일 이내에 신고수리 여부 또는 민원 처리 관련 법령에 따른 처리기간의 연장 여부를 신고인에게 통지하여야 한다. 다만, 이 법 또는 다른 법령에 따라 심의, 동의, 협의, 확인 등이 필요한 경우에는 20일 이내에 통지하여야 한다.
> ④ 특별자치시장·특별자치도지사 또는 시장·군수·구청장은 제1항에 따른 신고가 제3항 단서에 해당하는 경우에는 신고를 받은 날부터 5일 이내에 신고인에게 그 내용을 통지하여야 한다.
> **제21조【착공신고 등】** ③ 허가권자는 제1항 본문에 따른 신고를 받은 날부터 3일 이내에 신고수리 여부 또는 민원 처리 관련 법령에 따른 처리기간의 연장 여부를 신고인에게 통지하여야 한다.
> ④ 허가권자가 제3항에서 정한 기간 내에 신고수리 여부 또는 민원 처리 관련 법령에 따른 처리기간의 연장 여부를 신고인에게 통지하지 아니하면 그 기간이 끝난 날의 다음 날에 신고를 수리한 것으로 본다.

ⓒ **신고의 요건**: 신고서의 기재사항에 흠이 없을 것, 필요한 구비서류가 첨부되어 있을 것 그 밖에 법령 등에 규정된 형식상의 요건에 적합할 것의 요건을 갖추어야 한다.
  ⓘ **요건을 갖추지 못한 신고**: 행정청은 법이 정한 요건을 갖추지 못한 신고서가 제출된 경우에는 지체 없이 상당한 기간을 정하여 신고인에게 보완을 요구하여야 한다.
  ⓘⓘ **신고서의 반환**: 행정청은 신고인이 기간 내에 보완을 하지 아니하였을 때에는 그 이유를 구체적으로 밝혀 해당 신고서를 되돌려 보내야 한다.

개념확인 O/X

01 건축신고의 반려행위는 항고소송의 대상이 되는 처분이 아니다.
12 국가9급 (O / X)

02 「건축법」에 따른 건축신고를 반려하는 행위는 장차 있을지도 모르는 위험에서 미리 벗어날 수 있도록 길을 열어주고 위법한 건축물의 양산과 그 철거를 둘러싼 분쟁을 조기에 근본적으로 해결할 수 있게 하여야 한다는 점에서 항고소송의 대상이 된다.
17 서울9급 (O / X)

03 「건축법」에 따른 착공신고를 반려하는 행위는 당사자에게 장래의 법적 불이익이 예견되지 않아 이를 법적으로 다툴 실익이 없으므로 항고소송의 대상이 될 수 없다.
17 서울9급 (O / X)

| 정답 | 01 X   02 O   03 X

개념확인 O/X

01 이른바 수리를 요하지 않는 신고의 경우 법이 정한 형식적 요건을 갖춘 신고서가 접수기관에 도달됨으로써 신고의 효력은 발생한다.
(O / X)

ⓓ **신고의 효력**: 요건을 갖춘 경우에는 신고서가 접수기관에 도달된 때에 신고의무가 이행된 것으로 본다. **01**
　ⅰ) 법이 정한 요건을 구비한 신고를 행정청이 거부한 경우: 원칙적으로 신고의 효력을 인정한다.
　ⅱ) 법이 정한 요건을 갖추지 못한 신고를 행정청이 수리한 경우: 원칙적으로 신고의 효력을 인정하지 않는다(행정청은 적법한 신고가 있는 경우에 법령이 정하지 아니한 사유를 들어 신고의 수리를 거부할 수 없다).

> **관련 판례** 신고서의 제출과 신고의 효력
>
> Ⓑ 수산제조업 신고에 있어서 담당공무원이 관계 법령에 규정되지 아니한 서류를 요구하여 신고서를 제출하지 못하였다는 사정만으로 신고가 있었던 것으로 볼 수 있는지 여부(소극)
>
> 수산제조업을 하고자 하는 사람이 형식적 요건을 모두 갖춘 수산제조업 신고서를 제출한 경우에는 담당공무원이 관계 법령에 규정되지 아니한 사유를 들어 그 신고를 수리하지 아니하고 반려하였다고 하더라도 그 신고서가 제출된 때에 신고가 있었다고 볼 것이나, 담당공무원이 관계 법령에 규정되지 아니한 서류를 요구하여 신고서를 제출하지 못하였다는 사정만으로는 신고가 있었던 것으로 볼 수 없다(대판 2002.3.12. 2000다73612).
>
> Ⓑ 수산제조업의 신고를 하는 자가 형식적 요건의 하자 없이 그 신고서를 구비서류까지 첨부하여 제출한 경우, 관할관청의 수리의무의 존부(적극) 및 담당공무원이 법령에 규정되지 아니한 다른 사유를 들어 그 신고를 반려한 경우, 신고의 효력발생시기(= 신고서 제출 시)
>
> 시장·군수·구청장에게 수산제조업 신고에 대한 실질적인 검토를 허용하고 있다고 볼 만한 규정을 두고 있지 아니하고 있으므로, 수산제조업의 신고를 하고자 하는 자가 그 신고서를 구비서류까지 첨부하여 제출한 경우 시장·군수·구청장으로서는 형식적 요건에 하자가 없는 한 수리하여야 할 것이고, 나아가 관할관청에 신고업의 신고서가 제출되었다면 담당공무원이 법령에 규정되지 아니한 다른 사유를 들어 그 신고를 수리하지 아니하고 반려하였다고 하더라도, 그 신고서가 제출된 때에 신고가 있었다고 볼 것이다(대판 1999.12.24. 98다57419).

ⓔ **신고필증의 교부**: 반드시 필요한 것은 아니다.
ⓕ **행정청의 의무**: 법령 등에서 행정청에 일정한 사항을 통지함으로써 의무가 끝나는 신고를 규정하고 있는 경우 신고를 관장하는 행정청은 신고에 필요한 구비서류, 접수기관 그 밖에 법령 등에 따른 신고에 필요한 사항을 게시(인터넷 등을 통한 게시를 포함한다)하거나 이에 대한 편람을 갖추어 두고 누구나 열람할 수 있도록 하여야 한다.

> **관련 판례** 자체완성적 신고(수리불요신고)
>
> Ⓐ 「체육시설의 설치·이용에 관한 법률」 제18조에 의한 행정청에 대한 신고에 행정청의 수리행위를 요하는지 여부(소극) [17 하반기 국가직 7급, 14 국가직 9급, 11 국가직 9급] **02**
>
> 행정청에 대한 신고는 일정한 법률의 사실 또는 법률관계에 관하여 관계관청에 일방적으로 통고를 하는 것을 뜻하는 것으로서 법에 별도의 규정이 있거나 다른 특별한 사정이 없는 한 행정청에 대한 통고로서 그치는 것이고, 그에 대한 행정청의 반사적 결정을 기다릴 필요가 없는 것이므로, 회사가 한 이 사건의 변경신고서는 그 신고 자체가 위법하다거나 그 신고에 무효 없는 한 이것은 경기도지사에 제출하여 접수된 때 신고가 있었다고 볼 것이고, 경기도지사의 수리행위가 있어야만 신고가 있었다고 볼 것은 아니다(대결 1993.7.6. 자 93마635).

02 「체육시설의 설치·이용에 관한 법률」상 신고체육시설업에 대한 변경신고를 적법하게 하였으나, 관할 행정청이 수리를 거부한 경우에는 신고의 효력이 발생한다.
17 하반기 국가7급 (O / X)

Ⓑ 「체육시설의 설치·이용에 관한 법률」상 골프연습장 이용료 변경신고 [14 국가직 9급]

> 위 시행령 제11조 제3항이 시·도지사는 이 신고를 받은 때에 그 이용료 또는 관람료가 심히 부당하다고 판단될 때에는 이를 조정하여야 한다고 규정하였다고 하여도 이는 신고 후의 조치를 규정한 것이라고 볼 것이고, 위 시행규칙 소정의 서식에 접수 - 검토, 조정 - 수리 - 통보로 되어 있는 것도 신고서의 접수 후의 처리절차를 규정한 것에 지나지 않는다고 볼 것이고, 시·도지사가 신고서를 접수, 검토, 조정의 절차를 거쳐 수리하는 때에 비로소 신고가 있었다고 해석할 것은 아니다 (대결 1993. 7. 6. 자 93마635).

Ⓑ 「체육시설의 설치·이용에 관한 법률」상의 체육시설업(당구장) 신고 [25 국가직 9급] 01

> 「체육시설의 설치·이용에 관한 법률」 제10조, 제11조, 제22조, 같은 법 시행규칙 제8조 및 제25조의 각 규정에 의하면, 체육시설업은 등록체육시설업과 신고체육시설업으로 나누어지고, 당구장업과 같은 신고체육시설업을 하고자 하는 자는 체육시설업의 종류별로 같은 법 시행규칙이 정하는 해당 시설을 갖추어 소정의 양식에 따라 신고서를 제출하는 방식으로 시·도지사에 신고하도록 규정하고 있으므로, 소정의 시설을 갖추지 못한 체육시설업의 신고는 부적법한 것으로 그 수리가 거부될 수밖에 없고 그러한 상태에서 신고체육시설업의 영업행위를 계속하는 것은 무신고 영업행위에 해당할 것이지만, 이에 반하여 적법한 요건을 갖춘 신고의 경우에는 행정청의 수리처분 등 별단의 조치를 기다릴 필요 없이 그 접수 시에 신고로서의 효력이 발생하는 것이므로 그 수리가 거부되었다고 하여 무신고 영업이 되는 것은 아니다(대판 1998. 4. 24. 97도3121).

Ⓑ 「체육시설의 설치·이용에 관한 법률」상 등록체육시설에 대한 사업시행계획의 승인을 얻은 자가 제출한 사업시설의 착공계획서를 행정청이 수리하고 통보하는 행위

> (구)「체육시설의 설치·이용에 관한 법률」 제16조의 규정을 종합하여 볼 때, 등록체육시설업에 대한 사업계획의 승인을 얻은 자는 규정된 기한 내에 사업시설의 착공계획서를 제출하고 그 수리 여부에 상관없이 설치공사에 착수하면 되는 것이지, 착공계획서가 수리되어야만 비로소 공사에 착수할 수 있다거나 그 밖에 착공계획서 제출 및 수리로 인하여 사업계획의 승인을 얻은 자에게 어떠한 권리를 설정하거나 의무를 부담케 하는 법률효과가 발생하는 것이 아니므로 행정청이 사업계획의 승인을 얻은 자의 착공계획서를 수리하고 이를 통보한 행위는 그 착공계획서 제출사실을 확인하는 행정행위에 불과하고 그를 항고소송이나 행정심판의 대상이 되는 행정처분으로 볼 수 없다(대판 2001. 5. 29. 99두10292).

Ⓑ 「의료법」에 의한 의원·치과의원·한의원 또는 조산소의 개설신고 [12 국가직 9급] 02

> 「의료법」에서 종합병원이나 병원과는 달리 의원, 치과의원, 한의원 등을 개설하거나 이를 이전 또는 그 개설에 관한 신고사항을 변경하고자 할 때에는 보건사회부령이 정하는 바에 의하여 도지사에게 신고하면 족한 것으로 규정하고 있으므로, 의원의 개설이나 그 개설장소를 이전하는 신고를 받은 행정청이 그 신고를 실질적으로 심사하여 수리 여부를 결정할 수 있는 규정이 없는 이상 행정청은 당연히 그 신고를 수리하여야 한다(대판 1984. 12. 11. 84도2108).

Ⓑ (구)축산물가공처리법령에서 규정하는 시설기준을 갖추어 축산물판매업 신고를 한 경우의 효력 [17 하반기 국가직 7급] 03

> 축산물판매업을 하고자 하는 자는 농림부령이 정하는 기준에 적합한 시설을 갖추고 시장·군수·구청장에게 신고하여야 한다고만 규정하고 있는바, 이러한 법령에 비추어 볼 때 행정관청으로서는 위 법령에서 규정하는 시설기준을 갖추어 축산물판매업 신고를 하는 경우 당연히 그 신고를 수리하여야 하고, 적법한 요건을 갖춘 신고의 경우에는 행정청의 수리처분 등 별단의 조치를 기다릴 필요 없이 그 접수 시에 신고로서의 효력이 발생하는 것이므로 그 수리가 거부되었다고 하여 미신고 영업이 되는 것은 아니라고 할 것이다(대판 2010. 4. 29. 2009다97925).

개념확인 O/X

01 「체육시설의 설치 이용에 관한 법률」 상의 신고체육시설업에 있어서 적법한 요건을 갖춘 신고의 경우에는 행정청의 수리처분 등 별단의 조치를 기다릴 필요 없이 그 접수시에 신고로서의 효력이 발생하는 것이므로 그 수리가 거부되었다고 하여 무신고 영업이 되는 것은 아니다.
25 국가9급 (O / X)

02 「의료법」상 의원·치과의원 개설신고의 경우 그 신고필증의 교부행위는 신고사실의 확인행위에 해당한다.
12 국가9급 (O / X)

03 「축산물 위생관리법」상 축산물판매업에 대한 부적법한 신고가 있었으나, 관할 행정청이 이를 수리한 경우에는 신고의 효력이 발생한다.
17 하반기 국가7급 (O / X)

| 정답 | 01 O   02 O   03 X

개념확인 O/X

ⓑ **등록된 다단계업자의 상호변경신고의 경우**

> 다단계판매업등록이 되어 있는 자가 상호를 변경한 경우의 변경신고는 수리를 요하는 신고라고 할 수 없어 그 수리를 하여야 변경신고의 효력이 발생하는 것이 아니므로, 그 상호를 변경한 때로부터 10일 이내에 시·도지사에게 상호변경신고서를 제출하고 그 수리가 이루어지기 전에 변경된 상호로 영업을 하였더라도 같은 법 제58조 제1호의 무등록 다단계판매조직의 개설·운영의 죄로 처벌할 수는 없다고 할 것이다(대판 2005.11.24. 2003도2213).

ⓑ **「공동주택관리규칙」에 의한 대문설치신고**

> 「공동주택관리규칙」제4조의2 소정의 신고대상인 건축행위를 하고자 할 경우, 그 관계 법령에 정해진 적법한 요건을 갖춘 신고만을 하면 그와 같은 건축행위를 할 수 있고 행정청의 수리처분 등 별단의 조처를 기다릴 필요가 없다고 할 것이며, 그 신고를 받은 행정청이 관계 법령상의 사유 이외의 사유를 들어 수리를 거부할 수 없다(대판 1999.4.27. 97누6780).

ⓑ **공동주택의 옥외운동시설의 변동사실의 신고**

> 공동주택 입주민의 옥외운동시설인 테니스장을 배드민턴장으로 변경하고 그 변동사실을 신고하여 관할 시장이 그 신고를 수리한 경우, 그 용도변경은「주택건축촉진법」상 신고를 요하는 입주자 공유인 복리시설의 용도변경에 해당하지 아니하므로 그 변동사실은 신고할 사항이 아니고 관할 시장이 그 신고를 수리하였다 하더라도 그 수리는 공동주택 입주민의 구체적인 권리의무에 아무런 변동을 초래하지 않으므로 그런 이유로 항고소송의 대상이 되는 행정처분이 아니다(대판 2000.12.22. 99두455).

ⓑ **기타**

> 1. 「산업집적활성화 및 공장설립에 관한 법률」에 따른 공장설립신고
> 2. (구)「집회 및 시위에 관한 법률」에 따른 옥외집회·시위신고
> 3. 「공중위생관리법」에 따른 공중위생영업(이·미용업, 세탁업, 목욕장업, 숙박업, 위생관리용역업 등)의 개설이나 변경신고
> 4. 출생신고, 사망신고, 이혼신고, 납세신고, 국적이탈신고 등
> 「식품위생법」에 따른 식품접객업의 영업신고 요건을 갖추었으나, 그 영업신고를 한 당해 건축물이 무허가 건물일 경우 그 영업신고는 부적법하다(대판 2009.4.23. 2008도6829).

ⓛ **행정요건적 신고(수리필요신고, 완화된 허가제로서 신고)**
  ⓐ **개념**: 상대방의 신고에 대해 행정청이 수리를 함으로써 법적 효력이 발생하는 신고이다. **01**
  ⓑ **수리나 수리거부의 처분성**: 이 신고의 경우에는 행정청의 수리를 요하며, 행정청의 수리나 수리의 거부는 항고소송대상인 처분이 된다. **02 03**
  ⓒ **신고의 효력**: 행정청의 수리로써 비로소 효력이 발생한다. 따라서 법이 정한 요건을 갖춘 신고의 경우에도 행정청이 수리를 거부하면 신고의 효력은 발생하지 않고, 반대로 법이 정한 요건을 갖추지 못한 신고라도 행정청이 수리하면 일단 신고의 효력은 발생한다.

---

01 「행정절차법」은 수리를 요하는 신고를 규정하고 있다.
11 지방9급 (O/X)

02 수리를 요하는 신고에서 수리는 행정소송의 대상인 처분에 해당한다.
15 지방9급 (O/X)

03 수리를 요하는 신고에서의 수리와 허가제의 허가는 구별되는 개념이다.
14 서울9급 (O/X)

| 정답 | 01 X 02 O 03 O

관련 법령

「**행정기본법**」**제34조【수리 여부에 따른 신고의 효력】** 법령 등으로 정하는 바에 따라 행정청에 일정한 사항을 통지하여야 하는 신고로서 법률에 신고의 수리가 필요하다고 명시되어 있는 경우(행정기관의 내부 업무 처리 절차로서 수리를 규정한 경우는 제외한다)에는 행정청이 수리하여야 효력이 발생한다.

　　ⓓ 신고의 요건심사의 기준과 범위
　　　ⅰ) 원칙 – 형식적 요건심사: 행정청의 심사는 원칙적으로 형식적 요건심사이다. 따라서 대법원은 실체적 사유를 들어 신고의 수리를 거부할 수 없다고 한다.
　　　ⅱ) 예외 – 실체적 심사: 인허가의제로서의 건축신고

관련 판례

Ⓑ 신고의 수리처분 시 실체적 사유를 들어 수리를 거부할 수 있는지 여부 [19 지방직 7급, 17 지방직 7급] **01 02**

허가대상 건축물의 양수인이 (구)「건축법 시행규칙」(1992.6.1. 건설부령 제504호로 전문 개정되기 전의 것)에 규정되어 있는 형식적 요건을 갖추어 시장·군수에게 적법하게 건축주의 명의변경을 신고한 때에는 시장·군수는 그 신고를 수리하여야지 실체적인 이유를 내세워 신고의 수리를 거부할 수 없다(대판 1993.10.12. 93누883).

Ⓒ 건축관계자 변경신고에서 농지보전부담금의 권리승계를 증명할 수 있는 서류가 제출되지 아니하였다고 신고를 반려할 수 없다

농지전용허가가 의제되는 건축허가를 받은 토지와 그 지상에 건축 중인 건축물의 소유권을 경매절차에서 양수한 자가 건축관계자 변경신고를 하는 경우 행정청은 '농지보전부담금의 권리승계를 증명할 수 있는 서류'가 제출되지 않았다는 이유로 그 신고를 반려할 수 없다(대판 2022.6.30. 2021두57124).

Ⓐ 인·허가의제로서의 건축신고는 실체적 요건심사를 통한 수리필요신고 [25 국가직 9급, 20 국가직 9급, 20 지방직 9급, 19 지방직 7급, 19 국회직 8급, 17 하반기 국가직 7급, 17 지방직 7급, 17 서울시 9급, 17 사회복지직, 16 국가직 9급, 15 지방직 9급, 12 국가직 9급] **03 04 05 06**

인·허가의제 효과를 수반하는 건축신고는 일반적인 건축신고와는 달리, 특별한 사정이 없는 한 행정청이 그 실체적 요건에 관한 심사를 한 후 수리하여야 하는 이른바 '수리를 요하는 신고'로 보는 것이 옳다(대판 2011.1.20. 2010두14954 전합).

　　　ⅲ) 심사의 범위: 원칙적으로 당해 법상의 요건심사이다. 하지만 대법원은 예외적으로 타법상의 요건심사를 하여야 하는 경우도 있다고 하는데, 인·허가의제로서의 건축신고, 골재파쇄신고 등이 이에 해당한다.

관련 판례

Ⓐ 전입신고의 경우 심사범위는 「주민등록법」상의 요건만 대상이다 [20 국가직 9급, 19 지방직 9급, 18 지방직 7급, 17 국가직 7급, 17 지방직 7급, 17 사회복지직, 16 국가직 9급, 11 지방직 9급] **07 08**

전입신고자가 거주의 목적 이외에 다른 이해관계에 관한 의도를 가지고 있는지 여부, 무허가 건축물의 관리, 전입신고를 수리함으로써 당해 지방자치단체에 미치는 영향 등과 같은 사유는 「주민등록법」이 아닌 다른 법률에 의하여 규율되어야 하고, 주민등록전입신고의 수리 여부를 심사하는 단계에서는 고려대상이 될 수 없다(대판 2009.6.18. 2008두10997 전합).

개념확인 O/X

01 신고행위의 하자가 중대·명백하여 당연무효에 해당하는지에 대하여는 신고행위의 근거가 되는 법규의 목적, 의미, 기능 및 하자 있는 신고행위에 대한 법적 구제수단 등을 목적론적으로 고찰함과 동시에 신고행위에 이르게 된 구체적 사정을 개별적으로 파악하여 합리적으로 판단하여야 한다.
17 지방7급　　　　　　　　(O / X)

02 가설건축물 존치기간을 연장하려는 건축주 등이 법령에 규정되어 있는 제반 서류와 요건을 갖추어 행정청에 연장신고를 한 경우, 행정청으로서는 법령에서 요구하고 있지도 아니한 '대지사용승낙서' 등의 서류가 제출되지 아니하였거나, 대지소유권자의 사용승낙이 없다는 등의 사유를 들어 가설건축물 존치기간 연장신고의 수리를 거부하여서는 아니 된다.
19 지방7급　　　　　　　　(O / X)

03 인·허가의제 효과를 수반하는 건축신고는 행정청이 그 실체적 요건에 관한 심사를 한 후 수리하여야 하기 때문에 수리를 요하는 신고이다.
17 서울9급　　　　　　　　(O / X)

04 타법상의 인·허가의제가 수반되는 「건축법」상의 건축신고는 특별한 사정이 없는 한 행정청이 그 실체적 요건에 관한 심사를 한 후 수리하여야 한다.
17 사회복지　　　　　　　(O / X)

05 인·허가의제 효과를 수반하는 건축신고는 일반적인 건축신고와 같이 자기완결적 신고이다.
25 국가9급, 15 지방9급　　(O / X)

06 건축신고가 수리를 요하지 않는 신고라면 인·허가의제 효과를 수반하는 경우에도 그러한 건축신고는 특별한 사정이 없는 한 수리를 요하지 않는 신고로 보아야 한다.
16 국가9급　　　　　　　　(O / X)

07 주민등록전입신고는 수리를 요하는 신고에 해당하지만, 이를 수리하는 행정청은 거주의 목적에 대한 판단 이외에 부동산투기 목적 등의 공익상의 이유를 들어 주민등록전입신고의 수리를 거부할 수는 없다.
16 국가9급　　　　　　　　(O / X)

08 「주민등록법」상 전입신고를 적법하게 하였으나, 관할 행정청이 수리를 거부한 경우에 신고의 효력이 발생한다.
17 하반기 국가7급　　　　(O / X)

개념확인 O/X

ⓑ 골재선별·파쇄 신고는 다른 법령의 사유도 심사대상이 된다

> 시장·군수 또는 구청장이 골재선별·세척 또는 파쇄 신고에 대하여 실질적인 요건을 심사하여 신고를 수리하거나 거부할 수 있고, 이때 다른 법령에서 정한 사유도 심사의 대상으로 삼을 수 있다(대판 2009.6.11. 2008두18021).

ⓔ **신고필증의 교부**: 실무상으로는 신고필증을 교부하나, 신고필증의 교부가 필수적인 것은 아니다.

관련 판례

Ⓐ 납골당설치 신고가 '수리를 요하는 신고'인지 여부(적극) 및 수리행위에 신고필증 교부 등 행위가 필요한지 여부(소극) [25 국가직 9급, 19 국회직 8급, 19 사회복지직 9급, 18 지방직 7급] 01

> 납골당설치 신고는 이른바 '수리를 요하는 신고'라 할 것이므로, 납골당설치 신고가 (구)장사법 관련 규정의 모든 요건에 맞는 신고라 하더라도 신고인은 곧바로 납골당을 설치할 수는 없고, 이에 대한 행정청의 수리처분이 있어야만 신고한 대로 납골당을 설치할 수 있다. 한편, 수리란 신고를 유효한 것으로 판단하고 법령에 의하여 처리할 의사로 이를 수령하는 수동적 행위이므로 수리행위에 신고필증 교부 등 행위가 꼭 필요한 것은 아니다(대판 2011.9.8. 2009두6766).

01 (구)『장사 등에 관한 법률』상 납골당설치 신고는 수리를 요하지 않는 자기완결적 신고에 해당하므로, 형식적 요건을 갖춘 신고서가 접수기관에 도달한 때 곧바로 효력이 발생한다
25 국가9급 (O / X)

Ⓑ 납골당 신고에 대한 행정청의 이행통지는 수리를 의미한다

> 파주시장이 종교단체 납골당설치 신고를 한 갑 교회에, '(구)「장사 등에 관한 법률」(2007.5.25. 법률 제8489호로 전부 개정되기 전의 것, 이하 '(구)장사법'이라 한다) 등에 따라 필요한 시설을 설치하고 유골을 안전하게 보관할 수 있는 설비를 갖추어야 하며 관계 법령에 따른 허가 및 준수 사항을 이행하여야 한다'는 내용의 납골당설치 신고사항 이행통지를 한 사안에서, 이행통지는 납골당설치 신고에 대하여 파주시장이 납골당설치 요건을 구비하였음을 확인하고 (구)장사법령상 납골당설치 기준, 관계 법령상 허가 또는 신고내용을 고지하면서 신고한 대로 납골당 시설을 설치하도록 한 것이므로, 파주시장이 갑 교회에 이행통지를 함으로써 납골당설치 신고수리를 하였다고 보는 것이 타당하고, 이행통지가 새로이 갑 교회 또는 관계자들의 법률상 지위에 변동을 일으키지는 않으므로 이를 수리처분과 별도로 항고소송대상이 되는 다른 처분으로 볼 수 없다(대판 2011.9.8. 2009두6766).

심화 학습 관련한 참고 판례

> 납골당 설치장소에서 500m 내에 20호 이상의 인가가 밀집한 지역에 거주하는 주민들의 경우, 납골당이 누구에 의하여 설치되는지와 관계없이 납골당 설치에 대하여 환경이익 침해 또는 침해 우려가 있는 것으로 사실상 추정되어 원고적격이 인정되는지 여부(적극)
> 이러한 납골시설 설치장소에서 500m 내에 20호 이상의 인가가 밀집한 지역에 거주하는 주민들은 납골당 설치에 대하여 환경상 이익 침해를 받거나 받을 우려가 있는 것으로 사실상 추정된다. 다만, 사설납골시설 중 종교단체 및 재단법인이 설치하는 납골당에 대하여는 그와 같은 설치 장소를 제한하는 규정을 명시적으로 두고 있지 않지만, 종교단체나 재단법인이 설치한 납골당이라 하여 납골당으로서 성질이 가족 또는 종중, 문중 납골당과 다르다고 할 수 없고, 인근 주민들이 납골당에 대하여 가지는 쾌적한 주거, 경관, 보건위생 등 생활환경상의 이익에 차이가 난다고 볼 수 없다. 따라서 납골당 설치장소에서 500m 내에 20호 이상의 인가가 밀집한 지역에 거주하는 주민들에게는 납골당이 누구에 의하여 설치되는지를 따질 필요 없이 납골당 설치에 대하여 환경이익 침해 또는 침해 우려가 있는 것으로 사실상 추정되어 원고적격이 인정된다고 보는 것이 타당하다(대판 2011.9.8. 2009두6766).

ⓕ **신고의 수리에서 행정절차준수 여부**: 신고에 대한 수리로써 침익적 효과가 발생하는 경우에는 소정의 행정절차를 실시하여야 한다.

| 정답 | 01 X

| 관련 판례 | 행정요건적 신고(수리필요신고)

B 무허가건축물에서 골프연습장 신고

「체육시설의 설치 및 이용에 관한 법률」에 따른 골프연습장의 신고요건을 갖춘 자라 할지라도 골프연습장을 설치하려는 건물이 「건축법」상 무허가 건물이라면 적법한 신고를 할 수 없다 할 것이므로 원고가 무허가 건물에 골프연습장을 설치하겠다고 신고한 데 대하여 관할 행정청이 그 신고를 반려한 것은 정당하다고 하고 신고에도 행정청의 수리행위가 필요하고 수리거부는 행정소송의 대상이 되는 처분으로 본다(대판 1993.4.27. 93누1374).
※ 신고가 위법한 것임을 이유로 하는 행정청의 당구장설치신고 수리거부행위를 취소소송의 대상인 처분으로 보고 있다.

B 신고수리에 의하여 허가와 같은 효과가 발생하는 경우

「액화석유가스의 안전 및 사업관리법」 제7조 제2항에 의한 사업양수에 의한 지위승계신고를 수리하는 허가관청의 행위는 단순한 양도·양수자 사이에 발생한 사법상의 사업양도의 법률효과에 의하여 양수자가 사업을 승계하였다는 사실의 신고를 접수하는 행위에 그치는 것이 아니라 실질에 있어서 양도자의 허가를 취소함과 아울러 양수자에게 적법하게 사업을 할 수 있는 법규상의 권리를 설정해 주는 행위로서 사업허가자 변경이라는 법률효과를 발생시키는 행위이므로 허가관청이 같은 법 제27조 제2항에 의한 사업양수에 의한 지위승계 신고를 수리하는 행위는 행정처분에 해당한다(대판 1993.6.8. 91누11544).

B 볼링장영업을 위한 체육시설업신고 수리거부처분은 항고소송의 대상이 되는 행정처분이다

피고의 이 사건 체육시설업신고수리거부처분 또한 항고소송의 대상이 되는 행정처분이라 할 것이므로(당원 1991.7.12. 90누8350 판결, 1993.4.27. 93누1374 판결 등 참조), 이와 다른 견해에서 원심을 탓하는 논지는 이유 없다(대판 1996.2.27. 94누6062).
※ 볼링장영업을 위한 체육시설업신고는 일반적으로 수리불요신고로 본다.

B 혼인신고의 효력은 신고를 수리함으로써 발생한다

혼인은 (구)「호적법」에 따라 호적공무원이 그 신고를 수리함으로써 유효하게 성립되는 것이다(대판 1991.12.10. 91므344).
cf. 학자들은 헌법이 보장하는 국민의 혼인의 자유를 부정하는 것이라고 반박한다.

B 영업자지위승계신고는 신고의 수리를 통해 법적 효과가 발생한다

(구)「식품위생법」상 행정청의 영업자지위승계신고의 수리는 단순히 영업승계사실의 신고를 접수하는 행위에 불과한 것이 아니라, 실질적으로 양수인의 영업허가에 대한 설권행위이다(대판 2001.2.9. 2000도2050).

B 유료노인복지주택의 설치신고의 수리 여부에 대한 심사에서 입소대상자 여부를 심사할 수 있다 [14 국가직 9급] **01**

「노인복지법」에 의한 유료노인복지주택의 설치신고를 받은 행정관청으로서는 그 유료노인복지주택의 시설 및 운영기준이 위 법령에 부합하는지와 아울러 그 유료노인복지주택이 적법한 입소대상자에게 분양되었는지 및 설치신고 당시 부적격자들이 입소하고 있지는 않은지 여부까지 심사하여 그 신고의 수리 여부를 결정할 수 있다(대판 2007.1.11. 2006두14537).

| 개념확인 O/X |

01 유료노인복지주택의 설치신고를 받은 행정관청의 그 유료노인복지주택의 시설 및 운용기준이 법령에 부합하는지와 설치신고 당시 부적격자들이 입소하고 있는지 여부를 심사할 수 있다.
14 국가9급 (O/X)

| 정답 | 01 O

개념확인 O/X

🅑 **양도·양수에 의한 지위승계신고의 수리는 재량이라 할 수 없다**

(구)「관광진흥법」제8조 등 관계 규정의 형식이나 체재 또는 문언 등을 종합하여 보면, 관광사업의 양도·양수에 의한 지위승계신고에 대하여는 적법·유효한 사업양도가 있고, 양수인에게 (구)「관광진흥법」제7조 제1항 각 호의 결격사유가 없는 한 행정청이 다른 사유를 들어 수리를 거절할 수 없다고 할 것이므로, 위 신고의 수리에 관한 처분을 재량행위라고 볼 수 없다(대판 2007.6.29. 2006두4097).

🅑 **지위승계신고의 수리를 양도·양수협약에 대하여 파산관재인이 해지권을 행사할 수 있다면 보류할 수 있다**

(구)「관광진흥법」에 따른 관광사업의 양도·양수에 관한 협약에 대하여 파산관재인이 해지권 등을 행사할 수 있는 경우, 위 해지권 행사 여부에 따른 양도·양수협약의 유동적 상태가 해소될 때까지 위 협약에 따른 지위승계신고의 수리를 보류하는 처분을 할 수 있다(대판 2007.6.29. 2006두4097).

🅑 **회원제골프장 운영자의 회원모집계획서는 수리필요신고에 해당한다**

예탁금회원제 골프장의 회원을 모집하고자 하는 자의 시·도지사 등에 대한 회원모집계획서 제출은 수리를 요하는 신고에서의 신고에 해당하며, 시·도지사 등의 검토결과 통보는 수리행위로서 행정처분에 해당한다(대판 2009.2.26. 2006두16243).

🅑 **전입신고 수리의 경우의 투기나 이주대책요구 등이 심사대상이 될 수 없다** [11 지방직 9급]

무허가 건축물을 실제 생활의 근거지로 삼아 10년 이상 거주해 온 사람의 주민등록전입신고를 거부한 사안에서, 부동산투기나 이주대책 요구 등을 방지할 목적으로 주민등록전입신고를 거부하는 것은 「주민등록법」의 입법목적과 취지 등에 비추어 허용될 수 없다(대판 2009.6.18. 2008두10997 전합).

🅑 **비산먼지배출업신고는 다른 법령에서 허용하지 않으면 수리를 거부할 수 있다**

비산먼지배출사업을 하고자 하는 사람이 (구)「대기환경보전법」 등에 정한 형식적 요건을 모두 갖춘 사업신고서를 제출한 경우, 행정청은 특별한 사정이 없는 한 이를 수리하여야 하지만, 비산먼지배출사업을 하는 것 자체가 다른 법령에 의하여 허용되지 않을 때 행정청이 그 신고의 수리를 거부할 수 있다(대판 2008.12.24. 2007두17076).

🅑 **건축주의 건축주 명의변경신고에서 이에 대한 수리거부행위는 취소소송의 대상이 되는 행정처분이 된다** [20 국가직 7급]

건축주 명의변경신고 수리거부행위는 행정청이 허가대상건축물 양수인의 건축주 명의변경신고라는 구체적인 사실에 관한 법집행으로서 그 신고를 수리하여야 할 법령상의 의무를 지고 있음에도 불구하고 그 신고의 수리를 거부함으로써, 양수인이 건축공사를 계속하기 위하여 또는 건축공사를 완료한 후 자신의 명의로 소유권보존등기를 하기 위하여 가지는 구체적인 법적 이익을 침해하는 결과가 되었다고 할 것이므로, 비록 건축허가가 대물적 허가로서 그 허가의 효과가 허가대상건축물에 대한 권리변동에 수반하여 이전된다고 하더라도, 양수인의 권리의무에 직접 영향을 미치는 것으로서 취소소송의 대상이 되는 처분이라고 하지 않을 수 없다(대판 1992.3.31. 91누4911).

B 사회단체등록의 의의와 성질

「사회단체 등록에 관한 법률」에 의한 등록신청의 법적 성질은 사인의 공법행위로서의 신고이고 등록은 당해 신고를 수리하는 것을 의미하는 준법률행위적 행정행위라 할 것이나 법 제4조 제1항의 형식요건의 불비가 없는데도 불구하고 등록의 거부처분을 당한 신고인은 우선 법 제10조 소정의 행정벌의 제재를 벗어나기 위하여 또한 법의 정당한 적용을 청구하는 의미에서도 위와 같은 거부처분에 대한 취소청구를 할 이익이 있는 것이다(대판 1989.12.26. 87누308 전합).

A 대규모점포의 개설등록은 수리를 요하는 신고이다 [19 지방직 7급, 19 국회직 8급, 18 지방직 7급] 01

(구)「유통산업발전법」에 따른 대규모점포의 개설등록 및 (구)「재래시장법」에 따른 시장관리자 지정은 행정청이 실체적 요건에 관한 심사를 한 후 수리하여야 하는 이른바 '수리를 요하는 신고'로서 행정처분에 해당한다(대판 2019.9.10. 2019다208953).

C (구)「노인장기요양보험법」에 따른 인력현황 변경신고가 '수리를 요하는 신고'에 해당함

노인복지법령이 규정하고 있는 노인요양시설, 재가노인복지시설의 직원배치기준의 내용 등을 종합하여 보면, 구 「노인장기요양보험법」 제33조에 따른 인력현황 변경신고는 '수리를 요하는 신고'에 해당한다고 봄이 타당하다(대판 2024.5.30. 2023두54105).

B 기타 수리를 요하는 신고

1. 채석허가 수허가자 명의변경신고
2. 「식품위생법」에 따른 영업허가명의변경신고
3. 「수산업법」 제44조의 관행 어업의 신고 [17 하반기 국가직 7급] 02
4. 맨손어업신고
5. 「유선 및 도선업법」상 유선장의 경영신고나 변경신고
6. (구)「농지법」상의 농지전용신고
7. (구)「국토이용관리법」상의 토지거래신고
8. (구)「외국환거래법」상의 외국환거래신고
9. (구)「관광진흥법」상의 관광사업의 양도·양수에 의한 지위승계신고
10. 개발제한구역 내에서의 골프연습장이나 건축신고
11. 인·허가의제효과를 수반하는 건축신고
12. 「악취방지법」상의 악취배출시설 설치·운영

개념확인 O/X

01 「유통산업발전법」상 대규모 점포의 개설 등록은 이른바 '수리를 요하는 신고'로서 행정처분에 해당한다.
19 지방7급 (O / X)

02 「수산업법」상 어업신고를 적법하게 하였으나, 관할 행정청이 수리를 거부한 경우에 신고의 효력이 발생한다.
17 하반기 국가7급 (O / X)

수리불요신고와 수리필요신고의 주요내용 비교

신고의 수리			
	의무적 수리	수리불요 신고	문제되지 않음
		수리필요 신고	• 법령이 정한 요건 구비 시 수리의무 • 법정 요건 이외의 사유로 거부할 수 없음 • 부적법한 신고의 경우, 수리하면 하자 있는 행정행위
	신고필증	수리불요 신고	• 사인이 일정사실을 행정기관에 알렸다는 사실을 확인해주는 의미(대판 1985. 4.23. 84도2953) • 신고를 수리한 것을 말소하는 행위도 사실행위에 불과하여, 소의 대상이 되지 않음[「부가가치세법」상 사업등록의 직권말소 의미(대판 2000.12.22. 99두6903)]
		수리필요 신고	신고를 수리하였음을 증명하는 서면으로서 신고한 사인들에게 새로운 법적 효과를 발생시키는 직접적인 원인행위가 됨

| 정답 | 01 O 02 X

신고의 효과	적법한 신고의 경우	수리불요 신고	• 요건을 갖춘 신고서가 접수기관에 도달된 때 신고의 의무가 이행된 것으로 봄(「행정절차법」 제40조 제2항). • 단, 법률상의 요건 외에 타법상의 요건도 충족하여야 하는 경우, 타법상의 요건을 충족시키지 못하는 한 적법한 신고라 볼 수 없음 • 「학교보건법」과 「체육시설의 설치·이용에 관한 법률」은 그 입법목적, 규정사항, 적용범위 등을 서로 달리 하고 있어서 당구장의 설치에 관하여 「체육시설의 설치·이용에 관한 법률」이 「학교보건법」에 우선하여 배타적으로 적용되는 관계에 있다고는 해석되지 아니하므로 「체육시설의 설치·이용에 관한 법률」에 따른 당구장업의 신고요건을 갖춘 자라 할지라도 「학교보건법」 제5조 소정의 학교환경 위생정화구역 내에서는 같은 법 제6조에 의한 별도 요건을 충족하지 아니하는 한 적법한 신고를 할 수 없다고 보아야 한다(대판 1991.7.12, 90누8350).
		수리필요 신고	행정청이 수리함으로써 비로소 신고의 효과 발생
	부적법한 신고의 효과	수리불요 신고	• 행정청이 수리하여도 신고의 효과는 발생하지 않음 • 요건미비의 부적법한 신고를 하고 신고영업행위를 하면, 무신고영업으로서 불법영업에 해당함 • 따라서 이러한 경우에는 취소처분이 아니라 영업장폐쇄조치로 위법상태를 제거할 수 있음
		수리필요 신고	① 하자 있는 수리행위가 됨 ② 수리행위가 무효사유인 경우 　• 신고의 효과가 발생하지 않음 　• 무신고영업으로서 불법영업에 해당함 ③ 수리행위가 취소사유인 경우 　• 신고의 효과가 발생함 　• 수리가 취소되기 전까지 불법영업이 아님 　• 수리행위의 취소를 통해 신고영업을 막을 수 있음
신고의 수리 거부		수리불요 신고	거부행위는 「행정소송법」상 처분에 해당하지 않음(「건축법」상 소규모건축신고는 처분에 해당)
		수리필요 신고	• 신고의 수리 또는 수리의 거부는 「행정소송법」상의 처분에 해당함 • 위법한 거부처분은 항고소송을 통해 구제 가능

▎정리

자기완결적 신고	행정요건적 신고
1. 「체육시설의 설치·이용에 관한 법률」상 신고 2. 「체육시설의 설치·이용에 관한 법률」상 골프연습장 이용료 변경신고 3. 「체육시설의 설치·이용에 관한 법률」상의 체육시설업(당구장) 신고 4. 「체육시설의 설치·이용에 관한 법률」상 등록체육시설에 대한 사업시행계획의 승인을 얻은 자가 제출한 사업시설의 착공계획서 5. 수산제조업의 신고 6. 「의료법」에 의한 의원·치과의원·한의원 또는 조산소의 개설신고 7. (구)축산물가공처리법령상 시설기준을 갖춘 축산물판매업 신고 8. 등록된 다단계업자의 상호변경신고	1. 혼인신고 2. 영업자지위승계신고 3. 유료노인복지주택의 설치신고 4. 회원제골프장 운영자의 회원모집계획서 5. 전입신고(주민등록) 6. 비산먼지배출업신고 7. 건축주의 건축주 명의변경신고 8. 사회단체등록 9. 대규모점포의 개설등록 10. 채석허가 수허가자 명의변경신고 11. 「식품위생법」에 따른 영업허가명의변경신고 12. 「수산업법」 제44조의 관행 어업의 신고 01 13. 맨손어업 신고 14. 「유선 및 도선업법」상 유선장의 경영신고나 변경신고

개념확인 O/X

01 「수산업법」 제44조 소정의 어업의 신고는 행정청의 수리에 의하여 비로소 그 효과가 발생하는 수리를 요하는 신고이다.
17 서울9급　　(O/X)

자기완결적 신고	행정요건적 신고
9. 「공동주택관리규칙」에 의한 대문설치신고 10. 공동주택의 옥외운동시설의 변동사실의 신고 11. 「산업직접활성화 및 공장설립에 관한 법률」에 따른 공장설립신고 12. (구)「집회 및 시위에 관한 법률」에 따른 옥외집회·시위신고 13. 「공중위생관리법」에 따른 공중위생영업(이·미용업, 세탁업, 목욕장업, 숙박업, 위생관리용역업 등)의 개설이나 변경신고 14. 출생신고, 사망신고, 이혼신고, 납세신고, 국적이탈신고 등	15. (구)「농지법」상의 농지전용신고 16. (구)「국토이용관리법」상의 토지거래신고 17. (구)「외국환거래법」상의 외국환거래신고 18. (구)「관광진흥법」상의 관광사업의 양도·양수에 의한 지위승계신고 19. 개발제한구역 내에서의 골프연습장이나 건축신고 20. 인·허가의제효과를 수반하는 건축신고

ⓒ 신고사항이 아닌 신고와 비신고대상의 수리거부행위
ⓐ 신고사항이 아닌 신고를 수리하였다 하더라도 그 수리는 권리나 의무에 아무런 변동을 초래하지 않으므로 항고소송의 대상이 되는 처분이 아니다(대판 2000. 12. 22. 99두455).
ⓑ 비신고대상에 대한 수리거부의 처분성에 대하여 판례는 부정하고 있다.

관련 판례

🅱 신고사항이 아닌 신고를 수리한 경우, 그 수리는 항고소송의 대상이 되는 행정처분에 해당하지 아니한다

공동주택 입주민의 옥외운동시설인 테니스장을 배드민턴장으로 변경하고 그 변동사실을 신고하여 관할 시장이 그 신고를 수리한 경우, 그 용도변경은 「주택건설촉진법」상 신고를 요하는 입주자 공유인 복리시설의 용도변경에 해당하지 아니하므로 그 변동사실을 신고할 사항이 아니고 관할 시장이 그 신고를 수리하였다 하더라도 그 수리는 공동주택 입주민의 구체적인 권리의무에 아무런 변동을 초래하지 않는다는 이유로 항고소송의 대상이 되는 행정처분이 아니다(대판 2000. 12. 22. 99두455).

🅱 신고가 필요 없는 신고에 대한 수리거부는 처분이 아니라는 사례 01

재단법인이 아닌 종교단체가 설치하고자 하는 납골탑에는 관리사무실, 유족편의시설, 화장한 유골을 뿌릴 수 있는 시설 그 밖에 필요한 시설물과 주차장을 마련하여야 하나, 위와 같은 시설들은 신고한 납골탑을 실제로 설치·관리함에 있어 마련해야 하는 시설에 불과한 것으로서 이에 관한 사항이 납골탑 설치신고의 신고대상이 되는 것으로 볼 아무런 근거가 없으므로, 종교단체가 납골탑 설치신고를 함에 있어 위와 같은 시설 등에 관한 사항을 신고한 데 대하여 행정청이 그 신고를 이를 일괄 반려하였다고 하더라도 그 반려처분 중 위와 같은 시설 등에 관한 신고를 반려한 부분은 항고소송의 대상이 되는 행정처분이라고 할 수 없다(대판 2005. 2. 25. 2004두4031).

② 신고의 성질에 따른 종류: 사실파악형 신고와 규제적 신고

구분	사실파악형 신고(정보제공적)	규제적 신고(금지해제적)
의의	행정의 대상이 되는 사실에 관한 정보 등을 행정청에게 제공하는 기능을 갖는 신고	영업활동이나 건축활동 등을 규제하는 기능의 신고
신고 없는 행위	과태료 등의 처벌을 받으나, 신고 없이 한 행위 그 자체는 위법하지 않음	이 행위는 법상 금지된 행위로서 위법한 행위임. 따라서 행정벌의 대상이며 시정조치의 대상이 됨
성질	항상 자기완결적 신고	자기완결적 신고인 경우도 있고, 「건축법」상 신고) 수리를 요하는 신고일 수 있음

01 납골당허가에 포함된 부대시설에 대한 신고는 이미 허가받은 사항에 대한 것으로 신고가 필요없다 할 것이고 이에 대한 행정청의 수리거부는 항고소송대상인 처분으로 볼 수 없다.
(O / X)

개념확인 O/X

01 「식품위생법」에 의해 영업양도에 따른 지위승계신고를 수리하는 행정청의 행위는 단순히 양수인이 그 영업을 승계하였다는 사실의 신고를 접수한 행위에 그친다.
17 사회복지 (O / X)

02 각종 지위승계신고의 수리는 지위승계의 한쪽 당사자에게는 권익을 제한하는 효과가, 다른 쪽 당사자에게는 권익을 부여하는 효과를 가져오는 행정처분이다.
(O / X)

03 양도인이 자신의 의사에 따라 양수인에게 영업을 양도하면서 양수인으로 하여금 영업을 하도록 허락하였다면, 영업승계신고 및 수리처분이 있기 전에 발생한 양수인의 위반행위에 대한 행정적 책임은 양도인에게 귀속된다.
14 국가9급 (O / X)

③ 각종 지위승계신고의 경우
  ㉠ **성질**: 수리를 요하는 신고에 해당한다.
  ㉡ **수리로서 승계**: 포괄적 승계가 이루어진다. 따라서 양도인의 위법을 이유로 양수인에게 제재나 강제를 할 수 있다.
  ㉢ 지위승계신고의 수리에서의 행정절차를 준수하여야 하는지에 대해 대법원은 지위승계신고의 수리는 종전의 영업자에게 권익을 제한하는 처분에 해당되어 사전통지 등의 행정절차를 준수하여야 한다는 입장이다. 01 02

> **관련 판례**
>
> **B** 영업자지위승계신고의 수리에서 행정청은 종전 영업자에 대해 사전통지 등의 행정절차를 준수하여야 한다
>
> 행정청이 (구)「식품위생법」 규정에 의하여 영업자지위승계신고를 수리하는 처분은 종전의 영업자의 권익을 제한하는 처분이라 할 것이고 따라서 종전의 영업자는 그 처분에 대하여 직접 그 상대가 되는 자에 해당한다고 봄이 상당하므로, 행정청으로서는 위 신고를 수리하는 처분을 함에 있어서 「행정절차법」 규정 소정의 당사자에 해당하는 종전의 영업자에 대하여 위 규정 소정의 행정절차를 실시하고 처분을 하여야 한다(대판 2003.2.14. 2001두7015).

  ㉣ 수리에 따른 제재승계와 법률상 이익문제
    ⓐ 신고의 수리를 통해 양도인의 지위는 양수인에게 승계되어 양도인의 법 위반의 제재사유는 양수인에게 승계된다. 하지만 사실상 양도·양수 이후라도 지위승계의 신고 수리 이전의 법 위반에 대한 책임의 소재는 양도인에게 귀속된다.

> **관련 판례**
>
> **B** 사실상 양도·양수 이후, 지위승계의 신고수리 이전의 법 위반에 대한 책임의 소재 [14 국가직 9급] 03
>
> 사실상 영업이 양도·양수되었지만 아직 승계신고 및 그 수리처분이 있기 이전에는 여전히 종전의 영업자인 양도인이 영업허가자이고, 양수인은 영업허가자가 되지 못한다 할 것이어서 행정제재처분의 사유가 있는지 여부 및 그 사유가 있다고 하여 행하는 행정제재처분은 영업허가자인 양도인을 기준으로 판단하여 그 양도인에 대하여 행하여야 할 것이고, 한편 양도인이 그의 의사에 따라 양수인에게 영업을 양도하면서 양수인으로 하여금 영업을 하도록 허락하였다면 그 양수인의 영업 중 발생한 위반행위에 대한 행정적인 책임은 영업허가자인 양도인에게 귀속된다고 보아야 할 것이다(대판 1995.2.24. 94누9146).

    ⓑ 양도인의 허가취소에 대한 양수인의 법률상 이익: 대법원은 긍정하는 입장이다.

> **관련 판례**
>
> **A** 양도인의 허가취소에 양수인은 취소를 구할 법률상 이익이 있다 [19 서울시 9급, 18 지방직 9급]
>
> 채석허가가 유효하게 존속하고 있다는 것이 양수인의 명의변경신고의 전제가 된다는 의미에서 관할 행정청이 양도인에 대하여 채석허가를 취소하는 처분을 하였다면 이는 양수인의 지위에 대한 직접적 침해가 된다고 할 것이므로 양수인은 채석허가를 취소하는 처분의 취소를 구할 법률상 이익을 가진다(대판 2003.7.11. 2001두6289).

| 정답 | 01 X | 02 O | 03 O |

Ⓑ **양도인의 사업계획승인 취소처분에 양수인은 취소를 구할 법률상 이익이 있다**

> 주택건설사업이 양도되었으나 그 변경승인을 받기 이전에 행정청이 양수인에 대하여 양도인에 대한 사업계획승인을 취소하였다는 사실을 통지한 경우, 위 통지가 항고소송의 대상이 되는 행정처분이 아니지만, 주택건설사업의 양수인이 사업주체의 변경승인신청을 한 이후에 행정청이 양도인에 대하여 그 사업계획변경승인의 전제로 되는 사업계획승인을 취소하는 처분을 한 경우, 양수인은 위 처분의 취소를 구할 법률상의 이익을 가진다(대판 2000.9.26. 99두646).

　ⓜ **무효인 양도·양수에 대한 신고의 수리의 경우의 소송대상**: 대법원은 양도나 양수가 무효인 경우임에도 행정청이 이에 대한 수리를 한 경우에 민사소송으로 양도·양수의 무효를 다투지 않고 신고의 수리에 대해 소송을 청구할 수 있다는 입장이다.

관련 판례

Ⓐ **양도·양수가 무효임에도 행정청이 이를 수리한 경우에 수리에 대해 소송청구가 가능하다** [19 서울시 9급, 18 국회직 8급, 18 지방직 9급, 17 지방직 7급, 17 사회복지직, 14 사회복지직] **01 02**

> 사업양도·양수에 따른 허가관청의 지위승계신고의 수리는 적법한 사업의 양도·양수가 있었음을 전제로 하는 것이므로 그 수리대상인 사업양도·양수가 존재하지 아니하거나 무효인 때에는 수리를 하였다 하더라도 그 수리는 유효한 대상이 없는 것으로서 당연히 무효라 할 것이고, 사업의 양도행위가 무효라고 주장하는 양도자는 민사쟁송으로 양도·양수행위의 무효를 구함이 없이 막바로 허가관청을 상대로 하여 행정소송으로 위 신고수리처분의 무효확인을 구할 법률상 이익이 있다(대판 2005.12.23. 2005두3554).

(4) 사인의 공법행위에 대한 적용법리

공법적 효과발생을 목적으로 하는 점에서 행정행위와 같으나 사인의 공법행위에는 공정력, 확정력, 강제력 등은 부인되며 행정행위에 관한 법원칙은 적용되지 않는다. 또한 사인의 공법행위에 대한 일반법이 없어 특별한 규정이 없는 한「민법」상 규정을 적용한다. **03**

① **의사능력·행위능력**
　㉠ 특별한 배제규정이 없는 한 의사능력 및 행위능력은「민법」의 규정이 적용된다고 본다. 따라서 의사능력이 없는 자의 행위는 무효이다. **04 05**
　㉡ 제한능력자의 행위는「민법」에서는 취소사유이나, 행위능력에 관하여는 특별한 규정을 두어 행위무능력자의 행위가 유효로 되는 경우가 적지 않다(⑩「우편법」,「도로교통법」).

② **대리**
　㉠ 사인의 공법행위에 있어서도 선거·귀화신청·수험행위 등의 일신전속적 사항이나 특별한 규정이 있는 경우를 제외하고는 대리에 관한「민법」규정이 유추적용될 수 있다.
　㉡ 대리허용에 관한 규정의 예로서는「행정심판법」제18조를 볼 수 있다.

③ **행위의 형식**: 사인의 공법행위는 반드시 요식행위는 아니지만 행위의 존재나 내용을 명확히 하기 위하여 문서에 의하는 경우가 많다.

④ **효력발생시기**: 특별한 규정이 없는 한 원칙적으로 도달주의에 의한다(「행정절차법」제15조 제1항). 도달에 대한 입증책임은 발신인이 부담한다. 다만, 발신인의 이익을 위하여 예외적으로 발신주의를 규정한 경우도 있다(「국세기본법」제5조의2). **06**

개념확인 O/X

01 사업양도·양수에 따른 지위승계신고가 수리된 경우 사업의 양도·양수가 무효라도 허가관청을 상대로 신고수리처분의 무효확인을 구할 수는 없다.
17 사회복지　　　　　　(O / X)

02 영업양도계약이 무효임에도 불구하고 관할 행정청이「식품위생법」상의 영업자지위승계의 신고를 수리하였다면 양도인은 영업양도의 무효를 이유로 신고수리에 대해 무효확인소송을 제기할 수 있다.
14 사회복지　　　　　　(O / X)

03 사인의 공법행위의 법리에 대한 일반적 규정은 없다.
　　　　　　　　　　(O / X)

04 사인의 공법행위는「민법」과 달리 의사능력이 없는 자의 행위도 유효이다.
　　　　　　　　　　(O / X)

05 사인의 공법행위에는 행위능력에 관한「민법」의 규정이 원칙적으로 적용된다.
　　　　　　　　　　(O / X)

06 법령 등에서 행정청에 대하여 일정한 사항을 통지함으로써 의무가 끝나는 신고를 규정하고 있는 경우에는 법령상 요건을 갖춘 적법한 신고서를 발송하였을 때에 신고의 의무가 이행된 것으로 본다.
16 국가9급　　　　　　(O / X)

| 정답 | 01 X　02 O　03 O　04 X　05 O　06 X

개념확인 O/X

01 사인의 공법행위는 법률관계의 확정성과 안정성을 위해 부관을 허용하지 않는다. (O/X)

02 대법원은 「민법」상 비진의 의사표시의 무효에 관한 규정은 그 성질상 영업재개신고나 사직의 의사표시와 같은 사인의 공법행위에 적용된다는 입장이다. (O/X)

03 대법원에 의하면 여군하사관의 전역지원서 제출이 진의 아닌 의사표시인 경우에는 「민법」과 같이 무효에 해당된다는 입장이다. (O/X)

04 영업재개업신고는 사인의 공법행위로서 비록 진의 아닌 의사로 이루어졌다고 하더라도 이를 두고 무효라고 할 수는 없다. (O/X)

05 사인의 공법상 행위는 명문으로 금지되거나 성질상 불가능한 경우가 아닌 한, 그에 의거한 행정행위가 행하여질 때까지는 자유로이 철회나 보정이 가능하다.
14 지방9급 (O/X)

06 공무원이 한 사직 의사표시의 철회나 취소는 그에 터잡은 의원면직처분이 있을 때까지 할 수 있으나, 일단 면직처분이 있고 난 이후에는 철회나 취소할 수 없다. (O/X)

⑤ **부관**: 사인의 공법행위에는 행정법관계의 명확성·신속한 확정을 이유로 특별한 규정이 없는 한 부관(조건·기한·부담 등)을 붙일 수 없음이 원칙이다. **01**

관련 판례

▶ **조건부 사인의 공법행위도 유효하다**

군인사정책상 필요에 의하여 복무연장지원서와 전역(여군의 경우 면역임)지원서를 동시에 제출하게 한 방침에 따라 위 양 지원서를 함께 제출한 이상, 그 취지는 복무연장지원의 의사표시를 우선으로 하되, 그것이 받아들여지지 아니하는 경우에 대비하여 원에 의하여 전역하겠다는 조건부 의사표시를 한 것이므로 그 전역지원의 의사표시도 유효한 것으로 보아야 한다(대판 1994.1.11. 93누10057).

⑥ **의사표시의 하자와 비진의 의사표시**: 사인의 공법행위에도 의사표시의 흠결이 있거나 의사결정에 하자가 있는 경우에는 특별한 규정이 없는 한 「민법」의 규정이 원칙적으로 준용된다고 할 것이다. 그러나 투표행위 등은 집단성으로 인하여 착오 등이 있을지라도 취소가 제한된다. 또한 비진의 의사표시는 「민법」상의 무효규정이 사인의 공법행위에는 적용되지 않고 표시한 바에 따라 유효로 인정된다. **02**

관련 판례
「민법」상 비진의 의사표시에 관한 규정은 사인의 공법행위에 부적용

▶ **여군하사관의 비진의 의사표시인 전역지원서는 유효라는 사례 03**

여군하사관 전역지원의 의사표시가 진의 아닌 의사표시라고 하더라도 그 무효에 관한 법리를 선언한 「민법」 제107조 제1항 단서의 규정은 그 성질상 사인의 공법행위에는 적용되지 않는다 할 것이므로 그 표시된대로 유효한 것으로 보아야 할 것이다(대판 1994.1.11. 93누10057).

▶ **공무원의 일괄사표제출은 「민법」의 비진의 의사표시규정이 적용되지 않는다는 사례**

이른바 1980년의 공직자 숙청계획의 일환으로 일괄사표의 제출과 선별수리의 형식으로 공무원에 대한 의원면직처분이 이루어진 경우, 사직원제출행위가 강압에 의하여 의사결정의 자유를 박탈당한 상태에서 이루어진 것이라고 할 수 없고 「민법」상의 비진의 의사표시에 관한 규정은 사인의 공법행위에는 적용되지 않는다는 등의 이유로 그 의원면직처분을 당연무효라고 할 수 없다(대판 2001.8.24. 99두9971).

▶ **사인의 공법행위인 영업재개업신고에도 「민법」 제107조 제1항 단서규정은 적용될 수 없다**(대판 1978.7.25. 76누276) **04**

⑦ **철회·보정**: 사인의 공법행위는 그 법적 효과가 완성될 때까지는 일반적으로 철회·보정할 수 있음이 원칙이다(⑩ 사직서 제출의 철회). 그러나 선거·투표행위, 수험행위 등은 철회·보정이 불가능하다. **05**

관련 판례

▶ **공무원의 사직 의사표시의 철회나 취소가 허용되는 시한** [16 서울시 9급] **06**

공무원이 한 사직 의사표시의 철회나 취소는 그에 터 잡은 의원면직처분이 있을 때까지 할 수 있는 것이고, 일단 면직처분이 있고 난 이후에는 철회나 취소할 여지가 없다(대판 2001.8.24. 99두9971).

| 정답 | 01 O 02 X 03 X 04 O 05 O 06 O

B 사인의 공법행위에 대한 철회나 보정의 자유성 인정 여부

사인의 공법상 행위는 명문으로 금지되거나 성질상 불가능한 경우가 아닌 한 그에 의거한 행정행위가 행하여질 때까지는 자유로이 철회나 보정이 가능하다고 보아야 한다(대판 2001.6.15, 99두5566).

⑧ **공정력 등의 효력 없음**: 사인의 공법행위는 사인의 행위이므로 행정권에 주어져 있는 공정력이나 확정력, 강제력의 효력은 인정될 수 없다.

(5) 사인의 공법행위의 효과

① **행정청의 처리의무**: 당해 관계 법규에 따라 그 법적 효과가 결정될 것이나, 기본적 효과는 사인의 공법행위에 상응하는 법적 처리를 하여야 할 의무를 진다. 만일 사인의 공법행위에 대하여 행정청이 거부하거나 부작위로 나아가면 그에 대하여 의무이행심판이나 부작위위법확인소송 또는 거부처분의 취소소송을 제기할 수 있다.

② **수정인가의 가부(可否)**: 신청의 내용을 수정하여 허가하는 것은 가능하나, 인가는 사인 간의 법률행위의 효력을 완성시켜 주는 보충행위이기 때문에 수정인가는 원칙적으로 허용되지 않는다. 01

③ **재신청의 가부(可否)**: 신청하였다가 거부된 행정행위를 다시 신청할 수 있는가에 대하여 행정행위는 일사부재리의 효력이 없기 때문에 사정이 변하면 거부처분을 받은 행정행위를 다시 신청할 수 있다고 본다. 02

④ **부적법한 신청의 효과**
  ㉠ 「행정절차법」 규정에 의하면 행정청은 신청에 구비서류의 미비 등 흠이 있는 경우에도 접수를 거부해서는 안 되며 상당기간을 정하여 지체 없이 신청인에게 보완을 요구하여야 한다. 03
  ㉡ 이에 신청인이 보완을 요구하였음에도 보완을 하지 아니할 때에는 그 이유를 명시하여 접수된 신청을 되돌려 보낼 수 있다.
  ㉢ 이 경우 보완의 요청행위는 처분이 아니고 보완하지 아니함을 이유로 한 신청서의 반려행위는 거부처분으로서 항고소송의 대상이 된다.

> **관련 판례**
>
> **B** 건축불허가처분을 하면서 그 사유의 하나로 소방시설과 관련된 소방서장의 건축부동의 의견을 들고 있으나 그 보완이 가능한 경우, 보완을 요구하지 아니한 채 곧바로 건축허가신청을 거부한 것은 재량권의 범위를 벗어난 것이다(대판 2004.10.15, 2003두6573) 04

(6) 사인의 공법행위의 하자의 효과

① **사인의 공법행위가 행정행위의 전제요건인 경우(행정요건적 사인의 공법행위)**
  ㉠ 사인의 공법행위가 무효·부존재이거나 적법하게 철회된 경우에는 그에 대한 행정청의 행정행위도 또한 그 전제요건을 결하게 되어 무효이다(⑩ 협박에 못 이겨 제출한 사직원수리, 대리응시에 의한 합격 등). 05

개념확인 O/X

01 신청한 처분이 공익 등에 맞지 않는다면 행정청은 신청한 처분이 강학상 인가에 해당되어도 수정하여 인가할 수 있다. (O / X)

02 신청에 대한 행정청의 거부에 신청인은 다시 요건을 구비하여 재신청을 할 수 있다. (O / X)

03 행정청은 부적법한 처분의 신청을 접수받은 경우에 신청인에게 지체 없이 보완을 요구할 수 있다. (O / X)
※ 보완의 요구는 강행규정(보완을 요구하여야 한다)

04 소방서장의 건축부동의에 따른 건축불허가에 있어, 행정청의 부동의에 앞서 신청인에게 보완을 요구할 수 있음에도 보완을 요구하지 않은 경우에는 위법이라 할 수 있다. (O / X)

05 사인의 공법행위를 전제로 한 행정처분에서 사인의 공법행위가 무효사유에 해당된다면 이에 기한 행정처분도 무효가 된다. (O / X)

| 정답 | 01 X 02 O 03 X 04 O 05 O

관련 판례

B 위조서류에 기한 허가신청에 따른 허가의 효력

> 행정관청에 대하여 특정사항에 관한 허가신청을 하도록 위임받은 자가 위임자명의의 서류를 위조하여 위임받지 아니한 하자 있는 허가신청에 기하여 이루어진 허가처분은 무효이다(대판 1974.8.30. 74누168).

B 공무원이 감사기관이나 상급관청 등의 강박에 의하여 사직서를 제출한 경우, 그 강박의 정도와 당해 사직서에 터 잡은 면직처분의 효력

> 사직서의 제출이 감사기관이나 상급관청 등의 강박에 의한 경우에는 그 정도가 의사결정의 자유를 박탈할 정도에 이른 것이라면 그 의사표시가 무효로 될 것이고 그렇지 않고 의사결정의 자유를 제한하는 정도에 그친 경우라면 그 성질에 반하지 아니하는 한 의사표시에 관한 「민법」 제110조의 규정을 준용하여 그 효력을 따져보아야 할 것이나, 감사담당 직원이 당해 공무원에 대한 비리를 조사하는 과정에서 사직하지 아니하면 징계파면이 될 것이고 또한 그렇게 되면 퇴직금 지급상의 불이익을 당하게 될 것이라는 등의 강경한 태도를 취하였다고 할지라도 그 취지가 단지 비리에 따른 객관적 상황을 고지하면서 사직을 권고·종용한 것에 지나지 않고 위 공무원이 그 비리로 인하여 징계파면이 될 경우 퇴직금 지급상의 불이익을 당하게 될 것 등 여러 사정을 고려하여 사직서를 제출한 경우라면 그 의사결정이 의원면직처분의 효력에 영향을 미칠 하자가 있었다고는 볼 수 없다(대판 1997.12.12. 97누13962).

B 본인의 진정한 의사에 의하여 작성되지 아니한 사직원에 의한 면직처분의 적법 여부

> 조사기관에 소환당하여 구타당하리라는 공포심에서 조사관의 요구를 거절치 못하고 작성교부한 사직서라면 이를 본인의 진정한 의사에 의하여 작성한 것이라 할 수 없으므로 그 사직원에 따른 면직처분은 위법이다(대판 1968.3.19. 67누164).

B 처분청이 정당한 사유 없이 행정처분을 변경하고, 기망과 강박에 의하여 그 변경처분에 대한 상대방의 동의를 얻어낸 것이어서 위법하다고 본 사례

> 처분청인 피고가 당초의 하천공사시행허가와 골재채취허가의 복합허가 중 골재채취허가부분을 취소한 것이 오로지 피고 자신이 골재의 채취와 반출에 대한 감독을 할 수 없다는 내부적 사정에 따른 것이라면 그와 같은 사정만으로는 골재채취허가를 취소 또는 철회할 만한 정당한 사유가 될 수 없고, 상대방인 원고가 이 사건 변경처분에 대하여 한 동의가 피고 측의 기망과 강박에 의한 의사표시라는 이유로 이 사건 소장의 송달에 의하여 적법하게 취소되었다면 위 동의는 처음부터 무효인 것으로 되므로 이 사건 변경처분은 위법한 것이다(대판 1990.2.23. 89누7061).

ⓒ 공법행위의 하자가 취소할 수 있는 단순한 것에 불과한 경우에는 그에 관한 행정청의 행정행위는 원칙적으로 유효한 것이라 할 것이다. 그러나 사인의 공법행위에 하자가 있는 경우 그에 근거하여 행정처분이 내려지더라도 그 하자가 치유되는 것은 아니다. 또한 사인의 공법행위의 하자는 그에 근거한 행정행위를 취소할 수 있는 원인이 된다.

② **사인의 공법행위가 행정행위의 단순한 동기에 불과한 경우**: 사인의 공법행위가 행정행위의 전제요건이 아닌 단순한 동기에 불과한 경우에는 사인의 공법행위의 하자는 그 정도의 여하에 관계없이 행정행위의 효력에는 아무런 영향을 미치지 못한다(**예** 신청이 있는 줄 알고 통행금지를 해제하였으나 신청이 없다는 것이 판명되었어도 통행금지해제는 그대로 유효하다). **01**

개념확인 O/X

01 사인의 공법행위가 행정행위의 단순한 동기에 불과한 경우에는 그 하자는 행정행위의 효력에 아무런 영향을 미치지 않는다는 것이 일반적인 견해이다.
16 서울9급 (O / X)

개념 적용문제

02 행정상 법률요건과 법률사실

교수님 코멘트 ▶ 이 단원은 사인의 공법행위가 핵심이다. 특히 신고에 대한 부분은 수리를 불요로 하는 신고와 수리를 필요로 하는 신고를 반드시 구분하여야 한다. 이 단원의 주요 키워드는 시효, 기간(「민법」과 「행정기본법」의 구분), 부당이득, 신고, 사인의 공법행위의 법리 등이 해당된다.

01
2024 국회직 8급

행정상의 법률관계에 있어 소멸시효와 제척기간에 대한 설명으로 옳지 않은 것은?

① 공법상의 소멸시효는 법률에 특별한 규정이 없으면 「민법」의 규정이 유추 적용되는데, 공법상 금전채권의 소멸시효 기간을 정하는 이유는 사법관계와 마찬가지로 공법관계에서도 법률관계를 오래도록 미확정인 채로 방치하여 두는 것이 타당하지 않기 때문이다.
② 제척기간은 권리자로 하여금 권리를 신속하게 행사하도록 함으로써 그 권리를 중심으로 하는 법률관계를 조속하게 확정하려는 데에 그 제도의 취지가 있는 것으로서, 관계 법령에 따라 정당한 사유가 인정되는 등 특별한 사정이 없는 한 그 기간의 경과 자체만으로 곧 권리 소멸의 효과를 발생시킨다.
③ 제척기간은 권리관계를 조속히 확정시키기 위하여 권리의 행사에 중대한 제한을 가하는 것이므로, 모법인 법률에 의한 위임이 없는 한 시행령이 함부로 제척기간을 규정할 수는 없다고 할 것이다.
④ 제척기간에 있어서는 그 성질에 비추어 소멸시효와 같이 기간의 중단이나 정지는 있을 수 없다.
⑤ 소멸시효는 권리가 발생한 때를 기산점으로 하지만, 제척기간은 권리를 행사할 수 있는 때를 기산점으로 한다.

정답&해설

01 ⑤ 행정법상의 사건

⑤ 소멸시효는 권리를 행사할 수 있는 때부터 기산되고, 제척기간은 권리가 발생하는 시점부터 기산된다.

|판례|
- 제척기간은 권리자로 하여금 당해 권리를 신속하게 행사하도록 함으로써 법률관계를 조속히 확정시키려는 데 그 제도의 취지가 있는 것으로서, 소멸시효가 일정한 기간의 경과와 권리의 불행사라는 사정에 의하여 권리 소멸의 효과를 가져오는 것과는 달리 그 기간의 경과 자체만으로 곧 권리 소멸의 효과를 가져오게 하는 것이므로 그 기간 진행의 기산점은 특별한 사정이 없는 한 원칙적으로 권리가 발생한 때이다(대판 1995.11.10. 94다22682·22699).
- 국가배상청구권에 관한 3년의 단기소멸시효기간 기산에는 「민법」 제766조 제1항 외에 소멸시효의 기산점에 관한 일반규정인 「민법」 제166조 제1항이 적용된다. 따라서 3년의 단기소멸시효기간은 그 '손해 및 가해자를 안 날'에 더하여 그 '권리를 행사할 수 있는 때'가 도래하여야 비로소 시효가 진행한다(대판 2023.2.2. 2020다270633).

|오답해설| ① 시효는 원래 사법상의 제도로 발달되어 왔으나 오늘날 공법에도 타당한 일반적인 법리로 파악되고 있고, 공법상의 소멸시효에 관하여 법률에 특별한 규정이 없으면 「민법」의 규정이 유추 적용된다. 이렇듯 공법상 금전채권의 소멸시효기간을 정하는 이유는 공법관계에서도 법률관계를 오래도록 미확정된 채로 방치하여 두는 것이 타당하지 않다는 데 있는 것으로 이해된다(헌재 2009.5.28. 2008헌바107).
② 제척기간은 권리자로 하여금 권리를 신속하게 행사하도록 함으로써 그 권리를 중심으로 하는 법률관계를 조속하게 확정하려는 데에 그 제도의 취지가 있는 것으로서, 소멸시효가 일정한 기간의 경과와 권리의 불행사라는 사정에 의하여 그 효과가 발생하는 것과는 달리 관계 법령에 따라 정당한 사유가 인정되는 등 특별한 사정이 없는 한 그 기간의 경과 자체만으로 곧 권리 소멸의 효과를 발생시킨다(대판 2021.3.18. 2018두47264).
③ 일정한 권리에 관하여 법률이 규정한 존속기간을 뜻하는 제척기간은 권리관계를 조속히 확정시키기 위하여 권리의 행사에 중대한 제한을 가하는 것이어서 모법인 법률에 의한 위임이 없는 한 시행령이 함부로 제척기간을 규정할 수는 없다고 할 것이다(대판 1990.9.28. 89누2493).
④ 대판 2004.7.22. 2004두2509

|정답| 01 ⑤

02
2024 국가직 9급

「행정기본법」상 기간의 계산에 대한 설명으로 옳지 <u>않은</u> 것은?

① 행정에 관한 기간의 계산에 관하여는 「행정기본법」 또는 다른 법령등에 특별한 규정이 있는 경우를 제외하고는 「민법」을 준용한다.
② 법령등을 공포한 날부터 일정 기간이 경과한 날부터 시행하는 경우 그 기간의 말일이 토요일 또는 공휴일인 때에는 그 말일로 기간이 만료한다.
③ 법령등을 공포한 날부터 일정 기간이 경과한 날부터 시행하는 경우 법령등을 공포한 날을 첫날에 산입한다.
④ 법령등 또는 처분에서 국민의 권익을 제한하거나 의무를 부과하는 경우 권익이 제한되거나 의무가 지속되는 기간을 계산할 때에 기간을 일, 주, 월 또는 연으로 정한 경우에는 기간의 첫날을 산입한다. 다만, 그러한 기준을 따르는 것이 국민에게 불리한 경우에는 그러하지 아니하다.

03
2019 서울시 7급

조세과오납환급소송에 관한 설명으로 가장 옳지 <u>않은</u> 것은?

① 조세의 과오납이 부당이득이 되기 위하여는 납세 또는 조세의 징수가 실체법적으로나 절차법적으로 전혀 법률상의 근거가 없거나 과세처분의 하자가 중대하고 명백하여 당연무효이어야 하고, 과세처분의 하자가 단지 취소할 수 있는 정도에 불과할 때에는 과세관청이 이를 스스로 취소하거나 항고소송절차에 의하여 취소되지 않는 한 그로 인한 조세의 납부가 부당이득이 된다고 할 수 없다.
② 국세환급금결정이나 이 결정을 구하는 신청에 대한 환급거부결정 등은 납세의무자가 갖는 환급청구권의 존부나 범위에 구체적이고 직접적인 영향을 미치는 처분으로 항고소송의 대상이 되는 처분이다.
③ 이미 존재와 범위가 확정되어 있는 과오납부액은 납세자가 부당이득의 반환을 구하는 민사소송으로 환급을 청구할 수 있다.
④ 원천징수의 경우 국가 등에 대한 환급청구권자는 원천납세의무자가 아니라 원천징수의무자이다.

04

2019 상반기 군무원 9급

다음 중 공법상 부당이득에 관한 설명으로 옳지 <u>않은</u> 것은? (다툼이 있는 경우 판례에 의함)

① 공법상 부당이득에 대한 일반법은 없고 법령에 특별한 규정이 없는 한 「민법」 규정이 직접 또는 유추적용된다.
② 조세부과처분이 당연무효인 경우에는 부당이득에 해당되고, 부당이득반환청구는 행정소송에 의한다.
③ 국가가 사유지를 무단으로 사용하는 것은 부당이득에 해당한다.
④ 변상금부과처분이 당연무효인 경우에 이 변상금부과처분에 의하여 납부자가 납부하거나 징수당한 오납금은 지방자치단체가 법률상 원인 없이 취득한 부당이득에 해당한다.

정답&해설

02 ③ 행정법상의 사건

③ 일정 기간이 경과한 날부터 시행하는 법령은 공포한 날을 첫날에 산입하지 않는다.

> 「행정기본법」 제7조【법령등 시행일의 기간 계산】 법령등(훈령·예규·고시·지침 등을 포함한다. 이하 이 조에서 같다)의 시행일을 정하거나 계산할 때에는 다음 각 호의 기준에 따른다.
> 1. 법령등을 공포한 날부터 시행하는 경우에는 공포한 날을 시행일로 한다.
> 2. 법령등을 공포한 날부터 일정 기간이 경과한 날부터 시행하는 경우 법령등을 공포한 날을 첫날에 산입하지 아니한다.
> 3. 법령등을 공포한 날부터 일정 기간이 경과한 날부터 시행하는 경우 그 기간의 말일이 토요일 또는 공휴일인 때에는 그 말일로 기간이 만료한다.

|오답해설| ①, ④ 제6조의 규정이다.

> 「행정기본법」 제6조【행정에 관한 기간의 계산】 ① 행정에 관한 기간의 계산에 관하여는 이 법 또는 다른 법령등에 특별한 규정이 있는 경우를 제외하고는 「민법」을 준용한다.
> ② 법령등 또는 처분에서 국민의 권익을 제한하거나 의무를 부과하는 경우 권익이 제한되거나 의무가 지속되는 기간의 계산은 다음 각 호의 기준에 따른다. 다만, 다음 각 호의 기준에 따르는 것이 국민에게 불리한 경우에는 그러하지 아니하다.
> 1. 기간을 일, 주, 월 또는 연으로 정한 경우에는 기간의 첫날을 산입한다.
> 2. 기간의 말일이 토요일 또는 공휴일인 경우에도 기간은 그 날로 만료한다.

03 ② 공법상 사무관리와 부당이득

② 국세환급금결정이나 이 결정을 구하는 신청에 대한 환급거부결정 등은 항고소송의 대상이 되는 처분이라고 볼 수 없다.

|판례|

> 「국세기본법」 제51조 및 제52조 국세환급금 및 국세가산금결정에 관한 규정은 이미 납세의무자의 환급청구권이 확정된 국세환급금 및 가산금에 대하여 내부적 사무처리절차로서 과세관청의 환급절차를 규정한 것에 지나지 않고 그 규정에 의한 국세환급금(가산금 포함)결정에 의하여 비로소 환급청구권이 확정되는 것은 아니다(대판 1989.6.15. 88누6436 전합).

|오답해설| ④ 대판 2002.11.8. 2001두8780

04 ② 공법상 사무관리와 부당이득

② 이 경우 부당이득반환청구는 민사소송에 의한다(대결 1991.2.6. 90프2).

|오답해설| ① 부당이득에 관한 공법상의 일반적 규정은 없다. 따라서 특별한 규정이 없으면 「민법」을 준용한다. 특히 대법원은 국가와 국민 사이의 공법관계를 원인으로 한 부당이득의 경우에도 사법관계로서 민사소송에 의한다는 입장이다.
④ 변상금부과나 과세처분 등이 무효인 경우에 이에 대한 납부행위가 이루어지면 부당이득에 해당한다. 다만, 취소사유인 경우에는 권한 있는 기관에 의하여 취소되기 이전에는 부당이득이 아니다.

|정답| 02 ③ 03 ② 04 ②

05
2021 지방직 9급

신고에 대한 설명으로 옳은 것은? (다툼이 있는 경우 판례에 의함)

① (구)「관광진흥법」에 의한 지위승계신고를 수리하는 허가관청의 행위는 사실적인 행위에 불과하여 항고소송의 대상이 되지 않는다.
② 정보통신매체를 이용하여 학습비를 받고 불특정 다수인에게 원격 평생교육을 실시하기 위해 (구)「평생교육법」에서 정한 형식적 요건을 모두 갖추어 신고한 경우, 행정청은 신고대상이 된 교육이나 학습이 공익적 기준에 적합하지 않는다는 등의 실체적 사유를 들어 신고 수리를 거부할 수 없다.
③ 「건축법」에 의한 인·허가의제 효과를 수반하는 건축신고는 건축을 하고자 하는 자가 적법한 요건을 갖춘 신고만 하면 건축을 할 수 있고, 행정청의 수리 등 별단의 조처를 기다릴 필요가 없다.
④ 주민등록의 신고는 행정청에 도달하기만 하면 신고로서의 효력이 발생한다.

06
2023 지방직 9급

사인의 공법행위에 대한 설명으로 옳은 것은?

① 공무원에 의해 제출된 사직원은 그에 터잡은 의원면직처분이 있을 때까지 철회될 수 있고, 일단 면직처분이 있고 난 이후에도 자유로이 취소 및 철회될 수 있다.
② 시장 등의 주민등록전입신고 수리 여부에 대한 심사는 「주민등록법」의 입법목적의 범위 내에서 제한적으로 이루어져야 하는바, 전입신고자가 30일 이상 생활의 근거로서 거주할 목적으로 거주지를 옮기는지 여부가 심사대상으로 되어야 한다.
③ 행정청은 신청에 구비서류의 미비 등 흠이 있는 경우 원칙상 형식적·절차적인 요건만을 보완요구하여야 하므로 실질적인 요건에 관한 흠이 민원인의 단순한 착오나 일시적인 사정 등에 기인한 경우에도 보완을 요구할 수 없다.
④ 사인의 공법행위는 원칙적으로 발신주의에 따라 그 효력이 발생한다.

07

2022 지방직 7급

사인의 공법행위에 대한 설명으로 옳지 않은 것은? (다툼이 있는 경우 판례에 의함)

① 「수산업법」상 신고어업을 하려면 법령이 정한 바에 따라 관할 행정청에 신고하여야 하고, 행정청의 수리가 있을 때에 비로소 법적 효과가 발생하게 된다.
② 「민법」상 비진의 의사표시의 무효에 관한 규정은 그 성질상 공무원이 한 사직(일괄사직)의 의사표시와 같은 사인의 공법행위에 적용되지 않는다.
③ 행정청은 사인의 신청에 구비서류의 미비와 같은 흠이 있는 경우 신청인에게 보완을 요구하여야 하는바, 이때 보완의 대상이 되는 흠은 원칙상 형식적·절차적 요건뿐만 아니라 실체적 발급요건상의 흠을 포함한다.
④ 인·허가의제 효과를 수반하는 건축신고는 일반적인 건축신고와는 달리, 특별한 사정이 없는 한 행정청이 그 실체적 요건에 관한 심사를 한 후 수리를 하여야 한다.

정답&해설

05 ② 사인의 공법행위

② 수리를 필요로 하는 신고의 경우에도 원칙적으로 법이 정한 형식적 요건을 충족하면 실체적 사유를 들어 신고의 수리를 거부할 수 없다(대판 2011.7.28. 2005두11784).

| 오답해설 | ① (구)「관광진흥법」 제8조 제4항에 의한 지위승계신고를 수리하는 허가관청의 행위 및 (구)「체육시설의 설치·이용에 관한 법률」 제20조, 제27조에 의한 영업양수신고나 문화체육관광부령으로 정하는 체육시설의 시설 기준에 따른 필수시설인수신고를 수리하는 관계 행정청의 행위는 항고소송의 대상이다(대판 2012.12.13. 2011두29144).
③ 인·허가의제로서의 건축신고는 수리를 필요로 하는 신고이다(대판 2011.1.20. 2010두14954 전합).
④ 주민등록신고(전입신고)는 수리필요신고에 해당한다(대판 2009.1.30. 2006다17850).

06 ② 사인의 공법행위

② 시장·군수 또는 구청장의 주민등록전입신고 수리 여부에 대한 심사는 「주민등록법」의 입법목적의 범위 내에서 제한적으로 이루어져야 한다. 한편, 「주민등록법」의 입법목적에 관한 제1조 및 주민등록 대상자에 관한 제6조의 규정을 고려해 보면, 전입신고를 받은 시장·군수 또는 구청장의 심사대상은 전입신고자가 30일 이상 생활의 근거로 거주할 목적으로 거주지를 옮기는지 여부만으로 제한된다고 보아야 한다(대판 2009.6.18. 2008두10997 전합).

| 오답해설 | ① 공무원이 한 사직 의사표시의 철회나 취소는 그에 터잡은 의원면직처분이 있을 때까지 할 수 있는 것이고, 일단 면직처분이 있고 난 이후에는 철회나 취소할 여지가 없다(대판 2001.8.24. 99두9971 전합).
③ 행정기관은 민원사항의 신청이 있는 때에는 다른 법령에 특별한 규정이 있는 경우를 제외하고는 그 접수를 보류하거나 거부할 수 없으며, 민원서류에 흠이 있는 경우에는 보완에 필요한 상당한 기간을 정하여 지체 없이 민원인에게 보완을 요구하고 그 기간 내에 민원서류를 보완하지 아니할 때에는 7일의 기간 내에 다시 보완을 요구할 수 있으며, 위 기간 내에 민원서류를 보완하지 아니한 때에 비로소 접수된 민원서류를 되돌려 보낼 수 있도록 규정되어 있는바, 위 규정 소정의 보완의 대상이 되는 흠은 보완이 가능한 경우이어야 함은 물론이고, 그 내용 또한 형식적·절차적인 요건이거나, 실질적인 요건에 관한 흠이 있는 경우라도 그것이 민원인의 단순한 착오나 일시적인 사정 등에 기한 경우 등이라야 한다(대판 2004.10.15. 2003두6573).
④ 특별한 규정이 없는 한 원칙적으로 도달주의에 의한다.

07 ③ 사인의 공법행위

③ 「행정절차법」 제17조에 의해 행정청은 구비서류에 흠이 있는 경우 신청인에게 보완을 요구하여야 하는데, 흠의 내용은 형식적 구비서류를 의미하는 것이고 실체적 발급요건은 해당하지 않는다.

| 오답해설 | ① 「수산업법」상의 어업신고는 '수리를 요하는 신고'로서 행정청의 수리로서 신고의 효력이 발생한다.
② 1980년의 공직자숙정계획의 일환으로 일괄사표의 제출과 선별수리의 형식으로 공무원에 대한 의원면직처분이 이루어진 경우, 사직원 제출행위가 강압에 의하여 의사결정의 자유를 박탈당한 상태에서 이루어진 것이라고 할 수 없고 「민법」상 비진의 의사표시의 무효에 관한 규정은 사인의 공법행위에 적용되지 않는다는 등의 이유로 그 의원면직처분을 당연무효라고 할 수 없다(대판 2001.8.24. 99두9971).
④ 인·허가의제 효과를 수반하는 건축신고는 일반적인 건축신고와는 달리, 특별한 사정이 없는 한 행정청이 그 실체적 요건에 관한 심사를 한 후 수리하여야 하는 이른바 '수리를 요하는 신고'로 보는 것이 옳다(대판 2011.1.20. 2010두14954 전합).

| 정답 | 05 ② 06 ② 07 ③

08
2024 군무원 7급

다음 중 영업양도와 제재사유의 승계에 관한 판례의 내용으로 가장 적절하지 않은 것은?

① 불법증차를 실행한 운송사업의 양수인에 대하여는 양수인의 지위승계 전에 불법증차에 관하여 발생한 유가보조금 부정수급액에 대해서까지 양수인을 상대로 반환명령을 할 수 있다.
② 「건축법」상의 위반행위에 대하여 건축주 등에 대하여 부과되는 이행강제금 납부의무는 상속인 기타의 사람에게 승계될 수 없는 일신전속적인 성질의 것이므로 이미 사망한 사람에게 이행강제금을 부과하는 내용의 처분이나 결정은 당연무효이다.
③ 사업정지 등의 제재처분이 사업의 전부나 일부에 대한 것으로서 대물적 처분의 성격을 갖고 있는 경우, 종전 석유판매업자가 유사석유제품을 판매함으로써 받게 되는 사업정지 등 제재처분의 승계가 포함되어 그 지위를 승계한 자에 대하여 사업정지 등의 제재처분을 취할 수 있다.
④ 양도인의 운전면허 취소가 운송사업면허의 취소사유에 해당한다는 이유로 양수인의 운송사업면허를 취소하는 처분을 한 사안에서, 그 처분으로 인하여 공익상의 필요보다 상대방이 받게 되는 불이익 등이 막대한 경우에는 재량권의 한계를 일탈한 것으로서 그 자체가 위법하게 된다.

09
2021 국가직 7급

행정법관계에 대한 설명으로 옳지 않은 것은? (다툼이 있는 경우 판례에 의함)

① 행정에 관한 기간의 계산에 관하여는 「행정기본법」 또는 다른 법령 등에 특별한 규정이 있는 경우를 제외하고는 「민법」을 준용한다.
② (구)「산림법」에 의해 형질변경허가를 받지 아니하고 산림을 형질변경한 자가 사망한 경우, 해당 토지의 소유권을 승계한 상속인은 그 복구의무를 부담하지 않으므로, 행정청은 그 상속인에 대하여 복구명령을 할 수 없다.
③ (구)「지방재정법」에 의한 변상금부과처분이 당연무효인 경우, 이 변상금부과처분에 의하여 납부자가 납부한 오납금은 지방자치단체가 법률상 원인 없이 취득한 부당이득에 해당한다.
④ 주민등록의 신고는 행정청에 도달하기만 하면 신고로서의 효력이 발생하는 것이 아니라 행정청이 수리한 경우에 비로소 신고의 효력이 발생한다.

10

2020 국가직 9급

신고에 대한 설명으로 옳지 않은 것은? (다툼이 있는 경우 판례에 의함)

① 「건축법」상 인·허가의제 효과를 수반하는 건축신고는 특별한 사정이 없는 한 행정청이 그 실체적 요건에 관한 심사를 한 후 수리하여야 하는 이른바 '수리를 요하는 신고'이다.
② 「건축법」상의 착공신고의 경우에는 신고 그 자체로서 법적 절차가 완료되어 행정청의 처분이 개입될 여지가 없으므로, 행정청의 착공신고 반려행위는 항고소송의 대상인 처분에 해당하지 않는다.
③ 주민등록의 신고는 행정청에 도달하기만 하면 신고로서의 효력이 발생하는 것이 아니라 행정청이 수리한 경우에 비로소 신고의 효력이 발생한다.
④ 행정청이 (구)「식품위생법」상의 영업자지위승계신고 수리처분을 하는 경우, 행정청은 종전의 영업자에 대하여 「행정절차법」 소정의 행정절차를 실시하여야 한다.

정답&해설

08 ① 사인의 공법행위

① 관할 행정청은 양수인의 선의·악의를 불문하고 양수인에 대하여 불법증차 차량에 관하여 지급된 유가보조금의 반환을 명할 수 있다. 다만 그에 따른 양수인의 책임범위는 지위승계 후 발생한 유가보조금 부정수급액에 한정되고, 지위승계 전에 발생한 유가보조금 부정수급액에 대해서까지 양수인을 상대로 반환명령을 할 수는 없다(대판 2021.7.29. 2018두55968).

|오답해설| ② 대결 2006.12.8. 자 2006마470
③ 대판 2003.10.23. 2003두8005
④ 대판 2010.4.8. 2009두17018

09 ② 사인의 공법행위

② 복구의무의 불이행자가 사망한 경우, 이를 승계한 상속인이 의무를 부담한다(대판 2005.8.19. 2003두9817).

|오답해설| ① 「행정기본법」 제6조 제1항
④ 주민등록의 신고는 수리를 요하는 신고로서 행정청의 수리를 통해 신고의 효력이 발생한다.

10 ② 사인의 공법행위

② 대법원에 의하면 착공신고를 포함한 건축신고에 대한 행정청의 반려(수리거부)는 항고쟁송대상이 되는 처분이라 한다.

|판례|
> 착공신고 반려행위가 이루어진 단계에서 당사자로 하여금 반려행위의 적법성을 다투어 법적 불안을 해소한 다음 건축행위에 나아가도록 함으로써 장차 있을지도 모르는 위험에서 미리 벗어날 수 있도록 길을 열어 주고, 위법한 건축물의 양산과 철거를 둘러싼 분쟁을 조기에 근본적으로 해결할 수 있게 하는 것이 법치행정의 원리에 부합한다. 그러므로 행정청의 착공신고 반려행위는 항고소송의 대상이 된다고 보는 것이 옳다(대판 2011.6.10. 2010두7321).

|오답해설| ① 인·허가의제 효과를 수반하는 건축신고는 일반적인 건축신고와는 달리, 특별한 사정이 없는 한 행정청이 그 실체적 요건에 관한 심사를 한 후 수리하여야 하는 이른바 '수리를 요하는 신고'로 보는 것이 옳다(대판 2011.1.20. 2010두14954).
③ 주민등록의 신고는 수리필요신고이다(대판 2009.1.30. 2006다17850).
④ 행정청이 (구)「식품위생법」 규정에 의하여 영업자지위승계신고를 수리하는 처분은 종전의 영업자의 권익을 제한하는 처분이라 할 것이고 따라서 종전의 영업자는 그 처분에 대하여 직접 그 상대가 되는 자에 해당한다고 봄이 상당하므로, 행정청으로서는 위 신고를 수리하는 처분을 함에 있어서 「행정절차법」 규정 소정의 당사자에 해당하는 종전의 영업자에 대하여 위 규정 소정의 행정절차를 실시하고 처분을 하여야 한다(대판 2003.2.14. 2001두7015).

|정답| 08 ① 09 ② 10 ②

11

2023 국가직 7급

사인의 공법행위에 대한 설명으로 옳지 <u>않은</u> 것은?

① 공무원이 한 사직 의사표시는 그에 터잡은 의원면직처분이 있고 난 이후라도 철회나 취소할 수 있다.
② 자기완결적 신고의 경우 적법한 요건을 갖춘 신고를 하면 신고의 대상이 되는 행위를 적법하게 할 수 있고, 별도로 행정청의 수리를 기다릴 필요가 없다.
③ 「건축법」에 의한 인·허가의제 효과를 수반하는 건축신고는 특별한 사정이 없는 한 행정청이 그 실체적 요건에 관한 심사를 한 후 수리하여야 하는, 수리를 요하는 신고에 해당한다.
④ (구)「유통산업발전법」에 따른 대규모점포의 개설등록 및 (구)「재래시장 및 상점가 육성을 위한 특별법」에 따른 시장관리자 지정은 행정청이 실체적 요건에 관한 심사를 한 후 수리하여야 하는, 수리를 요하는 신고로서 행정처분에 해당한다.

정답&해설

11 ① 사인의 공법행위

① 공무원이 한 사직 의사표시의 철회나 취소는 그에 터잡은 의원면직처분이 있을 때까지 할 수 있는 것이고, 일단 면직처분이 있고 난 이후에는 철회나 취소할 여지가 없다(대판 2001.8.24. 99두9971).

|오답해설| ② 자기완결적 신고는 행정청이 수리 여부와 상관없이 적법한 요건을 갖추어 접수기간에 신고서가 도달됨으로서 신고의 효력이 발생한다.
③ 인·허가의제 효과를 수반하는 건축신고는 일반적인 건축신고와는 달리, 특별한 사정이 없는 한 행정청이 그 실체적 요건에 관한 심사를 한 후 수리하여야 하는 이른바 '수리를 요하는 신고'로 보는 것이 옳다(대판 2011.1.20. 2010두14954 전합).
④ (구)「유통산업발전법」 제8조 제1항, 제9조, (구)「유통산업발전법 시행규칙」 제5조 제1항, (구)「재래시장 및 상점가 육성을 위한 특별법」 제67조 제1항, (구)「재래시장 및 상점가 육성을 위한 특별법 시행규칙」 제14조 제1항·제2항의 내용과 체계에 비추어 보면, (구)「유통산업발전법」에 따른 대규모점포의 개설등록 및 (구)「재래시장법」에 따른 시장관리자 지정은 행정청이 실체적 요건에 관한 심사를 한 후 수리하여야 하는 이른바 '수리를 요하는 신고'로서 행정처분에 해당한다(대판 2019.9.10. 2019다208953).

|정답| 11 ①

CHAPTER 03 행정입법

01 행정입법 개설
02 법규명령
03 행정규칙
04 자치입법

01 행정입법 개설

1 개념

'행정입법'이란 행정권이 자기의 권한 내에서 일반적(불특정다수인)·추상적(불특정다수의 사안)인 규율(법적 효과 발생)을 정립하는 작용을 말하며, 이는 실정법상의 개념이 아니라 학문상의 개념이다. 행정입법에는 국가행정작용권에 의한 입법인 법규명령·행정명령과 자치단체에 의한 자치입법(조례·규칙)이 포함된다.

2 행정입법의 필요성

(1) 19C말 이전 – 복위임금지, 권력분립, 법치주의(행정입법 부정)

본래 입법작용은 국민의 대표기관인 의회의 권한에 속하는 것으로서 19C말까지만 해도 행정입법을 부정하였다. 그 논거로서 국민에 의하여 위임받은 입법권은 타 기관에 재위임될 수 없다는 복위임금지원칙과 입법권은 원칙적으로 국민의 대표기관인 의회에 속한다는 권력분립, 그리고 의회가 제정한 법률에 의한 지배를 의미한다는 법치주의를 들 수 있다.

(2) 20C 복리국가화(행정입법의 필요성)

현대 복리국가에 있어서는 의회입법의 한계성으로 말미암아 행정입법의 필요성이 증대하였다. 그 이유로는 전문적·기술적 입법사항의 증대, 세부적 입법사항의 규정 곤란, 행정현상에 즉응한 탄력적 입법사항의 증대, 지방별·분야별 특수사정 고려의 필요(조례, 규칙 등), 국회의 부담경감, 비상사태 극복의 필요성(국가위기 시 강력한 행정부 필요) 등을 들 수 있다.

3 행정입법의 한계와 통제(법치주의와의 관계)

행정입법은 의회입법원칙의 예외이므로 상위법령의 위임이 있어야 가능하며(헌법 제75조, 제95조 – 요건엄격), 법원의 명령·규칙심사권이 인정되어 사법심사의 대상이 되는 것(헌법 제107조 제2항)이므로 법치주의에 반하는 제도는 아니다. 하지만, 행정편의주의에 의한 행정입법권의 남용과 빈번한 행정입법의 개폐로 인해 법적 안정성과 예측가능성을 저해할 수 있고, 불필요한 위임입법과 불확정개념을 남발하여 행정입법의 한계를 명확하게 설정하지 못하므로 법적안정성을 해칠 우려가 있다. 따라서 문제는 행정입법을 어느 범위까지 인정할 것이며, 그 한계를 어떻게 설정할 것이고, 그 통제를 어떻게 확보할 것인가에 있다. 그러므로 행정입법은 그 범위 내지 한계 및 통제에 중점을 두게 된다.

개념확인 O/X

4 종류

(1) 법규명령

법규명령은 법규성을 가지는 규범으로서 외부관계를 규율하는 명령이다. 법규명령은 새로운 입법사항을 규율할 수 있느냐에 따라 위임명령과 집행명령으로 나뉜다.

① **위임명령**: 국민의 권리와 의무에 관한 새로운 입법사항의 규정은 법령에서 위임받은 사항에 대해서 가능하다.

② **집행명령**: 국민의 권리와 의무에 관한 새로운 입법사항의 규정은 불가하고 절차나 형식 등에 대해서만 제정 가능하다. 또한 집행명령은 법령의 위임이 없어도 직권으로 발할 수 있다.

(2) 행정명령(행정규칙)

행정명령은 법규성을 가지지 않는 규범으로서 내부관계를 규율하는 명령이며 그 형식에 따라 훈령, 지시, 예규, 일일명령이 있다.

(3) 자치입법

조례와 규칙, 교육규칙으로 구분된다.

| 행정입법의 종류

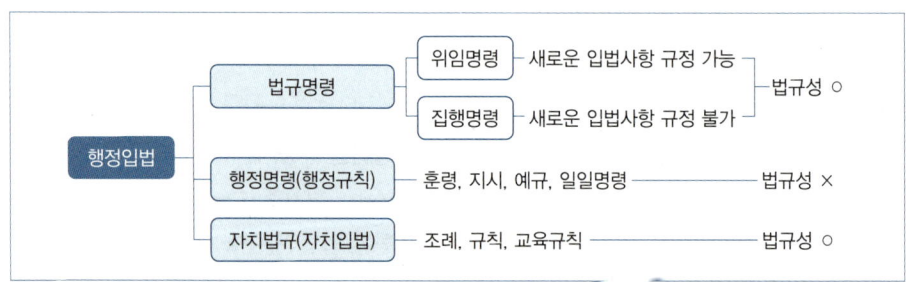

5 성질

행정입법은 실질적 의미에 있어서는 입법에 속하나 형식적 의미에 있어서는 행정에 속한다. 행정입법은 일반적(불특정다수인을 규율)·추상적(불특정다수의 사건을 규율) 규율이라는 점에서 개별적·구체적 규율인 행정행위와 구별되며, 위임입법(의회 이외의 기관이 제정한 법규명령을 총칭하는 개념이며, 국회규칙, 법원규칙, 헌법재판소규칙, 중앙선거관리위원회규칙 등이 포함된다)과도 구별된다. 01

01 행정부의 입법행위는 형식적 의미의 입법이지만 실질적으로는 행정작용이다.
(O / X)

02 법규명령

1 법규명령의 의의 및 성질

'법규명령'이란 행정권이 정립하는 일반적·추상적 명령으로서 법규성을 가지는 것을 말하며 실무에서는 일반적으로 명령(命令)이라는 용어로 사용된다. 여기서 '법규'란 국가와 국민 사이의 관계를 규율하는 성문의 일반적·추상적 규정으로서 국민과 행정권을 구속하고 재판규범이 되는 것을 말한다.

2 법규명령의 종류

(1) 수권의 범위·근거에 따른 분류(법적 효력에 따른 분류)

① **헌법대위명령(비상명령)**
  ㉠ 헌법적인 효력을 갖는 명령으로서 현행 헌법에서는 인정되지 않고 있다(⑩ 제4공화국 긴급조치, 제5공화국 비상조치).
  ㉡ 다만, 헌법은 계엄선포의 경우 헌법 일부 내용에 변경을 일으킬 수 있는 특별조치가 가능함을 규정하고 있다.

> **관련 법령**
>
> **헌법 제77조** ③ 비상계엄이 선포된 때에는 법률이 정하는 바에 의하여 영장제도, 언론·출판·집회·결사의 자유, 정부나 법원의 권한에 관하여 특별한 조치를 할 수 있다.

② **법률대위명령(독립명령과 유사)**
  ㉠ 헌법의 수권에 따라 법률과 같은 효력을 가지는 명령이다. 헌법 제76조의 긴급명령, 긴급재정·경제명령 등이 이에 해당한다.
  ㉡ 긴급명령, 긴급재정·경제명령은 국회가 제정하는 법률과 동일한 효력을 갖는 명령으로서 법률대위명령이라 하며, 법률의 위임 없이 제정될 수 있다는 점에서 독립명령과 유사하나 엄격한 의미로는 독립명령이라 할 수 없다.

> **심화 학습** 독립명령
>
> 법률의 근거와 위임 없이 행정기관이 독자적으로 제정하는 명령으로 프랑스에서 인정하고 있는 법령의 형식이며 우리나라에서는 원칙적으로 인정하고 있지 않다. 긴급명령과 긴급재정·경제명령은 국회에서 사후 승인을 받아야 하고, 승인이 없으면 즉시 효력이 소멸된다는 점에서 독립명령이라고 보기 어렵다.

  ㉢ 긴급명령과 긴급재정·경제명령은 지체 없이 국회의 승인을 얻어야 하며 이를 얻지 못하면 그 명령은 그 순간부터 효력이 소멸된다. 01

③ **법률종속명령**
  ㉠ 위임명령(법률보충명령)
    ⓐ 위임명령은 상위명령에 의하여 위임된 사항을 규정하는 명령인데 개별적·구체적으로 수권된 범위 내에서 새로운 법규사항(국민의 권리·의무에 관한 사항)을 정할 수 있다. 02
    ⓑ 헌법적인 간접규정만으로는 제정할 수 없고 개별적·구체적인 상위법령의 위임이 있어야 하므로 위임이 없거나 포괄적 위임에 따른 것일 때에는 위헌무효가 된다. 03 04

> **관련 법령**
>
> **헌법 제75조** 대통령은 법률에서 구체적으로 범위를 정하여 위임받은 사항과 법률을 집행하기 위하여 필요한 사항에 관하여 대통령령을 발할 수 있다.
> **제95조** 국무총리 또는 행정각부의 장은 소관사무에 관하여 법률이나 대통령령의 위임 또는 직권으로 총리령 또는 부령을 발할 수 있다.

  ㉡ 포괄적 위임인지 여부
    ① 판례는 위임의 구체적인 범위는 규제하고자 하는 대상의 종류와 성격에 따라 달라진다고 하며 위임된 부분의 대강을 국민이 예측할 수 있도록 수권법률이 구체적으로 정하여야 한다(대판 2002.8.23. 2001두5651; 헌재 1994.7.29. 93헌가12)고 한다.

개념확인 O/X

01 헌법재판소에 따르면 긴급재정·경제명령도 국민의 기본권 침해와 직접 관련되는 경우에는 당연히 헌법소원의 대상이 된다.
17 서울7급 (O / X)

02 「의료법 시행령」은 「의료법」의 위임 없이 「의료법」이 규정한 개인의 권리·의무에 관한 내용을 변경·보충하거나 「의료법」에서 규정하지 아니한 새로운 내용을 규정할 수는 없다.
24 군무원7급 (O / X)

03 어떤 법률의 말미에 "이 법의 시행에 필요한 사항은 대통령령으로 정한다."라고 하여 일반적 시행령 위임조항을 두었다면 이것은 위임명령의 일반적 발령 근거로 작용한다.
17 서울7급 (O / X)

04 법규명령에 대한 상위법의 위임의 범위는 구체적으로 정해져야 하며 일반적·포괄적 위임은 위헌이다.
(O / X)

| 정답 | 01 O 02 O 03 X 04 O

ⓘⓘ 이 경우 예측가능성의 여부는 당해 위임조항 하나만을 가지고 판단할 것이 아니라 그 위임조항이 속한 법률이나 상위명령의 전반적인 체계와 취지·목적, 당해 위임조항의 규정형식과 내용 및 관련 법규를 유기적·체계적으로 종합 판단하여야 하고 각 규제대상의 성질에 따라 구체적·개별적으로 검토함을 요한다(대판 2002.8.23. 2001두5651)고 한다. 01

ⓘⓘⓘ 판례는 전문적이고 기술적인 사항과 상황의 변화에 즉시 적응되어야 할 사항에는 구체성의 정도가 완화될 수 있으며, 국민의 권익 및 공동체에 미치는 영향이 큰 경우와 권력성이 강한 행정권의 행사일수록 구체성이 엄격하여야 한다고 한다. 02 03

개념확인 O/X

01 상위법으로부터의 구체적인 위임의 정도는 위임의 근거조항 하나로만 판단하는 것은 아니며 근거법령을 종합하여 대강의 예측가능성 여부를 판단한다.
(O / X)

02 위임입법의 구체성, 명확성의 요구 정도는 규율 대상이 지극히 다양하거나 수시로 변화하는 성질의 것일 때에는 위임의 구체성, 명확성의 요건이 완화되어야 할 것이다.
24 군무원9급 (O / X)

03 처벌법규나 조세법규는 다른 법규보다 구체성과 명확성의 요구가 강화되어야 한다.
14 국가9급 (O / X)

관련 판례

▶ **모법의 위임 없는 법규명령은 위헌이다**

당구장에 대한 미성년자 출입규제는 법률에 의하여서만 가능하다고 할 것인바, 모법의 위임이 없는 사항을 시행령으로 규제하는 것은 위헌이다. 「체육시설의 설치·이용에 관한 법률」 및 동 시행령에서 당구장 영업에만 유독 18세 미만자의 출입금지표시규정을 두어 영업의 대상범위에 일정한 제한을 가하는 것은 위헌이라고 결정하였다(헌재 1993.5.13. 92헌마80).

▶ **모법에 위임 근거 없는 부담금을 부과한 시행령은 무효이다**

처분 또는 이용·개발의무기간 중에는 초과소유부담금을 부과하지 않는다는 모법에서 규정된 내용을 국민에게 불리한 방향으로 변경한 규정으로서 모법의 위임이 있어야만 유효하다 할 것인데, 같은 법 제20조 제1항 제1호를 비롯한 모법에 아무런 위임 근거가 없으므로 결국 위 시행령 제27조의3은 모법에 위반되어 무효이다(대판 1997.10.16. 96누17752 전합).

▶ **법률에서 보다 엄격한 심사가 이루어지는 허가를 받도록 한 시행령은, 법률의 위임 없이 국민의 재산권 행사를 보다 제한한 것이 되어 무효이다**

헌법 제75조의 규정상 대통령령으로 정할 사항에 관한 법률의 위임은 구체적으로 범위를 정하여 이루어져야 하고, 이 때 구체적으로 범위를 정한다고 함은 위임의 목적·내용·범위와 그 위임에 따른 행정입법에서 준수하여야 할 목표·기준 등의 요소가 미리 규정되어 있는 것을 가리키고, 이러한 위임이 있는지 여부를 판단함에 있어서는 직접적인 위임 규정의 형식과 내용 외에 당해 법률의 전반적인 체계와 취지·목적 등도 아울러 고려하여야 하고, 규율대상의 종류와 성격에 따라서는 요구되는 구체성의 정도 또한 달라질 수 있으나, 국민의 기본권을 제한하거나 침해할 소지가 있는 사항에 관한 위임에 있어서는 위와 같은 구체성 내지 명확성이 보다 엄격하게 요구된다(대판 2000.10.19. 98두6265 전합).

04 급부행정 영역상의 위임입법에 있어서는 기본권 침해 영역보다 구체성의 요구가 다소 약화되어도 무방하다.
11 지방9급 (O / X)

▶ **입법의 성질에 따라 위임의 구체성의 정도는 차이가 있다** [14 국가직 9급, 11 지방직 9급] 04

위임입법에 있어서 위임의 구체성, 명확성의 요구 정도는 규제대상의 종류와 성격에 따라서 달라진다. 즉, 급부행정 영역에서는 기본권 침해 영역보다는 구체성의 요구가 다소 약화되어도 무방하다고 해석되며, 다양한 사실관계를 규율하거나 사실관계가 수시로 변화될 것이 예상될 때에는 위임의 명확성의 요건이 완화된다. 뿐만 아니라 위임조항에서 위임의 구체적 범위를 명확히 규정하고 있지 않다고 하더라도, 당해 법률의 전반적 체계와 관련 규정에 비추어 위임조항의 내재적인 위임의 범위나 한계를 객관적으로 분명히 확정할 수 있다면, 이를 일반적이고 포괄적인 백지위임에 해당하는 것으로 볼 수 없다(헌재 1997.12.24. 95헌마390).

🅑 「공공기관의 정보공개에 관한 법률」 제7조 제1항 제1호 소정의 '법률에 의한 명령'은 법규명령(위임명령)을 의미한다

> 「공공기관의 정보공개에 관한 법률」 제1조, 제3조, 헌법 제37조의 각 취지와 행정입법으로는 법률이 구체적으로 범위를 정하여 위임한 범위 안에서만 국민의 자유와 권리에 관련된 규율을 정할 수 있는 점 등을 고려할 때, 「공공기관의 정보공개에 관한 법률」 제7조 제1항 제1호 소정의 '법률에 의한 명령'은 법률의 위임규정에 의하여 제정된 대통령령, 총리령, 부령 전부를 의미한다기보다는 정보의 공개에 관하여 법률의 구체적인 위임 아래 제정된 법규명령(위임명령)을 의미한다(대판 2003. 12. 11. 2003두8395).

🅑 대통령령에 위임된 부분의 대강을 국민이 예측할 수 있도록 수권법률이 구체적으로 정하여야 한다

> 같은 조항의 목적(目的)을 고려하면 위 규정에 의하여 대통령령에 규정될 물건이나 기간도 도시계획사업에 지장을 줄 수 있는 정도의 물건이나 기간으로서 대통령령에 위임된 부분의 대강을 국민이 예측할 수 있도록 위임법률에 구체적으로 정하여져 있다고 할 수 있으므로, 위임입법의 범위와 한계를 규정한 헌법 제75조에 위반되지 아니하고, 위와 같은 행위를 범죄구성요건으로 하고 있는 같은 법 제92조 제1호는 죄형법정주의를 규정한 헌법 제12조 제1항, 제13조 제1항 및 그 파생적 원리의 하나인 형벌법규의 명확성의 원칙에 위반되지 아니한다(헌재 1994. 7. 29. 93헌가12).

🅐 위임이 구체적인지를 판단하는 기준은 개별적인 사안에 따라 종합적으로 판단한다 [11 지방직 9급]

> 위임명령은 법률이나 상위명령에서 구체적으로 범위를 정한 개별적인 위임이 있을 때에 가능하고, 여기에서 구체적인 위임의 범위는 규제하고자 하는 대상의 종류와 성격에 따라 달라지는 것이어서 일률적 기준을 정할 수는 없지만, 적어도 위임명령에 규정될 내용 및 범위의 기본사항이 구체적으로 규정되어 있어서 누구라도 당해 법률이나 상위명령으로부터 위임명령에 규정될 내용의 대강을 예측할 수 있어야 하나, 이 경우 그 예측가능성의 유무는 당해 위임조항 하나만을 가지고 판단할 것이 아니라 그 위임조항이 속한 법률이나 상위명령의 전반적인 체계와 취지·목적, 당해 위임조항의 규정형식과 내용 및 관련 법규를 유기적·체계적으로 종합 판단하여야 하고, 나아가 각 규제 대상의 성질에 따라 구체적·개별적으로 검토함을 요한다(대판 2002. 8. 23. 2001두5651).

🅑 국민의 기본권을 제한하거나 침해할 소지가 있는 사항에 관한 위임에 있어서는 위와 같은 구체성 내지 명확성이 보다 엄격하게 요구된다

> 이러한 위임이 있는지 여부를 판단함에 있어서는 직접적인 위임 규정의 형식과 내용 외에 당해 법률의 전반적인 체계와 취지·목적 등도 아울러 고려하여야 하고, 규율대상의 종류와 성격에 따라서는 요구되는 구체성의 정도 또한 달라질 수 있으나, 국민의 기본권을 제한하거나 침해할 소지가 있는 사항에 관한 위임에 있어서는 위와 같은 구체성 내지 명확성이 보다 엄격하게 요구된다(대판 2000. 10. 19. 98두6265 전합).

ⓓ 헌법에서 구체적이며 명시적으로 법률로서 규정하도록 한 사항이나 중요한 본질적 사항에 대하여서는 법률로 정하여야 하며 명령에 대한 구체적인 위임도 안 된다.

ⓔ 위임명령은 상위법령이 폐지되면 근거법령의 소멸로서 당연폐지되며 상위법령이 개정되면 그에 따라 개정되어야 한다.

ⓕ 근거법률이 없으나 사후에 보완할 수 있는지의 여부: 판례는 법률의 위임에 의하여 효력을 갖는 법규명령이 구법에 위임의 근거규정이 없어 무효였더라도 사후에 법 개정에 의하여 위임의 근거규정이 마련되면 그때부터 유효한 법규명령이 된다고 한다 (대판 1994. 5. 24. 93누5666 전합). 01 02 03 04

개념확인 O/X

01 법률의 위임에 의하여 효력을 갖는 법규명령은 구법에 위임의 근거가 없어 무효였더라도 사후에 법률개정으로 위임의 근거가 부여되면 소급하여 유효한 법규명령이 된다.
17 서울7급 (O / X)
※ 소급하지 않음

02 위임의 근거가 없어 무효였던 법규명령은 사후적인 법률에 의해 유효가 될 수 없다.
24 군무원9급 (O / X)

03 구법에 위임의 근거가 없어 법규명령이 무효였다면 사후에 법 개정으로 위임의 근거가 부여되었다 할지라도 무효이다.
14 국가9급 (O / X)

04 일반적으로 법률의 위임에 따라 효력을 갖는 법규명령의 경우에 위임의 근거가 없어 무효였더라도 나중에 법 개정으로 위임의 근거가 부여되면 그때부터는 유효한 법규명령으로 볼 수 있다. 그러나 법규명령이 개정된 법률에 규정된 내용을 함부로 유추·확장하는 내용의 해석규정이어서 위임의 한계를 벗어난 것으로 인정될 경우에는 법규명령은 여전히 무효이다.
18 국회8급 (O / X)

| 정답 | 01 X 02 X 03 X 04 O

개념확인 O/X

01 법령의 위임관계는 반드시 하위 법령의 개별조항에서 위임의 근거가 되는 상위법령의 해당 조항을 구체적으로 명시하고 있어야만 하는 것은 아니다.
14 지방9급 (O / X)

02 집행명령은 상위법의 단순한 집행에 필요한 절차나 형식을 말하며 법규명령이라 할 수 없다.
(O / X)

03 집행명령의 경우 상위법령이 폐지된 것이 아니라 단순히 개정됨에 그친 경우에는 그 개정법령과 성질상 모순·저촉되지 아니하고 개정된 상위법령의 시행에 필요한 사항을 규정하고 있는 이상 그 집행명령은 개정법령의 시행을 위한 집행명령이 제정·발효될 때까지는 그 효력을 유지한다.
24 국회8급 (O / X)

04 대통령령은 총리령 및 부령보다 우월한 효력을 가진다.
19 국회8급 (O / X)

ⓖ 시행규칙이 시행령의 위임에 의한 것임을 명시하고 있지 않은 경우의 위임관계 인정 여부: 법령의 위임관계는 반드시 하위법령의 개별조항에서 위임의 근거가 되는 상위법령의 해당 조항을 구체적으로 명시하고 있어야만 하는 것은 아니다(대판 1999.12.24. 99두5658). **01**

ⓛ 집행명령
ⓐ 법률이나 상위명령의 집행에 필요한 세부적 사항을 규정하는 법규명령이다. **02**
ⓑ 새로운 입법사항을 제정할 수 없기에 개별적·구체적 위임 없이도 직권으로 정립할 수 있다.
ⓒ 헌법의 간접규정만으로도 제정할 수 있다.
ⓓ 집행명령은 상위법령이 폐지되면 당연폐지되며, 상위법령이 개정에 그치면 새로운 집행명령이 제정되기 전까지는 유효하다. **03**

위임명령과 집행명령의 비교

구분	위임명령	집행명령
근거	상위법으로부터 직접적인 개별적·구체적 수권 규정 필요	헌법상의 간접적인 포괄적 근거만으로 성립 가능
성질	• 법률에 종속하는 법규성 • 법률의 내용을 보충하는 보충명령	• 법률에 종속하는 법규성 • 법률의 집행에 관한 시행세칙
범위	법률의 위임범위에서 새로운 입법사항, 즉 국민의 권리·의무에 관한 사항도 규정이 가능함	모법인 법률에 규정이 없는 새로운 입법사항에 관해서는 규정이 불가능함
효력	모법인 법률이 개정되거나 소멸할 때에는 위임명령도 개정되거나 소멸함	모법인 법률이 폐지되면 특별한 규정이 없는 한 효력을 상실함. 상위법 개정 시에는 유효
공통점	• 법규명령 • 공포를 요함 • 문서·법조형식을 요함	• 양면적 구속력 • 재판규범 • 실정법상 혼재

(2) 법형식(法形式)에 의한 분류

① 긴급명령 및 긴급재정·경제명령: 대통령이 국가비상시에 직접 헌법 제76조에 근거하여 발하는 명령으로서 법치주의와 관련하여 예외적으로 인정되는 것이다. 이는 법률과 독립하여 발한다는 점에서 독립명령의 하나이다.

② 대통령령
㉠ 대통령이 법률에서 구체적인 범위를 정하여 위임받은 사항(위임명령)이나 법률을 집행하기 위하여 필요한 사항(집행명령)에 관하여 정하는 법규명령이다(헌법 제75조). 이를 일반적으로 '시행령'이라 부른다. **04**
㉡ 법률이 대통령령으로 규정하도록 되어 있는 사항을 부령으로 정한다면 그 부령은 무효가 된다.

> **관련 판례**
>
> **B** 대통령령으로 정할 사항을 부령으로 정한 경우 그 효력
>
> 행정각부 장관이 부령으로 제정할 수 있는 범위는 법률 또는 대통령령이 위임한 사항이나 또는 법률 또는 대통령령을 실시하기 위하여 필요한 사항에 한정되므로 법률 또는 대통령령으로 규정할 사항을 부령으로 규정하였다고 하면 그 부령은 무효임을 면치 못한다(대판 1962.1.25. 4294민상9).

| 정답 | 01 O 02 X 03 O 04 O

③ **총리령·부령**: 국무총리 또는 행정각부의 장이 소관사무에 관하여 법률이나 대통령의 위임(위임명령) 또는 직권(집행명령)으로 발하는 법규명령이다(헌법 제95조). 이를 시행규칙 또는 시행세칙이라 한다.
  ㉠ 국무총리 직속기관의 법규명령 제정 가부(可否)
    ⓐ 국무위원으로 보는 국무총리 직속기관의 장을 헌법이 규정하고 있는 행정각부로 보아 부령의 제정이 가능한가에 대하여 문제가 된다.
    ⓑ 통설에 의하면 국무위원으로 보는 국무총리 직속기관의 장은 헌법 제95조에서 규정한 행정각부의 장이 아니기 때문에 그들의 소관사무는 총리령에 의하여야 한다. 01 02
  ㉡ 총리령과 부령 간의 효력상 우열문제
    ⓐ **총리령우위설**: 국무총리는 대통령의 명을 받아 행정각부를 통할하는 지위에 있으므로 총리령이 부령보다 실질적으로 우위에 있다는 견해이다.
    ⓑ **동위설**: 국무총리로 행정각부의 장과 동일한 지위에서 그 소관사무에 관하여 총리령을 발하기 때문에 총리령은 부령과 동등한 효력을 갖는다는 견해이다. 03

④ **중앙선거관리위원회규칙**: 중앙선거관리위원회가 법령의 범위 안에서 선거관리, 국민투표관리 또는 정당사무에 관하여 제정하는 법규명령이다(헌법 제114조 제6항).

⑤ **감사원규칙(법률상에 의한 법규명령 여부)**
  ㉠ 감사원의 규칙제정권은 대통령령·총리령·부령·중앙선거관리위원회규칙·국회규칙·대법원규칙·헌법재판소규칙·자치법규 등과는 달리 헌법상의 근거가 없고 「감사원법」 제52조에 근거하고 있다. 따라서 이 규칙이 법규명령인가 행정규칙인가의 견해가 대립하고 있다. 이에 대해 헌법에 규정된 행정입법의 형식은 예를 들어 규정하는 예시적인 것이므로 이를 제한적으로 해석할 이유가 없다는 점을 논거로 하는 법규명령설이 다수설이다. 헌법재판소도 헌법이 인정하고 있는 위임입법의 형식은 예시적이며 입법자가 규율의 형식을 선택할 수 있다고 본다. 04 05 06

> **관련 법령**
> 「감사원법」 제52조 【감사원규칙】 감사원은 감사에 관한 절차, 감사원의 내부 규율과 감사사무 처리에 관한 규칙을 제정할 수 있다.

  ㉡ 법규명령 부정설
    ⓐ 우리의 헌법은 입헌주의 헌법으로서 의회입법을 채택함을 원칙으로 하되 예외에 관한 행정입법의 형식에 대하여서는 헌법에서 명시적으로 인정해 오던 경우에만 한정적으로 인정하여야 한다는 견해이다.
    ⓑ 헌법규정을 열기규정으로 해석한다.
    ⓒ 감사원규칙을 행정규칙으로 해석한다.
  ㉢ 법규명령 긍정설(다수설, 헌재)
    ⓐ 입법권자인 의회가 법률로서 스스로 정한 한계의 범위 내에서 행정권에게 입법권을 부여한 것은 헌법에 위반되지 아니하다는 견해이다.
    ⓑ 헌법규정을 예시규정으로 해석한다.
    ⓒ 감사원규칙을 법규명령으로 해석한다.
    ※ 위의 문제는 공정거래위원회규칙(「독점규제 및 공정거래에 관한 법률」), 금융위원회규칙(「금융위원회의 설치 등에 관한 법률」), 금융통화운영위원회규칙(「한국은행법」), 방송통신위원회규칙(「방송통신위원회의 설치 및 운영에 관한 법률」), 중앙노동위원회규칙(「노동위원회법」)의 경우에도 동일하게 발생한다.

개념확인 O/X

01 행정각부가 아닌 국무총리 소속의 독립기관은 독립하여 법규명령을 발할 수 있다.
19 서울9급 (O / X)

02 인사혁신처장이나 소방청장은 총리령이나 부령을 제정할 수 있다.
(O / X)

03 부령은 총리령의 위임 범위 내에서 제정되어야 한다.
16 교육행정 (O / X)

04 헌법이 규정하고 있는 위임입법의 형식은 예시적인 것으로 보아야 한다.
24 국회9급 (O / X)

05 헌법이 인정하고 있는 위임입법의 형식은 예시적인 것이다.
19 서울9급 (O / X)

06 국회규칙은 법규명령이다.
19 국회8급 (O / X)

| 정답 | 01 X 02 X 03 X 04 O 05 O 06 O

개념확인 O/X

01 헌법재판소 판례에 의하면, 헌법상 위임입법의 형식은 열거적이기 때문에, 국민의 권리·의무에 관한 사항을 고시 등 행정규칙으로 정하도록 위임한 법률 조항은 위헌이다.
16 서울9급 (O / X)

02 헌법이 인정하고 있는 위임입법의 형식은 예시적인 것으로 보아야 할 것이고, 그것은 법률이 행정규칙에 위임하더라도 그 행정규칙은 위임된 사항만을 규율할 수 있으므로, 국회입법의 원칙과 상치되지도 않는다.
20 군무원9급 (O / X)

관련 판례

B 헌법 제107조 제2항의 '규칙'에는 지방자치단체의 조례와 규칙이 모두 포함된다

> 조례 제정권의 범위를 벗어나 국가사무를 대상으로 한 무효인 서울특별시행정권한위임조례의 규정에 근거하여 구청장이 건설업영업정지처분을 한 경우, 그 처분은 결과적으로 적법한 위임 없이 권한 없는 자에 의하여 행하여진 것과 마찬가지가 되어 그 하자가 중대하나, 지방자치단체의 사무에 관한 조례와 규칙은 조례가 보다 상위규범이라고 할 수 있고, 또한 헌법 제107조 제2항의 '규칙'에는 지방자치단체의 조례와 규칙이 모두 포함되는 등 이른바 규칙의 개념이 경우에 따라 상이하게 해석되는 점 등에 비추어 보면 위 처분의 위임 과정의 하자가 객관적으로 명백한 것이라고 할 수 없으므로 이로 인한 하자는 결국 당연무효사유는 아니라고 봄이 상당하다(대판 1995.7.11. 94누4615 전합).

B 중앙선거관리위원회의 '공직선거관리규정'은 법규명령이지만 각급 선거관리위원회에 배포한 '개표관리요령'은 사무처리준칙에 해당된다

> 중앙선거관리위원회가 헌법 제114조 제6항 소정의 규칙제정권에 의하여 「공직선거 및 선거부정방지법」에서 위임된 사항과 각급 선거관리에 필요한 세부사항을 규정한 '공직선거관리규정'은 법규명령이지만, 전국 동시지방선거를 위하여 중앙선거관리위원회가 각급 선거관리위원회에 배포한 '개표관리요령'은 업무에 종사하는 각급 선거관리위원회 직원 등에 대한 업무처리지침 내지 사무처리준칙에 불과할 뿐, 국민이나 법원을 구속하는 효력이 없다(대판 1996.7.12. 96우16).

B 감사원규칙의 법규성 인정 여부(법률이 입법사항을 대통령령이나 부령이 아닌 고시와 같은 행정규칙의 형식으로 위임하는 것이 헌법 제40조, 제75조와 제95조 등과의 관계에서 허용되는지 여부) [20 군무원 9급, 19 서울시 9급, 16 서울시 9급] 01 02

> 오늘날 의회의 입법독점주의에서 입법중심주의로 전환하여 일정한 범위 내에서 행정입법을 허용하게 된 동기가 사회적 변화에 대응한 입법수요의 급증과 종래의 형식적 권력분립주의로는 현대사회에 대응할 수 없다는 기능적 권력분립론에 있다는 점 등을 감안하여 헌법 제40조와 헌법 제75조, 제95조의 의미를 살펴보면, 국회입법에 의한 수권이 입법기관이 아닌 행정기관에게 법률 등으로 구체적인 범위를 정하여 위임한 사항에 관하여는 당해 행정기관에게 법정립의 권한을 갖게 되고, 입법자가 규율의 형식도 선택할 수도 있다 할 것이므로, 헌법이 인정하고 있는 위임입법의 형식은 예시적인 것으로 보아야 할 것이고, 그것은 법률이 행정규칙에 위임하더라도 그 행정규칙은 위임된 사항만을 규율할 수 있으므로, 국회입법의 원칙과 상치되지도 않는다. 다만, 형식의 선택에 있어서 규율의 밀도와 규율영역의 특성이 개별적으로 고찰되어야 할 것이고, 그에 따라 입법자에게 상세한 규율이 불가능한 것으로 보이는 영역이라면 행정부에게 필요한 보충을 할 책임이 인정되고 극히 전문적인 식견에 좌우되는 영역에서는 행정기관에 의한 구체화의 우위가 불가피하게 있을 수 있다. 그러한 영역에서 행정규칙에 대한 위임입법이 제한적으로 인정될 수 있다(헌재 2004.10.28. 99헌바91 전합).

정리

효력에 의한 분류	• 헌법대위명령(비상명령): 현행 헌법상 부정 • 법률대위명령(프랑스는 독립명령이라 하나, 우리의 경우 국회의 승인이 필요하여 독립명령으로 보기 어려움): 대통령의 긴급명령과 긴급재정·경제명령 ⇨ 국회승인 필요, 승인 거절 시 그 순간부터 효력 소멸
형식에 의한 분류	• 대통령령(시행령) • 총리령·부령(시행규칙, 시행세칙) • 중앙선거관리위원회규칙 • 감사원규칙 • 자치입법: 조례와 규칙
내용에 의한 분류	• 위임명령: 구체적 위임에 의하여 새로운 입법 • 집행명령: 상위법의 집행을 위한 절차나 형식 등 제정

| 정답 | 01 X 02 O

3 법규명령의 한계

(1) 위임명령의 한계와 근거

① 포괄적 위임금지
   ㉠ 의의: 입법권자는 모든 입법권을 행정부에 전면적으로 위임할 수 없다. 이런 취지에서 헌법 제75조는 "구체적으로 범위를 정해서 위임하여야 한다."라고 규정하고 있다. 여기에서 '구체적'이란 일반적·추상적이어서는 안 된다는 것이고, '범위를 정해서'란 포괄적·전면적이어서는 안 된다는 것을 말한다(대결 1995.12.8. 자 95카기16).
   ㉡ 구체성의 의미: '구체성'이라 함은 판례상 위임입법의 한계인 예측가능성인 바, 이를 판례는 국민이 대강 예측할 수 있을 정도라 한다.
   ㉢ 그러나 지방의회가 제정하는 조례는 반드시 법률에 의하여 구체적으로 범위를 정하여 위임할 필요가 없고, 법령에 위반되지 않는 범위 내에서 포괄적인 위임도 가능하다고 보는 것이 다수설·판례의 입장이다. 01 02

관련 판례

▶ 종합적 해석을 통해 위임의 한계를 객관화할 수 있으면 포괄적인 위임이 아니다

법률규정 자체에 위임의 구체적 범위를 명확히 규정하고 있지 아니하여 외형상으로는 일반적·포괄적으로 위임한 것처럼 보이더라도, 그 법률의 전반적인 체계와 취지·목적, 당해 조항의 규정 형식과 내용 및 관련 법규를 살펴 이에 대한 해석을 통하여 그 내재적인 위임의 범위나 한계를 객관적으로 분명히 확정될 수 있는 것이라면 이를 일반적·포괄적인 위임에 해당하는 것으로 볼 수는 없다고 할 것이다(대판 1996.3.21. 95누3640 전합).

▶ 구체성의 정도는 규제의 대상 등에 의해 달라진다 03

헌법 제75조는 "대통령은 법률에서 구체적 범위를 정하여 위임받은 사항 … 에 관하여 대통령령을 발할 수 있다."고 규정하고 있으므로, 법률의 위임은 반드시 구체적이고 개별적으로 한정된 사항에 관하여 행해져야 할 것이고, 여기서 구체적이라는 것은 일반적·추상적이어서는 안 된다는 것을, 범위를 정한다는 것은 포괄적·전면적이어서는 아니 된다는 것을 각 의미하고, 이러한 구체성의 요구의 정도는 규제 대상의 종류와 성격에 따라 달라진다고 할 것이므로 보건위생 등 급부행정영역에서는 기본권 침해영역보다는 구체성의 요구가 다소 약화되어도 무방하다고 해석된다(대결 1995.12.8. 자 95카기16).

▶ 법률의 포괄적 위임에 의한 지방자치단체의 조례제정권의 범위 04 05 06

법률이 주민의 권리의무에 관한 사항에 관하여 구체적으로 아무런 범위도 정하지 아니한 채 조례로 정하도록 포괄적으로 위임하였다고 하더라도, 행정관청의 명령과는 달라, 조례도 주민의 대표기관인 지방의회의 의결로 제정되는 지방자치단체의 자주법인 만큼, 지방자치단체가 법령에 위반되지 않는 범위 내에서 주민의 권리의무에 관한 사항을 조례로 제정할 수 있는 것이다(대판 1991.8.27. 90누6613).

▶ 분만급여의 범위 등을 장관에게 위임한 상위법은 포괄위임이 아니다 07

분만급여의 범위·상한기준을 보건복지부장관이 정하도록 위임한 「의료보험법」 제31조 제2항의 규정은 위임입법의 한계를 벗어난 포괄적 위임에 해당하는 것으로 볼 수 없다(헌재 1997.12.24. 95헌마390).

개념확인 O/X

01 법률이 행정부가 아니거나 행정부에 속하지 않는 공법적 기관의 정관에 자치법적 사항을 위임한 경우에는 헌법이 정하는 포괄적인 위임입법의 금지는 원칙적으로 적용되지 않는다.
11 지방9급 (O / X)

02 조례에 대한 법률의 위임은 법규명령에 대한 법률의 위임과 같이 반드시 구체적으로 범위를 정하여 하여야 한다.
14 지방9급 (O / X)

03 상위법에서의 하위법령에의 조세 영역이나 침해적인 영역의 위임은 급부영역에 대한 위임보다 구체성을 더욱 요한다.
(O / X)

04 상위법에서 조례에 대한 자치법적 사항의 위임은 포괄위임금지원칙이 적용되지 않는다.
(O / X)

05 법률이 공법적 단체 등의 정관에 자치법적 사항을 위임한 경우에도 헌법 제75조가 정하는 포괄적인 위임입법의 금지는 원칙적으로 적용된다.
20 군무원7급 (O / X)

06 법률이 공법적 단체 등의 정관에 자치법적 사항을 위임한 경우 국민의 권리·의무에 관한 기본적이고 본질적인 사항까지 위임할 수 있다.
(O / X)

07 상위법에서 보건복지부장관에게 분만급여의 범위와 상한기준을 위임한 것은 급부적 영역임을 고려할 때 포괄위임이라 볼 수 없다.
(O / X)

| 정답 | 01 O　02 X　03 O　04 O　05 X　06 X　07 O

개념확인 O/X

🅑 부당이득금의 금액과 징수방법 등을 포괄적으로 조례에 위임한 (구)「하천법」제33조 제4항이 포괄위임금지의 원칙에 반하는 것으로서 헌법에 위반되지 않는다

> 법률이 주민의 권리의무에 관한 사항에 관하여 구체적으로 아무런 범위도 정하지 아니한 채 조례로 정하도록 포괄적으로 위임하였다고 하더라도, 행정관청의 명령과는 달리 조례도 주민의 대표기관인 지방의회의 의결로 제정되는 지방자치단체의 자주법인 만큼 지방자치단체가 법령에 위반되지 않는 범위 내에서 주민의 권리의무에 관한 사항을 조례로 제정할 수 있으므로, (구)「하천법」제33조 제4항이 부당이득금의 금액과 징수방법 등에 관하여 구체적으로 범위를 정하지 아니한 채 포괄적으로 조례에 위임하고 있고, 위 법률규정에 따라 지방자치단체의 하천·공유수면 점용료 및 사용료 징수조례가 부당이득금의 금액과 징수방법 등에 관하여 필요한 사항을 구체적으로 정하였다 하여, 위 법률규정이 포괄위임금지의 원칙에 반하는 것으로서 헌법에 위반된다고 볼 수 없다(대판 2006.9.8. 2004두947).

🅑 「영화진흥법」이 제한상영가 상영등급분류의 구체적 기준을 영상물등급위원회의 규정에 위임하고 있는 것은 포괄위임금지원칙에 위배된다

> 영진법 제21조 제7항 후문 중 '제3항 제5호' 부분의 위임 규정은 영화상영등급분류의 구체적 기준을 영상물등급위원회의 규정에 위임하고 있는데, 이 사건 위임 규정에서 위임하고 있는 사항은 제한상영가 등급분류의 기준에 대한 것으로 그 내용이 사회현상에 따라 급변하는 내용들도 아니고, 특별히 전문성이 요구되는 것도 아니며, 그렇다고 기술적인 사항도 아닐 뿐만 아니라, 더욱이 표현의 자유의 제한과 관련되어 있다는 점에서 경미한 사항이라고도 할 수 없는데도, 이 사건 위임 규정은 영상물등급위원회 규정에 위임하고 있는바, 이는 그 자체로서 포괄위임금지원칙을 위반하고 있다고 할 것이다. 나아가 이 사건 위임 규정은 등급분류의 기준에 관하여 아무런 언급 없이 영상물등급위원회가 그 규정으로 이를 정하도록 하고 있는바, 이것만으로는 무엇이 제한상영가 등급을 정하는 기준인지에 대해 전혀 알 수 없고, 다른 관련 규정들을 살펴보더라도 위임되는 내용이 구체적으로 무엇인지 알 수 없으므로 이는 포괄위임금지원칙에 위반된다 할 것이다(헌재 2008.7.31. 2007헌가4).

🅑 TV등록면제와 수신료감면을 대통령령에 위임한 것은 포괄위임금지에 반하지 않는다

> 텔레비전수상기를 소지한 자에게 방송수신료 납부의무를 부과하면서, 등록면제 또는 수신료가 감면되는 수상기의 범위에 관하여 아무런 조건 없이 단순히 대통령령에게 정하도록 한 「방송법」규정은 포괄위임입법금지의 원칙에 위배되지 않는다(헌재 2008.2.28. 2006헌바70).

🅑 사업시행인가 신청 시의 토지 등 소유자의 동의요건을 사업시행자의 정관에 위임한 「도시 및 주거환경정비법」제28조 제4항 본문이 포괄위임입법금지 원칙에 위배되지 않는다 [20 군무원 7급]

> 법률이 공법적 단체 등의 정관에 자치법적 사항을 위임한 경우에는 헌법 제75조가 정하는 포괄적인 위임입법의 금지는 원칙적으로 적용되지 않는다고 봄이 상당하고, 그렇다 하더라도 그 사항이 국민의 권리·의무에 관련되는 것일 경우에는 적어도 국민의 권리·의무에 관한 기본적이고 본질적인 사항은 국회가 정하여야 한다(대판 2007.10.12. 2006두14476).

🅑 게임제공업자에 대하여 금지되는 경품제공행위와 관련하여 경품의 종류 및 제공방식을 문화관광부장관의 고시에 위임한 법 제32조 제3호는 포괄위임금지의 원칙에 위배되지 않는다

> 헌법이 인정하고 있는 위임입법의 형식은 예시적인 것으로 보아야 할 것이고, 규율의 밀도와 규율영역의 특성에 따라 입법자의 상세한 규율이 불가능한 것으로 보이는 영역에서 행정규칙에 대한 위임입법이 제한적으로 인정될 수 있으며, 법 제32조 제3호는 경품의 종류와 경품제공방식을 규율하려는 것으로 그 규율영역의 전문적·기술적 특성상 소관부처인 문화관광부의 고시로 위임함이 요구되는 사항이라고 볼 수 있으므로 법 제32조 제3호의 위임형식은 헌법에 반하지 않는다(헌재 2009.2.26. 2005헌바94).

Ⓑ 석유판매업자의 건전한 유통질서 저해행위를 대통령령에 위임한 「석유 및 석유대체연료 사업법」 제39조 제1항 제7호 중 석유판매업자에 관한 부분은 죄형법정주의의 명확성의 원칙 및 포괄위임입법금지원칙에 위반되지 않는다

> 「석유 및 석유대체연료 사업법」의 입법목적, 석유판매업의 등록에 관한 규정, 석유판매업자에 대한 행위금지에 관한 규정 등을 종합해 볼 때 이 사건 법률조항의 위임을 받아 대통령령에 규정될 석유 등의 건전한 유통질서를 저해하는 행위란 … (중략) … 그 주된 내용이 될 것이라고 예측가능하다 할 것이므로 이 사건 법률조항이 수범자로 하여금 처벌대상 행위의 실질을 예측하게 할 수 없을 정도로 불명확하게 규정되었다거나 포괄적으로 입법사항을 위임하고 있다고 보기 어렵다. 따라서 이 사건 법률조항은 죄형법정주의의 명확성의 원칙 및 포괄위임입법금지원칙에 위반되지 아니한다(헌재 2008.11.27. 2007헌가13).

Ⓑ 개발사업의 범위 및 규모 등에 관하여 필요한 사항은 대통령령으로 정하도록 한 (구)「개발이익 환수에 관한 법률」 제5조 제2항은 포괄위임금지원칙에 반하지 않는다

> 위 법 제5조 제1항은 개발부담금의 부과대상사업을 열거하고 이 사건 법률조항은 제1항에서 규정하고 있는 대상사업별로 그 범위를 구체적이고 세부적으로 명시하거나 나열할 것을 위임하고 있어 그 범위가 객관적으로 확정 가능하여 명확성의 원칙에 어긋나지 않고, 그 규모에 대해서도 개발부담금의 취지에 비추어 위 법 제5조 제1항의 대상사업 중 일정한 규모 이상의 개발사업을 그 대상으로 할 것임이 예측가능하다고 할 것이므로, 포괄위임입법금지원칙에 위반되지 아니한다(헌재 2009.3.26. 2008헌바7).

Ⓑ 부령으로 업무정지기간을 위임한 「의료기기법」이 포괄위임금지원칙에 위배된다는 사례

> 업무정지기간은 국민의 직업의 자유와 관련된 중요한 사항으로서 업무정지의 사유 못지않게 업무정지처분의 핵심적·본질적 요소라 할 것이고, 비록 입법부가 복잡·다기한 행정영역에서 발생하는 상황의 변화에 따른 적절한 대처에 필요한 기술적·전문적 능력에 한계가 있어서 그 구체적 기준을 하위법령에 위임할 수밖에 없다 하더라도 최소한 그 상한만은 법률의 형식으로 이를 명확하게 규정하여야 할 것인데, 이 사건 법률조항은 업무정지기간의 범위에 관하여 아무런 규정을 두고 있지 아니하고, 나아가 「의료기기법」의 다른 규정이나 다른 관련 법률을 유기적·체계적으로 종합하여 보더라도 보건복지가족부령에 규정될 업무정지기간의 범위, 특히 상한이 어떠할지를 예측할 수 없으므로 헌법 제75조의 포괄위임금지원칙에 위배된다(헌재 2011.9.29. 2010헌가93).

Ⓑ 구체적으로 범위를 한정하지 않고 대통령령으로 위임한 국토계획법은 포괄위임금지원칙에 반한다

> 기반시설의 종류로서 체육시설을 규정한 이 사건 정의조항은 이 사건 수용조항과 결합한 전반적인 규범체계 속에서 도시계획시설사업의 시행을 위해 수용권이 행사될 수 있는 대상의 범위를 확정하는 역할을 하므로 재산권 제한과 밀접하게 관련된 조항이라 할 것이다. … (중략) … 그러나 이 사건 정의조항은 체육시설의 구체적인 내용을 아무런 제한 없이 대통령령에 위임하고 있으므로, 기반시설로서의 체육시설의 구체적인 범위를 결정하는 일을 전적으로 행정부에게 일임한 결과가 되어 버렸다. 그렇다면, 이 사건 정의조항은 개별 체육시설의 성격과 공익성을 고려하지 않은 채 구체적으로 범위를 한정하지 않고 포괄적으로 대통령령에 입법을 위임하고 있으므로 헌법상 위임입법의 한계를 일탈하여 포괄위임금지원칙에 위배된다(헌재 2011.6.30. 2008헌바166).

② **국회의 전속적 입법사항의 위임금지**: 헌법이 법률로서 정하도록 한 사항은 이를 행정부에서 명령으로 정하도록 위임할 수 없다. 다만, 이러한 입법사항을 전적으로 법률로 정해야 하는 것은 아니고, 그 본질적 내용을 제외한 세부적 사항에 관하여는 위임이 가능하다고 본다.
01 02

개념확인 O/X

01 국회전속적 입법사항은 반드시 법률에 의하여 규정되어야 하며, 입법자가 법률에서 구체적으로 범위를 정하여도 법규명령에 위임될 수는 없다.
14 지방9급 (O / X)

02 국회입법의 전속사항이나 국회의 심의를 거쳐야 하는 사항으로 정해진 것은 오로지 법률로만 규율되어야 하고 법규명령으로서 정할 수 없다.
24 군무원9급 (O / X)

| 정답 | 01 X 02 X

관련 판례

🅑 병의 복무기간은 국회의 전속적 입법사항이다

병의 복무기간은 국방의무의 본질적 사항에 관한 것이어서, 이는 반드시 법률로 정하여야 할 입법사항에 속한다고 풀이할 것인바 … (중략) … 육군본부방위병 소집복무해제규정(육군규정 104-1) 제32조가 「병역법」제25조 제3항이 규정하지 아니한 구속 등의 사유를 복무기간에 산입하지 않도록 규정한 것은 「병역법」에 위반하여 무효라 할 것이다(대판 1985.2.28. 85초13).

🅑 입법사항을 총리령이나 부령에 위임할 수 있는지 여부

헌법 제75조는 대통령에 대한 입법권한의 위임에 관한 규정이지만, 국무총리나 행정각부의 장으로 하여금 법률의 위임에 따라 총리령 또는 부령을 발할 수 있도록 하고 있는 헌법 제95조의 취지에 비추어 볼 때 입법자는 법률에서 구체적으로 범위를 정하기만 한다면 대통령령뿐만 아니라 부령에 입법사항을 위임할 수도 있다(헌재 1998.2.27. 97헌마64).

③ **처벌규정의 위임문제**: 죄형법정주의의 원칙상 벌칙을 명령으로 규정하도록 일반적으로 위임할 수 없다. 그러나 죄의 구성요건의 구체적 기준을 설정하고, 처벌의 최고한도를 정해서 위임하는 것은 가능하다고 봄이 통설·판례이다.

관련 판례

🅑 형벌만 규정하고 범죄구성요건 설정을 백지위임한 법규명령은 위헌

(구)「복표발행·현상기타사행행위단속법」제5조 중 '실시에 필요한 규정과 단속상 필요한 규정'이라고만 범위를 포괄적으로 정하여 그것을 각령(閣令: 제2공화국 의원내각제하의 법령으로 오늘날의 대통령령에 해당)으로 정하도록 위임한 부분과 동법 제9조가 벌칙규정이면서도 형벌만 규정하고 범죄의 구성요건의 설정을 완전히 백지위임하고 있는 부분은 위임입법의 한계와 죄형법정주의를 규정한 헌법규정에 위배된다(헌재 1991.7.8. 91헌가4).

🅐 죄형법정주의와 위임입법의 한계 [22 지방직 9급, 19 국가직 9급, 14 지방직 9급, 14 서울시 9급] **01 02**

죄형법정주의와 위임입법의 한계의 요청상 처벌법규를 위임하기 위하여는 첫째, 특히 긴급한 필요가 있거나 미리 법률로써 자세히 정할 수 없는 부득이한 사정이 있는 경우에 한정되어야 하며, 둘째, 이러한 경우일지라도 법률에서 범죄의 구성요건은 처벌대상 행위가 어떠한 것일 것이라고 예측할 수 있을 정도로 구체적으로 정해야 하며, 셋째, 형벌의 종류 및 그 상한과 폭을 명백히 규정하여야 한다(헌재 1995.10.26. 93헌바62).

🅑 "약국을 관리하는 약사 또는 한약사는 보건복지부령으로 정하는 약국관리에 필요한 사항을 준수하여야 한다."는 「약사법」제19조 제4항의 규정 위반자를 200만 원 이하의 벌금에 처하도록 한 「약사법」제77조 제1호 중 '제19조 제4항 부분'은 죄형법정주의 내지 포괄위임금지원칙에 위배된다

이 사건 법률조항은 '약국관리에 필요한 사항'이라는 처벌법규의 구성요건 부분에 관한 기본사항에 관하여 보다 구체적인 기준이나 범위를 정함이 없이 그 내용을 모두 하위법령인 보건복지부령에 포괄적으로 위임함으로써, 약사로 하여금 광범위한 개념인 '약국관리'와 관련하여 준수하여야 할 사항의 내용이나 범위를 구체적으로 예측할 수 없게 하고, 나아가 헌법이 예방하고자 하는 행정부의 자의적인 행정입법을 초래할 여지가 있으므로, 헌법상 포괄위임입법금지 원칙 및 죄형법정주의의 명확성 원칙에 위반된다(헌재 2000.7.20. 99헌가15).

개념확인 O/X

01 헌법재판소에 의하면 처벌규정은 법률로써 범죄의 구성요건과 처벌대상이 어떠한지를 예측할 수 있도록 정하고 형벌의 종류와 상한의 폭을 명백히 규정하여 법규명령으로 위임할 수 있다는 입장이다.
(O / X)

02 법률의 시행령이 형사처벌에 관한 사항을 규정하면서 법률의 명시적인 위임범위를 벗어나 처벌의 대상을 확장하는 것은 위임입법의 한계를 벗어난 것으로 그 시행령은 무효이다.
22 지방9급 (O / X)

| 정답 | 01 O 02 O

🅑 「식품위생법」 제11조 및 같은 법 시행규칙 제6조 제1항의 규정이 위임입법의 한계나 죄형법정주의에 위반되는지 여부

> 「식품위생법」 제11조 제2항이 과대광고 등의 범위 및 기타 필요한 사항을 보건복지부령에 위임하고 있는 것은 과대광고 등으로 인한 형사처벌에 관련된 법규의 내용을 빠짐없이 형식적 의미의 법률에 의하여 규정한다는 것은 사실상 불가능하다는 고려에서 비롯된 것이고, 또한 같은 법 시행규칙 제6조 제1항은 처벌대상인 행위가 어떠한 것인지 예측할 수 있도록 구체적으로 규정되어 있다고 할 것이므로 「식품위생법」 제11조 및 같은 법 시행규칙 제6조 제1항의 규정이 위임입법의 한계나 죄형법정주의에 위반된 것이라고 볼 수는 없다(대판 2002.11.26. 2002도2998).

④ **재위임**: 상위법령에 의하여 위임된 입법에 관한 권한을 전면적으로 다시 하위명령에 위임하는 것(백지위임)은 허용되지 않으나, 위임받은 사항에 관하여 일반적인 사항을 규정하고 그 세부적 사항을 하위명령에 재위임하는 것은 가능하다. 헌법재판소 역시도 법률에서 위임받은 사항을 전혀 규정하지 아니하고 재위임하는 것은 허용되지 않으나 위임받은 사항에 관하여 대강을 정하고 그중의 특정사항의 범위를 한정하여 하위법령에 재위임하는 경우에는 가능하다(헌재 1996.2.29. 94헌마213)고 하여 재위임의 범위를 제한하여 인정하고 있다. **01 02**

관련 판례

🅑 「정부조직법」 제6조 제1항과 이에 기한 행정권한의 위임 및 위탁에 관한 일반적인 규정 제4조의 재위임에 관한 근거규정에 의해 재위임이 가능하다(대판 1995.8.22. 94누5694 전합).

🅑 법률의 위임 없이 위임입법이 제정되었으나 사후에 근거법률이 마련된 경우 그 위임입법의 효력은 근거법률이 마련된 시점부터 유효하다(대판 1994.5.24. 93누5666 전합, 1995.6.30. 93추83).

⑤ **위임입법 형식의 특정**: 위임입법을 규정하는 경우에는 반드시 위임입법의 형식을 특정해야 한다는 견해가 있다. 즉, "대통령령 또는 부령으로 정한다."라는 입법형식을 특정해야 한다고 한다. **03**

⑥ **위임명령의 근거**
  ㉠ **근거법령의 존재**: 헌법 제75조·제95조에 의해 법률이나 상위명령에 개별적인 수권규범이 있는 경우에만 가능하다. 그러나 판례는 경우에 따라 예시적 위임을 인정하기도 한다. 또한 대법원은 법률의 시행령이나 시행규칙의 내용이 모법의 입법 취지와 관련 조항 전체를 유기적·체계적으로 살펴보아 모법의 해석상 가능한 것을 명시한 것에 지나지 아니하거나 모법 조항의 취지에 근거하여 이를 구체화하기 위한 것인 때에는 위임의 직접적인 근거가 없어도 된다는 입장이다.

관련 판례

🅑 「공공용지의 취득 및 손실보상에 관한 특례법」 제4조 제5항 소정의 항목이 예시적인 것인지 여부

> 「토지수용법」 제51조, 「공공용지의 취득 및 손실보상에 관한 특례법」 제4조 제5항 등의 규정취지에 비추어 볼 때, 「토지수용법」 제57조의2에 의하여 준용되는 위 특례법 제4조 제5항에 열거하여, 건설부령으로 평가방법 보상액 산정방법 및 기준 등을 정할 수 있도록 위임한 항목들은 제한적 한정적인 것이 아니라 예시적인 것에 불과하여 거기에 열거되지 아니한 손실에 대하여도 보상액 산정방법과 기준 등을 상위법규에 위반되지 아니한 이상 건설부령으로 정할 수 있다(대판 1994.1.28. 93누17218).

개념확인 O/X

01 법률에서 위임받은 사항을 전혀 규정하지 아니하고 그대로 재위임하는 것은 허용되지 않으며 위임받은 사항에 관하여 대강을 정하고 그중의 특정사항을 범위를 정하여 하위법령에 다시 위임하는 경우에만 재위임이 허용된다.
24 군무원9급 (O/X)

02 법률에서 위임받은 사항을 하위법규명령에 다시 위임하기 위해서는 위임받은 사항의 대강을 정하고 그중 특정사항을 범위를 정하여 하위의 법규명령에 다시 위임하는 경우에만 재위임이 허용된다.
14 국가9급 (O/X)

03 법률이 대통령령으로 규정하도록 되어 있는 사항을 부령으로 정한다면 그 부령은 무효임을 면치 못한다.
24 군무원9급 (O/X)

| 정답 | 01 O 02 O 03 O

개념확인 O/X

01 시행령이나 시행규칙이 모법의 해석상 가능한 것을 명시한 것에 지나지 아니하거나 상위법을 구체화하기 위한 경우에는 상위법의 직접적인 근거규정이 없다 하여 무효라 할 수 없다.
(O / X)

02 법률의 위임의 근거가 없어 무효였던 법규명령이 법률의 개정으로 위임의 근거가 부여되면 그때부터 유효한 법규명령으로 볼 수 있다.
24 국회9급 (O / X)

03 국회가 제정한 법률이 헌법재판소에 의해 위헌결정이 있게 되면, 해당 법률을 근거로 제정된 법규명령은 효력이 상실된다.
(O / X)

04 법규명령의 위헌이나 위법 여부가 대법원에 의해 선결문제로서 판단되어 무효라고 선언된 경우에 해당 법규명령의 상위 근거법률은 위헌으로 소멸한다.
(O / X)

05 법령의 위임관계는 반드시 하위 법령의 개별조항에서 위임의 근거가 되는 상위법령의 해당 조항을 구체적으로 명시하고 있어야 하는 것은 아니다.
16 지방9급 (O / X)

Ⓑ **상위법의 구체적인 위임이 없어도 무효라고 볼 수 없는 경우** [24 국회직 9급, 21 국가직 9급] 01 02

> 1. 법률 하위의 법규명령은 법률에 의한 위임이 없으면 개인의 권리·의무에 관한 내용을 변경·보충하거나 법률이 규정하지 아니한 새로운 내용을 정할 수는 없지만, 법률의 시행령이나 시행규칙의 내용이 모법의 입법 취지와 관련 조항 전체를 유기적·체계적으로 살펴보아 모법의 해석상 가능한 것을 명시한 것에 지나지 아니하거나 모법 조항의 취지에 근거하여 이를 구체화하기 위한 것인 때에는 모법의 규율 범위를 벗어난 것으로 볼 수 없으므로, 모법에 이에 관하여 직접 위임하는 규정을 두지 아니하였다고 하더라도 이를 무효라고 볼 수는 없다(대판 2020.4.9. 2015다34444).
> 2. 법규명령의 내용이 위와 같이 확정된 법률의 위임 범위 내에 있다고 인정되거나 법률이 예정하고 있는 바를 구체적으로 명확하게 한 것으로 인정되면 법규명령은 무효로 되지 않는다. 나아가 어느 시행령 규정이 모법의 위임 범위를 벗어난 것인지를 판단할 때 중요한 기준 중 하나는 예측가능성이다. 이는 해당 시행령의 내용이 이미 모법에서 구체적으로 위임되어 있는 사항을 규정한 것으로서 누구라도 모법 자체로부터 위임된 내용의 대강을 예측할 수 있는 범위에 속한다는 것을 뜻한다. 이러한 예측 가능성의 유무는 해당 조항 하나만을 가지고 판단할 것은 아니고 법률의 입법 취지 등을 고려하여 관련 법조항 전체를 유기적·체계적으로 종합하여 판단하여야 한다(대판 2021.7.29. 2020두39655).

Ⓛ **근거법령의 적법성**: 위임명령의 근거법령은 법규명령의 제정 시 유효한 것이어야 한다. 다만, 판례에 의하면 위임의 근거가 없어 무효였던 법규명령이 사후에 법 개정으로 위임의 근거가 부여되면 그때부터 유효한 법규명령이 된다고 한다. 그러나 반대로 구법의 위임에 의해 유효한 법규명령이 법 개정으로 위임의 근거가 없어지게 되면 그때부터 무효인 법규명령이 된다고 한다. 따라서 어떤 법령의 위임 근거 유무에 따른 유효 여부를 심사하려면 법 개정 전·후에 걸쳐 모두 심사하여야만 그 법규명령의 시기에 따른 유효·무효 여부를 판단할 수 있다. 03 04

관련 판례

Ⓐ **법 개정으로 위임 근거 유무에 변동이 있는 법규명령의 유효 여부 판단기준** [20 지방직 7급, 18 서울시 7급, 18 국회직 8급, 17 히반기 국가직 7급, 17 서울시 7급, 15 국가직 9급, 14 국가직 9급, 10 서울시 9급]

> 일반적으로 법률의 위임에 의하여 효력을 갖는 법규명령의 경우, 구법에 위임의 근거가 없어 무효였더라도 사후에 법 개정으로 위임의 근거가 부여되면 그때부터는 유효한 법규명령이 되나, 반대로 구법의 위임에 의한 유효한 법규명령이 법 개정으로 위임의 근거가 없어지게 되면 그때부터 무효인 법규명령이 되므로, 어떤 법령의 위임 근거 유무에 따른 유효 여부를 심사하려면 법 개정의 전·후에 걸쳐 모두 심사하여야만 그 법규명령의 시기에 따른 유효·무효를 판단할 수 있다(대판 1995.6.30. 93추83).

Ⓒ **근거법령의 명시 여부**: 법령의 위임관계를 하위법령의 개별조항에서 위임의 근거가 된 상위법령의 해당 조항을 구체적으로 명시하여야 하는지에 대하여 판례는 이를 구체적으로 명시하지 않아도 된다는 입장이다. 05

| 정답 | 01 O 02 O 03 O 04 X 05 O

> **관련 판례**
>
> ⓑ 법령의 위임관계는 반드시 하위법령의 개별조항에서 위임의 근거가 되는 상위법령의 해당 조항을 구체적으로 명시하고 있어야만 하는 것은 아니다 [16 지방직 9급]
>
> > 법령의 위임관계는 반드시 하위법령의 개별조항에서 위임의 근거가 되는 상위법령의 해당 조항을 구체적으로 명시하고 있어야만 하는 것은 아니라고 할 것이므로, 같은 법 시행규칙 제5조가 같은 법 시행령 제8조 제3항과의 위임관계를 위와 같이 명시하고 있다고 하여 같은 법 시행규칙의 다른 규정에서 같은 법 시행령 제8조 제3항의 위임에 기하여 풍속영업의 운영에 관하여 필요한 사항을 따로 정하는 것을 배제하는 취지는 아니라고 할 것이다(대판 1999.12.24. 99두5658).

(2) 집행명령의 한계와 근거

① **한계**: 집행명령은 오직 상위법령의 집행에 필요한 구체적 절차·형식 등을 규정할 수 있을 뿐이고, 상위법령에 없는 국민의 권리·의무에 관한 사항을 새로이 규정할 수는 없다.

② **근거**: 집행명령은 위임명령과 달리 상위법령의 구체적인 수권이 없이도 발령할 수 있는 것이라서 집행명령의 직접적인 근거는 헌법 제75조와 제95조가 된다. 01 02

> **관련 판례**
>
> ⓑ 법에 근거가 없어도 대통령령은 같은 법의 규정을 집행하기 위해 필요한 사항을 규정할 수 있다
>
> > 「지방공무원 징계 및 소청규정」 제14조, 제1조의3 제1항 제1호는 「지방공무원법」 제62조 제2항 본문의 의견을 듣는 절차에 관하여 임용권자가 시·군·구의 5급 이상 공무원을 직권면직시킬 경우 시·도인사위원회의 의견을 듣도록 규정하고 있는바, 같은 법이 직권면직절차에 관하여 위임에 관한 아무런 규정을 두지 아니하였다고 하더라도 대통령령은 직권면직에 관한 같은 법의 규정을 집행하기 위하여 필요한 사항에 관하여 규정할 수 있다(대판 2006.10.27. 2004두12261).
>
> ⓑ (구)「사법시험령」의 법적 성질은 집행명령
>
> > 변호사의 자격과 판사, 검사 등의 임용의 전제가 되는 '사법시험의 합격'이라는 직업선택의 자유와 공무담임권의 기본적인 제한요건은 국회에서 제정한 법률인 「변호사법」, 「법원조직법」, 「검찰청법」 등에서 규정되어 있는 것이고, 「사법시험령」은 단지 위 법률들이 규정한 사법시험의 시행과 절차 등에 관한 세부사항을 구체화하고 「국가공무원법」상 사법연수생이라는 별정직 공무원의 임용절차를 집행하기 위한 집행명령의 일종이라고 할 것이다. 또한, 「사법시험령」 제15조 제2항은 사법시험의 제2차시험의 합격결정에 있어서는 매과목 4할 이상 득점한 자 중에서 합격자를 결정한다는 취지의 과락제도를 규정하고 있는바, 이는 그 규정내용에서 알 수 있다시피 사법시험 제2차시험의 합격자를 결정하는 방법을 규정하고 있을 뿐이어서 사법시험의 실시를 집행하기 위한 시행과 절차에 관한 것이지, 새로운 법률사항을 정한 것이라고 보기 어렵다(대판 2007.1.11. 2004두10432).

4 법규명령의 성립요건·효력요건 및 하자·소멸

(1) 법규명령의 성립요건

성립요건과 적법요건은 다르다. 성립요건은 외관적으로 법규명령이 성립될 수 있는 요건으로서 이를 결하게 되면 법규명령이 성립될 수 없게 된다. 반면, 적법요건을 결하게 되면 법규명령은 성립하지만 위법한 명령이 된다.

개념확인 O/X

01 집행명령은 상위법을 집행하기 위한 절차 등을 제정할 수 있을 뿐이고 새로운 법규적 사항을 제정할 수 없다. (O / X)

02 집행명령의 제정에는 위임명령과 마찬가지로 상위법으로부터 구체적인 위임이 필요하다. (O / X)

| 정답 | 01 O 02 X

개념확인 O/X

01 국무회의에 상정될 총리령과 부령안은 법제처의 심사를 받아야 한다.
18 지방7급 (O / X)

02 행정입법예고는 원칙적으로 법제처장이 담당한다.
(O / X)

03 예고된 입법안에 대해 이해관계 있는 단체나 법인에 한하여 의견제출이 가능하다.
(O / X)

04 자치법규를 포함하여 법령안의 입법예고는 관보를 통해 공포한다.
(O / X)

05 「행정절차법」에 의하면 대통령령, 총리령과 부령은 입법예고를 하고자 하는 경우에 국회 소관 상임위원회에 입법안을 제출하여야 한다.
(O / X)

06 법규명령의 효력발생은 관보를 통해 공포한 날로부터 특별한 규정이 없는 한 14일이 경과된 이후이다.
(O / X)

07 위법한 법규명령은 무효가 된다.
16 교육행정 (O / X)

08 법규명령의 하자효과는 행정청의 행정처분의 하자와 동일한 기준으로 중대명백설에 의한다.
(O / X)

---

① **주체**: 정당한 권한을 가진 기관이 그 권한의 범위 내에서 제정하여야 한다(헌법에서 인정된 제정권자는 대통령·국무총리·행정각부의 장·중앙선거관리위원회 등이며 감사원은 헌법에 규정되어 있지 않고「감사원법」에 근거를 두고 있다).

② **내용**: 수권의 범위 내에서 상위법령에 저촉되지 않고 또한 그 내용이 가능·명확해야 한다.

③ **절차**: 총리령 및 부령은 법제처심사를, 대통령령은 법제처심사 이외에 국무회의 심의를 거쳐야 하며 국민 다수 일상생활과 관련되는 중요분야의 법령안은 입법예고하여야 한다. 01

④ **입법예고**
  ㉠ 의의: 법령 등을 제정·개정 또는 폐지하려는 경우에는 해당 입법안을 마련한 행정청은 이를 예고하여야 한다. 법제처장은 입법예고를 하지 아니한 법령안의 심사요청을 받은 경우에 입법예고를 하는 것이 적당하다고 판단할 때에는 해당 행정청에 대하여 입법예고를 권고하거나 직접 예고할 수 있다. 02
  ㉡ 예고기간: 입법예고기간은 예고할 때 정하되, 특별한 사정이 없으면 40일 이상(자치법규는 20일)으로 한다. 또한 누구든지 예고된 입법안에 대하여 그 의견을 제출할 수 있다. 03
  ㉢ 예고방법
    ⓐ 입법안의 공고: 행정청은 입법안의 취지, 주요내용 또는 전문(全文)을 다음의 구분에 따른 방법으로 공고하여야 하며, 추가로 인터넷, 신문 또는 방송 등을 통하여 공고할 수 있다.
      ⅰ) 법령의 입법안을 입법예고하는 경우: 관보 및 법제처장이 구축·제공하는 정보시스템을 통한 공고
      ⅱ) 자치법규의 입법안을 입법예고하는 경우: 공보를 통한 공고 04
    ⓑ 입법안의 제출: 행정청은 대통령령을 입법예고하는 경우 국회 소관 상임위원회에 이를 제출하여야 한다. 05

⑤ **형식**: 조문형식에 의하고, 서명·날인·부서 또는 번호 일자를 넣기하여야 한다.

⑥ **공포**(관보에 게재) 등에 있어서 법정요건을 갖추어야 한다.

(2) 법규명령의 효력요건

법규명령은 특별한 규정이 없으면 공포한 날부터 20일이 경과함으로써 효력을 발생한다(「법령 등 공포에 관한 법률」제13조). 다만, 국민의 권리제한 또는 의무부과와 직접 관련되는 법규명령은 특별한 사유가 있는 경우를 제외하고는 공포일부터 30일이 경과한 날부터 효력이 발생한다(동법 제13조의2). 06

(3) 법규명령의 하자

① 법규명령이 이상의 제 조건 등을 갖추지 못한 때에는 하자를 지니게 되고, 이러한 법규명령은 무효로 된다(하자 있는 법규명령이 무효라는 학설에서는 법규명령은 취소소송의 대상이 되지 않고 공정력이 인정되지 않는다고 한다). 07

② 이것은 행정행위에 하자가 있는 경우 원칙적으로 그 취소사유가 되는 것과는 다르다(근거를 취소쟁송제도의 부존재에서 찾고 있다). 08

| 정답 | 01 O 02 X 03 X 04 X 05 X 06 X 07 O 08 X

> 관련 판례

> **B** 법 개정으로 위임 근거 유무에 변동이 있는 법규명령의 유효 여부 판단
>
> 일반적으로 법률의 위임에 의하여 효력을 갖는 법규명령의 경우, 구법에 위임의 근거가 없어 무효였더라도 사후에 법 개정으로 위임의 근거가 부여되면 그때부터는 유효한 법규명령이 되나, 반대로 구법의 위임에 의한 유효한 법규명령이 법 개정으로 위임의 근거가 없어지게 되면 그때부터 무효인 법규명령이 되므로, 어떤 법령의 위임 근거 유무에 따른 유효 여부를 심사하려면 법 개정의 전·후에 걸쳐 모두 심사하여야만 그 법규명령의 시기에 따른 유효·무효를 판단할 수 있다(대판 1995.6.30. 93추83).

> **B** 위헌무효인 (구)「개발이익 환수에 관한 법률 시행령」제8조 제1항 제2호 및 제9조 제5항을 적용한 개발부담금부과처분이 당연무효인지 여부
>
> (구)「개발이익 환수에 관한 법률 시행령」의 규정은 (구)「개발이익 환수에 관한 법률」제10조 제3항 단서 및 제9조 제3항 제2호의 규정에 위반되어 무효이고, 그 구법 시행령의 규정들을 적용한 개발부담금부과처분은 사안의 특수성을 고려하여 볼 때 그 중요한 부분에 하자가 있는 것으로 귀착되어 그 하자가 중대하지만, 개발부담금부과처분 당시(1991.4.30.)에는 아직 그 구법 시행령의 규정들이 위법·무효라고 선언한 대법원의 판결들이 선고되지 아니하였고 또한 그 구법 시행령의 규정들이 그 구법의 규정들에 위반되는 것인지 여부가 해석상 다툼의 여지가 없을 정도로 객관적으로 명백하였다고 보여지지는 아니하는 경우, 그 구법 시행령의 규정들에 따른 개발부담금부과처분의 하자가 객관적으로 명백하다고 볼 수는 없으므로 그 개발부담금부과처분은 그 하자가 중대·명백한 당연무효의 처분이라고 할 수 없다(대판 1997.5.28. 95다15735).

> **B** 위임의 근거 없이 제정된 과세요건의 시행규칙은 무효이다
>
> 토지등급이 설정되어 있지 않은 토지에 대하여 유사토지의 등급을 적용하여 기준시가를 결정하도록 한 (구)「소득세법 시행규칙」제82조 제2항이 법령에 위임근거도 없이 과세요건에 관한 사항을 정한 것으로서 조세법률주의의 원칙에 위배되어 무효이다(대판 1993.1.19. 92누6983 전합).

> **B** 모법의 위임의 범위를 벗어난 시행령은 무효이다
>
> (구)「상속세 및 증여세법 시행령」제31조 제6항 규정이 모법의 위임범위를 벗어난 것으로서 무효이고, 시행령 본칙 규정이 무효인 경우, 그 규정을 소급적용하도록 한 부칙 규정 역시 무효이다(대판 2009.3.19. 2006두19693 전합).

(4) 법규명령의 소멸

① 폐지
  - ㉠ **직접적 폐지**: 법규명령의 효력을 장래에 향하여 소멸시키려는 행정권의 직접적·명시적 의사표시를 폐지라 하며, 개개의 구체적인 법규명령을 폐지하는 경우가 이에 해당된다.
  - ㉡ **간접적 폐지**: 법규명령은 그와 내용상 충돌하는 헌법 및 상위법령이 제정·개정됨으로써 이에 저촉되는 범위 내에서 그 효력이 소멸된다. 주의할 것은 그 명령을 발한 행정관청이 폐지된 경우에도 그 명령이 당연히 실효되는 것은 아니고 당해 사항이 다른 관청의 권한사항으로 존속하는 한, 그 명령의 효력은 존속한다.

관련 판례

🅑 근거법령인 상위법령이 폐지되면 특별규정이 없는 한 실효되고, 상위법령이 개정됨에 그친 경우에는 성질상 이와 모순·저촉되지 않는 한 개정된 상위법령의 시행을 위한 집행명령이 새로이 제정·발효될 때까지 여전히 효력을 유지한다(대판 1989.9.12. 88누6962).

② 실효
  ㉠ 간접적 폐지: 내용상 그와 충돌되는 동위 또는 상위의 법령이 제정 또는 개정됨으로써 그 효력이 소멸된다.
  ㉡ 종기의 도래, 해제조건의 성취: 법규명령이 한시법인 경우 종기의 도래, 해제조건의 성취에 의하여 그 효력이 소멸한다.
  ㉢ 근거법령의 소멸: 근거법인 법률 또는 상위명령이 소멸하면 법적 근거가 없는 것으로 되어 효력이 소멸한다. 01

관련 판례

🅑 **수권법률의 위헌선고로서 위임된 법규명령이 실효된다** [20 군무원 7급] 02

> 법규명령의 위임근거가 되는 법률에 대하여 위헌결정이 선고되면 그 위임에 근거하여 제정된 법규명령도 원칙적으로 효력을 상실한다(대판 2001.6.12. 2000다18547).

🅑 **상위법령이 개정된 경우 종전 집행명령의 효력 유무**

> 상위법령의 시행에 필요한 세부적 사항을 정하기 위하여 행정관청이 일반적 직권에 의하여 제정하는 이른바 집행명령은 근거법령인 상위법령이 폐지되면 특별한 규정이 없는 이상 실효되는 것이나, 상위법령이 개정됨에 그친 경우에는 개정법령과 성질상 모순, 저촉되지 아니하고 개정된 상위법령의 시행에 필요한 사항을 규정하고 있는 이상 그 <u>집행명령은 상위법령의 개정에도 불구하고 당연히 실효되지 아니하고 개정법령의 시행을 위한 집행명령이 제정, 발효될 때까지는 여전히 그 효력을 유지한다</u>(대판 1989.9.12. 88누6962).

  ㉣ 국회의 불승인(동의·승인권의 유보): 대통령이 긴급명령 또는 긴급재정·경제명령을 발하였을 때는 지체 없이 국회에 보고하여 승인을 얻어야 하는데 승인을 얻지 못할 때는 그때부터 효력이 상실된다(헌법 제76조 제3항·제4항).

5 법규명령의 통제

(1) 국회에 의한 통제

① 직접적 통제: 국회가 법규명령의 성립과 효력발생에 있어서 동의·승인을 행하거나 또는 일단 성립된 법규명령의 효력을 소멸시킬 수 있는 권한을 의회에 유보함으로써 이루어지는 통제방법이 있다(📖 영국의 의회제출 절차, 독일의 동의권유보, 미국의 입법적 거부 등). 우리나라의 경우 이러한 직접적 통제제도는 없고, 다만 법률적 효력을 가지는 대통령의 긴급명령과 긴급재정·경제명령에 대해서는 국회가 사후승인을 통해서 직접 통제할 수 있는바(헌법 제76조), 이는 의회제출 절차의 한 형태로 볼 수 있다.
또한 우리나라도 「국회법」상의 의회의 제출제도는 있으나 영미의 경우처럼 직접적인 통제로 보기 어렵다는 것이 일반적인 견해이다(간접적 통제 참고).

개념확인 O/X

01 법규명령을 제정한 근거규정이 소멸하면 법규명령은 실효된다. (O / X)

02 법규명령의 위임의 근거가 되는 법률에 대하여 위헌결정이 선고되면 그 위임규정에 근거하여 제정된 법규명령도 원칙적으로 효력을 상실한다. 20 군무원7급 (O / X)

| 정답 | 01 O 02 O

> **심화 학습** 영국과 미국의 직접적 통제
>
> 1. **영국의 의회제출 절차**
>   행정입법을 시행하기 전이나 시행 후 일정한 기간 안에 의회에 제출하게 하여 의회의 소극적 결의 또는 적극적 결의에 의하여 최종적인 확인권을 유보하는 것을 내용으로 한다. 전자는 행정입법은 완전하게 효력을 발생하되 일정한 기간 안에 행하는 취소의 결의로서 그 기간 안에 그러한 결의가 없으면 확정적으로 효력을 발생한다. 그러나 후자는 일정한 기간 안에 행하는 동의의 결의로서 그 기간 안에 그러한 결의가 없으면 실효된다.
> 2. **미국의 입법적 거부**
>   일정기간 내에 국회의 동의를 얻지 못하면 효력을 상실하게 하는 제도이나, 1983년에 연방대법원의 위헌판결을 받았다.

② **간접적 통제**
  ㉠ 국회는 국정감사나 국정조사, 국무총리나 국무위원에 대한 해임건의권, 대통령에 대한 탄핵소추권 등의 일반적인 감시·비판권의 발동으로 위법·부당한 행정입법을 간접적으로 통제할 수 있다. 01
  ㉡ 주요 행정입법이 제정, 개정 또는 폐지되는 때에는 국회 소관상임위원회에 10일 이내에 제출하도록 한 「국회법」 규정과 대통령령의 입법예고 시 국회 소관상임위원회에 제출하도록 한 「행정절차법」 규정도 간접적 통제에 해당된다.

(2) 행정적 통제

① **감독권에 의한 통제**: 상급행정청은 하급행정청에 대하여 지휘·감독권을 가지는바, 이러한 지휘·감독권의 대상에는 행정입법권도 포함된다. 즉, 훈령권의 행사에 의하여 행정입법의 기준과 방향의 제시, 취소권의 행사에 의하여 위법한 행정입법을 폐지하도록 명하는 등의 통제를 할 수 있다. 02

② **행정입법의 절차적 통제**: 행정입법 제정에 있어 이해관계인에 대한 행정입법안의 통지·청문 등 일정한 절차를 거치게 하여 그 적정화를 도모하는 것이다(「행정절차법」에서는 행정입법의 예고절차를 규정하고 있다).

③ **특정한 심사기관에 의한 통제**
  ㉠ 우리나라의 경우 국무총리 직속기관인 법제처가 국무회의에 상정될 모든 법령안을 심사하게 되어 있다(「정부조직법」 제23조 제1항). 법제처의 법령심사는 법안의 문언·법령 상호간의 모순·상위법령에 대한 위반 여부에 미치지만 정책의 법적 문제점까지도 심사가 가능한지에 대하여서는 논란이 있다.
  ㉡ 중앙행정심판위원회는 심판청구를 심리·재결할 때에 처분 또는 부작위의 근거가 되는 명령 등(대통령령·총리령·부령·훈령·예규·고시·조례·규칙 등을 말한다. 이하 같다)이 법령에 근거가 없거나 상위법령에 위배되거나 국민에게 과도한 부담을 주는 등 크게 불합리하면 관계 행정기관에 그 명령 등의 개정·폐지 등 적절한 시정조치를 요청할 수 있다(「행정심판법」 제59조 제1항). 이 경우 요청한 사실을 법제처장에게 통보하여야 한다. 03

(3) 사법적 통제 [빈출]

① **일반법원에 의한 통제(통제주체 - 일반법원: 헌법규정)**
  ㉠ **구체적 규범통제방식**
    ⓐ 행정입법이 헌법 또는 법률에 위반되는지 여부에 관한 추상적 규범통제나 구체적 규범통제를 의미하는데, 우리 헌법은 제107조 제2항에서 '명령·규칙의 위헌·위법 여

개념확인 O/X

01 법규명령의 의회에 의한 통제로는, 법규명령의 성립·발효에 대한 동의 또는 승인권이나 일단 유효하게 성립한 법규명령의 효력을 소멸시키는 권한을 의회에 유보하는 방법에 의한 통제인 직접적 통제를 비롯하여 국정감사권과 같은 방법을 이용한 간접적 통제가 있다.
(O / X)

02 법규명령에 대한 행정적 통제수단으로는, 상급행정청의 하급행정청에 대한 지휘·감독권 및 일정한 절차를 거쳐 법규명령을 발하도록 하는 절차적 통제가 있다.
(O / X)

03 중앙행정심판위원회는 심판대상이 된 처분의 근거법령이 상위법에 위반되는 등의 경우 관계행정기관에 시정을 요구할 수 있고 이러한 사실을 행정안전부장관에게 통보하여야 한다.
(O / X)

> **결정적 코멘트** 이 단원은 법규명령의 통제방식에 관한 전체적 안목과 이해를 필요로 한다. 또한 처분법규에 대한 통제, 헌법재판소에 의한 법규명령의 통제논리, 행정입법부작위 등의 통제에 대한 이해와 암기를 필요로 한다.

| 정답 | 01 O 02 O 03 X

| 개념확인 O/X |

01 법규명령에 대한 사법적 통제로 우리나라는 구체적 규범통제를 원칙으로 한다.
12 지방9급 (O / X)

02 일반적·추상적 규범으로서의 법규명령은 원칙적으로 항고소송의 대상이 될 수 없다.
24 군무원9급 (O / X)

부가 재판의 전제가 되는 경우에 그 심사권을 대법원에 최종적으로 부여한다'고 규정하고 있어 재판의 전제가 되는 선결문제방식에 의하여 행정입법이 통제가 이루어지고 있음을 의미하고 있다. **01 02**

ⓑ 법규명령 자체에 대한 소송제도인 추상적 규범통제방식은 없다.

ⓒ 해당 법규명령을 근거로 한 행정이 있는 경우에 행정에 대한 소송에서 행정에 대한 재판의 전제로서 선결문제방식에 따른 통제방식이다.

> **관련 법령**
>
> **헌법 제107조** ① 법률이 헌법에 위반되는 여부가 재판의 전제가 된 경우에는 법원은 헌법재판소에 제청하여 그 심판에 의하여 재판한다.
> ② 명령·규칙 또는 처분이 헌법이나 법률에 위반되는 여부가 재판의 전제가 된 경우에는 대법원은 이를 최종적으로 심사할 권한을 가진다.
> ③ 재판의 전심절차로서 행정심판을 할 수 있다. 행정심판의 절차는 법률로서 정하되, 사법절차가 준용되어야 한다.

03 법규명령이 헌법이나 법률에 위반된다는 것이 판단되는 경우에 해당 법규명령은 그로써 소멸된다.
(O / X)

ⓛ 법원의 위헌·위법판단 효력: 법규명령이 헌법이나 법률에 위반되는 경우 본안판결의 사건에 대한 적용만 거부될 뿐이고 위헌이나 위법인 행정입법 그 자체는 여전히 유효하다. **03**

ⓒ 위헌이나 위법이 선결문제방식에 의하여 판단되었을 경우 대법원은 「행정소송법」 규정에 따라 지체 없이 사유를 행정안전부장관에게 통보하여야 하고 행정안전부장관은 이 사실을 지체 없이 관보에 게재하여야 한다.

> **관련 판례**
>
> 🅱 **위헌·위법한 시행령에 근거한 행정처분이 당연무효가 되기 위한 요건 및 그 시행령의 무효를 선언한 대법원판결이 없는 상태에서 그에 근거하여 이루어진 처분을 당연무효라 할 수 있는지 여부(원칙적 소극) 04**

04 위헌이나 위법한 시행령에 근거하여 이루어진 행정처분은 비록 처분 이후에 대법원에 의해 위헌 여부가 판단되었다고 해도 중대명백한 무효에 해당한다.
(O / X)

> 하자 있는 행정처분이 당연무효로 되려면 그 하자가 법규의 중요한 부분을 위반한 중대한 것이어야 할 뿐 아니라 객관적으로 명백한 것이어야 하고, 행정청이 위헌이거나 위법하여 무효인 시행령을 적용하여 한 행정처분이 당연무효로 되려면 그 규정이 행정처분의 중요한 부분에 관한 것이어서 결과적으로 그에 따른 행정처분의 중요한 부분에 하자가 있는 것으로 귀착되고, 또한 그 규정의 위헌성 또는 위법성이 객관적으로 명백하여 그에 따른 행정처분의 하자가 객관적으로 명백한 것으로 귀착되어야 하는바, 일반적으로 시행령이 헌법이나 법률에 위반된다는 사정은 그 시행령의 규정을 위헌 또는 위법하여 무효라고 선언한 대법원의 판결이 선고되지 아니한 상태에서는 그 시행령 규정의 위헌 내지 위법 여부가 해석상 다툼의 여지가 없을 정도로 명백하였다고 인정되지 아니하는 이상 객관적으로 명백한 것이라 할 수 없으므로, <u>이러한 시행령에 근거한 행정처분의 하자는 취소사유에 해당할 뿐 무효사유가 되지 아니한다</u>(대판 2007.6.14. 2004두619).

> 🅱 **헌법 제107조 제2항의 규정은 구체적 규범통제를 원칙으로 한 규정이다**

> 헌법 제107조 제2항은 "명령·규칙 또는 처분이 헌법이나 법률에 위반되는 여부가 재판의 전제가 된 경우에는 대법원은 이를 최종적으로 심사할 권한을 가진다."라고 규정함으로써 <u>명령·규칙에 대한 추상적 규범통제가 아닌 구체적 규범통제를 원칙으로 하고 있으므로</u>, 위법 여부가 문제되는 조례는 사후적으로도 법원에 의한 심사의 대상이 될 수 있어서, 반드시 주무부장관의 제소 지시 또는 직접 제소 방식에 의하여 조례안에 대한 사전 통제를 해야 할 필요성이 크다고 보기도 어렵다(대판 2016.9.22. 2014추521 전합).

| 정답 | 01 O 02 O 03 X 04 X

ⓑ 행정입법 자체의 합법성의 심사를 목적으로 하는 신청의 적부 [18 국회직 8급] 01 02

헌법 제107조 제2항의 규정에 따르면 행정입법의 심사는 일반적인 재판절차에 의하여 구체적 규범통제의 방법에 의하도록 명시하고 있으므로, 당사자는 구체적 사건의 심판을 위한 선결문제로서 행정입법의 위법성을 주장하여 법원에 대하여 당해 사건에 대한 적용 여부의 판단을 구할 수 있을 뿐 행정입법 자체의 합법성의 심사를 목적으로 하는 독립한 신청을 제기할 수는 없다(대결 1994. 4. 26. 자 93부32).

ⓑ 법원의 법규명령 등에 대한 사법심사의 조건 [23 국가직 7급] 03 04

법원이 법률 하위의 법규명령, 규칙, 조례, 행정규칙 등(이하 '규정'이라 한다)이 위헌·위법인지를 심사하려면 그것이 '재판의 전제'가 되어야 한다. 여기에서 '재판의 전제'란 구체적 사건이 법원에 계속 중이어야 하고, 위헌·위법인지가 문제된 경우에는 규정의 특정 조항이 해당 소송사건의 재판에 적용되는 것이어야 하며, 그 조항이 위헌·위법인지에 따라 그 사건을 담당하는 법원이 다른 판단을 하게 되는 경우를 말한다. 따라서 법원이 구체적 규범통제를 통해 위헌·위법으로 선언할 심판대상은, 해당 규정의 전부가 불가분적으로 결합되어 있어 일부를 무효로 하는 경우 나머지 부분이 유지될 수 없는 결과를 가져오는 특별한 사정이 없는 한, 원칙적으로 해당 규정 중 재판의 전제성이 인정되는 조항에 한정된다(대판 2019. 6. 13. 2017두33985).

② **처분법규의 경우**: 법규명령이 행정의 개입 없이 직접적으로 국민의 법적 지위에 영향을 미치는 처분의 성질을 가질 때에는 당해 법규명령에 처분성이 인정되어 항고소송(취소소송)의 대상이 될 수 있으며, 이 경우에는 직접적 재판통제가 가능하다. 05

관련 판례

ⓑ 처분조례(두밀분교의 폐교조례)의 처분성 긍정 판례

조례가 집행행위의 개입 없이도 그 자체로서 직접 국민의 구체적인 권리의무나 법적 이익에 영향을 미치는 등의 법률상 효과를 발생하는 경우 그 조례는 항고소송의 대상이 되는 행정처분에 해당하고, 이러한 조례에 대한 무효확인소송을 제기함에 있어서 「행정소송법」 제38조 제1항, 제13조에 의하여 피고적격이 있는 처분 등을 행한 행정청은, 행정주체인 지방자치단체 또는 지방자치단체의 내부적 의결기관으로서 지방자치단체의 의사를 외부에 표시한 권한이 없는 지방의회가 아니라, (구)「지방자치법」(1994. 3. 16. 법률 제4741호로 개정되기 전의 것) 제19조 제2항, 제92조에 의하여 지방자치단체의 집행기관으로서 조례로서의 효력을 발생시키는 공포권이 있는 지방자치단체의 장이다(대판 1996. 9. 20. 95누8003).

심화 학습

1. '추상적 규범통제제도'란 법률의 위헌 여부가 재판의 전제가 되지 않은 경우라도 법률의 위헌 여부에 대한 다툼이 생긴 경우에 일정한 국가기관의 신청에 의하여 독립한 헌법재판기관이 그를 심사·결정하는 제도이다(독일).
2. '구체적 규범통제제도'란 법률의 위헌 여부가 재판의 전제가 된 경우에 소송담당자의 신청 또는 법원의 직권에 의해서 규범심사를 하는 제도이다(우리나라 헌법 제107조 제1항, 제111조 제1항). 따라서 우리나라는 구체적인 사건에 있어 법규명령의 위헌·위법이 재판의 전제가 되는 경우에 한하여 그 사건의 심판을 위한 선결문제로서 이루어질 뿐이고, 직접 소송의 대상으로 할 수 없다. 06

개념확인 O/X

01 행정입법 자체의 합법성의 심사를 목적으로 하는 행정소송은 원칙적으로 허용될 수 없다. (O/X)

02 헌법 제107조 제2항의 규정에 따르면 행정입법의 심사는 일반적인 재판절차에 의하여 구체적 규범통제의 방법에 의하도록 하고 있으므로, 원칙적으로 당사자는 구체적 사건의 심판을 위한 선결문제로서 행정입법의 위법성을 주장하여 법원에 대하여 당해 사건에 대한 적용 여부의 판단을 구할 수 있을 뿐 행정입법 자체의 합법성의 심사를 목적으로 하는 독립한 신청을 제기할 수는 없다.
18 국회8급 (O/X)

03 법원이 법률 하위의 법규명령이 위헌·위법인지를 심사하려면 그것이 재판의 전제가 되어야 하는데, 여기에서 재판의 전제란 구체적 사건이 법원에 계속 중이어야 하고, 위헌·위법인지가 문제된 경우에는 그 법규명령의 특정 조항이 해당 소송사건의 재판에 적용되는 것이어야 하며, 그 조항이 위헌·위법인지에 따라 그 사건을 담당하는 법원이 다른 판단을 하게 되는 경우를 말한다.
23 국가7급 (O/X)

04 법규명령에 대한 법원의 구체적 규범통제방식에 의한 심사는 원칙적으로 재판의 전제가 되는 해당 조항에 한하지 않는다. (O/X)

05 법규명령이 그에 따른 처분 없이 직접 국민의 권리를 제한하는 경우에도 항고소송의 대상은 될 수 없다.
16 교육행정 (O/X)

06 법원이 구체적 규범통제를 통해 위헌·위법으로 선언할 심판대상은, 해당 규정의 전부가 불가분적으로 결합되어 있어 일부를 무효로 하는 경우 나머지 부분이 유지될 수 없는 결과를 가져오는 특별한 사정이 없는 한, 원칙적으로 해당 규정 중 재판의 전제성이 인정되는 조항에 한정된다.
24 국회8급 (O/X)

| 정답 | 01 O　02 O　03 O　04 X　05 X　06 O

개념확인 O/X

01 명령·규칙에 대한 헌법소원도 가능하다는 것이 헌법재판소 결정례의 입장이다.
12 국가9급 (O / X)

02 입법의 내용·범위·절차 등의 결함을 이유로 헌법소원을 제기하려면 결함이 있는 당해 입법규정 그 자체를 대상으로 하여 그것이 평등의 원칙에 위배된다는 등 헌법 위반을 내세워 적극적인 헌법소원을 제기하여야 하며, 이 경우에는「헌법재판소법」소정의 제소기간을 준수하여야 한다.
17 서울7급 (O / X)

03 헌법 제107조 제2항의 규정에도 헌법재판소는「법무사법 시행규칙」사건에서 법규명령에 대한 헌법소원을 인정하였다.
(O / X)

04 명령·규칙 그 자체에 의하여 직접 기본권이 침해되었을 경우에는 그것을 대상으로 하여 헌법소원심판을 청구할 수 있다.
14 국가9급 (O / X)

③ 헌법재판소에 의한 통제

㉠ 우리나라 헌법은 명령·규칙에 대한 위헌·위법심사권을 법원에 부여하고 있고(헌법 제107조 제2항), 법률이 정하는 헌법소원에 대한 심판권을 헌법재판소에 부여하고 있다(헌법 제111조 제1항 제5호).

㉡ 따라서 헌법재판소에 법규명령의 위헌성 여부에 대한 헌법소원이 제기된 경우, 그에 대한 심판이 가능한지 여부가 문제된다.

㉢ 긍정설: 헌법에 규정된 명령·규칙의 심사권은 구체적 규범통제제도로서 행정의 개입 없이 행정입법만으로 국민의 권익침해가 있다면 추상적 규범통제를 인정하지 않고 있는 현실에서 국민의 권익침해의 흠결이 발생하므로 헌법재판소가 개입하여 흠결을 보완하여야 한다는 견해이다(헌법재판소의 태도). **01 02**

㉣ 부정설: 헌법 제107조 규정상 위헌법률의 심사권과 명령·규칙에 대한 심사권이 각기 달리 규정되어 있으므로 헌법재판소는 개입할 수 없다는 태도이다(대법원의 태도).

㉤ 헌법재판소는「법무사법 시행규칙」의 위헌성에 대한 헌법소원심판에서 위헌무효라고 결정한 바 있으며, 후에도 (구)「체육시설의 설치·이용에 관한 법률 시행규칙」제5조, (구)「교육법 시행규칙」제71조 등에 대하여서도 헌법소원의 대상을 인정한 바 있다.

관련 판례

B「법무사법 시행규칙」(대법원규칙)에 대한 헌법소원심판에서 위헌명령심사권 인정 **03**

> 헌법재판소는 대법원규칙의 형식을 취하나「법무사법」제4조 제2항에 의하여 위임된 위임명령으로서의 성질을 갖는「법무사법 시행규칙」에 대하여 헌법소원의 대상이 됨을 인정하여 동 규칙 제3조 제1항이 위헌임을 결정한 바 있다(헌재 1990. 10. 15. 89헌마178).

A 헌법재판소는 일정한 법규명령은 바로 헌법소원심판을 청구할 수 있다고 한다 [17 국가직 9급, 14 국가직 9급] **04**

> 명령·규칙 그 자체에 의한 직접적인 기본권 침해 여부가 문제되었을 경우 그 빙법의 효력을 직접 다투는 것을 소송물로 하여 일반법원에 구제할 수 있는 절차는 존재하지 아니하므로 다른 구제절차를 거칠 것 없이 바로 헌법소원심판을 청구할 수 있는 것이다(헌재 1990. 10. 15. 89헌마178).
> ※ 헌재는 입법부·행정부·사법부에서 제정한 규칙이 별도의 집행행위를 기다리지 않고 직접 기본권을 침해하는 것일 때에는 모두 헌법소원대상이 될 수 있다는 입장이다.

B 대법원은 법규명령의 위헌 여부는 그 제청대상이 되지 아니한다고 한다

>「헌법재판소법」제41조 제1항은 법률이 헌법에 위반되는지의 여부가 재판의 전제가 될 때만 법원이 헌법재판소에 위헌 여부의 심판을 제청할 수 있도록 규정하고 있으므로 대통령령인「지방세법 시행령」의 위헌 여부는 그 제청대상이 되지 아니한다(대결 1991. 6. 11. 자 90부5).

정답 | 01 O 02 O 03 O 04 O

사법적 통제의 정리

법원에 의한 통제	헌법상 규정	헌법 제107조 ① 법률이 헌법에 위반되는 여부가 재판의 전제가 된 경우에는 법원은 헌법재판소에 제청하여 그 심판에 의하여 재판한다. ② 명령·규칙 또는 처분이 헌법이나 법률에 위반되는지 여부가 재판의 전제가 된 경우에는 대법원은 이를 최종적으로 심사할 권한을 가진다. ③ 재판의 전심절차로서 행정심판을 할 수 있다. 행정심판의 절차는 법률로서 정하되, 사법절차가 준용되어야 한다. ※ 법률에 대한 위헌심사는 헌법재판소가, 명령이나 규칙에 대한 위헌·위법 여부는 각급 법원이 심사하고, 대법원이 최종심사권을 가짐	
	통제 방식	• 명령이나 규칙이 재판의 전제가 되는 경우에 그 선결문제로서 간접적인 방식에 의하여 행정입법이 통제되고 있음 • 법규명령 자체가 소송의 대상이 되지 않아, 추상적인 규범통제가 아닌 구체적인 규범통제방식에 의함	
	법원의 위헌·위법 판단의 효력	• 법규명령이 헌법이나 법률에 위반되는 경우 본안판결의 사건에 대한 적용만 거부될 뿐이고 위헌이나 위법인 행정입법 그 자체는 여전히 유효함 • 위헌이나 위법이 선결문제방식에 의하여 판단되었을 경우 대법원은 「행정소송법」 규정에 따라 지체 없이 사유를 행정안전부장관에게 통보하여야 하고 행정안전부장관은 이 사실을 지체 없이 관보에 게재하여야 함	
	관련 법조 및 판례	「행정소송법」 제6조 【명령·규칙의 위헌판결 등 공고】 ① 행정소송에 대한 대법원 판결에 의하여 명령·규칙이 헌법 또는 법률에 위반된다는 것이 확정된 경우에는 대법원은 지체 없이 그 사유를 행정안전부장관에게 통보하여야 한다. ② 제1항의 규정에 의한 통보를 받은 행정안전부장관은 지체 없이 이를 관보에 게재하여야 한다.	
		판례의 기본적 입장	위헌·위법인 시행령에 근거한 행정처분이 당연무효가 되기 위한 요건 및 그 시행령의 무효를 선언한 대법원판결이 없는 상태에서 그에 근거하여 이루어진 처분을 당연무효라 할 수 없음(대판 2007. 6.14. 2004두619)
처분적 법규 명령의 경우	위헌·위법의 처분적 법규명령이 직접 개인의 권리를 침해하는 경우에는 처분의 항고소송에 준하여 다툴 수 있음		
헌법재판소에 의한 통제	문제의 소재	헌법규정에 의하면 법규명령에 대한 위헌이나 위법 여부에 대한 심사권은 법원에, 최종권은 대법원에 귀속되어 있으므로 헌법재판소가 법규명령의 위헌성 여부에 대한 헌법소원이 제기된 경우에 그에 대한 심판이 가능한지 여부가 문제됨	
	인정 여부	긍정설	헌법에 규정된 명령·규칙의 심사권은 구체적 규범통제제도로서 행정의 개입 없이 행정입법만으로 국민의 권익침해가 있다면 추상적 규범통제를 인정하고 있지 않고 있는 현실에서 국민의 권익 침해의 흠결이 발생하므로 헌법재판소가 개입하여 흠결을 보완하여야 한다는 견해(헌법재판소의 입장)
		부정설	헌법 제107조 규정상 위헌법률의 심사권과 명령·규칙에 대한 심사권은 달리 규정되어 있으므로 헌법규정에 의해 헌법재판소는 개입할 수 없다는 견해(대법원의 입장)
	실제	헌법재판소는 「법무사법 시행규칙」의 위헌성에 대한 헌법소원심판에서 위헌무효라고 결정한 바 있으며, 후에도 (구)「체육시설의 설치·이용에 관한 법률 시행규칙」, (구)「교육법 시행규칙」 등에 대하여도 헌법소원의 대상을 인정한 바 있음	

④ 행정입법부작위
㉠ 의의: '행정입법부작위'라 함은 행정기관이 명령을 제정·개정 또는 폐지하여야 할 법적인 의무가 있음에도 불구하고 정당한 이유 없이 이를 하지 않는 것을 의미하며, 진정입법부작위와 부진정입법부작위로 나뉜다.

개념확인 O/X

01 행정입법부작위의 위헌·위법성과 관련하여, 하위 행정입법의 제정 없이 상위법령의 규정만으로 집행이 이루어질 수 있는 경우에도 상위법령의 명시적 위임이 있다면 하위 행정입법을 제정하여야 할 작위의무는 인정된다.
16 지방9급 (O/X)

02 입법은 그 자체로서 국민의 구체적인 권리·의무에 직접적인 변동을 초래하여 행정부의 입법부작위에 대하여 부작위위법확인소송으로 다툴 수 있다. (O/X)

03 행정입법부작위는 「행정소송법」상 부작위위법확인소송의 대상이 되지 않는다.
18 지방7급 (O/X)

04 입법부가 법률로써 행정부에게 특정한 사항을 위임했음에도 불구하고 행정부가 정당한 이유 없이 이를 이행하지 않는다면 권력분립의 원칙과 법치국가 내지 법치행정의 원칙에 위배된다.
16 지방9급 (O/X)

05 삼권분립의 원칙, 법치행정의 원칙을 당연한 전제로 하고 있는 우리 헌법 하에서 행정권의 행정입법 등 법집행의무는 헌법적 의무라고 보아야 한다.
17 서울7급 (O/X)

심화 학습 | 진정입법부작위와 부진정입법부작위

1. 진정입법부작위
- 상위법으로부터 위임이 있어 입법의무가 있음에도 위임을 받은 수임기관이 이에 대한 입법을 하지 않은 경우
- 상위법으로부터 위임이 있었으나 상위법만으로 법집행이 가능하여 하위법의 제정이 반드시 필요하지 않은 경우에는 문제되지 않는다.

2. 부진정입법부작위
상위법으로부터 입법의 위임이 있어 입법의무가 있었으나 해당 내용을 충실하게 제정하지 않은 경우로서, 문제삼을 수 없다는 것이 일반적인 견해이다. 하지만 대법원은 부진정입법부작위에 대해 최근 국가배상을 인정하였다.

ⓒ **행정입법부작위의 성립** 01
행정입법부작위가 인정되기 위해서는
ⓐ 행정기관에게 명령을 제정하거나 개폐할 법적인 의무가 있고,
ⓑ 상당한 기간이 지났음에도 불구하고 이를 이행하지 않았어야 한다.
이러한 경우에 삼권분립의 원칙과 법치행정을 전제로 하고 있는 헌법 아래 행정입법의 부작위는 법치주의와 권력분립에 반하여 위헌이라는 것이 헌법재판소의 입장이다.

ⓒ **행정입법부작위에 대한 통제(구제)** 〔빈출〕
ⓐ 항고소송의 가능성: 판례는 행정입법부작위는 성질상 부작위위법확인소송의 대상이 아니라고 판시하고 있다. 하지만 처분적 법규명령이 무효등확인소송의 대상이 되는 법리와 동일하게 처분법규명령도 부작위위법확인소송의 대상이 될 수 있다는 견해가 있다.

관련 판례

B 행정입법부작위는 항고소송인 부작위위법확인소송의 대상이 아니다 [18 지방직 7급, 12 국가직 9급] 02 03

행정소송은 구체적인 사건에 대한 법률상 분쟁을 법에 의하여 해결함으로써 법적 안정성을 기하자는 것이므로 부작위위법확인소송의 대상이 될 수 있는 것은 구체적 권리의무에 관한 분쟁이어야 하고 추상적인 법령에 관한 제정의 여부 등은 그 자체로서 국민의 구체적인 권리·의무에 직접적인 변동을 초래하는 것이 아니어서 행정소송의 대상이 될 수 없다(대판 1992.5.8. 91누11261).

ⓑ **헌법소원의 가능성**: 진정입법부작위의 경우에도 명시적으로 행정입법을 위임하고 있음에도 행정부가 이에 대한 입법을 하지 않고, 또한 그로 인하여 기본권을 중대하게 침해하는 것이라면 헌법재판소의 심판대상이 된다.

관련 판례

B 행정부의 행정입법의무에 대한 헌법의 성격 [17 서울시 7급, 16 지방직 9급] 04 05

우리 헌법은 국가권력의 남용으로부터 국민의 자유와 권리를 보호하려는 법치국가의 실현을 기본이념으로 하고 있고, 자유민주주의 헌법의 원리에 따라 국가의 기능을 입법·행정·사법으로 분립하여 견제와 균형을 이루게 하는 권력분립제도를 채택하고 있어, 행정과 사법은 법률에 기속되므로, 국회가 특정한 사항에 대하여 행정부에 위임하였음에도 불구하고 <u>행정부가 정당한 이유 없이 이를 이행하지 않는다면 권력분립의 원칙과 법치국가의 원칙에 위배되는 것이다</u>(헌재 2004.2.26. 2001헌마718).

| 정답 | 01 X 02 X 03 O 04 O 05 O

B 군법무관보수규정에 대한 행정입법부작위는 위헌이다

(구)「군법무관임용법」제5조 제3항 및 「군법무관임용 등에 관한 법률」제6조가 군법무관의 봉급과 그 밖의 보수를 법관 및 검사의 예에 준하여 지급하도록 하는 대통령령을 제정할 것을 규정하였는데, 대통령이 지금까지 해당 대통령령을 제정하지 않는 것이 청구인들(군법무관들)의 기본권을 침해한 것으로써 헌법에 위반된다(헌재 2004.2.26. 2001헌마718).

B 치과의사전문의 시험과목에 대한 행정입법부작위는 위헌이다 [24 군무원 7급] 01

치과의사로서 전문가가 되고자 하는 자는 대통령령이 정하는 수련을 거쳐 보건복지부장관의 자격인정을 받아야 하고 전문의의 자격인정 및 전문과목에 관하여 필요한 사항은 대통령령으로 정하는바, 위 대통령령인 '규정' 제2조의2 제2호는 치과전문의의 전문과목을 '구강악안면외과·치과보철과·치과교정과·소아치과·치주과·치과보존과·구강내과·구강악안면방사선과·구강병리과 및 예방치과'로 정하고, 제17조에서는 전문의자격의 인정에 관하여 '일정한 수련과정을 이수한 자로서 전문의자격시험에 합격'할 것을 요구하고 있는데도, '시행규칙'이 위 규정에 따른 개정입법 및 새로운 입법을 하지 않고 있는 것은 진정입법부작위에 해당하므로 이 부분에 대한 심판청구는 청구기간의 제한을 받지 않는다(헌재 1998.7.16. 96헌마246).

ⓒ **국가배상**: 입법부가 법률로써 행정부에게 특정한 사항을 위임했음에도 불구하고 행정부가 정당한 이유 없이 이를 이행하지 않는다면 권력분립의 원칙과 법치국가 내지 법치행정의 원칙에 위배되는 것으로서 위법함과 동시에 위헌적인 것이 국가배상의 대상이 된다. 02

관련 판례

A 군법무관보수규정 사건

(구)「군법무관임용법」제5조 제3항과 「군법무관임용 등에 관한 법률」제6조가 군법무관의 보수를 법관 및 검사의 예에 준하도록 규정하면서 그 구체적 내용을 시행령에 위임하고 있는 이상, 위 법률의 규정들은 군법무관의 보수의 내용을 법률로써 일차적으로 형성한 것이고, 위 법률들에 의해 상당한 수준의 보수청구권이 인정되는 것이므로, 위 보수청구권은 단순한 기대이익을 넘어서는 것으로서 법률의 규정에 의해 인정된 재산권의 한 내용이 되는 것으로 봄이 상당하고, 따라서 행정부가 정당한 이유 없이 시행령을 제정하지 않은 것은 위 보수청구권을 침해하는 불법행위에 해당한다(대판 2007.11.29. 2006다3561).

A 장애인의 접근권에 대한 개선입법 부작위 사건 – 부진정입법부작위에 대한 국가배상

국회가 법률로 행정청에 특정한 사항을 위임했음에도 불구하고 행정청이 정당한 이유 없이 이를 이행하지 않는다면 권력분립의 원칙과 법치국가 또는 법치행정의 원칙에 위배되는 것으로서 위법함과 동시에 위헌적인 것이 되고(대판 2007.11.29. 2006다3561 판결 참조), 이는 행정청이 법률에서 대통령령으로 정하도록 위임받은 사항을 전혀 입법하지 않은 경우는 물론 그 법률이 위임한 사항을 불충분하게 규정함으로써 법률이 위임한 행정입법의무를 제대로 이행하지 않은 경우도 마찬가지이다. 이 사건 쟁점규정이 정한 편의시설 설치의무 대상시설의 범위가 지나치게 좁아 사회·경제적 발전 정도 및 장애인 편의시설 설치에 관한 사회적 공감대를 따라가지 못한다면, 그러한 규정은 법률이 보장하고자 한 장애인의 접근권을 침해하거나, 장애인의 접근권을 점진적으로 확대해 나아가고자 한 모법의 위임 취지를 도외시한 것으로 평가될 수 있을 것이다. 이러한 경우 행정청에는 장애인을 위한 편의시설 설치가 강제되는 대상시설을 확대하여 장애인의 접근권을 실질적으로 개선하는 형태로 해당 행정입법을 개정할 구체적인 의무가 발생한다고 할 것이고, 행정청이 정당한 이유 없이 그 개선입법의무를 이행하지 않는다면 그 행정입법 부작위는 위법하다고 할 것이다(대판 2024.12.19. 2022다289051).

개념확인 O/X

01 치과전문의제도에 관한 규정이 제정된 후 20년 이상이 경과되었음에도 치과전문의제도의 실시를 위한 구체적 조치를 취하고 있지 아니한 경우, 법률의 시행에 반대하는 여론의 압력이나 이익단체의 반대와 같은 사유는 지체를 정당화하는 사유가 될 수 없다.
24 군무원7급 (O / X)

02 행정입법부작위에 대한 국가배상은 인정되지 않으며, 실무적으로 무명항고소송을 통해 해결하고 있다.
12 지방9급 (O / X)

| 정답 | 01 O 02 X

(4) 공적 통제(국민에 의한 통제)

매스커뮤니케이션, 각종 압력단체의 압력과 운동 등 여론에 의한 통제를 말한다(청원도 포함). 입법예고와 입법의견의 제출 및 공청회 개최 등 국민의 입법의견 수렴제도를 「행정절차법」과 법제업무운영규정(대통령령) 등에서 규정하고 있다. 01

> **개념확인 O/X**
>
> 01 오늘날에는 국민들이 언론이나 시민단체 활동 등을 통하여 법규명령을 통제하는 것도 가능하다.
> (O/X)

03 행정규칙

1 의의 및 필요성

(1) 의의

① '행정규칙'이란 행정기관이 법률의 수권 없이 자기의 권한 내에서 일반적·추상적으로 정립하는 규범으로서 행정의 통일과 적정성을 통해 능률행정을 도모하기 위하여 제정한 법규성이 없는 명령을 말한다. 행정규칙은 행정조직 내부 또는 특별권력관계 내부에서의 조직과 활동을 규율하는 일반적·추상적인 명령으로서 법규의 성질을 갖지 않는다. 실무에서는 훈령이나 통첩, 예규 등이 행정규칙에 해당된다.

② 행정규칙은 종래 강학상의 개념이었으나 「행정기본법」의 제정으로 이제는 실정법상 규정이다.

> **관련 법령**
>
> 「행정기본법」 제2조 【정의】 이 법에서 사용하는 용어의 뜻은 다음과 같다.
> 1. '법령 등'이란 다음 각 목의 것을 말한다.
>   가. 법령: 다음의 어느 하나에 해당하는 것
>   1) 법률 및 대통령령·총리령·부령
>   2) 국회규칙·대법원규칙·헌법재판소규칙·중앙선거관리위원회규칙 및 감사원규칙
>   3) 1) 또는 2)의 위임을 받아 중앙행정기관(「정부조직법」 및 그 밖의 법률에 따라 설치된 중앙행정기관을 말한다. 이하 같다)의 장이 정한 훈령·예규 및 고시 등 행정규칙
>   나. 자치법규: 지방자치단체의 조례 및 규칙

(2) 필요성

행정규칙은 행정의 통일성, 능률성, 적정성 등을 위해 제정되었으며 현대행정에서 중요성을 더해가고 있는 추세이다.

2 성질

행정규칙이 법규의 성질을 가지는지에 대하여 비법규성설과 법규성설이 대립하고 있다.

(1) 비법규성설(다수설·판례)

행정규칙은 행정조직 또는 특별권력관계 내부에서 구성원을 직접적 규율대상으로 하는 규범으로서 국민의 권리·의무를 직접 규율하는 법규의 성질을 가지지 않는다고 보는 입장을 말한다. 이러한 입장에서 행정규칙은 국민에 대하여는 법적 효력이 없고, 법원을 구속하지 않아 재판의 기준이 되지 않는다고 한다.

이 설은 국민의 자유와 재산권을 침해하는 규범 또는 사회적 한계를 설정하는 규범만을 법규로 이해하는 전통적 견해(협의의 법규개념설·실질적 법규개념설)를 바탕으로 한다. 이에 대한 주된 논거는 다음과 같다.

> **심화 학습** 법규에 대한 개념
>
> 1. **실질적 법규설**: 법규를 시민의 권리를 제한하고 의무를 부과하는 규범으로 해석하는 견해로서, 이에 의하면 행정입법 중 행정규칙은 법규가 되지 못한다.
> 2. **형식적 법규설**: 법규를 일반적이고 추상적인 규율로 해석하는 견해로서, 이에 의하면 법규명령은 물론 행정규칙도 법규가 된다.

① **재판기준성 부인**: 재판기준성을 부인하여 재판의 준거가 되지 못하기 때문에 비재판규범성을 지닌다. 01

② **비일반적·비대외적 효력**: 행정조직 내부에서만 효력을 발휘하기 때문에 일반적·대외적 효력이 없다.

③ **일면적·편면적 구속**: 수명자만을 구속하는 일면적 구속력을 가질 뿐, 발령기관과 상대방을 모두 구속하는 양면적·쌍면적 구속력이 없다.

④ **법령의 수권 및 공포 불요**: 제정의 성립요건에 있어서 특별법적 근거도 필요 없고, 공포도 필요 없다. 02

⑤ **행정규칙 위반행위의 효력은 유효**: 수명자가 이에 위반하여도 위법이 되지 않는다. 따라서 위반행위의 효력에는 영향이 없고 단지 징계사유가 될 뿐이며, 행정규칙 위반행위의 취소를 구하는 행정소송을 제기할 수 없다.

> **관련 판례**
>
> **B** 「검찰보존사무규칙」의 법적 성질 [18 국회직 8급] 03
>
> 「검찰보존사무규칙」이 「검찰청법」 제11조에 기하여 제정된 법무부령이기는 하지만, 그 사실만으로 같은 규칙 내의 모든 규정이 법규적 효력을 가지는 것은 아니다. 기록의 열람·등사의 제한을 정하고 있는 같은 규칙 제22조는 법률상의 위임근거가 없어 행정기관 내부의 사무처리준칙으로서 행정규칙에 불과하므로, 위 규칙상의 열람·등사의 제한을 「공공기관의 정보공개에 관한 법률」 제9조 제1항 제1호의 '다른 법률 또는 법률에 의한 명령에 의하여 비공개사항으로 규정된 경우'에 해당한다고 볼 수 없다(대판 2006.5.25. 2006두3049).
>
> **B** 2006년 교육공무원 보수업무 등 편람은 법규명령의 성질을 가진 것이라고 볼 수 없다고 한 사례
>
> 2006년 교육공무원 보수업무 등 편람(이하 '보수업무편람'이라 한다)은 교육인적자원부에서 관련 행정기관 및 그 직원을 위한 업무처리지침 내지 참고사항을 정리해 둔 것에 불과하고 법규명령의 성질을 가진 것이라고는 볼 수 없는바, 원심이 보수업무편람의 규정은 행정청 내부의 사무처리지침 또는 사례를 해설해 놓은 것에 불과하다고 본 것은 정당하고, 거기에 상고이유에서 주장하는 바와 같은 보수업무편람의 법적 성격에 관한 법리오해 등의 잘못이 없다(대판 2010.12.9. 2010두16349).
>
> **B** 한국감정평가업협회의 (구)토지보상평가지침은 대외적 구속력이 없다
>
> 한국토지주택공사가 국민임대주택단지를 조성하기 위하여 갑 등에게서 토지를 협의취득하면서 '매매대금이 고의·과실 내지 착오평가 등으로 과다 또는 과소하게 책정되어 지급되었을 때에는 과부족금액을 상대방에게 청구할 수 있다'고 약정하였는데, 공사가 협의취득을 위한 보상액을 산정하면서 한국감정평가업협회의 (구)토지보상평가지침(2003.2.14.자로 개정된 것, 이하 '구 토지보상평

개념확인 O/X

01 제재적 처분기준의 법적 성격은 행정규칙에 지나지 않으므로 제재적 행정처분기준에 따라 행해진 영업정지처분이라 해서 적법한 것으로 판단되는 것은 아니다. (O / X)

02 행정규칙은 상급청의 감독적 견지에서 발령되거나 처분권을 가진 행정청 스스로 처분에 대한 근거법령을 근거로 처분의 기준 등을 마련할 수 있어 별도의 법적 근거 없이도 제정될 수 있다. (O / X)

03 어떤 행정처분이 법규성이 없는 부령의 규정에 위배되면 그 처분은 위법하고, 또 그 부령에서 정한 요건에 부합하면 그 처분은 적법하다.
18 국회8급 (O / X)

| 정답 | 01 O 02 O 03 X

개념확인 O/X

가지침'이라 한다)에 따라 토지를 지상에 설치된 철탑 및 고압송전선의 제한을 받는 상태로 평가한 사안에서, … (중략) … 대외적 구속력이 없는 (구)토지보상평가지침에 따라 토지를 건축물 등에 해당하는 철탑 및 고압송전선의 제한을 받는 상태로 평가한 것은 정당한 토지 평가라고 할 수 없는 점 등에 비추어 위 협의매수금액 산정은 공사가 고의·과실 내지 착오평가 등으로 과소하게 책정하여 지급한 경우에 해당한다(대판 2012.3.29. 2011다104253).

B 서울특별시 개인택시운송사업면허업무처리요령은 행정규칙으로서 외부에 고지하지 않아도 효력이 발생한다

서울특별시 95년 개인택시운송사업면허업무처리요령은 관할관청인 서울특별시장이 1995년도 개인택시운송사업의 면허를 위하여 재량권 행사의 기준으로 마련된 행정청 내부의 사무처리준칙에 불과하므로 대외적으로 국민을 기속하는 법규명령의 경우와는 달리 공고 등의 방법으로 외부에 고지되어야만 효력이 발생한다고 볼 수 없다(대판 1997.9.26. 97누8878).

01 서울특별시가 정한 개인택시운송사업면허지침은 재량권 행사의 기준으로 설정된 행정청의 법규명령이다.
15 경찰1차   (O/X)

B 서울시가 정한 개인택시운송사업면허지침의 법적 성질은 사무처리준칙이다 [15 경찰 1차] **01**

서울특별시가 정한 개인택시운송사업면허지침은 재량권 행사의 기준으로 설정된 행정청의 내부의 사무처리준칙에 불과하므로, 대외적으로 국민을 기속하는 법규명령의 경우와는 달리 외부에 고지되어야만 효력이 발생하는 것은 아니다(대판 1997.1.21. 95누12941).

B '서울특별시 철거민 등에 대한 국민주택 특별공급규칙'의 법적 성격은 사무처리준칙에 해당한다

'서울특별시 철거민 등에 대한 국민주택 특별공급규칙'은 「주택공급에 관한 규칙」 제19조 제1항 제3호 (다)목에서 규정하고 있는 '도시계획사업으로 철거되는 주택의 소유자'에 해당하는지 여부를 판단하기 위한 서울특별시 내부의 사무처리준칙에 해당하는 것으로서 위 규정의 해석·적용과 관련하여 대외적으로 국민이나 법원을 기속하는 효력이 있는 것으로 볼 수 없다(대판 2007.11.29. 2006두8495).

B '서울특별시 토지의 형질변경 등 행위허가사무취급요령'의 법적 성질은 사무처리준칙이다

서울특별시 토지의 형질변경 등 행위허가사무취급요령(1994.5.6. 서울특별시예규 제586호) 제12조 제1호·제2호는 행정청이 아닌 자가 「도시계획법」 제4조의 규정에 의한 토지의 형질변경을 하고자 하는 경우에는 신청 토지 내에서 도로·공원 등 도시계획시설에 저촉된 부분이 있거나 신청 토지 내 또는 인근 주변의 도로(통행로·진입로 등)를 정비할 필요성이 있을 경우 그 저촉 부분 또는 정비 필요 부분을 행정청에 무상으로 귀속시키도록 규정하고 있고, 이러한 예규는 법규로서의 효력이 없는 행정청 내부의 사무처리준칙에 불과하다(대판 1999.5.25. 98다53134).

B 공정거래위원회의 부당한 지원행위의 심사지침의 법적 성질은 행정청 내부의 사무처리준칙에 해당한다

비상장주식의 양도가 현저히 유리한 조건의 거래로서 부당지원행위에 해당하는지 여부에 관하여 판단함에 있어서 공정거래위원회의 부당한 지원행위의 심사지침(2002.4.24. 개정되기 전의 것)은 공정거래위원회 내부의 사무처리준칙에 불과하므로 공정거래위원회가 위 심사지침에서 원용하고 있는 (구)「상속세 및 증여세법 시행령」(2000.12.29. 대통령령 제17039호로 개정되기 전의 것) 제56조 제1항 제2호에서 추정이익을 산출할 수 있도록 한 평가기관에 의뢰하지 않고 스스로 위 규정에 따른 방법으로 주식을 평가하였다고 하더라도 그것만으로는 그 평가가 부적절한 것이라고 할 수는 없다(대판 2005.6.9. 2004두7153).

B 서울특별시 상수도손괴원인자부담 처리지침은 법적 구속력이 없다

> 서울특별시 상수도손괴원인자부담 처리지침은 행정기관 내부의 업무처리지침에 불과하여 일반 국민을 구속하는 법규로서의 효력이 없다(대판 1993.4.23. 92누7535).

C 한국철도시설공단(현, 국가철도공단)의 공사낙찰적격심사세부기준의 법적 성질 [24 국가직 9급] 01

> 공사낙찰적격심사 감점처분의 근거로 내세운 규정은 피고의 공사낙찰적격심사세부기준 제4조 제2항인 사실, 이 사건 세부기준은 「공공기관의 운영에 관한 법률」 제39조 제1항·제3항, (구)「공기업·준정부기관 계약사무규칙」 제12조에 근거하고 있으나, 이러한 규정은 공공기관이 사인과 사이의 계약관계를 공정하고 합리적·효율적으로 처리할 수 있도록 관계 공무원이 지켜야 할 계약사무처리에 관한 필요한 사항을 규정한 것으로서 공공기관의 내부규정에 불과하여 대외적 구속력이 없는 것임을 알 수 있다(대판 2014.12.24. 2010두6700).

(2) 법규성설(최근 유력설)

법규성설은 행정규칙의 법규성을 인정하는 견해를 말한다.

① **법규개념의 확대(광의 또는 최광의 법규설)**: 광의 법규로 보는 입장에서는 국가와 국민과의 관계를 규율하는 것뿐만 아니라 국가 내부관계에서의 구성원의 권리나 의무에 관련되는 한 법규의 개념에 포함시키게 된다.

② **광의의 행정규칙(특별명령론)**: 특별명령론은 행정규칙을 특별명령과 협의의 행정규칙으로 구분하여 특별명령에는 법규성이 있다고 하나, 특별명령을 제외한 협의의 행정규칙은 여전히 법규성이 없다고 한다. 특별명령의 예로는 공무원의 임용·승진·복무에 관한 행정규칙이나 학생의 입학·진급·졸업에 관한 학칙 등에 관한 영조물이용규칙을 들고 있다.

③ **이원적 입법권론(二元的 立法權論)**: Ossenbühl의 주장으로 법규에는 입법부에서 제정하는 입법상 법규와 행정부에서 제정하는 행정상 법규가 있다는 전제 아래, 집행부도 입법부와 마찬가지로 민주적 정당성을 갖는 국가기관으로서 자기의 기능 영역에서 고유의 법정립권을 가진다는 견해이다.

④ **특별권력관계의 부정**: 특별권력관계를 부정하여 국가 내부에도 당연히 법이 적용되므로 행정규칙의 법규성을 주장한다.

⑤ **개별화·유형화 결정설**: 현대국가에 있어서의 법규관념의 확대와 행정명령의 현실적·실질적 기능(행정규칙이 행정 현실과 국민생활에 미치는 실질적 기능에 착안)을 바탕으로 행정명령의 법규성을 일반적으로 인정하거나, 행정규칙을 특별명령과 협의의 행정규칙으로 구분하고 이를 개별화·유형화하여 결정하자는 견해이다.

┃행정규칙에 대한 비법규설과 법규설 비교

비법규성설	법규성설
• 실질적 법규설(국민의 권리와 의무에 관한 일반적·추상적 규율이 법규임)	• 형식적 법규설(일반적·추상적 규정의 형식으로 되어 있으면 법규임)
• 특별권력관계를 인정하므로 행정 내부에는 법규가 통하지 않고, 행정규칙은 비법규임	• 특별권력관계를 부정하므로 행정 내부에도 법규가 통함
• 법치주의, 권력분립, 의회주의	• 행정규칙의 실질적 기능성: 제재적 처분기준, 사무처리준칙, 행정처리지침 등의 처분기준은 실질적으로 규율력을 발휘함
• 일면적 구속성: 국민은 구속되지 않고, 국가기관 중 발령기관도 구속되지 않음. 수명기관만이 구속되는 효력일	• 광의의 행정규칙(특별명령 & 협의의 행정규칙)

개념확인 O/X

01 한국철도시설공단(현, 국가철도공단)이 공사낙찰적격심사 감점처분의 근거로 내세운 규정은 공사낙찰적격심사세부기준이고, 이러한 규정은 공공기관이 사인과의 계약관계를 공정하고 합리적·효율적으로 처리할 수 있도록 관계 공무원이 지켜야 할 계약사무처리에 관한 필요한 사항을 규정한 것으로서 공공기관의 내부규정에 불과하여 대외적 구속력이 없다. 24 국가9급 (O / X)

| 정답 | 01 O

개념확인 O/X

01 대법원은 제재적 처분의 기준이 부령 형식으로 규정되어 있더라도 그것은 행정청 내부의 사무처리준칙을 정한 것에 지나지 아니하여 대외적으로 국민이나 법원을 기속하는 효력이 없고, 당해 처분의 적법 여부는 위 처분기준뿐만 아니라 관계 법령의 규정내용과 취지에 따라야 한다고 판단하였다.
14 국가9급   (O / X)

02 총리령으로 제정된 「법인세법 시행규칙」에 따른 '소득금액조정합계표 작성요령'은 법령을 보충하는 법규사항으로서 법규명령의 효력을 가진다.
19 국회8급   (O / X)

03 부령의 형식으로 정해진 제재적 처분기준은 법규명령이다.
16 교육행정   (O / X)

04 대통령령이나 부령의 형식으로 발령된 제재적 처분기준에 대해서 판례는 그 법규성을 부인하고 있다.
12 국가7급   (O / X)

05 「도로교통법 시행규칙」제53조 제1항이 정한 [별표16]의 운전면허행정처분기준은 부령의 형식으로 되어 있으나, 그 규정의 성질과 내용이 행정청 내부의 사무처리준칙을 규정한 것에 지나지 아니하므로 대외적으로 국민이나 법원을 기속하는 효력이 없다.
13 국가9급   (O / X)

06 (구)「도로교통법 시행규칙」제53조 제1항이 정한 [별표 16]의 운전면허정지처분기준은 부령의 형식으로 되어 있으나, 그 규정의 성질과 내용이 운전면허 취소처분 등에 관한 사무처리기준과 처분절차 등 행정청 내부의 사무처리준칙을 규정한 것에 지나지 아니하므로 대외적 구속력이 없다.
14 지방9급   (O / X)

07 (구)「식품위생법 시행규칙」제53조가 정한 [별표 15]의 행정처분기준은 (구)「식품위생법」제58조에 따른 영업허가의 취소 등에 관한 행정처분의 기준을 정한 것으로 대외적 구속력이 있다.
14 지방9급   (O / X)

뿐이므로 법규가 아니라는 입장(행정규칙의 발령기관은 자신의 행정규칙에 위반되는 하명이나 직무명령이 가능)
• 위반 시: 위법 × – 징계사유만. 따라서 행정규칙에 부합된다고 해서 적법인 것도 아님
• 재판규범이 되지 못함(기타 : 법률의 법규창조력 등)

• 이원적 법권론(오센뷜의 주장 : 집행부도 입법부와 마찬가지로 민주적 정당성을 갖는 국가기관으로서 자기의 기능영역에서 고유의 법 정립권을 갖는다는 견해)
• 행정의 자기구속의 법리
• 개별화·유형화 결정설

3 형식과 내용이 불일치하는 행정규칙

형식이 행정규칙으로 되어 있으면 당연 내용은 행정규칙으로서의 성질이어야 하고, 형식이 법규명령이면 내용은 법규로서의 성질이어야 할 것이다. 그러나 형식과 내용이 서로 상이한 경우가 있을 수 있고 이러한 경우에 그 법적 성격이 형식에 따를 것인지 내용에 따를 것인지가 문제가 된다.

(1) 법규명령 형식의 행정규칙 빈출

> **결정적 코멘트** ▶ 법규명령 형식의 행정규칙에 대한 대법원의 입장과 학설의 입장 차이를 구분하여야 하며, 대법원의 입장 변화에 따른 가중처벌규정의 소익에 대한 이해를 필요로 하는 단원이다.

① **문제의 소재**: 실질은 행정규칙의 내용이고 형식은 법규명령인 경우에 법규로서의 성질을 가지겠느냐의 문제이다. 이에 대해 법규명령설(다수설)과 행정규칙설이 대립한다.
  이에 우리 판례는 부령의 형식으로 사무처리준칙을 정한 경우에는 행정규칙에 지나지 않는다는 소극설의 입장을, 대통령령의 형식의 사무처리준칙(또는 처분기준)을 정한 경우에는 법규명령에 해당한다는 경향이다[(구)「주택건설촉진법 시행령」제10조의3 별표(현, 「주택법」으로 개정), 대판 1997.12.26. 97누15418]. **01 02 03 04**

② **법규성을 부인한 법규명령 형식(총리령, 부령 – 시행규칙)**

- 「자동차운수사업법」제31조 등의 규정에 의한 사업면허의 취소 등에 관한 규칙(구, 건설교통부령)(대판 1987.2.10. 84누350, 대판 1990.1.25. 89누3564, 대판 1996.9.6. 96누914)
- 「자동차운수사업법 시행규칙」중 협의에 관한 규정(대판 1992.3.31. 91누4928)
- 「건축사법 시행규칙」제22조상의 건축사업무정지처분 등의 기준(대판 1992.4.28. 91누11940)
- 「풍속영업의 규제에 관한 법률 시행규칙」제8조 제1항 소정의 행정처분기준(대판 1994.4.12. 94누651)
- 「공중위생법 시행규칙」제41조 소정의 행정처분기준(대판 1992.12.8. 92누14199)
- 「개발이익 환수에 관한 법률 시행규칙」제4조상의 실제 매입가격신고에 관한 규정(대판 1993.5.11. 92누13677 전합)
- 「의료법」제53조 제3항, 제53조 제1항에 의하여 의사면허자격정지처분의 세부적 기준을 정한 보건복지부령(대판 1996.2.23. 95누16318)
- 재요양의 인정요건을 정한 「산업재해보상보험법 시행규칙」제15조(대판 1997.3.28. 96누18755)
- 「도로교통법 시행규칙」제53조 제1항 [별표 16]의 행정처분기준(제재적 처분기준)(대판 1996.4.12. 95누10396) [13 국가직 9급, 14 지방직 9급] **05 06**
- 「식품위생법」제58조에 따른 동 시행규칙 제53조 [별표 15]의 행정처분기준(제재적 처분기준)(대판 1995.3.28. 94누6925) [14 지방직 9급] **07**
- 총리령인 「공무원 징계양정 등에 관한 규칙」(대판 1992.4.14. 91누9954)
- (구)「약사법 시행규칙」제89조 [별표 6] '행정처분의 기준'(대판 2007.9.20. 2007두6946)
- 노동조합의 설립을 신고하려는 자가 설립신고서에 첨부하여 제출할 서류에 관한 (구)「노동조합 및 노동관계조정법 시행규칙」제2조 제4호(대판 2015.6.25. 2007두4995 전합)
- 검찰보존사무규칙(법무부령)은 법률상의 위임의 근거가 없어 사무처리준칙으로서 행정규칙(대판 2006.5.25. 2006두3049)

| 정답 | 01 O 02 X 03 X 04 X 05 O 06 O 07 X

③ 법규성을 긍정한 부령 형식의 행정규칙

- (구)「여객자동차 운수사업법 시행규칙」제31조 제2항 제1호·제2호·제6호는 (구)「여객자동차 운수사업법」제11조 제4항의 위임에 따라 시외버스운송사업의 사업계획변경에 관한 절차, 인가기준 등을 구체적으로 규정한 것으로서, 대외적인 구속력이 있는 법규명령이라고 할 것이고, 그것을 행정청 내부의 사무처리준칙을 규정한 행정규칙에 불과하다고 할 수는 없다(대판 2006.6.27. 2003두4355). [23 지방직 7급, 18 국회직 8급] **01 02**
- 「공익사업을 위한 토지 등의 취득 및 보상에 관한 법률」제68조 제3항의 위임에 따라 협의취득의 보상액 산정에 관한 구체적 기준을 정하고 있는 「공익사업을 위한 토지 등의 취득 및 보상에 관한 법률 시행규칙」제22조는 대외적인 구속력을 가진다(대판 2012.3.29. 2011다104253). [14 지방직 9급] **03**

④ 법규성을 긍정한 법규명령 형식(대통령령 - 시행령)

대통령령의 형식으로 사무처리준칙을 정한 경우에는 법규명령에 해당한다고 판시한 바 있다[(구)「주택건설촉진법 시행령」제10조의3 제1항 [별표 1], 대판 1997.12.26. 97누15418] [24 국회직 9급]. **04**

관련 판례 — 대통령령 형식의 제재적 처분기준은 법규명령

B 「주택건설촉진법 시행령」의 처분기준은 법규명령이다 [13 국가직 9급]

당해 처분의 기준이 된 「주택건설촉진법 시행령」제10조의3 제1항 [별표 1]은 「주택건설촉진법」제7조 제2항의 위임규정에 터잡은 규정형식상 대통령령이므로 그 성질이 부령인 시행규칙이나 또는 지방자치단체의 규칙과 같이 통상적으로 행정조직 내부에 있어서의 행정명령에 지나지 않는 것이 아니라 대외적으로 국민이나 법원을 구속하는 힘이 있는 법규명령에 해당한다(대판 1997.12.26. 97누15418).

B 「국민건강보험법」제85조 제1항·제2항에 따른 같은 법 시행령 제61조 제1항 [별표 5]의 업무정지처분 및 과징금부과의 기준의 법적 성질은 법규명령이다

「국민건강보험법 시행령」의 업무정지처분 및 과징금 부과의 기준은 법규명령이기는 하나 그 기간 내지 금액은 확정적인 것이 아니라 최고한도라 할 것이다(대판 2006.2.9. 2005두11982).

A 대통령령에 규정된 제재적 처분기준은 법규명령에 해당되지만 상한선에 해당된다 [19 지방직 9급, 17 사회복지직 9급, 15 지방직 9급, 13 국가직 9급, 10 경찰직] **05 06**

(구)「청소년 보호법」제49조 제1항·제2항에 따른 같은 법 시행령 제40조 [별표 6]의 '위반행위의 종별에 따른 과징금 처분기준'은 법규명령이기는 하나 모법의 위임규정의 내용과 취지 및 헌법상의 과잉금지의 원칙과 평등의 원칙 등에 비추어 같은 유형의 위반행위라 하더라도 그 규모나 기간·사회적 비난 정도·위반행위로 인하여 다른 법률에 의하여 처벌받은 다른 사정·행위자의 개인적 사정 및 위반행위로 얻은 불법이익의 규모 등 여러 요소를 종합적으로 고려하여 사안에 따라 적정한 과징금의 액수를 정하여야 할 것이므로 그 수액은 정액이 아니라 최고한도액이다(대판 2001.3.9. 99두5207).

B 국토계획법 및 그 시행령이 정한 이행강제금의 부과기준은 단지 상한을 정한 것이 아니다

법률의 위임에 따라 시행령이 이행강제금의 기준을 위반행위의 유형별로 구분하여 각각에 대한 부과비율을 특정하여 규정하고 있고, 그 규정의 문언상 부과처분의 금액에 관한 재량을 허용하는 내용으로 되어 있지도 않은 점 등 관련 규정의 체계와 형식 및 내용에 비추어 보면, 국토계획법 및 그 시행령이 정한 이행강제금의 부과기준은 단지 상한을 정한 것이 아니라, 위반행위의 유형별로 계산된 특정 금액을 규정한 것으로 보아야 하고, 따라서 행정청에 이와 다른 이행강제금액을 결정할 재량권은 없다(대판 2014.12.24. 2011두23580).

개념확인 O/X

01 (구)「여객자동차 운수사업법」제11조 제4항의 위임에 따라 시외버스운송사업의 사업계획변경에 관한 절차, 인가기준 등을 구체적으로 규정한 (구)「여객자동차 운수사업법 시행규칙」제31조 제2항 제1호·제2호·제6호는 대외적인 구속력이 있는 법규명령이라고 할 것이고, 그것을 행정청 내부의 사무처리준칙을 규정한 행정규칙에 불과하다고 할 수는 없다.
18 국회8급 (O / X)

02 「여객자동차 운수사업법」의 위임에 따른 시외버스운송사업의 사업계획변경 기준 등에 관한 「여객자동차 운수사업법 시행규칙」의 관련 규정은 대외적인 구속력이 있는 법규명령이라고 할 것이다.
23 지방7급 (O / X)

03 「공익사업을 위한 토지 등의 취득 및 보상에 관한 법률」제68조 제3항은 협의취득의 보상액 산정에 관한 구체적 기준을 시행규칙에 위임하고 있고, 위임 범위 내에서 동법(同法) 시행규칙 제22조는 토지에 건축물 등이 있는 경우에는 건축물 등이 없는 상태를 상정하여 토지를 평가하도록 규정하고 있는데, 이는 대외적 구속력이 없다.
14 지방9급 (O / X)

04 법률의 위임을 받아 제정된 대통령령 형식의 제재처분기준은 대외적으로 국민이나 법원을 구속하는 힘이 있는 법규명령에 해당한다.
24 국회9급 (O / X)

05 (구)「청소년 보호법」제49조 제1항·제2항에 따른 동법 시행령 제40조 [별표 6]의 위반행위의 종별에 따른 과징금 처분기준은 법규명령에 해당하고 과징금 처분기준의 수액은 최고한도액이 아니라 정액이다.
13 국가9급 (O / X)

06 (구)「청소년 보호법」의 위임에 따라 제정된 「청소년 보호법 시행령」으로 정한 '위반행위의 종별에 따른 과징금 처분기준'은 법규명령에 해당되며, 그 기준에서 정한 과징금 액수는 정액이 아니라 최고한도액이다.
15 지방9급 (O / X)

| 정답 | 01 O | 02 O | 03 X | 04 O | 05 X | 06 O |

⑤ 효력기간이 경과한 제재적 행정처분의 소익 문제
  ㉠ 가중처분의 규정이 대통령령으로 되어 있는 경우: 법규명령이 되므로 소익 있음
    "당해 가중요건에 대한 규정이 법률뿐만 아니라 대통령령으로 규정되어 있는 경우에도 마찬가지이다(대판 1999.2.5. 98두13997)."
  ㉡ 가중처분의 규정이 행정규칙에 규정되어 있을 경우
    ⓐ 종래의 판례: 가중처분기준이 시행규칙에 규정되어 있어도 이는 행정규칙에 해당되어 처분의 효력기간이 경과되고 처분의 효력이 소멸된 이후에는 법률상 이익(소익)이 없다는 것이 대법원의 입장이었다. "행정명령에 불과한 각종 규칙상의 행정처분기준에 관한 규정에서 위반횟수에 따라 가중처분하게 되어 있다 하여 법률상의 이익이 있는 것으로 볼 수 없다(대판 1995.10.17. 94누14148 전합)."
    ⓑ 대법원의 판례 변경: 대법원은 시행규칙에 규정된 가중처분의 규정은 행정규칙에 해당된다고 해도 가중처분에 대한 규정을 두고 있다면 처분의 효력기간의 경과로 처분의 효력이 소멸된 후라도 해당 처분에 대해 법률상의 이익(소익)을 인정한다는 입장으로 판례를 변경하였다.

> **관련 판례**
>
> **B** 제재적 처분이 소멸되어도 가중처분기준이 부령으로 규정된 경우에는 소익이 있다 [12 지방직 9급] 01
>
> 제재적 행정처분이 그 처분에서 정한 제재기간의 경과로 인하여 그 효과가 소멸되었으나, 부령인 시행규칙 또는 지방자치단체의 규칙의 형식으로 정한 처분기준에서 제재적 행정처분을 받은 것을 가중사유나 전제요건으로 삼아 장래의 제재적 행정처분을 하도록 정하고 있는 경우, 선행처분인 제재적 행정처분을 받은 상대방이 그 처분에서 정한 제재기간이 경과하였다 하더라도 그 처분의 취소를 구할 법률상 이익이 있다(대판 2006.6.22. 2003두1684 전합).

(2) 행정규칙 형식의 법규명령

① 문제의 소재: 실질은 법규명령의 내용이고, 형식은 행정규칙인 경우에 법규로서의 성질을 가지겠느냐의 문제이다. 이에 대하여 법규명령설(다수설)과 행정규칙설이 대립하나, 우리의 판례는 실질을 강조하여 법규명령으로 본다.

② 법규성을 인정한 행정규칙 형식

> • 국세청 훈령인 재산제세사무처리규정(대판 1987.9.29. 86누484) [13 국가직 9급] 02
> • 법무부장관이 정한 출국금지기준(대판 1992.10.9. 91누10510)
> • 상공부장관의 수입선 다변화 품목 지정·고시(대판 1993.11.23. 93도662)
> • 보건사회부장관의「식품위생법」제23조의3 제4호상의 식품제조영업허가기준 고시(대판 1994.3.8. 92누1728)
> • 보건사회부장관의 식품영업허가기준(대판 1995.11.14. 92도496)
> • 보건사회부장관의 유흥접객업허가 제한대상 고시(대판 1992.10.23. 91누10183)
> • 주류도매면허제도개선업무처리지침(대판 1994.4.26. 93누21668)
> • 건축사무소의 등록취소 및 폐쇄처분에 관한 규정(대판 1984.9.11. 82누166)
> • 상공부장관의 공장입지의 기준 고시(대판 1999.7.23. 97누6261)
> • 석유판매업(주유소)허가기준 고시(대판 1995.3.10. 94누8556)
> • 개별토지가격합동지침(국무총리 훈령)(대판 1994.2.8. 93누111)
> • 보건사회부장관의 노인복지사업지침(대판 1996.4.12. 95누7727) [12 국가직 9급] 03
> •「석유사업법」제9조 제1항·제3항,「석유사업법 시행령」제15조 [별표 2]의 각 규정에 따라 전라남도지사가 정한 전라남도 주유소등록요건에 관한 고시(대판 1998.9.25. 98두7503)
> • 액화석유가스의 안전 및 사업관리법 시행령」제3조 제2항에 의해 제정된 액화석유가스판매사업 허가기준에 관한 구리시 고시(대판 1991.4.23. 90누6460)
> • 보건복지부장관이 고시의 형식으로 정한 '의료보험진료수가기준'(대판 1999.6.22. 98두17807)

개념확인 O/X

01 제재적 행정처분에서 정한 제재기간의 경과로 그 효과가 소멸되었으나, 부령인 시행규칙의 형식으로 정한 처분기준에서 제재적 행정처분을 받은 것을 가중사유나 전제요건으로 삼아 장래의 제재적 행정처분을 하도록 정하고 있는 경우, 선행처분인 제재적 행정처분을 받은 상대방이 그 처분에서 정한 제재기간이 경과하였더라도 그 처분의 취소를 구할 법률상 이익이 존재한다. 12 지방9급 (O/X)

02 국세청장의 훈령형식으로 되어 있는 재산제세사무처리규정은「소득세법 시행령」의 위임에 따라「소득세법 시행령」의 내용을 보충하는 기능을 가지므로「소득세법 시행령」과 결합하여 대외적 효력을 갖는다. 13 국가9급 (O/X)

03 (구)「노인복지법」및 같은 법 시행령은 65세 이상인 자에게 노령수당의 지급을 규정하고 있는데, 같은 법 시행령의 위임에 따라 보건사회부장관이 정한 70세 이상의 보호대상자에게만 노령수당을 지급하는 1994년도 노인복지사업지침은 법규명령의 성질을 가진다. 12 국가9급 (O/X)

정답 | 01 O 02 O 03 O

- 보건복지부장관이 제정·고시한 식품접객업소영업행위제한기준(헌재 2000.7.20. 99헌마455)
- '시장지배적 지위남용행위의 유형 및 기준'에 관한 공정거래위원회 고시(대판 2001.12.24. 99두11141)
- 건강보험요양급여행위 및 그 상대가치점수 개정 고시(헌재 2003.12.18. 2001헌마543)
- 「공업배치 및 공장설립에 관한 법률」에 따라 산업자원부장관이 정한 공장입지기준 고시(대판 2004.5.28. 2002두4716)
- 청소년유해매체물의 표시방법에 관한 (구)정보통신부 고시(헌재 2004.1.29. 2001헌마894)
- 산업자원부 고시 공장입지기준의 위임에 따라 세부적 기준을 정한 김포시 고시 공장입지제한처리기준(대판 2004.5.28. 2002두4716)
- 관세율표상 품목분류의 기준을 정한 관세청 고시(대판 2004.4.9. 2003두1592)
- 「관광진흥법」의 위임에 의해 제정된 문화관광부공고인 '외국인전용 신규카지노업 허가 계획'(헌재 2006.7.27. 2004헌마924)
- 도시계획시설기준에 관한 규칙(대판 2006.10.26. 2003두14840)
- 상표제품과 비상표제품의 구체적인 표시기준 및 표시방법을 산업자원부장관의 고시로 정하도록 규정한 관련 고시(대판 2006.4.27. 2004도1078)
- 주유소 상표제품 등의 표시기준 및 표시방법(산업자원부 고시)(대판 2006.4.27. 2004도1078)
- '산지전용허가기준의 세부검토기준에 관한 규정'인 산림청 고시(대판 2008.4.10. 2007두4841)
- 국토해양부장관 훈령인 '택지개발업무처리지침'(대판 2008.3.27. 2006두3742)
- 「여권법」 규정에 따라 외교통상부장관이 정한 여권의 사용제한 등에 관한 고시(헌재 2008.6.26. 2007헌마1366)
- (구)「독점규제 및 공정거래에 관한 법률」 제23조 제3항에 근거한 불공정거래행위의 지정 고시(대판 2000.9.29. 98두12772) [11 국가직 9급] **01**
- 주유소 간 간격에 관하여 규정한 지방자치단체 고시(대판 2006.9.22. 2006두7430)
- 문화관광부(현. 문화체육관광부) 고시인 '게임제공업소의 경품취급기준'(헌재 2008.11.27. 2005헌마161)
- 검찰징수사무규칙이 법규명령인지 여부(대판 2005.4.28. 2003다58850)
- 지식경제부 고시인 '신·재생에너지이용 발전전력의 기준가격 지침'(대판 2016.2.18. 2014두6135)
- (구)지방공무원보수업무 등 처리지침(대판 2016.1.28. 2015두53121) [18 서울9급] **02**
- 2014년도 건물 및 기타물건 시가표준액 조정기준과 '증·개축 건물 등에 대한 시가표준액 산출요령(대판 2017.5.31. 2017두30764)
- 「금융위원회의 설치 등에 관한 법률」 제60조의 위임에 따라 금융위원회가 고시한 '금융기관 검사 및 제재에 관한 규정'(대판 2019.5.30. 2018두52204)
- 「농약관리법」 제9조 제2항의 위임에 따라 인축독성 시험성적서 검토기준 및 판정기준을 규정하고 있는 농촌진흥청 고시 '농약 및 원제의 등록기준' 제3조 제2항 제3호 [별표 4](대판 2021.2.25. 2019두53389)

> **개념확인 O/X**
>
> **01** 「독점규제 및 공정거래에 관한 법률」 제23조 제3항에 근거한 불공정거래행위의 지정 고시 또는 「대외무역법」 제19조 제2항에 근거한 물품수출입공고 등은 행정규칙의 형식을 취하고 있으므로 내용상으로도 행정규칙으로 보는 것이 타당하다.
> 11 국가9급 (O / X)
>
> **02** (구)'지방공무원보수업무 등 처리지침」은, 안전행정부 예규로서 행정규칙의 성질을 가진다.
> 18 서울9급 (O / X)

심화 학습	형식과 내용이 불일치하는 경우	
내용＼형식	행정규칙	법규명령
행정규칙	행정규칙	• 다수설: 법규명령 • 판례 ┬ 총리령·부령: 행정규칙 　　　└ 대통령령: 법규명령
법규명령	• 다수설: 법규명령 • 판례: 법규로 인정한 판례 있음	법규명령

4 행정규칙의 종류

(1) 형식에 의한 분류

① **훈령**: 훈령은 상급기관이 하급기관에 대하여 상당한 기간 동안 그 권한의 행사를 일반적으로 지휘·감독하기 위하여 발하는 명령이다. 훈령은 상급기관이 하급기관에 대하여 일반적으로 발하는 명령이라는 점에서 상급기관이 하급기관에 대하여 개별적·구체적으로 발하는 명령인 직무명령과는 다르다.

| 정답 | 01 X　02 X

| 개념확인 O/X |

심화 학습 통첩

실정법의 개념은 아니나 실무상 일반적으로 사용되는 말로서 상급기관이 하급기관에 발하는 문서상의 명령을 말하고, 하급기관이나 직원은 이에 구속되며 훈령과 크게 구분되지 않는다.

01 훈령, 지시, 예규, 일일명령 등 행정기관이 그 하급기관이나 소속 공무원에 대하여 일정한 사항을 지시하는 문서는 지시문서이다.
14 국가9급 (O/X)

② **지시**: '지시'란 상급기관이 직권으로 또는 하급기관의 문의나 신청에 대하여 개별적·구체적으로 발하는 명령이다. 지시는 그 내용이 일반적·추상적 규율이 아니라는 점에서 행정규칙에 해당하지 않는다는 견해가 있다. **01**

③ **예규**: '예규'란 법규문서 이외의 문서로서 반복적 행정사무의 기준을 제시하는 명령이다.

④ **일일명령**: '일일명령'이란 당직, 출장, 시간 외의 근무, 휴가 등의 일일업무에 관한 일반적·추상적 명령이다. 그러나 그 내용이 일반적·추상성을 가지지 않을 때에는 행정규칙이 아니라 단순한 직무명령에 해당한다.

⑤ **고시**: 행정기관이 일정한 사항을 불특정 다수 국민에게 알리는 행위인데 행정기관의 의사표현의 한 방법으로 그의 법적 성질 내지 효력은 담긴 내용에 의거해 결정될 수밖에 없다. 이에 헌법재판소는 고시의 형식이나 내용에 따라 고시의 법적 성격은 다양하다는 입장이다.

㉠ **법규명령적 고시**: 고시가 특별한 법조와 결합되어 실질적으로 법규의 내용을 보충하는 법규적 성질을 가지는 경우도 있다(예 「물가안정에 관한 법률」 제2조에 의한 최고가격 지정 등의 고시, 「대외무역법」에 의한 수출입공고 등).

㉡ **행정규칙적 고시**: 행정규칙 중 일정사항을 불특정 다수인에게 알리기 위하여 제정되는 행정규칙을 말한다.

㉢ **일반처분적 고시**: 「부동산 가격공시에 관한 법률」 및 「감정평가 및 감정평가사에 관한 법률」에 의한 공시지가결정 고시, 「도로법」에 의한 도로구역결정 고시 등이 해당된다.

02 고시(告示)에 대하여 헌법재판소는 고시가 일반·추상적 성격을 가질 때는 법규명령 또는 행정규칙에 해당하지만, 고시가 구체적인 규율의 성격을 갖는다면 행정처분에 해당한다고 본다.
11 국가9급 (O/X)

㉣ **통지행위적 고시**: 대개 행정청이 결정한 사항에 기타 일정한 사항을 불특정 다수 일반에게 알리는 통지행위의 성질을 가지는 것을 말한다(예 「공익사업을 위한 토지 등의 취득 및 보상에 관한 법률」에 의한 사업인정 고시, 「특허법」에 의한 특허출원공고 등).

㉤ **사실행위로서의 고시**: 정부에서 물가정책을 어떻게 결정하였는가를 고시하는 것으로서 이는 법적 효과와 관계없다.

03 어떠한 처분의 근거나 법적인 효과가 행정규칙에 규정되어 있다고 하더라도, 그 처분이 행정규칙의 내부적 구속력에 의하여 상대방에게 권리의 설정 또는 의무의 부담을 명하거나 기타 법적인 효과를 발생하게 하는 등으로 그 상대방의 권리의무에 직접 영향을 미치는 행위라면, 이 경우에도 항고소송의 대상이 되는 행정처분에 해당한다.
21 군무원7급 (O/X)

| 관련 판례 |

🅐 **고시나 공고의 법적 성질은 일률적이지 않다** [21 군무원 7급, 19 국가직 7급, 17 서울시 7급, 12 경찰직, 11 국가직 9급]
02 03 04

> 고시 또는 공고의 법적 성질은 일률적으로 판단될 것이 아니라 고시에 담겨진 내용에 따라 구체적인 경우마다 달리 결정된다고 보아야 한다. 즉, 고시가 일반·추상적 성격을 가질 때는 법규명령 또는 행정규칙에 해당하지만, 고시가 구체적인 규율의 성격을 갖는다면 행정처분에 해당한다. 이 사건 국세청 고시는 특정 사업자를 납세병마개 제조자로 지정하였다는 행정처분의 내용을 모든 병마개 제조자에게 알리는 통지수단에 불과하므로, 청구인의 이 사건 국세청 고시에 대한 헌법소원심판청구는 고시 그 자체가 아니라 고시의 실질적 내용을 이루는 국세청장의 위 납세병마개 제조자 지정처분에 대한 것으로 해석함이 타당하다(헌재 1998.4.30. 97헌마141).

04 어떠한 고시가 일반적·추상적 성격을 가질 때에는 법규명령 또는 행정규칙에 해당할 것이지만, 다른 집행행위의 매개 없이 그 자체로서 직접 국민의 구체적인 권리의무나 법률관계를 규율하는 성격을 가질 때에는 항고소송의 대상이 되는 행정처분에 해당한다.
17 서울7급 (O/X)

🅑 **고시가 항고소송의 대상인 처분인 경우**

> 1. 법령에 따라 특정사업자를 납세병마개 제조업자로 지정한 국세청 고시는 행정처분에 해당된다(헌재 1998.4.30. 97헌마141).

| 정답 | 01 O 02 O 03 O 04 O

2. 보건복지부 고시인 약제급여·비급여목록 및 급여상한금액표는 항고소송의 대상인 처분에 해당된다(대판 2006.9.22. 2005두2506). [12 지방직 9급] **01**

3. (구)「청소년 보호법」에 따른 청소년보호위원회 등에 의한 청소년유해매체물 결정·고시는 행정처분에 해당된다(대판 2007.6.14. 2004두619).

> **B** 게임제공업소의 경품취급기준 고시의 법적 성질은 법규명령이다
>
> 이 사건 고시는 게임제공업을 영위하는 자가 게임이용자에게 제공할 수 있는 경품의 종류와 지급방법 등에 관한 기준을 정하고 있는데, 이는 특정인에 대한 개별적·구체적인 처분의 성격을 지닌 것이라기보다는 게임제공업소의 경품제공 일반에 관한 일반적·추상적인 규정의 성격을 지닌 것이라 봄이 상당하고, 나아가 이 사건 고시는 이 사건 모법조항의 위임에 의하여 제정된 것으로서 국민의 기본권을 제한하는 내용을 담고 있어 상위법령과 결합하여 대외적 구속력을 갖는 법규명령으로 기능하고 있는 것이라 볼 수 있으므로 헌법소원의 대상이 된다(헌재 2008.11.27. 2005헌마161).

(2) 내용에 의한 분류

① **조직규칙**: '조직규칙'이란 행정기관의 구성이나 내부조직·권한·사무분배·업무처리절차 등을 정하기 위하여 발하는 규칙으로서 법령의 범위 내에서 행정조직을 정할 수 있는 권한은 행정의 고유권한이라 할 수 있다. 행정의 조직에 관한 사항은 주로 법령 등에 규정되어 있는 경우가 대부분이라서 법령 등에 규정되지 않은 분야에서만 제정이 가능할 것이고 행정규칙으로 제정이 가능한 영역은 그다지 크지 않을 것이다.

② **근무규칙**: '근무규칙'이란 상급기관이 하급기관 및 그 구성원의 근무에 관한 사항을 규율하는 행정규칙을 말한다. 근무규칙으로는 훈령, 통첩, 민원사무처리규정, 사무관리규정 등이 있으며, 행위통제규칙이 주요한 내용이 된다.

③ **영조물규칙**: '영조물규칙'이란 영조물의 관리청이 학교, 박물관, 도서관, 병원 등 영조물의 조직, 관리, 사용 등을 규율하기 위하여 정립하는 행정규칙을 말한다. 즉, 국·공립대학교 규칙, 국립박물관규칙, 국립도서관규칙, 교도소규칙 등이 이에 해당하는데 사용에 관한 부분은 대외적 관계에 영향을 미칠 수 있다.

(3) 기능에 의한 분류

① **규범해석규칙(법령해석규칙)**: 규범해석규칙은 법규범의 해석과 적용에 있어 상급행정기관이 하급행정기관의 법령해석의 어려움을 덜어주고 법령해석과 적용을 통일시키기 위하여 발하는 행정규칙이다. 오늘날 법령에 많이 사용되고 있는 불확정개념의 해석과 관련하여 그 중요성이 높아간다. 주의할 것은 법령을 구속적으로 해석할 수 있는 것은 법원과 헌법재판소뿐이므로 규범해석규칙은 직접 대외적으로 효력을 가지지는 못한다. **02**

② **재량준칙**
  ㉠ **의의**: '재량준칙'이란 상급행정기관이 하급행정기관의 재량권 행사에 관한 기준을 정하여 행정청의 재량권을 통일적이고 공평하게 행사하기 위한 행정규칙이다. **03 04**
  ㉡ **기능**
    ⓐ 재량권 행사의 통일
    ⓑ 자의적인 재량행사 방지와 재량행정의 공정성 보장
    ⓒ 국민의 예측가능성 확보
    ⓓ 재량권 행사 공무원의 행정사무처리 어려움 경감

개념확인 O/X

01 보건복지부 고시가 다른 집행행위의 매개 없이 그 자체로서 요양기관, 국민건강보험공단, 국민건강보험 가입자 등의 법률관계를 직접 규율하고 있다면 항고소송의 대상이 된다.
12 지방9급 (O / X)

02 상급청이 제정한 법령해석규칙은 대외적인 구속력을 갖는다.
(O / X)

03 재량권 행사의 기준을 정하는 행정규칙을 재량준칙이라 한다.
19 서울9급 (O / X)

04 재량행사의 준칙인 행정규칙이 반복적으로 시행되어 행정관행이 성립한 경우에는 재량준칙에 대한 자기구속이 인정된다.
12 국가7급 (O / X)

| 정답 | 01 O 02 X 03 O 04 O

ⓒ 문제점: 정형화된 기준에 의한 행정으로 구체적 사정에 맞는 적정하고 타당한 행정이 곤란하다.

③ 간소화지령(간소화규칙): 대량적 행정행위를 발하는 경우의 지침을 정해주는 것으로서 행위통제규칙의 일종으로 볼 수 있다. 국세청장에 의한 '소득표준율에 관한 지령'이 대표적인 예이다.

④ 행위통제규칙: 행정활동의 통제나 통일을 위한 규칙을 말한다.

> **결정적 코멘트** ▶ 출제빈도가 높은 부분이므로, 법령보충규칙의 대외적 구속력의 요건과 한계를 파악하여야 한다.

⑤ 법령보충(행정)규칙 [빈출]: 행정규칙 형식의 법규명령으로서 형식은 행정규칙이나 성질은 근거 상위법령과 결합하여 법령의 보충적인 기능을 하는 법규명령으로서, 학설은 법규명령설과 행정규칙설이 대립하고 있으나 판례와 같이 법규명령으로 인정하는 것이 일반적이다(행정규칙형식의 법규명령 부분 참고). 01 02

㉠ 법률이 입법사항을 고시 등의 형식으로 위임할 수 있는지 여부: 법률이 입법사항을 대통령령이나 부령이 아닌 고시와 같은 행정규칙의 형식으로 위임하는 것이 헌법 제40조, 제75조와 제95조 등과의 관계에서 허용되는지 여부 및 한계와 관련하여 헌법재판소는 법률이 입법사항을 고시 등의 형식으로 위임할 수 있다고 하나, 고시와 같은 형식으로 입법위임을 할 때에는 적어도 「행정규제기본법」 제4조 제2항 단서에서 정한 바와 같이 법령이 전문적·기술적 사항이나 경미한 사항으로서 업무의 성질상 위임이 불가피한 사항에 한정된다고 한다. 03

관련 판례

A 법률이 입법사항을 고시 등의 형식으로 위임할 수 있는지 여부 [20 국가직 7급, 19 국가직 7급, 19 서울시 사회복지직 9급, 17 국가직 9급, 16 서울시 9급, 11 지방직 9급]

> 오늘날 의회의 입법독점주의에서 입법중심주의로 전환하여 일정한 범위 내에서 행정입법을 허용하게 된 동기가 사회적 변화에 대응한 입법수요의 급증과 종래의 형식적 권력분립주의로는 현대사회에 대응할 수 없다는 기능적 권력분립론에 있다는 점 등을 감안하여 헌법 제40조와 헌법 제75조, 제95조의 의미를 살펴보면, 국회입법에 의한 수권이 입법기관이 아닌 행정기관에게 법률 등으로 구체적인 범위를 정하여 위임한 사항에 관하여는 당해 행정기관에게 법정립의 권한을 갖게 되고, 입법자가 규율의 형식도 선택할 수도 있다 할 것이므로, 헌법이 인정하고 있는 위임입법의 형식은 예시적인 것으로 보아야 할 것이고, 그것은 법률이 행정규칙에 위임하더라도 그 행정규칙은 위임된 사항만을 규율할 수 있으므로, 국회입법의 원칙과 상치되지도 않는다. 다만, 형식의 선택에 있어서 규율의 밀도와 규율영역의 특성이 개별적으로 고찰되어야 할 것이고, 그에 따라 입법자에게 상세한 규율이 불가능한 것으로 보이는 영역이라면 행정부에게 필요한 보충을 할 책임이 인정되고 극히 전문적인 식견에 좌우되는 영역에서는 행정기관에 의한 구체화의 우위가 불가피하게 있을 수 있다. 그러한 영역에서 행정규칙에 대한 위임입법이 제한적으로 인정될 수 있다(헌재 2004.10.28. 99헌바91).

B 법률이 입법사항을 고시 등의 형식으로 위임하는 경우, 위임의 한계 [20 군무원 9급] 04

> 재산권 등과 같은 기본권을 제한하는 작용을 하는 법률이 입법위임을 할 때에는 대통령령·총리령·부령 등 법규명령에 위임함이 바람직하고, 금융감독위원회의 고시와 같은 형식으로 입법위임을 할 때에는 적어도 「행정규제기본법」 제4조 제2항 단서에서 정한 바와 같이 법령이 전문적·기술적 사항이나 경미한 사항으로서 업무의 성질상 위임이 불가피한 사항에 한정된다 할 것이고, 그러한 사항이라 하더라도 포괄위임금지의 원칙상 법률의 위임은 반드시 구체적·개별적으로 한정된 사항에 대하여 행하여져야 할 것이다(헌재 2004.10.28. 99헌바91).

개념확인 O/X

01 법령보충규칙에 해당하는 고시의 관계규정에 의하여 직접 기본권 침해를 받는다고 하여도 이에 대하여 「헌법재판소법」 제68조 제1항에 의한 헌법소원심판을 청구할 수 없다.
18 지방7급 (O / X)

02 대법원은 행정적 편의를 도모하기 위해 법령의 위임을 받아 제정된 절차적 규정을 법령보충적 행정규칙으로 본다.
14 국가9급 (O / X)

03 재산권 등과 같은 기본권을 제한하는 작용을 하는 법률이 입법위임을 할 때에는 법규명령에 위임함이 바람직하고, 금융감독위원회의 고시와 같은 행정규칙 형식으로 입법위임을 할 때에는 적어도 「행정규제기본법」 제4조 제2항 단서에서 정한 바와 같이 법령이 전문적·기술적 사항이나 경미한 사항으로서 업무의 성질상 위임이 불가피한 사항에 한정된다.
20 군무원9급 (O / X)

04 법률이 행정규칙 형식으로 입법위임을 하는 경우에는 행정규칙의 특성상 포괄위임금지의 원칙은 인정되지 않는다.
20 군무원9급 (O / X)

| 정답 | 01 X 02 X 03 O 04 X

ⓒ **법령보충규칙의 대외적 구속력**: 법령보충규칙은 그 자체로서 직접적 대외적 구속력을 갖는 것이 아니라 상위법령과 결합하여 상위법령의 일부가 됨으로써 대외적 구속력을 가질 뿐이다.

관련 판례

B 법령보충적 행정규칙도 상위법의 일부가 되어야 대외적 구속력을 가지게 된다 [16 서울시 9급]

이른바 법령보충적 행정규칙이라도 그 자체로서 직접적인 대외적 구속력을 갖는것은 아니다. 즉, 상위법령과 결합하여 일체가 되는 한도 내에서 상위법령의 일부가 됨으로써 대외적 구속력이 발생되는 것일 뿐 그 행정규칙 자체는 대외적 구속력을 갖는 것은 아니라 할 것이다(헌재 2004.10.28. 99헌바91).

A 고시가 위임의 범위 내에서 상위법과 결합하여 법규명령의 효력을 가진다 [20 군무원 9급, 20 지방직 9급, 20 국가직 9급, 19 국가직 7급, 19 서울시 7급, 19 서울시 9급, 18 서울시 9급, 16 서울시 9급,11 국가직 9급] **01 02 03 04**

법령이 특정 행정기관에 법령내용의 구체적 사항을 정할 수 있는 권한을 부여하면서 권한 행사의 절차나 방법을 특정하고 있지 않아 수임행정기관이 행정규칙의 형식으로 법령의 내용이 될 사항을 정한 경우 그 효력법령의 규정이 특정 행정기관에 그 법령내용의 구체적 사항을 정할 수 있는 권한을 부여하면서 그 권한 행사의 절차나 방법을 특정하고 있지 않아 수임행정기관이 행정규칙인 고시의 형식으로 그 법령의 내용이 될 사항을 구체적으로 정하고 있는 경우, 그 고시가 당해 법령의 위임 한계를 벗어나지 않는 한, 그와 결합하여 대외적으로 구속력이 있는 법규명령으로서 효력을 가진다(「산지관리법」에 따라 산림청장이 정한 '산지전용허가기준의 세부검토기준에 관한 규정' 제2조 [별표 3] (바)목 가.의 규정이 법규명령으로서 효력을 가진다고 한 사례)(대판 2008.4.10. 2007두4841).

B 택지개발업무처리지침은 상위법령과 결합하여 법규명령의 효력을 갖는다

(구)「택지개발촉진법」제3조 제4항, 제31조, 같은 법 시행령 제7조 제1항 및 제5항에 따라 건설교통부장관(현, 국토교통부장관)이 정한 '택지개발업무처리지침' 제11조는 택지개발촉진법령과 결합하여 법규명령으로서의 효력을 갖는다(대판 2008.3.27. 2006두3742).

B 산림청장의 산지전용허가기준의 검토기준의 규정은 상위법과 결합하여 법규명령의 효력을 가진다

「산지관리법」제18조 제1항·제4항, 같은 법 시행령 제20조 제4항에 따라 산림청장이 정한 '산지전용허가기준의 세부검토기준에 관한 규정'은 산지관리법령과 결합하여 법규명령으로서 효력을 가진다(대판 2008.4.10. 2007두4841).

B 관세율표상 품목분류기준 고시는 상위법과 결합하여 법규명령의 효력을 갖는다

관세율표상 품목분류의 기준을 정한 관세청 고시는 관세법령의 내용과 결합하여 법규명령으로서의 효력을 갖는다(대판 2004.4.9. 2003두1592).

B 문화관광부장관의 경품취급기준 고시는 상위법과 결합하여 법규로서 기능한다

문화관광부(현, 문화체육관광부) 고시인 게임제공업소의 경품취급기준은 「음반·비디오물 및 게임물에 관한 법률」과 결합하여 법규명령으로서 기능하고 있다(헌재 2008.11.27. 2005헌마161).

개념확인 O/X

01 행정규칙인 고시가 법령의 수권에 의해 법령을 보충하는 사항을 정하는 경우에는 근거법령규정과 결합하여 대외적으로 구속력 있는 법규명령의 효력을 갖는다.
19 서울9급　　　　　(O / X)

02 대법원 판례에 의하면, 법령보충적 행정규칙은 행정기관에 법령의 구체적 사항을 정할 수 있는 권한을 부여한 상위법령과 결합하여 대외적 효력을 갖게 된다.
16 서울9급　　　　　(O / X)

03 행정 각부의 장이 정하는 고시라도 법령내용을 보충하는 기능을 가지는 경우에는 형식과 상관없이 근거법령규정과 결합하여 법규명령의 효력을 가진다.
18 서울9급　　　　　(O / X)

04 상위법령의 위임에 의하여 정하여진 행정규칙은 위임한계를 벗어나지 아니하는 한 그 상위법령의 규정과 결합하여 대외적인 구속력이 있는 법규명령으로서의 효력을 갖게 된다.
20 군무원9급　　　　(O / X)

| 정답 | 01 ○　02 ○　03 ○　04 ○

개념확인 O/X

01 대법원에 의하면 법규명령의 효력을 갖는 법령보충적 행정규칙은 법령의 위임이 없는 경우에도 가능하다고 본다.
(O / X)

02 대법원 판례에 의하면, 법령보충적 행정규칙은 상위법령에서 위임한 범위 내에서 대외적 효력을 갖는다.
16 서울9급 (O / X)

03 법령에 근거를 둔 고시는 상위법령의 위임범위를 벗어난 경우에도 법규명령으로서 기능한다.
18 서울9급 (O / X)

04 행정 각부의 장이 정하는 고시가 법령에 근거를 둔 것이라면, 그 규정내용이 법령의 위임 범위를 벗어난 것이라도 법규명령으로서의 대외적 구속력이 인정된다.
23 지방7급 (O / X)

05 상위법령에서 세부사항 등을 시행규칙으로 정하도록 위임하였음에도 이를 고시 등 행정규칙으로 정한 경우 그 행정규칙은 대외적 구속력을 가지는 법규명령으로서 효력이 인정된다.
23 국가7급 (O / X)

06 상위법령에서 세부사항 등을 시행규칙으로 정하도록 위임하였음에도 이를 고시 등 행정규칙으로 정하였다면 이때 고시 등 행정규칙은 대외적 구속력을 갖는 법규명령으로서 효력이 인정될 수 없다.
17 서울7급 (O / X)

07 상위법령에서 세부사항 등을 시행규칙으로 정하도록 위임하였으나 이를 고시 등 행정규칙으로 정한 경우에는 대외적 구속력을 가지는 법규명령으로서의 효력을 인정할 수 없다.
16 지방9급 (O / X)

🅑 '산업입지의 개발에 관한 통합지침'은 법규명령의 효력을 가진다

> 「산업입지 및 개발에 관한 법률」제40조 제1항·제3항, 「산업입지 및 개발에 관한 법률 시행령」제45조 제1항의 위임에 따라 제정된 '산업입지의 개발에 관한 통합지침'(2008. 1. 4. 건설교통부 고시 제2007-662호, 환경부 고시 제2007-205호)의 내용, 형식 및 취지 등을 종합하면, '산업입지의 개발에 관한 통합지침'은 위 법령이 위임한 것에 따라 법령의 내용이 될 사항을 구체적으로 정한 것으로서 법령의 위임 한계를 벗어나지 않으므로, 그와 결합하여 대외적으로 구속력이 있는 법규명령의 효력을 가진다(대판 2011. 9. 8. 2009두23822).

🅒 「물가안정에 관한 법률」제7조와 구 '마스크 및 손소독제 매점매석 행위 금지 등에 관한 고시'(기획재정부고시) 제5조가 결합하여 「물가안정에 관한 법률」제26조, 제7조 위반죄의 실질적 구성요건을 이루는 보충규범으로 작용하는지 여부

> 행정규칙인 고시가 법령의 수권에 따라 법령을 보충하는 사항을 정한 경우에 근거 법령규정과 결합하여 대외적으로 구속력이 있는 법규명령으로서 성질과 효력을 가지게 되므로, 「물가안정법」제7조와 위 고시 제5조가 결합하여 「물가안정법」제26조, 제7조 위반죄의 실질적 구성요건을 이루는 보충규범으로 작용한다(대판 2024. 1. 4. 2023도2836).

ⓒ 법령보충적 행정규칙이 법령의 위임범위를 벗어난 경우: 법규명령으로서의 대외적 구속력이 인정되지 않는다.

관련 판례

🅑 행정 각부의 장이 정하는 고시가 비록 법령에 근거를 둔 것이라고 하더라도 그 규정내용이 법령의 위임 범위를 벗어난 것일 경우에는 법규명령으로서의 대외적 구속력을 인정할 여지는 없다(대결 2006. 4. 28. 2003마715) [23 지방직 7급, 18 서울시 9급, 16 서울시 9급] **01 02 03 04**

※ 농림부 고시인 농산물원산지 표시요령 제4조 제2항의 규정내용이 근거법령인 (구)「농수산물품질관리법 시행규칙」에 의해 고시로써 정하도록 위임된 사항에 해당한다고 할 수 없어 법규명령으로서 대외적 구속력을 가질 수 없다고 한 사례

🅐 상위법령에서 세부사항 등을 시행규칙으로 정하도록 위임하였음에도 이를 고시 등 행정규칙으로 정한 경우, 대외적 구속력을 가지는 법규명령으로서 효력을 인정할 수 있는지 여부(소극) [23 국가직 7급, 20 지방직 7급, 20 지방직 9급, 19 지방직 9급, 17 서울시 7급, 16 지방직 9급] **05 06 07**

> 그 행정규칙이나 규정이 상위법령의 위임범위를 벗어난 경우에는 법규명령으로서 대외적 구속력을 인정할 여지는 없다. 이는 행정규칙이나 규정 '내용'이 위임범위를 벗어난 경우뿐 아니라 상위법령의 위임규정에서 특정하여 정한 권한행사의 '절차'나 '방식'에 위배되는 경우도 마찬가지이므로, 상위법령에서 세부사항 등을 시행규칙으로 정하도록 위임하였음에도 이를 고시 등 행정규칙으로 정하였다면 그 역시 대외적 구속력을 가지는 법규명령으로서 효력이 인정될 수 없다(대판 2012. 7. 5. 2010다72076).

🅑 (구)「주택건설촉진법」제33조의6 제6항의 위임에 의하여 건설교통부장관의 '고시' 형식으로 되어 있는 '주택건설공사 감리비지급기준'이 이를 건설교통부령으로 정하도록 한 (구)「주택법」이 시행된 이후에도 대외적인 구속력이 있는 법규명령으로서 효력이 있는지 여부(소극)

> (구)「주택법」이 시행된 이후에는 감리비의 지급기준 등은 (구)「주택법」이 규정한 바에 따라 '건설교통부령'의 형식으로 정해야 하므로, 건설교통부장관의 '고시' 형식으로 되어 있는 종전 '감리비지급기준'은 (구)「주택법」제24조 제6항이 권한행사의 절차 및 방법을 특정하여 위임한 것에 위배되어 더 이상 대외적인 구속력이 있는 법규명령으로서 효력을 가지지 못한다(대판 2012. 7. 5. 2010다72076).

| 정답 | 01 X 02 O 03 X 04 X 05 X 06 O 07 O

B 건설교통부장관 고시인 '주택건설공사 감리비지급기준'이 '집행명령'에 해당하는지 여부(소극)

'주택건설공사 감리비지급기준'은 (구)「주택법」(2008. 2. 29. 법률 제8852호로 개정되기 전의 것, 이하 '(구)「주택법」'이라 한다) 제24조 제6항의 위임한계를 벗어난 것일 뿐만 아니라, 경쟁입찰을 통한 감리비의 결정방식, 총 공사비 및 감리 대상 공사비의 산정방식, 감리대가 이외 비용의 산정방식 등 사업주체가 감리자에게 지급하여야 하는 감리비의 지급기준에 관하여 규정함으로써 일반 국민의 계약자유 등을 제한하는 내용을 담고 있으므로, 이를 가리켜 행정관청이 일반적 직권에 의하여 (구)「주택법」이 규정한 범위 내에서 법률을 현실적으로 집행하는 데 필요한 세부적인 사항을 정한 '집행명령'에 해당한다고 볼 수 없다(대판 2012. 7. 5. 2010다72076).

B (구)「주택건설촉진법」하에서 상위법령의 위임을 받아 제정된 행정규칙 등이 2003. 5. 29. 법률 제6916호로 전부 개정된 「주택법」 상위법령의 위임한계를 벗어나더라도 '수택법」 부칙(2003. 5. 29.) 제2조에 따라 법규명령으로서 대외적 구속력이 있는지 여부(소극)

(구)「주택건설촉진법」하에서 상위법령의 위임을 받아 제정된 행정규칙, 규정이 전부 개정된 「주택법」 상위법령의 위임한계를 벗어남에도 그에 구애됨이 없이 법규명령으로서 대외적 구속력을 계속 가진다는 취지를 규정한 것이라고 해석할 수 없다(대판 2012. 7. 5. 2010다72076).

A 법령의 위임이 없음에도 법령에 규정된 처분 요건에 해당하는 사항을 부령에서 변경하여 규정한 경우, 부령 규정의 법적 성격 및 처분의 적법 여부를 판단하는 기준 [23 국가직 7급, 20 국가직 9급, 20 지방직 9급, 20 군무원 7급, 19 서울시 사회복지직 9급, 18 국회직 8급, 17 서울시 7급, 16 국가직 7급] **01 02 03**

법령에서 행정처분의 요건 중 일부 사항을 부령으로 정할 것을 위임한 데 따라 시행규칙 등 부령에서 이를 정한 경우에 그 부령의 규정은 국민에 대해서도 구속력이 있는 법규명령에 해당한다고 할 것이지만, 법령의 위임이 없음에도 법령에 규정된 처분 요건에 해당하는 사항을 부령에서 변경하여 규정한 경우에는 그 부령의 규정은 행정청 내부의 사무처리기준 등을 정한 것으로서 행정조직 내에서 적용되는 행정명령의 성격을 지닐 뿐 국민에 대한 대외적 구속력은 없다고 보아야 한다(대판 2013. 9. 12. 2011두10584).

B 산업자원부 공장입지기준 고시의 법적 성질

산업자원부 고시 공장입지기준 제5조는 산업자원부장관이 「공업배치 및 공장설립에 관한 법률」 제8조의 위임에 따라 공장입지의 기준을 구체적으로 정한 것으로서 법규명령으로서 효력을 가진다 할 것이고, 김포시 고시 공장입지제한처리기준 제5조 제1항은 김포시장이 위 산업자원부 고시 공장입지기준 제5조 제2호의 위임에 따라 공장입지의 보다 세부적인 기준을 정한 것으로서 상위명령의 범위를 벗어나지 아니하므로 그와 결합하여 대외적으로 구속력이 있는 법규명령으로서 효력을 가진다(대판 2004. 5. 28. 2002두4716).

B 위임 없이 제정된 행정규칙은 대외적 구속력이 없음(한수원 공급자관리지침 중 거래제한조치규정)

[24 국회직 8급] **04**

한국수력원자력 주식회사가 조달하는 기자재, 용역 및 정비공사, 기기수리의 공급자에 대한 관리업무 절차를 규정함을 목적으로 제정·운용하고 있는 '공급자관리지침' 중 등록취소 및 그에 따른 일정 기간의 거래제한조치에 관한 규정들은 공공기관으로서 행정청에 해당하는 한국수력원자력 주식회사가 상위법령의 구체적 위임 없이 정한 것이어서 대외적 구속력이 없는 행정규칙이다(대판 2020. 5. 28. 2017두66541).

개념확인 O/X

01 법령의 위임이 없음에도 법령에 규정된 처분 요건에 해당하는 사항을 부령에서 변경하여 규정한 경우에는 그 부령의 규정은 행정청 내부의 사무처리 기준 등을 정한 것으로서 행정조직 내에서 적용되는 행정명령의 성격을 지닐 뿐 국민에 대한 대외적 구속력은 없다고 보아야 한다.
20 군무원7급 (O / X)

02 법령의 위임이 없음에도 법령의 처분 요건에 해당하는 사항을 부령에서 변경하여 규정한 경우 그 부령의 규정은 행정명령에 지나지 않아 대외적 구속력이 없다.
18 국회8급, 17 서울7급 (O / X)

03 법령의 위임이 없음에도 법령에 규정된 처분 요건에 해당하는 사항을 부령에서 변경하여 규정한 경우에는 그 부령의 규정은 행정청 내부의 사무처리 기준 등을 정한 것으로서 행정조직 내에서 적용되는 행정명령의 성격을 지닐 뿐 국민에 대한 대외적 구속력은 없다.
23 국가7급 (O / X)

04 한국수력원자력 주식회사가 제정·운용하고 있는 '공급자관리지침' 중 등록취소 및 그에 따른 일정 기간의 거래제한조치에 관한 규정들은 대외적 구속력이 있는 법규명령에 해당한다.
24 국회8급 (O / X)

㉣ 재위임: 법령보충적 행정규칙의 재위임이 가능하다(판례).
㉤ 상위법에서 법령보충적 행정규칙에 해당하는 '고시' 등으로 법규적 사항을 위임하는 경우에 포괄적 위임금지원칙이 적용된다.

5 행정규칙의 근거와 한계

(1) 행정규칙의 근거

행정규칙은 행정기관이 법령의 개별적·구체적 수권 없이 일반적인 조직규범이면 가능하여 그의 직무권한의 범위 내에서 재량이 인정되는 경우에 제정할 수 있고 제정에는 법률유보원칙이 적용되지 않는다. 01

> 개념확인 O/X
> 01 행정규칙의 제정을 위해서는 행정의 법률적합성의 원칙상 위임입법금지의 원칙에 따라 상위법의 구체적 법률적 근거가 필요하다.
> (O / X)

(2) 행정규칙의 한계

① 법규상의 한계: 법령과 상급기관의 행정규칙에 위배되지 아니하는 한도 내에서 제정하여야 한다.

> **관련 판례**
>
> Ⓑ 상위법령에 반하는 행정규칙의 효력
>
> 행정규칙의 내용이 상위법령에 반하는 것이라면 법치국가원리에서 파생되는 법질서의 통일성과 모순금지원칙에 따라 그것은 법질서상 당연무효이고, 행정내부적 효력도 인정될 수 없다. 이러한 경우 법원은 해당 행정규칙이 법질서상 부존재하는 것으로 취급하여 행정기관이 한 조치의 당부를 상위법령의 규정과 입법목적 등에 따라서 판단하여야 한다('집행증서 작성사무 지침' 제4조는 법률에 의하여 허용되는 쌍방대리 형태의 촉탁행위에 대하여 '대부업자 등'의 금전대부계약에 따른 채권·채무에 관한 경우에는 행정규칙의 형식으로 일반적으로 공증인에게 촉탁을 거절하여야 할 의무를 부과하는 것이어서 '법률우위원칙'에 위배되어 무효라고 보아야 한다)(대판 2020.11.26. 2020두42262).

② 목적상의 한계: 행정규칙은 특정의 행정목적 달성을 위하여 필요한 한도 내에서만 제정할 수 있다.

③ 내용상의 한계: 행정규칙으로는 법령에서 규정하지 아니한 국민의 권리·의무에 관한 사항을 규정할 수 없다.

④ 조리상의 한계: 평등·비례원칙 등 조리상의 원칙을 준수해야 한다.

6 성립·효력요건

(1) 성립요건

① 주체: 발령기관이 수명기관에게 발한다.

② 내용: 법규 또는 상위행정규칙에 적합하고, 당해 특별권력관계 설정목적에 필요한 범위 내이어야 하며, 사회통념상 실현가능·명확해야 한다.

③ 형식(불요식행위): 행정규칙은 형식을 가지므로 문서로 함이 보통이나, 문서는 절대적 요건은 아니며 구술도 무방하다.

④ 절차: 법규상 행정규칙 정립에 타기관 경유 또는 의사참가 등의 절차를 요할 때에는 그 절차를 거칠 것 등 법이 정한 요건을 구비해야 한다.

정답 | 01 X

⑤ **공포**: 행정규칙은 국민을 직접적으로 구속하지 않으므로 원칙적으로 공포를 요하지 않는다. 설령 법규성이 인정된 행정규칙일지라도 공포를 요하는 것은 아니다. 다만, 「행정절차법」에는 처분기준에 대한 공표규정을 두고 있다. 01

> **관련 법령**
>
> 「**행정절차법**」 **제20조 【처분기준의 설정·공표】** ① 행정청은 필요한 처분기준을 해당 처분의 성질에 비추어 되도록 구체적으로 정하여 공표하여야 한다. 처분기준을 변경하는 경우에도 또한 같다.
> ② 「행정기본법」 제24조에 따른 인허가의제의 경우 관련 인허가 행정청은 관련 인허가의 처분기준을 주된 인허가 행정청에 제출하여야 하고, 주된 인허가 행정청은 제출받은 관련 인허가의 처분기준을 통합하여 공표하여야 한다. 처분기준을 변경하는 경우에도 또한 같다.
> ③ 제1항에 따른 처분기준을 공표하는 것이 해당 처분의 성질상 현저히 곤란하거나 공공의 안전 또는 복리를 현저히 해치는 것으로 인정될 만한 상당한 이유가 있는 경우에는 처분기준을 공표하지 아니할 수 있다.
> ④ 당사자등은 공표된 처분기준이 명확하지 아니한 경우 해당 행정청에 그 해석 또는 설명을 요청할 수 있다. 이 경우 해당 행정청은 특별한 사정이 없으면 그 요청에 따라야 한다.

(2) 효력요건(공포 불필요)

법규명령과 같은 공포는 필요 없고 관보 게재, 통첩, 게시, 인쇄물 배부, 문서 등 어떤 방법으로든 상대방에게 알리면 도달된 때부터 효력을 발생한다. 02 03

7 행정규칙의 효력

(1) 내부적 효력

행정규칙의 법규성을 부인하더라도, 행정규칙은 행정조직 내부 또는 특별권력관계의 구성원인 특수한 신분관계에 있는 자에 대해서는 일정한 법적 구속력을 가진다(예 행정규칙을 위반한 공무원에 대한 징계책임, 특별권력관계의 구성원이 학칙 또는 영조물 규칙을 위반한 경우의 징계벌 등). 04

> **관련 판례**
>
> **B** 처분의 근거나 법적인 효과가 행정규칙에 규정되어 있는 경우, 그 처분이 항고소송의 대상이 되는 행정처분에 해당하기 위한 요건
>
> ※ 징계사유가 있으나 표창을 받은 공적이 있음을 이유로 함양군수로부터 불문경고의 제재를 받은 원고가 그 제재를 다툰 함양군불문경고사건
>
> > 항고소송의 대상이 되는 행정처분이라 함은 원칙적으로 행정청의 공법상 행위로서 특정 사항에 대하여 법규에 의한 권리의 설정 또는 의무의 부담을 명하거나 기타 법률상 효과를 발생하게 하는 등으로 일반국민의 권리의무에 직접 영향을 미치는 행위를 가리키는 것이지만, 어떠한 처분의 근거나 법적인 효과가 행정규칙에 규정되어 있다고 하더라도, 그 처분이 행정규칙의 내부적 구속력에 의하여 상대방에게 권리의 설정 또는 의무의 부담을 명하거나 기타 법적인 효과를 발생하게 하는 등으로 그 상대방의 권리의무에 직접 영향을 미치는 행위라면, 이 경우에도 항고소송의 대상이 되는 행정처분에 해당한다(대판 2002. 7. 26. 2001두3532).

(2) 외부적 효력

① 간접적·외부적 효력설
㉠ 행정규칙(특히, 재량준칙)이 제정되면 행정조직 내부에서 구속력을 가지게 되고 이에 구속을 받는 행정기관이 이에 의해 행정행위를 발하게 되면 일반국민에게 지대한 영향을 미치게 된다.

개념확인 O/X

01 대법원은 법규적 효력을 갖는 법령보충규칙은 효력요건으로 공포를 요한다고 한다.
(O / X)

02 행정규칙은 적당한 방법으로 통보되고 도달하면 효력을 가지며, 반드시 국민에게 공포되어야만 하는 것은 아니다.
21 군무원7급 (O / X)

03 서울특별시가 정한 개인택시운송사업면허지침은 재량권행사의 기준으로 설정된 행정청의 내부사항 처리준칙으로서 관보를 통해 공포하여야 효력을 발생한다.
(O / X)

04 원칙적으로 행정규칙은 직접 대외적 구속력을 가지지 못하고 행정조직 내부에서 구속력을 갖는다.
(O / X)

| 정답 | 01 X 02 O 03 X 04 O

ⓒ 평등원칙을 매개로 하여 행정규칙이 대외적 효력을 갖는 법규로서 전환되는 경우에는 일반국민에게 효력을 미치게 되는바, 이는 간접적으로 미치는 효력이지 직접적인 효력은 아니다(행정의 자기구속의 법리).

② 직접적·외부적 효력설
ⓐ 이 견해는 이원적 입법권론을 근거로 행정권도 그 권한의 범위 안에서 자주적인 법형성을 위한 법규의사 내지는 독립적인 규율권을 가지고 그것에 의하여 직접적·대외적 구속력을 갖는 행정규칙을 제정할 수 있다고 한다(Ossenbühl).
ⓑ 그러나 행정규칙은 직접적으로 국민에게 효력을 미치지 않는 것이 원칙이다. 행정규칙의 외부적 효력은 행정기관을 매개로 한 것이며, 그 법적 효력도 평등원칙 등을 매개로 한 간접적인 것에 지나지 않는다고 할 것이다.

8 행정규칙의 위반 효과 빈출

통설인 비법규설에 의하면 행정규칙은 법규성이 없는 것으로 국민을 직접 구속하는 효력이 없기 때문에 행정기관이 행정규칙을 위반하여 행정처분을 하더라도 위법은 아니다. 그러므로 행정규칙에 위반되는 행정처분을 한 공무원은 징계책임을 지게 되지만, 그 행위의 효력은 유효하다고 보았다.

> **관련 판례**
>
> **B 행정청의 처분이 행정규칙에 부합되었다고 하여 적법이라 할 수 없다** [18 국회직 8급] 01
>
> 법령에서 행정처분의 요건 중 일부 사항을 부령으로 정할 것을 위임한 데 따라 시행규칙 등 부령에서 이를 정한 경우에 그 부령의 규정은 국민에 대해서도 구속력이 있는 법규명령에 해당한다고 할 것이지만, 법령의 위임이 없음에도 법령에 규정된 처분 요건에 해당하는 사항을 부령에서 변경하여 규정한 경우에는 그 부령의 규정은 행정청 내부의 사무처리기준 등을 정한 것으로서 행정조직 내에서 적용되는 행정명령의 성격을 지닐 뿐 국민에 대한 대외적 구속력은 없다고 보아야 한다. 따라서 어떤 행정처분이 그와 같이 법규성이 없는 시행규칙 등의 규정에 위배된다고 하더라도 그 이유만으로 처분이 위법하게 되는 것은 아니라 할 것이고, 또 그 규칙 등에서 정한 요건에 부합한다고 하여 반드시 그 처분이 적법한 것이라고 할 수도 없다. 이 경우 처분의 적법 여부는 그러한 규칙 등에서 정한 요건에 합치하는지 여부가 아니라 일반국민에 대하여 구속력을 가지는 법률 등 법규성이 있는 관계 법령의 규정을 기준으로 판단하여야 한다(대판 2013.9.12. 2011두10584).

9 행정규칙의 하자와 행정규칙의 소멸

(1) 하자

행정규칙에 하자가 있으면 무효가 된다. 또한 행정규칙 자체에 대한 취소소송이 인정되지 않는 결과, 공정력이 인정되지 않는다. 따라서 하자가 있어 취소할 수 있는 행정규칙이라는 관념은 성립되지 않는다. 02 03

(2) 소멸

① 폐지: 행정규칙은 명시적·묵시적 폐지에 의해 장래에 향하여 그 효력이 소멸된다. 즉, 행정규칙의 폐지가 상위의 법령에 의하여 직접적·명시적으로 이루어지는 경우도 있다.

② 해제조건의 성취: 해제조건이 붙여진 행정규칙은 해제조건이 성취됨으로써 당연히 효력이 소멸된다.

개념확인 O/X

01 행정규칙은 법규의 성질을 갖지 아니하므로 이를 위반한 처분을 위법이라고 단정할 수 없다.
(O / X)

02 행정규칙의 내용이 상위법령이나 법의 일반원칙에 반하는 것이라면 그것은 법질서상 당연무효이고 취소의 대상이 될 수 없다.
21 군무원7급 (O / X)

03 상위법령의 근거 없이 훈령에만 근거하여 발령된 침익적 행정처분은 무효인 훈령에 의한 것으로서 당연무효이다.
(O / X)

| 정답 | 01 O 02 O 03 O

③ 종기의 도래: 한시적 행정규칙의 경우에는 기한이 도래함으로써 당연히 효력이 소멸된다.
④ 근거법령의 소멸: 근거법령의 소멸은 개별적인 법률의 수권을 불요하므로 행정규칙에서는 원칙적으로 적용되지는 않는다.

10 행정규칙의 통제

(1) 입법적 통제
① **직접적 통제**: 국회가 행정규칙의 성립요건과 효력요건에 직접 관여하는 방법으로 통제하는 제도로 현재는 없다.
② **간접적 통제**: 국회는 국정감사권·조사권, 법령 제정, 국무위원의 해임건의, 대정부질문, 탄핵소추제도 등의 간접적인 방법으로 통제할 수 있다.

(2) 행정적 통제
① **감독권에 의한 통제**: 상급행정기관은 하급행정기관에 대하여 지휘·감독권(감시권·훈령권·주관쟁의조정권 등)을 행사함으로써 행정규칙의 기준과 방향 제시 또는 행정규칙이 위법한 경우 그것의 폐지를 명하는 등의 방법에 의하여 행정규칙의 적법·타당성을 보장한다.
② **행정절차에 의한 통제**: 행정규칙의 적정화를 도모하기 위하여 행정규칙을 제정함에 일정한 절차를 거치도록 하는 경우도 있으나, 행정규칙이 반드시 행정절차적 통제를 받는 것은 아니다.

(3) 사법적 통제
행정규칙 자체에 대한 위법성을 다투기 위하여 행정소송을 제기할 수 있는가에 대해 처분성의 결여로 행정소송의 대상이 될 수 없다고 한다. 다만, 직접적으로 국민의 권리와 의무에 변동을 가져오는 처분적 성질을 지닌 행정규칙은 행정소송의 대상이 될 수 있다. 그러나 대법원은 행정규칙의 외부적 효력을 인정하지 않아 처분적 행정규칙에 대한 행정소송을 인정한 판례가 없다.

(4) 헌법재판소에 의한 통제 [빈출]
① 행정규칙은 일반적으로 행정조직 내부에서만 효력을 가지는 것이므로 원칙적으로 헌법소원의 대상이 아니다. 그러나 행정규칙이 법령의 규정에 의하여 행정관청에 법령의 구체적 내용을 보충할 권한을 부여한 경우나, 재량권 행사의 준칙인 규칙이 그 정한 바에 따라 되풀이 시행되어 행정관행이 이루어지게 되면 평등의 원칙이나 신뢰보호의 원칙에 따라 행정기관은 그 상대방에 대한 관계에서 그 규칙에 따라야 할 자기구속을 당하게 되는 경우에는 대외적인 구속력을 가지게 되는바, 이러한 경우에는 헌법소원의 대상이 될 수도 있을 것이다.
② 특히 국립대학교 입시모집요강의 제2외국어에 일본어가 제외된 사안에서 "국립대학인 서울대학교의 '94학년도 대학입학고사 주요요강'은 사실상의 준비행위 내지 사전안내로서 <u>행정쟁송의 대상이 될 수 있는 행정처분이나 공권력의 행사는 될 수 없지만</u> 그 내용이 국민의 기본권에 직접 영향을 끼치는 내용이고 앞으로 법령의 뒷받침에 의하여 그대로 실시될 것이 틀림없을 것으로 예상되어 그로 인하여 <u>직접적으로 기본권 침해를 받게 되는 사람</u>에게는 사실상의 규범작용으로 인한 위험성이 이미 현실적으로 발생하였다고 보아야 할 것이므로 이는 헌법소원의 대상이 되는「헌법재판소법」제68조 제1항 소정의 공권력의 행사에 해당된다고 할 것이며, 이 경우 헌법소원 외에 달리 구제방법이 없다."고 하여 헌법소원을 인정하고 있다. 01 02

> **개념확인 O/X**
>
> 01 국립대학의 대학입학고사 주요요강은 행정쟁송의 대상인 행정처분에 해당되지만 헌법소원의 대상인 공권력의 행사에는 해당되지 않는다.
> 15 국가9급 (O/X)
>
> 02 국립대학교의 대학입학고사 주요요강은 공권력의 행사로서 행정쟁송의 대상이 될 수 있는 행정처분이다.
> 17 서울7급 (O/X)

| 정답 | 01 X 02 X

| 정리

1. 헌법소원의 대상으로 인정하지 않은 경우
   - 검찰사건사무규칙(헌재 1991.7.8. 91헌마42)
   - 교육부장관이 발표한 1996학년도 대학입시기본계획(헌재 1997.7.16. 97헌마70)
   - 예술고 학생에 대한 학생부 성적반영지침(헌재 1997.12.19. 97헌마317)
   - 전라남도 교육위원회의 1990년도 인사관리원칙(헌재 1990.9.3. 90헌마13)

2. 헌법소원의 대상으로 인정한 경우
   - 서울대학교의 1994학년도 신입생선발입시요강(헌재 1992.10.1. 92헌마68)
   - 「공무원임용령」 제35조의2 등에 대한 헌법소원(헌재 1992.6.26. 91헌마25)
   - 외교통상부의 '여권의 사용제한 등에 관한 고시'(헌재 2008.6.26. 2007헌마1366)
   - 행정규칙의 헌법소원대상성 – '외국인산업기술연수생의 보호 및 관리에 관한 지침'(1998.2.23. 노동부 예규 제369호로 개정된 것) 제4조, 제8조 제1항 및 제17조(헌재 2007.8.30. 2004헌마670)

(5) 국민에 의한 통제

국민에 의한 통제의 방식으로는 여론, 자문, 청원, 압력단체의 활동 등을 들 수 있다. 그러나 이러한 통제는 그 효과가 간접적이라는 데에 한계가 있다.

구분	법규명령	행정규칙(행정명령)
성질·본질	• 일반적·양면적 구속력 • 형식적으로는 행정이지만 실질적으로는 입법	• 대내적·편면적 구속력 • 형식적·실질적 모두 행정
법원성	행정법의 법원이 됨	법원성을 긍정하는 것이 다수설 (판례는 부정)
법적 근거	• 위임명령 : 상위법령의 개별적 수권 필요 • 집행명령 : 상위법령의 근거 불요	행정권의 당연한 권능으로 인정 ⇨ 법령의 근거 불요
권력적 기초	일반공권력(일반통치권)	공법상의 특별권력
법규성	있음	없음
범위 및 한계	위임명령은 개별적·구체적 위임의 범위 내, 집행명령은 상위명령의 시행에 필요한 세칙만 규정	특별한 제한이 없음
구속력	일반국민과 제정자·집행기관 구속	수명기관 또는 수명자만 구속
공포·형식	요함(문서에 의한 조문형식)	불요(문서로 하는 것이 절대적 요건은 아니며, 어떤 방법이든 하급기관에 도달하면 효력 발생)
위반의 효과	• 위법 • 위반한 행정행위에 대해서 행정소송 제기 가능	• 행위의 효력에 영향 없음(징계사유가 될 뿐) • 위반한 행정행위에 대해서 행정소송 제기 불가
사법적 통제	구체적 규범통제	행정규칙 자체는 재판통제의 대상이 되지 않음
양자의 관계	• 법규명령 형식의 행정규칙 ⇨ 행정규칙(판례), 법규명령(다수설) • 행정규칙 형식의 법규명령 ⇨ 법규명령(판례·다수설)	

04 자치입법

1 조례

'조례'란 지방의회가 법령의 범위 안에서 제정하는 자치법규로서 법규성을 가지는 것이 보통이나 행정규칙의 성질을 가지는 것도 있다. 조례 규정사항의 범위는 당해 자치단체의 고유사무와 위임사무의 전반에 걸친다. 조례로는 과태료를 규정할 수 있다. 조례가 집행행위 개입 없이도 그 자체로서 직접 국민의 권리·의무나 법적 이익에 영향을 미치는 경우에 그 조례는 행정소송의 대상이 되는 행정처분에 해당한다.

관련 판례 | 조례에 대한 법률의 위임의 정도 (빈출)

B 포괄적일 수 있다는 사례 [20 군무원 7급, 17 서울시 7급] 01 02

> 조례의 제정권자인 지방의회는 선거를 통해서 그 지역적인 민주적 정당성을 지니고 있는 주민의 대표기관이고 헌법이 지방자치단체에 포괄적인 자치권을 보장하고 있는 취지로 볼 때, 조례에 대한 법률의 위임은 법규명령에 대한 법률의 위임과 같이 반드시 구체적으로 범위를 정하여야 할 필요가 없으며 포괄적인 것으로 족하다(헌재 1995. 4. 20. 92헌마264).

B 지방자치단체가 주민의 권리제한 또는 의무부과에 관한 사항이나 벌칙에 해당하는 조례를 제정하는 경우 법률의 위임이 필요한지 여부(적극) 및 그러한 위임 없이 제정된 조례의 효력(= 무효)

> 「지방자치법」 제22조, 제9조 제1항, (구)「지방자치법」 제9조 제1항, 제15조, 「행정규제기본법」 제4조 제3항에 의하면 지방자치단체는 그 고유사무인 자치사무와 개별법령에 의하여 지방자치단체에 위임된 단체위임사무에 관하여 자치조례를 제정할 수 있지만 그 경우라도 주민의 권리제한 또는 의무부과에 관한 사항이나 벌칙은 법률의 위임이 있어야 하며, 기관위임사무에 관하여 제정되는 이른바 위임조례는 개별법령에서 일정한 사항을 조례로 정하도록 위임하고 있는 경우에 한하여 제정할 수 있으므로, 주민의 권리제한 또는 의무부과에 관한 사항이나 벌칙에 해당하는 조례를 제정할 경우에는 그 조례의 성질을 묻지 아니하고 법률의 위임이 있어야 하고 그러한 위임 없이 제정된 조례는 효력이 없다(대판 2007. 12. 13. 2006추52).

B 조례로 규율하고자 하는 특정사항에 대하여 국가의 법령이 이미 존재하는 경우, 조례의 적법요건

> 지방자치단체의 조례는 그것이 자치조례에 해당하는 것이라도 법령에 위반되지 않는 범위 안에서만 제정할 수 있어서 법령에 위반되는 조례는 그 효력이 없지만(「지방자치법」 제22조 및 위 (구)「지방자치법」 제15조), 조례가 규율하는 특정사항에 관하여 그것을 규율하는 국가의 법령이 이미 존재하는 경우에도 조례가 법령과 별도의 목적에 기하여 규율함을 의도하는 것으로서 그 적용에 의하여 법령의 규정이 의도하는 목적과 효과를 전혀 저해하는 바가 없는 때 또는 양자가 동일한 목적에서 출발한 것이라고 할지라도 국가의 법령이 반드시 그 규정에 의하여 전국에 걸쳐 일률적으로 동일한 내용을 규율하려는 취지가 아니고 각 지방자치단체가 그 지방의 실정에 맞게 별도로 규율하는 것을 용인하는 취지라고 해석되는 때에는 그 조례가 국가의 법령에 위배되는 것은 아니라고 보아야 한다(대판 2007. 12. 13. 2006추52).

B 법률의 위임 없이 주민의 권리제한 또는 의무부과에 관한 사항을 정한 조례의 효력(= 무효) [20 지방직 9급]
03 04

> 「지방자치법」 제22조, 「행정규제기본법」 제4조 제3항에 의하면 지방자치단체가 조례를 제정함에 있어 그 내용이 주민의 권리제한 또는 의무부과에 관한 사항이나 벌칙인 경우에는 법률의 위임이 있어야 하므로, 법률의 위임 없이 주민의 권리제한 또는 의무부과에 관한 사항을 정한 조례는 효력이 없다(대판 2012. 11. 22. 2010두19270 전합).

개념확인 O/X

01 법률이 공법적 단체 등의 정관에 자치법적 사항을 위임한 경우에는 「헌법」 제75조가 정하는 포괄적인 위임입법의 금지는 원칙적으로 적용되지 않는다고 봄이 상당하다.
17 서울7급 (O / X)

02 조례에 대한 법률의 위임은 법규명령에 대한 법률의 위임과 같이 반드시 구체적으로 범위를 정하여 할 필요가 없으며 포괄적인 것으로 족하다.
20 군무원7급 (O / X)

03 지방자치단체는 법령에 위반되지 않는 범위 내에서 자치사무에 관하여 주민의 권리를 제한하거나 의무를 부과하는 사항이 아닌 한 법률의 위임 없이 조례를 제정할 수 있다.
20 지방9급 (O / X)

04 군민의 출산을 장려하기 위하여 세 자녀 이상 세대 중 세 번째 이후 자녀에게 양육비 등을 지원할 수 있도록 하는 조례의 제정에는 법률의 위임이 필요 없다.
20 지방9급 (O / X)

| 정답 | 01 ○ 02 ○ 03 ○ 04 ○

> 개념확인 O/X

B (구)「주차장법」을 위반하고 조례에 위임하지 않고 있음에도, 순천시 주차장 조례의 부설주차장의 용도를 변경할 수 없도록 한 조례 규정은 법률유보의 원칙에 위배되어 효력이 없다

> (구)「주차장법」(2010.3.22. 법률 제10159호로 개정되기 전의 것, 이하 '법'이라 한다) 제19조의4 제1항 단서 및 (구)「주차장법 시행령」(2010.10.21. 대통령령 제22458호로 개정되기 전의 것, 이하 '시행령'이라 한다) 제12조 제1항 제3호가 일정한 경우 건축물·골프연습장 기타 주차수요를 유발하는 시설 부설주차장의 용도변경을 허용하면서 그에 관하여 조례에 위임하지 않고 있음에도, 순천시 주차장 조례 제13조 제2항(이하 '이 사건 조례 규정'이라 한다)이 당해 시설물이 소멸될 때까지 부설주차장의 용도를 변경할 수 없도록 규정한 사안에서, 이 사건 조례 규정이 부설주차장의 용도변경 제한에 관하여 정한 것은 법 제19조 제4항 및 시행령 제7조 제2항에서 위임한 '시설물의 부지 인근의 범위'와는 무관한 사항이고, 나아가 부설주차장의 용도변경 제한에 관하여는 법 제19조의4 제1항 및 시행령 제12조 제1항에서 지방자치단체의 조례에 위임하지 않고 직접 명확히 규정하고 있으므로, 이 사건 조례 규정은 법률의 위임 없이 주민의 권리제한에 관한 사항을 정한 것으로서 법률유보의 원칙에 위배되어 효력이 없다고 본 원심판단은 정당하다(대판 2012.11.22. 2010두19270 전합).

│ 조례가 소송대상인 경우의 피고

1. 조례가 행정소송의 대상이 되는 행정처분으로서 항고소송일 경우의 피고 : 지방자치단체장
2. 조례가 기관소송의 대상인 경우 피고 : 지방의회

> 관련 판례

B 지방자치단체의 조례도 헌법소원 대상인 공권력 행사이다

> 서울특별시 보도상 영업시설물 운영자 중 자산가액 2억원 미만인 자로서 제소 전 화해조서를 제출한 자에 대하여만 1년의 범위 안에서 2회에 한하여 도로점용허가를 갱신하도록 한 (구)서울특별시 보도상영업시설물 관리 등에 관한 조례는 헌법소원심판의 대상이 되는 공권력 행사에 해당한다(헌재 2008.12.26. 2007헌마1387).

2 규칙

규칙에는 지방자치단체의 장이 제정하는 규칙과 교육감이 제정하는 교육규칙이 있다. 규칙은 법령 또는 조례가 위임한 범위 내에서 그 권한에 속하는 사무에 관하여 제정하며 법규성이 있으나 행정규칙의 성질을 가지는 것도 있다. 규칙으로는 벌칙을 제정할 수 없다.

03 행정입법

개념 적용문제

교수님 코멘트 ▶ 이 단원의 핵심은 법규명령의 사법적 통제와 행정규칙의 대외적 구속력의 인정 여부이다. 자치입법에서는 포괄적 위임이 가능함을 유의하여야 한다. 주요 출제부분은 법규명령의 종류와 한계, 법원에 의한 통제와 헌법재판소에 의한 통제, 행정규칙이 대통령령이나 총리령·부령에 규정된 경우, 법령보충규칙, 조례에 대한 법률의 위임 정도이다.

01
2024 국가직 7급

행정입법에 대한 설명으로 옳은 것은?

① 법률의 위임에 의해 유효하게 성립된 법규명령은 이후 법개정으로 위임의 근거가 없어지더라도 법규명령의 효력에 영향이 없다.
② 행정권의 행정입법 등 법집행의무는 헌법적 의무라고 보아야 할 것이므로, 하위 행정입법의 제정 없이 상위 법령의 규정만으로 집행이 이루어질 수 있는 경우라도 하위 행정입법을 하여야 할 헌법적 작위의무는 인정된다.
③ 법률조항의 위임에 따라 대통령령으로 규정한 내용이 헌법에 위반되는 경우에는 그로 인하여 모법인 해당 수권(授權) 법률조항도 위헌이 된다.
④ 법률이 행정부가 아니거나 행정부에 속하지 않는 공법적 기관의 정관에 자치입법적 사항을 위임하는 경우 헌법에서 정한 포괄적인 위임입법의 금지는 원칙적으로 적용되지 않는다.

정답&해설

01 ④ 법규명령

④ 법률이 정관에 자치법적 사항을 위임한 경우에는 헌법 제75조, 제95조가 정하는 포괄적인 위임입법의 금지는 원칙적으로 적용되지 않는다고 봄이 상당하다(헌재 2006.3.30. 2005헌바31).

|오답해설| ① 구법의 위임에 의한 유효한 법규명령이 법개정으로 위임의 근거가 없어지게 되면 그때부터 무효인 법규명령이 되므로, 어떤 법령의 위임 근거 유무에 따른 유효 여부를 심사하려면 법개정의 전·후에 걸쳐 모두 심사하여야만 그 법규명령의 시기에 따른 유효·무효를 판단할 수 있다(대판 1995.6.30. 93추83).
② 하위 행정입법의 제정 없이 상위 법령의 규정만으로도 집행이 이루어질 수 있는 경우라면 하위 행정입법을 하여야 할 헌법적 작위의무는 인정되지 아니한다(헌재 2005.12.22. 2004헌마66).
③ 위임입법의 법리는 헌법의 근본원리인 권력분립주의와 의회주의 내지 법치주의에 바탕을 두는 것이기 때문에 행정부에서 제정된 대통령령에서 규정한 내용이 정당한 것인지 여부와 위임의 적법성은 직접적인 관계가 없다. 따라서 <u>대통령령으로 규정한 내용이 헌법에 위반될 경우라도 그 대통령령의 규정이 위헌으로 되는 것은 별론으로 하고 그로 인하여 정당하고 적법하게 입법권을 위임한 수권법률 조항까지 위헌으로 되는 것은 아니다</u>(헌재 1997.9.25. 96헌바18, 97헌바46·47).

|정답| 01 ④

02
2021 군무원 9급

「행정소송법」상 행정입법부작위에 대한 설명으로 옳지 않은 것은?

① 행정권의 시행명령 제정의무는 헌법적 의무이다.
② 시행명령을 제정해야 함에도 불구하고 제정을 거부하는 것은 법치행정의 원칙에 반하는 것이 된다.
③ 시행명령을 제정 또는 개정하였지만 그것이 불충분 또는 불완전하게 된 경우에는 진정입법부작위가 아니다.
④ 행정입법부작위는 부작위위법확인소송의 대상이 된다.

03
2021 국가직 7급

행정입법에 대한 판례의 입장으로 옳지 않은 것은?

① 고시가 비록 법령에 근거를 둔 것이더라도 규정내용이 법령의 위임 범위를 벗어난 것일 경우에는 법규명령으로서의 대외적 구속력을 인정할 여지는 없다.
② 법률의 위임에 따라 효력을 갖는 법규명령의 경우에 위임의 근거가 없어 무효였더라도 나중에 법 개정으로 위임의 근거가 다시 부여된 경우에는 이전부터 소급하여 유효한 법규명령이 있었던 것으로 본다.
③ 어떠한 고시가 다른 집행행위의 매개 없이 그 자체로서 직접 국민의 구체적인 권리의무나 법률관계를 규율하는 성격을 가질 때에는 행정처분에 해당한다.
④ 법률의 시행령이나 시행규칙의 내용이 모법의 입법 취지와 관련 조항 전체를 유기적·체계적으로 살펴보아 모법의 해석상 가능한 것을 명시한 것에 지나지 아니하는 때에는 모법에 이에 관하여 직접 위임하는 규정을 두지 아니하였다고 하더라도 이를 무효라고 볼 수는 없다.

04

2024 지방직 9급

행정입법에 대한 설명으로 옳지 않은 것은?

① 위임명령이 위임 내용을 구체화하는 단계를 벗어나 새로운 입법을 한 것으로 평가할 수 있다면 이는 위임의 한계를 일탈한 것으로서 허용되지 않는다.
② 교육부장관이 대학입시기본계획에서 내신성적 산정기준에 관한 시행지침을 마련하여 시·도교육감에게 통보한 경우, 각 고등학교에서 위 지침에 일률적으로 기속되어 내신성적을 산정할 수밖에 없고 대학에서도 이를 그대로 내신성적으로 인정하여 입학생을 신발힐 수밖에 없으므로 내신성적 산정지침은 항고소송의 대상이 되는 행정처분에 해당한다.
③ 법규명령이 법률상 위임의 근거가 없어 무효였더라도 사후에 법 개정으로 위임의 근거가 부여되면 그때부터는 유효한 법규명령이 된다.
④ 행정청이 개인택시운송사업면허발급 여부를 심사함에 있어서 이미 설정된 면허기준의 해석상 당해 신청이 면허발급의 우선순위에 해당함이 명백함에도 면허거부처분을 하였다면 특별한 사정이 없는 한 그 거부처분은 위법한 처분이 된다.

정답&해설

02 ④ **법규명령**

④ 부작위위법확인소송은 항고소송에 해당된다. 부작위위법확인소송의 대상인 부작위는 처분의 부작위를 의미하는 것이지 행정입법부작위를 말하는 것이 아니다. 하지만 행정입법부작위는 헌법소원의 대상은 된다.

|판례|
> 부작위위법확인소송의 대상이 될 수 있는 것은 구체적 권리의무에 관한 분쟁이어야 하고 추상적인 법령에 관한 제정의 여부 등은 그 자체로서 국민의 구체적인 권리의무에 직접적 변동을 초래하는 것이 아니어서 그 소송의 대상이 될 수 없다(대판 1992.5.8. 91누11261).

|오답해설| ①, ② 입법부에 의해 위임된 행정입법의 의무는 권력분립원칙에 따른 헌법적 의무이다. 따라서 행정입법부작위는 위헌이다(헌재 2004.2.26. 2001헌마718).
③ 입법부작위에는 입법자가 헌법상 입법의무가 있는 어떤 사항에 관하여 전혀 입법을 하지 아니함으로써 입법행위의 흠결이 있는 진정입법부작위와 입법자가 어떤 사항에 관하여 입법은 하였으나 그 입법의 내용·범위·절차 등이 당해 사항을 불완전·불충분 또는 불공정하게 규율함으로써 입법행위에 결함이 있는 부진정입법부작위로 나눌 수 있다. 전자인 진정입법부작위는 입법부작위로서 헌법소원의 대상이 될 수 있지만, 후자인 부진정입법부작위의 경우에는 그 불완전한 법규정 자체를 대상으로 하여 그것이 헌법 위반이라는 적극적인 헌법소원을 청구할 수 있을 뿐 이를 입법부작위라 하여 헌법소원을 제기할 수 없다(헌재 2003.5.15. 2000헌마192·508).

03 ② **법규명령**

② 위임의 근거가 없어 무효인 법규명령은 이후에 법 개정으로 근거가 부여되면 그때부터 유효인 법규명령이 된다(대판 1995.6.30. 93추83).

04 ② **법규명령**

② 교육부장관이 내신성적 산정기준의 통일을 기하기 위해 대학입시기본계획의 내용에서 내신성적 산정기준에 관한 시행지침을 마련하여 시·도 교육감에서 통보한 것은 행정조직 내부에서 내신성적 평가에 관한 내부적 심사기준을 시달한 것에 불과하며, … (중략) … 그것만으로는 현실적으로 특정인의 구체적인 권리의무에 직접적으로 변동을 초래케 하는 것이 아니라 할 것이어서 내신성적 산정지침을 항고소송의 대상이 되는 행정처분으로 볼 수 없다(대판 1994.9.10. 94두33).

|오답해설| ① 행정 각부의 장이 정하는 특정 고시가 비록 법령에 근거를 둔 것이더라도 규정 내용이 법령의 위임 범위를 벗어난 것일 경우에는 법규명령으로서의 대외적 구속력을 인정할 여지는 없다. 그리고 특정 고시가 위임의 한계를 준수하고 있는지를 판단할 때에는, 당해 법률 규정의 입법 목적과 규정 내용, 규정의 체계, 다른 규정과의 관계 등을 종합적으로 살펴야 하고, 법률의 위임 규정 자체가 의미 내용을 정확하게 알 수 있는 용어를 사용하여 위임의 한계를 분명히 하고 있는데도 고시에서 문언적 의미의 한계를 벗어났다든지, 위임 규정에서 사용하고 있는 용어의 의미를 넘어 범위를 확장하거나 축소함으로써 위임 내용을 구체화하는 단계를 벗어나 새로운 입법을 한 것으로 평가할 수 있다면, 이는 위임의 한계를 일탈한 것으로서 허용되지 아니한다(대판 2019.5.30. 2016다276177).
③ 대판 2017.4.20. 2015두45700
④ 「여객자동차 운수사업법」에 의한 개인택시운송사업면허는 특정인에게 권리나 이익을 부여하는 행정행위로서 법령에 특별한 규정이 없는 한 재량행위이고, 그 면허를 위하여 정하여진 순위 내에서의 운전경력인정방법의 기준설정 역시 행정청의 재량에 속한다 할 것이지만, 행정청이 면허발급 여부를 심사함에 있어서 이미 설정된 면허기준의 해석상 당해 신청이 면허발급의 우선순위에 해당함이 명백함에도 이를 제외시켜 면허거부처분을 하였다면 특별한 사정이 없는 한 그 거부처분은 재량권을 남용한 위법한 처분이 된다(대판 2010.1.28. 2009두19137).

| 정답 | **02** ④ **03** ② **04** ②

05
2021 국회직 8급

행정입법에 대한 설명으로 옳지 않은 것은? (다툼이 있는 경우 판례에 의함)

① 법령의 위임이 없음에도 법령에 규정된 처분 요건에 해당하는 사항을 부령에서 변경하여 규정한 경우에는 그 부령의 규정은 행정청 내부의 사무처리기준 등을 정한 것으로서 행정조직 내에서 적용되는 행정명령의 성격을 지닐 뿐 국민에 대한 대외적 구속력은 없다.
② 중앙행정기관의 장은 법률에서 위임한 사항이나 법률을 집행하기 위하여 필요한 사항을 규정한 훈령이나 예규가 폐지되었을 때에는 10일 이내에 이를 국회 소관상임위원회에 제출하여야 한다.
③ 고시가 위법하게 제정된 경우라도 고시의 제정행위는 일반·추상적인 규범의 정립행위이므로 국가배상책임의 대상이 되는 직무행위에 해당한다고 볼 수 없다.
④ 시행령의 규정을 위헌 또는 위법하여 무효라고 선언한 대법원의 판결이 선고되지 아니한 상태에서는, 그 시행령 규정의 위헌 내지 위법 여부가 해석상 다툼의 여지가 없을 정도로 명백하였다고 인정되지 아니하는 이상 그 시행령에 근거한 행정처분의 하자는 취소사유에 해당할 뿐 무효사유가 되지 아니한다.
⑤ 행정입법부작위가 위헌 또는 위법이라고 하기 위해서는 행정청에게 행정입법을 하여야 할 작위의무를 전제로 하는 것이므로, 만일 하위 행정입법의 제정 없이 상위 법령의 규정만으로도 집행이 이루어질 수 있는 경우라면 행정청에게 하위 행정입법을 제정하여야 할 작위의무가 인정되지 않는다.

06
2024 국회직 9급

행정입법에 대한 설명으로 옳지 않은 것은? (다툼이 있는 경우 판례에 의함)

① 헌법이 규정하고 있는 위임입법의 형식은 예시적인 것으로 보아야 한다.
② 법률의 시행령이 형사처벌에 관한 사항을 규정하면서 법률의 명시적인 위임 범위를 벗어나 처벌 대상을 확장하는 경우 그 하자는 취소사유에 해당한다.
③ 법률의 위임의 근거가 없어 무효였던 법규명령이 법률의 개정으로 위임의 근거가 부여되면 그때부터 유효한 법규명령으로 볼 수 있다.
④ 법률의 위임을 받아 제정된 대통령령 형식의 제재처분기준은 대외적으로 국민이나 법원을 구속하는 힘이 있는 법규명령에 해당한다.
⑤ 시행령 규정의 위헌 내지 위법 여부가 해석상 다툼의 여지가 없을 정도로 명백하였다고 인정되지 아니하는 이상, 위헌 내지 위법한 시행령에 근거한 행정처분의 하자는 취소사유에 해당할 뿐 무효사유가 되지 아니한다.

07

2021 국가직 9급

위임명령의 한계에 대한 설명으로 옳지 <u>않은</u> 것은? (다툼이 있는 경우 판례에 의함)

① 법률이 공법적 단체 등의 정관에 자치법적 사항을 위임한 경우에는 헌법 제75조가 정하는 포괄적인 위임입법의 금지는 원칙적으로 적용되지 않지만, 그 사항이 국민의 권리·의무에 관련되는 것일 경우에는 적어도 국민의 권리·의무에 관한 기본적이고 본질적인 사항은 국회가 정하여야 한다.

② 헌법에서 채택하고 있는 조세법률주의의 원칙상 과세요건과 징수절차에 관한 사항을 명령·규칙 등 하위법령에 구체적·개별적으로 위임하여 규정할 수 없다.

③ 법률에서 위임받은 사항에 관하여 대강을 정하고 그중의 특정사항을 범위를 정하여 하위법령에 다시 위임하는 경우에는 재위임이 허용된다. 이러한 법리는 조례가 「지방자치법」에 따라 주민의 권리제한 또는 의무부과에 관한 사항을 법률로부터 위임받은 후, 이를 다시 지방자치단체장이 정하는 '규칙'이나 '고시' 등에 재위임하는 경우에도 마찬가지이다.

④ 법률의 시행령이나 시행규칙의 내용이 모법 조항의 취지에 근거하여 이를 구체화하기 위한 것인 때에는 모법의 규율 범위를 벗어난 것으로 볼 수 없다. 이러한 경우에는 모법에 이에 관하여 직접 위임하는 규정을 두지 않았다고 하여도 이를 무효라고 볼 수 없다.

정답&해설

05 ③ 법규명령

③ 「국가배상법」상의 직무에는 권력작용·비권력적 작용, 법적 행위·사실행위, 작위·부작위, 입법·행정·사법 등이 모두 포함된다. 행정입법은 국가기관의 공권력 행사로서 「국가배상법」상의 직무에 해당한다(대판 1999.11.26. 98다47245).

| 오답해설 | ② 「국회법」 제98조의2 제1항

06 ② 법규명령

② 시행령 등의 법규명령은 (처분이 아니라서) 공정력이 없고 이에 하자가 있는 법규명령은 취소사유가 아닌 무효사유에 해당한다.

| 판례 |

> 법률의 시행령은 모법인 법률의 위임 없이 법률이 규정한 개인의 권리·의무에 관한 내용을 변경·보충하거나 법률에서 규정하지 아니한 새로운 내용을 규정할 수 없고, 특히 법률의 시행령이 형사처벌에 관한 사항을 규정하면서 <u>법률의 명시적인 위임 범위를 벗어나 처벌의 대상을 확장하는 것은 죄형법정주의의 원칙에도 어긋나는 것이므로, 그러한 시행령은 위임입법의 한계를 벗어난 것으로서 무효이다</u>(대판 2017.2.16. 2015도16014 전합).

| 오답해설 | ① 헌재 2016.3.31. 2014헌바382

③ 일반적으로 법률의 위임에 따라 효력을 갖는 법규명령의 경우에 위임의 근거가 없어 무효였더라도 나중에 법 개정으로 위임의 근거가 부여되면 그때부터는 유효한 법규명령으로 볼 수 있다(대판 2017.4.20. 2015두45700).

④ 당해 처분의 기준이 된 「주택건설촉진법 시행령」 제10조의3 제1항 [별표 1]은 「주택건설촉진법」 제7조 제2항의 위임규정에 터잡은 규정형식상 대통령령이므로 그 성질이 부령인 시행규칙이나 또는 지방자치단체의 규칙과 같이 통상적으로 행정조직 내부에 있어서의 행정명령에 지나지 않는 것이 아니라 대외적으로 <u>국민이나 법원을 구속하는 힘이 있는 법규명령에 해당한다</u>(대판 1997.12.26. 97누15418).

⑤ 일반적으로 시행령이 헌법이나 법률에 위반된다는 사정은 그 <u>시행령의 규정을 위헌 또는 위법하여 무효라고 선언한 대법원의 판결이 선고되지 아니한 상태에서</u>는 그 시행령 규정의 위헌 내지 위법 여부가 해석상 다툼의 여지가 없을 정도로 명백하였다고 인정되지 아니하는 이상 객관적으로 명백한 것이라 할 수 없으므로, 이러한 <u>시행령에 근거한 행정처분의 하자는 취소사유에 해당할 뿐 무효사유가 된다고 볼 수는 없다</u>(대판 2018.10.25. 2015두38856).

07 ② 법규명령

② 헌법 제38조, 제59조에서 채택하고 있는 조세법률주의의 원칙은 과세요건과 징수절차 등 조세권행사의 요건과 절차는 국민의 대표기관인 국회가 제정한 법률로써 규정하여야 한다는 것이나, 과세요건과 징수절차에 관한 사항을 명령·규칙 등 하위법령에 위임하여 규정하게 할 수 없는 것은 아니고, 이러한 사항을 하위법령에 위임하여 규정하게 하는 경우 구체적·개별적 위임만이 허용되며 포괄적·백지적 위임은 허용되지 아니하고(과세요건법정주의), 이러한 법률 또는 그 위임에 따른 명령·규칙의 규정은 일의적이고 명확하여야 한다(과세요건명확주의)는 것이다(대결 1994.9.30. 자 94부18).

| 정답 | 05 ③ 06 ② 07 ②

08

행정입법에 대한 설명으로 옳지 않은 것은? (다툼이 있는 경우 판례에 의함)

① 총리령·부령의 제정절차는 대통령령의 경우와는 달리 국무회의 심의는 거치지 않아도 된다.
② 법령보충적 행정규칙은 물론이고 재량권 행사의 준칙이 되는 행정규칙이 행정의 자기구속원리에 따라 대외적 구속력을 가지는 경우에는 헌법소원의 대상이 될 수 있다.
③ 상위법령의 위임이 없음에도 상위법령에 규정된 처분요건에 해당하는 사항을 부령에서 변경하여 규정한 경우 그 부령의 규정은 국민에 대한 대외적 구속력이 있다.
④ 「특정다목적댐법」에서 댐 건설로 손실을 입으면 국가가 보상해야 하고 그 절차와 방법은 대통령령으로 제정토록 명시되어 있음에도 미제정된 경우, 법령제정의 여부는 「행정소송법」상 부작위위법확인소송의 대상이 될 수 없다.

09

행정입법의 사법적 통제에 대한 설명으로 옳지 않은 것은?

① 중앙선거관리위원회규칙은 법규명령이므로 구체적 규범통제의 대상이 될 수 있다.
② 처분적 법규명령은 무효등확인소송 또는 취소소송의 대상이 된다.
③ 대법원 이외의 각급 법원도 구체적 규범통제의 방법으로 법규명령 조항에 대한 위헌·위법 판단을 할 수 있다.
④ 행정입법부작위는 부작위위법확인소송의 대상이 된다.

10

행정입법에 대한 설명으로 옳지 않은 것은?

① 정부는 권한 있는 기관에 의하여 위헌으로 결정되어 법령이 헌법에 위반되거나 법률에 위반되는 것이 명백한 경우 등 대통령령으로 정하는 경우에는 해당 법령을 개선하여야 한다.
② 헌법 제107조 제2항은 구체적 규범통제를 규정하고 있기 때문에 당사자는 구체적 사건의 심판을 위한 선결문제로서 행정입법의 위법성을 주장하여 법원에 대하여 당해 사건에 대한 적용 여부의 판단을 구할 수 있다.
③ 일반적으로 법률의 위임에 따라 효력을 갖는 법규명령의 경우에 위임의 근거가 없어 무효였다면 나중에 법 개정으로 위임의 근거가 부여되었다고 하여 그때부터 유효한 법규명령이 되는 것은 아니다.
④ 법률의 시행령은 모법인 법률에 의하여 위임받은 사항이나 법률이 규정한 범위 내에서 법률을 현실적으로 집행하는 데 필요한 세부적인 사항만을 규정할 수 있을 뿐, 법률에 의한 위임이 없는 한 법률이 규정한 개인의 권리·의무에 관한 내용을 변경·보충하거나 법률에 규정되지 아니한 새로운 내용을 규정할 수는 없다.

11
2022 국가직 9급

행정입법에 대한 설명으로 옳지 <u>않은</u> 것은? (다툼이 있는 경우 판례에 의함)

① 부령의 형식으로 정해진 제재적 행정처분의 기준은 그 규정의 성질과 내용이 행정청 내부의 사무처리준칙을 정한 것에 불과하므로 대외적으로 국민이나 법원을 구속하는 것은 아니다.
② 항정신병 치료제의 요양급여 인정기준에 관한 보건복지부 고시가 다른 집행행위의 매개 없이 그 자체로서 직접 국민의 구체적인 권리의무와 법률관계를 규율하는 성격을 가질 때에는 항고소송의 대상이 되는 행정처분에 해당한다.
③ 법률의 위임에 의하여 효력을 갖는 법규명령이 법 개정으로 위임의 근거가 없어지게 되더라도 효력을 상실하지 않는다.
④ 한국수력원자력 주식회사가 조달하는 기자재, 용역 및 정비공사, 기기수리의 공급자에 대한 관리업무 절차를 규정함을 목적으로 제정·운용하고 있는 '공급자관리지침' 중 등록취소 및 그에 따른 일정 기간의 거래제한조치에 관한 규정들은 상위법령의 구체적 위임 없이 정한 것이어서 대외적 구속력이 없는 행정규칙이다.

12
2024 군무원 7급

다음 중 행정입법부작위에 관한 판례의 내용으로 가장 적절하지 <u>않은</u> 것은?

① 하위 행정입법의 제정 없이 상위 법령의 규정만으로도 집행이 이루어질 수 있는 경우라면 하위 행정입법을 하여야 할 헌법적 작위의무는 인정되지 아니한다.
② 입법부가 법률로써 행정부에게 특정한 사항을 위임했음에도 불구하고 행정부가 정당한 이유 없이 이를 이행하지 않는다면 권력분립의 원칙과 법치국가 내지 법치행정의 원칙에 위배되는 것으로서 위법함과 동시에 위헌적인 것이 된다.
③ 법률이 군법무관의 보수를 판사, 검사의 예에 의하도록 규정하면서 그 구체적 내용을 시행령에 위임하고 있으나 해당 시행령이 제정되지 아니하였다면, 군법무관의 상당한 수준의 보수청구권은 인정되지 아니한다.
④ 치과전문의제도에 관한 규정이 제정된 후 20년 이상이 경과되었음에도 치과전문의제도의 실시를 위한 구체적 조치를 취하고 있지 아니한 경우, 법률의 시행에 반대하는 여론의 압력이나 이익단체의 반대와 같은 사유는 지체를 정당화하는 사유가 될 수 없다.

13

대외적 구속력을 인정할 수 없는 경우만을 모두 고르면? (다툼이 있는 경우 판례에 의함)

ㄱ. 운전면허에 관한 제재적 행정처분의 기준이 「도로교통법 시행규칙」 [별표]에 규정되어 있는 경우
ㄴ. 행정 각부의 장이 정하는 특정 고시가 비록 법령에 근거를 둔 것이더라도 규정내용이 법령의 위임 범위를 벗어난 것일 경우
ㄷ. 상위법령에서 세부사항 등을 시행규칙으로 정하도록 위임하였음에도 이를 고시 등 행정규칙으로 정한 경우
ㄹ. 상위법령의 위임이 없음에도 상위법령에 규정된 처분 요건에 해당하는 사항을 하위부령에서 변경하여 규정한 경우

① ㄱ, ㄴ
② ㄴ, ㄷ
③ ㄱ, ㄴ, ㄷ
④ ㄱ, ㄴ, ㄷ, ㄹ

정답&해설

11 ③ 법규명령

③ 구법의 위임에 의한 유효한 법규명령이 법 개정으로 위임의 근거가 없어지게 되면 그때부터 무효인 법규명령이 된다(대판 1995.6.30. 93추83).

12 ③ 법규명령

③ (구)「군법무관임용법」제5조 제3항과 「군법무관임용 등에 관한 법률」제6조가 군법무관의 보수를 법관 및 검사의 예에 준하도록 규정하면서 그 구체적 내용을 시행령에 위임하고 있는 이상, 위 법률의 규정들은 군법무관의 보수의 내용을 법률로써 일차적으로 형성한 것이고, 위 법률들에 의해 상당한 수준의 보수청구권이 인정되는 것이므로, 위 보수청구권은 단순한 기대이익을 넘어서는 것으로서 법률의 규정에 의해 인성된 재산권의 한 내용이 되는 것으로 봄이 상당하고, 따라서 행정부가 정당한 이유 없이 시행령을 제정하지 않은 것은 위 보수청구권을 침해하는 불법행위에 해당한다(대판 2007.11.29. 2006다3561).

|오답해설| ①, ② 헌재 2005.12.22. 2004헌마66
④ 헌재 1998.7.16. 96헌마246

13 ④ 행정규칙

ㄱ. 운전면허에 관한 제재적 행정처분의 기준이 「도로교통법 시행규칙」 [별표]에 규정되어 있는 경우에는 행정규칙에 해당한다.
ㄴ. 행정 각부의 장이 정하는 특정 고시가 비록 법령에 근거를 둔 것이더라도 규정내용이 법령의 위임 범위를 벗어났다면 이는 대외적 구속력을 가질 수 없다. 위임 범위 내에서만 상위법과 결합하여 대외적 구속력을 갖게 된다.
ㄷ. 상위법령에서 세부사항 등을 시행규칙으로 정하도록 위임하였음에도 이를 고시 등 행정규칙으로 정한 경우에는 위임이 없는 경우에 해당되어 행정규칙에 해당한다.
ㄹ. 상위법령의 위임이 없음에도 상위법령에 규정된 처분 요건에 해당하는 사항을 하위부령에서 변경하여 규정한 경우에는 행정규칙에 해당한다.

|정답| 11 ③ 12 ③ 13 ④

14

2020 국가직 9급

행정규칙에 대한 설명으로 옳지 <u>않은</u> 것은? (다툼이 있는 경우 판례에 의함)

① 법령의 위임이 없음에도 법령에 규정된 처분 요건에 해당하는 사항을 부령에서 변경하여 규정한 경우에는 그 부령의 규정은 행정명령의 성격을 지닐 뿐 국민에 대한 대외적 구속력은 없다.
② 행정관청 내부의 사무처리규정에 불과한 전결규정에 위반하여 원래의 전결권자 아닌 보조기관 등이 처분권자인 행정관청의 이름으로 행정처분을 한 경우, 그 처분은 권한 없는 자에 의하여 행하여진 것으로 무효이다.
③ 법령의 규정이 특정 행정기관에게 법령내용의 구체적 사항을 정할 수 있는 권한을 부여하면서 권한행사의 절차나 방법을 특정하지 아니한 경우에는 수임 행정기관은 행정규칙으로 법령내용이 될 사항을 구체적으로 정할 수 있다.
④ 재량권행사의 준칙인 행정규칙이 그 정한 바에 따라 되풀이 시행되어 행정관행이 형성되어 행정기관이 그 상대방에 대한 관계에서 그 행정규칙에 따라야 할 자기구속을 당하게 되는 경우에는 그 행정규칙은 헌법소원의 심판대상이 될 수도 있다.

15

2019 국가직 7급

행정규칙에 대한 판례의 입장으로 옳지 <u>않은</u> 것은?

① 재산권 등의 기본권을 제한하는 작용을 하는 법률이 구체적으로 범위를 정하여 고시와 같은 형식으로 입법위임을 할 수 있는 사항은 전문적·기술적 사항이나 경미한 사항으로서 업무의 성질상 위임이 불가피한 사항에 한정된다.
② 고시에 담긴 내용이 구체적 규율의 성격을 갖는다고 하더라도, 해당 고시를 행정처분으로 볼 수는 없으며 법령의 수권 여부에 따라 법규명령 또는 행정규칙으로 볼 수 있을 뿐이다.
③ 법령보충적 행정규칙은 법령의 수권에 의하여 인정되고, 그 수권은 포괄위임금지의 원칙상 구체적·개별적으로 한정된 사항에 대하여 행해져야 한다.
④ 행정규칙인 고시가 법령의 수권에 의해 법령을 보충하는 사항을 정하는 경우에는 법령보충적 고시로서 근거 법령규정과 결합하여 대외적으로 구속력을 가진다.

16

2022 국가직 7급

행정규칙에 대한 설명으로 옳지 <u>않은</u> 것은? (다툼이 있는 경우 판례에 의함)

① 중앙행정기관의 장이 정한 훈령·예규 및 고시 등 행정규칙은 상위법령의 위임이 있다고 하더라도 「행정기본법」상의 '법령'에 해당하지 않는다.
② 처분이 행정규칙을 위반하였다고 해서 그러한 사정만으로 곧바로 위법하게 되는 것은 아니다.
③ 처분의 근거나 법적인 효과가 행정규칙에 규정되어 있더라도 그 상대방의 권리·의무에 직접 영향을 미치는 행위라면, 항고소송의 대상이 되는 행정처분에 해당한다.
④ 행정규칙의 내용이 상위법령이나 법의 일반원칙에 반하는 것이라면 행정내부적 효력도 인정될 수 없다.

정답&해설

14 ② 행정규칙
② 전결과 같은 행정권한의 내부위임은 법령상 처분권자인 행정관청이 내부적인 사무처리의 편의를 도모하기 위하여 그의 보조기관 또는 하급 행정관청으로 하여금 그의 권한을 사실상 행사하게 하는 것으로서 법률이 위임을 허용하지 않는 경우에도 인정되는 것이므로, 설사 행정관청 내부의 사무처리규정에 불과한 전결규정에 위반하여 원래의 전결권자 아닌 보조기관 등이 처분권자인 행정관청의 이름으로 행정처분을 하였다고 하더라도 그 처분이 권한 없는 자에 의하여 행하여진 무효의 처분이라고는 할 수 없다(대판 1998.2.27. 97누1105).

15 ② 행정규칙
② 어떠한 고시가 일반적·추상적 성격을 가질 때에는 <u>법규명령 또는 행정규칙</u>에 해당할 것이지만, 다른 집행행위의 매개 없이 그 자체로서 직접 국민의 구체적인 권리의무나 법률관계를 규율하는 성격을 가질 때에는 <u>항고소송의 대상이 되는 행정처분에 해당한다</u>(대결 2003.10.9. 자 2003무23).

16 ① 행정규칙
① 고시 등의 행정규칙은 법령의 위임을 받아 중앙행정기관의 장이 제정한 경우에 법령에 포함된다.

> 「행정기본법」 제2조 【정의】 이 법에서 사용하는 용어의 뜻은 다음과 같다.
> 1. '법령 등'이란 다음 각 목의 것을 말한다.
>   가. 법령: 다음의 어느 하나에 해당하는 것
>   1) 법률 및 대통령령·총리령·부령
>   2) 국회규칙·대법원규칙·헌법재판소규칙·중앙선거관리위원회규칙 및 감사원규칙
>   3) 1) 또는 2)의 위임을 받아 중앙행정기관(「정부조직법」 및 그 밖의 법률에 따라 설치된 중앙행정기관을 말한다. 이하 같다)의 장이 정한 훈령·예규 및 고시 등 행정규칙
>   나. 자치법규: 지방자치단체의 조례 및 규칙

| 정답 | 14 ② 15 ② 16 ①

CHAPTER 04 행정행위

01 행정행위의 의의 및 특질
02 행정행위의 종류
03 행정행위의 내용
04 행정행위의 부관
05 행정행위의 성립과 발효
06 행정행위의 효력
07 행정행위의 하자
08 행정행위의 철회
09 행정행위의 실효
10 행정의 자동화작용과 전자행정행위

01 행정행위의 의의 및 특질

1 개념

행정행위는 강학상 개념으로 행정작용 중 동질의 효력과 항고쟁송의 대상이 되는 행정청의 행위를 말한다. 공·사법을 구분하고 있는 대륙법계 국가에서 행정재판소의 행정소송의 대상을 규정할 필요성에 의하여 학설로서 정립된 개념으로 실정법상의 용어가 아니고, 학문상의 용어이다.

2 행정행위 개념정립의 실익

(1) 항고소송의 대상 여부

행정기관의 여러 행정작용 중에서 행정행위에 대해서만 행정심판이나 항고소송을 제기할 수 있도록 제도화되어 있고 항고소송에는 관할 법원·제소기간·제소절차와 판결의 대세효 등의 민사소송에서 찾아볼 수 없는 특수성이 인정되고 있다.

(2) 공정력·존속력·집행력 등의 효력인정 여부

다른 행정작용과 달리 행정행위에만 주어진 효력이다.

3 행정행위의 개념에 관한 학설

행정행위의 개념에 대하여 광의·협의의 개념이 있으나, 오늘날에는 주로 최협의의 개념을 중심으로 논의된다.

(1) 최광의설(G. Jellinek, R. Thoma)

이 견해는 '행정청이 행하는 일체의 행위'를 행정행위로 본다. 이에는 사실행위, 사법행위, 공법행위, 통치행위, 입법행위 등이 포함되어 개념정립의 취지가 사라진다.

(2) 광의설(F. Fleiner, P. Laband)

이 견해는 '행정청의 공법행위'만을 행정행위로 이해한다. 따라서 행정작용 중에서 사실행위, 사법행위, 통치행위 등은 제외되지만 비권력적 작용과 행정입법이 포함되어 개념취지에 비추어 볼 때 상당히 넓어진다.

(3) 협의설(W. Jellinek, H. Peters)

이 견해는 '행정청이 구체적 사실에 관한 법집행으로서 행하는 공법행위'를 행정행위로 본다. 이 설은 행정주체의 입법행위·사법행위는 제외하고, 행정처분과 공법상 계약 및 공법상 합동행위만을 행정행위로 본다. 그러나 여전히 비권력적 작용이 포함된다.

(4) 최협의설(O. Mayer, E. Forsthoff)

이 견해는 '행정청이 구체적 사실에 관한 법집행으로서 행하는 권력적·단독적 공법행위'를 행정행위로 보는 입장이다. 일반적인 견해가 이에 해당한다.

4 행정행위의 개념요소

(1) 행정행위는 '행정청'의 행위(조직법상의 행정청 + 실질적·기능적 의미의 개념)

'조직법상의 행정청'이란 일반적으로 지방자치단체·국가 등 행정주체의 의사를 결정하여 이를 외부에 표시할 수 있는 권한을 가진 행정기관을 말한다. 그러나 학문상 행정청은 조직법상에 국한하지 않고 실질적·기능적 의미의 개념이다. 따라서 행정기관의 보조기관의 행위를 포함하여 국회·법원의 기관도 행정청으로 기능하는 경우가 있고(직원임명), 행정권한의 위임 또는 위탁을 받은 행정기관, 공공단체 및 그 기관 또는 사인(공무수탁사인)도 포함된다. 01 02

> **관련 법령** 실정법상 행정청
>
> 「행정기본법」 제2조 【정의】 이 법에서 사용하는 용어의 뜻은 다음과 같다.
> 2. '행정청'이란 다음 각 목의 자를 말한다.
>   가. 행정에 관한 의사를 결정하여 표시하는 국가 또는 지방자치단체의 기관
>   나. 그 밖에 법령 등에 따라 행정에 관한 의사를 결정하여 표시하는 권한을 가지고 있거나 그 권한을 위임 또는 위탁받은 공공단체 또는 그 기관이나 사인(私人) 03 04
>
> 「행정절차법」 제2조 【정의】 이 법에서 사용하는 용어의 뜻은 다음과 같다.
> 1. '행정청'이란 다음 각 목의 자를 말한다.
>   가. 행정에 관한 의사를 결정하여 표시하는 국가 또는 지방자치단체의 기관
>   나. 그 밖에 법령 또는 자치법규(이하 '법령 등'이라 한다)에 따라 행정권한을 가지고 있거나 위임 또는 위탁받은 공공단체 또는 그 기관이나 사인(私人)
>
> 「행정심판법」 제2조 【정의】 이 법에서 사용하는 용어의 뜻은 다음과 같다.
> 4. '행정청'이란 행정에 관한 의사를 결정하여 표시하는 국가 또는 지방자치단체의 기관 그 밖에 법령 또는 자치법규에 따라 행정권한을 가지고 있거나 위탁을 받은 공공단체나 그 기관 또는 사인(私人)을 말한다.

> **관련 판례**
>
> ⓑ 행정청에는 처분 등을 할 수 있는 권한 있는 국가 또는 지방자치단체와 같은 행정기관뿐만 아니라 법령에 의하여 행정권한의 위임 또는 위탁을 받은 행정기관, 공공단체 및 그 기관 또는 사인이 포함되는바, 특별한 법률에 근거를 두고 행정주체로서의 국가 또는 지방자치단체로부터 독립하여 특수한 존립목적을 부여받은 특수한 행정주체로서의 국가의 특별한 감독하에 그 존립목적인 특정한 공공사무를 행하는 공법상의 특수행정조직 등이 이에 해당한다(대판 1992.11.27. 92누3618).

개념확인 O/X

01 행정권한을 위임받은 사인도 공무수탁사인의 지위를 갖는 경우에 행정청으로서 행정행위를 할 수 있다.
(O / X)

02 대법원에 의하면 지방의회의 의장 불신임결의는 행정행위에 해당되고 지방의회는 행정청으로 기능하게 된다.
(O / X)

03 행정주체의 의사를 결정할 수 있는 행정기관은 비록 외부에 의사를 표시할 수 있는 권한을 가지고 있지 않고 실질적으로 외부에 표시하지 않았다고 해도 행정행위의 행정청이라 할 수 있다.
(O / X)

04 「행정기본법」상 행정청으로 규정된 행정권한을 위임이나 위탁받은 사인은 공무수탁사인을 의미한다.
(O / X)

| 정답 | 01 O 02 O 03 X 04 O

(2) 행정행위는 행정청의 '법적 행위'

① **법적 행위의 의미** : 여기에서 '법적 행위'라는 말의 의미는 외부에 대하여 직접적인 법적 효과를 발생시키는 행위를 말한다. 즉, 국민이나 주민의 권리나 의무에 직접적인 변동을 일으키는 법적 행위로서 법적 효력이 발생하지 않는 사실행위나 행정청의 내부행위는 행정행위가 아니다(예 상급행청의 하급관청에 대한 지시, 상관의 명령, 육군참모총장이 국방부장관에게 한 명예전역자 추천 등). 01 02 03

② **행정 내부행위와 행정주체 간의 행위** : 다른 행정청의 동의를 얻어 행정행위를 하는 경우에 다른 행정청의 동의 그 자체는 행정행위가 아니다. 반면, 서로 다른 행정주체의 행정청 사이의 행위는 외부적 성격을 지닐 수 있고, 행정행위가 될 수 있다(예 지방자치단체의 자치사무에 대한 감독청의 감독처분 등).

관련 판례

B 상급행정기관의 하급행정기관에 대한 승인·동의·지시 등이 항고소송의 대상이 되는 행정처분에 해당하는지 여부(소극) 04

> 도지사가 군수의 국토이용계획변경결정 요청을 반려한 것은 행정기관 내부의 행위에 불과할 뿐 국민의 구체적인 권리·의무에 직접적인 변동을 초래하는 것이 아니므로, 항고소송의 대상이 되는 행정처분에 해당하지 않는다(대판 2008.5.15. 2008두2583).

B 정부투자기관에 대한 경제기획원장관의 예산편성지침통보가 행정처분에 해당하는지 여부(소극) 05

> 정부투자기관에 대한 경제기획원장관의 예산편성지침통보(「정부투자기관관리기본법」 제21조)는 정부투자기관의 경영합리화와 정부투자의 효율적 관리를 도모하기 위한 것으로서 그 투자기관에 대한 감독작용에 해당할 뿐 그 자체만으로는 직접적으로 국민의 권리·의무가 설정·변경·박탈되거나 그 범위가 확정되는 등 기존의 권리상태에 어떤 변동을 가져오는 것이 아니므로 이를 행정소송의 대상이 되는 행정처분이라고는 할 수 없다(대판 1993.9.14. 93누9163).

A 대학입시기본계획 내의 내신성적 산정지침이 항고소송의 대상인 행정처분성을 갖는지 여부(소극) [17 서울시 9급, 10 지방직 9급] 06

> 교육부장관이 내신성적 산정기준의 통일을 기하기 위해 대학입시기본계획의 내용에서 내신성적 산정기준에 관한 시행지침을 마련하여 시·도 교육감에서 통보한 것은 행정조직 내부에서 내신성적 평가에 관한 내부적 심사기준을 시달한 것에 불과하며, 그것만으로는 현실적으로 특정인의 구체적인 권리의무에 직접적으로 변동을 초래케 하는 것은 아니라 할 것이어서 내신성적 산정지침을 항고소송의 대상이 되는 행정처분으로 볼 수 없다(대판 1994.9.10. 94두33).

B 건축불허가처분을 하면서 건축불허가 사유뿐만 아니라 (구)「소방법」 제8조 제1항에 따른 소방서장의 건축부동의 사유를 들고 있는 경우, 그 건축불허가처분에 관한 쟁송에서 「건축법」상의 건축불허가 사유뿐만 아니라 소방서장의 부동의 사유에 관하여도 다툴 수 있는지 여부(적극) 07

> 건축허가권자가 건축불허가처분을 하면서 그 처분사유로 건축불허가 사유뿐만 아니라 (구)「소방법」(2003.5.29. 법률 제6916호로 개정되기 전의 것) 제8조 제1항에 따른 소방서장의 건축부동의 사유를 들고 있다고 하여 그 건축불허가처분 외에 별개로 건축부동의처분이 존재하는 것이 아니므로, 그 건축불허가처분을 받은 사람은 그 건축불허가처분에 관한 쟁송에서 「건축법」상의 건축불허가 사유뿐만 아니라 소방서장의 부동의 사유에 관하여도 다툴 수 있다(대판 2004.10.15. 2003두6573).

개념확인 O/X

01 비록 고시의 형식으로 이루어진 행정이라도 국민의 권리나 의무에 직접적이고 구체적인 변동을 일으키는 행위라면 항고소송대상인 처분에 해당된다. (O / X)

02 부하 공무원에 대한 상관의 개별적인 직무명령은 행정행위가 아니다.
15 서울9급 (O / X)

03 행정행위는 행정청이 국민, 주민 등 사인에 대하여 행하는 행위이므로 행정조직 내부의 행위는 행정행위가 아니다. (O / X)

04 상급행정청의 하급행정청에 대한 승인·동의·지시 등은 행정기관 상호 간의 행정주체의 내부행위로서 국민의 권리·의무에 직접 영향을 미치는 것이 아니므로 항고소송의 대상이 되는 행정처분에 해당하지 않는다. (O / X)

05 대법원은 (구)「정부투자기관관리기본법」에 따른 경제기획원장관의 정부투자기관에 대한 예산편성지침통보는 정부투자기관의 경영합리화와 정부투자의 효율적 관리를 도모하기 위한 것으로서 그에 대한 감독작용에 해당하므로 행정처분으로 보아야 한다는 입장이다. (O / X)

06 교육부장관이 시·도 교육감에게 통보한 대학입시기본계획 내의 내신성적 산정지침은 국민의 구체적인 권리·의무에 직접적 변동을 초래하는 행위로서 항고소송대상인 처분이다. (O / X)

07 행정행위를 함에 있어 다른 행정청의 동의를 얻어야 하는 경우에 다른 행정청의 동의가 행정행위의 성립에 중요한 요소인 경우에는 그 자체도 행정행위로 보아야 한다. (O / X)

정답 | 01 O 02 O 03 O 04 O 05 X 06 X 07 X

Ⓑ 국민권익위원회의 시·도선거관리위원회의 위원장에게 한 조치요구는 항고소송대상이 되는 처분이다 **01**

> 갑이 국민권익위원회에 「부패방지 및 국민권익위원회의 설치와 운영에 관한 법률」(이하 '국민권익위원회법'이라 한다)에 따른 신고와 신분보장조치를 요구하였고, 국민권익위원회가 갑의 소속기관장인 을 시·도선거관리위원회 위원장에게 '갑에 대한 중징계요구를 취소하고 향후 신고로 인한 신분상 불이익처분 및 근무조건상의 차별을 하지 말 것을 요구'하는 내용의 조치요구를 한 사안에서, 국가기관 일방의 조치요구에 불응한 상대방 국가기관에 국민권익위원회법상의 제재규정과 같은 중대한 불이익을 직접적으로 규정한 다른 법령의 사례를 찾아보기 어려운 점, 그럼에도 을이 국민권익위원회의 조치요구를 다툴 별다른 방법이 없는 점 등에 비추어 보면, 처분성이 인정되는 위 조치요구에 불복하고자 하는 을로서는 조치요구의 취소를 구하는 항고소송을 제기하는 것이 유효·적절한 수단이므로 비록 을이 국가기관이더라도 당사자능력 및 원고적격을 가진다고 보는 것이 타당하고, 을이 위 조치요구 후 갑을 파면하였다고 하더라도 조치요구가 곧바로 실효된다고 할 수 없고 을은 여전히 조치요구를 따라야 할 의무를 부담하므로 을에게는 위 조치요구의 취소를 구할 법률상 이익도 있다고 본 원심판단은 정당하다(대판 2013.7.25. 2011두1214).

Ⓑ 법령이 특정한 행정기관 등으로 하여금 다른 행정기관을 상대로 제재적 조치를 취할 수 있도록 하면서, 그에 따르지 않으면 그 행정기관에 대하여 과태료를 부과하거나 형사처벌을 할 수 있도록 정하는 경우, 제재적 조치의 상대방인 행정기관 등에게 항고소송 원고로서의 당사자능력과 원고적격을 인정할 수 있는지 여부(한정 적극) **02**

> 국민권익위원회가 소방청장에게 인사와 관련하여 부당한 지시를 한 사실이 인정된다며 이를 취소할 것을 요구하기로 의결하고 그 내용을 통지하자 소방청장이 국민권익위원회 조치요구의 취소를 구하는 소송을 제기한 사안에서, 처분성이 인정되는 국민권익위원회의 조치요구에 불복하고자 하는 소방청장으로서는 조치요구의 취소를 구하는 항고소송을 제기하는 것이 유효·적절한 수단으로 볼 수 있으므로 소방청장이 예외적으로 당사자능력과 원고적격을 가진다(대판 2018.8.1. 2014두35379).

Ⓑ (구)「건축법」제29조 제1항에서 정한 건축협의의 취소가 처분에 해당하는지 여부(적극) 및 지방자치단체 등이 건축물 소재지 관할 허가권자인 지방자치단체의 장을 상대로 건축협의 취소의 취소를 구할 수 있는지 여부(적극) **03**

> (구)「건축법」(2011.5.30. 법률 제10755호로 개정되기 전의 것) 제29조 제1항·제2항, 제11조 제1항 등의 규정내용에 의하면, 건축협의의 실질은 지방자치단체 등에 대한 건축허가와 다르지 않으므로, 지방자치단체 등이 건축물을 건축하려는 경우 등에는 미리 건축물의 소재지를 관할하는 허가권자인 지방자치단체의 장과 건축협의를 하지 않으면, 지방자치단체라 하더라도 건축물을 건축할 수 없다. 그리고 (구)「지방자치법」등 관련 법령을 살펴보아도 지방자치단체의 장이 다른 지방자치단체를 상대로 한 건축협의 취소에 관하여 다툼이 있는 경우에 법적 분쟁을 실효적으로 해결할 구제수단을 찾기도 어렵다(대판 2014.2.27. 2012두22980).

③ **경고의 처분성 여부**: 대법원은 행정청의 경고에 대해, 현재의 경고를 통해 장래의 징계가 가중되는 경우나 경고가 직업선택의 자유를 직접 제한하는 경우 등에는 항고소송대상인 처분으로 인정하고 있다.

개념확인 O/X

01 국민권익위원회의 소방청장에 대한 조치요구는 항고소송대상인 처분이고 이에 소방청장은 행정기관임에도 소송을 청구할 원고적격이 된다.
(O / X)

02 행정청이 다른 행정기관으로 하여금 일정한 조치요구를 하면서 이를 이행하지 않을 경우에 과태료 등의 제재적 조치를 할 수 있는 경우에는 그러한 조치요구는 행정처분이 된다.
(O / X)

03 지방자치단체의 장이 다른 지방자치단체로부터의 건축협의를 취소하는 행위는 항고소송대상이 되는 행정처분이다.
(O / X)

| 개념확인 O/X | 관련 판례 |

ⓑ 금융기관의 임원에 대한 금융감독원장의 문책경고가 항고소송의 대상이 되는 행정처분에 해당한다

금융기관의 임원에 대한 금융감독원장의 문책경고는 그 상대방에 대한 직업선택의 자유를 직접 제한하는 효과를 발생하게 하는 등 상대방의 권리의무에 직접 영향을 미치는 행위로서 항고소송의 대상이 되는 행정처분에 해당한다(대판 2005.2.17. 2003두14765).

ⓑ 행정규칙에 의한 '불문경고조치'는 항고소송의 대상이 되는 행정처분에 해당한다

행정규칙에 의한 '불문경고조치'가 비록 법률상의 징계처분은 아니지만 위 처분을 받지 아니하였다면 차후 다른 징계처분이나 경고를 받게 될 경우 징계감경사유로 사용될 수 있었던 표창공적의 사용가능성을 소멸시키는 효과와 1년 동안 인사기록카드에 등재됨으로써 그 동안은 장관표창이나 도지사표창 대상자에서 제외시키는 효과 등이 있다는 이유로 항고소송의 대상이 되는 행정처분에 해당한다(대판 2002.7.26. 2001두3532).

ⓑ 검찰총장이 검사에 대하여 하는 '경고조치'는 항고소송의 대상이 되는 처분이다

검사에 대한 경고조치 관련 규정을 위 법리에 비추어 살펴보면, 검찰총장이 사무검사 및 사건평정을 기초로 대검찰청 자체감사규정 제23조 제3항, 검찰공무원의 범죄 및 비위 처리지침 제4조 제2항 제2호 등에 근거하여 검사에 대하여 하는 '경고조치'는 일정한 서식에 따라 검사에게 개별 통지를 하고 이의신청을 할 수 있으며, 검사가 검찰총장의 경고를 받으면 1년 이상 감찰관리 대상자로 선정되어 특별관리를 받을 수 있고, 경고를 받은 사실이 인사자료로 활용되어 복무평정, 직무성과금 지급, 승진·전보인사에서도 불이익을 받게 될 가능성이 높아지며, 향후 다른 징계사유로 징계처분을 받게 될 경우에 징계양정에서 불이익을 받게 될 가능성이 높아지므로, 검사의 권리의무에 영향을 미치는 행위로서 항고소송의 대상이 되는 처분이라고 보아야 한다(대판 2021.2.10. 2020두47564).

01 (구)「표시·광고의 공정화에 관한 법률」 위반을 이유로 한 공정거래위원회의 경고의결은 당해 표시·광고의 위법을 확인하되 구체적인 조치까지는 명하지 않은 것이므로 행정처분에 해당하지 않는다.
16 국회8급   (O / X)

ⓑ (구)「표시·광고의 공정화에 관한 법률」 위반을 이유로 한 공정거래위원회의 경고의결이 행정처분에 해당하는지 여부(적극) [16 국회직 8급] 01

(구)「표시·광고의 공정화에 관한 법률」(2011.9.15. 법률 제11050호로 개정되기 전의 것) 위반을 이유로 한 공정거래위원회의 경고의결은 당해 표시·광고의 위법을 확인하되 구체적인 조치까지는 명하지 않는 것으로 사업자가 장래 다시 「표시·광고의 공정화에 관한 법률」 위반행위를 할 경우 과징금 부과 여부나 그 정도에 영향을 주는 고려사항이 되어 사업자의 자유와 권리를 제한하는 행정처분에 해당한다(대판 2013.12.26. 2011두4930).

ⓑ 공무원이 소속 장관으로부터 받은 서면에 의한 경고가 「국가공무원법」상의 징계처분이나 행정소송의 대상이 되는 행정처분이라고 할 수 없어 그 취소를 구할 법률상의 이익이 없다

공무원이 소속 장관으로부터 받은 '직상급자와 다투고 폭언하는 행위 등에 대하여 엄중 경고하니 차후 이러한 사례가 없도록 각별히 유념하기 바람'이라는 내용의 서면에 의한 경고가 공무원의 신분에 영향을 미치는 「국가공무원법」상의 징계의 종류에 해당하지 아니하고, 근무충실에 관한 권고행위 내지 지도행위로서 그때문에 공무원으로서의 신분에 불이익을 초래하는 법률상의 효과가 발생하는 것도 아니므로, 경고가 「국가공무원법」상의 징계처분이나 행정소송의 대상이 되는 행정처분이라고 할 수 없어 그 취소를 구할 법률상의 이익이 없다(대판 1991.11.12. 91누2700).

정답 | 01 X

④ **사실행위**: 권리나 의무의 변동을 일으키지 않는 사실행위는 원칙적으로 행정행위가 될 수 없다. 하지만 권력을 이용한 사실행위(권력적 사실행위)는 항고소송대상인 처분으로 인정하는 것이 일반적이며 대법원도 같은 입장이다.

> **관련 판례**
>
> Ⓐ **징병검사 시의 신체등위판정이 행정처분인지 여부** [17 서울시 9급, 10 국가직 9급, 10 지방직 9급] **01**
>
> 「병역법」상 신체등위판정은 행정청이라고 볼 수 없는 군의관이 하도록 되어 있으며, 그 자체만으로 바로 「병역법」상의 권리의무가 정하여지는 것이 아니라 그에 따라 지방병무청장이 병역처분을 함으로써 비로소 병역의무의 종류가 정하여지는 것이므로 항고소송의 대상이 되는 행정처분이라 보기 어렵다(대판 1993.8.27. 93누3356).
>
> Ⓑ **교통법규 위반에 대한 벌점부과행위는 행정처분이 아니다**
>
> 교통법규를 위반한 경우에 부과되는 벌점은 운전면허의 취소나 정지처분을 위한 기초 자료에 불과하므로, 벌점부과행위 그 자체는 국민의 권리를 제한하거나 의무를 부과하는 행정처분으로 볼 수 없고, 따라서 행정소송의 대상이 되지 않는다(대판 1994.8.12. 94누2190).
>
> Ⓑ **단수처분은 항고소송대상인 처분이다 02**
>
> 단수처분을 두고 그것이 항고소송의 대상이 되는가에 관하여 원심이 약간의 의문을 가지고 있었음이 판시이유에서 간취된다 하더라도 결론에 있어 항고소송의 대상이 되는 것으로 보고 판단하고 있으니 이 점에 관한 원심의 판단은 결국 원고들의 주장과도 일치하여 원고들 스스로 이를 탓할 수도 없으므로 논지 이유 없다(대판 1979.12.28. 79누218).

(3) 행정행위는 행정청의 '공법행위'

'공법행위'란 법적 효과가 공법적이라는 뜻이 아니고 행정주체와 사인 간 관계가 부대등관계임을 말한다. 즉, 행위의 근거가 공법적이라는 것이다.

(4) 행정행위는 행정청의 구체적 사실에 관한 법집행행위

① **개별적·구체적 규율**: 가장 기본적인 형태의 행정행위이다(⑩ 갑에게 조세 부과, 을에게 운전면허 등).

② **일반적·구체적 규율**
   ㉠ 이 경우를 '일반처분'이라 부른다. 일반처분이란 그 인적 규율대상이 불특정다수인(일반인)이지만 시간적·공간적으로는 특정된 사항만을 규율하는 경우, 즉 일반적·구체적 규율을 말한다. **03 04**
   ㉡ 예로는 용도지역 변경행위, 도시계획결정, 기준시가 공시, 공용개시, 의사표시, 「국토의 계획 및 이용에 관한 법률」에 의한 도시계획결정, 통행금지, 통행금지 해제 등을 들 수 있고, 이는 행정행위의 일종이며 항고소송의 대상이 된다. **05 06**

> **관련 판례**
>
> Ⓑ 지방경찰청장이 횡단보도(지하도나 육교 그 밖의 횡단시설)를 설치하여 보행자의 통행방법 등을 규제하는 것은 행정청이 특정사항에 대하여 의무의 부담을 명하는 행위이고, 이는 국민의 권리의무에 직접 관계있는 행위로서 행정처분이라고 보아야 한다(대판 2000.10.27. 98두896)

개념확인 O/X

01 군의관이 행하는 「병역법」상 신체등위판정은 항고소송대상인 행정처분에 해당한다.
(O / X)

02 항고소송대상인 행정행위는 국민이나 주민의 권리의무에 변동을 일으키는 법적인 규율행위이지만 사실행위라도 수인의무를 갖는 경우에는 그러한 한도에서 행정행위로 볼 수 있다.
(O / X)

03 행정행위는 행정청의 구체적 사실에 관한 법집행작용으로 행정청에 의한 법의 제정작용은 행정행위라 볼 수 없다.
(O / X)

04 행정행위는 구체적인 법집행행위여야 하므로, 행정을 구체적으로 집행하기 전단계인 내부적 결정행위는 행정행위가 아니다.
(O / X)

05 도로의 공용개시 또는 통행금지는 불특정다수인을 대상으로 하는 일반처분의 예이다.
(O / X)

06 정보통신윤리위원회(행위 당시)가 특정 인터넷 웹사이트를 청소년유해매체물로 결정하고 청소년보호위원회(행위 당시)가 효력발생시기를 명시하여 고시하는 행위는 「행정소송법」상의 처분에 해당한다.
10 지방9급 (O / X)

| 정답 | 01 X 02 O 03 O 04 O 05 O 06 O

ⓒ 종류
  ⓐ **대인적 일반처분**: 직접 규율대상이 사람을 대상으로 하는 경우이고 시간이나 장소에 대하여서는 간접적으로 법적 효력을 미친다(ⓔ 특정일·특정시간·특정장소에서의 집회행위의 금지조치, 일정시간 이후의 통행금지 등).
  ⓑ **대물적 일반처분**: 직접 규율대상이 물건의 성질이나 상태, 설비 등이고 사람에 대하여서는 간접적으로 법적 효력이 미친다(ⓔ 도로의 공용지정·폐지행위, 교통표지판에 의한 교통제한지, 일방통행구역표지, 주정차금지구역표지, 속도제한, 개별공시지가 등). 01
  ⓒ **물건의 이용관계에 관한 규율행위로서의 일반처분**: 공중에 의한 물건의 이용관계에 대하여 규율하는 행위에 대하여 우리나라는 행정상의 입법행위인 행정규칙으로 다룬다.
  ⓓ **일반처분에 대한 취소판결의 대세효**: 일반처분의 수명자인 불특정다수인 중의 일부가 취소소송을 제기하여 취소판결을 받게 되면 소송을 제기하지 않은 제3자는 당해 취소판결을 원용할 수 있는지 견해의 대립이 있으나, 긍정하는 견해가 일반적이다. 행정청이 법원의 판단을 존중하여 처분을 직권취소하면 이러한 문제는 없다.

③ **개별적·추상적 규율**(특정인·불특정사건의 규율): 행정행위에 해당한다고 본다(ⓔ 공장장은 도로에 빙판이 생길 때마다 수시로 빙판을 제거하라).

④ **일반적·추상적 규율**: 법규 제정인 입법행위에 해당한다(ⓔ 중앙선을 침범하지 말라).

구분	구체적	추상적
개별적	행정행위(특정인, 구체적)	행정행위(개별적, 추상적)
일반적	행정행위(일반처분, 불특정다수인)	법규(일반적, 추상적)

(5) 권력적 단독행위

행정주체의 우월성이 인정되는 점에서 비권력행위인 관리행위(공법상 계약, 합동행위)와 구별되며, 행정소송 중 항고소송의 대상이 된다. 02 03

(6) 거부처분 또는 거부행위 [빈출]

사인의 공법행위 중 행정행위의 신청이 있는 경우 그것을 거부하는 행정작용은 행정행위에 해당하는 거부 또는 거부행위이다.

다만, 거부행위가 처분이 되기 위한 요건은 다음과 같다.

> **결정적 코멘트** 거부가 처분이 되기 위한 요건으로서 정당한 신청권의 여부, 행정계획에서의 예외적 신청권의 인정은 출제빈도가 높은 부분이다. 이해와 암기를 요한다.

① 그 신청에 따른 행정행위를 해 줄 것을 요구할 수 있는 법규상 또는 조리상의 신청권이 있어야 한다. 이 경우 정당한 신청권 여부는 신청에 대한 인용의 결과를 전제로 하지 않는다 04 05
판례에 의하면 "국민의 적극적 신청행위에 대하여 행정청이 그 신청에 따른 행위를 하지 않겠다고 거부한 행위가 항고소송의 대상이 되는 행정처분에 해당하는 것이라고 하려면, 그 신청한 행위가 공권력의 행사 또는 이에 준하는 행정작용이어야 하고, 그 거부행위가 신청인의 법률관계에 어떤 변동을 일으키는 것이어야 하며, 그 국민에게 그 행위발동을 요구할 법규상 또는 조리상의 신청권이 있어야만 한다(대판 2003.9.26. 2003두5075)."고 한다.
  ㉠ **도시계획 등 국토이용(행정계획)에 대한 변경신청권의 인정문제**
    ⓐ **원칙**: 원칙적으로 행정계획(변경, 유지, 존속 등)에 대해 신청권을 인정하고 있지 않다. 따라서 행정계획에 대한 이해관계인의 신청에 대해 행정청이 이를 거부한 경우 원칙적으로 항고소송대상이 될 수 없다.

개념확인 O/X

01 주차금지구역 설정행위는 일반성과 구체성을 띠는 법적 규율로서 항고소송대상이 된다고 할 수 있다.
(O/X)

02 행정행위는 권력적인 행위로서 행정지도와 같은 비권력적 행위는 행정행위가 아니다.
(O/X)

03 항고소송대상인 행정행위는 행정청이 우월적인 지위에서 행하는 것이지만, 상대방의 동의나 신청 등의 협력이 필요한 경우에도 행정행위에 포함될 수 있다.
(O/X)

04 신청에 대한 거부가 직권으로 취소되거나 행정쟁송을 통해 취소되지 않은 상태에서 행정청이 사유를 추가하여 다시 거부하는 행위는 무효에 해당한다.
(O/X)

05 행정청의 거부가 항고소송대상인 처분이 되기 위한 조건인 정당한 신청권에 기한 신청권에서 정당한 신청권이란 신청에 대한 인용의 결과를 전제로 한다.
(O/X)

| 정답 | 01 O 02 O 03 O 04 O 05 X

관련 판례

B 원칙적으로 주민에게는 계획의 변경을 신청할 권리가 없다

주민이 국토이용계획의 변경에 대하여 신청을 할 수 있다는 규정이 없을 뿐만 아니라, 국토건설종합계획의 효율적인 추진과 국토이용질서를 확립하기 위한 국토이용계획은 장기성·종합성이 요구되는 행정계획이어서 그 계획이 일단 확정된 후에 어떤 사정의 변동이 있다고 하여 지역주민이나 일반 이해관계인에게 일일이 그 계획의 변경을 신청할 권리를 인정하여 줄 수 없다(대판 2003.9.26. 2003두5075).

ⓑ 예외: 대법원은 행정계획에 대한 신청권을 일부 인정하는 경우가 있다.

관련 판례

B 도시계획 등을 변경하는 것이 허가의 전제가 되고 그러한 계획변경을 불허가하는 결정이 실질적으로 당해 허가를 거부하게 되는 경우 01 02

(구)「폐기물관리법」 제26조, 같은 법 시행규칙 제17조 등에 의하면 폐기물처리사업계획의 적정 통보를 받은 자는 장래 일정한 기간 내에 관계 법령이 규정하는 시설 등을 갖추어 폐기물처리업 허가신청을 할 수 있는 법률상 지위에 있다고 할 것인바, 피고로부터 폐기물처리사업계획의 적정 통보를 받은 원고가 폐기물처리업 허가를 받기 위하여는 이 사건 부동산에 대한 용도지역을 '농림지역 또는 준농림지역'에서 '준도시지역(시설용지지구)'으로 변경하는 국토이용계획변경이 선행되어야 하고, 원고의 위 계획변경신청을 피고가 거부한다면 이는 실질적으로 원고에 대한 폐기물처리업 허가신청을 불허하는 결과가 되므로, 원고는 위 국토이용계획변경의 입안 및 결정권자인 피고에 대하여 그 계획변경을 신청할 법규상 또는 조리상 권리를 가진다고 할 것이다(대판 2003.9.23. 2001두10936).

B 도시계획구역 내 토지소유자는 입안권이 있다

1. 도시계획구역 내 토지 등을 소유하고 있는 주민으로서는 입안권자에게 도시계획입안을 요구할 수 있는 법규상 또는 조리상의 신청권이 있다고 할 것이고, 이러한 신청에 대한 거부행위는 항고소송의 대상이 되는 행정처분에 해당한다(대판 2004.4.28. 2003두1806).
2. (구)「국토의 계획 및 이용에 관한 법률」(2009.2.6. 법률 제9442호로 개정되기 전의 것) 제139조 제2항 및 이에 근거하여 제정된 지방자치단체 조례에 따라 광역시장으로부터 납골시설 등에 대한 도시관리계획 입안권을 위임받은 군수는 관할구역 도시관리계획의 입안권자이므로, 도시관리계획 구역 내 토지 등을 소유하고 있는 주민의 납골시설에 관한 도시관리계획의 입안제안을 반려한 군수의 처분은 항고소송의 대상이 되는 행정처분에 해당한다(대판 2010.7.22. 2010두5745).

B 도시계획시설결정에 이해관계가 있는 주민으로서는 도시시설계획의 입안권이 있다 03

도시계획구역 내 토지 등을 소유하고 있는 사람과 같이 당해 도시계획시설결정에 이해관계가 있는 주민으로서는 도시시설계획의 입안권자 내지 결정권자에게 도시시설계획의 입안 내지 변경을 요구할 수 있는 법규상 또는 조리상의 신청권이 있고, 이러한 신청에 대한 거부행위는 항고소송의 대상이 되는 행정처분에 해당한다(대판 2015.3.26. 2014두42742).

개념확인 O/X

01 일정 기간에 시설을 갖추어 허가를 신청할 수 있는 정당한 지위를 가진 자의 국토이용계획의 변경신청을 거부하면 실질적으로 허가를 거부하게 되는 경우에 예외적으로 계획에 대한 신청권을 인정할 수 있고 행정청의 거부는 처분이 될 수 있다는 것이 대법원의 입장이다.
(O / X)

02 폐기물처리업사업계획에 대하여 적정 통보를 하였다면 그 사업부지 토지에 대한 국토이용계획변경신청을 승인하여 주겠다는 취지의 공적인 견해표명을 한 것으로 볼 수 있다.
(O / X)

03 도시계획구역 내의 토지소유자와 달리 도시계획시설결정에 이해관계를 가진 주민은 도시시설계획에 대한 입안권을 가지지 못한다.
(O / X)

| 정답 | 01 O 02 X 03 X

개념확인 O/X

01 문화재보호구역 내의 주민이나 도지정문화재로부터 명예감정을 훼손받은 단체는 보호구역이나 문화재와 관련한 정당한 신청권을 가진다.
(O / X)

02 건축계획심의신청에 대한 반려행위는 항고소송대상인 처분이다.
(O / X)

03 대법원은 행정청에게 재량권의 일탈이나 남용이 없는 위법하지 않은 응답의 의무가 있어 신청인에게는 적법한 응답을 요구할 권리가 있다고 한다.
(O / X)

ⓑ **산업단지개발계획에 대한 변경신청권 여부**

> 산업단지개발계획상 산업단지 안의 토지소유자로서 산업단지개발계획에 적합한 시설을 설치하여 입주하려는 자에게 산업단지지정권자 또는 그로부터 권한을 위임받은 기관에 대하여 산업단지개발계획의 변경을 요청할 수 있는 법규상 또는 조리상 신청권이 인정되며, 이러한 신청에 대한 거부행위가 항고소송의 대상이 되는 행정처분에 해당한다(대판 2017.8.29. 2016두44186).

ⓑ **문화재보호구역 지정해제 요구권** 01

> 문화재보호구역 내에 있는 토지소유자 등에게 문화재보호구역의 지정해제를 요구할 수 있는 법규상 또는 조리상의 신청권이 있다(대판 2004.4.27. 2003두8821).

ⓑ **도지정문화재 지정처분의 취소나 해제신청권은 인정하지 않는다**

> (구)「문화재보호법」상의 도지정문화재 지정처분으로 인하여 불이익을 입거나 입을 우려가 있다는 사정을 이유로 특정 개인에게 그 지정처분의 취소 또는 해제를 구할 조리상 신청권이 인정되지 않는다(대판 2001.9.28. 99두8565).

ⓑ **건축계획심의신청에 대한 반려처분이 항고소송의 대상이 되는 행정처분에 해당한다** 02

> 건축허가를 신청하려는 사람이 직접 건축위원회의 심의를 신청할 수 있음을 전제하고 있는 「건축법」 부칙(2001.9.28.)의 규정과 건축허가를 신청하려는 사람으로 하여금 건축허가 신청 이전에 먼저 건축위원회의 심의를 신청하도록 규정하고 있는 일부 지방자치단체의 조례 등을 더하여 보면, 법규상 내지 조리상으로 원고에게 건축계획심의를 신청할 권리도 있다고 할 것이므로, 건축계획심의신청에 대한 반려처분은 항고소송의 대상이 된다 할 것이다(대판 2007.10.11. 2007두1316).

ⓒ **임용신청에 대한 거부의 처분성 여부**: 대법원은 검사임용신청거부처분사건과 기간제 국·공립대학 교수에 대한 임용거부사건에서 임용신청자로서 재량의 일탈이나 남용이 없는 적법한 응답을 요구할 권리나 합리적 기준에 의한 공정한 심사를 요구할 정당한 신청권을 인정하였으나, 국·공립 대학교원 임용지원자에게 임용 여부에 대한 응답신청권은 부정하였다.

관련 판례

ⓑ **검사임용신청권(긍정)** 03

> 적어도 재량권의 한계 일탈이나 남용이 없는 위법하지 않은 응답을 할 의무가 임용권자에게 있고 이에 대응하여 임용신청자로서도 재량권의 한계 일탈이나 남용이 없는 적법한 응답을 요구할 권리가 있다고 할 것이며, 이러한 응답신청권에 기하여 재량권 남용의 위법한 거부처분에 대하여는 항고소송으로서 그 취소를 구할 수 있다(대판 1991.2.12. 90누5825).

ⓑ **기간제로 임용된 국·공립대학 교수에 대한 재임용거부의 처분성(긍정)**

> 기간제로 임용되어 임용기간이 만료된 국·공립대학의 조교수는 교원으로서의 능력과 자질에 관하여 합리적인 기준에 의한 공정한 심사를 받아 위 기준에 부합되면 특별한 사정이 없는 한 재임용되리라는 기대를 가지고 재임용 여부에 관하여 합리적인 기준에 의한 공정한 심사를 요구할 법규상 또는 조리상 신청권을 가진다고 할 것이니, 임용권자가 임용기간이 만료된 조교수에 대하여 재임

| 정답 | 01 X 02 O 03 O

용을 거부하는 취지로 한 임용기간만료의 통지는 위와 같은 대학교원의 법률관계에 영향을 주는 것으로서 행정소송의 대상이 되는 처분에 해당한다(대판 2004.4.22. 2000두7735 전합).

B 국·공립 대학교원 임용지원자에게 임용 여부에 대한 응답신청권(부정)

국·공립 대학교원에 대한 임용권자가 임용지원자를 대학교원으로 임용할 것인지 여부는 임용권자의 판단에 따른 자유재량에 속하는 것이어서, 임용지원자로서는 임용권자에게 자신의 임용을 요구할 권리가 없을 뿐 아니라, 임용에 관한 법률상 이익을 가진다고 볼 만한 특별한 사정이 없는 한, 임용 여부에 대한 응답을 신청할 법규상 또는 조리상 권리가 있다고도 할 수 없다(대판 2003.10.23. 2002두12489).

② 거부행위가 공권력의 행사에 의한 거부이어야 한다

공행정작용이 아닌 사경제작용에서의 거부는 항고소송대상인 처분이 될 수 없다. 대법원은 국유 일반재산(구, 잡종재산)의 대부신청의 거부는 항고소송의 대상인 처분이 되지 못한다는 입장이다. 01 02

관련 판례

B 지방자치단체장이 국유 잡종재산(현, 일반재산) 대부신청을 거부한 것이 행정처분인지 여부

지방자치단체장이 국유 잡종재산(현, 일반재산)을 대부하여 달라는 신청을 거부한 것은 항고소송의 대상이 되는 행정처분이 아니므로 행정소송으로 그 취소를 구할 수 없다(대판 1998.9.22. 98두7602).

③ 거부행위로 개인의 권익의 직접적 침해가 발생하여야 한다

관련 판례 거부와 관련된 판례

B 수익적 행정처분을 구하는 신청에 대한 거부처분이 있은 후 당사자가 새로운 신청을 하는 취지로 다시 신청을 하였으나 행정청이 이를 다시 거절한 경우, 새로운 거부처분인지 여부(적극)

수익적 행정처분을 구하는 신청에 대한 거부처분은 당사자의 신청에 대하여 관할 행정청이 이를 거절하는 의사를 대외적으로 명백히 표시함으로써 성립된다. 거부처분이 있은 후 당사자가 다시 신청을 한 경우에는 신청의 제목 여하에 불구하고 그 내용이 새로운 신청을 하는 취지라면 관할 행정청이 이를 다시 거절하는 것은 새로운 거부처분이라고 보아야 한다. 관계 법령이나 행정청이 사전에 공표한 처분기준에 신청기간을 제한하는 특별한 규정이 없는 이상 재신청을 불허할 법적 근거가 없으며, 설령 신청기간을 제한하는 특별한 규정이 있더라도 재신청이 신청기간을 도과하였는지는 본안에서 재신청에 대한 거부처분이 적법한가를 판단하는 단계에서 고려할 요소이지, 소송요건 심사단계에서 고려할 요소가 아니다(대판 2021.1.14. 2020두50324).

B 산림용도변경신청에 대한 행정청의 거부행위는 항고소송의 대상이 아니다

적극적 행정행위신청에 대해 행정청이 거부한 행위가 항고소송의 대상이 되려면 그 신청에 따른 행위를 요구할 수 있는 법규상 또는 조리상 권리가 있어야 하는데 산림훼손용도변경신청은 「산림법」이나 시행령에 규정이 없고 용도변경을 허용하는 산림청훈령인 산림의 형질변경허가 및 복구요령은 행정청 내부의 사무처리준칙에 불과하므로, 거부행위는 항고소송대상이 아니다(대판 1998.10.13. 97누13764).

개념확인 O/X

01 국유 일반재산에 대한 대부신청을 행정청이 거부하였다고 해도 이는 항고소송대상이 되지 않는다.
(O / X)

02 학자금대부신청에 대한 거부를 항고소송대상인 처분으로 볼 수 없다.
(O / X)

개념확인 O/X

🅑 **문화재구역 내 토지소유자는 문화재청장에게 재결신청의 청구를 할 수 있는 권리가 없다**

문화재구역 내 토지소유자 갑이 문화재청장에게 (구)「공익사업을 위한 토지 등의 취득 및 보상에 관한 법률」제30조 제1항에 의한 재결신청 청구를 하였으나, 문화재청장은 위 법 제30조 제2항에 따른 관할 토지수용위원회에 대한 재결신청 의무를 부담하지 않는다는 이유로 거부 회신을 받은 사안에서, 위 회신은 항고소송의 대상이 되는 거부처분에 해당하지 않는다(대판 2014.7.10. 2012두22966).

🅑 **공사중지명령 해제요구권의 인정 여부(긍정)**

지방자치단체장이 공장시설을 신축하는 회사에 대하여 사업승인 내지 건축허가 당시 부가하였던 조건을 이행할 때까지 신축공사를 중지하라는 명령을 한 경우, 위 회사에게 중지명령의 원인사유가 해소되었음을 이유로 당해 공사중지명령의 해제를 요구할 수 있는 권리가 인정된다(대판 2007. 5.11. 2007두1811).

관련 판례 | 처분성이 인정된 판례

🅑 **개별토지가격결정은 항고소송대상인 처분이다** [19 서울시 7급] 01

01 시장·군수·구청장의 개별토지가격결정은 항고소송대상인 행정처분에 해당하지 아니한다.
(O / X)

시장·군수 또는 구청장의 개별토지가격결정은 관계 법령에 의한 토지초과이득세, 택지초과소유부담금 또는 개별부담금산정의 기준이 되며 국민의 권리나 의무 또는 법률상 이익에 직접적으로 관계되는 것으로서「행정소송법」제2조 제1항 제1호의 소정의 행정청이 행하는 구체적 사실에 관한 법집행으로서 공권력행사이므로 항고소송의 대상이 되는 행정처분에 해당한다(대판 1994.2.8. 93누111).

🅑 **(구)「도시계획법」제12조 소정의 도시계획결정 고시는 항고소송대상인 처분이다** 02

02 행정청에 의해서 이루어지는 도시기본계획과 도시계획결정은 항고소송 대상인 처분이다.
(O / X)
※ 도시기본계획은 처분이 아님

「도시계획법」제12조 소정의 도시계획결정이 고시되면 도시계획구역 안의 토지나 건물소유자의 토지형질변경, 건축물의 신축·개축 또는 증축 등 권리행사가 일정한 제한을 받는바, 이런 점에서 볼 때 고시된 도시계획결정은 특정 개인의 권리 내지 법률상 이익을 개별적이고 구체적으로 규제하는 효과를 가져오게 하는 행정청의 처분이라 할 것이고, 이는 행정소송의 대상이 되는 것이라 할 것이다(대판 1982.3.9. 80누105).

🅑 **지방자치단체가 한 그 소유토지의 무단점유자에 대한 변상금납부통지는 처분이다** 03

03 행정청의 국유재산 무단점유자에 대한 변상금부과행위는 공법관계로서 항고소송대상이 되는 처분이다.
(O / X)

지방자치단체가 그 소유토지의 무단점유자에 대하여 변상금을 징수하기로 하여 변상금액을 산정 결정한 다음 위 변상금을 납부하라는 통지를 하였다면 이는 형식상「지방재정법」제87조 제1항에 의한 변상금의 납부통지라고 보아야 하고, 이것이 단순히 부당이득금의 반환을 구하는 최고의 의미밖에 없다든가 행정처분이 아닌 사법상의 법률행위라고 할 수는 없다(대판 1990.11.27. 90누5740).

🅑 **금융감독위원회의 부실금융기관에 대한 계약이전결정은 행정처분이다**

금융감독위원회가 (구)「금융산업의 구조개선에 관한 법률」제14조 제2항에 의해 부실금융기관에 대하여 내린 계약이전결정은 금융거래상의 지위가 이전되는 사법거래상의 법률효과를 가져오는 행정처분에 해당한다(대판 2002.4.12. 2001다38807).

| 정답 | 01 X 02 X 03 O

| 관련 판례 | 처분성이 부정된 판례

ⓑ 「지방공무원법」 제67조의2 소정의 고충심사결정이 행정상 쟁송의 대상이 되는 행정처분인지 여부

「지방공무원법」 제67조의2에서 규정하고 있는 고충심사제도는 공무원으로서의 권익을 보장하고 적정한 근무환경을 조성하여 주기 위하여 근무조건 또는 인사관리 기타 신상문제에 대하여 법률적인 쟁송의 절차에 의하여서가 아니라 사실상의 절차에 의하여 그 시정과 개선책을 청구하여 줄 것을 임용권자에게 청구할 수 있도록 한 제도로서, 고충심사결정 자체에 의하여는 어떠한 법률관계의 변동이나 이익의 침해가 직접적으로 생기는 것은 아니므로 고충심사의 결정은 행정상 쟁송의 대상이 되는 행정처분이라고 할 수 없다(대판 1987.12.8. 87누657).

ⓑ 위법 건축물에 대한 행정청의 단전화·단전기의 요청은 권고행위일 뿐 행정처분이 아니다 01

「건축법」 제69조 제2항·제3항의 규정에 비추어 보면, 행정청이 위법 건축물에 대한 시정명령을 하고 나서 위반자가 이를 이행하지 아니하여 전기·전화의 공급자에게 그 위법 건축물에 대한 전기·전화공급을 하지 말아 줄 것을 요청한 행위는 권고적 성격의 행위에 불과한 것으로서 전기·전화공급자나 특정인의 법률상 지위에 직접적인 변동을 가져오는 것은 아니므로 이를 항고소송의 대상이 되는 행정처분이라고 볼 수 없다(대판 1996.3.22. 96누433).

> 개념확인 O/X
>
> 01 위법 건축물에 대한 단수요청이나 단전화의 요청행위는 특정인의 법률상 지위에 변동을 가져오는 항고소송대상인 처분이다.
> (O / X)

5 행정쟁송법상의 처분개념

(1) 처분의 개념

「행정심판법」 제2조 제1호에서 "처분이란 행정청이 행하는 구체적 사실에 관한 법집행으로서의 공권력의 행사 또는 그 거부 그 밖에 이에 준하는 행정작용을 말한다."라고 정의하고 있고, 「행정소송법」 제2조 제1항 제1호에서도 그 처분과 행정심판의 재결을 합쳐 처분 등이라 하고 있다. 따라서 「행정심판법」과 「행정소송법」은 항고쟁송의 대상을 처분으로 한정하고 있는데, 여기에서의 처분이 무엇을 의미하는지에 대하여 많은 논란이 있다.

학문상 '행정행위' 개념과 실정법상 '처분' 개념은 앞에서 살펴본 바와 같이 약간의 차이, 다시 말해 '그 밖에 이에 준하는 행정작용'이라는 문구가 실정법상 '처분' 개념에는 들어있기 때문에 항고소송이 되는 '처분'과 '행정행위'를 결국 동일한 개념으로 볼 것인지의 여부가 문제되는 것이다.

| 관련 법령 |

「행정심판법」 제2조【정의】 이 법에서 사용하는 용어의 뜻은 다음과 같다.
1. '처분'이란 행정청이 행하는 구체적 사실에 관한 법집행으로서의 공권력의 행사 또는 그 거부 그 밖에 이에 준하는 행정작용을 말한다.

「행정소송법」 제2조【정의】 ① 이 법에서 사용하는 용어의 정의는 다음과 같다.
1. '처분 등'이라 함은 행정청이 행하는 구체적 사실에 관한 법집행으로서의 공권력의 행사 또는 그 거부와 그 밖에 이에 준하는 행정작용(이하 '처분'이라 한다) 및 행정심판에 대한 재결을 말한다.

| 관련 판례 |

ⓑ 행정처분에 대한 판례의 태도

항고소송의 대상이 되는 행정처분이라 함은 행정청의 공법상의 행위로서 특정사항에 대하여 법규에 의한 권리의 설정 또는 의무의 부담을 명하거나 기타 법률상 효과를 발생하게 하는 등 국민의 구체적인 권리·의무에 직접적인 변동을 초래하는 행위를 말하는 것이다(대판 1995.11.21. 95누9099).

| 정답 | 01 X

실체법상 행정행위의 개념	쟁송법상의 처분의 개념
행정청이 법 아래에서	행정청이 행하는
구체적 사실에 관한	구체적 사실에 관한
법집행 행위로서의	법집행으로서
권력적 단독행위인 공법행위	공권력 행사 또는 그 거부 그 밖에 이에 준하는 행정작용

(2) 학설·판례의 입장

① 일원설(실체법적 개념설): 학문상의 '행정행위' = 쟁송법상의 '처분'

학문상의 행정행위와 쟁송법상의 처분을 동일하게 취급하는 일원설은 처분과 다른 행정작용과의 구별의 징표를 지우기 위해 노력하려는 입장이다. 일원적 행정행위(학문상·강학상 행정행위)설에서는 순수한 사실행위나 공법상 계약 또는 행정지도의 경우에는 행정소송 중 항고소송의 대상이 아니라 이행소송의 대상이나 당사자소송의 대상이 될 뿐이다.

② 이원설(쟁송법적 개념설): 학문상의 '행정행위 ≠ 쟁송법상의 '처분'(실질적 행정행위 + 형식적 행정행위) 01

㉠ 양자의 개념을 다른 것으로 보고 행정쟁송법상 처분개념의 범위를 확대하려는 입장이다.
㉡ 이원설을 취할 때 쟁송법상 행정처분은 실질적인 행정행위에 형식적 행정행위가 포함되는 것으로 보고 있다.
㉢ 형식적 행정행위의 개념은 일본에서 등장한 이론으로서 일본의 소송법상 항고소송의 대상이 되는 '행정청의 공권력 행사'에 한정되는 처분에, 비권력적 행위도 일정한 경우에 항고소송의 대상으로 삼아 항고소송의 범위를 확대하려는 견해로부터 나왔다.

관련 판례

B 공정거래위원회의 '표준약관 사용권장행위'가 항고소송의 대상이 되는지 여부(적극) 02

공정거래위원회의 '표준약관 사용권장행위'는 그 통지를 받은 해당 사업자 등에게 표준약관과 다른 약관을 사용할 경우 표준약관과 다르게 정한 주요내용을 고객이 알기 쉽게 표시하여야 할 의무를 부과하고, 그 불이행에 대해서는 과태료에 처하도록 되어 있으므로, 이는 사업자 등의 권리·의무에 직접 영향을 미치는 행정처분으로서 항고소송의 대상이 된다(대판 2010.10.14. 2008두23184).

A (구)「남녀차별금지 및 구제에 관한 법률」상 국가인권위원회의 성희롱결정 및 시정조치권고가 행정소송의 대상이 되는 행정처분에 해당하는지 여부(적극) [19 서울시 7급, 16 서울시 9급] 03

(구)「남녀차별금지 및 구제에 관한 법률」(2003.5.29. 법률 제6915호로 개정되기 전의 것) 제28조에 의하면, 국가인권위원회의 성희롱결정과 이에 따른 시정조치의 권고는 불가분의 일체로 행하여지는 것인데 국가인권위원회의 이러한 결정과 시정조치의 권고는 성희롱 행위자로 결정된 자의 인격권에 영향을 미침과 동시에 공공기관의 장 또는 사용자에게 일정한 법률상의 의무를 부담시키는 것이므로 국가인권위원회의 성희롱결정 및 시정조치권고는 행정소송의 대상이 되는 행정처분에 해당한다고 보지 않을 수 없다(대판 2005.7.8. 2005두487).

B 방송통신심의위원회의 시정요구가 항고소송의 대상인지 여부(적극)

행정기관인 방송통신심의위원회의 시정요구는 정보통신서비스제공자 등에게 조치결과 통지의무를 부과하고 있고, 정보통신서비스제공자 등이 이에 따르지 않는 경우 방송통신위원회의 해당 정보의 취급거부·정지 또는 제한명령이라는 법적 조치가 예정되어 있으며, 행정기관인 방송통신심의위원회가 표현의 자유를 제한하게 되는 결과의 발생을 의도하거나 또는 적어도 예상하였다 할 것이므로,

---

개념확인 O/X

01 실체법상의 행정행위와 쟁송법상의 처분을 구별하는 견해는 실체법상의 행정행위가 쟁송법상의 처분보다 그 범위가 더 넓다고 한다. (O / X)
※ 구분하는 견해는 쟁송법상 처분이 범위가 더 넓다고 함

02 공정거래위원회의 표준약관 사용권장행위는 사업자 등의 권리나 의무에 직접 영향을 미치는 행정처분으로 항고소송대상이 된다. (O / X)

03 국가인권위원회의 성희롱결정과 시정조치의 권고는 성희롱결정자의 인격권 등에 대한 영향을 미치는 행위로 항고소송대상인 처분이라 할 수 있다. (O / X)

| 정답 | 01 X 02 O 03 O

이는 단순한 행정지도로서의 한계를 넘어 규제적·구속적 성격을 갖는 것으로서 헌법소원 또는 항고소송의 대상이 되는 공권력의 행사라고 봄이 상당하다(헌재 2012.2.23. 2011헌가13).

③ 결어: 공권력행사와 이에 준하는 행정작용은 불확정개념이므로, 혼란이 적지 않아 어느 행위가 이 개념 속에 해당하는가는 소송의 당사자는 물론이고 법원 간에도 의견대립이 있을 수 있다. 따라서 소송에서 원고가 처분으로 오인하여 항고소송의 소를 제기한 경우, 법원은 심리결과 처분성이 없다고 판단된다면 (행정소송으로 제기해야 할 것을 민사소송으로 제기한 경우라도) 그것은 법률규정의 불명확성 때문인 것이므로 원고의 책임으로 돌려서는 안 되고, 해당 소를 각하할 것이 아니라 관할법원에 이송해야 한다는 것이 판례의 입장이나.

관련 판례

B 행정소송을 내야 할 것을 잘못해 민사소송으로 제기했다면 재판부는 소를 각하할 것이 아니라 관할권이 있으면 행정소송으로 심리·판결해야 하고 관할권이 없다면 관할법원으로 이송해야 한다(대판 1997.5.30. 95다28960)

6 행정행위의 특수성

(1) 법적합성

법의 지배의 원리가 지배하는 실질적 법치국가에 있어서 행정행위는 공권력행사에 해당하여 법에 의거하여 행해져야 하며 내용 또한 실체법적으로나 절차법적으로 법에 적합해야 한다.

(2) 공정성

행정행위가 위법·부당하여 하자가 있을지라도 중대하고 명백한 하자로 인하여 당연무효가 되는 경우를 제외하고는 권한 있는 기관이 취소할 때까지는 잠정적으로 유효하다는 추정을 받는다.

(3) 존속성(확정성)

행정행위는 쟁송제기기간이 경과했거나 심급이 완료되었을 경우에 행정객체는 이를 더 이상 다툴 수 없다(불가쟁성). 또한 행정주체도 일정한 행위에 대해 새로운 사정이나 흠 등을 이유로 자유로이 취소나 철회 또는 변경할 수 없다(불가변성).

(4) 강제성

일정한 행정행위에 대해서 행정청은 행정의사의 실효성을 담보하기 위해 자력집행과 제재를 가할 수 있다.

(5) 권리구제의 특수성

민사상의 분쟁과는 달리 행정행위를 둘러싼 분쟁에는 행정상의 손해전보제도 및 행정쟁송절차상의 특수성이 인정되고 있다.

02 행정행위의 종류

1 행정행위의 분류

(1) 행정주체에 따른 분류

국가의 행정행위와 다른 행정주체(공공단체, 수권사인)의 행정행위, 그리고 사람에 의한 행정행위와 자동화작용에 의한 행정행위로 나눌 수 있다.

(2) 법률효과의 성질에 따른 분류

① 수익적 행정행위: 국민에게 권리·이익을 부여하거나 권리의 제한을 없애는 행정행위를 말한다. 즉, 허가·면제·인가·특허 또는 부담적 행정행위의 철회, 수익적 행정행위 취소의 취소 등이 있다.

② 부담적 행정행위(부과적·침익적 행정행위·불이익처분): 국민에게 의무를 부과하거나 권리·이익을 거부·침해하는 등 상대방에 불리한 효과를 발생시키는 행정행위를 말한다. 즉, 명령·금지·박권행위, 수익적 행정행위의 취소나 철회 등이 있다.

수익적 행정행위	부담적 행정행위
• 법률유보원칙이 완화되어 적용 • 자유재량성이 강함 • 일반적으로 상대방의 신청을 요함 • 행정강제와 거리가 멂 • 행정절차적 통제 완화 • 원칙적으로 부관을 붙일 수 있음 • 거부처분이나 부작위 시 행정쟁송이나 행정상 손해전보에 의한 구제 가능	• 법률유보원칙이 엄격히 적용 • 기속행위성이 강함 • 행정청의 직권에 의해 이루어짐 • 의무 위반이나 불이행에 대하여 의무실현의 강제성 인정 • 행정절차적 통제 엄격(「행정절차법」 및 개별법) • 원칙적으로 부관을 붙일 수 없음 • 침해 시 행정쟁송이나 행정상 손해전보가 마련되어 있음

③ 이중효과적 행정행위(복효적·복합적·제3자효 행정행위): 하나의 행정행위에 수익적 효과와 침해적 효과가 병존된 행위를 말한다. 이에 대한 내용은 후술한다.

(3) 행정주체의 처분에 대한 선택가능성 존부에 따른 분류

① 기속행위: 엄격하게 법의 기속을 받아 행정주체에게 행정행위의 선택가능성이 없는 경우를 말한다.

② 재량행위: 행정주체에게 행정행위의 선택가능성이 부여된 행위를 말한다.

(4) 행정행위의 대상에 따른 분류

① 대인적 행정행위: 사람의 지식·지능·경험과 같은 개인적 사정에 착안하여 행하여지는 행정행위를 말한다(⑩ 자동차 운전면허, 의사면허, 인간문화재 지정 등). 성질상 효과가 일신전속적이기 때문에 이전·상속·대리할 수 없는 특징이 있다.

② 대물적 행정행위: 물건의 시설이나 설비, 구조 등의 객관적 사정을 고려하여 직접 물건에 대하여 법률상의 효과를 부여하며, 그에 법률관계를 형성하는 행정행위를 말한다(⑩ 공물의 공용개시, 국립공원의 지정, 건축물 준공검사, 건축허가, 자동차검사증교부 등). 대물적 행정행위의 효과는 일신전속적인 성질이 아니라서 다른 사람에게 이전 등이 가능하나, 행정기관의 승인을 받거나 신고하게 하는 것이 보통이다. 01

---

01 주류제조업면허는 제조장 단위의 이전성이 인정되는 소위 대물적 허가로서 허가받은 자의 인격변동이 당연히 허가취소사유에 해당하는 것은 아니다.
11 국회9급 (O / X)

| 정답 | 01 O

> **관련 판례**
>
> Ⓑ 석유판매업의 등록은 대물적 허가이다 01
>
> > 석유판매업 등록은 원칙적으로 대물적 허가의 성격을 갖고, 또 석유판매업자가 같은 법 제26조의 유사석유제품 판매금지를 위반함으로써 같은 법 제13조 제3항 제6호, 제1항 제11호에 따라 받게 되는 사업정지 등의 제재처분은 사업자 개인의 자격에 대한 제재가 아니라 사업의 전부나 일부에 대한 것으로서 대물적 처분의 성격을 갖고 있으므로, 위와 같은 지위승계에는 종전 석유판매업자가 유사석유제품을 판매함으로써 받게 되는 사업정지 등 제재처분의 승계가 포함되어 그 지위를 승계한 자에 대하여 사업정지 등의 제재처분을 취할 수 있다(대판 2003.10.23. 2003두8005).

③ **혼합적 행정행위**: 개인의 능력이나 자격 등의 인적 요건과 시설 및 설비 등의 객관적인 물적 요건 양쪽 요소를 아울러 정하고 있는 경우의 행정행위를 말한다[⑩ 총포·화약류영업허가, 석유·가스사업허가, 약국영업허가 등(이전성이 제한되는 것이 보통이다)].

(5) 상대방의 협력을 요건으로 하는지 여부에 따른 분류

① **일방적 행정행위(협력을 요하지 않는 행정행위, 독립적 행정행위)**: 상대방의 협력이나 상대방의 의사와 관계없이 행정청이 직권에 의해 일방적으로 행하는 행정행위를 말한다(⑩ 조세부과, 경찰하명, 허가의 취소, 공무원의 징계). 부담적·침익적 행정행위가 대체로 이에 속한다.

② **쌍방적 행정행위(협력을 요하는 행정행위)**: 상대방의 신청·동의·출원 등을 요건으로 행해지는 행정행위를 말한다(⑩ 영업허가신청에 대한 허가). 협력을 요하는 행정행위는 그 협력이 행정행위의 단순한 동기냐 또는 전제요건이냐에 따라 다시 신청을 요하는 행정행위(⑩ 귀화허가, 공기업·공물사용의 특허 등)와 동의를 요하는 행정행위(⑩ 공무원 임명 등)로 구분된다. 02

(6) 행위형식을 요하는지 여부에 따른 분류

① **요식행위**: 일정한 행위형식을 요하는 행정행위로서 준법률행위적 행정행위는 요식행위임이 원칙이다(⑩ 대집행 계고, 행정쟁송의 제기, 납세독촉, 행정심판의 재결 등).

② **불요식행위**: 일정한 행위형식을 요하지 않는 행정행위로서 법률행위적 행정행위는 불요식행위임이 원칙이다.

(7) 상대방의 수령을 요하는지 여부에 따른 분류

① **수령을 요하는 행정행위**: 의사표시가 상대방에게 도달되어야만 효력이 발생하는 행정행위를 말한다.

② **수령을 요하지 않는 행정행위**: 상대방이 불특정 다수인이거나 특정된 경우에도 주소·거소가 불분명할 때는 공시·공고가 효력발생요건이다.

(8) 현재의 상태에 변경을 가져오는지 여부에 따른 분류

① **적극적 행정행위**: 현재의 법률상태에 변동을 가져오는 행위로서 하명·허가·특허·인가 등이다.

② **소극적 행정행위**: 현재의 법률상태에 변동이 없는, 즉 법률상태를 존속시키는 각종 거부나 부작위가 이에 해당한다. 상대방의 신청에 대한 방치는 법령상 이를 거부처분으로 간주한다는 규정이 없는 한 단순한 부작위에 그치고 거부처분이 되는 것은 아니다.

개념확인 O/X

01 대법원에 의하면 석유판매업허가는 대물적 허가로서 지위승계가 가능하다.
(O / X)

02 행정행위는 권력적 작용이지만 상대방의 신청이나 동의에 의해 성립하는 경우도 있다.
(O / X)

(9) 행정행위의 내용에 따른 분류

① **법률행위적 행정행위**: 의사표시를 요소로 하고 그 효과의사의 내용에 따라서 효과가 발생하는 행정행위이며, 원칙적으로 부관을 붙일 수 있다. 명령적 행정행위(예 하명, 허가, 면제)와 형성적 행정행위(예 특허, 인가, 대리)가 있다.

② **준법률행위적 행정행위**: 의사표시 이외의 정신작용의 표시를 요소로 하고 법규가 정하는 바에 따라 법률적 효과가 발생하는 행위이며 부관을 붙일 수 없다(예 확인, 공증, 통지, 수리).

(10) 상대방을 표준으로 한 분류

① **개별적·구체적 규율**: 가장 기본적인 행정행위이다(예 갑에게 양도소득세부과).

② **일반적·구체적 규율(일반처분)**: 불특정다수인을 상대로 한 특정의 규율행위이다(예 입산 금지).

③ **개별적·추상적 규율**: 특정인을 상대로 한 불특정의 규율행위이다(예 공장장은 도로의 결빙을 제거하라).

(11) 의사결정단계를 표준으로 한 분류(다단계행정)

① **부분허가(일부허가·부분승인)**

  ㉠ **의의**: 전체에 대한 허가에 대하여 보다 구체적 검토가 필요한 것으로 판단되는 경우에 일단 그 가분적 일부에 대해 허가하는 경우(예 다세대 건축허가신청에 대한 가분적 일부허가)인바, 일부이지만 종국적 법적 효과가 발생하는 행정행위이다[예 (구)「원자력법」(현 「원자력 진흥법」)의 건설허가 전 제한공사승인, (구)「주택법」의 건축물의 동별 사용허가의 경우 등].

  ㉡ **효과**: 부분허가를 받은 자는 그 부분의 범위 내에서 행위를 할 수 있으며, 행정청은 나머지 부분에 대한 결정에서 부분허가의 내용과 상충되는 행위를 할 수 없다(부분허가는 최종적 결정에 대한 구속효를 가진다).

> **관련 판례**
>
> ⑧ (구)「원자력법」상의 원자로 및 관계시설의 건설허가 전에 행하는 부지에 대한 제한공사승인은 부분허가에 해당한다 01
>
> 「원자력법」 제11조 제3항 소정의 부지사전승인제도는 원자로 및 관계시설을 건설하고자 하는 자가 건설허가 전에 미리 승인을 받는 제도로서 … (중략) … 원자로 및 관계시설의 부지 사전승인처분은 독립한 행정처분이기는 하지만 사전적 부분건설허가 처분의 성질을 갖고 있는 것이어서 나중에 건설허가 처분이 있게 되면 그 건설허가처분에 흡수되어 독립된 존재가치를 상실함으로써 그 건설허가처분만이 쟁송의 대상이 되는 것이므로, 부지 사전승인처분의 취소를 구하는 소는 소의 이익을 잃게 되고, 따라서 부지 사전승인처분의 위법성은 나중에 내려진 건설허가처분의 취소를 구하는 소송에서 다투면 된다(대판 1998.9.4. 97누19588).

  ㉢ **법적 근거**: 허가권한에 포함되는 것이므로 허가에 관한 권한을 가진 행정청은 부분허가에 대한 별도의 법적 근거가 없이도 부분허가를 할 수 있다. 02

  ㉣ **권리구제 수단**

    ⓐ **부분허가에 대한 행위나 이의 거부에 대한 경우**: 부분허가도 그 자체로서 처분에 해당되므로 최종적인 허가를 기다릴 필요 없이 부분허가나 이의 거부에 대하여 쟁송을 제기할 수 있다.

개념확인 O/X

01 원자력 발전을 위한 부지의 사전승인에 대한 취소를 구하는 소 진행 중에 원자로 및 관계시설의 건설허가가 있게 되면 소익은 상실된다. (O/X)

02 부분허가(부분승인)는 본허가 권한과 분리되는 독자적인 행정행위이기 때문에 부분허가를 위해서는 본허가 이외의 별도의 법적 근거를 필요로 한다.
16 서울9급 (O/X)

| 정답 | 01 O 02 X

ⓑ 부분허가 후 종국결정의 불이행·거부행위에 대한 경우: 의무이행심판이나 부작위위법확인소송을 통해 구제가 가능하다. 또는 거부행위에 대하여서는 취소소송을 통하여 권익구제가 가능하다.

② 예비결정(사전결정)
㉠ 의의: 장기간·대규모 공사에 있어서 다수의 요건이 충족되어야 하는 경우에 그 개개의 요건에 대한 행정청의 종국적·완결적 구속력이 있는 행정행위를 말한다. 그 예로서 「체육시설의 설치·이용에 관한 법률」 제12조에서 골프장업·스키장업·자동차경주장업 등록에 관한 사업계획의 승인, 「폐기물관리법」(제25조 제1항부터 제3항, 같은 법 시행규칙 제28조 제1항부터 제5항)상의 폐기물처리사업계획서 적정통보 등이 있다.

> **관련 판례**
>
> B 「폐기물관리법」상 폐기물처리사업계획의 부적정통보는 허가신청 자체를 제한하는 등의 행정처분에 해당한다
>
> 「폐기물관리법」 관계 법령의 규정에 의하면 폐기물처리업의 허가를 받기 위하여는 먼저 사업계획서를 제출하여 허가권자로부터 사업계획에 대한 적정 통보를 받아야 하고, 그 적정 통보를 받은 자만이 일정기간 내에 시설, 장비, 기술능력, 자본금을 갖추어 허가신청을 할 수 있으므로, 결국 부적정통보는 허가신청 자체를 제한하는 등 개인의 권리 내지 법률상의 이익을 개별적이고 구체적으로 규제하고 있어 행정처분에 해당한다(대판 1998.4.28. 97누21086).

㉡ 타 개념과의 구분
ⓐ 부분승인과의 구분: 신청자인 사인에게 어떠한 종국적인 행위를 허용하는 것이 아니라는 점에서 부분승인과 구별된다.
ⓑ 확약과의 구분: 종국적인 결정의 일부요건에 대한 결정이긴 하나 그 자체가 최종적인 결정이라는 점에서 종국적 결정의 약속에 불과한 확약과 구별된다.
㉢ 성질과 효과
ⓐ 성질: 예비결정은 그 결정에서 정해진 부분에만 제한적인 효력을 갖지만, 그 자체가 하나의 행정행위이다. 01
ⓑ 효과: 행정청은 예비결정의 구속력 때문에 합리적 사유 없이 본 결정에서 예비결정의 내용과 상충되는 결정을 할 수 없다. 따라서 판례에 의하면, 「폐기물관리법」상의 사업계획에 대한 적정 통보가 있게 되면, 본허가단계에서는 나머지 허가요건만을 심사하면 족하다고 한다.
㉣ 권리구제 수단
ⓐ 예비결정의 발령·거부에 대한 경우: 예비결정도 처분에 해당되므로 취소소송을 통해서 권익구제가 가능하며, 거부에 대해서도 의무이행심판이나 부작위위법확인소송, 거부처분 취소소송을 통해서 가능하다.
ⓑ 예비결정 후 종국결정의 불발령에 대한 경우: 신뢰보호의 요건을 충족하는 경우에는 예비결정에 반하는 종국결정에 대하여 신뢰보호원칙 위반을 주장할 수 있다.

③ 가행정행위(잠정적 행정행위)
㉠ 의의: 확정적·종국적 결정 이전에 잠정적으로 행하여지는 특수한 행정행위를 말한다
(예 징계의결 요구 중인 공무원에 대하여 행하는 임용권자의 직위해제처분, 개인의 납세신고액에 따라 과세관청이 잠정적으로 세액을 결정하는 것, 「먹는물관리법」상 샘물개발의 가허가). 02

개념확인 O/X

01 사전결정(예비결정)은 단계화된 행정절차에서 최종적인 행정결정을 내리기 전에 이루어지는 행위지만 그 자체가 하나의 행정행위이기도 하다.
16 서울9급 (O / X)

02 가행정행위는 종국적 행정을 구속하는 효력이 없다.
(O / X)

> 개념확인 O/X

ⓒ **특징**: 사실관계나 법률관계의 미확정성, 효과의 잠정성, 종국결정에 의한 대체성을 특징으로 한다.
ⓒ **타 개념과의 구분**
ⓐ **예비결정·부분승인과의 구분**: 효과의 잠정성과 법률관계의 전체를 대상으로 한다는 점에서 종국적인 결정이며, 법률관계의 일부를 대상으로 하는 예비결정·부분승인과 구별된다.
ⓑ **확약과의 구분**: 가행정행위는 집행할 수 있다는 점에서 약속에 불과하여 집행이 되지 않는 확약과 구별된다.
ⓔ **법적 근거**: 명시적 근거 없이 가능한지에 대하여 명시적 규정이 없더라도 행정청이 본처분의 권한이 있으면 가행정행위를 발령할 수 있다는 견해가 일반적이다.
ⓜ **효과**: 가행정행위는 임시적 행정행위로서 불가변력이 발생하지 않고 신뢰보호원칙을 주장할 수 없다. 01
ⓑ **권리구제 수단** 02 03
ⓐ 가행정행위도 행정행위이다. 따라서 법률상의 이익이 침해된 경우에는 행정심판이나 행정소송을 통해서 구제가 가능하며, 가행정행위를 발령하지 않는 경우에는 의무이행심판이나 거부처분 취소소송, 부작위위법확인소송을 통해서 구제가 가능하다.
ⓑ 가행정행위가 있은 후에 상당한 기간이 경과하였으나 수익적인 종국결정이 발령되지 않는 경우에는 사인은 의무이행심판이나 부작위위법확인소송을 통해서 구제가 가능하다.

2 복효적 행정행위(이중효과적 행정행위)

(1) 의의

하나의 행정행위에 수익적 효과와 침해적 효과가 병존된 행위, 즉 하나의 행정행위이면서도 두 사람 이상의 당사자를 가지고 그 가운데 적어도 한 사람이 이익을 부여받고, 동시에 다른 한 사람이 불이익을 받는 경우의 행정행위를 말한다. 이는 '제3자효 행정행위'라고도 부르며, 그 이중의 효과가 동일인에게 발생하는 경우인 혼합효 행정행위와는 구별된다.

(2) 유사개념과의 비교

① **혼합효 행정행위(混合效 行政行爲)**: 1인에게 수익적 효과와 침해적 효과가 동시에 귀속되는 행위이다(예 하천점용허가 시 점용료 납부를 명하거나 조세부과처분을 하되 감세해 주는 경우 등). 04

② **제3자효 행정행위(第3者效 行政行爲)**
> **결정적 코멘트** ▶ 이 단원은 제3자의 법률상 이익 여부뿐만 아니라 행정절차에서의 절차참가, 쟁송에서의 참가제도 등 다양한 단원과 연결되는 단원이다. 단순 암기가 아닌 철저한 이해를 필요로 한다.

ⓘ **의의**: 제3자효 행정행위는 상대방에게는 수익적(또는 침해적) 행정행위가 되고, 제3자에게는 부담적(또는 수익적) 행정행위가 되는 행위이다. 오늘날 복효적 행정행위에 관한 논의는 주로 제3자에게 침해적 효과를 가져오는 행정행위와 관련하여 제3자의 법률관계를 고찰하는 데 실익이 있다. 이러한 제3자효 행정행위의 예로는 위법한 공장건축허가(연탄공장 등), 공매처분, 합격자 결정, 토지수용의 재결, 경원허가, 당선자 결정, 붕괴위험이 있는 불법건축물에 대한 철거명령(인근주민은 이익), 공해기업에 대한 개선명령, 불량물품제조업에 대한 규제조치(소비자는 이익) 등을 들 수 있다.

---

01 가행정행위는 종국적 행정을 하기 이전에 임시적 효력을 갖는 행정행위로서 최종적인 행정을 통해 가행정행위가 변경된다고 해도 존속성에 대한 신뢰보호를 주장할 수 없다. (O / X)

02 선행처분으로서의 가행정행위가 후행처분에 의해 흡수되어 소멸하는 경우에 선행처분의 취소를 구하는 소는 인정될 수 없다. (O / X)

03 가행정행위는 그 효력발생이 시간적으로 잠정적이라는 것 외에는 보통의 행정행위와 같은 것이므로 가행정행위로 인한 권리침해에 대한 구제도 보통의 행정행위와 다르지 않다.
19 국회8급 (O / X)

04 영업허가는 실정법규와 관계없이 복효적 행정행위에 해당하지 아니한다. (O / X)

| 정답 | 01 O 02 O 03 O 04 X

ⓒ 징표
  ⓐ 복수의 당사자: 하나의 행정청의 행위로부터 수익자와 침익자의 당사자가 발생한다.
  ⓑ 이해의 상반성: 복수의 당사자 사이에는 서로 이해가 상반된다.
  ⓒ 법익의 대립: 행정청의 이익형량을 요한다.

(3) 논의의 의의

① 논의배경: 취소소송에 있어서 개인적 공권의 확대화 경향에 따라 종래에 원고적격이 부정되었던 제3자 또는 주민에게 소익이 널리 인정되게 되었기 때문에 제3자가 권리의 주체로서 논의되기 시작했다. 01 02

② 논의영역
  ㉠ 인인(隣人)소송: 위법한 건축허가 취소소송(연탄공장, 골프장 등), 붕괴위험이 있는 불법건축물의 철거명령
  ㉡ 경업자 관계나 경원자 관계: 약종상 거리제한 규정에 위반되는 약종상 허가
  ㉢ 이해가 상반되는 당사자 관계: 합격자 결정, 당선자 결정, 공매, 수용의 재결
  ㉣ 환경과 소비자 행정: 공해기업에 대한 개선명령, 불량식품제조업에 대한 각종 규제, 오염물질배출시설의 설치허가에 따른 인근주민

(4) 관련 문제

① 행정절차상의 문제
  ㉠ 사전통지의 문제: 「행정절차법」에는 행정청은 당사자에게 의무를 과하거나 권익을 제한하는 처분을 하는 경우에는 미리 당사자 등에게 통지하여야 한다고 규정하고 있다. 하지만 제3자가 권익침해를 받는 복효적 행정행위의 경우에 행정의 당사자인 상대방에게는 수익적 효과의 성질이라서 일반적으로 권익침해의 제3자에게 사전통지의 의무가 없다고 해석된다. 03

> **관련 법령**
>
> 「행정절차법」제21조【처분의 사전 통지】① 행정청은 당사자에게 의무를 부과하거나 권익을 제한하는 처분을 하는 경우에는 미리 다음 각 호의 사항을 당사자 등에게 통지하여야 한다.

  ㉡ 제3자의 행정절차 참가 여부: 「행정절차법」은 '당사자'의 권리를 제한하거나 의무를 부과하는 처분에 '당사자 등'에게 사전통지의무 규정을 두고 있다. 따라서 '당사자 등'은 사전통지 대상자가 되며 의견진술 등의 행정절차에 참가할 수 있게 된다. 이에 사전통지의 대상인 당사자 등의 개념이 무엇인지가 문제되는데 「행정절차법」은 행정청의 처분에 대하여 직접 그 상대가 되는 당사자와 행정청이 직권으로 또는 신청에 따라 행정절차에 참여하게 한 이해관계인으로 규정하고 있다. 이에 따라 이해관계인인 제3자는 행정절차에서의 '당사자 등' 개념 속에 포함되어 각종 행정절차에 참여할 수 있다. 04

> **관련 법령**
>
> 「행정절차법」제2조【정의】이 법에서 사용하는 용어의 뜻은 다음과 같다.
> 4. '당사자 등'이란 다음 각 목의 자를 말한다.
>   가. 행정청의 처분에 대하여 직접 그 상대가 되는 당사자
>   나. 행정청이 직권으로 또는 신청에 따라 행정절차에 참여하게 한 이해관계인

개념확인 O/X

01 복효적 행정행위는 공권의 확대화 경향과 관련이 있다.
(O / X)

02 행정의 적극적인 조정기능이 증대되면서 복효적 행정행위는 점차 늘어나고 있다.
(O / X)

03 「행정절차법」상 당사자에게 의무를 부과하거나 권익을 제한하는 처분의 경우에는 당사자 등에 대한 사전통지규정은 복효적 행정행위의 제3자에게 적용되어, 행정의 제3자에 대한 행정청의 사전통지는 의무이다.
(O / X)

04 「행정절차법」상 이해관계 있는 제3자에게는 일반적으로 문서열람청구권이 인정되고 있다.
(O / X)

| 정답 | 01 O 02 O 03 X 04 X

개념확인 O/X

01 서면에 의한 처분은 처분의 상대방과 이해관계가 있는 제3자에게 행정심판을 제기할 수 있는지 여부와 제기하는 경우의 행정심판절차 및 청구기간을 알릴 의무가 있다.

(O / X)

ⓒ 불복에 대한 고지(심판이나 소송에 대한 안내제도)
  ⓐ 고지는 행정청이 서면으로 처분을 하는 경우에 처분의 상대방에게 해당 처분에 대하여 심판이나 소송의 청구 여부와 청구의 절차 및 기간 등을 알려 주는 것을 말하며 처분의 직접 상대방이 아닌 이해관계인이 불복의 안내를 요구하는 경우에도 행정청은 해당 처분이 심판이나 소송의 대상이 되는지 여부와 심판대상이 되는 경우 소관위원회 및 심판청구기간을 알려 주어야 한다. 고지에 대해서는「행정절차법」과「행정심판법」이 규정하고 있다. 01
  ⓑ 처분의 상대방이 아닌 제3자는 행정청에 불복에 대한 고지를 신청하여 불복 여부와 불복에 대한 절차를 안내받을 수 있다.
  ※ 고지는 그 성질이 비권력적 사실행위이므로 고지에 하자가 있다 하더라도 고지는 행정쟁송의 대상이 될 수 없고, 고지의 하자가 처분에 영향을 주지 않으므로 고지의 하자를 이유로 그 처분에 쟁송제기를 할 수 없다.

관련 법령

「행정절차법」제26조【고지】행정청이 처분을 하는 때에는 당사자에게 그 처분에 관하여 행정심판 및 행정소송을 제기할 수 있는지 여부 그 밖에 불복을 할 수 있는지 여부, 청구절차 및 청구기간 그 밖에 필요한 사항을 알려야 한다.

「행정심판법」제58조【행정심판의 고지】① 행정청이 처분을 할 때에는 처분의 상대방에게 다음 각 호의 사항을 알려야 한다.
  1. 해당 처분에 대하여 행정심판을 청구할 수 있는지
  2. 행정심판을 청구하는 경우의 심판청구절차 및 심판청구기간
② 행정청은 이해관계인이 요구하면 다음 각 호의 사항을 지체 없이 알려 주어야 한다. 이 경우 서면으로 알려 줄 것을 요구받으면 서면으로 알려 주어야 한다.
  1. 해당 처분이 행정심판의 대상이 되는 처분인지
  2. 행정심판의 대상이 되는 경우 소관위원회 및 심판청구기간

심화 학습 불복고지에 관한 실정법 규정 비교

구분	「행정절차법」	「행정심판법」
고지의 대상	• 직권고지 • 행정심판 + 행정소송	• 직권고지 + 신청고지 • 행정심판
고지의 내용	• 행정심판 및 행정소송 제기 여부 • 청구절차 및 청구기간 등	• 직권고지: 청구 여부, 청구절차 및 청구기간 • 신청고지: 심판대상 여부, 소관위원회 및 심판청구기간
고지의 하자	규정 ×	규정 ○

② 행정심판이나 행정소송과 관련된 문제
  ㉠ 제3자의 청구인적격, 원고적격 문제 02
    ⓐ 위법한 복효적 행정행위에 대하여 제3자가 행정심판이나 행정소송을 제기하기 위하여는 그 취소를 구할 법률상 이익이 있어야 한다.
    ⓑ 여기에서 법률상 이익이라 함은 앞서 개인적 공권에서 살펴본 바와 같이 법적으로 보호된 이익을 의미하는 것으로 보는 것이 통설·판례의 입장이다.
    ⓒ 따라서 처분의 직접 상대방이 아닌 제3자도 그 처분으로 인하여 법률상 이익을 침해받은 경우에는 청구인적격 또는 원고적격을 인정한다.
  ㉡ 행정심판이나 행정소송에서 임시구제인 집행정지문제: 집행정지는 처분·재결이나 그 집행 또는 절차의 속행으로 인하여 생길 회복하기 어려운 손해를 예방하기 위하여 긴급보전의 필요가 있다고 인정될 때에, 본안이 계속되고 있는 법원이 당사자의 신청 또는

02 대법원은「자동차운수사업법」상의 사업면허에 대하여 기존 업자의 원고적격은 부정된다고 한다.

(O / X)

| 정답 | 01 X   02 X

직권에 의하여 처분 또는 재결의 효력이나 집행을 잠정적으로 정지시키는 효력을 가진다. 제3자는 자신의 법률상 이익이 침해된 경우에 행정쟁송을 제기하여 집행정지의 신청을 할 수 있으므로 임시구제를 받을 수 있다. 01

ⓒ 필요적 행정심판전치주의(행정심판과 행정소송과의 관계)의 적용 여부와 행정심판청구기간
  ⓐ 필요적 행정심판전치주의: 제3자가 제기하는 행정소송의 경우에도 적용된다. 따라서 개별법에 행정심판의 재결을 거치지 아니하면 행정소송을 청구할 수 없다는 규정이 있는 경우에는 제3자의 소송청구도 행정심판의 재결과정을 거쳐야 한다.
  ⓑ 행정심판청구기간
    ⓘ 제3자는 특별한 사정이 없는 한 행정행위가 있음을 알 수 없기 때문에 처분이 있은 날로부터 180일 이내에 행정심판을 제기할 수 있으며, 이 기간이 경과된 경우에도 그 기간 내에 심판청구가 가능하였다는 특별한 사정이 없는 한 정당한 사유가 있는 경우에 해당되어 심판청구가 가능하다 할 것이다.
    ⓘⓘ 이 경우 행정심판의 제기기간은 신의성실의 원칙에 비추어 제3자가 처분이 있는 것을 알 수 있었던 때로부터 기산한다 할 것이다. 02

┃행정심판의 청구기간(「행정심판법」 제27조)

---
1. 처분이 있음을 안 날
   • 행정심판은 처분이 있음을 알게 된 날부터 90일(불변기간) 이내에 청구하여야 한다.
   • 청구인이 천재지변, 전쟁, 사변 그 밖의 불가항력으로 인하여 위 기간(90일) 내에 심판청구를 할 수 없었을 때에는 그 사유가 소멸한 날로부터 14일 이내에 행정심판을 청구할 수 있다. 다만, 국외에서 행정심판을 청구하는 경우에는 그 기간을 30일로 한다.

2. 처분이 있은 날
   행정심판은 처분이 있었던 날부터 180일(가변기간)이 지나면 청구하지 못한다. 다만, 정당한 사유가 있는 경우에는 그러하지 않다.

3. 행정청이 심판청구기간을 잘못 알린 경우
   행정청이 심판청구기간을 위 90일의 기간보다 긴 기간으로 잘못 알린 경우, 그 잘못 알린 기간에 심판청구가 있으면 그 행정심판은 그 기간 내에 제기된 것으로 본다.

4. 행정청이 심판청구기간을 알리지 아니한 경우
   행정청이 심판청구기간을 알리지 아니한 경우에는 처분이 있은 날로부터 180일 내에 심판청구를 할 수 있다.

ⓓ 제3자의 재심청구: 판결로 인하여 권익이 침해된 제3자는 자기의 책임 없는 사유로 소송에 참가하지 못함으로써 판결의 결과에 영향을 미칠 공격 또는 방어방법을 제출하지 못한 때에는 종국판결에 대하여 재심을 청구할 수 있다. 재심청구는 확정판결이 있음을 안 날로부터 30일, 판결이 확정된 날로부터 1년 이내에 제기하여야 한다(「행정소송법」 제31조). 03 04

ⓔ 행정심판 및 행정소송의 참가: 행정심판이나 행정소송의 결과에 대하여 이해관계가 있는 제3자는 신청이나 직권에 의해 행정쟁송에 참가할 수 있다. 이는 참가인에게 실질적인 공격과 방어의 기회를 제공하여 심리의 적정성을 꾀하고 제3자의 재심청구를 미연에 방지하려는 목적이다.
  ⓐ 「행정심판법」
    ⓘ 행정심판의 결과에 대하여 이해관계가 있는 제3자나 행정청은 위원회나 소위원회의 의결이 있기 전까지 그 사건에 대하여 심판참가를 할 수 있다. 05 06
    ⓘⓘ 취지는 심판의 결과에 이해관계 있는 자를 심판에 참여하게 하여 권리주장, 의견진술의 기회를 제공함으로써 심리의 적정성을 확보하고 관계인의 권리구제를 도모하는 데 있다.

개념확인 O/X

01 제3자효 행정행위에 있어서도 심판이나 소송 중에 임시구제의 필요성이 있다. (O / X)

02 제3자효 행정처분에서 처분의 상대방이 아닌 제3자라는 사정은 「행정심판법」상의 청구기간의 정당한 사유가 있는 경우에 해당되어 결국 처분이 있음을 안 날로부터 청구기간이 기산된다. (O / X)

03 행정소송에 참가했던 제3자도 재판의 결과에 영향을 미칠 공격이나 방어의 방법을 추후에 입증하면 확정판결 이후 재심을 청구할 수 있다. (O / X)

04 「행정소송법」은 제3자에 의한 재심청구에 대해 명문으로 규정하고 있다. (O / X)

05 행정심판위원회는 필요하다고 인정할 때에는 그 심판결과에 대하여 이해관계가 있는 제3자에게 그 사건에 참가할 것을 요구할 수 있으며, 이 요구를 받은 제3자는 그 사건에 참가하여야 한다. (O / X)

06 행정심판의 결과에 대하여 이해관계 있는 제3자는 당해 행정심판에 참가할 수 있다. (O / X)

| 정답 | 01 O 02 O 03 X 04 O 05 X 06 O

개념확인 O/X

01 행정심판에서 참가인은 행정심판의 당사자가 할 수 있는 행위를 심판절차에서 할 수 있다.
(O/X)

02 당사자소송에서도 제3자 참가제도는 인정된다.
(O/X)

03 처분 등을 취소하는 판결은 소송의 당자자뿐 아니라 제3자에 대하여도 효력이 있다.
(O/X)

04 제3자효 행정처분에 관한 행정청의 직권취소에 대해 처분의 상대방은 신뢰보호의 주장이 제한될 수 있다. 하지만 처분에 대한 불가쟁력 후에는 상대방의 신뢰이익은 보다 강화될 수 있다.
(O/X)

ⅲ) 참가인은 행정심판절차에서 당사자가 할 수 있는 심판절차상의 행위를 할 수 있다. 01
ⅳ) 신청인은 위원회의 참가신청에 대한 허가 여부 결정을 송달받은 날부터 7일 이내에 위원회에 이의신청을 할 수 있다.

ⓑ 「행정소송법」 02
ⅰ) 소송계속 중에 소송 외의 제3자가 타인 간의 소송의 결과에 따라 자기의 법률상 이익에 영향을 미치게 될 경우에 자기의 이익을 위하여 그 소송절차에 참가하는 것을 '소송참가'라 하며 제3자의 권익보호를 위해 인정하는 제도이다.
ⅱ) 소송의 결과에 따라 자기의 법률상의 이익이 침해될 자가 소송에 참가함으로써 실질적 공격과 방어의 기회를 제공받을 수 있으며 심리의 적정성 확보와 재심청구의 미연방지라는 기능을 갖는다.
ⅲ) 제3자의 소송참가는 당사자나 제3자의 신청 또는 법원의 직권에 의하여 결정으로 한다. 그런데 이들의 신청에 대하여 각하하는 결정에 대하여 제3자는 즉시항고를 할 수 있다(제16조 제3항).
ⅳ) 참가인의 지위는 「민사소송법」 제67조 규정(필수적 공동소송)을 준용하도록 하였으나(제16조 제4항) '공동소송적 보조참가'와 비슷하다.

ⓗ 제3자에 대한 판결의 효력: 「행정소송법」은 판결의 제3자효 또는 대세효를 인정하여 "처분 등을 취소하는 판결은 제3자에 대하여서도 효력이 있다."라고 규정하고 있다(제29조, 제38조). 03

③ 그 밖의 문제
㉠ 이중효과적 행정행위의 신청(제3자 행정개입청구권 문제): 이중효과적 행정행위 신청의 문제란 제3자에게 행정개입청구권을 인정할 것인지의 문제이다. 관계 법률에서 행정개입청구권을 명문으로 규정하고 있으면 당연히 가능하다고 할 것이나, 관계 법률에 명문 규정이 없다 하여도 재량권이 0으로 수축하는 경우나 관계 법규가 제3자를 보호하는 규범일 경우에는 청구권이 인정된다.
㉡ 복효적 행정행위의 취소·철회
ⓐ 복효적 행정행위의 취소·철회에 있어서는 공익 및 상대방의 신뢰보호뿐만 아니라, 제3자의 이익도 구체적으로 비교·형량하여야 한다. 04
ⓑ 행정행위의 존속이 제3자에게 불이익이 되는 경우로 수익적 행정행위에 있어 신뢰보호원칙에 따른 취소제한의 필요성보다 그 취소에 따르는 제3자의 이익이 더 큰 것일 때에는, 당해 행위의 존속에 대한 상대방의 신뢰가 보호할 만한 것임에도 불구하고 당해 행정행위를 취소·철회하여야 하는 경우도 고려될 수 있다고 본다.
ⓒ 행정행위의 존속이 제3자에게 이익이 되는 경우로 당해 행위에서 받는 제3자의 이익과 관련해서 수익적 행정행위의 취소·철회가 제한되는 경우도 있을 수 있다.

│처분의 효력 유지 여부에 의한 차이

1. 상대방의 처분효력 유지가 제3자에게 유리한 경우
   정지나 철회 등에 갈음하여 과징금 부과(예 「여객자동차 운수사업법」)
2. 상대방의 처분효력 유지가 제3자에게 불리한 경우
   • 불가쟁력이 발생하기 전에는 상대방에 대한 신뢰보호는 보다 약하다.
   • 불가쟁력이 발생한 후에는 상대방에 대한 신뢰보호는 보다 강해진다.

│정답│ 01 O 02 O 03 O 04 O

3 기속행위와 재량행위

현대사회의 유동적이고 복잡다기한 행정상황하에서 행정의 구체적 타당성, 신축적 공익실현, 입법기술상의 제약 등 때문에 행정통제에는 적절하지 않고 법치주의에 부합되지는 않지만 재량행위를 인정하지 않을 수 없다.

(1) 기속행위와 재량행위의 의의

① **기속행위의 의의**: '기속행위'란 행정법규가 일정요건에 해당되는 경우에는 일정의 행위를 하도록 일의적·확정적으로 명확하게 규정함으로써, 행정청은 행정의 선택가능성이 없고, 다만 법규가 정한 바를 그대로 집행하는 데 그치는 경우의 행위를 말한다.

② **재량행위의 의의**: 행정청이 법률에서 규정한 행위를 구현함에 있어서 복수행위 중에 선택가능성이 인정되는 경우를 말하며, 법규가 허용한 조치를 행정청이 처분을 할 수도 안 할 수도 있는 재량인 결정재량과 법규가 허용한 다양한 처분방식 중에서 어느 방식으로 하느냐 또는 어떤 상대방을 선택하여 조치를 할 것인지의 재량인 선택재량으로 구분된다.

  ㉠ **기속재량행위(법규재량·합법적 재량·객관적 재량)**: '기속재량'이란 무엇이 법인가의 재량, 즉 행정의 선택기준이 법의 해석판단에 관한 것이며 그 재량을 잘못한 경우에는 위법이 되어 법원의 심판대상이 된다(예 인가, 허가, 허가취소, 특허취소 등).

  ㉡ **자유재량행위(공익재량·편의재량행위·합목적재량)**
    ⓐ '공익재량'이란 무엇이 공익에 적합한가 또는 보다 합목적적인가의 재량, 즉 의무에 합당한 재량(행정청의 임의나 자의를 뜻하는 것은 아니다)이며, 그 재량을 그르친 경우에는 단지 판단의 적법의 범위 내에서 당·부당만이 문제가 되므로 행정심판의 대상(위법과 부당)은 되지만 행정소송의 대상(위법)은 되지 않는 것이 원칙이다.
    ⓑ 그러나 자유재량이라도 법규가 허용한 범위를 넘어서는 재량권의 남용이나 일탈의 경우는 위법이 되어 법원의 심사대상이 된다(예 특허처분, 공무원 징계처분 등).

  ㉢ **판례의 입장**: 기속과 기속재량의 용어를 모두 사용하고 있는데, 일반적으로 기속행위의 개념은 재량행위와 대응시키고, 기속재량은 자유재량행위에 대응시키고 있다. 기속과 기속재량의 개념을 구별하는 판례도 있었으나 보통은 기속과 기속재량의 구분 및 기속재량과 자유재량의 구분 자체를 논하지 않거나 동일 개념으로 본다.

관련 판례

B 기속재량을 재량행위로 사용한 판례

행정행위가 기속행위인지 재량행위인지 나아가 재량행위라 할지라도 기속재량인지 또는 자유재량에 속하는 것인지의 여부가 우선 객관적으로 명백하지 않고, 또 행정행위의 전제가 되는 사실의 존부확정과 그 상당성 및 적법성의 인정은 전혀 행정청의 기능에 속하는 것으로 상대적으로 행정청의 재량권도 확대된다고 할 것이므로 어떤 행정처분의 기준을 정한 준칙 등을 그 규정의 형식이나 체제 또는 문언에 따라 일률적으로 기속행위라고 규정지을 수 없다(대판 1984.1.31. 83누451).

B 기속재량을 기속행위의 의미로 사용한 판례

"행정행위가 그 재량성의 유무 및 범위와 관련하여, 이른바 기속행위 내지 기속재량행위와 재량행위 내지 자유재량행위로 구분된다고 할 때, 그 구분은 당해 행위의 근거가 된 법규의 체제나 형식과 그 문언, 당해 행위가 속하는 행정 분야의 주된 목적과 특성, 당해 행위 자체의 개별적 성질과 유형 등을 모두 고려하여 판단하여야 한다(대판 2001.2.9. 98두17593).

③ **기속행위와 재량행위 구별의 상대성**: 재량행위라도 법으로부터 결코 자유로운 것은 아니라는 점에서 기속행위와 본질적인 차이가 있는 것은 아니고, 다만 법이 허용한 행정의 양적 차이에 불과한 상대적인 개념이라고 할 수 있다.

(2) 구별의 필요성

① 행정소송사항과의 관계
  ㉠ **구별실익**: 기속행위와 재량행위 구별의 실익은 행정소송의 대상이 되는가의 여부에 있다.
  ㉡ **비판**: 「행정소송법」은 행정청의 재량권의 일탈·남용이 있을 때에는 위법이 되고 행정소송의 대상으로 삼고 있다(제27조). 01

> **관련 법령**
>
> 「행정소송법」 제27조 【재량처분의 취소】 행정청의 재량에 속하는 처분이라도 재량권의 한계를 넘거나 그 남용이 있는 때에는 법원은 이를 취소할 수 있다.

② 행정행위의 부관과의 관계
  ㉠ **구별실익**: 기속행위에는 부관을 붙일 수 없음을 원칙으로 하고 재량행위에는 부관을 붙일 수 있다는 점에서 부관을 붙일 수 있는지 여부를 구별하기 위하여 양자구별의 실익이 있다.
  ㉡ **비판**: 재량의 문제는 사법심사가 가능한가의 문제이고, 부관의 경우에는 행정목적의 탄력적이고 신축적인 달성이라는 관점에서 보면 각각 다른 시각에서 다루어져야 하는 것으로 양자의 구별과는 관련이 없는 문제이며, 또 기속행위에도 법령의 근거가 있는 경우라면 부관을 붙일 수 있다(⑩ 기속행위인 영업허가에 영업단속을 위한 부관 – 영업시간·위생시설 등 –을 붙일 수 있다). 02 03

③ 존속력과의 관계
  ㉠ **구별실익**: 기속행위는 불가변력이 발생하고, 재량행위는 불가변력이 발생하지 않아 사정변경에 의하여 취소·철회 등이 가능하다는 점에서 구별의 실익이 있다.
  ㉡ **비판**: 수익적인 행정행위는 주로 재량행위라 할 수 있는데 수익적인 행정행위는 자유로이 취소·변경할 수 있는 것이 아니므로 양자의 구별실익이 되지 못한다.

④ 공권성립과의 관계
  ㉠ **구별실익**: 기속행위인 경우에는 공권이 성립하고 재량의 경우에는 공권이 성립되지 못한다는 점에서 구별의 실익이 있다. 04
  ㉡ **비판**: 재량행위의 경우에도 무하자재량행사청구권이라거나 재량권이 0으로 수축되는 때에는 재량이 인정되지 아니하기 때문에 행정개입청구권 등 공권의 성립을 인정할 수 있다.

(3) 행정법규의 요건규정과 효과규정

행정을 규율하는 행정법규의 내용을 보면 보통 행위의 요건을 정하는 요건규정과 행위요건이 구비된 경우에 행위의 가부 또는 어떤 종류의 행위를 할 것인지를 정하는 효과규정, 즉 행위규정으로 구성되어 있다.

개념확인 O/X

01 「행정소송법」상 취소소송의 대상으로 재량권의 일탈·남용을 규정한 것은 기속행위와 재량행위의 구별을 전제로 한 것으로 볼 수 있다. (O/X)

02 재량행위이더라도 수익적 행위에 부관을 붙이기 위해서는 특별한 법적 근거가 있어야 한다.
21 국회8급 (O/X)

03 재량행위인 처분에는 부관을 붙일 수 있고, 기속행위에는 어떤 경우에도 부관이 허용되지 않는다. (O/X)

04 재량에서도 공권성립이 긍정되는 것을 근거로 재량과 기속의 구분이 의미없다는 견해가 있다. (O/X)

| 정답 | 01 O 02 X 03 X 04 O

재량과 기속의 분류

1. 종래 3원적 분류에서 최근의 2원적 분류(사법심사의 여부에 의하여)
   ① 기속행위: 위·적법문제·사법심사 가능
   ② 재량행위
     • 기속(법규)재량행위: 위·적법의 문제, 사법심사 가능, 기속행위
     • 공익(자유·편의)재량행위: 당·부당의 문제, 사법심사 불가, 재량행위
2. 내용에 의한 분류
   • 결정재량: 행정청이 공익부합 여부에 의하여 행정을 할 것인가의 여부를 고르는 재량
   • 선택재량: 법에서 허용하고 있는 처분의 방법들 중 어느 것이 가장 공익에 부합하는지 여부에 의하여 처분의 방법을 고르는 재량

① **요건규정**: 법규가 정한 효과를 발생시킬 수 있기 위해서는 요건이 정하여져 있는 규정에 특정사실이 해당하는지 여부를 판단하여야 하는데 이를 요건의 인정, 포섭이라 한다. 이러한 포섭의 판단기준이 요건규정이다.

② **효과규정**: 특정의 사실이 법규의 요건이 해당된다고 판단되는 경우 행정청이 어떠한 효과를 발생시킬 수 있는가에 관한 내용을 규정한 것으로서, 행정을 행할 것인지 안 할 것인지의 여부에 관한 결정재량과 여러 개의 선택 가능한 것들 중 어느 방법으로 행할 것인지를 선택할 수 있는 선택재량이 있다.

(4) 구별의 기준(학설)

① **요건재량설**
  ㉠ 이 설은 행정청의 재량은 행정행위의 효과인정에는 있을 수 없고, 행정행위의 요건에 대한 사실인정과 인정사실의 해당 여부에 관한 판단(요건인정 ⇨ 포섭)에 있는 것으로 본다.
  ㉡ 그러므로 행정법규가 법률요건의 인정에 관하여 아무런 규정을 두지 않거나 오직 행정행위의 종국목적(공익상 필요)만을 요구하고 있을 때에는 행정청이 당해 행정행위의 요건사실의 유·무에 관하여 판단할 수 있으므로 그 처분은 재량행위에 속하는 것으로 본다.
  ㉢ 이에 반하여 행정법규가 행정행위의 종국목적 외에 중간적인 직접목적을 처분의 요건으로 규정하고 있을 때에는 당해 행정활동의 구체적 기준이 법에서 일의적으로 확정되고, 행정청은 그 기준에 따라 활동하여야 할 기속을 받기 때문에 기속행위가 된다고 본다.
  ㉣ 법규가 요건부분에서 불확정개념을 쓰면 재량행위라 한다. 이에는 사법심사가 인정되지 않으며 그만큼 재량의 범위를 확대하는 결과를 가져온다. 01 02
  ㉤ 비판
    ⓐ 법규에 지나치게 치중한 나머지 조리법적 기속을 부정하고, 따라서 재량의 범위를 확대하고 있다.
    ⓑ 법률문제인 요건인정을 재량문제로 오인하고 있다.
    ⓒ 효과부분은 재량을 인정하지 않고 있다.
    ⓓ 종국목적·중간목적의 구분이 모호하다.
    ⓔ 불확정개념도 사법심사가 가능하다.

② **효과재량설(행위재량설·성질설)**
  ㉠ 이 설은 행정청의 재량은 행정행위의 요건인정에는 있을 수 없고, 다만 어떠한 행위를 하느냐 하지 않느냐(결정재량) 및 다수의 행위 중 어떤 행위를 할 것이냐(선택재량)라는 행위의 선택에 있어서만 인정된다는 전제하에서 재량행위의 구별을 법률효과의 발생에 대한 선택에 관한 것으로 본다.

---

01 「국토의 계획 및 이용에 관한 법률」상 개발행위허가는 허가기준 및 금지요건이 불확정개념으로 규정된 부분이 많아 그 요건에 해당하는지 여부는 행정청의 재량판단의 영역에 속한다.
20 지방9급 (O / X)

02 「국토의 계획 및 이용에 관한 법률」의 규정에 의한 토지의 형질변경허가는 그 금지요건이 불확정개념으로 규정되어 있어 그 금지요건에 해당하는지 여부를 판단함에 있어서 행정청에게 재량권이 부여되어 있다고 할 것이므로 재량행위에 속한다.
19 사회복지 (O / X)

ⓒ 그러므로 양자의 구별에 대하여 행정행위의 성질에 따라 그것이 국민의 권익을 침해하는 행위이면 기속행위가 되고, 권익을 부여하는 행위이면 재량행위가 된다. 01
ⓒ 행정행위가 국민의 권리·자유와 관계가 없으면 재량이고, 준법률행위적 행정행위와 같이 법률효과에 대한 행정청의 선택가능성이 없으면 기속이다.
② 비판
  ⓐ 행정행위의 성질에만 중점을 둔 나머지 법규를 무시하고 있다.
  ⓑ 수익적 행위 및 급부행정영역에서도 기속일 수 있고, 반대로 침해행정영역에서도 법률의 규정방식과 관련하여 당해 행위가 재량행위가 되는 경우가 있다.
  ⓒ 요건재량을 절대로 인정하지 않고 있다.
  ⓓ 불확정개념을 모두 기속으로 보아 사법심사가 모두 가능하다고 하면 불확정개념의 본질이나 취지에 부합되지 않는다.

③ 불확정개념 02
  ⓐ 의의: 법규의 의미내용이 일의적인 것이 아니라 다의적인 것이어서 참다운 의미내용이 구체적인 상황에 의해 판단되는 개념을 말한다(예 공익, 질서유지, 위험, 상당한 이유 등).
  ⓑ 필요: 모든 행정상황을 법규로서 구체적으로 열거하는 것이 거의 불가능하여 추상적으로 규정할 수밖에 없고, 사회적인 변화에도 법은 영속성을 가져야 하기 때문이다.
  ⓒ 종류
    ⓐ 경험적 개념: 새벽, 주간, 야간, 음료수, 쓰레기 등
    ⓑ 규범적 개념: 공익, 신뢰성, 공공의 안전, 질서, 공공의 복지 등
    ⓒ 둘의 구분이 반드시 가능한지에 대한 의문이 많다(문화재, 질병 등).

④ 판단여지설(대체가능성설, 영·미 실질적 증거법칙, 무증거법칙의 법리) 03
  ⓐ 의의: 불확정개념의 해석·적용은 법적인 문제이기 때문에 그것은 모두 사법심사의 대상이 되어야 한다. 다만, 예외적으로 행정청에 대하여도 판단의 여지를 인정할 수 있을 것인가가 문제되는데 이와 관련하여 주장된 것이 바호프(O. Bachof)의 판단여지설 및 울레(C. H. Ule)의 대체가능성설이다.
  ⓑ 배경: 제2차 세계대전 전까지는 효과재량설이 우세하였으나, 행정법규 중에서 추상적·다의적·불확정개념이 대거 등장함에 따라 효과재량설도 행정행위의 요건인정에 있어서 행정청의 판단여지를 인정하지 않을 수 없게 되었다.
  ⓒ 바호프의 판단여지설: 불확정개념은 재량개념이 아닌 법개념이기는 하지만(그러므로 행정소송대상이 됨) 일정한 경우 행정정책이나 전문기술성을 존중하는 뜻에서 행정권의 판단에 대하여 법원이 간섭할 수 없는 판단의 여지 또는 법원의 판단에 갈음할 수 있는 대체가능성을 인정하여 사법심사를 배제하자는 설이다. 이 설은 불확정개념으로 된 요건규정의 해석에 있어서, 사실확정(예 야간, 공개된 장소 따위의 객관적 경험개념)과 그 확정된 사실의 법률요건 해당 여부의 판단문제(주관적 가치개념)로 나누어 전자에 관한 것은 기속행위이나, 후자는 재량행위라고 한다.
  ⓓ 울레의 대체가능성설: 한계영역(울레가 한계영역이라 본 것 – 행정정책, 전문지식분야)에 있어서는 비록 법원의 판단이 행정청의 판단과 다른 경우일지라도 행정청이 의무에 충실한 판단에 따른 일정한 결론에 도달했고 그 합리성이 일단 인정되어 법원의 해석에 대체할 수 있는 것인 이상, 법원은 행정의 판단을 존중하고 그것을 우위에 놓아 행정의 판단을 대체할 수 있는 범위에서는 사법심사가 배제된다고 한다. 이 설은 불확정개념을 기술적 개념(객관적 경험개념 – 주간, 야간, 쓰레기, 차량 등)과 규범적 개념(주관적 가치개념)으로 구별하고 후자의 해석에 있어서는 해석자(행정청)에게 주관적 판단의 여지

개념확인 O/X

01 재량행위와 기속행위의 구분기준에 관한 효과재량설에 따르면 수익적 행정행위는 법규상 또는 해석상 특별한 기속이 없는 한 재량행위이다.
19 하반기 서울7급 (O / X)

02 다수설에 따르면 불확정개념의 해석은 법적 문제이기 때문에 일반적으로 전면적인 사법심사의 대상이 되고, 특정한 사실관계와 관련하여서는 원칙적으로 일의적인 해석(하나의 정당한 결론)만이 가능하다고 본다.
17 국가9급 (O / X)

03 행정법령의 법률요건에 불확정개념이 포함되어 있으면 판단여지가 인정되는 것이 원칙이다.
(O / X)

정답 | 01 O 02 O 03 X

(한계영역)가 인정된다고 한다.
- ㉺ 판단여지의 인정범위 및 근거
  - ⓐ **가치개념**: 개인의 주관적 가치관에 의하여 평가되는 개념으로서 '삶의 질', '공익', '상당한 이유' 등이다.
  - ⓑ **비대체적 결정**: 사람의 인격·적성·능력 등에 관한 판단이 여기에 속하는데, 작품의 예술성 평가, 학생의 성적 평가, 공무원의 근무평정, 국가시험 답안채점 등이 그 예이다.
  - ⓒ **구속적 가치평가**: 전문성이 중시된 분야에 관한 판단으로 이익대표 또는 전문가로 구성되고 직무상 독립성을 갖는 합의제기관의 결정(예 신문윤리위원회의 결정, 공정거래위원회의 불공정거래행위 결정, 청소년보호위원회의 청소년유해도서물 결정) 또는 판단(예 보호대상문화재의 대상 여부에 대한 평가, 인사평가위원회의 평가)을 말한다.
  - ⓓ **예측결정, 위험평가**: 법률상 장래의 예측적 사항의 성질에 관한 것(예 환경부의 허가에 있어서 위험발생 여부에 대한 판단, 택시신규허가를 통한 공공의 교통상의 이익 침해에 대한 평가, 원자력작업장 운영 시의 위험에 대한 사전대비의 평가 등)
  - ⓔ **형성적 결정(계획재량)**: 행정상의 정책에 관련된 불확정개념의 해석에 관하여 광범한 형성의 자유가 인정된다(예 도시기본계획의 수립, 공무원인사를 위한 인력수급계획의 결정).
- ㉻ **비판**: 사실확정문제와 확정된 사실의 법률요건 해당 여부는 확연히 구별할 수 있는 것이 아니며, 경험개념과 가치개념의 구분이 불명확하고 법적 안정성을 저해(불확정개념에 대한 해석·적용에 판단여지를 인정하여 사법심사를 배제하기 때문)한다는 비판이 있다. 01

재량과 판단여지의 비교

구분	재량	판단여지
취지	구체적인 행정의 타당성 실현	행정의 전문성, 책임성 등
근거	입법부로부터 부여된 자유	사법부로부터 행정의 전문성과 책임성의 존중에 따라
기준	법 규정, 행위의 성질, 국민의 권리나 의무 관련 등	고도의 전문적·기술적·정책적 영역에서의 판단
내용	행정의 선택의 자유	행정의 판단여지
범위	법 효과의 선택	요건규정 중 불확정개념의 판단

관련 판례 재량과 판단여지를 구분하지 않은 판례 02

B 교과서검정은 재량이다

문교부장관이 시행하는 검정은 그 책을 교과용 도서로 쓰게 할 것인가, 아닌가를 정하는 것일 뿐 그 책을 출판하는 것을 막는 것은 아니나, 현행 교육제도하에서의 중고등학교 교과용 도서를 검정함에 있어서 심사는 원칙적으로 오기, 오식 기타 객관적으로 명백한 잘못, 제본 기타 기술적 사항에만 그쳐야 하는 것은 아니고, 그 저술한 내용이 교육에 적합한 여부까지를 심사할 수 있다고 하여야 한다. 법원이 위 검정에 관한 처분의 위법 여부를 심사함에 있어서는 문교부장관과 동일한 입장에 서서 어떠한 처분을 하여야 할 것인가를 판단하고 그것과 동 처분과를 비교하여 당부를 논하는 것은 불가하고, 문교부장관이 관계 법령과 심사기준에 따라서 처분을 한 것이라면 그 처분은 유효한 것이고, 그 처분이 현저히 부당하거나 또는 재량권의 남용에 해당된다고 볼 수밖에 없는 특별한 사정이 있는 때가 아니면 동 처분을 취소할 수 없다(대판 1988.11.8. 86누618).

개념확인 O/X

01 판단여지를 긍정하는 학설은 판단여지는 법률효과 선택의 문제이고 재량은 법률요건에 대한 인식의 문제라는 점, 양자는 그 인정근거와 내용 등을 달리하는 점에서 구별하는 것이 타당하다고 한다.
17 국가9급　　　　　　(O / X)

02 「국토의 계획 및 이용에 관한 법률」이 정한 용도지역 안에서의 건축허가는 개발행위허가의 성질도 갖는데, 개발행위허가는 허가기준과 금지요건이 불확정개념으로 규정된 부분이 많아 그 요건에 해당하는지 여부는 행정청의 판단여지에 속한다.
20 군무원7급　　　　　　(O / X)

| 정답 | 01 X　02 X

> **개념확인 O/X**

🅑 **시험 합격기준의 설정은 재량이다**

「지가공시 및 토지 등의 평가에 관한 법률 시행령」 제18조 제1항·제2항은 감정평가사시험의 합격기준으로 절대평가제 방식을 원칙으로 하되, 행정청이 감정평가사의 수급상 필요하다고 인정할 때에는 상대평가제 방식으로 할 수 있다고 규정하고 있으므로, 감정평가사시험을 실시함에 있어 어떠한 합격기준을 선택할 것인가는 시험실시기관인 행정청의 고유한 정책적인 판단에 맡겨진 것으로서 자유재량에 속한다(대판 1996.9.20. 96누6882).

🅑 **면접전형에서의 판단은 재량이다**

공무원 임용을 위한 면접전형에 있어서 임용신청자의 능력이나 적격성 등에 관한 판단은 면접위원의 자유재량에 속한다(대판 1997.11.28. 97누11911).

🅑 **「문화재보호법」상의 고분발굴허가는 재량이다**

(구)「문화재보호법」 제44조 제1항 단서 제3호의 규정에 의한 '건설공사를 계속하기 위한 고분발굴허가'는 재량행위에 속한다(대판 2000.10.27. 99두264).

🅑 **사법시험 객관식 문제 출제행위의 성질은 재량행위이다**

행정행위로서의 시험의 출제업무에 있어서, 출제 담당위원은 법령규정의 허용범위 내에서 어떠한 내용의 문제를 출제할 것인가, 그 문제의 문항과 답항을 어떤 용어나 문장형식을 써서 구성할 것인가를 자유롭게 정할 수 있다는 의미에서 재량권을 가진다고 할 것이며, 반면에 그 재량권에는 그 시험의 목적에 맞추어 수험생들의 능력을 평가할 수 있도록 출제의 내용과 구성에서 적정하게 행사되어야 할 한계가 내재되는 바이어서 그 재량권의 행사가 그 한계를 넘을 때에는 그 출제행위는 위법하게 될 것이다(대판 2001.4.10. 99다33960).

🅑 **논술형 시험인 사법시험 제2차 시험의 채점위원이 하는 채점행위는 재량행위이다**

논술형 시험에 대한 채점행위는 객관식 시험과 같은 일의적인 정답을 그 기준으로 하기보다는 덕망과 책임감 높은 평가자가 스스로 보유하고 있는 고도의 전문적 식견과 학식 등에 근거한 평가에 전적으로 의존할 것이 예정되어 있음을 그 본질적인 속성으로 하고 있는 사무이므로, 논술형으로 치르는 이 사건 시험에 있어 채점위원은 사법시험의 목적과 내용 등을 고려하여 법령이 정하는 범위 내에서 전문적인 지식에 근거하여 그 독자적 판단과 재량에 따라 답안을 채점할 수 있는 것이다(대판 2007.1.11. 2004두10432).

⑤ **결론**: 우리 실정법과 판례는 행정행위에서 요건의 인정과 효과선택 양자를 모두 재량으로 인정하고 있다. 그래서 요건재량설과 효과재량설 어느 설도 일면적 타당성만 가지고 있을 뿐이다. 그러한 이유로 종합적으로 검토하여 당해 처분의 근거가 되는 법규의 명문규정형식을 우선적으로 고려하고, 당해 법규의 취지, 당해 처분의 성질·위반 정도를 고려하여 사안에 따라 개별적·구체적으로 판단함이 옳다고 본다. 01

⑥ **판례**
㉠ 관련 법규정의 문언을 우선 고려하여야 한다. 법률규정이 문언상 '할 수 있다'고 규정하면 이는 원칙적으로 재량행위로 판단될 수 있고, '하여야 한다', '할 수 없다', '한다' 등으로 규정하면 이는 원칙적으로 기속행위로 판단될 수 있다.
㉡ 법령과 관계없이 전체 취지를 판단하여야 하는 경우도 있다. 예컨대 법령은 '영업을 허가할 수 있다'고 규정되어 있더라도 이는 권한의 소재를 규정한 것에 불과하고, 법령의

---

01 기속행위와 재량행위의 구분은 당해 행위의 근거가 된 법규의 체재·형식과 그 문언, 당해 행위가 속하는 행정분야의 주된 목적과 특성, 당해 행위 자체의 개별적 성질과 유형 등을 모두 고려하여 판단하여야 한다.
20 지방9급, 10 국가9급 (O / X)

| 정답 | 01 O

전체 취지상 요건을 갖춘 허가신청이 있다면 이를 허가하여야 할 기속행위로 판단될 경우도 존재한다.

> **관련 판례**
>
> ⓑ (구)정부공문서규정 "공문서를 보관하고 있는 행정기관은 시민의 문서의 열람이나 복사요청 시 특별한 사유가 있는 경우를 제외하고는 이를 허가할 수 있다."의 의미
>
> 일반적으로 국민은 국가기관에 대하여 기밀에 관한 사항 등 특별한 경우 이외에는 국가기관이 보관하고 있는 문서의 열람 및 복사를 청구할 수 있다고 전제하고, 정부공문서규정 제36조 제2항의 규정도 행정기관으로 하여금 일반국민의 문서열람 및 복사신청에 대하여 기밀 등의 특별한 사유가 없는 한 이에 응하도록 하고 있고, 원고가 피고에 대하여 복사를 신청한 서류를 피고가 보관하고 있는 것으로서 비밀 또는 대외비로 분류된 문서라고 볼 증거가 없으므로, 피고는 원고의 이 사건 서류복사신청에 응할 의무가 있음에도 불구하고 이 신청을 거부한 것은 위법하다(대판 1989.10.24. 88누9312).

ⓒ 법문상 표현이 불분명한 경우에는 그 법령의 취지, 목적, 행위의 성질, 기본권 관련성 등을 종합적으로 고려하여 판단하여야 할 것이다. 예를 들어, 법령이 행정청의 입장에서 '할 수 있다' 또는 '하여야 한다'로 규정되어 있지 않고, 상대방의 입장에서 '허가를 받아야 한다' 등으로 규정되어 있는 경우에는 법령규정만으로는 재량인지 기속행위인지를 판단할 수 없다. 따라서 권리를 설정해 주는 '특허'인가(재량) 아니면 자연적 자유의 회복인 '허가'인가(기속)는 실질에 의하여 해석해야 할 것이다.

ⓓ 효과재량설을 보충적인 기준으로 활용한다.

> **관련 판례**
>
> ⓑ 「야생 동·식물보호법」 제16조 제3항에 의한 용도변경승인 행위의 성질(= 재량행위)
>
> 「야생 동·식물보호법」 제16조 제3항과 같은 법 시행규칙 제22조 제1항의 체제 또는 문언을 살펴보면 원칙적으로 국제적 멸종위기종 및 그 가공품의 수입 또는 반입 목적 외의 용도로의 사용을 금지하면서 용도변경이 불가피한 경우로서 환경부장관의 용도변경승인을 받은 경우에 한하여 용도변경을 허용하도록 하고 있으므로, 위 법 제16조 제3항에 의한 용도변경승인은 특정인에게만 용도 외의 사용을 허용해주는 권리나 이익을 부여하는 이른바 수익적 행정행위로서 법령에 특별한 규정이 없는 한 재량행위이다(대판 2011.1.27. 2010두23033).
>
> ⓐ (구)「주택건설촉진법」 제33조에 의한 주택건설사업계획 승인의 법적 성질(= 재량행위) [17 서울시 9급, 16 교육행정직 9급] 01 02
>
> 주택건설사업계획의 승인은 상대방에게 권리나 이익을 부여하는 효과를 수반하는 이른바 수익적 행정처분으로서 법령에 행정처분의 요건에 관하여 일의적으로 규정되어 있지 아니한 이상 행정청의 재량행위에 속한다(대판 2007.5.10. 2005두13315).
>
> ⓑ 개인택시면허는 재량 [16 국회직 8급] 03
>
> 「여객자동차 운수사업법」에 의한 개인택시운송사업면허는 특정인에게 권리나 이익을 부여하는 행정행위, 즉 수익적 행정행위로서 법령에 특별한 규정이 없으면 행정청의 재량에 속하는 것이다(대판 2005.7.22. 2005두999).

개념확인 O/X

01 주택재건축사업시행의 인가는 상대방에게 권리나 이익을 부여하는 효과를 가진 이른바 수익적 행정처분으로서 법령에 행정처분의 요건에 관하여 일의적으로 규정되어 있지 아니한 이상 행정청의 재량행위에 속한다.
10 국가9급 (O / X)

02 (구)「주택건설촉진법」에 의한 주택건설사업계획의 승인의 경우 승인받으려는 주택건설사업계획에 관계 법령이 정하는 제한사유가 없는 경우에도 공익상 필요가 있으면 처분권자는 그 승인을 받기 위한 신청에 대하여 불허가결정을 할 수 있다.
19 하반기 서울7급 (O / X)

03 「여객자동차 운수사업법」에 의한 개인택시운송사업면허는 특정인에게 권리나 의무를 부여하는 행정행위로서 법령에 특별한 규정이 없는 한 재량행위이고, 그 면허를 위하여 필요한 기준을 정하는 것 역시 행정청의 재량에 속한다.
16 국회8급 (O / X)

개념확인 O/X	재량으로 본 판례	기속으로 본 판례
01 마을버스운송사업면허의 허용 여부는 운수행정을 통한 공익실현과 아울러 합목적성을 추구하기 위하여 보다 구체적 타당성에 적합한 기준에 의하여야 할 것이므로 행정청의 재량에 속하는 것이라고 보아야 한다. 20 지방9급 (O / X)	1. 공무원 임용을 위한 면접전형에 대한 면접위원의 판단의 재량행위성(대판 1997.11.28. 97누11911) 2. 감정평가사시험 합격기준의 재량성(대판 1996.9.20. 96누6882) 3. 사법시험 출제의 재량성(대판 2001.4.10. 99다33960) 4.「관세법」에 의한 보세구역설영특허(대판 1989.5.9. 88누4188) 5. 교과서검정 판단(대판 1992.4.24. 91누6634) 6. 유기장영업허가는 학문상 허가이나 자유재량행위(대판 1985.2.8. 84누369) 7. (구)「자동차운수사업법」제4조에 의한 마을버스운송사업면허 허용 여부가 공익과 합목적성을 이유로 재량행위라고 본 사례(대판 2001.1.19. 99두3812) 01 8. (구)「토지수용법」상의 사업인정(대판 1992.11.13. 92누596) 9. (구)「공유수면매립법」상의 공유수면매립면허(대판 1989.9.12. 88누9206) 02 10. 인가에 해당하는 「민법」상 비영리법인설립허가(대판 1996.9.10. 95누18437) 11. (구)「주택건설촉진법」상 주택조합설립인가(대판 1995.12.12. 94누12302) 12. 허가에 해당하는 (구)「도시계획법」상의 개발제한구역 내의 건축물의 용도변경허가(대판 2001.2.9. 98두17593) 13.「산림법」부칙 제9조 제1항과 제2항에 의한 형질변경허가 등 산림의 용도변경에 필요한 처분(대판 1998.9.25. 97누19564) 14. (구)「총포·도검·화약류단속법」상 총포 등 소지허가(대판 1993.5.14. 92도2179) 15. (구)「관광진흥법」상 관광지 조성사업시행허가처분(대판 2001.7.27. 99두8589) 16.「자연공원법」상 공원사업시행허가처분(대판 2001.7.27. 00두5092) 17. 도시계획결정(대판 1996.11.29. 96누8567) 18.「학교보건법」상 학교환경위생정화구역 안에서의 터키탕업허가(대판 1995.7.28. 94누13497)·유흥주점허가(대판 1996.10.29. 96누8253) 19. 공원관리청의 공원사업시행허가는 일종의 재량행위(대판 1998.12.8. 98두13553). 20.「도시계획법」상 토지형질변경허가(대판 1999.2.23. 98두17845). 21. 관광지조성사업의 시행허가(대판 2001.7.27. 99두8589) 22. 공원관리청의 도시공원시설 관리위탁처분(대판 2004.2.13. 2001다15828) 23. 폐기물처리업 허가 및 그 허가와 관련된 사업계획 적정 여부 통보를 위하여 필요한 기준설정행위(대판 2004.5.28. 2004두961) 24.「도시계획법」상 개발제한구역 내에서의 건축허가는 (예외적 허가) 수익적이므로 재량행위라고 본 사례(대판 2004.3.25. 2003두12837) 03 25.「국토의 계획 및 이용에 관한 법률」에 의하여 지정된 도시지역 안에서의 토지의 형질변경행위를 수반한 건축허가(대판 2005.7.14. 2004두6181) 04 05 06 07	1. 음주측정거부를 이유로 운전면허취소를 함에 있어서 행정청이 그 취소 여부를 선택할 수 있는 재량의 여지가 있는지의 여부 –「도로교통법」제78조 제1항 단서 제8호의 규정에 의하면, 술에 취한 상태에 있다고 인정할 만한 상당한 이유가 있음에도 불구하고 경찰공무원의 측정에 응하지 아니한 때에는 필요적으로 운전면허를 취소하도록 되어 있어 처분청이 그 취소 여부를 선택할 수 있는 재량의 여지가 없음이 그 명문상 명백하므로, 위 법조의 요건에 해당하였음을 이유로 한 운전면허취소처분에 있어서 재량권의 일탈 또는 남용의 문제는 생길 수 없다(대판 2004.11.12. 2003두12042). 2. (구)「식품위생법」상 대중음식점영업허가(대판 1993.5.27. 93누2216) 3. 일반주점영업허가(대판 2000.3.24. 97누12532) 4.「건축법」상의 건축허가(대판 1995.12.12. 95누9051) 5. (구)「식품위생법」상 광천음료수제조허가(대판 1993.2.12. 92누5959) 6. 학교법인이사취임승인처분(대판 1992.9.22. 92누5461) 7. (구)「관광진흥법」에 의한 관광사업의 양도·양수에 의한 지위승계신고의 수리(대판 2007.6.29. 2006두4097) 8.「공중위생법」상의 위생접객업허가(대판 1995.7.28. 94누13497) 9. 화약류판매업 및 저장소설치허가(대판 1996.6.28. 96누3036) 10. 화약류관리보안책임자면허취소(대판 1996.8.23. 96누1665) 11.「기부금품모집규제법」상의 기부금품모집허가(대판 1999.7.23. 99두3690) 12. 부정한 수단 사용을 이유로 한 건설업면허취소(대판 1983.11.22. 82누95) 13. 금고 이상의 형을 받은 자에 대한 약사면허의 취소(대판 1993.6.8. 92누19026) 14. 채광계획인가(대판 1993.5.27. 92누19477) 15. 감사원의 변상판정(대판 1994.12.13. 93누98) 16. 국유재산의 무단점유 등에 대한 변상금의 징수(대판 2000.1.28. 97누4098) 17.「지방재정법」에 의한 변상금부과처분(대판 2000.1.14. 99두9735) 18. 관할청의 임원취임승인행위는 학교법인의 임원선임행위(대판 2007.12.27. 2005두9651) 19.「부동산 실권리자명의 등기에 관한 법률」및 시행령상 명의신탁자에 대하여 과징금을 부과할 것인지 여부(대판 2007.7.12. 2005두17287) 20. 부정행위를 한 응시자에 대하여 「경찰공무원 임용령」에 의한 합격취소처분 및 응시자격제한처분(대판 2008.5.29. 2007두18321) 21. (구)「관광진흥법」에 따른 관광사업의 양도·양수에 의한 지위승계신고에서 신고의 수리에 관한 처분(대판 2007.6.29. 2006두4097)

02 공유수면점용허가는 특정인에게 공유수면 이용권이라는 독점적 권리를 설정하여 주는 처분으로서 그 처분의 여부 및 내용의 결정은 원칙적으로 행정청의 재량에 속한다.
21 국가7급 (O / X)

03 개발제한구역 내에서는 구역지정의 목적상 건축물의 건축 및 공작물의 설치 등 개발행위가 원칙적으로 금지되고 예외적으로 허가에 의하여 그러한 행위를 할 수 있게 되어 있으므로 그 허가는 재량행위에 속한다.
19 사회복지 (O / X)

04 토지의 형질변경행위를 수반하는 건축허가는 「건축법」에 의한 건축허가와 「국토의 계획 및 이용에 관한 법률」에 의한 개발행위허가의 성질을 아울러 갖게 되므로 재량행위에 해당한다.
19 사회복지 (O / X)

05 「국토의 계획 및 이용에 관한 법률」상 토지의 형질변경허가는 그 금지요건이 불확정개념으로 규정되어 있으므로, 동법상 지정된 도시지역 안에서 토지의 형질변경행위를 수반하는 「건축법」상의 건축허가는 재량행위이다.
21 국가7급 (O / X)

06 토지의 형질변경허가는 금지요건이 불확정개념으로 규정되어 있어 그 금지요건에 해당하는지 여부를 판단함에 있어서 행정청에게 재량권이 부여되어 있다고 할 것이므로, 같은 법에 의하여 지정된 도시지역 안에서 토지의 형질변경행위를 수반하는 건축허가는 결국 재량행위에 속한다.
19 서울7급 (O / X)

07 「국토의 계획 및 이용에 관한 법률」에 따른 토지의 형질변경허가에는 행정청의 재량권이 부여되어 있다고 하더라도 「건축법」상의 건축허가는 기속행위이므로, 「국토의 계획 및 이용에 관한 법률」에 따른 토지의 형질변경행위를 수반하는 건축허가는 기속행위에 속한다.
18 지방7급 (O / X)

| 정답 | 01 O 02 O 03 O 04 O 05 O 06 O 07 X

재량으로 본 판례	기속으로 본 판례	개념확인 O/X
26. 「여객자동차 운수사업법」에 의한 개인택시운송사업 면허가 수익적이므로 재량행위(대판 2005.4.28. 2004두8910) 01 27. 「공정거래법」상 공정거래위원회의 위반행위자에 대한 과징금부과처분(대판 2006.5.12. 2004두12315) 28. 사회복지법인의 정관변경허가(대판 2002.9.24. 2000두5661) 29. 주택건설사업계획의 승인(대판 2007.5.10. 2005두13315) 02 30. 주택재건축사업시행인가(대판 2007.7.12. 2007두6663) 31. (구)「택지개발촉진법」에 의한 택지공급은 택지개발사업시행자의 재량행위(대판 2007.12.13. 2006두19068) 32. 「부동산 실권리자명의 등기에 관한 법률」에 따른 과징금 감경 여부(대판 2007.7.12. 2006두4554) 33. (구)「공공용지의 취득 및 손실보상에 관한 특례법」에 의한 사업시행자의 특별공급주택의 수량, 특별공급대상자의 선정(대판 2007.2.22. 2004두7481) 34. 해상여객운송사업면허(대판 2008.12.11. 2007두18215) 35. 「방위사업법」이 규정하고 있는 방산물자 지정 및 지정취소(대판 2010.9.9. 2010두39413) 36. 법무부장관의 귀화허가(대판 2010.7.15. 2009두19069) 03 37. 「야생동·식물보호법」 제16조 제3항에 의한 용도변경승인행위 및 용도변경의 불가피성 판단에 필요한 기준을 정하는 행위의 법적 성질(대판 2011.1.27. 2010두23033) 04 38. 「학교보건법」 제6조 제1항 단서에 따라 시·도교육위원회 교육감 또는 교육감이 지정하는 사람이 학교환경위생정화구역 안에서의 금지행위 및 시설을 해제하거나 계속하여 금지(해제거부)하는 조치의 법적 성질(대판 2010.3.11. 2009두17643) 39. 법무부장관이 법률에서 정한 귀화요건을 갖춘 귀화신청인에게 귀화를 허가할 것인지 여부(대판 2010.10.28. 2010두6496) 05 40. 「국민건강보험법」, 「국민건강보험법 시행령」상의 이미 고시된 요양급여대상 약제에 대하여 보건복지부장관의 그 약제의 상한금액 조정권(대판 2010.9.9. 2009두218) 41. (구)「수도권 대기환경개선에 관한 특별법」 제14조 제1항에서 정한 대기오염물질 총량관리사업장 설치의 허가 또는 변경허가가 처분의 여부 및 내용의 결정(대판 2013.5.9. 2012두22799) 42. 개발제한구역 내에서 형질변경허가행위에 대한 원상복구 시정명령(대판 2022.8.31. 2021두46971) 43. 폐기물처리사업계획서의 적합 여부 판단(대판 2023.7.27. 2023두35661) 44. 법무부장관의 재외동포에 대한 사증발급(대판 2019.7.11. 2017두38874)	22. 「국토의 계획 및 이용에 관한 법률 시행령」상의 이행강제금 부과기준(대판 2014.12.24. 2011두23580) 23. 난민 인정과 그 거부에 대한 심사(대판 2017.12.5. 2016두42913) 24. 공무원의 휴직사유 소멸을 이유로 한 복직명령(대판 2014.6.12. 2012두4852) 06 25. 「사회복지사업법」 사유에 해당할 경우 행정청은 기속적으로 보조금환수처분을 하여야 한다(단 그 환수범위는 재량으로 정할 수 있음)	01 「여객자동차 운수사업법」에 의한 개인택시운송사업면허는 특정인에게 권리나 이익을 부여하는 행정행위로서 법령에 특별한 규정이 없는 한 재량행위이다. 21 국가7급 (O/X) 02 「주택법」상 주택건설사업계획의 승인은 재량행위에 해당하므로, 처분권자는 주택건설사업계획이 법령이 정하는 제한사유에 배치되지 않는 경우에도 공익상 필요가 있으며 사업계획승인신청에 대하여 불허가결정을 할 수 있다. 21 국회8급 (O/X) 03 귀화신청인이 (구)「국적법」에서 정한 귀화요건을 갖추지 못한 경우에도 법무부장관은 귀화 허부에 관한 재량권을 행사할 수 있고, 재량권행사 결과에 따라 귀화불허처분을 할 수 있다. 24 국회9급 (O/X) 04 「야생동·식물보호법」에 의한 용도변경승인은 특정인에게만 용도 외의 사용을 허용해주는 권리나 이익을 부여하는 이른바 수익적 행정행위로서 법령에 특별한 규정이 없는 한 재량행위이다. 24 국회9급 (O/X) 05 난민 인정에 관한 신청을 받은 행정청은 원칙적으로 법령이 정한 난민 요건에 해당하는지를 심사하여 난민 인정 여부를 결정할 수 있을 뿐이고, 법령이 정한 난민 요건과 무관한 다른 사유만을 들어 난민 인정을 거부할 수는 없다. 24 국가9급 (O/X) 06 육아휴직 중 「국가공무원법」 제73조 제2항에서 정한 복직 요건인 '휴직사유가 없어진 때'에 하는 복직명령은 기속행위이므로 휴직사유가 소멸하였음을 이유로 복직을 신청하는 경우 임용권자는 지체 없이 복직명령을 하여야 한다. 23 국가7급 (O/X)

| 정답 | 01 O 02 O 03 X 04 O 05 O 06 O |

(5) 재량권의 한계 [빈출]

> **결정적 코멘트** ▶ 재량의 한계(일탈, 남용, 불행사 등)에 관한 판례의 출제빈도가 높다. 개별적인 사안마다의 구분이 필요하다.

① **외적 한계 또는 법규상 한계(재량권의 일탈 또는 유월)**: 법이 행정청에 대하여 재량권을 인정하는 경우에는 일정한 범위 내에서의 재량권임을 전제로 한다. 이와 같이 재량권이 인정되는 범위가 곧 재량권의 외적 한계이며, 법이 인정하는 외적 한계를 넘는 재량은 결국 권한 없는 행정청의 행위로서 위법한 행위가 된다. 01 02 03 04 05

② **재량권의 남용(조리상의 한계)**: 법규가 허용한 재량의 범위 안에서라도 재량권 행사는 재량권을 부여한 목적에 타당하며 적합하여야 하는데, 이를 위반하여 재량권을 행사하면 조리상의 내적 한계를 벗어난 행위로서 위법이 되어 사법심사의 대상이 된다. 06 07 08

관련 판례 | 재량권의 한계를 위반하여 위법으로 본 사례

B 해외근로자들의 자녀를 대상으로 한 특별전형에서 외교관과 공무원의 자녀에 대하여만 가산점을 부여하여 합격할 수 있었던 응시자들의 불합격처분의 위법

> 자유재량에 있어서도 그 범위의 넓고 좁은 차이는 있더라도 법령의 규정뿐만 아니라 관습법 또는 일반적 조리에 의한 일정한 한계가 있는 것으로서 위 한계를 벗어난 재량권의 행사는 위법하다고 하지 않을 수 없으므로, 대학교 총장인 피고가 해외근무자들의 자녀를 대상으로 한 「교육법 시행령」 제71조의2 제4항 소정의 특별전형에서 외교관, 공무원의 자녀에 대하여만 획일적으로 과목별 실제 취득점수에 20%의 가산점을 부여하여 합격사정을 함으로써 실제 취득점수에 의하면 충분히 합격할 수 있는 원고들에 대하여 불합격처분을 하였다면 위법하다(대판 1990. 8. 28. 89누8255).

B 평등원칙을 위반한 재량행사의 위법

> 1. 개인택시운송사업면허의 우선순위 기준으로 무사고운전 등의 성실의무를 반드시 동일회사에서 이행하였을 것을 정하고 있는 지방자치단체의 개인택시운송사업면허 사무처리규정이, 평등의 원칙에 반하고 직장선택의 자유를 침해하는 것으로서 재량권의 한계를 일탈하였다(대판 2007. 2. 8. 2006두13886).
> 2. 도시계획사업으로 인하여 철거되는 주택의 소유자에게 국민주택 등을 특별공급함에 있어 실질에 있어 다세대주택과 유사한 다가구주택 수유자든에게 국민주택 특별분양권을 부여하지 않은 처분은 재량권의 범위를 벗어난 것으로서 위법하다(대판 2007. 11. 29. 2006두8495).

B 비례원칙을 위반한 재량의 일탈

> 1. 유흥장에 미성년자를 단 1회 출입시켜 술을 제공하여 「식품위생법」을 위반한 데 대한 제재로서 가장 중한 영업취소로 응징한 것은 책임에 대한 응보의 균형을 잃은 것으로서 행정행위의 재량을 심히 넘은 처분이다(대판 1977. 9. 13. 77누15).
> 2. 주유소에서 부정휘발유를 취급한 것이 그 공익침해가 적지 아니하나, 단 한번 있은 위반행위를 이유로 위험물취급소 설치허가 자체를 취소하는 것은 원고에게 너무나 가혹하여 재량권의 범위를 일탈한 것이다(대판 1989. 3. 28. 87누436).
> 3. 단원에게 지급될 급량비를 바로 지급하지 않고 모아두었다가 지급한 서울특별시립무용단원인 원고를 징계하기 위하여 한 해촉은 여러 사정 등을 종합하여 볼 때 너무 가혹하여 징계권을 남용한 것이므로 무효이다(대판 1995. 12. 22. 95누4636).
> 4. 요양기관이 실시한 요양급여내용과 요양급여비용의 액수, 의료기관 개설 운영 과정에서의 개설명의인의 역할과 불법성의 정도, 의료기관 운영성과의 귀속 여부와 개설명의인이 얻은 이익의 정도 그 밖에 조사에 대한 협조 여부 등의 사정을 고려하지 않고 의료기관의 개설명의인을 상대로 요양급여비용 전액을 징수하는 것은 다른 특별한 사정이 없는 한 비례의 원칙에 위배된 것으로 재량권을 일탈·남용한 때에 해당한다고 볼 수 있다(대판 2020. 6. 4. 2015두39996).

개념확인 O/X

01 사실의 존부에 대한 판단에는 재량권이 인정될 수 없으므로 사실을 오인하여 재량권을 행사한 경우에 그 처분은 위법하다.
16 교육행정 (O / X)

02 재량권의 일탈·남용이 있으면 위법하다.
16 교육행정 (O / X)

03 행정청의 재량에 속하는 처분이라도 재량권의 한계를 넘거나 그 남용이 있는 때에는 법원은 이를 취소할 수 있다.
12 지방9급 (O / X)

04 법이 정한 재량권의 외적 한계를 넘어선 경우를 재량의 일탈이라 한다.
14 서울9급 (O / X)

05 재량권의 일탈이란 재량권의 내적 한계를 벗어난 것을 말하고, 재량권의 남용이란 재량권의 외적 한계를 벗어난 것을 말한다.
15 국가9급 (O / X)

06 재량행위가 법령이나 평등원칙을 위반한 경우뿐만 아니라 합목적성의 판단을 그르친 경우에도 위법한 처분으로서 행정소송의 대상이 된다.
21 소방 (O / X)

07 판례는 재량권의 일탈과 재량권의 남용을 명확히 구분하고 있다.
15 국가9급 (O / X)

08 자유재량에 있어서도 그 범위의 넓고 좁은 차이는 있더라도 법령의 규정뿐만 아니라 관습법 또는 일반적 조리에 의한 일정한 한계가 있는 것으로서 위 한계를 벗어난 재량권의 행사는 위법하다.
20 군무원7급 (O / X)

| 정답 | 01 O 02 O 03 O 04 O 05 X 06 X 07 X 08 O

B 사실오인으로 인한 재량행사의 위법

임지에서 육지로 항해 도중 심한 풍랑으로 인한 충격으로 입원하였고, 이러한 병으로 인하여 수로 항해를 할 수 없어서 부득이 임지로 돌아가지 못했다고 해서, 정당한 사유 없이 그 직무상의 의무에 위반하거나 직무를 태만히 한 때에 해당한다고 할 수 없고, 이를 이유로 한 면직처분은 징계의 재량범위를 벗어난 것이다(대판 1969.7.22. 69누38).

B 목적위반·동기부정이 재량권의 한계를 벗어난 위법

학위수여규정에 의한 2종의 외국어 시험에 합격하고 「교육법 시행령」과 위 규정에 의한 박사학위논문심사 통과자에게 정당한 이유 없이 학위수여를 부결한 행정처분은 재량권의 한계를 벗어난 위법이 있다(동기부정 – 대판 1976.6.8. 75누63).

B 면허우선순위자에 대한 면허거부의 위법

「여객자동차 운수사업법」에 따른 개인택시운송사업 면허의 법적 성질은 재량행위이고 행정청이 정한 면허기준의 해석상 당해 신청이 면허발급의 우선순위에 해당함에도 불구하고 면허거부처분을 한 경우, 재량권을 남용한 위법한 처분이다(대판 2002.1.22. 2001두8414).

B 이유제시 없는 사업계획서 반려는 위법

폐기물처리업 허가와 관련된 사업계획 적정 여부에 관한 기준설정은 행정청의 재량에 속하고, 구체적이고 합리적인 이유의 제시 없이 사업계획의 부적정통보를 하거나 사업계획서를 반려하는 경우는 재량권의 일탈·남용에 해당하여 위법하다(대판 2004.5.28. 2004두961).

B 상급청의 징계요구에 반하는 승진임용행위는 위법

하급 지방자치단체장이 전국공무원노동조합의 불법 총파업에 참가한 소속 지방공무원들에 대하여 징계의결을 요구하지 않은 채 승진임용하는 처분은 재량권의 범위를 현저하게 일탈한 것으로 위법한 처분이다(대판 2007.3.22. 2005추62 전합).

B 설정된 면허기준 위반에 따른 위법

행정청이 면허발급 여부를 심사하면서 이미 설정된 면허기준의 해석상 당해 신청이 명백하게 면허발급 우선순위에 해당함에도 면허거부처분을 한 경우, 재량권을 남용한 위법한 처분이다(대판 2010.1.28. 2009두19137).

개념확인 O/X

| 관련 판례 | 재량의 일탈·남용이 아닌 적법으로 본 사례 |

B 비례원칙에 위반되지 아니한다는 판례

> 목욕탕이라는 상호로 영업허가를 받았음에도 불구하고 사우나탕이라는 간판을 표시하여 적발된 후 간판을 바꾸라는 개선명령에 불응하고 3개월이나 영업을 계속하다가 적발된 경우 공중위생법규에 따라 15일간의 영업정지처분을 한 것은 재량권을 남용하였다고 보기 어렵다(대판 1993.6.29. 92누19149).

B 면허정지기간 중의 운전을 이유로 한 운전면허취소처분은 재량권의 일탈·남용이라 할 수 없고 정당하다

> 운전면허정지처분기간 중의 운전행위를 방지할 공익상의 필요에 비추어 보면 자기 소유의 승용차를 운전한 약품영업사원이 운전면허를 정지당하게 된 경위, 위 운전의 동기, 당해 처분으로 위 영업사원이 입게 될 경제적 불이익 등을 감안하더라도 지방경찰청장의 위 영업사원에 대한 당해 운전면허취소처분으로 달성하고자 하는 공익목적이 위 영업사원이 이로 인하여 입게 될 불이익보다 결코 가볍다고 볼 수 없어 당해 처분이 재량권의 범위를 일탈·남용한 것이라 할 수 없다(대판 1997. 12.26. 97누17216).

B 해당 지역 운수업체에서 일정기간 근무한 경력이 있는 경우에만 개인택시운송사업면허신청 자격을 부여한다는 개인택시운송사업면허업무규정은 정당하다

> 해당 지역에서 일정기간 거주하여야 한다는 요건 이외에 해당 지역 운수업체에서 일정기간 근무한 경력이 있는 경우에만 개인택시운송사업면허신청 자격을 부여한다는 개인택시운송사업면허업무규정이, 개인택시 면허제도의 성격, 운송사업의 공익성, 지역에서의 장기간 근속을 장려할 필요성, 기준의 명확성 요청 등의 제반 사정에 비추어 합리적인 제한이라 할 수 있다(대판 2005.4.28. 2004두8910).

B 약사의 의약품 개봉판매행위에 업무정지에 갈음하는 과징금부과처분을 한 것은 정당하다

> 약사의 의약품 개봉판매행위에 대하여 (구)「약사법」(2007.4.11. 법률 제8365호로 전문 개정되기 전의 것) 제69조 제1항 제3호, 제3항, 같은 법 시행규칙(2005.10.7. 보건복지부령 제332호로 개정되기 전의 것) 제89조 [별표 6] '행정처분의 기준'에 따라 업무정지 15일의 처분을 사전통지하였다가, 그 후 같은 법 제71조의3 제1항·제2항, 같은 법 시행령(2007.6.28. 대통령령 제20130호로 개정되기 전의 것) 제29조 [별표 1의2] '과징금 산정기준'에 따라 업무정지 15일에 갈음하는 과징금부과처분을 한 것이 재량권의 범위를 일탈하거나 재량권을 남용한 것으로 보기 어렵다(대판 2007.9.20. 2007두6946).

B 학교법인의 교비회계자금을 법인회계로 부당전출한 행위에 따른 임원취임승인취소처분은 재량권을 일탈·남용하였다고 볼 수 없다

> 학교법인의 교비회계자금을 법인회계로 부당전출한 행위의 위법성 정도와 임원들의 이에 대한 가공의 정도, 학교법인이 사실상 행정청의 시정 요구 대부분을 이행하지 아니하였던 사정 등을 참작하여, 임원취임승인취소처분이 재량권을 일탈·남용하였다고 볼 수 없다(대판 2007.7.19. 2006두19297 전합).

B 운전적성검사를 받지 아니한 운전기간을 제외하고 심사한 개인택시면허의 거부는 적법하다

> 행정청이 개인택시운송사업면허의 운전경력 인정 기준을 '정상적으로 운전실무에 종사한 기간'이라 설정하여 놓고 운전적성에 대한 정밀검사를 받지 아니한 채 택시를 운전한 기간은 위 운전경력

에서 제외된다고 보아 개인택시운송사업 면허신청을 반려한 처분에 대하여, 행정청의 재량권 범위 내에서 이루어진 것으로서 적법하다(대판 2007.3.15. 2006두15783).

🅑 **초등학교 인근의 액화석유가스충전소 거부는 적법하다**

초등학교로부터 약 100여 m 떨어진 곳에 액화석유가스(LPG) 충전소를 운영하기 위한 학교환경위생정화구역 내 금지시설해제신청을 교육청 교육장이 거부한 사안에서, 그 처분이 재량권의 범위를 일탈하였거나 남용한 것으로 보기 어렵다(대판 2010.3.11. 2009두17643).

🅑 **의약품 상한금액의 인하는 재량의 일탈이나 남용이 아니다**

보건복지부장관이 원료직접생산의약품으로 최고가 상한금액 인정 이후에 원료를 직접 생산하지 않고 수입 또는 위탁생산하고 있는 의약품에 대하여 원료직접생산의약품에 관한 특례 적용을 배제하여 상한금액을 인하하는 내용의 개정 고시를 한 사안에서, 위 고시를 통하여 의약품 상한금액을 인하한 것이 재량권을 일탈·남용한 것이라고 볼 수 없다(대판 2010.9.9. 2009두218).

🅑 **개인택시 운송사업 양도·양수 이전의 양도인에 대한 운송사업면허 취소사유로 한 양수인의 사업면허 취소는 위법이라 할 수 없다**

관할관청이 개인택시 운송사업의 양도·양수에 대한 인가를 한 후 그 이전에 있었던 양도인의 음주운전 사실로 운전면허가 취소되자, 양도인의 운전면허 취소가 운송사업면허의 취소사유에 해당한다는 이유로 양수인의 운송사업면허를 취소하는 처분을 한 사안에서, 개인택시 운송사업자의 면허를 박탈함으로써 개인택시 운송사업의 질서를 확립하여야 할 공익상의 필요가 위 처분으로 양수인이 입게 될 불이익에 비해 가볍다고 볼 수 없어 관계 법령의 기준에 따른 위 처분에 재량을 일탈·남용한 위법이 없다(대판 2010.4.8. 2009두17018).

🅑 **면접시험 서류의 허위기재는 합격취소의 정당한 사유**

형사 재판을 받고 있던 원고가 공무원 채용시험 면접시험에 앞서 수사경력 등을 묻는 질문표에 잘못 기재한 것은 합격취소처분 등의 사유가 되어 합격취소처분에 위법이 없다(대판 2022.6.30. 2020두55473).

③ **재량권의 불행사·재량의 해태·재량의 흠결**: '재량권의 불행사'란 재량권을 행사함에 있어 행정청이 정당한 사유 없이 고려해야 할 구체적 사정을 전혀 고려하지 아니한 경우를 말하며, '재량의 해태'란 재량권을 행사함에 있어 고려하여야 하는 구체적 사정을 고려하였지만 충분히 행사하지 아니한 경우를 말한다. '재량의 흠결'이란 성실하게 행사하지 않음을 의미한다. 이러한 경우 모두 위법이 되어 사법심사를 인정하고 있다. 01 02

> 관련 판례 | **재량의 불행사**

🅑 **「부동산 실권리자명의 등기에 관한 법률 시행령」제3조의2 단서의 과징금 임의적 감경사유가 있음에도 이를 전혀 고려하지 않거나 감경사유에 해당하지 않는다고 오인하여 과징금을 감경하지 않은 경우, 그 과징금부과처분이 재량권을 일탈·남용한 위법이다**

실권리자명의 등기의무를 위반한 명의신탁자에 대하여 부과하는 과징금의 감경에 관한 「부동산 실권리자명의 등기에 관한 법률 시행령」제3조의2 단서는 임의적 감경규정임이 명백하므로, 그 감경사유가 존재하더라도 과징금 부과관청이 감경사유까지 고려하고도 과징금을 감경하지 않은 채

> **개념확인 O/X**

01 재량은 반드시 성실히 행사해야 하는 의무이며 이를 행사하지 않으면 안 된다.
(O / X)

02 재량행위의 경우 행정청은 재량권의 한계 내에서는 법이 정한 요건을 충족하더라도 그 행위를 해야 할 의무는 없는 것이다.
20 군무원7급 (O / X)

| 정답 | 01 O 02 O

과징금 전액을 부과하는 처분을 한 경우에는 이를 위법하다고 단정할 수는 없으나, <u>위 감경사유가 있음에도 이를 전혀 고려하지 않았거나 감경사유에 해당하지 않는다고 오인한 나머지 과징금을 감경하지 않았다면 그 과징금부과처분은 재량권을 일탈·남용한 위법한 처분</u>이라고 할 수밖에 없다(대판 2010.7.15. 2010두7031).

🅑 한정면허의 갱신 심사

행정청인 시·도지사가 한정면허의 갱신 여부를 심사할 때 한정면허의 갱신을 신청한 자가 거부처분으로 입게 되는 불이익의 내용과 정도 등을 전혀 비교형량하지 아니하였거나 비교형량의 고려대상에 마땅히 포함시켜야 할 사항을 누락한 경우 또는 비교형량을 하였으나 정당성 객관성이 결여된 경우에는 한정면허의 갱신에 관한 거부처분은 재량권을 일탈·남용하여 위법하다고 할 수밖에 없다(대판 2020.6.11. 2020두34384).

🅑 법정요건을 구비하지 못한 신청에 대한 재량의 불행사는 위법이 아니다

귀화신청인이 (구)「국적법」(2017.12.19. 법률 제15249호로 개정되기 전의 것) 제5조 각호에서 정한 귀화요건을 갖추지 못한 경우 법무부장관은 귀화 허부에 관한 재량권을 행사할 여지 없이 귀화불허처분을 하여야 한다(대판 2018.12.13. 2016두31616).

🅑 재외동포사증 발급 거부에 대한 재량의 불행사는 위법이다

재외동포에 대한 사증발급은 행정청의 재량행위에 속하는 것으로서, 재외동포가 사증발급을 신청한 경우에 「출입국관리법 시행령」 [별표 1의2]에서 정한 재외동포체류자격의 요건을 갖추었다고 해<u>서 무조건 사증을 발급해야 하는 것은 아니다</u>. 처분의 근거법령이 행정청에 처분의 요건과 효과 판단에 일정한 재량을 부여하였는데도, 행정청이 자신에게 재량권이 없다고 오인한 나머지 처분으로 달성하려는 공익과 그로써 처분상대방이 입게 되는 불이익의 내용과 정도를 <u>전혀 비교형량하지 않은 채 처분을 하였다면, 이는 재량권 불행사로서 그 자체로 재량권 일탈·남용으로 해당 처분을 취소하여야 할 위법사유</u>가 된다(대판 2019.7.11. 2017두38874).

▎재량권의 한계 비교

구분	재량 하자
일탈·유월	행정청이 법이 허용하는 재량의 범위(외적 한계)를 넘어서 재량권을 행사한 경우
남용	목적 위배, 동기의 부정, 평등원칙·비례원칙 등 법의 일반원칙(내적 한계)에 위반하여 재량권을 행사한 경우, 사실오인
불행사·흠결·해태	행정청이 부주의 또는 재량행위를 기속행위로 오인하여 복수행위 간의 형량을 전혀 행하지 않은 경우

(6) 재량행위에 대한 통제

① 입법적 통제
  ㉠ 직접적 통제: 현행법상 국회가 특정의 재량행위의 효과를 부인하거나 시정하는 직접적 통제방법은 없다.
  ㉡ 간접적 통제: 간접적 통제수단으로서는 법규적 통제와 정치적 통제가 있다. 법규적 통제는 국회가 법률을 정립함으로써 재량권의 근거를 부여함과 동시에 그 범위를 제한하는 방법이다. 정치적 통제는 국정감사나 조사, 대정부질문, 국무위원해임건의, 탄핵소추 등이 있다.

② 행정적 통제
  ㉠ 감독권에 의한 통제: 상급행정기관은 감시권, 훈령권, 승인권, 취소·정지권, 권한쟁의결정권 등을 행사하여 하급행정기관의 재량권 행사에 대하여 사전·사후적 통제를 할 수 있다.
  ㉡ 행정절차에 의한 통제: 재량권 행사에 있어서 고지·청문·공청회 등을 통하여 이해관계인에게 의견진술권의 기회를 부여하거나 행정청이 재량권 행사의 기준공표 및 이유제시 등을 하게 하여 재량권 행사의 적법·타당성을 기할 수 있다(「행정절차법」 제20조 제1항 등).
  ㉢ 행정심판에 의한 통제: 「행정심판법」은 위법한 처분은 물론 부당한 처분에 대한 심판도 인정함으로써 재량행위에 대한 사후적 통제를 제도화하고 있다.
  ㉣ 행정의 자기구속법리: 행정청은 법이 인정하는 재량의 범위 안에서 재량기준을 정하여 통일적인 재량권 행사를 도모하는바, 보통 훈령의 형식을 취하는 행정규칙인 재량준칙은 평등원칙을 근거(매개)로 하여 행정(재량)의 자기구속의 법리가 적용되어 재량이 수축된다.

③ 사법적 통제
  ㉠ 법원에 의한 통제
    ⓐ 재량권 행사는 원칙적으로 당·부당의 문제이지만, 재량권을 남용·일탈하거나 흠결 또는 해태한 경우에는 위법이 되어 사법적 통제가 가능하다. 01

> **관련 법령** 재량도 사법심사가 가능하다는 규정
>
> 「행정소송법」 제27조 【재량처분의 취소】 행정청의 재량에 속하는 처분이라도 재량권의 한계를 넘거나 그 남용이 있는 때에는 법원은 이를 취소할 수 있다.

    ⓑ 또한 '재량권의 0으로의 수축'이론이나 '무하자재량행사청구권의 법리'는 행정청의 재량권 행사에 대한 사법적 통제의 범위를 확대시키고 있다. 주의할 점은 재량을 그르쳐도 위법을 구성하지 않고 부당에 그쳐 행정심판의 대상이 되어도 행정소송의 대상은 되지 않음이 원칙이다.
    ⓒ 그러나 행정소송이 제기되었을 경우 각하판결할 것이 아니라 본안심리를 하여 기각판결하여야 한다는 것이 통설이다. 02
    ⓓ 따라서 자유재량행위도 사실상 행정소송의 본안심리의 대상은 된다는 점에 주의를 요한다.
    ⓔ 재량권을 일탈하였다는 점에 대한 주장·입증책임은 원고에게 있다는 것이 판례의 태도이다(대판 1987.12.8. 87누861). 03

개념확인 O/X

01 행정청의 재량에 속하는 처분이라도 재량권의 한계를 넘거나 그 남용이 있는 때에는 법원은 이를 취소할 수 있다.
24 국회9급 (O / X)

02 재량행위가 위법하다는 이유로 소송이 제기된 경우에 법원은 각하할 것이 아니라 그 일탈·남용 여부를 심사하여 그에 해당하지 않으면 청구를 기각하여야 한다.
14 서울9급 (O / X)

03 처분이 재량권을 일탈·남용하였다는 사정은 그 처분의 효력을 다투는 자가 주장·증명하여야 한다.
24 국회9급 (O / X)

| 정답 | 01 ○ 02 ○ 03 ○

개념확인 O/X

01 재량권의 일탈·남용 여부에 대한 법원의 심사는 사실오인, 비례·평등의 원칙 위배, 당해 행위의 목적 위반이나 동기의 부정 유무 등을 그 판단대상으로 한다.
20 군무원7급 (O / X)

02 재량행위에 대한 사법심사에 있어서 법원은 사실인정과 관련 법규의 해석·적용을 통하여 일정한 결론을 도출한 후 그 결론에 비추어 행정청이 한 판단의 적법 여부를 독자의 입장에서 정하는 방식에 의한다.
21 국회8급 (O / X)

03 대법원은 재량행위에 대한 사법심사를 하는 경우에 법원은 행정청의 재량에 기한 공익판단의 여지를 감안하여 독자적인 판단을 하여 결론을 도출하지 않고, 당해 처분이 재량권의 일탈·남용에 해당하는지의 여부만을 심사하여야 한다고 한다.
17 국가9급 (O / X)

04 대법원은 처분을 할 것인지 여부와 처분의 정도에 관하여 재량이 인정되는 과징금 납부명령에 대하여 그 명령이 재량권을 일탈하였을 경우, 법원으로서는 재량권의 일탈 여부만 판단할 수 있을 뿐이지 재량권의 범위 내에서 어느 정도가 적정한 것인지에 관하여는 판단할 수 없어 그 전부를 취소할 수밖에 없고, 법원이 적정하다고 인정하는 부분을 초과한 부분만 취소할 수는 없다고 한다.
17 국가9급, 20 지방9급 (O / X)

05 처분을 할 것인지 여부와 처분의 정도에 관하여 재량이 인정되는 과징금 납부명령에 대하여 그 명령이 재량권을 일탈하였을 경우, 법원으로서는 재량권의 범위 내에서 어느 정도가 적정한 것인지에 관하여는 판단할 수 없다.
24 국회9급 (O / X)

관련 판례 | 법원의 재량에 대한 사법심사의 방식

Ⓐ 기속은 독자적인 결론을 도출하여 처분의 적법 여부를 판단하나, 재량은 독자적 결론을 도출할 수 없다
[21 국회직 8급, 20 국가직 7급, 20 군무원 7급, 18 국가직 7급, 17 국가직 9급, 14 서울시 9급, 10 국가직 9급] **01 02 03**

> 행정행위를 기속행위와 재량행위로 구분하는 경우 양자에 대한 사법심사는, 전자의 경우 그 법규에 대한 원칙적인 기속성으로 인하여 법원이 사실인정과 관련 법규의 해석·적용을 통하여 일정한 결론을 도출한 후 그 결론에 비추어 행정청이 한 판단의 적법 여부를 독자의 입장에서 판정하는 방식에 의하게 되나, 후자의 경우 행정청의 재량에 기한 공익판단의 여지를 감안하여 법원은 독자의 결론을 도출함이 없이 당해 행위에 재량권의 일탈·남용이 있는지 여부만을 심사하게 되고 이러한 재량권의 일탈·남용 여부에 대한 심사는 사실오인, 비례·평등의 원칙 위배 등을 그 판단대상으로 한다(대판 2007.5.31. 2005두1329).

Ⓑ 명의신탁자에 대한 과징금부과처분이 재량권을 일탈·남용하여 위법한 경우, 법원이 적정하다고 인정되는 부분을 초과한 부분만 취소할 수 없다 [24 국회직 9급, 20 지방직 9급, 17 국가직 9급] **04 05**

> 명의신탁이 조세를 포탈하거나 법령에 의한 제한을 회피할 목적이 아니어서 「부동산 실권리자명의 등기에 관한 법률 시행령」 제3조의2 단서의 과징금 감경사유가 있는 경우 과징금 감경 여부는 과징금 부과 관청의 재량에 속하는 것이므로, 과징금 부과 관청이 이를 판단하면서 재량권을 일탈·남용하여 과징금부과처분이 위법하다고 인정될 경우, 법원으로서는 과징금부과처분 전부를 취소할 수밖에 없고, 법원이 적정하다고 인정되는 부분을 초과한 부분만 취소할 수는 없다(대판 2010.7.15. 2010두7031).

Ⓒ 재량에 대한 소송에서 재량의 일탈·남용에 대한 증명책임은 처분의 효력을 다투는 자이다

> 「국토의 계획 및 이용에 관한 법률」상 개발행위허가의 허가기준 및 금지요건에 해당하는지 여부가 행정청의 재량판단의 영역에 속하며 환경의 훼손이나 오염을 발생시킬 우려가 있는 개발행위에 대한 행정청의 허가와 관련하여 재량권의 일탈·남용 여부를 심사하는 방법 및 처분이 재량권을 일탈·남용했다는 사정에 관한 증명책임의 소재는 처분의 효력을 다투는 자이다(대판 2021.3.25. 2020두51280).

ⓒ **헌법재판소에 의한 통제**: 재량권의 잘못된 행사로 국민의 기본권이 침해된 경우에는 일정한 요건하에 헌법소원의 제기를 통하여 다툴 수 있다(「헌법재판소법」 제68조 제1항).

④ **국민에 의한 통제**: 직접적 통제방법은 없고 여론·자문·청원 및 압력단체의 활동 등을 통하여 간접적으로 재량권 행사를 통제할 수 있다.

| 정답 | 01 O 02 X 03 O 04 O 05 O

03 행정행위의 내용

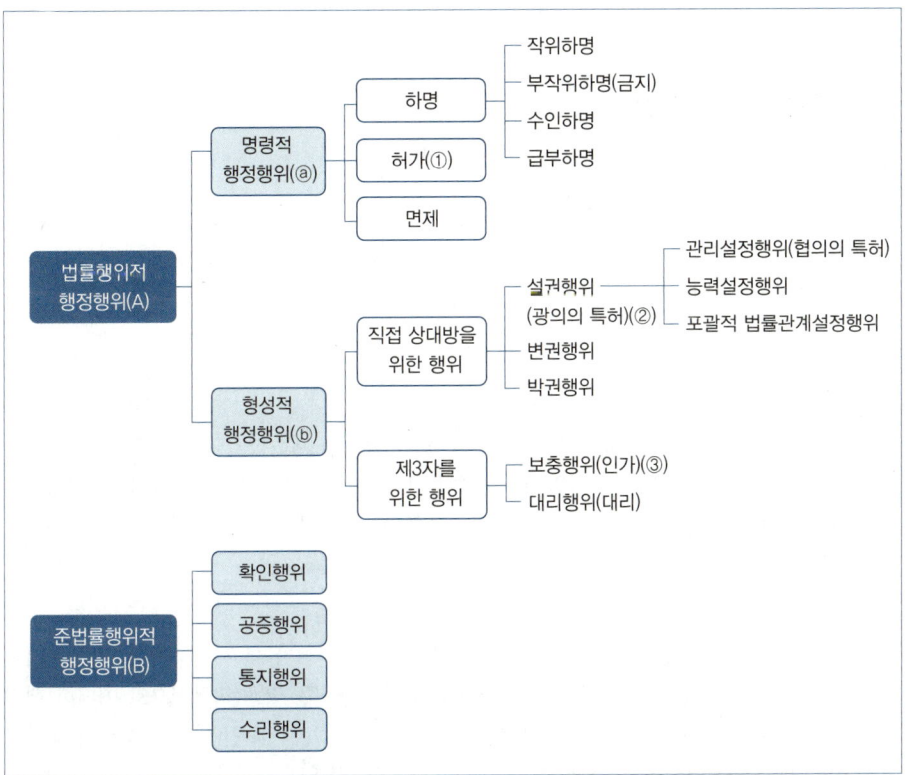

(A) 법률행위적 행정행위	(B) 준법률행위적 행정행위
• 행정청의 의사표시에 의하여 효과발생 • 재량 있음 • 부관 가능 • 불요식행위	• 행정청의 정신작용을 요소로 법률의 규정에 따라 효과 발생 • 재량 없음 • 부관 불가능(반대 견해 있음) • 요식행위

※ 구분기준: 구성요소와 법률효과의 발생원인

ⓐ 명령적 행정행위 01	ⓑ 형성적 행정행위
• 자연적 자유를 제한 또는 회복을 내용으로 함 • 적법요건 위반 시 ┌ 효력에는 영향 × 　　　　　　　　└ 처벌 ○, 강제 ○	• 새로운 권리·능력·법률상의 힘을 내용으로 함 • 효력요건 위반 시 ┌ 효력에 영향 ○ 　　　　　　　　└ 처벌 ×, 강제 ×

1 개설

행정행위는 그 구성요소와 법률효과의 발생원인을 표준으로 행정청의 의사표시에 따라 효과가 발생하는 법률행위적 행정행위와 직접 법이 정한 효과가 발생하는 준법률행위적 행정행위로 구분하고, 전자는 다시 법률효과의 내용에 따라 명령적 행위와 형성적 행위로, 후자는 구성요소를 기준으로 확인, 공증, 통지, 수리로 구분하는 견해가 일반적이다.

개념확인 O/X

01 명령적 행정행위는 타인을 위하여 그 행위의 효력을 보충·완성하는 행위와 타인을 대신하여 행하는 행위로 나누어진다.

(O / X)

그러나 주의할 점은 이러한 용어는 어디까지나 학문상의 용어일 뿐 실정법상의 용어가 아니라는 점이다. 따라서 실정법상의 행위가 학문상 어느 행위에 해당하는지의 여부는 개개의 실정법 해석에 의하여 구체적으로 결정하는 수밖에 없다.

2 법률행위적 행정행위

(1) 의의
법률행위적 행정행위는 행정청의 의사표시를 구성요소로 하고, 그 의사표시의 내용대로 법적 효과가 발생하는 행정행위이다. 따라서 재량행위이며 부관도 가능하나, 일정한 형식을 요하는 요식행위는 아니다. 이는 다시 법적 효과의 내용에 따라 '명령적 행위'와 '형성적 행위'로 나뉜다.

(2) 명령적 행위
'명령적 행위'란 본래부터 가지고 있던 개인의 자연적 자유를 제한하거나 그 제한을 해제해 주는 행위로서, 국민에게 작위·부작위·급부·수인의 의무를 명하거나, 이미 부과된 의무를 해제해 주는 행위를 말한다. 또한 명령적 행위는 적법요건으로서, 이를 위반하는 행위는 행정강제나 행정벌의 대상은 되지만 효과가 부인되지는 않는다. 01

① 하명(下命)
  ㉠ **하명의 의의**: '하명'이란 공익을 이유로 개인의 자연적 자유를 제한하거나 새로운 의무를 부과하는 것을 내용으로 하는 행정행위를 말한다. 즉, 작위(적극적으로 어떠한 행위를 할 것)·부작위(소극적으로 어떠한 행위를 하지 말 것)·수인(행정권 행사에 대항하지 말고 참을 것)·급부(금전·물품 등의 급부를 할 것)의무를 명하는 행위이다. 특히 부작위하명을 금지라 부른다.
  ㉡ **하명의 성질 및 근거**: 하명은 부담적 행정행위로서 법적 근거를 요하며, 원칙적으로 명문의 규정이 없는 한 기속행위이다.
  ㉢ **하명의 형식**
    ⓐ **법규형식(법규하명)**: 법에서 직접 작위·부작위 등의 의무를 명하는 것(예 「건축법」상의 건축금지, 「청소년 보호법」상의 청소년 유해약물 등의 판매·대여 등의 금지)
    ⓑ **처분형식(하명처분)**: 법에 의한 근거로 행정행위에 의하여 직접적·구체적으로 의무를 명하는 것
    ⓒ 특별한 규정이 없는 한 불요식이 원칙이지만 내용의 명확성 때문에 요식인 경우도 있다(예 예비군훈련 소집통지, 과세처분 등).
  ㉣ **하명의 종류**
    ⓐ 내용에 따른 분류
      ⅰ) **작위하명**: 일정한 행위를 할 것을 명하는 내용의 하명(예 위법건물철거명령, 징집명령, 예비군훈련 소집통지, 청소명령, 소화협력명령 등)
      ⅱ) **부작위하명(금지)**: 일정한 행위를 하지 말 것을 내용으로 하는 하명(예 통행금지, 「청소년 보호법」상의 청소년 유해약물 등의 판매·대여 등의 금지, 영업정지처분, 차량운행금지, 인화물질저장금지 등)
      ⅲ) **수인하명**: 행정청이나 제3자의 실력행사에 대해서 참아야 할 것을 내용으로 하는 하명(예 행정강제의 수인, 건강진단의 수인명령)
      ⅳ) **급부하명**: 금전 또는 기타 재화의 지급의무를 과하는 것을 내용으로 하는 하명(예 조세부과처분, 부담금 납부명령, 사용료·수수료의 납부명령 등)

---

01 명령적 행정행위는 특정인에게 새로운 권리·능력, 기타 포괄적 법률관계를 발생·변경·소멸시키는 행위이다. (O/X)

| 정답 | 01 X

ⓑ 상대방 및 대상에 따른 분류
　ⓘ 특정인을 상대방으로 하는 개별적 하명(예 건강진단 수인명령), 불특정다수인을 상대방으로 하는 일반적 하명(예 통행금지)
　ⓘⅰ 대인적 하명(예 운전면허정지), 대물적 하명(예 차량운행금지), 혼합적 하명
　ⓘⅰⅰ 법률행위를 대상으로 하는 하명(예 무기매매금지, 영업양도금지), 사실행위를 대상으로 하는 하명(예 교통방해물제거, 무단건축금지)
ⓓ 하명의 대상: 하명의 대상은 주로 사실행위(예 통행금지, 청소하명, 교통장애물 제거하명 등)이지만, 예외적으로 법률행위인 경우도 있다(예 무기매매금지, 영업양도금지 등). **01**
ⓔ 하명의 상대방: 상대방은 원칙적으로 특정인을 대상으로 하지만, 예외적으로 불특정다수인을 대상으로 하는 경우도 있다(예 야간통행금지, 흡연금지, 빨간신호등, 입산금지, 예방접종고시 등).
ⓢ 하명의 효과
　ⓐ 하명의 내용에 따라 일정한 공법상 의무, 즉 일정한 행위를 해야 할 작위의무, 일정한 행위를 하지 말아야 할 부작위의무, 행정권의 실력행사를 감수하고 저항하지 않아야 할 수인의무, 금품·물품 등을 제공해야 할 급부의무가 발생한다. 따라서 하명의 의무를 위반하거나 불이행하면 위법이 되어 행정상의 제재나 행정강제의 대상이 된다. **02**
　ⓑ 하명에 위반한 행위의 처벌이 목적이고 직접적으로 법률행위의 효과를 제한하거나 부정함을 목적으로 하는 것이 아니므로, 하명에 위반한 법률행위의 효과 그 자체는 특별한 규정이 없는 한 유효하다. 그러나 처벌만으로 목적을 달성할 수 없는 경우에는 처벌과 동시에 행위 자체가 무효로 되는 때도 있다(예 적정계약을 넘은 임대료계약).
　ⓒ 대인적 하명의 효과는 상대방에만 효과가 발생한다. 그러나 대물적 하명은 그 물건을 승계한 사람에게도 그 효과가 미침이 보통이다(예 차량운행정지, 불법건축물 철거명령 등).
ⓞ 하명에 대한 구제
　ⓐ 적법한 하명에 대한 구제: 하명이 적법이라도 수인의 한도를 넘는 특별한 희생인 경우에는 그 손실에 대한 보상이 따라야 할 것이다.
　ⓑ 위법·부당한 하명에 대한 구제: 직권에 의한 취소정지, 행정심판에 의한 변경요구, 위법한 하명의 취소변경을 요구하는 항고소송, 손해배상청구, 당연무효인 하명을 집행하는 경우의 정당방위, 기타 헌법상의 청원, 고소·고발, 공무원의 형사책임·징계책임 등을 들 수 있다.

② **허가(許可)** 빈출
　결정적 코멘트 ▶ 강학상 허가의 개념을 명확히 파악하여야 한다. 허가의 성질, 효과 등은 다른 행정행위(특허, 인가)와의 구분이 필요하며, 인허가의제제도는 「행정기본법」과 연계한 이해와 인허가의 거부나 인허가의 거부 시에 쟁송대상을 판단할 수 있어야 한다.

㉠ 허가의 의의
　ⓐ 허가의 개념: '허가'란 행정목적 달성을 위하여 본래부터 가지고 있던 개인의 자연적 자유의 제한을 일정한 경우에 해제하여 적법하게 행위를 할 수 있도록 일반적·상대적 금지를 해제하는 행정행위를 말한다. 명령적 행위로서 허가는 학문상의 용어이므로 실정법에서는 허가, 면허, 특허, 승인, 지정 등으로 다양하게 표현되고 있으며, 절대적 금지(예 「청소년 보호법」상의 청소년 유해약물 등의 판매·대여 등의 금지 등)에는 허가가 행해질 수 없다. **03**
　ⓑ 신고와의 구별: 신고는 법이 정한 요건만 구비되면 행정청의 해제 여부 판단과 상관없이 당연히 신고자에게 금지된 자연적 자유의 회복효과가 발생하지만, 허가는 허가요건에 해당하더라도 허가의 신청만으로는 허가의 효과가 발생하지 않고 행정청으로부터의 구체적인 허가행위가 있어야만 금지된 자연적 자유가 회복된다는 것에 차이가 있다.

개념확인 O/X

01 하명의 대상은 불법광고물의 철거와 같은 사실행위에 한정된다.
17 국가7급 　　　　(O / X)

02 명령적 행정행위의 수명자가 하명에 의하여 과하여진 의무를 이행하지 않는 경우에는 행정상 강제집행에 의하여 그 의무이행이 강제되거나 행정상 제재가 부과된다.
(O / X)

03 강학상 허가는 허가를 유보한 일반적·상대적 금지의 존재를 전제로 하기 때문에 절대적 금지사항에 대하여는 허가할 수 없다.
(O / X)

| 정답 | 01 X　02 O　03 O

ⓒ **등록제와의 구별**: 허가와 등록은 모두 심사를 거쳐 행하여진다는 점에서는 공통적이나, 허가는 요건에 관하여 실질적 심사가, 등록에 대해서는 외형적·형식적 심사가 이루어진다는 점에서 양자는 구별된다. 이와 관련된 등록의 예로는 (구)「정기간행물의 등록 등에 관한 법률」과 (구)「출판사 및 인쇄소의 등록에 관한 법률」상의 등록이 있는데, 이러한 등록은 수리를 요하는 신고에 해당한다(행정요건적 사인의 공법행위).

관련 판례

B 정기간행물등록법상의 등록은 단순신고나 허가와 구별된다

> 헌법 제21조 제2항에서 정하는 허가나 검열은 행정권이 주체가 되어 사상이나 의견 등이 발표되기 이전에 예방적 조치로서 그 내용을 심사·선별하여 발표를 사전에 억제하는 제도를 뜻한다. 그런데 「정기간행물의 등록 등에 관한 법률」제7조 제1항이 정한 등록사항은 정기간행물의 발행요건에 관하여 실질적 심사가 아니라 단지 외형적 심사에 그치도록 하고 있고, 정기간행물의 외형적이고 객관적인 사항에 한정되어 있으며, 제7조 제1항의 입법목적은 정기간행물의 객관적·외형적 사항을 등록케 함으로써 정기간행물의 실태파악이라는 행정편의를 위하여 참고자료로 수집하고자 함에 있으므로, 위 규정이 정기간행물의 내용을 심사·선별하여 정기간행물을 사전에 통제하기 위한 규정이 아님이 명백하다. 따라서 위 규정은 헌법 제21조 제2항이 정하는 허가나 검열에 해당되지 않는다(헌재 1997.8.21. 93헌바51).

B 인터넷컴퓨터게임 시설제공업의 등록의 심사방식

> 허가제가 아닌 등록제로 규정하여 인터넷컴퓨터게임 시설제공업의 시설기준에 관하여 단지 형식적 심사에 그치도록 함으로써 그 규제 수단도 최소한에 그치고 있고, PC방 영업을 영위하고자 하는 자가 이 사건 법률조항에 의한 의무를 이행하기 위하여 번잡한 준비나 설비를 하여야 할 의무를 부담하는 것도 아니어서 법익의 균형을 상실하고 있지도 아니하므로, 이 사건 법률조항은 과잉금지의 원칙에 위배하여 인터넷컴퓨터게임 시설제공업자의 직업결정의 자유를 침해하는 것이 아니다(헌재 2009.9.24. 2009헌바28).

ⓓ 예외적 승인과의 구별
ⓘ 허가는 질서유지와 위험방지를 위하여 누구나 할 수 있는 자연적 자유를 금지하게 하였다가 요건을 충족할 경우에 해제시켜 적법하게 행하게 하는 행정행위인데, 예외적 승인은 유해한 행위라서 하여서는 안 될 행위를 일반적으로 금지하게 하였으나 특정의 예외적인 경우에 적법하게 행하게 하는 행정행위라는 점에서 구별된다.
ⓘⓘ 허가는 자연적 자유의 금지로서 요건이 충족될 경우 원칙상 기속으로서 거부할 수 없으나, 예외적 승인은 유해한 행위의 금지로서 행정청이 정책적 재량을 통하여 예외적 승인 여부를 결정한다는 점에서 구별된다. **01**
ⓘⓘⓘ 허가는 허가유보부 예방적(잠정적) 금지이나 예외적 승인은 해제유보부 억제적 금지의 성질인 점에서 구별된다.
ⓘⓥ 예외적 승인의 성질
- 허가의 한 유형이라는 견해: 양자 모두 금지의 해제라는 점에 착안하고 있다.
- 특허의 성질이라는 견해: 법령상의 금지를 예외적으로 허용하고 재량이라는 점에 착안하고 있다.

개념확인 O/X

01 절대적 금지사항의 해제에 대한 예외적 승인 허가도 허가와는 마찬가지로 관련 법규의 표현이 불확실한 경우에는 기속행위의 성질을 가지는 것으로 본다.
(O / X)

| 정답 | 01 X

ⓥ 예외적 승인의 판례

- 「(구)「도시계획법」 제2조 제1항 제1호 나목, 제3호, 제4조 제1항·제7항, 제19조, 같은 법 시행령 제5조의2, 「토지의 형질변경 등 행위허가기준에 관한 규칙」 제17조 제1항 등에 의하면, 「도시계획법」상의 공원 등 도시계획시설의 설치장소로 결정된 토지 또는 공유수면에는 당해 도시계획시설이 아닌 건축물 기타 공작물의 건축 또는 대수선을 허가하여서는 아니 되는 것으로 규정하면서, 다만 예외적으로 일정한 요건을 갖춘 경우에 한하여 허가를 할 수 있는 것으로 규정하고 있다(대판 1998.2.13. 97누8182).
- 개발제한구역 내에서의 건축허가나 용도변경(대판 2001.2.9. 98두17593)
- 학교환경위생정화구역 내에서의 유흥음식점허가(대판 1996.10.29. 96누8253)
- 「(구)「도시계획법」상 도시계획구역 내 건물의 증·개축, 형질변경허가
- 「자연공원법」이 적용되는 지역 내에서의 단란주점영업허가(또는 산림훼손허가)
- 녹지지역 내에서의 토석채취허가
- 「마약류 관리에 관한 법률」상 마약류의 사용, 마약의 원료가 되는 식물의 재배, 마약류취급사가 아닌 자의 마약류취급, 치료목적의 아편사용허가(❸ 마약류취급면허만 허가)
- 카지노업허가

정리

허가	예외적 승인(허가)
• 누구나 할 수 있는 자연적 자유에 대하여 • 위험방지(질서유지)를 목적으로 금지 • 요건 충족한 신청의 경우 기속이 원칙 • 상대적 금지(예방적·잠정적 금지) 해제 ❸ 건축허가, 유흥주점허가 등	• 유해한 행위 : 누구도 해서는 안 될 바람직하지 못한 행위를 금지 • 예외적으로 공익을 위해 허용(재량) • 억제적 금지 해제 ❸ 자연공원구역 내에서의 개발허가, 개발제한구역 내의 건축허가, 학교환경위생정화구역에서의 유흥주점허가

ⓒ 허가의 성질

ⓐ **명령적 행정행위** : 허가는 금지된 국민의 자연적 자유를 일정한 경우에 회복시켜 주는 '명령적 행위'의 일종으로 봄이 통설·판례의 입장이다. 그러나 최근에는 행정행위에 의하여 일정한 행위를 할 수 있는 권리가 가능하게 되는 형성적 행위의 성질이 있다는 견해도 있다(김남진, 홍정선).

ⓑ **기속 여부** : 허가는 제한된 자연적 자유를 회복시켜 주는 행위이므로 특별한 규정이 없는 한 '기속행위 내지 기속재량행위'인 것이 원칙이다(통설). 판례도 허가는 기속으로 보고 있으며, 행정청의 방침에 어긋난다거나, 막연한 부정적인 정서 등이 허가를 거부할 수 있는 이유가 될 수는 없다고 한다. 그러나 예외적으로 중대한 공익상의 필요시라거나 카지노영업허가 또는 유기장영업허가 등에는 자유재량을 인정하고 있다. 특히 「산림법」상 산림훼손허가신청의 경우에는 명문의 근거를 반드시 요하는 것은 아니라고 한다. 01 02

> **관련 판례**
>
> ⑧ 허가는 기속이 원칙이다 [19 하반기 서울시 7급] 03 04
>
> 1. 「식품위생법」상 일반음식점허가는 성질상 일반적 금지에 대한 해제에 불과하므로 허가권자는 허가신청이 법에서 정한 요건을 구비한 때에는 허가하여야 하고, 관계 법규에서 정하는 제한사유 이외에 공공복리 등의 사유를 들어 허가신청을 거부할 수 없고, 이러한 법리는 일반음식점허가 사항의 변경허가에 관하여도 마찬가지이다(대판 2000.3.24. 97누12532).

개념확인 O/X

01 건축허가는 원칙상 기속행위이지만 중대한 공익상 필요가 있는 경우 예외적으로 건축허가를 거부할 수 있다.
19 서울7급 (O / X)

02 행정청은 신청된 건축허가가 중대 공익을 해치는 경우에는 허가를 거부할 수 있다.
(O / X)

03 배출시설 설치허가의 신청이 (구)「대기환경보전법」에서 정한 허가기준에 부합하고 동 법령상 허가제한사유에 해당하지 아니하는 한 환경부장관은 원칙적으로 허가를 하여야 한다.
19 하반기 서울7급 (O / X)

04 허가신청이 법이 정한 요건을 구비한 경우에 행정청은 중대공익 등의 사유가 아닌 한 신청된 허가를 해 주어야 한다.
(O / X)

| 정답 | 01 O 02 O 03 O 04 O

| 개념확인 O/X |

2. 건축허가권자는 건축허가신청이 「건축법」, 「도시계획법」 등 관계 법규에서 정하는 어떠한 제한에 배치되지 않는 이상 당연히 같은 법조에서 정하는 건축허가를 하여야 하고 위 관계 법규에서 정하는 제한사유 이외의 사유를 들어 거부할 수는 없다(대판 1995.12.12. 95누9051). [19 서울시 7급, 19 사회복지직, 17 국가 7급]

3. 총포·도검·화약류 등 화약류 판매업 및 저장소 설치허가는 성질상 일반적 금지에 대한 해제에 불과하므로 허가권자는 허가신청이 법에서 정한 요건을 구비한 때에는 허가하여야 하고 관계 법규에서 정하는 제한사유 이외의 사유를 들어 허가신청을 거부할 수 없다(대판 1996.6.28. 96누3036). ㉘ 총포 등 소지허가는 재량

4. (구)「도시계획법」상의 자연녹지지역에 위치한 토지 위에 장례식장을 신축하는 내용의 건축허가신청을 한 경우, 장례식장에 대한 부정적인 정서와 그로 인한 공공시설의 이용 기피 등과 같은 막연한 우려나 가능성만으로 장례식장의 신축이 현저히 공공복리에 반한다고 볼 수 없다는 이유로 위 건축허가신청을 반려한 처분은 위법하다고 판단한 원심판결을 수긍한 사례(대판 2004.6.24. 2002두3263)

5. 재건축사업부지 내 건축허가를 제한하는 것이 행정청의 방침이라고 하더라도 행정청은 그 방침에 어긋나지 아니하는 방향으로 권장지도를 할 수 있을 따름이지 방침에 어긋난다 하여 바로 그 허가 신청을 거부할 수 없다(대판 1996.12.20. 96누13934).

6. 법정요건을 구비한 대중음식점영업허가는 기속행위라 한다. 따라서 질서유지에 장애가 없음에도 불구하고 허가를 거부함은 위법이라고 할 것이며, 허가의 취소가 기속재량행위임은 물론이다(대판 1993.5.27. 93누2216).

7. 건축허가 등 각종 허가는 기속행위이다(대판 1996.6.28. 96누3036).

8. 주류제조업·주류판매업 등 각종허가 또는 거부처분은 기속행위이다(대판 1995.11.10. 95누5714).

9. 「약사법」 제26조 및 동법 시행규칙 제53조에 의한 허가사항 변경허가에 있어서 소관행정청은 그 허가신청이 위 법조의 요건에 합치하는 때에는 특별한 사정이 없는 한 이를 허가하여야 하고 공익상 필요가 없음에도 불구하고 허가를 거부할 수 없다는 의미에서 그 허가 여부는 기속재량에 속하는 것이다(대판 1985.12.10. 85누674).

10. 재단법인이 아닌 자연인이 불특정다수인을 상대로 사설납골당을 설치하는 것을 허용해야 할 것인가 여부는 사설납골당설치허가를 기속재량행위에 속하는 사항이라고 보는 한 이를 금지하는 법령의 규정이 없는 이상 자연인의 사설납골당 설치를 재단법인이 아니라는 이유로 불허할 수는 없다(대판 1994.9.13. 94누3544).

B 예외적으로 중대한 공익상의 필요시 재량행위이다

1. 당해 임야는 주변의 임야와 더불어 주거지역으로 이용되는 인근의 광활한 간척지에 산림이라는 천혜의 자연환경을 제공하여 주는 중요한 역할을 하고 있을 뿐 아니라 천연암석이 자연스럽게 절개된 해안선을 따라 소나무, 해송 등의 수목이 서식하고 있는 등 그 자연환경을 원상태로 보존할 충분한 가치가 있다고 보임에 반하여, 당해 임야의 형질변경과 더불어 추진하고자 하는 사업은 비교적 대규모의 근린생활시설(일반음식점) 부지조성사업으로 그 사업계획상 위와 같은 자연환경을 보전하고자 하는 최소한의 계획마저 포함되어 있지 않은 것으로 판단되며, 당해 형질변경신청을 허가하는 경우에는 인근 임야 및 인근 임야 전체가 훼손되는 결과를 초래하게 될 것이므로, 지방자치단체장이 당해 형질변경 허가신청을 거부한 것은 당해 임야의 현상과 위치, 주의의 상황 및 사업계획에 나타난 사업의 내용, 규모 방법과 그것이 환경에 미치는 영향 등에 비추어 국토 및 자연의 유지와 환경의 보전 등 중대한 공익상의 필요에 의한 것이다(대판 1997.9.12. 97누1228).

2. 산림훼손은 국토 및 자연의 유지와 수질 등 환경의 보전에 직접적으로 영향을 미치는 행위이므로, 법령이 규정하는 산림훼손금지 또는 제한지역에 해당하는 경우는 물론 금지 또는 제한지역에 해당하지 않더라도 허가관청은 산림훼손허가가 신청대상토지의 현상과 위치 및 주위의 상황 등을 고려하여 국토 및 자연의 유지와 환경의 보전 등 중대한 공익상 필요가 있다고 인정될 때에는 허가를 거부할 수 있고, 이에 공장설립승인신청을 거부한 것은 산림의 형질변경을 수반하는 중대한 공익상의 문제이므로 재량권의 일탈이나 남용에 해당되지 않는다(대판 2003.3.28. 2002두12113). [19 사회복지직, 18 지방직 7급, 12 지방직 9급] 01

01 (구)산림법령이 규정하는 산림훼손금지 또는 제한지역에 해당하지 않더라도 환경의 보존 등 중대한 공익상 필요가 인정되는 경우, 허가관청은 법규상 명문의 근거가 없어도 산림훼손허가신청을 거부할 수 있다.
18 지방7급 (O / X)

| 정답 | 01 O

3. 「국토의 계획 및 이용에 관한 법률」에 의하여 지정된 도시지역 안에서 토지의 형질변경행위를 수반하는 건축허가의 법적 성질은 재량행위이다(대판 2005.7.14. 2004두6181). [19 서울시 7급, 19 사회복지직, 18 지방직 7급]
4. 총포·도검·화약류 등 단속법령상 총포 등의 소지허가를 받을 수 있는 자격요건을 정하고 있는 규정은 없으나, 관할관청의 총포 등 소지허가가 「총포·도검·화약류단속법」 제13조 제1항 소정의 결격자에 해당되지 아니하는 경우 반드시 허가를 하여야 하는 기속행위라고는 할 수 없고, 같은 법 제13조 제2항의 규정에 비추어 관할관청에 총포 등 소지허가에 관한 재량권이 유보되어 있는 것이다(대판 1993.5.14. 92도2179).
5. **기타**: 토지형질변경허가(대판 1999.2.23. 98두17845), 입목의 벌채와 굴채허가(대판 2001.11.30. 2001두5866), 주유소설치허가는 원칙상 기속이나 심사결과 중대한 공익상의 필요가 있을 경우에 허가 거부 가능(대판 1999.4.23. 97누14378)

ⓒ **허가의 형식**: 허가는 항상 구체적 처분(행정행위)에 의하고, 직접 법령에 의하여 행하여지는 법규허가는 없다. 허가처분에는 불특정다수인을 대상으로 하는 일반처분(예 통행·금지해제)과 특정인을 대상으로 하는 개별처분이 있다. 허가는 원칙적으로 특별한 경우를 제외하고는 행정행위의 성립에 일정한 형식을 요하지 않는 불요식행위이다(예 단, 면허증·면허감찰 등은 예외적으로 형식을 취하는 경우도 있다).

ⓔ **허가의 종류**
ⓐ **심사대상에 따른 분류**
ⓘ **대인적 허가**: 개인의 주관적 능력을 기준으로 하고 허가 효과는 전국적으로 발생한다. 이러한 허가는 일신전속적인 것으로 이전성이 없다(예 운전면허증 등 각종 자격증).
ⓘⓘ **대물적 허가**: 객관적 시설 구조, 설비 등을 기준으로 하는 대물적 허가는 원칙적으로 이전성이 있어 물건을 취득한 승계인에게도 그 효과가 미친다(예 건축허가, 사설학원인가, 단란주점영업허가, 석유판매업허가 등).

관련 판례

B **인터넷컴퓨터게임시설 제공업 등록은 대물적 허가에 해당한다**

「게임산업진흥에 관한 법률」 제26조 제2항과 그 시행규칙이 규정하는 등록 요건 및 위 법률 제29조 제3항이 인터넷컴퓨터게임시설 제공업자의 영업양도, 사망, 합병의 경우뿐만 아니라 경매 등의 절차에 따라 단순히 영업자의 시설·기구(대통령령이 정하는 주요 시설 및 기구를 말한다)만의 인수가 이루어진 경우에도 인터넷컴퓨터게임시설 제공업자의 지위 승계를 인정하고 있는 점 등을 종합하여 보면, 인터넷컴퓨터게임시설 제공업 등록은 원칙적으로 대물적 허가의 성격을 갖는다(대판 2009.11.26. 2009도9187).

ⓘⓘⓘ **혼합적 허가**: 개인의 주관적 능력기준과 객관적 시설 등을 모두 요건으로 하는 혼합적 허가는 원칙적으로 이전성이 없으나, 예외적으로 행정청의 동의하에 가능한 경우도 있다[예 종합병원, 총포·화약류제조허가, 사설묘지설치허가(판례) 등].
ⓑ **상대방에 의한 분류**
ⓘ 특정인에 대한 허가
ⓘⓘ 불특정다수인에 대한 허가[일반처분(예 야간통행금지해제, 입산금지해제, 파란신호 등)]
ⓜ **출원(신청)**: 허가는 원칙적으로 출원(신청)에 의하여 행하여지는 쌍방적 행정행위이다. 경우에 따라서는 출원과 다른 내용의 수정허가도 가능하며, 출원 없이 이루어지는 허가(일반처분)도 있다(예 통금해제, 입산금지해제). 또한 허가는 기속행위이므로 출원이 경합되는 경우에는 먼저 출원한 것부터 허가하여야 하는 선원주의(先願主義)가 적용된다.

관련 판례

ⓑ 개축허가신청에 대하여 행정청이 착오로 대수선 및 용도변경허가를 하였다 하더라도 취소 등 적법한 조치 없이 그 효력을 부인할 수 없음은 물론 더구나 이를 다른 처분(즉, 개축허가)으로 볼 근거도 없다(대판 1985.11.26. 85누382).

ⓗ 허가의 근거법령 빈출

ⓐ 허가는 원칙으로 처분 시의 법령에 준거하여 행한다. 허가신청 후 행정처분 전에 법령의 개정이 있어 허가기준에 변경이 있게 되면 개정법령에 따라야 한다는 것이 판례의 입장이다. 또한, 법률에 의한 허가를 받아도 목적이 다르면 관련 법령 모두의 허가를 받아야 한다.

심화 학습 판단의 기준시점

1. **신청에 의한 처분의 처분 여부에 대한 판단시점**
   - 원칙적으로 처분시점을 기준으로 한다.
   - 신청 시 기준에 부합되는 처분의 신청이라도, 그 이후 법 개정으로 처분 시 기준에 부합되지 않는 경우에 정당한 사유 없이 처분의 심사를 지연한 것이 아니라면 행정청은 이를 거부할 수 있다.

2. **제재적 처분의 처분 여부에 대한 판단시점**
   - 일반적인 상황에서 제재적 처분을 신청하는 경우는 없다. 행정청의 제재적 처분은 처분의 상대방 등의 법 위반 등의 행위에 대한 처분으로 행위 시 기준으로 처분 여부를 판단할 것인지, 처분 시 기준으로 처분을 판단할 것인지가 문제가 된다.
   - 제재적 처분은 행위에 대한 제재로서 원칙적으로 행위 시를 기준으로 처분 여부를 판단한다.
   - 다만, 행위 이후에 법이 개정되어 제재적 처분이 국민에게 유리하게 변경되었다거나 더 이상 제재적 처분이 아닌 것으로 기준이 변경된 경우에는 개정된 기준에 따른다.

3. **처분의 위법 여부를 판단하는 시점**
   - 행정청의 처분이 하자가 있어 위법인지를 판단하는 문제는 성립 당시에 위법이었던 처분이 그 이후에 법이 개정되어 판결시(또는 변론종결시)에는 위법이 아니게 된 상황이 문제가 된다.
   - 처분의 위법성 여부 또한 행정청의 행위에 대한 판단문제로서 행정청의 행위시(= 처분 시)가 원칙적인 판단기준시점이다.
   - 따라서 처분의 위법 여부는 처분 이후의 사실이나 법 개정에 의해서 영향을 받지 않는다.

4. **사정판결의 필요성 판단시점**
   사정판결에서 처분의 위법성 여부는 처분시점을 기준으로 판단하지만, 사정판결이 필요한지 여부판단은 판결시(변론종결시)를 기준으로 변화된 사정에 따라 공익 여부를 판단한다.

관련 판례

Ⓐ **신청 시 법령과 처분 시 법령이 상이한 경우** [21 소방직, 20 군무원 7급, 19 국가직 7급, 19 지방직 9급, 18 지방직 7급, 17 국가직 7급, 11 국회직 9급] 01

행정처분은 원칙으로 처분 시의 법령에 준거하여 행하여져야 하는 것이므로 법령의 개정에 의하여 허가기준이 변경된 경우에는 그 법령에 특단의 정함이 없는 한 신청 시의 법령에 의할 것이 아니고 처분 시의 개정법령에 의하여 변경된 새로운 허가기준이 적용되어야 할 것임이 당연하다 할 것이다(대판 1984.5.22. 84누77).

개념확인 O/X

01 허가의 신청 후 법령의 개정으로 허가기준이 변경된 경우에는 신청할 당시의 법령이 아닌 행정행위 발령 당시의 법령을 기준으로 허가 여부를 판단하는 것이 원칙이다.
21 소방 (O / X)

정답 | 01 O

🅱 허가신청 후 허가기준이 변경된 경우 변경된 허가기준에 따라 처분을 하여야 하는지 여부 [18 지방직 7급] 01

> 허가 등의 행정처분은 원칙적으로 처분 시의 법령과 허가기준에 의하여 처리되어야 하고 허가신청 당시의 기준에 따라야 하는 것은 아니며, 비록 허가신청 후 허가기준이 변경되었다 하더라도 그 허가관청이 허가신청을 수리하고도 정당한 이유 없이 그 처리를 늦추어 그 사이에 허가기준이 변경된 것이 아닌 이상 변경된 허가기준에 따라서 처분을 하여야 한다(대판 2006.8.25. 2004두2974).

ⓑ 허가요건의 추가규정은 기본권의 제한에 해당하기 때문에 허가의 구체적인 요건은 법률로서 규정되어야 한다. 따라서 법률의 근거 없이 행정권이 독자적으로 허가요건을 추가한다면 이는 헌법 제37조 제2항에 위반된다. 판례는 위헌으로 선언한 경우(예 공중목욕장업 허가 시 분포의 적정을 요건으로 정한 (구)「공중목욕장업법 시행세칙」, 양곡가공시설설치장소 거리제한규정)도 적법으로 인정한 경우(예 주유소 거리제한)도 있다.

ⓢ 허가의 대상 : 허가의 대상은 사실행위가 대부분이나 법률행위일 때도 있다(예 물건양도허가, 무기양도허가). 또한 공법상 행위인 경우(예 지방의회의원 사직허가)도 있고, 사법상 행위인 경우(예 각종 영업허가)도 있다.

ⓞ 허가의 효과
ⓐ 허가는 일반적으로 과해진 부작위의무(금지)를 해제하여 적법하게 행위할 수 있는 효력을 가진다. 그 결과 상대방이 허가에 의하여 어떤 이익을 얻는다 해도 그것은 반사적(反射的)·부수적(附隨的) 이익에 지나지 않는다고 보았다. 02

관련 판례

🅱 허가로 얻은 이익은 원칙적으로 반사적 이익에 해당된다

> 양곡가공업 허가는 경찰금지를 해제하는 명령적 행위로서 피허가자에게 독점적 재산권을 취득하게 하는 것이 아니라 간접적으로 사실상의 이익을 부여하는 것에 불과하므로 어떠한 행정처분에 의하여 이미 그 허가를 받은 자의 제분업상의 이익이 감소된다고 하더라도 이는 사실상의 반사적 결과일 뿐 동인의 권리가 침해된 것은 아니므로 그 취소를 소구할 법률상 이익이 없다(대판 1981.1.27. 79누433).

🅱 예외적으로 법률상의 이익을 인정한 사례

1. 「주세법」상의 주류제조면허
주류제조면허는 국가의 수입확보를 위하여 설정된 재정허가의 일종이지만 일단 이 면허를 얻은 자의 이득은 단순한 사실상의 반사적 이득에만 그치는 것이 아니라 「주세법」의 규정에 따라 보호되는 이득이고, 「주세법」상 주류제조면허의 양도가 인정되지 않고 있으나, 국세청훈령으로 보충면허제도를 두어 기존 면허업자가 그 면허를 자진취소함과 동시에 그에 대체하여 동일제조장에 동일면허종목을 신청하는 경우에는 그 면허를 부여함으로써 당사자 간의 면허의 양도를 간접적으로 허용하고 있다(대판 1989.12.22. 89누46).

2. 담배 일반소매인
담배 일반소매인의 지정기준으로서 일반소매인의 영업소 간에 일정한 거리제한을 두고 있는 것은 담배유통구조의 확립을 통하여 국민의 건강과 관련되고 국가 등의 주요 세원이 되는 담배산업 전반의 건전한 발전 도모 및 국민경제에의 이바지라는 공익목적을 달성하고자 함과 동시에 일반소매인 간의 과당경쟁으로 인한 불합리한 경영을 방지함으로써 일반소매인의 경영상 이익을 보호하는 데에도 그 목적이 있다고 보이므로, 일반소매인으로 지정되어 영업을 하고 있는 기존 업자의 신규 일반소매인에 대한 이익은 단순한 사실상의 반사적 이익이 아니라 법률상 보호되는 이익이라고 해석함이 상당하다(대판 2008.3.27. 2007두23811).
주의 일반담배소매인과 구내소매인 간의 관계에서는 법률상 이익 부정(대판 2008.4.10. 2008두402)

개념확인 O/X

01 허가신청 후 허가기준이 변경되었다 하더라도 허가관청이 허가신청을 수리하고도 정당한 이유 없이 그 처리를 늦추어 그 사이에 허가기준이 변경된 것이 아닌 이상, 허가관청은 변경된 허가기준에 따라서 처분을 하여야 한다.
18 지방7급 (O / X)

02 이미 허가한 영업시설과 동종의 영업허가를 함으로써 기존 업자의 영업이익에 피해가 발생한 경우 기존 업자는 동종의 신규 영업허가의 취소소송을 제기할 수 있는 원고적격이 인정된다.
11 국가9급 (O / X)

| 정답 | 01 O 02 X

3. 약국

갑이 적법한 약종상허가를 받아 허가지역 내에서 약종상영업을 경영하고 있음에도 불구하고 행정관청이 (구)「약사법 시행규칙」(1969.8.13. 보건사회부령 제344호)을 위배하여 같은 약종상인 을에게 을의 영업허가지역이 아닌 갑의 영업허가지역 내로 영업소를 이전하도록 허가하였다면 갑으로서는 이로 인하여 기존 업자로서의 법률상 이익을 침해받았음이 분명하므로 갑에게는 행정관청의 영업소이전허가처분의 취소를 구할 법률상 이익이 있다(대판 1988.6.14. 87누873).

4. (구)「오수·분뇨 및 축산폐수의 처리에 관한 법률」과 같은 법 시행령상의 정화조 청소업

(구)「오수·분뇨 및 축산폐수의 처리에 관한 법률」(2002.12.26. 법률 제6827호로 개정되기 전의 것)과 같은 법 시행령(2003.7.25. 대통령령 제18065호로 개정되기 전의 것)상 업종을 분뇨와 축산폐수 수집·운반업 및 정화조청소업으로 하여 분뇨 등 관련 영업허가를 받아 영업을 하고 있는 기존 업자의 이익이 법률상 보호되는 이익이라고 보아, 기존 업자에게 경업자에 대한 영업허가처분의 취소를 구할 원고적격이 있다(대판 2006.7.28. 2004두6716).

ⓑ **무허가의 효력**: 허가는 원칙적으로 행위의 적법요건이지 유효요건은 아니어서 무허가로 한 행위는 사법상 효력에는 영향이 없으며(유효함), 다만 행정벌이나 강제집행의 대상이 될 뿐이다. 01

관련 판례

B 허가담당공무원의 잘못된 안내를 믿고 허가를 받지 않은 경우의 처벌 여부 02

행정청의 허가가 있어야 함에도 불구하고, 허가를 받지 아니하여 처벌대상의 행위를 한 경우라도 허가를 담당하는 공무원이 허가를 요하지 않는 것으로 잘못 알려 주어 이를 믿었기 때문에 허가를 받지 아니한 것이라면 허가를 받지 않더라도 죄가 되지 않는 것으로 착오를 일으킨 데 대하여 정당한 이유가 있는 경우에 해당하여 처벌할 수 없다(대판 2005.8.19. 2005도1697).

ⓒ **허가의 효력범위**: 원칙적으로 허가를 받은 사람에 대해서만 발생하나, 대물적 허가에 있어서는 허가의 대상인 물건이나 시설 등의 이전으로 말미암아 그 승계인에 대해서도 허가의 효과가 미친다. 03 04

ⓓ **타법상의 한계**: 허가는 다른 법률에 의한 금지까지 해제하지는 못한다(ⓔ 공무원이 영업허가를 받아도 「공무원법」상 영업금지의 제한은 여전히 받는다). 05

관련 판례

B 접도구역 내에서의 「도로법」과 「건축법」상의 건축허가는 별도로 받아야 한다

「도로법」상의 허가와 「건축법」에서 규정하고 있는 건축허가는 그 허가권자의 허가를 받도록 한 목적, 허가의 기준, 허가 후의 감독에 있어서 같지 아니하므로 「도로법」에 의한 이 사건 허가가 있었다고 하더라도 「건축법」에 의한 허가를 다시 받아야 할 것이다(대판 1991.4.12. 91도218).

B 개발제한구역에 속하는 하천구역에 관하여 내수면어업개발법에 의한 어업면허를 얻은 경우 그 구역 내의 토석 등 채취를 위하여 「도시계획법」에 의한 허가도 받아야 하는지 여부(적극)

내수면어업개발법과 도시계획법은 그 입법목적과 규정대상 등을 달리하여 토석채취에 관한 허가사항에 있어서 상호 모순, 저촉되는 것은 아니고, 어느 법이 다른 법에 대하여 우선적 효력을 가진다고 해석할 수는 없으므로 개발제한구역으로 지정된 하천구역에 관하여 「내수면어업개발촉진법」에 의한 어업면허를 받아 같은 법 제14조 제1항 제2호에 의하여 「하천법」 제25조에 의한 토석, 사력 등의 채취허가를 취득한 것으로 되었더라도 이를 채취하기 위하여서는 다시 「도시계획법」의 규정에 의한 허가를 받아야 한다(대판 1989.9.12. 88누6856).

개념확인 O/X

01 허가를 받아 해야 할 행위를 허가 없이 한 경우에는 행정상의 강제집행이나 제재의 대상은 되지만, 행위의 법률적 효력은 부인되지 않는다는 것이 일반적인 설명이다.
(O / X)

02 허가가 있어야 함에도 불구하고 행정청으로부터 허가를 받지 아니하여 제재대상의 행위를 한 경우라도, 허가를 담당하는 공무원이 허가를 요하지 아니하는 것으로 잘못 알려주어 이를 믿었기 때문에 허가를 받지 아니했다면 허가를 받지 않더라도 죄가 되지 않는 것으로 착오를 일으킨 데 대하여 정당한 이유가 있는 경우에 해당하여 처벌할 수 없다.
(O / X)

03 허가의 효과는 원칙적으로 그 허가를 받은 사람에 대해서만 발생되지만 대물적 허가의 경우에는 허가대상인 물건이나 시설 등의 이전에 따라 그 물건이나 시설을 이전받은 자에게 허가의 효과도 이전된다.
(O / X)

04 허가의 효과는 허가행정청의 관할 구역 내에서만 미치는 것이 원칙이지만 법령의 규정이 있거나 성질상 관할구역에 국한시킬 것이 아닌 경우에는 관할구역 외에까지 그 효과가 미치게 된다.
(O / X)

05 허가는 근거법상의 금지를 해제하는 효과만 있을 뿐, 타법에 의한 금지까지 해제하는 효과가 있는 것은 아니다.
11 국가9급 (O / X)

| 정답 | 01 O 02 O 03 O 04 O 05 O

ⓒ 인·허가의제제도 빈출

ⓐ 의의: 특정의 허가를 받으면 다른 특정의 허가도 받은 것으로 인정하는 제도를 말한다. 이는 하나의 업종이나 사업을 위해 여러 개의 인·허가를 받아야 하는 경우, 모든 절차를 다 거치게 되면 많은 시간이나 경비가 발생하는 등의 불편이 따르게 되는데 이를 시정하여 편익을 제공하고자 하는 제도이다.

관련 판례

Ⓐ 주택건설사업계획 승인권자가 도시·군관리계획 결정권자와 협의를 거쳐 주택건설사업계획을 승인함으로써 도시·군관리계획결정이 이루어진 것으로 의제되기 위해서는 협의 절차와 별도로 「국토의 계획 및 이용에 관한 법률」 제28조 등에 따른 주민 의견청취 절차를 거쳐야 하는지 여부(소극) [21 국가직 9급, 16 서울시 7급, 16 지방직 7급]

(구)「주택법」(2016.1.19. 법률 제13805호로 전부 개정되기 전의 것, 이하 '(구)「주택법」'이라 한다) 제17조 제1항에 인허가의제 규정을 둔 입법 취지는, 주택건설사업을 시행하는 데 필요한 각종 인허가 사항과 관련하여 주택건설사업계획 승인권자로 그 창구를 단일화하고 절차를 간소화함으로써 각종 인허가에 드는 비용과 시간을 절감하여 주택의 건설·공급을 활성화하려는 데에 있다. 이러한 인허가의제 규정의 입법 취지를 고려하면, 주택건설사업계획 승인권자가 (구)「주택법」 제17조 제3항에 따라 도시·군관리계획 결정권자와 협의를 거쳐 관계 주택건설사업계획을 승인하면 같은 조 제1항 제5호에 따라 도시·군관리계획결정이 이루어진 것으로 의제되고, 이러한 협의 절차와 별도로 「국토의 계획 및 이용에 관한 법률」 제28조 등에서 정한 도시·군관리계획 입안을 위한 주민 의견청취 절차를 거칠 필요는 없다(대판 2018.11.29. 2016두38792).

Ⓑ 「중소기업창업 지원법」에 관련 인허가 사항에 관한 사전 협의가 이루어지지 않은 채 「중소기업창업 지원법」 제33조 제3항에서 정한 20일의 처리기간이 지난 날의 다음 날에 사업계획승인처분이 이루어진 것으로 의제된 경우, 창업자는 관련 인허가를 관계 행정청에 별도로 신청하는 절차를 거쳐야 하는지 여부(적극)

「중소기업창업 지원법」(이하 '중소기업창업법'이라 한다) 제35조 제1항·제4항에 따르면 시장 등이 사업계획을 승인할 때 제1항 각호에서 정한 관련 인허가에 관하여 소관 행정기관의 장과 협의를 한 사항에 대해서는 관련 인허가를 받은 것으로 본다고 정하고 있다. 이러한 인허가의제제도는 목적사업의 원활한 수행을 위해 창구를 단일화하여 행정절차를 간소화하는 데 입법취지가 있고 목적사업이 관계 법령상 인허가의 실체적 요건을 충족하였는지에 관한 심사를 배제하려는 취지는 아니다. 따라서 시장 등이 사업계획을 승인하기 전에 관계 행정청과 미리 협의한 사항에 한하여 사업계획승인처분을 할 때에 관련 인허가가 의제되는 효과가 발생할 뿐이다. 관련 인허가 사항에 관한 사전 협의가 이루어지지 않은 채 중소기업창업법 제33조 제3항에서 정한 20일의 처리기간이 지난 날의 다음 날에 사업계획승인처분이 이루어진 것으로 의제된다고 하더라도, 창업자는 중소기업창업법에 따른 사업계획승인처분을 받은 지위를 가지게 될 뿐이고 관련 인허가까지 받은 지위를 가지는 것은 아니다. 따라서 창업자는 공장을 설립하기 위해 필요한 관련 인허가를 관계 행정청에 별도로 신청하는 절차를 거쳐야 한다(대판 2021.3.11. 2020두42569).

ⓑ 요건: 법령에 근거가 있는 경우에만 허용되며, 관계기관과의 협의는 필수적이다. 01 02
ⓒ 인허가의제의 기준(「행정기본법」 제24조)
　ⓘ 인허가의제를 받으려면 주된 인허가를 신청할 때 관련 인허가에 필요한 서류를 함께 제출하여야 한다. 다만, 불가피한 사유로 함께 제출할 수 없는 경우에는 주된 인허가 행정청이 별도로 정하는 기한까지 제출할 수 있다(제2항).
　ⓘⓘ 주된 인허가 행정청은 주된 인허가를 하기 전에 관련 인허가에 관하여 미리 관련 인허가 행정청과 협의하여야 한다(제3항).

개념확인 O/X

01 인·허가의제는 행정청의 소관사항과 관련하여 권한행사의 변경을 가져오므로 법령의 근거를 필요로 한다.
18 국가7급　　　　　　(O / X)

02 인·허가의제에 관계기관의 장과 협의가 요구되는 경우, 주된 인·허가를 하기 전에 의제되는 모든 인·허가 사항에 관하여 관계기관의 장과 사전협의를 거쳐야 한다.
16 지방7급　　　　　　(O / X)

| 정답 | 01 O　02 X

ⅲ 관련 인허가 행정청은 협의를 요청받으면 그 요청을 받은 날부터 20일 이내(관련 인허가에 필요한 심의와 의견청취에 따른 절차에 걸리는 기간은 제외한다)에 의견을 제출하여야 한다. 이 경우 전단에서 정한 기간(민원 처리 관련 법령에 따라 의견을 제출하여야 하는 기간을 연장한 경우에는 그 연장한 기간을 말한다) 내에 협의 여부에 관하여 의견을 제출하지 아니하면 협의가 된 것으로 본다(제4항).

ⅳ 협의를 요청받은 관련 인허가 행정청은 해당 법령을 위반하여 협의에 응해서는 아니 된다. 다만, 관련 인허가에 필요한 심의, 의견청취 등 절차에 관하여는 법률에 인허가의제 시에도 해당 절차를 거친다는 명시적인 규정이 있는 경우에만 이를 거친다(제5항). **01**

ⓓ 인허가의제의 효과(「행정기본법」 제25조)
ⅰ 협의가 된 사항에 대해서는 주된 인허가를 받았을 때 관련 인허가를 받은 것으로 본다.
ⅱ 인허가의제의 효과는 주된 인허가의 해당 법률에 규정된 관련 인허가에 한정되며 의제되는 해당 법률 전부에 미치는 것은 아니다.

관련 판례

B 인허가가 의제되는 경우 의제되는 인허가의 법령 전부가 적용되는 것은 아니다 [18 국가직 7급, 16 지방직 7급] **02 03**

> 주된 인허가에 관한 사항을 규정하고 있는 법률에서 주된 인허가가 있으면 다른 법률에 의한 인허가를 받은 것으로 의제한다는 규정을 둔 경우, 주된 인허가가 있으면 다른 법률에 의하여 인허가를 받았음을 전제로 하는 그 다른 법률의 모든 규정들이 적용되지는 않는다(대판 2016.11.24. 2014두47686).

ⓔ 인허가의제의 사후관리 등: 인허가의제의 경우 관련 인허가 행정청은 관련 인허가를 직접 한 것으로 보아 관계 법령에 따른 관리·감독 등 필요한 조치를 하여야 한다.

ⓕ 인·허가의제 시의 소송대상과 직권취소 여부
ⅰ 의제되는 행위의 요건이 불비되어 주된 인허가가 거부되는 경우: 대법원에 의하면 의제되는 인허가의 불비에 따른 주된 인허가의 거부에서 의제되는 인허가의 불비는 단순히 주된 인허가의 불허가 사유로만 작용하게 되고 독립된 처분이라 할 수 없어 주된 인·허가의 거부에 대하여 쟁송을 제기하여야 하며, 해당 소송에서 의제되는 인허가에 대해 다툴 수 있다는 입장이다.

관련 판례

A ❶ 건축불허가처분을 하면서 건축불허가 사유 외에 형질변경불허가 사유나 농지전용불허가 사유를 들고 있는 경우, 그 건축불허가처분에 관한 쟁송에서 형질변경불허가 사유나 농지전용불허가 사유에 관하여도 다툴 수 있는지 여부(적극) **❷** 별개의 형질변경불허가처분이나 농지전용불허가처분에 관한 쟁송을 제기하지 아니하였을 때 형질변경불허가 사유나 농지전용불허가 사유에 관하여 불가쟁력이 발생하는지 여부(소극) [24 국회직 9급, 18 국가직 7급, 16 지방직 7급, 16 서울시 7급, 15 국가직 9급] **04 05 06**

> 건축불허가처분을 하면서 그 처분사유로 건축불허가 사유뿐만 아니라 형질변경불허가 사유나 농지전용불허가 사유를 들고 있다고 하여 그 건축불허가처분 외에 별개로 형질변경불허가처분이나 농지전용불허가처분이 존재하는 것이 아니므로, 그 건축불허가처분을 받은 사람은 그 건축불허가처분에 관한 쟁송에서 「건축법」상의 건축불허가 사유뿐만 아니라 같은 「도시계획법」상의 형질변경불허가 사유나 「농지법」상의 농지전용불허가 사유에 관하여도 다툴 수 있는 것이지, 그 건축불허가처분에 관한 쟁송과는 별개로 형질변경불허가처분이나 농지전용불허가처분에 관한 쟁송을 제기하

개념확인 O/X

01 주된 인·허가처분이 관계기관의 장과 협의를 거쳐 발령된 이상 의제되는 인·허가에 법령상 요구되는 주민의 의견청취 등의 절차는 거칠 필요가 없다.
16 지방7급 (O / X)

02 주된 인·허가에 관한 사항을 규정하고 있는 법률에서 주된 인·허가가 있으면 다른 법률에 의한 인·허가를 받은 것으로 의제한다는 규정을 둔 경우, 주된 인·허가가 있으면 다른 법률에 의하여 인·허가를 받았음을 전제로 하는 그 다른 법률의 모든 규정들까지 적용되는 것은 아니다.
18 국가7급 (O / X)

03 주된 인·허가에 의해 의제되는 인·허가는 원칙적으로 주된 인·허가로 인한 사업을 시행하는 데 필요한 범위 내에서만 그 효력이 유지되는 것은 아니므로, 주된 인·허가로 인한 사업이 완료된 이후에도 효력이 있다.
16 지방7급 (O / X)

04 건축허가권자가 건축불허가처분을 하면서 건축불허가 사유뿐만 아니라 (구)「소방법」에 따른 소방서장의 건축부동의 사유를 들고 있는 경우, 그 건축불허가처분에 관한 소송에서 「건축법」상의 건축불허가 사유뿐만 아니라 소방서장의 부동의 사유에 관하여도 다툴 수 있다.
24 국회9급 (O / X)

05 A허가에 대해 B허가가 의제되는 것으로 규정된 경우, A불허가처분을 하면서 B허가사유를 들고 있으면 A불허가처분과 별개로 B불허가처분도 존재한다.
18 국가7급 (O / X)

06 주된 인·허가거부처분을 하면서 의제되는 인·허가거부사유를 제시한 경우, 의제되는 인·허가거부를 다투려는 자는 주된 인·허가거부 외에 별도로 의제되는 인·허가거부에 대한 쟁송을 제기해야 한다.
16 지방7급 (O / X)

정답 | 01 O 02 O 03 X 04 O 05 X 06 X

여 이를 다투어야 하는 것은 아니며, 그러한 쟁송을 제기하지 아니하였어도 형질변경불허가 사유나 농지전용불허가 사유에 관하여 불가쟁력이 생기지 아니한다(대판 2001.1.16. 99두10988).

ⅱ) 인허가가 의제되는 경우에 의제된 인허가에 하자가 있는 경우: 인허가가 의제되면 의제된 인허가는 독립된 처분의 성질을 갖게 된다. 이에 의제된 인허가에 하자가 있는 경우 행정청은 의제된 인허가에 대해 독립하여 직권취소가 가능하며, 이해관계인은 의제된 인허가에 대해 쟁송을 제기할 수 있다. 01

> **개념확인 O/X**
>
> 01 허가에 타법상의 인·허가가 의제되는 경우, 의제된 인·허가는 통상적인 인·허가와 동일한 효력을 가질 수 없으므로 '부분 인·허가의제'가 허용되는 경우라도 그에 대한 쟁송취소는 허용될 수 없다.
> 19 지방7급　　　　　　(O/X)

관련 판례

Ⓐ 주택건설사업계획승인처분에 따라 의제된 지구단위계획결정에 하자가 있음을 이해관계인이 다투고자 하는 경우, 주된 처분(주택건설사업계획승인처분)과 의제된 인·허가(지구단위계획결정) 중 어느 것을 항고소송의 대상으로 삼아야 하는지(= 의제된 인·허가) [21 국가직 9급, 19 지방직 7급]

(구)「주택법」(2016.1.19. 법률 제13805호로 전부 개정되기 전의 것) 제17조 제1항에 따르면, 주택건설사업계획 승인권자가 관계 행정청의 장과 미리 협의한 사항에 한하여 승인처분을 할 때에 인·허가 등이 의제될 뿐이고, 각호에 열거된 모든 인·허가 등에 관하여 일괄하여 사전협의를 거칠 것을 주택건설사업계획 승인처분의 요건으로 규정하고 있지 않다. 따라서 인·허가의제대상이 되는 처분에 어떤 하자가 있더라도, 그로써 해당 인·허가의제의 효과가 발생하지 않을 여지가 있게 될 뿐이고, 그러한 사정이 주택건설사업계획 승인처분 자체의 위법사유가 될 수는 없다. 또한 의제된 인·허가는 통상적인 인·허가와 동일한 효력을 가지므로, 적어도 '부분 인·허가의제'가 허용되는 경우에는 그 효력을 제거하기 위한 법적 수단으로 의제된 인·허가의 취소나 철회가 허용될 수 있고, 이러한 직권 취소·철회가 가능한 이상 그 의제된 인·허가에 대한 쟁송취소 역시 허용된다(대판 2018.11.29. 2016두38792).

Ⓑ (구)「중소기업창업 지원법」에 따른 사업계획승인의 경우, 의제된 인·허가만 취소 내지 철회함으로써 사업계획에 대한 승인의 효력은 유지하면서 해당 의제된 인·허가의 효력만을 소멸시킬 수 있는지 여부(적극)

중소기업창업법에 따른 사업계획승인의 경우 의제된 인·허가만 취소 내지 철회함으로써 사업계획에 대한 승인의 효력은 유지하면서 해당 의제된 인·허가의 효력만을 소멸시킬 수 있다. 또한 군수가 갑 주식회사에 (구)「중소기업창업 지원법」 제35조에 따라 산지전용허가 등이 의제되는 사업계획을 승인하면서 산지전용허가와 관련하여 재해방지 등 명령을 이행하지 아니한 경우 산지전용허가를 취소할 수 있다는 조건을 첨부하였는데, 갑 회사가 재해방지 조치를 이행하지 않았다는 이유로 산지전용허가 취소를 통보하고, 이어 토지의 형질변경허가 등이 취소되어 공장설립 등이 불가능하게 되었다는 이유로 갑 회사에 사업계획승인을 취소한 사안에서, 의제된 산지전용허가 취소가 항고소송의 대상이 되는 처분에 해당하고, 산지전용허가를 제외한 나머지 인·허가 사항만 의제된 사업계획승인 취소와 별도로 산지전용허가 취소를 다툴 필요가 있는데도, 이와 달리 본 원심판단에 법리를 오해한 위법이 있다(대판 2018.7.12. 2017두48734).

| 정답 | 01 X

개념확인 O/X

01 허가를 행한 행정청은 사후 법률적 합성 여부에 대한 감독을 할 수 있다.
(O / X)

02 건설업면허의 갱신이 있으면 기존 면허의 효력은 동일성을 유지하면서 장래에 향하여 지속된다 할 것이고, 갱신에 의하여 갱신 전의 면허는 실효되고 새로운 면허가 부여된 것이라고 볼 수는 없으므로 면허갱신에 의하여 갱신 전의 건설업자의 모든 위법사유가 치유된다거나 일정한 시일의 경과로서 그 위법사유가 치유된다고 볼 수 없다.
11 국회9급 (O / X)

관련 법령

「행정기본법」 제24조 【인허가의제의 기준】 ① 이 절에서 '인허가의제'란 하나의 인허가(이하 '주된 인허가'라 한다)를 받으면 법률로 정하는 바에 따라 그와 관련된 여러 인허가(이하 '관련 인허가'라 한다)를 받은 것으로 보는 것을 말한다.
② 인허가의제를 받으려면 주된 인허가를 신청할 때 관련 인허가에 필요한 서류를 함께 제출하여야 한다. 다만, 불가피한 사유로 함께 제출할 수 없는 경우에는 주된 인허가 행정청이 별도로 정하는 기한까지 제출할 수 있다.
③ 주된 인허가 행정청은 주된 인허가를 하기 전에 관련 인허가에 관하여 미리 관련 인허가 행정청과 협의하여야 한다.
④ 관련 인허가 행정청은 제3항에 따른 협의를 요청받으면 그 요청을 받은 날부터 20일 이내(제5항 단서에 따른 절차에 걸리는 기간은 제외한다)에 의견을 제출하여야 한다. 이 경우 전단에서 정한 기간(민원 처리 관련 법령에 따라 의견을 제출하여야 하는 기간을 연장한 경우에는 그 연장한 기간을 말한다) 내에 협의 여부에 관하여 의견을 제출하지 아니하면 협의가 된 것으로 본다.
⑤ 제3항에 따라 협의를 요청받은 관련 인허가 행정청은 해당 법령을 위반하여 협의에 응해서는 아니 된다. 다만, 관련 인허가에 필요한 심의, 의견청취 등 절차에 관하여는 법률에 인허가의제 시에도 해당 절차를 거친다는 명시적인 규정이 있는 경우에만 이를 거친다.

제25조 【인허가의제의 효과】 ① 제24조 제3항·제4항에 따라 협의가 된 사항에 대해서는 주된 인허가를 받았을 때 관련 인허가를 받은 것으로 본다.
② 인허가의제의 효과는 주된 인허가의 해당 법률에 규정된 관련 인허가에 한정된다.

제26조 【인허가의제의 사후관리 등】 ① 인허가의제의 경우 관련 인허가 행정청은 관련 인허가를 직접 한 것으로 보아 관계 법령에 따른 관리·감독 등 필요한 조치를 하여야 한다.
② 주된 인허가가 있은 후 이를 변경하는 경우에는 제24조, 제25조 및 이 조 제1항을 준용한다.
③ 이 절에서 규정한 사항 외에 인허가의제의 방법 그 밖에 필요한 세부 사항은 대통령령으로 정한다.

ⓒ 사후 감독: 허가는 위험방지 등 질서유지와 자연적 자유의 회복이 목적이므로 국가의 소극적 감독을 받는다. 이 점에서 국가의 적극적 감독을 받는 형성적 행위인 특허와 구별된다. **01**

ⓔ 허가의 갱신
  ⓐ 기존의 허가에 기간이 설정되어 있는 경우에 허가의 갱신이 이루어질 수 있는바, 허가의 갱신은 종전의 허가의 효력을 지속시키는 것이다.
  ⓑ 특별규정이 없는 경우는 원 허가의 요건은 갱신허가의 요건이 된다.
  ⓒ 갱신허가는 기존 허가의 효력의 동일성을 유지하는 것이므로 갱신 전의 법령 위반사실을 근거로 갱신허가를 취소할 수 있다.

관련 판례

🅑 갱신 전 위법을 이유로 갱신 이후에 허가를 취소할 수 있다

> 유료직업소개사업의 허가갱신은 허가취득자에게 종전의 지위를 계속 유지시키는 효과를 갖는 것에 불과하고 갱신 후에는 갱신 전의 법 위반사실을 불문에 붙이는 효과를 발생하는 것이 아니므로 일단 갱신이 있은 후에도 갱신 전의 법 위반사실을 근거로 허가를 취소할 수 있다(대판 1982.7.27. 81누174).

🅑 허가의 갱신으로 갱신 전의 위법은 치유되지 않는다 [11 국회직 9급] **02**

> 건설업면허의 갱신이 있으면 기존 면허의 효력은 동일성을 유지하면서 장래에 향하여 지속한다 할 것이고, 갱신에 의하여 갱신 전의 면허는 실효되고 새로운 면허가 부여된 것이라고 볼 수는 없으므로 면허갱신에 의하여 갱신 전의 건설업자의 모든 위법사유가 치유된다거나 일정한 시일의 경과로서 그 위법사유가 치유된다고 볼 수 없다(대판 1984.9.11. 83누658).

ⓓ 허가의 갱신은 기한의 도래 전에 이루어져야 함이 원칙이다. 기한의 도래 전에 갱신이 이루어지면, 갱신 전후의 행위는 하나의 행위가 된다. 그러나 허가기간이 경과한 후의 새로운 허가는 종전의 허가와 무관한 허가로서 갱신허가로 볼 수 없다. 즉, 종전의 허가가 기한의 도래로 실효한 후에 이루어진 신청에 따른 허가는 갱신허가가 아니고 별개의 새로운 행위이다. 01 02

ⓔ 기한의 도래 전에 갱신 신청을 하였으나, 도래 후에 갱신이 이루어진 경우에도 특별한 사정이 없는 한 기한의 도래 전에 이루어진 것과 동일하게 볼 것이다.

ⓕ 허가처분의 기간이 정해진 경우 허가는 기간의 경과로 인해 효력이 소멸함이 원칙이다. 반면 그 기간이 성질상 부당히 짧은 경우에는 그 허가 자체의 존속기간이 아니라 허가 조건의 존속기간(갱신기간)으로 보는 것이 판례의 입장이다. 그러나 이 경우에도 허가 만료 전에 당사자의 허가기간 연장신청이 있어야 한다고 본다.

> **개념확인 O/X**
>
> **01** 갱신허가의 신청은 원칙적으로 허가 기한이 경과한 후나 기한이 경과되기 전에 할 수 있다.
> (O / X)
>
> **02** 종전 허가의 유효기간이 지난 후에 한 허가기간연장 신청은 종전의 허가처분과는 별도의 새로운 허가를 내용으로 하는 행정처분을 구하는 것이라고 보아야 한다.
> 18 지방7급 (O / X)

관련 판례

B 갱신허가 시 허가요건에의 적합 여부를 새로이 판단하여야 한다

「사행행위 등 규제 및 처벌 특별법」에 의한 투전기 영업허가를 받은 자가 유효기간이 지나서 다시 영업허가를 신청한 경우 이는 단순히 그 유효기간을 연장하여 주는 것이라기보다는 종전의 허가와는 별도의 새로운 영업허가를 내용으로 하는 행정처분이라 할 것이므로 동법의 규정에 의하여 허가요건의 적합 여부를 새로이 판단하여 그 허가 여부를 결정하여야 할 것이다(대결 1993.2.10. 자 92두72).

B 종전의 영업을 자진폐업하고 새로운 영업허가신청을 한 경우, 기득권이 고려되어야 하는지 여부

종전의 결혼예식장영업을 자진폐업한 이상 위 예식장영업허가는 자동적으로 소멸하고 위 건물 중 일부에 대하여 다시 예식장영업허가신청을 하였다 하더라도, 이는 전혀 새로운 영업허가의 신청임이 명백하므로 일단 소멸한 종전의 영업허가권이 당연히 되살아난다고 할 수는 없는 것이니 여기에 종전의 영업허가권이 새로운 영업허가신청에도 그대로 미친다고 보는 기득권의 문제는 개재될 여지가 없다(대판 1985.7.9. 83누412).

ⓟ **허가의 소멸**
  ⓐ 허가가 유효적법하게 성립되었지만 철회사유가 발생한 경우 허가는 철회될 수 있다. 물론 이 경우 철회의 법적 근거와 사유 등이 명확하여야 하고, 행정절차를 준수하여야 한다. 가분성 또는 특정성이 있는 경우에는 일부철회도 가능하다.
  　❸ 판례는 기존의 허가의 취소나 철회의 경우에도 기속행위라고 한다(대판 1963.8.31. 63누111).
  ⓑ 대인적 허가의 경우에는 상대방의 사망에 의해, 대물적 허가의 경우에는 목적물의 멸실에 의해 허가가 실효된다.

ⓗ **허가의 승계**: 허가의 승계는 일반적으로 지위승계의 신고와 행정청의 수리로서 이루어진다. 이 경우 수리로서 허가의 효력은 포괄적인 승계가 이루어져 허가의 효력뿐 아니라 제재나 강제사유도 승계된다. 기존의 허가영업을 하던 자의 법 위반행위는 허가효력이 승계된 이후에 양수인에게 제재사유가 될 수 있다. 03 04

> **03** 갑이 개인택시운송사업면허를 받았다가 이를 을에게 양도하였고 운송사업의 양도·양수에 대한 인가를 받은 이후에는 양도·양수 이전에 있었던 갑의 운송사업면허 취소사유를 이유로 을의 운송사업면허를 취소할 수 없다.
> 17 지방9급 (O / X)
>
> **04** 개인택시운송사업의 양도·양수에 대한 인가가 있은 후에 그 양도·양수 이전에 있었던 양도인에 대한 운송사업면허취소사유를 들어 양수인의 사업면허를 취소할 수 있다.
> 20 국가7급 (O / X)

| 정답 | 01 X　02 O　03 X　04 O

개념확인 O/X

01 주유소허가의 양수인은 양도인의 지위를 승계하므로 양도인에게 그 허가를 취소할 법적 사유가 있는 경우 이를 이유로 양수인에게 응분의 제재조치를 할 수 있다.
19 서울7급 (O / X)

관련 판례

Ⓑ 석유판매업이 양도된 경우, 양도인의 귀책사유로 양수인에게 제재를 가할 수 있는지 여부 [19 서울시 7급] 01

「석유사업법」 제12조 제3항, 제9조 제1항, 제12조 제4항 등을 종합하면 석유판매업(주유소)허가는 소위 대물적 허가의 성질을 갖는 것이어서 그 사업의 양도도 가능하고 이 경우 양수인은 양도인의 지위를 승계하게 됨에 따라 양도인의 위 허가에 따른 권리의무가 양수인에게 이전되는 것이므로 만약 양도인에게 그 허가를 취소할 위법사유가 있다면 허가관청은 이를 이유로 양수인에게 응분의 제재조치를 취할 수 있다 할 것이고, 양수인이 그 양수 후 허가관청으로부터 석유판매업허가를 다시 받았다 하더라도 이는 석유판매업의 양수도를 전제로 한 것이어서 이로써 양도인의 지위승계가 부정되는 것은 아니므로 양도인의 귀책사유는 양수인에게 그 효력이 미친다(대판 1986.7.22. 86누203).

Ⓑ 허가업의 지위승계신고 이전에는 양수인의 법령 위반의 행정적 책임은 양도인에게 귀속된다

허가영업이 사실상 양도·양수되었으나 아직 승계신고 및 그 수리처분이 있기 이전에는 비록 양수인이 양도인의 허락 하에 당해 영업을 영위 중에 법령 위반행위가 적발되었다고 하더라도 행정제재처분의 행정적 책임은 양도인에게 귀속된다(대판 1995.2.24. 94누9146).

Ⓑ 채석허가를 받은 자에 대한 관할 행정청의 채석허가 취소처분에 대하여 수허가자의 지위를 양수한 양수인에게 그 취소처분의 취소를 구할 법률상의 이익이 있는지의 여부

수허가자의 지위를 양수받아 명의변경신고를 할 수 있는 양수인의 지위는 단순한 반사적 이익이나 사실상의 이익이 아니라 산림법령에 의하여 보호되는 직접적이고 구체적인 이익으로서 법률상 이익이라고 할 것이고, 채석허가가 유효하게 존속하고 있다는 것이 양수인의 명의변경신고의 전제가 된다는 의미에서 관할 행정청이 양도인에 대하여 채석허가를 취소하는 처분을 하였다면 이는 양수인의 지위에 대한 직접적 침해가 된다고 할 것이므로 양수인은 채석허가를 취소하는 처분의 취소를 구할 법률상 이익을 가진다(대판 2003.7.11. 2001두6289).

심화 학습 | 허가와 주요 다른 행정작용과의 비교

구분	허가	특허
성질	명령적 행정행위	형성적 행정행위
기속·재량	원칙: 기속	재량
목적	주로 경찰목적	복리목적
형식	• 법규형식: 안 됨 • 처분형식: 가능 • 일반처분: 가능	• 법규형식: 가능 • 처분형식: 가능 • 일반처분: 안 됨
효과	• 자연적 자유회복: 법률상 이익 • 경영상의 이익: 사실상 이익 • 공법적 효과	• 자유회복: 법률상 이익 • 경영상의 이익: 법률상 이익 • 공법적·사법적 효과
요건	비교적 확정적	비교적 불확정적
국가 감독	소극적	적극적
사례	건축허가, 음식점영업허가, 주류제조면허, 운전면허, 양곡가공업허가, 약사면허, 한의사면허 등	도로점용허가, 하천점용허가, 공유수면점용허가, 귀화허가, 공무원임명, 개인택시면허 등

| 정답 | 01 O

구분	허가	인가
성질	명령적 행정행위	형성적 행정행위
무허가·무인가	적법요건(유효)	효력요건(무효)
대상	사실행위, 법률행위	법률행위
효과	• 자연적 자유회복 • 공법적 효과	• 법률행위의 효과 완성 • 공법적·사법적 효과
형식	• 법규형식: 안 됨 • 처분형식: 가능 • 일반처분: 가능	• 법규형식: 안 됨 • 처분형식: 가능 • 일반처분: 안 됨
출원과 다른 내용	수정허가 가능	수정인가 불가

③ 면제
  ㉠ 의의: '면제'라 함은 법령 또는 법령에 의거한 행정행위에 의하여 일반적으로 과하여진 작위의무·급부의무·수인의무를 특정한 경우에 해제하는 행정행위를 말한다(예 예방접종 면제, 조세면제, 취업의무면제, 징집면제 등).
  ㉡ 성질
    ⓐ 면제도 의무를 해제하는 행위인 점에서는 허가와 같다. 그러나 그 해제되는 의무가 부작위의 의무가 아닌 작위·급부·수인의무라는 점에서 허가와 다르다. 따라서 허가와 면제는 의무에 대한 것을 제외하고는 그 종류·효과·성질 등에서 같기 때문에 허가에 대한 이론은 면제에도 그대로 적용된다.
    ⓑ 작위·급부의무의 이행을 연기·유예시키는 행정행위의 성질에 대해서는 학설이 대립하고 있다.
      ⅰ) 하명변경설: 면제가 아닌 하명의 변경에 해당한다는 견해
      ⅱ) 일부면제설: 면제의 일종으로 보아야 한다는 견해

(3) 형성적 행위

'형성적 행위'란 특정한 상대방에게 본래부터 가지고 있지 아니한 특정한 권리, 능력, 포괄적 법률관계, 기타 법률상의 힘을 발생·변경·소멸시키는 행위를 말한다. 이에는 직접 상대방을 위한 설권·변권·박권행위와 제3자를 위한 인가·대리가 있다.

① 직접 상대방을 위한 행위
  ㉠ 설권행위(광의의 특허) ― 결정적 코멘트 ▶ 특허에 관한 개념과 성질, 효과 등의 이해를 요하는 단원이다.
    ⓐ 의의: 특정인에게 특정한 권리·능력 또는 포괄적 법률관계를 설정해 주는 행정행위를 말한다. 01
    ⓑ 종류
      ⅰ) 특정 상대방을 위하여 새로이 권리를 설정하는 행위(협의의 특허)(예 공기업특허, 행정재산의 사용·수익허가, 광업허가, 어업면허)
      ⅱ) 능력을 설정하는 행위(예 공법인의 설립행위)
      ⅲ) 법적 지위를 설정하는 행위(예 공무원임명, 귀화허가)

> **심화 학습** 특허의 사례
> 1. 교과서의 국정·검정행위는 형성적 행위로서 특허이며 재량행위이다(헌재 1992.11.12. 89헌마88).
> 2. 보세구역의 설치경영의 특허 및 특허의 갱신 여부는 재량행위이다(대판 1989.5.9. 88누4188). [20 군무원 7급] 02

개념확인 O/X

01 공유재산의 관리청이 행하는 행정재산의 사용·수익에 대한 허가는 사법상의 행위로서의 성격을 가진다.
11 국회9급 (O / X)

02 공유수면매립허가, 보세구역의 설치·운영에 관한 특허, 특허기업의 사업양도허가는 강학상 특허에 해당한다.
19 국회8급 (O / X)
※ 특허기업의 사업양도는 인가

| 정답 | 01 X 02 X

개념확인 O/X

01 「자동차운수사업법」에 의한 개인택시운송사업 면허는 법령에 특별한 규정이 없는 한 재량행위이고, 그 면허를 위하여 필요한 기준을 정하는 것도 행정청의 재량에 속한다.
19 서울7급 (O / X)

02 여객자동차운송사업의 한정면허는 특정인에게 권리나 이익을 부여하는 수익적 행정행위로서 재량행위에 해당한다.
24 국가9급 (O / X)

03 「출입국관리법」상 체류자격 변경허가는 특정인에 대하여 새로운 권리·능력 또는 포괄적 법률관계를 설정하는 행위이다.
17 국가7급 (O / X)

04 「출입국관리법」상 체류자격 변경허가는 설권적 처분의 성격을 가지므로, 허가권자는 허가 여부를 결정할 수 있는 재량을 가진다.
19 소방 (O / X)

05 (구)「지역균형개발 및 지방중소기업 육성에 관한 법률」 및 동법 시행령상, 개발촉진지구 안에서 시행되는 지역개발사업(이하 '지구개발사업'이라 함)에서 지정권자의 실시계획승인처분은 단순히 시행자가 작성한 실시계획에 대한 보충행위로서의 성질을 가지는 것이 아니라 시행자에게 지구개발사업을 시행할 수 있는 지위를 부여하는 일종의 설권적 처분의 성격을 가진 독립된 행정처분으로 보아야 한다.
23 국회8급 (O / X)

06 개발촉진지구 안에서 시행되는 지역개발사업에 관한 지정권자의 실시계획승인처분은 강학상 특허이다.
19 서울9급 (O / X)

07 (구)「수도권 대기환경개선에 관한 특별법」상 대기오염물질 총량관리사업장 설치의 허가는 강학상 특허이다.
19 서울9급 (O / X)

08 하천점용허가는 성질상 일반적 금지의 해제에 불과하여 허가의 일정한 요건을 갖춘 경우 기속적으로 판단하여야 한다.
18 지방9급 (O / X)

09 특허는 주로 특정인을 대상으로 행해지나 이에 한정되지 않으며 불특정다수인에게 행해지기도 한다.
19 서울7급 (O / X)

---

3. 재량행위도 재량권의 일탈·남용 시에는 위법한 처분이 되어 행정소송의 대상이 된다(대판 1982.2.23. 81누7).
4. 자동차운송사업면허는 설권행위로서 면허기준의 설정·변경은 행정청의 재량에 속한다(대판 1992.4.28. 91누13526). [19 서울시 7급] **01**
5. 특허인 공유수면매립면허는 자유재량이며 그 회복도 자유재량이다(대판 1989.9.12. 88누9206).
6. 「여객자동차 운수사업법」에 따른 개인택시운송사업면허는 재량행위이다(대판 2002.1.22. 2001두8414). [24 국가직 9급, 19 서울시 7급] **02**
7. 중계유선방송사업 허가는 재량이다(대판 2007.5.11. 2004다11162).
8. 국유재산 등의 관리청이 하는 행정재산의 사용·수익에 대한 허가는 특정인에게 행정재산을 사용할 수 있는 권리를 설정하여 주는 강학상 특허에 해당한다(대판 2006.3.9. 2004다31074).
9. 「도시 및 주거환경정비법」상 재건축조합 설립인가처분은 행정주체의 지위를 부여하는 특허이다(대판 2009.9.24. 2008다60568).
10. 귀화허가의 법적 성격은 특허이다(대판 2010.10.28. 2010두6496).
11. 「공유수면 관리 및 매립에 관한 법률」에 따른 공유수면의 점용·사용허가 처분은 특허이다(대판 2017.4.28. 2017두30139).
12. 「출입국관리법」상 체류자격 변경허가는 설권적 처분의 성격을 가진다(대판 2016.7.14. 2015두48846). [19 서울시 9급, 19 서울시 사회복지직 9급, 19 소방직, 17 국가7급] **03 04**
13. 토지 등 소유자들이 직접 시행하는 도시환경정비사업에서 토지 등 소유자에 대한 사업시행인가처분은 설권적 처분의 성격을 가진다(대판 2013.6.13. 2011두19994).
14. 민간사업자에 대한 도시계획시설사업에 관한 실시계획인가처분은 해당 사업을 구체화하여 현실적으로 실현하기 위한 형성행위로서 이에 따라 토지수용권 등이 발생한다(대판 2018.7.24. 2016두48416).
15. 지역개발사업에 관한 지정권자의 실시계획승인처분은 일종의 설권적 처분의 성격을 가진다(대판 2014.9.26. 2012두5619). [23 국회직 8급, 19 서울시 9급] **05 06**
16. (구)「수도권대기환경특별법」 제14조 제1항에서 정한 대기오염물질 총량관리사업장 설치의 허가 또는 변경허가는 특정한 권리를 설정하여 주는 행위에 속한다(대판 2013.5.9. 2012두22799). [19 서울시 9급] **07**
17. 하천의 점용허가권은 특허에 의한 공물사용권의 일종이다(대판 1990.2.13. 89다카23022). [18 지방직 9급] **08**

ⓒ **특허의 성질**: 특허는 상대방에게 권리 등을 설정하여 주는 행위인 점에서 형성적 행위이고, 또한 원칙적으로 특허를 할 것인지 여부는 행정청의 재량에 맡겨지므로 재량행위이다. 특허는 출원을 효력요건으로 보아 쌍방적 행정행위라 할 것이다.

ⓓ **특허의 효과**
  ⅰ) 특허는 상대방에게 권리·능력 등 법률상 힘을 발생시킨다(권리설정). 권리는 공권인 것이 보통이나, 사권(⑩ 광업허가에 의한 광업권)인 경우도 있으므로, 특허를 받은 자는 법률상 힘을 법적으로 주장할 수 있고, 반사적 이익이 아니므로 침해 시 권리구제가 가능하다.
  ⅱ) 특허의 효과는 특허가 대인적·일신전속인 때에는 이전될 수 없으나, 대물적인 때에는 자유로이 또는 일정한 제한하에서 이전될 수 있다.
  ⅲ) 특허는 처벌요건이 아니라 유효요건으로서 특허를 받지 않은 행위는 무효에 그치고, 원칙적으로 행정상의 제재나 행정강제의 대상이 되지 않는다.

ⓔ **특허의 형식**
  ⅰ) 특허는 원칙적으로 구체적 처분형식에 의하나, 예외적으로 직접 법률의 규정에 의한 법규특허(⑩ 한국도로공사 등 각종 공사나 공단 등)도 있다. **09**
  ⅱ) 특허의 형식에 관해서는 원칙적으로 불요식행위이다. 그러나 예외적으로 일정한 형식을 요하는 경우(⑩ 광업허가의 통지, 「광업법 시행령」 제21조)도 있다.

ⓕ **출원**
  ⅰ) 특허는 특정인에게 일정한 권리 등을 부여하는 행위이므로 상대방의 출원을 필요요건(효력요건)으로 한다.

| 정답 | 01 O 02 O 03 O 04 O 05 O 06 O 07 O 08 X 09 X

ⅱ) 따라서 출원이 없는 특허나 출원의 내용에 반하는 수정특허는 완전한 효력이 발생하지 않는다(법규특허는 성질상 출원이 있을 수 없다). 01

ⅲ) 허가와는 달리 특허는 자유재량행위로서 출원의 순서에 관계없이 행정청의 합목적적인 판단에 의하여 권리 등을 부여할 수 있다. 그러나 광업허가나 어업면허는 출원의 순서에 의하여야 한다(「광업법」 제18조, 「수산업법」 제13조).

ⓔ **감독문제**: 허가는 그 대상사업이 소극적인 사회질서유지를 위하여 국가의 소극적인 감독을 요하는 데 대하여, 특허는 그 대상사업이 적극적인 공익증진을 위하여 국가의 적극적인 감독을 요하는 공익사업인 점에서 구분된다. 02

ⓛ **변권행위**: 기존의 권리 또는 법률관계에 관하여 변경을 가하는 행위이다(예 특허처분의 변경, 공무원전직, 징계종류 변경, 환지처분 등).

ⓒ **박권행위**: 권리·법률관계를 소멸시키는 행위이다(예 공무원파면, 공기업특허·어업면허의 취소).

② **타자를 위한 행위(제3자를 위한 행위)** 빈출

    결정적 코멘트 최근 출제빈도가 높은 단원이다. 기본적 법률행위와의 관계와 소송대상에 관한 부분은 보충행위에 대한 개념이 파악되어야 해결할 수 있어 철저한 이해를 필요로 한다. 또한 주택재건축조합과 관련된 판례는 혼동할 수 있으므로 구분하여 정리하여야 한다.

  ㉠ 인가

    ⓐ **의의**: '인가'란 제3자 사이의 법률행위에 대하여 행정청이 보충적으로 동의해 줌으로써 그 효력을 완성시켜 주는 행정행위를 말한다(타인 간의 법률행위 + 행정청의 동의·승낙·승인). 따라서 인가는 타인 간의 법률행위를 보충하여 완성시켜 주는 보충행위이다. 이러한 인가제도는 공익적·감독적 견지에서 행정청이 타인의 법률행위에 관여한다는 점에서 특색을 찾을 수 있다. 03

    ⓑ **인가의 성질**
      ⅰ) 사인 간의 법률행위에 대하여는 각자가 의욕하는 바에 따라 효력의 완전발생을 원칙으로 하나 일부 공익과 관련 있는 법률행위는 행정청이 인가하여야만 비로소 완전한 효력이 발생한다. 이러한 의미에서 인가는 보충행위이다.
      ⅱ) 타인 간의 법률행위가 소정의 법적 요건을 갖춘 경우에는 특별한 규정이 없는 한 원칙적으로 '기속행위'이다.
      ⅲ) 인가는 타인 간의 법률행위의 효력을 완성시켜 준다는 점에서 '형성적 행위'이지만 그렇다고 특허와 같이 직접 권리 등을 설정해 주는 행위는 아니다.

    ⓒ **인가의 형식**
      ⅰ) 인가는 타인 간의 법률행위를 대상으로 하기 때문에 반드시 구체적 처분형식으로 행하여야 하고(일반처분은 없다) 법규인가란 있을 수 없다.
      ⅱ) 인가는 법령에 의하여 일정한 형식을 요구하지 않는 한 원칙적으로 불요식행위이다.

    ⓓ **인가의 대상**: 사실행위는 인가대상이 될 수 없고 항상 법률행위만을 대상으로 하여야 하며, 법률적 행위인 한 공법상의 행위(예 공공조합의 설립인가, 지방채기채승인, 공법인의 정관변경승인)이든 사법상의 행위(예 외국인토지취득인가, 지정지역에서의 토지취득인가, 토지거래허가, 하천점유권양도의 인가, 비영리법인의 설립인가)이든 관계없다.

심화 학습 | 인가의 사례

1. (구)「국토이용관리법」상의 토지거래허가
2. 「민법」상 재단법인 정관변경허가
3. 「자동차관리법」상 자동차관리사업자로 구성하는 사업자단체인 조합 또는 협회의 설립인가처분 [24 국회직 8급, 17 국가직 7급] 04 05
4. 감독관청의 학교법인에 대한 임원취임승인 [19 국회직 8급, 19 서울시 9급, 17 서울시 7급] 06 07 08
5. 감독청의 주택조합에 대한 조합장 명의변경승인
6. 주무관청의 비영리법인 설립·정관변경인가

개념확인 O/X

01 법규에 의한 특허는 반드시 출원을 요하는 것은 아니다. (O / X)

02 강학상 특허를 행한 행정청은 상대방에 대한 관계에서 법률적합성뿐 아니라 합목적성 여부에 대한 감독도 가능하다. (O / X)

03 인가는 당사자의 법률적 행위를 보충하여 그 법률적 효력을 완성시키는 행정주체의 보충적 의사표시로서의 법률행위적 행정행위이다.
21 국가7급 (O / X)

04 (구)「자동차관리법」상 자동차관리사업자로 구성하는 사업자단체인 조합 또는 협회 설립인가처분은 강학상 특허에 해당한다.
24 국회8급 (O / X)

05 자동차관리사업자로 구성하는 사업자단체 설립인가는 인가권자가 가지는 지도·감독 권한의 범위 등과 아울러 설립인가에 관하여 구체적인 기준이 정하여져 있지 않은 점 등에 비추어 재량행위로 보아야 한다.
24 국가9급 (O / X)

06 「사립학교법」상 관할청의 임원취임승인행위는 학교법인의 임원선임행위의 법률상 효력을 완성하게 하는 법률행위로 인가에 해당한다.
17 서울7급 (O / X)

07 「사립학교법」상 학교법인의 이사장, 이사 등 임원에 대한 임원취임승인행위가 강학상 인가의 대표적인 예이다.
19 국회8급 (O / X)

08 관할청의 (구)「사립학교법」에 따른 학교법인의 이사장 등 임원취임승인행위은 강학상 특허이다.
19 서울9급 (O / X)

정답 | 01 O 02 O 03 O 04 X 05 O 06 O 07 O 08 X

개념확인 O/X

01 「도시 및 주거환경정비법」상 토지 등 소유자들이 조합을 따로 설립하지 않고 직접 시행하는 도시환경정비사업 시행인가는 행정청이 타자의 법률행위를 동의로써 보충하여 그 행위의 효력을 완성시켜 주는 행위이다.
17 국가7급 (O/X)

02 법규정이 없더라도 행정청은 출원의 내용을 수정하여 인가할 수 있다고 봄이 일반적이다. (O/X)

03 재단법인의 임원취임을 인가 또는 거부할 것인지 여부는 주무관청의 권한에 속하는 사항이라고 할 것이고, 재단법인의 임원취임승인 신청에 대하여 주무관청이 이에 기속되어 이를 당연히 승인(인가)하여야 하는 것은 아니다.
20 국가9급 (O/X)

04 「민법」에 따른 재단법인의 정관변경허가는 재단법인의 정관변경에 대한 법률상의 효력을 완성시키는 보충행위로서 그 법적 성격은 인가에 해당한다.
16 국회8급 (O/X)

05 재단법인의 임원취임이 재단법인의 정관에 근거한다 할지라도 이에 대해 주무관청이 당연히 인가하여야 하는 것은 아니며 인가 여부를 재량으로 결정할 수 있다.
19 서울7급 (O/X)

06 재단법인의 임원취임이 사법인인 재단법인의 정관에 근거하였다 할지라도 재단법인의 임원취임승인 신청에 대하여 주무관청이 그 신청을 당연히 승인하여야 하는 것은 아니다.
21 국가7급 (O/X)

07 「민법」상 재단법인의 정관변경에 대한 주무관청의 허가는 법률상 표현이 허가로 되어 있기는 하나, 그 성질은 법률행위의 효력을 보충해 주는 것이지 일반적 금지를 해제하는 것은 아니다.
20 지방9급 (O/X)

08 재단법인의 정관변경 결의에 하자가 있더라도, 그에 대한 인가가 있었다면 기본행위인 정관변경 결의는 유효한 것으로 된다.
21 국가7급 (O/X)

09 공유수면매립면허의 공동명의자 사이의 면허로 인한 권리의무양도약정은 면허관청의 인가를 받지 않은 이상 법률상 아무런 효력도 발생할 수 없다.
20 국가9급 (O/X)

7. 주무관청의 공법인에 대한 정관승인
8. 도시환경정비사업조합의 사업시행계획에 대한 인가 주의 토지소유자의 사업시행계획의 인가는 설권행위 [17 국가직 7급] 01
9. 조합설립추진위원회 구성승인
10. 공익법인의 기본재산 처분허가

ⓔ **출원(신청)**: 인가는 법률행위를 하려는 당사자의 출원을 전제로 한 '필요요건'이다. 따라서 출원이 없는 직권인가란 있을 수 없다. 출원의 내용과 다른 인가, 즉 수정인가는 원칙적으로 허용되지 않는다. 02

ⓕ **인가의 효과**
  ⅰ) 인가를 통하여 제3자 간의 법률행위 효력이 완성되며 그 효과는 공법적 효과일 수도 있고, 사법적 효과일 수도 있다.
  ⅱ) 인가는 법률행위의 효력을 발생시키기 위한 유효요건 내지 효력요건이므로 인가를 받지 않고 한 행위(무인가행위)는 무효가 되고, 행정강제나 행정상의 제재의 대상이 되지 않음이 원칙이며 타인에게 이전되지 않음을 원칙으로 한다.

ⓖ **인가의 재량 여부**: 인가에 대해 대법원은 일관된 입장을 보이고 있지 않다. 기속으로 본 경우(예 학교법인 이사취임승인 등)도 있고 재량으로 본 경우(예 사회복지법인의 정관변경허가 등)도 있다.

관련 판례

B 사회복지법인의 정관변경허가의 법적 성질(= 재량행위) 및 부관의 허용 여부(적극) [20 국가직 9급, 20 지방직 9급, 19 서울시 7급, 16 국회직 8급] 03 04 05 06 07

> 사회복지사업에 관한 기본적 사항을 규정하여 그 운영의 공정·적절을 기함으로써 사회복지의 증진에 이바지함을 목적으로 하는 (구)「사회복지사업법」(1997. 8. 22. 법률 제5358호로 전문 개정되기 전의 것)의 입법 취지와 같은 법 제12조, 제25조 등의 규정에 사회복지법인의 설립이나 설립 후의 정관변경의 허가에 관한 구체적인 기준이 정하여져 있지 아니한 점 등에 비추어 보면, **사회복지법인의 정관변경을 허가할 것인지의 여부는 주무관청의 정책적 판단에 따른 재량에 맡겨져 있다고 할 것이고, 주무관청이 정관변경허가를 함에 있어서는 비례의 원칙 및 평등의 원칙에 적합하고 행정처분의 본질적 효력을 해하지 않는 한도 내에서 부관을 붙일 수 있다**(대판 2002. 9. 24, 2000두5661).

ⓗ **기본행위인 법률행위와 인가의 효력관계**
  ⅰ) 인가의 대상인 법률행위(기본행위)가 무효이면 인가(보충행위) 그 자체가 적법·유효해도 기본행위는 무효이다. 08
  ⅱ) 인가의 대상인 행위에 취소원인이 있을 때에는 인가는 원칙적으로 유효하나 후에도 이를 취소할 수 있다.
  ⅲ) 기본행위는 유효하고 인가가 무효인 때는 무인가행위가 된다. 09

기본적 법률행위와 효력문제, 쟁송문제

기본행위	인가	효력문제, 쟁송문제
무효	인가	• 기본행위: 무효 • 인가: 무효
취소	인가	• 기본행위: 취소 • 인가: 유효(취소할 수 있음)
유효	무인가	무인가로서 무효

| 정답 | 01 X | 02 X | 03 O | 04 O | 05 O | 06 O | 07 O | 08 X | 09 O |

기본행위	인가	효력문제, 쟁송문제
하자 있음	인가를 한 경우	기본행위의 하자를 이유로 인가에 대하여 쟁송을 제기할 수 없음[기본행위에 하자가 있고 인가행위에 하자가 없는 경우 소송의 대상은 기본행위이지 인가행위가 아니다(대판 1996.5.16. 95누4810).]
하자 없음	인가에 하자가 있는 경우	인가에 하자가 있으므로 인가에 대한 쟁송제기가 가능

ⓘ **쟁송방법**: 기본행위에 하자가 있는 경우에는 기본행위를 다투어야 하며, 인가행위를 다툴 것은 아니다. 기본행위는 적법·유효하고, 보충행위인 인가처분 자체에만 하자가 있는 경우 그 인가처분에 대해 무효나 취소를 주장할 수 있다. 01 02 03

관련 판례

🅑 **기본행위가 무효인 경우 보충행위(인가)도 당연무효이다**

피고가 한 하천공사 권리의무양수도에 관한 허가는 기본행위인 위의 양수도행위를 보충하여 그 법률상의 효력을 완성시키는 보충행위라고 할 것이니 그 기본행위인 위의 권리의무양수도계약이 무효일 때에는 그 보충행위인 위의 허가처분(즉, 인가처분)도 별도의 취소조치를 기다릴 필요없이 당연무효라고 할 것이고 피고가 한 무효통지는 무효선언을 하는 방법으로 한 위 허가에 대한 일종의 취소처분이다(대판 1980.5.27. 79누196).

🅑 ❶ 기본행위에 하자가 있고 인가행위에 하자가 없는 경우 소송의 대상은 기본행위이지 인가행위가 아니다 ❷ 기본행위의 하자를 내세워 인가에 취소나 무효확인을 구할 수 없다 ❸ 재단법인의 정관변경 결의의 하자를 이유로 정관변경 인가처분의 취소·무효확인을 소구할 수 없다 [20 국가직 9급, 20 지방직 9급]

인가는 기본행위인 재단법인의 정관변경에 대한 법률상의 효력을 완성시키는 보충행위로서, 그 기본이 되는 정관변경 결의에 하자가 있을 때에는 그에 대한 인가가 있었다 하여도 기본행위인 정관변경 결의가 유효한 것으로 될 수 없으므로 기본행위인 정관변경 결의가 적법 유효하고 보충행위인 인가처분 자체에만 하자가 있다면 그 인가처분의 무효나 취소를 주장할 수 있지만, 인가처분에 하자가 없다면 기본행위에 하자가 있다 하더라도 따로 그 기본행위의 하자를 다투는 것은 별론으로 하고 기본행위의 무효를 내세워 바로 그에 대한 행정청의 인가처분의 취소 또는 무효확인을 소구할 법률상의 이익이 없다(대판 1996.5.16. 95누4810 전합).

🅑 **관리처분계획의 하자를 이유로 관리처분계획 인가처분의 취소·무효확인을 소구할 수 있는지 여부**

기본행위인 관리처분계획이 적법유효하고 보충행위인 인가처분 자체에만 하자가 있다면 그 인가처분의 무효나 취소를 주장할 수 있지만, 인가처분에 하자가 없다면 기본행위에 하자가 있다 하더라도 따로 그 기본행위의 하자를 다투는 것은 별론으로 하고 기본행위의 무효를 내세워 바로 그에 대한 행정청의 인가처분의 취소 또는 무효확인을 소구할 법률상의 이익이 있다고 할 수 없다(대판 1994.10.14. 93누22753).

🅑 **「주택건설촉진법」 제44조 제1항 소정의 관할 시장 등의 인가 유무가 주택조합과 조합원 또는 조합원들 사이의 내부적인 사법관계에 영향을 미치지 않는다**

인가받은 내용을 변경하거나 주택조합을 해산하고자 할 때에도 마찬가지로 인가를 받도록 되어 있는바, 이러한 인가의 유무에 따라 기본행위의 효력이 문제되는 것은 「주택건설촉진법」과 관련한 공법상의 관계에서이지 주택조합과 조합원, 또는 조합원들 사이의 내부적인 사법관계에까지 영향을 미치는 것은 아니다(대결 2002.3.11. 자 2002그12).

개념확인 O/X

01 재단법인의 정관변경 결의가 적법 유효하고 보충행위인 인가처분 자체에만 하자가 있다면 그 인가처분의 무효나 취소를 주장할 수 있다.
21 국가7급 (O / X)

02 인가처분에 하자가 없다면 기본행위에 하자가 있다 하더라도 따로 그 기본행위의 하자를 다투는 것은 별론으로 하고 기본행위의 무효를 내세워 바로 그에 대한 행정청의 인가처분의 취소 또는 무효확인을 소구할 법률상의 이익이 없다.
20 국가9급 (O / X)

03 인가처분에 하자가 없더라도 기본행위에 무효사유가 있다면 기본행위의 무효를 내세워 그에 대한 행정청의 인가처분의 취소 또는 무효확인을 구할 소의 이익이 있다.
20 지방9급 (O / X)

| 정답 | 01 O   02 O   03 X

개념확인 O/X

01 강학상 인가는 기본행위에 대한 법률상의 효력을 완성시키는 보충행위로서, 그 기본이 되는 행위에 하자가 있을 때에는 그에 대한 인가가 있었다 하여도 기본행위가 유효한 것으로 될 수 없다.
20 지방9급 (O / X)

02 재단법인의 정관변경 시 정관변경결의의 하자가 있는 경우에 주무부장관의 인가가 있다고 하여도 정관변경결의가 유효한 것으로 될 수 없다.
20 국회8급 (O / X)

03 행정청이 (구)「도시 및 주거환경정비법」등 관련법령에 근거하여 행하는 조합설립인가처분은 법령상 요건을 갖출 경우 「도시 및 주거환경정비법」상 주택재건축사업을 시행할 수 있는 권한을 갖는 행정주체(공법인)로서의 지위를 부여하는 일종의 설권적 처분의 성격을 갖는다.
24 군무원9급 (O / X)

04 도시 및 주거환경정비법령상 조합설립인가처분은 법령상 요건을 갖출 경우 「도시 및 주거환경정비법」상 주택재건축사업을 시행할 수 있는 권한을 갖는 행정주체로서의 지위를 부여하는 설권적 처분의 효력을 갖는다.
17 서울7급 (O / X)

05 「도시 및 주거환경정비법」에 따른 토지 등 소유자에 대한 사업시행인가처분은 사업시행계획에 대한 보충행위로서의 성질을 가지는 것이 아니라 정비사업 시행권한을 가지는 행정주체로서의 지위를 부여하는 일종의 설권적 처분의 성격을 가진다.
16 국회8급 (O / X)

06 주택재건축조합설립 인가 후 주택재건축조합설립결의의 하자를 이유로 조합설립인가처분의 무효확인을 구하기 위해서는 직접 항고소송의 방법으로 확인을 구할 수 없으며, 조합설립결의부분에 대한 효력 유무를 민사소송으로 다툰 후 인가의 무효확인을 구해야 한다.
17 서울7급 (O / X)

07 「도시 및 주거환경정비법」에 근거한 조합설립인가처분은 행정주체로서의 지위를 부여하는 설권적 처분이고, 조합설립결의는 조합설립인가처분의 요건이므로, 조합설립결의에 하자가 있다면 그 하자를 이유로 직접 항고소송의 방법으로 조합설립인가처분의 취소 또는 무효확인을 구하여야 한다.
23 국가9급 (O / X)

Ⓐ **인가에 하자가 있는 경우에는 인가에 소송을 청구할 수 있다** [20 국가직 9급, 20 지방직 9급, 19 서울시 사회복지직]

> 행정청의 인가는 법률상의 효력을 완성케 하는 보충행위로서 그 기본이 되는 임원선출행위가 불성립 또는 무효일 때에는 그에 대한 인가가 있었다 하여도 그 기본행위인 임원선출행위가 유효한 것이 될 수 없으며, 그 기본행위가 유효·적법한 것이라 하여도 그 효력을 완성케 하는 보충행위인 인가에 하자가 있을 때에는 그 인가의 취소청구 또는 무효주장을 할 수 있다(대판 1967.2.28. 66누8, 대판 1987.8.18. 86누152).

Ⓑ **기본행위의 하자가 있는 경우에 인가로서 기본행위의 하자가 치유되지 않는다** [20 지방직 9급, 20 국회직 8급]
01 02

> 1. 「도시재개발법」제41조에 의한 행정청의 인가는 주택개량재개발조합의 관리처분계획에 대한 법률상의 효력을 완성시키는 보충행위로서 그 기본이 되는 관리처분계획에 하자가 있을 때에는 그에 대한 인가가 있었다 하여도 기본행위인 관리처분계획이 유효한 것으로 될 수 없다(대판 1994.10.14. 93누22753).
> 2. 원래 인가는 다른 사람의 법률적 행위의 효력을 보충하여 이를 완성시키는 보충적 행정행위에 지나지 않으므로 기본적 행위인 학교법인 이사회의 해산결의가 성립하지 않거나 무효인 때에는 교육부장관의 인가를 받았더라도 그 해산 결의가 유효로 되는 것은 아니며, 인가도 무효로 된다(대판 1989.5.9. 87다카2407).
> 3. 학교법인의 무효인 임원취임에 대한 감독청의 승인처분이 있어도 무효인 선임행위가 유효한 것으로 될 수는 없다(대판 1987.8.18. 86누152).

ⓙ **주택재건축정비사업조합설립에 대한 인가문제** 빈출 : 대법원은 행정청이 「도시 및 주거환경정비법」등 관련 법령에 근거하여 행하는 조합설립인가처분은 단순히 사인들의 조합설립행위에 대한 보충행위로서의 성질을 갖는 것에 그치는 것이 아니라 법령상 요건을 갖출 경우 「도시 및 주거환경정비법」상 주택재건축사업을 시행할 수 있는 권한을 갖는 행정주체(공법인)로서의 지위를 부여하는 일종의 설권적 처분의 성격을 갖는다고 보아야 한다는 입장이다. 이에 따라 조합설립결의의 하자와 조합원총회결의의 하자에 따른 소송대상이 문제가 되는데, 소송대상의 법리의 일반론에 의해 소송대상을 삼으면 된다고 본다.
즉, 설권행위의 경우에는 조합설립결의에 하자가 있다고 해도 소송의 대상은 설권행위의 성질인 인가가 될 것이나 보충행위의 경우에는 조합원총회결의가 소송대상이 된다. 03 04 05

관련 판례 주택재건축정비사업조합과 관련된 판례

Ⓐ **행정청이 「도시 및 주거환경정비법」등 관련 법령에 의하여 행하는 조합설립인가처분의 법적 성격(=설권행위) 및 조합설립인가처분이 있은 후에 조합설립결의의 하자를 이유로 그 결의 부분만을 따로 떼어내어 무효 등 확인의 소를 제기하는 것이 허용되지 않는다** [23 국가직 9급, 21 국가직 9급, 20 국회직 8급, 20 군무원 7급, 19 국회직 8급, 17 서울시 7급, 17 국가직 7급, 13 지방직 9급] 06 07

> 행정청이 「도시 및 주거환경정비법」등 관련 법령에 근거하여 행하는 조합설립인가처분은 단순히 사인들의 조합설립행위에 대한 보충행위로서의 성질을 갖는 것에 그치는 것이 아니라 법령상 요건을 갖출 경우 「도시 및 주거환경정비법」상 주택재건축사업을 시행할 수 있는 권한을 갖는 행정주체(공법인)로서의 지위를 부여하는 일종의 설권적 처분의 성격을 갖는다고 보아야 한다. 그리고 그와 같이 보는 이상 조합설립결의는 조합설립인가처분이라는 행정처분을 하는 데 필요한 요건 중 하나에 불과한 것이어서, 조합설립결의에 하자가 있다면 그 하자를 이유로 직접 항고소송의 방법으로

| 정답 | 01 O | 02 O | 03 O | 04 O | 05 O | 06 X | 07 O

조합설립인가처분의 취소 또는 무효확인을 구하여야 하고, 이와는 별도로 조합설립결의 부분만을 따로 떼어내어 그 효력 유무를 다투는 확인의 소를 제기하는 것은 원고의 권리 또는 법률상의 지위에 현존하는 불안·위험을 제거하는 데 가장 유효·적절한 수단이라 할 수 없어 특별한 사정이 없는 한 확인의 이익은 인정되지 아니한다(대판 2009.9.24. 2008다60568).

개념확인 O/X

01 「도시 및 주거환경정비법」상 재건축조합의 관리처분계획에 대한 인가·고시 후 관리처분계획결의의 하자를 다투고자 하는 경우 조합총회의 결의는 관리처분계획처분의 실체적 요건에 해당하기 때문에 조합총회결의를 대상으로 효력 유무를 다투는 확인의 소를 제기하는 것이 허용된다.
20 국회8급 (O / X)

A 조합원총회결의에 대한 소송은 당사자소송이고 가처분이 인정된다 [20 국회직 8급, 20 지방직 9급, 16 국가직 7급, 13 지방직 9급] 01 02 03

「도시 및 주거환경정비법」(이하 '도시정비법'이라 한다)상 행정주체인 주택재건축정비사업조합을 상대로 관리처분계획안에 대한 조합총회결의의 효력을 다투는 소송은 행정처분에 이르는 절차적 요건의 존부나 효력 유무에 관한 소송으로서 소송결과에 따라 행정처분의 위법 여부에 직접 영향을 미치는 공법상 법률관계에 관한 것이므로, 이는 「행정소송법」상 당사자소송에 해당한다. 그리고 이러한 당사자소송에 대하여는 「행정소송법」 제23조 제2항의 집행정지에 관한 규정이 준용되지 아니하므로(「행정소송법」 제44조 제1항 참조), 이를 본안으로 하는 가처분에 대하여는 「행정소송법」 제8조 제2항에 따라 「민사집행법」상 가처분에 관한 규정이 준용되어야 한다(대결 2015.8.21. 자 2015무26).

02 「도시 및 주거환경정비법」상 관리처분계획에 대한 인가는 강학상 인가의 성격을 갖고 있으므로 관리처분계획에 대한 인가가 있더라도 관리처분계획안에 대한 총회결의에 하자가 있다면 민사소송으로 총회결의의 하자를 다투어야 한다.
20 지방9급 (O / X)

03 행정주체인 주택재건축정비사업조합을 상대로 관리처분계획안에 대한 조합총회결의의 효력을 다투는 소송은 「행정소송법」상 당사자소송에 해당한다.
13 지방9급 (O / X)

B (구)「도시 및 주거환경정비법」에 따른 주택재건축정비사업조합이 수립한 사업시행계획이 인가·고시를 통해 확정된 후의 쟁송방법(= 인가된 사업시행계획에 대한 항고소송) 및 이러한 항고소송의 대상이 되는 행정처분의 효력이나 집행 혹은 절차속행 등의 정지를 구하는 방법(=「행정소송법」상 집행정지신청)

(구)「도시 및 주거환경정비법」(2007.12.21. 법률 제8785호로 개정되기 전의 것)에 따른 주택재건축정비사업조합은 관할 행정청의 감독 아래 위 법상 주택재건축사업을 시행하는 공법인으로서, 그 목적 범위 내에서 법령이 정하는 바에 따라 일정한 행정작용을 행하는 행정주체의 지위를 가진다 할 것인데, 재건축정비사업조합이 이러한 행정주체의 지위에서 위 법에 기초하여 수립한 사업시행계획은 인가·고시를 통해 확정되면 이해관계인에 대한 구속적 행정계획으로서 독립된 행정처분에 해당하고, 이와 같은 사업시행계획안에 대한 조합 총회결의는 그 행정처분에 이르는 절차적 요건 중 하나에 불과한 것으로서, 그 계획이 확정된 후에는 항고소송의 방법으로 계획의 취소 또는 무효확인을 구할 수 있을 뿐, 절차적 요건에 불과한 총회결의 부분만을 대상으로 그 효력 유무를 다투는 확인의 소를 제기하는 것은 허용되지 아니하고, 한편 이러한 항고소송의 대상이 되는 행정처분의 효력이나 집행 혹은 절차속행 등의 정지를 구하는 신청은 「행정소송법」상 집행정지신청의 방법으로서만 가능할 뿐 「민사소송법」상 가처분의 방법으로는 허용될 수 없다(대결 2009.11.2. 2009마596).

04 조합설립추진위원회 구성승인처분은 조합의 설립을 위한 주체인 추진위원회의 구성행위를 보충하여 그 효력을 부여하는 처분으로 인가에 해당한다.
17 서울7급 (O / X)

B 조합설립추진위원회의 구성승인의 법적 성질 [17 서울시 7급] 04

조합설립추진위원회(이하 '추진위원회'라고 한다)의 구성을 승인하는 처분은 조합의 설립을 위한 주체에 해당하는 비법인 사단인 추진위원회를 구성하는 행위를 보충하여 그 효력을 부여하는 처분인 데 반하여, 조합설립인가처분은 법령상 요건을 갖출 경우 도시정비법상 주택재개발사업을 시행할 수 있는 권한을 가지는 행정주체(공법인)로서의 지위를 부여하는 일종의 설권적 처분이므로, 양자는 그 목적과 성격을 달리한다(대판 2013.12.26. 2011두8291).

05 주택재건축조합이 재건축결의에서 결정된 내용과 다르게 사업시행계획을 작성하여 사업시행인가를 받았다면 인가처분이 근거조항상의 적법요건을 갖추고 있더라도 그 사업시행인가는 하자가 있는 것으로 보아야 한다.
(O / X)

B 주택재건축조합이 재건축결의에서 결정된 내용과 다르게 사업시행계획을 작성하여 사업시행인가를 받은 경우 행정청의 인가처분 자체에 하자가 있는 것인지 여부(소극) [20 국회직 8급] 05 06

(구)「도시 및 주거환경정비법」 제16조 제2항의 가중된 의결 정족수에 의한 찬성결의로 결정된 재건축결의사항은 대통령령이 정하는 경미한 사항의 변경에 해당하지 않는 한 위 법 제16조 제2항의 가중된 의결 정족수에 의한 찬성결의에 의하지 아니하고는 변경될 수 없고, 따라서 조합의 사업시행계획도 원칙적으로 재건축결의에서 결정된 내용에 따라 작성되어야 하지만, 조합이 사업시행계획을 재건축결의에서 결정된 내용과 달리 작성한 경우 이러한 하자는 기본행위인 사업시행계획

06 조합이 사업시행계획을 재건축결의에서 결정된 내용과 달리 작성한 경우 이러한 하자는 기본행위인 사업시행계획 작성행위의 하자이고, 이에 대한 보충행위인 행정청의 인가처분이 적법요건을 갖추고 있는 이상은 그 인가처분 자체에 하자가 있는 것이라 할 수 없다.
20 국회8급 (O / X)

| 정답 | 01 X 02 X 03 O 04 O 05 X 06 O

> 개념확인 O/X

작성행위의 하자이고, 이에 대한 보충행위인 행정청의 인가처분이 그 근거 조항인 위 법 제28조의 적법요건을 갖추고 있는 이상은 그 인가처분 자체에 하자가 있는 것이라 할 수 없다(대판 2008. 1. 10. 2007두16691).

⑧ 조합설립 동의에 흠이 있는 경우 조합설립인가처분이 당연무효인지 여부(한정 소극)

주택재건축사업에서의 사업시행자인 정비사업조합은 관할 행정청의 조합설립인가와 등기에 의해 설립되고, 조합 설립에 대한 토지 등 소유자의 동의는 조합설립인가처분이라는 행정처분을 하는데 필요한 절차적 요건 중 하나에 불과한 것이므로 조합설립결의(동의)에 하자가 있다 하더라도 그 흠이 중대·명백하지 않다면 조합설립인가처분이 당연무효라고 할 수 없다(대판 2010. 4. 8. 2009다10881).

⑧ 조합설립결의에 대한 소송은 행정소송인 당사자소송이다

「도시 및 주거환경정비법」상 주택재건축정비사업조합에 대한 행정청의 조합설립인가처분이 있은 후에 조합설립결의의 하자를 이유로 민사소송으로 그 결의의 무효 등 확인을 구한 사안에서, 그 소가 확인의 이익이 없는 부적법한 소에 해당하다고 볼 여지가 있으나, 재건축조합에 관한 설립인가처분을 보충행위로 보았던 종래의 실무관행 등에 비추어 그 소의 실질이 조합설립인가처분의 효력을 다투는 취지라고 못 볼 바 아니고, 여기에 소의 상대방이 행정주체로서의 지위를 갖는 재건축조합이라는 점을 고려하면, 그 소가 공법상 법률행위에 관한 것으로서 행정소송의 일종인 당사자소송으로 제기된 것으로 봄이 상당하고, 그 소는 이송 후 관할법원의 허가를 얻어 조합설립인가처분에 대한 항고소송으로 변경될 수 있어 관할법원인 행정법원으로 이송함이 마땅하다(대판 2009. 9. 24. 2008다60568).

⑧ 도시환경정비사업을 직접 시행하려는 토지 등 소유자들이 사업시행인가를 받기 전에 작성한 사업시행계획이 항고소송의 대상이 되는 독립된 행정처분에 해당하는지 여부(소극)

도시환경정비사업을 직접 시행하려는 토지 등 소유자들은 시장·군수로부터 사업시행인가를 받기 전에는 행정주체로서의 지위를 가지지 못한다. 따라서 그가 작성한 사업시행계획은 인가처분의 요건 중 하나에 불과하고 항고소송의 대상이 되는 독립된 행정처분에 해당하지 아니한다고 할 것이다(대판 2013. 6. 13. 2011두19994).

⑧ 주택재건축정비사업조합을 상대로 조합설립변경 결의 또는 사업시행계획 결의의 효력 등을 다투는 소송의 법적 성질(=「행정소송법」상 당사자소송)

도시정비법 등 관련 법령에서 정한 요건과 절차를 갖추어 성립한 주택재건축정비사업조합(이하 '재건축조합'이라 한다)은 관할 행정청의 감독 아래 정비구역 안에서 도시정비법상의 '주택재건축사업'을 시행하는 목적 범위 내에서 법령이 정하는 바에 따라 일정한 행정작용을 행하는 행정주체로서의 지위를 갖는 것이고, 조합설립변경 인가 또는 사업시행계획안에 대한 인가가 이루어지기 전에 행정주체인 재건축조합을 상대로 그 조합설립변경 결의 또는 사업시행계획 결의의 효력 등을 다투는 소송은 행정처분에 이르는 절차적 요건의 존부나 효력 유무에 관한 소송으로서 그 소송결과에 따라 행정처분의 위법 여부에 직접 영향을 미치는 공법상 법률관계에 관한 것이므로 이는 「행정소송법」상의 당사자소송에 해당한다(대판 2010. 7. 29. 2008다6328).

⑧ 행정청의 재건축주택조합의 조합장 명의변경에 대한 인가의 법적 성질 및 인가처분에 하자가 없고 기본행위인 조합장 명의변경에 하자가 있는 경우, 기본행위의 하자를 내세워 바로 그에 대한 행정청의 인가처분의 취소를 구할 수 없다(대판 2005. 10. 14. 2005두1046)

🅱 「주택건설촉진법」상 기본행위였던 조합설립행위가 무효여서 그에 대한 인가처분이 무효인 경우에는 그 후 「도시 및 주거환경정비법」의 시행 등으로 인하여 그 인가처분이 설권적 처분으로 의제된다 하더라도 여전히 무효인지 여부(적극)

> 「도시 및 주거환경정비법」(이하 '도시정비법'이라 한다) 부칙(2002.12.30.) 제3조에 의하여 (구)「주택건설촉진법」(2003.5.29. 법률 제6916호 「주택법」으로 전부 개정되기 전의 것, 이하 '주촉법'이라 한다)상 조합설립인가처분의 법적 성격이 설권적 처분으로 의제된다고 하더라도 이는 주촉법상 유효하게 성립한 조합설립인가처분만을 대상으로 하는 것일 뿐 주촉법상 무효였던 조합설립인가처분이 도시정비법의 시행으로 인하여 유효하게 된다고 볼 것은 아니다. 따라서 주촉법상 조합설립인가처분의 기본행위였던 조합설립행위가 무효여서 그에 대한 인가처분이 무효인 경우에는 그 후 도시정비법의 시행 등으로 인하여 인가처분이 설권적 처분으로 의제된다 하더라도 여전히 무효이다(대판 2014.2.27. 2011두11570).

🅱 사업시행자 조합에서 조합과 주택공사 등으로 변경하는 결정은 설권적 처분에 해당한다

> '사업시행자를 조합 단독에서 조합과 주택공사등 공동으로 변경하는 결정 부분' 또는 '사업시행자를 조합과 주택공사등 공동에서 조합 단독으로 변경하는 결정 부분'은 주택공사등에 대하여 「도시정비법」상 도시환경정비사업을 시행할 수 있는 권한을 갖는 행정주체로서의 지위를 부여하거나 상실시키는 일종의 설권적 처분의 성격을 가진다(대판 2023.12.21. 2023다275424).

정리

1. **주택재건축정비사업조합설립에 대한 인가는 설권행위**
   조합설립결의의 하자를 이유로 조합설립인가에 대한 항고소송을 청구한다.
2. **조합원총회결의를 통한 사업시행계획, 관리처분계획**
   - 인가 전: 조합원총회결의에 대한 당사자소송 + 가처분(「민사집행법」)
   - 인가 후: 사업시행계획, 관리처분계획은 구속적 행정계획으로서 처분
     ⇨ 따라서 사업시행계획과 관리처분계획에 대한 항고소송 + 집행정지

심화 학습 | 허가·특허·인가의 비교

구분	허가	특허	인가
개념	일반적 상대적 금지 해제 ⇨ 자연적 자유회복	특정 상대방을 위하여 새로운 권리·능력, 포괄적 법률상의 지위 설정행위	제3자의 법률행위를 보충하여 유효하게 완성시켜 주는 보충행위
성질	명령적 행정행위	형성적 행정행위	형성적 행정행위
기속·재량	기속행위	재량행위	기속행위 원칙(재량 가능)
출원	필요(필수요건은 아님)	필요	필요
수정	수정허가 ○	수정특허 ×	수정인가 ×
형식	• 처분형식 ○(일반처분도 가능) • 법규형식 ×	• 처분형식 ○ • 법규형식 ○	• 처분형식 ○ • 법규형식 ×
상대방	특정인·불특정인(일반처분)	특정인	특정인
효과	공법적으로만 발생	공법적·사법적 발생	공법적·사법적 발생
적법·유효 요건	적법요건 (처벌 ○, 행위는 유효)	유효요건 (처벌 ×, 행위는 무효)	유효요건 (처벌 ×, 행위는 무효)
이전성	대물적 허가 ○	대물적 특허 ○	이전 불가

구분	허가	특허	인가
대상	• 사실행위(원칙) • 법률행위(공법·사법행위)	법률행위(공권·사권)	법률행위(공법·사법행위)
감독	소극적 감독	적극적 감독	
실례	• 운전면허 • 건축허가 • 전당포영업허가 • 요새지출입허가 • 야간통행금지해제 • 사치품수입허가 • 양조업면허 • 기부금품모집허가 • 석탄가공업허가 • 양곡가공업허가	• 어업면허 • 도로·하천점용허가 • 광업허가 • 궤도사업면허 • 공유수면매립면허 • 토지수용사업인정 • 귀화허가 • 자동차운송사업면허 • 공무원임명 • 석유정제업 허가 • 「출입국관리법」상 체류자격 변경허가 • 토지 등 소유자들이 직접 시행하는 도시환경정비사업시행인가 • 주택재건축정비사업조합의 설립인가 • (구)「수도권 대기환경개선에 관한 특별법」상 대기오염물질 총량관리사업장 설치의 허가 • 지역개발사업에 관한 지정권자의 실시계획승인처분	• 토지거래허가 • 특허기업운임인상승인 • 공공조합설립인가 • 지방채기채승인 • 비영리법인설립인가 • 특허기업사업양도인가 • 공공조합 정관승인 • 사립대 설립인가 • 농지매매허가 • 하천사용권 양도인가 • 학교법인의 임원에 대한 감독청의 취임승인처분 • 매립준공인가 • 「자동차관리법」상 사업자단체 조합의 설립인가 • 도시환경정비사업조합이 수립한 사업시행계획인가 • 사회복지법인의 정관변경허가 • 공익법인의 기본재산에 대한 감독관청의 처분허가
공통점	• 법률행위적 행정행위 • 실정법상 허가·특허·인가·면허·인허 등으로 용어가 혼용 • 쌍방적 행정행위(단, 허가에는 예외가 있음) • 불요식행위임이 원칙 • 수익적 행정행위 • 원칙적으로 부관이 가능(예 허가명령서·특허명령서. 다만 인가의 경우 제한되는 경우 있음) • 모두 취소·철회가 가능하지만 특히 주리법상 제합을 받음 • 모두 국가에 의한 감독을 받음(다만, 정도에 있어서는 차이가 있음)		

ⓛ 대리
ⓐ 의의: '대리'란 행정청이 타 법률관계의 당사자를 대신하여 타인(제3자)이 해야 할 행위를 행정청이 대신 행하고, 그 행위의 효과는 제3자인 당사자에게 귀속시키는 행정행위를 말한다. 여기의 대리는 행정주체가 국민을 대리하는 것이므로 행정관청 내부에서 행해지는 행정관청의 직무상의 권한 대리는 이에 해당되지 않는다.
ⓑ 대리의 성질: 공법상의 대리도 사법상의 대리와 성질상 다를 바가 없으나 대리의 원인이 공법적이며 행정주체의 공권력에 의한 것이라는 특색이 있고 법률의 규정에 의하여 발생하는 법정대리이다(기속행위). 대리는 제3자에게 일정한 법적 효과를 귀속·발생시킨다는 점에서 형성적 행위로 분류한다. 01
ⓒ 대리의 종류
ⓘ 행정주체가 감독적 견지에서 하는 공법인의 정관작성, 공법인의 임원 임명(한국은행총재의 임명), 교육부장관의 관선이사 임명 등
ⓘⓘ 행정주체가 당사자협의 불성립에 대해 조정적 견지에서 행하는 토지수용위원회의 재결 등

01 행정행위로서의 대리는 작용법상의 대리를 말하며 법정대리이다.
(O / X)

ⅲ) 행정주체가 자신의 실효성 확보수단으로서 행하는 공매처분 등
ⅳ) 행정주체의 개인보호 견지에서 행하는 행려병사자의 유류품매각 등

ⓓ **대리의 효과**: 행정청이 한 행위의 효과는 제3자에만 귀속되고 행정청에는 귀속되지 않는다.

3 준법률행위적 행정행위

(1) 의의

준법률행위적 행정행위는 행정청의 의사표시(효과의사) 이외의 정신작용, 즉 판단·인식·관념 등을 구성요소로 하고, 법률적 효과는 행정청의 의사표시에 의해서가 아니라 법률의 규정에 의하여 발생하는 행정행위이다. 따라서 준법률행위적 행정행위는 법률의 규정에 의하여 효과가 발생하기 때문에 기속행위이고, 원칙적으로 부관을 붙일 수 없다. 또한 요식행위로서, 확인, 공증, 통지, 수리가 있다.

(2) 확인

① **의의**: '확인'이란 특정한 법률사실 또는 법률관계의 존부(存否), 정부(正否)에 대하여 의문이나 다툼 등 분쟁이 있는 경우에 행정청이 이를 공권적으로 판단하는 행위를 말하며 실정법상으로는 재결·결정·특허·인정·검정 등 여러 가지 용어로 혼용하고 있다. 01

② **성질**: 확인은 법률관계의 존부, 정부 등에 대하여 의문이나 다툼 등 분쟁을 전제로 하여 유권적으로 확정하는 '판단의 표시행위'로서 법원의 확인판결과 유사한 성질을 가지는 '준사법적 행위'이고 '법선언적 행위'이다. 또한 분쟁을 전제로 행정청이 판단하는 것으로 행정청이 정당하다고 판단될 경우에는 재량의 여지가 없는 기속행위 내지 기속재량행위이다.

③ **형식**: 확인은 항상 구체적 처분형식에 의하고 법규확인이 없으며, 일정한 형식이 요구되는 요식행위가 일반적이다.

④ **부관 여부**: 확인은 법령에서 정한 일정효과가 발생하므로 행정청에 의한 부관은 붙일 수 없다.

⑤ **종류**
㉠ 조직법상 확인(예 당선인결정, 국가시험합격자의 결정)
㉡ 복리행정법상 확인[예 도로·하천 등의 구역결정, 발명의 특허, 교과서의 검정(판례는 특허로 보고 있다)]
㉢ 재정법상 확인(예 소득금액의 결정)
㉣ 군사행정법상의 확인(예 신체검사, 군사시설보호구역)
㉤ 행정쟁송법상 확인(예 행정심판의 재결)

관련 판례

Ⓐ 「친일반민족행위자 재산의 국가귀속에 관한 특별법」 제2조 제2호에 정한 친일재산이 친일반민족행위자 재산조사위원회의 국가귀속결정이 있어야 비로소 국가의 소유로 되는지 여부(소극) 및 위 위원회의 국가귀속결정의 법적 성격(= 준법률행위적 행정행위) [24 군무원 9급, 17 사회복지직 9급, 16 국회직 8급, 12 서울시 9급] 02 03

> 「친일반민족행위자 재산의 국가귀속에 관한 특별법」 제3조 제1항 본문, 제9조 규정들의 취지와 내용에 비추어 보면, 같은 법 제2조 제2호에 정한 친일재산은 친일반민족행위자재산조사위원회가 국가귀속결정을 하여야 비로소 국가의 소유로 되는 것이 아니라 특별법의 시행에 따라 그 취득·증여 등 원인행위 시에 소급하여 당연히 국가의 소유로 되고, 위 위원회의 국가귀속결정은 당해 재산이 친일재산에 해당한다는 사실을 확인하는 이른바 준법률행위적 행정행위의 성격을 가진다(대판 2008. 11. 13. 2008두13491).

개념확인 O/X

01 특정의 사실 또는 법률관계의 존재를 공적으로 증명하여 공적 증거력을 부여하는 행정행위는 확인행위로서 당선인결정, 장애등급결정, 행정심판의 재결 등이 그 예이다.
23 국가7급 (O / X)

02 「친일반민족행위자 재산의 국가귀속에 관한 특별법」에 따른 친일재산의 국가귀속결정은 당해 재산이 친일재산에 해당한다는 사실을 확인하는 준법률행위적 행정행위에 해당한다.
16 국회8급 (O / X)

03 (구)「친일반민족행위자 재산의 국가귀속에 관한 특별법」에 정한 친일재산은 친일 반민족행위자 재산조사위원회가 국가귀속결정을 하여야 비로소 국가의 소유가 되는 것이 아니다.
24 군무원9급 (O / X)

| 정답 | 01 X 02 O 03 O

개념확인 O/X

B 건축물 허가를 받은 후 건축물사용승인 거부처분의 제한

> 건축허가를 받게 되면 그 허가를 기초로 하여 일정한 사실관계와 법률관계를 형성하게 되므로, 수허가자가 입게 될 불이익과 건축행정상의 공익 및 제3자의 이익과 허가조건 위반의 정도를 비교·교량하여 개인적 이익을 희생시켜도 부득이하다고 인정되는 경우가 아니면 함부로 그 허가를 취소할 수 없는바, 건축주가 건축허가내용대로 완공하였으나 건축허가 자체에 하자가 있어서 위법한 건축물이라는 이유로 허가관청이 사용승인을 거부하려면 건축허가의 취소에 있어서와 같은 조리상의 제약이 따르고, 만약 당해 건축허가를 취소할 수 없는 특별한 사정이 있는 경우라면 그 사용승인도 거부할 수 없다(대판 2009.3.12. 2008두18052).

⑥ 효과
  ㉠ 공통적인 효과로 불가변력이 발생한다. 01
  ㉡ 그 밖의 효과는 각개의 법령이 규정하는 바에 의한다(발명특허의 경우는 확인의 결과 특허권이라는 형성적 효과가 부여된다).
  ㉢ 확인의 효과는 확인의 대상의 존재시기까지 소급한다고 보는 것이 보통이다.

01 확인은 특정한 사실 또는 법률관계의 존재 여부 또는 정당성 여부를 공적으로 확정하는 효과를 발생시키므로 확인행위에는 일반적으로 불가변력(실질적 존속력)이 발생한다.
20 군무원7급 (O / X)

(3) **공증** ▶ 결정적 코멘트 ▶ 공증에 대해 처분성을 인정한 대법원 판례와 부정한 대법원 판례의 구분이 필요한 단원이다.

① 의의: 의문 또는 다툼이 없는 사항 또는 이미 확인된 사항에 관하여 공적 권위로써 형식적으로 이를 증명하는 행위를 말한다. 따라서 의문 또는 다툼을 전제로 하는 확인과 다르다.

② 성질: 공증행위는 특정 사실이나 법률관계의 존재 여부를 증명하는 인식의 표시행위로서 법적 성질은 기속행위 내지 기속재량행위이다. 공증에는 부관을 붙일 수 없고 공증행위에 종기가 붙어 있는 것은 부관이 아니라 법정기한이다(다수설).

③ 종류: 등기·등록(각종 등기부·등록부), 등재(각종 명부·장부·원부), 기재(회의록, 의사록), 증명서 발급, 교부(영수증, 허가증, 특허증, 합격증, 졸업증, 등록증 등), 발급(여권, 감찰), 검인·압날 등을 들 수 있다. 02

④ 형식: 공증은 언제나 구체적 처분의 형식으로 행하여지며 법령에 의한 공증은 없다. 또한 문서에 의하여야 하고, 일정한 형식이 요구되는 요식행위이다. 03

⑤ 효과: 공통적인 효과로 공적 증거력이 발생한다. 그러나 반증이 있으면 공증된 사항을 번복할 수 있고, 행정기관 또는 법원이 공증을 취소하는 것을 막는 것도 아니다. 따라서 반증이 있을 때까지만 진실추정력을 가지며 판례는 처분성을 인정하지 않는다. 04
그 밖의 효과는 각개의 법령이 규정하는 바에 의한다.

02 선거인명부에의 등록은 공증으로 법령에 정해진 바에 따라 권리행사의 요건이 된다.
20 군무원7급 (O / X)

03 공증은 일정한 형식이 요구되는 요식행위로 행하여지는 것이 일반적이다.
(O / X)

04 준법률행위적 행정행위인 공증은 반증에 의하지 아니하고는 전복될 수 없는 공적 증거력을 발생시킨다.
(O / X)

관련 판례 공증의 처분성을 부정한 경우

B 인감증명은 권리나 의무의 변동이 없어 처분이 아니다

> 인감증명행위는 출원자에게 어떠한 권리가 부여되거나 변동 또는 상실되는 효력을 발생하는 것이 아니므로, 그 무효확인을 구할 법률상 이익이 없다(대판 2001.7.10. 2000두2136).

05 행정청이 무허가건물관리대장에서 무허가건물을 삭제하는 행위는 항고소송대상인 처분이다.
17 국가7급 (O / X)

A 무허가건물관리대장에서 삭제하는 행위는 처분이 아니다 [19 지방직 7급, 17 국가직 7급, 12 서울시 9급] 05 06

> 무허가건물을 무허가건물관리대장에서 삭제하는 행위는 다른 특별한 사정이 없는 한 항고소송의 대상이 되는 행정처분이 아니다(대판 2009.3.12. 2008두11525).

06 행정청의 무허가건물 등 대장삭제행위는 무허가건물에 대한 설치상의 관리관계에 변동을 가져오는 것은 아니므로 항고소송의 대상인 처분이 아니다.
(O / X)

| 정답 | 01 O 02 O 03 O 04 O 05 X 06 O

B 법무법인의 공정증서 작성행위는 행정처분이 아니다

행정소송 제도는 행정청의 위법한 처분 그 밖에 공권력의 행사·불행사 등으로 인한 국민의 권리 또는 이익의 침해를 구제하고 공법상 권리관계 또는 법률 적용에 관한 다툼을 적정하게 해결함을 목적으로 하는 것이므로, 항고소송의 대상이 되는 행정처분에 해당하는지는 행위의 성질·효과 이외에 행정소송 제도의 목적이나 사법권에 의한 국민의 권익보호 기능도 충분히 고려하여 합목적적으로 판단해야 한다. 이러한 행정소송 제도의 목적 및 기능 등에 비추어 볼 때, 행정청이 한 행위가 <u>단지 사인 간 법률관계의 존부를 공적으로 증명하는 공증행위에 불과하여 그 효력을 둘러싼 분쟁의 해결이 사법원리에 맡겨져 있거나 행위의 근거 법률에서 행정소송 이외의 다른 절차에 의하여 불복할 것을 예정하고 있는 경우에는 항고소송의 대상이 될 수 없다</u>고 보는 것이 타당하다(대판 2012.6.14. 2010두19720).

B 위장사업자의 사업자명의를 직권으로 실사업자의 명의로 정정하는 행위는 행정처분이 아니다

과세관청이 사업자등록을 관리하는 과정에서 위장사업자의 사업자명의를 직권으로 실사업자의 명의로 정정하는 행위 또한 당해 사업사실 중 주체에 관한 정정기재일 뿐 그에 의하여 사업자로서의 지위에 변동을 가져오는 것이 아니므로 항고소송의 대상이 되는 행정처분으로 볼 수 없다(대판 2011.1.27. 2008두2200).

B 경찰공무원시험승진후보자명부에 등재된 자가 승진임용되기 전에 감봉 이상의 징계처분을 받은 경우, 임용권자가 당해인을 시험승진후보자명부에서 삭제한 행위가 행정처분이 되는지 여부(소극) 01

(구)「경찰공무원법」(1996.8.8. 법률 제5153호로 개정되기 전의 것) 제11조 제2항, 제13조 제1항·제2항, 「경찰공무원승진임용규정」 제36조 제1항·제2항에 의하면, 경정 이하 계급에의 승진에 있어서는 승진심사와 함께 승진시험을 병행할 수 있고, 승진시험에 합격한 자는 시험승진후보자명부에 등재하여 그 등재순위에 따라 승진하도록 되어 있으며, 같은 규정 제36조 제3항에 의하면 시험승진후보자명부에 등재된 자가 승진임용되기 전에 감봉 이상의 징계처분을 받은 경우에는 임용권자 또는 임용제청권자가 위 징계처분을 받은 자를 시험승진후보자명부에서 삭제하도록 되어 있는바, 이처럼 시험승진후보자명부에 등재되어 있던 자가 그 명부에서 삭제됨으로써 승진임용의 대상에서 제외되었다 하더라도, 그와 같은 시험승진후보자명부에서의 삭제행위는 결국 그 명부에 등재된 자에 대한 승진 여부를 결정하기 위한 행정청 내부의 준비과정에 불과하고, 그 자체가 어떠한 권리나 의무를 설정하거나 법률상 이익에 <u>직접적인 변동을 초래하는 별도의 행정처분이 된다고 할 수 없다</u>(대판 1997.11.14. 97누7325).

A 행정청이 토지대장의 소유자명의변경신청을 거부한 행위가 항고소송의 대상이 되는 행정처분인지 여부(소극) [20 지방직 9급, 19 국회직 8급, 19 서울시 9급, 19 지방직 7급, 16 국가직 9급] 02 03

토지대장에 기재된 일정한 사항을 변경하는 행위는, 그것이 지목의 변경이나 정정 등과 같이 토지소유권 행사의 전제요건으로서 토지소유자의 실체적 권리관계에 영향을 미치는 사항에 관한 것이 아닌 한 행정사무집행의 편의와 사실증명의 자료로 삼기 위한 것일 뿐이어서, 그 소유자 명의가 변경된다고 하여도 이로 인하여 당해 토지에 대한 실체상의 권리관계에 변동을 가져올 수 없고 토지소유권이 지적공부의 기재만에 의하여 증명되는 것도 아니다(대판 1984.4.24. 82누308, 대판 2002.4.26. 2000두7612 등 참조). 따라서 <u>소관청이 토지대장상의 소유자명의변경신청을 거부한 행위는 이를 항고소송의 대상이 되는 행정처분이라고 할 수 없다</u>(대판 2012.1.12. 2010두12354).

개념확인 O/X

01 승진후보자명부에 등재된 자를 승진임용이 되기 전에 명부에서 삭제하는 행위는 항고소송대상인 처분이다.
(O/X)

02 토지대장의 기재는 토지소유권을 제대로 행사하기 위한 전제요건으로서 토지소유자의 실체적 권리관계에 밀접하게 관련되어 있으므로 토지대장상의 소유자명의변경신청을 거부한 행위는 국민의 권리관계에 영향을 미치는 것이어서 항고소송의 대상이 되는 행정처분에 해당한다.
16 국가9급 (O/X)

03 소관청이 토지대장상의 소유자명의변경신청을 거부한 행위는 항고소송대상인 처분이다.
19 국회8급 (O/X)

| 정답 | 01 X 02 X 03 X

| 개념확인 O/X | | 관련 판례 | 공증의 처분성을 긍정한 경우 |

ⓑ 지적등록사항(지목) 정정신청을 반려한 행위는 헌법소원의 대상인 공권력의 행사에 해당한다

「지적법」 제38조 제2항에 의하면 토지소유자에게는 지적공부의 등록사항에 대한 정정신청의 권리가 부여되어 있고, 이에 대응하여 소관청은 소유자의 정정신청이 있으면 등록사항에 오류가 있는지를 조사한 다음 오류가 있을 경우에는 등록사항을 정정하여야 할 의무가 있는바, 피청구인의 반려행위는 지적관리업무를 담당하고 있는 행정청의 지위에서 청구인의 등록사항 정정신청을 확정적으로 거부하는 의사를 밝힌 것으로서 공권력의 행사인 거부처분이라 할 것이므로 「헌법재판소법」 제68조 제1항 소정의 '공권력의 행사'에 해당한다(헌재 1999.6.24. 97헌마315).

Ⓐ 지적공부 소관청의 지목변경신청 반려행위는 항고소송의 대상이 되는 행정처분에 해당한다 [21 지방직 9급, 19 지방직 7급, 19 서울시 7급, 12 국가직 9급] 01 02

01 지적공부 소관청의 지목변경신청 반려행위는 항고소송의 대상이 되는 행정처분에 해당한다.
12 국가9급 (O / X)

02 지적공부 소관청의 지목변경신청 반려행위는 국민의 권리관계에 영향을 미치는 것으로서 항고소송의 대상이 되는 행정처분에 해당한다.
21 지방9급 (O / X)

(구)「지적법」 제20조, 제38조 제2항의 규정은 토지소유자에게 지목변경신청권과 지목정정신청권을 부여한 것이고, 한편 지목은 토지에 대한 공법상의 규제, 개발부담금의 부과대상, 지방세의 과세대상, 공시지가의 산정, 손실보상가액의 산정 등 토지행정의 기초로서 공법상의 법률관계에 영향을 미치고, 토지소유자는 지목을 토대로 토지의 사용·수익·처분에 일정한 제한을 받게 되는 점 등을 고려하면, 지목은 토지소유권을 제대로 행사하기 위한 전제요건으로서 토지소유자의 실체적 권리관계에 밀접하게 관련되어 있으므로 지적공부 소관청의 지목변경신청 반려행위는 국민의 권리관계에 영향을 미치는 것으로서 항고소송의 대상이 되는 행정처분에 해당한다(대판 2004.4.22. 2003두9015 전합).

ⓑ 지적 소관청의 토지분할신청 거부행위는 항고소송의 대상이 되는 행정처분이다 [15 지방직 9급] 03

03 지적 소관청의 토지분할신청 거부행위는 항고소송대상인 처분이다.
15 지방9급 (O / X)

절차를 거치지 아니하는 한 1개의 토지로서 등기의 목적이 될 수 없는 것이니 토지의 소유자는 자기소유 토지의 일부에 대한 소유권의 양도나 저당권의 설정 등 필요한 처분행위를 할 수 없게 되고, 특히 1필지의 일부가 소유자가 다르게 될 때에도 그 소유권을 등기부에 표창하지 못하고 나아가 처분도 할 수 없게 되어 권리행사에 지장을 초래하게 되는 점 등을 고려한다면, 지적 소관청의 이러한 토지분할신청의 거부행위는 국민의 권리관계에 영향을 미치는 것으로서 항고소송의 대상이 되는 처분으로 보아야 할 것이다(대판 1992.12.8. 92누7542).

ⓑ (구)「상표법」상 특허청장의 상표사용권설정등록행위는 사인 간의 법률관계의 존부를 공적으로 증명하는 준법률행위적 행정행위다

(구)「상표법」(1990.1.13. 법률 제4210호로 전문개정되기 전의 것) 제29조 제1항·제3항, 제31조 제1항·제2항, (구)「상표등록령」(1990.8.28. 대통령령 제13085호로 개정되기 전의 것) 제6조, 제7조, 제10조, (구)「특허등록령」(1990.8.28. 대통령령 제13082호로 개정되기 전의 것) 제34조 1항의 규정내용을 종합하면, 상표사용권설정등록신청서가 제출된 경우 특허청장은 신청서와 그 첨부서류만을 자료로 형식적으로 심사하여 그 등록신청을 수리할 것인지의 여부를 결정하여야 되는 것으로서, 특허청장의 상표사용권설정등록행위는 사인 간의 법률관계의 존부를 공적으로 증명하는 준법률행위적 행정행위임이 분명하다(대판 1991.8.13. 90누9414).

ⓑ 「사회단체등록에 관한 법률」에 의한 사회단체등록신청 반려처분은 그 취소를 구할 소의 이익이 있다

사회단체등록신청에 형식상의 요건불비가 없는데 등록청이 이미 설립목적 및 사업내용을 같이 하는 선등록단체가 있다 하여 그 단체와 제휴하거나 또는 등록 없이 자체적으로 설립목적을 달성하는 것이 바람직하다는 이유로 원고의 등록신청을 반려하였다면 그 반려처분은 ⋯ (중략) ⋯ 행정소송에서 소의 이익이란 개념은 국가의 행정재판제도를 국민이 이용할 수 있는 한계를 구획하기 위하여 생겨난 것으로서 그 인정을 인색하게 하면 실질적으로는 재판의 거부와 같은 부작용을 낳게 될 것이므로 이 사건의 경우는 소의 이익이 있다고 보아야 할 것이다(대판 1989.12.26. 87누308 전합).

| 정답 | 01 ◯ 02 ◯ 03 ◯

🅑 의료유사업자 자격증 갱신발급행위는 공증행위에 속하는 행정행위이다

「의료법」부칙 제7조, 제59조(1975.12.31 법률 2862호로 개정전의 것), 동법 시행규칙 제59조 및 1973.11.9. 자 보건사회부 공고 58호에 의거한 서울특별시장 또는 도지사의 의료유사업자 자격증 갱신발급행위는 유사의료업자의 자격을 부여 내지 확인하는 것이 아니라 특정한 사실 또는 법률관계의 존부를 공적으로 증명하는 소위 공증행위에 속하는 행정행위라 할 것이다(대판 1977.5.24. 76누295).

🅑 건축물대장 작성신청에 대한 거부행위는 항고소송의 대상인 처분에 해당한다 [19 소방직] 01

(구)「건축법」제18조의 규정에 의한 사용승인을 신청하는 자 또는 (구)「건축법」제18조의 규정에 의한 사용승인을 얻어야 하는 자 외의 자는 건축물대장의 작성신청권을 가지고 있고, 한편 건축물대장은 건축물에 대한 공법상의 규제, 지방세의 과세대상, 손실보상가액의 산정 등 건축행정의 기초자료로서 공법상의 법률관계에 영향을 미칠 뿐만 아니라, 건축물에 관한 소유권보존등기 또는 소유권이전등기를 신청하려면 이를 등기소에 제출하여야 하는 점 등을 종합해 보면, 건축물대장의 작성은 건축물의 소유권을 제대로 행사하기 위한 전제요건으로서 건축물소유자의 실체적 권리관계에 밀접하게 관련되어 있으므로 건축물대장 소관청의 작성신청 반려행위는 국민의 권리관계에 영향을 미치는 것으로서 항고소송의 대상이 되는 행정처분에 해당한다(대판 2009.2.12. 2007두17359).
※ 건축물대장기재신청서반려처분취소

🅑 건축물대장상의 용도를 '창고'에서 '위험물저장 및 처리시설'로 변경하여 달라는 원고의 신청을 거부한 피고의 행위는 항고소송의 대상이 되는 처분에 해당한다 [24 국가직 9급, 17 국가직 7급] 02 03

(구)「건축법」제14조 제4항의 규정은 건축물의 소유자에게 건축물대장의 용도변경신청권을 부여한 것이고, 한편 건축물의 용도는 토지의 지목에 대응하는 것으로서 건물의 이용에 대한 공법상의 규제, 건축법상의 시정명령, 지방세 등의 과세대상 등 공법상 법률관계에 영향을 미치고, 건물소유자는 용도를 토대로 건물의 사용・수익・처분에 일정한 영향을 받게 되는 점 등을 고려해 보면, 건축물대장의 용도는 건축물의 소유권을 제대로 행사하기 위한 전제요건으로서 건축물소유자의 실체적 권리관계에 밀접하게 관련되어 있으므로 건축물대장 소관청의 용도변경신청 거부행위는 국민의 권리관계에 영향을 미치는 것으로서 항고소송의 대상이 되는 행정처분에 해당한다(대판 2009.1.30. 2007두7277).
※ 건축물표시변경신청불가처분취소

🅑 행정청이 건축물에 관한 건축물대장을 직권말소한 행위는 항고소송의 대상이 되는 행정처분에 해당한다

건축물대장은 건축물에 대한 공법상의 규제, 지방세의 과세대상, 손실보상가액의 산정 등 건축행정의 기초자료로서 공법상의 법률관계에 영향을 미칠 뿐만 아니라, 건축물에 관한 소유권보존등기 또는 소유권이전등기를 신청하려면 이를 등기소에 제출하여야 하는 점 등을 종합해 보면, 건축물대장은 건축물의 소유권을 제대로 행사하기 위한 전제요건으로서 건축물소유자의 실체적 권리관계에 밀접하게 관련되어 있으므로, 이러한 건축물대장을 직권말소한 행위는 국민의 권리관계에 영향을 미치는 것으로서 항고소송의 대상이 되는 행정처분에 해당한다(대판 2010.5.27. 2008두22655).

🅑 지적공부 소관청이 토지대장을 직권으로 말소한 행위는 항고소송의 대상이 되는 행정처분에 해당한다

토지대장은 토지에 대한 공법상의 규제, 개발부담금의 부과대상, 지방세의 과세대상, 공시지가의 산정, 손실보상가액의 산정 등 토지행정의 기초자료로서 공법상의 법률관계에 영향을 미칠 뿐만 아니라, 토지에 관한 소유권보존등기 또는 소유권이전등기를 신청하려면 이를 등기소에 제출해야 하는 점 등을 종합해 보면, 토지대장은 토지의 소유권을 제대로 행사하기 위한 전제요건으로서 토

개념확인 O/X

01 건축물대장 소관청의 건축물대장 작성신청 반려행위는 항고소송의 대상이 된다.
19 소방 (O / X)

02 행정청이 건축물대장의 용도변경 신청을 거부한 행위는 항고소송대상인 처분이다.
17 국가7급 (O / X)

03 건축물대장의 용도는 건축물의 소유권을 제대로 행사하기 위한 전제요건으로서 건축물소유자의 실체적 권리관계에 밀접하게 관련되어 있으므로, 건축물대장 소관청의 용도변경신청 거부행위는 국민의 권리관계에 영향을 미치는 것으로서 항고소송의 대상이 되는 행정처분에 해당한다.
24 국가9급 (O / X)

| 정답 | 01 O 02 O 03 O

지소유자의 실체적 권리관계에 밀접하게 관련되어 있으므로, 이러한 토지대장을 직권으로 말소한 행위는 국민의 권리관계에 영향을 미치는 것으로서 항고소송의 대상이 되는 행정처분에 해당한다 (대판 2013.10.24. 2011두13286).

공증의 처분성 인정 여부(판례) [빈출]

처분성 인정	처분성 부정
• 의료유사업자 자격증 갱신발급행위 • 사회단체등록신청 반려처분 • 특허청장의 상표사용권등록 설정행위 • 토지분할신청거부행위 • 지적공부상 지목변경행위 • 토지대장에의 등재(판례 변경) • 지목변경신청 반려행위 • 건축물대장 작성신청에 대한 거부행위 • 건축물대장상 용도변경신청에 대한 거부행위 • 행정청이 건축물에 관한 건축물대장을 직권말소한 행위 • 토지대장을 직권으로 말소한 행위	• 위장사업자의 사업자 명의를 실사업자 명의로 정정하는 행위 01 • 지적공부·하천대장에의 기재 • 토지대장상의 소유자명의변경신청 거부 • 가옥대장에의 등재 • 무허가건물을 무허가건물관리대장에서 삭제하는 행위 • 인감증명 • 지적공부의 기재사항인 지적도의 경계를 정정해 달라는 요청을 거부하는 내용의 회신 • 멸실된 지적공부의 복구나 지적공부에 기재된 일정사항을 변경하는 행위 • 자동차운전면허대장상의 등재행위 • 임용권자가 당해인을 시험승진후보자명부에서 삭제한 행위(대판 1997.11.14. 97누7325) **주의** 「교육공무원법」상 승진후보자명부에 의한 승진심사 방식으로 행해지는 승진임용에서 승진후보자명부에 포함되어 있던 후보자를 승진임용인사발령에서 제외하는 행위는 항고소송의 대상인 처분에 해당한다(대판 2018.3.27. 2015두47492). 02

개념확인 O/X

01 과세관청이 사업자등록을 관리하는 과정에서 위장사업자의 사업명의를 직권으로 실사업자의 명의로 정정하는 행위는 사업자로서의 지위에 변동을 가져오는 것이므로 항고소송의 대상이 되는 행정처분으로 볼 수 있다.
24 국회9급 (O / X)

02 「교육공무원법」상 승진후보자명부에 의한 승진심사 방식으로 행해지는 승진임용에서 승진후보자명부에 포함되어 있던 후보자를 승진임용인사발령에서 제외하는 행위는 항고소송의 대상인 처분에 해당하지 않는다.
19 지방9급 (O / X)

심화 학습 확인과 공증

확인	공증
의문·분쟁·다툼이 있음	의문·분쟁·다툼이 없음
판단의 표시	인식의 표시
준사법적 작용 – 불가변력	진실추정력 – 불가변력 없음

(4) 통지

① 의의: 특정인 또는 불특정다수인에 대하여 법적 효과를 가져오는 특정한 사실을 알리는 행정행위를 말한다.

② 성질: 통지는 행정행위의 성립 후 효력발생요건으로서의 표시행위(⑩ 법령의 공포, 재결의 고지, 요식행위인 문서의 송달)와는 다른 독립된 행정행위이며, 또한 구속력이 발생하는 점에서 아무 효력도 없는 사실행위로서의 통지(⑩ 수입고추 공판공고 등)와 다르다. 03

③ 종류
 ㉠ 의사(효과의사 이외의 의사)의 통지: 앞으로 어떤 행위를 하겠다는 것을 알리는 것이다
  (⑩ 대집행위 계고, 납세의 독촉, 신고서 보정명령 등).
  ※ 신고서·소장 등의 보정명령은 하명이 아니라, 소정기간까지 보정하지 아니하면 수리를 거부하겠다는 의사를 알리는 통지행위임에 주의해야 한다.

03 토지수용에 있어서의 사업인정의 고시는 이미 성립한 행정행위의 효력발생요건으로서의 통지에 해당한다.
20 군무원7급 (O / X)
※ 효력발생요건으로서 처분을 알리는 행위가 아님

정답 | 01 X 02 X 03 X

ⓒ **관념의 통지**: 단순히 '과거의 사실'을 알리는 행위이다(예 특허출원의 공고, 귀화고시, 토지수용에 있어서 사업인정의 고시, 전매가격고시, 의회소집공고 등).

관련 판례

🅑 통지의 처분성을 인정한 경우

1. 대학교원의 임용권자가 임용기간이 만료된 조교수에 대하여 재임용을 거부하는 취지로 한 임용기간만료의 통지가 행정소송의 대상이 되는 처분에 해당한다(대판 2004.4.22. 2000두7735 전합).
2. 대집행절차에서의 계고와 대집행영장 발부통보는 행정처분이다(대판 1996.2.9. 95누12507).
3. 과세관청의 소득금액변동통지는 원천징수의무자인 법인의 납세의무에 직접 영향을 미치는 과세관청의 행위로서, 항고소송의 대상이 되는 조세행정처분이다(대판 2006.4.20. 2002두1878 전합).
4. 농지처분의무통지는 단순한 관념의 통지가 아니라, 상대방인 농지소유자의 의무에 직접 관계되는 독립한 행정처분으로서 항고소송의 대상이 된다(대판 2003.11.14. 2001두8742).
5. 교통안전공단이 그 사업목적에 필요한 재원으로 사용할 기금 조성을 위하여 같은 법 제13조에 정한 분담금 납부의무자에 대하여 한 분담금 납부통지는 그 납부의무자의 구체적인 분담금 납부의무를 확정시키는 효력을 갖는 행정처분이라고 보아야 할 것이다(대판 2000.9.8. 2000다12716). [24 군무원 9급] **01**

🅑 통지의 처분성을 부정한 경우

1. 「국가공무원법」상 당연퇴직의 인사발령은 관념의 통지에 불과하다(대판 1995.11.14. 95누2036). [20 군무원 9급, 16 국가9급, 12 국가직 9급, 12 서울시 9급] **02**
2. 정년퇴직발령은 정년퇴직사실을 알리는 이른바 관념의 통지에 불과하므로 행정소송의 대상이 되지 아니한다(대판 1983.2.8. 81누263).
3. 성업공사(현 한국자산관리공사)의 공매결정과 공매통지는 행정처분이 아니다(대판 1998.6.26. 96누12030).
4. 수도사업자의 급수공사 신청자에 대한 급수공사비 납부통지는 행정처분이 아니다(대판 1993.10.26. 93누6331).
5. 자동차대여사업 등록실효통지는 단순한 사실의 통지에 불과하다(대판 1996.6.14. 96누3661).
6. 개별토지가격합동조사지침 제12조의3 소정의 개별공시지가 경정결정신청에 대한 행정청의 정정불가 결정통지를 한 것은 이른바 관념의 통지에 불과할 뿐 항고소송의 대상이 되는 처분이 아니다(대판 2002.2.5. 2000두5043).
7. 재개발조합에 의한 '조합원 동·호수 추첨결과 통보 및 분양계약체결 안내'라는 조합원에 대한 통지는 행정처분이 아니다(대판 2002.12.10. 2001두6333).
8. 공무원연금관리공단이 법령의 개정사실과 퇴직연금 수급자가 퇴직연금 중 일부 금액의 지급정지대상자가 되었다는 사실을 통보한 것은 단지 법령에서 정한 사유의 발생으로 퇴직연금 중 일부 금액의 지급이 정지된다는 점을 알려 주는 관념의 통지에 불과하다(대판 2004.7.8. 2004두244).
9. 「선원법」상 선박소유자가 변경된 경우 (구)소유자와의 선원근로계약은 종료되므로, 이후 선원들에게 한 해고통지는 「선원법」에 의해 선원근로계약이 종료되었음을 통지하는 의미를 가질 뿐이다(대판 2008.4.24. 2008도618).
10. 국민건강보험공단이 갑 등에게 '직장가입자 자격상실 및 자격변동 안내' 통보 및 '사업장 직권탈퇴에 따른 가입자 자격상실 안내' 통보는 항고소송대상인 처분이 아니다(대판 2019.2.14. 2016두41729). [24 군무원 9급] **03**

④ **효과**: 통지의 구체적인 효과의 내용은 법령이 정한 바에 의하므로 관계 법령의 규정에 따라 다르다.

개념확인 O/X

01 교통안전공단이 그 사업목적에 필요한 재원으로 사용할 기금 조성을 위하여 (구)「교통안전공단법」에 정한 분담금 납부의무자에 대하여 한 분담금 납부통지는 그 납부의무자의 구체적인 분담금 납부의무를 확정시키는 효력을 갖는 행정처분이 아니다.
24 군무원9급 (O / X)

02 「국가공무원법」상 당연퇴직의 인사발령은 법률상 당연히 발생하는 퇴직사유를 공적으로 확인하여 알려주는 이른바 관념의 통지에 불과하므로 행정소송의 대상이 되는 독립한 행정처분이라고 할 수 없다.
16 국가9급 (O / X)

03 국민건강보험공단이 甲 등에게 한 '직장가입자 자격상실 및 자격변동 안내' 통보 및 '사업장 직권탈퇴에 따른 가입자 자격상실 안내' 통보는 항고소송의 대상이 되는 처분이 아니다.
24 군무원9급 (O / X)

| 정답 | 01 X 02 O 03 O

(5) 수리

① **의의**: 타인의 행정청에 대한 행위를 유효한 것으로 수령하는 행위를 말한다. 01

② **성질**: 수리는 수동적 행정행위로서 타인의 행위를 유효한 행위라는 판단 아래 수령하는 인식의 표시행위인 점에서 단순한 사실인 도달이나 사실행위인 접수와는 다르다. 행정청은 형식적 요건을 심사할 수 있을 뿐이고, 실질적 심사권은 원칙적으로 없다. 따라서 수리에 필요한 형식적 요건이 갖추어진 경우에는 꼭 수리하여야 하는 기속행위이다.

③ **종류**: 혼인신고의 수리, 공직선거에 있어서의 입후보자등록의 수리, 행정심판청구서의 수리, 청원의 수리, 원서수리, 공무원사표수리 등을 들 수 있다.

④ **효과**: 수리의 효과는 각 단행법에 규정된 바에 따라 사법상의 효과가 발생될 때도 있고(혼인신고의 수리), 공법상의 효과가 발생하여 행정청의 처리의무가 생기기도 한다(행정심판의 수리). 또한, 수리의 거부는 불수리의 의사표시로서 소극적 행정행위가 되어 행정쟁송에 의한 구제가 가능하다.

※ 수리와 관련된 주요판례는 사인의 공법행위 중 신고에서 전술하였음

---

04 행정행위의 부관

1 행정행위의 부관의 의의

(1) 의의

① 전통적 견해에 의하면 '행정행위의 부관'이란 행정행위의 일반적인 효과를 제한하기 위하여 그 행위의 요소인 주된 의사표시에 부가되는 종된 의사표시를 말한다(종래의 다수설).

② 부관은 본래 민법학에서 사용되었던 용어를 행정법에서 도입하여 사용하고 있었는데 최근에는 실정법(『행정기본법』 제17조)에도 규정을 두고 있다. 실무 또는 법령에서는 일반적으로 '조건'이라는 용어로 사용된다.

> **관련 법령**
>
> 「행정기본법」 제17조 【부관】 ① 행정청은 처분에 재량이 있는 경우에는 부관(조건, 기한, 부담, 철회권의 유보 등을 말한다. 이하 이 조에서 같다)을 붙일 수 있다. 02

(2) 부관과 구별개념

① 법정부관과의 구별
  ㉠ **개념**: 행정행위의 효과의 제한이 직접 법규에 의하여 정해지게 되는 것을 법정부관이라고 하는데, 이는 행정청이 행정처분을 발령하면서 행하는 행정행위의 부관과는 구별된다(예 자동차검사증의 유효기간, 인감증명의 유효기간, 광업권의 존속기간, 공무원 조건부임용, 수렵면허의 법정기한 등). 03
  ㉡ **행정행위로서의 부관의 한계가 동일하게 적용되는지 여부**: 이러한 법정부관은 행정기관에 의해서 부과되는 부관과는 구별되므로 부관의 한계가 법정부관에 동일하게 적용될 수 없지만, 헌법 등의 상위법상의 한계는 가지고 있다.

개념확인 O/X

01 수리는 행정청이 타인의 행위를 유효한 것으로서 수령하는 인식의 표시행위이며, 공무원의 사표수리는 '형성적 행위'로서의 성질을 갖는다고 볼 수 있다.
20 군무원7급 (O / X)

02 행정행위의 부관은 법령에 명시적 근거가 있는 경우에만 부가할 수 있다.
17 지방9급 (O / X)

03 행정행위의 부관은 법령이 직접 행정행위의 조건이나 기한 등을 정한 경우와 구별되어야 한다.
18 지방9급 (O / X)

| 정답 | 01 O 02 X 03 O

ⓒ 하자 있는 법정부관의 통제: 법정부관에 하자가 있는 경우에 이에 대한 통제로는 법정부관이 법률일 경우에는 위헌법률심사방법에 의하여 통제되고, 명령의 형식일 경우에는 법규명령통제방식에 의하여 규제된다. 다만, 해당 법정부관이 처분성을 가지고 있는 처분법규인 경우에는 항고소송의 방법으로 통제될 수 있다.

> **관련 판례**
>
> **B** ❶ 보건사회부장관(현 보건복지부장관)의 고시인 식품제조영업허가기준의 성질 ❷ 위 고시에 정한 허가기준에 따라 보존음료수제조업허가에 제품전량수출 등의 조건을 붙인 것의 의미
>
> [1] 식품제조영업허가기준이라는 고시는 공익상의 이유로 허가를 할 수 없는 영업의 종류를 지정할 권한을 부여한 (구)「식품위생법」 제23조의3 제4호에 따라 보건사회부장관이 발한 것으로서, 실질적으로 법의 규정내용을 보충하는 기능을 지니면서 그것과 결합하여 대외적으로 구속력이 있는 법규명령의 성질을 가진 것이다.
> [2] 위 '1'항의 고시에 정한 허가기준에 따라 보존음료수 제조업의 허가에 붙여진 전량수출 또는 주한외국인에 대한 판매에 한한다는 내용의 조건은 이른바 법정부관으로서 행정청의 의사에 기하여 붙여지는 본래의 의미에서의 행정행위의 부관은 아니므로, 이와 같은 법정부관에 대하여는 행정행위에 부관을 붙일 수 있는 한계에 관한 일반적인 원칙이 적용되지는 않는다(대판 1994. 3. 8. 92누1728).

② 행정행위의 내용적 제한과의 구별
  ㉠ 행정행위의 내용 그 자체를 정하는 행정행위의 내용적 규정 내지 내용적 제한은 부관이 아니다(예 2종 운전면허, 3층 건축허가, 서울개인택시면허 등).
  ㉡ 이를테면 영업구역의 설정은 부담과는 달리 행정행위에 특히 붙여진 의무가 아니고, 행정행위의 지역적 한계를 설정한 것으로서 행정행위의 내용 그 자체를 정한 것이다(법률효과의 일부배제를 내용적 제한으로 보는 견해도 있다).

③ 수정부담과의 구별
  ㉠ 의의: '수정부담'이란 행정행위에 부가하여 새로운 의무부과를 더하는 것이 아니라 상대방이 신청한 것과는 다르게 행정행위의 내용을 정하는 부관을 말한다(예 A국 쇠고기 수입신청에 대하여 B국 쇠고기 수입허가, 유흥주점허가신청에 대하여 대중음식점허가 등).
  ㉡ 성질: 수정부담은 상대방이 수정된 내용을 받아들임으로써 완전한 효력을 발생한다고 보아야 할 것이다. 최근 수정부담에 대해서 부관의 일종으로 볼 것인지, 새로운 행정행위(즉, 수정된 허가)로 볼 것인지에 대해 다툼이 있으나 후설이 다수적 견해이다. **01**

(3) 부관의 기능

① 긍정적 기능: 행정청이 상황의 특성에 맞추어 보다 적합한 행정행위를 할 수 있도록 하여 주는 것이 바로 행정행위의 부관이다. 따라서 행정의 합리성·신축성·탄력성·경제성의 보장에 그 의미가 있고 행정의 광범위한 유연성 부여라는 점에서 행정실무의 불가결한 보조수단이라 할 수 있다. 특히, 계획행정·환경행정영역 등에 있어서의 부관은 제3자의 권익침해를 방지하는 중요한 기능을 하는 공익보호 및 제3자 보호기능을 한다. **02**

② 부정적 기능: 철회권의 유보를 남용하거나 해제조건, 종기, 수익적 행정행위에 대한 반대급부 획득수단으로서 과중한 부담을 활용하는 경우, 행정편의에 치우치는 경우 등에는 부관이 오히려 국민의 권익에 장애가 될 수도 있다. 따라서 부관의 남용에 대한 적절한 실체적·절차적 통제책의 마련이 필요하다.

개념확인 O/X

01 학설의 다수견해는 수정부담의 성격을 부관으로 이해한다.
17 지방9급 (O / X)

02 부관은 행정의 탄력성을 보장하는 기능을 갖는다.
18 서울9급 (O / X)

| 정답 | 01 X 02 O

개념확인 O/X

01 행정청이 부담을 부가하기 이전에 상대방과 협의하여 부담의 내용을 협약의 형식으로 미리 정한 경우에는 행정처분을 하면서 이를 부담으로 부가할 수 없다.
20 지방9급 (O / X)

02 행정행위의 효력발생 또는 소멸을 장래의 불확실한 사실에 의존시키는 부관을 '조건'이라고 한다.
12 국회8급 (O / X)

03 영업허가를 발급하면서 일정한 시설설치의무를 부가하는 것을 '정지조건'으로 본다면, 시설설치의무를 불이행한 상태에서 한 영업일지라도 적법하다.
12 국회8급 (O / X)

(4) 부관을 붙이는 방법

부관은 행정청이 일방적으로 부가할 수도 있지만 부담을 부과하기 이전에 상대방과 협의하여 내용을 정하는 경우도 있다.

> **관련 판례**
>
> Ⓐ **행정청이 수익적 행정처분을 하면서 부관으로 부담을 붙이는 방법** [20 지방직 9급, 19 국가직 7급, 19 서울시 9급, 18 서울시 9급, 14 지방직 9급, 13 국가직 9급] **01**
>
> 수익적 행정처분에 있어서는 법령에 특별한 근거규정이 없다고 하더라도 그 부관으로서 부담을 붙일 수 있고, 그와 같은 부담은 행정청이 행정처분을 하면서 일방적으로 부가할 수도 있지만 부담을 부가하기 이전에 상대방과 협의하여 부담의 내용을 협약의 형식으로 미리 정한 다음 행정처분을 하면서 이를 부가할 수도 있다(대판 2009. 2. 12. 2005다65500).

2 부관의 종류

(1) 조건

① 개념: '조건'이란 행정행위의 효력의 발생 또는 소멸을 장래의 불확실한 사실의 성부에 의존하게 하는 부관을 말한다. **02**

② 종류
  ㉠ 정지조건
    ⓐ 조건의 성취에 의하여 비로소 행정행위의 효력이 발생하는 부관이다. **03**
    ⓑ 조건이 성취되면 행정청의 별도의 행위 없이 주된 행정처분의 효력이 발생한다.
    ⓒ 예: 시설완성을 조건으로 한 학교설립인가, 도로확장을 조건으로 한 자동차운수사업면허
  ㉡ 해제조건
    ⓐ 조건의 성취에 의하여 행정행위의 효력이 소멸하는 부관이다.
    ⓑ 조건이 성취되면 행정청의 별도의 행위 없이 주된 행정처분의 효력이 소멸한다.
    ⓒ 예: 6개월 내 착공을 조건으로 한 공유수면매립면허, 일정기간 내에 특정학교에 임용되는 것을 조건으로 한 교장자격증의 교부 등

> **관련 판례**
>
> Ⓑ 토지형질변경허가처분의 부관에 따라 도시계획시설결정에 저촉되는 토지에 대한 기부채납이 있었는데, 그 후 도시계획사업이 실시되지 아니한 채 도시계획시설결정이 폐지된 경우, 그러한 사정만으로 기부채납 당시 행정청과 기부채납자 사이에 도시계획시설결정이 폐지되는 것을 해제조건으로 하는 묵시적 합의가 있었다고 보기 어렵다
>
> 기부채납 당시 원심이 인정한 바와 같은 사정들이 있다고 하더라도, 원고와 피고는 이 사건 기부채납에 있어서 이 사건 토지에 대한 도시계획시설결정이 폐지될 가능성을 미리 예상하지 못하였던 것으로 보일 뿐, 당시 원고와 피고 사이에 이 사건 도시계획시설결정이 폐지되는 것을 해제조건으로 삼기로 하는 묵시적인 합의가 있었다고 보기는 어렵다고 할 것이다(대판 2006. 9. 14. 2006다30785).

| 정답 | 01 X | 02 O | 03 X |

③ 특징: 조건은 객관적으로 장래의 불확실성을 특징으로 한다. 조건에 대해서만 강제집행을 하거나 행정쟁송을 제기할 수는 없고, 조건의 성취 시 당연히 효력이 발생하거나 소멸한다.

(2) 기한

① 개념: '기한'이란 행정행위의 효력의 발생 또는 소멸을 장래의 확실한 사실의 성부에 의존하게 하는 부관을 말한다. 기한은 당해 사실의 도래가 확실하다는 점에서 조건과 구별된다. 01

② 종류
  ㉠ 시기와 종기: 시기는 행정행위의 효력발생에 관한 기한이며(예 ○月○日부터 도로사용허가), 종기는 효력소멸에 관한 기한이다(예 ○月○日까지 도로사용허가).
  ㉡ 확정기한과 불확정기한: 확정기한이란 도래할 것이 확실함은 물론 도래하는 시기까지도 확실한 기한을 말한다(예 ○月○日부터 ○月○日까지). 한편, 불확정기한이란 도래는 확실하나 도래하는 시기가 확실하지 않은 기한을 말한다(예 사망 시까지 연금지급 또는 근무기간 중 각종 자금지원 등).

> **관련 판례**
>
> B 부관이 붙은 법률행위에 있어서 부관이 정지조건인지 불확정기한인지를 판단하는 기준
>
> 부관이 붙은 법률행위에 있어서 부관에 표시된 사실이 발생하지 아니하면 채무를 이행하지 아니하여도 된다고 보는 것이 상당한 경우에는 조건으로 보아야 하고, 표시된 사실이 발생한 때에는 물론이고 반대로 발생하지 아니하는 것이 확정된 때에도 그 채무를 이행하여야 한다고 보는 것이 상당한 경우에는 표시된 사실의 발생 여부가 확정되는 것을 불확정기한으로 정한 것으로 보아야 한다(대판 2003.8.19. 2003다24215).

③ 장기계속성이 예정되는 행정에서 성질상 부당하게 짧은 기한 [빈출]
  ㉠ 논의의 문제
    ⓐ 장기계속성이 예정되는 행정행위에 부당하게 짧은 기한이 붙여진 경우에, 행정행위의 존속기간으로 볼 것인지, 행정행위의 갱신기간으로 볼 것인지가 문제가 된다.
    ⓑ 예컨대 댐건설을 위한 하천점용허가기간을 3년으로 한 경우에 존속기간으로 보면 기한의 도래로 효력이 당연소멸되나 갱신기간으로 보면 기한 내에 내용을 사회변천에 맞추어 변경하여야 할 것이다.
    ⓒ 우리의 판례는 갱신기간으로 보고 있으나 이러한 경우에 일정한 기간이 경과한 후에 당해 허가가 갱신되지 않았다고 해서 당사자가 신뢰보호 등을 주장하여 다툴 수 없다는 것이 판례의 입장이다.
  ㉡ 학설
    ⓐ 기한에 관하여 특히 문제가 되는 것은 그 내용상 효력이 장기계속성이 예정되어 있는 행정행위에 부당하게 짧은 기한이 붙여진 경우에 그 종기의 도래로 행정행위는 당연히 효력이 소멸된다는 견해(절대적 소멸사유설)와 국민의 권리구체적 측면에서 그 기한을 갱신기한으로 보는 견해(기한갱신설)가 대립한다.
    ⓑ 다수설과 판례는 기한갱신으로 본다.

개념확인 O/X

01 '기한'은 행정행위의 시간상의 효력 범위를 정하는 점에서 조건과 같으나, 확정기한이든 불확정기한이든 그 도래가 확실하다는 점에서 조건과 구별된다.
12 국회8급 (O / X)

| 정답 | 01 O

개념확인 O/X

01 허가에 붙인 기한이 그 허가된 사업의 성질상 부당하게 짧은 경우에는 이를 허가 자체의 존속기간이 아니라 허가조건의 존속기간으로 보아 그 기한이 도래함으로써 그 조건의 개정을 고려한다는 뜻으로 해석할 수 있다.
14 지방9급 (O / X)

02 허가에 붙인 기한이 그 허가된 사업의 성질상 부당하게 짧은 경우에는 이를 그 허가 자체의 존속기간이 아니라 그 허가조건의 존속기간으로 본다.
18 지방7급 (O / X)

03 허가에 붙인 기한이 그 허가된 사업의 성질상 부당하게 짧은 경우에는 이를 그 허가 자체의 존속기간으로 보아야 한다.
24 국회9급 (O / X)

04 허가에 붙인 기한이 그 허가된 사업의 성질상 부당하게 짧아 이 기한을 허가조건의 존속기간으로 해석할 수 있더라도, 그 후 당초의 기한이 상당 기간 연장되어 연장된 기간을 포함한 존속기간 전체를 기준으로 보면 더 이상 허가된 사업의 성질상 부당하게 짧은 경우에 해당하지 않게 된 때에는, 관계 법령상 허가 여부의 재량권을 가진 행정청은 허가조건의 개정만을 고려하여야 하는 것은 아니고, 재량권의 행사로서 더 이상의 기간연장을 불허가하여 허가의 효력을 상실시킬 수 있다.
16 지방7급 (O / X)

05 연장신청이 없는 상태에서 허가기간이 만료하였다면 그 허가의 효력은 상실된다.
11 지방9급 (O / X)

관련 판례

B 행정행위인 허가 또는 특허에 붙인 조항으로서 종료의 기한을 정한 경우 기한의 도래로 그 행정행위의 효력이 당연히 상실되는지 여부 [24 국회직 9급, 18 지방직 7급, 14 지방직 9급] 01 02 03

> 행정행위인 허가 또는 특허에 붙인 조항으로서 종료의 기한을 정한 경우 종기인 기한에 관하여는 일률적으로 기한이 왔다고 하여 당연히 그 행정행위의 효력이 상실된다고 할 것이 아니고 그 기한이 그 허가 또는 특허된 사업의 성질상 부당하게 짧은 기한을 정한 경우에 있어서는 그 기한은 그 허가 또는 특허의 조건의 존속기간을 정한 것이며 그 기한이 도래함으로써 그 조건의 개정을 고려한다는 뜻으로 해석하여야 할 것이다(대판 1995.11.10. 94누11866).

ⓒ **대법원의 입장**: 일반적으로 행정처분에 효력기간이 정하여져 있는 경우에는 그 기간의 경과로 그 행정처분의 효력은 상실되며, 다만 허가에 붙은 기한이 그 허가된 사업의 성질상 부당하게 짧은 경우에는 이를 허가 자체의 존속기간이 아니라 그 허가조건의 존속기간으로 보아 그 기한이 도래함으로써 그 조건의 개정을 고려한다는 뜻으로 해석할 수 있다는 입장이다.

관련 판례

A 성질상 부당하게 짧은 기한의 성질 [21 국가직 9급, 20 국가직 9급, 18 지방직 7급, 18 지방직 9급, 17 사회복지직 9급, 16 지방직 7급, 14 지방직 9급] 04

> 일반적으로 행정처분에 효력기간이 정하여져 있는 경우에는 그 기간의 경과로 그 행정처분의 효력은 상실되며, 다만 허가에 붙은 기한이 그 허가된 사업의 성질상 부당하게 짧은 경우에는 이를 그 허가 자체의 존속기간이 아니라 그 허가조건의 존속기간으로 보아 그 기한이 도래함으로써 그 조건의 개정을 고려한다는 뜻으로 해석할 수 있지만, 이와 같이 당초에 붙은 기한을 허가 자체의 존속기간이 아니라 허가조건의 존속기간으로 보더라도 그 후 당초의 기한이 상당 기간 연장되어 연장된 기간을 포함한 존속기간 전체를 기준으로 볼 경우 더 이상 허가된 사업의 성질상 부당하게 짧은 경우에 해당하지 않게 된 때에는 관계 법령의 규정에 따라 허가 여부의 재량권을 가진 행정청으로서는 그때에도 허가조건의 개정만을 고려하여야 하는 것은 아니고 재량권의 행사로서 더 이상의 기간연장을 불허가할 수도 있는 것이며, 이로써 허가의 효력은 상실된다(대판 2004.3.25. 2003두12837).

ⓓ **허가 자체의 존속기간과 허가조건의 존속기간의 구별**: 일반적으로 행정처분에 효력기간이 정하여져 있는 경우에는 그 기간의 경과로 그 행정처분의 효력은 상실되고, 다만 허가에 붙은 기한이 그 허가된 사업의 성질상 부당하게 짧은 경우에는 이를 그 허가 자체의 존속기간이 아니라 그 허가조건의 존속기간으로 보아 그 기한이 도래함으로써 그 조건의 개정을 고려한다는 뜻으로 해석할 수는 있지만, 그와 같은 경우라 하더라도 그 허가기간이 연장되기 위해서는 그 종기가 도래하기 전에 그 허가기간의 연장에 관한 신청이 있어야 하며, 만일 그러한 연장신청이 없는 상태에서 허가기간이 만료하였다면 그 허가의 효력은 상실된다(대판 2007.10.11. 2005두12404). 05

ⓔ **성질상 부당하게 짧은 기한의 처분이 상당 연장되어 더 이상 짧은 기한이 아닌 경우**: 당초의 기한이 상당 기간 연장되어 연장된 기간을 포함한 존속기간 전체를 기준으로 볼 경우에 행정청으로서는 그때에도 허가조건의 개정만을 고려하여야 하는 것은 아니고 재량권의 행사로서 더 이상의 기간연장을 불허가할 수도 있다.

| 정답 | 01 O 02 O 03 X 04 O 05 O

(3) 부담

① **의의**: 행정행위의 주된 내용에 부가하여 그 행정행위의 상대방에게 작위·부작위·수인·급부 등의 의무를 과하는 행정행위의 부관이며, 보통 수익적 행정행위에 붙여진다(주로 실정법상 조건이라는 용어로 사용되고 있다). 01

② **조건과의 구별**
  ㉠ 부담부 행정행위는 처음부터 효력이 발생한다는 점에서, 조건성취로 인하여 비로소 효력이 발생하게 되는 정지조건과 다르다.
  ㉡ 부담부 행정행위는 부담을 이행하지 않았더라도 당연히 효력이 소멸되는 것이 아니고 철회하여야 비로소 효력이 소멸하게 되므로, 조건성취로 인하여 당연히 소멸하는 해제조건과 다르다. 02 03 04
  ㉢ 부관이 조건인가 부담인가 명백하지 않을 때에는 부담이 상대방에게 덜 불이익하기 때문에 부담으로 보아야 한다는 견해가 유력하다.

관련 판례

B 행정행위의 부관이 해제조건인지 아니면 부담인지의 여부에 관한 판단기준

> 행정행위의 부관에 관하여 그것이 행정행위의 효력 소멸을 '장래에 발생 여부가 불확실한 사실'에 의존시키는 해제조건에 해당하는지, 아니면 수익적 행정행위에 부가된 부관으로서 상대방에게 작위·부작위·수인·급부를 명하는 이른바 '부담'에 해당하는지 여부가 다투어지는 경우에 그 법적 의미는, 그 처분에 표시된 행정청의 객관적 의사를 중심으로 그 처분의 경위나 제도적 배경, 처분의 근거된 법령과 당해 처분을 통하여 행정청이 달성하려는 행정목적을 종합적으로 참작하여 합리적으로 확정하여야 한다(서울고법 2005.4.27. 2004누8172).

B 부관은 당해 부관의 내용, 경위 기타 제반 사정을 종합하여 판단하여야 한다

> 공익법인의 기본재산의 처분에 관한 「공익법인의 설립·운영에 관한 법률」 제11조 제3항의 규정은 강행규정으로서 이에 위반하여 주무관청의 허가를 받지 않고 기본재산을 처분하는 것은 무효라 할 것인데, 위 처분허가에 부관을 붙인 경우 그 처분허가의 법률적 성질이 형성적 행정행위로서의 인가에 해당한다고 하여 조건으로서의 부관의 부과가 허용되지 아니한다고 볼 수는 없고, 다만 구체적인 경우에 그것이 조건, 기한, 부담, 철회권의 유보 중 어느 종류의 부관에 해당하는지는 당해 부관의 내용, 경위 기타 제반 사정을 종합하여 판단하여야 할 것이다(대판 2005.9.28. 2004다50044).

③ **법적 성질**
  ㉠ **부담의 독립성**: 부담은 다른 부관과는 달리 주된 행정행위의 일부로서의 의미를 갖는 것이 아니라 그 자체로서 독립된 행정행위이며, 작위·부작위·수인·급부의무를 명하는 것이므로 명령적 행정행위 중에서 하명에 해당한다. 따라서 부담 자체로서 독립하여 항고소송의 대상인 처분성이 인정되며 부담은 다른 부관과는 달리 주된 행정행위의 효력발생이나 소멸과 관련되는 것이 아니기 때문에 부담이 부과되어도 주된 행정행위의 효력은 처음부터 유효하게 발생하고, 부담의 불이행이 있다 하여도 당연히 주된 행정행위의 효력이 소멸되는 것도 아니다.

개념확인 O/X

01 협약에 따라 송유관 시설을 이전하게 될 경우 그 비용을 갑이 부담하도록 한 것은 행정행위의 부관 중 부담에 해당한다.
17 국가9급 (O / X)

02 갑이 부담인 기부채납조건에 대하여 불복하지 않았고, 이를 이행하지도 않은 채 기부채납조건에서 정한 기부채납기한이 경과하였다면 이로써 건축허가는 효력을 상실한다.
19 지방7급 (O / X)

03 부담부 행정행위에 있어서 처분의 상대방이 부담을 이행하지 아니한 경우에 당해 부담부 행정행위는 당연히 효력을 상실하게 된다.
19 서울7급 (O / X)

04 부담에 의하여 부가된 의무의 불이행으로 부담부 행정행위가 당연히 효력을 상실하는 것은 아니고 당해 의무불이행은 부담부 행정행위의 철회사유가 될 수 있다.
16 국가7급 (O / X)

| 정답 | 01 O 02 X 03 X 04 O

관련 판례

B 사업시행인가에 붙은 국유지매입 부관은 부담에 해당한다

이 사건 부관은 이 사건 정비사업구역 내 전체 토지 중 이 사건 토지에 관해서만 사업시행인가의 효력 발생을 저지하는 조건으로서의 부관이 아니라 원고에게 이 사건 국유토지를 유상으로 매수하도록 하는 작위의무를 부과하는 부담으로서의 부관이라고 봄이 상당하다. 그러므로 원고는 2003. 11. 28. 서울특별시 용산구청장으로부터 이 사건 사업시행인가를 받은 때에 도시정비법 제32조 제1항 제12호에 의하여 이 사건 국유토지에 관하여 「국유재산법」 제24조의 규정에 의한 사용·수익허가를 받은 것으로 보아야 할 것이다. 그렇다면 이 사건 사업시행인가 이후 원고의 이 사건 국유토지의 점용은 변상금 부과대상이 되는 권한 없는 점용이라고 할 수 없다. 따라서 이 사건 변상금부과처분이 적법하다고 한 원심의 판단에는 도시정비법상의 사업시행인가의 효력에 관한 법리를 오해한 위법이 있고, 이러한 위법은 판결에 영향을 미쳤음이 분명하다(대판 2008. 11. 27. 2007두24289).

B 하천부지 점용허가에 붙은 '점용기간 만료 또는 점용을 폐지하였을 때에는 즉시 원상복구할 것'의 의미

하천부지 점용허가를 하면서 '점용기간 만료 또는 점용을 폐지하였을 때에는 즉시 원상복구 할 것'이라는 부관을 붙인 사안에서, 위 부관의 의미는 하천부지에 대한 점용기간 만료 시 그에 관한 개간비보상청구권을 포기하는 것을 조건으로 한 것으로 본다(대판 2008. 7. 24. 2007두25930).

ⓒ **부담의 부종성**: 부담도 부관의 성질을 가지는 것이기 때문에 부종성이 있다. 따라서 주된 행정행위의 존속을 전제로 하는 것이며, 주된 행정행위가 실효되면 부담도 실효가 된다.

ⓒ **부담의 행정상 제재(행정강제·철회)**: 부담은 상대방에게 의무를 과하는 하명의 성질이어서 부담의무 위반 또는 불이행을 이유로 제재·강제·철회가 가능하다.

ⓔ **독립쟁송 가능성**: 부담은 독립성을 갖기 때문에 부담만 독립하여 쟁송이 가능하다. 01 02

조건	부담
• 정지조건은 성취되어야만 주된 행정행위의 효력 발생 • 해제조건은 성취되면 행정행위의 효력이 당연히 소멸 • 강제이행의 문제가 없음 • 독립하여 쟁송제기 불가	• 부담은 이행하지 않아도 우선 주된 행정행위의 효력이 발생 • 부담은 이행하지 않았다고 해도 별도의 철회 없이 당연 효력이 소멸하지 않음 • 강제이행의 문제가 발생 • 독립하여 쟁송제기 가능

④ **부담의 불이행**: 부담의 불이행은 행정강제의 사유가 되기도 하고, 철회사유가 되기도 한다. 또한 후행행위 발령의 거부사유가 된다.

⑤ **부담의 한계**: 부담은 그로써 달성하려는 공익의 내용·정도와 그로 인해 입게 되는 상대방의 불이익의 내용·정도에 있어 비례원칙이 적용된다. 따라서 비례원칙을 벗어나는 부담은 재량권의 일탈·남용이 된다는 것이 판례의 입장이다.

⑥ **부담권유보(사후변경유보)**: 행정행위의 효력이 장기간 존속하는 경우, 사회적·경제적 변화 및 기술진보의 변화에 적응할 수 있도록 하기 위해, 행정청이 사후에 행정행위에 부담을 부가하거나, 행정행위에 부과된 부관의 내용을 보완하는 권리를 유보하는 의사표시를 말한다.

개념확인 O/X

01 행정행위의 부관 중 행정행위에 부수하여 그 상대방에게 일정한 의무를 부과하는 행정청의 의사표시인 부담은 그 자체만으로 행정소송의 대상이 될 수 있다.
21 소방 (O / X)

02 부담은 독립하여 항고소송의 대상이 될 수 있으며, 부담부 행정행위는 부담의 이행 여부를 불문하고 효력이 발생한다.
18 지방9급 (O / X)

| 정답 | 01 O 02 O

관련 판례

🅑 행정청이 수익적 행정처분을 하면서 협약의 형식으로 부담을 부과하였는데 주된 행정처분의 근거법령이 개정되어 부관을 붙일 수 없게 된 경우 협약의 효력이 소멸하는지 여부(소극)와 위법한 부관의 판단기준 시점

> 행정청이 재량행위인 수익적 행정처분을 하면서 처분의 상대방에게 일정한 의무를 부과하는 부담을 부가하였다면 이러한 부담은 독립하여 행정소송의 대상이 되는 행정처분이 된다 할 것인데, 행정처분의 위법 여부는 행정처분이 있을 때의 법령과 사실상태를 기준으로 하여 판단하여야 하고, 처분 후 법령의 개폐나 사실상태의 변동에 의하여 영향을 받지 않으므로, 행정청이 수익적 행정처분을 하면서 부가한 부담 역시 처분 당시 법령을 기준으로 위법 여부를 판단하여야 하고, 부담이 처분 당시 법령을 기준으로 적법하다면 처분 후 부담의 전제가 된 주된 행정처분의 근거법령이 개정됨으로써 행정청이 더 이상 부관을 붙일 수 없게 되었다 하더라도 곧바로 위법하게 되거나 그 효력이 소멸하게 되는 것은 아니다(대판 2009.2.12. 2005다65500).

(4) 철회권의 유보

① **의의**: '철회권의 유보'란 일정한 요건하에 행정행위를 철회하여 그 효력을 소멸시킬 수 있는 권한을 행정청에 유보한 부관을 말한다(예 사업인정을 하면서 환경이 심각하게 훼손되는 경우에는 사업인정을 취소하겠다는 부관). 철회권의 유보는 행정행위의 효력의 소멸에 관한 것인 점에서 해제조건 및 종기와 유사한 성질이라 하겠으나 별도의 의사표시 없이 해제조건의 성취 및 종기의 도래로 효력이 소멸하는 해제조건, 종기와 달리 철회권의 유보사유가 발생하여도 행정청의 별도의 의사표시가 있어야 효력이 소멸한다는 점에서 다르다.

② **철회권의 행사**: 철회권의 유보에 의해 유보된 사실이 발생하더라도 철회권의 행사가 자유로운 것은 아니고, 행정행위의 철회의 제한에 관한 일반원리가 그대로 적용된다. 그 행사에는 일정한 조리상의 한계가 있다. 철회권의 유보의 경우 상대방이 유보사유가 발생하면 당해 행정행위가 철회될 수 있음을 예측하고 있었기에 신뢰보호원칙을 이유로 철회제한 및 손실보상은 주장할 수 없다고 할 것이다.

관련 판례

🅑 철회권이 유보되어 있더라도 공익상 필요가 있어야 철회할 수 있다 [12 사회복지직] 01

> 해무청장이 '침몰선박을 3개월 내에 완전 해제하여 인양하지 못하거나 해무청장의 지시에 위반한 때에는 침몰선박의 해제·인양허가를 취소한다'고 철회권의 유보를 하였더라도, 침몰장소의 악조건과 해무청장의 작업중지명령 때문에 기한 내에 해제·인양치 못하였음에도 불구하고 동 허가를 철회한 것은 철회할 공익상의 필요 없이 철회권을 행사하여 철회권을 남용한 것이다(대판 1962.2.22. 4293행상42).

개념확인 O/X

01 철회권이 유보된 경우라도 철회권의 행사는 그 자체만으로는 정당화되지 않고 그 외에 철회의 일반적 요건이 충족되어야 한다.
12 사회복지 (O / X)

| 정답 | 01 O

개념확인 O/X

01 행정청이 종교단체에 대하여 기본재산전환인가를 함에 있어 인가조건을 부가하고 그 불이행 시 인가를 취소할 수 있도록 한 경우, 인가조건의 의미는 인가처분에 대한 철회권을 유보한 것이다.
18 지방7급 (O / X)

02 행정청이 종교단체에 대하여 기본재산전환인가를 함에 있어, 인가처분의 효력이 발생하여 기본재산 처분행위가 유효하게 이루어진 이후에 비로소 이행할 수 있는 인가조건을 부가하고 그 불이행 시 인가를 취소할 수 있도록 하였다면, 인가조건의 의미는 '철회권 유보'에 해당한다.
12 국회8급 (O / X)

03 공유수면매립준공인가처분을 하면서 매립지 일부에 대하여 한 국가 및 지방자치단체에의 귀속처분은 부관 중 부담에 해당하므로 독립하여 행정소송 대상이 될 수 있다.
19 지방9급 (O / X)

04 공유수면매립준공인가처분 중 매립지 일부에 대하여 한 국가 및 지방자치단체에의 귀속처분은 독립하여 행정소송의 대상이 될 수 있다.
19 서울7급 (O / X)

05 지방국토관리청장이 일부 공유수면매립지를 국가 또는 지방자치단체에 귀속처분한 것은 법률효과의 일부를 배제하는 부관을 붙인 것이므로 이러한 행정행위의 부관은 독립하여 행정쟁송대상이 될 수 없다.
20 지방9급 (O / X)

ⓐ 행정청이 종교단체에 대하여 기본재산전환인가를 함에 있어 인가조건을 부가하고 그 불이행 시 인가를 취소할 수 있도록 한 경우, 인가조건의 의미는 철회권의 유보에 해당한다 [18 지방직 7급, 14 지방직 9급, 12 국회직 8급, 11 국회직 8급] 01 02

> 이 사건 기본재산전환인가의 인가조건으로 되어 있는 사유들은 모두 위 인가처분의 효력이 발생하여 기본재산 처분행위가 유효하게 이루어진 이후에 비로소 이행할 수 있는 것들이고, 인가처분 당시에 그 처분에 그와 같은 흠이 존재하였던 것은 아니므로, 위 법리에 의하면, 위 사유들은 모두 인가처분의 철회사유에 해당한다고 보아야 하고, 인가처분을 함에 있어 위와 같은 철회사유를 인가조건으로 부가하면서 비록 철회권 유보라고 명시하지 아니한 채 조건불이행 시 인가를 취소할 수 있다는 기재를 하였다 하더라도 위 인가조건의 전체적 의미는 인가처분에 대한 철회권을 유보한 것이라고 봄이 상당하다(대판 2003.5.30. 2003다6422).

(5) 법률효과의 일부배제

① **의의**: '법률효과의 일부배제'란 법률이 일반적으로 부여한 행정행위 효과의 일부를 배제하는 내용의 부관을 말한다(ⓔ 개인택시의 격일제운행, 버스노선지정, 야간에만 개설을 조건으로 하는 시장개설허가, 관광객수송용에 국한된 조건부 면세수입차, 심야영업금지 등).

관련 판례

ⓐ 공유수면매립준공인가 처분 중 매립지 일부에 대하여 한 국가 및 지방자치단체에의 귀속처분은 법률효과의 일부배제이다 [20 지방직 9급, 20 소방직, 19 서울시 7급, 19 국회직 8급, 19 지방직 9급, 16 국가직 7급, 16 지방직 7급, 14 지방직 9급] 03 04 05

> 공유수면매립지에 대하여 한 국가 또는 직할시 귀속처분은 매립준공인가를 함에 있어서 매립의 면허를 받은 자의 매립지에 대한 소유권취득을 규정한 「공유수면매립법」 제14조의 효과 일부를 배제하는 부관을 붙인 것이고, 이러한 행정행위의 부관은 위 법리와 같이 독립하여 행정소송대상이 될 수 없다(대판 1993.10.8. 93누2032).

② **성질**: 부관으로서 법률효과의 일부배제는 행정청의 의사에 법률이 부여한 행정행위의 효과 일부를 배제하는 것이므로 법률이 직접 효과를 제한하는 경우에는 여기에 해당하지 않는다.

③ **법률의 명시적 근거 필요**: 이는 법률이 부여한 효과를 행정청이 제한하는 것이기 때문에 법에 근거가 있어야 한다.

| 정답 | 01 O 02 O 03 X 04 X 05 O

부관의 종류			
조건	행정행위의 효력을 그 발생이 불확실한 장래의 사실에 의존하게 하는 행정청의 의사표시	정지조건: 조건의 성취에 의하여 행정행위의 효과가 발생하는 경우(예 시설완성을 조건으로 하는 학교법인 설립인가, 도로확장을 조건으로 하는 자동차운수사업)	
		해제조건: 조건의 성취에 의하여 행정행위의 효과가 상실하는 경우(예 일정기간 내에 공사에 착수할 것을 조건으로 하는 공유수면매립면허 등)	
기한	행정행위 효과의 발생 또는 소멸을 확실한 장래의 사실에 의존하게 하는 행정청의 의사표시	• 시기: 일정한 사실의 도래에 의하여 행정행위의 효력이 비로소 발생하는 기한(예 도로점용허가+○○○○년 ○○월 ○○일부터) • 종기: 일정한 사실의 도래에 의해서 행정행위의 효력이 소멸되는 기한(예 도로점용허가+○○○○년 ○○월 ○○일까지)	
		• 확정기한: 도래할 것이 확실하고 도래시기도 확실한 경우 • 불확정기한: 도래할 것이 확실하나 그 시기가 확정되지 않은 경우	
부담	작위·부작위·급부·수인 등의 의무를 부과하는 행정청의 의사표시	• 부담의 불이행한 경우 본체인 행정행위의 효력에는 영향이 없음 • 부담 자체로 행정벌 또는 강제집행의 대상이 됨 • 사후 부관이 가능 • 부담만에 대한 독립쟁송(진정일부취소소송) 가능	
철회권 유보	의무 위반, 사정변경 등의 경우에 당해 행정행위를 철회할 수 있는 권한을 유보하는 의사표시	행정청의 별도 의사표시 필요(단, 이 경우에도 철회의 일반적 요건은 요구됨)	
법률효과 일부배제	법령이 당해 행정행위에 일반적으로 부여하고 있는 법적 효과의 일부를 배제시키는 의사표시	관계 법령에 명시적 근거가 있어야 함	
사후변경 유보	행정청이 행정행위를 발하면서 사후에 행정행위에 부담을 부가하거나 이미 부과된 부관의 내용을 변경·보충할 수 있는 권한을 유보하는 의사표시	변화에 대응하여 탄력적인 행정의 운영을 위해 행정행위의 사후변경을 유보하는 등 새로운 형태의 부관	

3 행정행위의 부관의 한계

> **결정적 코멘트** 기속에서 부관의 가능성 여부와 부관의 시간상의 한계(사후부관)는 출제빈도가 높다. 또한 「행정기본법」에도 규정되어 있으므로 관련 법령을 숙지하여야 한다.

(1) 부관의 가능성(준법률행위·기속행위·부담적 행정행위 가능성)

행정청이 행정처분을 발령함에 있어서 언제, 어떠한 처분에, 자유롭게 부관을 붙일 수 있는지에 대한 문제로서 처분의 내용이나 종류에 따른 부관의 가능성 여부와 부관의 시간적인 제한의 문제이다.

① 통설의 입장
  ㉠ **법률행위적 행정행위와 준법률행위적 행정행위**: 법률행위적 행정행위는 행정청의 의사표시에 의하여 법률효과가 발생하므로 부관을 붙일 수 있고, 법이 정한 바에 따라 법률효과가 발생하는 준법률행위적 행정행위에는 부관을 붙일 수 없다고 한다. 다만, 법률행위적 행정행위라도 포괄적 신분설정(예 귀화허가, 공무원임용 등) 행위에는 부관을 붙일 수 없다는 것이 일반적인 입장이다.

개념확인 O/X

01 공익법인의 기본재산 처분허가에 부관을 붙인 경우, 그 처분허가의 법적 성질은 명령적 행정행위인 허가에 해당하며 조건으로서 부관의 부과가 허용되지 아니한다.
24 국가9급 (O / X)

02 공익법인의 기본재산 처분에 대한 허가의 법률적 성질이 형성적 행정행위로서의 인가에 해당하므로, 그 허가에 조건으로서 부관의 부과가 허용되지 아니한다.
20 국가9급 (O / X)

03 재량행위에 대하여는 법령상 특별한 근거가 없는 한 부관을 붙일 수 없고 설령 부관을 붙였다 하더라도 이는 무효이다.
24 국회9급 (O / X)

04 재량행위에는 법령상의 제한에 근거한 것이 아니라 하더라도 공익상 필요에 의하여 부관을 붙일 수 있다.
18 지방9급 (O / X)

05 행정청은 수익적 행정처분으로서 재량행위인 주택재건축사업시행 인가에 대하여 법령상의 제한에 근거한 것이 아니라 하더라도 공익상 필요 등에 의하여 필요한 범위 내에서 조건(부담)을 부과할 수 있다.
18 지방7급 (O / X)

06 관련 법령에 법적 근거가 없더라도 개인택시운송사업면허를 하면서 부관을 붙일 수 있다.
17 지방9급 (O / X)

07 수익적 처분에 있어서는 법령에 특별한 근거규정이 없다고 하더라도 부관으로서 부담을 붙일 수 있다.
11 국회8급 (O / X)

08 수익적 행정처분에 있어서는 법령에 특별한 근거규정이 없다고 하더라도 그 부관으로서 부담을 붙일 수 있을 뿐만 아니라, 그러한 부담의 내용을 협약을 통하여 정할 수 있다.
16 국가7급 (O / X)

관련 판례

⑥ 인가에 부관을 허용하지 아니한다고 볼 수 없다 [24 국가직 9급, 20 국가직 9급] 01 02

> 공익법인의 기본재산의 처분에 관한 「공익법인의 설립·운영에 관한 법률」 제11조 제3항의 규정은 강행규정으로서 이에 위반하여 주무관청의 허가를 받지 않고 기본재산을 처분하는 것은 무효라 할 것인데, 위 처분허가에 부관을 붙인 경우 그 처분허가의 법률적 성질이 형성적 행정행위로서의 인가에 해당한다고 하여 조건으로서의 부관의 부과가 허용되지 아니한다고 볼 수는 없다(대판 2005. 9. 28. 2004다50044).

ⓛ **재량과 기속** 빈출 : 재량적 행정행위에는 법에 근거가 없어도 부관을 붙일 수 있으나 기속에는 부관을 붙일 수 없다는 입장이다. 특히 우리 대법원은 기속의 경우 법령에 규정이 있다거나(⑩ 「식품위생법」상의 영업허가 등), 법령의 해석상 가능한 경우가 아니면 기속에 부관을 붙이면 무효라고 한다. 03 04

관련 법령

「행정기본법」 제17조 【부관】 ① 행정청은 처분에 재량이 있는 경우에는 부관(조건, 기한, 부담, 철회권의 유보 등을 말한다. 이하 이 조에서 같다)을 붙일 수 있다.
② 행정청은 처분에 재량이 없는 경우에는 법률에 근거가 있는 경우에 부관을 붙일 수 있다.

관련 판례

⑥ 건축허가 시 보차혼용통로를 조성·제공하도록 하는 것이 수익적 행정행위인 건축허가에 부가된 부담인지 여부(소극)

> 건축허가 시 보차혼용통로를 조성·제공하도록 한 것은 "도시설계지구 안에서는 도시의 기능 및 미관의 증진을 위하여 건축물을 도시설계에 적합하게 건축하여야 한다."고 규정한 (구)「건축법」(1997. 12. 13. 법률 제5450호로 개정되기 전의 것) 제61조 제1항의 규정에 따른 것일 뿐이지 수익적 행정행위인 건축허가에 부가된 부관으로서 부담이라고 할 수는 없으므로, 보차혼용통로를 조성·제공하도록 한 것이 기속행위나 기속재량행위에 붙은 부관이어서 무효라고 볼 것은 아니다(대판 2012. 10. 11. 2011두8277).

ⓒ **수익적 행정행위와 부담적 행정행위**: 수익적 행정행위에는 법령에 근거가 없어도 부관을 붙일 수 있고, 부담적 행정행위에도 부관을 붙일 수 있다는 것이 다수설이다(⑩ 기한부 통행금지). 05 06 07 08

② **최근 새로운 견해**: 어떠한 행정행위에 부관을 붙일 수 있느냐의 문제는 개개의 행정행위의 성질이나 내용에 비추어 결정되어야 한다는 견해가 최근 등장했다.
  ⓛ **법률행위적 행정행위**: 부관을 붙일 수 있음이 원칙이다. 다만, 신분설정행위에는 조건·부담을 붙일 수 없으며, 귀화허가에도 조건·철회권의 유보를 붙일 수 없다고 한다.
  ⓒ **준법률행위적 행정행위**: 부관을 붙일 수 없음이 원칙이다. 다만, 확인·공증행위에 종기 정도의 부관은 붙일 수 있다고 한다.
  ⓒ **기속행위**: 부관을 붙일 수 없음이 원칙이다. 다만, 기속행위라도 행정행위의 법정요건 충족을 장래에 있어서도 확실하게 확보하기 위한 목적에서 철회권의 유보와 같은 부관을 붙일 수 있다고 한다.

| 정답 | 01 X | 02 X | 03 X | 04 O | 05 O | 06 O | 07 O | 08 O |

구분	종래 통설	유력설
귀화허가(특허, 법률행위적 행정행위)	○	성질에 따라 ×
여권발급(공증, 준법률행위적 행정행위)	×	성질에 따라 ○

> **개념확인 O/X**
>
> 01 특별한 규정이 없다면 건축허가는 기속행위로서 건축허가를 하면서 기부채납조건을 붙인 것은 위법하다.
> 19 지방7급 (O /X)

관련 판례

A 기속행위나 기속재량행위에는 부관을 붙일 수 없고, 부관을 붙였다 하더라도 이는 무효이다 [20 소방직, 19 지방직 7급, 16 국가직 7급] 01

> 일반적으로 기속행위나 기속적 재량행위에는 부관을 붙일 수 없고 가사 부관을 붙였다 하더라도 무효이며(대판 1988.4.27. 87누1106, 대판 1990.10.10. 89누4673, 대판 1993.7.27. 92누13998 등 참조), 「건축법」 소정의 건축허가권자는 건축허가신청이 「건축법」, 「도시계획법」 등 관계 법규에서 정하는 어떠한 제한에 배치되지 않는 이상 당연히 같은 법조 소정의 건축허가를 하여야 하므로, 법률상의 근거 없이 그 신청이 관계 법규에서 정한 제한에 배치되는지의 여부에 대한 심사를 거부할 수 없고, 심사결과 그 신청이 법정요건에 합치하는 경우에는 특별한 사정이 없는 한 이를 허가하여야 하며, 공익상 필요가 없음에도 불구하고 요건을 갖춘 자에 대한 허가를 관계 법령에서 정하는 제한사유 이외의 사유를 들어 거부할 수는 없다(대판 1995.6.13. 94다56883).

B 채광계획의 인가를 함에 있어 '규사광물 이외의 채취금지 및 규사의 목적 외 사용금지'를 조건으로 붙인 것은 무효이다

> 주무관청이 광업권자의 채광계획을 불인가하는 경우에는 정당한 사유가 제시되어야 하고 자의적으로 불인가를 하여서는 아니될 것이므로 채광계획인가는 기속재량행위에 속하는 것으로 보아야 하며, 일반적으로 기속재량행위에는 부관을 붙일 수 없고 가사 부관을 붙였다 하더라도 이는 무효이므로, 주무관청이 채광계획의 인가를 함에 있어 '규사광물 이외의 채취금지 및 규사의 목적 외 사용금지'를 조건으로 붙인 것은 「광업법」 등에 의하여 보호되는 광업권자의 광업권을 침해하는 내용으로서 무효이다(대판 1997.6.13. 96누12269).

B 행정청이 건축변경허가를 함에 있어 법령상 근거 없는 부담을 부가한 것은 위법이다

> (구)「건축법」(1999.2.8. 법률 제5895호로 개정되기 전의 것) 제72조, 같은 법 시행령(1999.4.30. 대통령령 제16284호로 개정되기 전의 것) 제118조 등 관련 규정에 의하면 건축주가 2m 이상의 담장을 설치하고자 하는 경우에는 이를 신고하여야 한다고 규정하고 있을 뿐 건축 관계 법령은 건축물 건축시 반드시 담장을 설치하여야 한다는 취지의 규정은 두지 아니하고 있으므로, 행정청이 건축변경허가를 함에 있어 건축주에게 새 담장을 설치하라는 부관을 붙인 것은 법령상 근거 없는 부담을 부가한 것으로 위법하다(대판 2000.2.11. 98누7527).

B 자동차운송알선사업등록처분은 기속행위이며 기속행위에 대하여는 법령상 특별한 근거가 없는 한 부관을 붙일 수 없고, 부관을 붙여도 무효이다

> 「자동차운수사업법」 제49조 제1항은 자동차운송중개·대리업 또는 자동차운송주선업 등의 자동차운송알선사업을 경영하고자 하는 자는 교통부장관이 행하는 등록을 받아야 한다고 규정하고 있는 바, 그 등록기준과 절차 등에 관하여 규정하고 있는 같은 조 제2항·제3항, 같은 법 제5조, 같은 법 시행규칙 제31조, 제32조 등의 규정을 종합하면 행정청으로서는 등록결격사유가 없고 그 시설 등이 소정의 등록기준에 적합할 때에는 당연히 등록을 받아 주어야 할 의무가 있다 할 것이므로 이는 기속행위에 속한다 할 것이고, 이러한 기속행위에 대하여는 법령상의 특별한 근거가 없는 한 부관을 붙일 수 없고 가사 부관을 붙였다 하더라도 이는 무효라 할 것이다(대판 1993.7.27. 92누13998).

| 정답 | 01 ○

개념확인 O/X

🅑 하천부지 점용허가에 부관을 붙일 수 있다

하천부지 점용허가 여부는 관리청의 재량에 속하고 재량행위에 있어서는 법령상의 근거가 없어도 부관을 붙일 것인가의 여부는 당해 행정청의 재량에 속하며, 또한 (구)「하천법」제33조 단서가 하천의 점용허가에는 하천의 오염으로 인한 공해 기타 보건위생상 위해를 방지함에 필요한 부관을 붙이도록 규정하고 있으므로, 하천부지 점용허가의 성질의 면으로 보나 법 규정으로 보나 부관을 붙일 수 있음은 명백하다(대판 2008.7.24. 2007두25930).

🅑 (구)「도시계획법」상 개발제한구역 내에서의 건축허가의 법적 성질(= 재량행위 내지 자유재량행위)과 부관의 허용 여부(적극) 및 그 내용적 한계

(구)「도시계획법」제21조와 같은 법 시행령 제20조 및 같은 법 시행규칙 제7조, 제8조 등의 규정을 종합해 보면, 개발제한구역 내에서는 구역지정의 목적상 건축물의 건축 및 공작물의 설치 등 개발행위가 원칙적으로 금지되고, 다만 구체적인 경우에 이러한 구역지정의 목적에 위배되지 아니할 경우 예외적으로 허가에 의하여 그러한 행위를 할 수 있게 되어 있음이 그 규정의 체제와 문언상 분명하고, 이러한 예외적인 개발행위의 허가는 상대방에게 수익적인 것이 틀림이 없으므로 그 법률적 성질은 재량행위 내지 자유재량행위에 속하는 것이고, 이러한 재량행위에 있어서는 관계 법령에 명시적인 금지규정이 없는 한 행정목적을 달성하기 위하여 조건이나 기한, 부담 등의 부관을 붙일 수 있고, 그 부관의 내용이 이행 가능하고 비례의 원칙 및 평등의 원칙에 적합하며 행정처분의 본질적 효력을 저해하지 아니하는 이상 위법하다고 할 수 없다(대판 2004.3.25. 2003두12837).

🅑 주택재건축사업시행 인가의 법적 성질(= 재량행위) 및 이에 대하여 법령상의 제한에 근거하지 않은 조건(부담)을 부과할 수 있는지 여부(적극)

주택재건축사업시행의 인가는 상대방에게 권리나 이익을 부여하는 효과를 가진 이른바 수익적 행정처분으로서 법령에 행정처분의 요건에 관하여 일의적으로 규정되어 있지 아니한 이상 행정청의 재량행위에 속하므로, 처분청으로서는 법령상의 제한에 근거한 것이 아니라 하더라도 공익상 필요 등에 의하여 필요한 범위 내에서 여러 조건(부담)을 부과할 수 있다(대판 2007.7.12. 2007두6663).

🅑 행정청이 관리처분계획에 대한 인가처분을 하면서 기부채납과 같은 조건을 붙일 수 있는지 여부(소극)

관리처분계획 및 그에 대한 인가처분의 의의와 성질, 그 근거가 되는 도시정비법과 그 시행령상의 위와 같은 규정들에 비추어 보면, 행정청이 관리처분계획에 대한 인가 여부를 결정할 때에는 그 관리처분계획에 도시정비법 제48조 및 그 시행령 제50조에 규정된 사항이 포함되어 있는지, 그 계획의 내용이 도시정비법 제48조 제2항의 기준에 부합하는지 여부 등을 심사·확인하여 그 인가 여부를 결정할 수 있을 뿐 기부채납과 같은 다른 조건을 붙일 수는 없다고 할 것이다(대판 2012.8.30. 2010두24951).

🅑 「농수산물 유통 및 가격안정에 관한 법률」에 의한 지정도매인으로 간주되는 (구)「농수산물도매시장법」상의 도매시장 업무대행자로서의 지위에 설정되었던 종전 부관의 효력존속 여부(적극)

「농수산물 유통 및 가격안정에 관한 법률」에 의한 도매시장의 지정도매인지정처분은 도매시장 개설자인 피고의 재량행위에 속하는 행정처분이라 할 것이므로 법규에 특별한 규정이 없더라도 그 처분에 조건, 기한, 부담, 철회권유보 등의 부관을 붙일 수 있다 할 것이고, 위 법 부칙 제3조 제3항에 의하여 지정도매인으로 간주된 이상 폐지된 「농수산물도매시장법」상의 도매시장업무대행자로서의 지위에 설정되었던 조건, 기한 등 종전의 부관 또한 그 효력이 그대로 존속된다고 할 것이다(대판 1990.10.16. 90누2253).

(2) 부관의 정도(내용상 한계)

① **법규상 한계**: 부관은 법령에 근거 없이도 붙일 수 있지만 법령에 위배되지 않아야 한다.
② **목적상 한계**: 행정목적 달성에 필요한 범위를 넘어서는 안 된다(부당결부금지원칙).
③ **조리상 한계**: 평등원칙·비례원칙 등 행정법의 일반원칙에 적합하여야 한다.

> **관련 법령**
>
> 「행정기본법」제17조【부관】④ 부관은 다음 각 호의 요건에 적합하여야 한다.
> 1. 해당 처분의 목적에 위배되지 아니할 것
> 2. 해당 처분과 실질적인 관련이 있을 것
> 3. 해당 처분의 목적을 달성하기 위하여 필요한 최소한의 범위일 것

> **관련 판례**
>
> **B 주택사업과 관련 없는 부관의 효력은 취소이다**
>
> 수익적 행정행위에 있어서는 법령에 특별규정이 없어도 그 부관으로서 부담을 붙일 수 있으나, 그 부담은 비례원칙, 부당결부금지원칙에 위반되지 않아야 적법하다 할 것이다. 주택사업과는 아무런 관련이 없는 토지를 기부채납하도록 한 부관은 부당결부금지원칙에 위반되어 위법하다 하겠으나 그 부관의 하자가 중대하고 명백하여 당연무효라고 볼 수는 없다(대판 1997.3.11. 96다49650).
>
> **B 기선선망어업허가에 부속선을 사용하지 못하도록 한 부관은 위법하다**
>
> 기선선망어업의 허가를 하면서 운반선, 등선 등 부속선을 사용할 수 없도록 제한한 부관은 그 어업허가의 목적달성을 사실상 어렵게 하여 그 본질적 효력을 해하는 것일 뿐만 아니라 위 시행령의 규정에도 어긋나는 것이며, 더욱이 어업조정이나 기타 공익상 필요하다고 인정되는 사정이 없는 이상 위법한 것이다(대판 1990.4.27. 89누6808).
>
> **B 행정소송에 관한 부제소특약의 효력(무효)**
>
> 지방자치단체장이 도매시장법인의 대표이사에 대하여 위 지방자치단체장이 개설한 농수산물도매시장의 도매시장법인으로 다시 지정함에 있어서 그 지정조건으로 "지정기간 중이라도 개설자가 농수산물 유통정책의 방침에 따라 도매시장법인 이전 및 지정취소 또는 폐쇄 지시에도 일체 소송이나 손실보상을 청구할 수 없다."라는 부관을 붙였으나, 그중 부제소특약에 관한 부분은 당사자가 임의로 처분할 수 없는 공법상의 권리관계를 대상으로 하여 사인의 국가에 대한 공권인 소권을 당사자의 합의로 포기하는 것으로서 허용될 수 없다(대판 1998.8.21. 98두8919).
>
> **A 행정처분과 실제적 관련성이 없어 부관으로 붙일 수 없는 부담을 사법상 계약의 형식으로 행정처분의 상대방에게 부과할 수 있는지 여부(소극)** [21 국가직 9급, 20 국가직 9급, 19 서울시 9급, 19 하반기 서울시 7급, 18 국가직 7급, 14 국가직 9급] 01 02
>
> 공무원이 인·허가 등 수익적 행정처분을 하면서 상대방에게 그 처분과 관련하여 이른바 부관으로서 부담을 붙일 수 있다 하더라도, 그러한 부담은 법치주의와 사유재산 존중, 조세법률주의 등 헌법의 기본원리에 비추어 비례의 원칙이나 부당결부의 원칙에 위반되지 않아야만 적법한 것인바, 행정처분과 부관 사이에 실제적 관련성이 있다고 볼 수 없는 경우 공무원이 위와 같은 공법상의 제한을 회피할 목적으로 행정처분의 상대방과 사이에 사법상 계약을 체결하는 형식을 취하였다면 이는 법치행정의 원리에 반하는 것으로서 위법하다(대판 2009.12.10. 2007다63966).

> **개념확인 O/X**
>
> **01** 행정처분과 실제적 관련성이 없어 부관으로 붙일 수 없는 부담을 사법상 계약의 형식으로 행정처분의 상대방에게 부과하였더라도 법치행정의 원리에 반하지 않는다.
> 19 하반기 서울7급　　(O/X)
>
> **02** 행정처분과의 실제적 관련성이 없어 부관으로 붙일 수 없는 부담은 사법상 계약의 형식으로도 부과할 수 없다.
> 18 국가7급　　(O/X)

| 정답 | 01 X　02 O

(3) 사후부관의 가능성(시간적 한계) 빈출

행정행위를 할 당시에는 부관을 붙이지 않았으나, 사후에 부관만을 따로 붙일 수 있는가의 문제이다.

① 학설
　㉠ 부정설: 부관은 주된 의사표시의 종된 부수적 의사표시로서 독자적 의미가 없으므로 따로 붙일 수 없다는 견해이다.
　㉡ 긍정설(제한적 긍정설, 다수설)
　　ⓐ 원칙: 사후부관을 붙일 수 없음이 원칙이지만, 예외적으로 사후부관을 허용하는 견해이다.
　　ⓑ 예외
　　　ⅰ) 부담
　　　ⅱ) 법규에 명문으로 사후부관을 규정한 경우
　　　ⅲ) 행정행위 당시 유보한 경우
　　　ⅳ) 본인의 동의가 있는 경우

② 판례: 판례는 제한적 긍정설의 예외적인 사유와 사정변경으로 인하여 당초에 부관을 부가한 목적을 달성할 수 없게 된 경우에도 그 목적달성에 필요한 범위에서 사후부관이 예외적으로 허용된다고 한다.

관련 판례

A 사후부관이 가능한 경우 [24 국회직 9급, 21 국회직 8급, 22 지방직 9급, 20 소방직, 19 국가직 9급, 19 하반기 서울시 7급, 18 국가직 7급, 18 서울시 7급, 16 지방직 9급, 15 지방직 9급, 13 국가직 9급, 11 국회직 8급, 10 경찰직] 01 02 03 04

행정처분에 이미 부담이 부가되어 있는 상태에서 그 의무의 범위 또는 변경하는 부관의 사후변경은 법률에 명문규정이 있거나 그 변경이 미리 유보되어 있는 경우 또는 상대방의 동의가 있는 경우에 한하여 허용되는 것이 원칙이지만, 사정변경으로 인하여 당초에 부담을 부가한 목적을 달성할 수 없게 된 경우에도 그 목적달성에 필요한 범위 내에서 예외적으로 허용된다(대판 1997.5.30, 97누2627).

B ❶ 관할 행정청이 여객자동차운송사업자에 대한 면허 발급 이후 운송사업자의 동의하에 운송사업자가 준수할 의무를 정하고 이를 위반할 경우 감차명령을 할 수 있다는 내용의 면허 조건을 붙일 수 있는지 여부(적극) 및 ❷ 조건을 위반한 경우 「여객자동차 운수사업법」 제85조 제1항 제38호에 따라 감차명령을 할 수 있는지 여부(적극) ❸ 이때 감차명령이 항고소송의 대상이 되는 처분에 해당하는지 여부(적극)

「여객자동차 운수사업법」(이하 '여객자동차법'이라 한다) 제85조 제1항 제38호에 의하면, 운송사업자에 대한 면허에 붙인 조건을 위반한 경우 감차 등이 따르는 사업계획변경명령(이하 '감차명령'이라 한다)을 할 수 있는데, 감차명령의 사유가 되는 '면허에 붙인 조건을 위반한 경우'에서 '조건'에는 운송사업자가 준수할 일정한 의무를 정하고 이를 위반할 경우 감차명령을 할 수 있다는 내용의 '부관'도 포함된다. 그리고 부관은 면허 발급 당시에 붙이는 것뿐만 아니라 면허 발급 이후에 붙이는 것도 법률에 명문의 규정이 있거나 변경이 미리 유보되어 있는 경우 또는 상대방의 동의가 있는 경우 등에는 특별한 사정이 없는 한 허용된다. 따라서 관할 행정청은 면허 발급 이후에도 운송사업자의 동의하에 여객자동차운송사업의 질서 확립을 위하여 운송사업자가 준수할 의무를 정하고 이를 위반할 경우 감차명령을 할 수 있다는 내용의 면허 조건을 붙일 수 있고, 운송사업자가 조건을 위반하였다면 여객자동차법 제85조 제1항 제38호에 따라 감차명령을 할 수 있으며, 감차명령은 「행정소송법」 제2조 제1항 제1호가 정한 처분으로서 항고소송의 대상이 된다(대판 2016.11.24, 2016두45028).

개념확인 O/X

01 사정변경으로 인하여 당초에 부담을 부가한 목적을 달성할 수 없게 된 경우에는 행정청은 상대방의 동의가 없더라도 그 목적달성에 필요한 범위 내에서 부담을 변경할 수 있다.
21 국회8급, 19 하반기 서울7급
(O / X)

02 부관의 사후변경은 송전의 부관을 변경하지 아니하면 해당 처분의 목적을 달성할 수 없는 경우가 아니라면 인정되지 않는다.
22 지방9급
(O / X)

03 행정처분에 이미 부담이 부가되어 있는 상태에서 그 의무의 범위 또는 내용 등을 변경하는 부관의 사후변경은 법률에 명문의 규정이 있는 경우에도 허용되지 않는다.
24 국회9급
(O / X)

04 부관의 일종인 사후부담은, 법률에 명문의 규정이 있거나 그것이 미리 유보되어 있는 경우 또는 상대방의 동의가 있는 경우에 허용되는 것이 원칙이다.
18 국가7급
(O / X)

정답 | 01 O　02 X　03 X　04 O

③ 「행정기본법」의 규정: 행정청은 부관을 붙일 수 있는 처분이 법률에 근거가 있는 경우나 당사자의 동의가 있는 경우, 사정이 변경되어 부관을 새로 붙이거나 종전의 부관을 변경하지 아니하면 해당 처분의 목적을 달성할 수 없다고 인정되는 경우의 어느 하나에 해당하는 경우에는 그 처분을 한 후에도 부관을 새로 붙이거나 종전의 부관을 변경할 수 있다고 규정되어 있다.

> **관련 법령**
>
> 「행정기본법」 제17조 【부관】 ③ 행정청은 부관을 붙일 수 있는 처분이 다음 각 호의 어느 하나에 해당하는 경우에는 그 처분을 한 후에도 부관을 새로 붙이거나 종전의 부관을 변경할 수 있다.
> 1. 법률에 근거가 있는 경우
> 2. 당사자의 동의가 있는 경우
> 3. 사정이 변경되어 부관을 새로 붙이거나 종전의 부관을 변경하지 아니하면 해당 처분의 목적을 달성할 수 없다고 인정되는 경우

(4) 부관의 하자

> **결정적 코멘트** 부관의 하자가 본체에 영향을 주는지 여부와 부관의 하자를 판단하는 시점에 관한 대법원의 입장을 파악하여야 하는 단원이다.

① **하자 있는 부관의 효력**: 부관이 법령에 위반하거나 공익에 배치되는 등 위의 한계를 벗어난 경우에는 하자 있는 부관이 된다. 그 하자가 중대하고 명백하면(예 불가능한 부관을 붙인 경우) 무효가 되고, 그 이외의 경우에는 취소할 수 있음에 그친다. 다만, 공정력으로 인하여 취소할 때까지는 유효하다.

② **무효(또는 취소)인 부관이 붙은 행정행위의 효력**: 행정행위의 부관의 하자가 중대하고 명백하여 부관이 당연무효인 경우 행정행위의 효력이 어떻게 되는가에 관하여는 견해가 나뉜다.

㉠ **부관무효설(또는 취소설)**: 부관이 무효이면 부관만 무효이고, 행정행위는 부관 없는 행위로서 효력을 지속한다는 설이다.

㉡ **행정행위무효설(또는 취소설)**: 부관이 무효이면 부관과 행정행위 전체가 무효라는 설이다.

㉢ **절충설(통설·판례)**: 부관이 중요한 의미를 갖지 않는 경우에 행정행위는 원칙적으로 부관 없는 단순한 행정행위로서 효력이 발생하나, 부관이 중요한 의미를 가져 당해 부관이 없었더라면 행정청이 그 행정행위를 하지 않았을 것이라고 명백히 인정될 때에는 행정행위 자체도 무효가 된다.

> **관련 판례**
>
> **B** 행정행위의 본질적 요소인 부관의 하자의 효과는 행정행위 전체에 미친다 [24 국회직 9급, 19 지방직 9급] 01 02
>
> 도로점용허가의 점용기간은 행정행위의 본질적인 요소에 해당하기 때문에 부관인 점용기간에 위법사유가 있다면 이로써 도로점용허가행위 전부가 위법하게 된다(대판 1985.7.9. 84누604).

개념확인 O/X

01 부관이 행정행위의 본질적인 요소에 해당하는 경우 부관에 위법한 사유가 있다면 처분 전부가 위법하게 되는 것이 아니라 부관만 위법하게 된다.
24 국회9급 (O / X)

02 도로점용허가의 점용기간은 행정행위의 본질적인 요소에 해당한다고 볼 것이어서 부관인 점용기간을 정함에 있어서 위법사유가 있다면 이로써 도로점용허가처분 전부가 위법하게 된다.
19 지방9급 (O / X)

| 정답 | 01 X   02 O

③ **부관의 위법성 판단기준 시점** (빈출): 부관도 행정처분의 일부로서 처분의 하자를 판단하는 일반적인 법리에 따라 하자 여부를 판단하여 원칙적으로 처분 당시 법령을 기준으로 삼는다. 따라서 행정청의 부관이 처분 당시의 기준으로 적법하다면 처분 이후에 근거법이 개정되어 더 이상 부관을 붙일 수 없게 되었다고 해도 부관의 효력이 소멸한다거나 위법이 되는 것은 아니다.

관련 판례

A 부관의 근거법이 개정되어 더 이상 부관을 붙일 수 없게 된 경우의 부관의 적법성 여부 [21 국가직 9급, 20 국가직 9급, 19 지방직 9급, 19 서울시 9급, 19 서울시 7급, 18 지방직 7급, 18 서울시 9급, 16 지방직 7급, 15 지방직 9급, 14 국가직 9급]

01 02 03 04 05

> 행정청이 수익적 행정처분을 하면서 부가한 부담의 위법 여부는 처분 당시 법령을 기준으로 판단하여야 하고, 부담이 처분 당시 법령을 기준으로 적법하다면 처분 후 부담의 전제가 된 주된 행정처분의 근거법령이 개정됨으로써 행정청이 더 이상 부관을 붙일 수 없게 되었다 하더라도 곧바로 위법하게 되거나 그 효력이 소멸하게 되는 것은 아니다. 따라서 행정처분의 상대방이 수익적 행정처분을 얻기 위하여 행정청과 사이에 행정처분에 부가할 부담에 관한 협약을 체결하고 행정청이 수익적 행정처분을 하면서 협약상의 의무를 부담으로 부가하였으나 부담의 전제가 된 주된 행정처분의 근거법령이 개정됨으로써 행정청이 더 이상 부관을 붙일 수 없게 된 경우에도 곧바로 협약의 효력이 소멸하는 것은 아니다(대판 2009.2.12. 2005다65500).

④ **하자 있는 부관을 이행하여 이루어진 사법상 행위의 효력**: 부관부 행정행위의 경우, 부관을 상대방 등이 이행함으로써 사법상의 행위가 이루어지기도 하는데 그 부관에 하자가 있을 경우 부관의 하자와 그 이행으로 이루어진 사법상의 행위에는 어떤 관계가 있는지가 문제된다.
  ㉠ **부관구속설**: 하자 있는 부관을 상대방 등이 이행하여 이루어진 사법행위의 효력은 부관에 의해 구속된다는 입장이다. 예를 들어, 증여계약(기부채납)부 형질변경허가가 있다면, 증여계약의 착오 여부의 판단은 「민법」적 기준에 의하지만 그 취소 여부는 행정법적 기준에 의한다는 입장이다. 따라서 기부채납의 중요부분에 착오가 인정되더라도 그 취소 여부는 부관이 무효이거나 취소되지 않는 한 공정력의 효력상 인정될 수 없다는 입장이다.
  ㉡ **부관비구속설**: 하자 있는 부관을 상대방 등이 이행하여 이루어진 사법행위의 효력은 부관과 관계없이 독자적으로 판단된다는 입장이다. 따라서 위의 사례로 보면, 부관의 효력은 공정력상 유효하겠지만 기부채납은 취소가 인정될 수 있다는 입장이다.
  ㉢ **절충설**: 위 사례로 보자면 부관이 무효이면 원칙적으로 기부채납에 중요부분의 착오가 인정될 수 있어 기부채납은 취소가 가능하다는 입장이다(부관비구속설). 반면, 부관이 단순위법인 경우에는 상대방은 기부채납의무를 부담하기 때문에 그 부관의 하자를 모르는 상태에서 기부가 이루어졌다고 해도 중요부분의 착오가 될 수 없어 기부채납이 취소될 수 없다는 입장이다.
  ㉣ **판례**
    ⓐ **부관이 유효한 경우에는 부관구속설**: 부관이 당연무효이거나 취소되지 않은 상태에서 부관을 이행한 사법상의 법률행위는 중요부분에 착오가 있다고 해도 부관의 구속을 받아 취소할 수 없다는 것이 대법원의 입장이다.

개념확인 O/X

01 행정청이 수익적 행정처분을 하면서 부가한 부담의 위법 여부는 처분 당시 법령을 기준으로 판단하여야 한다.
15 지방9급　　　　　(O / X)

02 행정청이 수익적 행정처분을 하면서 부가한 부담이 처분 당시 법령을 기준으로는 적법하였지만 처분 후 부담의 전제가 된 주된 행정처분의 근거법령이 개정됨으로써 행정청이 더 이상 부관을 붙일 수 없게 되었다면 그 부담은 위법하게 된다.
19 서울7급　　　　　(O / X)

03 행정청이 수익적 행정처분을 하면서 사전에 상대방과 체결한 협약상의 의무를 부담으로 부가하였는데 부담의 전제가 된 주된 행정처분의 근거법령이 개정되어 행정청이 더 이상 부관을 붙일 수 없게 된 경우, 위 협약의 효력이 곧바로 소멸하게 되는 것은 아니다.
18 지방7급　　　　　(O / X)

04 부담이 처분 당시 법령을 기준으로 적법하다면 처분 후 부담의 전제가 된 주된 행정처분의 근거법령이 개정됨으로써 행정청이 더 이상 부관을 붙일 수 없게 되었다 하더라도 곧바로 위법하게 되거나 그 효력이 소멸하게 되는 것은 아니다.
19 지방9급　　　　　(O / X)

05 수익적 행정처분에 부가된 부담이 처분 당시에는 적법했다 하더라도, 부담의 전제가 된 주된 행정처분의 근거법령이 개정됨으로써 행정청이 더 이상 부관을 붙일 수 없게 되었다면 곧바로 그 효력은 소멸된다.
16 지방7급　　　　　(O / X)

| 정답 | 01 O　02 X　03 O　04 O　05 X

관련 판례

ⓐ 기부채납의 부관이 당연무효이거나 취소되지 않은 상태에서 그 부관으로 인하여 증여계약의 중요부분에 착오가 있음을 이유로 증여계약을 취소할 수 있는지 여부(소극) [20 국가직 9급, 17 서울시 9급, 11 지방직 9급] 01 02

> 토지소유자가 토지형질변경행위허가에 붙은 기부채납의 부관에 따라 토지를 국가나 지방자치단체에 기부채납(증여)한 경우, 기부채납의 부관이 당연무효이거나 취소되지 아니한 이상 토지소유자는 위 부관으로 인하여 증여계약의 중요부분에 착오가 있음을 이유로 증여계약을 취소할 수 없다(대판 1999.5.25. 98다53134).

ⓑ **부관이 무효이거나 취소된 경우에는 부관비구속설**: 처분에 붙은 부관이 무효라도 그를 이행한 사법상의 법률행위는 부관에 의해 구속되지 않아 당연히 무효가 되지 않으며, 부관의 제소기간이 경과하였다고 해도 사법상의 법률행위는 다툴 수 있다는 입장이다.

관련 판례

ⓐ 행정처분에 붙인 부담인 부관이 무효가 되면 그 부담의 이행으로 한 사법상 법률행위도 당연히 무효가 되는지 여부(소극) 및 행정처분에 붙인 부담인 부관이 제소기간 도과로 불가쟁력이 생긴 경우에도 그 부담의 이행으로 한 사법상 법률행위의 효력을 다툴 수 있는지 여부(적극) [21 국가직 9급, 21 국회직 8급, 19 지방직 7급, 19 하반기 서울시 7급, 19 국회직 8급, 19 국가직 9급, 16 지방직 7급, 16 지방직 9급, 15 지방직 9급, 11 국회직 8급] 03 04 05 06 07

> 행정처분에 부담인 부관을 붙인 경우 부관의 무효화에 의하여 본체인 행정처분 자체의 효력에도 영향이 있게 될 수는 있지만, 그 처분을 받은 사람이 부담의 이행으로 사법상 매매 등의 법률행위를 한 경우에는 그 부관은 특별한 사정이 없는 한 법률행위를 하게 된 동기 내지 연유로 작용하였을 뿐이므로 이는 법률행위의 취소사유가 될 수 있음은 별론으로 하고 그 법률행위 자체를 당연히 무효화하는 것은 아니다. 또한, 행정처분에 붙은 부담인 부관이 제소기간의 도과로 확정되어 이미 불가쟁력이 생겼다면 그 하자가 중대하고 명백하여 당연무효로 보아야 할 경우 외에는 누구나 그 효력을 부인할 수 없을 것이지만, 부담의 이행으로서 하게 된 사법상 매매 등의 법률행위는 부담을 붙인 행정처분과는 어디까지나 별개의 법률행위이므로 그 부담의 불가쟁력의 문제와는 별도로 법률행위가 사회질서 위반이나 강행규정에 위반되는지 여부 등을 따져보아 그 법률행위의 유효 여부를 판단하여야 한다(대판 2009.6.25. 2006다18174).

(5) 부관에 대한 쟁송 빈출

> **결정적 코멘트** ▶ 부관의 독립취소가능성에 관한 진정일부취소쟁송, 부진정일부취소쟁송의 이해가 필요하고, 대법원이 인정하고 있는 방식을 숙지하여야 하는 단원이다.

행정행위의 부관에 하자가 있는 경우에 행정행위와는 별도로 부관만을 독립시켜 부관의 무효확인이나 취소를 구하는 행정쟁송의 제기가 가능한가의 여부가 문제된다(독립쟁송가능성). 또한, 부관부 행정처분의 전체에 대해 쟁송을 제기한 경우에 부관만을 독립적으로 분리하여 취소할 수 있는지가 문제된다(독립취소가능성).

① **독립쟁송가능성 여부**: 하자 있는 부관의 경우 부관만 주된 행정행위로부터 분리하여 독립된 쟁송대상이 되는지에 대한 문제로서 소송의 요건에 관한 문제이다.
   ㉠ **부담의 경우**: 부담은 그 자체로서 하나의 독립한 행정행위이기 때문에 본체인 행정행위와 별도로 직접 행정쟁송의 대상이 된다(다수설·판례). 이를 진정일부취소쟁송이라 한다. 진정일부취소쟁송은 행정처분의 일부인 부관만을 독립하여 쟁송을 제기하는 형태를 말한다.

개념확인 O/X

01 기부채납의 부관이 당연무효이거나 취소되지 않은 이상 토지소유자는 위 부관으로 인하여 증여계약의 중요부분에 착오가 있음을 이유로 증여계약을 취소할 수 없다.
11 지방9급 (O / X)

02 토지소유자가 토지형질변경행위허가에 붙은 기부채납의 부관에 따라 토지를 국가나 지방자치단체에 기부채납(증여한 경우, 기부채납의 부관이 당연무효이거나 취소되지 아니한 이상 토지소유자는 위 부관으로 인하여 증여계약의 중요부분에 착오가 있음을 이유로 증여계약을 취소할 수 없다.
17 서울9급 (O / X)

03 처분이 기속행위임에도 상대방이 부담의 이행으로 기부채납을 하였다면, 그 기부채납행위는 당연무효인 행위가 된다.
21 국회8급 (O / X)

04 기속행위 행정처분에 부담인 부관을 붙인 경우 그 부관은 무효이므로 그 처분을 받은 사람이 그 부담의 이행으로서 하게 된 증여의 의사표시 자체도 당연히 무효가 된다.
19 하반기 서울7급 (O / X)

05 행정처분에 붙인 부담인 부관이 무효인 경우에도 그 부담의 이행으로 한 사법상 법률행위가 당연히 무효가 되는 것은 아니다.
11 국회8급 (O / X)

06 행정처분에 붙은 부담인 부관이 불가쟁력이 생겼다 하더라도, 당해 부담이 당연무효가 아닌 이상 그 부담의 이행으로서 하게 된 매매 등 사법상 법률행위의 효력을 민사소송으로 다툴 수는 없다.
16 지방7급 (O / X)

07 행정처분에 붙인 부담인 부관이 제소기간의 도래로 불가쟁력이 발생한 경우에도 그 부담의 이행으로 한 사법상 법률행위의 효력은 다툴 수 있다.
11 국회8급 (O / X)

| 정답 | 01 O | 02 O | 03 X | 04 X | 05 O | 06 X | 07 O |

ⓒ 부담 이외의 부관의 가능성
  ⓐ 부정설: 부관은 주된 의사표시에 부수된 종된 의사표시이므로 그의 독자적 존재(행정행위)를 인정할 수 없으므로 부관 자체를 독립한 쟁송대상으로 할 수 없다. 01 02 03 04
  ⓑ 긍정설: 소의 이익이 있는 한 모든 부관에 대해 독립하여 행정쟁송을 제기하는 것이 가능하다(김남진). 부관의 독립쟁송가능성(소송요건)과 본안에서의 독립취소가능성을 구분하고, 독립취소가능성을 본안에서의 이유문제(본안요건)로 보고, 모든 위법한 부관은 일응 독립하여 행정쟁송이 가능하다(박윤흔).
  ⓒ 분리가능성설: 처분성을 갖는 부관 중 주된 행정행위와 분리하여 주장 가능한 경우에는 당해 부관만을 취소소송의 직접 대상으로 할 수 있고(진정일부취소소송), 처분성을 갖는 부관이라도 주된 행정행위와 분리하여 다툴 수 없는 경우에는 부관이 붙은 전체 행정행위를 쟁송의 대상으로 삼아 부진정일부취소소송의 형식으로 하여야 한다는 주장이다. 부진정일부취소쟁송은 부관이 붙은 처분 전체를 소송청구하여 본안심리에서 부관의 하자를 주장하여 본안을 통해 부관만 취소를 구하는 형식을 말한다. 우리 대법원은 인정하지 않는다.
  ⓓ 부관 없는 처분으로 신청 후 거부한 경우, 소대상이 될 수 있는지 여부(판례는 긍정): 부관의 하자가 있는 경우에 행정청에 부관 없는 처분으로의 변경신청을 한 뒤 이를 행정청이 거부하는 경우에 거부처분을 취소소송의 대상으로 삼아야 한다는 입장으로서 대법원은 이를 인정하고 있다. 05 06

관련 판례

B 부관 그 자체만을 독립된 쟁송대상으로 할 수 없는 것이 원칙이나 부담의 경우에는 부담 그 자체로서 행정쟁송의 대상이 될 수 있다 [20 지방직 9급]

> 행정행위의 부관은 행정행위의 일반적인 효력이나 효과를 제한하기 위하여 의사표시의 주된 내용에 부가되는 종된 의사표시이지 그 자체로서 직접 법적 효과를 발생하는 독립된 처분이 아니므로 현행 행정쟁송제도 아래서는 부관 그 자체만을 독립된 쟁송의 대상으로 할 수 없는 것이 원칙이나, 행정행위의 부관 중에서도 행정행위에 부수하여 그 행정행위의 상대방에게 일정한 의무를 부과하는 행정청의 의사표시인 부담의 경우에는 다른 부관과는 달리 행정행위의 불가분적인 요소가 아니고 그 존속이 본체인 행정행위의 존재를 전제로 하는 것일 뿐이므로 부담 그 자체로서 행정쟁송의 대상이 될 수 있다(대판 1992.1.21. 91누1264).

B 부담 외의 부관의 독립쟁송가능성 [11 지방직 9급] 07 08

> 1. 어업면허의 유효기간 1년은 그 면허처분에 붙인 부관이며, 이러한 부관에 대하여는 독립한 행정쟁송을 제기할 수 없다(대판 1986.8.19. 86누202).
> 2. 행정행위의 부관은 부담인 경우를 제외하고는 독립하여 행정소송의 대상이 될 수 없는바, 기부채납받은 행정재산에 대한 사용·수익허가에서 공유재산의 관리청이 정한 사용·수익허가의 기간은 그 허가의 효력을 제한하기 위한 행정행위의 부관으로서 이러한 사용·수익허가의 기간에 대해서는 독립하여 행정소송을 제기할 수 없다(대판 2001.6.15. 99두509). [20 지방직 9급]

개념확인 O/X

01 하천점용허가에 조건인 부관이 부가된 경우 해당 부관에 대해서는 독립적으로 소를 제기할 수 없다.
18 지방9급 (O/X)

02 행정행위의 부관은 부담인 경우를 제외하고는 독립하여 행정소송의 대상이 될 수 없다.
18 서울9급 (O/X)

03 행정행위의 부관은 부담의 경우를 제외하고는 독립하여 행정소송의 대상이 될 수 없다.
24 국회9급 (O/X)

04 부관 중에서 부담은 주된 행정행위로부터 분리될 수 있다 할지라도 부담 그 자체는 독립된 행정행위가 아니므로 주된 행정행위로부터 분리하여 쟁송의 대상이 될 수 없다.
20 지방9급 (O/X)

05 위법한 부담 이외의 부관으로 인해 권리를 침해받은 자는 부관부 행정행위 전체를 취소청구하든지, 아니면 행정청에 부관이 없는 처분으로의 변경을 청구한 다음 그것이 거부된 경우에 거부처분 취소소송을 제기하여야 한다.
12 사회복지 (O/X)

06 부담 이외의 부관으로 인하여 권리를 침해당한 자는 부관부 행정행위 전체에 대해 취소소송을 제기하거나, 행정청에 부관이 없는 행정행위로 변경해 줄 것을 청구한 다음 그것이 거부된 경우 거부처분 취소소송을 제기할 수 있다.
19 서울7급 (O/X)

07 기부채납받은 행정재산에 대한 사용·수익허가에서 공유재산의 관리청이 정한 사용·수익허가의 기간은 그 허가의 효력을 제한하기 위한 행정행위의 부관으로서, 이러한 사용·수익허가의 기간에 대해서는 독립하여 행정소송을 제기할 수 있다.
20 지방9급 (O/X)

08 공유재산에 대하여 40년간 사용허가기간을 신청한 것에 대해 행정청이 20년간 사용허가한 경우에 허가기간에 대해서 독립하여 취소소송이 가능하다.
11 지방9급 (O/X)

| 정답 | 01 O 02 O 03 O 04 X 05 O 06 O 07 X 08 X

B 기한의 연장신청의 거부는 독립쟁송의 대상이 된다 [19 지방직 9급]

> 원고의 개발제한구역 내 허가기간 연장신청을 허가함으로 인하여 예상되는 공익의 침해보다도 위 신청을 불허함으로 인하여 초래되는 원고의 불이익이 매우 중대하여, 피고가 위 허가기간 연장신청을 반려하는 것이 원고가 입게 되는 불이익을 희생시키더라도 부득이하다고 할 정도의 공익상의 필요가 있다고 할 수 없으므로, 이 사건처분은 재량권을 남용하였거나 재량권의 범위를 일탈한 위법한 처분이라고 판단하였다(대판 1991.8.27. 90누7920).

B 기선선망어업의 허가를 하면서 부속선을 사용할 수 없도록 제한한 위법한 부관에 대해서는 부속선을 사용할 수 있도록 어업허가사항변경신청을 한 후 그 불허가처분을 다투어야 한다 [19 지방직 9급] 01

> 「수산업법」 제15조에 의하여 어업의 변허 또는 허가에 붙이는 부관은 그 성질상 허가된 어업의 본질적 효력을 해하지 않는 한도의 것이어야 하고 허가된 어업의 내용 또는 효력 등에 대하여는 행정청이 임의로 제한 또는 조건을 붙일 수 없다고 보아야 할 것이며 「수산업법 시행령」 제14조의4 제3항의 규정내용은 기선선망어업에는 그 어선규모의 대소를 가리지 않고 등선과 운반선을 갖출 수 있고, 또 갖추어야 하는 것이라고 해석되므로 기선선망어업의 허가를 하면서 운반선, 등선 등 부속선을 사용할 수 없도록 제한한 부관은 그 어업허가의 목적달성을 사실상 어렵게 하여 그 본질적 효력을 해하는 것일 뿐만 아니라 위 시행령의 규정에도 어긋나는 것이며, 더욱이 어업조정이나 기타 공익상 필요하다고 인정되는 사정이 없는 이상 위법한 것이다(대판 1990.4.27. 89누6808).

② 독립취소가능성(본안심리문제)
  ㉠ 법원이 소송의 심리를 통하여 부관이 위법하다고 판단할 때(청구가 이유있을 때) 부관만을 별도로 취소할 수 있는지가 문제된다.
  ㉡ 학설과 판례: 기속행위의 경우에만 부관의 취소를 인정하는 견해와 재량행위까지도 부관의 취소를 인정하는 견해 등이 있으나, 통설과 판례는 부관이 없었다면 주된 행위를 하지 않았을 것이라고 인정되는 경우에 행정행위 전체가 취소의 대상이 된다는 입장이다. 부담은 독립취소가 가능하다. 02

05 행정행위의 성립과 발효

1 행정행위의 성립

(1) 성립요건

① 내부적 성립요건
  ㉠ 주체에 관한 요건: 정당한 권한을 가진 행정청이 그 권한 내의 사항에 관하여 정상적인 의사에 따라 하는 것이어야 한다. 행정권한이 위임된 경우에는 수임자가 권한을 행사한다. 다만, 내부위임의 경우에는 위임자가 권한을 가진다.

개념확인 O/X

01 기선선망어업의 허가를 하면서 운반선, 등선 등 부속선을 사용할 수 없도록 제한한 부관은 그 어업허가의 목적달성을 사실상 어렵게 하여 그 본질적 효력을 해하는 것이다.
19 지방9급 (O / X)

02 부관을 포함한 행정처분 전체에 대해 취소소송을 제기하여야 하며 부관의 위법이 확실하다면 다른 고려사항 없이 부관만의 취소가 가능하다.
14 국회8급 (O / X)

| 정답 | 01 O 02 X

| 개념확인 O/X |

관련 판례

B ❶ 행정청의 권한유월의 행위는 무권한 행위로서 원칙적으로 무효이다 ❷ 임면권자인 대통령이 아닌 국가정보원장이 5급 이상의 국가정보원 직원에 대하여 한 의원면직처분이 당연무효는 아니다

> 행정청의 권한에는 사무의 성질 및 내용에 따르는 제약이 있고, 지역적·대인적으로 한계가 있으므로 이러한 권한의 범위를 넘어서는 권한유월의 행위는 무권한 행위로서 원칙적으로 무효라고 할 것이나, 행정청의 공무원에 대한 의원면직처분은 공무원의 사직의사를 수리하는 소극적 행정행위에 불과하고, 당해 공무원의 사직의사를 확인하는 확인적 행정행위의 성격이 강하며 재량의 여지가 거의 없기 때문에 의원면직처분에서의 행정청의 권한유월 행위를 다른 일반적인 행정행위에서의 그것과 반드시 같이 보아야 할 것은 아니다(대판 2007.7.26. 2005두15748).

B 의결기관이 위법하게 구성된 경우, 그 기관의 의결의 위법 여부

> (구)「폐기물처리시설 설치촉진 및 주변지역지원 등에 관한 법률」상 입지선정위원회는 폐기물처리시설의 입지를 선정하는 의결기관이고, 입지선정위원회의 구성방법에 관하여 일정 수 이상의 주민대표 등을 참여시키도록 한 것은 폐기물처리시설 입지선정 절차에 있어 주민의 참여를 보장함으로써 주민들의 이익과 의사를 대변하도록 하여 주민의 권리에 대한 부당한 침해를 방지하고 행정의 민주화와 신뢰를 확보하는 데 그 취지가 있는 것이므로, 주민대표나 주민대표 추천에 의한 전문가의 참여 없이 의결이 이루어지는 등 입지선정위원회의 구성방법이나 절차가 위법한 경우에는 그 하자가 있는 입지선정위원회의 의결에 터 잡아 이루어진 폐기물처리시설 입지결정처분도 위법하게 된다(대판 2007.4.12. 2006두20150).

B 개인택시면허처분을 함에 앞서 공무원 아닌 자가 포함된 개인택시면허 심사회의를 구성하여 그 심사회의로 하여금 면허신청자의 자격 등을 심사하게 한 경우 동 면허처분의 효력

> 행정청은 일반적으로 어떤 행정처분을 함에 앞서 법령 또는 재량에 의하여 그 사전심사를 위한 심의기구를 구성하여 이를 위임할 수 있는 것이므로 피고가 개인택시를 면허함에 있어서 개인택시면허심사회의를 구성하여 그 심사회의로 하여금 면허신청자의 자격등을 심사하도록 하고 그 심사위원 중에 공무원 아닌 사람이 포함되어 있다고 하여 심사절차나 그 심사위원에 관하여 특별규정이 없는 이상 이를 무효라고 할 이유가 없다(대판 1985.11.26. 85누394).

B 내부위임의 명의기관의 표시는 위임기관으로 하여야 한다

> 행정처분의 권한을 내부적으로 위임받은 수임기관이 그 권한을 행사함에 있어서는 행정처분의 내부적 성립과정은 스스로 결정하여 행하고 그 외부적 성립요건인 상대방의 의사표시만 위임기관의 명의로 하면 된다(대판 1984.12.11. 80누344).

  ⓒ 내용에 관한 요건: 법률상·사실상 실현 가능하며, 객관적으로 명확히 확정되고 적법·타당하여야 한다. 또한 재량인 처분에 있어서는 재량을 행사하여야 하고 일탈이나 남용이 없어야 한다.

관련 판례

B 법률상 실현불능한 사항을 내용으로 하는 처분의 효력

> 과세관청이 납세자에 대한 체납처분으로서 제3자의 소유 물건을 압류하고 공매하더라도 그 처분으로 인하여 제3자가 소유권을 상실하는 것이 아니고, 체납처분으로서 압류의 요건을 규정하는 「국세징수법」제24조 각 항의 규정을 보면 어느 경우에나 압류의 대상을 납세자의 재산에 국한하고 있으므로, 납세자가 아닌 제3자의 재산을 대상으로 한 압류처분은 그 처분의 내용이 법률상 실현될 수 없는 것이어서 당연무효이다(대판 2006.4.13. 2005두15151).

ⓑ **행정행위의 적법요건으로서 명확성** – (구)「독점규제 및 공정거래에 관한 법률」이 불공정거래행위의 행위유형으로 들고 있는 '이익제공 강요' 및 '불이익제공'의 내용이 구체적으로 명확하게 특정되지 아니한 상태에서 이루어진 시정명령 등 행정처분이 적법한지 여부(소극)

> (구)「독점규제 및 공정거래에 관한 법률」 제23조 제1항은 불공정거래행위의 하나로 그 제4호에서 '자기의 거래상의 지위를 부당하게 이용하여 상대방과 거래하는 행위'를 들고, 법 제23조 제2항에 따른 법 시행령 제36조 제1항 [별표 1] 제6호는 법 제23조 제1항 제4호에 해당하는 행위유형으로서, … (중략) … 법 제2조 제1호 소정의 사업자가 법 제23조 제1항 제4호, 제2항, 법 시행령 제36조 제1항 [별표 1] 제6호 (나)목 및 (라)목 소정의 행위를 하였음을 이유로 공정거래위원회가 법 제24조 소정의 시정명령 등 행정처분을 하기 위해서는 그 대상이 되는 '이익제공 강요' 및 '불이익제공'의 내용이 구체적으로 명확하게 특정되어야 하고, 그러하지 아니한 상태에서 이루어진 그 시정명령 등 행정처분은 위법하다(대판 2007. 1. 12. 2004두7146).

ⓑ **행정처분을 하는 문서의 문언만으로 행정처분의 내용이 분명한 경우, 그 문언과 달리 다른 행정처분까지 포함되어 있다고 해석할 수 있는지 여부(소극)**

> 「행정절차법」 제24조 제1항이 행정청이 처분을 하는 때에는 다른 법령 등에 특별한 규정이 있는 경우를 제외하고는 문서로 하도록 규정한 것은 처분내용의 명확성을 확보하고 처분의 존부에 관한 다툼을 방지하기 위한 것이라 할 것인바, 그와 같은 「행정절차법」의 규정 취지를 감안하여 보면, 행정청이 문서에 의하여 처분을 한 경우 그 처분서의 문언이 불분명하다는 등의 특별한 사정이 없는 한, 그 문언에 따라 어떤 처분을 하였는지 여부를 확정하여야 할 것이고, 처분서의 문언만으로도 행정청이 어떤 처분을 하였는지가 분명함에도 불구하고 처분경위나 처분 이후의 상대방의 태도 등 다른 사정을 고려하여 처분서의 문언과는 달리 다른 처분까지 포함되어 있는 것으로 확대해석하여서는 아니 된다(대판 2005. 7. 28. 2003두469).

ⓑ **처분의 내용을 처분서의 문언과 다르게 해석할 수 있는 경우**

> 「행정절차법」 제24조 제1항에서 행정청이 처분을 하는 때에는 다른 법령 등에 특별한 규정이 있는 경우를 제외하고는 문서로 하도록 규정한 것은 처분내용의 명확성을 확보하고 처분의 존부나 내용에 관한 다툼을 방지하기 위한 것인바, 이와 같은 「행정절차법」의 규정 취지를 감안해 보면, 행정청이 문서에 의하여 처분을 한 경우 원칙적으로 그 처분서의 문언에 따라 어떤 처분을 하였는지 확정하여야 하나, 그 처분서의 문언만으로는 행정청이 어떤 처분을 하였는지 불분명하다는 등 특별한 사정이 있는 때에는 처분 경위나 처분 이후의 상대방의 태도 등 다른 사정을 고려하여 처분서의 문언과 달리 그 처분의 내용을 해석할 수도 있다(대판 2010. 2. 11. 2009두18035).

ⓒ 절차에 관한 요건: 법령이 소정의 절차를 규정하고 있을 때에는 이를 이행하여야 한다.
ⓐ 이유제시
ⓘ i) 신청내용을 모두 인정하는 행정처분, ii) 단순·반복적인 처분 또는 경미한 처분으로서 당사자가 그 이유를 명백히 알 수 있는 경우, iii) 긴급히 처분을 할 필요가 있는 처분 중의 하나를 제외하고는 행정청은 처분 시 당사자에게 그 근거와 이유를 제시하여야 한다. 다만, ii)와 iii)의 경우에는 이유제시를 요청하면 이유제시를 하여야 한다.
ⓘⓘ 대법원은 일반적으로 당사자가 근거규정 등을 명시하여 신청하는 인·허가 등을 거부하는 처분을 함에 있어 당사자가 그 근거를 알 수 있을 정도로 상당한 이유를 제시한 경우에는 당해 처분의 근거 및 이유를 구체적 조항 및 내용까지 명시하지 않았더라도 그로 말미암아 그 처분이 위법한 것이 된다고 할 수 없다는 입장이다.

관련 판례

B 처분의 근거 및 이유를 구체적 조항과 내용까지 명시하지 않아도 위법이라 할 수 없다

「행정절차법」제23조 제1항이 "행정청은 처분을 하는 때에는 당사자에게 그 근거와 이유를 제시하여야 한다."고 규정하고 있는바 일반적으로 당사자가 근거규정 등을 명시하여 신청하는 인·허가 등을 거부하는 처분을 함에 있어 당사자가 그 근거를 알 수 있을 정도로 상당한 이유를 제시한 경우에는 당해 처분의 근거 및 이유를 구체적 조항 및 내용까지 명시하지 않았더라도 그로 말미암아 그 처분이 위법한 것이 된다고 할 수 없다(대판 2002.5.17. 2000두8912).

ⓑ **협력절차**: 행정행위의 성립에 타 기관 등의 협력절차가 요구되는 경우에는 그러한 절차를 준수하여야 한다.

관련 판례

B 건설부장관이 관계 중앙행정기관의 장과 협의를 거치지 아니하고 택지개발예정지구를 지정한 경우, 위 지정처분이 당연무효인지 여부(소극)

같은 법 제3조에서 건설부장관이 택지개발예정지구를 지정함에 있어 미리 관계중앙행정기관의 장과 협의를 하라고 규정한 의미는 그의 자문을 구하라는 것이지 그 의견을 따라 처분을 하라는 의미는 아니라 할 것이므로 이러한 협의를 거치지 아니하였다고 하더라도 이는 위 지정처분을 취소할 수 있는 원인이 되는 하자 정도에 불과하고 위 지정처분이 당연무효가 되는 하자에 해당하는 것은 아니다(대판 2000.10.13. 99두653).

ⓒ **사전통지**: 행정청은 당사자에게 의무를 부과하거나 권익을 제한하는 처분을 하는 경우에는 당사자 등에게 처분의 제목, 당사자의 성명 또는 명칭과 주소, 처분의 내용과 법적 근거 등에 관하여 「행정절차법」에 따라 통지하여야 한다(구체적인 내용은 행정절차에서 후술).

ⓓ **의견청취**
ⅰ) 행정청은 법령에 청문규정·공청회 규정이 있거나 필요하다고 인정되는 경우에는 청문이나 공청회를 「행정절차법」 규정에 의해 실시하여야 한다.
ⅱ) 행정청은 당사자에게 의무를 부과하거나 권익을 제한하는 처분을 함에 있어서 청문을 실시하거나 공청회를 개최하는 경우가 아니면, 「행정절차법」에 의해 의견제출의 기회를 제공하여야 한다.

관련 판례

B 청문절차를 위반한 처분은 위법하여 취소에 해당한다

행정청이 영업허가 취소 등의 처분을 하려면 반드시 사전에 청문절차를 거쳐야 하고 당해 영업자가 청문을 포기한 경우가 아니한 청문절차를 거치지 않고 한 영업소폐쇄명령은 위법하며 취소사유에 해당한다(대판 1983.6.14. 83누14).

ⓔ **형식에 관한 요건**: 행정행위가 요식행위인 경우, 소정의 형식을 갖추어 행해져야 한다
(**예** 필요적 통지, 행정처분의 이유부기, 불복신청의 고지 등).

> 관련 판례

B 행정청의 처분의 방식을 규정한 「행정절차법」 제24조를 위반하여 행해진 행정청의 처분이 무효인지 여부(원칙적 적극)

> 집합건물 중 일부 구분건물의 소유자인 피고인이 관할 소방서장으로부터 소방시설 불량사항에 관한 시정보완명령을 받고도 따르지 아니하였다는 내용으로 기소된 사안에서, 담당 소방공무원이 행정처분인 위 명령을 구술로 고지한 것은 「행정절차법」 제24조를 위반한 것으로 하자가 중대하고 명백하여 당연무효이고, 무효인 명령에 따른 의무 위반이 생기지 아니하는 이상 피고인에게 명령 위반을 이유로 「소방시설 설치유지 및 안전관리에 관한 법률」 제48조의2 제1호에 따른 행정형벌을 부과할 수 없는데도, 이와 달리 위 명령이 유효함을 전제로 유죄를 인정한 원심판결에는 행정처분의 무효와 행정형벌의 부과에 관한 법리오해의 위법이 있다(대판 2011.11.10. 2011도11109).

B 행정처분의 처분 방식에 관한 「행정절차법」 제24조 제1항을 위반한 처분이 무효인지 여부(적극)

> 행정절차에 관한 일반법인 「행정절차법」은 제24조 제1항에서 "행정청이 처분을 할 때에는 다른 법령 등에 특별한 규정이 있는 경우를 제외하고는 문서로 하여야 하며, 전자문서로 하는 경우에는 당사자 등의 동의가 있어야 한다. 다만, 신속히 처리할 필요가 있거나 사안이 경미한 경우에는 말 또는 그 밖의 방법으로 할 수 있다."라고 정하고 있다. 이 규정은 처분내용의 명확성을 확보하고 처분의 존부에 관한 다툼을 방지하여 처분상대방의 권익을 보호하기 위한 것이므로, 이를 위반한 처분은 하자가 중대·명백하여 무효이다(대판 2019.7.11. 2017두38874).

B 명예전역 선발을 취소하는 처분은 「행정절차법」 제24조 제1항에 따라 문서로 해야 하는지 여부(적극)

> 「행정절차법」 제15조 제1항, 제24조 제1항, 「공무원임용령」 제6조 제3항, 「공무원 인사기록·통계 및 인사사무 처리 규정」 제26조 제1항의 규정에 따르면, 명예전역 선발을 취소하는 처분은 당사자의 의사에 반하여 예정되어 있던 전역을 취소하고 명예전역수당의 지급 결정 역시 취소하는 것으로서 임용에 준하는 처분으로 볼 수 있으므로, 「행정절차법」 제24조 제1항에 따라 문서로 해야 한다(대판 2019.5.30. 2016두49808).

② **외부적 성립요건**: 내부적 요건을 모두 충족하더라도 외부에 표시되어야 한다. 외부에 표시되지 않으면 행정행위의 부존재이다.

> 관련 판례

A 행정행위의 성립은 외부에 공식적 방법을 통해 표시했는지에 의해 판단 [24 국회직 9급, 21 국가직 9급, 21 소방직, 18 국회직 8급, 13 지방직 9급] **01 02 03**

> 일반적으로 처분이 주체·내용·절차와 형식의 요건을 모두 갖추고 외부에 표시된 경우에는 처분의 존재가 인정된다. 행정의사가 외부에 표시되어 행정청이 자유롭게 취소·철회할 수 없는 구속을 받게 되는 시점에 처분이 성립하고, 그 성립 여부는 행정청이 행정의사를 공식적인 방법으로 외부에 표시하였는지를 기준으로 판단해야 한다(대판 2019.7.11. 2017두38874).

(2) 효력요건

> **결정적 코멘트** 처분의 효력발생시기는 처분의 방식에 따라 다르다. 처분방식마다의 효력시점을 파악하여야 하며, 특히 고시공고에 의한 경우도 사안에 따라 달리 구분하여 암기하여야 한다.

① **원칙**: 행정행위는 법규 또는 부관(정지조건·시기)에 의한 제한이 있는 경우를 제외하고는 성립과 동시에 효력이 발생하는 것이 원칙이다.

> 개념확인 O/X

01 행정의사가 외부에 표시되어 행정청이 자유롭게 취소·철회할 수 없는 구속을 받게 되는 시점에 처분이 성립하고, 그 성립 여부는 행정청이 행정의사를 공식적인 방법으로 외부에 표시하였는지를 기준으로 판단해야 한다. 24 국회9급 (O / X)

02 (구)「중기관리법」에 「도로교통법 시행령」 제86조 제3항 제4호와 같은 운전면허의 취소·정지에 대한 통지에 관한 규정이 없다면 중기조종사면허의 취소나 정지는 상대방에 대한 통지를 요하지 아니한다고 할 수 있고 행정행위의 일반원칙에 따라 이를 상대방에게 고지하여야 효력이 발생한다고 볼 수 없다. 18 국회8급 (O / X)

03 면허관청이 운전면허정지처분을 하면서 통지서에 의하여 면허정지사실을 통지하지 아니하거나 처분집행예정일 7일 전까지 이를 발송하지 아니한 경우에는 절차와 형식을 갖추지 아니한 조치로서 효력이 없으나, 면허관청이 임의로 출석한 상대방의 편의를 위하여 구두로 면허정지사실을 알렸다면 운전면허정지처분의 효력이 인정된다. 13 지방9급 (O / X)

| 정답 | 01 O 02 X 03 X

개념확인 O/X

01 상대방 있는 행정처분이 상대방에게 고지되지 아니한 경우에는 상대방이 다른 경로를 통해 행정처분의 내용을 알게 되었다고 하더라도 행정처분의 효력이 발생한다고 볼 수 없다.
24 국회9급 (O / X)

02 행정청이 처분을 할 때에는 다른 법령 등에 특별한 규정이 있는 경우를 제외하고는 문서로 하여야 하며, 전자문서로 하는 경우에는 당사자 등의 동의가 있어야 한다. 다만, 신속히 처리할 필요가 있거나 사안이 경미한 경우에는 말 또는 그 밖의 방법으로 할 수 있다.
13 지방9급 (O / X)

03 교부에 의한 송달은 수령확인서를 받고 문서를 교부함으로써 하며, 송달하는 장소에서 송달받을 자를 만나지 못한 경우에는 그 사무원·피용자 또는 동거인으로서 사리를 분별할 지능이 있는 사람에게 문서를 교부할 수 있다.
17 서울9급 (O / X)

04 정보통신망을 이용한 송달은 송달받을 자가 동의하는 경우에만 할 수 있고, 이 경우 송달받을 자가 지정한 컴퓨터 등에 입력된 때에 도달된 것으로 본다.
24 국회9급 (O / X)

05 처분의 성질이 신속을 요하는 경우, 송달받을 자의 동의 없이도 정보통신망을 이용한 송달이 가능하다.
(O / X)

06 정보통신망을 이용한 송달은 송달받을 자의 동의 여부와 상관없이 허용된다.
17 서울9급 (O / X)

07 판례는 내용증명우편이나 등기우편과는 달리 보통우편의 방법으로 발송되었다는 사실만으로는 그 우편물이 상당한 기간 내에 도달하였다고 추정할 수 없고, 송달의 효력을 주장하는 측에서 증거에 의하여 이를 입증하여야 한다고 본다.
17 서울9급 (O / X)

08 등기에 의한 우편송달의 경우라도 수취인이 주민등록지에 실제로 거주하지 않는 경우에는 우편물의 도달사실을 처분청이 입증해야 한다.
18 국가9급 (O / X)

② 예외: 상대방에 대한 통지를 요하는 행정행위에 있어서는 고지에 의하여 비로소 효력이 발생한다. 01
  ㉠ 수령을 요하는 행정행위인 경우: 상대방에게 고지(통지)하여 도달해야 하고, 대화자 간에는 구술로도 가능하며, 격지자 간에는 서면통지(고지)에 의하여 상대방이 요지할 수 있는 객관적 상태에 놓이면 도달된 것으로 본다. 02
    ⓐ 우편에 의할 경우 등기우편의 도달 추정: 통상우편으로 발송된 재심청구기간 결정통지서가 반송되지 않았다는 사실만 가지고 발송일로부터 일정기간 내에 배달되었다고 추정할 수는 없고, 등기우편으로 발송된 경우에 반송되거나 기타 특별한 사정이 없는 한 수취인에게 배달되었다고 볼 수 있다고 우리법원은 판시하고 있다(대판 1977. 2.22. 76누265).
    ⓑ 송달: 송달은 우편, 교부 또는 정보통신망 이용 등의 방법으로 하되, 송달받을 자(대표자 또는 대리인을 포함한다. 이하 같다)의 주소·거소(居所)·영업소·사무소 또는 전자우편주소(이하 '주소등'이라 한다)로 한다. 다만, 송달받을 자가 동의하는 경우에는 그를 만나는 장소에서 송달할 수 있다.
    ⓒ 교부에 의한 송달: 교부에 의한 송달은 수령확인서를 받고 문서를 교부함으로써 하며, 송달하는 장소에서 송달받을 자를 만나지 못한 경우에는 그 사무원·피용자(被傭者) 또는 동거인으로서 사리를 분별할 지능이 있는 사람(이하 '사무원 등'이라 한다)에게 문서를 교부할 수 있다. 03
    ⓓ 정당한 사유 없이 수령을 거절하는 경우: 문서를 송달받을 자 또는 그 사무원 등이 정당한 사유 없이 송달받기를 거부하는 때에는 그 사실을 수령확인서에 적고, 문서를 송달할 장소에 놓아둘 수 있다(「행정절차법」 제14조 제2항).
    ⓔ 정보통신망을 이용한 송달: 송달받을 자가 동의하는 경우에만 한다. 이 경우 송달받을 자는 송달받을 전자우편주소 등을 지정하여야 한다. 이 경우에는 송달받을 자가 지정한 컴퓨터 등에 입력된 때에 도달된 것으로 본다. 04 05 06

관련 판례

B 보통우편에 의한 송달의 경우 도달된 것으로 추정할 수 없다 [17 서울시 9급] 07

통상우편의 방법에 의하여 발송된 대일 민가청구권 재심사 청구기각결정 통지서가 반송되지 않았다 하여도 이 사실만 가지고 발송일로부터 일정한 기간 내에 필연코 원고들에게 배달되었다고 추정할 만한 우편제도상이나 일반 실태상의 보장도 희박하다(대판 1977.2.22. 76누263).

A 전입신고지에 실제로 거주하지 않는 경우에 우편물이 도달되었다고 추정할 수 없다 [20 국회직 8급, 18 국가직 9급] 08

수취인이나 그 가족이 주민등록지에 실제로 거주하고 있지 아니하면서 전입신고만을 해 둔 경우에는 그 사실만으로써 주민등록지 거주자에게 송달수령의 권한을 위임하였다고 보기는 어려울 뿐 아니라 수취인이 주민등록지에 실제로 거주하지 아니하는 경우에도 우편물이 수취인에게 도달하였다고 추정할 수는 없고, … (중략) … 납세의무자에게 송달된 것이라고 볼 수는 없다(대판 1998. 2.13. 97누8977).

| 정답 | 01 O 02 O 03 O 04 O 05 X 06 X 07 O 08 O

🅑 납세고지서 송달에 있어서 반드시 현실적인 수령행위를 전제로 하는지 여부 및 납세자가 과세처분의 내용을 이미 알고 있는 경우에도 납세고지서 송달이 필요한지 여부 [13 지방직 9급] 01

> 납세고지서의 교부송달 및 우편송달에 있어서는 반드시 납세의무자 또는 그와 일정한 관계에 있는 사람의 현실적인 수령행위를 전제로 하고 있다고 보아야 하며, 납세자가 과세처분의 내용을 이미 알고 있는 경우에도 납세고지서의 송달이 불필요하다고 할 수는 없다(대판 2004. 4. 9. 2003두13908).

🅑 공정거래위원회가 국내에 주소·거소·영업소 또는 사무소가 없는 외국사업자에 대하여 우편송달의 방법으로 문서를 송달할 수 있는지 여부(적극)

> (구)「독점규제 및 공정거래에 관한 법률」제55조의2 및 이에 근거한 공정거래위원회 회의운영 및 사건절차 등에 관한 규칙 제3조 제2항에 의하여 준용되는 (구)「행정절차법」제14조 제1항은 문서의 송달방법의 하나로 우편송달을 규정하고 있고, 「행정절차법」제16조 제2항은 외국에 거주 또는 체류하는 자에 대한 기간 및 기한은 행정청이 그 우편이나 통신에 소요되는 일수를 감안하여 정하여야 한다고 규정하고 있는 점 등에 비추어 보면, 피고는 국내에 주소·거소·영업소 또는 사무소(이하 '주소 등'이라 한다)가 없는 외국사업자에 대하여도 우편송달의 방법으로 문서를 송달할 수 있다(대판 2006. 3. 23. 2003두11124).

🅑 상대방이 그 내용을 현실적으로 알아야 할 필요는 없고 알 수 있는 객관적 상태에 있으면 도달로 본다
[19 국회직 8급, 18 국가직 9급, 17 서울시 9급] 02 03 04

> 행정처분의 효력발생요건으로서의 도달이란 그 내용을 현실적으로 알아야 할 필요까지는 없고 다만, 알 수 있는 상태에 놓여짐으로써 충분하다. 따라서 원고의 처가 원고의 주소지에서 원고에 대한 파면처분통지서를 수령하였다면 그 처가 이를 교도소에 수감 중인 원고에게 전달치 아니하고 폐기해 버렸더라도 원고의 처가 통지서를 수령한 때에 원고가 그 내용을 알 수 있는 상태에 있었다고 할 수 있다(대판 1989. 9. 26. 89누4963).

🅑 아르바이트 직원이 납부고지서를 수령한 경우, 납부의무자는 그때 부과처분이 있음을 알았다고 추정할 수 있다

> 처분에 관한 서류가 당사자의 주소지에 송달되는 등 사회통념상 처분이 있음을 당사자가 알 수 있는 상태에 놓여진 때에는 반증이 없는 한 그 처분이 있음을 알았다고 추정할 수 있으므로(대판 1995. 11. 24. 95누11535 참조), 위와 같이 원고의 주소지에서 원고의 아르바이트 직원이 납부고지서를 수령한 이상, 원고로서는 그때 처분이 있음을 알 수 있는 상태에 있었다고 볼 수 있고, 따라서 원고는 그때 처분이 있음을 알았다고 추정함이 상당하다(대판 1999. 12. 28. 99두9742).

🅑 아파트 경비원이 과징금부과처분의 납부고지서를 수령한 경우

> 아파트 경비원이 관례에 따라 부재중인 납부의무자에게 배달되는 과징금부과처분의 납부고지서를 수령한 경우, 경비원이 위 납부고지서를 수령한 때에 위 부과처분이 있음을 알았다고 하더라도 이로써 납부의무자 자신이 그 부과처분이 있음을 안 것과 동일하게 볼 수 없다(대판 2002. 8. 27. 2002두3850).

🅑 사회통념상 처분이 있음을 처분상대방이 알 수 있는 상태에 놓인 때에 처분상대방이 처분이 있음을 알았다고 추정할 수 있는지 여부(원칙적 적극) 및 우편물이 등기취급의 방법으로 발송된 경우 그 무렵 수취인에게 배달되었다고 추정할 수 있는지 여부(원칙적 적극)

> 「행정소송법」제20조 제1항이 정한 제소기간의 기산점인 '처분 등이 있음을 안 날'이란 통지, 공고 기타의 방법에 의하여 당해 처분 등이 있었다는 사실을 현실적으로 안 날을 의미하므로, 행정처분이

개념확인 O/X

01 납세고지서의 교부송달 및 우편송달에 있어서 반드시 납세의무자 또는 그와 일정한 관계에 있는 사람의 현실적인 수령행위를 전제로 하고 있다고 보아야 하며, 납세자가 과세처분의 내용을 이미 알고 있는 경우에도 납세고지서의 송달이 불필요하다고 할 수 없다.
13 지방9급 (O / X)

02 처분의 통지는 행정처분을 상대방에게 표시하는 것으로서 상대방이 인식할 수 있는 상태에 둠으로써 족하고, 객관적으로 보아 행정처분으로 인식할 수 있도록 고지하면 된다.
18 국가9급 (O / X)

03 행정행위의 효력발생요건으로서의 도달은 상대방이 그 내용을 현실적으로 알 필요까지는 없고, 다만 알 수 있는 상태에 놓여짐으로써 충분하다.
17 서울9급 (O / X)

04 보통의 행정행위는 상대방이 수령하여야만 효력이 발생하는 것이므로 상대방이 그 행정행위를 현실적으로 알고 있어야 한다.
19 국회8급 (O / X)

| 정답 | 01 O 02 O 03 O 04 X

| 개념확인 O/X |

상대방에게 고지되어 상대방이 이러한 사실을 인식함으로써 행정처분이 있다는 사실을 현실적으로 알았을 때 「행정소송법」 제20조 제1항이 정한 제소기간이 진행한다고 보아야 하고, 처분서가 처분상대방의 주소지에 송달되는 등 사회통념상 처분이 있음을 처분상대방이 알 수 있는 상태에 놓인 때에는 반증이 없는 한 처분상대방이 처분이 있음을 알았다고 추정할 수 있다. 또한 <u>우편물이 등기취급의 방법으로 발송된 경우 그것이 도중에 유실되었거나 반송되었다는 등의 특별한 사정에 대한 반증이 없는 한 그 무렵 수취인에게 배달되었다고 추정할 수 있다</u>(대판 2017.3.9. 2016두60577).

ⓒ 공고에 의한 경우
ⓐ 「행정절차법」상 공고: 송달받을 자의 주소 등을 통상적인 방법으로 확인할 수 없는 경우, 송달이 불가능한 경우에는 공고에 의한다. 이 경우에 관보, 공보, 게시판, 일간신문 중 하나 이상에 공고하고, 인터넷에도 공고하여야 한다. 「행정절차법」에 의하면 특별한 규정이 있는 경우를 제외하고는 공고일로부터 14일이 지난 때에 효력이 발생한다. 다만, 긴급히 시행하여야 할 특별한 사유가 있어 효력발생시기를 달리 정하여 공고한 경우에는 그에 의한다. 01

01 「행정절차법」에 의하면 송달받을 자의 주소를 확인할 수 없는 경우에만 고시 또는 공고의 방법에 의한다.
(O / X)

| 관련 법령 |

「행정절차법」 제14조 【송달】 ④ 다음 각 호의 어느 하나에 해당하는 경우에는 송달받을 자가 알기 쉽도록 관보, 공보, 게시판, 일간신문 중 하나 이상에 공고하고 인터넷에도 공고하여야 한다.
  1. 송달받을 자의 주소 등을 통상적인 방법으로 확인할 수 없는 경우
  2. 송달이 불가능한 경우
⑤ 제4항에 따른 공고를 할 때에는 민감정보 및 고유식별정보 등 송달받을 자의 개인정보를 「개인정보 보호법」에 따라 보호하여야 한다.
제15조 【송달의 효력발생】 ③ 제14조 제4항의 경우에는 다른 법령 등에 특별한 규정이 있는 경우를 제외하고는 공고일부터 14일이 지난 때에 그 효력이 발생한다. 다만, 긴급히 시행하여야 할 특별한 사유가 있어 효력발생시기를 달리 정하여 공고한 경우에는 그에 따른다.

ⓑ 「행정업무의 운영 및 혁신에 관한 규정」(대통령령)에 의한 공고문서: 고시·공고 등 행정기관이 일정한 사항을 일반에게 알리는 문서인 공고문서는 그 문서에서 효력발생시기를 구체적으로 밝히고 있지 않으면 그 고시 또는 공고 등이 있은 날부터 5일이 경과한 때에 효력이 발생한다고 규정하고 있다.

| 관련 법령 |

「행정업무의 운영 및 혁신에 관한 규정」 제6조 【문서의 성립 및 효력발생】 ③ 제2항에도 불구하고 공고문서는 그 문서에서 효력발생시기를 구체적으로 밝히고 있지 않으면 그 고시 또는 공고 등이 있은 날부터 5일이 경과한 때에 효력이 발생한다.

| 관련 판례 |

🅑 특정인에 대한 행정처분을 주소불명 등의 이유로 송달할 수 없어 관보 등에 공고한 경우, 상대방이 그 처분이 있음을 안 날(= 현실적으로 안 날)

「행정소송법」 제20조 제1항 소정의 제소기간 기산점인 '처분이 있음을 안 날'이라 함은 당사자가 통지, 공고 기타의 방법에 의하여 당해 처분이 있었다는 사실을 현실적으로 안 날을 의미하는바, 특정인에 대한 행정처분을 주소불명 등의 이유로 송달할 수 없어 관보·공보·게시판·일간신문 등에 공고한 경우에는, 공고가 효력을 발생하는 날에 상대방이 그 행정처분이 있음을 알았다고 볼 수는

| 정답 | 01 X

없고, 상대방이 당해 처분이 있었다는 사실을 현실적으로 안 날에 그 처분이 있음을 알았다고 보아야 한다(대판 2006.4.28. 2005두14851).

A 불특정 다수인을 상대로 공고한 경우 이해관계인이 처분을 안 날(= 고시공고 효력일) [24 국회직 9급, 20 국가직 9급, 18 국가직 9급, 11 지방직 9급] 01 02

(구)「청소년 보호법」에 따른 청소년유해매체물 결정 및 고시처분은 당해 유해매체물의 소유자 등 특정인만을 대상으로 한 행정처분이 아니라 일반 불특정 다수인을 상대방으로 하여 일률적으로 표시의무, 포장의무, 청소년에 대한 판매·대여 등의 금지의무 등 각종 의무를 발생시키는 행정처분으로서, 정보통신윤리위원회가 특정 인터넷 웹사이트를 청소년유해매체물로 결정하고 청소년보호위원회가 효력발생시기를 명시하여 고시함으로써 그 명시된 시점에 효력이 발생하였다고 봄이 상당하고, 정보통신윤리위원회와 청소년보호위원회가 위 처분이 있었음을 위 웹사이트 운영자에게 제대로 통지하지 아니하였다고 하여 그 효력 자체가 발생하지 아니한 것으로 볼 수는 없다(대판 2007. 6.14. 2004두619).

ⓒ **조건부 행정행위**: 정지조건부 행정행위는 조건성취 시로부터, 시기부 행정행위는 기한이 도래한 때부터 행정청의 별도 의사표시 없이 효력이 발생한다.
ⓓ **법정발효요건**: 법률에서 행정행위의 효력발생에 관한 특별한 규정이 있는 경우는 그 법정사유가 이루어져야 행정행위효력이 발생한다(예 귀화의 허가는 관보에의 고시, 광업권설정은 광업원부에의 등록이 요건).

2 행정행위의 발효

(1) 요건구비의 효과

행정행위가 성립하고 그 효력발생요건을 구비하면 일반적으로는 구속력, 공정력, 확정력, 자력집행력 등의 효력이 발생한다.

(2) 요건불비의 효과

성립요건과 효력요건을 구비하지 못할 경우에는 하자 있는 행정행위로서 무효·취소 또는 부존재로서 행정행위의 결효가 된다.

06 행정행위의 효력

행정행위는 유효한 성립요건 등을 갖추어 발령하게 되면 성립에 비록 하자가 있다고 해도 그 하자의 정도가 중대하고 명백하여 당연무효인 경우가 아니라면 실체적 구속력, 공정력, 구성요건적 효력, 확정력, 강제력 등의 효력을 갖게 된다. 이러한 효력은 행정행위의 본질적 속성에서 기인하는 것은 아니며, 법에 의해 부여된 효력이다. 다만, 처분의 하자가 중대명백하여 당연무효인 경우에는 이러한 효력은 인정될 수 없다.

개념확인 O/X

01 (구)「청소년 보호법」에 따라 정보통신윤리위원회가 특정 웹사이트를 청소년유해매체물로 결정하고 청소년보호위원회가 효력발생시기를 명시하여 고시하였으나 정보통신윤리위원회와 청소년보호위원회가 웹사이트 운영자에게는 위 처분이 있었음을 통지하지 않았다면 그 효력이 발생하지 않는다.
18 국가9급 (O / X)

02 통상 고시 또는 공고에 의하여 행정처분을 하는 경우에는 행정처분에 이해관계를 갖는 자가 고시 또는 공고가 있었다는 사실을 현실적으로 알았는지 여부에 관계없이 고시가 효력을 발생하는 날에 행정처분이 있음을 알았다고 보아야 한다.
24 국회9급 (O / X)

| 정답 | 01 X 02 O

1 구속력

① 행정행위가 성립요건·효력발생요건을 구비하면 법률행위적 행정행위의 경우는 효과의사의 내용에 따라, 준법률행위적 행정행위의 경우는 법이 정하는 바에 따라 일정한 효과를 발생하여 행정주체와 관계인을 구속하는 힘(실체적 효력)을 가지게 되는데 이를 행정행위의 구속력이라 한다.
② 구속력이 미치는 대상과 범위는 개개 행정행위의 내용에 따라 다르나, 모든 행정행위의 공통된 효력으로서 보통 행정행위의 효력이라고 할 경우 구속력을 말한다. 구속력은 실체적 효력이다(공정력은 절차적 효력).
③ 구속력은 모든 법적 행위에 발생하는 효력으로서 행정행위만의 특수한 효력이라 할 수 없다(예 공법상 계약에서 계약의 당사자는 계약의 실체적 내용에 따라야 한다).
④ 행정행위의 경우에는 하자가 있어도 당연무효가 아니라면 공정력의 효력을 토대로 구속력이 인정되는데, 이를 공정력은 구속력을 잠정적으로 통용시키는 힘이라 한다.

2 공정력(예선적 효력) 빈출

결정적 코멘트 ▶ 공정력의 개념에 관한 정확한 이해가 없으면 관련된 판례(선결문제)를 이해하기 쉽지 않고 문제해결이 어렵다. 공정력의 개념과 선결문제에 대한 철저한 이해를 요하는 단원이다.

(1) 개설

행정행위는(비행정행위는 공정력이 없다) 비록 그 성립이 위법·부당하여 하자가 있을지라도 하자가 중대·명백하여 당연무효인 경우를 제외하고는(무효에 공정력이 없다) 권한 있는 기관이 취소하기까지는(권한 있는 기관 ⇨ 취소권자) 일단 유효하다는 추정을 받아 상대방은 물론 제3자 및 타행정청·법원까지도 구속하는 힘을 공정력 또는 예선적 효력이라고 한다(학문상 용어). 그러나 최근의 견해에 의하면 타 국가기관을 구속하는 힘을 구성요건적 효력이라 하기도 한다. 01 02

※ 공정력과 구성요건적 효력의 구분에 대해서는 행정법관계의 특질에서 전술하였음

심화 학습 공정력과 구속력의 비교

구속력은 행정행위의 내용에 따라 또는 직접 법이 정한 바에 의하여 일정한 효력이 발생하는 실체법상의 효력이며, 공정력은 그런 구속력을 승인시키는 절차적이고 잠정적인 효력이다.

관련 판례

B 개인택시운송사업면허 취소처분 등

[1] 개인택시운송사업자에게 운전면허 취소사유가 있으나 그에 따른 운전면허 취소처분이 이루어지지는 않은 경우, 관할관청이 개인택시운송사업면허를 취소할 수 없다.
[2] 개인택시운송사업자가 음주운전을 하다가 사망한 경우 망인의 운전면허를 취소하는 것은 불가능하고, 음주운전 그 자체는 개인택시운송사업면허의 취소사유가 될 수는 없으므로, 음주운전을 이유로 한 개인택시운송사업면허의 취소처분은 위법하다.
[3] 개인택시운송사업자가 음주운전을 하다가 사망한 후 상속인이 그 지위를 승계하기 위하여 상속신고를 한 사안에서, 관할관청이 망인의 음주운전을 이유로 상속 신고의 수리를 거부한 것은 위법하다(대판 2008.5.15. 2007두26001).

개념확인 O/X

01 영업허가취소처분의 취소를 구하는 소송에서 취소판결을 받은 경우 해당 영업허가취소처분은 처분 시에 소급하여 효력을 잃게 되므로 그 영업허가취소처분 이후의 영업행위는 무허가영업으로 볼 수 없다.
17 하반기 국가7급 (O / X)

02 영업허가취소처분이 행정쟁송에 의하여 취소되었다면, 영업허가취소 이후에 행한 영업에 대하여 무허가영업으로 처벌할 수 없다.
16 지방7급 (O / X)

| 정답 | 01 O 02 O

(2) 공정력의 근거

① **이론적 근거**: 공정력은 행정주체가 비록 위법한 행정행위를 했다 하더라도 당연무효가 아닌 한 행정쟁송을 거치거나 권한 있는 기관이 취소하기 전까지는 위법한 행정행위라도 유효한 것으로 본다. 때문에 공정력은 '위법은 무효로 만든다'는 일반원칙에서 벗어나 법치주의원리에 적합하지 않은 것으로 볼 수도 있다. 따라서 법치주의에 적합하지 않은 공정력을 인정하는 본질이 무엇인가에 대하여 정확한 제시가 있어야 할 것이다. 01

  ⊙ 자기확인설(O. Mayer)
    ⓐ 이 견해는 행정행위는 판결과 본질적으로 유사하다는 점에서 출발한다. 즉, 행정청이 자기의 권한 범위 내에서 행정행위를 행하면 그것은 동시에 그 행위의 효력이 적법한 것으로 스스로 확인한 것이고, 그 확인이 상대방과 제3자를 구속하는 힘을 가진다고 한다.
    ⓑ 또한 행정행위의 공정력을 행정행위에 내재된 고유한 것으로 보기 때문에 소송에서의 입증책임은 원고에게 있으며 선결문제로서 타 법원도 구속된다.
    ⓒ 관료적이고 권위적인 논리라는 점과 행정행위를 판결과 동일시하는 점은 오늘날 헌법체계에 부합하지 않는다는 비판을 받고 있다.
  ⓒ 국가권위설(E. Forsthoff): "행정행위는 국가권위의 표현으로서 준수를 요구한다. 행정행위는 국가권위가 유효성을 부여하기에 효력을 갖는다. 이 때문에 법률에 적합하지 않는 행정행위에 하자가 있다 하여도 반드시 무효인 것은 아니다. 따라서 하자 있는 행정행위의 효력이 의심스러울 때는 일단 유효한 것으로 추정한다."는 입장이다.
  ⓒ 예선적 효력설(프랑스): 예선적 특권이란 행정행위에 대하여 법원의 적법·위법의 판정이 있기 전에, 미리 행정청에게 그 자신의 행정결정에 대한 정당한 통용력을 인정하는 것을 말한다.
  ⓔ 행정정책설(법적 안정성설 – 통설)(Wolf, Bachof): 법치국가에서 위법한 행정행위가 효력을 갖는 근거는 "행정행위는 객관적인 법의 해석·적용에 관한 당국의 결정으로서, 그 행위의 신뢰에 모든 사람이 법적 안정성의 이익을 갖는다는 데 있다."라고 하여 법적 안정성을 공정력의 근거로 들고 있다. 또한 공정력은 행정행위 자체의 내재적 특수성에서 인정되는 것이 아니라, 행정목적의 능률적 수행·상대방이나 제3자의 신뢰보호 내지 법적 안정성 등 외재적 특수성인 정책적·기술적 이유에서 인정된다고 한다. 이 견해는 행정법관계의 안정성, 행정의 능률성이라는 정책적 관점에서 절차법상 행정청의 결정에 '잠정적 통용력'을 인정한 것이라고 한다. 02
  ⓜ 반사적 효력설: 이 견해는 다툼이 있는 행정행위의 취소는 취소소송에 의하여만 할 수 있도록 되어 있는데, 공정력을 이러한 취소소송의 배타적 관할제도에 따르는 반사적 효과로 보려는 입장이다.
  ⓑ 부정설(H. S. Kelsen): 국가행위는 법규를 통한 작용으로서 법규에 의해 국가에 귀속되므로 법규에 위반한 행위는 무효가 되어 국민을 구속할 수 없다고 한다.

② **실정법적 근거**
  ⊙ 「행정기본법」 규정: 처분의 효력에 대해 "처분은 권한이 있는 기관이 취소 또는 철회하거나 기간의 경과 등으로 소멸되기 전까지는 유효한 것으로 통용된다. 다만, 무효인 처분은 처음부터 그 효력이 발생하지 아니한다(제15조)."고 규정하고 있다.

개념확인 O/X

01 행정처분이 아무리 위법하다고 하여도 당연무효인 사유가 있는 경우를 제외하고는 아무도 그 하자를 이유로 무단히 그 효과를 부정하지 못한다.
21 군무원7급 (O / X)

02 행정처분에 인정되는 공정력의 이론적 근거에 관해서는 행정의 실효성 보장, 행정법관계의 안정성 유지 및 상대방의 신뢰보호의 필요성을 이유로 하는 법적 안정성설이 일반적인 입장이다.
(O / X)

ⓒ 기타 간접적 규정: 공정력이 있음으로 하여 존재할 수 있는 취소쟁송제도를 간접적으로 규정한 「행정심판법」이나 「행정소송법」에서 그 근거규정을 찾을 수 있다. 그 밖에 처분의 쟁송기간을 제한하고 있는 규정, 직권취소제도 및 자력집행제도 등을 공정력의 간접적 근거로 들 수 있다.

> **관련 법령**
>
> 「행정기본법」 제15조 【처분의 효력】 처분은 권한이 있는 기관이 취소 또는 철회하거나 기간의 경과 등으로 소멸되기 전까지는 유효한 것으로 통용된다. 다만, 무효인 처분은 처음부터 그 효력이 발생하지 아니한다.

(3) 공정력의 한계

공정력은 부당한 행위 또는 단순위법한 행정행위에 인정된다. 하지만 하자가 중대하고 명백하여 당연무효인 행정행위에는 인정되지 않는다. 또한 공정력은 행정행위에 발생하는 특수한 효력이기에 사법행위나 사실행위, 비권력적 공법작용(⑩ 관리행위)에는 발생하지 않는다.

(4) 공정력과 입증책임의 문제

① **자기확인설**: 공정력이 입증책임에 영향을 미치는가에 대하여 자기확인설의 입장에서는 위법성을 주장하는 원고에게 행정행위의 위법에 대한 입증책임이 있다고 본다.

② **법적 안정성설**: 현재 통설과 판례는 공정력과 입증책임은 무관하다고 한다(입증책임무관설). 따라서 입증책임의 소재는 「민사소송법」상의 입증책임에 의한 분배원칙(법률요건분류설)에 따라 결정해야 한다고 한다. 01 02

③ **법률요건분류설**: 법률요건분류설에 의하면 권리발생의 요건사실(권리발생·존재·유효사유)에 관하여는 행정청이, 권리장애의 요건사실(권리장애·멸각·부존재·무효·재량권의 남용·일탈사유)에 관하여는 원고 측이 입증책임을 지게 된다.

> **관련 판례**
>
> **항고소송에 있어서 행정처분의 적법성에 관한 입증책임** [21 군무원 7급]
>
> 「민사소송법」의 규정이 준용되는 행정소송에 있어서 입증책임은 원칙적으로 민사소송의 일반원칙에 따라 당사자 간에 분배되고 항고소송의 경우에는 그 특성에 따라 당해 처분의 적법을 주장하는 피고에게 그 적법사유에 대한 입증책임이 있다 할 것인바 피고가 주장하는 당해 처분의 적법성이 합리적으로 수긍할 수 있는 일응의 입증이 있는 경우에는 그 처분은 정당하다 할 것이며 이와 상반되는 주장과 입증은 그 상대방인 원고에게 그 책임이 돌아간다고 할 것이다(대판 1984.7.24. 84누124).
>
> **행정처분무효확인소송에 있어서 행정처분의 무효사유에 대한 주장·입증책임(= 원고)**
>
> 행정처분의 당연무효를 주장하여 그 무효확인을 구하는 행정소송에 있어서는 원고에게 그 행정처분이 무효인 사유를 주장·입증할 책임이 있다고 할 것이므로(대판 1992.3.10. 91누6030 등 참조), 원고들이 이 사건 처분의 무효확인을 구하려면, 그 전제가 되는 서울특별시의 1992.3.6.자 위 지적승인고시가, 원래 도시계획결정에는 도시계획구역에 포함되어 있지 않음이 명백한 이 사건 각 토지를 적법한 도시계획변경절차를 거치지 않은 채 도시계획구역에 새로이 포함시킴으로써 실질적인 도시계획변경을 초래하였다는 점을 주장·입증하여야 할 것이다(대판 2000.3.23. 99두11851).

개념확인 O/X

01 공정력은 행정행위의 실체법적인 적법성을 의미하므로, 취소소송에 있어서 입증책임의 분배에 영향을 미친다는 것이 일반적인 입장이다.
(O / X)

02 공정력의 근거를 적법성의 추정으로 보아 행정행위의 적법성은 피고인 행정청이 아니라 원고 측에 입증책임이 있다.
21 군무원7급 (O / X)

| 정답 | 01 X   02 X

(5) 공정력의 효과

① **적극적 효과**: 공정력이 있는 결과 행정행위가 위법하더라도 권한 있는 기관에 의하여 취소되지 않는 한, 유효한 것으로 추정되어 그에 따른 법률관계가 형성된다.

② **소극적 효과**: 행정행위가 위법하여 하자가 있는 경우에도 그 행정행위에 대한 취소소송 외의 쟁송수단에 의하여 그 행정행위의 효력을 부정하거나 그 내용과 대립 또는 모순되는 주장을 하지 못한다. 또한 위법한 행정행위라도 법정절차에 의하여 취소되지 않는 한 관계있는 모든 국가기관은 그 행정행위의 내용·효력에 구속된다.

③ **집행부정지 원칙**: 일부의 견해에 의하면 행정쟁송에서의 집행부정지를 행정처분의 공정력에서 찾고자 하나 그러한 경우 무효에 인정되는 집행부정지를 설명하기 곤란해진다. 행정정책설에 의하면 집행부정지는 공정력의 당연한 귀결로 확성할 수 있시 않고 입법정책상의 문제로 본다.

④ **자력집행력**: 위법한 행정행위일지라도 의무자가 이행하지 아니할 때에는 행정상 강제집행(강제징수·대집행)을 할 수 있다.

⑤ **항고쟁송**: 공정력이 인정되는 결과 행정행위의 위법·취소는 항고쟁송의 절차를 통해서만 다툴 수 있고 민사절차로는 허용되지 않는다.

(6) 공정력과 선결문제 [빈출]

① **문제의 의의**
  ㉠ 민사법원이나 형사법원에 관할하는 사건이 제기된 경우 해당 관할사건의 해결을 위하여 우선 행정행위의 효력이나 위법 여부를 심사하여야 할 문제가 발생하게 된다면 민사법원이나 형사법원이 행정행위의 취소 여부에 관한 권한 있는 기관이 아님에도 행정행위의 효력 등에 관하여 심사가 가능할 것인가의 문제가 발생하게 된다.
  ㉡ 즉, 행정행위가 처음부터 당연무효가 아닌 경우에는 공정력 또는 구성요건적 효력으로 일단 유효추정을 받기에 민사법원이나 형사법원이 이에 행정행위의 효력이나 위법 여부를 판단할 수 있는지가 문제되는 것이다.
  ㉢ 선결문제를 공정력에 관련된 문제로 볼 것인지, 구성요건적 효력과 관련된 문제로 볼 것인지는 공정력과 구성요건적 효력의 구분의 문제가 된다.
    ※ 선결문제란 특정한 행정행위의 위법 또는 효력의 유무가 다른 특정 사건의 재판에 있어서 먼저 해결되어야 하는 경우에 그 특정한 행정행위의 위법 또는 효력의 유무를 말한다. 공정력과 선결문제에서는 민·형사법원이 처분의 효력 등에 대한 판단을 말한다.

② **문제의 소재**: 현행법은 "처분 등의 효력 유무 또는 존재 여부가 민사소송의 선결문제로 되어 당해 민사소송의 수소법원이 이를 심리·판단하는 경우에는 …"(「행정소송법」 제11조 제1항)이라고 규정하여, 민사사건의 수소법원은 행정행위가 무효인 경우 선결문제로서 그 효력을 심사할 수 있음을 명문으로 인정하고 있지만, 행정행위가 무효가 아닌 취소의 경우와 형사사건의 경우에는 명문규정을 두지 않음으로써 그 해결을 학설·판례에 맡기고 있다.

> **관련 법령**
>
> 「행정소송법」 제11조 【선결문제】 ① 처분 등의 효력 유무 또는 존재 여부가 민사소송의 선결문제로 되어 당해 민사소송의 수소법원이 이를 심리·판단하는 경우에는 제17조, 제25조, 제26조 및 제33조의 규정을 준용한다.
> ② 제1항의 경우 당해 수소법원은 그 처분 등을 행한 행정청에게 그 선결문제로 된 사실을 통지하여야 한다.

개념확인 O/X

③ 선결문제
  ㉠ 민사사건의 경우
    ⓐ 행정행위의 효력이 선결문제인 경우(부당이득반환청구사건 등)
      ⅰ) 행정행위의 효력이 민사사건의 선결문제로서 문제되는 경우에 그것이 당연무효인 경우가 아닌, 취소사유인 하자를 지닌 경우에는 법원은 행정행위에 인정된 공정력(구성요건적 효력)에 의해 선결적으로 판단할 수 없다.
      ⅱ) 따라서 민사법원은 행정행위가 당연무효가 아니라면 해당 처분의 유효를 전제로 민사사건을 판단하여야 한다.

개념확인 O/X

01 행정처분이 당연무효임을 전제로 하여 민사소송을 제기한 때에는 그 행정처분이 당연무효인지의 여부가 선결문제이므로 법원은 이를 심사하여 그 행정처분의 하자가 당연무효라고 인정될 경우에는 이를 전제로 하여 판단할 수 있으나 그 하자가 단순한 취소사유에 그칠 때에는 법원은 그 효력을 부인할 수 없다.
17 하반기 국가7급 (O / X)

02 민사소송에서 어느 행정처분의 당연무효 여부가 선결문제로 되는 경우 행정소송 등의 절차에 의하여 그 취소나 무효확인을 받아야 한다.
23 지방7급 (O / X)

관련 판례

B 민사소송의 선결문제로서 처분의 효력이 무효인 경우와 취소인 경우 [23 지방직 7급, 17 하반기 국가직 7급]
01 02

> 국세 등의 부과 및 징수처분 등과 같은 행정처분이 당연무효임을 전제로 하여 민사소송을 제기한 때에는 그 행정처분의 당연무효인지의 여부가 선결문제이므로, 법원은 이를 심사하여 그 행정처분의 하자가 중대하고 명백하여 당연무효라고 인정될 경우에는 이를 전제로 하여 판단할 수 있으나 그 하자가 단순한 취소사유에 그칠 때에는 법원은 그 효력을 부인할 수 없다 할 것이다. … (중략) … 원천징수세액에 관하여는 행정처분이 따로 존재하지 아니하므로 그 전심절차나 행정소송을 제기할 대상이 되지 아니한다는 논지는 채용할 수 없다. 이러한 관계로 피고들의 위와 같은 납세고지처분이 당연무효가 되지 아니하는 한 원고가 피고들에게 대하여 이미 납입한 세금의 반환을 구하는 것은 「민법」상의 부당이득이 될 수도 없는 것이다(대판 1973. 7. 10. 70다1439).

A ❶ 「공유재산 및 물품 관리법」 제81조 제1항에 따른 변상금부과의 법적 성격(= 행정처분) ❷ 무단으로 공유재산 등을 사용·수익·점유하는 자가 변상금부과처분에 따라 변상금을 납부한 경우, 변상금부과처분이 당연무효이거나 행정소송을 통해 취소되기 전에 부당이득반환청구로써 납부액의 반환을 구할 수 있는지 여부(소극) [20 국회직 8급, 19 지방직 9급, 18 국가직 7급, 18 지방직 7급, 18 국회직 8급, 17 사회복지직 9급]

> 이러한 변상금의 부과는 관리청이 공유재산 중 일반재산과 관련하여 사경제 주체로서 상대방과 대등한 위치에서 사법상 계약인 대부계약을 체결한 후 그 이행을 구하는 것과 달리 관리청이 공권력의 주체로서 상대방의 의사를 묻지 않고 일방적으로 행하는 행정처분에 해당한다. 그러므로 만일 무단으로 공유재산 등을 사용·수익·점유하는 자가 관리청의 변상금부과처분에 따라 그에 해당하는 돈을 납부한 경우라면 위 변상금부과처분이 당연무효이거나 행정소송을 통해 먼저 취소되기 전에는 사법상 부당이득반환청구로써 위 납부액의 반환을 구할 수 없다(대판 2013. 1. 24. 2012다79828).

B 수용재결이 있은 후에 수용대상 토지에 숨은 하자가 발견되었으나 기업자가 불복절차를 취하지 않음으로써 그 재결에 대하여 더 이상 다툴 수 없게 된 경우, 기업자가 민사소송절차로 토지소유자에게 부당이득의 반환을 구할 수 있는지 여부(소극)

> 수용재결이 있은 후에 수용대상 토지에 숨은 하자가 발견되는 때에는 불복기간이 경과되지 아니한 경우라면 공평의 견지에서 기업자는 그 하자를 이유로 재결에 대한 이의를 거쳐 손실보상금의 감액을 내세워 행정소송을 제기할 수 있다고 보는 것이 상당하나, 이러한 불복절차를 취하지 않음으로써 그 재결에 대하여 더 이상 다툴 수 없게 된 경우에는 기업자는 그 재결이 당연무효이거나 취소되지 않는 한 재결에서 정한 손실보상금의 산정에 있어서 위 하자가 반영되지 않았다는 이유로 민사소송절차로 토지소유자에게 부당이득의 반환을 구할 수는 없다(대판 2001. 1. 16. 98다58511).

정답 | 01 O 02 X

Ⓐ 행정처분의 취소를 구하는 취소소송에 당해 처분의 취소를 선결문제로 하는 부당이득반환청구가 병합된 경우, 그 청구가 인용되려면 소송절차에서 당해 처분의 취소가 확정되어야 하는 것은 아니다 [24 국회직 8급, 19 지방직 9급, 17 하반기 국가직 7급] 01 02 03

> 「행정소송법」 제10조는 처분의 취소를 구하는 취소소송에 당해 처분과 관련되는 부당이득반환소송을 관련 청구로 병합할 수 있다고 규정하고 있는바, 이 조항을 둔 취지에 비추어 보면, 취소소송에 병합할 수 있는 당해 처분과 관련되는 부당이득반환소송에는 당해 처분의 취소를 선결문제로 하는 부당이득반환청구가 포함되고, 이러한 부당이득반환청구가 인용되기 위해서는 그 소송절차에서 판결에 의해 당해 처분이 취소되면 충분하고 그 처분의 취소가 확정되어야 하는 것은 아니라고 보아야 한다(대판 2009. 4. 9. 2008두23153).

ⓑ 행정행위의 위법 여부가 선결문제인 경우(국가배상사건 등)
ⓘ 행정행위의 위법성 여부가 민사사건의 선결문제로서 문제되는 경우에 민사법원이 그 위법성 여부에 대한 심사 내지 판단을 할 수 있는지에 대해서 부당이득반환청구사건과는 달리 위법성에 대한 심사 내지 판단을 할 수 있다는 것이 다수설·판례이다.
ⓘⓘ 이 경우에는 법원이 행정처분의 효력 자체를 부인(취소)하는 것은 아니므로 행정처분의 공정력(구성요건적 효력)에 저촉되는 것은 아니기 때문이라고 한다(다수설, 판례).
ⓘⓘⓘ 민사법원은 처분의 위법 여부를 판단하여 민사사건을 판단할 수 있다.

관련 판례

Ⓑ 처분이 취소되지 않아도 위법을 이유로 배상을 청구할 수 있다 [24 국회직 8급, 23 지방직 7급, 16 국가직 7급, 16 지방직 7급] 04 05 06

> 계고처분이 위법임을 이유로 배상을 청구하는 취지가 인정될 수 있는 사건에 있어, 미리 그 행정처분의 취소판결이 있어야만 그 위법임을 이유로 피고에게 배상을 청구할 수 있는 것은 아니다(대판 1972. 4. 28. 72다337).

Ⓐ 손해배상을 위해 처분의 취소를 구할 소의 이익은 없다 [20 국회직 8급, 19 국가직 9급, 17 사회복지직 9급, 16 국가직 7급, 16 지방직 7급, 13 국가직 9급]

> 위법한 행정처분의 취소를 구하는 소는 위법한 처분에 의하여 발생한 위법상태를 배제하여 원상으로 회복시키고, 그 처분으로 침해되거나 방해받은 권리와 이익을 보호·구제하고자 하는 소송이므로, 처분 후의 사정에 의하여 권리와 이익의 침해 등이 해소된 경우에는 그 처분의 취소를 구할 소의 이익이 없다 할 것이고, 설령 그 처분이 위법함을 이유로 손해배상청구를 할 예정이라고 하더라도 달리 볼 것이 아니다(대판 2005. 5. 13. 2004두4369).

ⓒ 형사사건의 경우
ⓐ 행정행위의 효력이 선결문제인 경우(무면허운전 등): 행정처분이 당연무효가 아닌 경우에 형사법원은 처분의 효력을 우선 해결하여야 할 형사사건에서 처분의 효력을 부정할 수 없어 처분의 유효를 전제로 형사사건을 처리하여야 한다.

개념확인 O/X

01 과세처분의 하자가 단지 취소할 수 있는 정도에 불과할 때에는 과세관청이 이를 스스로 취소하거나 행정쟁송절차에 의하여 취소되지 않는 한 그로 인한 조세의 납부가 부당이득이 된다고 할 수 없다.
19 지방9급 (O/X)

02 과세처분의 하자가 단지 취소할 수 있는 정도에 불과할 때에는 과세관청이 이를 스스로 취소하거나 항고소송절차에 의하여 취소되지 않는 한 그로 인한 조세의 납부가 부당이득이 되지 않는다.
24 국회8급 (O/X)

03 행정처분의 취소를 구하는 취소소송에서 그 처분의 취소를 선결문제로 하는 부당이득반환청구가 병합된 경우, 그 청구의 인용을 위해서는 그 소송절차에서 판결에 의해 당해 처분이 취소되면 충분하고 그 처분의 취소가 확정되어야 할 필요는 없다.
17 하반기 국가7급 (O/X)

04 위법한 행정대집행이 완료되면 계고처분의 무효확인 또는 취소를 구할 소의 이익은 없다 하더라도, 미리 그 계고처분의 취소판결이 있어야만 그 계고처분이 위법임을 이유로 손해배상청구를 할 수 있는 것은 아니다.
16 국가7급 (O/X)

05 미리 행정처분에 대한 취소판결이 있어야만 그 행정처분이 위법임을 이유로 한 국가배상청구를 할 수 있는 것은 아니다.
24 국회8급 (O/X)

06 계고처분이 위법한 경우 행정대집행이 완료되면 그 처분의 취소를 구할 소의 이익은 없다 하더라도, 미리 그 행정처분의 취소판결이 있어야만 그 행정처분의 위법임을 이유로 한 손해배상청구를 할 수 있는 것은 아니다.
23 지방7급 (O/X)

개념확인 O/X

01 연령미달의 결격자인 피고인이 소외인의 이름으로 운전면허시험에 응시·합격하여 운전면허를 취득한 후 차를 운전하였다가 무면허운전죄로 기소되었더라도 무면허운전죄가 성립하지 않는다.
24 국회8급 (O / X)

02 운전면허취소처분에 대한 취소소송에서 취소판결이 확정되었다면 운전면허취소처분 이후의 운전행위를 무면허운전이라 할 수는 없다.
20 국가7급 (O / X)

03 하자 있는 수입승인에 기초하여 수입면허를 받고 물품을 통관한 경우, 당해 수입면허가 당연무효가 아닌 이상 무면허수입죄가 성립되지 않는다.
16 지방7급 (O / X)

04 물품을 수입하고자 하는 자가 일단 세관장에게 수입신고를 하여 그 면허를 받고 물품을 통관한 경우에는, 세관장의 수입면허가 중대하고도 명백한 하자가 있는 행정행위이어서 당연무효가 아닌 한「관세법」제181조 소정의 무면허수입죄가 성립될 수 없다.
13 국가9급 (O / X)

05 개발행위허가를 받지 않고 무단으로 토지의 형질을 변경하였다는 이유로 관할 행정청으로부터 원상복구 조치명령을 받았으나, 위 조치명령에 취소사유에 해당하는 위법이 있는 경우 이를 이행하지 않더라도 처벌할 수는 없다고 할 것이다.
24 국회8급 (O / X)

06 위법하나 공정력이 있는 처분의 수범자가 그 처분에 따른 의무에 반하는 행위를 하더라도 '처분위반죄'로 처벌받지 아니한다는 것이 판례의 입장이다.
24 군무원7급 (O / X)

07 (구)「도시계획법」에 정한 처분이나 조치명령을 받은 자가 이에 위반한 경우 이로 인하여 동법 제92조에 정한 처벌을 하기 위하여는 그 처분이나 조치명령이 적법한 것이라야 하고, 그 처분이 당연무효가 아니라 하더라도 그것이 위법한 처분으로 인정되는 한 동법 제92조 위반죄가 성립될 수 없다.
13 국가9급 (O / X)

관련 판례

ⓑ 사위방법에 의한 운전면허를 취득한 경우에 무면허에 해당되는지 여부 [24 국회직 8급, 20 국가직 7급, 17 사회복지직] 01 02

> 사위의 방법으로 연령을 속여 발급받은 운전면허는 비록 위법하다고 하더라도, 「도로교통법」 제65조 제3호의 허위 기타 부정한 수단으로 운전면허를 받은 경우에 해당함에 불과하여 취소되지 않는 한 그 효력이 있는 것이라 할 것이므로 그러한 운전면허에 의한 운전행위는 무면허운전이라 할 수 없다(대판 1982.6.8. 80도2646).

ⓑ 하자 있는 수입면허에 의한 수입이 무면허수입인지 여부 [16 지방직 7급, 13 국가직 9급] 03 04

> 물품을 수입하고자 하는 자가 일단 세관장에게 수입신고를 하여 그 면허를 받고 물품을 통관한 경우에는, 세관장의 수입면허가 중대하고도 명백한 하자가 있는 행정행위이어서 당연무효가 아닌 한 「관세법」 제181조 소정의 무면허수입죄가 성립될 수 없다(대판 1989.3.28. 89도149).

ⓑ 처분의 위법 여부가 선결문제인 경우(위법한 처분을 이행하지 않은 경우 조치명령위반죄가 성립하는지)
  ⓘ 행정행위의 위법성을 확인하는 것이 선결문제일 경우에는 이 경우에도 민사소송에서와 동일하게 행정행위의 위법성을 확인하는 것은 행정행위의 효력을 부인하는 것은 아니므로 공정력(구성요건적 효력)에 반하지 않는다고 보는 것이 다수설과 판례이다. 05 06
  ⓘⓘ 형사법원은 처분의 위법 여부를 판단하여 조치명령 등의 위반죄 성립 여부를 판단할 수 있다.

관련 판례

ⓑ 계량기가 달린 양수기의 설치사용 시설개선명령에 위반한 경우 「온천법」 제26조 제1호에 해당하는지 여부

> 동래구청장의 시설개선명령은 온천수의 효율적인 수급으로 온천의 적절한 보호를 도모하기 위한 조치로서, 「온천법」 제15조가 정하는 온천의 이용증진을 위하여 특히 필요한 명령이라 할 것이니, 이를 행하지 아니하여 이에 위반한 피고인 등의 행위는 「온천법」 제26조 제1호, 제15조의 구성요건을 충족하였다고 할 것이다(대판 1986.1.28. 85도2489).

ⓑ 개발제한구역 안에 건축되어 있던 비닐하우스를 매수한 자에게 구청장이 이를 철거하여 토지를 원상회복하라고 시정지시한 조치는 위법하므로 조치명령 등 위반죄로 처벌할 수는 없다 [13 국가직 9급] 07

> (구)「도시계획법」(2000.1.28. 법률 제6243호로 전문 개정되기 전의 것, 이하 '법'이라 한다) 제78조에 정한 처분이나 조치명령을 받은 자가 이에 위반한 경우 이로 인하여 법 제92조에 정한 처벌을 하기 위하여는 그 처분이나 조치명령이 적법한 것이라야 하고, 그 처분이 당연무효가 아니라 하더라도 그것이 위법한 처분으로 인정되는 한 같은 법 제92조 위반죄가 성립될 수 없다고 할 것이고(대판 1996.7.12. 96도1237 참조), 한편, 법 제92조 제4호, 제78조 제1호, 제21조 제2항의 각 규정을 종합하면 개발제한구역 안에서 그 구역지정의 목적에 위배되는 건축물의 건축, 공작물의 설치 등을 한 경우 행정청은 그 건축물을 건축하거나 공작물을 설치한 자에 대하여서만 법 제78조 제1호에 의하여 처분이나 원상회복 등의 조치명령을 할 수 있고, 명문의 규정이 없는 한 이러한 위반 건축물을 양수한 자에 대하여는 이를 할 수 없다고 할 것이다(대판 2004.5.14. 2001도2841).

| 정답 | 01 O 02 O 03 O 04 O 05 O 06 O 07 O

Ⓐ (구)「주택법」 제98조 제11호 위반죄가 성립하기 위해서는 (구)「주택법」 제91조에 의한 시정명령이 적법해야 하는지 여부(적극) [23 지방7급, 18 국가직 7급, 17 하반기 국가직 7급, 16 지방직 7급, 13 국가직 9급] 01

> 행정청으로부터 (구)「주택법」(2008.2.29. 법률 제8863호로 개정되기 전의 것) 제91조에 의한 시정명령을 받고도 이를 위반하였다는 이유로 위 법 제98조 제11호에 의한 처벌을 하기 위해서는 그 시정명령이 적법한 것이어야 하고, 그 시정명령이 위법하다고 인정되는 한 위 법 제98조 제11호 위반죄는 성립하지 않는다(아파트단지 내 상가 입점자의 권리를 침해한다는 이유로 관할 행정청이 입주자대표회의에 단지 내에서의 알뜰시장 개최를 금지하는 취지의 시정명령을 명하였음에도 알뜰시장의 개최를 강행한 사안에서, 위 시정명령이 적법하지 않다는 이유로 (구)「주택법」 제98조 제11호 위반죄의 성립을 부정한 사례)(대판 2009.6.25. 2006도824).

ⓒ **행정행위의 무효를 전제로 하는 법률관계에 관한 소송**: 이 경우에는 행정행위의 효력 그 자체가 부인되어야 하는 것이다. 그러나 하자가 중대·명백하여 절대무효인 경우에는 민사법원(수소법원)과 형사법원은 스스로 그것이 무효임을 전제로 하여 법률관계를 판단할 수 있다.

관련 판례 행정행위가 무효인 경우의 선결문제

Ⓐ 민사 – 부당이득반환청구소송에서 행정소송이 당연무효가 선결문제인 경우 [19 국가직 9급, 19 지방직 9급, 18 서울시 7급, 18 국회직 8급, 17 하반기 국가직 7급, 17 사회복지직] 02 03 04

> 민사소송에 있어서 어느 행정처분의 당연무효 여부가 선결문제로 되는 때에는 이를 판단하여 당연무효임을 전제로 판결할 수 있고 반드시 행정소송 등의 절차에 의하여 그 취소나 무효확인을 받아야 하는 것이 아니다(대판 2010.4.8. 2009다90092).

형사

> **Ⓑ 과세대상과 납세의무자 확정이 잘못되어 당연무효한 과세에 대하여는 체납이 문제될 여지가 없으므로 체납범이 성립하지 않는다**
> 체납범은 정당한 과세에 대하여서만 성립되는 것이고, 과세가 당연히 무효한 경우에 있어서는 체납의 대상이 없어 체납범 성립의 여지가 없다고 볼 것이니, 원심이 같은 취지에서 당연무효의 설시 과세를 설시 체납의 대상에서 제외한 판단은 옳고, 이와는 반대의 견해에서 그러한 과세처분이라고 하더라도 「국세심사청구법」 제10조에 의한 구제를 못 받은 한 체납범의 대상이 되는 과세로 인정하여야 될 것이라는 취의로 원판결 판단을 비위하는 논지는 채용할 길이 없고, 거기에 소론 위법이 있다고 단정하기 어렵다(대판 1971.5.31. 71도742).
>
> **Ⓑ 집합건물 중 일부 구분건물의 소유자인 피고인이 관할 소방서장으로부터 소방시설 불량사항에 관한 시정보완명령을 받고도 따르지 아니하였다는 내용으로 기소된 사안에서, 담당 소방공무원이 행정처분인 위 명령을 구술로 고지한 것은 당연무효이므로 명령 위반을 이유로 행정형벌을 부과할 수 없다**(대판 2011.11.10. 2011도11109).

3 확정력(존속력) ※ 해당 내용은 행정법관계의 특질에서 상술하였음

하나의 행정행위가 이루어지면 그를 근거로 하여 새로운 법률관계가 성립되므로 근거가 되는 행정행위는 안정된 상태로 유지될 필요가 있다. 그래서 안정된 상태로의 유지를 위한 행정행위의 제도적 장치로서 불가쟁력과 불가변력이 있는데, 이를 확정력 또는 존속력이라고 한다.

개념확인 O/X

01 소방시설 등의 설치 또는 유지·관리에 대한 명령이 행정처분으로서 하자가 있어 무효인 경우, 위 명령 위반을 이유로 행정형벌을 부과할 수 없다.
23 지방7급 (O / X)

02 민사소송에 있어서 어느 행정처분의 당연무효 여부가 선결문제로 되는 때에는 이를 판단하여 당연무효임을 전제로 판결할 수는 없고, 반드시 행정소송 등의 절차에 의하여 그 취소나 무효확인을 받아야 한다.
18 서울7급 (O / X)

03 민사소송에 있어서 어느 행정처분의 당연무효 여부가 선결문제로 되는 때에는 이를 판단하여 당연무효임을 전제로 판결할 수 있고, 반드시 행정소송 등의 절차에 의하여 그 취소나 무효확인을 받아야 하는 것은 아니다.
17 사회복지 (O / X)

04 민사소송에 있어서 어느 행정처분의 당연무효 여부가 선결문제로 되는 때에는 당해 소송의 수소법원은 이를 판단하여 그 행정처분의 무효확인판결을 할 수 있다.
19 지방9급 (O / X)
※ 민사법원이 처분의 무효판결은 할 수 없음

| 정답 | 01 O 02 X 03 O 04 X

개념확인 O/X

01 행정행위의 불가쟁력은 형식적 존속력이라고도 한다.
18 소방 (O / X)

02 제소기간이 이미 도과하여 불가쟁력이 생긴 행정처분에 대하여는 개별 법규에서 그 변경을 요구할 신청권을 규정하고 있거나 관계 법령의 해석상 그러한 신청권이 인정될 수 있는 등 특별한 사정이 없는 한 국민에게 그 행정처분의 변경을 구할 신청권이 없다.
17 하반기 국가7급 (O / X)

03 행정처분이 불복기간의 경과로 인하여 확정될 경우, 처분의 기초가 된 사실관계나 법률적 판단이 확정되고 당사자들이나 법원이 이에 기속되어 모순되는 주장이나 판단을 할 수 없다.
16 국가7급 (O / X)

04 행정처분이 불복기간의 경과로 인하여 확정될 경우, 그 확정력은 처분으로 인하여 법률상 이익을 침해받은 자가 처분의 효력을 더 이상 다툴 수 없다는 의미일 뿐 판결에 있어서와 같은 기판력이 인정되는 것은 아니다.
19 지방9급 (O / X)

05 불가쟁력이 발생한 행정행위일지라도 불가변력이 없는 경우에는 행정청 등 권한 있는 기관은 이를 직권으로 취소할 수 있다.
18 소방 (O / X)

06 불가변력은 모든 행정행위에 공통되는 것이 아니라 행정심판의 재결 등과 같이 예외적이고 특별한 경우에 처분청 등 행정청에 대한 구속으로 인정되는 실체법적 효력을 의미한다.
17 하반기 국가7급 (O / X)

07 행정심판위원회의 재결에는 불가변력이 인정된다.
18 소방 (O / X)

08 행정행위의 불가변력은 당해 행정행위에 대하여서만 인정되는 것이고, 동종의 행정행위라 하더라도 그 대상을 달리할 때에는 이를 인정할 수 없다.
16 국가7급 (O / X)

09 불가변력은 행정행위의 상대방 및 이해관계인에 대한 구속력이고, 불가쟁력은 처분청 등 행정기관에 대한 구속력이다.
18 소방 (O / X)

(1) 불가쟁력(형식적 확정력, 절차법적 효력) 01

행정행위의 상대방이나 기타 이해관계인이 쟁송제기기간이 경과했다든지 또는 쟁송수단을 다함으로써 쟁송절차를 통해서는 더 이상 행정행위의 효력을 다툴 수 없는 구속력을 불가쟁력이라 한다.

① **성격**: 행정쟁송법이 제소기간 등을 정한 데서 기인하는 절차법적 효력이다. 02 03
② **기능**: 행정법관계의 안정화 및 명확화의 기능과 아울러 능률적 행정목적 달성에 이바지한다.
③ **대상**: 불가쟁력은 행정행위의 상대방이나 이해관계인에 대한 구속력으로서 처분행정청이나 그 밖의 국가기관은 구속하지 않는다(따라서 불가쟁력 발생 후라도 위법함이 발견되면 행정청은 직권으로 취소할 수 있다). 04 05
④ **범위**: 모든 행정행위에 대하여 인정된다.
⑤ **불가쟁력과 국가배상**: 불가쟁력이 발생한 후 위법함이 발견되었을 경우 상대방은 행정행위의 변경을 요하는 쟁송제기는 가능하지 않으나(행정청의 직권취소는 가능), 행정행위의 위법을 이유로 한 국가배상청구는 가능하다.

(2) 불가변력(실질적 존속력, 실체적 효력) 06

행정행위의 불가변력이란 행정행위를 행한 처분청이나 상급감독청이라도 새로운 흠이나 사정의 발생 등을 이유로 직권으로 자유로이 행정행위를 취소하거나 변경 또는 철회시킬 수 없는 구속력을 말한다.

① **범위**
  ㉠ **명문규정이 있는 경우**: 법률이 일정행위에 대하여 소송법적 확정력을 인정하는 경우이다(예 통고처분과 토지수용확정결정 등). 그러나 이러한 경우는 행정행위에 내재하는 것이 아닌 법률에 의하여 부여된 것이라는 점에서 행정행위의 구속력으로서의 불가변력이라고 보기는 어렵다(김남진, 홍정선).
  ㉡ **명문규정이 없는 경우**: 쟁송판단행위로서 행정심판재결이나 확인행위(예 이해관계인의 참여에 의하여 행하여진 납세소득액결정, 공적시험의 결정, 당선인결정, 소청심사위원회의 결정 등), 특허·허가·인가와 같은 수익적 행정행위에 대하여 인정된다(일부 다른 견해 있음). 07

② **대상**: 행정행위를 행한 처분청이나 상급감독청에 대한 구속력이므로 불가변력의 범위 내 행정행위라도 불가쟁력이 발생하지 않았다면 상대방과 이해관계인은 쟁송을 제기할 수 있다. 08 09

(3) 불가쟁력과 불가변력의 관계

불가쟁력	불가변력
• 절차적 효력 • 형식적 확정력 • 모든 행정행위 • 상대방과 이해관계인 구속	• 실체적 효력 • 실질적 확정력 • 특정의 행정행위 • 처분청과 상급감독기관 구속
• 공통점: 법률생활의 안정 • 관계: 독립·무관 　⇨ 불가쟁력이라도 불가변력이 아니고 　⇨ 불가변력이라도 불가쟁력이 아니다.	

| 정답 | 01 O　02 O　03 X　04 O　05 O　06 O　07 O　08 O　09 X

4 강제력(실효성)

(1) 제재력
'제재력'이란 행정법상 행정행위에 의하여 부과된 의무를 위반하였을 경우 제재로서 행정벌을 부과할 수 있는 효력을 말하며 의무 위반에 대한 처벌이라는 심리적 강제를 통하여 행정상의 의무를 이행시킬 수 있는 기능을 갖고 있다.

(2) 자력집행력
① 의의: '자력집행력'이란 행정행위에 의하여 부과된 '의무불이행'에 대해서 행정청은 법원의 판결을 통하지 않고, 스스로의 힘에 의하여 의무이행을 실현시킬 수 있는 효력을 말한다(사법관계에서는 의무불이행에 대하여 법원의 판결을 통해서만 그 의무이행을 실현시키는 타력집행).

② 근거: 행정행위의 집행력은 행정행위에 내재된 본질적인 것으로 별도의 법적 근거 없이도 가능하다는 직권집행설이 있으나, 오늘날에는 의무를 명하는 행정행위와는 별도의 법규에 의해 부여된다는 법규설이 통설적 견해이다(예 「행정대집행법」, 「국세징수법」 등).

③ 인정범위: 집행력은 의무가 부과되는 '명령적 행정행위'에서의 하명행위에 한하여 발생하는 문제이고, 확인적 행정행위나 형성적 행정행위에서는 집행력이 발생하지 않는다.

07 행정행위의 하자

1 개설

(1) 하자의 의의
① 행정행위가 유효하게 성립하기 위한 요건들을 완전하게 갖추지 못하여 행정행위의 효력 발생을 저해하는 사유를 일컬어 '하자'라 한다.
② 이러한 행정행위의 하자 중 적법요건을 완전하게 구비한 것이 아닌 행정행위를 '위법행위'라 하고, 적법요건을 구비하였다고 하여도 비합목적적인 재량행사의 행정행위를 '부당한 행위'라고 부른다.
③ 행정행위의 성립에 단순한 오기나 계산의 착오 등은 하자로 보지 않는다. 이러한 오기·오산의 경우에는 직권 또는 신청에 의하여 지체 없이 정정하고 이를 당사자에게 통지하여야 한다.

> **관련 법령**
> 「행정절차법」 제25조【처분의 정정】행정청은 처분에 오기(誤記), 오산(誤算) 또는 그 밖에 이에 준하는 명백한 잘못이 있을 때에는 직권으로 또는 신청에 따라 지체 없이 정정하고 그 사실을 당사자에게 통지하여야 한다.

④ 위법한 행정행위는 행정심판은 물론 행정소송절차상으로도 다툴 수 있으나, 부당한 행정행위는 행정심판절차상에서만 다툴 수 있다. 그리고 양자 모두 직권취소를 할 수 있다.

(2) 하자를 판단하는 기준시점
① 처분 시 여부: 처분의 하자는 처분의 성립 당시의 위법이나 부당의 문제이다. 따라서 처분

의 하자를 판단하는 기준시점은 처분 시가 기준이 되는 것이지, 판결시점이나 변론종결시점을 기준으로 삼지 않는다.

② 처분시점 후의 사실관계나 법률의 개정 등으로부터 영향을 받는지 여부
  ㉠ 처분이 있고 난 이후의 사실이나 법률의 개정 등은 해당 처분과는 무관한 사정이다. 이는 처분 이후의 사유를 원인으로 하는 철회나 실효의 원인이 될 수는 있어도 하자를 판단하는 요소로 작용할 수 없다.
  ㉡ 처분이 있고 난 후의 사실이나 법 개정은 해당 처분의 위법 여부를 판단하는 요소가 될 수 없고, 처분청은 이후의 사실 등을 처분의 사유로도 삼을 수 없다.
  ㉢ 다만, 처분의 위법 여부를 판단함에 있어 법원은 처분 시에 존재했던 자료나 증거만으로 하자를 판단하는 것은 아니며 변론종결시점까지 제출된 자료나 증거를 종합적으로 고려하여 처분 시의 객관적인 사실 등을 판단한다. 01

관련 판례

처분의 위법성을 판단하는 시점이 처분시점이라는 것의 의미 02 03

항고소송에 있어서 행정처분의 적법 여부는 특별한 사정이 없는 한 그 행정처분 당시를 기준으로 하여 판단하여야 할 것이나, 여기서 행정처분의 위법 여부를 판단하는 기준시점에 대하여 판결 시가 아니라 처분 시라고 하는 의미는 행정처분이 있을 때의 법령과 사실상태를 기준으로 하여 위법 여부를 판단할 것이며 처분 후 법령의 개폐나 사실상태의 변동에 영향을 받지 않는다는 뜻이지 처분 당시 존재하였던 자료나 행정청에 제출되었던 자료만으로 위법 여부를 판단한다는 의미는 아니므로, 처분 당시의 사실상태 등에 대한 입증은 사실심 변론종결 당시까지 할 수 있고, 법원은 행정처분 당시 행정청이 알고 있었던 자료뿐만 아니라 사실심 변론종결 당시까지 제출된 모든 자료를 종합하여 처분 당시 존재하였던 객관적 사실을 확정하고 그 사실에 기초하여 처분의 위법 여부를 판단할 수 있다(대판 2012.12.13. 2011두21218).

난민 인정 거부처분 후 국적국의 정치적 상황이 변화하였다고 하여 처분의 적법 여부가 달라지는지 여부(소극) 04

행정소송에서 행정처분의 위법 여부는 행정처분이 행하여졌을 때의 법령과 사실상태를 기준으로 하여 판단하여야 하고, 처분 후 법령의 개폐나 사실상태의 변동에 의하여 영향을 받지는 않으므로, 난민 인정 거부처분의 취소를 구하는 취소소송에서도 그 거부처분을 한 후 국적국의 정치적 상황이 변화하였다고 하여 처분의 적법 여부가 달라지는 것은 아니다(대판 2008.7.24. 2007두3930).

거부처분이 판결로 취소된 이후에 새로운 법령을 이유로 다시 거부할 수 있다 05

행정처분의 적법 여부는 그 행정처분이 행하여진 때의 법령과 사실을 기준으로 하여 판단하는 것이므로 거부처분 후에 법령이 개정·시행된 경우에는 개정된 법령 및 허가기준을 새로운 사유로 들어 다시 이전의 신청에 대한 거부처분을 할 수 있으며 그러한 처분도「행정소송법」제30조 제2항에 규정된 재처분에 해당된다(대결 1998.1.7. 97두22).

처분 시 부관이 적법한 경우 이후에 법 개정으로 부관의 적법 여부가 다시 판단되는 것은 아니다

행정청이 수익적 행정처분을 하면서 부가한 부담의 위법 여부는 처분 당시 법령을 기준으로 판단하여야 하고, 부담이 처분 당시 법령을 기준으로 적법하다면 처분 후 부담의 전제가 된 주된 행정처분의 근거법령이 개정됨으로써 행정청이 더 이상 부관을 붙일 수 없게 되었다 하더라도 곧바로 위법하게 되거나 그 효력이 소멸하게 되는 것은 아니다(대판 2009.2.12. 2005다65500).

개념확인 O/X

01 처분의 위법 여부를 판단함에 있어 처분 시 이후의 사실이나 법령의 개폐로부터 영향을 받지 않는다는 말이 처분 시에 존재했던 자료나 증거만으로 처분의 하자를 판단한다는 말은 아니다.
(O / X)

02 행정처분의 위법 여부는 행정처분이 행하여졌을 때의 법령과 사실상태를 기준으로 판단해야 한다.
(O / X)

03 처분의 위법 여부를 판단하는 시점이 처분 시라는 말은 처분 이후의 사실이나 법 개정으로부터 영향을 받지 않는다는 의미이다.
(O / X)

04 난민신청에 대한 거부처분 이후에 신청자의 국적국의 정치적 상황이 변동되었다고 해서 처분의 적법 여부는 달라지지 않는다.
(O / X)

05 처분 시 이후의 사유는 당해 처분과는 다른 사유에 해당되어 행정청은 당해 처분이 소송에서 판결로써 취소되어도 처분 시 이후의 사실 등을 이유로 동일한 처분을 할 수 있다.
(O / X)

정답 | 01 O 02 O 03 O 04 O 05 O

2 행정행위의 무효와 부존재

(1) 의미
무효는 행정행위의 외형은 존재하지만 그 법률효과가 처음부터 발생하지 아니하는 것인 데 비하여, 부존재는 행정행위가 그 성립요건의 어떤 중요한 요소를 완전히 결여함으로써 행정행위로서 성립조차 하지 못하여 행정행위의 외형상의 존재가 없는 경우를 의미한다.

(2) 유형
① 행정행위가 사실상 부존재인 경우(협의의 부존재): 행정기관의 내부적 표시는 있었으나 외부에 표시가 없는 경우(⑩ 징계위원회의 징계의결)와 행정행위의 취소·철회·실효 등으로 행정행위가 소멸되어 사실상 부존재인 경우가 있다.

② 비행정행위적인 경우: 처음부터 행정행위의 개념에 해당되지 아니하는 주의·권고·알선 등 행정지도의 경우와 명백히 행정기관이 아닌 사인의 관청사칭행위 등이 있다.

(3) 구별의 실익에 관한 학설
① 구별부정설(다수설·판례)
  ㉠ 부존재나 무효 모두 행정행위로서의 효력이 처음부터 전혀 발생하지 않기 때문에 구별할 아무런 합리적 이유가 없다는 것이다.
  ㉡ 부존재하는 행위를 근거로 행정청의 강제력 행사가 있다면, 이에 대한 구제가 요구되어, 상대방의 지위를 보호하기 위해서 부존재를 쟁송으로 하는 제도가 필요할 수밖에 없다.
  ㉢ 종래에는 부존재의 경우 쟁송의 제기에 있어서 목적물이 없으므로 각하되었지만 현행 「행정심판법」(제5조 제2호)과 「행정소송법」(제4조 제2호)에는 항고쟁송의 일종으로 행정청의 처분의 효력의 유무 또는 존재 여부를 확인하는 심판과 소송을 무효등확인심판과 무효등확인소송으로 규정함으로써 무효확인소송과 부존재확인소송을 모두 인정하였다.

② 구별긍정설(소수설)
  ㉠ 행정행위의 외형 여부에서 무효인 경우는 행정행위의 외형을 가지고 있으나 부존재는 외형조차 존재하지 않는다는 점에서 구별된다.
  ㉡ 무효확인소송과 부존재확인소송은 그 소송형태를 달리하며, 부존재는 쟁송목적물이 없어 각하되나 무효인 경우에는 쟁송의 대상물이 존재하기에 소로 성립할 수 있으므로 구별된다.
  ㉢ 무효행위는 무효확인소송 이외의 취소소송을 통해서도 무효선언이 가능하지만, 부존재는 부존재확인소송 외의 취소소송을 통해서는 제기할 수 없다는 점에서 양자구별의 의미가 있다.

3 무효인 행정행위와 취소할 수 있는 행정행위

행정행위가 적법요건을 결여하거나(위법한 행정행위), 적법요건을 구비하여도 공익에 반하는 경우(부당한 행정행위)는 하자 있는 행정행위가 되며 그 경우의 법률효과는 무효인 행정행위가 되거나 취소인 행정행위가 된다.

(1) 무효와 취소의 의의

① 무효
  ㉠ 무효인 행정행위는 중대·명백한 하자로 처음부터 행정행위로서의 실체적 법률효과가 전혀 발생하지 않는 행위를 말한다.
  ㉡ 행정청이 그의 무효를 인정하지 않는 한 집행이 정지되는 것은 아니므로 사실상의 구속력을 배제하기 위해 무효선언으로서의 취소소송 또는 무효확인소송을 제기하거나 민사법원 등을 통하여 소송의 선결문제로서 무효를 주장해야 한다.
  ㉢ 무효인 행정행위에는 공정력·확정력 등의 힘이 부여되지 않기 때문에 누구든지, 언제든지, 독자적인 판단과 책임하에 행정행위를 부인할 수 있다.

② 취소
그 성립에 하자가 있음에도 불구하고 공정력에 의해 권한 있는 기관인 행정청 또는 법원의 취소가 있을 때까지는 유효한 행정행위로서 그 효력을 지속하는 행정행위를 말한다.

(2) 양자의 구별실익

① 선결문제
행정행위의 효력이 민사사건이나 형사사건의 선결문제로서 문제되는 경우에 그것이 당연무효인 경우는 민사 또는 형사법원이 직접 그 무효를 판단할 수 있지만, 취소사유인 경우에는 당해 민사 또는 형사법원은 행정행위의 공정력(구성요건적 효력) 때문에 선결적으로 판단하지 못한다(단, 취소의 경우에 행정행위의 위법성은 선결문제로서 판단할 수 있다는 견해가 다수설과 판례이다). 01 ※ 공정력과 선결문제에서 전술함

② 행정소송의 방식
양자 모두 항고소송인 점에서는 같으나 행정소송 형식은 각각 무효확인소송·취소소송 방식에 의한다(다만, 무효선언을 구하는 의미의 취소소송도 가능하다).

③ 행정소송의 제기요건
취소소송 제기에는 단기제소기간과 행정심판전치주의가 적용되나, 무효등확인소송에는 이것이 적용되지 않는다. 02
  ㉠ 무효선언적 의미의 취소소송(취소소송의 요건을 구비하여야 하는지 여부) 03 04 05
   ⓐ 처분의 당사자 등은 처분에 취소소송을 청구한 뒤에 동시에 처분이 무효선언을 주장할 수 있다.
   ⓑ 이에 심리결과 처분에 하자가 중대하고 명백한 경우에는 취소소송에도 불구하고 법원은 무효를 선언하는 판결을 할 수 있다.
   ⓒ 해당 소송은 비록 무효를 선언하는 것이라도 취소소송의 형식을 통해 청구된 소송이라서 취소소송의 청구요건을 모두 구비하여야 한다.
   ⓓ 소송이 취소소송의 제소기간을 준수하지 못한 경우나 필요적 행정심판전치주의에 해당됨에도 행정심판의 재결을 거치지 않은 경우에는 처분의 하자가 무효에 해당된다고 해도 법원은 이를 각하하여야 한다.

> **관련 판례**
>
> ❽ 행정처분의 당연무효를 선언하는 의미에서의 취소를 구하는 항고소송에도 소원전치주의가 적용되는지 여부
>
> 행정처분이 위법하다는 이유로 그 취소 또는 변경을 구하는 「행정소송법」 제1조 전단 소정의 항고소송에 있어서는 같은 법 제2조 소정 소원전치주의가 적용되는 것이므로 행정청인 세무서장의 국세부과처분이 위법 또는 부당하고 하여 그 취소를 구하는 소송에서는 먼저 당시 시행되던 국세심사청구법에서 규정한 재조사 심사 및 재심사의 불복방법을 거쳐야 하고 동 과세처분의 당연무효를

개념확인 O/X

01 취소사유의 행정행위는 취소쟁송을 제기하여 취소를 구하여야 하지만, 무효인 행정행위는 민사소송에서 그 선결문제로서 무효를 확인받을 수 있다. (O / X)

02 취소소송의 제기는 제기기간의 요건을 충족해야 하지만, 무효등확인소송의 경우에는 그러한 제한을 받지 아니한다. (O / X)

03 무효인 행정행위도 취소소송의 제소요건을 갖추는 경우 취소소송의 형식으로 소제기가 가능하다. (O / X)

04 판례에 의하면 무효선언을 구하는 취소소송은 인정될 수 없는 소송으로 각하된다. (O / X)

05 무효인 처분에 대하여 취소소송이 제기된 경우 소송제기요건이 구비되었다면 법원은 당해 소를 각하하여서는 아니 되며, 무효를 선언하는 의미의 취소판결을 하여야 한다.
14 지방9급 (O / X)

정답 | 01 O 02 O 03 O 04 X 05 O

선언하는 의미에서의 취소를 구하는 경우도 그것이 외견상 존재하는 행정처분에 관하여 권한 있는 기관에 의한 취소를 구하고 있는 점에서 하나의 항고소송인 이상 위와 같은 전심절차를 거치지 아니하는 한 결국 그 제소요건을 구비하지 못한 부적법한 소이다(대판 1976.2.24. 75누128 전합).

🅱 무효선언을 구하는 의미에서 취소를 청구하는 행정소송과 전치절차 등의 이천요부(적극)

행정처분의 당연무효를 선언하는 의미에서 그 취소를 청구하는 행정소송을 제기하는 경우에도 소원의 전치와 제소기간의 준수 등 취소소송의 제소요건을 갖추어야 한다(대판 1984.5.29. 84누175).

🅱 당연무효임을 선언한 취소판결

이 사건 대문은 적법한 것임에도 피고가 원고에 대하여 명한 이 사건 대문의 철거명령은 그 하자가 중대하고 명백하여 당연무효라고 할 것이고, 그 후행행위인 이 사건 계고처분 역시 당연무효라고 할 것인바, 이와 같은 취지의 원심 판단은 정당하고, 거기에 피고가 주장하는 바와 같은 「주택건설촉진법」에 관한 법리오해의 위법이 없다(대판 1999.4.27. 97누6780).

🅱 과세처분의 무효선언을 구하는 의미에서 취소를 구하는 소송이라도 전심절차를 거쳐야 한다

원심은 피고의 1988.6.16. 자 1988년도 1기분 부가가치세 9,365,430원의 부과처분 및 이에 대한 1988.11.25. 자 가산금 1,217,470원의 징수처분의 취소를 구하는 부분의 소는 전심절차를 거치지 않았는데, 과세처분의 무효선언을 구하는 의미에서 그 취소를 구하는 소송이라도 전심절차를 거쳐야 하므로 이 부분 소는 부적법하다고 판단하여 이를 각하하였는 바, 이러한 원심판단은 정당하다(대판 1990.8.28. 90누1892).

ⓒ 무효등확인소송을 청구하였으나 처분이 취소에 해당되는 경우
ⓐ 취소인 하자의 처분을 무효등확인소송으로 청구한 경우에 법원은 취소판결을 하여야 하는지가 문제가 된다.
ⓑ 취소할 수 있는 처분을 당사자 등이 무효등확인소송을 청구한 경우에 당사자가 무효확인만을 청구하는 것이 명백한 경우가 아니라면 취소의 청구취지도 포함된 것으로 본다.
ⓒ 이에 법원은 처분을 취소하는 판결을 하게 되는데, 법원의 석명권행사가 필요하다는 것이 일반적인 입장이다.
ⓓ 이 경우 청구한 무효등확인소송이 취소소송의 제기요건(제소기간 등)을 구비하여야 함을 전제로 한다.
ⓔ 무효등확인소송이 취소소송의 요건을 갖추지 못한 경우라면 법원은 취소의 판결을 할 수 없고(처분권주의에 반함), 청구를 기각하여야 한다.

관련 판례

🅱 행정처분의 무효확인을 구하는 소에는 취소를 구하는 취지가 포함되어 있다

하자 있는 행정처분을 놓고 이를 무효로 볼 것인지 아니면 단순히 취소할 수 있는 처분으로 볼 것인지는 동일한 사실관계를 토대로 한 법률적 평가의 문제에 불과하고, 행정처분의 무효확인을 구하는 소에는 특단의 사정이 없는 한 그 취소를 구하는 취지도 포함되어 있다고 보아야 하는 점 등에 비추어 볼 때, 동일한 행정처분에 대하여 무효확인의 소를 제기하였다가 그 후 그 처분의 취소를 구하는 소를 추가적으로 병합한 경우, 주된 청구인 무효확인의 소가 적법한 제소기간 내에 제기되

| 개념확인 O/X |

었다면 추가로 병합된 취소청구의 소도 적법하게 제기된 것으로 봄이 상당하다(대판 2005.12.23. 2005두3554).

🅱 **행정처분의 무효확인청구를 취소청구로 인용하기 위한 요건**

행정처분의 무효확인을 구하는 청구에는 특별한 사정이 없는 한 그 처분의 취소를 구하는 취지까지도 포함되어 있다고 볼 수는 있으나 위와 같은 경우에 취소청구를 인용하려면 먼저 취소를 구하는 항고소송으로서의 제소요건을 구비한 경우에 한한다(대판 1986.9.23. 85누838).

🅱 **행정처분의 근거법률이 위헌이라는 이유로 행정처분무효확인의 소가 제기된 경우, 법원의 조치** [18 지방직 9급, 13 국가직 9급] 01 02

어느 행정처분에 대하여 그 행정처분의 근거가 된 법률이 위헌이라는 이유로 무효확인청구의 소가 제기된 경우에는 다른 특별한 사정이 없는 한 법원으로서는 그 법률이 위헌인지 여부에 대하여는 판단할 필요 없이 그 무효확인청구를 기각하여야 한다(대판 1994.10.28. 92누9463).

🅱 **행정처분에 대한 제소기간이 도과한 후 그 처분에 대한 무효확인의 소를 제기한 경우 당해 행정처분의 근거법률이 위헌인지 여부가 당해 사건 재판의 전제가 되는지 여부(소극)**

행정처분의 근거법률이 헌법에 위반된다는 사정은 헌법재판소의 위헌결정이 있기 전에는 객관적으로 명백한 것이라고 할 수는 없으므로 특별한 사정이 없는 한 그러한 하자는 행정처분의 취소사유에 해당할 뿐 당연무효사유는 아니어서, 제소기간이 경과한 뒤에는 행정처분의 근거법률이 위헌임을 이유로 무효확인소송 등을 제기하더라도 행정처분의 효력에는 영향이 없음이 원칙이다. 따라서 행정처분의 근거가 된 법률조항의 위헌 여부에 따라 당해 행정처분의 무효확인을 구하는 당해 사건 재판의 주문이 달라지거나 재판의 내용과 효력에 관한 법률적 의미가 달라지는 것은 아니므로 재판의 전제성이 인정되지 아니한다(헌재 2014.1.28. 2010헌바251).

④ **사정재결 및 사정판결**: 사정재판은 그 성질상 취소할 수 있는 행정행위에만 적용된다. 무효인 행정행위에는 사정재판으로 유지해야 하는 유효한 행정행위가 처음부터 존재하지 아니하기 때문이다(무효인 경우에도 사정판결을 인정하는 견해가 있다 – 김남진).

| 관련 판례 |

🅱 **행정처분이 무효인 경우 사정판결의 가부(소극)**

행정처분이 무효인 경우에는 존치시킬 효력이 있는 행정행위가 없기 때문에 「행정소송법」 제28조의 사정판결을 할 수 없다(대판 1992.11.10. 91누8227).

⑤ **하자의 승계**: 두 행위가 결합하여 하나의 법률효과를 발생시키는 경우는 무효원인인 하자와 취소원인인 하자가 모두 승계된다(⑩ 독촉과 체납처분, 대집행계고·통지·실행·비용징수). 그러나 두 행위가 독립하여 별개의 법률효과를 발생시키는 경우에는 취소원인인 선행행위의 하자는 후행행위에 승계되지 않지만(⑩ 조세부과와 체납처분), 무효인 선행행위의 하자는 후행행위에 승계된다.

⑥ **하자의 치유와 전환**: 하자의 치유는 취소할 수 있는 행위에만, 하자의 전환은 무효인 행위에만 각각 인정된다.

---

01 어느 행정처분에 대하여 그 행정처분의 근거가 된 법률이 위헌이라는 이유로 무효확인청구의 소가 제기된 경우, 다른 특별한 사정이 없는 한 법원으로서는 그 법률이 위헌인지 여부에 대하여는 판단할 필요 없이 그 무효확인청구를 기각하여야 한다.
18 지방9급 (O / X)

02 행정처분에 대하여 그 행정처분의 근거가 된 법률이 위헌이라는 이유로 무효확인청구의 소가 제기된 경우에는 다른 특별한 사정이 없는 한 법원으로서는 그 법률이 위헌인지 여부에 대하여는 판단할 필요 없이 그 무효확인청구를 각하하여야 한다.
13 국가9급 (O / X)

| 정답 | 01 O 02 X

⑦ **신뢰보호·공무집행방해죄의 여부**: 신뢰보호는 행정행위의 취소·철회와 관계되는 것이며, 무효인 행정행위에는 원칙적으로 신뢰보호의 적용이 없다. 그리고 무효인 행정행위에 대한 불복종은 공무집행방해죄로 구성되지 않고 정당방위가 된다.

⑧ **공정력·존속력·강제력**: 공정력·존속력·강제력은 취소할 수 있는 행정행위에만 인정됨이 원칙이고, 무효인 행정행위에는 인정되지 않는다.

⑨ **불가쟁력**: 무효인 행정행위는 다른 행정행위로 전환되지 않는 한 언제나 무효이므로 쟁송제기기간의 제한을 받지 않으나, 취소할 수 있는 행정행위는 쟁송제기기간이 경과하면 불가쟁력이 발생하여 취소쟁송의 길이 없게 된다.

| 무효와 취소의 구별실익 01

내용	무효	취소
선결문제	가능	효력은 안 되나, 위법은 가능
소송의 방식	무효확인소송(무효선언적 취소소송도 가능하나, 취소소송으로 취급)	취소소송
제기요건(제기기간, 예외적 행정심판전치주의)	부적용	적용
사정재결	부정	인정
하자의 승계	승계	선행정행위와 후행정행위가 결합하여, 하나의 법효과를 발생하면 승계, 각각의 법효과이면 승계 부정
치유와 전환	전환	치유
신뢰보호와 공무집행방해죄	부적용	적용
공정력, 존속력, 강제력	부정	인정
불가쟁력	부정	인정

(3) 구별기준

① **논리적 견해**: 행정행위의 효과는 국가에 귀속되는 것이고, 법률요건은 행위의 효과를 국가에 귀속시키기 위한 것이므로 이 요건에 위반된 행위는 특별한 규정이 있는 경우만 취소사유로 되고, 원칙적으로 무효라고 한다(Kelsen, Wien학파).

② **개념론적 견해**: 법률요건에 가치의 경중을 인정하고 행정행위의 법률요건을 정하는 법규의 성질 및 그 중요성의 정도 또는 하자의 종류·정도에 따라 무효와 취소를 구별하려는 것이다. 즉, 효력규정(능력·강행규정)을 위반하면 무효이고 단속규정(명령·비강행규정)을 위반하면 취소라는 견해로서 중대설이라고도 한다.

③ **목적론적 견해**: 행정행위의 하자를 인정하는 이유 또는 행정행위의 일반적 성질이나 전체로서의 행정제도의 취지·목적에 비추어 무효와 취소를 구별하려는 것이다. 즉, 행정권의 우월존중을 목적으로 하면 취소이고, 행정법규의 강행성·공익성을 목적으로 하면 무효라고 보는 견해이다.
  ㉠ **주로 무효라는 견해**: 원칙적으로 무효이고, 예외적으로 취소할 수 있다(R. Herrnritt).
  ㉡ **주로 취소라는 견해**: 원칙적으로 취소할 수 있고, 예외적으로 무효가 된다(O. Mayer).

> 개념확인 O/X
>
> 01 무효등확인소송은 집행정지대상이 아니나, 취소소송은 집행정지가 가능하다.
> (O / X)

| 정답 | 01 X

④ 명백성 보충요건설

- ⊙ **의의**: 하자 있는 행정행위가 무효가 되기 위해서는 하자의 중대성은 항상 그 요건이 되지만, 명백성은 언제나 필요한 것이 아니고 행정의 법적 안정성이나 제3자의 신뢰보호의 요청이 있는 경우에만 보충적으로 필요한 요건으로 바라보는 견해이다.
- ⓛ **논거**: 명백성의 요건은 법적 안정성이나 행정의 원활한 수행이나 제3자의 신뢰보호 요청을 충족시키기 위해서 필요한 것이므로 그러한 필요가 없는 경우에는 국민의 권리구제의 요청을 위해 명백성을 요구할 필요가 없다는 것이다. 즉, 동일한 처분이 대량으로 이루어졌다거나, 이해관계를 가진 제3자가 있는 경우에만 명백성이 요구되고, 직접 상대방에게만 부담을 초래한 행정행위의 경우에는 명백성이 요구되지 않는다.
- ⓒ **판례의 입장**
  - ⓐ **대법원**: 대법원은 원칙적으로 중대명백설의 입장을 취하고 있으나 하자 있는 행정처분이 당연무효인지를 판별하는 기준에 대한 소수의견으로 '명백성'은 처분의 법적 안정성을 확보하고 행정의 원활한 수행, 제3자의 신뢰보호의 경우에 보충적인 요건으로 요구된다는 입장이다.

> **관련 판례**
>
> **B** 하자 있는 행정처분이 당연무효인지를 판별하는 기준
>
> [다수의견] 하자 있는 행정처분이 당연무효가 되기 위하여는 그 하자가 법규의 중요한 부분을 위반한 중대한 것으로서 객관적으로 명백한 것이어야 하며 하자가 중대하고 명백한 것인지 여부를 판별함에 있어서는 그 법규의 목적, 의미, 기능 등을 목적론적으로 고찰함과 동시에 구체적 사안 자체의 특수성에 관하여도 합리적으로 고찰함을 요한다(대판 1995.7.11. 94누4615 전합).

  - ⓑ **헌법재판소**: 헌법재판소의 입장 또한 중대명백설을 원칙으로 삼고 있으나 일정한 요건의 경우에는 명백성은 보충적 요건에 해당된다는 입장이다. 01 02
    그 요건으로는 처분의 근거법이 위헌으로 결정되었고 해당 처분은 불가쟁력이 발생하였는데, ⅰ) 처분의 행정목적을 위해서는 후행처분이 필요하나 ⅱ) 아직 후행처분이 이루어지지 않은 상태에서 ⅲ) 국민의 권익구제 필요성은 크지만 ⅳ) 처분을 무효로 하여도 행정청의 안정성이 해쳐지지 않는 경우에는 무효가 될 수 있다는 입장으로 명백성 보충요건설의 입장을 취하고 있다. 03 04

⑤ 중대명백설(통설·판례) 빈출

> **결정적 코멘트** ▶ 무효와 취소에 대한 중대명백설은 근거법률의 위헌결정과 관련하여 중요한 영역이다. 중대명백설의 개념과 취지를 파악하여야만 관련 판례 등의 이해가 가능하다.

- ⊙ **의의**: 중대명백설은 무효와 취소의 구별기준을 하자의 성질에 따라 하자가 중대성과 명백성을 모두 충족한 '중대하고 명백한' 경우는 무효이고, 그 외의 경우는 취소의 대상이 된다고 한다.
- ⓛ **하자의 중대성**: '하자의 중대성'이란 당해 행정행위의 성립에 필요한 중요한 요건을 위반하여 하자가 '내용적으로 중대'하다는 것을 말한다. 즉, 능력규정이나 강행규정에 위반한 하자와 같이 행정법규 규정 자체의 성질뿐만 아니라 그 위반의 정도도 고려하여 내용의 중대성을 판단하여야 한다.
- ⓒ **하자의 명백성**: 명백성의 기준을 어디에 두느냐에 따라 달라질 수 있으나 통설과 판례에 의하면 행정행위 자체에 하자가 '외관상 명백한 경우'를 말한다. 즉, 통상인의 정상적인 인식능력을 기준으로 누가 보아도 외관상 일견하여 명백하다는 것을 말한다.

개념확인 O/X

01 대법원과 헌법재판소에 의하면 무효와 취소의 구별기준에 관하여 명백성 보충요건설을 취하고 있다.
(O / X)

02 명백성은 제3자나 공공의 신뢰를 보호하여야 할 필요가 있는 경우에 보충적으로 요구되는 것으로서 처분 상대방의 권익을 구제하고 위법한 결과를 시정될 필요가 훨씬 더 큰 경우에는 하자가 명백하지 않더라도 중대한 하자를 가진 행정처분은 당연무효라고 보아야 한다는 의견도 있다.
(O / X)

03 행정처분을 무효로 하더라도 법적 안정성을 크게 해치지 않는 반면에 그 하자가 중대하여 구제가 필요한 경우에도 그 예외를 인정하여 이를 당연무효 사유로 볼 수는 없다.
(O / X)

04 헌법재판소는 행정처분 자체의 효력이 쟁송기간 경과 후에도 존속 중이고 그 행정처분의 근거가 된 법규가 위헌으로 선고되는 경우, 그 행정처분을 무효로 하더라도 법적 안정성을 크게 해치지 않는 반면에, 그 하자가 중대하여 그 구제가 필요한 경우에는 당연무효사유로 보아 무효확인을 구할 수 있다고 결정하였다.
14 지방9급 (O / X)

| 정답 | 01 X 02 O 03 X 04 O

관련 판례

B 행정처분의 당연무효 요건 및 판단기준 [24 국회직 9급] 01

> 행정처분이 당연무효라고 하기 위해서는 그 처분에 위법사유가 있는 것만으로는 부족하고 그 하자가 법규의 중요한 부분을 위반한 중대한 것으로서 객관적으로(외형상으로) 명백한 것이어야 하며, 중대하고 명백한 것인가의 여부를 판별함에 있어서는 그 법규의 목적, 의미, 기능 등을 목적론적으로 고찰함과 동시에 구체적 사안 자체의 특수성에 관하여 합리적으로 고찰함을 요한다(대판 1993. 12. 7. 93누11432).

ⓔ 관련 문제

ⓐ 위헌인 **법률**이니 위헌 · 위법한 시행령 등에 근거한 행정처분의 **당연무효**의 여부: 위헌인 법률, 위헌·위법한 시행령 등에 근거한 행정처분이라도 헌법재판소의 위헌결정 전이나 법원의 위헌위법판단이 선언되기 이전에 행정공무원으로서는 해당 입법에 대한 판단권이 없으므로 이를 근거로 이루어진 행정집행은 명백성이 없어 당연무효사유라고 볼 수 없다.

ⓑ 이러한 법리는 지방자치단체의 조례나 규칙에도 동일하게 적용되는지 여부: 조례나 규칙의 경우에도 해당 조례 등이 위법 등의 이유로 이후에 무효로 선언된다고 해도 해당 처분은 명백성이 없어 취소사유에 해당됨이 원칙이다.

관련 판례

A 위헌인 법률에 근거한 행정처분은 당연무효가 아니다 [20 국회직 8급, 19 사회복지직 9급, 16 서울시 7급, 15 지방직 9급, 14 지방직 9급, 13 국가직 9급, 12 국가직 7급] 02

> 일반적으로 법률이 헌법에 위반된다는 사정이 헌법재판소의 위헌결정이 있기 전에는 객관적으로 명백한 것이라고는 할 수 없으므로 헌법재판소의 위헌결정 전에는 행정처분의 근거가 되는 당해 법률이 헌법에 위반된다는 사유는 특별한 사정이 없는 한 행정처분의 취소소송의 전제가 될 뿐 당연무효사유는 아니라고 봄이 상당하다(대판 1994. 10. 28. 92누9463).

B ❶ 헌법재판소의 위헌결정의 효력이 위헌결정 이후에 당해 법률 또는 법조항이 재판의 전제가 되어 제소된 일반사건에도 미치는지 여부(적극) ❷ 위헌결정된 법률규정에 의하여 이루어진 면직처분은 당연무효인지 여부(적극)

> 헌법재판소의 위헌결정의 효력은 위헌제청을 한 당해 사건은 물론 위헌제청신청은 아니하였지만 당해 법률 또는 법률의 조항이 재판의 전제가 되어 법원에 계속 중인 사건 뿐만 아니라 위헌결정 이후에 위와 같은 이유로 제소된 일반사건에도 미친다고 봄이 타당하다 할 것이므로(당원 1993. 1. 15. 91누5747 참조), 헌법재판소의 1989. 12. 28. 자「국가보위입법회의법」부칙 제4항 후단에 관한 위헌결정의 효력은 그 이후에 제소된 이 사건에도 미친다고 할 것이다. 따라서 위헌결정의 소급효가 이 사건에 미치는 이상, 위헌결정된「국가보위입법회의법」부칙 제4항 후단의 규정에 의하여 이루어진 원고에 대한 1980. 11. 16. 자 면직처분은 당연무효의 처분이 되는 것이며, 원고의 면직처분무효확인의 소가 소각하 판결로 귀결되었다고 해서 면직처분을 당연무효로 보는 데 지장을 주지 아니한다(대판 1993. 2. 26. 92누12247).

개념확인 O/X

01 하자가 명백하다고 하기 위하여는 그 사실관계 오인의 근거가 된 자료가 외형상 상태성을 결여하거나 또는 객관적으로 그 성립이나 내용의 진정을 인정할 수 없는 것임이 명백한 경우라야 한다.
24 국회9급 (O / X)

02 대법원은 처분이 있은 후에 근거법률이 위헌으로 결정된 경우, 그 처분은 특별한 사정이 없는 한 원칙적으로 취소할 수 있는 행위에 그친다고 보았다.
12 국가7급 (O / X)

개념확인 O/X

01 시행령 규정의 위헌 여부가 해석상 다툼의 여지가 없을 정도로 명백하였다고 인정되지 아니하는 이상 이러한 시행령에 근거한 행정처분의 하자는 취소사유에 해당할 뿐 무효사유가 되지 아니한다.
15 지방9급 (O / X)

02 하자 있는 행정처분이 당연무효가 되기 위해서는 그 하자가 법규의 중요한 부분을 위반한 중대한 것으로서 객관적으로 명백한 것이어야 하며, 하자가 중대하고 명백한지 여부를 판별할 때에는 그 법규의 목적, 의미, 기능 등을 목적론적으로 고찰함과 동시에 구체적 사안 자체의 특수성에 관하여도 합리적으로 고찰함을 요한다.
22 군무원7급 (O / X)

03 법률관계나 사실관계에 대하여 그 법률의 규정을 적용할 수 없다는 법리가 명백히 밝혀지지 아니하여 그 해석에 다툼의 여지가 있는 경우에, 행정관청이 이를 잘못 해석하여 행정처분을 하였다면 그 처분의 하자는 객관적으로 명백하다고 볼 것이나, 중대한 것은 아니므로 이를 이유로 무효를 주장할 수는 없다.
20 소방 (O / X)

B 위법·무효인 시행령에 기초한 행정처분은 당연무효가 아니다 [22 군무원 7급, 15 지방직 9급] 01 02

> 하자 있는 행정처분이 당연무효로 되려면 그 하자가 법규의 중요한 부분을 위반한 중대한 것이어야 할 뿐 아니라 객관적으로 명백한 것이어야 하고, 행정청이 위헌이거나 위법하여 무효인 시행령을 적용하여 한 행정처분이 당연무효로 되려면 그 규정이 행정처분의 중요한 부분에 관한 것이어서 결과적으로 그에 따른 행정처분의 중요한 부분에 하자가 있는 것으로 귀착되고, 또한 그 규정의 위헌성 또는 위법성이 객관적으로 명백하여 그에 따른 행정처분의 하자가 객관적으로 명백한 것으로 귀착되어야 하는바, 일반적으로 시행령이 헌법이나 법률에 위반된다는 사정은 그 시행령의 규정을 위헌 또는 위법하여 무효라고 선언한 대법원의 판결이 선고되지 아니한 상태에서는 그 시행령 규정의 위헌 내지 위법 여부가 해석상 다툼의 여지가 없을 정도로 명백하였다고 인정되지 아니하는 이상 객관적으로 명백한 것이라 할 수 없으므로, 이러한 시행령에 근거한 행정처분의 하자는 취소사유에 해당할 뿐 무효사유가 되지 아니한다(대판 2007.6.14. 2004두619).

B 구청장이 서울특별시 조례에 의한 적법한 위임 없이 택시운전자격정지처분을 한 경우, 그 하자가 비록 중대하다고 할지라도 객관적으로 명백하다고 할 수는 없으므로 당연무효사유가 아니다

> 원고가 위 1998.4.28. 자 위반행위를 하였을 당시에는 구청장인 피고가 원고에 대하여 택시운전자격정지처분을 할 적법한 권한이 있었는데, 피고가 선행처분을 함에 있어서 그 처분 당시가 아닌 위반행위 당시에 시행되던 규정에 의하여 선행처분을 할 권한이 피고에게 있다고 오인할 여지가 없지 아니하였고, 현행법상 시·도지사는 지방자치단체의 사무와 국가의 기관위임사무를 함께 관장하고 있어 행위의 외관상 양자의 구분이 쉽지 아니하였던 점 등에 비추어 보면, 선행처분에 있어서의 하자가 비록 중대하다고 할지라도 그것이 객관적으로 명백하다고 할 수는 없으므로 이는 결국 당연무효사유는 아니라고 봄이 상당하다 할 것이다(대판 2002.12.10. 2001두4566).

B 무효인 권한위임 규칙에 근거하여 행한 교육장의 임원취임의 승인취소처분이 당연무효가 아니라고 한 사례 [22 군무원 7급]

> 행정처분이 당연무효라고 하기 위하여는 처분에 위법사유가 있다는 것만으로는 부족하고 하자가 법규의 중요한 부분을 위반한 중대한 것으로서 객관적으로 명백한 것이어야 하며, 하자의 중대·명백 여부를 판별함에 있어서는 법규의 목적, 의미, 기능 등을 목적론적으로 고찰함과 동시에 구체적 사안 자체의 특수성에 관하여도 합리적으로 고찰함을 요한다 할 것인바, 위 [1]항의 규칙 제6조 제4호에 근거하여 한 교육장의 임원취임의 승인취소처분은 결과적으로 적법한 위임 없이 권한 없는 자에 의하여 행하여진 것과 마찬가지가 되어 그 하자가 중대하다 할 것이나, … (중략) … 승인 및 그 취소권은 본래 교육부장관의 권한으로서 교육감에게 기관위임된 것으로 오인할 여지가 없지 아니하며, 또한 헌법 제107조 제2항의 '규칙'에는 지방자치단체의 조례와 규칙이 모두 포함되는 등 이른바 규칙의 개념이 경우에 따라 상이하게 해석되는 점 등에 비추어, 임원취임의 승인취소처분에 관한 권한위임 과정의 하자가 객관적으로 명백하다고 할 수는 없다(대판 1997.6.19. 95누8669 전합).

B 법률규정 적용에 있어서의 하자의 명백성 [20 소방직] 03

> 행정청이 어느 법률관계나 사실관계에 대하여 어느 법률의 규정을 적용하여 행정처분을 한 경우에 그 법률관계나 사실관계에 대하여는 그 법률의 규정을 적용할 수 없다는 법리가 명백히 밝혀져 그 해석에 다툼의 여지가 없음에도 행정청이 위 규정을 적용하여 처분을 한 때에는 그 하자가 중대하고도 명백하다고 할 것이나, 그 법률관계나 사실관계에 대하여 그 법률의 규정을 적용할 수 없다는 법리가 명백히 밝혀지지 아니하여 그 해석에 다툼의 여지가 있는 때에는 행정관청이 이를 잘못 해석하여 행정처분을 하였더라도 이는 그 처분 요건사실을 오인한 것에 불과하여 그 하자가 명백하다고 할 수 없다(대판 2009.12.10. 2009두8359).

| 정답 | 01 O 02 O 03 X

⑥ 하자의 개별화 이론(Jeze, Hippel)
  ㉠ 의의: 최근에는 목적론적 견지에서 하자의 획일화·고정화를 배격하고, 쟁송제도의 취지나 상대방의 신뢰보호, 법적 안정성 등의 모든 관계 제 이익을 비교·형량하여 구체적으로 하자를 개별화·다양화해야 한다는 견해이다.
  ㉡ 구체적 적용 예: 하자의 개별화 이론을 구체적으로 적용한 이론에는 하자 있는 행정행위의 치유와 전환, 사실상 공무원이론, 표현대리, 사정판결 등이 있다.

> **심화 학습** 사실상 공무원이론과 표현대리
>
> 1. 사실상 공무원이론
>   결격자가 공무원에 임용이 되었다거나, 당연퇴직사유가 발생한 경우에 이들은 신분상의 공무원이 아니므로 결격자의 행위는 당연무효사유가 되어야 한다. 그러나 일정한 경우 행적질서의 안정성과 행정의 계속성, 능률행정 등의 이유에서 이들의 행위를 유효로 인정하는 이론이다(연금청구를 할 수 없다는 것이 판례의 태도).
> 2. 표현대리
>   무권대리 중의 하나로서 대리인이나 대리청에 대리권이 없음에도 대리권을 행사하였으나, 마치 이 대리권이 대리권한을 가지고 행한 것과 같은 외관을 가지고 있어 이러한 무권대리행위를 신뢰한 과실 없는 선의의 제3자를 보호하기 위하여 일정한 경우 유효로 인정하는 제도이다.

⑦ **위헌법률에 근거한 행정처분** [빈출]

> **결정적 코멘트** ▶ 처분의 근거법률이 위헌결정을 받은 경우의 처분의 효과는 중요도가 높은 단원이다. 중대명백설과의 연계를 통한 이해가 필요하며, 더불어 헌법재판소의 예외적 판례에 관한 구분이 필요하다.

  ㉠ 의의: 어떠한 법률이 위헌결정이 있은 후 그 법률을 근거로 하여 발령되는 행정처분은 「헌법재판소법」에 따라 판결의 기속력 위반에 해당되어 그 하자가 중대하고 또한 명백하여 당연무효가 될 것이다. 그러나 어떠한 법률을 근거로 한 처분이 있고 난 후 그 법률이 헌법재판소에 의해 위헌결정이 있게 된다면 처분의 하자가 무효인지 취소인지 여부에 따라 소급효의 문제가 발생하게 된다.
  ㉡ 처분의 근거법률이 위헌결정을 받은 경우
    ⓐ 대법원-중대성은 있으나 명백성이 없어 당연무효가 아니다: 하자 있는 행정처분이 당연무효가 되기 위하여는 그 하자가 중대할 뿐만 아니라 명백한 것이어야 하는데, 일반적으로 법률이 헌법에 위반된다는 사정이 헌법재판소의 위헌결정이 있기 전에는 객관적으로 명백한 것이라고 할 수는 없으므로 헌법재판소의 위헌결정 전에 행정처분의 근거되는 당해 법률이 헌법에 위반된다는 사유는 특별한 사정이 없는 한 그 행정처분의 취소소송의 전제가 될 수 있을 뿐 당연무효사유는 아니라고 봄이 상당하다(대판 1994.10.28. 92누9463). 01 02 03 04
    ⓑ 헌법재판소
      ⅰ) 원칙-객관적으로 위헌결정 전에는 명백한 것으로 보기 어렵다: 국회에서 헌법과 법률이 정한 절차에 의하여 제정·공포된 법률이 헌법에 위반된다는 사정은 헌법재판소의 위헌결정이 있기 전에는 객관적으로 명백한 것이라 할 수 없으므로 특별한 사정이 없는 한 이러한 하자는 행정처분의 취소사유에 해당할 뿐 당연무효사유는 아니다(헌재 2005.3.31. 2003헌바113).
      ⅱ) 예외: 행정처분의 집행이 이미 종료되었고 그것이 번복될 경우 법적 안정성을 크게 해치게 되는 경우에는 후에 행정처분의 근거가 된 법규가 헌법재판소에서 위헌으로 선고된다고 하더라도 그 행정처분이 당연무효가 되지는 않음이 원칙이라고 할 것이나, 행정처분(자체의 효력이 쟁송기간 경과 후에도 존속 중인 경우, 특히 그 처분이 위헌법률에 근거하여 내려진 것이고 그 행정처분)의 목적달성을 위하여서는 후행 행정처분이 필요한데 후행 행정처분은 아직 이루어지지 않은 경우와 같이 그 행정처분을 무효로 하더라도 법적 안정성을 크게 해치지 않는 반면에

개념확인 O/X

01 법률의 위헌 여부가 명백하지 않은 상태라도 이후 해당 법률에 위헌이 선언되었다면 위헌판결의 기속력에 의해 그 법률에 근거한 행정처분의 하자는 무효사유이다.
20 국회8급 (O / X)

02 대법원은 행정처분이 발하여진 후에 그 행정처분의 근거가 된 법률이 위헌으로 결정된 경우, 그 행정처분의 근거가 되는 법률이 헌법에 위반된다는 사유는 특별한 사정이 없는 한 그 행정처분의 취소소송의 전제가 될 수 있을 뿐, 당연무효사유는 아니라고 판시하였다.
14 지방9급 (O / X)

03 법률에 근거하여 행정청이 행정처분을 한 후에 헌법재판소가 그 법률을 위헌으로 결정하였다면 결과적으로 그 행정처분은 하자가 있는 것이 된다고 할 것이나, 특별한 사정이 없는 한 이러한 하자는 위 행정처분의 취소사유에 해당할 뿐 당연무효사유는 아니라고 봄이 상당하다.
13 국가9급 (O / X)

04 위헌인 법률에 근거한 처분에 대해 우리 판례는 특별한 사유가 없는 한 '무효의 흠이 있는 처분'이라기 보다는 '취소의 흠이 있는 처분'으로 보고 있다.
24 군무원7급 (O / X)

| 정답 | 01 X 02 O 03 O 04 O

그 하자가 중대하여 그 구제가 필요한 경우에 대하여서는 그 예외를 인정하여 이를 당연무효사유로 보아서 쟁송기간 경과 후에라도 무효확인을 구할 수 있는 것이라고 봐야 할 것이다(헌재 1994.6.30. 92헌바23).

ⓒ 위헌결정과 그 결정에 따른 소급효문제
  ⓐ 실정법령: 「헌법재판소법」(제47조 제2항)에서는 위헌으로 결정된 법률 또는 법률의 조항은 그 결정이 있는 날부터 효력을 상실한다고 규정하고 있다.
  ⓑ 헌법재판소의 법률에 대한 위헌결정 효력이 미치는 범위: 헌법재판소의 위헌법률의 결정은 위헌결정이 있게 된 ⅰ 당해 사건은 물론이고, ⅱ 헌법재판소의 위헌결정 이전에 동종의 위헌 여부에 대하여 위헌심판의 제청을 한 사건, ⅲ 당해 법률이나 법률의 조항이 재판의 전제가 되어 법원에 계속 중인 사건과 ⅳ 위헌결정 이후 동일한 이유로 제소된 일반 사건에까지 미친다. 01

관련 판례

A 헌법재판소 위헌결정의 효력범위 [20 국회직 8급, 19 서울시 사회복지직 9급, 18 지방직 9급, 17 서울시 7급, 16 교육행정직 9급, 15 지방직 9급, 12 국가직 7급]

> 헌법재판소의 위헌결정의 효력은 위헌제청을 한 당해 사건, 위헌결정이 있기 전에 이와 동종의 위헌 여부에 관하여 헌법재판소에 위헌여부심판제청을 하였거나 법원에 위헌여부심판제청신청을 한 경우만이 아니라 따로 위헌제청신청은 하지 아니하였지만 당해 법률 또는 법률의 조항이 재판의 전제가 되어 법원에 계속 중인 사건과 위헌결정 이후에 위와 같은 이유로 제소된 일반 사건에도 미친다(대판 2003.7.24. 2001다48781 전합).

ⓒ 소급효의 인정
  ⅰ 헌법재판소

> 헌법재판소에 의하여 위헌으로 선고된 법률 또는 법률의 조항이 제정 당시로 소급하여 효력을 상실하는가 아니면 장래에 향하여 효력을 상실하는가의 문제는 특단의 사정이 없는 한 헌법적합성의 문제라기보다는 입법자가 법적 안정성과 개인의 권리구제 등 제반이익을 비교형량하여 가면서 결정할 입법정책의 문제인 것으로 보인다. … (중략) … 그렇지만 효력이 다양할 수밖에 없는 위헌결정의 특수성 때문에 예외적으로 부분적인 소급효의 인정을 부인해서는 안 될 것이다. 첫째, 구체적 규범통제의 실효성의 보장의 견지에서 법원의 제청·헌법소원청구 등을 통하여 헌법재판소에 법률의 위헌결정을 위한 계기를 부여한 당해 사건, 위헌결정이 있기 전에 이와 동종의 위헌 여부에 관하여 헌법재판소에 위헌제청을 하였거나 법원에 위헌제청신청을 한 경우의 당해 사건, 그리고 따로 위헌제청신청을 아니하였지만 당해 법률 또는 법률의 조항이 재판의 전제가 되어 법원에 계속 중인 사건에 대하여는 소급효를 인정하여야 할 것이다. 둘째, 당사자의 권리구제를 위한 구체적 타당성의 요청이 현저한 반면에 소급효를 인정하여도 법적 안정성을 침해할 우려가 없고 나아가 구법에 의하여 형성된 기득권자의 이득이 해쳐질 사안이 아닌 경우로서 소급효의 부인이 오히려 정의와 평등 등 헌법적 이념에 심히 배치되는 때에도 소급효를 인정할 수 있다. 어떤 사안이 후자와 같은 테두리에 들어가는가에 관하여는 본래적으로 규범통제를 담당하는 헌법재판소가 위헌선언을 하면서 직접 그 결정주문에서 밝혀야 할 것이나, 직접 밝힌 바 없으면 그와 같은 경우에 해당하는가의 여부는 일반법원이 구체적 사건에서 해당 법률의 연혁·성질·보호법익 등을 검토하고 제반이익을 형량해서 합리적·합목적적으로 정하여 대처할 수밖에 없을 것으로 본다(헌재 1993.5.13. 92헌가10).

  ⅱ **대법원 - 확정력이 발생한 행정처분에 위헌결정의 소급효가 미치는지 여부** 02 03 04 05

> 위헌인 법률에 근거한 행정처분이 당연무효인지의 여부는 위헌결정의 소급효와는 별개의 문제로서, 위헌결정의 소급효가 인정된다고 하여 위헌인 법률에 근거한 행정처분이 당연무효가 된다고는 할 수 없고, 오히려 이미 취소소송의 제기기간을 경과하여 확정력이 발생한 행정처분에는 위헌결정의 소급효가 미치지 않는다고 보아야 한다(대판 1994.10.28. 92누9463). [20 국회직 8급, 14 지방직 9급, 12 국가직 7급]

개념확인 O/X

01 헌법재판소의 위헌결정의 효력은 위헌제청을 한 당해 사건은 물론 위헌제청신청은 아니하였지만 당해 법률 또는 법률의 조항이 재판의 전제가 되어 법원에 계속 중인 사건에도 미친다.
15 지방9급 (O / X)

02 대법원은 처분이 있은 후에 근거법률이 위헌으로 결정된 경우, 그 처분은 법률의 근거가 없이 행하여진 것과 마찬가지의 하자가 인정되므로 불가쟁력이 발생하였다 하더라도 위헌결정의 소급효가 미친다고 보았다.
12 국가7급 (O / X)

03 처분이 있은 날로부터 1년이 도과한 처분으로서 당연무효에 해당하는 하자가 없는 경우, 그 처분의 근거법령이 위헌결정되었다면 원칙적으로 소급효가 미친다.
20 국회8급 (O / X)

04 위헌결정은 원칙적으로 장래효를 가지나, 예외적으로 당해 사건, 동종사건, 병행사건에 효력을 미치며, 위헌결정 이후 제소된 일반사건에서도 소급효의 부인이 정의와 형평에 반하는 경우에는 소급효가 인정된다.
20 국회8급 (O / X)

05 대법원은 금고 이상의 형의 선고유예를 받은 경우에 공무원직에서 당연히 퇴직하는 것으로 규정한 (구)「지방공무원법」제61조 중 제31조 제5호 부분에 대한 헌법재판소의 위헌결정의 효력에 대하여, 종래의 법령에 의하여 형성된 공무원의 신분관계에 관한 법적 안정성과 신뢰보호의 요청에 비하여 퇴직공무원의 권리구제의 요청이 현저하게 우월하므로, 위 위헌결정 이후 제소된 일반사건에 대하여 위 위헌결정의 소급효가 인정된다고 판시하였다.
14 지방9급 (O / X)

---

366 · PART Ⅱ 행정법 통칙

| 정답 | 01 O 02 X 03 X 04 O 05 X

관련 판례

B 불가쟁력이 발생한 처분의 근거법이 위헌결정을 받은 경우에 위헌결정의 소급효가 미치는지 여부 [18 지방직 9급, 16 교육행정직, 15 지방직 9급] 01 02

> 일반적으로 법률이 헌법에 위반된다는 사정은 헌법재판소의 위헌결정이 있기 전에는 객관적으로 명백한 것이라고 할 수 없으므로 특별한 사정이 없는 한 이러한 하자는 행정처분의 취소사유에 해당할 뿐 당연무효사유는 아니다. 위헌결정의 소급효가 인정된다고 해서 위헌인 법률에 근거한 행정처분이 당연무효가 된다고는 할 수 없고, 이미 취소소송의 제기기간을 경과하여 불가쟁력이 발생한 행정처분에는 위헌결정의 소급효가 미치지 않는다(대판 2021.12.30. 2018다241458).

ⓒ 헌법재판소의 위헌결정 후 처분의 효력
ⓐ 처분의 근거법률이 위헌결정이 있은 후 해당 법률을 근거로 한 처분은 헌법재판소 위헌결정의 기속력 위반으로 무효에 해당한다.
ⓑ 또한 처분이 헌법재판소의 위헌결정 이전에 이루어져 이미 확정된 처분이라도 위헌결정 전의 처분을 유지하기 위한 집행 등의 처분은 위헌결정의 기속력 위반이다.

관련 판례

B (구)「택지소유상한에 관한 법률」 전부에 대한 위헌결정 이전에 택지초과소유부담금 부과처분과 압류처분 및 이에 기한 압류등기가 이루어지고 위의 각 처분이 확정된 경우, 그 위헌결정 이후에 후속 체납처분절차를 진행할 수 있는지 여부(소극) [13 국가직 9급] 03

> (구)「택지소유상한에 관한 법률」(1998.9.19. 법률 제5571호로 폐지) 제30조는 "부담금의 납부의 무자가 독촉장을 받고 지정된 기한까지 부담금 및 가산금 등을 완납하지 아니한 때에는 건설교통부장관은 국세체납처분의 예에 의하여 이를 징수할 수 있다."고 규정함으로써 「국세징수법」 제3장의 체납처분규정에 의하여 체납 택지초과소유부담금을 강제징수할 수 있었으나, 1999.4.29. 같은 법 전부에 대한 위헌결정으로 위 제30조 규정 역시 그 날로부터 효력을 상실하게 되었고, 나아가 위헌법률에 기한 행정처분의 집행이나 집행력을 유지하기 위한 행위는 위헌결정의 기속력에 위반되어 허용되지 않는다(대판 2002.8.23. 2001두2959).

A 과세처분 이후 조세부과의 근거가 되었던 법률규정에 대하여 위헌결정이 내려진 경우, 그 조세채권의 집행을 위한 체납처분이 당연무효인지 여부(적극) [24 국가직 9급, 21 군무원 7급, 20 국회직 8급, 19 서울시 사회복지직 9급, 18 서울시 7급, 18 지방직 9급, 17 서울시 7급, 17 지방직 7급, 16 국가직 9급, 16 국가직 7급, 16 교육행정직 9급, 16 지방직 7급, 16 군무원, 15 지방직 9급, 13 국가직 9급, 12 국가직 7급] 04 05 06 07

> [다수의견] (구)「헌법재판소법」(2011.4.5. 법률 제10546호로 개정되기 전의 것) 제47조 제1항은 "법률의 위헌결정은 법원 기타 국가기관 및 지방자치단체를 기속한다."고 규정하고 있는데, 이러한 위헌결정의 기속력과 헌법을 최고규범으로 하는 법질서의 체계적 요청에 비추어 국가기관 및 지방자치단체는 위헌으로 선언된 법률규정에 근거하여 새로운 행정처분을 할 수 없음은 물론이고, 위헌결정 전에 이미 형성된 법률관계에 기한 후속처분이라도 그것이 새로운 위헌적 법률관계를 생성·확대하는 경우라면 이를 허용할 수 없다. 따라서 조세부과의 근거가 되었던 법률규정이 위헌으로 선언된 경우, 비록 그에 기한 과세처분이 위헌결정 전에 이루어졌고, 과세처분에 대한 제소기간이 이미 경과하여 조세채권이 확정되었으며, 조세채권의 집행을 위한 체납처분의 근거규정 자체에 대하여는 따로 위헌결정이 내려진 바 없다고 하더라도, 위와 같은 위헌결정 이후에 조세채권의 집행을 위한 새로운 체납처분에 착수하거나 이를 속행하는 것은 더 이상 허용되지 않고, 나아가 이러한 위헌결정의 효력에 위배하여 이루어진 체납처분은 그 사유만으로 하자가 중대하고 객관적으로 명백하여 당연무효라고 보아야 한다(대판 2012.2.16. 2010두10907 전합).

개념확인 O/X

01 취소소송의 제기기간을 경과하여 확정력이 발생한 행정처분에 대해서는 그 처분의 근거가 된 법률에 대한 위헌결정의 소급효가 미치지 않는다.
16 교육행정, 15 지방9급 (O / X)

02 위헌인 법률에 근거한 행정처분이 당연무효인지의 여부는 위헌결정의 소급효와는 별개의 문제로서 취소소송의 제기기간을 경과하여 확정력이 발생한 행정처분에는 위헌결정의 소급효가 미치지 않는다.
18 지방9급 (O / X)

03 행정처분이 있은 후에 집행단계에서 그 처분의 근거된 법률이 위헌으로 결정되는 경우 그 처분의 집행이나 집행력을 유지하기 위한 행위는 위헌결정의 기속력에 위반되어 허용되지 않는다.
13 국가9급 (O / X)

04 과세처분 이후 조세부과의 근거가 되었던 법률규정에 대하여 위헌결정이 내려진 경우, 과세처분이 당연무효가 아니더라도 위헌결정 이후에 과세처분의 집행을 위한 압류처분을 하는 것은 더 이상 허용되지 않는다.
24 국가9급 (O / X)

05 과세처분의 근거규정에 대한 헌법재판소의 위헌결정이 내려진 후 행한 체납처분은 그 하자가 객관적으로 명백하다고 할 수 없다.
15 지방9급 (O / X)

06 과세처분 이후 조세부과의 근거가 되었던 법률규정에 대해 위헌결정이 내려졌다고 하더라도, 그 조세채권의 집행을 위한 체납처분은 유효하다.
21 군무원7급 (O / X)

07 과세처분의 근거 법률규정에 대하여 위헌결정이 내려진 후라도 그 조세채권의 집행을 위한 체납처분은 유효하다.
16 교육행정 (O / X)

| 정답 | 01 O 02 O 03 O 04 O 05 X 06 X 07 X

| 개념확인 O/X |

🅑 위헌결정 이후에 당초의 압류를 해제하고 다른 재산에 대하여 대체 압류를 한 경우, 그 압류는 당초의 압류처분과는 별도인 새로운 처분으로서 법률의 근거 없이 행하여진 당연무효의 처분이다

> (구)「택지소유상한에 관한 법률」(1998.9.19. 법률 제5571호로 폐지되기 전의 것) 제30조는 "부담금의 납부의무자가 독촉장을 받고 지정된 기한까지 부담금 및 가산금 등을 완납하지 아니한 때에는 건설교통부장관은 국세체납처분의 예에 의하여 이를 징수할 수 있다."고 규정함으로써「국세징수법」제3장의 체납처분규정에 의하여 체납 택지초과소유부담금을 강제징수할 수 있었으나, 1999.4.29. 위 법 전부에 대한 위헌결정으로 제30조 규정 역시 그 날로부터 효력을 상실하게 되었고, 위 규정 이외에는 체납 택지초과소유부담금을 강제로 징수할 수 있는 다른 법률적 근거가 없으므로 위헌결정 이전에 이미 택지초과소유부담금 부과처분과 압류처분 및 이에 기한 압류등기가 이루어지고 이들 처분이 확정되었다고 하여도, 위헌결정 이후에는 이와 별도의 새로운 압류처분과 그에 기한 압류를 할 수 없다(대판 2002.6.28. 2001두1925).

01 근거법률의 위헌결정 이전에 이미 부담금부과처분과 압류처분 및 이에 기한 압류등기가 이루어지고 각 처분이 확정된 경우에는 기존의 압류등기나 교부청구로도 다른 사람에 의하여 개시된 경매절차에서 배당을 받을 수 있다. 18 지방9급 (O / X)

🅑 ❶ (구)「택지소유상한에 관한 법률」전부에 대한 위헌결정 이전에 택지초과소유부담금 부과처분과 압류처분 및 이에 기한 압류등기가 이루어지고 각 처분이 확정된 경우, 그 위헌결정 이후에 후속 체납처분절차를 진행할 수 있는지 여부(소극) ❷ 다른 사람에 의하여 개시된 임의경매절차에서 배당을 받을 수 있는지 여부(소극) [20 국회직 8급, 18 지방직 9급] 01 02

02 위헌결정 이전에 이미 부담금 부과처분과 압류처분 및 이에 기한 압류등기가 이루어지고 각 처분이 확정되었다고 하여도, 특별한 사정이 없는 한 기존의 압류등기나 교부청구만으로는 다른 사람에 의하여 개시된 경매절차에서 배당을 받을 수 없다. 20 국회8급 (O / X)

> 1999.4.29. 같은 법 전부에 대한 위헌결정으로 위 제30조 규정 역시 그날로부터 효력을 상실하게 되었고, 위 규정 이외에는 체납 부담금을 강제로 징수할 수 있는 다른 법률적 근거가 없으므로, 위 위헌결정 이전에 이미 부담금부과처분과 압류처분 및 이에 기한 압류등기가 이루어지고 위 각 처분이 확정되었다고 하여도, 위헌결정 이후에는 별도의 행정처분인 매각처분, 분배처분 등 후속 체납처분절차를 진행할 수 없는 것은 물론이고, 기존의 압류등기나 교부청구만으로는 다른 사람에 의하여 개시된 경매절차에서 배당을 받을 수도 없다(대판 2002.7.12. 2002두3317).

ⓜ 헌법재판소의 법률에 대한 헌법불합치결정의 경우
  ⓐ 헌법재판소에서 법률에 대한 헌법불합치결정을 내려 입법자에 의해 위헌성이 제거된 개선입법이 이루어진 경우, 개선된 법률을 이전의 처분에 대해서 소급적용할지에 대한 문제이다.

| 심화 학습 | 헌법불합치결정 |

헌법재판소에서 어떤 법률의 위헌 여부를 판단함에 있어, 해당 법률이 위헌임에도 위헌결정에 따른 법의 공백과 이에 따른 행정의 혼란 등을 방지하기 위해서 입법자에게 상당기한을 부여하여 개선입법을 촉구하는 결정을 말한다. 개선입법이 이루어지는 기한 내에 해당 법률은 효력이 중지되거나 한시적으로 존속될 수 있다.

  ⓑ 대법원은 이를 개선입법 입법자의 정책적 재량의 문제로 보고 있다. 따라서 이에 대한 소급의 경과규정 여부에 따라 달라진다.
  ⓒ 다만, 소급규정이 없다고 해도 헌법불합치결정의 계기가 된 당해 사건에 대해서는 소급규정 여부와 무관하게 소급적용을 하여야 한다는 것이 대법원의 입장이다.

| 관련 판례 |

🅑 입법자가 (구)「군인연금법」제23조 제1항에 대한 헌법불합치결정에 따라 2011.5.19. 법률 제10649호로 「군인연금법」을 개정하면서 부칙에 위헌성이 제거된 개정 조항의 소급 적용에 관한 경과규정을 두지 않은 경우, 개정 조항의 소급 적용 여부와 그 범위

> 어떤 법률조항에 대하여 헌법재판소가 헌법불합치결정을 하여 입법자에게 그 법률조항을 합헌적으로 개정 또는 폐지하는 임무를 입법자의 형성 재량에 맡긴 이상, 개선입법의 소급 적용 여부와

> 소급 적용 범위는 원칙적으로 입법자의 재량에 달린 것이기는 하지만, (구)「군인연금법」(2011. 5. 19. 법률 제10649호로 개정되기 전의 것) 제23조 제1항(이하 '구법 조항'이라 한다)에 대한 헌법불합치결정(헌재 2010. 6. 24. 2008헌바128 전원재판부 결정)의 취지나 위헌심판의 구체적 규범통제 실효성 보장이라는 측면을 고려할 때, 적어도 헌법불합치결정을 하게 된 당해 사건 및 헌법불합치결정 당시에 구법 조항의 위헌 여부가 쟁점이 되어 법원에 계속 중인 사건에 대하여는 헌법불합치결정의 소급효가 미친다고 해야 하므로, 비록 현행「군인연금법」부칙(2011. 5. 19.)에 소급 적용에 관한 경과조치를 두고 있지 않더라도 이들 사건에 대하여는 구법 조항을 그대로 적용할 수는 없고, 위헌성이 제거된 현행「군인연금법」규정이 적용되는 것으로 보아야 한다(대판 2011. 9. 29. 2008두18885).

B 헌법재판소의 헌법불합치결정으로 개정될 때까지 그 적용이 중지된 (구)「부동산 실권리자명의 등기에 관한 법률」제5조 제1항이 2002. 3. 30. 법률 제6683호로 개정된 경우, 신법 시행일 전에 구법의 규정에 의하여 부과된 과징금처분으로서 행정소송이 제기된 사안에 대하여 적용될 법령(=신법령)

> 헌법재판소의 헌법불합치결정으로 개정될 때까지 그 적용이 중지된 (구)「부동산 실권리자명의 등기에 관한 법률」(2002. 3. 30. 법률 제6683호로 개정되기 전의 것) 제5조 제1항이 2002. 3. 30. 법률 제6683호로 개정된 경우, 신법 부칙 제2항 단서는 신법 제5조 제1항·제3항을 종전의 규정에 의하여 부과된 과징금처분으로서 행정소송이 제기된 것에 대하여도 적용하도록 규정하고 있으므로, 개정된 신법 시행일 전에 구법의 규정에 의하여 부과된 과징금처분으로서 행정소송이 제기된 것에 대하여는 신법 부칙 제2항 단서에 의하여 신법과 그 시행령의 각 규정이 적용된다(대판 2003. 2. 11. 2001두4771).

4 하자 있는 행정행위의 치유와 전환

(1) 논의의 의미와 근거

하자 있는 행정행위는 법치주의원칙에 입각하여 무효·취소되는 것이 원칙이나, 경우에 따라서는 관계 제 이익과 서로 비교·형량하여 보다 큰 사회적 이익이나 법가치가 있는 경우에는 하자 있는 행정행위의 효력을 그대로 인정하거나 타행위로 전환할 필요가 있다. 이는 하자의 효과의 개별화의 한 모습으로서 치유와 전환의 법리의 인정근거가 될 것이다. 실체법적 근거 규정은 없으나 이론적 근거로서 법적 안정성설과 신뢰보호원칙 등이 제시되고 있다.

(2) 하자의 치유   ▶ 결정적 코멘트 ▶ 치유의 대상과 효과. 대법원의 입장을 이해하여야 한다.

① 의의: 행정행위가 성립 당시에 하자가 있어 취소할 수 있는 행정행위라도 사후에 그 법정요건을 보완한다거나 또는 그 하자가 경미하여 취소할 필요성이 없는 경우에 하자가 있음에도 불구하고 하자 없는 행정행위가 되어 그 효력을 유지시키는 것을 말한다.

② 인정이유와 인정 여부
  ㉠ 이론적 이유: 하자의 치유를 인정하는 이유는 상대방의 신뢰보호 및 법적 생활의 안정성을 도모하고 행정행위의 무용한 절차의 반복을 피하기 위해서이다.
  ㉡ 법적 근거: 「민법」상에서는 명문으로 규정되어 있으나 행정법상의 통칙적 규정은 없다.
  ㉢ 인정 여부
    ⓐ 긍정설: 행정의 능률성 확보를 위해서 허용할 수 있다는 입장이다.
    ⓑ 제한긍정설: 국민의 권익침해가 없는 범위 안에서 능률행정이 가능한 경우에는 허용할 수 있다는 입장이다(판례의 입장).
    ⓒ 부정설: 행정의 신중성 확보와 자의적 행정 방지목적에 따라 인정할 수 없다는 입장이다.

③ 치유의 대상 문제
㉠ 취소사유의 하자와 무효인 행정행위의 치유 여부: 취소할 수 있는 행정행위에만 인정된다는 견해와 무효와 취소는 상대적이라는 전제 아래 무효인 행정행위에도 하자의 치유를 인정할 수 있다는 견해도 있으나, 상대방의 신뢰보호 및 법적 생활의 안정성을 해칠 수 있다는 이유로 취소할 수 있는 행정행위에만 인정하는 견해가 통설·판례이다.

> **관련 판례** 무효인 행정행위의 치유를 부정한 판례

A 당연무효인 징계처분의 하자가 피징계자의 인용으로 치료되는지 여부(소극) [19 지방직 9급, 16 지방직 9급] 01 02

> 징계처분이 중대하고 명백한 하자 때문에 당연무효라면 비록 상대방이 이를 용인하였더라도 그 하자가 치유되는 것은 아니다(대판 1989.12.12. 88누8869).

B 무효인 임용행위를 국가의 과실로 밝혀내지 못하였다고 하여 하자가 치유되는 것은 아니다 03

> 원고가 국가공무원으로 임용된 후 명예퇴직하였으나 임용 전에 당시 「국가공무원법」상의 임용결격사유가 있었으면 국가가 과실에 의하여 이를 밝혀내지 못하였다고 하더라도 그 임용행위는 당연무효이고 그 하자가 치유되는 것은 아니어서 퇴직급여청구신청을 반려한 처분은 적법하다(대판 1996.4.12. 95누18857).

B 허위나 사위의 방법으로 면허를 받고 그 후 법령이나 면허관청의 사정으로 면허신청자격이 완화되었어도 하자의 치유는 부정된다

> 신청자격이 미달하게 되어 허위의 주민등록표등본을 작성, 제출하는 등 사위의 방법으로 개인택시 운수사업면허를 받은 이상 그 이후 면허관청의 사정으로 원심이 확정한 바와 같이 1982.11.19.에 면허신청자격을 완화하여 그해 6.20. 현재 경기도에 주민등록이 되고 공고일 현재까지 계속 경기도에 거주한 자와 대도시 개인면허유자격자의 지방연고지로의 면허신청 시는 과거 1개월 이상 경기도에 거주한 자로 하는 내용으로 2차 면허신청공고를 하였다 하더라도 그 면허취소사유인 하자가 치유되었다고 할 수는 없다(대판 1985.6.11. 84누700).

B 개별통지가 없어 무효인 토지등급결정은 이후에 내용을 알았거나 열람을 하도록 했다고 해도 치유되지 않는다 04

> 토지등급결정내용의 개별통지가 있다고 볼 수 없어 토지등급결정이 무효인 이상, 토지소유자가 그 결정 이전이나 이후에 토지등급결정내용을 알았다거나 또는 그 결정 이후 매년 정기 등급수정의 결과가 토지소유자 등의 열람에 공하여졌다 하더라도 개별통지의 하자가 치유되는 것은 아니다(대판 1997.5.28. 96누5308).

㉡ 수익적 효과의 경우와 침익적 효과의 경우: 하자 있는 처분의 치유는 원칙적으로 법치주의에 맞지 않아 치유를 통해 국민의 권익을 침해하는 경우에는 치유를 인정하지 않는 것이 옳다고 본다. 이에 대법원은 하자의 치유는 국민의 권익을 침해하지 않는 범위 내에서 인정된다는 입장이다. 05

개념확인 O/X

01 징계처분에 중대명백한 하자가 있다고 해도 상대방이 이에 대한 용인을 한다면 치유는 인정될 수 있다. (O/X)

02 징계처분이 중대하고 명백한 하자 때문에 당연무효의 것이라면 징계처분을 받은 자가 이를 용인하였다 하여 그 하자가 치유되는 것은 아니다. 19 지방9급 (O/X)

03 결격자의 임용이 비록 무효에 해당한다고 해도 이에 대한 과실이 임용권자인 국가에 있다면 무효의 임용은 치유될 수 있다. (O/X)

04 행정청의 토지등급결정내용에 대한 개별통지가 있다고 볼 수 없어 토지등급결정이 무효인 이상, 토지소유자가 그 결정 이전이나 이후에 토지등급결정내용을 알았다거나 또는 그 결정 이후 매년 정기등급수정의 결과가 토지소유자 등의 열람에 공하여졌다 하더라도 개별통지의 하자가 치유되는 것은 아니다. (O/X)

05 하자의 치유를 통해 국민에게 침익적 효과가 발생한다면 인정할 수 없다고 보는 것이 일반적인 견해이다. (O/X)

정답 | 01 X 02 O 03 X 04 O 05 O

관련 판례

🅑 하자의 치유는 하자의 종류에 따라 하자의 치유를 인정함으로써 달성되는 이익과 그로 인하여 발생하는 불이익을 비교형량하여 개별적으로 결정하여야 한다

> 1. 하자 있는 행정행위의 치유의 허용 여부
> 경원관계에 있는 자가 제기한 허가처분의 취소소송에서 인근주민의 동의를 받아야 하는 요건을 결여하였다가 처분 후에 동의를 받은 경우에 하자의 치유를 인정하는 것은 원고에게 불이익하게 되므로 이를 허용할 수 없다(대판 1992.5.8. 91누13274).
> 2. 하자의 치유를 통해 처분의 상대방에게 불이익이 발생하는 경우에는 치유를 인정할 수 없다 [19 국회직 8급] 01
> 선행처분인 개별공시지가결정이 위법하여 그에 기초한 개발부담금부과처분도 위법하게 된 경우 그 하자의 치유를 인정하면 개발부담금 납부의무자로서는 위법한 처분에 대한 가산금 납부의무를 부담하게 되는 등 불이익이 있을 수 있으므로, 그 후 적법한 절차를 거쳐 공시된 개별공시지가결정이 종전의 위법한 공시지가결정과 그 내용이 동일하다는 사정만으로는 위법한 개별공시지가결정에 기초한 개발부담금부과처분이 적법하게 된다고 볼 수 없다(대판 2001.6.26. 99두11592).

ⓒ 처분의 실체적 하자와 절차나 형식상의 하자치유 여부 : 형식이나 절차상의 하자 외에 실체법상의 하자도 사후보완대상이 될 수 있는가의 문제로서 판례와 일반적인 견해는 내용상 하자치유를 인정하지 않는다. 02

관련 판례

🅑 내용상 하자에 관한 치유 인정 여부(부정) [19 서울시 7급]

> 행정행위의 성질이나 법치주의의 관점에서 볼 때 하자 있는 행정행위의 치유는 원칙적으로 허용될 수 없을 뿐만 아니라 이를 허용하는 경우에도 국민의 권리와 이익을 침해하지 않는 범위에서 구체적 사정에 따라 합목적적으로 가려야 할 것인바(당원 1983.7.26. 82누420 판결 참조), 이 사건 처분에 관한 하자가 행정처분의 내용에 관한 것이고 새로운 노선면허가 이 사건 소 제기 이후에 이루어진 사정 등에 비추어 하자의 치유를 인정치 않은 원심의 판단은 정당하고, 거기에 소론이 지적하는 바와 같은 법리오해의 위법이 있다 할 수 없다. 반대의 견해에서 원심판결을 비난하는 논지는 받아들일 수 없다(대판 1991.5.28. 90누1359).

④ 치유의 사유
  ㉠ 하자의 원인이 된 요건의 사후적 보완
    ⓐ 필요한 신청서의 사후제출 또는 보완
    ⓑ 다른 기관의 협력 또는 상대방의 필요적 협력이 결여된 경우의 추인
    ⓒ 허가요건·등록요건의 사후충족(예 부적격자의 입후보등록수리행위가 그 후에 적격자가 됨으로써 하자가 치유되는 경우)
    ⓓ 무권대리행위의 추인
    ⓔ 요식행위의 형식보완(예 소정의 서식에 반한 허가서·결정서 등을 재작성·재교부한 경우)
    ⓕ 필요적 사전절차의 사후이행(예 조세체납처분절차에서 재산압류의 효력발생 전에 공매공고를 하였다면 공매공고는 위법이나 그 후에 압류증서가 교부되고, 압류가 효력을 발생하게 되면 공매공고의 하자는 치유된다고 보는 경우)
    ⓖ 불특정 목적물의 사후특정(예 계고에 있어서는 철거부분이 불특정이었으나 대집행영장에서 명기된 경우)

개념확인 O/X

01 선행처분인 개별공시지가결정이 위법하여 그에 기초한 개발부담금부과처분도 위법하게 되었지만 그 후 적법한 절차를 거쳐 공시된 개별공시지가결정이 종전의 위법한 공시지가결정과 그 내용이 동일하다면 위법한 개별공시지가결정에 기초한 개발부담금부과처분은 적법하게 된다.
19 국회8급   (O / X)

02 처분의 실체적인 내용에 하자가 있다고 하더라도 일정한 경우에는 치유가 인정된다.
(O / X)

| 정답 | 01 X   02 X

| 개념확인 O/X |

01 처분에 인정되는 공정력은 잠정적인 절차적 유효성으로 일단 효력이 인정된다고 해서 이를 하자의 치유라고 볼 수는 없다.
(O / X)

ⓒ 취소의 필요가 없어진 경우
　ⓐ 구체적 사실관계와 관련해서 행정행위의 흠에 의하여 실제로 해가 생기지 않기 때문에 흠이 치유된 것으로 보는 경우가 있다(예 회의소집절차의 흠으로 인하여 과반수 의원만이 출석·결의한 경우에 결석의원이 추후에 이의를 제기하지 않았다면 소집절차의 흠은 치유된 것으로 볼 수 있다).
　ⓑ 비교적 경미한 절차·형식상 흠이 있는 경우가 대부분이다.
ⓒ 하자의 치유로 볼 수 없는 경우
　ⓐ 공정력: 처분의 하자가 권한 있는 기관에 의해 취소될 때까지 일단 유효로 인정되는 공정력은 취소될 때까지만 잠정적인 효력을 갖는다는 점에서 치유와 다르다. **01**
　ⓑ 직권에 의한 일부취소: 위법한 처분을 존속시키고 이를 보완하여 유지시키는 치유와 달리 행정청의 일부취소는 하자 있는 처분의 일부를 직권으로 취소시켜 하자를 소멸시켰다는 점에서 다르다.

| 관련 판례 |

B 행정청의 취소와 치유의 차이

행정청은 행정소송이 계속되고 있는 때에도 직권으로 그 처분을 변경할 수 있고, 「행정소송법」 제22조 제1항은 이를 전제로 처분변경으로 인한 소의 변경에 관하여 규정하고 있다. 점용료 부과처분에 취소사유에 해당하는 흠이 있는 경우 도로관리청으로서는 당초 처분 자체를 취소하고 흠을 보완하여 새로운 부과처분을 하거나, 흠 있는 부분에 해당하는 점용료를 감액하는 처분을 할 수 있다. 한편 흠 있는 행정행위의 치유는 원칙적으로 허용되지 않을 뿐 아니라, 흠의 치유는 성립 당시에 적법한 요건을 갖추지 못한 흠 있는 행정행위를 그대로 존속시키면서 사후에 그 흠의 원인이 된 적법요건을 보완하는 경우를 말한다. 그런데 앞서 본 바와 같은 흠 있는 부분에 해당하는 점용료를 감액하는 처분은 당초 처분 자체를 일부 취소하는 변경처분에 해당하고, 그 실질은 종래의 위법한 부분을 제거하는 것으로서 흠의 치유와는 차이가 있다(대판 2019.1.17. 2016두56721).

02 처분에 쟁송기간이 경과하여 더 이상 상대방이나 이해관계인이 당해 처분의 효력을 다툴 수 없게 되면 처분의 하자는 치유된다.
(O / X)

03 기본적인 법률행위의 하자는 행정청의 인가로서 치유된다.
(O / X)

　ⓒ 불가쟁력: 처분의 쟁송기간이 경과되어 더 이상 처분의 효력을 다툴 수 없게 되었다고 해도 처분의 위법은 여전히 남아있다는 점에서 치유와 같지 않다. **02**
　ⓓ 허가 등의 갱신: 허가 등의 갱신으로 처분의 위법은 치유되지 않는다. 행정청은 갱신 전의 법 위반을 이유로 갱신 이후에 제재 등을 가할 수 있다.
　ⓔ 인가로서 기본행위의 하자치유 문제: 인가는 기본적 법률행위를 보충하는 행위일 뿐이라서 주된 법률행위의 하자는 인가로서 치유될 수 없다. **03**
　ⓕ 계고서에 상당기간을 부여하지 않은 하자가 영장으로 치유될 수 있는지 여부: 행정대집행의 계고서에 의무이행에 필요한 상당기간을 부여하지 않은 하자는 영장으로 실행을 늦추어 준다고 해도 치유될 수 없다.

04 행정행위의 흠이 치유되면 치유 시부터 흠이 없는 적법한 행정행위로서 효력이 발생한다.
(O / X)

05 행정행위의 하자가 치유되면 당해 행정행위는 처분 당시부터 하자가 없는 적법한 행정행위로 효력을 발생한다.
19 서울7급 (O / X)

⑤ 치유의 효과: 치유의 효과는 소급적으로 발생하므로 처음부터 적법적 행위와 같은 효과를 가진다. 따라서 이제 동일한 사유로 취소할 수 없다. **04 05**

⑥ 검토
　㉠ 청문절차의 하자의 치유: 청문 자체의 흠결은 치유될 수 없으나 청문통지기간을 지키지 않은 경우와 같은 청문절차상의 하자는 치유된다고 보아야 한다.

| 정답 | 01 O　02 X　03 X　04 X　05 O

> **관련 판례**

Ⓐ 행정청이 「식품위생법」상의 청문서 도달기간을 다소 어겼지만 영업자가 이의하지 아니한 채 출석, 진술하여 방어의 기회를 가진 경우 – 치유 인정 [20 국회직 8급, 20 국가직 9급, 16 국가직 7급, 15 국가직 9급, 10 경찰직] **01 02**

행정청이 청문서 도달기간을 다소 어겼다 하더라도 영업자가 이에 대하여 이의하지 아니한 채 스스로 청문일에 출석하여 그 의견을 진술하고 변명하는 등 방어의 기회를 가졌다면 청문서 도달기간을 준수하지 아니한 하자는 치유되었다고 봄이 상당하다(대판 1992.10.23. 92누2844).

ⓒ 이유제시의 사후제시
　ⓐ 학설
　　ⓘ **부정설(다수설)**: 이유부기의 기능을 행정청으로 하여금 사전에 행정의 신중성·합리성을 담보하여 행정청의 자의를 방지하는 데 있다고 봄으로써 사후 이유제시를 인정하지 않는 견해이다.
　　ⓘⓘ **긍정설**: 이유부기의 기능을 행정의 상대방에 대한 설득기능과 쟁송제기의 편의에 있다고 보는 견해로서 쟁송제기 전까지는 이유의 사후제시를 인정하는 견해이다.
　ⓑ **판례**: 판례는 원칙적으로 부정하나 쟁송제기 전까지는 범위를 한정하여 치유가능성을 인정하고 있다.

> **관련 판례** 이유제시에 대한 치유 부정

Ⓑ 취소소송이 제기된 이후에 이유제시의 보완은 치유를 인정할 수 없다

과세처분 시 납세고지서에 과세표준, 세율, 세액의 산출근거 등이 누락된 경우에는 늦어도 과세처분에 대한 불복 여부의 결정 및 불복신청에 편의를 줄 수 있는 상당기간 내에 보정행위를 하여야 그 하자가 치유된다 할 것이므로 과세처분이 있은 지 4년이 지나서 취소소송이 제기된 때에 보정된 납세고지서를 송달하였다는 사실이나 오랜기간(4년)의 경과로서 과세처분의 하자가 치유되었다고 볼 수는 없다(대판 1983.7.26. 82누420).

Ⓑ 처분의 상대방이 처분의 내용을 알고 있어도 이유제시의 하자는 치유될 수 없다 [23 국가직 9급, 20 지방직 7급] **03 04**

납세고지서에 과세연도, 세목, 세액, 및 그 산출 근거, 납부기한과 납부장소 등의 명시를 요구한 「국세징수법」 제9조 등은 강행규정으로 보아야 하고, 따라서 납세고지서에 세액산출근거 등의 기재사항이 누락되었다거나 과세표준과 세액의 계산명세서가 첨부되지 않았다면 적법한 납세의 고지라고 볼 수 없으며, 위와 같은 납세고지의 하자는 납세의무자가 그 나름대로 산출근거를 알고 있다거나 사실상 이를 알고서 쟁송에 이르렀다 하더라도 치유되지 않는다(대판 2002.11.13. 2001두1543).

Ⓑ 주류도매업면허의 취소처분에 그 대상이 된 위반사실을 특정하지 아니하여 위법하다고 본 사례 [20 지방직 7급]

면허의 취소처분에는 그 근거가 되는 법령이나 취소권 유보의 부관 등을 명시하여야 함은 물론 처분을 받은 자가 어떠한 위반사실에 대하여 당해 처분이 있었는지를 알 수 있을 정도로 사실을 적시할 것을 요하며, 이와 같은 취소처분의 근거와 위반사실의 적시를 빠뜨린 하자는 피처분자가 처분 당시 그 취지를 알고 있었다거나 그 후 알게 되었다 하여도 치유될 수 없다고 할 것인바, 세무서장인 피고가 주류도매업자인 원고에 대하여 한 이 사건 일반주류도매업면허취소통지에 "상기 주류도매장은 무면허 주류판매업자에게 주류를 판매하여 「주세법」 제11조 및 「국세법사무처리규정」 제26조에 의거 지정조건 위반으로 주류판매면허를 취소합니다."라고만 되어 있어서 원고의 영업기간과

> **개념확인 O/X**

01 청문서의 도달기간을 다소 어겼더라도 영업자가 이에 대하여 이의하지 아니한 채 스스로 청문일에 출석하여 그 의견을 진술하는 등 방어의 기회를 충분히 가졌다면 청문서 도달기간의 하자는 치유되었다고 봄이 상당하다. (O / X)

02 행정청이 「식품위생법」상의 청문절차를 이행함에 있어 청문서 도달기간을 다소 어겼지만 영업자가 이의하지 아니한 채 청문일에 출석하여 의견을 진술하고 변명하는 등 방어의 기회를 충분히 가졌다면 청문서 도달기간을 준수하지 아니한 하자는 치유되었다고 본다.
20 국가9급 (O / X)

03 면허의 취소처분에는 그 근거가 되는 법령이나 취소권 유보의 부관 등을 명시하여야 함은 물론 처분을 받은 자가 어떠한 위반사실에 대하여 당해 처분이 있었는지를 알 수 있을 정도로 사실을 적시할 것을 요하지만, 이와 같은 취소처분의 근거와 위반사실의 적시를 빠뜨린 하자는 피처분자가 처분 당시 그 취지를 알고 있었거나 그 후 알게 되었다면 그 하자는 치유될 수 있다.
20 지방7급 (O / X)

04 세액산출근거가 기재되지 아니한 납세고지서에 의한 부과처분은 강행법규에 위반하여 취소대상이 된다고 할 것이지만 이와 같은 하자는 납세의무자가 전심절차에서 이를 주장하지 아니하였거나, 그 후 부과된 세금을 자진납부하였거나, 또는 조세채권의 소멸시효기간이 만료된 경우 치유된다.
23 국가9급 (O / X)

| 정답 | 01 O　02 O　03 X　04 X

거래상대방 등에 비추어 원고가 어떠한 거래행위로 인하여 이 사건 처분을 받았는지 알 수 없게 되어 있다면 이 사건 면허취소처분은 위법하다(대판 1990.9.11. 90누1786).

🅑 과세관청이 사전에 납세의무회사의 직원에게 과세근거와 세액산출근거 등을 사실상 알려준 것이 세액산출근거를 명기하지 않은 과세처분의 하자를 치유하는지 여부

납세고지서에 세액산출근거를 전혀 명기하지 아니하였다면 설사 과세관청이 사전에 납세의무회사의 직원을 불러 과세의 근거와 세액산출근거 등을 사실상 알려준 바 있다 하더라도 이로써 그 하자가 치유될 수는 없다(대판 1988.2.9. 83누404).

> **관련 판례** 이유제시에 대한 치유 인정

🅑 기재사항 일부 등이 누락된 경우라도 앞서 보낸 예고통지서 등에 필요한 기재사항이 기재된 경우 치유 인정

1. 증여세부과처분(납세고지서)에 기재사항이 누락된 경우라도 앞서 보낸 과세예고통지서에 기재사항이 제대로 기재된 경우 그 하자가 치유된다
「국세징수법」 제9조, (구)「상속세법」(1990.12.31. 법률 제4283호로 개정된 것) 제34조의7, 제25조, 제25조의2, (구)「상속세법 시행령」(1990.12.31. 대통령령 제13196호로 개정된 것) 제42조 제1항, 제19조 제1항의 각 규정에 의하여 증여세의 납세고지서에 과세표준과 세액의 계산명세가 기재되어 있지 아니하거나 그 계산명세서를 첨부하지 아니하였다면 그 납세고지는 위법하다고 할 것이나, 한편 과세관청이 과세처분에 앞서 납세의무자에게 보낸 과세예고통지서 등에 납세고지서의 필요적 기재사항이 제대로 기재되어 있어 납세의무자가 그 처분에 대한 불복 여부의 결정 및 불복신청에 전혀 지장을 받지 않았음이 명백하다면, 이로써 납세고지서의 하자가 보완되거나 치유될 수 있다(대판 2001.3.27. 99두8039).
2. 부과처분 전 부담금예정통지서에 필요적 기재사항이 기재되어 있는 경우, 납부고지서에 기재사항의 일부가 누락되었더라도 그 하자가 치유되는지 여부(적극)
택지초과소유부담금의 납부고지서에 납부금액 및 산출근거, 납부기한과 납부장소 등의 필요적 기재사항의 일부가 누락되었다면 그 부과처분은 위법하다고 할 것이나, 부과관청이 부과처분에 앞서 「택지소유상한에 관한 법률 시행령」 제31조 제1항에 따라 납부의무자에게 교부한 부담금예정통지서에 납부고지서의 필요적 기재사항이 제대로 기재되어 있었다면 납부의무자로서는 부과처분에 대한 불복 여부의 결정 및 불복신청에 전혀 지장을 받지 않았음이 명백하므로, 이로서 납부고지서의 흠결이 보완되거나 하자가 치유될 수 있는 것이다(대판 1997.12.26. 97누9390).

⑦ **한계**
  ㉠ **실체적 한계**: 법치주의와 행정행위의 성질상 하자 있는 행정행위의 치유는 인정될 수 없음이 원칙이다. 다만, 치유를 허용하는 경우라도 국민의 권리와 이익을 침해하지 않는 범위에서 구체적 상황에 따라 합목적적으로 하여야 한다.
  ㉡ **시간상 한계**: 판례에 의하면 치유를 허용하려면 늦어도 과세처분에 대한 불복 여부의 결정 및 불복신청에 편의를 줄 수 있는 상당한 기간 내에 하여야 한다.

> **관련 판례** 치유의 시간상 문제 – 행정쟁송 제기 이전에 가능

🅑 과세표준이나 세율 등이 누락된 납세고지서에 의한 과세처분의 하자 치유시기

과세처분 시 납세고지서에 과세표준, 세율, 세액의 산출근거 등이 누락된 경우에는 늦어도 과세처분에 대한 불복 여부의 결정 및 불복신청에 편의를 줄 수 있는 상당한 기간 내에 보정행위를 하여야

그 하자가 치유된다 할 것이므로, 과세처분이 있은 지 4년이 지나서 그 취소소송이 제기된 때에 보정된 납세고지서를 송달하였다는 사실이나 오랜 기간(4년)의 경과로써 과세처분의 하자가 치유되었다고 볼 수는 없다(대판 1983.7.26. 82누420).

B 세액산출근거가 누락된 납세고지서에 의한 하자 있는 과세처분의 치유요건 및 시기 [17 국가직 7급] 01

세액산출근거가 누락된 납세고지서에 의한 과세처분의 하자의 치유를 허용하려면 늦어도 과세처분에 대한 불복 여부의 결정 및 불복신청에 편의를 줄 수 있는 상당한 기간 내에 하여야 한다고 할 것이므로 위 과세처분에 대한 전심절차가 모두 끝나고 상고심의 계류 중에 세액산출근거의 통지가 있었다고 하여 이로써 위 과세처분의 하자가 치유되었다고는 볼 수 없다(대판 1984.4.10. 83누393).

B 징계절차상 하자가 재심과정에서 보완된 경우, 그 하자가 치유되는지 여부(적극)

징계처분에 대한 재심절차는 원래의 징계절차와 함께 전부가 하나의 징계처분절차를 이루는 것으로서 그 절차의 정당성도 징계과정 전부에 관하여 판단되어야 할 것이므로, 원래의 징계과정에 절차 위반의 하자가 있더라도 재심과정에서 보완되었다면 그 절차 위반의 하자는 치유된다(대판 1999.3.26. 98두4672).

A 동의율을 충족하지 못한 하자가 후에 제출되는 경우 하자의 치유인정 여부(소극) [23 국가직 9급, 23 국회직 8급, 20 소방직, 19 서울시 7급] 02 03 04 05

이 사건 설립인가처분 당시 동의율을 충족하지 못한 하자는 후에 추가동의서가 제출되었다는 사정만으로 치유될 수 없다고 판단하였다. 앞서 본 법리에 비추어 기록을 살펴보면, 원심의 위와 같은 판단은 정당한 것으로 수긍할 수 있다. 거기에 상고이유의 주장과 같이 행정처분의 하자의 치유에 관한 법리를 오해하는 등의 위법이 있다고 할 수 없다(대판 2013.7.11. 2011두27544).

⑧ **대법원의 입장 - 제한 긍정설의 입장** 06 07 08 09
  ㉠ **원칙**: 하자의 치유는 행정행위의 성질과 법치주의에 부합되지 않는다는 이유에서 부정하고 있다.
  ㉡ **예외**: 행정의 무용의 반복을 피하고 법적 안정성을 위해 국민의 권익을 침해하지 않는 범위에서 합목적적으로 하자의 치유를 인정하고 있으며 쟁송제기 이전까지로 시간적인 제한을 두고 있다.

관련 판례

A 행정행위의 하자의 치유 인정범위 [20 소방직, 19 서울시 7급, 18 서울시 7급, 10 경찰직]

하자 있는 행정행위의 치유나 전환은 행정행위의 성질이나 법치주의의 관점에서 볼 때 원칙적으로 허용될 수 없는 것이지만, 행정행위의 무용한 반복을 피하고 당사자의 법적 안정성을 위해 이를 허용하는 때에도 국민의 권리와 이익을 침해하지 않는 범위에서 구체적 사정에 따라 합목적적으로 인정해야 할 것이다(대판 1983.7.26. 82누420).

(3) 무효인 행정행위의 전환

① **의의 및 성질**
  ㉠ '행정행위의 전환'이라 함은 하자로 인하여 행정청이 의도한 행정행위로서는 무효이나 다른 행위(전환될 행정행위)로서의 성립 및 효력발생요건을 갖추고 있는 때에 그 다른 행위(전환되는 행위)로서 효력이 승인되는 것을 말한다.

개념확인 O/X

01 세액산출근거가 누락된 납세고지서에 의한 과세처분에 대하여 상고심 계류 중 세액산출근거의 통지가 행하여지면 당해 과세처분의 하자는 치유된다.
17 국가7급 (O / X)

02 재건축주택조합설립인가처분 당시 동의율을 충족하지 못한 하자는 후에 추가동의서가 제출되었다는 사정만으로 치유될 수 없다.
23 국회8급 (O / X)

03 「도시 및 주거환경정비법」상 주택재건축사업의 추진위원회가 조합을 설립하고자 하는 때에는 토지소유자 등이 일정 수 이상 동의하여야 하는데, 조합설립인가처분이 이러한 요건을 충족하지 못한 상태에서 이루어졌다면 그러한 처분은 위법하고, 토지소유자 등의 추가동의서가 추후에 제출되어 법정요건을 갖추었다 할지라도 설립인가처분의 위법성이 치유되는 것은 아니다.
20 소방 (O / X)

04 처분의 하자가 그 내용에 관한 것인 경우, 판례는 소 제기 이후에도 하자의 치유가 가능한 것으로 본다.
19 서울7급 (O / X)

05 재건축조합설립인가처분 당시 동의율을 충족하지 못한 하자는 후에 추가동의서가 제출되었다는 사정만으로도 치유된다.
23 국가9급 (O / X)

06 법치주의 원칙을 강조할 경우 행정행위의 하자의 치유는 원칙적으로 허용될 수 없지만 예외적으로 행정의 무용한 반복을 피하고 당사자의 법적 안정성을 위해 허용될 수 있다.
19 서울7급 (O / X)

07 하자 있는 행정행위의 치유는 행정행위의 성질이나 법치주의 관점에서 볼 때 원칙적으로 허용될 수 없다.
24 국회9급 (O / X)

08 하자 있는 행정행위의 치유는 원칙적으로 허용되나, 국민의 권리나 이익을 침해하지 않는 범위 내에서 인정된다.
20 소방 (O / X)

09 하자 있는 행정행위의 치유는 행정행위의 성질이나 법치주의의 관점에서 볼 때 원칙적으로 허용될 수 없는 것이고, 예외적으로 행정행위의 무용한 반복을 피하고 당사자의 법적 안정성을 위해 이를 허용하는 때에도 국민의 권리나 이익을 침해하지 않는 범위에서 구체적 사정에 따라 합목적적으로 인정하여야 한다.
18 서울7급 (O / X)

| 정답 | 01 X | 02 O | 03 O | 04 X | 05 X | 06 O | 07 O | 08 X | 09 O |

ⓒ 행정행위의 전환은 그 자체가 하나의 행정행위로서의 성질을 가진다. 따라서 관계자는 쟁송을 통하여 전환을 다툴 수 있다.

② 인정근거와 법적 근거
  ㉠ **인정근거**: 상대방의 신뢰보호 및 법적 안정성의 보호와 무용한 절차의 반복회피라는 경제적 이유를 들 수 있다.
  ㉡ **법적 근거**: 「민법」상으로는 명문으로 전환의 법리가 규정되어 있으나 행정법상으로는 통칙적 규정이 없다.

③ 전환의 대상 및 전환요건
  ㉠ **대상**: 취소인 처분은 전환이 인정되지 않고 무효인 행정행위에만 인정된다.
  ㉡ **무효인 행정행위의 전환요건**
    ⓐ 무효인 행정행위가 존재할 것
    ⓑ 원래의 행위와 전환되는 행위 간에 요건·효과·목적에 있어서 실질적 공통성이 있을 것 01
    ⓒ 무효인 행정행위가 형식적·실질적으로 다른 행위의 요건을 갖추어야 할 것
    ⓓ 본래의 행위의 무효를 알았더라면 전환되는 행위를 의욕하였을 것이며 흠 있는 행위를 한 행정청의 의사에 반하지 않아야 할 것 02
    ⓔ 제3자의 권익을 침해하지 않을 것
    ⓕ 행위의 중복을 피하는 의미가 있을 것

④ 전환의 유형(전환의 사유)
  ㉠ 행정행위가 타행정행위로 전환되는 경우(**예** 이중의 도로부담금이 부과처분의 독촉으로의 효력이 인정되는 경우)
  ㉡ 재결신청인이 사망한 경우 토지수용위원회의 재결의 효력은 상속인에 대하여 인정
  ㉢ 사자에 대한 광업허가나 조세부과를 그 상속인에 대한 것으로 처리
  ㉣ 공법상의 행위가 사법상의 행위로 전환되는 경우(**예** 무효인 공법상의 임용행위가 사법상의 고용계약으로 전환되는 경우)
  ㉤ 사실상 공무원의 행위(다툼이 있음)
  ㉥ 과오납세액을 다른 조세채무에 충당한 행위가 무효인 경우에 환급행위로 전환처리

> **관련 판례** 무효행위의 전환 인정
>
> **B** 사망한 자에 대한 무효인 불하처분취소처분을 상속인에 대한 처분으로의 전환을 인정한다는 사례
>
> 귀속재산을 불하받은 자가 사망한 후에 그 수불한 자에 대하여 한 그 불하처분의 취소처분은 사망자에 대한 행정처분이므로 무효이지만 그 취소처분을 수불한 자의 상속인에게 송달한 때에는 그 송달 시에 그 상속인에 대하여 다시 불하처분을 취소한다는 새로운 행정처분을 한 것이라고 할 것이다(대판 1969.1.21. 68누190).

⑤ **전환의 효과**: 무효인 행정행위가 전환이 인정되어 새로운 처분의 효력을 갖게 되면 그의 효력은 소급한다.

개념확인 O/X

01 하자의 전환은 하자 있는 행정행위와 전환하려고 하는 다른 행정행위와의 사이에 요건·목적·효과에 있어 실질적 공통성이 있어야 한다.
(O / X)

02 무효의 전환은 흠 있는 행정행위를 한 행정청의 의도에 반하는 것이 아니어야 한다.
(O / X)

| 정답 | 01 O 02 O

5 행정행위의 하자의 승계(선행행위의 후행정행위에 대한 구속력) 빈출

> **결정적 코멘트** ▶ 하자승계의 개념과 승계에 대한 논의의 전제는 이해를 요하는 부분이다. 하자의 승계를 인정한 판례와 부정한 판례를 구분하여야 하며, 예외적 판례와 그의 취지를 파악하여야 한다.

(1) 의의

① 개념
  ㉠ 행정행위의 하자의 승계는 동일한 행정목적 달성을 위한 둘 이상의 행정행위가 상호관련하여 연속적으로 행해지는 경우에 선행행위에 하자가 있으면 후행행위 자체에 하자가 없더라도 이미 불가쟁력이 발생한 선행행위의 하자를 이유로 후행행위의 하자를 주장할 수 있는가의 문제이다.
  ㉡ 이 경우 선행 행정행위의 하자를 이유로 후행 행정행위에 대해 쟁송을 제기할 수 있는 경우에는 하자가 승계되었다고 하고, 쟁송을 제기할 수 없는 경우에는 하자가 승계되지 않는다고 한다.

② 논의의 실익
  ㉠ 후행 행정처분에 대한 쟁송을 제기하여 불가쟁력이 발생하여 확정된 선행처분을 다툴 수 있도록 하는 것이 법치주의의 유지라는 요청과 국민의 권익구제 범위 확장이라는 목표 사이에서 인정될 수 있는지에 대한 문제이다. **01**
  ㉡ 또한 확정력이 발생한 처분, 즉 불가쟁력의 구속력이 미치는 효력범위에 대한 문제이기도 하다.

③ 하자승계 개념의 범위문제: 하자의 승계문제를 선행 행정행위의 하자를 이유로 후행 행정행위에 대해 하는 쟁송제기의 문제로만 볼 것인지, 확장하여 선행 행정행위의 하자를 이유로 행정청이 직권으로 후행 행정행위를 취소하는 것을 포함하는 것으로 볼 것인지에 대한 문제로서 후설이 일반적인 입장이다.

④ 후행 행정행위의 하자를 이유로 선행 행정행위에 대해 하는 쟁송제기를 포함하는지 여부: 후행행위의 하자를 이유로 선행행위를 다투는 것은 하자의 승계문제가 아니다.

관련 판례

B 대집행에 위법이 있다는 사유로 그 선행절차인 계고처분이 부적법한 것으로 되는지 여부(소극) [24 국회직 9급, 20 국가직 9급] **02**

계고처분의 후속절차인 대집행에 위법이 있다고 하더라도, 그와 같은 후속절차에 위법성이 있다는 점을 들어 선행절차인 계고처분이 부적법하다는 사유로 삼을 수는 없다(대판 1997.2.14. 96누15428).

(2) 전제조건

① 선행행위와 후행행위가 모두 항고소송대상인 행정처분이어야 한다 **03**
② 선행행위에 하자가 있고, 후행행위에는 하자가 없어야 한다: 만약 후행 행정행위에 하자가 있다면 후행 행정행위에 대해 쟁송을 제기하여 국민은 권익을 구제받을 수 있어 하자승계를 논할 실익이 상실된다.
③ 선행행위에 불가쟁력이 발생해 있어야 한다: 선행 행정행위에 아직 불가쟁력이 발생하지 않은 상태라면 처분의 상대방은 선행 행정행위에 대한 쟁송을 제기하여 권익을 구제받을 수 있게 된다. 하자승계문제는 불가쟁력의 구속력의 문제이다. **04**
④ 선행행위가 무효가 아니어야 한다: 선행행위가 무효인 경우에는 그에 기초한 후행정행위에 무조건 하자가 승계되어 논의할 필요가 없다. **05 06**

개념확인 O/X

01 적정행정의 유지에 대한 요청에서 나오는 하자의 승계를 인정하면 국민의 권리를 보호하고 구제하는 범위가 더 넓어진다.
17 지방9급 (O / X)

02 계고처분의 후속절차인 대집행에 위법이 있다고 하더라도 그와 같은 후속절차에 위법성이 있다는 점을 들어 선행절차인 계고처분이 부적법하다는 사유로 삼을 수는 없다.
24 국회9급 (O / X)

03 하자승계를 논의하기 위해서는 선행행위와 후행행위가 모두 항고소송의 대상이 되는 처분이어야 한다.
(O / X)

04 하자의 승계문제는 하자 있는 선행행정행위에 불가변력이 발생한 경우에 한해서 논의되는 문제이다.
(O / X)

05 선행처분과 후행처분이 서로 독립하여 별개의 법률효과를 목적으로 하는 때에도 선행처분이 당연무효이면 선행처분의 하자를 이유로 후행처분의 효력을 다툴 수 있다.
24 국회9급 (O / X)

06 선행행위에 무효의 하자가 존재하더라도 선행행위와 후행행위가 결합하여 하나의 법적 효과를 목적으로 하는 경우에는 하자의 승계에 대한 논의의 실익이 있다.
17 지방9급 (O / X)

| 정답 | 01 O 02 O 03 O 04 X 05 O 06 X

개념확인 O/X

01 선행 행정행위의 하자가 중대·명백하여 당연무효인 경우에는 하자승계가 인정되어 행정행위의 하자의 승계에 대한 논의의 실익이 없다.
(O / X)

02 선행처분과 후행처분이 서로 독립하여 별개의 법률효과를 목적으로 하는 경우에 선행처분이 당연무효의 하자가 있다는 이유로 후행처분의 효력을 다툴 수 없다.
18 서울9급 (O / X)

03 무효와 취소의 구분에 있어 선행행위의 흠이 무효사유인 경우 그 흠은 항상 후행행위에 승계되지만, 취소사유인 때에는 전통적 견해에 의하면 선행행위와 후행행위가 하나의 목적을 실현하기 위한 경우에 그 흠이 승계된다.
(O / X)

관련 판례

B 선행처분이 무효이면 후행처분과 별개의 법효과를 목적으로 하여도 하자는 승계된다 [18 서울시9급] 01 02 03

> 선행처분과 후행처분이 서로 독립하여 별개의 법률효과를 목적으로 하는 때에도 선행처분이 당연무효이면 선행처분의 하자를 이유로 후행처분의 효력을 다툴 수 있다. 도시계획시설사업의 시행자가 작성한 실시계획을 인가하는 처분은 도시계획시설사업 시행자에게 도시계획시설사업의 공사를 허가하고 수용권을 부여하는 처분으로서 선행처분인 도시계획시설사업 시행자 지정처분이 처분요건을 충족하지 못하여 당연무효인 경우에는 사업시행자 지정처분이 유효함을 전제로 이루어진 후행처분인 실시계획 인가처분도 무효라고 보아야 한다(대판 2017.7.11. 2016두35120).

(3) 하자의 승계 여부

① 전통적 견해 – 하자승계론(통설·판례의 입장)
  ㉠ 하자승계의 긍정: 전통적 견해에 의하면 하자의 승계는 선행행위와 후행행위가 결합하여 하나의 법적 효과를 목적으로 하는 경우에는 선행행위가 후행행위에 승계된다는 입장이다.

관련 판례

B 하자승계의 기준

> 2개 이상의 행정처분이 연속적 또는 단계적으로 이루어지는 경우 선행처분과 후행처분이 서로 합하여 1개의 법률효과를 완성하는 때에는 선행처분에 하자가 있으면 그 하자는 후행처분에 승계된다. 이러한 경우에는 선행처분에 불가쟁력이 생겨 그 효력을 다툴 수 없게 되더라도 선행처분의 하자를 이유로 후행처분의 효력을 다툴 수 있다. 그러나 선행처분과 후행처분이 서로 독립하여 별개의 법률효과를 발생시키는 경우에는 선행처분에 불가쟁력이 생겨 그 효력을 다툴 수 없게 되면 선행처분의 하자가 중대하고 명백하여 선행처분이 당연무효인 경우를 제외하고는 특별한 사정이 없는 한 선행처분의 하자를 이유로 후행처분의 효력을 다툴 수 없는 것이 원칙이다(대판 2019.1.31. 2017두40372).

B 사위의 방법으로 응시자격인정 결정을 받고 취득한 한지의사면허처분 취소의 적부

> 한지의사 자격시험에 응시하기 위한 응시자격인정의 결정을 사위의 방법으로 받은 이상 이에 터 잡아 취득한 한지의사면허처분도 면허를 취득할 수 없는 사람이 취득한 하자 있는 처분이 된다 할 것이므로 보건사회부장관이 그와 같은 하자 있는 처분임을 이유로 원고가 취득한 한지의사면허를 취소하는 처분을 하였음은 적법하다(대판 1975.12.9. 75누123).

B 국립보건원장의 안경사 시험합격 무효처분과 보건사회부장관의 안경사면허 취소처분이 선행처분과 후행처분의 관계에 있는지 여부(적극)

> 국립보건원장이 같은 법 제7조 제2항에 의하여 안경사 국가시험의 합격을 무효로 하는 처분을 함에 따라 보건사회부장관이 안경사면허를 취소하는 처분을 한 경우 합격무효처분과 면허취소처분은 동일한 행정목적을 달성하기 위하여 단계적인 일련의 절차로 연속하여 행하여지는 행정처분으로서, 안경사 국가시험에 합격한 자에게 주었던 안경사면허를 박탈한다는 하나의 법률효과를 발생시키기 위하여 서로 결합된 선행처분과 후행처분의 관계에 있다(대판 1993.2.9. 92누4567).

| 정답 | 01 O 02 X 03 O

🅐 후행처분인 대집행영장발부통보처분의 취소청구소송에서 선행처분인 계고처분이 위법하다는 이유로 대집행영장발부통보처분도 위법한 것이라는 주장을 할 수 있는지 여부(적극) [23 국가직 9급, 19 국회직 8급, 18 국가직 9급, 17 서울시 9급, 16 교육행정직] 01 02

> 대집행의 계고, 대집행영장에 의한 통지, 대집행의 실행, 대집행에 요한 비용의 납부명령 등은 타인이 대신하여 행할 수 있는 행정의무의 이행을 의무자의 비용부담하에 확보하고자 하는, 동일한 행정목적을 달성하기 위하여 단계적인 일련의 절차로 연속하여 행하여지는 것으로서, 서로 결합하여 하나의 법률효과를 발생시키는 것이므로, 선행처분인 계고처분이 하자가 있는 위법한 처분이라면, 비록 그 하자가 중대하고도 명백한 것이 아니어서 당연무효의 처분이라고 볼 수 없고 행정소송으로 효력이 다투어지지도 아니하여 이미 불가쟁력이 생겼으며, 후행처분인 대집행영장발부통보처분 자체에는 아무런 하자가 없다고 하더라도, <u>후행처분인 대집행영장발부통보처분의 취소를 청구하는 소송에서 청구원인으로 선행처분인 계고처분이 위법한 것이기 때문에 그 계고처분을 전제로 행하여진 대집행영장발부통보처분도 위법한 것이라는 주장을 할 수 있다</u>(대판 1996.2.9. 95누12507).

ⓒ 하자승계의 부정
ⓐ **원칙**: 전통적인 견해에 따르면 선행처분과 후행처분이 서로 독립하여 별개의 법효과를 발생시키는 경우에는 선행처분의 불가쟁력이 생겨 그 효력을 다툴 수 없게 되면, 선행처분의 하자가 중대하고 명백하여 선행처분이 당연무효인 경우가 아니라면 특별한 사정이 없는 한 선행처분의 위법을 이유로 후행처분의 효력을 다툴 수 없다. 03

관련 판례

🅑 선행처분과 후행처분이 서로 독립하여 별개의 법률효과를 발생시키는 때에 선행처분에 불가쟁력이 생겨 그 효력을 다툴 수 없게 된 경우, 선행처분의 하자를 이유로 후행처분의 효력을 다툴 수 있는지 여부(원칙적 소극) [17 지방직 9급]

> 2개 이상의 행정처분이 연속적 또는 단계적으로 이루어지는 경우 선행처분과 후행처분이 서로 합하여 1개의 법률효과를 완성하는 때에는 선행처분에 하자가 있으면 그 하자는 후행처분에 승계된다. 이러한 경우에는 선행처분에 불가쟁력이 생겨 그 효력을 다툴 수 없게 되더라도 선행처분의 하자를 이유로 후행처분의 효력을 다툴 수 있다. 그러나 <u>선행처분과 후행처분이 서로 독립하여 별개의 법률효과를 발생시키는 경우에는 선행처분에 불가쟁력이 생겨 그 효력을 다툴 수 없게 되면 선행처분의 하자가 당연무효인 경우를 제외하고는 특별한 사정이 없는 한 선행처분의 하자를 이유로 후행처분의 효력을 다툴 수 없는 것이 원칙이다</u>(대판 2017.7.18. 2016두49938).

🅐 선행처분인 도시·군계획시설결정에 하자가 있는 경우, 그 하자가 후행처분인 실시계획인가에 승계되는지 여부(원칙적 소극) [20 지방직 7급, 18 국가직 9급] 04

> 도시·군계획시설결정과 실시계획인가는 도시·군계획시설사업을 위하여 이루어지는 단계적 행정절차에서 별도의 요건과 절차에 따라 별개의 법률효과를 발생시키는 독립적인 행정처분이다. 그러므로 <u>선행처분인 도시·군계획시설결정에 하자가 있더라도 그것이 당연무효가 아닌 한 원칙적으로 후행처분인 실시계획인가에 승계되지 않는다</u>(대판 2017.7.18. 2016두49938).

🅑 공인중개사 업무중지와 중개사무소 개설등록취소는 각각의 별개의 법효과로서 하자가 승계되지 않는다

> 선행처분인 업무정지처분은 일정 기간 중개업무를 하지 못하도록 하는 처분인 반면, 후행처분인 이 사건 처분은 위와 같은 업무정지처분에 따른 업무정지기간 중에 중개업무를 하였다는 별개의

개념확인 O/X

01 선행처분인 계고처분이 하자가 있는 위법한 처분이라도 당연무효의 처분이 아니라면 후행처분인 대집행비용납부명령의 취소를 청구하는 소송에서 그 계고처분을 전제로 행하여진 대집행비용납부명령도 위법한 것이라는 주장을 할 수는 없다.
19 국회8급 (O / X)

02 적법한 건축물에 대한 철거명령은 그 하자가 중대하고 명백하여 당연무효라고 할 것이지만, 그 후행행위인 건축물철거 대집행계고처분은 당연무효라고 할 수 없다.
23 국가9급 (O / X)

03 선행행위에 대하여 불가쟁력이 발생하지 않았거나 선행행위와 후행행위가 서로 독립하여 각각 별개의 법률효과를 목적으로 하는 때에는 원칙적으로 선행행위의 하자를 이유로 후행행위의 효력을 다툴 수 없다.
17 지방9급 (O / X)

04 「국토의 계획 및 이용에 관한 법률」상 도시·군계획시설결정과 실시계획인가는 동일한 법률효과를 목적으로 하는 것이므로 선행처분인 도시·군계획시설결정의 하자는 실시계획인가에 승계된다.
18 국가9급 (O / X)

| 정답 | 01 X   02 X   03 O   04 X

처분사유를 근거로 중개사무소의 개설등록을 취소하는 처분이다. 비록 이 사건 처분이 업무정지처분을 전제로 하지만, 양 처분은 그 내용과 효과를 달리하는 독립된 행정처분으로서, 서로 결합하여 1개의 법률효과를 완성하는 때에 해당한다고 볼 수 없다(대판 2019.1.31. 2017두40372).

B ❶ 종전 상이등급결정과 상이등급 개정 여부에 관한 결정이 서로 결합하여 하나의 법률효과를 발생시키는 관계에 있는지 여부(소극) ❷ 종전 상이등급결정에 불가쟁력이 생겨 효력을 다툴 수 없게 된 경우, 종전 상이등급결정의 하자를 들어 상이등급 개정 여부에 관한 결정의 효력을 다툴 수 있는지 여부(원칙적 소극)

> 종전 상이등급결정과 이후에 이루어진 상이등급 개정 여부에 관한 결정이 동일한 행정목적을 달성하기 위하여 단계적인 일련의 절차로 연속하여 행하여지는 것으로서, 서로 결합하여 하나의 법률효과를 발생시키는 관계에 있다고 볼 수 없다. 따라서 종전 상이등급결정에 불가쟁력이 생겨 효력을 다툴 수 없게 된 경우 종전 상이등급결정의 하자가 중대·명백하여 당연무효가 아닌 이상, 그 하자를 들어 이후에 이루어진 상이등급 개정 여부에 관한 결정의 효력을 다툴 수 없다(대판 2015.12.10. 2015두46505).

B 「병역법」상 보충역편입처분과 공익근무요원소집처분이 각각 단계적으로 별개의 법률효과를 발생하는 독립된 행정처분인지 여부(적극) 및 선행처분인 보충역편입처분의 효력을 다투지 아니하여 불가쟁력이 생긴 경우, 선행처분의 하자를 이유로 후행처분인 공익근무요원소집처분의 효력을 다툴 수 있는지 여부(소극)

> 위 두 처분은 후자의 처분이 전자의 처분을 전제로 하는 것이기는 하나 각각 단계적으로 별개의 법률효과를 발생하는 독립된 행정처분이라고 할 것이므로, 따라서 보충역편입처분의 기초가 되는 신체등위 판정에 잘못이 있다는 이유로 이를 다투기 위하여는 신체등위 판정을 기초로 한 보충역편입처분에 대하여 쟁송을 제기하여야 할 것이며, 그 처분을 다투지 아니하여 이미 불가쟁력이 생겨 그 효력을 다툴 수 없게 된 경우에는, 병역처분변경신청에 의하는 경우는 별론으로 하고, 보충역편입처분에 하자가 있다고 할지라도 그것이 당연무효라고 볼 만한 특단의 사정이 없는 한 그 위법을 이유로 공익근무요원소집처분의 효력을 다툴 수 없다(대판 2002.12.10. 2001두5422).

B 도시계획사업의 실시계획인가의 법적 성질 및 실시계획인가 고시의 위법을 이유로 수용재결처분의 취소를 구할 수 있는지 여부(소극)

> 도시계획사업의 실시계획인가는 그 자체가 행정처분의 성격을 띠는 것으로서 독립하여 행정쟁송의 대상이 되므로 이것이 당연무효가 아닌 한 이 처분이 위법하다고 주장하는 사람은 이 행정처분을 대상으로 하여 그 취소를 구하여야 하고, 이 선행처분을 다투지 아니하고 그 쟁송기간이 도과한 후 수용재결단계에 있어서는 그 처분의 불가쟁력에 의하여 그 도시계획사업의 실시계획인가 고시에 위법이 있음을 들어 수용재결처분의 취소를 구할 수는 없다(대판 1991.11.26. 90누9971).

B 「토지수용법」 제14조 사업인정의 성격 및 그 사업인정의 위법·부당한 하자를 이유로 수용재결처분의 취소를 구할 수 있는지 여부(소극)

> 「토지수용법」 제14조에 따른 사업인정은 그 후 일정한 절차를 거칠 것을 조건으로 하여 일정한 내용의 수용권을 설정해 주는 행정처분의 성격을 띠는 것으로서 그 사업인정을 받음으로써 수용할 목적물의 범위가 확정되고 수용권으로 하여금 목적물에 관한 현재 및 장래의 권리자에게 대항할 수 있는 일종의 공법상의 권리로서의 효력을 발생시킨다고 할 것이므로 위 사업인정단계에서의 하자를 다투지 아니하여 이미 쟁송기간이 도과한 수용재결단계에 있어서는 위 사업인정처분에 중대하고 명백한 하자가 있어 당연무효라고 볼 만한 특단의 사정이 없다면 그 처분의 불가쟁력에 의하여 사업인정처분의 위법·부당함을 이유로 수용재결처분의 취소를 구할 수 없다(대판 1987.9.8. 87누395).

ⓑ 택지개발사업의 대상토지에 잘못 포함시킨 경우, 택지개발예정지구 지정처분에 대하여 다투지 아니한 채 택지개발계획 승인처분에 대하여 다툴 수 있는지 여부(소극)

> 택지개발사업에 포함될 토지의 범위는 택지개발예정지구의 지정처분에 의하여 특정되는 것이어서 특정한 토지를 택지개발사업의 대상에 포함시킨 것이 잘못된 것이라는 이유로 이를 다투기 위하여는 택지개발예정지구 지정처분에 대하여 쟁송을 제기하여야 하고, 그 처분에 대하여 다투지 아니하여 이미 불가쟁력이 생겨 그 효력을 다툴 수 없게 된 경우에는 택지개발예정지구 지정처분에 하자가 있다고 할지라도 그것이 당연무효사유가 아닌 한 택지개발계획의 승인처분에 대하여 그와 같은 사유를 들어 이를 다툴 수는 없다(대판 1996.12.6. 95누8409).

ⓑ 선행처분인 민간투자시설사업의 사업시행자 지정처분이 무효가 아니라서 도로구역결정처분을 다툴 수 없다

> 선행처분인 서울-춘천 간 고속도로 민간투자시설사업의 사업시행자 지정처분의 무효를 이유로 그 후행처분인 도로구역결정처분의 취소를 구하는 소송에서, 선행처분인 사업시행자 지정처분을 무효로 할 만큼 중대하고 명백한 하자가 없다(대판 2009.4.23. 2007두13159).

ⓑ 국제항공운수권배분 실효처분과 노선면허거부처분의 승계를 인정할 수 없다 [19 국회직 8급] 01

> 선행처분인 국제항공노선 운수권배분 실효처분 및 노선면허거부처분에 대하여 이미 불가쟁력이 생겨 그 효력을 다툴 수 없게 된 이상 그에 위법사유가 있더라도 그것이 당연무효사유가 아닌 한 그 하자가 후행처분인 노선면허처분에 승계된다고 할 수 없다(대판 2004.11.26. 2003두3123).

ⓑ 도로점용허가와 점용료부과, 점용료감액처분은 각각 별개의 법효과이다

> 도로점용허가와 점용료부과처분은 서로 독립하여 별개의 법률효과를 발생시키므로 도로점용허가에 불가쟁력이 생겨 그 효력을 다툴 수 없게 되면 도로점용허가에 흠이 존재하더라도 그것이 당연무효사유에 해당하지 않는 한 그 흠을 이유로 점용료부과처분의 효력을 다툴 수 없다. 이러한 법리는 도로점용허가의 변경허가와 이에 따른 점용료 감액처분의 경우에도 마찬가지로 적용된다. 이 사건 변경허가는 제소기간을 도과하여 불가쟁력이 발생하였으므로, 이 사건 변경허가가 당연무효가 아닌 이상 이 사건 변경허가에 흠이 있다 하더라도 이를 이유로 하여 이 사건 각 감액처분으로 감액되고 남은 이 사건 각 처분의 효력을 다툴 수는 없다(대판 2019.1.17. 2016두56721).

ⓑ 전직처분(전직거부)과 직권면직처분은 별개의 법효과이다

> 피고의 전직처분 또는 전직거부처분과 이 사건 직권면직처분이 '선행처분과 후행처분이 서로 결합하여 1개의 법률효과를 완성하는 때'에 해당된다고는 볼 수 없다(대판 2005.4.15. 2004두14915).

ⓑ 사적 지정처분의 하자 승계 여부

> 원심은, 이 사건 각 사적 지정처분과 이 사건 사업인정고시는 서로 독립하여 별개의 법률효과를 목적으로 하고, 사적 지정처분의 불가쟁력이나 구속력이 원고에게 수인한도를 넘는 가혹함을 가져오고 그 결과가 예측 불가능한 것이라고 인정하기에 부족하며, 원고가 주장하는 각 사적 지정처분의 하자가 당연무효 사유에 해당한다고 볼 만한 사정도 없어 그 주장하는 사적 지정처분의 하자가 이 사건 사업인정고시에 승계되는 것도 아니라는 취지로 판단하였다. 관련 법리에 비추어 원심판결 이유를 살펴보면, 원심의 이러한 판단은 정당하고, 거기에 하자 승계 등에 관한 법리를 오해한 잘못이 없다(대판 2019.2.28. 2017두71031).

개념확인 O/X

01 선행처분인 국제항공노선 운수권배분 실효처분 및 노선면허거부처분에 대하여 이미 불가쟁력이 생겨 그 효력을 다툴 수 없게 되었더라도 후행처분인 노선면허처분을 다투는 단계에서 선행처분의 하자를 다툴 수 있다.
19 국회8급　　　　　(O / X)

ⓑ **예외**: 판례는 개별공시지가결정과 양도소득세 부과처분은 각각 독립하여 별개의 효과를 발생하나 수인의 한도를 초과했다는 이유로 하자의 승계를 인정하고 있다.

관련 판례 — 예외적 하자 승계 인정 [빈출]

🅰 **개별공시지가는 행정소송대상이 되며, 개별공시지가결정과 과세처분은 서로 독립하여 별개의 효과를 목적으로 하지만 양자 간에는 하자승계가 인정된다는 예외적 판례** [23 국가직 9급, 23 국회직 8급, 21 국가직 9급, 18 서울시 9급, 17 서울시 7급, 17 지방직 9급, 10 국가직 7급] **01 02 03 04 05**

> 당해 결정은 이해관계인에게 개별적으로 고지되는 것도 아니고, 또한 관계인으로서는 이러한 개별공시지가가 자신에게 유리 또는 불리하게 적용될 것인지도 알기 어려운 것으로서, 이러한 사정하에서 관계인이 그 쟁송기간 내에 당해 처분을 다투지 않았다고 하여 이를 기초로 한 과세처분 등 후행처분에서 그 위법을 주장할 수 없도록 하는 것은 관계인에 수인한도를 넘는 불이익을 강요하는 것이므로, 이러한 경우에는 관계인은 개별공시지가결정과 과세처분은 서로 독립하여 별개의 법률효과를 목적으로 하는 것임에도 불구하고, 개별공시지가결정에 위법이 있는 경우에는 그 자체를 행정소송의 대상이 되는 행정처분으로 보아, 그 위법 여부를 다툴 수 있음은 물론 이를 기초로 한 과세처분 등 행정처분의 취소를 구하는 행정소송에서도 선행처분인 개별공시지가결정의 위법을 독립된 위법사유로 주장할 수 있다(대판 1994.1.25. 93누8542, 대판 1998.3.13. 96누6059).
>
> **주의** 원고가 이 사건 토지를 매도한 이후에 그 양도소득세 산정의 기초가 되는 1993년도 개별공시지가결정에 대하여 한 재조사청구에 따른 (감액)조정결정을 통지받고서도 더 이상 다투지 아니한 경우까지 선행처분인 개별공시지가결정의 불가쟁력이나 구속력이 수인한도를 넘는 가혹한 것이거나 예측 불가능하다고 볼 수 없어, 위 개별공시지가결정의 위법을 이 사건 과세처분의 위법사유로 주장할 수 없다(대판 1998.3.13. 96누6059).

🅰 **표준지공시지가결정의 하자와 수용재결(보상금 산정)의 위법사유** [18 국가직 9급, 17 서울시 7급] **06 07**

> 표준지공시지가결정은 이를 기초로 한 수용재결 등과는 별개의 독립된 처분으로서 서로 독립하여 별개의 법률효과를 목적으로 하는 것이나, 표준지공시지가는 이를 인근 토지의 소유자나 기타 이해관계인에게 개별적으로 고지하도록 되어 있는 것이 아니어서 인근 토지의 소유자 등이 표준지공시지가결정 내용을 알고 있었다고 전제하기가 곤란할 뿐만 아니라 결정된 표준지공시지가가 공시될 당시 보상금 산정의 기준이 되는 표준지의 인근 토지를 함께 공시하는 것이 아니어서 인근 토지소유자는 보상금 산정의 기준이 되는 표준지가 어느 토지인지를 알 수 없으므로(더욱이 표준지공시지가가 공시된 이후 자기 토지가 수용되리라는 것을 알 수도 없다) 인근 토지소유자가 표준지의 공시지가가 확정되기 전에 이를 다투는 것은 불가능하다. 더욱이 장차 어떠한 수용재결 등 구체적인 불이익이 현실적으로 나타나게 되었을 경우에 비로소 권리구제의 길을 찾는 것이 우리 국민의 권리의식임을 감안하여 볼 때 인근 토지소유자 등으로 하여금 결정된 표준지공시지가를 기초로 하여 장차 토지보상 등이 이루어질 것에 대비하여 항상 토지의 가격을 주시하고 표준지공시지가결정이 잘못된 경우 정해진 시정절차를 통하여 이를 시정하도록 요구하는 것은 부당하게 높은 주의의무를 지우는 것이라 아니할 수 없고, 위법한 표준지공시지가결정에 대하여 그 정해진 시정절차를 통하여 시정하도록 요구하지 아니하였다는 이유로 위법한 표준지공시지가를 기초로 한 수용재결 등 후행 행정처분에서 표준지공시지가결정의 위법을 주장할 수 없도록 하는 것은 수인한도를 넘는 불이익을 강요하는 것으로서 국민의 재산권과 재판받을 권리를 보장한 헌법의 이념에도 부합하는 것이 아니라고 할 것이다. 따라서 표준지공시지가결정에 위법이 있는 경우에는 그 자체를 행정소송의 대상이 되는 행정처분으로 보아 그 위법 여부를 다툴 수 있음은 물론 수용보상금의 증액을 구하는 소송에서도 선행처분으로서 그 수용대상 토지가격산정의 기초가 된 비교표준지공시지가결정의 위법을 독립된 사유로 주장할 수 있다(대판 2008.8.21. 2007두13845).

🅰 **친일반민족행위자 결정과 국가유공자예우 중단결정** [18 지방직 9급] **08**

> 갑을 친일반민족행위자로 결정한 친일반민족행위진상규명위원회의 최종발표(선행처분)에 따라 지방보훈지청장이 「독립유공자 예우에 관한 법률」 적용 대상자로 보상금 등의 예우를 받던 갑의 유가

개념확인 O/X

01 위법한 개별공시지가결정에 대하여 그 정해진 시정절차를 통하여 시정하도록 요구하지 아니하였다는 이유로 위법한 개별공시지가를 기초로 한 과세처분 등 후행 행정처분에서 개별공시지가결정의 위법을 주장할 수 없도록 하는 것은 수인한도를 넘는 불이익을 강요하는 것이다.
18 서울9급 (O / X)

02 선행처분인 개별공시지가결정의 하자가 과세처분 등 후행하는 처분에 승계될 수 있는지 여부에 관해 판례는 서로 결합하여 하나의 법률효과를 발생시킨다는 관점에서 하자승계를 인정하였다.
23 국회8급, 17 서울7급 (O / X)

03 대법원에 의하면 개별공시지가의 결정과 이를 기초로 한 과세처분은 동일한 목적을 달성하기 위하여 일련의 절차로 연속하여 행하여지는 것으로서 양 행위는 서로 결합된 처분이라고 한다.
(O / X)

04 과세처분의 취소를 구하는 행정소송에서 선행처분인 개별공시지가결정의 위법을 독립된 위법사유로 주장할 수 있다.
23 국가9급 (O / X)

05 개별공시지가결정에 대한 재조사청구에 따른 감액조정통보를 받고서도 아무런 다툼이 없는 경우에는 과세처분에서 개별공시지가결정의 하자를 다툴 수 없다.
(O / X)

06 (구)「부동산 가격공시 및 감정평가에 관한 법률」상 선행처분인 표준지공시지가의 결정에 하자가 있는 경우에 그 하자는 보상금 산정을 위한 수용재결에 승계된다.
18 국가9급 (O / X)

07 수용보상금증액청구소송에서 선행처분으로서 그 수용대상 토지가격 산정의 기초가 된 비교표준지공시지가결정의 위법을 독립한 사유로 주장할 수 있다.
17 서울7급 (O / X)

08 친일반민족행위자로 결정한 최종발표와 그에 따라 그 유가족에 대하여 한 「독립유공자 예우에 관한 법률」 적용배제자결정은 별개의 법률효과를 목적으로 하는 처분이다.
18 지방9급 (O / X)

정답 | 01 O 02 X 03 X 04 O 05 O 06 O 07 O 08 O

족 을 등에 대하여 「독립유공자 예우에 관한 법률」 적용배제자결정(후행처분)을 한 사안에서, 선행처분의 후행처분에 대한 구속력을 인정할 수 없어 선행처분의 위법을 이유로 후행처분의 효력을 다툴 수 있다(대판 2013.3.14. 2012두6964).

하자의 승계가 인정되는 경우	하자의 승계가 부정되는 경우
선행행위가 후행행위와 서로 결합하여 하나의 법률효과를 완성하는 경우에는 하자의 승계 인정	선행행위와 후행행위가 서로 독립하여 별개의 법률효과를 목적으로 하는 경우에는 하자의 승계가 인정되지 않는 것이 원칙
• 조세체납처분에서의 독촉·재산압류·매각·충당 간의 각 행위 • 행정대집행에 있어서의 계고·통지·실행·비용징수 간의 각 행위 01 02 • 무효인 조례와 그에 근거한 지방세과세처분 • 토지구획정리사업에 있어서의 환지예정지 지정처분과 공작물 이전명령 03 • 귀속재산의 임대처분과 후행 매각처분 • 한지의사시험자격 인정과 한지의사면허처분 • 안경사 국가시험합격 무효처분과 안경사 면허처분 취소 등	• 과세처분과 체납처분 • 하명처분과 계고 • 사업인정처분과 재결처분 • 도시계획결정과 수용재결처분 • 지방의회에서의 의안의 의결과 지방세부과 • 변상판정과 변상명령 • 감사원의 시정요구결정과 그에 따른 행정처분 취소 • 액화석유가스판매사업 허가처분과 사업개시신고 반려처분 • 직위해제처분과 직권면직처분 04 • 「병역법」상 보충역편입처분과 공익근무요원소집처분 • 표준공시지가결정과 개별토지가격(개별공시지가)결정 05 • 토지등급의 설정 또는 수정처분과 과세처분 • 택지개발예정지구지정과 택지개발계획승인처분 • 택지개발계획의 승인과 수용재결처분 • 선행처분인 서울-춘천 간 고속도로 민간투자시설사업의 사업시행자 지정처분의 무효를 이유로 그 후행처분인 도로구역결정처분의 취소를 구하는 소송에서, 선행처분인 사업시행자 지정처분을 무효로 할 만큼 중대하고 명백한 하자가 없음 • 관리처분계획에 불가쟁력이 생겨 그 효력을 다툴 수 없게 된 경우, 그 관리처분계획상의 하자를 이유로 후행처분인 청산금부과처분의 위법 • 선행처분인 국제항공노선 운수권배분 실효처분 및 노선면허거부처분에 대하여 이미 불가쟁력이 생겨 그 효력을 다툴 수 없게 된 이상 그에 위법사유가 있더라도 그것이 당연무효사유가 아닌 한 그 하자가 후행처분인 노선면허처분에 승계된다고 할 수 없음 • 도시관리계획의 결정 및 고시와 수용재결 • 과세관청의 소득처분과 그에 따른 소득금액변동통지가 있는 경우, 후행처분인 징수처분 06 • 종전 상이등급결정과 상이등급 개정 여부에 관한 결정 • 선행처분인 도시·군계획시설결정 • 공인중개사 업무중지와 중개사무소 개설등록취소 • 표준공시지가결정과 재산세부과처분 • 사업시행계획과 관리처분계획 07 08
예외적 판례: 선처분과 후처분이 각각의 별개의 처분이라도 하자의 승계를 인정하는 경우(수인의 한도를 초과하는 의무부과, 예측가능성이 없다는 이유)	
• 개별공시지가결정과 과세처분(양도소득세부과처분) / 재조사청구에 따른 감액조정통보에도 아무런 조치를 취하지 않은 경우에는 승계되지 않음 • 표준공시지가결정과 수용재결(보상금 증감청구소송) • 친일반민족행위자 결정과 국가유공자예우 중단결정	

개념확인 O/X

01 「행정대집행법」상 선행처분인 계고처분의 하자는 대집행영장발부통보처분에 승계된다.
18 국가9급 (O / X)

02 대집행의 계고, 대집행영장에 의한 통지, 대집행의 실행, 대집행비용의 납부명령은 동일한 행정목적을 달성하기 위하여 일련의 절차로 연속하여 행하여지는 것으로서, 서로 결합하여 하나의 법률효과를 발생시키는 것이다.
18 서울9급 (O / X)

03 토지구획정리사업 시행 후 시행인가처분의 하자가 취소사유에 불과하더라도 사업시행 후 시행인가처분의 하자를 이유로 환지청산금부과처분의 효력을 다툴 수 있다.
19 국회8급 (O / X)

04 대법원은 선행 직위해제처분의 위법사유는 후행 징계처분에 승계되므로 선행된 직위해제처분의 위법사유를 들어 징계처분의 효력을 다툴 수 있다고 한다. (O / X)

05 취소사유에 해당하는 하자가 있는 표준공시지가결정에 대한 취소소송의 제소기간이 지난 경우, 개별토지가격결정을 다투는 소송에서 그 개별토지가격 산정의 기초가 된 표준공시지가의 위법성을 다툴 수 있다.
19 국가7급 (O / X)

06 과세관청의 소득처분과 그에 따른 소득금액변동통지가 있는 경우 원천징수하는 소득세의 납세의무에 관하여는 이를 확정하는 소득금액변동통지에 대한 항고소송에서 다투어야 하고 소득금액변동통지가 취소사유에 불과한 경우 징수처분에 대한 항고소송에서 이를 다툴 수는 없다.
19 국회8급 (O / X)

07 「도시 및 주거환경정비법」상 사업시행계획에 관한 취소사유인 하자는 관리처분계획에 승계되지 않는다.
18 국가9급 (O / X)

08 사업시행계획과 관리처분계획은 서로 독립하여 별개의 법적 효과를 발생시키는 것으로서 사업시행계획의 수립에 관한 취소사유인 하자가 관리처분계획에 승계되지 아니한다.
18 서울9급 (O / X)

| 정답 | 01 O 02 O 03 X 04 X 05 X 06 O 07 O 08 O

② 새로운 견해(구속력설, 규준력설, 기결력설, 불가쟁력이 발생한 선행처분의 후행처분에 대한 구속력 문제)
  ㉠ 의의: 새로운 견해는 '선행정행위의 후행정행위에 대한 구속력'의 문제로 불가쟁력이 발생한 선행정행위가 후행정행위에 대하여 미치는 구속력을 말한다. 구속력이란 후행 행정행위의 단계에서 후행 행정행위의 전제가 되는 선행 행정행위에 배치되는 주장을 하지 못하는 효력을 말한다. 선행행위에서 내려진 결정은 특별한 사정이 없는 한 선취된 결정으로 보고 이를 토대로 후행 행정행위를 하도록 하는 효력을 말하는바, 주로 다단계행정행위에서 선행행위가 후행행위에 대하여 미치는 효력을 말한다(예 사전결정의 최종처분에 대한 구속력 등). 이 견해를 하자승계문제의 대체적 이론으로 주장하는 견해도 있고(김남진), 이와 별개의 선행행위의 후행 행정행위에 대한 구속력문제로 이해하는 견해도 있다(박균성).
  ㉡ 근거: 직접적인 법적 근거는 없고, 선행행위에 불가쟁력이 발생하였는데 후행행위의 단계에 이르러 선행행위의 하자를 이유로 후행행위를 다툴 수 있게 되면 불가쟁력을 인정하는 취지가 무색해지므로 공정력이나 불가쟁력이 간접적인 법적 근거가 된다. 이론적 근거로는 행정의 실효성과 법률생활의 안정성을 들 수 있다.
  ㉢ 구속력의 범위: 새로운 견해는 통설이 주장하는, 서로 결합하여 하나의 법적 효과를 추구하는 경우는 물론이고, 서로 각각 별개의 효과를 목적으로 하는 행정행위의 경우에도 선행정행위는 후행정행위에 대하여 일정한 범위 내에서 구속력을 미친다고 한다(원칙 – 하자의 승계 부정).
  ㉣ 구속력이 미치는 한계
    ⓐ **사물적 한계**: 양 행위가 동일한 목적을 추구하며, 법적 효과가 궁극적으로 일치되어야 한다.
    ⓑ **대인적 한계**: 후행행위에 대하여 법적 이해관계 있는 자 및 후행행위와 법적 관련을 맺는 모든 국가기관(처분청, 행정심판기관, 수소법원은 제외)에 구속력이 미친다.
    ⓒ **시간적 한계**: 선행행위의 사실 및 법상태가 유지되는 한도 안에서 구속력이 미친다.
    ⓓ 선행처분의 후행처분에 대한 구속력이 인정되는 경우에도 그에 따른 결과가 당사자에게 수인의 한도를 넘는 가혹함을 가져오거나 예측가능한 것이 아닌 경우에는 하자 승계가 인정된다.

> **관련 판례**
>
> **B** 선행처분의 불가쟁력이나 구속력이 그로 인하여 불이익을 입게 되는 자에게 수인한도를 넘는 가혹함을 가져오며, 그 결과가 당사자에게 예측가능한 것이 아닌 경우에는 국민의 재판을 받을 권리를 보장하고 있는 헌법의 이념에 비추어 선행처분의 후행처분에 대한 구속력은 인정될 수 없다(대판 1994.1.25. 93누8542) [17 지방직 9급] **01**

6 행정행위 하자의 구체적 사유

> **결정적 코멘트** ▶ 대법원에 의해서 판단된 무효와 취소의 구체적 사유를 구분하여야 한다.

(1) 주체에 관한 하자

① 무효사유
  ㉠ 정당한 권한을 갖지 아니한 행정기관의 행위
    ⓐ 공무원 아닌 자의 행위(단, 사실상 공무원의 행위는 유효)
    ⓑ 적법하게 구성되지 않은 합의제기관의 행위(예 소정의 정족수가 미달된 경우의 의결)

개념확인 O/X

01 선행행위와 후행행위가 서로 독립하여 별개의 법률효과를 목적으로 하는 경우라도 선행행위의 불가쟁력이나 구속력이 그로 인하여 불이익을 입는 자에게 수인한도를 넘는 가혹함을 가져오고 그 결과가 예측가능한 것이 아닌 때에는 하자의 승계를 인정할 수 있다.
17 지방9급 (O / X)

정답 | 01 O

ⓒ 정당한 대리권이 없는 자의 행위(단, 표현대리의 경우에는 유효로 인정)나 내부위임에서 수임기관이 자신의 명의로 처분을 한 경우

> **관련 판례**

A 법이 정한 위원들로 구성되지 않은 입지선정위원회의 폐기물처리시설 입지결정처분은 무효이다 [18 지방직 9급, 17 국가직 7급, 11 지방직 9급] **01 02**

(구)「폐기물처리시설 설치촉진 및 주변지역 지원 등에 관한 법률」에 정한 입지선정위원회가 그 구성방법 및 절차에 관한 같은 법 시행령의 규정에 위배하여 군수와 주민대표가 선정·추천한 전문가를 포함시키지 않은 채 임의로 구성되어 의결을 한 경우, 그에 터잡아 이루어진 폐기물처리시설 입지결정처분의 하자는 중대한 것이고 객관적으로도 명백하므로 무효사유에 해당한다(대판 2007.4.12. 2006두20150).

B 사업자의 요건을 위반한 지정처분은 무효이다

국토계획법상 사업시행자 지정요건을 위반하여 사업시행자 지정처분을 한 경우, 그 지정처분 하자를 중대·명백한 하자로 볼 수 있다(대판 2017.7.11. 2016두35120).

ⓒ 권한 없는 행위
  ⓐ 경찰관청의 조세부과(사항적 무권한)
  ⓑ 관할구역 밖의 영업허가(지역적 무권한)
  ⓒ 행정안전부장관의 군인에 대한 징계처분, 교육부장관의 서울대학생 징계처분 등(대인적 무권한)
  ⓓ 권한을 위임받지 않은 자의 행위

> **관련 판례** 당연무효라고 본 사례

B 무권한행위는 원칙적으로 무효이다

행정기관의 권한에는 사무의 성질 및 내용에 따르는 제약이 있고, 지역적이고 대인적으로 한계가 있으므로 이러한 권한의 범위를 넘어서는 권한 유월의 행위는 무권한의 행위로서 원칙적으로 무효라 할 것이다(대판 1996.6.28. 96누4374).

B 환경부장관의 위임 없이 환경관리청장이 한 설치승인처분은 무효이다

폐기물처리시설 설치계획에 대한 승인권자는 (구)「폐기물처리시설 설치촉진 및 주변지역 지원 등에 관한 법률」 제10조 제2항의 규정에 의하여 환경부장관이며, 이러한 설치승인권한을 환경관리청장에게 위임할 수 있는 근거도 없으므로, 환경관리청장의 폐기물처리시설 설치승인처분은 권한 없는 기관에 의한 행정처분으로서 그 하자가 중대하고 명백하여 당연무효이다(대판 2004.7.22. 2002두10704).

B 시장으로부터 체납취득세에 대한 압류처분권한을 내부위임받은 구청장이 자신의 이름으로 한 압류처분의 효력 유무(소극) [21 군무원 7급] **03**

체납취득세에 대한 압류처분권한은 도지사로부터 시장에게 권한위임된 것이고 시장으로부터 압류처분권한을 내부위임받은 데 불과한 구청장으로서는 시장 명의로 압류처분을 대행처리할 수 있을 뿐이고 자신의 명의로 이를 할 수 없다 할 것이므로 구청장이 자신의 명의로 한 압류처분은 권한 없는 자에 의하여 행하여진 위법무효의 처분이다(대판 1993.5.27. 93누6621).

> **개념확인 O/X**

01 위법하게 구성된 폐기물처리시설 입지선정위원회가 의결을 한 경우, 그에 터잡아 이루어진 폐기물처리시설 입지결정처분의 하자는 무효사유로 본다. 18 지방9급 (O / X)

02 (구)폐기물처리시설 설치촉진 및 주변지역 지원 등에 관한 법령상 입지선정위원회는 일정수 이상의 주민대표 등을 참여시키도록 하고 있음에도 불구하고 이에 위배하여 군수와 주민대표가 선정·추천한 전문가를 포함시키지 않은 채 입지선정위원회를 임의로 구성하여 의결한 경우 이에 따른 폐기물처리시설 입지결정처분의 하자는 무효사유에 해당한다. 17 국가7급 (O / X)

03 처분권한을 내부위임받은 기관이 자신의 이름으로 한 처분은 무효이다. 21 군무원7급 (O / X)

| 정답 | 01 O   02 O   03 O

개념확인 O/X

🅑 **유기장 영업허가 권한이 없는 동장이 허가한 영업허가를 취소한 경우에 그 취소를 소구할 이익이 있는지 여부**

> 「유기장법」 및 「지방자치법」 제7조의 규정에 비추어 유기장영업허가는 시장이 하게 되어 있을 뿐 이 허가권을 동장에게 외부위임할 수 있는 근거가 없고 영업허가 권한이 없는 동장이 한 영업허가는 당연무효가 될 것이므로 동장으로부터 유기장영업허가 취소를 받은 자는 행정처분 취소를 소구할 이익이 없다(대판 1976.2.24. 76누1).

🅑 **음주운전을 단속한 경찰관 명의로 행한 운전면허정지처분의 효력(무효)**

> 운전면허에 대한 정지처분권한은 경찰청장으로부터 경찰서장에게 권한위임된 것이므로 음주운전자를 적발한 단속 경찰관으로서는 관할 경찰서장의 명의로 운전면허정지처분을 대행처리할 수 있을지는 몰라도 자신의 명의로 이를 할 수는 없다 할 것이므로, 단속 경찰관이 자신의 명의로 운전면허행정처분통지서를 작성·교부하여 행한 운전면허정지처분은 비록 그 처분의 내용·사유·근거 등이 기재된 서면을 교부하는 방식으로 행하여졌다고 하더라도 권한 없는 자에 의하여 행하여진 점에서 무효의 처분에 해당한다(대판 1997.5.16. 97누2313).

관련 판례 | 당연무효가 아니라고 본 사례

🅑 **빈번한 주민등록 변경에 따른 관할 세무서장이 아닌 다른 세무서장의 소득세부과처분은 무효가 아니다**

> 납세지를 관할하는 세무서장이 아닌 다른 세무서장의 소득세 부과·징수처분은 관할 없는 과세관청의 처분으로서 위법하고 그 하자가 중대하다고 할 것이나, 납세자가 주민등록을 빈번히 이전·말소한 경위, 세무서장이 처분에 이르기까지 그 주소를 확인한 과정과 (구)「소득세법」상 납세지 확정에 관련된 규정들에 비추어 보아, 그 하자가 일견하여 객관적으로 명백한 것이라고 할 수 없으므로 당연무효사유는 아니다(대판 2001.6.1. 99다1260).

🅑 **송달 당시에 주소지 관할이었다면 관할 세무서장이 아닌 세무서장이 한 과세처분은 무효가 아니다**

> 과세관청이 증여세과세처분 당시 납세자의 주소지나 거소지를 관할하는 세무서는 아니지만, 증여세 결정 전 통지서가 송달될 당시에는 납세자의 주소지를 관할하고 있었고, 과세처분 납세고지서가 납세자에게 송달되어 납세자가 증여세를 그 납부기한 안에 납부하였으며, 과세처분 당시 3개월마다 갱신되는 전산자료를 행정안전부로부터 받아 납세자의 주소지를 확인하고 있던 과세당국으로서는 과세처분 납세고지서가 납세자에게 송달될 때 납세자의 주민등록 변경사항을 전산자료를 통하여 확인할 수 없었던 점 등에 비추어 보면, 납세자의 주소지를 관할하지 아니하는 세무서장이 한 증여세부과처분이 위법하나 그 흠이 객관적으로 명백하여 당연무효라고 볼 수는 없다(대판 2003.1.10. 2002다61897).

🅑 **적법한 권한 위임 없이 세관출장소장에 의하여 행하여진 관세부과처분이 그 하자가 중대하기는 하지만 객관적으로 명백하다고 할 수 없어 당연무효는 아니다** [19 지방직 9급] **01**

> 세관출장소장은 세입징수관으로서 관세를 징수할 권한이 위임되어 있고 따라서 그 징수처분으로 세입과목, 세액 등을 기재한 문서로써 납입고지를 할 수 있도록 규정되어 있는 점, 피고에게는 '수입물품에 대한 관세 등 조세의 세액결정 및 징수'에 관한 권한이 위임되어 있는데, 위 '조세의 세액결정 및 징수'업무에는 관세부과처분에 관한 업무까지 포함되는 것으로 오인할 여지가 없지 아니한 점, 세관출장소장도 세관장과 마찬가지로 관세부과처분권한이 있는 것처럼 취급되고 있는 점, 그 동안 세관출장소장에게 관세부과처분에 관한 권한이 있는지 여부에 관하여 아무런 이의제기가

---

01 적법한 권한 위임 없이 세관출장소장에 의하여 행하여진 관세부과처분은 그 하자가 중대하기는 하지만 객관적으로 명백하다고 할 수 없어 당연무효는 아니다.
19 지방9급 (O / X)

없었던 점 등에 비추어 보면, 세관출장소장에게 관세부과처분을 할 권한이 있다고 객관적으로 오인할 여지가 다분하다고 인정되므로 결국 적법한 권한 위임 없이 행해진 이 사건 처분은 그 하자가 중대하기는 하지만 객관적으로 명백하다고 할 수는 없어 당연무효는 아니라고 보아야 할 것이다(대판 2004.11.26, 2003두2403).

Ⓐ 국가정보원 직원에 대한 국가정보원장의 의원면직처분은 무효가 아니다 [18 지방직 9급, 16 지방직 7급] 01 02

5급 이상의 국가정보원 직원에 대한 의원면직처분이 임면권자인 대통령이 아닌 국가정보원장에 의해 행해진 것으로 위법하고, 나아가 국가정보원 직원의 명예퇴직원 내지 사직서 제출이 직위해제 후 1년여에 걸친 국가정보원장 측의 종용에 의한 것이었다는 사정을 감안한다 하더라도 그러한 하자가 중대한 것이라고 볼 수는 없으므로, 대통령의 내부결재가 있었는지에 관계없이 당연무효는 아니다(대판 2007.7.26, 2005두15748).

Ⓑ 구청장의 택시운전자격정지처분은 무효가 아니다

구청장이 서울특별시 조례에 의한 적법한 위임 없이 택시운전자격정지처분을 한 경우, 그 하자가 비록 중대하다고 할지라도 객관적으로 명백하다고 할 수는 없으므로 당연무효사유가 아니다(대판 2002.12.10, 2001두4566).

Ⓑ 교육장의 공립유치원 교사에 대한 직권면직처분이, 적법한 위임 없이 권한 없는 자가 행한 처분으로서 그 하자가 중대하지만 객관적으로 명백하다고는 할 수 없어 당연무효는 아니라고 한 사례

교육감은 공립유치원 교사의 관내전보, 직위해제, 의원면직, 신규채용권한을 교육장에게 재위임하였을 뿐 직권면직 권한까지 재위임한 바는 없으므로 피고가 공립유치원 교사인 원고에 대하여 이 사건 직권면직처분을 한 것은 적법한 위임 없이 권한 없는 자가 행한 처분으로서 그 하자가 중대하다고 할 것이나, 객관적으로 명백하다고는 할 수 없어 당연무효는 아니고, 「근로기준법」 제30조 제2항은 교육공무원인 원고에게는 적용되지 아니하며, 이 사건 처분을 하면서 사전통지절차를 거치지 아니한 것은 취소사유에 불과하다(대판 2007.9.21, 2005두11937).

ⓒ 행정기관의 정상적 의사에 결함이 있는 행위
  ⓐ 의사무능력자의 행위(심신상실에 의한 행위)
  ⓑ 제한능력자에 의한 경우(피한정후견인, 피성년후견인)
    ※단, 민사미성년자는 공무원이 될 수 있음 – 유효
  ⓒ 항거할 수 없는 물리적·정신적 강박으로 인한 행위

관련 판례

Ⓑ 과세관청 내지 그 상급관청이나 수사기관의 강요로 합리적이고 타당한 근거도 없이 작성된 과세자료에 터 잡은 과세처분의 하자가 중대하고 명백한 것인지 여부

과세처분의 근거가 된 확인서, 명세서, 자술서, 각서 등이 과세관청 내지 그 상급관청이나 수사기관의 일방적이고 억압적인 강요로 작성자의 자유로운 의사에 반하여 별다른 합리적이고 타당한 근거도 없이 작성된 것이라면 이러한 자료들은 그 작성경위에 비추어 내용이 진정한 과세자료라고 볼 수 없으므로, 이러한 과세자료에 터 잡은 과세처분의 하자는 중대한 하자임은 물론 위와 같은 과세자료의 성립과정에 직접 관여하여 그 경위를 잘 아는 과세관청에 대한 관계에 있어서 객관적으로 명백한 하자라고 할 것이다(대판 1992.3.31, 91다32053 전합).

개념확인 O/X

01 행정청이 권한을 유월하여 공무원에 대한 의원면직처분을 하였다면 그러한 처분은 다른 일반적인 행정행위에서의 그것과 같이 보아 당연무효로 보아야 한다.
16 지방7급 (O / X)

02 무권한의 행위는 원칙적으로 무효라고 할 것이므로, 5급 이상의 국가정보원 직원에 대해 임면권자인 대통령이 아닌 국가정보원장이 행한 의원면직처분은 당연무효에 해당한다.
18 지방9급 (O / X)

| 정답 | 01 X 02 X

② 취소사유
  ㉠ 권한을 초과한 행위
  ㉡ 사기·강박에 의해 의사결정에 하자가 있는 행위
  ㉢ 착오의 결과 위법·부당하게 된 행위(착오는 결과에 따라 불가능의 경우에는 무효, 위법 부당의 경우에는 취소, 단순한 오기·오산의 경우에는 유효이다)
  ㉣ 증·수뢰, 부정신고 등 부정행위에 의한 행위

(2) 내용에 관한 하자

① 무효사유
  ㉠ 내용이 실현불가능한 행위
    ⓐ 인적 불능: 사자에게 의사면허, 미성립 법인에 대한 법인세 부과, 여자에 대한 입영명령, 재직 중의 공무원에 대한 입후보 허용, 피성년후견인에 대한 공무원임명, 조세완납자에 대한 체납처분
    ⓑ 물적 불능: 존재하지 않는 토지의 수용, 면세물건에 대한 과세, 제3자의 재산에 대한 공매처분, 사유수면매립면허 등
    ⓒ 법률관계 불능: 인가할 수 없는 행위에 대한 인가, 국가시험 불합격자에게 의사면허, 공인중개사 무자격자에게 중개업허가, 매춘허가, 치외법권자(납세의무가 없다)에 대한 납세의무 면제 등

관련 판례

제3자의 물건에 대한 압류처분은 당연무효이다

조세체납자가 아닌 제3자의 소유물건을 압류하고 공매하더라도 법률상 실현불가능한 것이므로 당연무효이다(대판 1993.4.27. 92누12117).

임용권자의 과실에 의한 임용결격자에 대한 경찰공무원 임용행위는 무효이다 [16 국가직 9급]

「경찰공무원법」에 규정되어 있는 경찰관 임용결격사유는 경찰관으로 임용되기 위한 절대적인 소극적 요건으로서 임용 당시 경찰관 임용결격사유가 있었다면 비록 임용권자의 과실에 의하여 임용결격자임을 밝혀내지 못하였다 하더라도 그 임용행위는 당연무효로 보아야 한다(대판 2005.7.28. 2003두469).

부동산을 양도한 사실이 없음에도 부과된 양도소득세부과처분은 무효이다 [11 지방직 9급] 01

부동산을 양도한 사실이 없음에도 세무당국이 부동산을 양도한 것으로 오인하여 양도소득세를 부과하였다면 그 부과처분은 착오에 의한 행정처분으로서 그 표시된 내용에 중대하고 명백한 하자가 있어 당연무효이다(대판 1983.8.23. 83누179).

주택재개발사업의 사업시행계획에서 정한 사업시행기간이 도과된 경우 사업시행계획이 소급하여 무효가 되는지 여부(소극)

「도시 및 주거환경정비법」에 따라 설립된 정비사업조합에 의하여 수립된 사업시행계획에서 정한 사업시행기간이 도과하였다 하더라도, 유효하게 수립된 사업시행계획 및 그에 기초하여 사업시행기간 내에 이루어진 토지의 매수·수용을 비롯한 사업시행의 법적 효과가 소급하여 그 효력을 상실하여 무효로 된다고 할 수 없다(대판 2016.12.1. 2016두34905).

개념확인 O/X

01 부동산을 양도한 사실이 없음에도 세무당국이 부동산을 양도한 것으로 오인한 양도소득세부과처분은 착오에 의한 행정처분으로서 취소할 수 있는 행정행위에 해당한다.
11 지방9급 (O / X)

B (구)「개발이익 환수에 관한 법률」시행 당시 주택조합의 조합원에 대하여 한 개발부담금부과처분의 효력(당연무효)

> 「주택건설촉진법」에 의한 설립인가를 받은 주택조합이 주택건설택지조성사업승인을 받고 그 사업을 시행한 경우, (구)「개발이익 환수에 관한 법률」(1993. 6. 11. 법률 제4563호로 개정되기 전의 법률)에 의한 개발부담금 납부의무자는 비법인사단인 주택조합이고 그 조합원들을 개발부담금 납부의무자로 볼 것은 아니므로, 부과관청이 개발부담금 납부의무자도 아닌 조합원들에게 개발부담금을 부과·고지한 처분은 아무런 법령상의 근거가 없는 위법한 것으로서 그 하자가 중대하고 명백하여 무효이다(대판 1998. 4. 23. 95다26476 전합).

　　ⓛ 내용이 불명확한 경우
　　　ⓐ 경계가 없는 도로구역결정
　　　ⓑ 목적물이 특정되지 아니한 건물철거 계고처분
　　　ⓒ 대상목적물을 특정하지 아니한 귀속재산에 대한 임대처분 등
　　ⓒ 위법행위 중 중요법규나 효력규정 등에 위반하는 중대한 것이면 무효

② 취소사유
　　ⓛ 단순한 위법행위
　　ⓒ 공익에 반하는 행위
　　ⓒ 선량한 기타 사회질서에 위반하는 행위 내지 공서양속에 반하는 행위(「민법」에서는 무효, 독일 행정법에서는 무효라고 규정)

(3) 절차에 관한 하자

① 무효사유
　　ⓛ 법률상 필요한 상대방의 신청이나 동의를 결여한 행위
　　ⓒ 필요한 공고·통지를 결여한 행위
　　　ⓐ 계고 없이 한 무허가건물의 철거 등
　　　ⓑ 특허출원공고를 거치지 아니한 발명특허
　　　ⓒ 독촉을 결여한 체납처분(판례는 당연무효라 보지 않는다)
　　　ⓓ 필요한 공고·통지를 결여한 사업인정고시
　　　ⓔ 통지 없이 한 토지수용의 재결
　　ⓒ 필요한 이해관계인의 참여 또는 협의를 결여한 행위
　　　ⓐ 체납자의 참여 없는 조세체납처분으로서의 재산압류
　　　ⓑ 토지소유자나 이해관계인과 협의 없는 토지수용의 재결
　　　ⓒ 환경영향평가의 실시대상사업에 대하여 환경영향평가를 거치지 않고 행한 처분
　　　ⓓ 선거인명부를 주민에게 열람시키는 절차를 밟지 않은 행정행위
　　　ⓔ 징계위원회의 의결을 거치지 않은 징계처분 등

관련 판례

A 「환경영향평가법」상 환경영향평가를 거치지 않은 경우에는 무효이다 [19 지방직 9급, 17 서울시 7급, 17 지방직 7급, 16 지방직 7급, 16 서울시 7급] 01 02

> (구)「환경영향평가법」상 환경영향평가를 실시하여야 할 사업에 대하여 환경영향평가를 거치지 아니하였음에도 승인 등 처분을 한 경우, 그 처분의 하자가 행정처분의 당연무효사유에 해당한다(대판 2006. 6. 30. 2005두14363).

개념확인 O/X

01 「환경영향평가법」상 환경영향평가를 거쳐야 할 대상사업에 대하여 환경영향평가를 거치지 않고 해당 사업에 승인처분을 하였다면 그 하자는 중대·명백한 것으로 그 행정처분은 당연무효이다.
17 서울7급　　　　　　(O / X)

02 환경영향평가법령의 규정상 환경영향평가를 거쳐야 할 사업인 경우에, 환경영향평가를 거치지 아니하고 행한 사업승인처분을 당연무효라 볼 수는 없다.
16 지방7급　　　　　　(O / X)

| 정답 | 01 O　02 X

개념확인 O/X

01 행정청이 사전에 교통영향평가를 거치지 아니한 채 '건축허가 전까지 교통영향평가 심의필증을 교부받을 것'을 부관으로 붙여서 한 '실시계획변경 승인 및 공사시행변경 인가처분'은 그 하자가 중대하고 객관적으로 명백하여 당연무효이다.
19 지방9급 (O / X)

02 과세관청이 과세예고 통지 후 과세전적부심사 청구나 그에 대한 결정이 있기 전에 과세처분을 한 경우, 특별한 사정이 없는 한 그 과세처분은 절차상 하자가 중대·명백하여 당연무효이다.
19 국가7급 (O / X)

03 공무원에 대해 변명할 기회를 부여하지 아니하고 징계처분을 행하게 되면 「행정절차법」상 청문절차에 반하는 것으로 '취소의 흠'이 있는 징계 처분으로 된다.
24 군무원7급 (O / X)

주의
1. 행정청이 사전에 교통영향평가를 거치지 아니한 채 '건축허가 전까지 교통영향평가 심의필증을 교부받을 것'을 부관으로 붙여서 한 '실시계획변경 승인 및 공사시행변경 인가처분'에 중대하고 명백한 흠이 있다고 할 수 없어 이를 무효로 보기 어렵다(대판 2010.2.25. 2009두102). [19 지방직 9급] **01**
2. 환경영향평가법령에서 정한 환경영향평가 절차를 거쳤으나 그 환경영향평가의 내용이 부실할 경우, 그 부실로 인하여 환경영향평가 대상사업에 대한 승인 등 처분이 위법하게 되는 것은 아니다(대판 2006.3.16. 2006두330 전합).

ⓑ 과세관청이 과세예고 통지 후 과세전적부심사 청구나 그에 대한 결정이 있기 전에 과세처분을 한 경우, 절차상 하자가 중대·명백하여 과세처분이 무효인지 여부(원칙적 적극) [19 국가직 7급] **02**

「국세기본법」및 「국세기본법 시행령」이 과세전적부심사를 거치지 않고 곧바로 과세처분을 할 수 있거나 과세전적부심사에 대한 결정이 있기 전이라도 과세처분을 할 수 있는 예외사유로 정하고 있다는 등의 특별한 사정이 없는 한, 과세예고 통지 후 과세전적부심사 청구나 그에 대한 결정이 있기도 전에 과세처분을 하는 것은 원칙적으로 과세전적부심사 이후에 이루어져야 하는 과세처분을 그보다 앞서 함으로써 과세전적부심사 제도 자체를 형해화시킬 뿐만 아니라 과세전적부심사 결정과 과세처분 사이의 관계 및 불복절차를 불분명하게 할 우려가 있으므로, 그와 같은 과세처분은 납세자의 절차적 권리를 침해하는 것으로서 절차상 하자가 중대하고도 명백하여 무효이다(대판 2016.12.27. 2016두49228).

ⓑ 환지처분이 확정되어 효력을 발생한 후 환지절차를 새로이 밟지 아니하고 한 환지변경처분의 효력(= 무효)

환지처분이 일단 확정되어 효력을 발생한 후에는 이를 소급하여 시정하는 뜻의 환지변경처분이란 있을 수 없고, 그러한 환지변경의 필요가 있을 때에는 환지절차를 새로이 밟아야 하며 이를 밟지 아니하고 한 환지변경처분은 위법하다 할 것인바, 그와 같은 위법은 환지절차의 본질을 해한 것으로서 그 흠은 중대하고 명백하여 행정처분의 무효사유에 해당한다(대판 1992.11.10. 91누8227).

ⓑ 학교법인 이사회의 승인의결 없이 한 기존 재산교환허가신청에 대한 감독청(시교육위원회)의 교환허가처분의 효력

이 사건 학교법인의 감독청인 피고(부산시교육위원회)의 학교법인기본재산교환허가처분은 학교법인의 이사장이 교환허가신청을 함에 있어서 이사회의 승인의결을 받음이 없이 이사회회의록사본을 위조하여 첨부한 교환허가신청서에 의한 것인바, 「사립학교법」제1조, 제16조, 제28조, 제73조 동법 시행령 제11조의 각 규정취지를 종합고찰하면 피고의 이 사건 허가처분은 중대하고 명백한 하자가 있어 당연무효라 할 것이고 위 학교법인이사회가 위 교환을 추인·재추인하는 의결을 한 사실만으로써 무효인 허가처분의 하자가 치유된다고 볼 수 없다(대판 1984.2.28. 81누275 전합).

ⓑ 과세전적부심사의 기회를 부여하지 않은 과세처분은 무효에 해당한다

과세관청이 과세예고 통지 후 과세전적부심사 청구나 그에 대한 결정이 있기 전에 과세처분을 한 경우, 절차상 하자가 중대·명백하여 과세처분이 무효인지 여부(원칙적 적극)(대판 2020.4.9. 2018두57490)

ⓔ 필요한 공청(청문) 또는 변명의 기회를 주지 않는 행위
  ⓐ 청문을 거치지 않고 행한 전당포 영업허가의 취소(판례는 취소로 본다)
  ⓑ 변명기회 없이 한 파면처분 **03**

정답 | 01 X   02 O   03 X

ⓜ 필요한 증표를 제시하지 않은 행위: 공무원의 증표 없는 대집행의 경우(취소로 보는 견해도 있다)
ⓗ 타기관의 협력이 행정행위의 발령에 필수전제요건인 경우: 그 협력의 결여는 무효가 된다.
  ⓐ 국토교통부장관이 공유수면매립면허를 함에 있어서 관계부처의 장과 협의를 하지 않고 한 행정행위
  ⓑ 다른 기관의 필요적 협력을 결여한 행위
  ⓒ 대통령의 승인 없이 한 공공요금 결정
  ⓓ 교육위원회의 의결 없이 한 유치원설립인가
  ⓔ 도지사의 인사교류안 작성과 그에 따른 인사교류가 권고가 전혀 이루어지지 않은 상태에서 행하여진 관할구역 내 시장의 인사교류에 관한 처분
② **취소사유**: 부수적 절차의 하자, 절차가 행정의 능률, 원활, 참고 등을 위한 편의적 절차일 때

관련 판례

B 「행정절차법」상의 사전통지 등의 하자는 취소사유에 해당한다

「행정절차법」 제21조 제1항과 4항, 제22조 제1항 내지 제4항에 의하면 행정청이 침해적 행정처분을 함에 있어서 당사자에게 「행정절차법」상의 사전통지를 하지 않거나 의견제출의 기회를 주지 아니한 경우는 당해 처분의 성질상 의견청취가 현저히 곤란하거나 명백히 불필요하다고 인정될 만한 상당한 이유가 있는 경우 등 예외적인 경우에 해당하지 아니하는 한 그 처분은 위법하여 취소를 면할 수 없다(대판 2000.11.14. 99두5870).

B 행정절차상의 청문 위반은 취소사유에 해당한다 [17 지방직 7급, 16 교육행정직 9급] 01 02

허가영업에 대한 취소처분 또는 신고영업에 대한 폐쇄명령을 하기 위하여서는 「식품위생법」에 의거하여 반드시 사전에 청문절차를 거쳐야 하므로 상대방이 청문을 포기한 경우가 아닌 한 청문절차를 거치지 아니하고 한 영업소 폐쇄명령은 위법하여 취소사유에 해당한다(대판 1983.6.14. 83누14).

B 대법원은 건설교통부장관(현, 국토교통부장관)이 관계 중앙행정기관의 장과 협의를 거치지 아니하고 한 택지개발예정지구 지정처분을 취소할 수 있는 행위에 불과한 것으로 보고 있다 [17 지방직 7급] 03

건설부장관이 택지개발예정지구를 지정함에 있어 미리 관계중앙행정기관의 장과 협의를 하라고 규정한 의미는 그의 자문을 구하라는 것이지 그 의견을 따라 처분을 하라는 의미는 아니라 할 것이므로 이러한 협의를 거치지 아니하였다고 하더라도 이는 위 지정처분을 취소할 수 있는 원인이 되는 하자 정도에 불과하고 위 지정처분이 당연무효가 되는 하자에 해당하는 것은 아니다(대판 2000.10.13. 99두653).

B 보전임지를 다른 용도로 이용하기 위한 산림청장과의 협의규정을 위반한 경우는 취소사유에 해당한다

「국방·군사시설 사업에 관한 법률」 및 (구)「산림법」에서 보전임지를 다른 용도로 이용하기 위한 사업에 대하여 승인 등 처분을 하기 전에 미리 산림청장과 협의를 하라고 규정한 의미 및 이러한 협의를 거치지 아니한 승인처분이 당연무효가 되는 하자에 해당하는 것은 아니다(대판 2006.6.30. 2005두14363).

개념확인 O/X

01 법률상 청문을 요하는 행정처분의 경우 청문절차를 결여한 하자는 취소사유에 해당한다.
16 교육행정 (O / X)

02 「행정절차법」상 청문절차를 거쳐야 하는 처분임에도 청문절차를 결여한 처분을 무효라고 할 수 없다.
17 지방7급 (O / X)

03 「택지개발촉진법」상 택지개발예정지구를 지정함에 있어 거쳐야 하는 관계중앙행정기관의 장과의 협의를 거치지 않은 택지개발예정지구 지정처분은 무효사유에 해당한다.
17 지방7급 (O / X)

개념확인 O/X

🅑 (구)「학교보건법」상 학교환경위생정화구역에서의 금지행위 및 시설의 해제 여부에 관한 행정처분을 함에 있어 학교환경위생정화위원회의 심의를 거치도록 한 취지 및 그 심의절차를 누락한 행정처분이 위법한지 여부(적극)

> 행정청이 (구)「학교보건법」(2005. 12. 7. 법률 제7700호로 개정되기 전의 것) 소정의 학교환경위생정화구역 내에서 금지행위 및 시설의 해제 여부에 관한 행정처분을 함에 있어 학교환경위생정화위원회의 심의를 거치도록 한 취지는 그에 관한 전문가 내지 이해관계인의 의견과 주민의 의사를 행정청의 의사결정에 반영함으로써 공익에 가장 부합하는 민주적 의사를 도출하고 행정처분의 공정성과 투명성을 확보하려는 데 있고, 나아가 그 심의의 요구가 법률에 근거하고 있을 뿐 아니라 심의에 따른 의결내용도 단순히 절차의 형식에 관련된 사항에 그치지 않고 금지행위 및 시설의 해제 여부에 관한 행정처분에 영향을 미칠 수 있는 사항에 관한 것임을 종합해 보면, 금지행위 및 시설의 해제 여부에 관한 행정처분을 하면서 절차상 위와 같은 심의를 누락한 흠이 있다면 그와 같은 흠을 가리켜 위 행정처분의 효력에 아무런 영향을 주지 않는다거나 경미한 정도에 불과하다고 볼 수는 없으므로, 특별한 사정이 없는 한 이는 행정처분을 위법하게 하는 취소사유가 된다(대판 2007. 3. 15. 2006두15806).

🅑 재외국민의 주민등록신고요건 및 거주용 여권 무효확인서를 첨부하지 아니하였음을 이유로 최고, 공고의 절차를 거치지 않고 한 주민등록말소처분의 당연무효 여부 [11 지방직 9급] 01

> 재외국민이 관할행정청에게 여행증명서의 무효확인서를 제출, 주민등록신고를 하여 주민등록이 되었는데, 관할행정청이 주민등록신고시 거주용 여권의 무효확인서를 첨부하지 아니하고 여행용 여권의 무효확인서를 첨부하는 위법이 있었다고 하여 주민등록을 말소하는 처분을 한 경우 이 처분이 「주민등록법」 제17조의2에 규정한 최고, 공고의 절차를 거치지 아니하였다 하더라도 그러한 하자는 중대하고 명백한 것이라고 할 수 없어 처분의 당연무효사유에 해당하는 것이라고는 할 수 없다(대판 1994. 8. 26. 94누3223).

🅑 대통령의 한국방송공사 사장에 대한 해임처분에 행정절차상의 하자가 있는 경우 취소사유에 해당된다

> 감사원이 한국방송공사에 대한 감사를 실시한 결과 사장 갑에게 부실 경영 등 문책사유가 있다는 이유로 한국방송공사 이사회에 갑에 대한 해임제청을 요구하였고, 이사회가 임시이사회를 개최하여 감사원 해임제청요구에 따른 문책사유와 방송의 공정성 훼손 등의 사유를 들어 갑에 대한 해임제청을 결의하고 대통령에게 갑의 사장직 해임을 제청함에 따라 대통령이 갑을 한국방송공사 사장직에서 해임한 사안에서, 해임처분 과정에서 갑이 처분내용을 사전에 통지받거나 그에 대한 의견제출 기회 등을 받지 못했고 해임처분 시 법적 근거 및 구체적 해임 사유를 제시받지 못하였으므로 해임처분이 「행정절차법」에 위배되어 위법하지만, 절차나 처분형식의 하자가 중대하고 명백하다고 볼 수 없어 역시 당연무효가 아닌 취소사유에 해당한다고 본 원심판단은 정당하다(대판 2012. 2. 23. 2011두5001).

(4) 형식에 관한 하자

① 무효사유 02

㉠ 법령상 필요한 문서에 의하지 않은 행위
ⓐ 재결서에 의하지 아니한 행정심판재결
ⓑ 독촉장에 의하지 아니한 납세독촉장 등

---

01 주민등록말소처분이 「주민등록법」에 규정한 최고·공고의 절차를 거치지 아니하였다 하더라도 그러한 하자는 중대하고 명백한 것이라고 할 수 없어 처분의 당연무효사유에 해당하지 않는다.
11 지방9급 (O / X)

02 행정행위 효력요건은 정당한 권한 있는 기관이 필요한 절차를 거치고 필요한 표시의 형식을 갖추어야 할 뿐만 아니라, 행정행위의 내용이 법률상 효과를 발생할 수 있는 것이어야 되며 그 중의 어느 하나의 요건의 흠결도 당해 행정행위의 취소원인이 된다.
18 국회8급 (O / X)

| 정답 | 01 O 02 X

관련 판례

🅑 **행정처분인 명령을 구술로 고지한 것은 무효에 해당한다**

집합건물 중 일부 구분건물의 소유자인 피고인이 관할 소방서장으로부터 소방시설 불량사항에 관한 시정보완명령을 받고도 따르지 아니하였다는 내용으로 기소된 사안에서, 담당 소방공무원이 행정처분인 위 명령을 구술로 고지한 것은 「행정절차법」 제24조를 위반한 것으로 하자가 중대하고 명백하여 당연무효이다(대판 2011.11.10. 2011도11109).

ⓒ 이유 기타 필요적 기재사항을 기재하지 않은 행위
  ⓐ 이유를 붙이지 아니한 행정심판재결
  ⓑ 집행책임자를 표시하지 아니한 대집행영장
    ❸ 납세고지서에 필요적 기재사항을 결여한 행위를 판례는 취소사유로 봄
ⓒ 법령상의 서명·날인 없는 행위(예 선거관리위원들의 서명·날인 없는 선거록)

관련 판례

🅑 **납세고지서에 처분의 이유가 누락된 경우는 취소사유에 해당한다**

「국세징수법」 제9조 제1항은 조세행정상 자의를 배제하고 신중하고 합리적인 처분을 함으로써 공정을 기함과 동시에, 납세의무자에게 부과처분의 내용을 상세히 알려 불복 여부의 결정과 불복신청의 편의를 제공하려는 데서 나온 강행규정이므로 납세고지서에 그와 같은 기재가 누락되면 그 과세처분 자체가 위법한 처분이 되어 취소의 대상이 된다(대판 1984.5.9. 84누116).

🅑 **납세고지서에 세액산출근거 등이 누락된 경우에 처분은 취소사유이다**

납세고지서에 과세연도, 세목, 세액 및 그 산출근거, 납부기한과 납부장소 등의 어느 하나가 누락된 경우, 과세표준과 세액의 계산명세서가 첨부되지 않은 경우는 취소사유에 해당한다(대판 2002.11.13. 2001두1543).

🅑 **행정처분의 처분 방식에 관한 「행정절차법」 제24조 제1항을 위반한 처분이 무효인지 여부(적극)**

행정절차에 관한 일반법인 「행정절차법」은 제24조 제1항에서 "행정청이 처분을 할 때에는 다른 법령 등에 특별한 규정이 있는 경우를 제외하고는 문서로 하여야 하며, 전자문서로 하는 경우에는 당사자 등의 동의가 있어야 한다. 다만 신속히 처리할 필요가 있거나 사안이 경미한 경우에는 말 또는 그 밖의 방법으로 할 수 있다."라고 정하고 있다. 이 규정은 처분내용의 명확성을 확보하고 처분의 존부에 관한 다툼을 방지하여 처분상대방의 권익을 보호하기 위한 것이므로, 이를 위반한 처분은 하자가 중대·명백하여 무효이다(대판 2019.7.11. 2017두38874).

🅑 **면허관청이 임의로 출석한 상대방의 편의를 위하여 구두로 면허정지사실을 알린 경우 면허정지처분으로서의 효력이 있는지 여부(소극)**

면허관청이 운전면허정지처분을 하면서 별지 52호 서식의 통지서에 의하여 면허정지사실을 통지하지 아니하거나 처분집행예정일 7일 전까지 이를 발송하지 아니한 경우에는 특별한 사정이 없는 한 위 관계 법령이 요구하는 절차·형식을 갖추지 아니한 조치로서 그 효력이 없고, 이와 같은 법리는 면허관청이 임의로 출석한 상대방의 편의를 위하여 구두로 면허정지사실을 알렸다고 하더라도 마찬가지이다(대판 1996.6.14. 95누17823).

② **취소사유**: 경미한 형식 위반행위는 취소사유가 된다.

7 행정행위의 무효

(1) 개설
① **의의**: '행정행위의 무효'란 행정행위가 중대하고 명백한 하자를 지님으로써 외견상으로는 행정행위가 존재하나, 처음부터 당연히 행정행위로서의 효력을 발생하지 못하며 공정력·확정력 등의 효력은 없다.
② **타 개념과의 구별**
　㉠ **무효와 부존재의 구별**: 무효는 행정행위의 외형이 존재하지만 부존재는 행정행위의 외형이 존재하지 않는다.
　㉡ **무효와 실효의 구별**: 무효는 행정행위의 성립에 중대명백한 하자가 존재하여 처음부터 효력이 없는 것인데 반해, 실효는 유효하게 성립된 행정행위에 일정한 사유가 발생하여 행정청의 의사와 관계없이 당연히 효력이 소멸하는 것이라는 점에서 구별된다.
　㉢ **무효와 취소의 구별**: 무효는 중대명백한 하자로 인해 처음부터 아무런 효력이 발생하지 않지만 취소는 권한 있는 기관에 의하여 취소되기까지는 일단 유효한 효력을 갖는다는 점에서 구별된다.

(2) 무효의 사유
※ 앞 단원 참고

(3) 행정행위의 무효의 효과
행정청의 특별한 의사표시를 기다릴 것 없이 처음부터 당연히 행정행위로서의 효력을 발생하지 못하고, 공정력·확정력 등의 효력도 인정되지 않는다. 다만, 일정한 요건을 갖춘 경우 무효행위의 전환이 인정될 뿐이다.

> **관련 판례**
> ⓑ 적법한 건축물에 대한 철거명령은 그 하자가 중대하고 명백하여 당연무효라고 할 것이고, 그 후행행위인 건축물철거 대집행계고처분 역시 당연무효라고 할 것이다(대판 1999.4.27. 97누6780).

(4) 행정행위의 무효를 주장하는 방법
① **행정쟁송에 의한 방법**
　㉠ **행정심판에 의한 경우**: 무효등확인심판에 의하여 행정행위의 무효확인을 청구할 수 있다(임의적이고 선택적이라서 무효등확인심판의 청구 없이 무효확인소송이 가능하다).
　㉡ **무효선언을 구하는 의미의 취소소송**: 종래부터 판례에 의하여 인정되어 온 소송의 형태로서, 예외적 행정심판전치주의와 제소기간의 제한을 받는다(다수설·판례).
　㉢ **무효등확인소송**: 예외적 행정심판전치주의, 제소기간에 관한 규정이 적용되지 않는다(단, 집행부정지 원칙은 적용된다).
② **민사소송에 의한 경우**: 무효를 선결문제로 하여 민사소송을 제기함으로써 그 무효를 확인받을 수 있다(「행정소송법」 제11조 제1항).
③ **형사소송에 의한 경우**: 무효인 행정행위의 집행에 대하여 필요한 범위 내에서 실력에 의한 항거로 그 권익을 자위할 수 있다(공무집행방해죄가 아니라 정당방위가 된다).

(5) 일부무효의 경우

① 행정행위가 일부무효인 경우에는 그 부분만 무효이고, 나머지 부분은 유효한 행위로 존재한다.
② 그러나 그 무효부분이 중요한 것이어서, 만약 무효인 부분이 없었다면 행정청이 행정처분을 발하지 않았을 것이라고 인정될 경우 그 행정행위는 전체가 무효가 된다. 무효부분이 중요하다는 것은 결국 행정행위로부터 분리될 수 없다는 것을 의미한다.
③ 다시 말하면 무효가 아닌 남은 부분이 독립적 의미를 갖지 못하는 경우, 다른 의미로 해석되는 경우, 남아 있는 처분만으로 처분으로 달성하고자 하는 목적이 어려운 경우를 말한다.

8 행정행위의 취소 빈출

결정적 코멘트 ▶ 취소의 법적 근거의 필요성 여부 및 취소권의 제한은 출제빈도가 높다. 또한 쟁송취소와 직권취소의 구분은 대상, 취소권자, 취소의 효과, 절차 등에 차이가 있으므로 둘을 구분하여 정리하여야 한다.

(1) 개설

① **취소의 의의**: '행정행위의 취소'란 일단 효력이 발생한 행정행위를 그 성립에 하자가 있음을 이유로 권한 있는 기관이 그 법률상의 효력을 원칙적으로 행위 시에 소급하여 소멸시키는 행위로서 취소대상의 행정행위와는 별개의 독립된 행정행위를 말한다(협의: 직권취소, 광의: 직권취소+쟁송취소).

② **타 개념과의 구별**
  ㉠ **무효와의 구별**: 행정행위의 취소는 일단 유효하게 성립한 행정행위의 효력을 소급적으로 소멸시킨다는 점에서 처음부터 효력을 발생하지 않는 무효와 구별된다.
  ㉡ **철회와의 구별**: 행정행위의 취소는 성립상의 하자를 이유로 하자 있는 행정행위를 원칙상 소급적으로 소멸시킨다는 점에서 성립 당시 위법·부당 없이 이루어진 행정행위를 사후의 새로운 사정을 이유로 장래에 향하여 그 효력을 소멸시키는 철회와 구별된다.

관련 판례

B 취소는 소급하여 처분의 효력을 소멸시키는 행위이고 철회는 장래에 향해 효력을 소멸시키는 행위이다

> 행정행위의 취소는 일단 유효하게 성립한 행정행위를 그 행위에 위법 또는 부당한 하자가 있음을 이유로 소급하여 그 효력을 소멸시키는 별도의 행정처분이고, 행정행위의 철회는 적법요건을 구비하여 완전히 효력을 발하고 있는 행정행위를 사후적으로 그 행위의 효력의 전부 또는 일부를 장래에 향해 소멸시키는 행정처분이므로, 행정행위의 취소사유는 행정행위의 성립 당시에 존재하였던 하자를 말하고, 철회사유는 행정행위가 성립된 이후에 새로이 발생한 것으로서 행정행위의 효력을 존속시킬 수 없는 사유를 말한다(대판 2006.5.11. 2003다37969).

③ 「행정기본법」상의 규정(제18조)
  ㉠ 행정청은 위법 또는 부당한 처분의 전부나 일부를 소급하여 취소할 수 있다. 다만, 당사자의 신뢰를 보호할 가치가 있는 등 정당한 사유가 있는 경우에는 장래를 향하여 취소할 수 있다. 01
  ㉡ 행정청은 ㉠에 따라 당사자에게 권리나 이익을 부여하는 처분을 취소하려는 경우에는 취소로 인하여 당사자가 입게 될 불이익을 취소로 달성되는 공익과 비교·형량(衡量)하여야 한다. 다만, 거짓이나 그 밖의 부정한 방법으로 처분을 받은 경우, 당사자가 처분의 위법성을 알고 있었거나 중대한 과실로 알지 못한 경우의 어느 하나에 해당하는 경우에는 그러하지 아니하다. 02

개념확인 O/X

01 행정청은 당사자의 신뢰를 보호할 가치가 있는 등 정당한 사유가 있는 경우에는 장래를 향하여 위법 또는 부당한 처분의 전부나 일부를 취소할 수 있다.
23 국회8급 (O/X)

02 처분의 상대방이 처분의 위법성을 알고 있었거나 중대한 과실로 알지 못한 경우에는 행정청이 처분의 상대방에게 권리나 이익을 부여하는 처분을 취소하는 경우에도 취소로 인하여 처분의 상대방이 입게 될 불이익과 취소로 달성되는 공익을 비교·형량하지 않아도 된다.
23 국회8급 (O/X)

| 정답 | 01 O   02 O

(2) 취소권자

① **직권취소의 경우**: 원칙적으로 처분청과 감독청이다(다수설). 다만, 감독청에 의한 직권취소에 대하여는 명문규정이 있어야만 가능하다는 부정설과 명문규정이 없어도 가능하다는 긍정설의 견해 다툼이 있다. 01

  ㉠ 긍정설: 긍정설에 의하면 위법한 행정행위의 취소는 법치주의적 측면에 의하여 이루어지는 것이며 감독권에는 취소권이 당연히 포함되므로 감독청의 취소명령권과 취소권을 긍정한다고 한다(김동희, 이상규, 홍정선).

  ㉡ 부정설: 부정설에 의하면 지휘명령권과 감독권은 별개의 개념이며, 감독권 속에는 취소권이 당연히 속해 있는 것이 아니라서 취소권은 당해 행정청만이 가지고 감독청은 취소명령권만을 가진다고 한다(박윤흔, 김남진, 석종현 등).

  ㉢ 실정법상의 규정
    ⓐ 「정부조직법」 제11조 제2항: 대통령은 국무총리와 중앙행정기관의 장의 명령이나 처분이 위법 또는 부당하다고 인정하면 이를 중지 또는 취소할 수 있다.
    ⓑ 「정부조직법」 제18조 제2항: 국무총리는 중앙행정기관의 장의 명령이나 처분이 위법 또는 부당하다고 인정될 경우에는 대통령의 승인을 받아 이를 중지 또는 취소할 수 있다.
    ⓒ 「정부조직법」 제26조 제3항: 장관은 소관사무에 관하여 지방행정의 장을 지휘·감독한다.
    ⓓ 「지방자치법」 제188조 제1항·제2항: 지방자치단체의 사무에 관한 지방자치단체의 장의 명령이나 처분이 법령에 위반되거나 현저히 부당하여 공익을 해친다고 인정되면 시·도에 대해서는 주무부장관이, 시·군 및 자치구에 대해서는 시·도지사가 기간을 정하여 서면으로 시정할 것을 명하고, 그 기간에 이행하지 아니하면 이를 취소하거나 정지할 수 있다. 이 경우 자치사무에 관한 명령이나 처분에 대하여는 법령을 위반하는 것에 한한다.

> **관련 판례**
>
> ❶ 하급 지방자치단체장이 전국공무원노동조합의 불법 총파업에 참가한 소속 지방공무원들에 대하여 징계의결을 요구하지 않은 채 승진임용하는 처분을 한 것이 재량권의 범위를 현저히 일탈한 것으로서 위법한 처분인지 여부(적극) ❷ 상급 지방자치단체장이 「지방자치법」 제157조 제1항에 따라 위 승진임용처분을 취소한 것이 적법한지 여부(적극)
>
> 상급 지방자치단체장이 하급 지방자치단체장에게 기간을 정하여 그 시정을 명하였음에도 이를 이행하지 아니하자 「지방자치법」 제157조 제1항에 따라 위 승진처분을 취소한 것은 적법하고, 그 취소권 행사에 재량권 일탈·남용의 위법이 있다고 할 수 없다(대판 2007.3.22. 2005추62 전합).

② **쟁송취소의 경우**
  ㉠ 이의신청의 경우 ※「행정기본법」에서 후술함
  ㉡ 행정심판의 경우: 행정심판위원회, 제3기관(⑩ 공무원소청심사위원회, 조세심판원, 중앙토지수용위원회, 특허심판소 등)
  ㉢ 행정소송의 경우: 법원(지방법원급의 행정법원, 고등법원, 대법원)

개념확인 O/X

01 권한 없는 행정기관이 한 당연무효인 행정처분을 취소할 수 있는 권한은 당해 행정처분을 한 처분청에게 속하고, 당해 행정처분을 할 수 있는 적법한 권한을 가지는 행정청에게 그 취소권이 귀속되는 것이 아니다.
19 지방9급 (O / X)

정답 | 01 O

(3) 취소권의 근거 빈출

① **직권취소에 대한 법적 근거**: 행정행위를 직권으로 취소함에 있어서 별도로 취소에 관한 명문의 근거가 필요한가에 대하여 견해다툼이 있으나 다수설과 판례에 의하면 행정행위의 취소는 성립·효력요건을 구비하지 못한 하자를 이유로 그 효력을 소급적으로 소멸시키는 행위이므로 별도의 법적 근거를 요하지 않는다고 한다.

> **관련 판례**
>
> Ⓐ 직권취소의 경우 ⇨ 원칙적으로 명시적인 법적 근거를 요하지 않음 [21 지방직 9급, 20 국가직 9급, 19 국가직 7급, 18 국회직 8급, 18 서울시 9급, 16 국가직 9급, 14 지방직 9급] 01 02 03 04 05
>
> 개별토지에 대한 가격결정도 행정처분에 해당하며, 원래 행정처분을 한 처분청이 그 행위에 하자가 있는 경우에는 원칙적으로 법적 근거가 없더라도 스스로 이를 직권으로 취소할 수 있는 것이다 (대판 1995.9.15. 95누6311).

② **쟁송취소**: 쟁송취소는 주로 부담적 행정행위가 대상이므로 특별히 법적 근거가 없어도 가능하다 할 것이다. 다만, 「행정심판법」과 「행정소송법」의 절차는 준수하여야 한다.

(4) 종류

① **법원에 의한 취소와 행정청에 의한 취소**: 행정청에 의한 취소는 직권취소와 행정심판 제기에 의한 쟁송취소가 있으나, 법원에 의한 취소는 언제나 쟁송취소이다.

② **수익적 행위의 취소, 부담적 행위의 취소, 복효적 행위의 취소**: 수익적 행정행위는 주로 직권취소에 의하여, 부담적 행정행위는 주로 쟁송취소에 의하거나 직권취소에 의한 경우도 있을 수 있으며, 복효적 행정행위는 직권·쟁송취소의 방법 모두 가능하다.

③ **형식적 의미의 취소와 실질적 의미의 취소**: 위법·부당한 행정행위의 효력을 직접 소멸시키는 행위를 형식적 의미의 취소라 하며, 위법·부당한 행정행위와 양립할 수 없는 새로운 행정행위를 다시 함으로써 실질적으로 기존의 행정행위 효력을 변경시켜 기존 행정행위가 소멸되는 것을 실질적 의미의 취소라 한다.

> **관련 판례**
>
> Ⓑ 후행처분에도 선행처분이 소멸하지 않는 경우
>
> 선행처분이 후행처분에 의하여 변경되지 아니한 범위 내에서 존속하고 후행처분은 선행처분의 내용 중 일부를 변경하는 범위 내에서 효력을 가지는 경우에, 선행처분의 취소를 구하는 소를 제기한 후 후행처분의 취소를 구하는 청구를 추가하여 청구를 변경하였다면 후행처분에 관한 제소기간 준수 여부는 청구변경 당시를 기준으로 판단하여야 하나, 선행처분에만 존재하는 취소사유를 이유로 후행처분의 취소를 청구할 수는 없다(대판 2012.12.13. 2010두20782).

④ **직권취소와 쟁송취소**

구분	직권취소	쟁송취소
의의	행정청의 직권에 의한 취소	쟁송제기에 의한 법원 또는 행정청의 취소
목적	주로 구체적 행정목적실현(공익침해)	추상적 위법성(권익침해)

개념확인 O/X

01 행정행위를 한 행정청은 그 행정행위에 하자가 있는 경우에는 원칙적으로 별도의 법적 근거가 없더라도 스스로 그 행정행위를 직권으로 취소할 수 있다.
19 국가7급 (O / X)

02 행정처분을 한 처분청은 그 처분의 성립에 하자가 있는 경우 이를 취소할 별도의 법적 근거가 없다고 하더라도 직권으로 이를 취소할 수 있다.
20 국가9급 (O / X)

03 처분청은 처분의 성립에 하자가 있는 경우 별도의 법적 근거가 없더라도 직권으로 이를 취소할 수 있다.
21 지방9급 (O / X)

04 처분청은 명문의 근거가 없어도 취소할 수 있다.
(O / X)

05 처분청은 하자 있는 행정행위의 행위자로서 그 하자를 시정할 지위에 있어 그 취소에 관한 법률의 규정이 없어도 행정행위를 취소할 수 있다.
18 서울9급 (O / X)

| 정답 | 01 O 02 O 03 O 04 O 05 O

개념확인 O/X

01 직권취소는 행정행위가 위법한 경우뿐만 아니라, 부당한 경우에도 소급하여 취소할 수 있다.
24 국회8급 (O / X)

02 직권취소는 행정행위의 성립상의 하자를 이유로 하는 것이므로, 개별법에 특별한 규정이 없는 한「행정절차법」에 따른 절차규정이 적용되지 않는다.
19 국가7급 (O / X)

구분	직권취소	쟁송취소
대상	주로 수익적 행정행위 (+ 부담적 행정행위 + 복효적 행정행위)	주로 부담적 행정행위 (+ 복효적 행정행위)
사유	위법, 부당 01	• 행정심판: 위법, 부당 • 행정소송: 위법만
취소권자	처분청과 감독청(판례)	• 처분청(이의신청) • 행정심판위원회 • 수소법원(행정법원, 고등법원, 대법원)
절차규정	일반법적 규정 없음 (단,「행정절차법」상 처분절차는 따름) 02	「행정심판법」,「행정소송법」
기간의 제한	• 없음(단, 3년 내) • 제재처분의 제척기간: 5년(「행정기본법」)	기간의 제한 있음(불가쟁력)
이익형량 및 취소제한	• 법률적합성 차원에서의 취소의 필요성과 행정행위의 유지를 요구하는 신뢰보호 측면에서의 고려 사이에 이익형량 필요(비례원칙) • 취소제한 있음	• 필요 없음(단, 사정재결·사정판결은 필요) • 취소제한 없음
소급효	소급효 원칙 (단, 상대방 귀책사유가 없으면 소급효 제한)	소급효 원칙
적극적 변경 여부	소극적·적극적 변경 O	• 소극적 변경 O • 적극적 변경 X (단, 행정심판은 적극적 변경도 가능)
형식	불요식	서면에 의한 재결 또는 판결
불가변력	×	O

(5) 취소의 사유

① 법령에 취소사유를 규정하고 있지 아니한 경우에 하자 있는 행정처분의 취소 여부: 행정행위를 한 처분청은 그 행위에 하자가 있는 경우에는 별도의 법적 근거가 없더라도 스스로 이를 취소할 수 있다(대판 2006.5.25. 2003두4669).

② 취소소송의 진행 중 직권취소: 변상금부과처분에 대한 취소소송이 진행 중이라도 그 부과권자로서는 위법한 처분을 스스로 취소하고 그 하자를 보완하여 다시 적법한 부과처분을 할 수도 있다(대판 2006.2.10. 2003두5686).

03 법률에서 직권취소에 대한 근거를 두고 있는 경우에는 이해관계인이 처분청에 대하여 위법을 이유로 행정행위의 취소를 요구할 신청권을 갖는다고 보아야 한다.
19 국가7급 (O / X)

04 법령에 근거가 없어도 직권취소를 할 수 있다는 사정이 있으면 이해관계인에게 처분청에 대하여 그 취소를 요구할 신청권이 부여된 것으로 볼 수 있다.
11 지방9급 (O / X)

③ 직권취소권이 행정청에 부여된 경우, 이해관계인의 취소청구권 인정 여부: 직권취소를 할 수 있다는 사정만으로 이해관계인에게 처분청에 대하여 그 취소를 요구할 신청권이 부여된 것으로 볼 수는 없으므로, 처분청이 위와 같이 법규상 또는 조리상의 신청권이 없이 한 이해관계인의 복구준공통보 등의 취소신청을 거부하더라도, 그 거부행위는 항고소송의 대상이 되는 처분에 해당하지 않는다(대판 2006.6.30. 2004두701). 03 04

(6) 취소권의 제한(취소권의 한계)

① 쟁송취소권의 한계: 주로 부담적 행위가 대상이 되는 쟁송취소는 위법·부당인 경우에는 법률에 특별규정이 있는 경우를 제외하고는 원칙적으로 취소하여야 한다(단, 사정재결·사정판결제도는「행정심판법」과「행정소송법」에 근거를 두고 있는 쟁송취소의 제한).

| 정답 | 01 O 02 X 03 X 04 X

관련 판례

B 취소소송에 의한 행정처분 취소의 경우에도 수익적 행정처분의 취소·철회 제한에 관한 법리가 적용되는지 여부(소극)

> 수익적 행정처분에 대한 취소권 등의 행사는 기득권의 침해를 정당화할 만한 중대한 공익상의 필요 또는 제3자의 이익보호의 필요가 있는 때에 한하여 허용될 수 있다는 법리는, 처분청이 수익적 행정처분을 직권으로 취소·철회하는 경우에 적용되는 법리일 뿐 쟁송취소의 경우에는 적용되지 않는다(대판 2019.10.17. 2018두104).

② 직권취소권의 제한(취소자유원칙에서 취소제한원칙으로): 종래는 행정행위의 하자의 경우에 법치주의원리에 입각하여 자유로이 취소할 수 있음이 원칙이었으나 최근에는 취소에 의하여 달성하려는 공익목적 또는 제3자 사익보호와 상대방의 신뢰보호, 기득권침해 또는 법률생활의 안정 등을 구체적으로 검토·교량하여 개별적으로 결정해야 한다는 제한원칙으로 전환되었다. 따라서 취소를 통해 얻을 수 있는 공익과 상대방의 신뢰보호와의 이익형량을 통해서 취소 여부를 결정해야 한다는 것이다. **01 02**

㉠ 부담적 행정행위의 취소: 상대방에게 수익적 효과를 주는 것이므로 원칙적으로 제한이 없다.

㉡ 수익적 행정행위의 취소: 구체적 사안에 따라 이익형량하여 취소 여부를 결정함이 학설·판례의 입장이다.

ⓐ 취소가 제한되는 경우
ⅰ) 행정행위를 이용하고 있는 경우(예 행정행위를 신뢰하고 수령한 금전 또는 물건을 소모·처분한 경우, 건축허가를 받아 건축 중인 경우)
ⅱ) 경제적 효과의 형량(예 취소에 의해 관계인이 막대한 경제적 손실을 입게 된 경우)
ⅲ) 불가변력이 있는 행위(예 합격자 결정, 토지수용의 확정)
ⅳ) 사인의 법률행위를 완성시켜 주는 행위(인가)
ⅴ) 실권
ⅵ) 복효적 행정행위
ⅶ) 하자의 치유와 전환 **03**
ⅷ) 포괄적인 신분관계 설정행위(예 공무원임용행위, 국적부여행위)

관련 판례

B 수익적 처분을 직권으로 취소할 수 있는 경우 [23 국회직 8급, 18 국회직 8급] **04 05**

> 행정행위를 한 처분청은 그 행위에 하자가 있는 경우에는 별도의 법적 근거가 없더라도 스스로 이를 취소할 수 있고, 다만 수익적 행정처분을 취소할 때에는 이를 취소하여야 할 공익상의 필요와 취소로 인하여 당사자가 입게 될 기득권과 신뢰보호 및 법률생활 안정의 침해 등 불이익을 비교·교량한 후 공익상의 필요가 당사자가 입을 불이익을 정당화할 만큼 강한 경우에 한하여 취소할 수 있으며, 나아가 수익적 행정처분의 하자가 당사자의 사실은폐나 기타 사위의 방법에 의한 신청행위에 기인한 것이라면 당사자는 처분에 의한 이익이 위법하게 취득되었음을 알아 취소가능성도 예상하고 있었다 할 것이므로, 그 자신이 처분에 관한 신뢰이익을 원용할 수 없음은 물론 행정청이 이를 고려하지 아니하였더라도 재량권의 남용이 되지 아니한다. 한편 당사자의 사실은폐나 기타 사위의 방법에 의한 신청행위가 있었는지 여부는 행정청의 상대방과 그로부터 신청행위를 위임받은 수임인 등 관계자 모두를 기준으로 판단하여야 한다(대판 2014.11.27. 2013두16111).

개념확인 O/X

01 위법한 행정행위에 대하여 불가쟁력이 발생한 이후에도 당해 행정행위의 위법을 이유로 직권취소할 수 있다.
16 국가9급 (O / X)

02 위법한 처분에 대해 불가쟁력이 발생한 이후에도 불가변력이 발생하지 않은 이상, 당해 처분은 처분의 위법성을 이유로 직권취소될 수 있다.
14 지방9급 (O / X)

03 행정행위의 위법이 치유된 경우에는 그 위법을 이유로 당해 행정행위를 직권취소할 수 없다.
16 국가9급 (O / X)

04 수익적 행정행위를 취소 또는 철회하거나 중지시키는 경우에는 비록 취소 등의 사유가 있다고 하더라도 그 취소권 등의 행사는 기득권의 침해를 정당화할 만한 중대한 공익상의 필요 또는 제3자의 이익을 보호할 필요가 있고, 이를 상대방이 받는 불이익과 비교·교량하여 볼 때 공익상의 필요 등이 상대방이 입을 불이익을 정당화할 만큼 강한 경우에 한하여 허용될 수 있다.
18 국회8급 (O / X)

05 수익적 행정처분에 대한 취소권 등의 행사는 기득권의 침해를 정당화할 만한 중대한 공익상의 필요 또는 제3자의 이익 보호의 필요가 있는 때에 한하여 허용될 수 있다는 법리는 처분청이 수익적 행정처분을 직권으로 취소·철회하는 경우에 적용되는 법리일 뿐 쟁송취소의 경우에는 적용되지 않는다.
23 국회8급 (O / X)

| 개념확인 O/X |

ⓑ 보다 무거운 처분을 위해 가벼운 선행처분을 취소할 수 없다

> 행정청이 일단 행정처분을 한 경우에는 행정처분을 한 행정청이라고 법령에 규정이 있는 때, 행정처분에 하자가 있는 때 행정처분의 존속이 공익에 위반되는 때, 또는 상대방의 동의가 있는 때 등의 특별한 사유가 있는 경우를 제외하고는 행정처분을 자의로 취소(철회의 의미를 포함)할 수 없다고 할 것인바, 동일한 사유에 관하여 보다 무거운 면허취소처분을 하기 위하여 이미 행하여진 가벼운 면허정지처분을 취소하는 것은 선행처분에 대한 당사자의 신뢰 및 법적 안정성을 크게 저해하는 것이 되어 허용될 수 없다(대판 2000. 2. 25. 99두10520).

ⓑ 취소가 제한되지 않는 경우
ⅰ) 위험방지의 경우
ⅱ) 수익자의 사기·강박·증뢰 등 부정한 방법으로 얻어진 경우(수익자 주관적 책임) 01
ⅲ) 수익자의 고용인·대리인 등의 부정 또는 부실신고에 의한 경우(수익자 객관적 책임)

ⓒ 취소기간의 제한: 위법한 행정처분이라도 수익적인 행정이라면 관계자의 신뢰보호를 위해 직권취소는 일정기간 내에만 가능하다 할 것이다. 상당기간이 경과된 경우에는 실권의 법리가 발생하게 된다(단, 「행정기본법」 제23조의 제척기간에 해당되는 직권취소는 5년). 02

01 수익적 처분이 상대방의 허위 기타 부정한 방법으로 인하여 행하여졌다면 상대방은 그 처분이 그와 같은 사유로 인하여 취소될 것임을 예상할 수 없었다고 할 수 없으므로, 이러한 경우에까지 상대방의 신뢰를 보호하여야 하는 것은 아니다.
19 지방9급 (O / X)

02 「행정절차법」에 의하면 위법한 수익적 행정처분의 직권취소의 기간은 그 위법을 안 날로부터 1년이다.
(O / X)

| 관련 판례 |

ⓑ ❶ 소송진행 중에 행정청의 취소가 가능한지 ❷ 도로점용료부과처분에 취소사유에 해당하는 흠이 있는 경우, 점용료부과처분에 대한 취소소송이 제기된 이후에 도로관리청이 당초 처분 자체를 취소하고 흠을 보완하여 새로운 부과처분을 하거나 흠 있는 부분에 해당하는 점용료를 감액하는 처분을 할 수 있는지 여부(원칙적 적극)

> 행정청은 행정소송이 계속되고 있는 때에도 직권으로 그 처분을 변경할 수 있고, 「행정소송법」 제22조 제1항은 이를 전제로 처분변경으로 인한 소의 변경에 관하여 규정하고 있다. 점용료 부과처분에 취소사유에 해당하는 흠이 있는 경우 도로관리청으로서는 당초 처분 자체를 취소하고 흠을 보완하여 새로운 부과처분을 하거나, 흠 있는 부분에 해당하는 점용료를 감액하는 처분을 할 수 있다(대판 2019. 1. 17. 2016두56721).

ⓑ 산업기능요원이 실질적으로 지정업체의 해당 분야에 종사하지 않은 사실을 의무종사기간이 경과한 후에 발견한 경우, 복무만료처분 및 산업기능요원편입처분을 취소하고 현역병입영처분을 할 수 있는지 여부(적극)

> 관할 지방병무청장은 현역병입영 대상자가 산업기능요원으로 편입되어 지정업체의 해당 분야에 종사하지 아니한 때에는 지정업체의 장의 지시 등에 의하여 부득이하게 해당 분야에 종사하지 아니한 경우를 제외하고, 그 의무종사기간의 경과 여부를 불문하고 현역병입영 대상자가 36세가 되기 전까지는 복무만료처분 및 산업기능요원편입처분을 각 취소하고 현역병입영처분을 할 수 있다(대판 2008. 8. 21. 2008두5414).

ⓑ 감사기관과 수사기관에서 비위 조사나 수사 중임을 사유로 한 명예전역 선발취소결정은 아직 명예전역이나 전역을 하지 않은 상태에 있는 명예전역 대상자를 처분대상으로 하는지 여부(원칙적 적극)

> 「군인사법」 제53조의2 제1항·제4항·제6항, 「군인 명예전역수당지급 규정」 제6조, 제12조와 「국방인사관리 훈령」 제96조 제2항 제3호, 제99조 제1항 제1호, 제2항의 문언, 체계와 취지 등을 종합하면, 감사기관과 수사기관에서 비위 조사나 수사 중임을 사유로 한 명예전역 선발취소결정은 특별한 사정이 없는 한 아직 명예전역이나 전역을 하지 않은 상태에 있는 명예전역 대상자가 그 처분대상임을 전제한다고 보는 것이 타당하다(대판 2019. 5. 30. 2016두49808).

| 정답 | 01 O 02 X

❸ 취소소송이 진행 중인 경우에도 부과권자는 위법한 처분을 직권으로 취소할 수 있다

> 변상금부과처분에 대한 취소소송이 진행 중이라도 그 부과권자로서는 위법한 처분을 스스로 취소하고 그 하자를 보완하여 다시 적법한 부과처분을 할 수도 있는 것이어서 그 권리행사에 법률상의 장애사유가 있는 경우에 해당한다고 할 수 없으므로, 그 처분에 대한 취소소송이 진행되는 동안에도 그 부과권의 소멸시효가 진행된다(대판 2006.2.10. 2003두5686).

(7) 취소권의 절차

① **직권취소의 절차**
  ㉠ 일반적으로 「행정절차법」상의 규정을 준수하여야 하고 개별법에는 절차에 관한 규정이 없는 것이 일반적이다. 하지만 수익적 행정행위의 취소에 있어서는 상대방의 이익보호 및 취소의 공정성·신중성을 기하기 위하여 사전절차를 요구하고 있는 경우도 있다(「도로법」 제63조 제1항 제1호·제2호, 「식품위생법」 제81조). 또한 「행정절차법」상에는 불이익처분에 대한 의견청취절차규정을 마련하고 있다. 01 02
  ㉡ 이에는 청문과 의견제출절차가 해당되는데 청문은 근거법에 규정된 경우와 필요하다고 판단될 경우에 실시하는 것이며, 의견제출절차는 불이익처분 시 청문이나 공청회를 실시하지 않는 경우에 실시하도록 하고 있다.
  ㉢ 직권취소사유가 있는 경우에 이해관계인이 취소신청권이 부여되는지 여부에 대해 법원은 부정하는 입장이다.

② **쟁송취소의 절차**: 쟁송취소에 있어서는 이의신청·행정심판·행정소송 등의 경우 비교적 엄격한 절차가 법으로 정해져 있다(「행정심판법」, 「행정소송법」).

(8) 취소의 효과

① **쟁송취소**: 원칙적으로 처음부터 행정행위의 효력을 상실시키는 소급효가 발생하고 취소로 인해 손해를 받은 자에게는 행정상 손해배상청구권이 발생한다. 또한, 쟁송에 의한 취소는 존속력(불가변력)과 기속력의 효력이 발생한다.

관련 판례

❸ 운전면허취소처분을 받은 후 자동차를 운전하였으나 위 취소처분이 행정쟁송절차에 의하여 취소된 경우, 무면허운전의 성립 여부(소극)

> 피고인이 행정청으로부터 자동차 운전면허취소처분을 받았으나 나중에 그 행정처분 자체가 행정쟁송절차에 의하여 취소되었다면, 위 운전면허취소처분은 그 처분 시에 소급하여 효력을 잃게 되고, 피고인은 위 운전면허취소처분에 복종할 의무가 원래부터 없었음이 후에 확정되었다고 봄이 타당할 것이고, 행정행위에 공정력의 효력이 인정된다고 하여 행정소송에 의하여 적법하게 취소된 운전면허취소처분이 단지 장래에 향하여서만 효력을 잃게 된다고 볼 수는 없다(대판 1999.2.5. 98도4239).

❸ 영업정지처분 후 법원의 집행정지결정 전에 행한 영업을 이유로 한 영업허가취소처분의 효력

> 영업정지처분을 받고도 법원의 집행정지결정이 있기 전에 영업을 한 이상 그 후 법원에서 집행정지결정이 내려지고 본안소송에서 그 처분이 위법함을 이유로 취소되었다 하더라도 원래의 영업정지처분이 당연무효의 하자를 가지고 있는 처분이 아닌 한 그 영업정지기간 중에 영업하였음을 사유로 한 영업허가취소처분은 당연무효가 아니다(대판 1995.11.24. 95누9402).

개념확인 O/X

01 직권취소는 행정행위의 성립상의 하자를 이유로 하는 것이므로, 개별법에 특별한 규정이 없는 한 「행정절차법」에 따른 절차규정이 적용되지 않는다.
19 국가7급 (O / X)

02 직권취소는 처분의 성격을 가지므로, 이유제시절차 등의 「행정절차법」상 처분절차에 따라야 하며, 특히 수익적 행위의 직권취소는 상대방에게 침해적 효과를 발생시키므로 「행정절차법」에 따른 사전통지·의견청취의 절차를 거쳐야 한다.
18 국회8급 (O / X)

| 정답 | 01 X 02 O

개념확인 O/X

Ⓑ 조세포탈죄에 있어 과세처분을 취소하는 판결이 확정된 경우 「형사소송법」 제420조 제5호 소정의 재심사유에의 해당 여부(적극)

> 조세의 부과처분을 취소하는 행정소송판결이 확정된 경우 그 조세부과처분의 효력은 처분 시에 소급하여 효력을 잃게 되고 따라서 그 부과처분을 받은 사람은 그 처분에 따른 납부의무가 없다고 할 것이므로 위 확정된 행정판결은 조세포탈에 대한 무죄 내지 원판결이 인정한 죄보다 경한 죄를 인정할 명백한 증거라 할 것이다(대판 1985.10.22. 83도2933).

② **직권취소**: 원칙적으로 상대방의 귀책사유가 있는 경우를 제외하고는 장래에 향해서만 효력이 소멸하는 비소급효가 발생한다. 수익적 행정행위의 취소로 상대방이 재산상 손실을 입은 경우에 비록 행정행위에 위법·부당이 있다 하더라도 상대방이 당해 행정행위의 존속을 신뢰하였고 또한 귀책사유가 없는 한 손실보상문제가 발생한다(독일 행정절차법).

관련 판례

Ⓐ 지급결정의 취소가 적법하다고 하여 지급된 금액을 환수하는 처분이 반드시 적법하다고 판단할 수 없다 [19 국가직 7급, 19 지방직 9급] **01**

> 산재법상 각종 보험급여 등의 지급결정이 적법한지를 판단하는 기준과 그 처분이 잘못되었음을 전제로 하여 이미 지급된 보험급여액에 해당하는 금액을 징수하는 처분이 적법한지를 판단하는 기준이 동일하다고 할 수는 없으므로, 지급결정이 적법하게 취소되었다고 하여 그에 기한 징수처분도 반드시 적법하다고 판단하여야 하는 것은 아니다(대판 2017.6.29. 2014두39012).

Ⓑ 직권취소가 적법하다 하여 이에 따른 환수처분도 적법한지 여부 [19 국가직 7급, 18 서울시 7급] **02 03**

> 「국민연금법」이 정한 수급요건을 갖추지 못하였음에도 연금지급결정이 이루어진 경우에는 이미 지급된 급여 부분에 대한 환수처분과 별도로 지급결정을 취소할 수 있다. … (중략) … 다만, 이처럼 연금지급결정을 취소하는 처분과 그 처분에 기초하여 잘못 지급된 급여액에 해당하는 금액을 환수하는 처분이 적법한지를 판단하는 경우 비교·교량할 각 사정이 동일하다고는 할 수 없으므로, 연금지급결정을 취소하는 처분이 적법하다고 하여 환수처분도 반드시 적법하다고 판단하여야 하는 것은 아니다(대판 2017.3.30. 2015두43971).

(9) 취소의 취소

① **쟁송취소**: 행정심판 또는 행정소송으로 행정행위가 취소되면 불가변력이 발생한다. 따라서 취소처분의 하자를 이유로 다시 취소하지 못함이 원칙이다.

② **직권취소**
   ㉠ 취소에 무효사유가 있는 때에는 처음부터 효력이 없으므로 당연히 취소효과가 발생하지 않아 원처분은 그대로 존속한다.
   ㉡ 취소에 취소사유가 있는 때에는 쟁송취소가 가능함은 물론이다.
   ㉢ 직권취소에 취소사유가 있는 때에는 이를 다시 직권취소할 수 있는가에 관하여 견해가 대립한다.
      ⓐ **긍정설(통설)**: 취소처분도 행정행위이므로 그에 하자가 있으면 행정행위의 취소에 관한 일반원칙에 따라 취소처분을 취소하여 원처분을 소생시킬 수 있다고 한다.
      ⓑ **부정설(판례)**: 취소처분에 의하여 행정행위의 효력이 확정적으로 소멸되었으므로 원처분을 소생시키기 위해서는 원처분과 동일한 내용의 새로운 행정행위를 해야 한다고 한다.

---

01 「산업재해보상보험법」상 각종 보험급여 등의 지급결정을 변경 또는 취소하는 처분과 처분에 터 잡아 잘못 지급된 보험급여액에 해당하는 금액을 징수하는 처분이 적법한지를 판단하는 경우, 지급결정을 변경 또는 취소하는 처분이 적법하다면 그에 터 잡은 징수처분도 적법하다고 판단해야 한다.
19 지방9급 (O / X)

02 출생연월일 정정으로 특례노령연금 수급요건을 충족하지 못하게 된 자에 대하여 지급결정을 소급적으로 직권취소하고 이미 지급된 급여를 환수하는 처분은 위법하다.
18 서울7급 (O / X)
※ 지급결정의 취소는 위법이 아님

03 「국민연금법」상 연금지급결정을 취소하는 처분과 그 처분에 기초하여 잘못 지급된 급여액에 해당하는 금액을 환수하는 처분이 적법한지를 판단하는 경우 비교·교량할 각 사정이 상이하다고는 할 수 없으므로, 연금지급결정을 취소하는 처분이 적법하다면 환수처분도 적법하다고 판단하여야 한다.
19 국가7급 (O / X)

| 정답 | 01 X 02 X 03 X

관련 판례 ▶ 취소의 취소

A 침익적 행정행위의 취소의 취소 : 판례는 침익적 행정행위의 취소의 경우 당해 침익적 행정행위는 확정적으로 효력을 상실하므로 취소의 취소는 불가능하다고 본다 [25 국가직 9급, 24 국회직 8급, 22 국회직 8급, 21 지방직 9급, 20 지방직 7급, 18 지방직 9급, 16 국가직 7급, 16 서울시 7급, 16 국가직 9급, 14 지방직 9급] 01 02 03 04 05 06

1. 과세처분 취소처분의 취소는 불가능하다(대판 1979.5.8. 77누61).
2. 과세관청은 과세부과처분의 취소에 당연무효사유가 아닌 위법사유가 있는 경우에는 이를 다시 취소함으로써 원부가처분을 소생시킬 수 없다(대판 1995.3.10. 94누7027).
3. 현역입영대상편입처분을 취소 또는 철회하는 효력을 갖는 보충역편입처분의 취소를 인정하지 않는다(대판 2002.5.28. 2001두9653).
4. 과세처분에 관한 불복절차과정에서 그 불복사유가 옳다고 인정하여 이에 따라 필요한 처분을 하였을 경우에는, 불복제도의 이에 따른 시정방법을 인정하고 있는 「국세기본법」 취지에 비추어 볼 때 동일 사항에 관하여 특별한 사유 없이 이를 번복하고 종전과 동일한 처분을 하는 것은 허용될 수 없다. 따라서 과세관청이 과세처분에 대한 이의신청절차에서 납세자의 이의신청사유가 옳다고 인정하여 과세처분을 직권으로 취소한 경우, 납세자가 허위의 자료를 제출하는 등 부정한 방법에 기초하여 직권취소되었다는 등의 특별한 사유가 없는데도 이를 번복하고 종전과 동일한 과세처분을 하는 것은 위법하다(대판 2017.3.9. 2016두56790).

B 수익적 행정행위의 취소의 취소(판례는 주로 인정)

1. 인정한 판례 [17 국가직 9급] 07
행정처분이 취소되면 그 소급효에 의하여 처음부터 그 처분이 없었던 것과 같은 효과를 발생하게 되는바, 행정청이 의료법인의 이사에 대한 (하자 있는) 이사취임 승인취소처분을 직권으로 취소한 경우에는 그로 인하여 이사가 소급하여 이사로서의 지위를 회복하게 되고, 그 결과 위 제1차 처분과 제2차 처분 사이에 법원에 의하여 선임결정된 임시이사들의 지위는 법원의 해임결정이 없더라도 당연히 소멸된다(대판 1997.1.21. 96누3401).

2. 다만, 수익적 행정행위의 취소의 취소로 수익적 행정행위의 취소 후 새롭게 형성된 제3자의 권익이 침해되는 경우에 취소의 취소를 인정하지 않은 판례가 있다 — 광업권 취소처분 후 광업권 설정의 선출원이 있는 경우의 위 취소처분 취소의 효력
일단 취소처분을 한 후에 새로운 이해관계인이 생기기 전에 취소처분을 취소하여 그 광업권의 회복을 시켰다면 모르되 피고가 본건 취소처분을 한 후에 원고가 1966.1.19.에 본건 광구에 대하여 선출원을 적법히 함으로써 이해관계인이 생긴 이 사건에 있어서, 피고가 1966.8.24.자로 1965.12.30자의 취소처분을 취소하여, 소외인 명의의 광업권을 복구시키는 조처는, 원고의 선출원 권리를 침해하는 위법한 처분이다(대판 1967.10.23. 67누126).

08 행정행위의 철회 빈출

▶ 결정적 코멘트 ▶ 철회권자, 철회의 사유, 철회의 효과 등의 이해와 암기를 요하는 단원이다.

1 개설

(1) 의의

① '행정행위의 철회'란 아무런 하자 없이 완전 유효하게 성립한 행정행위가 성립 후 그 효력을 더 이상 존속시킬 수 없는 새로운 사정의 발생으로 인하여 행정청이 직권으로 그 효력을 장래에 향하여 소멸시키는 독립한 행정행위를 말한다.

개념확인 O/X

01 과세관청은 과세처분의 취소를 다시 취소함으로써 이미 효력을 상실한 과세처분을 소생시킬 수 있다.
21 지방9급 (O/X)

02 과세처분에 관한 이의신청절차에서 과세관청이 이의신청사유가 옳다고 인정하여 과세처분을 직권으로 취소한 이상 그 후 특별한 사유 없이 이를 번복하고 종전 처분을 되풀이하는 것은 허용되지 않는다.
16 국가7급 (O/X)

03 직권취소도 원행정행위와 별개의 행정행위이므로 조세부과처분을 취소한 후, 취소에 하자가 있다고 하여 이를 취소하면 원부과처분을 소생시킬 수 있다.
24 국회8급 (O/X)

04 지방병무청장이 재신체검사 등을 거쳐 종전의 현역병입영대상편입처분을 보충역편입처분으로 변경한 후에 제소기간의 경과 등으로 보충역편입처분에 형식적 존속력이 생겼다면, 보충역편입처분에 하자가 있다는 이유로 이를 직권으로 취소하더라도 종전의 현역병입영대상편입처분의 효력은 회복되지 않는다.
22 국회8급 (O/X)

05 과세관청은 세금부과처분을 취소한 처분에 취소원인인 하자가 있다는 이유로 취소처분을 다시 취소함으로써 원부과처분을 소생시킬 수 있다.
20 지방7급 (O/X)

06 과세관청이 조세부과처분을 취소하면 그 부과처분으로 인한 법률효과는 일단 소멸하는 것이므로, 그 후 다시 동일한 과세대상에 대하여 조세부과처분을 하여도 이미 소멸한 법률효과가 다시 회복되는 것은 아니다.
25 국가9급 (O/X)

07 행정청이 의료법인의 이사에 대한 이사취임승인취소처분을 직권으로 취소하면 이사의 지위가 소급하여 회복된다.
17 국가9급 (O/X)

| 정답 | 01 X 02 O 03 X 04 O 05 X 06 O 07 O

② 철회는 학문상 용어이며, 실정법상으로는 취소와 철회를 명백히 구별하여 사용하지 않고 대개 취소라는 용어를 사용한다.
③ 철회는 기존의 적법한 행정행위가 현재 또는 장래의 법관계나 보다 우월한 공익에 부합되지 않을 경우 새로운 상황에 맞도록 바로잡는 기능을 발휘한다.

(2) 「행정기본법」상의 철회(제19조) 01

① 철회사유: 행정청은 적법한 처분이 다음의 어느 하나에 해당하는 경우에는 그 처분의 전부 또는 일부를 장래를 향하여 철회할 수 있다.
  ㉠ 법률에서 정한 철회사유에 해당하게 된 경우
  ㉡ 법령 등의 변경이나 사정변경으로 처분을 더 이상 존속시킬 필요가 없게 된 경우
  ㉢ 중대한 공익을 위하여 필요한 경우
② 행정청은 ①에 따라 처분을 철회하려는 경우에는 철회로 인하여 당사자가 입게 될 불이익을 철회로 달성되는 공익과 비교·형량하여야 한다.

(3) 취소와 철회의 공통점과 차이점

구분	취소	철회
원인	성립 당시의 위법·부당(원시적 하자)	성립 당시의 유효성립이나 새로운 사정 발생 (후발적 사유)
효과	소급효원칙 (직권취소는 상대방 귀책사유 없는 한 장래효)	장래효
기관	• 직권취소: 처분청, 감독청(판례) • 쟁송취소: 처분청, 행정심판위원회, 수소법원	처분청
절차	• 직권취소: 특별절차 없음 • 쟁송취소: 「행정심판법」, 「행정소송법」	특별한 절차 없음
손해전보	손해배상	손실보상
목적	원시적 하자 시정	변화하는 사정에 적합
공통점	• 행정청에 의해 소멸되는 행정행위와 별개의 독립된 행정행위 • 수익적 행위의 경우 제한이 따름 • 취소·철회 모두 취소 인정됨 • 실정법상 혼용됨	

> **관련 판례**
>
> **B 행정행위의 취소와 철회사유의 구별기준** [23 국가직 9급] 02
>
> 행정행위의 취소는 일단 유효하게 성립한 행정행위를 그 행위에 위법 또는 부당한 하자가 있음을 이유로 소급하여 그 효력을 소멸시키는 별도의 행정처분이고, 행정행위의 철회는 적법요건을 구비하여 완전히 효력을 발하고 있는 행정행위를 사후적으로 그 행위의 효력의 전부 또는 일부를 장래에 향해 소멸시키는 행정처분이므로, 행정행위의 취소사유는 행정행위의 성립 당시에 존재하였던 하자를 말하고, 철회사유는 행정행위가 성립된 이후에 새로이 발생한 것으로서 행정행위의 효력을 존속시킬 수 없는 사유를 말한다(대판 2006.5.11, 2003다37969).

개념확인 O/X

01 「행정기본법」은 직권취소나 철회의 일반적 근거규정을 두고 있고, 직권취소나 철회는 개별법률의 근거가 없어도 가능하다.
23 국가9급 (O / X)

02 행정행위의 철회사유는 행정행위가 성립되기 이전에 발생한 것으로서 행정행위의 효력을 존속시킬 수 없는 사유를 말한다.
23 국가9급 (O / X)

| 정답 | 01 O 02 X

2 철회권자

원칙적으로 처분청만이 할 수 있으며, 감독청은 법률에 특별한 규정이 있는 경우에 한하여서만 철회권을 갖는다.

3 철회권의 근거

철회사유가 발생했을 경우, 법적 근거 없이도 철회가 가능할 것인지가 문제가 되는바, 수익적 행정행위에 대하여는 견해가 나누어져 있다.

(1) 부담적 행정행위

부담적 행정행위의 철회는 상대방에게 수익적 효과를 가져오므로 원칙적으로 법적 근거를 요하지 않는다. 사인은 적법한 침익적 행위에 대한 철회·변경의 신청권을 가지지 못한다.

관련 판례

B 적법한 침익적 처분에 대한 관계자의 철회나 변경신청권 여부

도시계획법령이 토지형질변경행위허가의 변경신청 및 변경허가에 관하여 아무런 규정을 두지 않고 있을 뿐 아니라, 처분청이 처분 후에 원래의 처분을 그대로 존속시킬 필요가 없게 된 사정변경이 생겼거나 중대한 공익상의 필요가 발생한 경우에는 별도의 법적 근거가 없어도 별개의 행정행위로 이를 철회·변경할 수 있지만 이는 그러한 철회·변경의 권한을 처분청에게 부여하는 데 그치는 것일 뿐 상대방 등에게 그 철회·변경을 요구할 신청권까지를 부여하는 것은 아니라 할 것이므로, 이와 같이 법규상 또는 조리상의 신청권이 없이 한 국민들의 토지형질변경행위 변경허가신청을 반려한 당해 반려처분은 항고소송의 대상이 되는 처분에 해당되지 않는다(대판 1997.9.12. 96누6219).

(2) 수익적 행정행위

① **철회자유설(근거불요설)**: 새로운 사정에 의하여 철회사유가 발생할 경우, 행정청은 행정목적의 정확·신속한 달성을 위한 자유로운 공익판단으로써 법적 근거 없이 철회할 수 있다고 본다(다수설·판례). 다만, 상대방의 권익보장 견지에서 철회권이 조리상 제한된다.

관련 판례

A 행정처분을 철회할 수 있는 경우 [20 지방직 7급, 18 서울시 7급, 18 지방직 9급, 16 서울시 7급]

주류판매업면허를 함에 있어서 조건부면허를 한 것은 행정행위의 부관 중 철회권의 유보에 해당하며, 철회는 법령에 규정이 없더라도 의무 위반이 있는 경우, 철회권이 유보된 경우 또는 중대한 공익상의 필요가 발생한 경우 등에는 당해 행정행위를 한 행정청이 그 행정처분을 철회할 수 있다(대판 1984.11.13. 84누269).

② **철회부자유설(근거필요설)**: 법령의 근거 없이 단순히 공익상 필요만으로 행정행위를 철회할 수 없으며, 철회권의 행사에 법적 근거가 있어야 한다고 본다(강구철, 석종현, 유지태 - 행정의 민주적 통제와 법치주의 원리를 중시하는 견해).

③ **판례**: 판례는 다수설과 마찬가지로 별도의 법적 근거가 없더라도 사정변경 또는 중대한 공익상의 필요에 의해 행정행위를 철회할 수 있다는 입장이다.

> **관련 판례**
>
> 🅑 **법적 근거 없어도 사정변경이나 중대한 공익상 필요 시 철회 가능** [20 지방직 7급] 01
>
> 행정행위를 한 처분청은 비록 그 처분 당시에 별다른 하자가 없었고, 또 처분 후에 이를 취소할 별도의 법적 근거가 없다 하더라도 원래의 처분을 존속시킬 필요가 없게 된 사정변경이 생겼거나 또는 중대한 공익상의 필요가 발생한 경우에는 그 효력을 상실케 하는 별개의 행정행위로 이를 취소할 수 있다(대판 1995.5.26. 94누8266).

4 철회의 원인(철회사유)

(1) 사실관계의 변경

국민기초생활급여 대상자가 급여를 받을 사유가 더 이상 구비되지 않을 경우 국민기초생활급여의 결정 및 정지(「국민기초생활 보장법」 제26조, 제30조) 등을 예로 들 수 있다(귀화허가 등의 경우는 사실관계변경으로 철회될 수 없다).

> **관련 판례**
>
> 🅑 **사실관계의 변경이 철회사유가 된다** [18 서울시 9급] 02
>
> 행정행위를 한 처분청은 비록 처분 당시에 별다른 하자가 없었고, 처분 후에 이를 철회할 별도의 법적 근거가 없더라도 원래의 처분을 존속시킬 필요가 없게 된 사정변경이 생겼거나 중대한 공익상 필요가 발생한 경우에는 그 효력을 상실케 하는 별개의 행정행위로 이를 철회할 수 있다(대판 2017.3.15. 2014두41190).

(2) 의무의 위반이나 부담의 불이행의 경우

행정행위에 수반되는 법정의무 또는 부관에 의한 의무를 위반하거나 이행하지 않은 경우로서 철회의 원인 중 가장 대표적인 경우이다(⑩ 음주운전으로 인한 운전면허 효력상실, 부담으로 명하여진 의무의 불이행으로 인한 사립학교인가의 효력상실, 점용료를 납부하지 않은 자에 대한 영업허가 취소 등).

> **관련 판례**
>
> 🅑 **부담의 불이행은 철회사유가 된다**
>
> 부담부 행정처분에 있어서 처분의 상대방이 부담(의무)을 이행하지 아니한 경우에 처분행정청으로서는 이를 들어 당해 처분을 취소(철회)할 수 있는 것이므로 이 사건에서 원고가 소정기간 내에 공사를 완료하지 못했다 하더라도 이로 말미암아 긴급한 위난이 예상되거나 긴급한 사정이 없는 한 허가받은 자의 이익을 번복하는 처분은 할 수 없다는 소론은 받아들일 수 없고, 또 「도시계획법」이나 기타 법령에 의하더라도 이 사건 허가처분을 취소함에 있어 소론과 같은 절차를 요구하고 있는 규정은 없으므로 피고가 이 사건 취소처분을 함에 있어 그와 같은 절차를 밟지 않았다 하여 잘못이라 할 수도 없다(대판 1989.10.24. 89누2431).

개념확인 O/X

01 행정처분을 한 행정청은 원래의 처분을 존속시킬 필요가 없게 된 사정변경이 생겼거나 중대한 공익상의 필요가 생긴 경우 이를 철회할 별도의 법적 근거가 없다 하더라도 별개의 행정행위로 이를 철회할 수 있다.
20 지방7급 (O / X)

02 수익적 행정행위의 철회는 법령에 명시적인 규정이 있거나 행정행위의 부관으로 그 철회권이 유보되어 있는 경우, 또는 원래의 행정행위를 존속시킬 필요가 없게 된 사정변경이 생겼거나 또는 중대한 공익상의 필요가 발생한 경우 등의 예외적인 경우에만 허용된다.
18 시울9급 (O / X)

| 정답 | 01 O 02 O

(3) 근거법령의 폐쇄

원칙은 근거법령의 개정·폐지가 행정행위의 성립·발효 이후에 이루어져도 법률불소급의 원칙상 행정행위의 효력에 아무런 영향이 없다. 그러나 법령개폐의 행정목적상 불가피한 경우에는 구법령에 의한 행정행위의 효력을 소멸시켜야 할 때도 있으며 이때에는 손실보상이 문제된다.

(4) 우월한 공익상 필요가 있는 경우

상대방의 신뢰보호, 법적 안정성, 기득권 보호 등의 요구보다 철회를 요하는 공익이 더 우월한 경우를 말한다(상대방의 손실보상청구권을 인정함이 타당하겠으나 반대설이 있다). 예를 들어 하천에 댐을 건설하게 되어 부득이 기존의 하천점용허가를 철회하는 경우가 있다.

> **관련 판례**
>
> ⓑ 원래의 처분을 존속시킬 필요가 없게 된 사정변경이 생겼거나 또는 중대한 공익상의 필요가 발생한 경우, 철회 여부 [21 지방직 9급] 01
>
> 특례보충역편입처분 후 그와 같은 귀국지연이라는 사유가 발생한 경우에는 이러한 사정은 그 편입처분을 취소할 수 있는 사정변경 또는 중대한 공익상의 필요가 발생한 것으로 볼 수 있어 처분청으로서는 그 취소에 관한 별도의 법적 근거가 없이도 이를 취소할 수 있다고 하여야 한다(대판 1995. 2. 28. 94누7713).

(5) 부관으로서 철회권이 유보된 경우에 그 사유가 발생한 때
(6) 법령에 규정된 철회사유가 발생한 경우

(예) 「도로법」 제96조·제97조, 「공유수면 관리 및 매립에 관한 법률」 제19조·제20조, 「하천법」 제69조·제70조

(7) 일정한 기간까지 권리불행사 또는 사업에 착수하지 않는 경우
(8) 사업의 성공 또는 목적달성의 불가능함이 판명된 경우
(9) 철회에 대한 당사자의 신청 또는 동의가 있는 경우

5 철회권의 제한

(1) 부담적 행정행위

부담적 행정행위는 철회의 경우 상대방에게 이익을 가져다주는 것이므로 수익적 행정행위에서와 같은 제약을 받지 않는 것이 원칙이다.

(2) 수익적 행정행위

수익적 행정행위의 철회는 철회를 해야 할 공익상의 필요가 상대방의 신뢰보호의 필요성보다 클 때에만 가능하다(신뢰보호원칙, 비례원칙, 보충성의 원칙). 따라서 수익적 행정행위의 철회는 기득권존중에 의한 제한, 기속재량에 의한 제한, 불가변력에 의한 제한, 실권에 의한 제한 등을 받고 포괄적 신분관계 설정행위에도 철회가 제한된다. 02 03 04

(3) 철회권 행사의 보충성

철회에 의하는 경우보다 사인의 침해가 약한 경우의 행정이 있다면 그 행정을 하여야 할 것이지 철회권을 행사하여서는 안 된다. 또한, 철회권을 행사하는 경우에도 일부철회가 가능하고

개념확인 O/X

01 행정청은 적법한 처분이 중대한 공익을 위하여 필요한 경우에는 그 처분을 장래를 향하여 철회할 수 있다.
21 지방9급 (O / X)

02 수익적 행정행위에 철회원인이 있는 경우에 행정청은 철회원인이 있다는 것만으로 자유로이 철회권을 행사할 수 있다.
12 지방9급 (O / X)

03 수익적 행정행위의 철회는 법령에 명시적인 규정이 있거나 행정행위의 부관으로 그 철회권이 유보되어 있는 등의 경우가 아니라면, 원래의 행정행위를 존속시킬 필요가 없게 된 사정변경이 생겼거나 또는 중대한 공익상의 필요가 발생한 경우 등의 예외적인 경우에만 허용된다.
18 국회8급 (O / X)

04 행정행위를 한 처분청은 사정변경이 생겼거나 또는 중대한 공익상의 필요가 발생한 경우에는 그 효력을 상실케 하는 별개의 행정행위로 이를 철회할 수 있다고 할 것이나, 기득권을 침해하는 경우에는 기득권의 침해를 정당화할 만한 중대한 공익상의 필요 또는 제3자의 이익보호의 필요가 있는 때에 한하여 상대방이 받는 불이익과 비교·교량하여 철회하여야 한다.
17 국가9급 (O / X)

그를 통해서 행정목적이 달성될 수 있다면 전부철회를 하여서는 안 되며, 전부철회의 경우라도 그로 인한 공익과 잃게 될 사익 간의 형량이 합당하게 이루어져야 한다.

> **관련 판례**
>
> 🅑 **일부철회를 인정한 경우** [18 서울시 9급, 18 국회직 8급] 01 02
>
> 외형상 하나의 행정처분이라 하더라도 가분성이 있거나 그 처분대상의 일부가 특정될 수 있다면 그 일부만의 취소도 가능하고 그 일부의 취소는 당해 취소부분에 관하여 효력이 생긴다고 할 것인바, 이는 한 사람이 여러 종류의 자동차 운전면허를 취득한 경우 그 각 운전면허를 취소하거나 그 운전면허의 효력을 정지함에 있어서도 마찬가지이다. 따라서 제1종 보통, 대형 및 특수면허를 가지고 있는 자가 레이카크레인을 음주운전한 행위는 제1종 특수면허의 취소사유에 해당될 뿐 제1종 보통 및 대형면허의 취소사유는 아니다(대판 1995.11.16. 95누8850 전합).

6 철회권 행사의 절차

원칙적으로 특별한 규정이 없으면 행정청이 직권으로 철회할 수 있으나, 상대방의 권리·이익을 보호하고 철회의 공정성을 담보하는 견지에서 이해관계인에 대한 청문, 특정기관의 자문·의견청취 등을 규정한 경우에는 이에 따라야 한다. 직권취소에 있어서의 취소권의 절차와 동일(「행정절차법」상의 청문과 의견제출)하다. 03 04

> **관련 판례**
>
> 🅑 **철회의 절차에 관련된 판례 – 절차와 형식을 갖추지 아니하면 효력이 없다**
>
> 면허관청이 운전면허정지처분을 하면서 별지 52호 서식의 통지서에 의하여 면허정지사실을 통지하지 아니하거나 처분집행예정일 7일 전까지 이를 발송하지 아니한 경우에는 특별한 사정이 없는 한 위 관계 법령이 요구하는 절차·형식을 갖추지 아니한 조치로서 그 효력이 없고, 이와 같은 법리는 면허관청이 임의로 출석한 상대방의 편의를 위하여 구두로 면허정지사실을 알렸다고 하더라도 마찬가지이다(대판 1996.6.14. 95누17823).

7 철회의 효과

(1) 형성력 발생

철회도 취소와 같이 당해 행정행위의 효력을 소멸시킨다.

> **관련 판례**
>
> 🅑 **운전면허 취소처분을 받은 후 자동차를 운전하였으나 위 취소처분에 취소사유가 있어 행정청이 이를 철회한 경우 철회처분의 효력**
>
> 자동차 운전면허 취소처분을 받고 자동차를 운전하였으나 나중에 그 행정처분 자체가 취소되었다면, 위 운전면허 취소처분은 소급하여 효력을 잃게 되고, 위 운전면허 취소처분에 복종할 의무가 원래부터 없었음이 후에 확정되었다고 보아야 한다. 운전면허 취소처분을 취소하여야 할 사정이 있음에도 외형상 행정청이 그 운전면허 취소처분을 취소하지 않고 그 처분을 철회한 경우, 이는 형식만 철회일 뿐 그 실질은 취소와 같아 위의 법리가 그대로 적용된다(부산지법 동부지원 2008.10.14. 2008고정1174).

개념확인 O/X

01 외형상 하나의 행정처분이라 하더라도 가분성이 있거나 그 처분대상의 일부가 특정될 수 있다면 그 일부만의 취소도 가능하고 그 일부의 취소는 당해 취소부분에 관하여 효력이 생긴다.
18 국회8급 (O/X)

02 한 사람이 여러 종류의 자동차 운전면허를 취득하는 경우뿐 아니라 이를 취소 또는 정지함에 있어서도 서로 별개의 것으로 취급하는 것이 원칙이다.
18 서울9급 (O/X)

03 수익적 행정행위의 철회는 특별한 다른 규정이 없는 한 「행정절차법」상의 절차에 따라 행해져야 한다.
21 지방9급 (O/X)

04 철회 자체가 행정행위의 성질을 가지는 것은 아니어서 「행정절차법」상 처분절차를 적용하여야 하는 것은 아니나, 신뢰보호원칙이나 비례원칙과 같은 행정법의 일반원칙은 준수해야 한다.
18 서울9급 (O/X)

| 정답 | 01 O 02 O 03 O 04 X

A 「영유아보육법」상의 평가인증 취소의 성질(철회)과 그의 효과(장래효)(원칙적 소극) [20 지방직 7급, 19 국가직 9급] 01

> 「영유아보육법」 제30조 제5항 제3호에 따른 평가인증의 취소는 평가인증 당시에 존재하였던 하자가 아니라 그 이후에 새로이 발생한 사유로 평가인증의 효력을 소멸시키는 경우에 해당하므로, 법적 성격은 평가인증의 '철회'에 해당한다. 그런데 행정청이 평가인증을 철회하면서 그 효력을 철회의 효력발생일 이전으로 소급하게 하면, 철회 이전의 기간에 평가인증을 전제로 지급한 보조금 등의 지원이 그 근거를 상실하게 되어 이를 반환하여야 하는 법적 불이익이 발생한다. 이는 장래를 향하여 효력을 소멸시키는 철회가 예정한 법적 불이익의 범위를 벗어나는 것이다. 이처럼 행정청이 평가인증이 이루어진 이후에 새로이 발생한 사유를 들어 「영유아보육법」 제30조 제5항에 따라 <u>평가인증을 철회하는 처분을 하면서도, 평가인증의 효력을 과거로 소급하여 상실시키기 위해서는, 특별한 사정이 없는 한 「영유아보육법」 제30조 제5항과는 별도의 법적 근거가 필요하다</u>(대판 2018. 6. 28. 2015두58195).

(2) 불소급효

행정행위의 철회는 원칙상 행정행위의 효력을 장래에 향하여서만 소멸시킨다(예 보조금지급결정 취소). 다만, 소급효를 인정하지 않으면 철회의 의의가 없게 되는 경우에는 예외적으로 인정된다.

(3) 손실보상

상대방의 귀책사유 없이 중대한 공익상 필요에 의하여 취소하는 경우에는 보상이 가능하다 할 것이다.

8 철회의 취소

철회처분에 중대·명백한 흠이 있으면 무효이며 무효선언으로서의 취소가 가능하고, 단순위법인 흠이 있으면 취소가 가능한 것과 같은 법리에서 철회의 취소도 가능하다.
※ 취소의 취소와 동일한 법리

9 복효적 행정행위의 철회

복효적 행정행위가 철회의 대상인 경우에는 당해 행위의 직접 상대방과 제3자의 법익을 비교형량하여 철회 여부를 결정해야 하며, 행정행위의 존속이 제3자에게 이익이 되는 경우에는 제3자의 보호를 위하여 철회는 제한된다고 할 것이다.

개념확인 O/X

01 보건복지부장관이 어린이집에 대한 평가인증이 이루어진 이후에 새로이 발생한 사유를 들어 「영유아보육법」 제30조 제5항에 따라 평가인증을 철회하는 처분을 하면서도, 그 평가인증의 효력을 과거로 소급하여 상실시키기 위해서는, 특별한 사정이 없는 한 「영유아보육법」 제30조 제5항과는 별도의 법적 근거가 필요하다.
20 지방7급 (O / X)

09 행정행위의 실효

1 실효의 의의

'행정행위의 실효'란 하자 없이 완전하게 성립한 행정행위가 행정청의 행위에 기하지 않고 일정한 사실의 발생에 의하여 당연히 장래를 향하여 그 효력이 소멸되는 것을 말한다.

2 구별개념

(1) 무효와의 구별

무효는 중대명백한 하자로서 처음부터 효력이 발생하지 않으나, 실효는 일정사유에 의하여 발생했던 효력이 장래에 향하여 소멸한다는 점에서 구별된다. 01

(2) 취소와의 구별

취소는 성립상의 하자로 일단 유효인 행정행위를 소급적으로 소멸시키지만, 실효는 완전 유효한 행정행위의 효력이 장래에 향하여 소멸한다는 점에서 구별된다. 02

(3) 철회와의 구별

하자 없이 완전 유효하게 성립한 행정행위의 효력이 장래에 향하여 소멸된다는 점에서 같으나, 실효는 실효사유가 발생하면 행정청의 개입 없이 당연히 소멸한다는 점에서 행정청의 개입을 요하는 철회와 구별된다.

3 실효의 사유

(1) 행정행위 대상의 소멸

① 행정행위 상대방의 사망
   - 예 의사의 사망으로 의사면허 실효, 운전면허소지자의 사망으로 운전면허 실효
② 행정행위 목적물의 멸실
   - 예 허가업소 자진 폐업

(2) 부관의 성취

해제조건의 성취와 종기의 도래에 의하여 행정행위의 효력이 당연히 소멸된다. 03

(3) 행정행위의 목적 달성

예 조세부과처분에 따른 납세 등

4 실효의 효과

행정행위의 실효사유가 발생하면 행정청의 별도의 행위 없이 그때부터 장래에 향하여 당연히 효력이 소멸된다. 그리고 법적 불안상태의 제거나 실효의 여부에 관하여 다툼이 있으면 실효확인의 소를 통하여 해결할 수 있다.

개념확인 O/X

01 행정행위가 그 성립상의 중대·명백한 하자가 있다면 이는 실효사유로서 그 효력이 소멸한다. (O / X)

02 행정행위의 직권취소는 행정청이 별개의 행정처분에 의하여 원행정행위의 효력을 소멸시키는 것인데, 행정행위의 실효는 일정한 사유의 발생에 따라 당연히 기존의 행정행위의 효력이 소멸하는 것이다. (O / X)

03 해제조건부 행정행위에 있어서 조건의 성취, 종기부 행정행위에 있어서 종기의 도래는 행정행위의 효력의 실효사유이다. (O / X)

정답 | 01 X   02 O   03 O

관련 판례

B 전자오락실 허가영업이 영업을 폐업한 경우의 허가취소처분은 허가가 실효되었음을 확인함에 불과하다

(구)「유기장법」(1981.4.13. 법률 제3441호로 개정되기 전의 것)상 유기장의 영업허가는 대물적 허가로서 영업장소의 소재지와 유기시설 등이 영업허가의 요소를 이루는 것이므로, 영업장소에 설치되어 있던 유기시설이 모두 철거되어 허가를 받은 영업상의 기능을 더 이상 수행할 수 없게 된 경우에는, 이미 당초의 영업허가는 허가의 대상이 멸실된 경우와 마찬가지로 그 효력이 당연히 소멸되는 것이고, 또 유기장의 영업허가는 신청에 의하여 행하여지는 처분으로서 허가를 받은 자가 영업을 폐업할 경우에는 그 효력이 당연히 소멸되는 것이니, 이와 같은 경우 허가행정청의 허가취소처분은 허가가 실효되었음을 확인하는 것에 지나지 않는다고 보아야 할 것이므로, 유기장의 영업허가를 받은 자가 영업장소를 명도하고 유기시설을 모두 철거하여 매각함으로써 유기장업을 폐업하였다면 영업허가취소처분의 취소를 청구할 소의 이익이 없는 것이라고 볼 수 있다(대판 1990.7.13. 90누2284).

B 공유수면점용허가기간이 경과하였다면 그 허가처분은 실효된 것이다

공유수면점용허가기간 중에 그 허가를 취소하는 처분이 있었다고 하여도 그 취소처분에 대한 법원의 집행정지결정으로 허가기간이 진행되어 허가기간이 경과하였다면 이로써 그 허가처분은 실효된 것이고 그 후 위 취소처분을 취소하더라도 허가된 상태로의 원상회복은 불가능하므로, 위 취소처분이 외형상 잔존함으로 말미암아 어떠한 법률상 불이익이 있다고 볼 만한 특별한 사정이 없는 한 위 취소처분의 취소를 구할 이익이 없다(대판 1991.7.23. 90누6651).

B 신청에 의한 영업허가처분에 있어서 그 영업의 폐업과 그 허가처분의 당연 실효 여부(적극) 01

청량음료 제조업허가는 신청에 의한 처분이고, 이와 같이 신청에 의한 허가처분을 받은 원고가 그 영업을 폐업한 경우에는 그 영업허가는 당연 실효되고, 이런 경우 허가행정청의 허가취소처분은 허가의 실효됨을 확인하는 것에 불과하므로 원고는 그 허가취소처분의 취소를 구할 소의 이익이 없다고 할 것이다(대판 1981.7.14. 80누593).

개념확인 O/X

01 신청에 의한 허가처분을 받은 자가 그 영업을 폐업한 경우에는 그 허가도 당연히 실효된다고 할 것이고, 이 경우 허가행정청의 허가취소처분은 허가가 실효되었음을 확인하는 것에 불과하고 행정청의 취소는 소의 대상이 되는 처분이라 할 수 없다.

(O / X)

| 정답 | 01 O

10 행정의 자동화작용과 전자행정행위

1 의의

다수의 동종·동일한 행정행위를 발령하여야 하는 경우에 자동정보처리시설(자동기계장치)을 활용하여 행하는 것을 말한다(예 자동감응장치에 의해 작동되는 교통신호기, 컴퓨터에 의한 학생의 학교배정, 세금 및 각종 공과금의 부과결정, 주차료 등 공공시설의 사용료결정 등). **01**

2 성질

행정의 자동기계결정의 법적 성질은 행정행위에 해당한다. 또한, 행정의 자동기계결정은 공무원이 작성한 프로그램에 의할 것이므로 그 프로그램과 자동기계결정은 행정규칙과 행정행위의 관계를 이루게 된다.

3 특색

① 행정청의 서명·날인의 생략
② 문자의 사용에 대한 예외 인정(예 부호의 사용)
③ 이유부기에 대한 예외 인정
④ 청문절차의 생략

4 행정자동기계결정의 하자와 행정쟁송

① 행정자동기계결정의 하자는 행정행위의 하자에 관한 일반원칙에 따라 당연무효 또는 취소사유가 된다.
② 행정의 자동장치 등으로 타인에게 손해를 입힌 때는 「국가배상법」에 따라 배상책임이 발생한다고 할 것이다.
③ 행정의 자동기계결정도 행정행위의 일종으로 본다면 그의 위법·부당한 결정은 소의 이익이 인정되는 한 행정쟁송의 대상이 된다고 할 것이다. **02**

5 「행정기본법」의 규정

「행정기본법」 제20조에 자동적 처분에 대해서 "행정청은 법률로 정하는 바에 따라 완전히 자동화된 시스템(인공지능기술을 적용한 시스템을 포함한다)으로 처분을 할 수 있다. 다만, 처분에 재량이 있는 경우는 그러하지 아니하다."라고 규정하고 있다. **03 04**

개념확인 O/X

01 자동화된 행정결정의 예로는 컴퓨터를 통한 중·고등학생의 학교배정, 신호등에 의한 교통신호 등이 있다.
23 지방9급 (O / X)

02 「행정기본법」상 자동적 처분은 항고소송의 대상이 된다.
23 지방9급 (O / X)

03 「행정기본법」은 재량행위에 대해서 자동적 처분을 허용하지 않고 있다.
23 지방9급 (O / X)

04 「행정기본법」상 자동적 처분을 할 수 있는 '완전히 자동화된 시스템'에는 '인공지능기술을 적용한 시스템'이 포함되지 않는다.
23 지방9급 (O / X)

| 정답 | 01 O 02 O 03 O 04 X

개념 적용문제

04 행정행위

교수님 코멘트 ▶ 행정법 전 단원 중에서 출제문항수가 많으며, 다른 단원과의 관련성이 높은 핵심단원이다. 주요 포인트는 행정행위의 개념, 제3자효, 재량과 기속행위, 허가·특허·인가, 부관의 한계와 하자, 공정력, 중대명백설, 하자의 치유와 승계, 취소와 철회 등이다.

01
2017 사회복지직 9급

행정행위 또는 처분에 대한 기술로 옳은 것은? (다툼이 있는 경우 판례에 의함)

① 상급행정기관의 하급행정기관에 대한 승인·동의·지시 등은 행정기관 상호간의 내부행위로서 항고소송의 대상이 되는 행정처분이라 볼 수 없다.
② 통상 고시 또는 공고에 의하여 행정처분을 하는 경우에 행정처분이 있었음을 안 날이란 행정처분의 이해관계를 갖는 자가 고시 또는 공고가 있었다는 사실을 현실적으로 안 날이 된다.
③ 지방경찰청장의 횡단보도 설치행위는 국민의 구체적인 권리·의무에 직접적인 변동을 초래하지 않으므로 「행정소송법」상 처분에 해당하지 않는다.
④ 「도로법」상 도로구역의 결정·변경고시는 행정처분으로서 「행정절차법」 제21조 제1항의 사전통지나 제22조 제3항의 의견청취의 절차를 거쳐야 한다.

02
2016 서울시 9급

행정행위에 대한 설명으로 옳은 것은?

① 행정행위는 행정주체가 행하는 구체적 사실에 관한 법집행작용이므로 공법상 계약, 공법상 합동행위도 행정행위에 포함된다.
② 구체적 사실을 규율하는 경우라도 불특정 다수인을 상대방으로 하는 처분이라면 행정행위가 아니다.
③ 사전결정(예비결정)은 단계화된 행정절차에서 최종적인 행정결정을 내리기 전에 이루어지는 행위이지만, 그 자체가 하나의 행정행위이기도 하다.
④ 부분허가(부분승인)는 본허가 권한과 분리되는 독자적인 행정행위이기 때문에 부분허가를 위해서는 본허가 이외에 별도의 법적 근거를 필요로 한다.

정답&해설

01 ① 행정행위의 의의 및 특질

|오답해설| ② 이 경우 안 날이란 행정처분의 이해관계를 갖는 자가 고시 또는 공고가 있었다는 사실을 현실적으로 안 날이 아니라, 고시 또는 공고의 효력일이다.
③ 지방경찰청장의 횡단보도 설치행위는 「행정소송법」상 처분에 해당한다.
④ 「도로법」상 도로구역의 결정·변경고시는 행정처분으로서 「행정절차법」 제21조 제1항의 사전통지나 제22조 제3항의 의견청취의 절차를 거치지 않아도 된다.

02 ③ 행정행위의 의의 및 특질

|오답해설| ① 공법상 계약이나 합동행위는 행정행위가 아니다.
② 구체적·일반적인 행정행위를 일반처분이라 하므로, 행정행위에 해당한다.
④ 부분승인은 본허가와 분리되는 처분이라 할 수 없다. 따라서 본허가와 관련된 법령의 근거가 있으면 가능하다.

|정답| 01 ① 02 ③

03

2018 국가직 7급

갑은 「폐기물관리법」에 따라 폐기물처리업의 허가를 받기 전에 행정청 을에게 폐기물처리사업계획서를 작성하여 제출하였고, 을은 그 사업계획서를 검토하여 적합 통보를 하였다. 이에 대한 설명으로 옳지 않은 것은? (다툼이 있는 경우 판례에 의함)

① 적합 통보를 받은 갑은 폐기물처리업의 허가를 받기 전이라도 부분적으로 폐기물처리를 적법하게 할 수 있다.
② 사업계획의 적합 여부는 을의 재량에 속하고, 사업계획 적합 여부 통보를 위하여 필요한 기준을 정하는 것도 역시 을의 재량에 속한다.
③ 사업계획서 적합 통보가 있는 경우 폐기물처리업의 허가 단계에서는 나머지 허가요건만을 심사한다.
④ 갑이 폐기물처리업허가를 받기 위해서는 용도지역을 변경하는 국토이용계획변경이 선행되어야 할 경우, 갑에게 국토이용계획변경을 신청할 권리가 인정된다.

04

2019 하반기 서울시 7급

단계적 행정결정에 대한 설명으로 가장 옳지 않은 것은?

① 행정청이 내인가를 한 후 이를 취소하는 행위는 별다른 사정이 없는 한 인가신청을 거부하는 처분으로 보아야 한다.
② 가행정행위인 선행처분이 후행처분으로 흡수되어 소멸하는 경우에도 선행처분의 취소를 구하는 소는 가능하다.
③ (구)「원자력법」상 원자로 및 관계 시설의 부지사전승인처분은 그 자체로서 건설부지를 확정하고 사전공사를 허용하는 법률효과를 지닌 독립한 행정처분이다.
④ 폐기물처리업 허가 전의 사업계획에 대한 부적정 통보는 행정처분에 해당한다.

05

2018 지방직 9급

처분에 대하여 이해관계가 있는 제3자의 법적 지위에 대한 설명으로 옳은 것만을 모두 고르면?

> ㄱ. 행정청이 처분을 서면으로 하는 경우 상대방과 제3자에게 행정심판을 제기할 수 있는지 여부와 제기하는 경우의 행정심판절차 및 청구기간을 직접 알려야 한다.
> ㄴ. 행정소송의 결과에 따라 권리 또는 이익의 침해 우려가 있는 제3자는 당해 행정소송에 참가할 수 있으며, 이때 참가인인 제3자는 실제로 소송에 참가하여 소송행위를 하였는지 여부를 불문하고 판결의 효력을 받는다.
> ㄷ. 처분을 취소하는 판결에 의하여 권리의 침해를 받은 제3자는 자기에게 책임 없는 사유로 인하여 소송에 참가하지 못함으로써 판결의 결과에 영향을 미칠 공격 또는 방어방법을 제출하지 못한 때에는 이를 이유로 확정된 종국 판결에 대하여 재심의 청구를 할 수 있다.
> ㄹ. 이해관계가 있는 제3자는 자신의 신청 또는 행정청의 직권에 의하여 행정절차에 참여하여 처분 전에 그 처분의 관할 행정청에 서면이나 말로 또는 정보통신망을 이용하여 의견제출을 할 수 있다.

① ㄱ, ㄴ
② ㄷ, ㄹ
③ ㄴ, ㄷ, ㄹ
④ ㄱ, ㄴ, ㄷ, ㄹ

06

2025 국가직 9급

기속행위와 재량행위에 대한 설명으로 옳지 않은 것은?

① (구)「여객자동차 운수사업법령」상 마을버스 한정면허시 확정되는 마을버스 노선을 정함에 있어서 기존 일반노선버스의 노선과의 중복 허용정도에 대한 판단은 행정청의 재량에 속한다.
② (구)「수도권 대기환경개선에 관한 특별법」에서 정한 대기오염물질 총량관리사업장 설치의 허가는 부작위의무를 해제해 주는 행위로서 그 처분의 여부 및 내용의 결정은 기속행위에 해당한다.
③ 국유재산의 무단점유에 대한 변상금 징수의 요건은 (구)「국유재산법」에 명백히 규정되어 있으므로 변상금을 징수할 것인가는 처분청의 기속행위이다.
④ 「국토의 계획 및 이용에 관한 법률」상 개발행위허가는 허가기준 및 금지요건이 불확정개념으로 규정된 부분이 많아 그 요건에 해당하는 여부는 행정청의 재량판단의 영역에 속한다.

07

2020 국가직 7급

기속행위와 재량행위에 대한 설명으로 옳지 않은 것은? (다툼이 있는 경우 판례에 의함)

① 재량행위는 요건이 충족되어도 공익과의 이익형량을 통하여 법에 정해진 효과를 부여하지 않을 수 있다.
② 기속행위의 경우 법원이 사실인정과 관련 법규의 해석·적용을 통하여 일정한 결론을 도출한 후 그 결론에 비추어 행정청이 한 판단의 적법 여부를 독자의 입장에서 판정한다.
③ 의제되는 인·허가가 재량행위인 경우에는 주된 인·허가가 기속행위인 경우에도 인·허가가 의제되는 한도 내에서 재량행위로 보아야 한다.
④ 사실의 존부에 대한 판단에도 재량권이 인정될 수 있으므로, 사실을 오인하여 재량권을 행사한 경우라도 처분이 위법한 것은 아니다.

08   2024 군무원 7급

재량과 판단여지에 관한 판례의 내용으로 가장 적절하지 않은 것은? (다툼이 있는 경우 판례에 의함)

① 환경오염 발생 우려와 같이 장래에 발생할 불확실한 상황과 파급효과에 대한 예측이 필요한 요건에 관한 허가권자의 재량적 판단은 형평이나 비례의 원칙에 뚜렷하게 배치되는 등의 사정이 없는 한 폭넓게 존중하여야 한다.
② 특정인에게 공유수면 이용권이라는 독점적 권리를 설정하여 주는 것과 같은 재량처분에 있어서는 재량권 행사의 기초가 되는 사실인정에 오류가 있거나 그에 대한 법령적용에 잘못이 없는 한 처분이 위법하다고 할 수 없다.
③ 공무원 임용을 위한 면접전형에서 임용신청자의 능력이나 적격성 등에 관한 판단은 면접위원의 고도의 교양과 학식, 경험에 기초한 자율적 판단에 의존하는 것으로서 오로지 면접위원의 자유재량에 속한다.
④ 「국토의 계획 및 이용에 관한 법률」상 개발행위 허가는 허가기준 및 금지요건이 불확정개념으로 규정된 부분이 많다고 하더라도 가능한 한 이를 엄격히 해석하여야 하므로 그 요건에 해당하는지 여부는 행정청의 재량판단의 영역에 속한다고 할 수 없다.

09   2024 지방직 9급

행정행위에 대한 설명으로 옳은 것만을 모두 고르면?

ㄱ. 변상금 부과처분에 대한 취소소송이 진행 중인 경우 부과권자는 위법한 처분을 스스로 취소하고 그 하자를 보완하여 다시 적법한 부과처분을 할 수 없다.
ㄴ. 행정청이 「도시 및 주거환경정비법」 등 관련 법령에 근거하여 행하는 조합설립인가처분은 사인들의 조합설립행위에 대한 보충행위로서의 성질을 갖는 것에 그친다.
ㄷ. 「여객자동차 운수사업법」에 따른 개인택시운송사업면허는 특정인에게 권리나 이익을 부여하는 재량행위이다.
ㄹ. 귀화허가는 외국인에게 대한민국 국적을 부여함으로써 국민으로서의 법적 지위를 포괄적으로 설정하는 행위에 해당한다.

① ㄱ, ㄴ
② ㄴ, ㄷ
③ ㄷ, ㄹ
④ ㄱ, ㄷ, ㄹ

10

2021 소방직 9급

행정행위에 대한 설명으로 옳지 않은 것은? (다툼이 있는 경우 판례에 의함)

① 개발제한구역 내의 건축물의 용도변경에 대한 예외적 허가는 그 상대방에게 제한적이므로 기속행위에 속하는 것이다.
② 농지처분의무통지는 단순한 관념의 통지에 불과하다고 볼 수 없고, 상대방인 농지소유자의 의무에 직접 관계되는 독립한 행정처분으로서 항고소송의 대상이 된다.
③ 행정청이 (구)「식품위생법」규정에 의하여 영업자지위승계신고를 수리하는 처분은 종전의 영업자의 권익을 제한하는 처분에 해당하므로, 행정청은 이를 처리함에 있어 종전의 영업자에 대하여 처분의 사전통지, 의견청취 등 「행정절차법」상의 처분절차를 거쳐야 한다.
④ 부담은 행정청이 행정행위를 하면서 일방적으로 부가할 수도 있지만 부담을 부가하기 이전에 상대방과 협의하여 부담의 내용을 협약의 형식으로 미리 정한 다음 행정행위를 하면서 부가할 수도 있다.

11

인허가의제에 대한 설명으로 옳지 않은 것은? (다툼이 있는 경우 판례에 의함)

① 주택건설사업계획 승인처분에 따라 의제된 인허가가 위법함을 다투고자 하는 이해관계인은 의제된 인허가의 취소를 구할 것이 아니라 주택건설사업계획 승인처분의 취소를 구하여야 한다.
② 주된 인허가 행정청은 주된 인허가를 하기 전에 관련 인허가에 관하여 미리 관련 인허가 행정청과 협의하여야 한다.
③ 「국토의 계획 및 이용에 관한 법률」상의 개발행위허가를 받은 것으로 의제되는 「건축법」상 건축신고가 국토의 계획 및 이용에 관한 법령이 정하는 개발행위허가기준을 갖추지 못한 경우 행정청으로서는 이를 이유로 건축신고의 수리를 거부할 수 있다.
④ 주된 인허가가 있으면 다른 법률에 의한 인허가가 있는 것으로 보는 데 그치는 것이고, 거기에서 더 나아가 다른 법률에 의하여 인허가를 받았음을 전제로 한 다른 법률의 모든 규정들까지 적용되는 것은 아니다.
⑤ 인허가의제 제도는 관련 인허가 행정청의 권한을 제한하거나 박탈하는 효과를 가진다는 점에서 법률 또는 법률의 위임에 따른 법규명령의 근거가 있어야 한다.

12

인가에 대한 설명으로 옳지 않은 것은?

① 「자동차관리법」상 자동차관리사업자로 구성하는 사업자단체인 조합 또는 협회의 설립인가처분은 자동차관리사업자들의 단체결성행위를 보충하여 효력을 완성시키는 처분에 해당한다.
② (구)「도시 및 주거환경정비법」상 조합설립추진위원회 구성승인처분은 조합의 설립을 위한 주체인 추진위원회의 구성행위를 보충하여 그 효력을 부여하는 처분이다.
③ 주택재개발정비사업조합이 수립한 사업시행계획에 하자가 있음에도 불구하고 관할 행정청이 해당 사업시행계획에 대한 인가처분을 하였다면, 그 인가처분에는 고유한 하자가 없더라도 사업시행계획의 무효를 주장하면서 곧바로 그에 대한 인가처분의 무효확인이나 취소를 구하여야 한다.
④ (구)「도시 및 주거환경정비법」상 토지소유자들이 조합을 설립하지 아니하고 직접 도시환경정비사업을 시행하고자 하는 경우에 내려진 사업시행인가처분은 설권적 처분의 성격을 가진다.

13

2020 군무원 7급

허가에 대한 설명으로 옳지 않은 것은? (다툼이 있는 경우 판례에 의함)

① 건축허가는 대물적 성질을 갖는 것이어서 행정청으로서는 허가를 할 때에 건축주 또는 토지소유자가 누구인지 등 인적 요소에 관하여는 형식적 심사만 한다.
② (구)「학원의 설립·운영에 관한 법률」 제5조 제2항에 의한 학원의 설립인가는 강학상의 이른바 인가에 해당하는 것으로서 그 인가를 받은 자에게 특별한 권리를 부여하는 것이고 일반적인 금지를 특정한 경우에 해제하여 학원을 설립할 수 있는 자유를 회복시켜 주는 것이 아니다.
③ 유료직업 소개사업의 허가갱신은 허가취득자에게 종전의 지위를 계속 유지시키는 효과를 갖는 것에 불과하고 갱신 후에는 갱신 전의 법 위반사항을 불문에 붙이는 효과를 발생하는 것이 아니므로 일단 갱신이 있은 후에도 갱신 전의 법 위반사실을 근거로 허가를 취소할 수 있다.
④ 허가 등의 행정처분은 원칙적으로 처분 시의 법령과 허가기준에 의하여 처리되어야 하고 허가신청 당시의 기준에 따라야 하는 것은 아니며, 비록 허가신청 후 허가기준이 변경되었다 하더라도 그 허가관청이 허가신청을 수리하고도 정당한 이유 없이 그 처리를 늦추어 그 사이에 허가기준이 변경된 것이 아닌 이상 변경된 허가기준에 따라서 처분을 하여야 한다.

14
2020 소방직 9급

다음 중 특허에 해당하지 <u>않는</u> 것은? (다툼이 있는 경우 판례에 의함)

① 귀화허가
② 공무원임명
③ 개인택시운송사업면허
④ 사립학교 법인이사의 선임행위

15
2022 국회직 8급

행정행위의 분류에 대한 설명으로 옳은 것만을 〈보기〉에서 모두 고르면? (다툼이 있는 경우 판례에 의함)

─┤ 보기 ├─
ㄱ. 행정청의 사립학교법인 임원취임승인행위는 학교법인의 임원선임행위의 법률상 효력을 완성하게 하는 보충적 법률행위로서 강학상 인가에 해당한다.
ㄴ. 개인택시운송사업면허는 특정인에게 권리나 의무를 부여하는 것이므로 강학상 특허에 해당한다.
ㄷ. 공유수면의 점용·사용허가는 허가 상대방에게 제한을 해제하여 공유수면이용권을 부여하는 처분으로 강학상 허가에 해당한다.
ㄹ. 토지거래허가는 토지거래허가구역 내의 토지거래를 전면적으로 금지시키고 특정한 경우에 예외적으로 토지거래계약을 체결할 수 있는 자격을 부여하는 점에서 강학상 특허에 해당한다.

① ㄱ, ㄴ
② ㄱ, ㄷ
③ ㄴ, ㄷ
④ ㄴ, ㄹ
⑤ ㄷ, ㄹ

16
2019 하반기 서울시 7급

준법률행위적 행정행위에 대한 설명으로 가장 옳지 <u>않은</u> 것은?

① 토지대장상의 소유자명의변경신청을 거부하는 행위는 실체적 권리관계에 영향을 미치는 사항으로 행정처분이다.
② 친일반민족행위자재산조사위원회의 친일재산 국가귀속 결정은 문제된 재산이 친일재산에 해당한다는 사실을 확인하는 준법률행위적 행정행위이다.
③ 「국가공무원법」에 근거하여 정년에 달한 공무원에게 발하는 정년퇴직 발령은 정년퇴직 사실을 알리는 관념의 통지이다.
④ 「국세징수법」에 의한 가산금과 중가산금의 납부독촉에 절차상 하자가 있는 경우 그 징수처분에 대하여 취소소송에 의한 불복이 가능하다.

17 〈2025 국가직 9급〉

행정행위의 부관에 대한 설명으로 옳지 않은 것은?

① 어업면허처분에서 면허의 유효기간을 1년으로 정하는 경우, 면허의 유효기간은 어업면허처분의 효력을 제한하기 위한 행정행위의 부관이라 할 것이고, 이러한 행정행위의 부관은 독립하여 행정소송의 대상이 될 수 없다.

② 도로점용허가기간의 점용기간은 행정행위의 본질적인 요소에 해당한다고 볼 것이어서 부관인 점용기간을 정함에 있어서 위법사유가 있다면 이로써 도로점용허가 처분 전부가 위법하게 된다.

③ 행정처분과 실제적 관련성이 없어 부관으로 붙일 수 없는 부담은 사법상 계약의 형식으로도 행정처분의 상대방에게 부과할 수 없다.

④ 사도개설허가에서 정해진 공사기간은 사도개설허가 자체의 존속기간을 정한 것이라 보아야 하므로, 공사기간 내에 사도로 준공검사를 받지 못하였다면 사도개설허가는 당연히 실효된다.

정답&해설

14 ④ 행정행위의 내용

④ 사립학교 이사선임의 승인행위는 강학상 보충행위로서 인가에 해당한다. 그런데 학교에서의 이사를 선임하는 행위는 행정작용이 아니라 인가의 대상이 되는 기본적인 법률행위에 해당한다(대판 2007.12.27, 2005두9651).

| 오답해설 | ① 귀화허가는 (인위적인) 포괄적 신분을 설정하는 강학상 특허다.
② 공무원임명은 인위적인 법률상의 지위를 부여하는 설권행위로서 특허에 해당된다.
③ 개인택시운송사업면허는 특정인에게 권익을 부여하는 강학상 설권행위로 특허에 해당한다(대판 1996.10.11, 96누6172).

15 ① 행정행위의 내용

ㄱ. (O) 「사립학교법」 제20조 제2항에 의한 학교법인의 임원에 대한 감독청의 취임승인은 학교법인의 임원선임행위를 보충하여 그 법률상의 효력을 완성케 하는 보충적 행정행위로서 성질상 기본행위를 떠나 승인처분 그 자체만으로는 법률상 아무런 효력도 발생할 수 없으므로 기본행위인 학교법인의 임원선임행위가 불성립 또는 무효인 경우에는 비록 그에 대한 감독청의 취임승인이 있었다 하여도 이로써 무효인 그 선임행위가 유효한 것으로 될 수는 없다(대판 1987.8.18, 86누152).

ㄴ. (O) 개인택시운송사업면허는 특정인에게 권리나 이익을 부여하는 행정행위로서 법령에 특별한 규정이 없는 한 재량행위이고 그 면허에 필요한 기준을 정하는 것 역시 법령에 규정이 없는 한 행정청의 재량에 속하나, 이 경우에도 이는 객관적으로 타당하여야 하며 그 설정된 우선순위 결정방법이나 기준이 객관적으로 합리성을 잃은 것이라면 이에 따라 면허 여부를 결정하는 것은 재량권의 한계를 일탈한 것이 되어 위법하다(대판 2007.2.8, 2006두13886).

| 오답해설 | ㄷ. (X) 공유수면매립면허는 설권행위인 특허의 성질을 갖는 것이므로 원칙적으로 행정청의 자유재량에 속한다(대판 1989.9.12, 88누9206)
ㄹ. (X) 토지거래허가는 보충행위인 인가에 해당한다.

16 ① 행정행위의 내용

① 토지대장에 기재된 소유자명의가 변경된다고 하여도 이로써 당해 토지에 대한 실체상의 권리관계에 변동을 가져올 수 없다(대판 2012.1.12, 2010두12354).

| 오답해설 | ④ 가산금, 중가산금은 국세체납이 있는 경우에 위 법조에 따라 당연히 발생하고, 그 액수도 확정되는 것이기는 하나, 그에 관한 징수절차를 개시하려면 독촉장에 의하여 그 납부를 독촉함으로써 가능한 것이고 위 가산금 및 중가산금의 납부독촉이 부당하거나 그 절차에 하자가 있는 경우에는 그 징수처분에 대하여도 취소소송에 의한 불복이 가능하다(대판 1986.10.28, 86누147).

17 ④ 행정행위의 부관

④ 사도개설허가에서 정해진 공사기간 내에 사도로 준공검사를 받지 못한 경우, 이 공사기간을 사도개설허가 자체의 존속기간(유효기간)으로 볼 수 없다는 이유로 사도개설허가가 당연히 실효되는 것은 아니다(대판 2004.11.25, 2004두7023).

| 오답해설 | ① 대판 1986.8.19, 86누202
② 대판 1985.7.9, 84누604
③ 대판 2009.12.10, 2007다63966

| 정답 | 14 ④ 15 ① 16 ① 17 ④

18

행정행위의 부관에 대한 설명으로 옳지 않은 것은?

① 행정처분에 붙은 부담인 부관이 제소기간 도과로 확정되어 이미 불가쟁력이 생긴 경우에도 그 부담의 이행으로서 하게 된 사법상 매매 등의 법률행위의 효력을 다툴 수 있다.
② 부담부 행정처분에 있어서 처분의 상대방이 부담을 이행하지 아니한 경우에 처분청이 이를 들어 당해 처분을 철회할 수 없다.
③ 지방국토관리청장이 일부 공유수면매립지에 대하여 한 국가 귀속처분은 매립준공인가를 함에 있어서 매립의 면허를 받은 자의 매립지에 대한 소유권취득을 규정한 (구)「공유수면매립법」의 법률효과를 일부 배제하는 부관을 붙인 것이다.
④ 부담이 처분 당시 법령을 기준으로 적법하다면 처분 후 부담의 전제가 된 주된 행정처분의 근거 법령이 개정됨으로써 행정청이 더 이상 부관을 붙일 수 없게 되었다 하더라도 곧바로 위법하게 되거나 그 효력이 소멸하게 되는 것은 아니다.

19

행정행위의 부관에 대한 설명으로 옳지 않은 것은? (다툼이 있는 경우 판례에 의함)

① 수익적 행정처분에 있어서는 법령에 특별한 근거규정이 있는 경우에만 그 부관으로서 부담을 붙일 수 있다.
② 기선선망어업의 허가를 하면서 운반선, 등선 등 부속선을 사용할 수 없도록 제한한 부관은 그 어업허가의 목적달성을 사실상 어렵게 하여 그 본질적 효력을 해하는 것이므로 위법한 것이다.
③ 부관은 면허 발급 당시에 붙이는 것뿐만 아니라 면허 발급 이후에 붙이는 것도 법률에 명문의 규정이 있거나 변경이 미리 유보되어 있는 경우 또는 상대방의 동의가 있는 경우 등에는 특별한 사정이 없는 한 허용된다.
④ 토지소유자가 토지형질변경행위허가에 붙은 기부채납의 부관에 따라 토지를 국가나 지방자치단체에 기부채납한 경우, 기부채납의 부관이 당연무효이거나 취소되지 아니한 이상 토지소유자는 위 부관으로 인하여 기부채납계약의 중요부분에 착오가 있음을 이유로 기부채납계약을 취소할 수 없다.

20

2024 국가직 9급

행정행위의 부관에 대한 설명으로 옳지 <u>않은</u> 것은?

① 기부채납받은 행정재산에 대한 사용·수익허가에서 공유재산의 관리청이 정한 사용·수익허가의 기간은 그 허가의 효력을 제한하기 위한 행정행위의 부관으로서 이러한 사용·수익허가의 기간에 대해서는 독립하여 행정소송을 제기할 수 없다.

② 토지소유자가 토지형질변경행위허가에 붙은 기부채납의 부관에 따라 토지를 국가나 지방자치단체에 기부채납(증여)한 경우, 기부채납의 부관이 당연무효이거나 취소되지 아니한 이상 토지소유자는 위 부관으로 인하여 증여계약의 중요부분에 착오가 있음을 이유로 증여계약을 취소할 수 없다.

③ 행정행위의 부관인 부담에 정해진 바에 따라 당해 행정청이 아닌 다른 행정청이 그 부담상의 의무이행을 요구하는 의사표시를 하였을 경우, 이러한 행위가 당연히 항고소송의 대상이 되는 처분에 해당한다고 할 수는 없다.

④ 행정처분에 부담인 부관을 붙인 경우 부관의 무효화에 의하여 본체인 행정처분 자체의 효력에도 영향이 있게 될 수 있으며, 그 처분을 받은 사람이 부담의 이행으로 사법상 매매 등의 법률행위를 한 경우 그 법률행위 자체는 당연무효이다.

정답&해설

18 ② 행정행위의 부관

② 부담부 행정처분에 있어서 처분의 상대방이 부담(의무)을 이행하지 아니한 경우에 처분행정청으로서는 이를 들어 당해 처분을 취소(철회)할 수 있는 것이다(대판 1989.10.24. 89누2431).

|오답해설| ① 행정처분에 붙은 부담인 부관이 제소기간의 도과로 확정되어 이미 불가쟁력이 생겼다면 그 하자가 중대하고 명백하여 당연 무효로 보아야 할 경우 외에는 누구나 그 효력을 부인할 수 없을 것이지만, 부담의 이행으로서 하게 된 사법상 매매 등의 법률행위는 부담을 붙인 행정처분과는 어디까지나 별개의 법률행위이므로 그 부담의 불가쟁력의 문제와는 별도로 법률행위가 사회질서 위반이나 강행규정에 위반되는지 여부 등을 따져보아 그 법률행위의 유효 여부를 판단하여야 한다(대판 2009.6.25. 2006다18174).

③ 행정행위의 부관은 부담의 경우를 제외하고는 독립하여 행정소송의 대상이 될 수 없는 것인바, 지방국토관리청장이 일부 공유수면매립지에 대하여 한 국가 또는 직할시 귀속처분은 매립준공인가를 함에 있어서 매립의 면허를 받은 자의 매립지에 대한 소유권취득을 규정한 「공유수면매립법」 제14조의 효과 일부를 배제하는 부관을 붙인 것이고, 이러한 행정행위의 부관은 위 법리와 같이 독립하여 행정소송 대상이 될 수 없다(대판 1993.10.8. 93누2032).

④ 행정청이 수익적 행정처분을 하면서 부가한 부담의 위법 여부는 처분 당시 법령을 기준으로 판단하여야 하고, 부담이 처분 당시 법령을 기준으로 적법하다면 처분 후 부담의 전제가 된 주된 행정처분의 근거 법령이 개정됨으로써 행정청이 더 이상 부관을 붙일 수 없게 되었다 하더라도 곧바로 위법하게 되거나 그 효력이 소멸하게 되는 것은 아니다. 따라서 행정처분의 상대방이 수익적 행정처분을 얻기 위하여 행정청과 사이에 행정처분에 부가할 부담에 관한 협약을 체결하고 행정청이 수익적 행정처분을 하면서 협약상의 의무를 부담으로 부가하였으나 부담의 전제가 된 주된 행정처분의 근거 법령이 개정됨으로써 행정청이 더 이상 부관을 붙일 수 없게 된 경우에도 곧바로 협약의 효력이 소멸하는 것은 아니다(대판 2009.2.12. 2005다65500).

19 ① 행정행위의 부관

① 수익적 행정처분에 있어서는 법령에 특별한 근거규정이 없다고 하더라도 그 부관으로서 부담을 붙일 수 있고, 그와 같은 부담은 행정청이 행정처분을 하면서 일방적으로 부가할 수도 있지만 부담을 부가하기 이전에 상대방과 협의하여 부담의 내용을 협약의 형식으로 미리 정한 다음 행정처분을 하면서 이를 부가할 수도 있다(대판 2009.2.12. 2005다65500).

20 ④ 행정행위의 부관

④ 행정처분에 부담인 부관을 붙인 경우 부관의 무효화에 의하여 본체인 행정처분 자체의 효력에도 영향이 있게 될 수는 있지만, 그 처분을 받은 사람이 부담의 이행으로 사법상 매매 등의 법률행위를 한 경우에는 그 부관은 특별한 사정이 없는 한 법률행위를 하게 된 동기 내지 연유로 작용하였을 뿐이므로 이는 법률행위의 취소사유가 될 수 있음은 별론으로 하고 그 법률행위 자체를 당연히 무효화하는 것은 아니다(대판 2009.6.25. 2006다18174).

|오답해설| ① 행정행위의 부관은 부담인 경우를 제외하고는 독립하여 행정소송의 대상이 될 수 없는바, 기부채납받은 행정재산에 대한 사용·수익허가에서 공유재산의 관리청이 정한 사용·수익허가의 기간은 그 허가의 효력을 제한하기 위한 행정행위의 부관으로서 이러한 사용·수익허가의 기간에 대해서는 독립하여 행정소송을 제기할 수 없다(대판 2001.6.15. 99두509).

② 토지소유자가 토지형질변경행위허가에 붙은 기부채납의 부관에 따라 토지를 국가나 지방자치단체에 기부채납(증여)한 경우, 기부채납의 부관이 당연무효이거나 취소되지 아니한 이상 토지소유자는 위 부관으로 인하여 증여계약의 중요부분에 착오가 있음을 이유로 증여계약을 취소할 수 없다(대판 1999.5.25. 98다53134).

③ 행정행위의 부관인 부담에 정해진 바에 따라 당해 행정청이 아닌 다른 행정청이 그 부담상의 의무이행을 요구하는 의사표시를 하였을 경우, 이러한 행위가 당연히 또는 무조건으로 「행정소송법」상 항고소송의 대상이 되는 처분에 해당한다고 할 수는 없다.

| 정답 | 18 ② 19 ① 20 ④

21 2024 군무원 9급

다음 중 행정행위의 부관에 대한 설명으로 가장 적절하지 않은 것은? (다툼이 있는 경우 판례에 의함)

① 부담은 행정청이 행정처분을 하면서 일방적으로 부가할 수도 있지만 부담을 부가하기 이전에 상대방과 협의하여 부담의 내용을 협약의 형식으로 미리 정한 다음 행정처분을 하면서 이를 부가할 수도 있다.
② 행정청은 처분의 재량이 없는 경우에는 법률에 근거가 있는 경우에 부관을 붙일 수 있다.
③ 기한은 연월일로 표기하지 않고 '근속기간중' 또는 '종신'과 같은 도래시기가 확정되지 않은 방식으로 표기하는 것도 가능하다.
④ 기부채납받은 행정재산에 대한 사용·수익 허가에서 공유재산의 관리청이 정한 사용·수익허가의 기간은 그 허가의 효력을 제한하기 위한 행정행위의 부관으로서 이러한 사용·수익허가의 기간에 대해서는 독립하여 행정소송을 제기할 수 있다.

22 2021 국가직 9급

행정행위에 대한 설명으로 옳은 것만을 모두 고르면? (다툼이 있는 경우 판례에 의함)

> ㄱ. 행정의사가 외부에 표시되어 행정청이 자유롭게 취소·철회할 수 없는 구속을 받게 되는 시점에 처분이 성립하고, 그 성립 여부는 행정청이 행정의사를 공식적인 방법으로 외부에 표시하였는지를 기준으로 판단해야 한다.
> ㄴ. (구)「공중위생관리법」상 공중위생영업에 대하여 영업을 정지할 위법사유가 있다면, 관할 행정청은 그 영업이 양도·양수되었다 하더라도 양수인에 대하여 영업정지처분을 할 수 있다.
> ㄷ. 「도시 및 주거환경정비법」상 주택재건축조합에 대해 조합설립 인가처분이 행하여진 후에는, 조합설립결의의 하자를 이유로 조합설립의 무효를 주장하려면 조합설립 인가처분의 취소 또는 무효확인을 구하는 소송으로 다투어야 하며, 따로 조합설립결의의 하자를 다투는 확인의 소를 제기할 수 없다.
> ㄹ. 공정거래위원회가 부당한 공동행위를 한 사업자들 중 자진신고자에 대하여 (구)독점규제 및 공정거래에 관한 법령에 따라 과징금부과처분(선행처분)을 한 뒤, 다시 자진신고자에 대한 사건을 분리하여 자진신고를 이유로 과징금감면처분(후행처분)을 한 경우라도 선행처분의 취소를 구하는 소는 적법하다.

① ㄴ, ㄷ
② ㄱ, ㄴ, ㄷ
③ ㄱ, ㄴ, ㄹ
④ ㄱ, ㄷ, ㄹ

23

2020 국가직 9급

- 2020.1.6. 인기 아이돌 가수인 갑의 노래가 수록된 음반이 청소년유해매체물로 결정 및 고시되었는데, 여성가족부장관은 이 고시를 하면서 그 효력발생시기를 구체적으로 밝히지 않았다.
- A시의 시장이 「식품위생법」위반을 이유로 을에 대해 영업허가를 취소하는 처분을 하고자 하나 송달이 불가능하다.

① 「행정 효율과 협업 촉진에 관한 규정」에 따르면 여성가족부장관의 고시의 효력은 2020.1.20.부터 발생한다.
② 갑의 노래가 수록된 음반을 청소년유해매체물로 지정하는 결정 및 고시는 항고소송의 대상이 될 수 없다.
③ A시의 시장이 영업허가취소처분을 송달하려면 을이 알기 쉽도록 관보, 공보, 게시판, 일간신문 중 하나 이상에 공고하고 인터넷에도 공고하여야 한다.
④ 을의 영업허가취소처분이 공보에 공고된 경우, 을이 자신에 대한 영업허가취소처분이 있음을 알고 있지 못하더라도 영업허가취소처분에 대한 취소소송을 제기하려면 공고가 효력을 발생한 날부터 90일 안에 제기해야 한다.

정답&해설

21 ④ 행정행위의 부관

④ 행정행위의 부관은 부담인 경우를 제외하고는 독립하여 행정소송의 대상이 될 수 없는바, 기부채납받은 행정재산에 대한 사용·수익허가에서 공유재산의 관리청이 정한 사용·수익허가의 기간은 그 허가의 효력을 제한하기 위한 행정행위의 부관으로서 이러한 사용·수익허가의 기간에 대해서는 독립하여 행정소송을 제기할 수 없다(대판 2001.6.15. 99두509).

|오답해설| ① 수익적 행정처분에 있어서는 법령에 특별한 근거규정이 없다고 하더라도 그 부관으로서 부담을 붙일 수 있고, 그와 같은 부담은 행정청이 행정처분을 하면서 일방적으로 부가할 수도 있지만 부담을 부가하기 이전에 상대방과 협의하여 부담의 내용을 협약의 형식으로 미리 정한 다음 행정처분을 하면서 이를 부가할 수도 있다(대판 2009.2.12. 2005다65500).
② 「행정기본법」 제17조 제2항
③ 기한은 확정기한(예 도로점용허가 + ○○○○년 ○○월 ○○일까지)로 부가할 수 있지만, 불확정기한(예 사망할 때까지 연금지급 등)으로 부가할 수도 있다.

22 ② 행정행위의 성립과 효력

|오답해설| ㄹ. (X) 이 경우 후행처분은 자진신고 감면까지 포함하여 처분 상대방이 실제로 납부하여야 할 최종적인 과징금액을 결정하는 종국적 처분이고, 선행처분은 이러한 종국적 처분을 예정하고 있는 일종의 잠정적 처분으로서 후행처분이 있을 경우 선행처분은 후행처분에 흡수되어 소멸한다. 따라서 위와 같은 경우에 선행처분의 취소를 구하는 소는 이미 효력을 잃은 처분의 취소를 구하는 것으로 부적법하다(대판 2015.2.12. 2013두987).

23 ③ 행정행위의 성립과 효력

③ 「행정절차법」 제14조 제4항

|오답해설| ① 「행정절차법」과 달리 「행정 효율과 협업촉진에 관한 규정」에 의하면 고시에 의한 처분은 고시일로부터 5일이 경과되면 효력을 발하게 된다.
② 청소년유해매체물 결정 및 고시는 처분이다(대판 2007.6.14. 2004두619).
④ 일반처분과 달리 특정인에 대한 공고 등의 방법에 의한 처분은 특정인인 상대방이 현실적으로 안 날이 쟁송제기의 기산점이다(대판 2006.4.28. 2005두14851).

|정답| 21 ④　22 ②　23 ③

24

다음 사례에 관한 설명으로 옳은 것은? (다툼이 있는 경우 판례에 의함)

> 관할 행정청은 2019.4.17. 「청소년 보호법」의 규정에 따라 ㉠ A주식회사가 운영하는 인터넷 사이트를 청소년유해매체물로 결정하는 내용, ㉡ 일반 불특정 다수인을 상대방으로 하여 일률적으로 표시의무, 포장의무, 청소년에 대한 판매·대여 등의 금지의무 등 각종 의무를 발생시키는 내용, ㉢ 그 결정·고시의 효력발생일을 2019.4.24.로 정하는 내용 등을 포함한 「청소년유해매체물 결정·고시」를 하였다.

① 위 결정·고시는 항고소송의 대상이 되는 행정처분에 해당하지 않는다.
② 관할 행정청이 위 결정·고시를 함에 있어서 A주식회사에게 이를 통지하지 않았다고 하여 결정·고시의 효력 자체가 발생하지 않는 것은 아니다.
③ A주식회사가 위 결정을 통지받지 못하였다는 것은 취소소송의 제소기간을 준수하지 못한 것에 대한 정당한 사유가 될 수 있다.
④ 위 결정·고시에 대한 취소소송의 제소기간을 계산함에 있어서는, A주식회사가 위 결정·고시가 있었다는 사실을 현실적으로 알았는지 여부에 관계없이 고시일인 2019.4.17.에 위 결정·고시가 있음을 알았다고 보아야 한다.

25

행정행위의 효력에 대한 설명으로 옳지 않은 것은? (다툼이 있는 경우 판례에 의함)

① 행정처분이 아무리 위법하다고 하여도 그 하자가 중대하고 명백하여 당연무효라고 보아야 할 사유가 있는 경우를 제외하고는 아무도 그 하자를 이유로 무단히 그 효과를 부정하지 못한다.
② 민사소송에 있어서 어느 행정처분의 당연무효 여부가 선결문제로 되는 때에는 이를 판단하여 당연무효임을 전제로 판결할 수 있고 반드시 행정소송 등의 절차에 의하여 그 취소나 무효확인을 받아야 하는 것은 아니다.
③ 불가쟁력이 발생한 행정행위로 손해를 입은 국민은 국가배상청구를 할 수 있다.
④ 행정행위의 불가변력은 당해 행정행위에 대해서만 인정되는 것이 아니고, 동종의 행정행위라면 그 대상을 달리하더라도 인정된다.

26

행정처분의 효력에 대한 설명으로 옳지 않은 것은?

① 과세처분에 관한 이의신청절차에서 과세관청이 이의신청 사유가 옳다고 인정하여 과세처분을 직권으로 취소한 이상 그 후 특별한 사유 없이 이를 번복하고 종전 처분을 되풀이하는 것은 허용되지 않는다.

② 점용료 부과처분에 취소사유에 해당하는 흠이 있는 경우 도로관리청으로서는 당초 처분 자체를 취소하고 흠을 보완하여 새로운 부과처분을 하거나, 흠 있는 부분에 해당하는 점용료를 감액하는 처분을 할 수 있다.

③ 행정처분이 불복기간의 경과로 인하여 확정될 경우 그 처분의 기초가 된 사실관계나 법률적 판단이 확정되고 당사자들이나 법원이 이에 기속되어 모순되는 주장이나 판단을 할 수 없게 된다.

④ 민사소송에 있어서 어느 행정처분의 당연무효 여부가 선결문제로 되는 때에는 이를 판단하여 당연무효임을 전제로 판결할 수 있고 반드시 행정소송 등의 절차에 의하여 그 취소나 무효확인을 받아야 하는 것은 아니다.

27

행정행위의 효력에 대한 설명으로 옳지 않은 것은? (다툼이 있는 경우 판례에 의함)

① 공정력이란 행정행위의 위법이 중대명백하여 당연무효가 아닌 한 권한 있는 기관에 의해 취소되기까지는 행정의 상대방이나 이해관계자에게 적법하게 통용되는 힘을 말한다.
② 공정력을 인정하는 이론적 근거는 법적 안정성설이 통설이다.
③ 과세처분에 대해 이의신청을 하고 이에 따라 직권취소가 이루어졌다면 특별한 사정이 없는 한 불가변력이 발생한다.
④ 환경영향평가를 거쳐야 함에도 불구하고 환경영향평가를 거치지 않고 개발사업승인을 한 처분에 대해서는 처분이 있은 후 1년이 도과한 경우라도 불가쟁력이 발생하지 않는다.
⑤ 구성요건적 효력에 대한 명시적인 법적 근거는 없으나 국가기관 상호 간에 관할권의 배분이 간접적 근거가 된다.

28

행정행위의 효력에 대한 설명으로 옳지 않은 것은? (다툼이 있는 경우 판례에 의함)

① 선행처분과 후행처분이 서로 독립하여 별개의 법률효과를 목적으로 하는 때에도 선행처분이 당연무효이면 선행처분의 하자를 이유로 후행처분의 효력을 다툴 수 있다.
② 도시·군계획시설결정과 실시계획인가는 서로 결합하여 도시·군계획시설사업의 실시라는 하나의 법적 효과를 완성하므로, 도시·군계획시설결정의 하자는 실시계획인가에 승계된다.
③ 도지사의 인사교류안 작성과 그에 따른 인사교류의 권고가 전혀 이루어지지 않은 상태에서, 관할구역 내 A시의 시장이 인사교류로서 소속 지방공무원인 갑에게 B시 지방공무원으로 전출을 명한 처분은 당연무효이다.
④ 물품세 과세대상이 아닌 것을 세무공무원이 직무상 과실로 과세대상으로 오인하여 과세처분을 행함으로 인하여 손해가 발생된 경우에는, 동 과세처분이 취소되지 아니하였다 하더라도, 국가는 이로 인한 손해를 배상할 책임이 있다.

29

2024 군무원 9급

다음 중 행정행위의 하자에 대한 설명으로 가장 적절하지 않은 것은? (다툼이 있는 경우 판례에 의함)

① 사법심사에 있어서 행정행위의 하자 유무에 대한 판단자료는 원칙적으로 행정행위의 발급시에 제출된 것에 한정된다.
② 행정행위의 부존재와 무효는 「행정쟁송법」상 구별된다.
③ 법률에 근거하여 행정처분이 발하여진 후에 헌법재판소가 그 행정처분의 근거가 된 법률을 위헌으로 결정하였다면 결과적으로 행정처분은 법률의 근거가 없이 행하여진 것과 마찬가지가 되어 당연무효라고 할 것이다.
④ 사업시행자가 토지소유자와 협의를 거치지 아니한 채 토지의 수용을 위한 재결을 신청하였다는 하자는 절차상 위법으로서 이의재결의 취소를 구할 수 있는 사유가 될지언정 당연무효의 사유라고 할 수는 없다.

30

2024 국가직 7급

하자의 승계에 대한 설명으로 옳지 않은 것은?

① 도시·군계획시설결정과 실시계획인가는 별도의 요건과 절차에 따라 별개의 법률효과를 발생시키는 독립적인 행정처분이므로 선행처분인 도시·군계획시설결정에 하자가 있더라도 그것이 당연무효가 아닌 한 원칙적으로 후행처분인 실시계획인가에 승계되지 않는다.
② 「공인중개사법」 위반으로 업무정지처분을 받고 그 업무정지기간 중 중개업무를 하였다는 이유로 중개사무소개설등록취소처분을 받은 경우, 양 처분은 그 내용과 효과를 달리하는 독립된 행정처분으로서 서로 결합하여 1개의 법률효과를 완성하는 때에 해당한다고 볼 수 없다.
③ 수용보상금의 증액을 구하는 소송에서는 선행처분으로서 그 수용대상 토지 가격 산정의 기초가 된 비교표준지공시지가결정의 위법을 독립된 사유로 주장할 수 없다.
④ 보충역편입처분과 공익근무요원소집처분은 각각 단계적으로 별개의 법률효과를 발생하는 독립된 행정처분이다.

31

2023 지방직 9급

행정행위의 하자의 승계에 대한 설명으로 옳지 않은 것은?

① 2개 이상의 행정처분이 연속적 또는 단계적으로 이루어지는 경우 선행처분과 후행처분이 서로 합하여 1개의 법률효과를 완성하는 때에는 선행처분에 하자가 있으면 그 하자는 후행처분에 승계된다.
② 선행처분과 후행처분이 서로 독립하여 별개의 법률효과를 발생시키는 경우에는 선행처분에 불가쟁력이 생겨 그 효력을 다툴 수 없게 되면 수인한도를 넘는 가혹함을 가져오며 그 결과가 당사자에게 예측가능하지 않더라도 하자의 승계가 인정되지 않는다.
③ 과세관청의 선행처분인 소득금액변동통지에 하자가 존재하더라도 당연무효사유에 해당하지 않는 한 후행처분인 징수처분에 대한 항고소송에서 그 하자를 다툴 수 없다.
④ 수용보상금의 증액을 구하는 소송에서는 선행처분으로서 그 수용대상 토지 가격 산정의 기초가 된 비교표준지공시지가결정의 위법을 독립된 사유로 주장할 수 있다.

32

2021 국가직 9급

- 갑은 자신의 토지에 대한 개별공시지가결정을 통지받은 후 90일이 넘어 과세처분을 받았는데, 과세처분이 위법한 개별공시지가결정에 기초하였다는 이유로 과세처분의 취소를 구하고자 한다.
- 갑은 토지대장에 전(田)으로 기재되어 있는 지목을 대(垈)로 변경하고자 지목변경신청을 하였다.
- 을은 갑의 토지가 사실은 자신 소유라고 주장하면서 토지대장상의 소유자명의변경을 신청하였으나 거부되었다.

① 갑은 과세처분이 있기 전에는 개별공시지가결정에 대해서 취소소송을 제기할 수 없다.
② 갑은 과세처분의 위법성이 인정되지 않더라도 과세처분 취소소송에서 개별공시지가결정의 위법을 독립된 위법사유로 주장할 수 있다.
③ 토지대장에 등재된 사항을 변경하는 행위는 행정사무집행의 편의와 사실증명의 자료로 삼기 위한 것이므로, 갑은 지목변경신청이 거부되더라도 이에 대하여 취소소송으로 다툴 수 없다.
④ 을에 대한 토지대장상의 소유자명의변경신청 거부는 처분성이 인정된다.

정답&해설

30 ③ 행정행위의 하자

③ 준지공시지가결정이 위법한 경우에는 그 자체를 행정소송의 대상이 되는 행정처분으로 보아 그 위법 여부를 다툴 수 있음은 물론, 수용보상금의 증액을 구하는 소송에서도 선행처분으로서 그 수용대상 토지 가격 산정의 기초가 된 비교표준지공시지가결정의 위법을 독립한 사유로 주장할 수 있다(대판 2008.8.21. 2007두13845).

|오답해설| ① 도시·군계획시설결정과 실시계획인가는 도시·군계획시설사업을 위하여 이루어지는 단계적 행정절차에서 별도의 요건과 절차에 따라 별개의 법률효과를 발생시키는 독립적인 행정처분이다. 그러므로 선행처분인 도시·군계획시설결정에 하자가 있더라도 그것이 당연무효가 아닌 한 원칙적으로 후행처분인 실시계획인가에 승계되지 않는다(대판 2017.7.18. 2016두49938).
② 이 사건 선행처분인 입무정지처분은 일정 기간 중개업무를 하지 못하도록 하는 처분인 반면, 후행처분인 이 사건 처분은 위와 같은 업무정지처분에 따른 업무성지기간 중에 중개업무를 하였다는 별개의 처분사유를 근거로 중개사무소의 개설등록을 취소하는 처분이다. 비록 이 사건 처분이 업무정지처분을 전제로 하지만, 양 처분은 그 내용과 효과를 달리하는 독립된 행정처분으로서, 서로 결합하여 1개의 법률효과를 완성하는 때에 해당한다고 볼 수 없다(대판 2019.1.31. 2017두40372).
④ 대판 2002.12.10. 2001두5422

31 ② 행정행위의 하자

② 2개 이상의 행정처분이 연속적 또는 단계적으로 이루어지는 경우 선행처분과 후행처분이 서로 합하여 1개의 법률효과를 완성하는 때에는 선행처분에 하자가 있으면 그 하자는 후행처분에 승계된다. 이러한 경우에는 선행처분에 불가쟁력이 생겨 그 효력을 다툴 수 없게 되더라도 선행처분의 하자를 이유로 후행처분의 효력을 다툴 수 있다. 그러나 선행처분과 후행처분이 서로 독립하여 별개의 법률효과를 발생시키는 경우에는 선행처분에 불가쟁력이 생겨 그 효력을 다툴 수 없게 되면 선행처분의 하자가 중대하고 명백하여 선행처분이 당연무효인 경우를 제외하고는 특별한 사정이 없는 한 선행처분의 하자를 이유로 후행처분의 효력을 다툴 수 없는 것이 원칙이다. 다만, 그 경우에도 선행처분의 불가쟁력이나 구속력이 그로 인하여 불이익을 입게 되는 자에게 수인한도를 넘는 가혹함을 가져오고, 그 결과가 당사자에게 예측가능한 것이 아니라면, 국민의 재판받을 권리를 보장하고 있는 헌법의 이념에 비추어 선행처분의 후행처분에 대한 구속력을 인정할 수 없다(대판 2019.1.31. 2017두40372).

|오답해설| ③ 선행처분인 소득금액변동통지에 하자가 존재하더라도 당연무효사유에 해당하지 않는 한 후행처분인 징수처분에 그대로 승계되지 아니한다. 따라서 과세관청의 소득처분과 그에 따른 소득금액변동통지가 있는 경우 원천징수하는 소득세의 납세의무에 관하여는 이를 확정하는 소득금액변동통지에 대한 항고소송에서 다투어야 하고, 소득금액변동통지가 당연무효가 아닌 한 징수처분에 대한 항고소송에서 이를 다툴 수는 없다(대판 2012.1.26. 2009두14439).
④ 표준지공시지가결정이 위법한 경우에는 그 자체를 행정소송의 대상이 되는 행정처분으로 보아 그 위법 여부를 다툴 수 있음은 물론, 수용보상금의 증액을 구하는 소송에서도 선행처분으로서 그 수용대상 토지 가격 산정의 기초가 된 비교표준지공시지가결정의 위법을 독립한 사유로 주장할 수 있다(대판 2008.8.21. 2007두13845).

32 ② 행정행위의 하자

|오답해설| ① 과세처분이 있기 전에 불가쟁력이 발생하지 않았다면 개별공시지가결정에 대해 소송을 청구할 수 있다.
③ 지목은 토지소유권을 제대로 행사하기 위한 전제요건으로서 토지소유자의 실체적 권리관계에 밀접하게 관련되어 있으므로 지적공부 소관청의 지목변경신청 반려행위는 국민의 권리관계에 영향을 미치는 것으로서 항고소송의 대상이 되는 행정처분에 해당한다(대판 2004.4.22. 2003두9015 전합).
④ 토지대장에 기재된 일정한 사항을 변경하는 행위는, … (중략) … 그 소유자 명의가 변경된다고 하여도 이로 인하여 당해 토지에 대한 실체상의 권리관계에 변동을 가져올 수 없고 토지소유권이 지적공부의 기재만에 의하여 증명되는 것도 아니다(대판 1984.4.24. 82누308, 대판 2002.4.26. 2000두7612 등 참조). 따라서 소관청이 토지대장상의 소유자명의변경신청을 거부한 행위는 이를 항고소송의 대상이 되는 행정처분이라고 할 수 없다(대판 2012.1.12. 2010두12354).

| 정답 | 30 ③   31 ②   32 ②

33

위헌·위법인 법령에 근거한 행정처분의 효력에 대한 설명으로 옳은 것은?

① 행정처분 이후에 처분의 근거법령에 대하여 헌법재판소 또는 대법원이 위헌 또는 위법하다는 결정을 하게 되면, 당해 처분은 법적 근거가 없는 처분으로 하자 있는 처분이고 그 하자는 중대한 것으로 당연무효이다.
② 헌법재판소의 위헌결정의 효력은 위헌제청을 한 당해 사건은 물론 위헌제청신청은 아니하였지만 당해 법률 또는 법률의 조항이 재판의 전제가 되어 법원에 계속 중인 사건에도 미친다.
③ 처분이 있은 후에 근거법률이 위헌으로 결정된 경우, 그 법률을 적용한 공무원에게 고의 또는 과실이 있었다고 단정할 수 있다.
④ 조세 부과의 근거가 되었던 법률규정이 위헌으로 선언된 이후, 조세채권의 집행을 위한 새로운 체납처분에 착수하거나 이를 속행하더라도 위법하지 않다.

34

행정행위의 하자에 대한 설명으로 옳지 않은 것은?

① 수익적 행정처분의 취소 제한에 관한 법리는 처분청이 수익적 행정처분을 직권으로 취소하는 경우에 적용되는 법리일 뿐 쟁송취소의 경우에는 적용되지 않는다.
② (구)「학교보건법」상 학교환경위생정화구역에서의 금지행위 및 시설의 해제 여부에 관한 행정처분을 함에 있어 학교환경위생정화 위원회 심의절차를 누락하였다면, 특별한 사정이 없는 한 이는 행정처분을 위법하게 하는 취소사유가 된다.
③ 행정청이 청문서 도달기간을 어겼다면 당사자가 이에 대하여 이의하지 아니한 채 스스로 청문일에 출석하여 방어의 기회를 충분히 가졌더라도 청문서 도달기간을 준수하지 아니한 하자가 치유되는 것은 아니다.
④ 토지등급결정내용의 개별통지가 있었다고 볼 수 없어 토지등급 결정이 무효라면, 토지소유자가 그 결정 이전이나 이후에 토지등급 결정내용을 알았다 하더라도 개별통지의 하자가 치유되는 것은 아니다.

35

2020 국가직 7급

무효인 행정행위에 대한 설명으로 옳은 것은? (다툼이 있는 경우 판례에 의함)

① 무효인 행정행위에 대해서 무효선언을 구하는 의미의 취소소송을 제기하는 경우 취소소송의 제소요건을 구비하여야 한다.
② 행정행위의 무효사유를 판단하는 기준으로서의 명백성은 행정행위의 법적 안정성 확보를 통하여 행정의 원활한 수행을 도모하는 한편, 그 행정행위를 유효한 것으로 믿은 제3자나 공공의 신뢰를 보호하여야 할 필요가 있는 경우에 보충적으로 요구된다.
③ 무효인 행정행위에 대해서 사정판결을 할 수 있다.
④ 거부처분에 대한 무효확인판결에는 간접강제가 인정된다.

정답&해설

33 ② 행정행위의 하자

| 오답해설 | ① 중대성은 있으나 명백성이 없어 취소사유에 해당한다(대판 1994.10.28. 92누9463).
③ 위헌결정 이전에 이루어진 처분에 대하여 결과적으로 위법이라 할 수 있으나 공무원에게는 고의나 과실이 있다고 할 수 없다.
④ 위헌법률에 기한 행정처분의 집행이나 집행력을 유지하기 위한 행위는 위헌결정의 기속력에 위반되어 허용되지 않는다(대판 2002.8.23. 2001두2959).

34 ③ 행정행위의 하자

③ 행정청이 청문서 도달기간을 다소 어겼다 하더라도 영업자가 이에 대하여 이의하지 아니한 채 스스로 청문일에 출석하여 그 의견을 진술하고 변명하는 등 방어의 기회를 충분히 가졌다면 청문서 도달기간을 준수하지 아니한 하자는 치유되었다고 봄이 상당하다(대판 1992.10.23. 92누2844).

| 오답해설 | ① 수익적 행정처분에 대한 취소권 등의 행사는 기득권의 침해를 정당화할 만한 중대한 공익상의 필요 또는 제3자의 이익보호의 필요가 있는 때에 한하여 허용될 수 있다는 법리는, 처분청이 수익적 행정처분을 직권으로 취소·철회하는 경우에 적용되는 법리일 뿐 쟁송취소의 경우에는 적용되지 않는다(대판 2019.10.17. 2018두104).
② 행정청이 (구)「학교보건법」(2005.12.7. 법률 제7700호로 개정되기 전의 것) 소정의 학교환경위생정화구역 내에서 금지행위 및 시설의 해제 여부에 관한 행정처분을 함에 있어 학교환경위생정화위원회의 심의를 거치도록 한 취지는 … (중략) … 금지행위 및 시설의 해제 여부에 관한 행정처분을 하면서 절차상 위와 같은 심의를 누락한 흠이 있다면 그와 같은 흠을 가리켜 위 행정처분의 효력에 아무런 영향을 주지 않는다거나 경미한 정도에 불과하다고 볼 수는 없으므로, 특별한 사정이 없는 한 이는 행정처분을 위법하게 하는 취소사유가 된다(대판 2007.3.15. 2006두15806).
④ 토지등급결정내용의 개별통지가 있다고 볼 수 없어 토지등급결정이 무효인 이상, 토지소유자가 그 결정 이전이나 이후에 토지등급결정내용을 알았다거나 또는 그 결정 이후 매년 정기 등급수정의 결과가 토지소유자 등의 열람에 공하여졌다 하더라도 개별통지의 하자가 치유되는 것은 아니다(대판 1997.5.28. 96누5308).

35 ① 행정행위의 하자

| 오답해설 | ② 다수설과 판례는 무효사유를 판단하는 기준으로서 중대명백설의 입장인데, 선지는 명백성보충요건설에 대한 내용이다(대판 1997.5.9. 95다46722).
③ 당연무효의 행정처분을 소송목적물로 하는 행정소송에서는 존치시킬 효력이 있는 행정행위가 없기 때문에 사정판결을 할 수 없다(대판 1996.3.22. 95누5509).
④ 「행정소송법」에 준용 규정을 두지 않고 있으므로, 행정처분에 대하여 무효확인 판결이 내려진 경우에는 그 행정처분이 거부처분인 경우에도 행정청에 판결의 취지에 따른 재처분의무가 인정될 뿐 그에 대하여 간접강제까지 허용되는 것은 아니라고 할 것이다(대결 1998.12.24. 자 98무37).

| 정답 | 33 ②   34 ③   35 ①

36

행정행위의 하자에 대한 설명으로 옳지 않은 것은? (다툼이 있는 경우 판례에 의함)

① 이미 불가쟁력이 발생한 보충역편입처분에 하자가 있다고 하더라도 그것이 당연무효의 사유가 아닌 한 공익근무요원소집처분에 승계되는 것은 아니다.
② 건물철거명령이 당연무효가 아니고 불가쟁력이 발생하였다면 건물철거명령의 하자를 이유로 후행 대집행계고처분의 효력을 다툴 수 없다.
③ 도시계획시설사업 시행자 지정처분이 처분요건을 충족하지 못하여 당연무효인 경우, 도시계획시설사업의 시행자가 작성한 실시계획을 인가하는 처분도 무효이다.
④ 선행처분인 공무원직위해제처분과 후행 직권면직처분 사이에는 하자의 승계가 인정된다.

37

행정행위의 직권취소 및 철회에 대한 설명으로 옳지 않은 것은?

① 처분에 대하여 행정심판이나 행정소송이 제기되어 쟁송이 진행되고 있는 도중에는 행정청은 스스로 대상 처분을 취소할 수 없다.
② 행정청은 사정변경으로 적법한 처분을 더 이상 존속시킬 필요가 없게 된 경우 그 처분의 전부 또는 일부를 장래를 향하여 철회할 수 있다.
③ 제소기간의 경과 등으로 처분에 불가쟁력이 발생하였다 하여도 행정청은 실권의 법리에 해당하지 않는다면 직권으로 처분을 취소할 수 있다.
④ 행정청은 위법 또는 부당한 처분의 전부나 일부를 소급하여 취소할 수 있다. 다만, 당사자의 신뢰를 보호할 가치가 있는 등 정당한 사유가 있는 경우에는 장래를 향하여 취소할 수 있다.

38

다음 사례 상황에 대한 설명으로 옳은 것은? (다툼이 있는 경우 판례에 의함)

> 갑은 「식품위생법」상 유흥주점 영업허가를 받아 영업을 하던 중 경기부진을 이유로 2015. 8. 3. 자진폐업하고 관련 법령에 따라 폐업신고를 하였다. 이에 관할 시장은 자진폐업을 이유로 2015. 9. 10. 갑에 대한 위 영업허가를 취소하는 처분을 하였으나 이를 갑에게 통지하지 아니하였다. 이후 갑은 경기가 활성화되자 유흥주점 영업을 재개하려고 관할 시장에 2016. 2. 3. 재개업신고를 하였으나, 영업허가가 이미 취소되었다는 회신을 받았다. 허가취소 사실을 비로소 알게 된 갑은 2016. 3. 10.에 위 2015. 9. 10. 자 영업허가취소처분의 취소를 구하는 소송을 제기하였다.

① 갑에 대한 유흥주점 영업허가의 효력은 2015. 9. 10. 자 영업허가취소처분에 의해서 소멸된다.
② 위 2015. 9. 10. 자 영업허가취소처분은 갑에게 통지되지 않아 효력이 발생하지 아니하였으므로 갑의 영업허가는 여전히 유효하다.
③ 갑이 2015. 9. 10. 자 영업허가취소처분에 대하여 제기한 위 취소소송은 부적법한 소송으로서 각하된다.
④ 갑에 대한 유흥주점 영업허가는 2016. 2. 3. 행한 갑의 재개업신고를 통하여 다시 효력을 회복한다.

정답&해설

36 ④ 행정행위의 하자

④ 직위해제처분과 면직처분은 후자가 전자의 처분을 전제로 한 것이기는 하나 각각 단계적으로 별개의 법률효과를 발생하는 행정처분이어서 선행 직위해제처분의 위법사유가 면직처분에는 승계되지 아니한다(대판 1984. 9. 11. 84누191).

| 오답해설 | ③ 선행처분과 후행처분이 서로 독립하여 별개의 법률효과를 목적으로 하는 때에도 선행처분이 당연무효이면 선행처분의 하자를 이유로 후행처분의 효력을 다툴 수 있다. 도시계획시설사업의 시행자가 작성한 실시계획을 인가하는 처분은 도시계획시설사업 시행자에게 도시계획시설사업의 공사를 허가하고 수용권을 부여하는 처분으로서 선행처분인 도시계획시설사업 시행자 지정처분이 처분요건을 충족하지 못하여 당연무효인 경우에는 사업시행자 지정처분이 유효함을 전제로 이루어진 후행처분인 실시계획 인가처분도 무효라고 보아야 한다(대판 2017. 7. 11. 2016두35120).

37 ① 행정행위의 철회·실효

① 행정청은 행정소송이 계속되고 있는 때에도 직권으로 그 처분을 변경할 수 있고, 「행정소송법」 제22조 제1항은 이를 전제로 처분변경으로 인한 소의 변경에 관하여 규정하고 있다. 점용료부과처분에 취소사유에 해당하는 흠이 있는 경우 도로관리청으로서는 당초 처분 자체를 취소하고 흠을 보완하여 새로운 부과처분을 하거나, 흠 있는 부분에 해당하는 점용료를 감액하는 처분을 할 수 있다(대판 2019. 1. 17. 2016두56721).

| 오답해설 | ② 「행정기본법」 제19조 제1항 제2호.

> 「행정기본법」 제19조【적법한 처분의 철회】① 행정청은 적법한 처분이 다음 각 호의 어느 하나에 해당하는 경우에는 그 처분의 전부 또는 일부를 장래를 향하여 철회할 수 있다.
> 1. 법률에서 정한 철회사유에 해당하게 된 경우
> 2. 법령등의 변경이나 사정변경으로 처분을 더 이상 존속시킬 필요가 없게 된 경우
> 3. 중대한 공익을 위하여 필요한 경우

③ 불가쟁력은 처분의 상대방 등이 쟁송기간이 경과하면 더 이상 심판이나 소송을 통해 다툴 수 없다는 의미일 뿐이므로, 불가쟁력이 발생한 처분이라도 실권의 법리에 의해 직권취소가 제한되는 경우가 아닌 한 행정청은 직권으로 처분을 취소할 수 있다.
④ 「행정기본법」 제18조 제1항.

> 「행정기본법」 제18조【위법 또는 부당한 처분의 취소】① 행정청은 위법 또는 부당한 처분의 전부나 일부를 소급하여 취소할 수 있다. 다만, 당사자의 신뢰를 보호할 가치가 있는 등 정당한 사유가 있는 경우에는 장래를 향하여 취소할 수 있다.

38 ③ 행정행위의 철회·실효

③ 당해 사례는 실효사유에 해당한다. 그런데 행정청은 이를 이유로 허가를 취소하였으나 이는 실효되었음을 확인하는 의미에 해당할 뿐이다. 따라서 영업허가 취소처분에 대한 소송은 각하된다.

| 오답해설 | ① 취소처분은 실효되었음을 확인하는 의미이고, 또한 상대방에 대한 통지가 없었으므로 효력이 발생하지 못한다.
② 당연실효되었으므로 영업허가의 효력은 없다.
④ 영업재개신고로서 다시 효력이 발생할 수 없다.

| 정답 | 36 ④   37 ①   38 ③

CHAPTER 05 그 밖의 행정의 주요행위형식

- 01 행정법상의 확약(행정청의 확약)
- 02 공법상 계약
- 03 공법상 합동행위
- 04 행정지도
- 05 비공식적 행정작용
- 06 행정계획
- 07 행정상 사실행위
- 08 행정사법(行政私法)

개념확인 O/X

01 행정법상의 확약(행정청의 확약)

1 개설

(1) 의의

① '행정법상 확약'이란 행정청이 자기를 구속할 의도로써 국민에 대하여 장래에 일정한 행정작용을 하거나 하지 않을 것을 내용으로 하는 행정청의 일방적 약속을 말한다(여기서 약속이란 계약에서와 같은 합의라는 의미의 약속이 아니라 일방적·구속적인 의사로 이해되어야 한다).

② 예: 각종 인·허가의 발급약속(내허가·내인가라고도 한다), 공무원에 대한 장래 일정시기에 있어서의 승진약속, 주민에 대한 개발사업의 약속, 조세에서의 자진신고자에 대하여 일정률 이하의 과세약속, 무허가건물의 자진철거자에게 아파트 입주권을 주겠다는 약속 등은 그 대표적 실례이다.

③ 확약의 대상은 공·사법을 불문한다.

(2) 「행정절차법」상의 확약(제40조의2)

① 법령 등에서 당사자가 신청할 수 있는 처분을 규정하고 있는 경우 행정청은 당사자의 신청에 따라 장래에 어떤 처분을 하거나 하지 아니할 것을 내용으로 하는 의사표시(이하 "확약"이라 한다)를 할 수 있다.

② 확약은 문서로 하여야 한다.

③ 행정청은 다른 행정청과의 협의 등의 절차를 거쳐야 하는 처분에 대하여 확약을 하려는 경우에는 확약을 하기 전에 그 절차를 거쳐야 한다.

④ 행정청은 다음의 어느 하나에 해당하는 경우에는 확약에 기속되지 아니한다.
   ㉠ 확약을 한 후에 확약의 내용을 이행할 수 없을 정도로 법령 등이나 사정이 변경된 경우
   ㉡ 확약이 위법한 경우

⑤ 행정청은 확약이 ④의 어느 하나에 해당하여 확약을 이행할 수 없는 경우에는 지체 없이 당사자에게 그 사실을 통지하여야 한다.

(3) 타 개념과의 구별

① 내부적 결정과의 구별: 확약은 국민에 대하여 표시된 행위라는 점에서 단순한 '내부적 결정'과 구별된다.

② 공법상 계약과의 구별: 행정청의 일방적인 조치인 점에서 쌍방행위인 '공법상 계약'과 구별된다.

③ **행정지도와의 구별**: 법적 효력을 발생시키는 점에서 희망·권고 등 사실행위인 '행정지도'와도 구별된다.
④ **교시와의 구별**: 개별적인 사실설명이나 현존하는 사실 및 법상태에 관련된 비구속적인 법률적 견해의 표명인 '교시'와 구별된다.
⑤ **가행정행위와의 구별**
  ㉠ 가행정행위는 최종적인 행정행위가 있기 전에 잠정적·외부적으로 효력을 갖는 행정행위를 발하여 일정한 법률관계를 형성하는 것을 말한다.
    ⓔ 징계의결요구 중인 공무원에 대하여 행하는 직위해제처분
  ㉡ 가행정행위에는 불가변력이 발생하지 않으며, 신뢰보호를 주장할 수 없다.
  ㉢ 가행정행위는 잠정적이기는 하지만 구속력 있는 행정행위를 외부에 발한다는 점에서 종국적·구체적으로 형성되는 법률관계가 존재하지 않는 확약과 구별된다.
⑥ **예비결정(사전결정)과의 구별**
  ㉠ 예비결정은 장기간·대규모 공사에 있어서 다수의 요건이 충족되어야 하는 경우에 그 개개의 요건에 대한 행정청의 종국적·완결적 구속력 있는 행정행위이다.
    ⓔ 체육시설법인 골프장업의 건설과 관련하여 그 사업계획서에 대하여 시·도지사가 행하는 승인, 일정한 용도 및 규모의 건축물의 건축의 허용 여부에 관하여 건축주의 예비결정신청에 대한 시장·군수·구청장의 결정 등
  ㉡ 예비결정은 한정된 사항에 대하여 종국적인 규율을 행하는 것인 데 비하여, 확약은 추후에 행해질 결정내용 전반에 관한 행정청의 사전적 약속이라는 점에서 구별된다.
⑦ **부분인허와의 구별**
  ㉠ 부분인허는 전체에 대한 허가에 대하여 보다 구체적인 검토가 필요한 것으로 판단되는 경우에 일단 그 가분적 일부에 대해 종국적 법적 효과가 발생하는 행정행위이다.
    ⓔ 발전용 원자로 및 관계시설을 건설하고자 하는 자는 교육과학기술부장관의 허가를 받아야 하나, 건설허가를 받기 전에 먼저 부지에 대한 사전승인을 신청하여 그에 대해 교육과학기술부장관의 승인을 받아야 하며, 부지에 대한 승인을 받은 경우에도 그 기초공사를 하기 위해서는 다시 교육과학기술부장관의 승인을 얻어 제한된 범위의 공사를 할 수 있다. 그리고 발전용 원자로 및 관계시설을 사용하기 위해서는 교육과학기술부장관의 사용 전 검사를 받아야 하며, 그 운영을 위해서는 과학기술부장관의 운영허가를 받아야 한다. 여기서의 건설허가, 부지승인, 제한공사승인, 사용 전 검사, 운영허가 등은 부분인허에 해당한다.
  ㉡ 부분인허는 그 단계를 분절하여 그 부분별로 종국적인 규율을 행하는 것인 데 대하여, 종국적 결정의 약속에 지나지 않는 확약과 구별된다.

2 확약의 법적 성질(행정행위와의 구별 문제)

(1) 행정행위설(다수설)

> **결정적 코멘트** ▶ 확약의 법적 성질과 확약의 실효는 중요한 부분이며, 「행정절차법」상의 규정까지 알고 있어야 한다.

확약은 행정의 자기구속의 법리, 신의칙, 신뢰보호의 원칙에 따라 본처분의 내용과 관련되어 행정청에 대하여 장래에 이행·불이행을 의무지우는 효과를 발생시킨다는 점에서 행정행위로서의 성질을 가진다고 한다.

(2) 비행정행위설(독특한 행정작용설, 판례)

행정청 자신은 구속되지만 국민은 구속되지 않는다는 점 때문에 행정행위와는 다른 독특한 행정작용이라고 한다.

개념확인 O/X

01 대법원에 의하면 어업권면허에 선행하는 우선순위결정은 강학상 확약에 불과하고 행정처분은 아니므로, 우선순위결정에 공정력이나 불가쟁력과 같은 효력은 인정되지 아니한다.
(O / X)

02 어업권면허에 선행하는 우선순위결정은 행정청이 우선권자로 결정된 자의 신청이 있으면 어업권면허처분을 하겠다는 것을 약속하는 행위로서 그 우선순위결정에 공정력과 불가쟁력이 인정된다.
13 국가9급 (O / X)

03 행정청의 내인가 후 상대방의 인가신청에 대한 행정청의 내인가취소는 인가신청에 대한 거부처분이다.
(O / X)

04 법령이 본처분의 권한을 부여한 경우에는 반대규정이 없는 한 확약의 권한도 함께 부여한 것으로 보아 별도의 근거를 요하지 않는 것으로 보는 것이 일반적이다.
(O / X)

05 유효한 확약은 권한을 가진 행정청에 의해서만 그리고 권한의 범위 내에서만 발해질 수 있다.
13 국가9급 (O / X)

관련 판례

Ⓐ 어업권면허처분에 선행하는 우선순위결정의 성질은 강학상 확약이며 행정처분이 아니다 [13 국가직 9급] 01 02

어업권면허에 선행하는 우선순위결정은 행정청이 우선권자로 결정된 자의 신청이 있으면 어업권면허처분을 하겠다는 것을 약속하는 행위로서 강학상 확약에 불과하고 행정처분은 아니므로, 우선순위결정에 공정력이나 불가쟁력과 같은 효력은 인정되지 아니하며, 따라서 우선순위결정이 잘못되었다는 이유로 종전의 어업권면허처분이 취소되면 행정청은 종전의 우선순위결정을 무시하고 다시 우선순위를 결정한 다음 새로운 우선순위결정에 기하여 새로운 어업권면허를 할 수 있다(대판 1995. 1. 20. 94누6529).

Ⓑ 내허가·내인가의 취소는 인·허가신청을 거부하는 처분(거부처분)으로 보아야 한다 03

자동차운송사업양도양수계약에 기한 양도양수인가신청에 대하여 피고 시장이 내인가를 한 후 위 내인가에 기한 본인가신청이 있었으나 자동차운송사업 양도양수인가신청서가 합의에 의한 정당한 신청서라고 할 수 없다는 이유로 위 내인가를 취소한 경우, 위 내인가의 법적 성질이 행정행위의 일종으로 볼 수 있든 아니든 그것이 행정청의 상대방에 대한 의사표시임이 분명하고, 피고가 위 내인가를 취소함으로써 다시 본인가에 대하여 따로이 인가 여부의 처분을 한다는 사정이 보이지 않는다면 위 내인가취소를 인가신청을 거부하는 처분으로 보아야 할 것이다(대판 1991. 6. 28. 90누4402).

3 법적 근거

확약에 관하여 법령에 명문규정이 있는 경우에는 그 허용성에 관하여 문제가 없으나, 명문규정이 없는 경우에 확약이 허용될 수 있는지의 문제가 제기된다.

(1) 신의칙설(신뢰보호설)

법적 안정성에 바탕을 둔 신뢰보호의 법리는 법의 일반원리로서 공법의 영역에서도 타당하다는 이유로 신뢰보호를 확약의 근거로 삼는 견해이다(독일의 판례).

(2) 본처분권한포함설

법령이 행정청에 대하여 본처분을 할 수 있는 권한을 부여한 경우에는 특히 반대의 규정이 없는 한 본처분에 관한 확약의 권한도 함께 주어진 것으로 볼 수 있다는 견해이다(다수설). 04

4 확약의 요건 및 한계

(1) 요건

확약이 적법하기 위해서는 주체·내용·형식·절차 등의 요건을 구비해야 한다. 05

① **주체에 관한 요건**: 정당한 권한을 가진 행정청이 정당한 권한의 범위 내에서 하는, 정상적인 의사표시이어야 한다.

② **내용에 관한 요건**: 확약의 내용이 실현가능하고 명확해야 하며, 적법·타당해야 한다(상대방에게 표시되고, 그 상대방은 행정청의 확약을 신뢰할 뿐만 아니라 그 신뢰에 귀책사유가 없어야 한다).

| 정답 | 01 O 02 X 03 O 04 O 05 O

③ 절차에 관한 요건
  ⊙ 일정한 사전절차가 요구되는 경우에는 이해관계인의 보호를 위한 청문 등 사전절차가 이행되어야 한다.
  ⓒ 또한 행정청은 다른 행정청과의 협의 등의 절차를 거쳐야 하는 처분에 대하여 확약을 하려는 경우에는 확약을 하기 전에 그 절차를 거쳐야 한다(「행정절차법」 제40조의2 제3항).
④ 형식에 관한 요건: 확약은 문서로 하여야 한다(「행정절차법」 제40조의2 제2항).

(2) 한계

① **당사자가 신청할 수 있는 처분의 경우**: 법령 등에서 당사자가 신청할 수 있는 처분을 규정하고 있는 경우 행정청은 당사자의 신청에 따라 장래에 어떤 처분을 하거나 하지 아니할 것을 내용으로 하는 의사표시(이하 '확약'이라 한다)를 할 수 있다(「행정절차법」 제40조의2 제1항).
② **재량행위와 기속행위에 대한 확약 가능성**: 재량인 경우에는 당연히 가능하다는 견해가 일반적이다. 기속인 처분에 대해서는 부정적 견해도 있으나, 오늘날에는 처분의 선택에 관한 재량의 문제와 확약의 가능 여부와는 별개의 문제이며, 재량과 기속의 한계도 명백하지 않으므로 기속행위에도 사전적·예비적 결정이 가능하다 할 것이라는 견해가 지배적이다.
③ **요건사실의 완성 후에도 확약이 가능한지 여부**(◉ 과세에 관한 요건사실이 완성된 후의 확약): 이에는 부정설(본처분을 해야 한다는 견해)이 있으나 그 경우에도 상대방에게 예고이익 내지 기대이익을 줄 수 있는 것이므로 긍정설이 타당하다.
④ **사전절차가 요구되는 경우**: 본처분에 일정한 사전절차가 요구되고 있는 경우에는 확약에 앞서 사전절차(이해관계인의 청문 등)가 요구된다. 또한 행정청은 다른 행정청과의 협의 등의 절차를 거쳐야 하는 처분에 대하여 확약을 하려는 경우에는 확약을 하기 전에 그 절차를 거쳐야 한다.

5 확약의 효과

(1) 자기구속적 의무의 발생

확약의 효력은 행정청이 상대방에게 확약된 행정을 하여야 할 또는 하지 말아야 할 자기구속적인 의무가 발생한다.

> **관련 판례**
> ⓒ 확약의 내용에 반하는 처분은 신의칙에 반한다(대판 1994.3.22. 93누22517)

(2) 실효·철회 [빈출]

① 확약이 주어진 후 사실상태 또는 법적 상태가 변경되면 확약의 구속성은 사후적으로 별다른 의사표시가 없어도 상실된다고 본다.

개념확인 O/X

01 행정청의 확약이 있은 후에 확약의 기초가 된 사실적·법률적 상태가 변경이 있더라도 행정청이 이를 철회한다는 의사표시를 하지 않는 한 확약은 실효되지 않는다.
(O / X)

02 확약이 있은 후에 사실적·법률적 상태가 변경되었다면, 그와 같은 확약은 행정청의 별다른 의사표시를 기다리지 않고 실효된다.
13 국가9급 (O / X)

관련 판례

A 확약의 기초가 된 사실이나 법률적 상태가 변경되면 확약은 실효된다 [13 국가직 9급] 01 02

> 행정청이 상대방에게 장차 어떤 처분을 하겠다고 확약 또는 공적인 의사표명을 하였다고 하더라도, 그 기간 내에 상대방의 신청이 없었다거나 확약 또는 공적인 의사표명이 있은 후에 사실적·법률적 상태가 변경되었다면, 그와 같은 확약 또는 공적인 의사표명은 행정청의 별다른 의사표시를 기다리지 않고 실효된다(대판 1996.8.20. 95누10877).

② 부담적 내용의 확약의 철회는 원칙적으로 자유로우나, 수익적 내용의 확약의 철회는 비례의 원칙·신뢰보호의 원칙 등을 고려하여 개별적으로 비교·형량하여 그 철회 여부를 결정하여야 한다.

(3) 하자

① 중대하고 명백한 확약의 하자는 무효가 된다.
② 다수설에 의하면 확약에 단순위법의 하자가 있다면 취소할 수 있는 행위가 된다(취소의 제한에 대한 일반원리가 적용된다).
③ 확약의 대상 그 자체가 위법한 것이라면, 확약 역시 위법한 것이 된다고 본다.

6 확약과 권리구제

(1) 행정쟁송

의무이행심판, 거부처분 취소소송, 부작위위법확인소송 등의 행정쟁송을 통하여 그 의무이행을 구할 수 있다.

(2) 손해전보제도

위법한 확약의 취소나 적법한 확약의 철회의 경우에 당사자 등의 확약의 존속을 신뢰함으로 인하여 받은 재산상의 불이익은 전보되어야 한다.

02 공법상 계약

1 공법상 계약의 의의

'공법상 계약'이란 공법적 효과의 발생을 목적으로 하는 복수당사자 사이의 서로 반대방향의 의사표시의 합치에 의하여 성립하는 공법행위를 말한다.

2 타 개념과의 구별

(1) 사법상 계약과의 구별

① 복수당사자 사이의 반대방향의 의사표시의 합치라는 점은 같으나 공법상의 계약은 공법적 효과의 발생을 목적으로 하는 점에서, 사법적 효과의 발생을 목적으로 하는 사법상의 계약과 구별된다. 03

---

03 행정주체가 체결하는 계약은 모두 공법상 계약이다.
19 서울시 사회복지9급 (O / X)

| 정답 | 01 X   02 O   03 X

② 따라서 행정주체의 비권력적 계약 중 공법적 효과의 발생을 목적으로 하는 것은 공법상 계약이고, 사법상의 효과의 발생을 목적으로 하는 것은 사법상의 국고계약이 되는 것이다.
③ 하지만 실제로 공법상 계약과 사법상 계약을 구별한다는 것은 쉽지 않다. 특히 행정주체가 계약의 일방 당사자가 되는 경우에는 더욱이 곤란한 경우가 많다.
④ 국가나 지방자치단체가 매매 등이나 임대차, 도급 등의 계약이 예산을 수반하고 「국가를 당사자로 하는 계약에 관한 법률」, 「지방자치단체를 당사자로 하는 계약에 관한 법률」, 「지방재정법」 등이 적용되고 있음에도 판례는 사법적 효과를 발생한다는 이유로 사법관계로 보고 있다.

관련 판례

B 국가계약법에 따라 국가가 일방 당사자가 되는 계약의 법적 성질 [19 서울시 사회복지직] 01

국가를 당사자로 하는 계약이나 공공기관운영법의 적용 대상인 공기업이 일방 당사자가 되는 계약(이하 편의상 '공공계약')은 국가 또는 공기업(이하 '국가 등')이 사경제의 주체로서 상대방과 대등한 지위에서 체결하는 사법(私法)상의 계약으로서 본질적인 내용은 사인 간의 계약과 다를 바가 없으므로, 법령에 특별한 정함이 있는 경우를 제외하고는 서로 대등한 입장에서 당사자의 합의에 따라 계약을 체결하여야 하고 당사자는 계약의 내용을 신의성실의 원칙에 따라 이행하여야 하는 등(국가계약법 제5조 제1항) 사적 자치와 계약자유의 원칙을 비롯한 사법의 원리가 원칙적으로 적용된다(대판 2017.12.21. 2012다74076 전합).

C 국가가 당사자가 되는 이른바 공공계약에 사적 자치와 계약자유의 원칙 등 사법의 원리가 적용되는지 여부(원칙적 적극)

국가계약법에 따라 국가가 당사자가 되는 이른바 공공계약은 사경제 주체로서 상대방과 대등한 위치에서 체결하는 사법상 계약으로서 본질적인 내용은 사인 간의 계약과 다를 바가 없으므로, 그에 관한 법령에 특별한 정함이 있는 경우를 제외하고는 사적 자치와 계약자유의 원칙 등 사법의 원리가 그대로 적용된다(대판 2020.5.14. 2018다298409).

A 지방자치단체가 일방 당사자가 되는 이른바 '공공계약'이 사경제의 주체로서 상대방과 대등한 위치에서 체결하는 사법상 계약에 해당하는 경우, 사적 자치와 계약자유의 원칙 등 사법의 원리가 적용되는지 여부(원칙적 적극) [21 소방직, 20 지방직 7급, 19 지방직 7급, 19 사회복지직, 17 국가직 7급] 02

[1] 지방자치단체가 일방 당사자가 되는 이른바 '공공계약'이 사경제의 주체로서 상대방과 대등한 위치에서 체결하는 사법상 계약에 해당하는 경우 그에 관한 법령에 특별한 정함이 있는 경우를 제외하고는 사적 자치와 계약자유의 원칙 등 사법의 원리가 그대로 적용된다.
[2] 행정사건의 심리절차는 행정소송의 특수성을 감안하여 「행정소송법」이 정하고 있는 특칙이 적용될 수 있는 점을 제외하면 심리절차 면에서 민사소송절차와 큰 차이가 없으므로, 특별한 사정이 없는 한 민사사건을 행정소송절차로 진행한 것 자체가 위법하다고 볼 수 없다.
[3] 지방자치단체가 계약의 적정한 이행을 위하여 계약상대방과의 계약에 근거하여 계약당사자 사이에 효력이 있는 계약특수조건 등을 부가하는 것이 금지되거나 제한된다고 할 이유는 없고, 사적 자치와 계약자유의 원칙상 관련 법령에 이를 금지하거나 제한하는 내용이 없는데도 그러한 계약내용이나 조치의 효력을 함부로 부인할 것은 아니다(대판 2018.2.13. 2014두11328).

개념확인 O/X

01 국가계약의 본질적인 내용은 사인 간의 계약과 다르므로 법령에 특정한 규정이 있는 경우에 한하여 사법의 규정 내지 법원리가 적용된다.
19 서울시 사회복지9급 (O / X)

02 「지방자치단체를 당사자로 하는 계약에 관한 법률」에 따라, 지방자치단체가 당사자가 되는 이른바 공공계약은 본질적인 내용이 사인 간의 계약과 다를 바가 없다.
17 국가7급 (O / X)

| 정답 | 01 X 02 O

| 개념확인 O/X |

01 지방자치단체가 사인과 체결한 자원회수 시설위탁운영협약은 공법상 계약이다.
23 국회8급, 20 군무원7급   (O / X)

02 「국유림의 경영 및 관리에 관한 법률」에 따른 국유임산물 매각계약은 공법상 계약이 아니라 사법상 계약에 해당한다.
24 국회8급   (O / X)

B 지방자치단체가 사인과 체결한 시설위탁운영협약의 법적 성격 [23 국회직 8급, 20 군무원 7급] **01**

> 이 사건 협약은 지방자치단체인 피고가 사인인 원고 등에게 이 사건 시설의 운영을 위탁하고 그 위탁운영비용을 지급하는 것을 내용으로 하는 용역계약으로서, 상호 대등한 입장에서 당사자의 합의에 따라 체결한 사법상 계약에 해당한다(대판 2017. 1. 25. 2015다205796 등 참조). … (중략) … 이 사건 협약에 따른 위탁운영비용 정산의무의 존부는 민사 법률관계에 해당하므로 이를 소송물로 다투는 소송은 민사소송에 해당한다. 그러나 원심이 이 사건 소송을 행정소송 절차로 진행하였더라도, 행정사건의 심리절차는 행정소송의 특수성을 감안하여 「행정소송법」이 정하고 있는 특칙이 적용될 수 있는 점을 제외하고는 민사소송 절차와 큰 차이가 없으므로, 특별한 사정이 없는 한 민사사건을 행정소송절차로 진행한 것 자체가 위법하다고 볼 것은 아니다(대판 2018. 2. 13. 2014두11328 등 참조, 대판 2019. 10. 17. 2018두60588).

B 국유임산물 매각계약은 사법상 계약에 해당함 [24 국회직 8급] **02**

> 국가와 체결한 국유임산물 매각계약의 계약조건에서 '소관 관서의 장은 매수자가 산림관계법령 또는 계약사항을 위반한 때에는 계약을 해제할 수 있으며 … (중략) … 위 국유임산물 매각계약은 甲과 국가가 사경제 주체로서 대등한 위치에서 체결한 사법상 계약에 해당한다(대판 2020. 5. 14. 2018다298409).

(2) 행정행위와의 구별

① 구별기준

㉠ 공법상 계약은 비권력적인 법적 행위이므로, 권력적인 법적 행위에 해당되는 행정행위와 구별된다.
㉡ 행정목적 실현의 수단이고 공법적 효과발생을 목적으로 한다는 점은 동일하나, 공법상 계약은 복수당사자 간의 의사합치로써 이루어진다는 점에서, 행정주체가 우월한 의사력을 가지고 일방적으로 행하는 권력적 단독행위인 행정행위와 구별된다.
㉢ 행정행위에만 인정되는 공정력·확정력·강제력 등이 효력이 인정되지 않는다.

| 공법상 계약과 쌍방적 행정행위의 비교

공법상 계약	쌍방적 행정행위
비권력적 작용	권력적 작용
상대방의 의사표시에 의하여 성립되므로 일방의 의사가 없으면 성립할 수 없음	상대방의 의사표시(신청 등)가 없어도 행정행위는 존재할 수 있지만 하자 있는 행정행위임
법률의 근거 불요	법률의 근거 필요

㉣ 대법원은 행정청의 일방적 의사표시가 있는 경우, 해당 의사표시가 계약을 해지하는 계약상의 문제인지, 우월적 지위에서의 행정처분인지는 관계 법령이 상대방의 법률관계에 관하여 구체적으로 어떻게 규정하고 있는지에 따라 개별적으로 판단해야 한다는 입장이다.
㉤ 대법원은 주로 행정청의 일방적인 법률관계 종료의 의사가 법령을 근거로 한 경우에는 처분으로, 계약을 근거로 한 경우에는 계약상의 행위로 보고 있다.
㉥ 대법원은 또한 이러한 해석이 불분명한 경우에는 그에 대한 불복방법 선택에 중대한 이해관계를 가지는 그 조치 상대방의 인식가능성 내지 예측가능성을 중요하게 고려하여 규범적으로 이를 확정함이 타당하다고 한다.

관련 판례

B 행정청이 일방적인 의사표시로 자신과 상대방 사이의 법률관계를 종료시킨 경우, 의사표시가 항고소송의 대상이 되는 행정처분인지 또는 공법상 계약관계의 일방 당사자로서 대등한 지위에서 하는 의사표시인지 판단하는 방법

> 행정청이 자신과 상대방 사이의 법률관계를 일방적인 의사표시로 종료시켰다고 하더라도 곧바로 의사표시가 행정청으로서 공권력을 행사하여 행하는 행정처분이라고 단정할 수는 없고, 관계 법령이 상대방의 법률관계에 관하여 구체적으로 어떻게 규정하고 있는지에 따라 의사표시가 항고소송의 대상이 되는 행정처분에 해당하는지 아니면 공법상 계약관계의 일방 당사자로서 대등한 지위에서 행하는 의사표시인지를 개별적으로 판단하여야 한다(대판 2015.8.27. 2015두41449).

A 산업단지관리공단이 (구)「산업집적활성화 및 공장설립에 관한 법률」 제38조 제2항에 따른 (입주)변경계약의 취소가 항고소송의 대상이 되는 행정처분인지 여부 [24 국회직 8급, 20 국회직 8급, 20 군무원 7급, 17 지방직 7급] 01 02

> (구)「산업집적활성화 및 공장설립에 관한 법률」 … (중략) … 규정들에서 알 수 있는 산업단지관리공단의 지위, 입주계약 및 변경계약의 효과, 입주계약 및 변경계약 체결 의무와 그 의무를 불이행한 경우의 형사적 내지 행정적 제재, 입주계약해지의 절차, 해지통보에 수반되는 법적 의무 및 그 의무를 불이행한 경우의 형사적 내지 행정적 제재 등을 종합적으로 고려하면, 입주변경계약 취소는 행정청인 관리권자로부터 관리업무를 위탁받은 산업단지관리공단이 우월적 지위에서 입주기업체들에게 일정한 법률상 효과를 발생하게 하는 것으로서 항고소송의 대상이 되는 행정처분에 해당한다(대판 2017.6.15. 2014두46843).

B 민간투자사업에서 우선협상대상자 선정의 법적 성질 [24 국가직 9급, 20 지방직 7급, 19 사회복지직] 03

> 지방자치단체의 장이 「공유재산법」에 근거하여 기부채납 및 사용·수익허가 방식으로 민간투자사업을 추진하는 과정에서 사업시행자를 지정하기 위한 전 단계에서 공모제안을 받아 일정한 심사를 거쳐 우선협상대상자를 선정하는 행위와 이미 선정된 우선협상대상자를 그 지위에서 배제하는 행위는 민간투자사업의 세부내용에 관한 협상을 거쳐 「공유재산법」에 따른 공유재산의 사용·수익허가를 우선적으로 부여받을 수 있는 지위를 설정하거나 또는 이미 설정한 지위를 박탈하는 조치이므로 모두 항고소송의 대상이 되는 행정처분으로 보아야 한다(대판 2020.4.29. 2017두31064).

B 과학기술기본법령상 사업 협약의 해지 통보는 처분이다 [25 국가직 9급, 20 지방직 7급, 19 국가직 7급] 04

> 과학기술기본법령상 사업 협약의 해지 통보는 단순히 대등 당사자의 지위에서 형성된 공법상 계약을 계약당사자의 지위에서 종료시키는 의사표시에 불과한 것이 아니라 행정청이 우월적 지위에서 연구개발비의 회수 및 관련자에 대한 국가연구개발사업 참여제한 등의 법률상 효과를 발생시키는 행정처분에 해당한다(대판 2014.12.11. 2012두28704).

C 공공기관운영법령에 따른 입찰참가자격 제한조치가 행정처분에 해당하는지 여부(적극)

> 공공기관운영법 제39조 제2항과 그 하위법령에 따른 입찰참가자격 제한조치는 '구체적 사실에 관한 법집행으로서의 공권력의 행사'로서 행정처분에 해당한다. 공공기관운영법은 공공기관을 공기업, 준정부기관, 기타공공기관으로 구분하고(제5조), 그중에서 공기업, 준정부기관에 대해서는 입찰참가자격 제한처분을 할 수 있는 권한을 부여하였다(대판 2020.5.28. 2017두66541).

개념확인 O/X

01 (구)「산업집적활성화 및 공장설립에 관한 법률」에 따른 산업단지 입주계약의 해지통보는 대등한 당사자의 지위에서 형성된 공법상 계약을 계약당사자의 지위에서 종료시키는 의사표시이므로 당사자소송의 대상이 된다.
24 국회8급 (O / X)

02 행정청인 관리권자로부터 관리업무를 위탁받은 공단이 우월적 지위에서 일정한 법률상 효과를 발생하게 하는 공단입주변경계약은 공법계약으로 이의 취소는 공법상 당사자소송으로 해야 한다.
20 군무원7급 (O / X)

03 지방자치단체의 장이 「공유재산 및 물품관리법」에 근거하여 기부채납 및 사용·수익허가 방식으로 민간투자사업을 추진하는 과정에서 사업시행자를 지정하기 위한 전 단계에서 공모제안을 받아 일정한 심사를 거쳐 우선협상대상자를 선정하는 행위는 항고소송의 대상이 되는 행정처분에 해당하지 않는다.
24 국가9급 (O / X)

04 과학기술기본법령상 국가연구개발사업 협약의 해지 통보는 단순히 대등 당사자의 지위에서 형성된 공법상 계약을 계약당사자의 지위에서 종료시키는 의사표시에 불과하다.
25 국가9급 (O / X)

개념확인 O/X

C 공공기관의 어떤 제재조치가 계약에 따른 제재조치에 해당하기 위한 요건

> 계약에 따른 제재조치는 법령에 근거한 공권력의 행사로서의 제재처분과는 법적 성질을 달리한다. 그러나 공공기관의 어떤 제재조치가 계약에 따른 제재조치에 해당하려면 일정한 사유가 있을 때 그러한 제재조치를 할 수 있다는 점을 공공기관과 그 거래상대방이 미리 구체적으로 약정하였어야 한다. 공공기관이 여러 거래업체들과의 계약에 적용하기 위하여 거래업체가 일정한 계약상 의무를 위반하는 경우 장래 일정 기간의 거래제한 등의 제재조치를 할 수 있다는 내용을 계약특수조건 등의 일정한 형식으로 미리 마련하였다고 하더라도, 「약관의 규제에 관한 법률」 제3조에서 정한 바와 같이 계약상대방에게 그 중요내용을 미리 설명하여 계약내용으로 편입하는 절차를 거치지 않았다면 계약의 내용으로 주장할 수 없다(대판 2020.5.28. 2017두66541).

C 공기업·준정부기관의 계약상대방에 대한 입찰참가자격 제한조치가 법령에 근거한 행정처분인지 계약에 근거한 권리행사인지 판단하는 방법

> 공기업·준정부기관이 법령 또는 계약에 근거하여 선택적으로 입찰참가자격 제한조치를 할 수 있는 경우, 계약상대방에 대한 입찰참가자격 제한조치가 법령에 근거한 행정처분인지 아니면 계약에 근거한 권리행사인지는 원칙적으로 의사표시의 해석 문제이다. 이때에는 공기업·준정부기관이 계약상대방에게 통지한 문서의 내용과 해당조치에 이르기까지의 과정을 객관적·종합적으로 고찰하여 판단하여야 한다. 그럼에도 불구하고 공기업·준정부기관이 법령에 근거를 둔 행정처분으로서의 입찰참가자격 제한조치를 한 것인지 아니면 계약에 근거한 권리행사로서의 입찰참가자격 제한조치를 한 것인지가 여전히 불분명한 경우에는, 그에 대한 불복방법 선택에 중대한 이해관계를 가지는 그 조치 상대방의 인식가능성 내지 예측가능성을 중요하게 고려하여 규범적으로 이를 확정함이 타당하다(대판 2018.10.25. 2016두33537).

C 수요기관이 기타 공공기관인 요청조달계약의 경우에 관하여 조달청장이 (구)국가계약법 제27조 제1항에 따라 계약상대방에 대하여 입찰참가자격 제한처분을 할 수 있는지 여부(소극)

> 공공기관운영법 제44조 제2항은 "공기업·준정부기관은 필요하다고 인정하는 때에는 수요물자 구매나 시설공사계약의 체결을 조달청장에게 위탁할 수 있다."라고 규정함으로써, 공기업·준정부기관에 대해서는 입찰참가자격 제한처분의 수권 취지가 포함된 업무 위탁에 관한 근거 규정을 두고 있는 반면, 기타 공공기관은 여기에서 제외하고 있음을 알 수 있다. 따라서 수요기관이 기타 공공기관인 요청조달계약의 경우에 관하여는 입찰참가자격 제한처분의 수권 등에 관한 법령상 근거가 없으므로, 조달청장이 국가계약법 제27조 제1항에 의하여서는 계약상대방에 대하여 입찰참가자격 제한처분을 할 수는 없고 그 밖에 그러한 처분을 할 수 있는 별도의 법적 근거도 없다(대판 2017.6.29. 2014두14389).

C 준정부기관으로부터 계약 체결 업무를 위탁받은 조달청장이 국가계약법 제27조 제1항에 따라 계약상대방에 대하여 입찰참가자격 제한처분을 할 수 있는지 여부(적극)

> 공공기관운영법 제44조 제2항은 국가계약법상의 입찰참가자격 제한처분의 수권 취지가 포함된 업무 위탁에 관한 근거 규정에 해당한다. 이러한 법리와 관련 규정의 내용 및 취지에 비추어 보면, 준정부기관으로부터 공공기관운영법 제44조 제2항에 따라 계약 체결 업무를 위탁받은 조달청장은 국가계약법 제27조 제1항에 따라 입찰참가자격 제한처분을 할 수 있는 권한이 있다고 봄이 타당하다(대판 2017.12.28. 2017두39433).

Ⓐ 계약조건 위반에 따른 입찰참가자격제한조치를 취하기 위한 요건 [24 국회직 8급] 01

> 공기업·준정부기관이 입찰을 거쳐 계약을 체결한 상대방에 대해 위 규정들에 따라 계약조건 위반을 이유로 입찰참가자격제한처분을 하기 위해서는 입찰공고와 계약서에 미리 계약조건과 그 계약조건을 위반할 경우 입찰참가자격 제한을 받을 수 있다는 사실을 모두 명시해야 한다. 계약상대방이 입찰공고와 계약서에 기재되어 있는 계약조건을 위반한 경우에도 공기업·준정부기관이 입찰공고와 계약서에 미리 계약조건을 위반할 경우 입찰참가자격이 제한될 수 있음을 명시해 두지 않았다면, 위 규정들을 근거로 입찰참가자격제한처분을 할 수 없다(대판 2021.11.11. 2021두43491).

② 행정행위에 갈음하는 공법상 계약의 관념(공법상 계약과 행정행위 간의 선택가능성)
  ㉠ 행정청이 행정행위와 공법상 계약 중 어떠한 수단으로 행정을 할 수 있는가에 대하여 독일 「행정절차법」은 양자 간의 선택가능성을 법적으로 규정함으로써 행정처분에 갈음하는 공법상 계약을 인정하고 있다.
  ㉡ 우리의 경우에는 명문의 규정은 없으나 일반적으로 인정하고 있다. 따라서 공법상 계약은 권력관계의 영역에서도 기본적으로 가능하고 이에 대해 행정청은 선택의 가능성을 가지고 있다.

(3) 공법상 합동행위와의 구별

① 의사표시의 방향과 법적 효과에 있어서 공법상 계약은 양 당사자 간의 반대방향의 의사합치로 성립하고, 그 법적 효과는 쌍방의 당사자에 대하여 각각 반대의 의미를 가진다.
② 그러나 공법상 합동행위는 같은 방향의 의사합치로 성립하고 그 법적 효과가 당사자 쌍방에 대하여 같은 의미를 갖는다는 점에서 구별된다.

3 공법상 계약의 유용성과 자유성

(1) 공법상 계약의 유용성

① 장점
  ㉠ 개별적·구체적 사정에 즉응하여 탄력적으로 행정목적을 달성할 수 있다.
  ㉡ 사실관계나 법률관계가 불분명할 경우 해결을 용이하게 한다.
  ㉢ 법률지식이 없는 자에게도 교섭을 통하여 계약의 내용을 이해시킬 수 있다.
  ㉣ 쟁송의 건수를 줄일 수 있다.
  ㉤ 상대방 동의에 의하므로 신속한 행정목적달성이 가능하다.
② 단점
  ㉠ 행정청이 상대방에게 계약체결을 강제할 수 있다.
  ㉡ 헌법상의 평등의 원칙을 침해할 가능성이 있다.
  ㉢ 행정권의 약체를 가져올 수 있다.
  ㉣ 불평등 계약의 가능성이 있다.

개념확인 O/X

01 공기업·준정부기관이 입찰을 거쳐 계약을 체결한 상대방에 대해 「공공기관의 운영에 관한 법률」 등에 따라 계약조건 위반을 이유로 입찰참가자격제한처분을 하기 위해서는 입찰공고와 계약서에 미리 계약조건과 그 계약조건을 위반할 경우 입찰참가자격 제한을 받을 수 있다는 사실을 모두 명시해야 한다.
24 국회8급 (O / X)

| 정답 | 01 O

(2) 공법상 계약의 자유성(허용성)

> **결정적 코멘트** ▶ 공법상 계약에도 법률우위와 조리상의 한계는 준수되어야 한다.

공법상 계약체결의 경우 법적 근거가 필요한지 여부에 대하여 학설의 다툼이 있다.

① **부정설**: 공법상 계약은 사적 이해조정이 아니고 행정목적달성을 위한 것이며, 또한 국가와 사인 간의 관계는 권력적인 상하관계로서 행정주체 간의 계약을 제외하고는 법률상 수권이 없는 한 계약관계가 성립할 수 없다는 견해이다. O.Mayer에 의해 대변되는 전통적인 견해가 이에 해당된다.

② **긍정설**
  ㉠ 공법상 계약은 권력적 행위인 행정행위와는 달리 당사자 사이의 의사의 합치에 의하여 성립하는 것으로 행정행위와는 성립의 기초를 달리하므로 법규에 저촉되지 않는 한 법률의 근거가 없어도 자유로이 체결할 수 있다는 견해이다(통설). 01 02
  ㉡ 긍정설이 모든 행정영역에서 어떠한 제한도 없이 공법상 계약이 가능함을 말하는 것은 아니다. 침익적 행정의 경우에는 성질상 곤란하다고 볼 것이며, 행정행위에 갈음하는 계약의 경우에도 법적 근거를 필요로 한다.

4 공법상 계약의 한계

(1) 법령상의 한계(법률우위)

공법상 계약은 「행정기본법」 제27조 제1항의 규정에 따라 법령 등에 위반되어서는 안 된다. 03

(2) 조리상의 한계

과잉금지원칙, 평등원칙, 신뢰보호원칙, 부당결부금지원칙 등 법 원칙을 준수해야 하며, 제3자의 권리를 침해하지 않아야 한다.

(3) 내용상의 한계

① 기속인 행위에 대한 공법상 계약이 이루어지는 경우에는 계약당사자는 법에 규정된 내용에 의해 합의를 하여야 하며, 재량의 경우도 재량권 행사의 한계를 준수하여야 한다.
② 계약내용을 정할 때 공법상 계약의 공공성과 제3자의 이해관계를 고려하여야 한다.

(4) 형식상의 한계

계약의 목적 및 내용을 명확하게 적은 계약서를 작성하여야 한다.

5 공법상 계약의 법원

「행정기본법」에 공법상 계약에 대한 일반적인 규정을 두고 있으며, 이외에도 「국가를 당사자로 하는 계약에 관한 법률」, 「지방자치단체를 당사자로 하는 계약에 관한 법률」 등이 있다. 04

> **관련 법령**
>
> 「**행정기본법**」 **제27조 【공법상 계약의 체결】** ① 행정청은 법령 등을 위반하지 아니하는 범위에서 행정목적을 달성하기 위하여 필요한 경우에는 공법상 법률관계에 관한 계약(이하 '공법상 계약'이라 한다)을 체결할 수 있다. 이 경우 계약의 목적 및 내용을 명확하게 적은 계약서를 작성하여야 한다.
> ② 행정청은 공법상 계약의 상대방을 선정하고 계약내용을 정할 때 공법상 계약의 공공성과 제3자의 이해관계를 고려하여야 한다. 05

개념확인 O/X

01 다수설에 따르면 공법상 계약은 당사자의 자유로운 의사의 합치에 의하므로 원칙적으로 법률유보의 원칙이 적용되지 않는다고 본다.
17 국가9급 (O / X)

02 일반적으로 공법상 계약은 법규에 저촉되지 않는 한 자유로이 체결할 수 있으며 법률의 근거도 필요하지 않다.
17 서울7급 (O / X)

03 공법상 계약의 경우에도 법률우위의 원칙이 적용되므로 법령상의 한계를 지켜야 한다.
12 경찰 (O / X)

04 현행 「행정절차법」은 공법상 계약에 대한 규정을 두고 있다.
17 국가9급 (O / X)

05 행정청은 공법상 계약의 상대방을 선정하고 계약 내용을 정할 때 공법상 계약의 공공성과 제3자의 이해관계를 고려하여야 한다.
24 국회8급 (O / X)

| 정답 | 01 O 02 O 03 O 04 X 05 O

「국가를 당사자로 하는 계약에 관한 법률」 제1조 【목적】 이 법은 국가를 당사자로 하는 계약에 관한 기본적인 사항을 정함으로써 계약업무를 원활하게 수행할 수 있도록 함을 목적으로 한다.
제2조 【적용 범위】 이 법은 국제입찰에 따른 정부조달계약과 국가가 대한민국 국민을 계약상대자로 하여 체결하는 계약[세입(歲入)의 원인이 되는 계약을 포함한다] 등 국가를 당사자로 하는 계약에 대하여 적용한다.
제3조 【다른 법률과의 관계】 국가를 당사자로 하는 계약에 관하여는 다른 법률에 특별한 규정이 있는 경우를 제외하고는 이 법에서 정하는 바에 따른다.
제11조 【계약서의 작성 및 계약의 성립】 ① 각 중앙관서의 장 또는 계약담당공무원은 계약을 체결할 때에는 다음 각 호의 사항을 명백하게 기재한 계약서를 작성하여야 한다. 다만, 대통령령으로 정하는 경우에는 계약서의 작성을 생략할 수 있다. 01

개념확인 O/X

01 「국가를 당사자로 하는 계약에 관한 법률」에 따른 계약서를 따로 작성하는 등 그 요건과 절차를 거치지 않고 체결된 계약이라고 해서 무효가 되는 것은 아니다.
19 서울시 사회복지9급 (O / X)

6 공법상 계약의 종류

공법상 계약은 당사자를 기준으로 다음과 같이 분류된다.

(1) 행정주체 상호간의 공법상 계약(국가와 공공단체 간, 공공단체 상호간, 행정기관 상호간에 성립하는 공법상 계약) 02 03

① **공공단체 상호간의 사무위탁**: ⓔ 지방자치단체 간의 교육사무위탁(「지방교육자치에 관한 법률」 제26조), 농지개량조합, 상공회의소의 시·군·구에 대한 조합비·회비징수위탁 등

② **지방자치단체 상호간의 협의**: ⓔ 도로·하천 등의 공물의 관리비용부담에 관한 협의(「도로법」 제85조, 「하천법」 제61조), 동일건물에 대한 과세협정

(2) 행정주체와 사인 간의 공법상 계약

① **특별행정법관계의 설정합의**: ⓔ 지원입대, 전문직 공무원의 채용계약, 영조물이용관계의 설정 등

② **임의적 공용부담**: ⓔ 개인이 사유지를 도로·공원의 부지로 제공하는 계약, 학교용지 제공, 문화재 기증 등

③ **공법상의 보조계약**: ⓔ 자금지원계약, 장학계약 등 보조금교부계약

④ **행정사무의 위탁**: ⓔ 사인의 신청에 의한 별정우체국 지정

⑤ **기타**: 공물 또는 영조물이용관계를 위한 계약(ⓔ 우편이용이나 철도이용 등), 원자력 손해배상계약(정부와 원자력사업자 사이의 계약), 보상계약(지방자치단체와 가스업자 등), 「사회기반시설에 대한 민간투자법」상의 민간투자협약 등 04

02 공법상 계약은 행정주체와 사인 간에만 체결 가능하며, 행정주체 상호간에는 공법상 계약이 성립할 수 없다.
17 국가9급 (O / X)

03 계약당사자의 일방은 행정주체이어야 하며, 행정주체에는 공무를 수탁받은 사인도 포함된다.
12 사회복지 (O / X)

04 국립의료원 부설 주차장에 관한 위탁관리용역운영계약은 공법상 계약에 해당한다.
16 국가9급 (O / X)

(3) 사인 상호간의 공법상 계약 [빈출]

토지수용에 있어서 사인(私人)인 사업시행자와 토지소유자 및 관계인과의 협의를 말한다. 그러나 판례는 이를 사법상 계약으로 본다.

05 「공익사업을 위한 토지 등의 취득 보상에 관한 법률」상의 사업시행자가 토지소유자 및 관계인과 협의가 성립되어 체결하는 계약은 공법상 계약이다.
21 군무원7급 (O / X)

> **관련 판례**
>
> Ⓐ (구)「공공용지의 취득 및 손실보상에 관한 특례법」상 협의취득의 성질 [21 군무원 7급, 18 국가직 9급, 17 지방직 7급, 16 지방직 9급, 12 사회복지직] 05 06 07
>
> (구)「공공용지의 취득 및 손실보상에 관한 특례법」(2002. 2. 4. 법률 제6656호로 폐지되기전의 것)은 사업시행자가 토지 등의 소유자로부터 토지 등의 협의취득 및 그 손실보상의 기준과 방법을 정한 법으로서, 이에 의한 협의취득 또는 보상합의는 공공기관이 사경제주체로서 행하는 사법상 매매 내지 사법상 계약의 실질을 가진다(대판 2004. 9. 24. 2002다68713).

06 (구)「공공용지의 취득 및 손실보상에 관한 특례법」에 따른 토지 등의 협의취득에 기한 손실보상금의 환수통보는 사법상의 이행청구에 해당하는 것으로서 항고소송의 대상이 되는 행정처분이라고 할 수 없다.
12 사회복지 (O / X)

07 「공익사업을 위한 토지 등의 취득 및 보상에 관한 법률」에 의한 협의취득은 공법상 계약이다.
16 지방9급 (O / X)

| 정답 | 01 X 02 X 03 O 04 X 05 X 06 O 07 X

7 공법상 계약의 특수성

(1) 실체법적 특수성

① **법적합성(法適合性)**: 공법상 계약은 법률의 근거가 없어도 자유로이 체결할 수 있으나(법률유보의 원칙), 공법상 계약도 행정작용이므로 법률에 위배될 수 없다(법률우위의 원칙).

② **사적 자치의 제한**: 공법상 계약에는 사법상 계약에 적용되는 사적 자치의 원칙(私的自治의 原則)이 제한되고, 헌법상의 원리인 평등의 원칙이나 비례원칙이 적용된다. 따라서 이에 위반한 공법상 계약은 위법한 것이 된다.

③ **계약의 내용**: 공법상 계약은 당사자의 대등성을 전제로 성립하지만 사실상 행정주체의 우월성이 강하기 때문에, 계약내용에 있어서 행정주체에 의해 일방적으로 정해진 약관에 의하여 행해지는 경우가 많다(附合契約性). 01

> **관련 판례**
>
> ● 공법상 계약의 문언과 계약서에 명시되지 않은 내용을 추가하는 것이 허용되는지 여부
>
> 공법상 계약에서도 계약당사자 사이에 어떠한 계약내용을 서면으로 작성한 경우에 문언의 객관적인 의미가 명확하다면, 특별한 사정이 없는 한 문언대로 의사표시의 존재와 내용을 인정해야 한다. 그러나 그 문언의 객관적인 의미가 명확하게 드러나지 않는 경우에는 문언의 내용, 계약이 이루어지게 된 동기와 경위, 당사자가 계약으로 달성하려고 하는 목적과 진정한 의사, 유사한 거래 선례, 해당 공법상 법률관계의 근거가 된 법령의 목적과 내용 등을 종합적으로 고찰하여 논리와 경험의 법칙, 그리고 사회일반의 상식과 행정법상 기본원칙 등에 따라 계약내용을 합리적으로 해석해야 한다. 특히 당사자 일방이 주장하는 계약의 내용이 상대방에게 중대한 책임을 부과하게 되는 경우에는 그 문언의 내용을 더욱 엄격하게 해석해야 한다. 계약서에 표현된 당사자의 의사가 명백한데도 합리적인 근거 없이 계약서에 명시되지 않은 내용을 추가하는 것은 의사해석의 범위를 넘어선 것으로 허용될 수 없다(대판 2024.12.12. 2024두41816).

> **심화 학습** 부합계약(附合契約)
>
> 계약의 한쪽 당사자에 의해 계약의 내용이 미리 결정되고 상대방은 계약내용을 결정할 자유가 없으며 결정된 내용에 수락 여부만을 결정할 수 있는 계약을 말한다.

④ **계약의 절차와 형식**
  ㉠ 공법상 계약은 문서에 의해야 할 것이다(「행정기본법」, 「국가를 당사자로 하는 계약에 관한 법률」 등).
  ㉡ 「행정기본법 시행령」 제6조에서는 행정청은 법에 따라 공법상 법률관계에 관한 계약을 체결할 때 법령 등에 따른 관계 행정청의 동의, 승인 또는 협의 등이 필요한 경우에는 이를 모두 거쳐야 한다고 규정하고 있다.

> **관련 판례**
>
> ● 지방자치단체가 사경제의 주체로서 사인과 사법상의 계약을 체결함에 있어서 설사 지방자치단체와 사인 간에 사법상 계약 또는 예약이 체결되었다 하더라도 「국가를 당사자로 하는 계약에 관한 법률」 제7조, 제11조에 따라 계약서를 따로 작성하는 등 그 요건과 절차를 이행해야 할 것이고, 법령상의 요건과 절차를 거치지 않은 계약 또는 예약은 그 효력이 없다(대판 1993.11.9. 93다18990) [19 서울시 사회복지직 9급] 02

개념확인 O/X

01 공법상 계약은 법령에 의하여 체결의 자유와 형성의 자유가 제한될 수 있다. (O / X)

02 국가가 사인과 계약을 체결할 때에는 「국가를 당사자로 하는 계약에 관한 법률」에 따른 계약서를 따로 작성하는 등 그 요건과 절차를 이행하여야 한다. 19 서울시 사회복지9급 (O / X)

정답 | 01 O 02 O

⑤ **계약의 하자**: 공법상 계약에는 공정력이 없기 때문에 취소할 수 있는 공법상 계약이란 없다. 그러므로 공법상 계약에 하자가 있는 경우 그 효과는 유효 또는 무효일 뿐이다. 따라서 공법상 계약에 대하여는 취소소송이 인정되지 않는다. 01

⑥ **계약의 이행상의 문제(사정변경의 경우)**
   ㉠ 사정변경이 있는 경우 행정주체 측에서는 공익목적상 일방적인 계약내용의 변경 및 해제·해지를 할 수 있으나, 사인 측에서는 그 해제의 효과가 공익에 영향이 없는 경우 외에는 해제할 수 없다고 할 것이다.
   ㉡ 행정주체는 계약의 내용의 변경 또는 해제가 인정된다 하더라도 상대방의 계약내용에 따른 의무불이행과 일상생활에 필요한 재화나 노무를 제공하는 급부계약에 대한 해제나 변경은 상당한 제약을 받게 된다(「보조금의 관리에 관한 법률」 제21조 제2항 참고).
   ㉢ 사인 측도 직접 공익에 영향을 미치지 않는 경우에는 일방적인 계약 해지가 가능하다 (예 국공립학교 학생의 자퇴의 경우).

⑦ **비권력성**: 공법상의 계약은 관리작용으로서 비권력적 행위이므로 행정주체의 우월성으로부터 기인하는 권력적 작용의 특징들, 즉 공정력·확정력·자력집행력 등의 힘은 인정될 수 없다.

⑧ **이전이나 대행의 제한**: 공법상 계약으로 발생된 권리나 의무는 이전이나 대행이 제한되는 경우가 대부분이다(예 지원입대의 경우에 대리 입대의 경우).

⑨ **「행정절차법」의 적용 여부**
   ㉠ 「행정절차법」에는 공법상 계약에 관한 규정이 없어, 공법상 계약은 「행정절차법」이 적용되지 않는다. 02
   ㉡ 대법원에 의하면 계약직 공무원에 대한 채용계약을 해지할 때 행정처분과 같이 「행정절차법」을 적용하여 근거와 이유를 제시하여야 하는 것은 아니라고 한다.

> **관련 판례**
>
> Ⓐ 계약직 공무원에 대한 채용계약해지의 의사표시의 유효 여부를 판단함에 있어서 이를 일반직 공무원에 대한 징계처분과 같이 보아야 하는지 여부(소극) [22 지방직 9급, 21 국가직 9급, 20 군무원 9급, 19 서울시 사회복지직 9급, 18 국가직 9급, 17 국가직 7급, 17 지방직 7급, 15 지방직 9급] 03 04 05
>
> 계약직 공무원에 관한 현행 법령의 규정에 비추어 볼 때, 계약직 공무원 채용계약해지의 의사표시는 일반공무원에 대한 징계처분과는 달라서 항고소송의 대상이 되는 처분 등의 성격을 가진 것으로 인정되지 아니하고, 일정한 사유가 있을 때에 국가 또는 지방자치단체가 채용계약 관계의 한쪽 당사자로서 대등한 지위에서 행하는 의사표시로 취급되는 것으로 이해되므로, 이를 징계해고 등에서와 같이 그 징계사유에 한하여 효력 유무를 판단하여야 하거나, 행정처분과 같이 「행정절차법」에 의하여 근거와 이유를 제시하여야 하는 것은 아니다(대판 2002.11.26. 2002두5948).

(2) 절차법적 특수성

① **자력집행 가능성**: 공법상 계약은 비권력적 작용이어서 행정주체는 상대방의 의무불이행에 대하여 자력강제권이 인정되지 않는 것이 원칙이다. 단, 개별법에 공법상 계약의 불이행에 대한 강제규정을 정하는 경우도 있다(예 「보조금 관리에 관한 법률」).

개념확인 O/X

01 위법한 공법상 계약은 무효이므로 공법상 계약에는 원칙적으로 공정력이 인정되지 않는다.
10 지방9급 (O / X)

02 공법상 계약도 공행정작용이므로 「행정절차법」이 적용된다.
17 서울7급 (O / X)

03 계약직 공무원에 대한 채용계약해지의 의사표시는 국가 또는 지방자치단체가 대등한 지위에서 행하는 의사표시로 이해된다.
19 서울시 사회복지9급 (O / X)

04 계약직 공무원 채용계약해지의 의사표시는 「행정절차법」에 의하여 근거와 이유를 제시하여야 하는 것은 아니다.
22 지방9급 (O / X)

05 공법상 채용계약에 대한 해지의 의사표시는 공무원에 대한 징계처분과 달라서 「행정절차법」에 의하여 그 근거와 이유를 제시하여야 하는 것은 아니다.
17 국가7급 (O / X)

| 정답 | 01 O 02 X 03 O 04 O 05 O

개념확인 O/X

01 공법상 계약의 일방 당사자인 행정이 계약 위반행위를 한다면 타방 당사자인 주민 또는 국민은 행정소송 중 당사자소송으로써 권리구제를 받을 수 있다.
17 서울7급 (O / X)

02 공법상 계약에 관한 다툼은 항고소송의 대상이 되는 것이 일반적이다.
(O / X)

03 공법상 계약의 한쪽 당사자가 다른 당사자를 상대로 효력을 다투거나 이행을 청구하는 소송은 공법상의 법률관계에 관한 분쟁이므로 분쟁의 실질이 공법상 권리·의무의 존부·범위에 관한 다툼이 아니라 손해배상액의 구체적인 산정방법·금액에 국한되는 등의 특별한 사정이 없는 한 공법상 당사자소송으로 제기하여야 한다.
24 국가7급 (O / X)

04 시립무용단원의 채용계약과 공중보건의사 채용계약은 공법상 계약에 해당한다.
17 서울7급 (O / X)

05 대법원은 (구)「농어촌 등 보건의료를 위한 특별조치법」 및 관계 법령에 따른 전문직 공무원인 공중보건의사의 채용계약해지의 의사표시는 일반공무원에 대한 징계처분과 같은 성격을 가지며, 따라서 항고소송의 대상이 된다고 본다.
17 국가9급 (O / X)

06 광주광역시립합창단원으로서 위촉기간이 만료되는 자들의 재위촉 신청에 대하여 광주광역시 문화예술회관장이 실기과 근무성적에 대한 평정을 실시하여 재위촉을 하지 아니한 것을 항고소송의 대상이 되는 불합격처분이라 할 수 있다.
24 군무원9급 (O / X)

07 광주광역시문화예술회관장의 단원 위촉은 공법상 근로계약이 아니라 행정청으로서 공권력을 행사하여 행하는 행정처분이다.
19 서울시 사회복지9급 (O / X)

관련 법령

「보조금 관리에 관한 법률」 제33조의3 【강제징수】 ① 중앙관서의 장 또는 지방자치단체의 장인 보조사업자는 다음 각 호의 구분에 따라 반환금, 제재부가금 및 가산금을 국세 체납처분의 예에 따라 징수하거나 「지방행정제재·부과금의 징수 등에 관한 법률」에 따라 징수할 수 있다.

② 쟁송의 형태
  ㉠ 공법상 계약에 관한 분쟁은 「행정심판법」 대상인 처분에 해당되지 않는다.
  ㉡ 공법상 계약에 관한 쟁송은 공법상의 권리관계에 관한 소송인 당사자소송으로 「행정소송법」의 적용을 받는다. 01 02 03
  ㉢ 공법상 계약에 대한 당사자소송에서의 무효확인을 구하는 소송은 즉시확정의 이익을 요한다.

관련 판례

B 서울특별시립무용단원의 위촉은 공법상의 계약이며, 그 단원의 해촉에 관해서는 공법상의 당사자소송으로 무효확인을 청구할 수 있다 [17 서울시 7급, 10 지방직 9급] **04**

> 서울특별시립무용단원이 가지는 지위가 공무원과 유사한 것이라면, 서울특별시립무용단 단원의 위촉은 공법상의 계약이라고 할 것이고, 따라서 그 단원의 해촉에 대하여는 공법상의 당사자소송으로 그 무효확인을 청구할 수 있다(대판 1995.12.22. 95누4636).

A 공중보건의사 채용계약의 법적 성질과 채용계약해지에 관한 쟁송방법 [19 국가직 7급, 19 서울시 7급, 17 국가직 9급, 15 지방직 9급] **05**

> 현행 실정법이 전문직 공무원인 공중보건의사의 채용계약해지의 의사표시는 일반공무원에 대한 징계처분과는 달라서 항고소송의 대상이 되는 처분 등의 성격을 가진 것으로 인정되지 아니하고, 일정한 사유가 있을 때에 관할 도지사가 채용계약 관계의 한쪽 당사자로서 대등한 지위에서 행하는 의사표시로 취급하고 있는 것으로 이해되므로, 공중보건의사 채용계약해지의 의사표시에 대하여는 대등한 당사자 간의 소송형식인 공법상의 당사자소송으로 그 의사표시의 무효확인을 청구할 수 있는 것이지, 이를 항고소송의 대상이 되는 행정처분이라는 전제하에서 그 취소를 구하는 항고소송을 제기할 수는 없다(대판 1996.5.31. 95누10617).

B 광주광역시시립합창단원에 대한 재위촉 거부가 항고소송의 대상인 처분에 해당하는지 여부(소극) [24 군무원 9급, 20 지방직 7급] **06 07**

> 광주광역시립합창단원으로서 위촉기간이 만료되는 자들의 재위촉 신청에 대하여 광주광역시문화예술회관장이 실기와 근무성적에 대한 평정을 실시하여 재위촉을 하지 아니한 것을 항고소송의 대상이 되는 불합격처분이라고 할 수는 없다(대판 2001.12.11. 2001두7794).

C 지방전문직 공무원 채용계약해지 의사표시에 대하여 당사자소송으로 무효확인을 청구할 수 있는지 여부

> 현행 실정법이 지방전문직 공무원 채용계약해지의 의사표시를 일반공무원에 대한 징계처분과는 달리 항고소송의 대상이 되는 처분 등의 성격을 가진 것으로 인정하지 아니하고, 지방전문직 공무원규정 제7조 각 호의1에 해당하는 사유가 있을 때 지방자치단체가 채용계약관계의 한쪽 당사자로서 대등한 지위에서 행하는 의사표시로 취급하고 있는 것으로 이해되므로, 지방전문직 공무원 채용계약해지의 의사표시에 대하여는 대등한 당사자 간의 소송형식인 공법상 당사자소송으로 그 의사표시의 무효확인을 청구할 수 있다(대판 1993.9.14. 92누4611).

| 정답 | 01 O 02 X 03 O 04 O 05 X 06 X 07 X |

B 지방전문직 공무원 채용계약에서 정한 채용기간이 만료한 경우 채용계약을 갱신하거나 채용기간을 연장할 것인지 여부 – 지방자치단체장의 재량 [18 국가직 9급, 15 지방직 9급] 01

> 「지방공무원법」과 지방전문직 공무원규정 등 관계 법령의 규정내용에 비추어 보면, 지방전문직 공무원 채용계약에서 정한 채용기간이 만료한 경우 채용계약을 갱신하거나 채용기간을 연장할 것인지 여부는 지방자치단체장의 재량에 맡겨져 있는 것으로 보아야 할 것이므로 지방전문직 공무원 채용계약에서 정한 기간이 형식적인 것에 불과하고 그 채용계약은 기간의 약정이 없는 것이라고 볼 수 없다(대판 1993.9.14. 92누4611).

A 지방계약직 공무원에 대하여 「지방공무원법」 등에 정한 징계절차에 의하지 않고 보수를 삭감할 수 없다 [21 국가직 9급, 20 국회직 8급, 15 지방직 9급] 02

> 「근로기준법」 등의 입법 취지, 「지방공무원법」과 지방공무원 징계 및 소청규정의 여러 규정에 비추어 볼 때, 채용계약상 특별한 약정이 없는 한, 지방계약직 공무원에 대하여 「지방공무원법」, 「지방공무원 징계 및 소청 규정」에 정한 징계절차에 의하지 않고서는 보수를 삭감할 수 없다고 봄이 상당하다(대판 2008.6.12. 2006두16328).

C 지방계약직 공무원에 대하여 「지방공무원법」의 징계에 관한 규정에 따라 징계처분을 할 수 있는지 여부(적극)

> 「지방공무원법」 제73조의3과 「지방공무원 징계 및 소청 규정」 제13조 제4항에 의하여 지방계약직 공무원에게도 「지방공무원법」 제69조 제1항 각 호의 징계사유가 있는 때에는 징계처분을 할 수 있다(대판 2008.6.12. 2006두16328).

B 계약직 공무원 채용계약해지의 의사표시의 무효확인을 구하는 소송의 경우, 즉시 확정의 이익이 요구된다 [17 국가직 7급] 03

> 지방자치단체와 채용계약에 의하여 채용된 계약직 공무원이 그 계약기간 만료 이전에 채용계약 해지 등의 불이익을 받은 후 그 계약기간이 만료된 때에는 그 채용계약해지의 의사표시가 무효라고 하더라도, … (중략) … 한편 과거의 법률관계라 할지라도 현재의 권리 또는 법률상 지위에 영향을 미치고 있고 현재의 권리 또는 법률상 지위에 대한 위험이나 불안을 제거하기 위하여 그 법률관계에 관한 확인판결을 받는 것이 유효 적절한 수단이라고 인정될 때에는 그 법률관계의 확인소송은 즉시확정의 이익이 있다고 보아야 할 것이나, … (중략) … 또한, 이 사건과 같이 이미 채용기간이 만료되어 소송 결과에 의해 법률상 그 직위가 회복되지 않는 이상 채용계약해지의 의사표시의 무효확인만으로는 당해 소송에서 추구하는 권리구제의 기능이 있다고 할 수 없고, 침해된 급료지급 청구권이나 사실상의 명예를 회복하는 수단은 바로 급료의 지급을 구하거나 명예훼손을 전제로 한 손해배상을 구하는 등의 이행청구소송으로 직접적인 권리구제방법이 있는 이상 무효확인소송은 적절한 권리구제수단이라 할 수 없어 확인소송의 또 다른 소송요건을 구비하지 못하고 있다 할 것이며, 위와 같이 직접적인 권리구제의 방법이 있는 이상 무효확인 소송을 허용하지 않는다고 해서 당사자의 권리구제를 봉쇄하는 것도 아니다(대판 2008.6.12. 2006두16328).

A 중소기업 정보화지원사업 지원대상인 사업의 지원에 관한 협약해지와 환수통보의 성질 [21 국가직 9급, 21 군무직 7급, 20 소방직, 18 국가직 9급, 17 지방직 7급] 04

> 중소기업기술정보진흥원장이 갑 주식회사와 중소기업 정보화지원사업 지원대상인 사업의 지원에 관한 협약을 체결하였는데, 협약이 갑 회사에 책임이 있는 사업실패로 해지되었다는 이유로 협약에서 정한 대로 지급받은 정부지원금을 반환할 것을 통보한 사안에서, 협약의 해지 및 그에 따른 환수통보는 행정청이 우월한 지위에서 행하는 공권력의 행사로서 행정처분에 해당한다고 볼 수 없다(대판 2015.8.27. 2015두41449).

개념확인 O/X

01 지방전문직 공무원 채용계약에서 정한 채용기간이 만료한 경우 채용계약을 갱신하거나 채용기간을 연장할 것인지 여부는 지방자치단체장의 재량에 맡겨져 있다.
15 지방9급　　　　　　(O / X)

02 채용계약상 특별한 약정이 없는 한 지방계약직 공무원에 대하여 「지방공무원법」, 「지방공무원 징계 및 소청 규정」에 정한 징계절차에 의하지 않고서는 보수를 삭감할 수 없다.
15 지방9급　　　　　　(O / X)

03 공법상 계약의 무효확인을 구하는 당사자소송의 청구는 당해 소송에서 추구하는 권리구제를 위한 다른 직접적인 구제방법이 있는 이상 소송요건을 구비하지 못한 위법한 청구이다.
17 국가7급　　　　　　(O / X)

04 중소기업 정보화지원사업에 따른 지원금 출연을 위하여 중소기업청장이 체결하는 협약은 공법상 계약이다.
21 군무원7급　　　　　(O / X)

| 정답 | 01 O　02 O　03 O　04 O

> **B** 산업기술개방사업에 관한 협약은 공법상 계약이고, 다른 당사자를 상대로 이행을 청구하는 소송 또는 이행의무의 존부에 관한 확인을 구하는 소송은 공법상 당사자소송으로 제기하여야 하는지 여부(원칙적 적극)
>
> 갑 주식회사 등으로 구성된 컨소시엄과 한국에너지기술평가원은「산업기술혁신 촉진법」제11조 제4항에 따라 산업기술개발사업에 관한 협약을 체결하고, 위 협약에 따라 정부출연금이 지급되었는데, 한국에너지기술평가원이 갑 회사가 외부 인력에 대한 인건비를 위 협약에 위반하여 집행하였다며 갑 회사에 정산금 납부 통보를 하자, 갑 회사는 한국에너지기술평가원 등을 상대로 정산금 반환채무가 존재하지 아니한다는 확인을 구하는 소를 민사소송으로 제기한 사안에서, 위 협약은 공법상 계약에 해당하고 그에 따른 계약상 정산의무의 존부·범위에 관한 갑 회사와 한국에너지기술평가원의 분쟁은 공법상 당사자소송의 대상이라고 한 사례(대판 2023.6.29. 2021다250025)

03 공법상 합동행위

1 의의

'공법상 합동행위(협정)'란 공법적 효과의 발생을 목적으로 하는 복수의 당사자의 동일방향의 의사표시의 합치에 의하여 성립하는 공법행위를 말한다.

2 타 행위와의 구별

공법상 합동행위는 각 당사자의 의사표시의 방향이 동일하고, 그 효과도 각 당사자에 대하여 동일한 의미를 가지는 점에서 '공법상 계약'과 구별된다. 또한 다수당사자의 의사의 합치이기 때문에 일방적인 의사표시인 '행정행위'와 다르며, 복수의 의사의 합치인 점에서 하나의 의사를 형성하는 '합성행위(◎ 선거)'와도 다르다.

3 공법상 합동행위의 특징

(1) 효과

공법상 합동행위는 각 당사자 간의 의사표시의 방향이 같고, 각 당사자에게 동일한 법적 효과를 발생시킨다.

(2) 취소 등의 제한

공법상 합동행위가 일단 유효하게 성립하면 개개의 당사자의 무능력·착오 기타의 의사의 하자를 이유로 그 무효나 취소를 주장할 수 없다.

(3) 효과의 구속범위

직접 설립행위에 관여한 자뿐만 아니라 그 이후에 관여한 자도 구속한다.

(4) 개정의 효과
정당한 절차에 의하여 개정된 경우에는 모든 관계자를 구속된다.

(5) 공고원칙
공법상 합동행위는 제3자가 알 수 있도록 공고함을 원칙으로 한다.

04 행정지도

1 행정지도의 의의

(1) 행정지도의 개념
'행정지도'란 행정주체가 일정한 행정목적의 실현을 위하여 상대방의 임의적 협력 또는 동의 하에 일정한 행정질서의 형성을 유도하거나, 희망을 표시하는 비권력적 사실행위를 말한다 (예 지도, 권고, 장려, 요망, 조언 등). 01

(2) 행정지도의 등장
행정지도는 다른 행정형식과 달리 일본의 민속법학계로부터 생성된 것으로서 오늘날 다양한 행정분야에서 널리 사용되고 있다.

(3) 실정법상의 근거
행정지도에 관한 명문규정을 두고 있는 법으로는 「행정절차법」이 있다.

2 개념적 특성

(1) 행정주체의 작용이다
행정지도는 행정주체의 작용으로 행정주체가 아닌 자의 작용은 행정지도가 될 수 없다.

(2) 사실행위이다
직접 법적 효과의 발생을 목적으로 하는 법적 행위가 아닌 사실행위이다.

(3) 비권력적 행위이다
일정한 행정목적 또는 행정질서 실현을 위해 상대방을 일정방향으로 유도하는 작용으로서 상대방의 임의적 동의나 협력 하에 행해지는 비권력적 행위이다. 02

(4) 특별한 형식을 요하지 않는다
문서뿐 아니라 말로써도 가능하다. 다만, 상대방이 서면의 교부를 요구하는 때에는 직무수행에 지장이 없는 한 문서를 교부하여야 한다. 03

개념확인 O/X

01 일정한 행정목적을 실현하기 위하여 상대방인 국민에게 임의적인 협력을 요청하는 비권력적 사실행위를 행정지도라 한다.
20 소방 (O / X)

02 위법한 건축물에 대한 단전 및 전화통화 단절조치 요청행위는 처분성이 인정되는 행정지도이다.
21 군무원9급 (O / X)

03 행정지도는 반드시 문서로 하여야 한다.
14 서울9급 (O / X)

| 정답 | 01 O 02 X 03 X

3 행정지도의 순기능과 결함

(1) 행정지도의 순기능(필요성)

① **행정기능의 확대와 행정책무의 증대**: 행정기능의 확대와 행정수요 증가에 따라 광범위하고 다양한 현대 복리행정기능을 종래의 권력행정과 법령의 구속에서 벗어나 경제사정의 변동이나 새로운 과학기술의 발달 등에 발맞추어 탄력성 있는 신속한 수행을 위해서는 비권력적 행정수단이 필요하게 되었다.

② **임의적·비권력적 수단에 의하는 편의성 및 분쟁회피**: 권력성과 법률에 근거하여 행정처분을 행하는 경우에 마찰, 저항, 분쟁이 생길 수 있으나, 행정지도는 비권력적인 임의적 수단에서 이러한 마찰, 저항, 분쟁을 피할 수 있다.

③ **새로운 지식·기술·정보의 제공수단(각종 산업정보의 제공)**: 개인에 대하여 새로운 지식·기술·정보 등을 제공하여 줌으로써 촉진적으로 일정한 방향으로 유도하는 데 필요하다(예 소기업경영개선지도, 농업기술지도, 납세지도, 농촌진흥청의 우량 묘종의 보급·권장 등).

④ **법령의 보완적 기능**: 행정지도는 법령의 수권이 필요 없기 때문에 법령의 보충적 기능을 한다.

⑤ **이해조정과 통합기능**: 행정지도는 특히 경제 분야에서 업계 간 이해대립을 조정하여 통합적 기능을 발휘한다(예 사협의 알선·조정 등).

⑥ **탄력적·원활한 수단**: 최근 행정지도의 중요성이 점증하는 추세에 있다.

(2) 행정지도의 결함

① **사실상의 강제성**: 행정지도는 원래 상대방의 동의 또는 임의적인 협력을 바탕으로 하여 행해지는 비권력적 작용이나, 행정주체의 우위성으로 말미암아 사실상의 강제가 되기 쉽다.

② **한계와 기준의 불명확성**: 행정지도는 법령의 근거 없이 행해질 수 있으므로 그 기준이 뚜렷하지 아니하고, 필요한 한계를 넘어서 행해질 수 있다.

③ **행정구제수단의 불완전성**: 행정지도는 비권력적 사실행위이므로 행정쟁송이나 손해배상, 손실보상을 통한 구제 가능성이 적다.

④ **책임소재의 불분명**: 행정지도에 의한 국민의 권익침해 경우 그 책임소재를 가리는 것이 쉽지 않다.

⑤ **법치행정의 부존재 초래 우려**: 법적 근거 없이 가능하므로 법치행정이 지도에 의한 행정으로 대체될 가능성이 있다.

4 행정지도의 원칙과 방법

(1) 행정지도의 원칙

① **과잉금지의 원칙**: 행정지도는 그 목적달성에 필요한 최소한도에 그쳐야 한다(「행정절차법」 제48조 제1항). 01

② **임의성의 원칙**: 행정지도의 상대방의 의사에 반하여 부당하게 강요하여서는 아니 된다(「행정절차법」 제48조 제1항). 02 03

③ **불이익조치금지원칙**: 행정기관은 상대방이 행정지도에 따르지 아니하였다는 것을 이유로 불이익한 조치를 하여서는 아니 된다(「행정절차법」 제48조 제2항). 04 05 06

개념확인 O/X

01 행정지도는 그 목적달성에 필요한 최소한도에 그쳐야 한다.
20 소방 (O / X)

02 행정지도는 행정목적은 단성하기 위하여 상대방의 의사에 반하여 강요할 수 있다.
11 지방9급 (O / X)

03 상대방의 의사에 반하여 부당하게 강요하는 행정지도는 위법하다.
20 소방 (O / X)

04 행정기관은 상대방이 행정지도에 따르지 아니하였다는 이유로 불이익 조치를 하여서는 아니 된다.
20 소방 (O / X)

05 행정기관은 행정지도의 상대방이 행정지도에 따르지 아니하였다는 것을 이유로 불이익한 조치를 하여서는 아니 된다.
23 지방9급 (O / X)

06 상대방이 행정지도에 따르지 아니하였다는 것을 이유로 불이익한 조치를 하여서는 아니 된다.
12 국가9급 (O / X)

| 정답 | 01 O 02 X 03 O 04 O 05 O 06 O

(2) 행정지도의 형식 및 방식

① **행정지도 실명제**: 행정지도를 하는 자는 그 상대방에게 그 행정지도의 취지 및 내용과 신분을 밝혀야 한다(「행정절차법」 제49조 제1항). 01

② **행정지도가 말로 이루어지는 경우**: 행정지도가 말로 이루어지는 경우에 상대방이 ①의 사항을 적은 서면의 교부를 요구하면 그 행정지도를 하는 자는 직무 수행에 특별한 지장이 없으면 이를 교부하여야 한다(「행정절차법」 제49조 제2항). 02

③ **의견제출**: 행정지도의 상대방은 해당 행정지도의 방식·내용 등에 관하여 행정기관에 의견을 제출할 수 있다(「행정절차법」 제50조). 03

④ **다수인을 대상으로 하는 행정지도**: 행정기관이 같은 행정목적을 실현하기 위하여 많은 상대방에게 행정지도를 하려는 경우에는 특별한 사정이 없으면 행정지도에 공통적인 내용이 되는 사항을 공표하여야 한다(「행정절차법」 제51조). 04

5 행정지도의 종류

(1) 법령의 근거에 의한 분류

① 법령의 직접적 근거에 의한 행정지도
- 예) 「농촌진흥법」에 의한 농촌지도사업·우량종자 및 종축의 보급, 「직업안정법」에 의한 직업지도

② 법령의 간접적 근거에 의한 행정지도
- 예) 건축물의 철거 등의 처분을 할 수 있는 법적 근거 – 「건축법」의 경우에는 처분을 대신하여 행정지도가 가능함

③ 전혀 법령의 근거에 의하지 않은 행정지도
- 예) 조직규범이 정한 업무의 범위 내에서만 가능

(2) 기능에 의한 분류

① 규제적 행정지도
- 예) 가격억제를 위한 권고, 공해방지를 위한 규제, 자연보호를 위한 오물투기제한, 위법방지를 위한 행정지도 등

② 조정적 행정지도
- 예) 노사 간 협의의 알선·조정, 기계공업시설의 계열화 권고, 과당경쟁방지, 수출입 품목조정 등

③ 촉진·조성적 행정지도 05
- 예) 생활개선지도, 중소기업의 합리화지도, 기술·정보·지식의 제공 또는 조언, 영농지도, 장학지도 등

6 행정지도의 법적 근거와 한계

(1) 행정지도의 법적 근거

① **조직법적 근거**: 조직법적 근거가 필요하여 조직법상의 소관 사무범위와 권한범위 내에서만 가능하며 이를 초과할 수 없다. 06

② **작용법적 근거(법률유보)**: 행정지도는 성질상 비권력적·임의적 작용이므로 작용법적 근거가 반드시 필요한 것은 아니나, 최근 입법에서 행정지도의 작용법적 근거를 두는 경우가 점차 증대되고 있다. 07 08

개념확인 O/X

01 행정지도를 하는 자는 그 상대방에게 그 행정지도의 취지 및 내용을 밝혀야 하지만 신분은 생략할 수 있다.
20 소방 (O / X)

02 말로 이루어지는 행정지도의 상대방은 서면의 교부를 요구할 수 있다.
16 교육행정 (O / X)

03 행정지도의 상대방은 당해 행정지도의 방식·내용 등에 관하여 행정기관에 의견을 제출할 수 없다.
20 소방 (O / X)

04 행정지도가 다수인을 대상으로 할 경우에도 명령·강제작용이 아니기 때문에 「행정절차법」은 특별한 사정이 없으면 공표할 필요가 없다고 규정한다.
11 지방9급 (O / X)

05 영농지도, 중소기업에 대한 경영지도, 생활개선지도 등은 조성적 행정지도에 해당한다.
12 국가9급 (O / X)

06 행정지도는 당해 행정기관의 소관 사무의 범위 내에서 행해져야 한다.
16 교육행정 (O / X)

07 행정지도에는 법률의 근거가 필요하지 않다는 것이 판례의 태도이다.
20 소방 (O / X)

08 직접적 규제목적이 없는 행정지도는 법령에 직접 근거규정이 없어도 권한업무의 범위 내에서 행해질 수 있다.
11 지방9급 (O / X)

| 정답 | 01 X | 02 O | 03 X | 04 X | 05 O | 06 O | 07 O | 08 O |

(2) 행정지도의 한계

① **법령상의 한계**: 행정지도에도 법률우위의 원칙이 적용된다.

② **조리상의 한계**: 비권력적 사실행위이지만 행정주체의 행정작용이기 때문에 평등의 원칙, 비례의 원칙, 신뢰보호의 원칙 등 행정법의 일반원칙에 의한 구속을 받으며 「행정절차법」도 "… 목적에 필요한 최소한의 한도에 …"라고 규정하고 있다.

③ **조직법상의 한계**: 조직법상의 권한 범위 내이어야 한다.

7 행정지도와 권리구제

(1) 행정쟁송

① 행정지도는 비권력적 사실행위이므로 처분성이 결여되어 항고쟁송이 될 수 없다는 견해가 다수적 견해이며 판례의 태도이다.

② 그러나 행정지도에 따르지 않았다는 이유로 불이익처분을 받은 경우, 그 처분에 대하여는 행정쟁송을 제기할 수 있다.

③ 또한 2원설의 형식적 행정행위설에 의하면 처분개념 속에 포함될 수 있으므로 항고소송의 대상이라 할 수 있을 것이다.

관련 판례

ⓑ 세무당국의 주류거래 중지요청은 항고소송대상인 처분이 아니다 [19 국가직 9급, 16 교육행정직] 01

세무당국이 소외 회사에 대하여 원고와의 주류거래를 일정기간 중지하여 줄 것을 요청한 행위는 권고 내지 협조를 요청하는 권고적 성격의 행위로서 소외 회사나 원고의 법률상의 지위에 직접적인 법률상의 변동을 가져오는 행정처분이라고 볼 수 없는 것이므로 항고소송의 대상이 될 수 없다(대판 1980.10.27. 80누395).

ⓑ 구청장이 건물의 자진철거를 요청하면서 보낸 '지상물철거촉구'의 공문은 행정처분이 아니다

구청장이 도시재개발구역 내의 건물소유자 갑에게 건물의 자진철거를 요청하는 내용의 공문을 보냈다고 하더라도 그 공문의 제목이 지장물철거촉구로 되어 있어서 철거명령이 아님이 분명하고, 행위의 주체면에서 구청장은 재개발구역 내 지장물의 철거를 요구할 아무런 법적 근거가 없으며, … (중략) … 자진철거의 협조를 요청한 것이라고 회신한 바 있다면 이러한 회신내용과 법치행정의 현실 및 일반적인 법의식수준에 비추어 볼 때 외형상 행정처분으로 오인될 염려가 있는 행정청의 행위가 존재함으로써 상대방이 입게 될 불이익 내지 법적 불안도 존재하지 않는다고 볼 것이므로 이를 행정소송의 대상이 되는 처분이라고 볼 수 없다(대판 1999.9.12. 88누8883).

ⓑ 두뇌한국21사업 협약을 해지하고 총장에게 대학 자체에서 징계를 요구한 행위는 처분이 아니다

재단법인 한국연구재단이 갑 대학교 총장에게 연구개발비의 부당집행을 이유로 '해양생물유래 고부가식품·향장·한약 기초소재 개발 인력양성사업에 대한 2단계 두뇌한국(BK)21 사업' 협약을 해지하고 연구팀장 을에 대한 대학 자체 징계 요구 등을 통보한 사안에서, 을에 대한 대학 자체 징계 요구는 항고소송의 대상이 되는 행정처분에 해당하지 않는다(대판 2014.12.11. 2012두2870).

---

01 판례에 따르면 세무당국이 주류거래를 일정기간 중지하여 줄 것을 요청한 행위는 항고소송의 대상이다.
16 교육행정 (O / X)

| 정답 | 01 X

> **주의**
> 1. 재단법인 한국연구재단이 갑 대학교 총장에게 연구개발비의 부당집행을 이유로 '해양생물유래 고부가식품·향장·한약 기초소재 개발 인력양성사업에 대한 2단계 두뇌한국(BK)21 사업' 협약을 해지하고 연구팀장 을에 대한 국가연구개발사업의 3년간 참여제한 등을 명하는 통보를 하자 을이 통보 취소를 청구한 사안에서, 을은 위 협약 해지 통보의 효력을 다툴 법률상 이익이 있다(대판 2014.12.11. 2012두28704).
> 2. 과학기술기본법령상 사업 협약의 해지 통보는 처분이다.
> 과학기술기본법령상 사업 협약의 해지 통보는 단순히 대등 당사자의 지위에서 형성된 공법상 계약을 계약 당사자의 지위에서 종료시키는 의사표시에 불과한 것이 아니라 행정청이 우월적 지위에서 연구개발비의 회수 및 관련자에 대한 국가연구개발사업 참여제한 등의 법률상 효과를 발생시키는 행정처분에 해당한다(대판 2014.12.11. 2012두28704).

(2) 헌법소원

헌법소원의 요건을 충족하는 경우에는 행정지도도 헌법소원의 대상이 된다.

> **관련 판례**
>
> **A 행정지도의 헌법재판소의 헌법소원 대상 가능성** [21 소방직, 20 군무원 9급, 19 국가직 9급, 13 지방직 9급, 12 국가직 9급] 01 02
>
> 교육인적자원부장관의 대학총장들에 대한 이 사건 학칙시정요구는 「고등교육법」 제6조 제2항, 동법 시행령 제4조 제3항에 따른 것으로서 그 법적 성격은 대학총장의 임의적인 협력을 통하여 사실상의 효과를 발생시키는 행정지도의 일종이지만, 그에 따르지 않을 경우 일정한 불이익조치를 예정하고 있어 사실상 상대방에게 그에 따를 의무를 부과하는 것과 다를 바 없으므로 단순한 행정지도로서의 한계를 넘어 규제적·구속적 성격을 상당히 강하게 갖는 것으로서 헌법소원의 대상이 되는 공권력의 행사라고 볼 수 있다(헌재 2003.6.26. 2002헌마337, 2003헌마7·8).
>
> **C** 서초구보건소장(피청구인)이 청구인의 광고가 「약사법」을 위반한다고 보고, 청구인에게 광고의 일부 표현을 수정하거나 삭제할 것을 요구한 행위(이하 '이 사건 시정요구'라 한다)가 헌법소원의 대상인 공권력 행사에 해당하는지 여부(소극)
>
> 이 사건 시정요구는 청구인의 광고가 「약사법」에 위반된다는 현재의 법적상황에 대한 행정청의 의견을 표명하면서, 「약사법」 등 관련 규정의 내용과 그 위반시의 불이익에 대한 일반적인 안내를 한 것에 불과하다. 따라서 이 사건 시정요구가 헌법소원의 대상이 되는 공권력 행사에 해당한다고 볼 수 없다(헌재 2023.9.26. 2020헌마1235)

(3) 손해전보

① 손해배상
 ㉠ 행정지도의 임의성에 의하여 행정지도에 따를지 여부에 대해 상대방에 완전한 자유가 보장되어 있으므로 행정지도와 손해 사이에는 인과관계가 형성될 수 없어 피해자의 배상청구권은 인정되지 않는 경우가 일반적이다(다수설).
 ㉡ 그러나 행정지도가 구체적 사안에 대하여 강제성을 가지는 경우에는 법적 근거 없이 이루어진 행정지도는 위법이 될 것이며 권력적 사실행위라고 보아야 할 것이다. 또한 잘못된 지식이나 미흡한 기술 등을 제공하여 상대방이 잘못된 임의적 행위를 하도록 유발시킨다거나 불측의 손해를 발생시킨 경우, 또는 행정기관이 사실상의 관련된 정보를 모두 가지고 있는 경우에는 인과관계를 인정하여 배상책임을 인정하여야 할 것이다.

개념확인 O/X

01 교육인적자원부장관(현, 교육부장관)의 대학총장들에 대한 학칙시정요구는 행정지도에 해당하므로 규제적·구속적 성격을 강하게 가지고 있더라도 헌법소원의 대상이 되는 공권력의 행사라고 볼 수 없다.
13 지방9급 (O / X)

02 행정지도가 단순한 행정지도로서의 한계를 넘어 규제적·구속적 성격을 상당히 강하게 갖는 것이라면 헌법소원의 대상이 되는 공권력의 행사로 볼 수 있다.
12 국가9급 (O / X)

| 정답 | 01 X 02 O

개념확인 O/X

01 행정지도가 강제성을 띠지 않은 비권력적 작용으로서 행정지도의 한계를 일탈하지 아니하였다면, 그로 인하여 상대방에게 손해가 발생하였다 하더라도 행정기관은 손해배상책임이 없다.
23 지방9급 (O/X)

02 행정지도가 그의 한계를 일탈하지 아니하였다면, 그로 인하여 상대방에게 어떤 손해가 발생하였다 하더라도 행정기관은 그에 대한 손해배상책임이 없다.
21 군무원9급 (O/X)

관련 판례

B 한계를 일탈하지 않은 행정지도로 인하여 상대방에게 손해가 발생한 경우, 행정기관이 손해배상책임을 지는지 여부(소극) [23 지방직 9급, 13 지방직 9급] **01 02**

> 행정지도가 강제성을 띠지 않은 비권력적 작용으로서 행정지도의 한계를 일탈하지 아니하였다면, 그로 인하여 상대방에게 어떤 손해가 발생하였다 하더라도 행정기관은 그에 대한 손해배상책임이 없다(대판 2008.9.25, 2006다18228).

B 행정지도가 「국가배상법」상의 공무원의 직무에 해당되는지 여부 [12 국가직 9급]

> 「국가배상법」이 정한 배상청구의 요건인 '공무원의 직무'에는 권력적 작용만이 아니라 행정지도와 같은 비권력적 작용도 포함되며 단지 행정주체가 사경제주체로서 하는 활동만 제외된다(대판 1998.7.10, 96다38971).

C 정부의 주식매각 종용행위가 강박행위에 해당한다 하여 행정지도로서 위법성이 조각되는지 여부

> 이른바 행정지도라 함은 행정주체가 일정한 행정목적을 실현하기 위하여 권고 등과 같은 비강제적인 수단을 사용하여 상대방의 자발적 협력 내지 동의를 얻어내어 행정상 바람직한 결과를 이끌어 내는 행정활동으로 이해되고, 따라서 적법한 행정지도로 인정되기 위하여는 우선 그 목적이 적법한 것으로 인정될 수 있어야 할 것이므로, 주식매각의 종용이 정당한 법률적 근거 없이 자의적으로 주주에게 제재를 가하는 것이라면 이 점에서 벌써 행정지도의 영역을 벗어난 것이라고 보아야 할 것이고 만일 이러한 행위도 행정지도에 해당된다고 한다면 이는 행정지도라는 미명하에 법치주의의 원칙을 파괴하는 것이라고 하지 않을 수 없으며, 더구나 그 주주가 주식매각의 종용을 거부한다는 의사를 명백하게 표시하였음에도 불구하고, 집요하게 위협적인 언동을 함으로써 그 매각을 강요하였다면 이는 위법한 강박행위에 해당한다고 하지 않을 수 없다 하여, 정부의 재무부 이재국장 등이 국제그룹 정리방안에 따라 신한투자금융주식회사의 주식을 주식회사 제일은행에게 매각하도록 종용한 행위가 행정지도에 해당되어 위법성이 조각된다는 주장을 배척한 사례(대판 1994.12.13, 93다49482)

② 손실보상
㉠ 원칙적으로는 피해자의 자유의사에 의한 응락, 협력에 의하여 그 불이익을 수인한 것으로 되어 그에 따른 손실보상청구권은 부인된다(다수설).
㉡ 그러나, 행정주체의 우월한 지위를 바탕으로 한 행정지도는 권력행사에 준하여, 상대방에게 특별한 희생이 이루어졌다면 손실보상이 가능하다는 주장도 있다(김남진).
㉢ 행정지도가 국민에게 구체적 사안에서 신뢰를 형성시킬 요건을 갖추고 있고 그로 인한 예측할 수 없는 손실에 대하여서는 국가 스스로 적정보상을 하는 것이 행정지도에 대한 국민의 신뢰를 보호하는 결과를 가져올 것이며, 행정지도의 신뢰성도 제고될 것이다
(예 통일벼 장려에 대한 손실농가에 임의 보상).

(4) 위법한 지도와 위법성의 조각문제

위법한 행정지도에 따른 사인의 행위는 위법인가의 문제가 있다. 행정지도가 비권력적·임의적인 성질이라 이에 따른 상대방의 행위는 자의에 의한 행위로 해석되며, 이에 위법한 행정지도에 의한 사인의 행위는 법령에 특별히 명시적 규정이 없는 한 위법성이 조각되지 않는다. **03**

03 위법한 행정지도에 따라 행한 사인의 행위는 위법성이 조각되어 범법행위가 되지 않는다.
23 지방9급 (O/X)

관련 판례

A 행정관청의 행정지도에 따라 매매가격을 허위신고한 것이 정당화될 수 있는지 여부 [20 군무원 9급, 17 국가직 9급]

> 토지의 매매대금을 허위로 신고하고 계약을 체결하였다면 이는 계약예정금액에 대하여 허위의 신고를 하고 토지 등의 거래계약을 체결한 것으로서 (구)「국토이용관리법」(1993.8.5. 법률 제4572호로 개정되기 전의 것) 제33조 제4호에 해당한다고 할 것이고, 행정관청이 「국토이용관리법」 소정의 토지거래계약신고에 관하여 공시된 기준시가를 기준으로 매매가격을 신고하도록 행정지도를 하여 그에 따라 허위신고를 한 것이라 하더라도 이와 같은 행정지도는 법에 어긋나는 것으로서 그와 같은 행정지도나 관행에 따라 허위신고행위에 이르렀다고 하여도 이것만 가지고서는 그 범법행위가 정당화될 수 없다(대판 1994.6.14. 93도3247).

B 토지거래계약신고에 관한 행정관청의 위법한 관행에 따라 토지의 매매가격을 허위로 신고한 행위가 사회상규에 위배되지 않는 정당한 행위라고 볼 수 없다 한 사례

> 행정관청이 토지거래계약신고에 관하여 공시된 기준지가를 기준으로 매매가격을 신고하도록 행정지도하여 왔고 그 기준가격 이상으로 매매가격을 신고한 경우에는 거래신고서를 접수하지 않고 반려하는 것이 관행화되어 있다 하더라도 이는 법에 어긋나는 관행이라 할 것이므로 그와 같은 위법한 관행에 따라 허위신고행위에 이르렀다고 하여 그 범법행위가 사회상규에 위배되지 않는 정당한 행위라고는 볼 수 없다(대판 1992.4.24. 91도1609).

관련 판례 행정지도에 의한 국제그룹 해제조치에 관한 헌법재판소와 대법원의 태도

C 헌법재판소

> 재무부장관이 제일은행장에 대하여 한 국제그룹의 해체준비착수 지시와 언론발표 지시는 상급관청의 하급관청에 대한 지시가 아님은 물론 동 은행에 대한 임의적 협력을 기대하여 행하는 비권력적 권고·조언 등의 단순한 행정지도로서의 한계를 넘어선 것이고, 이와 같은 공권력의 개입은 주거래 은행으로 하여금 공권력에 순응하여 제3자 인수식의 국제그룹 해체라는 결과를 사실상 실현시키는 행위라고 할 것으로, 이와 같은 유형의 행위는 형식적으로는 사법인인 주거래은행의 행위였다는 점에서 행정행위는 될 수 없더라도 그 실질이 공권력의 힘으로 재벌기업의 해체라는 사태변동을 일으키는 경우인 점에서 일종의 권력적 사실행위로서 헌법소원의 대상이 되는 공권력의 행사에 해당한다(헌재 1993.7.29. 89헌마31).

C 대법원

> 이른바 행정지도라 함은 행정주체가 일정한 행정목적을 실현하기 위하여 권고 등과 같은 비강제적인 수단을 사용하여 상대방의 자발적 협력 내지 동의를 얻어내어 행정상 바람직한 결과를 이끌어내는 행정활동으로 이해되고, 따라서 적법한 행정지도로 인정되기 위해서는 우선 그 목적이 적법한 것으로 인정될 수 있어야 할 것이므로, 주식매각의 종용이 정당한 법률적 근거 없이 자의적으로 주주에게 제재를 가하는 것이라면 이 점에서 벌써 행정지도의 영역을 벗어난 것이라고 보아야 할 것이고 만일 이러한 행위도 행정지도에 해당된다고 한다면 이는 행정지도라는 미명하에 법치주의의 원칙을 파괴하는 것이라고 하지 않을 수 없으며, 더구나 그 주주가 주식매각의 종용을 거부한다는 의사를 명백하게 표시하였음에도 불구하고, 집요하게 위협적인 언동을 함으로써 그 매각을 강요하였다면 이는 위법한 강박행위에 해당한다고 하지 않을 수 없다 하여, 정부의 재무부 이재국장 등이 국제그룹 정리방안에 따라 신한투자금융주식회사의 주식을 주식회사 제일은행에게 매각하도록 종용한 행위가 행정지도에 해당되어 위법성이 조각된다는 주장을 배척한다(대판 1994.12.13. 93다49482).

05 비공식적 행정작용

1 비공식적 행정작용의 의의

(1) 비공식적 행정작용의 개념
'비공식행정작용'이란 행정작용의 근거, 요건 및 효과 등이 법에 의해 정해져 있지 않은 것으로서 법적 구속력을 발생하지 않는 일체의 행정작용을 의미한다.

(2) 비공식적 행정작용의 형식
공식적인 행정작용이나 절차의 사전단계에서 사인의 임의적 행정을 유도할 목적으로 사인 간의 접촉을 통한 협의나 협상, 협력의 원칙으로 특정의 형식이 정하여 있지 않다.

(3) 비공식적 행정작용의 구체적 예
행정기관이 일방적으로 행하는 경고, 권고, 교시, 정보제공, 행정기관과 사인 간에 행해지는 협상, 접촉, 사전해결, 의사소통, 합의, 타협, 화해, 사전의 의견교환, 예비절충, 협정 등이 있으며, 비정형적(비정식적) 행정작용이라고도 한다.

(4) 행정지도와의 구분 여부
비공식적 행정작용과 행정지도가 내용적으로 실질적 차이가 없다는 견해도 있으나 비공식적 행정작용 속에 행정지도가 포함되며 행정지도가 비공식적 행정작용의 대표적인 유형이라는 견해가 일반적이다.

2 비공식적 행정작용의 허용성

비공식적 행정작용은 사인과의 거래를 통한 국가규율의지의 포기이며 법 외적 작용이므로 헌법상의 법치국가의 원리와 모순되기 때문에 허용되지 않는 것이 원칙이나, 비공식적 행정작용이 국민의 기본권에 대한 직접적인 침해를 가져오는 것이 아니라는 이유로 대부분의 학자들은 인정하는 것으로 보여진다. 오늘날 비공식적 행정작용은 경제법, 환경법, 경찰행정의 영역에서 주로 나타난다.

3 비공식적 행정작용의 법적 성질

비공식적 행정작용은 법적 구속력이 인정될 수 없고, 법적 효과도 발생하지 않는 비권력적 사실행위이다.

4 비공식적 행정작용의 법적 근거

비공식적 행정작용은 비권력적 사실행위로서 법적 근거를 요하지 않는다. 다만, 조직법적 근거는 요한다는 것이 일반적인 입장이다.

5 비공식적 행정작용의 한계

(1) 법규상의 한계
비공식적 행정작용 역시 행정의 행위형식의 하나이기 때문에 법령에 위배되지 않아야 한다.

(2) 조직법상의 한계
비공식적 행정작용은 조직법상의 권한 범위 내에서만 가능하다.

(3) 조리상의 한계
비공식적 행정작용은 행정법의 일반원칙에 의한 구속을 받는다.

6 비공식적 행정작용의 효력

비공식적 행정작용은 비권력적·비구속적 작용이므로 법적 구속력을 갖지 아니한다. 그러나 강력한 행정력을 갖는 공행정주체의 지위를 고려한다면, 비공식적 행정작용은 행정실무의 경우에 사실상 구속력을 가질 것이다.

7 비공식적 행정작용과 권리구제

(1) 항고소송의 문제
비공식적 행정작용은 법적 구속력이 없는 사실행위이므로 취소소송의 대상이 될 수 없으나, 형식적 행정행위의 개념을 긍정하는 경우라면 그 대상이 될 수 있을 것이다.

(2) 손해배상 등
비공식적 행정을 통해 합의된 내용에 대해 행정기관에 이행을 청구할 수도 없으며, 합의된 내용이 이행되지 않아 발생한 손해에 대해서도 원칙적으로 손해배상청구는 곤란하다.

06 행정계획

1 행정계획의 의의

(1) 행정계획의 개념
'행정계획'이란 행정주체가 행정활동의 기준으로서 일정한 목표를 설정하고 상호 관련성이 있는 행정수단을 종합·조정하여 설정된 목표를 장래의 일정한 시점에 있어서 실현하는 것을 내용으로 하는 행정활동의 목표와 기준의 설정행위이다. 01 02

(2) 행정계획의 중요성 증대
다양화된 현대사회의 복리국가에 있어서 행정계획의 중요성이 증대되고 있는 이유는 질서유지나 위기의 방지를 위한 소극적인 근대 행정계획에 비해 최근의 행정계획은 사회국가적 복리행정에 결부되는 적극적·종합적·장기적 계획이 점차 확대 강화되고 있기 때문이다.

개념확인 O/X

01 행정계획이란 장래의 질서 있는 행정활동을 위한 목표를 설정하고, 설정된 목표를 달성하기 위하여 다양한 행정수단을 종합하고 조정하는 행위이다.
13 서울9급 (O / X)

02 행정계획이란 행정활동의 일정한 목표를 설정하고 그 목표를 달성하기 위하여 필요한 수단을 선정하고 조정하는 것을 말한다.
12 지방9급 (O / X)

| 정답 | 01 O 02 O

2 행정계획의 기능

(1) 목표설정적 기능
미래지향적인 행정목표기준을 설정하는 기능으로 행정계획의 기본적인 기능이며, 행정의 예측가능성을 확보하게 해준다.

(2) 행정수단의 종합·조정적 기능
현대행정상의 다양화·세분화된 행정조직이나 행정수단을 일정한 목표로 상호 입체적·유기적으로 연관시킴으로서 행정능률을 확보하는 기능을 하며 행정의 부조화의 방지적 측면기능도 발휘된다.

(3) 행정과 국민 간의 매개적 기능
행정계획을 통하여 행정목표를 미리 알리게 됨으로써 국민에게 장래의 행동과 판단의 지침을 부여하게 된다.

3 행정계획의 법적 성질

> **결정적 코멘트** ▶ 행정계획 중 처분으로 인정된 판례와 행정계획에서의 계획재량, 행정계획의 집중효, 계획에 대한 국민의 청구권을 이해하여야 하며, 관련 판례를 암기하여야 한다.

행정계획으로 인한 권익구제와 관련하여 행정계획의 법적 성질이 문제되는바, 입법행위설·행정행위설·독자성설 등이 논의되고 있으나 개별적 결정설이 일반적 견해이다.

(1) 입법행위설
행정계획을 일반적·추상적 규범 정립으로 파악하는 견해로서 행정계획의 처분성을 인정하지 않아 권익구제에서 행정소송대상이 될 수 없다는 문제가 있다.

(2) 행정행위설
행정계획을 개별적·구체적 규율로서 행정행위의 성질로 파악하는 견해로서 행정계획을 행정소송의 대상으로 여기려는 입장이다.

(3) 독자성설
행정계획은 법규범도 아니고 행정행위도 아닌 특수한 성질의 것 또는 이물(異物)이나 그에는 구속력이 인정된다고 본다.

(4) 혼합행위설(복수성설)(다수설)
① 행정계획이 규범의 요소와 개별행위 요소의 양면을 갖는 행위형식의 혼합물이라는 견해이다.
② 행정계획의 법적 성질은 일률적으로 규정할 것이 아니라 행정계획의 개별적 성질이나 형식 등에 따라 판단되어야 한다. 01

> **관련 판례** 행정계획의 처분성 긍정
>
> ⓑ (구)「도시계획법」상의 도시계획결정 고시는 행정처분으로 행정소송의 대상이 된다 [24 국회직 9급] 02
>
> 「도시계획법」제12조 소정의 도시계획결정이 고시되면 도시계획구역 안의 토지나 건물소유자의 토지의 형질변경, 건축물의 신축·개축 또는 증축 등 권리행사가 일정한 제한을 받게 되는바, 이런 점에서 볼 때 본조 소정의 고시된 도시계획결정을 특정 개인의 권리 내지 법률상의 이익을 개별적이고 구체적으로 규제하는 효과를 가져오게 하는 행정청의 처분이라 할 것이고, 이는 행정소송의 대상이 된다(대판 1982.3.9. 80누105).

개념확인 O/X

01 행정계획은 장래 행정작용의 방향을 정한 것일 뿐 직접 국민의 권리의무에 변동을 가져오지는 않으므로 행정입법의 성질을 갖는다고 본다.
13 서울9급 (O / X)

02 도시계획결정이 고시되면 도시계획구역 안의 토지나 건물 소유자의 권리행사가 일정한 제한을 받지만, 고시된 도시계획결정은 특정 개인의 권리 내지 법률상의 이익을 개별적이고 구체적으로 규제하는 효과를 가져오지 아니하므로 처분이라 할 수 없다.
24 국회9급 (O / X)

정답 | 01 X 02 X

ⓒ 「택지개발촉진법」상의 택지개발예정지구 지정과 택지개발사업시행자에 대한 택지개발계획 승인은 각각 행정처분에 해당한다

> 「택지개발촉진법」 제3조에 의한 건설교통부장관의 택지개발예정지구의 지정은 그 처분의 고시에 의하여 개발할 토지의 위치, 면적과 그 행사가 제한되는 권리내용 등이 특정되는 처분인 반면에, 같은 법 제8조에 의한 건설교통부장관의 택지개발계획 시행자에 대한 택지개발계획의 승인은 당해 사업이 「택지개발촉진법」상의 택지개발사업에 해당함을 인정하여 시행자가 그 후 일정한 절차를 거칠 것을 조건으로 하여 일정한 내용의 수용권을 설정하여 주는 처분으로서 그 승인고시에 의하여 수용할 목적물의 범위가 확정되는 것이므로, 그 두 처분은 후자가 전자의 처분을 전제로 하는 것이기는 하나 각각 단계적으로 별개의 법률효과를 발생하는 독립한 행정처분이다(대판 1996.12.6. 95누8409).

ⓑ 「도시재개발법」상의 관리처분계획은 항고소송의 대상이 되는 행정처분에 해당한다 [25 국가직 9급, 12 지방직 9급] 01

> 「도시재개발법」에 의한 재개발조합은 조합원에 대한 법률관계에서 적어도 특수한 존립목적을 부여받은 특수한 행정주체로서 국가의 감독하에 그 존립 목적인 특정한 공공사무를 행하고 있다고 볼 수 있는 범위 내에서는 공법상의 권리의무 관계에 서 있는 것이므로 분양신청 후에 정하여진 관리처분계획의 내용에 관하여 다툼이 있는 경우에는 그 관리처분계획은 토지 등의 소유자에게 구체적이고 결정적인 영향을 미치는 것으로서 조합이 행한 처분에 해당하므로 항고소송의 방법으로 그 무효확인이나 취소를 구할 수 있다(대판 2002.12.10. 2001두6333).

ⓑ 「국토의 계획 및 이용에 관한 법률」상 토지거래허가구역의 지정에 대하여 항고소송을 제기할 수 있다

> 「국토의 계획 및 이용에 관한 법률」의 규정에 의하면, 같은 법에 따라 토지거래계약에 관한 허가구역으로 지정되는 경우, 허가구역 안에 있는 토지에 대하여 소유권이전 등을 목적으로 하는 거래계약을 체결하고자 하는 당사자는 공동으로 행정관청으로부터 허가를 받아야 하는 등 일정한 제한을 받게 되고, 허가를 받지 아니하고 체결한 토지거래계약은 그 효력이 발생하지 아니하며, … (중략) … 토지거래계약에 관한 허가구역의 지정은 개인의 권리 내지 법률상의 이익을 구체적으로 규제하는 효과를 가져오게 하는 행정청의 처분에 해당하고, 따라서 이에 대하여는 원칙적으로 항고소송을 제기할 수 있다(대판 2006.12.22. 2006두12883).

ⓑ 주택재건축정비사업조합이 수립한 사업시행계획이 인가·고시를 통해 확정된 후의 쟁송방법은 인가된 사업시행계획에 대한 항고소송

> (구)「도시 및 주거환경정비법」의(2007.12.21. 법률 제8785호로 개정되기 전의 것)에 따른 주택재건축정비사업조합은 관할 행정청의 감독 아래 위 법상 주택재건축사업을 시행하는 공법인으로서, 그 목적 범위 내에서 법령이 정하는 바에 따라 일정한 행정작용을 행하는 행정주체의 지위를 가진다 할 것인데, 재건축정비사업조합이 이러한 행정주체의 지위에서 위 법에 기초하여 수립한 사업시행계획은 인가·고시를 통해 확정되면 이해관계인에 대한 구속적 행정계획으로서 독립된 행정처분에 해당한다(대결 2009.11.2. 자 2009마596).

개념확인 O/X

01 (구)「도시 및 주거환경정비법」에 따른 주택재건축정비사업조합이 수립한 사업시행계획은 인가·고시를 통해 확정되면 구속적 행정계획으로서 행정처분에 해당한다.
25 국가9급 (O / X)

개념확인 O/X

01 (구)「도시계획법」상 도시기본계획은 도시계획입안의 지침이 되는 것으로서 일반 국민에 대한 직접적 구속력이 없다.
16 지방9급 (O / X)

02 (구)「도시계획법」상 도시기본계획은 일반 국민에 대한 직접적 구속력을 가진다.
14 국가9급 (O / X)

03 위법한 도시기본계획에 대하여 제기되는 취소소송은 법원에 의하여 허용되지 아니한다.
17 지방9급 (O / X)

04 환지계획은 환지예정지 지정이나 환지처분의 근거가 되고 그 자체가 직접 토지소유자 등의 법률상의 지위를 변동시키거나 다른 고유한 법률효과를 수반하는 것이어서 항고소송의 대상이 되는 처분에 해당한다.
25 국가9급 (O / X)

관련 판례 — 행정계획의 처분성 부정

C 「택지개발촉진법」상 택지개발사업 시행자의 택지공급방법결정행위는 사실행위에 불과하여 항고소송의 대상이 되는 행정처분으로 볼 수 없다

「택지개발촉진법」 제18조, 제20조의 규정에 따라 택지개발사업 시행자가 건설부장관으로부터 승인을 받아 택지의 공급방법을 결정하였더라도 그 공급방법의 결정은 내부적인 행정계획에 불과하여 그것만으로 택지공급희망자의 권리나 법률상 이익에 개별적이고 구체적인 영향을 미치는 것은 아니므로, 택지개발사업시행자가 그 공급방법을 결정하여 통보한 것은 분양계약을 위한 사전 준비절차로서의 사실행위에 불과하고 항고소송의 대상이 되는 행정처분으로 볼 수 없다(대판 1993.7.13. 93누36).

A (구)「도시계획법」 제10조의2의 도시기본계획이 국민에 대한 직접구속력이 없다 [21 국가직 9급, 19 서울시 7급, 17 지방직 9급, 16 지방직 9급, 14 국가직 9급] 01 02 03

(구)「도시계획법」 제10조의2, 제16조의2, 같은 법 시행령 제7조, 제14조의2의 각 규정을 종합하면, 도시기본계획은 도시의 기본적인 공간구조와 장기발전방향을 제시하는 종합계획으로서 그 계획에는 토지이용계획, 환경계획, 공원녹지계획 등 장래의 도시개발의 일반적인 방향이 제시되지만, 그 계획은 도시계획입안의 지침이 되는 것에 불과하여 일반 국민에 대한 직접적인 구속력은 없는 것이다(대판 2002.10.11. 2000두8226).

B 「토지구획정리법」상 환지계획은 항고소송의 대상인 처분이 아니다 [25 국가직 9급] 04

주의 환지예정지 지정과 환지처분은 처분임

「토지구획정리사업법」 제57조, 제62조 등의 규정상 환지예정지 지정이나 환지처분은 그에 의하여 직접 토지소유자 등의 권리의무가 변동되므로 이를 항고소송의 대상이 되는 처분이라고 볼 수 있으나, 환지계획은 위와 같은 환지예정지 지정이나 환지처분의 근거가 될 뿐 그 자체가 직접 토지소유자 등의 법률상의 지위를 변동시키거나 또는 환지예정지 지정이나 환지처분과는 다른 고유한 법률효과를 수반하는 것이 아니어서 이를 항고소송의 대상이 되는 처분에 해당한다고 할 수가 없다(대판 1999.8.20. 97누6889).

C 4대강 살리기 마스터플랜은 행정처분이 아니다

국토해양부, 환경부, 문화체육관광부, 농림수산부, 식품부가 합동으로 2009.6.8. 발표한 '4대강 살리기 마스터플랜' 등은 4대강 정비사업과 주변 지역의 관련 사업을 체계적으로 추진하기 위하여 수립한 종합계획이자 '4대강 살리기 사업'의 기본방향을 제시하는 계획으로서, 행정기관 내부에서 사업의 기본방향을 제시하는 것일 뿐, 국민의 권리·의무에 직접 영향을 미치는 것이 아니어서 행정처분에 해당하지 않는다(대결 2011.4.21. 자 2010무111 전합).

C (구)「하수도법」 제5조의2에 의한 하수도정비기본계획은 항고소송의 대상이 되는 행정처분에 해당하지 아니한다

(구)「하수도법」(1997.3.7. 법률 제5300호로 개정되기 전의 것) 제5조의2에 의하여 기존의 하수도정비기본계획을 변경하여 광역하수종말처리시설을 설치하는 등의 내용으로 수립한 하수도정비기본계획은 항고소송의 대상이 되는 행정처분에 해당하지 아니한다(대판 2002.5.17. 2001두10578).

| 정답 | 01 O 02 X 03 O 04 X

ⓒ (구)「농어촌도로 정비법」 제6조 소정의 농어촌도로기본계획이 항고소송의 대상이 되는 행정처분에 해당하는지 여부(소극)

> (구)「농어촌도로 정비법」(1997.12.13. 법률 제5454호로 개정되기 전의 것) 제6조에 의한 농어촌도로기본계획은 그 자체로 국민의 권리의무를 개별적 구체적으로 규제하는 효과를 가지는 것은 아니므로 이는 항고소송의 대상이 되는 행정처분에 해당한다고 할 수 없다(대판 2000.9.5. 99두974).

4 행정계획의 종류

(1) 내용에 의한 분류
국토계획, 경제계획, 사회계획, 재정계획, 국토방위계획, 교육계획, 방재계획 등이 있다.

(2) 기간에 의한 분류
장기계획(10년 이상), 중기계획(5년 이상), 단기계획(1년 내외) 등이 있다.

(3) 계획지역에 의한 분류
전국계획, 수도권계획, 지역계획, 지방계획 등이 있다.

(4) 타 계획의 기준 여부에 의한 분류
상위계획, 하위계획 등이 있다.

(5) 계획범위에 의한 분류
종합계획, 부분계획 등이 있다.

(6) 구속력에 의한 분류
① 구속적 행정계획
   ㉠ 국민에 대한 구속적 계획: 도시계획, 국토이용계획, 환지계획 등
   ㉡ 타 계획에 대한 구속적 계획: 국토건설종합계획, 도시기본계획
   ㉢ 관계행정기관에 대한 구속적 계획: 예산운용계획

> **관련 판례**
> ⓒ 도시설계는 도시계획구역의 일부분을 그 대상으로 하여 토지의 이용을 합리화하고, 도시의 기능 및 미관을 증진시키며 양호한 도시환경을 확보하기 위하여 수립하는 도시계획의 한 종류로서 도시설계지구 내의 모든 건축물에 대하여 구속력을 가지는 구속적 행정계획의 법적 성격을 갖는다고 할 것이다(헌재 2003.6.26. 2002헌마402).

② 비구속적 행정계획: 인구계획, 농어촌 전화확대사업계획, 산업진흥계획, 교육진흥계획, 체육진흥계획 등 01

개념확인 O/X

01 유도적 행정계획과 정보제공적 행정계획은 비구속적 행정계획이다.
24 국회9급 (O / X)

| 개념확인 O/X |

5 행정계획의 법적 근거와 절차

(1) 법적 근거

① **조직법적 근거**: 계획의 수립을 위해서는 우선 해당 행정계획에 관한 사항을 관장할 수 있는 권한에 관한 조직법적 근거가 있어야 한다.

② **작용법적 근거**: 국민이나 행정기관에 대하여 법적 구속력을 가지는 구속적 행정계획은 작용법적 근거를 요하나, 비구속적 행정계획은 작용법상의 근거 없이 가능하다. 01

01 행정계획 중에서 국민의 권리의무에 법적 효과를 미치는 구속적인 행정계획은 법률에 근거가 있어야 한다.
12 사회복지 (O/X)

(2) 수립절차

① 행정계획의 수립절차에 관한 일반적 규정은 없다.

② 그러나 일반적으로 행정계획은 '입안 ⇨ 의견조정 ⇨ 결정 ⇨ 공고의 과정'을 통하여 수립된다.

③ **관계기관과의 조정**: 개별법에 관계기관의 장과 협의를 거치도록 한 규정이 있거나 상급청의 승인이나 조정절차를 거쳐야 하는 경우에는 내부의 협의 등을 거쳐야 한다.

④ **주민이나 이해관계인의 참여**: 개별법상 주민 및 관계 전문가 등으로부터 의견을 듣기 위한 공청회나 이해관계인의 입안 등의 외부의 참여 등을 규정한 경우에는 이에 따라야 한다.

> **관련 판례**
>
> ⓒ 도시계획안의 공고 및 공람절차에 하자가 있는 도시계획결정의 적부(위법) [12 지방직 9급] 02
>
> 「도시계획법」 제16조의2 제2항과 같은 법 시행령 제14조의2 제6항 내지 제8항의 규정을 종합하여 보면 도시계획의 입안에 있어 해당 도시계획안의 내용을 공고 및 공람하게 한 것은 다수 이해관계자의 이익을 합리적으로 조정하여 국민의 권리자유에 대한 부당한 침해를 방지하고 행정의 민주화와 신뢰를 확보하기 위하여 국민의 의사를 그 과정에 반영시키는 데 있는 것이므로 이러한 공고 및 공람 절차에 하자가 있는 도시계획결정은 위법하다(대판 2000.3.23. 98두2768).

02 공청회와 이주대책이 없는 도시계획수립행위는 당연무효인 행위이다.
12 지방9급 (O/X)

⑤ 행정계획이 법규의 형식으로 이루어진 경우에는 「법령 등 공포에 관한 법률」의 규정에 의하여 공포하고(공포 후 20일 경과 후 효력발생) 그 외의 형식에 의한 계획은 각 개별법 규정에 따라 고시하여야 한다.

6 행정계획의 효력요건과 효력

(1) 효력요건

① **고시 등을 통한 대외적 표시**
   ㉠ 국민의 자유·권리와 직접 관련 있는 행정계획은 법규형식이 아니어도 국민에게 알려야만 효력이 발생한다. 03

03 개인의 자유와 권리에 직접 영향을 미치는 계획이라도 광범위한 형성의 자유가 결부되므로 국민들에게 고시 등으로 알려져야만 대외적으로 효력을 발생하는 것이 아니다.
21 군무원7급 (O/X)

04 (구)「도시계획법」상 도시계획안의 공고 및 공람절차에 하자가 있는 행정청의 도시계획결정은 위법하다.
21 군무원7급 (O/X)

> **관련 판례**
>
> ⓑ 관보에 게재하여 고시하지 아니한 도시계획결정 등 처분의 효력 [21 군무원 7급, 12 지방직 9급] 04 05
>
> (구)「도시계획법」(1971.1.19. 법률 제2291호로 개정되기 전의 것) 제7조가 도시계획결정 등 처분의 고시를 도시계획구역, 도시계획결정 등의 효력발생요건으로 규정하였다고 볼 것이어서 건설부

05 권한 있는 행정청이 정당하게 도시계획결정 등의 처분을 하였다면 이를 관보에 게재하여 고시하지 아니하였다 하더라도 대외적으로 효력을 발생한다.
12 지방9급 (O/X)

466 · PART II 행정법 통칙

| 정답 | 01 O 02 X 03 X 04 O 05 X

장관 또는 그의 권한의 일부를 위임받은 서울특별시장, 도지사 등 지방장관이 기안, 결재 등의 과정을 거쳐 정당하게 도시계획결정 등의 처분을 하였다고 하더라도 이를 관보에 게재하여 고시하지 아니한 이상 대외적으로는 아무런 효력도 발생하지 아니한다(대판 1985.12.10. 85누186).

ⓒ 도시·군관리계획결정에서 도시·군관리계획의 기본적 내용, 대략적 위치와 면적이 결정되어 고시를 통해 대외적으로 표시되어야 하는지 여부(적극)

국토계획법이 도시·군관리계획결정이 고시된 후 지형도면을 작성하여 고시하도록 규정한 취지는 도시·군관리계획으로 토지이용제한을 받게 되는 토지와 그 이용제한의 내용을 명확히 공시하여 토지이용의 편의를 도모하고 행정의 예측가능성과 투명성을 확보하려는 데 있다(대판 2017.4.7. 2014두37122 참조). 이처럼 지형도면은 도시·군관리계획결정이 미치는 공간적 범위를 구체적으로 특정하는 기능을 수행하므로, 도시·군관리계획의 기본적 내용, 대략적 위치와 면적은 도시·군관리계획결정에서 결정되어 고시를 통해 대외적으로 표시되어야 한다(대판 2018.11.29. 2018두49109).

ⓒ 법규형식의 행정계획의 경우에는 특별한 규정이 없는 한 공포일로부터 20일이 경과하면 효력이 발생한다. **01**

② **양립될 수 없는 모순된 후행계획의 효력**: 양립될 수 없는 중복의 행정계획은 후행계획에 의해 선행계획이 적법하게 변경된 것으로 간주한다. 다만, 후행 행정계획을 행한 행정청이 선행 행정계획에 대한 권한을 가지고 있지 않은 경우에는 후행 행정계획이 무효가 된다.

관련 판례

Ⓐ 중복된 도시계획결정의 효력 [21 국가직 9급, 17 서울시 7급, 16 지방직 7급, 16 지방직 9급]

행정청은 이미 도시계획이 결정·고시된 지역에 대하여도 다른 도시계획을 결정·고시할 수 있고, 이때에 후행 도시계획에 선행 도시계획과 서로 양립할 수 없는 내용이 포함되어 있다면, 특별한 사정이 없는 한 선행 도시계획은 후행 도시계획과 같은 내용으로 적법하게 변경되었다고 할 것이다(대판 1997.6.24. 96누1313).

ⓒ 후행 도시계획의 결정을 하는 행정청이 선행 도시계획의 결정·변경 등에 관한 권한을 가지고 있지 아니한 경우, 선행 도시계획과 양립할 수 없는 내용이 포함된 후행 도시계획결정의 효력(= 무효) [17 서울시 7급, 16 지방직 7급, 16 지방직 9급] **02 03 04**

도시계획의 결정·변경 등에 관한 권한을 가진 행정청은 이미 도시계획이 결정·고시된 지역에 대하여도 다른 내용의 도시계획을 결정·고시할 수 있고, 이 때에 후행 도시계획에 선행 도시계획과 서로 양립할 수 없는 내용이 포함되어 있다면, 특별한 사정이 없는 한 선행 도시계획은 후행 도시계획과 같은 내용으로 변경되는 것이나, 후행 도시계획의 결정을 하는 행정청이 선행 도시계획의 결정·변경 등에 관한 권한을 가지고 있지 아니한 경우에 선행 도시계획과 서로 양립할 수 없는 내용이 포함된 후행 도시계획결정을 하는 것은 아무런 권한 없이 선행 도시계획결정을 폐지하고, 양립할 수 없는 새로운 내용이 포함된 후행 도시계획결정을 하는 것으로서, 선행 도시계획결정의 폐지 부분은 권한 없는 자에 의하여 행해진 것으로서 무효이고, 같은 대상지역에 대하여 선행 도시계획결정이 적법하게 폐지되지 아니한 상태에서 그 위에 다시 한 후행 도시계획결정 역시 위법하고, 그 하자는 중대하고도 명백하여 다른 특별한 사정이 없는 한 무효라고 보아야 한다(대판 2000.9.8. 99두11257).

개념확인 O/X

01 행정계획은 법률의 형식일 수도 있다.
13 지방9급　　　　　　　(O / X)

02 선행 도시계획의 결정·변경 등의 권한이 없는 행정청이 행한 선행 도시계획과 양립할 수 없는 새로운 내용의 후행 도시계획결정은 무효이다.
16 지방9급　　　　　　　(O / X)

03 도시계획의 결정·변경 등에 관한 권한을 가진 행정청이 이미 도시계획이 결정·고시된 지역에 대하여 행한 다른 내용의 도시계획의 결정·고시는 무효이다.
16 지방7급　　　　　　　(O / X)

04 후행 도시계획을 결정하는 행정청이 선행 도시계획의 결정·변경에 관한 권한을 가지고 있지 아니한 경우 선행 도시계획과 양립할 수 없는 후행 도시계획결정은 취소사유에 해당한다.
17 서울7급　　　　　　　(O / X)

| 정답 | 01 O　02 O　03 X　04 X

개념확인 O/X

> ⓒ 도시관리계획결정·고시와 그 도면에 특정 토지가 도시관리계획에 포함되지 않았음이 명백한데도 도시관리계획을 집행하기 위한 후속계획이나 처분에서 그 토지가 도시관리계획에 포함된 것처럼 표시되어 있는 경우, 표시된 부분의 효력(= 무효)
>
>> 도시관리계획결정·고시와 그 도면에 특정 토지가 도시관리계획에 포함되지 않았음이 명백한데도 도시관리계획을 집행하기 위한 후속계획이나 처분에서 그 토지가 도시관리계획에 포함된 것처럼 표시되어 있는 경우가 있다. 이것은 실질적으로 도시관리계획결정을 변경하는 것에 해당하여 (구)「국토의 계획 및 이용에 관한 법률」(2009. 2. 6. 법률 제9442호로 개정되기 전의 것) 제30조 제5항에서 정한 도시관리계획 변경절차를 거치지 않는 한 당연무효이다(대판 2019. 7. 11. 2018두47783).

(2) 구속효

① **행정기관에 대한 구속효**: 계획이 제시한 바에 따라 행정을 수행하게 된다(예 비상대비기본계획, 예산운용계획).

② **국민에 대한 구속효**: 국민의 행위를 규제하게 된다(예 도시관리계획, 정비계획 등).

③ **다른 계획에 대한 구속효**: 상위계획에 의한 하위계획의 구속의 경우이다(예 국토종합계획 등).

(3) 집중효(인·허가의제제도)

① **의의**: 행정계획이 확정됨으로써 관련 있는 다른 법률규정의 각종 승인, 인가, 허가 등을 받은 것으로 간주하는 효력을 말한다(「국토의 계획 및 이용에 관한 법률」 제61조, 「건축법」 제11조 제6항, 「택지개발촉진법」 제11조, 「골재채취법」 제23조).

> **관련 판례**
>
> ⓒ 주택조합들이 「주택건설촉진법」 제33조 제1항에 의하여 주택건설사업계획을 승인받은 이상 같은 법 제33조 제4항 제3호에 따라 그 사업에 필요한 범위 내의 도로에 대하여 「도로법」 제40조에 의한 도로점용의 허가를 얻은 것으로 간주된다(대판 2002. 2. 26. 2000두4323).

② **취지**: 대규모 사업을 시행함에 있어서 다수의 행정기관의 인가·허가·승인 등을 얻어야 하는 경우 각각의 개별적인 신청과 심사를 통한 인가·허가·승인을 받는 번거로움을 없애고 해당 사업을 수행할 수 있는 절차를 간소화하여 해당 사업을 촉진하려는 것이 집중효제도의 목적이다.

③ **법적 근거**: 행정기관의 권한과 절차상의 변경을 일으키므로 개별법의 명시적 근거가 필요하다. 실정법적 근거에는 「택지개발촉진법」 제11조, 「국토의 계획 및 이용에 관한 법률」 제61조, 「주택법」 제19조 등이 있다. ※ 행정행위 단원의 전술한 내용과 동일 01

01 인·허가의제제도는 행정기관의 권한에 변경을 가져오는 것이므로 법률의 명시적인 근거가 있어야 한다.
13 서울9급　　　　　　(O / X)

> **관련 판례**
>
> ⓒ 건설부장관이 관계기관의 장과의 협의를 거쳐 주택건설사업계획 승인을 한 경우 별도로 「도시계획법」 소정의 중앙도시계획위원회의 의결이나 주민의 의견청취 등 절차가 필요한지 여부(소극)
>
>> 건설부장관이 (구)「주택건설촉진법」 제33조에 따라 관계기관의 장과의 협의를 거쳐 사업계획승인을 한 이상 같은 조 제4항의 허가·인가·결정·승인 등이 있는 것으로 볼 것이고, 그 절차와 별도로 「도시계획법」 제12조 등 소정의 중앙도시계획위원회의 의결이나 주민의 의견청취 등 절차를 거칠 필요는 없다(대판 1992. 11. 10. 92누1162).

ⓒ 채광계획인가로 공유수면 점용허가가 의제될 경우, 공유수면 점용불허사유로서 채광계획을 인가하지 아니할 수 있는지 여부

> 채광계획이 중대한 공익에 배치된다고 할 때에는 인가를 거부할 수 있고, 채광계획을 불인가 하는 경우에는 정당한 사유가 제시되어야 하며 자의적으로 불인가를 하여서는 아니 될 것이므로 채광계획인가는 기속재량행위에 속하는 것으로 보아야 할 것이나, (구)「광업법」 제47조의2 제5호에 의하여 채광계획인가를 받으면 공유수면 점용허가를 받은 것으로 의제되고, 이 공유수면 점용허가는 공유수면 관리청이 공공 위해의 예방 경감과 공공 복리의 증진에 기여함에 적당하다고 인정하는 경우에 그 자유재량에 의하여 허가의 여부를 결정하여야 할 것이므로, 공유수면 점용허가를 필요로 하는 채광계획 인가신청에 대하여도, 공유수면 관리청이 재량적 판단에 의하여 공유수면 점용을 허가 여부를 결정할 수 있고, 그 결과 공유수면 점용을 허용하지 않기로 결정하였다면, 채광계획 인가관청은 이를 사유로 하여 재광계획을 인가하지 아니할 수 있는 것이다(대판 2002.10.11. 2001두151).

7 행정계획에서의 계획재량

(1) 의의

행정주체가 행정계획을 수립하는 과정에서 계획을 형성해 갈 수 있는 자유영역을 계획재량이라 하며, 재량의 범위가 넓다는 특징이 있다. 01 02 03

관련 판례

ⓑ 도시관리계획결정의 재량과 이에 대한 존중 여부

> 도시관리계획결정은 식생이 양호한 수림의 훼손 등과 같이 장래 발생할 불확실한 상황과 파급효과에 대한 예측 등을 반영한 행정청의 재량적 판단으로서, 그 내용이 현저히 합리성을 결여하거나 형평이나 비례의 원칙에 뚜렷하게 반하는 등의 사정이 없는 한 폭넓게 존중하여야 한다(대판 2023.11.16. 2022두61816).

(2) 행정재량과의 비교

행정법규	계획법규
조건프로그램(조건과 결과의 모형) – 가언명령 형식	목적프로그램(목적과 수단의 모형) – 정언명령 형식
행정재량: 요건과 효과규정이 명시되어 있고 그 범위 내에서 재량 인정	계획재량: 요건과 효과규정이 공백규정이 보통이므로 광범위한 재량의 범위 인정

(3) 계획재량의 한계

① 절차상의 한계: 관련법상의 절차를 준수하여야 한다. 04

② 수단의 비례성 한계: 계획달성을 위한 수단은 목적달성에 적합하여야 하며 비례원칙에 따라야 한다.

개념확인 O/X

01 행정계획에 대한 사법적 통제와 관련하여서는 계획재량이 중요한 의미를 가진다.
18 소방 (O / X)

02 행정계획은 일반적인 행정행위에 비하여 행정청에 폭넓은 재량권이 부여된다.
16 서울9급 (O / X)

03 계획수립의 권한을 가지고 있는 행정기관의 계획수립과 관련하여 광범위한 재량권을 갖고 있는 바, 이를 계획재량이라 한다.
13 서울9급 (O / X)

04 계획재량은 재량행위의 일종이므로 일정한 법치국가적 한계가 있다.
18 소방 (O / X)

| 정답 | 01 O 02 O 03 O 04 O

(4) 계획재량의 통제와 형량명령

① 통제의 필요성
  ㉠ 계획재량에는 광범위한 재량이 부여되어 있으므로 사법적 통제가 행정재량과 동일하게 적용되기 어려우며 또한 현대국가에서의 계획행정의 중요성으로 인하여 '계획에 의한 행정'에 의해 '법률에 의한 행정'이 위협받고 있는 상황이어서 계획법규에 대한 통제가 특히 논의되고 있는 실정이다.
  ㉡ 「행정절차법」 제40조의4에서는 행정계획 중 국민의 권리나 의무에 직접 영향을 미치는 계획을 수리하거나 변경 등을 할 때에는 여러 형량을 정당하게 하여야 한다는 규정을 두고 있다.

> **관련 법령**
>
> 「**행정절차법**」 제40조의4 【**행정계획**】 행정청은 행정청이 수립하는 계획 중 국민의 권리·의무에 직접 영향을 미치는 계획을 수립하거나 변경·폐지할 때에는 관련된 여러 이익을 정당하게 형량하여야 한다.

② 형량명령
  ㉠ 의의: 행정청이 계획재량을 행사함에 있어 관련된 제이익, 다시 말해 공익과 공익 간, 공익과 사익 간, 사익과 사익 간의 정당한 이익의 형량을 요구하는 법리이다. 01
  ㉡ 하자
    ⓐ 하자의 유형
      ⅰ) **형량의 해태**: 형량을 전혀 행사하지 않은 경우
      ⅱ) **형량의 흠결**: 형량의 대상 중 마땅히 포함시켜야 할 사항을 빠뜨린 경우
      ⅲ) **오형량**: 형량을 하였으나 객관성과 공정성을 결한 경우
    ⓑ **행정계획의 위법**: 형량의 하자가 있게 되어 행정계획은 위법하게 된다.

> **관련 판례**
>
> Ⓐ 행정계획상 형량하자의 개념을 인정한 경우 [24 국회직 9급, 18 국가직 7급, 18 소방직, 17 서울시 7급, 16 서울시 9급, 16 군무원, 13 지방직 9급, 12 서울시 9급, 12 사회복지직] 02 03 04 05 06 07
>
> 행정주체가 가지는 이와 같은 형성의 자유는 무제한적인 것이 아니라 그 행정계획과 관련되는 자들의 이익을 공익과 사익 사이에는 물론이고, 공익 상호간 또는 사익 상호간에도 정당하게 비교·형량하여야 한다는 제한이 있는 것이고, 따라서 <u>행정주체가 행정계획을 입안·결정함에 있어서 이익형량을 전혀 행하지 아니하거나 이익형량의 고려대상에 마땅히 포함시켜야 할 사항을 누락한 경우 또는 이익형량을 하였으나 정당성·객관성이 결여된 경우에는 그 행정계획결정은 재량권을 일탈·남용한 것으로서 위법한 것으로 보아야 한다</u>(대판 1996.11.29. 96누8567).
>
> Ⓒ 행정주체의 행정계획결정에 관한 재량의 한계
>
> 행정주체는 구체적인 행정계획을 입안·결정함에 있어서 비교적 광범위한 형성의 자유를 가지는 것이지만, 행정주체가 가지는 이와 같은 형성의 자유는 무제한적인 것이 아니라 그 행정계획에 관련되는 자들의 이익을 공익과 사익 사이에서는 물론이고 공익 상호간과 사익 상호간에도 정당하게 비교교량하여야 한다는 제한이 있으므로, 행정주체가 행정계획을 입안·결정함에 있어서 이익형량을 전혀 행하지 아니하거나 이익형량의 고려대상에 마땅히 포함시켜야 할 사항을 누락한 경우 또는 이익형량을 하였으나 정당성과 객관성이 결여된 경우에는 그 행정계획결정은 형량에 하자가 있어 위법하게 된다(대판 2007.4.12. 2005두1893).

개념확인 O/X

01 형량명령은 계획을 수립함에 있어 관계되는 모든 이익을 정당하게 형량하여야 한다는 행정법의 일반원칙이다.
18 소방 (O / X)

02 도시계획의 입안에 있어 해당 도시계획안의 내용을 공고 및 공람하게 한 것은 다수 이해관계자의 이익을 합리적으로 조정하여 국민의 권리자유에 대한 부당한 침해를 방지하고 행정의 민주화와 신뢰를 확보하기 위하여 국민의 의사를 그 과정에 반영시키는 데 있는 것이므로 이러한 공고 및 공람 절차에 하자가 있는 도시계획결정은 위법하다.
24 국회9급 (O / X)

03 행정청은 행정청이 수립하는 계획 중 국민의 권리·의무에 직접 영향을 미치는 계획을 수립하거나 변경·폐지할 때에는 관련된 여러 이익을 정당하게 형량하여야 한다.
24 국회9급 (O / X)

04 행정주체가 행정계획을 입안·결정하면서 이익형량을 전혀 행하지 않거나 이익형량의 고려대상에 포함시켜야 할 사항을 누락하거나 또는 이익형량의 정당성과 객관성이 결여된 경우 그 행정계획은 형량하자로 위법하다.
17 서울7급 (O / X)

05 계획재량, 형량명령 및 형량명령의 하자에 관한 이론은 판례에는 반영되고 있지 아니하다.
18 소방 (O / X)

06 이익형량을 전혀 하지 않았다면 위법하다고 볼 수 있으나, 이익형량의 고려사항을 일부 누락하였거나 이익형량에 있어 정당성이 결여된 것만으로는 위법하다고 볼 수 없다.
16 서울9급 (O / X)

07 법령에서 고려하도록 규정한 이익은 물론 법령에 규정되지 않은 이익도 행정계획과 관련이 있으면 모두 형량명령에 포함시켜야 한다.
12 사회복지 (O / X)

| 정답 | 01 O 02 O 03 O 04 O 05 X 06 X 07 O

8 행정계획의 통제

(1) 행정적 통제
상급행정청의 감독권행사나 관계 장관과의 협의·승인 등을 통한 절차상 통제, 국무회의심의, 자문기관의 자문, 행정심판, 상위계획에 의한 하위계획의 통제 등에 의해 통제할 수 있다.

(2) 입법적 통제
법규상의 목적·수단·절차에 따라야 하며, 국회의 예산심의, 국정조사 및 감사, 해임건의, 대정부질문, 법률의 개정 또는 폐지에 의해 통제할 수 있다.

(3) 사법적 통제
법원에 의한 사법심사 및 헌법재판소에 의해 통제할 수 있다.

(4) 국민에 의한 통제
계획과정에 대한 주민의 참여, 청원, 공청회, 의견제출, 계획안의 열람 등으로 통제할 수 있다.

(5) 절차적 통제
계획과정의 절차적 통제는 실체적 통제의 어려움 때문에 실체적 통제의 곤란을 보완할 수 있는 방법으로 가정 적절한 방법이다. 계획의 수립과정에 대한 이해관계인, 주민의 참여기회의 보장, 전문적 심의기구의 절차, 계획의 공표에 관한 절차적 보장 등이다.

> **관련 판례**
>
> ⓒ 도시계획안의 공고 및 공람절차에 하자가 있는 도시계획결정의 적부(= 위법)
>
> 「도시계획법」 제16조의2 제2항과 같은 법 시행령 제14조의2 제6항 내지 제8항의 규정을 종합하여 보면 도시계획의 입안에 있어 해당 도시계획안의 내용을 공고 및 공람하게 한 것은 다수 이해관계자의 이익을 합리적으로 조정하여 국민의 권리자유에 대한 부당한 침해를 방지하고 행정의 민주화와 신뢰를 확보하기 위하여 국민의 의사를 그 과정에 반영시키는 데 있는 것이므로 이러한 공고 및 공람 절차에 하자가 있는 도시계획결정은 위법하다(대판 2000.3.23. 98두2768).
>
> ⓒ 공청회를 거치지 않은 도시계획결정은 취소사유에 해당하는 위법이 있다
>
> 도시계획의 수립에 있어서 「도시계획법」 제16조의2 소정의 공청회를 열지 아니하고 「공공용지의 취득 및 손실보상에 관한 특례법」 제8조 소정의 이주대책을 수립하지 아니하였더라도 이는 절차상의 위법으로서 취소사유에 불과하고 그 하자가 도시계획결정 또는 도시계획사업시행인가를 무효라고 할 수 있을 정도로 중대하고 명백하다고는 할 수 없으므로 이러한 위법을 선행처분인 도시계획결정이나 사업시행인가 단계에서 다투지 아니하였다면 그 쟁소기간이 이미 도과한 후인 수용재결단계에 있어서는 도시계획수립 행위의 위와 같은 위법을 들어 재결처분의 취소를 구할 수는 없다고 할 것이다(대판 1990.1.23. 87누947).

9 행정계획과 행정구제

행정계획의 변경이나 확정 등으로 권익을 침해받았을 경우의 구제에 관한 논의는 주로 구속적 행정계획에서 이루어지며, 특히 국민적 구속력이 있는 경우에 문제가 될 것이다.

(1) 사전적 구제수단

공청회나 의견제출 등 절차적 참여를 보장하여 공익과 사익 사이의 계획으로 야기된 문제를 최소화하는 행정절차의 문제이다.

(2) 사후적 구제수단

① 행정계획과 행정쟁송
  ㉠ 비구속적 계획의 경우: 비구속적 행정계획 처분성이 결여되어 행정쟁송이 인정되지 않는다고 보는 것이 통설적 견해이다.
  ㉡ 구속적 계획의 경우(기성사실에 따른 구제 어려움)
    ⓐ 구속력이 있는 행정계획이라도 처분성이 인정되는 경우는 제한적이라서 항고쟁송의 대상에 문제가 있다. 01
    ⓑ 구속력이 있는 행정계획에 해당된다고 해도 계획재량의 특수성으로 재량범위가 광범위하여 실체적 하자입증이 어렵다는 문제가 있다.
    ⓒ 또한 행정계획이 처분으로 인정되어 항고소송대상이 되었고, 실체적 하자를 입증하였다고 해도 소송진행 중 계획의 진행이 이미 이루어져 취소가능성이 희박하다(사정판결의 가능성)는 문제가 있다.
    ⓓ 비록 항고소송대상이 되는 행정계획이라도 실질적인 구제의 어려움이 있다.
    ⓔ 이에 헌법재판소는 도시계획결정에 의해 토지를 수용당한 자는 도시계획결정이 당연무효가 아니면 취소를 구할 법률상 이익이 없다는 입장이다.

> **관련 판례**
>
> **ⓒ 도시계획결정이 당연무효가 아닌 한 취소를 구할 법률상 이익은 없다** [12 사회복지직, 12 지방직 9급] 02 03
>
> 토지수용에 의하여 이미 이 사건 토지에 대한 소유권을 상실한 청구인은 도시계획결정과 토지의 수용이 법률에 위반되어 당연무효라고 볼만한 특별한 사정이 보이지 않는 이상 이 사건 토지에 대한 도시계획결정의 취소를 청구할 법률상의 이익을 흠결하여 당해 소송은 적법한 것이 될 수 없고 나아가 우리 재판소의 위헌결정에 의하여, 사업이 시행되지 아니한 토지의 소유자에게 취소청구권이나 해제청구권을 부여하는 새로운 입법이 이루어진다고 하더라도, 이 사건과 같이 이미 도시계획시설사업이 시행되어 토지수용까지 이루어진 경우에는 앞에서 본 바와 같이 이러한 규정들이 적용될 수 없는 것이므로 심판대상조항들은 재판의 전제가 되지 않는다고 할 것이다(헌재 2002. 5. 30. 2000헌바58·2001헌바3).

② 행정계획과 손해전보
  ㉠ 손해배상: 실체적·절차적인 하자가 있는 행정계획으로 구체적 손해를 입은 경우에는 손해배상을 청구할 수 있으나 위법성 입증이 어려워 사실상 요건 충족이 곤란할 것이다.
  ㉡ 손실보상: 적법한 행정계획으로 재산상의 특별한 희생을 입은 자는 그 손실에 대하여 손실보상을 청구할 수 있다.

개념확인 O/X

01 행정계획은 항고소송의 대상이 될 수 없다.
16 서울9급 (O / X)

02 헌법재판소에 의하면 도시계획사업의 시행으로 토지를 수용당한 사람은 도시계획결정과 토지수용이 당연무효가 아닌 한 도시계획결정 자체의 취소를 청구할 법률상의 이익이 없다.
12 지방9급 (O / X)

03 도시계획시설결정과 토지의 수용이 위법하더라도 당연무효가 아닌 경우에, 일단 도시계획시설 사업의 시행에 착수한 뒤에도 이해관계인에게는 그 도시계획결정 자체의 취소를 청구할 법률상 이익이 있다.
12 사회복지 (O / X)

| 정답 | 01 X 02 O 03 X

③ 신뢰보호와 계획보장청구권
  ㉠ 의의
    ⓐ 현실적 상황을 토대로 한 장기적인 행정의 목표설정과 계획 진행 과정에서 발생하는 예상하지 못한 변수에 의한 행정계획의 수정가능성(계획의 가변적 속성)은 신뢰보호와 긴장관계가 형성된다.
    ⓑ 이에 공익을 이유로 한 행정계획변경은 계획에 대한 합리적 신뢰를 바탕으로 한 국민의 이해관계와 상충적 관계가 형성되고, 이에 따라 계획보장(존속 등)청구권이 문제가 된다. 01 02
    ⓒ 즉, 계획보장청구권은 행정계획의 수립과 수행의 과정에서 공익달성목적을 위한 행정계획의 변경필요성으로 인하여 계획을 변경·폐지할 경우에 당사자가 자신에게 유리했던 당초의 계획을 존속·준수를 요구하고 혹은 폐지변경이 불가피한 경우에는 경과조치청구나 손실보상·손해배상을 청구할 수 있는 권리를 말하며 이에 대한 인정 여부를 말한다.
  ㉡ 내용 : 계획존속청구권, 계획준수청구권(계획실행청구권), 경과조치청구권의 협의적 내용과 이에 손해전보(손실보상+손해배상)청구권을 가미하는 광의적 내용으로 구성되어 있다.
  ㉢ 인정 여부 : 행정계획 수립에서 장래 예측곤란이나 여러 사정에 의하여 잘못된 행정계획이 수립되었다면 행정계획은 변경될 수 있는 것이므로, 즉 행정계획의 가변성, 유연성, 공공복리의 속성으로 인하여 인정하기 어렵다는 것이 일반적 견해이다(거부의 처분성 여부에서 전술하였다).

관련 판례

Ⓒ 원칙 – 계획변경청구권을 인정하지 않음 [14 국가직 9급] 03

(구)「도시계획법」상 주민이 행정청에 대하여 도시계획 및 그 변경에 대하여 어떤 신청을 할 수 있음에 관한 규정이 없고, 도시계획과 같이 장기성·종합성이 요구되는 행정계획에 있어서 그 계획이 일단 확정된 후에 어떤 사정의 변동이 있다고 하여 지역주민에게 일일이 그 계획의 변경을 청구할 권리를 인정해 줄 수도 없는 것이므로, 원고들에게 그 주장과 같은 사유만으로는 이 사건 도시계획의 변경을 신청할 조리상의 권리가 있다고 볼 수 없다(대판 1994.1.28. 93누22029).

예외 – 계획변경청구권을 인정

Ⓐ (구)「국토이용관리법」상의 국토이용계획변경신청에 대한 거부행위가 항고소송의 대상이 되는 행정처분에 해당하기 위한 요건 [21 군무원 7급, 21 국가직 9급, 20 국가직 9급, 20 지방직 9급, 19 서울시 7급, 17 지방직 9급, 14 국가직 9급] 04 05 06

(구)「국토이용관리법」상 주민이 국토이용계획의 변경에 대하여 신청을 할 수 있다는 규정이 없을 뿐만 아니라, 국토건설종합계획의 효율적인 추진과 국토이용질서를 확립하기 위한 국토이용계획은 장기성·종합성이 요구되는 행정계획이어서 원칙적으로는 그 계획이 일단 확정된 후에 어떤 사정의 변동이 있다고 하여 그러한 사유만으로는 지역주민이나 일반 이해관계인에게 일일이 그 계획의 변경을 신청할 권리를 인정하여 줄 수는 없을 것이지만, 장래 일정한 기간 내에 관계 법령이 규정하는 시설 등을 갖추어 일정한 행정처분을 구하는 신청을 할 수 있는 법률상 지위에 있는 자의 국토이용계획변경신청을 거부하는 것이 실질적으로 당해 행정처분 자체를 거부하는 결과가 되는 경우에는 예외적으로 그 신청인에게 국토이용계획변경을 신청할 권리가 인정된다고 봄이 상당하므로, 이러한 신청에 대한 거부행위는 항고소송의 대상이 되는 행정처분에 해당한다(대판 2003.9.23. 2001두10936).

개념확인 O/X

01 행정계획에는 변화가능성이 내재되어 있으므로, 국민의 신뢰보호를 위하여 계획보장청구권이 널리 인정된다.
16 서울9급 (O / X)

02 행정계획의 가변적 속성으로 인해 행정계획에 대한 신뢰보호와 변화의 필요성은 충돌되는 경우가 있다.
(O / X)

03 (구)「국토이용관리법」상 국토이용계획이 확정된 후 일정한 사정의 변동이 있다면 지역주민에게 일반적으로 계획의 변경 또는 폐지를 청구할 권리가 있다.
14 국가9급 (O / X)

04 관계 법령에 따라 일정한 행정처분을 구하는 신청을 할 수 있는 법률상 지위에 있는 자의 국토이용계획변경신청을 거부하는 것이 실질적으로 당해 행정처분 자체를 거부하는 결과가 되는 경우, 그 신청인에게 국토이용계획변경을 신청할 권리가 인정된다.
17 지방9급 (O / X)

05 국토이용계획변경신청을 거부하는 것이 실질적으로 당해 행정처분 자체를 거부하는 결과가 되는 경우에 그 신청인은 국토이용계획변경을 신청할 권리가 있다.
14 국가9급 (O / X)

06 국토이용계획변경신청을 거부하였을 경우 실질적으로 폐기물처리업허가 신청과 같은 처분을 불허하는 결과가 되는 경우 국토이용계획변경의 입안 및 결정권자인 행정청에게 계획변경을 신청할 법규상 또는 조리상 권리를 가진다.
21 군무원7급 (O / X)

| 정답 | 01 X 02 O 03 X 04 O 05 O 06 O

개념확인 O/X

01 도시계획구역 내 토지 등을 소유하고 있는 주민에게는 입안권자에게 도시계획입안을 요구할 수 있는 법규상 또는 조리상 신청권이 인정되며, 신청에 대한 거부행위는 항고소송의 대상이 된다.
17 서울7급 (O / X)

02 도시계획구역 내 토지 등을 소유하고 있는 주민이라도 도시계획입안권자에게 도시계획의 입안을 요구할 수 있는 법규상·조리상 신청권은 없다.
16 지방9급 (O / X)

03 도시계획구역 내에 토지 등을 소유하고 있는 주민이라 하더라도 도시계획시설변경 입안권자에게 도시계획입안을 요구할 수 있는 법규상 또는 조리상 신청권이 발생하는 것은 아니다.
14 국가9급 (O / X)

04 「국토의 계획 및 이용에 관한 법률」상 도시계획구역 내 토지 등을 소유하고 있는 사람과 같이 도시계획시설결정에 이해관계가 있는 주민은 도시시설계획의 입안 내지 변경을 요구할 수 있는 법규상 또는 조리상의 신청권이 있다.
16 지방7급 (O / X)

05 산업단지개발계획상 산업단지 안의 토지 소유자로서 산업단지개발계획에 적합한 시설을 설치하여 입주하려는 자는 산업단지개발계획의 변경을 요청할 수 있는 법규상 또는 조리상 신청권이 있다.
24 국회9급 (O / X)

Ⓐ 도시계획구역 내 토지소유자의 도시계획입안 신청에 대한 도시계획 입안권자의 거부행위가 항고소송의 대상이 되는 행정처분에 해당하는지 여부(적극) [20 지방직 9급, 17 서울시 7급, 16 지방직 7급, 16 지방직 9급, 14 국가직 9급] **01 02 03**

도시계획구역 내 토지 등을 소유하고 있는 주민으로서는 입안권자에게 도시계획입안을 요구할 수 있는 법규상 또는 조리상의 신청권이 있다고 할 것이고, 이러한 신청에 대한 거부행위는 항고소송의 대상이 되는 행정처분에 해당한다(대판 2004. 4. 28. 2003두1806).

Ⓐ 문화재보호구역 내 토지소유자의 문화재보호구역 지정해제 신청에 대한 행정청의 거부행위가 항고소송의 대상이 되는 행정처분에 해당하는지 여부(적극) [20 지방직 9급, 18 지방직 7급, 12 사회복지직]

「문화재보호법」은 문화재를 보존하여 이를 활용함으로써 국민의 문화적 생활의 향상을 도모함과 아울러 인류문화의 발전에 기여함을 목적으로 하면서도, 문화재보호구역의 지정에 따른 재산권행사의 제한을 줄이기 위하여, … (중략) … 문화재보호구역 내에 있는 토지소유자 등으로서는 위 보호구역의 지정해제를 요구할 수 있는 법규상 또는 조리상의 신청권이 있다고 할 것이고, 이러한 신청에 대한 거부행위는 항고소송의 대상이 되는 행정처분에 해당한다(대판 2004. 4. 27. 2003두8821).

Ⓑ 도시계획시설결정에 이해관계가 있는 주민에게 도시시설계획의 입안 내지 변경을 요구할 수 있는 법규상 또는 조리상의 신청권이 있는지 여부(적극) 및 이러한 신청에 대한 거부행위가 항고소송의 대상이 되는 행정처분에 해당하는지 여부(적극) [16 지방직 7급] **04**

지구단위계획구역의 지정 및 변경과 지구단위계획의 수립 및 변경에 관한 사항에 대하여 도시·군관리계획도서와 계획설명서를 첨부하여 도시·군관리계획의 입안을 제안할 권리를 부여하고 있고, 입안제안을 받은 입안권자는 그 처리 결과를 제안자에게 통보하도록 규정하고 있다. 이들 규정에 헌법상 개인의 재산권 보장의 취지를 더하여 보면, 도시계획구역 내 토지 등을 소유하고 있는 사람과 같이 당해 도시계획시설결정에 이해관계가 있는 주민으로서는 도시시설계획의 입안권자 내지 결정권자에게 도시시설계획의 입안 내지 변경을 요구할 수 있는 법규상 또는 조리상의 신청권이 있고, 이러한 신청에 대한 거부행위는 항고소송의 대상이 되는 행정처분에 해당한다(대판 2015. 3. 26. 2014두42742).

Ⓑ 산업단지개발계획상 산업단지 안의 토지소유자로서 산업단지개발계획에 적합한 시설을 설치하여 입주하려는 자에게 산업단지지정권자 또는 그로부터 권한을 위임받은 기관에 대하여 산업단지개발계획의 변경을 요청할 수 있는 법규상 또는 조리상 신청권이 있는지 여부(적극) 및 이러한 신청에 대한 거부행위가 항고소송의 대상이 되는 행정처분에 해당하는지 여부(적극) [24 국회직 9급] **05**

헌법상 재산권 보장의 취지에 비추어 보면 토지의 소유자에게 위와 같은 절차적 권리와 신청권을 인정한 것은 정당하다고 볼 수 있다. 이러한 법리는 이미 산업단지 지정이 이루어진 상황에서 산업단지 안의 토지소유자로서 종전 산업단지개발계획을 일부 변경하여 산업단지개발계획에 적합한 시설을 설치하여 입주하려는 자가 종전 계획의 변경을 요청하는 경우에도 그대로 적용될 수 있다. 그러므로 산업단지개발계획상 산업단지 안의 토지소유자로서 산업단지개발계획에 적합한 시설을 설치하여 입주하려는 자는 산업단지지정권자 또는 그로부터 권한을 위임받은 기관에 대하여 산업단지개발계획의 변경을 요청할 수 있는 법규상 또는 조리상 신청권이 있고, 이러한 신청에 대한 거부행위는 항고소송의 대상이 되는 행정처분에 해당한다고 보아야 한다(대판 2017. 8. 29. 2016두44186).

④ **장기 미집행 행정계획의 실효제도**: 이미 확정된 행정계획이 일정기간 안에 집행되지 않아 이해관계 있는 주민의 권익이 침해되는 경우에 일정기간이 경과하면 행정계획은 실효될 수 있는지에 대한 문제로서, 헌법재판소는 이에 헌법상의 재산권으로부터 당연히 도출될 수 있는 권리는 아니라는 입장이다.

| 정답 | 01 O 02 X 03 X 04 O 05 O |

> **관련 판례** 장기간 집행되지 않는 도시계획시설결정의 실효제도

C 헌법재판소의 입장

장기미집행 도시계획시설결정의 실효제도가 헌법상 재산권으로부터 당연히 도출되는 권리를 확인한 것인지 여부(소극)
장기미집행 도시계획시설결정의 실효제도는 도시계획시설부지로 하여금 도시계획시설결정으로 인한 사회적 제약으로부터 벗어나게 하는 것으로서 결과적으로 개인의 재산권이 보다 보호되는 측면이 있는 것은 사실이나, 이와 같은 보호는 입법자가 새로운 제도를 마련함에 따라 얻게 되는 법률에 기한 권리일 뿐 헌법상 재산권으로부터 당연히 도출되는 권리는 아니다(헌재 2005.9.29. 2002헌바84).

> **관련 법령**

「국토의 계획 및 이용에 관한 법률」 제48조 【도시·군계획시설결정의 실효 등】 ① 도시·군계획시설결정이 고시된 도시·군계획시설에 대하여 그 고시일부터 20년이 지날 때까지 그 시설의 설치에 관한 도시·군계획시설사업이 시행되지 아니하는 경우 그 도시·군계획시설결정은 그 고시일부터 20년이 되는 날의 다음 날에 그 효력을 잃는다.
② 시·도지사 또는 대도시 시장은 제1항에 따라 도시·군계획시설결정이 효력을 잃으면 대통령령으로 정하는 바에 따라 지체 없이 그 사실을 고시하여야 한다.

⑤ **헌법소원**: 행정계획에 의하여 기본권을 침해당한 자는 헌법소원을 통하여 권리구제를 받을 수 있을 것이다.

> **관련 판례**

A 비구속적 행정계획안이나 행정지침이 예외적으로 헌법소원의 대상이 되는 공권력행사에 해당될 수 있는 요건 [25 국가직 9급, 21 국가직 9급, 21 군무원 7급, 18 국가직 7급, 17 서울시 7급, 17 지방직 9급, 16 지방직 9급, 16 지방직 7급, 13 지방직 9급] **01 02 03**

비구속적 행정계획안이나 행정지침이라도 국민의 기본권에 직접적으로 영향을 끼치고, 앞으로 법령의 뒷받침에 의하여 그대로 실시될 것이 틀림없을 것으로 예상될 수 있을 때에는, 공권력 행위로서 예외적으로 헌법소원의 대상이 될 수 있다[헌재 2000.6.1. 99헌마538·543·544·545·546·549(병합)].

C 도시계획사업의 시행으로 인한 토지수용에 소유권을 상실한 경우 당연무효가 아닌 한 도시계획결정의 취소를 청구할 법률상의 이익이 없고 심판대상조항들의 위헌 여부는 재판의 전제가 되지 않는다 **04**

도시계획사업의 시행으로 인한 토지수용에 의하여 이미 이 사건 토지에 대한 소유권을 상실한 청구인은 도시계획결정과 토지의 수용이 법률에 위반되어 당연무효라고 볼만한 특별한 사정이 보이지 않는 이상 이 사건 토지에 대한 도시계획결정의 취소를 청구할 법률상의 이익을 흠결하여 당해 소송은 적법한 것이 될 수 없고 나아가 우리 재판소의 위헌결정에 의하여, 사업이 시행되지 아니한 토지의 소유자에게 취소청구권이나 해제청구권을 부여하는 새로운 입법이 이루어진다고 하더라도, 이미 도시계획시설사업이 시행되어 토지수용까지 이루어진 경우에는 이러한 규정들이 적용될 수 없는 것이므로 심판대상조항들의 위헌 여부는 재판의 전제가 되지 않는다(헌재 2002.5.30. 2000헌바58, 2001헌바3).

개념확인 O/X

01 비구속적인 행정계획은 헌법소원의 대상이 될 수 없다.
25 국가9급, 13 지방9급 (O / X)

02 행정기관 내부지침에 그치는 행정계획이 국민의 기본권에 직접 영향을 끼치고 법령의 뒷받침에 의하여 그대로 실시될 것이 틀림없을 것으로 예상되는 때에는 예외적으로 헌법소원의 대상이 된다.
21 군무원7급 (O / X)

03 비구속적 행정계획안이라도 국민의 기본권에 직접적으로 영향을 끼치고 앞으로 법령의 뒷받침에 의하여 그대로 실시될 것이 틀림없을 것으로 예상되는 경우에는 예외적으로 헌법소원의 대상이 될 수 있다.
16 지방9급 (O / X)

04 개발제한구역의 지정·고시에 대한 헌법소원 심판청구는 행정쟁송절차를 모두 거친 후가 아니면 부적법하다.
17 지방9급 (O / X)

| 정답 | 01 X 02 O 03 O 04 O

| 개념확인 O/X |

01 국공립대학의 총장직선제 개선 여부를 재정지원 평가요소로 반영하고 이를 개선하지 않을 경우 다음 연도에 지원금을 삭감 또는 환수하도록 규정한 교육부장관의 '대학교육역량강화사업 기본계획'은 헌법소원의 대상이 된다.
17 지방9급 (O/X)

🅑 교육부장관의 대학교육역량강화사업기본계획은 헌법소원 대상이 되지 않는다 [17 지방직 9급] 01

2012년도와 2013년도 대학교육역량강화사업 기본계획은 대학교육역량강화 지원사업을 추진하기 위한 국가의 기본방침을 밝히고 국가가 제시한 일정 요건을 충족하여 높은 점수를 획득한 대학에 대하여 지원금을 배분하는 것을 내용으로 하는 행정계획일 뿐, 위 계획에 따를 의무를 부과하는 것은 아니다. 총장직선제를 개선하지 않을 경우 지원금을 받지 못하게 될 가능성이 있어 대학들이 이 계획에 구속될 여지가 있다 하더라도, 이는 사실상의 구속에 불과하고 이에 따를지 여부는 전적으로 대학의 자율에 맡겨져 있다. 더구나 총장직선제를 개선하려면 학칙이 변경되어야 하므로, 계획 자체만으로는 대학의 구성원인 청구인들의 법적 지위나 권리의무에 어떠한 영향도 미친다고 보기 어렵다. 따라서 2012년도와 2013년도 계획 부분은 헌법소원의 대상이 되는 공권력 행사에 해당하지 아니한다(헌재 2016.10.27. 2013헌마576).

07 행정상 사실행위

1 의의

(1) 행정상 사실행위의 개념
'행정상 사실행위'란 일정한 법적 효과의 발생을 목적으로 하는 법적 행위에 대응되는 개념으로 결과의 발생만을 목적으로 하는 행정주체의 일체의 행위를 말한다.

(2) 행정상 사실행위의 효과
행정상 사실행위에는 법적 효과가 발생하는 경우도 있으나, 이는 사실행위에 의한 간접적 효과이지 행정청의 의도에 의한 것은 아니다.

2 행정상 사실행위의 종류

(1) 영역에 따른 분류(내부적 행위와 외부적 행위)
① 내부적 사실행위: 문서, 금전처리, 행정결정을 위한 준비행위 등 행정조직 내부에서의 행위를 말한다.
② 외부적 사실행위: 금전출납, 행정조사, 영조물의 설치관리 등 행정주체와 국민 간의 행위를 말하며, 일반적인 사실행위는 외부적 사실행위를 말한다.

(2) 사실행위를 규율하는 법에 따른 분류(공법적 사실행위와 사법적 사실행위)
공법적 규율을 받는 것이 공법적 사실행위이고, 사법적 규율을 받는 것이 사법적 사실행위이다(권리구제와 관련된다).

(3) 물리적 행위의 수반 여부에 따른 분류(정신적 사실행위와 물리적 사실행위)
① 정신적 사실행위(의사작용 중심): 행정지도, 보고, 경고, 행정조사, 축사, 표창 등의 의사작용을 수반하는 행위를 말한다.
② 물리적 사실행위(물리적 작용 중심): 공물·영조물의 설치·관리, 무허가건물 철거, 재산압류 등의 행위로 의사작용을 수반하지 않는다.

| 정답 | 01 X

(4) 독립적 의미의 여부에 따른 분류(독립적 사실행위와 집행적 사실행위)

① **독립적 사실행위**: 행정지도, 문서작성, 금전출납, 도로보수공사 등 법적 집행을 위한 것이 아닌 독립적인 사실행위를 말한다.
② **집행적 사실행위**: 대집행의 실행, 감염병환자의 강제격리 등 다른 법적 행위를 집행하기 위한 사실행위를 말한다.

(5) 공권력에 의한 실력행사 여부에 따른 분류(권력적 사실행위와 비권력적 사실행위)

① **권력적 사실행위**: 행정상 강제집행(대집행, 압류, 직접강제), 행정상 즉시강제, 권력적 행정조사 등 행정주체가 우월적 지위에서 일방적으로 강제하는 사실행위를 말한다.
② **비권력적 사실행위**: 금전출납, 쓰레기 수거, 행정지도, 수난구호, 진화, 학교수업 등 일방적인 강제를 수반하지 않는 사실행위를 말한다.

3 행정상 사실행위의 법적 근거와 한계

(1) 행정상 사실행위의 법적 근거

① **조직법적 근거**: 사실행위도 행정주체의 행정작용으로서 당연히 조직법상의 근거는 필요하다. 사실행위도 당해 행정청의 조직상 정당한 권한의 범위 내의 것이어야 한다.
② **작용법적 근거**: 사실행위 중 비권력적 사실행위는 법적 근거가 없어도 가능하다고 볼 수 있다. 그러나 권력적 사실행위는 법적 근거가 있어야 할 것이다.

(2) 행정상 사실행위의 한계

① **법규상의 한계**: 행정상 사실행위도 행정작용의 하나로서 당연히 법령에 저촉되어서는 안 되며, 법이 정한 절차적·실체적 요건을 충족하여야 한다.
② **조리상의 한계**: 행정법의 일반원칙인 평등의 원칙, 비례의 원칙, 신뢰보호의 원칙 등을 준수하여야 한다.

4 행정상 사실행위와 권리구제

(1) 행정쟁송

① **권력적 사실행위(처분성 인정)**: 권력적 사실행위는 공권력의 행사로서 「행정심판법」 및 「행정소송법」 각 제2조상의 '처분'에 해당한다.

> **관련 판례**
>
> ⓒ 교육감이 학교법인에 대한 감사 실시 후 처리지시를 하고 그와 함께 그 시정조치에 대한 결과를 증빙서를 첨부한 문서로 보고하도록 한 것은, 비권력적 사실행위인 행정지도가 아니다
>
> 교육감이 학교법인에 대하여 처리지시와 아울러 그 시정조치에 대한 결과를 증빙서를 첨부한 문서로써 보고하도록 명령함으로써 이 사건 처리지시의 시정조치 결과가 법 제48조에 근거한 보고명령 및 증빙서 첨부명령의 내용에 사실상 포함되어 있으므로 이 사건 처리지시에 따른 시정조치가 선행되지 않는 이상 피고의 위 보고명령 및 증빙서 첨부명령을 이행하기 어렵다고 할 것이다. 또한, 위 보고명령 및 증빙서 첨부명령을 이행하지 않는 경우 학교법인의 이사장이 형사상 처벌을 받게

나 법 규정을 위반하였다는 사유로 임원 취임의 승인이 취소될 수도 있다. 이와 같은 사정에 비추어 보면, 학교법인으로서는 위 보고명령 및 증빙서 첨부명령을 이행하기 위하여 이 사건 처리지시에 따른 제반 조치를 먼저 이행하는 것이 사실상 강제되어 있다고 할 것이므로, 이 사건 처리지시는 단순히 권고적 효력만을 가지는 비권력적 사실행위인 행정지도에 불과하다고 보기 어렵고, 원고에게 의무의 부담을 명하거나 기타 법률상 효과를 발생하게 하는 것으로서 항고소송의 대상이 되는 행정처분에 해당한다고 해석함이 상당하다고 할 것이다(대판 2008.9.11. 2006두18362).

ⓒ **구청장의 사회복지법인에 대한 시정지시와 보고의 지시는 비권력적 사실행위가 아니다**

구청장이 사회복지법인에 특별감사 결과 지적사항에 대한 시정지시와 그 결과를 관계서류와 함께 보고하도록 지시한 경우, 그 시정지시는 비권력적 사실행위가 아니라 항고소송의 대상이 되는 행정처분에 해당한다(대판 2008.4.24. 2008두3500).

ⓒ **교도소장의 수형자 서신 검열은 권력적 사실행위로서 처분이다**

수형자의 서신을 교도소장이 검열하는 행위는 이른바 권력적 사실행위로서 행정심판이나 행정소송의 대상이 되는 행정처분으로 볼 수 있으나, 위 검열행위가 이미 완료되어 행정심판이나 행정소송을 제기하더라도 소의 이익이 부정될 수 밖에 없으므로 헌법소원심판을 청구하는 외에 다른 효과적인 구제방법이 있다고 보기 어렵기 때문에 보충성의 원칙에 대한 예외에 해당한다(헌재 1998.8.27. 96헌마398).

② **비권력적 사실행위(처분성 부정)**: 행정지도 등 이른바 단순한 비권력적 사실행위는 그 처분성이 부인되므로 취소소송이 인정될 수 없다(판례). 다만, 형식적 행정행위론에 의할 경우에는 가능하다 할 것이다.

> **관련 판례**
>
> ⓒ **수도사업자의 급수공사 신청자에 대한 급수공사비 납부통지는 행정처분이라 볼 수 없다**
>
> 수도사업자가 급수공사 신청자에 대하여 급수공사비 내역과 이를 지정기일 내에 선납하라는 취지로 한 납부통지는 수도사업자가 급수공사를 승인하면서 급수공사비를 계산하여 급수공사 신청자에게 이를 알려 주고 위 신청자가 이에 따라 공사비를 납부하면 급수공사를 하여 주겠다는 취지의 강제성이 없는 의사 또는 사실상의 통지행위라고 풀이함이 상당하고, 이를 가리켜 항고소송의 대상이 되는 행정처분이라고 볼 수 없다(대판 1993.10.26. 93누6331).
>
> ⓒ **운수사업 면허대상자를 선정하는 추첨 자체는 사실행위로서 처분이 아니다**
>
> 추첨방식에 의하여 운수사업 면허대상자를 선정하는 경우에 있어 추첨 자체는 다수의 면허신청자 중에서 면허를 받을 수 있는 신청자를 특정하여 선발하는 행정처분을 위한 사전 준비절차로서의 사실행위에 불과하다. 불과한 것으로 이 단계에서의 신청자격 유무는 신청서류에 의하여 형식적으로 심사함으로써 족하다(대판 1990.10.23. 89누7467).

(2) 손해전보

① **손해배상**: 위법한 사실행위에 의하여 국민에게 손해가 발생한 경우에 국가배상책임의 요건을 충족하는 한 행정상 손해배상을 청구할 수 있다(「국가배상법」 제2조, 제5조 가능). 그러나, 사법적 사실행위일 경우에는 「민법」에 의한 배상청구이어야 한다.

② **손실보상**: 적법한 권력적 사실행위에 의하여 국민에게 손실이 발생한 경우 그 손실이 특별희생에 해당하면 그 보상을 청구할 수 있다 할 것이다(소방원조강제, 수난구호강제 등에 의한 특별희생). 그러나, 비권력적 사실행위의 경우에는 법적 근거가 없는 한, 손실보상의 문제는 발생하지 않는다(다수설·판례).

③ **헌법소원**: 헌법소원 역시 위법한 사실행위에 대한 권리구제로서 중요한 수단이 된다.

> **관련 판례**
>
> ⓒ 행정소송의 대상이 되지 않는 권력적 사실행위에 대하여 사전구제절차를 거치지 않고 제기한 헌법소원은 보충성원칙의 예외에 해당하여 적법한 것이 된다
>
> 권력적 사실행위가 행정처분의 준비단계로서 행하여지거나 행정처분과 결합된 경우에는 행정처분에 흡수·통합되어 불가분의 관계에 있다할 것이므로 행정처분만이 취소소송의 대상이 되고, 처분과 분리하여 따로 권력적 사실행위를 다툴 실익은 없다. 그러나 권력적 사실행위가 항상 행정처분의 준비행위로 행하여지거나 행정처분과 결합되는 것은 아니므로 그러한 사실행위에 대하여는 다툴 실익이 있다 할 것임에도 법원의 판례에 따르면 일반쟁송절차로는 다툴 수 없음이 분명하다. 이 사건 감사는 행정처분의 준비단계로서 행하여지거나 처분과 결합된 바 없다. 그렇다면, 이 사건 감사는 행정소송의 대상이 되는 행정행위로 볼 수 없어 법원에 의한 권리구제절차를 밟을 것을 기대하는 것이 곤란하므로 보충성의 원칙의 예외로서 소원의 제기가 가능하다(헌재 2003.12.18. 2001헌마754).

08 행정사법(行政私法)

1 의의

(1) 행정사법의 개념

'행정사법'이란 넓은 의미의 국고작용 중에서 주로 복리행정분야에서 사법(私法)형식으로 직접 행정목적을 수행하지만 일정한 '공법적 규율을 받는 행정작용'이다.

(2) 국고작용과의 구분

협의의 국고작용과 구별하여 정립된 개념으로서 형식적으로는 국고적 활동이나 내용적으로는 국고활동이 아니고 일정한 공법적 규율을 받는 경우를 말한다.

(3) 행정사법의 논의 영역

행정주체가 행정작용을 공법 형식이나 사법 형식을 선택적으로 행할 수 있는 영역에서 공법형식이 아닌 사법적 형식으로 통해 행정을 수행하고자 할 때 일정한 공법적 규율을 가미하자는 논리이다.

| 행정상 법률관계

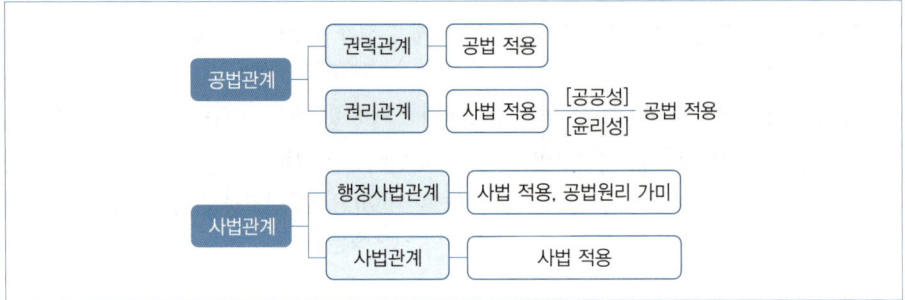

2 연혁

(1) 행정사법의 등장

독일에서는 1960년대부터 행정사법의 개념이 H. J. Wolff의 주장을 계기로 활발한 논의의 대상이 되었다. F. Fleiner는 '행정의 사법으로의 도피'의 차단을 강조하였고 W.Jellinek는 '군인이 자기의 활동의 자유를 더 얻기 위하여 군복 아닌 사복으로 갈아입고 외출하고자 하는 이유'라로 표현하고 있다.

(2) 행정사법의 취지

이른바 행정사법은 '행정주체가 공법적 규제를 피할 목적으로 행정의 행위형식을 사법의 형식으로 행하는 경우에 이에 대한 통제를 어떻게 할 것인가'와 관련하여 발전된 이론이다.

(3) 우리나라에서의 행정사법

우리나라에서는 아직 일반화된 개념은 아니며 인정 여부에 관하여 학설의 대립이 있다.

3 행정사법의 특색

① 행정사법은 급부행정(국민주택임대차), 유도행정(경제지도행정)과 같은 복리행정영역에서 주로 논의되며 행정주체가 사법형식으로 활동하는 영역에서 사적 자치를 완전히 누리지 못하고 일정한 공법적 규율을 받는다(헌법상의 자유권이나 재산권 규정, 평등원칙, 비례원칙, 신뢰보호원칙 등의 제한을 받는다).
② 행정사법은 행정주체에게 법적 형식에 대한 선택가능성이 있는 경우에 논의된다. 따라서 선택가능성이 부인되는(경찰행정, 조세행정, 순수한 국고작용 등)영역에는 적용되지 않는다.

4 구체적인 예

(1) 급부행정 분야

① 공기업, 공물에 의한 생활배려 : 교통·운수사업, 전기·수도·가스 등의 공급사업, 폐수·오물·쓰레기 등 폐기물처리사업 등

> **관련 판례**
>
> ⓒ 전화가입계약의 해지가 항고소송의 대상이 되는 행정처분인지 여부(소극)
>
> 전화가입계약은 전화가입희망자의 가입청약과 이에 대한 전화관서의 승낙에 의하여 성립하는 영조물 이용의 계약관계로서 비록 그것이 공중통신역무의 제공이라는 이용관계의 특수성 때문에 그 이용조건 및 방법, 이용의 제한, 이용관계의 종료원인 등에 관하여 여러가지 법적 규제가 있기는 하나 그 성질은 사법상의 계약관계에 불과하다고 할 것이므로, 피고(서울용산전화국장)가 「전기통신법 시행령」 제59조에 의하여 전화가입계약을 해지하였다 하여도 이는 사법상의 계약의 해지와 성질상 다른 바가 없다 할 것이고 이를 항고소송의 대상이 되는 행정처분으로 볼 수 없다(대판 1982. 12. 28. 82누441).

② **자금지원에 의한 경제행정**: 행정처분에 의거하지 아니한 융자·보조금·지불보증

(2) 유도행정 분야

토지대책, 경기대책, 고용대책, 수출 진흥 등

5 위반의 효과

법률적 규율 위반의 경우에는 당해 법률이 정하는 바에 따르고, 공법원칙 위반의 경우에는 무효문제가 발생한다.

6 행정사법에 대한 권리구제

공법설에 의할 경우에는 당사자소송 및 국가배상이 가능하나, 다수설과 판례의 태도는 민사소송으로 구제를 도모하여야 한다고 한다. 01

개념확인 O/X

01 행정사법작용에 관한 법적 분쟁은 특별한 규정이 없는 한 민사소송을 통해 구제를 도모하여야 한다.
20 군무원7급 (O/X)

| 정답 | 01 O

05 그 밖의 행정의 주요행위형식

교수님 코멘트 ▶ 다른 단원에 비해 중요성이나 출제빈도가 적은 단원이나, 확약의 법적 성질, 공법상 계약의 특수성, 행정지도의 방법과 원칙, 행정계획의 국민의 청구권과 계획재량의 특수성은 이해와 암기를 하여야 원활히 문제를 해결할 수 있다.

01
2023 국가직 7급

확약에 대한 설명으로 옳지 않은 것은?

① 「행정절차법」상 법령등에서 당사자가 신청할 수 있는 처분을 규정하고 있는 경우 행정청은 당사자의 신청에 따라 장래에 어떤 처분을 하거나 하지 아니할 것을 내용으로 하는 확약을 할 수 있으며, 문서 또는 말에 의한 확약도 가능하다.

② 「행정절차법」상 행정청은 확약을 한 후에 확약의 내용을 이행할 수 없을 정도로 법령등이나 사정이 변경된 경우에는 확약에 기속되지 아니하며, 그 확약을 이행할 수 없는 경우에는 지체 없이 당사자에게 그 사실을 통지하여야 한다.

③ 행정청이 상대방에게 장차 어떤 처분을 하겠다고 확약을 하였더라도, 그 자체에서 상대방으로 하여금 언제까지 처분의 발령을 신청하도록 유효기간을 두었는데도 그 기간 내에 상대방의 신청이 없었다면, 그 확약은 행정청의 별다른 의사표시를 기다리지 않고 실효된다.

④ 어업권면허에 선행하는 우선순위결정은 행정청이 우선권자로 결정된 자의 신청이 있으면 어업권면허처분을 하겠다는 것을 약속하는 행위로서 강학상 확약에 불과하고 행정처분은 아니다.

02
2024 국가직 7급

공법상 계약에 대한 설명으로 옳지 않은 것은?

① 행정청은 법령등을 위반하지 아니하는 범위에서 행정목적을 달성하기 위하여 필요한 경우에는 공법상 법률관계에 관한 계약을 체결할 수 있고, 이 경우 계약의 목적 및 내용을 명확하게 적은 계약서를 작성하여야 한다.

② 계약직공무원 채용계약해지의 의사표시는 일반공무원에 대한 징계처분과는 달라서 일정한 사유가 있을 때에 국가 또는 지방자치단체가 채용계약 관계의 한쪽 당사자로서 대등한 지위에서 행하는 의사표시로 취급되는 것으로 이해되므로 「행정절차법」에 의하여 근거와 이유를 제시하여야 하는 것은 아니다.

③ 시립무용단원의 위촉은 공법상 계약에 해당하지만 해촉에 대하여는 민사소송으로 다투어야 한다.

④ 「국가를 당사자로 하는 계약에 관한 법률」에 따라 국가가 당사자가 되는 이른바 공공계약은 사경제 주체로서 상대방과 대등한 위치에서 체결하는 사법상 계약으로서 그에 관한 법령에 특별한 정함이 있는 경우를 제외하고는 사법의 원리가 그대로 적용된다.

03

2021 지방직 9급

공법상 계약에 대한 설명으로 옳지 않은 것은? (다툼이 있는 경우 판례에 의함)

① 공중보건의사 채용계약해지의 의사표시에 대하여는 공법상의 당사자소송으로 그 의사표시의 무효확인을 청구할 수 있다.
② 공법상 계약에는 법률우위의 원칙이 적용된다.
③ 계약직 공무원 채용계약해지의 의사표시는 항고소송의 대상이 되는 처분 등의 성격을 가진 것으로 행정처분과 같이 「행정절차법」에 의하여 근거와 이유를 제시하여야 한다.
④ 행정청은 공법상 계약의 상대방을 선정하고 계약내용을 정할 때 공법상 계약의 공공성과 제3자의 이해관계를 고려하여야 한다.

정답&해설

01 ① 행정법상의 확약

① 확약은 문서로 하여야 한다(「행정절차법」 제40조의2).

|오답해설| ② 「행정절차법」 제40조의2 제4항·제5항
③ 행정청이 상대방에게 장차 어떤 처분을 하겠다고 확약 또는 공적인 의사표명을 하였다고 하더라도, 그 자체에서 상대방으로 하여금 언제까지 처분의 발령을 신청을 하도록 유효기간을 두었는데도 그 기간 내에 상대방의 신청이 없었다거나 확약 또는 공적인 의사표명이 있은 후에 사실적·법률적 상태가 변경되었다면, 그와 같은 확약 또는 공적인 의사표명은 행정청의 별다른 의사표시를 기다리지 않고 실효된다(대판 1996.8.20. 95누10877).
④ 어업권면허에 선행하는 우선순위결정은 행정청이 우선권자로 결정된 자의 신청이 있으면 이업권면허처분을 하겠다는 것을 약속하는 행위로서 강학상 확약에 불과하고 행정처분은 아니므로, 우선순위결정에 공정력이나 불가쟁력과 같은 효력은 인정되지 아니하며, 따라서 우선순위결정이 잘못되었다는 이유로 종전의 어업권면허처분이 취소되면 행정청은 종전의 우선순위결정을 무시하고 다시 우선순위를 결정한 다음 새로운 우선순위결정에 기하여 새로운 어업권면허를 할 수 있다(대판 1995.1.20. 94누6529).

02 ③ 공법상 계약

③ 서울특별시립무용단 단원의 위촉은 공법상의 계약이라고 할 것이고, 따라서 그 단원의 해촉에 대하여는 공법상의 당사자소송으로 그 무효확인을 청구할 수 있다(대판 1995.12.22. 95누4636).

|오답해설| ① 「행정기본법」 제27조
② 계약직공무원 채용계약해지의 의사표시는 일반공무원에 대한 징계처분과는 달라서 항고소송의 대상이 되는 처분 등의 성격을 가진 것으로 인정되지 아니하고, 일정한 사유가 있을 때에 국가 또는 지방자치단체가 채용계약 관계의 한쪽 당사자로서 대등한 지위에서 행하는 의사표시로 취급되는 것으로 이해되므로, 이를 징계해고 등에서와 같이 그 징계사유에 한하여 효력 유무를 판단하여야 하거나, 행정처분과 같이 「행정절차법」에 의하여 근거와 이유를 제시하여야 하는 것은 아니다(대판 2002.11.26. 2002두5948).
④ 「국가를 당사자로 하는 계약에 관한 법률」(이하 '국가계약법'이라 한다)에 따라 국가가 당사자가 되는 이른바 공공계약은 사경제 주체로서 상대방과 대등한 위치에서 체결하는 사법상 계약으로서 본질적인 내용은 사인 간의 계약과 다를 바가 없으므로, 그에 관한 법령에 특별한 정함이 있는 경우를 제외하고는 사적 자치와 계약자유의 원칙 등 사법의 원리가 그대로 적용된다(대결 2012.9.20. 자 2012마1097).

03 ③ 공법상 계약

③ 계약직 공무원의 채용계약해지 의사표시는 계약의 해지에 해당되며 항고쟁송 대상인 처분이 아니다. 또한 「행정절차법」상의 이유제시 등의 의무(공법상 계약 규정이 없다)는 없다(대판 2002.11.26. 2002두5948).

|오답해설| ① 공중보건의사 채용계약해지의 의사표시에 대하여는 대등한 당사자 간의 소송형식인 공법상의 당사자소송으로 그 의사표시의 무효확인을 청구할 수 있는 것이지, 이를 항고소송의 대상이 되는 행정처분이라는 전제하에서 그 취소를 구하는 항고소송을 제기할 수는 없다(대판 1996.5.31. 95누10617).

|정답| 01 ① 02 ③ 03 ③

04
2024 군무원 9급

다음 중 공법상 계약에 대한 설명으로 가장 적절하지 않은 것은? (다툼이 있는 경우 판례에 의함)

① 시·군조합의 설립은 당사자의 의사 합치로 성립한다는 점에서 공법상 계약에 해당된다.
② 공법상 계약의 이행지체, 불완전이행 등 급부장애가 발생될 경우 민법상의 규정을 유추적용한다.
③ 공중보건의사 채용계약 해지의 의사표시에 대하여는 대등한 당사자 간의 소송형식인 공법상의 당사자소송으로 그 의사표시의 무효확인을 청구할 수 있는 것이지 이를 항고소송의 대상이 되는 행정처분이라는 전제하에서 그 취소를 구하는 항고소송을 제기할 수는 없다.
④ 공법상 계약의 해지 및 그에 따른 환수통보에 있어서 행정청이 일방적인 의사표시로 자신과 상대방 사이의 법률관계를 종료시킨 경우, 이를 행정청이 우월한 지위에서 행하는 공권력의 행사로서 행정처분에 해당한다고 단정할 수 없다.

05
2023 국회직 8급

공법상 계약에 대한 설명으로 옳은 것만을 〈보기〉에서 모두 고르면?

―| 보기 |―
ㄱ. 지방자치단체를 당사자로 하는 계약에 관하여는 그 계약의 성질이 사법상 계약인지 공법상 계약인지와 상관없이 원칙적으로 「지방자치단체를 당사자로 하는 계약에 관한 법률」의 규율이 적용된다고 보아야 한다.
ㄴ. 중소기업 정보화지원사업에 따른 지원금 출연을 위하여 중소기업청장이 체결하는 협약은 공법상 대등한 당사자 사이의 의사표시의 합치로 성립하는 공법상 계약에 해당한다.
ㄷ. 지방자치단체가 일방 당사자가 되는 이른바 '공공계약'이 사경제의 주체로서 상대방과 대등한 위치에서 체결하는 사법상 계약에 해당하는 경우 그에 관한 법령에 특별한 정함이 있는 경우를 제외하고는 사적 자치와 계약자유의 원칙 등 사법의 원리가 그대로 적용된다.
ㄹ. 행정청은 법령등을 위반하지 아니하는 범위에서 공법상 계약을 체결할 수 있으며, 이 경우 계약의 목적 및 내용을 명확하게 적은 계약서를 작성하여야 한다.

① ㄱ, ㄴ, ㄷ
② ㄱ, ㄴ, ㄹ
③ ㄱ, ㄷ, ㄹ
④ ㄴ, ㄷ, ㄹ
⑤ ㄱ, ㄴ, ㄷ, ㄹ

06
2024 국가직 9급

공법상 계약에 대한 설명으로 옳은 것만을 모두 고르면?

ㄱ. 행정청은 법령등을 위반하지 아니하는 범위에서 행정목적을 달성하기 위하여 필요한 경우에는 공법상 법률관계에 관한 계약을 체결할 수 있고, 이 경우 계약의 목적 및 내용을 명확하게 적은 계약서를 작성하여야 한다.
ㄴ. 계약직 공무원 채용계약해지의 의사표시를 하는 경우 징계해고 등에서와 같이 그 징계사유에 한하여 효력 유무를 판단하여야 하거나, 행정처분과 같이 「행정절차법」에 의하여 근거와 이유를 제시하여야 한다.
ㄷ. 공익사업을 위한 토지 등의 취득 및 보상에 관한 법령에 의한 협의취득은 사법상의 법률행위이지만 당사자 사이의 자유로운 의사에 따라 채무불이행책임이나 매매대금 과부족금에 대한 지급의무를 약정할 수 있는 것은 아니다.
ㄹ. 「지방자치단체를 당사자로 하는 계약에 관한 법률」에 따라 지방자치단체가 일방 당사자가 되는 이른바 공공계약이 사경제의 주체로서 상대방과 대등한 위치에서 체결하는 사법상의 계약에 해당하는 경우 그에 관한 법령에 특별한 정함이 있는 경우를 제외하고는 사적 자치와 계약자유의 원칙 등 사법의 원리가 그대로 적용된다.

① ㄱ, ㄴ
② ㄱ, ㄹ
③ ㄱ, ㄷ, ㄹ
④ ㄴ, ㄷ, ㄹ

07

2021 국회직 8급

행정작용의 성질에 대한 설명으로 옳은 것은? (다툼이 있는 경우 판례에 의함)

① 지방자치단체의 장이 「공유재산 및 물품 관리법」에 근거하여 기부채납 및 사용·수익 허가 방식으로 민간투자사업을 추진하는 과정에서 이미 선정된 우선협상대상자를 그 지위에서 배제하는 행위는 항고소송의 대상이 되는 행정처분에 해당한다.
② 지방자치단체가 일반재산인 부동산을 무상으로 기부자에게 사용을 허용하는 행위는 사경제주체로서 상대방과 대등한 입장에서 하는 사법상 행위이지만 기부자가 그 부동산을 일정기간 무상사용한 후에 한 사용허가기간 연장신청을 지방자치단체가 거부한 경우, 당해 거부행위는 단순한 사법상의 행위가 아니라 행정처분에 해당한다.
③ 전문직 공무원인 공중보건의사의 채용계약해지의 경우 관할 도지사의 일방적인 의사표시에 의하여 그 신분을 박탈하는 불이익처분이므로 당해 채용계약은 공법상 계약이 아니라 항고소송의 대상이 되는 처분의 성질을 가진다.
④ 「과학기술기본법」 및 하위법령상 사업협약의 해지 통보는 단순히 대등 당사자의 지위에서 형성된 공법상 계약을 계약당사자의 지위에서 종료시키는 의사표시에 불과하다.
⑤ 계약직 공무원 채용계약해지의 의사표시는 일정한 사유가 있을 때에 국가 또는 지방자치단체가 채용계약 관계의 한쪽 당사자로서 대등한 지위에서 행하는 의사표시로 볼 수 없으므로, 「행정절차법」에 의하여 근거와 이유를 제시하여야 한다.

정답&해설

04 ① 공법상 계약

① 시·군 조합의 설립행위는 공법상 합동행위에 해당한다. 공법상 계약은 반대방향의 의사표시라는 점에서 동일한 방향의 의사의 합치인 합동행위와 차이가 있다.

|오답해설| ② 공법상 계약에 대하여 공법에 특별한 규정이 없으면 민법을 유추적용할 수 있다.
③ 공중보건의사 채용계약 해지의 의사표시에 대하여는 대등한 당사자간의 소송형식인 공법상의 당사자소송으로 그 의사표시의 무효확인을 청구할 수 있는 것이지, 이를 항고소송의 대상이 되는 행정처분이라는 전제하에서 그 취소를 구하는 항고소송을 제기할 수는 없다(대판 1996.5.31. 95누10617).
④ 행정청이 자신과 상대방 사이의 법률관계를 일방적인 의사표시로 종료시켰다고 하더라도 곧바로 의사표시가 행정청으로서 공권력을 행사하여 행하는 행정처분이라고 단정할 수는 없고, 관계 법령이 상대방의 법률관계에 관하여 구체적으로 어떻게 규정하고 있는지에 따라 의사표시가 항고소송의 대상이 되는 행정처분에 해당하는지 아니면 공법상 계약관계의 일방 당사자로서 대등한 지위에서 행하는 의사표시인지를 개별적으로 판단하여야 한다(대판 2015.8.27. 2015두41449).

05 ⑤ 공법상 계약

ㄱ. 대판 2020.12.10. 2019다234617
ㄴ. 대판 2015.8.27. 2015두41449
ㄷ. 대판 2018.2.13. 2014두11328
ㄹ. 「행정기본법」 제27조 제1항

06 ② 공법상 계약

|오답해설| ㄴ. 계약직 공무원에 관한 현행 법령의 규정에 비추어 볼 때, 계약직 공무원 채용계약해지의 의사표시는 일반공무원에 대한 징계처분과는 달라서 항고소송의 대상이 되는 처분 등의 성격을 가진 것으로 인정되지 아니하고, 일정한 사유가 있을 때에 국가 또는 지방자치단체가 채용계약 관계의 한쪽 당사자로서 대등한 지위에서 행하는 의사표시로 취급되는 것으로 이해되므로, 이를 징계해고 등에서와 같이 그 징계사유에 한하여 효력 유무를 판단하여야 하거나, 행정처분과 같이 「행정절차법」에 의하여 근거와 이유를 제시하여야 하는 것은 아니다(대판 2002.11.26. 2002두5948).
ㄷ. 공익사업을 위한 토지 등의 취득 및 보상에 관한 법령(이하 '공익사업법령'이라고 한다)에 의한 협의취득은 사법상의 법률행위이므로 당사자 사이의 자유로운 의사에 따라 채무불이행책임이나 매매대금 과부족금에 대한 지급의무를 약정할 수 있다(대판 2012.2.23. 2010다91206).

07 ① 공법상 계약

|오답해설| ② 기부채납받은 일반재산을 기부자에게 무상사용하도록 하는 행위는 사법관계에서의 사법상 행위이며, 이에 사용기간 연장을 거부하는 행위도 사법상 행위이다. 주의 기부채납받은 재산을 공물(행정재산)로 지정하고 이에 대한 무상사용 허가를 하는 행위는 공법관계로서 처분에 해당한다(강학상 특허).
③ 공중보건의사 채용계약해지의 의사표시에 대하여는 대등한 당사자 간의 소송형식인 공법상의 당사자소송으로 그 의사표시의 무효확인을 청구할 수 있는 것이지, 항고소송을 제기할 수는 없다(대판 1996.5.31. 95누10617).
④ 이는 행정청이 우월적 지위에서 연구개발비의 회수 및 관련자에 대한 국가연구개발사업 참여제한 등의 법률상 효과를 발생시키는 행정처분에 해당한다(대판 2014.12.11. 2012두28704).
⑤ 계약직 공무원 채용계약해지의 의사표시는 일반공무원에 대한 징계처분과는 달라서 항고소송의 대상이 되는 처분 등의 성격을 가진 것으로 인정되지 아니하고, … (중략) … 행정처분과 같이 「행정절차법」에 의하여 근거와 이유를 제시하여야 하는 것은 아니다(대판 2002.11.26. 2002두5948).

|정답| 04 ① 05 ⑤ 06 ② 07 ①

08
2023 국회직 8급

행정지도에 대한 설명으로 옳지 않은 것은?

① 행정지도는 의무를 부과하거나 권익을 제한하는 것이 아니므로 「행정절차법」의 적용을 받지 않는다.
② 단순한 행정지도의 한계를 넘어 규제적·구속적 성격을 상당히 강하게 갖는 경우에는 헌법소원의 대상이 되는 공권력의 행사라고 볼 수 있다.
③ 행정청이 위법 건축물에 대한 시정명령을 하고 나서 위반자가 이를 이행하지 아니하여 전기·전화의 공급자에게 그 위법 건축물에 대한 전기·전화의 공급을 하지 말아 줄 것을 요청한 행위는 권고적 성격의 행위에 불과한 것으로서 항고소송의 대상이 되는 행정처분이라고 볼 수 없다.
④ 행정관청이 토지거래계약신고에 관하여 공시된 기준지가를 기준으로 매매가격을 신고하도록 행정지도하여 왔고 그 기준 가격 이상으로 매매가격을 신고한 경우에는 거래신고서를 접수하지 않고 반려하는 것이 관행화되어 있더라도 그와 같은 위법한 관행에 따라 허위신고행위에 이르렀다고 하여 그 범법행위가 사회상규에 위배되지 않는 정당한 행위라고 볼 수 없다.
⑤ 행정지도가 강제성을 띠지 않은 비권력적 작용으로서 행정지도의 한계를 일탈하지 않았다면 그로 인하여 상대방에게 어떤 손해가 발생하였다 하더라도 그에 대한 손해배상책임이 없다.

09
2024 국회직 8급

행정지도에 대한 설명으로 옳은 것만을 다음 내용에서 모두 고르면?

> ㄱ. 행정지도가 강제성을 띠지 않은 비권력적 작용으로서 행정지도의 한계를 일탈하지 아니하였다면, 그로 인하여 상대방에게 어떤 손해가 발생하였다 하더라도 행정기관은 그에 대한 손해배상책임이 없다.
> ㄴ. 행정작용의 법적 성격이 행정지도의 일종이지만, 그에 따르지 않을 경우 일정한 불이익 조치를 예정하고 있어 사실상 상대방에게 그에 따를 의무를 부과하는 것과 다를 바 없는 경우라면 헌법소원의 대상이 되는 공권력의 행사라고 볼 수 있다.
> ㄷ. 위법한 행정지도에 따라 사인의 신고행위가 허위신고행위에 이르렀다면 원칙적으로 그 사인의 행위는 위법성이 조각된다.
> ㄹ. 「행정절차법」상 행정지도는 문서뿐만 아니라, 말로써 하는 것도 허용된다.
> ㅁ. 행정지도는 사실행위에 불과하여 법적 구속력을 가지지 아니하므로 「행정절차법」상의 비례원칙이 적용되지 아니한다.

① ㄱ, ㄷ
② ㄴ, ㄹ
③ ㄱ, ㄴ, ㄹ
④ ㄴ, ㄷ, ㅁ
⑤ ㄷ, ㄹ, ㅁ

10

2021 군무원 9급

행정지도에 대한 설명으로 옳지 않은 것은?

① 행정지도가 그의 한계를 일탈하지 아니하였다면, 그로 인하여 상대방에게 어떤 손해가 발생하였다 하더라도 행정기관은 그에 대한 손해배상책임이 없다.
② 위법한 건축물에 대한 단전 및 전화통화 단절조치 요청행위는 처분성이 인정되는 행정지도이다.
③ 상대방이 행정지도에 따르지 아니하였다는 것을 직접적인 이유로 하는 불이익한 조치는 위법한 행위가 된다.
④ 「국가배상법」이 정한 배상청구의 요건인 공무원의 직무에는 행정지도도 포함된다.

정답&해설

08 ① 행정지도

① 「행정절차법」에는 행정지도의 원칙 등에 대해 규정하고 있다. 따라서 행정청의 행정지도는 「행정절차법」을 준수하여야 한다(「행정절차법」 제48조부터 제51조까지 규정).

|오답해설| ② 교육인적자원부장관의 대학총장들에 대한 이 사건 학칙시정요구는 … (중략) … 그에 따르지 않을 경우 일정한 불이익조치를 예정하고 있어 사실상 상대방에게 그에 따를 의무를 부과하는 것과 다를 바 없으므로 단순한 행정지도로서의 한계를 넘어 규제적·구속적 성격을 상당히 강하게 갖는 것으로서 헌법소원의 대상이 되는 공권력의 행사라고 볼 수 있다(헌재 2003.6.26. 2002헌마337, 2003헌마7·8).

③ 「건축법」 제69조 제2항·제3항의 규정에 비추어 보면, 행정청이 위법 건축물에 대한 시정명령을 하고 나서 위반자가 이를 이행하지 아니하여 전기·전화의 공급자에게 그 위법 건축물에 대한 전기·전화공급을 하지 말아 줄 것을 요청한 행위는 권고적 성격의 행위에 불과한 것으로서 전기·전화공급자나 특정인의 법률상 지위에 직접적인 변동을 가져오는 것은 아니므로 이를 항고소송의 대상이 되는 행정처분이라고 볼 수 없다(대판 1996.3.22. 96누433).

④ 토지의 매매대금을 허위로 신고하고 계약을 체결하였다면 이는 계약예정금액에 대하여 허위의 신고를 하고 토지 등의 거래계약을 체결한 것으로서 (구)「국토이용관리법」(1993.8.5. 법률 제4572호로 개정되기 전의 것) 제33조 제4호에 해당한다고 할 것이고, 행정관청이 「국토이용관리법」 소정의 토지거래계약신고에 관하여 공시된 기준시가를 기준으로 매매가격을 신고하도록 행정지도를 하여 그에 따라 허위신고를 한 것이라 하더라도 이와 같은 행정지도는 법에 어긋나는 것으로서 그와 같은 행정지도나 관행에 따라 허위신고행위에 이르렀다고 하여도 이것만 가지고서는 그 범법행위가 정당화될 수 없다(대판 1994.6.14. 93도3247).

⑤ 대판 2008.9.25. 2006다18228

09 ③ 행정지도

ㄱ. (O) 대판 2008.9.25. 2006다18228
ㄴ. (O) 교육인적자원부장관의 대학총장들에 대한 이 사건 학칙시정요구는 「고등교육법」 제6조 제2항, 동법 시행령 제4조 제3항에 따른 것으로서 그 법적 성격은 대학총장의 임의적인 협력을 통하여 사실상의 효과를 발생시키는 행정지도의 일종이지만, 그에 따르지 않을 경우 일정한 불이익조치를 예정하고 있어 사실상 상대방에게 그에 따를 의무를 부과하는 것과 다를 바 없으므로 단순한 행정지도로서의 한계를 넘어 규제적·구속적 성격을 상당히 강하게 갖는 것으로서 헌법소원의 대상이 되는 공권력의 행사라고 볼 수 있다(헌재 2003.6.26. 2002헌마337).
ㄷ. (X) 행정관청이 「국토이용관리법」 소정의 토지거래계약신고에 관하여 공시된 기준시가를 기준으로 매매가격을 신고하도록 행정지도를 하여 그에 따라 허위신고를 한 것이라 하더라도 이와 같은 행정지도는 법에 어긋나는 것으로서 그와 같은 행정지도나 관행에 따라 허위신고행위에 이르렀다고 하여도 이것만 가지고서는 그 범법행위가 정당화될 수 없다(대판 1994.6.14. 93도3247).
ㄹ. (O) 「행정절차법」 제49조 제2항
ㅁ. (X) 행정지도는 그 목적 달성에 필요한 최소한도에 그쳐야 하며, 행정지도의 상대방의 의사에 반하여 부당하게 강요하여서는 아니 된다(「행정절차법」 제48조 제1항).

10 ② 행정지도

② 위반자가 이를 이행하지 아니하여 전기·전화의 공급자에게 그 위법 건축물에 대한 전기·전화공급을 하지 말아 줄 것을 요청한 행위는 권고적 성격의 행위에 불과한 것으로서 전기·전화공급자나 특정인의 법률상 지위에 직접적인 변동을 가져오는 것은 아니므로 이를 항고소송의 대상이 되는 행정처분이라고 볼 수 없다(대판 1996.3.22. 96누433).

|오답해설| ③ 「행정절차법」 제48조 제2항

| 정답 | 08 ①   09 ③   10 ②

11 _2021 군무원 9급_

계획재량에 대한 설명으로 옳지 않은 것은?

① 통상적인 재량행위와 계획재량은 양적인 점에서 차이가 있을 뿐 질적인 점에서는 차이가 없다는 견해는 형량명령이 계획재량에 특유한 하자이론이라기보다는 비례의 원칙을 계획재량에 적용한 것이라고 한다.
② 행정주체는 그 행정계획에 관련되는 자들의 이익을 공익과 사익 사이에서는 물론이고 공익 상호간과 사익 상호간에도 정당하게 비교교량하여야 한다는 제한을 받는다.
③ 행정주체가 행정계획을 입안·결정함에 있어서 이익형량의 고려대상에 마땅히 포함시켜야 할 사항을 누락한 경우 이익형량을 전혀 행하지 아니하는 등의 사정이 없는 한 그 행정계획결정은 형량에 하자가 있다고 보기 어렵다.
④ 행정계획과 관련하여 이익형량을 하였으나 정당성과 객관성이 결여된 경우에는 그 행정계획결정은 형량에 하자가 있어 위법하게 된다.

12 _2024 국가직 9급_

행정계획에 대한 설명으로 옳지 않은 것은?

① 행정청은 구체적인 행정계획을 입안·결정할 때 비교적 광범위한 형성의 재량을 가진다.
② 행정청이 행정계획을 입안·결정할 때 이익형량을 하였으나 정당성과 객관성이 결여된 경우에는 그 행정계획 결정은 위법하게 될 수 있다.
③ 도시계획의 결정·변경 등에 관한 권한을 가진 행정청은 이미 도시계획이 결정·고시된 지역에 대하여도 다른 내용의 도시계획을 결정·고시할 수 있고, 이때에 후행 도시계획에 선행 도시계획과 서로 양립할 수 없는 내용이 포함되어 있다면, 특별한 사정이 없는 한 선행 도시계획은 후행 도시계획과 같은 내용으로 변경된다.
④ 도시기본계획은 도시의 장기적 개발방향과 미래상을 제시하는 도시계획 입안의 지침이 되는 장기적·종합적인 개발계획으로서 직접적인 구속력이 있으므로, 도시계획 시설결정 대상면적이 도시기본계획에서 예정했던 것보다 증가할 경우 도시기본계획의 범위를 벗어나 위법하다.

13

행정계획에 대한 설명으로 옳지 않은 것은?

① 후행 도시계획결정을 하는 행정청이 선행 도시계획의 결정·변경 등에 관한 권한을 가지고 있지 아니한 경우 선행 도시계획과 양립할 수 없는 내용이 포함된 후행 도시계획결정은 다른 특별한 사정이 없는 한 무효이다.
② 「도시 및 주거환경정비법」에 따라 인가·고시된 관리처분계획은 구속적 행정계획으로서 처분성이 인정된다.
③ 도시계획시설의 지정으로 말미암아 당해 토지의 이용가능성이 배제되거나 또는 토지소유자가 토지를 종래 허용된 용도대로도 사용할 수 없기 때문에 이로 인하여 현저한 재산적 손실이 발생하는 경우에는, 원칙적으로 국가나 지방자치단체는 이에 대한 보상을 해야 한다.
④ 도시계획시설결정의 장기미집행으로 인해 재산권이 침해된 경우, 도시계획시설결정의 실효를 주장할 수 있고, 이는 헌법상 재산권으로부터 당연히 직접 도출되는 권리이다.

정답&해설

11 ③ 행정계획
③ 행정계획을 입안·결정하는 경우, 이익형량을 하지 않았다거나(형량의 해태), 주요형량을 누락한 경우나(형량의 흠결), 형량에 공정성이 결여된 경우(오형량)에는 형량명령의 하자로서 위법하다(대판 2007.4.12. 2005두1893).

12 ④ 행정계획
④ 도시기본계획이라는 것은 도시의 장기적 개발방향과 미래상을 제시하는 도시계획 입안의 지침이 되는 장기적·종합적인 개발계획으로 직접적인 구속력은 없는 것이므로, 도시계획시설결정 대상면적이 도시기본계획에서 예정했던 것보다 증가하였다 하여 그것이 도시기본계획의 범위를 벗어나 위법한 것은 아니다(대판 1998.11.27. 90누13927).
|오답해설| ①, ② 행정청은 구체적인 행정계획을 입안·결정할 때 비교적 광범위한 형성의 재량을 가진다. 다만, 행정청의 이러한 형성의 재량이 무제한적이라고 할 수는 없고, 행정계획에서는 그에 관련되는 자들의 이익을 공익과 사익 사이에서는 물론이고 공익 사이에서나 사익 사이에서도 정당하게 비교·교량하여야 한다는 제한이 있으므로, 행정청이 행정계획을 입안·결정할 때 이익형량을 전혀 행하지 아니하거나 이익형량의 고려대상에 마땅히 포함시켜야 할 사항을 누락한 경우 또는 이익형량을 하였으나 정당성과 객관성이 결여된 경우에는 그 행정계획결정은 이익형량에 하자가 있어 위법하게 될 수 있다(대판 2021.7.29. 2021두33593).
③ 도시계획의 결정·변경 등에 관한 권한을 가진 행정청은 이미 도시계획이 결정·고시된 지역에 대하여도 다른 내용의 도시계획을 결정·고시할 수 있고, 이 때에 후행 도시계획에 선행 도시계획과 서로 양립할 수 없는 내용이 포함되어 있다면, 특별한 사정이 없는 한 선행 도시계획은 후행 도시계획과 같은 내용으로 변경된다(대판 2000.9.8. 99두11257).

13 ④ 행정계획
④ 장기미집행 도시계획시설결정의 실효제도는 도시계획시설부지로 하여금 도시계획시설결정으로 인한 사회적 제약으로부터 벗어나게 하는 것으로서 결과적으로 개인의 재산권이 보다 보호되는 측면이 있는 것은 사실이나, 이와 같은 보호는 입법자가 새로운 제도를 마련함에 따라 얻게 되는 법률에 기한 권리일 뿐 헌법상 재산권으로부터 당연히 도출되는 권리는 아니다(헌재 2005.9.29. 2002헌바84·89, 2003헌마678·943(병합)).
|오답해설| ① 대판 2000.9.8. 99두11257
② 「도시 및 주거환경정비법」(이하 '도시정비법'이라고 한다)에 따른 주택재건축정비사업조합(이하 '재건축조합'이라고 한다)이 … (중략) … 행정주체의 지위에서 「도시정비법」 제48조에 따라 수립하는 관리처분계획은 정비사업의 시행 결과 조성되는 대지 또는 건축물의 권리귀속에 관한 사항과 조합원의 비용 분담에 관한 사항 등을 정함으로써 조합원의 재산상 권리·의무 등에 구체적이고 직접적인 영향을 미치게 되므로, 이는 구속적 행정계획으로서 재건축조합이 행하는 독립된 행정처분에 해당한다(대판 2009.10.29. 2008다97737).
③ 헌재 1999.10.21. 97헌바26

|정답| 11 ③ 12 ④ 13 ④

14

2021 국가직 9급

행정계획에 대한 설명으로 옳지 않은 것은? (다툼이 있는 경우 판례에 의함)

① (구)「도시계획법」상 도시기본계획은 도시의 기본적인 공간구조와 장기발전방향을 제시하는 종합계획으로서 도시계획입안의 지침이 되므로 일반 국민에 대한 직접적인 구속력은 없다.
② 장래 일정한 기간 내에 관계 법령이 규정하는 시설 등을 갖추어 일정한 행정처분을 구하는 신청을 할 수 있는 법률상 지위에 있는 자의 국토이용계획변경신청을 거부하는 것이 실질적으로 당해 행정처분 자체를 거부하는 결과가 되는 경우라도, (구)「국토이용관리법」상 주민이 국토이용계획의 변경에 대하여 신청을 할 수 있다는 규정이 없으므로 그 신청인에게 국토이용계획변경을 신청할 권리가 인정된다고 볼 수 없다.
③ 구속력 없는 행정계획안이나 행정지침이라도 국민의 기본권에 직접적으로 영향을 끼치고 법령의 뒷받침에 의하여 그대로 실시될 것이 틀림없을 것으로 예상되는 때에는 예외적으로 헌법소원의 대상이 된다.
④ 도시계획의 결정·변경 등에 대한 권한행정청은 이미 도시계획이 결정·고시된 지역에 대하여도 다른 내용의 도시계획을 결정·고시할 수 있고, 이 때에 후행 도시계획에 선행 도시계획과 양립할 수 없는 내용이 포함되어 있다면 특별한 사정이 없는 한 선행 도시계획은 후행 도시계획과 같은 내용으로 변경된다.

15

2024 군무원 7급

다음 중 행정계획에 관한 판례의 내용으로 가장 적절하지 않은 것은?

① 어떠한 경우라도 토지의 사적 이용권이 배제된 상태에서 토지소유자로 하여금 10년 이상을 아무런 보상 없이 수인하도록 하는 것은 공익 실현의 관점에서도 정당화될 수 없는 과도한 제한으로서 헌법상의 재산권보장에 위배된다고 보아야 한다.
② 비구속적 행정계획안이나 행정지침이라도 국민의 기본권에 직접적으로 영향을 끼치고, 앞으로 법령의 뒷받침에 의하여 그대로 실시될 것이 틀림없을 것으로 예상될 수 있을 때에는, 공권력 행위로서 예외적으로 헌법소원의 대상이 될 수 있다.
③ 장기미집행 도시계획시설결정의 실효제도는 도시계획시설부지로 하여금 도시계획시설결정으로 인한 사회적 제약으로부터 벗어나게 하는 것으로서 이와 같은 보호제도는 헌법상 재산권으로부터 당연히 도출되는 권리이다.
④ 도시계획시설의 지정으로 말미암아 당해 토지의 이용가능성이 배제되거나 또는 토지소유자가 토지를 종래 허용된 용도대로도 사용할 수 없기 때문에 이로 말미암아 현저한 재산적 손실이 발생하는 경우에는 원칙적으로 사회적 제약의 범위를 넘는 수용적 효과를 인정하여 국가나 지방자치단체는 이에 대한 보상을 해야 한다.

16
2022 국가직 7급

행정계획에 대한 설명으로 옳지 않은 것은? (다툼이 있는 경우 판례에 의함)

① '4대강 살리기 마스터플랜'은 4대강 정비사업 지역 인근에 거주하는 주민의 권리·의무에 직접 영향을 미치는 것이어서 행정처분에 해당한다.
② (구)도시계획법령상 도시계획안의 내용에 대한 공고 및 공람절차에 하자가 있는 도시계획결정은 위법하다.
③ 행정주체는 구체적인 행정계획을 입안·결정함에 있어서 비교적 광범위한 형성의 자유를 가진다.
④ 행정주체가 행정계획을 입안·결정함에 있어서 이익형량의 고려대상에 마땅히 포함시켜야 할 사항을 누락한 경우 그 행정계획결정은 재량권을 일탈·남용한 것으로서 위법하다.

17
2022 국가직 9급

행정작용에 대한 설명으로 옳은 것은? (다툼이 있는 경우 판례에 의함)

① 구체적인 계획을 입안함에 있어 지침이 되거나 특정 사업의 기본방향을 제시하는 내용의 행정계획은 항고소송의 대상인 행정처분에 해당하지 않는다.
② 공법상 계약이 법령 위반 등의 내용상 하자가 있는 경우에도 그 하자가 중대·명백한 것이 아니면 취소할 수 있는 하자에 불과하고 이에 대한 다툼은 당사자소송에 의하여야 한다.
③ 지도, 권고, 조언 등의 행정지도는 법령의 근거를 요하고 항고소송의 대상이 된다.
④ 「국가를 당사자로 하는 계약에 관한 법률」에 따라 국가가 당사자가 되는 이른바 공공계약에 관한 법적 분쟁은 원칙적으로 행정법원의 관할 사항이다.

정답&해설

14 ② 행정계획
② 장래 일정한 기간 내에 관계 법령이 규정하는 시설 등을 갖추어 일정한 행정처분을 구하는 신청을 할 수 있는 법률상 지위에 있는 자의 국토이용계획변경신청을 거부하는 것이 실질적으로 당해 행정처분 자체를 거부하는 결과가 되는 경우에는 예외적으로 그 신청인에게 국토이용계획변경을 신청할 권리가 인정된다고 봄이 상당하므로, 이러한 신청에 대한 거부행위는 항고소송의 대상이 되는 행정처분에 해당한다(대판 2003.9.23. 2001두10936).

15 ③ 행정계획
③ 장기미집행 도시계획시설결정의 실효제도는 도시계획시설부지로 하여금 도시계획시설결정으로 인한 사회적 제약으로부터 벗어나게 하는 것으로서 결과적으로 개인의 재산권이 보다 보호되는 측면이 있는 것은 사실이나, 이와 같은 보호는 입법자가 새로운 제도를 마련함에 따라 얻게 되는 법률에 기한 권리일 뿐 헌법상 재산권으로부터 당연히 도출되는 권리는 아니다(대판 2005.9.29. 2002헌바84·89, 2003헌마678·943).

| 오답해설 | ① 헌재 1999.10.21. 97헌바26
② 헌재 2000.6.1. 99헌마538·543·544·545·546·549.
④ 헌재 1999.10.21. 97헌바26

16 ① 행정계획
① '4대강 살리기 마스터플랜' 등은 4대강 정비사업과 주변 지역의 관련 사업을 체계적으로 추진하기 위하여 수립한 종합계획이자 '4대강 살리기 사업'의 기본방향을 제시하는 계획으로서, 행정기관 내부에서 사업의 기본방향을 제시하는 것일 뿐, 국민의 권리·의무에 직접 영향을 미치는 것이 아니어서 행정처분에 해당하지 않는다(대판 2011.4.21. 2010무111).

| 오답해설 | ② 대판 2000.3.23. 98두2768
③, ④ 「도시계획법」 등 관계 법령에는 추상적인 행정목표와 절차만이 규정되어 있을 뿐 행정계획의 내용에 대하여는 별다른 규정을 두고 있지 아니하므로 행정주체는 구체적인 행정계획을 입안·결정함에 있어서 비교적 광범위한 형성의 자유를 가진다고 할 것이지만, 행정주체가 가지는 이와 같은 형성의 자유는 무제한적인 것이 아니라 그 행정계획에 관련되는 자들의 이익을 공익과 사익 사이에서는 물론이고 공익 상호간과 사익 상호간에도 정당하게 비교·교량하여야 한다는 제한이 있는 것이고, 따라서 행정주체가 행정계획을 입안·결정함에 있어서 이익형량을 전혀 행하지 아니하거나 이익형량의 고려대상에 마땅히 포함시켜야 할 사항을 누락한 경우 또는 이익형량을 하였으나 정당성·객관성이 결여된 경우에는 그 행정계획결정은 재량권을 일탈·남용한 것으로서 위법하다(대판 1996.11.29. 96누8567).

17 ① 행정계획
① 구체적인 계획입안의 지침이 되거나 기본방향을 제시하는 내용의 행정계획은 국민의 권리나 의무에 직접적인 변동을 일으키는 처분으로 보기 어렵다.

| 오답해설 | ② 공법상 계약은 취소소송대상인 처분이 아니다. 따라서 공정력이 없으며, 내용상의 하자가 있다면 무효사유가 되고 당사자소송으로 분쟁을 해결한다.
③ 행정지도는 비권력적 사실행위로서 법률의 근거를 요하지 않는다.
④ 「국가를 당사자로 하는 계약에 관한 법률」에 따라 국가가 당사자가 되는 이른바 공공계약은 사경제 주체로서 상대방과 대등한 위치에서 체결하는 사법상 계약으로서 본질적인 내용은 사인 간의 계약과 다를 바 없으므로, 그에 관한 법령에 특별한 정함이 있는 경우를 제외하고는 사적 자치와 계약자유의 원칙 등 사법의 원리가 그대로 적용된다(대판 2020.5.14. 2018다298409).

| 정답 | 14 ② 15 ③ 16 ① 17 ①

CHAPTER 06 「행정기본법」과 「행정절차법」

01 「행정기본법」
02 「행정절차법」

01 「행정기본법」

1 「행정기본법」의 의의

(1) 행정실체법의 일반적 규정

① 일반적인 법의 영역은 법률관계의 당사자 사이의 권리나 의무의 발생 등이나 내용 또는 효과나 한계 등에 실체적 규정을 먼저 하고 이후에 해당 내용을 실현하는 절차법이나 소송법이 제정된다.
② 하지만 우리나라의 현실은 「행정심판법」이나 「행정소송법」이 먼저 시행되고 행정절차에 대한 일반법이 1998년에 실현된다. 즉, 실체적 규정의 일반법이 없으면서 절차법이나 구제에 관한 시행이 되었던 것이다.
③ 「행정기본법」은 이러한 실체적 공백에 있던 행정법의 일반적 영역에 실체적 내용을 제정함으로써 개념과 원칙의 통일성을 기여한다고 볼 수 있다.

(2) 국민의 예측가능성과 법적 안정성 확보 및 권익보호

① 행정법의 실체적 규정을 제정하여 집행을 위한 일반원칙과 기준의 제시하고 행정의 예측가능성과 예측가능성에 대한 국민의 신뢰를 높여 줄 수 있을 것이다.
② 국민의 행정법의 이해도를 높이고 국민의 권리구제수단의 확대화를 통해 국민의 권익보호를 높일 수 있을 것이다.

(3) 행정투명성의 확보

행정 분야의 법원칙과 개념들의 일반적인 기준을 제시하여 행정결정의 예측가능성을 높이고 행정과정을 투명하게 하여 행정의 전반적 구조와 흐름의 투명성 확보에 기여할 것이다(법제처 「행정기본법」 해설서 참고).

2 「행정기본법」의 성격

(1) 행정법의 기본법

① '기본법'이란 특정 분야에서 제도·정책에 관한 이념, 원칙, 기본방침, 내용의 대강을 제시하고 있으며 다른 법률의 모범이나 지침으로서의 역할을 하는 법(국회 법제실, 법제이론과 실제, 2019년 전면개정판, 786면)이나 또는 여러 법령에서 규정하고 있는 사항에 대한 기본원칙이나 정책방향 등을 규정하는 경우에 사용하는 것(법제처, 법령 입안·심사기준, 2020, 663면)을 말한다.

② 이에 「행정기본법」은 행정의 '실체'에 대한 통칙적 규정으로서 여러 개별 법률들과 균형을 유지하고 통합 행정법전으로의 확장성을 가지는 법률이므로 '기본법'이다(법제처 「행정기본법」 해설서 참고).

(2) 행정법의 일반법

① 「행정기본법」은 행정작용과 행정법상 법률관계 전체에 적용되고 구속력을 가지는 법으로서 적용범위와 대상이 상대적으로 특정된 '특별법'과는 달리, 관련된 적용범위와 대상 모두에 효력을 가지고 적용되는 법이다.
② 개별적인 특별법이 없는 경우에 이를 보충하는 역할을 가지면서 행정법 분야의 법원칙이나 법적 규율의 방향을 정하는 기초규범으로 기능한다.

3 「행정기본법」의 주요 특징

① 행정법상 일반원칙의 성문화
② 기본권의 존중과 제한의 최소화
③ 행정법상 통일적 기준의 체계화
④ 개별 행정작용의 합리성 제고
⑤ 행정의 입법활동의 체계

4 「행정기본법」의 주요 내용

(1) 총칙

① 목적 및 정의 등
  ㉠ **목적**: 이 법은 행정의 원칙과 기본사항을 규정하여 행정의 민주성과 적법성을 확보하고 적정성과 효율성을 향상시킴으로써 국민의 권익 보호에 이바지함을 목적으로 한다.
  ㉡ **정의**
    ⓐ **법령 등**: '법령 등'이란 법령과 자치법규를 말한다.
      ⅰ) 법령은 ⅰ) 법률 및 대통령령·총리령·부령 ⅱ) 국회규칙·대법원규칙·헌법재판소규칙·중앙선거관리위원회규칙 및 감사원규칙 ⅲ) ⅰ)또는 ⅱ)의 위임을 받아 중앙행정기관(「정부조직법」 및 그 밖의 법률에 따라 설치된 중앙행정기관을 말한다)의 장, 국회의장, 대법원장, 헌법재판소장, 중앙선거관리위원회위원장, 감사원장 등이 정한 훈령·예규 및 고시 등 행정규칙을 말한다. 01
      ⅱ) **자치법규**: 지방자치단체의 조례 및 규칙을 포함한다.
    ⓑ **행정청**: '행정청'이란 행정에 관한 의사를 결정하여 표시하는 국가 또는 지방자치단체의 기관이나 그 밖에 법령 등에 따라 행정에 관한 의사를 결정하여 표시하는 권한을 가지고 있거나 그 권한을 위임 또는 위탁받은 공공단체 또는 그 기관이나 사인(私人)을 말한다.
    ⓒ **당사자**: '당사자'란 처분의 상대방을 말한다. 02
    ⓓ **처분**: '처분'이란 행정청이 구체적 사실에 관하여 행하는 법 집행으로서 공권력의 행사 또는 그 거부와 그 밖에 이에 준하는 행정작용을 말한다.

개념확인 O/X

01 행정규칙은 학문상의 개념일 뿐 실정법상의 개념은 아니다.
(O / X)

02 「행정기본법」상의 당사자는 처분의 상대방과 이해관계인을 말한다.
(O / X)

| 정답 | 01 X   02 X

ⓔ '제재처분'이란 법령 등에 따른 의무를 위반하거나 이행하지 아니하였음을 이유로 당사자에게 의무를 부과하거나 권익을 제한하는 처분을 말한다. 다만, 제30조 제1항 각 호에 따른 행정상 강제는 제외한다.

② 기간의 계산 빈출 ─ 결정적 코멘트 ▶ 「민법」상의 기간 계산과 비교하여 암기를 하여야 한다.

㉠ 행정에 관한 기간의 계산

ⓐ **적용법률**: 행정에 관한 기간의 계산에 관하여는 이 법 또는 다른 법령 등에 특별한 규정이 있는 경우를 제외하고는 「민법」을 준용한다. 01

> **심화 학습** 「민법」 제6장 기간
>
> 「민법」 **제155조【본장의 적용범위】** 기간의 계산은 법령, 재판상의 처분 또는 법률행위에 다른 정한 바가 없으면 본장의 규정에 의한다.
> **제156조【기간의 기산점】** 기간을 시, 분, 초로 정한 때에는 즉시로부터 기산한다.
> **제157조【기간의 기산점】** 기간을 일, 주, 월 또는 연으로 정한 때에는 기간의 초일은 산입하지 아니한다. 그러나 그 기간이 오전 영시로부터 시작하는 때에는 그러하지 아니하다.
> **제158조【나이의 계산과 표시】** 나이는 출생일을 산입하여 만(滿) 나이로 계산하고, 연수(年數)로 표시한다. 다만, 1세에 이르지 아니한 경우에는 월수(月數)로 표시할 수 있다.
> ※ 연령계산에는 출생일을 산입한다.
> **제159조【기간의 만료점】** 기간을 일, 주, 월 또는 연으로 정한 때에는 기간말일의 종료로 기간이 만료한다.
> **제160조【역에 의한 계산】** ① 기간을 주, 월 또는 연으로 정한 때에는 역에 의하여 계산한다.
> ② 주, 월 또는 연의 처음으로부터 기간을 기산하지 아니하는 때에는 최후의 주, 월 또는 연에서 그 기산일에 해당한 날의 전일로 기간이 만료한다.
> ③ 월 또는 연으로 정한 경우에 최종의 월에 해당일이 없는 때에는 그 월의 말일로 기간이 만료한다.
> **제161조【공휴일 등과 기간의 만료점】** 기간의 말일이 토요일 또는 공휴일에 해당한 때에는 기간은 그 익일로 만료한다.

ⓑ **국민의 권익을 제한하거나 의무를 부과하는 경우**: 법령 등 또는 처분에서 국민의 권익을 제한하거나 의무를 부과하는 경우 권익이 제한되거나 의무가 지속되는 기간의 계산은 다음의 기준에 따른다. 다만, 다음의 기준에 따르는 것이 국민에게 불리한 경우에는 그러하지 아니하다. 02

ⅰ) 기간을 일, 주, 월 또는 연으로 정한 경우에는 기간의 첫날을 산입한다.

ⅱ) 기간의 말일이 토요일 또는 공휴일인 경우에도 기간은 그 날로 만료한다.

㉡ **법령 등 시행일의 기간 계산**: 법령 등(훈령·예규·고시·지침 등을 포함한다)의 시행일을 정하거나 계산할 때에는 다음의 기준에 따른다.

ⓐ 법령 등을 공포한 날부터 시행하는 경우에는 공포한 날을 시행일로 한다.

ⓑ 법령 등을 공포한 날부터 일정 기간이 경과한 날부터 시행하는 경우 법령 등을 공포한 날을 첫날에 산입하지 아니한다.

ⓒ 법령 등을 <u>공포한 날</u>(훈령·예규·고시·지침 등은 고시·공고 등의 방법으로 발령한 날을 말한다)부터 일정 기간이 경과한 날부터 시행하는 경우 그 기간의 말일이 토요일 또는 공휴일인 때에는 그 말일로 기간이 만료한다.

㉢ **행정에 관한 나이의 계산 및 표시**: 행정에 관한 나이는 다른 법령 등에 특별한 규정이 있는 경우를 제외하고는 출생일을 산입하여 만(滿) 나이로 계산하고, 연수(年數)로 표시한다. 다만, 1세에 이르지 아니한 경우에는 월수(月數)로 표시할 수 있다.

(2) 행정의 법 원칙

① **법치행정의 원칙**: 행정작용은 법률에 위반되어서는 아니 되며, 국민의 권리를 제한하거나 의무를 부과하는 경우와 그 밖에 국민생활에 중요한 영향을 미치는 경우에는 법률에 근거하여야 한다. 03

개념확인 O/X

01 행정에 관한 기간의 계산에는 「행정기본법」에 특별한 규정이 없으면 「행정절차법」을 준용한다. (O / X)

02 국민의 권익을 제한하거나 의무를 부과하는 경우에 기간의 계산은 일, 주, 월, 연 단위로 계산하는 경우에 첫날을 산입하지 않는다. (O / X)

03 「행정기본법」에는 법률유보에 대한 내용을 두고 있다. (O / X)

| 정답 | 01 X   02 X   03 O

② **평등의 원칙**: 행정청은 합리적 이유 없이 국민을 차별하여서는 아니 된다.

③ **비례의 원칙**: 행정작용은 다음의 원칙에 따라야 한다.
  ㉠ 행정목적을 달성하는 데 유효하고 적절할 것
  ㉡ 행정목적을 달성하는 데 필요한 최소한도에 그칠 것
  ㉢ 행정작용으로 인한 국민의 이익 침해가 그 행정작용이 의도하는 공익보다 크지 아니할 것

④ **성실의무 및 권한남용금지의 원칙**
  ㉠ 행정청은 법령 등에 따른 의무를 성실히 수행하여야 한다.
  ㉡ 행정청은 행정권한을 남용하거나 그 권한의 범위를 넘어서는 아니 된다.

⑤ **신뢰보호의 원칙**
  ㉠ 행정청은 공익 또는 제3자의 이익을 현저히 해칠 우려가 있는 경우를 제외하고는 행정에 대한 국민의 정당하고 합리적인 신뢰를 보호하여야 한다.
  ㉡ 행정청은 권한 행사의 기회가 있음에도 불구하고 장기간 권한을 행사하지 아니하여 국민이 그 권한이 행사되지 아니할 것으로 믿을 만한 정당한 사유가 있는 경우에는 그 권한을 행사해서는 아니 된다. 다만, 공익 또는 제3자의 이익을 현저히 해칠 우려가 있는 경우는 예외로 한다.

⑥ **부당결부금지의 원칙**: 행정청은 행정작용을 할 때 상대방에게 해당 행정작용과 실질적인 관련이 없는 의무를 부과해서는 아니 된다.

(3) 행정작용

① **처분의 법 적용의 기준** [빈출]

  [결정적 코멘트] 수익적 처분의 처분기준과 제재적 처분의 처분기준시점은 출제빈도가 높다. 따라서 암기와 이해를 병행하여야 한다.

  ㉠ 새로운 법령 등은 법령 등에 특별한 규정이 있는 경우를 제외하고는 그 법령 등의 효력 발생 전에 완성되거나 종결된 사실관계 또는 법률관계에 대해서는 적용되지 아니한다.
  ㉡ 당사자의 신청에 따른 처분은 법령 등에 특별한 규정이 있거나 처분 당시의 법령 등을 적용하기 곤란한 특별한 사정이 있는 경우를 제외하고는 처분 당시의 법령 등에 따른다. 01
  ㉢ 법령 등을 위반한 행위의 성립과 이에 대한 제재처분은 법령 등에 특별한 규정이 있는 경우를 제외하고는 법령 등을 위반한 행위 당시의 법령 등에 따른다. 다만, 법령 등을 위반한 행위 후 법령 등의 변경에 의하여 그 행위가 법령 등을 위반한 행위에 해당하지 아니하거나 제재처분기준이 가벼워진 경우로서 해당 법령 등에 특별한 규정이 없는 경우에는 변경된 법령 등을 적용한다.

② **처분의 효력**: 처분은 권한이 있는 기관이 취소 또는 철회하거나 기간의 경과 등으로 소멸되기 전까지는 유효한 것으로 통용된다. 다만, 무효인 처분은 처음부터 그 효력이 발생하지 아니한다. 02

③ **결격사유**
  ㉠ 자격이나 신분 등을 취득 또는 부여할 수 없거나 인가, 허가, 지정, 승인, 영업등록, 신고 수리 등(인허가)을 필요로 하는 영업 또는 사업 등을 할 수 없는 사유(결격사유)는 법률로 정한다.
  ㉡ **결격사유의 규정기준**: 결격사유를 규정할 때에는 다음의 기준에 따른다.
    ⓐ 규정의 필요성이 분명할 것
    ⓑ 필요한 항목만 최소한으로 규정할 것
    ⓒ 대상이 되는 자격, 신분, 영업 또는 사업 등과 실질적인 관련이 있을 것
    ⓓ 유사한 다른 제도와 균형을 이룰 것

개념확인 O/X

01 당사자의 신청에 대한 처분은 법령에 특별한 규정이 있는 경우를 제외하고는 신청 당시의 법령에 따른다.
(O / X)

02 무효를 포함한 행정처분은 권한 있는 기관이 취소 등을 하기 전에는 일단 유효한 것으로 통용된다.
(O / X)

| 정답 | 01 X   02 X

개념확인 O/X

01 행정청은 조건을 붙일 수 있는 처분이 당사자의 동의가 있는 경우에는 그 처분을 한 후에도 종전의 조건을 변경할 수 있다.
24 군무원7급 (O/X)

02 적법한 행정처분을 중대한 공익을 이유로 철회하는 경우에 특별한 법령의 규정이 없어도 소급하여 처분의 효력은 소멸된다.
(O/X)

03 재량인 처분은 완전히 자동화된 시스템을 통해서 처분을 할 수 있다.
(O/X)

04 제재처분의 근거가 되는 법률에는 제재처분의 주체, 사유, 유형 및 상한을 명확하게 규정하여야 한다.
24 군무원7급 (O/X)

---

④ 처분의 부관 [빈출]
 ㉠ 행정청은 처분에 재량이 있는 경우에는 부관(조건, 기한, 부담, 철회권의 유보 등을 말한다)을 붙일 수 있다.
 ㉡ 행정청은 처분에 재량이 없는 경우에는 법률에 근거가 있는 경우에 부관을 붙일 수 있다.
 ㉢ 행정청은 부관을 붙일 수 있는 처분이 다음의 어느 하나에 해당하는 경우에는 그 처분을 한 후에도 부관을 새로 붙이거나 종전의 부관을 변경할 수 있다. **01**
  ⓐ 법률에 근거가 있는 경우
  ⓑ 당사자의 동의가 있는 경우
  ⓒ 사정이 변경되어 부관을 새로 붙이거나 종전의 부관을 변경하지 아니하면 해당 처분의 목적을 달성할 수 없다고 인정되는 경우
 ㉣ 부관의 요건: 부관은 다음의 요건에 적합하여야 한다.
  ⓐ 해당 처분의 목적에 위배되지 아니할 것
  ⓑ 해당 처분과 실질적인 관련이 있을 것
  ⓒ 해당 처분의 목적을 달성하기 위하여 필요한 최소한의 범위일 것

⑤ 위법 또는 부당한 처분의 취소
 ㉠ 행정청은 위법 또는 부당한 처분의 전부나 일부를 소급하여 취소할 수 있다. 다만, 당사자의 신뢰를 보호할 가치가 있는 등 정당한 사유가 있는 경우에는 장래를 향하여 취소할 수 있다.
 ㉡ 행정청은 ㉠에 따라 당사자에게 권리나 이익을 부여하는 처분을 취소하려는 경우에는 취소로 인하여 당사자가 입게 될 불이익을 취소로 달성되는 공익과 비교·형량(衡量)하여야 한다. 다만, 다음의 어느 하나에 해당하는 경우에는 그러하지 아니하다.
  ⓐ 거짓이나 그 밖의 부정한 방법으로 처분을 받은 경우
  ⓑ 당사자가 처분의 위법성을 알고 있었거나 중대한 과실로 알지 못한 경우

⑥ 적법한 처분의 철회
 ㉠ 철회사유: 행정청은 적법한 처분이 다음의 어느 하나에 해당하는 경우에는 그 처분의 전부 또는 일부를 장래를 향하여 철회할 수 있다. **02**
  ⓐ 법률에서 정한 철회사유에 해당하게 된 경우
  ⓑ 법령 등의 변경이나 사정변경으로 처분을 더 이상 존속시킬 필요가 없게 된 경우
  ⓒ 중대한 공익을 위하여 필요한 경우
 ㉡ 행정청은 ㉠에 따라 처분을 철회하려는 경우에는 철회로 인하여 당사자가 입게 될 불이익을 철회로 달성되는 공익과 비교·형량하여야 한다.

⑦ 자동적 처분: 행정청은 법률로 정하는 바에 따라 완전히 자동화된 시스템(인공지능 기술을 적용한 시스템을 포함한다)으로 처분을 할 수 있다. 다만, 처분에 재량이 있는 경우는 그러하지 아니하다. **03**

⑧ 재량행사의 기준: 행정청은 재량이 있는 처분을 할 때에는 관련 이익을 정당하게 형량하여야 하며, 그 재량권의 범위를 넘어서는 아니 된다.

⑨ 제재처분의 기준: 제재처분의 근거가 되는 법률에는 제재처분의 주체, 사유, 유형 및 상한을 명확하게 규정하여야 한다. 이 경우 제재처분의 유형 및 상한을 정할 때에는 해당 위반행위의 특수성 및 유사한 위반행위와의 형평성 등을 종합적으로 고려하여야 한다. **04**

| 정답 | 01 O 02 X 03 X 04 O

| 심화 학습 | 재량이 있는 제재처분을 할 때 고려하여야 하는 사항 |

1. 위반행위의 동기, 목적 및 방법
2. 위반행위의 결과
3. 위반행위의 횟수
4. 그 밖에 준하는 사항으로서 대통령령으로 정하는 사항

⑩ **제재처분의 제척기간**
ㄱ. 행정청은 법령 등의 위반행위가 종료된 날부터 5년이 지나면 해당 위반행위에 대하여 제재처분(인허가의 정지·취소·철회, 등록 말소, 영업소 폐쇄와 정지를 갈음하는 과징금 부과를 말한다)을 할 수 없다. **01**

| 심화 학습 | 제재처분의 제척기간이 적용되지 않는 경우 |

1. 거짓이나 그 밖의 부정한 방법으로 인허가를 받거나 신고를 한 경우
2. 당사자가 인허가나 신고의 위법성을 알고 있었거나 중대한 과실로 알지 못한 경우
3. 정당한 사유 없이 행정청의 조사·출입·검사를 기피·방해·거부하여 제척기간이 지난 경우 **02**
4. 제재처분을 하지 아니하면 국민의 안전·생명 또는 환경을 심각하게 해치거나 해칠 우려가 있는 경우

ㄴ. 행정청은 ㄱ에도 불구하고 행정심판의 재결이나 법원의 판결에 따라 제재처분이 취소·철회된 경우에는 재결이나 판결이 확정된 날부터 1년(합의제행정기관은 2년)이 지나기 전까지는 그 취지에 따른 새로운 제재처분을 할 수 있다.
ㄷ. 다른 법률에서 ㄱ 및 ㄴ의 기간보다 짧거나 긴 기간을 규정하고 있으면 그 법률에서 정하는 바에 따른다.

> **결정적 코멘트** 「행정기본법」 시행 이전의 관련 판례와 소송대상 및 절차 준수 여부에 관한 철저한 이해가 필요하다.

⑪ **인허가의제** [빈출]
ㄱ. 인허가의제의 기준
ⓐ '인허가의제'란 하나의 인허가(주된 인허가)를 받으면 법률로 정하는 바에 따라 그와 관련된 여러 인허가(관련 인허가)를 받은 것으로 보는 것을 말한다.
ⓑ 인허가의제를 받으려면 주된 인허가를 신청할 때 관련 인허가에 필요한 서류를 함께 제출하여야 한다. 다만, 불가피한 사유로 함께 제출할 수 없는 경우에는 주된 인허가 행정청이 별도로 정하는 기한까지 제출할 수 있다.
ⓒ 주된 인허가 행정청은 주된 인허가를 하기 전에 관련 인허가에 관하여 미리 관련 인허가 행정청과 협의하여야 한다. **03**
ⓓ 관련 인허가 행정청은 ⓒ에 따른 협의를 요청받으면 그 요청을 받은 날부터 20일 이내(ⓔ의 단서에 따른 절차에 걸리는 기간은 제외한다)에 의견을 제출하여야 한다. 이 경우 전단에서 정한 기간(민원 처리 관련 법령에 따라 의견을 제출하여야 하는 기간을 연장한 경우에는 그 연장한 기간을 말한다) 내에 협의 여부에 관하여 의견을 제출하지 아니하면 협의가 된 것으로 본다. **04**
ⓔ 협의를 요청받은 관련 인허가 행정청은 해당 법령을 위반하여 협의에 응해서는 아니 된다. 다만, 관련 인허가에 필요한 심의, 의견청취 등 절차에 관하여는 법률에 인허가의제 시에도 해당 절차를 거친다는 명시적인 규정이 있는 경우에만 이를 거친다.

ㄴ. 인허가의제의 효과 **05**
ⓐ 협의가 된 사항에 대해서는 주된 인허가를 받았을 때 관련 인허가를 받은 것으로 본다.
ⓑ 인허가의제의 효과는 주된 인허가의 해당 법률에 규정된 관련 인허가에 한정된다.
ㄷ. 인허가의제의 사후관리 등: 인허가의제의 경우 관련 인허가 행정청은 관련 인허가를 직접 한 것으로 보아 관계 법령에 따른 관리·감독 등 필요한 조치를 하여야 한다.

개념확인 O/X

01 행정청은 법령 등의 위반행위가 종료된 날부터 5년이 지나면 해당 위반행위에 대하여 인허가의 정지·취소·철회, 등록 말소, 영업소 폐쇄와 정지를 갈음하는 과징금 부과의 제재처분을 할 수 없다.
24 군무원7급 (O / X)

02 정당한 사유 없이 행정청의 조사·출입·검사를 기피·방해·거부하여 제척기간이 지난 경우에는 행정청은 법령 등의 위반행위가 종료된 날부터 5년이 지난 후에도 해당 위반행위에 대하여 인허가의 정지·취소·철회, 등록 말소, 영업소 폐쇄와 정지를 갈음하는 과징금 부과의 제재처분을 할 수 있다.
24 군무원7급 (O / X)

03 인허가의 의제규정이 법령에 규정이 있는 경우에는 주된 인허가에 대한 행정청은 의제되어지는 행정처분에 대한 권한청과 협의를 거치지 않아도 주된 처분의 인허가를 할 수 있다.
(O / X)

04 개발행위허가(의제되는 처분) 행정청은 건축허가(주된 처분) 행정청으로부터 협의를 요청받으면, 법률에 인허가의제 시에도 관련 인허가에 필요한 심의·의견 청취 등 절차를 거친다는 명시적인 규정이 있는 경우 그 절차에 걸리는 기간을 제외하고, 그 요청을 받은 날부터 20일 이내에 의견을 제출하여야 한다.
24 국회8급 (O / X)

05 건축허가(주된 처분)와 개발행위허가(의제되는 처분)에 관해 법령에 따른 협의가 된 사항에 대해서는 건축허가를 받았을 때 개발행위허가를 받은 것으로 본다.
24 국회8급 (O / X)

| 정답 | 01 O 02 O 03 X 04 O 05 O

관련 판례

B 어떤 개발사업의 시행과 관련하여 인허가의 근거법령에서 절차간소화를 위하여 관련 인허가를 의제 처리할 수 있는 근거 규정을 둔 경우, 사업시행자가 인허가를 신청하면서 반드시 관련 인허가의제 처리를 신청할 의무가 있는지 여부(소극)

> 어떤 인허가의 근거법령에서 절차간소화를 위하여 관련 인허가를 의제 처리할 수 있는 근거규정을 둔 경우에는, 사업시행자가 인허가를 신청하면서 하나의 절차 내에서 관련 인허가를 의제 처리해 줄 것을 신청할 수 있다. 관련 인허가의제 제도는 사업시행자의 이익을 위하여 만들어진 것이므로, 사업시행자가 반드시 관련 인허가의제 처리를 신청할 의무가 있는 것은 아니다(대판 2023. 9. 21. 2022두31143).

⑫ **공법상 계약의 체결** [빈출]
  ㉠ 행정청은 법령 등을 위반하지 아니하는 범위에서 행정목적을 달성하기 위하여 필요한 경우에는 공법상 법률관계에 관한 계약(공법상 계약)을 체결할 수 있다. 이 경우 계약의 목적 및 내용을 명확하게 적은 계약서를 작성하여야 한다. 01
  ㉡ 행정청은 공법상 계약의 상대방을 선정하고 계약내용을 정할 때 공법상 계약의 공공성과 제3자의 이해관계를 고려하여야 한다. 02

⑬ **과징금**
  ㉠ **과징금의 기준**: 행정청은 법령 등에 따른 의무를 위반한 자에 대하여 법률로 정하는 바에 따라 그 위반행위에 대한 제재로서 과징금을 부과할 수 있다.

심화 학습 | 과징금의 근거 법률에 명확하게 규정해야 하는 사항

1. 부과·징수 주체
2. 부과사유
3. 상한액
4. 가산금을 징수하려는 경우 그 사항
5. 과징금 또는 가산금 체납 시 강제징수를 하려는 경우 그 사항

  ㉡ 체납된 과징금에 대한 가산금을 부과하는 규정을 정할 때에는 가산금의 부과율 및 부과기간이 금융기관 등이 연체대출금에 대하여 적용하는 이자율 등을 고려하여 대통령령으로 정하는 부과율 및 부과기간을 넘지 아니하도록 규정하여야 한다.
  ㉢ **과징금의 납부기한 연기 및 분할납부**: 과징금은 한꺼번에 납부하는 것을 원칙으로 한다. 다만, 행정청은 과징금을 부과받은 자가 과징금 전액을 한꺼번에 내기 어렵다고 인정될 때에는 그 납부기한을 연기하거나 분할납부하게 할 수 있으며, 이 경우 필요하다고 인정하면 담보를 제공하게 할 수 있다. 03

심화 학습 | 과징금을 한꺼번에 납부하기 곤란한 사정

1. 재해 등으로 재산에 현저한 손실을 입은 경우
2. 사업 여건의 악화로 사업이 중대한 위기에 처한 경우
3. 과징금을 한꺼번에 내면 자금 사정에 현저한 어려움이 예상되는 경우
4. 그 밖에 1.부터 3.까지에 준하는 경우로서 대통령령으로 정하는 사유가 있는 경우

개념확인 O/X

01 공법상 계약은 행정목적을 달성하기 위해서 계약의 목적을 명확히 하여 서면이나 말을 통해서 계약을 체결할 수 있다. (O / X)

02 「행정절차법」 규정에 의하면 행정청은 공법상 계약의 상대방을 선정하고 계약내용을 정할 때 공법상 계약의 공공성과 제3자의 이해관계를 고려하여야 한다.
23 국회8급 (O / X)

03 과징금은 분할납부를 원칙으로 한다. (O / X)

| 정답 | 01 X 02 X 03 X

⑭ 행정상 강제
ⓙ 행정상 강제조치
ⓐ 행정청은 행정목적을 달성하기 위하여 필요한 경우에는 법률로 정하는 바에 따라 필요한 최소한의 범위에서 다음의 어느 하나에 해당하는 조치를 할 수 있다.

> **심화 학습** 행정상 강제조치
>
> 1. 행정대집행
>   의무자가 행정상 의무(법령 등에서 직접 부과하거나 행정청이 법령 등에 따라 부과한 의무를 말한다. 타인이 대신하여 행할 수 있는 의무를 이행하지 아니하는 경우 법률로 정하는 다른 수단으로는 그 이행을 확보하기 곤란하고 그 불이행을 방치하면 공익을 크게 해칠 것으로 인정될 때에 행정청이 의무자가 하여야 할 행위를 스스로 하거나 제3자에게 하게 하고 그 비용을 의무자로부터 징수하는 것
> 2. 이행강제금의 부과
>   의무자가 행정상 의무를 이행하지 아니하는 경우 행정청이 적절한 이행기간을 부여하고, 그 기한까지 행정상 의무를 이행하지 아니하면 금전급부의무를 부과하는 것
> 3. 직접강제
>   의무자가 행정상 의무를 이행하지 아니하는 경우 행정청이 의무자의 신체나 재산에 실력을 행사하여 그 행정상 의무의 이행이 있었던 것과 같은 상태를 실현하는 것
> 4. 강제징수
>   의무자가 행정상 의무 중 금전급부의무를 이행하지 아니하는 경우 행정청이 의무자의 재산에 실력을 행사하여 그 행정상 의무가 실현된 것과 같은 상태를 실현하는 것
> 5. 즉시강제
>   현재의 급박한 행정상의 장해를 제거하기 위한 경우로서 다음의 어느 하나에 해당하는 경우에 행정청이 곧바로 국민의 신체 또는 재산에 실력을 행사하여 행정목적을 달성하는 것
>   - 행정청이 미리 행정상 의무 이행을 명할 시간적 여유가 없는 경우
>   - 그 성질상 행정상 의무의 이행을 명하는 것만으로는 행정목적 달성이 곤란한 경우

ⓑ 행정상 강제조치에 관하여 이 법에서 정한 사항 외에 필요한 사항은 따로 법률로 정한다.
ⓒ 형사(刑事), 행형(行刑) 및 보안처분 관계 법령에 따라 행하는 사항이나 외국인의 출입국·난민인정·귀화·국적회복에 관한 사항에 관하여는 '행정상 강제'를 적용하지 아니한다.

ⓛ **이행강제금의 부과** ※ 의무이행확보수단에서 상술함
ⓐ 이행강제금 부과의 근거가 되는 법률에는 이행강제금에 관한 다음의 사항을 명확하게 규정하여야 한다. 다만, ⅳ 또는 ⅴ를 규정할 경우 입법목적이나 입법취지를 훼손할 우려가 크다고 인정되는 경우로서 일정한 경우는 제외한다.
　ⅰ 부과·징수 주체
　ⅱ 부과 요건
　ⅲ 부과 금액
　ⅳ 부과 금액 산정기준
　ⅴ 연간 부과 횟수나 횟수의 상한
ⓑ 행정청은 다음의 사항을 고려하여 이행강제금의 부과 금액을 가중하거나 감경할 수 있다.
　ⅰ 의무 불이행의 동기, 목적 및 결과
　ⅱ 의무 불이행의 정도 및 상습성
　ⅲ 그 밖에 행정목적을 달성하는 데 필요하다고 인정되는 사유
ⓒ 행정청은 이행강제금을 부과하기 전에 미리 의무자에게 적절한 이행기간을 정하여 그 기한까지 행정상 의무를 이행하지 아니하면 이행강제금을 부과한다는 뜻을 문서로 계고(戒告)하여야 한다. 01

---

01 행정청은 이행강제금을 부과하기 전에 미리 의무자에게 적절한 이행기간을 정하여 그 기한까지 행정상 의무를 이행하지 아니하면 이행강제금을 부과한다는 뜻을 문서로 계고(戒告)하여야 한다.
24 군무원7급　　　　(O/X)

개념확인 O/X

01 행정청은 의무자가 행정상 의무를 이행할 때까지 이행강제금을 반복하여 부과할 수 있다.
24 군무원7급 (O / X)

02 의무자가 의무를 이행하면 새로운 이행강제금의 부과를 즉시 중지하고, 이미 부과한 이행강제금은 징수하지 아니한다.
24 군무원7급 (O / X)

ⓓ 행정청은 의무자가 ⓒ에 따른 계고에서 정한 기한까지 행정상 의무를 이행하지 아니한 경우 이행강제금의 부과 금액·사유·시기를 문서로 명확하게 적어 의무자에게 통지하여야 한다.

ⓔ 행정청은 의무자가 행정상 의무를 이행할 때까지 이행강제금을 반복하여 부과할 수 있다. 다만, 의무자가 의무를 이행하면 새로운 이행강제금의 부과를 즉시 중지하되, 이미 부과한 이행강제금은 징수하여야 한다. **01 02**

ⓕ 행정청은 이행강제금을 부과받은 자가 납부기한까지 이행강제금을 내지 아니하면 국세강제징수의 예 또는 「지방행정제재·부과금의 징수 등에 관한 법률」에 따라 징수한다.

ⓒ 직접강제

ⓐ 직접강제는 행정대집행이나 이행강제금 부과의 방법으로는 행정상 의무 이행을 확보할 수 없거나 그 실현이 불가능한 경우에 실시하여야 한다.

ⓑ 직접강제를 실시하기 위하여 현장에 파견되는 집행책임자는 그가 집행책임자임을 표시하는 증표를 보여 주어야 한다.

ⓒ 직접강제의 계고 및 통지에 관하여는 이행강제금 규정을 준용한다.

ⓓ 즉시강제

ⓐ 즉시강제는 다른 수단으로는 행정목적을 달성할 수 없는 경우에만 허용되며, 이 경우에도 최소한으로만 실시하여야 한다.

ⓑ 즉시강제를 실시하기 위하여 현장에 파견되는 집행책임자는 그가 집행책임자임을 표시하는 증표를 보여 주어야 하며, 즉시강제의 이유와 내용을 고지하여야 한다.

ⓒ 집행책임자는 즉시강제를 하려는 재산의 소유자 또는 점유자를 알 수 없거나 현장에서 그 소재를 즉시 확인하기 어려운 경우에는 즉시강제를 실시한 후 집행책임자의 이름 및 그 이유와 내용을 고지할 수 있다. 다만, 다음 각 호에 해당하는 경우에는 게시판이나 인터넷 홈페이지에 게시하는 등 적절한 방법에 의한 공고로써 고지를 갈음할 수 있다.

ⅰ) 즉시강제를 실시한 후에도 재산의 소유자 또는 점유자를 알 수 없는 경우

ⅱ) 재산의 소유자 또는 점유자가 국외에 거주하거나 행방을 알 수 없는 경우

ⅲ) 그 밖에 대통령령으로 정하는 불가피한 사유로 고지할 수 없는 경우

⑮ 그 밖의 행정작용

㉠ 수리 여부에 따른 신고의 효력: 법령 등으로 정하는 바에 따라 행정청에 일정한 사항을 통지하여야 하는 신고로서 법률에 신고의 수리가 필요하다고 명시되어 있는 경우(행정기관의 내부업무처리절차로서 수리를 규정한 경우는 제외한다)에는 행정청이 수리하여야 효력이 발생한다.

㉡ 수수료 및 사용료

ⓐ 행정청은 특정인을 위한 행정서비스를 제공받는 자에게 법령으로 정하는 바에 따라 수수료를 받을 수 있다.

ⓑ 행정청은 공공시설 및 재산 등의 이용 또는 사용에 대하여 사전에 공개된 금액이나 기준에 따라 사용료를 받을 수 있다.

ⓒ 지방자치단체의 경우에는 「지방자치법」에 따른다.

| 정답 | 01 O 02 X

⑯ 처분에 대한 이의신청 및 재심사
　㉠ 처분에 대한 이의신청 [빈출] ▶ 결정적 코멘트 ▶ 이의신청에 대한 청구절차와 기간에 대한 암기가 필요하다.
　　ⓐ 행정청의 처분(「행정심판법」 제3조에 따라 같은 법에 따른 행정심판의 대상이 되는 처분을 말한다)에 이의가 있는 당사자는 처분을 받은 날부터 30일 이내에 해당 행정청에 이의신청을 할 수 있다. 01 02
　　ⓑ 행정청은 이에 따른 이의신청을 받으면 그 신청을 받은 날부터 14일 이내에 그 이의신청에 대한 결과를 신청인에게 통지하여야 한다. 다만, 부득이한 사유로 14일 이내에 통지할 수 없는 경우에는 그 기간을 만료일 다음 날부터 기산하여 10일의 범위에서 한 차례 연장할 수 있으며, 연장사유를 신청인에게 통지하여야 한다. 03
　　ⓒ ⓐ에 따라 이의신청을 한 경우에도 그 이의신청과 관계없이 「행정심판법」에 따른 행정심판 또는 「행정소송법」에 따른 행정소송을 제기할 수 있다. 04
　　ⓓ 이의신청에 대한 결과를 통지받은 후 행정심판 또는 행정소송을 제기하려는 자는 그 결과를 통지받은 날(ⓑ에 따른 통지기간 내에 결과를 통지받지 못한 경우에는 통지기간이 만료되는 날의 다음 날을 말한다)부터 90일 이내에 제1항의 처분(이의신청 결과 처분이 변경된 경우에는 변경된 처분으로 한다)에 대하여 행정심판 또는 행정소송을 제기할 수 있다.
　　ⓔ 이의신청에 대한 결과를 통지할 때에는 대통령령으로 정하는 바에 따라 제4항에 따른 행정심판 또는 행정소송을 제기할 수 있는 기간 등 행정심판 또는 행정소송의 제기에 관한 사항을 함께 안내하여야 한다. 다만, 이의신청에 대한 결과를 통지하기 전에 이미 신청인이 행정심판 또는 행정소송을 제기한 경우에는 안내하지 아니할 수 있다.
　　ⓕ 다른 법률에서 이의신청과 이에 준하는 절차에 대하여 정하고 있는 경우에도 그 법률에서 규정하지 아니한 사항에 관하여는 ⑯에서 정하는 바에 따른다. 05
　　ⓖ 규정한 사항 외에 이의신청의 방법 및 절차 등에 관한 사항은 대통령령으로 정한다.

| 심화 학습 | 「행정기본법」상의 이의신청을 적용하지 않는 경우 |

1. 공무원 인사 관계 법령에 따른 징계 등 처분에 관한 사항
2. 「국가인권위원회법」 제30조에 따른 진정에 대한 국가인권위원회의 결정
3. 「노동위원회법」 제2조의2에 따라 노동위원회의 의결을 거쳐 행하는 사항
4. 형사, 행형 및 보안처분 관계 법령에 따라 행하는 사항
5. 외국인의 출입국·난민인정·귀화·국적회복에 관한 사항
6. 과태료 부과 및 징수에 관한 사항 06

　㉡ 처분의 재심사
　　ⓐ 당사자는 처분(제재처분 및 행정상 강제는 제외한다)이 행정심판, 행정소송 및 그 밖의 쟁송을 통하여 다툴 수 없게 된 경우(법원의 확정판결이 있는 경우는 제외한다)라도 다음의 어느 하나에 해당하는 경우에는 해당 처분을 한 행정청에 처분을 취소·철회하거나 변경하여 줄 것을 신청할 수 있다.
　　　ⅰ) 처분의 근거가 된 사실관계 또는 법률관계가 추후에 당사자에게 유리하게 바뀐 경우
　　　ⅱ) 당사자에게 유리한 결정을 가져다주었을 새로운 증거가 있는 경우
　　　ⅲ) 「민사소송법」 제451조에 따른 재심사유에 준하는 사유가 발생한 경우 등 대통령령으로 정하는 경우
　　ⓑ ⓐ에 따른 신청은 해당 처분의 절차, 행정심판, 행정소송 및 그 밖의 쟁송에서 당사자가 중대한 과실 없이 위의 사유를 주장하지 못한 경우에만 할 수 있다.
　　ⓒ ⓐ에 따른 신청은 당사자가 위의 사유를 안 날부터 60일 이내에 하여야 한다. 다만, 처분이 있은 날부터 5년이 지나면 신청할 수 없다.

개념확인 O/X

01 행정청의 처분에 이해관계가 있는 제3자는 이의신청을 할 수 있다.
24 국회9급　　　　　　　(O / X)

02 행정청의 처분에 이의가 있는 당사자는 해당 행정청 또는 감독청에 이의신청을 할 수 있다.
24 국회9급　　　　　　　(O / X)

03 행정청은 이의신청을 받으면 그 신청을 받은 날부터 30일 이내에 그 이의신청에 대한 결과를 신청인에게 통지하여야 한다.
24 국회9급　　　　　　　(O / X)

04 이의신청을 한 경우에는 「행정심판법」에 따른 행정심판을 제기할 수 없다.
24 국회9급　　　　　　　(O / X)
　　　　　　　　　　　　(O / X)

05 다른 법률에서 이의신청과 이에 준하는 절차에 대하여 정하고 있는 경우에도 그 법률에서 규정하지 아니한 사항에 관하여는 「행정기본법」이 정하는 바에 따른다.
24 군무원9급　　　　　　(O / X)

06 과태료 부과 및 징수에 관한 사항은 이의신청의 대상이 아니다.
24 국회9급　　　　　　　(O / X)

| 정답 | 01 X　02 X　03 X　04 X　05 O　06 O

ⓓ ⓐ에 따른 신청을 받은 행정청은 특별한 사정이 없으면 신청을 받은 날부터 90일(합의제행정기관은 180일) 이내에 처분의 재심사 결과(재심사 여부와 처분의 유지·취소·철회·변경 등에 대한 결정을 포함한다)를 신청인에게 통지하여야 한다. 다만, 부득이한 사유로 90일(합의제행정기관은 180일) 이내에 통지할 수 없는 경우에는 그 기간을 만료일 다음 날부터 기산하여 90일(합의제행정기관은 180일)의 범위에서 한 차례 연장할 수 있으며, 연장사유를 신청인에게 통지하여야 한다.

ⓔ ⓓ에 따른 처분의 재심사 결과 중 처분을 유지하는 결과에 대해서는 행정심판, 행정소송 및 그 밖의 쟁송수단을 통하여 불복할 수 없다.

ⓕ 행정청의 (제18조에 따른) 취소와 (제19조에 따른) 철회는 처분의 재심사에 의하여 영향을 받지 아니한다.

ⓖ ⓐ~ⓕ에서 규정한 사항 외에 처분의 재심사의 방법 및 절차 등에 관한 사항은 대통령령으로 정한다.

> **심화 학습** 「행정기본법」 재심사규정이 적용되지 않는 경우
>
> 1. 공무원 인사 관계 법령에 따른 징계 등 처분에 관한 사항
> 2. 「노동위원회법」 제2조의2에 따라 노동위원회의 의결을 거쳐 행하는 사항
> 3. 형사, 행형 및 보안처분 관계 법령에 따라 행하는 사항
> 4. 외국인의 출입국·난민인정·귀화·국적회복에 관한 사항
> 5. 과태료 부과 및 징수에 관한 사항
> 6. 개별 법률에서 그 적용을 배제하고 있는 경우

(4) 행정의 입법활동 등

① 행정의 입법활동

㉠ 국가나 지방자치단체가 법령 등을 제정·개정·폐지하고자 하거나 그와 관련된 활동(법률안의 국회 제출과 조례안의 지방의회 제출을 포함하며, '행정의 입법활동'이라 한다)을 할 때에는 헌법과 상위법령을 위반해서는 아니 되며, 헌법과 법령 등에서 정한 절차를 준수하여야 한다.

㉡ 행정의 입법활동은 다음의 기준에 따라야 한다.

ⓐ 일반 국민 및 이해관계자로부터 의견을 수렴하고 관계 기관과 충분한 협의를 거쳐 책임 있게 추진되어야 한다.

ⓑ 법령 등의 내용과 규정은 다른 법령 등과 조화를 이루어야 하고, 법령 등 상호간에 중복되거나 상충되지 아니하여야 한다.

ⓒ 법령 등은 일반 국민이 그 내용을 쉽고 명확하게 이해할 수 있도록 알기 쉽게 만들어져야 한다.

㉢ 정부는 매년 해당 연도에 추진할 법령안 입법계획(정부입법계획)을 수립하여야 한다.

㉣ 행정의 입법활동의 절차 및 정부입법계획의 수립에 관하여 필요한 사항은 정부의 법제업무에 관한 사항을 규율하는 대통령령으로 정한다.

② 행정법제의 개선

㉠ 정부는 권한 있는 기관에 의하여 위헌으로 결정되어 법령이 헌법에 위반되거나 법률에 위반되는 것이 명백한 경우 등 대통령령으로 정하는 경우에는 해당 법령을 개선하여야 한다.

㉡ 정부는 행정 분야의 법제도 개선 및 일관된 법 적용기준 마련 등을 위하여 필요한 경우 대통령령으로 정하는 바에 따라 관계 기관 협의 및 관계 전문가 의견수렴을 거쳐 개선조치를 할 수 있으며, 이를 위하여 현행 법령에 관한 분석을 실시할 수 있다.

③ 법령해석
  ㉠ 누구든지 법령 등의 내용에 의문이 있으면 법령을 소관하는 중앙행정기관의 장(법령소관기관)과 자치법규를 소관하는 지방자치단체의 장에게 법령해석을 요청할 수 있다.
  ㉡ 법령소관기관과 자치법규를 소관하는 지방자치단체의 장은 각각 소관 법령 등을 헌법과 해당 법령 등의 취지에 부합되게 해석·집행할 책임을 진다.
  ㉢ 법령소관기관이나 법령소관기관의 해석에 이의가 있는 자는 대통령령으로 정하는 바에 따라 법령해석업무를 전문으로 하는 기관에 법령해석을 요청할 수 있다.
  ㉣ 법령해석의 절차에 관하여 필요한 사항은 대통령령으로 정한다.

02 「행정절차법」

1 행정절차의 개념

(1) 광의의 행정절차

행정의사의 결정과 집행에 관련된 일체의 과정, 즉 행정작용의 모든 과정에서 행정청이 밟아야 할 절차를 의미한다. 여기에는 사전적·사후적 구제절차가 모두 포함되며 입법절차·사법절차에 대응한 개념이다.

(2) 협의의 행정절차

행정청이 행정입법, 행정계획, 행정처분, 행정지도, 공법상 계약 기타 행정권을 행사하여 행정의 의사를 결정함에 거쳐야 할 사전절차로서 외부와의 교섭과정을 총칭하여 행정절차라고 부른다(집행절차와 사후구제 제외). 우리나라 「행정절차법」은 구체적인 규정을 두고 있지는 않으나 「행정절차법」의 내용상 협의로 해석할 수 있을 것이다.

(3) 최협의의 행정절차

행정처분(행정행위)의 사전절차만을 최협의의 행정절차로 보며, 학문상 주요 관심부분이라 할 수 있다.

2 행정절차의 기능

(1) 인간의 존엄성 존중

국민으로 하여금 사전에 자기를 방어할 수 있는 기회를 제공하고, 행정과정 참여와 공정성 확보를 통해 인간의 존엄과 가치의 존중이라는 기능 수행이 이루어진다.

(2) 행정의 민주화(국민참여)와 공정성

"국민의 행정참여를 도모함으로써 ······."라고 규정한 「행정절차법」 제1조는 행정절차가 민주주의를 실천하는 것임을 반영하고 있으며, 공정성을 확보하고 위법 부당한 침해를 미연에 방지하여 행정의 민주화에 기여할 수 있다.

(3) 행정의 적정화

행정과정에서의 이해관계인의 의견제출 등의 참여는 행정청의 사실인정 및 법령의 해석·적용을 적정화함으로써 행정작용의 적법·타당성을 확보하는 바탕이 된다.

(4) 행정권의 재량통제

이해관계인의 참여와 행정과정의 사전공개는 재량권 행사의 적정을 확보하는 통제수단으로서 그 기능을 수행한다.

(5) 행정의 능률화

상대방이나 이해관계인을 행정결정에 참여시킴으로써 사전에 당사자 간에 의견수렴이 행해지고, 그들의 협력을 얻어낼 수 있다면 행정에 대한 마찰과 저항을 감소시켜 행정목적을 원활하게 달성할 수 있어 행정의 능률성을 확보할 수 있다.

(6) 사전적 구제제도로서 사법적 구제보완 및 법원부담 경감

사후권리구제는 권리침해상태에서 구제를 도모하고 많은 시간·노력·경비가 소요되고, 재판은 재량행위의 통제에는 미치지 않기 때문에, 행정절차는 행정의 의사결정에 이해관계인을 참여시킴으로써 그의 권익주장에 충분한 합의점이 도출된다면 행정작용의 위법·부당을 사전에 방지하게 되어 사법적 구제제도의 보완과 법원의 업무경감이라는 기능을 발휘할 수 있다.

(7) 실질적 법치주의

행정권의 남용을 방지하고 행정의 예측가능성을 부여하며 투명한 행정을 확보함으로써 실질적 법치를 실현할 수 있다.

3 행정절차의 기본내용

(1) 사전통지

① '사전통지'란 행정작용을 하기에 앞서 이해관계인에게 당해 행정작용의 내용 및 청문이나 의견 또는 자료제출의 일시·장소 등을 알리는 준법률행위적 행정행위이다.
② 사전통지는 청문에 있어서의 의견진술, 권리주장, 자료제출 등을 준비할 수 있는 기회를 주기 위함이다. 따라서 상당기간 전에 이루어져야 할 것이다.

(2) 청문

① '청문'이란 국민의 자유와 권리를 제한·침해하는 행정처분을 발하기 전에 통지된 내용에 따라 처분의 상대방이나 대립하는 이해관계인으로 하여금 자기에게 유리한 주장·증거를 제출하여 반발할 수 있는 기회를 부여함을 목적으로 하는 절차를 말한다.
② 영국의 자연적 정의로부터 출발된 것으로 행정절차의 가장 중요한 내용으로 파악되며, 양쪽 관련 당사자로부터 의견을 청취함으로써 공정한 결정을 내리고자 함이 본래의 이념이라 할 수 있다.

(3) 이유제시(행정결정의 이유명시)

① 의의: '이유제시'란 행정을 함에 있어 그 행위를 하게 된 법적 근거, 구체적 사실 등의 이유를 명시하는 것을 말한다.
② 필요성: 행정청에는 행정의 자의 방지, 행정의 결정과정의 공개기능, 행정의 정당성 제고 등을 위해 필요하고, 상대방에는 구제수단의 편의를 제공하고 상대방을 설득하기 위해 필요하다.
③ 이유제시가 필요하지 않은 경우
  ㉠ 신청내용을 모두 그대로 인정하는 처분인 경우
  ㉡ 단순·반복적인 처분 또는 경미한 처분으로서 당사자가 그 이유를 명백히 알 수 있는 경우

ⓒ 긴급히 처분을 할 필요가 있는 경우

(4) 문서열람·정보공개

청문의 실효적인 보장을 위해서는 이해관계인에게 문서의 열람이나 기타 정보의 공개를 요청하는 권리를 인정해야 할 것이다. 우리나라 「행정절차법」에서는 청문과 의견제출의 경우에 문서열람과 복사요청 등에 대해 인정하고 있다. 01

> **관련 판례**
>
> ⓒ 헌법재판소는 관계서류의 열람·복사신청권을 거부한 행정청의 행위는 헌법의 알 권리 규정에서 당연히 나오는 청구인의 권리를 침해한 것이라고 판시하여 이들 신청권이 헌법상 권리임을 확인하였다(헌재 1989.9.4. 88헌마22).

> **개념확인 O/X**
>
> 01 문서열람과 복사요청에 대해 「행정절차법」에는 청문에 한하여 인정하고 있다.
> (O/X)

4 우리나라의 「행정절차법」

(1) 서설

① 헌법적 근거
  ㉠ 헌법 제12조 제1항의 적법절차원리에서 찾는 견해: 이 견해는 일반적인 견해로서, "모든 국민은 신체의 자유를 가진다. 누구든지 법률에 의하지 아니하고는 체포·구속·압수·수색 또는 심문을 받지 아니하며, 법률과 적법한 절차에 의하지 아니하고는 처벌·보안처분 또는 강제노역을 받지 아니한다."라는 헌법 제12조 제1항 후단의 규정은 미국 헌법상의 적법절차조항과 유사한 규정으로, 형사사법작용은 물론이고 행정작용의 근거규정이 된다고 본다. 이 견해에 따르면 청문이나 이유제시를 하지 않고 행한 처분은 위법으로 판정된다(장태주, 행정법개론, 법문사).
  ㉡ 다원적인 헌법상 원리에서 찾는 견해: 이 견해는 행정절차의 헌법상의 근거를 개별적 조항에서 구하는 것이 아니라 민주국가원리나 법치국가원리와 같은 헌법원리 또는 인간의 존엄과 가치에 관한 헌법 제10조 등에서 찾는 견해이다. 특히 이 견해는 청문절차는 국민의 권익침해에 대한 소극적인 단순한 방어의 기회부여로서의 의미보다는 국민의 행정참여를 통한 행정의 민주성 확보라는 좀 더 적극적인 의미가 부여되는 것이라 본다.
  ㉢ 헌법재판소의 입장: 헌법재판소는 헌법 제12조의 적법절차조항을 직접 구속력 있는 헌법적 근거로 본다.
  ㉣ 대법원의 입장: 대법원은 일관된 입장을 보이고 있지 않다. 다만, 이유부기와 관련하여 개별법률에 명문의 규정이 없는 경우에도 이유제시 없는 불이익처분을 위법으로 본 경우가 있다.

> **관련 판례**
>
> ⓒ 헌법재판소의 입장 [20 국회직 8급] 02
>
> 헌법 제12조는 국가의 모든 공권력 작용에 적용되는 원칙이다.
> 헌법 제12조 제3항 본문은 동조 제1항과 함께 적법절차원리의 일반조항에 해당하는 것으로서, 형사절차상의 영역에 한정되지 않고 입법, 행정 등 국가의 모든 공권력의 작용에는 절차상의 적법성뿐만 아니라 법률의 구체적 내용도 합리성과 정당성을 갖춘 실체적인 적법성이 있어야 한다는 적법절차의 원칙을 헌법의 기본원리로 명시하고 있는 것이므로 헌법 제12조 제3항에 규정된 영장주의는 구속의 개시시점에 한하지 않고 구속영장의 효력을 계속 유지할 것인지 아니면 취소 또는 실

> 02 행정에서 적법절차원리의 헌법적 근거는 형사절차에서의 적법절차를 규정한 헌법 제12조 제3항에 있다.
> 20 국회8급 (O/X)

| 정답 | 01 X 02 O

효시킬 것인지의 여부도 사법권 독립의 원칙에 의하여 신분이 보장되고 있는 법관의 판단에 의하여 결정되어야 한다는 것을 의미하고, 따라서 「형사소송법」제331조 단서 규정과 같이 구속영장의 실효 여부를 검사의 의견에 좌우되도록 하는 것은 헌법상의 적법절차의 원칙에 위배된다(헌재 1992.12.24. 92헌가8).

ⓒ 대법원의 입장

> **주류도매업면허의 취소처분에 그 대상이 된 위반사실을 특정하지 아니하여 위법하다고 본 사례**
> 면허의 취소처분에는 그 근거가 되는 법령이나 취소권 유보의 부관 등을 명시하여야 함은 물론, 처분을 받은 자가 어떠한 위반사실에 대하여 당해 처분이 있었는지를 알 수 있을 정도로 사실을 적시할 것을 요하며, 이와 같은 취소처분의 근거와 위반사실의 적시를 빠뜨린 하자는 피처분자가 처분 당시 그 취지를 알고 있었다거나 그 후 알게 되었다 하여도 치유될 수 없다고 할 것인바, 세무서장인 피고가 주류도매업자인 원고에 대하여 한 이 사건 일반주류도매업면허취소통지에 "상기 주류도매장은 무면허 주류판매업자에게 주류를 판매하여 「주세법」 제11조 및 「국세법사무처리규정」 제26조에 의거 지정조건위반으로 주류판매면허를 취소합니다."라고만 되어 있어서 원고의 영업기간과 거래상대방 등에 비추어 원고가 어떠한 거래행위로 인하여 이 사건 처분을 받았는지 알 수 없게 되어 있다면 이 사건 면허취소처분은 위법하다(대판 1990.9.11. 90누1786).

② 일반법적 근거: 우리나라에서도 그간 행정절차에 관한 필요성이 인식되어 개별법에서 청문제도가 도입되었으나, 그후 1996년 12월 31일부로 「행정절차법」이 제정·공포되어 1998년 1월 1일부터 시행하기에 이르렀다.

③ 개별법적 근거
  ㉠ 「민원 처리에 관한 법률」: 정부는 행정절차에 해당하는 중요 부분을 「민원 처리에 관한 법률」로 정하여 시행하고 있다. 이 법은 민원 처리와 관련하여 민원 처리의 원칙, 민원 1회 방문 처리, 처리결과의 통지, 민원 처리 기준표의 고시 등을 규정하고 있고, 또한 민원행정제도의 개선을 위하여 민원의 실태조사, 확인, 민원행정에 관한 여론 수집, 처리민원의 사후관리 등에 관한 규정을 두고 있다.
  ㉡ 「부패방지 및 국민권익위원회의 설치와 운영에 관한 법률」: 고충민원의 신청 및 접수, 고충민원의 조사와 처리, 시정권고, 또는 의견 표명과 처리결과의 통보, 공표 등에 관한 규정을 두고 있다.
  ㉢ 기타: 「국가공무원법」, 「식품위생법」, 「도로법」, 「하천법」, 「행정대집행법」, 「공공기관의 정보공개에 관한 법률」, 「개인정보 보호법」, 「행정조사기본법」, 「행정규제기본법」, 「질서위반행위규제법」, 「주민등록법」, 「가족관계의 등록 등에 관한 법률」 등이 있다.

④ 법 적용 순서
  ㉠ 행정절차와 관련하여 세 가지 근거 법률, 즉 일반법으로서의 「행정절차법」과 민원에 관한 일반법으로서의 「민원 처리에 관한 법률」, 그리고 개별법률이 있는데, 이들 상호 간에는 일반법과 특별법의 관계를 이룬다.
  ㉡ 따라서 민원에 관한 경우 법 적용 순서는 ⓐ 개별법률, ⓑ 「민원 처리에 관한 법률」, ⓒ 「행정절차법」의 순이 될 것이다.
  ㉢ 민원이 아니라면 ⓐ 개별법률, ⓑ 「행정절차법」의 순으로 적용될 것이다[처분, 신고, 확약, 위반사실 등의 공표, 행정계획, 행정상 입법예고, 행정예고 및 행정지도의 절차에 관하여 다른 법률에 특별한 규정이 있는 경우를 제외하고는 이 법에서 정하는 바에 따른다(「행정절차법」 제3조 제1항)].

(2) 우리나라 「행정절차법」의 구성

① 「행정절차법」은 우리나라에서의 행정절차에 관한 일반법으로서, 총칙 외에 처분절차, 신고·확약 및 위반사실 등의 공표절차·행정입법예고절차·행정예고절차·행정지도절차·국민참여확대 및 보칙의 총 8장 56개조로 구성되어 있다. 01
② 「행정절차법」에는 독일법과 달리 행정법 전반의 총칙에 해당하는 규정도 없고, 행정행위 등에 관한 실체법적 규정도 없다. 다만, 일부 규정에서 행정지도원칙 등의 실체적 규정을 미약하게나마 명시하고 있다.
③ 행정절차는 내용적으로 사전절차와 사후절차를 포함하는 것이나, 「행정절차법」의 규율범위는 사전절차에 한정되고 있다.

(3) 「행정절차법」의 주요 내용

① 총칙
  ㉠ 목적(제1조): 이 법은 행정절차에 관한 공통적인 사항을 규정하여 국민의 행정참여를 도모함으로써 행정의 공정성·투명성 및 신뢰성을 확보하고 국민의 권익을 보호함을 목적으로 한다.
  ㉡ 원칙
    ⓐ 공정성: 헌법상의 적법절차원리로부터 직접 도출되어지는 원칙으로 공평·정당한 행정절차 원칙을 말한다(제1조).
    ⓑ 신뢰성(신의성실 및 신뢰보호)
      ⅰ) 행정청은 직무를 수행할 때 신의에 따라 성실히 하여야 한다(제4조 제1항). 02
      ⅱ) 법령 등의 해석 또는 행정청의 관행이 일반적으로 국민에게 받아들여졌을 때에는 공익 또는 제3자의 정당한 이익을 현저히 해칠 우려가 있는 경우를 제외하고는 새로운 해석 또는 관행에 따라 소급하여 불리하게 처리하여서는 안 된다(제4조 제2항).
    ⓒ 투명성(제5조)
      ⅰ) 행정청이 하는 행정작용은 그 내용이 구체적이고 명확하여야 한다.
      ⅱ) 행정작용의 근거가 되는 법령 등의 내용이 명확하지 아니한 경우 상대방은 해당 행정청에 대하여 그 해석을 요청할 수 있으며, 해당 행정청은 특별한 사유가 없으면 그 요청에 따라야 한다.
      ⅲ) 행정청은 상대방에게 행정작용과 관련된 정보를 충분히 제공하여야 한다.
  ㉢ 용어의 정의(제2조)
    ⓐ 행정청: '행정청'이란 다음의 자를 말한다.
      ⅰ) 행정에 관한 의사를 결정하여 표시하는 국가 또는 지방자치단체의 기관
      ⅱ) 그 밖에 법령 또는 자치법규(법령 등)에 따라 행정권한을 가지고 있거나 위임 또는 위탁받은 공공단체 또는 그 기관이나 사인(私人)

> **관련 법령** 타법상에서의 행정청의 개념
>
> 「행정기본법」 제2조【정의】 2. '행정청'이란 다음 각 목의 자를 말한다.
>   가. 행정에 관한 의사를 결정하여 표시하는 국가 또는 지방자치단체의 기관
>   나. 그 밖에 법령 등에 따라 행정에 관한 의사를 결정하여 표시하는 권한을 가지고 있거나 그 권한을 위임 또는 위탁받은 공공단체 또는 그 기관이나 사인(私人)
>
> 「행정심판법」 제2조【정의】 4. '행정청'이란 행정에 관한 의사를 결정하여 표시하는 국가 또는 지방자치단체의 기관 그 밖에 법령 또는 자치법규에 따라 행정권한을 가지고 있거나 위탁을 받은 공공단체나 그 기관 또는 사인(私人)을 말한다.

개념확인 O/X

01 우리나라 「행정절차법」에는 공법상 계약에 대한 규정을 두고 있다.
(O / X)

02 「행정절차법」은 「국세기본법」과는 달리 행정청에 대해서만 신의성실의 원칙에 따를 것을 규정하고 있다.
17 서울9급   (O / X)

| 정답 | 01 X   02 O

개념확인 O/X

01 「행정절차법」은 「행정심판법」, 「행정소송법」과 마찬가지로 처분의 개념을 정의하고 있고, 그 내용도 동일하다.
17 서울7급 (O / X)

02 「행정절차법」상 '당사자등'이란 행정청의 처분에 대하여 직접 그 상대가 되는 당사자 및 행정청이 직권으로 또는 신청에 따라 행정절차에 참여하게 한 이해관계인을 의미한다.
24 국회8급 (O / X)

03 공매를 통하여 체육시설을 인수한 자의 체육시설업자 지위승계 신고를 수리하는 경우, 종전 체육시설업자에게 사전에 통지하여 의견제출 기회를 주어야 한다.
19 국가9급 (O / X)

04 불이익처분의 직접 상대방인 당사자 또는 행정청이 참여하게 한 이해관계인이 아닌 제3자에 대하여는 의견제출에 관한 「행정절차법」의 규정이 적용되지 아니한다.
17 지방7급 (O / X)

05 「행정절차법」상 '의견제출'이란 행정청이 어떠한 행정작용을 하기 전에 당사자등이 의견을 제시하는 절차로서 청문이나 공청회에 해당하는 절차를 말한다.
(O / X)

06 대법원에 따르면 「행정절차법」 적용이 제외되는 의결·결정에 대해서는 「행정절차법」을 적용하여 의견청취절차를 생략할 수는 없다.
17 서울9급 (O / X)

07 「행정절차법」은 행정절차에 관한 일반법이지만, '국회 또는 지방의회의 의결을 거치거나 동의 또는 승인을 얻어 행하는 사항'에 대하여는 「행정절차법」의 적용이 배제된다.
17 서울9급 (O / X)

08 행정절차에 관한 사항이라도 국회 또는 지방의회의 의결을 거치거나 동의 또는 승인을 받아 행하는 사항의 경우에는 「행정절차법」의 적용이 배제된다.
24 국회8급 (O / X)

09 지방의회의 동의를 얻어 행하는 처분에 대해서는 「행정절차법」이 적용되지 아니한다.
18 국회8급 (O / X)

10 헌법재판소의 심판을 거쳐 행하는 사항은 「행정절차법」이 적용되지 않는다.
19 소방 (O / X)

11 감사원이 감사위원회의의 결정을 거쳐 행하는 사항은 「행정절차법」이 적용되지 않는다.
19 소방 (O / X)

ⓑ **처분**: 행정청이 행하는 구체적 사실에 관한 법집행으로서 공권력의 행사 또는 그 거부와 그 밖에 이에 준하는 행정작용을 말한다. **01**

> **관련 법령** 타법상에서의 처분(또는 처분 등)의 개념
>
> 「행정기본법」 제2조 【정의】 4. '처분'이란 행정청이 구체적 사실에 관하여 행하는 법 집행으로서 공권력의 행사 또는 그 거부와 그 밖에 이에 준하는 행정작용을 말한다.
>
> 「행정심판법」 제2조 【정의】 이 법에서 사용하는 용어의 뜻은 다음과 같다.
> 1. '처분'이란 행정청이 행하는 구체적 사실에 관한 법집행으로서의 공권력의 행사 또는 그 거부 그 밖에 이에 준하는 행정작용을 말한다.
>
> 「행정소송법」 제2조 【정의】 ① 이 법에서 사용하는 용어의 정의는 다음과 같다.
> 1. '처분 등'이라 함은 행정청이 행하는 구체적 사실에 관한 법집행으로서의 공권력의 행사 또는 그 거부와 그 밖에 이에 준하는 행정작용(이하 '처분'이라 한다) 및 행정심판에 대한 재결을 말한다.

ⓒ **행정지도**: 행정기관이 그 소관사무의 범위에서 일정한 행정목적을 실현하기 위하여 특정인에게 일정한 행위를 하거나 하지 아니하도록 지도, 권고, 조언 등을 하는 행정작용을 말한다.

ⓓ **당사자 등**: '당사자 등'이란 다음의 자를 말한다. **02**
ⅰ) 행정청의 처분에 대하여 직접 그 상대가 되는 당사자
ⅱ) 행정청이 직권으로 또는 신청에 따라 행정절차에 참여하게 한 이해관계인

ⓔ **청문**: 행정청이 어떠한 처분을 하기 전에 당사자 등의 의견을 직접 듣고 증거를 조사하는 절차를 말한다.

ⓕ **공청회**: 행정청이 공개적인 토론을 통하여 어떠한 행정작용에 대하여 당사자 등, 전문지식과 경험을 가진 사람 그 밖의 일반인으로부터 의견을 널리 수렴하는 절차를 말한다.

ⓖ **의견제출**: 행정청이 어떠한 행정작용을 하기 전에 당사자 등이 의견을 제시하는 절차로서 청문이나 공청회에 해당하지 아니하는 절차를 말한다. **03 04 05**

ⓗ **전자문서**: 컴퓨터 등 정보처리능력을 가진 장치에 의하여 전자적인 형태로 작성되어 송신·수신 또는 저장된 정보를 말한다.

ⓘ **정보통신망**: 전기통신설비를 활용하거나 전기통신설비와 컴퓨터 및 컴퓨터 이용기술을 활용하여 정보를 수집·가공·저장·검색·송신 또는 수신하는 정보 통신체제를 말한다.

㉣ **적용범위(제3조)** [빈출] — **결정적 코멘트** ▶ 「행정절차법」을 배제할 수 있는 경우와 관련된 판례를 학습하여야 한다.

ⓐ **적용대상**: 처분, 신고, 확약, 위반사실 등의 공표, 행정계획, 행정상 입법예고, 행정예고 및 행정지도의 절차에 관하여 다른 법률에 특별한 규정이 있는 경우를 제외하고는 이 법에서 정하는 바에 따른다.

ⓑ **제외사항**: 「행정절차법」은 다음 사항에 대하여는 적용되지 않는다. **06**
ⅰ) 국회 또는 지방의회의 의결을 거치거나 동의 또는 승인을 받아 행하는 사항 **07 08 09**
ⅱ) 법원 또는 군사법원의 재판에 의하거나 그 집행으로 행하는 사항
ⅲ) 헌법재판소의 심판을 거쳐 행하는 사항 **10**
ⅳ) 각급 선거관리위원회의 의결을 거쳐 행하는 사항
ⅴ) 감사원이 감사위원회의의 결정을 거쳐 행하는 사항 **11**
ⅵ) 형사, 행형 및 보안처분 관계 법령에 따라 행하는 사항
ⅶ) 국가안전보장·국방·외교 또는 통일에 관한 사항 중 행정절차를 거칠 경우 국가의 중대한 이익을 현저히 해할 우려가 있는 사항

| 정답 | 01 O | 02 O | 03 O | 04 O | 05 X | 06 O | 07 O | 08 O | 09 O | 10 O | 11 O |

ⅷ 심사청구, 해양안전심판, 조세심판, 특허심판, 행정심판 그 밖의 불복절차에 따른 사항
ⅸ 「병역법」에 따른 징집·소집, 외국인의 출입국·난민인정·귀화, 공무원 인사 관계 법령에 따른 징계와 그 밖의 처분, 이해 조정을 목적으로 하는 법령에 따른 알선·조정·중재(仲裁)·재정(裁定) 또는 그 밖의 처분 등 해당 행정작용의 성질상 행정절차를 거치기 곤란하거나 거칠 필요가 없다고 인정되는 사항과 행정절차에 준하는 절차를 거친 사항으로서 대통령령으로 정하는 사항

관련 판례 「행정절차법」(또는 행정절차) 적용이 배제될 수 없다는 판례

A 산업기능요원 편입취소처분에 「행정절차법」이 적용된다 [20 국가직 7급, 20 지방직 7급, 20 국회직 8급]

산업기능요원에 대하여 한 산업기능요원 편입취소처분이 「행정절차법」의 적용이 배제되는 사항인 「행정절차법」 제3조 제2항 제9호, 같은 법 시행령 제2조 제1호에서 규정하는 "「병역법」에 의한 소집에 관한 사항"에는 해당하지 아니하므로, 「행정절차법」상의 '처분의 사전통지'와 '의견제출 기회의 부여' 등의 절차를 거쳐야 한다(대판 2002.9.6. 2002두554).

A 공정거래위원회의 시정조치 등은 「행정절차법」을 적용하여 행정절차를 생략할 수 없다 [20 국회직 8급, 19 지방직 9급, 16 국가직 7급] 01

「행정절차법」 제3조 제2항, 같은 법 시행령 제2조 제6호에 의하면 공정거래위원회의 의결·결정을 거쳐 행하는 사항에는 「행정절차법」의 적용이 제외되게 되어 있으므로, 설사 공정거래위원회의 시정조치 및 과징금납부명령에 「행정절차법」 소정의 의견청취절차 생략사유가 존재한다고 하더라도, 공정거래위원회는 「행정절차법」을 적용하여 의견청취절차를 생략할 수는 없다(대판 2001.5.8. 2000두10212).

A 공무원 인사관계 법령에 의한 처분에 관한 사항에 대하여 「행정절차법」의 적용이 배제되는 범위 [19 국회직 8급, 19 서울시 사회복지직, 18 국회직 8급, 17 서울시 9급, 16 국가직 9급] 02 03 04

행정과정에 대한 국민의 참여와 행정의 공정성, 투명성 및 신뢰성을 확보하고 국민의 권익을 보호함을 목적으로 하는 「행정절차법」의 입법목적과 「행정절차법」 제3조 제2항 제9호의 규정내용 등에 비추어 보면, 공무원 인사관계 법령에 의한 처분에 관한 사항 전부에 대하여 「행정절차법」의 적용이 배제되는 것이 아니라 성질상 행정절차를 거치기 곤란하거나 불필요하다고 인정되는 처분이나 행정절차에 준하는 절차를 거치도록 하고 있는 처분의 경우에만 「행정절차법」의 적용이 배제된다(대판 2007.9.21. 2006두20631).

A 「군인사법」 법령상 진급예정자 진급선발 취소에 행정절차를 적용하여야 한다 [19 국회직 8급, 18 국회직 8급, 18 국가직 7급] 05

「군인사법」 및 그 시행령의 관계 규정에 따르면, 원고와 같이 진급예정자 명단에 포함된 자는 진급예정자명단에서 삭제되거나 진급선발이 취소되지 않는 한 진급예정자 명단 순위에 따라 진급하게 되므로, 이 사건 처분과 같이 진급선발을 취소하는 처분은 진급예정자로서 가지는 원고의 이익을 침해하는 처분이라 할 것이고, 한편 「군인사법」 및 그 시행령에 이 사건 처분과 같이 진급예정자 명단에 포함된 자의 진급선발을 취소하는 처분을 함에 있어 행정절차에 준하는 절차를 거치도록 하는 규정이 없을 뿐만 아니라 위 처분이 성질상 행정절차를 거치기 곤란하거나 불필요하다고 인정되는 처분이라고 보기도 어렵다고 할 것이어서 이 사건 처분이 「행정절차법」의 적용이 제외되는 경우에 해당한다고 할 수 없다(대판 2007.9.21. 2006두20631).

개념확인 O/X

01 공정거래위원회의 시정조치 및 과징금납부명령에 「행정절차법」 소정의 의견청취절차 생략사유가 존재한다면, 공정거래위원회는 「행정절차법」을 적용하여 의견청취절차를 생략할 수 있다.
16 국가7급 (O / X)

02 공무원 인사관계 법령에 의한 처분에 관한 사항이라 하더라도 전부에 대하여 「행정절차법」의 적용이 배제되는 것이 아니라, 성질상 행정절차를 거치기 곤란하거나 불필요하다고 인정되는 처분이나 행정절차에 준하는 절차를 거치도록 하고 있는 처분의 경우에만 「행정절차법」의 적용이 배제되는 것으로 보아야 한다.
18 국회8급 (O / X)

03 「행정절차법」의 적용이 제외되는 공무원 인사관계 법령에 의한 처분에 관한 사항이란 성질상 행정절차를 거치기 곤란하거나 불필요하다고 인정되는 처분이나 행정절차에 준하는 절차를 거치도록 하고 있는 처분에 관한 사항만을 말하는 것으로 보아야 한다.
19 서울시 사회복지9급 (O / X)

04 행정과정에 대한 국민의 참여와 행정의 공정성, 투명성 및 신뢰성을 확보하고 국민의 권익을 보호함을 목적으로 하는 「행정절차법」의 입법목적과 「행정절차법」 제3조 제2항 제9호의 규정 내용 등에 비추어 보면, 공무원 인사관계 법령에 의한 처분에 관한 사항에 대하여 「행정절차법」의 적용이 배제된다.
17 서울9급 (O / X)

05 군인사법령에 의하여 진급예정자 명단에 포함된 자에 대하여 의견제출의 기회를 부여하지 아니한 채 진급선발을 취소하는 처분을 한 것은 절차상 하자가 있어 위법하다.
18 국회8급 (O / X)

| 정답 | 01 X 02 O 03 O 04 X 05 O

| 개념확인 O/X |

🅑 공무원 인사관계 법령에 의한 처분에 관한 사항에 대하여 「행정절차법」의 적용이 배제되는 범위 및 그 법리가 별정직 공무원에 대한 직권면직처분에도 적용되는지 여부(적극)

> (구)「행정절차법」(2012.10.22. 법률 제11498호로 개정되기 전의 것) 제3조 제2항 제9호, (구)「행정절차법 시행령」(2011.12.21. 대통령령 제23383호로 개정되기 전의 것) 제2조 제3호의 내용을 행정의 공정성, 투명성 및 신뢰성을 확보하고 국민의 권익을 보호함을 목적으로 하는 「행정절차법」의 입법목적에 비추어 보면, 공무원 인사관계 법령에 의한 처분에 관한 사항이라 하더라도 전부에 대하여 「행정절차법」의 적용이 배제되는 것이 아니라, 성질상 행정절차를 거치기 곤란하거나 불필요하다고 인정되는 처분이나 행정절차에 준하는 절차를 거치도록 하고 있는 처분의 경우에만 「행정절차법」의 적용이 배제되는 것으로 보아야 하고, 이러한 법리는 '공무원 인사관계 법령에 의한 처분'에 해당하는 별정직 공무원에 대한 직권면직처분의 경우에도 마찬가지로 적용된다(대판 2013.1.16. 2011두30687).

01 육군3사관학교의 사관생도에 대한 퇴학처분은 「행정절차법」이 적용되지 않는다.
19 소방 (O/X)

🅑 「행정절차법」의 적용이 제외되는 공무원 인사관계 법령에 의한 처분에 관한 사항의 의미 및 이러한 법리가 육군3사관학교 생도에 대한 퇴학처분에도 적용되는지 여부(적극) / 생도에 대한 퇴학처분과 같이 신분을 박탈하는 징계처분이 「행정절차법」의 적용이 제외되는 경우인 「행정절차법 시행령」 제2조 제8호에 해당하는지 여부(소극) [20 국회직 8급, 19 소방직] 01

> 「행정절차법」 제3조 제2항, 「행정절차법 시행령」 제2조 등 행정절차법령 관련 규정들의 내용을 행정의 공정성, 투명성 및 신뢰성을 확보하고 국민의 권익보호를 목적으로 하는 「행정절차법」의 입법목적에 비추어 보면, 「행정절차법」의 적용이 제외되는 공무원 인사관계 법령에 의한 처분에 관한 사항이란 성질상 행정절차를 거치기 곤란하거나 불필요하다고 인정되는 처분이나 행정절차에 준하는 절차를 거치도록 하고 있는 처분에 관한 사항만을 말하는 것으로 보아야 한다. 이러한 법리는 '공무원 인사관계 법령에 의한 처분'에 해당하는 육군3사관학교 생도에 대한 퇴학처분에도 마찬가지로 적용된다(대판 2018.3.13. 2016두33339).

🅒 보건복지부장관이 정한 '보육사업안내'에 어린이집 평가인증취소의 절차에 관한 사항을 일부 정한 경우, 평가인증취소에 「행정절차법」 적용이 배제되는지 여부(소극)

> 이러한 관련 규정의 문언·체제·취지 등에 비추어, ㉠ 「영유아보육법」 제30조 제7항은 어린이집 평가인증의 실시 및 유효기간 등에 필요한 사항에 관해서만 보건복지부령으로 정하도록 위임하고 있는 점, ㉡ (구)「영유아보육법 시행규칙」 제31조도 '운영체계, 평가지표, 수수료 등 어린이집의 평가인증에 필요한 사항'(제1항), '평가인증의 절차 및 서식 등에 관한 구체적인 사항'(제4항)만을 보건복지부장관이 정하도록 위임하고 있는 점 등을 종합하면, 보건복지부장관이 작성한 「보육사업안내」에 평가인증취소의 절차에 관한 사항을 일부 정하고 있다 하더라도 이러한 사정만으로 「행정절차법」 제3조 제1항이 정한 '다른 법률에 특별한 규정이 있는 경우'에 해당하여 평가인증취소에 「행정절차법」 적용이 배제된다고 보기 어렵다(대판 2016.11.9. 2014두1260).

🅑 재외동포 사증발급거부처분은 「행정절차법」의 사전통지가 배제되나, 「행정절차법」상의 처분방식을 따르지 않은 경우에는 위법하다

> 외국인의 사증발급 신청에 대한 거부처분은 당사자에게 의무를 부과하거나 적극적으로 권익을 제한하는 처분이 아니므로, 「행정절차법」 제21조 제1항에서 정한 '처분의 사전통지'와 제22조 제3항에서 정한 '의견제출 기회 부여'의 대상은 아니다. 그러나 사증발급 신청에 대한 거부처분이 성질상 「행정절차법」 제24조(처분방식)에서 정한 '처분서 작성·교부'를 할 필요가 없거나 곤란하다고 일률적으로 단정하기 어렵다. 또한 출입국관리법령에 사증발급 거부처분서 작성에 관한 규정을 따로 두고 있지 않으므로, 외국인의 사증발급 신청에 대한 거부처분을 하면서 「행정절차법」 제24조(처분방식)에 정한 절차를 따르지 않고 '행정절차에 준하는 절차'로 대체할 수도 없다(대판 2019.7.11. 2017두38874).

B 공무원 시보임용처분의 취소에 따른 정규 공무원 임용취소 대한 행정절차 준수 여부 [19 국회직 8급] 01

정규 공무원으로 임용된 사람에게 시보임용처분 당시 「지방공무원법」 제31조 제4호에 정한 공무원 임용 결격사유가 있어 시보임용처분을 취소하고 그에 따라 정규임용처분을 취소한 사안에서, 정규임용처분을 취소하는 처분은 성질상 행정절차를 거치는 것이 불필요하여 「행정절차법」의 적용이 배제되는 경우에 해당하지 않으므로, 그 처분을 하면서 사전통지를 하거나 의견제출의 기회를 부여하지 않은 것은 위법하다(대판 2009.1.30. 2008두16155).

C 「국세징수법」과 개별세법도 「행정절차법」의 기본원리를 수용하고 있는지 여부

(구)「국세징수법」(2011.4.4. 법률 제10527호로 개정되기 전의 것, 이하 '국세징수법'이라 한다)과 개별세법의 납세고지에 관한 규정들은 헌법상 적법절차의 원칙과 「행정절차법」의 기본원리를 과세처분의 영역에도 그대로 받아들여, 과세관청으로 하여금 자의를 배제한 신중하고도 합리적인 과세처분을 하게 함으로써 조세행정의 공정을 기함과 아울러 납세의무자에게 과세처분의 내용을 자세히 알려주어 이에 대한 불복 여부의 결정과 불복신청의 편의를 주려는 데 그 근본취지가 있다(대판 2012.10.18. 2010두12347 전합).

B 대통령의 한국방송공사사장 해임에 행정절차를 적용하여야 하는지 여부 [20 지방직 7급, 18 국회직 8급, 17 국가직 7급, 17 사회복지직] 02 03

대통령에게 주어진 한국방송공사 사장 해임에 관한 재량권 일탈·남용의 하자가 존재한다고 하더라도 그것이 중대·명백하지 않아 당연무효 사유에 해당하지 않고, 해임처분 과정에서 갑이 처분내용을 사전에 통지받거나 그에 대한 의견제출 기회 등을 받지 못했고 해임처분 시 법적 근거 및 구체적 해임사유를 제시받지 못하였으므로 해임처분이 「행정절차법」에 위배되어 위법하지만, 절차나 처분형식의 하자가 중대하고 명백하다고 볼 수 없어 역시 당연무효가 아닌 취소사유에 해당한다고 본 원심판단을 정당하다(대판 2012.2.23. 2011두5001).

B 국가에 대한 행정처분을 함에 있어서도 사전통지, 의견청취, 이유제시와 관련한 「행정절차법」 제21조 내지 23조가 적용되는지 여부(적극) [25 국가직 9급] 04

「행정절차법」의 규정과 행정의 공정성·투명성 및 신뢰성 확보라는 「행정절차법」의 입법 취지 등을 고려해 보면, 행정기관의 처분에 의하여 불이익을 입게 되는 국가를 일반 국민과 달리 취급할 이유가 없다. 따라서 국가에 대해 행정처분을 할 때에도 사전통지, 의견청취, 이유제시와 관련한 「행정절차법」이 그대로 적용된다고 보아야 한다(대판 2023.9.21. 2023두39724).

관련 판례 「행정절차법」(또는 행정절차) 적용이 배제되는 판례

A 「국가공무원법」상 직위해제처분에 처분의 사전통지 및 의견청취 등에 관한 「행정절차법」 규정이 적용되는지 여부(소극) [20 국회직 8급, 20 지방직 7급, 19 서울시 사회복지직, 19 서울시 7급, 18 국가직 7급, 18 지방직 7급, 16 지방직 7급] 05 06

「국가공무원법」상 직위해제처분은 (구)「행정절차법」(2012.10.22. 법률 제11498호로 개정되기 전의 것) 제3조 제2항 제9호, (구)「행정절차법 시행령」(2011.12.21. 대통령령 제23383호로 개정되기 전의 것) 제2조 제3호에 의하여 당해 행정작용의 성질상 행정절차를 거치기 곤란하거나 불필요하다고 인정되는 사항 또는 행정절차에 준하는 절차를 거친 사항에 해당하므로, 처분의 사전통지 및 의견청취 등에 관한 「행정절차법」의 규정이 별도로 적용되지 않는다(대판 2014.5.16. 2012두26180).

개념확인 O/X

01 정규 공무원으로 임용된 사람에게 시보임용처분 당시 「지방공무원법」에 정한 공무원임용 결격사유가 있어 시보임용처분을 취소하고 그에 따라 정규임용처분을 취소한 경우 정규임용처분을 취소하는 처분에 대하여서는 「행정절차법」의 규정이 적용된다.
19 국회8급 (O / X)

02 한국방송공사의 설치·운영에 관한 사항을 정하고 있는 「방송법」은 제50조 제2항에서 "사장은 이사회의 제청으로 대통령이 임명한다."고 규정하고 있을 뿐 한국방송공사 사장에 대한 해임에 관하여는 명시적 규정을 두고 있지 아니하므로, 한국방송공사 사장의 임명권자인 대통령에게 해임권한이 없다고 보는 것이 타당하다.
18 국회8급 (O / X)

03 공기업 사장에 대한 해임처분 과정에서 처분내용을 사전에 통지받지 못했고 해임처분 시 법적 근거 및 구체적 해임사유를 제시받지 못하였다면, 그 해임처분은 위법하지만 당연무효는 아니다.
17 국가7급 (O / X)

04 국가에 대해 행정처분을 할 때에도 사전통지, 의견청취, 이유제시와 관련한 「행정절차법」이 그대로 적용된다고 보아야 한다.
25 국가9급 (O / X)

05 「국가공무원법」상 직위해제처분을 하는 경우에 처분의 사전통지 및 의견청취 등에 관한 「행정절차법」 규정이 적용된다.
16 지방7급 (O / X)

06 「국가공무원법」상 직위해제처분은 성질상 행정절차를 거치기 곤란하거나 불필요하다고 인정되는 사항 또는 행정절차에 준하는 절차를 거친 사항에 해당하지 않으므로, 처분의 사전통지 및 의견청취 등에 관한 「행정절차법」의 규정이 적용된다.
19 서울시 사회복지9급 (O / X)

| 정답 | 01 O 02 X 03 O 04 O 05 X 06 X

개념확인 O/X

01 (구)「군인사법」상 보직해임처분에는 처분의 근거와 이유제시 등에 관한 (구)「행정절차법」의 규정이 별도로 적용되지 아니한다.
19 국회8급 (O / X)

02 (구)「국적법」에 따른 귀화는 성질상 행정절차를 거치기 곤란하거나 거칠 필요가 없다고 인정되는 사항이 아니므로, 처분의 이유제시를 규정한 「행정절차법」이 적용된다.
25 국가9급 (O / X)

B (구)「군인사법」상 보직해임처분은 (구)「행정절차법」 제3조 제2항 제9호, (구)「행정절차법 시행령」 제2조 제3호에 따라 처분의 근거와 이유제시 등에 관한 (구)「행정절차법」의 규정이 적용되는지 여부(소극) [19 국회직 8급] **01**

> (구)「군인사법」상 보직해임처분은 (구)「행정절차법」 제3조 제2항 제9호, 같은 법 시행령 제2조 제3호에 의하여 당해 행정작용의 성질상 행정절차를 거치기 곤란하거나 불필요하다고 인정되는 사항 또는 행정절차에 준하는 절차를 거친 사항에 해당하므로, 처분의 근거와 이유제시 등에 관한 (구)「행정절차법」의 규정이 별도로 적용되지 아니한다고 봄이 상당하다(대판 2014.10.15. 2012두5756).

C 귀화 불인정처분에 이유제시 등 「행정절차법」이 적용되지 않는다 [25 국가직 9급] **02**

> 귀화는 요건이 위와 같이 항목별로 구분되어 구체적으로 규정되어 있다. 그리고 성질상 행정절차를 거치기 곤란하거나 거칠 필요가 없다고 인정되어 처분의 이유제시 등을 규정한 「행정절차법」이 적용되지 않는다(제3조 제2항 제9호). 귀화의 이러한 특수성을 고려하면, 귀화의 요건인 (구)「국적법」 제5조 각호 사유 중 일부를 갖추지 못하였다는 이유로 행정청이 귀화 신청을 받아들이지 않는 처분을 한 경우에 '그 각 호 사유 중 일부를 갖추지 못하였다는 판단' 자체가 처분의 사유가 된다고 봄이 타당하다(대판 2018.12.13. 2016두31616).

C 난민인정 거부처분에 「행정절차법」상의 이유제시 등은 적용되지 않는다

> 난민인정에 관한 절차 등을 규정한 「출입국관리법」 제76조의2 제3항은 행정청이 난민인정을 하지 아니한 때에는 서면으로 그 사유를 통지하여야 한다고 규정하고 있는바, 위 「출입국관리법」 규정은 난민인정 거부처분의 이유제시에 관한 한 「행정절차법」, 특히 심판대상 법률조항에 대한 특별규정이라 할 것이므로, … (중략) … 난민인정 거부처분과 관련하여서는 「출입국관리법」상의 이유제시 규정이 「행정절차법」상의 이유제시규정에 대한 특별규정이어서 「행정절차법」상의 이유제시규정은 적용되지 않는다(헌재 2009.1.13. 2008헌바161).

ⓜ 관할(제6조)
　ⓐ 행정청이 그 관할에 속하지 아니하는 사안을 접수하였거나 이송받은 경우에는 지체없이 이를 관할 행정청에 이송하여야 하고 그 사실을 신청인에게 통지하여야 한다. 행정청이 접수하거나 이송받은 후 관할이 변경된 경우에도 또한 같다.
　ⓑ 행정청의 관할이 분명하지 아니한 경우에는 해당 행정청을 공통으로 감독하는 상급 행정청이 그 관할을 결정하며, 공통으로 감독하는 상급행정청이 없는 경우에는 각 상급행정청이 협의하여 그 관할을 결정한다.
ⓗ 행정청 간의 협조와 응원(제7조, 제8조)
　ⓐ **협조**: 행정청은 행정의 원활한 수행을 위하여 서로 협조하여야 함을 규정하고 있다.
　ⓑ **행정응원**: 행정청은 다른 행정청에 행정응원(行政應援)을 요청할 수 있다. 이 경우 행정응원은 해당 직무를 직접 응원할 수 있는 행정청에 요청하여야 한다.

> **심화 학습** 행정청이 다른 행정청에게 응원을 요청할 수 있는 경우(제8조 제1항)
>
> 1. 법령 등의 이유로 독자적인 직무 수행이 어려운 경우
> 2. 인원·장비의 부족 등 사실상의 이유로 독자적인 직무 수행이 어려운 경우
> 3. 다른 행정청에 소속되어 있는 전문기관의 협조가 필요한 경우
> 4. 다른 행정청이 관리하고 있는 문서(전자문서를 포함한다. 이하 같다)·통계 등 행정자료가 직무 수행을 위하여 필요한 경우
> 5. 다른 행정청의 응원을 받아 처리하는 것이 보다 능률적이고 경제적인 경우

| 정답 | 01 O　02 X

ⓒ 행정응원을 요청받은 행정청은 다음의 하나에 해당하는 경우에는 응원을 거부할 수 있다.
　ⅰ) 다른 행정청이 보다 능률적이거나 경제적으로 응원할 수 있는 명백한 이유가 있는 경우
　ⅱ) 행정응원으로 인하여 고유의 직무 수행이 현저히 지장받을 것으로 인정되는 명백한 이유가 있는 경우
ⓓ 행정응원을 요청받은 행정청은 응원을 거부하는 경우 그 사유를 응원을 요청한 행정청에 통지하여야 한다.
ⓔ 행정응원을 위하여 파견된 직원은 응원을 요청한 행정청의 지휘·감독을 받는다. 다만, 해당 직원의 복무에 관하여 다른 법령 등에 특별한 규정이 있는 경우에는 그에 따른다. 01
ⓕ 행정응원에 드는 비용은 응원을 요청한 행정청이 부담하며, 그 부담금액 및 부담방법은 응원을 요청한 행정청과 응원을 하는 행정청이 협의하여 결정한다. 02

Ⓐ 당사자 등
　ⓐ 개념(제2조): 행정청의 처분에 대하여 직접 그 상대가 되는 당사자와 행정청이 직권으로 또는 신청에 따라 행정절차에 참여하게 한 이해관계인을 말한다. 03
　ⓑ 자격(제9조): 자연인, 법인, 법인이 아닌 사단 또는 재단 그 밖에 다른 법령 등에 따라 권리·의무의 주체가 될 수 있는 자는 행정절차에 있어서 당사자 등이 될 수 있다.
　ⓒ 지위승계(제10조)
　　ⅰ) 당연 승계
　　　ⅰ) 당사자등이 사망하였을 때의 상속인과 다른 법령 등에 따라 당사자 등의 권리 또는 이익을 승계한 자는 당사자 등의 지위를 승계한다.
　　　ⅱ) 당사자등인 법인 등이 합병하였을 때에는 합병 후 존속하는 법인 등이나 합병 후 새로 설립된 법인 등이 당사자 등의 지위를 승계한다.
　　　ⅲ) 이 경우 당사자 등의 지위를 승계한 자는 행정청에 그 사실을 통지하여야 한다.
　　　ⅳ) 효력은 통지가 있을 때까지 사망자 또는 합병 전의 법인 등에 대하여 행정청이 한 통지는 위 규정에 따라 당사자 등의 지위를 승계한 자에게도 효력이 있다.
　　ⅱ) 허가 승계: 처분에 관한 권리 또는 이익을 사실상 양수한 자는 행정청의 승인을 받아 당사자 등의 지위를 승계할 수 있다.

Ⓑ 대표자(제11조)
　ⓐ 다수의 당사자 등이 공동으로 행정절차에 관한 행위를 할 때에는 대표자를 선정할 수 있다.
　ⓑ 행정청은 ⓐ에 따라 당사자 등이 대표자를 선정하지 아니하거나 대표자가 지나치게 많아 행정절차가 지연될 우려가 있는 경우에는 그 이유를 들어 상당한 기간 내에 3인 이내의 대표자를 선정할 것을 요청할 수 있다. 이 경우 당사자 등이 그 요청에 따르지 아니하였을 때에는 행정청이 직접 대표자를 선정할 수 있다.
　ⓒ 당사자 등은 대표자를 변경하거나 해임할 수 있다. 04
　ⓓ 대표자는 각자 그를 대표자로 선정한 당사자 등을 위하여 행정절차에 관한 모든 행위를 할 수 있다. 다만, 행정절차를 끝맺는 행위에 대하여는 당사자 등의 동의를 받아야 한다. 05
　ⓔ 대표자가 있는 경우에는 당사자 등은 그 대표자를 통하여서만 행정절차에 관한 행위를 할 수 있다.

개념확인 O/X

01 행정응원을 위하여 파견된 직원은 당해 직원의 복무에 관하여 다른 법령 등에 특별한 규정이 없는 한, 응원을 요청한 행정청의 지휘·감독을 받는다.
21 소방　　　　　　　　　(O / X)

02 행정응원에 소요되는 비용은 응원을 요청한 행정청이 부담하며, 그 부담금액 및 부담방법은 응원을 행하는 행정청의 결정에 의한다.
21 소방　　　　　　　　　(O / X)

03 「행정절차법」상 사전통지 및 의견제출에 대한 권리를 부여하고 있는 '당사자 등'에는 불이익처분의 직접 상대방인 당사자와 행정청이 직권으로 또는 신청에 따라 행정절차에 참여하게 한 이해관계인 그 밖에 제3자가 포함된다.
23 지방9급　　　　　　　(O / X)

04 다수의 당사자 등이 공동으로 행정절차에 관한 행위를 할 때, 당사자 등은 대표자를 변경하거나 해임할 수 있다.
20 군무원9급　　　　　　(O / X)

05 다수의 당사자 등이 공동으로 행정절차에 관한 행위를 할 때, 대표자는 각자 그를 대표자로 선정한 당사자 등을 위하여 행정절차에 관한 모든 행위를 할 수 있다. 다만, 행정절차를 끝맺는 행위에 대하여는 당사자 등의 동의를 받아야 한다.
20 군무원9급　　　　　　(O / X)

| 정답 | 01 O　02 X　03 X　04 O　05 O

ⓕ 다수의 대표자가 있는 경우 그중 1인에 대한 행정청의 행위는 모든 당사자 등에게 효력이 있다. 다만, 행정청의 통지는 대표자 모두에게 하여야 그 효력이 있다. 01
ⓖ 당사자 등이 대표자 또는 대리인을 선정하거나 선임한 때에는 지체 없이 그 사실을 행정청에 통지하여야 한다. 대표자 또는 대리인을 변경하거나 해임하였을 때에도 또한 같다(제13조 제1항).

ⓩ **송달방법(제14조)**
ⓐ 송달은 우편, 교부 또는 정보통신망 이용 등의 방법에 하되 송달받을 자(대표자 또는 대리인을 포함한다)의 주소·거소·영업소·사무소 또는 전자우편주소로 한다. 다만, 송달받을 자가 동의하는 경우에는 그를 만나는 장소에서 송달할 수 있다.
ⓑ 교부에 의한 송달은 수령확인서를 받고 문서를 교부함으로써 하며, 송달하는 장소에서 송달받을 자를 만나지 못한 경우에는 그 사무원·피용자(被用者) 또는 동거인으로서 사리를 분별할 지능이 있는 사람(사무원 등)에게 문서를 교부할 수 있다. 02
ⓒ 문서를 송달받을 자 또는 그 사무원 등이 정당한 사유 없이 송달받기를 거부하는 때에는 그 사실을 수령확인서에 적고, 문서를 송달할 장소에 놓아둘 수 있다. 03
ⓓ 정보통신망을 이용한 송달은 송달받을 자가 동의하는 경우에만 한다. 이 경우 송달받을 자는 송달받을 전자우편주소 등을 지정하여야 한다. 이에 따라 정보통신망을 이용하여 전자문서로 송달하는 경우에는 송달받을 자가 지정한 컴퓨터 등에 입력된 때에 도달된 것으로 본다. 04 05
ⓔ 송달받을 자의 주소 등을 통상적인 방법으로 확인할 수 없는 경우, 송달이 불가능한 경우에는 송달받을 자가 알기 쉽도록 관보, 공보, 게시판, 일간신문 중 하나 이상에 공고하고 인터넷에도 공고하여야 한다. 이 경우에는 다른 법령 등에 특별한 규정이 있는 경우를 제외하고는 공고일부터 14일이 지난 때에 그 효력이 발생한다. 다만, 긴급히 시행하여야 할 특별한 사유가 있어 효력발생시기를 달리 정하여 공고한 경우에는 그에 따른다. 06
ⓕ ⓔ에 따른 공고를 할 때에는 민감정보 및 고유식별정보 등 송달받을 자의 개인정보를 「개인정보 보호법」에 따라 보호하여야 한다.
ⓖ 행정청은 송달하는 문서의 명칭, 송달받는 자의 성명 또는 명칭, 발송방법 및 발송연월일을 확인할 수 있는 기록을 보존하여야 한다.

ⓩ **송달의 효력발생(제15조)**: 송달은 다른 법령 등에 특별한 규정이 있는 경우를 제외하고는 해당 문서가 송달받을 자에게 도달됨으로써 그 효력이 발생한다.

관련 판례

ⓒ 과세처분 부과고지서를 수취거절한 것을 이유로 공시송달을 할 수 없다

수취거절은 (구)「국세기본법」(2002.12.18. 법률 제6782호로 개정되기 전의 것)상 유치송달의 사유가 될 수 있으나 공시송달의 사유가 될 수 없을 뿐더러(제10조 제4항, 제11조 제1항 참조), 이 사건 수취거절 당시 누가 거절하였는지 분명하지 않으며 피고가 이 사건 공시송달을 할 당시 이 사건 소송이 계속 중에 있었던 만큼 원고의 주소 또는 영업소가 분명하지 아니한 경우에 해당한다고 볼 수도 없어 결국 이 사건 공시송달이 적법하다고 할 수 없다(대판 2007.3.16. 2006두16816).

ⓒ 납세고지서는 납세자나 일정한 관계에 있는 사람의 현실적 수령이 필요하다

납세고지서의 교부송달 및 우편송달에 있어서는 반드시 납세의무자 또는 그와 일정한 관계에 있는 사람의 현실적인 수령행위를 전제로 하고 있다고 보아야 하며, 납세자가 과세처분의 내용을 이미 알고 있는 경우에도 납세고지서의 송달이 불필요하다고 할 수는 없다(대판 2004.4.9. 2003두13908).

개념확인 O/X

01 다수의 당사자 등이 공동으로 행정절차에 관한 행위를 할 때, 다수의 대표자가 있는 경우 그중 1인에 대한 행정청의 행위는 모든 당사자 등에게 효력이 있다. 다만, 행정청의 통지는 대표자 1인에게 하여도 그 효력이 있다.
20 군무원9급 (O / X)

02 교부에 의한 송달은 수령확인서를 받고 문서를 교부함으로써 하며, 송달하는 장소에서 송달받을 자를 만나지 못한 경우에는 그 사무원·피용자 또는 동거인으로서 사리를 분별할 지능이 있는 사람에게 문서를 교부할 수 있다.
17 하반기 국가7급 (O / X)

03 문서를 송달받을 자 또는 그 사무원등이 정당한 사유 없이 송달받기를 거부하는 때에는 그 사실을 수령확인서에 적고, 문서를 송달할 장소에 놓아둘 수 있다.
17 하반기 국가7급 (O / X)

04 정보통신망을 이용한 송달을 할 경우 행정청은 송달받을 자의 동의를 얻어 송달받을 전자우편주소 등을 지정하여야 한다.
17 하반기 국가7급 (O / X)

05 정보통신망을 이용하여 전자문서로 송달하는 경우에는 송달받을 자가 지정한 컴퓨터 등에 입력된 때에 도달된 것으로 본다.
23 국가9급 (O / X)

06 송달이 불가능하여 관보, 공보 등에 공고한 경우에는 다른 법령 등에 특별한 규정이 있는 경우를 제외하고 공고일부터 14일이 경과한 때에 그 효력이 발생한다. 다만, 긴급히 시행하여야 할 특별한 사유가 있어 효력발생시기를 달리 정해 공고한 경우에는 그에 따른다.
21 소방 (O / X)

정답 | 01 X   02 O   03 O   04 X   05 O   06 O

ⓒ 수령을 회피하기 위해 장소를 비워 둔 경우에 납세고지서를 두고 온 경우 송달된 것으로 볼 수 없다

> 납세고지서의 송달을 받아야 할 자가 부과처분 제척기간이 임박하자 그 수령을 회피하기 위하여 일부러 송달을 받을 장소를 비워 두어 세무공무원이 송달을 받을 자와 보충송달을 받을 자를 만나지 못하여 부득이 사업장에 납세고지서를 두고 왔다고 하더라도 이로써 신의성실의 원칙을 들어 그 납세고지서가 송달되었다고 볼 수는 없다(대판 2004.4.9. 2003두13908).

ⓒ 재조사 또는 심사청구기간 연장통지의 경우 통지의 발송만으로 통지의 효과가 발생하는지 여부

> 「지방세법」 제58조 제6항 소정의 재조사 또는 심사청구기간 연장의 통지는 그 상대방이 이를 알았거나 알 수 있는 상태에 있어야 통지로서의 효과가 발생하는 것이므로 특별한 규정이 없는 한 통지를 발송한 것만으로써는 통지의 효과가 발생할 수 없다(대판 1981.1.27. 80누22).

㉠ 기간 및 기한의 특례(제16조)
  ⓐ 천재지변이나 그 밖에 당사자 등에게 책임 없는 사유로 기간 및 기한을 지킬 수 없는 경우에는 그 사유가 끝나는 날까지 기간의 진행이 정지된다(제1항).
  ⓑ 외국에 거주하거나 체류하는 자에 대한 기간 및 기한은 행정청이 그 우편이나 통신에 걸리는 일수를 고려하여 정하여야 한다(제2항).

② 처분절차 [빈출]

결정적 코멘트 ▶ 「행정절차법」에서 가장 중요한 단원이며, 사전통지, 의견청취(청문, 공청회, 의견제출), 이유제시에 대한 철저한 법령의 내용과 더불어 관련 판례를 숙지하여야 한다.

공통적인 절차	신청에 의한 처분절차(수익적)	침익적 처분절차

• 처분기준의 설정과 공표
• 처분의 이유제시
• 문서에 의한 처분방식
• 오기나 오산에 의한 처분의 정정
• 행정심판이나 소송에 관한 고지
• 처리기간의 설정 공표
	• 처분의 신청
	• 신청의 접수와 보완
		• 처분의 사전통지
		• 의견진술의 기회 부여
		  - 의견제출(약식청문)
		  - 청문(정식청문)
		  - 공청회

㉠ 처분의 신청(제17조)
  ⓐ 행정청에 대하여 처분을 구하는 신청은 문서로 하여야 한다. 다만, 다른 법령 등에 특별한 규정이 있는 경우와 행정청이 미리 다른 방법을 정하여 공시한 경우에는 그러하지 아니하다. 01 02
  ⓑ 처분을 신청할 때 전자문서로 하는 경우에는 행정청의 컴퓨터 등에 입력된 때에 신청한 것으로 본다. 03
  ⓒ 행정청은 신청에 필요한 구비서류, 접수기관, 처리기간 그 밖에 필요한 사항을 게시(인터넷 등을 통한 게시를 포함한다)하거나 이에 대한 편람을 갖추어두고 누구나 열람할 수 있도록 하여야 한다. 04
  ⓓ 행정청은 신청을 받았을 때에는 다른 법령 등에 특별한 규정이 있는 경우를 제외하고는 그 접수를 보류 또는 거부하거나 부당하게 되돌려 보내서는 아니 되며, 신청을 접수한 경우에는 신청인에게 접수증을 주어야 한다. 다만, 대통령령으로 정하는 경우에는 접수증을 주지 아니할 수 있다.
  ⓔ 행정청은 신청에 구비서류의 미비 등 흠이 있는 경우에는 보완에 필요한 상당한 기간을 정하여 지체 없이 신청인에게 보완을 요구하여야 한다. 05
  ⓕ 행정청은 신청인이 기간 내에 보완을 하지 아니하였을 때에는 그 이유를 구체적으로 밝혀 접수된 신청을 되돌려 보낼 수 있다.

개념확인 O/X

01 행정청에 처분을 구하는 신청은 문서로 하여야 한다. 다만, 다른 법령 등에 특별한 규정이 있는 경우와 행정청이 미리 다른 방법을 정하여 공시한 경우에는 그러하지 아니하다.
20 군무원9급, 16 서울9급   (O/X)

02 행정청에 대하여 처분을 구하는 신청은 문서로 하여야 하지만, 일반민원의 신청은 구술이나 전화로 할 수 있다.
18 소방   (O/X)

03 행정청에 처분을 구하는 신청을 전자문서로 하는 경우에는 행정청의 컴퓨터 등에 입력된 때에 신청한 것으로 본다.
18 서울9급   (O/X)

04 행정청은 신청에 필요한 구비서류, 접수기관, 처리기간 그 밖에 필요한 사항을 게시(인터넷 등을 통한 게시를 포함)하거나 이에 대한 편람을 갖추어 두고 누구나 열람할 수 있도록 하여야 한다.
20 군무원9급   (O/X)

05 행정청은 신청에 구비서류의 미비 등 흠이 있는 경우에는 보완에 필요한 상당한 기간을 정하여 지체 없이 신청인에게 보완을 요구할 수 있다.
20 군무원9급, 18 소방   (O/X)

| 정답 | 01 O   02 X   03 O   04 O   05 X

개념확인 O/X

01 행정청은 신청인의 편의를 위하여 다른 행정청에 신청을 접수하게 할 수 있다. 이 경우 행정청은 다른 행정청에 접수할 수 있는 신청의 종류를 미리 정하여 공시하여야 한다.
20 군무원9급, 16 서울9급 (O / X)

02 신청인은 신청서가 일단 접수되면, 신청한 내용을 보완하거나 변경 또는 취하할 수 없다.
18 소방 (O / X)

03 신청인이 신청에 앞서 행정청의 허가업무 담당자에게 신청서의 내용에 대한 검토를 요청한 것만으로는 다른 특별한 사정이 없는 한 명시적이고 확정적인 신청의 의사표시가 있었다고 하기 어렵다.
16 국가7급 (O / X)

04 행정청은 부득이한 사유로 공표한 처리기간 내에 처분을 처리하기 곤란한 경우에는 해당 처분의 처리기간의 범위에서 한 번만 그 기간을 연장할 수 있다.
16 지방9급 (O / X)

05 처분기준의 설정·공표의 규정은 침익적 처분뿐만 아니라 수익적 처분의 경우에도 적용된다.
23 국가9급 (O / X)

ⓖ 행정청은 신청인의 편의를 위하여 다른 행정청에 신청을 접수하게 할 수 있다. 이 경우 행정청은 다른 행정청에 접수할 수 있는 신청의 종류를 미리 정하여 공시하여야 한다. 01

ⓗ 신청인은 처분이 있기 전에는 그 신청의 내용을 보완·변경하거나 취하할 수 있다. 다만, 다른 법령 등에 특별한 규정이 있거나 그 신청의 성질상 보완·변경하거나 취하할 수 없는 경우에는 그러하지 아니하다. 02

ⓘ **다수의 행정청이 관여하는 처분**: 행정청은 다수의 행정청이 관여하는 처분을 구하는 신청을 접수한 경우에는 관계행정청과의 신속한 협조를 통하여 그 처분이 지연되지 아니하도록 하여야 한다.

관련 판례

B 신청에 앞서 신청서에 대한 내용의 검토요청은 신청의 의사표시로 볼 수 없다 [20 국가직 7급, 16 국가직 7급] 03

> 신청인의 행정청에 대한 신청의 의사표시는 명시적이고 확정적인 것이어야 한다고 할 것이므로 신청인이 신청에 앞서 행정청의 허가업무 담당자에게 신청서의 내용에 대한 검토를 요청한 것만으로는 다른 특별한 사정이 없는 한 명시적이고 확정적인 신청의 의사표시가 있었다고 하기 어렵다고 할 것이다(대판 2004.9.24. 2003두13236).

ⓛ 처리기간의 설정·공표(제19조)
ⓐ 행정청은 신청인의 편의를 위하여 처분의 처리기간을 종류별로 미리 정하여 공표하여야 한다.
ⓑ 행정청은 부득이한 사유로 처리기간 내에 처분을 처리하기 곤란한 경우에는 해당 처분의 처리기간의 범위에서 한 번만 그 기간을 연장할 수 있다. 이 경우 처리기간의 연장사유와 처리 예정기한을 지체 없이 신청인에게 통지하여야 한다. 04
ⓒ 행정청이 정당한 처리기간 내에 처리하지 아니하였을 때에는 신청인은 해당 행정청 또는 그 감독행정청에 대하여 신속한 처리를 요청할 수 있다.

관련 판례

A 처리기간을 넘겨 처분을 한 경우에 위법 여부

> 처분이나 민원의 처리기간을 정하는 것은 신청에 따른 사무를 가능한 한 조속히 처리하도록 하기 위한 것이다. 처리기간에 관한 규정은 훈시규정에 불과할 뿐 강행규정이라고 볼 수 없다. 행정청이 처리기간이 지나 처분을 하였더라도 이를 처분을 취소할 절차상 하자로 볼 수 없다(대판 2023.6.15. 2022두66576).

ⓒ 처리기준의 설정·공표(제20조) 05
ⓐ 행정청은 필요한 처분기준을 해당 처분의 성질에 비추어 되도록 한 구체적으로 정하여 공표하여야 한다. 처분기준을 변경하는 경우에도 또한 같다.
ⓑ 「행정기본법」 제24조에 따른 인허가의제의 경우 관련 인허가 행정청은 관련 인허가의 처분기준을 주된 인허가 행정청에 제출하여야 하고, 주된 인허가 행정청은 제출받은 관련 인허가의 처분기준을 통합하여 공표하여야 한다. 처분기준을 변경하는 경우에도 또한 같다.
ⓒ 처분기준을 공표하는 것이 해당 처분의 성질상 현저히 곤란하거나 공공의 안전 또는 복리를 현저히 해치는 것으로 인정될 만한 상당한 이유가 있는 경우에는 처분기준을 공표하지 아니할 수 있다.

| 정답 | 01 O   02 X   03 O   04 O   05 O

> **관련 판례**
>
> **ⓒ 처분기준을 사전공표하지 않은 경우 취소사유 정도의 하자라고 할 수 없다**
>
> 행정청이 「행정절차법」 제20조 제1항의 처분기준 사전공표의무를 위반하여 미리 공표하지 아니한 기준을 적용하여 처분을 하였다고 하더라도, 그러한 사정만으로 곧바로 해당 처분에 취소사유에 이를 정도의 흠이 존재한다고 볼 수는 없다. 다만, 해당 처분에 적용한 기준이 상위법령의 규정이나 신뢰보호의 원칙 등과 같은 법의 일반원칙을 위반하였거나 객관적으로 합리성이 없다고 볼 수 있는 구체적인 사정이 있다면 해당 처분은 위법하다고 평가할 수 있다(대판 2020.12.24. 2018두45633).

ⓓ 당사자 등은 공표된 처분기준이 명확하지 아니한 경우 해당 행정청에 그 해석 또는 설명을 요청할 수 있다. 이 경우 해당 행정청은 특별한 사정이 없으면 그 요청에 따라야 한다.

ⓔ **처분의 사전통지(제21조)** [빈출]

ⓐ 행정청은 당사자에게 의무를 과하거나 권익을 제한하는 처분을 하는 경우에는 미리 처분하려는 원인이 되는 사실과 처분의 내용 및 법적 근거 등을 당사자 등에게 통지하여야 한다. 01 02 03 04 05 06 07

> **관련 판례**
>
> **Ⓐ 특별한 사정이 없는 한, 신청에 대한 거부처분이 「행정절차법」 제21조 제1항 소정의 처분의 사전통지대상이 되는지 여부(부정)** [20 국가직 9급, 20 지방직 9급, 19 서울시 9급, 19 국가직 9급, 18, 서울시 9급, 17 국가직 7급, 16 지방직 7급, 16 서울시 7급, 15 지방직 9급, 12 경찰직]
>
> 신청에 따른 처분이 이루어지지 아니한 경우에는 아직 당사자에게 권익이 부과되지 아니하였으므로 특별한 사정이 없는 한 신청에 대한 거부처분이라고 하더라도 직접 당사자의 권익을 제한하는 것은 아니어서 신청에 대한 거부처분을 여기에서 말하는 '당사자의 권익을 제한하는 처분'에 해당한다고 할 수 없는 것이어서 처분의 사전통지대상이 된다고 할 수 없다(대판 2003.11.28. 2003두674).

ⓑ 행정청은 청문을 하려면 청문이 시작되는 날부터 10일 전까지 당사자 등에게 통지하여야 한다.

ⓒ **사전통지의 생략사유**: 다만, 다음의 경우에는 사전통지를 하지 않을 수 있다.
ⅰ) 공공의 안전 또는 복리를 위하여 긴급히 처분을 할 필요가 있는 경우
ⅱ) 법령 등에서 요구된 자격이 없거나 없어지게 되면 반드시 일정한 처분을 하여야 하는 경우에 그 자격이 없거나 없어지게 된 사실이 법원의 재판 등에 의하여 객관적으로 증명된 경우
ⅲ) 해당 처분의 성질상 의견청취가 현저히 곤란하거나 명백히 불필요하다고 인정될 만한 상당한 이유가 있는 경우

ⓓ 사전통지를 하지 아니하는 경우 행정청은 처분을 할 때 당사자 등에게 통지를 하지 아니한 사유를 알려야 한다. 다만, 신속한 처분이 필요한 경우에는 처분 후 그 사유를 알릴 수 있다.

ⓜ **의견청취의 방법**

ⓐ **청문** [빈출]

ⅰ) 대상
- 행정청이 처분을 할 때 다른 법령 등에서 청문을 규정하고 있는 경우
- 행정청이 필요하다고 인정하는 경우

개념확인 O/X

01 수익적 행정행위의 신청에 대한 거부처분은 직접 당사자의 권익을 제한하는 처분에 해당하므로, 그 거부처분은 「행정절차법」상 처분의 사전통지대상이 된다.
20 국가9급 (O / X)

02 신청에 따른 처분이 이루어지지 않은 경우에는 특별한 사정이 없는 한 사전통지의 대상이 된다고 할 수 없다.
19 서울9급 (O / X)

03 수익적 행정행위의 신청에 대해서 이를 거부하면서 사전통지 및 의견제출 절차를 거치지 않은 것은 실질적으로 침익적 결과를 초래하였으므로 취소사유에 해당한다.
20 국회8급 (O / X)

04 교원임용신청에 대한 거부처분은 사전통지대상이다.
12 국가7급 (O / X)

05 상대방의 신청을 거부하는 처분은 「행정절차법」상 당사자의 권익을 제한하는 처분에 해당하는 것으로, 처분의 사전통지 및 의견청취의 대상이 된다.
16 서울7급 (O / X)

06 업자로부터의 금품수수를 이유로 한 징계에 기한 진급예정자의 진급선발 취소는 사전통지대상이다.
12 국가7급 (O / X)

07 처분의 상대방에게 이익이 되며 제3자의 권익을 침해하는 이중효과적 행정행위는 「행정절차법」상 사전통지나 의견제출의 대상이 된다.
19 지방7급 (O / X)

| 정답 | 01 X 02 O 03 X 04 X 05 X 06 O 07 X

- 인허가 등의 취소처분 01
- 신분·자격의 박탈처분
- 법인이나 조합 등의 설립허가의 취소처분 시 02

ⓒ 청문(의견청취)의 배제
- 공공의 안전 또는 복리를 위하여 긴급히 처분을 할 필요가 있는 경우 03
- 법령 등에서 요구된 자격이 없거나 없어지게 되면 반드시 일정한 처분을 하여야 하는 경우에 그 자격이 없거나 없어지게 된 사실이 법원의 재판 등에 의하여 객관적으로 증명된 경우
- 해당 처분의 성질상 의견청취가 현저히 곤란하거나 명백히 불필요하다고 인정될 만한 상당한 이유가 있는 경우
- 당사자가 의견진술의 기회를 포기한다는 뜻을 명백히 표시한 경우에는 의견청취를 아니할 수 있다. 04

ⓒ 청문 주재자
- 행정청은 소속직원 또는 대통령령으로 정하는 자격을 가진 사람 중에서 청문 주재자를 공정하게 선정하여야 한다(제28조 제1항).
- 행정청은 다수 국민의 이해가 상충되는 처분이나 다수 국민에게 불편이나 부담을 주는 처분 또는 그 밖에 전문적이고 공정한 청문을 위하여 행정청이 청문 주재자를 2명 이상으로 선정할 필요가 있다고 인정하는 처분의 어느 하나에 해당하는 처분을 하려는 경우에는 청문 주재자를 2명 이상으로 선정할 수 있다. 이 경우 선정된 청문 주재자 중 1명이 청문 주재자를 대표한다. 05
- 「행정절차법」은 청문주재자의 제척·기피·회피 제도를 취하고 있다. 06
- 행정청은 청문이 시작되는 날부터 7일 전까지 청문 주재자에게 청문과 관련한 필요한 자료를 미리 통지하여야 한다. 07
- 청문 주재자는 독립하여 공정하게 직무를 수행하며, 그 직무 수행을 이유로 본인의 의사에 반하여 신분상 어떠한 불이익도 받지 아니한다.

ⓘⓥ 청문결과의 반영
- 행정청은 처분을 할 때에 제35조 제4항에 따라 받은 청문조서, 청문 주재자의 의견서 그 밖의 관계 서류 등을 충분히 검토하고 상당한 이유가 있다고 인정하는 경우에는 청문결과를 반영하여야 한다. 08
- 판례는 청문에서 개진된 의견에 대하여 처분청이 이에 구속되지 않고, 다만 청문을 의견개전의 기회제공 의미로 이해한다(대판 1995.12.22. 95누30).

ⓥ 공개: 청문은 당사자가 공개를 신청하거나 청문 주재자가 필요하다고 인정하는 경우 공개할 수 있다. 다만, 공익 또는 제3자의 정당한 이익을 현저히 해칠 우려가 있는 경우에는 공개하여서는 아니 된다. 09

ⓥⓘ 문서열람·복사청구: 당사자 등은 의견제출의 경우에는 처분의 사전통지가 있는 날부터 의견제출기한까지, 청문의 경우에는 청문의 통지가 있는 날부터 청문이 끝날 때까지 행정청에 해당 사안의 조사결과에 관한 문서와 그 밖에 해당 처분과 관련되는 문서의 열람 또는 복사를 요청할 수 있다. 이 경우 행정청은 다른 법령에 따라 공개가 제한되는 경우를 제외하고는 이를 거부할 수 없다.

ⓥⓘⓘ 청문의 진행
- 청문의 병합·분리: 행정청은 직권으로 또는 당사자의 신청에 따라 여러 개의 사안을 병합하거나 분리하여 청문을 할 수 있다.

개념확인 O/X

01 인허가 등을 취소하는 경우에는 개별 법령상 청문을 하도록 하는 근거 규정이 없고 의견제출기한 내에 당사자 등의 신청이 없는 경우에도 청문을 하여야 한다.
19 서울9급 (O / X)
※ 법령개정으로 옳음

02 행정청이 법인이나 조합 등의 설립허가 취소처분을 할 때에는 청문을 해야 한다.
18 서울9급 (O / X)
※ 법령개정으로 옳음

03 행정청이 공공의 안전 또는 복리를 위하여 긴급히 처분을 할 필요가 있는 경우에는 의견청취를 하지 아니할 수 있다.
18 서울9급 (O / X)

04 행정청은 당사자가 요청한 경우에는 청문을 실시하여야 한다.
24 군무원9급 (O / X)

05 행정청은 다수 국민의 이해가 상충되는 처분을 하려는 경우에 청문 주재자를 2명 이상으로 선정하여야 한다.
23 국회9급 (O / X)

06 청문 주재자에게 공정한 청문 진행을 할 수 없는 사정이 있는 경우 당사자 등은 행정청에 기피신청을 할 수 있다.
21 군무원9급 (O / X)

07 행정청은 청문이 시작되는 날부터 7일 전까지 청문 주재자에게 청문과 관련한 필요한 자료를 미리 통지하여야 한다.
23 국회9급 (O / X)

08 행정청은 처분시 상당한 이유가 있다고 인정하면 청문결과를 반영하여야 한다.
24 군무원9급 (O / X)

09 청문은 당사자가 공개를 신청하거나 청문 주재자가 필요하다고 인정하는 경우 공개할 수 있다.
16 교육행정 (O / X)

| 정답 | 01 O   02 O   03 O   04 X   05 X   06 O   07 O   08 O   09 O

- 증거조사: 청문 주재자는 직권으로 또는 당사자의 신청에 따라 필요한 조사를 할 수 있으며, 당사자 등이 주장하지 아니한 사실에 대하여도 조사할 수 있다. 01
ⅷ 청문의 종결과 재개
- 청문 주재자는 해당 사안에 대하여 당사자등의 의견진술, 증거조사가 충분히 이루어졌다고 인정하는 경우에는 청문을 마칠 수 있다.
- 청문 주재자는 당사자 등의 전부 또는 일부가 정당한 사유 없이 청문기일에 출석하지 아니하거나 제31조 제3항에 따른 의견서를 제출하지 아니한 경우에는 이들에게 다시 의견진술 및 증거제출의 기회를 주지 아니하고 청문을 마칠 수 있다.
- 청문 주재자는 당사자 등의 전부 또는 일부가 정당한 사유로 청문기일에 출석하지 못하거나 제31조 제3항에 따른 의견서를 제출하지 못한 경우에는 10일 이상의 기간을 정하여 이들에게 의견진술 및 증거제출을 요구하여야 하며, 해당 기간이 지났을 때에 청문을 마칠 수 있다. 02
- 청문의 재개: 행정청은 청문을 마친 후 처분을 할 때까지 새로운 사정이 발견되어 청문을 재개(再開)할 필요가 있다고 인정할 때에는 청문조서 등을 되돌려 보내고 청문의 재개를 명할 수 있다. 03
ⅸ 위반의 효과: 법령에 근거를 두고 있는 청문을 위반한 행정행위의 경우에는 하자 있는 행정행위로서 위법한 행정행위가 된다(판례). 반면 법령상 근거 없는 훈령상의 청문을 위반한 경우에는 행정규칙 위반이어서 위법이 아니다.

관련 판례

ⓒ 법령상에 청문절차에 관한 규정이 없을 경우 청문절차를 거치지 아니한 것이 위법하지 않다

청문절차 없이 어떤 행정처분을 한 경우에도 관계 법령에서 청문절차를 시행하도록 규정하지 않고 있는 경우에는 그 행정처분이 위법하게 되는 것이 아니라고 할 것인바, (구)「주택건설촉진법」 및 같은 법 시행령에 의하면 주택조합설립인가처분의 취소처분을 하고자 하는 경우에 청문절차를 거치도록 규정하고 있지 아니하므로 청문절차를 거치지 아니한 것이 위법하지 아니하다(대판 1994.3.22. 93누18969).

ⓒ 청문규정이 없어 청문을 하지 않은 경우에 위법이라 할 수 없다

청문을 포함한 당사자의 의견청취절차 없이 어떤 행정처분을 한 경우에도 관계 법령에서 당사자의 의견청취절차를 시행하도록 규정하지 않고 있는 경우에는 그 행정처분이 위법하게 되는 것은 아니라고 할 것이다(대판 1994.8.9. 94누3414).

ⓑ 공청회 빈출
ⅰ 의의: '공청회'라 함은 행정청이 공개적인 토론을 통하여 어떠한 행정작용에 대하여 당사자 등, 전문지식과 경험을 가진 자 그 밖의 일반인으로부터 의견을 널리 수렴하는 절차를 말한다.
ⅱ 대상 04 05
- 행정청이 처분을 할 때 다른 법령 등에서 공청회를 개최하도록 규정하고 있는 경우
- 해당 처분의 영향이 광범위하여 널리 의견을 수렴할 필요가 있다고 인정하는 경우
- 국민생활에 큰 영향을 미치는 처분으로서 대통령령으로 정하는 처분에 대하여 대통령령으로 정하는 수 이상의 당사자 등이 공청회 개최를 요구하는 경우

개념확인 O/X

01 청문 주재자는 직권으로 또는 당사자의 신청에 따라 필요한 조사를 할 수 있으며, 당사자 등이 주장하지 아니한 사실에 대하여는 조사할 수 없다.
21 군무원9급 (O / X)

02 청문 주재자는 당사자 등의 전부 또는 일부가 정당한 사유 없이 청문기일에 출석하지 아니하거나 의견서를 제출하지 아니한 경우에는 이들에게 다시 의견진술 및 증거제출의 기회를 주지 아니하고 청문을 마칠 수 있다.
24 군무원9급 (O / X)

03 행정청은 청문을 마친 후 처분을 할 때까지 새로운 사정이 발견되어 청문을 재개(再開)할 필요가 있다고 인정할 때에는 청문조서 등을 되돌려 보내고 청문의 재개를 명할 수 있다.
21 군무원9급 (O / X)

04 공청회는 다른 법령 등에서 공청회를 개최하도록 규정하고 있는 경우 또는 당해 처분의 영향이 광범위하여 널리 의견을 수렴할 필요가 있다고 행정청이 인정하는 경우에 개최된다.
21 소방 (O / X)

05 행정청은 처분을 함에 있어 국민생활에 큰 영향을 미치는 처분으로서 대통령령으로 정하는 처분에 대하여 대통령령으로 정하는 수 이상의 당사자 등이 공청회 개최를 요구하는 경우 공청회를 개최한다.
20 군무원7급 (O / X)

ⅲ) **개최에 대한 사전통지**
- 행정청은 공청회를 개최하려는 경우에는 공청회 개최 14일 전까지 일정한 사항을 당사자 등에게 통지하고, 관보, 공보, 인터넷 홈페이지 또는 일간신문 등에 공고하는 등의 방법으로 널리 알려야 한다.
- 공청회 개최를 알린 후 예정대로 개최하지 못하여 새로 일시 및 장소 등을 정한 경우에는 공청회 개최 7일 전까지 알려야 한다.

> **관련 판례**
>
> Ⓑ 묘지공원과 화장장의 후보지를 선정하는 과정에서 추모공원건립추진협의회가 후보지 주민들의 의견을 청취하기 위하여 그 명의로 개최한 공청회는 「행정절차법」에서 정한 절차를 준수하여야 하는 것은 아니라고 한 사례 [19 지방직 9급] 01
>
> 묘지공원과 화장장의 후보지를 선정하는 과정에서 서울특별시, 비영리법인, 일반 기업 등이 공동발족한 협의체인 추모공원건립추진협의회가 후보지 주민들의 의견을 청취하기 위하여 그 명의로 개최한 공청회는 행정청이 도시계획시설결정을 하면서 개최한 공청회가 아니므로, 위 공청회의 개최에 관하여 「행정절차법」에서 정한 절차를 준수하여야 하는 것은 아니다(대판 2007. 4. 12. 2005두1893).

> **심화 학습** 공청회를 개최할 경우 통지사항
>
> 1. 제목
> 2. 일시 및 장소
> 3. 주요내용
> 4. 발표자에 관한 사항
> 5. 발표신청 방법 및 신청기한
> 6. 정보통신망을 통한 의견제출
> 7. 그 밖에 공청회 개최에 필요한 사항

ⅳ) **공청회의 주재자**: 행정청은 해당 공청회의 사안과 관련된 분야에 전문적 지식이 있거나 그 분야에 종사한 경험이 있는 사람으로서 대통령령으로 정하는 자격을 가진 사람 중에서 공청회의 주재자를 선정한다.

ⅴ) **온라인공청회**
  ⅰ) 행정청은 제38조에 따른 공청회와 병행하여서만 정보통신망을 이용한 공청회(온라인공청회)를 실시할 수 있다.
  ⅱ) 그럼에도 불구하고 다음의 어느 하나에 해당하는 경우에는 온라인공청회를 단독으로 개최할 수 있다.
  - 국민의 생명·신체·재산의 보호 등 국민의 안전 또는 권익보호 등의 이유로 제38조에 따른 공청회를 개최하기 어려운 경우
  - 제38조에 따른 공청회가 행정청이 책임질 수 없는 사유로 개최되지 못하거나 개최는 되었으나 정상적으로 진행되지 못하고 무산된 횟수가 3회 이상인 경우 02
  - 행정청이 널리 의견을 수렴하기 위하여 온라인공청회를 단독으로 개최할 필요가 있다고 인정하는 경우. 다만, 제22조 제2항 제1호(다른 법령 등에서 공청회를 개최하도록 규정하고 있는 경우) 또는 제3호(국민생활에 큰 영향을 미치는 처분으로서 대통령령으로 정하는 처분에 대하여 대통령령으로 정하는 수 이상의 당사자 등이 공청회 개최를 요구하는 경우)에 따라 공청회를 실시하는 경우는 제외한다.

개념확인 O/X

01 묘지공원과 화장장의 후보지를 선정하는 과정에서 추모공원건립추진협의회가 후보지 주민들의 의견을 청취하기 위하여 그 명의로 개최한 공청회는 「행정절차법」에서 정한 절차를 준수하여야 하는 것은 아니다.
19 지방9급 (O / X)

02 공청회가 개최는 되었으나 정상적으로 진행되지 못하고 무산된 횟수가 2회인 경우 온라인공청회를 단독으로 개최할 수 있다.
23 국가9급 (O / X)

| 정답 | 01 O 02 X

ⅲ) 행정청은 온라인공청회를 실시하는 경우 의견제출 및 토론 참여가 가능하도록 적절한 전자적 처리능력을 갖춘 정보통신망을 구축·운영하여야 한다.

ⅳ) 온라인공청회를 실시하는 경우에는 누구든지 정보통신망을 이용하여 의견을 제출하거나 제출된 의견 등에 대한 토론에 참여할 수 있다.

ⅵ) **공청회 및 온라인공청회 결과의 반영**: 행정청은 처분을 할 때에 공청회, 온라인공청회 및 정보통신망 등을 통하여 제시된 사실 및 의견이 상당한 이유가 있다고 인정하는 경우에는 이를 반영하여야 한다.

ⅶ) **공청회의 재개최**: 행정청은 공청회를 마친 후 처분을 할 때까지 새로운 사정이 발견되어 공청회를 다시 개최할 필요가 있다고 인정할 때에는 공청회를 다시 개최할 수 있다. 01

ⓒ 의견제출
　ⅰ) **실시**: 행정청이 당사자에게 의무를 부과하거나 권익을 제한하는 처분을 할 때 청문실시와 공청회 개최의 경우 외에는 당사자 등에게 의견제출의 기회를 주어야 한다. 02
　ⅱ) **성격**: 불이익처분에 대한 상대방이 의견을 제시할 수 있는 일반절차로서의 성격이다.
　ⅲ) 당사자 등이 정당한 이유 없이 의견제출기한까지 의견제출을 하지 아니한 경우에는 의견이 없는 것으로 본다.
　ⅳ) **제출 의견의 반영**
　　• 행정청은 처분을 할 때에 당사자 등이 제출한 의견이 상당한 이유가 있다고 인정하는 경우에는 이를 반영하여야 한다. 03
　　• 행정청은 당사자 등이 제출한 의견을 반영하지 아니하고 처분을 한 경우 당사자 등이 처분이 있음을 안 날부터 90일 이내에 그 이유의 설명을 요청하면 서면으로 그 이유를 알려야 한다. 다만, 당사자등이 동의하면 말, 정보통신망 또는 그 밖의 방법으로 알릴 수 있다.

> **관련 판례** 의견청취를 하지 않아도 되는 경우
>
> Ⓐ **도로구역변경결정은 「행정절차법」 제21조 제1항의 사전통지나 제22조 제3항의 의견청취의 대상이 되는 처분이 아니다** [19 국가직 9급, 19 서울시 9급, 17 지방직 7급, 17 사회복지직, 16 지방직 7급, 15 지방직 9급, 14 지방직 9급] 04
>
> 「행정절차법」 제2조 제4호가 「행정절차법」의 당사자를 행정청의 처분에 대하여 직접 그 상대가 되는 당사자로 규정하고, 「도로법」 제25조 제3항이 도로구역을 결정하거나 변경할 경우 이를 고시에 의하도록 하면서, 그 도면을 일반인이 열람할 수 있도록 한 점 등을 종합하여 보면, 도로구역을 변경한 이 사건 처분은 「행정절차법」 제21조 제1항의 사전통지나 제22조 제3항의 의견청취의 대상이 되는 처분은 아니라고 할 것이다(대판 2008.6.12. 2007두1767).
>
> Ⓒ **법령에 따라 정해진 의무부과는 의견진술의 기회를 주지 아니할 수 있다** [25 국가직 9급, 20 국가직 9급, 19 국가직 7급, 19 지방직 7급, 12 국가직 7급] 05 06 07 08
>
> 퇴직연금의 환수결정은 당사자에게 의무를 과하는 처분이기는 하나, 관련 법령에 따라 당연히 환수금액이 정하여지는 것이므로, 퇴직연금의 환수결정에 앞서 당사자에게 의견진술의 기회를 주지 아니하여도 「행정절차법」 제22조 제3항이나 신의칙에 어긋나지 아니한다(대판 2000.11.28. 99두5443).

개념확인 O/X

01 행정청은 공청회를 마친 후 처분을 할 때까지 새로운 사정이 발견되어 공청회를 다시 개최할 필요가 있다고 인정할 때에는 공청회를 다시 개최할 수 있다.
21 국회8급　　　　　(O/X)

02 의견제출제도는 당사자에게 의무를 부과하거나 권익을 제한하는 경우에 적용되고 수익적 행위나 수익적 행위의 신청에 대한 거부에는 적용이 없으며, 일반처분의 경우에도 적용이 없다.
19 지방7급　　　　　(O/X)

03 (구)「광업법」에 근거하여 처분청이 광업용 토지수용을 위한 사업인정을 하면서 토지소유자와 토지에 관한 권리를 가진 자의 의견을 들은 경우 처분청은 그 의견에 기속된다.
19 지방9급　　　　　(O/X)

04 고시 등 불특정다수인을 상대로 의무를 부과하거나 권익을 제한하는 처분의 경우, 그 상대방에게 의견제출의 기회를 주어야 하는 것은 아니다.
19 서울9급　　　　　(O/X)

05 퇴직연금의 환수결정은 당사자에게 의무를 과하는 처분이기는 하나 관련 법령에 따라 당연히 환수금액이 정하여지는 것이므로, 퇴직연금의 환수결정에 앞서 당사자에게 의견진술의 기회를 주지 아니하여도 「행정절차법」에 어긋나지 아니한다.
25 국가9급, 20 국가9급　　(O/X)

06 「공무원연금법」상 퇴직연금 지급정지 사유기간 중 수급자에게 지급된 퇴직연금의 환수결정은 당사자에게 의무를 과하는 처분으로, 퇴직연금의 환수결정에 앞서 당사자에게 의견진술의 기회를 주지 아니하면 「행정절차법」에 반한다.
19 국가7급　　　　　(O/X)

07 「공무원연금법」상 퇴직연금의 환수결정은 당사자에게 의무를 과하는 처분이므로, 퇴직연금의 환수결정에 앞서 당사자에게 「행정절차법」상의 의견진술의 기회를 주지 아니한 경우 당해 처분은 「행정절차법」 위반이다.
19 지방7급　　　　　(O/X)

08 관련 법령에 따라 금액이 정해져 있는 퇴직연금 환수결정은 사전통지 대상이다.
12 국가7급　　　　　(O/X)

| 정답 | 01 O　02 O　03 X　04 O　05 O　06 X　07 X　08 X

관련 판례 : 의견청취를 하지 않은 처분이 위법이라는 경우

ⓑ 사전통지와 의견청취 시 보상금의 과다청구를 우려하여 사전통지 등을 생략할 수 있는지 여부

「건축법」상의 공사중지명령에 대한 사전통지를 하고 의견제출의 기회를 준다면 많은 액수의 손실보상금을 기대하여 공사를 강행할 우려가 있다는 사정이 사전통지 및 의견제출절차의 예외사유에 해당하지 아니한다(대판 2004.5.28. 2004두1254).

ⓐ 법령상의 청문규정을 당사자와의 협의를 통해 배제할 수 있는지 여부 [24 군무원 9급, 20 지방직 9급, 20 국가직 9급, 19 지방직 7급, 19 서울시 7급, 16 국가직 9급, 14 지방직 9급] 01 02

행정청이 당사자와 사이에 도시계획사업의 시행과 관련한 협약을 체결하면서 관계 법령 및 「행정절차법」에 규정된 청문의 실시 등 의견청취절차를 배제하는 조항을 둔 경우, 청문의 실시에 관한 규정의 적용이 배제되거나 청문을 실시하지 않아도 되는 예외적인 경우에 해당하는지 않는다(대판 2004.7.8. 2002두8350).

ⓒ 신고의 수리를 사전통지 등의 절차 없이 취소할 수 있는지 여부 [12 국가직 7급] 03

행정청이 온천지구임을 간과하여 지하수개발·이용신고를 수리하였다가 「행정절차법」상의 사전통지를 하거나 의견제출의 기회를 주지 아니한 채 그 신고수리처분을 취소하고 원상복구명령의 처분을 한 경우, 행정지도방식에 의한 사전고지나 그에 따른 당사자의 자진 폐공의 약속 등의 사유만으로는 사전통지 등을 하지 않아도 되는 「행정절차법」 소정의 예외의 경우에 해당한다고 볼 수 없다는 이유로 그 처분은 위법하다(대판 2000.11.14. 99두5870).

ⓒ 침해적 처분에서 사전통지 등을 하지 않으면 위법하다는 사례

행정청이 침해적 행정처분을 하면서 당사자에게 「행정절차법」상의 사전통지를 하거나 의견제출의 기회를 주지 아니하였다면 사전통지를 하지 않거나 의견제출의 기회를 주지 아니하여도 되는 예외적인 경우에 해당하지 아니하는 한 그 처분은 위법하여 취소를 면할 수 있다(대판 2007.9.21. 2006두20631).

ⓒ 수사과정 및 징계과정에서 해명기회를 가졌다는 사정만으로 사전통지 등을 생략할 수 없다는 사례

원고가 수사과정 및 징계과정에서 자신의 비위행위에 대한 해명기회를 가졌다는 사정만으로 이 사건 처분이 「행정절차법」 제21조 제4항 제3호, 제22조 제4항에 따라 원고에게 사전통지를 하지 않거나 의견제출의 기회를 주지 아니하여도 되는 예외적인 경우에 해당한다고 할 수 없으므로, 피고가 이 사건 처분을 함에 있어 원고에게 의견제출의 기회를 부여하지 아니한 이상, 이 사건 처분은 절차상 하자가 있어 위법하다고 할 것이다(대판 2007.9.21. 2006두20631).

ⓑ 행정처분 시 의견청취 예외사유에 이미 행정청에 위반사실을 시인하였다거나 처분의 사전통지 이전에 의견을 진술할 기회가 있었다는 사정을 고려하지 않는다는 사례 [17 국가직 7급] 04

'해당 처분의 성질상 의견청취가 현저히 곤란하거나 명백히 불필요하다고 인정될 만한 상당한 이유가 있는 경우'나 '당사자가 의견진술의 기회를 포기한다는 뜻을 명백히 표시한 경우'에는 청문 등 의견청취를 하지 아니할 수 있는데, 여기에서 '의견청취가 현저히 곤란하거나 명백히 불필요하다고 인정될 만한 상당한 이유가 있는 경우'에 해당하는지는 해당 행정처분의 성질에 비추어 판단하여야 하며, 처분상대방이 이미 행정청에 위반사실을 시인하였다거나 처분의 사전통지 이전에 의견을 진술할 기회가 있었다는 사정을 고려하여 판단할 것은 아니다(대판 2017.4.7. 2016두63224).

개념확인 O/X

01 행정청이 당사자와 사이에 도시계획사업의 시행과 관련한 협약을 체결하면서 관련 법령상 요구되는 청문절차를 배제하는 조항을 두었다면, 이는 청문을 실시하지 않아도 되는 예외적인 경우에 해당한다.
20 국가9급 (O / X)

02 행정청이 당사자와 사이에 도시계획사업의 시행과 관련한 협약을 체결하면서 청문의 실시를 배제하는 조항을 둔 경우, 청문의 실시에 관한 규정의 적용이 배제되거나 청문을 실시하지 않아도 되는 예외적인 경우에 해당하지 않는다.
24 군무원9급 (O / X)

03 행정지도의 방식에 의한 사전고지가 이루어진 지하수개발·이용신고수리 취소는 사전통지 대상이다.
12 국가7급 (O / X)

04 처분상대방이 이미 행정청에 위반사실을 시인하였다는 사정은 사전통지의 예외가 적용되는 '의견청취가 현저히 곤란하거나 명백히 불필요하다고 인정될 만한 상당한 이유가 있는 경우'에 해당한다.
17 국가7급 (O / X)

정답 | 01 X 02 O 03 O 04 X

ⓒ 처분의 연기신청을 청문의 예외사유로 볼 수 없다는 사례

처분 전에 피고의 사무실에 방문하여 피고 소속 공무원에게 '처분을 좀 연기해 달라'는 내용의 서류를 제출한 것을 들어, 「여객자동차 운수사업법」과 「행정절차법」이 필요적으로 실시하도록 규정하고 있는 청문을 실시한 것으로 볼 수는 없다(대판 2017.4.7. 2016두63224).

ⓒ 처분의 전제가 재판을 통해 객관적으로 증명되어도 의견청취를 하여야 하는 경우

「행정절차법」 제21조, 제22조, 「행정절차법 시행령」 제13조의 내용을 「행정절차법」의 입법목적과 의견청취제도의 취지에 비추어 종합적·체계적으로 해석하면, 「행정절차법 시행령」 제13조 제2호에서 정한 '법원의 재판 또는 준사법적 절차를 거치는 행정기관의 결정 등에 따라 처분의 전제가 되는 사실이 객관적으로 증명되어 처분에 따른 의견청취가 불필요하다고 인정되는 경우'는 법원의 재판 등에 따라 처분의 전제가 되는 사실이 객관적으로 증명되면 행정청이 반드시 일정한 처분을 해야 하는 경우 등 의견청취가 행정청의 처분 여부나 그 수위 결정에 영향을 미치지 못하는 경우를 의미한다고 보아야 한다. 처분의 전제가 되는 '일부' 사실만 증명된 경우이거나 의견청취에 따라 행정청의 처분 여부나 처분 수위가 달라질 수 있는 경우라면 위 예외사유에 해당하지 않는다. … (중략) … 처분사유가 객관적으로 증명되었다고 단정하기는 어렵고, 또한 3차 조치명령의 근거 법률인 「폐기물관리법」 제48조의 문언과 체제에 비추어 보면 이 규정에 따른 폐기물 처리 조치명령은 재량행위에 해당하므로, 3차 조치명령은 법원의 재판 등에 따라 처분의 전제가 되는 사실이 객관적으로 증명되면 행정청이 반드시 일정한 처분을 해야 하는 경우 등 의견청취가 행정청의 처분 여부나 그 수위 결정에 영향을 미치지 못하는 경우에 해당한다고 보기 어려워, 「행정절차법 시행령」 제13조 제2호에서 정한 사전 통지, 의견청취의 예외사유에 해당하지 않는다(대판 2020.7.23. 2017두66602).

Ⓑ 청문서 반송과 청문일 불출석을 이유로 청문을 배제할 수 없다는 사례 [20 국가직 7급, 19 지방직 9급, 19 서울시 7급, 13 지방직 9급] 01 02

「행정절차법」 제21조 제4항 제3호는 침해적 행정처분을 할 경우 청문을 실시하지 않을 수 있는 사유로서 '당해 처분의 성질상 의견청취가 현저히 곤란하거나 명백히 불필요하다고 인정될 만한 상당한 이유가 있는 경우'를 규정하고 있으나, 여기에서 말하는 '의견청취가 현저히 곤란하거나 명백히 불필요하다고 인정될 만한 상당한 이유가 있는지 여부'는 당해 행정처분의 성질에 비추어 판단하여야 하는 것이지, 청문통지서의 반송 여부, 청문통지의 방법 등에 의하여 판단할 것은 아니며, 또한 행정처분의 상대방이 통지된 청문일시에 불출석하였다는 이유만으로 행정청이 관계 법령상 그 실시가 요구되는 청문을 실시하지 아니한 채 침해적 행정처분을 할 수는 없을 것이므로, <u>행정처분의 상대방에 대한 청문통지서가 반송되었다거나, 행정처분의 상대방이 청문일시에 불출석하였다는 이유로 청문을 실시하지 아니하고 한 침해적 행정처분은 위법하다</u>(대판 2001.4.13. 2000두3337).

ⓒ 사업시행자 지정처분 취소에 청문을 결여하였다면 취소사유에 해당된다는 사례

(구)「도시계획법」 제23조 제5항의 규정에 의한 사업시행자 지정처분을 취소함에 있어서 청문을 실시하지 아니한 경우, 그 절차를 결여한 지정처분의 취소처분은 위법한 처분으로서 취소사유에 해당한다(대판 2004.7.8. 2002두8350).

ⓒ 건축사무소등록취소미폐쇄에 관한 규정(구 건교부 훈령)상의 청문을 위반한 행위는 위법이다

관계행정청이 건축사사무소의 등록취소처분을 함에 있어 당해 건축사들을 사전에 청문하도록 한 법제도(과거의 건설부 훈령)의 취지는, 위 행정처분으로 인하여 건축사사무소의 기존권리가 부당하게 침해받지 아니하도록 등록취소사유에 대하여 당해 건축사에게 변명과 유리한 자료를 제출할 기회를 부여하여 위법사유의 시정가능성을 감안하고 처분의 신중성과 적정성을 기하여야 함에 있다 할 것이므로 관계행정청이 위와 같은 처분을 하려면 반드시 사전에 청문절차를 거쳐야 한다(대판 1984.9.11. 82누166).

개념확인 O/X

01 (구)「공중위생법」상 유기장업허가 취소처분을 함에 있어서 두 차례에 걸쳐 발송한 청문통지서가 모두 반송되어 온 경우, 처분의 상대방이 청문일시에 불출석하였다는 이유로 청문을 거치지 않고 한 침해적 행정처분은 적법하다.
19 지방9급 (O/X)

02 대법원은 청문통지서가 반송되었거나, 행정처분의 상대방이 청문일시에 불출석했다는 이유로 청문을 실시하지 않을 경우에도 위법하지 않다고 보는 입장이다.
13 지방9급 (O/X)

| 정답 | 01 X 02 X

심화 학습 청문, 공청회, 의견제출

구분	청문	공청회	의견제출
성격	불이익처분의 당사자 등이 자신의 의견이나 증거 제출	사전적인 의견수렴	불이익처분의 당사자 등이 자신의 의견 제시
주체	당사자 등	당사자뿐 아니라 일반인과 전문인	당사자 등
방법	구술과 서면	구술과 전자공청회	서면이나 말, 정보통신망
대상	• 법령 등에서 규정하고 있는 경우 • 행정청이 필요하다고 인정하는 경우 • 인허가 등의 취소처분 시 • 신분·자격의 박탈처분 시 • 법인이나 조합 등의 설립허가의 취소 시	• 법령이 정한 경우 • 해당 처분의 영향이 광범위하여 널리 의견을 수렴할 필요가 있다고 행정청이 인정하는 경우 • 국민생활에 큰 영향을 미치는 처분으로서 대통령령으로 정하는 처분에 대하여 대통령령으로 정하는 수 이상의 당사자등이 공청회 개최를 요구하는 경우	당사자에 대한 침익적 처분의 경우 청문이나 공청회를 실시하지 않을 경우
주재자	소속공무원, 대통령령 규정	분야의 전문가, 유경험자 중 행정청이 지명 또는 위촉	없음
사전통지	10일 전	14일 전	처분 전
특징	• 문서의 열람 또는 복사 요청 가능(청문의 통지가 있는 날부터 청문이 끝날 때) • 당사자의 신청이나 청문 주재자가 필요하다고 인정하는 경우: 공개 가능(공익 또는 제3자의 정당한 이익을 현저히 해칠 우려가 있는 경우에는 비공개)	• 직접 관련 사항만 발표 • 발언내용 제한, 발언중단, 퇴장도 가능 • 발표자 간 상호질의 응답 • 방청객 발언기회	• 문서의 열람 또는 복사 요청(처분의 사전통지가 있는 날부터 의견제출기한까지) • 청문이나 공청회와 같은 진행형식은 없음(의견청취의 일반절차)

ⓗ 처분의 이유제시 빈출
  ⓐ 의의: 행정청이 행정처분 등을 함에 있어서 그 행위의 근거가 된 법령상 사실상의 이유를 명시하는 것을 말하며 행정절차에서 중요한 요소를 구성하고 있다. 그러나 이유부기는 판례를 통하여 불문법원리로 이미 인정되고 있었던 바, 제23조의 규정은 그 원리를 구체화하였다는 의미를 가진다고 하겠다.
  ⓑ 이유제시의 목적: 상대방에 대한 쟁송편의제공과 설득기능 및 행정청의 신중한 행정확보와 자의 방지, 결정과정의 공개기능의 목적을 가지고 있다.
  ⓒ 이유제시의 대상과 예외
    ⅰ) 대상: 「행정절차법」 제23조는 이유제시의무를 원칙적으로 인정하여 일정한 사항을 제외하고는 당사자에게 그 근거와 이유를 제시하여야 한다. 이러한 이유제시 의무가 적용되는 처분은 주로 불이익처분(침익적 처분)이다.
    ⅱ) 예외
      ⅰ) 신청내용을 모두 그대로 인정하는 처분인 경우 01
      ⅱ) 단순·반복적인 처분 또는 경미한 처분으로서 당사자가 그 이유를 명백히 알 수 있는 경우 02 03
    ⅲ) 긴급히 처분을 할 필요가 있는 경우에는 이유부기를 하지 않아도 된다.
    그러나 행정청은 위 ⅱ), ⅲ)의 경우에 처분 후 당사자가 이유제시를 요청하는 경우에는 그 근거와 이유를 제시하여야 한다.

---

01 신청내용을 모두 그대로 인정하는 처분인 경우 이유제시의무가 면제되지만 처분 후 당사자가 요청하는 경우에는 그 근거와 이유를 제시하여야 한다. 12 국가9급 (O/X)

02 단순·반복적인 처분 또는 경미한 처분으로서 당사자가 그 이유를 명백히 알 수 있는 경우에는 이유제시의무가 면제된다. 12 국가9급 (O/X)

03 경미한 처분으로서 당사자가 그 이유를 명백히 알 수 있는 경우에는 당사자에게 그 근거와 이유를 제시하지 아니할 수 있다. 18 서울7급 (O/X)

정답 | 01 X   02 O   03 O

ⓓ **이유제시의 정도**: 처분서에 기재된 내용과 관계 법령 및 당해 처분에 이르기까지의 전체적인 과정 등을 종합적으로 고려하여, 처분 당시 당사자가 어떠한 근거와 이유로 처분이 이루어진 것인지를 충분히 알 수 있어서 그에 불복하여 행정구제절차로 나아가는 데 별다른 지장이 없었다고 인정되는 만큼이 된다. 따라서 이에 상응하는 만큼의 이유제시가 이루어진 경우에 처분의 근거와 이유를 구체적으로 명시하지 않았다고 이도 이를 위법하다고 볼 수 없다. 01 02 03

ⓔ **하자와 행정행위의 효력**
   ⅰ) 이유부기의 하자는 행정행위 자체에 위법성을 발생시킨다.
   ⅱ) 이유부기가 전혀 없는 (형식적 흠결) 행정행위 효력은 무효가 될 것이나, 이유부기의 내용적 하자, 즉 불충분의 경우에는 취소사유로 봄이 일반적 견해이다.

ⓕ **하자의 치유**
   ⅰ) 이유제시의 의의가 쟁송제기의 편의를 제공하는 데 있으면(취소사유) 하자의 치유를 인정하고, 이유부기의 의의가 행정청의 판단을 신중·합리적으로 행하게 하는 데 있으면(무효사유) 하자의 치유는 부정한다.
   ⅱ) 판례의 경우에는 원칙상 이유제시를 취소사유로 인정하나 치유에 대해서는 원칙상 인정하고 있지 않다.
   ⅲ) 다만, 국민의 권익을 침해하지 않는 범위 내에서 구체적 사정에 따라 합리적으로 불복 여부 결정 및 불복신청에 편의를 줄 수 있는 상당 기간 내에 하자의 치유를 허용하여야 한다고 한다.

> **개념확인 O/X**
>
> **01** 당사자가 신청하는 허가 등을 거부하는 처분을 하면서 당사자가 그 근거를 알 수 있을 정도로 이유를 제시한 경우에는 처분의 근거와 이유를 구체적으로 명시하지 않았더라도 그로 말미암아 그 처분이 위법하다고 볼 수는 없다.
> 19 국가7급 (O / X)
>
> **02** 가산세부과처분에 관해서는 「국세기본법」이나 개별 세법 어디에도 그 납세고지의 방식 등에 관하여 따로 정한 규정이 없으므로, 가산세의 종류와 세액의 산출근거 등을 전혀 밝히지 않고 가산세의 합계액만을 기재한 경우 그 부과처분은 위법하지 않다.
> 17 지방7급 (O / X)
>
> **03** 행정청이 처분을 하면서 당사자가 그 근거를 알 수 있을 정도로 이유를 제시한 경우에는 처분의 근거와 이유를 구체적으로 명시하지 않았더라도 그로 말미암아 그 처분이 위법하다고 볼 수는 없다.
> 23 지방9급 (O / X)

관련 판례

Ⓒ **주류도매업면허의 취소처분에 그 대상이 된 위반사실을 특정하지 아니하여 위법하다고 본 사례**

> 면허의 취소처분에는 그 근거가 되는 법령이나 취소권 유보의 부관 등을 명시하여야 함은 물론 처분을 받은 자가 어떠한 위반사실에 대하여 당해 처분이 있었는지를 알 수 있을 정도로 사실을 적시할 것을 요하며, 이와 같은 취소처분의 근거와 위반사실의 적시를 빠뜨린 하자는 피처분자가 처분 당시 그 취지를 알고 있었다거나 그 후 알게 되었다 하여도 치유될 수 없다고 할 것인바, 세무서장인 피고가 주류도매업자인 원고에 대하여 한 이 사건 일반주류도매업면허취소통지에 "상기 주류도매장은 무면허 주류판매업자에게 주류를 판매하여 「주세법」 제11조 및 「국세법사무처리규정」 제26조에 의거 지정조건 위반으로 주류판매면허를 취소합니다."라고만 되어 있어서 원고의 영업기간과 거래상대등 등에 비추어 원고가 어떠한 거래행위로 인하여 이 사건 처분을 받았는지 알 수 없게 되어 있다면 이 사건 면허취소처분은 위법하다(대판 1990.9.11. 90누1786).

Ⓑ ❶ 납세고지서에 세액산출근거 등의 기재사항이 누락되었거나 과세표준과 세액의 계산명세서가 첨부되지 않은 납세고지의 적부(소극) ❷ 위와 같은 납세고지의 하자는 납세의무자가 그 나름대로 산출근거를 알고 있다거나 사실상 이를 알고서 쟁송에 이른 경우 치유되는지 여부(부정) [19 국가직 7급] 04

> 납세고지서에 과세연도, 세목, 세액 및 그 산출근거, 납부기한과 납부장소 등의 명시를 요구한 「국세징수법」 제9조 등의 규정이 단순한 세무행정상의 편의를 위한 훈시규정이 아니라, 헌법과 「국세기본법」에 규정된 조세법률주의의 원칙에 따라 과세관청의 자의를 배제하고 신중하고도 합리적인 과세처분을 하게 함으로써 조세행정의 공정을 기함과 아울러 납세의무자에게 부과처분의 내용을 자세히 알려주어 이에 대한 불복 여부의 결정과 불복신청의 편의를 주려는 데 그 근본취지가 있으므로, 이 규정들은 강행규정으로 보아야 하고, 따라서 납세고지서에 세액산출근거 등의 기재사항이 누락되었거나 과세표준과 세액의 계산명세서가 첨부되지 않았다면 적법한 납세의 고지라고 볼 수 없으며, 위와 같은 납세고지의 하자는 납세의무자가 그 나름대로 산출근거를 알고 있다거나 사실상 이를 알고서 쟁송에 이르렀다 하더라도 치유되지 않는다(대판 2002.11.13. 2001두1543).

> **04** 납세고지서에 세액산출근거 등의 기재사항이 누락되었거나 과세표준과 세액의 계산명세서가 첨부되지 않은 납세고지의 하자는 납세의무자가 그 나름대로 산출근거를 알고 있다거나 사실상 이를 알고서 쟁송에 이르렀다 하더라도 치유되지 않는다.
> 19 국가7급 (O / X)

| 정답 | 01 O 02 X 03 O 04 O

개념확인 O/X

🔴 국유재산 무단 점유자에 대한 변상금부과처분에 있어서 그 납부고지서 또는 사전통지서에 변상금 산출근거를 명시하지 않은 경우, 그 부과처분의 적법 여부(소극)

> (구)「국유재산법 시행령」(2000.7.27. 대통령령 제16913호로 개정되기 전의 것) 제56조 제4항은 변상금부과 징수의 주체, 납부고지서에 명시하여야 할 사항, 납부기한 등의 절차적 규정에 관하여 가산금의 부과절차에 관한 위 시행령 제31조 제2항 내지 제4항을 준용하고 있음이 분명한바, 국유재산 무단 점유자에 대하여 변상금을 부과함에 있어서 그 납부고지서에 일정한 사항을 명시하도록 요구한 위 시행령의 취지와 그 규정의 강행성 등에 비추어 볼 때, 처분청이 변상금 부과처분을 함에 있어서 그 납부고지서 또는 적어도 사전통지서에 그 산출근거를 밝히지 아니하였다면 위법한 것이고, 위 시행령 제26조, 제26조의2에 변상금 산정의 기초가 되는 사용료의 산정방법에 관한 규정이 마련되어 있다고 하여 산출근거를 명시할 필요가 없다거나, 부과통지서 등에 위 시행령 제56조를 명기함으로써 간접적으로 산출근거를 명시하였다고는 볼 수 없다(대판 2001.12.14. 2000두86).

🔴 납세고지서에 과세대상과 그에 대한 과세표준액, 세액, 세액산출방법 등은 상세히 기재하면서 구체적 근거법령인 「지방세법 시행령」과 조례의 규정을 누락할 경우 부과처분은 위법하지 않다

> 납세고지서에 과세대상과 그에 대한 과세표준액, 세율, 세액산출방법 등 세액산출의 구체적 과정과 기타 필요한 사항이 상세히 기재되어 있어 납세의무자가 당해 부과처분의 내용을 확연하게 파악할 수 있고 과세표준액과 세율에 관한 근거법령이 기재되어 있다면 그 근거법령이 다소 총괄적으로 기재되어 있다 하여도 특별한 사정이 없는 한 위 법이 요구하는 세액산출근거의 기재요건을 충족한 것으로 보아야 할 것이다(대판 2008.11.13. 2007두160).

🔴 행정청이 처분을 하면서 처분의 근거와 이유를 구체적으로 명시하지 않았으나 당사자가 그 근거를 알 수 있을 정도로 이유를 제시한 경우, 처분이 위법한지 여부(소극) 및 이때 '이유를 제시한 경우'의 의미 [20 군무원 7급, 16 국가직 7급] 01 02

> 행정청의 자의적 결정을 배제하고 당사자로 하여금 행정구제절차에서 적절히 대처할 수 있도록 하는 처분의 근거 및 이유제시제도의 취지에 비추어, 처분을 하면서 당사자가 그 근거를 알 수 있을 정도로 이유를 제시한 경우에는 처분의 근거와 이유를 구체적으로 명시하지 않았더라도 그로 말미암아 그 처분이 위법하다고 볼 수는 없다. 이때 '이유를 제시한 경우'는 처분서에 기재된 내용과 관계 법령 및 당해 처분에 이르기까지의 전체적인 과정 등을 종합적으로 고려하여, 처분 당시 당사자가 어떠한 근거와 이유로 처분이 이루어진 것인지를 충분히 알 수 있어서 그에 불복하여 행정구제절차로 나아가는 데 별다른 지장이 없었다고 인정되는 경우를 뜻한다(대판 2019.1.31. 2016두64975).

🟢 「행정절차법」제23조 제1항의 규정 취지 및 처분서에 처분의 근거와 이유가 구체적으로 명시되어 있지 않은 처분이라도 절차상 위법하지 않은 경우 [20년 군무원 7급, 19 국가직 7급, 18 서울시 7급, 18. 지방직 9급, 16 국가직 7급, 17 지방직 7급, 15 지방직 9급] 03

> 「행정절차법」제23조 제1항은 행정청이 처분을 하는 때에는 당사자에게 그 근거와 이유를 제시하도록 규정하고 있고, 이는 행정청의 자의적 결정을 배제하고 당사자로 하여금 행정구제절차에서 적절히 대처할 수 있도록 하는 데 그 취지가 있다. 따라서 처분서에 기재된 내용과 관계 법령 및 당해 처분에 이르기까지 전체적인 과정 등을 종합적으로 고려하여, 처분 당시 당사자가 어떠한 근거와 이유로 처분이 이루어진 것인지를 충분히 알 수 있어서 그에 불복하여 행정구제절차로 나아가는 데에 별다른 지장이 없었던 것으로 인정되는 경우에는 처분서에 처분의 근거와 이유가 구체적으로 명시되어 있지 않았다고 하더라도 그로 말미암아 그 처분이 위법한 것으로 된다고 할 수는 없다(대판 2013.11.14. 2011두18571).

---

01 당사자가 근거규정 등을 명시하여 신청하는 인·허가 등을 거부하는 처분을 함에 있어 당사자가 그 근거를 알 수 있을 정도로 상당한 이유를 제시한 경우에는 당해 처분의 근거 및 이유를 구체적 조항 및 내용까지 명시하지 않았더라도 그로 말미암아 그 처분이 위법한 것이 된다고 할 수 없다.
16 국가7급 (O/X)

02 판례는 당사자가 신청하는 허가 등을 거부하는 처분을 하면서 당사자가 그 근거를 알 수 있을 정도로 이유를 제시한 경우에는 처분의 근거와 이유를 구체적으로 명시하지 않았더라도 그로 인해 처분이 위법하게 되는 것은 아니라고 보았다.
20 군무원7급 (O/X)

03 당사자가 처분의 근거를 알 수 있을 정도로 상당한 이유를 제시할 뿐 그 구체적 조항 및 내용까지 명시하지 않으면, 해당 처분은 위법하다.
18 서울7급 (O/X)

| 정답 | 01 O   02 O   03 X

B 근거법령과 조항을 누락시킨 거부처분은 위법이 아니다 [17 지방직 7급] 01

행정청이 토지형질변경허가신청을 불허하는 근거규정으로 「도시계획법 시행령」 제20조를 명시하지 아니하고 「도시계획법」이라고만 기재하였으나, 신청인이 자신의 신청이 개발제한구역의 지정목적에 현저히 지장을 초래하는 것이라는 이유로 (구)「도시계획법 시행령」 제20조 제1항 제2호에 따라 불허된 것임을 알 수 있었던 경우, 그 불허처분이 위법하지 아니하다(대판 2002.5.17. 2000두8912).

C 계약직 공무원의 계약해지에는 이유제시를 필요로 하지 않는다

계약직 공무원에 관한 현행 법령의 규정에 비추어 볼 때, 계약직 공무원 채용계약해지의 의사표시는 일반공무원에 대한 징계처분과는 달라서 항고소송의 대상이 되는 처분 등의 성격을 가진 것으로 인정되지 아니하고, 일정한 사유가 있을 때에 국가 또는 지방자치단체가 채용계약 관계의 한쪽 당사자로서 대등한 지위에서 행하는 의사표시로 취급되는 것으로 이해되므로, 이를 징계해고 등에서와 같이 그 징계사유에 한하여 효력 유무를 판단하여야 하거나, 행정처분과 같이 「행정절차법」에 의하여 근거와 이유를 제시하여야 하는 것은 아니다(대판 2002.11.26. 2002두5948).

B 이유제시 하자치유의 허용시기

하자의 치유를 허용하려면 국민의 권리와 이익을 침해하지 않는 범위에서 구체적 사정에 따라 합리적으로 하되, 늦어도 과세처분에 대해 불복 여부의 결정 및 불복신청에 편의를 줄 수 있는 상당한 기간 내에 하여야 한다(대판 1983.7.26. 82누420).

C 입찰참가자격제한처분에 대한 이유제시의 정도

공기업·준정부기관이 입찰을 거쳐 계약을 체결한 상대방에 대해 「공공기관의 운영에 관한 법률」 제39조 제2항 등에 따라 계약조건 위반을 이유로 입찰참가자격제한처분을 하기 위해서는 입찰공고와 계약서에 미리 계약조건과 그 계약조건을 위반할 경우 입찰참가자격제한을 받을 수 있다는 사실을 모두 명시해야 하여야 한다(대판 2021.11.11. 2021두43491).

C 「근로기준법」 제27조에서 근로자에 대한 해고는 해고사유와 해고시기를 서면으로 통지하여야 효력이 있다고 정한 취지와 위 서면에 해고사유를 기재하는 방법

(전략) 해고 대상자가 이미 해고사유가 무엇인지 구체적으로 알고 있고 그에 대해 충분히 대응할 수 있는 상황이었다고 하면 해고통지서에 징계사유를 축약해 기재하는 등 징계사유를 상세하게 기재하지 않았더라도 위 조항에 위반한 해고통지라고 할 수는 없다(대판 2011.10.27. 2011다42324, 대판 2014.12.24. 2012다81609 등 참조). 징계해고의 경우 「근로기준법」 제27조에 따라 서면으로 통지된 해고사유가 축약되거나 다소 불분명하더라도 징계절차의 소명 과정이나 해고의 정당성을 다투는 국면을 통해 구체화하여 확정되는 것이 일반적이라고 할 것이므로 해고사유의 서면 통지 과정에서까지 그와 같은 수준의 특정을 요구할 것은 아니다(대판 2022.1.14. 2021두50642).

C 본세와 가산세를 하나의 납세고지서로 부과하는 경우에서 이유제시 정도

본세의 부과처분과 가산세의 부과처분은 각 별개의 과세처분인 것처럼, 같은 세목에 관하여 여러 종류의 가산세가 부과되면 그 각 가산세 부과처분도 종류별로 각각 별개의 과세처분이라고 보아야 한다. 따라서 하나의 납세고지서에 의하여 본세와 가산세를 함께 부과할 때에는 납세고지서에 본세와 가산세 각각의 세액과 산출근거 등을 구분하여 기재해야 하는 것이고, 또 여러 종류의 가산세를 함께 부과하는 경우에는 그 가산세 상호간에도 종류별로 세액과 산출근거 등을 구분하여 기재함으로써 납세의무자가 납세고지서 자체로 각 과세처분의 내용을 알 수 있도록 하는 것이 당연한 원칙이다(대판 2012.10.18. 2010두12347).

개념확인 O/X

01 행정청이 토지형질변경허가신청을 불허하는 근거규정으로 「도시계획법 시행령」 제20조를 명시하지 아니하고 「도시계획법」이라고만 기재하였으나, 신청인이 자신의 신청이 개발제한구역의 지정목적에 현저히 지장을 초래하는 것이라는 이유로 (구)「도시계획법 시행령」 제20조 제1항 제2호에 따라 불허된 것임을 알 수 있었던 경우에는 그 불허처분이 위법하지 않다.
17 지방7급 (O / X)

ⓐ 처분의 방식(제24조)
  ⓐ **문서(원칙)**: 행정청이 처분을 할 때에는 다른 법령 등에 특별한 규정이 있는 경우를 제외하고는 문서로 하여야 한다. 01
  ⓑ **전자문서(예외)**: 다음의 어느 하나에 해당하는 경우에는 전자문서로 할 수 있다.
     ⅰ 당사자 등의 동의가 있는 경우
     ⅱ 당사자가 전자문서로 처분을 신청한 경우

개념확인 O/X

01 행정청이 처분을 할 때에는 다른 법령 등에 특별한 규정이 있는 경우를 제외하고는 문서로 하여야 하며, 이를 위반한 처분은 하자가 중대·명백하여 원칙적으로 무효이다.
24 국회8급 (O/X)

관련 판례

🅒 **행정청이 전자문서로 처분을 하는 경우에 상대방의 동의가 필요한지 여부**

「전자문서 및 전자거래 기본법」(이하 '전자문서법'이라 한다) 제2조 제1호, 제4조의2의 규정에 비추어 보면, 전자우편은 물론 휴대전화 문자메시지도 전자문서에 해당한다고 할 것이므로, 휴대전화 문자메시지가 「전자문서법」 제4조의2에서 정한 요건을 갖춘 이상 「폐기물관리법 시행규칙」 제68조의3 제1항에서 정한 서면의 범위에 포함된다고 할 것이다.
다만 행정청이 「폐기물관리법」 제48조 제1항, 같은 법 시행규칙 제68조의3 제1항에서 정한 폐기물 조치명령을 전자문서로 하고자 할 때에는 (구)「행정절차법」(2022. 1. 11. 법률 제18748호로 개정되기 전의 것) 제24조 제1항에 따라 당사자의 동의가 필요하다(대판 2024.5.9. 2023도3914).

  ⓒ 공공의 안전 또는 복리를 위하여 긴급히 처분을 할 필요가 있거나 사안이 경미한 경우에는 말, 전화, 휴대전화를 이용한 문자 전송, 팩스 또는 전자우편 등 문서가 아닌 방법으로 처분을 할 수 있다. 이 경우 당사자가 요청하면 지체 없이 처분에 관한 문서를 주어야 한다.
  ⓓ 처분을 하는 문서에는 그 처분 행정청과 담당자의 소속·성명 및 연락처(전화번호, 팩스번호, 전자우편주소 등을 말한다)를 적어야 한다.

관련 판례

🅑 **행정처분의 처분방식에 관한 「행정절차법」 제24조 제1항을 위반한 처분이 무효인지 여부(적극)** [20 국회 8급, 16 서울시 7급] 02

행정절차에 관한 일반법인 「행정절차법」은 제24조 제1항에서 "행정청이 처분을 할 때에는 다른 법령 등에 특별한 규정이 있는 경우를 제외하고는 문서로 하여야 하며, 전자문서로 하는 경우에는 당사자 등의 동의가 있어야 한다. 다만, 신속히 처리할 필요가 있거나 사안이 경미한 경우에는 말 또는 그 밖의 방법으로 할 수 있다."라고 정하고 있다. 이 규정은 처분내용의 명확성을 확보하고 처분의 존부에 관한 다툼을 방지하여 처분상대방의 권익을 보호하기 위한 것이므로, 이를 위반한 처분은 하자가 중대·명백하여 무효이다(대판 2019.7.11. 2017두38874).

02 법령상 문서에 의하도록 한 행정행위를 문서에 의해 하지 아니할 때, 그 처분은 하자가 중대하고 명백하여 원칙적으로 무효이다.
16 서울7급 (O/X)

🅒 **관할 소방서장으로부터 소방시설 불량사항에 관한 시정보완명령을 구술로 고지한 것은 당연무효이다**

「행정절차법」 제24조는, 행정청이 처분을 하는 때에는 다른 법령 등에 특별한 규정이 있는 경우를 제외하고는 문서로 하여야 하고 전자문서로 하는 경우에는 당사자 등의 동의가 있어야 하며, 다만 신속을 요하거나 사안이 경미한 경우에는 구술 기타 방법으로 할 수 있다고 규정하고 있는데, 이는 행정의 공정성·투명성 및 신뢰성을 확보하고 국민의 권익을 보호하기 위한 것이므로 위 규정을 위반하여 행하여진 행정청의 처분은 하자가 중대하고 명백하여 원칙적으로 무효이다(대판 2011.11.10. 2011도11109).

정답 01 O 02 O

ⓒ 면허관청이 임의로 출석한 상대방의 편의를 위하여 구두로 면허정지사실을 알린 경우 면허정지처분으로서의 효력이 있는지 여부(소극)

> 면허관청이 운전면허정지처분을 하면서 별지 52호 서식의 통지서에 의하여 면허정지사실을 통지하지 아니하거나 처분집행예정일 7일 전까지 이를 발송하지 아니한 경우에는 특별한 사정이 없는 한 위 관계 법령이 요구하는 절차·형식을 갖추지 아니한 조치로서 그 효력이 없고, 이와 같은 법리는 면허관청이 임의로 출석한 상대방의 편의를 위하여 구두로 면허정지사실을 알렸다고 하더라도 마찬가지이다(대판 1996.6.14. 95누17823).

ⓞ **처분의 정정**: 행정청은 처분에 오기·오산 또는 그 밖에 이에 준하는 명백한 잘못이 있을 때에는 직권으로 또는 신청에 따라 지체 없이 정정하고 그 사실을 당사자에게 통지하여야 한다.

ⓩ **행정심판과 행정소송의 고지**
  ⓐ 행정청이 처분을 할 때에는 당사자에게 그 처분에 관하여 행정심판 및 행정소송을 제기할 수 있는지 여부, 그 밖에 불복을 할 수 있는지 여부, 청구절차 및 청구기간 그 밖에 필요한 사항을 알려야 한다.
  ⓑ 「행정심판법」은 행정청의 직권고지와 이해관계인의 신청에 의한 고지를 모두 인정하고 있으나, 「행정절차법」은 행정청의 직권고지만 규정하고 있다.

관련 판례

Ⓑ 고지의무를 이행하지 않은 처분이 위법인지 여부 [23 지방직 7급] 01

> 고지절차에 관한 규정은 행정처분의 상대방이 그 처분에 대한 행정심판의 절차를 밟는 데 편의를 제공하려는 것이어서 처분청이 위 규정에 따른 고지의무를 이행하지 아니하였다고 하더라도 경우에 따라 행정심판의 제기기간이 연장될 수 있음에 그칠 뿐, 그 때문에 심판의 대상이 되는 행정처분이 위법하다고 할 수는 없다(대판 2016.4.29. 2014두3631).

Ⓒ 불복고지의 의무를 이행하지 않은 처분이 위법한지 여부

> 처분청이 「행정절차법」 제26조에 따른 고지의무를 이행하지 않았다는 이유만으로 행정심판의 대상이 되는 행정처분이 위법하지 않으며 이러한 법리가 (구)「건축법」 제80조 제3항의 '이의제기 방법 및 이의제기 기관' 고지의무에 관해서도 마찬가지로 적용된다(대판 2018.2.8. 2017두66633).

③ **신고(자체완성적 신고)** ※ 사인의 공법행위 중 신고에서 상술함
  ㉠ 법령 등에서 행정청에 일정한 사항을 통지함으로써 의무가 끝나는 신고를 규정하고 있는 경우 신고를 관장하는 행정청은 신고에 필요한 구비서류, 접수기관 그 밖에 법령 등에 따른 신고에 필요한 사항을 게시(인터넷 등을 통한 게시를 포함한다)하거나 이에 대한 편람을 갖추어두고 누구나 열람할 수 있도록 하여야 한다.
  ㉡ ㉠에 따른 신고가 다음의 요건을 갖춘 경우에는 신고서가 접수기관에 도달된 때에 신고의 의무가 이행된 것으로 본다. 02
    ⓐ 신고서의 기재사항에 흠이 없을 것
    ⓑ 필요한 구비서류가 첨부되어 있을 것
    ⓒ 그 밖에 법령 등에 규정된 형식상의 요건에 적합할 것

개념확인 O/X

01 행정청이 처분을 하면서 당사자에게 그 처분에 관하여 행정심판 및 행정소송을 제기할 수 있는지 여부, 그 밖에 불복을 할 수 있는지 여부, 청구절차 및 청구기간 그 밖에 필요한 사항을 고지하지 않았다면 그 처분은 위법하다.
23 지방7급 (O / X)

02 법령 등에서 행정청에 일정한 사항을 통지함으로써 의무가 끝나는 신고를 규정하고 있는 경우 신고가 「행정절차법」 제40조 제2항 각 호의 요건을 갖춘 경우에는 신고서가 접수기관에 발송된 때에 신고의무가 이행된 것으로 본다.
17 국가9급 (O / X)

| 정답 | 01 X 02 X

ⓒ 행정청은 위 ⓛ의 요건을 갖추지 못한 신고서가 제출된 경우에는 지체 없이 상당한 기간을 정하여 신고인에게 보완을 요구하여야 한다.
ⓔ 행정청은 신고인이 ⓒ에 따른 기간 내에 보완을 하지 아니하였을 때에는 그 이유를 구체적으로 밝혀 해당 신고서를 되돌려 보내야 한다.

④ **확약** ※ 행정행위 중 확약에서 상술함
ⓐ 의의: 법령 등에서 당사자가 신청할 수 있는 처분을 규정하고 있는 경우 행정청은 당사자의 신청에 따라 장래에 어떤 처분을 하거나 하지 아니할 것을 내용으로 하는 의사표시(확약)를 할 수 있다.
ⓑ 확약의 방식: 확약은 문서로 하여야 한다. 01
ⓒ 확약의 절차: 행정청은 다른 행정청과의 협의 등의 절차를 거쳐야 하는 처분에 대하여 확약을 하려는 경우에는 확약을 하기 전에 그 절차를 거쳐야 한다.
ⓓ 행정청이 확약에 기속되지 않는 경우: 행정청은 다음의 어느 하나에 해당하는 경우에는 확약에 기속되지 아니한다.
  ⓐ 확약을 한 후에 확약의 내용을 이행할 수 없을 정도로 법령 등이나 사정이 변경된 경우
  ⓑ 확약이 위법한 경우
ⓔ 행정청은 확약이 ⓓ의 어느 하나에 해당하여 확약을 이행할 수 없는 경우에는 지체 없이 당사자에게 그 사실을 통지하여야 한다.

⑤ **위반사실 등의 공표**
ⓐ 행정청은 법령에 따른 의무를 위반한 자의 성명·법인명, 위반사실, 의무 위반을 이유로 한 처분사실 등(위반사실 등)을 법률로 정하는 바에 따라 일반에게 공표할 수 있다.
ⓑ 행정청은 위반사실 등의 공표를 하기 전에 사실과 다른 공표로 인하여 당사자의 명예·신용 등이 훼손되지 아니하도록 객관적이고 타당한 증거와 근거가 있는지를 확인하여야 한다.
ⓒ 의견제출: 행정청은 위반사실 등의 공표를 할 때에는 미리 당사자에게 그 사실을 통지하고 의견제출의 기회를 주어야 한다. 다만, 다음의 어느 하나에 해당하는 경우에는 그러하지 아니하다. 02
  ⓐ 공공의 안전 또는 복리를 위하여 긴급히 공표를 할 필요가 있는 경우
  ⓑ 해당 공표의 성질상 의견청취가 현저히 곤란하거나 명백히 불필요하다고 인정될 만한 타당한 이유가 있는 경우
  ⓒ 당사자가 의견진술의 기회를 포기한다는 뜻을 명백히 밝힌 경우
ⓓ 의견제출의 기회를 받은 당사자는 공표 전에 관할 행정청에 서면이나 말 또는 정보통신망을 이용하여 의견을 제출할 수 있다.
ⓔ 의견제출의 방법과 제출 의견의 반영 등에 관하여는 처분의 규정을 준용한다. 이 경우 '처분'은 '위반사실 등의 공표'로 본다.
ⓕ 위반사실 등의 공표는 관보, 공보 또는 인터넷 홈페이지 등을 통하여 한다.
ⓖ 행정청은 위반사실 등의 공표를 하기 전에 당사자가 공표와 관련된 의무의 이행, 원상회복, 손해배상 등의 조치를 마친 경우에는 위반사실 등의 공표를 하지 아니할 수 있다.
ⓗ 행정청은 공표된 내용이 사실과 다른 것으로 밝혀지거나 공표에 포함된 처분이 취소된 경우에는 그 내용을 정정하여, 정정한 내용을 지체 없이 해당 공표와 같은 방법으로 공표된 기간 이상 공표하여야 한다. 다만, 당사자가 원하지 아니하면 공표하지 아니할 수 있다.

개념확인 O/X

01 확약은 문서로 하여야 한다.
23 국회8급 (O / X)

02 행정청은 위반사실 등의 공표를 할 때에는 특별한 사정이 없는 한 미리 당사자에게 그 사실을 통지하고 의견제출의 기회를 주어야 한다.
23 국회8급 (O / X)

| 정답 | 01 O 02 O

⑥ 행정계획: 행정청은 행정청이 수립하는 계획 중 국민의 권리·의무에 직접 영향을 미치는 계획을 수립하거나 변경·폐지할 때에는 관련된 여러 이익을 정당하게 형량하여야 한다. 01

⑦ 행정상 입법예고(제41조)
  ㉠ 적용범위
    ⓐ 법령 등을 제정·개정 또는 폐지하려는 경우에는 해당 입법안을 마련한 행정청은 이를 예고하여야 한다. 다만, 다음의 경우에는 입법예고를 하지 않을 수 있다.
      ⅰ 신속한 국민의 권리 보호 또는 예측 곤란한 특별한 사정의 발생 등으로 입법이 긴급을 요하는 경우
      ⅱ 상위법령 등의 단순한 집행을 위한 경우
      ⅲ 입법내용이 국민의 권리·의무 또는 일상생활과 관련이 없는 경우
      ⅳ 단순한 표현·자구를 변경하는 경우 등 입법내용의 성질상 예고의 필요가 없거나 곤란하다고 판단되는 경우
      ⅴ 예고함이 공공의 안전 또는 복리를 현저히 해칠 우려가 있는 경우
    ⓑ 법제처장은 입법예고를 하지 아니한 법령안의 심사 요청을 받은 경우에 입법예고를 하는 것이 적당하다고 판단할 때에는 해당 행정청에 입법예고를 권고하거나 직접 예고할 수 있다.
    ⓒ 입법안을 마련한 행정청은 입법예고 후 예고내용에 국민생활과 직접 관련된 내용이 추가되는 등 대통령령으로 정하는 중요한 변경이 발생하는 경우에는 해당 부분에 대한 입법예고를 다시 하여야 한다.
  ㉡ 예고방법(제42조)
    ⓐ 행정청은 입법안의 취지, 주요내용 또는 전문(全文)을 다음의 구분에 따른 방법으로 공고하여야 하며, 추가로 인터넷, 신문 또는 방송 등을 통하여 공고할 수 있다.
      ⅰ **법령의 입법안을 입법예고하는 경우**: 관보 및 법제처장이 구축·제공하는 정보시스템을 통한 공고
      ⅱ **자치법규의 입법안을 입법예고하는 경우**: 공보를 통한 공고
    ⓑ 행정청은 대통령령을 입법예고하는 경우 국회 소관 상임위원회에 제출하여야 한다.
    ⓒ 행정청은 입법예고를 할 때에 입법안과 관련이 있다고 인정되는 중앙행정기관, 지방자치단체 그 밖의 단체 등이 예고사항을 알 수 있도록 예고사항을 통지하거나 그 밖의 방법으로 알려야 한다.
    ⓓ 행정청은 예고된 입법안에 대하여 온라인 공청회 등을 통하여 널리 의견을 수렴할 수 있다.
    ⓔ 행정청은 예고된 입법안의 전문에 대한 열람 또는 복사를 요청받았을 때에는 특별한 사유가 없으면 그 요청에 따라야 한다.
    ⓕ 행정청은 위 복사에 드는 비용을 복사를 요청한 자에게 부담시킬 수 있다.
  ㉢ 입법예고기간(제43조): 기간은 예고할 때 정하되, 특별한 사정이 없으면 40일(자치법규는 20일) 이상으로 한다. 02 03
  ㉣ 의견제출 및 처리(제44조)
    ⓐ 누구든지 예고된 입법안에 대하여 그 의견을 제출할 수 있다.
    ⓑ 행정청은 해당 입법안에 대한 의견이 제출된 경우 특별한 사유가 없으면 이를 존중하여 처리하여야 한다.
    ⓒ 행정청은 의견을 제출한 자에게 그 제출된 의견의 처리결과를 통지하여야 한다.
  ㉤ 공청회: 행정청은 입법안에 관하여 공청회를 개최할 수 있다.

개념확인 O/X

01 행정청은 행정청이 수립하는 계획 중 국민의 권리·의무에 직접 영향을 미치는 계획을 수립하거나 변경·폐지할 때에는 관련된 여러 이익을 정당하게 형량하여야 한다.
23 국회8급 (O/X)

02 「행정절차법」 규정에 의하면 행정청은 행정계획의 취지, 주요내용을 관보·공보나 인터넷·신문·방송 등을 통하여 널리 공고하여야 하고 국회 소관 상임위원회에 이를 제출하여야 하되, 공고기간은 특별한 사정이 없으면 40일 이상으로 한다.
17 지방9급 (O/X)

03 입법예고기간은 예고할 때 정하되, 특별한 사정이 없으면 자치법규의 입법예고기간은 15일 이상으로 한다.
17 서울7급 (O/X)

| 정답 | 01 O 02 X 03 X

개념확인 O/X

01 행정청은 국민생활에 매우 큰 영향을 주는 사항, 많은 국민의 이해가 상충되는 사항, 많은 국민에게 불편이나 부담을 주는 사항 그 밖에 널리 국민의 의견을 수렴할 필요가 있는 사항에 대한 정책, 제도 및 계획을 수립·시행하거나 변경하려는 경우에 한해 이를 예고할 의무가 있다.
20 군무원7급 (O / X)

02 국민생활에 매우 큰 영향을 주는 사항 및 그 밖에 널리 국민의 의견을 수렴할 필요가 있는 사항에 대한 정책, 제도 및 계획을 수립·시행하는 경우라도 예고로 인하여 공공의 안전 또는 복리를 현저히 해칠 우려가 있는 때에는 행정청은 이를 예고하지 아니할 수 있다.
17 지방9급 (O / X)

03 행정예고기간은 예고내용의 성격 등을 고려하여 정하되, 14일 이상으로 한다.
14 국가9급 (O / X)

04 행정기관은 행정지도의 상대방이 행정지도에 따르지 아니하였다는 것을 이유로 불이익한 조치를 하여서는 아니 된다.
23 국회8급 (O / X)

05 말로 행정지도를 하는 자는 상대방이 그 행정지도의 취지 및 내용과 행정지도를 하는 자의 신분을 적은 서면의 교부를 요구하는 경우에 직무수행에 특별한 지장이 없으면 이를 교부하여야 한다.
16 지방9급 (O / X)

⑧ 행정예고절차
　㉠ 행정예고의 적용범위: 행정청은 정책, 제도 및 계획(정책 등)을 수립·시행하거나 변경하려는 경우에는 이를 예고하여야 한다. 다만, 다음의 어느 하나에 해당하는 경우에는 예고를 하지 아니할 수 있다. 01 02
　　ⓐ 신속하게 국민의 권리를 보호하여야 하거나 예측이 어려운 특별한 사정이 발생하는 등 긴급한 사유로 예고가 현저히 곤란한 경우
　　ⓑ 법령 등의 단순한 집행을 위한 경우
　　ⓒ 정책 등의 내용이 국민의 권리·의무 또는 일상생활과 관련이 없는 경우
　　ⓓ 정책 등의 예고가 공공의 안전 또는 복리를 현저히 해칠 우려가 상당한 경우
　㉡ 법령 등의 입법을 포함하는 행정예고의 경우에는 입법예고로 이를 갈음할 수 있다.
　㉢ 행정예고기간
　　ⓐ 행정예고기간은 예고내용의 성격 등을 고려하여 정하되, 20일 이상으로 한다. 03
　　ⓑ 행정목적을 달성하기 위하여 긴급한 필요가 있는 경우에는 행정예고기간을 단축할 수 있다. 이 경우 단축된 행정예고기간은 10일 이상으로 한다.
　㉣ 예고방법: 행정청은 정책등안(案)의 취지, 주요내용 등을 관보·공보나 인터넷·신문·방송 등을 통하여 공고하여야 한다.
　㉤ 행정예고 통계 작성 및 공고: 행정청은 매년 자신이 행한 행정예고의 실시 현황과 그 결과에 관한 통계를 작성하고, 이를 관보·공보 또는 인터넷 등의 방법으로 널리 공고하여야 한다.

⑨ 행정지도절차 ※ 행정지도에서 상술함
　㉠ 행정지도의 원칙(제48조)
　　ⓐ 행정지도는 그 목적달성에 필요한 최소한도에 그쳐야 하며, 행정지도의 상대방의 의사에 반하여 부당하게 강요하여서는 아니 된다.
　　ⓑ 행정기관은 행정지도의 상대방이 행정지도에 따르지 아니하였다는 것을 이유로 불이익한 조치를 하여서는 아니 된다. 04
　㉡ 행정지도의 방식
　　ⓐ 행정지도를 하는 자는 그 상대방에게 그 행정지도의 취지 및 내용과 신분을 밝혀야 한다.
　　ⓑ 행정지도가 말로 이루어지는 경우에 상대방이 서면의 교부를 요구하면 그 행정지도를 하는 자는 직무수행에 특별한 지장이 없으면 이를 교부하여야 한다. 이는 행정지도의 명확성의 원칙과 동시에 행정지도실명제를 도입하고 있다고 볼 수 있다. 05
　㉢ 의견제출: 행정지도의 상대방은 해당 행정지도의 방식·내용 등에 관하여 행정기관에 의견제출을 할 수 있다.
　㉣ 다수인을 대상으로 하는 행정지도: 행정기관이 같은 행정목적을 실현하기 위하여 많은 상대방에게 행정지도를 하려는 경우에는 특별한 사정이 없으면 행정지도에 공통적인 내용이 되는 사항을 공표하여야 한다.

⑩ 국민참여의 확대
　㉠ 국민참여 활성화
　　ⓐ 행정청은 행정과정에서 국민의 의견을 적극적으로 청취하고 이를 반영하도록 노력하여야 한다.
　　ⓑ 행정청은 국민에게 다양한 참여방법과 협력의 기회를 제공하도록 노력하여야 하며, 구체적인 참여방법을 공표하여야 한다.

| 정답 | 01 X　02 O　03 X　04 O　05 O

ⓒ 행정청은 국민참여 수준을 향상시키기 위하여 노력하여야 하며 필요한 경우 국민참여 수준에 대한 자체진단을 실시하고, 그 결과를 행정안전부장관에게 제출하여야 한다.
ⓓ 행정청은 ⓒ에 따라 자체진단을 실시한 경우 그 결과를 공개할 수 있다.
ⓔ 행정청은 국민참여를 활성화하기 위하여 교육·홍보, 예산·인력 확보 등 필요한 조치를 할 수 있다.
ⓕ 행정안전부장관은 국민참여 확대를 위하여 행정청에 교육·홍보, 포상, 예산·인력 확보 등을 지원할 수 있다.
ⓛ **국민제안의 처리**: 행정청(국회사무총장·법원행정처장·헌법재판소사무처장 및 중앙선거관리위원회 사무총장은 제외한다)은 정부시책이나 행정제도 및 그 운영의 개선에 관한 국민의 창의적인 의견이나 고안(국민제안)을 접수·처리하여야 한다.
ⓒ **국민참여 창구**: 행정청은 주요 정책 등에 관한 국민과 전문가의 의견을 듣거나 국민이 참여할 수 있는 온라인 또는 오프라인 창구를 설치·운영할 수 있다.
ⓔ **온라인 정책토론**
 ⓐ 행정청은 국민에게 영향을 미치는 주요 정책 등에 대하여 국민의 다양하고 창의적인 의견을 널리 수렴하기 위하여 정보통신망을 이용한 정책토론(온라인 정책토론)을 실시할 수 있다. 01
 ⓑ 행정청은 효율적인 온라인 정책토론을 위하여 과제별로 한시적인 토론 패널을 구성하여 해당 토론에 참여시킬 수 있다. 이 경우 패널의 구성에 있어서는 공정성 및 객관성이 확보될 수 있도록 노력하여야 한다. 02
 ⓒ 행정청은 온라인 정책토론이 공정하고 중립적으로 운영되도록 하기 위하여 필요한 조치를 할 수 있다.
 ⓓ 토론 패널의 구성, 운영방법 그 밖에 온라인 정책토론의 운영을 위하여 필요한 사항은 대통령령으로 정한다.

⑪ **보칙**
 ⓛ **비용의 부담**: 행정절차에 드는 비용은 행정청이 부담한다. 다만, 당사자 등이 자기를 위하여 스스로 지출한 비용은 그러하지 아니한다.
 ⓒ **참고인에 대한 비용지급**
  ⓐ 행정청은 행정절차의 진행에 필요한 참고인이나 감정인 등에게 예산의 범위에서 여비와 일당을 지급할 수 있다.
  ⓑ 이러한 비용의 지급기준 등에 관하여는 대통령령으로 정한다.
 ⓒ **협조 요청**: 행정안전부장관(행정입법예고의 경우에는 법제처장)은 「행정절차법」의 효율적인 운영을 위하여 노력하여야 하며, 필요한 경우에는 그 운영상황과 실태를 확인할 수 있고, 관계행정청에 관련 자료의 제출 등 협조를 요청할 수 있다.

5 행정절차의 하자의 효과와 치유

(1) 절차상 하자 있는 행정행위의 효력
법령에서 규정한 일정절차를 준수하지 않은 행정행위의 효력을 어떻게 볼 것인가와 치유에 관한 문제를 말한다.

(2) 하자의 효과
① 명문의 규정이 있는 경우: "소청사건을 심사할 때 소청인 등에게 진술의 기회를 부여하지

개념확인 O/X

01 행정청은 국민에게 영향을 미치는 주요 정책 등에 대하여 국민의 다양하고 창의적인 의견을 널리 수렴하기 위하여 정보통신망을 이용하여 국민의 의견을 수렴하거나 정책토론을 실시할 수 있다.
21 국회8급 (O / X)

02 행정청은 효율적인 온라인 정책토론을 위하여 과제별로 한시적인 토론 패널을 구성하여 해당 토론에 참여시킬 수 있다.
21 국회8급 (O / X)

| 정답 | 01 O 02 O

아니하고 한 결정은 무효로 한다(「국가공무원법」 제13조 제2항, 「지방공무원법」 제18조 제2항)."와 같은 개별적 규정은 있으나 일반적 규정은 없다.

> **관련 법령**
>
> **「국가공무원법」 제13조 【소청인의 진술권】** ① 소청심사위원회가 소청사건을 심사할 때에는 대통령령 등으로 정하는 바에 따라 소청인 또는 제76조 제1항 후단에 따른 대리인에게 진술 기회를 주어야 한다.
> ② 제1항에 따른 진술 기회를 주지 아니한 결정은 무효로 한다.
>
> **「지방공무원법」 제18조 【소청인의 진술권】** ① 심사위원회가 소청사건을 심사할 때에는 대통령령으로 정하는 바에 따라 소청인 또는 그 대리인에게 진술 기회를 주어야 한다.
> ② 제1항의 진술 기회를 주지 아니한 결정은 무효로 한다.

② 명문의 규정이 없는 경우
  ㉠ 학설
    ⓐ **소극설**: 절차상의 하자만을 이유로 하여서는 당해 행정행위를 무효로 보거나 취소할 수 없다는 견해로서 절차무용론화 되어지며 절차상의 하자는 사후보완으로 해결된다는 입장이다. **01 02**
    ⓑ **적극설(위법설)**: 절차상의 하자 있는 행정행위는 위법이므로, 무효나 취소할 수 있다는 견해이다.
  ㉡ **판례**: 판례는 적극설의 견해를 취하고 있으나, 다만 법령에 근거 없는 훈령상의 청문절차의 위반은 위법사유로 보지 않는다.

> **관련 판례**
>
> ⓒ 건축사무소등록취소미폐쇄에 관한 규정(구 건교부 훈령)상의 청문을 위반한 행위는 위법이다
>
> 관계행정청이 건축사사무소의 등록취소처분을 함에 있어 당해 건축사들을 사전에 청문하도록 한 법제도(과거의 건설부 훈령)의 취지는, 위 행정처분으로 인하여 건축사사무소의 기존권리가 부당하게 침해받지 아니하도록 등록취소사유에 대하여 당해 건축사에게 변명과 유리한 자료를 제출할 기회를 부여하여 위법사유의 시정가능성을 감안하고 처분의 신중성과 적정성을 기하여야 함에 있으나 할 것이므로 관계행정청이 위와 같은 처분을 하려면 반드시 사전에 청문절차를 거쳐야 한다(대판 1984.9.11. 82누166).

  ㉢ 「행정소송법」(제30조 제3항): "신청에 따른 처분이 절차의 위법을 이유로 취소되는 경우에 …"라고 규정하고 있어 적극설의 입장을 취하고 있다.

(3) 절차상 하자의 치유

① **긍정설**: 일련의 행정과정에서 행정절차의 하자는 치유될 수 있다는 입장이다(김남진).

② **부정설**: 하자의 치유를 인정할 경우 절차가 지니는 정당성이 평가되지 못하므로 치유를 부정하는 입장이다(이상규, 서원우).

③ **제한 긍정설**: 원칙상 치유를 부정하나 당사자의 권익보호에 문제없이 능률적 행정이 가능한 상황에서는 치유를 인정하는 입장이다(김동희, 유지태, 한견우).

④ **판례**: 판례는 국민의 권익을 침해하지 않는 범위 내에서 구체적 사정에 따라 합목적일 경우에 처분의 불복 여부를 결정하는데 편의를 줄 수 있는 상당기간 내에서 예외적으로 치유를 긍정하고 있다.

※ 청문과 이유부기 하자 치유 부분에서 전술함

개념확인 O/X

01 절차상의 하자를 이유로 과세처분을 취소하는 판결이 확정된 후 그 위법사유를 보완하여 이루어진 새로운 부과처분은 확정판결의 기판력에 저촉된다.
20 국가9급 (O / X)

02 행정절차의 하자를 이유로 한 취소판결이 확정된 경우, 판결의 취지에 따라 절차를 보완한 후 종전의 처분과 동일한 내용의 처분을 다시 하더라도 기속력에 위반되지 아니한다.
21 국회8급 (O / X)

| 정답 | 01 X   02 O

06 「행정기본법」과 「행정절차법」

교수님 코멘트 ▶ 최근 신설된 「행정기본법」은 출제가능성이 높다. 특히 기간 계산과 처분의 판단시점, 인허가의제제도, 이의신청은 암기와 이해를 병행하여야 한다. 「행정절차법」은 사전통지, 의견청취, 이유제시에 대한 정확한 법 규정과 관련 판례에 대한 숙지가 필요한 단원이다.

01
2024 국가직 9급

「행정기본법」상 기간의 계산에 대한 설명으로 옳지 않은 것은?

① 행정에 관한 기간의 계산에 관하여는 「행정기본법」 또는 다른 법령등에 특별한 규정이 있는 경우를 제외하고는 「민법」을 준용한다.
② 법령등을 공포한 날부터 일정 기간이 경과한 날부터 시행하는 경우 그 기간의 말일이 토요일 또는 공휴일인 때에는 그 말일로 기간이 만료한다.
③ 법령등을 공포한 날부터 일정 기간이 경과한 날부터 시행하는 경우 법령등을 공포한 날을 첫날에 산입한다.
④ 법령등 또는 처분에서 국민의 권익을 제한하거나 의무를 부과하는 경우 권익이 제한되거나 의무가 지속되는 기간을 계산할 때에 기간을 일, 주, 월 또는 연으로 정한 경우에는 기간의 첫날을 산입한다. 다만, 그러한 기준을 따르는 것이 국민에게 불리한 경우에는 그러하지 아니하다.

정답&해설

01 ③ 「행정기본법」
③ 일정 기간이 경과한 날부터 시행하는 법령은 공포한 날을 첫날에 산입하지 않는다.

> 「행정기본법」 제7조【법령등 시행일의 기간 계산】법령등(훈령·예규·고시·지침 등을 포함한다. 이하 이 조에서 같다)의 시행일을 정하거나 계산할 때에는 다음 각 호의 기준에 따른다.
> 1. 법령등을 공포한 날부터 시행하는 경우에는 공포한 날을 시행일로 한다.
> 2. 법령등을 공포한 날부터 일정 기간이 경과한 날부터 시행하는 경우 법령등을 공포한 날을 첫날에 산입하지 아니한다.
> 3. 법령등을 공포한 날부터 일정 기간이 경과한 날부터 시행하는 경우 그 기간의 말일이 토요일 또는 공휴일인 때에는 그 말일로 기간이 만료한다.

|오답해설| ①, ④ 「행정기본법」 제6조

> 「행정기본법」 제6조【행정에 관한 기간의 계산】① 행정에 관한 기간의 계산에 관하여는 이 법 또는 다른 법령등에 특별한 규정이 있는 경우를 제외하고는 「민법」을 준용한다.
> ② 법령등 또는 처분에서 국민의 권익을 제한하거나 의무를 부과하는 경우 권익이 제한되거나 의무가 지속되는 기간의 계산은 다음 각 호의 기준에 따른다. 다만, 다음 각 호의 기준에 따르는 것이 국민에게 불리한 경우에는 그러하지 아니하다.
> 1. 기간을 일, 주, 월 또는 연으로 정한 경우에는 기간의 첫날을 산입한다.
> 2. 기간의 말일이 토요일 또는 공휴일인 경우에도 기간은 그 날로 만료한다.

② 동법 제7조 제3호

|정답| 01 ③

02
2024 군무원 7급

다음 중 「행정기본법」상 법 적용의 기준에 대한 설명으로 가장 적절하지 않은 것은?

① 새로운 법령 등은 법령 등에 특별한 규정이 있는 경우를 제외하고는 그 법령 등의 효력 발생 전에 완성되거나 종결된 사실관계 또는 법률관계에 대해서는 적용되지 아니한다.
② 당사자의 신청에 따른 처분은 법령 등에 특별한 규정이 있거나 신청 당시의 법령 등을 적용하기 곤란한 특별한 사정이 있는 경우를 제외하고는 신청 당시의 법령 등에 따른다.
③ 법령 등을 위반한 행위의 성립과 이에 대한 제재 처분은 법령 등에 특별한 규정이 있는 경우를 제외하고는 법령 등을 위반한 행위 당시의 법령 등에 따른다.
④ 법령 등을 위반한 행위 후 법령 등의 변경에 의하여 그 행위가 법령 등을 위반한 행위에 해당하지 아니하거나 제재처분 기준이 가벼워진 경우로서 해당 법령 등에 특별한 규정이 없는 경우에는 변경된 법령 등을 적용한다.

03
2023 국가직 9급

「행정기본법」상 제재처분의 제척기간인 5년이 지나면 제재처분을 할 수 없는 경우는?

① 제재처분을 하지 아니하면 국민의 안전·생명 또는 환경을 심각하게 해치거나 해칠 우려가 있는 경우
② 거짓이나 그 밖의 부정한 방법으로 인허가를 받거나 신고를 한 경우
③ 정당한 사유 없이 행정청의 조사·출입·검사를 기피·방해·거부하여 제척기간이 지난 경우
④ 당사자가 인허가나 신고의 위법성을 경과실로 알지 못한 경우

04
2023 국가직 9급

행정절차법령상 처분의 신청에 대한 설명으로 옳지 않은 것은? (다툼이 있는 경우 판례에 의함)

① 행정청은 신청인의 편의를 위하여 다른 행정청에 신청을 접수하게 할 수 있다.
② 행정청은 신청에 구비서류의 미비 등 흠이 있는 경우 접수를 거부하여야 한다.
③ 행정청은 처리기간이 '즉시'로 되어 있는 신청의 경우에는 접수증을 주지 아니할 수 있다.
④ 행정청은 다수의 행정청이 관여하는 처분을 구하는 신청을 접수한 경우에는 관계 행정청과의 신속한 협조를 통하여 그 처분이 지연되지 아니하도록 하여야 한다.

05

2021 국가직 7급

행정절차에 대한 설명으로 옳은 것은? (다툼이 있는 경우에는 판례에 의함)

① 「도로법」상 도로구역을 변경할 경우, 이를 고시하고 그 도면을 일반인이 열람할 수 있도록 하고 있는바, 도로구역을 변경한 처분은 「행정절차법」상 사전통지나 의견청취의 대상이 되는 처분이 아니다.
② 「군인사법」에 따라 당해 직무를 수행할 능력이 없다고 인정하여 장교를 보직해임하는 경우, 처분의 근거와 이유제시 등에 관하여 「행정절차법」의 규정이 적용된다.
③ 특별한 사정이 없는 한, 신청에 대한 거부처분은 사전통지 및 의견제출의 대상이 된다.
④ 「식품위생법」상의 영업자지위승계신고를 수리하는 경우, 영업시설을 인수하여 영업자의 지위를 승계한 자에 대하여 사전통지를 하고, 그에게 의견제출의 기회를 주어야 한다.

정답&해설

02 ② 「행정기본법」
② 신청에 따른 처분은 원칙적으로 처분시 법령에 따른다.

> 「행정기본법」 제14조 【법 적용의 기준】 ① 새로운 법령등은 법령등에 특별한 규정이 있는 경우를 제외하고는 그 법령등의 효력 발생 전에 완성되거나 종결된 사실관계 또는 법률관계에 대해서는 적용되지 아니한다.
> ② 당사자의 신청에 따른 처분은 법령등에 특별한 규정이 있거나 처분 당시의 법령등을 적용하기 곤란한 특별한 사정이 있는 경우를 제외하고는 처분 당시의 법령등에 따른다.
> ③ 법령등을 위반한 행위의 성립과 이에 대한 제재처분은 법령등에 특별한 규정이 있는 경우를 제외하고는 법령등을 위반한 행위 당시의 법령등에 따른다. 다만, 법령등을 위반한 행위 후 법령등의 변경에 의하여 그 행위가 법령등을 위반한 행위에 해당하지 아니하거나 제재처분 기준이 가벼워진 경우로서 해당 법령등에 특별한 규정이 없는 경우에는 변경된 법령등을 적용한다.

03 ④ 「행정기본법」
④ 당사자의 위법에 대한 과실의 경우에는 제척기간에 의해 제재처분을 할 수가 없다(「행정기본법」 제23조 제1항·제2항).

04 ② 「행정절차법」
② 처분의 신청에 구비서류의 미비 등 흠이 있는 경우에는 보완을 요구하여야 한다(「행정절차법」 제17조 제5항).

05 ① 「행정절차법」
|오답해설| ② 「군인사법」상의 장교의 보직해임처분은 「행정절차법」이 적용되지 않는다(대판 2014.10.15. 2012두5756).
③ 신청에 따른 처분이 이루어지지 아니한 경우에는 아직 당사자에게 권익이 부과되지 아니하였으므로 특별한 사정이 없는 한 신청에 대한 거부처분이라고 하더라도 직접 당사자의 권익을 제한하는 것은 아니어서 신청에 대한 거부처분을 여기에서 말하는 '당사자의 권익을 제한하는 처분'에 해당한다고 할 수 없는 것이어서 처분의 사전통지대상이 된다고 할 수 없다(대판 2003.11.28. 2003두674).
④ 행정청이 (구)「식품위생법」 규정에 의하여 영업자지위승계신고를 수리하는 처분은 종전의 영업자의 권익을 제한하는 처분이라 할 것이고 따라서 종전의 영업자는 그 처분에 대하여 직접 그 상대가 되는 자에 해당한다고 봄이 상당하므로, 행정청으로서는 위 신고를 수리하는 처분을 함에 있어서 「행정절차법」 규정 소정의 당사자에 해당하는 종전의 영업자에 대하여 위 규정 소정의 행정절차를 실시하고 처분을 하여야 한다(대판 2003.2.14. 2001두7015).

| 정답 | 02 ② 03 ④ 04 ② 05 ①

06
2024 군무원 7급

「행정절차법」이 적용되는 사항은? (다툼이 있는 경우 판례에 의함)

① 각급 선거관리위원회의 의결을 거쳐 행하는 사항
② 행정기관이 그 소관 사무의 범위에서 일정한 행정목적을 실현하기 위하여 특정인에게 일정한 행위를 하도록 조언 등을 하는 사항
③ 감사원이 감사위원회의의 결정을 거쳐 행하는 사항
④ 심사청구, 해양안전심판, 조세심판, 특허심판, 행정심판, 그 밖의 불복절차에 따른 사항

07
2024 지방직 9급

행정절차에 대한 설명으로 옳지 않은 것은?

① 「행정절차법」상 행정청은 처분을 할 때에 단순·반복적인 처분 또는 경미한 처분으로서 당사자가 그 이유를 명백히 알 수 있는 경우에는 처분 후 당사자가 요청하더라도 당사자에게 그 근거와 이유를 제시하지 않아도 된다.
② 육군3사관학교의 사관생도에 대한 징계절차에서 징계심의대상자가 대리인으로 선임한 변호사가 징계위원회 심의에 출석하여 진술하려고 하였음에도, 징계권자나 그 소속 직원이 변호사가 징계위원회의 심의에 출석하는 것을 막은 후 내린 징계위원회의 징계의결에 따른 징계처분은 특별한 사정이 없는 한 위법하여 원칙적으로 취소되어야 한다.
③ 공무원 인사관계 법령에 의한 처분에 관한 사항 전부에 대하여 「행정절차법」의 적용이 배제되는 것이 아니라 성질상 행정절차를 거치기 곤란하거나 불필요하다고 인정되는 처분이나 행정절차에 준하는 절차를 거치도록 하고 있는 처분의 경우에만 「행정절차법」의 적용이 배제된다.
④ 군인사법령에 의하여 진급예정자명단에 포함된 자에 대하여 「행정절차법」상 의견제출의 기회를 부여하지 아니한 채 진급선발을 취소한 처분은 위법하다.

08

행정절차에 대한 설명으로 옳지 않은 것은?

① 청문은 당사자가 공개를 신청하거나 청문 주재자가 필요하다고 인정하는 경우 공개할 수 있다. 다만, 공익 또는 제3자의 정당한 이익을 현저히 해칠 우려가 있는 경우에는 공개하여서는 아니 된다.

② 일반적으로 당사자가 근거규정 등을 명시하여 신청하는 인·허가 등을 거부하는 처분을 함에 있어 당사자가 그 근거를 알 수 있을 정도로 상당한 이유를 제시한 경우에는 당해 처분의 근거 및 이유를 구체적 조항 및 내용까지 명시하지 않았더라도 그로 말미암아 그 처분이 위법한 것이 된다고 할 수 없다.

③ 공무원 인사관계 법령에 따른 처분에 관하여는 「행정절차법」 적용을 배제하고 있으므로, 군인사법령에 의하여 진급예정자명단에 포함된 자에 대하여 의견제출의 기회를 부여하지 아니하고 진급선발취소처분을 한 것이 절차상 하자가 있어 위법하다고 할 수 없다.

④ 과세의 절차 내지 형식에 위법이 있어 과세처분을 취소하는 판결이 확정되었을 때는 그 확정판결의 기판력은 거기에 적시된 절차 내지 형식의 위법사유에 한하여 미치는 것이므로 과세관청은 그 위법사유를 보완하여 다시 새로운 과세처분을 할 수 있다.

정답&해설

06 ② 「행정절차법」

② 「행정절차법」 제3조 제2항에 규정이 없다.

> 「행정절차법」 제3조 【적용 범위】 ① 처분, 신고, 확약, 위반사실 등의 공표, 행정계획, 행정상 입법예고, 행정예고 및 행정지도의 절차(이하 "행정절차"라 한다)에 관하여 다른 법률에 특별한 규정이 있는 경우를 제외하고는 이 법에서 정하는 바에 따른다.
> ② 이 법은 다음 각 호의 어느 하나에 해당하는 사항에 대하여는 적용하지 아니한다.
> 1. 국회 또는 지방의회의 의결을 거치거나 동의 또는 승인을 받아 행하는 사항
> 2. 법원 또는 군사법원의 재판에 의하거나 그 집행으로 행하는 사항
> 3. 헌법재판소의 심판을 거쳐 행하는 사항
> 4. 각급 선거관리위원회의 의결을 거쳐 행하는 사항
> 5. 감사원이 감사위원회의의 결정을 거쳐 행하는 사항
> 6. 형사(刑事), 행형(行刑) 및 보안처분 관계 법령에 따라 행하는 사항
> 7. 국가안전보장·국방·외교 또는 통일에 관한 사항 중 행정절차를 거칠 경우 국가의 중대한 이익을 현저히 해칠 우려가 있는 사항
> 8. 심사청구, 해양안전심판, 조세심판, 특허심판, 행정심판, 그 밖의 불복절차에 따른 사항
> 9. 「병역법」에 따른 징집·소집, 외국인의 출입국·난민인정·귀화, 공무원 인사 관계 법령에 따른 징계와 그 밖의 처분, 이해 조정을 목적으로 하는 법령에 따른 알선·조정·중재(仲裁)·재정(裁定) 또는 그 밖의 처분 등 해당 행정작용의 성질상 행정절차를 거치기 곤란하거나 거칠 필요가 없다고 인정되는 사항과 행정절차에 준하는 절차를 거친 사항으로서 대통령령으로 정하는 사항

07 ① 「행정절차법」

① 단순·반복적인 처분 또는 경미한 처분으로서 당사자가 그 이유를 명백히 알 수 있는 경우와 긴급히 처분을 할 필요가 있는 경우에는 이유제시를 생략할 수 있으나 처분 후 당사자가 요청하는 경우에는 그 근거와 이유를 제시하여야 한다(「행정절차법」 제23조).

| 오답해설 | ② 대판 2018.3.13. 2016두33339
③ 공무원 인사관계 법령에 의한 처분에 관한 사항이라 하더라도 전부에 대하여 「행정절차법」의 적용이 배제되는 것이 아니라, 성질상 행정절차를 거치기 곤란하거나 불필요하다고 인정되는 처분이나 행정절차에 준하는 절차를 거치도록 하고 있는 처분의 경우에만 「행정절차법」의 적용이 배제되는 것으로 보아야 하고, 이러한 법리는 '공무원 인사관계 법령에 의한 처분'에 해당하는 별정직 공무원에 대한 직권면직 처분의 경우에도 마찬가지로 적용된다(대판 2013.1.16. 2011두30687).
④ 대판 2007.9.21. 2006두20631

08 ③ 「행정절차법」

③ 행정과정에 대한 국민의 참여와 행정의 공정성, 투명성 및 신뢰성을 확보하고 국민의 권익을 보호함을 목적으로 하는 「행정절차법」의 입법목적과 「행정절차법」 제3조 제2항 제9호의 규정내용 등에 비추어 보면, 공무원 인사관계 법령에 의한 처분에 관한 사항 전부에 대하여 「행정절차법」의 적용이 배제되는 것이 아니라 성질상 행정절차를 거치기 곤란하거나 불필요하다고 인정되는 처분이나 행정절차에 준하는 절차를 거치도록 하고 있는 처분의 경우에만 「행정절차법」의 적용이 배제된다. 군인사법령에 의하여 진급예정자명단에 포함된 자에 대하여 의견제출의 기회를 부여하지 아니한 채 진급선발을 취소하는 처분을 한 것이 절차상 하자가 있어 위법하다(대판 2007.9.21. 2006두20631).

| 정답 | 06 ②　07 ①　08 ③

CHAPTER 07 행정정보공개와 개인정보보호

01 행정정보공개제도
02 개인정보 보호제도

01 행정정보공개제도

1 의의

(1) 개념

'정보공개제도'란 국민이 국가가 보유한 정보에 접근하여 그것을 이용할 수 있게 하기 위하여 국민에게 국가나 지방자치단체 등의 기관이 보유하고 있는 정보나 정책결정과정을 공개하도록 청구할 수 있는 권리를 보장하고, 국가에 대하여 정보공개의 의무를 지게 하는 제도로서 헌법상의 국민의 기본권을 실현하기 위해서 중요시되는 제도이다.

(2) 기능

① 긍정적 기능
　㉠ 행정절차의 예비지식 획득
　㉡ 국민의 알 권리 충족
　㉢ 공공기관의 다양한 정보공개로 국민의 유용성 활용의 증대
　㉣ 정보공개를 통한 사회통합·국정의 신뢰성 확보

② 부정적 기능
　㉠ 정보접근능력자와 그렇지 못한 자와의 차이로 인한 형평성 우려
　㉡ 국가기밀 또는 개인정보 침해 우려

(3) 행정정보공개청구권의 법적 근거

① **'알 권리'의 헌법적 근거**: '알 권리'는 헌법 제21조 제1항의 표현의 자유, 헌법 제1조 제1항의 국민주권의 원리, 헌법 제10조의 인간의 존엄성 존중과 행복추구권, 헌법 제34조 제1항의 인간다운 생활을 할 권리 등에 근거를 두고 있다. 01 02

② **「공공기관의 정보공개에 관한 법률」**: 정보의 공개에 관하여는 다른 법률에 특별한 규정이 있는 경우를 제외하고는 이 법에서 정하는 바에 따른다(제4조 제1항)고 규정하여 동법은 정보공개에 관한 일반법의 지위를 가진다. 그러나 국가안전보장에 관련되는 정보 및 보안 업무를 관장하는 기관에서 국가안전보장과 관련된 정보 분석을 목적으로 수집되거나 작성된 정보에 대하여는 이법을 적용하지 아니한다.

③ **행정정보공개 조례**: 「공공기관의 정보공개에 관한 법률」은 제4조 제2항에서 "지방자치단체는 그 소관 사무에 관하여 법령의 범위에서 정보공개에 관한 조례를 정할 수 있다."고 규정하여 지방자치단체가 정보공개 조례를 제정할 수 있는 명시적인 근거를 마련하고 있다.

개념확인 O/X

01 판례는 「공공기관의 정보공개에 관한 법률」과 같은 실정법의 근거가 없는 경우에는 정보공개청구권이 인정되기 어렵다고 보고 있다.
10 지방9급 (O / X)

02 헌법재판소는 정보공개청구권을 알 권리의 핵심으로 파악하고 있으며, 알 권리의 헌법상 근거를 헌법 제21조의 표현의 자유에서 찾고 있다.
10 지방9급 (O / X)

| 정답 | 01 X　02 O

관련 판례

C 알 권리는 법률의 구체화 없이도 인정한다 [17 서울시 9급] 01

헌법 제21조에 규정된 표현의 자유와 자유민주주의적 기본질서를 천명하고 있는 헌법 전문, 제1조, 제4조의 해석상 국민의 정부에 대한 일반적 정보공개를 구할 권리(청구적 기본권)로서 인정되는 '알 권리'를 침해한 것이고 위 열람·복사 민원의 처리는 법률의 제정이 없더라도 불가능한 것이 아니다(헌재 1989.9.4. 88헌마22).

B 알 권리의 헌법적 성격 [20 지방직 7급, 17 국가직 7급] 02

국민의 '알 권리', 즉 정보에의 접근·수집·처리의 자유는 자유권적 성질과 청구권적 성질을 공유하는 것으로서 헌법 제21조에 의하여 직접 보장되는 권리이고, 그 구체적 실현을 위하여 제정된 「공공기관의 정보공개에 관한 법률」도 제3조에서 공공기관이 보유·관리하는 정보를 원칙적으로 공개하도록 하여 정보공개의 원칙을 천명하고 있고, 위 법 제9조가 예외적인 비공개사유를 열거하고 있는 점에 비추어 보면, 국민으로부터 보유·관리하는 정보에 대한 공개를 요구받은 공공기관으로서는 위 법 제9조 제1항 각 호에서 정하고 있는 비공개사유에 해당하지 않는 한 이를 공개하여야 하고, 이를 거부하는 경우라 할지라도 대상이 된 정보의 내용을 구체적으로 확인·검토하여 어느 부분이 어떠한 법익 또는 기본권과 충돌되어 위 각 호의 어디에 해당하는지를 주장·증명하여야만 하며, 여기에 해당하는지 여부는 비공개에 의하여 보호되는 업무수행의 공정성 등의 이익과 공개에 의하여 보호되는 국민의 알 권리의 보장과 국정에 대한 국민의 참여 및 국정운영의 투명성 확보 등의 이익을 비교·교량하여 구체적인 사안에 따라 개별적으로 판단하여야 한다(대판 2009.12.10. 2009두12785).

C 청주시행정정보공개조례안의 적법 판결

지방자치단체는 그 내용이 주민의 권리의 제한 또는 의무의 부과에 관한 사항이거나 벌칙에 관한 사항이 아닌 한 법률의 위임이 없더라도 조례를 제정할 수 있다 할 것인데, 청주시의회에서 의결한 청주시행정정보공개조례안은 행정에 대한 주민의 알 권리의 실현을 그 근본내용으로 하면서도 이로 인한 개인의 권익침해 가능성을 배제하고 있으므로 이를 들어 주민의 권리를 제한하거나 의무를 부과하는 조례라고는 단정할 수 없고, 따라서 그 제정에 있어서 반드시 법률의 개별적 위임이 따로 필요한 것은 아니다(대판 1992.6.23. 92추17).

2 「공공기관의 정보공개에 관한 법률」의 내용

(1) 목적

이 법은 공공기관이 보유·관리하는 정보에 대한 국민의 공개청구 및 공공기관의 공개의무에 관하여 필요한 사항을 정함으로써 국민의 알 권리를 보장하고 국정(國政)에 대한 국민의 참여와 국정 운영의 투명성을 확보함을 목적으로 한다(동법 제1조).

관련 판례

C 정보공개청구를 하지 않아도 정부의 정보공개의무가 있는지 여부

알 권리에서 파생되는 정부의 공개의무는 특별한 사정이 없는 한 국민의 적극적인 정보수집행위, 특히 특정의 정보에 대한 공개청구가 있는 경우에야 비로소 존재하므로, 정보공개청구가 없었던 경우 대한민국과 중화인민공화국이 2000.7.31. 체결한 양국 간 마늘교역에 관한 합의서 및 그 부속서 중 '2003.1.1.부터 한국의 민간기업이 자유롭게 마늘을 수입할 수 있다'는 부분을 사전에 마늘재배농가들에게 공개할 정부의 의무는 인정되지 아니한다(헌재 2004.12.16. 2002헌마579).

개념확인 O/X

01 행정정보공개의 출발점은 국민의 알 권리인데, 알 권리 자체는 헌법상으로 명문화되어 있지 않음에도 불구하고, 우리 헌법재판소는 초기부터 국민의 알 권리를 헌법상의 기본권으로 인정하여 왔다.
17 서울9급 (O / X)

02 정보에의 접근·수집·처리의 자유는 자유권적 성질과 청구권적 성질을 공유하는 것으로서 헌법 제21조에 의하여 직접 보장되는 권리이다.
17 국가7급 (O / X)

| 정답 | 01 O   02 O

(2) 용어 정의

① **정보**: '정보'란 공공기관이 직무상 작성 또는 취득하여 관리하고 있는 문서(전자문서를 포함한다. 이하 같다) 및 전자매체를 비롯한 모든 형태의 매체 등에 기록된 사항을 말한다. 01

② **공개**: '공개'란 공공기관이 이 법에 따라 정보를 열람하게 하거나 그 사본·복제물을 제공하는 것 또는 「전자정부법」 제2조 제10호에 따른 정보통신망(이하 '정보통신망'이라 한다)을 통하여 정보를 제공하는 것 등을 말한다.

③ **공공기관**
  ㉠ 국가기관
    ⓐ 국회, 법원, 헌법재판소, 중앙선거관리위원회 02
    ⓑ 중앙행정기관(대통령 소속 기관과 국무총리 소속 기관을 포함한다) 및 그 소속 기관
    ⓒ 「행정기관 소속 위원회의 설치·운영에 관한 법률」에 따른 위원회
  ㉡ 지방자치단체
  ㉢ 「공공기관의 운영에 관한 법률」 제2조에 따른 공공기관
  ㉣ 「지방공기업법」에 따른 지방공사 및 지방공단
  ㉤ 그 밖에 대통령령으로 정하는 기관

심화 학습

「공공기관의 정보공개에 관한 법률 시행령」 제2조 【공공기관의 범위】「공공기관의 정보공개에 관한 법률」(이하 '법'이라 한다) 제2조 제3호 마목에서 '대통령령으로 정하는 기관'이란 다음 각 호의 기관 또는 단체를 말한다.
1. 「유아교육법」, 「초·중등교육법」, 「고등교육법」에 따른 각급 학교 또는 그 밖의 다른 법률에 따라 설치된 학교 03
2. 삭제 〈2021.6.22.〉
3. 「지방자치단체 출자·출연 기관의 운영에 관한 법률」 제2조 제1항에 따른 출자기관 및 출연기관
4. 특별법에 따라 설립된 특수법인
5. 「사회복지사업법」 제42조 제1항에 따라 국가나 지방자치단체로부터 보조금을 받는 사회복지법인과 사회복지사업을 하는 비영리법인
6. 제5호 외에 「보조금 관리에 관한 법률」 제9조 또는 「지방재정법」 제17조 제1항 각 호 외의 부분 단서에 따라 국가나 지방자치단체로부터 연간 5천만원 이상의 보조금을 받는 기관 또는 단체. 다만, 정보공개대상 정보는 해당 연도에 보조를 받은 사업으로 한정한다.

관련 판례

A 사립대학교가 정보공개의무가 있는 공공기관에 해당되는지 여부와 공개범위 [20 지방직 7급, 17 지방직 9급, 15 국가직 9급, 08 지방직 7급] 04 05

사립대학교에 대한 국비 지원이 한정적·일시적·국부적이라는 점을 고려하더라도, 같은 법 시행령(2004.3.17. 대통령령 제18312호로 개정되기 전의 것) 제2조 제1호가 정보공개의무를 지는 공공기관의 하나로 사립대학교를 들고 있는 것이 모법인 (구)「공공기관의 정보공개에 관한 법률」의 위임 범위를 벗어났다거나 사립대학교가 국비의 지원을 받는 범위 내에서만 공공기관의 성격을 가진다고 볼 수 없다(대판 2006.8.24. 2004두2783).

B 한국방송공사(KBS)는 정보공개의무가 있는 공공기관에 해당한다 [19 국회직 8급, 17 지방직 9급] 06

「방송법」이라는 특별법에 의하여 설립·운영되는 한국방송공사(KBS)는 「공공기관의 정보공개에 관한 법률 시행령」 제2조 제4호의 '특별법에 의하여 설립된 특수법인'으로서 정보공개의무가 있는 「공공기관의 정보공개에 관한 법률」 제2조 제3호의 '공공기관'에 해당한다(대판 2010.12.23. 2008두13101).

개념확인 O/X

01 판례는 「공공기관의 정보공개에 관한 법률」상 공개청구의 대상이 되는 정보란 공공기관이 직무상 작성 또는 취득하여 현재 보유·관리하고 있는 문서에 한정되지 않으며 그 문서가 반드시 원본일 필요는 없다고 한다.
10 지방9급 (O/X)

02 국회는 「공공기관의 정보공개에 관한 법률」상 공공기관에 해당하지만 동법이 적용되는 것이 아니라 「국회정보공개규칙」이 적용된다.
19 국회8급 (O/X)

03 「유아교육법」에 따른 사립유치원은 공공기관의 정보공개에 관한 법령상 공공기관에 해당하지 않는다.
24 지방9급 (O/X)

04 사립대학교는 「공공기관의 정보공개에 관한 법률 시행령」에 따른 공공기관에 해당하나, 국비의 지원을 받는 범위 내에서만 공공기관의 성격을 가진다.
17 지방9급 (O/X)

05 사립학교에 대하여 「교육관련기관의 정보공개에 관한 특례법」이 적용되는 경우에도 「공공기관의 정보공개에 관한 법률」을 적용할 수 없는 것은 아니다.
17 지방9급 (O/X)

06 한국방송공사는 「공공기관의 정보공개에 관한 법률 시행령」 제2조 제4호에 규정된 '특별법에 따라 설립된 특수법인'에 해당한다.
17 지방9급 (O/X)

| 정답 | 01 X | 02 X | 03 X | 04 X | 05 O | 06 O

🅑 '한국증권업협회'는 「공공기관의 정보공개에 관한 법률 시행령」 제2조 제4호의 '특별법에 의하여 설립된 특수법인'에 해당한다고 보기 어렵다고 한 사례 [17 국가직 9급, 17 지방직 9급, 17 서울시 9급] 01 02 03

> '한국증권업협회'는 증권회사 상호간의 업무질서를 유지하고 유가증권의 공정한 매매거래 및 투자자보호를 위하여 일정 규모 이상인 증권회사 등으로 구성된 회원조직으로서, 「증권거래법」 또는 그 법에 의한 명령에 대하여 특별한 규정이 있는 것을 제외하고는 「민법」 중 사단법인에 관한 규정을 준용받는 점, 그 업무가 국가기관 등에 준할 정도로 공동체 전체의 이익에 중요한 역할이나 기능에 해당하는 공공성을 갖는다고 볼 수 없는 점 등에 비추어, 「공공기관의 정보공개에 관한 법률 시행령」 제2조 제4호의 '특별법에 의하여 설립된 특수법인'에 해당한다고 보기 어렵다(대판 2010.4.29. 2008두5643).

(3) 정보공개의 원칙

공공기관이 보유·관리하는 정보는 국민의 알 권리 보장 등을 위하여 이 법에서 정하는 바에 따라 적극적으로 공개하여야 한다.

(4) 적용범위

① 정보의 공개에 관하여는 다른 법률에 특별한 규정이 있는 경우를 제외하고는 이 법에서 정하는 바에 따른다. 지방자치단체는 그 소관 사무에 관하여 법령의 범위에서 정보공개에 관한 조례를 정할 수 있다.
② 국가안전보장에 관련되는 정보 및 보안 업무를 관장하는 기관에서 국가안전보장과 관련된 정보의 분석을 목적으로 수집하거나 작성한 정보에 대해서는 이 법을 적용하지 아니한다. 다만, 본법 제8조 제1항에 따른 정보목록의 작성·비치 및 공개에 대해서는 그러하지 아니한다.

관련 판례

🅒 「민사소송법」 제344조 제2항에서 말하는 '공무원 또는 공무원이었던 사람이 그 직무와 관련하여 보관하거나 가지고 있는 문서'의 의미 및 이러한 공문서의 공개에 관하여 적용되는 법률(=「공공기관의 정보공개에 관한 법률」)

> 「민사소송법」 제344조 제2항은 같은 조 제1항에서 정한 문서에 해당하지 아니한 문서라도 문서의 소지자는 원칙적으로 그 제출을 거부하지 못하나, 다만 '공무원 또는 공무원이었던 사람이 그 직무와 관련하여 보관하거나 가지고 있는 문서'는 예외적으로 제출을 거부할 수 있다고 규정하고 있는바, 여기서 말하는 '공무원 또는 공무원이었던 사람이 그 직무와 관련하여 보관하거나 가지고 있는 문서'는 국가기관이 보유·관리하는 공문서를 의미한다고 할 것이고, 이러한 공문서의 공개에 관하여는 「공공기관의 정보공개에 관한 법률」에서 정한 절차와 방법에 의하여야 할 것이다(대결 2010.1.19. 자 2008마546).

🅒 '정보공개에 관하여 다른 법률에 특별한 규정이 있는 경우'에 해당한다고 하여 정보공개법의 적용을 배제하기 위한 요건

> (구)「공공기관의 정보공개에 관한 법률」(2013.8.6. 법률 제11991호로 개정되기 전의 것, 이하 '정보공개법'이라고 한다) 제4조 제1항은 "정보의 공개에 관하여는 다른 법률에 특별한 규정이 있는 경우를 제외하고는 이 법이 정하는 바에 의한다."라고 규정하고 있다. 여기서 '정보공개에 관하여 다른 법률에 특별한 규정이 있는 경우'에 해당한다고 하여 정보공개법의 적용을 배제하기 위해서는, 특별한 규정이 '법률'이어야 하고, 나아가 내용이 정보공개의 대상 및 범위, 정보공개의 절차, 비공개대상 정보 등에 관하여 정보공개법과 달리 규정하고 있는 것이어야 한다(대판 2016.12.15. 2013두20882).

개념확인 O/X

01 한국증권업협회는 「공공기관의 정보공개에 관한 법률 시행령」 제2조 제4호에 규정된 '특별법에 따라 설립된 특수법인'에 해당하지 아니한다.
17 지방9급 (O / X)

02 한국증권업협회는 증권회사 상호간의 업무질서를 유지하고 유가증권의 공정한 매매거래 및 투자자보호를 위하여 구성된 회원조직으로, 「증권거래법」 또는 그 법에 의한 명령에 대하여 특별한 규정이 있는 것을 제외하고는 「민법」 중 사단법인에 관한 규정을 적용받으므로 (구)「공공기관의 정보공개에 관한 법률 시행령」상의 '특별법에 의하여 설립된 특수법인'에 해당하지 않는다.
17 국가9급 (O / X)

03 판례는 '특별법에 의하여 설립된 특수법인'이라는 점만으로 정보공개의무를 인정하고 있으며, 다시금 해당 법인의 역할과 기능에서 정보공개의무를 지는 공공기관에 해당하는지 여부를 판단하지 않는다.
17 서울9급 (O / X)

개념확인 O/X

01 정보공개청구권은 모든 국민에게 인정되는 것은 아니며, 공개대상 정보와 이해관계를 가진 당사자에게 인정되는 권리이다.
10 지방9급 (O/X)

02 국내에 일정한 주소를 두고 있는 외국인은 오로지 상대방을 괴롭힐 목적으로 정보공개를 구하고 있다는 등의 특별한 사정이 없는 한 한국방송공사(KBS)에 대하여 정보공개를 청구할 수 있다.
19 국회8급 (O/X)

03 국내에 학술행사 참석차 방문하여 일시적으로 체류하는 외국학자도 정보공개를 청구할 수 있다.
11 국가9급 (O/X)

04 정보공개거부처분을 받은 청구인은 그 정보의 열람에 관한 구체적 이익을 입증해야만 행정소송을 통하여 그 공개거부처분의 취소를 구할 법률상의 이익이 인정된다.
13 지방9급 (O/X)

05 지방자치단체 또한 법인격을 가지므로 「공공기관의 정보공개에 관한 법률」 제5조에서 정한 정보공개청구권자인 '국민'에 해당한다.
18 서울9급 (O/X)

06 모든 국민은 정보의 공개를 청구할 권리를 가진다고 규정하고 있고, 여기의 국민에는 자연인과 법인이 포함되지만 권리능력 없는 사단은 포함되지 않는다.
17 국가9급 (O/X)

07 법인도 정보공개청구권의 주체가 될 수 있다.
16 교육행정 (O/X)

08 정보공개청구인이 공공기관에 대해 정보공개를 청구하였다가 거부처분을 받은 경우 취소소송을 제기할 원고적격이 인정된다.
12 지방9급 (O/X)

09 정보공개청구권은 법률상 보호되는 구체적인 권리이므로 청구인이 공공기관에 대하여 정보공개를 청구하였다가 거부처분을 받은 것 자체가 법률상 이익의 침해에 해당한다.
17 지방7급 (O/X)

B 형사재판 기록은 정보공개법이 적용되지 않으나 형사재판 기록이 아닌 불기소처분 기록은 정보공개법이 적용된다

> 형사재판확정기록의 공개에 관하여는 정보공개법에 의한 공개청구가 허용되지 않는다. 따라서 형사재판확정기록에 관해서는 「형사소송법」 제59조의2에 따른 열람·등사신청이 허용되고 그 거부나 제한 등에 대한 불복은 준항고에 의하며, 형사재판확정기록이 아닌 불기소처분으로 종결된 기록에 관해서는 「정보공개법」에 따른 정보공개청구가 허용되고 그 거부나 제한 등에 대한 불복은 항고소송절차에 의한다(대결 2022.2.11. 자 2021모3175).

(5) 정보공개청구권자

① 모든 국민은 정보의 공개를 청구할 권리를 가진다. **01**
② 외국인의 정보공개청구에 관하여는 대통령령으로 정한다.

심화 학습

「공공기관의 정보공개에 관한 법률 시행령」 제3조【외국인의 정보공개청구】법 제5조 제2항에 따라 정보공개를 청구할 수 있는 외국인은 다음 각 호의 어느 하나에 해당하는 자로 한다. **02 03**
  1. 국내에 일정한 주소를 두고 거주하거나 학술·연구를 위하여 일시적으로 체류하는 사람
  2. 국내에 사무소를 두고 있는 법인 또는 단체

관련 판례

C 정보공개거부처분을 받은 청구인이 그 거부처분의 취소를 구할 법률상의 이익이 있는지 여부(적극) [13 지방직 9급] **04**

> 국민의 정보공개청구권은 법률상 보호되는 구체적인 권리이므로, 공공기관에 대하여 정보의 공개를 청구하였다가 공개거부처분을 받은 청구인은 행정소송을 통하여 그 공개거부처분의 취소를 구할 법률상의 이익이 있다(대판 2003.3.11. 2001두6425).

C 정보공개를 청구할 수 있는 모든 국민의 범위 [18 서울시 9급, 17 지방직 7급, 17 국가직 9급, 16 국가직 7급, 16 교육행정직] **05 06 07**

> 「공공기관의 정보공개에 관한 법률」에 "모든 국민은 정보의 공개를 청구할 권리를 가진다."고 규정하고 있는데, 여기에서 말하는 국민에는 자연인은 물론 법인, 권리능력 없는 사단·재단도 포함되고, 법인, 권리능력 없는 사단·재단 등의 경우에는 설립목적을 불문하며, 한편 정보공개청구권은 법률상 보호되는 구체적인 권리이므로 청구인이 공공기관에 대하여 정보공개를 청구하였다가 거부처분을 받은 것 자체가 법률상 이익의 침해에 해당한다(대판 2003.12.12. 2003두8050).
> ※ 환경단체도 정보공개청구가 가능하다.

A 정보공개청구권은 법률상의 구체적인 권리이다 [21 국가직 9급, 20 국가직 7급, 20 국가직 9급, 19 사회복지 9급, 17 지방직 7급, 17 국가직 9급, 16 국가직 7급, 16 교육행정직, 15 국가직 9급, 12 지방직 9급] **08 09**

> 정보공개청구권은 법률상 보장되는 구체적인 권리이므로 청구인이 공공기관에 대해 정보공개를 청구하였다가 거부처분을 받은 것 자체가 법률상 이익의 침해에 해당한다고 할 것이고 거부처분을 받은 것 이외에 추가로 어떤 법률상의 이익을 가질 것을 요구하는 것은 아니다(대판 2004.9.23. 2003두1370).

| 정답 | 01 X 02 O 03 O 04 X 05 X 06 X 07 O 08 O 09 O

ⓒ 소송대리인이 소송상 유리한 자료를 얻기 위해 정보공개를 청구할 수 있다 [19 국가직 7급] 01

소송대리인이 소송상 유리한 자료를 획득하기 위하여 정보공개청구를 하였다 하더라도 그러한 사정만으로 정보공개청구가 권리의 남용에 해당한다고 볼 수 없다(대판 2008.10.23. 2007두1798).

ⓑ 원칙적으로 정보공개청구 목적에 제한이 없다 [18 지방직 9급, 17 지방직 7급]

「공공기관의 정보공개에 관한 법률」(이하 '정보공개법'이라 한다) 제5조 제1항은 "모든 국민은 정보의 공개를 청구할 권리를 가진다."고 규정하고 있다(대판 2004.9.23. 2003두1370, 대판 2006.8.24. 2004두2783 등 참조)(대판 2008.9.25. 2008두8680).

ⓓ 재소자의 불기소사건 수사기록의 정보공개청구는 권리남용으로 허용될 수 없다

교도소에 복역 중인 갑이 지방검찰청 검사장에게 자신에 대한 불기소사건 수사기록 중 타인의 개인정보를 제외한 부분의 공개를 청구하였으나 검사장이 (구)「공공기관의 정보공개에 관한 법률」 제9조 제1항 등에 규정된 비공개대상 정보에 해당한다는 이유로 비공개결정을 한 사안에서, 갑의 정보공개청구는 권리를 남용하는 행위로서 허용되지 않는다(대판 2014.12.24. 2014두9349).

ⓐ 정보공개를 신청하여 거부가 있으면 그 자체로서 법률상 이익이 인정된다 [17 지방직 7급] 02

견책의 징계처분을 받은 갑이 사단장에게 징계위원회에 참여한 징계위원의 성명과 직위에 대한 정보공개청구를 하였으나 위 정보가 「공공기관의 정보공개에 관한 법률」 제9조 제1항 제1호·제2호·제5호·제6호에 해당한다는 이유로 공개를 거부한 사안에서, 징계처분 취소사건에서 갑의 청구를 기각하는 판결이 확정되었더라도, 갑으로서는 여전히 정보공개거부처분의 취소를 구할 법률상 이익이 있다(대판 2022.5.26. 2022두33439).

(6) 정보공개 담당자의 의무

공공기관의 정보공개 담당자(정보공개 청구대상 정보와 관련된 업무 담당자를 포함한다)는 정보공개 업무를 성실하게 수행하여야 하며, 공개 여부의 자의적인 결정, 고의적인 처리 지연 또는 위법한 공개 거부 및 회피 등 부당한 행위를 하여서는 아니 된다.

(7) 정보의 사전적 공개 등

① 공공기관은 다음의 어느 하나에 해당하는 정보에 대해서는 공개의 구체적 범위, 주기, 시기 및 방법 등을 미리 정하여 정보통신망 등을 통하여 알리고, 이에 따라 정기적으로 공개하여야 한다. 다만, 제9조 제1항 각 호(비공개대상 정보)의 어느 하나에 해당하는 정보에 대해서는 그러하지 아니하다. 03
  ㉠ 국민생활에 매우 큰 영향을 미치는 정책에 관한 정보
  ㉡ 국가의 시책으로 시행하는 공사(工事) 등 대규모 예산이 투입되는 사업에 관한 정보
  ㉢ 예산집행의 내용과 사업평가 결과 등 행정감시를 위하여 필요한 정보
  ㉣ 그 밖에 공공기관의 장이 정하는 정보
② 공공기관은 ①에 규정된 사항 외에도 국민이 알아야 할 필요가 있는 정보를 국민에게 공개하도록 적극적으로 노력하여야 한다.

개념확인 O/X

01 정보공개를 청구한 목적이 손해배상소송에 제출할 증거자료를 획득하기 위한 것이었고 그 소송이 이미 종결되었다면, 그러한 정보공개청구는 권리남용에 해당한다.
19 국가7급 (O / X)

02 정보공개청구권은 국민의 알 권리에 근거한 헌법상 기본권이므로, 권리남용을 이유로 정보공개를 거부하는 것은 허용되지 아니한다.
17 지방7급 (O / X)

03 공공기관은 국가의 시책으로 시행하는 공사(工事) 등 대규모 예산이 투입되는 사업에 관한 정보에 대해서는 공개의 구체적 범위, 주기, 시기 및 방법 등을 미리 정하여 정보통신망 등을 통하여 알리고, 이에 따라 정기적으로 공개하여야 한다.
24 국회8급 (O / X)

| 정답 | 01 X 02 X 03 O

(8) 정보목록의 작성·비치 등과 공개대상 정보의 원문공개

① 정보목록의 작성·비치 등
  ㉠ 공공기관은 그 기관이 보유·관리하는 정보에 대하여 국민이 쉽게 알 수 있도록 정보목록을 작성하여 갖추어 두고, 그 목록을 정보통신망을 활용한 정보공개시스템 등을 통하여 공개하여야 한다. 다만, 정보목록 중 공개하지 아니할 수 있는 정보가 포함되어 있는 경우에는 해당 부분을 갖추어 두지 아니하거나 공개하지 아니할 수 있다.
  ㉡ 공공기관은 정보의 공개에 관한 사무를 신속하고 원활하게 수행하기 위하여 정보공개 장소를 확보하고 공개에 필요한 시설을 갖추어야 한다.

② 공개대상 정보의 원문공개: 공공기관 중 중앙행정기관 및 대통령령으로 정하는 기관은 전자적 형태로 보유·관리하는 정보 중 공개대상으로 분류된 정보를 국민의 정보공개청구가 없더라도 정보통신망을 활용한 정보공개시스템 등을 통하여 공개하여야 한다.

(9) 비공개대상 정보

> **결정적 코멘트** ▶ 비공개대상이 되는 정보에 관한 법령상의 내용과 판례 모두 중요하다. 특히 공개와 비공개에 판례의 구분이 필요하다.

① 법률의 규정: 정보공개법 제9조 제1항에서는 비공개정보를 규정하고 있다. 대법원에 의하면 내용이 공개될 경우 업무의 공정한 수행에 현저한 지장을 초래한다고 인정할 만한 상당한 이유가 있는 정보이어야만 비로소 비공개대상 정보가 되는 것이므로, 단순히 공개하여야 할 필요성이 없다고 하여 비공개대상 정보가 되는 것은 아니라고 할 것이라 한다(대판 2012.2.9. 2010두14268).

  ㉠ 다른 법률 또는 법률에서 위임한 명령(국회규칙·대법원규칙·헌법재판소규칙·중앙선거관리위원회규칙·대통령령 및 조례로 한정한다)에 따라 비밀이나 비공개 사항으로 규정된 정보

관련 판례

B 「공공기관의 정보공개에 관한 법률」 제9조 제1항 제1호의 '법률이 위임한 명령'의 의미 [20 지방직 9급, 10 지방직 9급] 01 02

> 「공공기관의 정보공개에 관한 법률」 제9조 제1항 제1호에서 '법률이 위임한 명령'에 의하여 비밀 또는 비공개 사항으로 규정된 정보는 공개하지 아니할 수 있다고 할 때의 '법률에 의한 명령'은 법률의 위임규정에 의하여 제정된 대통령령, 총리령, 부령 전부를 의미한다기보다는 정보의 공개에 관하여 법률의 구체적인 위임 아래 제정된 법규명령(위임명령)을 의미한다(대판 2003.12.11. 2003두8395).

A 「교육공무원승진규정」을 근거로 근무성적평정결과를 비공개하는 것은 위법이다 [20 국가직 7급, 10 지방직 9급, 08 지방직 7급] 03 04

> 「교육공무원법」 제13조, 제14조의 위임에 따라 제정된 「교육공무원승진규정」은 정보공개에 관한 사항에 관하여 구체적인 법률의 위임에 따라 제정된 명령이라고 할 수 없고, 따라서 「교육공무원승진규정」 제26조에서 근무성적평정의 결과를 공개하지 아니한다고 규정하고 있다고 하더라도 위 「교육공무원승진규정」은 「공공기관의 정보공개에 관한 법률」 제9조 제1항 제1호에서 말하는 법률이 위임한 명령에 해당하지 아니하므로 위 규정을 근거로 정보공개청구를 거부하는 것은 잘못이다(대판 2006.10.26. 2006두11910).

개념확인 O/X

01 「공공기관의 정보공개에 관한 법률」에 의하면 '다른 법률 또는 법률에서 위임한 명령에 의하여 비밀 또는 비공개 사항으로 규정된 정보'는 이를 공개하지 아니할 수 있다고 규정하고 있는바, 여기에서 '법률에 의한 명령'은 정보의 공개에 관하여 법률의 구체적인 위임 아래 제정된 법규명령(위임명령)을 의미한다.
20 지방9급 (O / X)

02 '법률이 위임한 명령'이란 법률의 위임에 의하여 제정된 대통령령, 총리령, 부령 전부를 의미하는 것이 아니라 정보의 공개에 관하여 법률의 구체적 위임에 의하여 제정된 법규명령을 의미한다.
10 지방9급 (O / X)

03 「교육공무원법」의 위임에 따라 제정된 「교육공무원승진규정」은 정보공개에 관한 사항에 관하여 구체적인 법률의 위임에 의하여 제정된 법규명령이라고 할 수 있다.
10 지방9급 (O / X)

04 「교육공무원승진규정」이 근무성적평정결과를 공개하지 아니한다고 규정하고 있는 경우 동 규정을 근거로 정보공개청구를 거부할 수 있다.
10 지방9급 (O / X)

| 정답 | 01 O 02 O 03 X 04 X

🅑 검찰보존사무규칙에 근거한 비공개의 타당성 여부(소극) [18 서울시 7급, 17 국가직 7급, 14 지방직 9급]

> 검찰보존사무규칙이 「검찰청법」 제11조에 기하여 제정된 법무부령이기는 하지만, 그 사실만으로 같은 규칙 내의 모든 규정이 법규적 효력을 가지는 것은 아니다. 기록의 열람·등사의 제한을 정하고 있는 같은 규칙 제22조는 법률상의 위임근거가 없어 행정기관 내부의 사무처리준칙으로서 행정규칙에 불과하므로, 위 규칙상의 열람·등사의 제한을 「공공기관의 정보공개에 관한 법률」 제9조 제1항 제1호의 '다른 법률 또는 법률에 의한 명령에 의하여 비공개사항으로 규정된 경우'에 해당한다고 볼 수 없다(대판 2006.5.25. 2006두3049).

ⓛ 국가안전보장·국방·통일·외교관계 등에 관한 사항으로서 공개될 경우 국가의 중대한 이익을 현저히 해칠 우려가 있다고 인정되는 정보 01

관련 판례

🅑 일본군위안부 피해자 합의와 관련하여 '일본군과 관헌에 의한 위안부 강제연행의 존부 및 사실인정 문제에 대해 협의한 협상 관련 외교부장관 생산 문서'는 비공개대상인 정보

> 갑이 외교부장관에게 '2015.12.28. 일본군위안부 피해자 합의와 관련하여 한일 외교장관 공동 발표문의 문안을 도출하기 위하여 진행한 협의 협상에서 일본군과 관헌에 의한 위안부 강제연행의 존부 및 사실인정 문제에 대해 협의한 협상 관련 외교부장관 생산 문서'에 대한 공개를 청구하였으나, 외교부장관이 갑에게 '공개청구 정보가 「공공기관의 정보공개에 관한 법률」 제9조 제1항 제2호(국가안전보장·국방·통일·외교관계 등에 관한 사항으로서 공개될 경우 국가의 중대한 이익을 현저히 해칠 우려가 있다고 인정되는 정보)에 해당한다.'는 이유로 비공개결정을 한 사안에서, 위 합의를 위한 협상 과정에서 일본군과 관헌에 의한 위안부 '강제연행'의 존부 및 사실인정 문제에 대해 협의한 정보를 공개하지 않은 처분이 적법하다(대판 2023.6.1. 2019두41324).

ⓒ 공개될 경우 국민의 생명·신체 및 재산의 보호에 현저한 지장을 초래할 우려가 있다고 인정되는 정보
ⓔ 진행 중인 재판에 관련된 정보와 범죄의 예방, 수사, 공소의 제기 및 유지, 형의 집행, 교정(矯正), 보안처분에 관한 사항으로서 공개될 경우 그 직무수행을 현저히 곤란하게 하거나 형사피고인의 공정한 재판을 받을 권리를 침해한다고 인정할 만한 상당한 이유가 있는 정보 02

관련 판례

🅐 「공공기관의 정보공개에 관한 법률」 제9조 제1항 제4호에서 비공개대상 정보로 정하고 있는 '진행 중인 재판에 관련된 정보'의 범위 [20 군무원 9급, 19 지방직 7급, 17 국가직 7급, 16 교육행정직] 03

> 「공공기관의 정보공개에 관한 법률」(이하 '정보공개법'이라 한다)의 입법목적, 정보공개의 원칙, 비공개대상 정보의 규정 형식과 취지 등을 고려하면, 법원 이외의 공공기관이 정보공개법 제9조 제1항 제4호에서 정한 '진행 중인 재판에 관련된 정보'에 해당한다는 사유로 정보공개를 거부하기 위하여는 반드시 그 정보가 진행 중인 재판의 소송기록 자체에 포함된 내용일 필요는 없다. 그러나 재판에 관련된 일체의 정보가 그에 해당하는 것은 아니고 진행 중인 재판의 심리 또는 재판결과에 구체적으로 영향을 미칠 위험이 있는 정보에 한정된다고 보는 것이 타당하다(대판 2011.11.24. 2009두19021).

개념확인 O/X

01 한·일 군사정보보호협정 및 한·일 상호군수지원협정과 관련하여 각종 회의자료 및 회의록 등의 정보는 정보공개법상 공개가 가능한 부분과 공개가 불가능한 부분을 쉽게 분리하는 것이 불가능한 비공개정보에 해당하지 아니한다.
19 하반기 서울7급 (O / X)

02 진행 중인 재판에 관한 정보로서 공개될 경우 형사피고인의 공정한 재판을 받을 권리를 침해한다고 인정할 만한 상당한 이유가 있는 정보는 비공개대상 정보에 해당한다.
16 교육행정 (O / X)

03 「공공기관의 정보공개에 관한 법률」 제9조 제1항 제4호의 '진행 중인 재판에 관련된 정보'에 해당한다는 사유로 정보공개를 거부하기 위해서는 그 정보가 진행 중인 재판의 소송기록 그 자체에 포함된 내용이어야 한다.
17 국가7급 (O / X)

| 정답 | 01 X 02 O 03 X

ⓜ 감사·감독·검사·시험·규제·입찰계약·기술개발·인사관리에 관한 사항이나 의사결정 과정 또는 내부검토 과정에 있는 사항 등으로서 공개될 경우 업무의 공정한 수행이나 연구·개발에 현저한 지장을 초래한다고 인정할 만한 상당한 이유가 있는 정보. 다만, 의사결정 과정 또는 내부검토 과정을 이유로 비공개할 경우에는 제13조 제5항에 따라 통지를 할 때 의사결정 과정 또는 내부검토 과정의 단계 및 종료 예정일을 함께 안내하여야 하며, 의사결정 과정 및 내부검토 과정이 종료되면 제10조에 따른 청구인에게 이를 통지하여야 한다.

ⓗ 해당 정보에 포함되어 있는 성명·주민등록번호 등 「개인정보 보호법」 제2조 제1호에 따른 개인정보로서 공개될 경우 사생활의 비밀 또는 자유를 침해할 우려가 있다고 인정되는 정보. 다만, 다음에 열거한 사항은 제외한다. 01
  ⓐ 법령에서 정하는 바에 따라 열람할 수 있는 정보
  ⓑ 공공기관이 공표를 목적으로 작성하거나 취득한 정보로서 사생활의 비밀 또는 자유를 부당하게 침해하지 아니하는 정보
  ⓒ 공공기관이 작성하거나 취득한 정보로서 공개하는 것이 공익이나 개인의 권리 구제를 위하여 필요하다고 인정되는 정보
  ⓓ 직무를 수행한 공무원의 성명·직위 02
  ⓔ 공개하는 것이 공익을 위하여 필요한 경우로서 법령에 따라 국가 또는 지방자치단체가 업무의 일부를 위탁 또는 위촉한 개인의 성명·직업

관련 판례

B 변호사시험 합격자 성명이 공개될 경우 그 합격자들의 사생활의 비밀 또는 자유를 침해할 우려가 있다고 하더라도 공익 등의 공개의 필요성이 더 크다

(구)정보공개법과 「개인정보 보호법」의 각 입법목적과 규정내용, 구 정보공개법 제9조 제1항 제6호의 문언과 취지 등에 비추어 보면, (구)정보공개법 제9조 제1항 제6호는 공공기관이 보유·관리하고 있는 개인정보의 공개 과정에서의 개인정보를 보호하기 위한 규정으로서 「개인정보 보호법」 제6조에서 말하는 '개인정보 보호에 관하여 다른 법률에 특별한 규정이 있는 경우'에 해당한다. 따라서 공공기관이 보유·관리하고 있는 개인정보의 공개에 관하여는 (구)정보공개법 제9조 제1항 제6호가 「개인정보 보호법」에 우선하여 적용된다(대판 2021.11.11. 2015두53770).

ⓢ 법인·단체 또는 개인(이하 '법인등'이라 한다)의 경영상·영업상 비밀에 관한 사항으로서 공개될 경우 법인등의 정당한 이익을 현저히 해칠 우려가 있다고 인정되는 정보. 다만, 다음에 열거한 정보는 제외한다.
  ⓐ 사업활동에 의하여 발생하는 위해(危害)로부터 사람의 생명·신체 또는 건강을 보호하기 위하여 공개할 필요가 있는 정보
  ⓑ 위법·부당한 사업활동으로부터 국민의 재산 또는 생활을 보호하기 위하여 공개할 필요가 있는 정보
ⓞ 공개될 경우 부동산 투기, 매점매석 등으로 특정인에게 이익 또는 불이익을 줄 우려가 있다고 인정되는 정보 03

② **비공개필요성이 없어진 경우**: 공공기관은 위 ①의 어느 하나에 해당하는 정보가 기간의 경과 등으로 인하여 비공개의 필요성이 없어진 경우에는 그 정보를 공개대상으로 하여야 한다.

③ **비공개기준 수립과 기준 공개**: 공공기관은 위 ①의 범위에서 해당 공공기관의 업무 성격을 고려하여 비공개대상 정보의 범위에 관한 세부기준(이하 '비공개 세부기준'이라 한다)을 수립하고 이를 정보통신망을 활용한 정보공개시스템 등을 통하여 공개하여야 한다.

개념확인 O/X

01 국민의 알 권리를 두텁게 보호하기 위해 「공공기관의 정보공개에 관한 법률」 제9조 제1항 제6호 본문의 규정에 따라 비공개대상이 되는 정보는 이름·주민등록번호 등 '개인식별정보'로 한정된다.
20 지방9급 (O / X)

02 직무를 수행한 공무원의 성명과 직위는 「공공기관의 정보공개에 관한 법률」에 의하여 공개대상 정보에 해당한다.
16 국가7급 (O / X)

03 공개될 경우 부동산 투기로 특정인에게 이익 또는 불이익을 줄 우려가 있다고 인정되는 정보는 비공개대상에 해당한다.
19 소방, 18 지방9급 (O / X)

정답 | 01 X 02 O 03 O

④ **비공개 세부기준의 개선과 제출**: 공공기관(국회·법원·헌법재판소 및 중앙선거관리위원회는 제외한다)은 ③에 따라 수립된 비공개 세부기준이 ①의 비공개 요건에 부합하는지 3년마다 점검하고 필요한 경우 비공개 세부기준을 개선하여 그 점검 및 개선 결과를 행정안전부장관에게 제출하여야 한다.

⑤ **부분공개**: 공개청구한 정보가 ①의 어느 하나에 해당하는 부분과 공개 가능한 부분이 혼합되어 있는 경우로서 공개청구의 취지에 어긋나지 아니하는 범위에서 두 부분을 분리할 수 있는 경우에는 법률에 비공개로 규정된 경우(①의 어느 하나)에 해당하는 부분을 제외하고 공개하여야 한다.

> **관련 판례** 공개대상 정보에 해당된다는 판례
>
> ⓒ 사법시험 제2차 답안지 열람은 시험문항에 대한 채점위원별 채점 결과의 열람과 달리 사법시험업무의 수행에 현저한 지장을 초래한다고 볼 수 없다(대판 2003.3.14. 2000두6114).
> **주의** 채점위원별 채점 결과의 열람은 비공개정보
>
> ⓒ 외국 또는 외국기관으로부터 비공개를 전제로 정보를 입수하였다는 이유만으로 이를 공개할 경우 업무의 공정한 수행에 현저한 지장을 받을 것이라고 단정할 수 있는지 여부(소극)(대판 2018.9.28. 2017두69892) [20 국가직 7급, 19 하반기 서울시 7급] **01 02**
>
> ⓒ 사면대상자들의 사면실시건의서와 그와 관련된 국무회의 안건자료에 관한 정보는 … 비공개사유에 해당하지 않는다(대판 2006.12.7. 2005두241).
>
> ⓒ 사경제의 주체에서 행한 사업과 관련된 정보(대한주택공사의 아파트분양원가)라도 공공기관이 직무상 작성하여 관리하고 있는 정보에 해당되면 정보공개법이 적용되는 정보에 해당된다(대판 2007.6.1. 2006두20587).
>
> ⓒ 아파트재건축주택조합의 조합원들에게 제공될 무상보상 평수의 사업수익성 등을 검토한 자료는 비공개대상 정보에 해당하지 않는다(대판 2006.1.13. 2003두9459) [17 서울시 9급] **03**
>
> ⓒ 한국방송공사의 '수시집행 접대성 경비의 건별 집행서류 일체'는 「공공기관의 정보공개에 관한 법률」 제9조 제1항 제7호의 비공개대상 정보에 해당하지 않는다(대판 2008.10.23. 2007두1798).
>
> Ⓐ 공개청구의 대상이 되는 정보가 이미 다른 사람에게 공개되어 널리 알려져 있다거나 인터넷 등을 통하여 공개되어 인터넷검색 등을 통하여 쉽게 알 수 있는 경우 소의 이익이 없다거나 비공개결정이 정당화될 수 있는지 여부(소극)(대판 2010.12.23. 2008두13101) [20 지방직 9급, 20 국가직 9급, 19 국가직 7급, 19 서울시 9급, 18 지방직 9급, 18 서울시 9급, 17 지방직 7급, 13 지방직 9급] **04 05**
>
> ⓒ '2002년도 및 2003년도 국가 수준 학업성취도평가 자료'는 「공공기관의 정보공개에 관한 법률」 제9조 제1항 제5호에서 정한 비공개대상 정보에 해당하는 부분이 있으나, '2002학년도부터 2005학년도까지의 대학수학능력시험 원데이터'는 연구목적으로 그 정보의 공개를 청구하는 경우 위 조항의 비공개대상 정보에 해당하지 않는다(대판 2010.2.25. 2007두9877).
>
> ⓒ 징벌위원회의 회의록이 공개대상이 되는 정보인지 여부 [25 국가직 9급] **06**
>
> 재소자가 교도관의 가혹행위를 이유로 형사고소 및 민사소송을 제기하면서 그 증명자료 확보를 위해 '근무보고서'와 '징벌위원회 회의록' 등의 정보공개를 요청하였으나 교도소장이 이를 거부한 사안에서, 근무보고서는 비공개대상 정보에 해당한다고 볼 수 없고, 징벌위원회 회의록 중 비공개 심사·의결 부분은 비공개사유에 해당하지만 징벌절차 진행 부분은 비공개사유에 해당하지 않는다고 보아 분리 공개가 허용된다(대판 2009.12.10. 2009두12785).

개념확인 O/X

01 외국기관으로부터 비공개를 전제로 정보를 입수하였다는 이유만으로, 이를 공개할 경우 업무의 공정한 수행에 현저한 지장을 받을 것이라 단정할 수 없다.
19 하반기 서울7급 (O / X)

02 외국 또는 외국기관으로부터 비공개를 전제로 입수한 정보는 비공개를 전제로 하였다는 이유만으로 비공개대상 정보에 해당한다.
20 국가7급 (O / X)

03 재건축사업계약에 의하여 조합원들에게 제공될 무상보상 평수 산출내역은 법인 등의 영업상 비밀에 관한 사항이 아니며 비공개대상 정보에 해당되지 않는다.
17 서울9급 (O / X)

04 공개청구의 대상이 되는 정보가 이미 다른 사람에게 공개되어 널리 알려져 있다거나 인터넷 등을 통하여 공개되어 인터넷 검색 등을 통하여 쉽게 알 수 있다면 행정청의 정보 비공개결정이 정당화될 수 있다.
20 지방9급 (O / X)

05 공개청구된 정보가 이미 인터넷을 통해 공개되어 인터넷검색으로 쉽게 접근할 수 있는 경우는 비공개사유가 된다.
19 국가7급 (O / X)

06 재소자가 교도관의 가혹행위를 이유로 형사고소 및 민사소송을 제기하면서 그 증명자료 확보를 위해 '징벌위원회 회의록' 등의 정보공개를 요청한 경우, 징벌위원회 회의록 중 징벌절차 진행 부분은 비공개사유에 해당한다.
25 국가9급 (O / X)

| 정답 | 01 O 02 X 03 O 04 X 05 X 06 X

개념확인 O/X

C 「주택법」 제38조의2에서 분양가 상한제나 분양가 공시제도를 두었다고 하여 주택의 분양가격을 구성하는 항목 중 공시대상에 포함되지 않은 나머지 항목에 관한 정보가 「공공기관의 정보공개에 관한 법률」에서 정한 공개대상 정보에서 제외되지 않는다(대판 2011.7.28. 2011두4602)

관련 판례	비공개대상 정보에 해당된다는 판례

B 지방자치단체의 업무추진비 세부항목별 집행내역 및 그에 관한 증빙서류에 포함된 개인에 관한 정보는 '공개하는 것이 공익을 위하여 필요하다고 인정되는 정보'에 해당하지 않는다(대판 2003.3.11. 2001두6425) [19 지방직 9급, 18 서울시 9급, 11 국가직 9급] 01

01 지방자치단체의 업무추진비 세부항목별 집행내역 및 증빙서류에 포함된 개인에 관한 정보는 '공개하는 것이 공익을 위하여 필요하다고 인정되는 정보'에 해당된다.
11 국가9급 (O / X)

C 공무원이 직무와 관련 없이 개인적인 자격으로 간담회·연찬회 등 행사에 참석하고 금품을 수령한 정보는 「공공기관의 정보공개에 관한 법률」 제7조 제1항 제6호 단서 (다)목 소정의 '공개하는 것이 공익을 위하여 필요하다고 인정되는 정보'에 해당하지 않는다(대판 2003.12.12. 2003두8050)

C 학교환경위생구역 내 금지행위(숙박시설)해제결정에 관한 학교환경위생정화위원회의 회의록에 기재된 발언내용에 해당 발언자의 인적사항 부분에 관한 정보는 「공공기관의 정보공개에 관한 법률」 제9조 제1항 제5호 소정의 비공개대상에 해당한다(대판 2003.8.22. 2002두12946)

B 「보안관찰법」 소정의 보안관찰 관련 통계자료는 「공공기관의 정보공개에 관한 법률」 제9조 제1항 제3호 소정의 비공개대상 정보에 해당한다(대판 2004.3.18. 2001두8254 전합) [19 지방직 9급, 15 지방직 9급]

C 문제은행 출제방식을 채택하고 있는 치과의사 국가시험의 문제지와 정답지는 「공공기관의 정보공개에 관한 법률」상 비공개대상 정보에 해당한다(대판 2007.6.15. 2006두15936)

C 국방부의 한국형 다목적 헬기(KMH) 도입사업에 대한 감사원장의 감사결과보고서가 군사2급 비밀에 해당하는 이상 「공공기관의 정보공개에 관한 법률」 제9조 제1항 제1호에 의하여 공개하지 아니할 수 있다(대판 2006.11.10. 2006두9351) [10 지방직 9급] 02

02 감사원장의 감사결과 군사2급 비밀에 해당한다고 하여 「공공기관의 정보공개에 관한 법률」 제9조 제1항 제1호에 의하여 공개하지 아니할 수는 없다.
10 지방9급 (O / X)

B '학교폭력대책자치위원회 회의록'은 「공공기관의 정보공개에 관한 법률」 제9조 제1항 제1호의 비공개대상 정보에 해당한다(대판 2010.6.10. 2010두2913) [19 소방직] 03

03 학교폭력대책자치위원회의 회의록은 「공공기관의 정보공개에 관한 법률」 제9조 제1항 제1호의 '다른 법률 또는 법률이 위임한 명령에 의하여 비밀 또는 비공개사항으로 규정된 정보'에 해당하지 않는다.
19 소방 (O / X)

B 국가정보원이 직원에게 지급하는 현금급여 및 월초수당에 관한 정보가 「공공기관의 정보공개에 관한 법률」 제9조 제1항 제1호의 비공개대상 정보인 '다른 법률에 의하여 비공개 사항으로 규정된 정보'에 해당하는지 여부(적극)(대판 2010.12.23. 2010두14800) [18 서울시 7급, 14 지방직 9급]

C 한국방송공사 방송용 편집원본은 비공개대상인 정보이다

한국방송공사(KBS)가 제작한 '추적 60분' 가제 "새튼은 특허를 노렸나"인 방송용 편집원본 테이프 1개에 대하여 정보공개청구를 하였으나 한국방송공사가 정보공개청구접수를 받은 날로부터 20일 이내에 공개 여부결정을 하지 않아 비공개결정을 한 것으로 간주된 사안에서, 위 정보가 「공공기관의 정보공개에 관한 법률」 제9조 제1항 제7호에서 정한 비공개대상 정보에 해당한다(대판 2010.12.23. 2008두13101).

C 개인의 성명은 비공개대상인 개인정보에 해당한다

고속철도 역의 유치위원회에 지방자치단체로부터 지급받은 보조금의 사용내용에 관한 서류 일체 등의 공개를 청구한 사안에서, 공개청구한 정보 중 개인의 성명은 비공개에 의하여 보호되는 개인의 사생활 등의 이익이 국정운영의 투명성 확보 등의 공익보다 더 중요하여 비공개대상 정보에 해당한다(대판 2009.10.29. 2009두14224).

| 정답 | 01 X | 02 X | 03 X |

Ⓒ 국가정보원의 조직·소재지 및 정원에 관한 정보가 「공공기관의 정보공개에 관한 법률」 제9조 제1항 제1호에서 말하는 '다른 법률에 의하여 비공개 사항으로 규정된 정보'에 해당하는지 여부(원칙적 적극) (대판 2013.1.24. 2010두18918)

Ⓒ 내부 감사과정 경위서는 비공개대상인 정보이다

> 직무유기 혐의 고소사건에 대한 내부 감사과정에서 경찰관들에게서 받은 경위서를 공개하라는 고소인 갑의 정보공개신청에 대하여 관할 경찰서장이 「공공기관의 정보공개에 관한 법률」 제9조 제1항 제5호 등의 사유로 비공개결정을 한 사안에서, 위 경위서가 위 법 제9조 제1항 제5호의 비공개대상 정보에 해당하지 않는다고 본 원심판결에 비공개대상 정보에 관한 법리오해의 위법이 있다(대판 2012.10.11. 2010두18758).

Ⓒ 독립유공자서훈 공적심사위원회의 회의록이 「공공기관의 정보공개에 관한 법률」 제9조 제1항 제5호에서 정한 '공개될 경우 업무의 공정한 수행에 현저한 지장을 초래한다고 인정할 만한 상당한 이유가 있는 정보'에 해당하는지 여부(적극)(대판 2014.7.24. 2013두20301) 01

Ⓒ 개인정보를 제외한 나머지 수사기록에 개인정보가 포함된 경우에 비공개에 해당한다

> 교도소에 복역 중인 갑이 지방검찰청 검사장에게 자신에 대한 불기소사건 수사기록 중 타인의 개인정보를 제외한 부분의 공개를 청구하였으나 검사장이 (구)「공공기관의 정보공개에 관한 법률」 제9조 제1항 등에 규정된 비공개대상 정보에 해당한다는 이유로 비공개 결정을 한 사안에서, 갑의 정보공개청구는 권리를 남용하는 행위로서 허용되지 않는다(대판 2014.12.24. 2014두9349).

Ⓒ '이 사건 심리생리검사에서 질문한 질문내용문서'를 공개하는 것은 심리생리검사업무에 현저한 지장을 초래한다고 인정할 만한 상당한 이유가 있다고 보아 이에 대한 비공개결정이 적법하다고 판단한 것은 정당하다[대판 2016.12.15. 2012두11409, 11416(병합)]

Ⓒ 불기소처분기록이나 내사기록 중 피의자신문조서 등 조서에 기재된 피의자 등의 인적사항 이외의 진술내용이 개인의 사생활의 비밀 또는 자유를 침해할 우려가 인정되는 경우 「공공기관의 정보공개에 관한 법률」 제9조 제1항 제6호 본문에서 정한 비공개대상 정보에 해당하는지 여부(적극)(대판 2017.9.7. 2017두44558) [18 지방직 9급] 02

Ⓑ 금융기관의 계좌번호는 비공개대상 정보이다 [17 국가직 7급, 16 국가직 7급] 03

> 법인등이 거래하는 금융기관의 계좌번호에 관한 정보는 법인등의 영업상 비밀에 관한사항으로서 공개될 경우 법인등의 정당한 이익을 현저히 해할 우려가 있다고 인정되는 정보에 해당한다(대판 2004.8.20. 2003두8302).

관련 판례 | 신청한 정보가 공개와 비공개가 혼재되어 있는 경우(부분공개)

Ⓑ 공개정보와 비공개정보가 혼재된 경우 법원이 취하여야 할 조치

> 법원이 행정청의 정보공개거부처분의 위법 여부를 심리한 결과, 공개를 거부한 정보에 비공개대상 정보에 해당하는 부분과 공개가 가능한 부분이 혼합되어 있고 공개청구의 취지에 어긋나지 아니하는 범위 안에서 두 부분을 분리할 수 있음을 인정할 수 있을 때에는, 위 정보 중 공개가 가능한 부분을 특정하고 판결의 주문에 행정청의 위 거부처분 중 공개가 가능한 정보에 관한 부분만을 취소한다고 표시하여야 한다(대판 2003.3.11. 2001두6425).

개념확인 O/X

01 독립유공자서훈 공적심사위원회의 심의·의결 과정 및 그 내용을 기재한 회의록은 독립유공자 등록에 관한 신청 당사자의 알 권리 보장과 공정한 업무 수행을 위해서 공개되어야 한다.
(O / X)

02 불기소처분기록 중 피의자신문조서 등에 기재된 피의자 등의 인적사항 이외의 진술내용이 개인의 사생활의 비밀 또는 자유를 침해할 우려가 인정된다면 비공개대상에 해당한다.
18 지방9급 (O / X)

03 법인등이 거래하는 금융기관의 계좌번호에 관한 정보는 영업상 비밀에 관한 사항으로서 「공공기관의 정보공개에 관한 법률」상 비공개대상 정보에 해당한다.
16 국가7급 (O / X)

| 정답 | 01 X 02 O 03 O

개념확인 O/X

01 정보공개거부처분 취소소송에서 공개를 거부한 정보에 비공개대상 부분과 공개가 가능한 부분이 혼합되어 있는 경우, 공개청구의 취지에 어긋나지 아니하는 범위 안에서 두 부분을 분리할 수 있다면 법원은 청구취지의 변경이 없더라도 공개가 가능한 정보에 관한 부분만의 일부취소를 명할 수 있다.
18 지방9급 (O / X)

02 정보의 부분공개가 허용되는 경우란 당해 정보에서 비공개대상 정보에 관련된 기술 등을 제외 혹은 삭제하고 나머지 정보만 공개하는 것이 가능하고, 나머지 부분의 정보만으로도 공개의 가치가 있는 경우를 의미한다.
24 국가9급 (O / X)

03 정보의 공개를 청구하는 자는 해당 정보를 보유하거나 관리하고 있는 공공기관에 정보공개 청구서를 제출하거나 말로써 정보의 공개를 청구할 수 있다.
24 국회9급 (O / X)

04 정보의 공개를 청구하는 자는 정보공개청구서에 기재함에 있어서 사회일반인의 관점에서 청구대상정보의 내용과 범위를 확정할 수 있을 정도로 특정함을 요한다.
24 지방9급 (O / X)

ⓒ 공개와 비공개정보가 혼재된 경우 법원의 일부취소 여부 [24 국가직 9급, 19 하반기 서울시 7급, 18 지방직 9급]
01 02

> 법원이 행정기관의 정보공개거부처분의 위법 여부를 심리한 결과 공개를 거부한 정보에 비공개사유에 해당하는 부분과 그렇지 않은 부분이 혼합되어 있고, 공개청구의 취지에 어긋나지 않는 범위 안에서 두 부분을 분리할 수 있을 때에는 공개가 가능한 정보에 국한하여 일부취소를 명할 수 있다 (대판 2009.12.10. 2009두12785).

ⓑ 정보공개청구인에게 특정한 정보공개방법을 지정하여 청구할 수 있는 법령상 신청권이 있는지 여부(적극) / 공공기관이 공개청구의 대상이 된 정보를 청구인이 신청한 공개방법 이외의 방법으로 공개하기로 하는 결정을 한 경우, 정보공개방법에 관한 부분에 대하여 일부 거부처분을 한 것인지 여부(적극) 및 이에 대하여 항고소송으로 다툴 수 있는지 여부(적극)(대판 2016.11.10. 2016두44674)

⑥ 정보공개의 청구방법
  ㉠ 정보의 공개를 청구하는 자(이하 '청구인'이라 한다)는 해당 정보를 보유하거나 관리하고 있는 공공기관에 다음의 사항을 적은 정보공개청구서를 제출하거나 말로써 정보의 공개를 청구할 수 있다. **03**
    ⓐ 청구인의 성명·생년월일·주소 및 연락처(전화번호·전자우편주소 등을 말한다). 다만, 청구인이 법인 또는 단체인 경우에는 그 명칭, 대표자의 성명, 사업자등록번호 또는 이에 준하는 번호, 주된 사무소의 소재지 및 연락처를 말한다.
    ⓑ 청구인의 주민등록번호(본인임을 확인하고 공개 여부를 결정할 필요가 있는 정보를 청구하는 경우로 한정한다)
    ⓒ 공개를 청구하는 정보의 내용 및 공개방법
  ㉡ ㉠에 따라 청구인이 말로써 정보의 공개를 청구할 때에는 담당공무원 또는 담당임직원(이하 '담당공무원등'이라 한다)의 앞에서 진술하여야 하고, 담당공무원등은 정보공개청구조서를 작성하여 이에 청구인과 함께 기명날인하거나 서명하여야 한다.
  ㉢ ㉠과 ㉡에서 규정한 사항 외에 정보공개의 청구방법 등에 관하여 필요한 사항은 국회규칙·대법원규칙·헌법재판소규칙·중앙선거관리위원회규칙 및 대통령령으로 정한다.

관련 판례

ⓑ (구)「공공기관의 정보공개에 관한 법률」에 따라 청구인이 청구대상 정보를 기재할 때 청구대상 정보 특정의 정도 등 [24 지방직 9급, 19 지방직 7급, 15 국가직 9급] **04**

> (구)「공공기관의 정보공개에 관한 법률」(2013.8.6. 법률 제11991호로 개정되기 전의 것, 이하 '정보공개법'이라 한다) 제10조 제1항 제2호는 정보의 공개를 청구하는 자는 정보공개청구서에 '공개를 청구하는 정보의 내용' 등을 기재하도록 규정하고 있다. 청구인이 이에 따라 청구대상 정보를 기재할 때에는 사회일반인의 관점에서 청구대상 정보의 내용과 범위를 확정할 수 있을 정도로 특정하여야 한다. 또한 정보비공개결정의 취소를 구하는 사건에서, 청구인이 공개를 청구한 정보의 내용 중 너무 포괄적이거나 막연하여 사회일반인의 관점에서 그 내용과 범위를 확정할 수 있을 정도로 특정되었다고 볼 수 없는 부분이 포함되어 있다면, 이를 심리하는 법원으로서는 마땅히 정보공개법 제20조 제2항의 규정에 따라 공공기관에 그가 보유·관리하고 있는 청구대상 정보를 제출하도록 하여, 이를 비공개로 열람·심사하는 등의 방법으로 청구대상 정보의 내용과 범위를 특정시켜야 한다(대판 2018.4.12. 2014두5477).

| 정답 | 01 O 02 O 03 O 04 O

C 정보공개서에 기재될 청구대상 정보의 내용과 범위 정도

「공공기관의 정보공개에 관한 법률」제10조 제1항 제2호는 정보의 공개를 청구하는 자는 정보공개청구서에 '공개를 청구하는 정보의 내용' 등을 기재할 것을 규정하고 있는바, 청구대상 정보를 기재함에 있어서는 사회일반인의 관점에서 청구대상 정보의 내용과 범위를 확정할 수 있을 정도로 특정함을 요한다(대판 2007.6.1. 2007두2555).

A 청구인이 신청한 공개방법 이외의 다른 방법으로 공개결정한 경우의 소익 [24 지방직 9급, 20 지방직 9급, 19 국가직 7급, 19 하반기 서울시 7급, 18 국가직 7급] **01 02 03**

정보공개법은, 청구인이 정보공개방법도 아울러 지정하여 정보공개를 청구할 수 있도록 하고 있고, 전자적 형태의 정보를 전자적으로 공개하여 줄 것을 요청한 경우에는 공공기관은 원칙적으로 그 요청에 응할 의무가 있고, 나아가 비전자적 형태의 정보에 관해서도 전자적 형태로 공개하여 줄 것을 요청하면 재량판단에 따라 전자적 형태로 변환하여 공개할 수 있도록 하고 있다. 이는 정보의 효율적 활용을 도모하고 청구인의 편의를 제고함으로써 정보공개법의 목적인 국민의 알 권리를 충실하게 보장하려는 것이므로, 청구인에게는 특정한 공개방법을 지정하여 정보공개를 청구할 수 있는 법령상 신청권이 있다고 보아야 한다. 따라서 공공기관이 공개청구의 대상이 된 정보를 공개는 하되, 청구인이 신청한 공개방법 이외의 방법으로 공개하기로 하는 결정을 하였다면, 이는 정보공개청구 중 정보공개방법에 관한 부분에 대하여 일부 거부처분을 한 것으로 보아야 하고, 청구인은 그에 대하여 항고소송으로 다툴 수 있다고 보아야 한다(대판 2016.11.10. 2016두44674).

(10) 정보공개 여부의 결정(제11조)

① 원칙: 공공기관은 정보공개의 청구를 받으면 청구를 받은 날부터 10일 이내에 공개 여부를 결정하여야 한다(제11조 제1항). **04**

관련 판례

B 정보공개청구권자의 권리구제 가능성 등이 정보의 공개 여부 결정에 영향을 미치는지 여부(소극)

모든 국민은 정보의 공개를 청구할 권리를 가진다고 하면서(제5조 제1항) 비공개대상 정보에 해당하지 않는 한 공공기관이 보유·관리하는 정보는 공개대상이 된다고 규정하고 있을 뿐(제9조 제1항) 정보공개청구권자가 공개를 청구하는 정보와 어떤 관련성을 가질 것을 요구하거나 정보공개청구의 목적에 특별한 제한을 두고 있지 아니하므로 정보공개청구권자의 권리구제 가능성 등은 정보의 공개 여부 결정에 아무런 영향을 미치지 못한다(대판 2017.9.7. 2017두44558).

C 공공기관은 청구인이 신청한 방법 이외의 다른 방법으로 정보공개방법을 선택할 재량이 있는지 여부 [16 국가직 9급] **05**

「공공기관의 정보공개에 관한 법률」제2조 제2항, 제3조, 제5조, 제8조 제1항, 같은 법 시행령 제14조, 같은 법 시행규칙 제2조 [별지 제1호 서식] 등의 각 규정을 종합하면, 정보공개를 청구하는 자가 공공기관에 대해 정보의 사본 또는 출력물의 교부의 방법으로 공개방법을 선택하여 정보공개청구를 한 경우에 공개청구를 받은 공공기관으로서는 같은 법 제8조 제2항에서 규정한 정보의 사본 또는 복제물의 교부를 제한할 수 있는 사유에 해당하지 않는 한 정보공개청구자가 선택한 공개방법에 따라 정보를 공개하여야 하므로 그 공개방법을 선택할 재량권이 없다고 해석함이 상당하다(대판 2003.12.12. 2003두8050).

개념확인 O/X

01 공공기관이 공개청구의 대상이 된 정보를 공개는 하되, 청구인이 신청한 공개방법 이외의 방법으로 공개하기로 하는 결정을 하였다면, 이는 정보공개청구 중 정보공개방법에 관한 부분에 대하여 일부 거부처분을 한 것이고, 청구인은 그에 대하여 항고소송으로 다툴 수 있다.
24 지방9급 (O / X)

02 공공기관이 공개청구의 대상이 된 정보를 공개는 하되, 청구인이 신청한 공개방법 이외의 방법으로 공개하기로 하는 결정을 한 경우 이는 정보공개방법만을 달리 한 것이므로 일부 거부처분이라 할 수 없다.
20 지방9급 (O / X)

03 공공기관이 정보공개청구권자가 신청한 공개방법 이외의 방법으로 정보를 공개하기로 하는 결정을 하였다면, 정보공개청구자는 이에 대하여 항고소송으로 다툴 수 있다.
19 국가7급 (O / X)

04 공공기관은 정보공개의 청구를 받으면 그 청구를 받은 날부터 30일 이내에 공개 여부를 결정하여야 한다.
24 국회9급 (O / X)

05 공개방법을 선택하여 정보공개를 청구하였더라도 공공기관은 정보공개청구자가 선택한 방법에 따라 정보를 공개하여야 하는 것은 아니며, 원칙적으로 그 공개방법을 선택할 재량권이 있다.
16 국가9급 (O / X)

| 정답 | 01 O   02 X   03 O   04 X   05 X

개념확인 O/X

01 공공기관은 정보공개의 청구를 받으면 그 청구를 받은 날부터 10일 이내에 공개 여부를 결정하여야 하나 부득이한 사유로 이 기간 이내에 공개 여부를 결정할 수 없는 때에는 그 기간이 끝나는 날의 다음 날부터 기산하여 10일의 범위에서 공개 여부 결정기간을 연장할 수 있다.
17 국가9급 (O / X)

02 공공기관이 보유·관리하고 있는 정보가 제3자와 관련이 있는 경우, 제3자의 비공개요청이 있다는 사유만으로도 「공공기관의 정보공개에 관한 법률」상 정보의 비공개사유에 해당한다.
25 국가9급 (O / X)

03 제3자의 비공개요청은 공공기관을 구속하여 공공기관은 해당 정보를 공개할 수 없다.
(O / X)

04 공공기관은 공개 청구된 정보가 공공기관이 보유·관리하지 아니하는 정보인 경우, 「민원 처리에 관한 법률」에 따른 민원으로 처리할 수 있는 경우에는 민원으로 처리할 수 있다.
24 국회8급 (O / X)

05 공개청구된 정보를 공공기관이 한 때 보유·관리하였으나 후에 그 정보가 담긴 문서가 정당하게 폐기되어 존재하지 않게 된 경우, 정보 보유·관리 여부의 입증책임은 정보공개청구자에게 있다.
19 국가7급 (O / X)

06 공공기관이 그 정보를 보유·관리하고 있지 아니한 경우에는 특별한 사정이 없는 한 정보공개를 구하는 자에게 정보공개거부처분의 취소를 구할 법률상의 이익이 없다.
16 국가7급 (O / X)

07 정보공개를 청구하여 정보공개 여부에 대한 결정의 통지를 받은 자가 정당한 사유 없이 해당 정보의 공개를 다시 청구하는 경우, 공공기관은 종전 청구와의 내용적 유사성·관련성 등을 고려하여 해당 청구를 종결 처리할 수 있다.
24 국회8급, 23 국회8급 (O / X)

② **연장**: 공공기관은 부득이한 사유로 ①에 따른 기간 이내에 공개 여부를 결정할 수 없을 때에는 그 기간이 끝나는 날의 다음 날부터 기산하여 10일 이내의 범위에서 공개 여부 결정기간을 연장할 수 있다. 이 경우 공공기관은 연장된 사실과 연장사유를 청구인에게 지체 없이 문서로 통지하여야 한다. 01

③ **제3자 관련 정보**: 공공기관은 공개청구된 공개대상 정보의 전부 또는 일부가 제3자와 관련이 있다고 인정되는 때에는 그 사실을 제3자에게 지체 없이 통지하여야 하며, 필요한 경우에는 그의 의견을 들을 수 있다. 02 03

④ **다른 기관에 이송과 통지**: 공공기관은 다른 공공기관이 보유·관리하는 정보의 공개청구를 받았을 때에는 지체 없이 이를 소관기관으로 이송하여야 하며, 이송한 후에는 지체 없이 소관기관 및 이송사유 등을 분명히 밝혀 청구인에게 문서로 통지하여야 한다.

⑤ **민원으로의 처리**: 공공기관은 정보공개청구가 다음의 어느 하나에 해당하는 경우로서 「민원 처리에 관한 법률」에 따른 민원으로 처리할 수 있는 경우에는 민원으로 처리할 수 있다.
   ㉠ 공개청구된 정보가 공공기관이 보유·관리하지 아니하는 정보인 경우 04
   ㉡ 공개청구의 내용이 진정·질의 등으로 이 법에 따른 정보공개청구로 보기 어려운 경우

관련 판례

판 **공개청구된 정보의 존부와 관련된 입증책임 소재** [20 지방직 7급, 19 국가직 7급, 17 국가직 7급, 17 하반기 7급, 16 국가직 7급] 05 06

> 정보공개제도는 공공기관이 보유·관리하는 정보를 그 상태대로 공개하는 제도로서 공개를 구하는 정보를 공공기관이 보유·관리하고 있을 상당한 개연성이 있다는 점에 대하여 원칙적으로 공개청구자에게 증명책임이 있다고 할 것이지만, 공개를 구하는 정보를 공공기관이 한 때 보유·관리하였으나 후에 그 정보가 담긴 문서등이 폐기되어 존재하지 않게 된 것이라면 그 정보를 더 이상 보유·관리하고 있지 아니하다는 점에 대한 증명책임은 공공기관에게 있다(대판 2004. 12. 9. 2003두12707).

판 **공공기관이 정보를 보유하고 있지 않은 경우의 소익 여부** [21 국가직 9급, 16 국가직 7급]

> 정보공개제도는 공공기관이 보유·관리하는 정보를 그 상태대로 공개하는 제도라는 점 등에 비추어 보면, 정보공개를 구하는 자가 공개를 구하는 정보를 행정기관이 보유·관리하고 있을 상당한 개연성이 있다는 점을 입증함으로써 족하다 할 것이지만, 공공기관이 그 정보를 보유·관리하고 있지 아니한 경우에는 특별한 사정이 없는 한 정보공개거부처분의 취소를 구할 법률상의 이익이 없다(대판 2006. 1. 13. 2003두9459).

⑥ **반복 청구 등의 처리**
   ㉠ 공공기관은 제11조에도 불구하고 제10조 제1항 및 제2항에 따른 정보공개청구가 다음의 어느 하나에 해당하는 경우에는 정보공개청구대상 정보의 성격, 종전 청구와의 내용적 유사성·관련성, 종전 청구와 동일한 답변을 할 수밖에 없는 사정 등을 종합적으로 고려하여 해당 청구를 종결 처리할 수 있다. 이 경우 종결 처리 사실을 청구인에게 알려야 한다.
      ⓐ 정보공개를 청구하여 정보공개 여부에 대한 결정의 통지를 받은 자가 정당한 사유 없이 해당 정보의 공개를 다시 청구하는 경우 07
      ⓑ 정보공개청구가 제11조 제5항에 따라 민원으로 처리되었으나 다시 같은 청구를 하는 경우

| 정답 | 01 O | 02 X | 03 X | 04 O | 05 X | 06 O | 07 O |

ⓒ 공공기관은 제11조에도 불구하고 제10조 제1항 및 제2항에 따른 정보공개청구가 다음의 어느 하나에 해당하는 경우에는 다음의 구분에 따라 안내하고, 해당 청구를 종결 처리할 수 있다.
  ⓐ 제7조 제1항에 따른 정보 등 공개를 목적으로 작성되어 이미 정보통신망 등을 통하여 공개된 정보를 청구하는 경우: 해당 정보의 소재(所在)를 안내
  ⓑ 다른 법령이나 사회통념상 청구인의 여건 등에 비추어 수령할 수 없는 방법으로 정보공개청구를 하는 경우: 수령이 가능한 방법으로 청구하도록 안내

(11) 정보공개심의회

① 국가기관, 지방자치단체, 「공공기관의 운영에 관한 법률」 제5조에 따른 공기업 및 준정부기관, 「지방공기업법」에 따른 지방공사 및 지방공단(이하 '국가기관등'이라 한다)은 제11조에 따른 정보공개 여부 등을 심의하기 위하여 정보공개심의회(이하 '심의회'라 한다)를 설치·운영한다. 01

② 이 경우 국가기관등의 규모와 업무성격, 지리적 여건, 청구인의 편의 등을 고려하여 소속 상급기관(지방공사·지방공단의 경우에는 해당 지방공사·지방공단을 설립한 지방자치단체를 말한다)에서 협의를 거쳐 심의회를 통합하여 설치·운영할 수 있다.

(12) 정보공개 여부 결정의 통지

① **원칙**: 공공기관은 제11조에 따라 정보의 공개를 결정한 경우에는 공개의 일시 및 장소 등을 분명히 밝혀 청구인에게 통지하여야 한다.

② **사본과 복제물 교부**: 공공기관은 청구인이 사본 또는 복제물의 교부를 원하는 경우에는 이를 교부하여야 한다. 공공기관은 공개대상 정보의 양이 너무 많아 정상적인 업무수행에 현저한 지장을 초래할 우려가 있는 경우에는 해당 정보를 일정 기간별로 나누어 제공하거나 사본·복제물의 교부 또는 열람과 병행하여 제공할 수 있다. 공공기관은 정보를 공개하는 경우에 그 정보의 원본이 더럽혀지거나 파손될 우려가 있거나 그 밖에 상당한 이유가 있다고 인정할 때에는 그 정보의 사본·복제물을 공개할 수 있다. 02 03

③ **비공개결정의 통지**: 공공기관은 정보의 비공개결정을 한 경우에는 그 사실을 청구인에게 지체 없이 문서로 통지하여야 한다. 이 경우 (9)의 ① 중 어느 규정에 해당하는 비공개대상 정보인지를 포함한 비공개 이유와 불복(不服)의 방법 및 절차를 구체적으로 밝혀야 한다.

관련 판례

🅐 공개청구의 대상이 되는 정보에 해당하는 문서가 반드시 원본일 필요는 없다 [21 국가직 9급, 18 서울시 9급, 17 국가직 7급, 10 지방직 9급]

> 「공공기관의 정보공개에 관한 법률」상 공개청구의 대상이 되는 정보란 공공기관이 직무상 작성 또는 취득하여 현재 보유·관리하고 있는 문서에 한정되는 것이기는 하나, 그 문서가 반드시 원본일 필요는 없다(대판 2006.5.25. 2006두3049).

개념확인 O/X

01 정보공개거부결정의 취소를 구하는 소송에서는 각 행정청의 정보공개심의회가 피고가 된다.
13 지방9급 (O / X)

02 공공기관은 정보를 공개하는 경우에 그 정보의 원본이 더럽혀지거나 파손될 우려가 있거나 그 밖에 상당한 이유가 있다고 인정할 때에는 그 정보를 공개하지 않을 수 있다.
24 국회9급 (O / X)

03 행정청이 정보를 공개하는 경우에 그 정보의 원본이 더럽혀지거나 파손될 우려가 있거나 그 밖에 상당한 이유가 있다고 인정할 때에는 정보의 사본·복제물을 공개할 수 있다.
24 지방9급 (O / X)

정답 | 01 X   02 X   03 O

(13) 정보의 전자적 공개(제15조)

① **전자적 형태로 보유하는 경우**: 공공기관은 전자적 형태로 보유·관리하는 정보에 대하여 청구인이 전자적 형태로 공개하여 줄 것을 요청하는 경우에는 그 정보의 성질상 현저히 곤란한 경우를 제외하고는 청구인의 요청에 따라야 한다. 01

② **전자적 형태로 보유하고 있지 않는 경우**: 공공기관은 전자적 형태로 보유·관리하지 아니하는 정보에 대하여 청구인이 전자적 형태로 공개하여 줄 것을 요청한 경우에는 정상적인 업무수행에 현저한 지장을 초래하거나 그 정보의 성질이 훼손될 우려가 없으면 그 정보를 전자적 형태로 변환하여 공개할 수 있다.

> **관련 판례**
>
> ◎ 공공기관에 의하여 전자적 형태로 보유·관리되는 정보가 정보공개 청구인이 구하는 대로 되어 있지 않더라도, 공공기관이 공개청구대상 정보를 보유·관리하고 있는 것으로 볼 수 있는지 여부(한정 적극)
>
> 「공공기관의 정보공개에 관한 법률」에 의한 정보공개제도는 공공기관이 보유·관리하는 정보를 그 상태대로 공개하는 제도이지만, 전자적 형태로 보유·관리되는 정보의 경우에는, 그 정보가 청구인이 구하는 대로는 되어 있지 않다고 하더라도, 공개청구를 받은 공공기관이 공개청구대상 정보의 기초자료를 전자적 형태로 보유·관리하고 있고, 당해 기관에서 통상 사용되는 컴퓨터 하드웨어 및 소프트웨어와 기술적 전문지식을 사용하여 그 기초자료를 검색하여 청구인이 구하는 대로 편집할 수 있으며, 그러한 작업이 당해 기관의 컴퓨터 시스템 운용에 별다른 지장을 초래하지 아니한다면, 그 공공기관이 공개청구대상 정보를 보유·관리하고 있는 것으로 볼 수 있고, 이러한 경우에 기초자료를 검색·편집하는 것은 새로운 정보의 생산 또는 가공에 해당한다고 할 수 없다(대판 2010.2.11, 2009두6001).

(14) 즉시 처리가 가능한 정보의 공개(제16조)

법령 등에 따라 공개를 목적으로 작성된 정보, 일반국민에게 알리기 위하여 작성된 각종 홍보자료, 공개하기로 결정된 정보로서 공개에 오랜 시간이 걸리지 아니하는 정보 그 밖에 공공기관의 장이 정하는 정보 등 즉시 또는 말로 처리가 가능한 정보에 대해서는 절차를 거치지 아니하고 공개하여야 한다. 02

(15) 비용부담(제17조)

정보의 공개 및 우송 등에 드는 비용은 실비(實費)의 범위에서 청구인이 부담한다. 다만, 공개를 청구하는 정보의 사용 목적이 공공복리의 유지·증진을 위하여 필요하다고 인정되는 경우에는 비용을 감면할 수 있다. 03

(16) 불복구제절차

결정적 코멘트 ▶ 공공기관의 정보공개 결정에 대한 이의신청, 심판, 소송의 기간과 절차를 이해하여야 한다.

① **이의신청**
  ㉠ **청구기간**: 청구인이 정보공개와 관련한 공공기관의 비공개결정 또는 부분공개결정에 대하여 불복이 있거나 정보공개청구 후 20일이 경과하도록 정보공개결정이 없는 때에는 공공기관으로부터 정보공개 여부의 결정 통지를 받은 날 또는 정보공개청구 후 20일이 경과한 날부터 30일 이내에 해당 공공기관에 문서로 이의신청을 할 수 있다. 04
  ㉡ **심의회 개최**: 국가기관등은 이의신청이 있는 경우에는 심의회를 개최하여야 한다. 다만, 다음의 어느 하나에 해당하는 경우에는 심의회를 개최하지 아니할 수 있으며 개최하지 아니하는 사유를 청구인에게 문서로 통지하여야 한다.
    ⓐ 심의회의 심의를 이미 거친 사항

개념확인 O/X

01 공공기관은 전자적 형태로 보유·관리하는 정보에 대하여 청구인이 전자적 형태로 공개를 요청하는 경우에는 원칙적으로 이에 응하여야 한다.
13 지방9급 (O / X)

02 법령 등에 따라 공개를 목적으로 작성된 정보로서 즉시 또는 말로 처리가 가능한 정보라도 정보공개 여부의 결정에 따른 절차를 거쳐 공개하여야 한다.
24 국회8급 (O / X)

03 공개를 청구하는 정보의 사용 목적이 공공복리의 유지·증진을 위하여 필요하다고 인정되는 경우에도 청구인이 부담하는 비용은 감면할 수 없다.
24 국회9급 (O / X)

04 청구인이 정보공개와 관련한 공공기관의 비공개 결정 또는 부분 공개 결정에 대하여 불복이 있거나 정보공개 청구 후 20일이 경과하도록 정보공개 결정이 없는 때에는 공공기관으로부터 정보공개여부의 결정 통지를 받은 날 또는 정보공개 청구 후 20일이 경과한 날부터 7일 이내에 해당 공공기관에 문서로 이의신청을 할 수 있다.
24 국회8급 (O / X)

| 정답 | 01 O 02 X 03 X 04 X

ⓑ 단순·반복적인 청구
ⓒ 법령에 따라 비밀로 규정된 정보에 대한 청구
ⓒ 이의신청에 대한 이의결정: 공공기관은 이의신청을 받은 날부터 7일 이내에 그 이의신청에 대하여 결정하고 그 결과를 청구인에게 지체 없이 문서로 통지하여야 한다. 다만, 부득이한 사유로 정하여진 기간 이내에 결정할 수 없을 때에는 그 기간이 끝나는 날의 다음 날부터 기산하여 7일의 범위에서 연장할 수 있으며, 연장사유를 청구인에게 통지하여야 한다.
ⓔ 각하나 기각의 경우: 공공기관은 이의신청을 각하(却下) 또는 기각(棄却)하는 결정을 한 경우에는 청구인에게 행정심판 또는 행정소송을 제기할 수 있다는 사실을 위 ⓒ에 따른 결과 통지와 함께 알려야 한다.

> **관련 판례**
>
> **B** 정보공개신청에 대한 불복으로 이의신청을 거친 경우에 제소기간의 기산점
>
> 「공공기관의 정보공개에 관한 법률」 제18조 제1항·제3항·제4항, 제20조 제1항, 「행정소송법」 제20조 제1항의 규정내용과 그 취지 등을 종합하여 보면, 청구인이 공공기관의 비공개결정 또는 부분공개결정에 대한 <u>이의신청을 하여 공공기관으로부터 이의신청에 대한 결과를 통지받은 후 취소소송을 제기하는 경우 그 제소기간은 이의신청에 대한 결과를 통지받은 날부터 기산</u>한다고 봄이 타당하다(대판 2023.7.27. 2022두52980).

② 행정심판
㉠ 「행정심판법」 적용 여부: 청구인이 정보공개와 관련한 공공기관의 결정에 대하여 불복이 있거나 정보공개청구 후 20일이 경과하도록 정보공개결정이 없는 때에는 「행정심판법」에서 정하는 바에 따라 행정심판을 청구할 수 있다. 이 경우 국가기관 및 지방자치단체 외의 공공기관의 결정에 대한 감독행정기관은 관계 중앙행정기관의 장 또는 지방자치단체의 장으로 한다.
㉡ 이의신청과의 관계: 청구인은 제18조에 따른 이의신청절차를 거치지 아니하고 행정심판을 청구할 수 있다. **01 02 03**
㉢ 위원의 비밀 누설금지: 행정심판위원회의 위원 중 정보공개 여부의 결정에 관한 행정심판에 관여하는 위원은 재직 중은 물론 퇴직 후에도 그 직무상 알게 된 비밀을 누설하여서는 아니 된다.

③ 행정소송
㉠ 「행정소송법」 적용: 청구인이 정보공개와 관련한 공공기관의 결정에 대하여 불복이 있거나 정보공개청구 후 20일이 경과하도록 정보공개결정이 없는 때에는 「행정소송법」에서 정하는 바에 따라 행정소송을 제기할 수 있다.
㉡ 심사방식: 재판장은 필요하다고 인정하면 당사자를 참여시키지 아니하고 제출된 공개청구 정보를 비공개로 열람·심사할 수 있다. **04**
㉢ 재판에 제출하지 않을 수 있는 정보: 재판장은 행정소송의 대상이 제9조 제1항 제2호에 따른 정보 중 국가안전보장·국방 또는 외교관계에 관한 정보의 비공개 또는 부분 공개 결정처분인 경우에 공공기관이 그 정보에 대한 비밀 지정의 절차, 비밀의 등급·종류 및 성질과 이를 비밀로 취급하게 된 실질적인 이유 및 공개를 하지 아니하는 사유 등을 입증하면 해당 정보를 제출하지 아니하게 할 수 있다.

개념확인 O/X

01 정보공개청구에 대하여 공공기관이 비공개결정을 한 경우 청구인이 이에 불복한다면 이의신청절차를 거치지 않고 행정심판을 청구할 수 있다.
17 국가9급　　　　　　(O / X)

02 청구인은 이의신청을 거치지 않고 행정심판을 청구할 수 없다.
16 교육행정　　　　　　(O / X)

03 정보공개청구에 대하여 공공기관이 비공개결정을 한 경우, 청구인이 이에 불복한다면 이의신청절차를 거치지 않고 행정심판을 청구할 수 있다.
19 소방　　　　　　　　(O / X)

04 정보공개 관련 결정에 대하여 행정소송이 제기된 경우에 재판장은 필요시 당사자 없이 비공개로 해당 정보를 열람할 수 있다.
11 국가9급　　　　　　(O / X)

| 정답 | 01 O　02 X　03 O　04 O

개념확인 O/X

01 정보비공개결정 취소소송에서 원고인 청구인이 소송과정에서 공공기관이 법원에 제출한 정보의 사본을 송달받은 경우, 그 정보의 비공개결정의 취소를 구할 소의 이익이 소멸한다.
23 국회8급 (O / X)

관련 판례

ⓒ 소송 중에 우회적 방법을 통해 정보가 공개된 경우의 소익 여부 [23 국회직 8급]

청구인이 정보공개거부처분의 취소를 구하는 소송에서 공공기관이 청구정보를 증거 등으로 법원에 제출하여 법원을 통하여 그 사본을 청구인에게 교부 또는 송달되게 하여 결과적으로 청구인에게 정보를 공개하는 셈이 되었다고 하더라도, 이러한 우회적인 방법은 정보공개법이 예정하고 있지 아니한 방법으로서 정보공개법에 의한 공개라고 볼 수는 없으므로, 당해 정보의 비공개결정의 취소를 구할 소의 이익은 소멸되지 않는다(대판 2016.12.15, 2012두11409·11416).

ⓑ 소송에서 우회적 방법을 통해 정보를 공개한 경우, 소익의 여부 [20 국가직 9급, 18 국가직 7급] 01

청구인이 정보공개거부처분의 취소를 구하는 소송에서 공공기관이 청구정보를 증거 등으로 법원에 제출하여 법원을 통하여 그 사본을 청구인에게 교부 또는 송달되게 하여 결과적으로 청구인에게 정보를 공개하는 셈이 되었다고 하더라도, 이러한 우회적인 방법은 법이 예정하고 있지 아니한 방법으로서 법에 의한 공개라고 볼 수는 없으므로, 당해 문서의 비공개결정의 취소를 구할 소의 이익은 소멸되지 않는다고 할 것이다(대판 2004.3.26, 2002두6583).

ⓒ 정보비공개결정 취소소송에서 처분청이 당초의 처분사유인 대상 정보가 「공공기관의 정보공개에 관한 법률」 제9조 제1항 제7호에 해당한다는 것에다 같은 항 제1호에 해당한다는 사유를 추가할 수 없다

피고가 처분사유로 추가한 정보공개법 제9조 제1항 제1호에서 주장하는 사유는 당초의 처분사유인 제7호에서 주장하는 사유와는 기본적 사실관계가 동일하다고 할 수 없다고 할 것이고, 추가로 주장하는 위 제1호에서 규정하고 있는 사유가 이 사건 처분 후에 새로 발생한 사실을 토대로 한 것이 아니라 당초의 처분 당시에 이미 존재한 사실에 기초한 것이라 하여 달리 볼 것은 아니라 할 것이다(대판 2008.10.23, 2007두1798).

④ 제3자의 비공개요청 등(제21조)
  ㉠ 비공개요청: 공개청구된 사실을 통지받은 제3자는 그 통지를 받은 날부터 3일 이내에 해당 공공기관에 대하여 자신과 관련된 정보를 공개하지 아니할 것을 요청할 수 있다.
  ㉡ 제3자의 이의신청: 비공개 요청에도 불구하고 공공기관이 공개결정을 할 때에는 공개결정 이유와 공개 실시일을 분명히 밝혀 지체 없이 문서로 통지하여야 하며, 제3자는 해당 공공기관에 문서로 이의신청을 하거나 행정심판 또는 행정소송을 제기할 수 있다. 이 경우 이의신청은 통지를 받은 날부터 7일 이내에 하여야 한다.
  ㉢ 공개결정일과 공개실시일 간의 간격: 공공기관은 ㉡에 따른 공개결정일과 공개실시일 사이에 최소한 30일의 간격을 두어야 한다.

관련 판례

ⓒ 공공기관이 보유·관리하고 있는 제3자 관련 정보의 경우, 제3자의 비공개요청이 정보공개법상 비공개사유에 해당하는지 여부(소극)

정보공개 여부를 결정할 때 공공기관이 제3자와의 관계에서 거쳐야 할 절차를 규정한 것에 불과할 뿐, 제3자의 비공개요청이 있다는 사유만으로 정보공개법상 정보의 비공개사유에 해당한다고 볼 수 없다(대판 2008.9.25, 2008두8680).

| 정답 | 01 X

(17) 정보공개위원회

① **설치**: 정보공개에 대한 사항을 심의·조정하기 위하여 행정안전부장관 소속으로 정보공개위원회를 둔다. 01

② **목적**: 정보공개에 관한 정책 수립 및 제도 개선에 관한 사항, 정보공개에 관한 기준 수립에 관한 사항, 정보공개심의회에 따른 심의회 심의결과의 조사·분석 및 심의기준 개선 관련 의견제시에 관한 사항, 공공기관의 정보공개 운영실태 평가 및 그 결과 처리에 관한 사항, 정보공개와 관련된 불합리한 제도·법령 및 그 운영에 대한 조사 및 개선권고에 관한 사항 그 밖에 정보공개에 관하여 대통령령으로 정하는 사항을 심의하고 조정하기 위해서이다.

(18) 제도 총괄 등

행정안전부장관은 이 법에 따른 정보공개제도의 정책 수립 및 제도 개선 사항 등에 관한 기획·총괄 업무를 관장한다. 02

(19) 기간의 계산

① 이 법에 따른 기간의 계산은 「민법」에 따른다.

② 위 규정에도 불구하고 다음의 기간은 '일' 단위로 계산하고 첫날을 산입하되, 공휴일과 토요일은 산입하지 아니한다.
  ㉠ (제11조 제1항 및 제2항에 따른) 정보공개 여부 결정기간
  ㉡ (제18조 제1항, 제19조 제1항 및 제20조 제1항에 따른) 정보공개청구 후 경과한 기간
  ㉢ (제18조 제3항에 따른) 이의신청 결정기간

> **개념확인 O/X**
>
> 01 정보공개에 관한 정책 수립 및 제도 개선에 관한 사항을 심의·조정하기 위하여 국무총리소속으로 정보공개위원회를 둔다.
> 19 국회8급 (O / X)
>
> 02 행정안전부장관은 정보공개에 관하여 필요할 경우에 국회사무총장에게 정보공개 처리실태의 개선을 권고할 수 있고 전년도의 정보공개 운영에 관한 보고서를 매년 국정감사 시작 30일 전까지 국회에 제출하여야 한다.
> 19 국회8급 (O / X)
> ※ 매년 정기국회 개회 전까지 제출

02 개인정보 보호제도

1 개인정보자기결정권 [빈출]

결정적 코멘트 ▶ 개인정보자기결정권에 관한 개념을 이해하고 관련 판례를 숙지하여야 한다.

(1) 개념

개인정보자기결정권은 자신에 관한 정보가 언제 누구에게 어느 범위까지 알려지고 또 이용되도록 할 것인지를 정보주체가 스스로 결정할 수 있는 권리이다.

(2) 필요성

개인의 사생활의 비밀이나 자유는 타인으로부터 침해되거나 함부로 공개되지 아니할 소극적인 권리 뿐 아니라, 고도의 정보화된 현대사회에서 자신의 정보를 자율적으로 통제할 수 있는 적극적 권리까지 보호받을 필요성이 높아지고 있다.

(3) 근거

① **헌법적 근거**: 헌법재판소는 헌법 제10조의 인간의 존엄과 가치 및 행복추구권, 헌법 제17조의 사생활의 비밀과 자유를 침해받지 않을 권리에서 찾고 있다.

② **법률**: 「개인정보 보호법」, 「정보통신망 이용촉진 및 정보보호 등에 관한 법률」, 「통신비밀보호법」, 「행정절차법」, 「형법」 등에 개인정보의 보호에 관하여 규정하고 있다.

| 정답 | 01 X 02 X

개념확인 O/X

01 개인정보자기결정권의 보호대상이 되는 개인정보는 개인의 신체, 신념, 사회적 지위, 신분 등과 같이 개인의 인격주체성을 특징짓는 사항으로서 그 개인의 동일성을 식별할 수 있는 일체의 정보이고, 이미 공개된 개인정보는 포함하지 않는다.
17 서울7급 (O / X)

02 개인정보자기결정권의 보호대상이 되는 개인정보는 반드시 개인의 내밀한 영역에 속하는 정보에 국한되지 않고 공적 생활에서 형성되었거나 이미 공개된 개인정보까지 포함한다.
21 국가9급 (O / X)

03 개인정보자기결정권의 보호대상이 되는 개인정보는 공적 생활에서 형성되었거나 이미 공개된 개인정보까지도 포함한다.
19 소방 (O / X)

04 개인정보자기결정권의 보호대상이 되는 개인정보는 그 개인의 동일성을 식별할 수 있게 하는 일체의 정보로서 반드시 개인의 내밀한 영역이나 사사(私事)의 영역에 속하는 정보에 국한되지 않고 이미 공개된 개인정보까지 포함한다.
12 국가9급 (O / X)

05 개인정보자기결정권은 자신에 관한 정보가 언제 누구에게 어느 범위까지 알려지고 또 이용되도록 할 것인지를 그 정보주체가 스스로 결정할 수 있는 권리를 말한다.
23 국회9급 (O / X)

06 개인정보자기결정권은 자신에 관한 정보가 언제 누구에게 어느 범위까지 알려지고 또 이용되도록 할 것인지를 정보주체가 스스로 결정할 수 있는 권리로서 헌법에 명시된 권리이다.
21 군무원7급 (O / X)

07 헌법재판소는 개인정보자기결정권을 사생활의 비밀과 자유, 일반적 인격권, 국민주권원리 등을 이념적 기초로 하는 독자적 기본권으로서 헌법에 명시되지 않은 기본권으로 보고 있다.
23 국회8급 (O / X)

08 시장·군수 또는 구청장이 개인의 지문정보를 수집하고, 경찰청장이 이를 보관·전산화하여 범죄수사목적에 이용하는 것은 모두 개인정보자기결정권을 제한하는 것이다.
18 지방7급 (O / X)

관련 판례

A 개인정보자기결정권의 보호대상이 되는 개인정보의 범위 [23 국회직 9급, 21 국가직 9급, 20 군무원 7급, 19 소방직, 18 국회직 8급, 18 지방직 7급, 17 서울시 7급, 12 국가직 9급] **01 02 03 04 05**

> 개인정보자기결정권의 보호대상이 되는 개인정보는 개인의 신체, 신념, 사회적 지위, 신분 등과 같이 개인의 인격주체성을 특징짓는 사항으로서 개인의 동일성을 식별할 수 있게 하는 일체의 정보라고 할 수 있고, 반드시 개인의 내밀한 영역에 속하는 정보에 국한되지 않고 공적 생활에서 형성되었거나 이미 공개된 개인정보까지 포함한다. 또한 그러한 개인정보를 대상으로 한 조사·수집·보관·처리·이용 등의 행위는 모두 원칙적으로 개인정보자기결정권에 대한 제한에 해당한다(대판 2014.7.24. 2012다49933).

C 개인정보자기결정권은 헌법에 명시되지 않은 기본권이다 [23 국회직 8급, 21 군무원 7급] **06 07**

> 개인정보자기결정권의 헌법상 근거로는 헌법 제17조의 사생활의 비밀과 자유, 헌법 제10조 제1문의 인간의 존엄과 가치 및 행복추구권에 근거를 둔 일반적 인격권 또는 위 조문들과 동시에 우리 헌법의 자유민주적 기본질서 규정 또는 국민주권원리와 민주주의원리 등을 고려할 수 있으나, 개인정보자기결정권으로 보호하려는 내용을 위 각 기본권들 및 헌법원리들 중 일부에 완전히 포섭시키는 것은 불가능하다고 할 것이므로, 그 헌법적 근거를 굳이 어느 한 두개에 국한시키는 것은 바람직하지 않은 것으로 보이고, 오히려 개인정보자기결정권은 이들을 이념적 기초로 하는 독자적 기본권으로서 헌법에 명시되지 아니한 기본권이라고 보아야 할 것이다(헌재 2005.5.26. 99헌마513·2003헌마190).

B 지문을 경찰청장이 보관하여 이용하는 것은 개인정보자기결정권을 제한하는 것이다 [18 지방직 7급]

> 개인의 고유성·동일성을 나타내는 지문은 그 정보주체를 타인으로부터 식별가능하게 하는 개인정보이므로, 시장·군수 또는 구청장이 개인의 지문정보를 수집하고, 경찰청장이 이를 보관·전산화하여 범죄수사목적에 이용하는 것은 모두 개인정보자기결정권을 제한하는 것이라고 할 수 있다(헌재 2005.5.26. 99헌마513, 2003헌마190).

C 의료기관에게 환자들의 의료비 내역에 관한 정보를 국세청에 제출하는 의무를 부과하고 있는 「소득세법」 제165조 제1항 등의 규정이 환자들의 개인정보자기결정권을 침해하였다고 볼 수 있는지 여부

> 소득공제증빙서류를 발급받는 자는 본인의 의료비내역과 관련된 자료의 제출을 자료집중기관이 국세청장에게 소득공제증빙서류를 제출하기 전까지 거부할 수 있도록 하고, 근로소득자 내지 부양가족 본인만이 자료를 조회하고 출력할 수 있도록 하는 등 이 사건 자료제출제도가 개인의 자기정보결정권에 대한 제한이 최소화되도록 제반 장치를 갖추어 개인의 자기정보결정권이 필요최소한 범위 내에서 제한되도록 피해최소성의 원칙을 충족하고 있으며, 이 사건 법령조항에 의하여 얻게 되는 공익이 이로 인하여 제한되는 개인정보자기결정권인 사익보다 커서 법익의 균형성을 갖추었다고 할 것이므로 이 사건 법령 조항이 헌법상 과잉금지원칙에 위배하여 청구인들의 개인정보자기결정권을 침해하였다고 볼 수 없다(헌재 2008.10.30. 2006헌마1401·1409).

C 개인정보를 대상으로 한 조사·수집·보관·처리·이용 등의 행위가 개인정보자기결정권에 대한 제한에 해당하는지 여부(원칙적 적극) [18 지방직 7급] **08**

> 개인정보자기결정권의 보호대상이 되는 개인정보는 개인의 신체, 신념, 사회적 지위, 신분 등과 같이 개인의 인격주체성을 특징짓는 사항으로서 개인의 동일성을 식별할 수 있게 하는 일체의 정보이고, 반드시 개인의 내밀한 영역에 속하는 정보에 국한되지 아니하며 공적 생활에서 형성되었거나 이미 공개된 개인정보까지 포함한다. 또한 개인정보를 대상으로 한 조사·수집·보관·처리·이용 등의 행위는 모두 원칙적으로 개인정보자기결정권에 대한 제한에 해당한다(대판 2016.8.17. 2014다235080).

| 정답 | 01 X | 02 O | 03 O | 04 O | 05 O | 06 X | 07 O | 08 O |

◎ 국회의원 갑 등이 '각급학교 교원의 교원단체 및 교원노조 가입현황 실명자료'를 인터넷을 통하여 공개한 행위가 해당 교원들의 개인정보자기결정권 등을 침해하는 것으로 위법하다고 한 사례

> 국회의원인 갑 등이 '각급학교 교원의 교원단체 및 교원노조 가입현황 실명자료'를 인터넷을 통하여 공개한 사안에서, 위 정보는 개인정보자기결정권의 보호대상이 되는 개인정보에 해당하므로 이를 일반 대중에게 공개하는 행위는 해당 교원들의 개인정보자기결정권과 전국교직원노동조합의 존속, 유지, 발전에 관한 권리를 침해하는 것이고, 갑 등이 위 정보를 공개한 표현행위로 인하여 얻을 수 있는 법적 이익이 이를 공개하지 않음으로써 보호받을 수 있는 해당 교원 등의 법적 이익에 비하여 우월하다고 할 수 없으므로, 갑 등의 정보공개행위가 위법하다(대판 2014.7.24. 2012다49933).

⑧ 개인정보자기결정권이나 익명표현의 자유가 헌법 제37조 제2항에 따라 법률로써 제한될 수 있는지 여부(적극) [18 국회직 8급]

> 헌법상 기본권의 행사는 국가공동체 내에서 타인과의 공동생활을 가능하게 하고 다른 헌법적 가치나 국가의 법질서를 위태롭게 하지 않는 범위 내에서 이루어져야 하므로, 개인정보자기결정권이나 익명표현의 자유도 국가안전보장·질서유지 또는 공공복리를 위하여 필요한 경우에는 헌법 제37조 제2항에 따라 법률로써 제한될 수 있다(대판 2016.3.10. 2012다105482).

◎ 전기통신사업자가 검사 또는 수사관서의 장의 요청에 따라 (구)「전기통신사업법」 제54조 제3항·제4항에서 정한 형식적·절차적 요건을 심사하여 이용자의 통신자료를 제공한 경우, 이용자의 개인정보자기결정권이나 익명표현의 자유 등을 위법하게 침해한 것으로 볼 수 있는지 여부(원칙적 소극)

> 검사 또는 수사관서의 장이 수사를 위하여 (구)「전기통신사업법」(2010.3.22. 법률 제10166호로 전부 개정되기 전의 것) 제54조 제3항·제4항에 의하여 전기통신사업자에게 통신자료의 제공을 요청하고, 이에 전기통신사업자가 위 규정에서 정한 형식적·절차적 요건을 심사하여 검사 또는 수사관서의 장에게 이용자의 통신자료를 제공하였다면, 검사 또는 수사관서의 장이 통신자료의 제공요청 권한을 남용하여 정보주체 또는 제3자의 이익을 부당하게 침해하는 것임이 객관적으로 명백한 경우와 같은 특별한 사정이 없는 한, 이로 인하여 이용자의 개인정보자기결정권이나 익명표현의 자유 등이 위법하게 침해된 것이라고 볼 수 없다(대판 2016.3.10. 2012다105482).

⑧ 고발장에 개인정보를 첨부하여 제출하는 것이 누설에 해당되는지 여부(한정 적극)

> (구)「공공기관의 개인정보 보호에 관한 법률」(2011.3.29. 법률 제10465호로 폐지되기 전의 것, 이하 같다) 제23조 제2항, 제11조의 '누설'이란 아직 개인정보를 알지 못하는 타인에게 알려주는 일체의 행위를 말하고, 고소·고발장에 다른 정보주체의 개인정보를 첨부하여 경찰서에 제출한 것은 그 정보주체의 동의도 받지 아니하고 관련 법령에 정한 절차를 거치지 아니한 이상 부당한 목적하에 이루어진 개인정보의 '누설'에 해당하였다(대판 2022.11.10. 2018도1966).

2 「개인정보 보호법」의 주요내용

(1) 목적

개인정보의 처리 및 보호에 관한 사항을 정함으로써 개인의 자유와 권리를 보호하고, 나아가 개인의 존엄과 가치를 구현함을 목적으로 한다.

(2) 용어 정의 〔빈출〕

① **개인정보**: '개인정보'란 살아 있는 개인에 관한 정보로서 다음의 어느 하나에 해당하는 정보를 말한다. 01 02
   ㉠ 성명, 주민등록번호 및 영상 등을 통하여 개인을 알아볼 수 있는 정보
   ㉡ 해당 정보만으로는 특정 개인을 알아볼 수 없더라도 다른 정보와 쉽게 결합하여 알아볼 수 있는 정보. 이 경우 쉽게 결합할 수 있는지 여부는 다른 정보의 입수 가능성 등 개인을 알아보는 데 소요되는 시간, 비용, 기술 등을 합리적으로 고려하여야 한다. 03 04
   ㉢ ㉠ 또는 ㉡을 ②에 따라 가명처리함으로써 원래의 상태로 복원하기 위한 추가 정보의 사용·결합 없이는 특정 개인을 알아볼 수 없는 정보(이하 '가명정보'라 한다)
② '**가명처리**'란 개인정보의 일부를 삭제하거나 일부 또는 전부를 대체하는 등의 방법으로 추가 정보가 없이는 특정 개인을 알아볼 수 없도록 처리하는 것을 말한다. 05 06
③ '**처리**'란 개인정보의 수집, 생성, 연계, 연동, 기록, 저장, 보유, 가공, 편집, 검색, 출력, 정정(訂正), 복구, 이용, 제공, 공개, 파기(破棄) 그 밖에 이와 유사한 행위를 말한다. 07
④ '**정보주체**'란 처리되는 정보에 의하여 알아볼 수 있는 사람으로서 그 정보의 주체가 되는 사람을 말한다.
⑤ '**개인정보파일**'이란 개인정보를 쉽게 검색할 수 있도록 일정한 규칙에 따라 체계적으로 배열하거나 구성한 개인정보의 집합물(集合物)을 말한다.
⑥ '**개인정보처리자**'란 업무를 목적으로 개인정보파일을 운용하기 위하여 스스로 또는 다른 사람을 통하여 개인정보를 처리하는 공공기관, 법인, 단체 및 개인 등을 말한다. 08 09
⑦ **공공기관**: '공공기관'이란 다음의 기관을 말한다.
   ㉠ 국회, 법원, 헌법재판소, 중앙선거관리위원회의 행정사무를 처리하는 기관, 중앙행정기관(대통령 소속 기관과 국무총리 소속 기관을 포함한다) 및 그 소속 기관, 지방자치단체
   ㉡ 그 밖의 국가기관 및 공공단체 중 대통령령으로 정하는 기관
⑧ '**고정형 영상정보처리기기**'란 일정한 공간에 설치되어 지속적 또는 주기적으로 사람 또는 사물의 영상 등을 촬영하거나 이를 유·무선망을 통하여 전송하는 장치로서 대통령령으로 정하는 장치를 말한다. 또한 '이동형 영상정보처리기기'란 사람이 신체에 착용 또는 휴대하거나 이동 가능한 물체에 부착 또는 거치(据置)하여 사람 또는 사물의 영상 등을 촬영하거나 이를 유·무선망을 통하여 전송하는 장치로서 대통령령으로 정하는 장치를 말한다.
⑨ '**과학적 연구**'란 기술의 개발과 실증, 기초연구, 응용연구 및 민간 투자 연구 등 과학적 방법을 적용하는 연구를 말한다.

관련 판례

● 대량의 트위터 정보에 개인정보와 해당하지 않은 정보가 혼재되어 있는 경우 「개인정보 보호법」이 적용되는지 여부 [21 군무원 7급] 10

> 검사가 공소외 2 주식회사로부터 임의제출 받은 28,765,148건에 달하는 대량의 트위터 정보에는 개인정보와 이에 해당하지 않는 정보가 혼재되어 있을 수 있는데, 국민의 사생활의 비밀을 보호하고 개인정보에 관한 권리를 보장하고자 하는 「개인정보 보호법」의 입법 취지에 비추어 그 정보의 제공에는 「개인정보 보호법」의 개인정보에 관한 규정이 적용되어야 한다(대판 2015.7.16. 2015도2625 전합).

개념확인 O/X

01 「개인정보 보호법」상 개인정보는 살아 있는 개인뿐만 아니라 사자(死者)에 관한 정보로서 성명, 주민등록번호 및 영상 등을 통하여 개인을 알아 볼 수 있는 정보를 말한다.
21 군무원7급 (O/X)

02 「개인정보 보호법」상 '개인정보'란 살아있는 개인에 관한 정보로서 사자(死者)나 법인의 정보는 포함되지 않는다.
23 국회8급, 14 국가9급 (O/X)

03 살아 있는 개인에 관한 정보로서 해당 정보만으로는 특정 개인을 알아볼 수 없더라도 다른 정보와 쉽게 결합하여 알아볼 수 있는 정보는 개인정보에 해당한다.
21 국회8급 (O/X)

04 개인정보는 살아 있는 개인뿐만 아니라 사망자의 성명, 주민등록번호 및 영상 등을 통하여 개인을 알아볼 수 있는 정보도 포함한다.
17 사회복지 (O/X)

05 가명정보는 원래의 상태로 복원하기 위한 추가 정보의 사용·결합 없이는 특정 개인을 알아볼 수 없는 정보이기 때문에 개인정보에 해당하지 않는다.
21 소방간부 (O/X)

06 '가명처리'란 개인정보의 일부를 삭제하거나 일부 또는 전부를 대체하는 등의 방법으로 추가 정보가 없이는 특정 개인을 알아볼 수 없도록 처리하는 것을 말한다.
21 국회8급 (O/X)

07 「개인정보 보호법」에서 '처리'란 개인정보의 수집, 생성, 연계, 연동, 기록, 저장, 보유, 가공, 편집, 검색, 출력, 정정(訂正), 복구, 이용, 제공, 공개, 파기(破棄) 그 밖에 이와 유사한 행위를 말한다.
23 국회9급 (O/X)

08 '개인정보처리자'란 개인정보파일을 운용하기 위하여 스스로 개인정보를 처리하는 공공기관, 법인, 단체 및 개인 등을 말한다.
16 지방7급 (O/X)

09 「개인정보 보호법」의 대상정보의 범위에는 공공기관·법인·단체에 의하여 처리되는 정보가 포함되고, 개인에 의해서 처리되는 정보는 포함되지 않는다.
17 사회복지 (O/X)

10 많은 양의 트위터 정보처럼 개인정보와 이에 해당하지 않은 정보가 혼재된 경우 전체적으로 「개인정보 보호법」상 개인정보에 관한 규정이 적용된다.
21 군무원7급 (O/X)

| 정답 | 01 X | 02 O | 03 O | 04 X | 05 X | 06 O | 07 O | 08 X | 09 X | 10 O |

ⓒ (구)「개인정보 보호법」제71조 제5호의 적용대상자로서 제59조 제2호의 의무주체인 '개인정보를 처리하거나 처리하였던 자'에 제2조 제5호의 '개인정보처리자' 외에 업무상 알게 된 제2조 제1호의 '개인정보'를 제2조 제2호의 방법으로 처리하거나 처리하였던 자가 포함되는지 여부(적극) [17 사회복지직]

> 「개인정보 보호법」제71조 제5호의 적용대상자로서 제59조 제2호의 의무주체인 '개인정보를 처리하거나 처리하였던 자'는 제2조 제5호의 '개인정보처리자' 즉 업무를 목적으로 개인정보파일을 운용하기 위하여 스스로 또는 다른 사람을 통하여 개인정보를 처리하는 공공기관, 법인, 단체 및 개인 등에 한정되지 않고, 업무상 알게 된 제2조 제1호의 '개인정보'를 제2조 제2호의 방법으로 '처리'하거나 '처리'하였던 자를 포함한다(대판 2016.3.10. 2015도8766).

(3) 개인정보 보호원칙 및 다른 법률과의 관계

① 개인정보 보호의 원칙 [빈출]
  ㉠ 개인정보처리자는 개인정보의 처리목적을 명확하게 하여야 하고 그 목적에 필요한 범위에서 최소한의 개인정보만을 적법하고 정당하게 수집하여야 한다.
  ㉡ 개인정보처리자는 개인정보의 처리목적에 필요한 범위에서 적합하게 개인정보를 처리하여야 하며, 그 목적 외의 용도로 활용하여서는 아니 된다.
  ㉢ 개인정보처리자는 개인정보의 처리목적에 필요한 범위에서 개인정보의 정확성, 완전성 및 최신성이 보장되도록 하여야 한다.
  ㉣ 개인정보처리자는 개인정보의 처리방법 및 종류 등에 따라 정보주체의 권리가 침해받을 가능성과 그 위험 정도를 고려하여 개인정보를 안전하게 관리하여야 한다.
  ㉤ 개인정보처리자는 제30조(개인정보 처리방침의 수립 및 공개)에 따른 개인정보 처리방침 등 개인정보의 처리에 관한 사항을 공개하여야 하며, 열람청구권 등 정보주체의 권리를 보장하여야 한다.
  ㉥ 개인정보처리자는 정보주체의 사생활 침해를 최소화하는 방법으로 개인정보를 처리하여야 한다.
  ㉦ 개인정보처리자는 개인정보를 익명 또는 가명으로 처리하여도 개인정보 수집목적을 달성할 수 있는 경우 익명처리가 가능한 경우에는 익명에 의하여, 익명처리로 목적을 달성할 수 없는 경우에는 가명에 의하여 처리될 수 있도록 하여야 한다.
  ㉧ 개인정보처리자는 이 법 및 관계 법령에서 규정하고 있는 책임과 의무를 준수하고 실천함으로써 정보주체의 신뢰를 얻기 위하여 노력하여야 한다.

② 다른 법률과의 관계
  ㉠ 개인정보의 처리 및 보호에 관하여 다른 법률에 특별한 규정이 있는 경우를 제외하고는 이 법에서 정하는 바에 따른다.
  ㉡ 개인정보의 처리 및 보호에 관한 다른 법률을 제정하거나 개정하는 경우에는 이 법의 목적과 원칙에 맞도록 하여야 한다.

(4) 정보주체의 권리 및 국가 등의 책무

① 정보주체의 권리: 정보주체는 자신의 개인정보 처리와 관련하여 다음의 권리를 가진다.
  ㉠ 개인정보의 처리에 관한 정보를 제공받을 권리
  ㉡ 개인정보의 처리에 관한 동의 여부, 동의 범위 등을 선택하고 결정할 권리
  ㉢ 개인정보의 처리 여부를 확인하고 개인정보에 대한 열람(사본의 발급을 포함한다. 이하 같다) 및 전송을 요구할 권리

③ 개인정보의 처리 정지, 정정·삭제 및 파기를 요구할 권리 01
⑨ 개인정보의 처리로 인하여 발생한 피해를 신속하고 공정한 절차에 따라 구제받을 권리
⑥ 완전히 자동화된 개인정보 처리에 따른 결정을 거부하거나 그에 대한 설명 등을 요구할 권리

② 국가 등의 책무
㉠ 국가와 지방자치단체는 개인정보의 목적 외 수집, 오용·남용 및 무분별한 감시·추적 등에 따른 폐해를 방지하여 인간의 존엄과 개인의 사생활 보호를 도모하기 위한 시책을 강구하여야 한다.
㉡ 국가와 지방자치단체는 정보주체의 권리를 보호하기 위하여 법령의 개선 등 필요한 시책을 마련하여야 한다.
㉢ 국가와 지방자치단체는 만 14세 미만 아동이 개인정보 처리가 미치는 영향과 정보주체의 권리 등을 명확하게 알 수 있도록 만 14세 미만 아동의 개인정보 보호에 필요한 시책을 마련하여야 한다.
㉣ 국가와 지방자치단체는 개인정보의 처리에 관한 불합리한 사회적 관행을 개선하기 위하여 개인정보처리자의 자율적인 개인정보 보호활동을 존중하고 촉진·지원하여야 한다.
㉤ 국가와 지방자치단체는 개인정보의 처리에 관한 법령 또는 조례를 적용할 때에는 정보주체의 권리가 보장될 수 있도록 개인정보 보호원칙에 맞게 적용하여야 한다.

(5) 개인정보 보호정책의 수립 등

① **개인정보 보호위원회의 설치**: 개인정보 보호에 관한 사무를 독립적으로 수행하기 위하여 국무총리 소속으로 개인정보 보호위원회(이하 '보호위원회'라 한다)를 둔다.
② **기본계획**: 보호위원회는 개인정보의 보호와 정보주체의 권익 보장을 위하여 3년마다 개인정보보호 기본계획(이하 '기본계획'이라 한다)을 관계 중앙행정기관의 장과 협의하여 수립한다.
③ **시행계획**: 중앙행정기관의 장은 기본계획에 따라 매년 개인정보보호를 위한 시행계획을 작성하여 보호위원회에 제출하고, 보호위원회의 심의·의결을 거쳐 시행하여야 한다.
④ **자료제출 요구 등**
㉠ 보호위원회는 기본계획을 효율적으로 수립하기 위하여 개인정보처리자, 관계 중앙행정기관의 장, 지방자치단체의 장 및 관계 기관·단체 등에 개인정보처리자의 법규 준수 현황과 개인정보 관리 실태 등에 관한 자료의 제출이나 의견의 진술 등을 요구할 수 있다.
㉡ 보호위원회는 개인정보 보호 정책 추진, 성과평가 등을 위하여 필요한 경우 개인정보처리자, 관계 중앙행정기관의 장, 지방자치단체의 장 및 관계 기관·단체 등을 대상으로 개인정보관리 수준 및 실태파악 등을 위한 조사를 실시할 수 있다.
㉢ 중앙행정기관의 장은 시행계획을 효율적으로 수립·추진하기 위하여 소관 분야의 개인정보처리자에게 ㉠에 따른 자료제출 등을 요구할 수 있다.
㉣ 자료제출 등을 요구받은 자는 특별한 사정이 없으면 이에 따라야 한다.
⑤ **개인정보 보호지침**
㉠ 보호위원회는 개인정보의 처리에 관한 기준, 개인정보 침해의 유형 및 예방조치 등에 관한 표준 개인정보 보호지침(이하 '표준지침'이라 한다)을 정하여 개인정보처리자에게 그 준수를 권장할 수 있다.

개념확인 O/X

01 정보주체는 자신의 개인정보 처리와 관련하여 개인정보의 처리 정지, 정정·삭제 및 파기를 요구할 권리를 가진다.
12 지방9급 (O / X)

정답 | 01 O

ⓒ 중앙행정기관의 장은 표준지침에 따라 소관 분야의 개인정보 처리와 관련한 개인정보 보호지침을 정하여 개인정보처리자에게 그 준수를 권장할 수 있다.
ⓒ 국회, 법원, 헌법재판소 및 중앙선거관리위원회는 해당 기관(그 소속 기관을 포함한다)의 개인정보 보호지침을 정하여 시행할 수 있다.

⑥ **자율규제의 촉진 및 지원**: 보호위원회는 개인정보처리자의 자율적인 개인정보 보호활동을 촉진하고 지원하기 위하여 다음의 필요한 시책을 마련하여야 한다(각 호 생략).

⑦ **국제협력**
ⓐ 정부는 국제적 환경에서의 개인정보 보호 수준을 향상시키기 위하여 필요한 시책을 마련하여야 한다.
ⓑ 정부는 개인정보 국외 이전으로 인하여 정보주체의 권리가 침해되지 아니하도록 관련 시책을 마련하여야 한다.

관련 법령

「개인정보 보호법」 제11조의2 【개인정보 보호수준 평가】 ① 보호위원회는 공공기관 중 중앙행정기관 및 그 소속기관, 지방자치단체 그 밖에 대통령령으로 정하는 기관을 대상으로 매년 개인정보 보호 정책·업무의 수행 및 이 법에 따른 의무의 준수 여부 등을 평가(이하 '개인정보 보호수준 평가'라 한다)하여야 한다.
② 보호위원회는 개인정보 보호수준 평가에 필요한 경우 해당 공공기관의 장에게 관련 자료를 제출하게 할 수 있다.
③ 보호위원회는 개인정보 보호수준 평가의 결과를 인터넷 홈페이지 등을 통하여 공개할 수 있다.
④ 보호위원회는 개인정보 보호수준 평가의 결과에 따라 우수기관 및 그 소속직원에 대하여 포상할 수 있고, 개인정보 보호를 위하여 필요하다고 인정하면 해당 공공기관의 장에게 개선을 권고할 수 있다. 이 경우 권고를 받은 공공기관의 장은 이를 이행하기 위하여 성실하게 노력하여야 하며, 그 조치 결과를 보호위원회에 알려야 한다.
⑤ 그 밖에 개인정보 보호수준 평가의 기준·방법·절차 및 제2항에 따른 자료 제출의 범위 등에 필요한 사항은 대통령령으로 정한다.
제13조의2 【개인정보 보호의 날】 ① 개인정보의 보호 및 처리의 중요성을 국민에게 알리기 위하여 매년 9월 30일을 개인정보 보호의 날로 지정한다.
② 국가와 지방자치단체는 개인정보 보호의 날이 포함된 주간에 개인정보 보호 문화 확산을 위한 각종 행사를 실시할 수 있다.

(6) 개인정보의 수집, 이용, 제공 등

① **개인정보의 수집·이용**
ⓐ 개인정보처리자는 다음의 어느 하나에 해당하는 경우에는 개인정보를 수집할 수 있으며 그 수집목적의 범위에서 이용할 수 있다.
  ⓐ 정보주체의 동의를 받은 경우
  ⓑ 법률에 특별한 규정이 있거나 법령상 의무를 준수하기 위하여 불가피한 경우
  ⓒ 공공기관이 법령 등에서 정하는 소관 업무의 수행을 위하여 불가피한 경우
  ⓓ 정보주체와 체결한 계약을 이행하거나 계약을 체결하는 과정에서 정보주체의 요청에 따른 조치를 이행하기 위하여 필요한 경우
  ⓔ 명백히 정보주체 또는 제3자의 급박한 생명, 신체, 재산의 이익을 위하여 필요하다고 인정되는 경우
  ⓕ 개인정보처리자의 정당한 이익을 달성하기 위하여 필요한 경우로서 명백하게 정보주체의 권리보다 우선하는 경우. 이 경우 개인정보처리자의 정당한 이익과 상당한 관련이 있고 합리적인 범위를 초과하지 아니하는 경우에 한한다. 01
  ⓖ 공중위생 등 공공의 안전과 안녕을 위하여 긴급히 필요한 경우 02

개념확인 O/X

01 개인정보처리자는 개인정보처리자의 정당한 이익을 달성하기 위하여 필요한 경우로서 명백하게 정보주체의 권리보다 우선하는 경우에는 개인정보처리자의 정당한 이익과 상당한 관련이 있고 합리적인 범위를 초과하지 않는다면 정보주체의 동의가 없더라도 개인정보를 수집할 수 있다.
21 국회8급 (O / X)

02 공중위생 등 공공의 안전과 안녕을 위하여 긴급히 필요한 경우는 개인정보처리자는 정보주체의 동의가 없더라도 개인정보를 수집 또는 이용할 수 있다.
24 군무원9급 (O / X)

ⓛ 개인정보처리자는 ㉠의 ⓐ에 따른 동의를 받을 때에는 다음의 사항을 정보주체에게 알려야 한다. 다음의 어느 하나의 사항을 변경하는 경우에도 이를 알리고 동의를 받아야 한다.
  ⓐ 개인정보의 수집·이용 목적
  ⓑ 수집하려는 개인정보의 항목
  ⓒ 개인정보의 보유 및 이용기간
  ⓓ 동의를 거부할 권리가 있다는 사실 및 동의 거부에 따른 불이익이 있는 경우에는 그 불이익의 내용
㉢ 개인정보처리자는 당초 수집목적과 합리적으로 관련된 범위에서 정보주체에게 불이익이 발생하는지 여부, 암호화 등 안전성 확보에 필요한 조치를 하였는지 여부 등을 고려하여 대통령령으로 정하는 바에 따라 정보주체의 동의 없이 개인정보를 이용할 수 있다. 01

관련 판례

ⓑ 동의 없이 개인정보를 처리할 수 있는 경우 [21 국가직 9급] 02

이미 공개된 개인정보를 정보주체의 동의가 있었다고 객관적으로 인정되는 범위 내에서 수집·이용·제공 등 처리를 할 때는 정보주체의 별도의 동의는 불필요하다고 보아야 하고, 별도의 동의를 받지 아니하였다고 하여 「개인정보 보호법」 제15조나 제17조를 위반한 것으로 볼 수 없다(대판 2016.8.17. 2014다235080).

ⓒ 개인정보처리의 위법성 판단기준 및 영리목적의 정보처리가 바로 위법이 되는지 여부

개인정보자기결정권이라는 인격적 법익을 침해·제한한다고 주장되는 행위의 내용이 이미 정보주체의 의사에 따라 공개된 개인정보를 그의 별도의 동의 없이 영리목적으로 수집·제공하였다는 것인 경우에는, 정보처리 행위로 침해될 수 있는 정보주체의 인격적 법익과 그 행위로 보호받을 수 있는 정보처리자 등의 법적 이익이 하나의 법률관계를 둘러싸고 충돌하게 된다. 이때는 정보주체가 공적인 존재인지, 개인정보의 공공성과 공익성, 원래 공개한 대상 범위, 개인정보 처리의 목적·절차·이용형태의 상당성과 필요성, 개인정보 처리로 침해될 수 있는 이익의 성질과 내용 등 여러 사정을 종합적으로 고려하여, 개인정보에 관한 인격권 보호에 의하여 얻을 수 있는 이익과 정보처리 행위로 얻을 수 있는 이익, 즉 정보처리자의 '알 권리'와 이를 기반으로 한 정보수용자의 '알 권리' 및 표현의 자유, 정보처리자의 영업의 자유, 사회 전체의 경제적 효율성 등의 가치를 구체적으로 비교 형량하여 어느 쪽 이익이 더 우월한 것으로 평가할 수 있는지에 따라 정보처리 행위의 최종적인 위법성 여부를 판단하여야 하고, 단지 정보처리자에게 영리목적이 있었다는 사정만으로 곧바로 정보처리 행위를 위법하다고 할 수는 없다(대판 2016.8.17. 2014다235080).

ⓒ 아파트 관리사무소에서 CCTV 영상을 열람하던 중 휴대전화로 이를 촬영한 것이 개인정보의 '이용'에 해당하는지 여부

피고인이 아파트 관리사무소에서 경찰 제출자료 열람을 목적으로 CCTV 영상을 제공받아 열람하던 중 휴대전화로 위 영상을 몰래 촬영함으로써 개인정보를 제공받은 목적 외의 용도로 이용하였다고 기소된 사안에서, 피고인이 위 CCTV 영상을 촬영한 행위는 「개인정보 보호법」 제19조가 규정한 '이용'에 해당하지 않는다(대판 2022.1.14. 2018도18095).

② 개인정보의 수집 제한
  ㉠ 개인정보처리자는 개인정보를 수집하는 경우에는 그 목적에 필요한 최소한의 개인정보를 수집하여야 한다. 이 경우 최소한의 개인정보 수집이라는 입증책임은 개인정보처리자가 부담한다. 03 04

개념확인 O/X

01 개인정보처리자는 당초 수집목적과 합리적으로 관련된 범위에서 정보주체에게 불이익이 발생하는지 여부, 암호화 등 안전성 확보에 필요한 조치를 하였는지 여부 등을 고려하여 대통령령으로 정하는 바에 따라 정보주체의 동의 없이 개인정보를 제공할 수 있다.
21 국회8급 (O / X)

02 이미 공개된 개인정보를 정보주체의 동의가 있었다고 객관적으로 인정되는 범위 내에서 처리를 할 때는 정보주체의 별도의 동의는 불필요하다고 보아야 하고, 별도의 동의를 받지 아니하였다고 하여 「개인정보 보호법」을 위반한 것으로 볼 수 없다.
21 국가9급 (O / X)

03 개인정보처리자가 「개인정보 보호법」상의 허용요건을 충족하여 개인정보를 수집하는 경우에는 그 목적에 필요한 최소한의 개인정보를 수집하여야 한다. 이 경우 개인정보처리자가 최소한의 개인정보 수집이라는 의무를 위반한 경우 그 입증책임은 이의를 제기하는 정보주체가 부담한다.
16 지방7급 (O / X)

04 개인정보처리자가 이 법에 따라 최소한의 개인정보를 수집한 경우, 최소필요성 요건의 충족 여부에 대한 입증책임은 정보주체에게 있다.
17 서울7급 (O / X)

| 정답 | 01 O 02 O 03 X 04 X

ⓒ 개인정보처리자는 정보주체의 동의를 받아 개인정보를 수집하는 경우 필요한 최소한의 정보 외의 개인정보 수집에는 동의하지 아니할 수 있다는 사실을 구체적으로 알리고 개인정보를 수집하여야 한다.
　　ⓒ 개인정보처리자는 정보주체가 필요한 최소한의 정보 외의 개인정보 수집에 동의하지 아니한다는 이유로 정보주체에게 재화 또는 서비스의 제공을 거부하여서는 아니 된다.
③ 개인정보의 제공
　㉠ 개인정보를 제3자에게 제공할 수 있는 사유: 개인정보처리자는 다음의 어느 하나에 해당되는 경우에는 정보주체의 개인정보를 제3자에게 제공(공유를 포함한다. 이하 같다)할 수 있다.
　　ⓐ 정보주체의 동의를 받은 경우
　　ⓑ 다음의 경우에 제공할 수 있다.
　　　ⅰ 법률에 특별한 규정이 있거나 법령상 의무를 준수하기 위하여 불가피한 경우(제15조 제1항 제2호)
　　　ⅱ 공공기관이 법령 등에서 정하는 소관 업무의 수행을 위하여 불가피한 경우(제3호)
　　　ⅲ 명백히 정보주체 또는 제3자의 급박한 생명, 신체, 재산의 이익을 위하여 필요하다고 인정되는 경우(제5호)
　　　ⅳ 개인정보처리자의 정당한 이익을 달성하기 위하여 필요한 경우로서 명백하게 정보주체의 권리보다 우선하는 경우. 이 경우 개인정보처리자의 정당한 이익과 상당한 관련이 있고 합리적인 범위를 초과하지 아니하는 경우에 한한다(제6호).
　　　ⅴ 공중위생 등 공공의 안전과 안녕을 위하여 긴급히 필요한 경우(제7호)
　㉡ 정보주체에게 고지할 사항: 개인정보처리자는 동의를 받을 때에는 다음의 사항을 정보주체에게 알려야 한다. 다음의 어느 하나의 사항을 변경하는 경우에도 이를 알리고 동의를 받아야 한다.
　　ⓐ 개인정보를 제공받는 자
　　ⓑ 개인정보를 제공받는 자의 개인정보 이용목적
　　ⓒ 제공하는 개인정보의 항목
　　ⓓ 개인정보를 제공받는 자의 개인정보 보유 및 이용기간
　　ⓔ 동의를 거부할 권리가 있다는 사실 및 동의 거부에 따른 불이익이 있는 경우에는 그 불이익의 내용
　㉢ 개인정보처리자는 당초 수집목적과 합리적으로 관련된 범위에서 정보주체에게 불이익이 발생하는지 여부, 암호화 등 안전성 확보에 필요한 조치를 하였는지 여부 등을 고려하여 대통령령으로 정하는 바에 따라 정보주체의 동의 없이 개인정보를 제공할 수 있다.
④ 개인정보의 목적 외 이용·제공 제한
　㉠ 개인정보처리자는 개인정보를 제15조 제1항(개인정보 수집이 가능한 경우)에 따른 범위를 초과하여 이용하거나 제17조 제1항(개인정보의 제공) 및 제28조의8 제1항(개인정보의 국외 이전)에 따른 범위를 초과하여 제3자에게 제공하여서는 아니 된다.
　㉡ 그럼에도 불구하고 개인정보처리자는 다음의 어느 하나에 해당하는 경우에는 정보주체 또는 제3자의 이익을 부당하게 침해할 우려가 있을 때를 제외하고는 개인정보를 목적 외의 용도로 이용하거나 이를 제3자에게 제공할 수 있다. 다만, ⓓ부터 ⓗ까지에 따른 경우는 공공기관의 경우로 한정한다.
　　ⓐ 정보주체로부터 별도의 동의를 받은 경우
　　ⓑ 다른 법률에 특별한 규정이 있는 경우

ⓒ 명백히 정보주체 또는 제3자의 급박한 생명, 신체, 재산의 이익을 위하여 필요하다고 인정되는 경우
ⓓ 개인정보를 목적 외의 용도로 이용하거나 이를 제3자에게 제공하지 아니하면 다른 법률에서 정하는 소관 업무를 수행할 수 없는 경우로서 보호위원회의 심의·의결을 거친 경우
ⓔ 조약 그 밖의 국제협정의 이행을 위하여 외국정부 또는 국제기구에 제공하기 위하여 필요한 경우
ⓕ 범죄의 수사와 공소의 제기 및 유지를 위하여 필요한 경우
ⓖ 법원의 재판업무 수행을 위하여 필요한 경우
ⓗ 형(刑) 및 감호, 보호처분의 집행을 위하여 필요한 경우
ⓘ 공중위생 등 공공의 안전과 안녕을 위하여 긴급히 필요한 경우

ⓒ 개인정보처리자는 위(ⓒ-ⓐ)에 따른 동의를 받을 때에는 다음의 사항을 정보주체에게 알려야 한다. 다음의 어느 하나의 사항을 변경하는 경우에도 이를 알리고 동의를 받아야 한다.
ⓐ 개인정보를 제공받는 자
ⓑ 개인정보의 이용목적(제공 시에는 제공받는 자의 이용 목적을 말한다)
ⓒ 이용 또는 제공하는 개인정보의 항목
ⓓ 개인정보의 보유 및 이용기간(제공 시에는 제공받는 자의 보유 및 이용기간을 말한다)
ⓔ 동의를 거부할 권리가 있다는 사실 및 동의 거부에 따른 불이익이 있는 경우에는 그 불이익의 내용

ⓔ 공공기관은 ⓒ의 ⓑ부터 ⓔ까지, ⓖ부터 ⓘ까지에 따라 개인정보를 목적 외의 용도로 이용하거나 이를 제3자에게 제공하는 경우에는 그 이용 또는 제공의 법적 근거, 목적 및 범위 등에 관하여 필요한 사항을 보호위원회가 고시로 정하는 바에 따라 관보 또는 인터넷 홈페이지 등에 게재하여야 한다.

ⓜ 개인정보처리자는 ⓒ의 어느 하나의 경우에 해당하여 개인정보를 목적 외의 용도로 제3자에게 제공하는 경우에는 개인정보를 제공받는 자에게 이용목적, 이용방법 그 밖에 필요한 사항에 대하여 제한을 하거나, 개인정보의 안전성 확보를 위하여 필요한 조치를 마련하도록 요청하여야 한다. 이 경우 요청을 받은 자는 개인정보의 안전성 확보를 위하여 필요한 조치를 하여야 한다.

⑤ **개인정보를 제공받은 자의 이용·제공 제한**: 개인정보처리자로부터 개인정보를 제공받은 자는 정보주체로부터 별도의 동의를 받은 경우나 다른 법률에 특별한 규정이 있는 경우를 제외하고는 개인정보를 제공받은 목적 외의 용도로 이용하거나 이를 제3자에게 제공하여서는 아니 된다.

관련 판례

ⓒ '개인정보를 제공받은 자'에 개인정보 처리의 위법을 알고 제공받은 자의 포함 여부 [19 소방직] 01

「개인정보 보호법」 제71조 제5호 후단은 그 사정을 알면서도 영리 또는 부정한 목적으로 개인정보를 제공받은 자를 처벌하도록 규정하고 있을 뿐 개인정보를 제공하는 자가 누구인지에 관하여는 문언상 아무런 제한을 두지 않고 있는 점과 「개인정보 보호법」의 입법목적 등을 고려할 때, 개인정보를 처리하거나 처리하였던 자가 업무상 알게 된 개인정보를 누설하거나 권한 없이 다른 사람이 이용하도록 제공한 것이라는 사정을 알면서도 영리 또는 부정한 목적으로 개인정보를 제공받은 자라면, 개인정보를 처리하거나 처리하였던 자로부터 직접 개인정보를 제공받지 아니하더라도 「개인정보 보호법」 제71조 제5호의 '개인정보를 제공받은 자'에 해당한다(대판 2018.1.24. 2015도16508).

개념확인 O/X

01 개인정보를 처리하거나 처리하였던 자로부터 직접 개인정보를 제공받지 아니하더라도, 개인정보를 처리하거나 처리하였던 자가 업무상 알게 된 개인정보를 누설하거나 권한 없이 다른 사람이 이용하도록 제공한 것이라는 사정을 알면서도 영리 또는 부정한 목적으로 개인정보를 제공받은 자라면, 「개인정보 보호법」상 벌칙의 대상자가 된다. 19 소방 (O/X)

정답 | 01 O

⑥ 정보주체 이외로부터 수집한 개인정보의 수집 출처 등 통지
  ㉠ 개인정보처리자가 정보주체 이외로부터 수집한 개인정보를 처리하는 때에는 정보주체의 요구가 있으면 즉시 다음의 모든 사항을 정보주체에게 알려야 한다.
    ⓐ 개인정보의 수집 출처
    ⓑ 개인정보의 처리목적
    ⓒ 개인정보 처리의 정지를 요구하거나 동의를 철회할 권리가 있다는 사실
  ㉡ ㉠에도 불구하고 처리하는 개인정보의 종류·규모, 종업원 수 및 매출액 규모 등을 고려하여 대통령령으로 정하는 기준에 해당하는 개인정보처리자가 정보주체 이외로부터 개인정보를 수집하여 처리하는 때에는 위의 모든 사항을 정보주체에게 알려야 한다. 다만, 개인정보처리자가 수집한 정보에 연락처 등 정보주체에게 알릴 수 있는 개인정보가 포함되지 아니한 경우에는 그러하지 아니하다.
  ㉢ ㉡에 따라 알리는 경우 정보주체에게 알리는 시기·방법 및 절차 등 필요한 사항은 대통령령으로 정한다.
  ㉣ ㉠과 ㉡은 다음의 어느 하나에 해당하는 경우에는 적용하지 아니한다. 다만, 이 법에 따른 정보주체의 권리보다 명백히 우선하는 경우에 한한다.
    ⓐ 통지를 요구하는 대상이 되는 개인정보가 제32조 제2항 각 호의 어느 하나에 해당하는 개인정보파일에 포함되어 있는 경우
    ⓑ 통지로 인하여 다른 사람의 생명·신체를 해할 우려가 있거나 다른 사람의 재산과 그 밖의 이익을 부당하게 침해할 우려가 있는 경우

> **관련 법령**
>
> 「개인정보 보호법」 제20조의2 【개인정보 이용·제공 내역의 통지】 ① 대통령령으로 정하는 기준에 해당하는 개인정보처리자는 이 법에 따라 수집한 개인정보의 이용·제공 내역이나 이용·제공 내역을 확인할 수 있는 정보시스템에 접속하는 방법을 주기적으로 정보주체에게 통지하여야 한다. 다만, 연락처 등 정보주체에게 통지할 수 있는 개인정보를 수집·보유하지 아니한 경우에는 통지하지 아니할 수 있다.
> ② 제1항에 따른 통지의 대상이 되는 정보주체의 범위, 통지대상 정보, 통지 주기 및 방법 등에 필요한 사항은 대통령령으로 정한다.

⑦ 개인정보의 파기
  ㉠ 개인정보처리자는 보유기간의 경과, 개인정보의 처리 목적 달성, 가명정보의 처리기간 경과 등 그 개인정보가 불필요하게 되었을 때에는 지체 없이 그 개인정보를 파기하여야 한다. 다만, 다른 법령에 따라 보존하여야 하는 경우에는 그러하지 아니하다.
  ㉡ 개인정보처리자가 개인정보를 파기할 때에는 복구 또는 재생되지 아니하도록 조치하여야 한다.
  ㉢ 개인정보처리자가 단서에 따라 개인정보를 파기하지 아니하고 보존하여야 하는 경우에는 해당 개인정보 또는 개인정보파일을 다른 개인정보와 분리하여서 저장·관리하여야 한다.

⑧ 동의를 받는 방법
  ㉠ 개인정보처리자는 이 법에 따른 개인정보의 처리에 대하여 정보주체(제22조의2 제1항에 따른 법정대리인을 포함한다)의 동의를 받을 때에는 각각의 동의 사항을 구분하여 정보주체가 이를 명확하게 인지할 수 있도록 알리고 동의를 받아야 한다. 이 경우 다음의 경우에는 동의 사항을 구분하여 각각 동의를 받아야 한다. 01
    ⓐ 제15조 제1항 제1호(개인정보수집)에 따라 동의를 받는 경우
    ⓑ 제17조 제1항 제1호(개인정보의 제공)에 따라 동의를 받는 경우

개념확인 O/X

01 개인정보처리자는 「개인정보 보호법」에 따라 개인정보의 처리에 대하여 정보주체의 동의를 받을 때에는, 정보주체와의 계약 체결 등을 위하여 정보주체의 동의 없이 처리할 수 있는 개인정보와 정보주체의 동의가 필요한 개인정보를 구분하여야 한다. 이 경우 동의 없이 처리할 수 있는 개인정보라는 입증책임은 개인정보처리자가 부담한다.
16 지방7급　　　　(O/X)

ⓒ 제18조 제2항 제1호(개인정보 목적 외 이용·제공)에 따라 동의를 받는 경우
ⓓ 제19조 제1호(개인정보를 제공받는 자의 이용·제공)에 따라 동의를 받는 경우
ⓔ 제23조 제1항 제1호(민감정보의 처리)에 따라 동의를 받는 경우
ⓕ 제24조 제1항 제1호(고유식별정보의 처리)에 따라 동의를 받는 경우
ⓖ 재화나 서비스를 홍보하거나 판매를 권유하기 위하여 개인정보의 처리에 대한 동의를 받으려는 경우
ⓗ 그 밖에 정보주체를 보호하기 위하여 동의 사항을 구분하여 동의를 받아야 할 필요가 있는 경우로서 대통령령으로 정하는 경우

ⓒ 개인정보처리자는 ㉠의 동의를 서면(「전자문서 및 전자거래 기본법」 제2조 제1호에 따른 전자문서를 포함한다)으로 받을 때에는 개인정보의 수집·이용 목적, 수집·이용하려는 개인정보의 항목 등 대통령령으로 정하는 중요한 내용을 보호위원회가 고시로 정하는 방법에 따라 명확히 표시하여 알아보기 쉽게 하여야 한다.

ⓒ 개인정보처리자는 정보주체의 동의 없이 처리할 수 있는 개인정보에 대해서는 그 항목과 처리의 법적 근거를 정보주체의 동의를 받아 처리하는 개인정보와 구분하여 제30조 제2항에 따라 공개하거나 전자우편 등 대통령령으로 정하는 방법에 따라 정보주체에게 알려야 한다. 이 경우 동의 없이 처리할 수 있는 개인정보라는 입증책임은 개인정보처리자가 부담한다.

ⓔ 개인정보처리자는 정보주체가 선택적으로 동의할 수 있는 사항을 동의하지 아니하거나 제1항 제3호 및 제7호에 따른 동의를 하지 아니한다는 이유로 정보주체에게 재화 또는 서비스의 제공을 거부하여서는 아니 된다.

ⓜ ㉠부터 ㉣까지에서 규정한 사항 외에 정보주체의 동의를 받는 세부적인 방법에 관하여 필요한 사항은 개인정보의 수집매체 등을 고려하여 대통령령으로 정한다.

> **관련 법령**
>
> **「개인정보 보호법」 제22조의2 【아동의 개인정보 보호】** ① 개인정보처리자는 만 14세 미만 아동의 개인정보를 처리하기 위하여 이 법에 따른 동의를 받아야 할 때에는 그 법정대리인의 동의를 받아야 하며, 법정대리인이 동의하였는지를 확인하여야 한다.
> ② 제1항에도 불구하고 법정대리인의 동의를 받기 위하여 필요한 최소한의 정보로서 대통령령으로 정하는 정보는 법정대리인의 동의 없이 해당 아동으로부터 직접 수집할 수 있다.
> ③ 개인정보처리자는 만 14세 미만의 아동에게 개인정보 처리와 관련한 사항의 고지 등을 할 때에는 이해하기 쉬운 양식과 명확하고 알기 쉬운 언어를 사용하여야 한다.
> ④ 제1항부터 제3항까지에서 규정한 사항 외에 동의 및 동의 확인 방법 등에 필요한 사항은 대통령령으로 정한다.

(7) 개인정보의 처리 제한

① **민감정보의 처리 제한** — **결정적 코멘트** 민감정보, 주민등록번호, 영상정보 처리 제한에 대한 법률 규정을 숙지하여야 한다.

㉠ 개인정보처리자는 사상·신념, 노동조합·정당의 가입·탈퇴, 정치적 견해, 건강, 성생활 등에 관한 정보 그 밖에 정보주체의 사생활을 현저히 침해할 우려가 있는 개인정보로서 대통령령으로 정하는 정보(이하 '민감정보'라 한다)를 처리하여서는 아니 된다. 다만, 정보주체에게 제15조 제2항 또는 제17조 제2항의 사항을 알리고 다른 개인정보의 처리에 대한 동의와 별도로 동의를 받은 경우나 법령에서 민감정보의 처리를 요구하거나 허용하는 경우에는 그러하지 아니하다. **01 02**

㉡ 개인정보처리자가 ㉠에 따라 민감정보를 처리하는 경우에는 그 민감정보가 분실·도난·유출·위조·변조 또는 훼손되지 아니하도록 안전성 확보에 필요한 조치를 하여야 한다.

개념확인 O/X

01 정치적 견해, 건강, 사상·신념에 관한 정보는 민감정보에 해당한다.
16 교육행정 (O / X)

02 개인정보처리자는 법령에서 민감정보의 처리를 요구 또는 허용하는 경우에도 정보주체의 동의를 받지 못하면 민감정보를 처리할 수 없다.
17 서울7급 (O / X)

정답 | 01 O 02 X

ⓒ 개인정보처리자는 재화 또는 서비스를 제공하는 과정에서 공개되는 정보에 정보주체의 민감정보가 포함됨으로써 사생활 침해의 위험성이 있다고 판단하는 때에는 재화 또는 서비스의 제공 전에 민감정보의 공개 가능성 및 비공개를 선택하는 방법을 정보주체가 알아보기 쉽게 알려야 한다.

② 고유식별정보의 처리 제한
  ㉠ 개인정보처리자는 다음의 경우를 제외하고는 법령에 따라 개인을 고유하게 구별하기 위하여 부여된 식별정보로서 대통령령으로 정하는 정보(이하 '고유식별정보'라 한다)를 처리할 수 없다. 01 02
    ⓐ 정보주체에게 제15조 제2항 또는 제17조 제2항의 사항을 알리고 다른 개인정보의 처리에 대한 동의와 별도로 동의를 받은 경우
    ⓑ 법령에서 구체적으로 고유식별정보의 처리를 요구하거나 허용하는 경우
  ㉡ 개인정보처리자가 ㉠에 따라 고유식별정보를 처리하는 경우에는 그 고유식별정보가 분실·도난·유출·위조·변조 또는 훼손되지 아니하도록 대통령령으로 정하는 바에 따라 암호화 등 안전성 확보에 필요한 조치를 하여야 한다. 03
  ㉢ 보호위원회는 처리하는 개인정보의 종류·규모, 종업원 수 및 매출액 규모 등을 고려하여 대통령령으로 정하는 기준에 해당하는 개인정보처리자가 ㉡에 따라 안전성 확보에 필요한 조치를 하였는지에 관하여 대통령령으로 정하는 바에 따라 정기적으로 조사하여야 한다.
  ㉣ 보호위원회는 대통령령으로 정하는 전문기관으로 하여금 조사를 수행하게 할 수 있다.

③ 주민등록번호 처리의 제한 04 05
  ㉠ 고유식별정보 처리 제한에도 불구하고 개인정보처리자는 다음의 어느 하나에 해당하는 경우를 제외하고는 주민등록번호를 처리할 수 없다.
    ⓐ 법률·대통령령·국회규칙·대법원규칙·헌법재판소규칙·중앙선거관리위원회규칙 및 감사원규칙에서 구체적으로 주민등록번호의 처리를 요구하거나 허용한 경우
    ⓑ 정보주체 또는 제3자의 급박한 생명, 신체, 재산의 이익을 위하여 명백히 필요하다고 인정되는 경우
    ⓒ ⓐ 및 ⓑ에 준하여 주민등록번호 처리가 불가피한 경우로서 보호위원회가 고시로 정하는 경우
  ㉡ 개인정보처리자는 주민등록번호가 분실·도난·유출·위조·변조 또는 훼손되지 아니하도록 암호화 조치를 통하여 안전하게 보관하여야 한다. 이 경우 암호화 적용대상 및 대상별 적용시기 등에 관하여 필요한 사항은 개인정보의 처리 규모와 유출 시 영향 등을 고려하여 대통령령으로 정한다.
  ㉢ 개인정보처리자는 ㉠에 따라 주민등록번호를 처리하는 경우에도 정보주체가 인터넷 홈페이지를 통하여 회원으로 가입하는 단계에서는 주민등록번호를 사용하지 아니하고도 회원으로 가입할 수 있는 방법을 제공하여야 한다.
  ㉣ 보호위원회는 개인정보처리자가 ㉢에 따른 방법을 제공할 수 있도록 관계 법령의 정비, 계획의 수립, 필요한 시설 및 시스템의 구축 등 제반 조치를 마련·지원할 수 있다.

④ 고정형 영상정보처리기기의 설치·운영 제한
  ㉠ 누구든지 다음의 경우를 제외하고는 공개된 장소에 고정형 영상정보처리기기를 설치·운영하여서는 아니 된다.
    ⓐ 법령에서 구체적으로 허용하고 있는 경우

개념확인 O/X

01 「여권법」에 따른 여권번호나 「출입국관리법」에 따른 외국인등록번호는 고유식별정보이다.
20 군무원9급　　　　(O／X)

02 고유식별정보를 처리하려면 정보주체에게 정보의 수집·이용·제공 등에 필요한 사항을 알리고 다른 개인정보의 처리에 대한 동의와 함께 일괄적으로 동의를 받아야 한다.
20 군무원9급　　　　(O／X)

03 개인정보처리자가 이 법에 따라 고유식별정보를 처리하는 경우에는 그 고유식별정보가 분실·도난·유출·위조·변조 또는 훼손되지 아니하도록 대통령령으로 정하는 바에 따라 암호화 등 안전성 확보에 필요한 조치를 하여야 한다.
20 군무원9급　　　　(O／X)

04 개인정보처리자가 주민등록번호를 처리하기 위해서는 정보주체에게 다른 개인정보의 처리에 대한 동의와 별도로 동의를 받아야 한다.
21 국회8급　　　　(O／X)

05 개인정보처리자는 다른 개인정보의 처리에 대한 동의와 별도로 동의를 받은 경우라 하더라도 주민등록번호는 법에서 정한 예외적 인정사유에 해당하지 않는 한 처리할 수 없다.
20 군무원9급　　　　(O／X)

| 정답 | 01 O　02 X　03 O　04 X　05 O

개념확인 O/X

01 불특정 다수가 이용하는 목욕실, 화장실, 발한실(發汗室), 탈의실 등에의 영상정보처리기기 설치는 대통령령으로 정하는 바에 따라 안내판 설치 등 필요한 조치를 취하는 경우에만 허용된다.
16 지방7급 (O / X)

02 영상정보처리기기 운영자는 영상정보처리기기의 설치 목적과 다른 목적으로 영상정보처리기기를 임의로 조작하게 ㅏ 다른 곳을 비치서는 애 ㅣ 되며, 녹음기능은 사용할 수 없다.
(O / X)

ⓑ 범죄의 예방 및 수사를 위하여 필요한 경우
ⓒ 시설의 안전 및 관리, 화재 예방을 위하여 정당한 권한을 가진 자가 설치·운영하는 경우
ⓓ 교통단속을 위하여 정당한 권한을 가진 자가 설치·운영하는 경우
ⓔ 교통정보의 수집·분석 및 제공을 위하여 정당한 권한을 가진 자가 설치·운영하는 경우
ⓕ 촬영된 영상정보를 저장하지 아니하는 경우로서 대통령령으로 정하는 경우

ⓛ 누구든지 불특정 다수가 이용하는 목욕실, 화장실, 발한실(發汗室), 탈의실 등 개인의 사생활을 현저히 침해할 우려가 있는 장소의 내부를 볼 수 있도록 고정형 영상정보처리기기를 설치·운영하여서는 아니 된다. 다만, 교도소, 정신보건 시설 등 법령에 근거하여 사람을 구금하거나 보호하는 시설로서 대통령령으로 정하는 시설에 대하여는 그러하지 아니하다. 01

ⓒ ㉠에 따라 고정형 영상정보처리기기를 설치·운영하려는 공공기관의 장과 ㉡ 단서에 따라 고정형 영상정보처리기기를 설치·운영하려는 자는 공청회·설명회의 개최 등 대통령령으로 정하는 절차를 거쳐 관계 전문가 및 이해관계인의 의견을 수렴하여야 한다.

ⓔ 고정형 영상정보처리기기를 설치·운영하는 자(이하 '고정형영상정보처리기기운영자'라 한다)는 정보주체가 쉽게 인식할 수 있도록 다음의 사항이 포함된 안내판을 설치하는 등 필요한 조치를 하여야 한다. 다만, 「군사기지 및 군사시설 보호법」 제2조 제2호에 따른 군사시설, 「통합방위법」 제2조 제13호에 따른 국가중요시설 그 밖에 대통령령으로 정하는 시설의 경우에는 그러하지 아니하다.
ⓐ 설치 목적 및 장소
ⓑ 촬영 범위 및 시간
ⓒ 관리책임자의 연락처
ⓓ 그 밖에 대통령령으로 정하는 사항

ⓜ 고정형 영상정보처리기기 운영자는 고정형 영상정보처리기기의 설치 목적과 다른 목적으로 고정형 영상정보처리기기를 임의로 조작하거나 다른 곳을 비춰서는 아니 되며, 녹음기능은 사용할 수 없다. 02

ⓑ 고정형 영상정보처리기기운영자는 대통령령으로 정하는 바에 따라 고정형 영상정보처리기기 운영·관리 방침을 마련하여야 한다. 다만, 제30조에 따른 개인정보 처리방침을 정할 때 고정형 영상정보처리기기 운영·관리에 관한 사항을 포함시킨 경우에는 고정형 영상정보처리기기 운영·관리 방침을 마련하지 아니할 수 있다.

ⓢ 고정형 영상정보처리기기운영자는 고정형 영상정보처리기기의 설치·운영에 관한 사무를 위탁할 수 있다. 다만, 공공기관이 고정형 영상정보처리기기 설치·운영에 관한 사무를 위탁하는 경우에는 대통령령으로 정하는 절차 및 요건에 따라야 한다.

관련 법령

「개인정보 보호법」 제25조의2 【이동형 영상정보처리기기의 운영 제한】 ① 업무를 목적으로 이동형 영상정보처리기기를 운영하려는 자는 다음 각 호의 경우를 제외하고는 공개된 장소에서 이동형 영상정보처리기기로 사람 또는 그 사람과 관련된 사물의 영상(개인정보에 해당하는 경우로 한정한다. 이하 같다)을 촬영하여서는 아니 된다.
1. 제15조 제1항 각 호의 어느 하나에 해당하는 경우
2. 촬영 사실을 명확히 표시하여 정보주체가 촬영 사실을 알 수 있도록 하였음에도 불구하고 촬영 거부 의사를 밝히지 아니한 경우. 이 경우 정보주체의 권리를 부당하게 침해할 우려가 없고 합리적인 범위를 초과하지 아니하는 경우로 한정한다.
3. 그 밖에 제1호 및 제2호에 준하는 경우로서 대통령령으로 정하는 경우

② 누구든지 불특정 다수가 이용하는 목욕실, 화장실, 발한실, 탈의실 등 개인의 사생활을 현저히 침해할 우려가 있는

| 정답 | 01 X   02 O

장소의 내부를 볼 수 있는 곳에서 이동형 영상정보처리기기로 사람 또는 그 사람과 관련된 사물의 영상을 촬영하여서는 아니 된다. 다만, 인명의 구조·구급 등을 위하여 필요한 경우로서 대통령령으로 정하는 경우에는 그러하지 아니하다.
③ 제1항 각 호에 해당하여 이동형 영상정보처리기기로 사람 또는 그 사람과 관련된 사물의 영상을 촬영하는 경우에는 불빛, 소리, 안내판 등 대통령령으로 정하는 바에 따라 촬영 사실을 표시하고 알려야 한다.
④ 제1항부터 제3항까지에서 규정한 사항 외에 이동형 영상정보처리기기의 운영에 관하여는 제25조 제6항부터 제8항까지의 규정을 준용한다.

⑤ 업무위탁에 따른 개인정보의 처리 제한
  ㉠ 개인정보처리자가 제3자에게 개인정보의 처리 업무를 위탁하는 경우에는 다음의 내용이 포함된 문서로 하여야 한다.
    ⓐ 위탁업무 수행 목적 외 개인정보의 처리 금지에 관한 사항
    ⓑ 개인정보의 기술적·관리적 보호조치에 관한 사항
    ⓒ 그 밖에 개인정보의 안전한 관리를 위하여 대통령령으로 정한 사항
  ㉡ ㉠에 따라 개인정보의 처리 업무를 위탁하는 개인정보처리자(이하 '위탁자'라 한다)는 위탁하는 업무의 내용과 개인정보 처리 업무를 위탁받아 처리하는 자(개인정보 처리 업무를 위탁받아 처리하는 자로부터 위탁받은 업무를 다시 위탁받은 제3자를 포함하며, 이하 '수탁자'라 한다)를 정보주체가 언제든지 쉽게 확인할 수 있도록 대통령령으로 정하는 방법에 따라 공개하여야 한다.
  ㉢ 위탁자가 재화 또는 서비스를 홍보하거나 판매를 권유하는 업무를 위탁하는 경우에는 대통령령으로 정하는 방법에 따라 위탁하는 업무의 내용과 수탁자를 정보주체에게 알려야 한다. 위탁하는 업무의 내용이나 수탁자가 변경된 경우에도 또한 같다.
  ㉣ 위탁자는 업무 위탁으로 인하여 정보주체의 개인정보가 분실·도난·유출·위조·변조 또는 훼손되지 아니하도록 수탁자를 교육하고, 처리 현황 점검 등 대통령령으로 정하는 바에 따라 수탁자가 개인정보를 안전하게 처리하는지를 감독하여야 한다.
  ㉤ 수탁자는 개인정보처리자로부터 위탁받은 해당 업무 범위를 초과하여 개인정보를 이용하거나 제3자에게 제공하여서는 아니 된다.
  ㉥ 수탁자는 위탁받은 개인정보의 처리 업무를 제3자에게 다시 위탁하려는 경우에는 위탁자의 동의를 받아야 한다.
  ㉦ 수탁자가 위탁받은 업무와 관련하여 개인정보를 처리하는 과정에서 이 법을 위반하여 발생한 손해배상책임에 대하여는 수탁자를 개인정보처리자의 소속직원으로 본다.

관련 판례

B 개인정보의 처리위탁에 따른 수탁자는 정보통신망법에서 정한 '제3자'에 해당되지 않는다 [21 국가직 9급] 01

「개인정보 보호법」제26조와 정보통신망법 제25조에서 말하는 개인정보의 '처리위탁'은 본래의 개인정보 수집·이용 목적과 관련된 위탁자 본인의 업무 처리와 이익을 위하여 개인정보가 이전되는 경우를 의미한다. 개인정보 처리위탁에 있어 수탁자는 위탁자로부터 위탁사무 처리에 따른 대가를 지급받는 것 외에는 개인정보 처리에 관하여 독자적인 이익을 가지지 않고, 정보제공자의 관리·감독 아래 위탁받은 범위 내에서만 개인정보를 처리하게 되므로, 「개인정보 보호법」제17조와 정보통신망법 제24조의2에 정한 '제3자'에 해당하지 않는다(대판 2017.4.7. 2016도13263).

개념확인 O/X

01 개인정보 처리위탁에 있어 수탁자는 정보제공자의 관리·감독 아래 위탁받은 범위 내에서만 개인정보를 처리하게 되지만, 위탁자로부터 위탁사무 처리에 따른 대가를 지급받는 이상 개인정보 처리에 관하여 독자적인 이익을 가지므로, 그러한 수탁자는 「개인정보 보호법」제17조에 의해 개인정보처리자가 정보주체의 개인정보를 제공할 수 있는 '제3자'에 해당한다.
21 국가9급 (O / X)

| 정답 | 01 X

⑥ 영업양도 등에 따른 개인정보의 이전 제한
  ㉠ 개인정보처리자는 영업의 전부 또는 일부의 양도·합병 등으로 개인정보를 다른 사람에게 이전하는 경우에는 미리 다음의 사항을 대통령령으로 정하는 방법에 따라 해당 정보주체에게 알려야 한다.
    ⓐ 개인정보를 이전하려는 사실
    ⓑ 개인정보를 이전받는 자(이하 '영업양수자등'이라 한다)의 성명(법인의 경우에는 법인의 명칭을 말한다), 주소, 전화번호 및 그 밖의 연락처
    ⓒ 정보주체가 개인정보의 이전을 원하지 아니하는 경우 조치할 수 있는 방법 및 절차
  ㉡ 영업양수자등은 개인정보를 이전받았을 때에는 지체 없이 그 사실을 대통령령으로 정하는 방법에 따라 정보주체에게 알려야 한다. 다만, 개인정보처리자가 ㉠에 따라 그 이전 사실을 이미 알린 경우에는 그러하지 아니하다.
  ㉢ 영업양수자등은 영업의 양도·합병 등으로 개인정보를 이전받은 경우에는 이전 당시의 본래 목적으로만 개인정보를 이용하거나 제3자에게 제공할 수 있다. 이 경우 영업양수자등은 개인정보처리자로 본다.

⑦ 개인정보취급자에 대한 감독
  ㉠ 개인정보처리자는 개인정보를 처리함에 있어서 개인정보가 안전하게 관리될 수 있도록 임직원, 파견근로자, 시간제근로자 등 개인정보처리자의 지휘·감독을 받아 개인정보를 처리하는 자(이하 '개인정보취급자'라 한다)의 범위를 최소한으로 제한하고, 개인정보취급자에 대하여 적절한 관리·감독을 행하여야 한다.
  ㉡ 개인정보처리자는 개인정보의 적정한 취급을 보장하기 위하여 개인정보취급자에게 정기적으로 필요한 교육을 실시하여야 한다.

(8) 가명정보의 처리에 관한 특례

① 가명정보의 처리 등
  ㉠ 개인정보처리자는 통계작성, 과학적 연구, 공익적 기록보존 등을 위하여 정보주체의 동의 없이 가명정보를 처리할 수 있다.
  ㉡ 개인정보처리자는 이에 따라 가명정보를 제3자에게 제공하는 경우에는 특정 개인을 알아보기 위하여 사용될 수 있는 정보를 포함해서는 아니 된다.

② 가명정보의 결합 제한
  ㉠ 통계작성, 과학적 연구, 공익적 기록보존 등을 위한 서로 다른 개인정보처리자 간의 가명정보의 결합은 보호위원회 또는 관계 중앙행정기관의 장이 지정하는 전문기관이 수행한다.
  ㉡ 결합을 수행한 기관 외부로 결합된 정보를 반출하려는 개인정보처리자는 가명정보 등의 정보로 처리한 뒤 전문기관의 장의 승인을 받아야 한다.

③ 가명정보에 대한 안전조치의무 등
  ㉠ 개인정보처리자는 제28조의2 또는 제28조의3에 따라 가명정보를 처리하는 경우에는 원래의 상태로 복원하기 위한 추가 정보를 별도로 분리하여 보관·관리하는 등 해당 정보가 분실·도난·유출·위조·변조 또는 훼손되지 않도록 대통령령으로 정하는 바에 따라 안전성 확보에 필요한 기술적·관리적 및 물리적 조치를 하여야 한다.
  ㉡ 개인정보처리자는 제28조의2 또는 제28조의3에 따라 가명정보를 처리하는 경우 처리목적 등을 고려하여 가명정보의 처리기간을 별도로 정할 수 있다.

ⓒ 개인정보처리자는 제28조의2 또는 제28조의3에 따라 가명정보를 처리하고자 하는 경우에는 가명정보의 처리목적, 제3자 제공 시 제공받는 자, 가명정보의 처리기간(제2항에 따라 처리기간을 별도로 정한 경우에 한한다) 등 가명정보의 처리내용을 관리하기 위하여 대통령령으로 정하는 사항에 대한 관련 기록을 작성하여 보관하여야 하며, 가명정보를 파기한 경우에는 파기한 날부터 3년 이상 보관하여야 한다.

④ 가명정보 처리 시 금지의무 등
ⓐ 제28조의2 또는 제28조의3에 따라 가명정보를 처리하는 자는 특정 개인을 알아보기 위한 목적으로 가명정보를 처리해서는 아니 된다.
ⓑ 개인정보처리자는 제28조의2 또는 제28조의3에 따라 가명정보를 처리하는 과정에서 특정 개인을 알아볼 수 있는 정보가 생성된 경우에는 즉시 해당 정보의 처리를 중지하고, 지체 없이 회수·파기하여야 한다.

관련 법령 | 개인정보의 국외 이전

「개인정보 보호법」 제28조의8 【개인정보의 국외 이전】 ① 개인정보처리자는 개인정보를 국외로 제공(조회되는 경우를 포함한다)·처리위탁·보관(이하 이 절에서 '이전'이라 한다)하여서는 아니 된다. 다만, 다음 각 호의 어느 하나에 해당하는 경우에는 개인정보를 국외로 이전할 수 있다.
  1. 정보주체로부터 국외 이전에 관한 별도의 동의를 받은 경우
  2. 법률, 대한민국을 당사자로 하는 조약 또는 그 밖의 국제협정에 개인정보의 국외 이전에 관한 특별한 규정이 있는 경우
  3. 정보주체와의 계약의 체결 및 이행을 위하여 개인정보의 처리위탁·보관이 필요한 경우로서 다음 각 목의 어느 하나에 해당하는 경우
    가. 제2항 각 호의 사항을 제30조에 따른 개인정보 처리방침에 공개한 경우
    나. 전자우편 등 대통령령으로 정하는 방법에 따라 제2항 각 호의 사항을 정보주체에게 알린 경우
  4. 개인정보를 이전받는 자가 제32조의2에 따른 개인정보 보호 인증 등 보호위원회가 정하여 고시하는 인증을 받은 경우로서 다음 각 목의 조치를 모두 한 경우
    가. 개인정보 보호에 필요한 안전조치 및 정보주체 권리보장에 필요한 조치
    나. 인증받은 사항을 개인정보가 이전되는 국가에서 이행하기 위하여 필요한 조치
  5. 개인정보가 이전되는 국가 또는 국제기구의 개인정보 보호체계, 정보주체 권리보장 범위, 피해구제절차 등이 이 법에 따른 개인정보 보호 수준과 실질적으로 동등한 수준을 갖추었다고 보호위원회가 인정하는 경우
② 개인정보처리자는 제1항 제1호에 따른 동의를 받을 때에는 미리 다음 각 호의 사항을 정보주체에게 알려야 한다.
  1. 이전되는 개인정보 항목
  2. 개인정보가 이전되는 국가, 시기 및 방법
  3. 개인정보를 이전받는 자의 성명(법인인 경우에는 그 명칭과 연락처를 말한다)
  4. 개인정보를 이전받는 자의 개인정보 이용목적 및 보유·이용 기간
  5. 개인정보의 이전을 거부하는 방법, 절차 및 거부의 효과
③ 개인정보처리자는 제2항 각 호의 어느 하나에 해당하는 사항을 변경하는 경우에는 정보주체에게 알리고 동의를 받아야 한다.
④ 개인정보처리자는 제1항 각 호 외의 부분 단서에 따라 개인정보를 국외로 이전하는 경우 국외 이전과 관련한 이 법의 다른 규정, 제17조부터 제19조까지의 규정 및 제5장의 규정을 준수하여야 하고, 대통령령으로 정하는 보호조치를 하여야 한다.
⑤ 개인정보처리자는 이 법을 위반하는 사항을 내용으로 하는 개인정보의 국외 이전에 관한 계약을 체결하여서는 아니 된다.
⑥ 제1항부터 제5항까지에서 규정한 사항 외에 개인정보 국외 이전의 기준 및 절차 등에 필요한 사항은 대통령령으로 정한다.

제28조의9 【개인정보의 국외 이전 중지 명령】 ① 보호위원회는 개인정보의 국외 이전이 계속되고 있거나 추가적인 국외 이전이 예상되는 경우로서 다음 각 호의 어느 하나에 해당하는 경우에는 개인정보처리자에게 개인정보의 국외 이전을 중지할 것을 명할 수 있다.
  1. 제28조의8 제1항·제4항 또는 제5항을 위반한 경우
  2. 개인정보를 이전받는 자나 개인정보가 이전되는 국가 또는 국제기구가 이 법에 따른 개인정보 보호 수준에 비하여 개인정보를 적정하게 보호하지 아니하여 정보주체에게 피해가 발생하거나 발생할 우려가 현저한 경우

② 개인정보처리자는 제1항에 따른 국외 이전 중지 명령을 받은 경우에는 명령을 받은 날부터 7일 이내에 보호위원회에 이의를 제기할 수 있다.
③ 제1항에 따른 개인정보 국외 이전 중지 명령의 기준, 제2항에 따른 불복절차 등에 필요한 사항은 대통령령으로 정한다.

제28조의10 【상호주의】 제28조의8에도 불구하고 개인정보의 국외 이전을 제한하는 국가의 개인정보처리자에 대해서는 해당 국가의 수준에 상응하는 제한을 할 수 있다. 다만, 조약 또는 그 밖의 국제협정의 이행에 필요한 경우에는 그러하지 아니하다.

(9) 개인정보의 안전한 관리

① 안전조치의무: 개인정보처리자는 개인정보가 분실·도난·유출·변조 또는 훼손되지 아니하도록 내부 관리계획 수립, 접속기록 보관 등 대통령령으로 정하는 바에 따라 안전성 확보에 필요한 기술적·관리적 및 물리적 조치를 하여야 한다.

② 개인정보 보호책임자의 지정: 개인정보처리자는 개인정보의 처리에 관한 업무를 총괄해서 책임질 개인정보 보호책임자를 지정하여야 한다.

③ 개인정보파일의 등록 및 공개: 공공기관의 장이 개인정보파일을 운용하는 경우에는 보호위원회에 등록하여야 한다. 등록한 사항이 변경된 경우에도 또한 같다. 01

④ 개인정보 보호 인증: 보호위원회는 개인정보처리자의 개인정보 처리 및 보호와 관련한 일련의 조치가 이 법에 부합하는지 등에 관하여 인증할 수 있다.

> **관련 법령**
>
> 「개인정보 보호법」 제33조 【개인정보 영향평가】 ① 공공기관의 장은 대통령령으로 정하는 기준에 해당하는 개인정보파일의 운용으로 인하여 정보주체의 개인정보 침해가 우려되는 경우에는 그 위험요인의 분석과 개선 사항 도출을 위한 평가(이하 '영향평가'라 한다)를 하고 그 결과를 보호위원회에 제출하여야 한다.
> ② 보호위원회는 대통령령으로 정하는 인력·설비 및 그 밖에 필요한 요건을 갖춘 자를 영향평가를 수행하는 기관(이하 '평가기관'이라 한다)으로 지정할 수 있으며, 공공기관의 장은 영향평가를 평가기관에 의뢰하여야 한다.
> ③ 영향평가를 하는 경우에는 다음 각 호의 사항을 고려하여야 한다.
>   1. 처리하는 개인정보의 수
>   2. 개인정보의 제3자 제공 여부
>   3. 정보주체의 권리를 해할 가능성 및 그 위험 정도
>   4. 그 밖에 대통령령으로 정한 사항
> ④ 보호위원회는 제1항에 따라 제출받은 영향평가 결과에 대하여 의견을 제시할 수 있다.
> ⑤ 공공기관의 장은 제1항에 따라 영향평가를 한 개인정보파일을 제32조 제1항에 따라 등록할 때에는 영향평가 결과를 함께 첨부하여야 한다.
> ⑥ 보호위원회는 영향평가의 활성화를 위하여 관계 전문가의 육성, 영향평가 기준의 개발·보급 등 필요한 조치를 마련하여야 한다.
> ⑦ 보호위원회는 제2항에 따라 지정된 평가기관이 다음 각 호의 어느 하나에 해당하는 경우에는 평가기관의 지정을 취소할 수 있다. 다만, 제1호 또는 제2호에 해당하는 경우에는 평가기관의 지정을 취소하여야 한다.
>   1. 거짓이나 그 밖의 부정한 방법으로 지정을 받은 경우
>   2. 지정된 평가기관 스스로 지정취소를 원하거나 폐업한 경우
>   3. 제2항에 따른 지정요건을 충족하지 못하게 된 경우
>   4. 고의 또는 중대한 과실로 영향평가업무를 부실하게 수행하여 그 업무를 적정하게 수행할 수 없다고 인정되는 경우
>   5. 그 밖에 대통령령으로 정하는 사유에 해당하는 경우
> ⑧ 보호위원회는 제7항에 따라 지정을 취소하는 경우에는 「행정절차법」에 따른 청문을 실시하여야 한다.
> ⑨ 제1항에 따른 영향평가의 기준·방법·절차 등에 관하여 필요한 사항은 대통령령으로 정한다.
> ⑩ 국회, 법원, 헌법재판소, 중앙선거관리위원회(그 소속 기관을 포함한다)의 영향평가에 관한 사항은 국회규칙, 대법원규칙, 헌법재판소규칙 및 중앙선거관리위원회규칙으로 정하는 바에 따른다.
> ⑪ 공공기관 외의 개인정보처리자는 개인정보파일 운용으로 인하여 정보주체의 개인정보 침해가 우려되는 경우에는 영향평가를 하기 위하여 적극 노력하여야 한다.

개념확인 O/X

01 공공기관은 등록대상이 되는 개인정보 파일에 대하여는 개인정보처리방침을 정하여야 한다.
24 군무원9급 (O / X)

정답 | 01 ○

⑤ 개인정보 유출 등의 통지·신고
  ㉠ 개인정보처리자는 개인정보가 분실·도난·유출(이하 '유출 등'이라 한다)되었음을 알게 되었을 때에는 지체 없이 해당 정보주체에게 다음의 사항을 알려야 한다. 다만, 정보주체의 연락처를 알 수 없는 경우 등 정당한 사유가 있는 경우에는 대통령령으로 정하는 바에 따라 통지를 갈음하는 조치를 취할 수 있다.
    ⓐ 유출 등이 된 개인정보의 항목
    ⓑ 유출 등이 된 시점과 그 경위
    ⓒ 유출 등으로 인하여 발생할 수 있는 피해를 최소화하기 위하여 정보주체가 할 수 있는 방법 등에 관한 정보
    ⓓ 개인정보처리자의 대응조치 및 피해 구제절차
    ⓔ 정보주체에게 피해가 발생한 경우 신고 등을 접수할 수 있는 담당부서 및 연락처
  ㉡ 개인정보처리자는 개인정보가 유출 등이 된 경우 그 피해를 최소화하기 위한 대책을 마련하고 필요한 조치를 하여야 한다.
  ㉢ 개인정보처리자는 개인정보의 유출 등이 있음을 알게 되었을 때에는 개인정보의 유형, 유출 등의 경로 및 규모 등을 고려하여 대통령령으로 정하는 바에 따라 ㉠의 사항을 지체 없이 보호위원회 또는 대통령령으로 정하는 전문기관에 신고하여야 한다. 이 경우 보호위원회 또는 대통령령으로 정하는 전문기관은 피해 확산방지, 피해 복구 등을 위한 기술을 지원할 수 있다. 01

> **관련 법령**
>
> 「개인정보 보호법」 제34조의2 【노출된 개인정보의 삭제·차단】 ① 개인정보처리자는 고유식별정보, 계좌정보, 신용카드정보 등 개인정보가 정보통신망을 통하여 공중(公衆)에 노출되지 아니하도록 하여야 한다.
> ② 개인정보처리자는 공중에 노출된 개인정보에 대하여 보호위원회 또는 대통령령으로 지정한 전문기관의 요청이 있는 경우에는 해당 정보를 삭제하거나 차단하는 등 필요한 조치를 하여야 한다.

> **관련 판례**
>
> **B** 주민등록번호 유출에 따른 주민등록번호 변경신청을 인정한 사례 [21 국가직 9급] 02
>
> 갑 등이 인터넷 포털사이트 등의 개인정보 유출사고로 자신들의 주민등록번호 등 개인정보가 불법 유출되자 이를 이유로 관할 구청장에게 주민등록번호를 변경해 줄 것을 신청하였으나 구청장이 '주민등록번호가 불법 유출된 경우 「주민등록법」상 변경이 허용되지 않는다'는 이유로 주민등록번호 변경을 거부하는 취지의 통지를 한 사안에서, 피해자의 의사와 무관하게 주민등록번호가 유출된 경우에는 조리상 주민등록번호의 변경을 요구할 신청권을 인정함이 타당하고, 구청장의 주민등록번호 변경신청 거부행위는 항고소송의 대상이 되는 행정처분에 해당한다(대판 2017.6.15. 2013두2945).

(10) 정보주체의 권리 보장

① 개인정보의 열람
  ㉠ 정보주체는 개인정보처리자가 처리하는 자신의 개인정보에 대한 열람을 해당 개인정보처리자에게 요구할 수 있다.
  ㉡ 정보주체가 자신의 개인정보에 대한 열람을 공공기관에 요구하고자 할 때에는 공공기관에 직접 열람을 요구하거나 대통령령으로 정하는 바에 따라 보호위원회를 통하여 열람을 요구할 수 있다. 03

개념확인 O/X

01 개인정보처리자는 개인정보가 유출되었음을 알게 되었을 때에는 지체 없이 방송통신위원회 위원장에게 신고하여야 한다.
17 사회복지 (O / X)

02 인터넷 포털사이트 등의 개인정보 유출사고로 주민등록번호가 불법 유출되어 그 피해자가 주민등록번호 변경을 신청했으나 구청장이 거부 통지를 한 사안에서, 피해자의 의사와 무관하게 주민등록번호가 유출된 경우에는 조리상 주민등록번호의 변경요구신청권을 인정함이 타당하다.
21 국가9급 (O / X)

03 정보주체가 자신의 개인정보에 대한 열람을 공공기관에 요구하고자 할 때에는 공공기관에 직접 열람을 요구할 수도 있고, 아니면 개인정보보호위원회를 통하여 열람을 요구할 수도 있다.
24 군무원9급 (O / X)

| 정답 | 01 X 02 O 03 O

ⓒ 개인정보처리자는 열람을 요구받았을 때에는 대통령령으로 정하는 기간 내에 정보주체가 해당 개인정보를 열람할 수 있도록 하여야 한다. 이 경우 해당 기간 내에 열람할 수 없는 정당한 사유가 있을 때에는 정보주체에게 그 사유를 알리고 열람을 연기할 수 있으며, 그 사유가 소멸하면 지체 없이 열람하게 하여야 한다.
ⓓ **열람 제한 또는 거절사유**: 개인정보처리자는 다음의 어느 하나에 해당하는 경우에는 정보주체에게 그 사유를 알리고 열람을 제한하거나 거절할 수 있다.
ⓐ 법률에 따라 열람이 금지되거나 제한되는 경우
ⓑ 다른 사람의 생명·신체를 해할 우려가 있거나 다른 사람의 재산과 그 밖의 이익을 부당하게 침해할 우려가 있는 경우
ⓒ 공공기관이 다음의 어느 하나에 해당하는 업무를 수행할 때 중대한 지장을 초래하는 경우
ⅰ) 조세의 부과·징수 또는 환급에 관한 업무
ⅱ) 「초·중등교육법」 및 「고등교육법」에 따른 각급 학교, 「평생교육법」에 따른 평생교육시설 그 밖의 다른 법률에 따라 설치된 고등교육기관에서의 성적 평가 또는 입학자 선발에 관한 업무
ⅲ) 학력·기능 및 채용에 관한 시험, 자격 심사에 관한 업무
ⅳ) 보상금·급부금 산정 등에 대하여 진행 중인 평가 또는 판단에 관한 업무
ⅴ) 다른 법률에 따라 진행 중인 감사 및 조사에 관한 업무

② 개인정보의 정정·삭제
㉠ 자신의 개인정보를 열람한 정보주체는 개인정보처리자에게 그 개인정보의 정정 또는 삭제를 요구할 수 있다. 다만, 다른 법령에서 그 개인정보가 수집대상으로 명시되어 있는 경우에는 그 삭제를 요구할 수 없다. 이 경우 지체 없이 그 내용을 정보주체에게 알려야 한다.
㉡ 개인정보처리자는 위의 정보주체의 요구를 받았을 때에는 개인정보의 정정 또는 삭제에 관하여 다른 법령에 특별한 절차가 규정되어 있는 경우를 제외하고는 지체 없이 그 개인정보를 조사하여 정보주체의 요구에 따라 정정·삭제 등 필요한 조치를 한 후 그 결과를 정보주체에게 알려야 한다. 이 경우 확인에 필요한 증거자료를 제출하게 할 수 있다.
㉢ 개인정보처리자가 개인정보를 삭제할 때에는 복구 또는 재생되지 아니하도록 조치하여야 한다.

③ 개인정보의 처리정지 등
㉠ 정보주체는 개인정보처리자에 대하여 자신의 개인정보 처리의 정지를 요구하거나 개인정보 처리에 대한 동의를 철회할 수 있다. 이 경우 공공기관에 대해서는 제32조에 따라 등록 대상이 되는 개인정보파일 중 자신의 개인정보에 대한 처리의 정지를 요구하거나 개인정보 처리에 대한 동의를 철회할 수 있다.
㉡ **처리정지 및 처리정지 거절사유**: 개인정보처리자는 ㉠에 따른 처리정지 요구를 받았을 때에는 지체 없이 정보주체의 요구에 따라 개인정보 처리의 전부를 정지하거나 일부를 정지하여야 한다. 다만, 다음의 어느 하나에 해당하는 경우에는 정보주체의 처리정지 요구를 거절할 수 있다.
ⓐ 법률에 특별한 규정이 있거나 법령상 의무를 준수하기 위하여 불가피한 경우
ⓑ 다른 사람의 생명·신체를 해할 우려가 있거나 다른 사람의 재산과 그 밖의 이익을 부당하게 침해할 우려가 있는 경우

ⓒ 공공기관이 개인정보를 처리하지 아니하면 다른 법률에서 정하는 소관 업무를 수행할 수 없는 경우

ⓓ 개인정보를 처리하지 아니하면 정보주체와 약정한 서비스를 제공하지 못하는 등 계약의 이행이 곤란한 경우로서 정보주체가 그 계약의 해지 의사를 명확하게 밝히지 아니한 경우

ⓒ 개인정보처리자는 정보주체가 ㉠에 따라 동의를 철회한 때에는 지체 없이 수집된 개인정보를 복구·재생할 수 없도록 파기하는 등 필요한 조치를 하여야 한다. 다만, ㉡의 어느 하나에 해당하는 경우에는 동의 철회에 따른 조치를 하지 아니할 수 있다.

ⓔ 개인정보처리자는 ㉡ 단서에 따라 처리정지 요구를 거절하거나 ㉢ 단서에 따라 동의 철회에 따른 조치를 하지 아니하였을 때에는 정보주체에게 지체 없이 그 사유를 알려야 한다.

ⓜ 개인정보처리자는 정보주체의 요구에 따라 처리가 정지된 개인정보에 대하여 지체 없이 해당 개인정보의 파기 등 필요한 조치를 하여야 한다.

④ 권리행사의 방법 및 절차

㉠ 정보주체는 제35조에 따른 열람, 제35조의2에 따른 전송, 제36조에 따른 정정·삭제, 제37조에 따른 처리정지 및 동의 철회, 제37조의2에 따른 거부·설명 등의 요구(이하 '열람등요구'라 한다)를 문서 등 대통령령으로 정하는 방법·절차에 따라 대리인에게 하게 할 수 있다.

㉡ 만 14세 미만 아동의 법정대리인은 개인정보처리자에게 그 아동의 개인정보 열람등요구를 할 수 있다. 01

㉢ 개인정보처리자는 열람등요구를 하는 자에게 대통령령으로 정하는 바에 따라 수수료와 우송료(사본의 우송을 청구하는 경우에 한한다)를 청구할 수 있다. 다만, 제35조의2 제2항에 따른 전송 요구의 경우에는 전송을 위해 추가로 필요한 설비 등을 함께 고려하여 수수료를 산정할 수 있다.

㉣ 개인정보처리자는 정보주체가 열람등요구를 할 수 있는 구체적인 방법과 절차를 마련하고, 이를 정보주체가 알 수 있도록 공개하여야 한다. 이 경우 열람등요구의 방법과 절차는 해당 개인정보의 수집방법과 절차보다 어렵지 아니하도록 하여야 한다.

㉤ 개인정보처리자는 정보주체가 열람등요구에 대한 거절 등 조치에 대하여 불복이 있는 경우 이의를 제기할 수 있도록 필요한 절차를 마련하고 안내하여야 한다.

> [개념확인 O/X]
>
> 01 개인정보의 열람청구와 삭제 또는 정정청구는 정보주체가 직접 하여야 하고 대리인에 의한 청구는 허용되지 않는다.
> 17 하반기 국가7급 (O/X)

관련 법령

「개인정보 보호법」 제35조의2【개인정보의 전송 요구】 ① 정보주체는 개인정보 처리 능력 등을 고려하여 대통령령으로 정하는 기준에 해당하는 개인정보처리자에 대하여 다음 각 호의 요건을 모두 충족하는 개인정보를 자신에게로 전송할 것을 요구할 수 있다.

1. 정보주체가 전송을 요구하는 개인정보가 정보주체 본인에 관한 개인정보로서 다음 각 목의 어느 하나에 해당하는 정보일 것

   가. 제15조 제1항 제1호, 제23조 제1항 제1호 또는 제24조 제1항 제1호에 따른 동의를 받아 처리되는 개인정보

   나. 제15조 제1항 제4호에 따라 체결한 계약을 이행하거나 계약을 체결하는 과정에서 정보주체의 요청에 따른 조치를 이행하기 위하여 처리되는 개인정보

   다. 제15조 제1항 제2호·제3호, 제23조 제1항 제2호 또는 제24조 제1항 제2호에 따라 처리되는 개인정보 중 정보주체의 이익이나 공익적 목적을 위하여 관계 중앙행정기관의 장의 요청에 따라 보호위원회가 심의·의결하여 전송 요구의 대상으로 지정한 개인정보

2. 전송을 요구하는 개인정보가 개인정보처리자가 수집한 개인정보를 기초로 분석·가공하여 별도로 생성한 정보가 아닐 것

3. 전송을 요구하는 개인정보가 컴퓨터 등 정보처리장치로 처리되는 개인정보일 것

| 정답 | 01 X

② 정보주체는 매출액, 개인정보의 보유 규모, 개인정보 처리 능력, 산업별 특성 등을 고려하여 대통령령으로 정하는 기준에 해당하는 개인정보처리자에 대하여 제1항에 따른 전송 요구 대상인 개인정보를 기술적으로 허용되는 합리적인 범위에서 다음 각 호의 자에게 전송할 것을 요구할 수 있다.
1. 제35조의3 제1항에 따른 개인정보관리 전문기관
2. 제29조에 따른 안전조치의무를 이행하고 대통령령으로 정하는 시설 및 기술 기준을 충족하는 자

③ 개인정보처리자는 제1항 및 제2항에 따른 전송 요구를 받은 경우에는 시간, 비용, 기술적으로 허용되는 합리적인 범위에서 해당 정보를 컴퓨터 등 정보처리장치로 처리 가능한 형태로 전송하여야 한다.

④ 제1항 및 제2항에 따른 전송 요구를 받은 개인정보처리자는 다음 각 호의 어느 하나에 해당하는 법률의 관련 규정에도 불구하고 정보주체에 관한 개인정보를 전송하여야 한다.
1. 「국세기본법」 제81조의13
2. 「지방세기본법」 제86조
3. 그 밖에 제1호 및 제2호와 유사한 규정으로서 대통령령으로 정하는 법률의 규정

⑤ 정보주체는 제1항 및 제2항에 따른 전송 요구를 철회할 수 있다.

⑥ 개인정보처리자는 정보주체의 본인 여부가 확인되지 아니하는 경우 등 대통령령으로 정하는 경우에는 제1항 및 제2항에 따른 전송 요구를 거절하거나 전송을 중단할 수 있다.

⑦ 정보주체는 제1항 및 제2항에 따른 전송 요구로 인하여 타인의 권리나 정당한 이익을 침해하여서는 아니 된다.

⑧ 제1항부터 제7항까지에서 규정한 사항 외에 전송 요구의 대상이 되는 정보의 범위, 전송 요구의 방법, 전송의 기한 및 방법, 전송 요구 철회의 방법, 전송 요구의 거절 및 전송 중단의 방법 등 필요한 사항은 대통령령으로 정한다.
[본조신설 2023.3.14.] [시행일 미지정]

제35조의4 【개인정보 전송 관리 및 지원】 ① 보호위원회는 제35조의2 제1항 및 제2항에 따른 개인정보처리자 및 제35조의3 제1항에 따른 개인정보관리 전문기관 현황, 활용내역 및 관리실태 등을 체계적으로 관리·감독하여야 한다.

② 보호위원회는 개인정보가 안전하고 효율적으로 전송될 수 있도록 다음 각 호의 사항을 포함한 개인정보 전송 지원 플랫폼을 구축·운영할 수 있다.
1. 개인정보관리 전문기관 현황 및 전송 가능한 개인정보 항목 목록
2. 정보주체의 개인정보 전송 요구·철회 내역
3. 개인정보의 전송 이력 관리 등 지원 기능
4. 그 밖에 개인정보 전송을 위하여 필요한 사항

③ 보호위원회는 제2항에 따른 개인정보 전송지원 플랫폼의 효율적 운영을 위하여 개인정보관리 전문기관에서 구축·운영하고 있는 전송 시스템을 상호 연계하거나 통합할 수 있다. 이 경우 관계 중앙행정기관의 장 및 해당 개인정보관리 전문기관과 사전에 협의하여야 한다.

④ 제1항부터 제3항까지의 규정에 따른 관리·감독과 개인정보 전송지원 플랫폼의 구축 및 운영에 필요한 사항은 대통령령으로 정한다.

제37조의2 【자동화된 결정에 대한 정보주체의 권리 등】 ① 정보주체는 완전히 자동화된 시스템(인공지능 기술을 적용한 시스템을 포함한다)으로 개인정보를 처리하여 이루어지는 결정(「행정기본법」 제20조에 따른 행정청의 자동적 처분은 제외하며, 이하 이 조에서 '자동화된 결정'이라 한다)이 자신의 권리 또는 의무에 중대한 영향을 미치는 경우에는 해당 개인정보처리자에 대하여 해당 결정을 거부할 수 있는 권리를 가진다. 다만, 자동화된 결정이 제15조 제1항 제1호·제2호 및 제4호에 따라 이루어지는 경우에는 그러하지 아니하다.

② 정보주체는 개인정보처리자가 자동화된 결정을 한 경우에는 그 결정에 대하여 설명 등을 요구할 수 있다.

③ 개인정보처리자는 제1항 또는 제2항에 따라 정보주체가 자동화된 결정을 거부하거나 이에 대한 설명 등을 요구한 경우에는 정당한 사유가 없는 한 자동화된 결정을 적용하지 아니하거나 인적 개입에 의한 재처리·설명 등 필요한 조치를 하여야 한다.

④ 개인정보처리자는 자동화된 결정의 기준과 절차, 개인정보가 처리되는 방식 등을 정보주체가 쉽게 확인할 수 있도록 공개하여야 한다.

⑤ 제1항부터 제4항까지에서 규정한 사항 외에 자동화된 결정의 거부·설명 등을 요구하는 절차 및 방법, 거부·설명 등의 요구에 따른 필요한 조치, 자동화된 결정의 기준·절차 및 개인정보가 처리되는 방식의 공개 등에 필요한 사항은 대통령령으로 정한다.

⑤ **손해배상책임** 빈출 ▸ **결정적 코멘트** ▸ 손해배상책임을 3가지로 나누어 구분해서 암기하여야 한다.
  ㉠ 정보주체는 개인정보처리자가 이 법을 위반한 행위로 손해를 입으면 개인정보처리자에게 손해배상을 청구할 수 있다. 이 경우 그 개인정보처리자는 고의 또는 과실이 없음을 입증하지 아니하면 책임을 면할 수 없다. 01 02 03
  ㉡ 개인정보처리자의 고의 또는 중대한 과실로 인하여 개인정보가 분실·도난·유출·위조·변조 또는 훼손된 경우로서 정보주체에게 손해가 발생한 때에는 법원은 그 손해액의 5배를 넘지 아니하는 범위에서 손해배상액을 정할 수 있다. 다만, 개인정보처리자가 고의 또는 중대한 과실이 없음을 증명한 경우에는 그러하지 아니하다.
  ㉢ 배상액을 정할 때 법원이 고려하여야 할 사항
    ⓐ 고의 또는 손해 발생의 우려를 인식한 정도
    ⓑ 위반행위로 인하여 입은 피해 규모
    ⓒ 위법행위로 인하여 개인정보처리자가 취득한 경제적 이익
    ⓓ 위반행위에 따른 벌금 및 과징금
    ⓔ 위반행위의 기간·횟수 등
    ⓕ 개인정보처리자의 재산상태
    ⓖ 개인정보처리자가 정보주체의 개인정보 분실·도난·유출 후 해당 개인정보를 회수하기 위하여 노력한 정도
    ⓗ 개인정보처리자가 정보주체의 피해구제를 위하여 노력한 정도

> **관련 판례**
>
> 🅒 개인정보를 처리하는 자가 수집한 개인정보가 정보주체의 의사에 반하여 유출된 경우, 그로 인하여 정보주체에게 위자료로 배상할 만한 정신적 손해가 발생하였는지 판단하는 기준 및 불법행위로 입은 정신적 고통에 대한 위자료 액수의 산정이 사실심 법원의 재량 사항인지 여부(적극)
>
>> 개인정보를 처리하는 자가 수집한 개인정보가 정보주체의 의사에 반하여 유출된 경우, 그로 인하여 정보주체에게 위자료로 배상할 만한 정신적 손해가 발생하였는지는 유출된 개인정보의 종류와 성격이 무엇인지, 개인정보 유출로 정보주체를 식별할 가능성이 발생하였는지, 제3자가 유출된 개인정보를 열람하였는지 또는 제3자의 열람 여부가 밝혀지지 않았다면 제3자의 열람 가능성이 있었거나 앞으로 열람 가능성이 있는지, 유출된 개인정보가 어느 범위까지 확산되었는지, 개인정보 유출로 추가적인 법익침해 가능성이 발생하였는지, 개인정보를 처리하는 자가 개인정보를 관리해 온 실태와 개인정보가 유출된 구체적인 경위는 어떠한지, 개인정보 유출로 인한 피해 발생 및 확산을 방지하기 위하여 어떠한 조치가 취하여졌는지 등 여러 사정을 종합적으로 고려하여 구체적 사건에 따라 개별적으로 판단하여야 한다. 또한 불법행위로 입은 정신적 고통에 대한 위자료 액수에 관하여는 사실심 법원이 제반 사정을 참작하여 그 직권에 속하는 재량에 의하여 확정할 수 있다(대판 2019.9.26. 2018다222303·222310·222327).

⑥ **법정손해배상의 청구**
  ㉠ 손해배상책임에도 불구하고 정보주체는 개인정보처리자의 고의 또는 과실로 인하여 개인정보가 분실·도난·유출·위조·변조 또는 훼손된 경우에는 300만 원 이하의 범위에서 상당한 금액을 손해액으로 하여 배상을 청구할 수 있다. 이 경우 해당 개인정보처리자는 고의 또는 과실이 없음을 입증하지 아니하면 책임을 면할 수 없다.
  ㉡ 법원은 이에 따른 청구가 있는 경우에 변론 전체의 취지와 증거조사의 결과를 고려하여 위의 범위에서 상당한 손해액을 인정할 수 있다.
  ㉢ 위에 따라 손해배상을 청구한 정보주체는 사실심(事實審)의 변론이 종결되기 전까지 그 청구를 ㉠에 따른 청구로 변경할 수 있다.

개념확인 O/X

01 「개인정보 보호법」을 위반한 개인정보처리자의 행위로 손해를 입은 정보주체가 개인정보처리자에게 손해배상을 청구한 경우, 그 개인정보처리자는 고의 또는 과실이 없음을 입증하지 아니하면 책임을 면할 수 없다.
23 국회8급, 18 지방7급   (O / X)

02 정보주체는 개인정보처리자가 「개인정보 보호법」을 위반한 행위로 손해를 입으면 개인정보처리자에게 손해배상을 청구할 수 있으며, 이 경우 그 정보주체는 고의 또는 과실을 입증해야 한다.
14 국가9급   (O / X)

03 개인정보처리자가 「개인정보 보호법」을 위반한 행위로 손해를 입힌 경우 정보주체는 손해배상을 청구할 수 있는데, 이때 개인정보처리자가 고의·과실이 없음에 대한 입증책임을 진다.
17 사회복지   (O / X)

| 정답 | 01 O   02 X   03 O

| 개념확인 O/X | 관련 법령 |

「개인정보 보호법」 제39조의3 【자료의 제출】 ① 법원은 이 법을 위반한 행위로 인한 손해배상청구소송에서 당사자의 신청에 따라 상대방 당사자에게 해당 손해의 증명 또는 손해액의 산정에 필요한 자료의 제출을 명할 수 있다. 다만, 제출명령을 받은 자가 그 자료의 제출을 거부할 정당한 이유가 있으면 그러하지 아니하다.
② 법원은 제1항에 따른 제출명령을 받은 자가 그 자료의 제출을 거부할 정당한 이유가 있다고 주장하는 경우에는 그 주장의 당부(當否)를 판단하기 위하여 자료의 제시를 명할 수 있다. 이 경우 법원은 그 자료를 다른 사람이 보게 하여서는 아니 된다.
③ 제1항에 따라 제출되어야 할 자료가 「부정경쟁방지 및 영업비밀보호에 관한 법률」 제2조 제2호에 따른 영업비밀(이하 '영업비밀'이라 한다)에 해당하나 손해의 증명 또는 손해액의 산정에 반드시 필요한 경우에는 제1항 단서에 따른 정당한 이유로 보지 아니한다. 이 경우 법원은 제출명령의 목적 내에서 열람할 수 있는 범위 또는 열람할 수 있는 사람을 지정하여야 한다.
④ 법원은 제1항에 따른 제출명령을 받은 자가 정당한 이유 없이 그 명령에 따르지 아니한 경우에는 자료의 기재에 대한 신청인의 주장을 진실한 것으로 인정할 수 있다.
⑤ 법원은 제4항에 해당하는 경우 신청인이 자료의 기재에 관하여 구체적으로 주장하기에 현저히 곤란한 사정이 있고 자료로 증명할 사실을 다른 증거로 증명하는 것을 기대하기도 어려운 경우에는 신청인이 자료의 기재로 증명하려는 사실에 관한 주장을 진실한 것으로 인정할 수 있다.

제39조의4 【비밀유지명령】 ① 법원은 이 법을 위반한 행위로 인한 손해배상청구소송에서 당사자의 신청에 따른 결정으로 다음 각 호의 자에게 그 당사자가 보유한 영업비밀을 해당 소송의 계속적인 수행 외의 목적으로 사용하거나 그 영업비밀에 관계된 이 항에 따른 명령을 받은 자 외의 자에게 공개하지 아니할 것을 명할 수 있다. 다만, 그 신청 시점까지 다음 각 호의 자가 준비서면의 열람이나 증거조사 외의 방법으로 그 영업비밀을 이미 취득하고 있는 경우에는 그러하지 아니하다.
  1. 다른 당사자(법인인 경우에는 그 대표자를 말한다)
  2. 당사자를 위하여 해당 소송을 대리하는 자
  3. 그 밖에 해당 소송으로 영업비밀을 알게 된 자
② 제1항에 따른 명령(이하 '비밀유지명령'이라 한다)을 신청하는 자는 다음 각 호의 사유를 모두 소명하여야 한다.
  1. 이미 제출하였거나 제출하여야 할 준비서면, 이미 조사하였거나 조사하여야 할 증거 또는 제39조의3 제1항에 따라 제출하였거나 제출하여야 할 자료에 영업비밀이 포함되어 있다는 것
  2. 제1호의 영업비밀이 해당 소송 수행 외의 목적으로 사용되거나 공개되면 당사자의 영업에 지장을 줄 우려가 있어 이를 방지하기 위하여 영업비밀의 사용 또는 공개를 제한할 필요가 있다는 것
③ 비밀유지명령의 신청은 다음 각 호의 사항을 적은 서면으로 하여야 한다.
  1. 비밀유지명령을 받을 자
  2. 비밀유지명령의 대상이 될 영업비밀을 특정하기에 충분한 사실
  3. 제2항 각 호의 사유에 해당하는 사실
④ 법원은 비밀유지명령이 결정된 경우에는 그 결정서를 비밀유지명령을 받을 자에게 송달하여야 한다.
⑤ 비밀유지명령은 제4항의 결정서가 비밀유지명령을 받을 자에게 송달된 때부터 효력이 발생한다.
⑥ 비밀유지명령의 신청을 기각하거나 각하한 재판에 대해서는 즉시항고를 할 수 있다.

제39조의5 【비밀유지명령의 취소】 ① 비밀유지명령을 신청한 자 또는 비밀유지명령을 받은 자는 제39조의4 제2항 각 호의 사유에 부합하지 아니하는 사실이나 사정이 있는 경우 소송기록을 보관하고 있는 법원(소송기록을 보관하고 있는 법원이 없는 경우에는 비밀유지명령을 내린 법원을 말한다)에 비밀유지명령의 취소를 신청할 수 있다.
② 법원은 비밀유지명령의 취소신청에 대한 재판이 있는 경우에는 그 결정서를 그 신청을 한 자 및 상대방에게 송달하여야 한다.
③ 비밀유지명령의 취소신청에 대한 재판에 대해서는 즉시항고를 할 수 있다.
④ 비밀유지명령을 취소하는 재판은 확정되어야 효력이 발생한다.
⑤ 비밀유지명령을 취소하는 재판을 한 법원은 비밀유지명령의 취소신청을 한 자 또는 상대방 외에 해당 영업비밀에 관한 비밀유지명령을 받은 자가 있는 경우에는 그 자에게 즉시 비밀유지명령의 취소 재판을 한 사실을 알려야 한다.

제39조의6 【소송기록 열람 등의 청구 통지 등】 ① 비밀유지명령이 내려진 소송(모든 비밀유지명령이 취소된 소송은 제외한다)에 관한 소송기록에 대하여 「민사소송법」 제163조 제1항에 따라 열람 등의 신청인을 당사자로 제한하는 결정이 있었던 경우로서 당사자가 같은 항에서 규정하는 비밀 기재부분의 열람 등의 청구를 하였으나 그 청구절차를 해당 소송에서 비밀유지명령을 받지 아니한 자가 밟은 경우에는 법원서기관, 법원사무관, 법원주사 또는 법원주사보(이하 이 조에서 '법원사무관등'이라 한다)는 같은 항의 신청을 한 당사자(그 열람 등의 청구를 한 자는 제외한다. 이하 제3항에서 같다)에게 그 청구 직후에 그 열람 등의 청구가 있었다는 사실을 알려야 한다.

② 법원사무관등은 제1항의 청구가 있었던 날부터 2주일이 지날 때까지(그 청구절차를 밟은 자에 대한 비밀유지명령 신청이 그 기간 내에 이루어진 경우에는 그 신청에 대한 재판이 확정되는 시점까지를 말한다) 그 청구절차를 밟은 자에게 제1항의 비밀 기재부분의 열람 등을 하게 하여서는 아니 된다.
③ 제2항은 제1항의 열람 등의 청구를 한 자에게 제1항의 비밀 기재부분의 열람 등을 하게 하는 것에 대하여 「민사소송법」 제163조 제1항의 신청을 한 당사자 모두가 동의하는 경우에는 적용되지 아니한다.

제39조의7【손해배상의 보장】 ① 개인정보처리자로서 매출액, 개인정보의 보유 규모 등을 고려하여 대통령령으로 정하는 기준에 해당하는 자는 제39조 및 제39조의2에 따른 손해배상책임의 이행을 위하여 보험 또는 공제에 가입하거나 준비금을 적립하는 등 필요한 조치를 하여야 한다.
② 제1항에도 불구하고 다음 각 호의 어느 하나에 해당하는 자는 제1항에 따른 조치를 하지 아니할 수 있다.
   1. 대통령령으로 정하는 공공기관, 비영리법인 및 단체
   2. 「소상공인기본법」 제2조 제1항에 따른 소상공인으로서 대통령령으로 정하는 자에게 개인정보 처리를 위탁한 자
   3. 다른 법률에 따라 제39조 및 제39조의2에 따른 손해배상책임의 이행을 보장하는 보험 또는 공제에 가입하거나 준비금을 적립한 개인정보처리자
③ 제1항 및 제2항에 따른 개인정보처리자의 손해배상책임 이행 기준 등에 필요한 사항은 대통령령으로 정한다.

(11) 개인정보 분쟁조정위원회의 설치 및 조정

① **설치**: 개인정보에 관한 분쟁의 조정(調停)을 위하여 개인정보 분쟁조정위원회(이하 '분쟁조정위원회'라 한다)를 둔다. 01

② **조정의 신청 등**
   ㉠ 개인정보와 관련한 분쟁의 조정을 원하는 자는 분쟁조정위원회에 분쟁조정을 신청할 수 있다. 02
   ㉡ 분쟁조정위원회는 당사자 일방으로부터 분쟁조정 신청을 받았을 때에는 그 신청내용을 상대방에게 알려야 한다.
   ㉢ 개인정보처리자가 이에 따른 분쟁조정의 통지를 받은 경우에는 특별한 사유가 없으면 분쟁조정에 응하여야 한다.

③ **조정 전 합의 권고**: 분쟁조정위원회는 분쟁조정 신청을 받았을 때에는 당사자에게 그 내용을 제시하고 조정 전 합의를 권고할 수 있다.

④ **분쟁의 조정**
   ㉠ 분쟁조정위원회는 조사대상 침해행위의 중지 원상회복, 손해배상 그 밖에 필요한 구제조치, 같거나 비슷한 침해의 재발을 방지하기 위하여 필요한 조치의 어느 하나의 사항을 포함하여 조정안을 작성할 수 있다.
   ㉡ 분쟁조정위원회는 ㉠에 따라 조정안을 작성하면 지체 없이 각 당사자에게 제시하여야 한다.
   ㉢ 조정의 내용은 재판상 화해와 동일한 효력을 갖는다. 03

⑤ **조정의 거부 및 중지**
   ㉠ 분쟁조정위원회는 분쟁의 성질상 분쟁조정위원회에서 조정하는 것이 적합하지 아니하다고 인정하거나 부정한 목적으로 조정이 신청되었다고 인정하는 경우에는 그 조정을 거부할 수 있다. 이 경우 조정거부의 사유 등을 신청인에게 알려야 한다.
   ㉡ 분쟁조정위원회는 신청된 조정사건에 대한 처리절차를 진행하던 중에 한 쪽 당사자가 소를 제기하면 그 조정의 처리를 중지하고 이를 당사자에게 알려야 한다.

개념확인 O/X

01 개인정보 분쟁조정위원회 위원장은 위원 중에서 공무원이 아닌 사람으로 개인정보 보호위원회 위원장이 위촉한다.
19 소방 (O / X)

02 개인정보와 관련한 분쟁의 조정을 원하는 자는 개인정보 분쟁조정위원회에 분쟁조정을 신청할 수 있다.
16 교육행정 (O / X)

03 개인정보 분쟁조정위원회의 조정을 분쟁당사자가 수락하는 경우 조정의 내용은 재판상 화해와 동일한 효력을 갖는다.
17 서울7급 (O / X)

| 개념확인 O/X |

01 국가 및 지방자치단체, 개인정보 보호단체는 정보주체의 피해 또는 권리침해가 다수의 정보주체에게 같거나 비슷한 유형으로 발생하는 경우로서 대통령령으로 정하는 사건에 대하여는 분쟁조정위원회에 집단분쟁조정을 의뢰 또는 신청할 수 있다.
23 국회8급 (O / X)

02 개인정보 분쟁조정위원회는 집단분쟁조정의 당사자인 다수의 정보주체 중 일부의 정보주체가 법원에 소를 제기한 경우에는 그 조정절차를 중지하고, 이를 당사자에게 알려야 한다.
19 소방 (O / X)

03 개인정보처리자가 「개인정보 보호법」 제49조에 따른 집단분쟁조정의 결과를 수락하지 아니한 경우, 「소비자기본법」 제29조에 따라 공정거래위원회에 등록한 후 1년이 경과한 소비자단체는 법원에 권리침해행위의 중지를 구하는 단체소송을 제기할 수 있다.
23 국회8급 (O / X)

04 개인정보 단체소송은 개인정보처리자가 「개인정보 보호법」상의 집단분쟁조정을 거부하거나 집단분쟁조정의 결과를 수락하지 아니한 경우에 법원의 허가를 받아 제기할 수 있다.
16 지방9급 (O / X)

05 「소비자기본법」에 따라 공정거래위원회에 등록한 소비자단체가 개인정보 단체소송을 제기하려면 그 단체의 정회원수가 1백명 이상이어야 한다.
16 지방9급 (O / X)

06 개인정보 단체소송을 허가하거나 불허가하는 법원의 결정에 대하여는 불복할 수 없다.
16 지방9급 (O / X)

⑥ 집단분쟁조정
㉠ 국가 및 지방자치단체, 개인정보 보호단체 및 기관, 정보주체, 개인정보처리자는 정보주체의 피해 또는 권리침해가 다수의 정보주체에게 같거나 비슷한 유형으로 발생하는 경우로서 대통령령으로 정하는 사건에 대하여는 분쟁조정위원회에 일괄적인 분쟁조정(이하 '집단분쟁조정'이라 한다)을 의뢰 또는 신청할 수 있다. **01**
㉡ 분쟁조정위원회는 집단분쟁조정의 당사자가 아닌 정보주체 또는 개인정보처리자로부터 그 분쟁조정의 당사자에 추가로 포함될 수 있도록 하는 신청을 받을 수 있다.
㉢ 분쟁조정위원회는 집단분쟁조정의 당사자인 다수의 정보주체 중 일부의 정보주체가 법원에 소를 제기한 경우에는 그 절차를 중지하지 아니하고, 소를 제기한 일부의 정보주체를 그 절차에서 제외한다. **02**

(12) 개인정보 단체소송 [빈출] ─ 결정적 코멘트 ▸ 단체소송의 요건과 단체소송을 청구할 수 있는 단체는 암기가 필요하다.

① 단체소송의 대상 등
다음의 어느 하나에 해당하는 단체는 개인정보처리자가 집단분쟁조정을 거부하거나 집단분쟁조정의 결과를 수락하지 아니한 경우에는 법원에 권리침해행위의 금지·중지를 구하는 소송(이하 '단체소송'이라 한다)을 제기할 수 있다. **03 04**
㉠ 「소비자기본법」 제29조에 따라 공정거래위원회에 등록한 소비자단체로서 다음의 요건을 모두 갖춘 단체 **05**
  ⓐ 정관에 따라 상시적으로 정보주체의 권익증진을 주된 목적으로 하는 단체일 것
  ⓑ 단체의 정회원수가 1천명 이상일 것
  ⓒ 「소비자기본법」 제29조에 따른 등록 후 3년이 경과하였을 것
㉡ 「비영리민간단체 지원법」 제2조에 따른 비영리민간단체로서 다음의 요건을 모두 갖춘 단체
  ⓐ 법률상 또는 사실상 동일한 침해를 입은 100명 이상의 정보주체로부터 단체소송의 제기를 요청받을 것
  ⓑ 정관에 개인정보 보호를 단체의 목적으로 명시한 후 최근 3년 이상 이를 위한 활동실적이 있을 것
  ⓒ 단체의 상시 구성원수가 5천명 이상일 것
  ⓓ 중앙행정기관에 등록되어 있을 것

② 전속관할
㉠ 단체소송의 소는 피고의 주된 사무소 또는 영업소가 있는 곳, 주된 사무소나 영업소가 없는 경우에는 주된 업무담당자의 주소가 있는 곳의 지방법원 본원 합의부의 관할에 전속한다.
㉡ 외국사업자에 적용하는 경우 대한민국에 있는 이들의 주된 사무소·영업소 또는 업무담당자의 주소에 따라 정한다.

③ 소송대리인의 선임: 단체소송의 원고는 변호사를 소송대리인으로 선임하여야 한다.

④ 소송허가신청
㉠ 단체소송을 제기하는 단체는 소장과 함께 소송허가신청서를 법원에 제출하여야 한다.
㉡ 단체소송을 허가하거나 불허가하는 결정에 대하여는 즉시항고할 수 있다. **06**

| 정답 | 01 O 02 X 03 X 04 O 05 X 06 X

⑤ **확정판결의 효력**: 원고의 청구를 기각하는 판결이 확정된 경우 이와 동일한 사안에 관하여는 제51조에 따른 다른 단체는 단체소송을 제기할 수 없다. 다만, 다음의 어느 하나에 해당하는 경우에는 그러하지 아니하다.
  ㉠ 판결이 확정된 후 그 사안과 관련하여 국가·지방자치단체 또는 국가·지방자치단체가 설립한 기관에 의하여 새로운 증거가 나타난 경우
  ㉡ 기각판결이 원고의 고의로 인한 것임이 밝혀진 경우
⑥ 「**민사소송법**」**의 적용**: 단체소송에 관하여 이 법에 특별한 규정이 없는 경우에는 「민사소송법」을 적용한다. 01

(13) 양벌규정

법인의 대표자나 법인 또는 개인의 대리인, 사용인 그 밖의 종업원이 그 법인 또는 개인의 업무에 관하여 위반행위를 하면 그 행위자를 벌하는 외에 그 법인 또는 개인을 벌금에 처한다. 다만, 법인 또는 개인이 그 위반행위를 방지하기 위하여 해당 업무에 관하여 상당한 주의와 감독을 게을리하지 아니한 경우에는 그러하지 아니하다.

> **관련 판례**
>
> ⓒ (구)「개인정보 보호법」양벌규정상의 '법인'에 공공기관이 포함되지 않으며 이 경우 행위자도 양벌규정으로 처벌할 수 없다
>
> (구)「개인정보 보호법」은 제2조 제5호·제6호에서 공공기관 중 법인격이 없는 '중앙행정기관 및 그 소속 기관' 등을 개인정보처리자 중 하나로 규정하고 있으면서도, 양벌규정에 의하여 처벌되는 개인정보처리자로는 같은 법 제74조 제2항에서 '법인 또는 개인'만을 규정하고 있을 뿐이고, 법인격 없는 공공기관에 대하여도 위 양벌규정을 적용할 것인지 여부에 대하여는 명문의 규정을 두고 있지 않으므로, 죄형법정주의의 원칙상 '법인격 없는 공공기관'을 위 양벌규정에 의하여 처벌할 수 없고, 그 경우 행위자 역시 위 양벌규정으로 처벌할 수 없다고 봄이 타당하다(대판 2021.10.28. 2020도1942).

개념확인 O/X

01 개인정보 단체소송에 관하여 「개인정보 보호법」에 특별한 규정이 없는 경우에는 「행정소송법」을 적용한다.
16 지방9급　　　(O / X)

| 정답 | 01 X

07 행정정보공개와 개인정보보호

교수님 코멘트▶ 정보공개법은 출제빈도가 높은 단원으로서 정보공개판례와 비공개판례의 구분, 정보공개거부에 대한 법률상 이익 여부, 불복절차를 이해하거나 암기하여야 문제를 해결할 수 있다. 「개인정보 보호법」은 최근 개정된 사항을 구분하여 학습하여야 하며, 특히 개인정보자기결정권에 대한 충분한 이해와 관련 판례의 숙지가 필요하다.

01
2024 국가직 7급

정보공개에 대한 설명으로 옳지 않은 것은?

① 정보공개거부처분의 취소를 구하는 행정소송에서 정보공개청구인이 정보공개거부처분을 받은 것 외에 추가로 법률상 이익이 있어야 하는 것도 아니며, 정보공개청구의 대상이 되는 정보가 이미 공개되어 있다는 사정만으로 소의 이익이 없는 것도 아니다.

② 「공공기관의 정보공개에 관한 법률」에 따라 중앙행정기관은 전자적 형태로 보유·관리하는 정보 중 공개대상으로 분류된 정보를 국민의 정보공개 청구가 없더라도 정보통신망을 활용한 정보공개시스템 등을 통하여 공개하여야 한다.

③ 정보공개청구인이 공공기관의 비공개 결정 또는 부분공개 결정에 대한 이의신청을 하여 공공기관으로부터 이의신청에 대한 결과를 통지받은 후 취소소송을 제기하는 경우, 그 제소기간은 이의신청에 대한 결과를 통지받은 날부터 기산한다.

④ 견책의 징계처분을 받은 자가 소속기관의 장에게 징계위원회에 참여한 징계위원의 성명과 직위에 대한 정보공개청구를 하였으나 해당 정보가 비공개 대상이라는 이유로 거부된 경우, 그 견책처분에 대한 취소소송의 기각판결이 확정되었다면 정보공개거부처분의 취소를 구할 법률상 이익은 인정되지 않는다.

02
2021 지방직 9급

「공공기관의 정보공개에 관한 법률」상 정보공개에 대한 설명으로 옳지 않은 것은? (다툼이 있는 경우 판례에 의함)

① 정보의 공개 및 우송 등에 드는 비용은 실비의 범위에서 청구인이 부담한다.

② 공공기관은 공개청구된 정보가 공공기관이 보유·관리하지 아니하는 정보인 경우로서 「민원 처리에 관한 법률」에 따른 민원으로 처리할 수 있는 경우에는 민원으로 처리할 수 있다.

③ 청구인이 공공기관에 대하여 정보공개를 청구하였다가 거부처분을 받은 것 자체가 법률상 이익의 침해에 해당한다.

④ 오로지 공공기관의 담당공무원을 괴롭힐 목적으로 정보공개청구를 하는 경우에도 정보공개청구권의 행사는 허용되어야 한다

03

2024 군무원 9급

다음 중 「공공기관의 정보공개에 관한 법률」에 대한 설명으로 가장 적절하지 않은 것은? (다툼이 있는 경우 판례에 의함)

① 공공기관은 정보공개의 청구가 있는 때에는 원칙적으로 10일 이내에 공개 여부를 결정하여야 한다.
② 청구인이 공공기관에 대하여 정보공개를 청구하였다가 거부처분을 받은 것 자체는 법률상 이익의 침해에 해당하지는 않는다.
③ 공개거부결정에 대하여 「공공기관의 정보공개에 관한 법률」상의 이의신청절차를 거치지 아니하고서도 행정심판을 청구할 수 있다.
④ 공개대상정보는 공공기관이 직무상 작성 또는 취득하여 현재 보유·관리하고 있는 문서에 한정되며, 그 문서가 반드시 원본일 필요는 없다.

정답&해설

01 ④ 정보공개제도

④ 국민의 정보공개청구권은 구체적인 권리로서 정보공개청구를 하여 거부된 경우에 그 자체만으로 소를 청구할 수 있는 법률상 이익이 인정되면 추가적인 이익 침해를 요하지 않는다.

| 판례 |

> 견책의 징계처분을 받은 갑이 사단장에게 징계위원회에 참여한 징계위원의 성명과 직위에 대한 정보공개청구를 하였으나 위 정보가 「공공기관의 정보공개에 관한 법률」 제9조 제1항 제1호, 제2호, 제5호, 제6호에 해당한다는 이유로 공개를 거부한 사안에서, 징계처분 취소사건에서 갑의 청구를 기각하는 판결이 확정되었더라도, 갑으로서는 여전히 정보공개거부처분의 취소를 구할 법률상 이익이 있다(대판 2022.5.26. 2022두33439).

| 오답해설 | ① 국민의 정보공개청구권은 법률상 보호되는 구체적인 권리이므로, 공공기관에 대하여 정보공개를 청구하였다가 공개거부처분을 받은 청구인은 행정소송을 통해 공개거부처분의 취소를 구할 법률상 이익이 인정되고, 그 밖에 추가로 어떤 이익이 있어야 하는 것은 아니다(대판 2022.5.26. 2022두33439).
② 「공공기관의 정보공개에 관한 법률」 제8조의2
③ 청구인이 공공기관의 비공개 결정 또는 부분 공개 결정에 대한 이의신청을 하여 공공기관으로부터 이의신청에 대한 결과를 통지받은 후 취소소송을 제기하는 경우, 제소기간의 기산점은 이의신청에 대한 결과를 통지받은 날이다(대판 2023.7.27. 2022두52980).

02 ④ 정보공개제도

④ 국민의 정보공개청구는 「정보공개법」에 정한 비공개대상 정보에 해당하지 아니하는 한 원칙적으로 폭넓게 허용되어야 하지만, 실제로는 해당 정보를 취득 또는 활용할 의사가 전혀 없이 정보공개 제도를 이용하여 사회통념상 용인될 수 없는 부당한 이득을 얻으려 하거나, 오로지 공공기관의 담당공무원을 괴롭힐 목적으로 정보공개청구를 하는 경우처럼 권리의 남용에 해당하는 것이 명백한 경우에는 정보공개청구권의 행사를 허용하지 아니한다(대판 2014.12.24. 2014두9349).

| 오답해설 | ① 「공공기관의 정보공개에 관한 법률」 제17조 제1항
② 동법 제11조 제5항

03 ② 정보공개제도

② 정보공개청구권은 법률상 보호되는 구체적인 권리이므로 청구인이 공공기관에 대하여 정보공개를 청구하였다가 거부처분을 받은 것 자체가 법률상 이익의 침해에 해당한다(대판 2003.12.12. 2003두8050).

| 오답해설 | ① 동법 제11조 제1항
③ 동법 제19조 제2항
④ 「공공기관의 정보공개에 관한 법률」상 공개청구의 대상이 되는 정보란 공공기관이 직무상 작성 또는 취득하여 현재 보유·관리하고 있는 문서에 한정되는 것이기는 하나, 그 문서가 반드시 원본일 필요는 없다(대판 2006.5.25. 2006두3049).

| 정답 | 01 ④ 02 ④ 03 ②

04
2022 지방직 9급

「공공기관의 정보공개에 관한 법률」상 정보공개에 대한 설명으로 옳지 않은 것은? (다툼이 있는 경우 판례에 의함)

① 정보공개청구권자의 권리구제 가능성은 정보의 공개 여부 결정에 아무런 영향을 미치지 못한다.
② 학교환경위생구역 내 금지행위 해제결정에 관한 학교환경위생정화위원회의 회의록에 기재된 발언내용에 대한 해당 발언자의 인적사항 부분에 관한 정보는 비공개대상에 해당하지 아니한다.
③ 공공기관이 정보공개를 거부하는 경우에는 어느 부분이 어떠한 법익 또는 기본권과 충돌되어 비공개사유에 해당하는지를 주장·증명하여야 하고, 그에 이르지 아니한 채 개괄적인 사유만을 들어 공개를 거부하는 것은 허용되지 아니한다.
④ 공개를 구하는 정보를 공공기관이 한때 보유·관리하였으나 후에 그 정보가 담긴 문서 등이 폐기되어 존재하지 않게 된 것이라면 그 정보를 더 이상 보유·관리하고 있지 아니하다는 점에 대한 증명책임은 공공기관에게 있다.

05
2021 국가직 7급

행정정보의 공개에 대한 설명으로 옳지 않은 것은? (다툼이 있는 경우 판례에 의함)

① 공개청구의 대상이 되는 정보가 인터넷 등을 통하여 공개되어 인터넷검색 등을 통하여 쉽게 알 수 있는 경우에는 비공개결정이 정당화될 수 있다.
② 정보의 공개에 관하여 법률의 구체적인 위임이 없는 「교육공무원승진규정」상 근무성적평정 결과를 공개하지 않는다는 규정을 근거로 정보공개청구를 거부할 수 없다.
③ 의사결정과정에 제공된 회의 관련 자료나 의사결정과정이 기록된 회의록은 의사가 결정되거나 의사가 집행된 경우에도 비공개대상 정보에 포함될 수 있다.
④ 공공기관이 정보를 보유·관리하고 있지 아니한 경우에는 특별한 사정이 없는 한 정보공개거부처분의 취소를 구할 법률상의 이익이 없다.

06

다음 사례에 대한 설명으로 옳은 것은? (다툼이 있는 경우 판례에 의함)

> 민간시민단체 A는 관할 행정청 B에게 개발사업의 승인과 관련한 정보공개를 청구하였으나 B는 현재 재판 진행 중인 사안이 포함되어 있다는 이유로 「공공기관의 정보공개에 관한 법률」 제9조 제1항 제4호의 사유를 들어 A의 정보공개청구를 거부하였다.

① A는 공개청구한 정보에 대해 개별·구체적 이익이 없는 경우에도 B의 정보공개 거부에 대해 취소소송으로 다툴 수 있다.

② A가 공개청구한 정보에 대해 직접적인 이해관계가 있는 경우에는 B의 정보공개 거부에 대해 정보공개의 이행을 구하는 당사자소송을 제기하여 다툴 수 있다.

③ A가 공개청구한 정보의 일부가 「공공기관의 정보공개에 관한 법률」상 비공개사유에 해당하는 때에는 그 나머지 정보만을 공개하는 것이 가능한 경우라 하더라도 법원은 공개 가능한 정보에 관한 부분만의 일부취소를 명할 수는 없다.

④ B의 비공개사유가 정당화되기 위해서는 A가 공개청구한 정보가 진행 중인 재판의 소송기록 자체에 포함된 내용이어야 한다.

정답&해설

04 ② 정보공개제도

② 학교환경위생구역 내 금지행위(숙박시설) 해제결정에 관한 학교환경위생정화위원회의 회의록에 기재된 발언내용에 대한 해당 발언자의 인적사항 부분에 관한 정보는 「공공기관의 정보공개에 관한 법률」 제7조 제1항 제5호 소정의 비공개대상에 해당한다(대판 2003.8.22. 2002두12946).

05 ① 정보공개제도

① 인터넷 등을 통해 알 수 있는 정보나 도서관 열람 등을 통해 알 수 있는 정보라고 해도 비공개는 정당화될 수 없다(대판 2008.11.27. 2005두15694).

|오답해설| ② 비공개대상 정보인 법률이나 법률의 위임에 따라 제정된 명령은 「정보의 공개에 대한 구체적인 법률」의 위임에 따라 세성된 명령이어야 한다. 단순한 명령 등에 비공개로 규정된 경우, 그를 근거로 한 비공개는 정당하지 않다(대판 2006.10.26. 2006두11910).
③ 이는 「공공기관의 정보공개에 관한 법률」의 '의사결정과정에 있는 사항'에 준하는 사항으로서 비공개대상 정보에 해당된다(대판 2003.8.22. 2002두12946).

06 ① 정보공개제도

① 정보공개청구권은 법률상 보호되는 구체적인 권리이므로 청구인이 공공기관에 대하여 정보공개를 청구하였다가 거부처분을 받은 것 자체가 법률상 이익의 침해에 해당한다(대판 2003.3.11. 2001두6425).
|오답해설| ② 정보공개 거부는 항고소송대상인 처분이다.
③ 법원이 행정기관의 정보공개거부처분의 위법 여부를 심리한 결과 공개를 거부한 정보에 비공개대상 정보에 해당하는 부분과 공개가 가능한 부분이 혼합되어 있고, 공개청구의 취지에 어긋나지 아니하는 범위 안에서 두 부분을 분리할 수 있음을 인정할 수 있을 때에는 청구취지의 변경이 없더라도 공개가 가능한 정보에 관한 부분만의 일부취소를 명할 수 있다 할 것이다(대판 2004.12.9. 2003두12707).
④ 법원 이외의 공공기관이 「정보공개법」의 '진행 중인 재판에 관련된 정보'에 해당한다는 사유로 정보공개를 거부하기 위하여는 그 정보가 진행 중인 재판의 소송기록 자체에 포함된 내용일 필요는 없다(대판 2011.11.24. 2009두19021).

|정답| 04 ② 05 ① 06 ①

07

2022 국가직 9급

개인정보보호에 대한 설명으로 옳지 않은 것은?

① 정보통신서비스 제공자는 이용자가 필요한 최소한의 개인정보 이외의 개인정보를 제공하지 아니한다는 이유로 그 서비스의 제공을 거부할 수 있다.
② 개인정보처리자가 집단분쟁조정을 거부하거나 집단분쟁조정의 결과를 수락하지 아니한 경우에는 법원에 권리침해행위의 금지·중지를 구하는 단체소송을 제기할 수 있다.
③ 「개인정보 보호법」은 외국의 정보통신서비스 제공자 등에 대하여 개인정보보호규제에 대한 상호주의를 채택하고 있다.
④ 개인정보자기결정권의 보호대상이 되는 개인정보는 개인의 내밀한 영역에 속하는 영역뿐만 아니라 공적 생활에서 형성되었거나 이미 공개된 개인정보까지 포함한다.

08

2024 국가직 9급

정보공개에 대한 설명으로 옳지 않은 것은?

① (구)「학교폭력예방 및 대책에 관한 법률」에 따른 학교폭력대책자치위원회의 회의록은 「공공기관의 정보공개에 관한 법률」 소정의 '공개될 경우 업무의 공정한 수행에 현저한 지장을 초래한다고 인정할 만한 상당한 이유가 있는 정보'에 해당한다.
② 정보공개를 청구하는 자가 공공기관에 대해 정보의 사본 또는 출력물의 교부방법으로 공개방법을 선택하여 정보공개청구를 한 경우, 공개청구를 받은 공공기관은 「공공기관의 정보공개에 관한 법률」에서 규정한 정보의 사본 또는 복제물의 교부를 제한할 수 있는 사유에 해당하지 않는 한 그 공개방법을 선택할 재량권이 없다.
③ '2002학년도부터 2005학년도까지의 대학수학능력시험 원데이터'는 연구목적으로 그 정보의 공개를 청구하는 경우 「공공기관의 정보공개에 관한 법률」 소정의 비공개대상 정보에 해당한다.
④ 「공공기관의 정보공개에 관한 법률」상 '공개하는 것이 공익 또는 개인의 권리구제를 위하여 필요하다고 인정되는 정보'에 해당하는지 여부는 비공개에 의하여 보호되는 개인의 사생활의 비밀 등 이익과 공개에 의하여 보호되는 국정운영의 투명성 확보 등의 공익 또는 개인의 권리구제 등 이익을 비교·교량하여 구체적 사안에 따라 신중히 판단하여야 한다.

09

2024 국가직 7급

「개인정보 보호법」에 대한 내용으로 옳지 않은 것은?

① 고정형영상정보처리기기운영자는 고정형 영상정보처리기기의 설치 목적과 다른 목적으로 고정형 영상정보처리기기를 임의로 조작하거나 다른 곳을 비춰서는 아니 되며, 녹음기능은 사용할 수 없다.
② 개인정보처리자는 공중위생 등 공공의 안전과 안녕을 위하여 긴급히 필요한 경우에는 개인정보를 수집할 수 있으며 그 수집 목적의 범위에서 이용할 수 있다.
③ 개인정보처리자는 정보주체가 필요한 최소한의 정보 외의 개인정보 수집에 동의하지 아니한다는 이유로 정보주체에게 재화 또는 서비스의 제공을 거부하여서는 아니 된다.
④ 정보주체는 「행정기본법」 제20조에 따른 행정청의 자동적 처분이 자신의 권리 또는 의무에 중대한 영향을 미치는 경우에는 해당 개인정보처리자에 대하여 해당 결정을 거부할 수 있는 권리를 가진다.

정답&해설

07 ① 개인정보보호제도

① 필요한 최소한의 개인정보를 제공하지 않을 경우 서비스 등을 거부할 수 있으나 그 이외의 정보를 제공하지 않았다는 이유로는 서비스 등을 거부할 수 없다(「개인정보 보호법」 제16조 제3항).

|오답해설| ② 동법 제51조 단체소송에 관한 규정이다.
③ 동법 제28조의10 상호주의에 관한 규정이다.

08 ③ 정보공개제도

③ '2002년도 및 2003년도 국가 수준 학업성취도평가 자료'는 「공공기관의 정보공개에 관한 법률」 제9조 제1항 제5호에서 정한 비공개대상 정보에 해당하는 부분이 있으나, '2002학년도부터 2005학년도까지의 대학수학능력시험 원데이터'는 연구목적으로 그 정보의 공개를 청구하는 경우 위 조항의 비공개대상 정보에 해당하지 않는다(대판 2010.2.25. 2007두9877).

|오답해설| ① 「학교폭력예방 및 대책에 관한 법률」 제21조 제1항·제2항·제3항 및 같은 법 시행령 제17조 규정들의 내용, 「학교폭력예방 및 대책에 관한 법률」의 목적, 입법 취지, 특히 「학교폭력예방 및 대책에 관한 법률」 제21조 제3항이 학교폭력대책자치위원회의 회의를 공개하지 못하도록 규정하고 있는 점 등에 비추어, 학교폭력대책자치위원회의 회의록은 「공공기관의 정보공개에 관한 법률」 제9조 제1항 제1호의 '다른 법률 또는 법률이 위임한 명령에 의하여 비밀 또는 비공개 사항으로 규정된 정보'에 해당한다(대판 2010.6.10. 2010두2913).
② 정보공개를 청구하는 자가 공공기관에 대해 정보의 사본 또는 출력물의 교부의 방법으로 공개방법을 선택하여 정보공개청구를 한 경우에 공개청구를 받은 공공기관으로서는 법 제8조 제2항에서 규정한 정보의 사본 또는 복제물의 교부를 제한할 수 있는 사유에 해당하지 않는 한 정보공개청구자가 선택한 공개방법에 따라 정보를 공개하여야 하므로 그 공개방법을 선택할 재량권이 없다고 해석함이 상당하다(대판 2004.8.20. 2003두8302).
④ 「공공기관의 정보공개에 관한 법률」 제7조 제1항 제6호 단서 다목 소정의 '공개하는 것이 공익을 위하여 필요하다고 인정되는 정보'에 해당하는지 여부는 비공개에 의하여 보호되는 개인의 사생활 보호 등의 이익과 공개에 의하여 보호되는 국정운영의 투명성 확보 등의 공익을 비교·교량하여 구체적 사안에 따라 신중히 판단하여야 한다(대판 2003.3.11. 2001두6425).

09 ④ 개인정보보호제도

④ 「개인정보 보호법」상의 자동화된 결정에 대한 정보주체의 거부할 수 있는 권리에 「행정기본법」 제20조에 따른 자동적 처분은 제외한다.

> 「개인정보 보호법」 제37조의2 【자동화된 결정에 대한 정보주체의 권리 등】 ① 정보주체는 완전히 자동화된 시스템(인공지능 기술을 적용한 시스템을 포함한다)으로 개인정보를 처리하여 이루어지는 결정(「행정기본법」 제20조에 따른 행정청의 자동적 처분은 제외하며, 이하 이 조에서 "자동화된 결정"이라 한다)이 자신의 권리 또는 의무에 중대한 영향을 미치는 경우에는 해당 개인정보처리자에 대하여 해당 결정을 거부할 수 있는 권리를 가진다. 다만, 자동화된 결정이 제15조 제1항 제1호·제2호 및 제4호에 따라 이루어지는 경우에는 그러하지 아니하다.

|오답해설| ① 동법 제25조 제5항
② 동법 제15조 제1항 제7호
③ 동법 제16조 제3항

|정답| 07 ① 08 ③ 09 ④

찾아보기

ㄱ

가격시점 ··· 826
가명처리 ··· 562
가분행위론 ······································· 26
가산세 ··· 711
가중요건 ··· 954
가처분 ··· 999
가치보장 ··· 823
가해자 ··· 773
가행정행위 ······························ 263, 437
간소화지령 ····································· 224
간접강제결정 ······························· 1024
간접적·외부적 효력 ······················ 229
감사원규칙 ····································· 195
감액처분 ··· 708
감정 ··· 797
감치 ··· 699
강제력 ···································· 111, 355
강제조사 ··· 665
강제집행 ··· 614
강행법규 ································· 117, 128
개괄주의 ································· 878, 931
개발이익 ··· 825
개발이익 배제 ······························· 827
개발이익 환수제 ··························· 827
개별공시지가 ································· 768
개별적 결정설 ······························· 139
개별적·추상적 규율 ············ 252, 262
개별조사계획의 수립 ··················· 671
개별화·유형화 결정설 ················ 217
개인정보 보호위원회 ··················· 564
개인정보의 처리정지 ··················· 578
개인정보자기결정권 ····················· 559
개인정보처리자 ····························· 562
개인정보파일 ································· 562
개인주의 사상 ······························· 728
객관설 ··· 789
객관적 가치보상설 ······················· 825
객관적 병합 ··································· 977
객관적 하자 ··································· 790
갱신허가 ··· 298
거부처분 ··· 252
거소 ··· 157

건물철거 계고처분 ······················· 388
건축계획심의 신청 ······················· 943
건축물대장 ····································· 315
건축주 명의변경신고 ··················· 172
검증 ··· 797
결격사유 ··· 495
결과제거청구권 ···················· 644, 857
결손금액증액경정청구 ················ 943
결정서 ··· 797
결정서 등본 ··································· 884
경계이론 ··· 823
경과실 ··· 777
경비교도 ··· 760
경영수행관계 ································· 136
경정 ··· 885
경제계획 ··· 465
경찰개입청구권 ···························· 130
경찰서 보호실 ······························· 661
경찰작용 ··· 659
경찰행정 ································· 28, 53
경험적 개념 ··································· 272
계속적 확인소송설 ······················· 953
계약 ··· 99
계엄선포 ··· 22
계획변경청구권 ···························· 473
계획재량 ··· 469
계획홍수위 ····································· 792
고발 ··· 663
고액·상습체납자 ························· 699
고유식별정보의 처리 제한 ········ 571
고정형 영상정보처리기기 ·········· 562
고충민원 ··· 506
고충민원처리제도 ························· 873
고충심사결정 ································· 257
고충처리 ··· 873
골재선별·파쇄 신고 ···················· 170
골프연습장 이용료 변경신고 ···· 167
공개대상 정보의 원문공개 ········ 546
공개심리주의 ······························ 1003
공공계약 ··· 441
공공단체 ································· 27, 100
공공단체 상호간의 사무위탁 ···· 447
공공시설 ··· 782
공공용물 ··· 782

공공의 필요 ··································· 815
공공 일반의 이익 ························· 738
공공조합 ··· 101
공과(公課)행정(재무행정) ············ 28
공과금 ··· 650
공권과 공의무 ······························· 112
공급거부 ··· 716
공기업특권 ····································· 115
공동조사 ··· 670
공매 ··· 648
공매통지 ··· 648
공무수탁사인 ································· 101
공무수행 ··· 781
공무원징계권 ································· 153
공무집행방해죄 ···················· 361, 624
공물 ··· 154
공법상 계약 ··································· 440
공법상 사단관계 ··························· 134
공법상 의무 ··································· 622
공법상의 보조계약 ······················· 447
공법인의 정관작성 ······················· 310
공법적 효과 ··························· 162, 300
공보 ··· 204
공상 ··· 759
공서양속 ··· 140
공역무 ··· 35
공역무의 계속성원칙 ··················· 716
공용부담특권 ································· 115
공용부담행정 ··································· 28
공용수용 ································ 817, 845
공용제한 ··· 853
공용차 ··· 781
공용폐지 ··· 154
공유재산 ································ 350, 622
공의무 ··· 132
공익근무요원 ································· 760
공익근무요원소집처분 ········ 380, 963
공익근무요원 소집해제 ·············· 966
공익법인의 기본재산 ··········· 304, 310
공익우선성 ······································· 34
공익재량 ··· 269
공작물점유자 ································· 783
공장입지기준확인 ························· 942
공적 통제 ······································· 214

공정력 ·········· 107	구속적 가치평가 ·········· 273	규준력설 ·········· 384
공정성 ·········· 259	구술심리주의 ·········· 898, 1003	근거법령 ·········· 201
공제(控除) ·········· 772	국가배상 ·········· 26, 164	근거불요설 ·········· 405
공중보건의사 채용계약 ·········· 450	국가배상심의회의 ·········· 19, 942	금전급부의무 ·········· 644
공증 ·········· 312	국가유공자예우 중단결정 ·········· 382	금전채권 ·········· 153
공직선거법 ·········· 1040	국가인권위원회 ·········· 867	금지소송 ·········· 923
공청회 ·········· 508, 519	국가적 공권 ·········· 115	급부청구권 ·········· 1036
공평부담주의 ·········· 728	국가정보원장의 의원면직처분 ·········· 387	기각재결 ·········· 900
공포시점 ·········· 75	국가행정 ·········· 27	기간 ·········· 149
공포한 날 ·········· 75	국가행정작용권 ·········· 189	기간 계산 ·········· 149
공표청구권 ·········· 714	국고계약 ·········· 441	기결력설 ·········· 384
과세자료 ·········· 387, 674	국고관계 ·········· 96	기관소송 ·········· 727, 866, 1040
과실범 ·········· 687	국고행정 ·········· 29	기관양태설 ·········· 18
과실상계 ·········· 772	국내법 ·········· 33	기본관계 ·········· 136
과실의 객관화 이론 ·········· 750	국민제안의 처리 ·········· 533	기본권설 ·········· 62
과실책임 ·········· 749	국민주권주의 ·········· 25, 162	기본권의 제한 ·········· 133
과잉금지의 원칙 ·········· 51, 454	국민참여 창구 ·········· 533	기본재산 ·········· 648
과징금 ·········· 498	국민투표 ·········· 24, 195	기본재산전환인가 ·········· 326
과태료 ·········· 680	국방전력발전업무훈령 ·········· 943	기소 ·········· 745
과태료 납부증명서 ·········· 700	국세심판 ·········· 726	기속력 ·········· 902, 998
과태료 산정 ·········· 697	국세징수법 ·········· 618, 644	기술성 ·········· 33
과태료징수권 ·········· 154	국세청장 ·········· 651	기일 ·········· 149
과학기술기본법령 ·········· 443	국세환급금결정 ·········· 940	기준액설 ·········· 771
과학적 연구 ·········· 562	국유재산 사용청구권 ·········· 619	기판력 ·········· 109
과형절차 ·········· 686	국정감사 ·········· 207	기피 ·········· 882
관계행정청의 소재지 ·········· 1034	국제그룹 해제조치 ·········· 459	기한 ·········· 149, 321
관리관계 ·········· 97, 140	국제법 ·········· 33	긴급재정 · 경제명령 ·········· 24, 46, 191
관리사무의 귀속주체 ·········· 795	국제항공운수권배분 실효처분 ·········· 381	
관리처분계획 ·········· 305	국토계획 ·········· 465	**ㄴ**
관보 ·········· 75, 344	국토방위계획 ·········· 465	
관세범 ·········· 693	국헌문란 ·········· 23	난민인정 ·········· 499
관세징수권 ·········· 154	국회규칙 ·········· 190	남북정상회담 ·········· 23
관습법 ·········· 47	국회사무총장 ·········· 880	납부대행기관 ·········· 698
관습헌법 ·········· 45	국회 소관 상임위원회 ·········· 531	납세고지서 ·········· 887
관용차 ·········· 780	국회의 회기기간 ·········· 150	납입고지 ·········· 152
관할 ·········· 512	군사반란 ·········· 23	내란행위 ·········· 23
관할 위반 ·········· 976	군사행정 ·········· 28	내부위임 ·········· 338
관허사업의 제한 ·········· 699	군인연금법 ·········· 1038	내부적 사실행위 ·········· 476
광의의 공정력설 ·········· 107	권력분립 ·········· 16, 188	내부적 효력 ·········· 229
교원소청심사위원회 ·········· 904	권력적 사실행위 ·········· 477, 713	내부질서 규율목적 ·········· 766
교육계획 ·········· 465	권리구제설 ·········· 947	내용적 제한 ·········· 319
교육규칙 ·········· 190, 234	권리남용 ·········· 774	내인가 ·········· 436
교육부장관의 관선이사 임명 ·········· 310	권리불행사 ·········· 151	내허가 ·········· 436
교통사범 ·········· 691	권한남용금지의 원칙 ·········· 74	노동위원회 ·········· 870
교통장애물의 제거조치 ·········· 662	권한불행사 ·········· 755, 1002	노선면허거부처분 ·········· 381
교통할아버지 ·········· 735	권한 승계 ·········· 882	논리적 견해 ·········· 361
교환적 변경 ·········· 991	권한의 대리 ·········· 969	농업손실의 보상 ·········· 832
구류 ·········· 685	귀속설 ·········· 105	농지법 ·········· 638
구상권 ·········· 764, 766	귀화신청 ·········· 177	농지처분명령 ·········· 964
구성요건적 효력 ·········· 107, 346	규범적 개념 ·········· 272	누범 ·········· 691

능력규정 ·· 34

ㄷ

다단계업자의 상호변경신고 ················ 168
다수인을 대상으로 하는 행정지도 ··· 455, 532
단수처분 ··· 251
단심제 ·· 976
단체소송 ··· 584
담보 ·· 648
담보제공 ··· 768
답변서 ·· 892
당사자소송 ································· 925, 1028
당사자심판 ··· 877
당사자주의 ······································· 1003
당연 승계 ··································· 513, 884
대기오염물질 총량관리사업장 ············ 302
대리 ·· 310
대물적 일반처분 ································ 252
대물적 행정행위 ································ 260
대세효 ·· 905
대심구조화 ··· 877
대심주의 ······························· 866, 897, 1003
대인적 일반처분 ································ 252
대인적 행정행위 ································ 260
대인적 허가 ······································· 291
대집행 ·· 620
대집행의 실행 ···································· 632
대체가능성설 ····································· 272
대통령령 ··· 194
대표자 ·· 513
대한변호사협회 ·································· 101
대형버스의 음주운전 ·························· 73
도라산역사 ··· 772
도시계획법 ··· 814
독립명령 ··· 191
독립쟁송가능성 ·································· 335
독립한 행정행위 ································ 403
독자성설 ··· 462
독촉 ·· 645
등기공무원 ··· 746
등사신청 거부행위 ····························· 746

ㅁ

마약류 관리에 관한 법률 ··················· 662
매각예정가격 ····································· 650
매도청구권 ··· 817
매수보상 ··· 842

매수인 ·· 648
매향리사격장 ····································· 786
면제사유 ··· 793
명단공개 ··· 683
명령권 ·· 135
명령·규칙에 대한 심사권 ·················· 210
명령적 행위 ······································· 286
명령적 행정행위 ······················· 285, 286
명예훼손 ··· 715
명의기관 ··· 338
명의신탁자 ··· 284
목적론적 견해 ···································· 361
목적물의 멸실 ···························· 149, 410
목적위배설 ··· 820
무과실책임 ································· 728, 783
무과실책임주의 ·································· 728
무증거법칙의 법리 ····························· 272
무허가의 효력 ···································· 294
무효등확인소송 ·································· 394
무효사유 ··· 384
무효선언적 의미의 취소소송 ············· 358
문책경고 ··· 935
문화재보호구역 지정해제 요구권 ······ 254
물건조서 ··· 846
물권설 ·· 857
물리적·기술적 유형 ··························· 838
물적 범위 ··· 1020
영·미 실질적 증거법칙 ····················· 272
민감정보의 처리 제한 ························ 570
민사상 강제집행과 구별 ···················· 618
민사소송 ··· 394
민사집행법 ······································· 1000
민원으로의 처리 ································ 554
민주행정주의 ······································· 74
민중소송 ······························· 727, 865, 1040

ㅂ

바이마르헌법 ····························· 730, 825
반대방향의 의사표시 ························ 440
반복 청구 등의 처리 ························· 554
반사적 효력설 ···································· 347
발부·납부기한 ··································· 645
발신주의 ··· 177
방침규정설 ··· 811
방해제거청구권 ·································· 857
배상액 ·· 771
배상지급 ··· 797
배후지 ·· 832
범죄능력 ··· 688

법 앞의 평등 ·· 40
법규명령 형식의 행정규칙 ················ 218
법규재량 ··· 269
법규형식 ··· 286
법령보충(행정)규칙 ···························· 224
법령해석 ··· 754
법률관계 불능 ···································· 388
법률문제 ··· 897
법률상 실현불능 ································ 338
법률상 이익 ································ 858, 947
법률우위 ·· 37
법률유보의 원칙 ································ 136
법률의 법규창조력 ······················· 37, 41
법률의 유보 ··· 37
법률적합성(法律適合性) ···················· 106
법률종속명령 ····································· 191
법률행위적 행정행위 ················· 262, 285
법무법인의 공정증서 작성행위 ········ 313
법문상 표현 ······································· 275
법원(法源) ·· 45
법의 일반원칙 ····································· 50
법의 절대적 우위 ······························· 40
법일원설 ··· 139
법적실효설 ··· 620
법적 안정성 ··· 62
법적합성 ··· 259
법적 행위 ··· 248
법정과실 ··· 646
법정대리인 ··· 886
법정부관 ··· 318
법정액 ·· 708
법정 외 항고소송 ······························· 925
법제처장 ··· 531
법집행행위 ··· 251
법치주의 ····································· 36, 189
변론(응소)관할 ·································· 975
변론종결 시 ····································· 1008
변상금부과처분 ·································· 151
변상명령 ··· 383
변형된 과징금 ···································· 707
별소의 제기 ······································· 989
병과가능성 ··· 638
병렬관계 ··· 928
병역감면신청서 ·································· 964
보고요구 ··· 669
보고요구서 ··· 669
보상계획 ··· 846
보상금증감청구소송 ·························· 851
보상보호 ·· 70
보상의무자 ··· 843

보상입법부작위 위헌설 ·············· 812	부제소특약 ························· 331	비용부담자 ······················· 796
보상청구권 ························ 807	부존재 ····························· 357	비진의 의사표시 ················· 178
보안처분 ·························· 691	부존재확인소송 ···················· 925	비행정행위 ······················· 357
보유자 ···························· 780	부진정일부취소소송 ················ 336	
보정 ······························ 178	부진정입법부작위 ·················· 212	
보조금 지급결정 ················· 1037	분담금부과 ························ 979	**ㅅ**
보증인 ···························· 736	분리가능성설 ······················ 336	
보직해임처분 ······················ 512	분리이론 ·························· 823	사건 ······························ 149
보충성의 원칙 ················ 626, 643	분할 납부 ························· 707	사면권행사 ························· 22
보충역편입처분 ···················· 380	분할불 ···························· 842	사면실시건의서 ···················· 549
보충행위 ·························· 305	불가변력(不可變力) ··············· 110	사무처리준칙 ················ 216, 218
보통입찰 ·························· 648	불가분물 ·························· 646	사법(私法)관계 ····················· 97
보통지방자치단체 ·················· 100	불가쟁력 ················ 104, 343, 361	사법부자제설 ······················· 20
보호가치 ··························· 66	불가항력 ·························· 791	사법상 계약 ······················ 331
보호가치 있는 이익구제설 ·········· 947	불고지 ···························· 890	사법작용설 ······················· 991
보호관리 ·························· 158	불기소 ···························· 745	사법적 효과 ······················ 300
보호이익 ·························· 120	불량식품검사 ······················ 665	사법제도국가 ······················· 36
보훈급여청구 ······················ 762	불문경고조치 ······················ 250	사법통제 ·························· 746
복리행정 ··························· 28	불문법 ····························· 33	사법행위 ·························· 148
복수채권 ·························· 152	불문법원 ··························· 47	사실관계의 변경 ·················· 406
복심적 쟁송 ······················ 865	불법영업소 강제폐쇄 ··············· 618	사실문제 ···················· 897, 1002
복지국가주의 ······················· 74	불법용도변경 시정 ················· 618	사실상 공무원 ················· 69, 365
복할인법 ·························· 772	불법행위 ·························· 734	사실상의 강제성 ·················· 454
본래의 과징금 ···················· 706	불법행위자 ························ 736	사실심 변론종결 시 ··············· 896
본래적 의미의 신고 ················ 164	불변기간 ·························· 982	사실오인 ·························· 279
본세 ······························ 712	불복에 대한 고지 ·················· 266	사실파악형 신고 ·················· 175
본안심리 ·························· 897	불복절차 ························· 1025	사실행위 ·························· 251
본안판결 ························· 1014	불심검문 ·························· 665	사업인정실효 ······················ 155
본질사항유보설 ····················· 39	불이익조치금지원칙 ················ 454	사업인정의 고시 ·················· 845
본처분권한포함설 ·················· 438	불확정기한 ························ 321	사업폐지 ·························· 807
부관 ························· 270, 311	비공개결정의 통지 ················· 555	사용료 ···························· 500
부관비구속설 ················ 334, 335	비공개기준 수립 ··················· 548	사용인 ···························· 688
부관의 하자 ······················ 333	비공개대상 정보 ··················· 546	사유재산권 ······················· 806
부담 ······························ 323	비공개 세부기준의 개선 ············ 549	사익보호성(私益保護性) ··········· 117
부담의 부종성 ···················· 324	비공개요청 ························ 558	사인의 공권 ······················ 115
부담적 행정 ······················· 29	비구속적 행정계획 ················· 465	사인의 공법행위 ·················· 161
부담적 행정행위 ·············· 260, 405	비권력관계 ························· 97	사적 자치의 원칙 ·················· 33
부당결부금지 ······················· 71	비권력적 사실행위 ················· 477	사적 효용설 ······················ 820
부당내부거래 ······················ 706	비권력적 행정 ······················ 28	사전결정 ·························· 263
부당이득 ·························· 159	비대체적 결정 ···················· 273	사전영장주의 ······················ 660
부동산투기자의 명단 ··············· 715	비대체적 작위의무 ················· 623	사전적 구제제도 ·················· 504
부령 ······························ 195	비례성 ···························· 626	사전통지 ·············· 265, 340, 504, 697
부본 ························· 892, 896	비례성의 원칙 ···················· 643	사정의 변경 ······················ 956
부분공개 ·························· 549	비례원칙 ··························· 51	사정재결 ·················· 53, 360, 900
부분인허 ·························· 437	비법규성설 ························ 214	사정참작 ·························· 899
부작위 ···························· 211	비산먼지배출업신고 ················ 172	사정판결 ····················· 53, 360
부작위위법확인소송 ······ 129, 212, 925	비상계엄선포행위 ··················· 23	사회국가원리설 ····················· 62
부작위의무 ··················· 623, 1021	비상명령 ·························· 191	사회권 ···························· 116
부적법한 신청의 효과 ········ 163, 179	비신고대상의 수리거부 ············· 175	사회보장수급권 ··················· 1038
부정신고 ·························· 388	비영리민간단체 ···················· 584	사회보장행정 ······················· 28
		사회적 제약 ······················ 820

사후부관의 가능성	332	
산림훼손허가	55	
산업자원부 공장입지기준 고시	227	
상당보상설	825	
상대적 금지	289	
상소	1026	
상소기간	1026	
상수원보호구역변경처분	122	
상이등급 개정 여부에 관한 결정	380	
상이연금	759	
상호보증	733	
상호주의	733	
생산자물가상승률	826	
생존권	116	
생존권적 기본권	834	
생활보상	834	
생활재건조치	836	
서면심리주의	898	
서울특별시립무용단원의 위촉	450	
서훈취소결정	23	
석유판매업의 등록	261	
선거소송	1040	
선결문제방식	208	
선박안전증	766	
선원주의	291	
선정대표자	883	
선행압류기관	646	
설계의 불비	785	
설권행위	301	
설치·관리자	794	
성문법 개폐적 효력설	48	
성문법 보충적 효력설	48	
성문헌법주의 원칙	44	
성실의무	74	
소극적 행정행위	261	
소급적 목적의 형성소송설	953	
소득금액변동통지	103	
소멸	205	
소멸시효	153, 161	
소방기본법	856	
소변경허가결정	989	
소송물	930	
소송법상의 의무 위반	694	
소송비용	1017, 1027	
소송판결	1014	
소추요건	693	
속지주의	81	
손실보상	662, 728, 806	
손익상계	772	
송달	909	

수권법률	206	
수도권매립지관리공사	992	
수도료 부과징수	98	
수리	318	
수분양권	836	
수산제조업 신고	166	
수용사업	828	
수용유사적 침해	663, 853	
수용청구권	830	
수의계약	648	
수인의무	623, 642	
수인하명	286	
수정인가	179	
순찰업무	761	
시기	321	
시료채취	670	
시정 공고	714	
시행시점	75	
시효	151	
시효기간	153	
시효의 중단·정지	151	
시효중단	151, 645	
신고필증	166	
신뢰보호의 원칙	62, 495	
신분·자격의 박탈	518	
신용카드	698	
신의성실	61	
신의칙설	61, 62, 437	
신청인	268	
신청행위	162	
신체능위판정	251	
신침해유보설	38	
신행정수도	24	
실력행사	664	
실비변상	838	
실시계획승인처분	302, 310	
실질적 법규설	215	
실질적 법치주의	40	
실질적 비용부담자설	796	
실질적 위헌론	731	
실질적 쟁송	864	
실질적 증거의 법칙	1003	
실질적 표준설	820	
실체적 심사	169	
실체적 하자	371	
실화책임에 관한 법률	732	
실효	206, 410, 439	
실효성 확보수단	71	
심리기일	897	
심문	698	

심사청구	651	
쌍방적 행정행위	261, 442	
쌍방행위	164, 436	

ㅇ

안경사 면허처분 취소	383	
알선	509	
압류등기	647	
압류의 해제	646	
약식 기소	694	
약식청문	515	
양도소득세	827	
양도소득세 부과처분	382	
양벌규정	585	
양태설	17	
어업면허	807	
업무위탁에 따른 개인정보의 처리	573	
역무제공	158	
연도별 행정조사운영계획	668	
영관생계보조기금	1039	
영상정보처리기기	571	
영업양도 등에 따른 개인정보의 이전	574	
영업자지위승계신고	174	
영장주의	659	
영조물	770, 783	
영조물 법인	101	
영토고권	81	
예고통지서	374	
예방적 목적의 확인소송설	953	
예방적·잠정적 금지	289	
예비결정	263, 437	
예산운용계획	465	
예시적	195	
예정공물	154	
예측결정	273	
오기	355	
오형량	470	
온라인공청회	520	
옹벽	784	
완전보상설	825	
외국인의 출입국	870	
외부적 효력	229	
요건규정	271	
요건재량설	271	
우선협상대상자 선정	443	
운행지배	780	
원고적격	947	
원상회복청구	634, 674	
원상회복청구권	857	

위반사실 등의 공표	713
위반사실 등의 공표절차	507
위법성의 조각문제	458
위법성 일반	930
위법행위	148
위약금약정	648
위임기관	338
위임명령	190, 191
위임입법	45, 196
위임행정	27
위자료	771
위헌무효설	811
위헌법률의 심사권	210
위험평가	273
유도(誘導)행정	28
유료노인복지주택의 설치신고	171
유월	278
유족보상금	773
유체물	784
유추적용설	139
유치	661
유효확인	925
의견제출	455, 508
의료유사업자 자격증 갱신발급	315
의무고지	911
의무이행기간 부여	639
의무적 동의	133
의사력의 존재	117
의사표시	154, 164
의원면직처분	1002
이륜자동차	73
이원적 입법권론	217
이유제시	339, 373, 504
이의제기	697
이장(移葬)	831
이전성의 제한	117
이주정착금	836
이행강제금	635
이행(급부)소송	926
이행통지	170
인감증명 발급일	150
인공지능기술	412
인식의 표시	312
인인(隣人)관계	120
인적 공용부담행정	34
인·허가의제제도	295
일괄불	842
일면적·편면적 구속	215
일반권력관계	97
일반사용	823

일반적·구체적 규율	251
일반적·형식적 부정설	135
일반처분적 고시	222
일방적 행정행위	261
일본의 민속법학계	453
일부면제설	301
일부정지	992
일부취소	72, 372
일시불	842
일신전속적	640
일일명령	222
임대수입	833
임시구제	266
임시처분	895
임시처분제도	866
임의관할	975
임의적 공용부담	447
임의적 동의	133
입법방침설	811
입법정책설	991
입법형성권	77
입찰보증금의 국고귀속	98
입찰참가자격제한	99, 445

ㅈ

자기구속의 법리	60
자기구속적 의무	439
자기책임설	776
자동적 처분	412, 496
자동화된 시스템	496
자력집행력	111, 349
자료제출요구서	669
자박력	1026
자연공물	784, 785
자유권	116, 948
자유민주주의	25
자율관리체제	673
자이툰부대	24
자체완성적 신고	529
자치법규	47, 493
자치행정	27
작위하명	286
잔여분	650
잠정적 효력	107
장기계획	465
장사 등에 관한 법률	641
재결	843, 900
재결기간	900
재결신청	848, 877

재량권의 0으로의 수축	283
재량권의 남용	278
재량권의 일탈	278
재량문제	629
재량행사의 기준	496
재량행위	260, 269
재산권	116
재산압류	646
재심사	501
재심판정	945
재위임	201
재정계획	465
재정법상 확인	311
재처분의 의무	902
재판관할	975
재판청구권	709
재해보상금	759, 762
쟁송취소	396
적극적 손해	791
적극적 행정행위	261
적법성보장설	947
적법절차원리	505
적법행위	148
전래적 공법관계	97
전문개정	80
전부유보설	38
전시보상	825
전심절차	981
전자문서	508
전자서명	908
전자정보처리조직	908
전자행정행위	412
전환	360, 369
전환의 유형	376
절대적 소멸설	154
절차적 통제	207
점유자 면책규정	783
점유자의 퇴거	624
정기조사	671
정당방위	663, 726
정당보상	824
정당한 이익설	954
정보공개 여부 결정의 통지	555
정보공개 여부의 결정	553
정보목록의 작성·비치	546
정보의 전자적 공개	556
정보통신망	508
정보통신수단을 통한 행정조사	673
정비기반시설	823
정신적 사실행위	476

정신적 손해 … 771	중대명백설 … 362	집행정지제도 … 894
정지조건 … 320	중복소송 … 1001	집행책임자 … 629
정지조건부계고 … 630	중복조사의 제한 … 671	징계권 … 135
정책적인 배려 … 840	중앙선거관리위원회사무총장 … 880	징계벌 … 681
정치적 법률분쟁 … 27	중앙행정심판위원회 … 880	징벌위원회의 회의록 … 549
제3자의 재심청구 … 267	중요사항유보설 … 39	
제소기간 … 104, 871, 982	중첩적인 제재 … 636	ㅊ
제재력 … 112, 355	즉시강제 … 500, 658	
제재적 처분 … 683, 954	즉시고발 … 691	차상위계층 … 836
제재적 행정처분 … 220	즉시항고 … 698	착공신고 반려행위 … 165
제재처분의 기준 … 496	즉시 확정의 이익 … 451	착오 … 696
제출 의견의 반영 … 521	증거조사 … 698, 898	참고인에 대한 비용지급 … 533
제한능력자 … 140, 177	증명력 … 1003	채권보상 … 842
조건부 행정행위 … 345	증액재결 … 850	책임능력 … 688
조달(調達)행정 … 28	증표의 휴대 … 643	처리 … 531
조달행정작용 … 98	증표제시 … 666	처리의무 … 163
조례제정권 … 197	지방계획 … 465	처벌규정의 위임문제 … 200
조사계획 … 668	지방법원 … 698	처분권주의 … 898, 1003
조사대상자 … 669	지방자치단체 … 100, 447	처분법규 … 939
조사의 연기신청 … 671	지방자치단체 상호간의 협의 … 447	처분사유의 추가 … 899
조성행정 … 28	지방채의 모집 … 98	처분사유의 추가와 변경 … 1007
조세범 … 691	지방토지수용위원회 … 849	처분시설 … 1013
조정적 행정지도 … 455	지상물철거촉구 … 456	처분의 방식 … 528
조직권 … 115	지시 … 222	처분의 정정 … 529
조직법상의 행정청 … 247	지역계획 … 465	처분의 효력 … 495
존속보장 … 824	지역적 효력 … 80	처분재결 … 901
존속보호 … 70	지위승계신고 … 176	처분형식 … 286
존속성(확정성) … 259	직권고지 … 529	천연과실 … 646
종기 … 321	직권면직처분 … 381	철도운행사업 … 747
죄형법정주의 … 33, 680	직권시정 … 726	철도차장 … 736
죄형법정주의 석봉 … 680	직권조사사항 … 980	철회 … 178, 403
주거용 건축물 … 809	직권조사의 범위 … 1002	철회권의 근거 … 405
주관적 가치개념 … 272	직권주의 … 897	철회부자유설 … 405
주관적 공권 … 127	직권증거조사 … 897	철회의 원인 … 406
주관적 병합 … 977	직권취소의 제한 … 68	청구권 … 116
주류거래 중지요청 … 456	직근상급행정기관 … 880	청구변경 … 990
주류제조면허 … 121, 293	직무행위 … 737, 739	청구원인 … 980
주소 … 156	직접강제 … 499	청구이유 … 893
주소의 수 … 157	직접적용설 … 139	청구인 … 883
주체 … 204	직접적 폐지 … 205	청구인적격 … 266
주체설 … 105	직접책임 … 690	청문 … 504
주택재건축사업시행 인가 … 330	진술거부권 … 667	청문의 재개 … 519
주택재건축정비사업조합설립 … 306	진실추정력 … 316	청문의 종결과 재개 … 519
준법률행위적 공법행위 … 158	진정일부취소쟁송 … 335	청문의 진행 … 518
준법률행위적 행정행위 … 311	진정입법부작위 … 212	청문절차 … 372
준용하천 … 808	질서위반행위 … 694	청문주재자 … 518
중가산금 … 698, 711	질서위반행위규제법 … 695	체납국세 … 650
중간이자 공제 … 772	집행명령 … 190, 194	체납자 … 648
중간행위 … 934	집행벌 … 618, 635, 682	체비지의 매각 … 938
중기계획 … 465	집행정지 … 266, 628, 698	촉진·조성적 행정지도 … 455

총리령 195	**ㅍ**	합헌적 법률우위 41
최후의 보충법원 50	판결주문 1024	항고심판 875
추상적 과실이론 750	판례구속성 50	항고쟁송 163
추상적 규범통제방식 208	판례법 40	해제조건 320
축산물판매업 신고 167	패소자부담원칙 1027	해제조건의 성취 230
출원(신청) 291	편의재량행위 269	행려병자와 사자의 관리 157
취득시효 154	평등 495	행위능력 177
취소권의 제한 398	평등권 116	행위재량설 271
취소소송 129	평등의 원칙 57	행정강제 53, 105, 324, 616
취소의 취소 402	폐차처분 784	행정개입청구권 129
취소쟁송제도 204	포괄적 위임 191	행정객체 103
취소판결의 대세효 252	포괄적인 신분관계 설정행위 399	행정계획 53, 252, 461
취하 893	포기의 제한성 118	행정규칙 47, 62, 214, 218
친일반민족행위자 결정 382	포섭관계 928	행정규칙의 법규로 전환 61
침해의 직접성 819	폭음탄 관리 753	행정규칙적 고시 222
침해적 행정 29	표현대리 365	행정규칙 형식의 법규명령 224
	피고경정 973	행정 내부행위 248
ㅌ	피고책임설 1005	행정명령 47, 190
타당성 74	피성년후견인 388	행정벌 614, 680
탄핵소추권 207	필수적 공동소송 268	행정법관계의 당사자 100
태극무공훈장 1039	필요성의 원칙 52	행정법독자성설 1005
택지개발계획의 승인 463		행정법의 일반원칙 51
토지거래허가제 821	**ㅎ**	행정법의 효력 74
토지·건물 등의 인도의무 624	하명변경설 301	행정사법 29, 479
토지등급결정 370	하위계획 468	행정사법작용 98
토지수용 99	하자 203, 355	행정상 강제 499
토지수용위원회 808, 830	하자의 개별화 이론 365	행정상 법률관계 96
토지수용청구 807	하자의 명백성 362	행정상 법률요건 148
토지이용계획 827	하자의 승계 360, 377	행정상 입법예고 531
통고처분 19, 691	하자의 중대성 362	행정선례법 48
통일벼 장려 458	하자의 치유 108, 360	행정소송제소기간 155
통치행위 20	하천법 789	행정심판 18, 873
통행차량 조사 665	한계영역 272	행정심판기록·제출 명령 920
퇴거신고 162	한국광고자율심의기구 102	행정심판위원회 879
투명성 492	한국방송공사사장 해임 511	행정심판청구기간 267
특별권력관계 97, 132	한국연구재단 101	행정예고기간 532
특별한 희생 806	한국토지공사 735	행정요건적 신고 168
특별항고 973	한국학중앙연구원 101	행정의 민주화 503
특별행정법관계의 설정합의 447	한미연합군사훈련 24	행정의 법률종속성 37
특별행정심판 726, 870	한미행정협정 733	행정의 자동화작용 412
특수효력부여설 1021	한시법 79	행정입법 189
특정대기유해물질 배출시설 56	한일국교정상화 22	행정입법부작위 211
특허심판원의 심결 946	한정액설 771	행정입법예고절차 507
특허의 성질 288	한지의사면허처분 378	행정자동기계결정 412
특허의 효과 302	합동행위 164, 445, 452	행정작용법적 관계 97
	합성적 행정행위설 632	행정작용설 991
	합의관할 975	행정재량 469
		행정재판소 35
		행정쟁송 114, 864
		행정쟁송법 257

찾아보기 • 599

행정쟁송법상 확인	311
행정절차	726
행정절차 참가	265
행정정보공개제도	540
행정정보공개 조례	540
행정제도	35
행정제도국가	36
행정조사	658
행정주체	96
행정지도	453
행정지도 실명제	455
행정질서벌	694
행정처분	99
행정청 간의 협조와 응원	512
행정행위	246
행정행위발급청구권	129
행정행위의 부존재	341
행정형벌	686
허가 승계	884
허가의 효력범위	294
허가 자체의 존속기간	322
허가(許可)	287
헌법대위명령	191
헌법불합치결정	368
헌법상 기본권의 공권화	116
헌법원리	25
헌법재판소사무처장	880
헌법재판소장	969
혁신도시 최종입지 선정	942
현물보상	841
현장조사	670
혈액 채취	666
협력절차	340
협의	843
협의의 공정력설	107
형량명령	470
형벌권	115
형사벌	681
형사소송	394
형사판결	1003
형사피고인	745
형성력	408, 895, 905
형성소송	926
형성재결	945
형성적 결정(계획재량)	273
형성적 쟁송설	875
형성적 행위	301
형성판결	923
형성행위설	844
형식적 공권	127
형식적 당사자소송	727, 851, 1039
형식적 요건심사	169
형식적 의미의 취소	397
형식적 쟁송	864
형식적 표준	820
형식적 행정행위	258
형식적 확정력	108
형의 시효기간	150
혼인신고	162
혼합적 허가	291
화해의 권고	849
확약	68, 436, 530
확인	311
확인소송	926
확인의 소	1028
확인의 이익	1028
확인적 쟁송	875
확인행위설	844
확정기한	321
확정력(존속력)	353
확정절차	711
환경규제행정	28
환경영향평가 대상지역	117
환매권의 행사	98
환지처분	390, 464
회복하기 어려운 손해의 예방	994
효과의사표시	162
효과재량설	271
효력기간	220
효력요건	203, 228, 341, 466
효력성시신성	993
후불	842
후행처분	934
훈령	221
휴직근로자의 임금손실	832
희생보상청구권	853

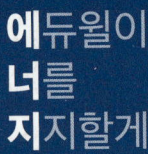

내가 꿈을 이루면
나는 누군가의 꿈이 된다.

— 이도준

여러분의 작은 소리
에듀윌은 크게 듣겠습니다.

본 교재에 대한 여러분의 목소리를 들려주세요.
공부하시면서 어려웠던 점, 궁금한 점,
칭찬하고 싶은 점, 개선할 점, 어떤 것이라도 좋습니다.

에듀윌은 여러분께서 나누어 주신 의견을
통해 끊임없이 발전하고 있습니다.

에듀윌 도서몰 book.eduwill.net
- 부가학습자료 및 정오표: 에듀윌 도서몰 → 도서자료실
- 교재 문의: 에듀윌 도서몰 → 문의하기 → 교재(내용, 출간) / 주문 및 배송

에듀윌에서 꿈을 이룬 합격생들의 진짜 합격스토리

에듀윌 강의·교재·학습시스템의 우수성을
합격으로 입증하였습니다!

김O범 지방직 9급 일반행정직 최종 합격

에듀윌의 체계적인 학습 관리 시스템 덕분에 합격!

에듀윌은 시스템도 체계적이고 학원도 좋았습니다. 저에게는 학원에서 진행하는 아케르 시스템이 큰 도움이 되었습니다. 아케르 시스템은 학원에 계시는 매니저님이 직접 1:1로 상담도 해주시고 학습 관리를 해주시는 시스템입니다. 제 담당 매니저님은 늘 진심으로 저와 함께 고민해주시고 제 건강이나 학습 상태도 상담해주시고, 전에 합격하신 선배님들이 어떤 식으로 학습을 진행했는지 조언해주셔서 많은 도움이 되었습니다. 수험생활에서 가장 힘든 것은 외로움과의 싸움이라고 생각하는데, 에듀윌 덕분에 주변에 제 편이 참 많다는 것을 느꼈고 공부하는 기간이 덜 힘들었던 것 같습니다.

이O민 지방교육청 교육행정직 9급 최종 합격

에듀윌만의 합리적인 가격과 시스템, 꼼꼼한 관리에 만족

에듀윌을 선택한 가장 큰 이유는 금액적인 부분입니다. 타사 패스보다 훨씬 저렴한 금액이라 금전적인 부분이 큰 부담인 수험생 입장에서는 가장 크게 다가오는 장점 중 하나라고 생각합니다. 또한 공통 교재를 사용한다는 점이 저에게는 큰 장점이었습니다. 각 커리큘럼별로 여러 교수님 수업을 들으며 공부할 수 있어서 저에게는 큰 장점이었습니다. 그리고 에듀윌 학원은 매니저님들께서 진심으로 수험생 한 명 한 명에게 관심을 가지고 꼼꼼히 관리해주신다는 점이 마음에 들어 등록하게 되었습니다. 실제로 제가 힘들거나 방향을 잃을 때마다 학원 학습 매니저님들과의 상담을 통해 잘 극복할 수 있었습니다.

전O준 국가직 9급 관세직 최종 합격

에듀윌은 공무원 합격으로 향하는 최고의 내비게이션

학교 특강 중에 현직 관세사 분께서 말씀해주신 관세직에 대한 간략한 정보만 가지고 에듀윌 학원을 방문하였습니다. 거기서 상담실장님과의 상담을 통해 관세직 공무원에 대해 자세히 알게 되었고 여기서 하면 합격할 것 같다는 확신이 들어 에듀윌과 함께 관세직만을 바라보고 관세직을 준비하였습니다. 흔들릴 때마다 에듀윌에 올라온 선배 합격자들의 합격수기를 읽으며 제가 합격수기를 쓰는 날을 상상을 했고, 학원의 매니저님과의 상담도 큰 도움이 되었습니다.

다음 합격의 주인공은 당신입니다!

더 많은 합격스토리

합격자 수 2,100% 수직 상승!
매년 놀라운 성장

에듀윌 공무원은 '합격자 수'라는 확실한 결과로 증명하며
지금도 기록을 만들어 가고 있습니다.

합격자 수를 폭발적으로 증가시킨 **합격패스**

| 합격 시 수강료 100% 환급 | + | 합격할 때까지 평생 수강 |

※ 환급내용은 상품페이지 참고. 상품은 변경될 수 있음.

상품 페이지

* 2017/2022 에듀윌 공무원 과정 최종 환급자 수 기준

에듀윌 직영학원에서 합격을 수강하세요

언제나 전문 학습 매니저와 상담이 가능한 안내데스크

고품질 영상 및 음향 장비를 갖춘 최고의 강의실

재충전을 위한 카페 분위기의 아늑한 휴게실

에듀윌의 상징 노란색의 환한 학원 입구

에듀윌 직영학원 대표전화

공인중개사 학원 02)815-0600	공무원 학원 02)6328-0600	편입 학원 02)6419-0600
주택관리사 학원 02)815-3388	소방 학원 02)6337-0600	부동산아카데미 02)6736-0600
전기기사 학원 02)6268-1400		

공무원학원 바로가기

꿈을 현실로 만드는
에듀윌

DREAM

공무원 교육
- 선호도 1위, 신뢰도 1위! 브랜드만족도 1위!
- 합격자 수 2,100% 폭등시킨 독한 커리큘럼

자격증 교육
- 9년간 아무도 깨지 못한 기록 합격자 수 1위
- 가장 많은 합격자를 배출한 최고의 합격 시스템

직영학원
- 검증된 합격 프로그램과 강의
- 1:1 밀착 관리 및 컨설팅
- 호텔 수준의 학습 환경

종합출판
- 온라인서점 베스트셀러 1위!
- 출제위원급 전문 교수진이 직접 집필한 합격 교재

어학 교육
- 토익 베스트셀러 1위
- 토익 동영상 강의 무료 제공

콘텐츠 제휴·B2B 교육
- 고객 맞춤형 위탁 교육 서비스 제공
- 기업, 기관, 대학 등 각 단체에 최적화된 고객 맞춤형 교육 및 제휴 서비스

부동산 아카데미
- 부동산 실무 교육 1위!
- 상위 1% 고소득 창업/취업 비법
- 부동산 실전 재테크 성공 비법

학점은행제
- 99%의 과목이수율
- 17년 연속 교육부 평가 인정 기관 선정

대학 편입
- 편입 교육 1위!
- 최대 200% 환급 상품 서비스

국비무료 교육
- '5년우수훈련기관' 선정
- K-디지털, 산대특 등 특화 훈련과정
- 원격국비교육원 오픈

에듀윌 교육서비스 **공무원 교육** 9급공무원/소방공무원/계리직공무원 **자격증 교육** 공인중개사/주택관리사/손해평가사/감정평가사/노무사/전기기사/경비지도사/검정고시/소방설비기사/소방시설관리사/사회복지사1급/대기환경기사/수질환경기사/건축기사/토목기사/직업상담사/전기기능사/산업안전기사/건설안전기사/위험물산업기사/위험물기능사/유통관리사/물류관리사/행정사/한국사능력검정/한경TESAT/매경TEST/KBS한국어능력시험/실용글쓰기/IT자격증/국제무역사/무역영어 **어학 교육** 토익 교재/토익 동영상 강의 **세무/회계** 전산세무회계/ERP정보관리사/재경관리사 **대학 편입** 편입 영어·수학/연고대/의약대/경찰대/논술/면접 **직영학원** 공무원학원/소방학원/공인중개사 학원/주택관리사 학원/전기기사 학원/편입학원 **종합출판** 공무원·자격증 수험교재 및 단행본 **학점은행제** 교육부 평가인정기관 원격평생교육원(사회복지사2급/경영학/CPA) **콘텐츠 제휴·B2B 교육** 교육 콘텐츠 제휴/기업 맞춤 자격증 교육/대학취업역량 강화 교육 **부동산 아카데미** 부동산 창업CEO/부동산 경매 마스터/부동산 컨설팅 **주택취업센터** 실무 특강/실무 아카데미 **국비무료 교육(국비교육원)** 전기기능사/전기(산업)기사/소방설비(산업)기사/IT(빅데이터/자바프로그램/파이썬)/게임그래픽/3D프린터/실내건축디자인/웹퍼블리셔/그래픽디자인/영상편집(유튜브) 디자인/온라인 쇼핑몰광고 및 제작/쿠팡, 스마트스토어)/전산세무회계/컴퓨터활용능력/ITQ/GTQ/직업상담사

교육문의 **1600-6700** www.eduwill.net

·2022 소비자가 선택한 최고의 브랜드 공무원·자격증 교육 1위 (조선일보) ·2023 대한민국 브랜드만족도 공무원·자격증·취업·학원·편입·부동산 실무 교육 1위 (한경비즈니스)
·2017/2022 에듀윌 공무원 과정 최종 환급자 수 기준 ·2023년 성인 자격증, 공무원 직영학원 기준 ·YES24 공인중개사 부문, 2025 에듀윌 공인중개사 1차 단원별 기출문제집 민법 및 민사특별법(2025년 4월 월별 베스트) ·교보문고 취업/수험서 부문, 2020 에듀윌 농협은행 6급 NCS 직무능력평가+실전모의고사 4회 (2020년 1월 27일~2월 5일, 인터넷 주간 베스트) 그 외 다수
·YES24 컴퓨터활용능력 부문, 2024 컴퓨터활용능력 1급 필기 초단기끝장 2023년 10월 3주 주별 베스트) 그 외 다수 ·YES24 신규 자격증 부문, 2024 에듀윌 데이터분석 준전문가 ADsP 2주끝장(2024년 4월 2주, 9월 5주 주별 베스트) ·인터파크 자격서/수험서 부문, 에듀윌 한국사능력검정시험 2주끝장 심화(1, 2, 3급) (2020년 6~8월 월간 베스트) 그 외 다수 ·YES24 국어 외국어 사전영어 토익/TOEIC 기출문제/모의고사 분야 베스트셀러 1위 (에듀윌 토익 READING RC 4주끝장 리딩 종합서, 2022년 9월 4주 주별 베스트) ·에듀윌 토익 교재 입문~실전 인강 무료 제공 (2022년 최신 강좌 기준/1092강) ·2024년 종강반 중 모든 평가항목 정상 참여자 기준, 99% (평생교육원 기준) ·2008년~2024년까지 234만 누적수강학점으로 과목 운영 (평생교육원 기준)
·에듀윌 국비교육원 구로센터 고용노동부 지정 '5년우수훈련기관' 선정 (2023~2027) ·KRI 한국기록원 2016, 2017, 2019년 공인중개사 최다 합격자 배출 공식 인증 (2025년 현재까지 업계 최고 기록)

업계 최초 대통령상 3관왕,
정부기관상 19관왕 달성!

2010 대통령상   2019 대통령상   2019 대통령상

대한민국 브랜드대상 국무총리상   국무총리상   문화체육관광부 장관상   농림축산식품부 장관상   과학기술정보통신부 장관상   여성가족부장관상

서울특별시장상   과학기술부장관상   정보통신부장관상   산업자원부장관상   고용노동부장관상   미래창조과학부장관상   법무부장관상

2004
서울특별시장상 우수벤처기업 대상

2006
부총리 겸 과학기술부장관 표창 국가 과학 기술 발전 유공

2007
정보통신부장관상 디지털콘텐츠 대상
산업자원부장관 표창 대한민국 e비즈니스대상

2010
대통령 표창 대한민국 IT 이노베이션 대상

2013
고용노동부장관 표창 일자리 창출 공로

2014
미래창조과학부장관 표창 ICT Innovation 대상

2015
법무부장관 표창 사회공헌 유공

2017
여성가족부장관상 사회공헌 유공
2016 합격자 수 최고 기록 KRI 한국기록원 공식 인증

2018
2017 합격자 수 최고 기록 KRI 한국기록원 공식 인증

2019
대통령 표창 범죄예방대상
대통령 표창 일자리 창출 유공
과학기술정보통신부장관상 대한민국 ICT 대상

2020
국무총리상 대한민국 브랜드대상
2019 합격자 수 최고 기록 KRI 한국기록원 공식 인증

2021
고용노동부장관상 일·생활 균형 우수 기업 공모전 대상
문화체육관광부장관 표창 근로자휴가지원사업 우수 참여 기업
농림축산식품부장관상 대한민국 사회공헌 대상
문화체육관광부장관 표창 여가친화기업 인증 우수 기업

2022
국무총리 표창 일자리 창출 유공
농림축산식품부장관상 대한민국 ESG 대상

2026

에듀윌
7·9급공무원
기본서

합격자 수가 선택의 기준!

이론 보고! OX 풀고
생각보다 어렵지 않아!

행정법총론 下권

김용철 편저
하성우 감수

공무원 교육 브랜드만족도 **1위**

2023 대한민국 브랜드만족도
7·9급공무원 교육 1위 (한경비즈니스)

eduwill × ZANMANG LOOPY

최연소 합격 전략 연구소장
잔망 루피의 공무원 합격 비법

교재 무료 혜택

2025년 최신기출 무료특강 (국가직9급/ 지방직9급)

경로안내
① 에듀윌 도서몰(book.eduwill.net) 접속
② '동영상강의실 → 공무원' 클릭
③ [최신기출 해설특강] 9급공무원 행정법총론 (국가직/지방직)

따라만 하면 자동회독! 5회독 플래너
(교재 내 수록)

eduwill × ZANMANG LOOPY

에듀윌이
너를
지지할게

ENERGY

처음에는 당신이 원하는 곳으로
갈 수는 없겠지만,
당신이 지금 있는 곳에서
출발할 수는 있을 것이다.

– 작자 미상

설문조사에 참여하고 스타벅스 아메리카노를 받아가세요!

에듀윌 7·9급공무원 기본서 행정법총론을 선택한 이유는 무엇인가요?
소중한 의견을 주신 여러분들에게 더욱더 완성도 있는 교재로 보답하겠습니다.

참여 방법	QR코드 스캔 ▶ 설문조사 참여(1분만 투자하세요!)
이벤트 기간	2025년 6월 16일~2026년 5월 31일
추첨 방법	매월 1명 추첨 후 당첨자 개별 연락
경품	스타벅스 아메리카노(tall size)

2026
에듀윌 7·9급공무원 기본서

행정법총론 下권

ANALYSIS

기출분석의 모든 것

최근 5개년 출제 문항 수
2025~2021 9급
국가직, 지방직/서울시 기준

권구분	PART	CHAPTER	2025 국	2024 국	2024 지/서	2023 국	2023 지/서	2022 국	2022 지/서	2021 국	2021 지/서	합계
上권	행정법 서론	행정				1						1
		행정법의 의의	1	1	1		1	1	1	2	2	10
	행정법 통칙	행정법 관계			1	1	1	1				4
		행정상 법률요건과 법률사실	2				1		1		1	5
		행정입법	1	1	1	1	1	1	1	1	1	9
		행정행위	6	5	3	3	2	5	6	5	3	38
		그 밖의 행정의 주요행위형식	2	2	1		2	1	1	2	1	12
		「행정기본법」과 「행정절차법」	2	2	1	3	2	1	1		1	13
		행정정보공개와 개인정보보호	1	1	1	1	1	1	1	2	2	11
下권	행정상 의무이행 확보수단	행정상 의무이행 확보수단 개괄										0
		행정강제	1	1	3	2	2		1	2	2	14
		행정상 즉시강제 및 행정조사			1	1		1		1		4
		행정벌		1		1	1	1	1		1	6
		새로운 실효성 확보수단			1			1	1			3
	행정구제	행정구제 개괄										0
		손해전보 개관										0
		손해배상	1	1	2	1	1	1	1	1	1	10
		손실보상	1	1	1	1	1	1				6
		행정쟁송	1	1	1		1	1	1	2	2	10
		행정소송	1	2	3	4	3	3	3	2	3	24
	합계		20	20	20	20	20	20	20	20	20	180

최근 5개년 출제 개념

2025~2021 9급 국가직, 지방직/서울시 기준

권 구분	PART	CHAPTER	출제 개념
上권	행정법 서론	행정	통치행위의 개념 및 판례, 행정의 의의
		행정법의 의의	법률유보, 신뢰보호의 요건과 판례, 자기구속 법리의 요건, 비례원칙에 관한 판례, 행정법의 시간적 효력
	행정법 통칙	행정법 관계	공법과 사법관계에 관한 판례, 행정주체 등
		행정상 법률요건과 법률사실	사인의 공법행위에서의 신고, 사인의 공법행위에 적용되는 법리, 개인적 공권의 확대화 경향, 행정법 관계의 특질
		행정입법	법규명령의 사법적 통제, 위임명령의 요건과 한계, 법규명령형식의 행정규칙의 효력, 법령보충규칙, 자치입법에 대한 상위법의 위임
		행정행위	행정행위에서의 재량과 기속, 허가·특허·인가의 비교, 부관의 종류(부담, 법률효과 일부배제 등)와 부관의 한계 및 부관의 하자, 행정행위의 효력요건, 공정력과 선결문제, 무효와 취소의 구분기준, 근거법의 위헌결정과 이에 따른 처분의 효과, 하자의 승계·치유, 쟁송취소와 직권취소의 비교, 철회의 사유와 한계
		그 밖의 행정의 주요행위형식	확약의 법적 성질, 공법상 계약의 특질 및 쟁송, 행정지도의 원칙 및 불복, 행정계획의 계획재량과 집중효, 행정계획에 대한 청구권 및 불복
		「행정기본법」과「행정절차법」	「행정기본법」의 주요내용, 「행정절차법」이 적용되는 범위와 배제, 처분에 대한 사전통지, 의견청취, 이유제시
		행정정보공개와 개인정보보호	정보공개청구권의 범위, 정보공개 청구절차와 불복, 정보공개의 긍정·부정판례, 개인정보자기결정권과 손해배상, 단체소송
下권	행정상 의무이행 확보수단	행정상 의무이행 확보수단 개괄	의무이행 확보수단의 흐름, 강제와 제재의 구분
		행정강제	행정강제와 민사강제, 행정대집행의 요건과 판례, 행정대집행의 절차와 하자승계, 이행강제금의 특징과 불복방법, 강제징수에서의 공매결정과 통지의 하자 및 공매처분
		행정상 즉시강제 및 행정조사	즉시강제와 영장주의, 즉시강제에 대한 불복방법, 행정조사기본원칙, 행정조사의 방법, 행정조사와 영장주의, 행정조사의 위법이 행정행위에 미치는 영향
		행정벌	양벌규정에서 법인과 사용자책임의 성질, 행정형벌의 고의·과실 여부, 통고처분의 특징과 불복, 과태료 성립요건과 적용, 과태료 부과절차 및 불복
		새로운 실효성 확보수단	과징금의 종류와 성질, 과징금의 감액·증액에 대한 불복
	행정구제	행정구제 개괄	행정쟁송의 구성
		손해전보 개관	손해배상과 손실보상의 구체적 차이
		손해배상	헌법과「국가배상법」의 비교, 「국가배상법」제2조에서 공무원의 직무, 직무와 피해의 인과관계, 공무원의 위법과 고의·과실, 이중배상금지제도, 배상책임자와 배상책임의 성질, 「국가배상법」제5조의 무과실책임과 면책사유
		손실보상	헌법 제23조 제3항의 해석과 보상규정의 흠결, 사회적 제약과 특별한 희생에 대한 경계이론과 분리이론, 생활보상의 개념과 범위, 손실보상의 청구절차
		행정쟁송	행정심판의 종류와 특징, 관할 행정심판위원회, 청구인과 참가인, 집행정지와 임시처분의 요건, 심리의 원칙과 범위, 재결의 효력
		행정소송	행정소송의 대상(처분성 여부), 재결주의, 원고적격과 협의의 소익, 피고적격, 관할법원, 제소기간, 필요적 행정심판전치주의의 적용과 예외, 집행정지의 요건과 절차 및 효력, 심리원칙과 범위, 판결의 기속력·기판력·간접강제, 무효등확인소송에서의 취소소송의 준용 배제, 부작위법확인소송의 취소소송 준용, 당사자소송의 대상성 구분

CONTENTS 이 책의 차례

> **부가학습자료** 회독플래너, 2025년 최신기출 무료특강
> • 기출분석의 모든 것

PART Ⅲ
행정상 의무이행 확보수단

CHAPTER 01	행정상 의무이행 확보수단 개괄	614
CHAPTER 02	행정강제	616
	개념 적용문제	652
CHAPTER 03	행정상 즉시강제 및 행정조사	658
	개념 적용문제	675
CHAPTER 04	행정벌	680
	개념 적용문제	701
CHAPTER 05	새로운 실효성 확보수단	706
	개념 적용문제	718

PART IV
행정구제

| CHAPTER 01 | 행정구제 개괄 | 726 |

| CHAPTER 02 | 손해전보 개관 | 728 |

| CHAPTER 03 | 손해배상 | 730 |
| | 개념 적용문제 | 799 |

| CHAPTER 04 | 손실보상 | 806 |
| | 개념 적용문제 | 860 |

| CHAPTER 05 | 행정쟁송 | 864 |
| | 개념 적용문제 | 913 |

| CHAPTER 06 | 행정소송 | 919 |
| | 개념 적용문제 | 1044 |

• 찾아보기   1059

PART III 행정상 의무이행 확보수단

5개년 챕터별 출제비중 & 출제개념

CHAPTER 01 행정상 의무이행 확보수단 개괄	0%	의무이행 확보수단의 흐름, 강제와 제재의 구분
CHAPTER 02 행정강제	52%	행정강제와 민사강제, 행정대집행의 요건과 판례, 행정대집행의 절차와 하자승계, 이행강제금의 특징과 불복방법, 강제징수에서의 공매결정과 통지의 하자 및 공매처분
CHAPTER 03 행정상 즉시강제 및 행정조사	15%	즉시강제와 영장주의, 즉시강제에 대한 불복방법, 행정조사기본원칙, 행정조사의 방법, 행정조사와 영장주의, 행정조사의 위법이 행정행위에 미치는 영향
CHAPTER 04 행정벌	22%	양벌규정에서 법인과 사용자책임의 성질, 행정형벌의 고의·과실 여부, 통고처분의 특징과 불복, 과태료 성립요건과 적용, 과태료 부과절차 및 불복
CHAPTER 05 새로운 실효성 확보수단	11%	과징금의 종류와 성질, 과징금의 감액·증액에 대한 불복

15%
※최근 5개년(국, 지/서) 출제비중

학습목표

CHAPTER 01 행정상 의무이행 확보수단 개괄	의무이행 확보수단의 전체적인 구성을 파악한다.
CHAPTER 02 행정강제	❶ 행정강제와 민사강제의 관계를 파악한다. ❷ 행정대집행의 요건과 절차 및 불복방법을 명확히 암기하고 이해한다. ❸ 이행강제금의 특징과 불복에 관한 방식을 파악한다. ❹ 강제징수에서 공매통지와 공매를 이해한다.
CHAPTER 03 행정상 즉시강제 및 행정조사	❶ 즉시강제와 영장주의를 이해하고 불복방법을 파악하도록 한다. ❷ 행정조사의 기본원칙과 조사방법에 관한 법령을 읽어 파악하고, 행정조사와 영장주의, 행정조사의 위법과 이의 효과를 이해하도록 한다.
CHAPTER 04 행정벌	❶ 행정형벌의 과실에서의 과벌과 양벌에서 법인의 책임과 사용자책임의 성질을 이해하고 암기하도록 한다. ❷ 행정질서벌의 성립과 적용범위, 과태료 부과절차와 불복방법에 대해 법령을 통해 파악하도록 한다.
CHAPTER 05 새로운 실효성 확보수단	과징금의 종류와 특징, 감액과 증액에 대한 구제방법을 파악하도록 한다.

CHAPTER 01 행정상 의무이행 확보수단 개괄

1. 제도의 의의
2. 행정강제
3. 행정벌
4. 새로운 수단

1 제도의 의의

행정주체가 부여한 행정처분이나 법규에 의해 부과된 의무를 국민이 이행하지 않거나 위반하는 경우, 행정법상의 의무이행을 위하여 행정주체가 국민의 신체·재산 등에 직접·간접으로 실력을 가하여 행정의 실효성을 확보하고 본래의 행정목적을 달성하는 제도적 장치를 '행정상 의무이행 확보수단'이라 한다.

2 행정강제

(1) 의의

국민의 의무불이행의 경우 강제로 의무를 이행하게 하는 수단으로 의무부과와 불이행의 전제 여부에 의하여 행정상 강제집행과 행정상 즉시강제, 행정조사로 나누어진다.

(2) 행정상 강제집행의 종류

행정상 강제집행은 대집행, 이행강제금(집행벌), 직접강제, 강제징수가 있다.

3 행정벌

과거의 의무 위반에 대한 제재로서 일반법원에 의하여 형벌을 부과하는 행정형벌과 과태료를 부과하는 행정질서벌로 나누어진다.

4 새로운 수단

종래의 의무이행수단을 보완하고 행정의 실효성을 확보하기 위하여 금전적 제재(가산금, 가산세 등)와 비금전적 제재(공급거부, 명단공표) 등을 마련하고 논의하고 있다.

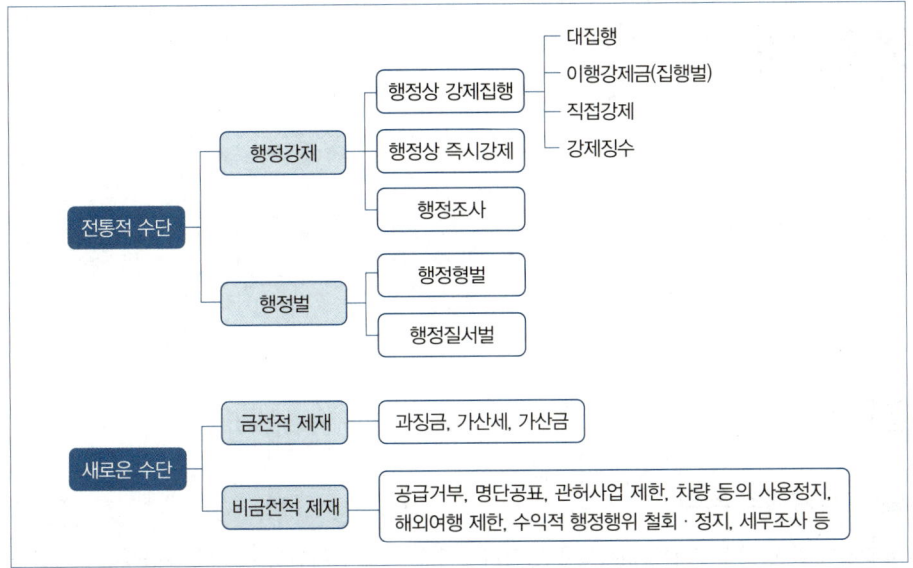

개념확인 O/X

CHAPTER 02 행정강제

01 개설
02 행정상 강제집행

01 개설

1 행정강제의 의의

'행정강제'란 행정주체가 행정목적을 달성하기 위하여 국민개인의 신체나 재산에 직·간접적으로 실력을 가함으로써 필요한 행정상태를 구현시키는 행정작용을 말한다.

2 행정강제의 종류

행정강제에는 의무불이행을 전제로 하는 행정상 강제집행과 의무불이행을 전제로 하지 않는 행정상 즉시강제가 있다. 행정상 즉시강제는 예외적이고 보충적인 수단으로 보아야 한다.

3 실정법상의 일반적 규정(「행정기본법」)

(1) 행정상 강제

행정상 강제는 대표적인 권력적 행정이고, 국민의 자유와 권리 등에 대한 침해를 수반하는 행정작용으로 구체적인 법적 규율이 요구되어 개별적 법률을 통해 이루어져 왔다.

(2) 실정법상의 규정 마련

「행정기본법」에서는 행정상 강제에 대한 일반적인 규정을 두게 되었다.

(3) 「행정기본법」의 규정 및 의미

「행정기본법」은 다음과 같은 의미를 가지고 있다.

① 행정상 강제의 법적 근거: 행정상 강제는 법률에 근거가 있어야 한다는 법률유보의 원칙을 행정상 강제의 기본원칙으로 규정하고 있어 행정상 강제는 별도의 법률의 근거가 있어야 함을 말하고 있다.

② 행정상 강제와 비례원칙: '행정목적을 달성하기 위하여 필요한 경우'에 '필요한 최소한의 범위에서' 행정상 강제를 허용할 수 있음을 규정하여 행정상 강제의 한계로서 비례원칙을 명시하고 있다. 행정상 강제는 행정상 의무의 내용 및 위반 정도나 실효성 확보 등의 공익상 필요를 구체적으로 판단하여야 한다.

③ **행정상 강제법정주의(제30조 제2항)**: "행정상 강제조치에 관하여 이 법에서 정한 사항 외에 필요한 사항은 따로 법률로 정한다."는 규정은 행정상 강제의 세부적인 사항을 개별법에 정하도록 한 것이다.

※ 법제처 발간 「행정기본법」 해설서 참고

관련 법령

「행정기본법」 제30조 【행정상 강제】 ① 행정청은 행정목적을 달성하기 위하여 필요한 경우에는 법률로 정하는 바에 따라 필요한 최소한의 범위에서 다음 각 호의 어느 하나에 해당하는 조치를 할 수 있다.
  1. 행정대집행: 의무자가 행정상 의무(법령 등에서 직접 부과하거나 행정청이 법령 등에 따라 부과한 의무를 말한다. 이하 이 절에서 같다)로서 타인이 대신하여 행할 수 있는 의무를 이행하지 아니하는 경우 법률로 정하는 다른 수단으로는 그 이행을 확보하기 곤란하고 그 불이행을 방치하면 공익을 크게 해칠 것으로 인정될 때에 행정청이 의무자가 하여야 할 행위를 스스로 하거나 제3자에게 하게 하고 그 비용을 의무자로부터 징수하는 것
  2. 이행강제금의 부과: 의무자가 행정상 의무를 이행하지 아니하는 경우 행정청이 적절한 이행기간을 부여하고, 그 기한까지 행정상 의무를 이행하지 아니하면 금전급부의무를 부과하는 것
  3. 직접강제: 의무자가 행정상 의무를 이행하지 아니하는 경우 행정청이 의무자의 신체나 재산에 실력을 행사하여 그 행정상 의무의 이행이 있었던 것과 같은 상태를 실현하는 것
  4. 강제징수: 의무자가 행정상 의무 중 금전급부의무를 이행하지 아니하는 경우 행정청이 의무자의 재산에 실력을 행사하여 그 행정상 의무가 실현된 것과 같은 상태를 실현하는 것
  5. 즉시강제: 현재의 급박한 행정상의 장해를 제거하기 위한 경우로서 다음 각 목의 어느 하나에 해당하는 경우에 행정청이 곧바로 국민의 신체 또는 재산에 실력을 행사하여 행정목적을 달성하는 것
     가. 행정청이 미리 행정상 의무 이행을 명할 시간적 여유가 없는 경우
     나. 그 성질상 행정상 의무의 이행을 명하는 것만으로는 행정목적 달성이 곤란한 경우
② 행정상 강제조치에 관하여 이 법에서 정한 사항 외에 필요한 사항은 따로 법률로 정한다.
③ 형사(刑事), 행형(行刑) 및 보안처분 관계 법령에 따라 행하는 사항이나 외국인의 출입국·난민인정·귀화·국적회복에 관한 사항에 관하여는 이 절을 적용하지 아니한다.

제31조 【이행강제금의 부과】 ① 이행강제금 부과의 근거가 되는 법률에는 이행강제금에 관한 다음 각 호의 사항을 명확하게 규정하여야 한다. 다만, 제4호 또는 제5호를 규정할 경우 입법목적이나 입법취지를 훼손할 우려가 크다고 인정되는 경우로서 대통령령으로 정하는 경우는 제외한다.
  1. 부과·징수 주체
  2. 부과 요건
  3. 부과 금액
  4. 부과 금액 산정기준
  5. 연간 부과 횟수나 횟수의 상한
② 행정청은 다음 각 호의 사항을 고려하여 이행강제금의 부과 금액을 가중하거나 감경할 수 있다.
  1. 의무불이행의 동기, 목적 및 결과
  2. 의무불이행의 정도 및 상습성
  3. 그 밖에 행정목적을 달성하는 데 필요하다고 인정되는 사유
③ 행정청은 이행강제금을 부과하기 전에 미리 의무자에게 적절한 이행기간을 정하여 그 기한까지 행정상 의무를 이행하지 아니하면 이행강제금을 부과한다는 뜻을 문서로 계고(戒告)하여야 한다.
④ 행정청은 의무자가 제3항에 따른 계고에서 정한 기한까지 행정상 의무를 이행하지 아니한 경우 이행강제금의 부과 금액·사유·시기를 문서로 명확하게 적어 의무자에게 통지하여야 한다.
⑤ 행정청은 의무자가 행정상 의무를 이행할 때까지 이행강제금을 반복하여 부과할 수 있다. 다만, 의무자가 의무를 이행하면 새로운 이행강제금의 부과를 즉시 중지하되, 이미 부과한 이행강제금은 징수하여야 한다.
⑥ 행정청은 이행강제금을 부과받은 자가 납부기한까지 이행강제금을 내지 아니하면 국세강제징수의 예 또는 「지방행정제재·부과금의 징수 등에 관한 법률」에 따라 징수한다.

> 개념확인 O/X

02 행정상 강제집행

1 개설

(1) 의의

'행정상 강제집행'이라 함은 행정법상 의무의 불이행에 대하여 행정권이 실력을 가하여 그 의무를 이행시키거나 또는 이행된 것과 동일한 상태를 실현하는 작용을 말한다. 형성적 행위나 확인적 행위는 법적 효과가 당연히 발생하는 것이라서 행정상 강제집행은 명령적 행위에서 문제된다.

(2) 종류

대체적 작위의무의 불이행에 대해서는 「행정대집행법」에 의한 대집행을 할 수 있고, 대체적 작위의무, 비대체적 작위의무, 부작위의무 및 급부의무(모든 의무)에 대해서는 이행강제금(집행벌)을 부과할 수 있다. 또한 모든 의무의 불이행에 대해서는 직접강제를 할 수 있으며, 금전급부의무의 불이행에 대해서는 「국세징수법」에 의한 강제징수를 할 수 있다.

종류	불이행된 의무	일반법	사례
대집행	대체적 작위의무	「행정대집행법」	불법건축물의 강제철거
집행벌	대체적 작위의무 + 비대체적 작위의무 + 부작위의무 + 수인의무	「행정기본법」	「건축법」상 불법용도변경 시정
직접강제	모든 의무	「행정기본법」	불법영업소 강제폐쇄
강제징수	금전급부의무	「국세징수법」	세금체납에 따른 징수

※ 비대체적 작위의무 불이행의 경우, 직접강제가 가능하지만 모든 경우에 해당되는 것은 아니고 곤란한 경우도 있다는 견해가 있다. 이를테면 전문지식발표의무의 경우가 이에 해당된다고 한다(홍정선, 행정법 특강, 박영사).

(3) 다른 개념과의 구별

① 민사상 강제집행과 구별
  ⊙ 양자 모두 강제집행이 수단이라는 점은 같으나, 사법권의 개입을 통하여 강제집행을 행하는 민사상 강제집행과는 달리, 행정권 스스로의 자력에 의하여 강제집행을 행한다는 점에서 구별된다.
  ⓒ 민사관계에서는 의무자의 의무불이행이 있는 경우에 권리자는 스스로의 힘을 통해서는 권리실현이 불가하고, 법원의 도움을 통해 법원의 판결과 집행기관의 집행에 의해 비로소 권리가 실현되는 반면, 행정상 강제집행은 의무자의 의무불이행이 있는 경우에 법원의 도움 없이 행정주체 스스로 고유의 강제력을 행사하여 권리를 실현할 수 있다.
  ⓒ 행정강제에 의해 의무이행 확보가 가능한 경우에 별도로 민사소송을 통해 강제할 수 없다는 것이 대법원의 입장이다. 01 02
  ㉣ 그러나 행정상 강제집행의 법률이 존재하지 않는 경우에는 행정법상 의무의 이행을 강제하기 위하여 민사상 강제집행수단을 이용할 수 있다고 보아야 할 것이다. 03

> **관련 판례**
>
> ⓒ 행정상 강제집행은 사법상 의무 실현과 다르다
>
> 행정상 강제집행은 행정상의 의무불이행에 대하여 행정권이 실력을 가하여 그 의무를 이행시키거나 또는 이행된 것과 같은 상태를 실현하는 작용을 말하는 것으로서 사법상의 의무의 강제가 법원의 힘을 빌려야 하는 것과 다르다(대판 1968.3.19. 63누172).

개념확인 O/X

01 행정상 의무불이행에 대하여 법령에 의한 행정상 강제집행이 인정되는 경우에도 필요시 민사상 강제집행의 방법을 사용할 수 있다.
16 서울9급 (O / X)

02 행정상 강제집행이 법률에 규정되어 있는 경우에도 민사상 강제집행은 인정된다.
15 국가9급 (O / X)

03 갑이 토지 인도의무를 이행하지 않을 경우, 갑의 토지 인도의무는 공법상 의무에 해당하므로 그 권리에 끼칠 현저한 손해를 피하기 위한 경우라 하더라도 A시 시장이 그 권리를 피보전권리로 하는 민사상 명도단행가처분을 구할 수는 없다.
24 국가9급 (O / X)

| 정답 | 01 X 02 X 03 X

A 행정대집행이 가능한 경우에 민사소송으로 철거 등을 구할 수 없다 [24 국가직 9급, 24 국회직 9급, 19 지방직 7급, 19 국회직 8급, 19 사회복지직, 18 지방직 9급, 17 지방직 7급, 16 국가직 7급, 16 국가직 9급, 16 서울시 9급, 13 지방직 9급] **01 02**

> 토지에 관한 도로구역 결정이 고시된 후 (구)「토지수용법」제18조의2 제2항에 위반하여 공작물을 축조하고 물건을 부가한 자에 대하여 관리청은 이러한 위반행위에 의하여 생긴 유형적 결과의 시정을 명하는 행정처분을 하여 이에 따르지 않는 경우에는 행정대집행의 방법으로 그 의무내용을 실현할 수 있는 것이고, 이러한 행정대집행의 절차가 인정되는 경우에는 따로 민사소송의 방법으로 공작물의 철거, 수거 등을 구할 수는 없다(대판 2000.5.12. 99다18909).

C 공유 일반재산의 대부료의 지급을 민사소송으로 구할 수 있는지 여부(원칙적 소극)

> 공유 일반재산의 대부료와 연체료를 납부기한까지 내지 아니한 경우에도 「공유재산 및 물품 관리법」제97조 제2항에 의하여 지방세 체납처분의 예에 따라 이를 징수할 수 있다. 이와 같이 공유 일반재산의 대부료의 징수에 관하여도 지방세 체납처분의 예에 따른 간이하고 경제적인 특별한 구제절차가 마련되어 있으므로, 특별한 사정이 없는 한 민사소송으로 공유 일반재산의 대부료의 지급을 구하는 것은 허용되지 아니한다(대판 2017.4.13. 2013다207941).

C 행정청이 행정강제를 하지 않으면 국유재산 사용청구권을 가진 자는 국가를 대위하여 민사소송의 방법으로 철거를 구할 수 있다 **03**

> 관리권자인 보령시장이 행정대집행을 실시하지 아니하는 경우 국가에 대하여 이 사건 토지 사용청구권을 가지는 원고로서는 위 청구권을 보전하기 위하여 국가를 대위하여 피고들을 상대로 민사소송의 방법으로 이 사건 시설물의 철거를 구하는 이외에는 이를 실현할 수 있는 다른 절차와 방법이 없어 그 보전의 필요성이 인정되므로, 원고는 국가를 대위하여 피고들을 상대로 민사소송의 방법으로 이 사건 시설물의 철거를 구할 수 있다고 보아야 할 것이다(대판 2009.6.11. 2009다1122).

B 대집행비용징수를 민사소송으로 구할 수 있는지 여부(소극)

> 대한주택공사가 (구)「대한주택공사법」(2009.5.22. 법률 제9706호 「한국토지주택공사법」 부칙 제2조로 폐지) 및 (구)「대한주택공사법 시행령」(2009.9.21. 대통령령 제21744호 「한국토지주택공사법 시행령」 부칙 제2조로 폐지)에 의하여 대집행권한을 위탁받아 공무인 대집행을 실시하기 위하여 지출한 비용을 「행정대집행법」 절차에 따라 「국세징수법」의 예에 의하여 징수할 수 있음에도 민사소송절차에 의하여 그 비용의 상환을 청구한 사안에서, 「행정대집행법」이 대집행비용의 징수에 관하여 민사소송절차에 의한 소송이 아닌 간이하고 경제적인 특별구제절차를 마련해 놓고 있으므로, 위 청구는 소의 이익이 없어 부적법하다(대판 2011.9.8. 2010다48240).

C "조합원은 사업시행구역 내에 있는 자기 소유의 건축물 등 지장물을 30일 이내에 철거하여야 한다."는 재개발조합의 정관규정이 있을 경우 민사소송에 의한 건물철거소송의 가부(소극)

> 재개발조합의 정관에 "조합원은 사업시행구역 내에 있는 자기소유의 건축물 등 지장물을 30일 이내에 철거하여야 한다."고 규정하였어도 이로써 당해 조합과 조합원 간에 철거에 관한 사법상의 권리의무가 발생하는 합의가 있었다고 볼 수 없을 뿐만 아니라 공법상의 어떤 권리의무를 설정하는 효력이 있다고 할 수 없고, 이는 「도시재개발법」 제36조의 규정을 주의적으로 표현한 것에 불과하므로, 조합이 같은 법조 소정의 행정대집행의 방법에 의하여 건물을 철거하지 않고 민사소송의 방법으로 건물의 철거를 구할 수는 없다(대판 1989.5.23. 88다카17822).

개념확인 O/X

01 관계 법령상 행정대집행의 절차가 인정되어 행정청이 행정대집행의 방법으로 건물의 철거 등 대체적 작위의무의 이행을 실현할 수 있는 경우에는 따로 민사소송의 방법으로 그 의무의 이행을 구할 수 없다.
24 국회9급 (O / X)

02 건물철거의무를 이행하지 않을 경우, A시 시장은 행정대집행의 방법으로 건물의 철거 등 대체적 작위의무의 이행을 실현할 수 있는 경우에는 따로 민사소송의 방법으로 그 의무의 이행을 구할 수 없다.
24 국가9급 (O / X)

03 국유재산 사용청구권을 가지는 자는 행정청이 행정대집행을 하지 않으면 국가를 대위하여 민사소송으로 철거를 구할 수 있다.
(O / X)

정답 | 01 O   02 O   03 O

② **행정벌과 구별**: 양자 모두 행정목적 실현의 수단이라는 점은 같으나, 행정상 강제집행은 장래에 향하여 의무의 이행을 강제하기 위한 수단이라는 점에서, 과거의 의무 위반에 대한 제재로서의 행정벌과 구별되며, 양자는 그 직접목적을 달리하므로 같은 의무 위반에 대해 병과할 수 있다.

③ **행정상 즉시강제와 구별**: 양자 모두 행정청의 강제집행수단이라는 점은 같으나, 행정상 강제집행은 의무의 존재와 그 불이행을 전제로 하는 점에서 의무를 과하지 아니하고 즉시에 실력으로서 강제하는 행정상 즉시강제와 구별된다.

(4) 행정상 강제집행의 근거

① 이론적 근거
  ㉠ 종래에는 행정행위의 강제는 행정행위의 본질상 내재하는 고유한 것으로 보아 별도의 법적 근거를 필요로 하지 않는다고 하였다(직권강제설).
  ㉡ 최근에는 행정행위와 이의 강제실현은 별개의 행위이며 권력적 사실행위이므로 별도의 법적 근거를 요한다(법규설·법적실효설)는 견해가 현재의 통설 및 판례이다.
  ㉢ 법적 근거는 행정상 강제에 대한 개별법에 의한 직접적인 근거이어야 하며, 행정상 의무를 명할 수 있는 법적 근거가 행정상 강제의 법적 근거가 될 수는 없다. 01

② 법적 근거
  ㉠ **일반법**: 일반법으로는 대집행에 대한 「행정대집행법」과 행정상 강제징수에 대한 「국세징수법」이 있다. 또한 이행강제금과 직접강제에 대해서는 「행정기본법」에 일반적 규정을 두고 있다.
  ㉡ **개별법**: 단행 법률로서는 「출입국관리법」, 「군사기지 및 군사시설 보호법」 등에서의 직접강제와 「건축법」 등에서의 집행벌인 이행강제금제도 등이 있다.

2 행정대집행 빈출

> **결정적 코멘트** ▶ 행정대집행은 답일의 전체가 중요하다. 출제빈도가 매우 높으므로, 대집행의 요건과 절차에 대한 내용, 판례를 철저하게 암기하고 이해하여야 한다.

(1) 의의

① **개념**: 대체적 작위의무 불이행의 경우 의무자가 할 작위를 행정청이 스스로 행하거나(자기집행) 또는 제3자에게(타자집행) 이를 행정청이 하게 하고, 그 비용을 의무자로부터 징수하는 강제집행방법이다.

② **「행정기본법」상 정의**: '의무자가 행정상 의무(법령 등에서 직접 부과하거나 행정청이 법령 등에 따라 부과한 의무를 말한다)로서 타인이 대신하여 행할 수 있는 의무를 이행하지 아니하는 경우 법률로 정하는 다른 수단으로는 그 이행을 확보하기 곤란하고 그 불이행을 방치하면 공익을 크게 해칠 것으로 인정될 때에 행정청이 의무자가 하여야 할 행위를 스스로 하거나 제3자에게 하게 하고 그 비용을 의무자로부터 징수하는 것'이라고 규정되어 있다(「행정기본법」 제30조 제1항 제1호).

③ **대상**에 있어서는 대체적 작위의무도 직접강제의 대상이 될 수 있다(다수설). 그러나 대체적 작위의무에 대집행이 가능할 경우에는 비례원칙상 직접강제는 인정되지 않는다고 보는 것이 타당하다. 02

개념확인 O/X

01 의무를 부과하는 법적 근거는 동시에 강제집행의 법적 근거로 작용한다. (O / X)
※ 의무부과의 법적 근거와 별도의 법적 근거가 필요함

02 행정대집행은 대체적 작위의무에 한하여 가능하다. (O / X)

| 정답 | 01 X 02 O

구분	대집행	직접강제
비용	의무자 부담(징수)	행정청 부담
실행	행정청 또는 제3자	행정청
일반법	「행정대집행법」	「행정기본법」

(2) 주체

① 해당 행정청만이 대집행의 주체가 된다. 즉, 당사자에 의해 불이행되고 있는 의무를 부과한 행정기관만을 말한다. 01
② 감독청은 대집행의 주체가 될 수 없다.
③ 행정청의 위임이나 위탁을 받아 대집행을 실행하는 제3자는 대집행의 주체가 아니다. 이 경우 제3자는 실행자라 한다. 02
④ 대법원에 의하면 군수로부터 조례에 따라 위임을 받은 읍·면장도 대집행을 할 권한이 있다고 한다.

심화 학습 | 대집행에서의 법률관계

1. 행정청과 의무자 관계: 공법관계
2. 제3자와 의무자 관계: 아무런 직접적 법률관계 없음
3. 행정청과 제3자 관계
   - 공법관계설(공법상 계약 또는 공무수탁사인)
   - 사법관계설(사법상 도급관계에 따른 계약관계) – 다수설

관련 판례

B 권한을 위임받은 수임청도 대집행의 주체가 된다 [20 군무원 7급, 17 하반기 국가직 7급] 03 04

> 군수가 군사무위임조례의 규정에 따라 무허가 건축물에 대한 철거대집행 사무를 하부 행정기관인 읍·면에 위임하였다면, 읍·면장에게는 관할구역 내의 무허가 건축물에 대하여 그 철거대집행을 위한 계고처분을 할 권한이 있다(대판 1997. 2. 14. 96누15428).

B 대한토지주택공사가 법령에 의하여 대집행권한을 위탁받아 공무인 대집행을 실시하는 경우 행정주체이다

> 대한주택공사가 「택지개발촉진법」에 따른 택지개발사업을 수행하는 경우 이러한 사업에 관하여는 법 제9조 제1항 제2호, 제9조 제2항 제7호, (구)「대한주택공사법 시행령」(2009. 9. 21. 대통령령 제21744호 「한국토지주택공사법 시행령」 부칙 제2조로 폐지, 이하 '시행령'이라 한다) 제10조 제1항 제2호, 「공익사업을 위한 토지 등의 취득 및 보상에 관한 법률」 제89조 제2항에 따라 시·도지사나 시장·군수 또는 구청장의 업무에 속하는 대집행권한을 대한주택공사에 위탁하도록 되어 있다. 따라서 대한주택공사는 위 사업을 수행함에 있어 법령에 의하여 대집행권한을 위탁받은 자로서 공무인 대집행을 실시함에 따르는 권리·의무 및 책임이 귀속되는 행정주체의 지위에 있다고 볼 것이다(대판 2011. 9. 8. 2010다48240).

(3) 법적 근거

일반법으로는 「행정대집행법」이 있고, 단행법으로는 「공익사업을 위한 토지 등의 취득 및 보상에 관한 법률」, 「건축법」 등이 있다. 05

개념확인 O/X

01 대집행의 주체는 당사자에 의하여 불이행되고 있는 의무를 부과한 행정청이다.
13 국회9급 (O / X)

02 실제 대집행의 실행을 제3자가 계약을 통해 실행하여도 대집행의 주체는 의무를 부과한 행정청이다.
(O / X)

03 군수가 군사무위임조례의 규정에 따라 무허가 건축물에 대한 철거대집행 사무를 하부 행정기관인 읍·면에 위임하였다면, 읍·면장에게는 관할구역 내의 무허가 건축물에 대하여 그 철거대집행을 위한 계고처분을 할 권한이 있다.
20 군무원7급 (O / X)

04 군수가 군사무위임조례의 규정에 따라 무허가 건축물에 대한 철거대집행 사무를 하부 행정기관인 읍·면에 위임한 경우라도, 읍·면장에게는 관할구역 내의 무허가 건축물에 대하여 그 철거대집행을 위한 계고처분을 할 권한이 없다.
17 하반기 국가7급 (O / X)

05 대집행의 근거법으로는 대집행에 관한 일반법인 「행정대집행법」과 대집행에 관한 개별법 규정이 있다.
21 소방 (O / X)

| 정답 | 01 O 02 O 03 O 04 X 05 O

(4) 대집행의 요건

> **관련 법령**
>
> 「**행정대집행법**」 제2조 【**대집행과 그 비용징수**】 법률(법률의 위임에 의한 명령, 지방자치단체의 조례를 포함한다. 이하 같다)에 의하여 직접명령되었거나 또는 법률에 의거한 행정청의 명령에 의한 행위로서 타인이 대신하여 행할 수 있는 행위를 의무자가 이행하지 아니하는 경우 다른 수단으로써 그 이행을 확보하기 곤란하고 또한 그 불이행을 방치함이 심히 공익을 해할 것으로 인정될 때에는 당해 행정청은 스스로 의무자가 하여야 할 행위를 하거나 또는 제3자로 하여금 이를 하게 하여 그 비용을 의무자로부터 징수할 수 있다.

① 공법상 대체적 작위의무를 불이행할 것
  ㉠ '의무'를 불이행할 것
    ⓐ 하명을 통해 부과된 의무를 불이행하는 것을 요건으로 한다.
    ⓑ 의무는 법규를 통해 부과된 경우(직접 법령이나 조례로 의무부과)나 법령을 근거한 행정청의 행정처분으로 명해진 의무를 말한다. 01 02
  ㉡ 공법상 의무일 것
    ⓐ 법령에 특별한 규정이 없는 한 사법상 의무는 대집행 대상이 될 수 없다.
    ⓑ 대법원은 (구)「손실보상특례법」상의 협의취득 시 자진철거의 약정은 사법상 계약에 해당되어 이에 대한 의무불이행은 행정대집행의 대상이 되지 않는다는 입장이다. 03 04
    ⓒ 대집행절차 개시 후에 의무의 이행이 있게 되면 대집행은 중지되어야 한다.

> **관련 판례**
>
> **ⓒ 국유재산(일반재산 포함)에 대하여 「행정대집행법」을 준용할 수 있는지 여부**
>
> 현행 「국유재산법」은 위와 같은 제한 없이 모든 국유재산에 대하여 「행정대집행법」을 준용할 수 있도록 규정하였으므로, 행정청은 당해 재산이 행정재산 등 공용재산인 여부나 그 철거의무가 공법상의 의무인 여부에 관계없이 대집행을 할 수 있으며, 이는 같은 법 제25조 및 제38조가 사법상 권리관계인 국유재산의 사용료 또는 대부료 체납에 관하여도 「국세징수법」 중 체납처분에 관한 규정을 준용하여 징수할 수 있도록 규정한 것과도 그 궤를 같이하는 것이다(대판 1992.9.8. 91누13090).
>
> **ⓒ 「행정대집행법」상 대집행의 대상이 되는 대체적 작위의무는 공법상의 의무이어야 한다**
>
> (구)「공공용지의 취득 및 손실보상에 관한 특례법」에 의한 협의취득 시 건물소유자가 협의취득대상 건물에 대하여 약정한 철거의무는 공법상 의무가 아닐 뿐만 아니라, 「공익사업을 위한 토지 등의 취득 및 보상에 관한 법률」 제89조에서 정한 「행정대집행법」의 대상이 되는 '이 법 또는 이 법에 의한 처분으로 인한 의무'에도 해당하지 아니하므로 위 철거의무에 대한 강제적 이행은 「행정대집행법」상 대집행의 방법으로 실현할 수 없다(대판 2006.10.13. 2006두7096).
>
> **ⓑ 공유재산 대부계약의 해지에 따른 원상회복으로 행정대집행의 방법에 의하여 그 지상물을 철거시킬 수 있는지 여부(적극)** [20 국회직 8급, 17 지방직 7급, 16 서울시 7급] 05 06
>
> 「지방재정법」 제85조 제1항은, 공유재산을 정당한 이유 없이 점유하거나 그에 시설을 한 때에는 이를 강제로 철거하게 할 수 있다고 규정하고, 그 제2항은, 지방자치단체의 장이 제1항의 규정에 의한 강제철거를 하게 하고자 할 때에는 「행정대집행법」 제3조 내지 제6조의 규정을 준용한다고 규정하고 있는바, 공유재산의 점유자가 그 공유재산에 관하여 대부계약 외 달리 정당한 권원이 있다는 자료가 없는 경우 그 대부계약이 적법하게 해지된 이상 그 점유자의 공유재산에 대한 점유는 정당한 이유 없는 점유라 할 것이고, 따라서 지방자치단체의 장은 「지방재정법」 제85조에 의하여 행정대집행의 방법으로 그 지상물을 철거시킬 수 있다(대판 2001.10.12. 2001두4078).

개념확인 O/X

01 행정대집행은 법령이나 조례에 의해 직접 명령되었거나 법령에 근거한 처분에 의한 행위를 대상으로 한다.
13 국회9급 (O / X)

02 대집행의 대상이 되는 행위는 법률에서 직접 명령된 것이 아니라, 법률에 의거한 행정청의 명령에 의한 행위를 말한다.
18 서울9급 (O / X)

03 행정주체와 사인 사이의 건축도급계약에 있어서, 사인이 의무불이행을 하였다고 하여도 행정대집행은 허용되지 않는다.
15 지방9급 (O / X)

04 공익사업을 위해 토지를 협의매도한 종전 토지소유자가 토지 위의 건물을 철거하겠다는 약정을 하였다고 하더라도 이러한 약정 불이행 시 대집행의 대상이 되지 아니한다.
18 서울9급 (O / X)

05 공유재산 대부계약의 적법한 해지에 따라 원상회복을 위하여 실시하는 지상물 철거의무는 대집행의 대상이 되지 않는다.
16 서울7급 (O / X)

06 공유재산 대부계약이 적법하게 해지되었음에도 불구하고 공유재산의 점유자가 그 지상물을 점유하고 있는 경우, 지방자치단체의 장은 원상회복을 위해 행정대집행의 방법으로 그 지상물을 철거시킬 수는 없다.
17 지방7급 (O / X)

| 정답 | 01 O 02 X 03 O 04 O 05 X 06 X

ⓒ 대체적 작위의무를 불이행할 것
　ⓐ 비대체적 작위의무가 아닐 것: 부작위의무, 수인의무 또는 일신전속적 성질의 것이나 전문기술적 성질의 것이어서 타인이 대신할 수 없는(의무자만이 이행 가능한 전문·기술적인 의무는 대체성이 없다) 비대체적 작위의무는 대집행의 대상이 될 수 없다.

> **심화 학습** | 대집행 가능 여부
>
> 1. **대집행 가능**: 위법 건축물철거, 교통장애물철거, 산림식목, 불법광고물철거, 위험축대파괴 등
> 2. **대집행 불가능**
>   - 비대체적 의무 : 증인출석의무, 의사진료의무, 건물의 명도·인도 전문가 감정 등
>   - 부작위의무 : 무허가 영업, 야간통행금지 등
>   - 수인의무 : 감염병예방접종, 신체검사, 건강진단 등

　ⓑ 부작위의무의 불이행의 경우 작위의무로의 전환(불법 공작물의 설치) 01 02 03
　　ⓘ 부작위의무의 불이행의 경우에는 대체적 작위의무에 해당되지 않으므로 대집행을 위해서는 대체적 작위의무로 시정을 명하고, 그 명령을 불이행하는 경우에만 대집행이 가능할 수 있을 것이다.
　　ⓘⓘ 이 경우 부작위의무나 이를 위반했을 때의 처벌규정을 근거로 대체적 작위의무로 시정명령을 할 수 있는지, 즉 부작위의무를 규정한 근거법 자체가 시정명령권의 근거 규정으로 작용할 수 있는지의 문제가 발생하는데, 대법원은 부작위의무로부터 시정명령권이 당연 도출될 수 없다는 입장이다.
　　ⓘⓘⓘ 부작위의무를 규정한 법령에 이를 위반하여 형성된 유형의 결과물을 시정할 수 있는 시정명령권이 내포된 것으로 볼 수 없고 별도의 규정이 있어야 한다.

> **관련 판례**
>
> Ⓐ **부작위의무부터 작위의무를 당연히 끌어낼 수는 없다** [20 국가직 7급, 20 지방직 9급, 19 국가직 7급, 18 국가직 9급, 18 서울시 9급, 16 서울시 7급, 16 지방직 7급, 16 서울시 9급 등] 04 05
>
> 단순한 부작위 위반 즉, 관계 법령에 정하고 있는 절대적 금지나 허가를 유보한 상대적 금지를 위반한 경우에는 당해 법령에서 그 위반자에 대하여 생긴 유형적 결과의 시정을 명하는 행정처분의 권한을 인정 규정(예 「건축법」 제69조, 「도로법」 제74조, 「하천법」 제67조, 「도시공원법」 제20조, 「옥외광고물등관리법」 제10조 등)을 두고 있지 아니한 이상, 법치주의 원리에 비추어 볼 때 위와 같은 부작위의무로부터 그 의무를 위반함으로써 생긴 결과를 시정하기 위한 작위의무를 당연히 끌어낼 수는 없으며, 또 위 금지규정(특히, 허가를 유보한 상대적 금지규정)으로부터 작위의무, 즉 위반결과의 시정을 명하는 권한이 당연히 추론되는 것도 아니다(대판 1996. 6. 28. 96누4374).
>
> Ⓐ **'장례식장 사용중지의무'가 원고 이외의 '타인이 대신' 할 수도 없고, 타인이 대신하여 '행할 수 있는 행위'라고도 할 수 없는 비대체적 부작위의무에 대한 것이므로 대집행의 대상이 아니다** [20 국가직 7급, 18 서울시 9급, 17 국가직 7급] 06
>
> 이 사건 용도위반 부분을 장례식장으로 사용하는 것이 관계 법령에 위반한 것이라는 이유로 장례식장의 사용을 중지할 것과 이를 불이행할 경우 「행정대집행법」에 의하여 대집행하겠다는 내용의 이 사건 처분은, 이 사건 처분에 따른 '장례식장 사용중지의무'가 원고 이외의 '타인이 대신' 할 수도 없고, 타인이 대신하여 '행할 수 있는 행위'라고도 할 수 없는 비대체적 부작위의무에 대한 것이므로, 그 자체로 위법함이 명백하다고 할 것인데도, 원심은 그 판시와 같은 이유를 들어 이 사건 처분이 적법하다고 판단하고 말았으니, 거기에는 대집행계고처분의 요건에 관한 법리를 오해한 위법이 있다고 할 것이다(대판 2005. 9. 28. 2005두7464).

개념확인 O/X

01 법령에서 정한 부작위의무 자체에서 의무 위반으로 인해 형성된 현상을 제거할 작위의무가 바로 도출되는 것은 아니다.
18 서울9급　　　　　　　　(O / X)

02 관계 법령에서 금지규정 및 그 위반에 대한 벌칙규정은 두고 있으나 금지규정 위반행위에 대한 시정명령의 권한에 대해서는 규정하고 있지 않은 경우에 그 금지규정 및 벌칙규정은 당연히 금지규정 위반행위로 인해 발생한 유형적 결과를 시정하게 하는 것도 예정하고 있다고 할 것이어서 금지규정 위반으로 인한 결과의 시정을 명하는 권한도 인정하고 있는 것으로 해석된다.
18 국가9급　　　　　　　　(O / X)

03 부작위의무 위반행위에 대하여 대체적 작위의무로 전환하는 규정을 두고 있지 아니하더라도 그 금지규정으로부터 그 위반결과의 시정을 명하는 원상복구명령을 할 수 있는 권한이 도출될 수 있다.
19 하반기 서울7급　　　　　(O / X)

04 법률상 시설설치금지의무를 위반하여 시설을 설치한 경우 별다른 규정이 없어도 대집행요건이 충족된다.
16 서울7급　　　　　　　　(O / X)

05 법령상 부작위의무 위반에 대해 작위의무를 부과할 수 있는 법령의 근거가 없음에도, 행정청이 작위의무를 명한 후 그 의무불이행을 이유로 대집행 계고처분을 한 경우 그 계고처분은 유효하다.
16 지방7급　　　　　　　　(O / X)

06 건물의 용도에 위반되어 장례식장으로 사용하는 것을 중지할 것을 명한 경우, 이 중지의무는 대집행의 대상이 아니다.
18 서울9급　　　　　　　　(O / X)

| 정답 | 01 O　02 X　03 X　04 X　05 X　06 O

| 개념확인 O/X |

ⓒ (구)「공유재산 및 물품 관리법」제83조가 '대체적 작위의무'가 아닌 의무에 대하여도 대집행을 허용하는 취지인지 여부(소극)

(구)「공유재산 및 물품 관리법」(2010.2.4. 법률 제10006호로 개정되기 전의 것) 제83조는 "정당한 사유 없이 공유재산을 점유하거나 이에 시설물을 설치한 때에는 「행정대집행법」제3조 내지 제6조의 규정을 준용하여 철거 그 밖의 필요한 조치를 할 수 있다."라고 정하고 있는데, 위 규정은 대집행에 관한 개별적인 근거 규정을 마련함과 동시에 「행정대집행법」상의 대집행 요건 및 절차에 관한 일부 규정만을 준용한다는 취지에 그치는 것이고, 대체적 작위의무에 속하지 아니하여 원칙적으로 대집행의 대상이 될 수 없는 다른 종류의 의무에 대하여서까지 강제집행을 허용하는 취지는 아니다(대판 2011.4.28. 2007도7514).

ⓑ 부작위의무에 대한 대집행계고처분의 적법 여부(소극) [24 군무원 9급] 01

01 하천유수인용허가신청이 불허되었음을 이유로 하천유수인용행위를 중단할 것과 이를 불이행할 경우 「행정대집행법」에 의하여 대집행을 하겠다는 내용의 계고처분은 대집행의 대상이 될 수 없는 부작위의무에 대한 것으로서 그 자체로 위법하다.
24 군무원9급 (O / X)

하천유수인용(河川流水引用)허가신청이 불허되었음을 이유로 하천유수인용행위를 중단할 것과 이를 불이행할 경우 「행정대집행법」에 의하여 대집행하겠다는 내용의 계고처분은 대집행의 대상이 될 수 없는 부작위의무에 대한 것으로서 그 자체로 위법함이 명백한바, 이러한 경우 법원으로서는 마땅히 석명권을 행사하여 원고로 하여금 위 계고처분의 위법사유를 밝히게 하고, 나아가 위와 같은 법리에 따라 그 취소 여부를 가려 보아야 한다(대판 1998.10.2. 96누5445).

ⓒ 도로점용허가를 얻어 그 도로상에 건물을 건축하여 점용하고 있는 건물에 대하여는, 「국유재산법」제24조 제3항의 규정취지에 비추어 그 점용허가를 취소하지 않고도 동 건물의 철거를 명할 수 있다

도로점용허가를 얻어 그 도로상에 건물을 건축하여 점용하고 있는 건물에 대하여 그 점용허가를 취소하지 않고 동 건물의 철거를 명함은 부당하다고 하나 「국유재산법」제24조 제3항은 "제1항·제2항의 규정에 의하여 사용수익의 허가를 받은 자는 그 허가받은 재산상에 건물 기타의 영구 건축물을 축조하지 못한다."고 규정한 취지에 비추어 논지는 이유 없다(대판 1983.3.8. 81누188).

ⓓ 토지·건물 등의 인도의무의 대집행 대상 여부
  ⓐ 통설·판례의 입장: 대체성 있는 물건이 인도(대집행 가능)와는 달리, 사람이 점유하고 있는 토지·건물 등의 인도(명도)는 실력으로 점유를 풀어 점유이전을 하지 않으면 목적을 달성할 수 없으므로 대집행의 대상이 될 수 없다는 것이 통설·판례의 입장이다. 02

02 토지나 건물의 명도는 대집행의 대상이 된다.
17 지방7급 (O / X)

  ⓑ 철거목적의 대집행과정에서 점유자의 퇴거 가능성
    ⅰ) 건물의 철거를 위한 대집행의 과정에서 부수적으로 점유자에 대한 퇴거 가능성: 건물의 점유자가 철거하명을 받은 철거의무자인 경우에 퇴거조치를 취할 수 있는지에 대해 대법원은 이를 긍정하는 입장이다.
    ⅱ) 이 경우에 별도의 권원이 필요한지 여부: 대법원은 대집행의 실행과정에서 건물의 점유자가 철거의무자인 경우에는 건물의 철거의무에 퇴거의무도 포함되어 있어 별도의 퇴거를 위한 집행권원이 필요없다는 입장이다.
    ⅲ) 이 경우에 퇴거조치를 취함에 있어 경찰관의 도움을 받을 수 있는지 여부: 대법원은 점유자들이 적법한 행정대집행을 위력을 행사하여 방해하는 경우에 「형법」상 공무집행방해죄가 성립하여 필요한 경우에는 「경찰관 직무집행법」에 근거한 위험발생 방지조치나 공무집행방해죄의 범행방지 등의 차원에서 경찰관이 도움을 받을 수 있다는 입장이다.

관련 판례

B 행정청이 행정대집행의 방법으로 건물의 철거 등 대체적 작위의무의 이행을 실현할 수 있는 경우, 민사소송의 방법으로 그 의무의 이행을 구할 수 있는지 여부(소극) 및 건물의 점유자가 철거의무자인 경우 별도로 퇴거를 명하는 집행권원이 필요한지 여부(소극) [19 서울시 9급, 18 국회직 8급]

> 관계 법령상 행정대집행의 절차가 인정되어 행정청이 행정대집행의 방법으로 건물의 철거 등 대체적 작위의무의 이행을 실현할 수 있는 경우에는 따로 민사소송의 방법으로 그 의무의 이행을 구할 수 없다. 한편 건물의 점유자가 철거의무자일 때에는 건물철거의무에 퇴거의무도 포함되어 있는 것이어서 별도로 퇴거를 명하는 집행권원이 필요하지 않다(대판 2017. 4. 28. 2016다213916).

A 행정청이 건물철거 대집행 과정에서 부수적으로 건물의 점유자들에 대한 퇴거조치를 할 수 있는지 여부(적극) 및 이 경우 필요하면 경찰의 도움을 받을 수 있는지 여부(적극) [24 국가직 9급, 24 국회직 9급, 20 국가직 9급, 20 소방직, 19 국가직 9급, 19 국가직 7급, 19 지방직 9급, 19 서울시 9급, 19 사회복지직, 18 국회8급] **01 02 03**

> 행정청이 행정대집행의 방법으로 건물철거의무의 이행을 실현할 수 있는 경우에는 건물철거 대집행 과정에서 부수적으로 건물의 점유자들에 대한 퇴거조치를 할 수 있고, 점유자들이 적법한 행정대집행을 위력을 행사하여 방해하는 경우「형법」상 공무집행방해죄가 성립하므로, 필요한 경우에는「경찰관 직무집행법」에 근거한 위험발생 방지조치 또는「형법」상 공무집행방해죄의 범행방지 내지 현행범체포의 차원에서 경찰의 도움을 받을 수도 있다(대판 2017. 4. 28. 2016다213916).

B 도시공원시설의 매점의 점유자의 점유배제를 목적으로 행정대집행이 가능한지 여부(소극)

> 도시공원시설인 매점의 관리청이 그 공동점유자 중의 1인에 대하여 소정의 기간 내에 위 매점으로부터 퇴거하고 이에 부수하여 그 판매 시설물 및 상품을 반출하지 아니할 때에는 이를 대집행하겠다는 내용의 계고처분은 그 주된 목적이 매점의 원형을 보존하기 위하여 점유자가 설치한 불법 시설물을 철거하고자 하는 것이 아니라, 매점에 대한 점유자의 점유를 배제하고 그 점유이전을 받는데 있다고 할 것인데, 이러한 의무는 그것을 강제적으로 실현함에 있어 직접적인 실력행사가 필요한 것이지 대체적 작위의무에 해당하는 것은 아니어서 직접강제의 방법에 의하는 것은 별론으로 하고「행정대집행법」에 의한 대집행의 대상이 되는 것은 아니다(대판 1998. 10. 23. 97누157).

A 수용대상의 토지의 인도의무는 대집행대상이 아니다 [24 국가직 9급, 24 군무원 9급, 20 국회직 8급, 19 하반기 서울시 7급, 19 서울시 9급, 18 국가직 9급, 17 지방직 7급, 16 서울시 7급, 16 서울시 9급, 14 국가직 9급] **04 05 06 07 08**

> 피수용자 등이 기업자에 대하여 부담하는 수용대상 토지의 인도의무에 관한 (구)「토지수용법」제63조, 제64조, 제77조 규정에서의 '인도'에는 명도도 포함되는 것으로 보아야 하고, 이러한 명도의무는 그것을 강제적으로 실현하면서 직접적인 실력행사가 필요한 것이지 대체적 작위의무라고 볼 수 없으므로 특별한 사정이 없는 한「행정대집행법」에 의한 대집행의 대상이 될 수 있는 것이 아니다(대판 2005. 8. 19. 2004다2809).

개념확인 O/X

01 건물의 점유자가 철거의무자일 때에는 건물철거의무에 퇴거의무도 포함되어 있는 것이이서 별도로 퇴거를 명하는 집행권원이 필요하지 않다.
24 국회9급, 19 서울9급　(O/X)

02 대집행에 의한 건물철거 시 점유자들이 위력을 행사하여 방해하는 경우라도 경찰의 도움을 받을 수 없다.
18 국회8급　(O/X)

03 위력을 행사하여 적법한 행정대집행을 방해하는 경우 대집행 행정청은 필요한 경우에는「경찰관 직무집행법」에 근거한 위험발생 방지조치 또는「형법」상 공무집행방해죄의 범행방지 내지 현행범체포의 차원에서 경찰의 도움을 받을 수 있다.
24 국가9급　(O/X)

04 퇴거의무 및 점유인도의무의 불이행은 행정대집행의 대상이 되지 않는다.
18 국가9급　(O/X)

05 명도의무는 대체적 작위의무라고 볼 수 없으므로 특별한 사정이 없는 한「행정대집행법」에 의한 대집행의 대상이 될 수 없다.
19 하반기 서울7급　(O/X)

06 A시 시장의 토지인도명령에 대해 甲이 이를 불이행하더라도 그 불이행에 대해서 A시 시장은 행정대집행을 할 수 없다.
24 국가9급　(O/X)

07 (구)「토지수용법」상 피수용자 등이 기업자에 대하여 부담하는 수용대상 토지의 인도의무는 특별한 사정이 없는 한「행정대집행법」에 의한 대집행의 대상이 될 수 없다.
19 서울9급　(O/X)

08 피수용자 등이 사업시행자에 대하여 부담하는 수용대상 토지의 인도의무는「행정대집행법」에 의한 대집행의 대상이 될 수 있다.
24 군무원9급　(O/X)

| 정답 | 01 O　02 X　03 O　04 O　05 O　06 O　07 O　08 X

개념확인 O/X

ⓒ 군청사의 불법사용에 대한 물품의 철거와 사무실의 폐쇄를 위해 대집행이 가능하다

> 법외 단체인 전국공무원노동조합의 지부가 당초 공무원 직장협의회의 운영에 이용되던 군(郡) 청사시설인 사무실을 임의로 사용하자 지방자치단체장이 자진폐쇄 요청 후 「행정대집행법」에 따라 행정대집행을 하였는데, 지부장 등인 피고인들과 위 지부 소속 군청 공무원들이 위 집행을 행하던 공무원들에게 대항하여 폭행 등 행위를 한 사안에서, 위 행정대집행은 주된 목적이 조합의 위 사무실에 대한 사실상 불법사용을 중지시키기 위하여 사무실 내 조합의 물품을 철거하고 사무실을 폐쇄함으로써 군(郡) 청사의 기능을 회복하는 데 있으므로, 전체적으로 대집행의 대상이 되는 대체적 작위의무인 철거의무를 대상으로 한 것으로 적법한 공무집행에 해당한다고 볼 수 있고, 그에 대하여 피고인 등이 폭행 등 행위를 한 것은 단체 또는 다중의 위력으로 공무원들의 적법한 직무집행을 방해한 것에 해당한다는 이유로, 피고인들에게 특수공무집행방해죄를 인정한 원심판단의 결론을 정당하다(대판 2011.4.28. 2007도7514).

② 다른 수단에 의하여 그 이행확보가 곤란할 것(보충성의 원칙)
  ㉠ 침익성이 경미한 다른 수단(행정지도, 시정명령 등)으로도 의무이행을 확보할 수 있을 때에는 그러한 수단에 의하여야 할 것이다.
  ㉡ 여기에서 말하는 다른 수단에는 대집행보다 침익성이 강한 직접강제 등은 해당되지 않는다.
  ㉢ 따라서 다른 수단으로 이행확보가 곤란한 부득이한 경우에만 비로소 대집행은 가능하다 할 것이다. 이는 최소침해의 원칙을 규정한 것이다.
  ㉣ 반면, 일부 학자들에 의하면(김남진, 강구철) 법원은 지금껏 '다른 수단'의 존재 여부를 이유로 대집행의 위법 여부를 판단하지는 않았으므로, 이 요건은 대집행을 함부로 해서는 아니 된다는 의미로 실제 해석하여야 한다고 한다.

③ 불이행을 방치할 경우 심히 공익을 해할 것(비례성의 원칙): 여기서 어떤 경우를 심히 공익을 해하는 경우라 할 것인가에 대하여 논의되고 있으나 '심히 공익을 해하는 경우' 여부의 판단은 행정청에 판단여지를 인정하는 것이라는 견해, 기속재량을 인정하는 것이라는 견해, 자유재량을 인정하는 것이라는 견해로 대립되는데 판례는 "…비록 그것이 공익 재량에 속하는 사항이라 할지라도 그것이 심히 부당한 경우에는 법원이 이것을 심사할 수 있다."고 하여 비례성 적용에 재량행위성을 인정하면서도 사법심사 가능성을 인정하였다. 01 02

01 계고처분을 하려면 다른 방법으로는 이행의 확보가 어렵고 불이행을 방치함이 심히 공익을 해하는 것으로 인정될 때에 한하여 허용되고 이러한 요건의 주장·입증책임은 처분행정청에 있다.
17 하반기 국가7급   (O / X)

02 의무의 불이행만으로 대집행이 가능한 것은 아니며 의무의 불이행을 방치하는 것이 심히 공익을 해한다고 인정되는 경우에 비로소 대집행이 허용된다.
13 지방9급   (O / X)

관련 판례 **공익을 침해한다고 판단한 경우**

ⓒ 불법건축물의 방치와 공권력의 무력화의 경우 – 공익을 해하는 무허가 건축물의 존속을 인정하지 않은 경우

> 무허가 건축물을 그대로 방치한다면 불법건축물을 단속하는 당국의 권능은 무력화되어 건축행정의 원활한 수행을 위태롭게 하고 건축허가 및 준공 검사 시에 소방시설, 주차시설 기타 「건축법」 소정의 제한규정이나 도시계획구역 안에서의 토지의 경제적이고 효율적인 이용을 회피하는 것을 사전에 예방하지 못하게 되어, 더 큰 공익을 해하는 것이 된다(대판 1992.8.14. 92누3885).

ⓒ 불법건축물이 도시미관, 거주환경, 교통소통에 지장이 없다는 사정과 그 철거불이행의 방치가 해할 것으로 우려되는 공익

> 무허가로 불법 건축되어 철거할 의무가 있는 건축물을 도시미관, 주거환경, 교통소통에 지장이 없다는 등의 사유만을 들어 그대로 방치한다면 불법 건축물을 단속하는 당국의 권능을 무력화하여

정답 | 01 O 02 O

건축행정의 원활한 수행을 위태롭게 하고 건축허가 및 준공검사 시에 소방시설, 주차시설 기타 「건축법」소정의 제한규정을 회피하는 것을 사전 예방한다는 더 큰 공익을 해칠 우려가 있다(대판 1989. 3. 28. 87누930).

ⓒ 허가기간이 만료된 불법 광고판의 공익침해

광고물이 당초 허가 당시 시행 중이던 광고물관리법 등의 규정에 의하여 적법하게 허가받은 것으로서 허가 당시의 현상을 그대로 유지하고 있는 등의 여러 가지 사정을 고려한다 하더라도, 허가기간이 이미 도과하였고 기간만료 당시나 현행 「옥외광고물 등 관리법」등의 설치기준에도 적합하지 아니한 광고물의 철거를 부정하는 것은 위법한 광고물을 무한정 방치하는 결과가 되어 행정기관의 위법광고물 단속기능을 무력화시키고 광고물관리행정의 원활한 수행을 위태롭게 함은 물론 다른 위법광고물 단속과의 형평을 깨뜨리는 등 공익을 심히 해하는 결과를 초래한다(대판 1994. 11. 11. 94누7126).

ⓒ 공원 내 불법 교회의 공익침해

개발제한구역 및 도시공원에 속하는 임야상에 신축된 위법 건축물인 대형 교회건물의 합법화가 불가능한 경우, 교회건물의 건축으로 공원미관조성이나 공원관리 측면에서 유리하고 철거될 경우 막대한 금전적 손해를 입게 되며 신자들이 예배할 장소를 잃게 된다는 사정을 고려하더라도 위 교회건물의 철거의무의 불이행을 방치함은 심히 공익을 해한다고 보아야 한다(대판 2000. 6. 23. 98두3112).

ⓒ 건축 도중 3회에 걸쳐 건축의 중지 및 시공부분의 철거지시를 받았음에도 공사를 강행하여 건축물을 완공한 경우(대판 1980. 9. 24. 80누252)

ⓒ 개발제한구역 내의 토지소유자가 부정한 방법으로 증축허가 신청을 받고 건물을 증축한 후 관계공무원을 기망하여 준공검사까지 받은 경우(대판 1983. 12. 27. 83누369)

ⓒ 골프연습장을 「도시계획법」및 「건축법」을 위반하여 무허가로 용도변경하여 설치하고, 개발제한구역 내에 위치하고 있어 합법화 될 가능성이 없는 건축물(대판 1995. 6. 29. 94누11354)

ⓒ 원고 소유인 건물의 3층 부분 건평 32.56평방미터에 대한 이벽보강공시 및 지붕보수공사의 대수선신고를 마치고 그 공사를 하면서 허가를 받지 아니하고 위 3층 부분에 이어 건평 63.44평방미터를 증축한 경우(대판 1992. 3. 10. 91누4140)

ⓒ 대지의 전면에 설치된 도시계획선을 침범하여 건축함으로써 1, 2층 점포부분을 허가면적보다 각 55평방미터 늘려 시공한 건축물(대판 1992. 8. 14. 92누3885)

ⓒ 개발제한구역 내에 허가 없이 묘지를 설치한 불법형질변경을 방치하는 경우(대판 1993. 5. 11. 92누8279)

ⓒ 소관청의 허가를 받음 없이 시장건물의 후면벽과 공터 359평방미터에 인접한 주택의 담장을 벽으로 삼고 철골의 기둥과 천정을 세워 그 위에 스레트 및 천막을 씌워 차양시설로서 건축물을 완성한 경우(대판 1989. 3. 28. 87누930)

ⓒ 무허가증축부분으로 인하여 건물의 미관이 나아지고 위 증축부분을 철거하는 데 비용이 많이 소요된다고 하더라도 건물철거대집행계고처분을 할 요건에 해당된다(대판 1992. 3. 10. 91누4140)

ⓒ 무단증평된 부분이 상당히 큰데다가 도로쪽 전면으로 돌출되어 있어 쉽게 발견되고, 기존의 도시계획선을 침범하고 있으므로 그에 대한 철거대집행계고처분은 적법하다(대판 1992. 8. 14. 92누3885)

| 개념확인 O/X |

> **관련 판례** 공익을 침해하지 않는다고 판단한 경우

ⓒ 공익을 해하지 않은 무허가 건축물의 존속을 인정한 경우 허가 없이 건축수선을 하였다 하더라도, 그로 인하여 건물면적에 실질적인 변동을 초래하지 않았고 도시미관이나 위생을 해친 바도 없으므로, 이를 그대로 방치하더라도 심히 공익을 해한다고 볼 수 없다(대판 1988.2.9. 87누213)

ⓒ 0.02㎡ 초과 불법 건축물의 경우 – 「건축법」 위반의 정도가 경미하여 심히 공익을 해하지 아니한 것으로 본 판례

> 건축허가면적보다 0.02㎡ 정도 초과하여 이웃의 대지를 침범한 경우에, 이 정도의 위반만으로는 주위의 미관을 해칠 우려가 없을 뿐 아니라 이를 대집행으로 철거할 경우 많은 비용이 드는 반면, 공익에는 별 도움이 되지 아니하고, 도로교통·방화·보안·위생·도시미관·공해예방 등의 공익을 크게 해친다고 볼 수도 없기 때문에, 철거를 위한 계고처분은 그 요건을 갖추지 못한 것으로 위법하며 취소를 면할 수 없다(대판 1991.3.12. 90누10070).

ⓒ 헬기 이·착륙 등의 안전을 위하여 건물외곽과 수평을 이루도록 허가 없이 증축한 경우(대판 1990.12.7. 90누5405)

ⓒ 건물 외부로 돌출되지 않았거나 크게 눈에 띄지 않지만 철거비용이 많이 소요되는 경우(대판 1989.7.11. 88누11193)

ⓒ 생활의 극심한 불편해소를 위한 화장실 등의 설치의 경우

> 1, 2층에는 각 세입자가 살고있고 3층에는 원고가 살고 있는 3층 주택에 있어서 1층에는 화장실과 부엌이 따로 없어 생활에 심한 불편이 있자 건축허가 없이 1층 출입문 옆에 화장실 2.86평방미터와 아궁이가 있는 창고 9.02평방미터를 설치하고 원고의 가족이 많아 방이 부족하므로 허가건물인 옥탑에 덧붙여 13.11평방미터의 주택용 방식 1개를 증축한 경우(대판 1989.7.11. 88누11193)

ⓒ 돌출되지 않은 불법건축물의 행정대집행의 경우

> 관할관청의 허가를 받지 아니하고 기존 건물이 4층 옥상 뒷면에 세멘벽돌고 스라브지붕 주택 55.4평방미터를 증축하였더라도 그 증축부분이 외부로 돌출되지 않고 지면에서 잘 보이지 아니하여 주위의 미관을 해칠 우려가 없을 뿐만 아니라 이를 대집행으로 철거할 경우 많은 비용이 소요되는 반면에 공익에 아무런 도움이 되지 아니하고 도로교통, 방화, 보안, 위생, 도시미관 및 공해예방 등의 공익을 심히 해한다고도 볼 수 없다면 그 증축부분의 철거대집행을 위한 이 사건 계고처분은 위법하다(대판 1990.1.23. 89누6969).

ⓒ 합법화가 가능한 무단증축물의 경우

> 「건축법」에 위반된 무단증축으로 인근주민의 사생활의 평온을 침해할 우려가 있게 되었으나 종전의 상태에 비하여 그 침해의 정도가 크게 증대되었다고는 볼 수 없고, 공익에 영향을 주지 아니하여 「건축법」 위반 건물부분에 대한 철거대행계고처분이 위법하다. 또한 불법 증축한 건물에 관하여 특정건축물로 신고하여 서울특별시장이 위 건물을 동법 소정의 대상 건물로 판단하여 특정건축물정리심의위원회에 심의를 상정한 상태라 위 불법증축부분에 대하여서는 위 특별조치법 소정의 절차에 따라 합법화될 가능성이 있다(대판 1986.11.11. 86누173).

④ 기타
  ㉠ 시정명령(대체적 작위의무)의 불가쟁력: 철거명령 등의 시정명령에 불가쟁력이 발생하지 않은 상태에서도 행정대집행이 가능할지 여부가 문제가 되는데 「행정대집행법」상의

대집행의 요건에는 시정명령에 불복기간이 경과될 것을 규정하고 있지 않다. 따라서 대체적 작위의무 부과에 불가쟁력이 발생하는 것은 대집행의 요건이 아니지만, 고려대상이 될 수 있다. 01
ⓒ 집행정지 진행 중: 대집행의 실행 전에 철거명령이나 계고 등의 절차에 행정쟁송이 제기되어 임시구제로서 처분의 효력이나 집행 또는 절차가 정지된 경우에는 그 효력 등의 정지결정에서 정해진 기간 등의 경과로 집행정지결정의 효력이 소멸될 때까지는 대집행은 정지된다.

⑤ 대집행요건 충족 후의 재량문제 02 03
  ㉠ 기속행위설: 대집행의 요건으로 '불이행을 방치할 경우 심히 공익을 해할 것'의 규정은 행정청이 재량을 행사할 수 없는 규정임을 의미한다고 하여「행정대집행법」에서 정한 요건이 충족되는 경우에 행정청은 대집행을 하여야 한다는 견해이다(김남진, 김도창, 이상규, 석종현, 홍준형).
  ㉡ 재량행위설(일반적 견해): 대집행요건의 충족 여부나 실행 여부는 행정청의 판단이나 재량문제로서 행정소송이나 손해배상청구를 할 수 없다는 견해이다(김동희, 한견우, 박균성). 다만, 재량권의 영으로의 수축이론에 따라 일정한 경우에 행정청은 대집행을 행하여야 한다고 한다.

⑥ 대집행의 요건 주장과 입증책임 문제: 해당 행정청에 있다는 것이 판례의 태도이다. 04 05 06

(5) 대집행의 절차

> **관련 법령**
>
> 「행정대집행법」제3조【대집행의 절차】① 전조의 규정에 의한 처분(이하 대집행이라 한다)을 하려 함에 있어서는 상당한 이행기한을 정하여 그 기한까지 이행되지 아니할 때에는 대집행을 한다는 뜻을 미리 문서로써 계고하여야 한다. 이 경우 행정청은 상당한 이행기한을 정함에 있어 의무의 성질·내용 등을 고려하여 사회통념상 해당 의무를 이행하는 데 필요한 기간이 확보되도록 하여야 한다.
> ② 의무자가 전항의 계고를 받고 지정기한까지 그 의무를 이행하지 아니할 때에는 당해 행정청은 대집행영장으로써 대집행을 할 시기, 대집행을 시키기 위하여 파견하는 집행책임자의 성명과 대집행에 요하는 비용의 개산에 의한 견적액을 의무자에게 통지하여야 한다.
> ③ 비상시 또는 위험이 절박한 경우에 있어서 당해 행위의 급속한 실시를 요하여 전2항에 규정한 수속을 취할 여유가 없을 때에는 그 수속을 거치지 아니하고 대집행을 할 수 있다.
> 제4조【대집행의 실행 등】① 행정청(제2조에 따라 대집행을 실행하는 제3자를 포함한다. 이하 이 조에서 같다)은 해가 뜨기 전이나 해가 진 후에는 대집행을 하여서는 아니 된다. 다만, 다음 각 호의 어느 하나에 해당하는 경우에는 그러하지 아니하다.
>   1. 의무자가 동의한 경우
>   2. 해가 지기 전에 대집행을 착수한 경우
>   3. 해가 뜬 후부터 해가 지기 전까지 대집행을 하는 경우에는 대집행의 목적 달성이 불가능한 경우
>   4. 그 밖에 비상시 또는 위험이 절박한 경우
> ② 행정청은 대집행을 할 때 대집행 과정에서의 안전 확보를 위하여 필요하다고 인정하는 경우 현장에 긴급 의료장비나 시설을 갖추는 등 필요한 조치를 하여야 한다.
> ③ 대집행을 하기 위하여 현장에 파견되는 집행책임자는 그가 집행책임자라는 것을 표시한 증표를 휴대하여 대집행 시에 이해관계인에게 제시하여야 한다.
> 제5조【비용납부명령서】대집행에 요한 비용의 징수에 있어서는 실제에 요한 비용액과 그 납기일을 정하여 의무자에게 문서로써 그 납부를 명하여야 한다.
> 제6조【비용징수】① 대집행에 요한 비용은「국세징수법」의 예에 의하여 징수할 수 있다.
> ② 대집행에 요한 비용에 대하여서는 행정청은 사무비의 소속에 따라 국세에 다음가는 순위의 선취득권을 가진다.
> ③ 대집행에 요한 비용을 징수하였을 때에는 그 징수금은 사무비의 소속에 따라 국고 또는 지방자치단체의 수입으로 한다.

개념확인 O/X

01 의무를 명하는 행정행위가 불가쟁력이 발생하지 않은 경우에는 그 행정행위에 따른 의무의 불이행에 대하여 대집행을 할 수 없다.
17 국가9급 (O / X)

02 대집행의 요건을 충족한 경우에 행정청이 대집행을 할 것인지 여부에 관해서 소수설은 재량행위로 보나, 다수설과 판례는 기속행위로 본다.
21 소방 (O / X)

03 「행정대집행법」제2조에 따른 대집행의 실시 여부는 행정청의 재량에 속하지 않는다.
17 국가9급 (O / X)

04 대집행을 함에 있어 계고요건의 주장과 입증책임은 처분행정청에 있는 것이지, 의무불이행자에 있는 것이 아니다.
20 지방9급 (O / X)

05 허가 없이 신축·증축한 불법건축물의 철거의무를 대집행하기 위한 계고처분요건의 주장과 입증책임은 처분행정청에 있다.
16 국가7급 (O / X)

06 원칙적으로 '의무의 불이행을 방치하는 것이 심히 공익을 해하는 것으로 인정되는 경우'의 요건은 계고를 할 때에 충족되어 있어야 한다.
17 국가9급 (O / X)

| 정답 | 01 X   02 X   03 X   04 O   05 O   06 O

① 계고(통지행위 – 의사통지)
  ㉠ 의의: 상당한 이행기간을 정하여 그 기간까지 이행하지 않는 경우에는 대집행을 한다는 뜻을 문서로 통지하는 것이며, 준법률행위적 행정행위로 항고소송의 대상이 된다(김남진 교수는 계고의 성질을 하명으로 본다).
  ㉡ 계고의 생략: 법률에 다른 규정이 있거나(「건축법」 제85조), 비상시 또는 위험이 절박한 경우에 있어서 계고를 통지할 여유가 없을 때에는 계고를 생략할 수 있다.
  ㉢ 무효사유: '비상시 또는 위험이 절박한 경우에 있어서 계고를 통지할 여유가 없을 때'가 아닌 경우에 계고를 생략하거나 문서로 하지 아니한 계고는 무효가 된다.
  ㉣ 대집행요건은 계고하기 전에 이미 충족되어 있어야 한다. 따라서 장차 의무 위반 시 대집행을 하겠다는 사전계고(정지조건부계고)는 할 수 없다.
  ㉤ 대집행의 계고장에 계고내용이 반드시 특정되어야 하는가에 대하여 판례는 꼭 특정할 필요는 없다고 한다. 01 02
  ㉥ 의무를 명함과 동시에 불이행 시 대집행을 하겠다는 계고는 결합할 수 없지만, 의무 부과 시 이미 대집행요건이 충족될 것이 확실하고 긴급한 필요가 있는 경우에는 예외적으로 양자의 결합이 허용된다.
  ㉦ 2중의 계고처분의 경우, 후행처분이 별도의 계고처분인가의 문제에 대하여 판례는 부정하고 있다. 03 04
  ㉧ 행정청은 상당한 이행기한을 정함에 있어 의무의 성질·내용 등을 고려하여 사회통념상 해당 의무를 이행하는 데 필요한 기간이 확보되도록 하여야 한다.
  ㉨ 계고서 내의 시정요구는 독립된 쟁송대상인 처분이 아니다.

관련 판례

◉ 제1차로 창고건물의 철거 및 하천부지에 대한 원상복구명령을 하였음에도 이에 불응하므로 대집행계고를 하면서 다시 자진철거 및 토사를 반출하여 하천부지를 원상복구할 것을 명한 경우, 대집행계고서에 기재된 자진철거 및 원상복구명령이 취소소송의 대상이 되는 독립한 행정처분인지 여부(소극)

> 제1차로 창고건물의 철거 및 하천부지에 대한 원상복구명령을 하였음에도 이에 불응하므로 대집행계고를 하면서 다시 자진철거 및 토사를 반출하여 하천부지를 원상복구할 것을 명한 경우, 「행정대집행법」상의 철거 및 원상복구의무는 제1차 철거 및 원상복구명령에 의하여 이미 발생하였다 할 것이어서, 대집행계고서에 기재된 자진철거 및 원상복구명령은 새로운 의무를 부과하는 것이라고 볼 수 없으며, 단지 종전의 철거 및 원상복구를 독촉하는 통지에 불과하므로 취소소송의 대상이 되는 독립한 행정처분이라고 할 수 없고(대판 2000. 2. 22. 98두4665 참조), 대집행계고서에 기재된 철거 및 원상복구의무의 이행기한은 「행정대집행법」 제3조 제1항에 따른 이행기한을 정한 것에 불과하다고 할 것이다(대판 2004. 6. 10. 2002두12618).

◉ 상당한 의무이행기간을 부여하지 아니한 대집행계고처분 후에 대집행영장으로써 대집행의 시기를 늦춘 경우 그 계고처분의 적부(소극)

> 「행정대집행법」 제3조 제1항은 행정청이 의무자에게 대집행영장으로써 대집행할 시기 등을 통지하기 위하여는 그 전제로서 대집행계고처분을 함에 있어서 의무이행을 할 수 있는 상당한 기간을 부여할 것을 요구하고 있으므로, 행정청인 피고가 의무이행기한이 1988. 5. 24.까지로 된 이 사건 대집행계고서를 5. 19. 원고에게 발송하여 원고가 그 이행종기인 5. 24. 이를 수령하였다면, 설사 피고가 대집행영장으로써 대집행의 시기를 1988. 5. 27. 15:00로 늦추었더라도 위 대집행계고처분은 상당한 이행기한을 정하여 한 것이 아니어서 대집행의 적법절차에 위배한 것으로 위법한 처분이라고 할 것이다(대판 1990. 9. 14. 90누2048).

개념확인 O/X

01 대집행계고를 함에 있어서는 의무자가 스스로 이행하지 않는 경우에 대집행할 행위의 내용 및 범위가 구체적으로 특정되어야 하는데 그 내용과 범위는 대집행 계고서뿐만 아니라 계고처분 전후에 송달된 문서나 기타 사정 등을 종합하여 특정될 수 있다.
18 국가9급　　　　　　　(O/X)

02 행정청이 대집행계고를 함에 있어서는 의무자가 스스로 이행하지 아니하는 경우에 대집행할 행위의 내용 및 범위가 구체적으로 특정되어야 하지만, 그 행위의 내용 및 범위는 반드시 대집행계고서에 의하여서만 특정되어야 하는 것은 아니다.
19 하반기 서울7급　　　(O/X)

03 대집행의 절차인 '대집행의 계고'의 법적 성질은 준법률행위적 행정행위이므로 계고 그 자체가 독립하여 항고소송의 대상이 되나, 2차 계고는 새로운 철거의무를 부과하는 것이 아니고 대집행기한의 연기 통지에 불과하므로 행정처분으로 볼 수 없다는 판례가 있다.
21 소방　　　　　　　　(O/X)

04 계고가 반복적으로 부과된 경우 제1차 계고가 행정처분이라면 같은 내용이 반복된 제2차 계고는 새로운 의무를 부과하는 것이 아니어서 행정처분이 아니다.
16 지방9급　　　　　　(O/X)

| 정답 | 01 O　02 O　03 O　04 O

C 의무 없이 이루어진 불이행으로서의 계고(위법)

> 행정청이 토지구획정리사업의 환지예정지를 지정하고 그 사업에 편입되는 건축물 등 지장물의 소유자 또는 임차인에게 지장물의 자진이전을 요구한 후 이에 응하지 않자 지장물의 이전에 대한 대집행을 계고하고 다시 대집행영장을 통지한 사안에서, 위 계고처분 등은 「행정대집행법」 제2조에 따라 명령된 지장물 이전의무가 없음에도 그러한 의무의 불이행을 사유로 행하여진 것으로 위법하다(대판 2010.6.24. 2010두1231).

A 계고서라는 명칭의 1장의 문서로써 일정기간 내에 위법 건축물의 자진철거를 명함과 동시에 그 소정기한 내에 자진철거를 하지 아니할 때에는 대집행할 뜻을 미리 계고한 경우, 철거명령 및 계고처분의 적부(적극)

[24 군무원 9급, 20 국회직 8급, 20 국가직 7급, 19 지방직 9급, 10 하반기 서울시 7급, 18 국회직 8급, 17 하반기 국가직 7급, 16 지방직 7급, 16 지방직 9급] **01 02 03 04**

> 계고서라는 명칭의 1장의 문서로서 일정기간 내에 위법 건축물의 자진철거를 명함과 동시에 그 소정기한 내에 자진철거를 하지 아니할 때에는 대집행할 뜻을 미리 계고한 경우라도 「건축법」에 의한 철거명령과 「행정대집행법」에 의한 계고처분은 독립하여 있는 것으로서 각 그 요건이 충족되었다고 볼 것이다(대판 1992.6.12. 91누13564).

C 철거명령에서 주어진 일정기간이 자진철거에 필요한 상당한 기간이라면 그 기간 속에는 계고 시에 필요한 '상당한 이행기간'도 포함되어 있다고 보아야 할 것인지 여부(적극) [19 지방직 9급, 16 지방직 7급] **05 06**

> 철거명령에서 주어진 일정기간이 자진철거에 필요한 상당한 기간이라면 그 기간 속에는 계고 시에 필요한 '상당한 이행기간'도 포함되어 있다고 보아야 할 것이다(대판 1992.6.12. 91누13564).

C 「건축법」 위반 건축물의 철거명령과 그 의무 불이행 시 대집행할 행위의 내용 및 범위의 특정방법

> 계고를 함에 있어서는 의무자가 이행하여야 할 행위와 그 의무불이행 시 대집행할 행위의 내용 및 범위가 구체적으로 특정되어야 할 것이지만 그 특정 여부는 실제건물의 위치, 구조, 평수 등을 계고서의 표시와 대조검토하여 대집행의무자가 그 이행의무의 범위를 알 수 있을 정도로 하면 족하다(대판 1992.6.12. 91누13564).

C 3회에 걸쳐 건물철거대집행계고처분을 하고 이에 대한 행정소송까지 부적법 각하된 후 철거의무자의 연기원을 받아들여 그 대집행절차를 진행하지 않고 있다가 연기기한이 지난 후 다시 행한 계고처분이 취소소송의 대상이 되는 독립된 행정처분이라고 할 수 있는지 여부

> 3회에 걸쳐 건물철거대집행계고처분을 하고 이에 대한 행정소송까지 부적법 각하된 후 철거의무자의 연기원을 받아들여 그 대집행절차를 장기간 진행하지 않고 있다가 연기기한이 지난 후 다시 별도의 계고서를 통하여 계고처분하였고 그 사이 도로개설공사 시행으로 현황이 일부 변경된 경우, 그 계고처분은 소송절차를 거쳐 확정된 종전의 계고처분을 철회하고 철거의무자에게 별개의 새로운 철거의무를 부과한 것이라기보다는 종전의 계고처분에 의한 건물철거를 독촉하거나 그 대집행기한을 연기한다는 통지에 불과한 것으로 보아야 할 것이므로 취소소송의 대상이 되는 독립된 행정처분이라고 할 수 없다(대판 1995.4.7. 94누12531).

개념확인 O/X

01 계고서라는 명칭의 1장의 문서로서 일정기간 내에 위법 건축물의 자진철거를 명함과 동시에 그 소정기한 내에 자진철거를 하지 아니할 때에는 대집행할 뜻을 미리 계고한 경우라도 「건축법」에 의한 철거명령과 「행정대집행법」에 의한 계고처분의 각 요건이 충족되었다고 볼 수 있다.
24 군무원9급, 19 하반기 서울7급 (O/X)

02 대집행 시에 대집행계고서에 대집행의 대상물 등 대집행내용이 특정되지 않으면 다른 문서나 기타 사정을 종합하여 특정될 수 있다 하더라도 그 대집행은 위법하다.
18 국회8급 (O/X)

03 계고서라는 명칭의 1장의 문서로서 건축물의 철거명령과 동시에 그 소정기한 내에 자진철거를 하지 아니할 때에는 대집행할 뜻을 미리 계고한 경우, 「건축법」에 의한 철거명령과 「행정대집행법」에 의한 계고처분은 각 그 요건이 충족되었다고 볼 수 없다.
16 지방9급 (O/X)

04 자진철거에 필요한 상당한 이행기간을 정하고 있다면 계고와 철거명령을 하나의 문서로 할 수 있다.
17 하반기 국가7급 (O/X)

05 철거명령에서 주어진 일정기간이 자진철거에 필요한 상당한 기간이라고 하여도 그 기간 속에는 계고 시에 필요한 '상당한 이행기간'이 포함되어 있다고 볼 수 없다.
19 지방9급 (O/X)

06 계고서라는 명칭의 1장의 문서로 일정기간 내에 위법 건축물의 자진철거를 명함과 동시에 그 소정기한 내에 자진철거를 하지 아니할 때에는 대집행할 뜻을 미리 계고한 경우, 철거명령에서 주어진 일정기간이 자진철거에 필요한 상당한 기간이라도 그 기간 속에 계고 시에 필요한 '상당한 이행기간'이 포함된다고 볼 수 없다.
16 지방7급 (O/X)

| 정답 | 01 O | 02 X | 03 X | 04 O | 05 X | 06 X |

개념확인 O/X

01 대집행 시에 대집행계고서에 대집행의 대상물 등 대집행내용이 특정되지 않으면 다른 문서나 기타 사정을 종합하여 특정될 수 있다 하더라도 그 대집행은 위법하다.
18 국회8급 　　　　　　(O / X)

02 계고처분 시 대집행할 행위의 내용 및 범위는 반드시 대집행계고서에 의하여서만 특정되어야하는 것은 아니다.
13 지방9급　　　　　　(O / X)

03 대집행의 내용과 범위는 대집행의 계고서에 의해서만 특정되어야 하는 것이 아니고, 계고처분 전후에 송달된 문서나 기타 사정을 종합하여 행위의 내용이 특정되면 족하다.
16 지방9급　　　　　　(O / X)

04 행정청이 대집행계고를 함에 있어서 의무자가 스스로 이행하지 아니하는 경우에 대집행할 행위의 내용 및 범위는 반드시 대집행계고서에 의해서만 특정되어야 하는 것이지, 계고처분 전후에 송달된 문서나 기타 사정을 종합하여 행위의 내용이 특정되거나 대집행 의무자가 그 이행의무의 범위를 알 수 있는 것만으로는 부족하다.
16 지방7급　　　　　　(O / X)

05 비상시 또는 위험이 절박한 경우에 있어서 당해 행위의 급속한 실시를 요하여 대집행영장에 의한 통지절차를 취할 여유가 없을 때에는 그 절차를 거치지 아니하고 대집행을 할 수 있다.
17 지방7급　　　　　　(O / X)

06 비상시 또는 위험이 절박한 경우에 있어서 계고·대집행 영장의 통지규정에서 정하는 수속을 취할 여유가 없을 경우라도 위의 두 수속 모두를 거치지 아니하고는 대집행을 할 수 없다.
19 서울7급　　　　　　(O / X)

07 해가 지기 전에 대집행에 착수한 경우라고 할지라도 해가 진 후에는 대집행을 할 수 없다.
19 서울9급　　　　　　(O / X)

Ⓐ **대집행의 내용과 범위의 특정방식** [20 국가직 7급, 20 지방직 9급, 18 국회직 8급, 18 국가직 9급, 16 지방직 9급, 16 지방직 7급, 13 지방직 9급] **01 02 03 04**

> 행정청이 「행정대집행법」 제3조 제1항에 의한 대집행계고를 함에 있어서는 의무자가 스스로 이행하지 아니하는 경우에 대집행할 행위의 내용 및 범위가 구체적으로 특정되어야 하나, 그 행위의 내용 및 범위는 반드시 대집행계고서에 의하여서만 특정되어야 하는 것이 아니고, 계고처분 전후에 송달된 문서나 기타 사정을 종합하여 행위의 내용이 특정되거나 실제건물의 위치, 구조, 평수 등을 계고서의 표시와 대조·검토하여 대집행의무자가 그 이행의무의 범위를 알 수 있을 정도로 하면 족하다(대판 1996.10.11. 96누8086).

Ⓒ **위법한 건물의 공유자 1인에 대한 계고처분이 다른 공유자에 대하여 효력이 있는지 여부**

> 위법한 건물의 공유자 1인에 대한 계고처분은 다른 공유자에 대하여는 그 효력이 없다(대판 1994.10.28. 94누5144).

② **대집행 영장통지(통지행위 – 의사통지)**
　㉠ 의무자가 계고를 받고 지정기한까지 그 의무를 이행하지 아니할 때에는 당해 행정청은 대집행 영장으로서 대집행을 할 시기, 집행책임자의 성명과 대집행 비용의 견적액을 의무자에게 통지하여야 한다(「행정대집행법」 제3조 제2항).
　㉡ 다만, 법률에 다른 규정이 있거나(「건축법」 제85조), 비상시 또는 위험이 절박한 경우에 통지를 할 여유가 없는 때에는 통지를 생략할 수 있다(「행정대집행법」 제3조 제3항). **05 06**
　㉢ 영장의 통지는 준법률행위적 행정행위의 성질을 갖는다.
　㉣ 문서로써 이루어져야 하며(위반 시 무효), 다른 법률에 규정이 있거나 비상시 등이 아니면 원칙적으로 생략할 수 없다.

③ **대집행의 실행[권력적 사실행위설(다수설), 합성적 행정행위설(수인의무 포함)]**
　㉠ 대집행 실행의 성질은 권력적 사실행위로서의 성질을 갖는다. 따라서 처분성이 인정되어 항고소송의 대상이 된다는 것이 다수설의 견해이다.
　㉡ 대집행은 대집행영장에 기재된 시기에 대집행책임자에 의하여 실행된다.
　㉢ 대집행을 하기 위하여 현장에 파견되는 집행책임자는 그가 집행책임자라는 것을 표시한 증표를 휴대하고 대집행 시에 이해관계인에게 제시하여야 한다(동법 제4조 제3항).
　㉣ 의무자는 대집행의 실현을 수인할 의무가 있으므로 실행행위에 항거할 수 없으며 만일 항거하는 경우에는 「형법」상 공무집행방해죄를 구성함이 원칙이다.
　㉤ 행정청은 해가 뜨기 전이나 해가 진 후에는 대집행을 하여서는 아니 된다. 다만, ⓐ 의무자가 동의한 경우, ⓑ 해가 지기 전에 대집행을 착수한 경우, ⓒ 해가 뜬 후부터 해가 지기 전까지 대집행을 하는 경우에는 대집행의 목적 달성이 불가능한 경우, ⓓ 그 밖에 비상시 또는 위험이 절박한 경우 중 어느 하나에 해당하는 경우에는 그러하지 아니하다. **07**

관련 판례

Ⓒ 도심광장인 '서울광장'에서, 「행정대집행법」이 정한 계고 및 대집행영장에 의한 통지절차를 거치지 아니한 채 위 광장에 무단설치된 천막의 철거대집행을 행하는 공무원들에 대항하여 피고인들이 폭행·협박을 가하였더라도, 특수공무집행방해죄는 성립하지 않는다

> 도심광장으로서 '서울특별시 서울광장의 사용 및 관리에 관한 조례'에 의하여 관리되고 있는 '서울광장'에서, 서울시청 및 중구청 공무원들이 「행정대집행법」이 정한 계고 및 대집행영장에 의한 통지

정답 | 01 X　02 O　03 O　04 X　05 O　06 X　07 X

절차를 거치지 아니한 채 위 광장에 무단설치된 천막의 철거대집행에 착수하였고, 이에 피고인들을 비롯한 '광우병위험 미국산 쇠고기 전면 수입을 반대하는 국민대책회의' 소속 단체 회원들이 몸싸움을 하거나 천막을 붙잡고 이를 방해한 사안에서, 위 서울광장은 비록 공부상 지목이 도로로 되어 있으나「도로법」제65조 제1항 소정의 행정대집행의 특례규정이 적용되는「도로법」상 도로라고 할 수 없으므로 위 철거대집행은 구체적 직무집행에 관한 법률상 요건과 방식을 갖추지 못한 것으로서 적법성이 결여되었고 따라서 피고인들이 위 공무원들에 대항하여 폭행·협박을 가하였더라도 특수공무집행방해죄는 성립되지 않는다는 이유로, 같은 취지에서 피고인들에 대해 무죄를 선고한 원심판단을 수긍한 사례(대판 2010.11.11. 2009도11523)

ⓒ 전국공무원노조 사무실로 임의 점유한 시청 사무실에 대한 대집행과정에서의 공무집행 방해 여부

법외 단체인 전국공무원노동조합 지역본부가 임의로 점유해 오던 시(市) 청사시설인 사무실에 대하여 시장이 자진폐쇄 요청 후「행정대집행법」에 따라 행정대집행을 하였는데, 피고인들과 노동조합 소속 공무원들이 대집행을 행하던 공무원들에 대항하여 폭행 등 행위를 한 사안에서, 위 행정대집행이 적법한 공무집행에 해당한다고 보고 피고인들에게 특수공무집행방해죄를 인정한 원심판결을 수긍한 사례(대판 2011.5.26. 2010도10305)

ⓑ 행정청은 대집행을 할 때 대집행 과정에서의 안전 확보를 위하여 필요하다고 인정하는 경우 현장에 긴급 의료장비나 시설을 갖추는 등 필요한 조치를 하여야 한다.
ⓐ **불가쟁력과의 관계**: 행정청의 행정행위가 아직 불가쟁력이 발생하지 아니한 상태에서도 실행은 가능하다.

> **심화 학습** 실행에 의무자가 항거할 경우, 실력행사에 항거배제 여부
> 1. 긍정설: 박윤흔, 김동희, 홍정선
> 2. 부정설: 김도창, 이상규, 서원우, 석종현
> 3. 입법론적 해결설: 김남진
> 4. 실무: 공무집행방해죄를 구성하므로「경찰관 직무집행법」상의 즉시강제의 방법에 의한다.

④ 비용징수
㉠ 대집행에 요한 비용은「국세징수법」의 예에 의하여 징수할 수 있다. 01 02 03 04
㉡ 대집행에 요한 비용에 대하여서는 행정청은 사무비의 소속에 따라 국세에 다음가는 순위의 선취득권을 가진다. 05
㉢ 대집행에 요한 비용을 징수하였을 때에는 그 징수금은 사무비의 소속에 따라 국고 또는 지방자치단체의 수입으로 한다.

> **관련 판례**
> Ⓐ 대한주택공사의 대집행실행에 관한 비용징수방법 [19 서울시 7급, 19 지방직 9급, 19 국가직 9급, 19 서울시 9급, 17 지방직 7급, 16 지방직 9급] 06 07
>
> 대한주택공사가 (구)「대한주택공사법」(2009.5.22. 법률 제9706호「한국토지주택공사법」부칙 제2조로 폐지) 및 (구)「대한주택공사법 시행령」(2009.9.21. 대통령령 제21744호「한국토지주택공사법 시행령」부칙 제2조로 폐지)에 의하여 대집행권한을 위탁받아 공무인 대집행을 실시하기 위하여 지출한 비용을「행정대집행법」절차에 따라「국세징수법」의 예에 의하여 징수할 수 있음에도 민사소송절차에 의하여 그 비용의 상환을 청구한 사안에서,「행정대집행법」이 대집행비용의 징수에 관하여 민사소송절차에 의한 소송이 아닌 간이하고 경제적인 특별구제절차를 마련해 놓고 있으므로, 위 청구는 소의 이익이 없어 부적법하다(대판 2011.9.8. 2010다48240)

개념확인 O/X

01 대집행 비용은 원칙상 의무자가 부담하며 행정청은 그 비용액과 납기일을 정하여 의무자에게 문서로 납부를 명하여야 한다.
20 지방9급 (O / X)

02 대집행권한을 위탁받아 공무인 대집행을 실시하기 위하여 지출한 비용은「행정대집행법」의 절차에 따라「국세징수법」의 예에 의하여 징수할 수 있다.
17 지방7급 (O / X)

03「행정대집행법」절차에 따라「국세징수법」의 예에 의하여 대집행비용을 징수할 수 있음에도 민사소송절차에 의하여 그 비용의 상환을 청구할 수 있다.
13 지방9급 (O / X)

04 대집행에 소용된 비용을 납부하지 아니할 때에는 국세징수의 예에 의하여 징수할 수 있다.
16 지방9급 (O / X)

05 대집행에 요한 비용에 대하여서는 행정청은 사무비의 소속에 따라 국세와 동일한 순위의 선취득권을 가지며, 대집행에 요한 비용을 징수하였을 때에는 그 징수금은 국고의 수입으로 한다.
23 국가9급 (O / X)

06 (구)대한주택공사가 대집행권한을 위탁받아 공무인 대집행을 실시하기 위하여 지출한 비용을「행정대집행법」절차에 따라「국세징수법」의 예에 의하여 징수할 수 있음에도 민사소송절차에 의하여 그 비용의 상환을 구하는 청구는 소의 이익이 없어 부적법하다.
19 지방9급 (O / X)

07 민사소송절차에 따라「민법」제750조에 기한 손해배상으로서 대집행비용의 상환을 구하는 청구는 소의 이익이 없어 부적법하다.
19 서울9급 (O / X)

| 정답 | 01 O 02 O 03 X 04 O 05 X 06 O 07 O

(6) 대집행에 대한 구제

① 대집행 실행 전
㉠ 대집행에 대하여 불복이 있는 자는 당해 행정청 내지 직접 상급 행정청에 행정심판을 제기할 수 있으며, 또한 법원에 행정소송을 제기할 수도 있다(「행정대집행법」제7조, 제8조).
㉡ 대집행 이전에 이루어지는 대체적 작위의무의 부과, 대집행의 절차인 계고, 영장통지, 실행은 모두 항고쟁송대상인 처분에 해당한다. 다만, 반복된 계고는 새로운 의무를 부과하는 행위가 아니라서 처분에 해당하지 않는다.
㉢ 대집행을 실행하기 이전에는 항고쟁송의 소익이 인정되어 행정쟁송의 대상이 되며, 임시구제로서 집행정지 신청을 할 수 있다.

② 대집행 실행 후
㉠ 대집행의 실행이 종료된 경우에는 행정쟁송의 권리보호이익이 원칙적으로 존재하지 않으므로 행정쟁송 제기가 인정되지 않는다.
㉡ 대집행실행의 종료 후에도 대집행의 취소로 인해 회복되는 법률상의 이익이 있는 경우에는 취소소송 제기가 인정되고 있다.
㉢ 손해배상청구소송 또는 원상회복청구 제기가 적절할 것이며 종료 후에도 위법상태가 계속되는 경우에는 결과제거청구가 가능하다 할 것이다.

개념확인 O/X

01 대집행계고처분 취소소송의 변론이 종결되기 전에 대집행영장에 의한 통지절차를 거쳐 사실행위로서 대집행의 실행이 완료된 경우에는 계고처분의 취소를 구할 법률상의 이익이 없다.
24 군무원9급, 19 지방9급 (O / X)

02 대집행이 완료되어 취소소송을 제기할 수 없는 경우에도 국가배상청구는 가능하다.
15 국가9급 (O / X)

관련 판례

ⓒ 대집행 실행 종료 후의 항고소송은 불가 [24 군무원 9급, 19 지방직 9급] **01**

계고처분에 기한 대집행의 실행이 이미 사실행위로서 완료되었다면, 계고처분이나 대집행의 실행행위 자체의 무효확인 또는 취소를 구할 법률상 이익은 없다(대판 1995. 7. 28. 95누2623).

ⓒ 3차 철거명령은 취소소송대상인 독립된 처분이 아니다

제1차로 철거명령 및 계고처분을 한 데 이어 제2차로 계고서를 송달하였음에도 불응함에 따라 대집행을 일부 실행한 후 철거 의무자의 연기원을 받아들여 나머지 부분을 철거를 진행하지 않고 있다가 연기기한이 지나자 다시 제3차로 철거명령 및 대집행계고를 한 경우, 제3차의 철거명령 및 대집행계고는 취소소송의 대상이 되는 독립된 행정처분으로 볼 수 없다(대판 2000. 2. 22. 98두4665).

ⓒ 「행정대집행법」 제8조가 행정심판전치의 원칙을 배제하는 규정인지 여부(소극)

「행정대집행법」 제8조는 대집행에 대한 행정심판의 제기가 법원에 민사소송이나 행정소송을 제기할 권리를 방해하지 아니한다는 것을 규정한 취지일 뿐 행정심판을 제기하지 아니하고 취소소송을 제기할 수 있음을 규정한 것은 아니다(대판 1993. 6. 8. 93누6164).

ⓒ 대집행 실행 후 계고의 취소가 있어야 손해배상을 청구할 수 있는지 여부 [15 국가직 9급] **02**

위법한 행정대집행이 완료되면 그 처분의 무효확인 또는 취소를 구할 소의 이익은 없다 하더라도, 미리 그 행정처분의 취소판결이 있어야만, 그 행정처분의 위법임을 이유로 한 손해배상청구를 할 수 있는 것은 아니다(대판 1972. 4. 28. 72다337).

| 정답 | 01 O 02 O

③ 하자의 승계
　㉠ 대집행의 전제가 되는 하명처분과 계고에는 하자가 승계되지 않는다. 그러나 적법한 건축물에 대한 철거명령은 무효이고 이를 토대로 이루어진 계고처분은 무효에 해당한다.
　㉡ 대집행의 모든 단계는 선행행위와 후행행위 간에 하나의 법률효과 발생을 위한 일련의 절차이므로 하자 승계가 인정된다.
　㉢ 대집행절차상의 선행처분의 하자를 이유로 후행처분에 대해 소송을 청구할 수 있다. 하지만 후행처분의 하자를 이유로 선행처분에는 소송을 청구할 수 없다.

관련 판례

㉡ **대집행 행위 간의 하자는 승계된다** [21 소방직, 16 서울시 7급, 13 국회직 9급, 13 지방직 9급] **01 02 03**

대집행에 대한 계고·통지·실행·납부명령 간에는 하자가 승계되며, 따라서 선행행위의 위법을 이유로 후행행위의 위법을 주장할 수 있다. 따라서 위법한 계고처분을 전제로 행하여진 대집행영장 발부 통보처분도 위법한 것이다(대판 1996.2.9. 95누12507).

㉢ 적법한 건축물에 대한 철거명령의 효력(= 당연무효) 및 그 후행행위인 대집행계고처분의 효력(= 당연무효)

적법한 건축물에 대한 철거명령은 그 하자가 중대하고 명백하여 당연무효라고 할 것이고, 그 후행행위인 건축물철거 대집행계고처분 역시 당연무효라고 할 것이다(대판 1999.4.27. 97누6780).

㉢ 계고의 하자를 이유로 비용징수의 취소를 구할 수 있다 [17 하반기 국가직 7급, 13 지방직 9급] **04 05**

후행처분인 대집행비용납부명령 취소청구소송에서 선행처분인 계고처분이 위법하다는 이유로 대집행비용납부명령의 취소를 구할 수 있다(대판 1993.11.9. 93누14271).

3 이행강제금(집행벌, 강제금) [빈출]

결정적 코멘트 ▶ 이행강제금의 출제빈도는 높아지고 있는 추세이다. 따라서 이행강제금의 특징과 구제방법에 대한 이해 및 관련 판례의 숙지가 필요하다.

(1) 의의
① 개념: 비대체적 작위의무 또는 부작위의무의 불이행 시 그 의무자에게 심리적 압박을 가하여 장래에 향하여 의무이행을 확보하려는 간접적 강제를 위해 과하는 금전벌(과태료)이다(장래에 의무이행을 확보하려는 취지에서 '이행강제금'이라고도 한다). **06**
② 「행정기본법」 규정: 이행강제금의 부과는 의무자가 행정상 의무를 이행하지 아니하는 경우 행정청이 적절한 이행기간을 부여하고, 그 기한까지 행정상 의무를 이행하지 아니하면 금전급부의무를 부과하는 것이라고 규정되어 있다(「행정기본법」 제30조 제1항 제2호).
③ 대체적 작위의무 불이행에 대한 이행강제금 가능성 여부
　㉠ 대체적 작위의무 불이행의 경우, 대집행을 통해서 의무를 이행하는 것이 일반적인 실효성 확보수단이라서 이행강제금을 통한 의무이행확보의 가능성 여부가 문제된다.
　㉡ 학설: 학설은 대립이 있다. 대체적 작위의무에 대하여 대집행이 가능하므로 대체적 작위의무에 대하여 이행강제금을 인정할 필요가 없다는 견해, 이행강제금이 대집행보다 의무이행에 더욱 실효적인 수단이 될 수 있으므로 상황에 따라서는 이행강제금을 부과할 수 있다는 견해로 나눠지는데, 다수설은 후자이다.

개념확인 O/X

01 계고처분의 후속절차인 대집행에 위법이 있다고 하여 그와 같은 후속절차에 위법성이 있다는 점을 들어 선행절차인 계고처분이 부적법하다는 사유로 삼을 수는 없다.
21 소방　　　　　　　　(O / X)

02 계고와 대집행영장에 의한 통지 사이에는 행정행위의 하자가 승계된다.
13 국회9급　　　　　　(O / X)

03 대집행절차상 계고, 대집행영장통지, 대집행비용납부명령 상호간에는 선행행위의 하자가 후행행위에 승계된다.
16 서울7급　　　　　　(O / X)

04 행정대집행에 있어 대집행계고, 대집행영장에 의한 통지, 대집행실행, 비용징수의 일련의 절차 중 대집행계고와 대집행영장에 의한 통지 간에는 하자의 승계가 인정되나, 대집행계고와 비용징수 간에는 하자의 승계가 인정되지 않는다.
17 하반기 국가7급　　(O / X)

05 계고처분과 대집행 비용납부명령 사이에는 하자의 승계가 인정되지 않는다.
13 지방9급　　　　　　(O / X)

06 이행강제금은 행정법상의 작위 또는 부작위의무를 이행하지 않은 경우에 '일정한 기한까지 의무를 이행하지 않을 때에는 일정한 금전적 부담을 과할 뜻'을 미리 '계고'함으로써 의무자에게 심리적 압박을 주어 장래를 향하여 의무의 이행을 확보하려는 간접적인 행정상 강제집행수단이다.
24 국회9급, 18 국회8급　(O / X)

| 정답 | 01 O　02 O　03 O　04 X　05 X　06 O

ⓒ **판례**: 판례는 긍정적이다. 헌법재판소에 의하면 현행「건축법」상 위법 건축물에 대한 이행강제수단으로 대집행(「건축법」제85조)과 이행강제금(「건축법」제80조)이 인정되고 있는데, 이 제도들은 각기 장점과 단점이 있으므로 개별적인 사건마다 위반내용이나 위반자의 시정의지 등을 감안하여 행정청은 양 제도를 선택적으로 활용할 수 있으며, 이처럼 합리적인 재량에 의해 선택하여 활용하는 이상 중첩적인 제재에 해당한다고 볼 수 없다고 한다.

관련 판례

A 이행강제금은 대체적 작위의무 위반에도 부과될 수 있다 [24 군무원 9급, 20 국회직 8급, 20 군무원 7급, 20 군무원 9급, 19 지방직 9급, 19 국회직 8급, 18 국가직 7급, 17 국가직 7급, 16 지방직 7급, 15 국가직 9급] **01 02 03 04**

전통적으로 행정대집행은 대체적 작위의무에 대한 강제집행수단으로, 이행강제금은 부작위의무나 비대체적 작위의무에 대한 강제집행수단으로 이해되어 왔으나, 이는 이행강제금제도의 본질에서 오는 제약은 아니며, 이행강제금은 대체적 작위의무의 위반에 대하여도 부과될 수 있다. 현행「건축법」상 위법 건축물에 대한 이행강제수단으로 대집행과 이행강제금(제83조 제1항)이 인정되고 있는데, 양 제도는 각각의 장·단점이 있으므로 행정청은 개별사건에 있어서 위반내용, 위반자의 시정의지 등을 감안하여 대집행과 이행강제금을 선택적으로 활용할 수 있으며, 이처럼 그 합리적인 재량에 의해 선택하여 활용하는 이상 중첩적인 제재에 해당한다고 볼 수 없다[헌재 2004.2.26. 2001헌바80·84·102·103, 2002헌바26(병합)].

C 신고대상 건축물에 대하여 「건축법」상 이행강제금을 부과할 수 있는지 여부(적극)

「건축법」이 이와 같이 건축물이 신고하지 않고 건축된 경우에도 이행강제금을 부과할 수 있도록 규정하고 있는 점에 비추어 보면, 「건축법」상의 이행강제금은 허가대상 건축물뿐만 아니라 신고대상 건축물에 대해서도 부과할 수 있고, 한편 신고를 하지 않고 가설건축물을 축조한 경우에는 「건축법」제80조 제1항 제1호에 따라「지방세법」에 따라 해당 건축물에 적용되는 1㎡의 시가표준액의 100분의 50에 해당하는 금액에 위반면적을 곱한 금액 이하'의 이행강제금을 부과하여야 할 것이지 같은 항 제2호에 따라 이행강제금을 부과할 것이 아니다(대판 2013.1.24. 2011두10164).

C 개정「건축법」시행 이전에 건축된 것이라도 현행「건축법」에 따라 이행강제금을 부과할 수 있다

위반 건축물이 개정「건축법」시행 이전에 건축된 것일지라도 행정청이 2008.3.21. 법률 제8941호로 전부 개정된「건축법」(이하 '현행「건축법」'이라 한다) 시행 이후에 시정명령을 하고, 건축물의 소유자 등이 시정명령에 응하지 않은 경우에는 행정청은 현행「건축법」에 따라 이행강제금을 부과할 수 있다(대판 2012.3.29. 2011두27919).

C 개발제한구역 내 건축물의 용도변경행위에 대하여「건축법」위반으로 이행강제금을 부과할 수 있는지 여부(적극)

(구)「개발제한구역의 지정 및 관리에 관한 특별조치법」(2005.7.13. 법률 제7595호로 개정되기 전의 것, 이하 '(구)특별조치법'이라 한다) 소정의 개발제한구역 내에 위치한 건축물의 용도변경행위에 관하여는 특별조치법뿐만 아니라「건축법」도 적용되어, 관할 행정청은「건축법」제69조 제1항에 의하여 시정명령을 할 수 있고, 그 시정명령에 위반한 경우에는 (구)「건축법」(2005.11.8. 법률 제7696호로 개정되기 전의 것, 이하 '(구)「건축법」'이라 한다) 제83조에 의하여 이행강제금을 부과할 수 있다(대결 2008.6.26.자 2007마629).

개념확인 O/X

01 이행강제금은 대체적 작위의무 위반에 대하여 부과될 수 없다.
24 군무원9급 (O / X)

02 부작위의무나 비대체적 작위의무뿐만 아니라 대체적 작위의무의 위반에 대하여도 이행강제금을 부과할 수 있다.
19 지방9급 (O / X)

03 「건축법」에 위반한 건축물의 철거를 명하였으나 불응하자 이행강제금을 부과·징수한 후, 이후에도 철거를 하지 아니하자 다시 행정대집행계고처분을 한 경우 그 계고처분은 유효하다.
16 지방7급 (O / X)

04 「건축법」에 위반된 건축물의 철거를 명하였으나 불응하자 이행강제금을 부과·징수한 이후에도 철거를 하지 아니하자 다시 행정대집행계고처분을 한 경우 그 계고처분은 유효하다.
19 국회8급 (O / X)

| 정답 | 01 X 02 O 03 O 04 O

C 「건축법」상 시정명령을 위반한 자에 대하여 그 이행을 강제하기 위해서 이행강제금을 부과하는 「건축법」 제83조 제1항이 과잉금지원칙 및 이중처벌금지원칙에 위배되는지 여부(소극) [15 국가직 9급] 01

> 「건축법」 제78조에 의한 무허가 건축행위에 대한 형사처벌과 「건축법」 제83조 제1항에 의한 시정명령 위반에 대한 이행강제금의 부과는 그 처벌 내지 제재대상이 되는 기본적 사실관계로서의 행위를 달리하며, 또한 그 보호법익과 목적에서도 차이가 있으므로 헌법 제13조 제1항이 금지하는 이중처벌에 해당한다고 할 수 없다[헌재 2004.2.26. 2001헌바80·84·102·103, 2002헌바26(병합)].

C 위법 건축물이 완공된 이후에도 이행강제금 부과가 가능한지 여부(적극) 02

> 이행강제금은 국민의 자유와 권리를 제한한다는 의미에서 행정상 간접강제의 일종인 이른바 침익적 행정행위에 속하기는 하나, 위법 건축물의 방치를 막고자 행정청이 시정조치를 명하였음에도 건축주 등이 이를 이행하지 아니한 경우에 행정명령의 실효성을 확보하기 위하여 시정명령 이행시까지 지속적으로 부과함으로써 건축물의 안전과 기능, 미관을 향상시켜 공공복리의 증진을 도모하기 위한 것이므로 그 목적의 정당성이 인정된다 할 것이고, 공무원들이 위법 건축물임을 알지 못하여 공사 도중에 시정명령이 내려지지 않아 위법 건축물이 완공되었다 하더라도, 공공복리의 증진이라는 위 목적의 달성을 위해서는 완공 후에라도 위법 건축물임을 알게 된 이상 시정명령을 할 수 있다고 보아야 할 것이며, 만약 완공 후에는 시정명령을 할 수 없다면 위법 건축물을 축조한 자가 일단 건물이 완공되었다는 이유만으로 그 시정을 거부할 수 있는 결과를 초래하게 될 것이므로, 공사기간 중에 위법 건축물임을 알지 못하여 시정명령을 하지 않고 있다가 완공 후에 이러한 사실을 알고 시정명령을 하였다고 하여 부당하다고 볼 수는 없고, 시정명령을 내릴 수 있는 시점을 공사 도중이나 특정 시점까지만 할 수 있다고 정해두지 아니하였다고 하여 그 침해의 필요성이 없음에도 국민의 자유와 권리를 침해하고 있다거나, 국민의 자유와 권리에 대한 본질적인 내용을 침해한 것이라고 볼 수는 없다 할 것이므로, 「건축법」 제83조 제1항 및 제69조 제1항에서 시정명령을 내리도록 규정하면서 그 발령 시기를 규정하지 아니한 것이 헌법 제37조 제2항에 위반된다고도 볼 수 없다(대결 2002.8.16. 자 2002마1022).

(2) 다른 개념과의 구별

① **행정벌과의 구별** 03 04 05
  ㉠ 집행벌은 장래에 그 의무를 이행하려는 간접적 강제수단이나, 행정벌은 과거의무 위반에 대한 제재로서의 벌이라는 점에서 구별된다.
  ㉡ 이행강제금은 처벌이라는 의미가 아니라 의무의 이행을 목적으로 하는 점에서 일종의 처벌에 해당되는 과태료와 성질을 다르므로 이행강제금은 과태료나 형벌과 병과될 수 있다.

② **대집행·직접강제와의 구별**: 집행벌은 금전적인 벌을 통해 의무자의 심리적 압박을 가하여 이행하게 하려는 간접적 수단인데, 대집행과 직접강제는 직접적·물리적 강제수단이라는 점에서 구별된다.

③ **다른 수단과의 관계** 06 07
  ㉠ **대집행과의 관계**: 「건축법」상의 위법 건축물에 대하여 현행 「건축법」 규정에 의하면 대집행과 이행강제금의 부과가 가능하다. 따라서 행정청은 개별적인 사건마다의 내용과 상대방의 의무이행의 의지를 고려하여 대집행과 이행강제금을 선택적으로 활용할 수 있으며, 이를 중첩적인 제재라고 볼 수 없다[헌재 2004.2.26. 2001헌바80·84·102·103, 2002헌바26(병합)].

개념확인 O/X

01 이행강제금은 형벌과 병과될 경우 이중처벌금지원칙에 반한다.
15 국가9급 (O / X)

02 건축물이 비록 위법하다고 해도 이미 완공이 되었다면 이에 대한 시정명령과 이행강제금의 부과는 비례원칙에 반하여 허용될 수 없다.
(O / X)

03 「건축법」상 이행강제금은 의무자에게 심리적 압박을 주어 시정명령에 따른 의무이행을 간접적으로 강제하는 강제집행수단이 아니라 시정명령의 불이행이라는 과거의 위반행위에 대한 금전적 제재에 해당한다.
19 국회8급 (O / X)

04 「건축법」상 이행강제금은 시정명령의 불이행이라는 과거의 위반 행위에 대한 제재이다.
24 지방9급 (O / X)

05 이행강제금은 장래에 향하여 의무를 이행시키기 위한 수단이다.
14 서울9급 (O / X)

06 이행강제금은 대체적 작위의무 위반에 대해서도 부과될 수 있고 대집행과 선택적으로 활용될 수 있다.
20 국회8급 (O / X)

07 이행강제금은 대체적 작위의무의 위반에 대해서도 부과될 수 있으나 개별사건에 있어 행정청이 대집행과 이행강제금을 선택적으로 활용하는 것은 허용되지 않는다.
25 소방 (O / X)

| 정답 | 01 X 02 X 03 X 04 X 05 O 06 O 07 X

ⓒ 형사처벌과의 관계: 「건축법」 제108조, 110조에 의한 무허가 건축행위에 대한 형사처벌과 「건축법」 제80조 제1항에 의한 시정명령 위반에 대한 이행강제금의 부과는 그 처벌 내지 제재대상이 되는 기본적 사실관계로서의 행위를 달리하며, 또한 그 보호법익과 목적에서도 차이가 있으므로 이중처벌에 해당한다고 할 수 없다.

> **관련 판례**
>
> Ⓐ 형사처벌과 이행강제금의 병과가능성 여부 [20 국회직 8급, 20 소방직, 20 군무원 9급, 15 국가직 9급, 14 지방직 9급, 14 서울시 9급] 01 02
>
> 「건축법」 제108조, 제110조에 의한 형사처벌의 대상이 되는 행위와 이 사건 법률조항에 따라 이행강제금이 부과되는 행위는 기초적 사실관계가 동일한 행위가 아니라 할 것이므로 이런 점에서도 이 사건 법률조항이 헌법 제13조 제1항의 이중처벌금지의 원칙에 위반되지 아니한다(헌재 2011. 10. 25. 2009헌바140).

(3) 법적 근거

「행정기본법」에 일반적 규정을 두고 있으며, 「건축법」(제80조), 「농지법」(제63조), 「연구개발특구의 육성에 관한 특별법」(제70조), 「부동산 실권리자명의 등기에 관한 법률」(제6조), 「장사 등에 관한 법률」(제43조)의 이행강제금 등이 집행벌의 규정이다. 03

> **관련 법령**
>
> 「**행정기본법**」 **제30조 【행정상 강제】**
>   2. 이행강제금의 부과: 의무자가 행정상 의무를 이행하지 아니하는 경우 행정청이 적절한 이행기간을 부여하고, 그 기한까지 행정상 의무를 이행하지 아니하면 금전급부의무를 부과하는 것
> **제31조 【이행강제금의 부과】** ① 이행강제금 부과의 근거가 되는 법률에는 이행강제금에 관한 다음 각 호의 사항을 명확하게 규정하여야 한다. 다만, 제4호 또는 제5호를 규정할 경우 입법목적이나 입법취지를 훼손할 우려가 크다고 인정되는 경우로서 대통령령으로 정하는 경우는 제외한다.
>   1. 부과·징수 주체
>   2. 부과 요건
>   3. 부과 금액
>   4. 부과 금액 산정기준
>   5. 연간 부과 횟수나 횟수의 상한
> ② 행정청은 다음 각 호의 사항을 고려하여 이행강제금의 부과 금액을 가중하거나 감경할 수 있다.
>   1. 의무 불이행의 동기, 목적 및 결과
>   2. 의무 불이행의 정도 및 상습성
>   3. 그 밖에 행정목적을 달성하는 데 필요하다고 인정되는 사유
> ③ 행정청은 이행강제금을 부과하기 전에 미리 의무자에게 적절한 이행기간을 정하여 그 기한까지 행정상 의무를 이행하지 아니하면 이행강제금을 부과한다는 뜻을 문서로 계고(戒告)하여야 한다.
> ④ 행정청은 의무자가 제3항에 따른 계고에서 정한 기한까지 행정상 의무를 이행하지 아니한 경우 이행강제금의 부과 금액·사유·시기를 문서로 명확하게 적어 의무자에게 통지하여야 한다.
> ⑤ 행정청은 의무자가 행정상 의무를 이행할 때까지 이행강제금을 반복하여 부과할 수 있다. 다만, 의무자가 의무를 이행하면 새로운 이행강제금의 부과를 즉시 중지하되, 이미 부과한 이행강제금은 징수하여야 한다.
> ⑥ 행정청은 이행강제금을 부과받은 자가 납부기한까지 이행강제금을 내지 아니하면 국세강제징수의 예 또는 「지방행정제재·부과금의 징수 등에 관한 법률」에 따라 징수한다.

개념확인 O/X

01 「건축법」상 시정명령 위반에 따른 이행강제금의 부과와 건축행위에 대한 형사처벌은 그 처벌 내지 제재대상이 되는 기본적 사실관계가 다르므로 이중처벌에 해당하지 않는다.
20 국회8급 (O / X)

02 무허가 건축행위를 한 자에 대해서 형사처벌을 함과 아울러 이행강제금을 부과하더라도 이중처벌에 해당하지 않는다는 것이 헌법재판소의 입장이다.
14 서울9급 (O / X)

03 이행강제금은 침익적 강제수단이므로 법적 근거를 요한다.
20 지방9급 (O / X)

| 정답 | 01 O 02 O 03 O

(4) 유용성

① 종래에는 비대체적 작위의무 또는 부작위의무의 불이행의 경우에는 행정벌을 주로 활용하여 왔으나, 최근에는 의무 위반의 상태가 존속되고 있는 한 행정청은 반복 부과할 수 있다 (일사부재리의 적용이 되지 않으나 무제한은 아니다). 01
② 행정형벌과 같은 엄격한 절차가 요구되지 않으므로 신속하게 행정목적 달성이 가능하고, 이기적인 의무 위반자에 대하여 효율적으로 대응할 수 있다.

(5) 부과절차 및 형식

① **의무이행기간 부여와 계고**: 행정청은 이행강제금을 부과하기 전에 미리 의무자에게 적절한 이행기간을 정하여 그 기한까지 행정상 의무를 이행하지 아니하면 이행강제금을 부과한다는 뜻을 문서로 계고(戒告)하여야 한다. 02
② **문서에 의한 통지**: 행정청은 의무자가 계고에서 정한 기한까지 행정상 의무를 이행하지 아니한 경우 이행강제금의 부과 금액·사유·시기를 문서로 명확하게 적어 의무자에게 통지하여야 한다.
③ **이행강제금의 가중이나 감경 여부**: 행정청은 다음의 사항을 고려하여 이행강제금의 부과 금액을 가중하거나 감경할 수 있다.
　㉠ 의무 불이행의 동기, 목적 및 결과
　㉡ 의무 불이행의 정도 및 상습성
　㉢ 그 밖에 행정목적을 달성하는 데 필요하다고 인정되는 사유
④ **반복부과 및 의무자의 의무이행의 경우**: 행정청은 의무자가 행정상 의무를 이행할 때까지 이행강제금을 반복하여 부과할 수 있다. 다만, 의무자가 의무를 이행하면 새로운 이행강제금의 부과를 즉시 중지하되, 이미 부과한 이행강제금은 징수하여야 한다. 03 04 05
⑤ **강제징수**: 행정청은 이행강제금을 부과받은 자가 납부기한까지 이행강제금을 내지 아니하면 국세강제징수의 예 또는 「지방행정제재·부과금의 징수 등에 관한 법률」에 따라 징수한다. 06

> **관련 판례**
>
> ⓒ 「개발제한구역의 지정 및 관리에 관한 특별조치법」상 이행강제금을 부과·징수할 때마다 그에 앞서 시정명령절차를 다시 거쳐야 하는지 여부(소극) [20 군무원 7급] 07
>
> 「개발제한구역의 지정 및 관리에 관한 특별조치법」 제30조 제1항, 제30조의2 제1항 및 제2항의 규정에 의하면 시정명령을 받은 후 그 시정명령의 이행을 하지 아니한 자에 대하여 이행강제금을 부과할 수 있고, 이행강제금을 부과하기 전에 상당한 기간을 정하여 그 기한까지 이행되지 아니할 때에 이행강제금을 부과·징수한다는 뜻을 문서로 계고하여야 하므로, 이행강제금의 부과·징수를 위한 계고는 시정명령을 불이행한 경우에 취할 수 있는 절차라 할 것이고, 따라서 이행강제금을 부과·징수할 때마다 그에 앞서 시정명령절차를 다시 거쳐야 할 필요는 없다(대판 2013.12.12. 2012두20397).

개념확인 O/X

01 이행강제금은 장래의 의무이행을 심리적으로 강제하기 위한 것으로서 의무이행이 있을 때까지 반복하여 부과할 수 있다.
19 서울7급　　　　　　　(O / X)

02 「건축법」상 허가권자는 이행강제금을 부과하기 전에 이행강제금을 부과·징수한다는 뜻을 미리 문서로써 계고하여야 한다.
19 지방9급　　　　　　　(O / X)

03 이행강제금은 법령으로 정하는 바에 따라 계고나 시정명령 없이 부과할 수 있으며 법령으로 정하는 바에 따라 반복적으로 이행할 때까지 부과할 수 있다.
20 국회8급　　　　　　　(O / X)

04 「건축법」 제80조 제6항에 따르면 시정명령을 받은 자가 시정명령을 이행한 경우에는 더 이상 이행강제금을 부과하지 않지만, 이미 부과한 이행강제금은 징수한다.
20 국회8급　　　　　　　(O / X)

05 행정청이 의무자가 행정상 의무를 이행할 때까지 이행강제금을 반복하여 부과하는 경우에 의무자가 의무를 이행하더라도 이미 부과한 이행강제금은 징수하여야 한다.
25 소방　　　　　　　　 (O / X)

06 「행정기본법」에 따르면, 행정청은 이행강제금을 부과받은 자가 납부기한까지 이행강제금을 내지 아니하면 국세강제징수의 예 또는 「지방행정제재·부과금의 징수 등에 관한 법률」에 따라 징수한다.
24 국가7급　　　　　　　(O / X)

07 「개발제한구역의 지정 및 관리에 관한 특별조치법」에 따르면, 이행강제금을 부과·징수할 때마다 그에 앞서 시정명령절차를 다시 거쳐야 한다.
20 군무원7급　　　　　　(O / X)

| 정답 | 01 O　02 O　03 X　04 O　05 O　06 O　07 X |

개념확인 O/X

01 비록 건축주 등이 장기간 시정명령을 이행하지 아니하였더라도, 그 기간 중에는 시정명령의 이행기회가 제공되지 아니하였다가 뒤늦게 시정명령의 이행기회가 제공된 경우라면, 시정명령의 이행기회가 제공되지 아니한 과거의 기간에 대한 이행강제금까지 한꺼번에 부과할 수 있다.
20 군무원9급 (O / X)

02 시정명령의 이행기회가 제공되지 아니한 과거의 기간에 대한 이행강제금까지 한꺼번에 부과할 수는 없으나, 이를 위반하여 이루어진 이행강제금 부과처분이라 하여 중대하고도 명백한 하자라고는 할 수 없다.
17 하반기 국가7급 (O / X)

03 건축주 등이 「건축법」상 시정명령을 장기간 이행하지 아니하였더라도, 그 기간 중에는 시정명령의 이행기회가 제공되지 아니하였다가 뒤늦게 시정명령의 이행기회가 제공된 경우라면, 행정청은 시정명령의 이행기회 제공을 전제로 한 1회분의 이행강제금만을 부과할 수 있고 시정명령의 이행기회가 제공되지 아니한 과거의 기간에 대한 이행강제금까지 한꺼번에 부과할 수는 없다.
23 국가7급 (O / X)

04 「건축법」상 이행강제금을 부과받은 사람이 이행강제금사건의 제1심결정 후 항고심결정이 있기 전에 사망한 경우, 항고심결정은 당연무효이고, 이미 사망한 사람의 이름으로 제기된 재항고는 부적법하다.
24 지방9급 (O / X)

05 「건축법」상의 이행강제금과 관련하여, 시정명령을 받은 의무자가 시정명령에서 정한 기간을 지나서 시정명령을 이행한 경우, 이행강제금이 부과되기 전에 그 이행이 있었다 하더라도 시정명령상의 기간을 준수하지 않은 이상 이행강제금을 부과하는 것은 정당하다.
18 국가7급 (O / X)

06 이행강제금은 금전의 징수가 목적이 아니라 의무이행을 촉구하기 위한 것으로 일단 의무이행이 있으면 비록 시정명령에서 정한 기간을 지나서 이행한 경우라도 이행강제금을 부과할 수 없다.
20 국회8급 (O / X)

07 이행강제금은 과거의 의무불이행에 대한 제재의 기능을 지니고 있으므로, 이행강제금이 부과되기 전에 의무를 이행한 경우에도 시정명령에서 정한 기간을 지나서 이행한 경우라면 이행강제금을 부과할 수 있다.
19 지방9급 (O / X)

A 시정명령의 이행기회를 제공하지 않았다가 한꺼번에 부과할 수 있는지 여부(소극), 이를 위반하면 무효인지 여부(적극) [23 국가직 7급, 20 군무원 9급, 19 국가직 7급, 18 국가직 9급, 17 하반기 국가7급] **01 02 03**

> 비록 건축주 등이 장기간 시정명령을 이행하지 아니하였더라도, 그 기간 중에는 시정명령의 이행기회가 제공되지 아니하였다가 뒤늦게 시정명령의 이행기회가 제공된 경우라면, 시정명령의 이행기회 제공을 전제로 한 1회분의 이행강제금만을 부과할 수 있고, 시정명령의 이행기회가 제공되지 아니한 과거의 기간에 대한 이행강제금까지 한꺼번에 부과할 수는 없다. 그리고 이를 위반하여 이루어진 이행강제금 부과처분은 과거의 위반행위에 대한 제재가 아니라 행정상의 간접강제 수단이라는 이행강제금의 본질에 반하여 (구)「건축법」 제80조 제1항·제4항 등 법규의 중요한 부분을 위반한 것으로서, 그러한 하자는 중대할 뿐만 아니라 객관적으로도 명백하다(대판 2016.7.14. 2015두46598).

(6) 효과

① 이행강제금을 납부하고 계속된 의무불이행 : 의무부과가 반복적으로 이루어진다.
② 이행강제금을 납부하지 않고 의무를 이행한 경우 : 의무가 반복되지는 않지만 지방세 체납처분의 예에 따라 강제징수한다(「건축법」 제80조 제6항·제7항).
③ 이행강제금을 납부하지 않고 의무도 이행하지 않은 경우 : 「지방행정제재·부과금의 징수 등에 관한 법률」에 따라 강제징수를 당하고 의무가 반복되어 부과된다.
④ 상대방이 사망한 경우 : 판례는 「건축법」상의 이행강제금 납부의무를 일신전속적인 성질로 보며, 상대방의 사망 시 절차는 종료된다. **04**
⑤ 의무이행기간이 경과하였으나 이행강제금을 부과하기 이전에 의무를 이행한 경우 : 대법원에 의하면 이행강제금을 부과할 수 없다고 한다. 하지만 과거의 의무불이행에 대한 부분은 부과할 수 있다는 입장이어서 구분이 필요하다.

관련 판례

A 이행강제금 납부의무는 일신전속적이라서 상대방의 사망 시 종료한다 [21 국가직 9급, 19 지방직 7급, 17 사회복지직, 16 국가직 9급, 15 국가직 9급]

> 이행강제금 납부의무는 상속인 기타의 사람에게 승계될 수 없는 일신전속적인 성질의 것이므로 이미 사망한 사람에게 이행강제금을 부과하는 내용의 처분이나 결정은 당연무효이고, 이행강제금을 부과받은 사람의 이의에 의하여 「비송사건절차법」에 의한 재판절차가 개시된 후에 그 이의한 사람이 사망한 때에는 사건 자체가 목적을 잃고 절차가 종료한다(대결 2006.12.8. 자 2006마470).

A 이행강제금 부과하기 이전에 의무를 이행한 경우 [20 국가직 9급, 20 국회직 8급, 19 지방직 7급, 19 지방직 9급, 18 국가직 7급, 17 국가직 7급] **05 06 07**

> 「건축법」상의 이행강제금은 시정명령의 불이행이라는 과거의 위반행위에 대한 제재가 아니라, 의무자에게 시정명령을 받은 의무의 이행을 명하고 그 이행기간 안에 의무를 이행하지 않으면 이행강제금이 부과된다는 사실을 고지함으로써 의무자에게 심리적 압박을 주어 의무의 이행을 간접적으로 강제하는 행정상의 간접강제 수단에 해당한다. 이러한 이행강제금의 본질상 시정명령을 받은 의무자가 이행강제금이 부과되기 전에 그 의무를 이행한 경우에는 비록 시정명령에서 정한 기간을 지나서 이행한 경우라도 이행강제금을 부과할 수 없다(대판 2018.1.25. 2015두35116).

| 정답 | 01 X 02 X 03 O 04 O 05 X 06 O 07 X

ⓒ 의무불이행을 중단한 경우에 과거 시정조치 불이행기간에 대한 이행강제금

> 「공정거래법」 제17조의3은 같은 법 제16조에 따른 시정조치를 그 정한 기간 내에 이행하지 아니하는 자에 대하여 이행강제금을 부과할 수 있는 근거 규정이고, 시정조치가 「공정거래법」 제16조 제1항 제7호에 따른 부작위의무를 명하는 내용이더라도 마찬가지로 보아야 한다. 나아가 이러한 이행강제금이 부과되기 전에 시정조치를 이행하거나 부작위의무를 명하는 시정조치 불이행을 중단한 경우 과거의 시정조치 불이행기간에 대하여 이행강제금을 부과할 수 있다고 봄이 타당하다(대판 2019.12.12. 2018두63563).

(7) 구제

① 불복절차에 대하여 특별한 규정이 있는 경우: 이행강제금 부과처분의 고지를 받은 날부터 30일 이내에 당해 부과권자에 이의를 제기할 수 있다. 이때 부과권자는 지체 없이 관할법원에 그 사실을 통보하여야 하며, 그 통보를 받은 관할법원은 「비송사건절차법」에 의한 과태료(강제금)의 재판을 한다.

관련 판례

> Ⓑ 「농지법」 제62조(현행 제63조) 제1항에 따른 이행강제금 부과처분에 대한 불복절차(=「비송사건절차법」에 따른 재판) [24 지방직 9급, 24 국가직 7급, 23 지방직 9급, 20 국가직 7급] 01 02 03 04
>
> 「농지법」은 농지 처분명령에 대한 이행강제금 부과처분에 불복하는 자가 그 처분을 고지받은 날부터 30일 이내에 부과권자에게 이의를 제기할 수 있고, 이의를 받은 부과권자는 지체 없이 관할법원에 그 사실을 통보하여야 하며, 그 통보를 받은 관할법원은 「비송사건절차법」에 따른 과태료 재판에 준하여 재판을 하도록 정하고 있다(제62조 제1항·제6항·제7항). 따라서 「농지법」 제62조 제1항에 따른 이행강제금 부과처분에 불복하는 경우에는 「비송사건절차법」에 따른 재판절차가 적용되어야 하고, 「행정소송법」상 항고소송의 대상은 될 수 없다(대판 2019.4.11. 2018두42955).
> **주의** 「농지법」 제62조 제6항·제7항이 위와 같이 이행강제금 부과처분에 대한 불복절차를 분명하게 규정하고 있으므로, 이와 다른 불복절차를 허용할 수는 없다. 설령 관할청이 이행강제금 부과처분을 하면서 재결청에 행정심판을 청구하거나 관할 행정법원에 행정소송을 할 수 있다고 잘못 안내하거나 관할 행정심판위원회가 각하재결이 아닌 기각재결을 하면서 관할법원에 행정소송을 할 수 있다고 잘못 안내하였다고 하더라도, 그러한 잘못된 안내로 행정법원의 항고소송 재판관할이 생긴다고 볼 수도 없다.

② 불복절차에 대하여 특별한 규정이 없는 경우
   ㉠ 이행강제금 부과에 대한 불복에 대하여 특별한 규정이 없는 경우에는 이행강제금도 행정처분의 일종이어서 행정심판과 행정소송의 대상이 된다.
   ㉡ 「건축법」과 「장사 등에 관한 법률」상의 이행강제금(종래 「비송사건절차법」에 의하여 구제되었으나 최근 법 개정으로 「비송사건절차법」에 의한 구제 조항이 삭제됨으로써 행정쟁송의 대상이 되었다)은 항고쟁송대상인 행정처분이다. 05

관련 판례

> Ⓐ 「건축법」상 이행강제금 납부의 최초 독촉이 항고소송의 대상이 되는 행정처분에 해당하는지 여부(적극) [19 지방직 9급] 06
>
> (구) 「건축법」(2008.3.21. 법률 제8974호로 전부 개정되기 전의 것) 제69조의2 제6항, 「지방세법」 제28조, 제82조, 「국세징수법」 제23조의 각 규정에 의하면, 이행강제금 부과처분을 받은 자가 이행강제금을 기한 내에 납부하지 아니한 때에는 그 납부를 독촉할 수 있으며, 납부독촉에도 불구하고

개념확인 O/X

01 「농지법」상 이행강제금 부과처분은 항고소송의 대상이 되는 처분에 해당하므로 이에 불복하는 경우 항고소송을 제기할 수 있다.
20 국가7급 (O / X)

02 「농지법」상 이행강제금의 부과는 행정처분이므로 취소소송을 제기할 수 있으며 법원은 당해 사건에서 과도한 이행강제금이 부과되었다고 판단하면 그 금액을 감액하여야 한다.
24 국가7급 (O / X)

03 「농지법」상 이행강제금 부과처분에 대한 불복은 「비송사건절차법」에 따른 재판절차뿐만 아니라 「행정소송법」상 항고소송절차에 따를 수 있다.
23 지방9급 (O / X)

04 처분의 근거법령에 의하면 「비송사건절차법」에 따라 이행강제금 부과처분에 불복하도록 규정하고 있었지만, 관할청이 이행강제금 부과처분을 하면서 재결청에 행정심판을 청구하거나 관할 행정 법원에 행정소송을 할 수 있다고 잘못 안내한 경우라도 이행강제금 부과처분에 대해 행정법원에 항고소송을 제기할 수 없다.
24 지방9급 (O / X)

05 「건축법」상 이행강제금부과처분에 대한 불복방법은 과태료와 마찬가지로 「비송사건절차법」에 따른 재판에 의한다.
14 서울9급 (O / X)

06 「건축법」상 이행강제금 납부의 최초 독촉은 징수처분으로서 항고소송의 대상이 되는 행정처분이 될 수 있다.
19 지방9급 (O / X)

| 정답 | 01 X | 02 X | 03 X | 04 O | 05 X | 06 O |

이행강제금을 납부하지 않으면 체납절차에 의하여 이행강제금을 징수할 수 있고, 이때 이행강제금 납부의 최초 독촉은 징수처분으로서 항고소송의 대상이 되는 행정처분이 될 수 있다(대판 2009. 12. 24. 2009두14507).

B 사용자가 이행하여야 할 행정법상 의무의 내용을 초과하는 것을 '불이행내용'으로 기재한 이행강제금 부과 예고서에 의하여 이행강제금 부과 예고를 한 다음 이행강제금을 부과한 경우, 이행강제금 부과 예고 및 이행강제금 부과처분이 위법한지 여부(원칙적 적극) [19 국가직 7급]

사용자가 이행하여야 할 행정법상 의무의 내용을 초과하는 것을 '불이행내용'으로 기재한 이행강제금 부과 예고서에 의하여 이행강제금 부과 예고를 한 다음 이를 이행하지 않았다는 이유로 이행강제금을 부과하였다면, 초과한 정도가 근소하다는 등의 특별한 사정이 없는 한 이행강제금 부과 예고는 이행강제금 제도의 취지에 반하는 것으로서 위법하고, 이에 터 잡은 이행강제금 부과처분 역시 위법하다(대판 2015. 6. 24. 2011두2170).

C 행정청에 「국토의 계획 및 이용에 관한 법률 시행령」 제124조의3 제3항에서 정한 토지이용의무를 위반한 자에게 부과할 이행강제금 부과기준과 다른 이행강제금액을 결정할 재량권이 있는지 여부(소극)

「국토의 계획 및 이용에 관한 법률」(이하 '국토계획법'이라 한다) 제124조의2 제1항·제2항 및 「국토의 계획 및 이용에 관한 법률 시행령」 제124조의3 제3항이 토지이용에 관한 이행명령의 불이행에 대하여 법령 자체에서 토지이용의무 위반을 유형별로 구분하여 이행강제금을 차별하여 규정하고 있는 등 규정의 체계, 형식 및 내용에 비추어 보면, 국토계획법 및 「국토의 계획 및 이용에 관한 법률 시행령」이 정한 이행강제금의 부과기준은 단지 상한을 정한 것에 불과한 것이 아니라, 위반행위 유형별로 계산된 특정 금액을 규정한 것이므로 행정청에 이와 다른 이행강제금액을 결정할 재량권이 없다고 보아야 한다(대판 2014. 11. 27. 2013두8653).

4 직접강제

(1) 의의

① 행정법상 의무의 불이행이 있는 경우에 행정상 최후의 수단으로서 직접적으로 의무자의 신체 또는 재산에 실력을 가하여 의무내용이 이행된 것과 동일한 상태를 실현하는 것이다. 직접강제의 대상은 작위의무, 부작위의무나 수인의무의 불이행의 경우에도 활용될 수 있는 수단이다. 법적 성질은 권력적 사실행위이다. 01 02 03

② 「행정기본법」에는 '직접강제'란 의무자가 행정상 의무를 이행하지 아니하는 경우 행정청이 의무자의 신체나 재산에 실력을 행사하여 그 행정상 의무의 이행이 있었던 것과 같은 상태를 실현하는 것이라고 규정되어 있다.

(2) 다른 개념과의 구별

① **즉시강제와의 구별**: 직접강제는 의무 부과와 그 의무불이행을 전제로 하나, 즉시강제는 의무불이행을 전제로 하지 않는다는 점에서 구별된다. 04

② **대집행과의 구별**: 직접강제는 비용을 징수하지 아니하지만, 대집행은 비용징수가 있다는 점에서 구별된다. 또한 대집행은 대체적 작위의무에만 해당되지만 직접강제는 대체적 작위뿐만 아니라 부작위의무, 수인의무에도 적용된다.

개념확인 O/X

01 직접강제란 비대체적 작위의무나 부작위의무를 불이행한 경우에 의무자에게 심리적 압박을 통해 의무이행을 간접적으로 강제하는 금전적 수단이다. (O/X)

02 직접강제는 행정법상의 의무불이행이 있는 경우에 직접 의무자의 신체나 재산에 실력을 가하여 의무의 이행이 있었던 것과 같은 상태를 실현하는 작용이다. (O/X)

03 직접강제는 행정지도와 유사한 사실행위의 성격을 갖는다. (O/X)

04 직접강제와 즉시강제는 권력적 사실행위로서의 성격을 가지고 있다. 19 서울시 사회복지9급 (O/X)

| 정답 | 01 X 02 O 03 X 04 O

(3) 대상

직접강제의 대상이 되는 의무에는 제한이 없다. 따라서 대체적 작위의무뿐만 아니라 비대체적 작위의무, 부작위의무, 수인의무 등 모든 의무가 대상이 된다. 01

(4) 법적 근거

「행정기본법」에 일반적 규정을 두고 있고, 「식품위생법」 등의 개별법적 규정이 있다. 02

> **관련 법령** 직접강제의 개별법적 규정 03 04 05
>
> 1. 「출입국관리법」(제46조, 제69조)상의 외국인 강제퇴거 및 선박수색
> 2. 「공중위생관리법」(제11조)상의 위법 또는 명령을 위반한 영업의 정지 또는 영업소 폐쇄
> 3. 「식품위생법」(제79조)상의 무허가 영업소의 강제폐쇄
> 4. 「먹는물관리법」(제46조)상의 영업장·사업장의 폐쇄조치(간판 등의 제거·삭제, 게시물 부착·봉인 등) 및 폐기처분(동법 제47조)
> 5. 「가축전염병 예방법」(제19조)상의 격리와 가축사육시설의 폐쇄명령
> 6. 「군사기지 및 군사시설 보호법」(제11조)상의 장애물 등에 대한 조치
> 7. 「집회 및 시위에 관한 법률」(제20조)상의 집회 또는 시위의 해산
> 8. 「학원의 설립·운영 및 과외교습에 관한 법률」(제19조)상의 학원 등에 대한 폐쇄 등

(5) 한계

① **법률유보의 원칙**: 직접강제는 신체나 재산에 물리적인 실력행사를 통해 행정결과를 실현하는 국가작용으로 국민의 인권 등의 침해우려가 높다. 따라서 개별적인 구체적 법률의 근거를 요한다.

② **보충성의 원칙과 비례성의 원칙**
 ㉠ 직접강제는 행정대집행이나 이행강제금 부과의 방법으로는 행정상 의무이행을 확보할 수 없거나 그 실현이 불가능한 경우에 실시하여야 한다. 06
 ㉡ 직접강제는 필요한 최소 침해의 범위 내에서 이루어져야 한다.

③ **증표의 휴대 및 제시**: 직접강제를 실시하기 위하여 현장에 파견되는 집행책임자는 그가 집행책임자임을 표시하는 증표를 보여 주어야 한다.

④ **절차상의 한계(계고와 통지)**
 ㉠ 행정청은 직접강제 전에 미리 의무자에게 적절한 이행기간을 정하여 그 기한까지 행정상 의무를 이행하지 아니하면 직접강제를 한다는 뜻을 문서로 계고(戒告)하여야 한다. 07
 ㉡ 행정청은 의무자가 계고에서 정한 기한까지 행정상 의무를 이행하지 아니한 경우 직접강제에 대해 문서로 명확하게 적어 의무자에게 통지하여야 한다.

> **관련 판례**
>
> ◉ 무등록 학원의 설립·운영자에 대하여 관할 행정청이 그 폐쇄를 명할 수 없다 08
>
> (구)「학원의 설립·운영에 관한 법률」 제2조 제1호와 제6조 및 제19조 등의 관련 규정에 의하면, 같은 법상의 학원을 설립·운영하고자 하는 자는 소정의 시설과 설비를 갖추어 등록을 하여야 하고, 그와 같은 등록절차를 거치지 아니한 경우에는 관할 행정청이 직접 그 무등록 학원의 폐쇄를 위하여 출입제한 시설물의 설치와 같은 조치를 취할 수 있게 되어 있으나, 달리 무등록 학원의 설립·운영자에 대하여 그 폐쇄를 명할 수 있는 것으로는 규정하고 있지 아니하고, 위와 같은 폐쇄조치에 관한 규정이 그와 같은 폐쇄명령의 근거 규정이 된다고 할 수도 없다(대판 2001.2.23. 99두6002).

개념확인 O/X

01 직접강제는 대체적 작위의무뿐만 아니라 비대체적 작위의무, 부작위의무·수인의무 등 일체의 의무의 불이행에 대해 행할 수 있다.
20 군무원7급 (O / X)

02 「경찰관 직무집행법」은 직접강제에 관한 일반적 근거를 규정하고 있다.
14 국가9급 (O / X)

03 허가업의 식품접객업자가 행정청의 영업소 폐쇄명령을 받은 후에 계속하여 영업을 하는 경우 행정청이 사용할 수 있는 행정의 실효성 확보수단은 즉시강제이다.
(O / X)

04 「식품위생법」상 영업소 폐쇄명령을 받은 자가 영업을 계속할 경우 강제폐쇄하는 조치는 행정상 즉시강제에 해당한다.
19 소방 (O / X)

05 「출입국관리법」상의 외국인 등록의무를 위반한 사람에 대한 강제퇴거는 직접강제이다.
13 국가9급 (O / X)

06 직접강제는 행정대집행이나 이행강제금 부과의 방법으로는 행정상 의무이행을 확보할 수 없거나 그 실현이 불가능한 경우에 실시하여야 한다.
25 소방 (O / X)

07 행정청은 직접강제를 하기 전에 미리 의무자에게 적절한 이행기간을 정하여 그 기한까지 행정상 의무를 이행하지 아니하면 직접강제를 한다는 뜻을 문서로 계고하여야 한다.
24 국회9급 (O / X)

08 무등록 학원에 대한 행정청의 강제폐쇄의 근거법을 통해 행정청은 무등록 학원에 폐쇄를 명할 수 있다.
(O / X)

| 정답 | 01 O 02 X 03 X 04 X 05 O 06 O 07 O 08 X

(6) 직접강제의 확대 필요성

① 현행 제도의 문제
   ㉠ 현행법상으로는 부작위의무와 같이 대집행수단이 사용될 수 없는 경우에도 관계 법상 직접강제수단이 규정되어 있지 않고, 벌칙에 의한 간접적 의무이행 수단을 규정하고 있다.
   ㉡ 벌칙제도는 과거의 위반행위에 대한 제재로서 심리적 압박에 의한 간접적 효과 밖에 없고, 반복 부과할 수도 없다. 또한 금전적 제재일 경우에는 위반으로 얻는 이익이 클 때에는 실효성이 없으며, 전과자를 양산할 뿐이며 무허가 영업자 모두를 처벌하는 것 또한 불가능하다. 01

② 확대도입의 필요성: 최근 들어서 위와 같은 문제점을 보완하기 위하여 직접강제제도는 안전관리·폐기물 관리업 등 국민의 보건 분야, 특히 식품제조업, 의약품 제조업, 총포·소방용 기구·전기용품·계량기 등의 제조업, 환경보전에 심대한 영향을 주는 영업 분야로 점차 확대되고 있다.

(7) 구제

① 행정쟁송
   ㉠ 직접강제의 발동은 권력적 사실행위로서 영업소의 강제폐쇄 같은 경우처럼 소익이 있는 경우에는 행정심판이나 행정소송의 대상이 된다. 02
   ㉡ 직접강제는 단시간에 신속히 종료되는 경우도 적지 않다 할 것이므로 그러한 경우에는 심판이나 소송을 통한 구제는 곤란하다.

② 기타
   ㉠ 손해배상: 위법한 직접강제를 통하여 손해가 발생한 경우, 국가나 지방자치단체를 상대로 국가배상을 청구할 수 있다.
   ㉡ 결과제거청구권: 직접강제로 위법한 상태가 계속되는 경우, 피해자는 결과제거청구도 가능하다.
   ㉢ 저항의 경우: 위법한 직접강제에 대하여 상대방이 저항하는 것은 정당방위에 해당되며 공무집행방해죄를 구성하지 아니한다.
   ㉣ 기타: 위법한 직접강제를 행한 공무원은 징계책임이나 형사처벌도 가능하다.

5 행정상의 강제징수

(1) 의의

> **결정적 코멘트** 「국세징수법」의 개정으로 종래 '체납처분'의 용어는 '강제징수'로 대체되었다. 본 교재도 이에 따라 용어를 교체하였으나 일부 종래의 법을 토대로 한 판례나 문제상의 용어는 변경하지 않았다.

① 행정주체에 대한 공법상의 금전납부의무를 불이행한 경우에 행정기관이 의무자의 재산에 실력을 가하여 의무가 이행된 것과 같은 상태를 실현하는 강제집행을 말한다. 03
② 「행정기본법」에 의하면 '강제징수'란 의무자가 행정상 의무 중 금전급부의무를 이행하지 아니하는 경우 행정청이 의무자의 재산에 실력을 행사하여 그 행정상 의무가 실현된 것과 같은 상태를 실현하는 것이라고 규정되어 있다.

(2) 법적 근거

① 일반법으로는 「국세징수법」, 「지방세징수법」이 있다. 이 법은 국세의 징수에 관하여 일반적으로 규정하고 있다.

개념확인 O/X

01 이행강제금은 심리적 압박을 통하여 간접적으로 의무이행을 확보하는 수단인 행정벌과는 달리 의무이행의 강제를 직접적인 목적으로 하므로, 강학상 직접강제에 해당한다.
19 국가9급 (O / X)

02 행정청의 불법영업소 폐쇄조치에 대해 행정의 상대방은 항고소송을 통해 구제될 수 있다.
(O / X)

03 강제징수는 행정상의 금전급부의무를 이행하지 않는 경우를 대상으로 한다.
17 사회복지 (O / X)

| 정답 | 01 X 02 O 03 O

② 사법(私法)상의 금전급부불이행에 대해서도 다른 법률에 특별한 규정이 있는 경우에 「국세징수법」 등에 예에 따라 강제징수가 허용된다.

(3) 절차[독촉 + 강제징수(압류, 공매, 청산)] 01

① 독촉
- ㉠ 성질
    - ⓐ 독촉은 금전급부의 의무이행이 이루어지지 않았음을 이유로 의무이행에 상당한 기한을 정하여 이행을 알리고, 이행되지 않을 경우에 강제징수를 하겠다는 뜻을 표시하는 준법률행위적 행정행위인 통지의 성질이다. 02
    - ⓑ 다만, 반복되는 독촉은 항고소송의 대상이 되는 처분이 아니다.
- ㉡ 발부·납부기한
    - ⓐ 관할 세무서장은 납세자가 국세를 지정납부기한까지 완납하지 아니한 경우 지정납부기한이 지난 후 10일 이내에 체납된 국세에 대한 독촉장을 발급하여야 한다. 다만, 국세를 납부기한 전에 징수하거나 체납된 국세가 일정한 금액 미만인 경우 등 대통령령으로 정하는 경우에는 독촉장을 발급하지 아니할 수 있다(「국세징수법」 제10조 제1항). 03
    - ⓑ 관할 세무서장은 이에 따라 독촉장을 발급하는 경우 독촉을 하는 날부터 20일 이내의 범위에서 기한을 정하여 발급한다(동조 제2항).
    - ⓒ 하자: 독촉절차를 결하는 경우의 체납처분은 무효라고 보는 것이 타당하나, 판례는 비록 독촉절차 없이 압류처분을 한 경우에도 중대하고 명백한 하자로 인정하지 않고 있다[일관된 것은 아니며, 무효라고 판시한 경우도 있다(대판 1982.8.24. 81누162)].
- ㉢ 효과: 독촉장 또는 납부최고서가 송달되면 시효중단 효과와, 압류의 전제요건 충족의 효과가 있다. 04

관련 판례

독촉절차 없이 한 압류처분의 효력

납세의무자가 세금을 납부기한까지 납부하지 아니하자 과세청이 그 징수를 위하여 압류처분에 이른 것이라면 비록 독촉절차 없이 압류처분을 하였다 하더라도 이러한 사유만으로는 압류처분을 무효로 되게 하는 중대하고도 명백한 하자로는 되지 않는다(대판 1987.9.22. 87누383).

독촉 없이 이루어진 참가압류는 무효가 아니다

납세의무자가 세금을 납부기한까지 납부하지 아니하기 때문에 과세청이 그 징수를 위하여 참가압류처분에 이른 것이라면 참가압류처분에 앞서 독촉절차를 거치지 아니하였고 또 참가압류조서에 납부기한을 잘못 기재한 잘못이 있다고 하더라도 이러한 위법사유만으로는 참가압류처분을 무효로 할 만큼 중대하고도 명백한 하자라고 볼 수 없다(대판 1992.3.10. 91누6030).

최고독촉 후에 한 동일한 내용의 독촉은 행정처분이 아니다 [25 소방직] 05

(구) 「의료보험법」 각 규정에 의하면, 보험자 또는 보험자단체가 부당이득금 또는 가산금의 납부를 독촉한 후 다시 동일한 내용의 독촉을 하는 경우 최초의 독촉만이 징수처분으로서 항고소송의 대상이 되는 행정처분이 되고 그 후에 한 동일한 내용의 독촉은 체납처분의 전제요건인 징수처분으로서 소멸시효 중단사유가 되는 독촉이 아니라 「민법」상의 단순한 최고에 불과하여 국민의 권리의무나 법률상의 지위에 직접적으로 영향을 미치는 것이 아니므로 항고소송의 대상이 되는 행정처분이라 할 수 없다(대판 1999.7.13. 97누119).

개념확인 O/X

01 「국세징수법」에 의한 체납처분절차는 '재산압류 – 압류재산매각 – 청산'으로 이루어진다.
16 교육행정 (O / X)

02 강제징수를 위한 독촉과 행정대집행의 계고처분은 항고쟁송 대상인 통지로서의 성질을 갖는다.
(O / X)

03 국세를 그 납부기한까지 완납하지 아니한 때에는 세무서장·시장 또는 군수는 납기경과 후 30일 내에 독촉장을 발부하여야 한다.
10 국가7급 (O / X)

04 독촉만으로는 시효중단의 효과가 발생하지 않는다.
17 사회복지 (O / X)

05 국세체납절차에 의한 강제징수에 있어 금전 납부를 독촉한 후 다시 동일한 내용의 독촉을 하는 경우 최초의 독촉만 처분성이 인정되고 이후 반복한 독촉은 처분성이 인정되지 않는다.
25 소방 (O / X)

| 정답 | 01 ○ 02 ○ 03 X 04 X 05 ○

ⓒ 「국세징수법」상 가산금 또는 중가산금의 고지가 항고소송의 대상이 되는 처분인지 여부(소극)

> 「국세징수법」 제21조, 제22조가 규정하는 가산금 또는 중가산금은 국세를 납부기한까지 납부하지 아니하면 과세청의 확정절차 없이도 법률 규정에 의하여 당연히 발생하는 것이므로 가산금 또는 중가산금의 고지가 항고소송의 대상이 되는 처분이라고 볼 수 없다(대판 2005.6.10. 2005다15482).

② 강제징수
　㉠ 재산압류
　　ⓐ 의의: '압류'란 체납자의 재산을 강제로 보전시키는 행위로 압류재산의 법률상(증여, 매매, 교환 등)·사실상(소비, 파괴 등)의 처분을 금지하는 효력이 발생하며, 권력적 사실행위에 해당한다. 01 02
　　ⓑ 요건: 관할 세무서장은 다음의 어느 하나에 해당하는 경우 납세자의 재산을 압류한다(「국세징수법」 제31조 제1항).
　　　ⓘ 납세자가 독촉을 받고 독촉장에서 정한 기한까지 국세를 완납하지 아니한 경우
　　　ⓘⓘ 납세자가 납부고지를 받고 단축된 기한까지 국세를 완납하지 아니한 경우
　　ⓒ 대상
　　　ⓘ 체납자의 소유로서 금전적 가치가 있는 양도 가능한 재산이다.
　　　ⓘⓘ 관할 세무서장은 국세를 징수하기 위하여 필요한 재산 외의 재산을 압류할 수 없다. 다만, 불가분물(不可分物) 등 부득이한 경우에는 압류할 수 있다.
　　　ⓘⓘⓘ 체납자 또는 그와 생계를 같이 하는 가족(사실상 혼인관계에 있는 사람을 포함한다. 이하 이 조에서 '동거가족'이라 한다)의 생활에 없어서는 아니 될 의복, 침구, 가구, 주방기구 그 밖의 생활필수품, 체납자 또는 그 동거가족에게 필요한 3개월간의 식료품 또는 연료 등은 압류가 금지된다. 03
　　　ⓘⓥ 급료, 연금, 임금, 봉급, 상여금, 세비, 퇴직연금 그 밖에 이와 비슷한 성질을 가진 급여채권에 대해서는 그 총액의 2분의 1에 해당하는 금액은 압류가 금지되는 금액으로 한다.
　　ⓓ 효력
　　　ⓘ **과실에 대한 압류의 효력**: 압류의 효력은 압류재산으로부터 생기는 천연과실(天然果實) 또는 법정과실(法定果實)에도 미친다.
　　　ⓘⓘ **참가압류**: 관할 세무서장은 압류하려는 재산이 이미 다른 기관에 압류되어 있는 경우 참가압류 통지서를 그 재산을 이미 압류한 기관(이하 '선행압류기관'이라 한다)에 송달함으로써 교부청구를 갈음하고 그 압류에 참가할 수 있다.
　　ⓔ **압류의 해제**
　　　ⓘ 압류와 관계되는 체납액의 전부가 납부 또는 충당 등이나 압류 후 재산가격이 변동하여 체납액 전액을 현저히 초과한 경우 등에는 압류를 해제하여야 한다.
　　　ⓘⓘ 압류 후 부과처분의 근거법률이 위헌결정된 경우에는 압류를 해제하여야 한다.

개념확인 O/X

01 납세의무자의 재산에 대하여 사실상·법률상의 처분을 금지시키는 강제보전행위인 압류는 사실행위로서 처분적 성격을 가지지 않는다.
10 국가7급　　　　(O / X)

02 체납자는 압류된 재산에 대하여 법률상의 처분을 할 수 있다.
16 교육행정　　　　(O / X)

03 압류대상 재산은 의무자 및 동거인의 소유인 재산적 가치가 있는 모든 재산을 말하며, 생활필수품의 압류에는 의무자의 동의를 요한다.
10 국가7급　　　　(O / X)

정답 | 01 X　02 X　03 X

관련 판례

Ⓑ 체납자 아닌 제3자의 재산을 대상으로 한 체납압류의 효력은 당연무효이다

체납처분으로서 압류의 요건을 규정하는 「국세징수법」 제24조 각 항의 규정을 보면, 어느 경우에나 압류의 대상을 납세자의 재산에 국한하고 있으므로, 납세자가 아닌 제3자의 재산을 대상으로 한 압류처분은 그 처분의 내용이 법률상 실현될 수 없는 것이어서 당연무효이다(대판 2001.2.23. 2000다68924).

Ⓒ 사립학교 교지에 대하여 한 「국세징수법」에 의한 압류처분의 효력(= 무효)

「사립학교법」과 시행령이 정하는 학교법인의 재산 중 당해 학교법인이 설치 경영하는 사립학교의 교육에 직접 사용되는 교지 등의 재산은 「국세징수법」에 의한 압류가 허용되지 아니함이 명백하다 (대판 1996.11.15. 96누4947).

Ⓒ 압류처분에 기한 압류등기가 경료된 경우에도 압류처분의 무효확인을 구할 이익이 있다

체납처분에 기한 압류처분은 행정처분으로서 이에 기하여 이루어진 집행방법인 압류등기와는 구별되므로 압류등기의 말소를 구하는 것을 압류처분 자체의 무효를 구하는 것으로 볼 수 없고, 또한 압류등기가 말소된다고 하여도 압류처분이 외형적으로 효력이 있는 것처럼 존재하는 이상 그 불안과 위험을 제거할 필요가 있다고 할 것이므로, 압류처분에 기한 압류등기가 경료되어 있는 경우에도 압류처분의 무효확인을 구할 이익이 있다(대판 2003.5.16. 2002두3669).

Ⓒ 압류재산이 징수할 국세액을 초과하는 경우 위 압류처분의 효력 [17 국가직 9급] **01**

세무공무원이 국세의 징수를 위해 납세자의 재산을 압류하는 경우 그 재산의 가액이 징수할 국세액을 초과한다 하여 위 압류가 당연무효의 처분이라고는 할 수 없다(대판 1986.11.11. 86누479).

Ⓒ 과세처분 이후 조세부과의 근거가 되었던 법률규정에 대하여 위헌결정이 내려진 경우, 그 조세채권의 집행을 위한 강제징수가 당연무효인지 여부(적극) [17 지방직 9급, 17 국가직 9급] **02 03**

갑 주식회사의 체납국세에 관하여, 과세관청이 (구)「국세기본법」 제39조 제1항 제2호 (다)목에 따라 을에게 과세처분을 하였는데, 이후 위 규정에 대해 헌법재판소의 위헌결정이 있었으나 과세관청이 조세채권의 집행을 위해 을의 예금채권에 압류처분을 한 사안에서, 압류처분이 당연무효이다. (대판 2012.2.16. 2010두10907 전합)

Ⓒ 압류처분 후 고지된 세액을 납부한 경우 압류처분의 효력

압류처분 후 고지된 세액이 납부된 경우에는 그 압류는 해제되어야 하나 그 납부의 사실이 있다 하여 곧 그 압류처분이 당연무효로 되는 것은 아니다(대판 1982.7.13. 81누360).

Ⓒ 조세징수를 위한 부동산 압류 후 압류 등기된 부동산을 양도받은 자가 압류처분이나 공매처분의 실효나 무효확인을 구할 당사자적격이 있는지 여부(소극)

과세관청이 조세의 징수를 위하여 납세의무자 소유의 부동산을 압류한 경우 그 이후에 압류등기가 된 부동산을 양도받아 소유권이전등기를 마친 사람은 위 압류처분이나 그에 터 잡아 이루어지는 「국세징수법」상의 공매처분에 대하여 사실상이고 간접적인 이해관계를 가질 뿐 법률상 직접적이고 구체적인 이익을 가지는 것은 아니어서 그 압류처분이나 공매처분의 실효나 무효확인을 구할 당사자적격이 없다(대판 1992.3.31. 91누6023).

개념확인 O/X

01 세무공무원이 국세의 징수를 위해 납세자의 재산을 압류하는 경우 그 재산의 가액이 징수할 국세액을 초과한다면 당해 압류처분은 무효이다.
17 국가9급 (O / X)

02 조세부과처분의 근거규정이 위헌으로 선언된 경우, 그에 기한 조세부과처분이 위헌결정 전에 이루어졌다 하더라도 위헌결정 이후에 조세채권의 집행을 위해 새로이 착수된 강제징수는 당연무효이다.
17 국가9급 (O / X)

03 과세처분 이후에 그 근거법률이 위헌결정을 받았으나 이미 과세처분의 불가쟁력이 발생한 경우, 당해 과세처분에 대한 조세채권의 집행을 위한 강제징수의 속행은 적법하다.
17 지방9급 (O / X)

| 정답 | 01 X 02 O 03 X

| 개념확인 O/X |

ⓒ 압류 등기된 부동산을 양도받은 자가 압류해제신청 및 그 거부처분의 취소를 구할 법률상 이익이 있는지 여부(적극)

> 「국세징수법」상 압류등기된 부동산을 양도받아 소유권이전등기를 마친 부동산취득자는 「국세징수법」 제24조 제5항 및 제53조의 압류해제의 요건이 충족되었음을 이유로 과세관청에게 압류해제신청을 할 수 있고 압류해제신청을 거부한 행정처분이 있는 경우 그 행정처분의 취소를 구할 법률상 이익이 있다(대판 1993.4.27. 92누15055).

ⓑ 세무공무원이 체납자의 재산을 압류하기 위해 수색을 하였으나 압류할 목적물이 없어 압류를 실행하지 못한 경우에도 시효중단의 효력이 발생하는지 여부(적극)

> 「국세기본법」 제28조 제1항은 국세징수권의 소멸시효의 중단사유로서 납세고지, 독촉 또는 납부최고, 교부청구 외에 '압류'를 규정하고 있는바, 여기서의 '압류'란 세무공무원이 「국세징수법」 제24조 이하의 규정에 따라 납세자의 재산에 대한 압류 절차에 착수하는 것을 가리키는 것이므로, 세무공무원이 「국세징수법」 제26조에 의하여 체납자의 가옥·선박·창고 기타의 장소를 수색하였으나 압류할 목적물을 찾아내지 못하여 압류를 실행하지 못하고 수색조서를 작성하는 데 그친 경우에도 소멸시효 중단의 효력이 있다(대판 2001.8.21. 2000다12419).

ⓒ 학교법인이 매도하거나 담보에 제공할 수 없는 교지, 교사 등을 제외한 기본재산에 대한 압류는 허용된다

> 학교법인이 매도하거나 담보에 제공할 수 없는 교지, 교사 등을 제외한 기본재산에 대하여는, 학교법인이 이를 매도, 증여, 임대, 교환 또는 용도변경하거나 담보에 제공하고자 할 때 또는 의무의 부담이나 권리의 포기를 하고자 할 때에는 관할청의 허가를 받아야 한다고 제한하고 있을 뿐이므로, 관할청의 허가를 받을 수 없는 사정이 확실하다고 인정되는 등의 특별한 사정이 없는 한, 이러한 기본재산에 대한 압류는 허용된다(대판 2003.5.16. 2002두3669).

ⓛ 압류재산의 매각

ⓐ 압류재산은 통화를 제외하고 공매에 의하여 매각하며, 공매는 보통입찰 또는 경매방법에 의하나 예외적으로 수의계약에 의하기도 한다. 01 02

ⓑ 법적 성질은 공법상 대리이다(다수설과 판례).

ⓒ 헌법재판소에 의하면 공매는 「국세징수법」 등 관련 규정의 체계 및 운영 형태에 비추어 볼 때, 「국세징수법」상 공매는 체납자와 매수인 사이의 사법상 매매계약을 체납처분청이 대행하는 성격을 가지고, 계약보증금 제도는 이러한 매매의 조건을 법정한 것으로서 위약금약정과 유사한 성격이 있으며, 이러한 점은 「민사집행법」상 매수신청보증 제도와 본질적으로 동일하다고 한다.

ⓓ 공매결정과 공매통지에 대하여

> 결정적 코멘트 ▶ 공매처분절차로서 행해지는 공매결정과 통지에서 이에 대한 하자와 쟁송대상에 대한 이해가 필요하다.

ⓘ 종래 판례는 재공매결정과 이의 통지는 항고소송의 대상인 처분이 아니라고 하였다(아래 판례 참고-대판 2007.7.27. 2006두8464). 그런데 최근 대법원은 체납자에 대한 공매통지는 공매의 절차적 요건에 해당되고, 체납자 등에게 공매통지를 하지 않았거나 적법하지 않은 공매통지를 한 경우에 그 공매처분은 위법하다고 종래 판례를 변경하였다(아래 판례 참고-대판 2008.11.20. 2007두18154 전합). 03 04

01 「국세징수법」상의 체납처분에서 압류재산의 매각은 공매를 통해서만 이루어지며 수의계약으로 해서는 안 된다.
15 국가9급 (O/X)

02 매각은 원칙적으로 공매에 의하나 예외적으로 수의계약에 의할 수도 있다.
17 사회복지 (O/X)

03 「국세징수법」상 공매통지 자체는 원칙적으로 그 공매통지 자체를 항고소송의 대상으로 삼아 그 취소 등을 구할 수 있다.
24 군무원9급 (O/X)

04 「국세징수법」상 압류재산에 대한 공매에서 체납자에 대한 공매통지는 항고소송의 대상이 되지 아니한다.
14 지방9급 (O/X)

| 정답 | 01 X   02 O   03 X   04 O

ⅱ) 이 판례에 대하여 공매통지를 항고소송의 대상으로 보지 않았던 종래의 입장을 변경한 것으로 준법률행위적 행정행위인 통지의 성질을 갖는 처분으로 보아야 한다는 일부 견해가 있다.

ⅲ) 그러나 최근 새로운 판례에 의하면 공매통지의 처분성을 부정한다(아래 판례 참고 – 대판 2011.3.24. 2010두25527).

관련 판례

C 과세관청이 체납처분으로서 행하는 공매는 행정처분에 해당한다 [17 지방직 7급, 16 국가직 7급, 15 국가직 9급] 01

과세관청이 체납처분으로서 행하는 공매는 우월한 공권력의 행사로서 행정소송의 대상이 되는 공법상의 행정처분이며, 공매에 의하여 재산을 매수한 자는 그 공매처분이 취소된 경우에 그 취소처분의 위법을 주장하여 행정소송을 제기할 법률상의 이익이 있다(대판 1984.9.25. 84누201).

B (구)성업공사의 공매결정과 공매통지가 항고소송의 대상이 되는 행정처분에 해당되는지의 여부에 대하여 처분성을 부인한다

성업공사가 당해 부동산을 공매하기로 한 결정 자체는 내부적인 의사결정에 불과하여 항고소송의 대상이 되는 행정처분이라고 볼 수 없고, 또한 위 공사가 한 공매통지는 공매의 요건이 아니고 공매사실 그 자체를 체납자에게 알려주는 데 불과한 것으로서 통지의 상대방인 골프장업자의 법적 지위나 권리와 의무에 직접 영향을 주는 것이 아니라고 할 것이므로 이것 역시 행정처분에 해당한다고 할 수 없다(대판 1998.6.26. 96누12030).

C 한국자산공사가 재공매하기로 한 결정 자체는 내부적인 의사결정에 불과하여 항고소송의 대상이 되는 처분이 아니다 [19 국회직 8급, 17 지방직 7급, 16 국가직 7급] 02 03 04

한국자산공사가 당해 부동산을 인터넷을 통하여 재공매(입찰)하기로 한 결정 자체는 내부적인 의사결정에 불과하여 항고소송의 대상이 되는 행정처분이라고 볼 수 없고, 또한 한국자산공사가 공매통지는 공매의 요건이 아니라 공매사실 자체를 체납자에게 알려주는 데 불과한 것으로서, 통지의 상대방의 법적 지위나 권리·의무에 직접 영향을 주는 것이 아니라고 할 것이므로 이것 역시 행정처분에 해당한다고 할 수 없다(대판 2007.7.27. 2006두8464).

B (구)성업공사가 한 공매처분에 대한 취소소송의 피고적격은 위임청이 아닌 수임청으로서의 성업공사이다 [15 국가직 9급] 05

성업공사가 체납 압류된 재산을 공매하는 것은 세무서장의 공매권한위임에 의한 것으로 보아야 할 것이므로 성업공사가 한 그 공매처분에 대한 취소 등의 항고소송을 제기함에 있어서는 수임청으로서 실제로 공매를 행한 성업공사를 피고로 하여야 하고, 위임청인 세무서장은 피고적격이 없다(대판 1997.2.28. 96누1757).

C 공매에 의하여 재산을 매수한 자가 그 공매처분이 취소된 경우 그 취소처분의 위법을 주장하여 행정소송을 제기할 법률상의 이익이 있다. [17 지방직 7급, 16 국가직 7급] 06 07

과세관청이 체납처분으로서 행하는 공매는 우월한 공권력의 행사로서 행정소송의 대상이 되는 공법상의 행정처분이며 공매에 의하여 재산을 매수한 자는 그 공매처분이 취소된 경우에 그 취소처분의 위법을 주장하여 행정소송을 제기할 법률상 이익이 있다(대판 1984.9.25. 84누201).

개념확인 O/X

01 과세관청이 체납처분으로서 행하는 공매는 우월한 공권력의 행사로서 행정소송의 대상이 되는 행정처분이다.
15 국가9급 (O / X)

02 한국자산공사의 공매통지는 공매의 요건이 아니라 공매사실 자체를 체납자에게 알려주는 데 불과한 것으로서 행정처분에 해당한다고 할 수 없다.
19 국회8급 (O / X)

03 한국자산공사가 당해 부동산을 인터넷을 통하여 재공매하기로 한 결정 자체는 내부적인 의사결정에 불과하여 항고소송의 대상이 되는 행정처분이라고 볼 수 없지만, 이에 관한 공매통지는 공매사실 자체를 체납자에게 알려줌으로써 통지의 상대방의 법적 지위나 권리·의무에 직접 영향을 주게 되므로 항고소송의 대상인 행정처분에 해당한다.
17 지방7급 (O / X)

04 한국자산관리공사가 인터넷을 통하여 재공매(입찰)하기로 한 결정 자체는 상대방의 법적 지위나 권리·의무에 직접 영향을 주는 것으로 행정처분에 해당한다.
16 국가7급 (O / X)

05 세무서장은 한국자산관리공사로 하여금 공매를 대행하게 할 수 있으며, 이 경우 공매는 세무서장이 한 것으로 본다.
15 국가9급 (O / X)

06 과세관청이 체납처분으로서 행하는 공매에 의하여 재산을 매수한 자는 그 공매처분이 취소된 경우에 그 취소처분의 위법을 주장하여 행정소송을 제기할 법률상 이익이 있다.
17 지방7급 (O / X)

07 공매에 의하여 재산을 매수한 자는 그 공매처분이 취소된 경우에 그 취소처분의 위법을 주장하여 행정소송을 제기할 법률상 이익이 있다.
16 국가7급 (O / X)

| 정답 | 01 O 02 O 03 X 04 X 05 O 06 O 07 O

개념확인 O/X

요건을 충족하는 경우에 국가 등을 상대로 불법행위로 인한 손해배상을 청구할 수 있음은 별론으로 하고, 매수인이 공매절차에서 취득한 공매재산의 시가와 감정평가액과의 차액 상당을 법률상의 원인 없이 부당이득한 것이라고는 볼 수 없고, 이러한 이치는 공매재산에 부합된 물건이 있는데도 이를 간과한 채 부합된 물건의 가액을 제외하고 감정평가를 함으로써 공매재산의 매각예정가격이 낮게 결정된 경우에 있어서도 마찬가지이다(대판 1997.4.8. 96다52915).

ⓒ 세무서장이 공매통지서에 압류처분의 체납세액뿐만 아니라 이전에 결손처분한 부분까지 체납세액으로 잘못 기재한 경우, 그 공매처분이 위법하지 않다

「국세징수법」의 관련 규정에 의하면 공매통지는 공매공고의 내용을 체납자 등에게 통지함으로써 공매사실 자체를 알려주기 위한 것이므로, 세무서장이 공매통지서에 압류처분의 체납세액뿐만 아니라 결손처분한 양도소득세 부분까지 포함하여 체납세액으로 기재한 잘못이 있다고 하더라도 공매처분이 위법한 것은 아니다(대판 2008.3.13. 2006두7706).

01 공매처분을 하면서 체납자에게 공매통지를 하지 않았거나 공매통지를 하였지만 그것이 적법하지 아니하다 하더라도 공매처분 자체는 위법하지 않다.
23 지방9급 (O / X)

Ⓐ 체납자 등에 대한 공매통지가 공매의 절차적 요건인지 여부(적극) 및 체납자 등에게 공매통지를 하지 않았거나 적법하지 않은 공매통지를 한 경우 그 공매처분은 위법하다 [23 지방직 9급, 20 국가직 9급, 19 국회직 8급, 19 서울시 7급, 19 국가직 7급, 19 지방직 7급, 17 사회복지직, 17 국가직 7급, 16 국가직 7급, 16 국가직 9급, 15 국가직 9급, 14 지방직 9급] **01**

체납자 등에 대한 공매통지는 국가의 강제력에 의하여 진행되는 공매에서 체납자 등의 권리 내지 재산상의 이익을 보호하기 위하여 법률로 규정한 절차적 요건이라고 보아야 하며, 공매처분을 하면서 체납자 등에게 공매통지를 하지 않았거나 공매통지를 하였더라도 그것이 적법하지 아니한 경우에는 절차상의 흠이 있어 그 공매처분은 위법하다. 다만, 공매통지의 목적이나 취지 등에 비추어 보면, 체납자 등은 자신에 대한 공매통지의 하자만을 공매처분의 위법사유로 주장할 수 있을 뿐 다른 권리자에 대한 공매통지의 하자를 들어 공매처분의 위법사유로 주장하는 것은 허용되지 않는다(대판 2008.11.20. 2007두18154 전합).

02 한국자산관리공사의 공매통지는 통지 상대방이 법적 지위나 권리·의무에 직접 영향을 주는 것으로 항고소송의 대상이 되는 행정처분에 해당한다.
24 국회9급 (O / X)

Ⓑ 「국세징수법」이 압류재산을 공매할 때에 공매통지를 하도록 한 이유 및 위 공매통지 자체가 항고소송의 대상이 되는 행정처분인지 여부(원칙적 소극) [24 국회직 9급, 23 지방직 9급, 19 서울시 7급] **02 03**

체납자 등에 대한 공매통지는 국가의 강제력에 의하여 진행되는 공매에서 체납자 등의 권리 내지 재산상의 이익을 보호하기 위하여 법률로 규정한 절차적 요건이라고 보아야 하며, 공매처분을 하면서 체납자 등에게 공매통지를 하지 않았거나 공매통지를 하였더라도 그것이 적법하지 아니한 경우에는 절차상의 흠이 있어 그 공매처분이 위법하게 되는 것이지만, 공매통지 자체가 그 상대방인 체납자 등의 법적 지위나 권리·의무에 직접적인 영향을 주는 행정처분에 해당한다고 할 것은 아니므로 다른 특별한 사정이 없는 한 체납자 등은 공매통지의 결여나 위법을 들어 공매처분의 취소 등을 구할 수 있는 것이지 공매통지 자체를 항고소송의 대상으로 삼아 그 취소 등을 구할 수는 없다(대판 2011.3.24. 2010두25527).

03 공매통지 자체가 그 상대방인 체납자 등의 법적 지위나 권리·의무에 직접적인 영향을 주는 행정처분에 해당한다고 할 것이므로 다른 특별한 사정이 없는 한 체납자 등은 공매통지 자체를 항고소송의 대상으로 삼아 그 취소 등을 구할 수 있다.
19 서울7급 (O / X)

04 청산 후 배분하거나 충당하고 남은 금액이 있으면 이를 체납자에게 지급하여야 한다.
16 교육행정 (O / X)

ⓒ **청산**: '청산'이란 강제징수의 집행으로 수령한 금전을 체납국세, 지방세, 공과금, 전세권, 질권, 저당권에 의하여 담보된 채권자 등에 배분하고 잔여분이 있으면 체납자에게 지급하고, 이 경우 배분순서는 강제징수비 ⇨ 국세의 순으로 충당한 후 남은 금액은 체납자에게 지급한다. 청산은 강제징수를 집행한 세무서장이 배분계산서를 작성하여 체납자에게 교부함으로써 종결된다. **04**

관련 판례

ⓒ 공매처분취소소송이 공매대금 배분 상의 부당이득에 관한 반환권의 시효를 중단시킬 수 없다

> 이 사건에서 원고에게 부당이득반환청구권이 발생한 것은 이 사건 공매처분이 위법하기 때문이 아니라 그 공매처분은 적법하지만 그에 이은 이 사건 공매대금 배분처분에 고유한 위법사유가 있기 때문이므로, 이 사건 공매처분의 취소나 무효확인이 원고의 부당이득반환청구권을 행사하기 위한 전제가 되거나 이를 실현하는 수단이 될 수는 없고 이 사건 공매처분의 유효 여부가 이 사건 공매대금 배분처분으로 인하여 피고가 배분받은 금원에 대한 원고의 부당이득반환청구권의 존부와 표리관계에 있지도 아니하다. 따라서 원고가 제기한 공매처분 취소의 소는 이 사건 부당이득반환청구권을 행사한 것으로 볼 수 없어 소멸시효 중단사유인 재판상 청구에 해당하지 아니한다(대판 2010. 9. 30. 2010다49540).

(4) 행정상 강제징수에 대한 불복

① **행정쟁송**
   ㉠ 금전납부의 의무불이행에 대한 강제징수의 경우: 행정상 강제징수에 불복이 있을 때에는 개별법령에 특별규정이 없는 한 「국세기본법」·「행정심판법」·「행정소송법」이 정한 바에 따라 행정상 쟁송을 제기할 수 있다.
   ㉡ 국세 및 세법상 규정에 의한 처분인 경우 01 02
      ⓐ 「행정심판법」 적용배제: 국세 및 세법상의 처분에 관하여는 일반법인 「행정심판법」의 적용이 배제되고 「국세기본법」에 특별규정을 두고 있다.
      ⓑ 세무서장에게 이의신청: 이의신청은 대통령령으로 정하는 바에 따라 불복의 사유를 갖추어 해당 처분을 하였거나 하였어야 할 세무서장에게 하거나, 세무서장을 거쳐 관할 지방국세청장에게 하여야 한다. 다만, 지방국세청장의 조사에 따라 과세처분을 한 경우, 세무서장에게 과세전적부심사를 청구한 경우에는 관할 지방국세청장에게 하여야 하며, 세무서장에게 한 이의신청은 관할 지방국세청장에게 한 것으로 본다.
      ⓒ 심사청구-국세청장: 심사청구는 대통령령으로 정하는 바에 따라 불복의 사유를 갖추어 해당 처분을 하였거나 하였어야 할 세무서장을 거쳐 국세청장에게 하여야 한다.
      ⓓ 심판청구-조세심판원: 심판청구를 하려는 자는 대통령령으로 정하는 바에 따라 불복의 사유 등이 기재된 심판청구서를 그 처분을 하였거나 하였어야 할 세무서장이나 조세심판원장에게 제출하여야 한다. 이 경우 심판청구서를 받은 세무서장은 이를 지체 없이 조세심판원장에게 송부하여야 한다
      ⓔ 심사청구와 심판청구의 중복제기 금지: 동일한 처분에 대해서는 심사청구와 심판청구를 중복하여 제기할 수 없다.
      ⓕ 필요적 행정심판전치주의: 「국세기본법」상의 위법한 처분에 대한 행정소송은 심사청구 또는 심판청구와 그에 대한 결정을 거치지 아니하면 제기할 수 없다.
② **하자의 승계**: 강제징수의 전제인 조세부과처분과 독촉·강제징수 사이에는 하자가 승계되지 않지만, 독촉과 강제징수와 강제징수 내의 압류·매각·청산 사이에는 하자가 승계된다.

개념확인 O/X

01 과세관청의 압류처분에 대해서는 심사청구 또는 심판청구 중 하나에 대한 결정을 거친 후 행정소송을 제기하여야 한다.
15 국가9급 (O / X)

02 「국세기본법」에 의하면 강제징수절차에 불복하는 당사자는 심사청구 또는 심판청구를 거친 후 행정소송을 제기하여야 한다.
16 교육행정 (O / X)

02 행정강제

> **교수님 코멘트▶** 대집행의 요건과 절차에 대해 규정한 「행정대집행법」의 내용과 관련 판례의 중요성이 높다. 또한 이행강제금의 특성과 구제방법에 대해 충분히 이해하고 있어야 원활한 문제풀이가 가능하다.

01
2024 국가직 7급

행정대집행에 대한 설명으로 옳지 않은 것은?

① 정당한 사유 없이 공유재산에 시설물을 설치한 경우 행정청은 행정대집행의 방법으로 이 시설물을 철거할 수 있고, 이러한 행정대집행이 인정되는 경우에는 민사소송의 방법으로 시설물의 철거를 구하는 것은 허용되지 아니한다.
② 건물의 점유자가 철거의무자일 때에도 건물철거의무에 퇴거의무가 포함되어 있지 않으므로 별도로 퇴거를 명하는 집행권원이 필요하다.
③ 아무런 권원 없이 국유재산에 설치한 시설물에 대하여 행정청이 행정대집행을 실시하지 않는 경우, 그 국유재산에 대한 사용청구권을 가지고 있는 자는 국가를 대위하여 민사소송으로 그 시설물의 철거를 구할 수 있다.
④ 공공사업에 필요한 토지와 건물을 사업시행자가 협의취득할 때 건물소유자가 매매대상 건물에 대한 철거의무를 부담하겠다는 취지의 약정을 하였다고 하더라도 이러한 철거의무는 「행정대집행법」에 의한 대집행의 대상이 되는 공법상의 의무가 아니다.

02
2024 지방직 9급

행정대집행에 대한 설명으로 옳지 않은 것은?

① 관계 법령상 행정대집행의 절차가 인정되어 행정청이 행정대집행의 방법으로 건물의 철거 등 대체적 작위의무의 이행을 실현할 수 있는 경우에는 따로 민사소송의 방법으로 그 의무의 이행을 구할 수 없다.
② 「공익사업을 위한 토지 등의 취득 및 보상에 관한 법률」에 따른 토지 등의 협의취득은 사법상 계약에 해당하므로, 협의취득시 부담한 의무는 행정대집행의 대상이 되지 않는다.
③ 「행정대집행법」에 따르면 대집행에 요한 비용을 징수하였을 때에는 그 징수금은 사무비의 소속에 따라 국고 또는 지방자치단체의 수입으로 한다.
④ 자기완결적 신고에 해당하는 대문설치신고가 형식적 하자가 없는 적법한 요건을 갖춘 신고임에도 불구하고 관할 행정청이 수리를 거부한 후 당해 대문의 철거명령을 하였더라도 후행행위인 대문철거 대집행계고처분이 당연무효가 되는 것은 아니다.

03

2025 국가직 9급

행정의 실효성 확보수단에 대한 설명으로 옳지 않은 것은? (다툼이 있는 경우 판례에 의함)

① 대집행에 요한 비용을 「국세징수법」의 예에 의하여 징수하였을 때에는 그 징수금은 사무비의 소속에 따라 국고 또는 지방자치단체의 수입으로 한다.
② 외국인의 출입국에 관한 사항에 관하여는 「행정기본법」상 행정상 강제규정이 적용된다.
③ 「부동산 실권리자명의 등기에 관한 법률」상 장기미등기자가 같은 법에 규정된 기간이 지나서 등기신청의무를 이행하였다고 하더라도 이행강제금을 부과할 수 없다.
④ 지방자치단체 소속 공무원이 지방자치단체 고유의 자치사무를 수행하던 중 「도로법」의 규정에 의한 위반행위를 한 경우, 지방자치단체는 「도로법」의 양벌규정에 따라 처벌대상이 되는 법인에 해당한다.

정답&해설

01 ② 강제집행

② 관계 법령상 행정대집행의 절차가 인정되어 행정청이 행정대집행의 방법으로 건물의 철거 등 대체적 작위의무의 이행을 실현할 수 있는 경우에는 따로 민사소송의 방법으로 그 의무의 이행을 구할 수 없다. 한편 건물의 점유자가 철거의무자일 때에는 건물철거의무에 퇴거의무도 포함되어 있는 것이어서 별도로 퇴거를 명하는 집행권원이 필요하지 않다(대판 2017.4.28. 2016다213916).

|오답해설| ① 행정대집행의 절차가 인정되는 경우에는 따로 민사소송의 방법으로 피고들에 대하여 이 사건 시설물의 철거를 구하는 것은 허용되지 않는다고 할 것이다(대판 2009.6.11. 2009다1122).
③ 아무런 권원 없이 국유재산에 설치한 시설물에 대하여 행정청이 행정대집행을 실시하지 않는 경우, 그 국유재산에 대한 사용청구권을 가지고 있는 자가 국가를 대위하여 민사소송으로 그 시설물의 철거를 구할 수 있다(대판 2009.6.11. 2009다1122).
④ (구)「공공용지의 취득 및 손실보상에 관한 특례법」에 따른 토지 등의 협의취득은 공공사업에 필요한 토지 등을 그 소유자와의 협의에 의하여 취득하는 것으로서 공공기관이 사경제주체로서 행하는 사법상 매매 내지 사법상 계약의 실질을 가지는 것이므로, 그 협의취득시 건물소유자가 매매대상 건물에 대한 철거의무를 부담하겠다는 취지의 약정을 하였다고 하더라도 이러한 철거의무는 공법상의 의무가 될 수 없고, 이 경우에도 「행정대집행법」을 준용하여 대집행을 허용하는 별도의 규정이 없는 한 위와 같은 철거의무는 「행정대집행법」에 의한 대집행의 대상이 되지 않는다(대판 2006.10.13. 2006두7096).

02 ④ 강제집행

④ 이 사건 대문은 적법한 것임에도 피고가 원고에 대하여 명한 이 사건 대문의 철거명령은 그 하자가 중대하고 명백하여 당연무효라고 할 것이고, 그 후행행위인 이 사건 계고처분 역시 당연무효라고 할 것이다(대판 1999.4.27. 97누6780).

|오답해설| ① 대판 2017.4.28. 2016다213916
② 「행정대집행법」상 대집행의 대상이 되는 대체적 작위의무는 공법상 의무이어야 할 것인데, (구)「공공용지의 취득 및 손실보상에 관한 특례법」(2002. 2. 4. 법률 제6656호 「공익사업을 위한 토지 등의 취득 및 보상에 관한 법률」 부칙 제2조로 폐지)에 따른 토지 등의 협의취득은 공공사업에 필요한 토지 등을 그 소유자와의 협의에 의하여 취득하는 것으로서 공공기관이 사경제주체로서 행하는 사법상 매매 내지 사법상 계약의 실질을 가지는 것이므로, 그 협의취득시 건물소유자가 매매대상 건물에 대한 철거의무를 부담하겠다는 취지의 약정을 하였다고 하더라도 이러한 철거의무는 공법상의 의무가 될 수 없고, 이 경우에도 「행정대집행법」을 준용하여 대집행을 허용하는 별도의 규정이 없는 한 위와 같은 철거의무는 「행정대집행법」에 의한 대집행의 대상이 되지 않는다(대판 2006.10.13. 2006두7096).
③ 「행정대집행법」 제6조 제3항

03 ② 강제집행

② 「출입국관리법」에 따른다.

> 「행정기본법」 제30조【행정상 강제】 ③ 형사(刑事), 행형(行刑) 및 보안처분 관계 법령에 따라 행하는 사항이나 외국인의 출입국·난민인정·귀화·국적회복에 관한 사항에 관하여는 이 절을 적용하지 아니한다.

|오답해설| ① 「행정대집행법」 제6조
③ 대판 2016.6.23. 2015두36454
④ 대판 2005.11.10. 2004도2657

|정답| 01 ② 02 ④ 03 ②

04

「행정대집행법」상 대집행에 대한 설명으로 옳지 않은 것은? (다툼이 있는 경우 판례에 의함)

① 행정청은 해가 지기 전에 대집행을 착수한 경우라도 해가 진 후에는 대집행을 할 수 없다.
② 무허가증축부분으로 인하여 건물의 미관이 나아지고 증축부분을 철거하는 데 비용이 많이 소요된다고 하더라도 건물철거대집행계고처분을 할 요건에 해당된다.
③ 계고처분의 후속절차인 대집행에 위법이 있다고 하더라도, 그와 같은 후속절차에 위법성이 있다는 점을 들어 선행절차인 계고처분이 부적법하다는 사유로 삼을 수는 없다.
④ 「건축법」에 위반하여 증·개축함으로써 철거의무가 있더라도 그 철거의무를 대집행하기 위한 계고처분을 하려면 다른 방법으로는 그 이행의 확보가 어렵고, 그 불이행을 방치함이 심히 공익을 해하는 것으로 인정되는 경우에 한한다.

05

행정의 실효성 확보제도에 대한 설명으로 가장 옳은 것은? (다툼이 있는 경우 판례에 의함)

① 학원의 설립·운영 및 과외교습에 관한 법령상 등록을 요하는 학원을 설립·운영하고자 하는지가 등록절차를 거치지 않은 경우 관할 행정청이 직접 그 무등록 학원의 폐쇄를 위하여 출입제한 시설물의 설치와 같은 조치를 할 수 있게 규정되어 있는데, 이러한 규정은 동시에 그와 같은 폐쇄명령의 근거규정이 된다.
② 행정대집행은 대체적 작위의무에 대한 강제집행수단으로, 이행강제금은 부작위의무나 비대체적 작위의무에 대한 강제집행수단으로 이해되어 왔으므로, 이행강제금은 대체적 작위의무의 위반에 대해서는 부과될 수 없다.
③ 대집행계고처분에서 정한 의무이행기간의 이행 종기인 날짜에 그 계고서를 수령하였고 행정청이 대집행영장으로써 대집행의 시기를 늦추었다고 하여도 대집행의 적법절차에 위배한 것으로 위법한 처분이다.
④ 한국자산공사의 재공매결정과 공매통지는 행정처분에 해당한다.

06

2021 국가직 9급

「행정대집행법」상 대집행과 이행강제금에 대한 갑과 을의 대화 중 을의 답변이 옳지 <u>않은</u> 것은? (다툼이 있는 경우 판례에 의함)

① 갑 : 행정대집행의 절차가 인정되는 경우에도 행정청이 민사상 강제집행수단을 이용할 수 있나요?
   을 : 행정대집행의 절차가 인정되어 실현할 수 있는 경우에는 따로 민사소송의 방법을 이용할 수 없습니다.
② 갑 : 대집행의 적용대상은 무엇인가요?
   을 : 대집행은 공법상 대체적 작위의무의 불이행이 있는 경우에 행할 수 있습니다.
③ 갑 : 행정청은 대집행의 대상이 될 수 있는 것에 대하여 이행강제금을 부과할 수도 있나요?
   을 : 행정청은 개별사건에 있어서 위법 건축물에 대하여 대집행과 이행강제금을 선택적으로 활용할 수 있습니다.
④ 갑 : 만약 이행강제금을 부과받은 사람이 사망하였다면 이행강제금의 납부의무는 상속인에게 승계되나요?
   을 : 이행강제금의 납부의무는 상속의 대상이 되므로, 상속인이 납부의무를 승계합니다.

정답&해설

04 ① 강제집행

① 원칙적으로 해가 뜨기 전이나 해가 진 후에는 대집행을 하여서는 아니 된다. 하지만 해가 지기 전에 대집행을 착수한 경우에는 그러하지 아니하다(「행정대집행법」 제4조 제1항 제2호).

05 ③ 강제집행

③ 대집행계고서가 상당한 의무이행기간 내에 송달되지 못하였다면 영장을 통해 대집행실행시기를 늦추어도 위법한 처분이다(대판 1990.9.14. 90누2048).

|오답해설| ① 의무를 부과하는 처분의 근거규정이 동시에 강제집행의 근거규정이 될 수 없다. 의무를 부과하는 하명과 의무를 실현시키는 강제집행은 별도의 효과를 목적하므로 별도의 법적 근거를 필요로 한다(대판 2001.2.23. 99두6002).
② 행정청은 대체적 작위의무불이행에 대해서 대집행이나 이행강제금을 선택적으로 활용할 수 있다(헌재 2011.10.25. 2009헌바140).
④ 한국자산공사가 당해 부동산을 인터넷을 통하여 재공매(입찰)하기로 한 결정 자체는 내부적인 의사결정에 불과하여 항고소송의 대상이 되는 행정처분이라고 볼 수 없고, 또한 한국자산공사가 공매통지는 공매의 요건이 아니라 공매사실 자체를 체납자에게 알려주는 데 불과한 것으로서, 통지의 상대방의 법적 지위나 권리·의무에 직접 영향을 주는 것이 아니라고 할 것이므로 이것 역시 행정처분에 해당한다고 할 수 없다(대판 2007.7.27. 2006두8464).

06 ④ 강제집행

④ 이행강제금은 일신전속적 성질이라서 상대방이 사망하면 종결된다(대결 2006.12.8. 자 2006마470).

| 정답 | 04 ①　05 ③　06 ④

07
2021 지방직 9급

이행강제금에 대한 설명으로 옳지 <u>않은</u> 것은? (다툼이 있는 경우 판례에 의함)

① 이행강제금은 대체적 작위의무의 위반에 대하여도 부과될 수 있다.
② 이미 사망한 사람에게 「건축법」상의 이행강제금을 부과하는 내용의 처분이나 결정은 당연무효이다.
③ 「부동산 실권리자명의 등기에 관한 법률」상 장기미등기자가 이행강제금 부과 전에 등기신청의무를 이행하였더라도 동법에 규정된 기간이 지나서 등기신청의무를 이행하였다면 이행강제금을 부과할 수 있다.
④ 「건축법」상 위법 건축물에 대한 이행강제수단으로 대집행과 이행강제금이 인정되고 있는데, 행정청은 개별사건에 있어서 위반내용, 위반자의 시정의지 등을 감안하여 대집행과 이행강제금을 선택적으로 활용할 수 있다.

08
2021 군무원 9급

행정의 실효성 확보수단에 대한 설명으로 옳지 <u>않은</u> 것은? (다툼이 있는 경우 판례에 의함)

① 계고서라는 명칭의 1장의 문서로서 일정기간 내에 위법 건축물의 자진철거를 명함과 동시에 그 소정기한 내에 자진철거를 하지 아니할 때에는 대집행할 뜻을 미리 계고한 경우라도 「건축법」에 의한 철거명령과 「행정대집행법」에 의한 계고처분은 독립하여 있는 것으로서 각 그 요건이 충족되었다고 볼 것이다.
② 이행강제금은 행정상 간접적인 강제집행 수단의 하나로서, 과거의 일정한 법률 위반행위에 대한 제재인 형벌이 아니라 장래의 의무이행 확보를 위한 강제수단일 뿐이어서, 범죄에 대하여 국가가 형벌권을 실행하는 과벌에 해당하지 아니한다.
③ 세무조사결정은 납세의무자의 권리·의무에 직접 영향을 미치는 공권력의 행사에 따른 행정작용으로 보기 어려우므로 항고소송의 대상이 될 수 없다.
④ 토지·건물 등의 인도의무는 비대체적 작위의무이므로 「행정대집행법」상 대집행 대상이 될 수 없다.

09

2024 지방직 9급

행정의 실효성 확보수단에 대한 설명으로 옳지 않은 것은?

① 행정법상의 질서벌인 과태료의 부과처분과 형사처벌을 병과하는 것은 일사부재리의 원칙에 반하지 않는다는 것이 대법원의 입장이다.
② 계고서라는 명칭의 1장의 문서로서 일정 기간 내에 위법건축물의 자진철거를 명함과 동시에 그 소정기한 내에 자진철거를 하지 아니할 때에는 대집행할 뜻을 미리 계고한 경우라면 「건축법」에 의한 철거명령과 「행정대집행법」에 의한 계고처분의 요건이 충족된 것은 아니다.
③ 직접강제는 행정대집행이나 이행강제금 부과의 방법으로는 행정상 의무 이행을 확보할 수 없거나 그 실현이 불가능한 경우에 실시하여야 한다.
④ 과세관청이 체납처분으로서 행하는 공매는 우월한 공권력의 행사로서 행정소송의 대상이 되는 공법상의 행정처분이며 공매에 의하여 재산을 매수한 자는 그 공매처분이 취소된 경우에 그 취소처분의 위법을 주장하여 행정소송을 제기할 법률상 이익이 있다.

정답&해설

07 ③ 강제집행
③ 이행강제금은 의무이행기간이 경과된 이후에 의무를 이행한 경우에는 부과할 수 없다(대판 2016.6.23. 2015두36454).
| 오답해설 | ② 이행강제금은 일신전속적 성질이므로 사자에 대한 부과는 무효이다.

08 ③ 강제집행
③ 세무조사결정은 항고소송대상인 처분이다(대판 2011.3.10. 2009두23617·23624).
| 오답해설 | ① 계고서라는 명칭의 1장의 문서로서 일정기간 내에 위법 건축물의 자진철거를 명함과 동시에 그 소정기한 내에 자진철거를 하지 아니할 때에는 대집행할 뜻을 미리 계고한 경우라도 건축법에 의한 철거명령과 「행정대집행법」에 의한 계고처분은 독립하여 있는 것으로서 각 그 요건이 충족되었다고 볼 것이다(대판 1992.6.12. 91누13564).
④ 명도(토지 등의 인도)의무는 그것을 강제적으로 실현하면서 직접적인 실력행사가 필요한 것이지 대체적 작위의무라고 볼 수 없으므로 특별한 사정이 없는 한 「행정대집행법」에 의한 대집행의 대상이 될 수 있는 것이 아니다(대판 2005.8.19. 2004다2809).

09 ② 강제집행
② 계고서라는 명칭의 1장의 문서로서 일정 기간 내에 위법건축물의 자진철거를 명함과 동시에 그 소정 기한 내에 자진철거를 하지 아니할 때에는 대집행할 뜻을 미리 계고한 경우라도 「건축법」에 의한 철거명령과 「행정대집행법」에 의한 계고처분은 독립하여 있는 것으로서 각 그 요건이 충족되었다고 볼 것이다(대판 1992.6.12. 91누13564).
| 오답해설 | ① 행정법상의 질서벌인 과태료의 부과처분과 형사처벌은 그 성질이나 목적을 달리하는 별개의 것이므로 행정법상의 질서벌인 과태료를 납부한 후에 형사처벌을 한다고 하여 이를 일사부재리의 원칙에 반하는 것이라고 할 수는 없다(대판 1996.4.12. 96도158).
③ 「행정기본법」 제32조 제1항
④ 대판 1984.9.25. 84누201

| 정답 | 07 ③   08 ③   09 ②

CHAPTER 03 행정상 즉시강제 및 행정조사

01 즉시강제
02 행정조사

01 즉시강제

1 행정상 즉시강제의 의의 등

(1) 의의

① '행정상 즉시강제'라 함은 목전의 긴급한 행정상의 장해를 제거하여야 할 필요가 있는 경우에 미리 의무를 명할 시간적 여유가 없거나, 성질상 미리 의무를 명하여서는 그 목적을 달성하기 곤란할 때에 직접 국민의 신체 또는 재산에 실력을 가하여 행정상 필요한 상태를 실현하는 작용을 말한다. 01

② 「행정기본법」상 개념: 현재의 급박한 행정상의 장해를 제거하기 위한 경우로서 다음의 어느 하나에 해당하는 경우에 행정청이 곧바로 국민의 신체 또는 재산에 실력을 행사하여 행정목적을 달성하는 것을 말한다(「행정기본법」 제30조 제1항 제5호).
  ㉠ 행정청이 미리 행정상 의무 이행을 명할 시간적 여유가 없는 경우
  ㉡ 그 성질상 행정상 의무의 이행을 명하는 것만으로는 행정목적 달성이 곤란한 경우

(2) 행정상 강제집행과의 구별

① 행정상 강제집행, 특히 직접강제는 선행되는 의무의 존재와 불이행을 전제로 하는 데 대하여, 행정상 즉시강제는 선행되는 의무 자체가 존재하지 않으며 의무불이행을 전제로 하지 않는다는 점에서 양자는 구별된다. 02 03

② 그러나 여기에서 의무가 없다는 것은 구체적인 의무가 없음을 의미하는 것이지 추상적인 의무마저 없다는 것을 뜻하지는 않는다는 것에 유의해야 한다.

③ 최근 새로운 견해에 의하면 행정상 강제집행은 계고 등의 사전절차를 거쳐 이루어지는 행정강제이고, 즉시강제는 계고 등의 사전절차 없이 이루어지는 행정강제라고 한다.

2 행정상 즉시강제의 성질과 근거 등

(1) 성질

행정상의 즉시강제는 구체적 의무를 명하는 행위와 그 의무내용을 실현시키는 행위가 동시에 행사된다는 점에서 행정의 예측가능성과 법적 안정성을 침해하는 전형적인 권력적 사실행위이다. 따라서 행정강제는 행정상의 강제집행을 원칙으로 하고, 행정상의 즉시강제는 예외적인 강제수단으로 보아야 한다. 04

개념확인 O/X

01 즉시강제란 법령 또는 행정처분에 의한 선행의 구체적 의무의 불이행으로 인한 목전의 급박한 장해를 제거할 필요가 있는 경우에 행정기관이 즉시 국민의 신체 또는 재산에 실력을 행사하여 행정상의 필요한 상태를 실현하는 작용을 말한다.
19 국가9급 (O / X)

02 「식품위생법」상 영업소 폐쇄명령을 받은 후에도 계속하여 영업을 하는 경우 해당 영업소를 폐쇄하는 조치는 행정상 즉시강제의 수단에 해당한다.
14 지방9급 (O / X)

03 「건축법」상의 이행강제금의 부과는 즉시강제에 해당한다.
12 사회복지 (O / X)

04 즉시강제는 법치국가의 요청인 예측가능성과 법적 안정성에 반하고 기본권 침해의 소지가 큰 권력작용이라는 비판이 존재한다.
19 서울시 사회복지9급 (O / X)

| 정답 | 01 X 02 X 03 X 04 O

관련 판례

B 행정강제는 행정상 강제집행을 원칙으로 하고 행정상 즉시강제는 예외적으로 인정되어야 한다

행정상 즉시강제란 행정강제의 일종으로서 목전의 급박한 행정상 장해를 제거할 필요가 있는 경우에, 미리 의무를 명할 시간적 여유가 없을 때 또는 그 성질상 의무를 명하여 가지고는 목적달성이 곤란할 때에, 직접 국민의 신체 또는 재산에 실력을 가하여 행정상 필요한 상태를 실현하는 작용이며, 법령 또는 행정처분에 의한 선행의 구체적 의무의 존재와 그 불이행을 전제로 하는 행정상 강제집행과 구별된다. 행정강제는 행정상 강제집행을 원칙으로 하며, 법치국가적 요청인 예측가능성과 법적 안정성에 반하고, 기본권 침해의 소지가 큰 권력작용인 행정상 즉시강제는 어디까지나 예외적인 강제수단이라고 할 것이다. 이러한 행정상 즉시강제는 엄격한 실정법상의 근거를 필요로 할 뿐만 아니라, 그 발동에 있어서는 법규의 범위 안에서도 다시 행정상의 장해가 목전에 급박하고, 다른 수단으로는 행정목적을 달성할 수 없는 경우이어야 하며, 이러한 경우에도 그 행사는 필요 최소한도에 그쳐야 함을 내용으로 하는 조리상의 한계에 기속된다(헌재 2002.10.31. 2000헌가12).

(2) 근거

① **이론적 근거**: 종래에는 독일의 경찰행정 분야의 국가긴급방위권 이론이나 영·미의 자력 제거법에 의하여 실정법적 근거 없이도 가능하다고 보았으나, 오늘날 현대적 실질적 법치 국가에서는 자연법적 근거만 가지고는 행정상 즉시강제를 용납할 수 없으므로 반드시 실정법적 근거를 필요로 한다. 01

② **실정법적 근거**: 「행정기본법」에 일반적 규정을 두고 있고, 경찰작용에 대한 일반적 규정에는 「경찰관 직무집행법」이 있다. 단행법적 규정에는 「소방기본법」, 「마약류 관리에 관한 법률」, 「감염병의 예방 및 관리에 관한 법률」, 「가축전염병 예방법」 등이 있다. 02 03

관련 법령

「**행정기본법**」 **제33조【즉시강제】** ① 즉시강제는 다른 수단으로는 행정목적을 달성할 수 없는 경우에만 허용되며, 이 경우에도 최소한으로만 실시하여야 한다.
② 즉시강제를 실시하기 위하여 현장에 파견되는 집행책임자는 그가 집행책임자임을 표시하는 증표를 보여 주어야 하며, 즉시강제의 이유와 내용을 고지하여야 한다.
③ 제2항에도 불구하고 집행책임자는 즉시강제를 하려는 재산의 소유자 또는 점유자를 알 수 없거나 현장에서 그 소재를 즉시 확인하기 어려운 경우에는 즉시강제를 실시한 후 집행책임자의 이름 및 그 이유와 내용을 고지할 수 있다. 다만, 다음 각 호에 해당하는 경우에는 게시판이나 인터넷 홈페이지에 게시하는 등 적절한 방법에 의한 공고로써 고지를 갈음할 수 있다.
 1. 즉시강제를 실시한 후에도 재산의 소유자 또는 점유자를 알 수 없는 경우
 2. 재산의 소유자 또는 점유자가 국외에 거주하거나 행방을 알 수 없는 경우
 3. 그 밖에 대통령령으로 정하는 불가피한 사유로 고지할 수 없는 경우

3 행정상 즉시강제의 한계와 구제

> **결정적 코멘트** ▶ 즉시강제에 관한 법적 근거와 영장주의에 관한 헌법재판소, 대법원의 입장을 구분하고, 불복에 대한 구제방법을 이해하여야 한다.

(1) 행정상의 즉시강제와 영장주의

① 즉시강제에서의 영장주의의 논의
 ㉠ 헌법상에 규정된 영장주의는 형사상의 문제로 발전한 제도이다. 이러한 헌법상의 영장주의가 행정작용에서, 특히 즉시강제에서 적용되는지에 대해 학설상의 논란이 있다.
 ㉡ 일반적으로 즉시강제로 여겨지는 「경찰관 직무집행법」상의 보호조치, 위험발생의 방지, 범죄의 예방과 저지, 위험방지를 위한 출입 등에는 영장의 규정을 두고 있지 않아 영장이 요구되는 것으로 보지 않는다.

개념확인 O/X

01 화재진압작업을 위해서 화재발생 현장에 불법주차차량을 제거하는 것은 급박성을 이유로 법적 근거가 없더라도 최후수단으로서 실행이 가능하다.
20 소방 (O / X)

02 「소방기본법」상 소방활동에 방해가 되는 물건 등에 대한 강제처분은 행정상 즉시강제에 해당한다.
19 소방 (O / X)

03 「경찰관 직무집행법」은 즉시강제에 일반법적 근거로 작용한다.
(O / X)

| 정답 | 01 X 02 O 03 X

② 학설
  ㉠ **영장 불요설**: 헌법의 영장주의에 관한 규정(헌법 제12조 제3항, 제16조)은 형사사법권의 남용방지를 목적으로 하는 규정들이므로 행정목적 수행을 위한 행정상 즉시강제에는 영장주의의 적용이 없다고 한다.
  ㉡ **영장 필요설**: 영장제도가 형사작용에만 적용된다는 명문규정이 없고, 또한 형사작용과 행정상 즉시강제는 직접목적은 다르나 신체·재산에 대한 실력의 행사란 점에서 다 같이 국민의 기본권을 침해하는 작용이므로 행정상의 즉시강제에도 헌법상의 영장주의가 적용된다고 한다.
  ㉢ **절충설**: 헌법상의 영장제도는 사법권뿐만 아니라 행정상의 즉시강제에도 동일하게 적용되어야 하는 것이 원칙이나, 즉시강제 가운데 행정목적달성을 위해 불가피하다고 인정할 만한 합리적인 이유가 있는 경우에는 예외적으로 영장주의의 적용이 배제될 수 있다고 한다(다수설과 대법원 판례).

③ 헌법재판소와 대법원의 입장
  ㉠ 헌법재판소
    ⓐ 헌법재판소는 즉시강제에 영장이 필요하지 않다는 입장이다.
    ⓑ 즉시강제는 급박한 상황에 대처하기 위한 것으로서 그 불가피성과 정당성이 충분히 인정되는 경우이므로, 법률조항이 영장 없이 즉시강제를 인정한다고 하더라도 이를 두고 헌법상 영장주의에 위배되는 것으로는 볼 수 없다고 한다.
  ㉡ 대법원
    ⓐ 대법원은 절충설의 입장으로 해석되어 진다.
    ⓑ 사전영장주의는 모든 국가작용에서 존중되어야 하지만 사전영장을 고수하다가 도저히 행정목적을 달성할 수 없는 지극히 예외적인 경우에만 영장주의의 예외를 인정할 수 있다고 한다. 01

관련 판례

🅑 **헌법재판소** [23 지방직 9급, 21 국가직 9급, 19 서울시 사회복지직, 14 지방직 9급] 02 03 04

(구)「음반·비디오물 및 게임물에 관한 법률」상의 영장 없이 수거할 수 있는 규정은 적법절차원리에 반하지 않는다
이 사건의 법률조항 '(구)「음반·비디오물 및 게임물에 관한 법률」 제24조 제4항'은 앞에서 본바와 같이 급박한 상황에 대처하기 위한 것으로서 그 불가피성과 정당성이 충분히 인정되는 경우이므로, 이 사건 법률조항이 영장 없는 수거를 인정한다고 하더라도 이를 두고 헌법상 영장주의에 위배되는 것으로는 볼 수 없고, 위 (구)「음반·비디오물 및 게임물에 관한 법률」 제24조 제4항에서 관계공무원이 당해 게임물 등을 수거한 때에는 그 소유자 또는 점유자에게 수거증을 교부하도록 하고 있고, 동조 제6항에서 수거 등 처분을 하는 관계공무원이나 협회 또는 단체의 임·직원은 그 권한을 표시하는 증표를 지니고 관계인에게 이를 제시하도록 하는 등의 절차적 요건을 규정하고 있으므로, 이 사건 법률조항이 적법절차의 원칙에 위배되는 것으로 보기도 어렵다(헌재 2002.10.31. 2000헌가12).

🅑 **대법원** [14 지방직 9급] 05

1. (구)「사회안전법」 제11조 소정의 동행보호규정이 사전영장주의를 규정한 헌법 규정에 반하는지 여부(소극)
사전영장주의는 인신보호를 위한 헌법상의 기속원리이기 때문에 인신의 자유를 제한하는 모든 국가작용의 영역에서 존중되어야 하지만, 헌법 제12조 제3항 단서도 사전영장주의의 예외를 인정하고 있는 것처럼 사전영장주의를 고수하다가는 도저히 행정목적을 달성할 수 없는 지극히 예외적인 경우에는 형사절차에서와 같은 예외가 인정되므로, (구)「사회안전법」(1989.6.16. 법률

개념확인 O/X

01 행정상 즉시강제에서 그 목적을 달성할 수 없는 지극히 예외적인 경우에만 헌법상 사전영장주의원칙의 예외가 인정된다.
19 소방 (O/X)

02 (구)「음반·비디오물 및 게임물에 관한 법률」상 불법게임물에 대한 수거 및 폐기조치는 행정상 즉시강제에 해당한다.
23 지방9급 (O/X)

03 행정강제는 행정상 강제집행을 원칙으로 하므로 불법게임물에 대해서도 관계당사자에게 수거·폐기를 명하고 그 불이행 시 직접강제 등 행정상 강제집행으로 나아가야 한다.
19 서울시 사회복지9급 (O/X)

04 (구)「음반·비디오물 및 게임물에 관한 법률」상 등급분류를 받지 아니한 게임물을 발견한 경우 관계행정청이 관계공무원으로 하여금 이를 수거·폐기하게 할 수 있도록 한 규정은 헌법상 영장주의와 피해 최소성의 요건을 위배하는 과도한 입법으로 헌법에 위반된다.
14 지방9급 (O/X)

05 재범의 위험성이 현저한 자를 상대로 긴급히 보호할 필요가 있는 경우에 단기간의 동행보호를 허용한 (구)「사회안전법」상 동행보호규정은 사전영장주의를 규정한 헌법 규정에 반한다.
14 지방9급 (O/X)

정답 | 01 O 02 O 03 X 04 X 05 X

제4132호에 의해 「보안관찰법」이란 명칭으로 전문 개정되기 전의 것) 제11조 소정의 동행보호 규정은 재범의 위험성이 현저한 자를 상대로 긴급히 보호할 필요가 있는 경우에 한하여 단기간의 동행보호를 허용한 것으로서 그 요건을 엄격히 해석하는 한, 동 규정 자체가 사전영장주의를 규정한 헌법 규정에 반한다고 볼 수는 없다(대판 1997.6.13. 96다56115).

2. (구)「윤락행위등방지법」 소정의 '요보호여자'를 경찰서 보호실에 강제로 유치하는 것의 적부(소극)
「경찰관 직무집행법」 제4조 제1항·제4항의 규정에 의하면 경찰서 보호실에의 유치는 정신착란자, 주취자, 자살기도자 등 응급의 구호를 요하는 자를 24시간을 초과하지 아니하는 범위 내에서 경찰관서에서 보호조치하기 위한 경우에만 제한적으로 허용될 뿐이라고 할 것이어서, (구)「윤락행위등방지법」 제7조 제1항 소정의 '요보호여자'에 해당한다 하더라도 그들을 경찰서 보호실에 유치하는 것은 영장주의에 위배되는 위법한 구금에 해당한다(대판 1998.2.13. 96다28578).

(2) 행정상 즉시강제의 한계와 요건

① **법규상의 한계**: 법적 안정성과 예측가능성이라는 법치국가적 요청에 반하는 전형적 권력작용이므로, 행정상 즉시강제의 발동요건은 보다 엄격한 법적 근거를 필요로 한다.

② **조리상의 한계**
  ㉠ 급박성: 행정상의 장해가 목전에 긴박하였을 것을 요한다.
  ㉡ 소극성: 소극적으로 공공의 안녕질서를 유지하기 위한 것일 것이어야 한다. 적극적 행정목적 달성을 위해서는 할 수 없다.
  ㉢ 보충성: 다른 수단에 의하여 당해 행정목적달성이 곤란할 것을 요한다.
  ㉣ 비례성: 위험방지수단은 목적달성과 비례해야 함은 물론, 필요한 최소한도에 그쳐야 하며, 위반사태가 멈추면 곧 중지해야 한다. 비례의 원칙은 적합성의 원칙, 필요성의 원칙, 상당성의 원칙이 적용되어야 한다. 01

③ **요건**: 즉시강제는 급박한 행정상의 장해를 제거할 필요가 있는 경우에 미리 의무를 명할 시간적 여유가 없을 때 또는 성질상 의무를 명하게 되면 행정목적달성이 곤란한 경우에 한하여 인정되며 구체적인 요건은 각 개별법에 의한다. 02
  ㉠ 행정상 장해의 존재: 행정상 즉시강제는 구체적이고 확실한 위험성이 있어야 한다. 단 예외적으로 추상적 위험성으로 즉시강제가 가능한 경우도 있다(⦁ 조류독감 확산방지를 위한 조류독감발생 인근지역 살처분 등).
  ㉡ 급박하여 미리 의무를 명할 시간적 여유가 없거나 성질상 의무부과로는 행정목적의 달성이 곤란한 경우

④ **방법**
  ㉠ 즉시강제를 실시하기 위하여 현장에 파견되는 집행책임자는 그가 집행책임자임을 표시하는 증표를 보여 주어야 하며, 즉시강제의 이유와 내용을 고지하여야 한다.
  ㉡ 집행책임자는 즉시강제를 하려는 재산의 소유자 또는 점유자를 알 수 없거나 현장에서 그 소재를 즉시 확인하기 어려운 경우에는 즉시강제를 실시한 후 집행책임자의 이름 및 그 이유와 내용을 고지할 수 있다. 다만, 다음에 해당하는 경우에는 게시판이나 인터넷 홈페이지에 게시하는 등 적절한 방법에 의한 공고로써 고지를 갈음할 수 있다.
    ⓐ 즉시강제를 실시한 후에도 재산의 소유자 또는 점유자를 알 수 없는 경우
    ⓑ 재산의 소유자 또는 점유자가 국외에 거주하거나 행방을 알 수 없는 경우
    ⓒ 그 밖에 대통령령으로 정하는 불가피한 사유로 고지할 수 없는 경우

개념확인 O/X

01 즉시강제의 목적과 침해되는 상대방의 권익 사이에는 비례관계가 유지되어야 한다.
19 서울시 사회복지9급 (O/X)

02 행정상 즉시강제는 그 본질상 행정목적달성을 위하여 불가피한 한도 내에서 예외적으로 허용되는 것이므로, 「경찰관 직무집행법」 제6조 경찰관의 범죄의 제지조치 역시 그러한 조치가 불가피한 최소한도 내에서만 행사되도록 그 발동·행사 요건을 신중하고 엄격하게 해석하여야 한다.
18 국회8급 (O/X)

| 정답 | 01 O 02 O

(3) 행정상 즉시강제의 수단

① 대인적 강제
  ㉠ 「경찰관 직무집행법」상의 수단: 「경찰관 직무집행법」상 보호조치, 위험발생방지조치, 범죄의 예방 및 제지, 장비·무기의 사용 등이 해당된다.
  ㉡ 각 단행법상의 수단
    ⓐ 「감염병의 예방 및 관리에 관한 법률」상의 수단: 건강진단(감염병예방법 제19조), 강제격리, 교통차단 등이 해당된다.
    ⓑ 「마약류 관리에 관한 법률」상의 수단: 강제수용 등이 해당된다.
    ⓒ 「소방기본법」상의 수단: 소방활동 종사활동 등이 해당된다.
    ⓓ 「출입국관리법」상의 수단: 불법 체류 외국인의 보호조치 등이 해당된다.

② 대물적 강제
  ㉠ 「경찰관 직무집행법」상의 수단: 무기나 물건의 임시영치(영치기간은 10일 이내), 위험발생방지조치 등이 해당된다.
  ㉡ 각 단행법상의 수단
    ⓐ 「식품위생법」, 「약사법」상의 수단: 유해식품, 물건의 폐기, 위해식품의 압류 등이 해당된다.
    ⓑ 「가축전염병 예방법」상의 수단: 살처분 등이 해당된다.
    ⓒ 「소방기본법」상의 수단: 소방장애물 파괴, 화재건물 인근의 연소위험건물에 대한 강제처분 등이 해당된다.
    ⓓ 「도로교통법」상의 수단: 위법 인공구조물 등 교통장애물의 제거조치 등이 해당된다.
    ⓔ 「청소년 보호법」상의 수단: 청소년유해매체물의 수거·폐기 등이 해당된다.

③ 대가택적 강제
  ㉠ 「경찰관 직무집행법」상의 수단: 위험방지를 위한 가택출입 등이 해당된다.
  ㉡ 각 단행법상의 수단
    ⓐ 「식품위생법」상의 수단: 음식물검사를 위한 영업소등 출입·음식물저장품 검사 수거 등이 해당된다.
    ⓑ 「총포·도검·화약류 등의 안전관리에 관한 법률」상의 수단: 총포·도검·화약류 단속을 위한 제조소·판매소·저장소 등이 해당된다.

(4) 행정상 즉시강제에 대한 구제

① 적법한 즉시강제에 대한 구제
  ㉠ 손실보상: 행정상 즉시강제가 적법일지라도 그로 인하여 귀책사유 없이 수인의 정도를 넘어 특별한 손실을 입은 자에 대하여는 법률이 정하는 바에 따라 행정상 손실보상청구권이 인정된다.

> **관련 법령**
>
> 「경찰관 직무집행법」 제11조의2 【손실보상】 ① 국가는 경찰관의 적법한 직무집행으로 인하여 다음 각 호의 어느 하나에 해당하는 손실을 입은 자에 대하여 정당한 보상을 하여야 한다.
> 1. 손실발생의 원인에 대하여 책임이 없는 자가 생명·신체 또는 재산상의 손실을 입은 경우(손실발생의 원인에 대하여 책임이 없는 자가 경찰관의 직무집행에 자발적으로 협조하거나 물건을 제공하여 생명·신체 또는 재산상의 손실을 입은 경우를 포함한다) 01
> 2. 손실발생의 원인에 대하여 책임이 있는 자가 자신의 책임에 상응하는 정도를 초과하는 생명·신체 또는 재산상의 손실을 입은 경우

개념확인 O/X

01 손실발생의 원인에 대하여 책임이 없는 자가 경찰관의 적법한 보호조치에 자발적으로 협조하여 재산상의 손실을 입은 경우, 국가는 손실을 입은 자에 대하여 정당한 보상을 하여야 한다. 14 지방9급 (O/X)

ⓒ 수용유사적 침해: 「경찰관 직무집행법」 등에 보상규정을 두고 있지 않으나 그 손실이 사회적 제약의 한계를 넘는 '특별한 희생'에 해당되는 경우 수용유사적 침해를 인정할 것인가의 여부에 관하여 여러 견해(수용유사적 침해, 수용적 침해, 특별희생설, 불법행위설 등)의 대립이 있다.

② 위법한 즉시강제에 대한 구제
  ㉠ 행정쟁송: 즉시강제는 권력적 사실행위로서 행정쟁송의 대상인 처분에 해당한다 할 것이나 보통 즉시강제는 단시간 내에 종료되어 소의 이익이 부인되는 경우가 대부분이다. 하지만 침해행위가 비교적 장기에 걸쳐 계속되거나(⑩ 감염병환자의 강제격리, 정신질환자의 강제입원 등) 또는 취소로 회복될 수 있는 법률상의 이익이 있을 경우에는 취소소송을 통해 구제될 수 있을 것이다. 01
  ㉡ 행정상 손해배상: 위법한 행정상의 즉시강제로 인하여 신체 또는 재산상의 손해를 입은 자는 국가나 공공단체에 대하여 손해배상을 청구할 수 있다(헌법 제29조, 「국가배상법」 제2조).
  ㉢ 정당방위: 위법한 행정상의 즉시강제에 대해서는 「형법」상의 정당방위의 법리(「형법」 제21조)에 의한 항거가 가능하며, 항거하는 경우에도 「형법」상의 공무집행방해죄와는 관련이 없다. 이는 사전적·직접적 구제수단이다.

> **관련 판례**
>
> **ⓒ 적법성이 결여된 직무행위에 대한 항거행위는 공무집행방해죄가 되지 않는다**
>
> 적법성이 결여된 직무행위를 하는 공무원에게 항거하였다고 하여도 그 항거행위가 폭력을 수반하는 경우에 폭력죄 등의 죄책을 묻는 것은 별론으로 하고, 공무집행방해죄로 다스릴 수 없다(대판 1992.2.11. 91도2797).
>
> **ⓒ 현행범이 경찰관의 불법한 체포를 면하려고 반항하는 과정에서 경찰관에게 상해를 가한 경우 정당방위의 성립 여부(적극)**
>
> 경찰관의 현행범 체포행위가 적법한 공무집행을 벗어나 불법하게 체포한 것으로 볼 수밖에 없다면, 현행범이 그 체포를 면하려고 반항하는 과정에서 경찰관에게 상해를 가한 것은 불법 체포로 인한 신체에 대한 현재의 부당한 침해에서 벗어나기 위한 행위로서 정당방위에 해당하여 위법성이 조각된다(대판 2006.11.23. 2006도2732).

  ㉣ 결과제거청구: 행정상 즉시강제로 위법한 결과가 야기된 경우에 결과제거청구가 가능하다.
  ㉤ 기타: 사후적·간접적 구제수단으로 처분청의 취소·정지, 공무원의 징계책임, 공무원의 형사책임, 청원, 고발, 고소 등을 들 수 있다.

개념확인 O/X

01 행정상 즉시강제는 권력적 사실행위이므로, 항고소송의 대상이 되는 처분성이 인정된다.
19 소방 (O / X)

02 행정조사

1 행정조사의 의의 등

(1) 의의

① 개념: '행정조사'라 함은 행정청이 행정작용을 적정하고 효과적으로 하기 위하여 여러 가지의 자료나 정보를 수집·정리하는 준비적·보조적인 수단으로서의 사실행위를 말한다.
　㉠ 전통적 개념: 행정기관이 궁극적으로 행정작용을 적정하게 실행함에 있어 필요로 하는 자료·정보 등을 수집하기 위한 권력적 조사활동이다.
　㉡ 새로운 개념: 전통적 개념을 포함하여 비권력적 조사활동을 모두 포함하는 것으로 보고 있다.
② 행정조사는 행정기관에 의한 조사작용이라는 점에서 국회에 의한 입법조사나 형사사법작용인 사법조사와 구별된다.
③ 행정조사는 직접 법적 효과를 발생시키지 않으므로(사실행위) 법적 행위인 행정행위와 구별된다.

(2) 행정조사와 행정상 즉시강제와의 구별

과거에는 행정조사를 즉시강제에 포함시켜 설명하였으나, 오늘날에는 목적·기능·효과 등 여러 점에서 양자가 차이를 나타내고 있으므로, 구분하여 고찰하는 것이 일반적이다.
① 행정상 즉시강제는 개인의 신체나 재산에 실력을 가하여 행정목적을 구체적·직접적·종국적으로 실현시키는 것을 목적으로 하는 데 반하여, 행정조사는 그 자체가 목적이 아니고 일정한 행정목적을 실현시키기 위한 필요 자료 및 정보를 수집하는 준비적·보조적 수단이다.
② 행정상의 즉시강제는 직접적인 실력행사를 통하여 스스로 일정한 상태를 실현시키는 데 반하여, 행정조사는 직접적인 실력행사는 할 수 없고, 다만 법칙에 의한 행정벌 또는 불이익처분에 의하여 행정조사를 수인시키는 것이다.
③ 행정상의 즉시강제는 행위의 급박성이 그 개념의 요소가 되는 데 반하여, 행정조사는 급박성이 그 개념의 요소가 되지 않는다.
④ 행정상의 즉시강제는 권력적 집행작용인 데 반하여, 행정조사는 권력적·비권력적 조사 작용이다.

구분	행정조사	즉시강제
행정목적 실현방법	준비적·보조적·단계적	결과실현
실력행사	×(행정벌 등으로 수인)	○(직접적 실력행사)
급박성	×	○
권력성	권력적＋비권력적	권력적
발전	영·미 법학적 개념	독일 법학
일반법	「행정조사기본법」	「경찰관 직무집행법」
공통점	영장 불요, 구제방법	

(3) 근거

① 조직법적 근거: 권력적 행정조사나 비권력적 행정조사 모두 조직법상의 근거는 필요하며 조직법상의 권한 범위 내에서만 가능하다.

② **작용법적 근거**: 임의적 행정조사는 작용법상의 근거가 없어도 가능하나, 강제적 행정조사는 조직법상 근거뿐만 아니라 작용법상의 근거도 있어야 한다. 현재 일반법으로는 「행정조사기본법」이 있고, 「경찰관 직무집행법」상의 불심검문, 「총포·도검·화약류 등의 안전관리에 관한 법률」, 「식품위생법」, 「소득세법」등 개별법규에 규정이 있다. 01 02

(4) 행정조사의 종류

① **방법에 의한 구분(직접적 실력행사 유무)**
  ㉠ **직접조사(강제조사)**: 직접적으로 사람의 신체 또는 재산 등에 실력을 가함으로써 행정상 필요한 자료나 정보를 수집하는 조사를 말한다.
  ㉡ **간접조사(임의조사)**: 사람의 신체 또는 재산에 실력을 행사함이 없이 일정한 사항에 대한 보고 또는 자료를 제출하게 하거나 검사를 함으로써 행하는 조사를 말한다.

② **대상에 의한 구분**
  ㉠ **대인적 조사**: 조사대상이 사람인 경우(예 불심검문, 질문, 신체수색 등)
  ㉡ **대물적 조사**: 조사대상이 물건인 경우(예 장부·서류의 열람, 시설·물품의 검사, 수거 등)
  ㉢ **대가택적 조사**: 개인의 주거·창고·영업소·선박·항공기 등에 대한 출입·검사·수색 등을 들 수 있는바 대물적 조사와 병행되는 경우가 많다.

③ **성질에 의한 구분**
  ㉠ **권력적 행정조사**: 행정기관의 일방적인 명령·강제를 수단으로 한다.
  ㉡ **비권력적 행정조사**: 명령이나 강제를 수반하지 않는다.

④ **목적·분야·영역에 의한 구분**
  ㉠ 경찰상의 목적인 경찰조사(불심검문)
  ㉡ 경제행정상의 목적인 경제행정조사(국세조사)
  ㉢ 교육행정상의 목적인 교육행정조사(취학아동조사)
  ㉣ 보건복지행정상의 목적인 보건행정조사(불량식품검사)
  ㉤ 건설 교통상 목적인 도로교통조사(통행차량 조사)

⑤ **범위에 의한 구분**
  ㉠ 일반조사(전국 또는 특정 지방에 대하여 조사)
  ㉡ 개별조사(특정 개인·법인에 대한 조사)

(5) 행정조사의 한계

① **실체적 한계**
  ㉠ **법규상의 한계**: 행정조사는 조직법상의 근거도 있어야 할 것이며, 작용법적 근거도 필요할 것이다. 다만, 자발적인 협조를 얻어 실시하는 조사는 작용법적 근거가 필요하지 않다(「행정조사기본법」 제5조). 03
  ㉡ **조리상의 한계**: 행정조사는 목적범위 내에서 비례성·보충성·부당결부금지 등의 한계 내에서 이루어져야 한다.

② **절차적 한계**
  ㉠ **영장주의(절충설)**
    ⓐ 강제적인 행정조사는 국민의 자유와 권리를 제한하며, 형사소추로 발전될 위험이 많은 점 등을 고려하여 헌법상의 영장주의(헌법 제12조 제3항, 제16조)가 본래 형사사법권의 남용방지에 근본 취지가 있다고 하나 행정조사에도 적용되는 것이 원칙이다.

개념확인 O/X

01 「행정절차법」은 행정조사에 관한 명문의 규정을 마련하고 있다.
18 소방 (O / X)

02 「지방세기본법」은 지방자치단체장의 세무조사권에 대한 남용금지를 규정하고 있다.
18 서울7급 (O / X)

03 권력적 성격을 가지는 행정조사의 경우에는 근거된 법규의 범위 내에서만 가능하다.
12 사회복지 (O / X)

| 정답 | 01 X 02 O 03 O

ⓑ 다만, 형사책임추급을 위한 것(형사소추절차로 이행하는 경우)이 아닌 조사작용, 또는 직접 물리적인 강제를 수반하는 것이 아닌 조사작용, 긴급한 경우가 아닌 경우 등에는 영장주의가 적용되지 않는 것으로 본다.

> **관련 판례**
>
> Ⓒ **출입국관리공무원이 불법체류자 단속을 위하여 제3자의 주거나 사업장 등을 검사하고자 하는 경우에 주거권자나 관리자의 사전 동의가 필요하다**
>
> 영장주의 원칙의 예외로서 출입국관리공무원 등에게 외국인 등을 방문하여 외국인동향조사 권한을 부여하고 있는 「출입국관리법」 규정의 입법 취지 및 그 규정내용 등에 비추어 볼 때, 출입국관리공무원 등이 「출입국관리법」 제81조 제1항에 근거하여 <u>제3자의 주거 또는 일반인의 자유로운 출입이 허용되지 아니한 사업장 등에 들어가 외국인을 상대로 조사하기 위해서는 그 주거권자 또는 관리자의 사전 동의가 있어야 한다</u>(대판 2009.3.12. 2008도7156).
>
> Ⓐ **우편물의 통관검사절차에서 우편물의 개봉, 시료채취 등이 영장 없이 이루어졌다고 해서 위법이라 볼 수 없다** [21 소방직, 19 소방직, 18 국가직 7급, 18 소방직, 16 국가직 9급] **01 02 03**
>
> 우편물 통관검사절차에서 이루어지는 우편물의 개봉, 시료채취, 성분분석 등의 검사는 수출입물품에 대한 적정한 통관 등을 목적으로 한 행정조사의 성격을 가지는 것으로서 수사기관의 강제처분이라고 할 수 없으므로, <u>압수·수색영장 없이 우편물의 개봉, 시료채취, 성분분석 등 검사가 진행되었다 하더라도 특별한 사정이 없는 한 위법하다고 볼 수 없다</u>(대판 2013.9.26. 2013도7718).
>
> Ⓑ **음주운전 여부에 대한 조사 과정에서 운전자 본인의 동의를 받지 아니하고 법원의 영장도 없이 한 혈액 채취 조사 결과를 근거로 한 운전면허 정지·취소 처분이 위법한지 여부(원칙적 적극)** [20 국가직 7급]
>
> 음주운전 여부에 관한 조사방법 중 혈액 채취(이하 '채혈'이라고 한다)는 상대방의 신체에 대한 직접적인 침해를 수반하는 방법으로서, 이에 관하여 「도로교통법」은 호흡조사와 달리 운전자에게 조사에 응할 의무를 부과하는 규정을 두지 아니할 뿐만 아니라, <u>측정에 앞서 운전자의 동의를 받도록 규정하고 있으므로(제44조 제3항), 운전자의 동의 없이 임의로 채혈조사를 하는 것은 허용되지 아니한다</u>(대판 2016.12.27. 2014두46850).
>
> Ⓒ **마약방지법사의 수출입물품검사에 영장이 필요한지 여부** [25 소방직] **04**
>
> 「마약류 불법거래 방지에 관한 특례법」 제4조 제1항에 따른 조치의 일환으로 특정한 수출입물품을 개봉하여 검사하고 그 내용물의 점유를 취득한 행위는 위에서 본 수출입물품에 대한 적정한 통관 등을 목적으로 조사를 하는 경우와는 달리, <u>범죄수사인 압수 또는 수색에 해당하여 사전 또는 사후에 영장을 받아야 한다</u>(대판 2017.7.18. 2014도8719).

ⓛ 일반절차
ⓐ 법령이 행정조사에 있어서 관계자에게 증표를 제시하도록 하고 있는 경우(증표 제시는 상대방에게 수인의무를 발생시키게 하는 행정조사의 요건이다)에는 증표를 제시하여야 한다.
ⓑ 증표제시 없는 행정조사는 무효가 되며, 상대방은 실력에 의거하여 항거할 수 있고, 이는 정당방위법리에 의해서 공무집행방해죄를 구성하지 않는다.
ⓒ 행정조사는 합리적 시간대(영업시간 내, 해가 뜬 후부터 해가 지기 전)에 행해져야 할 것이다.

개념확인 O/X

01 행정조사의 성격을 가지는 우편물의 개봉, 시료채취, 성분분석 등의 검사는 압수·수색영장 없이 가능하다.
18 소방 (O / X)

02 우편물 통관검사절차에서 이루어지는 우편물 개봉 등의 검사는 행정조사의 성격을 가지는 것으로서 수사기관의 강제처분이라고 할 수 없으므로, 압수·수색영장 없이 검사가 진행되었다 하더라도 특별한 사정이 없는 한 위법하다고 볼 수 없다.
16 국가9급 (O / X)

03 우편물 통관검사절차에서 이루어지는 성분분석 등의 검사가 압수·수색영장 없이 이루어졌다 하더라도 특별한 사정이 없는 한 위법하지 않다
19 소방 (O / X)

04 세관공무원이 「마약류 불법거래 방지에 관한 특례법」에 따른 조치의 일환으로 특정한 수출입물품을 개봉하여 검사하고 그 내용물의 점유를 취득한 행위는 수출입물품에 대한 적정한 통관 등을 목적으로 실시하는 행정조사라는 점에서 사전 또는 사후 영장을 요하지 않는다.
25 소방 (O / X)

정답 | 01 ○ 02 ○ 03 ○ 04 X

ⓒ 행정조사와 진술거부권
  ⓐ 헌법 제12조 제2항의 "누구든지 형사상 자기에게 불리한 진술을 강요당하지 아니한다."는 규정은 형사절차에 있어서의 진술거부권을 인정한 것이므로 행정조사를 위한 질문에는 적용되지 않는다.
  ⓑ 다만, 질문 등이 행정조사와 형사추급의 양 목적으로 행사되거나, 권력적·강제적 행정조사인 경우에는 진술을 거부할 수 있다 할 것이다.
③ **실력행사 가능성 여부**: 행정조사의 경우 상대방이 불응하는 경우에 실력행사가 가능할 것인가에 대하여 견해다툼이 있으나 부정설이 다수의 견해이다. 현행법은 출입·검사를 거부·방해하는 경우 대체로 벌칙규정[과태료 또는 벌금 등(「식품위생법」 제97조 제2호 등)]이나 불이익처분 등 행정상 제재를 두고 있으므로 물리적 실력행사는 허용되지 않는다 할 것이다. 01

2 「행정조사기본법」의 주요내용

(1) 총칙

① **목적**: 행정조사에 관한 기본원칙·행정조사의 방법 및 절차 등에 관한 공통적인 사항을 규정함으로써 행정의 공정성·투명성 및 효율성을 높이고, 국민의 권익을 보호함을 목적으로 한다.

용어 정의

> 1. '행정조사'란 행정기관이 정책을 결정하거나 직무를 수행하는 데 필요한 정보나 자료를 수집하기 위하여 현장조사·문서열람·시료채취 등을 하거나 조사대상자에게 보고요구·자료제출요구 및 출석·진술요구를 행하는 활동을 말한다. 02 03
> 2. '행정기관'이란 법령 및 조례·규칙(이하 '법령 등'이라 한다)에 따라 행정권한이 있는 기관과 그 권한을 위임 또는 위탁받은 법인·단체 또는 그 기관이나 개인을 말한다. 04
> 3. '조사원'이란 행정조사업무를 수행하는 행정기관의 공무원·직원 또는 개인을 말한다.
> 4. '조사대상자'란 행정조사의 대상이 되는 법인·단체 또는 그 기관이나 개인을 말한다.

② **적용범위**
  ㉠ 행정조사에 관하여 다른 법률에 특별한 규정이 있는 경우를 제외하고는 이 법으로 정하는 바에 따른다.
  ㉡ 적용 제외: 다음에 해당하는 사항에 대하여는 이 법을 적용하지 아니한다.
    ⓐ 행정조사를 한다는 사실이나 조사내용이 공개될 경우 국가의 존립을 위태롭게 하거나 국가의 중대한 이익을 현저히 해칠 우려가 있는 국가안전보장·통일 및 외교에 관한 사항
    ⓑ **국방 및 안전에 관한 사항 중 다음의 어느 하나에 해당하는 사항**
      ⅰ) 군사시설·군사기밀보호 또는 방위사업에 관한 사항
      ⅱ) 「병역법」·「예비군법」·「민방위기본법」·「비상대비에 관한 법률」·「재난관리자원의 관리 등에 관한 법률」에 따른 징집·소집·동원 및 훈련에 관한 사항
    ⓒ 「공공기관의 정보공개에 관한 법률」 제4조 제3항의 정보에 관한 사항
    ⓓ 「근로기준법」 제101조에 따른 근로감독관의 직무에 관한 사항 05
    ⓔ 조세·형사·행형 및 보안처분에 관한 사항
    ⓕ 금융감독기관의 감독·검사·조사 및 감리에 관한 사항 06

개념확인 O/X

01 행정조사의 상대방이 조사를 거부하는 경우에 공무원이 실력행사를 하여 강제로 조사할 수 있는지 여부에 대해서는 견해가 대립한다.
14 국가9급 (O / X)

02 세무조사는 국가의 과세권을 실현하기 위한 행정조사의 일종으로서 국세의 과세표준과 세액을 결정 또는 경정하기 위하여 질문을 하고 장부·서류 그 밖의 물건을 검사·조사하거나 그 제출을 명하는 일체의 행위를 말한다.
18 국회8급 (O / X)

03 행정조사란 행정기관이 정책을 결정하거나 직무를 수행하는 데 필요한 정보나 자료를 수집하기 위하여 현장조사·문서열람·시료채취 등을 하거나 조사대상자에게 보고요구·자료제출요구 및 출석·진술요구를 행하는 활동을 말한다.
12 지방9급 (O / X)

04 행정조사를 행하는 행정기관에는 법령 및 조례·규칙에 따라 행정권한이 있는 기관뿐만 아니라 그 권한을 위임 또는 위탁받은 법인·단체 또는 그 기관이나 개인이 포함된다.
18 지방9급 (O / X)

05 「근로기준법」상 근로감독관의 직무에 관한 사항에 대하여는 「행정조사기본법」이 적용된다.
12 지방9급 (O / X)

06 금융감독기관의 감독·검사·조사 및 감리에 관한 사항에 대하여는 「행정조사기본법」을 적용하지 아니한다.
12 지방9급 (O / X)

| 정답 | 01 O 02 O 03 O 04 O 05 X 06 O

ⓖ 「독점규제 및 공정거래에 관한 법률」, 「표시·광고의 공정화에 관한 법률」, 「하도급거래 공정화에 관한 법률」, 「가맹사업거래의 공정화에 관한 법률」, 「방문판매 등에 관한 법률」, 「전자상거래 등에서의 소비자보호에 관한 법률」, 「약관의 규제에 관한 법률」 및 「할부거래에 관한 법률」에 따른 공정거래위원회의 법률 위반행위 조사에 관한 사항

ⓒ 그럼에도 불구하고 제4조(행정조사의 기본원칙), 제5조(행정조사의 근거) 및 제28조(정보통신수단을 통한 행정조사)는 위 ⓛ의 사항에 대하여 적용한다.

③ **행정조사의 기본원칙** — **결정적 코멘트** ▶ 행정조사기본법령상의 기본원칙 및 조사방법의 내용에 대한 숙지가 필요하다.

ⓐ 행정조사는 조사목적을 달성하는 데 필요한 최소한의 범위 안에서 실시하여야 하며, 다른 목적 등을 위하여 조사권을 남용하여서는 아니 된다. 01

ⓒ 행정기관은 조사목적에 적합하도록 조사대상자를 선정하여 행정조사를 실시하여야 한다.

ⓒ 행정기관은 유사하거나 동일한 사안에 대하여는 공동조사 등을 실시함으로써 행정조사가 중복되지 아니하도록 하여야 한다. 02

ⓔ 행정조사는 법령 등의 위반에 대한 처벌보다는 법령 등을 준수하도록 유도하는 데 중점을 두어야 한다. 03

ⓜ 다른 법률에 따르지 아니하고는 행정조사의 대상자 또는 행정조사의 내용을 공표하거나 직무상 알게 된 비밀을 누설하여서는 아니 된다.

ⓗ 행정기관은 행정조사를 통하여 알게 된 정보를 다른 법률에 따라 내부에서 이용하거나 다른 기관에 제공하는 경우를 제외하고는 원래의 조사목적 이외의 용도로 이용하거나 타인에게 제공하여서는 아니 된다.

④ **행정조사의 근거**: 행정기관은 법령 등에서 행정조사를 규정하고 있는 경우에 한하여 행정조사를 실시할 수 있다. 다만, 조사대상자의 자발적인 협조를 얻어 실시하는 행정조사의 경우에는 그러하지 아니하다. 04 05 06 07

> **관련 판례**
>
> **Ⓒ** 개별 법령 등에서 행정조사를 규정하고 있는 경우, 행정기관이 「행정조사기본법」 제5조 단서에서 정한 '조사대상자의 자발적인 협조를 얻어 실시하는 행정조사'를 실시할 수 있는지 여부
>
> 「행정조사기본법」 제5조에 의하면 행정기관은 법령 등에서 행정조사를 규정하고 있는 경우에 한하여 행정조사를 실시할 수 있으나(본문), 한편 '조사대상자의 자발적인 협조를 얻어 실시하는 행정조사'의 경우에는 그러한 제한이 없이 실시가 허용된다(단서). 「행정조사기본법」 제5조는 행정기관이 정책을 결정하거나 직무를 수행하는 데에 필요한 정보나 자료를 수집하기 위하여 행정조사를 실시할 수 있는 근거에 관하여 정한 것으로서, 이러한 규정의 취지와 아울러 문언에 비추어 보면, 단서에서 정한 '조사대상자의 자발적인 협조를 얻어 실시하는 행정조사'는 개별 법령 등에서 행정조사를 규정하고 있는 경우에도 실시할 수 있다(대판 2016.10.27. 2016두41811).

(2) 조사계획의 수립 및 조사대상의 선정

① **연도별 행정조사운영계획의 수립 및 제출**

ⓐ 행정기관의 장은 매년 12월말까지 다음 연도의 행정조사운영계획을 수립하여 국무조정실장에게 제출하여야 한다. 다만, 행정조사운영계획을 제출해야 하는 행정기관의 구체적인 범위는 대통령령으로 정한다. 08

개념확인 O/X

01 행정조사는 조사목적을 달성하는 데 필요한 최소한의 범위 안에서 실시하여야 한다.
16 국가9급 (O/X)

02 행정기관은 유사하거나 동일한 사안에 대하여는 공동조사 등을 실시함으로써 행정조사가 중복되지 아니하도록 하여야 한다.
12 지방9급 (O/X)

03 행정조사는 조사를 통해 법령 등의 위반사항을 발견하고 처벌하는 데 중점을 두어야 한다.
14 서울9급 (O/X)

04 조사대상자의 자발적인 협조를 얻어 실시하는 행정조사를 제외하고는 행정기관은 법령등에서 행정조사를 규정하고 있는 경우에 한하여 행정조사를 실시할 수 있다.
24 국회9급 (O/X)

05 행정기관은 법령 등에서 행정조사를 규정하고 있는 경우에 한하여 행정조사를 실시할 수 있지만, 조사대상자의 자발적인 협조를 얻어 실시하는 경우에는 그러하지 아니하다.
20 소방 (O/X)

06 행정기관이 행정조사를 행하는 경우 조사대상자의 자발적인 협조가 있다면 법령등에서 행정조사를 규정하고 있지 않더라도 실시할 수 있다.
(O/X)

07 「행정조사기본법」은 행정조사 실시를 위한 일반적인 근거규범으로서 행정기관은 다른 법령 등에서 따로 행정조사를 규정하고 있지 않더라도 「행정조사기본법」을 근거로 행정조사를 실시할 수 있다.
18 지방9급 (O/X)

08 행정기관의 장은 매년 12월 말까지 다음 연도의 행정조사운영계획을 수립하여 국회 소관 상임위원회에 제출하여야 한다.
24 국회8급 (O/X)

| 정답 | 01 O 02 O 03 X 04 O 05 O 06 X 07 X 08 X

ⓛ 행정기관의 장이 행정조사운영계획을 수립하는 때에는 위 ③에 따른 행정조사의 기본원칙에 따라야 한다.
ⓒ ㉠에 따른 행정조사운영계획에는 조사의 종류·조사방법·공동조사 실시계획·중복조사 방지계획 그 밖에 대통령령으로 정하는 사항이 포함되어야 한다.
ⓔ 국무조정실장은 행정기관의 장이 제출한 행정조사운영계획을 검토한 후 그에 대한 보완을 요청할 수 있다. 이 경우 행정기관의 장은 특별한 사정이 없는 한 이에 응하여야 한다.

② **조사의 주기**: 행정조사는 법령 등 또는 행정조사운영계획으로 정하는 바에 따라 정기적으로 실시함을 원칙으로 한다. 다만, 다음 어느 하나에 해당하는 경우에는 수시조사를 할 수 있다. 01
  ㉠ 법률에서 수시조사를 규정하고 있는 경우
  ㉡ 법령 등의 위반에 대하여 혐의가 있는 경우
  ㉢ 다른 행정기관으로부터 법령 등의 위반에 관한 혐의를 통보 또는 이첩받은 경우
  ㉣ 법령 등의 위반에 대한 신고를 받거나 민원이 접수된 경우
  ㉤ 그 밖에 행정조사의 필요성이 인정되는 사항으로서 대통령령으로 정하는 경우

③ **조사대상의 선정**
  ㉠ 행정기관의 장은 행정조사의 목적, 법령준수의 실적, 자율적인 준수를 위한 노력, 규모와 업종 등을 고려하여 명백하고 객관적인 기준에 따라 행정조사의 대상을 선정하여야 한다.
  ㉡ 조사대상자는 조사대상 선정기준에 대한 열람을 행정기관의 장에게 신청할 수 있다. 02
  ㉢ 행정기관의 장이 ㉡에 따라 열람신청을 받은 때에는 다음의 어느 하나에 해당하는 경우를 제외하고 신청인이 조사대상 선정기준을 열람할 수 있도록 하여야 한다. 03
    ⓐ 행정기관이 당해 행정조사업무를 수행할 수 없을 정도로 조사활동에 지장을 초래하는 경우
    ⓑ 내부고발자 등 제3자에 대한 보호가 필요한 경우

(3) 조사방법

① **출석·진술 요구**
  ㉠ 행정기관의 장이 조사대상자의 출석·진술을 요구하는 때에는 일시와 장소 등의 사항이 기재된 출석요구서를 발송하여야 한다.
  ㉡ 조사대상자는 지정된 출석일시에 출석하는 경우 업무 또는 생활에 지장이 있는 때에는 행정기관의 장에게 출석일시를 변경하여 줄 것을 신청할 수 있으며, 변경신청을 받은 행정기관의 장은 행정조사의 목적을 달성할 수 있는 범위 안에서 출석일시를 변경할 수 있다.
  ㉢ 출석한 조사대상자가 ㉠에 따른 출석요구서에 기재된 내용을 이행하지 아니하여 행정조사의 목적을 달성할 수 없는 경우를 제외하고는 조사원은 조사대상자의 1회 출석으로 당해 조사를 종결하여야 한다.

② **보고요구와 자료제출의 요구**
  ㉠ 행정기관의 장은 조사대상자에게 조사사항에 대하여 보고를 요구하는 때에는 일시와 장소 등의 사항이 포함된 보고요구서를 발송하여야 한다.
  ㉡ 행정기관의 장은 조사대상자에게 장부·서류나 그 밖의 자료를 제출하도록 요구하는 때에는 제출기간 등의 사항이 기재된 자료제출요구서를 발송하여야 한다.

개념확인 O/X

01 행정조사는 법령등 또는 행정조사운영계획으로 정하는 바에 따라 정기적으로 실시함을 원칙으로 하나, 법령등의 위반에 대한 신고를 받거나 민원이 접수된 경우에는 수시조사를 할 수 있다.
24 국회8급 (O/X)

02 조사대상자는 법령 등에서 규정하고 있는 경우에 한하여 조사대상 선정기준에 대한 열람을 행정기관의 장에게 신청할 수 있다.
15 지방9급 (O/X)

03 조사대상자가 조사대상 선정기준에 대한 열람을 신청한 경우에 행정기관은 그 열람이 당해 행정조사업무를 수행할 수 없을 정도로 조사활동에 지장을 초래한다는 이유로 열람을 거부할 수 없다.
18 지방9급 (O/X)

| 개념확인 O/X |

③ **현장조사**
㉠ 조사원이 가택·사무실 또는 사업장 등에 출입하여 현장조사를 실시하는 경우에는 행정기관의 장은 조사목적 등의 사항이 기재된 현장출입조사서 또는 법령 등에서 현장조사 시 제시하도록 규정하고 있는 문서를 조사대상자에게 발송하여야 한다.
㉡ 현장조사는 해가 뜨기 전이나 해가 진 뒤에는 할 수 없다. 다만, 다음의 어느 하나에 해당하는 경우에는 그러하지 아니하다. 01
  ⓐ 조사대상자(대리인 및 관리책임이 있는 자를 포함한다)가 동의한 경우
  ⓑ 사무실 또는 사업장 등의 업무시간에 행정조사를 실시하는 경우
  ⓒ 해가 뜬 후부터 해가 지기 전까지 행정조사를 실시하는 경우에는 조사목적의 달성이 불가능하거나 증거인멸로 인하여 조사대상자의 법령 등의 위반 여부를 확인할 수 없는 경우
㉢ 현장조사를 하는 조사원은 그 권한을 나타내는 증표를 지니고 이를 조사대상자에게 내보여야 한다.

01 사무실 또는 사업장 등의 업무시간에 행정조사를 실시하는 경우에도 현장조사는 해가 뜨기 전이나 해가 진 뒤에는 할 수 없다.
24 국회8급 (O / X)

④ **시료채취** 02 03 04
㉠ 조사원이 조사목적의 달성을 위하여 시료채취를 하는 경우에는 그 시료의 소유자 및 관리자의 정상적인 경제활동을 방해하지 아니하는 범위 안에서 최소한도로 하여야 한다.
㉡ 행정기관의 장은 ㉠에 따른 시료채취로 조사대상자에게 손실을 입힌 때에는 대통령령으로 정하는 절차와 방법에 따라 그 손실을 보상하여야 한다.

02 시료채취로 조사대상자에게 손실을 입힌 경우 그 손실보상에 관한 명문 규정이 있다.
18 소방 (O / X)

⑤ **자료등의 영치**
㉠ 조사원이 현장조사 중에 자료·서류·물건 등(이하 '자료등'이라 한다)을 영치하는 때에는 조사대상자 또는 그 대리인을 입회시켜야 한다.
㉡ 조사원이 자료등을 영치하는 경우에 조사대상자의 생활이나 영업이 사실상 불가능하게 될 우려가 있는 때에는 조사원은 자료등을 사진으로 촬영하거나 사본을 작성하는 등의 방법으로 영치에 갈음할 수 있다. 다만, 증거인멸의 우려가 있는 자료등을 영치하는 경우에는 그러하지 아니하다.
㉢ 조사원이 영치를 완료한 때에는 영치조서 2부를 작성하여 입회인과 함께 서명날인하고 그중 1부를 입회인에게 교부하여야 한다.
㉣ 행정기관의 장은 영치한 자료등이 다음 각 호의 어느 하나에 해당하는 경우에는 이를 즉시 반환하여야 한다.
  ⓐ 영치한 자료등을 검토한 결과 당해 행정조사와 관련이 없다고 인정되는 경우
  ⓑ 당해 행정조사의 목적의 달성 등으로 자료등에 대한 영치의 필요성이 없게 된 경우

03 「행정조사기본법」에 의하면, 조사목적달성을 위한 시료채취로 조사대상자에게 손실이 발생하였더라도 행정기관의 장은 이에 대한 보상책임을 지지 않는다.
19 소방 (O / X)

04 시료채취의 방법 등이 시료채취의 방법 등을 규정한 고시에서 정한 절차에 위반한 경우 그러한 사정만으로도 그에 기초하여 내려진 행정처분은 위법하다.
24 국회9급 (O / X)

⑥ **공동조사**
㉠ 행정기관의 장은 다음의 어느 하나에 해당하는 행정조사를 하는 경우에는 공동조사를 하여야 한다.
  ⓐ 당해 행정기관 내의 2 이상의 부서가 동일하거나 유사한 업무분야에 대하여 동일한 조사대상자에게 행정조사를 실시하는 경우
  ⓑ 서로 다른 행정기관이 대통령령으로 정하는 분야에 대하여 동일한 조사대상자에게 행정조사를 실시하는 경우
㉡ 행정조사의 사전통지를 받은 조사대상자는 관계 행정기관의 장에게 공동조사를 실시하여 줄 것을 신청할 수 있다. 이 경우 조사대상자는 신청인의 성명·조사일시·신청이유 등이 기재된 공동조사신청서를 관계 행정기관의 장에게 제출하여야 한다.

670 • PART Ⅲ 행정상 의무이행 확보수단 | 정답 | 01 X 02 O 03 X 04 X

ⓒ 공동조사를 요청받은 행정기관의 장은 이에 응하여야 한다.
ⓓ 국무조정실장은 행정기관의 장이 제출한 행정조사운영계획의 내용을 검토한 후 관계 부처의 장에게 공동조사의 실시를 요청할 수 있다.

⑦ **중복조사의 제한**
ⓐ 정기조사 또는 수시조사를 실시한 행정기관의 장은 동일한 사안에 대하여 동일한 조사대상자를 재조사하여서는 아니 된다. 다만, 당해 행정기관이 이미 조사를 받은 조사대상자에 대하여 위법행위가 의심되는 새로운 증거를 확보한 경우에는 그러하지 아니하다. 01 02 03
ⓑ 행정조사를 실시할 행정기관의 장은 행정조사를 실시하기 전에 다른 행정기관에서 동일한 조사대상자에게 동일하거나 유사한 사안에 대하여 행정조사를 실시하였는지 여부를 확인할 수 있다.
ⓒ 행정조사를 실시할 행정기관의 장이 ⓑ에 따른 사실을 확인하기 위하여 행정조사의 결과에 대한 자료를 요청하는 경우 요청받은 행정기관의 장은 특별한 사유가 없는 한 관련 자료를 제공하여야 한다.

(4) 조사실시

① **개별조사계획의 수립**: 행정조사를 실시하고자 하는 행정기관의 장은 제17조(조사의 사전통지)에 따른 사전통지를 하기 전에 개별조사계획을 수립하여야 한다. 다만, 행정조사의 시급성으로 행정조사계획을 수립할 수 없는 경우에는 행정조사에 대한 결과보고서로 개별조사계획을 갈음할 수 있다.

② **조사의 사전통지**
ⓐ 행정조사를 실시하고자 하는 행정기관의 장은 출석요구서, 보고요구서·자료제출요구서 및 현장출입조사서(이하 '출석요구서등'이라 한다)를 조사개시 7일 전까지 조사대상자에게 서면으로 통지하여야 한다. 다만, 다음의 어느 하나에 해당하는 경우에는 행정조사의 개시와 동시에 출석요구서등을 조사대상자에게 제시하거나 행정조사의 목적 등을 조사대상자에게 구두로 통지할 수 있다. 04
 ⓐ 행정조사를 실시하기 전에 관련 사항을 미리 통지하는 때에는 증거인멸 등으로 행정조사의 목적을 달성할 수 없다고 판단되는 경우
 ⓑ 「통계법」 제3조 제2호에 따른 지정통계의 작성을 위하여 조사하는 경우
 ⓒ 제5조 단서에 따라 조사대상자의 자발적인 협조를 얻어 실시하는 행정조사의 경우 05
ⓑ 행정기관의 장이 출석요구서등을 조사대상자에게 발송하는 경우 출석요구서등의 내용이 외부에 공개되지 아니하도록 필요한 조치를 하여야 한다.

③ **조사의 연기신청**
ⓐ 출석요구서등을 통지받은 자가 천재지변이나 그 밖에 대통령령으로 정하는 사유로 인하여 행정조사를 받을 수 없는 때에는 당해 행정조사를 연기하여 줄 것을 행정기관의 장에게 요청할 수 있다.
ⓑ 이에 따라 연기요청을 하고자 하는 자는 연기하고자 하는 기간과 사유가 포함된 연기신청서를 행정기관의 장에게 제출하여야 한다.
ⓒ 행정기관의 장은 행정조사의 연기요청을 받은 때에는 연기요청을 받은 날부터 7일 이내에 조사의 연기 여부를 결정하여 조사대상자에게 통지하여야 한다.

개념확인 O/X

01 정기조사 또는 수시조사를 실시한 행정기관의 장은 조사대상자의 자발적인 협조를 얻어 실시하는 경우가 아닌 한, 동일한 사안에 대하여 동일한 조사대상자를 재조사하여서는 아니 된다.
18 지방9급 (O / X)

02 행정기관이 이미 조사를 받은 조사대상자에 대하여 위법행위가 의심되는 새로운 증거를 확보한 경우를 제외하고는 정기조사 또는 수시조사를 실시한 행정기관의 장은 동일한 사안에 대하여 동일한 조사대상자를 재조사하여서는 아니 된다.
24 국회9급 (O / X)

03 다른 세목, 다른 과세기관에 대한 세무조사 도중 해당 세목 및 과세기간에 대한 조사가 부분적으로 이루어진 경우 추후 이루어진 재조사는 위법한 중복조사에 해당한다.
20 국회8급 (O / X)

04 「행정조사기본법」에 따르면, 행정조사를 실시하는 경우 조사개시 7일 전까지 조사대상자에게 출석요구서, 보고요구서·자료제출요구서, 현장출입조사서를 서면으로 통지하여야 하나, 조사대상자의 자발적인 협조를 얻어 행정조사를 실시하는 경우에는 미리 서면으로 통지하지 않고 행정조사의 개시와 동시에 이를 조사대상자에게 제시할 수 있다.
18 국가9급 (O / X)

05 행정기관은 조사대상자의 자발적인 협조를 얻어 행정조사를 실시할 수 있는데, 이 경우에도 조사개시 7일 전까지 조사대상자에게 서면으로 통지하여야 한다.
24 군무원9급 (O / X)

| 정답 | 01 X 02 O 03 X 04 O 05 X

④ 제3자에 대한 보충조사
  ㉠ 행정기관의 장은 조사대상자에 대한 조사만으로는 당해 행정조사의 목적을 달성할 수 없거나 조사대상이 되는 행위에 대한 사실 여부 등을 입증하는 데 과도한 비용 등이 소요되는 경우로서 다음의 어느 하나에 해당하는 경우에는 제3자에 대하여 보충조사를 할 수 있다.
    ⓐ 다른 법률에서 제3자에 대한 조사를 허용하고 있는 경우
    ⓑ 제3자의 동의가 있는 경우
  ㉡ 행정기관의 장은 제3자에 대한 보충조사를 실시하는 경우에는 조사개시 7일 전까지 보충조사의 일시·장소 및 보충조사의 취지 등을 제3자에게 서면으로 통지하여야 한다.
  ㉢ 행정기관의 장은 제3자에 대한 보충조사를 하기 전에 그 사실을 원래의 조사대상자에게 통지하여야 한다. 다만, 제3자에 대한 보충조사를 사전에 통지하여서는 조사목적을 달성할 수 없거나 조사목적의 달성이 현저히 곤란한 경우에는 제3자에 대한 조사결과를 확정하기 전에 그 사실을 통지하여야 한다.
  ㉣ 원래의 조사대상자는 이에 따른 통지에 대하여 의견을 제출할 수 있다.

⑤ 자발적인 협조에 따라 실시하는 행정조사
  ㉠ 행정기관의 장이 조사대상자의 자발적인 협조를 얻어 행정조사를 실시하고자 하는 경우 조사대상자는 문서·전화·구두 등의 방법으로 당해 행정조사를 거부할 수 있다. 01
  ㉡ 행정조사에 대하여 조사대상자가 조사에 응할 것인지에 대한 응답을 하지 아니하는 경우에는 법령 등에 특별한 규정이 없는 한 그 조사를 거부한 것으로 본다. 02
  ㉢ 행정기관의 장은 조사거부자의 인적 사항 등에 관한 기초자료는 특정 개인을 식별할 수 없는 형태로 통계를 작성하는 경우에 한하여 이를 이용할 수 있다.

⑥ 의견제출
  ㉠ 조사대상자는 사전통지의 내용에 대하여 행정기관의 장에게 의견을 제출할 수 있다.
  ㉡ 행정기관의 장은 이에 따라 조사대상자가 제출한 의견이 상당한 이유가 있다고 인정하는 경우에는 이를 행정조사에 반영하여야 한다.

⑦ 조사원 교체신청
  ㉠ 조사대상자는 조사원에게 공정한 행정조사를 기대하기 어려운 사정이 있다고 판단되는 경우에는 행정기관의 장에게 당해 조사원의 교체를 신청할 수 있다.
  ㉡ 교체신청은 그 이유를 명시한 서면으로 행정기관의 장에게 하여야 한다. 03
  ㉢ 교체신청을 받은 행정기관의 장은 즉시 이를 심사하여야 한다.
  ㉣ 행정기관의 장은 교체신청이 타당하다고 인정되는 경우에는 다른 조사원으로 하여금 행정조사를 하게 하여야 한다.
  ㉤ 행정기관의 장은 교체신청이 조사를 지연할 목적으로 한 것이거나 그 밖에 교체신청에 타당한 이유가 없다고 인정되는 때에는 그 신청을 기각하고 그 취지를 신청인에게 통지하여야 한다.

⑧ 조사권 행사의 제한
  ㉠ 조사원은 사전에 발송된 사항에 한하여 조사대상자를 조사하되, 사전통지한 사항과 관련된 추가적인 행정조사가 필요할 경우에는 조사대상자에게 추가조사의 필요성과 조사내용 등에 관한 사항을 서면이나 구두로 통보한 후 추가조사를 실시할 수 있다.
  ㉡ 조사대상자는 법률·회계 등에 대하여 전문지식이 있는 관계 전문가로 하여금 행정조사를 받는 과정에 입회하게 하거나 의견을 진술하게 할 수 있다.

개념확인 O/X

01 「행정조사기본법」에 따르면 조사대상자의 자발적인 협조를 얻어 행정조사를 실시하고자 하는 경우 조사대상자는 문서·전화·구두 등의 방법으로 당해 행정조사를 거부할 수 있다.
23 지방9급 (O / X)

02 자발적인 협조에 따라 실시하는 행정조사에 대하여 조사대상자가 조사에 응할 것인지에 대한 응답을 하지 아니하는 경우에는 법령 등에 특별한 규정이 없는 한 그 조사에 동의한 것으로 본다.
17 서울9급 (O / X)

03 조사대상자에 의한 조사원 교체신청은 그 이유를 명시한 서면으로 행정기관의 장에게 하여야 한다.
15 지방9급 (O / X)

정답 | 01 O 02 X 03 O

ⓒ 조사대상자와 조사원은 조사과정을 방해하지 아니하는 범위 안에서 행정조사의 과정을 녹음하거나 녹화할 수 있다. 이 경우 녹음·녹화의 범위 등은 상호 협의하여 정하여야 한다.
ⓓ 조사대상자와 조사원이 녹음이나 녹화를 하는 경우에는 사전에 이를 당해 행정기관의 장에게 통지하여야 한다.

⑨ **조사결과의 통지**: 행정기관의 장은 법령 등에 특별한 규정이 있는 경우를 제외하고는 행정조사의 결과를 확정한 날부터 7일 이내에 그 결과를 조사대상자에게 통지하여야 한다. 01

(5) 자율관리체제의 구축 등

① **자율신고제도**
㉠ 행정기관의 장은 법령 등에서 규정하고 있는 조사사항을 조사대상자로 하여금 스스로 신고하도록 하는 제도를 운영할 수 있다.
㉡ 행정기관의 장은 조사대상자가 ㉠에 따라 신고한 내용이 거짓의 신고라고 인정할 만한 근거가 있거나 신고내용을 신뢰할 수 없는 경우를 제외하고는 그 신고내용을 행정조사에 갈음할 수 있다. 02

② **자율관리체제의 구축**
㉠ 행정기관의 장은 조사대상자가 자율적으로 행정조사사항을 신고·관리하고, 스스로 법령준수사항을 통제하도록 하는 체제(이하 '자율관리체제'라 한다)의 기준을 마련하여 고시할 수 있다.
㉡ 조사대상자 등에 해당하는 자는 이에 따른 기준에 따라 자율관리체제를 구축하여 대통령령으로 정하는 절차와 방법에 따라 행정기관의 장에게 신고할 수 있다.
㉢ 국가와 지방자치단체는 행정사무의 효율적인 집행과 법령 등의 준수를 위하여 조사대상자의 자율관리체제 구축을 지원하여야 한다.

③ **자율관리에 대한 혜택의 부여**: 행정기관의 장은 자율신고를 하는 자와 자율관리체제를 구축하고 자율관리체제의 기준을 준수한 자에 대하여는 법령 등으로 규정한 바에 따라 행정조사의 감면 또는 행정·세제상의 지원을 하는 등 필요한 혜택을 부여할 수 있다.

④ **정보통신수단을 통한 행정조사**
㉠ 행정기관의 장은 인터넷 등 정보통신망을 통하여 조사대상자로 하여금 자료의 제출 등을 하게 할 수 있다. 03
㉡ 행정기관의 장은 정보통신망을 통하여 자료의 제출 등을 받은 경우에는 조사대상자의 신상이나 사업비밀 등이 유출되지 아니하도록 제도적·기술적 보안조치를 강구하여야 한다.

(6) 행정조사에 대한 구제

① **적법한 행정조사에 대한 구제**: 아무런 하자 없이 적법하게 이루어진 행정조사로 말미암아 귀책사유 없이 특별한 희생을 입은 자는 법률이 정하는 바에 따라 정당한 보상을 청구할 수 있다.

② **위법한 행정조사에 대한 구제**: 위법한 권력적 행정조사로 권익을 침해당한 경우 조사에 대한 행정쟁송이 가능하겠으나, 행정조사가 장기간에 걸쳐 계속되는 경우, 즉 행정조사의 합법성의 전제인 수인의무를 배제할 필요가 있는 경우나 또는 위법한 행정조사를 취소함으

개념확인 O/X

01 행정기관의 장은 법령 등에 특별한 규정이 있는 경우를 제외하고는 행정조사의 결과를 확정한 날로부터 7일 이내에 그 결과를 조사대상자에게 통지하여야 한다.
24 국회9급, 18 서울7급 (O / X)

02 행정기관의 장은 조사대상자가 신고한 내용이 거짓의 신고라고 인정할 만한 근거가 있거나 신고내용을 신뢰할 수 없는 경우를 제외하고는 그 신고내용을 행정조사에 갈음하여야 한다.
12 사회복지 (O / X)

03 행정기관의 장은 인터넷 등 정보통신망을 통하여 조사대상자로 하여금 자료의 제출 등을 하게 할 수 있다.
15 지방9급 (O / X)

| 정답 | 01 O   02 X   03 O

로써 회복될 수 있는 법률상 이익이 있는 때에만 행정쟁송을 제기할 수 있다 할 것이다. 따라서, 위법한 행정조사에 대한 구제로는 국가배상청구나 원상회복청구, 결과제거청구권 행사가 적절할 것이다. 또한 정당방위도 가능하다. 01

> **관련 판례**
>
> Ⓐ 세무조사결정이 항고소송의 대상이 되는 행정처분에 해당하는지 여부(적극) [24 군무원 9급, 24 국회직 9급, 19 지방직 7급, 18 국가직 9급, 18 소방직, 18 서울시 7급, 17 지방직 9급] 02 03 04 05
>
> 납세의무자로 하여금 개개의 과태료 처분에 대하여 불복하거나 조사 종료 후의 과세처분에 대하여만 다툴 수 있도록 하는 것보다는 그에 앞서 세무조사결정에 대하여 다툼으로써 분쟁을 조기에 근본적으로 해결할 수 있는 점 등을 종합하면, 세무조사결정은 납세의무자의 권리·의무에 직접 영향을 미치는 공권력의 행사에 따른 행정작용으로서 항고소송의 대상이 된다(대판 2011. 3. 10. 2009두23617, 23624).

③ **위법한 행정조사와 그에 근거한 행정처분 간의 하자 문제**: 행정조사에 의해 수집된 정보 자체가 사실에 반하고 그에 근거한 행정처분이 있다면 사실의 기초에 흠이 있는 경우로서 위법한 처분이 된다.

> **관련 판례**
>
> Ⓐ 세무조사가 과세자료의 수집 또는 신고내용의 정확성 검증이라는 본연의 목적이 아니라 부정한 목적을 위하여 행하여진 경우, 세무조사에 의하여 수집된 과세자료를 기초로 한 과세처분이 위법한지 여부(적극) [24 군무원 9급, 19 국가직 7급, 19 지방직 7급, 18 국가직 9급, 16 국가직 9급] 06 07
>
> 세무조사가 과세자료의 수집 또는 신고내용의 정확성 검증이라는 본연의 목적이 아니라 부정한 목적을 위하여 행하여진 것이라면 이는 세무조사에 중대한 위법사유가 있는 경우에 해당하고 이러한 세무조사에 의하여 수집된 과세자료를 기초로 한 과세처분 역시 위법하다. 세무조사가 국가의 과세권을 실현하기 위한 행정조사의 일종으로서 과세자료의 수집 또는 신고내용의 정확성 검증 등을 위하여 필요불가결하며, 종국적으로는 조세의 탈루를 막고 납세자의 성실한 신고를 담보하는 중요한 기능을 수행하더라도 만약 남용이나 오용을 막지 못한다면 납세자의 영업활동 및 사생활의 평온이나 재산권을 침해하고 나아가 과세권의 중립성과 공공성 및 윤리성을 의심받는 결과가 발생할 것이기 때문이다(대판 2016. 12. 15. 2016두47659).

개념확인 O/X

01 위법한 행정조사로 손해를 입은 국민은 「국가배상법」에 따른 손해배상을 청구할 수 있다.
16 국가9급 (O / X)

02 세무조사결정은 납세의무자의 권리·의무에 직접 영향을 미치는 공권력의 행사에 따른 행정작용으로서 항고소송의 대상이 된다.
18 소방 (O / X)

03 부과처분을 위한 과세관청의 질문조사권이 행해지는 세무조사결정이 있는 경우 납세의무자는 세무공무원의 과세자료 수집을 위한 질문에 대답하고 검사를 수인하여야 할 법적 의무를 부담하게 된다는 점에서 세무조사결정은 항고소송의 대상이 된다.
24 군무원9급 (O / X)

04 장부제출명령, 출두명령 등 행정행위의 형식을 취하는 행정조사는 물론 사실행위로서의 행정조사도 권력적인 경우에는 항고소송으로 다툴 수 있다.
24 국회9급 (O / X)

05 지방자치단체장의 세무조사결정은 납세의무자의 권리·의무에 간접적 영향을 미치는 행정작용으로서 항고소송의 대상이 되지 않는다.
18 서울7급 (O / X)

06 헌법 제12조 제1항에서 규정하고 있는 적법절차의 원칙은 형사소송절차에 국한되지 않고 모든 국가작용 전반에 대하여 적용되는 원칙이므로 세무공무원의 세무조사권의 행사에서도 적법절차의 원칙은 준수되어야 한다.
18 국가9급 (O / X)

07 「국세기본법」이 정한 세무조사대상 선정사유가 없음에도 세무조사대상으로 선정하여 과세자료를 수집하고 그에 기하여 과세처분을 하는 것은 위법하다.
24 군무원9급 (O / X)

| 정답 | 01 O 02 O 03 O 04 O 05 X 06 O 07 O

개념 적용문제

03 행정상 즉시강제 및 행정조사

교수님 코멘트▶ 즉시강제에서는 영장주의와 구제방법을 파악해야 하고, 행정조사에서는 「행정조사기본법」상 기본원칙과 구체적인 조사방법에 대한 내용을 암기하고 있어야 한다.

01
2021 군무원 7급

아래의 법률 조항에 대한 설명으로 옳지 <u>않은</u> 것은?

> 「감염병의 예방 및 관리에 관한 법률」 제49조 제1항: 질병관리청장, 시·도지사 또는 시장·군수·구청장은 감염병을 예방하기 위하여 다음 각 호에 해당하는 모든 조치를 하거나 그에 필요한 일부 조치를 하여야 하며, 보건복지부장관은 감염병을 예방하기 위하여 제2호, 제2호의2부터 제2호의4까지, 제12호 및 제12호의2에 해당하는 조치를 할 수 있다.
> 14. 감염병의심자를 적당한 장소에 일정한 기간 입원 또는 격리시키는 것

① 감염병의심자에 대한 격리조치는 직접강제에 해당한다.
② 그 성질상 행정상 의무의 이행을 명하는 것만으로는 행정목적달성이 곤란한 경우에 가능하다.
③ 다른 수단으로는 행정목적을 달성할 수 없는 경우에만 허용된다.
④ 현장에 파견되는 집행책임자는 강제하는 이유와 내용을 고지하여야 한다.

정답&해설

01 ① 즉시강제

① 감염병이 의심되는 자에 대한 격리조치는 의무를 부과하고 이에 대한 불이행을 전제로 할 수 없는 강제로서 즉시강제에 해당된다.

|오답해설| ② 즉시강제는 성질상 의무를 부과하고 그의 불이행을 전제로 행정강제를 실행하는 경우에는 행정목적달성이 곤란한 경우에 한하여 인정되는 강제이다.
③ 행정강제는 행정상 강제집행을 원칙으로 하며, 법치국가적 요청인 예측가능성과 법적 안정성에 반하고, 기본권 침해의 소지가 큰 권력작용인 <u>행정상 즉시강제는 어디까지나 예외적인 강제수단이라고 할 것이다</u>. 이러한 행정상 즉시강제는 엄격한 실정법상의 근거를 필요로 할 뿐만 아니라, 그 발동에 있어서는 법규의 범위 안에서도 다시 행정상의 장해가 목전에 급박하고, <u>다른 수단으로는 행정목적을 달성할 수 없는 경우이어야</u> 하며, 이러한 경우에도 그 행사는 필요 최소한도에 그쳐야 함을 내용으로 하는 조리상의 한계에 기속된다(헌재 2002.10.31. 2000헌가12).
④ 행정강제는 상대방의 의사에 반하여 이루어지는 행정작용이다. 따라서 상대방이 납득할 수 있도록 강제하는 이유와 즉시강제의 내용을 고지하여야 한다.

| 정답 | 01 ①

02
2021 국가직 9급

행정의 실효성 확보수단의 예와 그 법적 성질의 연결이 옳지 않은 것은? (다툼이 있는 경우 판례에 의함)

① 「건축법」에 따른 이행강제금의 부과 – 집행벌
② 「식품위생법」에 따른 영업소 폐쇄 – 직접강제
③ 「공유재산 및 물품 관리법」에 따른 공유재산 원상복구명령의 강제적 이행 – 즉시강제
④ 「부동산등기 특별조치법」에 따른 과태료의 부과 – 행정벌

03
2022 국가직 9급

행정상 즉시강제에 대한 설명으로 옳은 것만을 모두 고르면?

ㄱ. 항고소송의 대상이 되는 처분의 성질을 갖는다.
ㄴ. 과거의 의무 위반에 대하여 가해지는 제재이다.
ㄷ. 목전에 급박한 장해를 예방하기 위한 경우에는 예외적으로 법률의 근거가 없이도 발동될 수 있다는 것이 일반적인 견해이다.
ㄹ. 강제 건강진단과 예방접종은 대인적 강제수단에 해당한다.
ㅁ. 위법한 즉시강제작용으로 손해를 입은 자는 국가나 지방자치단체를 상대로 「국가배상법」이 정한 바에 따라 손해배상을 청구할 수 있다.

① ㄴ, ㄷ
② ㄱ, ㄴ, ㅁ
③ ㄱ, ㄹ, ㅁ
④ ㄷ, ㄹ, ㅁ

04

행정조사에 대한 설명으로 옳지 않은 것은?

① 우편물 통관검사절차에서 이루어지는 우편물의 개봉, 시료채취, 성분분석 등의 검사는 수출입물품에 대한 적정한 통관 등을 목적으로 한 행정조사의 성격을 가지는 것으로서 압수·수색영장 없이도 이러한 검사를 진행할 수 있다.
② 세무조사결정은 납세자의 권리·의무에 직접 영향을 미치는 공권력의 행사에 따른 행정작용으로서 항고소송의 대상이 된다.
③ 「행정조사기본법」에 따르면 조사대상자의 자발적인 협조에 따라 실시하는 행정조사에 대하여 조사대상자가 조사에 응할 것인지에 대한 응답을 하지 아니하는 경우에는 법령등에 특별한 규정이 없는 한 그 조사를 거부한 것으로 본다.
④ 「행정조사기본법」상 행정조사를 실시하기 전에 관련 사항을 미리 통지하는 경우 증거인멸 등으로 행정조사의 목적을 달성할 수 없다고 판단되는 때에는 행정기관의 장은 행정조사 종료 후 지체 없이 행정조사의 목적 등을 조사대상자에게 구두로 통지할 수 있다.

정답&해설

02 ③ 즉시강제
③ 즉시강제는 의무부과와 불이행 없이 행하는 강제이다. 따라서 명령을 강제이행하는 행위는 즉시강제가 될 수 없다.

03 ③ 즉시강제
ㄱ. (O) 즉시강제는 권력적 사실행위로서 항고소송대상인 처분이다.
ㄹ. (O) 강제 건강진단과 예방접종은 대인적 강제수단에 해당한다.
ㅁ. (O) 위법한 즉시강제에 따른 손해는 「국가배상법」에 의해 배상을 받을 수 있다.
|오답해설| ㄴ. (X) 즉시강제는 목전에 급박한 위해를 제거하기 위한 강제이지 과거 의무 위반에 대한 제재가 아니다.
ㄷ. (X) 즉시강제를 포함한 모든 행정강제는 구체적인 법률의 근거를 필요로 한다.

04 ④ 행정조사
④ 행정조사에 대한 사전통지를 하지 않는 경우에는 조사개시와 동시에 구두로서 통지할 수 있다.

> 「행정조사기본법」 제17조 【조사의 사전통지】 ① 행정조사를 실시하고자 하는 행정기관의 장은 제9조에 따른 출석요구서, 제10조에 따른 보고요구서·자료제출요구서 및 제11조에 따른 현장출입조사서(이하 "출석요구서등"이라 한다)를 조사개시 7일 전까지 조사대상자에게 서면으로 통지하여야 한다. 다만, 다음 각 호의 어느 하나에 해당하는 경우에는 행정조사의 개시와 동시에 출석요구서등을 조사대상자에게 제시하거나 행정조사의 목적 등을 조사대상자에게 구두로 통지할 수 있다.
> 1. 행정조사를 실시하기 전에 관련 사항을 미리 통지하는 때에는 증거인멸 등으로 행정조사의 목적을 달성할 수 없다고 판단되는 경우
> 2. 「통계법」 제3조 제2호에 따른 지정통계의 작성을 위하여 조사하는 경우
> 3. 제5조 단서에 따라 조사대상자의 자발적인 협조를 얻어 실시하는 행정조사의 경우

|오답해설| ① 우편물 통관검사절차에서 이루어지는 우편물의 개봉, 시료채취, 성분분석 등의 검사는 수출입물품에 대한 적정한 통관 등을 목적으로 한 행정조사의 성격을 가지는 것으로서 수사기관의 강제처분이라고 할 수 없으므로, 압수·수색영장 없이 우편물의 개봉, 시료채취, 성분분석 등 검사가 진행되었다 하더라도 특별한 사정이 없는 한 위법하다고 볼 수 없다(대판 2013. 9. 26. 선고 2013도7718).
② 대판 2011.3.10. 2009두23617·23624
③ 「행정조사기본법」 제20조 제2항

|정답| 02 ③ 03 ③ 04 ④

05

행정조사에 관한 설명으로 옳은 것(○)과 옳지 않은 것(×)을 바르게 표기한 것은? (다툼이 있는 경우 판례에 의함)

> ㄱ. 행정조사는 그 실효성 확보를 위해 수시조사를 원칙으로 한다.
> ㄴ. 「행정절차법」은 행정조사절차에 관한 명문의 규정을 일부 두고 있다.
> ㄷ. (구)「국세기본법」에 따른 금지되는 재조사에 기초한 과세처분은 특별한 사정이 없는 한 위법하다.
> ㄹ. 우편물 통관검사절차에서 이루어지는 우편물의 개봉, 시료채취, 성분분석 등의 검사는 행정조사의 성격을 가지는 것으로 압수·수색영장 없이 진행되었다고 해도 특별한 사정이 없는 한 위법하다고 볼 수 없다.

	ㄱ	ㄴ	ㄷ	ㄹ
①	×	×	○	○
②	×	○	×	○
③	○	×	○	×
④	×	○	○	○

06

다음 중 「행정조사기본법」상 행정조사에 대한 설명으로 가장 적절하지 <u>않은</u> 것은?

① 행정조사는 법령 등을 준수하도록 유도하기 보다는 법령 등의 위반에 대한 처벌에 중점을 두어야 한다.
② 조사대상자의 자발적인 협조를 얻어 실시하는 행정조사 외에는, 행정기관은 법령 등에서 행정조사를 규정하고 있는 경우에 한하여 행정조사를 실시할 수 있다.
③ 행정기관의 장은 행정조사의 목적, 법령준수의 실적, 자율적인 준수를 위한 노력, 규모와 업종 등을 고려하여 명백하고 객관적인 기준에 따라 행정조사의 대상을 선정하여야 한다.
④ 조사대상자는 조사대상 선정기준에 대한 열람을 행정기관의 장에게 신청할 수 있다.

07

2021 국회직 8급

「행정조사기본법」에 대한 설명으로 옳지 않은 것은? (다툼이 있는 경우 판례에 의함)

① 행정기관은 조사목적에 적합하도록 조사대상자를 선정하여 행정조사를 실시하는 것을 원칙으로 하나 필요한 경우 제3자에 대하여도 조사할 수 있다.
② 행정기관은 법령 등에서 행정조사를 규정하고 있는 경우가 아니라도 조사대상자의 자발적인 협조를 얻어 행정조사를 실시할 수 있다.
③ 행정기관은 조사대상자의 자발적인 협조를 얻어 실시하는 행정조사인 경우 「행정조사기본법」 제17조 제1항 본문에 따른 사전통지를 하지 않을 수 있다.
④ 당해 행정기관 내의 2 이상의 부서가 동일하거나 유사한 업무분야에 대하여 동일한 조사대상자에게 행정조사를 실시하는 경우에는 공동조사를 할 수 있다.
⑤ 행정기관의 장은 법령 등에 특별한 규정이 있는 경우를 제외하고는 행정조사의 결과를 확정한 날부터 7일 이내에 그 결과를 조사대상자에게 통지하여야 한다.

정답&해설

05 ① 행정조사
ㄱ. (X) 「행정조사기본법」 제7조에 의하면 행정조사는 정기조사를 원칙으로 한다.
ㄴ. (X) 「행정절차법」에는 행정조사절차에 대한 규정이 없다.
ㄷ. (O) 이는 과세관청이 그러한 재조사로 얻은 과세자료를 과세처분의 근거로 삼지 않았다거나 이를 배제하고서도 동일한 과세처분이 가능한 경우라고 하여 달리 볼 것은 아니다(대판 2017.12.13. 2016두55421).
ㄹ. (O) 대판 2013.9.26. 2013도7718

06 ① 행정조사
① 행정조사는 법령등의 위반에 대한 처벌보다는 법령등을 준수하도록 유도하는 데 중점을 두어야 한다(「행정조사기본법」 제4조 제4항).
|오답해설| ② 행정기관은 법령등에서 행정조사를 규정하고 있는 경우에 한하여 행정조사를 실시할 수 있다. 다만, 조사대상자의 자발적인 협조를 얻어 실시하는 행정조사의 경우에는 그러하지 아니하다(동법 제5조).
③ 동법 제8조 제1항
④ 동법 제8조 제2항

07 ④ 행정조사
④ 공동조사를 할 수 있는 임의규정이 아니라 하여야 하는 강행규정이다(「행정조사기본법」 제14조 제1항 제1호).
|오답해설| ① 「행정조사기본법」 제4조의 원칙과 제19조의 제3자 보충조사에 대한 내용이다.
② 「행정조사기본법」 제5조에 의해 법령에 근거가 없어도 자발적 협조를 얻어 조사를 실시할 수 있다.
③ 자발적 협조를 통한 행정조사는 사전통지를 생략할 수 있다(동법 제17조 제1항 제3호).
⑤ 동법 제24조

| 정답 | 05 ①   06 ①   07 ④

CHAPTER 04 행정벌

01 개관
02 행정형벌
03 행정질서벌

01 개관

1 개설

(1) 의의
① '행정벌'이란 행정법상의 과거의 의무 위반에 대하여 일반통치권에 기하여 과하는 제재로서의 처벌이다.
② 이는 간접적으로 행정상 의무자에게 심리적 압박을 가하여 행정상 의무이행을 확보하는 제도로서 행정형벌과 행정질서벌로 되어 있다.

(2) 행정강제와 구별
양자 모두 행정의 실효성 확보를 위한 점에서 같으나 행정강제는 행정목적을 직접 실현하는 작용인 데 반하여, 행정벌은 과거의 비행을 처벌하여 일반국민에게 위하를 기함으로써 장래에 있어서의 의무이행을 간접적으로 실현하는 작용인 점에서 다르다.

(3) 법적 근거
① 법률
  ㉠ 행정벌도 처벌인 점에서 행정형벌이나 행정질서벌 모두 법률에 구체적인 근거를 필요로 한다.
  ㉡ 죄형법정주의 적용
    ⓐ 죄형법정주의는 어떤 행위가 범죄이며 그에 대한 행위에 어떠한 형벌을 부과할지를 입법부가 제정한 법률로써 규정하여야 한다는 원칙이다.
    ⓑ 행정형벌은 행정의 직접적인 목적달성에 저해되는 행위에 따라 '형벌'을 부과받는 것으로 죄형법정주의의 대상이 된다.
    ⓒ 행정질서벌은 질서유지를 위한 질서위반행위에 '과태료'를 부과하는 것으로 이는 형벌에 해당하지 않아 죄형법정주의가 적용되지 않는다는 것이 헌법재판소의 입장이다. 01
    ⓓ 과태료는 「질서위반행위규제법」에 의하면 질서위반행위 법정주의에 해당한다.
② 명령: 헌법 제75조 규정에 의하여 법률이 처벌대상인 행위와 그 구성요건, 그리고 처벌의 한도를 구체적으로 범위를 정하여 세부적인 사항을 위임한 경우에 위임한 한도 내에서 규정할 수 있다.

개념확인 O/X

01 과태료는 행정상의 질서유지를 위한 행정질서벌에 해당할 뿐이므로 죄형법정주의의 규율대상에 해당하지 아니한다.
16 국가7급 (O/X)

정답 | 01 O

③ **조례**: 지방자치단체는 조례 위반행위에 대하여 1천만 원 이하의 과태료를 부과하는 처벌 규정을 조례로써 정할 수 있다.

> **관련 판례**
>
> **B 행정질서벌에 대한 죄형법정주의의 적용 여부**
>
> 죄형법정주의는 무엇이 범죄이며 그에 대한 형벌이 어떠한 것인가는 국민의 대표로 구성된 입법부가 제정한 법률로써 정하여야 한다는 원칙인데, 「부동산등기 특별조치법」 제11조 제1항 본문 중 제2조 제1항에 관한 부분이 정하고 있는 과태료는 행정상의 질서유지를 위한 행정질서벌에 해당할 뿐 형벌이라고 할 수 없어 죄형법정주의의 규율대상에 해당하지 아니한다(헌재 1998.5.28. 96헌바83).

> **관련 법령**
>
> 「질서위반행위규제법」 제6조【질서위반행위 법정주의】법률에 따르지 아니하고는 어떤 행위도 질서위반행위로 과태료를 부과하지 아니한다.
>
> 「지방자치법」 제34조【조례 위반에 대한 과태료】① 지방자치단체는 조례를 위반한 행위에 대하여 조례로써 1천만 원 이하의 과태료를 정할 수 있다.
> ② 제1항에 따른 과태료는 해당 지방자치단체의 장이나 그 관할 구역의 지방자치단체의 장이 부과·징수한다.

2 다른 제재 등과의 구별

(1) 행정벌과 형사벌

① **구별부정설**: 양자 모두 위법·유책 행위이고 양적 차이만 존재한다는 점에서 구별을 부정하는 견해이다.

② **구별긍정설 – 피침해규범의 성질을 기준으로 하는 견해(종래 통설)**: 형사벌은 법규의 규정 없이도 반윤리성·반사회성이 인정되는 자연범에 대한 처벌인 데 비하여, 행정벌은 원칙적으로 행정목적의 실현을 위해 법규가 정한 명령·금지에 위반함으로써 비로소 범죄가 되는 법정범에 대한 처벌이다(자연범·법정범구별설).

(2) 행정벌과 징계벌

① **권력의 기초**: 행정벌은 일반통치권에 기초하여 과하는 제재인 데 반하여, 징계벌은 특별권력에 기초를 두고 과하는 제재이다.

② **목적**: 행정벌은 일반행정법상 의무 위반자를 대상으로 하여 일반행정 질서유지를 목적으로 하는 데 대하여, 징계벌은 공법상의 특별행정법관계에서 그 내부질서유지를 목적으로 질서 위반자에게 과하는 제재이다.

③ **내용**: 행정벌은 생명·자유·재산·명예에 불이익을 가하는 것인 데 대하여, 징계벌은 일정한 신분적 불이익을 가하는 것이다.

④ **관계**: 행정벌과 징계벌 간에는 병과가 가능하다. 즉, 일사부재리의 원칙이 적용되지 않고, 형사소추우선의 원칙도 인정되지 않는다.

⑤ **법적 근거**: 행정벌은 죄형법정주의가 적용되지만, 징계벌은 죄형법정주의가 적용되지 않는다. 01

---

01 죄형법정주의 원칙 등 형벌법규의 해석 원리는 행정형벌에 관한 규정을 해석할 때에도 적용되어야 한다.
19 서울9급 (O/X)

| 정답 | 01 O

구분	행정벌	징계벌
목적	행정법규 질서유지	특별권력관계 내부질서유지
권력의 기초	일반통치권	특별권력관계
대상	행정법상의 의무 위반자	특별권력관계 질서 위반자
내용	자유·재산적 이익의 박탈	신분적 이익의 박탈·이용배제
법적 근거	죄형법정주의 적용	죄형법정주의 부적용

(3) 행정벌과 집행벌

① **목적**: 행정벌은 과거 의무 위반에 대하여 과하는 제재인 데 대하여, 집행벌은 의무불이행이 있는 경우에 장래의 이행을 강제하기 위한 강제집행의 일종이다.

② **일사부재리**: 행정벌은 거듭 부과할 수 없으나, 집행벌은 강제집행의 수단이므로 의무이행이 있을 때 까지 거듭 부과할 수 있다.

③ **성립요건**: 행정벌은 고의·과실이라는 주관적 요건이 필요하나, 집행벌은 의무불이행이라는 객관적 사실만으로 과할 수 있다.

④ **부과기관**: 행정형벌은 법원이, 행정질서벌은 행정청이 부과함이 원칙이고, 집행벌은 처분청이 부과기관이다.

⑤ **관계**: 행정형벌과 집행벌 간에는 병과가 가능하다.

구분	행정벌	집행벌
목적	과거 의무 위반자 제재	현재 의무불이행의 이행강제
일사부재리	적용(반복부과 불가)	부적용(반복부과 가능)
성립요건	고의와 과실	고의와 과실은 무관
부과기관	법원(행정질서벌은 법원과 행정기관)	행정청
절차	• 행정형벌: 「형사소송법」에 따라 법원이 부과(원칙) 예 통고처분 • 행정질서벌: 「질서위반행위규제법」에 따라 행정청이 부과(원칙)	• 불복절차에 대한 규정: 행정기관에 의한 부과 ⇨ 이의제기 ⇨ 법원에 통보 ⇨ 법원이 「비송사건절차법」에 의해 재판 • 특별규정이 없는 경우: (「건축법」, 「장사 등에 관한 법률」) – 행정쟁송 대상 ○

(4) 병과 문제

하나의 행위가 행정처분의 전제가 되는 사실이고 동시에 행정벌의 전제가 되는 사실인 경우나 또는 행정강제가 되는 사실과 더불어 행정벌의 대상이 되는 경우 등에 있어서 행정벌과 동시에 다른 제재처분이나 행정강제 등이 가능할 수 있는지에 대한 문제이다.

① 행정벌과 징계벌
   ㉠ 행정벌과 징계벌은 권력의 기초에 의해 부과되는 제재로서 행정벌의 행위자가 징계벌의 대상이 되는 경우에는 양자는 병과될 수 있다.
   ㉡ 특별행정법관계의 당사자는 동시에 일반권력관계의 당사자에 해당되어 지위를 겸하기 때문이다.

② 행정벌과 집행벌(이행강제금)
  ㉠ 집행벌(이행강제금)은 현재의 의무이행을 목적으로 하는 강제집행이고 이미 위반한 행위에 대한 제재의 성질인 행정벌과는 성질이나 목적 등에 차이가 난다. 01
  ㉡ 의무이행을 강제하는 집행벌을 부과하고 이에 대한 제재로서의 행정벌을 과할 수 있다.
③ 행정벌과 형사벌: 하나의 행위에 대해 행정형벌과 형사벌을 병과하는 것은 허용될 수 없다. 하나의 법 위반행위에 대해 두 개의 형벌을 과하는 것은 헌법상의 일사부재리원칙에 반하는 행위가 된다.
④ 행정벌과 과징금, 정지처분 등의 제재적 처분
  ㉠ 과징금은 부당지원행위 억지라는 행정목적을 실현하기 위한 행정상 제재금으로서의 기본적 성격에 부당이득환수적 요소도 부가되어 있는 것으로서, 과거 의무 위반에 대한 제재로서의 행정벌과는 성격이나 목적이 달라 양자를 병과하여도 이중처벌금지원칙에 반한다고 할 수 없다.
  ㉡ 사업정지 등의 제재적 행정처분과 행정벌의 취지나 성격이 같지 않아 양자는 병과될 수 있다. 대법원도 동일한 사유로 형사처벌을 받은 자에 대해서 운행정지처분을 한 것은 일사부재리원칙에 반하지 않는다고 한다.
⑤ 행정질서벌과 형사벌(또는 행정형벌)
  ㉠ 일반적인 견해: 하나의 행위에 대해 행정벌인 행정형벌이나 행정질서벌을 동시에 부과할 수 있는지에 대해서는 다툼이 있다. 일반적인 견해에 의하면 동일한 행위에 대해 양자 모두 행정벌에 속하여 병과될 수 없다는 입장이다.
  ㉡ 대법원의 입장: 대법원은 행정법상의 질서벌인 과태료의 부과처분과 형사처벌은 그 성질이나 목적을 달리하는 별개의 것이므로 행정법상의 질서벌인 과태료를 납부한 후에 형사처벌을 한다고 하여 이를 일사부재리의 원칙에 반하는 것이라고 할 수 없다는 입장이다. 02
  ㉢ 헌법재판소의 입장
    ⓐ 헌법재판소는 행정형벌과 행정질서벌의 병과는 국가의 입법권의 남용으로 인정될 여지가 있음을 부정할 수 없다고 하여 입법자는 행정벌을 부과하도록 함에 있어 행정형벌과 행정질서벌의 선택적으로 할 수 있도록 하여야 한다는 입장이다. 03
    ⓑ 하지만 무허가 건축행위에 대해 형사처벌과 과태료의 부과는 이중처벌에 해당하지 않는다는 결정례의 경우도 있어서 헌법재판소의 입장에 대한 해석에 논란이 있다(일반적으로 부정하는 입장으로 해석한다).
⑥ 기타: 행정벌과 행정상 강제집행, 행정벌과 명단공개 등은 병과가 허용된다.

> 관련 판례
>
> Ⓑ **형사처벌과 이행강제금의 병과는 이중처벌에 해당되지 않는다** [20 지방직 9급, 20 군무원 9급, 15 국가직 9급, 10 지방직 9급] 04 05 06 07
>
> 「건축법」 제78조에 의한 무허가 건축행위에 대한 형사처벌과 「건축법」 제83조 제1항에 의한 시정명령 위반에 대한 이행강제금의 부과는 그 처벌 내지 제재대상이 되는 기본적 사실관계로서의 행위를 달리하며, 또한 그 보호법익과 목적에서도 차이가 있으므로 헌법 제13조 제1항이 금지하는 이중처벌에 해당한다고 할 수 없다(헌재 2004. 2. 26. 2001헌바80·84·102·103, 2002헌바26).

개념확인 O/X

01 행정벌과 이행강제금은 장래에 의무의 이행을 강제하기 위한 제재로서 직접적으로 행정작용의 실효성을 확보하기 위한 수단이라는 점에서는 동일하다.
17 국가9급 (O/X)

02 대법원은 행정형벌과 행정질서벌은 그 성질이나 목적을 달리하는 별개의 것이므로 행정질서벌인 과태료를 납부한 후에 형사처벌을 한다고 하여 이를 일사부재리의 원칙에 반하는 것이라고 할 수 없다고 보고 있다.
(O/X)

03 헌법재판소는 행정형벌과 행정질서벌은 서로 다른 성질의 행정벌이므로 동일 법규 위반행위에 대하여 형벌을 부과하면서 행정질서벌인 과태료까지 부과하였다 하더라도 이중처벌금지의 기본정신에 배치되는 것은 아니라고 보고 있다.
(O/X)

04 이행강제금은 형벌과 병과될 경우 이중처벌금지원칙에 반한다.
15 국가9급 (O/X)

05 형사처벌과 이행강제금은 병과될 수 있다.
20 지방9급 (O/X)

06 이행강제금은 무허가 건축행위에 대한 형사처벌과는 그 처벌 내지 제재 대상이 되는 기본적 사실관계로서의 행위, 그 보호법익·목적에서 차이가 있어 양자를 병과하더라도 이중처벌에 해당한다고 할 수 없다.
10 지방9급 (O/X)

07 「건축법」에서 무허가 건축행위에 대한 형사처벌과 「건축법」 제80조 제1항에 의한 시정명령 위반에 대한 이행강제금의 부과는 헌법 제13조 제1항이 금지하는 이중처벌에 해당한다고 할 수 없다.
20 군무원9급 (O/X)

|정답| 01 X 02 O 03 X 04 X 05 O 06 O 07 O

개념확인 O/X

B 과징금부과에 관한 (구)「부동산 실권리자명의 등기에 관한 법률」제5조가 이중처벌금지원칙 또는 비례의 원칙에 위반되는지 여부(소극) [12 국가직 7급]

> (구)「부동산 실권리자명의 등기에 관한 법률」(2007.5.11. 법률 제8418호로 개정되기 전의 것) 제5조에 규정된 과징금은 그 취지와 기능, 부과의 주체와 절차 등에 비추어 행정청이 명의신탁행위로 인한 불법적인 이익을 박탈하거나 위 법률에 따른 실명등기의무의 이행을 강제하기 위하여 의무자에게 부·징수하는 것일 뿐 그것이 헌법 제13조 제1항에서 금지하는 국가형벌권 행사로서의 처벌에 해당한다고 할 수 없으므로 위 법률에서 형사처벌과 아울러 과징금의 부과처분을 할 수 있도록 규정하고 있다 하더라도 이중처벌금지원칙에 위반한다고 볼 수 없다(대판 2007.7.12. 2006두4554).

C 동일한 사유로 인하여 형사처벌을 받은 자에 대한 운행정지처분이 일사부재리 원칙에 위배되는지 여부(소극)

> 운행정지처분의 사유가 된 사실관계로 자동차 운송사업자가 이미 형사처벌을 받은 바 있다 하여 피고(서울특별시장)의 「자동차운수사업법」제31조를 근거로 한 운행정지처분이 일사부재리의 원칙에 위반된다 할 수 없다(대판 1983.6.14. 82누439).

C 행정질서벌과 행정형벌의 병과에 대한 헌법재판소의 입장

1. **행정형벌과 과태료를 병과하는 경우에 입법권의 남용의 여지가 있다**
   행정질서벌로서의 과태료는 행정상 의무의 위반에 대하여 국가가 일반통치권에 기하여 과하는 제재로서 형벌(특히 행정형벌)과 목적·기능이 중복되는 면이 없지 않으므로, 동일한 행위를 대상으로 하여 형벌을 부과하면서 아울러 행정질서벌로서의 과태료까지 부과한다면 그것은 이중처벌금지의 기본정신에 배치되어 국가 입법권의 남용으로 인정될 여지가 있음을 부정할 수 없다(헌재 1994.6.30. 92헌바38).

2. **무허가 건축행위에 형사처벌과 과태료의 부과는 이중처벌에 해당하지 않는다**
   (구)「건축법」제54조 제1항에 의한 무허가 건축행위에 대한 형사처벌과 이 사건 규정에 의한 시정명령 위반에 대한 과태료의 부과는 헌법 제13조 제1항이 금지하는 이중처벌에 해당한다고 할 수 없고, 또한 무허가 건축행위에 대하여 형사처벌을 한 후에라도 그 위법행위의 결과 침해된 법익을 원상회복시킬 필요가 있으므로 이를 위한 행정상 조치로서 시정명령을 발하고 그 위반에 대하여 과태료를 부과할 수 있도록 한 것이 기본권의 본질적 내용을 침해하는 것이라고 할 수도 없다 할 것이다(헌재 1994.6.30. 92헌바38).

3. **행정벌을 과하는 경우 입법자는 행정형벌이나 행정질서벌을 선택하여 과할 수 있다**
   행정법규에 있어서 행정질서의 유지를 위하여 행정벌을 과하는 경우 입법자는 그 입법목적의 달성을 위하여 행정형벌이나 행정질서벌을 선택하여 과할 수 있고, 그 입법목적이나 입법 당시의 실정 등을 종합 고려하여 어느 하나를 결정하는 것이다(헌재 1997.4.24. 95헌마90).

A 행정형벌과 행정질서벌의 병과에 대한 대법원의 입장 [24 국회직 9급, 19 국회직 9급, 14 국가직 9급, 12 지방직 7급]
01 02 03

1. **과태료처분 후의 형사처벌이 일사부재리의 원칙에 위배되는지 여부(소극)**
   일사부재리의 효력은 확정재판이 있을 때에 발생하는 것이고 과태료는 행정법상의 질서벌에 불과하므로 과태료처분을 받고 이를 납부한 일이 있더라도 그후에 형사처벌을 한다고 해서 일사부재리의 원칙에 어긋난다고 할 수 없다(대판 1989.6.13. 88도1983).

2. **임시운행허가기간을 벗어나 무등록차량을 운행한 자에 대한 과태료의 제재와 형사처벌이 일사부재리의 원칙에 반하는 것인지 여부(소극)** [14 국가직 9급]
   행정법상의 질서벌인 과태료의 부과처분과 형사처벌은 그 성질이나 목적을 달리하는 별개의 것이므로 행정법상의 질서벌인 과태료를 납부한 후에 형사처벌을 한다고 하여 이를 일사부재리의

---

01 행정질서벌은 형사벌과 그 성격을 같이 하므로 행정질서벌을 받고 난 후 형사처벌을 하는 것은 일사부재리의 원칙에 반한다.
12 지방7급 (O / X)

02 임시운행허가기간을 벗어난 무등록차량을 운행한 자는 과태료와 별도로 형사처벌의 대상이 된다.
14 국가9급 (O / X)

03 임시운행허가기간을 넘어 운행한 자가 등록된 차량에 관하여 그러한 행위를 한 경우라면 과태료의 제재만을 받게 되겠지만, 무등록차량에 관하여 그러한 행위를 한 경우라면 과태료와 별도로 형사처벌의 대상이 된다.
24 국회9급 (O / X)

| 정답 | 01 X   02 O   03 O

원칙에 반하는 것이라고 할 수는 없으며, 자동차의 임시운행허가를 받은 자가 그 허가 목적 및 기간의 범위 안에서 운행하지 아니한 경우에 과태료를 부과하는 것은 당해 자동차가 무등록 자동차인지 여부와는 관계없이, 이미 등록된 자동차의 등록번호표 또는 봉인이 멸실되거나 식별하기 어렵게 되어 임시운행허가를 받은 경우까지를 포함하여, 허가받은 목적과 기간의 범위를 벗어나 운행하는 행위 전반에 대하여 행정질서벌로써 제재를 가하고자 하는 취지라고 해석되므로, 만일 임시운행허가기간을 넘어 운행한 자가 등록된 차량에 관하여 그러한 행위를 한 경우라면 과태료의 제재만을 받게 되겠지만, 무등록 차량에 관하여 그러한 행위를 한 경우라면 과태료와 별도로 형사처벌의 대상이 된다(대판 1996.4.12. 96도158).

B 행형법상의 징벌을 받은 자에 대한 형사처벌이 일사부재리의 원칙에 위반되는지 여부(소극) [19 국회직 8급]
01

피고인이 행형법에 의한 징벌을 받아 그 집행을 종료하였다고 하더라도 행형법상의 징벌은 수형자의 교도소 내의 준수사항위반에 대하여 과하는 행정상의 질서벌의 일종으로서 형법 법령에 위반한 행위에 대한 형사책임과는 그 목적, 성격을 달리하는 것이므로 징벌을 받은 뒤에 형사처벌을 한다고 하여 일사부재리의 원칙에 반하는 것은 아니다(대판 2000.10.27. 2000도3874).

> **개념확인 O/X**
>
> **01** 피고인이 행형법에 의한 징벌을 받아 그 집행을 종료한 뒤에 형사처벌을 한다고 하여 일사부재리의 원칙에 반하는 것은 아니다.
> 19 국회8급 (O/X)

심화 학습 | 병과에 대한 정리

1. 행정벌과 징계벌: 병과 가능
2. 행정벌과 집행벌(이행강제금): 병과 가능
3. 행정형벌과 형사벌: 병과 불가
4. 행정벌과 과징금 등의 제재적 처분: 병과 가능
5. 행정질서벌과 형사벌(또는 행정형벌)
   - 일반적인 견해: 불가
   - 대법원: 가능
   - 헌법재판소: 병과규정을 두는 것은 국가의 입법남용의 여지가 있음

3 행정벌의 종류

행정벌은 내용에 따라 행정형벌과 행정질서벌로 나눌 수 있다. 행정벌의 내용은 입법자의 입법정책재량에 의해 결정된다는 것이 헌법재판소의 입장이다.

(1) 행정형벌

① 행정형벌은 직접적으로 행정목적을 침해한 행위에 대하여 과하는 제재이다. **02**
② 행정법규 위반에 대하여「형법」상의 형벌 9종이 부과된다.

심화 학습 | 형벌의 종류

1. 생명형: 사형
2. 자유형: 징역, 금고, 구류
3. 재산형: 벌금, 과료, 몰수
4. 명예형: 자격정지, 자격상실

③ 특별한 규정이 있는 경우를 제외하고는「형법」총칙이 적용된다.
④ 과벌은 형사소송법규에 따라 검사의 소송제기로 법원이 심판한다.
⑤ 고의·과실이 문제가 된다.

> **02** 행정형벌은 행정행위의 실효성을 확보함에 있어서 간접적인 의무이행확보수단이 된다.
> 12 국가9급 (O/X)

(2) 행정질서벌(국가가 과하는 과태료)

① 행정질서벌은 간접적으로 행정상 질서에 장애를 야기할 우려가 있는 의무 위반의 경우에 과한다.
② 행정질서벌은 과태료를 부과한다. 01
③ 형벌이 아니므로「형법」총칙이 적용되지 않는다.
④ 과벌절차는「질서위반행위규제법」에 의하여 행정청이 부과함을 원칙으로 하나 이에 불복하는 경우, 법원에 의하여 부과되거나 구제된다.
⑤ 원칙상 고의·과실을 요한다.

행정형벌과 행정질서벌의 구분

구분	행정형벌	행정질서벌
부과대상	직접적으로 행정목적을 침해한 행위	간접적으로 행정상 질서에 장애를 야기할 우려가 있는 의무 위반의 경우
적용 법령	「형법」총칙	각 개별법에 규정된 과태료를「질서위반행위규제법」규정에 따라 부과
부과절차	「형사소송법」이 정하는 절차	「질서위반행위규제법」이 정하는 절차
부과 벌	형벌이 부과됨	과태료가 부과됨
고의·과실	원칙상 고의·과실을 요함	원칙상 고의·과실을 요함

> **관련 판례**
>
> ● 행정법규 위반에 대한 처벌내용의 결정은 입법재량에 해당된다 [14 지방직 9급, 12 지방직 7급] 02 03
>
> 어떤 행정법규 위반행위에 대하여 이를 단지 간접적으로 행정상의 질서에 장해를 줄 위험성이 있음에 불과한 경우로 보아 행정질서벌인 과태료를 과할 것인가, 아니면 직접적으로 행정목적과 공익을 침해한 행위로 보아 행정형벌을 과할 것인가는, 당해 위반행위가 위의 어느 경우에 해당하는가에 대한 법적 판단을 그르친 것이 아닌 한 그 처벌내용은 기본적으로 <u>입법권자가 그 입법목적이나 입법 당시의 제반사정을 고려하여 결정할 입법재량에 속하는 문제이다</u>(헌재 1997.8.21. 93헌바51; 1997.4.24. 95헌마90).

02 행정형벌

1 개설

① '행정형벌'이란 행정법의 위반행위에 대하여「형법」에 규정되어 있는 형벌을 가하는 행정벌이다.
② 행정형벌에 대한 일반적인 규정이 없어「형법」총칙의 적용이 문제되고, 이에 대한 특례와 과형절차상 특례의 인정 여부가 문제된다.

개념확인 O/X

01 행정법규 위반행위에 대하여 과하여지는 과태료는 행정형벌이 아니라 행정질서벌에 해당한다.
16 국가9급　　　　　　(O/X)

02 어떤 행정법규 위반행위에 대해 과태료를 과할 것인지 행정형벌을 과할 것인지는 기본적으로 입법재량에 속한다.
14 지방9급　　　　　　(O/X)

03 헌법재판소에 의하면 행정형벌과 행정질서벌의 구별은 기본적으로 입법자가 제반사정을 고려하여 결정할 입법재량으로 본다.
12 지방7급　　　　　　(O/X)

| 정답 | 01 O　02 O　03 O

2 행정형벌의 특수성 [빈출]

(1) 실체법적 특수성

결정적 코멘트 ▶ 행정형벌의 특수성으로서의 고의 및 과실, 법인의 책임능력, 사용자 책임은 철저한 이해를 필요로 하며, 절차적 특수성으로서 통고처분 개념을 이해하고 관련 판례를 암기하여야 한다.

현행 실정법상 행정형벌에 관한 총칙규정은 없고, 각 단행법에서 개별적으로 규정하고 있는데 이에 관한 규정이 결여되어 있는 경우에는 「형법」 총칙이 적용된다(「형법」 제8조). 반면, 각 개별법에 특별한 규정을 두고 있는 경우에는 「형법」 총칙이 적용되지 않는다.

> **관련 법령**
>
> 「형법」 제8조 【총칙의 적용】 본법 총칙은 타 법령에 정한 죄에 적용한다. 단, 그 법령에 특별한 규정이 있는 때에는 예외로 한다.

① 고의·과실
  ㉠ 형사범: 형사범의 성립에는 원칙적으로 고의가 있음을 요건으로 하고 과실 있는 행위는 법률에 특별한 규정이 있을 때에만 처벌한다. 「형법」 제16조는 "자기의 행위가 법령에 의하여 죄가 되지 아니하는 것으로 오인한 행위는 그 오인에 정당한 이유가 있는 때에 한하여 벌하지 아니한다."고 규정하고 있다. 이 규정은 위법의 인식이 없더라도 위법성의 인식가능성이 있으면 범죄가 성립한다는 것으로 해석할 수 있다.
  ㉡ 행정형벌: 행정형벌에서는 고의의 경우 위법성 인식가능성을 요하며, 과실의 경우 과실범을 처벌한다는 명문의 규정이 있는 때는 물론, 과실범을 처벌할 것으로 해석되는 경우에도 처벌이 가능하다는 점에서 형사범과 다르다. 01 02

> **관련 판례**
>
> ⓒ 행정형벌은 명문규정이 없는 한 과실범은 원칙적으로 부정 [17 서울시 7급] 03
>
> 1. 「공중위생법」 제12조 제2항 제1호 단목은 "숙박업자는 손님에게 도박 기타 사행행위를 하게 하거나 이를 하도록 내버려두어서는 아니 된다."고 규정하고 있는바, 숙박업자가 알지도 못하고 있는 상태에서 손님이 도박을 한 경우는 숙박업자가 위 규정에 위반한 것으로 볼 수 없다(대판 1994.1.11. 93누22173).
> 2. 「소방법」 및 「건축법」상의 방화구조에 관한 법령을 위반한 호텔에서 화재가 발생하였으나, 실제 경영에 전혀 관여치 아니한 호텔 회장에게는 직접적인 주의의무도 없을 뿐만 아니라 … (중략) … 행정법은 명문규정이 있거나 해석상 과실범도 벌하고자 하는 취지임이 명확한 경우를 제외하고는 「형법」의 원칙에 따라 고의가 있어야 벌할 수 있다고 할 것인데, 「소방법」 및 「건축법」의 해당 법조에 과실범을 처벌한다는 명문규정을 두고 있지 않을 뿐만 아니라 해석상으로도 고의를 요하지 않는 것으로는 볼 수 없기 때문에, 회장에게는 그 책임을 물을 수 없다(대판 1986.7.22. 85도108).
> 3. 허가를 담당하는 공무원이 허가를 요하지 않는다고 잘못 알려 준 것을 믿은 경우 자기의 행위가 죄가 되지 않는 것으로 오인한 데 정당한 이유가 있는지 여부(적극)
> 행정청의 허가가 있어야 함에도 불구하고 허가를 받지 아니하여 처벌대상의 행위를 한 경우라도, 허가를 담당하는 공무원이 허가를 요하지 않는 것으로 잘못 알려 주어 이를 믿었기 때문에 허가를 받지 아니한 것이라면 허가를 받지 않더라도 죄가 되지 않는 것으로 착오를 일으킨 데 대하여 정당한 이유가 있는 경우에 해당하여 처벌할 수 없다(대판 1992.5.22. 91도2525).
>
> Ⓐ 행정형벌에 명문의 규정이 없어도 과실범을 인정한 판례 [19 국가직 9급, 17 서울시 7급, 17 국가직 7급, 14 국가직 9급, 12 지방직 9급] 04 05 06
>
> 「대기환경보전법」의 입법목적이나 관계규정의 취지 등을 고려하면, 자동차운행상의 과실로 동법상의 법정 매연배출허용기준을 초과한다는 점을 인식하지 못한 경우에도 처벌하는 취지라고 해석함이 상당하다(대판 1993.9.10. 92도1136).

개념확인 O/X

01 행정형벌은 의료면허증의 대여행위가 있기만 하면 고의 또는 과실이 없는 자도 처벌의 대상이 된다.
12 국가9급 (O / X)

02 명문의 규정이 없더라도 관련 행정형벌법규의 해석에 따라 과실행위도 처벌한다는 뜻이 명확한 경우에는 과실행위를 처벌할 수 있다.
17 국가7급 (O / X)

03 행정범에 대하여 명문규정이 없는 경우에도 법령의 입법목적이나 제반 관계규정의 취지 등을 고려하여 과실범을 처벌할 수 있다는 것이 대법원의 입장이다.
17 서울7급 (O / X)

04 대법원은 행정법규 위반에 대하여 가하는 제재조치로서의 행정처분에도 특별한 경우가 아닌 한 고의 또는 과실을 그 요건으로 한다고 판시하였다.
17 서울7급 (O / X)

05 행정범의 경우에는 과실행위를 벌한다는 명문의 규정이 없는 경우에도 그 법률 규정 중에 과실행위를 벌한다는 명백한 취지를 알 수 있는 경우에는 과실행위에 행정형벌을 부과할 수 있다.
12 지방9급 (O / X)

06 (구)「대기환경보전법」에 따라 배출허용기준을 초과하는 배출가스를 배출하는 자동차를 운행하는 행위를 처벌하는 규정은 과실범의 경우에 적용하지 아니한다.
14 국가9급 (O / X)

| 정답 | 01 X 02 O 03 O 04 X 05 O 06 X

② 법인의 범죄능력·책임능력(양벌규정)
　㉠ 「형법」: 법인은 범죄능력과 책임능력을 갖고 있지 않다고 본다.
　㉡ 행정법(양벌규정) 01 02
　　ⓐ 책임능력을 자연인에 한정해야 할 필요가 없으므로 법인에게도 인정될 수 있다고 본다(명문규정이 없는 경우에 법인을 처벌할 수 없다는 것이 통설·판례이다).
　　ⓑ 다만, 법인의 처벌은 재산형에 한한다. 이때 법인의 책임은 자기책임·과실책임이며, 양벌규정을 두는 경우가 많다(예 「소방기본법」 제55조).
　　ⓒ 지방자치단체도 양벌대상인 법인에 해당되어 지방자치단체 소속의 공무원이 자치사무를 수행하던 중 법 위반행위를 한 경우에 지방자치단체는 양벌규정에 따라 처벌대상이 된다.

관련 판례

Ⓐ 지방자치단체 소속의 공무원이 자치사무를 수행하던 중 「도로법」을 위반한 경우, 지방자치단체는 양벌대상인 법인에 해당된다 [24 군무원 9급, 23 지방직 9급, 20 국가직 7급, 20 국회직 9급, 19 국가직 7급, 19 서울시 9급, 17 국가직 7급] 03 04 05 06

> 지방자치단체가 그 고유의 자치사무를 처리하는 경우에는 지방자치단체는 국가기관의 일부가 아니라 국가기관과는 별도의 독립한 공법인이므로, 지방자치단체 소속의 공무원이 지방자치단체 고유의 자치사무를 수행하던 중 「도로법」 제81조 내지 제85조의 규정에 의한 위반행위를 한 경우에는 지방자치단체는 「도로법」 제86조의 양벌규정에 따라 처벌대상이 되는 법인에 해당한다고 할 것이다(대판 2005.11.10. 2004도2657). ⇨ 현재에 의하여 근거법의 위헌결정이 있었음

Ⓒ 지방자치단체가 양벌규정에 의한 처벌대상이 되는 법인에 해당하는지 여부

> 국가가 본래 그의 사무의 일부를 지방자치단체의 장에게 위임하여 처리하게 하는 기관위임사무의 경우 지방자치단체는 국가기관의 일부로 볼 수 있고, 지방자치단체가 그 고유의 자치사무를 처리하는 경우 지방자치단체는 국가기관의 일부가 아니라 국가기관과는 별도의 독립한 공법인으로서 양벌규정에 의한 처벌대상이 되는 법인에 해당한다(대판 2009.6.11. 2008도6530).

Ⓑ 지방자치단체 소속 공무원이 지정항만순찰 등의 업무를 위해 관할관청의 승인 없이 개조한 승합차를 운행한 경우에 해당 지방자치단체는 양벌규정에 따른 처벌대상이 될 수 없다 [17 하반기 국가직 7급] 07

> 지방자치단체 소속 공무원이 지정항만순찰 등의 업무를 위해 관할관청의 승인 없이 개조한 승합차를 운행함으로써 (구)「자동차관리법」(2007.10.17. 법률 제8658호로 개정되기 전의 것)을 위반한 사안에서, 「지방자치법」, (구)「항만법」(2007.8.3. 법률 제8628호로 개정되기 전의 것), (구)「항만법 시행령」(2007.12.31. 대통령령 20506호로 개정되기 전의 것) 등에 비추어 위 항만순찰 등의 업무가 지방자치단체의 장이 국가로부터 위임받은 기관위임사무에 해당하여, 해당 지방자치단체가 (구)「자동차관리법」 제83조의 양벌규정에 따른 처벌대상이 될 수 없다(대판 2009.6.11. 2008도6530).

Ⓒ (구)「방문판매 등에 관한 법률」의 양벌규정의 적용에 있어서 다단계판매원이 다단계판매업자의 사용인에 해당한다

> 다단계판매업의 영업태양 및 다단계판매업자와 다단계판매원 사이의 관계에 비추어 볼 때, 다단계판매원이 하위판매원의 모집 및 후원활동을 하는 것은 실질적으로 다단계판매업자의 관리 아래 그 업무를 위탁받아 행하는 것으로 볼 수 있어, 다단계판매업자가 상품의 판매 또는 용역의 제공에 의한 이익의 귀속주체가 된다고 할 것이므로, 다단계판매원은 다단계판매업자의 통제·감독을 받으면서 다단계판매업자의 업무를 직접 또는 간접으로 수행하는 자로서, 적어도 (구)「방문판매 등에 관한 법률」의 양벌규정의 적용에 있어서는 다단계판매업자의 사용인의 지위에 있다고 봄이 상당하다(대판 2006.2.24. 2003도4966).

개념확인 O/X

01 행정법의 경우에는 법인의 대표자 또는 종업원 등의 행위자뿐 아니라 법인도 아울러 처벌하는 규정을 두는 경우가 있다.
12 지방9급　　　　　　　　(O / X)

02 법인은 기관을 통하여 행위하므로 법인이 대표자를 선임한 이상 그의 행위로 인한 법률효과는 법인에게 귀속되어야 하고, 법인대표자의 범죄행위에 대하여는 법인이 자신의 행위에 대한 책임을 부담하는 것이다.
22 군무원7급　　　　　　　(O / X)

03 지방자치단체 소속 공무원이 지방자치단체 고유의 자치사무를 수행하던 중 「도로법」 규정에 의한 위반행위를 한 경우 지방자치단체는 「도로법」의 양벌규정에 따라 처벌대상이 되는 법인에 해당한다.
20 국가7급　　　　　　　　(O / X)

04 지방자치단체 소속 공무원이 지방자치단체 고유의 자치사무를 수행하던 중 (구)「도로법」에 위반하는 행위를 한 경우 지방자치단체는 (구)「도로법」상 양벌규정에 따라 처벌대상이 되는 법인에 해당한다.
23 지방9급　　　　　　　　(O / X)

05 지방자치단체가 그 고유의 자치 사무를 처리하는 경우 지방자치단체는 국가기관과는 별도의 독립한 공법인으로서 양벌규정에 의한 처벌대상이 되는 법인에 해당한다.
24 군무원9급　　　　　　　(O / X)

06 지방자치단체는 국가기관과는 별도의 독립한 공법인으로서 지방자치단체 그 고유의 자치사무를 처리하는 경우 양벌규정에 의한 처벌대상이 되는 법인에 해당한다.
24 국회9급　　　　　　　　(O / X)

07 지방자치단체 소속 공무원이 지정항만순찰 등의 업무를 위해 관할관청의 승인 없이 개조한 승합차를 운행함으로써 (구)「자동차관리법」을 위반한 경우, 해당 지방자치단체는 (구)「자동차관리법」 제83조의 양벌규정에 따른 처벌대상이 될 수 없다.
17 하반기 국가7급　　　　(O / X)

| 정답 | 01 O　02 O　03 O　04 O　05 O　06 O　07 O

ⓒ (구)「개인정보 보호법」양벌규정상의 '법인'에 공공기관이 포함되지 않는다

> (구)「개인정보 보호법」은 제2조 제5호·제6호에서 공공기관 중 법인격이 없는 '중앙행정기관 및 그 소속 기관' 등을 개인정보처리자 중 하나로 규정하고 있으면서도, 양벌규정에 의하여 처벌되는 개인정보처리자로는 같은 법 제74조 제2항에서 '법인 또는 개인'만을 규정하고 있을 뿐이고, 법인격 없는 공공기관에 대하여도 위 양벌규정을 적용할 것인지 여부에 대하여는 명문의 규정을 두고 있지 않으므로, 죄형법정주의의 원칙상 '법인격 없는 공공기관'을 위 양벌규정에 의하여 처벌할 수 없고, 그 경우 행위자 역시 위 양벌규정으로 처벌할 수 없다고 봄이 타당하다(대판 2021.10.28. 2020도1942).

③ 타인의 비행에 대한 책임(사용자책임)
  ㉠ 「형법」: 형사범에 있어서는 그 성질상 현실의 행위자가 그 책임을 지며, 행위자 이외의 자에게 책임을 지우는 일은 없다(형벌개별화의 원칙).
  ㉡ 행정형벌: 행정형벌법규에서는 사업주 기타 자기의 지배범위 내에 있는 종업원 등의 비행에 대하여, 행위자와 사업주 등을 같이 처벌하는 양벌규정을 두는 경우가 많다(과실책임, 자기책임).

④ 행정형벌의 양벌규정에 대한 위헌성 여부
  ㉠ 의의: '행정형벌의 양벌규정'이란, 범죄행위자와 함께 행위자 이외의 자를 함께 처벌하는 법규정을 말한다(⑩ 종업원의 위반에 대하여 사업주도 처벌하는 경우, 미성년자나 피한정후견인의 위반행위에 대하여 법정대리인을 처벌하는 경우 등).
  ㉡ 타인의 행위에 대한 책임의 성질: 입법정책적으로 정해진 무과실책임설과 감독의무를 태만한 과실책임설로 나뉜다.
  ㉢ 양벌의 성질에 대한 법원의 입장
    ⓐ 양벌규정에 의한 영업주의 처벌은 금지 위반행위자인 종업원의 처벌에 종속되는 것이 아니라 독립하여 그 자신의 종업원에 대한 선임과 감독상의 과실로 인하여 처벌되는 것이다(대판 1987.11.10. 87도1213).
    ⓑ 양벌규정에 의한 영업주의 처벌은 금지 위반행위자인 종업원의 처벌에 종속하는 것이 아니라 독립하여 그 자신의 종업원에 대한 선임감독상의 과실로 처벌되는 것이므로 종업원의 범죄성립이나 처벌이 영업주 처벌의 전제조건이 될 필요는 없다(대판 2006.2.24. 2005도7673). 01 02 03 04
    ⓒ 양벌규정은 영업주의 종업원 등에 대한 감독태만을 처벌하려는 취지이다(대판 2007.11.29. 2007도7920).
  ㉣ 법적 근거: 죄형법정주의 원칙에 입각하여 법적 근거가 있어야 가능하다는 견해도 있으나 판례는 명문의 규정이 없어도 관계규정 해석에 의해 뜻이 명확한 경우에는 행위자 이외의 자에 대한 처벌이 가능하다고 한다(대판 1978.11.28. 78누369).
  ㉤ 적용범위: 판례는 벌칙규정에서 그에 선행하는 의무규정 또는 금지규정과 별도로 처벌대상자의 범위에 관하여 규정하고 있지 아니한 경우 양벌규정이 행위자 이외의 자의 처벌규정임과 동시에 양벌규정 중 '그 행위자를 벌하는 외에'라는 부분은 행위자의 처벌규정이 된다고 본다(논의 이유: 죄형법정주의 원칙상 행위자 처벌은 별도의 처벌규정에서 규정하고 양벌규정은 일반적으로 행위자 이외의 자의 처벌만 규정하기 때문이다).

개념확인 O/X

01 양벌규정에 의한 영업주의 처벌에 있어서 종업원의 범죄성립이나 처벌은 영업주 처벌의 전제조건이 된다.
16 국가7급 (O/X)

02 양벌규정에 의한 영업주의 처벌은 금지위반행위자인 종업원의 처벌에 종속하는 것이 아니라 독립하여 그 자신의 종업원에 대한 선임감독상의 과실로 인하여 처벌되는 것이므로 종업원의 범죄성립이나 처벌이 영업주 처벌의 전제조건이 될 필요는 없다.
24 국회9급 (O/X)

03 양벌규정에 의해 영업주가 처벌되기 위해서는 종업원의 범죄가 성립하거나 처벌이 이루어져야 함이 전제조건이 되어야 한다.
19 서울9급 (O/X)

04 양벌규정에 의한 영업주의 처벌은 독립하여 그 자신의 종업원에 대한 선임감독상의 과실로 인하여 처벌되는 것이므로 종업원의 범죄성립이나 처벌이 영업주 처벌의 전제조건이 될 필요는 없다.
24 군무원9급 (O/X)

| 정답 | 01 X 02 O 03 X 04 O

| 개념확인 O/X |

ⓐ (구)「폐기물관리법」제62조의 양벌규정은, 사업장폐기물배출자가 아니면서 당해 업무를 실제로 집행하는 자가 있을 때 위 벌칙규정의 실효성을 확보하기 위하여 그 적용대상자를 당해 업무를 실제로 집행하는 자까지 확장함으로써 그러한 자가 당해 업무집행과 관련하여 위 벌칙규정의 위반행위를 한 경우 위 양벌규정에 의하여 처벌할 수 있도록 한 행위자의 처벌규정임과 동시에 그 위반행위의 이익귀속주체인 사업장폐기물배출자에 대한 처벌규정이다(대판 2007.12.28. 2007도8401).

ⓑ (구)「건축법」제81조 제2항의 양벌규정은 행위자의 처벌규정이자 그 위반행위의 이익귀속주체인 업무주에 대한 처벌규정이다(대판 2009.2.12. 2008도9476).

ⓑ **헌법재판소에 의한 양벌규정의 위헌결정**: 헌법재판소가 「의료법」,「사행행위 등 규제 및 처벌 특례법」,(구)「도로법」,「의료기사 등에 관한 법률」,(구)「건설산업기본법」,「청소년 보호법」등 6개 법률의 양벌규정 조항에 대하여 위헌결정을 내렸다(헌재 2009.7.30. 2008헌가10). **01 02**

ⓐ 영업주가 고용한 종업원 등의 업무에 관한 범법행위에 대하여 영업주도 함께 처벌하는 「청소년 보호법」제54조 중 "개인의 대리인·사용인 기타 종업원이 그 개인의 업무에 관하여 제51조 제8호의 위반행위를 한 때에는 그 개인에 대하여도 해당 조의 벌금형을 과한다."는 부분이 책임주의에 반하여 헌법에 위반된다(헌재 2009.7.30. 2008헌가10).

ⓑ (구)「건설산업기본법」제98조 제2항 중 "법인의 대리인·사용인 기타 종업원이 그 법인의 업무에 관하여 제96조 제4호의 위반행위를 한 때에는 당해 법인에 대하여도 해당 조의 벌금형을 과한다."는 부분이 책임주의에 반하여 헌법에 위반된다(헌재 2009.7.30. 2008헌가18).

ⓢ **그 후의 입법례와 판례**

ⓐ **입법례 –「개인정보 보호법」**: 법인의 대표자나 법인 또는 개인의 대리인, 사용인 그 밖의 종업원이 그 법인 또는 개인의 업무에 관하여 제71조부터 제73조까지의 어느 하나에 해당하는 위반행위를 하면 그 행위자를 벌하는 외에 그 법인 또는 개인에게도 해당 조문의 벌금형을 과(科)한다. 다만, 법인 또는 개인이 그 위반행위를 방지하기 위하여 해당 업무에 관하여 상당한 주의와 감독을 게을리하지 아니한 경우에는 그러하지 아니하다(제74조 제2항).

ⓑ **판례 –「폐기물관리법」제67조 제1항에서 '양벌규정'을 둔 취지 및 '법인 대표자'의 법규 위반행위에 대한 '법인' 책임의 법적 성격(=법인의 직접책임)**: 법인은 기관을 통하여 행위하므로 법인이 대표자를 선임한 이상 그의 행위로 인한 법률효과는 법인에게 귀속되어야 하고, 법인 대표자의 범죄행위에 대하여는 법인 자신이 책임을 져야 하는 바, 법인 대표자의 법규 위반행위에 대한 법인의 책임은 법인 자신의 법규 위반행위로 평가될 수 있는 행위에 대한 법인의 직접책임으로서, 대표자의 고의에 의한 위반행위에 대하여는 법인 자신의 고의에 의한 책임을, 대표자의 과실에 의한 위반행위에 대하여는 법인 자신의 과실에 의한 책임을 지는 것이다(대판 2010.9.30. 2009도3876).

⑤ **책임능력**

㉠ **「형법」**: 형사범에서는 심신장애인의 행위는 형을 감경하거나 벌하지 않으며, 청각 및 언어 장애인의 행위는 형을 감경하고, 14세 되지 아니한 자의 행위는 벌하지 않는다.

㉡ **행정법**: 행정범에 대하여는 이들 규정의 적용을 배제 또는 제한하는 규정을 둔 경우가 있다.

⑥ **공동정범·종범·교사범(공범)**:「형법」의 공범규정은 행정범의 경우에는 적용되지 않는 경우가 있다.

---

01 종업원 등의 범죄에 대해 법인에게 어떠한 잘못이 있는지를 전혀 묻지 않고, 곧바로 그 종업원 등을 고용한 법인에게도 종업원 등에 대한 처벌조항에 규정된 벌금형을 과하도록 규정하는 것은 책임주의에 반한다.
17 국가9급 (O / X)

02 법인의 독자적인 책임에 관한 규정이 없이 단순히 종업원이 업무에 관한 범죄행위를 하였다는 이유만으로 법인에게 형사처벌을 과하는 것은 책임주의 원칙에 반한다.
19 서울9급 (O / X)

정답 | 01 O 02 O

⑦ **누범·경합범·작량감경**: 「담배사업법」과 같은 규정은 「형법」이 그대로 적용되지 않는다.

(2) 절차법적 특수성

① **일반절차**: 「형사소송법」이 규정한 절차에 의하여 일반법원에서 과함이 원칙이다.
② **특별절차**: 법률 중에는 예외적으로 통고처분·즉결심판절차·보안처분과 같은 특별한 절차에 의하여 처벌할 수 있는 규정을 두고 있는 경우가 있다.

㉠ **통고처분**
ⓐ **의의**: 통고처분은 정식형사재판의 전단계로서 범칙자에게 일정기한 이내에 벌금·과료에 상당하는 금전납부를 통지하는 준사법적 행정행위이며, 조세범·관세범·교통사범·경범죄사범 및 출입국시범에 대하여 인정된다. 통고처분권자는 국세청장·지방국세청장·세무서장·관세청장·세관장·경찰서장·출입국관리소장 등이다. 01
ⓑ **성질**: 통고처분을 받은 자는 그 처분에 이의가 있는 경우에 다른 구제절차가 있으므로 행정쟁송(행정심판 또는 행정소송)을 제기할 수 없다(대판 1980.10.14. 80누380). 이에 통고처분은 행정소송의 대상이 되는 행정처분이 아니다. 02
ⓒ **대상**: 금전벌, 즉 벌금·과료·몰수·추징금(압류 제외) 등과 같이 비교적 가벼운 형벌의 경우에 인정된다. 03
ⓓ **효과**
ⅰ) **통고처분이 내용대로 이행된 경우**: 통고처분은 확정판결과 동일한 효력이 발생하므로 통고처분 이유에 기재된 동일성이 인정되는 사건에 대하여 다시 형사소추를 받지 않는다(일사부재리의 원칙 적용). 또한 통고권자는 이미 통고된 내용을 변경하지 못한다(불가변력 발생). 통고처분내용의 이행기간이 경과하여도 고발하기 전이면 이행이 가능하다. 04
ⅱ) **통고처분이 내용대로 이행되지 않는 경우**
 • 통고처분을 받은 자가 통고처분서에서 부여된 기한 이내에 통고된 내용을 이행하지 않으면 통고처분은 효력을 상실하고, 통고권자는 검찰에게 고발을 하여야 한다(형사소송절차로 이행).
 • 검사는 통고처분권자의 고발 없이는 기소할 수 없음이 원칙이다.
 • 「도로교통법」은 통고처분을 이행하지 않은 경우에 경찰서장 등이 즉결심판을 청구하도록 규정하고 있다. 05
ⅲ) **통고처분 기한 내의 행정청의 고발 등의 행위**: 통고처분의 기한 내에는 통고권자는 고발할 수 없으며, 검사는 기소할 수 없다. 또한 통고권자는 고발을 위해 통고처분을 취소할 수도 없다. 다만, 판례에 의하면 통고처분의 기한 내에 상대방이 이의신청을 하는 경우에는 즉결심판이 가능하다고 한다.
ⅳ) **고발 이후에 통고처분과 납부의 효과**: 대법원은 통고권자가 통고처분 없이 즉시 고발한 이후에 통고처분을 하고 이에 대해 범칙자가 이를 납부한 행위에 대해 무효라는 입장이다.
ⓔ **통고처분의 재량 여부**: 대법원에 의하면 관세청장이나 세관장이 통고처분을 할 것인지 여부에 대해 재량에 맡겨져 있다는 입장이다. 따라서 통고권자는 통고처분 없이 즉시고발할 수 있으며, 이에 법원은 즉시고발에 대한 사유 등에 심리할 필요가 없다고 한다. 06 07

개념확인 O/X

01 통고처분은 현행법상 조세범, 관세범, 출입국관리사범, 교통사범 등에 대하여 인정되고 있다.
18 소방 (O/X)

02 「도로교통법」에 의한 경찰서장의 통고처분에 대한 항고소송은 부적법하고 이에 대하여 이의가 있는 경우에는 통고처분에 따른 범칙금을 이행하지 아니함으로써 경찰서장의 즉결심판청구에 의하여 법원의 심판을 받을 수 있게 된다.
19 국회8급 (O/X)

03 통고처분에 의해 부과된 금액(범칙금)은 벌금이다.
18 소방 (O/X)

04 판례는 통고처분에 의해 부과된 범칙금을 납부한 경우 다시 처벌받지 아니한다고 규정하고 있는 것은 범칙금의 납부에 확정재판의 효력에 준하는 효력을 인정하는 취지로 해석하고 있다.
18 소방 (O/X)

05 「도로교통법」상의 통고처분은 처분을 받은 당사자의 임의의 승복을 발효요건으로 하고 있으며, 행정공무원에 의하여 발하여지는 것이지만, 통고처분에 따르지 않고자 하는 당사자에게는 정식재판의 절차가 보장되어 있다.
23 지방7급 (O/X)

06 지방국세청장이 「조세범 처벌절차법」에 따라 조세범칙행위에 대하여 통고처분을 거치지 아니하고 즉시 고발하였더라도, 지방국세청장으로서는 해당 조세범칙행위에 대하여 통고처분을 할 권한이 있다.
24 국회9급 (O/X)

07 (구)「관세법」상 통고처분을 할 것인지의 여부는 관세청장 또는 세관장의 재량에 맡겨져 있다.
24 군무원9급 (O/X)

| 정답 | 01 ○ 02 ○ 03 ✕ 04 ○ 05 ○ 06 ✕ 07 ○

ⓕ 통고처분에 대한 불복
　ⓘ 통고처분은 임의적 금전급부의무를 과하는 행정작용으로서 항고소송대상인 처분이 아니다.
　ⓘⓘ 상대방은 통고처분에서 부여된 기한까지 통고처분의 내용을 이행하지 않음으로써 불복할 수 있다.

관련 판례

B 통고처분은 행정소송의 대상이 아니다 [24 군무원 9급, 22 지방직 9급, 20 군무원 9급, 18 소방직] 01 02 03 04

「도로교통법」 제118조에서 규정하는 경찰서장의 통고처분은 행정소송의 대상이 되는 행정처분이 아니므로 그 처분의 취소를 구하는 소송은 부적법하다(대판 1995.6.29. 95누4674).

C 통고처분은 위헌이 아니다. [20 군무원 9급] 05

통고처분을 행정심판이나 행정소송의 대상에서 제외하고 있는 「관세법」 제38조 제3항 제2호가 재판청구권이나 적법절차에 저촉된다고 볼 수 없고 위헌이 아니다(헌재 1998.5.28. 96헌바4).

C 통고처분의 취소를 구할 헌법소원은 부적법하다

통고처분의 상대방이 범칙금을 납부하지 아니하여 즉결심판, 나아가 정식재판의 절차로 진행되었다면 당초의 통고처분은 그 효력을 상실한다 할 것이므로 이미 효력을 상실한 통고처분의 취소를 구하는 헌법소원은 권리보호의 이익이 없어 부적법하다(헌재 2003.10.30. 2002헌마275).

B 「경범죄처벌법」상 범칙금제도의 의의 및 범칙금의 납부에 따라 확정판결에 준하는 효력이 인정되는 범위 [17 국가직 7급] 06

범칙금의 납부에 따라 확정판결에 준하는 효력이 인정되는 범위는 범칙금 통고의 이유에 기재된 당해 범칙행위 자체 및 범칙행위와 동일성이 인정되는 범칙행위에 한정된다. 따라서 범칙행위와 같은 시간과 장소에서 이루어진 행위라 하더라도 범칙행위의 동일성을 벗어난 형사범죄행위에 대하여는 범칙금의 납부에 따라 확정판결에 준하는 일사부재리의 효력이 미치지 아니한다(대판 2012.9.13. 2012도6612).

B 지방국세청장 또는 세무서장이 조세범칙행위에 대하여 고발을 한 후에 동일한 조세범칙행위에 대하여 한 통고처분의 효력(원칙적 무효) / 조세범칙행위자가 이러한 통고처분을 이행한 경우, 「조세범 처벌절차법」 제15조 제3항에서 정한 일사부재리의 원칙이 적용되는지 여부(소극) [23 국가직 7급, 20 군무원 9급] 07 08

통고처분과 고발의 법적 성질 및 효과 등을 조세범칙사건의 처리 절차에 관한 「조세범 처벌절차법」 관련 규정들의 내용과 취지에 비추어 보면, 지방국세청장 또는 세무서장이 「조세범 처벌절차법」 제17조 제1항에 따라 통고처분을 거치지 아니하고 즉시 고발하였다면 이로써 조세범칙사건에 대한 조사 및 처분절차는 종료되고 형사사건절차로 이행되어 지방국세청장 또는 세무서장으로서는 동일한 조세범칙행위에 대하여 더 이상 통고처분을 할 권한이 없다. 따라서 지방국세청장 또는 세무서장이 조세범칙행위에 대하여 고발을 한 후에 동일한 조세범칙행위에 대하여 통고처분을 하였더라도, 이는 법적 권한 소멸 후에 이루어진 것으로서 특별한 사정이 없는 한 효력이 없고, 조세범칙행위자가 이러한 통고처분을 이행하였더라도 「조세범 처벌절차법」 제15조 제3항에서 정한 일사부재리의 원칙이 적용될 수 없다(대판 2016.9.28. 2014도10748).

개념확인 O/X

01 (구)「도로교통법」에서 규정하는 경찰서장의 통고처분은 행정소송의 대상이 되는 행정처분이다.
24 군무원9급　　　　　(O/X)

02 「도로교통법」에 따른 경찰서장의 통고처분은 행정소송의 대상이 되는 행정처분이 아니다.
20 군무원9급　　　　　(O/X)

03 판례는 통고처분을 행정소송의 대상이 되는 행정처분이 아니라고 보고 있다.
18 소방　　　　　　　(O/X)

04 통고처분은 법정기간 내에 납부하지 않는 것을 해제조건으로 하는 행정처분이므로 행정소송의 대상이 된다.
22 지방9급　　　　　　(O/X)

05 통고처분은 상대방의 임의의 승복을 그 효력요건으로 하는 것으로서 상대방의 재판받을 권리를 침해하는 것으로 인정되지 않는다.
20 군무원9급　　　　　(O/X)

06 통고처분에 의해 범칙금을 납부한 경우, 그 납부의 효력에 따라 다시 벌받지 아니하게 되는 범위사실은 범칙금 통고의 이유에 기재된 당해 범칙행위 자체에 한정될 뿐, 그 범칙행위와 동일성이 인정되는 범칙행위에는 미치지 않는다.
17 국가7급　　　　　　(O/X)

07 지방국세청장 또는 세무서장이 「조세범 처벌절차법」에 따라 통고처분을 거치지 아니하고 즉시 고발하였다면 이로써 조세범칙사건에 대한 조사 및 처분절차는 종료되고 형사사건절차로 이행되어 지방국세청장 또는 세무서장으로서는 동일한 조세범칙행위에 대하여 더 이상 통고처분을 할 권한이 없다.
23 국가7급　　　　　　(O/X)

08 지방국세청장이 조세범칙행위에 대하여 고발을 한 후에 동일한 조세범칙행위에 대하여 통고처분을 하여 조세범칙행위자가 이를 이행하였다면 고발에 따른 형사절차의 이행은 일사부재리의 원칙에 반하여 위법하다.
20 군무원9급　　　　　(O/X)

| 정답 | 01 X　02 O　03 O　04 X　05 O　06 X　07 O　08 X

B 통고처분 여부가 재량인지 여부 [20 군무원 9급, 15 지방직 9급, 12 지방직 7급] **01 02**

「관세법」 제284조 제1항, 제311조, 제312조, 제318조의 규정에 의하면, 관세청장 또는 세관장은 관세범에 대하여 통고처분을 할 수 있고, 범죄의 정상이 징역형에 처하여질 것으로 인정되는 때에는 즉시 고발하여야 하며, 관세범인이 통고를 이행할 수 있는 자금능력이 없다고 인정되거나 주소 및 거소의 불명 기타의 사유로 인하여 통고를 하기 곤란하다고 인정되는 때에도 즉시 고발하여야 하는바, 이들 규정을 종합하여 보면, 통고처분을 할 것인지의 여부는 관세청장 또는 세관장의 재량에 맡겨져 있고, 따라서 관세청장 또는 세관장이 관세범에 대하여 통고처분을 하지 아니한 채 고발하였다는 것만으로는 그 고발 및 이에 기한 공소의 제기가 부적법하게 되는 것은 아니다(대판 2007. 5. 11. 2006도1993).

B 조세범칙사건에 대한 세무공무원의 즉시고발이 있는 경우, 고발사유를 명기하지 않더라도 소추요건이 충족되는지 여부(적극) 및 법원이 즉시고발 사유에 대하여 심사할 수 있는지 여부(소극) [20 군무원 9급] **03**

「조세범 처벌절차법」에 즉시고발을 할 때 고발사유를 고발서에 명기하도록 하는 규정이 없을 뿐만 아니라, 원래 즉시고발권을 세무공무원에게 부여한 것은 세무공무원으로 하여금 때에 따라 적절한 처분을 하도록 할 목적으로 특별사유의 유무에 대한 인정권까지 세무공무원에게 일임한 취지라고 볼 것이므로, 조세범칙사건에 대하여 관계 세무공무원의 즉시고발이 있으면 그로써 소추의 요건은 충족되는 것이고, 법원은 본안에 대하여 심판하면 되는 것이지 즉시고발 사유에 대하여 심사할 수 없다(대판 2014. 10. 15. 2013도5650).

C 통고처분을 한 이후에 납부기간까지 즉결심판을 청구할 수 없고 통고처분을 취소할 수 없다

경찰서장이 범칙행위에 대하여 통고처분을 한 이상, 범칙자의 위와 같은 절차적 지위를 보장하기 위하여 통고처분에서 정한 범칙금 납부기간까지는 원칙적으로 경찰서장은 즉결심판을 청구할 수 없고, 검사도 동일한 범칙행위에 대하여 공소를 제기할 수 없다. 또한 범칙자가 범칙금 납부기간이 지나도록 범칙금을 납부하지 아니하였다면 경찰서장이 즉결심판을 청구하여야 하고, 검사는 동일한 범칙행위에 대하여 공소를 제기할 수 없다(대판 2020. 4. 29. 2017도13409, 대판 2020. 7. 29. 2020도4738 참조). 나아가 특별한 사정이 없는 이상 경찰서장은 범칙행위에 대한 형사소추를 위하여 이미 한 통고처분을 임의로 취소할 수 없다(대판 2021. 4. 1. 2020도15194).

A 통고처분에 대한 이의신청이 있는 경우 즉결심판을 청구할 수 있다

경찰서장이 범칙행위에 대하여 통고처분을 하였으나 범칙자의 이의신청이 없었던 사안에서, 원칙적으로 경찰서장은 범칙금 납부기간 전까지 임의로 통고처분을 취소하거나 즉결심판을 청구할 수 없고, 검사도 위 납부기간 전후를 불문하고 경찰서장의 즉결심판청구에 따른 절차의 진행 없이는 동일한 범칙행위에 대하여 공소를 제기할 수 없다는 것일 뿐 통고처분에 대한 범칙자의 이의신청이 있음에도 경찰서장이 위 납부기간 전까지 즉결심판을 청구할 수 없다는 취지가 아니다(대판 2022. 4. 14. 2021도15467).

개념확인 O/X

01 통고처분을 할 것인지 여부는 권한 행정청의 재량에 속하지 않는다.
12 지방7급 (O / X)

02 법률에 따라 통고처분을 할 수 있으면 행정청은 통고처분을 하여야 하며, 통고처분 이외의 조치를 취할 재량은 없다.
15 지방9급 (O / X)

03 「관세법」상 통고처분을 할 것인지의 여부는 관세청장 또는 세관장의 재량에 맡겨져 있고, 따라서 관세청장 또는 세관장이 관세범에 대하여 통고처분을 하지 아니한 채 고발하였다는 것만으로는 그 고발 및 이에 기한 공소의 제기가 부적법하게 되는 것은 아니다.
20 군무원9급 (O / X)

ⓒ **즉결심판절차**: 20만 원 이하의 벌금, 구류 또는 과료의 행정형벌은「즉결심판에 관한 절차법」이 정하는 바에 따라 경찰서장의 즉결심판청구에 의하여, 지방법원, 지원 또는 시·군 법원 판사의 즉결심판에 의하여 과하여지며, 그 형은 경찰서장에 의하여 집행된다. 즉결심판에 불복이 있는 피고인은 고지를 받은 날로부터 7일 이내에 정식재판을 청구할 수 있다.

ⓒ **보호처분**: 소년법에서 보안처분을 규정하고 있으나 이를 행정벌의 과형절차의 특수성으로 볼 것인가에 대하여는 견해가 나뉜다(보안처분의 일종이고 형벌이 아니다).

(3) 행정형벌과 구제

위법·부당한 행정형벌에 의하여 권익을 침해당한 자는 헌법상의 청원권을 행사할 수 있고, 「형사소송법」상의 항소·상고 등의 방법에 의하여 구제받을 수 있다. 또한, 검사가 약식 기소한 경우 또는 즉결심판절차를 거쳐 선고를 받은 경우 등에는 정식재판을 청구할 수 있다.

03 행정질서벌 빈출

> **결정적 코멘트** 「질서위반행위규제법」상의 질서위반행위의 성립과 과태료부과절차 및 불복절차에 대한 내용을 파악하여야 한다.

1 개설

① 질서위반행위는 일반사회의 법익에 직접 영향을 미치지는 않지만 행정목적을 위한 질서의 장해를 가져올 우려가 있는 행위를 말한다.
② 이러한 질서위반행위는 공행정의 장해를 줄 정도의 단순한 의무 위반으로, 경미한 범법행위에 해당한다. 따라서 행정질서를 위반한 자에게 질서위반행위에 대한 행정벌을 가하게 된다.

2 질서위반행위에 대한 행정질서벌

(1) 의의 및 종류

① **의의**: 행정질서벌은 행정법상의 과거 의무 위반행위 중 간접적인 행정질서에 장애를 야기할 우려가 있는 경우에 과하는 금전적 제재를 말한다.
② **종류** 01 02
   ㉠ 법률상의 질서위반행위에 대한 과태료 부과
   ㉡ 지방자치단체의 자치법규 위반행위에 대한 제재로서의 과태료 부과

> **관련 법령**
>
> 「**지방자치법**」 제34조 【조례 위반에 대한 과태료】 ① 지방자치단체는 조례를 위반한 행위에 대하여 조례로써 1천만 원 이하의 과태료를 정할 수 있다.
> ② 제1항에 따른 과태료는 해당 지방자치단체의 장이나 그 관할 구역의 지방자치단체의 장이 부과·징수한다.

   ㉢ 단,「질서위반행위규제법」에서는 '법률상의 의무를 위반하여 과태료를 부과하는 행위'라고 규정하고 있어, 대통령령으로 정하는 사법(私法)상·소송법상의 의무 위반에 대한 과태료와 대통령령으로 정하는 법률의 규정에 따른 징계사유의 과태료는 제외하고 있다.

개념확인 O/X

01 행정질서벌 부과의 근거는 국가의 법령에 의하여야 하므로 지방자치단체의 조례에 근거하여 과태료를 부과할 수 없다.
(O / X)

02 지방자치단체의 조례상의 의무를 위반하여 과태료를 부과하는 행위는 질서위반행위에 해당되지 않는다.
18 서울7급 (O / X)

| 정답 | 01 X 02 X

(2) 일반법

① 「질서위반행위규제법」이 시행되어 질서위반행위에 대한 총칙적 규정을 통해 각 개별법에서 규정하고 있는 과태료를 부과하고 있다. 01

② 법 적용 순서: 「질서위반행위규제법」 제5조("과태료의 부과·징수, 재판 및 집행 등의 절차에 관한 다른 법률의 규정 중 이 법의 규정에 저촉되는 것은 이 법으로 정하는 바에 따른다.") 규정에 의하여 각 개별법 규정에 과태료 규정이 있는 경우에도 「질서위반행위규제법」이 우선 적용된다. 다만, 「질서위반행위규제법」이 정하지 아니한 사항에 대해서만 각 개별법의 규정이 적용된다. 02

(3) 「질서위반행위규제법」의 주요 내용

① 목적: 법률상 의무의 효율적인 이행을 확보하고 국민의 권리와 이익을 보호하기 위해여 질서위반행위의 성립요건과 과태료의 부과·징수 및 재판 등에 관한 사항을 규정하는 것을 목적으로 한다.

관련 법령

「질서위반행위규제법」 제2조【정의】 이 법에서 사용하는 용어의 뜻은 다음과 같다.
1. '질서위반행위'란 법률(지방자치단체의 조례를 포함한다. 이하 같다)상의 의무를 위반하여 과태료를 부과하는 행위를 말한다. 다만, 다음 각 목의 어느 하나에 해당하는 행위를 제외한다.
   가. 대통령령으로 정하는 사법(私法)상·소송법상 의무를 위반하여 과태료를 부과하는 행위
   나. 대통령령으로 정하는 법률에 따른 징계사유에 해당하여 과태료를 부과하는 행위
2. '행정청'이란 행정에 관한 의사를 결정하여 표시하는 국가 또는 지방자치단체의 기관 그 밖의 법령 또는 자치법규에 따라 행정권한을 가지고 있거나 위임 또는 위탁받은 공공단체나 그 기관 또는 사인(私人)을 말한다.
3. '당사자'란 질서위반행위를 한 자연인 또는 법인(법인이 아닌 사단 또는 재단으로서 대표자 또는 관리인이 있는 것을 포함한다. 이하 같다)을 말한다.

② 시간적 범위
   ㉠ 질서위반행위의 성립과 과태료처분은 행위 시의 법률에 따른다. 03
   ㉡ 질서위반행위 후 법률이 변경되어 그 행위가 질서위반행위에 해당하지 아니하거나, 과태료가 변경되기 전의 법률보다 가볍게 된 때에는 법률에 특별한 규정이 없는 한 변경된 법률을 적용한다. 04 05 06
   ㉢ 행정청의 과태료처분이나 법원의 과태료 재판이 확정된 후 법률이 변경되어 그 행위가 질서위반행위에 해당하지 아니하게 된 때에는 변경된 법률에 특별한 규정이 없는 한 변경된 과태료의 징수 또는 집행을 면제한다. 07

③ 장소적 범위
   ㉠ 이 법은 대한민국 영역 안에서 질서위반행위를 한 자에게 적용한다.
   ㉡ 이 법은 대한민국 영역 밖에서 질서위반행위를 한 대한민국의 국민에게 적용한다.
   ㉢ 이 법은 대한민국 영역 밖에 있는 대한민국의 선박 또는 항공기 안에서 질서위반행위를 한 외국인에게 적용한다.

④ 질서위반행위의 성립
   ㉠ 질서위반행위 법정주의: 법률에 따르지 아니하고는 어떤 행위도 질서위반행위로 과태료를 부과하지 아니한다.

개념확인 O/X

01 행정질서벌인 과태료에 관한 일반법이 없으므로 「형법」 총칙이 적용된다. (O / X)

02 과태료의 부과·징수, 재판 및 집행 등의 절차에 관하여 「질서위반행위규제법」과 타 법률이 달리 규정하고 있는 경우에는 후자를 따른다.
17 서울9급 (O / X)

03 질서위반행위의 성립과 과태료 처분은 법률에 특별한 규정이 없는 한 행위 시의 법률에 따른다.
24 국회9급 (O / X)

04 질서위반행위 후 법률이 변경되어 그 행위가 질서위반행위에 해당하지 아니하게 된 경우, 법률에 특별한 규정이 없는 한 질서위반행위의 성립은 행위 시의 법률에 따른다.
18 지방7급 (O / X)

05 질서위반행위에 대하여 과태료를 부과하는 근거법령이 개정되어 행위 시의 법률에 의하면 과태료 부과대상이었으나 재판 시의 법률에 의하면 부과대상이 아닌 때에도 특별한 사정이 없는 한 행위 시의 법률에 의하여 과태료를 부과할 수 있다.
19 국회8급 (O / X)

06 질서위반행위 후 법률이 변경되어 그 행위가 질서위반행위에 해당하지 아니하게 된 때에는 법률에 특별한 규정이 없는 한 변경되기 전의 법률을 적용한다.
19 국가7급 (O / X)

07 법원의 과태료 재판이 확정된 후 법률이 변경되어 그 행위가 질서위반행위에 해당하지 아니하게 된 때에는 변경된 법률에 특별한 규정이 없는 한 과태료의 징수 또는 집행을 면제한다.
18 서울7급 (O / X)

| 정답 | 01 X   02 X   03 O   04 X   05 X   06 X   07 O

개념확인 O/X

01 고의 또는 과실이 없는 질서위반행위는 과태료를 부과하지 아니한다.
24 군무원9급 (O / X)

02 고의 또는 과실이 없는 질서위반행위는 과태료를 부과하지 아니한다.
20 군무원7급 (O / X)

03 「질서위반행위규제법」상 고의 또는 과실이 없는 질서위반행위는 과태료를 부과하지 아니한다.
14 지방9급 (O / X)

04 질서위반행위를 한 자가 자신의 책임 없는 사유로 위반행위에 이르렀다고 주장하는 경우, 법원은 그 내용을 살펴 행위자에게 고의나 과실이 있는지를 따져보아야 한다.
16 국가7급 (O / X)

05 자신의 행위가 위법하지 아니한 것으로 오인하고 행한 질서위반행위는 그 오인에 정당한 이유가 있는 때에 한하여 과태료를 부과하지 아니한다.
20 군무원7급 (O / X)

06 스스로 심신장애 상태를 일으켜 질서위반행위를 한 자에 대하여는 과태료를 감경한다.
19 국가7급 (O / X)

07 「질서위반행위규제법」상 개인의 대리인이 업무에 관하여 그 개인에게 부과된 법률상의 의무를 위반한 때에는 행위자인 대리인에게 과태료를 부과한다.
17 국가9급 (O / X)

08 신분에 의하여 성립하는 질서위반행위에 신분이 없는 자가 가담한 때에는 신분이 없는 자에 대하여도 질서위반행위가 성립한다.
12 국가7급 (O / X)

09 신분에 의하여 성립하는 질서위반행위에 신분이 없는 자가 가담한 때에는 신분이 없는 자에 대하여는 질서위반행위가 성립하지 않는다.
18 소방 (O / X)

10 하나의 행위가 2 이상의 질서위반행위에 해당하는 경우에는 각 질서위반행위에 대하여 정한 과태료를 각각 부과한다.
24 군무원9급 (O / X)

ⓒ **고의 또는 과실**: 종래 판례(대판 1994.8.26. 94누6949)와 다수설은 원칙적으로 고의·과실은 문제되지 않는다는 입장이었으나 동법 제7조에 "고의 또는 과실이 없는 질서위반행위는 과태료를 부과하지 아니한다."고 규정하고 있다. 01 02 03

관련 판례

○ **과태료 부과대상 질서위반행위를 한 자가 자신의 책임 없는 사유로 위반행위에 이르렀다고 주장하는 경우, 법원이 취하여야 할 조치** [16 국가직 7급] 04

> 「질서위반행위규제법」은 과태료의 부과대상인 질서위반행위에 대하여도 책임주의 원칙을 채택하여 제7조에서 "고의 또는 과실이 없는 질서위반행위는 과태료를 부과하지 아니한다."고 규정하고 있으므로, 질서위반행위를 한 자가 자신의 책임 없는 사유로 위반행위에 이르렀다고 주장하는 경우 법원으로서는 그 내용을 살펴 행위자에게 고의나 과실이 있는지를 따져보아야 한다(대결 2011. 7.14. 자 2011마364).

ⓒ **위법성의 착오**: 자신의 행위가 위법하지 아니한 것으로 오인하고 행한 질서위반행위는 그 오인에 정당한 이유가 있는 때에 한하여 과태료를 부과하지 아니한다. 05

ⓔ **책임무능력**
  ⓐ 14세가 되지 아니한 자의 질서위반행위는 과태료를 부과하지 아니한다.
  ⓑ 심신장애로 인하여 행위의 옳고 그름을 판단할 능력이 없거나 그 판단에 따른 행위를 할 능력이 없는 자의 질서위반행위는 과태료를 부과하지 아니하며, 심신장애로 인하여 능력이 미약한 자의 질서위반행위는 과태료를 감경한다. 06

ⓜ **법인의 처리**: 법인의 대표자, 법인 또는 개인의 대리인·사용인 및 그 밖의 종업원이 업무에 관하여 법인 또는 그 개인에게 부과된 법률상의 의무를 위반한 때에는 법인 또는 그 개인에게 과태료를 부과한다. 07

관련 판례

○ **행정질서벌은 현실적인 행위자가 아닌 법령상의 책임자에게 부과될 수 있다**

> 과태료와 같은 행정질서벌은 행정질서유지를 위한 의무의 위반이라는 객관적 사실에 대하여 과하는 제재이므로 반드시 현실적인 행위자가 아니라도 법령상 책임자로 규정된 자에게 부과되고 원칙적으로 위반자의 고의·과실을 요하지 아니하나, 위반자가 그 의무를 알지 못하는 것이 무리가 아니었다고 할 수 있어 그것을 정당시할 수 있는 사정이 있을 때 또는 그 의무의 이행을 그 당사자에게 기대하는 것이 무리라고 하는 사정이 있을 때 등 그 의무 해태를 탓할 수 없는 정당한 사유가 있는 때에는 이를 부과할 수 없다(대판 2000.5.26. 98두5972).

ⓗ **다수인의 질서위반행위 가담**
  ⓐ 2인 이상이 질서위반행위에 가담한 때에는 각자가 질서위반행위를 한 것으로 본다.
  ⓑ 신분에 의하여 성립하는 질서위반행위에 신분이 없는 자가 가담한 때에는 신분이 없는 자에 대하여도 질서위반행위가 성립한다. 08 09
  ⓒ 신분에 의하여 과태료를 감경 또는 가중하거나 과태료를 부과하지 아니한 때에는 그 신분의 효과는 신분이 없는 자에게는 미치지 아니한다.

ⓢ **수개의 질서위반행위의 처리**
  ⓐ 하나의 행위가 2 이상의 질서위반행위에 해당하는 경우에는 각 질서위반행위에 대하여 정한 과태료 중 가장 중한 과태료를 부과한다. 10

| 정답 | 01 O 02 O 03 O 04 O 05 O 06 X 07 X 08 O 09 X 10 X

ⓑ ⓐ의 경우를 제외하고 2 이상의 질서위반행위가 경합하는 경우에는 각 질서위반행위에 대하여 정한 과태료를 각각 부과한다.
ⓒ **과태료 산정의 고려사항**: 행정청과 법원은 과태료를 정함에 있어서 다음 사항을 고려하여야 한다.
 ⓐ 질서위반행위의 동기·목적·방법·결과
 ⓑ 질서위반행위 이후의 당사자의 태도와 정황
 ⓒ 질서위반행위자의 연령·재산상태·환경
 ⓓ 그 밖에 과태료 산정에 필요하다고 인정되는 사유
ⓩ **과태료의 시효**: 과태료는 행정청의 과태료 부과처분이나 법원의 과태료 재판이 확정된 후 5년간 징수하지 아니하거나 집행하지 아니하면 시효로 인하여 소멸한다. 01 02

⑤ **행정청의 과태료 부과 및 징수·납부**
 ㉠ **사전통지·의견제출**
  ⓐ 행정청이 질서위반행위에 대하여 과태료를 부과하고자 하는 때에는 미리 당사자(고용주 등을 포함)에게 통지하고 10일 이상의 기간을 정하여 의견을 제출할 기회를 주어야 한다. 이 경우 지정된 기일까지 의견 제출이 없는 경우에는 의견이 없는 것으로 본다. 03
  ⓑ 당사자는 이 기간 내에 의견제출을 하거나 필요한 자료를 제출할 수 있고, 행정청은 당사자가 제출한 의견에 상당한 이유가 있는 경우에는 과태료를 부과하지 않거나 통지한 내용을 변경할 수 있다.
  ⓒ 행정청은 당사자가 의견제출기한 이내에 과태료를 자진하여 납부하고자 하는 경우에는 과태료를 감경할 수 있다.
 ㉡ **과태료의 부과 및 이의제기와 법원 통보**
  ⓐ 행정청은 의견제출절차를 마친 후에 서면으로 과태료를 부과하여야 한다.
  ⓑ 행정청의 과태료 부과에 불복하는 당사자는 과태료 부과통지를 받은 날부터 60일 이내에 해당 행정청에 서면으로 이의제기를 할 수 있고, 이의제기가 있는 경우에는 행정청의 과태료 부과처분은 그 효력을 상실한다. 04 05 06
  ⓒ 이의제기를 받은 행정청은 이의제기를 받은 날부터 14일 이내에 이에 대한 의견 및 증빙서류를 첨부하여 관할법원에 통보하여야 한다.
 ㉢ **과태료 부과의 제척기간**: 행정청은 질서위반행위가 종료된 날부터 5년이 경과한 경우에는 해당 질서위반행위에 대하여 과태료를 부과할 수 없다. 다만, 행정청은 법원의 재판에 의하여 과태료 결정이 있는 경우에는 그 결정이 확정된 날부터 1년이 경과하기 전까지 과태료를 정정 부과하는 등 해당 결정에 따라 필요한 처분을 할 수 있다. 07
 ㉣ **질서위반행위의 조사·자료제공의 요청**: 행정청은 질서위반행위가 발생하였다는 합리적 의심이 있어 그에 대한 조사가 필요하다고 인정할 때에는 법이 정하는 각종 조사권이 있으며, 필요한 때에는 관계 행정기관, 지방자치단체 그 밖에 공공기관의 장에게 자료 또는 정보의 제공을 요청할 수 있다.
 ㉤ **가산금 징수 및 체납처분**
  ⓐ 행정청은 당사자가 납부기한까지 과태료를 납부하지 아니한 때에는 납부기한을 경과한 날부터 체납된 과태료에 대하여 100분의 3에 상당하는 가산금을 징수한다. 08
  ⓑ 체납된 과태료를 납부하지 아니한 때에는 납부기한이 경과한 날부터 1개월이 경과할 때마다 체납된 과태료의 1천분의 12에 상당하는 가산금(중가산금)을, 가산금에

개념확인 O/X

01 과태료는 행정청의 과태료 부과처분이나 법원의 과태료 재판이 확정된 후 5년간 징수하지 아니하거나 집행하지 아니하면 시효로 인하여 소멸한다.
19 국회8급 (O / X)

02 과태료는 행정청의 과태료 부과처분이나 법원의 과태료 재판이 확정된 후 5년간 징수하지 아니하거나 집행하지 아니하면 시효로 인하여 소멸한다.
24 군무원9급 (O / X)

03 행정청이 질서위반행위에 대하여 과태료를 부과하고자 하는 때에는 미리 당사자에게 대통령령으로 정하는 사항을 통지하고, 10일 이상의 기간을 정하여 의견을 제출할 기회를 주어야 한다.
15 지방9급 (O / X)

04 과태료 부과에 불복하는 당사자는 과태료 부과통지를 받은 날부터 60일 이내에 해당 행정청에 서면으로 이의제기를 할 수 있고 이의제기가 있는 경우에는 행정청의 과태료 부과처분은 그 효력을 상실한다.
24 군무원9급 (O / X)

05 행정청의 과태료 부과에 불복하는 당사자는 과태료 부과통지를 받은 날부터 60일 이내에 해당 행정청에 서면으로 이의제기를 할 수 있다.
19 국회8급 (O / X)

06 수도조례 및 하수도사용조례에 기한 과태료의 부과 여부 및 그 당부는 최종적으로 「질서위반행위규제법」에 의한 절차에 의하여 판단되어야 하므로, 그 과태료 부과처분은 행정소송의 대상이 되는 행정처분이라고 할 수 없다.
24 국가7급 (O / X)

07 「질서위반행위규제법」에 의하면 행정청은 질서위반행위가 종료된 날부터 5년이 경과한 경우에는 해당 질서위반행위에 대하여 과태료를 부과할 수 없다.
17 국가7급 (O / X)

08 행정청은 당사자가 납부기한까지 과태료를 납부하지 아니한 때에는 납부기한을 경과한 날부터 체납된 과태료에 대하여 100분의 3에 상당하는 가산금을 징수한다.
20 군무원7급 (O / X)

| 정답 | 01 O 02 O 03 O 04 O 05 O 06 O 07 O 08 O

| 개념확인 O/X |

01 「질서위반행위규제법」에 의한 과태료부과처분은 처분의 상대방이 이의제기하지 않은 채 납부기간까지 과태료를 납부하지 않으면 「도로교통법」상 통고처분과 마찬가지로 그 효력을 상실한다.
18 국가7급 (O / X)

02 「질서위반행위규제법」상 과태료 사건은 다른 법령에 특별한 규정이 있는 경우를 제외하고는 행정청의 주소지의 지방법원 또는 그 지원의 관할로 한다.
23 국가7급 (O / X)

03 「질서위반행위규제법」에 의하면 법원이 과태료 재판을 약식재판으로 진행하고자 하는 경우 당사자와 검사는 약식재판의 고지를 받은 날부터 7일 이내에 이의신청을 할 수 있다.
16 국가7급 (O / X)

04 당사자와 검사는 과태료 재판에 대하여 즉시항고를 할 수 있다. 이 경우 항고는 집행정지의 효력이 있다.
18 소방 (O / X)

가산하여 징수한다. 이 경우 중가산금을 가산하여 징수하는 기간은 60개월을 초과하지 못한다.
　ⓒ 행정청은 당사자가 기한 이내에 이의를 제기하지 아니하고 가산금을 납부하지 아니한 때에는 국세 또는 지방세 체납처분의 예에 따라 징수한다. 01
　ⓓ **결손처분**: 행정청은 다음의 어느 하나에 해당하는 경우에는 결손처분을 할 수 있다.
　　ⅰ) 과태료의 소멸시효가 완성된 경우
　　ⅱ) 체납자의 행방이 분명하지 아니하거나 재산이 없는 등 징수할 수 없다고 인정되는 경우로서 대통령령으로 정하는 경우. 그러나 행정청은 결손처분을 한 후 압류할 수 있는 다른 재산을 발견하였을 때에는 지체 없이 그 처분을 취소하고 체납처분을 하여야 한다.
　ⓗ 신용카드 등에 의한 과태료의 납부
　　ⓐ 당사자는 과태료, 제24조에 따른 가산금, 중가산금 및 체납처분비를 대통령령으로 정하는 과태료 납부대행기관을 통하여 신용카드, 직불카드 등으로 낼 수 있다.
　　ⓑ 신용카드 등으로 내는 경우에는 과태료 납부대행기관의 승인일을 납부일로 본다.
　　ⓒ 과태료 납부대행기관은 납부자로부터 신용카드 등에 의한 과태료 납부대행 용역의 대가로 납부대행 수수료를 받을 수 있다.
⑥ 질서위반행위에 대한 법원에 의한 재판과 집행
　㉠ 관할법원과 통보
　　ⓐ 다른 법령에 특별한 규정이 있는 경우를 제외하고는 당사자의 주소지의 지방법원 또는 그 지원의 관할로 하며, 관할은 행정청이 이의제기 사실을 통보한 때를 표준으로 정한다. 02
　　ⓑ 법원은 사건의 전부나 일부에 대하여 관할권이 없다고 인정하는 경우에는 결정으로 이를 관할법원에 이송한다. 이에 당사자 또는 검사는 즉시항고를 할 수 있다.
　　ⓒ 법원은 행정청의 통보가 있는 경우 이를 즉시 검사에게 통지하여야 한다.
　㉡ 심문 등
　　ⓐ 법원은 심문기일을 열어 당사자의 진술을 들어야 하며, 검사의 의견을 구하여야 하고, 검사는 심문에 참여하여 의견을 진술하거나 서면으로 의견을 제출하여야 한다. 03
　　ⓑ 법원은 행정청의 참여가 필요하다고 인정하는 때에는 행정청으로 하여금 심문기일에 출석하여 의견을 진술하게 할 수 있으며, 행정청은 법원의 허가를 받아 소속공무원으로 하여금 심문기일에 출석하여 의견을 진술하게 할 수 있다.
　　ⓒ 법원은 직권으로 사실의 탐지와 필요하다고 인정하는 증거조사를 하여야 하며, 사실탐지·소환 및 고지에 관한 행위는 촉탁할 수 있다.
　㉢ 재판 및 즉시항고
　　ⓐ 과태료 재판은 이유를 붙인 결정으로써 하며, 결정서 원본에는 판사가 서명날인하여야 하고 결정서의 정본과 등본에는 법원사무관 등이 기본날인하고 정본에는 법원인을 찍어야 한다.
　　ⓑ 결정은 당사자와 검사에게 고지함으로써 효력이 생긴다.
　　ⓒ 당사자와 검사는 과태료 재판에 대하여 즉시항고를 할 수 있다. 이 경우 집행정지의 효력이 있다. 04
　　ⓓ 법원은 상당하다고 인정하는 때에는 심문 없이 과태료 재판을 할 수 있다
　㉣ **재판비용**: 과태료 재판절차의 비용은 과태료에 처하는 선고가 있는 경우에는 그 선고를 받은 자의 부담으로 하고, 그 외의 경우와 항고법원이 당사자의 신청을 인정하는 과태

| 정답 | 01 X　02 X　03 ○　04 ○

료재판을 한 때에는 항고절차의 비용과 전심에서 당사자의 부담이 된 비용은 국고의 부담으로 한다(동법 제41조 제1항).
ⓜ **과태료 재판의 집행·위탁**
ⓐ 과태료 재판은 검사의 명령으로써 집행한다. 이 경우 그 명령은 집행력 있는 집행권원과 동일한 효력이 있다.
ⓑ 검사는 과태료를 최초 부과한 행정청에 대하여 과태료 재판의 집행을 위탁할 수 있고, 위탁을 받은 행정청은 국세 또는 지방세 체납처분의 예에 따라 집행한다.
ⓒ 지방자치단체장이 집행을 위탁받은 경우에는 그 집행한 금원은 당해 지방자치단체의 수입으로 한다.
ⓗ **준용규정(제28조)**: 「비송사건절차법」 제2조부터 제4조까지, 제6조, 제7조, 제10조(인증과 감정 제외) 및 제24조부터 제26조까지의 규정은 이 법에 따른 과태료 재판에 준용한다.

⑦ **보칙**
㉠ **자료제출 요구**: 법무부장관은 과태료 징수 관련 통계 작성 등 이 법의 운용과 관련하여 필요한 경우에는 중앙행정기관의 장이나 그 밖의 관계기관의 장에게 과태료 징수 현황 등에 관한 자료의 제출을 요구할 수 있다.
㉡ **관허사업의 제한**
ⓐ 행정청은 허가·인가·면허·등록 및 갱신(이하 '허가 등'이라 한다)을 요하는 사업을 경영하는 자로서 본법이 정한 과태료를 체납하는 경우에는 사업의 정지 또는 허가 등의 취소를 할 수 있다.
ⓑ 허가 등을 요하는 사업의 주무관청이 따로 있는 경우에는 행정청은 당해 주무관청에 대하여 사업의 정지 또는 허가 등의 취소를 요구할 수 있다. 이 경우 주무관청은 정당한 사유가 없는 한 이에 응하여야 한다.
ⓒ 행정청은 사업의 정지 또는 허가 등을 취소하거나 주무관청에 대하여 그 요구를 한 후 당해 과태료를 징수한 때에는 지체 없이 사업의 정지 또는 허가 등의 취소나 그 요구를 철회하여야 한다.
㉢ **신용정보의 제공 등**: 행정청은 과태료 징수 또는 공익을 목적으로 필요한 경우 「국세징수법」 제110조를 준용하여 「신용정보의 이용 및 보호에 관한 법률」에 따른 종합신용정보집중기관의 요청에 따라 체납 또는 결손처분자료를 제공할 수 있다. 이 경우 당사자에게 미리 알려야 한다.
㉣ **고액·상습체납자에 대한 제재**
ⓐ 법원은 검사의 청구에 따라 결정으로 30일의 범위 이내에서 과태료의 납부가 있을 때까지 본법이 정한 사유에 해당되는 체납자를 감치에 처할 수 있다. 이에 즉시항고할 수 있고, 체납자는 동일한 체납사실로 재차 감치되지 아니한다. 01
ⓑ 행정청은 과태료 체납자가 법이 정한 사유에 해당하는 경우에는 관할 지방검찰청 또는 지청의 검사에게 체납자의 감치를 신청할 수 있다.
㉤ **자동차 관련 과태료 체납자에 대한 자동차 등록번호판의 영치**
ⓐ 행정청은 「자동차관리법」 제2조 제1호에 따른 자동차의 운행·관리 등에 관한 질서위반행위 중 대통령령으로 정하는 질서위반행위로 부과받은 과태료(이하 '자동차 관련 과태료'라 한다)를 납부하지 아니한 자에 대하여 체납된 자동차 관련 과태료와 관계된 그 소유의 자동차의 등록번호판을 영치할 수 있다.

> **개념확인 O/X**
>
> 01 당사자가 과태료를 자진납부하고자 하는 경우 행정청은 과태료를 감경할 수 있고, 과태료를 체납할 경우 법원은 검사의 청구에 따라 체납된 과태료액에 상당하는 강제노역에 처할 수 있다.
> 12 국가7급 (O / X)

| 정답 | 01 X

ⓑ 자동차 등록업무를 담당하는 주무관청이 아닌 행정청이 ⓐ에 따라 등록번호판을 영치한 경우에는 지체 없이 주무관청에 등록번호판을 영치한 사실을 통지하여야 한다.

ⓒ 자동차 관련 과태료를 납부하지 아니한 자가 체납된 자동차 관련 과태료를 납부한 경우 행정청은 영치한 자동차 등록번호판을 즉시 내주어야 한다.

ⓓ 행정청은 자동차의 등록번호판이 영치된 당사자가 해당 자동차를 직접적인 생계유지 목적으로 사용하고 있어 자동차 등록번호판을 영치할 경우 생계유지가 곤란하다고 인정되는 경우 자동차 등록번호판을 내주고 영치를 일시 해제할 수 있다. 다만, 그 밖의 다른 과태료를 체납하고 있는 당사자에 대하여는 그러하지 아니하다.

ⓗ **자동차 관련 과태료 납부증명서의 제출**: 자동차 관련 과태료와 관계된 자동차가 그 자동차 관련 과태료의 체납으로 인하여 압류등록된 경우 그 자동차에 대하여 소유권 이전등록을 하려는 자는 압류등록의 원인이 된 자동차 관련 과태료(제24조에 따른 가산금 및 중가산금을 포함한다)를 납부한 증명서를 제출하여야 한다. 다만, 「전자정부법」 제36조 제1항에 따른 행정정보의 공동이용을 통하여 납부사실을 확인할 수 있는 경우에는 그러하지 아니하다.

관련 판례

ⓒ (구)「주택건설촉진법」 제32조 및 (구)「주택공급에 관한 규칙」 제27조 제4항·제3항을 위반한 주택공급계약의 사법적 효력(유효)

> (구)「주택건설촉진법」의 규정을 위반하여 주택을 공급한 자에게 과태료를 부과한다고 하여 그 사법적 효력까지 부인된다고 볼 수는 없다(대판 2007.8.23. 2005다59475·59482·59499).

ⓒ 법원이 「비송사건절차법」에 따라 과태료 액수를 정할 때 가지는 재량의 범위

> 법원이 「비송사건절차법」에 따라 과태료 재판을 할 때 관계 법령에서 규정하는 과태료 상한의 범위 내에서 위반의 동기와 정도, 결과 등 여러 인자를 고려하여 재량으로 그 액수를 정할 수 있고, 원심이 정한 과태료 액수가 법령이 정한 범위 내에서 이루어진 이상 그것이 현저히 부당하여 재량권 남용에 해당하지 않는 한 그 액수가 많다고 다투는 것은 적법한 재항고 이유가 될 수 없다(대결 2008.1.11. 자 2007마810).

ⓒ 법원이 「비송사건절차법」에 따라서 하는 과태료 재판에 있어서 신뢰보호의 원칙이 적용되는지의 여부 01

> 법원이 「비송사건절차법」에 따라서 하는 과태료 재판은 관할관청이 부과한 과태료처분에 대한 당부를 심판하는 행정소송절차가 아니라 법원이 직권으로 개시·결정하는 것이므로, 원칙적으로 과태료 재판에서는 행정소송에서와 같은 신뢰보호의 원칙 위반 여부가 문제로 되지 아니하고, 다만 위반자가 그 의무를 알지 못하는 것이 무리가 아니었다고 할 수 있어 그것을 정당시할 수 있는 사정이 있을 때 또는 그 의무의 이행을 그 당사자에게 기대하는 것이 무리라고 하는 사정이 있을 때 등 그 의무 해태를 탓할 수 없는 정당한 사유가 있는 때에는 이를 부과할 수 없다(대결 2006.4.28. 자 2003마715).

---

01 법원의 과태료 재판에 신뢰보호원칙이 적용된다.
(O / X)

| 정답 | 01 X

04 행정벌

교수님 코멘트 ▶ 행정형벌에서는 과실에서의 처벌 여부와 법인의 책임능력, 사용자책임에 관한 법적 성질의 이해를 필요로 한다. 단순한 암기가 아닌 자기책임에 관한 이해가 수반되어야 문제풀이가 수월하다. 또한 통고처분의 개념 및 관련 판례의 암기를 요하며, 행정질서벌의 주요 출제포인트는 질서위반행위의 성립, 시간적 효력, 부과절차 및 불복이다.

01

2024 국가직 7급

행정벌에 대한 설명으로 옳지 않은 것은?

① 지방자치단체가 고유의 자치사무를 처리하는 경우 당해 지방자치단체는 국가기관과는 별도의 독립한 공법인이므로 양벌규정에 따라 처벌대상이 되는 법인에 해당한다.
② 「개인정보 보호법」상 법인격 없는 공공기관은 양벌규정에 의하여 처벌될 수 있으며, 이 경우 행위자 역시 위 양벌규정으로 처벌될 수 있다.
③ 「질서위반행위규제법」에 따르면 고의 또는 과실이 없는 질서위반행위는 과태료를 부과하지 아니한다.
④ 질서위반행위에 대하여 과태료를 부과하는 근거 법령이 개정되어 행위 시의 법률에 의하면 과태료 부과대상이었지만 재판 시의 법률에 의하면 부과대상이 아니게 된 때에는 개정 법률의 부칙 등에서 행위 시의 법률을 적용하도록 명시하는 등 특별한 사정이 없는 한 재판 시의 법률을 적용하여야 하므로 과태료를 부과할 수 없다.

정답&해설

01 ② 행정형벌

② (구)「개인정보 보호법」은 제2조 제5호, 제6호에서 공공기관 중 법인격이 없는 '중앙행정기관 및 그 소속 기관' 등을 개인정보처리자 중 하나로 규정하고 있으면서도, 양벌규정에 의하여 처벌되는 개인정보처리자로는 같은 법 제74조 제2항에서 '법인 또는 개인'만을 규정하고 있을 뿐이고, 법인격 없는 공공기관에 대하여도 위 양벌규정을 적용할 것인지 여부에 대하여는 명문의 규정을 두고 있지 않으므로, 죄형법정주의의 원칙상 '법인격 없는 공공기관'을 위 양벌규정에 의하여 처벌할 수 없고, 그 경우 행위자 역시 위 양벌규정으로 처벌할 수 없다고 봄이 타당하다(대판 2021.10.28. 2020도1942).

|오답해설| ① 지방자치단체 소속 공무원이 지방자치단체 고유의 자치사무를 수행하던 중 「도로법」 제81조 내지 제85조의 규정에 의한 위반행위를 한 경우에는 지방자치단체는 「도로법」 제86조의 양벌규정에 따라 처벌대상이 되는 법인에 해당한다(대판 2005.11.10. 2004도2657).
③ 「질서위반행위규제법」 제7조
④ 질서위반행위에 대하여 과태료 부과의 근거 법률이 개정되어 행위 시의 법률에 의하면 과태료 부과대상이었지만 재판 시의 법률에 의하면 과태료 부과대상이 아니게 된 때에는, 개정 법률의 부칙에서 종전 법률 시행 당시에 행해진 질서위반행위에 대해서는 행위 시의 법률을 적용하도록 특별한 규정을 두지 않은 이상 재판 시의 법률을 적용하여야 하므로 과태료를 부과할 수 없다(대결 2020.12.18. 자 2020마6912).

|정답| 01 ②

02

2022 국가직 9급

행정법규의 양벌규정에 대한 설명으로 옳지 않은 것은? (다툼이 있는 경우 판례에 의함)

① 양벌규정은 행위자에 대한 처벌규정임과 동시에 그 위반행위의 이익 귀속주체인 영업주에 대한 처벌규정이다.
② 종업원의 범죄성립이나 처벌이 영업주 처벌의 전제조건이 되는 것은 아니다.
③ 법인 대표자의 법규 위반행위에 대한 법인의 책임은 법인 자신의 법규 위반행위로 평가될 수 있는 행위에 대한 법인의 직접책임이다.
④ 양벌규정에 의한 법인의 처벌은 어디까지나 행정적 제재처분일 뿐 형벌과는 성격을 달리한다.

03

2024 국가직 9급

행정벌에 대한 설명으로 옳지 않은 것은?

① 지방자치단체 소속 공무원이 지방자치단체 고유의 자치사무를 수행하던 중 「도로법」 규정에 의한 위반행위를 한 경우 지방자치단체는 「도로법」 소정의 양벌규정에 따라 처벌대상이 되는 법인에 해당하지 않는다.
② 「개인정보 보호법」에 따르면, 죄형법정주의의 원칙상 '법인격 없는 공공기관'을 「개인정보 보호법」 소정의 양벌규정에 의하여 처벌할 수 없고, 그 경우 행위자 역시 위 양벌규정으로 처벌할 수 없다.
③ 과태료의 부과·징수, 재판 및 집행 등의 절차에 관한 다른 법률의 규정 중 「질서위반행위규제법」의 규정에 저촉되는 것은 「질서위반행위규제법」으로 정하는 바에 따른다.
④ 「질서위반행위규제법」에 따르면, 당사자와 검사는 과태료 재판에 대하여 즉시항고를 할 수 있으며, 이 경우 항고는 집행정지의 효력이 있다.

04

2021 소방직 9급

행정벌에 대한 설명으로 옳지 않은 것은? (다툼이 있는 경우 판례에 의함)

① 과태료는 행정상의 질서유지를 위한 행정질서벌에 해당할 뿐 형벌이라 할 수 없어 죄형법정주의의 규율대상에 해당하지 않는다.
② 행정형벌은 행정법상 의무 위반에 대한 제재로 과하는 처벌로 법인이 법인으로서 행정법상 의무자인 경우 그 의무 위반에 대하여 형벌의 성질이 허용하는 한도 내에서 그 법인을 처벌하는 것은 당연하며, 행정범에 관한 법인의 범죄능력을 인정함이 일반적이나, 지방자치단체와 같은 공법인의 경우는 범죄능력 및 형벌능력 모두 부정된다.
③ 과태료 재판은 이유를 붙인 결정으로써 하며, 결정은 당사자와 검사에게 고지함으로써 효력이 발생하고, 당사자와 검사는 과태료 재판에 대하여 즉시항고할 수 있으며 이 경우 항고는 집행정지의 효력이 있다.
④ 행정청이 질서위반행위에 대하여 과태료를 부과하고자 하는 때에는 미리 당사자에게 과태료 부과의 원인이 되는 사실, 과태료 금액 및 적용법령 등을 통지하고 10일 이상의 기간을 정하여 의견을 제출할 기회를 주어야 한다.

정답&해설

02 ④ 행정형벌
④ 양벌규정은 행정형벌의 특수성에 해당한다. 행정형벌은 특별한 규정이 없으면 「형법」 총칙을 준용하지만, 특별한 규정이 있는 경우에는 「형법」 총칙을 적용하지 않는 특수성이 있다. 양벌규정은 그러한 행정형벌의 특수성에 해당한다.

|오답해설| ① 같은 법 제57조의 양벌규정은 업무주가 아니면서 당해 업무를 실제로 집행하는 자가 있는 때에 위 벌칙규정의 실효성을 확보하기 위하여 그 적용대상자를 당해 업무를 실제로 집행하는 자에게까지 확장함으로써 그러한 자가 당해 업무집행과 관련하여 위 벌칙규정의 위반행위를 한 경우 위 양벌규정에 의하여 처벌할 수 있도록 한 행위자의 처벌규정임과 동시에 그 위반행위의 이익귀속주체인 업무주에 대한 처벌규정이라고 할 것이다(대판 1999.7.15. 95도2870 전합).
② 양벌규정에 의한 영업주의 처벌은 금지 위반행위자인 종업원의 처벌에 종속하는 것이 아니라 독립하여 그 자신의 종업원에 대한 선임감독상의 과실로 인하여 처벌되는 것이므로 종업원의 범죄성립이나 처벌이 영업주 처벌의 전제조건이 될 필요는 없다(대판 2006.2.24. 2005도7673).
③ 법인은 기관을 통하여 행위하므로 법인이 대표자를 선임한 이상 그의 행위로 인한 법률효과는 법인에게 귀속되어야 하고, 법인 대표자의 범죄행위에 대하여는 법인이 자신의 행위에 대한 책임을 부담하는 것이다. 법인 대표자의 법규 위반행위에 대한 법인의 책임은 법인 자신의 법규 위반행위로 평가될 수 있는 행위에 대한 법인의 직접책임이다(헌재 2020.4.23. 2019헌가25).

03 ① 행정형벌
① 지방자치단체가 그 고유의 자치사무를 처리하는 경우에는 지방자치단체는 국가기관의 일부가 아니라 국가기관과는 별도의 독립한 공법인이므로, 지방자치단체 소속 공무원이 지방자치단체 고유의 자치사무를 수행하던 중 「도로법」 제81조 내지 제85조의 규정에 의한 위반행위를 한 경우에는 지방자치단체는 「도로법」 제86조의 양벌규정에 따라 처벌대상이 되는 법인에 해당한다(대판 2005.11.10. 2004도2657).

|오답해설| ② 죄형법정주의의 원칙상 '법인격 없는 공공기관'을 위 양벌규정에 의하여 처벌할 수 없고, 그 경우 행위자 역시 위 양벌규정으로 처벌할 수 없다고 봄이 타당하다(대판 2021.10.28. 2020도1942).
③ 「질서위반행위규제법」 제5조
④ 동법 제38조 제1항

04 ② 행정형벌
② 지방자치단체가 그 고유의 자치사무를 처리하는 경우에는 지방자치단체는 국가기관의 일부가 아니라 국가기관과는 별도의 독립한 공법인이므로, 지방자치단체 소속 공무원이 지방자치단체 고유의 자치사무를 수행하던 중 「도로법」 규정에 의한 위반행위를 한 경우에는 지방자치단체는 「도로법」 제86조의 양벌규정에 따라 처벌대상이 되는 법인에 해당한다(대판 2005.11.10. 2004도2657).

|정답| 02 ④ 03 ① 04 ②

05

2023 지방직 9급

「질서위반행위규제법」에 대한 설명으로 옳지 않은 것은?

① 질서위반행위 후 법률이 변경되어 그 행위가 질서위반행위에 해당하지 아니하게 되거나 과태료가 변경되기 전의 법률보다 가볍게 된 때에는 법률에 특별한 규정이 없는 한 변경된 법률을 적용하여야 한다.
② 고의 또는 과실이 없는 질서위반행위라고 하더라도 과태료를 부과할 수 있다.
③ 행정청의 과태료 부과에 불복하는 당사자는 과태료 부과 통지를 받은 날부터 60일 이내에 해당 행정청에 서면으로 이의제기를 할 수 있다.
④ 법원이 심문 없이 과태료 재판을 하고자 하는 때에는 당사자와 검사는 특별한 사정이 없는 한 약식재판의 고지를 받은 날부터 7일 이내에 이의신청을 할 수 있다.

06

2023 소방직 9급

행정질서벌에 관한 설명으로 옳은 것은? (다툼이 있는 경우 판례에 의함)

① 과태료 부과와 형사처벌은 그 성질이나 목적이 다를 바가 없으므로 과태료 부과 후에 형사처벌을 할 경우 이중처벌금지원칙에 반한다.
② 과태료와 같은 행정질서벌은 행정질서유지를 위한 의무의 위반이라는 객관적 사실에 대하여 과하는 제재이므로 현실적인 행위자가 아니더라도 법령상 책임자로 규정된 자에게 부과된다.
③ 자신의 행위가 위법하지 아니한 것으로 오인하고 행한 질서위반행위에 대하여는 그 오인에 정당한 이유가 있는 때에도 과태료를 부과한다.
④ 질서위반행위 후 법률이 변경되어 그 행위가 질서위반행위에 해당하지 아니하게 되면 법률에 특별한 규정이 없는 한 변경되기 전의 법률을 적용한다.

07

2024 군무원 7급

다음 중 과태료제도에 대한 설명으로 옳은 것을 모두 고른 것은?

> ㄱ. 과거에는 민사법 또는 소송법상의 질서위반을 대상으로 법원에 의해 부과되는 민사벌적 제재 수단으로 사용되었다.
> ㄴ. 오늘날에는 경찰벌에 대한 비범죄화조치로서 행정법상의 질서위반행위를 대상으로 부과되고 있다.
> ㄷ. 권한청에 의해 부과된 과태료에 대해 이의를 제기하면, 해당 사건은 비송사건 관할법원에 원시적으로 귀속된다.
> ㄹ. 과태료는 관련 법률이 정의하고 있는 '처분'의 개념에 속하기는 하지만, 우리 판례는 행정쟁송의 대상이 되는 처분으로 보지는 아니한다.

① ㄱ
② ㄱ, ㄴ
③ ㄴ, ㄷ
④ ㄱ, ㄴ, ㄷ, ㄹ

정답&해설

05 ② 행정질서벌
② 고의나 과실이 없는 행위는 과태료를 부과하지 않는다(「질서위반행위규제법」 제7조).
|오답해설| ① 동법 제3조 제2항
③ 동법 제20조 제1항
④ 동법 제45조 제1항

06 ② 행정질서벌
|오답해설| ① 행정법상의 질서벌인 과태료의 부과처분과 형사처벌은 그 성질이나 목적을 달리하는 별개의 것이므로 행정법상의 질서벌인 과태료를 납부한 후에 형사처벌을 한다고 하여 이를 일사부재리의 원칙에 반하는 것이라고 할 수는 없다(대판 1996.4.12. 96도158).
③ 자신의 행위가 위법하지 아니한 것으로 오인하고 행한 질서위반행위는 그 오인에 정당한 이유가 있는 때에 한하여 과태료를 부과하지 아니한다(「질서위반행위규제법」 제8조).
④ 질서위반행위 후 법률이 변경되어 그 행위가 질서위반행위에 해당하지 아니하게 되거나 과태료가 변경되기 전의 법률보다 가볍게 된 때에는 법률에 특별한 규정이 없는 한 변경된 법률을 적용한다(동법 제3조 제2항).

07 ④ 행정질서벌
|오답해설| ㄱ. (O) 과거에는 「민사소송법」 등의 소송질서를 위한 법원의 제재로서 과태료제도를 활용하였다(예 「민사소송법」 제311조(증인이 출석하지 아니한 경우의 과태료 등), 「형사소송법」 제161조(선서, 증언의 거부와 과태료) 등). 하지만 이러한 과태료는 「질서위반행위규제법」상의 질서위반행위에 포함하지 않는다.

> 「질서위반행위규제법」 제2조 【정의】 이 법에서 사용하는 용어의 뜻은 다음과 같다.
> 1. "질서위반행위"란 법률(지방자치단체의 조례를 포함한다. 이하 같다)상의 의무를 위반하여 과태료를 부과하는 행위를 말한다. 다만, 다음 각 목의 어느 하나에 해당하는 행위를 제외한다.
> 가. 대통령령으로 정하는 사법(私法)상·소송법상 의무를 위반하여 과태료를 부과하는 행위
> 나. 대통령령으로 정하는 법률에 따른 징계사유에 해당하여 과태료를 부과하는 행위

> 「질서위반행위규제법 시행령」 제2조 【질서위반행위에서 제외되는 행위】 ① 「질서위반행위규제법」(이하 "법"이라 한다) 제2조 제1호 가목에서 "대통령령으로 정하는 사법(私法)상·소송법상 의무를 위반하여 과태료를 부과하는 행위"란 「민법」, 「상법」 등 사인(私人) 간의 법률관계를 규율하는 법 또는 「민사소송법」, 「가사소송법」, 「민사집행법」, 「형사소송법」, 「민사조정법」 등 분쟁 해결에 관한 절차를 규율하는 법률상의 의무를 위반하여 과태료를 부과하는 행위를 말한다.

ㄴ. (O) 최근 일반적인 과태료제도는 행정법상의 의무를 위반한 행위가 행정의 간접목적 달성에 저해되는 경우에 부과되는 제도로서 「질서위반행위규제법」에 규정된 과태료를 말한다.
ㄷ. (O) 과태료를 부과한 행정청에 이의제기를 하면 과태료의 효력은 상실되며, 이에 행정청은 관할법원에 통지하여 해당 사안은 관할법원에 귀속된다(동법 제20조·제21조).
ㄹ. (O) 질서위반행위로서의 과태료는 항고소송의 대상인 '처분'의 개념요소를 충족하는 행정작용이지만, 「질서위반행위규제법」에 다른 구제절차를 규정하고 있어 항고소송의 대상인 처분이 되지 않는다.

|정답| 05 ② 06 ② 07 ④

CHAPTER 05 새로운 실효성 확보수단

- ☐ 1회독   월   일
- ☐ 2회독   월   일
- ☐ 3회독   월   일
- ☐ 4회독   월   일
- ☐ 5회독   월   일

01 개관
02 경제적 제재와 비경제적 제재

01 개관

급변하는 현대행정에서 전통적인 실효성 확보수단이 오늘날 행정의 현실에 적절하게 적용되지 못하는 경우가 적지 않다. 따라서 충분히 대응할 수 없게 되자 이러한 한계를 보완하고자 과징금, 명단공표, 공급거부 등의 새로운 의무이행 확보수단이 등장하게 되었다.

02 경제적 제재와 비경제적 제재

1 경제적 제재

(1) 과징금 [빈출]   **결정적 코멘트** 과징금제도의 본래의 취지와 법적 성질 및 관련 판례(감액 등)에 관한 이해를 필요로 한다.

① **의의**: '과징금'이란 행정법상 의무 위반이나 의무불이행에 대한 제재로, 당해 위반행위로 얻은 경제적 이익을 박탈하기 위하여 부과하거나 또는 사업의 취소나 정지에 갈음하여 행정청이 부과하는 금전적 부담을 말한다. 원칙적으로 과징금부과는 고의나 과실을 요하지 않는다.

> **관련 판례**
>
> **A 부당내부거래에 관한 과징금의 성격** [20 지방직 7급, 20 군무원 9급, 18 서울시 7급, 17 지방직 7급, 11 국가직 9급] **01 02 03 04**
>
> (구)「독점규제 및 공정거래에 관한 법률」제24조의2에 의한 부당내부거래에 대한 과징금은 그 취지와 기능, 부과의 주체와 절차 등을 종합할 때 부당내부거래 억지라는 행정목적을 실현하기 위하여 그 위반행위에 대하여 제재를 가하는 행정상의 제재금으로서의 기본적 성격에 부당이득환수적 요소도 부가되어 있는 것이라 할 것이고, 이를 두고 헌법 제13조 제1항에서 금지하는 국가형벌권 행사로서의 '처벌'에 해당한다고는 할 수 없으므로, 공정거래법에서 형사처벌과 아울러 과징금의 병과를 예정하고 있더라도 이중처벌금지원칙에 위반된다고 볼 수 없으며, 이 과징금 부과처분에 대하여 공정력과 집행력을 인정한다고 하여 이를 확정판결 전의 형벌집행과 같은 것으로 보아 무죄추정의 원칙에 위반된다고도 할 수 없다(헌재 2003.7.24. 2001헌가25).

② **종류**
 ㉠ **본래의 과징금**: 경제법상의 의무 위반행위로 인하여 얻은 불법적 이익을 박탈하는 금전적 제재(「독점규제 및 공정거래에 관한 법률」제8조의 과징금)로 국고에 귀속된다. **05**

개념확인 O/X

01 「독점규제 및 공정거래에 관한 법률」상의 부당내부거래에 대한 과징금에는 행정상의 제재금으로서의 기본적 성격에 부당이득환수적 요소도 부가되어 있다.
18 서울7급   (O/X)

02 부당지원행위에 대한 과징금은 행정상 제재금의 기본적 성격에 부당이득환수적 요소도 부가되어 있는 것으로 이중처벌금지원칙에 위반된다고 할 수 없다.
11 국가9급   (O/X)

03 헌법재판소는 과징금제도를 합헌으로 본다.
(O/X)

04 법규가 예외적으로 형사소추 선행원칙을 규정하고 있지 않은 이상 형사판결 확정에 앞서 일정한 위반사실을 들어 행정처분을 하였다고 하여 절차적 위반이 있다고 할 수 없다.
20 군무원9급   (O/X)

05 과징금에 대하여 규정하고 있는 대표적 법률로「독점규제 및 공정거래에 관한 법률」이 있다.
12 국가7급   (O/X)

정답 | 01 O 02 O 03 O 04 O 05 O

ⓒ 변형된 과징금
  ⓐ 인·허가 사업에 있어서 그 사업정지를 명할 일정한 위법사유가 있음에도 그 사업은 계속하게 하고 그에 따른 이익을 박탈하는 내용의 행정 제재금을 의미한다[예 「여객자동차 운수사업법」(제88조 제1항), 「대기환경보전법」(제37조), 「물환경보전법」(제43조), 「약사법」(제81조의2) 등]. 01
  ⓑ 과징금을 부과받은 사업자가 납부기한까지 과징금을 납부하지 아니한 때에는 과징금 부과처분을 취소하고, 과징금부과 대상 영업에 대하여 사업정지처분을 하도록 규정한 경우가 있다.

③ 성질
  ㉠ 과징금은 불법적 이익의 환수라는 점과 행정청에 의하여 부과되는 행정행위의 성질을 가진다(행정벌이나 형사벌과는 다르다. 그러나 과징금은 일정한 행정법상의 의무 위반에 대한 금전적 제재인 점에서 행정벌이나 형사벌과 유사하다).
  ㉡ 과징금의 부과와 행정벌·형사벌의 부과는 이론상 양립이 가능하다고 할 수 있다.

구분	과징금	과태료
성질	행정행위(급부하명)	행정벌 중 행정질서벌
부과기관	행정청	행정청, 법원
불복방법	행정쟁송	「질서위반행위규제법」에 따라 과태료 재판
병과	과징금과 과태료는 병과할 수 있음	

④ 근거
  ㉠ 과징금은 그 자체가 부담적 행정행위로서 법치행정의 요청상 반드시 법적 근거가 있어야 한다.
  ㉡ 현행법상 과징금에 대해 「행정기본법」에 일반적 규정을 두고 있고, 개별법으로서 「독점규제 및 공정거래에 관한 법률」, 「약사법」, 「청소년 보호법」, 「여객자동차 운수사업법」, 「물환경보전법」 등이 있다.

⑤ 부과·징수
  ㉠ 과징금의 기준(「행정기본법」 제28조)
    ⓐ 행정청은 법령 등에 따른 의무를 위반한 자에 대하여 법률로 정하는 바에 따라 그 위반행위에 대한 제재로서 과징금을 부과할 수 있다. 02
    ⓑ 과징금의 근거가 되는 법률에는 과징금에 관한 다음의 사항을 명확하게 규정하여야 한다.
      ⅰ) 부과·징수 주체
      ⅱ) 부과 사유
      ⅲ) 상한액
      ⅳ) 가산금을 징수하려는 경우 그 사항
      ⅴ) 과징금 또는 가산금 체납 시 강제징수를 하려는 경우 그 사항
  ㉡ **과징금의 납부기한 연기 및 분할 납부**: 과징금은 한꺼번에 납부하는 것을 원칙으로 한다. 다만, 행정청은 과징금을 부과받은 자가 재해 등으로 재산에 현저한 손실을 입은 경우 등에 해당하는 사유로 과징금 전액을 한꺼번에 내기 어렵다고 인정될 때에는 그 납부기한을 연기하거나 분할 납부하게 할 수 있으며, 이 경우 필요하다고 인정하면 담보를 제공하게 할 수 있다(「행정기본법」 제29조). 03

개념확인 O/X

01 (구)「여객자동차 운수사업법」상 과징금 부과처분은 원칙적으로 위반자의 고의·과실을 요하지 아니하나, 위반자의 의무 해태를 탓할 수 없는 정당한 사유가 있는 등의 특별한 사정이 있는 경우에는 이를 부과할 수 없다.
20 국가7급 (O / X)

02 공정거래위원회의 과징금 납부명령이 재량권 일탈·남용으로 위법한지는 다른 특별한 사정이 없는 한 과징금 납부명령이 행하여진 '의결일' 당시의 사실상태를 기준으로 판단하여야 한다.
18 국회8급 (O / X)

03 과징금은 법령등에 따른 의무를 위반한 자에 대하여 법률로 정하는 바에 따라 그 위반행위에 대해 부과하는 제재로서 분할 납부를 원칙으로 하고 일정한 사유가 인정될 때에는 한꺼번에 납부하게 할 수 있다.
25 소방 (O / X)

| 정답 | 01 O 02 O 03 X

ⓒ **부과시점**: 관할 행정청이 사업자의 여러 가지 위반행위를 인지한 경우, 인지한 여러 가지 위반행위 중 일부에 대해서만 우선 과징금 부과처분을 하고 나머지에 대해서는 차후에 별도의 과징금 부과처분을 할 수 있는지에 대해서 대법원은 원칙적으로 부정하고 있다.

ⓓ **책임자에 대한 부과와 고의과실 여부**: 현실적인 행위자가 아닌 법령상 책임자로 규정된 자에게 행정법규 위반에 대하여 부과할 수 있고, 법규 위반자에게 고의나 과실이 없어도 부과할 수 있다. 01

⑥ 권리구제
㉠ **항고쟁송**: 과징금의 부과행위는 부담적 행정행위(급부하명)이므로 그것이 위법한 경우 행정쟁송 등이 가능하다.
㉡ **과징금 부과 후 감액처분이 있는 경우에 소송대상**: 과징금을 부과한 이후 행정청의 감액조치가 있었음에도 처분의 상대방이 남아있는 부분에 하자가 있다고 불복하는 경우에 소송대상은 잔여 원처분이 된다.
㉢ **법정액을 초과하여 부과된 재량인 과징금에 대한 법원의 조치**: 법원은 재량인 과징금에 대해 적정한 과징금액은 산정할 수 없고 전체 취소를 하여야 한다.
㉣ **다수의 법 위반에 대한 과징금 부과에 일부 하자가 있는 경우**: 법원은 여러 개의 법 위반행위에 대해 하나의 과징금이 부과되었으나 부과처분에 일부 하자가 있는 경우에는 하자 있는 일부에 대해 취소할 수 있다고 한다.

관련 판례

B 과징금을 부과한 자가 사망하였을 경우 상속인에게 승계된다 [12 국가직 7급] 02

「부동산 실권리자명의 등기에 관한 법률」 제5조에 의하여 부과되는 과징금에 대한 특례를 규정한 같은 법 제8조 제2호 소정의 '배우자'에는 사실혼 관계에 있는 배우자는 포함되지 아니하며, 또한 같은 법 제5조에 의하여 부과된 과징금은 행정상의 의무 위반자에게 부과되는 것으로서 행정벌의 성격을 갖고 있지만 그 채무는 대체적 급부가 가능한 의무이므로 위 과징금을 부과받은 자가 사망한 경우 그 상속인에게 포괄승계된다고 판단하였는바, 위 과징금이 행정벌의 성격을 갖는다고 설시한 부분은 적절하지 아니하나 위 과징금이 상속된다고 한 판단은 정당하다(대판 1999.5.14. 99두35).

A 법정액을 초과한 과징금 부과처분에 대해서 법원은 전체취소를 하여야 한다 [24 국가직 9급, 18 국가직 9급, 18 지방직 9급, 18 지방직 7급, 12 국가직 7급] 03 04

자동차운수사업면허조건 등을 위반한 사업자에 대하여 행정청이 행정제재수단으로 사업정지를 명할 것인지, 과징금을 부과할 것인지, 과징금을 부과키로 한다면 그 금액은 얼마로 할 것인지에 관하여 재량권이 부여되었다 할 것이므로 과징금 부과처분이 법이 정한 한도액을 초과하여 위법할 경우 법원으로서는 그 전부를 취소할 수밖에 없고, 그 한도액을 초과한 부분이나 법원이 적정하다고 인정되는 부분을 초과한 부분만을 취소할 수 없다(대판 1998.4.10. 98두2270).

C 과징금을 행정청(공정거래위원회)이 직접 부과하는 경우 권력분립의 원칙 위반 여부

법관에게 과징금에 관한 결정권한을 부여한다든지, 과징금 부과절차에 있어 사법적 요소들을 강화한다든지 하면 법치주의적 자유보장이라는 점에서 장점이 있겠으나, 공정거래법에서 행정기관인 공정거래위원회로 하여금 과징금을 부과하여 제재할 수 있도록 한 것은 부당내부거래를 비롯한 다양한 불공정 경제행위가 시장에 미치는 부정적 효과 등에 관한 사실수집과 평가는 이에 대한 전문적 지식과 경험을 갖춘 기관이 담당하는 것이 보다 바람직하다는 정책적 결단에 입각한 것이라 할

개념확인 O/X

01 과징금 부과처분의 경우 원칙적으로 위반자의 고의·과실을 요하지 아니하나, 위반자의 의무 해태를 탓할 수 없는 정당한 사유가 있는 등의 특별한 사정이 있는 경우에는 이를 부과할 수 없다.
18 국가7급 (O / X)

02 대법원 판례에 따르면 과징금채무는 대체적 급부가 가능한 의무이므로 과징금을 부과받은 자가 사망한 경우 그 상속인에게 포괄승계된다.
12 국가7급 (O / X)

03 대법원 판례는 과징금 부과처분이 법이 정한 한도액을 초과하여 위법할 경우 법원은 그 초과된 부분을 취소할 수 있다고 보았다.
12 국가7급 (O / X)

04 과징금 부과처분이 법이 정한 한도액을 초과하여 위법할 경우 법원으로서는 그 한도액을 초과한 부분이나 법원이 적정하다고 인정되는 부분을 초과한 부분만을 취소할 수 있다.
24 국가9급 (O / X)

| 정답 | 01 O 02 O 03 X 04 X

것이고, 과징금의 부과 여부 및 그 액수의 결정권자인 위원회는 합의제 행정기관으로서 그 구성에 있어 일정한 정도의 독립성이 보장되어 있고, 과징금 부과절차에서는 통지, 의견진술의 기회 부여 등을 통하여 당사자의 절차적 참여권을 인정하고 있으며, 행정소송을 통한 사법적 사후심사가 보장되어 있으므로, 이러한 점들을 종합적으로 고려할 때 과징금 부과절차에 있어 적법절차원칙에 위반되거나 사법권을 법원에 둔 권력분립의 원칙에 위반된다고 볼 수 없다(헌재 2003.7.24. 2001헌가25).

ⓒ (구)「독점규제 및 공정거래에 관한 법률」상 부당지원행위를 한 지원주체에 대한 과징금 규정이 이중처벌금지원칙이나 무죄추정원칙에 위반되거나 사법권이나 재판청구권을 침해하는지 여부(소극) 및 비례원칙에 반하는지 여부(소극) [17 시행직 7급, 12 국가직 7급] **01 02**

(구)「독점규제 및 공정거래에 관한 법률」(1999.2.5. 법률 제5813호로 개정되기 전의 것) 제23조 제1항 제7호, 같은 법 제24조의2 소정의 부당지원행위를 한 지원주체에 대한 과징금은 그 취지와 기능, 부과의 주체와 절차 등을 종합할 때 부당지원행위의 억지(抑止)라는 행정목적을 실현하기 위한 입법자의 정책적 판단에 기하여 그 위반행위에 대하여 제재를 가하는 행정상의 제재금으로서의 기본적 성격에 부당이득환수적 요소도 부가되어 있는 것이라고 할 것이어서 그것이 헌법 제13조 제1항에서 금지하는 국가형벌권 행사로서의 처벌에 해당한다고 할 수 없으므로 (구)「독점규제 및 공정거래에 관한 법률」에서 형사처벌과 아울러 과징금의 부과처분을 할 수 있도록 규정하고 있다 하더라도 이중처벌금지원칙이나 무죄추정원칙에 위반된다거나 사법권이나 재판청구권을 침해한다고 볼 수 없고, 또한 같은 법 제55조의3 제1항에 정한 각 사유를 참작하여 부당지원행위의 불법의 정도에 비례하여 상당한 금액의 범위 내에서만 과징금을 부과할 수 있도록 하고 있음에 비추어 비례원칙에 반한다고 할 수도 없다(대판 2004.4.9. 2001두6197).

ⓑ 과징금 부과처분에 있어서 추후에 부과금 산정기준이 되는 새로운 자료가 나왔다는 이유로 새로운 부과처분을 할 수 있는지 여부(소극) [18 지방직 9급]

과징금은 원칙적으로 행정법상의 의무를 위반한 자에 대하여 당해 위반행위로 얻게 된 경제적 이익을 박탈하기 위한 목적으로 부과하는 금전적인 제재이므로, 법이 규정한 범위 내에서 그 부과처분 당시까지 부과관청이 확인한 사실을 기초로 일의적으로 확정되어야 할 것이지, 추후에 부과금 산정기준이 되는 새로운 자료가 나왔다고 하여 새로운 부과처분을 할 수 있는 것은 아니다(대판 2002.5.28. 2000두6121).

ⓒ 위반행위 아닌 기간을 포함시켜 과징금을 산정하는 경우 과징금은 위법이다

공정거래위원회가 부당한 공동행위에 대한 과징금을 산정함에 있어 위반행위기간이 아닌 기간을 포함시키고 관련 상품이 아닌 상품이 포함된 매출액을 기준으로 삼은 경우, 과징금부과 재량행사의 기초가 되는 사실인정에 오류가 있다는 이유로 과징금 부과처분이 재량권을 일탈·남용한 것이라 본다(대판 2002.5.28. 2000두6121).

ⓒ 회사분할의 경우, 분할 전 위반행위를 이유로 신설회사에 대하여 과징금을 부과하는 것이 허용되지 않는다 **03**

분할하는 회사의 분할 전 법 위반행위를 이유로 과징금이 부과되기 전까지는 단순한 사실행위만 존재할 뿐 그 과징금과 관련하여 분할하는 회사에게 승계의 대상이 되는 어떠한 의무가 있다고 할 수 없고, 특별한 규정이 없는 한 신설회사에 대하여 분할하는 회사의 분할 전 법 위반행위를 이유로 과징금을 부과하는 것은 허용되지 않는다(대판 2007.11.29. 2006두18928).

개념확인 O/X

01 헌법재판소 결정에 따르면 과징금은 국가형벌권 행사로서의 처벌이 아니므로, 법에서 형사처벌과 아울러 과징금의 부과처분을 규정하고 있더라도 이중처벌금지원칙에 반하지 아니한다.
12 국가7급 (O / X)

02 (구)「독점규제 및 공정거래에 관한 법률」 제24조의2에 의한 부당내부거래 행위에 대한 과징금은 부당내부거래 억지라는 행정목적을 실현하기 위하여 그 위반행위에 대한 행정상의 제재금으로서의 기본적 성격에 부당이득환수적 요소도 부가되어 있는 것으로, 이는 헌법 제13조 제1항에서 금지하는 국가형벌권의 행사로서의 '처벌'에 해당하지 아니한다.
17 지방7급 (O / X)

03 법인의 합병의 경우처럼, 회사가 분할되는 경우에도 신설회사에 기존회사의 법 위반에 대해 과징금을 부과할 수 있다.
(O / X)

| 정답 | 01 O 02 O 03 X

개념확인 O/X

01 과징금 부과처분에 있어 행정청이 납부의무자에 대하여 부과처분을 한 후 그 부과처분의 하자를 이유로 과징금의 액수를 감액하는 경우에 그 감액처분은 당초 부과처분과 별개 독립의 과징금 부과처분이므로, 그 감액처분에 의하여 감액된 부분에 대한 부과처분 취소청구는 소의 이익이 인정된다.
17 지방7급 (O / X)

ⓑ 과징금 부과 후 감액처분에 대한 불복대상 [17 지방직 7급] 01

과징금 부과처분에서 행정청이 납부의무자에 대하여 부과처분을 한 후 그 부과처분의 하자를 이유로 과징금의 액수를 감액하는 경우에 그 감액처분은 감액된 과징금 부분에 관하여만 법적 효과가 미치는 것으로서 처음의 부과처분과 별개 독립의 과징금 부과처분이 아니라 그 실질은 당초 부과처분의 변경이고, 그에 의하여 과징금의 일부취소라는 납부의무자에게 유리한 결과를 가져오는 처분이므로 처음의 부과처분이 전부 실효되는 것은 아니며, 그 감액처분으로도 아직 취소되지 않고 남아 있는 부분이 위법하다고 하여 다투는 경우 항고소송의 대상은 처음의 부과처분 중 감액처분에 의하여 취소되지 않고 남은 부분이고 감액처분이 항고소송의 대상이 되는 것은 아니다(대판 2008. 2. 15. 2006두3957).

ⓒ 공정거래위원회가 부당한 공동행위에 대한 과징금을 부과하면서 여러 개의 위반행위에 대하여 하나의 과징금 납부명령을 하였으나 그중 일부의 위반행위에 대한 과징금 부과만이 위법한 경우, 과징금 납부명령 전부를 취소하여야 하는지 여부(소극)

공정거래위원회가 부당한 공동행위에 대한 과징금을 부과함에 있어 여러 개의 위반행위에 대하여 하나의 과징금 납부명령을 하였으나 여러 개의 위반행위 중 일부의 위반행위에 대한 과징금 부과만이 위법하고 소송상 그 일부의 위반행위를 기초로 한 과징금액을 산정할 수 있는 자료가 있는 경우에는, 하나의 과징금 납부명령일지라도 그 일부의 위반행위에 대한 과징금액에 해당하는 부분만을 취소하여야 한다(대판 2009. 10. 29. 2009두11218).

ⓒ 과징금 부과처분의 원인을 제공한 자의 원고적격 여부

운전기사의 합승행위를 이유로 소속 운수회사에 대하여 과징금 부과처분이 있은 경우 당해 운전기사에게 그 과징금 부과처분의 취소를 구할 이익이 없다(대판 1994. 4. 12. 93누24247).

ⓒ 「부동산 실권리자명의 등기에 관한 법률 시행령」 제3조의2 단서의 과징금 임의적 감경사유가 있음에도 이를 전혀 고려하지 않거나 감경사유에 해당하지 않는다고 오인하여 과징금을 감경하지 않은 경우, 그 과징금 부과처분이 재량권을 일탈·남용한 위법한 것인지 여부(적극)

실권리자명의 등기의무를 위반한 명의신탁자에 대하여 부과하는 과징금의 감경에 관한 「부동산 실권리자명의 등기에 관한 법률 시행령」 제3조의2 단서는 임의적 감경규정임이 명백하므로, 그 감경사유가 존재하더라도 과징금 부과관청이 감경사유까지 고려하고도 과징금을 감경하지 않은 채 과징금 전액을 부과하는 처분을 한 경우에는 이를 위법하다고 단정할 수는 없으나, 위 감경사유가 있음에도 이를 전혀 고려하지 않았거나 감경사유에 해당하지 않는다고 오인한 나머지 과징금을 감경하지 않았다면 그 과징금 부과처분은 재량권을 일탈·남용한 위법한 처분이라고 할 수밖에 없다(대판 2010. 7. 15. 2010두7031).

ⓒ 「부동산 실권리자명의 등기에 관한 법률」 및 시행령상 명의신탁자에 대한 과징금 부과처분의 법적 성질은 기속행위이다

「부동산 실권리자명의 등기에 관한 법률」 제3조 제1항, 제5조 제1항, 같은 법 시행령 제3조 제1항의 규정을 종합하면, 명의신탁자에 대하여 과징금을 부과할 것인지 여부는 기속행위에 해당하므로, 명의신탁이 조세를 포탈하거나 법령에 의한 제한을 회피할 목적이 아닌 경우에 한하여 그 과징금을 일정한 범위 내에서 감경할 수 있을 뿐이지 그에 대하여 과징금 부과처분을 하지 않거나 과징금을 전액 감면할 수 있는 것은 아니다(대판 2007. 7. 12. 2005두17287).

ⓒ 과징금 부과시점

1. 관할 행정청이 여객자동차운송사업자의 여러 가지 위반행위를 인지한 경우, 인지한 여러 가지 위반행위 중 일부에 대해서만 우선 과징금 부과처분을 하고 나머지에 대해서는 차후에 별도의 과징금 부과처분을 할 수 있는지 여부(원칙적 소극)
2. 관할 행정청이 여객자동차운송사업자가 범한 여러 가지 위반행위 중 일부만 인지하여 과징금 부과처분을 한 후 그 과징금 부과처분 시점 이전에 이루어진 다른 위반행위를 인지하여 이에 대하여 별도의 과징금 부과처분을 하게 되는 경우, 추가 과징금 부과처분의 과징금액을 산정하는 방법
   다시 말해, 행정청이 전체 위반행위에 대하여 하나의 과징금 부과처분을 할 경우에 산정되었을 정당한 과징금액에서 이미 부과된 과징금액을 뺀 나머지 금액을 한도로 하여서만 추가 과징금 부과처분을 할 수 있다. <u>행정청이 여러 가지 위반행위를 언제 인지하였느냐는 우연한 사정에 따라 처분상대방에게 부과되는 과징금의 총액이 달라지는 것은 그 자체로 불합리하기 때문</u>이다(대판 2021.2.4. 2020두48390).

구분	이행강제금	과태료	과징금
성질	집행벌	행정질서벌	새로운 의무이행 확보수단
부과내용	현재 의무 불이행	과거 의무 위반	경제법상 의무 위반 정지, 철회에 갈음하여 부과
부과기관	행정청	행정청	행정청
구제	• 행정처분: 항고쟁송 • 기타: 「비송사건절차법」	「질서위반행위규제법」에 따라 구제	항고쟁송
공통점	금전적 제재		

(2) 가산금, 가산세

① 가산금

㉠ 행정법상의 급부의무불이행에 대해서 부과되는 금전적 제재로서 일종의 지연이자의 성격을 가지고 있는 간접적인 의무이행확보수단이다. **01 02**

㉡ 「질서위반행위규제법」은 행정청은 당사자가 납부기한까지 과태료를 납부하지 아니한 때에는 납부기한을 경과한 날부터 체납된 과태료에 대하여 100분의 3에 상당하는 가산금을 징수하고 체납된 과태료를 납부하지 아니한 때에는 납부기한이 경과한 날부터 매 1개월이 경과할 때마다 체납된 과태료의 1천분의 12에 상당하는 가산금을 가산금에 가산하여 징수한다는 규정을 두고 있다(제24조 제1항·제2항).

㉢ 가산금이나 중가산금의 통지가 항고소송대상이 되는 처분인지에 대해 대법원은 가산금이나 중가산금의 확정은 행정청의 확정절차 없이 법이 규정하는 바에 의해서 당연히 발생하는 것이므로 항고소송대상이 되는 처분이라 할 수 없다는 입장이다.

> **관련 판례**
>
> ⓒ 행정재산의 사용·수익 허가에 따른 사용료를 납부기한까지 납부하지 않은 경우에 부과되는 가산금과 중가산금의 법적 성질
>
> 국유재산 등의 관리청이 하는 행정재산의 사용·수익 허가에 따른 사용료에 대하여는 「국유재산법」 제25조 제3항의 규정에 의하여 「국세징수법」 제21조, 제22조가 규정한 가산금과 중가산금을 징수할 수 있다 할 것이고, 위 가산금과 중가산금은 위 사용료가 납부기한까지 납부되지 않은 경우 미납분에 관한 지연이자의 의미로 부과되는 부대세의 일종이다(대판 2006.3.9. 2004다31074).

개념확인 O/X

01 가산금은 행정법상의 금전급부의무의 불이행에 대한 제재로서 가해지는 금전부담으로, 금전채무의 이행에 대한 간접강제의 효과를 갖는다.
17 지방7급 (O / X)

02 조세환급금은 조세채무가 처음부터 존재하지 않거나 그 후 소멸하였음에도 불구하고 국가가 법률상 원인 없이 수령하거나 보유하고 있는 부당이득에 해당하고, 환급가산금은 그 부당이득에 대한 법정이자로서의 성질을 가진다.
25 국가9급 (O / X)

개념확인 O/X

01 국세를 납부기한까지 납부하지 아니하면 과세권자의 가산금 확정절차 없이 「국세징수법」 제21조에 의하여 가산금이 당연히 발생하고 그 액수도 확정된다.
17 국가9급 (O/X)

02 (구)「국세징수법」상 가산금 또는 중가산금의 고지는 항고소송의 대상이 되는 처분이 아니다.
23 지방9급 (O/X)

ⓑ 「국세징수법」상 가산금 또는 중가산금의 고지가 항고소송의 대상이 되는 처분인지 여부(소극) [23 지방직 9급, 19 국가직 9급, 17 국가직 9급] **01 02**

> 「국세징수법」 제21조, 제22조가 규정하는 가산금 또는 중가산금은 국세를 납부기한까지 납부하지 아니하면 과세청의 확정절차 없이도 법률 규정에 의하여 당연히 발생하는 것이므로 가산금 또는 중가산금의 고지가 항고소송의 대상이 되는 처분이라고 볼 수 없다(대판 2005.6.10. 2005다15482).

② 가산세
  ㉠ 조세법상의 의무 위반에 대해 과해지는 금전적 제재로서 본래의 납세의무와 달리 부과되는 조세의 일종이다(「소득세법」 등).
  ㉡ 동일한 납세의무 위반에 대해 가산세와 행정벌의 병과가 가능하다.
  ㉢ 가산세의 부과는 납세자의 고의·과실을 원칙상 고려하지 않으나, 의무 해태에 정당한 사유가 있는 경우에는 예외적으로 부과할 수 없다.

관련 판례 가산세의 법적 성질과 부과요건에 관한 판례

ⓒ 가산세는 세금의 형태로 가하는 행정벌의 성질을 가진 제재이다

> 가산세는 개별 세법이 과세의 적정을 기하기 위하여 정한 의무의 이행을 확보할 목적으로 그 의무 위반에 대하여 세금의 형태로 가하는 행정벌의 성질을 가진 제재이므로 그 의무 해태에 정당한 사유가 있는 경우에는 이를 부과할 수 없다(대판 1992.4.28. 91누9848).

ⓒ 가산세는 개별 세법이 정하는 바에 따라 부과되는 행정상 제재이다

> 세법상 가산세는 과세권의 행사 및 조세채권의 실현을 용이하게 하기 위하여 납세자가 정당한 이유 없이 법에 규정된 신고, 납세 등 각종 의무를 위반한 경우에 개별 세법이 정하는 바에 따라 부과되는 행정상의 제재로서 납세의무자가 그 의무를 알지 못한 것이 무리가 아니었다고 할 수 있어 그를 정당시할 수 있는 사정이 있거나 그 의무의 이행을 당사자에게 기대하는 것이 무리라고 하는 사정이 있을 때 등 그 의무 해태를 탓할 수 없는 정당한 사유가 있는 경우에는 그 부과를 면할 수 있다(대판 2005.4.15. 2003두4089).

03 하나의 납세고지서에 의하여 본세와 가산세를 함께 부과할 때 납세고지서에 본세와 가산세 각각의 세액과 산출근거 등을 구분하여 기재하여야 한다.
20 국가7급 (O/X)

04 하나의 납세고지서에 의하여 본세와 가산세를 함께 부과할 때 납세고지서에 본세와 가산세 각각의 세액과 산출근거 등을 구분하여 기재하여야 하는 것은 아니다.
17 하반기 국가7급 (O/X)

05 가산세는 세법에서 규정하는 의무의 성실한 이행을 확보하기 위하여 세법에 따라 산출한 본세액에 가산하여 징수하는 조세로서, 본세에 감면사유가 인정된다면 가산세도 감면대상에 포함된다.
23 국가7급 (O/X)

ⓒ 본세의 산출세액이 없다 하더라도 가산세만 독립하여 부과·징수할 수 있다 [23 국가직 7급, 20 국가직 7급, 17 하반기 국가직 7급] **03 04 05**

> 가산세는 과세권의 행사와 조세채권의 실현을 용이하게 하기 위하여 세법에 규정된 의무를 정당한 이유 없이 위반한 납세자에게 부과하는 일종의 행정상 제재로서, 개별 세법에 의하여 산출한 법인세 등 본세에 가산세를 가산한 금액을 본세의 명목으로 징수한다 하더라도 이는 징수절차의 편의상 본세의 세액에 가산하여 함께 징수하는 것일 뿐 세법이 정하는 바에 의하여 성립·확정되는 본세와는 그 성질이 다르므로, 본세의 산출세액이 없는 경우에는 가산세도 부과·징수하지 아니한다는 등의 특별한 규정이 없는 한, 본세의 산출세액이 없다 하더라도 가산세만 독립하여 부과·징수할 수 있다(대판 2007.3.15. 2005두12725).

ⓐ 가산세는 납세자의 고의나 과실을 고려하지 않는다 [20 지방직 7급, 19 국가직 9급, 18 서울시 7급, 18 국가직 9급, 17 지방직 7급]

> 세법상 가산세는 과세권의 행사 및 조세채권의 실현을 용이하게 하기 위하여 납세자가 정당한 사유 없이 법에 규정된 신고·납세 등 각종 의무를 위반한 경우 법이 정하는 바에 의하여 부과하는 행정상의 제재로서 납세자의 고의·과실은 고려되지 아니하고, 법령의 부지·착오 등은 그 의무의 위반을 탓할 수 없는 정당한 사유에 해당하지 아니한다(대판 2011.5.13. 2008두12986).

| 정답 | 01 O 02 O 03 O 04 X 05 X

| 관련 판례 | 정당한 사유를 긍정한 판례

ⓒ 전문가의 자문과 세무조정을 받아 비과세로 신고한 것은 정당한 사유에 해당한다

세법의 경과규정 해석과 관련하여 전문가로부터 자문과 세무조정을 받아 비과세로 신고한 점, 과세관청 역시 관계 규정의 해석에 있어서 확실한 견해를 가지지 못하였던 점, 부과경위에 비추어 가산세를 부과하는 것이 가혹하다고 인정되는 점 등 여러 사정을 종합하면, 관계 세법규정에 대한 해석상 의의로 인해 납세의무자에게 그 의무를 게을리 한 점을 탓할 수 없는 정당한 사유가 있어 가산세를 부과할 수 없다(대판 2002.8.23. 2002두66).

| 관련 판례 | 정당한 사유를 부정한 판례

ⓒ 가산세의 부과요건 및 납세의무자가 법령을 부지 또는 오인하거나 세무공무원의 잘못된 설명을 믿고 신고납부의무를 불이행한 것이 가산세를 부과할 수 없는 정당한 사유에 해당하는지 않는다 [17 지방직 7급] 01

세법상 가산세는 과세권의 행사 및 조세채권의 실현을 용이하게 하기 위하여 납세자가 정당한 이유 없이 법에 규정된 신고·납세의무 등을 위반한 경우에 법이 정하는 바에 의하여 부과하는 행정상의 제재로서 납세자의 고의·과실은 고려되지 아니하는 것이고, 법령의 부지 또는 오인은 그 정당한 사유에 해당한다고 볼 수 없으며, 또한 납세의무자가 세무공무원의 잘못된 설명을 믿고 그 신고납부의무를 이행하지 아니하였다 하더라도 그것이 관계 법령에 어긋나는 것임이 명백한 때에는 그러한 사유만으로는 정당한 사유가 있는 경우에 해당한다고 할 수 없다(대판 2002.4.12. 2000두5944).

01 세법상 가산세는 납세자가 정당한 이유 없이 법에 규정된 신고·납세의무 등을 위반한 경우에 부과되는 행정상 제재로서, 납세의무자가 세무공무원의 잘못된 설명을 믿고 그 신고납부의무를 이행하지 아니한 경우에는 그것이 관계 법령에 어긋나는 것임이 명백하다고 하더라도 정당한 사유가 있는 경우에 해당한다.
17 지방7급 (O / X)

2 비경제적 제재

(1) 위반사실 등의 공표

① **의의**: '공표'란 행정법상의 의무 위반 또는 의무불이행이 있는 경우에 그의 성명이나 위반사실 등을 불특정다수인에게 공개하여 명예나 신용의 침해를 위협하는 간접적·심리적 강제에 의하여 의무를 이행하게 하는 제도이다(예 고액체납자의 명단 공개, 환경오염물질배출업소의 명단 공개, 불량상품제조업체의 공표, 공직자재산허위등록 사실의 공개 등). **02**

② **법적 성질 및 유용성**
  ㉠ 공표는 일정한 사실을 국민에게 알리는 '비권력적 사실행위'로서 아무런 법적 효과를 발생하지 않는 단순한 통지에 지나지 않는다(일부 견해에 의하면 명단공표결정이 의무 위반자에게 통지된 후 행하는 명단공표행위는 단순사실행위이나, 의무 위반자에게 통지함이 없이 행하는 명단공표행위는 권력적 사실행위에 해당된다는 입장도 있다).
  ㉡ 명단의 공표는 직접적으로 위반자의 수치심에 비례하고, 사업상의 불이익 등을 불러일으키는 사회적 제재 내지 명예벌적 의미를 가진다고 말할 수 있다. 그러므로 사회적 지위에 따라 실효성이 크며, 신속하고 경비가 적게 든다는 점에서 유용성이 크다.

③ **법적 근거**: 「행정절차법」에 일반적 규정을 두고 있고, 「독점규제 및 공정거래에 관한 법률」, 「아동·청소년의 성보호에 관한 법률」, 「식품위생법」 등에서 직접 규정하고 있으며, 고액체납자의 명단 공개는 「국세징수법」에 근거하고 있다.

02 행정상 공표는 의무 위반자의 명예나 신용의 침해를 위협함으로써 직접적으로 행정법상 의무이행을 확보하는 수단이다.
10 지방9급 (O / X)

| 정답 | 01 X 02 X

| 개념확인 O/X |

01 위반사실의 공표는 비례원칙과 부당결부금지의 원칙 등 행정법의 일반원칙의 준수 하에 이루어져야 한다.
10 국회9급 (O / X)

02 행정상 공표는 사생활의 비밀의 자유, 국민의 알 권리 등 다른 기본권과 충돌하는 경우에는 이익 형량에 의하여 제한할 수 있다.
10 지방9급 (O / X)

④ 공표의 절차
㉠ 행정청은 법령에 따른 의무를 위반한 자의 성명·법인명, 위반사실, 의무 위반을 이유로 한 처분사실 등을 법률로 정하는 바에 따라 일반에게 공표할 수 있다.
㉡ 객관적인 증거와 근거 확인: 행정청은 위반사실 등의 공표를 하기 전에 사실과 다른 공표로 인하여 당사자의 명예·신용 등이 훼손되지 아니하도록 객관적이고 타당한 증거와 근거가 있는지를 확인하여야 한다. 01 02
㉢ 사전통지 및 의견제출
  ⓐ 행정청은 위반사실 등의 공표를 할 때에는 미리 당사자에게 그 사실을 통지하고 의견제출의 기회를 주어야 한다.
  ⓑ 의견제출 예외사유: 다음의 어느 하나에 해당하는 경우에는 의견제출을 하지 아니하다.
    ⅰ 공공의 안전 또는 복리를 위하여 긴급히 공표를 할 필요가 있는 경우
    ⅱ 해당 공표의 성질상 의견청취가 현저히 곤란하거나 명백히 불필요하다고 인정될 만한 타당한 이유가 있는 경우
    ⅲ 당사자가 의견진술의 기회를 포기한다는 뜻을 명백히 밝힌 경우
  ⓒ 의견제출의 기회를 받은 당사자는 공표 전에 관할 행정청에 서면이나 말 또는 정보통신망을 이용하여 의견을 제출할 수 있다.
  ⓓ 행정청은 위반사실의 공표를 할 때에 당사자등이 제출한 의견이 상당한 이유가 있다고 인정하는 경우에는 이를 반영하여야 한다.
㉣ 위반사실 등의 공표는 관보, 공보 또는 인터넷 홈페이지 등을 통하여 한다.
㉤ 행정청은 위반사실 등의 공표를 하기 전에 당사자가 공표와 관련된 의무의 이행, 원상회복, 손해배상 등의 조치를 마친 경우에는 위반사실 등의 공표를 하지 아니할 수 있다.

⑤ 권리구제
㉠ 국민의 공표청구권: 법에 의해 공표가 허용되어 있는데 행정기관이 공표를 거부하고 있는 경우, 국민은 공표를 청구하는 권리를 가지는가가 문제되는데 실정법이 그 규정을 재량으로 정하였는가 기속으로 정하였는가에 따라 달라질 수 있다.
㉡ 위법한 공표에 대한 구제
  ⓐ 취소소송: 공표의 법적 성질에 대하여 처분성을 인정하는 견해와 부정하는 견해에 따라, 취소소송 또한 가능 여부에 대해 견해가 대립되고 있다. 대법원은 병무청장의 병역기피자 명단공개결정에 대해 항고소송대상인 처분성을 인정하였다. 03
  ⓑ 손해배상: 위법한 공표로 인하여 손해를 받은 자는 국가배상을 청구할 수 있다. 다만, 판례는 공표가 진실이 아니라도 상당한 이유가 있는 한 위법성이 없어 배상책임이 없다고 한다. 04
  ⓒ 시정 공고: 행정청은 공표된 내용이 사실과 다른 것으로 밝혀지거나 공표에 포함된 처분이 취소된 경우에는 그 내용을 정정하여, 정정한 내용을 지체 없이 해당 공표와 같은 방법으로 공표된 기간 이상 공표하여야 한다. 다만, 당사자가 원하지 아니하면 공표하지 아니할 수 있다. 05

03 위반사실의 공표가 행정청의 처분에 해당하는 경우에는 취소심판, 취소소송 등 취소쟁송으로 공표의 취소를 구할 수 있다.
10 국회9급 (O / X)

04 판례에 따르면, 위법한 공표에 의하여 명예·신용 등이 침해된 경우에는 행정상 손해배상청구소송을 제기하여 그 손해배상을 구할 수 없다.
10 국회9급 (O / X)

05 위반사실의 공표가 위법한 경우 상대방은 결과제거청구권의 한 내용으로서 「민법」 제764조에 근거하여 정정 공고를 구할 수 있다.
10 국회9급 (O / X)

| 정답 | 01 O   02 O   03 O   04 X   05 O

관련 판례

Ⓑ 병역기피자 명단공개결정은 처분이다 [25 소방직, 23 국가직 7급] 01 02

병무청장이 「병역법」 제81조의2 제1항에 따라 병역의무기피자의 인적사항 등을 인터넷 홈페이지에 게시하는 등의 방법으로 공개한 경우 병무청장의 공개결정을 항고소송의 대상이 되는 행정처분으로 보아야 한다(대판 2019.6.27. 2018두49130).

Ⓒ 행정상 공표에 의한 명예훼손과 위법성

국가기관이 행정목적달성을 위하여 언론에 보도자료를 제공하는 등 이른바 행정상 공표의 방법으로 실명(實名)을 공개함으로써 타인의 명예를 훼손한 경우, 그 공표된 사람에 관하여 적시된 사실의 내용이 진실이라는 증명이 없더라도 국가기관이 공표 당시 이를 진실이라고 믿었고 또 그렇게 믿을 만한 상당한 이유가 있다면 위법성이 없는 것이고, 이 점은 언론을 포함한 사인(私人)에 의한 명예훼손의 경우에서와 마찬가지라 할 것인바, 한편 이러한 상당한 이유의 존부의 판단에 있어서는, 실명공표 자체가 매우 신중하게 이루어져야 한다는 요청에서 비롯되는 무거운 주의의무와 공권력의 광범한 사실조사능력, 공표된 사실이 진실하리라는 점에 대한 국민의 강한 기대와 신뢰, 공무원의 비밀엄수의무와 법령준수의무 등에 비추어, 사인의 행위에 의한 경우 보다는 훨씬 더 엄격한 기준이 요구된다 할 것이므로, 그 사실이 의심의 여지없이 확실히 진실이라고 믿을 만한 객관적이고도 타당한 확증과 근거가 있는 경우가 아니라면 그러한 상당한 이유가 있다고 할 수 없을 것이다(대판 1993.11.26. 93다18389).

Ⓒ 국세청장이 부동산투기자의 명단을 언론사에 공표함으로써 명예를 훼손한 사건에서 손해배상의 책임을 인정하였다 [10 지방직 9급] 03

지방국세청 소속 공무원들이 통상적인 조사를 다하여 의심스러운 점을 밝혀 보지 아니한 채 막연한 의구심에 근거하여 원고가 위장증여자로서 「국토이용관리법」을 위반하였다는 요지의 조사결과를 보고한 것이라면 국세청장이 이에 근거한 보도자료의 내용이 진실하다고 믿은 데에는 상당한 이유가 없다(대판 1993.11.26. 93다18389).

Ⓒ 청소년 성매수자에 대한 신상공개를 규정한 「청소년의 성보호에 관한 법률」 제20조 제2항 제1호가 이중처벌금지원칙에 위반되는지 여부 [10 지방직 9급] 04

헌법 제13조 제1항에서 말하는 '처벌'은 원칙적으로 범죄에 대한 국가의 형벌권 실행으로서의 과벌을 의미하는 것이고, 국가가 행하는 일체의 제재나 불이익처분을 모두 그 '처벌'에 포함시킬 수는 없다. 법 제20조 제1항은 '청소년의 성을 사는 행위 등의 범죄방지를 위한 계도'가 신상공개제도의 주된 목적임을 명시하고 있는바, 이 제도가 당사자에게 일종의 수치심과 불명예를 줄 수 있다고 하여도, 이는 어디까지나 신상공개제도가 추구하는 입법목적에 부수적인 것이지 주된 것은 아니다. 또한, 공개되는 신상과 범죄사실은 이미 공개재판에서 확정된 유죄판결의 일부로서, 개인의 신상 내지 사생활에 관한 새로운 내용이 아니고, 공익목적을 위하여 이를 공개하는 과정에서 부수적으로 수치심 등이 발생된다고 하여 이것을 기존의 형벌 외에 또 다른 형벌로서 수치형이나 명예형에 해당한다고 볼 수는 없다. 그렇다면, 신상공개제도는 헌법 제13조의 이중처벌금지원칙에 위배되지 않는다(헌재 2003.6.26. 2002헌가14).

Ⓒ 공정거래위원회는 시정명령을 받은 사실의 공표명령을 할 수 있다

공정거래위원회는 (구)「독점규제 및 공정거래에 관한 법률」 제24조 소정의 '법 위반사실의 공표' 부분이 위헌결정으로 효력을 상실하였다 하더라도 '기타 시정을 위하여 필요한 조치'로서 '법 위반을 이유로 공정거래위원회로부터 시정명령을 받은 사실의 공표'명령을 할 수 있다(대판 2003.2.28. 2002두6170).

개념확인 O/X

01 병무청장이 (구)「병역법」에 따라 병역의무기피자의 인적사항 등을 인터넷 홈페이지에 게시하는 등의 방법으로 공개한 경우 병무청장의 공개결정은 항고소송의 대상이 되는 행정처분이 아니다.
23 국가7급 (O / X)

02 병무청장이 「병역법」에 따라 병역의무 기피자의 인적사항 등을 인터넷 홈페이지에 게시하는 등의 방법으로 공개한 경우, 병무청장의 공개결정은 항고소송의 대상이 되는 행정처분에 해당한다.
25 소방 (O / X)

03 대법원은 국세청장이 부동산투기자의 명단을 언론사에 공표함으로써 명예를 훼손한 사건에서 손해배상의 책임을 인정하였다.
10 지방9급 (O / X)

04 헌법재판소는 청소년 성매수자의 신상공개제도가 이중처벌금지원칙, 과잉금지원칙, 평등원칙, 적법절차원칙 등에 위반되지 않는다는 입장이다.
10 지방9급 (O / X)

| 정답 | 01 X 02 O 03 O 04 O

(2) 공급거부

① **의의**: '공급거부'란 행정법상의 의무를 위반하거나 불이행한 자에 대하여 일정한 행정상의 역무나 재화의 공급을 거부하는 행정조치(예 수도, 전기, 전화, 가스 등)를 말하는 것으로, 공급의 거부는 오늘날 국민생활에 불가결한 것으로서 매우 강력한 행정상 의무이행 확보수단으로 기능한다.

관련 판례

B 위법 건축물에 대한 단전 및 전화통화 단절조치 요청행위가 항고소송의 대상이 되는 행정처분인지 여부(소극) [23 지방직 9급] 01

> 「건축법」제69조 제2항·3항의 규정에 비추어 보면, 행정청이 위법 건축물에 대한 시정명령을 하고 나서 위반자가 이를 이행하지 아니하여 전기·전화의 공급자에게 그 위법 건축물에 대한 전화·전기공급을 하지 말아 줄 것을 요청한 행위는 권고적 성격의 행위에 불과한 것으로 전기·전화공급자나 특정인의 법률상 지위에 직접적인 변동을 가져오는 것은 아니므로 이를 항고소송의 대상이 되는 행정처분이라고 볼 수 없다(대판 1996.3.22. 96누433).

C 한국전력공사의 전기공급 적법 여부의 조회에 대한 관할구청장의 회신의 행정처분성 여부

> 한국전력공사가 전기공급의 적법 여부를 조회한 데 대한 관할 구청장의 회신은 권고적 성격의 행위에 불과한 것으로서 항고소송의 대상이 되는 행정처분이라고 볼 수 없다(대판 1995.11.21. 95누9099).

② **법적 근거**: 공급거부는 침익적 행위이므로 법률상의 근거가 필요하다.
※ 「건축법」의 제69조 제2항은 공급거부에 관하여 규정을 두었으나 법 개정으로 삭제되었다.

③ **문제점(한계)**
  ㉠ 법률에 명확한 근거가 있어야 할 것이며, 위반 또는 불이행과 공급거부 사이에는 실질적인 관련이 있어야 한다(부당결부금지원칙).
  ㉡ 공역무의 계속성원칙과 평등원칙을 침해할 우려가 있다.
  ※ E. Forsthoff는 '복지국가에서의 공급거부는 가장 야만적인 행위'라고 하였다.

④ **권리구제**: 공급 거부된 내용이 재화나 서비스의 성질에 따라, 혹은 급부형식이 공법적 형식인가 사법적 형식인가에 따라 민사소송·행정소송의 구제방식이 달라질 것이다.

심화 학습
대법원은 단수처분을 행정처분으로 보고 있으므로 위법한 단수처분에 대해 행정소송을 제기하여 그 취소 등을 구할 수 있다고 본다(판례는 전기·전화 등의 경우는 사법관계로 보고 있다). 02

(3) 관허사업의 제한(제재적 행정처분)

① **의의**: 행정법상의 의무를 위반한 자에 대해 관련된 인허가 사업의 신청을 거부하거나 기존의 인허가 사업의 정지 등의 제한을 통해 행정의 실효성을 확보하려는 수단이다. 03 04

② **「국세징수법」등의 관허사업제한**: 종래와 달리 「국세징수법」등의 관허사업제한 규정은 인허가와 관련된 사업의 국세 등이 체납된 경우에, 관련된 사업의 정지나 허가취소 또는 허가의 갱신 또는 신규허가의 거부를 하도록 규정하고 있어 부당결부금지원칙에 위반된다는 종래의 비난으로부터 벗어나는 법 개정을 하였다. 05

개념확인 O/X

01 행정청이 위법 건축물에 대한 단전 및 전화통화 단절조치를 요청한 것은 항고소송의 대상이 되는 행정처분이라고 볼 수 없다.
23 지방9급 (O/X)

02 공급거부란 행정법상의 의무를 위반하거나 불이행한 자에 대하여 행정상의 서비스 또는 재화의 공급을 거부하는 권력적 사실행위로서 판례는 지방자치단체장에 의한 단수조치의 처분성을 인정하였다.
25 소방 (O/X)

03 「식품위생법」에 따른 식품접객업(일반음식점영업)의 영업신고의 요건을 갖춘 자라고 하더라도, 그 영업신고를 한 당해 건축물이 「건축법」소정의 허가를 받지 아니한 무허가 건물이라면 적법한 신고를 할 수 없다.
24 국가9급 (O/X)

04 「식품위생법」에 따른 식품접객업(일반음식점영업)의 영업신고의 요건을 갖춘 자는 그 영업신고를 한 당해 건축물이 「건축법」소정의 허가를 받지 아니한 무허가 건물이라면 적법한 신고를 할 수 없다.
16 지방9급 (O/X)

05 조세체납자의 관허사업제한을 명시하고 있는 「국세징수법」관련 규정은 부당결부금지의 원칙에 반하여 위헌이라는 것이 판례의 입장이다.
14 국가9급 (O/X)

| 정답 | 01 O 02 O 03 O 04 O 05 X

> **관련 법령**
>
> 「**국세징수법**」 **제112조【사업에 관한 허가 등의 제한】** ① 관할 세무서장은 납세자가 허가·인가·면허 및 등록 등(이하 이 조에서 '허가 등'이라 한다)을 받은 사업과 관련된 소득세, 법인세 및 부가가치세를 체납한 경우 해당 사업의 주무관청에 그 납세자에 대하여 허가 등의 갱신과 그 허가 등의 근거법률에 따른 신규 허가 등을 하지 아니할 것을 요구할 수 있다. 다만, 재난, 질병 또는 사업의 현저한 손실 그 밖에 대통령령으로 정하는 사유가 있는 경우에는 그러하지 아니하다. 01
> ② 관할 세무서장은 허가 등을 받아 사업을 경영하는 자가 해당 사업과 관련된 소득세, 법인세 및 부가가치세를 3회 이상 체납하고 그 체납된 금액의 합계액이 500만 원 이상인 경우 해당 주무관청에 사업의 정지 또는 허가 등의 취소를 요구할 수 있다. 다만, 재난, 질병 또는 사업의 현저한 손실 그 밖에 대통령령으로 정하는 사유가 있는 경우에는 그러하지 아니하다.
> ③ 관할 세무서장은 제1항 또는 제2항의 요구를 한 후 해당 국세를 징수한 경우 즉시 그 요구를 철회하여야 한다.
> ④ 해당 주무관청은 제1항 또는 제2항에 따른 관할 세무서장의 요구가 있는 경우 정당한 사유가 없으면 요구에 따라야 하며, 그 조치 결과를 즉시 관일 세무서장에게 알려야 한다.
>
> 「**질서위반행위규제법**」 **제52조【관허사업의 제한】** ① 행정청은 허가·인가·면허·등록 및 갱신(이하 '허가 등'이라 한다)을 요하는 사업을 경영하는 자로서 다음 각 호의 사유에 모두 해당하는 체납자에 대하여는 사업의 정지 또는 허가 등의 취소를 할 수 있다.
> 1. 해당 사업과 관련된 질서위반행위로 부과 받은 과태료를 3회 이상 체납하고 있고, 체납 발생일부터 각 1년이 경과하였으며, 체납금액의 합계가 500만 원 이상인 체납자 중 대통령령으로 정하는 횟수와 금액 이상을 체납한 자
> 2. 천재지변이나 그 밖의 중대한 재난 등 대통령령으로 정하는 특별한 사유 없이 과태료를 체납한 자
> ② 허가 등을 요하는 사업의 주무관청이 따로 있는 경우에는 행정청은 당해 주무관청에 대하여 사업의 정지 또는 허가 등의 취소를 요구할 수 있다.
> ③ 행정청은 제1항 또는 제2항에 따라 사업의 정지 또는 허가 등을 취소하거나 주무관청에 대하여 그 요구를 한 후 당해 과태료를 징수한 때에는 지체 없이 사업의 정지 또는 허가 등의 취소나 그 요구를 철회하여야 한다.
> ④ 제2항에 따른 행정청의 요구가 있는 때에는 당해 주무관청은 정당한 사유가 없는 한 이에 응하여야 한다.

③ **형사처벌과의 병과문제**: 행정법상의 의무 위반자에 대하여 인가·허가 등을 거부·정지·철회함으로써 불이익을 가하고 그를 통해 의무를 이행시키는 제재처분은 형사처벌과 목적이나 대상이 다르므로 병과할 수 있다.

> **관련 판례**
>
> **B** 일정한 법규 위반사실에 관하여 형사판결확정 전에 한 행정처분의 적부
>
> 일정한 법규 위반사실이 행정처분의 전제사실이 되는 한편 이와 동시에 형사법규의 위반사실이 되는 경우에 행정처분과 형벌은 각기 그 권력적 기초, 대상, 목적을 달리하고 있으므로 동일한 행위에 관하여 독립적으로 행정처분이나 형벌을 과하거나 이를 병과할 수 있는 것이고 법규가 예외적으로 형사소추선행의 원칙을 규정하고 있지 아니한 이상 형사판결확정에 앞서 일정한 위반사실을 들어 행정처분을 하였다고 하여 절차적 위반이 있다고 할 수 없다(대판 1986.7.8. 85누1002).

④ **한계**: 일반적인 관허사업제한은 의무이행 확보수단을 넘어서 의무 위반내용과 실질적·사물적 관련이 없는 사업 자체를 침해하고(부당결부금지원칙에 위반), 또한 국민의 생업 자체를 위협한다는 점에서 비례원칙과 관계에서도 문제가 된다고 본다.

(4) 기타

차량 등의 사용제한, 취업제한, 해외여행제한, 세무조사 등이 있다.

개념확인 O/X

01 세무서장 등은 납세자가 허가·인가·면허 및 등록을 받은 사업과 관련된 소득세, 법인세 및 부가가치세를 대통령령으로 정하는 사유 없이 체납하였을 때에는 해당 사업의 주무관서에 그 납세자에 대하여 허가 등의 갱신과 그 허가 등의 근거법률에 따른 신규 허가 등을 하지 아니할 것을 요구할 수 있다.
20 군무원9급   (O/X)

정답 | 01 O

05 새로운 실효성 확보수단

교수님 코멘트 ▶ 과징금을 제외하고는 비교적 출제빈도가 낮은 단원이다. 과징금의 법적 성질과 관련 판례는 숙지해야 한다.

01
2022 국가직 9급

다음 사례에 대한 설명으로 옳은 것을 고르시오. (다툼이 있는 경우 판례에 의함)

> A시 시장은 식품접객업주 갑에게 청소년고용금지업소에 청소년을 고용하였다는 사유로 식품위생법령에 근거하여 영업정지 2개월 처분에 갈음하는 과징금 부과처분을 하였고, 갑은 부과된 과징금을 납부하였다. 그러나 갑은 이후 과징금 부과처분에 하자가 있음을 알게 되었다.

① 갑은 납부한 과징금을 돌려받기 위해 관할 행정법원에 과징금반환을 구하는 당사자소송을 제기할 수 있다.
② A시 시장이 과징금 부과처분을 함에 있어 과징금부과통지서의 일부 기재가 누락되어 이를 이유로 갑이 관할 행정법원에 과징금 부과처분의 취소를 구하는 소를 제기한 경우, A시 시장은 취소소송절차가 종결되기 전까지 보정된 과징금 부과처분 통지서를 송달하면 일부 기재 누락의 하자는 치유된다.
③ 「식품위생법」이 청소년을 고용한 행위에 대하여 영업허가를 취소하거나 6개월 이내의 기간을 정하여 그 영업의 전부 또는 일부를 정지하거나 영업소 폐쇄를 명할 수 있다고 하면서 행정처분의 세부기준은 총리령으로 위임한다고 정하고 있는 경우에, 총리령에서 정하고 있는 행정처분의 기준은 재판규범이 되지 못한다.
④ 갑이 자신은 청소년을 고용한 적이 없다고 주장하면서 제기한 과징금 부과처분의 취소소송 계속 중에 A시 시장은 갑이 유통기한이 경과한 식품을 판매한 사실을 처분사유로 추가·변경할 수 있다.

02
2018 국가직 9급

행정의 실효성 확보수단에 대한 설명으로 옳지 않은 것은? (다툼이 있는 경우 판례에 의함)

① 질서위반행위에 대하여 과태료를 부과하는 근거법령이 개정되어 행위 시의 법률에 의하면 과태료 부과대상이었지만 재판 시의 법률에 의하면 부과대상이 아니게 된 때에는 개정 법률의 부칙 등에서 행위 시의 법률을 적용하도록 명시하는 등 특별한 사정이 없는 한 재판 시의 법률을 적용하여야 한다.
② 「건축법」상 이행강제금은 시정명령의 불이행이라는 과거의 위반행위에 대한 제재이므로, 건축주가 장기간 시정명령을 이행하지 않았다면 그 기간 중에 시정명령의 이행 기회가 제공되지 않았다가 뒤늦게 이행 기회가 제공된 경우라 하더라도 이행 기회가 제공되지 않은 과거의 기간에 대한 이행강제금까지 한꺼번에 부과할 수 있다.
③ 세법상 가산세를 부과할 때 납세자에게 조세납부를 거부 또는 지연하는 데 고의 또는 과실이 있었는지는 원칙적으로 고려하지 않지만, 납세의무자의 의무 해태를 탓할 수 없는 정당한 사유가 있는 경우에는 가산세를 부과할 수 없다.
④ 재량행위인 과징금 부과처분이 해당 법령이 정한 한도액을 초과하여 부과된 경우 이러한 과징금 부과처분은 법이 정한 한도액을 초과하여 위법하므로 법원으로서는 그 전부를 취소할 수밖에 없고, 그 한도액을 초과한 부분만 취소할 수는 없다.

03

2018 지방직 9급

과징금에 대한 설명으로 옳은 것은? (다툼이 있는 경우 판례에 의함)

① 과징금은 원칙적으로 행위자의 고의·과실이 있는 경우에 부과한다.
② 과징금 부과처분의 기준을 규정하고 있는 (구)「청소년보호법 시행령」제40조 [별표 6]은 행정규칙의 성질을 갖는다.
③ 부과관청이 추후에 부과금 산정기준이 되는 새로운 자료가 나올 경우 과징금액이 변경될 수도 있다고 유보하며 과징금을 부과했다면, 새로운 자료가 나온 것을 이유로 새로이 부과처분을 할 수 있다.
④ 자동차운수사업면허조건 등을 위반한 사업자에 대한 과징금 부과처분이 법이 정한 한도액을 초과하여 위법한 경우 법원은 그 처분 전부를 취소하여야 한다.

정답&해설

01 ③ 경제적 제재와 비경제적 제재

③ (구)「식품위생법 시행규칙」에 규정된 업종별 시설기준의 위반은 … (중략) … 다만, 시행규칙 제89조가 법 제74조에 따른 행정처분의 기준으로 마련한 [별표 23] 제3호 8. 라. 1)에서 위반사항을 '유흥주점 외의 영업장에 무도장을 설치한 경우'로 한 행정처분 기준을 규정하고 있을 뿐이다. 그러나 이러한 행정처분 기준은 행정청 내부의 재량준칙에 불과하므로, 재량준칙에서 위반사항의 하나로 '유흥주점 외의 영업장에 무도장을 설치한 경우'를 들고 있다고 하여 이를 위반의 대상이 된 금지의무의 근거규정이라고 해석할 수는 없다(대판 2015.7.9. 2014두47853).

|오답해설| ① 과징금의 반환청구는 부당이득반환청구에 해당되므로, 대법원에 민사소송으로 제기할 수 있다.
② 대법원에 의하면 이유제시의 하자치유는 적어도 쟁송제기 이전에 하여야 한다. 따라서 취소소송이 제기된 상태에서는 치유를 인정할 수 없다.
④ 처분사유의 추가·변경은 사실관계의 동일성 범위 내에서 인정된다. 청소년의 고용과 유통기한의 경과식품 판매는 사실관계의 동일성이 인정된다고 볼 수 없어 처분사유의 추가·변경을 인정할 수 없다.

02 ② 경제적 제재와 비경제적 제재

② 건축주 등이 장기간 시정명령을 이행하지 아니하였으나 그 기간 중에 시정명령의 이행 기회가 제공되지 아니하였다가 뒤늦게 이행 기회가 제공된 경우, 이행 기회가 제공되지 아니한 과거의 기간에 대한 이행강제금까지 한꺼번에 부과할 수 없고, 이를 위반하여 이루어진 이행강제금 부과처분의 하자가 중대·명백하다(대판 2016.7.14. 2015두46598).

03 ④ 경제적 제재와 비경제적 제재

④ 과징금 부과가 위법한 경우 법원은 적정액을 판단하여 일부를 취소할 수 없고, 전체 취소를 하여야 한다(대판 1998.4.10. 98두2270).

|오답해설| ① 과징금은 제재적 처분으로서 고의·과실을 요하지 않는다. 객관적 사실로 부과될 수 있다.
② 법규명령의 성질이고 상한액을 규정한 것이다.
③ 과징금은 원칙적으로 행정법상의 의무를 위반한 자에 대하여 당해 위반행위로 얻게 된 경제적 이익을 박탈하기 위한 목적으로 부과하는 금전적인 제재이므로, 법이 규정한 범위 내에서 그 부과처분 당시까지 부과관청이 확인한 사실을 기초로 일의적으로 확정되어야 할 것이지, 추후에 부과금 산정기준이 되는 새로운 자료가 나왔다고 하여 새로운 부과처분을 할 수 있는 것은 아니다(대판 2002.5.28. 2000두6121).

| 정답 | 01 ③ 02 ② 03 ④

04

과징금에 대한 설명으로 옳지 않은 것은?

① (구)「독점규제 및 공정거래에 관한 법률」 소정의 부당지원행위에 대한 과징금은 부당지원행위의 억지라는 행정목적을 실현하기 위한 행정상 제재금으로서의 성격에 부당이득환수적 요소도 부가되어 있으므로 국가형벌권 행사로서의 처벌에 해당하지 아니한다.
② 행정기본법령에 따르면, 과징금 납부의무자가 과징금을 분할 납부하려는 경우에는 납부기한 7일 전까지 과징금의 분할 납부를 신청하는 문서에 해당 사유를 증명하는 서류를 첨부하여 행정청에 신청해야 한다.
③ 관할 행정청이 여객자동차운송사업자의 여러 가지 위반행위를 인지하였다면 전부에 대하여 일괄하여 최고한도 내에서 하나의 과징금 부과처분을 하는 것이 원칙이고, 인지한 위반행위 중 일부에 대해서만 우선 과징금 부과처분을 하고 나머지에 대해서는 차후에 별도의 과징금 부과처분을 하는 것은 다른 특별한 사정이 없는 한 허용되지 않는다.
④ 과징금의 근거가 되는 법률에는 과징금에 관한 부과·징수 주체, 부과 사유, 상한액, 가산금을 징수하려는 경우 그 사항, 과징금 또는 가산금 체납 시 강제징수를 하려는 경우 그 사항을 명확하게 규정하여야 한다.

05

행정의 실효성 확보수단에 대한 설명으로 옳은 것만을 모두 고르면? (다툼이 있는 경우 판례에 의함)

> ㄱ. 조세부과처분에 취소사유인 하자가 있는 경우 그 하자는 후행 강제징수절차인 독촉·압류·매각·청산절차에 승계된다.
> ㄴ. 세법상 가산세는 과세권 행사 및 조세채권 실현을 용이하게 하기 위하여 납세자가 정당한 이유 없이 법에 규정된 신고, 납세 등의 의무를 위반한 경우에 개별세법에 따라 부과하는 행정상 제재로서, 납세자의 고의·과실은 고려되지 아니하고 법령의 부지·착오 등은 그 의무 위반을 탓할 수 없는 정당한 사유에 해당하지 아니한다.
> ㄷ. 세무공무원이 체납처분을 하기 위하여 질문·검사 또는 수색을 하거나 재산을 압류할 때에는 그 신분을 표시하는 증표를 지니고 이를 관계자에게 보여 주어야 한다.
> ㄹ. (구)「국세징수법」상 가산금은 국세를 납부기한까지 납부하지 아니하면 과세청의 확정절차 없이도 법률에 의하여 당연히 발생하는 것이므로 가산금의 고지는 항고소송의 대상이 되는 처분이라고 볼 수 없다.

① ㄱ, ㄴ
② ㄴ, ㄷ
③ ㄷ, ㄹ
④ ㄴ, ㄷ, ㄹ

06

2022 국가직 9급

과징금 부과처분에 대한 설명으로 옳지 <u>않은</u> 것은? (다툼이 있는 경우 판례에 의함)

① 「독점규제 및 공정거래에 관한 법률」상의 과징금은 법이 규정한 범위 내에서 그 부과처분 당시까지 부과관청이 확인한 사실을 기초로 일의적으로 확정되어야 할 것이지, 추후에 부과금 산정기준이 되는 새로운 자료가 나왔다고 하여 새로운 부과처분을 할 수 있는 것은 아니다.
② 영업정지에 갈음하여 부과되는 이른바 변형된 과징금의 부과 여부는 통상 행정청의 재량행위이다.
③ 과징금은 행정상 제재금이고 범죄에 대한 국가형벌권의 실행이 아니므로 행정법규 위반에 대해 벌금 이외에 과징금을 부과하는 것은 이중처벌금지의 원칙에 위반되지 않는다.
④ 「부동산 실권리자명의 등기에 관한 법률」상 명의신탁자에 대한 과징금의 부과 여부는 행정청의 재량행위이다.

정답&해설

04 ② 경제적 제재와 비경제적 제재

②「행정기본법 시행령」에 의하면 과징금을 분할납부하고자 하는 경우에는 10일 전까지 신청을 하여야 한다.

> 「행정기본법 시행령」 제7조【과징금의 납부기한 연기 및 분할 납부】① 과징금 납부의무자는 법 제29조 각 호 외의 부분 단서에 따라 과징금 납부기한을 연기하거나 과징금을 분할 납부하려는 경우에는 납부기한 10일 전까지 과징금 납부기한의 연기나 과징금의 분할 납부를 신청하는 문서에 같은 조 각 호의 사유를 증명하는 서류를 첨부하여 행정청에 신청해야 한다.

|오답해설| ① (구)「독점규제 및 공정거래에 관한 법률」 소정의 부당지원행위를 한 지원주체에 대한 과징금은 … 그 <u>위반행위에 대하여 제재를 가하는 행정상의 제재금으로서의 기본적 성격에 부당이득환수적 요소도 부가되어 있는</u> 것이라고 할 것이어서 그것이 헌법 제13조 제1항에서 금지하는 국가형벌권 행사로서의 처벌에 해당한다고 할 수 없으므로 (구)「독점규제 및 공정거래에 관한 법률」에서 형사처벌과 아울러 과징금의 부과처분을 할 수 있도록 규정하고 있다 하더라도 이중처벌금지원칙이나 무죄추정원칙에 위반된다거나 사법권이나 재판청구권을 침해한다고 볼 수 없고, 또한 같은 법 제55조의3 제1항에 정한 각 사유를 참작하여 부당지원행위의 불법의 정도에 비례하여 상당한 금액의 범위 내에서만 과징금을 부과할 수 있도록 하고 있음에 비추어 비례원칙에 반한다고 할 수도 없다(대판 2004.4.9. 2001두6197).
③ 대판 2021.2.4. 2020두48390
④ 「행정기본법」 제28조 제2항

> 「행정기본법」 제28조【과징금의 기준】① 행정청은 법령등에 따른 의무를 위반한 자에 대하여 법률로 정하는 바에 따라 그 위반행위에 대한 제재로서 과징금을 부과할 수 있다.
> ② 과징금의 근거가 되는 법률에는 과징금에 관한 다음 각 호의 사항을 명확하게 규정하여야 한다.
> 1. 부과·징수 주체
> 2. 부과 사유
> 3. 상한액
> 4. 가산금을 징수하려는 경우 그 사항
> 5. 과징금 또는 가산금 체납 시 강제징수를 하려는 경우 그 사항

05 ④ 경제적 제재와 비경제적 제재

ㄷ. (O) 증표를 제시하지 않는 경우에는 무효가 되며, 이에 대한 항거를 하여도 공무집행방해죄가 성립되지 않는다.

|오답해설| ㄱ. (X) 조세부과처분과 강제징수 사이에는 과세처분이 무효가 아닌 한 하자가 승계되지 않는다.

06 ④ 경제적 제재와 비경제적 제재

④ 「부동산 실권리자명의 등기에 관한 법률」 및 시행령상 명의신탁자에 대한 과징금 부과처분은 기속행위이다(「부동산 실권리자명의 등기에 관한 법률」 제3조).

|오답해설| ① 과징금은 원칙적으로 행정법상의 의무를 위반한 자에 대하여 당해 위반행위로 얻게 된 경제적 이익을 박탈하기 위한 목적으로 부과하는 금전적인 제재이므로, 법이 규정한 범위 내에서 그 부과처분 당시까지 부과관청이 확인한 사실을 기초로 일의적으로 확정되어야 할 것이지, 추후에 부과금 산정기준이 되는 새로운 자료가 나왔다고 하여 새로운 부과처분을 할 수 있는 것은 아니다(대판 2002.5.28. 2000두6121).
③ 공정거래법에서 형사처벌과 아울러 과징금의 병과를 예정하고 있더라도 이중처벌금지원칙에 위반된다고 볼 수 없다(헌재 2003.7.24. 2001헌가25).

| 정답 | 04 ② 05 ④ 06 ④

걱정을 해서
걱정이 없어지면
걱정이 없겠네.

— 티베트 속담

PART IV 행정구제

5개년 챕터별 출제비중 & 출제개념

CHAPTER	비중	출제개념
CHAPTER 01 행정구제 개괄	0%	행정쟁송의 구성
CHAPTER 02 손해전보 개관	0%	손해배상과 손실보상의 구체적 차이
CHAPTER 03 손해배상	20%	헌법과「국가배상법」의 비교,「국가배상법」제2조에서 공무원의 직무, 직무와 피해의 인과관계, 공무원의 위법과 고의·과실, 이중배상금지제도, 배상책임자와 배상책임의 성질,「국가배상법」제5조의 무과실책임과 면책사유
CHAPTER 04 손실보상	12%	헌법 제23조 제3항의 해석과 보상규정의 흠결, 사회적 제약과 특별한 희생에 대한 경계이론과 분리이론, 생활보상의 개념과 범위, 손실보상의 청구절차
CHAPTER 05 행정쟁송	20%	행정심판의 종류와 특징, 관할 행정심판위원회, 청구인과 참가인, 집행정지와 임시처분의 요건, 심리의 원칙과 범위, 재결의 효력
CHAPTER 06 행정소송	48%	행정소송의 대상(처분성 여부), 재결주의, 원고적격과 협의의 소익, 피고적격, 관할법원, 제소기간, 필요적 행정심판전치주의의 적용과 예외, 집행정지의 요건과 절차 및 효력, 심리원칙과 범위, 판결의 기속력·기판력·간접강제, 무효등확인소송에서의 취소소송의 준용 배제, 부작위법확인소송의 취소소송 준용, 당사자소송의 대상성 구분

28%
※최근 5개년(국, 지/서) 출제비중

학습목표

CHAPTER 01 행정구제 개괄	행정구제의 구성과 전반적 개괄을 이해하도록 한다.
CHAPTER 02 손해전보 개관	손해전보제도의 개념과 손해배상·손실보상을 구분하고, 기타 제도의 종류를 파악하도록 한다.
CHAPTER 03 손해배상	❶ 헌법과 「국가배상법」을 비교하여 구분하도록 한다. ❷ 「국가배상법」 제2조의 각 요건을 이해하고 암기하도록 한다(「국가배상법」상의 공무원, 직무범위, 인과관계, 이중배상금지제도를 이해하고 관련 판례를 암기한다). ❸ 배상책임의 성질(고의, 중과실과 경과실에서 배상책임의 성질)과 배상책임자를 암기한다. ❹ 「국가배상법」 제5조의 면책요건을 이해하고 암기하도록 한다. ❺ 국가배상청구절차를 파악하도록 한다.
CHAPTER 04 손실보상	❶ 헌법 제23조 제3항의 해석과 보상규정의 흠결을 이해하도록 한다. ❷ 손실보상청구권의 성질에 대한 대법원의 입장과 예외적 판례를 파악하도록 한다. ❸ 특별한 희생에 대한 경계이론과 분리이론 및 대법원과 헌법재판소의 입장을 이해하고 암기한다. ❹ 손실보상의 청구절차를 암기한다.
CHAPTER 05 행정쟁송	❶ 행정심판의 종류와 특징을 이해하고 암기한다. ❷ 행정심판의 전반적인 흐름을 이해하도록 한다. ❸ 행정심판과 행정소송의 세부적 차이를 암기하도록 한다. ❹ 심리의 원칙과 절차를 이해하고 행정소송과 비교하여 구분하도록 한다. ❺ 재결의 효력을 이해하고 암기하도록 한다.
CHAPTER 06 행정소송	❶ 행정소송의 종류를 파악하도록 한다. ❷ 행정소송의 소송대상(처분성 여부)을 구분하고, 재결주의를 이해하고 암기하도록 한다. ❸ 원고적격과 협의의 소익과 관련된 판례를 파악하여 익숙해지도록 한다. ❹ 피고적격을 암기하고, 위임과 대리의 경우는 이해를 하도록 한다. ❺ 제소기간은 사안마다 이해를 수반한 암기를 하도록 한다. ❻ 행정심판전치주의의 개념과 예외적인 경우를 암기하도록 한다. ❼ 심리의 일반원칙과 특수원칙을 구분하여 이해한다. ❽ 처분사유의 추가·변경의 개념을 파악하고, 해당 판례를 숙지한다. ❾ 판결의 효력에 대한 개념을 명확히 이해한다. ❿ 무효등확인소송과 부작위법확인소송의 특징을 취소소송과 구분하여 파악하도록 한다. ⓫ 당사자소송의 대상을 구분하도록 한다.

CHAPTER 01 행정구제 개괄

1. 의의
2. 행정구제의 기능
3. 행정구제의 종류

1 의의

'행정구제'란 행정주체의 행정작용으로 인하여 자신의 권리와 이익을 침해받은 국민이 권한 있는 국가기관(행정청이나 법원)에 대하여 원상회복이나 손해전보 또는 당해 행정작용의 시정을 요구하는 사후적 구제절차와, 행정작용이 행해지기 전 행정작용으로 인한 권익의 침해를 예방하기 위한 사전적인 행정절차를 말한다.

2 행정구제의 기능

행정의 적법·타당성을 보장하는 행정통제기능과, 국민의 자유와 권리의 보호 및 구제로서의 기능을 발휘함으로써 실질적 법치주의의 구현에 필수적인 제도 장치로서의 기능을 한다.

3 행정구제의 종류

(1) 사전적 구제
① 직권시정(취소·정지)
② 행정절차
③ 정당방위(사전적·직접적 구제방법)

(2) 사후적 구제
① 행정상 손해전보
   ㉠ 손해배상
      ⓐ 공무원의 위법한 직무행위로 인한 손해배상
      ⓑ 영조물의 설치·관리의 하자로 인한 손해배상
   ㉡ 손실보상: 적법한 공권력에 의한 재산상의 특별한 희생에 대한 손실의 전보
② 행정쟁송
   ㉠ 이의신청
   ㉡ 행정심판
      ⓐ 항고심판: 취소심판, 무효등확인심판, 의무이행심판
      ⓑ 특별행정심판: 특허심판, 해난심판, 국세심판, 소청심사

ⓒ 행정소송
  ⓐ **항고소송**: 취소소송, 무효등확인소송, 부작위위법확인소송
  ⓑ **당사자소송**: 실질적 당사자소송, 형식적 당사자소송
  ⓒ 민중소송
  ⓓ 기관소송

(3) 사전·사후적 구제제도

① 청원
② 옴부즈만(호민관)

CHAPTER 02 손해전보 개관

01 개설
02 행정상 손실보상과의 구별

01 개설

행정구제로서의 행정상 손해전보는 행정상 손해배상제도와 행정상 손실보상제도를 통틀어 이르는 말이다. 이 두 제도는 국가 등 행정주체의 행정활동으로 국민에게 피해를 입힌 경우 행정주체가 그 피해를 금전적으로 구제해 주는 제도라는 공통점이 있다. 반면, 손해배상제도는 위법한 행정활동에 의한 신체나 생명에 대한 침해 또는 재산상의 침해에 대한 것이고, 손실보상제도는 적법한 활동에 의한 재산상 침해에 대한 것이라는 점 등이 다르다.

02 행정상 손실보상과의 구별

(1) 공통점
① 양자 모두 침해된 국민의 권익구제제도라는 점에서 실질적 법치주의 구현에 공헌한다.
② 양자 모두 사후구제제도로서 손해전보제도이며, 사전절차인 행정절차와 구별된다.
③ 양자 모두 실체적 권익구제제도로서 절차적 구제제도인 행정쟁송과 구별된다.

(2) 차이점

구분	손해배상	손실보상
원인	위법한 공행정작용	적법한 공권력 행사
기초이념	• 개인주의 사상 기초 • 도의적 · 개인적 책임	• 단체주의 사상 기초 • 사회적 · 공평부담주의, 무과실책임주의
헌법적 근거	헌법 제29조 제1항	헌법 제23조 제3항
일반법	「국가배상법」	없음
전보내용	비재산적(신체 · 생명) 손해, 재산적 손해	재산적 손해
양도 가능 여부	• 신체 · 생명의 침해로 인한 경우 압류 · 양도 금지 • 재산권의 침해로 인한 경우 압류 · 양도 가능	압류 · 양도 가능
책임자	국가, 지방자치단체	사업시행자(국가, 공공단체, 공무수탁사인)
침해방법	과실책임(위법 · 유책)	무과실책임(적법 · 무책)
소멸시효기간	3년	5년

성질	• 판례: 사권설(민사소송)
	• 다수설: 공권설(당사자소송)
		① 판례
		  • 원칙: 사권설(민사소송)
		  • 예외: 공권설(당사자소송)
		② 다수설: 공권설

(3) 양자의 접근·융화

손해배상과 손실보상의 어느 요건에도 충족되지 않는 간극의 문제를 해결하고자 손해배상의 범위와 손실보상의 범위를 확대하려는 노력이 이루어지고 있으며, 무과실책임, 국가위법책임 이론의 등장으로 양 제도를 융화시켜 원인의 구분을 문제 삼지 않고 통일적인 보상의 이론체계로 정립하려는 노력이 행해지고 있다.

CHAPTER 03 손해배상

01 손해배상 개설
02 국가배상

01 손해배상 개설

1 의의

'행정상 손해배상'이란 공무원의 위법한 직무집행행위 또는 국가나 공공단체의 공공영조물의 설치 또는 관리의 하자로 인하여 개인에게 손해를 가한 경우에 국가나 공공단체가 그 손해를 배상하는 것을 말한다(헌법 제29조 제1항, 「국가배상법」 제2조, 제5조).

2 각국의 행정상 손해배상제도

(1) 프랑스

프랑스의 국가배상제도는 최고행정법원인 국참사원의 판례와 학설을 통해 발전되었으며, 현재 역무과실과 위험책임의 2원적 구조를 취하고 있다.

> **심화 학습 — 위험책임**
> 1. '위험책임'이란 위험한 공작시설이나 기계 등으로 사회에 위험을 주고 있는 자는 그것으로 인해 발생한 손해를 과실의 유무에 관계없이 배상책임을 부담한다는 것으로 프랑스에서 널리 인정되고 있다.
> 2. 국가배상에서 이러한 책임원칙을 적용하게 되면 배상이 용이해지고 배상범위는 확장되어진다.

(2) 독일

① 독일에서는 전통적으로 19세기까지 위임계약이론에 의거 국가배상을 부정하여 공무원 개인이 일반불법행위법에 따라 한 사인으로서 책임을 졌다. 그러나 이 경우에도 「민법」상으로는 국고작용에 대하여 국가의 간접적 책임을 인정하였다.
② 바이마르헌법 이후에 국가책임이 인정되었는데, 이른바 과실책임·대위책임구조의 국가책임이었다.

(3) 영·미제도

① 영국은 "국왕은 악을 행할 수 없다."라는 전통적 원칙에 의하여 공무원의 직무상 불법행위에 대해 국가나 국왕은 책임지지 않는 것이 오랜 전통이었다. 그러나 1947년 국왕소추법을 제정하여 국가배상책임을 인정하게 되었다.
② 미국은 "주권자는 그 승낙 없이 소추되지 않는다."라는 주권면책사상의 논리에 의하여 국가무책임의 원칙이 지배하였다. 그러나 1946년 연방불법행위청구법의 제정으로 국가책임을 인정하게 되었다.

3 우리나라의 국가배상제도

(1) 헌법

① 헌법 제29조 제1항은 "공무원의 직무상 불법행위로 손해를 받은 국민은 법률이 정하는 바에 의하여 국가 또는 공공단체에 정당한 배상을 청구할 수 있다. 이 경우 공무원 자신의 책임은 면제되지 아니한다."라고 규정하고 이를 기본권의 하나로 규정짓고 있다.

② 이러한 헌법상의 규정을 입법자에 대한 구속규정(명령규정)으로 해석하는 견해도 있으나, 헌법 제29조의 '법률이 정하는 바에 의하여'를 법률로서 구체적인 기준과 방법을 규정한다는 의미로만 해석하고, 이 규정을 국가의 손해배상에 대한 직접적 근거로 보는 견해가 일반적이다.

③ 헌법 제29조 제2항의 규정은 군인, 경찰공무원, 군무원 등에 대한 국가배상청구 제한의 내용으로서 실질적 위헌론이 제기되고 있으나, 헌법재판소는 합헌결정을 내린 바 있다.

심화 학습 헌법과 「국가배상법」 비교

구분	헌법 제29조 제1항 01	「국가배상법」
배상원인	공무원의 직무상 불법행위	공무원의 직무상의 불법행위(제2조)와 영조물의 설치·관리상의 하자(제5조)
배상주체	국가, 공공단체 02	국가, 지방자치단체
공무원책임	"공무원 자신의 책임은 면제되지 아니한다."	고의, 중대한 과실의 경우에 공무원에게 구상권 행사

(2) 「국가배상법」

① 지위

「국가배상법」은 국가배상에 관한 일반법이다. 따라서
㉠ 특별법이 있으면 우선 특별법이 적용된다.
㉡ 특별법이 없으면 「국가배상법」이 적용된다(일반법).
㉢ 「국가배상법」에 규정이 없으면 「민법」 규정이 적용된다. 03

심화 학습

1. 국가배상에 관한 특별법
   • 무과실책임을 인정하고 있는 「산업재해보상보험법」, 「원자력 손해배상법」, 「공무원연금법」
   • 배상책임의 범위 또는 손해배상액을 경감 내지 정형화하고 있는 「우편법」, 「전기통신사업법」 등이 있다.

2. 적용 순서
   국가배상에 관한 특별법 ⇨ 「국가배상법」 ⇨ 「민법」

관련 판례

🅒 손해배상에서 「우편법」은 「국가배상법」에 우선적용된다

「우편법」 제38조는 「민법」상의 채무불이행이나 불법행위로 인한 손해배상 및 「국가배상법」상의 손해배상청구규정에 대한 특별규정이라 할 것이므로 우편무취급에 수반하여 발생한 손해는 「우편법」의 규정에 의하여 배상청구할 수 있을 뿐, 「민법」 또는 「국가배상법」에 의한 배상청구는 허용되지 않는다(대판 1977.2.8. 75다1059).

개념확인 O/X

01 「국가배상법」 제5조에 관한 헌법상의 근거는 없다.
(O / X)

02 헌법은 배상책임자를 '국가 또는 지방자치단체'로 규정하고 있으나, 「국가배상법」은 배상책임자를 '국가 또는 공공단체'로 규정하고 있다.
(O / X)

03 국가의 손해배상에 대해 특별법이 없는 경우에는 「국가배상법」이 적용되고, 「국가배상법」에 규정이 없는 경우는 「민법」을 적용한다.
(O / X)

| 정답 | 01 O   02 X   03 O

ⓒ 특별송달우편물과 관련하여 우편집배원의 고의 또는 과실로 손해가 발생한 경우, 「국가배상법」에 의한 손해배상을 청구할 수 있다

> 「민사소송법」에 의한 특별송달우편물의 발송인은 송달사무 처리담당자인 법원사무관 등이고, 그 적정하고 확실한 송달에 직접 이해관계를 가지는 소송당사자 등은 스스로 관여할 수 있는 다른 송달수단을 전혀 갖지 못하는 특수성이 있다. 그리고 특별송달의 대상인 소송관계서류에 관해서는 집행관, 법정경위, 법원사무관 등도 송달을 실시할 수 있는데, 이러한 과정에서 관계자에게 손해가 발생한 경우, 특별히 국가배상책임을 제한하는 규정이 없으므로 그 손해가 송달을 실시한 공무원의 경과실에 의하여 생긴 것이라도 피해자는 국가에 대하여 「국가배상법」에 의한 손해배상을 청구할 수 있는바, 소송관계서류를 송달하는 우편집배원도 「민사소송법」 제176조가 정한 송달기관으로서 위 집행관 등과 대등한 주의의무를 가진다고 보아야 하므로 그에 위반하는 경우 국가가 지는 손해배상책임도 달리 보기는 어렵다고 할 것이다. 이러한 특별송달우편물의 특수성 및 다른 송달공무원의 책임과의 형평에 비추어 보면, 특별송달우편물과 관련하여 우편집배원의 고의 또는 과실에 의하여 손해가 발생한 경우에는 우편물 취급에 관한 손해배상책임에 대하여 규정한 (구)「우편법」 제38조에도 불구하고 「국가배상법」에 의한 손해배상을 청구할 수 있다(대판 2008. 2. 28, 2005다4734).

ⓒ 국가나 지방자치단체의 손해배상책임에 「실화책임에 관한 법률」이 적용되는지 여부(적극)

> 「국가배상법」 제8조는 국가 또는 지방자치단체의 손해배상의 책임에 관하여 같은 법의 규정에 의한 것을 제외하고는 「민법」의 규정에 의하고, 「민법」 이외의 법률에 다른 규정이 있을 때에는 그 규정에 의한다고 규정하고 있고, 「실화책임에 관한 법률」은 실화로 인하여 일단 화재가 발생한 경우에는 부근 가옥 기타 물건에 연소하여 예상외의 피해가 확대되어 실화자의 책임이 과다하게 되는 점을 고려하여 그 책임을 중대한 과실로 인한 실화의 경우에 한정하는 취지로서, 실화자의 손해배상책임에 관하여 「민법」 제750조의 특칙을 규정하고 있는 것이므로, 공무원이 직무를 수행함에 있어 실화로 인하여 타인에게 손해를 가함으로써 그에 따른 국가나 지방자치단체의 손해배상책임이 문제된 경우에 있어서도 「실화책임에 관한 법률」의 적용을 배제할 수는 없다(대판 1998. 5. 8. 97다36613).

② 법적 성질 01 02 03
　㉠ 공법설(다수설 ⇨ 당사자소송)
　　ⓐ 공법적 원인에 의하여 발생하였다.
　　ⓑ 공법과 사법의 이원적 체계를 인정하고 있다.
　　ⓒ 국가배상결정전치주의, 생명·신체의 침해로 인한 국가배상청구권의 압류나 양도금지 등의 규정은 공법의 특유한 현상이다.
　㉡ 사법설(판례 ⇨ 민사소송)
　　ⓐ 국가배상은 원인행위 그 자체의 법적 효과라기보다는 손해에 의해 부여된 법적 효과에 불과하다.
　　ⓑ 「국가배상법」 제8조가 「민법」의 보충적 적용을 규정하고 있는 것은 「민법」의 특별법적 지위임을 나타내는 것이다.
③ 외국인에 대한 적용
　㉠ 가해자인 경우: 한미행정협정 등에 의해 공무집행 중인 미합중국군대의 구성원이나 고용원의 작위나 부작위 또는 사고로 대한민국 안에서 제3자에게 손해를 가한 경우에는 대한민국이 처리하도록 되어 있어 우리나라를 상대로 배상을 청구하는 것이 원칙이다.
　　(❶ 「대한민국과 아메리카합중국 간의 상호방위조약 제4조에 의한 시설과 구역 및 대한민국에서의 합중국 군대의 지위에 관한 협정」 제23조 제5항).

개념확인 O/X

01 처분의 위법을 원인으로 하는 국가배상청구권은 그 원인관계에 비추어 공권으로 보는 것이 판례의 입장이다. (O / X)

02 국가배상은 공행정작용을 대상으로 하므로 국가배상청구소송은 당사자소송이다.
16 서울9급 (O / X)

03 국가배상청구소송은 행정소송으로 제기해야 한다.
12 경찰행정학과 특채 (O / X)

| 정답 | 01 X　02 X　03 X

ⓛ 피해자인 경우
  ⓐ 「국가배상법」 제7조는 "이 법은 외국인이 피해자인 경우에는 해당 국가와 상호보증을 있는 때에만 적용한다."라고 규정하여 상호주의를 채택하고 있다. 그러나 개별법률에 특별한 규정을 두는 경우도 있다. 01 02 03
  ⓑ 상호보증에 대해 대법원은 외국의 법령, 판례 및 관례 등에 의하여 발생요건을 비교하여 인정되면 충분하고 반드시 당사국과의 조약이 체결되어 있을 필요는 없으며, 당해 외국에서 구체적으로 우리나라 국민에게 국가배상청구를 인정한 사례가 없더라도 실제로 인정될 것이라고 기대할 수 있는 상태이면 충분하다는 입장이다.

> **개념확인 O/X**
>
> 01 「국가배상법」은 외국인이 피해자인 경우에는 해당 국가와 상호 보증이 있을 때에만 적용한다.
> 25 소방 (O / X)
>
> 02 대한민국 구역 내에 있다면 외국인에게도 국가배상청구권은 당연히 인정된다.
> 16 서울9급 (O / X)
>
> 03 공공시설물의 하자로 손해를 입은 외국인에게는 해당 국가와 상호 보증이 없더라도 「국가배상법」이 적용된다.
> 24 지방9급 (O / X)

관련 판례

ⓒ 한미행정협정 제23조 제5항 소정의 '계약에 의한 청구권'의 실현을 위한 소송의 상대방(= 미합중국)

대한민국과 아메리카합중국 간의 상호방위조약 제4조에 의한 시설과 구역 및 대한민국에서의 합중국군대의 지위에 관한 협정(이하 '한미행정협정'이라고 한다) 제23조 제5항은 공무집행 중인 미합중국 군대의 구성원이나 고용원의 작위나 부작위 또는 미합중국 군대가 법률상 책임을 지는 기타의 작위나 부작위 또는 사고로서 대한민국 안에서 대한민국 정부 이외의 제3자에게 손해를 가한 것으로부터 발생하는 청구권은 대한민국이 이를 처리하도록 규정하고 있으므로 위 청구권의 실현을 위한 소송은 대한민국을 상대로 제기하는 것이 원칙이고, 대한민국을 상대로 위와 같은 소송을 제기하기 위하여는 대한민국과 아메리카합중국 간의 상호방위조약 제4조에 의한 시설과 구역 및 대한민국에서의 합중국군대의 지위에 관한 협정의 시행에 관한 민사특별법 제2조, 제4조에 따라 「국가배상법」이 규정하고 있는 전치절차를 거쳐야 하지만 한편, 위 한미행정협정 제23조 제5항은 위와 같은 청구권이라고 하더라도 그것이 '계약에 의한 청구권(contractual claim)'인 경우에는 대한민국이 처리할 대상에서 제외하도록 규정하고 있으므로 위 '계약에 의한 청구권'의 실현을 위한 소송은 계약 당사자인 미합중국을 상대로 제기할 수 있다(대판 1997.12.12. 95다29895).

ⓑ 일본인 갑이 대한민국 소속 공무원의 위법한 직무집행에 따른 피해에 대하여 국가배상청구를 한 사안에서, 우리나라와 일본 사이에 「국가배상법」 제7조가 정하는 상호보증이 있다 [19 서울시 9급]

우리나라와 외국 사이에 국가배상청구권의 발생요건이 현저히 균형을 상실하지 아니하고 외국에서 정한 요건이 우리나라에서 정한 그것보다 전체로서 과중하지 아니하여 중요한 점에서 실질적으로 거의 차이가 없는 정도라면 「국가배상법」 제7조가 정하는 상호보증의 요건을 구비하였다고 봄이 타당하다. 그리고 상호보증은 외국의 법령, 판례 및 관례 등에 의하여 발생요건을 비교하여 인정되면 충분하고 반드시 당사국과의 조약이 체결되어 있을 필요는 없으며, 당해 외국에서 구체적으로 우리나라 국민에게 국가배상청구를 인정한 사례가 없더라도 실제로 인정될 것이라고 기대할 수 있는 상태이면 충분하다. 일본인 갑이 대한민국 소속 공무원의 위법한 직무집행에 따른 피해에 대하여 국가배상청구를 한 사안에서, 일본 국가배상법 제1조 제1항, 제6조가 국가배상청구권의 발생요건 및 상호보증에 관하여 우리나라 「국가배상법」과 동일한 내용을 규정하고 있는 점 등에 비추어 우리나라와 일본 사이에 「국가배상법」 제7조가 정하는 상호보증이 있다(대판 2015.6.11. 2013다208388).

ⓒ 교전 중에 적의 포탄을 맞아 부상한 자는 국가배상청구권이 인정될 수 없다

적과 교전 중 적의 포탄에 맞아 부상한 자는 특별한 사정이 없는 한 헌법 제29조 제1항의 소정의 '공무원의 직무상 불법행위로 손해를 받은 국민'에 해당될 수 없고, 따라서 국가 또는 공공단체에 대한 손해배상청구권도 없다(헌재 1989.7.28. 89헌마61).

| 정답 | 01 O 02 X 03 X

개념확인 O/X

ⓒ 중화민국인이 피해자인 경우 「국가배상법」 제7조에 이른바 '상호의 보증이 있는 때'에 해당한다

> 중화민국 「민법」 제188조, 제192조, 제197조에 외국인도 중화민국을 상대로 피용인의 직무집행시의 불법행위에 인한 재산상 및 정신상 손해를 배상하도록 규정되어 있으므로 중화민국과 우리나라 사이에 「국가배상법」 본조에 이른바 외국인이 피해자인 경우에 상호의 보증이 있는 때에 해당한다(대판 1968.12.3. 68다1929).

02 국가배상

1 공무원의 직무상 불법행위에 의한 국가배상(제2조)

(1) 의의

> 결정적 코멘트 ▶ 「국가배상법」 제2조의 성립요건은 각각의 요건에 대한 개념뿐 아니라 관련된 판례가 주로 출제된다. 주된 내용의 이해와 해당 개념에 관한 판례를 연계하여 알고 있어야 한다.

공무원 또는 공무를 위탁받은 사인의 위법한 직무집행행위로 인하여 개인에게 손해를 가한 경우에 국가나 지방자치단체가 그 손해를 배상하는 것을 말한다(「국가배상법」 제2조 제1항).

관련 법령

「국가배상법」 제2조 【배상책임】 ① 국가나 지방자치단체는 공무원 또는 공무를 위탁받은 사인(이하 '공무원'이라 한다)이 직무를 집행하면서 고의 또는 과실로 법령을 위반하여 타인에게 손해를 입히거나, 「자동차손해배상 보장법」에 따라 손해배상의 책임이 있을 때에는 이 법에 따라 그 손해를 배상하여야 한다. 다만, 군인·군무원·경찰공무원 또는 예비군대원이 전투·훈련 등 직무 집행과 관련하여 전사(戰死)·순직(殉職)하거나 공상(公傷)을 입은 경우에 본인이나 그 유족이 다른 법령에 따라 재해보상금·유족연금·상이연금 등의 보상을 지급받을 수 있을 때에는 이 법 및 「민법」에 따른 손해배상을 청구할 수 없다.
② 제1항 본문의 경우에 공무원에게 고의 또는 중대한 과실이 있으면 국가나 지방자치단체는 그 공무원에게 구상(求償)할 수 있다.
③ 제1항 단서에도 불구하고 전사하거나 순직한 군인·군무원·경찰공무원 또는 예비군대원의 유족은 자신의 정신적 고통에 대한 위자료를 청구할 수 있다. 〈신설 2025. 1. 7.〉

(2) 배상책임의 성립요건

① 가해행위가 공무원(또는 공무수탁사인)의 행위일 것
② 그 행위가 직무행위일 것
③ 그 행위가 직무를 집행함에 있어서 행해졌을 것
④ 행위가 위법할 것
⑤ 그 행위가 고의 또는 과실에 기한 것일 것
⑥ 타인에게 인과관계 있는 손해가 발생하였을 것

(3) 「국가배상법」 제2조의 요건 분설

① 공무원 [빈출]

㉠ 국가배상이 성립되기 위해서는 가해행위가 공무원의 행위이어야 한다. 01
㉡ 여기에서 '공무원'이란 최광의의 공무원으로서 「국가공무원법」 및 「지방공무원법」상의 공무원뿐만 아니라 공무원의 신분이 아니더라도 널리 공무를 위탁받아 실질적으로 이에 종사하는 공무수탁사인이 포함된다(통설). 02 03
㉢ 또한 사인이 사법상 계약에 의해 공무를 수행하여도 그 공무가 공법작용에 해당되면 공무원에 해당된다(예 차량견인업자와 경찰 사이의 계약에 의해 불법주차차량의 견인 도중 발생한 차량의 피해 등).

---

01 판례는 행정기관이 실질적으로 공무를 수행하는 경우에도 「국가배상법」상의 공무원으로 보지 않는다.
18 소방 (O / X)

02 「국가공무원법」 및 「지방공무원법」상 공무원뿐만 아니라 공무를 위탁받은 사인의 직무행위도 국가배상청구의 대상이 된다.
19 국회8급 (O / X)

03 공무원에는 조직법상 의미의 공무원뿐만 아니라 기능적 의미의 공무원이 포함된다.
19 서울시 사회복지9급 (O / X)

---

734 · PART Ⅳ 행정구제 | 정답 | 01 X 02 O 03 O

ⓐ 공무수탁사인의 행위는 비록 공무의 위탁이 일시적이고 한정적인 사항에 해당되는 활동일 때에도 포함되며, 위탁받은 범위를 넘어서 행한 활동도 포함된다. 01
ⓑ 행정부 소속공무원뿐 아니라 입법부·사법부 소속공무원도 모두 포함한다(ⓔ 국회의원, 법관, 헌법재판소 법관, 검사, 선거관리위원회 등).
ⓒ 한미행정협정(SOFA)의 규정에 따라 미국군대의 구성원, 고용원 및 한국증원부대구성원의 공무집행 중의 행위도 포함되어 「국가배상법」의 공무원이 된다.

관련 판례

A (구)「국가배상법」 제2조 제1항에서 정한 '공무원'의 의미 [19 국가직 7급, 19 국회직 8급, 18 소방직, 14 지방직 9급, 12 지방직 9급, 12 경찰 특채] 02 03 04 05

(구)「국가배상법」(2005.7.13. 법률 제7584호로 개정되기 전의 것) 제2조 제1항은 "국가 또는 지방자치단체는 공무원이 그 직무를 집행함에 당하여 고의 또는 과실로 법령에 위반하여 타인에게 손해를 가한 때에는 손해를 배상하여야 한다."고 규정하였는데, 그 '공무원'이란 「국가공무원법」이나 「지방공무원법」에 의하여 공무원으로서 신분을 가진 자에 국한하지 않고, 널리 공무를 위탁받아 실질적으로 공무에 종사하고 있는 일체의 자를 가리킨다(현행 「국가배상법」 제2조 제1항은 '공무를 위탁받은 사인'도 공무원에 해당한다고 명시하고 있다)(대판 2019.1.31. 2013다14217).

B 교통할아버지로 선정된 경우 [19 소방직, 12 국가직 9급] 06 07

지방자치단체가 '교통할아버지 봉사활동 계획'을 수립한 후 관할 동장으로 하여금 '교통할아버지'를 선정하게 하여 어린이 보호, 교통안내, 거리질서 확립 등의 공무를 위탁하여 집행하게 하던 중 '교통할아버지'로 선정된 노인이 위탁받은 업무 범위를 넘어 교차로 중앙에서 교통정리를 하다가 교통사고를 발생시킨 경우, 지방자치단체가 「국가배상법」 제2조 소정의 배상책임을 부담한다(대판 2001.1.5. 98다39060).

B 국가나 지방자치단체에 근무하는 청원경찰의 직무상 불법행위에 대해서는 「국가배상법」이 적용된다

국가나 지방자치단체에 근무하는 청원경찰은 「국가공무원법」이나 「지방공무원법」상의 공무원은 아니지만, 다른 청원경찰과는 달리 그 임용권자가 행정기관의 장이고, 국가나 지방자치단체로부터 보수를 받으며, 「산업재해보상보험법」이나 「근로기준법」이 아닌 「공무원연금법」에 따른 재해보상과 퇴직급여를 지급받고, 직무상의 불법행위에 대하여도 「민법」이 아닌 「국가배상법」이 적용되는 등의 특질이 있으며 그외 임용자격, 직무, 복무의무내용 등을 종합하여 볼 때, 그 근무관계를 사법상의 고용계약관계로 보기는 어려우므로 그에 대한 징계처분의 시정을 구하는 소는 행정소송의 대상이지 민사소송의 대상이 아니다(대판 1993.7.13. 92다47564).

B 법령에 의해 대집행권한을 위탁받은 한국토지공사가 「국가공무원법」 제2조에서 말하는 공무원에 해당하는지 여부(소극) [19 서울시 7급, 19 지방직 9급] 08

한국토지공사는 (구)「한국토지공사법」(2007.4.6. 법률 제8340호로 개정되기 전의 것) 제2조, 제4조에 의하여 정부가 자본금의 전액을 출자하여 설립한 법인이고, 같은 법 제9조 제4호에 규정된 한국토지공사의 사업에 관하여는 「공익사업을 위한 토지 등의 취득 및 보상에 관한 법률」 제89조 제1항, 위 「한국토지공사법」 제22조 제6호 및 같은 법 시행령 제40조의3 제1항의 규정에 의하여 본래 시·도지사나 시장·군수 또는 구청장의 업무에 속하는 대집행권한을 한국토지공사에게 위탁하도록 되어 있는바, 한국토지공사는 이러한 법령의 위탁에 의하여 대집행을 수권받은 자로서 공무인 대집행을 실시함에 따르는 권리·의무 및 책임이 귀속되는 행정주체의 지위에 있다고 볼 것이지 지방자치단체 등의 기관으로서 「국가배상법」 제2조 소정의 공무원에 해당한다고 볼 것은 아니다(대판 2010.1.28. 2007다82950).

개념확인 O/X

01 공무를 위탁받아 실질적으로 공무에 종사하고 있더라도 그 위탁이 일시적이고 한정적인 경우에는 「국가배상법」 제2조의 공무원에 해당하지 않는다.
17 서울7급 (O / X)

02 공무수탁사인도 「국가배상법」 제2조의 공무원으로 보아야 한다.
18 소방 (O / X)

03 법관이나 헌법재판소 재판관은 「국가배상법」 제2조에서 말하는 공무원에 해당하지 않는다.
12 경찰행정학과 특채 (O / X)

04 공무원에는 널리 공무를 위탁받아 실질적으로 공무에 종사하고 있는 일체의 자가 포함되지만, 공무의 위탁이 일시적이고 한정적인 사항에 관한 활동을 위한 것인 경우에는 공무원에 해당하지 않는다.
12 지방9급 (O / X)

05 사인이 지방자치단체로부터 공무를 위탁받아 공무에 종사하는 경우 공무의 위탁이 일시적이고 한정적인 사항에 관한 활동이라면 「국가배상법」상 공무원에 해당하지 아니한다.
14 지방9급 (O / X)

06 지방자치단체로부터 어린이보호 등의 공무를 위탁받아 집행하는 교통할아버지는 「국가배상법」상의 공무원이다.
19 소방 (O / X)

07 서울특별시 강서구 교통할아버지 사건과 같은 경우 공무를 위탁받아 수행하는 일반 사인(私人)은 「국가배상법」 제2조 제1항에 따른 공무원이 될 수 없다.
12 국가9급 (O / X)

08 시·도지사 등의 업무에 속하는 대집행권한을 위탁받은 한국토지공사가 대집행을 실시하는 과정에서 국민에게 손해가 발생할 경우 한국토지공사는 공무수탁사인에 해당하므로, 「국가배상법」 제2조의 공무원과 같은 지위를 갖게 된다.
19 서울7급 (O / X)

| 정답 | 01 X | 02 O | 03 X | 04 X | 05 X | 06 O | 07 X | 08 X |

개념확인 O/X

C 공무원의 집단에 의한 폭행의 경우

> 공무원의 집단에 의하여 폭행을 당한 경우와 같이 불법행위자를 특정할 수 없는 경우에도 국가배상은 성립한다(대판 1995.11.10. 95다23897).

C 대한변호사협회의 장(長)은 「국가배상법」상의 공무원이다

> 대한변호사협회는 이들이 속한 행정주체의 지위에서 배상책임을 부담하여야 하고, 갑에게 변호사 등록이 위법하게 지연됨으로 인하여 얻지 못한 수입 상당액의 손해를 배상할 의무가 있는 반면, 을은 대한변호사협회의 장(長)으로서 국가로부터 위탁받은 공행정사무인 '변호사등록에 관한 사무'를 수행하는 범위 내에서 「국가배상법」 제2조에서 정한 공무원에 해당하므로 경과실 공무원의 면책 법리에 따라 갑에 대한 배상책임을 부담하지 않는다(대판 2021.1.28. 2019다260197).

C (구)수산청장으로부터 뱀장어에 대한 수출추천업무를 위탁받은 수산업협동조합이 추천업무를 행하지 않은 것이 공무원으로서 타인에게 손해를 가한 때에 해당한다

> (구)수산청장으로부터 위탁받은 일정한 범위 내에서 활어인 뱀장어에 대하여 위 요령에 부합하는 수출추천업무를 기계적으로 행사할 의무를 부담하는 피고가 이 사건 수출제한조치를 취할 무렵에 국내 뱀장어 양식용 종묘가 모자란 실정으로 그 수출로 인하여 국내 양식용 종묘확보에 지장을 초래할 우려가 있다고 자의적으로 판단하여 그 추천업무를 행하지 않은 것은 공무원이 그 직무를 집행함에 당하여 고의로 법령에 위반하여 타인에게 손해를 가한 때에 해당한다고 보아야 할 것이므로, 피고는 불법행위자로서 손해배상책임을 부담한다(대판 2003.11.14. 2002다55304).

C (구)「부동산소유권 이전등기 등에 관한 특별조치법」상 보증인이 공무를 위탁받아 실질적으로 공무를 수행한다고 볼 수 있는지 여부(소극)

> (구)「부동산소유권 이전등기 등에 관한 특별조치법」(1992.11.30. 법률 제4502호, 실효, 이하 '(구)특별조치법'이라 한다) 제7조 제1항·제2항, 제10조 제2항·제3항, 제11조, (구)「부동산소유권 이전등기 등에 관한 특별조치법 시행령」(1994.8.25. 대통령령 제14369호로 개정되기 전의 것) 제5조 내지 제9조, 제11조, 제12조 내지 제15조의 규정들을 종합하면, (구)특별조치법상 보증인은 공무를 위탁받아 실질적으로 공무를 수행한다고 보기는 어렵다. 보증인을 위촉하는 관청은 소정 요건을 갖춘 주민을 보증인으로 위촉하는 데 그치고 대장소관청은 보증서의 진위를 확인하기 위한 일련의 절차를 거쳐 확인서를 발급할 뿐 행정관청이 보증인의 직무수행을 지휘·감독할 수 있는 법령상 근거가 없으며, 보증인은 보증서를 작성할 의무를 일방적으로 부과받으면서도 어떠한 경제적 이익도 제공받지 못하는 반면 재량을 가지고 발급신청의 진위를 확인하며 그 내용에 관하여 행정관청으로부터 아무런 간섭을 받지 않기 때문이다(대판 2019.1.31. 2013다14217).

---

01 「의용소방대 설치 및 운영에 관한 법률」에 따라 소방서장이 임명한 의용소방대원은 「국가배상법」상의 공무원이다.
19 소방 (O / X)

02 구청 소속 청소차량 운전원은 「국가배상법」상의 공무원이다.
19 소방 (O / X)

03 지방자치단체에 근무하는 청원경찰은 「국가배상법」상의 공무원이다.
19 소방 (O / X)

심화 학습 공무원의 인정 유무

1. 판례에서 공무원으로 인정한 경우 01 02 03

- 시의 청소차 운전수
- 소집 중인 향토예비군
- 철도건널목의 간수
- 전입신고서에 확인인을 찍는 통장
- 파출소에 근무하는 방범대원
- 미군부대카투사
- 조세원천징수의무자(다수설)
- 집행관(구 집달관)
- 소방대원
- 교통할아버지
- 철도차장 등
- 대한변호사협회의 장(長)
- 지방자치단체에 근무하는 청원경찰

| 정답 | 01 X 02 O 03 O

2. 판례에서 공무원으로 인정하지 않은 경우

- 시영버스운전수
- 의용소방대원
- 공무집행에 자진하여 협력을 한 사인
- 우체국에서 아르바이트를 하는 자
- 단순 노무자 등
- (구)「부동산소유권 이전등기 등에 관한 특별조치법」상 보증인

② 직무행위
  ㉠ 직무행위의 범위
    ⓐ 협의설: 「국가배상법」 제2조 제1항의 '직무'는 권력작용만을 말한다고 본다.
    ⓑ 광의설: '직무'에는 권력작용과 비권력적 공행정작용(관리작용)만이 포함되는 것으로 보며, 관리작용 중에서 영조물 설치·관리작용은 「국가배상법」 제5조에 별도로 규정되어 있으므로 여기서는 제외한다고 본다. 다수설은 「국가배상법」을 공법으로 인정하므로 광의설을 취한다. **01 02 03**
    ⓒ 최광의설: '직무'에는 권력작용, 비권력적 공행정작용 및 사경제작용이 모두 포함되는 것으로 보며, 「국가배상법」상의 법적 성질에 관하여 사법설을 취하는 입장에서 주장된다.
    ⓓ 판례: 국고작용도 포함한 경우도 있었으나, 1970년대 이후에는 관리작용설을 취하여 국가의 사경제적 작용에 대해서는 「국가배상법」이 적용되지 않는다고 한다. **04 05**

> **관련 판례**
>
> ⓒ 국가배상청구의 요건인 '공무원의 직무'에는 권력적 작용만이 아니라 비권력적 작용도 포함되며, 단지 행정주체가 사경제주체로서 하는 활동만 제외된다(대판 2001.1.5. 98다39060) [19 서울시 9급, 19 서울시 7급]

  ㉡ 직무행위의 내용
    ⓐ 공무원의 직무행위에는 공권력행위(입법행위·행정행위·사법행위 포함)·비권력행위, 법적 행위는 물론 사실행위도 포함된다.
    ⓑ 법적 행위에는 법률행위적 행정행위, 준법률행위적 행정행위, 작위·부작위·거부행위도 이에 해당한다.
  ㉢ 사익보호성의 필요 여부
    ⓐ 문제제기: 공무원의 직무상 의무가 국가배상책임이 인정되기 위해서는 이러한 의무가 전적으로든 부수적으로든 개개의 국민의 이익을 위해 부과된 것이어야만 하는지, 아니면 이러한 의무가 사회 일반의 공익만을 위한 경우나 행정기관 내부의 질서규율을 위한 것이어도 가능한지가 문제가 된다. **06**
    ⓑ 학설
      ⅰ) 불요설: 직무상의 의무가 사익보호성인지 여부는 항고소송의 원고적격의 문제이므로 국가배상의 경우에는 적용되지 않고, 위법한 공행정상의 직무에 의해 개인의 권익이 침해되면 국가배상이 인정되는 것이라는 견해이다.
      ⅱ) 필요설: 최근에는 특히나 부작위에 의한 손해배상의 경우와 관련하여 공무원의 직무상의 의무가 전적으로나 부수적으로나 개개의 국민 이익을 위해 부과된 것이어야 국가배상책임이 가능하다는 견해가 있다.

개념확인 O/X

01 「국가배상법」이 정한 손해배상청구의 요건인 '공무원의 직무'에는 국가나 지방자치단체의 권력적 작용뿐만 아니라 비권력적 작용도 포함되지만 단순한 사경제의 주체로서 하는 작용은 포함되지 않는다.
23 소방직 (O / X)

02 공무원의 직무에는 국가나 지방자치단체의 권력적 작용, 비권력적 작용, 단순한 사경제의 주체로서 하는 작용이 포함된다.
19 서울시 사회복지9급 (O / X)

03 강남구청이 도시계획사업의 주무관청으로서 그 사업을 적극적으로 대행·지원하는 과정에서 토지소유권 이전에 필요한 일체의 서류를 반대급부로 제공할 것을 조건으로 토지수용보상금을 공탁한 경우, 이는 행정지도의 일환으로 직무수행으로서 행하였다고 할 것이므로, 비권력적 작용인 공탁으로 인한 손해배상책임은 성립할 수 있다.
16 지방7급 (O / X)

04 서울특별시장의 대행자인 도봉구청장이 서울지하철 도봉차량기지 건설사업의 부지로 예정된 원고 소유의 토지를 (구)「공공용지의 취득 및 손실보상에 관한 특례법」에 따라 매수하기로 하는 내용의 매매계약을 체결한 경우, 이 매매계약은 공공기관이 사경제주체로서 행한 사법상 매매이므로 이에 대하여는 「국가배상법」을 적용하기는 어렵고 일반 「민법」의 규정을 적용할 수 있을 뿐이다.
16 지방7급 (O / X)

05 「국가배상법」이 정한 손해배상청구의 요건인 '공무원의 직무'에는 국가나 지방자치단체의 권력적 작용뿐만 아니라 비권력적 작용도 포함되지만, 단순한 사경제의 주체로서 하는 작용은 포함되지 않는다.
19 하반기 서울7급 (O / X)

06 공무원에게 부과된 직무상 의무의 내용이 전적으로 또는 부수적으로 사회구성원 개인의 안전과 이익을 보호하기 위하여 설정된 것이라면, 공무원이 그와 같은 직무상 의무를 위반함으로써 피해자가 입은 손해에 대해서는 상당인과관계가 인정되는 범위에서 그 공무원이 속한 국가 또는 지방자치단체가 배상책임을 진다.
23 국회9급 (O / X)

| 정답 | 01 O 02 X 03 O 04 O 05 O 06 O

ⓒ 대법원 판례
　ⓘ 공무원이 고의 또는 과실로 그에게 부과된 직무상 의무를 위반하였을 경우라고 하더라도 국가는 그러한 직무상의 의무 위반과 피해자가 입은 손해 사이에 상당인과관계가 인정되는 범위 내에서만 배상책임을 진다는 입장이다.
　ⓘⓘ 이 경우 상당인과관계가 인정되기 위하여는 공무원에게 부과된 직무상 의무의 내용이 단순히 공공 일반의 이익을 위한 것이거나 행정기관 내부의 질서를 규율하기 위한 것이 아니고, 전적으로 또는 부수적으로 사회구성원 개인의 안전과 이익을 보호하기 위하여 설정된 것이어야 한다고 한다(대판 2010.9.9. 2008다77795).
ⓓ 개인의 안전과 이익보호 여부 판단기준: 판례는 법령이 사회구성원 개인의 안전과 이익을 위하여 보호하기 위하여 설정된 것인지 여부에 대한 판단기준에 대해서는 관계법령 전체의 기본적인 취지·목적과 그 의무를 부과하고 있는 개별규정의 구체적인 목적·내용 및 그 직무의 성질 등 제반 사정을 고려하여 개별적·구체적으로 판단하여야 하는 것으로 본다.

관련 판례

Ⓐ 공무원의 직무상 의무 위반으로 국가배상책임이 인정되기 위한 요건 [20 지방직 9급, 19 국회직 8급, 19 서울시 7급, 19 국가직 7급] 01 02 03

> 공무원이 고의 또는 과실로 그에게 부과된 직무상 의무를 위반하였을 경우라고 하더라도 국가는 그러한 직무상의 의무 위반과 피해자가 입은 손해 사이에 상당인과관계가 인정되는 범위 내에서만 배상책임을 지는 것이고, 이 경우 상당인과관계가 인정되기 위하여는 공무원에게 부과된 직무상 의무의 내용이 단순히 공공 일반의 이익을 위한 것이거나 행정기관 내부의 질서를 규율하기 위한 것이 아니고 전적으로 또는 부수적으로 사회구성원 개인의 안전과 이익을 보호하기 위하여 설정된 것이어야 한다(대판 2010.9.9. 2008다77795).

Ⓒ 「식품위생법」상의 기구 및 용기·포장에 관한 기준 및 규격의 규정은 개개인의 안전과 이익을 위하여 설정된 것이다

> (구)「식품위생법」(2005.1.27. 법률 제7374호로 개정되기 전의 것)은 제1조에서 "이 법은 식품으로 인한 위생상의 위해를 방지하고 식품영양의 질적 향상을 도모함으로써 국민보건의 증진에 이바지함을 목적으로 한다."고 규정하고 있고, 같은 법 제7조, 제9조, 제10조, 제16조 등에서는 식품의약품안전청장 등으로 하여금 식품 또는 식품첨가물의 제조 등의 방법과 성분, 용기와 포장의 제조 방법과 그 원재료, 표시 등에 대하여 일정한 기준 및 규격 등을 마련하도록 하고, 그와 같은 기준 및 규격 등을 준수하는지 여부를 확인할 필요가 있거나 위생상 위해가 발생할 우려나 국민보건상의 필요가 있을 경우 수입신고 시 식품 등을 검사하도록 규정하고 있다. 위와 같은 (구)「식품위생법」의 관련 규정을 종합하여 보면, 같은 법 제7조, 제9조, 제10조, 제16조는 단순히 국민 전체의 보건을 증진한다고 하는 공공 일반의 이익만을 위한 것이 아니라, 그와 함께 사회구성원 개개인의 건강상의 위해를 방지하는 등의 개별적인 안전과 이익도 도모하기 위하여 설정된 것이라고 할 수 있다(대판 2010.9.9. 2008다77795).

Ⓒ 하천의 유지·관리 및 점용허가 관련 업무의 지방자치단체 담당공무원의 직무상 의무는 부수적으로라도 사회구성원 개개인의 안전과 이익을 보호하기 위하여 설정된 것이다

> 정기적으로 하천점용상황에 대한 점검을 실시하여 불법적인 점용실태가 적발될 경우에는 그 시정을 위한 필요한 조치를 취하여야 할 직무상 의무가 있다고 할 것이고, 이러한 의무는 단순히 공공 일반의 이익을 위한 것만이 아니라 부수적으로라도 사회구성원 개개인의 안전과 이익을 보호하기 위하여 설정된 것으로 보아야 할 것이다(대판 2006.4.14. 2003다41746).

개념확인 O/X

01 공무원의 직무상 의무 위반에 대한 법령의 취지가 전체적으로 공공 일반의 이익을 도모하기 위한 것이라면 「국가배상법」 제2조의 배상책임이 인정된다. 19 서울7급 (O/X)

02 손해는 법률상 이익의 침해뿐만 아니라 반사적 이익의 침해까지도 포함된다. (O/X)

03 공무원에게 부과된 직무상 의무의 내용이 공공 일반의 이익을 위한 것이거나 행정기관의 내부질서를 규율하기 위한 경우에도 공무원이 그 직무상 의무를 위반하여 피해자가 입은 손해에 대하여서는 상당인과관계가 인정되는 범위 내에서 국가가 배상책임을 진다. 19 국회8급 (O/X)

정답 | 01 X　02 X　03 X

ⓑ 주민등록사무를 담당하는 공무원이 주민등록상 성명을 정정한 경우 본적지 관할관청에 그 변경사항을 통보할 직무상의 의무의 성질 [12 국가직 7급] 01

주민등록사무를 담당하는 공무원으로서는 만일 개명과 같은 사유로 주민등록상의 성명을 정정한 경우에는 위에서 본 바와 같은 법령의 규정에 따라 반드시 본적지의 관할관청에 대하여 그 변경사항을 통보하여 본적지의 호적관서로 하여금 그 정정사항의 진위를 재확인할 수 있도록 할 직무상의 의무가 있다고 할 것이고, 이러한 직무상 의무는 단순히 공공 일반의 이익을 위한 것이거나 행정기관 내부의 질서를 규율하기 위한 것이 아니고 전적으로 또는 부수적으로 사회구성원 개인의 안전과 이익을 보호하기 위하여 설정된 것이다(대판 2003. 4. 25. 2001다59842).

ⓑ 유람선 극동호화재사건에서 공무원에게 부과된 의무는 사회구성원 개인의 이익과 안전을 보호하기 위해 설정된 것인 경우 국가배상이 인정된다

「선박안전법」이나 「유선 및 도선업법」의 각 규정은 공공의 안전 외에 일반인의 인명과 재화의 안전 보장도 그 목적으로 하는 것이라고 할 것이므로, 피고 대한민국의 선박검사관이나 피고 충무시 소속 공무원들이 위와 같은 직무상 의무를 위반하여 시설이 불량한 이 사건 ○○호에 대하여 선박중간검사에 합격하였다 하여 선박검사증서를 발급하고, 해당법규에 규정된 조치를 취함이 없이 계속 운항하게 함으로써 이 사건 화재사고가 발생한 것이라고 볼 수 있는 것이라면, 위 ○○호 화재사고와 피고들 소속 공무원들의 직무상 의무 위반행위와의 사이에는 상당인과관계가 있고, 따라서 피고들은 그로 인한 손해배상책임을 부담하여야 한다고 할 것이다(대판 1993. 2. 12. 91다43466).

ⓒ 상수원의 수실관리의 의무는 개개인의 이익을 위한 의무가 아니다 [12 국가직 7급] 02

상수원수의 수질을 환경기준에 따라 유지하도록 규정하고 있는 관련 법령의 취지·목적·내용과 그 법령에 따라 국가 또는 지방자치단체가 부담하는 의무의 성질 등을 고려할 때, 국가 등에게 일정한 기준에 따라 상수원수의 수질을 유지하여야 할 의무를 부과하고 있는 법령의 규정은 국민에게 양질의 수돗물이 공급되게 함으로써 국민 일반의 건강을 보호하여 공공 일반의 전체적인 이익을 도모하기 위한 것이지, 국민 개개인의 안전과 이익을 직접적으로 보호하기 위한 규정이 아니다(대판 2001. 10. 23. 99다36280).

③ **직무행위의 구체적인 검토**
  ㉠ **행정의 부작위**
    ⓐ 공무원이 취하여야 할 행위를 하지 않았을 경우에 이에 따라 발생한 손해는 국가배상이 가능한지 여부에 대한 문제이다.
    ⓑ 공무원의 행위에 대해 법규상의 의무가 규정되어 있는 경우에는 물론이고, 법령상의 규정된 작위의무가 없다고 해도 조리 등에 의해서 국가배상이 가능할 수 있다는 것이 일반적이며 판례도 같은 입장이다. 03 04
    ⓒ 행정작용에 재량이 주어져 있는 경우라도 재량이 0으로 수축되는 경우에는 위법한 부작위가 성립된다.

관련 판례

Ⓐ 법령에 명시적으로 공무원의 작위의무가 규정되어 있지 않은 경우에도 공무원의 부작위로 인한 국가배상책임을 인정할 수 있는지 여부(한정 적극) 및 그 판단 기준 [17 하반기 국가직 7급, 17 사회복지직] 05

공무원의 부작위로 인한 국가배상책임을 인정하기 위하여는 공무원의 작위로 인한 국가배상책임을 인정하는 경우와 마찬가지로 '공무원이 그 직무를 집행함에 당하여 고의 또는 과실로 법령에 위반하여 타인에게 손해를 가한 때'라고 하는 「국가배상법」 제2조 제1항의 요건이 충족되어야 할 것인바,

---

개념확인 O/X

01 주민등록사무를 담당하는 공무원은 개명과 같은 사유로 주민등록상의 성명을 정정한 경우에는 반드시 본적지 관할관청에 그 변경사항을 통보하여 본적지의 호적관서로 하여금 그 정정사항의 진위를 재확인할 수 있도록 할 직무상의 의무가 있다.
12 국가7급 (O / X)

02 국가 또는 지방자치단체가 법령이 정하는 상수원수 수질기준 유지의무를 다하지 못하고, 법령이 정하는 고도의 정수처리방법이 아닌 일반적 정수처리방법으로 수돗물을 생산·공급하였다는 사유만으로 그 수돗물을 마신 개인에 대하여 손해배상책임을 부담하지 않는다.
12 국가7급 (O / X)

03 공무원의 직무상 의무는 명문의 규정이 없는 경우에도 관련 규정에 비추어 조리상 인정될 수 있다.
12 지방9급 (O / X)

04 법령에 명시적으로 공무원의 작위의무가 규정되어 있지 않은 경우라 할지라도 공무원의 부작위로 인한 국가배상책임을 인정할 수 있다.
12 국가9급 (O / X)

05 부작위로 인한 손해에 대한 국가배상청구는 공무원의 작위의무를 명시한 형식적 의미의 법령에 위배된 경우에 한한다.
17 사회복지 (O / X)

| 정답 | 01 O 02 O 03 O 04 O 05 X

여기서 '법령에 위반하여'라고 하는 것이 엄격하게 형식적 의미의 법령에 명시적으로 공무원의 작위의무가 규정되어 있는데도 이를 위반하는 경우만을 의미하는 것은 아니고, 국민의 생명, 신체, 재산 등에 대하여 절박하고 중대한 위험상태가 발생하였거나 발생할 우려가 있어서 국민의 생명, 신체, 재산 등을 보호하는 것을 본래적 사명으로 하는 국가가 초법규적·일차적으로 그 위험 배제에 나서지 아니하면 국민의 생명, 신체, 재산 등을 보호할 수 없는 경우에는 형식적 의미의 법령에 근거가 없더라도 국가나 관련 공무원에 대하여 그러한 위험을 배제할 작위의무를 인정할 수 있을 것이나, 그와 같은 절박하고 중대한 위험상태가 발생하였거나 발생할 우려가 있는 경우가 아닌 한, 원칙적으로 공무원이 관련 법령대로만 직무를 수행하였다면 그와 같은 공무원의 부작위를 가지고 '고의 또는 과실로 법령에 위반'하였다고 할 수는 없을 것이므로, 공무원의 부작위로 인한 국가배상책임을 인정할 것인지 여부가 문제되는 경우에 관련 공무원에 대하여 작위의무를 명하는 법령의 규정이 없다면 공무원의 부작위로 인하여 침해된 국민의 법익 또는 국민에게 발생한 손해가 어느 정도 심각하고 절박한 것인지, 관련 공무원이 그와 같은 결과를 예견하여 그 결과를 회피하기 위한 조치를 취할 수 있는 가능성이 있는지 등을 종합적으로 고려하여 판단하여야 한다(대판 2005. 6. 10. 2002다53995).

B 경찰관에게 부여된 권한의 불행사가 직무상의 의무를 위반하여 위법하게 되는 경우(군산 윤락업소 화재사건) [17 하반기 국가직 7급] 01

> 01 「경찰관 직무집행법」상 경찰관에게 재량에 의한 직무수행권한을 부여한 것처럼 되어 있으나, 경찰관에게 권한을 부여한 취지와 목적에 비추어 볼 때 구체적인 사정에 따라 경찰관이 그 권한을 행사하여 필요한 조치를 취하지 않는 것이 현저하게 불합리하다고 인정되는 경우에 권한의 불행사는 직무상 의무를 위반한 것으로 위법하다.
> 17 하반기 국가7급 (O / X)

경찰은 범죄의 예방, 진압 및 수사와 함께 국민의 생명, 신체 및 재산의 보호 등과 기타 공공의 안녕과 질서유지도 직무로 하고 있고, 그 직무의 원활한 수행을 위하여 「경찰관 직무집행법」, 「형사소송법」 등 관계 법령에 의하여 여러 가지 권한이 부여되어 있으므로, 구체적인 직무를 수행하는 경찰관으로서는 제반 상황에 대응하여 자신에게 부여된 여러 가지 권한을 적절하게 행사하여 필요한 조치를 취할 수 있는 것이고, 그러한 권한은 일반적으로 경찰관의 전문적 판단에 기한 합리적인 재량에 위임되어 있는 것이나, 경찰관에게 권한을 부여한 취지와 목적에 비추어 볼 때 구체적인 사정에 따라 경찰관이 그 권한을 행사하여 필요한 조치를 취하지 아니하는 것이 현저하게 불합리하다고 인정되는 경우에는 그러한 권한의 불행사는 직무상의 의무를 위반한 것이 되어 위법하게 된다(대판 2004. 9. 23. 2003다49009).

B 소방관의 권한 불행사가 위법이 되는 경우 [19 국회직 8급] 02

> 02 소방공무원의 권한 행사가 관계 법률의 규정에 의하여 소방공무원의 재량에 맡겨져 있으면 구체적인 상황에서 소방공무원이 권한을 행사하지 아니한 것이 현저하게 합리성을 잃어 사회적 타당성이 없는 경우에도 직무상 의무를 위반하여 위법하게 되는 것은 아니다.
> 19 국회8급 (O / X)

소방공무원의 행정권한 행사가 관계 법률의 규정 형식상 소방공무원의 재량에 맡겨져 있다고 하더라도 소방공무원에게 그러한 권한을 부여한 취지와 목적에 비추어 볼 때 구체적인 상황 아래에서 소방공무원이 그 권한을 행사하지 않은 것이 현저하게 합리성을 잃어 사회적 타당성이 없는 경우에는 소방공무원의 직무상 의무를 위반한 것으로서 위법하게 된다(대판 2008. 4. 10. 2005다48994).

C 교육감이 사립학교의 교육관계 법령 등 위반에 대하여 시정·변경명령 등 권한을 행사하지 않은 것이 직무상 의무를 위반한 것으로 위법하다고 인정되기 위한 요건

교육감이 위 법률의 규정에서 정하여진 직무상의 의무를 게을리하여 그 의무를 위반한 것으로 위법하다고 하기 위해서는 그 의무 위반이 직무에 충실한 보통 일반의 공무원을 표준으로 할 때 객관적 정당성을 상실하였다고 인정될 정도에 이르러야 한다. 또한 교육감의 장학지도나 시정·변경명령 권한의 행사 등이 교육감의 재량에 맡겨져 있는 위 법률의 규정 형식과 교육감에게 그러한 권한을 부여한 취지와 목적에 비추어 볼 때 구체적인 상황 아래에서 교육감이 그 권한을 행사하지 않은 것이 현저하게 합리성을 잃어 사회적 타당성이 없는 경우에 해당하여야만 교육감의 직무상 의무를 위반한 것으로서 위법하게 된다. … (중략) … 서울특별시 교육감과 담당 공무원이 취한 일부 시정 조치들만으로는 종립학교의 위법한 종교교육이나 퇴학처분을 막기에는 부족하여 결과적으로 학생의 인격적 법익에 대한 침해가 발생하였다고 하더라도, 교육감이 더 이상의 시정·변경명령 권한 등을 행사하지 아니한 것이 객관적 정당성을 상실하였다거나 현저하게 합리성을 잃어 사회적 타당성이 없다고 볼 수 있는 정도에까지 이르렀다고 하기는 어렵다(대판 2010. 4. 22. 2008다38288 전합).

정답 | 01 O   02 X

ⓒ 경찰관이 「경찰관 직무집행법」 제5조에 규정된 위험발생방지조치를 취하지 아니하였음을 이유로 국가배상책임을 인정한 사례

> 경찰관이 농민들의 시위를 진압하고 시위과정에 도로 상에 방치된 트랙터 1대에 대하여 이를 도로 밖으로 옮기거나 후방에 안전표지판을 설치하는 것과 같은 위험발생방지조치를 취하지 아니한 채 그대로 방치하고 철수하여 버린 결과, 야간에 그 도로를 진행하던 운전자가 위 방치된 트랙터를 피하려다가 다른 트랙터에 부딪혀 상해를 입은 경우에 국가배상책임을 인정한다(대판 1998.8.25. 98다16890).

ⓒ 피해자로부터 범죄신고와 함께 신변보호요청을 받은 경찰관의 보호의무 여부

> 가해자가 피해자를 살해하기 직전까지 오랜 기간에 걸쳐 원한을 품고 집요하게 피해자를 괴롭혀 왔고, 이후에도 피해자의 생명·신체에 계속 위해를 가할 것이 명백하여 피해자의 신변이 매우 위험한 상태에 있어 피해자가 살해되기 며칠 전 범죄신고와 함께 신변보호를 요청하고 가해자를 고소한 경우, 범죄신고와 함께 신변보호요청을 받은 파출소 소속 경찰관들이나 고소장 접수에 따라 피해자를 조사한 지방경찰청 담당경찰관은 사태의 심각성을 깨달아 수사를 신속히 진행하여 가해자의 소재를 파악하는 등 조치를 취하고, 피해자에 대한 범죄의 위험이 일상적인 수준으로 감소할 때까지 피해자의 신변을 특별히 보호해야 할 의무가 있다(대판 1998.5.26. 98다11635).

ⓒ 경찰서 및 교도소 소속 공무원들이 인신이 구금된 자의 생명과 신체 및 건강의 위험을 방지할 주의의무를 위반하였다

> 경찰서 유치장이나 교도소에 구금되어 있는 자로서는 자신의 의학적 지식의 부족, 수용으로 인한 행동의 제약과 정신적·심리적 불안정 등으로 인하여 질병 등의 치료에 관하여 스스로 적절한 판단을 내리기 어렵다고 보이는 점 등을 종합하여 보면, 망인의 인신을 구금함으로써 그 신체의 자유를 제한하고 있던 위 경찰서 및 교도소 측이 위에서 본 바와 같은 망인의 생명·신체·건강의 위험을 방지할 주의의무에 위반하여, 망인에게 아무런 적절한 조치도 취하지 아니한 채 망인을 방치함으로써 결국 망인을 사망에 이르게 하였다고 봄이 상당하고, 따라서 피고는 피고 산하 ○○북부경찰서 및 ○○교도소 각 소속 공무원들의 고의 또는 과실에 기한 위법한 직무집행으로 말미암은 망인의 사망으로 원고들이 입은 재산적·정신적 손해를 배상할 의무가 있다(대판 2005.7.22. 2005다27010).

ⓒ 학교의 교장과 교사의 학생 보호·감독의 의무

> 지방자치단체가 설치·경영하는 학교의 교장이나 교사는 학생을 보호·감독할 의무를 지는데, 이러한 보호·감독의무는 교육법에 따라 학생들을 친권자 등 법정감독의무자에 대신하여 감독을 하여야 하는 의무로서 학교 내에서의 학생의 모든 생활관계에 미치는 것은 아니지만, 학교에서의 교육활동 및 이와 밀접 불가분의 관계에 있는 생활관계에 속하고, 교육활동의 때와 장소, 가해자의 분별능력, 가해자의 성행, 가해자와 피해자의 관계 기타 여러 사정을 고려하여 사고가 학교생활에서 통상 발생할 수 있다고 하는 것이 예측되거나 또는 예측가능성(사고발생의 구체적 위험성)이 있는 경우에는 교장이나 교사는 보호·감독의무 위반에 대한 책임을 진다(대판 2007.4.26. 2005다24318).

ⓒ 단속경찰관의 주취운전자에 대한 권한 불행사가 직무상 위법행위에 해당하는지 여부(한정 적극) [20 소방직] 01

> 경찰관의 주취운전자에 대한 권한 행사가 관계 법률의 규정 형식상 경찰관의 재량에 맡겨져 있다고 하더라도, 그러한 권한을 행사하지 아니한 것이 구체적인 상황하에서 현저하게 합리성을 잃어 사회적 타당성이 없는 경우에는 경찰관의 직무상 의무를 위배한 것으로서 위법하게 된다(대판 1998.5.8. 97다54482).

01 음주운전으로 적발된 주취운전자가 도로 밖으로 차량을 이동하겠다며 단속 경찰관으로부터 보관 중이던 차량 열쇠를 반환받아 몰래 차량을 운전하여 가던 중 사고를 일으킨 경우, 국가배상책임이 인정되지 않는다는 것이 판례의 태도이다.
20 소방 (O/X)

| 정답 | 01 X

ⓒ 지방자치단체에 자연암벽 붕괴사고로 인한 배상책임을 인정한 사례(암벽제거의무 부작위)

> 지방자치단체 소유의 임야에 주민들이 무허가로 주택을 지어 살고 있더라도 그에 대하여 관리행정을 실시해 온 이상 그 자치단체로서는 주택가에 돌출하여 위험이 예견되는 자연암벽이 있으면 복지행정의 집행자로서 이를 사전에 제거하여야 할 의무가 있고, 그 의무를 해태한 부작위로 인하여 붕괴사고가 일어나서 주민들이 손해를 입었다면 이를 배상할 책임이 있다(대판 1980.2.26. 79다2341).

ⓛ 입법행위
ⓐ 국회의 입법행위도 「국가배상법」상의 직무에 해당된다고 할 것이다. 그러나 입법행위에 해당된다는 것이 곧 국가배상이 당연 가능함을 의미하지는 않는다.
ⓑ 이에 국회의 법률이 위헌인 경우에 「국가배상법」상의 위법이 충족되어 배상책임이 발생한다는 견해와 헌법 문언에 명백한 위반인 경우가 아니라면 국가배상이 될 수 없다는 견해가 대립한다.
ⓒ 판례에 의하면 국회의 입법책임은 국민 전체에 대한 정치적 책임이지 개개인에 대한 법적 의무는 없다고 하면서 입법내용이 헌법 문언에 명백히 위배됨에도 불구하고 국회가 굳이 당해 입법을 한 것과 같은 특수한 경우가 아니라면 「국가배상법」상의 위법행위에 해당한다고 볼 수 없다고 한다.
ⓓ 판례가 '입법내용이 헌법 문언에 명백히 위배됨에도 불구하고 국회가 굳이 당해 입법을 한 것과 같은 특수한 경우가 아닌 경우'라는 여지를 두기는 하였으나 이 경우 역시도 고의·과실 입증문제로 국가배상이 사실상 곤란할 것이라는 것이 일반적인 입장이다. 01
ⓔ 더불어 문제가 되는 것은 위헌인 법률에 근거하여 행정작용을 행한 행정공무원의 행위는 국가배상이 성립될 수 있는지에 대한 문제인데, 행정공무원의 행위는 헌법재판소로부터 해당 법률이 위헌결정이 있기 전에 행한 것으로 공무원에게는 과실이 없어 배상책임이 성립할 수 없다는 견해가 일반적이다. 02

ⓒ 입법부작위
ⓐ 헌법상의 국회의 입법의무나 상위법령에 의해 위임된 행정부의 입법의무를 국회나 행정부가 이행하지 않아 국민에게 일정한 피해를 가한 경우에 국가배상이 될 수 있는지에 대한 문제이다.
ⓑ 국회의 입법부작위에 대해 대법원은 국가가 일정한 사항에 관하여 헌법에 의하여 부과되는 구체적인 입법의무를 부담하고 있음에도 불구하고 그 입법에 필요한 상당한 기간이 경과하도록 고의 또는 과실로 이러한 입법의무를 이행하지 아니하는 등 극히 예외적인 사정이 인정되는 사안에 한정하여 인정할 수 있다는 입장이다. 03
ⓒ 하지만 행정입법부작위에 대해서 입법부가 법률로써 행정부에게 특정한 사항을 위임했음에도 불구하고 행정부가 정당한 이유 없이 이를 이행하지 않는다면 권력분립의 원칙과 법치국가 내지 법치행정의 원칙에 위배되는 것으로 국가배상을 인정할 수 있다는 입장이다.

개념확인 O/X

01 국회의원의 입법행위는 그 입법내용이 헌법의 문언에 명백히 위배됨에도 불구하고 국회가 굳이 당해 입법을 한 것과 같은 특수한 경우가 아닌 한 「국가배상법」 제2조 제1항 소정의 위법행위에 해당된다고 볼 수 없다.
16 지방9급 (O/X)

02 국회가 제정한 법률이 헌법재판소에 의해 위헌결정을 받은 경우 국회는 그에 대해 국가배상책임을 진다.
16 교육행정 (O/X)

03 헌법에 의하여 부과되는 국가의 구체적인 입법의무 자체가 인정되지 않는 경우에는 애당초 부작위로 인한 불법행위가 성립할 여지가 없다.
19 서울시 사회복지9급 (O/X)

| 정답 | 01 O 02 X 03 O

| 관련 판례 | 입법작용으로 인한 국가배상책임

B 국회의원의 입법행위는 「국가배상법」 제2조 제1항의 위법행위에 해당되지 않는다 [20 군무원 9급, 17 국가직 7급]

> 우리 헌법이 채택하고 있는 의회민주주의하에서 국회는 다원적 의견이나 각가지 이익을 반영시킨 토론과정을 거쳐 다수결의 원리에 따라 통일적인 국가의사를 형성하는 역할을 담당하는 국가기관으로서 그 과정에 참여한 국회의원은 입법에 관하여 원칙적으로 국민 전체에 대한 관계에서 정치적 책임을 질 뿐 국민 개개인의 권리에 대응하여 법적 의무를 지는 것은 아니므로, 국회의원의 입법행위는 그 입법내용이 헌법의 문언에 명백히 위반됨에도 불구하고 국회가 굳이 당해 입법을 한 것과 같은 특수한 경우가 아닌 한 「국가배상법」 제2조 제1항 소정의 위법행위에 해당된다고 볼 수 없다(대판 1997.6.13, 96다56115).

C 국회의 입법행위 또는 입법부작위가 「국가배상법」 제2조 제1항의 위법행위에 해당하는 경우 [19 국가직 9급, 18 소방직, 17 국가직 7급, 16 지방직 9급] 01 02 03

> 우리 헌법이 채택하고 있는 의회민주주의하에서 국회는 다원적 의견이나 각가지 이익을 반영시킨 토론과정을 거쳐 다수결의 원리에 따라 통일적인 국가의사를 형성하는 역할을 담당하는 국가기관으로서 그 과정에 참여한 국회의원은 입법에 관하여 원칙적으로 국민 전체에 대한 관계에서 정치적 책임을 질 뿐 국민 개개인의 권리에 대응하여 법적 의무를 지는 것은 아니므로, 국회의원의 입법행위는 그 입법내용이 헌법의 문언에 명백히 위배됨에도 불구하고 국회가 굳이 당해 입법을 한 것과 같은 특수한 경우가 아닌 한 「국가배상법」 제2조 제1항 소정의 위법행위에 해당한다고 볼 수 없고, 같은 맥락에서 국가가 일정한 사항에 관하여 헌법에 의하여 부과되는 구체적인 입법의무를 부담하고 있음에도 불구하고 그 입법에 필요한 상당한 기간이 경과하도록 고의 또는 과실로 이러한 입법의무를 이행하지 아니하는 등 극히 예외적인 사정이 인정되는 사안에 한정하여 「국가배상법」 소정의 배상책임이 인정될 수 있으며, 위와 같은 구체적인 입법의무 자체가 인정되지 않는 경우에는 애당초 부작위로 인한 불법행위가 성립할 여지가 없다(대판 2008.5.29, 2004다33469).

B 행정입법부작위의 경우 - 군법무관보수규정사건 [20 군무원 9급] 04

> 입법부가 법률로써 행정부에게 특정한 사항을 위임했음에도 불구하고 행정부가 정당한 이유 없이 이를 이행하지 않는다면 권력분립의 원칙과 법치국가 내지 법치행정의 원칙에 위배되는 것으로서 위법함과 동시에 위헌적인 것이 되는바, (구)「군법무관임용법」(1967.3.3. 법률 제1904호로 개정되어 2000.12.26. 법률 제6291호로 전문 개정되기 전의 것) 제5조 제3항과 「군법무관임용 등에 관한 법률」(2000.12.26. 법률 제6291호로 개정된 것) 제6조가 군법무관의 보수를 법관 및 검사의 예에 준하도록 규정하면서 그 구체적 내용을 시행령에 위임하고 있는 이상, 위 법률의 규정들은 군법무관의 보수의 내용을 법률로써 일차적으로 형성한 것이고, 위 법률들에 의해 상당한 수준의 보수청구권이 인정되는 것이므로, 위 보수청구권은 단순한 기대이익을 넘어서는 것으로서 법률의 규정에 의해 인정된 재산권의 한 내용이 되는 것으로 봄이 상당하고, 따라서 행정부가 정당한 이유 없이 시행령을 제정하지 않은 것은 위 보수청구권을 침해하는 불법행위에 해당한다(대판 2007.11.29, 2006다3561).

B 행정입법의 부진정입법부작위에 대한 국가배상 인정 사례(행정청이 정당한 이유 없이 장애인의 접근권 보장을 위한 개선입법의무를 이행하지 않는 경우, 그 행정입법 부작위는 위법한지에 대한 사건)

> 국회가 법률로 행정청에 특정한 사항을 위임함에도 불구하고 행정청이 정당한 이유 없이 이를 이행하지 않는다면 권력분립의 원칙과 법치국가 또는 법치행정의 원칙에 위배되는 것으로서 위법함과 동시에 위헌적인 것이 되고(대판 2007.11.29. 2006다3561 판결 참조), 이는 행정청이 법률에서 대통령령으로 정하도록 위임받은 사항을 전혀 입법하지 않은 경우는 물론 그 법률이 위임한 사항을 불충분하게 규정함으로써 법률이 위임한 행정입법의무를 제대로 이행하지 않은 경우도 마찬가지이다(대판 2024.12.19. 2022다289051).

개념확인 O/X

01 판례는 입법내용이 헌법의 문언에 명백히 위배됨에도 불구하고 국회가 굳이 당해 입법을 한 것과 같은 특수한 경우에 한하여 위법 및 과실을 인정하고 있다.
18 소방 (O/X)

02 국가가 일정한 사항에 관하여 헌법에 의하여 부과되는 구체적인 입법의무를 부담하고 있음에도 불구하고 그 입법에 필요한 상당한 기간이 경과하도록 고의·과실로 입법의무를 이행하지 아니하는 경우, 국가배상책임이 인정될 수 있다.
19 국가9급 (O/X)

03 헌법에 의하여 일반적으로 부과된 의무가 있음에도 불구하고 국회가 그 입법을 하지 않고 있다면 「국가배상법」상 배상책임이 인정된다.
17 국가7급 (O/X)

04 입법부가 법률로써 행정부에게 특정한 사항을 위임함에도 불구하고 행정부가 정당한 이유 없이 이를 이행하지 않는다면 권력분립의 원칙과 법치국가 내지 법치행정의 원칙에 위배되는 것으로서 위법함과 동시에 위헌적인 것이 된다.
20 군무원9급 (O/X)

| 정답 | 01 O 02 O 03 X 04 O

개념확인 O/X

B 입법부작위에 대한 헌법재판소의 태도

1. **입법부작위에 대한 헌법재판소의 재판관할**
   입법부작위에 대한 헌법재판소의 재판관할권은 극히 한정적으로 인정할 수밖에 없다고 할 것인 바, 생각건대 헌법에서 기본권보장을 위해 법령에 명시적인 입법위임을 하였음에도 입법자가 이를 이행하지 않을 때, 그리고 헌법해석상 특정인에게 구체적인 기본권이 생겨 이를 보장하기 위한 국가의 행위의무 내지 보호의무가 발생하였음이 명백함에도 불구하고 입법자가 전혀 아무런 조치를 취하고 있지 않는 경우가 여기에 해당될 것이다(헌재 1989.3.17. 88헌마1).

2. **행정입법부작위의 경우**
   법률이 군법무관의 보수를 판사, 검사의 예에 의하여 규정하면서 그 구체적 내용을 시행령에 위임하고 있다면, 이는 군법무관의 보수의 내용을 법률로서 일차적으로 형성한 것이고, 따라서 상당한 수준의 보수청구권이 인정되는 것이라 해석함이 상당하다. 그러므로 이 사건에서 대통령이 법률의 명시적 위임에도 불구하고 지금까지 해당 시행령을 제정하지 않아 그러한 보수청구권이 보장되지 않고 있다면, 그러한 입법부작위는 정당한 이유 없이 청구인들의 재산권을 침해하는 것으로서 헌법에 위반된다(헌재 2004.2.26. 2001헌마718).

ⓔ **사법작용(司法作用)**

ⓐ 사법작용 역시 「국가배상법」상의 직무에 해당된다. 그러나 이 역시도 직무에 해당된다고 하여 당연히 국가배상이 된다는 말은 아니다.

ⓑ 판례는 원칙적으로 법관의 재판에 법령을 따르지 아니한 잘못이 있다고 하여 당연 국가배상이 인정될 수 없다는 입장이다. 01

ⓒ 하지만 법관이 위법 또는 부당한 목적을 가지고 재판을 하는 등 법관이 그에게 부여된 권한의 취지에 명백히 어긋나게 이를 행사하였다고 인정할 만한 특별한 사정이 있으면 위법한 행위가 되어 국가배상책임이 인정된다는 입장이다.

ⓓ 또한 재판에 대하여 불복절차 또는 시정절차가 없는 경우나, 법관이나 다른 공무원의 귀책사유로 불복에 의한 시정을 구할 수 없었다거나 그와 같은 시정을 구할 수 없었던 부득이한 사정이 있는 경우에도 국가배상책임의 여지를 두고 있다. 02 03 04

ⓔ 한편, 헌법재판소 재판관이 청구인의 본안판단을 받을 기회를 상실하게 한 경우 국가배상청구권이 인정된 경우가 있다.

관련 판례 사법(司法)작용으로 인한 국가배상책임

B 법관의 재판에 대한 국가배상책임 [20 군무원 7급, 17 하반기 국가직 7급, 16 지방직 9급]

법관의 재판에 법령의 규정을 따르지 아니한 잘못이 있다 하더라도 이로써 바로 그 재판상 직무행위가 「국가배상법」 제2조 제1항에서 말하는 위법한 행위로 되어 국가의 손해배상책임이 발생하는 것은 아니고, 당해 법관이 위법 또는 부당한 목적을 가지고 재판을 하는 등 법관이 그에게 부여된 권한의 취지에 명백히 어긋나게 이를 행사하였다고 인정할 만한 특별한 사정이 있어야 위법한 행위가 되어 국가배상책임이 인정된다고 할 것인바, 압수수색할 물건의 기재가 누락된 압수수색영장을 발부한 법관이 위법·부당한 목적을 가지고 있었다거나 법이 직무수행상 준수할 것을 요구하고 있는 기준을 현저히 위반하였다는 등의 자료를 찾아볼 수 없다면 그와 같은 압수수색영장의 발부행위는 불법행위를 구성하지 않는다(대판 2001.10.12. 2001다47290).

※ 그러나 위 판례에서 "압수수색 대상물의 기재가 누락된 압수수색영장에 기하여 물건을 압수하고, 일부 압수물에 대하여는 압수조서·압수목록을 작성하지 아니하고 보관한 일련의 조치가 불법행위를 구성한다."고 일부 인정하였다.

---

01 법령의 규정을 따르지 아니한 법관의 재판상 직무행위는 곧바로 「국가배상법」 제2조 제1항에서 규정하고 있는 위법행위가 되어 국가의 손해배상책임이 발생한다.
16 지방9급 (O / X)

02 재판에 대하여 불복절차 내지 시정절차 자체가 없는 경우, 부당한 재판으로 인하여 불이익 내지 손해를 입은 사람에게는 배상책임의 요건이 충족되는 한 국가배상책임이 인정될 수 있다.
19 국가9급, 17 하반기 국가7급 (O / X)

03 재판행위로 인한 국가배상에 있어서 위법은 판결 자체의 위법이 아니라 법관의 공정한 재판을 위한 직무수행상 의무의 위반으로서의 위법이다.
12 국가9급 (O / X)

04 법관의 재판에 법령의 규정을 따르지 아니한 잘못이 있는 경우에는 이로써 바로 그 재판상 직무행위가 「국가배상법」 제2조 제1항에서 말하는 위법한 행위로 되어 국가의 손해배상책임이 발생한다.
20 군무원7급 (O / X)

정답 | 01 X 02 O 03 O 04 X

ⓑ 재판에 대하여 불복절차 또는 시정절차가 마련되어 있는 경우, 시정을 구하지 아니한 사람이 국가배상에 의한 권리구제를 받을 수 있는지 여부(원칙적 소극) [19 국가직 9급, 17 하반기 국가직 7급]

> 재판에 대하여 불복절차 또는 시정절차가 마련되어 있는 경우, 법관이나 다른 공무원의 귀책사유로 불복에 의한 시정을 구할 수 없었다거나 그와 같은 시정을 구할 수 없었던 부득이한 사정이 없는 한, 그와 같은 시정을 구하지 아니한 사람은 원칙적으로 국가배상에 의한 권리구제를 받을 수 없다 (대판 2016.10.13. 2014다215499).

ⓐ 헌법재판소 재판관의 청구기간의 오인에 의한 국가배상 [19 국가직 9급, 19 하반기 서울시 7급, 19 지방직 9급, 18 지방직 7급, 17 국가직 7급, 17 국가직 하반기 7급] 01 02

> 재판에 대하여 불복절차 내지 시정절차 자체가 없는 경우에는 부당한 재판으로 인하여 불이익 내지 손해를 입은 사람은 국가배상 이외의 방법으로는 자신의 권리 내지 이익을 회복할 방법이 없으므로, 이와 같은 경우에는 배상책임의 요건이 충족되는 한 국가배상책임을 인정하지 않을 수 없다. 헌법재판소 재판관이 청구기간 내에 제기된 헌법소원심판청구 사건에서 청구기간을 오인하여 각하결정을 한 경우, 이에 대한 불복절차 내지 시정절차가 없는 때에는 국가배상책임을 인정할 수 있다 (대판 2003.7.11. 99다24218).

ⓜ 검사의 직무행위(기소나 불기소 등)
ⓐ 검사의 기소 등으로 형사피고인으로 구속 수감되었던 자가 형사법원의 무죄판결이 확정된 경우에 국가배상을 청구할 수 있는지에 대한 문제이다.
ⓑ 헌법 제28조의 "형사피의자 또는 형사피고인으로서 구금되었던 자가 법률이 정하는 불기소처분을 받거나 무죄판결을 받은 때에는 법률이 정하는 바에 의하여 국가에 정당한 보상을 청구할 수 있다."는 규정에 의해서 국가배상은 원칙적으로 곤란하다.
ⓒ 대법원은 검사의 공소권의 행사가 당시의 자료에 비추어 경험칙이나 논리칙상 심각하게 합리성이 결여된 경우에는 국가배상이 가능하다는 입장이다.

관련 판례

ⓒ 검사 등의 수사기관이 피의자를 구속하여 수사한 후 공소를 제기하였으나 법원에서 무죄판결이 선고되어 확정된 경우, 「국가배상법」 제2조에 의한 손해배상책임이 인정되기 위한 요건

> 검사는 수사기관으로서 피의사건을 조사하여 진상을 명백히 하고, 죄를 범하였다고 의심할 만한 상당한 이유가 있는 피의자에게 증거 인멸 및 도주의 염려 등이 있을 때에는 법관으로부터 영장을 발부받아 피의자를 구속할 수 있으며, 나아가 수집·조사된 증거를 종합하여 객관적으로 볼 때, 피의자가 유죄판결을 받을 가능성이 있는 정도의 혐의를 가지게 된 데에 합리적인 이유가 있다고 판단될 때에는 피의자에 대하여 공소를 제기할 수 있으므로 그 후 형사재판 과정에서 범죄사실의 존재를 증명함에 충분한 증거가 없다는 이유로 무죄판결이 확정되었다고 하더라도 그러한 사정만으로 바로 검사의 구속 및 공소제기가 위법하다고 할 수 없고, 그 구속 및 공소제기에 관한 검사의 판단이 그 당시의 자료에 비추어 경험칙이나 논리칙상 도저히 합리성을 긍정할 수 없는 정도에 이른 경우에만 그 위법성을 인정할 수 있다 (대판 2002.2.22. 2001다23447).

ⓒ 형사피고의 무죄를 입증할 수 있는 증거자료 미제출과 국가배상

> 강도강간의 피해자가 제출한 팬티에 대한 국립과학수사연구소의 유전자검사결과 그 팬티에서 범인으로 지목되어 기소된 원고나 피해자의 남편과 다른 남자의 유전자형이 검출되었다는 감정결과를 검사가 공판과정에서 입수한 경우 그 감정서는 원고의 무죄를 입증할 수 있는 결정적인 증거에

개념확인 O/X

01 헌법재판소 재판관이 청구기간을 오인하여 청구기간 내에 제기된 헌법소원심판청구를 위법하게 각하한 경우, 설령 본안판단을 하였더라도 어차피 청구가 기각되었을 것이라는 사정이 있다면 국가배상책임이 인정될 수 없다.
17 국가7급 (O / X)

02 헌법재판소 재판관이 청구기간 내에 제기된 헌법소원심판청구 사건에서 청구기간을 오인하여 각하결정을 한 경우, 이에 대한 불복절차 내지 시정절차가 없는 때에는 국가배상책임(위법성)을 인정할 수 있다.
19 하반기 서울7급 (O / X)

해당하는데도 검사가 그 감정서를 법원에 제출하지 아니하고 은폐하였다면 검사의 그와 같은 행위는 위법하다고 보아 국가배상책임을 인정하였다(대판 2002.2.22. 2001다23447).

ⓒ 형사재판의 공판검사가 증인으로 소환된 자로부터 신변보호요청을 받았음에도 아무런 조치를 취하지 않아 그 증인이 공판기일에 법정에서 공판 개정을 기다리던 중 피고인의 칼에 찔려 상해를 입은 사안에서, 검사의 부작위로 인한 국가배상책임을 인정한 사례

이 사건 당시 원고에게는 스스로의 힘만으로는 방지하기 어려운 생명·신체에 대한 중대한 위험이 존재하였을 뿐 아니라, 원고로부터 직접 신변보호요청을 받은 검사로서도 원고의 호소내용과 당해 사건기록을 통하여 그 위험발생을 쉽게 예상할 수 있었으므로, 검사는 재판부에 원고의 신변보호를 요청하여 적절한 조치를 취하게 하는 등 원고에 대한 신변안전조치를 취하여야 할 작위의무가 있었다고 할 것이고, 따라서 이를 위반한 검사의 부작위는「국가배상법」제2조 제1항이 정하는 '직무를 집행하면서 과실로 법령을 위반하여 타인에게 손해를 입힌 때'에 해당한다(대판 2009.9.24. 2006다82649).

ⓑ 기타
  ⓐ 통치행위는 당연무효가 아닌 한 사법통제의 대상이 아니므로「국가배상법」상의 직무로 보기 곤란하다는 견해가 일반적이다(가능하다는 견해도 있다).
  ⓑ 행정지도의 경우에는「국가배상법」제2조의 국가배상의 요건인 직무에 해당한다. 다만, 지도의 임의성으로 인해 지도와 피해의 인과관계 입증이 곤란하다 할 것이다.

관련 판례

ⓒ 등기공무원이 등기신청서류가 위조된 것임을 발견하지 못한 것이 심사의무를 위반한 것이라고 본 사례(인감증명)

등기공무원이라면 통상의 주의의무만 기울였어도 쉽게 발견하여 그 서류들이 위조되었다는 것을 알 수 있었음에도 이를 간과한 채 모두 적법한 것으로 심사하여 등기신청을 각하하지 못한 것은 등기공무원으로서의 통상의 주의의무를 해태하여 형식적 심사의무를 위반한 것이다(대판 1993.8.24. 93다11937).

ⓒ 등기공무원의 등기권리증 위조 여부

등기공무원은 등기신청에 대하여 실체법상의 권리관계와 일치하는 여부를 심사할 실질적 심사권한은 없고 오직 신청서류와 등기부에 의하여 등기요건에 합당하는 여부를 심사할 형식적 심사권한 밖에 없으나, 등기공무원으로서의 통상의 주의를 기울이면 제출된 등기권리증 등이 진정하게 작성된 것이 아님을 식별할 수 있음에도 불구하고 이를 간과하였다면 이는 그 형식적 심사권한을 행사함에 있어서 지켜야 할 주의의무를 위반한 것이다(대판 1989.3.28. 87다카2470).

ⓒ 경찰관의 등사신청 거부행위의 위법성 여부

법무법인 소속 변호사 갑의 지시로 법무법인 직원 을이 구금된 피의자 병의 변호인선임서를 경찰서에 제시하며 체포영장에 대한 등사신청을 하였으나 담당 경찰관 정이 "변호사가 직접 와서 신청하라."라고 말하면서 등사를 거부하자 갑이 국가배상청구를 한 사안에서, 정의 등사 거부행위가 변호인 갑의 체포영장에 대한 열람등사청구권을 침해하는 것으로 위법하다(대판 2012.9.13. 2010다24879).

B 국가의 철도운행사업과 관련하여 발생한 사고로 인한 손해배상청구에 관하여 적용될 법규(공무원의 직무상 과실을 원인으로 한 경우 = 「민법」, 영조물 설치·관리의 하자를 원인으로 한 경우 = 「국가배상법」)

> 국가 또는 지방자치단체라 할지라도 공권력의 행사가 아니고 단순한 사경제의 주체로 활동하였을 경우에는 그 손해배상책임에 「국가배상법」이 적용될 수 없고 「민법」상의 사용자책임 등이 인정되는 것이고 국가의 철도운행사업은 국가가 공권력의 행사로서 하는 것이 아니고 사경제적 작용이라 할 것이므로, 이로 인한 사고에 공무원이 간여하였다고 하더라도 「국가배상법」을 적용할 것이 아니고 일반 「민법」의 규정에 따라야 하므로, 「국가배상법」상의 배상전치절차를 거칠 필요가 없으나, 공공의 영조물인 철도시설물의 설치 또는 관리의 하자로 인한 불법행위를 원인으로 하여 국가에 대하여 손해배상청구를 하는 경우에는 「국가배상법」이 적용되므로 배상전치절차를 거쳐야 한다(대판 1999.6.22. 99다7008).
> ※ 판결 당시와 달리 현재는 배상전치주의는 임의적으로 변경되있다.

B 행정지도는 국가배상의 요건인 공무원의 직무에 포함된다

> 「국가배상법」이 정한 배상청구의 요건인 '공무원의 직무'에는 권력적 작용만이 아니라 행정지도와 같은 비권력적 작용도 포함되며 단지 행정주체가 사경제주체로서 하는 활동만 제외된다(대판 1998.7.10. 96다38971).

C 공무원이 자신의 승용차를 운전하여 공무를 수행하고 돌아오던 중 교통사고로 동승한 다른 공무원을 사망하게 한 경우 국가배상책임의 성립 여부(적극)

> 공무원이 자신의 소유인 승용차를 운전하여 공무를 수행하고 돌아오던 중 동승한 다른 공무원을 사망하게 하는 교통사고를 발생시킨 경우, 이는 외형상 객관적으로 직무와 밀접한 관련이 있는 행위이고, 가해행위를 한 공무원과 동일한 목적을 위한 업무를 수행한 공무원이라 할지라도 그가 가해행위에 관여하지 아니한 이상 「국가배상법」 제2조 제1항 소정의 '타인'에 해당하므로 「국가배상법」에 의한 손해배상책임이 인정된다(대판 1998.11.19. 97다36873 전합).

C 구청 세무과 소속 공무원 갑이 을에게 무허가건물 세입자들에 대한 시영아파트 입주권 매매행위를 한 경우 외형상 직무범위 내의 행위라고 볼 수 있는지 여부(소극)

> 구청 공무원 갑이 주택정비계장으로 부임하기 이전에 그의 처 등과 공모하여 을에게 무허가건물철거 세입자들에 대한 시영아파트 입주권 매매행위를 한 경우 이는 갑이 개인적으로 저지른 행위에 불과하고 당시 근무하던 세무과에서 수행하던 지방세 부과, 징수 등 본래의 직무와는 관련이 없는 행위로서 외형상으로도 직무범위 내에 속하는 행위라고 볼 수 없다(대판 1993.1.15. 92다8514).

C 지방자치단체의 무허가건물철거와 관련된 시영아파트분양권 부여 등의 업무가 사경제주체로서의 활동인지 여부

> 도로가설 등 공사로 인한 무허가건물의 강제철거와 관련하여 이루어지는 시나 구 등 지방자치단체의 철거건물소유자에 대한 시영아파트 분양권 부여 및 세입자에 대한 지원대책 등의 업무는 지방자치단체의 공권력 행사 기타 공행정 작용과 관련된 활동으로 볼 것이지 사경제주체로서 하는 활동이라고는 볼 수 없다(대판 1994.9.30. 94다11767).

개념확인 O/X

ⓒ 공무원의 허위 아파트입주권 부여대상 확인을 믿고 아파트입주권을 매입한 경우, 공무원의 허위 확인행위와 매수인의 손해 사이의 상당인과관계를 인정한 사례

> 서울특별시 소속 건설담당직원이 무허가건물이 철거되면 그 소유자에게 시영아파트입주권이 부여될 것이라고 허위의 확인을 하여 주었기 때문에 그 소유자와의 사이에 처음부터 그 이행이 불가능한 아파트입주권 매매계약을 체결하여 매매대금을 지급한 경우, 매수인이 입은 손해는 그 아파트입주권 매매계약이 유효한 것으로 믿고서 출연한 매매대금으로서 이는 매수인이 시영아파트입주권을 취득하지 못함으로 인하여 발생한 것이 아니라 공무원의 허위의 확인행위로 인하여 발생된 것으로 보아야 하므로, 공무원의 허위 확인행위와 매수인의 손해발생 사이에는 상당인과관계가 있다(대판 1996.11.29. 95다21709).

판례가 직무상 행위로 인정한 경우	판례가 직무상 행위로 불인정한 경우
1. 기합 또는 감방 내에서의 사형(私刑)	1. 개인감정에 의한 총기사용
2. 기관명령에 의한 상관의 이삿짐 운반	2. 가솔린 불법처분 중 발화
3. 훈계권 행사	3. 군의관의 포경수술
4. 군인의 훈련휴식 중 꿩사냥	4. 결혼식 참석을 위한 군용차 운행
5. 출·퇴근 시에 통근차로 출·퇴근하면서 사고를 낸 경우	5. 압류 도중의 절도행위
6. 시위진압 도중 전경이 조경수를 짓밟는 행위	6. 휴가 중의 폭력행위
7. 비번 중인 공무원의 불심검문	7. 부대이탈 후 민간인 사살
8. 수사 도중의 고문행위	8. 군인의 휴식 중 비둘기 사냥
9. 근무시간 초과 후 위생검열 도중 가스관폭발	9. 불법휴대 카빈총으로 보리밭의 꿩사격
10. 공무원의 직무와 관련된 수뢰행위	10. 퇴근 후 음주난동행위
11. 학군단소속차량의 그 학교교수의 장례식 참가차 운행	11. 공무원이 자기 소유 자동차로 근무지에 출근하다 자기 과실로 사고 난 경우
12. 중앙정보부 소속 지프의 운전병이 상관을 귀대시키고 오던 중 친지와 음주 후 그에게 대리 운전을 시키다가 발생한 사고	12. 준위가 수차 외상술값의 독촉을 받은 불쾌감으로 격분하여 총기탈취·자물쇠파손·실탄절취 후 민간주점 주인을 사살한 사건
13. 미군부대 소속 선임하사관이 공무차 개인소유차를 운전하고 출장을 갔다가 퇴근하기 위하여 집으로 운행하던 중 사고가 발생한 경우	13. 상급자로부터 구타당한 데 원한을 품고 보초근무 중 근무장소를 이탈하여 절취한 촉탁으로 저지른 살인
14. 군인의 사전훈련지역 정찰행위	14. 싸움, 상호장난, 피해자가 불법행위에 가담한 경우
15. 위병근무 중 탈영한 병의 총기난사행위	15. 군병원에 입원 중이던 사병들이 탈영하여 강도·살인행위를 한 경우

④ 직무를 집행함에 있어서 행해졌을 것
 ㉠ 판단기준: 객관적 외형주의에 따른다(통설·판례).
 ㉡ '직무를 집행하면서'의 의미
  ⓐ 직무행위 자체는 물론이고, 객관적으로 보아 직무행위의 외형을 갖추고 있는 행위를 말한다.
  ⓑ 따라서 직무행위인지의 여부는 당해 행위가 현실적으로 정당한 권한 내의 행위인지 또는 행위자인 공무원이 직무집행의 의사를 가지고 있었는지 주관적 의사 여부와는 상관없이 객관적으로 직무행위의 외형을 갖추고 있는지 여부에 따라 판단되어야 한다. 예를 들어 대법원은 재산압류를 함에 있어서 세무공무원이 재산을 절취하는 경우 '직무를 집행함에 당하여'에 해당되지 않는다고 한다. 01 02

---

01 국가배상이 성립하기 위해서 실질적으로 직무집행행위인 경우이어야 한다.
14 서울9급 (O/X)

02 실질적으로 직무행위가 아니거나 또는 직무행위를 수행한다는 행위자의 주관적 의사가 없는 공무원의 행위는 「국가배상법」상 공무원의 직무행위가 될 수 없다.
12 국가9급 (O/X)

| 정답 | 01 X 02 X

> **관련 판례**

Ⓐ 직무를 집행함에 당한 것인지 여부판단에 공무원의 공무집행의사 유무는 불요 [21 소방직, 18 지방직 7급, 18 국가직 9급, 14 지방직 9급, 12 국가직 9급]

「국가배상법」 제2조 제1항의 '직무를 집행함에 당하여'라 함은 직접 공무원의 직무집행행위이거나 그와 밀접한 관계에 있는 행위를 포함하고, 이를 판단함에 있어서는 행위 자체의 외관을 객관적으로 관찰하여 공무원의 직무행위로 보여질 때에는 비록 그것이 실질적으로 직무행위가 아니거나 또는 행위자로서 주관적으로 공무집행의 의사가 없었다고 하더라도 그 행위는 공무원이 직무를 집행함에 당하여 한 것으로 보아야 할 것이다(대판 1995.4.21. 93다14240).

Ⓒ '직무를 집행함에 당하여'란 직무 그 자체는 물론 식부와 밀접한 관련 있는 것까지 포함히는 것이다

공무원이 그 직무를 집행함에 당하여 라고 함은 직무의 범위 내에 속한 행위이거나 직무수행의 수단으로써 또는 직무수행에 부수하여 행하여지는 행위로서 직무와 밀접한 관련이 있는 것도 포함된다고 해석하여야 할 것이다(대판 1994.5.27. 94다6741).

Ⓑ 군인의 사전 훈련지역 정찰을 직무행위로 본 사례 [16 지방직 7급] **01**

육군중사가 자신의 개인소유 오토바이 뒷좌석에 같은 부대 소속 군인을 태우고, 다음 달부터 실시예정인 훈련에 대비하여 사전 정찰차 훈련지역 일대를 살피고 귀대하던 중 교통사고가 일어났다면, 비록 개인소유의 오토바이를 운전한 경우라 하더라도 실질적·객관적으로 위 운전행위는 그에게 부여된 훈련지역의 사전 정찰임무를 수행하기 위한 직무와 밀접한 관련이 있다고 보아야 한다(대판 1994.5.27. 94다6741).

Ⓒ 인사업무담당 공무원이 다른 공무원의 공무원증 등을 위조한 경우 [14 지방직 9급] **02**

울산세관의 통관지원과에서 인사업무를 담당하면서 울산세관 공무원들의 공무원증 및 재직증명서 발급업무를 하는 공무원인 K가 울산세관의 다른 공무원의 공무원증 등을 위조하는 행위는 비록 그것이 실질적으로는 직무행위에 속하지 아니한다 할지라도 적어도 외관상으로는 공무원증과 재직증명서를 발급하는 행위로서 직무집행으로 보여진다(대판 2005.1.14. 2004다26805).

⑤ 고의·과실로 인한 행위

> **심화 학습** 용어 정의
>
> 1. 고의: 일정한 결과의 발생을 예견하면서도 이를 행하는 것
> 2. 과실: 결과의 발생을 예견하였어야 함에도 불구하고 정상의 주의 태만으로 예견하지 못하여 결과가 발생한 경우

㉠ 과실책임원칙
  ⓐ 공무원이 직무집행 시 고의 또는 과실로 타인에게 손해를 가한 경우에만 국가배상책임이 인정된다.
  ⓑ 여기서의 고의·과실은 당해 공무원의 주관적 책임요건을 의미하며, 국가의 공무원에 대한 선임이나 감독상의 고의·과실을 말하는 것이 아니다.
  ⓒ 대법원은 이에 민사상 사용자책임과 다른 법리라는 입장이다.

개념확인 O/X

01 육군중사 갑이 다음 날 실시예정인 독수리 훈련에 대비하여 사전 정찰차 훈련지역 일대를 살피고 귀대하던 중 교통사고가 일어났다면, 갑이 비록 개인소유의 오토바이를 운전하였다 하더라도 실질적·객관적으로 위 갑의 운전행위는 그에게 부여된 훈련지역의 사전 정찰임무를 수행하기 위한 직무와 밀접한 관련이 있다고 보아야 한다.
16 지방7급 (O / X)

02 인사업무담당 공무원이 다른 공무원의 공무원증 등을 위조하여 대출받은 경우, 인사업무담당 공무원의 공무원증 위조행위는 실질적으로 직무행위에 속하지 아니하므로 대출은행은 국가배상청구를 할 수 없다.
14 지방9급 (O / X)

| 정답 | 01 O 02 X

개념확인 O/X

01 국가 등이 공무원의 선임이나 감독에 소홀함이 없음을 입증하는 경우에는 국가를 상대로 국가배상을 청구할 수 없다.
(O / X)

02 「국가배상법」상 공무원 과실의 판단기준은 보통 일반의 공무원을 표준으로 하여 볼 때 위법한 행정처분의 담당공무원이 객관적 주의의무를 소홀히 하고 그로 인해 행정처분이 객관적 정당성을 잃었다고 볼 수 있는 경우에 「국가배상법」 제2조가 정한 국가배상책임이 성립할 수 있다.
23 국회9급 (O / X)

03 과실개념을 객관화하려는 태도는 국가배상책임의 성립을 용이하게 하려는 의도를 지니고 있다.
19 서울시 사회복지9급 (O / X)

04 과실의 기준은 당해 공무원이 아니라 당해 직무를 담당하는 평균적 공무원을 기준으로 한다는 견해는 과실의 객관화(과실 개념을 객관적으로 접근)를 위한 시도라 할 수 있다.
20 군무원7급 (O / X)

05 과실개념의 주관화(主觀化) 경향이 나타나고 있다.
14 서울9급 (O / X)

관련 판례

ⓒ 「국가배상법」상의 배상책임과 「민법」상의 사용자책임과의 관계 01

> 공무원이 그 직무를 행함에 당하여 고의 또는 과실로 법령에 위반하여 타인에게 손해를 가한 경우에 국가나 지방자치단체가 그 손해를 배상하는 것은 「민법」상의 사용자로서 그 배상책임을 부담하는 것이 아니므로 「민법」상 사용자의 면책사유인 피용자의 선임감독에 과실이 없었다는 것으로서는 본법상의 손해배상책임을 면할 수 없다(대판 1970.6.30. 70다727).

ⓒ 고의나 과실을 판단하는 기준
ⓐ 고의나 과실을 판단하는 기준이 해당 공무원의 주관적인 능력 등을 기준으로 판단하기는 곤란하다.
ⓑ 위법의 해당 공무원의 주관적 능력이나 인식 여부를 기준으로 판단하게 되면 공무원의 내심을 파악하기 어렵다는 점과 피해자의 배상의 형평성이라는 문제점이 발생할 수 있게 된다.
ⓒ 그리하여 해당 위법의 공무원이 아닌 해당 업무를 수행하는 평균 공무원을 기준으로 판단하여야 한다는 것이 일반적인 견해이며 판례의 입장이다(과실의 객관화 이론). 02

ⓒ 과실의 객관화 이론(「민법」의 추상적 과실이론) 03 04 05
ⓐ 국가배상책임의 주관적 요건으로서 과실개념을 객관화하여 피해자의 구제의 폭을 넓히려는 시도로서 과실의 객관화 이론을 들 수 있다.
ⓑ 이 경우에 과실은 직무상 요구되는 주의의무 위반이며, 과실을 추상적 과실로 보는 경우 주의의무의 내용은 공무원의 직종과 직위에 의하여 객관적으로 정하여져야 하며, 특정공무원 개인의 지식·능력·경험의 여하에 따라 주관적으로 정하여지지 아니한다.
ⓒ 학설
ⅰ) 과실을 '공무원의 위법행위로 인한 국가작용의 흠이라는 정도로 완화하는 것이 좋을 것'이라는 견해
ⅱ) 국가배상책임을 자기책임으로 보아야 한다는 전제하에서 「국가배상법」상 과실개념을 주관적으로 이해하는 견해
ⅲ) 일원적 관념으로 위법성과 과실을 통합하여 위법성과 과실 중의 어느 하나가 입증되면 다른 요건은 당연히 인정된다는 견해
ⅳ) 과실기준은 해당 공무원이 아니라 해당 직무를 담당하는 평균적 공무원을 기준으로 한다는 견해(일반적 견해, 판례의 태도)

심화 학습 | 과실의 객관화 이론

> 당해 공무원의 주의의무 위반이 아니라 직무의 성질상 요구되는 평균적 공무원의 주의의무 위반을 과실의 판단기준으로 하여 피해자의 구제의 폭을 넓히려는 이론이다. 이에 대하여 대법원도 행정처분의 담당공무원이 보통 일반의 공무원을 표준으로 하여 볼 때 객관적 주의의무를 결하여 그 행정처분이 객관적 정당성을 상실하였다고 인정될 정도에 이른 경우에 비로소 「국가배상법」 제2조 소정의 국가배상책임의 요건을 충족하였다고 봄이 상당하다(대판 2003.11.27. 2001다33789·33796·33802·33819, 대판 2006.7.28. 2004다759).

| 정답 | 01 X   02 ○   03 ○   04 ○   05 X

관련 판례

B 행정처분이 후에 항고소송에서 취소되었다고 할지라도 그 기판력에 의하여 당해 행정처분이 곧바로 공무원의 고의 또는 과실로 인한 것으로서 불법행위를 구성한다고 단정할 수는 없다 [25 소방직, 23 소방직, 19 하반기 서울시 7급, 17 서울시 7급, 15 서울시 9급] 01 02 03

> 어떠한 행정처분이 후에 항고소송에서 취소되었다고 할지라도 그 기판력에 의하여 당해 행정처분이 곧바로 공무원의 고의 또는 과실로 인한 것으로서 불법행위를 구성한다고 단정할 수는 없는 것이고, 그 행정처분의 담당공무원이 보통 일반의 공무원을 표준으로 하여 볼 때 객관적 주의의무를 결하여 그 행정처분이 객관적 정당성을 상실하였다고 인정될 정도에 이른 경우에 비로소 「국가배상법」 제2조 소정의 국가배상책임의 요건을 충족하였다고 봄이 상당할 것이며, 이 때에 객관적 정당성을 상실하였는지 여부는 피해자이익의 종류 및 성질, 침해행위가 되는 행정처분의 태양 및 그 원인, 행정처분의 발동에 대한 피해자 측의 관여의 유무, 정도 및 손해의 정도 등 제반 사정을 종합하여 손해의 전보책임을 국가 또는 지방자치단체에게 부담시켜야 할 실질적인 이유가 있는지 여부에 의하여 판단하여야 한다(대판 2003.11.27. 2001다33789·33796·33802·33819).

C 사법시험의 출제오류(국가배상 부정)

> 법령에 의하여 국가가 그 시행 및 관리를 담당하는 시험에 있어 시험문항의 출제 및 정답결정에 오류가 있어 이로 인하여 합격자결정이 위법하게 되었다는 것을 이유로 공무원 내지 시험출제에 관여한 시험위원의 고의·과실로 인한 국가배상책임을 인정하기 위하여는, 해당 시험의 실시목적이 시험에 응시한 개인에게 특정한 자격을 부여하는 개인적 이해관계 이외에 일정한 수준의 적정 자격을 갖춘 자에게만 특정 자격을 부여하는 사회적 제도로서 그 시험의 실시에 일반 국민의 이해관계와도 관련되는 공익적 배려가 있는지 여부, 그와 같은 시험이 시험시행 당시의 법령이 정한 요건과 절차에 따라 국가기관 내지 소속 공무원이 구체적 시험문제의 출제, 정답 결정, 합격 여부의 결정을 위하여 해당 시험과목별로 외부의 전문 시험위원을 적정하게 위촉하였는지 여부, 위촉된 시험위원들이 문제를 출제함에 있어 최대한 주관적 판단의 여지를 배제하고 객관적 입장에서 해당 과목의 시험을 출제하였는지 및 같은 과목의 시험위원들 사이에 출제된 문제와 정답의 결정과정에 다른 의견은 없었는지 여부, 1차 시험의 오류를 주장하는 응시자 본인에게 사후에 국가가 1차 시험의 합격을 전제로 2차 시험의 응시자격을 부여하였는지 여부 등 제반 사정을 종합적으로 고려하여 시험 관련 공무원 혹은 시험위원이 객관적 주의의무를 결하여 그 시험의 출제와 정답 및 합격자 결정 등의 행정처분이 객관적 정당성을 상실하고, 이로 인하여 손해의 전보책임을 국가에게 부담시켜야 할 실질적인 이유가 있다고 인정되어야 한다(대판 2003.11.27. 2001다33789·33796·33802·33819).

C 경찰관의 무기사용과 주의의무 여부

> 경찰관이 난동을 부리던 범인을 검거하면서 가스총을 근접 발사하여 가스와 함께 발사된 고무마개가 범인의 눈에 맞아 실명한 경우, 경찰관은 가스총 사용시 요구되는 최소한의 안전수칙을 준수함으로써 장비 사용으로 인한 사고 발생을 미리 막아야 할 주의의무가 있으므로 국가배상책임을 인정한다(대판 2003.3.14. 2002다57218).

C 해수욕장 익사사고와 지방자치단체 담당직원의 직무상 과실 인정 여부

> 지방자치단체가 개설하여 주차료를 징수하며 관리하는 해수욕장에서 기상악화로 수영금지결정이 내려진 후 발생한 익사사고에 대하여 지방자치단체 담당직원의 직무상 과실을 인정한다(대판 1997.4.25. 95다22269).

개념확인 O/X

01 어떠한 행정처분이 후에 항고소송에서 취소되었다면 그 기판력에 의하여 당해 행정처분은 곧바로 공무원의 고의 또는 과실로 인한 것으로서 불법행위를 구성한다.
25 소방 (O / X)

02 직무행위가 위법하다고 판단되면 과실의 존재도 추정된다.
15 서울9급 (O / X)

03 항고소송에서 위법한 것으로서 취소된 행정처분이 객관적 정당성을 상실하였다고 인정될 정도에 이른 것이 아닌 경우, 당해 행정처분은 공무원의 고의 또는 과실에 의한 불법행위를 구성하게 된다.
23 소방 (O / X)

| 정답 | 01 X | 02 X | 03 X |

ⓒ 미니컵 젤리사건에서의 과실 여부

어린이가 '미니컵 젤리'를 먹다가 질식하여 사망한 사안에서, 식품의약품안전청장 등이 그 사고 발생 시까지 (구)「식품위생법」상의 규제 권한을 행사하여 미니컵 젤리의 수입·유통 등을 금지하거나 그 기준과 규격, 표시 등을 강화하고 그에 필요한 검사 등을 실시하는 조치를 취하지 않은 것이 현저하게 합리성을 잃어 사회적 타당성이 없다거나 객관적 정당성을 상실하여 위법하다고 할 수 있을 정도에까지 이르렀다고 보기 어렵고, 그 권한 불행사에 과실이 있다고 할 수도 없다(대판 2010.9.9. 2008다77795).

ⓒ 국가에 대하여 군사기지 설치, 보존상의 하자로 인한 손해배상책임을 인정한 사례

국방부소속 공무원들이 산정상 부근에 군사기지를 설치함에 있어 산정상에서 기슭으로 이어지는 계곡의 상당부분을 토사로 매립한 채 그 복구작업을 하지도 아니하였을 뿐만 아니라 그 기지 주위에 교통호를 구축하고 사계청소를 하고서도 우기에 대비한 적절한 다른 배수시설을 하지 아니한 채 그대로 방치한 과실과 위 산 정상부근에 대인용 지뢰를 매설함에 있어 위 지뢰유실을 방지하기 위한 보호시설을 갖추지 아니한 위 군사기지설치 내지 보존상의 하자가 있었기 때문에 폭우가 집중적으로 쏟아짐으로 말미암아 위 산기슭의 토사가 흘러 내리면서 산 정상부근에 매몰되었던 두개의 지뢰가 폭발하는 바람에 산사태가 일어나 재해사고가 발생하였다면 국가로서는 위 사고로 인한 모든 손해를 배상할 책임이 있다 할 것이다(대판 1987.7.7. 87다카264).

ⓒ 경찰서장의 해산명령과 중과실 여부

갑 등이 세월호 진상규명 등을 촉구하는 기자회견을 한 후 청와대에 서명지박스를 전달하기 위한 행진을 시도하였으나 관할 경찰서장인 을 등이 해산명령과 통행차단조치를 하였고(기자회견 및 행진으로 인하여 타인의 법익이나 공공의 안녕질서에 대한 직접적인 위험이 명백하게 초래되었다고 보기 어려우므로 갑 등에 대한 해산명령 및 통행차단조치는 위법하지만), 이에 갑 등이 을 등을 상대로 손해배상을 구한 사안에서, 제반 사정을 고려하면 을 등에게 중과실이 있다고 단정하기 어려워 을 등의 손해배상책임을 인정할 수 없다(대판 2021.11.11. 2018다288631).

ⓔ **위법의 공무원을 특정하여야 하는지 여부(조직과실이론)** 01 02
  ⓐ 고의나 과실을 판단하는 데 있어 위법의 공무원이 아닌 해당 업무를 수행하는 평균 공무원을 기준으로 삼아 결과적으로 위법의 공무원의 특정을 요하지 않는다.
  ⓑ 이에 위법의 공무원을 특정할 수 없더라도 조직과실에 의해 국가배상책임은 성립된다.

관련 판례

ⓒ 시위진압과정에서 주의의무 위반 인정

국가 소속 전투경찰들이 시위진압을 함에 있어서 합리적이고 상당하다고 인정되는 정도로 가능한 한 최루탄의 사용을 억제하고 또한 최대한 안전하고 평화로운 방법으로 시위진압을 하여 그 시위진압 과정에서 타인의 생명과 신체에 위해를 가하는 사태가 발생하지 아니하도록 하여야 하는데도, 이를 게을리 한 채 합리적이고 상당하다고 인정되는 정도를 넘어 지나치게 과도한 방법으로 시위진압을 한 잘못으로 시위 참가자로 하여금 사망에 이르게 하였다는 이유로 국가의 손해배상 책임을 인정하되, 피해자의 시위에 참가하여 사망에 이르기까지의 행위를 참작하여 30% 과실상계를 인정한다(대판 1995.11.10. 95다23897).
※ 해당 사건에서 위법의 공무원이 특정되지 않았으나 국가배상이 인정되었다.

개념확인 O/X

01 「국가배상법」상 과실을 판단할 경우 보통 일반의 공무원을 그 표준으로 하고 반드시 누구의 행위인지 가해공무원을 특정하여야 한다.
12 국가9급 (O / X)

02 공무원의 고의와 과실을 판단하는 기준은 위법을 행한 해당 공무원으로서 국가배상의 성립요건인 고의·과실을 입증하기 위해서 위법의 공무원을 특정하여야 한다.
(O / X)

| 정답 | 01 X 02 X

ⓒ 군부대에서 유출된 폭음탄이 범죄행위에 사용된 경우, 관리책임자의 폭음탄 관리상의 과실과 그 범죄행위로 인한 피해자의 손해 사이에는 상당인과관계가 있다(무기관리자가 특정되지 않았던 사건)

> 군부대에서 사용하는 총기·탄약·폭발물 등의 관리책임자는 자기의 보관 및 관리 소홀로 총기 등이 군 외부로 유출되면 그것이 범죄행위에 사용되어 국민 개개인의 생명과 신체를 침해하는 결과가 발생할 수 있다는 것을 충분히 예견할 수 있으므로, 관리상의 과실로 군부대에서 유출된 폭음탄이 범죄행위에 사용된 경우, 그 범죄행위로 인해 피해자가 입은 손해와 관리책임자의 폭음탄 관리상의 과실 사이에는 상당인과관계가 있다(대판 1998.2.10. 97다49534).

ⓜ 고의·과실의 입증책임
　ⓐ 입증책임자: 판례는 가해행위와 손해발생 간의 인과관계의 입증책임을 청구자인 피해자(원고)가 부담해야 한다고 판시하였다. 그러나 고도의 전문성과 기술성의 특성을 가지는 경우가 적지 않아 피해자가 공무원의 고의·과실을 입증하기 곤란한 경우가 많다. 01
　ⓑ 일응추정의 이론
　　ⅰ) 피해자의 입증책임을 완화시킬 필요가 있어 '일응추정의 이론'이 주장되고 있다.
　　ⅱ) '일응추정의 이론'이란 피해자가 공무원의 위법한 직무수행에 의하여 손해가 발생하였음을 입증하기만 하면 당해 공무원에게 과실이 있는 것으로 일응추정하자는 이론이다.
　　ⅲ) 권한을 행사하지 않은 것이 위법인 경우에 과실이 인정되는지 여부: 대법원은 권한을 행사하지 아니한 것이 직무상 의무를 위반하여 위법한 것으로 되는 경우에는 특별한 사정이 없는 한 과실도 인정된다는 입장이다. 02

ⓗ 기타 검토
　ⓐ 처분기준(행정규칙)에 따른 처분: 재량준칙 등의 행정규칙에 따른 처분의 경우에는 후에 그 처분이 재량권을 일탈한 위법한 처분임이 판명된 경우에도 일반적으로 과실이 있다고 보기 어렵다. 그러나 재량준칙이 심히 합리적이지 못한 경우에는 당해 재량준칙을 제정한 공무원의 과실을 인정하여 국가배상이 인정되어야 한다는 견해도 있다.

관련 판례

Ⓑ 행정규칙의 처분기준에 따른 처분에 대한 과실인정 여부 [16 지방직 9급]

> 영업허가취소처분이 나중에 행정심판에 의하여 재량권을 일탈한 위법한 처분임이 판명되어 취소되었다고 하더라도 그 처분이 당시 시행되던 「공중위생법 시행규칙」에 정하여진 행정처분의 기준에 따른 것인 이상 그 영업허가취소처분을 한 행정청 공무원에게 그와 같은 위법한 처분을 한 데 있어 어떤 직무집행상의 과실이 있다고 할 수는 없다(대판 1994.11.8. 94다26141).

Ⓒ 훈령에 따른 처분기준이 항고소송에서 취소되어도 공무원에게 과실이 없다

> 「의료법」제25조 제1항, 제51조 제2항 제1호 등 규정의 취지를 모아 보면 의료법 위반에 관계되는 행위에 대한 행정처분의 종류의 선택여하는 관계행정청의 편의재량 행위에 속한다 할 것이므로 피고가 이 사건에 관하여 무면허 의료행위를 한 위법이 있다하여 그 행정처분의 선택의 기준을 정한 훈령에 따라 한 4개월의 업무정지처분이 그 취소소송에서 재량권 남용을 이유로 취소되었고 또한 그 정상을 고려할 때 재량권을 일탈한 경우라고 판단된다 하더라도 그와 같은 사실만으로는 관계 공무원에게 직무집행상 과실이 있는 경우라고 볼 수는 없다(대판 1984.7.24. 84다카597).

개념확인 O/X

01 과실의 입증책임은 원고가 아니라 피고인 국가 또는 지방자치단체로 전환된다.
15 서울9급　　　　　　　(O / X)

02 대법원에 의하면 행정청의 권한이 재량인 경우에 재량을 행사하지 않은 것이 위법이라면 과실도 인정된다는 입장이다.
(O / X)

| 정답 | 01 X　02 O

ⓑ 공무원의 법령해석과 과실
　ⓘ 원칙: 공무원이 자신에게 주어진 업무의 관련 법령이나 판례·학설을 숙지하고 있지 못한 상태에서의 위법에 대하여 공무원의 지식부족이 무과실을 의미한다고 할 수 없다는 것이 일반적이며 판례의 입장이다.
　ⓘⓘ 예외: 평균적 공무원이 가질 수 있는 통상의 법률적 소양을 바탕으로 직무행위를 한 경우에는 후에 그 처분의 위법성이 인정된 경우라도 과실을 인정할 수 없다.

관련 판례

B 행정규칙의 기준에 따른 영업허가취소처분이 행정심판에 의하여 재량권 일탈로 취소된 경우, 그 처분을 한 행정청 공무원에게 직무집행상 과실이 있다고 할 것인지 여부 [16 지방직 9급] 01

> 영업허가취소처분이 나중에 행정심판에 의하여 재량권을 일탈한 위법한 처분임이 판명되어 취소되었다고 하더라도 그 처분이 당시 시행되던「공중위생법 시행규칙」에 정하여진 행정처분의 기준에 따른 것인 이상 그 영업허가취소처분을 한 행정청 공무원에게 그와 같은 위법한 처분을 한 데 있어 어떤 직무집행상의 과실이 있다고 할 수는 없다(대판 1994.11.8. 94다26141).

A 공무원의 관계 법령을 알지 못한 경우 [21 국가직 9급, 17 지방직 7급, 16 지방직 9급, 15 서울시 9급, 14 서울시 9급, 12 국가직 9급]

> 1. 원칙: 과실책임을 면제받지 못함 02 03
>   일반적으로 공무원이 관계 법규를 알지 못하거나 필요한 지식을 갖추지 못하고 법규의 해석을 그르쳐 행정처분을 하였다면 그가 법률전문가 아닌 행정직 공무원이라고 하여 과실이 없다고는 할 수 없다(대판 1981.8.25. 80다1598).
>
> 2. 예외: 법령해석에 여러 견해가 있어 관계 공무원이 그 나름대로 신중을 다하여 합리적인 근거를 찾아 그 중 어느 한 견해를 따라 직무를 집행하였으나 결과적으로 법령의 부당집행이 된 경우, 당해 공무원의 과실을 인정할 수 있는지 여부(소극) 04 05 06
>   일반적으로 공무원이 직무를 집행함에 있어서 관계 법규를 알지 못하거나 필요한 지식을 갖추지 못하여 법규의 해석을 그르쳐 잘못된 행정처분을 하였다면 그가 법률전문가가 아닌 행정직 공무원이라고 하여 과실이 없다고 할 수 없으나, 법령에 대한 해석이 그 문언 자체만으로는 명백하지 아니하여 여러 견해가 있을 수 있는데다가 이에 대한 선례나 학설, 판례 등도 귀일된 바 없어 의의가 없을 수 없는 경우에 관계 공무원이 그 나름대로 신중을 다하여 합리적인 근거를 찾아 그 중 어느 한 견해를 따라 내린 해석이 후에 대법원이 내린 입장과 같지 않아 결과적으로 잘못된 해석에 돌아가고, 이에 따른 처리가 역시 결과적으로 위법하게 되어 그 법령의 부당집행이라는 결과를 가져오게 되었다고 하더라도 그와 같은 처리방법 이상의 것을 성실한 평균적 공무원에게 기대하기는 어려운 일이고, 따라서 이러한 경우까지 공무원의 과실을 인정할 수는 없다(대판 2010.4.29. 2009다97925).

ⓒ 위헌법률과 국가배상: 근거법령이 위헌이나 위법이 있는 경우에 이에 따른 행정 등의 국가작용이 국가배상이 될 수 있는지에 대해서 대법원은 국가기관의 입법행위는 행정 등의 일련의 작용을 통해 구체적으로 실현되는 것으로서 국가배상이 가능하다는 입장이다(기존의 판례를 변경하였다).

관련 판례

A (구)국가안전과 공공질서의 수호를 위한 대통령긴급조치(긴급조치 제9호)의 발령·적용·집행으로 강제수사를 받거나 유죄판결을 선고받고 복역함으로써 개별 국민이 입은 손해에 대하여 국가배상책임이 인정되는지 여부(적극)

개념확인 O/X

01 영업허가취소처분이 행정심판에 의하여 재량권의 일탈을 이유로 취소되었다고 하더라도 그 처분이 당시 시행되던「공중위생법 시행규칙」에 정해진 행정처분의 기준에 따른 것인 이상 그 영업허가취소처분을 한 행정청 공무원에게 그와 같은 위법한 처분을 한 데 있어 직무집행상의 과실이 있다고 할 수는 없다.
16 지방9급　　　　　(O/X)

02 일반적으로 공무원이 관계 법규를 알지 못하거나 필요한 지식을 갖추지 못하고 법규의 해석을 그르쳐 행정처분을 하였다면 그가 법률전문가가 아닌 행정직 공무원이라고 하여 과실이 없다고는 할 수 없다.
16 지방9급　　　　　(O/X)

03 공무원이 관계 법규를 알지 못하거나 법규의 해석을 그르쳐 행정처분을 한 경우라고 할지라도 법률전문가가 아닌 행정직 공무원인 경우에는 과실을 인정할 수 없다.
14 서울9급　　　　　(O/X)

04 법령해석에 여러 견해가 있어 관계 공무원이 신중한 태도로 어느 일설을 취하여 처분한 경우, 위법한 것으로 판명되었다고 하더라도 그것만으로 배상책임을 인정할 수 없다.
12 국가9급　　　　　(O/X)

05 행정소송에서 행정처분이 위법한 것으로 확정되었고 그 이유가 법령 해석의 잘못이었다면 그 행정처분을 한 공무원의 과실은 당연히 인정된다.
15 서울9급　　　　　(O/X)

06 행정청이 관계 법령의 해석이 확립되기 전에 어느 한 설을 취하여 업무를 처리한 것이 결과적으로 위법하게 되어 그 법령의 부당집행이라는 결과를 빚었다고 하더라도 처분 당시 그와 같은 처리방법 이상의 것을 성실한 평균적 공무원에게 기대하기 어려웠던 경우라면 특별한 사정이 없는 한 이를 두고 공무원의 과실로 인한 것이라고는 볼 수 없다.
　　　　　　　　　　(O/X)

| 정답 | 01 O　02 O　03 X　04 O　05 X　06 O

긴급조치 제9호는 위헌·무효임이 명백하고 긴급조치 제9호 발령으로 인한 국민의 기본권 침해는 그에 따른 강제수사와 공소제기, 유죄판결의 선고를 통하여 현실화되었다. 이러한 경우 긴급조치 제9호의 발령부터 적용·집행에 이르는 일련의 국가작용은, 전체적으로 보아 공무원이 직무를 집행하면서 객관적 주의의무를 소홀히 하여 그 직무행위가 객관적 정당성을 상실한 것으로서 위법하다고 평가되고, 긴급조치 제9호의 적용·집행으로 강제수사를 받거나 유죄판결을 선고받고 복역함으로써 개별 국민이 입은 손해에 대해서는 국가배상책임이 인정될 수 있다(대판 2022.8.30. 2018다212610 전합).

ⓓ **권한불행사가 위법인 경우의 과실 여부**: 대법원에 의하면 권한행사가 재량인 경우에 권한의 불행사가 위법이라면 과실을 인정할 수 있다는 입장이다.

관련 판례

Ⓒ 식품의약품안전청장 등이 (구)「식품위생법」제7조, 제9조, 제10조, 제16조 등에 의하여 부여된 권한을 행사하지 않은 것이 직무상 의무를 위반한 것으로 위법하다고 인정되기 위한 요건 및 그 권한불행사가 위법한 것으로 평가되는 경우 과실도 인정되는지 여부(적극)

(구)「식품위생법」(2005.1.27. 법률 제7374호로 개정되기 전의 것) 제7조, 제9조, 제10조, 제16조 등 관련 규정이 식품의약품안전청장 및 관련 공무원에게 합리적인 재량에 따른 직무수행 권한을 부여한 것으로 해석된다고 하더라도, 식품의약품안전청장 등에게 그러한 권한을 부여한 취지와 목적에 비추어 볼 때 구체적인 상황 아래에서 식품의약품안전청장 등이 그 권한을 행사하지 아니한 것이 현저하게 합리성을 잃어 사회적 타당성이 없는 경우에는 직무상 의무를 위반한 것이 되어 위법하게 된다. 그리고 위와 같이 식약청장 등이 그 권한을 행사하지 아니한 것이 직무상 의무를 위반하여 위법한 것으로 되는 경우에는 특별한 사정이 없는 한 과실도 인정된다(대판 2010.9.9. 2008다77795).

ⓑ **법령에 위반한 행위**
　㉠ **법령 위반의 의의**: '법령 위반'이란 위법성을 의미하는데, 그것은 반드시 엄격한 의미의 법령 위반만을 의미하는 것이 아니며, 인권존중, 신의성실, 권리남용금지, 사회질서 등 여러 원칙의 위반도 포함하며 행위가 객관적으로 부당함을 의미한다는 것이 통설이다.

관련 판례

Ⓐ 국가배상에서의 법령 위반의 경우 '법령을 위반하였다 함이란'의 문제 [23 국회직 9급, 20 지방직 9급, 20 군무원 9급, 20 지방직 7급, 18 서울시 9급, 17 사회복지직, 17 하반기 국가직 7급, 17 서울시 7급, 16 교육행정직] **01 02 03 04 05 06 07**

국가배상책임에 있어 공무원의 가해행위는 법령을 위반한 것이어야 하고, 법령을 위반하였다 함은 엄격한 의미의 법령 위반뿐 아니라 인권존중, 권력남용금지, 신의성실과 같이 공무원으로서 마땅히 지켜야 할 준칙이나 규범을 지키지 아니하고 위반한 경우를 포함하여 널리 그 행위가 객관적인 정당성을 결여하고 있음을 뜻하는 것이므로, 경찰관이 범죄수사를 함에 있어 경찰관으로서 의당 지켜야 할 법규상 또는 조리상의 한계를 위반하였다면 이는 법령을 위반한 경우에 해당한다(대판 2008.6.12. 2007다64365).

Ⓒ 수익적 행정처분인 허가 등을 신청한 사안에서 공무원이 신청인의 목적 달성에 필요한 안내나 배려 등을 하지 않았다는 사정만으로 직무집행에 있어 위법한 행위를 한 것이라고 볼 수 있는지 여부(소극) (대판 2017.6.29. 2017다211726)

개념확인 O/X

01 국가배상책임에서 '법령을 위반하여'라고 함은 엄격하게 형식적 의미의 법령에서 명시적으로 공무원의 행위의무가 정하여져 있음에도 이를 위반하는 경우만을 의미한다.
17 하반기 국가7급　　　　　(O/X)

02 국가배상책임에서의 법령 위반에는 널리 그 행위가 객관적인 정당성을 결여하고 있는 경우도 포함된다.
18 서울9급　　　　　(O/X)

03 「국가배상법」제2조 제1항의 '법령을 위반하여'라고 함은 엄격하게 형식적 의미의 법령에 명시적으로 공무원의 행위의무가 정하여져 있음에도 이를 위반하는 경우만을 의미하는 것은 아니고, 인권존중·권력남용금지·신의성실과 같이 공무원으로서 마땅히 지켜야 할 준칙이나 규범을 지키지 아니하고 위반한 경우를 비롯하여 널리 그 행위가 객관적인 정당성을 결여하고 있는 경우도 포함한다.
20 군무원9급　　　　　(O/X)

04 국가배상책임에서 공무원의 가해행위는 법령을 위반한 것이어야 하며, 법령의 위반이란 엄격한 의미의 법령 위반뿐 아니라 인권존중, 권력남용금지, 신의성실과 같이 공무원으로서 마땅히 지켜야 할 준칙이나 규범을 지키지 않고 위반한 경우를 포함하여 널리 그 행위가 객관적인 정당성을 결여하고 있는 경우도 포함한다.
23 국회9급　　　　　(O/X)

05 공무원의 직무집행이 법령이 정한 요건과 절차에 따라 이루어진 것이라도, 그 과정에서 개인의 권리가 침해되면 법령 위반에 해당한다.
18 서울9급　　　　　(O/X)

06 공무원의 직무상 불법행위에 대한 국가배상의 요건이 되는 '위법'은 형식적 의미의 법령에 명시적으로 위반한 경우만을 말한다.
16 교육행정　　　　　(O/X)

07 국가배상의 요건 중 법령 위반의 의미를 판단하는 데 있어서는 형식적 의미의 법령을 위반한 것뿐만 아니라 인권존중, 권력남용금지, 신의성실과 같이 공무원으로서 당연히 지켜야 할 원칙을 지키지 않은 경우도 포함한다.
17 서울7급　　　　　(O/X)

| 정답 | 01 X　02 O　03 O　04 O　05 X　06 X　07 O

개념확인 O/X

01 공무원의 가해행위에 대해 형사상 무죄판결이 있었더라도 그 가해행위를 이유로 국가배상책임이 인정될 수 있다.
17 국가7급 (O/X)

02 국·공립대학 교원에 대한 재임용 거부처분이 재량권을 일탈·남용한 것으로 평가되어 그것이 불법행위가 됨을 이유로 국·공립대학 교원임용권자에게 손해배상책임을 묻기 위해서는 당해 재임용거부가 국·공립대학 교원임용권자의 고의 또는 과실로 인한 것이라는 점이 인정되어야 한다.
20 군무원9급 (O/X)

ⓑ **형사무죄판결이 확정되어도 민사상 불법행위는 인정된다** [17 국가직 7급] **01**

> 경찰관이 범인을 제압하는 과정에서 총기를 사용하여 범인을 사망에 이르게 한 사안에서, 경찰관이 총기사용에 이르게 된 동기나 목적, 경위 등을 고려하여 형사사건에서 무죄판결이 확정되었더라도 당해 경찰관의 과실의 내용과 그로 인하여 발생한 결과의 중대함에 비추어 민사상 불법행위책임을 인정한 사례(대판 2008.2.1. 2006다6713)

ⓒ **행정규칙 위반**: 행정규칙 위반이 여기서 말하는 법령 위반에 해당하느냐에 대해서는 소극설과 적극설의 대립이 있으나, 행정규칙은 법규가 아니기 때문에 원칙적으로 법령 위반에 포함되지 않는다. 다만, 행정규칙 위반이 평등원칙 등 법원칙을 침해하여 위법이 되는 때에는 법령 위반에 포함된다.

ⓓ **재량행위 위반 02**
  ⓐ 행정청에게 부작위의 재량권이 부여된 경우에도, 구체적 사안에서 재량권이 '0'으로 수축되어 그 권한의 행사(작위)만이 의무에 합당한 것으로 판단되면 그 부작위의 위법성이 인정된다.
  ⓑ 부당한 재량행위의 위법성은 인정되지 않는다. 단, 재량권의 일탈·남용은 위법하다.

ⓔ 「**국가배상법**」상의 위법과 「**행정소송법**」상 위법의 동일성 여부: 「국가배상법」상의 위법과 「행정소송법」상의 위법이 동일한지 여부에 대하여 의미와 내용이 다르다는 견해도 있고, 법질서단일의 원칙에 의해 양자가 동일하다는 견해도 있다. 이에 따라 취소소송의 기판력이 국가배상에 미치는지가 좌우된다.
  ⓐ 취소판결의 기판력이 발생한 후의 국가배상
    ⅰ) 부정설: 국가배상의 위법과 취소소송의 위법의 의미와 내용이 다르다는 견해로서, 이에 의하면 취소판결의 기판력은 국가배상사건에 영향을 미치지 않는다.
    ⅱ) 긍정설: 국가배상의 위법과 취소소송의 의미가 동일하다는 견해로서 양자의 위법 범위가 동일하므로 취소판결의 기판력은 국가배상사건에 영향을 주게 된다.
    ⅲ) 제한긍정설: 「국가배상법」상의 위법의 범위를 취소소송의 경우보다 넓게 이해하려는 견해로서, 취소소송의 인용판결의 기판력은 국가배상청구소송에 영향을 미치지만, 청구기각판결의 기판력은 미치지 못한다는 견해이다.
  ⓑ 국가배상소송에서의 기판력이 발생한 후 취소소송: 국가배상청구소송은 국가배상청구권의 존부를 소송물로 한 것이지 위법 여부를 소송물로 한 것이 아니다. 따라서 국가배상소송에서의 위법성의 판단은 판결이유에 해당되고, 판결주문에만 기판력이 있을 뿐 판결이유에는 기판력이 미치지 않으므로 국가배상청구소송의 기판력은 취소소송에 영향을 주지 못한다.

ⓕ **처분의 위법에 대하여 취소가 필요한지 여부**
  ⓐ 행정행위가 단순 위법인 경우 그 처분이 취소되기 전, 즉 공정력의 객관적인 범위 내에 있는 경우라도(행정행위가 유효로 인정되는 경우에도) 국가배상이 가능한지가 문제가 된다.
  ⓑ 이 문제를 공정력의 문제로 볼 것인가, 아니면 구성요건적 효력으로 볼 것인가와 관계없이 어느 입장에 의해서든 처분이 취소되기 전이라도 손해배상은 가능하다는 것이 학설의 일치된 입장이다.
  ⓒ 판례도 학설과 마찬가지 입장이다(대판 1981.8.25. 80다1598 등).

| 정답 | 01 O 02 O

관련 판례

ⓒ 공무원의 직무집행이 법령이 정한 요건과 절차에 따라 이루어진 것이라면 특별한 사정이 없는 한 이는 법령에 적합한 것이다

국가배상책임은 공무원의 직무집행이 법령에 위반한 것임을 요건으로 하는 것으로서, 공무원의 직무집행이 법령이 정한 요건과 절차에 따라 이루어진 것이라면 특별한 사정이 없는 한 이는 법령에 적합한 것이고 그 과정에서 개인의 권리가 침해되는 일이 생긴다고 하여 그 법령 적합성이 곧바로 부정되는 것은 아니라고 할 것인바, 불법시위를 진압하는 경찰관들의 직무집행이 법령에 위반한 것이라고 하기 위하여는 그 시위진압이 불필요하거나 또는 불법시위의 태양 및 시위 장소의 상황 등에서 예측되는 피해 발생의 구체적 위험성의 내용에 비추어 시위진압의 계속 수행 내지 그 방법 등이 현저히 합리성을 결하여 이를 위법하다고 평가할 수 있는 경우이어야 한다(대판 1997.7.25. 94다2480).

ⓒ (구)「건축법」상 준공검사업무를 담당하는 공무원의 준공검사 지연행위의 위법성 판단기준

준공검사업무를 담당하는 공무원이 준공검사를 현저히 지연시켰고, 그러한 지연이 직무에 충실한 보통 일반의 공무원을 표준으로 할 때 객관적 정당성을 상실하였다고 인정될 정도에 이른 경우에는 위법하다(대판 1999.3.23. 98다30285).

ⓒ 교도소 의무관의 부작위와 작위의무

교도소의 의무관은 교도소 수용자에 대한 진찰·치료 등의 의료행위를 하는 경우 수용자의 생명·신체·건강을 관리하는 업무의 성질에 비추어 환자의 구체적인 증상이나 상황에 따라 위험을 방지하기 위하여 요구되는 최선의 조치를 행하여야 할 주의의무가 있다(대판 2005.3.10. 2004다65121).

ⓒ 부랑인선도시설 및 정신질환자요양시설에 대한 지도·감독권한을 기관위임받은 지방자치단체장과 그 지도·감독업무를 담당하는 공무원의 직무의 해태와 재량하자의 존부

시장·군수·구청장이 부랑인선도시설 및 정신질환자요양시설의 업무에 관하여 지도·감독을 하고, 필요한 경우 그 시설에 대하여 그 업무의 내용에 관하여 보고하게 하거나 관계 서류의 제출을 명하거나 소속공무원으로 하여금 시설에 출입하여 검사 또는 질문하게 할 수 있는 등 형식상 시장·군수·구청장에게 재량에 의한 직무수행권한을 부여한 것처럼 되어 있더라도 시장·군수·구청장에게 그러한 권한을 부여한 취지와 목적에 비추어 볼 때 구체적인 사정에 따라 시장·군수·구청장이 그 권한을 행사하여 필요한 조치를 취하지 아니하는 것이 현저하게 불합리하다고 인정되는 경우에는 그러한 권한의 불행사는 직무상의 의무를 위반하는 것이 되어 위법하게 된다(대판 2006.7.28. 2004다759).

ⓒ 군종장교의 다른 종교 비판은 직무상 위법이 아니다

군종장교가 가지는 종교의 자유의 내용 및 군종장교가 종교활동을 수행하면서 소속 종단의 종교를 선전하거나 다른 종교를 비판한 것만으로 종교적 중립준수의무를 위반한 직무상의 위법이 있다고 할 수 없다(대판 2007.4.26. 2006다87903).

개념확인 O/X

개념확인 O/X

ⓒ 수익적 행정처분이 신청인에 대한 관계에서 「국가배상법」상 위법성이 인정되기 위한 요건

> 수익적 행정처분은 그 성질상 특별한 사정이 없는 한 그 처분이 이루어지는 것이 신청인의 이익에 부합하고, 이에 대한 법규상의 제한은 공공의 이익을 위한 것이어서 그러한 법규상의 제한 사유가 없는 한 원칙적으로 이를 허용할 것이 요청된다고 할 것이므로, 수익적 행정처분이 신청인에 대한 관계에서 「국가배상법」 제2조 제1항의 위법성이 있는 것으로 평가되기 위하여는 당해 행정처분에 관한 법령의 내용, 그 성질과 법률적 효과, 그로 인하여 신청인이 무익한 비용을 지출할 개연성에 관한 구체적 사정 등을 종합적으로 고려하여 객관적으로 보아 그 행위로 인하여 신청인이 손해를 입게 될 것임이 분명하다고 할 수 있어 신청인을 위하여도 당해 행정처분을 거부할 것이 요구되는 경우이어야 할 것이다(대판 2001.5.29. 99다37047).

01 성폭력범죄의 수사를 담당하거나 수사에 관여하는 경찰관이 피해자의 인적사항 등을 공개 또는 누설함으로써 피해자가 손해를 입은 경우, 국가의 배상책임이 인정된다는 것이 판례의 태도이다.
20 소방 (O / X)

ⓑ 성폭력범죄의 수사를 담당하거나 수사에 관여하는 경찰관이 피해자의 인적사항 등을 공개 또는 누설함으로써 피해자가 손해를 입은 경우, 국가의 배상책임이 성립하는지 여부(적극) [20 소방직] **01**

> 「성폭력범죄의 처벌 및 피해자보호 등에 관한 법률」 제21조는 성폭력범죄의 수사 또는 재판을 담당하거나 이에 관여하는 공무원에 대하여 피해자의 인적사항과 사생활의 비밀을 엄수할 직무상 의무를 부과하고 있고, 이는 주로 성폭력범죄 피해자의 명예와 사생활의 평온을 보호하기 위한 것이므로, 성폭력범죄의 수사를 담당하거나 수사에 관여하는 경찰관이 위와 같은 직무상 의무에 반하여 피해자의 인적사항 등을 공개 또는 누설하였다면 국가는 그로 인하여 피해자가 입은 손해를 배상하여야 한다(대판 2008.6.12. 2007다64365).

02 담당 공무원이 주택구입대부제도와 관련하여 지급보증서제도에 관해 알려주지 않은 조치는 법령 위반에 해당하지 않는다.
18 서울9급 (O / X)

ⓑ 담당 공무원에게서 주택구입대부금 지급을 보증하는 지급보증서제도에 관한 안내를 받지 못하여 대부제도 이용을 포기하고 시중은행에서 대출을 받아 주택을 구입함으로써 결과적으로 더 많은 이자를 부담하게 된 경우 공무원의 위법 여부 [18 서울시 9급] **02**

> 주택구입대부제도에 있어서 지급보증서를 교부하는 취지와 성격, 관련 법령 등의 규정내용, 지급보증서제도를 안내받지 못함으로 인하여 침해된 갑의 법익 내지 갑이 입은 손해의 내용과 정도, 관련 공무원이 갑이 입은 손해를 예견하거나 그 결과를 회피하기 위한 조치를 취할 수 있는 가능성의 정도 등 여러 사정을 종합하여 볼 때, 담당 공무원이 갑에게 주택구입대부제도에 관한 전화상 문의에 응답하거나 내부신청서의 서식에 따른 대부금지급신청안내문을 통지하면서 지급보증서제도에 관하여 알려주지 아니한 조치가 객관적 정당성을 결여하여 현저하게 불합리한 것으로서 고의 또는 과실로 법령을 위반하였다고 볼 수 없다(대판 2012.7.26. 2010다95666).

ⓑ 시청 소속 공무원이 시장을 부패방지위원회에 부패혐의자로 신고한 후 동사무소로 전보된 사안에서, 그 전보인사가 사회통념상 용인될 수 없을 정도로 객관적 상당성을 결여하였다고 단정할 수 없어 불법행위를 구성하지 않는다

> 공무원에 대한 전보인사가 법령이 정한 기준과 원칙에 위배되거나 인사권을 다소 부적절하게 행사한 것으로 볼 여지가 있다 하더라도 그러한 사유만으로 그 전보인사가 당연히 불법행위를 구성한다고 볼 수는 없고, 인사권자가 당해 공무원에 대한 보복감정 등 다른 의도를 가지고 인사재량권을 일탈·남용하여 객관적 정당성을 상실하였음이 명백한 경우 등 전보인사가 우리의 건전한 사회통념이나 사회상규상 도저히 용인될 수 없음이 분명한 경우에, 그 전보인사는 위법하게 상대방에게 정신적 고통을 가하는 것이 되어 당해 공무원에 대한 관계에서 불법행위를 구성한다. 그리고 이러한 법리는 (구)「부패방지법」(2001.7.24. 법률 제6494호)에 따라 다른 공직자의 부패행위를 부패방지위원회에 신고한 공무원에 대하여 위 신고행위를 이유로 불이익한 전보인사가 행하여진 경우에도 마찬가지이다(대판 2009.5.28. 2006다16215).

B 주취운전자의 차량이동과 국가배상 여부 [24 국가직 9급] 01

> 음주운전으로 적발된 주취운전자가 도로 밖으로 차량을 이동하겠다며 단속경찰관으로부터 보관 중이던 차량열쇠를 반환받아 몰래 차량을 운전하여 가던 중 사고를 일으킨 경우, 국가배상책임을 인정한다(대판 1998.5.8. 97다54482).

⑦ 타인에게 인과관계 있는 손해발생
  ㉠ 타인의 범위
    ⓐ 가해자인 공무원 및 그의 직무행위로 가해한 자 이외의 모든 사람을 말한다. 즉, 가해공무원 외 공무원도 포함된다 할 것이다.
    ⓑ 가해자가 국가인 경우에는 지방자치단체를 포함한 공공단체도 포함될 수 있고, 반대로 지방자치단체의 위법한 가해행위로 국가도 손해배상을 청구할 수 있는 타인에 해당된다.
    ⓒ 피해자가 외국인인 경우에는 상호보증주의에 의하여 배상 여부가 달라진다.

관련 판례

C 지방자치단체의 장이 국가로부터 국가행정사무를 위임받아 행함에 있어 국가가 손해를 입은 경우와 「국가배상법」 소정의 '타인'의 의미

> 지방자치단체의 장이 국가로부터 국가행정사무를 위임받아 행하는 기관위임의 경우에는 지방자치단체의 장은 국가기관으로서 그 수임사무를 처리하는 것이므로 도가 국가로부터 위임받은 가족계획사업을 집행함에 있어 그 소속직원의 과실로 국가가 손해를 입었다고 하더라도 국가는 「국가배상법」 소정의 '타인'에 속하지 아니한다(대판 1980.10.14. 80다1647).

  ㉡ 군인 등에 대한 특례(이중배상금지제도) [빈출]
    ⓐ 근거규정
      ⓘ 헌법 제29조 제2항: 군인·군무원·경찰공무원 기타 법률이 정하는 자가 전투·훈련 등 직무집행과 관련하여 받은 손해에 대하여는 법률이 정하는 보상 외에 국가 또는 공공단체에 공무원의 직무상 불법행위로 인한 배상은 청구할 수 없다고 규정하고 있다.
      ⓘⓘ 「국가배상법」 제2조 제1항의 단서규정: 군인·군무원·경찰공무원 또는 예비군대원이 전투·훈련 등 직무 집행과 관련하여 전사(戰死)·순직(殉職)하거나 공상(公傷)을 입은 경우에 본인이나 그 유족이 다른 법령에 따라 재해보상금·유족연금·상이연금 등의 보상을 지급받을 수 있을 때에는 이 법 및 「민법」에 따른 손해배상을 청구할 수 없다고 규정하고 있다. 02

관련 법령

헌법 제29조 ② 군인·군무원·경찰공무원 기타 법률이 정하는 자가 전투·훈련 등 직무집행과 관련하여 받은 손해에 대하여는 법률이 정하는 보상 외에 국가 또는 공공단체에 공무원의 직무상 불법행위로 인한 배상은 청구할 수 없다.

「국가배상법」 제2조 【배상책임】 ① (중략) 다만, 군인·군무원·경찰공무원 또는 예비군대원이 전투·훈련 등 직무 집행과 관련하여 전사(戰死)·순직(殉職)하거나 공상(公傷)을 입은 경우에 본인이나 그 유족이 다른 법령에 따라 재해보상금·유족연금·상이연금 등의 보상을 지급받을 수 있을 때에는 이 법 및 「민법」에 따른 손해배상을 청구할 수 없다.

개념확인 O/X

01 음주운전으로 적발된 주취운전자가 도로 밖으로 차량을 이동하겠다며 단속경찰관으로부터 보관 중이던 차량열쇠를 반환받아 몰래 차량을 운전하여 가던 중 사고를 일으킨 경우, 국가배상책임이 인정되지 않는다.
24 국가9급 (O / X)

02 경찰공무원이 전투·훈련 등 직무집행과 관련하여 전사·순직하거나 공상을 입은 경우에 본인이나 그 유족이 다른 법령에 따라 재해보상금이나 유족연금 등의 보상을 지급받은 때에는 「국가배상법」 및 「민법」에 따른 손해배상을 청구할 수 없다.
19 국회8급 (O / X)

| 정답 | 01 X 02 O

ⓑ 대상
　ⓘ 헌법은 군인, 군무원, 경찰공무원으로 규정하고 있고, 「국가배상법」 제2조 제1항 단서에는 예비군대원을 포함하고 있다. 이에 따라 예비군대원을 포함한 규정이 위헌인지 문제가 되었으나 합헌이라는 것이 헌법재판소의 입장이다.
　ⓘⅰ 또한 대법원은 전투경찰(현 의무경찰)도 「국가배상법」 제2조 제1항의 단서조항에 따라 국가배상이 제한된다는 입장이다.
　ⅲ 하지만 공익근무요원(현 사회복무요원)과 현역으로 입영하여 경비교도로 전임되어 임용된 경비교도대는 국가배상이 제한되지 않는다는 입장이다.

> **관련 판례**
>
> ⓒ 「국가배상법」이 향토예비군을 이중배상배제의 대상자로 규정한 것의 위헌 여부
>
> 향토예비군의 직무는 그것이 비록 개별 향토예비군대원이 상시로 수행하여야 하는 것이 아니라 법령에 의하여 동원되거나 소집된 때에 한시적으로 수행하게 되는 것이라 하더라도 그 성질상 고도의 위험성을 내포하는 공공적 성격의 직무이므로, 「국가배상법」 제2조 제1항 단서가 그러한 직무에 종사하는 향토예비군대원에 대하여 다른 법령의 규정에 의한 사회보장적 보상제도를 전제로 이중보상으로 인한 일반인들과의 불균형을 제거하고 국가재정의 지출을 절감하기 위하여 임무수행 중 상해를 입거나 사망한 개별 향토예비군대원의 국가배상청구권을 금지하고 있는 데에는 그 목적의 정당성, 수단의 상당성 및 침해의 최소성, 법익의 균형성이 인정되어 기본권제한규정으로서 헌법상 요청되는 과잉금지의 원칙에 반한다고 할 수 없고, 나아가 그 자체로서 평등의 원리에 반한다거나 향토예비군대원의 재산권의 본질적인 내용을 침해하는 위헌규정이라고 할 수 없다(헌재 1996. 6. 13. 94헌바20).
>
> ⓒ 전투경찰순경이 「국가배상법」 제2조 제1항 단서 소정의 '경찰공무원'에 해당하는지 여부
>
> 현역병으로 입영하여 소정의 군사교육을 마치고 전임이 되어 전투경찰순경으로 임용된 자는 군인으로서의 신분을 상실하고 전투경찰순경의 신분을 취득한다 할 것이므로, 전투경찰순경은 군인이 아니라고 할 것이다. … (중략) … 「국가배상법」 제2조 제1항 단서 소정의 '경찰공무원'이 '경찰공무원법」상 경찰공무원에 한정된다고 단정하기 어렵고, 오히려 경찰업무의 위험성을 고려하여 '경찰조직의 구성원을 이루는 공무원'을 특별취급하려는 것으로 보아야 할 것이므로 전투경찰순경은 「국가배상법」 제2조 제1항 단서 소정의 '경찰공무원'에 해당한다고 보아야 한다(대판 1995. 3. 24. 94다25414).
>
> Ⓑ 공익근무요원이 「국가배상법」 제2조 제1항 단서의 군인에 해당하는지 여부(소극) [19 서울시 7급] 01
>
> 공익근무요원은 「병역법」 제2조 제1항 제9호, 제5조 제1항의 규정에 의하면 국가기관 또는 지방자치단체의 공익목적수행에 필요한 경비·감시·보호 또는 행정업무 등의 지원과 국제협력 또는 예술·체육의 육성을 위하여 소집되어 공익분야에 종사하는 사람으로서 보충역에 편입되어 있는 자이기 때문에, 소집되어 군에 복무하지 않는 한 군인이라고 말할 수 없으므로, 비록 「병역법」 제75조 제2항이 공익근무요원으로 복무 중 순직한 사람의 유족에 대하여 「국가유공자 등 예우 및 지원에 관한 법률」에 따른 보상을 하도록 규정하고 있다고 하여도, 공익근무요원이 「국가배상법」 제2조 제1항 단서의 규정에 의하여 「국가배상법」상 손해배상청구가 제한되는 군인·군무원·경찰공무원 또는 향토예비군대원에 해당한다고 할 수 없다(대판 1997. 3. 8. 97다4036).

개념확인 O/X

01 공익근무요원(현 사회복무요원)은 「국가배상법」 제2조 제1항 단서의 군인·군무원·경찰공무원 또는 향토예비군대원에 해당하지 않으므로 이중배상청구가 제한되지 않는다.
19 서울7급　　　　　　(O/X)

정답 | 01 O

A 현역병으로 입영·군사교육을 마치고 전임되어 법무부장관에 의하여 경비교도로 임용된 자가 「국가배상법」 제2조 제1항 단서 소정의 군인 또는 경찰공무원에 해당하는지 여부(소극) [19 서울시 7급, 18 지방직 7급, 12 경찰 특채] **01**

> 현역병으로 입영하여 소정의 군사교육을 마치고 전임되어 법무부장관에 의하여 경비교도로 임용된 자는 군인으로서의 신분을 상실하고 새로이 경비교도로서의 신분을 취득하게 되었다 할 것이며, 경비교도가 전사상 급여금을 지급받는다든지 원호와 가료의 대상이 된다든지 만기전역이 되는 등 처우에 있어서 군인에 준하는 취급을 받는다 하여 군인의 신분을 유지하는 것이라고는 할 수 없으며, 경비교도로 근무 중 공무수행과 관련하여 사망한 자에 대하여 「국가유공자 예우 등에 관한 법률」 제4조 제1항 제5호 소정의 순직군경에 해당한다 하여 국가유공자로 결정하고 사망급여금 등이 지급되었다 하더라도 그러한 사실 때문에 신분이 군인 또는 경찰공무원으로 되는 것은 아니다 (대판 1993.4.9. 92다43395).

ⓒ 사유
　ⅰ) 전투·훈련 등 직무집행과 관련하여 전사·순직 또는 공상을 입은 경우이다.
　ⅱ) 대법원은 직무집행은 전투·훈련 또는 이에 준하는 직무집행뿐만 아니라 '일반 직무집행'에 관하여도 국가나 지방자치단체의 배상책임을 제한하는 것으로 해석된다고 하여 경찰공무원의 순찰업무를 포함하였다. **02**

관련 판례

ⓒ 훈련 후 점심을 먹기 위한 도보의 경우

> 전투경찰대원이 국민학교 교정에서 다중범죄진압훈련을 일단 마치고 점심을 먹기 위하여 근무하던 파출소를 향하여 걸어가다가 경찰서소속 대형버스에 충격되어 사망하였다면 망인이 그와 같은 경위로 도로상을 걷는 것이 진압훈련과정의 일부라고 할 수 없고 또 그가 경찰관전투복을 착용하고 있었고 전투경찰이 치안업무의 보조를 그 임무로 하고 있더라도 「국가배상법」 제2조 제1항 단서에서 말하는 전투, 훈련 기타 직무집행과 관련하여 사망한 것이라고 단정하기 어렵다(대판 1989.4.11. 88다카4222).

ⓒ 경찰서 지서의 숙직실에서 취침 중인 경우

> 경찰서 지서의 숙직실은 「국가배상법」 제2조 제1항 단서에서 하는 전투·훈련에 관련된 시설이라고 볼 수 없으므로 위 숙직실에서 순직한 경찰공무원의 유족들은 「국가배상법」 제2조 제1항 본문에 의하여 「국가배상법」 및 「민법」의 규정에 의한 손해배상을 청구할 권리가 있다(대판 1979.1.30. 77다2389).

Ⓑ 경찰공무원이 낙석사고 현장 주변 교통정리를 위하여 사고현장 부근으로 순찰차를 운전하고 가다가 산에서 떨어진 대형 낙석이 순찰차를 덮쳐 사망한 사안에서, 지방자치단체의 면책 주장을 받아들인 원심 판단은 정당하다 [19 국회직 8급] **03**

> 경찰공무원이 낙석사고 현장 주변 교통정리를 위하여 사고현장 부근으로 이동하던 중 대형 낙석이 순찰차를 덮쳐 사망하자, 도로를 관리하는 지방자치단체가 「국가배상법」 제2조 제1항 단서에 따른 면책을 주장한 사안에서, 경찰공무원 등이 '전투·훈련 등 직무집행과 관련하여' 순직 등을 한 경우 같은 법 및 「민법」에 의한 손해배상책임을 청구할 수 없다고 정한 「국가배상법」 제2조 제1항 단서의 면책조항은 (구)「국가배상법」(2005.7.13. 법률 제7584호로 개정되기 전의 것) 제2조 제1항 단서의 면책조항과 마찬가지로 전투·훈련 또는 이에 준하는 직무집행뿐만 아니라 '일반 직무집행'에 관하여도 국가나 지방자치단체의 배상책임을 제한하는 것이라고 해석하여, 위 면책 주장을 받아들인 원심판단은 정당하다(대판 2011.3.10. 2010다85942).

개념확인 O/X

01 현역병으로 입대하여 소정의 군사 교육을 마친 다음 교도소의 경비교도로 전임된 자는 「국가배상법」 제2조 제1항 단서 소정의 어느 신분에도 해당하지 않으므로, 국가배상을 청구하는 것을 방해받지 않는다.
12 경찰행정학과 특채　　(O/X)

02 이중배상이 제한되는 군인 등의 직무에는 일반 직무가 포함된다.
　　　　　　　　　　　　(O/X)

03 경찰공무원이 낙석사고 현장 부근으로 이동하던 중 대형 낙석이 순찰차를 덮쳐 사망한 사안에서「국가배상법」의 이중배상금지규정에 따른 면책조항은 전투·훈련 또는 이에 준하는 직무집행뿐만 아니라 일반 직무집행에 관하여도 국가나 지방자치단체의 배상책임을 제한하는 것으로 해석하여야 한다.
19 국회8급　　　　　　　(O/X)

| 정답 | 01 O　02 O　03 O

ⓓ 내용: 본인 또는 그 유족이 다른 법령규정에 의하여 재해보상금, 유족연금, 상이연금 등을 받을 수 있을 때에는 「국가배상법」과 「민법」에 의한 손해배상청구를 할 수 없다. 다만, 최근 대법원의 입장에 의하면 먼저 「국가배상법」에 따라 손해배상을 받고 보훈급여금의 지급청구를 한 경우에 배상을 받았다는 이유로 보훈급여급의 지급을 거부할 수 없다고 한다.

ⓔ 제한할 수 없는 경우
ⓘ 본인 또는 그 유족이 다른 법령규정에 의하여 재해보상금, 유족연금, 상이연금 등을 받을 수 없을 때에는 국가배상청구권이 제한되지 않는다.
ⓘⅰ 하지만 다른 법령규정에 따른 재해보상금 등의 보상청구가 가능함에도 시효로서 보상청구권이 소멸된 경우에는 국가배상청구는 제한된다.

ⓕ 「국가배상법」에 따른 손해배상을 받은 경우에 보훈급여청구를 거부할 수 있는지 여부: 대법원은 「국가배상법」 제2조 제1항 단서가 명시적으로 '다른 법령에 따라 보상을 지급받을 수 있을 때에는 「국가배상법」 등에 따른 손해배상을 청구할 수 없다'고 규정하고 있는 것과 달리 「보훈보상대상자 지원에 관한 법률」은 「국가배상법」에 따른 손해배상금을 지급받은 자를 보상금 등 보훈급여금의 지급대상에서 제외하는 규정을 두고 있지 않은 점 등을 이유로 보훈급여 지급을 거부할 수 없다는 입장이다.

관련 판례

A 「국가배상법」에 의한 손해배상 후 보훈급여금의 지급 여부(적극) 01 02

「보훈보상대상자 지원에 관한 법률」(이하 '보훈보상자법'이라 한다)이 정한 보상금 등 보훈급여금의 지급을 청구하는 경우 … (중략) … 「국가배상법」 제2조 제1항 단서가 보훈보상자법 등에 의한 보상을 받을 수 있는 경우 「국가배상법」에 따른 손해배상청구를 하지 못한다는 것을 넘어 「국가배상법」상 손해배상금을 받은 경우 보훈보상자법상 보상금 등 보훈급여금의 지급을 금지하는 것으로 해석하기는 어려운 점 등에 비추어, 국가보훈처장은 「국가배상법」에 따라 손해배상을 받았다는 사정을 들어 보상금 등 보훈급여금의 지급을 거부할 수 없다(대판 2017.2.3. 2015두60075).

A 「국가배상법」에 의한 손해배상 후 「군인연금법」에 따른 사망연금의 지급 여부(소극) [23 지방직 9급] 03

다른 법령에 따라 지급받은 급여와의 조정에 관한 조항을 두고 있지 아니한 「보훈보상대상자 지원에 관한 법률」과 달리, 「군인연금법」 제41조 제1항은 "다른 법령에 따라 국가나 지방자치단체의 부담으로 이 법에 따른 급여와 같은 종류의 급여를 받은 사람에게는 그 급여금에 상당하는 금액에 대하여는 이 법에 따른 급여를 지급하지 아니한다."라고 명시적으로 규정하고 있다. 나아가 「군인연금법」이 정하고 있는 급여 중 사망보상금(「군인연금법」 제31조)은 일실손해의 보전을 위한 것으로 불법행위로 인한 소극적 손해배상과 같은 종류의 급여라고 봄이 타당하다. 따라서 피고에게 「군인연금법」 제41조 제1항에 따라 원고가 받은 손해배상금 상당 금액에 대하여는 사망보상금을 지급할 의무가 존재하지 아니한다(대판 2018.7.20. 2018두36691).

A 군 복무 중 사망한 유족이 국가배상을 받은 경우, 사망보상금에서 정신적 손해배상금을 공제할 수 없다. [24 지방직 9급] 04

(구)「군인연금법」(2019. 12. 10. 법률 제16760호로 전부 개정되기 전의 것, 이하 같다)이 정하고 있는 급여 중 사망보상금은 일실손해의 보전을 위한 것으로 불법행위로 인한 소극적 손해배상과 같은 종류의 급여이므로(대판 2018.7.20. 2018두36691 판결 등 참조), 군 복무 중 사망한 망인의 유족이 국가배상을 받은 경우 피고는 사망보상금에서 소극적 손해배상금 상당액을 공제할 수 있을 뿐, 이를 넘어 정신적 손해배상금 상당액까지 공제할 수는 없다(대판 2022.3.31. 2019두36711).

개념확인 O/X

01 이중배상제한규정에 해당되는 군인 등이 보상 등의 요건을 충족하지 못하여 보훈급여 등의 대상이 아닌 경우에도 국가배상의 대상이 되지 않는다. (O / X)

02 대법원 판례에 의하면 이중배상이 제한되는 군인이 「국가배상법」에 의해서 손해배상을 지급받았다면 보훈급여의 지급신청을 거부할 수 있다고 한다. (O / X)

03 군 복무 중 사망한 군인 등의 유족이 「국가배상법」에 따른 손해배상금을 지급받은 경우 그 손해배상금 상당 금액에 대해서는 「군인연금법」에서 정한 사망보상금을 지급받을 수 없다.
23 지방9급 (O / X)

04 군 복무 중 사망한 사람의 유족이 국가배상을 받은 경우, 관할 행정청 등은 「군인연금법」상 사망보상금에서 소극적 손해배상금 상당액을 공제할 수 있을 뿐 이를 넘어 정신적 손해배상금까지 공제할 수는 없다.
24 지방9급 (O / X)

| 정답 | 01 X 02 X 03 O 04 O

ⓖ 제도의 취지 및 위헌성 여부
　ⓘ 취지: 대법원에 의하면 「국가배상법」 제2조 제1항 단서규정의 취지는 국가 또는 공공단체가 위험한 직무를 집행하는 군인 등에 대한 피해보상제도를 운영하여, 직무집행과 관련하여 피해를 입은 군인 등이 간편한 보상절차에 의하여 자신의 과실 유무나 그 정도와 관계없이 무자력의 위험부담이 없는 확실하고 통일된 피해보상을 받을 수 있도록 보장하는 대신, 피해 군인 등이 국가 등에 대하여 공무원의 직무상 불법행위로 인한 손해배상을 청구할 수 없게 함으로써, 군인 등의 동일한 피해에 대하여 국가 등의 보상과 배상이 모두 이루어짐으로 인하여 발생할 수 있는 과다한 재정지출과 피해 군인 등 사이의 불균형을 방지하기 위한 것이라고 한다.
　ⓘⓘ 위헌성 여부
　　• 종래 대법원은 보상제도와 손해배상제도는 양자의 목적이나 성격이 다르고, 군인 등에 대해서만 배상을 제한하도록 한 규정은 평등 등에 반하여 위헌이라고 판결하였다(대판 1971. 6. 22. 70다1010 전합).
　　• 하지만 대법원 판결 후에 헌법 제29조 제2항에 군인 등에 대한 이중배상제한에 대한 규정이 마련되었고 이에 헌법재판소는 「국가배상법」 제2조 제1항 단서는 헌법 제29조 제1항에 의하여 보장되는 국가배상청구권을 헌법 내재적으로 제한하는 헌법 제29조 제2항에 직접 근거하고, 실질적으로 그 내용을 같이하는 것이므로 헌법에 위반되지 아니하여 합헌이라고 한다. 01 02 03

관련 판례

B 이중배상배제의 적용 확대 [21 소방직, 18 국가직 9급]

「국가배상법」 제2조 제1항 단서에 의하면 군인·군무원 등이 직무집행과 관련 있는 행위 등으로 인하여 전사·순직 또는 공상을 입은 경우에 다른 법령의 규정에 의하여 재배보상금, 유족연금, 상이연금 등의 보상을 지급받을 수 있는 때에는 「국가배상법」 또는 「민법」의 규정에 의한 손해배상청구를 할 수 없도록 규정하고 있으므로, 이들이 직접 국가에 대하여 손해배상청구권을 행사할 수 없음은 물론, 국가와 공동불법행위책임이 있는 자가 그 배상채무를 이행하였음을 이유로 국가에 대하여 구상권을 행사하는 것도 허용되지 않는다(대판 1994. 5. 27. 94다6741, 대판 2001. 2. 15. 96다42420 전합).

C 보상을 받을 수 없는 경우에는 국가배상이 가능한지 여부

군인, 군무원 등 「국가배상법」 제2조 제1항 단서에 열거된 자가 전투·훈련 기타 직무집행과 관련하는 등으로 공상을 입은 경우라고 하더라도 「군인연금법」 또는 「국가유공자예우 등에 관한 법률」에 의하여 재해보상금, 유족연금, 상이연금 등 별도의 보상을 받을 수 없는 경우에는 「국가배상법」 제2조 제1항 단서의 적용대상에서 제외되어 국가배상의 청구가 가능하다(대판 1996. 12. 20. 96다42178).

B 군인 등이 직무집행과 관련하여 공상을 입은 경우 [19 국회직 8급, 19 서울시 9급]

1. 군인 등이 직무집행과 관련하여 공상을 입는 등의 이유로 「보훈보상대상자 지원에 관한 법률」이 정한 보훈보상대상자 요건에 해당하여 보상금 등 보훈급여금을 지급받을 수 있는 경우, 국가를 상대로 국가배상을 청구할 수 있는지 여부(소극)

개념확인 O/X

01 헌법재판소에 의하면 이중배상금지제도를 규정한 「국가배상법」 제2조 1항 단서규정은 위헌이다.
(O/X)

02 직무집행과 관련하여 공상을 입은 군인이 먼저 「국가배상법」에 따라 손해배상금을 지급받은 후 「보훈보상대상자 지원에 관한 법률」이 정한 보상금 등 보훈급여금의 지급을 청구하는 경우에 국가보훈처장은 「국가배상법」에 따라 손해배상을 받았다는 것을 이유로 그 지급을 거부할 수 있다.
19 국회8급 (O/X)

03 직무집행과 관련하여 공상을 입은 군인이 먼저 「국가배상법」상 손해배상을 받은 다음 (구)「국가유공자 등 예우 및 지원에 관한 법률」상 보훈급여금을 지급청구하는 경우, 국가배상을 받았다는 이유로 그 지급을 거부할 수 없다.
19 국가9급 (O/X)

| 정답 | 01 X　02 X　03 O

[개념확인 O/X]

2. 직무집행과 관련하여 공상을 입은 군인 등이 먼저 「국가배상법」에 따라 손해배상금을 지급받은 다음 「보훈보상대상자 지원에 관한 법률」이 정한 보상금 등 보훈급여금의 지급을 청구하는 경우, 「국가배상법」에 따라 손해배상을 받았다는 이유로 그 지급을 거부할 수 있는지 여부(소극) (대판 2017.2.3. 2015두60075). [19 국회직 8급, 19 국가직 9급]

ⓒ 경찰공무원인 피해자가 (구)「공무원연금법」에 따라 공무상 요양비를 지급받는 것이 「국가배상법」 제2조 제1항 단서에서 정한 '다른 법령의 규정'에 따라 보상을 지급받는 것에 해당하는지 여부(소극)

(구)「공무원연금법」(2018.3.20. 법률 제15523호로 전부 개정되기 전의 것, 이하 (구)「공무원연금법」이라고 한다)에 따라 각종 급여를 지급하는 제도는 공무원의 생활안정과 복리향상에 이바지하기 위한 것이라는 점에서 「국가배상법」 제2조 제1항 단서에 따라 손해배상금을 지급하는 제도와 그 취지 및 목적을 달리하므로, 경찰공무원인 피해자가 (구)「공무원연금법」의 규정에 따라 공무상 요양비를 지급받는 것은 「국가배상법」 제2조 제1항 단서에서 정한 '다른 법령의 규정'에 따라 보상을 지급받는 것에 해당하지 않는다(대판 2019.5.30. 2017다16174).

ⓒ 「국가배상법」 제2조 제1항 단서에서 열거한 군인 등이 다른 법령에 규정된 요건에 해당되어 보상을 받을 권리발생 시, 실제로 권리를 행사하였거나 행사하고 있는지와 관계없이 위 단서 규정의 적용 여부(적극)

다른 법령에 보상제도가 규정되어 있고, 그 법령에 규정된 요건에 해당되어 군인 등에게 보상을 받을 수 있는 권리가 발생한 이상, 군인 등이 실제로 그 권리를 행사하였는지 또는 그 권리를 행사하고 있는지 여부에 관계없이 「국가배상법」 제2조 제1항 단서 규정이 적용된다고 보아야 한다. 또한 「국가유공자 등 예우 및 지원에 관한 법률」에 따른 순직군경 등에 대한 보상 및 「보훈보상대상자 지원에 관한 법률」에 따른 재해사망군경 등에 대한 보상이 「국가배상법」 제2조 제1항 단서에서 정한 '다른 법령에 따른 보상'에 해당한다(대판 2015.11.26. 2015다226137).

ⓗ 공동불법행위 책임자와 구상권 문제

ⓘ 「국가배상법」 제2조 제1항 단서의 이중배상금지규정이 국가와 공동불법행위 책임이 있는 일반 국민이 군인 등이나 유족에게 손해배상을 한 경우, 일반 국민이 국가에 대하여 구상권을 행사할 수 없도록 한 취지의 규정인가가 문제된다.

[심화 학습]

1. 구상권
   타인의 채무를 대신 변제한 자가 그 타인에게 반환을 청구할 수 있는 권리를 말한다.
2. 공동불법행위
   여러 사람이 같이 불법행위를 하여 타인에게 손해를 끼치는 행위를 말한다.

   「민법」 제760조 【공동불법행위자의 책임】 ① 수인이 공동의 불법행위로 타인에게 손해를 가한 때에는 연대하여 그 손해를 배상할 책임이 있다.
   ② 공동 아닌 수인의 행위 중 어느 자의 행위가 그 손해를 가한 것인지를 알 수 없는 때에도 전항과 같다.
   ③ 교사자나 방조자는 공동행위자로 본다.

3. 부진정연대채무관계
   다수의 채무자가 동일한 내용의 급부에 관하여 각각 독립해서 전부를 급부하여야 할 채무가 부담되고, 그중 공동채무자 한 사람이나 여러 명이 변제를 하면 모든 채무자의 채무가 소멸하는 다수당사자의 채무관계를 말한다.

ⓘⓘ 대법원과 헌법재판소는 입장을 달리하고 있다. 다수설은 헌법재판소와 같은 입장으로 여겨진다.

ⓘⓘⓘ 대법원의 입장: 구상권 행사를 부정하는 입장이다.

- **종래 판례**: 국가와 공동불법행위 책임자의 관계를 부진정연대채무관계로 인식하고 공동불법행위 책임자가 배상채무를 전부 이행하였다고 하여도 피해군인이 국가에 배상을 청구할 수 없으므로 채무를 전부 이행한 공동불법행위 책임자도 그를 이유로 국가에 대하여 구상권을 행사할 수 없다고 한다.
- **판례 변경**: 대법원은 민간인과 직무집행 중인 군인 등이 공동불법행위로 인하여 직무집행 중인 다른 군인 등이 피해를 입은 경우 예외적으로 민간인은 피해군인 등에 대하여 그 손해 중 국가 등이 민간인에 대한 구상의무를 부담한다면 그 내부적인 관계에서 부담하여야 할 부분을 제외한 나머지 자신의 부담부분에 한하여 손해배상의무를 부담하고, 한편 국가 등에 대하여는 그 귀책부분의 구상을 청구할 수 없다고 해석함이 상당하다고 종래의 견해를 변경하였다. 01

ⓘⓥ 헌법재판소의 입장
- 공동불법행위 책임자의 국가에 대한 구상권을 부정하는 대법원 판례와는 달리, 헌법재판소는 구상권을 인정하고 있어 서로 반대되는 입장을 취하고 있다.
- 헌법재판소는 대법원의 법 해석과 같이 해석한다면, 「국가배상법」 제2조 제1항 단서규정의 헌법상 근거규정인 헌법 제29조가 구상권의 행사를 배제하지 아니하는 데도 이를 배제하는 것으로 해석하는 것으로서 합리적인 이유 없이 일반국민을 국가에 대하여 지나치게 차별하는 경우에 해당하므로 헌법 제11조, 제29조에 위반되어 헌법에 위반된다는 입장이다.

> **개념확인 O/X**
>
> **01** 군인과의 공동불법행위의 민간인은 피해자로부터의 전액청구에 대한 전액변제 후 국가에 대해 국가의 귀책률에 구상권을 행사할 수 있다.
> (O / X)

관련 판례

Ⓑ 국가와 공동불법행위책임이 있는 자가 「국가배상법」 제2조 제1항 단서의 규정에 의하여 손해배상을 청구할 수 없는 자에게 손해를 배상한 경우 국가에 대한 구상권 행사 가부

「국가배상법」 제2조 제1항 단서에 의하면 군인, 군무원 등이 직무집행과 관련하는 행위 등으로 인하여 전사·순직 또는 공상을 입은 경우에 다른 법령의 규정에 의하여 재해보상금, 유족연금, 상이연금 등의 보상을 지급받을 수 있을 때에는 「국가배상법」 또는 「민법」의 규정에 의한 손해배상청구를 할 수 없도록 규정하고 있으므로 이들이 직접 국가에 대하여 손해배상청구권을 행사할 수 없음은 물론 국가와 공동불법행위책임이 있는 자가 그 배상채무를 이행하였음을 이유로 국가에 대하여 구상권을 행사하는 것은 허용되지 않는다(대판 1994.5.27. 94다6741).

Ⓑ 민간인과 직무집행 중인 군인 등의 공동불법행위로 인하여 직무집행 중인 다른 군인 등이 피해를 입은 경우, 민간인의 피해 군인 등에 대한 손해배상의 범위 및 민간인이 피해 군인 등에게 자신의 귀책부분을 넘어서 배상한 경우 국가 등에게 구상권을 행사할 수 있는지 여부(소극) 02

피해 군인 등은 위 헌법 및 「국가배상법」 규정에 의하여 국가 등에 대한 배상청구권을 상실한 대신에 자신의 과실 유무나 그 정도와 관계없이 무자력의 위험부담이 없는 확실한 국가보상의 혜택을 받을 수 있는 지위에 있게 되는 특별한 이익을 누리고 있음에 반하여 민간인으로서는 손해 전부를 배상할 의무를 부담하면서도 국가 등에 대한 구상권을 행사할 수 없다고 한다면 부당하게 권리침해를 당하게 되는 결과가 되는 것과 같은 각 당사자의 이해관계의 실질을 고려하여, 위와 같은 경우에는 <u>공동불법행위자 등이 부진정연대채무자로서 각자 피해자의 손해 전부를 배상할 의무를 부담하는 공동불법행위의 일반적인 경우와 달리 예외적으로 민간인은 피해 군인 등에 대하여 그 손해 중 국가 등이 민간인에 대한 구상의무를 부담한다면 그 내부적인 관계에서 부담하여야 할 부분을 제외한 나머지 자신의 부담부분에 한하여 손해배상의무를 부담하고, 한편 국가 등에 대하여는 그 귀책부분의 구상을 청구할 수 없다고 해석함이 상당하다</u> 할 것이고, 이러한 해석이 손해의 공평·타당한 부담을 그 지도원리로 하는 손해배상제도의 이상에도 맞는다 할 것이다(대판 2001.2.15. 96다42420 전합).

> **02** 민간인과 직무집행 중인 군인의 공동불법행위로 인하여 직무집행 중인 다른 군인이 피해를 입은 경우, 민간인이 공동불법행위자로 부담하는 책임은 공동불법행위의 일반적 경우와는 달리 모든 손해에 대한 것이 아니라 귀책비율에 따른 부분으로 한정된다는 것이 대법원의 입장이다.
> (O / X)

| 정답 | 01 X 02 O

개념확인 O/X

01 공무원에게 부과된 직무상 의무의 내용이 순전히 행정기관 내부의 질서를 유지하기 위한 것이거나 전체적으로 공공 일반의 이익을 도모하기 위한 것인 경우, 국가 또는 지방자치단체가 배상책임을 부담하지 아니한다.
19 하반기 서울7급 (O / X)

02 국가배상책임이 인정되려면 공무원의 직무상 의무 위반행위와 손해 사이에 상당인과관계가 인정되어야 하는데 공무원에게 직무상 의무를 부과한 법령이 단순히 공공의 이익을 위한 것이고 사익을 보호하기 위한 것이 아니라면 상당인과관계가 부인되어 배상책임이 인정되지 않는다.
17 서울7급 (O / X)

03 우편집배원이 압류 및 전부명령 결정 정본을 특별송달함에 있어 부적법한 송달을 하고도 적법한 송달을 한 것처럼 보고서를 작성하여 압류 및 전부의 효력이 발생하지 않아 집행채권자가 피압류채권을 전부받지 못한 경우 우편집배원의 직무상 의무 위반과 집행채권자의 손해 사이에는 상당인과관계가 있다.
19 국회8급 (O / X)

04 토석채취공사 도중 경사지를 굴러내린 암석이 가스저장시설을 충격하여 화재가 발생한 경우, 토지형질변경허가권자에게 허가 당시 사업자로 하여금 위해방지시설을 설치하게 할 의무는 없다.
12 국가7급 (O / X)

05 공무원이 직무상 의무를 위반함으로 인하여 피해자가 입은 손해에 대하여는 상당인과관계가 인정되는 범위 내에서 국가가 배상책임을 지는 것이고, 이때 상당인과관계의 유무를 판단함에 있어서는 일반적인 결과발생의 개연성은 물론 직무상 의무를 부과하는 법령 기타 행동규범의 목적, 그 수행하는 직무의 목적 내지 기능으로부터 예견 가능한 행위 후의 사정, 가해행위의 태양 및 피해의 정도 등을 종합적으로 고려하여야 한다.
12 사회복지 (O / X)

ⓒ 「국가배상법」 제2조 제1항 단서를 국가와 공동불법행위책임 있는 자의 국가에 대한 구상권을 부정하는 취지라고 보는 해석이 헌법에 위반되는지 여부

> (대법원의 판결이) 그렇게 해석한다면, 위 단서규정의 헌법상 근거규정인 헌법 제29조가 구상권의 행사를 배제하지 아니하는 데도 이를 배제하는 것으로 해석하는 것으로서 합리적인 이유없이 일반국민을 국가에 대하여 지나치게 차별하는 경우에 해당하므로 헌법 제11조, 제29조에 위반되며, 또한 국가에 대한 구상권은 헌법 제23조 제1항에 의하여 보장되는 재산권이고 위와 같은 해석은 그러한 재산권의 제한에 해당하며 재산권의 제한은 헌법 제37조 제2항에 의한 기본권을 제한할 때 요구되는 비례의 원칙에 위배하여 일반국민의 재산권을 과잉제한하는 경우에 해당하며 헌법 제23조 제1항 및 제37조 제2항에도 위반된다(헌재 1994.12.29. 93헌바21).

ⓒ 인과관계
  ⓐ 의의: 공무원의 직무행위와 손해의 발생 사이에는 상당인과관계가 있어야 한다.
  ⓑ 직무와의 인과관계(직무는 공공일반의 이익이나 기관 내부질서 규율목적이 아님)
    ⅰ) 여기에서 '인과관계'라 함은 직무상의 의무 위반과 피해자가 입은 손해 사이에 상당 인과관계를 말하는 것이다.
    ⅱ) 판례에 의하면 상당인과관계가 인정되기 위해서는 공무원에게 부과된 의무의 내용이 단순히 공공일반의 이익을 위한 것이나 행정기관 내부질서를 규율할 목적뿐 아니고 전적으로 또는 부수적으로 개인의 안전과 이익을 보호하기 위하여 설정된 경우이어야 한다고 한다. **01 02**
    ⅲ) 또한 이러한 인과관계 존부를 판단하는 기준은 일반적인 결과발생의 개연성뿐 아니라 직무상의 의무를 부과하는 법령 등의 목적이나 가해행위의 태양 및 피해 정도 등을 종합적으로 고려하여야 한다고 한다. **03 04 05**

관련 판례

ⓒ 인과관계의 판단기준 [12 사회복지직]

> 공무원의 직무상 의무 위반행위와 국민의 손해 사이의 상당인과관계의 유무를 판단함에 있어서는 일반적인 결과발생의 개연성은 물론이고, 더 나아가 직무상 의무를 부과하는 법령 기타 행동규범의 목적이나 가해행위의 태양 및 피해의 정도 등 구체적인 사정을 종합적으로 고려하여야 한다(대판 2006.4.14. 2003다41746).

ⓒ 상당인과관계가 인정되기 위한 공무원의 직무 [19 하반기 서울시 7급, 17 서울시 7급]

> 공무원이 고의 또는 과실로 그에게 부과된 직무상 의무를 위반하였을 경우라고 하더라도 국가는 그러한 직무상의 의무 위반과 피해자가 입은 손해 사이에 상당인과관계가 인정되는 범위 내에서만 배상책임을 지는 것이고, 이 경우 상당인과관계가 인정되기 위하여는 공무원에게 부과된 직무상 의무의 내용이 단순히 공공 일반의 이익을 위한 것이거나 행정기관 내부의 질서를 규율하기 위한 것이 아니고 전적으로 또는 부수적으로 사회구성원 개인의 안전과 이익을 보호하기 위하여 설정된 것이어야 한다(대판 2010.9.9. 2008다77795).

ⓒ 공무원의 선박안전증과 화재 사이의 인과관계

> 공무원이 「선박안전법」 등의 규정에 위반하여 제대로 선박검사를 하지 아니한 채 화재위험이 있는 불량선박에 대하여 중간검사 합격증서를 발급하여 선박을 계속 운항케 한 결과 발생한 선박화재사고에

| 정답 | 01 O 02 O 03 O 04 X 05 O

서, 공무원이 규정에 따른 선박안전검사를 하지 않은 부작위와 선박화재 사고간에는 상당한 인과관계가 있다고 하여 국가는 사고에 대한 손해배상 책임이 있다고 하였다(대판 1993.2.12. 91다43466).

ⓒ 경찰관이 음주운전자를 방치해 사고가 난 경우의 인과관계

주취운전을 적발한 경찰관이 주취운전의 계속을 막기 위하여 취할 수 있는 조치로는, 단순히 주취운전의 계속을 금지하는 명령 이외에 다른 사람으로 하여금 대신하여 운전하게 하거나 당해 주취운전자가 임의로 제출한 차량열쇠를 일시 보관하면서 가족에게 연락하여 주취운전자와 자동차를 인수하게 하거나 또는 주취 상태에서 벗어난 후 다시 운전하게 하며 그 주취 정도가 심한 경우에 경찰서에 일시 보호하는 것 등을 들 수 있고, 한편 주취운전이라는 범죄행위로 당해 음주운전자를 구속·체포하지 아니한 경우에도 필요하다면 그 차량열쇠는 범행 중 또는 범행 직후의 범죄장소에서의 압수로서 「형사소송법」 제216조 제3항에 의하여 영장 없이 이를 압수할 수 있다. … (중략) … 이 사건 교통사고가 위 소외 1의 주취운전이 원인이 되어 발생하였거나 그로 인하여 손해가 확대되었음을 전제로 이러한 주취운전을 방치한 단속경찰관의 위법행위와 이 사건 사고로 인한 손해발생 사이에는 상당인과관계가 있다(대판 1998.5.8. 97다54482).

ⓒ 해양경찰의 주의의무와 손해 사이의 인과관계의 범위

해양경찰은 해양에서 국민에게 발생하는 위해의 방지를 임무로 하고, 해양조난사고의 경우 그 위험성이 다른 사고에 비해 훨씬 중대하다는 점에 비추어보면 해양경찰은 일반경찰보다 더욱 엄격한 업무상 주의의무를 부담하므로 해양경찰의 업무상 주의의무 위반과 손해발생 사이의 상당인과관계는 매우 폭넓게 해석될 수 있다(대판 2007.11.15. 2007다38618).

Ⓐ 윤락녀 화재사건과 소방공무원의 직무 간의 인과관계 여부(긍정) [20 군무원 9급, 19 국회직 8급, 19 서울시 9급, 14 지방직 9급]

유흥주점에 감금된 채 윤락을 강요받으며 생활하던 여종업원들이 유흥주점에 화재가 났을 때 미처 피신하지 못하고 유독가스에 질식해 사망한 사안에서, 소방공무원이 위 유흥주점에 대하여 화재발생 전 실시한 소방점검 등에서 (구)「소방법」상 방염 규정 위반에 대한 시정조치 및 화재발생 시 대피에 장애가 되는 잠금장치의 제거 등 시정조치를 명하지 않은 직무상 의무 위반은 현저히 불합리한 경우에 해당하여 위법하고, 이러한 직무상 의무 위반과 위 사망의 결과 사이에 상당인과관계가 존재한다(대판 2008.4.10. 2005다48994).

ⓒ 윤락녀 화재사건과 공무원의 「식품위생법」상의 직무상 의무와의 인과관계(부정) [20 군무원 9급, 14 지방직 9급] 01 02

유흥주점에 감금된 채 윤락을 강요받으며 생활하던 여종업원들이 유흥주점에 화재가 났을 때 미처 피신하지 못하고 유독가스에 질식해 사망한 사안에서, 지방자치단체의 담당 공무원이 위 유흥주점의 용도변경, 무허가 영업 및 시설기준에 위배된 개축에 대하여 시정명령 등 「식품위생법」상 취하여야 할 조치를 게을리 한 직무상 의무 위반행위와 위 종업원들의 사망 사이에 상당인과관계가 존재하지 않는다(대판 2008.4.10. 2005다48994).

ⓒ 경매공무원의 기일통지의 잘못과 피해와의 인과관계

경매 담당공무원이 이해관계인에 대한 기일통지를 잘못한 것이 원인이 되어 경락허가결정이 취소된 사안에서, 그 사이 경락대금을 완납하고 소유권이전등기를 마친 경락인에 대하여 국가배상책임을 인정한다(대판 2008.7.10. 2006다23664).

개념확인 O/X

01 유흥주점에 감금된 채 윤락을 강요받으며 생활하던 여종업원들이 유흥주점에 화재가 났을 때 미처 피신하지 못하고 유독가스에 질식해 사망한 사안에서, 지방자치단체의 담당 공무원이 위 유흥주점의 용도변경, 무허가 영업 및 시설기준에 위배된 개축에 대하여 시정명령 등 「식품위생법」상 취하여야 할 조치를 게을리한 직무상 의무 위반행위와 위 종업원들의 사망 사이에 상당인과관계가 존재한다.
20 군무원9급 (O / X)

02 유흥주점의 화재로 여종업원들이 사망한 경우, 담당 공무원의 유흥주점의 용도변경, 무허가 영업 및 시설기준에 위배된 개축에 대하여 시정명령 등 「식품위생법」상 취하여야 할 조치를 게을리한 직무상 의무 위반행위와 여종업원들의 사망 사이에는 상당인과관계가 존재하지 아니한다.
14 지방9급 (O / X)

| 정답 | 01 X 02 O

© 직접증명방식에서 간접증명방식으로 개정된 「인감증명법」하에서 허위의 인감증명서의 발급과 이를 믿고 거래하여 발생한 손해 사이의 인과관계 유무

> 인감증명은 인감 자체의 동일성을 증명함과 동시에 거래행위자의 동일성과 거래행위가 행위자의 의사에 의한 것임을 확인하는 자료로서 일반인의 거래상 극히 중요한 기능을 갖고 있으므로, 인감증명사무를 처리하는 공무원으로서는 그것이 타인과의 권리·의무에 관계되는 일에 사용될 것을 예상하여 그 발급된 인감증명으로 인한 부정행위의 발생을 방지할 직무상의 의무가 있고, 따라서 발급된 허위의 인감증명에 의하여 그 인감명의인과 계약을 체결한 자가 그로 인한 손해를 입었다면 위 인감증명의 교부와 그 손해 사이에는 상당인과관계가 있다(대판 2008.7.24, 2006다63273).

© 주민등록사무 담당공무원의 의무 위반과 피해 사이의 인과관계

> 주민등록사무를 담당하는 공무원이 개명으로 인한 주민등록상 성명정정을 본적지 관할관청에 통보하지 아니한 직무상 의무 위배행위와 갑과 같은 이름으로 개명허가를 받은 듯이 호적등본을 위조하여 주민등록상 성명을 위법하게 정정한 을이 갑의 부동산에 관하여 불법적으로 근저당권설정등기를 경료함으로써 갑이 입은 손해 사이에는 상당인과관계가 있다(대판 2003.4.25, 2001다59842).

© 개별공시지가 산정업무 담당공무원 등이 부담하는 직무상 의무의 내용 및 그 담당공무원 등이 직무상 의무에 위반하여 현저하게 불합리한 개별공시지가가 결정되도록 함으로써 국민 개개인의 재산권을 침해한 경우, 그 담당공무원 등이 속한 지방자치단체가 손해배상책임을 지는지 여부(적극)

> 시장이 토지의 이용상황을 실제 이용되고 있는 '자연림'으로 하여 개별공시지가를 산정한 다음 감정평가법인에 검증을 의뢰하였는데, 감정평가법인이 그 토지의 이용상황을 '공업용'으로 잘못 정정하여 검증지가를 산정하고, 시 부동산평가위원회가 검증지가를 심의하면서 그 잘못을 발견하지 못함에 따라, 그 토지의 개별공시지가가 적정가격보다 훨씬 높은 가격으로 결정·공시된 사안에서, 이는 개별공시지가 산정업무 담당공무원 등이 직무상 의무를 위반한 것으로 불법행위에 해당한다(대판 2010.7.22, 2010다13527).

© 개별공시지가를 기준으로 한 담보제공과 이에 대한 손해에는 인과관계가 없다

> 개별공시지가는 그 산정목적인 개발부담금의 부과, 토지 관련 조세 부과 등 다른 법령이 정하는 목적을 위해 지가를 산정하는 경우에 그 산정기준이 되는 범위 내에서는 납세자인 국민 등의 재산상 권리·의무에 직접적인 영향을 미칠 수 있지만, 이에 더 나아가 개별공시지가가 당해 토지의 거래 또는 담보제공을 받음에 있어 그 실제 거래가액 또는 담보가치를 보장한다거나 어떠한 구속력을 미친다고 할 수는 없다. 그럼에도 개개 토지에 관한 개별공시지가를 기준으로 거래하거나 담보제공을 받았다가 당해 토지의 실제 거래가액 또는 담보가치가 개별공시지가에 미치지 못함으로 인해 발생할 수 있는 손해에 대해서까지 그 개별공시지가를 결정·공시하는 지방자치단체에 손해배상책임을 부담시키게 된다면, 개개 거래당사자들 사이에 이루어지는 다양한 거래관계와 관련하여 발생한 손해에 대하여 무차별적으로 책임을 추궁당하게 되고, 그 거래관계를 둘러싼 분쟁에 끌려들어가 많은 노력과 비용을 지출하는 결과가 초래되게 된다. 이는 결과발생에 대한 예견가능성의 범위를 넘어서는 것임은 물론이고, 행정기관이 사용하는 지가를 일원화하여 일정한 행정목적을 위한 기준으로 삼음으로써 국토의 효율적인 이용과 국민경제의 발전에 기여하려는 (구)「부동산 가격공시 및 감정평가에 관한 법률」(2008.2.29, 법률 제8852호로 개정되기 전의 것)의 목적과 기능, 그 보호법익의 보호범위를 넘어서는 것이다(대판 2010.7.22, 2010다13527).

ⓒ 군부대에서 유출된 폭음탄이 범죄행위에 사용된 경우, 관리책임자의 폭음탄 관리상의 과실과 그 범죄행위로 인한 피해자의 손해 사이에는 상당인과관계가 있다

> 군부대에서 사용하는 총기·탄약·폭발물 등의 관리책임자는 자기의 보관 및 관리 소홀로 총기 등이 군 외부로 유출되면 그것이 범죄행위에 사용되어 국민 개개인의 생명과 신체를 침해하는 결과가 발생할 수 있다는 것을 충분히 예견할 수 있으므로, 관리상의 과실로 군부대에서 유출된 폭음탄이 범죄행위에 사용된 경우, 그 범죄행위로 인해 피해자가 입은 손해와 관리책임자의 폭음탄 관리상의 과실 사이에는 상당인과관계가 있다(대판 1998.2.10. 97다49534).

ⓒ 위병근무 탈영병의 총기난사로 인한 피해에 대하여 국가의 손해배상책임 인과관계 인정

> 위병근무 중 탈영한 병의 총기난사행위 자체는 동인의 군무를 집행함에 당하여 이루어진 행위가 아니라 할지라도 지휘관이 그 탈영병이 문제사병임을 알고 있었음에도 지휘관으로서 선도와 사고방지에 노력하는 등의 병력관리에 소홀하였고, 또 당직사령이 위병근무자에 대한 순찰감독과 확인, 점검을 하지 아니하였으며, 위병근무자들 역시 근무 시 실탄을 삽탄하여 근무하여야 하고 타인에게 함부로 줄 수 없는데도 위 탈영병에게 선뜻 인도해 주었을 뿐 아니라 위 사병이 위병소를 이탈한 뒤 이를 상부에 보고하지도 않는 등의 과실이 인정된다면, 엠 16소총 및 실탄은 인명살상용으로서 이를 가지고 탈영하는 것은 사고발생의 위험성이 있을 것으로 예견할 수 있는 점에 비추어 위 탈영병의 총기난사행위로 인한 피해는 위 지휘관의 병력관리 소홀과 지휘관 및 위병소 근무자들의 군무집행을 함에 있어서 법령에 규정된 의무를 다하지 아니한 과실로 인한 것으로 인정할 수 있다(대판 1985.7.9. 84다카1115).

ⓒ 군병원 탈영병의 강도살인행위로 인한 피해자에 대한 국가배상책임의 유무(인과관계 부정)

> 군병원에 입원 중이던 사병들이 탈영하여 강도살인행위를 한 경우에 있어 위 병원의 일직사령과 당직 군의관이 위 사병들의 탈영을 방지하지 못한 당직의무를 해태한 과실이 있을지라도 이는 위 탈영병들의 강도살인 행위와 상당인과관계가 있다고까지는 볼 수 없으므로 위 일직사령 등의 과실을 원인으로 하여 국가에게 배상책임을 인정하기 위하여는 위 사병들이 강도의 모의를 하고 탈영하여 강도 또는 강도살인행위를 할 것이라는 특별한 사정을 알았거나 알 수 있었다는 사실이 인정되어야 한다(대판 1988.12.27. 87다카2293).

ⓒ 소방공무원의 「소방법」 소정의 직무상 의무 위반행위와 상가건물의 화재발생 및 건물 붕괴 사이에 상당인과관계가 없다

> 우암상가의 입주자들은 소방공무원들의 계속되는 안전점검과 시설보완명령을 무시한 채 고장난 소방설비를 보수한 적이 한번도 없었으며, 또한 이 사건 사고로 인한 피해자들은 다중이 집합하는 장소에 우연히 모인 불특정 다수인이 아니라 위 우암상가에 고정적으로 입주하여 살고 있는 입주자들 자신이고, … (중략) … 당시 옥내소화전과 자동화재탐지장치에 대하여는 시설이 불량한 것을 적발하여 시정보완명령까지 하였고, 스프링클러에 대하여도 전혀 검사를 하지 아니한 것이 아니라 보조모터의 작동상태를 직접 시험하여 점검하였으며, 다만 그 헤드와 배수관에 대하여는 실제로 작동시험을 하는 데 위와 같은 어려움이 있어 그 성능을 완전하게는 확인하지 못한 것에 불과하므로, 위와 같은 구체적인 사정하에서 위 소방공무원들이 위 우암상가에 대한 소방점검의무를 일부분 소홀히 한 점이 있다고 하더라도, 이것만 가지고 일반적으로 판시와 같은 이 사건 화재 발생 및 건물의 붕괴가 쉽사리 예견된다고 할 수는 없으므로, 사회통념상 위와 같은 소방공무원들의 직무상 의무 위반행위와 이 사건 사고 사이에 상당인과관계가 있다고 단정할 수 없다(대판 1998.5.8. 97다36613).

| 개념확인 O/X |

01 도지사에 의한 지방의료원의 폐업 결정과 관련하여 국가배상책임이 성립하기 위하여서는 공무원의 직무집행이 위법하다는 점만으로는 부족하고 그로 인하여 타인의 권리·이익이 침해되어 구체적 손해가 발생하여야 한다.
19 국회8급　　　　　　(O / X)

02 손해는 법익침해로 인한 모든 불이익을 말하며, 재산상의 손해이든 비재산적 손해(생명·신체·정신상의 손해)이든, 적극적 손해이든 소극적 손해이든 불문한다.
20 군무원7급　　　　　　(O / X)

03 지방자치단체를 제외한 공공단체로부터 피해를 받은 국민은 「국가배상법」에 따라 손해의 배상청구가 가능하다.
　　　　　　　　　　　(O / X)

04 공무원의 선임감독자와 비용부담자가 서로 다른 경우에 피해자는 선택적 청구가 가능하다.
　　　　　　　　　　　(O / X)

05 「국가배상법」 제2조 또는 제5조에 따라 국가나 지방자치단체가 배상책임을 진다는 것은 당해 사무의 귀속주체에 따라서 배상책임을 진다는 것을 의미하기 때문에 기관위임사무의 경우에도 위임기관이 속한 행정주체가 사무의 귀속주체로서 배상책임을 진다.
23 국회9급　　　　　　(O / X)

　　ⓔ 손해발생 **01 02**
　　　　ⓐ '손해'란 가해행위에 의한 이익의 침해를 말하며, 사실상 이익이나 반사적 이익은 포함되지 않는다.
　　　　ⓑ 이러한 손해에는 재산적 손해, 비재산적인 생명이나 신체적 손해, 정신적 손해, 적극적 손해, 소극적 손해 등 일체의 손해를 의미한다.
　　　　　※ 적극적 손해 ⇨ 기존의 이익 상실, 소극적 손해 ⇨ 얻을 수 있는 이익의 상실
　　　　ⓒ 정신적 손해(위자료)는 생명이나 신체 침해에 의한 경우를 포함하여 재산상의 침해에 따른 경우도 인정된다.

| 관련 판례 |

ⓒ 정신적 고통에 손해배상이 필요한지 여부

> 윤락녀들이 윤락업소에 감금된 채로 윤락을 강요받으면서 생활하고 있음을 쉽게 알 수 있는 상황이었음에도, 경찰관이 이러한 감금 및 윤락강요행위를 제지하거나 윤락업주들을 체포·수사하는 등 필요한 조치를 취하지 아니하고 오히려 업주들로부터 뇌물을 수수하며 그와 같은 행위를 방치한 것은 경찰관의 직무상 의무에 위반하여 위법하므로 국가는 이로 인한 정신적 고통에 대하여 위자료를 지급할 의무가 있다(대판 2004.9.23. 2003다49009).

(4) 손해배상책임

① 배상책임자
　㉠ **헌법**: 헌법 제29조 제1항에는 국가배상의 주체는 국가 또는 공공단체로 규정하고 있다.
　㉡ **「국가배상법」**: 「국가배상법」에 의하면 배상의 주체는 국가 또는 지방자치단체이다. 따라서 헌법상의 공공단체를 지방자치단체로만 규정한 데 대하여(공공조합, 영조물법인 등의 국가배상책임은 제외되므로) 위헌론이 제기되고 있고, 이에 대하여는 견해가 대립한다. **03**
　㉢ **비용부담자 등의 책임**: 국가나 지방자치단체가 손해를 배상할 책임이 있는 경우에 공무원의 선임·감독 또는 영조물의 설치·관리를 맡은 자와 공무원의 봉급·급여 그 밖의 비용 또는 영조물의 설치·관리 비용을 부담하는 자가 동일하지 아니하면 그 비용을 부담하는 자도 손해를 배상하여야 한다(「국가배상법」 제6조 제1항). 따라서 피해자는 선임감독자(사무귀속주체)와 비용부담자 중에서 선택적으로 손해배상을 청구할 수 있다. **04**
　㉣ **종국적 배상책임자**: 「국가배상법」 제6조 제2항은 손해를 배상한 자는 내부관계에서 그 손해를 배상할 책임이 있는 자에게 구상할 수 있다고 규정하고 있다. 이 규정은 공무원의 선임·감독 또는 영조물의 설치·관리를 맡은 자에 대한 비용부담자의 내부적 구상권을 정하는 규정이다. **05**

| 관련 판례 |

ⓒ 기관위임사무의 경우

> 도지사가 그의 권한에 속하는 사무를 소속 시장 또는 군수에게 위임하여 시장, 군수로 하여금 그 사무를 처리하게 하는 소위 기관위임의 경우에는, 지방자치단체장인 시장, 군수는 도 산하 행정기관의 지위에서 그 사무를 처리하는 것이므로, 시장, 군수 또는 그들을 보조하는 시, 군 소속 공무원이 그 위임받은 사무를 집행함에 있어 고의 또는 과실로 타인에게 손해를 가하였다면 그 사무의 귀속 주체인 도가 손해배상책임을 진다(대판 1994.1.11. 92다29528).

| 정답 | 01 ○　02 ○　03 X　04 ○　05 ○

C 비용부담자로서의 배상책임을 인정한 판례 [20 소방직] 01

군수가 도지사로부터 기관위임받은 사무를 처리하는 담당공무원이 군 소속인 경우에 원칙적으로 군에게는 국가배상책임이 없지만 군이 이들 담당공무원에 대한 봉급을 부담한다면 군도 「국가배상법」 제6조에 의한 비용부담자로서 국가배상책임이 있다(대판 1994.1.11. 92다29528).

② 배상범위
㉠ 원칙: 헌법이 규정한 '정당한 배상'으로서 가해행위와 인과관계가 있는 모든 손해를 배상함이 원칙이다.
㉡ 생명·신체의 침해에 대한 특례
ⓐ 「국가배상법」 제3조는 생명·신체의 침해에 있어서 배상액을 규정하고 있다.
ⓑ 이에 대해 「국가배상법」의 규정이 법원을 구속하는 것으로 볼 것인가(한정액설) 아니면 단순히 기준에 불과한 것(기준액설)으로 해석할 것인가에 관해 다툼이 있다.
ⓒ 다수설과 대법원은 「국가배상법」 제3조의 배상기준은 단순한 기준에 불과하고, 구체적 사안에 따라서는 배상액을 증감하는 것도 가능하다고 보는 기준액설을 취하고 있다. 02

관련 판례

C 손해액 산정방법에 관한 「국가배상법」상의 규정이 법원을 기속하지 않는다

「국가배상법」 제3조의2의 제2항은 동법 소정의 절차에 따라 배상심의회에 그 배상을 신청할 경우에 해당하는 규정으로서 소송에 있어서 법원을 기속하는 규정이 아니라 할 것이니 같은 취지에서 원심이 위와 같이 장래 발생할 노임상실액 상당의 손해액을 호프만식 계산법에 의하여 산출한 조치는 정당하고 거기에 소론과 같이 동 법조의 법리를 오해한 위법이 있다 할 수 없으므로 논지는 모두 이유없다(대판 1980.12.9. 80다1820).

㉢ 위자료(정신적 손해) 지급
ⓐ 대법원 판례는 손해에 정신적 손해도 포함된다고 하고 있다.
ⓑ 이러한 정신적 손해에 「국가배상법」은 생명이나 신체의 침해로 인한 경우의 위자료 배상에 관해서만 규정을 두고 재산권 침해로 인한 위자료 배상에 관해서는 명시적 규정이 없지만, 대법원은 재산권 침해에 의한 위자료청구도 허용된다는 입장이다. 03 04

관련 판례

C 군산 윤락업소 화재 사건으로 사망한 윤락녀의 유족들이 국가를 상대로 제기한 손해배상청구 사건에서, 경찰관의 직무상 의무 위반행위를 이유로 국가에게 위자료의 지급책임을 인정한 사례

윤락녀들이 윤락업소에 감금된 채로 윤락을 강요받으면서 생활하고 있음을 쉽게 알 수 있는 상황이었음에도, 경찰관이 이러한 감금 및 윤락강요행위를 제지하거나 윤락업주들을 체포·수사하는 등 필요한 조치를 취하지 아니하고 오히려 업주들로부터 뇌물을 수수하며 그와 같은 행위를 방치한 것은 경찰관의 직무상 의무에 위반하여 위법하므로 국가는 이로 인한 정신적 고통에 대하여 위자료를 지급할 의무가 있다(대판 2004.9.23. 2003다49009).

개념확인 O/X

01 군수 또는 그 보조 공무원이 농수산부장관으로부터 도지사를 거쳐 군수에게 재위임된 국가사무(기관위임사무)인 개간허가 및 그 취소사무를 처리함에 있어 고의 또는 과실로 타인에게 손해를 가한 경우, 「국가배상법」 제6조에 의하여 지방자치단체인 군이 비용을 부담한다고 볼 수 있는 경우에 한하여 국가와 함께 손해배상책임을 부담한다.
20 소방 (O / X)

02 「국가배상법」 제3조에 규정하고 있는 배상액은 기준액을 규정한 것이라는 것이 일반적인 입장이다.
(O / X)

03 「국가배상법」은 생명·신체의 침해에 대한 위자료의 지급만을 규정하고 있으므로, 재산권의 침해에 대해서는 위자료를 청구할 수 없다.
12 경찰행정학과 특채 (O / X)

04 사인이 받은 손해란 생명·신체·재산상의 손해는 인정하지만, 정신상의 손해는 인정하지 않는다.
17 사회복지 (O / X)

| 정답 | 01 O 02 O 03 X 04 X

개념확인 O/X

ⓒ **북한이탈주민의 귀순사실 등에 대한 공개에 따른 위자료 지급 여부**

북한이탈주민 갑 등이 귀순사실 및 신원비공개 요청을 하였음에도 강원지방경찰청이 언론에 갑 등의 인적 사항과 탈북경로 등 관련 자료를 제공하여 보도되도록 하자 갑 등이 국가를 상대로 위자료를 청구한 사안에서, 국가의 위자료 지급책임을 인정하면서 북한 내 가족에 대한 위해가 실제 발생하였는지 등에 관한 증명이 없더라도 그 발생 가능성을 위자료 참작사유로 삼을 수 있다(대판 2012.4.26. 2011다53164).

ⓒ **도라산역사 내 벽면 및 기둥들의 벽화를 철거하여 소각한 경우 위자료를 지급할 의무가 있다**

갑이 국가의 의뢰로 도라산역사 내 벽면 및 기둥들에 벽화를 제작·설치하였는데, 국가가 작품 설치일로부터 약 3년 만에 벽화를 철거하여 소각한 사안에서, 갑은 특별한 역사적, 시대적 의미를 가지고 있는 도라산역이라는 공공장소에 국가의 의뢰로 설치된 벽화가 상당 기간 전시되고 보존되리라고 기대하였고, 국가도 단기간에 이를 철거할 경우 갑이 예술창작자로서 갖는 명예감정 및 사회적 신용이나 명성 등이 침해될 것을 예상할 수 있었음에도, 국가가 벽화 설치 이전에 이미 알고 있었던 사유를 들어 적법한 절차를 거치지 아니한 채 철거를 결정하고 원형을 크게 손상시키는 방법으로 철거 후 소각한 행위는 현저하게 합리성을 잃은 행위로서 객관적 정당성을 결여하여 위법하므로, 국가는 「국가배상법」 제2조 제1항에 따라 갑에게 위자료를 지급할 의무가 있다(대판 2015. 8.27. 2012다204587).

ⓒ **재산상의 손해로 인하여 받는 정신적 고통의 배상**

재산상의 손해로 인하여 받는 정신적 고통은 그로 인하여 재산상 손해의 배상만으로는 전보될 수 없을 정도의 심대한 것이라고 볼 만한 특별한 사정이 없는 한 재산상 손해배상으로써 위자된다(대판 1998.7.10. 96다38971).

ⓔ 공제(控除)
  ⓐ **손익상계**: 피해자가 손해와 이익을 동시에 얻은 경우라면 그 이익에 해당되는 만큼의 금액을 손해배상액에서 공제하여야 한다. 01
  ⓑ **과실상계**: 「국가배상법 시행령」 제21조 제1항에는 "배상결정은 믿을 수 있는 증거자료에 의하여 이루어져야 하며, 배상금을 지급하는 결정을 함에 있어 피해자 측의 과실이 있을 때에는 법과 이 영에 정한 기준에 따라 산정한 금액에 대하여 그 과실의 정도에 따른 과실상계를 하여야 한다."는 규정을 두고 있다.
  ⓒ 중간이자 공제
    ⓘ **의의**: 유족배상과 장해배상 및 장래에 필요한 요양비 등을 한꺼번에 신청하는 경우에는 중간이자를 빼야 한다. 중간이자를 빼는 방식은 대통령령으로 정한다.
    ⓘⓘ **종래의 방식**: 유족배상과 장해배상, 필요요양비 등을 일시청구할 경우 복할인법(라이프니츠식)으로 이자를 공제하였다.
    ⓘⓘⓘ **최근의 방식**: 복할인법에 의한 이자공제방식이 피해자에게 불리하게 작용하므로 단할인법(호프만식)에 의하여 이자를 공제하게 되었다(「국가배상법」 제3조의2, 같은 법 시행령 제6조 제3항).
  ⓓ 공무원 연금 등과의 공제문제
    ⓘ 국가 등의 위법한 행위로 국가배상을 받는 자가 「공무원연금법」, 「국가유공자 등 예우 및 지원에 관한 법률」, 「의사상자 등 예우 및 지원에 관한 법률」상의 급여를 받게 되는 경우에 이에 대한 공제를 하여야 하는지에 대한 문제이다.

---

01 피해자가 국가 등으로부터 피해와 동시에 이익이 발생한 경우에 국가배상 금액은 상계되어 차액만 지급한다.
(O / X)

정답 | 01 ○

ⅱ) 이는 국가배상을 받게 되는 자가 「국가배상법」 제2조 제1항의 단서규정에 따른 군인이 아니어서 이중배상의 제한에 해당되지 않는다.
ⅲ) 대법원은 국가배상의 손해액에서 공제할 수 없다는 입장이지만, 「공무원연금법」에 의한 유족보상금과 장해보상금을 공제하여야 한다고 본다.

> **관련 판례**
>
> ● 공무원이 공무집행 중 다른 공무원의 불법행위로 인하여 부상당한 경우, 그에 대한 「국가배상법」상의 소극적 손해액에서 「공무원연금법」에 의하여 지급된 장해보상금을 공제하여야 하는지 여부(적극)
>
> 공무원이 공무집행 중 다른 공무원의 불법행위로 인하여 부상당한 경우, 부상당한 공무원이 「국가배상법」에 의하여 국가 또는 지방자치단체로부터 소극적 손해에 대한 배상을 받았다면 공무원연금관리공단 등은 그에게 같은 종류의 급여인 장해보상금에서 그 상당액을 공제한 잔액만을 지급하면 되고, 부상당한 공무원이 공무원연금관리공단 등으로부터 「공무원연금법」 소정의 장해보상금을 지급받았다면 국가 또는 지방자치단체는 그에게 그의 소극적 손해액에서 그가 지급받은 장해보상금 상당액을 공제한 잔액만을 지급하면 된다고 봄이 상당하다(대판 1999.8.24. 99다24997).

③ **손해배상청구권의 양도·압류금지**: 피해자나 유족들을 보호하기 위하여 생명·신체의 침해로 인한 손해배상청구권은 양도하거나 압류하지 못하게 하고 있다(「국가배상법」 제4조).

④ **손해배상청구권의 소멸시효**
  ㉠ 「국가배상법」 규정: 「국가배상법」에는 소멸시효에 관한 규정을 두고 있지 않다. 따라서 제8조 '다른 법률과의 관계규정'에서는 "국가나 지방자치단체의 손해배상책임에 관하여는 이 법에 규정된 사항 외에는 「민법」에 따른다. 다만, 「민법」 외의 법률에 다른 규정이 있을 때에는 그 규정에 따른다."라고 규정하여 「민법」을 따르고 있다.
  ㉡ 「민법」 규정: 불법행위로 인한 손해배상의 청구권은 피해자나 그 법정대리인이 그 손해 및 가해자를 안 날로부터 3년간 이를 행사하지 아니하면 시효로 인하여 소멸하고, 불법행위를 한 날부터 10년을 경과한 때에도 같다고 규정되어 있다(제766조 제1항·제2항).
  ㉢ 「국가재정법」과 「지방재정법」의 규정: 금전의 급부를 목적으로 하는 국가(또는 지방자치단체)의 권리로서 시효에 관하여 다른 법률에 규정이 없는 것은 5년 동안 행사하지 아니하면 시효로 인하여 소멸하며, 국가(또는 지방자치단체)에 대한 권리로서 금전의 급부를 목적으로 하는 것도 또한 같다고 규정하고 있다.
  ㉣ 국가(또는 지방자치단체)에 대한 손해배상 소멸시효: 손해배상청구권은 피해자나 그 법정대리인이 손해 및 그 가해자를 안 날로부터 3년(「민법」 제766조 제1항), 불법행위를 한 날부터 5년이 지나면 시효로 소멸한다. **01**
  ㉤ 소멸시효에 대한 위헌 여부: 헌법재판소는 「국가배상법」 제8조가 국가배상청구권에도 소멸시효제도를 적용하도록 한 것은 헌법에 위반되지 아니한다고 본다.
  ㉥ 손해 및 가해자를 안 날의 판단
    ⓐ '손해 및 가해자를 안 날'은 공무원의 직무집행상 불법행위의 존재 및 그로 인한 손해의 발생 등 불법행위의 요건사실에 대하여 현실적이고도 구체적으로 인식하였을 때를 의미한다. **02**
    ⓑ 또한 가해자를 안다는 것은 피해자나 그 법정대리인이 가해 공무원이 국가 또는 지방자치단체와 공법상 근무관계가 있다는 사실을 알고, 또한 일반인이 당해 공무원의 불법행위가 국가 또는 지방자치단체의 직무를 집행함에 있어서 행해진 것이라고 판단하기에 족한 사실까지 인식하는 것을 의미한다는 것이 대법원의 입장이다.

> **개념확인 O/X**
>
> **01** 국가배상청구권은 피해자나 그 법정대리인이 그 손해 및 가해자를 안 날로부터 3년간 이를 행사하지 아니하면 시효로 인하여 소멸한다.
> 18 서울7급 (O / X)
>
> **02** 배상청구권의 시효와 관련하여 '가해자를 안다는 것'은 피해자나 그 법정대리인이 가해 공무원의 불법행위가 그 직무를 집행함에 있어서 행해진 것이라는 사실까지 인식함을 요구하지 않는다.
> 17 국가7급 (O / X)

| 정답 | 01 O 02 X

| 개념확인 O/X | 관련 판례 |

Ⓐ '권리를 행사할 수 있는 때의 도래'가 시효의 진행 요건인지 여부

국가배상청구권에 관한 3년의 단기소멸시효기간 기산에는 「민법」 제766조 제1항 외에 소멸시효의 기산점에 관한 일반규정인 「민법」 제166조 제1항이 적용된다. 따라서 3년의 단기소멸시효기간은 그 '손해 및 가해자를 안 날'에 더하여 그 '권리를 행사할 수 있는 때'가 도래하여야 비로소 시효가 진행한다. …(중략)… 긴급조치 제9호에 기한 일련의 국가작용으로 인한 불법행위로 발생한 권리를 행사할 수 없는 장애사유가 있어 소멸시효가 완성되지 않았다고 보아야 한다(대판 2023.2.2. 2020다270633).

Ⓑ 가해자와 손해를 안 날과 그 판단기준 [17 국가직 7급]

「국가배상법」 제2조 제1항 본문 전단의 국가배상청구권에는 「국가배상법」 제8조에 의하여 「민법」 제766조 제1항이 적용되므로, 국가배상청구권은 피해자나 그 법정대리인이 손해 및 가해자를 안 날부터 3년간 이를 행사하지 아니하면 시효로 인하여 소멸하고, 여기서 '손해 및 가해자를 안 날'은 공무원의 직무집행상 불법행위의 존재 및 그로 인한 손해의 발생 등 불법행위의 요건사실에 대하여 현실적이고도 구체적으로 인식하였을 때를 의미하지만, 피해자 등이 언제 불법행위의 요건사실을 현실적이고도 구체적으로 인식한 것으로 볼 것인지는 개별 사건에서 여러 객관적 사정과 손해배상청구가 가능하게 된 상황 등을 종합하여 합리적으로 판단하여야 한다(대판 2012.4.13. 2009다33754).

Ⓒ 가해자를 안 날의 의미 [17 국가직 7급]

「국가배상법」 제2조 제1항 본문 전단 규정에 따른 배상책임을 묻는 사건에 대하여는 같은 법 제8조의 규정에 의하여 「민법」 제766조 제1항 소정의 단기소멸시효제도가 적용되는 것인바, 여기서 가해자를 안다는 것은 피해자나 그 법정대리인이 가해 공무원이 국가 또는 지방자치단체와 공법상 근무관계가 있다는 사실을 알고, 또한 일반인이 당해 공무원의 불법행위가 국가 또는 지방자치단체의 직무를 집행함에 있어서 행해진 것이라고 판단하기에 족한 사실까지 인식하는 것을 의미한다(대판 2008.5.29. 2004다33469).

Ⓓ 국가의 소멸시효 완성 주장이 신의칙에 반하여 권리남용에 해당하는지 여부에 관한 판단기준

채무자의 소멸시효에 기한 항변권의 행사도 우리 「민법」의 대원칙인 신의성실의 원칙과 권리남용금지의 원칙의 지배를 받는 것이어서, 채무자가 시효완성 전에 채권자의 권리행사나 시효중단을 불가능 또는 현저히 곤란하게 하였거나, 그러한 조치가 불필요하다고 믿게 하는 행동을 하였거나, 객관적으로 채권자가 권리를 행사할 수 없는 장애사유가 있었거나, 또는 일단 시효완성 후에 채무자가 시효를 원용하지 아니할 것 같은 태도를 보여 권리자로 하여금 그와 같이 신뢰하게 하였거나, 채권자보호의 필요성이 크고, 같은 조건의 다른 채권자가 채무의 변제를 수령하는 등의 사정이 있어 채무이행의 거절을 인정함이 현저히 부당하거나 불공평하게 되는 등의 특별한 사정이 있는 경우에는 채무자가 소멸시효의 완성을 주장하는 것이 신의성실의 원칙에 반하여 권리남용으로서 허용될 수 없다(대판 2008.5.29. 2004다33469).

C 경찰관들로부터 폭행을 당한 사람이 그 경찰관들을 폭행죄로 고소하였으나 오히려 무고죄로 기소되어 제1심에서 징역형을 선고받았다가 상고심에서 무죄로 확정된 사안에서, 무고죄에 대한 무죄판결이 확정된 때부터 손해배상청구의 소멸시효가 진행된다

> 경찰관들로부터 폭행을 당한 갑이 그 경찰관들을 폭행죄로 고소하였으나 오히려 무고죄로 기소되어 제1심에서 징역형을 선고받았다가 상고심에서 무죄로 확정된 사안에서, 갑의 무고죄가 유죄로 인정되는 경우에는 갑이 가해 경찰관들이나 국가에 대하여 손해배상청구를 하더라도 손해배상을 받을 수 없고 오히려 가해 경찰관들에게 손해를 배상해 주어야 할 입장에 놓일 수도 있게 될 것이어서 이와 같은 상황 아래서 갑이 손해배상청구를 한다는 것은 사실상 불가능하다고 보이므로, 갑의 손해배상청구는 무고죄에 대한 무죄판결이 확정된 때에야 비로소 사실상 가능하게 되었다고 보아야 하며, 갑의 손해배상청구권은 그때부터 소멸시효가 진행된다(대판 2010.12.9. 2010다71592).

C 공무원의 직무수행 중 불법행위로 납북된 피해자의 국가배상청구권에 관한 소멸시효는 납북상태가 지속되는 동안에도 진행하는지 여부(원칙적 소극)

> 국가배상청구권에 관한 3년의 단기시효기간을 기산하는 경우에도 「민법」 제766조 제1항 외에 소멸시효의 기산점에 관한 일반규정인 「민법」 제166조 제1항이 적용되므로, 3년의 단기시효기간은 '손해 및 가해자를 안 날'에 더하여 '권리를 행사할 수 있는 때'가 도래하여야 비로소 시효가 진행한다. 그런데 공무원의 직무수행 중 불법행위에 의하여 납북된 것을 원인으로 하는 국가배상청구권 행사의 경우, 남북교류의 현실과 거주·이전 및 통신의 자유가 제한된 북한 사회의 비민주성이나 폐쇄성 등을 고려하여 볼 때, 다른 특별한 사정이 없는 한 북한에 납북된 사람이 국가를 상대로 대한민국 법원에 소장을 제출하는 등으로 권리를 행사하는 것은 객관적으로도 불가능하므로, 납북상태가 지속되는 동안은 소멸시효가 진행하지 않는다(다만, 납북자에 대한 실종선고심판이 확정되게 되면 상속인들에 의한 상속채권의 행사가 가능해질 뿐이다)(대판 2012.4.13. 2009다33754).
> ※ 납북피해자는 소멸시효가 완성되지 않았지만 가족은 소멸시효가 완성되었다는 사건

C 불법구금된 자는 불법구금으로부터 벗어난 시점에 시효가 진행된다

> 1980년 10월부터 11월 사이에 일어난 이른바 '10·27 법난' 당시 정부 소속 합동수사본부 내 합동수사단 수사관들에 의해 불법구금이 되어 고문과 폭행 등을 당한 피해자가 불법구금 상태에서 벗어난 1980.11.26.부터 5년이 훨씬 경과한 2009.6.5.에야 국가를 상대로 손해배상을 구하는 소를 제기하자 국가가 소멸시효 완성을 주장한 사안에서, 국가의 소멸시효 완성 주장이 신의칙에 반하여 권리남용에 해당한다고 할 수 없다고 본 원심판단은 정당하다(대판 2011.10.27. 2011다54709).

C 국가의 소멸시효 항변이 신의칙에 반하여 허용될 수 없다는 사례

> 신병훈련을 마치고 부대에 배치된 군인이 선임병들에게서 온갖 구타와 가혹행위 및 끊임없는 욕설과 폭언에 시달리다가 전입한 지 채 열흘도 지나지 않은 1991.2.3. 부대 철조망 인근 소나무에 목을 매어 자살을 하였는데, 유족들이 망인이 사망한 날로부터 5년의 소멸시효 기간이 훨씬 경과한 2009.12.10.에야 국가를 상대로 손해배상을 구하는 소를 제기하자 국가가 소멸시효 완성을 항변한 사안에서, 국가의 소멸시효 완성 항변은 신의성실의 원칙에 반하는 권리남용으로서 허용될 수 없다(대판 2011.10.13. 2011다36091).

ⓒ 진실·화해를 위한 과거사정리위원회가 「진실·화해를 위한 과거사정리 기본법」 제2조 제1항 제3호·제4호 사건에 대하여 진실규명결정을 한 경우, 피해자와 유족들의 손해배상청구권에 대한 「민법」 제766조 제1항의 단기소멸시효의 기산점인 '손해발생 및 가해자를 안 날'(= 진실규명결정통지서가 송달된 날)

> 진실·화해를 위한 과거사정리위원회가 「진실·화해를 위한 과거사정리 기본법」 제2조 제1항 제3호의 '민간인 집단 희생사건', 같은 항 제4호의 '중대한 인권침해·조작의혹사건'에 대하여 진실규명결정을 한 경우 그 피해자 및 유족들의 손해배상청구권에 대한 「민법」 제766조 제1항의 단기소멸시효와 관련하여 '손해발생 및 가해자를 안 날'은 진실규명결정일이 아닌 그 진실규명결정통지서가 송달된 날을 의미한다. … (중략) … 진실·화해를 위한 과거사정리위원회가 '1970년대 유신정권의 경제개발 과정에서 국가기관이 노조의 설립과 활동을 방해하고, 이른바 '블랙리스트'를 작성·관리하면서 갑 등 해직된 노동조합 간부 및 조합원의 재취업을 막는 등의 중대한 인권침해 행위가 있었다'는 취지의 진실규명결정을 하자, 갑 등이 국가배상을 구한 사안에서, 진실규명결정통지서가 갑 등에게 송달된 때가 불명확하더라도 적어도 위 결정일부터 3년 이내에 소가 제기되었음은 분명하므로, 갑 등의 청구에 대하여 「민법」 제766조 제1항의 단기소멸시효는 완성되지 않았다(대판 2020. 12. 10. 2020다205455).

ⓑ 「국가배상법」 제2조 제1항 본문 전단 규정에 따른 배상청구권의 소멸시효기간(= 「국가재정법」에 따른 5년) / 소멸시효기간이 법원의 직권판단 대상인지 여부(적극)

> 「국가배상법」 제2조 제1항 본문 전단 규정에 따른 배상청구권은 금전의 급부를 목적으로 하는 국가에 대한 권리로서 「국가재정법」 제96조 제2항·제1항이 적용되므로 이를 5년간 행사하지 아니할 때에는 시효로 인하여 소멸한다. 소멸시효는 객관적으로 권리가 발생하여 그 권리를 행사할 수 있는 때로부터 진행하고 그 권리를 행사할 수 없는 동안은 진행하지 않으나, '권리를 행사할 수 없는' 경우란 그 권리행사에 법률상의 장애사유가 있는 경우를 의미하고 사실상 권리의 존재나 권리행사 가능성을 알지 못하였고 알지 못함에 과실이 없다고 하여도 이에 해당하지 않는다(대판 2008. 5. 29. 2004다33469 참조). 한편 어떤 권리의 소멸시효기간이 얼마나 되는지에 관한 주장은 단순한 법률상의 주장에 불과하여 변론주의의 적용대상이 되지 않으므로 법원이 직권으로 판단할 수 있다(대판 2023. 12. 14. 2023다248903).

(5) 배상책임의 성질

> **결정적 코멘트** ▶ 배상책임과 구상권에 관한 대법원의 입장과 「국가배상법」상의 규정을 이해하고 암기하여야 한다.

① **자기책임설(헌법학계 다수설)**
  ㉠ 배상책임은 국가 등이 공무원의 책임을 대신지는 것이 아니라, 국가기관인 공무원의 행위형식으로 직접 국가 등이 책임을 부담하는 것이라는 견해이다(위험책임, 무과실책임). **01**
  ㉡ 피해자는 공무원이나 국가 등에 선택적 청구를 할 수 있다. 즉, 가해행위는 국가의 행위인 동시에 가해공무원 자신의 행위이므로 가해공무원도 배상할 책임이 있으며, 따라서 피해자는 어느 한쪽에라도 선택청구가 가능하게 된다.
  ㉢ 헌법 제29조 제1항의 단서에 "이 경우 공무원 자신의 책임은 면제되지 아니한다."의 의미는 가해자도 피해자에 대하여 책임을 진다는 의미라고 한다.

② **대위책임설(행정법학계 다수설)**
  ㉠ 배상책임은 위법한 행위를 행한 공무원의 책임이며, 따라서 공무원이 배상책임을 부담하여야 한다. 그러나 공무원이 무자력자일 경우 피해자 보호를 위하여 국가가 대신하여 배상부담을 하는 것이라는 견해이다.

---

01 자기책임설은 공무원의 직무상 행위의 위법 여부와 상관없이 국가가 자기의 행위에 대한 배상책임을 지는 것으로 보는 견해이다.
20 군무원7급 (O / X)

정답 | 01 ○

ⓒ 피해자는 공무원이나 국가 등에 선택적 청구를 할 수 없다. 배상책임은 원래 공무원 책임이나 국가가 대신 부담하는 것이고, 공무원이 무자력자일 경우에 피해자를 보호하기 위한 것이며, 공무원의 사기저하를 방지하고자 하는 취지이기 때문이다.

③ 중간설
ⓐ 공무원의 위법이 고의·중과실인 경우(대위책임): 국가기관의 행위로 볼 수 없고, 공무원에게 구상권을 행사할 수 있다.
ⓑ 공무원의 위법이 경과실인 경우(자기책임): 국가기관의 행위로 보아야 하고, 구상권이 부정되기에 자기책임이다.

④ 절충설
ⓐ 공무원의 위법이 고의·중과실에 의한 행위일 경우: 국가기관의 행위로 볼 수 없어 공무원만이 책임을 지나, 그 행위가 직무로서 외형을 갖춘 경우에는 국가도 자기책임으로서 배상책임이 있다.
ⓑ 공무원의 위법이 경과실에 의한 행위일 경우: 국가기관의 행위로 볼 수 있어 국가의 자기책임이다.

⑤ 판례의 입장(절충설의 입장이라는 것이 다수설)
ⓐ 종래 판례의 입장
ⓐ 종전 판례는 공무원의 직무상 불법행위로 국민에게 손해를 입힌 경우에 공무원의 귀책사유의 정도에 관계없이 공무원 개인이 손해배상책임을 진다고 판시하여 선택적 청구를 긍정한 바 있다(대판 1972.10.10. 69다701).
ⓑ 그 후 다시 종전의 판례를 변경하여 공무원의 귀책사유의 정도에 관계없이 공무원 개인은 손해배상책임을 지지 아니한다고 판시하여 선택적 청구를 부정하였다(대판 1994.4.12. 93다11807).
ⓑ 최근 판례의 입장: 최근의 판례는 이전의 두 판례를 모두 변경하였다. 즉, 판례에 의하면 공무원의 고의·중과실이 있는 경우에는 선택적 청구권이 인정되나, 경과실의 경우에는 선택적 청구권이 부인된다고 하였다(대판 1996.2.15. 95다38677 전합). **01 02**

> **관련 판례**
>
> ⓒ 「국가배상법」 제2조 제1항 본문 및 제2항의 입법취지
>
> 「국가배상법」 제2조 제1항 본문 및 제2항의 입법취지는 공무원의 직무상 위법행위로 타인에게 손해를 끼친 경우에는 변제자력이 충분한 국가 등에게 선임감독상 과실 여부에 불구하고 손해배상책임을 부담시켜 국민의 재산권을 보장하되, <u>공무원이 직무를 수행함에 있어 경과실로 타인에게 손해를 입힌 경우에는 그 직무수행상 통상 예기할 수 있는 흠이 있는 것에 불과하므로, 이러한 공무원의 행위는 여전히 국가 등의 기관의 행위로 보아 그로 인하여 발생한 손해에 대한 배상책임도 전적으로 국가 등에만 귀속시키고 공무원 개인에게는 그로 인한 책임을 부담시키지 아니하여 공무원의 공무집행의 안정성을 확보하고</u>, 반면에 공무원의 위법행위가 고의·중과실에 기한 경우에는 비록 그 행위가 그의 직무와 관련된 것이라고 하더라도 그와 같은 행위는 그 본질에 있어서 기관행위로서의 품격을 상실하여 국가 등에게 그 책임을 귀속시킬 수 없으므로 <u>공무원 개인에게 불법행위로 인한 손해배상책임을 부담시키되, 다만 이러한 경우에도 그 행위의 외관을 객관적으로 관찰하여 공무원의 직무집행으로 보여질 때에는 피해자인 국민을 두텁게 보호하기 위하여 국가 등이 공무원 개인과 중첩적으로 배상책임을 부담하되 국가 등이 배상책임을 지는 경우에는 공무원 개인에게 구상할 수 있도록 함으로써</u> 궁극적으로 그 책임이 공무원 개인에게 귀속되도록 하려는 것이라고 봄이 합당하다(대판 1996.2.15. 95다38677 전합).

개념확인 O/X

01 공무원에게 경과실이 있는 경우에도 피해자는 국가나 공무원을 선택하여 배상을 청구할 수 있다.
(O / X)

02 공무원이 고의 또는 중과실로 불법행위를 하여 손해를 입힌 경우 피해자는 공무원 개인에 대하여 손해배상을 청구할 수 있다.
16 서울9급 (O / X)

| 정답 | 01 X 02 O

| 심화 학습 | 판례의 변경 |

① 선택적 청구 긍정(대판 1972.10.10. 69다701) ⇨ ② 선택적 청구 부정(대판 1994.4.12. 93다11807) ⇨ ③ 공무원이 고의·중과실인 경우: 선택적 청구 인정/경과실인 경우: 선택적 청구 부정

(6) 구상권

① **문제의 제기**: 국가나 지방자치단체가 공무원의 직무상의 불법행위에 대해서 배상을 한 경우에 당해 공무원에게 구상권을 행사할 수 있는지에 대한 문제이다. 이는 공무원의 책임에 관련된 문제이다.

② **「국가배상법」상의 규정**: 제2조 제2항에 "공무원에게 '고의 또는 중대한 과실'이 있으면 국가나 지방자치단체는 그 공무원에게 구상할 수 있다."고 규정되어 있다.

③ **판례의 입장**
  ㉠ 대법원은 국가배상책임에 대한 성질을 절충설적 입장에서 불법의 공무원이 고의나 중과실의 경우에는 공무원에게 구상권을 행사할 수 있고, 경과실의 경우에는 구상권을 행사할 수 없다는 입장이다. **01 02**
  ㉡ 경과실의 공무원이 직접 배상한 경우, 국가에 대한 구상권 여부에 대해 피해자에게 손해를 직접 배상한 경과실이 있는 공무원은 특별한 사정이 없는 한 국가에 대하여 국가의 피해자에 대한 손해배상책임의 범위 내에서 공무원이 변제한 금액에 관하여 구상권을 취득한다고 본다.
  ㉢ 또한 국가가 소멸시효 완성을 주장하는 것이 신의성실의 원칙에 반하는 권리남용으로 허용될 수 없어 배상책임을 이행한 경우에, 소멸시효 완성 주장이 권리남용에 해당하게 된 원인행위와 관련하여 공무원이 그 원인행위를 적극적으로 주도하였다는 등의 특별한 사정이 없는 한, 국가가 공무원에게 구상권을 행사하는 것은 신의칙상 허용되지 않는다는 입장이다.

| 관련 판례 |

C 직무상 불법행위에 대한 공무원 개인의 손해배상책임 유무 및 공무원 개인의 책임이 인정되는 '중과실'의 의미 [23 소방직] **03**

공무원이 직무수행 중 불법행위로 타인에게 손해를 입힌 경우에 국가나 지방자치단체가 국가배상책임을 부담하는 외에 공무원 개인도 고의 또는 중과실이 있는 경우에는 불법행위로 인한 손해배상책임을 지고, 공무원에게 경과실이 있을 뿐인 경우에는 공무원 개인은 불법행위로 인한 손해배상책임을 부담하지 아니하는데, 여기서 <u>공무원의 중과실이란 공무원에게 통상 요구되는 정도의 상당한 주의를 하지 않더라도 약간의 주의를 한다면 손쉽게 위법·유해한 결과를 예견할 수 있는 경우임에도 만연히 이를 간과함과 같은 거의 고의에 가까운 현저한 주의를 결여한 상태를 의미한다</u>(대판 2011.9.8. 2011다34521).

B 국가가 고의·중과실의 공무원에게 구상권을 행사할 수 없는 경우 [19 서울시 9급]

공무원의 불법행위로 손해를 입은 피해자의 국가배상청구권의 소멸시효기간이 지났으나 국가가 소멸시효 완성을 주장하는 것이 신의성실의 원칙에 반하는 권리남용으로 허용될 수 없어 배상책임을 이행한 경우에는, 소멸시효 완성 주장이 권리남용에 해당하게 된 원인행위와 관련하여 공무원이 원인이 되는 행위를 적극적으로 주도하였다는 등의 특별한 사정이 없는 한, 국가가 공무원에게 구상권을 행사하는 것은 신의칙상 허용되지 않는다(대판 2016.6.10. 2015다217843).

| 개념확인 O/X |

01 가해공무원에게 경과실이 있는 경우 공무원 개인은 손해배상책임을 부담한다.
19 소방 (O/X)

02 국가·지방자치단체의 구상권은 가해공무원에게 고의 또는 중과실이 있는 경우에 한하여 인정된다.
19 소방 (O/X)

03 공무원 개인이 지는 손해배상책임에서 중과실이란 공무원에게 통상 요구되는 정도의 상당한 주의를 하지 않더라도 약간의 주의를 한다면 손쉽게 위법·유해한 결과를 예견할 수 있는 경우임에도 만연히 이를 간과한 경우와 같이, 거의 고의에 가까운 현저한 주의를 결여한 상태를 의미한다.
23 소방 (O/X)

| 정답 | 01 X 02 O 03 O

ⓑ 공무원의 직무수행 중 불법행위로 인한 피해에 대하여 경과실이 있는 공무원이 피해자에게 손해를 배상한 다음 국가에 대하여 구상권을 행사할 수 있는지 여부(적극) [22 지방직 9급, 19 국가직 9급] 01 02

> 경과실이 있는 공무원이 피해자에 대하여 손해배상책임을 부담하지 아니함에도 피해자에게 손해를 배상하였다면 그것은 채무자 아닌 사람이 타인의 채무를 변제한 경우에 해당하고, 이는 「민법」 제469조의 '제3자의 변제' 또는 「민법」 제744조의 '도의관념에 적합한 비채변제'에 해당하여 피해자는 공무원에 대하여 이를 반환할 의무가 없고, 그에 따라 피해자의 국가에 대한 손해배상청구권이 소멸하여 국가는 자신의 출연 없이 그 채무를 면하게 되므로, 피해자에게 손해를 직접 배상한 경과실이 있는 공무원은 특별한 사정이 없는 한 국가에 대하여 국가의 피해자에 대한 손해배상책임의 범위 내에서 공무원이 변제한 금액에 관하여 구상권을 취득한다고 봄이 타당하다(대판 2014.8.20. 2012다54478).

ⓒ 등록심사위원회에 회부되어 변호사등록이 지연된 경우 대한변호사협회의 장의 경과실 여부

> 갑이 선고유예판결의 확정으로 변호사등록이 취소되었다가 선고유예기간이 경과한 후 대한변호사협회에 변호사 등록신청을 하였는데, 협회장 을이 등록심사위원회에 갑에 대한 변호사등록 거부 안건을 회부하여 소정의 심사과정을 거쳐 대한변호사협회가 갑의 변호사등록을 마쳤고, 이에 갑이 대한변호사협회 및 협회장 을을 상대로 변호사 등록거부사유가 없음에도 위법하게 등록심사위원회에 회부되어 변호사등록이 2개월간 지연되었음을 이유로 손해배상을 구한 사안에서, 대한변호사협회는 을 및 등록심사위원회 위원들이 속한 행정주체의 지위에서 갑에게 변호사등록이 위법하게 지연됨으로 인하여 얻지 못한 수입 상당액의 손해를 배상할 의무가 있는 반면, 을은 경과실 공무원의 면책 법리에 따라 갑에 대한 배상책임을 부담하지 않는다(대판 2021.1.28. 2019다260197).

ⓒ 공법인이 국가로부터 위탁받은 공행정사무를 집행하는 과정에서 공법인의 임직원이나 피용인이 고의 또는 과실로 법령을 위반하여 타인에게 손해를 입힌 경우, 공법인의 임직원이나 피용인은 고의 또는 중과실이 있는 경우에만 배상책임을 부담하는지 여부(적극) / 공무원의 '중과실'의 의미

> 공법인이 국가로부터 위탁받은 공행정사무를 집행하는 과정에서 공법인의 임직원이나 피용인이 고의 또는 과실로 법령을 위반하여 타인에게 손해를 입힌 경우에는, 공법인은 위탁받은 공행정사무에 관한 행정주체의 지위에서 배상책임을 부담하여야 하지만, 공법인의 임직원이나 피용인은 실질적인 의미에서 공무를 수행한 사람으로서 「국가배상법」 제2조에서 정한 공무원에 해당하므로 고의 또는 중과실이 있는 경우에만 배상책임을 부담하고 경과실이 있는 경우에는 배상책임을 면한다. 한편 공무원의 중과실이란 공무원에게 통상 요구되는 정도의 상당한 주의를 하지 않더라도 약간의 주의를 한다면 손쉽게 위법·유해한 결과를 예견할 수 있는 경우임에도 만연히 이를 간과한 경우와 같이, 거의 고의에 가까운 현저한 주의를 결여한 상태를 의미한다(대판 2021.1.28. 2019다260197).

ⓓ 공무원의 선임 감독자와 비용부담자가 다른 경우: 양자 모두 피해자에게 배상책임을 지며, 이 경우 손해를 배상하는 자는 내부관계에서 그 손해를 배상할 책임이 있는 자에게 구상할 수 있다(「국가배상법」 제6조 제2항). 이때 비용부담자가 배상책임을 진 경우에는 궁극적 배상책임자라 할 수 있는 선임·감독자에게 구상권을 행사할 수 있을 것이다. 03

(7) 자동차손해배상책임

① 법 규정
　㉠ 「국가배상법」 제2조 제1항: 국가나 지방자치단체는 공무원이 직무를 집행하면서 고의 또는 과실로 법령을 위반하여 타인에게 손해를 입히거나, 「자동차손해배상 보장법」에 따라 손해배상의 책임이 있을 때에는 이 법에 따라 그 손해를 배상하여야 한다.

개념확인 O/X

01 피해자에게 손해를 직접 배상한 경과실이 있는 공무원은 특별한 사정이 없는 한, 국가의 피해자에 대한 손해배상책임의 범위 내에서 자신이 변제한 금액에 관하여 국가에 대한 구상권을 취득한다.
19 국가9급　　　　　　　(O / X)

02 경과실로 불법행위를 한 공무원이 피해자에게 손해를 배상하였다면 이는 타인의 채무를 변제한 경우에 해당하므로 피해자는 공무원에게 이를 반환할 의무가 있다.
22 지방9급　　　　　　　(O / X)

03 사무귀속주체와 비용부담주체가 동일하지 아니한 경우에는 사무귀속주체가 손해를 우선적으로 배상하여야 한다.
16 서울9급　　　　　　　(O / X)

| 정답 | 01 ○　02 X　03 X

| 개념확인 O/X |

ⓒ 「자동차손해배상 보장법」 제3조: 자기를 위하여 자동차를 운행하는 자는 그 운행으로 다른 사람을 사망하게 하거나 부상하게 한 경우에는 그 손해를 배상할 책임을 진다.
  ⓐ 운행자 책임의 요건은 자동차사고로 이해 사망이나 부상의 손해가 발생한 경우 이에 대한 책임요건으로 자동차운행자책임이라 한다.
  ⓑ 운행자 책임요건으로는 ⅰ) '자기를 위하여 자동차를 운행하는 자(운행자)'로서 ⅱ) '다른 사람을 사망하게 하거나 부상하게 한' 인적 손해에 ⅲ) 면책요건(「자동차손해배상 보장법」제3조의 각 호에 규정된)에 해당하지 않을 것을 말한다.

ⓒ 양자 관계
  ⓐ 「자동차손해배상 보장법」은 「국가배상법」의 특별법의 지위를 갖게 되어 「자동차손해배상 보장법」이 우선적용된다. 01
  ⓑ 이에 공무원의 자동차운행에 따른 사고는 「자동차손해배상 보장법」상의 운행자책임의 요건 충족 여부가 우선 검토될 것이고, 이 요건의 성부에 따라 2차적으로 「국가배상법」의 배상책임 여부가 검토될 것이다.
  ⓒ 즉, 공무원의 차량사고로 인한 국가배상과 관련하여서는 국가 등이 「자동차손해배상 보장법」상의 책임성립요건을 갖추면, 자동차손해배상책임의 범위와 절차는 「국가배상법」이 정한 바에 의하여 배상책임을 진다고 해석된다.
  ⓓ 국가의 운행자책임이 성립되는 경우에 배상의 책임내용 등은 「국가배상법」이 적용되어 「국가배상법」 제2조 제1항의 단서규정은 적용된다.

② 「자동차손해배상 보장법」에 의한 국가배상의 성립요건
  ㉠ 운행자성
    ⓐ 국가 또는 지방자치단체가 「자동차손해배상 보장법」상의 운행자성을 갖추어야 한다. 이유는 「자동차손해배상 보장법」상 '자기를 위하여 자동차를 운행하는 자'로 규정되어 있기 때문이다.
    ⓑ 운행자는 보유자와 구별된다. 무단운전자, 절도운전자도 운행자에 포함되므로 보유자보다 넓은 개념이다.
    ⓒ 타인을 위하여 자동차를 운전 또는 보조에 종사하는 자인 운전자와 구별된다.
    ⓓ 운행자성은 '운행이익'과 '운행지배'를 요건으로 한다.
      ⅰ) 운행이익: 운행으로부터 나오는 이익
      ⅱ) 운행지배: 자동차의 운행과 관련하여 현실적으로 자동차를 관리운행할 수 있는 것
    ⓔ 운전자는 운행자와는 달리 피해자에 대한 관계에서 「민법」상의 책임은 별론으로 하고, 적어도 「자동차손해배상 보장법」상의 책임이 없다. 따라서 국가 또는 지방자치단체의 운행자성이 인정되는 경우에는 공무원은 「자동차손해배상 보장법」상의 책임을 부담하지 않는다.
  ㉡ 구체적인 판단
    ⓐ 공무원이 관용차를 운행한 경우: 국가의 운행자성이 인정된다. 그러나 공무원이 관용차를 사적으로 무단 사용한 경우에는 국가 또는 지방자치단체가 운행지배나 운행이익이 인정될 수 있는 사정 여부에 의하여 달라지게 될 것이다.

01 「자동차손해배상 보장법」은 배상책임의 성립요건에 관하여 「국가배상법」에 우선하여 적용된다.
15 지방9급 　　　　(O/X)

| 정답 | 01 O

> **관련 판례**

ⓒ **공무원이 직무집행을 위하여 공용차를 운행하는 경우, 공무원의 운행자성 인정 여부** [25 소방직] 01

「자동차손해배상 보장법」 제3조 소정의 '자기를 위하여 자동차를 운행하는 자'라고 함은 자동차에 대한 운행을 지배하여 그 이익을 향수하는 책임주체로서의 지위에 있는 자를 뜻하는 것인바, 공무원이 그 직무를 집행하기 위하여 국가 또는 지방자치단체 소유의 공용차를 운행하는 경우, 그 자동차에 대한 운행지배나 운행이익은 그 공무원이 소속된 국가 또는 지방자치단체에 귀속된다고 할 것이고 그 공무원 자신이 개인적으로 그 자동차에 대한 운행지배나 운행이익을 가지는 것이라고는 볼 수 없으므로, 그 공무원이 자기를 위하여 공용차를 운행하는 자로서 같은 법조 소정의 손해배상책임의 주체가 될 수는 없다(대판 1994.12.27. 94다31860).

ⓒ **무단으로 관용차를 사용한 경우에도 국가가 「자동차손해배상 보장법」의 책임을 인정한 경우**

국가소속 공무원이 관리권자의 허락을 받지 아니한 채 국가소유의 오토바이를 무단으로 사용하다가 교통사고가 발생한 경우에 있어서 국가가 그 오토바이와 시동열쇠를 무단운전이 가능한 상태로 잘못 보관하였고 위 공무원으로서도 국가와의 고용관계에 비추어 위 오토바이를 잠시 운전하다가 본래의 위치에 갖다 놓았을 것이 예상되는 한편 피해자들로 위 무단운전의 점을 알지 못하고 또한 알 수도 없었던 일반 제3자인 점에 비추어 보면 국가가 위 공무원의 무단운전에도 불구하고 위 오토바이에 대한 객관적·외형적인 운행지배 및 운행이익을 계속 가지고 있었다고 봄이 상당하다(대판 1988.1.19. 87다카2202).

ⓒ **무단으로 관용차를 사용한 경우 국가 등의 「자동차손해배상 보장법」 책임이 부정된 경우**

군소속 차량의 운전수가 일과시간 후에 피해자의 적극적인 요청에 따라 동인의 개인적인 용무를 위하여 상사의 허락 없이 무단으로 위 차를 운행하다가 사고가 일어났다면 군은 「자동차손해배상 보장법」 제3조 소정의 자기를 위하여 자동차를 운행하는 자에 해당되지도 아니하며 위 사고가 위 운전수의 직무집행 중의 과실에 기인된 것도 아니므로 군에 대하여 「국가배상법」상의 책임도 물을 수 없다(대판 1981.2.10. 80다2720).

ⓑ **공무원이 공무수행을 위해 자신의 자동차를 이용한 경우**: 일반적으로 국가의 운행자성이 인정되지 아니한다.

> **관련 판례**

ⓒ **공무원이 자기 소유 차량을 운전하여 출근하던 중 교통사고를 일으킨 경우, 직무집행 관련성 인정 여부 (소극)**

공무원이 통상적으로 근무하는 근무지로 출근하기 위하여 자기 소유의 자동차를 운행하다가 자신의 과실로 교통사고를 일으킨 경우에는 특별한 사정이 없는 한 「국가배상법」 제2조 제1항 소정의 공무원이 '직무를 집행함에 당하여' 타인에게 불법행위를 한 것이라고 할 수 없으므로 그 공무원이 소속된 국가나 지방공공단체가 「국가배상법」상의 손해배상책임을 부담하지 않는다(대판 1996.5.31. 94다15271).

ⓒ **국가 또는 지방자치단체의 운행자성이 부정되는 경우**: 공무원의 자동차 운행에 의한 손해가 국가의 운행자성이 인정되지 않는 경우에는 국가배상책임 여부는 「국가배상법」이 적용된다.

개념확인 O/X

01 공무원이 자기를 위하여 자동차를 운행하지 않고 직무를 집행하기 위하여 국가소유의 관용차를 운행하다가 다른 사람을 사망하게 하거나 부상하게 한 때에는 해당 공무원은 「자동차손해배상보장법」상 손해배상책임의 주체가 될 수 없다.
25 소방 (O / X)

③ **공무원의 운행자책임의 경우**: 공무원의 자동차운행에 의한 손해가 국가 등의 운행자성이 부정되고 공무원 개인에 운행자성이 인정되는 경우에는 공무원은 운행자책임을 지게 되며, 이 경우에는 공무원의 고의·중과실이나 경과실 여부와 상관없이 공무원에게 운행자책임이 성립한다.

> **관련 판례**
>
> **ⓒ 공무원이 직무상 자기 소유의 자동차를 운전하다가 사고를 일으킨 경우, 공무원 개인의 손해배상책임 유무(적극)**
>
> 「자동차손해배상 보장법」의 입법취지에 비추어 볼 때, 같은 법 제3조는 자동차의 운행이 사적인 용무를 위한 것이건 국가 등의 공무를 위한 것이건 구별하지 아니하고 「민법」이나 「국가배상법」에 우선하여 적용된다고 보아야 한다. … (중략) … 공무원이 직무상 자동차를 운전하다가 사고를 일으켜 다른 사람에게 손해를 입힌 경우에는 그 사고가 자동차를 운전한 공무원의 경과실에 의한 것인지 중과실 또는 고의에 의한 것인지를 가리지 않고, 그 공무원이 「자동차손해배상 보장법」 제3조 소정의 '자기를 위하여 자동차를 운행하는 자'에 해당하는 한 「자동차손해배상 보장법」상의 손해배상책임을 부담한다(대판 1996.3.8. 94다23876).
>
> **ⓑ 미합중국 군대의 공용 차량에 대하여 「국가배상법」 제2조 제1항 본문 후단의 「자동차손해배상 보장법」에 따른 손해배상책임 규정이 적용되는지 여부(소극)**
>
> 주한미군의 공무집행상 행위로 인한 손해배상청구권은 대한민국 군대의 행동으로부터 발생하는 청구권에 관한 대한민국의 법령에 따라 제기하고 심사하여 해결하거나 재판하도록 되어 있다[SOFA 제23조 제5항 (가)호]. 그런데 대한민국의 「군수품관리법」에 따른 차량은 「자동차관리법」 적용 제외대상이므로(「자동차관리법」 제2조 제1호, 같은 법 시행령 제2조 제3호) 대한민국 군대 소속 차량에 대해서는 「자동차손해배상 보장법」이 적용되지 않는다(대판 2023.6.29. 2023다205968).

2 공공시설 등의 하자로 인한 책임(「국가배상법」 제5조)

> **관련 법령**
>
> 「**국가배상법**」 **제5조 【공공시설 등의 하자로 인한 책임】** ① 도로·하천 그 밖의 공공의 영조물(營造物)의 설치나 관리에 하자(瑕疵)가 있기 때문에 타인에게 손해를 발생하게 하였을 때에는 국가나 지방자치단체는 그 손해를 배상하여야 한다. 이 경우 제2조 제1항 단서, 제3조 및 제3조의2를 준용한다.
> ② 제1항을 적용할 때 손해의 원인에 대하여 책임을 질 자가 따로 있으면 국가나 지방자치단체는 그 자에게 구상할 수 있다.

(1) 개념 및 성질 01

① **개념**: '영조물의 설치·관리의 하자'란 도로·하천 기타 공공의 영조물의 설치 또는 관리의 하자로 인하여 손해가 발생한 경우에 국가 또는 지방자치단체가 손해배상의 책임을 지는 경우를 말한다.

② 「**국가배상법**」 **제5조와** 「**민법**」 **제758조와 비교**
 ㉠ 「국가배상법」 제5조와 「민법」 제758조의 공작물책임은 모두 무과실책임이라는 점에서 동일하다.
 ㉡ 하지만 「국가배상법」은 「민법」의 특별법으로서, 양자가 경합하는 경우에는 「국가배상법」 제5조가 적용된다.

개념확인 O/X

01 영조물의 설치·관리상 하자로 인한 국가배상에 관하여는 명문의 헌법상 근거가 없다.
16 교육행정 (O / X)

정답 | 01 O

ⓒ 차이점
  ⓐ **영조물과 공작물**:「국가배상법」제5조에서 영조물은 학문상 공물로서 자연공물(예 하천, 해안, 국립공원 등), 인공공물(예 청사, 다리 등), 동물(예 경찰견, 경찰마 등), 동산(예 경찰차 등)을 모두 포함한다. 반면「민법」제758조는 공작물로 규정되어 있어「국가배상법」제5조의 영조물이「민법」제758조의 공작물보다 범위가 더 넓다. **01**
  ⓑ **점유자 면책규정의 여부**:「국가배상법」제5조는「민법」제758조와 달리 점유자 면책규정을 두고 있지 않다. 이에 따라 국가 등은 소유권, 임차권 그밖의 권한에 기하여 관리하고 있는 경우뿐만 아니라 사실상의 관리를 하고 있는 경우도 포함하여 배상책임을 진다.

「국가배상법」제5조 (공공시설 등의 하자로 인한 책임)	「민법」제758조 (공작물 등의 점유자, 소유자의 책임)
① 도로·하천 그 밖의 공공의 영조물(營造物)의 설치나 관리에 하자(瑕疵)가 있기 때문에 타인에게 손해를 발생하게 하였을 때에는 국가나 지방자치단체는 그 손해를 배상하여야 한다. 이 경우 제2조 제1항 단서, 제3조 및 제3조의2를 준용한다. ② 제1항을 적용할 때 손해의 원인에 대하여 책임을 질 자가 따로 있으면 국가나 지방자치단체는 그 자에게 구상할 수 있다.	① 공작물의 설치 또는 보존의 하자로 인하여 타인에게 손해를 가한 때에는 공작물점유자가 손해를 배상할 책임이 있다. 그러나 점유자가 손해의 방지에 필요한 주의를 해태하지 아니한 때에는 그 소유자가 손해를 배상할 책임이 있다. ② 전항의 규정은 수목의 재식 또는 보존에 하자 있는 경우에 준용한다. ③ 전2항의 경우 점유자 또는 소유자는 그 손해의 원인에 대한 책임 있는 자에 대하여 구상권을 행사할 수 있다.
1. 영조물: 학문상 공물로 해석한다. 따라서 자연공물·인공공물, 동산·부동산·동물도 포함되며 사유공물이라도 공물인 이상 공물에 해당된다. 2. 점유자 면책규정이 없다(국가 또는 지방자치단체가 임차권으로 관리하는 경우에도 포함).	1. 공작물에 한정한다. 2. 점유자 면책규정이 있다.

관련 판례

ⓒ 소정의 영조물의 설치·관리상의 하자로 인한 책임 여부 [18 국회직 8급] **02**

「국가배상법」제5조 소정의 영조물의 설치·관리상의 하자로 인한 책임은 무과실책임이고 나아가「민법」제758조 소정의 공작물의 점유자의 책임과는 달리 면책사유도 규정되어 있지 않으므로, 국가 또는 지방자치단체는 영조물의 설치·관리상의 하자로 인하여 타인에게 손해를 가한 경우에 그 손해의 방지에 필요한 주의를 해태하지 아니하였다 하여 면책을 주장할 수 없다(대판 1994.11.22, 94다32924).

③ **무과실책임**
  ㉠「국가배상법」제5조의 배상책임은 제2조와 달리 고의나 과실을 요건으로 하고 있지 않다.
  ㉡ 따라서 공공의 영조물의 설치 또는 관리에 흠이 있다고 하는 객관적 사실에 의하여 배상책임이 발생하는 것으로, 설치 또는 관리를 담당한 공무원의 고의·과실의 유무를 불문하므로 무과실책임의 성질을 가진다.
  ㉢ 다만, 공공의 영조물의 설치·관리상의 흠이 있을 것을 요건으로 하기 때문에 완전한 위험책임이라고는 할 수 없다.

개념확인 O/X

01 일반 공중이 사용하는 공공용물 외에 행정주체가 직접 사용하는 공용물이나 하천과 같은 자연공물도「국가배상법」제5조의 '공공의 영조물'에 포함된다.
17 지방9급 (O / X)

02 영조물의 설치·관리상의 하자로 인한 배상책임은 무과실책임이고, 국가는 영조물의 설치·관리의 하자로 인하여 타인에게 손해를 가한 경우에 그 손해방지에 필요한 주의를 해태하지 아니하였다 하여 면책을 주장할 수 없다.
18 국회8급 (O / X)

| 정답 | 01 O 02 O

(2) 성립요건

> **결정적 코멘트** 「국가배상법」제5조 배상의 성립요건과 국가 등의 면책과 관련된 판례의 이해와 암기를 필요로 한다.

① 공공의 영조물 [빈출]

㉠ 의의: '공공의 영조물'이란 행정주체에 의하여 공공의 목적에 공용되는 유체물을 말한다. 다시 말해 학문상의 공물을 의미하므로 자연공물(예 하천, 해변)이든 인공공물(예 도로, 공원, 청사)이든 불문하며, 동산(예 소방차)과 동물(예 경찰마, 경찰견)을 포함하는 개념이다.

㉡ 국·공유재산 중 일반재산(예 국유림, 국유미개간지, 폐차처분된 관용차 등)은 여기의 영조물에서 제외되며, 따라서 일반재산에 의한 손해배상은 「민법」제758조가 적용된다.

관련 판례

A 「국가배상법」제5조의 공공의 영조물이란 공용용물·공용물 및 사실상 관리하고 있는 경우도 포함한다
[23 국가직 7급, 20 지방직 7급, 17 국가직 9급, 17 지방직 7급, 17 지방직 9급, 16 국가직 9급, 16 교육행정직, 12 사회복지직, 11 지방직 9급] 01 02 03 04 05

> 「국가배상법」제5조 제1항 소정의 '공공의 영조물'이라 함은 국가 또는 지방자치단체에 의하여 특정 공공의 목적에 공여된 유체물 내지 물적 설비를 지칭하며, 특정 공공의 목적에 공여된 물이라 함은 일반 공중의 자유로운 사용에 직접적으로 제공되는 공공용물에 한하지 아니하고, 행정주체 자신의 사용에 제공되는 공용물도 포함하며 국가 또는 지방자치단체가 소유권, 임차권 그 밖의 권한에 기하여 관리하고 있는 경우뿐만 아니라 사실상의 관리를 하고 있는 경우도 포함한다(대판 1995.1.24. 94다45302).

B 공사 중이며 아직 완성되지 않아 일반 공중의 이용에 제공되지 않는 옹벽이 「국가배상법」제5조 제1항 소정의 영조물에 해당하지 않는다고 한 사례 [21 소방직] 06

> 지방자치단체가 비탈사면인 언덕에 대하여 현장조사를 한 결과 붕괴의 위험이 있음을 발견하고 이를 붕괴위험지구로 지정하여 관리하여 오다가 붕괴를 예방하기 위하여 언덕에 옹벽을 설치하기로 하고 소외 회사에게 옹벽시설공사를 도급 주어 소외 회사가 공사를 시행하다가 깊이 3m의 구덩이를 파게 되었는데, 피해자가 공사현장 주변을 지나가다가 흙이 무너져 내리면서 위 구덩이에 추락하여 상해를 입게 된 사안에서, 위 사고 당시 설치하고 있던 옹벽은 소외 회사가 공사를 도급받아 공사 중에 있었을 뿐만 아니라 아직 완성도 되지 아니하여 일반 공중의 이용에 제공되지 않고 있었던 이상 「국가배상법」제5조 제1항 소정의 영조물에 해당한다고 할 수 없다(대판 1998.10.23. 98다17381).

C 시 명의의 종합운동장 예정부지나 그 지상의 자동차경주를 위한 안전시설은 '공공의 영조물'이라 할 수 없다

> 산업기지개발공사가 시 일대에 구획정리사업을 시행하면서 종합운동장예정부지로 된 토지가 그 후 시 명의로 소유권이전등기가 경료되었으나 그 지상에 아무런 시설도 설치되어 있지 아니한 나대지로서 공용개시가 없는 상태에서 한국모터스포츠연맹의 요구로 그 연맹이 주최하는 자동차경주대회를 위한 사용허가가 되었을 뿐, 시가 그 종합운동장 예정부지를 직접적으로 일반공중의 사용에 제공한 바 없으며, 그 후 그 연맹이 그 토지 위에 시설한 자동차경주에 필요한 방호벽 등 안전시설을 시가 관리한 바도 없다면, 그 종합운동장 예정부지나 그 위에 설치된 위 안전시설이 '가'항의 '공공의 영조물'이라 할 수 없다(대판 1995.1.24. 94다45302).

개념확인 O/X

01 「국가배상법」제5조 제1항의 '공공의 영조물'이라 함은 국가 또는 지방자치단체에 의하여 특정 공공의 목적에 공여된 유체물 내지 물적 설비라고 보는 것이 판례의 입장이다.
11 지방9급 (O / X)

02 영조물의 설치·관리상 하자로 인한 국가배상의 기초가 되는 '공공의 영조물'은 공공의 목적에 공여된 유체물 내지 물적 설비를 말한다.
16 교육행정 (O / X)

03 국가 또는 지방자치단체에 의하여 특정 공공의 목적에 공여된 유체물 내지 물적 설비는 국가 또는 지방자치단체가 사실상의 관리를 하고 있는 경우에도 '공공의 영조물'이라 볼 수 있다.
23 국가7급 (O / X)

04 '공공의 영조물'이라 함은 강학상 공물을 뜻하므로 국가 또는 지방자치단체가 사실상의 관리를 하고 있는 유체물은 포함되지 않는다.
17 국가9급 (O / X)

05 「국가배상법」제5조 제1항의 '공공의 영조물'이란 국가 또는 지방자치단체에 의하여 공공의 목적에 공여된 유체물 내지 물적 설비로서 국가 또는 지방자치단체가 소유권, 임차권 그 밖의 권한에 기하여 관리하고 있는 경우를 말하는 것으로, 그러한 권원 없이 사실상 관리하고 있는 경우는 포함되지 않는다.
17 지방7급 (O / X)

06 지방자치단체가 옹벽시설공사를 업체에게 주어 공사를 시행하다가 사고가 일어난 경우, 옹벽이 공사 중이고 아직 완성되지 아니하여 일반 공중의 이용에 제공되지 않았다면 「국가배상법」제5조 소정의 영조물에 해당한다고 할 수 없다.
21 소방 (O / X)

| 정답 | 01 O 02 O 03 O 04 X 05 X 06 O

ⓒ 사실상 통행에 제공되고 있던 도로 옆 암벽 낙석은 영조물에 의한 경우라 할 수 없다

> 사실상 군민의 통행에 제공되고 있던 도로 옆의 암벽으로부터 떨어진 낙석에 맞아 소외인이 사망하는 사고가 발생하였다고 하여도 동 사고지점 도로가 피고 군에 의하여 노선인정 기타 공용개시가 없었으면 이를 영조물이라 할 수 없다. 뿐 아니라 그 영조물의 관리라 함은 국가 기타 행정주체가 영조물을 사실상 직접 지배하는 상태에 있음을 의미하므로, 군이나 기타 지방자치단체가 주민들이 왕래하는 사실상의 도로에다 하수도나 포장공사를 위하여 세멘트나 기타 공사비의 일부를 보조한 사실만으로 당해 지방자치단체가 그 도로를 점유·관리하고 있다고 할 수 없다(대판 1981.7.7. 80다2478).

ⓒ 국가의 철도운행사업과 관련하여 발생한 사고가 영조물 설치·관리의 하자를 원인으로 한 경우에는 「국가배상법」이 적용된다 [21 국회직 8급] 01

> 국가 또는 지방자치단체라 할지라도 공권력의 행사가 아니고 단순한 사경제의 주체로 활동하였을 경우에는 그 손해배상책임에 「국가배상법」이 적용될 수 없고 「민법」상의 사용자책임 등이 인정되는 것이고 국가의 철도운행사업은 국가가 공권력의 행사로서 하는 것이 아니고 사경제적 작용이라 할 것이므로, 이로 인한 사고에 공무원이 간여하였다고 하더라도 「국가배상법」을 적용할 것이 아니고 일반 「민법」의 규정에 따라야 하므로, 「국가배상법」상의 배상전치절차를 거칠 필요가 없으나, 공공의 영조물인 철도시설물의 설치 또는 관리의 하자로 인한 불법행위를 원인으로 하여 국가에 대하여 손해배상청구를 하는 경우에는 「국가배상법」이 적용되므로 배상전치절차를 거쳐야 한다(대판 1999.6.22. 99다7008).

② 설치·관리의 하자
  ㉠ 하자의 의의
    ⓐ 대법원은 「국가배상법」 제5조 제1항 소정의 '영조물의 설치나 관리의 하자'라 함은 영조물이 그 용도에 따라 통상 갖추어야 할 안전성을 갖추지 못한 상태에 있음을 말하는 것으로서, 영조물이 완전무결한 상태에 있지 아니하고 그 기능상 어떠한 결함이 있다는 것만으로 영조물의 설치 또는 관리에 하자가 있다고 할 수 없다고 한다. 02 03
    ⓑ 제3자의 안전성(공항·도로 주변에 거주하는 인근주거자 등)도 당연히 포함한다. 따라서 영조물이 그 이용상태 및 정도가 일정한 한계를 넘어 제3자에게 수인의 정도를 넘는 피해를 입힌 경우도 포함된다. 04
    ⓒ 그러나 안전성의 결함이 객관적으로 보아 시간적·장소적으로 관리자의 관리행위가 미칠 수 있는 상황하에 있어야 한다.
  ㉡ 설치의 하자: 설계의 불비가 있었다거나 또는 불량원자재의 사용 등 설계나 건조에 안전성이 결여된 것을 말한다. 여기에서 설치의 하자는 설치 당시부터의 하자인지 설치 후 관리에서의 하자인지는 불문한다.
  ㉢ 관리의 하자: 건조 후 영조물을 관리함에 있어서 유지·수선 등에 안전성이 결여된 것을 말한다.
  ㉣ 자연공물·인공공물의 하자: 자연공물과 인공공물 등의 하자를 판단하는 기준이나 대상은 동일하지 않다. 자연공물의 하자는 성질상 관리상의 하자일 것이며, 인공공물의 하자는 설치나 관리상의 하자가 될 것이다.

개념확인 O/X

01 국가의 철도운행사업은 사경제적 작용이라 할지라도 공공의 영조물인 철도시설물의 설치 또는 관리의 하자로 인한 불법행위를 원인으로 하여 국가에 대하여 손해배상청구를 하는 경우에는 「국가배상법」이 적용된다.
21 국회8급 (O / X)

02 '영조물의 설치 또는 관리의 하자'란 공공의 목적에 제공된 영조물이 그 용도에 따라 통상 갖추어야 할 안전성을 갖추지 못한 상태에 있음을 말한다.
16 국가9급 (O / X)

03 영조물의 설치 및 관리에 있어서 항상 완전무결한 상태를 유지할 정도의 고도의 안전성을 갖추지 아니하였다고 하여 영조물의 설치 또는 관리에 하자가 있다고 단정할 수 없다.
17 국가9급 (O / X)

04 영조물이 그 용도에 따라 갖추어야 할 안전성을 갖추지 못한 상태에는 영조물이 공공의 목적에 이용됨에 있어 그 이용 상태 및 정도가 일정한 한도를 초과하여 제3자에게 사회통념상 수인할 것이 기대되는 한도를 넘는 피해를 입히는 경우까지 포함된다.
23 국가7급 (O / X)

| 정답 | 01 ○ 02 ○ 03 ○ 04 ○

개념확인 O/X

01 김포공항을 설치·관리함에 있어 항공법령에 따른 항공기 소음기준 및 소음대책을 준수하려는 노력을 하였더라도, 공항이 항공기 운항이라는 공공의 목적에 이용됨에 있어 그와 관련하여 배출하는 소음 등의 침해가 인근 주민들에게 통상의 수인한도를 넘는 피해를 발생하게 하였다면 공항의 설치·관리상에 하자가 있다고 보아야 한다.
21 소방 (O / X)

02 영조물의 설치·관리의 하자에는 영조물이 공공의 목적에 이용됨에 있어 그 이용상태 및 정도가 일정한 한도를 초과하여 제3자에게 사회통념상 참을 수 없는 피해를 입히는 경우도 포함된다.
18 국회8급 (O / X)

03 판례는 사격장에서 발생하는 소음 등으로 지역주민들이 입은 피해가 수인한도를 넘는 경우 사격장의 설치 또는 관리에 하자가 있다고 한다.
11 지방9급 (O / X)

04 객관적으로 보아 시간적·장소적으로 영조물의 기능상 결함으로 인한 손해발생의 예견가능성과 회피가능성이 없는 경우에는 영조물의 설치·관리상의 하자를 인정할 수 없다.
18 국회8급 (O / X)

관련 판례

A 김포공항에서 발생하는 소음 등으로 인근 주민들이 입은 피해는 사회통념상 수인한도를 넘는 것으로서 김포공항의 설치·관리에 하자가 있다 [21 소방직, 18 국회직 8급, 17 국가직 9급] **01**

> 서울지방항공청장이 김포공항 주변에 대하여 소음피해지역 및 소음피해예상지역을 분류하여 지정·고시한 1993.6.21. 이후에 자신들의 주거지에 전입한 일부 선정자들이 항공기 소음으로 인한 피해를 인식하였거나 과실로 인식하지 못한 것만 가지고 소음으로 인한 피해를 용인하였다고 보기는 어렵고, 또한 그것만으로 피고의 위법한 침해행위가 위법하지 않게 된다거나 책임이 소멸한다고는 볼 수 없으며, 다만 손해배상액의 산정에 있어서 형평의 원칙상 위자료의 감액사유로 고려함이 상당하다고 판단하여 이 부분 피고의 면책주장도 배척하였다. 기록과 앞서 본 법리에 비추어 살펴보면, 원심의 판단은 정당한 것이다(대판 2005.1.27. 2003다49566).

B 매향리사격장에서 발생하는 소음 등으로 지역주민들이 입은 피해는 사회통념상 참을 수 없는 정도를 넘는 것으로서 사격장의 설치 또는 관리에 하자가 있다 [18 국회직 8급, 11 지방직 9급] **02 03**

> 그 영조물이 공공의 목적에 이용됨에 있어 그 이용상태 및 정도가 일정한 한도를 초과하여 제3자에게 사회통념상 참을 수 없는 피해를 입히는 경우까지 포함된다고 보아야 할 것이고, 사회통념상 참을 수 있는 피해인지의 여부는 그 영조물의 공공성, 피해의 내용과 정도, 이를 방지하기 위하여 노력한 정도 등을 종합적으로 고려하여 판단하여야 한다. 매향리사격장에서 발생하는 소음 등으로 지역 주민들이 입은 피해는 사회통념상 참을 수 있는 정도를 넘는 것으로서 사격장의 설치 또는 관리에 하자가 있다(대판 2004.3.12. 2002다14242).

C 도로의 관리가 시간적이나 장소적으로 관리행위가 미칠 수 없는 경우에는 관리상의 하자는 인정될 수 없다 [18 국회직8급] **04**

> 피고에게 도로의 보존상 하자로 인한 손해배상책임을 인정하기 위하여는 도로에 타이어가 떨어져 있어 고속으로 주행하는 차량의 통행에 안전상의 결함이 있다는 것만으로 족하지 않고, 관리자인 피고가 사고 발생 전 다른 차량 등 제3자의 행위에 의하여 야기된 도로의 안전상의 결함을 미리 발견하고 이를 제거하여 차량의 안전한 통행상태로 회복하도록 하는 방호조치를 취할 수 있었음에도 이를 취하지 아니하고 방치한 경우에 책임이 인정된다 할 것이다. 다시 말하면 도로의 안전상의 결함이 객관적으로 보아 시간적·장소적으로 피고의 관리행위가 미칠 수 없는 상황 아래에 있는 경우에는 관리상의 하자를 인정할 수 없는 것이다(대판 1992.9.14. 92다3243).

C 한강하천구역에서 사고가 난 경우 국가가 책임을 부담한다

> 경기도지사가 경기지역 한강종합개발사업을 완료하고 준공검사까지 받았으나 위 개발사업골재채취과정에서 생긴 물웅덩이를 메우지 않고 방치해 사고가 발생한 경우 그 배상책임은 직할하천관리사무의 귀속주체인 건설부장관이 속한 국가가 부담해야 한다(대판 2000.3.24. 99다24492).

C 강설의 특성, 기상적 요인과 지리적 요인, 이에 따른 도로의 상대적 안전성을 고려하면 겨울철 산간지역에 위치한 도로에 강설로 생긴 빙판을 그대로 방치하고 도로상황에 대한 경고나 위험표지판을 설치하지 않았다는 사정만으로 도로관리상의 하자가 있다고 볼 수 없다

> 강설의 특성, 기상적 요인과 지리적 요인, 이에 따른 도로의 상대적 안전성을 고려하면 겨울철 산간지역에 위치한 도로에 강설로 생긴 빙판을 그대로 방치하고 도로상황에 대한 경고나 위험표지판을 설치하지 않았다는 사정만으로 도로관리상의 하자가 있다고 볼 수 없다(대판 2000.4.25. 99다54998).

| 정답 | 01 O 02 O 03 O 04 O

ⓑ 가변차로에 설치된 두 개의 신호등에서 서로 모순되는 신호가 들어오는 오작동이 발생하였고 그 고장이 현재의 기술수준상 부득이한 것이라고 가정하더라도 그와 같은 사정만으로 손해발생의 예견가능성이나 회피가능성이 없어 영조물의 하자를 인정할 수 없는 경우라고 단정할 수 없다 [21 소방직] **01**

> 가변차로에 설치된 신호등의 용도와 오작동 시에 발생하는 사고의 위험성과 심각성을 감안할 때, 만일 가변차로에 설치된 두 개의 신호기에서 서로 모순되는 신호가 들어오는 고장을 예방할 방법이 없음에도 그와 같은 신호기를 설치하여 그와 같은 고장을 발생하게 한 것이라면, 그 고장이 자연재해 등 외부요인에 의한 불가항력에 기인한 것이 아닌 한 그 자체로 설치·관리자의 방호조치의무를 다하지 못한 것으로서 신호등이 그 용도에 따라 통상 갖추어야 할 안전성을 갖추지 못한 상태에 있었다고 할 것이고, 따라서 설령 적정전압보다 낮은 저전압이 원인이 되어 위와 같은 오작동이 발생하였고 그 고장은 현재의 기술수준상 부득이한 것이라고 가정하더라도 그와 같은 사정만으로 손해발생의 예견가능성이나 회피가능성이 없어 영조물의 하자를 인정할 수 없는 경우라고 단정할 수 없다(대판 2001.7.27. 2000다56822).

ⓒ 교차로의 진행방향 신호기의 정지신호가 단선으로 소등되어 있는 상태에서 그대로 진행하다가 다른 방향의 진행신호에 따라 교차로에 진입한 차량과 충돌한 경우, 신호기의 적색신호가 소등된 기능상 결함이 있었다는 사정만으로 신호기의 설치 또는 관리상의 하자를 인정할 수 없다

> 피고가 관할하는 서울특별시 전역에는 약 13만여 개의 신호등 전구가 설치되어 있고 그중 약 300여 개가 하루에 소등되고, 신호등 전구의 수명은 전력변동률이 높아 예측하기 곤란하며, 신호등 전구가 단선되더라도 현장에 나가보지 않고는 이를 파악할 수 없어 평소 교통근무자 또는 도로이용자의 신고에 의하여 단선된 신호기를 교체하여 왔으나, 이 사건 신호기의 신호등 고장신고가 이 사건 사고발생 전까지 접수되지 아니한 사실 등을 인정할 수 있는바, 이러한 점에 비추어 피고가 신호등이 점등되지 아니하는 것을 즉시 발견할 것을 기대하기 어렵고, 달리 피고가 위 신호등이 점등되지 아니하고 있다는 신고를 받고도 교통정리원 등을 배치하여 교통정리를 하지 아니하면서 장시간 동안 이를 교체하지 아니한 채 방치하는 등과 같은 특별한 사정을 인정할 증거가 없으므로 피고에게 이로 인한 책임을 물을 수 없다(대판 2000.2.25. 99다54004).

ⓒ 낙뢰에 의한 신호등 고장과 고장신고에도 방치하여 발생한 인적 사고(국가배상 긍정)

> 고장 사실이 다음 날인 1996.10.3. 12:13경, 15:56경, 15:29경 3차례에 걸쳐 충남지방경찰청 교통정보센터에 신고된 사실, 교통정보센터는 수리업체에 연락하여 수리하도록 하였으나 수리업체 직원이 고장난 신호등을 찾지 못하여 위 신호기가 고장난 채 방치되어 있던 중 1996.10.3. 15:40경 보행자신호기의 녹색등을 보고 횡단보도를 건너던 원고가 차량신호기의 녹색등을 보고 도로를 주행하던 승용차에 충격되어 상해를 입는 교통사고가 발생한 사실을 인정할 수 있는바, 원심은 사고 전날 낙뢰로 인한 신호기의 고장을 피고 소속 경찰관들이 순찰 등을 통하여 스스로 발견하지 못하고, 고장사실이 3차례에 걸쳐 신고되었음에도 불구하고 사고를 방지하기 위한 아무런 조치가 취해지지 않은 채 위 신호기가 고장난 상태로 장시간 방치된 점 등을 과실로 인정하고, 피고인 국가에 대하여 「국가배상법」 제6조 소정의 비용부담자로서의 배상책임이 있다(대판 1999.6.25. 99다11120).

개념확인 O/X

01 가변차로에 설치된 두 개의 신호기에서 서로 모순되는 신호가 들어오는 고장으로 인하여 사고가 발생한 경우, 그 고장이 현재의 기술수준상 부득이한 것으로 예방할 방법이 없는 것이라면 손해발생의 예견가능성이나 회피가능성이 없어 영조물의 하자를 인정할 수 없다.
21 소방 (O / X)

| 정답 | 01 X

개념확인 O/X

C 도로의 설치·관리상 하자의 판단기준 및 도로의 설치 후 제3자의 행위에 의하여 도로의 통행상 안전에 결함이 생긴 경우, 도로 보존상의 하자에 대한 판단기준(승용차 운전자가 편도 2차선의 국도에서 반대차선 차량의 바퀴에 튕기어 들어온 쇠파이프에 맞아 사망한 경우, 국가의 손해배상책임을 부정한 사례)

> 도로의 설치 또는 관리의 하자는 도로의 위치 등 장소적인 조건, 도로의 구조, 교통량, 사고 시에 있어서의 교통사정 등 도로의 이용상황과 그 본래의 이용목적 등 제반 사정과 물적 결함의 위치, 형상 등을 종합적으로 고려하여 사회통념에 따라 구체적으로 판단하여야 할 것인바, <u>도로의 설치 후 제3자의 행위에 의하여 그 본래 목적인 통행상의 안전에 결함이 발생한 경우에는 도로에 그와 같은 결함이 있다는 것만으로 성급하게 도로의 보존상 하자를 인정하여서는 안 되고, 당해 도로의 구조, 장소적 환경과 이용상황 등 제반 사정을 종합하여 그와 같은 결함을 제거하여 원상으로 복구할 수 있는데도 이를 방치한 것인지 여부를 개별적·구체적으로 심리하여 하자의 유무를 판단하여야 한다</u>(대판 1997.4.22. 97다3194).

C 차량진입으로 인한 인신사고와 여의도광장의 관리상 하자 사이에 상당인과관계가 있다

> 차량진입으로 인한 인신사고 당시에는 차도와의 경계선 일부에만 이동식쇠기둥이 설치되어 있고 나머지 부분에는 별다른 차단시설물이 없었으며 경비원도 없었던 것은, <u>평소 시민의 휴식공간으로 이용되는 여의도광장이 통상 요구되는 안전성을 결여하고 있었다</u> 할 것이고, 만약 사고 후에 설치된 차단시설물이 이미 설치되어 있었고 경비원이 배치되어 있었더라면 가해자가 승용차를 운전하여 광장 내로 진입하는 것을 막을 수 있었거나, 설사 차량진입을 완전히 막지는 못하더라도 최소한 진입시에 차단시설물을 충격하면서 발생하는 소리나 경비원의 경고를 듣고 많은 사람들이 대피할 수 있었다고 보이므로, <u>차량진입으로 인한 사고와 여의도광장의 관리상의 하자 사이에는 상당인과관계가 있다</u>(대판 1995.2.24. 94다57671).

C 급경사 내리막 커브길에 안전방호벽을 설치하지 않아 차량이 도로를 이탈하여 인도 및 인근 건물로 돌진한 사고에 대하여 지방자치단체에게 도로의 설치·관리상의 하자를 인정한 사례

> <u>도로에 과속방지턱 설치, 예비신호기 설치, 미끄럼방지포장 설치, 도로 편구배(최대 6%)로 조정, 안전방호벽(옹벽) 설치 등의 교통안전시설 개선방안의 시행을 지시하기까지 한 점</u>에 비추어 이 사건 사고 및 이로 인한 손해의 발생에 대한 예견가능성이 없었다고 할 수 없으며, 재개발조합 및 벽산건설에 교통안전시설 개선방안의 시행을 지시한 후 8개월 이상 경과한 이 사건 사고 당시까지 개선방안의 시행이 전혀 이루어지지 않았음에도 그 시행 여부를 확인하거나 이를 독촉하였음을 인정할 증거가 없고, 재개발조합 및 벽산건설에 지도한 교통안전시설 개선방안 시행에 소요되는 비용 및 노력이 지나치게 과도하여 피고가 부담하기 불가능하다고 볼 자료도 없어 이 사건 사고 및 이로 인한 손해의 발생에 대한 회피가능성이 없었다고 단정할 수도 없으므로, 이 사건 도로의 설치·관리자인 피고가 사회통념상 일반적으로 요구되는 정도의 방호조치를 다하였다고 보기 어렵다(대판 2004.6.11. 2003다62026).

B 도로상의 자갈더미와 국가배상 여부 [19 국회직 8급] 01

> <u>하위 지방자치단체장을 보조하는 그 지방자치단체 소속 공무원이 위임사무를 처리하면서 고의 또는 과실로 타인에게 손해를 가하거나 위임사무로 설치·관리하는 영조물의 하자로 타인에게 손해를 발생하게 한 경우에는 권한을 위임한 상위 지방자치단체가 그 손해배상책임을 진다.</u> 이 사건 도로에 사고 전날부터 사고 당시까지 자갈더미가 적치되어 있었고 그것이 사고발생의 한 원인이 되었으므로 이 사건 도로는 그 용도에 따라 통상 갖추어야 할 안전성을 갖추지 못한 상태에 있었다고 보아야 한다. 해당 도로의 구조, 장소적 환경과 이용상황, 자갈더미가 적치되어 있던 시간 등에 비추어 보면 이 사건 도로의 안전상의 결함이 이 사건 도로를 점유·관리하고 있는 피고 서울특별시의 관리행위가 미칠 수 없는 상황 아래 있었다고 보기도 어렵다. 따라서 영조물인 이 사건 도로의 설치나 관리에 하자가 있었다고 보아야 한다(대판 2017.9.21. 2017다223538).

---

01 서울특별시가 점유·관리하는 도로에 대하여 행정권한 위임조례에 따라 보도 관리 등을 위임받은 관할 자치구청장 갑으로부터 도급받은 A 주식회사가 공사를 진행하면서 남은 자갈더미를 그대로 방치하여 오토바이를 타고 이곳을 지나가던 을이 넘어져 상해를 입은 경우 서울특별시는 「국가배상법」 제5조 제1항에서 정한 설치·관리상의 하자로 인한 국가배상책임을 부담하지 아니한다.
19 국회8급 (O / X)

ⓒ 커브길 중앙선 침범과 국가배상 여부

갑이 차량을 운전하여 지방도 편도 1차로를 진행하던 중 커브길에서 중앙선을 침범하여 반대편 도로를 벗어나 도로 옆 계곡으로 떨어져 동승자인 을이 사망한 사안에서, 도로에 통상 갖추어야 할 안전성이 결여된 설치·관리상의 하자가 있다고 보기 어렵다(대판 2013.10.24. 2013다208074).

🅑 음주 상태에서 운전한 과실로 철제울타리를 들이받는 사고가 발생하여 차량에 같이 탄 자의 사망에서, 점등식 시선유도시설이 당시에 꺼져 있었다는 사정만으로는 도로의 설치·관리상의 어떠한 하자가 있었다고 할 수 없다

이 사건 사고지점 도로가 좌로 꺾이는 각도, 도로의 폭, 나아가 도로를 관리하는 피고의 재정적, 인적, 물적 제약 등을 고려할 때 이 사건 사고지점 도로에 반드시 점등식 시선유도시설이 필요하다고 보기는 어려우므로, 이 사건 점멸등이 이 사건 사고 당시 꺼져 있었다는 이유만으로 피고의 과실을 인정할 수는 없다(대판 2014.4.24. 2014다201087).

ⓒ 자연영조물로서의 하천의 관리상의 특질과 특수성 및 계획홍수위를 넘고 있는 하천의 제방이 그 후 새로운 하천시설을 설치할 때 기준으로 삼기 위하여 제정한 '하천시설기준'이 정한 여유고를 확보하지 못한 경우, 안전성이 결여된 하자가 있다고 볼 수 있는지 여부(한정 소극)

이와 같은 관리상의 특질과 특수성을 감안한다면, 하천의 관리청이 관계 규정에 따라 설정한 계획홍수위를 변경시켜야 할 사정이 생기는 등 특별한 사정이 없는 한, 이미 존재하는 하천의 제방이 계획홍수위를 넘고 있다면 그 하천은 용도에 따라 통상 갖추어야 할 안전성을 갖추고 있다고 보아야 하고, 그와 같은 하천이 그 후 새로운 하천시설을 설치할 때 기준으로 삼기 위하여 제정한 '하천시설기준'이 정한 여유고를 확보하지 못하고 있다는 사정만으로 바로 안전성이 결여된 하자가 있다고 볼 수는 없다(대판 2003.10.23. 2001다48057).

ⓒ 「하천법」에 의한 하천정비기본계획 등에 따라 개수를 완료한 하천이 계획홍수량 등을 충족하여 관리되고 있는 경우, 안전성 여부

관리청이 「하천법」 등 관련 규정에 의해 책정한 하천정비기본계획 등에 따라 개수를 완료한 하천 또는 아직 개수 중이라 하더라도 개수를 완료한 부분에 있어서는, 위 하천정비기본계획 등에서 정한 계획홍수량 및 계획홍수위를 충족하여 하천이 관리되고 있다면 당초부터 계획홍수량 및 계획홍수위를 잘못 책정하였다거나 그 후 이를 시급히 변경해야 할 사정이 생겼음에도 불구하고 이를 해태하였다는 등의 특별한 사정이 없는 한, 그 하천은 용도에 따라 통상 갖추어야 할 안전성을 갖추고 있다고 봄이 상당하다(대판 2007.9.21. 2005다65678).

ⓒ 기준을 충족한 펌프장의 경우 하자가 없다

동대문구가 설치·관리하는 빗물펌프장이 서울특별시가 마련한 시설기준에 부합한다면 위 시설기준이 잘못되었다거나 시급히 변경시켜야 할 사정이 있었다는 등의 특별한 사정이 없는 이상 그 설치상 하자는 없다(대판 2007.10.25. 2005다62235).

③ 하자의 판단기준
  ㉠ 객관설(통설·판례의 주된 입장)
    ⓐ 하자 유무를 객관적으로 판단하여 영조물이 통상 갖추어야 할 물적 안전성이 결여된 경우 하자가 있다고 한다.

ⓑ 이 설에 의할 경우 하자의 존부는 개별적·구체적으로 판단하며, 불가항력은 면책사유로 인정된다.
ⓒ 주관설
ⓐ 관리자의 관리의무 위반이라는 귀책사유가 있는 경우에 하자라고 보는 견해이다('영조물의 설치·관리의 하자'로 규정).
ⓑ 이 설에 의하면 배상책임은 과실책임이 된다.
ⓒ 절충설: 하자의 유무를 판단함에 있어서 영조물 자체의 객관적 하자뿐만 아니라, 관리자의 안전관리의무 위반이라는 주관적 요소도 아울러 고려해야 한다는 견해이다.
ⓓ 판례
ⓐ 「국가배상법」 제5조의 영조물의 설치·관리상의 하자를 '영조물 자체가 통상 갖추어야 할 안전성을 갖추지 못한 상태'라고 하여 무과실책임으로 보고 있어 객관설의 입장을 기본적으로 취하고 있다.
ⓑ 그러나 일부 판례의 내용 중 '사회통념상 일반적으로 요구되는 정도의 방호조치의무를 다하였는지 여부를 그 기준으로 삼아야 할 것이며'라는 말에 대해, 판례내용이 주관설의 입장으로 보여지는 듯 하지만, '영조물이 통상 갖추어야 할 물적 안전성의 결여'라는 종래의 입장은 동일하므로 객관설을 기본적으로 취하면서 주관적 상황을 일부 고려하는 것으로 보아 수정된 객관설로 해석하여야 한다는 것이 일반적이다.

개념확인 O/X

01 '영조물 설치 또는 하자'에 관한 제3자의 수인한도의 기준을 결정함에 있어서는 일반적으로 침해되는 권리나 이익의 성질과 침해의 정도뿐만 아니라 침해행위가 갖는 공공성의 내용과 정도, 그 지역환경의 특수성, 공법적인 규제에 의하여 확보하려는 환경기준, 침해를 방지 또는 경감시키거나 손해를 회피할 방안의 유무 및 그 난이 정도 등 여러 사정을 종합적으로 고려하여 구체적 사건에 따라 개별적으로 결정하여야 한다.
12 경찰행정학과 특채 (O / X)

02 영조물이 안전성을 갖추었는지 여부는 영조물의 설치자 또는 관리자가 그 영조물의 위험성에 비례하여 사회통념상 일반적으로 요구되는 정도의 방호조치의무를 다하였는지를 기준으로 판단하여야 하고, 그 설치자 또는 관리자의 재정적·인적·물적 제약 등은 고려하지 않는다.
23 국가7급 (O / X)

03 안전성의 구비 여부를 판단함에 있어서는 제반 사정을 종합적으로 고려하여 설치·관리자가 그 영조물의 위험성에 비례하여 사회통념상 일반적으로 요구되는 정도의 방호조치의무를 다하였는지 여부를 그 기준으로 삼아야 한다.
12 경찰행정학과 특채 (O / X)

04 영조물의 설치·관리의 하자란 '영조물이 그 용도에 따라 통상 갖추어야 할 안전성을 갖추지 못한 상태에 있음'을 말한다.
18 국회8급 (O / X)

05 고속도로의 관리상 하자가 인정되더라도 고속도로의 관리상 하자를 판단할 때 고속도로의 점유관리자가 손해의 방지에 필요한 주의의무를 해태하였다는 주장·입증책임은 피해자에게 있다.
17 지방9급 (O / X)

관련 판례

A 「국가배상법」 제5조 제1항에 정한 '영조물의 설치 또는 관리의 하자'의 의미 및 그 판단기준 [23 국가직 7급, 18 국회직 8급, 17 국가직 9급, 12 경찰 특채, 11 지방직 9급] **01 02 03 04**

「국가배상법」 제5조 제1항에 정하여진 '영조물 설치·관리상의 하자'라 함은 공공의 목적에 공여된 영조물이 그 용도에 따라 통상 갖추어야 할 안전성을 갖추지 못한 상태에 있음을 말하는바, 영조물의 설치 및 관리에 있어서 항상 완전무결한 상태를 유지할 정도의 고도의 안전성을 갖추지 아니하였다고 하여 영조물의 설치 또는 관리에 하자가 있다고 단정할 수 없는 것이고, 영조물의 설치자 또는 관리자에게 부과되는 방호조치의무는 영조물의 위험성에 비례하여 사회통념상 일반적으로 요구되는 정도의 것을 의미하므로 영조물인 도로의 경우도 다른 생활필수시설과의 관계나 그것을 설치하고 관리하는 주체의 재정적, 인적, 물적 제약 등을 고려하여 그것을 이용하는 자의 상식이고 질서 있는 이용방법을 기대한 상대적인 안전성을 갖추는 것으로 족하다(대판 2002.8.23, 2002다9158).

C 폭설에 따른 운전자들의 장시간 고속도로 고립에 관리자의 관리상 하자가 있다

폭설로 차량 운전자 등이 고속도로에서 장시간 고립된 사안에서, 고속도로의 관리자가 고립구간의 교통정체를 충분히 예견할 수 있었음에도 교통제한 및 운행정지 등 필요한 조치를 충실히 이행하지 아니하였으므로 고속도로의 관리상 하자가 있다(대판 2008.3.13, 2007다29287).

C 고속도로의 점유관리자가 도로의 관리상 하자로 인한 손해배상책임을 면하기 위한 요건 [17 지방직 9급] **05**

고속도로의 관리상 하자가 인정되는 이상 고속도로의 점유관리자는 그 하자가 불가항력에 의한 것이거나 손해의 방지에 필요한 주의를 해태하지 아니하였다는 점을 주장·입증하여야 비로소 그 책임을 면할 수 있다(대판 2008.3.13, 2007다29287).

| 정답 | 01 O   02 X   03 O   04 O   05 X

🄒 관광버스가 국도상에 생긴 웅덩이를 피하기 위하여 중앙선을 침범운행한 과실로 마주오던 트럭과 충돌하여 발생한 교통사고에 대하여 국가의 공동불법행위자로서의 손해배상책임을 인정한다

> 강원도 인제읍 합강 3리 소재 44번 국도상에 아스팔트가 패여서 생긴 길이 1.2m, 폭 0.7m의 웅덩이가 있어서 이곳을 통과하던 소외 합자회사 중부관광여행사 소속 관광버스가 이를 피하기 위하여 중앙선을 침범운행한 과실로 마주오던 타이탄 화물트럭과 충돌하여 이 사건 교통사고가 발생하였는바, 피고는 위 도로의 관리책임자로서 위 도로를 주행하는 차량들의 안전운행을 위하여 도로상태의 안전점검을 철저하게 하였어야 함에도 불구하고 이를 게을리 하여 위와 같은 웅덩이를 방치함으로써 이 사건 교통사고의 발생에 한 원인을 제공하였으므로, 피고는 위 소외 회사와 공동불법행위자로서 손해배상책임이 있다(대판 1993.6.25. 93다14424).

④ 손해배상
  ㉠ 영조물의 설치·관리의 하자로 인하여 타인에게 손해가 발생하여야 하며, 하자와 손해 사이에는 상당인과관계가 있어야 한다.
  ㉡ 불가항력의 경우에는 손해배상과 하자 사이의 인과관계가 부인된다.
  ㉢ 손해는 재산적 손해, 정신적 손해, 적극적 손해, 소극적 손해를 모두 포함한다.
  ㉣ 하자와 손해발생 사이에 상당인과관계가 있었음을 입증할 책임은 피해자에게 있다. 01
  ㉤ 군인·군무원·경찰공무원·예비군대원 등에게는 이중배상을 배제하는 특례를 두고 있다.

(3) 면책사유

① 불가항력
  ㉠ 영조물이 통상의 안전성을 갖추고 있는 한, 천재지변 등과 같은 불가항력에 의하여 손해가 발생하여도 국가배상책임은 인정되지 않는다고 함이 통설·판례이다.
  ㉡ 그러나 판례는 장마철에 가로수가 쓰러져 발생한 사고에서, 매년 집중호우와 태풍이 동반되는 장마철을 겪고 있는 우리나라의 기후여건하에서 이러한 사건은 예측 불가능한 천재·지변이라고 볼 수 없으므로 영조물(가로수)의 설치·관리에 하자가 인정된다고 하였다.

관련 판례 | 불가항력 부정

🄒 집중호우가 불가항력이 아니라는 판례

> 약 308.5mm 집중호우로 국도변 산비탈이 무너져 차량의 통행을 방해함으로서 일어난 교통사고에 대하여, 매년 비가 많이 오는 장마철을 겪고 있는 우리나라와 같은 기후의 여건하에서 위와 같은 집중호우가 내렸다고 하여 전혀 예측할 수 없는 천재지변이라고 보기는 어렵다(대판 1993.6.8. 93다11678, 대판 2000.5.26. 99다53247).

🄒 장마철의 사고는 예측 불가능한 천재지변이라 볼 수 없다

> 매년 집중호우와 태풍(초당 32.6m)이 동반되는 장마철을 겪고 있는 우리나라와 같은 기후의 여건하에서 그와 같은 정도의 비바람을 예측할 수 없는 천재지변이라고 볼 수는 없는 것이다(대판 1993.7.27. 93다20702).

개념확인 O/X

01 국가배상청구소송에서 공공의 영조물에 하자가 있다는 입증책임은 피해자가 지지만, 관리주체에게 손해발생의 예견가능성과 회피가능성이 없다는 입증책임은 관리주체가 진다.
17 국가9급 (O / X)

| 정답 | 01 O

개념확인 O/X

ⓒ 태풍경보 시 통제소홀과 국가배상 인정

> 태풍경보가 발령되는 등으로 기상 상태가 악화되었으나 시 산하기관인 오동도 관리사무소 당직근무자가 재해시를 대비하여 마련되어 있는 지침에 따른 조치를 취하지 아니하고 방치하다가 상급기관의 지적을 받고서야 비로소 오동도 내로 들어오는 사람 및 차량의 통행은 금지시켰으나, 오동도 안에서 밖으로 나가려는 사람 및 차량의 통행을 금지시키지 아니한 채 만연히 철수하라는 방송만을 함으로써, 당직근무자가 위 계획에 위배하여 차량의 통제를 하지 아니한 과실과 사고 사이에는 상당인과관계가 있다고 하여 시의 손해배상책임을 인정한다(대판 1997.9.9. 97다12907).

ⓒ 집중호우가 50년 빈도의 최대강우량에 해당한다는 사실만으로 불가항력에 기인한 것으로 볼 수 없다

> 우리나라의 경우 여름철 집중호우가 예상하기 어려운 정도의 기상이변에 해당한다고 보기는 어려운 점에 비추어 이 사건 사고가 예상할 수 없는 불가항력에 기인한 것이라고 할 수는 없으며, 비록 피고가 이 사건 사고 이전 재해위험지구 일제조사를 실시할 당시 이 사건 하천에는 별다른 하자가 없는 것으로 조사되었고, 이 사건 사고 무렵 비상근무체제로 수해피해상황조사 및 재해위험지구에 대한 수시 점검 등의 노력을 하였다고 하더라도 주민들의 일반통행에 제공되는 이 사건 제방도로에서 발생할 수 있는 위험을 방지하기 위하여 필요한 방호조치의무를 다 하였다고 보기는 어렵다고 할 것이다(대판 2000.5.26. 99다53247).

관련 판례 | 불가항력 긍정

ⓒ 영조물의 설치나 관리상의 시간적·장소적 관리가능성이 없는 경우에는 하자를 인정할 수 없다 [23 국가직 7급, 21 국회직 8급] 01 02

> 객관적으로 보아 시간적·장소적으로 영조물의 기능상 결함으로 인한 손해발생의 예견가능성과 회피가능성이 없는 경우, 즉 그 영조물의 결함이 영조물의 설치·관리자의 관리행위가 미칠 수 없는 상황 아래에 있는 경우에는 영조물의 설치·관리상의 하자를 인정할 수 없다(대판 2001.7.27. 2000다56822).

ⓑ 1,000년 발생빈도의 강우량을 기준으로 책정된 계획홍수위를 초과하여 600년 또는 1,000년 발생빈도의 강우량에 의한 하천의 범람은 예측가능성 및 회피가능성이 없는 불가항력적인 재해로서 그 영조물의 관리청에게 책임을 물을 수 없다 [24 군무원 9급] 03

> 이 사건 사고지점의 제방은 100년 발생빈도를 기준으로 책정된 계획홍수위보다 30cm 정도 더 높았던 사실, 이 사건 사고 당시 사고지점 상류지역의 강우량은 600년 또는 1,000년 발생빈도의 강우량이어서 이 사건 사고지점의 경우 계획홍수위보다 무려 1.6m 정도가 넘는 수위의 유수가 흘렀다고 추정되는 사실 및 이 사건 사고 이전에는 위 사고지점에 하천이 범람한 적이 없었던 사실을 인정할 수 있는바, 위와 같은 사실에 의하면, 특별히 계획홍수위를 정한 이후에 이를 상향조정할 만한 사정이 없는 한, 계획홍수위보다 높은 제방을 갖춘 위 사고지점을 들어 그 용도에 따라 통상 갖추어야 할 안전성을 갖추지 못한 하자가 있다고 볼 수 없고, 위와 같이 계획홍수위를 훨씬 넘는 유수에 의한 범람은 예측가능성 및 회피가능성이 없는 불가항력적인 재해로 보아 그 영조물의 관리청에게 책임을 물을 수 없다 할 것이다(대판 2003.10.23. 2001다48057).

ⓒ 산간지역의 강설에 의한 빙판의 경우

> 강설의 특성, 기상적 요인과 지리적 요인, 이에 따른 도로의 상대적 안전성을 고려하면 겨울철 산간지역에 위치한 도로에 강설로 생긴 빙판을 그대로 방치하고 도로상황에 대한 경고나 위험표지판을 설치하지 않았다는 사정만으로 도로관리상의 하자가 있다고 볼 수 없다(대판 2000.4.25. 99다54998).

---

01 객관적으로 보아 영조물의 결함이 영조물의 설치·관리자의 관리행위가 미칠 수 없는 상황 아래에 있는 경우에는 영조물의 설치·관리의 하자를 인정할 수 없다.
23 국가7급 (O / X)

02 하자의 의미에 관한 학설 중 객관설에 의할 때, 영조물에 결함이 있지만 그 결함이 객관적으로 보아 영조물의 설치·관리자의 관리행위가 미칠 수 없는 상황 아래에 있는 경우에는 영조물의 설치·관리상의 하자를 인정할 수 없다.
21 국회8급 (O / X)

03 이미 존재하는 하천의 제방이 계획홍수위를 넘고 있다면 그 하천은 용도에 따라 통상 갖추어야 할 안전성을 갖추고 있다고 보아야 하고, 그와 같은 하천이 그 후 새로운 하천시설을 설치할 때 기준으로 삼기 위하여 제정한 '하천시설기준'이 정한 여유고를 확보하지 못하고 있다는 사정만으로 바로 안전성이 결여된 하자가 있다고 볼 수는 없다.
24 군무원9급 (O / X)

| 정답 | 01 O 02 X 03 O

ⓒ 또한 판례는 천재지변에 의한 것이라 하더라도 공무원의 과실 또는 영조물의 하자가 경합하여 그러한 사고가 발생한 경우에는 국가배상책임이 인정된다고 한다(대판 1993. 6. 8. 93다11678).

> **관련 판례**
>
> 🅑 **다른 자연적 사실이나 제3자 또는 피해자의 행위와 경합하여 발생한 손해도 영조물의 설치·관리상의 하자에 의해 발생한 것으로 본다**
>
> 영조물의 설치 또는 관리상의 하자로 인한 사고라 함은 영조물의 설치 또는 관리상의 하자만이 손해발생의 원인이 되는 경우만을 말하는 것이 아니고, 다른 자연적 사실이나 제3자의 행위 또는 피해자의 행위와 경합하여 손해가 발생하더라도 영조물의 설치 또는 관리상의 하자가 공동원인의 하나가 되는 이상 그 손해는 영조물의 설치 또는 관리상의 하자에 의하여 발생한 것이라고 해석함이 상당하다(대판 1994. 11. 22. 94다32924).
>
> 🅑 **관리청이「하천법」등 관련 규정에 의해 책정한 하천정비기본계획 등에 따라 개수를 완료한 하천이 위 기본계획 등에서 정한 계획홍수량 등을 충족하여 관리되고 있는 경우, 그 안전성을 인정할 수 있는지 여부** [20 국가직 7급, 12 사회복지직] **01**
>
> 관리청이「하천법」등 관련 규정에 의해 책정한 하천정비기본계획 등에 따라 개수를 완료한 하천 또는 아직 개수 중이라 하더라도 개수를 완료한 부분에 있어서는, 위 하천정비기본계획 등에서 정한 계획홍수량 및 계획홍수위를 충족하여 하천이 관리되고 있다면 당초부터 계획홍수량 및 계획홍수위를 잘못 책정하였다거나 그 후 이를 시급히 변경해야 할 사정이 생겼음에도 불구하고 이를 해태하였다는 등의 특별한 사정이 없는 한, 그 하천은 용도에 따라 통상 갖추어야 할 안전성을 갖추고 있다고 봄이 상당하다(대판 2007. 9. 21. 2005다65678).

② **위험지역에 스스로 이주 등을 한 경우**: 소음 등을 포함한 공해 등의 위험지역으로 이주하여 들어가 거주하는 경우와 같이 위험의 존재를 인식하거나 과실로 인식하지 못하고 이주한 경우에는 손해배상액의 산정에 있어 형평의 원칙상 과실상계에 준하여 감경 또는 면제사유로 고려하는 것이 상당하다는 것이 판례의 입장이다. **02 03 04**

> **관련 판례**
>
> 🅑 **소음 등을 포함한 공해 등의 위험지역으로 이주하여 거주하는 경우, 이를 손해배상액의 산정에 있어 감경 또는 면제사유로 고려하여야 하는지 여부(적극)** [17 지방9급, 16 국가직 9급]
>
> 공군사격장 주변 지역에서 발생하는 소음 등으로 피해를 입은 주민들이 국가를 상대로 손해배상을 청구한 사안에서, 사격장의 소음피해를 인식하거나 과실로 인식하지 못하고 이주한 일부 주민들의 경우, 국가의 손해배상책임을 완전히 면제할 수는 없다고 하더라도, 손해배상액을 산정함에 있어 그와 같은 사정을 전혀 참작하지 아니하여 감경조차 아니한 것은 현저히 불합리하고, 불법행위로 인한 손해배상액의 산정에 관한 법리를 오해한 잘못이 있다(대판 2010. 11. 11. 2008다57975).
>
> 🅒 **일반인에 비하여 항공기 소음 피해에 관하여 잘 인식하거나 인식할 수 있는 공군에 속한 군인이나 군무원의 경우, 가해자의 면책이나 손해배상액의 감액에 있어 달리 볼 수 있는지 여부(소극)**
>
> 공군비행장 주변의 항공기 소음 피해로 인한 손해배상 사건에서 공군에 속한 군인이나 군무원의 경우 일반인에 비하여 그 피해에 관하여 잘 인식하거나 인식할 수 있는 지위에 있다는 이유만으로 가해자의 면책이나 손해배상액의 감액에 있어 달리 볼 수는 없다(대판 2015. 10. 15. 2013다23914).

개념확인 O/X

01 관리청이「하천법」등 관련 규정에 의해 책정한 하천정비기본계획 등에 따라 개수를 완료한 하천 또는 아직 개수 중이라 하더라도 개수를 완료한 부분에 있어서는, 위 하천정비기본계획 등에서 정한 계획홍수량 및 계획홍수위를 충족하여 하천이 관리되고 있다면 당초부터 계획홍수량 및 계획홍수위를 잘못 책정하였다거나 그 후 이를 시급히 변경해야 할 사정이 생겼음에도 불구하고 이를 해태하였다는 등의 특별한 사정이 없는 한, 그 하천은 용도에 따라 통상 갖추어야 할 안전성을 갖추고 있다고 보아야 한다.
12 사회복지 (O/X)

02 소음 등의 공해로 인한 법적 쟁송이 제기되거나 그 피해에 대한 보상이 실시되는 등 피해지역임이 구체적으로 드러나고 이러한 사실이 그 지역에 널리 알려진 이후에 이주하여 오는 경우에는 위와 같은 위험에의 접근에 따른 가해자의 면책 여부를 보다 적극적으로 인정할 여지가 있다.
17 지방9급 (O/X)

03 소음 등을 포함한 공해 등의 위험지역으로 이주하여 들어가 거주하는 경우와 같이 위험의 존재를 과실로 인식하지 못하고 이주한 경우, 이를 손해배상액의 산정에 있어 형평의 원칙상 과실상계에 준하여 감경 또는 면제사유로 고려하여야 한다.
21 국회8급 (O/X)

04 소음 등을 포함한 공해 등의 위험지역으로 이주하여 거주하는 것이 피해자가 위험의 존재를 인식하고 그로 인한 피해를 용인하면서 접근한 것이라고 볼 수 있는 경우 가해자의 면책이 인정될 수 있다.
16 국가9급 (O/X)

| 정답 | 01 ◯ 02 ◯ 03 ◯ 04 ◯

③ 영조물의 비통상적인 이용: 영조물의 통상적인 이용방법을 통하지 않아 발생한 경우에는 국가 등은 면책될 수 있을 것이다.

> **관련 판례**
>
> **B** 고등학교 3학년 학생이 학교건물의 3층 난간을 넘어 들어가 흡연을 하던 중 실족하여 사망한 경우, 위 건물의 설치·보존상의 하자가 인정되지 않는다
>
> 고등학교 3학년 학생이 교사의 단속을 피해 담배를 피우기 위하여 3층 건물 화장실 밖의 난간을 지나다가 실족하여 사망한 사안에서 학교 관리자에게 그와 같은 이례적인 사고가 있을 것을 예상하여 복도나 화장실 창문에 난간으로의 출입을 막기 위하여 출입금지장치나 추락위험을 알리는 경고 표지판을 설치할 의무가 있다고 볼 수는 없다는 이유로 학교시설의 설치·관리상의 하자가 없다(대판 1997.5.16. 96다54102).

④ 재정적 제약(예산부족): 국가 등의 재정적 제약, 즉 예산부족의 이유를 들어 영조물 등의 안전관리를 소홀히 하여 사고가 발생했을 경우 이에 대한 면책이 가능한지가 문제되나, 판례와 통설은 참작사유는 될지언정 면책사유가 되지는 않는다고 한다.

> **관련 판례**
>
> **A** 재정적 제약은 배상책임면제사유가 아닌 참작사유에 불과하다 [21 소방직, 17 지방직 9급, 16 국가직 9급, 12 경찰 특채, 11 지방직 9급] 01 02 03 04
>
> 설치의 하자라 함은 영조물의 불완전한 점이 있어 영조물 자체가 통상 갖추어야 할 안전성을 갖추지 못한 상태에 있음을 말한다 할 것이고, 또 영조물설치의 하자의 유무는 객관적 견지에서 본 안전성의 문제이고 재정사정은 …(중략)… 안전성을 요구하는 데 대한 정도 문제로서 참작사유에 해당할 지언정 안전성을 결정지을 절대적 요건은 되지 못한다(대판 1967.2.21. 66다1723).

(4) 「국가배상법」 제2조와 제5조의 경합

「국가배상법」 제2조 '공무원의 위법한 직무집행행위'와 제5조 '영조물의 설치·관리의 하자'로 인한 책임이 중복하여 발생하였을 경우 피해자는 그 어느 것에 의해서도 배상을 청구할 수 있다. 05

(5) 손해배상책임자·구상권·입증책임

① 손해배상책임자
㉠ 손해배상책임자는 국가 또는 지방자치단체이다.
㉡ 설치·관리자와 비용부담자가 다른 경우에는 피해자는 양자에게 선택적으로 청구할 수 있고, 이 경우 손해를 배상한 비용부담자는 내부관계에서 그 손해를 배상할 책임이 있는 자(설치·관리자)에게 구상할 수 있다(「국가배상법」 제6조 제2항). 06

개념확인 O/X

01 영조물 설치자의 재정사정이나 영조물의 사용목적에 의한 사정은, 안전성을 요구하는 데 대한 참작사유는 될지언정 안전성을 결정지을 절대적 요건은 아니다.
21 소방 (O / X)

02 판례는 예산부족은 절대적인 면책사유가 된다고 보고 있다.
11 지방9급 (O / X)

03 재정사정은 참작사유에는 해당할 지언정 안전성을 결정지을 절대적 요건에는 해당되지 않는다.
12 경찰행정학과 특채 (O / X)

04 영조물의 하자 유무는 객관적 견지에서 본 안전성의 문제이며, 국가의 예산부족으로 인해 영조물의 설치·관리에 하자가 생긴 경우에도 국가는 면책될 수 없다.
17 지방9급 (O / X)

05 동일한 손해가 공무원의 직무상 불법행위와 영조물 설치·관리상 하자로 인하여 발생된 경우 결국 영조물 설치·관리상 하자는 공무원의 직무와 관련된 것이므로 전자만을 근거로 국가배상을 청구하여야 한다.
24 군무원9급 (O / X)

06 광역시와 국가 모두가 도로의 점유자 및 관리자, 비용부담자로서의 책임을 중첩적으로 지는 경우 국가만이 「국가배상법」에 따라 궁극적으로 손해를 배상할 책임이 있는 자가 된다.
18 국회8급 (O / X)

정답 | 01 O 02 X 03 O 04 O 05 X 06 X

관련 판례

C 「도로법」제22조 제2항에 의하여 시장이 국도의 관리청이 된 경우 국가는 도로관리상 하자로 인한 손해배상책임을 면하는지 여부(소극)

> 「도로법」제22조 제2항에 의하여 지방자치단체의 장인 시장이 국도의 관리청이 되었다 하더라도 이는 시장이 국가로부터 관리업무를 위임받아 국가행정기관의 지위에서 집행하는 것이므로 국가는 도로관리상 하자로 인한 손해배상책임을 면할 수 없다(대판 1993. 1. 26. 92다2684).

B 지방자치단체장이 설치하여 관할 지방경찰처장에게 관리권한이 위임된 교통신호기의 고장으로 인하여 교통사고가 발생한 경우, 지방자치단체뿐만 아니라 국가도 배상책임을 부담한다 [13 국가직 9급, 12 사회복지직] **01 02**

> 「국가배상법」제6조 제1항은 같은 법 제2조, 제3조 및 제5조의 규정에 의하여 국가 또는 지방자치단체가 손해를 배상할 책임이 있는 경우에 공무원의 선임·감독 또는 영조물의 설치·관리를 맡은 자와 공무원의 봉급·급여 기타의 비용 또는 영조물의 설치·관리의 비용을 부담하는 자가 동일하지 아니한 경우에는 그 비용을 부담하는 자도 손해를 배상하여야 한다고 규정하고 있으므로 교통신호기를 관리하는 지방경찰청장 산하 경찰관들에 대한 봉급을 부담하는 국가도 「국가배상법」제6조 제1항에 의한 배상책임을 부담한다(대판 1999. 6. 25. 99다11120).

C (구)「하천법」제28조 제1항에 따라 국토해양부장관이 하천공사를 대행하던 중 지방하천의 관리상 하자로 손해가 발생한 경우, 하천관리청이 속한 지방자치단체가 「국가배상법」제5조 제1항에 따라 지방하천의 관리자로서 손해배상책임을 부담하는지 여부(적극) [24 군무원 9급] **03**

> (구)「하천법」(2012. 1. 17. 법률 제11194호로 개정되기 전의 것) 제28조 제1항에 따라 국토해양부장관이 하천공사를 대행하더라도 이는 국토해양부장관이 하천관리에 관한 일부 권한을 일시적으로 행사하는 것으로 볼 수 있을 뿐 하천관리청이 국토해양부장관으로 변경되는 것은 아니므로, 국토해양부장관이 하천공사를 대행하던 중 지방하천의 관리상 하자로 인하여 손해가 발생하였다면 하천관리청이 속한 지방자치단체는 국가와 함께 「국가배상법」제5조 제1항에 따라 지방하천의 관리자로서 손해배상책임을 부담한다(대판 2014. 6. 26. 2011다85413).

C 국가의 소유도로에 해당되어도 설치나 관리사무의 귀속주체가 공공단체인 경우에 국가는 배상책임이 없다

> 갑이 덤프트럭을 운전하여 국가 소유의 토지에 설치된 도로를 진행하던 중 도로가 붕괴되면서 덤프트럭이 전복되는 사고가 발생한 사안에서, 위 도로는 한국농어촌공사가 농업생산기반 정비사업을 통하여 설치한 농업생산기반시설로서 설치·관리사무의 귀속주체가 한국농어촌공사이므로, 국가는 갑에 대하여 손해배상책임을 부담하지 않는다(대판 2015. 9. 10. 2012다200622).

② **구상권**
㉠ 국가 또는 지방자치단체는 손해를 배상한 경우에 손해의 원인에 대하여 따로 책임을 질 자가 있을 때에는 그 자에게 구상할 수 있다(「국가배상법」제5조 제2항). **04**
㉡ 이러한 경우로는 고의·과실에 의하여 영조물의 통상적인 안전성을 결여하게 한 자, 관리에 종사하는 공무원이 고의·중과실로 보수의무를 게을리 한 것이 손해발생의 원인이 되었을 때의 그 공무원 등이 있다(고의·과실 필요).

개념확인 O/X

01 지방자치단체장이 설치하여 관할 지방경찰청장에게 관리권한이 위임된 교통신호기 고장에 의한 교통사고가 발생한 경우 해당 지방자치단체뿐만 아니라 국가도 손해배상책임을 진다.
13 국가9급 (O / X)

02 지방자치단체장으로부터 교통신호기의 관리권한을 위임받은 기관 소속의 공무원이 위임사무 처리에 있어 고의 또는 과실로 타인에게 손해를 가하였거나 위임사무로 설치·관리하는 영조물의 하자로 타인에게 손해를 발생하게 한 경우에는 권한을 위임한 관청이 소속된 지방자치단체가 「국가배상법」제2조 또는 제5조에 의한 배상책임을 부담한다.
12 사회복지 (O / X)

03 국토해양부장관이 하천공사를 대행하던 중 지방하천의 관리상 하자로 인하여 손해가 발생하였다면 하천관리청이 속한 지방자치단체는 국가와 함께 「국가배상법」제5조 1항에 따라 지방하천의 관리자로서 손해배상책임을 부담한다.
24 군무원9급 (O / X)

04 영조물의 설치·관리상의 하자로 인한 손해의 원인에 대하여 책임을 질 사람이 따로 있는 경우에는 국가·지방자치단체는 그 사람에게 구상할 수 있다.
17 지방7급 (O / X)

개념확인 O/X

> **관련 판례**
>
> ⓒ 영조물의 하자로 인한 피해에 대하여 위자료청구권이 포함된다
>
> 「국가배상법」 제5조 제1항의 영조물의 설치·관리상의 하자로 인한 손해가 발생한 경우 같은 법 제3조 제1항 내지 제5항의 해석상 피해자의 위자료청구권이 반드시 배제되지 않는다(대판 1990. 11. 13. 90다카25604).

③ **입증책임문제**: 「국가배상법」 제5조는 무과실책임이 원칙이라서 고의나 과실에 대한 입증책임문제는 없으나, 「국가배상법」 제5조의 배상요건인 영조물의 하자에 대한 입증문제는 피해자에게, 영조물의 설치나 관리의 불가항력적 사유에 대한 입증문제는 가해자측에게 주어진 것으로 보아야 할 것이다.

3 행정상 손해배상의 비용부담자

> **관련 법령**
>
> 「국가배상법」 제6조 【비용부담자 등의 책임】 ① 제2조, 제3조 및 제5조에 따라 국가나 지방자치단체가 손해를 배상할 책임이 있는 경우에 공무원의 선임·감독 또는 영조물의 설치·관리를 맡은 자와 공무원의 봉급·급여 그 밖의 비용 또는 영조물의 설치·관리 비용을 부담하는 자가 동일하지 아니하면 그 비용을 부담하는 자도 손해를 배상하여야 한다.
> ② 제1항의 경우에 손해를 배상한 자는 내부관계에서 그 손해를 배상할 책임이 있는 자에게 구상할 수 있다.

(1) 비용부담자의 의미

① **실질적 비용부담자설**: 「국가배상법」 제6조 제1항의 비용부담자를 실질적으로 경제적 손실을 입는 자로 해석하는 입장이다. 이 견해에 의하면 기관위임사무에서 비용의 실질적 부담자는 위임기관으로서 위임기관이 비용부담책임을 진다.

② **형식적 비용부담자설**: 「국가배상법」 제6조 제1항의 비용부담자를 대외적으로 비용을 지출하는 자로 해석하는 입장이다. 이 견해에 의하면 기관위임사무에서 형식적으로 대외적 비용을 지출하는 기관은 수임기관으로서 비용부담책임을 수임기관이 진다.

③ **병존설(다수설과 판례)**: 「국가배상법」 제6조 제1항의 비용부담자를 실질적 비용부담자와 형식적 비용부담자 모두가 진다는 입장이다. 이 견해에 의하면 기관위임사무에서 위임기관은 실질적 비용부담자로서의 책임을, 수임기관은 형식적 비용부담자로서의 책임을 지게 된다.

> **관련 판례**
>
> ⓒ 지방자치단체장이 설치하여 관할 지방경찰청장에게 관리권한이 위임된 교통신호기의 고장으로 인하여 교통사고가 발생한 경우, 지방자치단체뿐만 아니라 국가도 손해배상책임을 지는지 여부(적극)
>
> 지방자치단체장이 교통신호기를 설치하여 그 관리권한이 「도로교통법」 제71조의2 제1항의 규정에 의하여 관할 지방경찰청장에게 위임되어 지방자치단체 소속 공무원과 지방경찰청 소속 공무원이 합동근무하는 교통종합관제센터에서 그 관리업무를 담당하던 중 위 신호기가 고장난 채 방치되어 교통사고가 발생한 경우, 「국가배상법」 제2조 또는 제5조에 의한 배상책임을 부담하는 것은 지방경찰청장이 소속된 국가가 아니라, 그 권한을 위임한 지방자치단체장이 소속된 지방자치단체라고 할 것이나, 한편 「국가배상법」 제6조 제1항은 같은 법 제2조, 제3조 및 제5조의 규정에 의하여 국가

또는 지방자치단체가 손해를 배상할 책임이 있는 경우에 공무원의 선임·감독 또는 영조물의 설치·관리를 맡은 자와 공무원의 봉급·급여 기타의 비용 또는 영조물의 설치·관리의 비용을 부담하는 자가 동일하지 아니한 경우에는 그 비용을 부담하는 자도 손해를 배상하여야 한다고 규정하고 있으므로 교통신호기를 관리하는 지방경찰청장 산하 경찰관들에 대한 봉급을 부담하는 국가도 「국가배상법」 제6조 제1항에 의한 배상책임을 부담한다(대판 1999.6.25. 99다11120).

C 「국가배상법」 제6조 제1항 소정 '공무원의 봉급·급여 기타의 비용을 부담하는 자'의 의미(지방자치단체의 장이 기관위임된 국가행정사무를 처리하는 경우, 그 지방자치단체가 같은 법 제6조 제1항 소정의 비용부담자로서 배상책임을 진다)

「국가배상법」 제6조 제1항 소정의 '공무원의 봉급·급여 기타의 비용'이란 공무원의 인건비만을 가리키는 것이 아니라 당해사무에 필요한 일체의 경비를 의미한다고 할 것이고, 적어도 대외적으로 그러한 경비를 지출하는 자는 경비의 실질적·궁극적 부담자가 아니더라도 그러한 경비를 부담하는 자에 포함된다(대판 1994.12.9. 94다38137).

(2) 피해자의 선택적 청구와 최종적 책임
※ 「국가배상법」 제2조와 제5조에서 서술하였다.

4 행정상 손해배상의 청구절차

(1) 임의적 전치주의
종전에는 행정상 손해배상의 소송은 먼저 배상심의회의 배상지급 또는 기각결정을 거친 후가 아니면 이를 제기할 수 없도록 하였다. 그러나 현행 「국가배상법」은 배상심의회에 배상신청을 하지 아니하고도 행정상 손해배상의 소송을 제기할 수 있도록 규정하여 임의적 결정전치주의를 채택하였다. 01 02

(2) 손해배상의 절차(행정적 절차)
① 배상신청
  ㉠ 배상금을 지급받으려는 자는 그 주소지·소재지 또는 배상원인 발생지를 관할하는 지구심의회에 대하여 배상금지급신청을 하여야 한다(「국가배상법」 제12조 제1항).
  ㉡ 심의회의 위원장은 배상신청이 부적법하지만 보정할 수 있다고 인정하는 경우에는 상당한 기간을 정하여 보정을 요구하여야 한다(동법 제12조 제3항).
② 배상심의회 심의·결정·결정서 송달
  ㉠ 지구심의회는 배상신청을 받으면 지체 없이 증인신문(證人訊問)·감정(鑑定)·검증(檢證) 등 증거조사를 한 후 그 심의를 거쳐 4주일 이내에 배상금 지급결정, 기각결정 또는 각하결정(이하 '배상결정'이라 한다)을 하여야 한다.
  ㉡ 심의회는 배상결정을 하면 그 결정을 한 날부터 1주일 이내에 그 결정정본(決定正本)을 신청인에게 송달하여야 한다.
③ 신청인의 동의: 배상결정을 받은 신청인은 지체 없이 그 결정에 대한 동의서를 첨부하여 국가나 지방자치단체에 배상금지급을 청구하여야 한다.
④ 재심신청: 지구심의회에서 배상신청이 기각(일부기각된 경우를 포함한다) 또는 각하된 신청인은 결정정본이 송달된 날부터 2주일 이내에 그 심의회를 거쳐 본부심의회나 특별심의회에 재심(再審)을 신청할 수 있다.

> **개념확인 O/X**
>
> 01 배상심의회에 대한 배상신청은 임의절차이다.
> 19 소방 (O/X)
>
> 02 「국가배상법」에 따른 손해배상의 소송은 배상심의회에 배상신청을 하지 아니하면 제기할 수 없다.
> 24 지방9급 (O/X)

| 정답 | 01 O 02 X

| 개념확인 O/X |

01 「국가배상법」상 배상결정을 받은 신청인은 지체없이 그 결정에 대한 동의서를 첨부하여 국가나 지방자치단체에 배상금 지급을 청구하여야 하고 청구하지 아니한 경우에는 그 결정에 동의하지 아니한 것으로 본다.
24 군무원9급 (O / X)

⑤ **배상금의 지급**
  ㉠ 배상결정을 받은 신청인은 지체 없이 그 결정에 대한 동의서를 첨부하여 국가 또는 지방자치단체에 대하여 배상금 지급을 청구하여야 한다.
  ㉡ 배상결정을 받은 신청인이 배상금 지급을 청구하지 아니하거나 지방자치단체가 배상금 지급청구를 받은 날로부터 2주일 내에 배상금을 지급하지 아니하면 그 결정에 동의하지 아니한 것으로 본다. **01**

⑥ **배상금지급결정의 효력**
  ㉠ **종래**: 심의회의 배상결정에 대해 (구)「국가배상법」제16조는 "심의회의 배상결정은 신청인이 동의하나 지방자치단체가 배상금을 지급한 때에는 「민사소송법」의 규정에 의한 재판상의 화해가 성립한 것으로 본다."고 규정하여 신청인이 배상결정에 동의하여 배상금을 수령한 후에는 그 배상금의 액수를 가지고 다시 소송을 제기할 수 없도록 하고 있었다.
  ㉡ **헌법재판소의 입장**: 이에 대해 헌법재판소는 동의된 배상결정에 확정판결과 같은 최종적인 효력을 지니는 재판상 화해가 성립된 것으로 간주하는 것은 헌법과 법률이 정한 법관에 의한 재판을 받을 권리의 과도한 제한으로서, 위헌이라고 결정하였다(헌재 1995.5.25. 91헌가7).
  ㉢ **현재**: 현재는 당해 규정이 삭제되었다. 따라서 신청인은 배상결정에 동의하여 배상금을 수령한 후에도 그 금액에 불만이 있을 경우에는 손해배상소송을 제기하여 배상금증액청구를 할 수 있게 되었다.

(3) 사법절차에 의한 배상청구

① **손해배상청구소송의 제기**: 행정상 손해배상을 청구하고자 하는 자는 배상심의회의 배상결정에 불복이 있거나 지방자치단체가 배상금을 지급하지 아니하거나 또는 배상심의회에 배상신청을 하지 아니하고 직접 법원에 손해배상청구소송을 제기할 수 있다.

> **심화 학습** 국가를 상대로 손해배상청구를 할 수 있는 경우
> 1. 피해자가 배상심의회의 배상금지급결정에 대하여 동의 또는 불복한 경우
> 2. 피해자가 배상금지급신청을 한 날로부터 3개월이 지나도 배상결정이 없는 경우

02 국가배상소송을 제기하는 경우 민사소송이 아니라 공법상 당사자 소송으로 제기하여야 한다.
24 지방9급 (O / X)

② **청구절차**
  ㉠ **행정소송절차에 의한다는 견해**: 「국가배상법」을 공법으로 보는 견해로서 손해배상청구는 행정소송(당사자소송)에 의하며 행정법원이 제1심법원이 된다(다수설). **02**
  ㉡ **민사소송절차에 의한다는 견해**: 「국가배상법」을 사법으로 보는 견해로서 손해배상청구는 민사소송에 의하며 민사법원이 제1심법원이 된다(판례).

> **관련 판례**
> ⓒ 개정 전 「소송촉진 등에 관한 특례법」(제6조 제1항 단서)의 규정에 의하면 국가가 패소하여 배상책임을 지는 경우에 가집행선고를 하지 못하도록 하였다. 동 조항은 헌법 제11조 평등원칙에 위배된다는 이유로 위헌결정을 받은 바 있다(헌재 1989.1.25. 88헌가7)

  ㉢ **항고소송과의 병합**: 손해배상청구소송을 당해 행정작용에 대한 취소소송과 병합하여 제기할 수 있다(「행정소송법」제10조 제2항).

| 정답 | 01 O 02 X

개념 적용문제

03 손해배상

교수님 코멘트▶ 손해배상은 출제빈도가 높은 단원이다. 주요 출제포인트는 「국가배상법」과 헌법의 규정 비교, 「국가배상법」상 공무원의 범위와 직무범위, 이중배상금지제도, 국가의 배상책임의 성질, 「국가배상법」 제5조의 면책 등이다. 이에 대한 개념과 판례를 완벽히 숙지해야 한다.

01
2024 지방직 9급

위법한 직무집행행위로 인한 손해배상책임에 대한 설명으로 옳지 <u>않은</u> 것은?

① 「국가배상법」상 '공무원'이라 함은 널리 공무를 위탁받아 실질적으로 공무에 종사하고 있는 일체의 자를 가리키는 것으로서, 단지 공무의 위탁이 일시적인 사항에 관한 활동을 위한 것은 포함되지 않는다.
② 「국가배상법」이 정한 배상청구의 요건인 '공무원의 직무'에는 권력적작용만이 아니라 행정지도와 같은 비권력적 공행정작용도 포함된다.
③ 어떠한 행정처분이 후에 항고소송에서 위법한 것으로서 취소되었다고 하더라도 그로써 곧 당해 행정처분이 공무원의 고의 또는 과실에 의한 불법행위를 구성한다고 단정할 수는 없다.
④ 헌법상 과잉금지의 원칙 내지 비례의 원칙을 위반하여 국민의 기본권을 침해한 국가작용은 국가배상책임에 있어 법령을 위반한 가해행위가 된다.

정답&해설

01 ① 손해배상

① 「국가배상법」 제2조 소정의 '공무원'이라 함은 「국가공무원법」이나 「지방공무원법」에 의하여 공무원으로서의 신분을 가진 자에 국한하지 않고, 널리 공무를 위탁받아 실질적으로 공무에 종사하고 있는 일체의 자를 가리키는 것으로서, 공무의 위탁이 일시적이고 한정적인 사항에 관한 활동을 위한 것이어도 달리 볼 것은 아니다(대판 2001.1.5. 98다39060).

| 오답해설 | ② 「국가배상법」상 직무에는 권력작용, 비권력적 작용 / 법적 행위, 사실행위 / 작위, 부작위 / 입법작용, 사법(司法)작용이 모두 포함된다. 비권력적 사실행위인 행정지도도 「국가배상법」상의 직무에 해당한다. 다만 직무에 해당하여도 다른 국가배상의 요건충족 여부에 따라 배상 여부는 달라진다.

| 판례 |

> 국가배상청구의 요건인 '공무원의 직무'에는 권력적 작용만이 아니라 비권력적 작용도 포함되며 단지 행정주체가 사경제주체로서 하는 활동만 제외된다(대판 2001.1.5. 98다39060).

③ 어떠한 행정처분이 후에 항고소송에서 위법한 것으로서 취소되었다고 하더라도 그로써 곧 당해 행정처분이 공무원의 고의 또는 과실에 의한 불법행위를 구성한다고 단정할 수는 없지만, 그 행정처분의 담당공무원이 보통 일반의 공무원을 표준으로 하여 볼 때 객관적 주의의무를 결하여 그 행정처분이 객관적 정당성을 상실하였다고 인정될 정도에 이른 경우에는 「국가배상법」 제2조 소정의 국가배상책임의 요건을 충족하였다고 보아야 한다(대판 2011.1.27. 2008다30703).
④ 헌법상 과잉금지의 원칙 내지 비례의 원칙을 위반하여 국민의 기본권을 침해한 국가작용은 국가배상책임에 있어 법령을 위반한 가해행위가 될 수 있다(대판 2018.10.25. 2013다44720).

| 정답 | 01 ①

02

2024 국가직 9급

국가배상에 대한 설명으로 옳은 것은?

① 국가배상청구의 요건인 '공무원의 직무'에는 행정주체가 사경제주체로서 하는 작용도 포함된다.
② 청구기간 내에 헌법소원이 적법하게 제기되었음에도 헌법재판소 재판관이 청구기간을 오인하여 각하결정을 한 경우, 이에 대한 불복절차 내지 시정절차가 없는 때에는 국가배상책임을 인정할 수 있다.
③ 군복무 중 사망한 군인 등의 유족인 원고가 「국가배상법」에 따른 손해배상금을 지급받은 경우, 국가는 「군인연금법」 소정의 사망보상금을 지급함에 있어 원고가 받은 손해배상금 상당 금액을 공제할 수 없다.
④ 외국인이 피해자인 경우 해당 국가와 상호보증이 없더라도 「국가배상법」이 적용된다.

03

2021 소방직 9급

국가배상책임에 관한 설명으로 옳지 않은 것은? (다툼이 있는 경우 판례에 의함)

① 「국가배상법」에서는 공무원 개인의 피해자에 대한 배상책임을 인정하는 명시적인 규정을 두고 있지 않다.
② 공무원증 발급업무를 담당하는 공무원이 대출을 받을 목적으로 다른 공무원의 공무원증을 위조하는 행위는 「국가배상법」 제2조 제1항의 직무집행 관련성이 인정되지 않는다.
③ 군교도소 수용자들이 탈주하여 일반 국민에게 손해를 입혔다면 국가는 그로 인하여 피해자들이 입은 손해를 배상할 책임이 있다.
④ 「국가배상법」 제2조 제1항 단서에 의해 군인 등의 국가배상청구권이 제한되는 경우, 공동불법행위자인 민간인은 피해를 입은 군인 등에게 그 손해 전부에 대하여 배상하여야 하는 것은 아니며 자신의 부담 부분에 한하여 손해배상의무를 부담한다.

04

「국가배상법」에 대한 설명으로 옳은 것만을 〈보기〉에서 모두 고르면? (다툼이 있는 경우 판례에 의함)

―| 보기 |―

ㄱ. 경과실이 있는 공무원이 피해자에 대하여 손해배상책임을 부담하지 아니함에도 피해자에게 손해를 배상하였다면 이는 법률상 원인이 없는 것으로 피해자는 공무원에 대하여 이를 반환할 의무가 있다.

ㄴ. 공무원이 직무수행 중 불법행위로 타인에게 손해를 입힌 경우에 국가 등이 국가배상책임을 부담하는 것 외에 공무원 개인도 고의 또는 중과실이 있는 경우에는 불법행위로 인한 손해배상책임을 진다.

ㄷ. 본래 시·도지사나 시장·군수 또는 구청장의 업무에 속하는 대집행권한이 LH공사에게 위탁된 경우에 LH공사는 지방자치단체 등의 기관으로서 「국가배상법」 제2조 소정의 공무원에 해당한다.

ㄹ. 입법자가 법률로써 특정한 사항을 시행령으로 정하도록 위임했음에도 불구하고 행정부가 정당한 이유 없이 이를 이행하지 않는다면 권력분립의 원칙과 법치국가 내지 법치행정의 원칙에 위배되는 것으로서 위헌성이 인정되나 이는 헌법소원을 통한 구제의 대상이 될 뿐이고 국가배상의 대상이 되는 것은 아니다.

① ㄱ
② ㄴ
③ ㄱ, ㄷ
④ ㄴ, ㄹ
⑤ ㄴ, ㄷ, ㄹ

05
2023 소방직 9급

국가배상책임의 요건에 관한 설명으로 옳지 않은 것은? (다툼이 있는 경우 판례에 의함)

① 「국가배상법」이 정한 손해배상청구의 요건인 '공무원의 직무'에는 국가나 지방자치단체의 권력적 작용뿐만 아니라 비권력적 작용도 포함되지만 단순한 사경제의 주체로서 하는 작용은 포함되지 않는다.
② 공무원에게 부과된 직무상 의무의 내용이 전적으로 또는 부수적으로 사회구성원 개인의 안전과 이익을 보호하기 위하여 설정된 것이라면, 그와 같은 의무를 위반함으로 인하여 피해자가 입은 손해에 대하여는 상당인과관계가 인정되는 범위 내에서 배상책임이 성립한다.
③ 항고소송에서 위법한 것으로서 취소된 행정처분이 객관적 정당성을 상실하였다고 인정될 정도에 이른 것이 아닌 경우, 당해 행정처분은 공무원의 고의 또는 과실에 의한 불법행위를 구성하게 된다.
④ 공무원 개인이 지는 손해배상책임에서 '중과실'이란 공무원에게 통상 요구되는 정도의 상당한 주의를 하지 않더라도 약간의 주의를 한다면 손쉽게 위법·유해한 결과를 예견할 수 있는 경우임에도 만연히 이를 간과한 경우와 같이, 거의 고의에 가까운 현저한 주의를 결여한 상태를 의미한다.

06
2021 국가직 7급

「국가배상법」에 대한 설명으로 옳지 않은 것은? (다툼이 있는 경우 판례에 의함)

① 공무원들의 공무원증 발급업무를 하는 공무원이 다른 공무원의 공무원증을 위조하는 행위는 「국가배상법」상의 직무집행에 해당하지 않는다.
② 국가의 철도운행사업과 관련하여 발생한 사고로 인한 손해배상청구의 경우 그 사고에 공무원이 간여하였다고 하더라도 「국가배상법」이 아니라 「민법」이 적용되어야 하지만, 철도시설물의 설치 또는 관리의 하자로 인한 손해배상청구의 경우에는 「국가배상법」이 적용된다.
③ 재판작용에 대한 국가배상의 경우, 재판에 대하여 불복절차 내지 시정절차 자체가 없는 경우에는 부당한 재판으로 인하여 불이익 내지 손해를 입은 사람은 국가배상책임의 요건이 충족된다면 국가배상을 청구할 수 있다.
④ 영업허가취소처분이 나중에 행정심판에 의하여 재량권을 일탈한 위법한 처분이 되었더라도 그 처분이 당시 시행되던 「공중위생법 시행규칙」에 정하여진 행정처분의 기준에 따른 것이라면 그 영업허가취소처분을 한 공무원에게 그와 같은 위법한 처분을 한 데 있어 어떤 직무집행상의 과실이 있다고 할 수 없다.

07
2021 국가직 9급

「국가배상법」상 공무원의 위법한 직무행위로 인한 손해배상에 대한 설명으로 옳은 것은? (다툼이 있는 경우 판례에 의함)

① 일반적으로 공무원이 필요한 지식을 갖추지 못하고 법규의 해석을 그르쳐 행정처분을 하였다면 그가 법률전문가가 아닌 행정직 공무원이라고 하여 과실이 없다고는 할 수 없다.
② 국가배상의 요건인 '공무원의 직무'에는 국가나 지방자치단체의 비권력적 작용과 사경제주체로서 하는 작용이 포함된다.
③ 손해배상책임을 묻기 위해서는 가해공무원을 특정하여야 한다.
④ 국가가 가해공무원에 대하여 구상권을 행사하는 경우 국가가 배상한 배상액 전액에 대하여 구상권을 행사하여야 한다.

08

2023 국가직 9급

「국가배상법」상 이중배상금지에 대한 판례의 입장으로 옳지 않은 것은?

① 「국가배상법」 제2조 제1항 단서에서 정한 '다른 법령의 규정'에 따른 보상금청구권이 모두 시효로 소멸된 경우라고 하더라도 「국가배상법」 제2조 제1항 단서 규정이 적용된다.
② 경찰공무원인 피해자가 「공무원연금법」에 따라 공무상 요양비를 지급받는 것은 「국가배상법」 제2조 제1항 단서에서 정한 '다른 법령의 규정'에 따라 보상을 지급받는 것에 해당하지 않는다.
③ 훈련으로 공상을 입은 군인이 「국가배상법」에 따라 손해배상금을 지급받은 다음 「보훈보상대상자 지원에 관한 법률」이 정한 보훈급여금의 지급을 청구하는 경우, 국가는 「국가배상법」 제2조 제1항 단서에 따라 그 지급을 거부할 수 있다.
④ 군인이 교육훈련으로 공상을 입은 경우라도 「군인연금법」 또는 「국가유공자예우 등에 관한 법률」에 의하여 재해보상금·유족연금·상이연금 등 별도의 보상을 받을 수 없는 경우에는 「국가배상법」 제2조 제1항 단서의 적용 대상에서 제외하여야 한다.

정답&해설

05 ③ 손해배상

③ 어떠한 행정처분이 후에 항고소송에서 취소되었다고 할지라도 그 기판력에 의하여 당해 행정처분이 곧바로 공무원의 고의 또는 과실로 인한 것으로서 불법행위를 구성한다고 단정할 수는 없다(대판 2000.5.12. 99다70600).
| 오답해설 | ① 대판 2001.1.5. 98다39060
② 대판 2010.9.9. 2008다77795
④ 대판 2011.9.8. 2011다34521

06 ① 손해배상

① 「국가배상법」상의 직무를 판단하는 기준은 실질적인 식부나 공무원의 주관적 직무집행의사 등에 의하지 않고 객관적 외형주의에 따라 판단된다. 인사 담당공무원의 공무원증의 위조는 직무에 포함된다(대판 2005.1.14. 2004다26805).

07 ① 손해배상

| 오답해설 | ② 공무원의 직무에는 권력작용과 비권력적 작용이 포함되지만, 사경제 주체로서의 작용은 포함되지 않는다.
③ 가해공무원을 특정하지 않아도 된다. 위법의 공무원을 특정하지 않고 공무수행의 평균 공무원을 기준으로 과실 여부를 판단한다(과실의 객관화이론).
④ 공무원의 과실 등의 비율에 따라 구상액 정도가 달라지게 된다.

08 ③ 손해배상

③ 「국가배상법」 제2조 제1항 단서가 보훈보상자법 등에 의한 보상을 받을 수 있는 경우 「국가배상법」에 따른 손해배상청구를 하지 못한다는 것을 넘어 「국가배상법」상 손해배상금을 받은 경우 보훈보상자법상 보상금 등 보훈급여금의 지급을 금지하는 것으로 해석하기는 어려운 점 등에 비추어, 국가보훈처장은 「국가배상법」에 따라 손해배상을 받았다는 사정을 들어 보상금 등 보훈급여금의 지급을 거부할 수 없다(대판 2017.2.3. 2015두60075).
| 오답해설 | ① 「국가배상법」 제2조 제1항 단서 규정은 다른 법령에 보상제도가 규정되어 있고, 그 법령에 규정된 상이등급 또는 장애등급 등의 요건에 해당되어 그 권리가 발생한 이상, 실제로 그 권리를 행사하였는지 또는 그 권리를 행사하고 있는지 여부에 관계없이 적용된다고 보아야 하고, 그 각 법률에 의한 보상금청구권이 시효로 소멸되었다 하여 적용되지 않는다고 할 수는 없다(대판 2002.5.10. 2000다39735).
② 경찰공무원인 피해자가 (구)「공무원연금법」의 규정에 따라 공무상 요양비를 지급받는 것은 「국가배상법」 제2조 제1항 단서에서 정한 '다른 법령의 규정'에 따라 보상을 지급받는 것에 해당하지 않는다(대판 2019.5.30. 2017다16174).
④ 군인·군무원 등 「국가배상법」 제2조 제1항에 열거된 자가 전투, 훈련 기타 직무집행과 관련하는 등으로 공상을 입은 경우라고 하더라도 「군인연금법」 또는 「국가유공자예우 등에 관한 법률」에 의하여 재해보상금·유족연금·상이연금 등 별도의 보상을 받을 수 없는 경우에는 「국가배상법」 제2조 제1항 단서의 적용 대상에서 제외하여야 한다(대판 1997.2.14. 96다28066).

| 정답 | 05 ③ 06 ① 07 ① 08 ③

09
2025 국가직 9급

「국가배상법」상 영조물의 설치·관리의 하자로 인한 손해배상책임에 대한 설명으로 옳지 않은 것은?

① 「국가배상법」상의 영조물의 설치·관리상의 하자로 인한 책임은 무과실책임이고 나아가 「민법」상의 공작물의 점유자의 책임과는 달리 면책사유도 규정되어 있지 않다.
② '공공의 영조물'이라 함은 국가 또는 지방자치단체에 의하여 특정 공공의 목적에 공여된 유체물 내지 물적 설비를 말하며, 국가 또는 지방자치단체가 소유권, 임차권 그 밖의 권한에 기하여 관리하고 있는 경우뿐만 아니라 사실상의 관리를 하고 있는 경우도 포함된다.
③ '영조물의 설치 또는 관리의 하자'에는 영조물이 공공의 목적에 이용됨에 있어 그 이용상태 및 정도가 일정한 한도를 초과하여 제3자에게 사회통념상 수인할 것이 기대되는 한도를 넘는 피해를 입히는 경우까지 포함된다.
④ 공유나 사유임을 불문하고 사실상 도로로 사용되고 있었다면, 도로의 노선인정 기타 공용개시가 없었다고 하여도 해당 도로는 「국가배상법」상 영조물이라고 할 수 있다.

10
2022 국가직 9급

행정상 손해배상에 대한 설명으로 옳지 않은 것은? (다툼이 있는 경우 판례에 의함)

① 국가배상청구권의 소멸시효기간은 지났으나 국가가 소멸시효 완성을 주장하는 것이 신의성실의 원칙에 반하는 권리남용으로 허용될 수 없어 배상책임을 이행한 경우, 국가는 원칙적으로 해당 공무원에 대해 구상권을 행사할 수 있다.
② 공무원이 관계 법령의 해석이 확립되기 전에 어느 한 설을 취하여 업무를 처리한 것이 결과적으로 위법하더라도 처분 당시 그 이상의 업무처리를 성실한 평균적 공무원에게 기대하기 어려웠던 경우라면 원칙적으로 공무원의 과실을 인정할 수 없다.
③ 공무원이 직무를 수행하면서 그 근거가 되는 법령의 규정에 따라 구체적으로 의무를 부여받았어도 그것이 국민의 이익과 관계없이 순전히 행정기관 내부의 질서를 유지하기 위한 것이라면 그 의무에 위반하여 국민에게 손해를 가하여도 국가 등은 배상책임을 부담하지 않는다.
④ 행정처분이 후에 항고소송에서 취소되었다고 할지라도 그 기판력에 의하여 당해 행정처분이 곧바로 공무원의 고의 또는 과실로 인한 것으로서 불법행위를 구성한다고 단정할 수는 없다.

11

2024 군무원 9급

다음 중 공무원의 직무상 위법행위로 인한 손해배상에 대한 설명으로 가장 적절한 것은? (다툼이 있는 경우 판례에 의함)

① 국가의 철도운행사업은 국가가 공권력의 행사로서 하는 것이 아니고 사경제적 작용이라 할 것이므로 이로 인한 사고에 공무원이 간여하였다고 하더라도「국가배상법」을 적용할 것이 아니고 일반 민법의 규정에 따라야 한다.
② 행정지도와 같은 비권력적 사실행위는 공무원의 직무행위의 범위에 속하지 아니한다.
③ 항고소송에서 처분이 위법하다고 확인되었다면 국가배상청구소송에서 바로 처분을 한 공무원의 과실이 인정된다.
④ 공무원에게 경과실이 있는 경우 피해자에게 민사책임을 지지 않지만 만일 공무원이 피해자에게 배상했다면 국가에 대해 구상할 수는 없다.

정답&해설

09 ④ 손해배상

④「국가배상법」제5조 소정의 공공의 영조물이란 공유나 사유임을 불문하고 행정주체에 의하여 특정 공공의 목적에 공여된 유체물 또는 물적 설비를 의미하므로 사실상 군민의 통행에 제공되고 있던 도로 옆의 암벽으로부터 떨어진 낙석에 맞아 소외인이 사망하는 사고가 발생하였다고 하여도 동 사고지점 도로가 피고 군에 의하여 노선인정 기타 공용개시가 없었으면 이를 영조물이라 할 수 없다(대판 1981.7.7. 80다2478).

|오답해설| ① 대판 1994.11.22. 94다32924
② 대판 1998.10.23. 98다17381
③ 대판 2004.3.12. 2002다14242

10 ① 손해배상

① 이러한 경우에는, 소멸시효 완성 주장이 권리남용에 해당하게 된 원인행위와 관련하여 해당 공무원이 그 원인이 되는 행위를 적극적으로 주도하였다는 등의 특별한 사정이 없는 한, 국가가 해당 공무원에게 구상권을 행사하는 것은 신의칙상 허용되지 않는다(대판 2016.6.10. 2015다217843).

11 ① 손해배상

① 국가의 철도운행사업은 국가가 공권력의 행사로서 하는 것이 아니고 사경제적 작용이라 할 것이므로, 이로 인한 사고에 공무원이 간여하였다고 하더라도「국가배상법」을 적용할 것이 아니고 일반 민법의 규정에 따라야 하므로,「국가배상법」상의 배상전치절차를 거칠 필요가 없으나, 공공의 영조물인 철도시설물의 설치 또는 관리의 하자로 인한 불법행위를 원인으로 하여 국가에 대하여 손해배상청구를 하는 경우에는「국가배상법」이 적용되므로 배상전치절차를 거쳐야 한다(대판 1999.6.22. 99다7008).

|오답해설| ②「국가배상법」이 정한 배상청구의 요건인 '공무원의 직무'에는 권력적 작용만이 아니라 행정지도와 같은 비권력적 작용도 포함되며 단지 행정주체가 사경제주체로서 하는 활동만 제외된다(대판 1998.7.10. 96다38971).
③ 어떠한 행정처분이 후에 항고소송에서 취소되었다고 할지라도 그 기판력에 의하여 당해 행정처분이 곧바로 공무원의 고의 또는 과실로 인한 것으로서 불법행위를 구성한다고 단정할 수는 없는 것이다(대판 2000.5.12. 99다70600).
④ 공무원이 직무수행 중 불법행위로 타인에게 손해를 입힌 경우에 국가 등이 국가배상책임을 부담하는 외에 공무원 개인도 고의 또는 중과실이 있는 경우에는 불법행위로 인한 손해배상책임을 지고, 공무원에게 경과실이 있을 뿐인 경우에는 공무원 개인은 손해배상책임을 부담하지 아니한다. 이처럼 경과실이 있는 공무원이 피해자에 대하여 손해배상책임을 부담하지 아니함에도 피해자에게 손해를 배상하였다면 그것은 채무자 아닌 사람이 타인의 채무를 변제한 경우에 해당하고 … (중략) … 피해자에게 손해를 직접 배상한 경과실이 있는 공무원은 특별한 사정이 없는 한 국가에 대하여 국가의 피해자에 대한 손해배상책임의 범위 내에서 공무원이 변제한 금액에 관하여 구상권을 취득한다고 봄이 타당하다(대판 2014.8.20. 2012다54478).

|정답| 09 ④   10 ①   11 ①

CHAPTER 04 손실보상

01 행정상 손실보상
02 기타 손실보상제도(수용유사적 침해, 수용적 침해, 희생보상청구권, 결과제거청구권)

01 행정상 손실보상

1 행정상 손실보상의 개설

(1) 개념

'행정상 손실보상'이란 공공필요에 의한 적법한 공권력행사로 인하여 개인에게 과하여진 특별한 희생에 대하여 사유재산권의 보장과 전체적인 공평부담의 견지에서 행정주체가 행하는 조절적인 재산적 전보를 말한다.

① **적법한 행위**: 법률이 처음부터 상대방에게 손실을 발생시킬 권한을 행정기관에게 부여하여 부여받는 권한의 적법행사로부터 이루어지는 손실이라는 점에서 불법행위로 인한 손해배상과 구별된다.

② **공권력행사**: 손실보상은 적법한 공권력행사로 인한 침해의 보상이라는 점에서 사법적 성질을 가지는 공공용지의 임의매수 등과 구별된다.

③ **재산적 침해**: 손실보상은 적법한 공권력행사로 인하여 발생한 재산적 침해를 전보해 준다는 점에서 생명·신체적 침해에 대한 전보와 구별된다. 01

④ **특별한 희생**: 손실보상은 상대방에게 특별한 희생을 요한다는 점에서 재산권 자체에 내재하는 사회적 제약과 구별된다.

(2) 성질

> 결정적 코멘트 ▶ 손실보상청구권의 성질에 관한 대법원 판례의 원칙적인 입장과 예외적 판례를 구분하여야 한다.

① 공권설(통설) 02
  ㉠ 손실보상은 원인행위인 권력작용의 법적 효과로 보아야 하기 때문에 원인행위와의 일체성이라는 점에서 공권으로 보는 견해이다.
  ㉡ 따라서 그에 관한 소송은 특별한 규정이 없는 한 당사자소송에 의하게 된다.

② 사권설
  ㉠ 손실보상의 원인행위는 공법적이나 그 효과로서의 손실보상은 사법적인 것이라는 견해이다.
  ㉡ 이 견해에 의하면 손실보상은 재산상의 이해관계 조정의 금전적 구제라는 점에서 사법적 관계에서의 채권·채무관계와 같다는 입장이다.
  ㉢ 손실보상에 관한 소송은 민사소송으로 하게 된다.

개념확인 O/X

01 적법한 공권력행사에 따른 신체나 생명의 침해에 대한 금전구제는 손실보상이 아니다. (O / X)

02 손실보상청구권의 법적 성질에 대해서는 공권설과 사권설의 대립이 있다. 14 서울9급 (O / X)

정답 | 01 O 02 O

③ 대법원의 입장
  ㉠ 종래의 원칙적인 입장
    ⓐ 대법원은 원칙적으로 사권설의 입장에서 손실보상은 비록 원인이 공법적이라도 결과적으로 사경제 조정활동으로서 보상청구권은 사권이라는 입장이다. 01
    ⓑ 다만, 관계 법령에 토지수용위원회의 재결절차를 규정하고 있는 경우에는 재결을 통해 행정소송으로 진행될 수 있다고 한다.
    ⓒ 대법원은 ⅰ) (구)「수산업법」의 규정에 해당되는 사유로 인하여 허가어업을 제한하는 등의 처분을 받았거나 어업면허 유효기간의 연장이 허가되지 아니함으로써 손실을 입은 자는 이러한 어업면허에 대한 처분 등이 행정처분에 해당된다 하여도 이로 인한 손실은 사법상의 권리인 어업권에 대한 손실을 본질적 내용으로 하고 있으면서도 ⅱ) (구)「공유수면매립법」 제16조에 의한 손실보상은 협의가 성립되지 아니하거나 협의할 수 없을 경우에 토지수용위원회의 재정을 거쳐 토지수용위원회를 상대로 재정에 대한 행정소송을 제기하는 방법으로 청구해야 한다는 입장이다.
  ㉡ 예외적인 경우 [빈출]
    ⓐ 최근 대법원은 「하천법」상의 하천구역편입토지에 대한 손실보상을 포함하여 다수의 사안에서 공법상의 권리를 인정하고 당사자소송이라는 입장을 취하고 있다.
    ⓑ 공법상 권리로 인정한 판례
      ⅰ) 「하천법」 부칙상의 보상청구의 소멸시효가 만료된 손실보상청구권 02 03
      ⅱ) 준용하천의 제외지 편입토지소유자 보상청구권
      ⅲ) (구)「공유수면매립법」상의 관행어업권자 손실보상청구권
      ⅳ) 주거용 건축물 세입자의 주거이전비청구권
      ⅴ) 사업폐지에 따른 보상청구권 04
      ⅵ) 농업손실보상청구권
      ⅶ) 잔여지수용청구와 토지수용청구에 대해 불복하는 경우의 보상금증감청구소송 등
      ⅷ) 공익사업인 고속철도 건설사업 시행 후의 소음, 진동 등으로 인하여 고속철도 인근의 양잠업에 대한 보상

> **관련 판례** 민사소송에 의하여야 한다는 판례
>
> ⓒ 농어촌진흥공사가 농업을 목적으로 하는 매립 또는 간척사업을 시행함으로 인하여 「수산업법」 제41조의 규정에 의한 어업의 신고를 한 자가 더 이상 신고어업에 종사하지 못하게 되어 손실을 입은 경우의 구제방법(= 민사소송)
>
> 「수산업법」 제81조 제1항 제1호는 같은 법 제34조 제1항 제1호 내지 제5호와 제35조 제8호(제34조 제1항 제1호 내지 제5호에 해당하는 경우에 한한다)의 규정에 해당되는 사유로 인하여 면허·허가 또는 신고한 어업에 대한 처분을 받았거나 당해 사유로 인하여 제14조의 규정에 의한 어업면허의 유효기간의 연장이 허가되지 아니함으로써 손실을 입은 자는 그 처분을 행한 행정관청에 대하여 보상을 청구할 수 있다고 규정하고 있으므로, 면허·허가 또는 신고한 어업에 대한 위와 같은 처분으로 인하여 손실을 입은 자는 처분을 한 행정관청 또는 그 처분을 요청한 행정관청이 속한 권리주체인 지방자치단체 또는 국가를 상대로 민사소송으로 손실보상금지급청구를 할 수 있고, 이러한 법리는 농어촌진흥공사가 농업을 목적으로 하는 매립 또는 간척사업을 시행함으로 인하여 같은 법 제44조의 규정에 의한 어업의 신고를 한 자가 더 이상 신고한 어업에 종사하지 못하게 되어 손실을 입은 경우에도 같이 보아야 한다(대판 2000.5.26. 99다37382).

개념확인 O/X

01 「공익사업을 위한 토지 등의 취득 및 보상에 관한 법률」에 의한 보상합의는 공공기관이 사경제주체로서 행하는 사법상 계약의 실질을 가진다.
24 국회9급 (O / X)

02 (구)「하천법」의 시행으로 국유로 된 제외지 안의 토지에 대하여는 관리청이 그 손실을 보상하도록 규정하고 있는 동법 부칙 제2조 제1항에 의한 손실보상청구권은 공법상 권리이다.
19 국회8급 (O / X)

03 법률 제3782호 「하천법」 중 개정법률 부칙 제2조의 규정에 의한 보상청구권의 소멸시효가 만료된 (구)하천구역 편입토지 보상에 관한 특별조치법」 제2조에 의한 손실보상청구권은 사법상의 권리이고 그에 관한 쟁송도 민사소송절차에 의하여야 한다.
14 지방9급 (O / X)

04 사업폐지에 대한 손실보상청구권은 사법상 권리로서 민사소송절차에 의해야 한다.
17 사회복지 (O / X)

| 정답 | 01 ◯ 02 ◯ 03 ✗ 04 ✗

개념확인 O/X

01 대법원은 (구)「하천법」상 하천구역 편입토지에 대한 손실보상청구를 공법상의 권리라고 보아 당사자소송에 의하여야 한다고 보고 있다.
11 지방9급 (O / X)

02 「하천법」 부칙과 이에 따른 특별조치법이 하천구역으로 편입된 토지에 대하여 손실보상청구권을 규정하였다고 하더라도 당해 법률규정이 아니라 관리청의 보상금지급결정에 의하여 비로소 손실보상청구권이 발생한다.
24 지방9급 (O / X)

03 대법원은 (구)「하천법」 부칙 제2조와 이에 따른 특별조치법에 의한 손실보상청구권의 법적 성질을 사법상의 권리로 보아 그에 대한 쟁송은 행정소송이 아닌 민사소송절차에 의하여야 한다고 판시하고 있다.
17 지방9급 (O / X)

B 공공사업 기업지 밖에서의 간접손실이 보상대상이 되는지 여부

> 공공사업의 시행으로 인하여 그러한 손실이 발생하리라는 것을 쉽게 예견할 수 있고 그 손실의 범위도 구체적으로 이를 특정할 수 있는 경우라면 그 손실의 보상에 관하여 「공공용지의 취득 및 손실보상에 관한 특례법 시행규칙」의 관련 규정 등을 유추적용할 수 있다고 해석함이 상당하고, 이러한 간접손실은 사법상의 권리인 영업권 등에 대한 손실을 본질적 내용으로 하고 있는 것으로서 그 보상청구권은 공법상의 권리가 아니라 사법상의 권리이고, 그 보상금의 결정방법, 불복절차 등에 관하여 아무런 규정도 마련되어 있지 아니하므로, 그 보상을 청구하려는 자는 사업시행자가 보상청구를 거부하거나 보상금액을 결정한 경우라도 이에 대하여 행정소송을 제기할 것이 아니라, 사업시행자를 상대로 민사소송으로 직접 손실보상금 지급청구를 하여야 한다(대판 1999.6.11. 97다56150).

관련 판례 행정소송에 의하여야 한다는 판례

A 「하천법」상의 손실보상의 청구는 당사자소송이다 [24 지방직 9급, 19 국회직 8급, 17 지방직 9급, 14 지방직 9급, 12 국가직 7급, 11 지방직 9급] 01 02 03

> 위 각 규정들에 의한 손실보상청구권은 모두 종전의 「하천법」 규정 자체에 의하여 하천구역으로 편입되어 국유로 되었으나 그에 대한 보상규정이 없었거나 보상청구권이 시효로 소멸되어 보상을 받지 못한 토지들에 대하여, 국가가 반성적 고려와 국민의 권리구제 차원에서 그 손실을 보상하기 위하여 규정한 것으로서, 그 법적 성질은 「하천법」 본칙이 원래부터 규정하고 있던 하천구역에의 편입에 의한 손실보상청구권과 하등 다를 바가 없는 것이어서 공법상의 권리임이 분명하므로 그에 관한 쟁송도 행정소송절차에 의하여야 한다. 「하천법」 부칙(1984.12.31.) 제2조와 '법률 제3782호 「하천법」 중 개정법률 부칙 제2조의 규정에 의한 보상청구권의 소멸시효가 만료된 「하천구역 편입토지 보상에 관한 특별조치법」 제2조, 제6조의 각 규정들을 종합하면, 위 규정들에 의한 손실보상청구권은 1984.12.31. 전에 토지가 하천구역으로 된 경우에는 당연히 발생되는 것이지, 관리청의 보상금지급결정에 의하여 비로소 발생하는 것은 아니므로, 위 규정들에 의한 손실보상금의 지급을 구하거나 손실보상청구권의 확인을 구하는 소송은 「행정소송법」 제3조 제2호 소정의 당사자소송에 의하여야 한다(대판 2006.5.18. 2004다6207 전합).

C 준용하천의 제외지로 편입된 토지소유자가 직접 하천관리청을 상대로 민사소송으로 손실보상을 청구할 수 없다

> 토지가 준용하천의 제외지와 같은 하천구역에 편입된 경우, 토지소유자는 (구)「하천법」(1999.2.8. 법률 제5893호로 전문 개정되기 전의 것) 제74조가 정하는 바에 따라 하천관리청과 협의를 하고 그 협의가 성립되지 아니하거나 협의를 할 수 없을 때에는 관할 토지수용위원회에 재결을 신청하고 그 재결에 불복일 때에는 바로 관할 토지수용위원회를 상대로 재결 자체에 대한 행정소송을 제기하여 그 결과에 따라 손실보상을 받을 수 있을 뿐이고, 같은 법 부칙 제2조 제1항을 준용하여 직접 하천관리청을 상대로 민사소송으로 손실보상을 청구할 수는 없다(대판 2003.4.25. 2001두1369).

B (구)「공유수면매립법」 시행 당시 공유수면매립사업으로 인한 관행어업권자의 손실보상청구권 행사방법(= 행정소송)

> (구)「수산업법」(1990.8.1. 법률 제4252호로 개정되기 전의 것)에 의한 손실보상청구권이나 손실보상 관련 법령의 유추적용에 의한 손실보상청구권은 사업시행자를 상대로 한 민사소송의 방법에 의하여 행사하여야 하나, (구)「공유수면매립법」(1990.8.1. 법률 제4252호로 개정되기 전의 것) 제16조 제1항에 정한 권리를 가진 자가 위 규정에 의하여 취득한 손실보상청구권은 민사소송의 방법으로 행사할 수 없고 같은 법 제16조 제2항·제3항이 정한 바에 따라 협의가 성립되지 아니하거나 협의할 수 없을 경우에 토지수용위원회의 재정을 거쳐 토지수용위원회를 상대로 재정에 대한 행정소송을 제기하는 방법에 의하여 행사하여야 하는바, 공유수면매립사업으로 인하여 관행어업권을 상실하게

정답 | 01 O 02 X 03 X

하게 된 자는 (구)「공유수면매립법」 제6조 제2호가 정한 입어자로서 같은 법 제16조 제1항의 공유수면에 대하여 권리를 가진 자에 해당하므로 그가 매립사업으로 인하여 취득한 손실보상청구권은 직접 같은 법 조항에 근거하여 발생한 것이라 할 것이어서, 「공유수면매립사업법」 제16조 제2항·제3항이 정한 재정과 그에 대한 행정소송의 방법에 의하여 권리를 주장하여야 할 것이고 민사소송의 방법으로는 그 손실보상청구권을 행사할 수 없다(대판 2001. 6. 29. 99다56468).

개념확인 O/X

A (구)「토지수용법」 제48조 제1항에 정한 잔여지 수용청구권의 행사방법 [20 군무원 7급, 19 지방직 9급, 18 국가직 7급, 17 사회복지직, 17 국가직 7급, 16 지방직 7급, 16 서울시 9급] **01**

(구)「토지수용법」(2002. 2. 4. 법률 제6656호로 폐지되기 전의 것) 제48조 제1항은 공익사업을 위해 기업자에 의한 토지의 강제취득에 따라 남게 된 일단의 토지의 일부를 종래의 목적으로 사용하는 것이 현저히 곤란한 경우에는 당해 토지소유자에게 형성권으로서 잔여지 수용청구권을 인정하고 있고, 이에 따라 잔여지에 대한 수용청구를 하려면 우선 기업자에게 잔여지매수에 관한 협의를 요청하여 협의가 성립되지 아니한 경우에 한하여 그 일단의 토지의 일부 수용에 대한 토지수용위원회의 재결이 있기 전까지 관할 토지수용위원회에 잔여지를 포함한 일단의 토지 전부의 수용을 청구할 수 있고, 그 수용재결 및 이의재결에 불복이 있으면 재결청과 기업자를 공동피고로 하여 그 이의재결의 취소 및 보상금의 증액을 구하는 행정소송을 제기하여야 하며, 곧바로 기업자를 상대로 하여 민사소송으로 잔여지에 대한 보상금의 지급을 구할 수는 없다(대판 2004. 9. 24. 2002다68713).

01 잔여지 수용청구를 받아들이지 않은 토지수용위원회의 재결에 불복하여 제기하는 소송은 행정소송이다.
17 국가7급 (O / X)

B (구)공익사업을 위한 토지 등의 취득 및 보상에 관한 법령에 의하여 주거용 건축물의 세입자에게 인정되는 주거이전비 보상청구권의 법적 성격(= 공법상의 권리) 및 그 보상에 관한 분쟁의 쟁송절차(= 행정소송) [19 국가직 7급] **02**

이러한 주거이전비는 당해 공익사업 시행지구 안에 거주하는 세입자들의 조기이주를 장려하여 사업추진을 원활하게 하려는 정책적인 목적과 주거이전으로 인하여 특별한 어려움을 겪게 될 세입자들을 대상으로 하는 사회보장적인 차원에서 지급되는 금원의 성격을 가지므로, 적법하게 시행된 공익사업으로 인하여 이주하게 된 주거용 건축물 세입자의 주거이전비 보상청구권은 공법상의 권리이고, 따라서 그 보상을 둘러싼 쟁송은 민사소송이 아니라 공법상의 법률관계를 대상으로 하는 행정소송에 의하여야 한다(대판 2008. 5. 29. 2007다8129).

02 「공익사업을 위한 토지 등의 취득 및 보상에 관한 법률」상 주거용 건축물 세입자의 주거이전비 보상청구권은 사법상의 권리이고, 주거이전비 보상청구 소송은 민사소송에 의해야 한다.
19 국가7급 (O / X)

B (구)「공익사업을 위한 토지 등의 취득 및 보상에 관한 법률」 제77조 제2항에서 정한 농업손실보상청구권에 관한 쟁송은 행정소송절차에 의하여야 하는지 여부(적극) [17 사회복지직] **03**

(구)「공익사업을 위한 토지 등의 취득 및 보상에 관한 법률 시행규칙」(2007. 4. 12. 건설교통부령 제556호로 개정되기 전의 것)은 농업의 손실에 대한 보상(제48조), 축산업의 손실에 대한 평가(제49조), 잠업의 손실에 대한 평가(제50조)에 관하여 규정하고 있다. 위 규정들에 따른 농업손실보상청구권은 공익사업의 시행 등 적법한 공권력의 행사에 의한 재산상의 특별한 희생에 대하여 전체적인 공평부담의 견지에서 공익사업의 주체가 그 손해를 보상하여 주는 손실보상의 일종으로 공법상의 권리임이 분명하므로 그에 관한 쟁송은 민사소송이 아닌 행정소송절차에 의하여야 할 것이다(대판 2011. 10. 13. 2009다43461).

03 농업손실에 대한 보상청구권은 「행정소송법」상 당사자소송에 의해야 한다.
17 사회복지 (O / X)

B 「공익사업을 위한 토지 등의 취득 및 보상에 관한 법률 시행규칙」 제57조에 따른 사업폐지 등에 대한 보상청구권은 공법상 권리이다

(구)「공익사업을 위한 토지 등의 취득 및 보상에 관한 법률」(2007. 10. 17. 법률 제8665호로 개정되기 전의 것. 이하 '(구)공익사업법'이라고 한다) 제79조 제2항, 「공익사업을 위한 토지 등의 취득 및 보상에 관한 법률 시행규칙」 제57조에 따른 사업폐지 등에 대한 보상청구권은 공익사업의 시행 등 적법한 공권력의 행사에 의한 재산상 특별한 희생에 대하여 전체적인 공평부담의 견지에서 공익사업의 주체가 손해를 보상하여 주는 손실보상의 일종으로 공법상 권리임이 분명하므로 그에 관한 쟁송은 민사소송이 아닌 행정소송절차에 의하여야 한다(대판 2012. 10. 11. 2010다23210).

| 정답 | 01 O 02 X 03 O

ⓒ 토지소유자의 토지수용청구를 받아들이지 않은 토지수용위원회의 재결에 불복하는 소송은 '보상금의 증감에 관한 소송'이다

> 「공익사업을 위한 토지 등의 취득 및 보상에 관한 법률」(이하 '토지보상법'이라고 한다) 제72조의 문언, 연혁 및 취지 등에 비추어 보면, 위 규정이 정한 수용청구권은 토지보상법 제74조 제1항이 정한 잔여지 수용청구권과 같이 손실보상의 일환으로 토지소유자에게 부여되는 권리로서 그 청구에 의하여 수용효과가 생기는 형성권의 성질을 지니므로, 토지소유자의 토지수용청구를 받아들이지 아니한 토지수용위원회의 재결에 대하여 토지소유자가 불복하여 제기하는 소송은 토지보상법 제85조 제2항에 규정되어 있는 '보상금의 증감에 관한 소송'에 해당하고, 피고는 토지수용위원회가 아니라 사업시행자로 하여야 한다(대판 2015.4.9. 2014두46669).

ⓒ (구)「수산업법」제81조의 규정에 의한 손실보상청구권이나 손실보상 관련 법령의 유추적용에 의한 손실보상청구권의 행사방법(= 민사소송) 및 (구)「공익사업을 위한 토지 등의 취득 및 보상에 관한 법률」의 관련 규정에 의하여 취득하는 어업피해에 관한 손실보상청구권의 행사방법(= 행정소송)

> (구)「수산업법」(2007.1.3. 법률 제8226호로 개정되기 전의 것. 이하 같다) 제81조의 규정에 의한 손실보상청구권이나 손실보상 관련 법령의 유추적용에 의한 손실보상청구권은 사업시행자를 상대로 한 민사소송의 방법에 의하여 행사하여야 한다(대판 2001.6.29. 99다56468 참조). 그렇지만 (구)「공익사업을 위한 토지 등의 취득 및 보상에 관한 법률」(2008.2.29. 법률 제8852호로 개정되기 전의 것. 이하 '(구)공익사업법'이라 한다)의 관련 규정에 의하여 취득하는 어업피해에 관한 손실보상청구권은 민사소송의 방법으로 행사할 수는 없고, (구)공익사업법 제34조, 제50조 등에 규정된 재결절차를 거친 다음 그 재결에 대하여 불복이 있을 때에 비로소 (구)공익사업법 제83조 내지 제85조에 따라 권리구제를 받아야 하며, 이러한 재결절차를 거치지 않은 채 곧바로 사업시행자를 상대로 손실보상을 청구하는 것은 허용되지 않는다고 봄이 타당하다(대판 2014.5.29. 2013두12478).

ⓑ 공익사업인 고속철도 건설사업 시행 후의 소음, 진동 등으로 인하여 고속철도 인근의 양잠업에 대한 보상

> 공익사업시행지구 밖 영업손실보상의 특성과 헌법이 정한 '정당한 보상의 원칙'에 비추어 보면, 공익사업시행지구 밖 영업손실보상의 요건인 '공익사업의 시행으로 인한 그 밖의 부득이한 사유로 일정 기간 동안 휴업이 불가피한 경우'란…(중략)…토지보상법상 공익사업시행지구 밖 영업손실보상 대상에 공익사업의 시행으로 설치되는 시설의 형태·구조·사용 등에 기인하여 발생할 손실도 포함된다고 판단하고, 이를 토대로 원고가 주장하는 토지보상법상 손실보상청구권이 성립하였고 그에 관한 쟁송이 공법상 당사자소송절차에 의하여야 한다(대판 2019.11.28. 2018두227).

(3) 근거

① 이론적 근거
  ㉠ 손실보상에 관한 이론적 근거로는 기득권설, 은혜설, 공용징수설 등이 있으나, 통설은 특별희생설이다.
  ㉡ 특별희생설은 '공적부담 앞의 평등(프랑스인권선언 제13조)'이라는 프랑스의 평등부담설의 독일식 표현으로서 조절적 보상을 하여야 한다는 것을 말하는 것으로서 개인의 특별한 권익이 희생되도록 강요된 자에게 보상을 해줘야 함이 정의나 평등의 원칙에 합당하고, 개인에게 과하여진 특별한 손실을 전체 국민의 부담으로 전가하여 평등하게 나누어 가짐이 합리적이라고 한다. **01**

---

01 평등의 원칙으로부터 파생된 '공적부담 앞의 평등'은 손실보상의 이론적 근거가 될 수 있다.
17 지방9급 (O / X)

정답 | 01 ◯

② 실정법적 근거 [빈출]
㉠ 헌법적 근거(헌법 제23조 제3항)

> **관련 법령**
>
> **헌법 제23조** ① 모든 국민의 재산권은 보장된다. 그 내용과 한계는 법률로 정한다.
> ② 재산권의 행사는 공공복리에 적합하도록 하여야 한다.
> ③ 공공필요에 의한 재산권의 수용·사용 또는 제한 및 그에 대한 보상은 법률로써 하되, 정당한 보상을 지급하여야 한다.

ⓐ 헌법 제23조 제3항을 "공공필요에 의한 재산권의 수용·사용 또는 제한 및 그에 대한 보상은 법률로서 하되, 정당한 보상을 지급하여야 한다."라고 규정하고 있다. 01 02 03
ⓑ **공용침해 및 보상에 대한 법률주의**: 헌법 규정에 따라 국민의 재산권을 침해하는 행위 그 자체는 형식적 법률에 반드시 근거를 두어야 하고, 보상의 기준·방법 등에 관하여도 법률로써 규정하여야 한다. 04
ⓒ 불가분조항의 의미로 해석 가능 여부
　ⅰ) 헌법 제23조 제3항은 침해규정과 보상규정을 법률로 규정하도록 하여 이를 불가분조항으로 해석할 수 있을지 여부가 문제가 되는데, 이에 대해 수용만 규정한 것이 아니고 사용이나 제한까지 규정하고 있다는 점에서 불가분조항으로 볼 수 없다는 견해도 있으나, 침해규정과 보상규정을 동일한 법률로 정하도록 한 규정이라는 견해도 있다.
　ⅱ) 불가분조항으로 해석을 하지 않으면 침해규정에 보상규정이 없어도 위헌이 될 수 없으나, 불가분조항으로 해석하게 되면 보상규정이 결여된 침해규정은 위헌이 된다.

㉡ 법률적 근거
ⓐ **일반법**: 행정상 손실보상에 관한 일반법은 없다.
ⓑ **개별적 규정**: 개별법으로는 「공익사업을 위한 토지 등의 취득 및 보상에 관한 법률」(이하 토지보상법), 「국토의 계획 및 이용에 관한 법률」, 「도시개발법」, 「도로법」, 「하천법」, 「도시 및 주거환경정비법」, 「징발법」 등에서 규정하고 있을 뿐이다.

③ 헌법 제23조 제3항의 규정의 법적 성질(해석의 문제) 05
㉠ 방침규정설(입법방침설, 입법자 비구속설)　▶ **결정적 코멘트** ▶ 헌법 제23조 제3항의 해석론에 따른 학설과 대법원의 입장을 이해하여야 한다.
　ⓐ 내용
　　ⅰ) 헌법 제23조 제3항의 규정은 입법자에게 공용침해와 손실보상에 대한 입법의무를 제시한 방침규정에 지나지 않는다는 견해로서 보상에 대한 법률규정이 없으면 손실보상청구권이 없다고 해석한다.
　　ⅱ) 이 견해에 의하면 국민은 보상규정이 없는 경우에 보상을 청구할 수 없게 된다.
　ⓑ **비판**: 이 견해에 따르게 되면 국민의 재산상의 특별한 희생이 보상 없이 강요될 수 있게 된다.
㉡ 위헌무효설(입법자에 대한 직접효력설, 입법자 구속설) 06 07
　ⓐ 내용
　　ⅰ) 이 견해는 헌법 제23조 제3항의 규정을 불가분조항으로 해석하는 입장이다.
　　ⅱ) 따라서 법률이 재산권침해의 규정을 두면서 보상에 관한 규정을 하지 않으면 그 법률은 위헌무효이고, 위헌무효인 법률에 근거해서 개인의 재산권을 침해한 행위는 적법행위가 아니라 불법행위가 된다.
　　ⅲ) 이 견해에 의하면 보상규정이 없는 침해규정으로 침해를 받게 되면 손해배상을 청구할 수 있으나, 손실보상은 청구할 수 없다.

개념확인 O/X

01 헌법 제23조 제3항이 손실보상의 헌법적 근거가 된다.
14 서울9급　　　　　　　(O/X)

02 공공필요에 의한 재산권의 수용, 사용 또는 제한 및 그에 대한 보상은 법률로써 하되, 정당한 보상을 지급하여야 한다.
24 지방9급　　　　　　　(O/X)

03 헌법 제23조 제1항의 규정이 재산권의 존속을 보호하는 것이라면 제23조 제3항의 수용제도를 통해 존속보장은 가치보장으로 변하게 된다.
17 지방9급　　　　　　　(O/X)

04 헌법은 보상청구권의 근거뿐만 아니라 보상의 기준과 방법에 관해서도 법률에 유보하고 있다.
12 국가7급　　　　　　　(O/X)

05 보상규정이 없다고 하여 당연히 보상이 이루어질 수 없는 것이 아니라 헌법해석론에 따라서는 특별한 희생에 해당하는 재산권 제약에 대해서는 손실보상이 이루어질 수도 있다.
18 국회8급　　　　　　　(O/X)

06 헌법 제23조 제3항을 불가분조항으로 볼 경우, 보상규정을 두지 아니한 수용법률은 헌법 위반이 된다.
17 지방9급　　　　　　　(O/X)

07 위헌무효설에 의하면 손실보상이 아니라 관계 행정기관을 상대로 손해배상을 청구할 수 있게 된다.
　　　　　　　　　　　(O/X)

| 정답 | 01 O　02 O　03 O　04 O　05 O　06 O　07 O

| 개념확인 O/X |

ⓑ 비판: 이 견해에 따르게 되면 보상규정이 없는 침해규정에 따라 침해를 받게 되면 손해배상을 청구할 수 있는데, 손해배상의 과정에서 의회의 고의나 과실이 입증될 수 있겠는가에 대한 문제가 있다.

ⓒ 직접효력설(국민에 대한 직접효력설) 01 02
  ⓐ 내용
    ⅰ) 이 견해는 헌법 제23조 제3항의 규정은 국민에게 직접적으로 손실보상청구의 근거규정이 될 수 있다는 입장이다.
    ⅱ) 헌법 제23조 제3항의 규정은 보상의 구체적인 방법 등의 내용만을 법률로 규정하도록 위임한 규정이며 보상이 가능한지 여부를 법률로 유보한 규정은 아니라는 입장이다.
    ⅲ) 이 견해에 의하면 보상규정이 없는 침해규정으로 침해를 받게 되더라도 헌법을 근거로 손실보상을 청구할 수 있게 된다.
  ⓑ 비판
    ⅰ) 헌법 제23조 제3항은 '보상은 법률로써 하되'라고 규정하고 있어 상호 모순이라는 지적이다.
    ⅱ) 이 견해에 의하면 결국 보상의 여부는 법원에 의해서 이루어지게 되어 권력분립에 반하게 된다.

ⓓ 유추적용설(간접효력설) 03 04
  ⓐ 내용
    ⅰ) 국민의 재산권 침해에 대하여 보상규정이 없는 경우에 헌법 제23조 제1항(재산권보장)과 제11조(평등원칙)의 근거로 헌법 제23조 제3항 및 관계규정을 유추적용하여 손실보상을 청구할 수 있다고 하는 견해이다.
    ⅱ) 이 견해는 독일의 수용유사침해 및 수용적 침해의 법리를 받아들여 문제를 해결하고자 나온 이론이다(수용유사침해 등은 뒷 단원에서 후술).
  ⓑ 비판: 독일의 수용유사침해이론은 독일의 관습법인 희생보상원칙에 따라 독일 연방법원이 내세우는 이론이다. 하지만 우리는 독일의 관습법인 희생보상원칙이 존재하지 않는다.

ⓔ 보상입법부작위 위헌설
  ⓐ 내용: 이 견해는 보상규정을 두지 않은 '침해규정' 자체의 위법이 아니라 '보상규정에 대한 입법부작위'가 위헌이라는 입장이다. 이에 따라 입법부작위에 대한 헌법소원을 통해 권익을 구제받을 수 있다고 한다.
  ⓑ 비판: 이 견해에 의하면 직접적인 보상이나 배상이 아닌 헌법소원을 통한 해결로서 비효율적이고 우회적이라는 비판을 받는다.

ⓕ 대법원의 입장 05
  ⓐ 대법원은 보상규정이 결여된 침해에 대하여 일관된 입장을 취하는 것은 아니나 기본적으로 위헌무효설의 입장의 견해를 취하고 있는 듯하다.
  ⓑ 대법원은 (구)「도시계획법」(현, 「국토의 계획 및 이용에 관한 법률」)상의 개발제한구역지정 사안에서는 보상규정이 결여된 재산권의 제한을 위헌이라 할 수 없다는 입장이었으나, 보상규정이 결여된 침해규정에 대해 직접효력설을 취한 경우(제3공화국, 당시 헌법 제20조 제3항) 유추적용설을 취한 경우, 법적 근거 없는 징발에 대해서는 불법행위로 처리한 경우도 있다.

01 보상규정이 없는 침해에 대해 헌법을 직접 근거로 구제될 수 있다는 입장은 손해배상을 통해 구제가 가능하다고 한다.
(O / X)

02 직접효력설에 의하면 이 경우 손실보상에 관한 헌법 제23조 제3항의 규정이 직접 적용되므로 보상규정이 없더라도 토지소유자는 손실보상을 청구할 수 있게 된다.
(O / X)

03 대법원은 손실보상규정이 없는 경우에 다른 손실보상규정의 유추적용을 인정하는 경우가 있다.
18 국회8급 (O / X)

04 유추적용설에 의하면 수용유사침해법리에 근거하여 손실보상청구가 가능하다고 보게 되지만, 대법원은 수용유사침해법리를 수용한 바 없다.
(O / X)

05 보상규정 없는 침해에 대한 구제방법으로 대법원은 일관되게 위헌무효설의 입장을 취하고 있다.
(O / X)

| 정답 | 01 X 02 O 03 O 04 O 05 X

ⓢ 헌법재판소의 입장 01
  ⓐ 헌법재판소는 공익을 위한 재산권의 제한을 분리이론(뒷 단원에서 후술)에 따라 재산권의 내용이나 한계를 정하는 문제로 보기도, 진정입법부작위로서의 위헌문제로 보기도 한다.
  ⓑ (구)「도시계획법」 제21조 위헌사건에서 분리이론에 입각하여 보상에 의한 해결이 아닌 보상입법의무를 입법부에 부여함으로써 입법적으로 해결하고자 한다.

> **개념확인 O/X**
>
> 01 손실보상규정이 없으나 수인한도를 넘는 침해가 이루어진 경우 헌법소원으로 이를 다툴 수 있다.
> 18 국회8급　　　　　(O / X)

방침규정설 (= 입법방침설, 입법자 비구속설)	내용	• 헌법 제23조 제3항의 규정은 입법자에게 공용침해와 손실보상에 대한 입법의무를 제시한 방침규정에 지나지 않는다는 견해 • 보상에 대한 법률규정이 없으면 손실보상청구권이 없음
	비판	국민의 권익구제에 도움이 안 됨
위헌무효설 (= 입법자에 대한 직접효력설, 입법자 구속설)	내용	• 법률이 재산권침해의 규정을 두면서 보상에 관한 규정을 하지 않으면 그 법률은 위헌무효임 • 위헌무효인 법률에 근거한 침해는 불법행위가 되어 손해배상을 청구할 수 있음
	비판	의회의 고의·과실을 입증하기 곤란함
직접효력설 (= 국민에 대한 직접효력설)	내용	• 헌법 제23조 제3항의 규정은 재산권을 침해당한 국민에게 손실보상청구권을 직접 부여한 것으로 보는 견해 • 헌법을 근거로 하여 손실보상을 청구할 수 있음
	비판	헌법상 '보상은 법률로써 하되'라고 규정되어 있어 상호 모순됨
유추적용설 (= 간접효력설, 법관에 대한 직접적 효력설)	내용	• 헌법 제23조 제1항(재산권보장)과 제11조(평등원칙)의 근거로 헌법 제23조 제3항 및 관계규정을 유추적용하여 손실보상을 청구할 수 있다고 하는 견해 • 이 견해는 수용유사침해 및 수용적 침해의 법리를 받아들여 문제를 해결하고자 나온 이론임
	비판	독일의 관습법인 희생보상원칙이 우리나라에 없고, 독일의 관습법을 우리에 적용하기 곤란함
보상입법부작위 위헌설	내용	• '보상규정에 대한 입법부작위'가 위헌이라는 입장 • 입법부작위에 대한 헌법소원을 통해 권익을 구제받을 수 있음
	비판	비효율적이고 우회적임

관련 판례　대법원의 입장

ⓒ 징발권과 관련된 위헌무효설을 취한 판례

> 군사상의 긴급한 필요에 의하여 국민의 재산권을 수용 또는 사용하게 되었던 것이라 할지라도 그 수용 또는 사용이 법률의 근거 없이 이루어진 경우에는 재산권자에 대한 관계에 있어서는 불법행위가 된다(대판 1966.10.18. 66다1715).

ⓒ 유추적용설을 취한 판례

1. 「하천법」상의 제외지에 대한 손실보상
> 「하천법」 제2조 제1항 제2호, 제3조에 의하면 제외지는 하천구역에 속하는 토지로서 법률의 규정에 의하여 당연히 그 소유권이 국가에 귀속된다고 할 것인바, 한편 동법에서는 위 법의 시행으로 인하여 국유화가 된 제외지의 소유자에 대하여 그 손실을 보상한다는 직접적인 보상규정을 둔 바 없으나, 동법 제74조의 손실보상요건에 관한 규정은 보상사유를 제한적으로 열거한 것이라기보다는 예시적으로 열거하고 있으므로 국유로 된 제외지의 소유자에 대하여는 위 법규에 유추적용하여 관리청은 그 손실을 보상하여야 한다(대판 1987.7.21. 84누126).

| 개념확인 O/X |

2. 제방부지 및 제외지에 대한 손실보상

법률 제2292호 「하천법」 개정법률 제2조 제1항 제2호 (나)목 및 (다)목, 제3조에 의하면, 제방부지 및 제외지는 법률규정에 의하여 당연히 하천구역이 되어 국유로 되는데도, 「하천편입토지 보상 등에 관한 특별조치법」(이하 '특별조치법'이라 한다)은 법률 제2292호 「하천법」 개정법률 시행일(1971.7.20.)부터 법률 제3782호 「하천법」 중 개정법률의 시행일(1984.12.31.) 전에 국유로 된 제방부지 및 제외지에 대하여는 명시적인 보상규정을 두고 있지 아니하다. 그러나 제방부지 및 제외지가 유수지와 더불어 하천구역이 되어 국유로 되는 이상 그로 인하여 소유자가 입은 손실은 보상되어야 하고 보상방법을 유수지에 관한 것과 달리할 아무런 합리적인 이유가 없으므로, 법률 제2292호 「하천법」 개정법률 시행일부터 법률 제3782호 「하천법」 중 개정법률 시행일 전에 국유로 된 제방부지 및 제외지에 대하여도 특별조치법 제2조를 유추적용하여 소유자에게 손실을 보상하여야 한다고 보는 것이 타당하다(대판 2011.8.25. 2011두2743).

3. 행정주체의 행정행위를 신뢰하여 재산출연이나 비용지출 등의 행위를 하였으나 그 후에 수립된 행정계획과 공공사업의 시행 결과 공공사업시행지구 밖에서 간접손실이 발생한 경우

행정주체의 행정행위를 신뢰하여 그에 따라 재산출연이나 비용지출 등의 행위를 한 자가 그 후에 공공필요에 의하여 수립된 적법한 행정계획으로 인하여 재산권행사가 제한되고 이로 인한 공공사업의 시행 결과 공공사업시행지구 밖에서 발생한 간접손실에 관하여 그 피해자와 사업시행자 사이에 협의가 이루어지지 아니하고, 그 보상에 관한 명문의 근거법령이 없는 경우라고 하더라도, 헌법 제23조 제3항 및 … (중략) … 공공사업의 시행으로 인하여 그러한 손실이 발생하리라는 것을 쉽게 예견할 수 있고, 그 손실의 범위도 구체적으로 이를 특정할 수 있는 경우에는 그 손실의 보상에 관하여 (구)「공공용지의 취득 및 손실보상에 관한 특례법 시행규칙」의 관련 규정 등을 유추적용할 수 있다(대판 2004.9.23. 2004다25581).

C 관련 규정이 없는 경우에도 손실보상을 인정한 판례

토지구획정리사업으로 말미암아 본건 토지에 대한 환지를 교부하지 않고 그 소유권을 상실케 한데 대한 본건과 같은 경우에 손실보상을 하여야 한다는 규정이 본법에 없다 할지라도 이는 법리상 그 손실을 보상하여야 할 것이다(대판 1972.11.18. 72다1597).

B (구)「도시계획법」에 보상규정을 두지 않은 것은 위헌이 아니다

「도시계획법」 제21조의 규정에 의하여 개발제한구역 안에 있는 토지의 소유자는 재산상의 권리 행사에 많은 제한을 받게 되고 그 한도 내에서 일반 토지소유자에 비하여 불이익을 받게 됨은 명백하지만, '도시의 무질서한 확산을 방지하고 도시주변의 자연환경을 보전하여 도시민의 건전한 생활환경을 확보하기 위하여 또는 국방부장관의 요청이 있어 보안상 도시의 개발을 제한할 필요가 있다고 인정되는 때'(「도시계획법」 제21조 제1항)에 한하여 가하여지는 그와 같은 제한으로 인한 토지소유자의 불이익은 공공의 복리를 위하여 감수하지 아니하면 안 될 정도의 것이라고 인정되므로, 그에 대하여 손실보상의 규정을 두지 아니하였다 하여 「도시계획법」 제21조의 규정을 헌법 제23조 제3항, 제11조 제1항 및 제37조 제2항에 위배되는 것으로 볼 수 없다(대판 1996.6.28. 94다54511).

| 관련 판례 | 헌법재판소의 입장 |

C 군정법령에 따른 보상절차가 이루어지지 않은 단계에서 조선철도의통일폐지법률에 의하여 군정법령을 폐지하고 그 보상에 관하여 아무런 입법조치를 취하지 않은 것이 위헌인지 여부(적극)

우리 헌법은 제헌 이래 현재까지 일관하여 재산의 수용, 사용 또는 제한에 대한 보상금을 지급하도록 규정하면서 이를 법률이 정하도록 위임함으로써 국가에게 명시적으로 수용(收用) 등의 경우 그 보상에 관한 입법의무를 부과하여 왔는바, 해방 후 사설철도회사의 전 재산을 수용하면서 그 보상절차를 규정한 군정법령 제75호에 따른 보상절차가 이루어지지 않은 단계에서 조선철도(造船鐵道)의통일폐지법률에 의하여 위 군정법령이 폐지됨으로써 대한민국의 법령에 의한 수용은 있었으나

그에 대한 보상을 실시할 수 있는 절차를 규정하는 법률이 없는 상태가 현재까지 계속되고 있으므로, 대한민국은 위 군정법령에 근거한 수용에 대하여 보상에 관한 법률을 제정하여야 하는 입법자의 헌법상 명시된 입법의무가 발생하였으며, 위 폐지법률이 시행된 지 30년이 지나도록 입법자가 전혀 아무런 입법조치를 취하지 않고 있는 것은 입법재량의 한계를 넘는 입법의무불이행으로서 보상청구권이 확정된 자의 헌법상 보장된 재산권을 침해하는 것이므로 위헌이다(헌재 1994.11.29, 89헌마2).

B 「도시계획법」제21조의 위헌 여부(적극) [19 서울시 사회복지직9급, 11 국가직 9급] 01 02

이 사건 법률조항에 의한 재산권의 제한은 개발제한구역으로 지정된 토지를 원칙적으로 지정 당시의 지목과 토지현황에 의한 이용방법에 따라 사용할 수 있는 한, 재산권에 내재하는 사회적 제약을 비례의 원칙에 합치하게 합헌적으로 구체화한 것이라고 할 것이나, 종래의 지목과 토지현황에 의한 이용방법에 따른 토지의 사용도 할 수 없거나 실질적으로 사용·수익을 전혀 할 수 없는 예외적인 경우에도 아무런 보상없이 이를 감수하도록 하고 있는 한, 비례의 원칙에 위반되어 당해 토지소유자의 재산권을 과도하게 침해하는 것으로서 헌법에 위반된다 할 것이다. 따라서 입법자가 이 사건 법률조항을 통하여 국민의 재산권을 비례의 원칙에 부합하게 합헌적으로 제한하기 위해서는, 수인의 한계를 넘어 가혹한 부담이 발생하는 예외적인 경우에는 이를 완화하는 보상규정을 두어야 한다. 이러한 보상규정은 입법자가 헌법 제23조 제1항 및 제2항에 의하여 재산권의 내용을 구체적으로 형성하고 공공의 이익을 위하여 재산권을 제한하는 과정에서 이를 합헌적으로 규율하기 위하여 두어야 하는 규정이다(헌재 1998.12.24, 89헌마214).

2 손실보상의 성립요건

(1) 공공의 필요

① 공익의 필요
   ㉠ 손실보상의 원인이 되는 재산권 침해는 공공의 필요에 의한 경우이어야 한다.
   ㉡ 공공의 필요는 불확정 개념으로서 도로나 항만시설, 각종 청사의 건립, 공항시설 등의 사업만을 의미하는 것은 아니고 널리 일반공익을 위한 개념이면 공공의 필요성을 충족하게 된다.
   ㉢ 이러한 공공의 필요는 국유재산의 자산 증식 등을 목적만을 위한 경우에는 허용될 수 없다.

② 이익형량 : 공공필요성에 대한 구체적 사안에 있어서 공용적 침해로 얻게 되는 공익과 침해되는 사익 간의 이익형량을 통해서 판단되어야 할 것이다. 이익형량의 기준으로는 행정법상의 비례원칙, 즉 적합성의 원칙·필요성의 원칙·상당성의 원칙 등이 적용되어야 한다.

③ 민간기업이나 외국인을 대상으로 하는 경우
   ㉠ 헌법 제23조 제3항에는 재산권의 수용주체를 한정하고 있지 않다.
   ㉡ 「산업입지 및 개발에 관한 법률」의 위헌사건에서 헌법재판소는 국가 등의 공적 기관이 직접 수용의 주체가 되는 것이든, 그러한 공적 기관의 최종적인 허부판단과 승인결정하에 민간기업이 수용의 주체가 되는 것이든, 공공필요에 대한 판단과 수용의 범위에 있어서 본질적인 차이가 없다고 하여 민간기업이 사업시행에 필요한 토지를 수용할 수 있도록 한 규정을 위헌이라 할 수 없다고 하였다. 03 04 05
   ㉢ 이에 특정 사기업이 생활배려영역에서 복리적인 기능을 수행한다면, 그 사기업을 위해서도 법률 또는 법률에 근거한 처분으로 수용이 이루어질 수 있다.

개념확인 O/X

01 토지를 종래의 목적으로도 사용할 수 없는 경우에는 토지소유자가 수인해야 할 사회적 제약의 한계를 넘는 것으로 보아야 한다.
19 서울시 사회복지9급 (O / X)

02 헌법재판소는 재산권의 제한이 특별한 희생에 해당하는 경우에 보상규정을 두지 않는 것은 위헌이라고 하면서도 단순위헌이 아닌 헌법불합치결정을 하였다.
11 국가9급 (O / X)

03 우리 헌법상 수용의 주체를 국가로 한정하고 있지 않으므로 민간기업도 수용의 주체가 될 수 있다.
19 서울시 사회복지9급 (O / X)

04 민간기업을 토지수용의 주체로 정한 법률조항도 헌법 제23조 제3항에서 정한 공공필요를 충족하면 헌법에 위반되지 아니한다.
16 서울9급 (O / X)

05 민간기업도 토지수용의 주체가 될 수 있다.
21 군무원7급 (O / X)

| 정답 | 01 O 02 O 03 O 04 O 05 O

ⓔ 대법원은 워커힐 관광, 서비스 제공사업에 관련하여 외국인을 대상으로 하는 경우에도 공익사업으로 인정한 바 있다.
ⓜ 대법원은 국방상의 필요에 의한 경우 보상이 없을 수 있다고 한다.

> **관련 판례**
>
> **B** ❶ (구)「수산업법」제81조 제1항 제1호 단서에서 허가·신고 어업에 대하여 '국방상 필요하다고 인정하여 국방부장관으로부터 요청이 있을 때'에 손실보상 없이 제한할 수 있도록 정한 것이 헌법에 위배되는지 여부(소극) ❷ (구)「수산업법」제34조 제1항에 따른 어업제한사유가 제3호에서 정한 '국방상 필요하다고 인정하여 국방부장관으로부터 요청이 있을 때'의 요건과 제5호에서 정한 공익사업의 하나인 '국방·군사에 관한 사업'의 요건을 동시에 충족하는 경우, 손실보상청구권이 발생하는지 여부(원칙적 소극) (대판 2016.5.12. 2013다62261)

> **관련 법령**
>
> 「공익사업을 위한 토지 등의 취득 및 보상에 관한 법률」제4조 【공익사업】이 법에 따라 토지등을 취득하거나 사용할 수 있는 사업은 다음 각 호의 어느 하나에 해당하는 사업이어야 한다.
> 1. 국방·군사에 관한 사업
> 2. 관계 법률에 따라 허가·인가·승인·지정 등을 받아 공익을 목적으로 시행하는 철도·도로·공항·항만·주차장·공영차고지·화물터미널·궤도(軌道)·하천·제방·댐·운하·수도·하수도·하수종말처리·폐수처리·사방(砂防)·방풍(防風)·방화(防火)·방조(防潮)·방수(防水)·저수지·용수로·배수로·석유비축·송유·폐기물처리·전기·전기통신·방송·가스 및 기상 관측에 관한 사업
> 3. 국가나 지방자치단체가 설치하는 청사·공장·연구소·시험소·보건시설·문화시설·공원·수목원·광장·운동장·시장·묘지·화장장·도축장 또는 그 밖의 공공용 시설에 관한 사업
> 4. 관계 법률에 따라 허가·인가·승인·지정 등을 받아 공익을 목적으로 시행하는 학교·도서관·박물관 및 미술관 건립에 관한 사업
> 5. 국가, 지방자치단체, 「공공기관의 운영에 관한 법률」제4조에 따른 공공기관, 「지방공기업법」에 따른 지방공기업 또는 국가나 지방자치단체가 지정한 자가 임대나 양도의 목적으로 시행하는 주택 건설 또는 택지 및 산업단지 조성에 관한 사업
> 6. 제1호부터 제5호까지의 사업을 시행하기 위하여 필요한 통로, 교량, 전선로, 재료 적치장 또는 그 밖의 부속시설에 관한 사업
> 7. 제1호부터 제5호까지의 사업을 시행하기 위하여 필요한 주택, 공장 등의 이주단지 조성에 관한 사업
> 8. 그 밖에 별표에 규정된 법률에 따라 토지등을 수용하거나 사용할 수 있는 사업

> **관련 판례**
>
> **C** 워커힐 관광, 서비스 제공사업은 「토지수용법」제3조 제1항 제3호 소정의 문화시설에 해당하는 공익사업으로 인정한다
>
> 워커힐 관광, 서비스 제공사업을 한국전쟁에서 전사한 고 워커 장군을 추모하고 외국인을 대상으로 하여 교통부 소관사업으로 행하기로 하는 정부방침 아래 교통부 장관이 「토지수용법」제3조 제1항 제3호 소정의 문화시설에 해당하는 공익사업으로 인정하고 스스로 기업자가 되어 본건 토지수용의 재결신청을 하여 중앙토지수용 위원회의 재결을 얻어 보상금을 지급한 사실을 인정하였음은 정당하고, 사실관계가 이렇다면 본건 수용재결은 적법유효한 것이라 할 것이다(대판 1971.10.22. 71다1716).

ⓒ **도시계획시설사업은 그 자체로 공공필성의 요건이 충족된다**

민간기업이 도시계획시설사업의 시행자로서 도시계획시설사업에 필요한 토지 등을 수용할 수 있도록 규정한 국토계획법 제95조 제1항의 '도시계획시설사업의 시행자' 중 '제86조 제7항'의 적용을 받는 부분(이하 '이 사건 수용조항'이라 한다)이 헌법 제23조 제3항 소정의 공공필요성 요건을 결여하거나 과잉금지원칙을 위반하여 재산권을 침해하는지 여부(소극)[헌재 2011.6.30. 2008헌바166·2011헌바35(병합)]

ⓒ **(구)「도시저소득주민의 주거환경개선사업을 위한 임시조치법」에 따른 주거환경개선사업이 (구)「공익사업을 위한 토지 등의 취득 및 보상에 관한 법률」에서 정한 '공익사업'에 해당하는지 여부(적극)**

(구)「도시저소득주민의 주거환경개선을 위한 임시조치법」(2002.12.30. 법률 제6852호 「도시 및 주거환경정비법」부칙 제2조로 폐지)에 따른 주거환경개선사업은 (구)「공익사업을 위한 토지 등의 취득 및 보상에 관한 법률」(2004.12.31. 법률 제7304호로 개정되기 전의 것) 제4조 제5호에서 정한 '지방자치단체나 지방자치단체가 지정한 자가 임대나 양도의 목적으로 시행하는 주택의 건설에 관한 사업' 또는 제4조 제7호에서 정한 '그 밖에 다른 법률에 의하여 토지 등을 수용 또는 사용할 수 있는 사업'인 공익사업에 해당한다(대판 2011.11.24. 2010다80749).

Ⓑ **민간기업이 토지수용의 주체가 될 수 있는지 여부** [20 국가직 7급, 16 서울시 9급]

「산업입지 및 개발에 관한 법률」의 민간기업을 수용주체로 규정한 부분이 헌법 23조 제3항에 위반되는지 여부 기업으로 하여금 산업단지를 직접 개발하도록 한다면, 기업들의 참여를 유도할 수 있는 측면도 있을 것이다. 그렇다면 민간기업을 수용의 주체로 규정한 자체를 두고 위헌이라고 할 수 없으며, 나아가 이 사건 수용조항을 통해 민간기업에게 사업시행에 필요한 토지를 수용할 수 있도록 규정할 필요가 있다는 입법자의 인식에도 합리적인 이유가 있다 할 것이다(헌재 2009.9.24. 2007헌바114).

ⓒ **실질적으로 공용수용의 성질을 갖는 「주택법」상 주택건설사업자의 매도청구권의 위헌 여부**

이 사건 법률조항이 민간사업자에게 주택건설사업에 필요한 토지를 매수할 수 있게 한 것은 지구단위계획에 따라 승인받은 주택건설사업을 가능하게 하는 공공복리를 달성하기 위한 것으로서 입법목적의 정당성이 인정되고, 공용수용의 효과를 부여하기 위하여 필요한 공공필요성의 요건도 갖추었다고 할 것이다(헌재 2009.11.27. 2008헌바133).

(2) 재산권에 대한 공권적 침해

① 재산권

㉠ 여기서의 '재산권'이란 물권·채권·공권·사권 등 법에 의하여 보호되는 일체의 재산적 가치 있는 권리를 의미한다. 01

㉡ 생명·신체적인 비재산적 침해는 손실보상의 대상이 되지 않는다.

㉢ 보상의 대상이 되는 재산권에는 현재의 구체적인 재산적 가치를 말하며, 장래에 예상되는 지가 상승 등이 기대이익, 영업기회 또는 투자비용이나 그를 통한 영업의 이득가능성은 포함되지 않는다.

㉣ 또한 철새 도래지인 토지의 자연 문화적인 학술가치는 포함되지 않는다.

㉤ 최근에는 재산권에 생활권이 포함되는 것으로 해석되고 있고, 이에 해당되는 입법례가 늘고 있다.

> **개념확인 O/X**
>
> 01 손실보상청구권을 발생시키는 침해는 재산권에 대한 것이면 족하며, 재산권의 종류는 불문한다.
> 14 서울9급 (O / X)

개념확인 O/X

01 토지의 문화적·학술적 가치는 특별한 사정이 없는 한 손실보상의 대상이 되지 않는다.
12 국가9급 (O / X)

02 기대이익은 재산권의 보호대상에 포함되지 않는다.
11 지방9급 (O / X)

관련 판례

B 토지의 문화적·학술적 가치가 「토지수용법」상 손실보상의 대상이 될 수 없다 [12 국가직 9급] 01

> 문화적·학술적 가치는 특별한 사정이 없는 한 그 토지의 부동산으로서의 경제적, 재산적 가치를 높여 주는 것이 아니므로 「토지수용법」 제51조 소정의 손실보상의 대상이 될 수 없으니, 이 사건 토지가 철새 도래지로서 자연 문화적인 학술가치를 지녔다 하더라도 손실보상의 대상이 될 수 없다 (대판 1989.9.12. 88누11216).

C 영업을 하기 위하여 투자한 비용이나 그 영업을 통하여 얻을 것으로 기대되는 이익이 손실보상의 대상이 되는지 여부(소극) [11 지방직 9급] 02

> (구)「토지수용법」(2002.2.4. 법률 제6656호 「공익사업을 위한 토지 등의 취득 및 보상에 관한 법률」 부칙 제2조로 폐지) 제51조가 규정하고 있는 '영업상의 손실'이란 수용의 대상이 된 토지·건물 등을 이용하여 영업을 하다가 그 토지·건물 등이 수용됨으로 인하여 영업을 할 수 없거나 제한을 받게 됨으로 인하여 생기는 직접적인 손실을 말하는 것이므로 위 규정은 영업을 하기 위하여 투자한 비용이나 그 영업을 통하여 얻을 것으로 기대되는 이익에 대한 손실보상의 근거규정이 될 수 없고, 그 외 (구)「토지수용법」이나 (구)「공공용지의 취득 및 손실보상에 관한 특례법」(2002.2.4. 법률 제6656호 「공익사업을 위한 토지 등의 취득 및 보상에 관한 법률」 부칙 제2조로 폐지), 그 시행령 및 시행규칙 등 관계 법령에도 영업을 하기 위하여 투자한 비용이나 그 영업을 통하여 얻을 것으로 기대되는 이익에 대한 손실보상의 근거규정이나 그 보상의 기준과 방법 등에 관한 규정이 없으므로, 이러한 손실은 그 보상의 대상이 된다고 할 수 없다(대판 2006.1.27. 2003두13106).

C 택지개발사업을 위한 토지의 수용에 따른 보상금액의 산정이 문제된 사안에서, 농지가 이미 공장용지로 형질변경이 완료되었고 공장용지의 요건을 충족한 이상 비록 공부상 지목변경절차를 마치지 않았다고 하더라도 그 수용에 따른 보상액을 산정할 때에는 「공익사업을 위한 토지 등의 취득 및 보상에 관한 법률」 제70조 제2항의 '현실적인 이용상황'을 공장용지로 평가해야 한다(대판 2013.6.13. 2012두300)

C 국가가 토지를 20년간 점유하여 취득시효가 완성된 경우, 토지소유자가 「하천편입토지 보상 등에 관한 특별조치법」에 따른 손실보상청구권을 행사할 수 있는지 여부(적극)

> 위 법리가 하천구역 편입 당시 이미 국가가 토지의 소유권을 취득한 경우에도 적용되는지 여부(소극)
> 국가가 토지를 20년간 점유하여 취득시효가 완성된 경우, 토지의 소유자는 국가에 이를 원인으로 하여 소유권이전등기절차를 이행하여 줄 의무를 부담하므로 국가에 대하여 소유권을 행사할 지위에 있다고 보기 어려우나, 한편 보상청구권의 소멸시효 만료로 보상을 받지 못한 하천편입토지 소유자에 대한 보상을 목적으로 제정된 「하천편입토지 보상 등에 관한 특별조치법」(이하 '특별조치법'이라고 한다)의 입법 취지 등에 비추어 보면, 점유취득시효기간이 경과하였다는 사정은 토지소유자가 국가를 상대로 소유권에 기초한 물권적 청구권을 행사하는 데에 지장이 될 수는 있으나, 토지소유자가 소유권의 상실을 전제로 하여 특별조치법에 터 잡은 금전적인 손실의 보상을 청구하는 데에 장애로 작용하지는 않는다(대판 2016.6.9. 2014두1369).
> - 한편 위 법리는 국가가 토지에 대한 취득시효의 완성에도 그에 따른 등기를 하지 아니하여 소유권을 취득하지 못한 상태에서 토지가 하천구역에 편입됨에 따라 국유로 되었고, 그 결과 소유명의자가 소유권을 상실한 경우에 적용되는 것으로서, 하천구역 편입 당시 이미 국가가 토지의 소유권을 취득한 경우에는 적용될 수 없다(대판 2016.6.28. 2016두35243).

C 토지수용보상금 산정 시 수용대상 토지에 속한 토석 또는 사력의 경제적 가치를 참작하여야 하는지 여부(한정 적극)

> 수용대상 토지에 속한 토석 또는 사력은 적어도 토지의 형질변경 또는 채석·채취를 적법하게 할 수 있는 행정적 조치가 있거나 그것이 가능하고, 구체적으로 토지의 가격에 영향을 미치고 있음이

| 정답 | 01 O 02 O

객관적으로 인정되어 경제적 가치가 있다고 평가되는 등 특별한 사정이 있는 경우에 한하여 토지보상금을 산정함에 있어서 참작할 수 있다고 보아야 한다(대판 2003.4.8. 2002두4518).

② **공권적 침해**: 손실보상이 성립하기 위해서는 공권력적 작용으로 인한 침해이어야 한다. 따라서 비권력적 작용이나 임의적인 공공용지 매수는 성립요건이 될 수 없다(침해란 일체의 재산적 가치의 감소를 말한다).
③ **침해의 직접성(의도성)**: 손실보상의 요건으로서 침해는 직접적이어야 하고 의도적 침해이어야 한다. 따라서 행정작용의 부수적 결과로 생긴 간접적 침해나 비의도적 침해인 '수용적 침해'는 손실보상의 대상이 될 수 없다.
④ **침해의 방식**
  ㉠ 법률에 의한 직접적인 침해(법률수용): 법률 그 자체에 의하여 법률의 효력발생과 더불어 직접 집행행위 없이 사인의 개별적·구체적인 권리를 침해하는 유형이다. 이 경우 법률은 처분법률이며, 국회에 의해서 제정된 형식적 법률이다.
  ㉡ 법률에 근거하여 이루어지는 행정행위에 의한 침해(행정수용): 법률의 수권에 근거하여 개인의 구체적인 재산권을 박탈하는 것을 말하며 일반적인 방식이다.

> **관련 판례**
>
> **B** 간척사업의 시행으로 종래의 관행어업권자에게 (구)「공유수면매립법」에서 정하는 손실보상청구권이 인정되기 위해서는 매립면허 고시 후 매립공사가 실행되어 관행어업권자에게 실질적이고 현실적인 피해가 발생해야 하는지 여부(적극)
>
>> 공유수면 매립면허의 고시가 있다고 하여 반드시 그 사업이 시행되고 그로 인하여 손실이 발생한다고 할 수 없으므로, 매립면허 고시 이후 매립공사가 실행되어 관행어업권자에게 실질적이고 현실적인 피해가 발생한 경우에만 「공유수면매립법」에서 정하는 손실보상청구권이 발생하였다고 할 것이다(대판 2010.12.9. 2007두6571).

(3) 재산권침해의 적법성

손실보상의 원인인 재산권침해는 적법한 것이어야 한다. 즉, 법률에 직접 근거규정을 두고 있어야 하며, 여기서 법률은 형식적 법률(국회제정)을 의미하므로 법규명령에 의한 경우는 위법이다.

> **관련 판례**
>
> **C** 수용재결에 의한 수용의 효력이 발생하기 전에 사업시행자가 사업을 시행함으로 인하여 영업상의 피해를 입은 경우, 그에 대한 손실보상을 구할 수 있는지 여부(소극)
>
>> 사업시행자가 수용재결에 의한 수용의 효력이 발생하기 전에 공사에 착수하고 진입도로를 차단하는 등 사업을 시행함으로 인하여 영업상의 피해를 입은 사실이 있다고 하더라도, 이를 이유로 하여 사업시행자에 대하여 민사상의 손해배상이나 부당이득의 반환을 구함은 별론으로 하고 그에 대한 손실보상을 구할 수는 없다(대판 2005.7.29. 2003두2311).

개념확인 O/X

ⓒ 도로의 공용개시행위로 인하여 공물로 성립한 사인 소유의 도로부지 등에 대하여 「도로법」 제5조에 따라 사권의 행사가 제한됨으로써 그 소유자가 손실을 받은 경우, 도로부지 등의 소유자가 「도로법」 제79조에 의한 손실보상청구를 할 수 있는지 여부(소극)

> 도로의 공용개시행위로 인하여 공물로 성립한 사인 소유의 도로부지 등에 대하여 「도로법」 제5조에 따라 사권의 행사가 제한됨으로써 그 소유자가 손실을 받았다고 하더라도 이와 같은 사권의 제한은 건설교통부장관 또는 기타의 행정청이 행한 것이 아니라 「도로법」이 도로의 공물로서의 특성을 유지하기 위하여 필요한 범위 내에서 제한을 가하는 것이므로, 이러한 경우 도로부지 등의 소유자는 국가나 지방자치단체를 상대로 하여 부당이득반환청구나 손해배상청구를 할 수 있음은 별론으로 하고 「도로법」 제79조에 의한 손실보상청구를 할 수는 없다(대판 2006.9.28. 2004두13639).

(4) 특별한 희생 [빈출]

> **결정적 코멘트** ▶ 사회적 제약과 특별한 희생에 관한 개념 및 (구)「도시계획법」 제21조에 관한 헌법재판소의 입장(분리이론)과 경계이론과의 비교에 대한 충분한 이해와 암기가 필요하다.

① 사회적 제약과의 구별
 ㉠ 손실보상의 성립요건으로서의 재산권침해는 개인에 대한 특별한 희생이어야 한다.
 ㉡ 재산권의 침해가 '재산권에 내재하는 사회적 제약'에 불과한 경우에는 재산권자가 수인하여야 할 범주 내에 있고 보상의 대상이 될 수 없다.
 ㉢ 사회적 제약은 재산권에 대한 공공성의 관념에서 비롯되는 것이고, 이는 헌법 제23조 제2항의 "재산권의 행사는 공공복리에 적합하도록 하여야 한다."에서 근거한다.
 ㉣ 이에 따라 재산권 자체에 내재하는 사회적 제약은 손실보상이 될 수 없어 사회적 제약과 특별한 희생을 구별하는 기준이 필요하다. 01

② 구별기준
 ㉠ 형식적 표준설[개별행위설·인수(人數)설]: 침해행위가 일반적일 경우(범국민적)에는 사회적 제약으로서 보상이 필요 없으나, 침해행위가 개별적일 경우(특정인 한정)에는 특별한 희생이 되므로 손실보상이 필요하다는 입장이다.
 ㉡ 실질적 표준설
  ⓐ 수인한도설: 재산권의 본체인 배타적 지배성을 침해하는 경우 재산권보장을 규정한 헌법적 한계를 일탈한 것으로 특별한 희생에 해당한다고 한다(침해행위의 본질·강도기준).
  ⓑ 보호가치설: 역사적·일반적 가치관, 용어의 사용례, 법률의 취지 등에 비추어 보호할 만한 가치가 있는 재산권에 대한 침해를 특별한 희생에 해당한다고 한다(관련 사실의 종합적 판단기준).
  ⓒ 사적 효용설: 사유재산제도의 본질을 재산권의 사적 효용성에서 구하고, 그 사적 효용성을 침해하는 행위는 특별한 희생에 해당한다고 한다(주관적인 이용가치기준).
  ⓓ 목적위배설: 해당 재산권에 대하여 종래부터 인정되어 온 이용목적에 따라 그 효용을 높이기 위한 것이 아니라, 종래의 이용목적에 위배되는 공익목적을 위하여 과해진 침해행위는 특별한 희생에 해당한다고 한다(기능설).
  ⓔ 상황구속성설: 이 설은 주로 토지의 이용제한과 관련하여 성립된 것으로, 토지는 해당 토지가 놓여있는 위치나 상황에 가장 상응하게 이용되어져야 할 사회적 제약 내지는 상황적 구속을 받는다는 설이다(토지거래허가제의 위헌성 여부에서 헌법재판소의 논거로 활용).

---

01 재산권의 사회적 제약에 해당하는 공용제한에 대해서는 보상규정을 두지 않아도 된다.
18 국회8급 (O/X)

정답 | 01 ○

ⓒ **절충설**: 위의 학설들은 특별희생인지를 판단하는 데 있어서 그 자체로서는 완전한 기준이 되지 못하고, 일면적 타당성만을 가지고 있다. 그러므로 구체적인 사정을 고려하여 실질적 표준을 주로 하고 형식적 표준을 참작하여 결정하는 위의 학설을 종합하여 판단하여야 할 것이다(통설적 견해).

관련 판례

ⓒ 개발제한구역[(구)「도시계획법」제21조 제1항]에 대한 대법원의 입장(합헌)

(구)「도시계획법」제21조의 규정에 의하여 개발제한구역 안에 있는 토지의 소유자는 재산상의 권리행사에 많은 제한을 받게 되고 그 한도 내에서 일반 토지소유자에 비하여 불이익을 받게 됨은 명백하지만, '도시의 무질서한 확산을 방지하고 도시주변의 자연환경을 보전하여 도시민의 건전한 생활환경을 확보하기 위하여 또는 국방부장관의 요청이 있어 보안상 도시의 개발을 제한할 필요가 있다고 인정되는 때'[(구)「도시계획법」제21조 제1항]에 한하여 가하여지는 그와 같은 제한으로 인한 토지소유자의 불이익은 공공의 복리를 위하여 감수하지 아니하면 안 될 정도의 것이라고 인정되므로, 그에 대하여 손실보상의 규정을 두지 아니하였다 하여 (구)「도시계획법」제21조의 규정을 헌법 제23조 제3항, 제11조 제1항 및 제37조 제2항에 위배되는 것으로 볼 수 없다(대판 1996.6.28. 94다54511).

ⓒ 토지거래허가제에 대한 헌법재판소의 입장(합헌)

(구)「국토이용관리법」제21조의3 제1항의 토지거래허가제는 사유재산제도의 부정이 아니라 그 제한의 한 형태이고 토지의 투기적 거래의 억제를 위하여 그 처분을 제한함은 부득이한 것이므로 재산권의 본질적인 침해가 아니며, 헌법상의 경제조항에도 위배되지 아니하고 현재의 상황에서 이러한 제한수단의 선택이 헌법상의 비례의 원칙이나 과잉금지의 원칙에 위배된다고 할 수도 없다 (1989.12.22. 88헌가13).

Ⓐ '(구)「도시계획법」제21조에 대한 위헌소원'사건에서 헌법재판소의 입장 [18 국회직 8급, 14 지방직 9급, 12 국가직 7급] 01 02 03

[1] 개발제한구역 지정으로 인하여 토지를 종래의 목적으로도 사용할 수 없거나 또는 더 이상 법적으로 허용된 토지이용의 방법이 없기 때문에 실질적으로 토지의 사용·수익의 길이 없는 경우에는 토지소유자가 수인해야 하는 사회적 제약의 한계를 넘는 것으로 보아야 한다.
[2] 개발제한구역의 지정으로 인한 개발가능성의 소멸과 그에 따른 지가의 하락이나 지가상승률의 상대적 감소는 토지소유자가 감수해야 하는 사회적 제약의 범주에 속하는 것으로 보아야 한다. 자신의 토지를 장래에 건축이나 개발목적으로 사용할 수 있으리라는 기대가능성이나 신뢰 및 이에 따른 지가상승의 기회는 원칙적으로 재산권의 보호범위에 속하지 않는다. 구역지정 당시의 상태대로 토지를 사용·수익·처분할 수 있는 이상, 구역지정에 따른 단순한 토지이용의 제한은 원칙적으로 재산권에 내재하는 사회적 제약의 범주를 넘지 않는다.
[3] (구)「도시계획법」제21조에 의한 재산권의 제한은 개발제한구역으로 지정된 토지를 원칙적으로 지정 당시의 지목과 토지현황에 의한 이용방법에 따라 사용할 수 있는 한, 재산권에 내재하는 사회적 제약을 비례의 원칙에 합치하게 합헌적으로 구체화한 것이라고 할 것이나, 종래의 지목과 토지현황에 의한 이용방법에 따른 토지의 사용도 할 수 없거나 실질적으로 사용·수익을 전혀 할 수 없는 예외적인 경우에도 아무런 보상 없이 이를 감수하도록 하고 있는 한, 비례의 원칙에 위반되어 당해 토지소유자의 재산권을 과도하게 침해하는 것으로서 헌법에 위반된다.
[4] 헌법재판소가 불합치결정을 내리는 경우 위헌결정을 선고한 경우와 마찬가지로 원칙적으로 위헌적 법률의 적용이 금지되므로, 행정청은 위헌적 상태를 제거하기 위한 보상입법이 마련되기 전에는 이 사건 법률조항에 근거하여 새로이 개발제한구역의 지정을 하여서는 아니 된다. 그러나 이 사건 법률조항은 오로지 보상규정의 결여라는 이유 때문에 헌법에 합치되지 아니한다는 평가를 받는 것이므로, 이 사건 청구인들을 포함한 모든 토지소유자가 토지재산권의 사회적 한계를 넘는 가혹한 부담을 받은 경우에 한하여 보상입법을 기다려 그에 따른 권리행사를 할 수 있음은 별론으로 하고, 이 사건 결정에 근거하여 이 사건 법률조항에 의한 개발제한구역의 지정이나 그에 따른 토지재산권의 제한 그 자체의 효력을 다투거나 이 사건 법률조항에 위반하여 행하여진 자신들의 행위의 정당성을 주장할 수는 없다 할 것이다(헌재 1998.12.24. 97헌바78).

개념확인 O/X

01 우리 헌법재판소는 손실보상규정이 없어 손실보상을 할 수 없으나 수인한도를 넘는 침해가 있는 경우에는 침해를 야기하는 행위가 위법하므로 그에 대한 항고소송을 제기할 수 있다고 한다.
18 국회8급 (O / X)

02 개발제한구역의 지정으로 인한 지가의 하락은 토지소유자가 수인해야 하는 사회적 제약의 한계를 넘는 것으로, 아무런 보상 없이 이를 감수하도록 하고 있는 한, 헌법에 위반된다.
12 국가7급 (O / X)

03 헌법재판소는 (구)「도시계획법」상 개발제한구역의 지정으로 일부 토지소유자에게 사회적 제약의 범위를 넘는 가혹한 부담이 발생하는 경우에 보상규정을 두지 않은 것은 위헌성이 있는 것이고, 보상의 구체적 기준과 방법은 입법자가 입법정책적으로 정할 사항이라고 결정하였다.
14 지방9급 (O / X)

| 정답 | 01 X 02 X 03 O

개념확인 O/X

ⓒ (구) 「토지수용법」 제48조 제1항에서 정한 '종래의 목적'과 '사용하는 것이 현저히 곤란한 때'의 의미

(구) 「토지수용법」 제48조 제1항에서 규정한 '종래의 목적'이라 함은 수용재결 당시에 당해 잔여지가 현실적으로 사용되고 있는 구체적인 용도를 의미하고, '사용하는 것이 현저히 곤란한 때'라고 함은 물리적으로 사용하는 것이 곤란하게 된 경우는 물론 사회적·경제적으로 사용하는 것이 곤란하게 된 경우, 즉 절대적으로 이용 불가능한 경우만이 아니라 이용은 가능하나 많은 비용이 소요되는 경우를 포함한다(대판 2005.1.28. 2002두4679).

ⓒ 학교 200m 안에 숙박시설의 금지규정이 보상을 요하는 제한인지 여부

초·중·고등학교 및 대학교 경계선으로부터 200m 내로 설정된 학교환경위생정화구역 안에서 여관시설 및 영업행위를 금지하고 있는 이 사건 법률조항 중 초등학교부분에 대하여는 초등학교 학생들의 건전하고 쾌적한 교육환경을 조성하여 학교 교육의 능률화를 기하기 위하여 일정한 학교환경위생정화구역 안에 여관의 시설을 금지함으로서 그 여관시설 및 영업자에 대한 재산권의 사회적 제약을 구체화하는 입법이라는 것이 헌법재판소의 판례인바, 이러한 이치는 중·고등학교 및 대학교 부분에 대하여도 그대로 타당하다고 할 것이고 따라서 이 사건 법률조항은 공익목적을 위하여 개별적·구체적으로 이미 형성된 구체적 재산권을 박탈하거나 제한하는 것이 아니므로, 보상을 요하는 헌법 제23조 제3항 소정의 수용·사용 또는 제한에 해당되는 것은 아니다(헌재 2006.3.30. 2005헌바110).

ⓑ 공익사업의 시행으로 토석채취허가를 연장받지 못한 경우 그로 인한 손실과 공익사업 사이에 상당인과관계의 인정 여부 및 그 손실이 적법한 공권력의 행사로 가하여진 재산상의 특별한 희생으로서 손실보상의 대상이 되는지 여부(소극)

산림 내에서의 토석채취허가는 산지관리법 소정의 토석채취제한지역에 속하는 경우에 허용되지 아니함은 물론이나 그에 해당하는 지역이 아니라 하여 반드시 허가하여야 하는 것으로 해석할 수는 없고 허가권자는 신청지 내의 임황과 지황 등의 사항 등에 비추어 국토 및 자연의 보전 등의 중대한 공익상 필요가 있을 때에는 재량으로 그 허가를 거부할 수 있는 것이다(대판 1992.4.10. 91누7767 등 참조). 따라서 그 자체로 중대한 공익상의 필요가 있는 공익사업이 시행되어 토석채취허가를 연장받지 못하게 되었다고 하더라도 토석채취허가가 연장되지 않게 됨으로 인한 손실과 공익사업 사이에 상당인과관계가 있다고 할 수 없을 뿐 아니라(대판 1996.9.20. 96다24545 참고), 특별한 사정이 없는 한 그러한 손실이 적법한 공권력의 행사로 가하여진 재산상의 특별한 희생으로서 손실보상의 대상이 된다고 볼 수도 없다(대판 2009.6.23. 2009두2672).

ⓑ 장기미집행 도시계획시설결정의 실효제도가 헌법상 재산권으로부터 당연히 도출되는 권리를 확인한 것인지 여부(소극) [19 국회직 8급] 01

장기미집행 도시계획시설결정의 실효제도는 도시계획시설부지로 하여금 도시계획시설결정으로 인한 사회적 제약으로부터 벗어나게 하는 것으로서 결과적으로 개인의 재산권이 보다 보호되는 측면이 있는 것은 사실이나, 이와 같은 보호는 입법자가 새로운 제도를 마련함에 따라 얻게 되는 법률에 기한 권리일 뿐 헌법상 재산권으로부터 당연히 도출되는 권리는 아니다. 실효기간의 기산일에 관한 경과규정인 이 사건 부칙조항들은 입법자가 도시계획시설부지에 관한 재산권의 내용과 한계를 일반·추상적으로 확정하는 규정이자 재산권의 사회적 제약을 구체화하는 규정일 뿐 기존에 적법하게 취득한 재산권에 대한 새로운 제한을 가하는 규정이 아니다(헌재 2005.9.29. 2002헌바84).

---

01 사업시행자는 사업인정이 실효됨으로 인하여 토지소유자나 관계인이 입은 손실을 보상하여야 한다.
19 국회8급 (O / X)

정답 | 01 O

ⓒ 토지재산권에 대한 사회적 제약의 허용기준 01

> 토지를 종래의 목적으로도 사용할 수 없거나 더 이상 법적으로 허용된 토지이용방법이 없어서 실질적으로 사용·수익을 할 수 없는 경우에 해당하지 않는 제약은 토지소유자가 수인하여야 하는 사회적 제약의 범주 내에 있는 것이고, 그러하지 아니한 제약은 손실을 완화하는 보상적 조치가 있어야 비로소 허용되는 범주 내에 있다(헌재 2005.9.29. 2002헌바84).

Ⓑ 공공용물에 대한 일반사용이 적법한 개발행위로 제한됨으로 인한 불이익이 손실보상의 대상이 되는 특별한 손실인지 여부(소극) [18 서울시 9급, 11 국가직 9급] 02

> 일반 공중의 이용에 제공되는 공공용물에 대하여 특허 또는 허가를 받지 않고 하는 일반사용은 다른 개인의 자유이용과 국가 또는 지방자치단체 등의 공공목적을 위한 개발 또는 관리·보존행위를 방해하지 않는 범위 내에서만 허용된다 할 것이므로, 공공용물에 관하여 적법한 개발행위 등이 이루어짐으로 말미암아 이에 대한 일정범위의 사람들의 일반사용이 종전에 비하여 제한받게 되었다 하더라도 특별한 사정이 없는 한 그로 인한 불이익은 손실보상의 대상이 되는 특별한 손실에 해당한다고 할 수 없다(대판 2002.2.26. 99다35300).

ⓒ 정비기반시설의 소유권 귀속이 헌법상의 보상을 요하는 수용에 해당되지 않는다 [14 지방직 9급] 03

> 「도시정비법」 제65조 제2항은 정비기반시설의 설치와 관련된 비용의 적정한 분담과 그 시설의 원활한 확보 및 효율적인 유지·관리의 관점에서 정비기반시설과 그 부지의 소유·관리·유지 관계를 정한 규정인데, 같은 항 전단에 따른 정비기반시설의 소유권 귀속은 헌법 제23조 제3항의 수용에 해당하지 않고, 이 사건 법률조항이 그에 대한 보상의 의미를 가지는 것도 아니므로, 이 사건 법률조항에 관하여 정당한 보상의 원칙이 적용될 여지가 없다(헌재 2013.10.24. 2011헌바355).

③ 경계이론과 분리이론 04
  ㉠ 경계이론 : 독일의 전통이론
    ⓐ 내용
      ⅰ) 재산권의 내용이나 공용침해는 별개의 제도가 아니며, 사회적 제약과 특별한 희생은 정도의 차이만 있을 뿐이라는 입장이다.
      ⅱ) 즉, 보상을 요하지 않는 사회적 제약과 보상을 요하는 특별희생 사이에는 일정한 경계를 두고 있어 그 경계를 도과하게 되면 보상규정의 유무와 상관없이 특별희생이 되어 보상을 요한다는 이론이다.
      ⅲ) 보상규정은 중요한 요소가 아니며 침해의 질이나 강도에 의해서 특별한 희생 여부가 결정되어 진다.
    ⓑ 보상규정이 없는 경우
      ⅰ) 일정 경계를 넘어서는 침해는 보상규정의 유무와 관계없이 특별희생이므로 보상을 하여야 한다.
      ⅱ) '침해하고 보상하라' - 가치보장 : 보상규정이 없는 침해의 경우에 사업시행자는 침해규정에 따라 재산권을 침해할 수 있으며, 해당 침해가 일정한 경계를 넘어선 경우라면 보상규정이 없어도 특별한 희생에 해당되어 보상하여야 한다.
      ⅲ) 따라서 수용유사적 침해이론과 관련을 가지게 된다.
    ⓒ 독일 연방최고법원의 수용유사적 침해가 해당되며, 우리 대법원은 보상규정이 없는 침해의 경우에도 배상이나 유추적용설 등에 의해 해결을 하고 있어 경계이론의 입장이다.

개념확인 O/X

01 토지를 종래의 목적으로 사용할 수 없거나 더 이상 법상 허용된 이용방법이 없는 경우에 해당하지 않는 제약은 사회적 제약의 범주 내에 있는 것이고, 그렇지 않은 제약은 손실을 완화하는 보상적 조치가 있어야 비로소 허용되는 범주 내에 있는 것이다. (O / X)

02 공공용물에 관하여 적법한 개발행위 등이 이루어짐으로 말미암아 이에 대한 일정 범위의 사람들의 일반사용이 종전에 비하여 제한받게 되었다 하더라도 특별한 사정이 없는 한 그로 인한 불이익은 손실보상의 대상이 되는 특별한 손실에 해당한다고 할 수 없다.
11 국가9급 (O / X)

03 정비기반시설과 그 부지의 소유·관리·유지 관계를 정한 「도시 및 주거환경정비법」 제65조 제2항의 전단에 따른 정비기반시설의 소유권 귀속은 헌법 제23조 제3항의 수용에 해당한다.
14 지방9급 (O / X)

04 사회적 제약을 벗어나는 무보상의 공용침해에 대하여, 분리이론은 당해 침해행위의 폐지를 주장함으로써 위헌적 침해의 억제에 중점을 두고 있음에 비하여, 경계이론은 보상을 통한 가치의 보장에 중점을 두고 있다. (O / X)

| 정답 | 01 O 02 O 03 X 04 O |

ⓒ 분리이론: 독일의 헌법재판소 01 02
  ⓐ 내용
    ⅰ) 사회적 제약과 특별한 희생은 입법자의 의사에 의해 제도적으로 재산권의 내용이나 한계가 설정된다는 이론이다.
    ⅱ) 즉, 보상을 요하는 특별한 희생이나 보상을 요하지 않는 사회적 제약은 입법자에 의해 제도적으로 분리되어, 입법정책적으로 보상규정을 두게 되면 특별한 희생이 되고, 보상규정을 두지 않으면 사회적 제약에 해당된다는 입장이다.
    ⅲ) 이 학설은 침해의 질이나 강도를 특별한 희생의 요소로 보지 않으며 보상규정의 여부를 기준으로 판단하고자 한다.
  ⓑ 보상규정이 없는 경우
    ⅰ) 침해규정이 보상규정을 두고 있지 않다면 이는 보상을 요하는 특별한 희생으로 볼 수 없어 보상을 요하지 않는다.
    ⅱ) 보상규정을 두지 않은 사회적 제약의 제도임에도 행정을 통해 보상을 하게 되면 행정이 입법자의 입법정책을 훼손하게 될 것이라는 입장이다.
    ⅲ) 침해의 정도가 비례원칙에 반하여 과도한 제약임에도 보상규정 없는 경우
      '방어하라, 존속하라'−존속보장: 침해의 정도가 비례원칙에 위반하여 과도한 제약임에도 보상규정이나 제약의 조정적 제도를 마련하지 않았다면 이는 위헌적인 제도에 해당하여 취소소송 등의 대상이 된다. 이에 취소소송을 통해 해결이 되거나 입법자의 개선입법을 통해 해결을 하고자 하는 입장이다.
  ⓒ 독일 헌법재판소와 우리 헌법재판소의 입장이다. 우리 헌법재판소는 (구)「도시계획법」 제21조의 위헌사건에서 헌법불합치결정을 통해 입법자의 입법적 해결방안을 제시하고 있다[(구)「도시계획법」 제21조에 대한 위헌소원사건].

경계이론 − 독일의 전통이론	분리이론 − 독일의 헌법재판소
• 보상을 요하지 않는 사회적 제약과 보상을 요하는 특별희생의 사이에는 일정한 경계를 두고 있어 그 경계를 도과하게 되면 특별희생이 되어 보상을 요한다는 이론 • 보상규정이 없는 경우: 일정 경계를 넘어서는 침해는 보상규정의 유무와 관계없이 특별희생이므로 보상을 하여야 함 • 따라서 수용유사적 침해이론과 관련이 있음 • 독일 연방최고법원과 우리 대법원의 입장	• 특별한 희생은 입법자에 의하여 입법되어 보상규정을 가지게 되는 침해를 의미한다는 이론 • 보상규정이 없는 경우: 특별희생이 아니므로 보상을 하지 않음. 문제는 정도를 지나친 침해의 경우에도 보상규정이 없는 경우에는 침해의 취소쟁송과 입법자의 입법을 통해서 해결이 가능함 • 독일의 자갈채취사건에서 반영됨 • 우리의 헌법재판소의 태도

(5) 보상규정의 존재

대부분의 개별법에는 보상규정을 두고 있으나 보상규정이 없는 경우에는 손실보상에 대한 문제가 발생하게 된다(전술).

3 손실보상의 기준

(1) 헌법상의 보상기준

① 헌법상 정당보상
  ㉠ 헌법 제23조 제3항은 "공공필요에 의한 재산권의 수용·사용 또는 제한 및 그에 대한 보상은 법률로써 하되, 정당한 보상을 지급하여야 한다."라고 규정하고 있다.

개념확인 O/X

01 재산권의 사회적 제약과 공용침해는 별개의 제도가 아니라 재산권규제의 강도에 따라서 상대적으로 구분되는 것으로 사회적 제약의 경계를 벗어나면 보상의무가 있는 공용침해로 전환된다고 보는 경계이론은 독일의 연방헌법재판소의 판결에서 유래한다.
(O / X)

02 이른바 분리이론에 의하면, 보상규정을 갖춘 재산권침해(개입)만이 헌법 제23조 제3항상의 공용수용·사용·제한(공용침해)에 해당한다.
(O / X)

정답 | 01 X 02 O

ⓒ 여기서 정당한 보상이란 어느 정도를 말하는지 정당한 보상의 의미가 문제되는데, 이에 대해 완전보상설과 상당보상설이 대립한다.
② 정당보상에 대한 학설
㉠ 완전보상설(다수설·판례)
ⓐ 미국연방헌법 수정 제5조의 정당한 보상 조항의 해석을 중심으로 주로 미국에서 발전되어 왔다.
ⓑ 이는 손실보상의 기준을 제약받는 재산권 자체에 대한 완전한 보상이어야 한다고 보는 견해이다. 이는 다시 제약되는 재산권이 가지는 객관적 교환가치만을 보상하면 된다고 보는 객관적 '가치보상설'과 행정작용을 원인으로 하여 발생한 손실은 전부 보상하여야 한다는 '손실전부보상설'로 나누어지나, 손실전부보상설이 일반적이다.
ⓒ 우리 헌법은 평시보상과 전시보상을 구분함이 없이 하나의 보상조항만을 두고 있어 사변시의 전시징발에 대하여 완전보상을 해야 되는 일이 발생하므로 완전보상설에 입장에 있다면 전시보상과 평시보상을 구분하여야 한다는 지적이 있다.
㉡ 상당보상설
ⓐ 독일의 바이마르헌법 제153조의 해석과 본 기본법 제14조에서 취한 이론이다.
ⓑ 주로 사회국가적 견지에서 주장되는 견해로서, 사유재산제를 전제로 한 완전보상을 원칙으로 하면서 공익상 상당한 이유가 있을 때에는 그것을 하회할 수도 있다고 하는 '완전보상원칙설'과 그때그때의 사회관념에 비추어 객관적으로 합리적이고 공정·타당한 보상이면 된다는 '합리적 보상설'이 있다.
㉢ 절충설: 재산권의 침해 정도에 따라 손실보상의 범위를 완전보상을 필요로 하는 경우(작은 재산침해)와 상당보상을 필요로 하는 경우(큰 재산침해)로 나누어야 한다는 견해이다.

(2) 대법원과 헌법재판소의 기준
① 대법원은 헌법상의 정당보상에 대해 원칙적으로 피수용재산의 객관적인 재산가치를 완전하게 보상하여야 한다는 완전보상을 뜻하는 것을 말한다고 한다.
② 헌법재판소도 '정당한 보상'이란 원칙적으로 피수용재산의 객관적인 재산가치를 완전하게 보상하여야 한다는 완전보상을 뜻하는 것이라는 완전보상설의 입장이다. 다만, 공익사업으로 인한 개발이익은 완전보상의 범위에 포함될 수 없다는 입장이다. 01 02 03

> **관련 판례** 정당한 보상 – 완전보상
>
> ◉ 헌법 제23조 제3항의 정당보상과 개발이익
>
> 헌법 제23조 제3항이 규정하는 '정당한 보상'이란 원칙적으로 피수용재산의 객관적인 재산가치를 완전하게 보상하는 완전보상을 의미하며, 토지의 경우에는 그 특성상 인근 유사토지의 거래가격을 기준으로 하여 토지의 가격형성에 미치는 제 요소를 종합적으로 고려한 합리적 조정을 거쳐서 객관적인 가치를 평가할 수밖에 없는데 이 때, 소유자가 갖는 주관적인 가치, 투기적 성격을 띠고 우연히 결정된 거래가격 또는 흔히 불리우는 호가, 객관적 가치의 증가에 기여하지 못한 투자비용이나 그 토지 등을 특별한 용도에 사용할 것을 전제로 한 가격 등에 좌우되어서는 안 되며, 개발이익은 그 성질상 완전보상의 범위에 포함되지 아니한다(헌재 2001.4.26. 2000헌바31).

개념확인 O/X

01 헌법 제23조 제3항의 '정당한 보상'이란 원칙적으로 피수용재산의 객관적인 재산가치를 완전하게 보상하는 것이어야 한다는 완전보상을 뜻한다.
19 서울시 사회복지9급 (O / X)

02 피수용재산의 객관적인 재산가치를 완전하게 보상한다는 것은 불가능하므로 보상은 상당한 보상이면 족하다는 것이 대법원의 입장이다.
14 서울9급 (O / X)

03 수용에 따른 손실보상액 산정의 경우 헌법 제23조 제3항에 따른 '정당한 보상'이란 원칙적으로 피수용재산의 객관적인 재산가치를 완전하게 보상하여야 한다는 완전보상을 뜻한다.
20 군무원7급 (O / X)

| 정답 | 01 O 02 X 03 O

ⓑ 헌법 제23조 제3항에 따른 '정당한 보상'이란 원칙적으로 피수용재산의 객관적인 재산가치를 완전하게 보상하여야 한다는 완전보상을 뜻하는 것이다 [14 서울시 9급]

> 수용에 따른 손실보상액 산정의 경우 헌법 제23조 제3항에 따른 '정당한 보상'이란 원칙적으로 피수용재산의 객관적인 재산가치를 완전하게 보상하여야 한다는 완전보상을 뜻하는 것인데, 건물의 일부만이 수용되고 그 건물의 잔여부분을 보수하여 사용할 수 있는 경우 그 건물 전체의 가격에서 편입비율만큼의 비율로 손실보상액을 산정하여 보상하는 한편 … (후략)(대판 2001.9.25, 2000두2426)

(3) 법률상 보상기준

관련 법령

「공익사업을 위한 토지 등의 취득 및 보상에 관한 법률」 제67조【보상액의 가격시점 등】① 보상액의 산정은 협의에 의한 경우에는 협의 성립 당시의 가격을, 재결에 의한 경우에는 수용 또는 사용의 재결 당시의 가격을 기준으로 한다.
② 보상액을 산정할 경우에 해당 공익사업으로 인하여 토지 등의 가격이 변동되었을 때에는 이를 고려하지 아니한다.

① 보상액의 가격시점(시가보상의 원칙)
   ㉠ 손실보상에 관한 일반적 규정은 없으나 공용수용의 일반법인 「공익사업을 위한 토지 등의 취득 및 보상에 관한 법률」(이하 토지보상법)은 "보상액의 산정은 협의에 의한 경우에는 협의 성립 당시의 가격을, 재결에 의한 경우에는 수용 또는 사용의 재결 당시의 가격을 기준으로 한다."라고 규정하고 있다(토지보상법 제67조 제1항).
   ㉡ 보상액을 산정할 경우에 해당 공익사업으로 인하여 토지등의 가격이 변동되었을 때에는 이를 고려하지 아니한다.

관련 법령

「공익사업을 위한 토지 등의 취득 및 보상에 관한 법률」 제70조【취득하는 토지의 보상】① 협의나 재결에 의하여 취득하는 토지에 대하여는 「부동산 가격공시에 관한 법률」에 따른 공시지가를 기준으로 하여 보상하되, 그 공시기준일부터 가격시점까지의 관계 법령에 따른 그 토지의 이용계획, 해당 공익사업으로 인한 지가의 영향을 받지 아니하는 지역의 대통령령으로 정하는 지가변동률, 생산자물가상승률(「한국은행법」 제86조에 따라 한국은행이 조사·발표하는 생산자물가지수에 따라 산정된 비율을 말한다)과 그 밖에 그 토지의 위치·형상·환경·이용상황 등을 고려하여 평가한 적정가격으로 보상하여야 한다.
제71조【사용하는 토지의 보상 등】① 협의 또는 재결에 의하여 사용하는 토지에 대하여는 그 토지와 인근 유사토지의 지료(地料), 임대료, 사용방법, 사용기간 및 그 토지의 가격 등을 고려하여 평가한 적정가격으로 보상하여야 한다.

② 손실보상의 종류와 그에 따른 기준
   ㉠ 취득하는 토지의 보상
      ⓐ 공시지가 기준: 협의나 재결에 의하여 취득하는 토지에 대하여는 ⅰ)「부동산 가격공시에 관한 법률」에 따른 공시지가를 기준으로 하여 보상하되, ⅱ) 그 공시기준일부터 가격시점까지의 관계 법령에 따른 그 토지의 이용계획, 해당 공익사업으로 인한 지가의 영향을 받지 아니하는 지역의 대통령령으로 정하는 지가변동률, 생산자물가상승률(「한국은행법」 제86조에 따라 한국은행이 조사·발표하는 생산자물가지수에 따라 산정된 비율을 말한다)과 ⅲ) 그 밖에 그 토지의 위치·형상·환경·이용상황 등을 고려하여 평가한 적정가격으로 보상하여야 한다(「토지보상법」 제70조 제1항). 01 02 03 04

개념확인 O/X

01 「부동산 가격공시에 관한 법률」에 따른 공시기준일부터 가격시점까지의 관계 법령에 따른 그 토지의 이용계획은 손실보상액을 산정하는 기준이다.
12 서울9급 (O / X)

02 해당 토지의 위치·형상·환경·이용상황은 손실보상을 산정할 때 고려하여야 할 사항이다.
12 서울9급 (O / X)

03 사업시행자가 당해 공익사업으로 취득하게 될 이익은 손실보상액을 산정할 때 고려하여야 할 사항이다.
12 서울9급 (O / X)

04 협의 또는 재결에 의하여 사용하는 토지에 대하여는 그 토지와 인근 유사토지의 지료(地料), 임대료, 사용방법, 사용기간 및 그 토지의 가격 등을 고려하여 평가한 적정가격으로 보상하여야 한다.
23 국회9급 (O / X)

정답 | 01 O 02 O 03 X 04 O

ⓑ 객관적 상황의 고려 01 02
　ⓘ 토지에 대한 보상액은 가격시점에서의 현실적인 이용상황과 일반적인 이용방법에 의한 객관적 상황을 고려하여 산정한다.
　ⓘⓘ 일시적인 이용상황과 토지소유자나 관계인이 갖는 주관적 가치 및 특별한 용도에 사용할 것을 전제로 한 경우 등은 고려하지 아니한다.
ⓒ 사업인정 전 협의에 의한 취득의 경우: 공시지가는 해당 토지의 가격시점 당시 공시된 공시지가 중 가격시점과 가장 가까운 시점에 공시된 공시지가로 한다.
ⓓ 사업인정 후의 취득의 경우(개발이익 배제)
　ⓘ 해당 사업이 인정이 된 이후의 보상액의 산정기준은 이미 인정된 사업으로 인한 가격변동은 보상액을 산정함에 있어 고려하지 않는다. 03
　ⓘⓘ 해당 사업을 시행하시 않는다는 전제로 보상금을 산정하는 것이 정당한 보상에 부합이 되기 때문이다.
ⓔ 토지보상법 규정
　ⓘ 보상액을 산정할 경우에 해당 공익사업으로 인하여 토지 등의 가격이 변동되었을 때에는 이를 고려하지 아니한다(제67조 제2항).
　ⓘⓘ 사업인정 후의 취득의 경우에 ⓐ에 따른 공시지가는 사업인정 고시일 전의 시점을 공시기준일로 하는 공시지가로서, 해당 토지에 관한 협의의 성립 또는 재결 당시 공시된 공시지가 중 그 사업인정 고시일과 가장 가까운 시점에 공시된 공시지가로 한다(제70조 제4항).
　ⓘⓘⓘ 공익사업의 계획 또는 시행이 공고되거나 고시됨으로 인하여 취득하여야 할 토지의 가격이 변동되었다고 인정되는 경우에는 ⓐ에 따른 공시지가는 해당 공고일 또는 고시일 전의 시점을 공시기준일로 하는 공시지가로서 그 토지의 가격시점 당시 공시된 공시지가 중 그 공익사업의 공고일 또는 고시일과 가장 가까운 시점에 공시된 공시지가로 한다(제70조 제5항).
ⓕ 개발이익 환수제
　ⓘ '개발이익'이란 개발사업의 시행이나 토지이용계획의 변경 그 밖에 사회적·경제적 요인에 따라 정상지가상승분을 초과하여 개발사업을 시행하는 자나 토지소유자에게 귀속되는 토지가액의 증가분을 말한다(「개발이익 환수에 관한 법률」 제2조 제1호).
　ⓘⓘ 이러한 개발이익 환수방법으로 개발자에게는 '개발부담금'으로 징수하도록 하며 인근 토지소유자에게는 양도소득세 등의 방법으로 환수하도록 하고 있다.

관련 판례

ⓒ 표준지 공시지가를 기준으로 보상금을 산정하는 것이 헌법 위반인지 여부 [21 군무원 7급] 04

수용대상토지의 보상가격을 정함에 있어 표준지 공시지가를 기준으로 비교한 금액이 수용대상토지의 수용 사업인정 전의 개별공시지가보다 적은 경우가 있다고 하더라도, 이것만으로 「지가공시 및 토지 등의 평가에 관한 법률」 제9조, 토지수용법 제46조가 정당한 보상원리를 규정한 헌법 제23조 제3항에 위배되어 위헌이라고 할 수는 없다(대판 2001.3.27. 99두7968).

개념확인 O/X

01 토지에 대한 보상액은 가격시점에서의 현실적인 이용상황, 일반적인 이용방법에 의한 객관적 상황, 일시적인 이용상황 및 토지소유자나 관계인이 갖는 주관적 가치 및 특별한 용도에 사용할 것을 전제로 한 경우 등을 고려한다.
20 국회8급　　　　　(O / X)

02 토지에 대한 보상액은 일시적인 이용상황과 토지소유자나 관계인이 갖는 주관적 가치 및 특별한 용도에 사용할 것을 전제로 한 경우 등은 고려하지 아니한다.
23 국회9급　　　　　(O / X)

03 보상액을 산정할 경우에 해당 공익사업으로 인하여 토지 등의 가격이 변동되었을 때에는 이를 고려하여야 한다.
17 서울9급　　　　　(O / X)

04 개별공시지가가 아닌 표준지 공시지가를 기준으로 보상액을 산정하는 것은 헌법 제23조 제3항에 위반되지 않는다.
21 군무원7급　　　　　(O / X)

| 정답 | 01 X　02 O　03 X　04 O

개념확인 O/X

01 보상가액 산정 시 공익사업으로 인한 개발이익은 토지의 객관적 가치에 포함된다.
21 군무원7급 (O / X)

02 공익사업의 시행으로 지가가 상승하여 발생한 개발이익을 손실보상금액에 포함시키지 않더라도 헌법이 규정한 정당보상의 원리에 어긋나는 것은 아니다.
16 서울9급 (O / X)

03 해당 공익사업으로 인한 지가의 영향을 받지 아니하는 지역의 지가변동률은 손실보상액을 산정할 때 고려하여야 할 사항이다.
12 서울9급 (O / X)

04 헌법재판소는 개발이익배제의 원칙이 '헌법' 제23조 제3항의 정당보상의 원리에 반한다고 보고 있다.
11 지방9급 (O / X)

05 공익사업의 시행으로 인한 개발이익을 손실보상액에서 배제하는 것은 헌법에 위반되지 않는다.
12 국가9급 (O / X)

06 재결에 의한 수용 또는 사용의 경우 보상액의 산정은 재결 당시의 가격을 기준으로 하고, 해당 공익사업으로 인하여 토지 등의 가격이 변동되었을 때에는 이를 고려하여야 한다.
13 국가9급 (O / X)

07 토지수용으로 인한 손실보상액을 산정함에 있어 당해 공공사업의 시행과 관련이 없는 다른 사업으로 인한 개발이익을 배제한 가격으로 평가하여야 한다.
(O / X)

08 수용대상 토지의 보상가격이 당해 토지의 개별공시지가를 기준으로 하여 산정한 것보다 저렴하게 되었다는 사정만으로 그 보상액 산정이 위법한 것은 아니다.
16 서울9급 (O / X)

B 공시지가에 당해 수용사업으로 인한 개발이익이 포함되어 있거나 반대로 자연적 지가상승분도 반영되지 아니한 경우의 손실보상액 평가방법 [21 군무원 7급, 17 서울시 9급, 16 국가직 7급, 16 서울시 9급, 12 서울시 9급, 08 지방직7급] 01 02 03

> 당해 수용사업의 시행으로 인한 개발이익은 수용대상토지의 수용 당시의 객관적 가치에 포함되지 아니하는 것이므로 수용대상토지에 대한 손실보상액을 산정함에 있어서 (구)「토지수용법」 제46조 제2항에 의하여 손실보상액 산정의 기준이 되는 「지가공시 및 토지 등의 평가에 관한 법률」에 의한 공시지가에 당해 수용사업의 시행으로 인한 개발이익이 포함되어 있을 경우 그 공시지가에서 그러한 개발이익을 배제한 다음 이를 기준으로 하여 손실보상액을 평가하고, 반대로 그 공시지가가 당해 수용사업의 시행으로 지가가 동결된 관계로 개발이익을 배제한 자연적 지가상승분도 반영하지 못한 경우에는 그 자연적 지가상승률을 산출하여 이를 기타사항으로 참작하여 손실보상액을 평가하는 것이 정당보상의 원리에 합당하다(대판 1993.7.27. 92누11084).

B (구)「토지수용법」 제46조 제2항 및 「지가공시 및 토지 등의 평가에 관한 법률」 제10조 제1항 제1호의 위헌 여부(공시지가에 의한 보상이 정당보상의 원칙에 위배되는지 여부) [13 국가직 9급, 12 국가직 9급, 11 지방직 9급] 04 05 06

> 「토지수용법」 제46조 제2항과 지가공시법 제10조 제1항 제1호가 토지수용으로 인한 손실보상액의 산정을 공시지가를 기준으로 하되, 개발이익을 배제하고, 공시기준일로부터 재결 시까지의 시점보상을 인근토지의 가격변동률과 도매물가상승률 등에 의하여 행하도록 규정한 것은 헌법 제23조 제3항에 규정한 정당보상의 원리에 위배되는 것이 아니며, 또한 위 헌법 조항의 법률유보를 넘어섰다거나 과잉금지의 원칙에 위배되었다고는 볼 수 없다(헌재 1995.4.20. 93헌바20·66, 94헌바4·9, 95헌바6).

C 토지수용으로 인한 손실보상액 산정 시, 당해 공공사업과 무관한 다른 사업의 시행으로 인한 개발이익의 배제 여부(소극) 07

> 토지수용으로 인한 손실보상액을 산정함에 있어서 당해 공공사업의 시행을 직접 목적으로 하는 계획의 승인·고시로 인한 가격변동은 이를 고려함이 없이 수용재결 당시의 가격을 기준으로 하여 적정가격을 정하여야 하나, 당해 공공사업과는 관계없는 다른 사업의 시행으로 인한 개발이익은 이를 배제하지 아니한 가격으로 평가하여야 한다(대판 1999.1.15. 98두8896).

C 개별공시지가보다 낮은 보상액 산정이 위법이라 할 수 없다 [16 서울시 9급] 08

> 토지수용보상액은 「토지수용법」 제46조 제2항 등 관계 법령에서 규정한 바에 따라 산정하여야 하는 것으로서, 「지가공시 및 토지 등의 평가에 관한 법률」 제10조의2 규정에 따라 결정·공시된 개별공시지가를 기준으로 하여 산정하여야 하는 것은 아니며, 관계 법령에 따라 보상액을 산정한 결과 그 보상액이 당해 토지의 개별공시지가를 기준으로 하여 산정한 지가보다 저렴하게 되었다는 사정만으로 그 보상액 산정이 잘못되어 위법한 것이라고 할 수는 없다(대판 2002.3.29. 2000두10106).

B 공익사업을 시행하는 기업자가 사업인정 고시가 있은 후에도 「공공용지의 취득 및 손실보상에 관한 특례법」에 의한 협의취득의 방법으로 그 사업에 필요한 토지를 취득할 수 있는지 여부(적극)

> 「토지수용법」이나 「공공용지의 취득 및 손실보상에 관한 특례법」 등에서 사업인정 고시 이후에 기업자가 「토지수용법」에서 정한 방법 이외의 방법으로 토지를 취득하는 것을 금지하고 있지 아니할 뿐만 아니라, 사업인정 고시가 있다고 하더라도 「토지수용법」의 협의에 관한 규정에 의한 제한에 따르지 아니하고 당사자 사이의 자유로운 의사에 따라 성립하는 계약에 의하여 기업자가 토지를 취득하는 것을 금지하여야 할 아무런 이유가 없으므로, 기업자는 사업인정 고시가 있은 후에도 위 특례법에 의한 협의취득의 방법으로 그 사업에 필요한 토지를 취득할 수도 있다고 보아야 한다(대판 2002.6.14. 2001다24711).

| 정답 | 01 X　02 O　03 O　04 X　05 O　06 X　07 X　08 O

ⓒ 「토지수용법」상의 사업인정의 고시 이전에 건축된 건물은 보상대상이 된다

> 손실보상의 대상이 되는 재산권의 관념은 모든 재산적 가치가 있는 권리나 보호가치 있는 이익을 포함한다는 판례 건물이 「토지수용법」상 손실보상의 대상이 되기 위한 요건은 관계 법령을 종합하여 보면, 지장물인 건물은 그 건물이 적법한 건축허가를 받아 건축된 것인지 여부에 관계없이 토지수용법상의 사업인정의 고시 이전에 건축된 건물이기만 하면 손실보상의 대상이 됨이 명백하다(대판 2000.3.10. 99두10896).

ⓒ 인근 유사토지 보상사례의 가격이 개발이익을 포함하고 있어 정상적인 것이 아닌 경우라도 이를 수용대상토지의 보상액 산정에서 참작할 수 있는지 여부(한정 적극)

> 수용대상토지의 보상액을 산정하면서 인근 유사토지의 보상사례가 있고 그 가격이 정상적인 것으로서 적정한 보상액 평가에 영향을 미칠 수 있는 것임이 입증된 경우에는 이를 참작할 수 있고, 여기서 '정상적인 가격'이란 개발이익이 포함되지 아니하고 투기적인 거래로 형성되지 아니한 가격을 말한다. 그러나 그 보상사례의 가격이 개발이익을 포함하고 있어 정상적인 것이 아닌 경우라도 그 개발이익을 배제하여 정상적인 가격으로 보정할 수 있는 합리적인 방법이 있다면 그러한 방법에 의하여 보정한 보상사례의 가격은 수용대상토지의 보상액을 산정하면서 이를 참작할 수 있다(대판 2010.4.29. 2009두17360).

ⓑ 이주대책 대상인 주거용 건축물 여부를 판단하는 시점은 고시가 있은 날이다

> 공익사업을 위한 관계 법령에 의한 고시 등이 있은 날 당시 주거용 건물이 아니었던 건물은 그 후 주거용으로 용도변경되었다 하더라도 이주대책대상이 되는 주거용 건축물에 해당하지 않는다(대판 2009.2.26. 2007두13340).

ⓛ 잔여지 손실보상(제73조, 제74조)
ⓐ 잔여지 공사비보상: 사업시행자는 동일한 소유자에게 속하는 일단의 토지의 일부가 취득되거나 사용됨으로 인하여 잔여지의 가격이 감소하거나 그 밖의 손실이 있을 때 또는 잔여지에 통로·도랑·담장 등의 신설이나 그 밖의 공사가 필요할 때에는 국토교통부령으로 정하는 바에 따라 그 손실이나 공사의 비용을 보상하여야 한다. 다만, 잔여지의 가격 감소분과 잔여지에 대한 공사의 비용을 합한 금액이 잔여지의 가격보다 큰 경우에는 사업시행자는 그 잔여지를 매수할 수 있다(제73조 제1항).
ⓑ 잔여지 등의 매수 및 수용 청구
ⅰ) 동일한 소유자에게 속하는 일단의 토지의 일부가 협의에 의하여 매수되거나 수용됨으로 인하여 잔여지를 종래의 목적에 사용하는 것이 현저히 곤란할 때에는 해당 토지소유자는 사업시행자에게 잔여지를 매수하여 줄 것을 청구할 수 있으며, 사업인정 이후에는 관할 토지수용위원회에 수용을 청구할 수 있다(제74조 제1항).
ⅱ) 이 경우 수용의 청구는 매수에 관한 협의가 성립되지 아니한 경우에만 할 수 있으며, 사업완료일까지 하여야 한다.
ⅲ) 잔여지수용청구권은 형성권의 성질을 갖게 되어 일정한 요건을 갖춘 청구를 통해 수용의 효과는 발생하게 된다.
ⅳ) 잔여지수용청구에 불복하는 경우에는 보상금증감청구소송으로 당사자소송에 의한다. 01

01 토지소유자가 잔여지 수용청구에 대한 재결절차를 거친 경우에는 곧바로 사업시행자를 상대로 잔여지 가격감소 등으로 인한 손실보상을 청구할 수 있다.
19 지방7급 (O/X)

| 정답 | 01 X

개념확인 O/X

01 「토지보상법」에 의한 보상금증감청구소송은 보상금의 증액 또는 감액 청구에 관한 소송이므로 잔여지 수용청구를 거절한 재결에 불복하는 소송은 '보상금의 증감에 관한 소송'에 해당되지 아니한다.
23 지방7급 (O / X)

02 「공익사업을 위한 토지 등의 취득 및 보상에 관한 법률」상 잔여지 수용청구를 받아들이지 않은 토지수용위원회의 재결에 대하여 토지소유자가 불복하여 제기하는 소송은 항고소송에 해당하여 토지수용위원회를 피고로 하여야 한다.
20 군무원7급 (O / X)

03 사업시행자에게 한 잔여지 매수청구의 의사표시는 일반적으로 관할 토지수용위원회에 한 잔여지 수용청구의 의사표시로 볼 수 있다.
19 국회8급 (O / X)

04 잔여지 수용청구는 당해 공익사업의 공사완료일까지 해야 하지만, 토지소유자가 그 기간 내에 잔여지 수용청구권을 행사하지 않았더라도 그 권리가 소멸하는 것은 아니다.
19 지방7급 (O / X)
※ 공사완료일: 현 토지보상법상 사업완료일

05 토지소유자가 사업시행자에게 잔여지 매수청구의 의사표시를 하였다면, 그 의사표시는 특별한 사정이 없는 한 관할 토지수용위원회에 한 잔여지 수용청구의 의사표시로 볼 수 있다.
19 지방7급 (O / X)

06 동일한 토지소유자에 속하는 일단의 토지의 일부가 취득됨으로써 잔여지의 가격이 감소한때에는 잔여지를 종래의 목적으로 사용하는 것이 가능한 경우라도 그 잔여지는 손실보상의 대상이 된다.
19 지방7급 (O / X)

관련 판례

Ⓑ (구)「공익사업을 위한 토지 등의 취득 및 보상에 관한 법률」제74조 제1항에 의한 잔여지 수용청구를 받아들이지 않은 토지수용위원회의 재결에 대하여 토지소유자가 불복하여 제기하는 소송의 성질 및 그 상대방 [23 지방직 7급, 20 군무원 7급] 01 02

> (구)「공익사업을 위한 토지 등의 취득 및 보상에 관한 법률」(2007.10.17. 법률 제8665호로 개정되기 전의 것) 제74조 제1항에 규정되어 있는 잔여지 수용청구권은 손실보상의 일환으로 토지소유자에게 부여되는 권리로서 그 요건을 구비한 때에는 잔여지를 수용하는 토지수용위원회의 재결이 없더라도 그 청구에 의하여 수용의 효과가 발생하는 형성권적 성질을 가지므로, 잔여지 수용청구를 받아들이지 않은 토지수용위원회의 재결에 대하여 토지소유자가 불복하여 제기하는 소송은 위 법 제85조 제2항에 규정되어 있는 '보상금의 증감에 관한 소송'에 해당하여 사업시행자를 피고로 하여야 한다(대판 2010.8.19. 2008두822).

Ⓑ (구)「공익사업을 위한 토지 등의 취득 및 보상에 관한 법률」제74조 제1항의 잔여지 수용청구권 행사기간의 법적 성질(=제척기간) 및 잔여지 수용청구 의사표시의 상대방(=관할 토지수용위원회) [19 국회직 8급, 19 지방직 7급] 03 04 05

> (구)「공익사업을 위한 토지 등의 취득 및 보상에 관한 법률」(2007.10.17. 법률 제8665호로 개정되기 전의 것) 제74조 제1항에 의하면, 잔여지 수용청구는 사업시행자와 사이에 매수에 관한 협의가 성립되지 아니한 경우 일단의 토지의 일부에 대한 관할 토지수용위원회의 수용재결이 있기 전까지 관할 토지수용위원회에 하여야 하고, 잔여지 수용청구권의 행사기간은 제척기간으로서, 토지소유자가 그 행사기간 내에 잔여지 수용청구권을 행사하지 아니하면 그 권리가 소멸한다. 또한 위 조항의 문언내용 등에 비추어 볼 때, 잔여지 수용청구의 의사표시는 관할 토지수용위원회에 하여야 하는 것으로서, 관할 토지수용위원회가 사업시행자에게 잔여지 수용청구의 의사표시를 수령할 권한을 부여하였다고 인정할 만한 사정이 없는 한, 사업시행자에게 한 잔여지 매수청구의 의사표시를 관할 토지수용위원회에 한 잔여지 수용청구의 의사표시로 볼 수는 없다(대판 2010.8.19. 2008두822).

Ⓑ 잔여지를 종래의 목적으로 사용하는 것이 가능한 경우에도 잔여지 보상대상이 된다 [19 지방직 7급] 06

> 사업시행자가 동일한 토지소유자에 속하는 일단의 토지 일부를 취득함으로 인하여 잔여지의 가격이 감소하거나 그 밖의 손실이 있을 때 등에는 잔여지를 종래의 목적으로 사용하는 것이 가능한 경우라도 잔여지 손실보상의 대상이 되며, 잔여지를 종래의 목적에 사용하는 것이 불가능하거나 현저히 곤란한 경우이어야만 잔여지 손실보상청구를 할 수 있는 것이 아니다(대판 2018.7.20. 2015두4044).

Ⓐ 토지소유자가 당해 지방자치단체에 대하여 한 잔여지 수용청구의 의사표시의 성질 [19 지방직 7급, 19 국회직 8급, 16 지방직 7급]

> 지방자치단체가 기업자로서 관할 토지수용위원회에 토지의 취득을 위한 재결신청을 하고 그 장이 관할 토지수용위원회의 재결신청서 및 관계 서류 사본의 공고 및 열람의뢰에 따라 이를 공고 및 열람에 제공함에 있어서 토지소유자 등에게 의견제출할 것을 통지한 경우, 토지소유자가 당해 지방자치단체에 대하여 한 잔여지 수용청구의 의사표시는 관할 토지수용위원회에 대하여 한 잔여지 수용청구의 의사표시로 보아야 한다(대판 2005.1.28. 2002두4679).

ⓒ **사용하는 토지의 보상 등**: 협의 또는 재결에 의하여 사용하는 토지에 대하여는 그 토지와 인근 유사토지의 지료(地料), 임대료, 사용방법, 사용기간 및 그 토지의 가격 등을 고려하여 평가한 적정가격으로 보상하여야 한다(제71조 제1항).

ⓔ **사용하는 토지의 매수청구 등**: 사업인정 고시가 된 후의 ⓐ 토지를 사용하는 기간이 3년 이상인 경우, ⓑ 토지의 사용으로 인하여 토지의 형질이 변경되는 경우, ⓒ 사용하려는 토지에 그 토지소유자의 건축물이 있는 경우의 어느 하나에 해당할 때에는 해당 토지소유자는 사업시행자에게 해당 토지의 매수를 청구하거나 관할 토지수용위원회에 그 토지의 수용을 청구할 수 있다. 이 경우 관계인은 사업시행자나 관할 토지수용위원회에 그 권리의 존속(存續)을 청구할 수 있다(제72조).

> **관련 판례**
>
> Ⓑ 「공익사업을 위한 토지 등의 취득 및 보상에 관한 법률」 제72조에 의한 토지소유자의 토지수용청구를 받아들이지 않은 토지수용위원회의 재결에 대하여 토지소유자가 불복하여 제기하는 소송의 성질 및 그 상대방
>
> 「공익사업을 위한 토지 등의 취득 및 보상에 관한 법률」(이하 '토지보상법'이라고 한다)제72조의 문언, 연혁 및 취지 등에 비추어 보면, 위 규정이 정한 <u>수용청구권은</u> 토지보상법 제74조 제1항이 정한 잔여지 수용청구권과 같이 손실보상의 일환으로 토지소유자에게 부여되는 권리로서 <u>그 청구에 의하여 수용효과가 생기는 형성권의 성질을 지니므로,</u> 토지소유자의 토지수용청구를 받아들이지 아니한 토지수용위원회의 재결에 대하여 토지소유자가 불복하여 제기하는 소송은 토지보상법 제85조 제2항에 규정되어 있는 <u>'보상금의 증감에 관한 소송'</u>에 해당하고, <u>피고는 토지수용위원회가 아니라 사업시행자로 하여야 한다</u>(대판 2015. 4. 9. 2014두46669).

ⓜ **건축물 등 물건에 대한 보상(제75조)**
  ⓐ 건축물·입목·공작물과 그 밖에 토지에 정착한 물건
    ⅰ) **이전비 보상**: 건축물·입목·공작물과 그 밖에 토지에 정착한 물건에 대하여는 이전에 필요한 비용으로 보상하여야 한다.
    ⅱ) **물건의 가격 보상**: ⅰ) 건축물 등을 이전하기 어렵거나 그 이전으로 인하여 건축물등을 종래의 목적대로 사용할 수 없게 된 경우, ⅱ) 건축물 등의 이전비가 그 물건의 가격을 넘는 경우, ⅲ) 사업시행자가 공익사업에 직접 사용할 목적으로 취득하는 경우의 어느 하나에 해당하는 경우에는 해당 물건의 가격으로 보상하여야 한다.
  ⓑ 농작물에 대한 손실은 그 종류와 성장의 정도 등을 종합적으로 고려하여 보상하여야 한다.
  ⓒ 토지에 속한 흙·돌·모래 또는 자갈(흙·돌·모래 또는 자갈이 해당 토지와 별도로 취득 또는 사용의 대상이 되는 경우만 해당한다)에 대하여는 거래가격 등을 고려하여 평가한 적정가격으로 보상하여야 한다.
  ⓓ 분묘에 대하여는 이장(移葬)에 드는 비용 등을 산정하여 보상하여야 한다.
ⓗ **잔여 건축물의 손실에 대한 보상 등(제75조의2)**
  ⓐ **보상원칙**: 사업시행자는 동일한 소유자에게 속하는 일단의 건축물의 일부가 취득되거나 사용됨으로 인하여 잔여 건축물의 가격이 감소하거나 그 밖의 손실이 있을 때에는 국토교통부령으로 정하는 바에 따라 그 손실을 보상하여야 한다.
  ⓑ **잔여 건축물 매수청구**
    ⅰ) 동일한 소유자에게 속하는 일단의 건축물의 일부가 협의에 의하여 매수되거나 수용됨으로 인하여 잔여 건축물을 종래의 목적에 사용하는 것이 현저히 곤란할 때에는 그 건축물소유자는 사업시행자에게 잔여 건축물을 매수하여 줄 것을 청구할 수 있으며, 사업인정 이후에는 관할 토지수용위원회에 수용을 청구할 수 있다.

ⅱ) 이 경우 수용청구는 매수에 관한 협의가 성립되지 아니한 경우에만 하되, 사업완료일까지 하여야 한다.

ⓐ 기타(제76조, 제77조)
  ⓐ **권리의 보상**: 광업권·어업권·양식업권 및 물(용수시설을 포함한다) 등의 사용에 관한 권리에 대하여는 투자비용, 예상 수익 및 거래가격 등을 고려하여 평가한 적정가격으로 보상하여야 한다.
  ⓑ **영업손실의 보상**: 영업을 폐업하거나 휴업함에 따른 영업손실에 대하여는 영업이익과 시설의 이전비용 등을 고려하여 보상하여야 한다.
  ⓒ **농업손실의 보상**: 농업의 손실에 대하여는 농지의 단위면적당 소득 등을 고려하여 실제 경작자에게 보상하여야 한다. 다만, 농지소유자가 해당 지역에 거주하는 농민인 경우에는 농지소유자와 실제 경작자가 협의하는 바에 따라 보상할 수 있다.
  ⓓ **휴직근로자의 임금손실**: 휴직하거나 실직하는 근로자의 임금손실에 대하여는 「근로기준법」에 따른 평균임금 등을 고려하여 보상하여야 한다.

관련 판례

ⓒ 영업손실에 관한 보상에 있어서 영업의 폐업과 휴업의 구별 기준(=영업의 이전 가능성)

영업손실에 관한 보상에 있어 「공공용지의 취득 및 손실보상에 관한 특례법 시행규칙」 제24조 제2항 제1호 내지 제3호에 의한 영업의 폐지로 볼 것인지 아니면 영업의 휴업으로 볼 것인지를 구별하는 기준은 당해 영업을 그 영업소 소재지나 인접 시·군 또는 구 지역 안의 다른 장소로 이전하는 것이 가능한지의 여부에 달려 있고, 이러한 이전가능 여부는 법령상의 이전장애사유 유무와 당해 영업의 종류와 특성, 영업시설의 규모, 인접 지역의 현황과 특성, 그 이전을 위하여 당사자가 들인 노력 등과 인근 주민들의 이전 반대 등과 같은 사실상의 이전장애사유 유무 등을 종합하여 판단하여야 한다(대판 2006.9.8. 2004두7672).

ⓒ 영업장소를 이전하지 않는 영업의 경우에도 보수기간 중의 인건비 등 고정적 비용을 보상하여야 한다
[20 국회직 8급] 01 02

그와 같은 경우라도 고정적 비용에 대한 보상을 금하는 취지로 볼 것은 아니고, 휴업 및 보수기간 중에도 고정적 비용이 소요된다는 점에 있어서 영업장소를 이전하는 영업의 경우와 그렇지 않은 경우를 달리 볼 아무런 이유가 없으며, 영업장소의 이전을 불문하고 휴업 및 보수기간 중 소요되는 고정적 비용을 보상함이 적정보상의 원칙에도 부합하는 점에 비추어 보면, 영업장소를 이전하지 않는 영업의 경우에도 같은 법 시행규칙 제25조 제1항을 유추적용하여 영업장소를 이전하는 경우와 마찬가지로 그 보수기간 중의 인건비 등 고정적 비용을 보상함이 타당하다(대판 2005.11.25. 2003두11230).

ⓒ 사업의 배후지를 상실한 사업지구 밖의 수산제조업자에 대한 보상

공공사업시행지구 밖에서 관계 법령에 따라 신고를 하고 수산제조업을 하고 있는 사람에게 공공사업의 시행으로 인하여 그 배후지가 상실되어 영업을 할 수 없게 되었음을 이유로 손실보상을 하는 경우 그 보상액의 산정에 관하여는 「공공용지의 취득 및 손실보상에 관한 특례법 시행규칙」의 간접보상에 관한 규정을 유추적용할 수 있다(대판 2002.3.12. 2000다73612).

개념확인 O/X

01 영업을 폐지하거나 휴업함에 따라 휴직하거나 실직하는 근로자의 임금손실에 대하여는 「근로기준법」에 따른 평균임금 등을 고려하여 보상하여야 한다.
20 국회8급 (O / X)

02 휴직하는 근로자의 임금손실에 대해서는 「근로기준법」에 의한 평균임금 등을 참작하여 보상하여야 한다.
(O / X)

정답 01 O 02 O

ⓒ 영업이익에 대한 보상

(구)「공공용지의 취득 및 손실보상에 관한 특례법 시행규칙」 제24조 제1항과 제3항에 따르면, 폐지하는 영업의 영업이익은 당해 영업의 최근 3년간의 영업이익의 산술평균치를 기준으로 하여 산정하여야 하고, 그 3년의 기간 중 영업실적이 없거나 실적이 현저하게 감소된 시기가 있다고 하여 그 기간을 제외한 나머지 기간의 영업실적만을 기초로 하거나, 최근 3년 이전 기간의 영업실적을 기초로 하여 연평균 영업이익을 산정할 수는 없다(대판 2002.3.12. 2000다73612).

ⓒ 소정의 영농손실액 지급대상자(실제의 경작자)가 반드시 당해 지역에 거주하는 농민이어야 하는 것은 아니다

공공사업시행지구에 농경지가 편입되고 그 농경지에서 실제로 작물을 재배하고 있는 이상 특별한 사정이 없는 한 「공공용지의 취득 및 손실보상에 관한 특례법 시행규칙」 제29조 제1항에 정한 영농손실액 지급대상이 되고(대판 1999.12.10. 97누8595 등 참조), 반드시 당해 지역에 거주하는 농민이어야 지급대상자(실제의 경작자)가 되는 것은 아니다(대판 2002.6.14. 2000두3450).

ⓒ 잔여건축물 보수로 인한 임대수입 보상

수용대상토지 지상의 임대용 건물의 일부가 수용된 후 잔여건물을 보수하여 계속 임대용으로 사용함에 있어 3월 이상의 보수기간이나 임대하지 못한 기간이 소요되었다는 특별한 사정이 있는 경우, 그 기간 동안의 일실 임대수입을 보상함에 있어서 (구)「공공용지의 취득 및 손실보상에 관한 특례법 시행규칙」 제25조 제2항이 유추적용된다(대판 2006.7.28. 2004두3458).

ⓒ 물을 사용하여 사업을 영위하는 지위가 독립하여 재산권으로 평가될 수 있는 경우, 「댐건설 및 주변지역지원 등에 관한 법률」 제11조 제1항·제3항 및 「공익사업을 위한 토지 등의 취득 및 보상에 관한 법률」 제76조 제1항에 따라 손실보상의 대상이 되는 '물의 사용에 관한 권리'에 해당하는지 여부(적극) / 「하천법」 제50조에 따른 하천수 사용권이 「공익사업을 위한 토지 등의 취득 및 보상에 관한 법률」 제76조 제1항에서 손실보상의 대상으로 규정하고 있는 '물의 사용에 관한 권리'에 해당하는지 여부(적극) [23 지방직 9급, 21 국가직 7급] 01 02

「댐건설 및 주변지역지원 등에 관한 법률」(이하 '댐건설법'이라 한다) 제11조 제1항·제3항, 「공익사업을 위한 토지 등의 취득 및 보상에 관한 법률」(이하 '토지보상법'이라 한다) 제1조, 제61조, 제76조 제1항, 제77조 제1항의 내용을 종합해 볼 때, 물을 사용하여 사업을 영위하는 지위가 독립하여 재산권, 즉 처분권을 내포하는 재산적 가치 있는 구체적인 권리로 평가될 수 있는 경우에는 「댐건설법」 제11조 제1항·제3항 및 토지보상법 제76조 제1항에 따라 손실보상의 대상이 되는 '물의 사용에 관한 권리'에 해당한다고 볼 수 있다. / 「하천법」 제5조, 제33조 제1항, 제50조, 부칙(2007.4.6.) 제9조의 규정내용과 (구)「하천법」(1999.2.8. 법률 제5893호로 전부 개정되기 전의 것) 제25조 제1항 제1호, (구)「하천법」(2007.4.6. 법률 제8338호로 전부 개정되기 전의 것) 제33조 제1항 제1호의 개정 경위 등에 비추어 볼 때, 「하천법」 제50조에 의한 하천수 사용권(2007.4.6. 「하천법」 개정 이전에 종전의 규정에 따라 유수의 점용·사용을 위한 관리청의 허가를 받음으로써 2007.4.6. 개정 「하천법」 부칙 제9조에 따라 현행 「하천법」 제50조에 의한 하천수 사용허가를 받은 것으로 보는 경우를 포함한다. 이하 같다)은 「하천법」 제33조에 의한 하천의 점용허가에 따라 해당 하천을 점용할 수 있는 권리와 마찬가지로 특허에 의한 공물사용권의 일종으로서, 양도가 가능하고 이에 대한 「민사집행법」상의 집행 역시 가능한 독립된 재산적 가치가 있는 구체적인 권리라고 보아야 한다. 따라서 「하천법」 제50조에 의한 하천수 사용권은 「공익사업을 위한 토지 등의 취득 및 보상에 관한 법률」 제76조 제1항이 손실보상의 대상으로 규정하고 있는 '물의 사용에 관한 권리'에 해당한다(대판 2018.12.27. 2014두11601).

개념확인 O/X

01 「하천법」 제50조에 따른 하천수 사용권은 「공익사업을 위한 토지 등의 취득 및 보상에 관한 법률」이 손실보상의 대상으로 규정하고 있는 '물의 사용에 관한 권리'에 해당한다.
21 국가7급 (O / X)

02 (구)「하천법」에 의한 하천수 사용권은 「공익사업을 위한 토지 등의 취득 및 보상에 관한 법률」이 손실보상의 대상으로 규정하고 있는 '물의 사용에 관한 권리'에 해당한다.
23 지방9급 (O / X)

| 정답 | 01 O   02 O

| 개념확인 O/X |

Ⓑ 댐사용권 변경처분이 있을 경우 댐사용권자가 납부한 부담금의 반환을 규정한 「댐건설·관리 및 주변지역지원 등에 관한 법률」 제34조 제1항이 댐사용권의 제한 내지 침해에 따른 정당한 보상을 정한 법률조항인지 여부(소극)

> 댐 사용권을 그대로 유지하는 것이 곤란하다고 인정되는 경우 댐 사용권에 대한 취소·변경의 처분을 할 수 있도록 규정한 (구)댐건설관리법(2013.3.23. 법률 제11690호로 개정되고 2018.6.8. 법률 제15624호로 개정되기 전의 것. 이하 같다) 제31조 제4항 제2호가 헌법 제23조 제1항 및 제2항에 따른 재산권의 내용과 한계를 규정한 조항인 이상, 위 조항에 따라 댐 사용권을 변경·취소하는 경우에 댐 사용권에 관한 투자비용에 해당하는 부담금이나 납부금의 일부를 국가가 댐 사용권자에게 반환하도록 규정한 (구)댐건설관리법 제34조 제1항 역시 (구)댐건설관리법 제31조 제4항 제2호와 일체를 이루어 재산권인 댐 사용권의 내용과 한계를 정하는 동시에 공익적 요청에 따른 재산권의 사회적 제약을 구체화하는 규정이라고 봄이 타당하다(헌재 2022.10.27. 2019헌바44 참조). 섬진강댐의 댐 사용권자인 원고 한국농어촌공사가 섬진강댐 재개발사업으로 댐 사용권의 변경처분을 받게 되자 그에 대한 손실보상을 구한 사안이다(대판 2023.8.31. 2019다206223).

4 손실보상의 내용

(1) 대인적 보상

① 19C 영국의 토지조항정리법(1845)에서 근거를 찾을 수 있는 보상으로서 손실보상이 피수용자의 수용목적물에 대한 주관적 가치를 기준으로 이루어지는 것을 말한다.
② 대인적 보상은 보상액이 과다 청구되어 공익사업시행을 곤란하게 하였다.

(2) 대물적 보상

① 20C 초 영국의 토지취득법에서 근거를 찾을 수 있는 보상으로서 수용목적물이 가지는 객관적 교환가치를 기준으로 손실보상을 하는 방법이다.
② 이는 수용액과 보상액을 일치시켜 수용이 없었던 것과 같은 재산상태를 실현하는 데에 중점을 둔다.

(3) 생활보상

① 등장배경과 개념 01

㉠ 대물적 보상의 수용목적물의 객관적인 가치보상이 어느 경우에나 타당한 보상이 될 수 있는지에 대한 문제로서 경제적 약자에 대해서는 대물적 보상은 물론이고 생활의 기본터전을 회복할 수 있도록 하여야만 의미 있는 보상이라는 관념에서 등장하였다.
㉡ 20C 후 사회복지국가원리에 바탕을 둔 보상으로서 공용침해로 인하여 생활의 근거를 상실하게 되는 피수용자 등에 대하여 생활재건에 필요한 정도의 보상을 해 주어야 한다는 것을 말한다.
㉢ 다시 말해 생활보상은 침해가 없었던 것과 같은 재산상태로 만들어 주는 것이 아니라, 마치 침해가 없었던 것과 같은 생활상태로 만들어 주는 데 그 특징이 있다. 이러한 생활보상은 주로 댐건설, 공업단지의 조성 등 집단 이주 시에 발생한다.

② 생활보상의 성격

㉠ **생존권적 기본권**: 생활보상은 단순한 재산권의 보장에 그치는 것이 아니라 생활의 기본적인 터전을 확보하는 문제로서 사회복지국가원리에 기반을 둔 생존권적 기본권의 문제이다.

---

01 최근에는 재산권보상뿐만 아니라 생활보상의 개념도 등장하였다.
14 서울9급　　　　　　(O / X)

ⓛ 대인적 보상에 가미된 객관성: 생활보상은 대인적 보상의 성격을 가지지만, 보상의 기준이 설정되어 있어 대인적 보상보다 객관성이 부가되어 있다.
ⓒ 대물적 보상보다 확대되는 보상범위: 생활보상은 대인적 보상보다 객관성은 강하지만, 대물적 보상보다 보상범위는 확대된다.
ⓔ 원상회복의 의미: 광의의 생활보상 개념에 따르게 되면 생활보상은 수용 전 상태로의 원상회복적 성질을 갖게 된다. 01

③ 생활보상의 범위: 생활보상의 범위에 대해 협의설과 광의설로 구분되지만, 생활보상의 본질에 대한 구분이라기보다는 일부 보상에 대해서 객관적인 재산권 보상인지 아니면 생활보상의 범주에 포함시킬지에 대한 견해의 차이이다.
　㉠ 협의설
　　ⓐ '생활보상'이란 현재 해당 지역에서 생활을 함으로써 누렸던 이익의 상실로서 재산권보상으로 메워지지 아니한 손실에 대한 보상이라고 한다.
　　ⓑ 생활재건을 목표로 영세민보상과 이주대책, 생활비보상, 주거대책비보상 등의 생활재건조치만 말한다.
　㉡ 광의설
　　ⓐ '생활보상'이란 재산권의 객관적 가치의 보상에 그치는 것이 아니라 유기체적인 생활을 종전과 같은 수준으로 유지할 수 있도록 보장해 주는 보상을 말한다.
　　ⓑ 즉, 대물적 보상과 정신적 손실에 대한 보상을 제외한 손실에 대한 보상을 의미한다.
　　ⓒ 따라서 광의설은 협의의 생활보상 외에 부대적 손실까지 포함하여 생활보상의 내용으로 본다(이상규). 즉, 주거의 총체가치의 보상, 이직자보상, 소수잔존자보상, 이전료보상, 영업상 손실보상 등을 들고 있다.
　㉢ 대법원의 입장: 이주대책은 본래의 취지에 있어 이주자들에 대하여 종전의 생활상태를 원상으로 회복시키면서 동시에 인간다운 생활을 보장하여 주기 위한 이른바 생활보상의 일환으로, 국가의 적극적이고 정책적인 배려에 의하여 마련된 제도라고 하여 광의설의 입장으로 보여진다.

④ 생활보상의 근거
　㉠ 헌법적 근거
　　ⓐ 헌법 제34조설
　　　ⅰ) 헌법 제23조 제3항의 정당한 보상을 생활보상으로 규정한다면 경제적 강자에 대하여도 생활보상을 하게 되므로, 생활보상의 취지에 부합되지 않으므로 생활보상의 근거를 헌법 제23조 제3항에서 찾을 것이 아니라 헌법 제34조의 인간다운 생활 할 권리에서 근거를 찾고자 하는 견해이다.
　　　ⅱ) 손실보상은 헌법 제23조에 의한 것과 헌법 제34조에 의한 것으로서 2원화가 된다.
　　　ⅲ) 헌법재판소는 생활보상의 하나인 이주대책에 대해 공공필요에 의하여 재산권을 수용당한 국민이 당연히 국가에 대하여 갖는 공법상의 권리인 손실보상청구권과는 전혀 다른 개념으로 헌법 제23조 제3항에서 말하는 정당한 보상에 해당하지 않는다고 하여 이 견해에 근접한다(헌재 1993.7.29. 92헌마30).
　　ⓑ 헌법 제34조와 제23조의 통일설(다수설)
　　　ⅰ) 헌법 제23조의 재산권은 생존권적 기본권을 기초로 한 재산권으로 보아 재산권보장(제23조)과 생활권(제34조)을 통일적으로 파악하려는 견해이다.
　　　ⅱ) 이 견해에 의하면 생활보상도 헌법 제23조의 정당한 보상의 하나로 일원적으로 파악된다.

개념확인 O/X

01 생활보상은 새로운 생활기반을 재건할 수 있게 해주는 보상으로 원상회복적 성격을 띠고 있다.
(O / X)

| 정답 | 01 O

ⅲ) 이 견해에 따르면 경제적 강자는 대물적 보상으로 인간다운 생활이 가능하여 재산권보상이 정당보상의 개념을 충족할 수 있게 되지만, 경제적 약자는 생활보상을 하여야만 인간다운 생활이 가능하여 생활보상이 정당보상의 개념을 충족하게 된다.

ⓒ **법률적 근거**: 법률적 근거로는 토지보상법과 그의 시행령이나 시행규칙, 「산업입지 및 개발에 관한 법률」, 「전원개발촉진법」 등에서 생활보상의 근거를 찾을 수 있다.

⑤ **내용**: 생활보상의 내용으로는 i) 주거의 총체가치의 보상, ii) 이주대책 등의 생활재건조치, iii) 소수잔존자보상, iv) 이직자보상, v) 기타 간접보상으로 나누어 볼 수 있다.

㉠ **이주대책**

ⓐ **의의**: 이주대책은 생활재건조치로서 가장 기본적이고 중심이 되는 보상이다.

ⓑ **대상**: 사업시행자는 공익사업의 시행으로 인하여 주거용 건축물을 제공함에 따라 생활의 근거를 상실하게 되는 자를 위하여 대통령령으로 정하는 바에 따라 이주대책을 수립·실시하거나 이주정착금을 지급하여야 한다.

ⓒ **내용 및 비용부담**: 이주대책의 내용에는 이주정착지(이주대책의 실시로 건설하는 주택단지를 포함한다)에 대한 도로, 급수시설, 배수시설 그 밖의 공공시설 등 통상적인 수준의 생활기본시설이 포함되어야 하며, 이에 필요한 비용은 사업시행자가 부담한다. 다만, 행정청이 아닌 사업시행자가 이주대책을 수립·실시하는 경우에 지방자치단체는 비용의 일부를 보조할 수 있다. 01 02

ⓓ **전매의 제한 및 이주정착금으로의 지급**: 이주대책의 실시에 따른 주택지 또는 주택을 공급받기로 결정된 권리는 소유권이전등기를 마칠 때까지 전매(매매, 증여 그 밖에 권리의 변동을 수반하는 모든 행위를 포함하되, 상속은 제외한다)할 수 없으며, 이를 위반하거나 해당 공익사업과 관련하여 토지보상법이나 다른 법률에 특정된 사항의 위반에 해당하는 경우에 사업시행자는 이주대책의 실시가 아닌 이주정착금으로 지급하여야 한다.

ⓔ **이주비용**: 주거용 건물의 거주자에 대하여는 주거 이전에 필요한 비용과 가재도구 등 동산의 운반에 필요한 비용을 산정하여 보상하여야 한다.

ⓕ **차액보상**: 공익사업의 시행으로 인하여 영위하던 농업·어업을 계속할 수 없게 되어 다른 지역으로 이주하는 농민·어민이 받을 보상금이 없거나 그 총액이 국토교통부령으로 정하는 금액에 미치지 못하는 경우에는 그 금액 또는 그 차액을 보상하여야 한다.

ⓖ **취업 알선**: 사업시행자는 해당 공익사업이 시행되는 지역에 거주하고 있는 「국민기초생활 보장법」 제2조 제1호·제11호에 따른 수급권자 및 차상위계층이 취업을 희망하는 경우에는 그 공익사업과 관련된 업무에 우선적으로 고용할 수 있으며, 이들의 취업 알선을 위하여 노력하여야 한다.

ⓗ **「토지보상법」상의 이주대책이 강행규정인지 여부**: 대법원에 의하면 이주대책은 공익사업의 시행에 필요한 토지 등을 제공함으로 인하여 생활의 근거를 상실하게 되는 이주대책 대상자들에게 종전 생활상태를 원상으로 회복시키면서 동시에 인간다운 생활을 보장하여 주기 위하여 마련된 제도이므로, 당사자의 합의 또는 사업시행자의 재량에 의하여 적용을 배제할 수 없는 강행법규라 한다. 03

ⓘ **수분양권의 발생시점** 04

ⅰ) 이주대책 대상자가 이주대책상의 택지분양권이나 아파트입주권 등을 받을 수 있는 권리인 수분양권의 발생시점에 대해 견해의 다툼이 있다.

ⅱ) 대법원은 법이 사업시행자에게 이주대책의 실시의무를 부과하고 있다고 해서 직접 수분양권이 발생하는 것이 아니라 사업시행자가 이주대책에 관한 계획을 수립

개념확인 O/X

01 이주대책의 내용에는 이주정착지에 대한 도로·급수시설·배수시설 그 밖의 공공시설 등 통상적인 수준의 생활기본시설이 포함되어야 한다.
(O / X)

02 이주대책에 필요한 비용은 사업시행자의 부담으로 한다.
(O / X)

03 「공익사업을 위한 토지 등의 취득 및 보상에 관한 법률」상 사업시행자에 의한 이주대책 수립·실시 및 이주대책의 내용에 관한 규정은 당사자의 합의에 의하여 적용을 배제할 수 있다.
17 국가7급 (O / X)

04 사업시행자가 이주대책에 관한 구체적인 계획을 수립하여 이를 해당자에게 통지 내지 공고하게 되면 이주대책 대상자에게 구체적인 수분양권이 발생하게 된다.
21 국회8급 (O / X)

정답 | 01 O 02 O 03 X 04 X

하여 이를 공고한 후 이주자가 수분양권을 취득하기를 희망하여 이주대책에 정한 절차에 따라 사업시행자에게 이주대책 대상자 선정신청을 하고 사업시행자가 이를 받아들여 이주대책 대상자로 확인·결정하여야만 비로소 구체적인 수분양권이 발생하게 된다는 입장이다.

ⓒ 일실손실보상
- ⓐ 의의: 토지 등의 수용에 부수하거나 독립적으로 영업을 폐지 또는 이전하는 경우에 인정되는 보상이다.
- ⓑ 종류
  - ⅰ) 영업의 폐업이나 휴업: 영업이익과 시설의 이전비용
  - ⅱ) 농업손실: 단위면적당 소득 참작
  - ⅲ) 휴직 또는 실직 근로자: 「근로기준법」에 의한 평균임금 참작
  - ⅳ) 무허가영업의 경우: 보상하지 않음이 원칙(단, 영업시설 등의 가액과 이전에 따른 손실은 보상)

> **관련 판례**
>
> ⓒ 영업손실의 보상대상인 영업을 정한 「공익사업을 위한 토지 등의 취득 및 보상에 관한 법률 시행규칙」 제45조 제1호에서 말하는 '적법한 장소에서 인적·물적 시설을 갖추고 계속적으로 행하고 있는 영업'에 해당하는지 여부의 판단기준시기
>
> 「공익사업을 위한 토지 등의 취득 및 보상에 관한 법률」 제67조 제1항은 공익사업의 시행으로 인한 손실보상액의 산정은 협의에 의한 경우에는 협의성립 당시의 가격을, 재결에 의한 경우에는 수용 또는 사용의 재결 당시의 가격을 기준으로 한다고 규정하므로, 위 법 제77조 제4항의 위임에 따라 영업손실의 보상대상인 영업을 정한 같은 법 시행규칙 제45조 제1호에서 말하는 '적법한 장소(무허가 건축물 등, 불법형질변경토지 그 밖에 다른 법령에서 물건을 쌓아놓는 행위가 금지되는 장소가 아닌 곳을 말한다)에서 인적·물적 시설을 갖추고 계속적으로 행하고 있는 영업'에 해당하는지 여부는 협의성립, 수용재결 또는 사용재결 당시를 기준으로 판단하여야 한다(대판 2010.9.9. 2010두11641).
>
> ⓒ 체육시설의 영업자지위승계신고를 하지 않은 경우에도 영업보상이 되는지 여부 / 일정한 계절에만 영업을 하는 경우에도 영업보상이 되는지 여부 [19 국회직 8급] 01
>
> 체육시설의 영업주체가 영업시설의 양도나 임대 등에 의하여 변경되었으나 그에 관한 신고를 하지 않은 채 영업을 하던 중에 공익사업으로 영업을 폐지 또는 휴업하게 된 경우, 그 임차인 등의 영업이 보상대상에서 제외되는 위법한 영업이라 할 수 없다. / (구)「공익사업을 위한 토지 등의 취득 및 보상에 관한 법률 시행규칙」 제45조 제1호에서 영업손실보상의 대상으로 정한 영업에 '매년 일정한 계절이나 일정한 기간 동안에만 인적·물적 시설을 갖추어 영리를 목적으로 영업을 하는 경우'가 포함이 된다(대판 2012.12.13. 2010두12842).
>
> ⓒ 허가 등을 받지 않은 영업에 대한 보상 여부
>
> 국민임대주택단지조성사업 예정지구로 지정된 장터에서 토지를 임차하여 앵글과 천막구조의 가설물을 설치하고 영업신고 없이 5일장이 서는 날에 정기적으로 국수와 순대국 등을 판매하는 음식업을 영위한 갑 등이 「공익사업을 위한 토지 등의 취득 및 보상에 관한 법률 시행규칙」 제52조 제1항에 따른 영업손실보상의 대상이 되는지 문제된 사안에서, 영업의 계속성과 영업시설의 고정성을 인정할 수 있다는 이유로, 갑 등이 위 규정에서 정한 허가 등을 받지 아니한 영업손실보상 대상자에 해당한다고 본 원심판단을 정당하다(대판 2012.3.15. 2010두26513).

개념확인 O/X

01 체육시설업의 영업주체가 영업시설의 양도나 임대 등에 의하여 변경되었으나 그에 관한 신고를 하지 않은 채 영업을 하던 중에 공익사업으로 영업을 폐지 또는 휴업하게 된 경우 그 임차인 등의 영업은 보상대상에서 제외되지 않는다.
19 국회8급 (O / X)

| 정답 | 01 O

B (구)「공익사업을 위한 토지 등의 취득 및 보상에 관한 법률」제77조 제2항, 같은 법 시행규칙 제48조 제2항 본문에서 정한 '영농손실보상'의 법적 성격 – 농지의 수용으로 인하여 장래에 영농을 계속하지 못하게 되어 특별한 희생이 생기는 경우 이를 보상하기 위한 것인지 여부(적극)

> (구)「공익사업을 위한 토지 등의 취득 및 보상에 관한 법률 시행규칙」(2020.12.11. 국토교통부령 제788호로 개정되기 전의 것, 이하 '(구)토지보상법 시행규칙'이라고 한다) 제48조 제2항 본문에서 정한 영농손실보상은 … (중략) … 영농보상은 원칙적으로 농민이 기존 농업을 폐지한 후 새로운 직업 활동을 개시하기까지의 준비기간 동안에 농민의 생계를 지원하는 간접보상이자 생활보상으로서의 성격을 가진다. 영농보상은 그 보상금을 통계소득을 적용하여 산정하든, 아니면 해당 농민의 최근 실제소득을 적용하여 산정하든 간에, 모두 장래의 불확정적인 일실소득을 예측하여 보상하는 것으로, 기존에 형성된 재산의 객관적 가치에 대한 '완전한 보상'과는 그 법적 성질을 달리한다(대판 2023.8.18. 2022두34913).

ⓒ 실비변상
  ⓐ 의의: 수용 등으로 비용의 지출을 요하는 경우의 비용보상을 말한다.
  ⓑ 종류
    ⅰ) 건축물: 이전비(원칙). 다만, 매수를 요하는 경우가 있다(이전 시 종래 목적 불사용의 경우, 이전비가 구입가격을 상회하는 경우, 사업시행자가 직접 공익사업에 사용하는 경우).
    ⅱ) 농작물: 종류와 성장의 정도의 종합적 참작
    ⅲ) 분묘: 이장비용
    ⅳ) 과수 등: 이식료
    ⅴ) 잔여지 공사비 등

ⓔ 간접보상
  ⓐ 의의: '간접보상'이란 토지, 건물 등이 직접 공공사업용지에 편입되지 않아 직접 수용의 대상은 아니나, 대상건물이 공공사업의 시행으로 인하여 본래의 기능을 수행할 수 없는 경우에 소유지 등이 입은 손실을 말한다. 01
  ⓑ 유형
    ⅰ) 물리적·기술적 유형: 시설물 등에 의한 전파 장해나 시설 중의 소음 등을 말한다.
    ⅱ) 경제적·사회적 유형: 잔여지, 잔여건축물, 어업권의 소멸로 인한 인근 어묵공장의 경제적 손실이나 소수 잔존자 보상 등을 말한다.

관련 법령

「공익사업을 위한 토지 등의 취득 및 보상에 관한 법률 시행규칙」제61조【소수 잔존자에 대한 보상】공익사업의 시행으로 인하여 1개 마을의 주거용 건축물이 대부분 공익사업시행지구에 편입됨으로써 잔여 주거용 건축물 거주자의 생활환경이 현저히 불편하게 되어 이주가 부득이한 경우에는 당해 건축물소유자의 청구에 의하여 그 소유자의 토지 등을 공익사업시행지구에 편입되는 것으로 보아 보상하여야 한다.

관련 판례

B 사업지 밖에서의 공익사업에 따른 위탁판매사업 중단은 간접손실보상의 대상이다 [21 군무원 7급, 19 국가직 7급, 19 사회복지직] 02 03

> 공공사업시행지구 밖에 위치한 영업과 공작물 등에 대한 간접손실에 대하여도 일정한 조건하에서

개념확인 O/X

01 간접적 영업손실은 특별한 희생이 될 수 없다.
19 서울시 사회복지9급 (O / X)

02 공공사업 시행으로 사업시행지 밖에서 발생한 간접손실은 손실발생을 쉽게 예견할 수 있고 손실범위도 구체적으로 특정할 수 있더라도, 사업시행자와 협의가 이루어지지 않고 그 보상에 관한 명문의 근거법령이 없는 경우에는 보상의 대상이 아니다.
19 국가7급 (O / X)

03 공유수면매립으로 인하여 위탁판매수수료 수입을 상실한 수산업협동조합에 대해서는 법률의 보상규정이 없더라도 손실보상의 대상이 된다.
21 군무원7급 (O / X)

| 정답 | 01 X 02 X 03 O

이를 보상하도록 규정하고 있는 점에 비추어, 공공사업의 시행으로 인하여 그러한 손실이 발생하리라는 것을 쉽게 예견할 수 있고 그 손실의 범위도 구체적으로 이를 특정할 수 있는 경우라면 그 손실의 보상에 관하여 「공공용지의 취득 및 손실보상에 관한 특례법 시행규칙」의 관련 규정 등을 유추적용할 수 있다고 해석함이 상당하다. …(중략)…공유수면매립사업의 시행으로 그 사업대상지역에서 어업활동을 하던 조합원들의 조업이 불가능하게 되어 일부 위탁판매장에서의 위탁판매사업을 중단하게 된 경우, 그로 인해 수산업협동조합이 상실하게 된 위탁판매수수료 수입은 사업시행자의 매립사업으로 인한 직접적인 영업손실이 아니고 간접적인 영업손실이라고 하더라도 피침해자인 수산업협동조합이 공공의 이익을 위하여 당연히 수인하여야 할 재산권에 대한 제한의 범위를 넘어 수산업협동조합의 위탁판매사업으로 얻고 있는 영업상의 재산이익을 본질적으로 침해하는 특별한 희생에 해당하고, … (중략) … 그 손실에 관하여 (구)「공유수면매립법」(1997.4.10. 법률 제5335호로 개정되기 전의 것) 또는 그 밖의 법령에 직접적인 보상규정이 없더라도 「공공용지의 취득 및 손실보상에 관한 특례법 시행규칙」상의 각 규정을 유추적용하여 그에 관한 보상을 인정하는 것이 타당하다(대판 1999.10.8. 99다27231).

ⓒ 도로의 소음이 수인한도를 초과하는지는 「환경정책기본법」으로 판단하며, 이에 주택분양회사에 책임을 물을 수 없다 [21 국회직 8급] 01

> 차량이 통행하는 도로에서 유입되는 소음 때문에 인근 주택의 거주자에게 사회통념상 일반적으로 수인할 정도를 넘어서는 침해가 있는지 여부는, 「주택법」 등에서 제시하는 주택건설기준보다는 「환경정책기본법」 등에서 설정하고 있는 환경기준을 우선적으로 고려하여 판단하여야 한다. 도로에서 유입되는 소음 때문에 인근 주택의 거주자에게 사회통념상 수인한도를 넘는 생활이익의 침해가 발생하였다고 하더라도, 그 주택을 건축하여 분양한 분양회사는 도로의 설치·관리자가 아니고 그 주택의 건축으로 인하여 소음이 발생하였다고 볼 수도 없으므로, 주택의 거주자들이 분양회사를 상대로 소음 때문에 발생한 생활이익의 침해를 원인으로 하는 불법행위책임을 물을 수는 없다(대판 2008.8.21. 2008다9358·9365).

Ⓑ 공익사업인 고속철도 건설사업 시행 후의 소음, 진동 등으로 인하여 고속철도 인근의 양잠업에 대한 보상
(대판 2019.11.28. 2018두227) ※ 앞 단원(810p)에서 전술함

⑥ 생활보상이 국가의 정책적 배려인지 여부
  ㉠ 생활보상이 정당한 보상에 포함되었다고 해석하면 생활보상은 국가의 정책적 배려로 그치는 것이 아니나, 생활보상이 정당한 보상에 포함되어 있지 않다면 생활보상은 국가의 정책적 배려에 지나지 않는다.
  ㉡ 헌법재판소는 이주대책은 헌법 제23조 제3항에 규정된 정당한 보상에 포함되는 것이라기보다는 이에 부가하여 이주자들에게 종전의 생활상태를 회복시키기 위한 생활보상의 일환으로서 국가의 정책적 배려에 의하여 마련된 제도라고 볼 것이라고 본다.

관련 판례

Ⓑ 이주대책인 생활보상은 입법자의 입법정책적 재량이라는 헌법재판소의 결정례(이주대책은 정당보상에 포함되지 않음) [14 지방직 9급] 02

> 이주대책은 헌법 제23조 제3항에 규정된 정당한 보상에 포함되는 것이라기보다는 이에 부가하여 이주자들에게 종전의 생활상태를 회복시키기 위한 생활보상의 일환으로서 국가의 정책적 배려에 의하여 마련된 제도라고 볼 것이다. 따라서 이주대책의 실시 여부는 입법자의 입법정책적 재량의 영역에 속하므로 「공익사업을 위한 토지 등의 취득 및 보상에 관한 법률 시행령」 제40조 제3항 제3호가 이주대책의 대상자에서 세입자를 제외하고 있는 것이 세입자의 재산권을 침해하는 것이라 볼 수 없다(헌재 2006.2.23. 2004헌마19).

개념확인 O/X

01 차량이 통행하는 도로에서 유입되는 소음 때문에 인근 주택의 거주자에게 사회통념상 일반적으로 수인할 정도를 넘어서는 침해가 있는지 여부는 「주택법」 등에서 제시하는 주택건설기준보다는 「환경정책기본법」 등에서 설정하고 있는 환경기준을 우선적으로 고려하여 판단하여야 한다.
21 국회8급 (O / X)

02 헌법재판소는 생업의 근거를 상실하게 된 자에 대하여 일정 규모의 상업용지 또는 상가분양권 등을 공급하는 생활대책이 헌법 제23조 제3항이 규정하는 정당한 보상에 포함된다고 결정하였다.
14 지방9급 (O / X)

| 정답 | 01 O 02 X

개념확인 O/X

A 생활대책은 정당한 보상에 포함되는 것이다

> 사업시행자 스스로 공익사업의 원활한 시행을 위하여 필요하다고 인정함으로써 생활대책을 수립·실시할 수 있도록 하는 내부규정을 두고 있고 그 내부규정에 따라 생활대책 대상자 선정기준을 마련하여 생활대책을 수립·실시하는 경우에는, 이러한 생활대책 역시 "공공필요에 의한 재산권의 수용·사용 또는 제한 및 그에 대한 보상은 법률로써 하되, 정당한 보상을 지급하여야 한다."고 규정하고 있는 헌법 제23조 제3항에 따른 정당한 보상에 포함되는 것으로 보아야 한다. … 만일 사업시행자가 그러한 자를 생활대책 대상자에서 제외하거나 그 선정을 거부하면, 이러한 생활대책 대상자 선정기준에 해당하는 자는 사업시행자를 상대로 항고소송을 제기할 수 있다고 봄이 타당하다(대판 2011.10.13. 2008두17905).

C (구)「공공용지의 취득 및 손실보상에 관한 특례법」 제8조 제1항 소정의 '이주대책'의 제도적 취지(= 생활보상의 일환) [11 지방직 9급]

> (구)「공공용지의 취득 및 손실보상에 관한 특례법」 제8조 제1항은 "사업시행자는 공공사업의 시행에 필요한 토지 등을 제공함으로 인하여 생활근거를 상실하게 되는 자(이하 '이주자'라고 한다)를 위하여 대통령령이 정하는 바에 따라 이주대책을 수립 실시한다."고 규정하고 있는바, 위 특례법상의 이주대책은 공공사업의 시행에 필요한 토지 등을 제공함으로 인하여 생활의 근거를 상실하게 되는 이주자들을 위하여 사업시행자가 '기본적인 생활시설이 포함된' 택지를 조성하거나 그 지상에 주택을 건설하여 이주자들에게 이를 '그 투입비용 원가만의 부담하에' 개별 공급하는 것으로서, 그 본래의 취지에 있어 이주자들에 대하여 종전의 생활상태를 원상으로 회복시키면서 동시에 인간다운 생활을 보장하여 주기 위한 이른바 생활보상의 일환으로 국가의 적극적이고 정책적인 배려에 의하여 마련된 제도라 할 것이다(대판 2003.7.25. 2001다57778).

01 대법원은 이주대책이 생활보상의 일환으로 마련된 제도라도 보고 있다.
11 지방9급 (O/X)

C 「공공용지의 취득 및 손실보상에 관한 특례법」 소정의 이주대책의 제도적 취지 [11 지방직 9급] **01**

> 「공공용지의 취득 및 손실보상에 관한 특례법」상의 이주대책은 공공사업의 시행에 필요한 토지 등을 제공함으로 인하여 생활의 근거를 상실하게 되는 이주자들을 위하여 사업시행자가 기본적인 생활시설이 포함된 택지를 조성하거나 그 지상에 주택을 건설하여 이주자들에게 이를 그 투입비용 원가만의 부담하에 개별 공급하는 것으로서, 그 본래의 취지에 있어 이주자들에 대하여 종전의 생활상태를 원상으로 회복시키면서 동시에 인간다운 생활을 보장하여 주기 위한 이른바 생활보상의 일환으로 국가의 적극적이고 정책적인 배려에 의하여 마련된 제도이다(대판 1994.5.24. 92다35783 전합).

B 사업시행자의 이주대책 수립·실시의무를 정하고 있는 (구)「공익사업을 위한 토지 등의 취득 및 보상에 관한 법률」 제78조 제1항과 이주대책의 내용을 정하고 있는 같은 조 제4항 본문이 강행법규인지 여부(적극) [20 국회직 8급, 20 국가직 7급, 17 국가직 7급] **02**

02 사업시행자의 이주대책 수립·실시의무 및 이주대책의 내용에 관한 규정은 당사자의 합의 또는 사업시행자의 재량에 의하여 적용을 배제할 수 없는 강행법규이다.
20 국가7급 (O/X)

> (구)「공익사업을 위한 토지 등의 취득 및 보상에 관한 법률」(2007.10.17. 법률 제8665호로 개정되기 전의 것, 이하 '(구)공익사업법'이라 한다)은 공익사업에 필요한 토지 등을 협의 또는 수용에 의하여 취득하거나 사용함에 따른 손실보상에 관한 사항을 규정함으로써 공익사업의 효율적인 수행을 통하여 공공복리의 증진과 재산권의 적정한 보호를 도모함을 목적으로 하고 있고, 위 법에 의한 이주대책은 공익사업의 시행에 필요한 토지 등을 제공함으로 인하여 생활의 근거를 상실하게 되는 이주대책 대상자들에게 종전 생활상태를 원상으로 회복시키면서 동시에 인간다운 생활을 보장하여 주기 위하여 마련된 제도이므로, 사업시행자의 이주대책 수립·실시의무를 정하고 있는 (구)공익사업법 제78조 제1항은 물론 이주대책의 내용에 관하여 규정하고 있는 같은 조 제4항 본문 역시 당사자의 합의 또는 사업시행자의 재량에 의하여 적용을 배제할 수 없는 강행법규이다(대판 2011.6.23. 2007다63089 전합).

| 정답 | 01 O 02 O

ⓒ 「공공용지의 취득 및 손실보상에 관한 특례법」 제8조 제1항 및 같은 법 시행령 제5조 제5항 소정 이주대책의 의미와 사업시행자가 특별공급 주택의 수량, 특별공급 대상자의 선정 등에 재량이 있는지 여부

> 「공공용지의 취득 및 손실보상에 관한 특례법」 제8조 제1항 및 같은 법 시행령 제5조 제5항에 의하여 실시되는 이주대책은 공공사업의 시행으로 생활근거를 상실하게 되는 자를 위하여 이주자에게 이주 정착지의 택지를 분양하도록 하는 것이고, 사업시행자는 특별공급 주택의 수량, 특별공급 대상자의 선정 등에 있어서 재량을 가진다(대판 1995.10.12. 94누11279).

ⓑ 이주자에게 수분양권이 발생하는 시점 [21 국회직 8급, 19 국회직 8급] 01 02

> 「공공용지의 취득 및 손실보상에 관한 특례법」 제8조 제1항이 사업시행자에게 이주대책의 수립·실시의무를 부과하고 있다고 하더라도 그 규정 자체만에 의하여 이주자에게 사업시행자가 수립한 이주대책상의 택지분양권이나 아파트 입주권 등을 받을 수 있는 구체적인 권리(수분양권)가 직접 발생하는 것이라고는 볼 수 없고, 사업시행자가 이주대책에 관한 구체적인 계획을 수립하여 이를 해당자에게 통지 내지 공고한 후, 이주자가 수분양권을 취득하기를 희망하여 이주대책에 정한 절차에 따라 사업시행자에게 이주대책 대상자 선정신청을 하고 사업시행자가 이를 받아들여 이주대책 대상자로 확인·결정하여야만 비로소 구체적인 수분양권이 발생하게 된다(대판 1995.10.12. 94누11279).

ⓒ 주거환경개선지구 내 주거용 건축물의 소유자로서 주거환경개선사업으로 건설되는 주택에 관한 분양계약을 체결한 자들이 (구)「공익사업을 위한 토지 등의 취득 및 보상에 관한 법률」 제78조 제1항에서 정한 '이주대책 대상자'에 해당하는지 여부(소극)

> 여러 사정을 비롯한 관계 법령의 내용, 형식 및 취지 등을 종합하여 보면, 주거환경개선지구 내 주거용 건축물의 소유자로서 위 사업으로 인하여 건설되는 주택에 관한 분양계약을 체결한 자들은 (구)공익사업법 제78조 제1항에 규정된 이주대책 대상자, 즉 공익사업의 시행으로 인하여 주거용 건축물을 제공함에 따라 생활의 근거를 상실하게 되는 자에 해당하지 않는다고 봄이 타당하다(대판 2011.11.24. 2010다80749).

5 손실보상의 지급과 방법

(1) 보상방법

① **금전보상**: 손실보상은 다른 법률에 특별한 규정이 있는 경우를 제외하고는 현금으로 지급하여야 한다. 03

② **현물보상**: 금전보상의 예외로서 현물보상을 인정하는 경우가 있다. 「도시개발법」(제35조 이하)이나 「농어촌정비법」(제25조 등)에 의한 환지처분, 「도시 및 주거환경정비법」에 의한 정비사업에 의한 주택 기타 시설물 분양 등이 해당된다.

> **관련 법령**
>
> 「공익사업을 위한 토지 등의 취득 및 보상에 관한 법률」 제63조【현금보상 등】① 손실보상은 다른 법률에 특별한 규정이 있는 경우를 제외하고는 현금으로 지급하여야 한다. 다만, 토지소유자가 원하는 경우로서 사업시행자가 해당 공익사업의 합리적인 토지이용계획과 사업계획 등을 고려하여 토지로 보상이 가능한 경우에는 토지소유자가 받을 보상금 중 본문에 따른 현금 또는 제7항 및 제8항에 따른 채권으로 보상받는 금액을 제외한 부분에 대하여 다음 각 호에서 정하는 기준과 절차에 따라 그 공익사업의 시행으로 조성한 토지로 보상할 수 있다.

개념확인 O/X

01 한국토지주택공사가 택지개발사업의 시행자로서 일정 기준을 충족하는 손실보상 대상자들에 대하여 생활대책을 수립·시행하면서 직권으로 갑이 생활대책 대상자에 해당하지 않는다는 결정을 하고 이에 대한 갑의 이의신청에 대하여 재심사 결과로도 생활대책 대상자로 선정되지 않았다는 통보를 한 경우 그 재심사 결과의 통보는 독립한 행정처분이다.
19 국회8급 (O / X)

02 이주대책 대상자 선정에서 배제되어 수분양권을 취득하지 못한 이주자가 사업시행자를 상대로 공법상 당사자소송으로 이주대책상의 수분양권의 확인을 구하는 것은 허용될 수 없다.
21 국회8급 (O / X)

03 손실보상은 현물보상을 원칙으로 한다.
(O / X)

| 정답 | 01 O 02 O 03 X

| 개념확인 O/X |

01 손실보상은 금전(현금)보상을 원칙으로 하고 채권보상은 인정되지 않는다.
12 국가7급 (O / X)

③ 채권보상
　㉠ '채권보상'이란 유가증권에 의한 보상방법이다. 01
　㉡ 이 경우 정당한 보상이 될 수 있도록 3년 만기 정기예금 이자율로 지급하도록 하고 있다(토지보상법 제63조 제9항 제1호).

| 관련 법령 |

「공익사업을 위한 토지 등의 취득 및 보상에 관한 법률」 제63조 【현금보상 등】 ⑦ 사업시행자가 국가, 지방자치단체 그 밖에 대통령령으로 정하는 「공공기관의 운영에 관한 법률」에 따라 지정·고시된 공공기관 및 공공단체인 경우로서 다음 각 호의 어느 하나에 해당되는 경우에는 제1항 본문에도 불구하고 해당 사업시행자가 발행하는 채권으로 지급할 수 있다.
　1. 토지소유자나 관계인이 원하는 경우
　2. 사업인정을 받은 사업의 경우에는 대통령령으로 정하는 부재부동산 소유자의 토지에 대한 보상금이 대통령령으로 정하는 일정 금액을 초과하는 경우로서 그 초과하는 금액에 대하여 보상하는 경우
⑧ 토지투기가 우려되는 지역으로서 대통령령으로 정하는 지역에서 다음 각 호의 어느 하나에 해당하는 공익사업을 시행하는 자 중 대통령령으로 정하는 「공공기관의 운영에 관한 법률」에 따라 지정·고시된 공공기관 및 공공단체는 제7항에도 불구하고 제7항 제2호에 따른 부재부동산 소유자의 토지에 대한 보상금 중 대통령령으로 정하는 1억원 이상의 일정 금액을 초과하는 부분에 대하여는 해당 사업시행자가 발행하는 채권으로 지급하여야 한다.
　1. 「택지개발촉진법」에 따른 택지개발사업
　2. 「산업입지 및 개발에 관한 법률」에 따른 산업단지개발사업
　3. 그 밖에 대규모 개발사업으로서 대통령령으로 정하는 사업
⑨ 제7항 및 제8항에 따라 채권으로 지급하는 경우 채권의 상환 기한은 5년을 넘지 아니하는 범위에서 정하여야 하며, 그 이자율은 다음 각 호와 같다.

④ 매수보상
　㉠ '매수보상'이란 물건에 대한 사용제한으로 인하여 종래의 목적대로 이용이 곤란한 경우에 상대방에게 그 매수청구권을 인정하고 그에 따라 물건을 매수함으로써 보상하는 방법으로(「국토의 계획 및 이용에 관한 법률」 제47조)은 현금보상의 변형으로 볼 수 있다.
　㉡ 이는 토지수용의 결과 남은 잔여지가 종전의 목적에 이용되는 것이 현저히 곤란하거나 토지사용이 3년 이상일 때에는 토지소유자는 수용청구권을 행사할 수 있고, 이에 따라 토지를 매수함으로써 실질적으로 정당한 보상을 기하려는 취지를 가지고 있다.

02 사업시행자는 해당 공익사업을 위한 공사에 착수하기 이전에 토지소유자와 관계인에게 원칙적으로 보상액 전액 또는 일부를 지급할 수 있다.
20 국회9급 (O / X)

(2) 지급방법
① 원칙: 선불·개인불·일시불 지급을 원칙으로 한다. 02 03

| 관련 법령 |

「공익사업을 위한 토지 등의 취득 및 보상에 관한 법률」 제62조 【사전보상】 사업시행자는 해당 공익사업을 위한 공사에 착수하기 이전에 토지소유자와 관계인에게 보상액 전액(全額)을 지급하여야 한다. 다만, 제38조에 따른 천재지변 시의 토지 사용과 제39조에 따른 시급한 토지 사용의 경우 또는 토지소유자 및 관계인의 승낙이 있는 경우에는 그러하지 아니하다.

03 공익사업의 시행자가 사전보상을 하지 않은 채 공사에 착수함으로써 토지소유자와 관계인이 손해를 입은 경우, 토지소유자와 관계인이 입은 손해는 손실보상청구권이 침해된 데에 따른 손해이므로 사업시행자가 배상해야 할 손해액은 원칙적으로 손실보상금이다.
24 국회9급 (O / X)

04 사업시행자는 동일한 사업지역에 보상시기를 달리하는 동일인 소유의 토지 등이 여러 개 있는 경우 토지소유자나 관계인이 요구할 때에는 한꺼번에 보상금을 지급하도록 하여야 한다.
13 국가9급 (O / X)

② 예외(후불·일괄불·분할불)
　㉠ 후불: 후불은 시급을 요하는 토지의 사용 또는 토지소유자 및 관계인의 승낙이 있는 때에 가능한데, 이자와 물가변동의 불이익은 보상책임자가 부담한다.
　㉡ 일괄불: 사업시행자는 동일한 사업지역에 보상시기를 달리하는 동일인 소유의 토지등이 여러 개 있는 경우 토지소유자나 관계인이 요구할 때에는 한꺼번에 보상금을 지급하도록 하여야 한다. 04 05

05 동일한 사업지역에 보상시기를 달리하는 동일인 소유의 토지 등이 여러 개 있는 경우 토지소유자나 관계인이 요구할 때에는 한꺼번에 보상금을 지급하도록 하여야 한다.
17 서울9급 (O / X)

| 정답 | 01 X　02 X　03 O　04 O　05 O

③ **사업시행 이익과의 상계금지**: 사업시행자는 동일한 소유자에게 속하는 일단(一團)의 토지의 일부를 취득하거나 사용하는 경우 해당 공익사업의 시행으로 인하여 잔여지(殘餘地)의 가격이 증가하거나 그 밖의 이익이 발생한 경우에도 그 이익을 그 취득 또는 사용으로 인한 손실과 상계(相計)할 수 없다. 01

> **관련 판례**
>
> ⓒ 개인별 보상의 원칙과 개인별 보상에 따른 불복방법 [20 국회직 8급, 12 국가직 9급] 02 03
>
> 「토지수용법」 제45조 제2항은 수용 또는 사용함으로 인한 보상은 피보상자의 개인별로 산정할 수 없을 때를 제외하고는 피보상자에게 개인별로 하여야 한다고 규정하고 있으므로, 보상은 수용 또는 사용의 대상이 되는 물건별로 하는 것이 아니라 피보상자 개인별로 행하여지는 것이라고 할 것이어서 피보상자는 수용 대상물건 중 전부 또는 일부에 관하여 불복이 있는 경우 그 불복의 사유를 주장하여 행정소송을 제기할 수 있다(대판 2000. 1. 28. 97누11720).

(3) 보상의무자

① 보상의무자는 수용을 통해 직접 수익한 자이다. 수익자와 침해자가 상이한 경우 침해자는 보상의무자가 아니다.

② 「공익사업을 위한 토지 등의 취득 및 보상에 관한 법률」 제61조: 공익사업에 필요한 토지 등의 취득 또는 사용으로 인하여 토지소유자나 관계인이 입은 손실은 사업시행자가 보상하여야 한다. 04 05

(4) 보상액의 결정방법

① 개별법에 손실보상의 원칙만 규정하고 있는 경우
  ㉠ 개별법에서 재산권의 침해와 보상규정만 두고 있을 뿐 보상금의 결정기관에 대한 규정 등 기타 보상에 관한 내용을 두고 있지 않다면 해당 개별법에 의해 이미 손실보상청구권이 발생하였다고 볼 수 있고 이 경우에 직접 손실보상을 청구할 수 있을 것이다.
  ㉡ 이 경우 직접적인 손실보상청구소송은 당사자소송이라는 것이 다수설의 입장이지만, 대법원은 원칙적으로 민사소송에 의한다는 입장이다.

② 개별법에 보상에 대한 재결절차(행정청의 처분에 의한)를 규정한 경우 06
  ㉠ 협의에 의한 결정
    ⓐ 행정청의 처분에 의한 결정이 이루어지기 전에 토지소유자나 관계인은 토지수용에 관한 협의를 거치게 된다.
    ⓑ 「토지보상법」에서도 사업인정을 받은 사업시행자는 토지조서 및 물건조서의 작성, 보상계획의 공고·통지 및 열람, 보상액의 산정과 토지소유자 및 관계인과의 협의절차를 거쳐야 한다고 규정하고 있다(제26조).
    ⓒ 이에 협의가 이루어지게 되면 이로서 보상금이 결정되며, 토지수용협의의 법적 성질에 대해 공법상 계약으로 보는 것이 일반적인 입장이지만 대법원은 사법상 계약으로 본다.
  ㉡ 행정청의 처분(토지수용위원회의 재결)으로서 결정
    ⓐ 토지소유자나 관계인과 사업시행자 사이에 협의가 성립되지 않으면 토지수용위원회(행정청)의 수용재결로서 보상액이 결정된다.
    ⓑ 수용재결은 보상액만 결정하는 경우와 침해(수용) 및 보상액을 결정하는 경우가 있다.

개념확인 O/X

01 사업시행자는 동일한 소유자에 속하는 일단의 토지의 일부를 취득하거나 사용하는 경우, 해당 공익사업의 시행으로 인하여 잔여지의 가격이 증가하거나 그 밖의 이익이 발생한 경우에도 그 이익을 취득 또는 사용으로 인한 손실과 상계할 수 없다.
20 국회8급   (O / X)

02 손실보상의 지급에서는 개인별 보상의 원칙이 적용된다.
12 국가9급   (O / X)

03 손실보상은 토지소유자나 관계인에게 개인별로 하여야 한다. 다만, 개인별로 보상액을 산정할 수 없을 때에는 그러하지 아니하다.
20 국회8급   (O / X)

04 공익사업에 필요한 토지 등의 취득 또는 사용으로 인하여 토지소유자나 관계인이 입은 손실은 사업시행자가 보상하여야 한다.
23 국회9급   (O / X)

05 공익사업에 필요한 토지 등의 취득 또는 사용으로 인하여 토지소유자나 관계인이 입은 손실은 사업시행자가 보상하여야 한다.
20 국회8급, 17 서울9급, 13 국가9급
(O / X)

06 보상액의 산정은 협의에 의한 경우에는 협의의 성립 당시의 가격을, 재결에 의한 경우에는 수용 또는 사용의 재결 당시의 가격을 기준으로 한다.
17 서울9급   (O / X)

| 정답 | 01 O 02 O 03 O 04 O 05 O 06 O |

ⓒ 수용재결의 법적 성질은 행정행위로서 법률행위적 행정행위로서 공법상 대리에 해당한다.

(5) 소멸시효

> **관련 판례**
>
> **B** (구)「공유수면매립법」상 간척사업의 시행으로 인하여 관행어업권이 상실되었음을 이유로 한 손실보상청구권에 「민법」에서 정하는 소멸시효규정이 유추적용될 수 있는지 여부(적극)와 소멸시효기간(= 10년) 및 소멸시효의 기산일(= 실질적이고 현실적인 손실이 발생한 때) [19 지방직 9급, 12 국가직 9급]
>
> 소멸시효는 권리자가 그 권리를 행사할 수 있음에도 일정한 기간 동안 행사하지 않는 권리불행사의 상태가 계속된 경우에 그 권리를 소멸시키는 제도로서, 상당한 기간 동안 권리불행사가 지속되어 있는 이상 그 권리가 사법상의 손실보상청구권인지 아니면 공법상 손실보상청구권인지에 따라 달리 볼 것은 아니다. 따라서 공유수면매립법상 간척사업의 시행으로 인하여 관행어업권이 상실되었음을 이유로 한 손실보상청구권에도 그 소멸시효에 관하여 달리 정함이 없으면 「민법」에서 정하는 소멸시효규정이 유추적용될 수 있고, 이 경우 관행어업권자가 그 매립면허를 받은 자 또는 사업시행자에 대하여 가지는 손실보상청구권은 금전의 지급을 구하는 채권적 권리이므로 그 소멸시효기간은 「민법」 제162조 제1항에 따라 10년이다. 또한 그 소멸시효의 기산일은 손실보상청구권이 객관적으로 발생하여 그 권리를 행사할 수 있는 때, 곧 특별한 사정이 없는 한 이 사건 간척사업으로 인하여 관행어업권자가 자연산 패류 및 해초류 어장으로서의 어장을 상실하는 등 실질적이고 현실적인 손실이 발생한 때부터라고 보는 것이 타당하다(대판 2010.12.9. 2007두6571).

6 손실보상절차

> **결정적 코멘트** ▶ 손실보상절차에서는 용어의 정확한 개념과 보상절차의 전체적인 흐름을 파악하고 있어야 한다. 특히 수용재결에 대한 불복에서 소송의 대상과 소송의 형식은 중요성이 높다.

(1) 사업인정

① **의의**: '사업인정'이란 공익사업을 토지 등을 수용하거나 사용할 사업으로 결정하는 것을 말하며, 인정의 권한은 국토교통부장관에게 있다.

② **성질**
  ㉠ **확인행위설(소수설)**: 사업인정은 공익사업에 해당됨을 공권적 권위를 통해서 확인하는 행위라는 견해로서 사업시행자의 토지 등의 수용권은 사업인정에 의해 발생되는 것이 아니고, 인정 후 협의나 토지수용재결에 의해 발생된다고 한다.
  ㉡ **형성행위설(다수설·판례)**: 일정한 절차를 거칠 것을 조건으로 하여 사업시행자에게 수용권을 발생시키는 형성적 행정행위라고 보는 견해로서 판례의 입장이기도 하다.

> **관련 판례**
>
> **C** 사업인정의 처분성과 그 효력의 성질
>
> (구)「토지수용법」 제14조에 따른 사업인정은 그 후 일정한 절차를 거칠 것을 조건으로 하여 일정한 내용의 수용권을 설정해 주는 행정처분의 성격을 띠는 것으로서 그 사업인정을 받음으로써 수용할 목적물의 범위가 확정되고 수용권으로 하여금 목적물에 관한 현재 및 장래의 권리자에게 대항할 수 있는 일종의 공법상 권리로서의 효력을 발생시킨다(대판 1987.9.8. 87누395).

③ **재량 여부**: 판례는 사업인정 여부는 공익사업을 토지 등을 수용 또는 사용할 사업으로 결정하는 것으로서 단순한 확인행위가 아니라 형성행위이므로, 당해 사업이 외형상 토지 등을 수용 또는 사용할 수 있는 사업에 해당된다 하더라도 행정주체로서는 그 사업이 공용수

용을 할 만한 공익성이 있는지 여부와 공익성이 있는 경우에도 그 사업의 내용과 방법에 대하여 종합적인 형량이 필요하도록 하여야 한다고 하여 재량으로 보고 있다(대판 2005.4.29. 2004두14670).

④ 사업인정의 요건
  ㉠ 공용수용을 할 만한 공익성이 있어야 한다.
  ㉡ 그 사업의 내용과 방법에 관하여 사업인정에 관련된 자들의 이익을 공익과 사익 사이에 서는 물론, 공익 상호간 및 사익 상호간에도 정당하게 비교·교량하여야 하고, 그 비교·교량은 비례의 원칙에 적합하도록 하여야 한다.
  ㉢ 사업시행자에게 해당 공익사업을 수행할 의사와 능력이 있어야 한다.

⑤ 사업인정의 고시
  ㉠ 국토교통부장관은 제20조에 따른 사업인정을 하였을 때에는 지체 없이 그 뜻을 사업시행자, 토지소유자 및 관계인, 관계 시·도지사에게 통지하고 사업시행자의 성명이나 명칭, 사업의 종류, 사업지역 및 수용하거나 사용할 토지의 세목을 관보에 고시하여야 한다.
  ㉡ 사업인정의 사실을 통지받은 시·도지사(특별자치도지사는 제외한다)는 관계 시장·군수 및 구청장에게 이를 통지하여야 한다.
  ㉢ 사업인정은 고시한 날부터 그 효력이 발생한다.

> **관련 판례**

© 사업인정기관이 「공익사업을 위한 토지 등의 취득 및 보상에 관한 법률」상의 사업인정을 하기 위한 요건 [23 지방직 9급, 20 국가직 7급] **01 02**

사업인정이란 공익사업을 토지 등을 수용 또는 사용할 사업으로 결정하는 것으로서 공익사업의 시행자에게 그 후 일정한 절차를 거칠 것을 조건으로 일정한 내용의 수용권을 설정하여 주는 형성행위이므로, 그뿐만 아니라 해당 공익사업을 수행하여 공익을 실현할 의사나 능력이 없는 자에게 타인의 재산권을 공권력적·강제적으로 박탈할 수 있는 수용권을 설정하여 줄 수는 없으므로, 사업시행자에게 해당 공익사업을 수행할 의사와 능력이 있어야 한다는 것도 사업인정의 한 요건이라고 보아야 한다(대판 2011.1.27. 2009두1051).

© 사업시행자가 사업인정을 받은 후 그 사업이 공용수용을 할 만한 공익성을 상실하거나 사업인정에 관련된 자들의 이익이 현저히 비례의 원칙에 어긋나게 된 경우 또는 사업시행자가 해당 공익사업을 수행할 의사나 능력을 상실한 경우, 그 사업인정에 터 잡아 수용권을 행사할 수 있는지 여부(소극)

공용수용은 헌법상의 재산권 보장의 요청상 불가피한 최소한에 그쳐야 한다는 헌법 제23조의 근본 취지에 비추어 볼 때, 사업시행자가 사업인정을 받은 후 그 사업이 공용수용을 할 만한 공익성을 상실하거나 사업인정에 관련된 자들의 이익이 현저히 비례의 원칙에 어긋나게 된 경우 또는 사업시행자가 해당 공익사업을 수행할 의사나 능력을 상실하였음에도 여전히 그 사업인정에 기하여 수용권을 행사하는 것은 수용권의 공익 목적에 반하는 수용권의 남용에 해당하여 허용되지 않는다(대판 2011.1.27. 2009두1051).

© 사업인정 고시 전에 건축허가를 받았다고 해도 사업인정 이후 재허가를 필요로 한다

사업인정 고시가 된 경우 고시된 토지에 건축물을 건축하려는 자는 토지보상법 제25조에 정한 허가를 따로 받아야 하고, 그 허가 없이 건축된 건축물에 관하여는 토지보상법상 손실보상을 청구할 수 없다고 할 것이다(대판 2014.11.13. 2013두19738).

> **개념확인 O/X**

01 사업인정은 공익사업의 시행자에게 그 후 일정한 절차를 거칠 것을 조건으로 일정한 내용의 수용권을 설정하여 주는 형성행위이다.
23 지방9급 (O / X)

02 사업인정기관은 어떠한 사업이 외형상 토지 등을 수용 또는 사용할 수 있는 사업에 해당한다 하더라도, 사업시행자에게 해당 공익사업을 수행할 의사와 능력이 없다면 사업인정을 거부할 수 있다.
20 국가7급 (O / X)

| 정답 | 01 O   02 O

| 개념확인 O/X |

🄲 '사업인정 고시일 등'은 해당 공익사업이 시행되리라는 점이 일반 공중이나 관계인에게 최초로 공식적으로 알려진 시점으로서 영농보상의 대상이 되는지 여부의 판단 기준시점이 된다

> 사업인정 고시일 전부터 해당 토지를 소유하거나 사용권원을 확보하여 적법하게 농업에 종사해 온 농민은 사업인정 고시일 이후에도 수용개시일 전날까지는 해당 토지에서 그간 해온 농업을 계속할 수 있다. 그러나 사업인정 고시일 이후에 수용개시일 전날까지 농민이 해당 공익사업의 시행과 무관한 어떤 다른 사유로 경작을 중단한 경우에는 손실보상의 대상에서 제외될 수 있다(대판 2020. 4. 29. 2019두32696).

01 손실보상이 인정되기 위하여 재산권에 대한 침해가 현실적으로 발생하여야 하는 것은 아니다.
12 국가9급 (O / X)

🄲 (구)「공유수면매립법」상 간척사업의 시행으로 인하여 관행어업권이 상실되었음을 이유로 한 손실보상청구권이 발생하는 시점은 고시가 아니라 실질적이고 현실적인 손실이 발생한 때이다 [12 국가직 9급] 01

> (구)「공유수면매립법」(1999. 2. 8. 법률 제5911호로 전부 개정되기 전의 것) 제17조가 "매립의 면허를 받은 자는 제16조 제1항의 규정에 의한 보상이나 시설을 한 후가 아니면 그 보상을 받을 권리를 가진 자에게 손실을 미칠 공사에 착수할 수 없다. 다만, 그 권리를 가진 자의 동의를 받았을 때에는 예외로 한다."고 규정하고 있으나, 손실보상은 공공필요에 의한 행정작용에 의하여 사인에게 발생한 특별한 희생에 대한 전보라는 점에서 그 사인에게 특별한 희생이 발생하여야 하는 것은 당연히 요구되는 것이고, 공유수면 매립면허의 고시가 있다고 하여 반드시 그 사업이 시행되고 그로 인하여 손실이 발생한다고 할 수 없으므로, 매립면허 고시 이후 매립공사가 실행되어 관행어업권자에게 실질적이고 현실적인 피해가 발생한 경우에만 「공유수면매립법」에서 정하는 손실보상청구권이 발생하였다고 할 것이다(대판 2010. 12. 9. 2007두6571).

(2) 토지조서·물건조서의 작성, 보상계획 및 보상액의 산정

① 토지조서·물건조서의 작성: 사업시행자는 공익사업의 수행을 위하여 사업인정 전에 협의에 의한 토지등의 취득 또는 사용이 필요할 때에는 토지조서와 물건조서를 작성하여 서명 또는 날인을 하고 토지소유자와 관계인의 서명 또는 날인을 받아야 한다.

② 보상계획의 공고와 열람
  ㉠ 사업시행자는 토지조서와 물건조서를 작성하였을 때에는 공익사업의 개요, 토지조서 및 물건조서의 내용과 보상의 시기·방법 및 절차 등이 포함된 보상계획을 전국을 보급지역으로 하는 일간신문에 공고하고, 토지소유자 및 관계인에게 각각 통지하여야 하며, 열람을 의뢰하는 사업시행자를 제외하고는 특별자치도지사, 시장·군수 또는 구청장에게도 통지하여야 한다.
  ㉡ 다만, 토지소유자와 관계인이 20인 이하인 경우에는 공고를 생략할 수 있다.

02 협의취득으로 인한 사업시행자의 토지에 대한 소유권 취득은 승계취득이므로 관할 토지수용위원회에 의한 협의성립의 확인이 있었더라도 사업시행자는 수용재결의 경우와 동일하게 그 토지에 대한 원시취득의 효과를 누릴 수 없다.
20 국가7급 (O / X)

(3) 협의 02

① 손실보상액의 결정은 일차적으로 당사자 간의 협의에 의해 결정됨이 원칙이나(제16조, 제26조) 당사자 사이에 협의가 성립되지 않거나 협의를 할 수 없을 때에는 사업시행자에 의하여 토지수용위원회에 재결을 신청하게 된다(제28조).
② 협의의 절차나 방법 등에 관한 사항은 대통령령으로 정하며 협의를 거치지 아니하고는 재결을 신청할 수 없다.
③ 협의의 성질은 쌍방행위로서 공법상 계약으로 보는 것이 일반적인 견해이나 실무상 사법상 계약의 형식으로 이루어지고 있다.
④ 협의 성립의 확인
  ㉠ 사업시행자와 토지소유자 및 관계인 간에 협의가 성립되었을 때에는 사업시행자는 재

결 신청기간 이내에 해당 토지소유자 및 관계인의 동의를 받아 대통령령으로 정하는 바에 따라 관할 토지수용위원회에 협의의 성립의 확인을 신청할 수 있다.

ⓒ 사업시행자가 협의가 성립된 토지의 소재지·지번·지목 및 면적 등 대통령령으로 정하는 사항에 대하여 「공증인법」에 따른 공증을 받아 협의 성립의 확인을 신청하였을 때에는 관할 토지수용위원회가 이를 수리함으로써 협의 성립이 확인된 것으로 본다.

ⓒ 이 경우의 확인은 재결로 보며, 사업시행자, 토지소유자 및 관계인은 그 확인된 협의의 성립이나 내용을 다툴 수 없다.

관련 판례

ⓒ 「공익사업을 위한 토지 등의 취득 및 보상에 관한 법률」 제29조 제3항에 따른 협의 성립의 확인 신청에 필요한 동의의 주체인 토지소유자는 협의대상이 되는 '토지의 진정한 소유자'를 의미하는지 여부(적극)

> 사업시행자가 진정한 토지소유자의 동의를 받지 못한 채 등기부상 소유명의자의 동의만을 얻은 후 관련 사항에 대한 공증을 받아 위 제29조 제3항에 따라 협의 성립의 확인을 신청하였으나 토지수용위원회가 신청을 수리한 경우, 수리행위가 위법하다. / 이와 같은 동의에 흠결이 있는 경우 진정한 토지소유자 확정에서 사업시행자의 과실 유무를 불문하고 수리행위가 위법하게 되며 및 이때 진정한 토지소유자가 수리행위의 위법함을 이유로 항고소송으로 취소를 구할 수 있다(대판 2018. 12. 13. 2016두51719).

ⓒ 「공익사업을 위한 토지 등의 취득 및 보상에 관한 법률」에 의한 보상을 하면서 손실보상금에 관한 당사자 간의 합의가 성립한 경우, 그 합의내용이 같은 법에서 정하는 손실보상기준에 맞지 않는다는 이유로 그 기준에 따른 손실보상금 청구를 추가로 할 수 있는지 여부(원칙적 소극) [21 국회직 8급] **01**

> 「공익사업법」에 의한 보상을 하면서 손실보상금에 관한 당사자 간의 합의가 성립하면 그 합의내용대로 구속력이 있고, 손실보상금에 관한 합의내용이 공익사업법에서 정하는 손실보상기준에 맞지 않는다고 하더라도 합의가 적법하게 취소되는 등의 특별한 사정이 없는 한 추가로 공익사업법상 기준에 따른 손실보상금 청구를 할 수는 없다(대판 2013. 8. 22. 2012다3517).

ⓒ 「공익사업을 위한 토지 등의 취득 및 보상에 관한 법률」상 토지수용위원회의 수용재결이 있은 후 토지소유자 등과 사업시행자가 다시 협의하여 토지 등의 취득이나 사용 및 그에 대한 보상에 관하여 임의로 계약을 체결할 수 있는지 여부(적극) [20 군무원 7급] **02**

> 재산권을 적정하게 보호하려는 토지보상법의 입법목적(제1조)에 비추어 보더라도 수용재결이 있은 후에 사법상 계약의 실질을 가지는 협의취득절차를 금지해야 할 별다른 필요성을 찾기 어려운 점 등을 종합해 보면, 토지수용위원회의 수용재결이 있은 후라고 하더라도 토지소유자 등과 사업시행자가 다시 협의하여 토지 등의 취득이나 사용 및 그에 대한 보상에 관하여 임의로 계약을 체결할 수 있다고 보아야 한다(대판 2017. 4. 13. 2016두64241).

ⓒ 사업시행자가 토지소유자에게 토지의 일시사용에 관한 동의를 요구한 경우 보상금을 이유로 이를 거부할 수 없다

> 국토계획법 제130조의 체계와 내용, 입법목적과 함께 공익사업의 성격을 종합하면, 도시·군계획시설사업의 사업시행자가 사업구역에 인접한 특정 토지를 재료적치장 또는 임시통로 용도로 한시적으로 이용할 필요가 있는 경우, 사업시행자는 위 규정에 따라 해당 토지소유자 등의 동의를 받아야 하고, 토지소유자 등은 이를 거부할 정당한 사유가 없는 한 사업시행자의 '일시 사용'을 수인하고 동의할 의무가 있다. 한편 국토계획법 제96조에 따라 「공익사업을 위한 토지 등의 취득 및 보상에 관한 법률」 제62조가 준용되는 수용·사용의 경우와 달리, 국토계획법 제130조에 따른 일시

개념확인 O/X

01 「토지보상법」에 의한 보상을 하면서 손실보상금에 관한 당사자 간의 합의가 성립하면 그 합의내용이 토지보상법에서 정하는 손실보상기준에 맞지 않는다고 하더라도 합의가 적법하게 취소되는 등의 특별한 사정이 없는 한 추가로 토지보상법상 기준에 따른 손실보상금 청구를 할 수는 없다.
21 국회8급 (O / X)

02 「공익사업을 위한 토지 등의 취득 및 보상에 관한 법률」에 의한 보상합의는 공공기관이 사경제주체로서 행하는 사법상 계약의 실질을 가지는 것이다.
20 군무원7급 (O / X)

| 정답 | 01 O 02 O

> 사용의 경우에는 사전보상 원칙이 적용되지 않는다고 보아야 하므로, 그 손실보상금에 관한 다툼이 있다는 사정은 토지소유자 등이 일시 사용에 대한 동의를 거부할 정당한 사유가 될 수 없다(대판 2019.9.9. 2016다262550).
>
> ※ 사업시행자는 토지소유자가 일시사용을 동의하지 않는 경우에 당사자소송을 청구할 수 있고 이 경우 「민사집행법」상의 가처분을 통해 임시구제가 가능하다.

(4) 토지수용위원회의 재결

① 재결신청
  ㉠ 협의가 성립되지 아니하거나 협의를 할 수 없을 때에는 사업시행자는 사업인정 고시가 된 날부터 1년 이내에 대통령령으로 정하는 바에 따라 관할 토지수용위원회에 재결을 신청할 수 있다(제28조 제1항). **01**
  ㉡ 재결신청은 사업시행자가 할 수 있는 것이고, 토지소유자 및 관계인은 할 수 없다.

② 재결신청의 청구
  ㉠ 사업인정 고시가 된 후 협의가 성립되지 아니하였을 때에는 토지소유자와 관계인은 대통령령으로 정하는 바에 따라 서면으로 사업시행자에게 재결을 신청할 것을 청구할 수 있다. **02**
  ㉡ 사업시행자는 이에 따른 청구를 받았을 때에는 그 청구를 받은 날부터 60일 이내에 대통령령으로 정하는 바에 따라 관할 토지수용위원회에 재결을 신청하여야 한다.
  ㉢ 사업시행자가 이에 따른 기간을 넘겨서 재결을 신청하였을 때에는 그 지연된 기간에 대하여 「소송촉진 등에 관한 특례법」 법정이율을 적용하여 산정한 금액을 관할 토지수용위원회에서 재결한 보상금에 가산(加算)하여 지급하여야 한다.
  ㉣ 사업시행자가 재결신청의 청구에도 재결신청을 하지 않는 경우
    ⓐ **구제**: 토지소유자나 관계인의 재결신청 청구에도 사업시행자가 재결신청을 하지 않을 때 토지소유자나 관계인은 사업시행자를 상대로 거부처분 취소소송 또는 부작위위법확인소송의 방법으로 다투어야 한다.
    ⓑ **사업시행자의 재결신청의무 여부를 본안에서 판단하는지 여부**: 구체적인 사안에서 토지소유자나 관계인의 재결신청 청구가 적법하여 사업시행자가 재결신청을 할 의무가 있는지는 본안에서 사업시행자의 거부처분이나 부작위가 적법한가를 판단하는 단계에서 고려할 요소이지, 소송요건 심사단계에서 고려할 요소가 아니다.

관련 판례

🅱 공익사업으로 인하여 농업손실을 입게 된 자가 사업시행자에게서 위 규정에 따른 보상을 받기 위해서는 재결절차를 거쳐야 하는지 여부(적극) [19 국가직 7급, 19 국회직 8급] **03 04**

> 공익사업으로 인하여 농업의 손실을 입게 된 자가 사업시행자로부터 (구)「공익사업법」 제77조 제2항에 따라 농업손실에 대한 보상을 받기 위해서는 (구)「공익사업법」 제34조, 제50조 등에 규정된 재결절차를 거친 다음 그 재결에 대하여 불복이 있는 때에 비로소 (구)「공익사업법」 제83조 내지 제85조에 따라 권리구제를 받을 수 있다(대판 2011.10.13. 2009다43461).

개념확인 O/X

01 협의가 성립되지 아니하거나 협의를 할 수 없을 때에는 사업시행자는 사업인정 고시가 된 날부터 1년 이내에 대통령령으로 정하는 바에 따라 관할 토지수용위원회에 재결을 신청할 수 있다.
19 국회8급 (O / X)

02 사업인정 고시가 된 후 협의가 성립되지 아니하였을 때에는 토지소유자와 관계인은 대통령령으로 정하는 바에 따라 서면으로 사업시행자에게 재결을 신청할 것을 청구할 수 있다.
19 국회8급 (O / X)

03 공익사업으로 인해 농업손실을 입은 자가 사업시행자에게서 「공익사업을 위한 토지 등의 취득 및 보상에 관한 법률」에 따른 보상을 받으려면 재결절차를 거쳐야 하고, 이를 거치지 않고 곧바로 민사소송으로 보상금을 청구하는 것은 허용되지 않는다.
19 국가7급 (O / X)

04 공익사업으로 인하여 영업을 폐지하거나 휴업하는 자는 (구)「공익사업을 위한 토지 등의 취득 및 보상에 관한 법률」에 규정된 재결절차를 거치지 않은 채 곧바로 사업시행자를 상대로 영업손실보상을 청구할 수 없다.
19 국회8급 (O / X)

정답 | 01 O 02 O 03 O 04 O

ⓒ 재결절차를 거치지 않은 보상금청구소송은 적법한 청구가 아니고 이에 관련 청구의 병합도 부적법하다
[20 군무원 7급, 19 국회직 8급] 01 02

> 택지개발사업지구 내에서 화훼소매업을 하던 갑과 을이 재결절차를 거치지 않고 사업시행자를 상대로 주된 청구인 영업손실보상금청구에 생활대책 대상자 선정 관련 청구소송을 병합하여 제기한 사안에서, 영업손실보상금청구의 소가 부적법하여 각하되는 이상 생활대책 대상자 선정 관련 청구소송 역시 부적법하여 각하되어야 한다(대판 2011.9.29. 2009두10963).

ⓒ 편입토지 보상, 지장물 보상, 영업·농업 보상에 관하여 토지소유자나 관계인이 사업시행자에게 재결신청을 청구했음에도 사업시행자가 재결신청을 하지 않을 경우, 토지소유자나 관계인의 불복방법 및 이때 사업시행자에게 재결신청을 할 의무가 있는지가 소송요건 심사단계에서 고려할 요소인지 여부(소극)

> 「공익사업을 위한 토지 등의 취득 및 보상에 관한 법률」 제28조, 제30조에 따르면, 편입토지 보상, 지장물 보상, 영업·농업 보상에 관해서는 사업시행자만이 재결을 신청할 수 있고 토지소유자와 관계인은 사업시행자에게 재결신청을 청구하도록 규정하고 있으므로, 토지소유자나 관계인의 재결신청 청구에도 사업시행자가 재결신청을 하지 않을 때 토지소유자나 관계인은 사업시행자를 상대로 거부처분 취소소송 또는 부작위 위법확인소송의 방법으로 다투어야 한다. 구체적인 사안에서 토지소유자나 관계인의 재결신청 청구가 적법하여 사업시행자가 재결신청을 할 의무가 있는지는 본안에서 사업시행자의 거부처분이나 부작위가 적법한가를 판단하는 단계에서 고려할 요소이지, 소송요건 심사단계에서 고려할 요소가 아니다(대판 2019.8.29. 2018두57865).

ⓑ 「공익사업을 위한 토지 등의 취득 및 보상에 관한 법률 시행규칙」 제35조 제2항의 잔여 건축물 보수비와 같은 조 제1항의 잔여 건축물 가치하락이 동일한 보상항목에 해당하는지 여부(소극) / 잔여 건축물 가격감소에 관한 재결만을 받은 이후 제기한 잔여 건축물 가격감소에 관한 손실보상청구의 소에서 잔여 건축물 보수비에 관한 손실보상청구를 구할 수 있는지 여부(소극)

> 「공익사업을 위한 토지 등의 취득 및 보상에 관한 법률 시행규칙」의 잔여 건축물 보수비와 같은 잔여 건축물 가치하락은 동일한 보상항목에 해당하지 않으므로 잔여 건축물 가격감소에 관한 재결만을 받은 이후 제기한 잔여 건축물 가격감소에 관한 손실보상청구의 소에서 잔여 건축물 보수비에 관한 손실보상청구를 구할 수 없다(대판 2024.1.25. 2023두49172).

③ 재결기관
  ㉠ 중앙토지수용위원회(국토교통부): 국가 또는 시·도가 사업시행자인 사업 및 수용하거나 사용할 토지가 둘 이상의 시·도에 걸쳐 있는 사업의 재결에 관한 사항을 관장한다.
  ㉡ 지방토지수용위원회(특별시·광역시·도·특별자치도): 중앙토지수용위원회가 관장하는 외의 사업의 재결에 관한 사항을 관장한다.

④ 화해의 권고
  ㉠ 토지수용위원회는 그 재결이 있기 전에는 그 위원 3명으로 구성되는 소위원회로 하여금 사업시행자, 토지소유자 및 관계인에게 화해를 권고하게 할 수 있다. 이 경우 소위원회는 위원장이 지명하거나 위원회에서 선임한 위원으로 구성하며, 그 밖에 그 구성에 필요한 사항은 대통령령으로 정한다.
  ㉡ 이에 따른 화해가 성립되었을 때에는 해당 토지수용위원회는 화해조서를 작성하여 화해에 참여한 위원, 사업시행자, 토지소유자 및 관계인이 서명 또는 날인을 하도록 하여야 한다.
  ㉢ 이에 따라 화해조서에 서명 또는 날인이 된 경우에는 당사자 간에 화해조서와 동일한 내용의 합의가 성립된 것으로 본다.

개념확인 O/X

01 공익사업으로 인하여 영업을 폐지하거나 휴업하는 자는 「공익사업을 위한 토지 등의 취득 및 보상에 관한 법률」상의 재결절차를 거치지 않은 채 곧바로 사업시행자를 상대로 손실보상을 청구하는 것은 허용되지 않는다.
20 군무원7급 (O / X)

02 (구)「공익사업을 위한 토지 등의 취득 및 보상에 관한 법률」의 관련 규정에 의하여 취득하는 어업피해에 관한 손실보상청구권은 민사소송의 방법으로 행사할 수는 없고 재결절차를 거치지 않은 채 곧바로 사업시행자를 상대로 손실보상을 청구하는 것도 허용되지 않는다.
19 국회8급 (O / X)

| 정답 | 01 O   02 O

⑤ 재결
　㉠ 토지수용위원회의 재결은 서면으로 한다.
　㉡ 재결서에는 주문 및 그 이유와 재결일을 적고, 위원장 및 회의에 참석한 위원이 기명날인한 후 그 정본(正本)을 사업시행자, 토지소유자 및 관계인에게 송달하여야 한다.
　㉢ 재결사항은 수용하거나 사용할 토지의 구역 및 사용방법, 손실의 보상, 수용 또는 사용의 개시일과 기간 그 밖에 다른 법률에서 규정한 사항이다.
　㉣ 토지수용위원회는 사업시행자, 토지소유자 또는 관계인이 신청한 범위에서 재결하여야 한다. 다만, 손실보상의 경우에는 증액재결(增額裁決)을 할 수 있다.

관련 판례

© 토지수용위원회가 그 사업인정이 취소되지 아니한 사업의 시행을 불가능하게 하는 내용의 재결을 행할 수 있는지 여부(소극)

(구)「토지수용법」(2002. 2. 4. 법률 제6656호 「공익사업을 위한 토지 등의 취득 및 보상에 관한 법률」 부칙 제2조로 폐지)은 수용·사용의 일차 단계인 사업인정에 속하는 부분은 사업의 공익성 판단으로 사업인정기관에 일임하고 그 이후의 구체적인 수용·사용의 결정은 토지수용위원회에 맡기고 있는바, 이와 같은 토지수용절차의 2분화 및 사업인정의 성격과 토지수용위원회의 재결사항을 열거하고 있는 같은 법 제29조 제2항의 규정내용에 비추어 볼 때, 토지수용위원회는 행정쟁송에 의하여 사업인정이 취소되지 않는 한 그 기능상 사업인정 자체를 무의미하게 하는, 즉 사업의 시행이 불가능하게 되는 것과 같은 재결을 행할 수는 없다(대판 2007. 1. 11. 2004두8538).

(5) 이의신청(임의적, 행정심판에 해당)

① 이의의 신청
　㉠ 중앙토지수용위원회의 재결에 이의가 있는 자는 중앙토지수용위원회에 이의를 신청할 수 있다.
　㉡ 지방토지수용위원회의 재결에 이의가 있는 자는 해당 지방토지수용위원회를 거쳐 중앙토지수용위원회에 이의를 신청할 수 있다.
　㉢ 이의의 신청은 재결서의 정본을 받은 날부터 30일 이내에 하여야 한다.
　㉣ 중앙토지수용위원회의 이의신청절차에는 「행정심판법」이 적용된다는 것이 대법원의 입장이다. 01

② 이의신청에 대한 재결
　㉠ 중앙토지수용위원회는 이의신청을 받은 경우 재결이 위법하거나 부당하다고 인정할 때에는 그 재결의 전부 또는 일부를 취소하거나 보상액을 변경할 수 있다. 02 03
　㉡ 이에 따라 보상금이 늘어난 경우 사업시행자는 재결의 취소 또는 변경의 재결서 정본을 받은 날부터 30일 이내에 보상금을 받을 자에게 그 늘어난 보상금을 지급하여야 한다.

③ 이의신청에 대한 재결의 효력
　㉠ 기간 이내에 소송이 제기되지 아니하거나 그 밖의 사유로 이의신청에 대한 재결이 확정된 때에는 「민사소송법」상의 확정판결이 있는 것으로 보며, 재결서 정본은 집행력 있는 판결의 정본과 동일한 효력을 가진다.
　㉡ 사업시행자, 토지소유자 또는 관계인은 이의신청에 대한 재결이 확정되었을 때에는 관할 토지수용위원회에 대통령령으로 정하는 바에 따라 재결확정증명서의 발급을 청구할 수 있다.

개념확인 O/X

01 토지수용재결에 대한 이의신청은 행정심판에 해당된다.
　　　　　　　　　　　　　(O/X)

02 하나의 재결에서 피보상자별로 여러 가지의 토지, 물건, 권리 또는 영업의 손실에 관하여 심리·판단이 이루어졌을 때, 피보상자 또는 사업시행자가 여러 보상항목들 중 일부에 관해서만 불복하는 경우 반드시 재결 전부에 관하여 불복하여야 하는 것은 아니다.
23 지방7급　　　　　　　　(O/X)

03 토지수용위원회의 재결에서 피보상자별로 여러 가지의 토지, 물건, 권리 또는 영업의 손실에 관하여 심리·판단이 이루어졌을 때, 피보상자 또는 사업시행자는 반드시 재결 전부에 관하여 불복하여야 하는 것은 아니다.
24 국회9급　　　　　　　　(O/X)

> **관련 판례**

> ⓒ **재결절차 없는 손실보상 청구 가능 여부**
>
> 토지소유자는 재결절차를 거치지 아니하고 곧바로 사업시행자를 상대로 잔여지 가격감소 등으로 인한 손실보상을 청구할 수 없다(대판 2008.7.10. 2006두19495).

> ⓒ **이의신청 시 적용법률**
>
> 토지수용위원회의 수용재결에 대한 이의절차는 실질적으로 행정심판의 성질을 갖는 것이므로 「토지수용법」에 특별한 규정이 있는 것을 제외하고는 「행정심판법」의 규정이 적용된다고 할 것이다(대판 1992.6.9. 92누565).

> ⓒ **토지소유자 등이 수용재결에 불복하여 이의신청을 거친 후 취소소송을 제기하는 경우 피고적격(= 수용재결을 한 토지수용위원회) 및 소송대상(= 수용재결)** [24 지방직 9급, 23 국회직 8급, 17 사회복지직] **01 02**
>
> 「공익사업을 위한 토지 등의 취득 및 보상에 관한 법률」제85조 제1항 전문의 문언내용과 같은 법 제83조, 제85조가 중앙토지수용위원회에 대한 이의신청을 임의적 절차로 규정하고 있는 점, 「행정소송법」제19조 단서가 행정심판에 대한 재결은 재결 자체에 고유한 위법이 있음을 이유로 하는 경우에 한하여 취소소송의 대상으로 삼을 수 있도록 규정하고 있는 점 등을 종합하여 보면, 수용재결에 불복하여 취소소송을 제기하는 때에는 이의신청을 거친 경우에도 수용재결을 한 중앙토지수용위원회 또는 지방토지수용위원회를 피고로 하여 수용재결의 취소를 구하여야 하고, 다만 이의신청에 대한 재결 자체에 고유한 위법이 있음을 이유로 하는 경우에는 그 이의재결을 한 중앙토지수용위원회를 피고로 하여 이의재결의 취소를 구할 수 있다고 보아야 한다(대판 2010.1.28. 2008두1504).

(6) 행정소송

① **재결에 대한 불복의 대상**: 이의신청과 달리 행정소송은 '보상금 이외의 재결'에 대한 불복과 '보상금에 대한 불복'으로 나누어 불복할 수 있다.

② **보상금 이외의 재결에 대한 불복(항고소송)** 빈출
  ㉠ 사업시행자, 토지소유자 또는 관계인은 제34조에 따른 재결에 불복할 때에는 재결서를 받은 날부터 90일 이내에, 이의신청을 거쳤을 때에는 이의신청에 대한 재결서를 받은 날부터 60일 이내에 각각 행정소송을 제기할 수 있다. **03**
  ㉡ 사업시행자는 행정소송을 제기하기 전에 제84조에 따라 늘어난 보상금을 공탁하여야 하며, 보상금을 받을 자는 공탁된 보상금을 소송이 종결될 때까지 수령할 수 없다.
  ㉢ 소송은 항고소송이며 소송의 대상은 원처분주의에 의해 수용재결이다.

③ **보상금에 대한 불복(보상금증감청구소송 – 형식적 당사자소송) 04 05 06 07**
  ㉠ 행정소송이 보상금의 증감(增減)에 관한 소송인 경우 그 소송을 제기하는 자가 토지소유자 또는 관계인일 때에는 사업시행자를, 사업시행자일 때에는 토지소유자 또는 관계인을 각각 피고로 한다.
  ㉡ 종래 「토지수용법」 제75조의2의 제2항과는 달리 토지수용위원회를 피고에서 배제시켜, 당해 소송의 성격이 형식적 당사자소송의 성격을 갖고 있음을 명확히 하고 있다. **08**
  ㉢ 따라서 보상금은 법원이 직접 결정하며, 제소기간은 재결에 대한 항고소송과 동일하다.
  ㉣ 보상금증감청구소송의 취지는 보상금에 대한 재결이 취소되어 토지수용위원회가 다시 보상액을 결정한다고 해도 이에 대해 다시 불복할 수 있어 비경제적인 소송제도를 시정하여 분쟁을 일회적으로 해결하기 위한 것이다.

개념확인 O/X

01 지방토지수용위원회의 재결에 대하여 이의를 신청하여 중앙토지수용위원회의 재결을 받은 자가 재결의 취소소송을 제기하려면 중앙토지수용위원회의 이의재결을 대상으로 하여야 한다.
23 국회8급 (O / X)

02 수용재결에 불복하여 취소소송을 제기하는 때에는 이의신청을 거친 경우에도 수용재결을 한 중앙토지수용위원회 또는 지방토지수용위원회를 피고로 하여 수용재결의 취소를 구하여야 하지만, 이의신청에 대한 재결 자체에 고유한 위법이 있는 경우에는 그 이의재결을 한 중앙토지수용위원회를 피고로 하여 이의재결의 취소를 구할 수 있다.
24 지방9급 (O / X)

03 사업시행자, 토지소유자 또는 관계인은 토지수용위원회의 수용재결에 불복할 때에는 재결서를 받은 날부터 60일 이내에, 이의신청을 거쳤을 때에는 이의신청에 대한 재결서를 받은날부터 30일 이내에 각각 행정소송을 제기할 수 있다.
23 국회9급, 17 지방7급 (O / X)

04 「공익사업을 위한 토지 등의 취득 및 보상에 관한 법률」상 보상금증액소송은 처분청인 토지수용위원회를 피고로 한다.
21 국가7급 (O / X)

05 「공익사업을 위한 토지 등의 취득 및 보상에 관한 법률」상 보상금의 증감에 관한 소송인 경우 그 소송을 제기하는 자가 토지소유자 또는 관계인일 때에는 지방토지수용위원회 또는 중앙토지수용위원회를 피고로 한다.
24 지방9급 (O / X)

06 형식적 당사자소송인 보상금의 증감에 관한 소송을 제기하는 경우 그 소송을 제기하는 자가 토지소유자일 때에는 사업시행자와 토지수용위원회를, 사업시행자일 때에는 토지소유자와 토지수용위원회를 각각 피고로 한다.
17 지방7급 (O / X)

07 토지수용위원회의 재결에 대한 토지소유자의 행정소송 제기는 사업의 진행 및 토지의 수용 또는 사용을 정지시키지 아니한다.
23 지방9급 (O / X)

08 보상금 증액 청구의 소는 토지소유자 등이 사업시행자를 상대로 제기하는 당사자소송의 형식을 취하고 있어서, 토지수용위원회의 재결을 다투는 항고소송의 성질을 가진다고 볼 수 없다.
24 국회9급 (O / X)

| 정답 | 01 X   02 O   03 X   04 X   05 X   06 X   07 O   08 X

ⓜ 보상금증감청구소송의 피고: 소송대상이 비록 토지수용위원회의 수용재결이라도 당사자소송의 형식을 취하고 있어, 피고는 토지수용위원회가 아니고 토지소유자 등이나 사업시행자의 타방의 당사자가 된다.
ⓑ 판례는 보상금증액청구소송에서 입증책임은 원고에게 있다는 입장이다.

관련 판례

C 「토지수용법」 제75조의2 제2항에 의한 보상금의 증감에 관한 소송의 성질 및 입증책임의 소재

「토지수용법」 제75조의2 제2항 소정의 손실보상금 증액청구의 소에 있어서 그 이의재결에서 정한 손실보상금액보다 정당한 손실보상금액이 더 많다는 점에 대한 입증책임은 원고에게 있다고 할 것이고, 위 보상금증액소송은 재결청과 기업자를 공동피고로 하는 필요적 공동소송으로 그 공동피고 사이에 소송의 승패를 합일적으로 확정하여야 하므로 비록 이의재결이 그 감정평가의 위법으로 위법한 경우라도 그 점만으로 위와 같은 입증책임의 소재를 달리 볼 것은 아니다(대판 1997.11.28. 96누2255).

C 수용대상에 일부만 불복하여 소송을 청구할 수 있고, 보상항목 간의 과다과소의 유용이 허용된다

「공익사업을 위한 토지 등의 취득 및 보상에 관한 법률」 제64조의 규정에 의하면 토지의 수용으로 인한 보상은 수용의 대상이 되는 물건별로 하는 것이 아니라 피보상자의 개인별로 하는 것이므로, 피보상자는 수용대상 물건 중 일부에 대하여만 불복이 있는 경우에는 그 부분에 대하여만 불복의 사유를 주장하여 행정소송을 제기할 수 있고, 행정소송의 대상이 된 물건 중 일부 항목에 관한 보상액이 과소하고 다른 항목의 보상액은 과다한 경우에는 그 항목 상호간의 유용을 허용하여 과다 부분과 과소 부분을 합산하여 보상금의 합계액을 결정하여야 한다(대판 2014.11.13. 2014두1451).

B 손실보상 관련 재결에 관한 불복 [23 국회직 8급, 20 지방직 7급] 01

어떤 보상항목이 공익사업을 위한 토지 등의 취득 및 보상에 관한 법령상 손실보상대상에 해당함에도 관할 토지수용위원회가 사실을 오인하거나 법리를 오해함으로써 손실보상대상에 해당하지 않는다고 잘못된 내용의 재결을 한 경우에는, 피보상자는 관할 토지수용위원회를 상대로 그 재결에 대한 취소소송을 제기할 것이 아니라, 사업시행자를 상대로 「공익사업을 위한 토지 등의 취득 및 보상에 관한 법률」 제85조 제2항에 따른 보상금증감소송을 제기하여야 한다(대판 2018.7.20. 2015두4044).

B 수용보상금의 증액을 구하는 소송에서 선행처분으로서 그 수용대상 토지가격 산정의 기초가 된 비교표준지공시지가결정의 위법을 독립한 사유로 주장할 수 있는지 여부(적극)

위법한 표준지공시지가결정에 대하여 그 정해진 시정절차를 통하여 시정하도록 요구하지 않았다는 이유로 위법한 표준지공시지가를 기초로 한 수용재결 등 후행 행정처분에서 표준지공시지가결정의 위법을 주장할 수 없도록 하는 것은 수인한도를 넘는 불이익을 강요하는 것으로서 국민의 재산권과 재판받을 권리를 보장한 헌법의 이념에도 부합하는 것이 아니다. 따라서 표준지공시지가결정이 위법한 경우에는 그 자체를 행정소송의 대상이 되는 행정처분으로 보아 그 위법 여부를 다툴 수 있음은 물론, 수용보상금의 증액을 구하는 소송에서도 선행처분으로서 그 수용대상 토지가격 산정의 기초가 된 비교표준지공시지가결정의 위법을 독립한 사유로 주장할 수 있다(대판 2008.8.21. 2007두13845).

C 사업인정처분이 당연무효인 경우 그것이 유효함을 전제로 이루어진 수용재결도 무효인지 여부(적극)

사업인정처분이 당연무효이면 그것이 유효함을 전제로 이루어진 수용재결도 무효라고 보아야 한다(대판 1992.3.12. 91누4324 등 참조). 국토계획법상 도시계획시설사업의 실시계획 인가·고시

개념확인 O/X

01 어떤 보상항목이 손실보상대상에 해당함에도 관할 토지수용위원회가 사실이나 법리를 오해하여 손실보상대상에 해당하지 않는다고 잘못된 내용의 재결을 한 경우, 피보상자는 관할 토지수용위원회를 상대로 그 재결에 내린 취소소송을 제기하여야 한다.
23 국회8급, 20 지방7급 (O / X)

에는「공익사업을 위한 토지 등의 취득 및 보상에 관한 법률」제20조 제1항, 제22조에 따른 사업인정과 그 고시가 있었던 것으로 간주된다(대판 2017.7.11. 2016두35144).

02 기타 손실보상제도(수용유사적 침해, 수용적 침해, 희생보상청구권, 결과제거청구권)

1 개설

① 금전구제제도인 손해전보제도는 엄격한 요건으로 인해 손해배상과 손실보상의 간극이 발생한다. 특히 손실보상제도는 공공의 필요에 의한 재산권의 침해가 초래된 경우에 보상이 주어져야 하나 현행법하에서 완전하게 보상이 이루어지는 것은 아니다.
② 특히 헌법 제23조 제3항의 경우에는 재산권의 침해만을 규정하고 있어서 비재산적인 법익인 생명이나 신체의 침해는 보상의 대상에서 제외하고 있다.
③ 또한 적법한 공권력 행사가 의도하지 않게 재산권의 침해를 가져오는 경우에 대한 규정이 없어 손실보상이나 손해배상으로 구제되지 않는 흠이 많다.
④ 이러한 흠을 보완하고자 독일의 학설과 판례에 의해 수용유사적 침해 등의 법리가 등장하게 된다.

2 수용유사적 침해

(1) 의의

① '수용유사적 침해'란 공공필요에 의하여 재산권을 침해하여 특별한 희생을 가하였으나 보상규정의 결여로 보상할 수 없게 된 공용침해(주로 공용제한)를 말한다. 01 02
② 여기에서의 공용침해는 공용침해에 대한 근거규정은 두면서 손실보상에 대한 근거규정을 두지 아니하여 위법하게 된 경우를 말한다.
③ 수용유사적 침해의 법리는 적법한 공용침해에 따른 특별한 희생이 보상되어 진다면, 위법한 공용침해에 따른 재산상의 특별한 희생의 경우에도 보상은 당연히 이루어져야 한다는 관념을 기초로 등장하였다.
④ 이러한 법리는 주로 공용제한과 관련하여 논의되고 있다. 우리의 경우, (구)「도시계획법」제21조의 개발제한구역지정에 보상규정이 결여된 부분이 적정한 예라 할 수 있다.
⑤ 수용유사적 침해의 법리는 경계이론에서 나오는 것이고, 분리이론과는 상관이 없다. 03

(2) 성립 및 발전

① 수용유사침해이론의 성립은 국가의 손해전보에 관하여 손해배상과 손실보상의 제도만 인정한 결과 위법·무책의 공용침해에 의하여 침해를 당한 희생자는 구제를 받을 길이 없는 실정법상의 흠결을 보충하기 위하여 독일의 연방통상법원의 판례를 통하여 형성되었다. 04
② 독일 연방헌법재판소는 '자갈채취 사건 판결'에서 본 기본법 제14조 제3항을 근거로 수용유사침해에 대한 보상을 부정하였으나, 연방통상법원은 판결에서 전통적인 관습법상에 뿌리를 둔 '희생보상청구권'을 근거로 수용유사침해에 의한 손실보상청구를 기본적으로 인정하였다.

> 개념확인 O/X
>
> 01 수용유사침해이론은 본래 비재산적 법익에 대한 침해의 경우에 논의되었다.
> (O / X)
>
> 02 수용유사적 침해는 적법한 공행정작용의 비전형적이고 비의도적인 부수적 효과로써 발생한 개인의 재산권에 대한 손해를 전보하는 것을 말한다.
> (O / X)
>
> 03 수용유사적 침해는 분리이론보다는 경계이론과 밀접한 관련이 있다.
> (O / X)
>
> 04 수용유사적 침해는 우리 대법원을 통해 발전된 이론이다.
> (O / X)

| 정답 | 01 X 02 X 03 O 04 X

(3) 다른 제도와의 구별

① **손해배상과의 구별**: 손해배상과 수용유사적 침해는 모두 위법이라는 공통점이 있으나 손해배상의 위법은 직무행위로 타인에게 가한 위법행위를 말하고, 수용유사적 침해의 위법은 공공의 필요에 의한 재산권 침해에 대한 헌법의 재산권 보상규정을 위반한 헌법 위반이라는 점에서 구별된다.

② **손실보상과의 구별**: 손실보상과 수용유사적 침해는 모두 공공의 필요에 의한 재산권 침해라는 공통점이 있으나 손실보상은 보상규정을 법률로 정하고 있고, 수용유사적 침해는 보상규정이 없다는 점에서 구별된다.

(4) 성립요건

① 재산권에 대한 공용침해가 있어야 한다.
② 공공의 필요가 있어야 한다.
③ 피침해자의 특별한 희생이 발생하여야 한다.
④ 침해의 위법성이 있어야 한다(보상규정을 두지 않은 헌법 위반).

(5) 수용유사적 침해의 인정 여부

① **부정설**: 재산권의 공용침해에 대한 보상 여부나 기준 및 내용은 법률로 국회가 결정할 사항이므로 법원이 보상규정이 없는 경우에 독자적으로 판단하여 보상 여부나 내용을 결정해서는 안 된다는 입장이다.

② **긍정설**: 헌법 제23조 제1항(재산권보장)과 제11조(평등권)을 직접적 근거로, 각종 보상관련 규정을 간접적으로 삼아 유추적용하여 손해전보제도의 흠결을 보완하자는 입장이다.

③ **판례의 입장**: 대법원은 문화방송 주식 강제증여사건에서 고등법원이 인정하였던 수용유사적 침해의 법리를 부정하였다. 대법원은 수용유사적 침해의 법리에 대해 소극적인 입장으로 해석된다.

> **관련 판례**
>
> ● **방송사 주식의 강제 증여사건에서 수용유사적 침해를 인정한 경우(고등법원)**
>
> 국가의 주식강제취득은 법률의 근거 없이 개인의 재산을 수용한 것으로서 이는 수용유사적 침해에 해당하며, (구)헌법 제22조 제3항의 효력으로서 국가에 그 손실의 보상을 청구할 수 있다(서울고등법원 1992.12.24, 92나20073).
>
> ● **언론통폐합조치의 일환으로 사인 소유의 방송사 주식을 강압적으로 국가에 증여하게 한 것이 수용유사행위에 해당되지 않는다고 한 사례**
>
> 원심이 들고 있는 위와 같은 수용유사적 침해의 이론은 국가 기타 공권력의 주체가 위법하게 공권력을 행사하여 국민의 재산권을 침해하였고 그 효과가 실제에 있어서 수용과 다름없을 때에는 적법한 수용이 있는 것과 마찬가지로 국민이 그로 인한 손실의 보상을 청구할 수 있다는 내용으로 이해되는데, 과연 우리 법제하에서 그와 같은 이론을 채택할 수 있는 것인가는 별론으로 하더라도 위에서 본 바에 의하여 이 사건에서 피고 대한민국의 이 사건 주식취득이 그러한 공권력의 행사에 의한 수용유사적 침해에 해당한다고 볼 수는 없다(대판 1993.10.26, 93다6409).

3 수용적 침해

(1) 개념
① 본래 행정청이 의도하지 않은 사회적 제약 내지의 침해행위가 그 후 예기치 못했던 결과로 인하여 사회적 제약을 넘는 특별한 희생을 발생시킨 경우, 즉 적법한 행정작용의 비의도적인·이례적인 결과로 타인의 재산권에 침해가 이루어진 경우를 말한다. 수용적 침해는 결과책임에 해당한다(적법·무과실).
② 이를 테면 지하철공사의 장기화로 인한 인근상점 등의 영업손실 등이 이에 해당한다.

(2) 다른 제도와의 구별
① **손실보상과의 구별**: 손실보상은 처음부터 법률에 근거하여 수용의 효과를 부여하고 있는 데 비해 수용적 침해는 처음에는 특별희생에 해당되지 않는 사회적 제약에 지나지 않았으나 이례적으로, 즉 의도하지 않는 결과 때문에 특별한 희생이 인정되는 점에서 구별된다.
② **수용유사적 침해와의 구별**: 수용유사적 침해는 처음부터 위법을 형성하는 데 비하여 수용적 침해는 적법한 행정작용에 의한 것이라는 점에서 구별된다. 01

(3) 성립요건
① 재산권의 침해가 있어야 한다.
② 적법한 행정작용의 비의도적인 부수적 결과로 인한 손해가 발생하여야 한다.
③ 재산권의 사회적 제약을 넘는 특별한 희생이 발생하여야 한다.

(4) 수용적 침해의 인정 여부
① **독일**: 초기에는 독일 기본법 제14조 제3항에 근거하여 연방민사법원의 판례에 의해 인정되었으나, 오늘날에는 희생보상청구권제도에 근거하여 인정되고 있다.
② **우리나라**: 수용적 침해이론을 우리나라에 적용할 것인가의 문제에는 긍정설과 부정설, 그리고 입법적으로 해결해야 한다는 견해가 대립되고 있으나, 간접효력설(유추적용설)을 취하게 되면 특별희생 시에는 보상청구가 가능할 것이다.

4 희생보상청구권

(1) 개념
① '희생보상청구권'이라 함은 행정청의 적법한 공권력 행사에 의하여 개인의 비재산적 법익(예 생명, 신체, 자유, 명예 등)에 가해진 손실에 대한 보상청구권을 말한다.
② 이를테면, 국가기관의 검정을 받은 약품을 복용하여 뜻밖의 질병에 걸린 경우, 범인을 향해 발사한 총탄이 범인을 관통하여 옆 사람에게 상해를 입힌 경우, 예방접종으로 인한 신체침해에 대한 보상 등이다.
③ 희생보상은 수용이나 수용유사침해 또는 수용적 침해로 인한 보상이 오직 재산적 가치 있는 권리나 법적 지위에 대한 침해 시에 문제되는 점과 차이가 있다.

(2) 법적 근거
① 독일에서의 희생보상원칙은 독일 기본법상의 기본권 및 헌법적 효력을 가지는 관습법인 프로이센 일반란트법 제74조, 제75조에 근거를 두고 판례상 발전된 관습법으로 이해되고 있다.

> 개념확인 O/X
>
> 01 통상적인 공용침해가 적법·무책인 데 비하여, 수용유사적 침해는 위법·유책이다.
>
> (O / X)

| 정답 | 01 X

② 현행 행정법규 중 비재산적 법익침해에 대하여 보상규정을 둔 경우로는 「경찰관 직무집행법」, 「소방기본법」, 「감염병의 예방 및 관리에 관한 법률」이 있고, 헌법 제23조 제3항을 유추적용하여 희생보상청구권의 근거로 할 수 있다.

> **관련 법령**
>
> **「경찰관 직무집행법」 제11조의2 【손실보상】** ① 국가는 경찰관의 적법한 직무집행으로 인하여 다음 각 호의 어느 하나에 해당하는 손실을 입은 자에 대하여 정당한 보상을 하여야 한다.
> 1. 손실발생의 원인에 대하여 책임이 없는 자가 생명·신체 또는 재산상의 손실을 입은 경우(손실발생의 원인에 대하여 책임이 없는 자가 경찰관의 직무집행에 자발적으로 협조하거나 물건을 제공하여 생명·신체 또는 재산상의 손실을 입은 경우를 포함한다)
> 2. 손실발생의 원인에 대하여 책임이 있는 자가 자신의 책임에 상응하는 정도를 초과하는 생명·신체 또는 재산상의 손실을 입은 경우
>
> **「소방기본법」 제49조의2 【손실보상】** ① 소방청장 또는 시·도지사는 다음 각 호의 어느 하나에 해당하는 자에게 제3항의 손실보상심의위원회의 심사·의결에 따라 정당한 보상을 하여야 한다.
> 1. 제16조의3 제1항에 따른 조치로 인하여 손실을 입은 자
> 2. 제24조 제1항 전단에 따른 소방활동 종사로 인하여 사망하거나 부상을 입은 자
> 3. 제25조 제2항 또는 제3항에 따른 처분으로 인하여 손실을 입은 자. 다만, 같은 조 제3항에 해당하는 경우로서 법령을 위반하여 소방자동차의 통행과 소방활동에 방해가 된 경우는 제외한다.
> 4. 제27조 제1항 또는 제2항에 따른 조치로 인하여 손실을 입은 자
> 5. 그 밖에 소방기관 또는 소방대의 적법한 소방업무 또는 소방활동으로 인하여 손실을 입은 자
>
> **「감염병의 예방 및 관리에 관한 법률」 제71조 【예방접종 등에 따른 피해의 국가보상】** ① 국가는 제24조 및 제25조에 따라 예방접종을 받은 사람 또는 제40조 제2항에 따라 생산된 예방·치료 의약품을 투여받은 사람이 그 예방접종 또는 예방·치료 의약품으로 인하여 질병에 걸리거나 장애인이 되거나 사망하였을 때에는 대통령령으로 정하는 기준과 절차에 따라 다음 각 호의 구분에 따른 보상을 하여야 한다.
> 1. 질병으로 진료를 받은 사람: 진료비 전액 및 정액 간병비
> 2. 장애인이 된 사람: 일시보상금
> 3. 사망한 사람: 대통령령으로 정하는 유족에 대한 일시보상금 및 장제비

(3) 성립요건

① 행정청이 적법한 권력적 침해가 있어야 한다.
② 공공의 필요에 의한 행위이어야 한다.
③ 침해(비재산권)행위의 적법성이 있어야 한다.
④ 특별희생이 발생하여야 한다.

> **관련 판례**
>
> ● (구)「전염병예방법」 제54조의2 제2항에 따른 예방접종으로 인한 질병, 장애 또는 사망의 인정 여부 결정이 보건복지가족부장관의 재량에 속하는지 여부(적극)
>
> > 특정인에게 권리나 이익을 부여하는 이른바 수익적 행정처분은 법령에 특별한 규정이 없는 한 재량행위이고, (구)「전염병예방법」(2009.12.29. 법률 제9847호 「감염병의 예방 및 관리에 관한 법률」로 전부 개정되기 전의 것, 이하 '(구)「전염병예방법」'이라 한다) 제54조의2 제2항에 의하여 보건복지가족부장관에게 예방접종으로 인한 질병, 장애 또는 사망(이하 '장애 등'이라 한다)의 인정 권한을 부여한 것은, 예방접종과 장애 등 사이에 인과관계가 있는지를 판단하는 것은 고도의 전문적 의학지식이나 기술이 필요한 점과 전국적으로 일관되고 통일적인 해석이 필요한 점을 감안한 것으로 역시 보건복지가족부장관의 재량에 속하는 것이므로, 인정에 관한 보건복지가족부장관의 결정은 가능한 한 존중되어야 한다(대판 2014.5.16. 2014두274).

구분	수용침해	수용유사적 침해	수용적 침해	희생보상청구
개념	적법, 무책	위법, 무책	적법, 무책	적법, 무책
공통점	공공의 필요에 의한 특별한 희생			
특수성	• 의도된 적법한 침해 • 보상규정 있음	• 의도된 위법한 침해 • 보상규정 없음	• 비의도적 • 적법한 침해	생명·신체에 대한 적법한 침해
기타	헌법 제23조 제3항에 근거	• 유추적용설과 일맥 • 경계이론 • 독일의 연방법원 인정 • 우리 법원 판단보류	공사 등의 장기화에 따른 이례적 침해	일반법은 없으나 내용상 개별규정(「소방기본법」, 「감염병의 예방 및 관리에 관한 법률」, 「경찰관 직무집행법」 등) 있음

5 결과제거청구권(원상회복청구권)

(1) 개설

① 결과제거청구권은 고의·과실을 불문하고 행정작용의 위법한 결과로 남아있는 상태로 인하여 법률상의 이익을 침해받고 있는 자가 행정주체에 대하여 그 위법한 상태를 제거해 줄 것을 청구하는 권리로서 실체법적 권리이다. 01
② 이는 독일의 학설 및 판례에 의해 형성·발전되었으며, 원상회복청구권의 법리는 「민법」에 있어서 소유권에 기한 방해제거청구권의 성질과 유사하다.
③ 이를테면 개인의 토지에 행정주체가 쓰레기를 불법으로 적치하는 경우라든가 공직자의 공석상의 발언으로 명예를 훼손당한 자가 그 발언의 철회를 요구하는 등에 해당된다.

(2) 성질

① 공권설과 사권설
  ㉠ **공권설(다수설)**: 행정주체의 공행정작용으로 인하여 야기된 위법한 상태를 제거함을 목적으로 하므로 공권이라는 견해이다.
  ㉡ **사권설(판례)**: 본 권리의 원인은 반드시 공권력의 행사와는 관계되는 것만이 아니며 권원 없는 행위로 야기된 물권적 침해상태의 제거를 목적으로 하는 권리이므로 반드시 공법적 규율의 대상으로 삼아야 할 이유가 없다는 견해이다.

② 물권설과 비재산적 침해포함설
  ㉠ **물권설**: 결과제거청구권은 개인의 물권적 지배권의 침해에 발생하는 권리라는 견해이다.
  ㉡ **비재산적 침해포함설(다수설)**: 물권 침해 외에 명예 등과 같은 비재산적 침해에도 적용될 수 있다는 견해이다.

③ 국가배상과의 구별
  ㉠ 국가배상은 채권적 성질이나, 결과제거청구권은 물권적 성질과 비재산적 침해도 포함되어 있다.
  ㉡ 국가배상은 가해자의 위법작용 외의 고의·과실을 요건으로 하나 결과제거청구권은 고의·과실의 요건은 아니고 위법작용의 결과로 남아있는 법익침해면 요건이 충족된다.

개념확인 O/X

01 공법상 결과제거청구권의 대상은 가해행위와 상당인과관계가 있는 손해이다.
21 군무원9급 (O / X)

| 정답 | 01 X

| 개념확인 O/X |

ⓒ 국가배상은 금전적 배상을 내용으로 하나 결과제거청구권은 위법상태의 제거를 내용으로 하지, 금전적 배상을 내용으로 하지 않는다.
ⓓ 원상회복이 되어도 그 피해가 충분히 전보되지 않은 때에는 부가적으로 손해배상의 청구가 인정될 수도 있다.

구분	손해배상청구권	결과제거청구권
성질	채권적 성질	물권적 + 비재산적 침해
요건	고의·과실 요함	고의·과실 불요
구제	금전적 배상	위법상태의 제거(원상회복)

(3) 성립요건

① 행정주체의 공행정 작용(권력행위 + 관리행위, 법적 행위, 사실행위, 작위, 부작위 불문)으로 인한 침해이어야 한다. 따라서 사경제작용은 포함되지 않으며 「민법」상의 방해제거청구권에 의하여야 한다. 01
② 법률상 이익의 침해이어야 한다. 이때 법률상 이익에는 비재산적인 것을 포함하지만, 반사적 이익·사실상 이익은 포함되지 않는다.
③ 보호가치 있는 침해이어야 한다. 만약에 상대방에게 귀책사유가 있다면 결과제거청구권은 인정될 수 없다(⑩ 견인지역에 불법 주차된 차량의 견인의 경우, 결과제거를 청구할 수 없음). 02
④ 위법상태의 존재·계속 중이어야 한다. 침해의 위법성이 아닌 결과의 위법성을 말하며 위법성 상태의 존재 여부의 판단시기는 사실심 변론종결시가 될 것이다.
⑤ 결과제거의 가능성이 있어야 한다(원상회복 가능성). 만약 원상회복 가능성이 없으면 손해배상 내지 손실보상청구의 방법으로 구제되어야 한다. 03
⑥ 직접적 침해이어야 한다. 위법한 행정작용의 간접적인 결과로 법률상 이익이 침해된 경우는 포함되지 않는다.

01 결과제거청구는 권력작용뿐만 아니라 관리작용에 의한 침해의 경우에도 인정된다.
21 군무원9급 (O / X)

02 피해자의 과실이 위법상태의 발생에 기여한 경우에는 그 과실에 비례하여 결과제거청구권이 제한되거나 상실된다.
21 군무원9급 (O / X)

03 원상회복이 행정주체에게 기대가능한 것이어야 한다.
21 군무원9급 (O / X)

| 관련 판례 |

ⓒ 도로예정지로서 「도로법」 제40조 등의 준용이 있는 경우 특별한 사정이 없는 한 불법점유를 이유로 토지의 인도나 손해배상을 청구할 수 없다

본건 토지가 「도로법」 소정 노선의 인정과 구역결정이 있는 소위 「도로법」 소정 도로에 예정지로 인정될 수 있고 「도로법」 제7조의 적용과 1966.10.25 개정 전의 「도로법 시행령」 제7조의 적용 또는 개정 후의 같은 규정에 의한 공고가 있어 「도로법」 제40조 등의 준용이 있을 경우에는 특별한 사정이 없는 한 원고는 본건 토지의 인도를 청구할 수 없고 또한 손실보상은 몰라도 불법점유를 이유로 손해배상을 청구할 수 없을 것임에도 불구하고 도로 예정지 인지의 여부 및 위 「도로법」 제40조 등의 준용이 있을 수 있는지의 여부에 관한 아무런 심리판단도 없이 위와 같이 한 원판결 판단에는 심리미진 나아가 이유불비의 위법이 있다(대판 1969.3.25. 68다2081).

ⓒ 적법한 사용권을 취득함이 없이 타인의 토지를 도로부지로 편입하여 도로로 사용하는 경우와 토지소유자의 사권행사의 제한

도로를 구성하는 부지에 대하여는 사권을 행사할 수 없으므로 그 부지의 소유자는 불법행위를 원인으로 하여 손해배상을 청구함은 별론으로 하고 그 부지에 관하여 그 소유권을 행사하여 인도를 청구할 수 없다(대판 1968.10.22. 68다1317).

ⓒ 공중의 편의를 위한 상수도시설을 대지소유자가 소유권에 기하여 철거를 요구하는 것이 권리남용에 해당하는지 여부

> 대지소유자가 그 소유권에 기하여 그 대지의 불법점유자인 시에 대하여 권원 없이 그 대지의 지하에 매설한 상수도관의 철거를 구하는 경우에 공익사업으로서 공중의 편의를 위하여 매설한 상수도관을 철거할 수 없다거나 이를 이설할 만한 마땅한 다른 장소가 없다는 이유만으로써는 대지소유자의 위 철거청구가 오로지 타인을 해하기 위한 것으로서 권리남용에 해당한다고 할 수는 없다(대판 1987.7.7. 85다카1383).

ⓓ 일반 공중의 통행에 공용되는 도로 부지의 소유자가 이를 점유·관리하는 지방자치단체를 상대로 도로의 철거, 점유 이전 또는 통행금지를 청구하는 것이 권리남용에 해당하는지 여부(원칙적 적극) 및 그 경우 도로 지하 부분에 매설된 시설에 대한 철거 등 청구도 권리남용에 해당하는지 여부(원칙적 적극)

> 일반 공중의 통행에 공용되는 도로 부지의 소유자가 이를 점유·관리하는 지방자치단체를 상대로 도로의 철거, 점유 이전 또는 통행금지를 청구하는 것이 권리남용에 해당하고, 그 경우 도로 지하 부분에 매설된 시설에 대한 철거 등 청구도 권리남용에 해당한다(대판 2023.9.14. 2023다214108).

(4) 쟁송절차

① 결과제거청구권의 성질을 공권으로 보는 견해는 행정소송의 일종인 당사자소송에 의할 것이나, 사권으로 보는 견해는 민사소송의 사항이 될 것이다.

② 처분 등의 취소소송에 관련 청구소송으로서 결과제거청구소송을 병합하여 제기할 수 있다(「행정소송법」 제10조).

04 손실보상

교수님 코멘트 ▶ 보상규정이 결여된 침해에 관하여 헌법 제23조 제3항의 이해를 토대로 한 학설과 헌법재판소 및 대법원의 입장을 명확히 파악하고 있어야 한다. 더불어 손실보상의 청구절차와 소송의 형식에 대한 이해와 암기를 요한다.

01
2024 국가직 9급

「공익사업을 위한 토지 등의 취득 및 보상에 관한 법률」상 손실보상에 대한 설명으로 옳지 않은 것은?

① 영업을 하기 위해 투자한 비용이나 그 영업을 통해 얻을 것으로 기대되는 이익에 대한 손실은 영업손실보상의 대상이 된다고 할 수 없다.
② 토지소유자가 손실보상금의 액수를 다투고자 하는 경우 토지수용위원회가 아니라 사업시행자를 상대로 보상금의 증액을 구하는 소송을 제기해야 한다.
③ 토지수용위원회의 재결에 대한 토지소유자의 행정소송 제기는 사업의 진행 및 토지의 수용 또는 사용을 정지시키지 아니한다.
④ 어떤 보상항목이 손실보상대상에 해당함에도 관할 토지수용위원회가 사실을 오인하거나 법리를 오해함으로써 손실보상대상에 해당하지 않는다고 잘못된 내용의 재결을 한 경우에는, 피보상자는 관할 토지수용위원회를 상대로 재결취소소송을 제기하여야 한다.

02
2021 국가직 7급

재산권 보장과 손실보상에 대한 설명으로 옳은 것은? (다툼이 있는 경우 판례에 의함)

① 공용수용은 공공필요에 부합하여야 하므로, 수용 등의 주체를 국가 등의 공적 기관에 한정하여야 한다.
② 공익사업시행으로 인한 개발이익은 완전보상의 범위에 포함되는 피수용토지의 객관적 가치 내지 피수용자의 손실에 해당한다.
③ (구)「공유수면매립법」상 간척사업의 시행으로 인하여 관행어업권이 상실된 경우, 실질적이고 현실적인 피해가 발생한 경우에만 「공유수면매립법」에서 정하는 손실보상청구권이 발생한다.
④ 「공익사업을 위한 토지 등의 취득 및 보상에 관한 법률」에 따른 보상은 토지소유자나 관계인 개인별로 하는 것이 아니라 수용 또는 사용의 대상이 되는 물건별로 행해지는 것이다.

03

2024 국가직 7급

「공익사업을 위한 토지 등의 취득 및 보상에 관한 법률」에 따른 토지 등의 취득 및 보상에 대한 내용으로 옳지 않은 것은?

① 사업시행자는 공익사업을 준비하기 위하여 타인이 점유하는 토지에 출입하여 측량하거나 조사할 수 있다.
② 공익사업에 필요한 토지등의 취득 또는 사용으로 인하여 토지소유자나 관계인이 입은 손실은 사업시행자가 보상하여야 한다.
③ 보상액을 산정할 경우에 해당 공익사업으로 인하여 토지 등의 가격이 변동되었을 때에는 이를 고려하여야 한다.
④ 토지소유자가 제기하는 행정소송이 보상금의 증감에 관한 소송인 경우 사업시행자를 피고로 한다.

정답&해설

01 ④ 행정상 손실보상

④ 어떤 보상항목이 토지보상법령상 손실보상대상에 해당하는데도 관할 토지수용위원회가 사실을 오인하거나 법리를 오해함으로써 손실보상대상에 해당하지 않는다고 잘못된 내용의 재결을 한 경우에는, 피보상자는 관할 토지수용위원회를 상대로 그 재결에 대한 취소소송을 제기할 것이 아니라 사업시행자를 상대로 「토지보상법」 제85조 제2항에 따른 보상금증감의 소를 제기하여야 한다(대판 2020.4.9. 2017두275).

|오답해설| ① (구)「토지수용법」이나 (구)「공공용지의 취득 및 손실보상에 관한 특례법」 그 시행령 및 시행규칙 등 관계 법령에도 영업을 하기 위하여 투자한 비용이나 그 영업을 통하여 얻을 것으로 기대되는 이익에 대한 손실보상의 근거규정이나 그 보상의 기준과 방법 등에 관한 규정이 없으므로, 이러한 손실은 그 보상의 대상이 된다고 할 수 없다(대판 2006.1.27. 2003두13106).
② 보상금에 대한 소송은 형식적 당사자소송으로서 피고는 토지수용위원회가 아니라 사업시행자가 된다(사업시행자가 소송을 청구하는 경우, 피고는 토지소유자).

> 「공익사업을 위한 토지 등의 취득 및 보상에 관한 법률」 제85조【행정소송의 제기】 ② 제1항에 따라 제기하려는 행정소송이 보상금의 증감(增減)에 관한 소송인 경우 그 소송을 제기하는 자가 토지소유자 또는 관계인일 때에는 사업시행자를, 사업시행자일 때에는 토지소유자 또는 관계인을 각각 피고로 한다.

③ 제83조에 따른 이의의 신청이나 제85조에 따른 행정소송의 제기는 사업의 진행 및 토지의 수용 또는 사용을 정지시키지 아니한다(「공익사업을 위한 토지 등의 취득 및 보상에 관한 법률」 제88조).

02 ③ 행정상 손실보상

③ 사업인정의 고시가 있었다고 해도 이로써 바로 사업이 시행되는 것은 아니고 여러 사정에 따라 실질적으로 사업이 진행되지 않을 수 있다. 따라서 손실보상청구권의 발생은 사업인정의 고시시점이 아니며 실질적이고 현실적인 피해가 발생하여야 비로소 이루어진다(대판 2010.12.9. 2007두6571).

|오답해설| ① 공익사업은 국가 등의 공적 기관에 한정되지 않고 민간사업자에 의해서도 가능하다(헌재 2009.9.24. 2007헌바114).
② 또한 개발이익은 공공사업의 시행에 의하여 비로소 발생하는 것이므로, 그것이 피수용토지가 수용 당시 갖는 객관적 가치에 포함된다고 볼 수도 없다. 따라서 개발이익은 그 성질상 완전보상의 범위에 포함되는 피수용자의 손실이라고 볼 수 없다(헌재 2009.12.29. 2009헌바142).
④ 손실보상은 토지소유자나 관계인에게 개인별로 하여야 한다. 다만, 개인별로 보상액을 산정할 수 없을 때에는 그러하지 아니하다(「공익사업을 위한 토지 등의 취득 및 보상에 관한 법률」 제64조).

03 ③ 행정상 손실보상

③ 당해 공익사업으로 인한 가격 변동은 보상액 산정시 고려하지 않는다.

> 「공익사업을 위한 토지 등의 취득 및 보상에 관한 법률」 제67조【보상액의 가격시점 등】 ① 보상액의 산정은 협의에 의한 경우에는 협의 성립 당시의 가격을, 재결에 의한 경우에는 수용 또는 사용의 재결 당시의 가격을 기준으로 한다.
> ② 보상액을 산정할 경우에 해당 공익사업으로 인하여 토지등의 가격이 변동되었을 때에는 이를 고려하지 아니한다.

|오답해설| ① 동법 제9조 제1항
② 동법 제61조
④ 제기하려는 행정소송이 보상금의 증감(增減)에 관한 소송인 경우 그 소송을 제기하는 자가 토지소유자 또는 관계인일 때에는 사업시행자를, 사업시행자일 때에는 토지소유자 또는 관계인을 각각 피고로 한다(동법 제85조 제2항).

|정답| 01 ④ 02 ③ 03 ③

04

2020 국회직 8급

「공익사업을 위한 토지 등의 취득 및 보상에 관한 법률」상 이주대책에 대한 설명으로 옳지 않은 것은? (다툼이 있는 경우 판례에 의함)

① 이주대책은 생활보상의 일환으로 국가의 적극적이고 정책적인 배려에 의하여 마련된 제도이다.
② 이주대책의 수립의무자는 사업시행자이며, 법령에서 정한 일정한 경우 이주대책을 수립할 의무가 있다.
③ 사업시행자는 이주대책을 수립하려면 미리 관할 지방자치단체의 장과 협의하여야 한다.
④ 도시개발사업의 사업시행자가 이주대책기준을 정하여 이주대책 대상자 가운데 이주대책을 수립·실시하여야 할 자를 선정하여 그들에게 공급할 택지 등을 정할 때는 재량권을 갖는다.
⑤ 주거용 건물의 거주자에 대하여는 주거이전에 필요한 비용 외에 가재도구 등 동산의 운반에 필요한 비용은 보상하지 않아도 된다.

05

2022 국가직 9급

다음 사례에 대한 설명으로 옳은 것을 고르시오. (다툼이 있는 경우 판례에 의함)

> 건설회사 A는 택지개발사업을 위해 관련 법령에 따른 절차를 거쳐 갑 소유의 토지 등을 취득하고자 갑과 보상에 관한 협의를 하였으나 협의가 성립되지 않았다. 이에 관할 지방토지수용위원회에 재결을 신청하여 토지의 수용 및 보상금에 대한 수용재결을 받았다.

① 갑이 수용재결에 대하여 이의신청을 제기하면 사업의 진행 및 토지의 수용 또는 사용을 정지시키는 효력이 있다.
② 갑이 수용 자체를 다투는 경우 관할 지방토지수용위원회를 상대로 수용재결에 대하여 취소소송을 제기할 수 있다.
③ 갑은 보상금 증액을 위해 A를 상대로 손실보상을 구하는 민사소송을 제기할 수 있다.
④ 갑이 계속 거주하고 있는 건물과 토지의 인도를 거부할 경우 행정대집행의 대상이 될 수 있다.

06

2025 국가직 9급

「공익사업을 위한 토지 등의 취득 및 보상에 관한 법률」의 내용으로 옳지 않은 것은?

① 사업시행자가 사업인정고시가 된 날부터 1년 이내에 재결신청을 하지 아니한 경우에는 사업인정고시가 된 날부터 1년이 되는 날의 다음 날에 사업인정은 그 효력을 상실한다.
② 재결에 계산상 또는 기재상의 잘못이 있는 것이 명백할 때에는 토지수용위원회는 직권으로 또는 당사자의 신청에 의하여 경정재결을 할 수 있다.
③ 보상액의 산정은 협의에 의한 경우에는 협의 성립 당시의 가격을, 재결에 의한 경우에는 수용 또는 사용의 재결 당시의 가격을 기준으로 한다.
④ 중앙토지수용위원회는 이의신청을 받은 경우 재결이 위법하다고 인정할 때에는 그 재결의 전부 또는 일부를 취소할 수 있고 보상액을 변경할 수는 없다.

07 2023 국가직 9급

손실보상에 대한 설명으로 옳은 것은? (다툼이 있는 경우 판례에 의함)

① 「공익사업을 위한 토지 등의 취득 및 보상에 관한 법률」상 사업시행자와 토지소유자 사이의 협의취득에 대한 분쟁은 민사소송으로 다투어야 한다.
② 「공익사업을 위한 토지 등의 취득 및 보상에 관한 법률」에 따라 사업인정 고시가 된 후 토지의 사용으로 인하여 토지의 형질이 변경되는 경우에 토지소유자는 중앙토지수용위원회에 그 토지의 매수청구권을 행사할 수 있다.
③ 헌법재판소는 「개발제한구역의 지정 및 관리에 관한 특별조치법」 제11조 제1항 등에 대한 위헌소원사건에서 토지의 효용이 감소한 토지소유자에게 토지매수청구권을 인정하는 등 보상규정을 두었지만 적절한 손실보상에 해당하지 않는다고 위헌결정을 하였다.
④ 사업시행자는 동일한 사업지역에 보상시기를 달리하는 동일인 소유의 토지 등이 여러 개가 있는 경우 토지 등의 소유자가 일괄보상을 요구하더라도 「공익사업을 위한 토지 등의 취득 및 보상에 관한 법률」에 따라 단계적으로 보상금을 지급하여야 한다.

정답&해설

04 ⑤ 행정상 손실보상
⑤ 「공익사업을 위한 토지 등의 취득 및 보상에 관한 법률」 제78조 제6항에 보상대상으로 규정되어 있다.
|오답해설| ① 헌법재판소와 대법원에 의하면 이주대책은 생활보상으로서 정책적 배려에 해당된다(헌재 2006.2.23. 2004헌마19, 대판 2011.6.10. 2010두26216).
② 강행법규이다(대판 2011.6.23. 2007다63089).
③ 동법 제78조 제2항

05 ② 행정상 손실보상
② 수용재결의 수용 자체에 불복하는 경우에는 보상금증감과 달리 수용재결에 대해 항고소송을 청구할 수 있다(「공익사업을 위한 토지 등의 취득 및 보상에 관한 법률」 제85조 제1항).
|오답해설| ① 이의신청이나 행정소송을 청구하여도 처분의 효력은 정지되지 않는다(동법 제88조).
③ 형식적 당사자소송을 제기할 수 있다(동법 제85조 제2항).
④ 명도의무는 그것을 강제적으로 실현하면서 직접적인 실력행사가 필요한 것이지 대체적 작위의무라고 볼 수 없으므로 특별한 사정이 없는 한 「행정대집행법」에 의한 대집행의 대상이 될 수 있는 것이 아니다(대판 2005.8.19. 2004다2809).

06 ④ 행정상 손실보상
④ 중앙토지수용위원회는 제83조에 따른 이의신청을 받은 경우 제34조에 따른 재결이 위법하거나 부당하다고 인정할 때에는 그 재결의 전부 또는 일부를 취소하거나 보상액을 변경할 수 있다(「공익사업을 위한 토지 등의 취득 및 보상에 관한 법률」 제84조 제1항).
|오답해설| ① 동법 제23조 제1항
② 동법 제36조 제1항
③ 동법 제67조 제1항

07 ① 행정상 손실보상
|오답해설| ② 사업인정 고시 후에 토지의 형질변경이 이루어진 경우에 토지수용위원회에 '수용청구'를 할 수 있다(사업시행자에게는 매수청구)(「공익사업을 위한 토지 등의 취득 및 보상에 관한 법률」 제72조).
③ 개발제한구역의 지정으로 그 효용이 현저히 감소한 토지 또는 당해 토지의 사용 및 수익이 사실상 불가능한 토지의 소유자에게 토지매수청구권을 인정하고 있는 점 등을 종합할 때, 이 사건 법률조항은 비례의 원칙에 위반하여 당해 토지소유자의 재산권을 침해하지 않는다. 또한 개발제한구역의 지정, 개발제한구역 내에서의 재산권의 제한 및 주민지원사업, 토지매수청구제도 등 특별조치법의 입법목적에 따른 개발제한구역의 지정·관리제도의 내용, 부담금제도의 현실적 필요성과 실질적 효과 및 부담금의 산정과 감면내용 등에 비추어 볼 때, 심판대상조항은 재산권, 거주이전의 자유 등 청구인의 기본권을 침해한다고 할 수 없다(헌재 2007.8.30. 2006헌바9).
④ 사업시행자는 동일한 사업지역에 보상시기를 달리하는 동일인 소유의 토지등이 여러 개 있는 경우 토지소유자나 관계인이 요구할 때에는 한꺼번에 보상금을 지급하도록 하여야 한다(동법 제65조).

| 정답 | 04 ⑤ 05 ② 06 ④ 07 ①

CHAPTER 05 행정쟁송

- 01 행정쟁송의 의의 및 종류
- 02 이의신청
- 03 행정심판

01 행정쟁송의 의의 및 종류

1 개념

(1) 광의의 행정쟁송

① '광의의 행정쟁송'이란 행정상의 법률관계에 관하여 분쟁이 있을 경우에 이해관계인의 쟁송제기에 따라 일정한 판단기관이 그 분쟁을 판정하는 절차를 말한다.
② 이의신청, 행정심판과 행정소송을 포함한다.

(2) 협의의 행정쟁송

① '협의의 행정쟁송'이란 광의의 행정쟁송 중 행정기관에 의한 분쟁의 심판을 뜻한다. 즉, 이의신청과 행정심판을 의미한다.
② 이러한 의미의 행정쟁송은 종래 대륙법계 국가의 특유한 제도였으나 최근 영·미법계 국가도 부분적으로 도입하고 있다.

2 행정쟁송의 목적(기능)

① 위법·부당한 행정작용으로부터 침해된 국민의 권익을 그 행정작용의 시정을 통하여 구제하려는 데 목적이 있으며, 이를 주된 기능이라 할 수 있다.
② 행정쟁송은 위법·부당한 행정작용의 시정을 통하여 행정을 통제하고 행정의 합법성과 합목적성을 확보하려는 데 목적이 있으며, 이를 부수적 기능이라 할 수 있다.

3 행정쟁송의 종류

(1) 분쟁의 전제 여부에 따른 분류

① **실질적 쟁송**: 분쟁의 존재를 전제로 하며 권익이 침해된 후 사후에 그 분쟁의 해결을 목적으로 하는 쟁송이다(이의신청, 행정심판, 행정소송).
② **형식적 쟁송**: 아직 분쟁이 발생하지 아니하였으나(분쟁의 존재를 전제로 하지 않는다) 쟁송의 형식을 통하여 행정의 과정과 절차를 구성하는 것으로, 사전절차로서의 행정절차가 이에 해당된다.

(2) 쟁송목적에 따른 분류
① **주관적 쟁송**: 쟁송당사자의 권익구제를 직접목적으로 하는 행정쟁송을 말한다. 대부분의 행정쟁송이 이에 속한다(예 항고쟁송, 당사자쟁송).
② **객관적 쟁송**: 개인의 권익보호와 관계없이 객관적인 행정법규의 올바른 적용을 보장하기 위한 쟁송으로, 법률에 의하여 인정되어 있는 경우로 한정한다(예 민중쟁송, 기관쟁송).

(3) 쟁송단계에 따른 분류
① **시심적 쟁송**: 법률관계의 형성·존부에 관한 제1차적 행정작용 그 자체가 쟁송의 형식을 거쳐 행하여지는 경우의 쟁송을 말한다(예 당사자소송의 1심, 형식적 쟁송, 토지수용재결신청 등).
② **복심적 쟁송**: 이미 행하여진 행정행위의 하자를 이유로 그에 대한 재심사를 구하는 경우의 절차를 말한다(예 항고쟁송).

(4) 쟁송의 성질에 따른 분류
① **항고쟁송**: 이미 행하여진 행정행위의 위법·부당함을 주장함으로써 그의 취소·변경을 구하는 쟁송을 말하며, 행정청의 처분의 존재를 전제로 하므로 모두 복심적 쟁송이 된다.
② **당사자쟁송**
  ㉠ 당사자 상호간의 의사에 우열이 없는 대등한 당사자 사이에 법률상의 분쟁이 있는 경우 그 분쟁의 해결을 구하는 쟁송을 말하며, 제1차적 행정작용 그 자체가 쟁송의 형식에 따라 행하여지는 것이므로 시심적 쟁송이 된다(예 손실보상청구소송, 봉급청구소송, 연금청구소송, 토지수용재결신청 등).
  ㉡ 실질적으로는 항고쟁송의 성질을 가지나 형식적으로는 당사자 쟁송의 형태를 취하는 것을 형식적 당사자소송이라 한다(예 토지수용재결로 결정된 보상액의 증감청구소송, 특허소송 등).

(5) 쟁송절차에 따른 분류
① **정식쟁송**: 당사자로부터 심판기관의 독립성이 보장되고 심리절차에서 당사자에게 구술변론의 권리가 보장되는 등의 절차가 보장된 쟁송형태이다(예 행정소송).
② **약식쟁송**: 심판기관의 독립성이나 당사자에게 구술변론의 기회가 보장되지 않은 쟁송형태이다(예 이의신청, 행정심판).

(6) 심판기관에 따른 분류
① **이의신청**: 행정처분에 대하여 처분청에 불복하는 절차를 말한다.
② **행정심판**: 행정처분의 위법·부당을 이유로 행정기관인 행정심판위원회에 그 취소나 변경을 구하는 행정쟁송이다.
③ **행정소송**: 행정작용이 위법한 경우에 법원에 그 취소·무효확인·부작위위법확인 등을 구하는 행정쟁송이다.

(7) 쟁송의 주체에 따른 분류
① **민중소송**: 행정법규의 위법한 적용을 시정하기 위하여 일반 민중에 대하여 쟁송의 제기를 인정하는 경우의 쟁송을 말한다(예 선거소송).

개념확인 O/X

② 기관소송: 행정법규의 적정한 적용을 확보하기 위하여 국가 또는 지방자치단체의 기관 상호간에 인정되는 쟁송이다. 즉, 지방의회의 월권행위 등을 이유로 지방자치단체의 장이 대법원에 제기하는 소송이 그 예이다.

4 행정심판과 행정소송의 이동(異同)

(1) 공통점
① 당사자 쟁송제기에 의해서만 쟁송의 개시된다.
② 당사자적격은 '법률상 이익'이 있는 자로 한정된다.
③ 대심주의를 취하고 있다.
④ 청구변경제도를 인정한다.
⑤ 집행부정지제도를 원칙으로 택하고 있다.
⑥ 청구범위 내에서 직권심리주의를 인정한다.
⑦ 불이익 변경금지제도를 취하고 있다.
⑧ 불고불리원칙을 채택하고 있다.
⑨ 사정재결·사정판결이 인정된다.
⑩ 개괄주의가 원칙이다.
⑪ 실질적·주관적 쟁송이다.
⑫ 국민 권익구제와 행정통제기능이 있다.

(2) 차이점

구분	행정심판	행정소송
성질	• 형식적 의미: 행정 • 실질적 의미: 사법	형식적·실질적 사법
심판기관	심리·재결: 행정심판위원회	법원
쟁송사항	'위법·부당'한 처분과 부작위	'위법'한 처분 등과 부작위
절차	구술·서면심리 모두 가능	구술심리주의원칙
목적	약식쟁송에 따른 행정통제	정식쟁송에 따른 행정구제
범위	소극적 변경과 적극적 변경, 의무이행심판이 인정됨	적극적 변경은 허용되지 않음, 의무이행소송은 없고, 부작위위법확인소송임
기타	• 임시처분제도 인정 • 전자정보처리조직을 통한 청구 가능	• 가처분제도 부정(당사자소송에서「민사집행법」상의 가처분을 준용함) • 서면을 통한 청구

02 이의신청

> **관련 법령**
>
> 「행정기본법」 제36조 【처분에 대한 이의신청】 ① 행정청의 처분(「행정심판법」 제3조에 따라 같은 법에 따른 행정심판의 대상이 되는 처분을 말한다. 이하 이 조에서 같다)에 이의가 있는 당사자는 처분을 받은 날부터 30일 이내에 해당 행정청에 이의신청을 할 수 있다.
> ② 행정청은 제1항에 따른 이의신청을 받으면 그 신청을 받은 날부터 14일 이내에 그 이의신청에 대한 결과를 신청인에게 통지하여야 한다. 다만, 부득이한 사유로 14일 이내에 통지할 수 없는 경우에는 그 기간을 만료일 다음 날부터 기산하여 10일의 범위에서 한 차례 연장할 수 있으며, 연장 사유를 신청인에게 통지하여야 한다.
> ③ 제1항에 따라 이의신청을 한 경우에도 그 이의신청과 관계없이 「행정심판법」에 따른 행정심판 또는 「행정소송법」에 따른 행정소송을 제기할 수 있다.
> ④ 이의신청에 대한 결과를 통지받은 후 행정심판 또는 행정소송을 제기하려는 자는 그 결과를 통지받은 날(제2항에 따른 통지기간 내에 결과를 통지받지 못한 경우에는 같은 항에 따른 통지기간이 만료되는 날의 다음 날을 말한다)부터 90일 이내에 행정심판 또는 행정소송을 제기할 수 있다.
> ⑤ 다른 법률에서 이의신청과 이에 준하는 절차에 대하여 정하고 있는 경우에도 그 법률에서 규정하지 아니한 사항에 관하여는 이 조에서 정하는 바에 따른다.
> ⑥ 제1항부터 제5항까지에서 규정한 사항 외에 이의신청의 방법 및 절차 등에 관한 사항은 대통령령으로 정한다.
> ⑦ 다음 각 호의 어느 하나에 해당하는 사항에 관하여는 이 조를 적용하지 아니한다.
> 　1. 공무원 인사 관계 법령에 따른 징계 등 처분에 관한 사항
> 　2. 「국가인권위원회법」 제30조에 따른 진정에 대한 국가인권위원회의 결정
> 　3. 「노동위원회법」 제2조의2에 따라 노동위원회의 의결을 거쳐 행하는 사항
> 　4. 형사, 행형 및 보안처분 관계 법령에 따라 행하는 사항
> 　5. 외국인의 출입국·난민인정·귀화·국적회복에 관한 사항
> 　6. 과태료 부과 및 징수에 관한 사항

1 개설

(1) 개념

'이의신청'이란 일반적으로 처분에 관하여 처분청에 제기하는 불복절차를 말한다.

(2) 목적

처분의 당사자가 해당 처분에 이의가 있는 경우 처분청에 이의를 신청하는 제도는, 국민이 행정심판이나 소송을 하기 전에 간편하게 불복할 수 있는 기회를 제공하는 제도로서 국민의 권익구제를 효율적으로 확장하는 의미가 있다.

2 이의신청의 종류 – '행정심판에 해당되는 이의신청'과 '이의신청'

(1) 개설

① 이의신청은 '행정심판에 해당되는 이의신청(예 「난민법」, 「공익사업을 위한 토지 등의 취득 및 보상에 관한 법률」, 「광업법」 등)'과 '이의신청'으로 나눌 수 있다.
② 「행정기본법」은 '이의신청'에 대한 일반적 규정을 두고 있어, 이후 개별법상의 이의신청은 국회에서 새로운 정비가 있을 것으로 예상된다.

(2) 구분기준

① **심판기관**: '이의신청'은 처분청 스스로 자신의 처분을 판단하지만, '행정심판에 해당되는 이의신청'은 처분청이 아닌 제3자가 판단을 한다.
② **이의신청 이후의 행정심판의 가능성**: '이의신청'은 이의신청의 결과를 통보받은 이후에 행정심판을 청구할 수 있으나, '행정심판에 해당되는 이의신청'은 이의신청의 결과를 통보받은 이후에 다시 행정심판을 청구할 수 없다.
③ **준사법적 절차의 준수 여부**: '행정심판에 해당되는 이의신청'은 준사법적 절차를 준수하나, '이의신청'은 준사법적 절차를 준수하지 않는다.

(3) 구분의 실익

① **「행정심판법」이나 특례규정이 적용되는지 여부**: '행정심판에 해당되는 이의신청'은 「행정심판법」이나 특례규정이 적용되지만 '이의신청'은 적용되지 않는다.
② **이의신청의 결과 통보의 성질**: '행정심판에 해당되는 이의신청'은 이의신청의 결과는 행정심판의 재결에 해당되어 다시 행정심판을 청구할 수 없으나, '이의신청'의 결과의 통보는 행정심판의 재결에 해당되지 않고 이에 불복하는 경우에는 행정심판을 청구할 수 있다.
③ **결어**: 따라서 '이의신청'에 대한 기각의 결정 통보는 항고소송대상이 되는 독립된 처분이 될 수 없다.

※ 이하 이의신청은 특별한 규정이 없으면 '행정심판에 해당되는 이의신청'이 아닌 「행정기본법」의 '이의신청'으로 한다.

> **관련 판례**
>
> ⓒ 토지수용위원회의 수용재결에 대한 이의절차에 「행정심판법」의 규정이 적용될 것인지 여부나, 토지수용재결서 정본을 송달함에 있어 이의신청기간을 알리지 않은 경우 「행정심판법」 제18조 제6항이 적용되는지 여부(적극)
>
> 토지수용위원회의 수용재결에 대한 이의절차는 실질적으로 행정심판의 성질을 갖는 것이므로 「토지수용법」에 특별한 규정이 있는 것을 제외하고는 「행정심판법」의 규정이 적용된다고 할 것이다. 토지수용법 제73조 및 제74조의 각 규정을 보면 수용재결에 대한 이의신청기간을 재결시 정본 송달일로부터 1월로 규정한 것 외에는 「행정심판법」 제42조 제1항 및 같은 법 제18조 제6항과 다른 내용의 특례를 규정하고 있지 않으므로, 재결서정본을 송달함에 있어서 상대방에게 이의신청기간을 알리지 않았다면 「행정심판법」 제18조 제6항의 규정에 의하여 같은 조 제3항의 기간 내에 이의신청을 할 수 있다고 보아야 할 것이다(대판 1992. 6. 9. 92누565).

3 법적 근거

(1) 일반법(「행정기본법」)

① 「행정기본법」 제36조에 일반적 규정을 두고 있다.
② 이를 통해 처분의 이의신청에 대해 일반적인 방법과 절차를 규정하여 이의신청제도가 실효성 있게 운영되도록 하였다.
③ 따라서 처분의 이의신청은 개별법에 이의신청에 관한 규정이 별도로 없더라도 「행정기본법」 제36조가 적용되어 처분에 대해 불복할 수 있는 기회를 확대하여 국민의 권리구제를 확장하게 되었다.
④ 기존에 인허가에 대한 거부처분에 대해서는 「민원 처리에 관한 법률」(제35조)이 일반적 규정 역할을 하고 있었다.

(2) 개별적 규정

① 「민원 처리에 관한 법률」 제35조(거부처분에 대한 이의신청): 거부처분에 대한 이의신청에 있어서 일반적 규정의 역할을 한다.

> **관련 법령**
>
> 「민원 처리에 관한 법률」 제35조 【거부처분에 대한 이의신청】 ① 법정민원에 대한 행정기관의 장의 거부처분에 불복하는 민원인은 그 거부처분을 받은 날부터 60일 이내에 그 행정기관의 장에게 문서로 이의신청을 할 수 있다.
> ② 행정기관의 장은 이의신청을 받은 날부터 10일 이내에 그 이의신청에 대하여 인용 여부를 결정하고 그 결과를 민원인에게 지체 없이 문서로 통지하여야 한다. 다만, 부득이한 사유로 정하여진 기간 이내에 인용 여부를 결정할 수 없을 때에는 그 기간의 만료일 다음 날부터 기산(起算)하여 10일 이내의 범위에서 연장할 수 있으며, 연장 사유를 민원인에게 통지하여야 한다.

② 「국가유공자 등 예우 및 지원에 관한 법률」 제74조의18(이의신청): 제소기간의 특례가 규정된 예에 해당된다.

> **관련 법령**
>
> 「국가유공자 등 예우 및 지원에 관한 법률」 제74조의18 【이의신청】 ① 제74조의5 제1항 제1호, 제3호부터 제5호까지, 제11호부터 제13호까지 및 제15호의 사항과 관련된 국가보훈부장관의 처분에 이의가 있는 자는 다음 각 호의 어느 하나에 해당하는 경우 국가보훈부장관에게 이의신청을 할 수 있다.
> ④ 제1항에 따라 이의신청을 한 자는 그 이의신청과 관계없이 「행정심판법」에 따른 행정심판을 청구할 수 있다. 이 경우 이의신청을 하여 그 결과를 통보받은 자는 통보받은 날부터 90일 이내에 「행정심판법」에 따른 행정심판을 청구할 수 있다.

③ 「공공기관의 정보공개에 관한 법률」 제18조(이의신청): 제소기간의 특례가 적용되지 않은 예에 해당된다.

> **관련 법령**
>
> 「공공기관의 정보공개에 관한 법률」 제18조 【이의신청】 ① 청구인이 정보공개와 관련한 공공기관의 비공개결정 또는 부분 공개결정에 대하여 불복이 있거나 정보공개 청구 후 20일이 경과하도록 정보공개결정이 없는 때에는 공공기관으로부터 정보공개 여부의 결정 통지를 받은 날 또는 정보공개 청구 후 20일이 경과한 날부터 30일 이내에 해당 공공기관에 문서로 이의신청을 할 수 있다.
> ④ 공공기관은 이의신청을 각하(却下) 또는 기각(棄却)하는 결정을 한 경우에는 청구인에게 행정심판 또는 행정소송을 제기할 수 있다는 사실을 제3항에 따른 결과 통지와 함께 알려야 한다.

④ 「난민법」 제21조(이의신청): 「행정심판법」 적용이 배제된 예에 해당된다.

> **관련 법령**
>
> 「난민법」 제21조 【이의신청】 ① 제18조 제2항 또는 제19조에 따라 난민불인정결정을 받은 사람 또는 제22조에 따라 난민인정이 취소 또는 철회된 사람은 그 통지를 받은 날부터 30일 이내에 법무부장관에게 이의신청을 할 수 있다. 이 경우 이의신청서에 이의의 사유를 소명하는 자료를 첨부하여 지방출입국·외국인관서의 장에게 제출하여야 한다.
> ② 제1항에 따른 이의신청을 한 경우에는 「행정심판법」에 따른 행정심판을 청구할 수 없다.

(3) 이의신청의 법 적용(「행정기본법」과 다른 법률과의 관계)

① 「행정기본법」 제36조 제5항은 "다른 법률에서 이의신청과 이에 준하는 절차에 대하여 정하고 있는 경우에도 그 법률에서 규정하지 아니한 사항에 관하여는 이 조에서 정하는 바에 따른다."고 규정하고 있다.

② 다른 법률에서 이의신청과 이에 준하는 절차에 대하여 정하고 있는 경우에는 개별법을 따르고 해당 개별법에 규정하고 있지 아니한 사항은 「행정기본법」 제36조가 보충적으로 적용된다.

4 (「행정기본법」상의) 이의신청 대상 등

> **결정적 코멘트** ▶ 「행정기본법」 시행에 의해 신설된 규정으로 출제가능성이 높다. 이의신청의 대상, 청구기간 및 처리기간, 이후의 불복절차에 대한 암기를 필요로 한다.

(1) 적용대상
① 행정청의 처분으로 「행정심판법」 제3조에 따라 같은 법에 따른 행정심판의 대상이 되는 처분이 대상이 된다.
② 따라서 「행정심판법」이 아닌 다른 법률에 따른 특별행정심판(「행정심판법」 제4조) 대상이 되는 처분은 제외된다. 또 「행정심판법」 적용이 배제되는 처분은 이의신청의 대상에서 제외된다.

(2) 적용 배제
① 공무원 인사 관계 법령에 따른 징계 등 처분에 관한 사항
② 「국가인권위원회법」 제30조에 따른 진정에 대한 국가인권위원회의 결정
③ 「노동위원회법」 제2조의2에 따라 노동위원회의 의결을 거쳐 행하는 사항
④ 형사, 행형 및 보안처분 관계 법령에 따라 행하는 사항
⑤ 외국인의 출입국·난민인정·귀화·국적회복에 관한 사항
⑥ 과태료 부과 및 징수에 관한 사항

(3) 이의신청의 청구기간
① 당사자는 처분을 받은 날부터 30일 이내에 해당 행정청에 이의신청을 할 수 있다. 01
② 행정심판이나 행정소송의 청구기간의 기준시점인 '처분을 안 날'이나 '처분이 있은 날'이 아니라 '처분을 받은 날'로 규정되어 있다.
③ 여기에서 '처분을 받은 날'은 해당 처분의 법률에 특별한 규정이 없는 한 「행정절차법」상의 송달규정이 적용될 것이다.
④ 개별법에 이의신청의 기간을 30일보다 짧거나 길게 규정하고 있다면 해당 규정에 따라 청구한다.

(4) 이의신청의 신청인 자격
① 이의신청은 '처분에 이의 있는 당사자'가 신청할 수 있다.
② '당사자'는 처분의 상대방을 말한다(「행정기본법」 제2조 제3호).
③ 처분의 상대방만 청구할 수 있을 뿐 처분에 이해관계 있는 제3자는 이의신청을 청구할 수 없다.

(5) 이의신청서의 제출
① 이의신청을 하려는 자는 이의신청서를 해당 행정청에 제출해야 한다.
② 이의신청서에는 ㉠ 신청인의 성명·생년월일·주소(신청인이 법인이나 단체인 경우에는 그 명칭, 주사무소의 소재지와 그 대표자의 성명)와 연락처, ㉡ 이의신청대상이 되는 처분의 내용과 처분을 받은 날, ㉢ 이의신청 이유를 적어야 한다(「행정기본법 시행령」 제11조 제1항). 02

개념확인 O/X

01 이의신청의 청구기간은 행정심판과 동일하게 적용된다.
(O / X)

02 법률상 이의신청을 제기해야 할 사람이 처분청에 표제를 '행정심판청구서'로 한 서류를 제출하였다면, 서류의 내용에 이의신청 요건에 맞는 불복취지와 사유가 충분히 기재되어 있다고 하여도 이를 처분에 대한 이의신청으로 볼 수 없다.
15 지방9급 (O / X)

| 정답 | 01 X 02 X

(6) 이의신청의 처리기간

① 행정청은 이의신청을 받으면 그 신청을 받은 날부터 14일 이내에 그 이의신청에 대한 결과를 신청인에게 통지하여야 한다.
② 다만, 부득이한 사유로 14일 이내에 통지할 수 없는 경우에는 그 기간을 만료일 다음 날부터 기산하여 10일의 범위에서 한 차례 연장할 수 있으며, 연장 사유를 신청인에게 통지하여야 한다.

5 이의신청을 거친 후 처분에 대한 불복절차

(1) 이의신청과 행정심판 및 행정소송과의 관계

① 처분에 대해 이의신청을 한 후에도 이의신청과 상관없이 당사자는 원처분에 대한 행정심판 또는 행정소송을 제기할 수 있다. 01
② 처분의 당사자는 이의신청을 하지 않고 행정심판이나 행정소송을 제기할 수 있음은 물론이며, 이의신청을 한 후에 신청에 대한 결과 통지를 받기 전에도 행정심판이나 행정소송을 제기할 수 있다.
③ 이의신청의 결과 통지를 받은 후에도 원처분을 대상으로 행정심판이나 행정소송을 제기할 수 있다.
④ 이의신청의 결과 통지는 항고쟁송대상인 처분에 해당하지 않으므로, 이의신청의 결과 통지 그 자체를 행정심판이나 행정소송으로 다투는 것은 허용되지 않는다.

(2) 행정심판의 청구기간 또는 행정소송의 제소기간과의 관계

① 이의신청에 대한 결과를 통지받은 후 행정심판 또는 행정소송을 제기하려는 자는 그 결과를 통지받은 날[통지기간(이의신청을 받은 날부터 14일) 내에 결과를 통지받지 못한 경우에는 통지기간이 만료되는 날의 다음 날]부터 90일 이내에 행정심판 또는 행정소송을 제기할 수 있다.
② 처분에 대한 이의신청의 결과를 통지받은 후에 행정심판이나 행정소송을 제기하는 경우에는 행정심판의 청구기간이나 행정소송의 제소기간이 실질적으로 이의신청의 과정의 기간만큼 연장되는 효과가 있다.
③ 즉, 행정심판의 청구기간이나 행정소송의 제기기간은 경과되었더라도 「행정기본법」 이의신청 규정의 기간 내에서는 행정심판이나 행정소송을 제기할 수 있게 되었다.
④ 하지만 이의신청을 하지 않은 경우나 이의신청을 하였지만 결과 통지를 받지 않은 경우에 원처분에 대한 행정심판이나 행정소송의 청구할 때에는 행정심판의 청구기간 또는 행정소송의 제소기간은 「행정심판법」, 「행정소송법」에 따라야 한다.

> **관련 판례**
>
> ⓒ 「국가유공자 등 예우 및 지원에 관한 법률」 제74조의18 제1항이 정한 이의신청을 받아들이지 아니하는 결정이 항고소송의 대상이 되는지 여부(소극)
>
> 국가유공자법이 정한 이의신청은, 국가유공자 요건에 해당하지 아니하는 등의 사유로 국가유공자 등록신청을 거부한 처분청인 국가보훈처장이 신청대상자의 신청사항을 다시 심사하여 잘못이 있는 경우 스스로 시정하도록 한 절차인 점, 이의신청을 받아들이는 것을 내용으로 하는 결정은 당초 국가유공자 등록신청을 받아들이는 새로운 처분으로 볼 수 있으나, 이와 달리 이의신청을 받아들이지 아니하는 내용의 결정은 종전의 결정내용을 그대로 유지하는 것에 불과한 점, 보훈심사위원

개념확인 O/X

01 특별한 규정이 없다면 이의신청을 거친 후에는 행정심판을 청구할 수 없다.
(O / X)

회의 심의·의결을 거치는 것도 최초의 국가유공자 등록신청에 대한 결정에서나 이의신청에 대한 결정에서 마찬가지로 거치도록 규정된 절차인 점, 이의신청은 원결정에 대한 행정심판이나 행정소송의 제기에도 영향을 주지 아니하는 점 등을 종합하면, 국가유공자법이 정한 이의신청을 받아들이지 아니하는 결정은 이의신청인의 권리·의무에 새로운 변동을 가져오는 공권력의 행사나 이에 준하는 행정작용이라고 할 수 없으므로 원결정과 별개로 항고소송의 대상이 되지는 않는다(대판 2016. 7. 27. 2015두45953).

Ⓒ 「국가유공자 등 예우 및 지원에 관한 법률」 제74조의18 제1항이 정한 이의신청을 받아들이지 아니하는 결과를 통보받은 자가 통보받은 날부터 90일 이내에 행정심판 또는 취소소송을 제기할 수 있는지 여부(적극)

국가유공자 비해당결정 등 원결정에 대한 이의신청이 받아들여지지 아니한 경우에도 이의신청인으로서는 원결정을 대상으로 항고소송을 제기하여야 하고, 「국가유공자 등 예우 및 지원에 관한 법률」 제74조의18 제4항이 이의신청을 하여 그 결과를 통보받은 날부터 90일 이내에 「행정심판법」에 따른 행정심판의 청구를 허용하고 있고, 「행정소송법」 제18조 제1항 본문이 "취소소송은 법령의 규정에 의하여 당해 처분에 대한 행정심판을 제기할 수 있는 경우에도 이를 거치지 아니하고 제기할 수 있다."라고 규정하고 있는 점 등을 종합하면, 이의신청을 받아들이지 아니하는 결과를 통보받은 자는 통보받은 날부터 90일 이내에 「행정심판법」에 따른 행정심판 또는 「행정소송법」에 따른 취소소송을 제기할 수 있다(대판 2016. 7. 27. 2015두45953).

Ⓒ 「민원사무처리에 관한 법률」 제18조 제1항에서 정한 '거부처분에 대한 이의신청'을 받아들이지 않는 취지의 기각결정 또는 그 취지의 통지가 항고소송의 대상이 되는지 여부(소극)

이에 따라, 민원 이의신청을 받아들이는 경우에는 이의신청대상인 거부처분을 취소하지 않고 바로 최초의 신청을 받아들이는 새로운 처분을 하여야 하지만, 이의신청을 받아들이지 않는 경우에는 다시 거부처분을 하지 않고 그 결과를 통지함에 그칠 뿐이다. 따라서 이의신청을 받아들이지 않는 취지의 기각결정 내지는 그 취지의 통지는, 종전의 거부처분을 유지함을 전제로 한 것에 불과하고 또한 거부처분에 대한 행정심판이나 행정소송의 제기에도 영향을 주지 못하므로, 결국 민원 이의신청인의 권리·의무에 새로운 변동을 가져오는 공권력의 행사나 이에 준하는 행정작용이라고 할 수 없어, 독자적인 항고소송의 대상이 된다고 볼 수 없다(대판 2012. 11. 15. 2010두8676).

Ⓒ 민원사항에 대한 행정기관의 장의 거부처분에 불복하여 「민원사무처리에 관한 법률」 제18조 제1항에 따라 이의신청을 한 경우, 이의신청에 대한 결과를 통지받은 날부터 취소소송의 제소기간이 기산되는지 여부(소극) 및 위 이의신청절차가 헌법 제27조에서 정한 재판청구권을 침해하는지 여부(소극)

「행정소송법」 제18조 내지 제20조, 「행정심판법」 제3조 제1항, 제4조 제1항, 「민원사무처리에 관한 법률」(이하 '민원사무처리법'이라 한다) 제18조, 같은 법 시행령 제29조 등의 규정들과 그 취지를 종합하여 보면, 민원사무처리법에서 정한 민원 이의신청의 대상인 거부처분에 대하여는 민원 이의신청과 상관없이 행정심판 또는 행정소송을 제기할 수 있으며, 또한 민원 이의신청은 민원사무처리에 관하여 인정된 기본사항의 하나로 처분청으로 하여금 다시 거부처분에 대하여 심사하도록 한 절차로서 「행정심판법」에서 정한 행정심판과는 성질을 달리하고 또한 사안의 전문성과 특수성을 살리기 위하여 특별한 필요에 따라 둔 행정심판에 대한 특별 또는 특례 절차라 할 수도 없어 「행정소송법」에서 정한 행정심판을 거친 경우의 제소기간의 특례가 적용된다고 할 수도 없으므로, 민원 이의신청에 대한 결과를 통지받은 날부터 취소소송의 제소기간이 기산된다고 할 수 없다. 그리고 이와 같이 민원 이의신청절차와는 별도로 그 대상이 된 거부처분에 대하여 행정심판 또는 행정소송을 제기할 수 있도록 보장하고 있는 이상, 민원 이의신청절차에 의하여 국민의 권익 보호가 소홀하게 된다거나 헌법 제27조에서 정한 재판청구권이 침해된다고 볼 수도 없다(대판 2012. 11. 15. 2010두8676).

03 행정심판

1 개설

(1) 개념

행정심판은 행정청의 위법·부당한 행정처분 등으로 권익을 침해당한 자가 행정기관에 그의 시정이나 무효확인 또는 일정한 행위나 처분을 구하는 절차를 말한다.

① **광의의 행정심판**: 행정청이 행하는 모든 준사법적 절차로서 행정쟁송뿐 아니라 행정절차도 포함된다.

② **협의의 행정심판**: '협의의 행정심판'이란 행정청이 재결기관이 되어 행하는 행정쟁송을 말한다(「행정심판법」, 특별법 규정에 의한 행정심판). 일반적으로 행정심판이라고 할 때의 의미이다.

③ **형식적 의미의 행정심판(최협의의 행정심판)**: 「행정심판법」의 적용을 받는 행정심판을 말한다.

④ **실질적 의미의 행정심판**: 협의·광의의 행정심판을 모두 포함하는 의미이다.

(2) 유사개념과의 구별

① 이의신청과의 구별
  ㉠ 행정심판은 원칙적으로 행정심판위원회에 제기하는 쟁송절차이고, 이의신청은 처분청에 심사를 구하는 행정쟁송이다.
  ㉡ 양자의 관계는 원칙상 전후심관계에 있다.

② 청원과의 구별
  ㉠ 행정심판은 국민의 권리를 구제하기 위한 행정쟁송제도이고 청원은 국정에 대한 정치적 의사표시 보장제도이다.
  ㉡ 행정심판은 제기권자, 심판기관, 제기기간, 제기사항 등에 관해 제한이 있으나, 청원은 제한이 없다.
  ㉢ 행정심판의 재결은 불가쟁력, 불가변력 등 효력이 발생하지만, 청원의 결정은 그러한 효력이 발생하지 않는다.

③ **진정과의 구별**: 진정은 단순한 희망을 진술하는 사실행위이며, 형식·절차에 구애받지 않고 진정에 의하여 이루어진 행정청의 취소·철회는 직권에 의하여 이루어진 결과이다.

④ 고충민원처리와 행정심판
  ㉠ 「부패방지 및 국민권익위원회의 설치와 운영에 관한 법률」상 '고충민원처리제도'란 국민들의 고충사안을 국민과 행정기관 사이에서 중립적·독립적인 기관인 국민권익위원회 또는 시민고충처리위원회로 하여금 간편·신속하게 조사·해결해 주는 제도를 의미한다.
  ㉡ 또한 고충민원이란 행정기관 등의 위법·부당하거나 소극적인 처분 및 불합리한 행정제도로 인하여 국민의 권리를 침해하거나 국민에게 불편 또는 부담을 주는 사항에 관한 민원을 말한다.
  ㉢ 판례는 국민고충처리위원회에 대한 고충민원의 신청을 행정심판으로 볼 수 있는지 여부에 관하여 행정소송의 전치절차로서 요구되는 행정심판청구로 인정하지 않는다.

| 개념확인 O/X |

관련 판례

ⓒ 국민고충처리위원회에 대한 고충민원의 신청을 행정심판청구로 볼 수 있는지 여부

> 행정규제 및 민원사무기본법의 관계 규정을 종합하여 보면, 국민고충처리제도는 국무총리 소속하에 설치된 국민고충처리위원회로 하여금 행정과 관련된 국민의 고충민원을 상담·조사하여 행정기관의 처분 등이 위법·부당하다고 인정할 만한 상당한 이유가 있는 경우에 관계 행정기관의 장에게 적절한 시정조치를 권고하도록 함으로써 국민의 불편과 부담을 시정하기 위한 제도로서「행정심판법」에 의한 행정심판 내지 다른 특별법에 따른 이의신청, 심사청구, 재결의 신청 등의 불복구제절차와는 제도의 취지나 성격을 달리하고 있으므로 국민고충처리위원회에 대한 고충민원의 신청이 행정소송의 전치절차로서 요구되는 행정심판청구에 해당하는 것으로 볼 수는 없다.

ⓒ 국민고충처리위원회에 대한 고충민원신청서의 제출을 예외적으로 행정심판청구로 볼 수 있는 경우

> 국민고충처리위원회에 접수된 신청서가 행정기관의 처분에 대하여 시정을 구하는 취지임이 내용상 분명한 것으로서 국민고충처리위원회가 이를 당해 처분청 또는 그 재결청에 송부한 경우에 한하여「행정심판법」제17조 제2항·제7항의 규정에 의하여 그 신청서가 국민고충처리위원회에 접수된 때에 행정심판청구가 제기된 것으로 볼 수 있다(대판 1995.9.29. 95누5332).

ⓒ 진정에 대한 국가인권위원회의 각하 또는 기각결정은 항고소송의 대상인 처분이다

> 국가인권위원회는 법률상의 독립된 국가기관이고, 피해자인 진정인에게는「국가인권위원회법」이 정하고 있는 구제조치를 신청할 법률상 신청권이 있는데 국가인권위원회가 진정을 각하 및 기각결정을 할 경우 피해자인 진정인으로서는 자신의 인격권 등을 침해하는 인권침해 또는 차별행위 등이 시정되고 그에 따른 구제조치를 받을 권리를 박탈당하게 되므로, 진정에 대한 국가인권위원회의 각하 및 기각결정은 피해자인 진정인의 권리행사에 중대한 지장을 초래하는 것으로서 항고소송의 대상이 되는 행정처분에 해당하므로, 그에 대한 다툼은 우선 행정심판이나 행정소송에 의하여야 할 것이다(헌재 2015.3.26. 2013헌마214 등).

(3) 행정심판의 유용성(존재이유)

① **행정청의 자율통제**: 권력분립원칙하에서 행정권이 사법권의 간섭을 받지 아니하고, 과오를 자기반성에 의하여 자율적으로 시정하려는 것으로, 권력분립적·정치적 이유로 주로 대륙법계에서 채택한다.

② **사법의 보충적 기능 및 국민의 권익구제**
  ㉠ 행정심판을 통하여 분쟁의 해결이 이루어질 경우 불필요한 행정소송제기를 방지할 수 있고 법원의 업무경감 기능을 발휘한다.
  ㉡ 행정청의 전문지식 활용과 행정의 능률성을 확보할 수 있다.
  ㉢ 행정심판은 행정소송에 비해 신속하며 비용부담이 적고, 행정심판의 대상은 처분의 부당까지 포함되어 권익구제의 기능이 강하다.

관련 판례

ⓒ 행정심판에 관한 헌법 제107조 제3항의 의미

헌법 제107조 제3항은 "재판의 전심절차로서 행정심판을 할 수 있다. 행정심판의 절차는 법률로 정하되, 사법절차가 준용되어야 한다."고 규정하고 있으므로, 입법자가 행정심판을 전심절차가 아니라 종심절차로 규정함으로써 정식재판의 기회를 배제하거나, 어떤 행정심판을 필요적 전심절차로 규정하면서도 그 절차에 사법절차가 준용되지 않는다면 이는 위 헌법 조항, 나아가 재판청구권을 보장하고 있는 헌법 제27조에도 위반되며, 헌법 제107조 제3항은 사법절차가 '준용'될 것만을 요구하고 있으나 판단기관의 독립성과 공정성, 대심적 심리구조, 당사자의 절차적 권리보장 등의 면에서 사법절차의 본질적 요소를 현저히 결여하고 있다면 '준용'의 요청에마저 위반된다(헌재 2001.6.8. 2000헌바30).

2 행정심판의 종류 _{빈출}

> **결정적 코멘트** 각 심판의 청구대상과 적용법규, 재결의 기속력 확보에 대한 충분한 이해와 암기를 요하는 단원이다.

- 행정심판은 처분을 대상으로 하는 항고심판과 처분 등을 원인으로 한 당사자심판으로 나눌 수 있으나, 당사자심판은 일반적 규정이 없고 개별법에 규정을 두고 있다.
- 항고심판은 일반적 행정심판으로서의 취소심판·무효등확인심판·의무이행심판이 있고, 특별법상의 「국세기본법」 등이 있다. 01

(1) 항고심판

① **취소심판**
- ㉠ **의의**: 행정청의 위법 또는 부당한 처분을 취소하거나 변경하는 행정심판을 말한다. 02 03 04
- ㉡ **성질**: 취소심판의 성질은 확인적 쟁송이 아니라 형성적 쟁송으로 보는 것이 통설·판례의 태도이다. 그러나 변경명령재결은 이행재결의 성질로 보아야 한다.
- ㉢ **재결**: 위원회는 취소심판의 청구가 이유 있다고 인정할 때에는 그 심판청구를 인용하는 재결로써 그 심판청구의 대상이 된 처분을 취소·변경하거나 처분청(피청구인)에 변경을 명한다. 처분의 취소를 명령하는 재결은 없다.
- ㉣ **적용법규**: 취소심판은 아래의 법규 등이 적용된다.
  - ⓐ 심판청구기간의 제한(「행정심판법」 제27조)
  - ⓑ 집행부정지원칙의 적용(동법 제30조)
  - ⓒ 사정재결제도의 인정(동법 제44조)
  - ⓓ 취소·변경재결의 제3자에 대한 형성력(제3자효, 형성적 효력)
  - ⓔ 거부처분 취소심판의 경우, 임시처분 가능(동법 제31조)
  - ⓕ 거부처분의 취소심판에서 재결의 간접강제(동법 제50조의2)

② **무효등확인심판**
- ㉠ **의의**: 행정청의 처분의 효력 유무 또는 존재 여부를 확인하는 행정심판을 말한다.
- ㉡ **성질**: 확인적 쟁송설, 형성적 쟁송설, 준형성적 쟁송설이 있으나, 무효등확인심판은 실질적으로는 확인적 쟁송인 것이지만, 형식적으로는 처분의 효력 유무 또는 존재 여부를 직접 쟁송의 대상으로 한다는 점에서 형성적 쟁송의 성질을 아울러 가지는 것으로 보는 준형성적 쟁송설이 통설이다.
- ㉢ **재결**
  - ⓐ 위원회는 무효등확인심판의 청구에 이유가 있다고 인정하면 처분의 효력 유무 또는 처분의 존재 여부를 확인한다.
  - ⓑ 취소심판의 경우와는 달리 청구기간 및 사정재결에 관한 규정이 적용되지 않는다.

개념확인 O/X

01 행정청의 처분 또는 부작위에 대하여는 다른 법률에 특별한 규정이 있는 경우 외에는 「행정심판법」에 따라 행정심판을 청구할 수 있다.
20 군무원9급 (O / X)

02 행정심판의 대상에는 처분 또는 부작위의 위법성뿐만 아니라 부당성도 포함된다.
19 소방 (O / X)

03 행정청의 부당한 처분을 변경하는 행정심판은 현행법상 허용된다.
20 지방9급 (O / X)

04 당사자의 신청에 대한 행정청의 부당한 거부처분을 취소하는 행정심판은 현행법상 허용되지 않는다.
20 지방9급 (O / X)

| 정답 | 01 O 02 O 03 O 04 X

ⓔ 적용법규
　ⓐ 심판청구기간의 제한을 받지 않는다.
　ⓑ 사정재결에 관한 규정이 적용되지 않는다.
　ⓒ 집행부정지원칙이 적용한다.
　ⓓ 집행정지신청이 가능하다.
　ⓔ 거부처분의 경우, 임시처분이 가능하다.
　ⓕ 거부처분에 대한 무효등확인심판에 간접강제 등이 적용된다.

③ 의무이행심판
　㉠ 의의: '의무이행심판'이란 당사자의 신청에 대한 행정청의 위법 또는 부당한 거부처분이나 부작위에 대하여 일정한 처분을 하도록 하는 행정심판을 말한다(「행정심판법」 제5조 제3호). 01 02 03 04
　㉡ 성질: 의무이행심판은 행정청에 대하여 일정한 처분을 할 것을 명하는 재결을 구하는 행정심판이므로 이행쟁송의 성질을 갖는다. 다만, 위원회의 처분재결은 형성재결의 성질을 갖는다.
　㉢ 재결
　　ⓐ 위원회는 의무이행심판의 청구가 이유가 있다고 인정하면 지체 없이 신청에 따른 처분을 하거나 처분을 할 것을 피청구인에게 명한다.
　　ⓑ 처분의 이행을 명하는 재결이 있으면 행정청은 지체 없이 이전의 신청에 대하여 재결의 취지에 따라 처분을 하여야 한다(제49조 제3항).
　　ⓒ 위원회는 피청구인이 재결청의 이행의무를 명하는 재결(제49조 제3항)에도 불구하고 처분을 하지 아니하는 경우에는 당사자가 신청하면 기간을 정하여 서면으로 시정을 명하고 그 기간에 이행하지 아니하면 직접 처분을 할 수 있다. 다만, 그 처분의 성질이나 그 밖의 불가피한 사유로 위원회가 직접 처분을 할 수 없는 경우에는 그러하지 아니하다(제50조 제1항).
　　ⓓ 위원회는 직접 처분을 하였을 때에는 그 사실을 해당 행정청에 통보하여야 하며, 그 통보를 받은 행정청은 위원회가 한 처분을 자기가 한 처분으로 보아 관계 법령에 따라 관리·감독 등 필요한 조치를 하여야 한다(제50조 제2항).
　　ⓔ 위원회는 직접처분 이외에도 배상을 명할 수 있다.
　㉣ 적용법규
　　ⓐ 거부처분에 대한 의무이행심판에는 청구기간의 제한을 받으나, 부작위에 대한 의무이행심판에는 그 제한을 받지 않는다. 05
　　ⓑ 집행정지에 관한 규정은 적용되지 않는다.
　　ⓒ 사정재결에 관한 규정이 적용된다.
　　ⓓ 위원회의 직접처분과 위원회의 간접강제가 적용된다.

개념확인 O/X

01 당사자의 신청에 대한 행정청의 부당한 거부처분에 대하여 일정한 처분을 하도록 하는 행정심판은 현행법상 허용된다.
20 지방9급　　　　　　(O / X)

02 당사자의 신청에 대한 행정청의 부당한 거부처분에 대하여 일정한 처분을 하도록 하는 행정심판의 청구는 현행법상 허용되고 있다.
19 국가9급　　　　　　(O / X)

03 당사자의 신청에 대한 행정청의 위법한 부작위에 대하여 행정청의 부작위가 위법하다는 것을 확인하는 행정심판은 현행법상 허용되지 않는다.
20 지방9급　　　　　　(O / X)

04 행정심판에는 당사자의 신청에 대한 행정청의 위법 또는 부당한 거부처분이나 부작위에 대하여 일정한 처분을 하도록 하는 의무이행심판이 포함된다.
23 국회9급　　　　　　(O / X)

05 거부에 대한 의무이행심판에는 청구기간의 제한과 사정재결, 집행정지 규정이 적용되지 않는다.
19 서울7급　　　　　　(O / X)

심화 학습　항고심판의 종류

구분	청구기간	사정재결	집행정지
취소심판	적용	적용	적용
무효등확인심판	부적용	부적용	적용
소극처분에 대한 의무이행심판	적용	적용	부적용
부작위에 대한 의무이행심판	부적용	적용	부적용

| 정답 | 01 O　02 O　03 O　04 O　05 X

(2) 특별법에 의한 행정심판

① 「국가공무원법」 및 「지방공무원법」상의 소청, 「국세기본법」상의 심사청구와 심판청구, 「특허법」상의 특허심판 등이 있다.

> **관련 판례**
>
> ⓒ 토지수용위원회의 수용재결에 대한 이의절차는 실질적으로 행정심판의 성질을 갖는 것이므로 토지수용법에 특별한 규정이 있는 것을 제외하고는 「행정심판법」의 규정이 적용된다고 할 것이다(대판 1992.6.9. 92누565).

② 「행정심판법」 제4조의 특별행정심판 등에 관한 규정
  ㉠ 사안(事案)의 전문성과 특수성을 살리기 위하여 특히 필요한 경우 외에는 「행정심판법」에 따른 행정심판을 갈음하는 특별한 행정불복절차(이하 '특별행정심판'이라 한다)나 「행정심판법」에 따른 행정심판절차에 대한 특례를 다른 법률로 정할 수 없다(제4조 제1항).
  ㉡ 다른 법률에서 특별행정심판이나 「행정심판법」에 따른 행정심판절차에 대한 특례를 정한 경우에도 그 법률에서 규정하지 아니한 사항에 관하여는 「행정심판법」에서 정하는 바에 따른다(동조 제2항).
  ㉢ 관계 행정기관의 장이 특별행정심판 또는 「행정심판법」에 따른 행정심판절차에 대한 특례를 신설하거나 변경하는 법령을 제정·개정할 때에는 미리 중앙행정심판위원회와 협의하여야 한다(동조 제3항). 01 02 03

(3) 당사자심판(재결신청)

① 의의: '당사자심판'이란 처분 등을 원인으로 하여 행정법관계의 형성이나 존부에 관해 분쟁이 발생한 경우 일방당사자의 신청에 의해 행정기관이 법률관계에 대한 최초의 판정을 내리는 심판으로서 시심적 쟁송이다.
② 종류: 당사자심판은 「행정심판법」에 규정되어 있지 않고, 개별법에만 있다. 개별법으로 「공익사업을 위한 토지 등의 취득 및 보상에 관한 법률」의 재결신청(제28조), 「국가배상법」상의 배상결정신청(제12조), 「수산업법」상의 재결신청(제92조 등) 등이 있다. 04

3 「행정심판법」의 특색 및 문제점

(1) 특색

① 의무이행심판의 인정
② 개괄주의
③ 심리절차의 대심구조화 및 준사법절차화
④ 심판참가의 인정
⑤ 재결청과 심리·의결기관의 일원화
⑥ 불고불리 및 불이익 변경금지제도의 채택
⑦ 불복고지제도의 채택
⑧ 사정재결제도의 채택
⑨ 임시처분제도의 채택
⑩ 전자정보처리조직을 통한 심판청구제도

개념확인 O/X

01 관계 행정기관의 장이 특별행정심판 또는 「행정심판법」에 따른 행정심판절차에 대한 특례를 신설하거나 변경하는 법령을 제정·개정할 때에는 미리 중앙행정심판위원회와 협의하여야 한다.
24 국회8급 (O / X)

02 특별행정심판 또는 「행정심판법」에 따른 행정심판절차에 대한 특례를 신설하거나 변경하는 법령을 제정·개정할 때 중앙행정심판위원회와 사전에 협의하여야 하는 것은 아니다.
18 국회8급 (O / X)

03 관계 행정기관의 장이 특별행정심판 또는 「행정심판법」에 따른 행정심판절차에 대한 특례를 신설하거나 변경하는 법령을 제정·개정할 때에는 미리 법무부장관과 협의하여야 한다.
20 군무원9급 (O / X)

04 현행 「행정심판법」에는 당사자심판이 규정되어 있다.
(O / X)

| 정답 | 01 O 02 X 03 X 04 X

개념확인 O/X

01 「행정심판법」에는 행정심판의 진행 중에 청구인의 행정청에 대한 자료제출요구권이 규정되어 있다. (O/X)

(2) 문제점

심판의 진행 과정에서 행정심판 당사자인 청구인의 행정청에 대한 자료제출요구권이 규정되어 있지 않다는 점과 행정심판위원회가 행정청의 지위를 갖는다는 점에서 재결기관의 독립성이 미흡하다는 지적이 있다. 01

4 행정심판의 대상

(1) 의의

행정심판청구의 대상으로 삼을 수 있는 사항을 행정심판의 대상이라 하는데, 규정의 방법은 열기주의와 개괄주의로 나누어진다.

① 열기주의: 행정심판사항에 대하여 법령이 열기하는 특정사항에 관해서만 행정심판의 제기를 허용하려는 주의를 말한다.

② 개괄주의: 행정심판사항을 한정하여 제한하지 아니하고, 행정청의 위법 또는 부당한 처분으로 인하여 권익이 침해되었다고 주장하는 자에 대하여 널리 행정심판의 제기를 인정하려는 주의를 말한다.

③ 우리나라 「행정심판법」 규정
  ㉠ 개괄주의 채택: 「행정심판법」은 "행정청의 처분 또는 부작위에 대하여 다른 법률에 특별한 규정이 있는 경우 외에는 이 법에 따라 행정심판을 청구할 수 있다(제3조 제1항)."라고 규정함으로써 개괄주의를 채택하였다.
  ㉡ 심판대상의 제외: 개괄주의에도 불구하고 다음의 경우에는 행정심판의 대상이 되지 못한다. 02 03
    ⓐ 대통령의 처분이나 부작위
    ⓑ 행정심판의 재결이 있는 경우 행정심판의 재결 및 동일한 처분 또는 부작위
    ⓒ 다른 법률에 특별한 규정이 있는 경우 등

02 「행정심판법」에 따르면, 심판청구에 대한 재결이 있는 경우에는 당해 재결 및 동일한 처분 또는 부작위에 대하여 다시 심판청구를 제기할 수 없다.
23 국회9급, 20 군무원7급 (O/X)

03 대통령의 처분 또는 부작위에 대하여는 다른 법률에서 행정심판을 청구할 수 있도록 정한 경우 외에는 행정심판을 청구할 수 없다.
24 군무원7급, 23 국회9급, 20 군무원9급, 18 국회8급 (O/X)

> **관련 법령**
>
> 「행정심판법」 제3조【행정심판의 대상】① 행정청의 처분 또는 부작위에 대하여는 다른 법률에 특별한 규정이 있는 경우 외에는 이 법에 따라 행정심판을 청구할 수 있다.
> ② 대통령의 처분 또는 부작위에 대하여는 다른 법률에서 행정심판을 청구할 수 있도록 정한 경우 외에는 행정심판을 청구할 수 없다.

(2) 행정청의 처분·부작위

① 행정청: '행정청'이란 행정에 관한 의사를 결정하여 표시하는 국가 또는 지방자치단체의 기관 그 밖에 법령 또는 자치법규에 따라 행정권한을 가지고 있거나 위탁을 받은 공공단체나 그 기관 또는 사인(私人)을 말한다. 04

② 처분: '처분'이란 행정청이 행하는 구체적 사실에 관한 법집행으로서의 공권력의 행사 또는 그 거부 그 밖에 이에 준하는 행정작용을 말한다.
  ㉠ '공권력의 행사': 학문상 행정행위의 중심이 공권력행사이며 적극적 처분 및 소극적 처분(거부처분)을 포함한다.
  ㉡ '이에 준하는 행정작용': 행정작용 중 공권력작용 또는 거부처분에 해당하지 아니하나 개인의 권익에 구체적으로 영향을 미치는 행정청의 대외적 작용으로 행정구제의 필요성이 인정되는 포괄적인 개념을 말한다.

04 '행정청'이란 행정에 관한 의사를 결정하여 표시하는 국가 또는 지방자치단체의 기관 그 밖에 법령 또는 자치법규에 따라 행정권한을 가지고 있거나 위탁을 받은 공공단체나 그 기관 또는 사인(私人)을 말한다.
20 군무원9급 (O/X)

| 정답 | 01 X 02 O 03 O 04 O

③ **부작위**: '부작위'란 행정청이 당사자의 신청에 대하여 상당한 기간 내에 일정한 처분을 하여야 할 법률상 의무가 있는데도 처분을 하지 아니하는 것을 말한다.
  ㉠ **당사자 신청**: 당사자의 법규상 또는 조리상의 권리에 기한 정당한 신청이 있어야 한다. 여기에서의 정당한 신청은 앞서 살펴본 거부처분의 전제와 동일하며 신청에 대한 인용의 결과를 전제로 하는 것은 아니다.
  ㉡ **상당한 기간**
    ⓐ 상당한 기간인가의 여부는 당해 처분의 성질·내용·법률규정·사안의 복잡성 등을 고려하여 구체적으로 판단해야 한다.
    ⓑ 「행정절차법」 제19조의 처리기간의 설정·공표 규정을 기준으로 삼아야 한다는 견해가 있다. 이 견해에 이하면 공표된 처리기간을 연장 없이 처리하지 않은 경우나, 1회 연장을 하였음에도 예정기한을 넘겨 아무런 처리를 하지 않았다면 이는 부작위에 해당된다는 입장이다.
    ⓒ 다만, 상당기간의 부작위를 거부로 간주하는 규정을 두었다면 그 경우에는 '부작위'가 아니라 거부처분이 된다.
  ㉢ **처리할 의무의 존재**: 상대방의 신청을 인용하는 적극적 처분을 하거나 각하 또는 기각하는 등의 소극적 처분을 하여야 할 법률상의 응답의무가 있어야 한다.
  ㉣ **처분의 부존재**: 처분의 부존재는 처분의 신청에 대한 응답을 하지 않은 것을 말하는 것이지 처분을 하지 않겠다는 의사를 표시하는 행위를 말하는 것은 아니다.

(3) 행정청의 위법 또는 부당한 처분

① **위법**: '처분의 위법'이란 근거법규 위반뿐만 아니라 비례원칙, 평등원칙, 신뢰보호원칙 등 행정의 일반법칙 내지 조리에 위반한 경우를 포함하며, 재량권 일탈·남용의 경우에도 위법이 된다.
② **부당**: '처분의 부당'이란 재량규범의 수권목적에 비추어 가장 합목적이라고 할 수 없는 경우를 말한다.

5 행정심판기관

결정적 코멘트 ▶ 행정청의 처분(또는 부작위)에 관한 관할 행정심판위원회를 파악하고 있어야 한다.

(1) 의의

행정심판의 청구를 수리하고 이를 심리·재결하는 권한의 행정기관을 의미하며 행정심판위원회가 이를 담당한다. 종래에는 재결청에서 재결을 담당하고, 행정심판위원회는 심리만을 담당하였으나, 현재에는 행정심판위원회가 재결과 심리를 모두 담당하여 일원화되었다.

(2) 행정심판위원회

① **법적 지위**: 행정심판위원회는 행정심판이 청구된 사건을 심리하고 재결하기 위해 설치된 합의제 행정청이다.
② **행정심판위원회의 설치**
  ㉠ **해당 행정청 소속의 행정심판위원회**: 다음의 행정청 또는 그 소속 행정청(행정기관의 계층구조와 관계없이 그 감독을 받거나 위탁을 받은 모든 행정청을 말하되, 위탁을 받은 행정청은 그 위탁받은 사무에 관하여는 위탁한 행정청의 소속 행정청으로 본다. 이하 같다)의 처분 또는 부작위에 대한 행정심판의 청구에 대하여는 다음의 행정청에 두는 행정심판위원회에서 심리·재결한다.

| 개념확인 O/X |

ⓐ 감사원, 국가정보원장 그 밖에 대통령령으로 정하는 대통령 소속기관의 장
ⓑ 국회사무총장·법원행정처장·헌법재판소사무처장 및 중앙선거관리위원회사무총장
ⓒ 국가인권위원회 그 밖에 지위·성격의 독립성과 특수성 등이 인정되어 대통령령으로 정하는 행정청

ⓒ **국민권익위원회 소속의 중앙행정심판위원회**: 다음의 행정청의 처분 또는 부작위에 대한 심판청구에 대하여는 「부패방지 및 국민권익위원회의 설치와 운영에 관한 법률」에 따른 국민권익위원회에 두는 '중앙행정심판위원회'에서 심리·재결한다. 01

01 국가인권위원회의 처분 또는 부작위에 대한 행정심판의 청구는 국민권익위원회에 두는 중앙행정심판위원회에서 심리·재결한다.
18 국회8급 (O / X)

ⓐ 해당 행정청 소속의 행정심판위원회에서 심리·의결되는 행정청 외의 국가행정기관의 장 또는 그 소속 행정청
ⓑ 특별시장·광역시장·특별자치시장·도지사·특별자치도지사(특별시·광역시·특별자치시·도 또는 특별자치도의 교육감을 포함한다. 이하 '시·도지사'라 한다) 또는 특별시·광역시·특별자치시·도·특별자치도(이하 '시·도'라 한다)의 의회(의장, 위원회의 위원장, 사무처장 등 의회 소속 모든 행정청을 포함한다)
ⓒ 「지방자치법」에 따른 지방자치단체조합 등 관계 법률에 따라 국가·지방자치단체·공공법인 등이 공동으로 설립한 행정청. 다만, ⓒ의 ⓒ에 해당하는 행정청은 제외한다.

ⓒ **시·도지사 소속의 행정심판위원회**: 다음의 행정청의 처분 또는 부작위에 대한 심판청구에 대하여는 시·도지사 소속으로 두는 행정심판위원회에서 심리·재결한다. 02 03 04

02 종로구청장의 처분이나 부작위에 대한 행정심판청구는 서울특별시 행정심판위원회에서 심리·재결하여야 한다.
19 서울9급 (O / X)

03 서울시 소속 행정청의 처분과 부작위에 대한 심판은 서울특별시 행정심판위원회에서 관할한다.
(O / X)

04 시·도의 관할구역에 있는 둘 이상의 시·군·자치구 등이 공동으로 설립한 행정청의 처분에 대하여는 시·도지사 소속 행정심판위원회에서 심리·재결한다.
15 지방9급 (O / X)

ⓐ 시·도 소속 행정청
ⓑ 시·도의 관할구역에 있는 시·군·자치구의 장, 소속 행정청 또는 시·군·자치구의 의회(의장, 위원회의 위원장, 사무국장, 사무과장 등 의회 소속 모든 행정청을 포함한다)
ⓒ 시·도의 관할구역에 있는 둘 이상의 지방자치단체(시·군·자치구를 말한다)·공공법인 등이 공동으로 설립한 행정청

ⓔ **직근상급행정기관 소속의 행정심판위원회**

ⓐ ⓒ의 ⓐ(중앙행정심판위원회에서 심리를 담당하는 국가행정기관의 장 또는 그 소속 행정청)에도 불구하고 대통령령으로 정하는 국가행정기관 소속 특별지방행정기관의 장의 처분 또는 부작위에 대한 심판청구에 대하여는 해당 행정청의 직근 상급행정기관에 두는 행정심판위원회에서 심리·재결한다.
ⓑ 「행정심판법 시행령」 제3조(중앙행정심판위원회에서 심리하지 아니하는 특별지방행정기관의 처분 등)는 '법 제6조 제4항에서 대통령령으로 정하는 국가행정기관 소속 특별지방행정기관'이란 법무부 및 대검찰청 소속 특별지방행정기관(직근 상급행정기관이나 소관 감독행정기관이 중앙행정기관인 경우는 제외한다)을 말한다고 규정하고 있다.

ⓜ **제3기관**: 개별법 규정에 따라 제3기관인 특별행정심판위원회를 설치하는 경우로서 소청심사위원회(공무원 징계처분에 대한 행정심판위원회), 조세심판원(국세 관련 행정심판), 교원소청심사위원회(사립교원이나 국·공립 교원에 대한 징계) 등이 이에 해당된다.

③ **행정심판위원회의 구성**

㉠ **위원회의 구성**: 행정심판위원회(중앙행정심판위원회는 제외한다. 이하 ③에서 같다)는 위원장 1명을 포함하여 50명 이내의 위원으로 구성한다.

| 정답 | 01 X   02 O   03 O   04 O

- ⓒ **위원장**: 행정심판위원회의 위원장은 그 행정심판위원회가 소속된 행정청이 되며, 위원장이 없거나 부득이한 사유로 직무를 수행할 수 없거나 위원장이 필요하다고 인정하는 경우에는 다음의 순서에 따라 위원이 위원장의 직무를 대행한다.
  - ⓐ 위원장이 사전에 지명한 위원
  - ⓑ 아래 ㉣에 따라 지명된 공무원인 위원(2명 이상인 경우에는 직급 또는 고위공무원단에 속하는 공무원의 직무등급이 높은 위원 순서로, 직급 또는 직무등급도 같은 경우에는 위원 재직기간이 긴 위원 순서로, 재직기간도 같은 경우에는 연장자 순서로 한다)
- ㉢ 위의 ㉡규정에도 불구하고 시·도지사 소속으로 두는 행정심판위원회의 경우에는 해당 지방자치단체의 조례로 정하는 바에 따라 공무원이 아닌 위원을 위원장으로 정할 수 있다. 이 경우 위원장은 비상임으로 한다.
- ㉣ **위원의 위촉·지명**: 행정심판위원회의 위원은 해당 행정심판위원회가 소속된 행정청이 다음 각 호의 어느 하나에 해당하는 사람 중에서 성별을 고려하여 위촉하거나 그 소속 공무원 중에서 지명한다.
  - ⓐ 변호사 자격을 취득한 후 5년 이상의 실무 경험이 있는 사람
  - ⓑ 「고등교육법」 제2조 제1호부터 제6호까지의 규정에 따른 학교에서 조교수 이상으로 재직하거나 재직하였던 사람
  - ⓒ 행정기관의 4급 이상 공무원이었거나 고위공무원단에 속하는 공무원이었던 사람
  - ⓓ 박사학위를 취득한 후 해당 분야에서 5년 이상 근무한 경험이 있는 사람
  - ⓔ 그 밖에 행정심판과 관련된 분야의 지식과 경험이 풍부한 사람
- ㉤ **행정심판위원회의 회의**: 행정심판위원회의 회의는 위원장과 위원장이 회의마다 지정하는 8명의 위원(그중 ㉣에 따른 위촉위원은 6명 이상으로 하되, ㉢에 따라 위원장이 공무원이 아닌 경우에는 5명 이상으로 한다)으로 구성한다. 다만, 국회규칙, 대법원규칙, 헌법재판소규칙, 중앙선거관리위원회규칙 또는 대통령령(시·도지사 소속으로 두는 행정심판위원회의 경우에는 해당 지방자치단체의 조례)으로 정하는 바에 따라 위원장과 위원장이 회의마다 지정하는 6명의 위원(그중 ㉣에 따른 위촉위원은 5명 이상으로 하되, ㉢에 따라 공무원이 아닌 위원이 위원장인 경우에는 4명 이상으로 한다)으로 구성할 수 있다.
- ㉥ 행정심판위원회는 ㉤에 따른 구성원 과반수의 출석과 출석위원 과반수의 찬성으로 의결한다.
- ㉦ 행정심판위원회의 조직과 운영 그 밖에 필요한 사항은 국회규칙, 대법원규칙, 헌법재판소규칙, 중앙선거관리위원회규칙 또는 대통령령으로 정한다.

④ **중앙행정심판위원회의 구성** 01 02 03 04 05 06
  - ㉠ 중앙행정심판위원회는 위원장 1명을 포함하여 70명 이내의 위원으로 구성하되, 위원 중 상임위원은 4명 이내로 한다.
  - ㉡ 중앙행정심판위원회의 위원장은 국민권익위원회의 부위원장 중 1명이 되며, 위원장이 없거나 부득이한 사유로 직무를 수행할 수 없거나 위원장이 필요하다고 인정하는 경우에는 상임위원(상임으로 재직한 기간이 긴 위원 순서로, 재직기간이 같은 경우에는 연장자 순서로 한다)이 위원장의 직무를 대행한다.
  - ㉢ 중앙행정심판위원회의 비상임위원은 위 행정심판위원의 어느 하나에 해당하는 사람 중에서 중앙행정심판위원회 위원장의 제청으로 국무총리가 성별을 고려하여 위촉한다.

개념확인 O/X

01 중앙행정심판위원회의 비상임위원은 일정한 요건을 갖춘 사람 중에서 중앙행정심판위원회 위원장의 제청으로 국무총리가 성별을 고려하여 위촉한다.
21 소방 (O / X)

02 중앙행정심판위원회의 회의는 위원장, 상임위원 및 위원장이 회의마다 지정하는 비상임위원을 포함하여 총 15명으로 구성한다.
21 소방 (O / X)

03 중앙행정심판위원회는 위원장 1명을 포함하여 70명 이내의 위원으로 구성한다.
21 소방 (O / X)

04 중앙행정심판위원회는 위원장 1명을 포함하여 50명 이내의 위원으로 구성하되 위원 중 상임위원은 5명 이내로 한다.
19 국회8급 (O / X)

05 중앙행정심판위원회의 위원장은 국민권익위원회의 부위원장 중 1명이 된다.
19 국회8급 (O / X)

06 중앙행정심판위원회의 상임위원은 행정심판에 관한 지식과 경험이 풍부한 사람 중에서 중앙행정심판위원회 위원장의 제청으로 국무총리를 거쳐 대통령이 임명할 수 있다.
19 국회8급 (O / X)

| 정답 | 01 O 02 X 03 O 04 X 05 O 06 O

| 개념확인 O/X |

⑤ 위원의 임기 및 신분보장 등
　㉠ 제8조 제3항(중앙행정심판위원의 자격 요건)에 따라 임명된 중앙행정심판위원회 상임위원의 임기는 3년으로 하며, 1차에 한하여 연임할 수 있다.
　㉡ 제7조 제4항 및 제8조 제4항에 따라 위촉된 위원은 금고(禁錮) 이상의 형을 선고받거나 부득이한 사유로 장기간 직무를 수행할 수 없게 되는 경우 외에는 임기 중 그의 의사와 다르게 해촉(解囑)되지 아니한다.

⑥ 위원의 제척·기피·회피 01
　㉠ 위원의 제척: 위원회의 위원은 다음의 어느 하나에 해당하는 경우에는 그 사건의 심리·의결에서 제척(除斥)된다. 이 경우 제척결정은 위원회의 위원장(이하 '위원장'이라 한다)이 직권으로 또는 당사자의 신청에 의하여 한다.
　　ⓐ 위원 또는 그 배우자나 배우자이었던 사람이 사건의 당사자이거나 사건에 관하여 공동 권리자 또는 의무자인 경우
　　ⓑ 위원이 사건의 당사자와 친족이거나 친족이었던 경우
　　ⓒ 위원이 사건에 관하여 증언이나 감정(鑑定)을 한 경우
　　ⓓ 위원이 당사자의 대리인으로서 사건에 관여하거나 관여하였던 경우
　　ⓔ 위원이 사건의 대상이 된 처분 또는 부작위에 관여한 경우
　㉡ 위원의 기피: 당사자는 위원에게 공정한 심리·의결을 기대하기 어려운 사정이 있으면 위원장에게 기피신청을 할 수 있다.
　㉢ 위원에 대한 제척신청이나 기피신청은 그 사유를 소명(疏明)한 문서로 하여야 한다. 다만, 불가피한 경우에는 신청한 날부터 3일 이내에 신청 사유를 소명할 수 있는 자료를 제출하여야 한다.
　㉣ 제척신청이나 기피신청이 ㉢을 위반하였을 때에는 위원장은 결정으로 이를 각하한다.
　㉤ 위원장은 제척신청이나 기피신청의 대상이 된 위원에게서 그에 대한 의견을 받을 수 있다.
　㉥ 위원장은 제척신청이나 기피신청을 받으면 제척 또는 기피 여부에 대한 결정을 하고, 지체 없이 신청인에게 결정서 정본(正本)을 송달하여야 한다.
　㉦ 위원의 회피: 위원회의 회의에 참석하는 위원이 제척사유 또는 기피사유에 해당되는 것을 알게 되었을 때에는 스스로 그 사건의 심리·의결에서 회피할 수 있다. 이 경우 회피하고자 하는 위원은 위원장에게 그 사유를 소명하여야 한다.
　㉧ 사건의 심리·의결에 관한 사무에 관여하는 위원 아닌 직원에게도 ㉠부터 ㉦까지의 규정을 준용한다.

⑦ 벌칙 적용 시의 공무원 의제: 위원 중 공무원이 아닌 위원은 「형법」과 그 밖의 법률에 따른 벌칙을 적용할 때에는 공무원으로 본다.

⑧ 위원회의 권한 승계
　㉠ 당사자의 심판청구 후 위원회가 법령의 개정·폐지 또는 제17조 제5항(피청구인 경정결정)에 따른 피청구인의 경정결정에 따라 그 심판청구에 대하여 재결할 권한을 잃게 된 경우에는 해당 위원회는 심판청구서와 관계 서류 그 밖의 자료를 새로 재결할 권한을 갖게 된 위원회에 보내야 한다.
　㉡ 위의 경우 송부를 받은 위원회는 지체 없이 그 사실을 다음의 자에게 알려야 한다.
　　ⓐ 행정심판 청구인(이하 '청구인'이라 한다)
　　ⓑ 행정심판 피청구인(이하 '피청구인'이라 한다)
　　ⓒ 제20조 또는 제21조에 따라 심판참가를 하는 자(이하 '참가인'이라 한다)

01 「행정심판법」 제10조에 의하면, 위원장은 제척신청이나 기피신청을 받으면 제척 또는 기피 여부에 대한 결정을 한다.
21 소방　　　　　　　　(O / X)

| 정답 | 01 O

6 행정심판의 청구

(1) 청구요건

① 행정심판의 당사자·관계인

㉠ 청구인

ⓐ 의의

ⅰ) '행정심판의 청구인'이란 행정심판의 대상인 처분 또는 부작위에 불복하여 그의 취소·변경 등을 위하여 심판청구를 제기하는 자를 말한다. 01

ⅱ) 청구인은 처분의 상대방 또는 제3자, 법인이나 자연인, 법인 아닌 사단·재단도 대표자나 관리인이 정하여져 있는 경우에는 그 이름으로 행정심판을 청구할 수 있다.

ⓑ 청구인적격(제13조)

ⅰ) 취소심판의 청구인적격
- 취소심판은 처분의 취소 또는 변경을 구할 법률상 이익이 있는 자가 청구할 수 있다.
- 처분의 효과가 기간의 경과, 처분의 집행 그 밖의 사유로 소멸된 뒤에도 그 처분의 취소로 회복되는 법률상 이익이 있는 자의 경우에도 또한 같다.

ⅱ) 무효등확인심판의 청구인적격: 무효등확인심판은 처분의 효력 유무 또는 존재 여부의 확인을 구할 법률상 이익이 있는 자가 청구할 수 있다.

ⅲ) 의무이행심판의 청구인적격: 의무이행심판은 처분을 신청한 자로서 행정청의 거부처분 또는 부작위에 대하여 일정한 처분을 구할 법률상 이익이 있는 자가 청구할 수 있다.

ⓒ 법인이 아닌 사단이나 재단의 경우: 법인이 아닌 사단 또는 재단으로서 대표자나 관리인이 정하여져 있는 경우에는 그 사단이나 재단의 이름으로 심판청구를 할 수 있다(제14조). 02 03

ⓓ 선정대표자

ⅰ) 여러 명의 청구인이 공동으로 심판청구를 할 때에는 청구인들 중에서 3명 이하의 선정대표자를 선정할 수 있다. 04

ⅱ) 청구인들이 이에 따라 선정대표자를 선정하지 아니한 경우에 위원회는 필요하다고 인정하면 청구인들에게 선정대표자를 선정할 것을 권고할 수 있다.

ⅲ) 선정대표자는 다른 청구인들을 위하여 그 사건에 관한 모든 행위를 할 수 있다. 다만, 심판청구를 취하하려면 다른 청구인들의 동의를 받아야 하며, 이 경우 동의 받은 사실을 서면으로 소명하여야 한다. 05

ⅳ) 선정대표자가 선정되면 다른 청구인들은 그 선정대표자를 통해서만 그 사건에 관한 행위를 할 수 있다.

ⅴ) 선정대표자를 선정한 청구인들은 필요하다고 인정하면 선정대표자를 해임하거나 변경할 수 있다. 이 경우 청구인들은 그 사실을 지체 없이 위원회에 서면으로 알려야 한다.

ⅵ) 행정심판절차에서 당사자 아닌 자를 선정대표자로 선정한 행위는 효력이 없다.

개념확인 O/X

01 행정심판의 청구인은 행정심판을 제기할 '법률상 이익이 있는 자'이다.
24 국회9급 (O／X)

02 법인이 아닌 사단 또는 재단으로서 대표자나 관리인이 정하여져 있는 경우에는 그 사단이나 재단의 이름으로 심판청구를 할 수 있다.
25 소방, 24 군무원7급 (O／X)

03 종중이나 교회와 같은 비법인사단은 사단 자체의 명의로 행정심판을 청구할 수 없고 대표자가 청구인이 되어 행정심판을 청구하여야 한다.
18 국가9급 (O／X)

04 여러 명의 청구인이 공동으로 심판청구를 할 때에는 청구인들 중에서 7명 이하의 선정대표자를 선정할 수 있다.
24 군무원7급 (O／X)

05 선정대표자로 선정된 후에는 다른 청구인들의 동의를 받지 아니하고도 다른 청구인들을 위하여 심판청구의 취하를 포함해서 그 사건에 관한 모든 행위를 할 수 있다.
24 군무원7급 (O／X)

| 정답 | 01 O 02 O 03 X 04 X 05 X

관련 판례

ⓒ 행정심판절차에서 청구인들이 당사자가 아닌 자를 선정대표자로 선정하였더라도 「행정심판법」 제11조에 위반되어 그 선정행위는 그 효력이 없다

> 행정심판절차에서 청구인들이 당사자가 아닌 원고 개인을 선정대표자로 선정한 바 있더라도 「행정심판법」 제11조에 의하면 선정대표자는 청구인 중에서 이를 선정하여야 하는 것이므로 당사자가 아닌 원고 개인에 대한 선정행위는 그 효력을 갖는 것은 아니어서 그 선정으로 말미암아 원고 개인이 위 행정심판 절차의 당사자가 되게 되는 것도 아니다(대판 1991. 1. 25. 90누7791).

ⓔ 청구인의 지위 승계(제16조)
  ⅰ) 당연 승계
  - 청구인이 사망한 경우에는 상속인이나 그 밖에 법령에 따라 심판청구의 대상에 관계되는 권리나 이익을 승계한 자가 청구인의 지위를 승계한다.
  - 법인인 청구인이 합병(合倂)에 따라 소멸하였을 때에는 합병 후 존속하는 법인이나 합병에 따라 설립된 법인이 청구인의 지위를 승계한다.
  - 사망이나 합병에 따라 따라 청구인의 지위를 승계한 자는 위원회에 서면으로 그 사유를 신고하여야 한다. 이 경우 신고서에는 사망 등에 의한 권리·이익의 승계 또는 합병 사실을 증명하는 서면을 함께 제출하여야 한다.
  - 사망 또는 합병의 경우에 이에 따른 위원회에 신고가 있을 때까지 사망자나 합병 전의 법인에 대하여 한 통지 또는 그 밖의 행위가 청구인의 지위를 승계한 자에게 도달하면 지위를 승계한 자에 대한 통지 또는 그 밖의 행위로서의 효력이 있다.

  ⅱ) 허가 승계
  - 심판청구의 대상과 관계되는 권리나 이익을 양수한 자는 위원회의 허가를 받아 청구인의 지위를 승계할 수 있다. 01
  - 위원회는 권익의 양도·양수에 따른 지위 승계신청을 받으면 기간을 정하여 당사자와 참가인에게 의견을 제출하도록 할 수 있으며, 당사자와 참가인이 그 기간에 의견을 제출하지 아니하면 의견이 없는 것으로 본다.
  - 위원회는 지위 승계신청에 대하여 허가 여부를 결정하고, 지체 없이 신청인에게는 결정서 정본을, 당사자와 참가인에게는 결정서 등본을 송달하여야 한다.
  - 신청인은 위원회가 지위 승계를 허가하지 아니하면 결정서 정본을 받은 날부터 7일 이내에 위원회에 이의신청을 할 수 있다.

관련 판례

ⓒ 청구인적격이 없는 자가 제기한 행정심판청구는 부적법한 것으로서 흠결이 보정될 수 없다

> 「행정심판법」에 의한 행정심판절차에서 임의적인 청구인의 변경은 원칙적으로 허용되지 않는 것이므로, 청구인적격이 없는 자가 제기한 심판청구는 불적법한 것으로서 흠결이 보정될 수 없는 것이다(대판 1990. 2. 9. 89누4420).

개념확인 O/X

01 행정심판의 대상과 관련되는 권리나 이익을 양수한 특정승계인은 행정심판위원회의 허가를 받아 청구인의 지위를 승계할 수 있다.
18 국가9급 (O / X)

ⓒ 행정심판절차에서 임의적 청구인변경은 원칙적으로 불허, 보정을 명할 의무가 없다

> 청구인적격이 없는 자의 명의로 제기된 행정심판청구에 대하여 행정청이나 재결청에게 행정심판 청구인을 청구인적격이 있는 자로 변경할 것을 요구하는 보정을 명할 의무가 없고, 행정심판절차에서 임의적인 청구인의 변경은 원칙적으로 허용되지 아니한다(대판 1999.10.8. 98두10073).

ⓒ 피청구인
  ⓐ 피청구인의 적격
    ⅰ) 심판청구의 피청구인은 심판청구의 대상인 처분이나 부작위를 한 행정청을 피청구인으로 한다.
    ⅱ) 단, 그 처분이나 부작위의 권한이 승계된 때에는 승계한 행정청을 피청구인으로 하여야 한다. 01
  ⓑ 경정(제17조)
    ⅰ) 청구인이 피청구인을 잘못 지정한 때에는 위원회는 당사자의 신청 또는 직권에 의하여 결정으로써 피청구인을 경정할 수 있으며, 심판청구가 제기된 후에 권한 승계 등이 이루어진 때에는 당사자의 신청 또는 직권에 의하여 결정으로써 피청구인을 경정한다. 02
    ⅱ) 위원회가 피청구인의 경정결정을 한 때에는 그 결정 정본을 당사자와 새로운 피청구인에게 송달하여야 한다.
    ⅲ) 경정결정이 있은 때에는 종전의 피청구인에 대한 심판청구는 취하되고 종전의 피청구인에 대한 행정심판이 청구된 때에 새로운 피청구인에 대한 행정심판이 청구된 것으로 본다.
    ⅳ) 당사자는 피청구인 경정신청에 대한 위원회의 경정결정에 대하여 결정서 정본을 받을 날부터 7일 이내에 위원회에 이의신청을 할 수 있다.
ⓒ 관계인
  ⓐ 참가인
    ⅰ) 의의: 행정심판의 결과에 대하여 이해관계가 있는 제3자 또는 행정청은 위원회나 소위원회의 의결이 있기 전까지 그 사건에 대하여 심판참가를 할 수 있다.
    ⅱ) 취지: 심판의 결과에 이해관계 있는 자를 심판에 참여하게 하여 권리주장, 의견진술의 기회를 제공함으로서 심리의 적정성을 확보하고 관계인의 권리구제를 도모하는 데 있다.
    ⅲ) 지위
      • 참가인은 행정심판절차에서 당사자가 할 수 있는 심판절차상의 행위를 할 수 있다.
      • 이 법에 따라 당사자가 위원회에 서류를 제출할 때에는 참가인의 수만큼 부본을 제출하여야 하고, 위원회가 당사자에게 통지를 하거나 서류를 송달할 때에는 참가인에게도 통지하거나 송달하여야 한다.
    ⅳ) 심판참가의 요구
      • 위원회는 필요하다고 인정하면 그 행정심판 결과에 이해관계가 있는 제3자나 행정청에 그 사건 심판에 참가할 것을 요구할 수 있다. 03
      • 요구를 받은 제3자나 행정청은 지체 없이 그 사건 심판에 참가할 것인지 여부를 위원회에 통지하여야 한다.

개념확인 O/X

01 처분 후에 법령의 개정으로 처분청의 권한이 승계된 이후에도 행정심판의 피청구인은 원처분청이 된다.
(O / X)

02 청구인이 피청구인을 잘못 지정한 경우라면 행정심판위원회의 직권에 의한 피청구인의 경정은 허용될 수 없다.
(O / X)

03 행정심판결과에 이해관계가 있는 제3자나 행정청은 신청에 의하여 행정심판에 참가할 수 있으나, 행정심판위원회가 직권으로 심판에 참가할 것을 요구할 수는 없다.
18 국회8급 (O / X)

| 정답 | 01 X 02 X 03 X

개념확인 O/X

ⓥ 참가신청
- 심판참가를 하려는 자는 참가의 취지와 이유를 적은 참가신청서를 위원회에 제출하여야 한다. 이 경우 당사자의 수만큼 참가신청서 부본을 함께 제출하여야 한다.
- 위원회는 이에 따라 참가신청서를 받으면 참가신청서 부본을 당사자에게 송달하여야 한다.
- 위원회는 기간을 정하여 당사자와 다른 참가인에게 제3자의 참가신청에 대한 의견을 제출하도록 할 수 있으며, 당사자와 다른 참가인이 그 기간에 의견을 제출하지 아니하면 의견이 없는 것으로 본다.
- 참가신청을 받으면 허가 여부를 결정하고, 지체 없이 신청인에게는 결정서 정본을, 당사자와 다른 참가인에게는 결정서 등본을 송달하여야 한다.

ⓥⅰ 참가신청에 대한 허가 여부의 불복: 신청인은 위원회의 참가신청에 대한 허가 여부 결정을 송달을 받은 날부터 7일 이내에 위원회에 이의신청을 할 수 있다.

ⓑ 대리인(제18조)
ⓘ 대리인의 행위: 행정심판의 당사자는 대리인을 선임하여 심판청구에 관한 행위를 하게 할 수 있다. 대리인은 심판청구를 취하하는 것을 제외하고는 본인을 위하여 당해 심판청구에 있어서 모든 행위를 할 수 있다.

ⓘⅰ 법정대리인 외에 대리인으로 선임할 수 있는 자: 청구인은 법정대리인 외에 다음의 어느 하나에 해당하는 자를 대리인으로 선임할 수 있다.
- 청구인의 배우자, 청구인 또는 배우자의 사촌 이내의 혈족
- 청구인이 법인이거나 제14조에 따른 청구인 능력이 있는 법인이 아닌 사단 또는 재단인 경우 그 소속 임직원
- 변호사
- 다른 법률에 따라 심판청구를 대리할 수 있는 자
- 그 밖에 위원회의 허가를 받은 자

ⓘⅱⅰ 피청구인의 대리인
- 그 소속직원
- 변호사
- 다른 법률에 따라 심판청구를 대리할 수 있는 자
- 그 밖에 위원회의 허가를 받은 자

ⓘⅴ 국선대리인
- 청구인이 경제적 능력으로 인해 대리인을 선임할 수 없는 경우에는 위원회에 국선대리인을 선임하여 줄 것을 신청할 수 있다. 01
- 위원회는 신청에 따른 국선대리인 선정 여부에 대한 결정을 하고, 지체 없이 청구인에게 그 결과를 통지하여야 한다. 이 경우 위원회는 심판청구가 명백히 부적법하거나 이유 없는 경우 또는 권리의 남용이라고 인정되는 경우에는 국선대리인을 선정하지 아니할 수 있다.
- 국선대리인 신청절차, 국선대리인 지원 요건, 국선대리인의 자격·보수 등 국선대리인 운영에 필요한 사항은 국회규칙, 대법원규칙, 헌법재판소규칙, 중앙선거관리위원회규칙 또는 대통령령으로 정한다.

01 행정심판 청구인이 경제적 능력으로 인해 대리인을 선임할 수 없는 경우에는 행정심판위원회에 국선대리인을 선임하여 줄 것을 신청할 수 있다.
19 국가9급 (O / X)

| 정답 | 01 O

② **위법·부당한 행정청의 처분·부작위**: 행정청의 처분 또는 부작위가 위법·부당하여야 한다.

③ **청구기간** —— 결정적 코멘트 ▶ 단순 암기의 성격이 강하나, 관련된 판례에 대해서는 이해를 통한 암기가 필요하다.

㉠ 청구기간의 취지
ⓐ 행정심판의 청구는 일정 기간 내에 제기하여야 하며 청구기간이 경과되면 불가쟁력이 발생하여 심판청구를 원칙상 제기할 수 없다.
ⓑ 국민이 권익구제 차원에서는 가능한 길게 하여야 할 것이나, 한편으로는 신속한 행정법률관계의 안정을 위해서 짧아야 할 것이다.
ⓒ 이에 우리 「행정심판법」은 종전보다 청구기간을 길게 하고 예외조항을 둠으로써 국민의 권익구제와 행정의 안정성을 조절하고 있다.

㉡ **적용범위**: 심판청구기간은 '취소심판과 거부처분에 대한 의무이행심판'의 경우에만 해당하고, 무효등확인심판과 부작위에 대한 의무이행심판의 경우에는 심판청구기간의 제한을 받지 않는다(제27조 제7항). 01 02 03

㉢ 원칙적인 심판청구기간
ⓐ 심판청구는 원칙적으로 처분이 있음을 안 날로부터 90일(불변기간) 이내, 처분이 있을 날로부터 180일 이내에 제기하여야 한다(제27조).
ⓑ 이 두 기간 중의 어느 하나라도 도과하면 심판청구를 제기하지 못한다.
ⓒ 처분이 있음을 안 날
ⅰ) 행정심판 청구기간의 기산점인 '처분이 있음을 안 날'은 당사자가 통지·공고 기타의 방법에 의하여 당해 처분이 있었다는 사실을 현실적으로 안 날을 의미하고, 추상적으로 알 수 있었던 날을 의미하는 것은 아니다. 04
ⅱ) 다만, 처분을 기재한 서류가 당사자의 주소에 송달되는 등으로 사회통념상 처분이 있음을 당사자가 알 수 있는 상태에 놓여진 때에는 반증이 없는 한 그 처분이 있음을 알았다고 추정할 수는 있다.
ⅲ) 여기에서 '안 날'은 처분을 안 날이며, '처분의 위법'을 안 날을 의미하는 것은 아니다.
ⅳ) 또한 처분이 있음을 안 날은 행정청이 공식적 방법으로 외부에 표시를 통해서 안 날을 의미하고, 우회적 방법(⑩ 정보공개신청 등)을 통해 처분이 있음을 안 날을 의미하지 않는다.
ⅴ) 아파트 경비원이나 아르바이트 직원이 납세고지서 등의 처분서를 송달받은 경우에 처분서를 받은 날로 볼 수 있는지에 대해서 대법원은 긍정하는 입장이다. 다만, 아파트 경비원이 납세고지서를 받은 날에 처분이 있었음을 안 날로 볼 수는 없다는 입장이다. 한편 아르바이트 직원이 수령을 한 경우에는 안 날로 추정할 수 있다는 입장이다.
ⅵ) 불특정 다수인을 대상으로 하는 처분이 고시나 공고에 의해서 이루어진 경우에는 고시공고 효력일에 이해관계인도 처분을 안 날이 되고 행정심판의 기준일이 된다.
ⓓ 처분이 있은 날: 행정처분이 내부적 성립요건을 갖추고 공식적 방법으로 외부에 표시되어 상대방 등이 이를 알 수 있는 상태가 되는 경우에 해당된다. 05

개념확인 O/X

01 부작위에 대한 의무이행심판청구에 있어서는 심판청구기간의 제한이 없다.
19 소방 (O / X)

02 심판청구기간은 취소심판청구와 거부처분에 대한 의무이행심판청구에만 적용되고, 무효등확인심판청구나 부작위에 대한 의무이행심판청구에는 적용되지 아니한다.
24 국회9급 (O / X)

03 심판청구기간은 부작위에 대한 의무이행심판청구에는 적용되지 아니한다.
24 국회8급 (O / X)

04 처분이 있음을 안 날이란 처분의 위법을 청구인이 현실적으로 안 날을 말한다.
(O / X)

05 행정처분이 있은 날이라 함은 그 행정처분의 효력이 발생한 날을 의미한다.
18 서울9급 (O / X)

| 정답 | 01 ○   02 ○   03 ○   04 X   05 ○

관련 판례

B 행정심판의 청구에서 처분이 있음을 안 날의 의미

「국세기본법」의 적용을 받는 처분과 달리 「행정심판법」의 적용을 받는 처분인 과징금 부과처분에 대한 심판청구기간의 기산점인 「행정심판법」 제18조 제1항 소정의 '처분이 있음을 안 날'이라 함은 당사자가 통지·공고 기타의 방법에 의하여 당해 처분이 있었다는 사실을 현실적으로 안 날을 의미하고, 추상적으로 알 수 있었던 날을 의미하는 것은 아니라 할 것이며, 다만 처분을 기재한 서류가 당사자의 주소에 송달되는 등으로 사회통념상 처분이 있음을 당사자가 알 수 있는 상태에 놓여진 때에는 반증이 없는 한 그 처분이 있음을 알았다고 추정할 수는 있다(대판 2002.8.27. 2002두3850).

C 과세처분의 상대방이 과세처분에 대한 이의신청 또는 심사청구를 하는 경우, 그 이의신청 또는 심사청구 기간의 기산일(= 처분의 통지를 받은 날)

과세처분에 대한 심사청구기간을 정한 (구)「국세기본법」(1998.12.28. 법률 제5579호로 개정되기 전의 것) 제61조 제1항에 정한 '당해 처분이 있은 것을 안 날'이라 함은 통지, 공고 기타의 방법에 의하여 당해 처분이 있었다는 사실을 현실적으로 안 날을 의미하나, 이는 처분의 상대방이나 법령에 의하여 처분의 통지를 받도록 규정된 자 이외의 자가 이의신청 또는 심사청구를 하는 경우의 그 기간에 관한 규정이고, 과세처분의 상대방인 경우에는 처분의 통지를 받은 날을 기준으로 기간을 계산하여야 한다(대판 2000.7.4. 2000두1164).

C 아파트 경비원이 과징금 부과처분의 납부고지서를 수령한 날이 그 납부의무자가 '부과처분이 있음을 안 날'은 아니라고 한 사례

아파트 경비원이 관례에 따라 부재중인 납부의무자에게 배달되는 과징금 부과처분의 납부고지서를 수령한 경우, 납부의무자가 아파트 경비원에게 우편물 등의 수령권한을 위임한 것으로 볼 수는 있을지언정, 과징금 부과처분의 대상으로 된 사항에 관하여 납부의무자를 대신하여 처리할 권한까지 위임한 것으로 볼 수는 없고, 설사 위 경비원이 위 납부고지서를 수령한 때에 위 부과처분이 있음을 알았다고 하더라도 이로써 납부의무자 자신이 그 부과처분이 있음을 안 것과 동일하게 볼 수는 없다(대판 2002.8.27. 2002두3850).

C 아르바이트 직원이 납부고지서를 수령한 경우, 납부의무자는 그때 부과처분이 있음을 알았다고 추정할 수 있다

「행정심판법」 제18조 제1항 소정의 심판청구기간 기산점인 '처분이 있음을 안 날'이라 함은 당사자가 통지·공고 기타의 방법에 의하여 당해 처분이 있었다는 사실을 현실적으로 안 날을 의미하고, 추상적으로 알 수 있었던 날을 의미하는 것은 아니지만, 처분에 관한 서류가 당사자의 주소지에 송달되는 등 사회통념상 처분이 있음을 당사자가 알 수 있는 상태에 놓여진 때에는 반증이 없는 한 그 처분이 있음을 알았다고 추정할 수 있으므로(대판 1995.11.24. 95누11535 참조), 위와 같이 원고의 주소지에서 원고의 아르바이트 직원이 납부고지서를 수령한 이상, 원고로서는 그때 처분이 있음을 알 수 있는 상태에 있었다고 볼 수 있고, 따라서 원고는 그때 처분이 있음을 알았다고 추정함이 상당하다(대판 1999.12.28. 99두9742).

C 개별토지가격결정에 대한 재조사청구 또는 행정심판청구의 제기기간

개별토지가격결정의 공고는 공고일로부터 그 효력을 발생하지만 처분 상대방인 토지소유자 및 이해관계인이 공고일에 개별토지가격결정처분이 있음을 알았다고까지 의제할 수는 없어 결국 개별토지가격결정에 대한 재조사 또는 행정심판의 청구기간은 처분 상대방이 실제로 처분이 있음을 안 날로부터 기산하여야 할 것이나, 시장, 군수 또는 구청장이 개별토지가격결정을 처분 상대방에 대하여 별도의 고지절차를 취하지 않는 이상 토지소유자 및 이해관계인이 위 처분이 있음을 알았다고 볼 경우는 그리 흔치 않을 것이므로, 특별히 위 처분을 알았다고 볼만한 사정이 없는 한 개별토지가격결정에 대한 재조사청구 또는 행정심판청구는 「행정심판법」 제18조 제3항 소정의 처분이 있은 날로부터 180일 이내에 이를 제기하면 된다(대판 1993.12.24. 92누17204).

ⓑ 고시 또는 공고에 의하여 행정처분을 하는 경우, 행정심판 청구기간의 기산일(= 고시 또는 공고의 효력발생일)

통상 고시 또는 공고에 의하여 행정처분을 하는 경우에는 그 처분의 상대방이 불특정 다수인이고, 그 처분의 효력이 불특정 다수인에게 일률적으로 적용되는 것이므로, 그에 대한 행정심판 청구기간도 그 행정처분에 이해관계를 갖는 자가 고시 또는 공고가 있었다는 사실을 현실적으로 알았는지 여부에 관계없이 고시가 효력을 발생하는 날인 고시 또는 공고가 있은 후 5일이 경과한 날에 행정처분이 있음을 알았다고 보아야 한다(대판 2000.9.8. 99두11257).

ⓔ 예외적인 심판청구기간
  ⓐ 90일에 대한 예외
    ⓘ 청구인이 천재지변, 전쟁, 사변 그 밖의 불가항력으로 인하여 처분이 있음을 안 날로부터 90일 이내에 심판청구를 할 수 없었을 때에는 그 사유가 소멸한 날로부터 14일(불변기간) 이내에 심판청구를 제기할 수 있다.
    ⓘⓘ 다만, 국외에서는 30일 이내에 심판청구를 할 수 있다(제27조 제2항).
  ⓑ 180일에 대한 예외: 처분이 있은 날로부터 180일이 지나더라도 그 기간 내에 심판청구를 제기하지 못한 정당한 사유가 있는 경우에는 심판청구를 할 수 있다(제27조 제3항).
ⓜ 복효적 행정행위의 경우: 제3자는 행정행위가 있는 사실을 알기 어려우므로 행정행위의 통지가 없는 경우가 있을 수 있기 때문에 정당한 사유에 해당되어, 어떤 사유이든 처분이 있음을 안 날로부터 90일 이내에 제기할 수 있다.

관련 판례

ⓒ 행정처분의 상대방이 아닌 제3자가 이해관계인으로서 행정심판을 청구하는 경우와 「행정심판법」 제18조 제3항 단서 소정의 정당한 사유

행정처분의 상대방이 아닌 제3자가 이해관계인으로서 행정심판을 청구하는 경우에 그가 「행정심판법」 제18조 제3항 본문의 청구기간 내에 심판청구를 제기하지 아니하였다 하더라도 그 심판청구기간 내에 심판청구가 가능하였다는 특별한 사정이 없는 한 동 조항 단서에서 규정하고 있는 기간을 지키지 못한 정당한 사유가 있는 때에 해당한다고 보아 심판청구기간의 제한을 받지 아니한다고 할 것이다(대판 1991.5.28. 90누1359).

ⓑ (구) 「행정심판법」상 행정처분의 상대방이 아닌 제3자가 당해 처분이 있음을 알았거나 쉽게 알 수 있는 경우, 행정심판의 청구기간

행정처분의 상대방이 아닌 제3자는 일반적으로 처분이 있는 것을 바로 알 수 없는 처지에 있으므로 처분이 있은 날로부터 180일이 경과하더라도 특별한 사유가 없는 한 (구) 「행정심판법」 제18조 제3항 단서 소정의 정당한 사유가 있는 것으로 보아 심판청구가 가능하나, 그 제3자가 어떤 경위로든 행정처분이 있음을 알았거나 쉽게 알 수 있는 등 같은 법 제18조 제1항 소정의 심판청구기간 내에 심판청구가 가능하였다는 사정이 있는 경우에는 그때로부터 60일 이내에 심판청구를 하여야 하고, 이 경우 제3자가 그 청구기간을 지키지 못하였음에 정당한 사유가 있는지 여부는 문제가 되지 아니한다(대판 2002.5.24. 2000두3641).

ⓗ 특별법상의 심판청구기간을 정한 경우
  ⓐ 「공익사업을 위한 토지 등의 취득 및 보상에 관한 법률」: 이의의 신청은 재결서(토지수용위원회)의 정본을 받은 날부터 30일 이내에 하여야 한다(제83조 제3항).
  ⓑ 「국가공무원법」: 제75조에 따른 처분사유 설명서를 받은 공무원이 그 처분에 불복할 때에는 그 설명서를 받은 날부터, 공무원이 제75조에서 정한 처분 외에 본인의 의사에 반한 불리한 처분을 받았을 때에는 그 처분이 있은 것을 안 날부터 각각 30일 이내에 소청심사위원회에 이에 대한 심사를 청구할 수 있다(제76조 제1항).
  ⓒ 「국세기본법」: 심사청구는 해당 처분이 있음을 안 날(처분의 통지를 받은 때에는 그 받은 날)부터 90일 이내에 제기하여야 한다(제61조 제1항).

ⓢ 불고지·오고지의 경우: 「행정심판법」은 고지제도를 채택하고 있는바, 행정청이 심판청구기간을 고지하지 아니한 경우에는 처분이 있은 날로부터 180일 이내에, 오고지의 경우에는 소정의 기간보다 길게 된 때에는 그 고지된 기간 내에 행정심판청구를 제기하면 된다(제27조). 01 02 03 04

> **관련 판례**
>
> ⓒ 과세관청이 조세처분을 하면서 행정심판 청구기간을 고지하지 않은 경우, (구)「국세기본법」제56조 제1항에 의하여 「행정심판법」제18조 제6항이 배제되어 (구)「국세기본법」제61조 제1항 소정의 심사청구기간이 적용되는지 여부(적극)
>
> (구)「국세기본법」(1996.12.30. 법률 제5189호로 개정되기 전의 것) 제61조 제1항은 심사청구는 당해 처분이 있는 것을 안 날(처분의 통지를 받은 때에는 그 받은 날)로부터 60일 내에 하여야 한다고 규정하고 있으니, 과세관청이 조세처분을 하면서 행정심판 청구기간을 고지하지 않았다 하더라도 그 심사청구기간은 당해 처분이 있은 것을 안 날(처분의 통지를 받은 때에는 그 받은 날)로부터 60일 내라 할 것이고, 「행정심판법」제18조 제6항·제3항 본문에 의하여 행정청이 행정심판청구기간을 알리지 아니한 때에는 180일 내에 심판청구를 할 수 있다 하더라도, (구)「국세기본법」(1996.12.30. 법률 제5189호로 개정되기 전의 것) 제56조 제1항이 조세처분에 대하여는 「행정심판법」의 규정을 적용하지 아니한다고 규정하고 있으므로, 그 심판청구기간을 처분이 있은 날로부터 180일 내라고 볼 수는 없다(대판 2001.11.13. 2000두536).

(2) 행정심판청구의 방식·절차

① 심판청구의 방식
  ㉠ 심판청구는 서면으로 하여야 한다. 대법원에 의하면 심판의 청구는 엄격한 형식을 요하지 않는 서면행위라는 입장이다. 05
  ㉡ 심판청구서에는 청구인의 이름과 주소 또는 사무소, 피청구인의 행정심판 고지 유무와 그 내용 등을 적어야 한다.
  ㉢ 부작위에 대한 심판청구의 경우에는 더불어 부작위의 전제가 되는 신청의 내용과 날짜를 적어야 한다.

개념확인 O/X

01 취소심판이 제기된 경우, 행정청이 처분 시에 심판청구기간을 알리지 아니하였다 할지라도 당사자가 처분이 있음을 알게 된 날부터 90일이 경과하면 행정심판위원회는 부적법 각하재결을 하여야 한다.
16 지방9급 (O / X)

02 행정청이 행정심판 청구기간 등을 고지하지 아니하였다고 하여도 처분의 상대방이 처분이 있었다는 사실을 알았을 경우에는 처분이 있은 날로부터 90일 이내에 심판청구를 하여야 한다.
15 지방9급 (O / X)

03 행정청이 처분을 할 때에 처분의 상대방에게 심판청구기간을 알리지 아니한 경우에는 처분이 있었던 날부터 180일까지가 취소심판이나 의무이행심판의 청구기간이 된다.
19 서울9급 (O / X)

04 행정심판에서는 행정청이 상대방에게 심판청구기간을 법정 심판청구기간보다 긴 기간으로 잘못 알린 경우에 그 잘못 알린 기간 내에 심판청구가 있으면 그 심판청구는 법정 심판청구기간 내에 제기된 것으로 보나 행정소송에서는 그렇지 않다.
18 국가9급 (O / X)

05 행정심판청구는 엄격한 형식을 요하지 않는 서면행위로 해석된다.
18 서울9급 (O / X)

| 정답 | 01 X 02 X 03 O 04 O 05 O

관련 판례

B 행정심판청구서에 불비된 사항이 있는 경우 및 그 서면의 취지가 불명확한 경우의 처리방법 [15 지방직 9급, 12 사회복지직] 01

> 행정소송의 전치요건인 행정심판청구는 엄격한 형식을 요하지 아니하는 서면행위로 해석되므로, 위법·부당한 행정처분으로 인하여 권리나 이익을 침해당한 자로부터 그 처분의 취소나 변경을 구하는 서면이 제출되었을 때에는 그 표제와 제출기관의 여하를 불문하고, 이를 「행정소송법」 제18조 소정의 행정심판청구로 보고, 불비된 사항이 보정 가능한 때에는 보정을 명하고 보정이 불가능하거나 보정명령에 따르지 아니한 때에 비로소 부적법 각하를 하여야 할 것이며, 더욱 심판청구인은 일반적으로 전문적 법률지식을 갖고 있지 못하여 제출된 서면의 취지가 불명확한 경우도 적지 않으나, 이러한 경우에도 행정청으로서는 그 서면을 가능한 한 제출자의 이익이 되도록 해석하고 처리하여야 하는 것이다(대판 1995.9.5. 94누16250).

C 「지방자치법」 제140조 제3항의 이의신청을 제기해야 할 사람이 처분청에 표제를 '행정심판청구서'로 한 서류를 제출한 경우, 서류의 내용에 이의신청 요건에 맞는 불복취지와 사유가 충분히 기재되어 있다면 이를 처분에 대한 이의신청으로 볼 수 있는지 여부(적극)

> 갑 주식회사가 관할 구청장의 도로점용료 부과처분에 대하여 「지방자치법」이 정한 이의신청을 제기하여야 함에도 '행정심판청구서'라는 제목으로 불복신청서를 제출하였다가 행정심판위원회에서 행정심판대상이 아니라는 이유로 각하결정을 받은 뒤 위 처분에 대한 취소소송을 제기한 사안에서, 위 서면의 제출을 이의신청으로 선해할 수 있는지 판단하지 아니한 채 행정심판청구가 위법하여 각하된 이상 제소기간은 원처분을 안 날부터 기산하는 것이 타당하다는 이유로 소를 각하한 제1심판결을 유지한 원심판결에 법리오해의 위법이 있다(대판 2012.3.29. 2011두26886).

C 청구인과 피청구인의 표시, 심판청구 취지 및 이유 등을 구분하여 기재하지 아니하고 작성자의 서명, 날인이 없는 학사제명취소신청서의 제출을 적법한 행정심판청구로 본 사례

> ○○○○대학교로부터 제명처분을 당한 원고의 어머니가 그 처분이 있음을 알고 원고를 대신하여 작성, 제출한 학사제명취소신청서에는 청구인과 피청구인의 표시, 심판청구취지 및 이유 등 「행정심판법」 제19조 제2항 소정의 사항들을 구분하여 기재하고 있지 아니하고, 작성명의자도 '원고 어머니'라고 기재되어 있을 뿐 작성자의 서명날인이 되어 있지 아니하여 행정심판청구로서의 형식을 갖추고 있지는 않으나, 위 서면의 내용에서 계쟁처분의 내용과 심판청구의 취지 및 이유를 알아 볼 수가 있고 행정처분의 상대방인 원고의 이름과 학년, 학과를 기재하여 처분청인 피고(위 대학교 총장)에게 이를 제출하였다면, 청구인을 원고, 피청구인을 피고로 하여 원고의 어머니가 원고의 대리인으로서 심판청구를 하고 있다고 보아야 할 것이며, … (중략) … 행정심판청구는 엄격한 형식을 요하지 아니하는 서면행위이어서 어느 것이나 그 보정이 가능한 것이므로, 결국 위 학사제명취소신청서는 행정소송의 전치 요건인 행정심판청구서로서 원고는 적법한 행정심판청구를 한 것으로 보아야 할 것이다(대판 1990.6.8. 90누851).

C 처분청에 제출한 처분의 취소를 구하는 취지의 진정서를 「행정심판법」 제17조 제1항 소정의 행정심판청구로 보아야 한다고 판시한 사례

> 진정서에는 처분청과 청구인의 이름 및 주소가 기재되어 있고, 청구인의 기명날인이 되어 있으며 그 진정서의 기재내용에 의하여 심판청구의 대상이 되는 행정처분의 내용과 심판청구의 취지 및 이유를 알 수 있고, 거기에 기재되어 있지 않은 재결청, 처분이 있는 것을 안 날, 처분을 한 행정청의 고지의 유무 및 그 내용 등의 불비한 점은 어느 것이나 그 보정이 가능한 것이므로, 처분청에 제출한 처분의 취소를 구하는 취지의 진정서를 행정심판청구로 보아야 한다(대판 1995.9.5. 94누16250).

개념확인 O/X

01 행정심판청구서의 형식을 다 갖추지 않았다면 비록 그 문서내용이 행정심판의 청구를 구하는 것을 내용으로 하더라도 부적법하다.
12 사회복지 (O / X)

| 정답 | 01 X

| 개념확인 O/X |

01 행정심판을 청구하려는 자는 행정심판위원회뿐만 아니라 피청구인인 행정청에도 행정심판청구서를 제출할 수 있으나, 행정소송을 제기하려는 자는 법원에 소장을 제출하여야 한다.
18 국가9급 (O / X)

02 행정심판을 청구하려는 자는 심판청구서를 작성하여 피청구인이나 위원회에 제출하여야 하며 피청구인의 수만큼 심판청구서 부본을 함께 제출하여야 한다.
15 서울9급 (O / X)

② 심판청구서의 제출
  ㉠ 행정심판을 청구하려는 자는 심판청구서를 작성하여 피청구인이나 위원회에 제출하여야 한다. 이 경우 피청구인의 수만큼 심판청구서 부본을 함께 제출하여야 한다. 01 02
  ㉡ 행정청이 고지를 하지 아니하거나 잘못 고지하여 청구인이 심판청구서를 다른 행정기관에 제출한 경우에는 그 행정기관은 그 심판청구서를 지체 없이 정당한 권한이 있는 피청구인에게 보내야 한다.
  ㉢ 심판청구서를 정당한 권한 있는 피청구인에게 보낸 경우 심판청구서를 보낸 행정기관은 지체 없이 그 사실을 청구인에게 알려야 한다.
  ㉣ 심판청구기간을 계산할 때에는 피청구인이나 위원회 또는 정당한 권한 있는 행정기관에 심판청구서가 제출되었을 때에 행정심판이 청구된 것으로 본다.

③ 피청구인의 심판청구서 등의 접수·처리
  ㉠ 피청구인이 심판청구서를 접수하거나 송부받으면 10일 이내에 심판청구서(위 ②의 ㉠, ㉡에만 해당된다)와 답변서를 위원회에 보내야 한다. 다만, 청구인이 심판청구를 취하한 경우에는 그러하지 아니하다.
  ㉡ 심판청구가 그 내용이 특정되지 아니하는 등 명백히 부적법하다고 판단되는 경우에 피청구인은 답변서를 위원회에 보내지 아니할 수 있다. 이 경우 심판청구서를 접수하거나 송부받은 날부터 10일 이내에 그 사유를 위원회에 문서로 통보하여야 한다.
  ㉢ 청구내용이 특정되지 아니하는 등의 사유로 답변서를 위원회에 보내지 않는 경우에도 불구하고 위원장이 심판청구에 대하여 답변서 제출을 요구하면 피청구인은 위원장으로부터 답변서 제출을 요구받은 날부터 10일 이내에 위원회에 답변서를 제출하여야 한다.
  ㉣ 피청구인은 처분의 상대방이 아닌 제3자가 심판청구를 한 경우에는 지체 없이 처분의 상대방에게 그 사실을 알려야 한다. 이 경우 심판청구서 사본을 함께 송달하여야 한다.
  ㉤ 피청구인이 위원회에 심판청구서를 보낼 때에는 심판청구서에 위원회가 표시되지 아니하였거나 잘못 표시된 경우에도 정당한 권한이 있는 위원회에 보내야 한다.
  ㉥ 답변서의 기재사항: 피청구인은 위원회에 답변서를 보낼 때에는 청구인의 수만큼 답변서 부본을 함께 보내되, 답변서에는 다음 각 호의 사항을 명확하게 적어야 한다.
    ⓐ 처분이나 부작위의 근거와 이유
    ⓑ 심판청구의 취지와 이유에 대응하는 답변
    ⓒ ㉣에 해당하는 경우에는 처분의 상대방의 이름·주소·연락처와 ㉣의 의무 이행 여부
  ㉦ 위 ㉣과 ㉤의 경우에 피청구인은 송부 사실을 지체 없이 청구인에게 알려야 한다.
  ㉧ 중앙행정심판위원회에서 심리·재결하는 사건인 경우 피청구인은 ㉠ 또는 ㉢에 따라 위원회에 심판청구서 또는 답변서를 보낼 때에는 소관 중앙행정기관의 장에게도 그 심판청구·답변의 내용을 알려야 한다.

④ 피청구인의 직권취소 등
  ㉠ 심판청구서를 받은 피청구인은 그 심판청구가 이유 있다고 인정하면 심판청구의 취지에 따라 직권으로 처분을 취소·변경하거나 확인을 하거나 신청에 따른 처분(이하 '직권취소 등'이라 한다)을 할 수 있다. 이 경우 서면으로 청구인에게 알려야 한다. 03
  ㉡ 피청구인은 직권취소 등을 하였을 때에는 청구인이 심판청구를 취하한 경우가 아니면 제24조 제1항 본문에 따라 심판청구서·답변서를 보내거나 같은 조 제3항에 따라 답변서를 보낼 때 직권취소 등의 사실을 증명하는 서류를 위원회에 함께 제출하여야 한다.

⑤ 위원회의 심판청구서 등의 접수·처리
  ㉠ 위원회는 심판청구서를 받으면 지체 없이 피청구인에게 심판청구서 부본을 보내야 한다.

03 심판청구서를 받은 행정청은 그 심판청구가 이유 있다고 인정할 때에는 심판청구의 취지에 따라 처분을 취소·변경 또는 확인을 하거나 신청에 따른 처분을 할 수 있고, 이를 청구인에게 알리고 행정심판위원회에 그 증명서류를 제출하여야 한다.
11 지방9급 (O / X)

| 정답 | 01 ◯ 02 ◯ 03 ◯

ⓒ 위원회는 피청구인으로부터 답변서가 제출된 경우 답변서 부본을 청구인에게 송달하여야 한다.

(3) 심판청구의 변경·취하

① 청구의 변경(제29조)
   ㉠ 의의: '심판청구'의 변경이란 심판청구의 계속 중에 청구인의 편의를 위하여 청구인이 당초의 청구취지나 청구이유 등을 변경하는 것을 말한다.
   ㉡ 내용
     ⓐ 청구인은 청구의 기초에 변경이 없는 범위 안에서 청구의 취지 또는 이유를 변경할 수 있다. 01

> **심화 학습 · 청구취지 변경의 예**
> 1. 행정심판의 종류 변경: 취소심판에서 무효등확인심판으로 변경하는 것
> 2. 심판청구의 대상 변경: 처분변경의 경우에 변경된 처분을 대상으로 동일한 취소심판을 제기하는 것
> 3. 심판청구의 내용 변경: 동일한 처분을 대상으로 전부취소를 일부취소로 변경하는 것

     ⓑ 행정심판이 청구된 후에 피청구인이 새로운 처분을 하거나 심판청구의 대상인 처분을 변경한 경우에는 청구인은 새로운 처분이나 변경된 처분에 맞추어 청구의 취지나 이유를 변경할 수 있다. 02
     ⓒ 청구의 변경은 서면으로 신청하여야 한다. 이 경우 피청구인과 참가인의 수만큼 청구변경신청서 부본을 함께 제출하여야 한다.
     ⓓ 위원회는 ⓒ에 따른 청구변경신청서 부본을 피청구인과 참가인에게 송달하여야 한다.
     ⓔ ⓓ의 경우 위원회는 기간을 정하여 피청구인과 참가인에게 청구변경 신청에 대한 의견을 제출하도록 할 수 있으며, 피청구인과 참가인이 그 기간에 의견을 제출하지 아니하면 의견이 없는 것으로 본다.
     ⓕ 위원회는 ⓐ 또는 ⓑ의 청구변경 신청에 대하여 허가할 것인지 여부를 결정하고, 지체 없이 신청인에게는 결정서 정본을, 당사자 및 참가인에게는 결정서 등본을 송달하여야 한다.
     ⓖ 신청인은 ⓕ에 따라 송달을 받은 날부터 7일 이내에 위원회에 이의신청을 할 수 있다.
     ⓗ 청구의 변경결정이 있으면 처음 행정심판이 청구되었을 때부터 변경된 청구의 취지나 이유로 행정심판이 청구된 것으로 본다. 03

② 청구의 취하(제42조)
   ㉠ 청구인은 심판청구에 대한 의결이 있을 때까지 서면으로 심판청구를 취하할 수 있다.
   ㉡ 참가인은 심판청구에 대한 의결이 있을 때까지 서면으로 참가신청을 취하할 수 있다.

> **관련 법령**
> 「행정심판법」 제42조 【심판청구 등의 취하】 ① 청구인은 심판청구에 대하여 제7조 제6항 또는 제8조 제7항에 따른 의결이 있을 때까지 서면으로 심판청구를 취하할 수 있다.
> ② 참가인은 심판청구에 대하여 제7조 제6항 또는 제8조 제7항에 따른 의결이 있을 때까지 서면으로 참가신청을 취하할 수 있다.
> ③ 제1항 또는 제2항에 따른 취하서에는 청구인이나 참가인이 서명하거나 날인하여야 한다.
> ④ 청구인 또는 참가인은 취하서를 피청구인 또는 위원회에 제출하여야 한다. 이 경우 제23조 제2항부터 제4항까지의 규정을 준용한다.
> ⑤ 피청구인 또는 위원회는 계속 중인 사건에 대하여 제1항 또는 제2항에 따른 취하서를 받으면 지체 없이 다른 관계 기관, 청구인, 참가인에게 취하 사실을 알려야 한다.

개념확인 O/X

01 청구인은 청구의 기초에 변경이 없는 범위에서 청구의 취지나 이유를 변경할 수 있다.
24 국회9급 (O / X)

02 행정심판 청구 후 피청구인인 행정청이 새로운 처분을 하거나 대상인 처분을 변경한 때에는 청구인은 새로운 처분이나 변경된 처분에 맞추어 청구의 취지 또는 이유를 변경할 수 있다.
15 지방9급 (O / X)

03 청구의 변경결정이 있으면 처음 행정심판이 청구되었을 때부터 변경된 청구의 취지나 이유로 행정심판이 청구된 것으로 본다.
24 국회8급 (O / X)

| 정답 | 01 ○ 02 ○ 03 ○

| 개념확인 O/X |

(4) 심판청구의 효과
① **행정심판위원회에 대한 효과**: 행정심판위원회는 회부된 사건을 심리·의결하여야 한다.
② **처분에 대한 효과** — 결정적 코멘트 ▶ 집행정지의 요건과 절차 및 효과를 정확히 암기하여야 한다. 특히 「행정소송법」상의 집행정지 요건·절차와의 차이점을 파악하고 있어야 한다.
  ㉠ 원칙: 집행부정지
    ⓐ 행정심판의 청구가 제기된 경우에 그 대상인 처분의 효력, 집행 또는 절차의 영향 여부에 대하여 행정의 실효성과 능률성 확보를 위해 입법정책상의 이유로(통설) 집행부정지원칙을 취하고 있다.
    ⓑ 이에 심판청구는 처분의 효력이나 그 집행 또는 절차의 속행(續行)에 영향을 주지 아니한다. 01 02
  ㉡ 예외: 집행정지제도
    ⓐ 의의
      ⅰ) 집행부정지 원칙으로 말미암아 청구인에게 중대한 손해가 발생할 것을 예방하기 위하여 일정한 요건하에서 행정행위의 효력, 집행, 절차의 정지를 인정하고 있다.
      ⅱ) 집행정지는 위원회의 직권이나 신청에 의한다.
    ⓑ 요건
      ⅰ) 적극적 요건
        • 행정심판청구의 계속: 논리적으로 청구의 적법성을 요한다.
        • 집행정지대상인 처분의 존재: 집행정지는 처분의 존재를 전제로 하여 소극적으로 처분이 없었던 것과 같은 상태를 실현하는 것이므로 거부처분·부작위는 그 대상이 아니다.
        • 중대한 손해가 생기는 것을 예방할 필요성: 행정소송에서의 집행정지 요건은 회복하기 어려운 손해의 예방이다. 03
        • 긴급한 필요의 존재: 시간적으로 절박하여 재결을 기다릴 만한 여유가 없는 경우를 말한다.
      ⅱ) 소극적 요건: 공공복리에 중대한 영향을 미칠 우려가 있을 때에는 집행정지결정을 할 수 없다. 그 판단 여부는 개별적·구체적으로 관계공익·사익을 비교·형량하여 상대적으로 판단해야 할 것이다.
    ⓒ 대상: 취소소송과 무효등확인심판에 인정된다. 집행정지는 행정행위 전 상태의 유지를 목적으로 하는 것이므로, 거부처분이나 부작위를 상대로 하는 의무이행심판에 대해서는 집행정지가 이루어질 수 없다.
    ⓓ 신청방식
      ⅰ) 집행정지신청은 심판청구와 동시에 또는 심판청구에 대한 위원회나 소위원회의 의결이 있기 전까지, 집행정지결정의 취소신청은 심판청구에 대한 위원회나 소위원회의 의결이 있기 전까지 신청의 취지와 원인을 적은 서면을 위원회에 제출하여야 한다.
      ⅱ) 다만, 심판청구서를 피청구인에게 제출한 경우로서 심판청구와 동시에 집행정지신청을 할 때에는 심판청구서 사본과 접수증명서를 함께 제출하여야 한다.
    ⓔ 절차
      ⅰ) 원칙: 집행정지는 당사자의 신청이나 직권에 의하여 위원회의 심리·의결을 거쳐 결정한다.

---

01 행정심판청구에는 행정소송제기와는 달리 처분의 효력이나 그 집행 또는 절차의 속행에 영향을 미치는 집행정지원칙이 적용된다.
20 군무원7급 (O / X)

02 심판청구는 처분의 효력이나 그 집행 또는 절차의 속행에 영향을 주지 아니한다.
24 국회9급 (O / X)

03 행정심판에서 집행정지의 요건은 소송과 같이 회복하기 어려운 손해의 예방이다.
(O / X)

| 정답 | 01 X 02 O 03 X

ⓘⓘ 예외
- 예외적으로 위원회의 위원회의 심리·결정을 기다릴 경우 중대한 손해가 생길 우려가 있다고 인정되면 위원장은 직권으로 심리·의결에 갈음하는 결정을 할 수 있다.
- 이 경우 위원장이 위원회에 그 사실을 보고하고 추인을 받아야 하며, 추인을 받지 못한 때에는 위원장은 집행정지 또는 집행정지의 취소에 관한 결정을 취소하여야 한다.

ⓕ 효력
ⓘ 집행정지의 효력은 처분의 효력이나 그 집행 또는 그 절차의 속행의 전부 또는 일부이다.
ⓘⓘ 형성력: 처분의 효력 정지는 해당 처분이 없었던 것과 같은 상태를 실현시키는 형성력을 가진다.
ⓘⓘⓘ 대인적 효력: 집행정지결정은 당사자인 청구인과 피청구인 행정청 및 관계행정청에게 미치며, 그 밖에 제3자에 대해서도 미친다고 해야 할 것이다.
ⓘⓥ 시간적 효력: 집행정지결정의 효력은 해당 결정의 주문에 정해진 시기까지 존속하나, 주문에 특별한 정함이 없는 경우에는 재결이 확정될 때까지 존속한다고 할 것이다.

ⓖ 집행정지결정의 취소: 집행정지결정이 확정된 후 집행정지가 공공복리에 중대한 영향을 미치거나 그 정지사유가 없어진 때에는 당사자의 신청 또는 직권에 의하여 위원회는 집행정지결정을 취소할 수 있다.

ⓒ 임시처분
ⓐ 의의: 행정심판의 과정에서 집행정지에 의해 임시구제를 받지 못하는 상황에서, 위법·부당하다고 상당히 의심스러운 처분이나 부작위로부터 중대한 불이익 등을 막기 위해서 행정심판위원회가 임시의 지위를 부여하는 임시구제제도이다. 01

ⓑ 요건
ⓘ 처분 또는 부작위가 위법·부당하다고 상당히 의심되는 경우
ⓘⓘ 처분 또는 부작위 때문에 당사자가 받을 우려가 있는 중대한 불이익이나 당사자에게 생길 급박한 위험을 막기 위하여 임시지위를 정하여야 할 필요가 있는 경우 02
ⓘⓘⓘ 직권으로 또는 당사자의 신청이 있는 경우

ⓒ 한계
ⓘ 임시처분은 집행정지로 목적을 달성할 수 있는 경우에는 허용되지 아니한다. 03
ⓘⓘ 임시처분은 공공복리에 중대한 영향을 미칠 우려가 있을 때에는 허용되지 아니한다.

ⓓ 신청방식: 집행정지신청과 동일한 방식에 의한다. 04

ⓔ '중대한 불이익이나 급박한 위험이 생길 우려'의 경우: 위원회의 심리·결정을 기다릴 경우 중대한 손해가 생길 우려가 있다고 인정되면 위원장은 직권으로 위원회의 심리·결정을 갈음하는 결정을 할 수 있다. 이 경우 위원장은 지체 없이 위원회에 그 사실을 보고하고 추인(追認)을 받아야 하며, 위원회의 추인을 받지 못하면 위원장은 임시처분 또는 임시처분 취소에 관한 결정을 취소하여야 한다.

ⓕ 임시처분의 취소: 위원회는 임시처분을 결정한 후에 임시처분이 공공복리에 중대한 영향을 미치거나 그 정지사유가 없어진 경우에는 직권으로 또는 당사자의 신청에 의하여 임시처분결정을 취소할 수 있다. 05

개념확인 O/X

01 「행정소송법」과는 달리 「행정심판법」은 임시처분 제도를 인정하고 있지 않다.
24 국회9급 (O / X)

02 행정심판위원회는 심판청구된 행정청의 부작위가 위법·부당하다고 상당히 의심되는 경우로서 당사자가 받을 우려가 있는 중대한 불이익이나 당사자에게 생길 급박한 위험을 막기 위하여 임시지위를 정할 필요가 있는 경우 직권 또는 당사자의 신청에 의하여 임시처분을 결정할 수 있다.
18 국가7급 (O / X)

03 임시처분은 의무이행심판을 인정하면서도 가처분제도를 인정하지 않아 제한된 재결의 실효성을 제고하기 위한 것이므로 집행정지로 그 목적을 달성할 수 있는 경우에도 허용된다.
16 서울7급 (O / X)

04 행정심판위원회는 당사자의 신청에 의한 경우는 물론 직권으로도 임시처분을 결정할 수 있다.
16 국가9급 (O / X)

05 행정심판위원회는 임시처분을 결정한 후에 임시처분이 공공복리에 중대한 영향을 미치는 경우에는 직권으로 또는 당사자의 신청에 의하여 이 결정을 취소할 수 있다.
19 지방9급 (O / X)

| 정답 | 01 X 02 O 03 X 04 O 05 O

ⓖ 송달: 위원회는 임시처분 또는 임시처분의 취소에 관하여 심리·결정하면 지체 없이 당사자에게 결정서 정본을 송달하여야 한다.

7 행정심판의 심리

(1) 의의
① '행정심판의 심리'란 재결의 기초가 될 사실관계 및 법률관계를 명확히 하기 위하여 당사자 및 관계인의 주장과 반박을 듣고 증거 기타의 자료를 수집·조사하는 일련의 절차를 말한다.
② 「행정심판법」은 행정심판에 있어서 헌법 제107조 제3항에 따라 심리기관의 객관화와 심리절차의 대심구조화를 취하여 '심리절차의 사법화'를 도모하고 있다.

(2) 내용 및 범위
① 심리의 내용
  ㉠ 요건심리
    ⓐ 의의: 행정심판을 청구하는 데 있어 필요한 형식적 제기요건을 충족하고 있는지를 심사하는 것으로, 부적법한 경우는 재결로 각하한다.
    ⓑ 보정
      ⅰ) 위원회는 심판청구가 적법하지 아니하나 보정(補正)할 수 있다고 인정하면 기간을 정하여 청구인에게 보정할 것을 요구할 수 있다. 다만, 경미한 사항은 직권으로 보정할 수 있다.
      ⅱ) 청구인은 보정의 요구를 받으면 서면으로 보정하여야 한다. 이 경우 다른 당사자의 수만큼 보정서 부본을 함께 제출하여야 한다.
      ⅲ) 위원회는 이에 따라 제출된 보정서 부본을 지체 없이 다른 당사자에게 송달하여야 한다.
      ⅳ) 이에 따른 보정을 한 경우에는 처음부터 적법하게 행정심판이 청구된 것으로 본다.
      ⅴ) 이에 따른 보정기간은 재결기간에 산입하지 아니한다.
      ⅵ) 위원회는 청구인이 보정기간 내에 그 흠을 보정하지 아니한 경우에는 그 심판청구를 각하할 수 있다.
    ⓒ 직권심리원칙: 행정심판제기요건은 직권조사사항이다. 따라서 당사자의 주장이 없어도 위원회는 직권으로 조사할 수 있다.
    ⓓ 청구요건의 여부 판단시점
      ⅰ) 행정심판청구요건 여부는 사실심 변론종결 시를 기준으로 판단한다.
      ⅱ) 요건심리와 본안심리는 항상 시간적으로 전후관계에서 서는 것은 아니다. 본안심리 중에도 심판청구의 형식적 요건에 보완될 수 없는 흠이 발견되면 언제나 각하재결을 할 수 있다.
    ⓔ 주장의 보충(제33조)
      ⅰ) 당사자는 심판청구서·보정서·답변서·참가신청서 등에서 주장한 사실을 보충하고 다른 당사자의 주장을 다시 반박하기 위하여 필요하면 위원회에 보충서면을 제출할 수 있다. 이 경우 다른 당사자의 수만큼 보충서면 부본을 함께 제출하여야 한다.
      ⅱ) 위원회는 필요하다고 인정하면 보충서면의 제출기한을 정할 수 있다.
      ⅲ) 위원회는 이에 따라 보충서면을 받으면 지체 없이 다른 당사자에게 그 부본을 송달하여야 한다.

ⓕ 증거서류 등의 제출
ⅰ) 당사자는 심판청구서·보정서·답변서·참가신청서·보충서면 등에 덧붙여 그 주장을 뒷받침하는 증거서류나 증거물을 제출할 수 있다.
ⅱ) 증거서류에는 다른 당사자의 수만큼 증거서류 부본을 함께 제출하여야 한다.
ⅲ) 위원회는 당사자가 제출한 증거서류의 부본을 지체 없이 다른 당사자에게 송달하여야 한다.
ⓛ 본안심리: 심판청구가 적법한 경우에 심판청구인의 청구의 당부에 대하여 실질적으로 심사하는 것으로 심리결과 청구가 이유 있으면 인용, 이유 없으면 기각한다.

② 심리의 범위
㉠ 불고불리의 원칙 및 불이익변경금지의 원칙 01 02
ⓐ 위원회는 심판청구의 대상이 되는 처분 또는 부작위 외의 사항에 대하여는 재결하지 못한다(제47조 제1항).
ⓑ 위원회는 심판청구의 대상이 되는 처분보다 청구인에게 불리한 재결을 하지 못한다(제47조 제2항).
㉡ 법률문제·재량문제·사실문제 – 위·적법문제와 당·부당의 문제
ⓐ 행정처분이나 부작위의 위·적법 여부(법률문제) 및 사실문제뿐만 아니라 공익에의 부합 여부인 당·부당의 문제도 심사할 수 있다.
ⓑ 재량의 하자(일탈·남용·불행사·해태)에 대한 심사가 가능하다.
ⓒ 법령의 위헌이나 위법 여부: 이에 대한 심사 여부에 대해서는 견해의 차이가 있다.
ⅰ) 부정설: 처분이나 부작위가 적용법령에 합치되는지 여부에 대한 심사권만 있을 뿐이라는 입장이다.
ⅱ) 긍정설: 위원회는 법률의 위헌 여부에 대한 심사권은 없지만, 명령에 대한 심사권은 있다는 입장이다.

(3) 심리의 절차
① 기본원칙
㉠ 대심주의: '대심주의'란 서로 대립하는 당사자인 청구인과 피청구인의 공격과 방어를 바탕으로 하여 심리를 진행시키는 제도를 말한다.
㉡ 직권주의
ⓐ 의의: '직권주의'란 행정심판위원회가 심리에 필요한 자료를 직권으로 수집·조사하는 직권증거조사와 직권심리(탐지)를 할 수 있는 제도를 말하며, 이는 당사자주의에 대립되는 개념이다.
ⓑ 직권증거조사: 위원회는 사건을 심리하기 위하여 필요하면 직권으로 또는 당사자의 신청에 의하여 증거조사를 할 수 있다.
ⓒ 직권심리
ⅰ) 위원회는 필요하면 당사자가 주장하지 아니한 사실에 대하여도 심리할 수 있다. 03
ⅱ) 행정심판의 자율적 행정통제라는 측면에서 행정소송보다 더 넓게 직권심리(탐지)가 인정되어야 한다는 것이 일반적인 입장이다.
ⓓ 심리기일의 지정과 변경
ⅰ) 심리기일은 위원회가 직권으로 지정한다.
ⅱ) 심리기일의 변경은 직권으로 또는 당사자의 신청에 의하여 한다.

개념확인 O/X

01 「행정심판법」은 심판청구의 심리·재결에 있어서 불고불리 및 불이익변경금지원칙을 조문으로 명문화하고 있다.
20 군무원7급 (O / X)

02 행정심판은 행정의 자기통제절차이므로 심판청구의 대상이 되는 처분보다 청구인에게 불리한 재결을 하는 것도 가능하다.
13 지방9급 (O / X)

03 행정심판위원회는 필요하면 당사자가 주장하지 아니한 사실에 대하여도 심리할 수 있다.
19 지방9급, 17 사회복지, 16 지방9급
(O / X)

| 정답 | 01 O 02 X 03 O

ⅲ) 위원회는 심리기일이 변경되면 지체 없이 그 사실과 사유를 당사자에게 알려야 한다.
ⅳ) 심리기일의 통지나 심리기일 변경의 통지는 서면으로 하거나 심판청구서에 적힌 전화, 휴대전화를 이용한 문자전송, 팩시밀리 또는 전자우편 등 간편한 통지방법(이하 '간이통지방법'이라 한다)으로 할 수 있다.

ⓒ 구술심리주의 또는 서면심리주의
ⓐ 행정심판의 심리는 구술심리 또는 서면심리로 한다. 다만, 당사자가 구술심리를 신청한 때에는 서면심리만으로 결정할 수 있다고 인정되는 경우 외에는 구술심리를 하여야 한다. 01
ⓑ 위원회는 구술심리 신청을 받으면 그 허가 여부를 결정하여 신청인에게 알려야 한다.
ⓒ 통지는 간이통지방법으로 할 수 있다.

ⓓ 비공개주의: 비공개주의에 대한 명문규정은 없으나 법해석상 방청객에 대하여 공개하지 않음을 추론할 수 있다.

ⓔ 처분권주의의 제한: 행정소송에서 넓게 인정되고 있는 처분권주의는 재결기간의 규정, 직권심리기일의 지정, 청구인락제도의 부존재 등으로 상당히 제한을 받고 있다고 보여진다.

> **심화 학습** 처분권주의
>
> 소송법적 측면에서의 사적 자치원칙으로서 ① 소송은 법원의 직권에 의해 개시되는 것이 아니라 당사자의 소제기에 의해 개시되며, ② 심판의 대상·범위·형식에 대해서 당사자가 주도하고, ③ 소송의 종료 여부에 대해서 당사자의 자유가 인정되는 소송원칙을 말한다.

② 위원회의 자료제출 요구
㉠ 위원회는 사건 심리에 필요하면 관계 행정기관이 보관 중인 관련 문서, 장부 그 밖에 필요한 자료를 제출할 것을 요구할 수 있다.
㉡ 위원회는 필요하다고 인정하면 사건과 관련된 법령을 주관하는 행정기관이나 그 밖의 관계 행정기관의 장 또는 그 소속 공무원에게 위원회 회의에 참석하여 의견을 진술할 것을 요구하거나 의견서를 제출할 것을 요구할 수 있다.
㉢ 관계 행정기관의 장은 특별한 사정이 없으면 ㉠과 ㉡에 따른 위원회의 요구에 따라야 한다.
㉣ 중앙행정심판위원회에서 심리·재결하는 심판청구의 경우 소관 중앙행정기관의 장은 의견서를 제출하거나 위원회에 출석하여 의견을 진술할 수 있다.

③ 증거조사
㉠ 증거조사의 방법: 위원회는 사건을 심리하기 위하여 필요하면 직권으로 또는 당사자의 신청에 의하여 다음의 방법에 따라 증거조사를 할 수 있다.
ⓐ 당사자나 관계인(관계 행정기관 소속 공무원을 포함한다. 이하 같다)을 위원회의 회의에 출석하게 하여 신문(訊問)하는 방법
ⓑ 당사자나 관계인이 가지고 있는 문서·장부·물건 또는 그 밖의 증거자료의 제출을 요구하고 영치(領置)하는 방법
ⓒ 특별한 학식과 경험을 가진 제3자에게 감정을 요구하는 방법
ⓓ 당사자 또는 관계인의 주소·거소·사업장이나 그 밖의 필요한 장소에 출입하여 당사자 또는 관계인에게 질문하거나 서류·물건 등을 조사·검증하는 방법

개념확인 O/X

01 행정심판의 심리는 당사자가 구술심리를 신청한 경우를 제외하고는 서면심리주의를 원칙으로 하고 있다.
16 서울7급 (O / X)

| 정답 | 01 X

ⓒ 위원회는 필요하면 위원회가 소속된 행정청의 직원이나 다른 행정기관에 촉탁하여 증거조사를 하게 할 수 있다.
　　ⓒ 증거조사를 수행하는 사람은 그 신분을 나타내는 증표를 지니고 이를 당사자나 관계인에게 내보여야 한다.
　　ⓔ 당사자 등은 위원회의 조사나 요구 등에 성실하게 협조하여야 한다.
④ **심리의 병합과 분리**: 심리의 신속성·경제성·능률성을 위하여 위원회가 필요하다고 인정하는 경우에는 관련 청구를 병합심리하거나, 병합된 청구를 분리하여 심리할 수 있다(제37조).
⑤ **발언내용 등의 비공개**: 위원회에서 위원이 발언한 내용이나 그 밖에 공개되면 위원회의 심리·재결의 공정성을 해칠 우려가 있는 사항으로서 대통령령으로 정하는 사항은 공개하지 아니한다(제41조).
⑥ **처분사유의 추가나 변경**: 항고소송에서 행정청이 처분의 근거사유를 추가하거나 변경하기 위한 요건인 '기본적 사실관계의 동일성' 유무의 판단방법의 법리가 행정심판단계에서도 적용되는지 여부에 대하여 대법원은 동일하게 적용된다는 입장이다.

> **관련 판례**
>
> **A** 항고소송에서 행정청이 처분의 근거사유를 추가하거나 변경하기 위한 요건인 '기본적 사실관계의 동일성' 유무의 판단방법 및 이러한 법리가 행정심판단계에서도 적용되는지 여부(적극) [18 국가직 9급, 18 지방직 7급, 17 지방직 7급] 01 02 03
>
> 행정처분의 취소를 구하는 항고소송에서 처분청은 당초 처분의 근거로 삼은 사유와 기본적 사실관계가 동일성이 있다고 인정되는 한도 내에서만 다른 사유를 추가 또는 변경할 수 있고, 이러한 기본적 사실관계의 동일성 유무는 처분사유를 법률적으로 평가하기 이전의 구체적 사실에 착안하여 그 기초인 사회적 사실관계가 기본적인 점에서 동일한지에 따라 결정되므로, 추가 또는 변경된 사유가 처분 당시에 이미 존재하고 있었다거나 당사자가 그 사실을 알고 있었다고 하여 당초의 처분사유와 동일성이 있다고 할 수 없다. 그리고 이러한 법리는 행정심판단계에서도 그대로 적용된다(대판 2014.5.16. 2013두26118).

8 행정심판에서의 조정 04

(1) 목적
위원회는 당사자의 권리 및 권한의 범위에서 당사자의 동의를 받아 심판청구의 신속하고 공정한 해결을 위하여 조정을 할 수 있다. 다만, 그 조정이 공공복리에 적합하지 아니하거나 해당 처분의 성질에 반하는 경우에는 그러하지 아니하다. 05 06

(2) 조정에 대한 사정참작과 취지 등의 설명
위원회는 조정을 함에 있어서 심판청구된 사건의 법적·사실적 상태와 당사자 및 이해관계자의 이익 등 모든 사정을 참작하고, 조정의 이유와 취지를 설명하여야 한다.

(3) 조정의 성립
조정은 당사자가 합의한 사항을 조정서에 기재한 후 당사자가 서명 또는 날인하고 위원회가 이를 확인함으로써 성립한다.

개념확인 O/X

01 행정심판에서는 항고소송에서와 달리 처분청이 당초 처분의 근거로 삼은 사유와 기본적 사실관계가 동일성이 인정되지 않는 다른 사유를 처분사유로 추가하거나 변경할 수 있다.
18 국가9급　　　　　(O/X)

02 행정처분의 취소를 구하는 항고소송에서 처분청은 당초 처분의 근거로 삼은 사유와 기본적 사실관계가 동일성이 있다고 인정되는 한도 내에서만 다른 사유를 추가 또는 변경할 수 있다는 법리는 행정심판단계에서도 그대로 적용된다.
18 지방7급　　　　　(O/X)

03 행정청은 당초 처분사유와 기본적 사실관계가 동일하지 아니한 처분사유를 행정소송 계속 중에는 추가·변경할 수 없으나 행정심판단계에서는 추가·변경할 수 있다.
17 지방7급　　　　　(O/X)

04 위원회는 당사자의 권리 및 권한의 범위에서 당사자의 동의를 받아 심판청구의 신속하고 공정한 해결을 위하여 조정을 할 수 있고, 조정은 당사자가 합의한 사항을 조정서에 기재한 후 당사자가 서명 또는 날인하고 위원회가 이를 확인함으로써 성립하며, 성립한 조정에는 「행정심판법」 제50조(위원회의 직접처분)의 규정을 준용한다.
24 국회8급　　　　　(O/X)

05 행정심판위원회는 공공복리에 적합하지 아니하거나 해당 처분의 성질에 반하는 경우가 아니라면 당사자의 권리 및 권한의 범위에서 당사자의 동의를 받아 조정을 할 수 있다.
18 국가7급　　　　　(O/X)

06 행정심판위원회는 당사자의 권리 및 권한의 범위에서 당사자의 동의를 받아 행정심판 청구의 신속하고 공정한 해결을 위하여 조정을 할 수 있으나, 그 조정이 공공복리에 적합하지 아니하거나 해당 처분의 성질에 반하는 경우에는 그러하지 아니하다.
18 지방7급　　　　　(O/X)

| 정답 | 01 X　02 O　03 X　04 O　05 O　06 O

| 개념확인 O/X |

(4) 조정의 효력

조정은 재결의 효력 중 '재결의 송달과 효력발생', '재결의 기속력', '위원회의 직접처분', '재결의 간접강제', '행정심판 재청구의 금지'의 효력을 갖게 된다.

9 행정심판의 재결 [빈출]

> **결정적 코멘트** ▶ 재결은 출제빈도가 높은 단원이다. 특히 재결의 효력 중 기속력(재처분의무)과 이를 확보하기 위한 집행력 부분은 단순암기만으로는 문제풀이에 한계가 있으므로 반드시 이해를 수반하여야 한다.

(1) 재결의 의의

① '재결'이란 행정심판청구사건에 대하여 행정심판위원회가 심리·의결한 결과를 종국적으로 판단하여 대외적으로 선언하는 행위를 말한다.
② 재결은 행정행위로서의 확인행위이고, 준사법적인 기속행위이다.

(2) 절차 형식

① 방식 01
  ㉠ 재결은 소정의 사항을 기재한 서면으로 하여야 하는 요식행위이다(제46조 제1항).
  ㉡ 재결서에 적는 이유에는 주문내용이 정당하다는 것을 인정할 수 있는 정도의 판단을 표시하여야 한다.
② 범위: 심리와 같이 재결도 불고불리원칙과 불이익변경금지의 원칙이 적용된다. 02 03
③ 기간
  ㉠ 행정심판의 재결은 행정심판위원회 또는 피청구인인 행정청이 심판청구서를 받은 날로부터 60일 이내에 하여야 한다. 부득이한 사정이 있는 경우에는 위원장이 직권으로 30일을 연장할 수 있다(제45조 제1항). 04
  ㉡ 위원장은 재결기간을 연장할 경우에는 재결기간이 끝나기 7일 전까지 당사자에게 알려야 한다.
④ 재결의 송달
  ㉠ 위원회는 지체 없이 당사자에게 재결서의 정본을 송달하여야 한다. 이 경우 중앙행정심판위원회는 재결 결과를 소관 중앙행정기관의 장에게도 알려야 한다.
  ㉡ 재결은 청구인에게 송달되었을 때에 그 효력이 생긴다.
  ㉢ 위원회는 재결서의 등본을 지체 없이 참가인에게 송달하여야 한다.
  ㉣ 처분의 상대방이 아닌 제3자가 심판청구를 한 경우 위원회는 재결서의 등본을 지체 없이 피청구인을 거쳐 처분의 상대방에게 송달하여야 한다. 05 06

(3) 내용 및 종류

① 각하재결: 심판청구의 제기요건을 충족하지 못한 부적합한 심판청구에 대하여 본안에 대한 심리를 거절하는 내용의 재결이다.
② 기각재결
  ㉠ '기각재결'이란 본안심리의 결과 심판청구가 이유 없다고 인정하여 청구인의 심판청구를 배척하여 원처분을 지지하는 재결을 말한다.
  ㉡ 기각재결이 있은 후에도 원처분청은 해당 처분을 직권으로 취소·변경할 수 있다.
③ 사정재결
  ㉠ 의의: '사정재결'이란 심판청구가 이유 있다고 인정하는 경우에도 이를 인용하는 것이 현저히 공공복리에 적합하지 않다고 인정될 때 그 심판청구를 기각하는 재결을 말한다.

---

01 재결은 서면으로 하며 재결서에 적는 이유에는 주문내용이 정당하다는 것을 인정할 수 있는 정도의 판단을 표시하여야 한다.
19 국회8급 (O / X)

02 행정심판위원회는 심판청구의 대상이 되는 처분 외의 다른 처분 또는 부작위에 대하여도 재결할 수 있다.
16 교육행정 (O / X)

03 행정심판위원회는 심판청구의 대상이 되는 처분보다 청구인에게 불리한 재결을 하지 못한다.
16 국가9급 (O / X)

04 행정심판의 재결은 피청구인 또는 행정심판위원회가 심판청구시를 받은 날부터 60일 이내에 하여야 하나 부득이한 사정이 있는 경우에는 위원장이 직권으로 30일을 연장할 수 있다.
25 소방 (O / X)

05 행정심판위원회로부터 재결서의 정본을 송달받은 행정청은 청구인 및 참가인에게 재결서의 등본을 송달하여야 한다.
11 지방9급 (O / X)

06 처분의 상대방이 아닌 제3자가 심판청구를 한 경우 위원회는 재결서의 등본을 지체 없이 피청구인을 거쳐 처분의 상대방에게 송달하여야 한다.
19 국회8급 (O / X)

| 정답 | 01 O 02 X 03 O 04 O 05 X 06 O

ⓛ 목적: 공익을 위하여 개인의 권리를 제약하는 제도이다.
ⓒ 사정재결의 인정범위 01 02 03 04 05
  ⓐ 취소심판: 사정재결이 인정된다.
  ⓑ 무효등확인심판: 사정재결이 인정되지 않는다.
  ⓒ 의무이행심판: 사정재결이 인정된다.
ⓔ 사정재결의 요건
  ⓐ 심판청구가 이유 있다고 인정되어야 한다.
  ⓑ 청구인의 심판청구를 인용함이 현저히 공공복리에 적합하지 아니하다고 인정되어야 한다.
  ⓒ 행정심판위원회의 의결을 거쳐야 한다.
  ⓓ 행정심판위원회는 사정재결을 함에 있어 그 재결의 주문에 그 처분 또는 부작위가 위법 또는 부당함을 명시하여야 한다.
ⓜ 문제점
  ⓐ 법치주의의 형해화를 초래한다.
  ⓑ 청구인의 권익구제에 미흡하다.
ⓗ 구제방법
  ⓐ 청구인의 권익을 보호하기 위하여 행정심판위원회는 사정재결을 함에 있어서 청구인에 대하여 상당한 구제방법을 취하거나 피청구인에게 상당한 구제방법을 취할 것을 명할 수 있다.
  ⓑ 사정재결의 구제방법은 청구취지에 따라 다를 수 있으나, 손해배상·원상회복(결과의 제거)·제해시설의 설치 기타 적당한 구제방법을 생각할 수 있다.

④ 인용재결: 인용재결은 본안심리 결과 청구인의 심판청구가 이유 있다고 인정하여 청구인의 청구취지를 받아들이는 재결이다.
  ㉠ 취소·변경심판의 경우 06 07 08
    ⓐ '취소·변경재결'이란 취소심판의 청구가 이유 있다고 인정할 때에 재결청은 스스로 처분을 취소 또는 변경(취소·변경재결)할 수 있고, 처분청에 대하여 해당 처분의 변경을 명하는 재결(처분변경명령재결)을 할 수 있다.
    ⓑ 취소재결과 변경재결은 형성재결의 성질을 갖고, 처분변경명령재결은 이행재결의 성질을 갖는다.
  ㉡ 무효등확인심판의 경우
    ⓐ 무효등확인심판의 청구가 이유 있다고 인정될 때에는 심판대상이 된 처분의 무효확인재결, 유효확인재결, 실효확인재결, 부존재확인재결, 존재확인재결을 한다.
    ⓑ 확인재결의 성질을 갖는다.
  ㉢ 이행재결
    ⓐ '이행재결'이란 의무이행심판의 청구가 이유 있다고 인정할 때에는 지체 없이 신청에 따른 처분을 하거나(처분재결), 처분청에게 그 신청에 따른 처분을 할 것을 명하는 재결(처분명령재결)을 할 수 있다. 09
    ⓑ 처분재결은 형성재결이고, 처분명령재결은 이행재결의 성질을 갖는다. 10

(4) 재결의 효력발생시점
재결의 효력은 재결서 정본이 청구인에게 송달된 때에 발생한다.

개념확인 O/X

01 사정재결은 무효등확인심판에는 적용하지 아니한다.
17 사회복지, 11 지방9급 (O/X)

02 행정심판의 경우에는 사정재결이 인정되지 않는다.
12 사회복지 (O/X)

03 취소심판 및 의무이행심판에 대해서는 사정재결을 할 수 없다.
19 소방 (O/X)

04 행정심판위원회는 무효확인심판의 청구가 이유 있더라도 이를 인용하는 것이 공공복리에 크게 위배된다고 인정하면 그 청구를 기각하는 재결을 할 수 있다.
18 국회8급 (O/X)

05 사정재결은 취소심판의 경우에만 인정되고, 의무이행심판과 무효확인심판의 경우에는 인정되지 않는다.
21 군무원7급 (O/X)

06 취소심판의 인용재결에는 취소재결·변경재결·취소명령재결·변경명령재결이 있다.
17 서울9급 (O/X)

07 취소심판의 재결로서 처분취소재결, 처분변경재결, 처분변경명령재결을 할 수 있으며, 처분취소명령재결은 할 수 없다.
19 서울7급 (O/X)

08 거부처분은 취소심판의 대상이므로 거부처분의 상대방은 이에 대하여 취소심판만 청구할 수 있다.
17 서울9급 (O/X)

09 의무이행심판의 청구가 이유 있다고 인정되는 경우에는 행정심판위원회는 직접 신청에 따른 처분을 할 수 없고, 피청구인에게 처분을 할 것을 명하는 재결을 할 수 있을 뿐이다.
21 군무원7급 (O/X)

10 의무이행심판의 재결에서 처분재결은 형성재결의 성질을, 처분명령재결은 이행재결의 성격을 가지고 있다.
16 서울7급 (O/X)

| 정답 | 01 O | 02 X | 03 X | 04 X | 05 X | 06 X | 07 O | 08 X | 09 X | 10 O |

(5) 재결의 효력

① 기속력

㉠ 의의

ⓐ 재결의 기속력은 피청구인인 행정청과 그 밖의 관계행정청이 재결의 취지에 따르도록 하는 효력이다. 01

ⓑ 기속력은 인용재결의 경우에만 인정되고, 각하재결이나 기각재결에는 인정되지 않는다. 02

ⓒ 처분청은 인용재결에만 기속력이 발생하므로 기각재결이나 각하재결 후에라도 정당한 사유가 있으면 직권으로 원처분을 취소·변경·철회할 수 있다. 03

> **관련 법령**
>
> 「행정심판법」제49조【재결의 기속력 등】① 심판청구를 인용하는 재결은 피청구인과 그 밖의 관계 행정청을 기속(羈束)한다.
> ② 재결에 의하여 취소되거나 무효 또는 부존재로 확인되는 처분이 당사자의 신청을 거부하는 것을 내용으로 하는 경우에는 그 처분을 한 행정청은 재결의 취지에 따라 다시 이전의 신청에 대한 처분을 하여야 한다.
> ③ 당사자의 신청을 거부하거나 부작위로 방치한 처분의 이행을 명하는 재결이 있으면 행정청은 지체 없이 이전의 신청에 대하여 재결의 취지에 따라 처분을 하여야 한다.
> ④ 신청에 따른 처분이 절차의 위법 또는 부당을 이유로 재결로써 취소된 경우에는 제2항을 준용한다.
> ⑤ 법령의 규정에 따라 공고하거나 고시한 처분이 재결로써 취소되거나 변경되면 처분을 한 행정청은 지체 없이 그 처분이 취소 또는 변경되었다는 것을 공고하거나 고시하여야 한다.
> ⑥ 법령의 규정에 따라 처분의 상대방 외의 이해관계인에게 통지된 처분이 재결로써 취소되거나 변경되면 처분을 한 행정청은 지체 없이 그 이해관계인에게 그 처분이 취소 또는 변경되었다는 것을 알려야 한다.

㉡ 내용

ⓐ **반복금지의무(부작위의무)**: 인용재결이 있는 경우에는 관계행정청은 동일한 사실관계 아래에서 동일한 내용의 처분을 반복해서는 안 된다.

ⓑ **재처분의 의무**

ⅰ) 재결에 의하여 취소되거나 무효 또는 부존재로 확인되는 처분이 당사자의 신청을 거부하는 것을 내용으로 하는 경우에는 그 처분을 한 행정청은 재결의 취지에 따라 다시 이전의 신청에 대한 처분을 하여야 한다. 04 05

ⅱ) 여기에서 재처분의 의무는 원칙적으로 재결의 취지에 따라 청구인의 신청을 인용하는 처분이어야 하지만, 재결의 취지에 반하지 않는 경우에 새로운 사유로 다시 거부할 수 있다. 06

ⅲ) 당사자의 신청을 거부하거나 부작위로 방치한 처분의 이행을 명하는 재결이 있으면 행정청은 지체 없이 이전의 신청에 대하여 재결의 취지에 따라 처분을 하여야 한다. 07 08

ⅳ) 신청에 따른 처분이 절차의 위법 또는 부당을 이유로 재결로써 취소된 경우에도 동일하다. 09

> **정리**
>
> 1. 거부처분에 대한 취소심판: 인용재결 ⇨ 이전신청에 대한 재처분의 의무
> 2. 거부처분에 대한 무효등확인심판: 인용재결 ⇨ 이전신청에 대한 재처분의 의무
> 3. 거부처분 또는 부작위에 대한 의무이행심판: 처분명령재결 ⇨ 이전신청에 대한 재처분(또는 처분)의 의무
> 4. 신청에 따른 처분이 절차의 위법이나 부당으로 취소 ⇨ 이전신청에 대한 재처분의 의무

개념확인 O/X

01 심판청구를 인용하는 재결은 청구인과 피청구인 그 밖의 관계 행정청을 기속한다.
19 국회8급 (O / X)

02 행정심판 재결의 기속력은 인용재결뿐만 아니라 각하재결과 기각재결에도 인정되는 효력이다.
18 서울9급 (O / X)

03 처분청은 기각재결을 받은 후에도 정당한 이유가 있으면 원처분을 취소·변경할 수 있다.
13 지방9급 (O / X)

04 재결에 의하여 취소되는 처분이 당사자의 신청을 거부하는 것을 내용으로 하는 경우에는 그 처분을 한 행정청은 재결의 취지에 따라 다시 이전의 신청에 대한 처분을 하여야 한다.
18 국가7급 (O / X)

05 재결에 의하여 취소되거나 무효 또는 부존재로 확인되는 처분이 당사자의 신청을 거부하는 것을 내용으로 하는 경우에는 그 처분을 한 행정청은 재결의 취지에 따라 다시 이전의 신청에 대한 처분을 하여야 한다.
19 국회8급 (O / X)

06 당사자의 신청을 받아들이지 않은 거부처분이 재결에서 취소될 경우에 행정청은 종전 거부처분 또는 재결 후에 발생한 새로운 사유를 내세워 다시 거부처분을 할 수 없다.
24 국가9급 (O / X)

07 당사자의 신청을 거부하는 처분에 대한 취소심판에서 인용재결이 내려진 경우, 의무이행심판과 달리 행정청은 재처분의무를 지지 않는다.
19 지방9급 (O / X)

08 당사자의 신청을 거부하거나 부작위로 방치한 처분의 이행을 명하는 재결이 있으면 행정청은 지체 없이 이전의 신청에 대하여 재결의 취지에 따라 처분을 하여야 한다.
17 사회복지, 16 지방9급 (O / X)

09 판례에 따르면, 처분의 절차적 위법 사유로 인용재결이 있었으나 행정청이 절차적 위법사유를 시정한 후 행정청이 종전과 같은 처분을 하는 것은 재결의 기속력에 반한다.
17 사회복지 (O / X)

| 정답 | 01 X 02 X 03 O 04 O 05 O 06 X 07 X 08 O 09 X

ⓒ 공고와 통지의무
　ⓘ 법령의 규정에 따라 공고하거나 고시한 처분이 재결로써 취소되거나 변경되면 처분을 한 행정청은 지체 없이 그 처분이 취소 또는 변경되었다는 것을 공고하거나 고시하여야 한다. 01
　ⅱ 법령의 규정에 따라 처분의 상대방 외의 이해관계인에게 통지된 처분이 재결로써 취소되거나 변경되면 처분을 한 행정청은 지체 없이 그 이해관계인에게 그 처분이 취소 또는 변경되었다는 것을 알려야 한다.
ⓓ 결과제거의무: 행정청은 처분의 취소·무효확인등의 재결이 있게 되면, 위법·부당으로 명시된 처분에 의하여 야기된 결과를 제거해야 할 의무를 진다.
ⓒ 범위
　ⓐ 주관적 범위: 피청구인인 행정청과 기타 모든 행정청을 기속한다.
　ⓑ 객관적 범위: 재결주문 및 그 전제가 된 요건사실의 인정과 판단에 미친다. 02 03 04

관련 판례

B 기속력 위반으로 위법하다고 본 경우

당초의 개별공시지가 결정처분을 취소하고 그것을 하향조정하라는 취지의 재결이 있은 후에도 처분청이 다시 당초 처분과 동일한 액수로 개별공시지가를 결정한 처분은 재결청의 재결에 위배되는 것으로서 위법하다(대판 1997. 3. 14. 95누18482).

C 기속력 위반이 아니라서 위법이 아니라고 본 경우

택지초과소유부담금 부과처분을 취소하는 재결이 있는 경우 당해 처분청은 재결의 취지에 반하지 아니하는 한, 즉 당초 처분과 동일한 사정 아래에서 동일한 내용의 처분을 반복하는 것이 아닌 이상, 그 재결에 적시된 위법사유를 시정·보완하여 정당한 부담금을 산출한 다음 새로이 부담금을 부과할 수 있는 것이고, 이러한 새로운 부과처분은 재결의 기속력에 저촉되지 아니한다(대판 1997. 2. 25. 96누14784).

B 재결의 기속력 범위 [16 교육행정직, 15 지방직 9급, 12 경찰행정학과 특채]

재결의 기속력은 재결의 주문 및 그 전제가 된 요건사실의 인정과 판단, 즉 처분 등의 구체적 위법사유에 관한 판단에만 미친다고 할 것이고, 종전 처분이 재결에 의하여 취소되었다 하더라도 종전 처분시와는 다른 사유를 들어서 처분을 하는 것은 기속력에 저촉되지 않는다고 할 것이며, 여기에서 동일 사유인지 다른 사유인지는 종전 처분에 관하여 위법한 것으로 재결에서 판단된 사유와 기본적 사실관계에 있어 동일성이 인정되는 사유인지 여부에 따라 판단되어야 한다(대판 2005. 12. 9. 2003두7705).

B 거부처분을 취소하는 재결의 효력 및 그 취지와 양립할 수 없는 다른 처분에 대한 취소를 구할 소익의 유무 [17 서울시 9급] 05

당사자의 신청을 거부하는 처분을 취소하는 재결이 있는 경우에는 행정청은 그 재결의 취지에 따라 이전의 신청에 대한 처분을 하여야 하는 것이므로 행정청이 그 재결의 취지에 따른 처분을 하지 아니하고 그 처분과는 양립할 수 없는 다른 처분을 하는 것은 위법한 것이라 할 것이고 이 경우 그 재결의 신청인은 위법한 다른 처분의 취소를 소구할 이익이 있다(대판 1988. 12. 13. 88누7880).

개념확인 O/X

01 법령의 규정에 의하여 공고한 처분이 재결로써 취소된 때에는 처분청은 지체 없이 그 처분이 취소되었음을 공고하여야 한다.
16 교육행정　　　　　　(O/X)

02 재결의 기속력은 당해 처분에 관한 재결주문에만 미친다.
16 교육행정　　　　　　(O/X)

03 교원소청심사위원회의 결정은 처분청에 대하여 기속력을 가지고 이는 그 결정의 주문에 포함된 사항뿐 아니라 처분 등의 구체적 위법사유에 관한 판단에까지 미친다.
24 국가9급　　　　　　(O/X)

04 재결의 기속력은 재결의 주문 및 그 전제가 된 요건사실의 인정과 판단, 즉 처분 등의 구체적 위법사유에 관한 판단에만 미친다.
15 지방9급　　　　　　(O/X)

05 거부처분 취소재결이 있는 경우에는 행정청은 그 재결의 취지에 따라 이전의 신청에 대한 처분을 하여야 하는 것이므로 행정청이 그 재결의 취지에 따른 처분을 하지 아니하고 그 처분과는 양립할 수 없는 다른 처분을 하는 것은 재결의 기속력에 반하여 위법하다.
17 서울9급　　　　　　(O/X)

| 정답 | 01 O　02 X　03 O　04 O　05 O

개념확인 O/X

B 행정처분 취소재결에 적시된 위법사유를 시정·보완하여 행한 새로운 처분이 재결의 기속력에 저촉되는지 여부(소극)

> 택지초과소유부담금 부과처분을 취소하는 재결이 있는 경우 당해 처분청은 재결의 취지에 반하지 아니하는 한, 즉 당초 처분과 동일한 사정 아래에서 동일한 내용의 처분을 반복하는 것이 아닌 이상, 그 재결에 적시된 위법사유를 시정·보완하여 정당한 부담금을 산출한 다음 새로이 부담금을 부과할 수 있는 것이고, 이러한 새로운 부과처분은 재결의 기속력에 저촉되지 아니한다(대판 1997. 2. 25. 96누14784·14791).

B 교원소청심사위원회가 임용기간이 만료된 교원에 대한 재임용거부처분을 취소하는 결정을 한 경우, 학교법인 등에 해당 교원을 재임용하여야 하는 의무를 부과하거나 그 교원이 바로 재임용되는 것과 같은 법적 효과가 인정되는지 여부(소극)

> 교원소청심사위원회의 소청심사결정 중 임용기간이 만료된 교원에 대한 재임용거부처분을 취소하는 결정은 재임용거부처분을 취소함으로써 학교법인 등에 해당 교원에 대한 재임용심사를 다시 하도록 하는 절차적 의무를 부과하는 데 그칠 뿐, 학교법인 등에 반드시 해당 교원을 재임용하여야 하는 의무를 부과하거나 혹은 그 교원이 바로 재임용되는 것과 같은 법적 효과까지 인정되는 것은 아니다(대판 2023. 2. 2. 2022다226234).

C 재결과 기판력, 국가배상문제 [24 국가직 9급, 18 국가직 9급, 17 지방직 7급] 01 02 03

재결이 확정된 경우, 처분의 기초가 되는 사실관계나 법률적 판단이 확정되고 당사자들이나 법원이 이에 기속되어 모순되는 주장이나 판단을 할 수 없는지 여부(소극)

> 행정심판의 재결은 피청구인인 행정청을 기속하는 효력을 가지므로 재결청이 취소심판의 청구가 이유 있다고 인정하여 처분청에 처분을 취소할 것을 명하면 처분청으로서는 재결의 취지에 따라 처분을 취소하여야 하지만, 나아가 재결에 판결에서와 같은 기판력이 인정되는 것은 아니어서 재결이 확정된 경우에도 처분의 기초가 된 사실관계나 법률적 판단이 확정되고 당사자들이나 법원이 이에 기속되어 모순되는 주장이나 판단을 할 수 없게 되는 것은 아니다(대판 2015. 11. 27. 2013다6759).

C 재결에 대한 지방자치단체 불복 여부에 대한 헌법재판소의 입장

1. 지방자치단체의 장이 기본권 주체가 될 수 없다고 본 사례
   공권력의 행사자인 국가, 지방자치단체나 그 기관 또는 국가조직의 일부나 공법인은 기본권의 주체가 아니라 단지 국민의 기본권을 보호 내지 실현해야 할 책임과 의무를 지는 지위에 있을 뿐이므로, 지방자치단체의 장인 이 사건 청구인은 기본권의 주체가 될 수 없다.

2. 행정심판청구를 인용하는 재결이 행정청을 기속하도록 규정한 「행정심판법」(2010.1.25. 법률 제9968호로 전부개정된 것) 제49조 제1항(이하 '이 사건 법률조항'이라 한다)이 헌법 제101조 제1항, 제107조 제2항 및 제3항에 위배되는지 여부(소극)
   헌법 제101조 제1항과 제107조 제2항은 입법권 및 행정권으로부터 독립된 사법권의 권한과 심사범위를 규정한 것일 뿐이다. 헌법 제107조 제3항은 행정심판의 심리절차에서도 관계인의 충분한 의견진술 및 자료제출과 당사자의 자유로운 변론 보장 등과 같은 대심구조적 사법절차가 준용되어야 한다는 취지일 뿐, 사법절차의 심급제에 따른 불복할 권리까지 준용되어야 한다는 취지는 아니다. 그러므로 이 사건 법률조항은 헌법 제101조 제1항, 제107조 제2항 및 제3항에 위배되지 아니한다.

3. 이 사건 법률조항이 평등원칙에 위배되는지 여부(소극)
   이 사건 법률조항은 행정청의 자율적 통제와 국민 권리의 신속한 구제라는 행정심판의 취지에 맞게 행정청으로 하여금 행정심판을 통하여 스스로 내부적 판단을 종결시키고자 하는 것으로서 그 합리성이 인정되고, 반면 국민이 행정청의 행위를 법원에서 다툴 수 없도록 한다면 재판받을 권리를 제한하는 것이 되므로 국민은 행정심판의 재결에도 불구하고 행정소송을 제기할 수 있도록 한 것일 뿐이므로, 평등원칙에 위배되지 아니한다.

---

01 행정심판의 재결이 확정되면 피청구인인 행정청을 기속하는 효력이 있고 그 처분의 기초가 된 사실관계나 법률적 판단이 확정되므로 이후 당사자 및 법원은 이에 모순되는 주장이나 판단을 할 수 없다.
18 국가9급 (O / X)

02 행정심판의 재결이 확정되었다 하더라도 처분의 기초가 된 사실관계나 법률적 판단이 확정되는 것은 아니므로, 당사자들이나 법원이 이에 기속되어 모순되는 주장이나 판단을 할 수 없게 되는 것은 아니다.
17 지방7급 (O / X)

03 행정처분이나 행정심판 재결이 불복기간의 경과로 확정될 경우 그 확정력은 처분으로 법률상 이익을 침해받은 자가 당해 처분이나 재결의 효력을 더 이상 다툴 수 없다는 의미일 뿐 판결과 같은 기판력이 인정되는 것은 아니다.
24 국가9급 (O / X)

| 정답 | 01 X 02 O 03 O

4. 이 사건 법률조항이 지방자치제도의 본질적 부분을 침해하는지 여부(소극)

행정심판제도가 행정통제기능을 수행하기 위해서는 중앙정부와 지방정부를 포함하여 행정청 내부에 어느 정도 그 판단기준의 통일성이 갖추어져야 하고, 행정청이 가진 전문성을 활용하고 신속하게 문제를 해결하여 분쟁해결의 효과성과 효율성을 높이기 위해 사안에 따라 국가단위로 행정심판이 이루어지는 것이 더욱 바람직할 수 있다. 이 사건 법률조항은 다층적·다면적으로 설계된 현행 행정심판제도 속에서 각 행정심판기관의 인용재결의 기속력을 인정한 것으로서, 이로 인하여 중앙행정기관이 지방행정기관을 통제하는 상황이 발생한다고 하여 그 자체로 지방자치제도의 본질적 부분을 훼손하는 정도에 이른다고 보기 어렵다. 그러므로 이 사건 법률조항은 지방자치제도의 본질적 부분을 침해하지 아니한다(헌재 2014.6.26. 2013헌바122).

② 공정력·불가쟁력·불가변력
  ㉠ 재결도 행정행위의 일종이므로 당연히 공정력을 가진다.
  ㉡ 재결에 대하여 불복할 경우 재결서를 송달받은 날로부터 90일, 재결이 있는 날로부터 1년을 경과할 경우 불가쟁력이 발생한다.
  ㉢ 재결은 쟁송절차를 통하여 이루어진 행정행위이므로 불가변력이 발생한다.

③ 형성력
  ㉠ 기존의 법률관계에 변동을 가져오는 효력이다. 처분취소의 재결이 확정되면 취소된 처분의 효력은 처분시에 소급하여 소멸되고 그에 따라 기존의 법률관계가 변동된다.
  ㉡ 형성력은 제3자에게도 효력이 미치는데, 이를 대세효라 한다.
  ㉢ 형성력이 있는 재결은 인용재결에 한하며 처분의 취소재결, 처분의 변경재결, 의무이행심판에 있어서 처분재결이 있다.

관련 판례

ⓒ 형성적 재결의 효력 [24 국가직 9급, 17 서울시 9급, 12 사회복지직] 01 02

형성적 재결이 있는 경우에는 그 대상이 된 행정처분은 재결 자체에 의하여 당연히 취소되어 소멸된다(대판 1999.12.16. 98두18619).

ⓑ 행정심판위원회의 취소재결 이후 행정청이 처분을 취소하는 경우 항고소송대상인 처분인지 여부 [12 경찰특채] 03

행정심판재결의 내용이 처분청에게 처분의 취소를 명하는 것이 아니라, 재결청이 스스로 처분을 취소하는 것일 때에는 그 재결의 형성력에 의하여 당해 처분은 별도의 행정처분을 기다릴 것 없이 취소되어 소멸되는 것이므로, 당해 처분을 취소한 이 사건 처분은 이 사건 취소재결의 당사자가 아니어서 그 재결이 있었음을 모르고 있는 원고에게 당해 처분이 취소·소멸되었음을 알려주는 의미의 사실 또는 관념의 통지에 불과할 뿐, 당해 처분을 취소·소멸시키는 새로운 형성적 행위가 아니어서 항고소송의 대상이 되는 처분이라고 할 수 없다(대판 1998.4.24. 97누17131).

개념확인 O/X

01 행정심판 재결의 내용이 처분청의 처분을 스스로 취소하는 것일 때에는 그 재결의 형성력이 발생하여 당해 행정처분은 별도의 행정처분을 기다릴 것 없이 당연히 취소되어 소멸된다.
24 국가9급 (O/X)

02 행정심판위원회가 처분을 취소하거나 변경하는 재결을 하면, 행정청은 재결의 기속력에 따라 처분을 취소 또는 변경하는 처분을 하여야 하고, 이를 통하여 당해 처분은 처분 시에 소급하여 소멸되거나 변경된다.
17 서울9급 (O/X)

03 원처분에 대한 형성적 취소재결이 확정된 후에 행한 처분청의 원처분 취소처분은 항고소송의 대상이 된다.
12 경찰행정학과 특채 (O/X)

| 정답 | 01 O 02 X 03 X

④ 집행력[강제력(재결의 기속력 확보)]
  ㉠ 적극적 처분에 대한 취소심판과 무효등확인심판: 집행력이 없다.
  ㉡ 거부처분에 대한 취소심판·무효등확인심판·의무이행심판
    ⓐ 의무이행심판에서의 행정심판위원회의 직접 처분 01 02 03 04
      ⅰ) 요건
        • 당사자의 신청을 거부하거나 부작위로 방치한 처분의 이행을 명하는 재결이 있었음에도 행정청이 재결의 취지에 따른 아무런 처분을 하지 않을 것
        • 당사자가 신청
        • 위원회가 기간을 정하여 서면으로 시정을 명하고 그 기간에도 행정청이 처분을 이행하지 아니하는 경우
      ⅱ) 한계
        • 처분의 성질이나 그 밖의 불가피한 사유로 위원회가 직접 처분을 할 수 없는 경우에는 직접 처분하지 않는다.
        • 대법원에 의하면 위원회가 직접 처분을 하려면 처분의 이행을 명하는 재결이 있었음에도 행정청이 아무런 처분을 하지 않은 경우이어야 하므로 행정청이 어떤 처분을 하였다면 위원회는 직접 처분을 할 수 없다고 한다.
      ⅲ) 위원회의 통보 및 관리감독: 위원회는 이에 따라 직접 처분을 하였을 때에는 그 사실을 해당 행정청에 통보하여야 하며, 그 통보를 받은 행정청은 위원회가 한 처분을 자기가 한 처분으로 보아 관계 법령에 따라 관리·감독 등 필요한 조치를 하여야 한다. 05

> **관련 판례**
>
> ⓒ 「행정심판법」 제37조 제2항에 기한 재결청의 직접 처분의 요건
>
> 「행정심판법」 제37조 제2항, 같은 법 시행령 제27조의2 제1항의 규정에 따라 재결청이 직접 처분을 하기 위하여는 처분의 이행을 명하는 재결이 있었음에도 당해 행정청이 아무런 처분을 하지 아니하였어야 하므로, 당해 행정청이 어떠한 처분을 하였다면 그 처분이 재결의 내용에 따르지 아니하였다고 하더라도 재결청이 직접 처분을 할 수는 없다(대판 2002.7.23. 2000두9151).

    ⓑ 간접강제(배상제도)
      ⅰ) 대상: 거부처분 취소심판, 거부처분 무효등확인심판, 의무이행심판, 절차 위반에 따른 처분의 취소의 경우
      ⅱ) 내용
        • 위원회는 피청구인이 재결에 기속력에 따른 처분을 하지 아니하면 청구인의 신청에 의하여 결정으로 상당한 기간을 정하고 피청구인이 그 기간 내에 이행하지 아니하는 경우에는 그 지연기간에 따라 일정한 배상을 하도록 명하거나 즉시 배상을 할 것을 명할 수 있다. 06 07
        • 위원회는 사정의 변경이 있는 경우에는 당사자의 신청에 의하여 결정의 내용을 변경할 수 있다.
        • 위원회는 이에 따른 결정을 하기 전에 신청 상대방의 의견을 들어야 한다.
      ⅲ) 배상결정에 불복하는 경우: 청구인은 이에 따른 결정에 불복하는 경우 그 결정에 대하여 행정소송을 제기할 수 있다. 08

개념확인 O/X

01 행정심판에서 행정심판위원회는 행정청의 부작위가 위법·부당하다고 판단되면 직접 처분을 할 수 있으나 행정소송에서 법원은 행정청의 부작위가 위법한 경우에만 직접 처분을 할 수 있다.
18 국가9급 (O / X)

02 거부처분에 대한 취소심판이나 무효등확인심판청구에서 인용재결이 있었음에도 불구하고 피청구인인 행정청이 재결의 취지에 따른 처분을 하지 아니한 경우에는 당사자가 신청하면 행정심판위원회는 기간을 정하여 서면으로 시정을 명하고 그 기간에 이행하지 아니하면 직접 처분을 할 수 있다.
19 서울9급 (O / X)

03 처분청이 처분이행명령재결에 따른 처분을 하지 아니한 경우에는 행정심판위원회는 당사자의 신청 여부를 불문하고 직권으로 직접 처분을 할 수 있다.
19 서울7급 (O / X)

04 취소재결의 기속력으로서 재처분의무가 없으므로 현행법상 거부처분에 불복할 때에는 취소심판보다 의무이행심판이 더 효과적이다.
19 서울7급 (O / X)

05 행정심판위원회는 직접 처분을 하였을 때에는 그 사실을 해당 행정청에 통보하여야 하며, 그 통보를 받은 행정청은 행정심판위원회가 한 처분을 자기가 한 처분으로 보아 관계 법령에 따라 관리·감독 등 필요한 조치를 하여야 한다.
14 지방9급 (O / X)

06 행정심판위원회는 피청구인이 의무이행재결의 취지에 따른 처분을 하지 아니하면 청구인의 신청에 의하여 결정으로 상당한 기간을 정하고 피청구인이 그 기간 내에 이행하지 아니하는 경우에는 그 지연기간에 따라 일정한 배상을 하도록 명하거나 즉시 배상을 할 것을 명할 수 있다.
18 국가7급 (O / X)

07 행정심판위원회는 재처분의무가 있는 피청구인이 재처분의무를 이행하지 아니하면 지연기간에 따라 일정한 배상을 하도록 명할 수는 있으나 즉시 배상을 할 것을 명할 수는 없다.
18 서울7급 (O / X)

08 청구인은 행정심판위원회의 간접강제결정에 불복하는 경우 그 결정에 대하여 행정소송을 제기할 수 있다.
19 지방9급 (O / X)

| 정답 | 01 X 02 X 03 X 04 O 05 O 06 O 07 X 08 O

ⅳ 결정의 효력
- 배상결정의 효력은 피청구인인 행정청이 소속된 국가·지방자치단체 또는 공공단체에 미치며, 결정서 정본은 불복에 따른 소송제기와 관계없이 「민사집행법」에 따른 강제집행에 관하여는 집행권원과 같은 효력을 가진다.
- 이 경우 집행문은 위원장의 명에 따라 위원회가 소속된 행정청 소속 공무원이 부여한다.

ⅴ 간접강제에 기초한 강제집행
- 간접강제결정에 기초한 강제집행에 관하여 이 법에 특별한 규정이 없는 사항에 대하여는 「민사집행법」의 규정을 준용한다.
- 다만, 「민사집행법」상 집행문부여의 소, 집행문부여 등에 관한 이의신청, 청구에 관한 이의의 소, 집행문부여에 대한 이의의 소에서 관할법원은 피청구인의 소재지를 관할하는 행정법원으로 한다.

⑤ 재결에 기판력이 있는지 여부(부정)
- ㉠ 행정심판에 불복하는 경우에 행정소송을 청구할 수 있는 절차가 마련되어 있어 행정심판의 재결은 확정된 판단이라 할 수 없고, 행정소송의 판결에 인정되는 기판력은 부정된다.
- ㉡ 재결이 있었다고 하여 처분의 기초가 된 사실이나 법률적 판단이 확정되어 더 이상 당사자나 법원이 이에 모순되는 주장이나 판단을 할 수 없는 것은 아니라 할 것이다.

관련 판례

Ⓐ 재결이 확정된 경우, 처분의 기초가 되는 사실관계나 법률적 판단이 확정되고 당사자들이나 법원이 이에 기속되어 모순되는 주장이나 판단을 할 수 없는지 여부(소극) [19 국가직 7급, 17 지방직 7급]

> 행정심판의 재결은 피청구인인 행정청을 기속하는 효력을 가지므로 재결청이 취소심판의 청구가 이유 있다고 인정하여 처분청에 처분을 취소할 것을 명하면 처분청으로서는 재결의 취지에 따라 처분을 취소하여야 하지만, 나아가 재결에 판결에서와 같은 기판력이 인정되는 것은 아니어서 재결이 확정된 경우에도 처분의 기초가 된 사실관계나 법률적 판단이 확정되고 당사자들이나 법원이 이에 기속되어 모순되는 주장이나 판단을 할 수 없게 되는 것은 아니다(대판 2015.11.27. 2013다6759).

⑥ 고시나 공고를 통한 처분이 취소나 변경된 경우
- ㉠ 법령의 규정에 따라 공고하거나 고시한 처분이 재결로써 취소되거나 변경되면 처분을 한 행정청은 지체 없이 그 처분이 취소 또는 변경되었다는 것을 공고하거나 고시하여야 한다.
- ㉡ 법령의 규정에 따라 처분의 상대방 외의 이해관계인에게 통지된 처분이 재결로써 취소되거나 변경되면 처분을 한 행정청은 지체 없이 그 이해관계인에게 그 처분이 취소 또는 변경되었다는 것을 알려야 한다.

(6) 재결의 불복

① 재심판청구 금지: 행정심판의 재결에 대하여는 다시 행정심판을 제기할 수 없다(제51조). 단, 「국세기본법」 등 개별법으로 여러 단계의 행정심판이 인정되고 있는 경우는 별개이다.
01 02 03 04 05

② 행정소송의 제기
- ㉠ 행정심판의 재결에 대하여 불복하는 자는 행정소송을 제기할 수 있는바, 이때 행정소송의 대상은 재결이 아니라 원처분을 대상으로 제기하여야 한다. 다만, 재결 자체에 고유

개념확인 O/X

01 행정심판의 재결에 대해서는 재결 자체에 고유한 위법이 있음을 이유로 하는 경우에 한하여 다시 행정심판을 청구할 수 있다.
16 국가9급 (O / X)

02 시·도 행정심판위원회의 기각재결이 내려진 경우 청구인은 중앙행정심판위원회에 그 재결에 대하여 다시 행정심판을 청구할 수 있다.
16 지방9급 (O / X)

03 행정심판청구에 대한 재결이 있으면 그 재결 및 같은 처분 또는 부작위에 대하여 다시 행정심판을 청구할 수 있다.
23 국회9급 (O / X)

04 심판청구에 대해 재결이 있는 경우에도 청구인은 재결 자체의 고유한 위법을 이유로 다시 행정심판을 청구할 수 있다.
16 교육행정 (O / X)

05 심판청구에 대한 재결에는 기판력이 인정되지 않으므로 그 재결 및 같은 처분 또는 부작위에 대하여 다시 행정심판을 청구할 수 있다.
16 서울7급 (O / X)

| 정답 | 01 X　02 X　03 X　04 X　05 X

한 위법이 있는 경우에는 재결의 취소를 구하는 행정소송의 제기가 가능하다(「행정소송법」 제19조).
ⓒ 또한, 제3자효를 수반하는 행정행위에 대한 행정심판에 있어서 그 청구를 인용하는 내용의 재결로 인하여 비로소 권익을 침해받게 되는 자가 있다면 그 인용재결에 대하여 취소를 구할 수 있을 것이다.

> **관련 판례**
>
> ⓒ 제3자효를 수반하는 행정행위에 대한 행정심판청구에 있어서 그 청구를 인용하는 내용의 재결로 인하여 비로소 권리이익을 침해받게 되는 자가 그 인용재결에 대하여 취소를 구하는 경우, 그 인용재결이 항고소송의 대상이 되는지 여부
>
> 이른바 복효적 행정행위, 특히 제3자효를 수반하는 행정행위에 대한 행정심판청구에 있어서 그 청구를 인용하는 내용의 재결로 인하여 비로소 권리이익을 침해받게 되는 자는 그 인용재결에 대하여 다툴 필요가 있고, 그 인용재결은 원처분과 내용을 달리하는 것이므로 그 인용재결의 취소를 구하는 것은 원처분에는 없는 재결에 고유한 하자를 주장하는 셈이어서 당연히 항고소송의 대상이 된다(대판 2001.5.29. 99두10292).

10 전자정보처리조직을 통한 행정심판절차의 수행

(1) 전자정보처리조직을 통한 심판청구

① 이 법에 따른 행정심판 절차를 밟는 자는 심판청구서와 그 밖의 서류를 전자문서화하고 이를 정보통신망을 이용하여 위원회에서 지정·운영하는 전자정보처리조직(행정심판 절차에 필요한 전자문서를 작성·제출·송달할 수 있도록 하는 하드웨어, 소프트웨어, 데이터베이스, 네트워크, 보안요소 등을 결합하여 구축한 정보처리능력을 갖춘 전자적 장치를 말한다)을 통하여 제출할 수 있다.
② 제출된 전자문서는 이 법에 따라 제출된 것으로 보며, 부본을 제출할 의무는 면제된다.
③ 제출된 전자문서는 그 문서를 제출한 사람이 정보통신망을 통하여 전자정보처리조직에서 제공하는 접수번호를 확인하였을 때에 전자정보처리조직에 기록된 내용으로 접수된 것으로 본다.
④ 전자정보처리조직을 통하여 접수된 심판청구의 경우 제27조에 따른 심판청구기간을 계산할 때에는 접수가 되었을 때 행정심판이 청구된 것으로 본다.
⑤ 전자정보처리조직의 지정내용, 전자정보처리조직을 이용한 심판청구서 등의 접수와 처리 등에 관하여 필요한 사항은 국회규칙, 대법원규칙, 헌법재판소규칙, 중앙선거관리위원회규칙 또는 대통령령으로 정한다.

(2) 전자서명 등

① 위원회는 전자정보처리조직을 통하여 행정심판절차를 밟으려는 자에게 본인(本人)임을 확인할 수 있는 「전자서명법」에 따른 전자서명(서명자의 실지명의를 확인할 수 있는 것을 말한다)이나 그 밖의 인증(이하 이 조에서 '전자서명 등'이라 한다)을 요구할 수 있다.
② 전자서명 등을 한 자는 이 법에 따른 서명 또는 날인을 한 것으로 본다.
③ 전자서명 등에 필요한 사항은 국회규칙, 대법원규칙, 헌법재판소규칙, 중앙선거관리위원회규칙 또는 대통령령으로 정한다.

(3) 전자정보처리조직을 이용한 송달 등

① 피청구인 또는 위원회는 전자정보처리조직에 따라 행정심판을 청구하거나 심판참가를 한 자에게 전자정보처리조직과 그와 연계된 정보통신망을 이용하여 재결서나 이 법에 따른 각종 서류를 송달할 수 있다. 다만, 청구인이나 참가인이 동의하지 아니하는 경우에는 그러하지 아니하다.
② 위원회는 송달하여야 하는 재결서 등 서류를 전자정보처리조직에 입력하여 등재한 다음 그 등재 사실을 국회규칙, 대법원규칙, 헌법재판소규칙, 중앙선거관리위원회규칙 또는 대통령령으로 정하는 방법에 따라 전자우편 등으로 알려야 한다.
③ 전자정보처리조직을 이용한 서류 송달은 서면으로 한 것과 같은 효력을 가진다.
④ 서류의 송달은 청구인이 등재된 전자문서를 확인한 때에 전자정보처리조직에 기록된 내용으로 도달한 것으로 본다. 다만, 그 등재사실을 통지한 날부터 2주 이내(재결서 외의 서류는 7일 이내)에 확인하지 아니하였을 때에는 등재사실을 통지한 날부터 2주가 지난 날(재결서 외의 서류는 7일이 지난 날)에 도달한 것으로 본다.

11 기타

(1) 증거서류 등의 반환
위원회는 재결을 한 후 증거서류 등의 반환신청을 받으면 신청인이 제출한 문서·장부·물건이나 그 밖의 증거자료의 원본(原本)을 지체 없이 제출자에게 반환하여야 한다.

(2) 불합리한 법령 등의 개선
① 중앙행정심판위원회는 심판청구를 심리·재결할 때에 처분 또는 부작위의 근거가 되는 명령 등(대통령령·총리령·부령·훈령·예규·고시·조례·규칙 등을 말한다. 이하 같다)이 법령에 근거가 없거나 상위법령에 위배되거나 국민에게 과도한 부담을 주는 등 크게 불합리하면 관계 행정기관에 그 명령 등의 개정·폐지 등 적절한 시정조치를 요청할 수 있다.
② 이 경우 중앙행정심판위원회는 시정조치를 요청한 사실을 법제처장에게 통보하여야 한다.
③ 요청을 받은 관계 행정기관은 정당한 사유가 없으면 이에 따라야 한다.

(3) 주소 등 송달장소 변경의 신고의무
① 당사자, 대리인, 참가인 등은 주소나 사무소 또는 송달장소를 바꾸면 그 사실을 바로 위원회에 서면으로 또는 전자정보처리조직을 통하여 신고하여야 한다.
② 전자우편주소 등을 바꾼 경우에도 또한 같다.

(4) 서류의 송달
이 법에 따른 서류의 송달에 관하여는 「민사소송법」 중 송달에 관한 규정을 준용한다. 01

(5) 조사·지도
① 행정청은 이 법에 따른 행정심판을 거쳐 「행정소송법」에 따른 항고소송이 제기된 사건에 대하여 그 내용이나 결과 등 대통령령으로 정하는 사항을 반기마다 그 다음 달 15일까지 해당 심판청구에 대한 재결을 한 중앙행정심판위원회 또는 시·도지사 소속으로 두는 행정심판위원회에 알려야 한다.
② 시·도지사 소속으로 두는 행정심판위원회는 중앙행정심판위원회가 요청하면 이에 따라 수집한 자료를 제출하여야 한다.

개념확인 O/X

01 「행정심판법」에 따른 서류의 송달에 관하여는 「행정절차법」 중 송달에 관한 규정을 준용한다.
19 국가9급 (O / X)

| 정답 | 01 X

12 행정심판의 불복고지제도

(1) 개설

① **의의**
   ㉠ '고지제도'란 행정청이 행정행위를 함에 있어서 행정행위의 상대방이 행정심판을 제기하고자 하는 경우 필요한 사항인 행정심판을 제기할 수 있는지 여부, 청구절차 및 청구기간 등을 알려주도록 하는 제도를 말한다.
   ㉡ 「행정심판법」은 직권고지와 신청고지를 모두 규정하고 있으나, 「행정절차법」 제26조는 직권에 의한 고지만 규정하고 있다.

② **성질**
   ㉠ 고지 자체는 직접적으로 아무런 법적 효과가 발생하지 않는 비권력적 사실행위이다.
   ㉡ 고지제도에 관한 「행정심판법」의 규정의 성질에 관해서는 훈시규정이라는 견해와 강행규정 또는 의무규정이라는 견해로 나누어진다.

> **관련 판례**
>
> **B** 고지의무를 이행하지 않은 경우에 행정처분에 어떤 하자가 수반되는지 여부
>
> 고지절차에 관한 규정은 행정처분의 상대방이 그 처분에 대한 행정심판의 절차를 밟는 데 있어 편의를 제공하려는 데 있으며 처분청이 위 규정에 따른 고지의무를 이행하지 아니하였다고 하더라도 경우에 따라서는 행정심판의 제기기간이 연장될 수 있는 것에 그치고 이로 인하여 심판의 대상이 되는 행정처분에 어떤 하자가 수반된다고 할 수 없다(대판 1987.11.24. 87누529).
>
> **C** 처분청이 「행정절차법」 제26조에 따른 고지의무를 이행하지 않았다는 이유만으로 행정심판의 대상이 되는 행정처분이 위법한지 여부(소극) / 위 법리가 (구)「건축법」 제80조 제3항의 '이의제기 방법 및 이의제기 기관' 고지의무에 관해서도 마찬가지로 적용되는지 여부(적극)
>
> 「행정절차법」 제26조는 "행정청이 처분을 할 때에는 당사자에게 그 처분에 관하여 행정심판 및 행정소송을 제기할 수 있는지 여부 그 밖에 불복을 할 수 있는지 여부, 청구절차 및 청구기간 그 밖에 필요한 사항을 알려야 한다."라고 규정하고 있다. 이러한 고지절차에 관한 규정은 행정처분의 상대방이 그 처분에 대한 행정심판의 절차를 밟는 데 편의를 제공하려는 것이어서 처분청이 위 규정에 따른 고지의무를 이행하지 아니하였다고 하더라도 경우에 따라 행정심판의 제기기간이 연장될 수 있음에 그칠 뿐, 그 때문에 심판의 대상이 되는 행정처분이 위법하다고 할 수는 없다(대판 1987.11.24. 87누529, 대판 2016.4.29. 2014두3631 참조). 한편 … (중략) … (구)「건축법」 제80조 제3항 중 '이의제기 방법 및 이의제기 기관' 부분은 이행강제금 부과처분의 상대방이 그 처분에 대한 불복절차를 밟는 데 편의를 제공하려는 것이어서, 「행정절차법」 제26조의 고지의무와 그 입법목적이 동일하다. 따라서 「행정절차법」 제26조의 고지의무에 관한 앞서 본 법리는 (구)「건축법」 제80조 제3항의 '이의제기 방법 및 이의제기 기관' 고지의무에 관해서도 마찬가지로 적용된다고 봄이 타당하다(대판 2018.2.8. 2017두66633).

③ **취지**: 행정의 상대방에게 심판청구에 대한 필요적 내용을 고지함으로서 불복절차의 기회를 실질적으로 제공하여 국민의 권익구제기회를 보장하고 행정의 신중을 기하여 행정의 적정성을 도모함을 취지로 한다.

(2) 고지의 종류

① 직권에 의한 고지(의무고지)
  ㉠ 의의: '직권고지'란 행정청이 처분을 하는 경우에 상대방의 신청의 유무에 관계없이 직권으로 고지하여야 하는 것을 말한다.
  ㉡ 고지의 상대방: 직권에 의한 고지는 당해 행정처분의 상대방에 대하여 하여야 한다. 따라서 행정처분과 관련해서 이해관계를 맺고 있는 자에 대해서는 처분청이 고지할 의무가 없다. 그러나 복효적 행정행위의 경우 제3자에게 대하여도 불복고지를 하는 것이 바람직하다는 것이 일반적이 입장이다.
  ㉢ 고지의 시기: 행정청이 처분을 할 때에 처분의 상대방에게 알린다.
  ㉣ 고지의 내용
    ⓐ 해당 처분에 대하여 행정심판을 청구할 수 있는지
    ⓑ 행정심판을 청구하는 경우의 심판청구절차 및 심판청구기간
  ㉤ 고지의 대상인 처분
    ⓐ 「행정심판법」상의 행정쟁송의 대상이 되는 처분뿐만 아니라 특별법상의 쟁송대상까지 포함한다.
    ⓑ 재결처분도 고지의 대상인 처분에 포함된다.
    ⓒ 신청에 따른 처분을 인용하는 처분의 경우에는 상대방이 다툴 이유가 없기 때문에 고지가 불필요하다.

② 청구에 의한 고지(신청고지)
  ㉠ 의의: '신청고지'란 행정청이 이해관계인으로부터 고지를 요청받은 때에는 지체 없이 고지하는 경우를 말한다.
  ㉡ 신청권자
    ⓐ 처분에 관한 이해관계인이다. 따라서 복효적 행정행위에 있어서 제3자 보호와 관련성을 가지지만, 당해 처분의 상대방도 포함된다.
    ⓑ 이 경우 이해관계인은 처분의 상대방도 포함될 수 있는데, 행정청으로부터 고지를 받지 못한 상대방의 경우를 의미한다.
  ㉢ 고지대상: 모든 처분이 대상이 된다.
  ㉣ 방법·시기: 방법에는 제한이 없다. 그러나 신청인이 서면에 의한 고지를 요구할 경우 반드시 서면에 의하여야 하고, 고지의 신청이 있는 경우 지체 없이 고지하여야 한다.
  ㉤ 고지의 내용
    ⓐ 해당 처분이 행정심판의 대상이 되는 처분인지
    ⓑ 행정심판의 대상이 되는 경우 소관위원회 및 심판청구기간

| 고지의 비교

구분	직권에 의한 고지	신청에 의한 고지
고지의 상대방	처분의 상대방	이해관계인
고지의 내용	심판청구가능성 여부, 심판청구절차 및 심판청구기간	심판대상이 되는 처분인지 여부, 소관위원회 및 심판청구기간
고지의 시기	처분 시	이해관계인의 신청이 있는 경우 지체 없이

③ 고지의무의 위반 효과
㉠ 불고지의 효과 01
- ⓐ **청구서의 송부**: 행정청이 고지하지 아니함으로써 심판청구인이 심판청구서를 다른 행정기관에 제출한 때에는 당해 행정기관은 심판청구서를 지체 없이 정당한 권한 있는 행정기관에 이송하여야 한다.
- ⓑ **청구기간**: 심판청구기간을 고지하지 아니한 경우의 행정심판청구기간은 해당 처분이 있은 날로부터 180일이 된다.

㉡ 오고지의 효과
- ⓐ **청구서의 송부**: 고지를 한 행정청이 청구절차를 잘못 알려서 청구인이 심판청구서를 다른 행정기관에 잘못 제출한 때에는 불고지의 경우와 같이 정당한 권한 있는 행정기관에 송부하고 그 사실을 청구인에게 통지하여야 한다.
- ⓑ **청구기간**: 행정청이 고지한 심판청구기간이 법이 정한 심판청구기간보다 긴 때에는 그 오고지된 청구기간 내에 심판청구가 있으면, 소정의 청구기간이 경과된 후에도 적법한 기간 내에 제기된 것으로 본다.

> **관련 법령**
>
> 「행정심판법」 제58조 【행정심판의 고지】 ① 행정청이 처분을 할 때에는 처분의 상대방에게 다음 각 호의 사항을 알려야 한다.
> 1. 해당 처분에 대하여 행정심판을 청구할 수 있는지
> 2. 행정심판을 청구하는 경우의 심판청구절차 및 심판청구기간
>
> ② 행정청은 이해관계인이 요구하면 다음 각 호의 사항을 지체 없이 알려 주어야 한다. 이 경우 서면으로 알려 줄 것을 요구받으면 서면으로 알려 주어야 한다.
> 1. 해당 처분이 행정심판의 대상이 되는 처분인지
> 2. 행정심판의 대상이 되는 경우 소관위원회 및 심판청구기간

(3) 고지의 배제
① 대법원은 「행정심판법」이 배제되는 개별법의 경우에는 불복고지제도가 배제될 수 있다고 한다.
② 그러나 이러한 판례의 입장에 대하여 불복고지는 「행정절차법」의 규정사항이지 「행정심판법」상의 규정이 아니라서 잘못된 해석이라는 비판이 많다.

> **관련 판례**
>
> ⓒ 국세청장이 「조세범처벌절차법」 제16조에 의한 보증금을 교부하지 않기로 하는 처분을 함에 있어서, 상대방에게 행정불복의 방법을 고지할 의무가 있는지 여부(소극)
>
> 「국세기본법」 제56조 제1항은 "제55조에 규정하는 처분에 대하여는 「행정심판법」의 규정을 적용하지 않는다."고 규정하고 있으므로, 국세청장이 같은 법 제55조에 규정하는 처분인, 「조세범처벌절차법」 제16조에 의한 보상금을 교부하지 않기로 하는 처분을 함에 있어서, 「행정심판법」 제42조 제1항에 따라 그 상대방에게 행정불복의 방법을 고지할 의무는 없다고 할 것이고 「국세기본법」 제60조나 같은 법 시행령 제48조에 의하더라도 국세청장이 위 처분을 함에 있어 상대방에게 불복방법을 통지할 의무가 있는 것으로 해석되지 아니한다(대판 1992.3.31. 91누6016).
>
> ⓑ 고지절차에 관한 규정은 행정처분의 상대방이 그 처분에 대한 행정심판의 절차를 밟는 데 편의를 제공하려는 것이어서 처분청이 위 규정에 따른 고지의무를 이행하지 아니하였다고 하더라도 경우에 따라 행정심판의 제기기간이 연장될 수 있음에 그칠 뿐, 그 때문에 심판의 대상이 되는 행정처분이 위법하다고 할 수는 없다(대판 2016.4.29. 2014두3631). 02

개념확인 O/X

01 행정청은 처분을 할 때 처분의 상대방과 이해관계인에게 불복에 대한 안내를 하여야 하며 불복고지가 결여된 처분은 위법하여 취소사유가 된다.
(O / X)

02 고지절차에 관한 규정은 행정처분의 상대방이 그 처분에 대한 행정심판의 절차를 밟는 데 있어 편의를 제공하려는 데 있으며 처분청이 위 규정에 따른 고지의무를 이행하지 아니하였다고 하더라도 경우에 따라서는 행정심판의 제기기간이 연장될 수 있는 것에 그치고 이로 인하여 심판의 대상이 되는 행정처분에 어떤 하자가 수반된다고 할 수 없다.
25 소방 (O / X)

| 정답 | 01 X 02 O

05 행정쟁송

교수님 코멘트 ▶ 행정심판의 종류에 따른 특성과 재결의 효력, 적용법규, 청구기간, 집행정지, 심리의 원칙 등은 주요한 출제포인트이다. 행정심판은 단순암기에 의한 문제풀이에는 한계가 있으므로, 반드시 이해를 수반한 암기가 필요하다.

01

2022 국가직 9급

다음 중 「행정심판법」에 따른 행정심판을 제기할 수 없는 경우만을 모두 고르면? (다툼이 있는 경우 판례에 의함)

> ㄱ. 「공공기관의 정보공개에 관한 법률」상 정보공개와 관련한 공공기관의 비공개결정에 대하여 이의신청을 한 경우
> ㄴ. 「공익사업을 위한 토지 등의 취득 및 보상에 관한 법률」상 토지수용위원회의 수용재결에 이의가 있어 중앙토지수용위원회에 이의를 신청한 경우
> ㄷ. 「난민법」상 난민불인정결정에 대해 법무부장관에게 이의신청을 한 경우
> ㄹ. 「민원 처리에 관한 법률」상 법정민원에 대한 행정기관의 장의 거부처분에 대해 그 행정기관의 장에게 이의신청을 한 경우

① ㄱ, ㄴ
② ㄱ, ㄹ
③ ㄴ, ㄷ
④ ㄷ, ㄹ

정답&해설

01 ③ 이의신청

ㄴ. (불가)

「공익사업을 위한 토지 등의 취득 및 보상에 관한 법률」 제85조【행정소송의 제기】① 사업시행자, 토지소유자 또는 관계인은 제34조에 따른 재결에 불복할 때에는 재결서를 받은 날부터 90일 이내에, 이의신청을 거쳤을 때에는 이의신청에 대한 재결서를 받은 날부터 60일 이내에 각각 행정소송을 제기할 수 있다.

ㄷ. (불가)

「난민법」 제21조【이의신청】① 제18조 제2항 또는 제19조에 따라 난민불인정결정을 받은 사람 또는 제22조에 따라 난민인정이 취소 또는 철회된 사람은 그 통지를 받은 날부터 30일 이내에 법무부장관에게 이의신청을 할 수 있다. 이 경우 이의신청서에 이의의 사유를 소명하는 자료를 첨부하여 지방출입국·외국인관서의 장에게 제출하여야 한다.
② 제1항에 따른 이의신청을 한 경우에는 「행정심판법」에 따른 행정심판을 청구할 수 없다.

|오답해설| ㄱ. (가능)

「공공기관의 정보공개에 관한 법률」 제18조【이의신청】① 청구인이 정보공개와 관련한 공공기관의 비공개결정 또는 부분공개결정에 대하여 불복이 있거나 정보공개 청구 후 20일이 경과하도록 정보공개결정이 없는 때에는 공공기관으로부터 정보공개 여부의 결정 통지를 받은 날 또는 정보공개 청구 후 20일이 경과한 날부터 30일 이내에 해당 공공기관에 문서로 이의신청을 할 수 있다.
제19조【행정심판】① 청구인이 정보공개와 관련한 공공기관의 결정에 대하여 불복이 있거나 정보공개 청구 후 20일이 경과하도록 정보공개결정이 없는 때에는 「행정심판법」에서 정하는 바에 따라 행정심판을 청구할 수 있다.
② 청구인은 제18조에 따른 이의신청절차를 거치지 아니하고 행정심판을 청구할 수 있다.

ㄹ. (가능) 「행정소송법」 제18조 내지 제20조, 「행정심판법」 제3조 제1항, 제4조 제1항, 「민원사무처리에 관한 법률」(이하 '민원사무처리법'이라 한다) 제18조, 같은 법 시행령 제29조 등의 규정들과 그 취지를 종합하여 보면, 「민원사무처리법」에서 정한 민원 이의신청의 대상인 거부처분에 대하여는 민원 이의신청과 상관없이 행정심판 또는 행정소송을 제기할 수 있다(대판 2012.11.15. 2010두8676).

|정답| 01 ③

02

다음 중 「행정심판법」상 간접강제와 직접처분에 대한 설명으로 가장 적절하지 않은 것은?

① 간접강제는 행정심판위원회가 청구인의 신청이 있는 때에만 명할 수 있고, 직권으로는 할 수 없다.
② 간접강제결정에 불복할 경우에는 청구인은 그 결정에 대하여 행정심판위원회를 상대로 행정소송을 제기할 수 있다.
③ 직접처분은 당사자의 신청을 거부하거나 부작위로 방치한 처분의 이행을 명하는 재결에 적용된다.
④ 행정심판위원회가 직접처분을 하였을 때에는 그 사실을 해당 행정청에 통보하여야 하며, 그 통보를 받은 행정청은 행정심판위원회의 직접 처분 취지에 따라 처분을 하고 관계법령에 따라 관리·감독 등 필요한 조치를 하여야 한다.

03

다음 사례에 관한 설명으로 옳지 않은 것은? (다툼이 있는 경우 판례에 의함)

> A도(道) B군(郡)에서 식품접객업을 하는 갑은 청소년에게 술을 팔다가 적발되었다. 「식품위생법」은 위법하게 청소년에게 주류를 제공한 영업자에게 "6개월 이내의 기간을 정하여 그 영업의 전부 또는 일부를 정지할 수 있다."라고 규정하고, 「식품위생법 시행규칙」 [별표 23]은 청소년 주류제공(1차 위반) 시 행정처분기준을 '영업정지 2개월'로 정하고 있다. B군수는 갑에게 2개월의 영업정지처분을 하였다.

① 갑은 영업정지처분에 불복하여 A도 행정심판위원회에 행정심판을 청구할 수 있다.
② 갑은 행정심판을 청구하지 않고 영업정지처분에 대한 취소소송을 제기할 수 있다.
③ 「식품위생법 시행규칙」의 행정처분기준은 행정규칙의 형식이나, 「식품위생법」의 내용을 보충하면서 「식품위생법」의 규정과 결합하여 위임의 범위 내에서 대외적인 구속력을 가진다.
④ 갑이 취소소송을 제기하는 경우 법원은 재량권의 일탈·남용이 인정되면 영업정지처분을 취소할 수 있다.

04

2023 지방직 7급

「행정심판법」상 행정심판에 대한 설명으로 옳은 것만을 모두 고르면?

ㄱ. 심판청구에 대한 재결이 있으면 그 재결 및 같은 처분 또는 부작위에 대하여 다시 행정심판을 청구할 수 없다.
ㄴ. 행정심판위원회는 처분 또는 부작위가 위법·부당하다고 상당히 의심되는 경우로서 처분 또는 부작위 때문에 당사자가 받을 우려가 있는 중대한 불이익이나 당사자에게 생길 급박한 위험을 막기 위하여 임시지위를 정하여야 할 필요가 있는 경우에는 집행정지로 목적을 달성할 수 있더라도 직권으로 또는 당사자의 신청에 의하여 임시처분을 결정할 수 있다.
ㄷ. 행정심판위원회는 피청구인이 의무이행재결 중 처분명령재결의 취지에 따른 처분을 하지 아니하는 경우에, 청구인의 신청에 의하여 결정으로 상당한 기간을 정하고 피청구인이 그 기간 내에 이행하지 아니하는 경우에는 그 지연기간에 따라 일정한 배상을 하도록 명하거나 즉시 배상을 할 것을 명할 수 있다.
ㄹ. 피청구인 또는 행정심판위원회는 전자정보처리조직을 통하여 행정심판을 청구하거나 심판참가를 한 자가 동의한 경우에 전자정보처리조직과 그와 연계된 정보통신망을 이용하여 재결서나 「행정심판법」에 따른 각종 서류를 청구인 또는 참가인에게 송달할 수 있다.

① ㄱ, ㄷ
② ㄱ, ㄴ, ㄹ
③ ㄱ, ㄷ, ㄹ
④ ㄴ, ㄷ, ㄹ

05 2021 국회직 8급

행정심판위원회에 대한 설명으로 옳은 것은? (다툼이 있는 경우 판례에 의함)

① 국회사무총장의 처분에 대한 행정심판의 청구에 대해서는 국민권익위원회에 두는 중앙행정심판위원회에서 심리·재결한다.
② 행정심판위원회의 임시처분 결정은 당사자의 신청이 있어야 하며 직권으로 할 수는 없다.
③ 중앙행정심판위원회의 위원장은 그 행정심판위원회가 소속된 행정청이 되며, 위원장이 부득이한 사유로 직무를 수행할 수 없거나 위원장이 필요하다고 인정하는 경우에는 위원장이 사전에 지명한 위원이 있는 경우 그 위원이 위원장의 직무를 대행한다.
④ 행정심판위원회는 당사자의 권리 및 권한의 범위에서 직권으로 심판청구의 신속하고 공정한 해결을 위하여 조정을 할 수 있지만, 그 조정이 공공복리에 적합하지 아니하거나 해당 처분의 성질에 반하는 경우에는 그러하지 아니하다.
⑤ 중앙행정심판위원회는 심판청구를 심리·재결할 때에 처분 또는 부작위의 근거가 되는 명령 등이 상위법령에 위반되면 관계 행정기관에 그 명령 등의 개정·폐지 등 적절한 시정조치를 요청할 수 있고, 그 사실을 법제처장에게 통보하여야 한다.

06 2024 국가직 9급

행정심판재결의 효력에 대한 설명으로 옳지 않은 것은?

① 행정심판재결의 내용이 처분청의 처분을 스스로 취소하는 것일 때에는 그 재결의 형성력이 발생하여 당해 행정처분은 별도의 행정처분을 기다릴 것 없이 당연히 취소되어 소멸된다.
② 행정처분이나 행정심판재결이 불복기간의 경과로 확정될 경우 그 확정력은 처분으로 법률상 이익을 침해받은 자가 당해 처분이나 재결의 효력을 더 이상 다툴 수 없다는 의미일 뿐 판결과 같은 기판력이 인정되는 것은 아니다.
③ 당사자의 신청을 받아들이지 않은 거부처분이 재결에서 취소된 경우에 행정청은 종전 거부처분 또는 재결 후에 발생한 새로운 사유를 내세워 다시 거부처분을 할 수 없다.
④ 교원소청심사위원회의 결정은 처분청에 대하여 기속력을 가지고 이는 그 결정의 주문에 포함된 사항뿐 아니라 처분 등의 구체적 위법사유에 관한 판단에까지 미친다.

07

2022 국회직 8급

「행정심판법」상 간접강제에 대한 설명으로 옳지 않은 것은?

① 행정심판위원회는 피청구인이 재결에 따른 재처분의무를 이행하지 않으면 청구인의 신청에 의하여 결정으로 상당한 기간을 정하고 피청구인이 그 기간 내에 이행하지 아니하는 경우에는 그 지연기간에 따라 일정한 배상을 하도록 명하거나 즉시 배상을 할 것을 명할 수 있다.
② 행정심판위원회는 사정의 변경이 있는 경우에는 당사자의 신청에 의하여 간접강제결정의 내용을 변경할 수 있으며, 변경결정을 하기 전에 신청 상대방의 의견을 들어야 한다.
③ 행정심판위원회의 간접강제결정의 효력은 피청구인인 행정청이 소속된 국가·지방자치단체 또는 공공단체에까지 미친다.
④ 청구인은 행정심판위원회의 간접강제결정에 불복하는 경우 그 결정에 대하여 행정소송을 제기할 수 있다.
⑤ 간접강제의 결정서 정본은 「민사집행법」에 따른 강제집행에 관하여는 집행권원과 같은 효력을 가진다. 다만, 청구인이 해당 결정에 불복하는 소송을 제기한 경우에는 이러한 효력이 인정될 수 없다.

정답&해설

05 ⑤ 행정심판
⑤ 중앙행정심판의 행정입법 통제(간접)에 대한 내용이다(「행정심판법」 제59조).
|오답해설| ① 국회소속의 행정심판위원회이다.
② 위원회는 처분 또는 부작위가 위법·부당하다고 상당히 의심되는 경우로서 처분 또는 부작위 때문에 당사자가 받을 우려가 있는 중대한 불이익이나 당사자에게 생길 급박한 위험을 막기 위하여 임시지위를 정하여야 할 필요가 있는 경우에는 직권으로 또는 당사자의 신청에 의하여 임시처분을 결정할 수 있다.
③ 「행정심판법」 제8조에 의하면 위원장이 없는 경우 등에는 재직기간이 긴 순서나 연장자 순으로 대행한다.
④ 직권이 아니라 당사자의 동의를 받아야 조정을 할 수 있다(「행정심판법」 제43조의2 제1항).

06 ③ 행정심판
③ 당사자의 신청을 받아들이지 않은 거부처분이 재결에서 취소된 경우에 행정청은 종전 거부처분 또는 재결 후에 발생한 새로운 사유를 내세워 다시 거부처분을 할 수 있다(대판 2017.10.31. 2015두45045).
|오답해설| ① 행정심판에 있어서 재결청의 재결내용이 처분청에 취소를 명하는 것이 아니라 처분청의 처분을 스스로 취소하는 것일 때에는 그 재결에 형성력이 발생하여 당해 행정처분은 별도의 행정처분을 기다릴 것 없이 당연히 취소되어 소멸되는 것이다(대판 1994.4.12. 93누1879).
② 일반적으로 행정처분이나 행정심판재결이 불복기간의 경과로 인하여 확정될 경우, 그 확정력은 그 처분으로 인하여 법률상 이익을 침해받은 자가 당해 처분이나 재결의 효력을 더 이상 다툴 수 없다는 의미일 뿐, 더 나아가 판결에 있어서와 같은 기판력이 인정되는 것은 아니어서 그 처분의 기초가 된 사실관계나 법률적 판단이 확정되고 당사자들이나 법원이 이에 기속되어 모순되는 주장이나 판단을 할 수 없게 되는 것은 아니다(대판 1994.11.8. 93누21927).
④ 교원소청심사위원회(이하 '위원회'라 한다)의 결정은 처분청에 대하여 기속력을 가지고 이는 그 결정의 주문에 포함된 사항뿐 아니라 그 전제가 된 요건사실의 인정과 판단, 즉 처분 등의 구체적 위법사유에 관한 판단에까지 미친다(대판 2013.7.25. 2012두12297).

07 ⑤ 행정심판
⑤ 결정서 정본은 제4항에 따른 소송제기와 관계없이 「민사집행법」에 따른 강제집행에 관하여는 집행권원과 같은 효력을 가진다. 이 경우 집행문은 위원장의 명에 따라 위원회가 소속된 행정청 소속 공무원이 부여한다(「행정심판법」 제50조의2 제5항). ⇨ 청구인의 간접강제결정에 대한 불복소송 제기와 관계없이 효력이 인정된다.
|오답해설| ①, ②, ③, ④ 동법 제50조의2 참고

| 정답 | 05 ⑤   06 ③   07 ⑤

08

「행정심판법」과 「행정소송법」에 대한 내용으로 가장 적절한 것은? (다툼이 있는 경우 판례에 의함)

① 그 실질이 사법권의 행사가 아니라 행정권의 행사에 속하는 '법원행정처장에 의한 처분이나 부작위 등'에 대한 행정심판의 청구가 있게 되면, 국가권익위원회에 두는 '중앙행정심판위원회'가 해당 심판청구를 심리·재결하게 된다.

② 당사자의 신청을 거부하거나 부작위로 방치한 처분에 대한 다툼과 관련하여 「행정심판법」은 행정심판위원회에 의한 직접처분을 허용하면서도, 「행정소송법」과 마찬가지로 간접강제제도를 도입하여 재결의 실효성을 담보하고 있다.

③ 당사자의 주소 등을 통상적인 방법으로 알 수 없어 「행정절차법」이 정한 바에 따라 관보와 인터넷으로 공고하여 소정의 기간이 경과하면, 그때부터 당사자는 '처분이 있음을 안' 것으로 의제되어 「행정심판법」 또는 「행정소송법」상의 불변기간이 개시된다.

④ 회사의 내부규정으로 운수회사에 부과된 과징금은 그 원인행위를 제공한 운전자가 납부하도록 되어 있다면, 해당 운전자는 부과된 과징금의 취소심판 또는 취소소송을 제기할 수 있는 법적 지위를 갖게 된다.

CHAPTER 06 행정소송

- **01** 개설
- **02** 행정소송의 종류
- **03** 항고소송
- **04** 당사자소송
- **05** 객관적 소송

01 개설

1 의의

(1) 행정소송의 의미
'행정소송'이란 행정상 법률관계에 관한 분쟁을 법원이 당사자의 소제기에 의하여 심리·판단하는 쟁송절차를 말한다.

(2) 행정소송 개념의 구성요소
행정소송은 '행정사건'을 대상으로 하는 '법원에 의한 사법작용'으로서의 '정식절차'에 의한 재판이다.

2 기능

(1) 주된 기능 – 국민의 권리구제기능
「행정소송법」 제1조는 "행정소송절차를 통하여 행정청의 위법한 처분 그밖에 공권력의 행사·불행사 등으로 인한 국민의 권리 또는 이익침해를 구제하고 공법상의 권리관계 또는 법 적용에 관한 다툼을 적정하게 해결함을 목적으로 한다."고 규정한다. 01

(2) 부수적 기능 – 행정의 통제기능
행정소송은 행정의 적법성을 보장함으로 행정의 통제기능을 수행한다.

3 특수성 및 문제점

(1) 특수성
① 행정소송 종류의 법정
② 예외적 행정심판전치주의
③ 제소기간의 제한
④ 행정법원의 관할
⑤ 행정소송 피고의 특수성
⑥ 제3자의 재심청구
⑦ 관련 청구의 병합·이송

개념확인 O/X

01 행정소송은 행정청의 위법한 처분 등으로 인한 국민의 권리 또는 이익의 침해를 구제하고 공법상 권리관계 또는 법률 적용에 관한 다툼을 적정하게 해결함을 목적으로 한다.
17 서울7급 (O/X)

⑧ 처분의 집행부정지원칙
⑨ 직권심리주의(직권탐지주의)의 가미
⑩ 사정판결의 인정
⑪ 소의 변경상 특질
⑫ 판결의 대세효
⑬ 행정심판기록·제출명령

(2) 문제점

① **의무이행소송제도의 미채택**: 권력분립을 이유로 의무이행소송제도가 없으나, 국민의 실질적인 권익구제를 위해서 필요하다는 견해가 지배적이다.

② **집단소송제도의 미채택**: '집단소송제도'란 동일한 이해관계를 가진 여러 사람의 이익을 위해 그 이해관계를 가진 자의 일부나 1인이 그 전체를 위하여 소송을 청구하고, 해당 소송 판결의 효력이 이해관계를 가진 자들 모두에게 미치게 하는 소송으로 우리나라 행정소송에는 이 제도가 채택되어 있지 않다.

③ **항고소송에서의 가처분(임시처분)제도의 미도입**
  ㉠ 「행정심판법」에서의 임시구제제도로는 적극 처분에 대한 집행정지뿐 아니라, 집행정지로 목적달성이 곤란한 경우에 대해 임시처분제도를 규정하고 있다. 01
  ㉡ 「행정심판법」과 달리 「행정소송법」에서는 항고소송에 집행정지만을 규정하고 있어, 임시처분제도의 부존재로 소송 중의 임시구제제도가 불충분하다.
  ㉢ 당사자소송에서의 임시구제제도는 규정이 없으나, 대법원은 「민사집행법」상의 가처분제도를 인정하고 있어 임시구제가 가능하다.

④ **사정판결제도**: 원고의 청구가 이유 있다고 인정하는 경우에도 처분 등을 취소하는 것이 현저히 공공복리에 적합하지 아니하다고 인정하는 때에는 법원은 원고의 청구를 기각할 수 있다. 이러한 사정판결제도는 공공복리를 위해서 법치를 포기하였다는 비판이 있다.

⑤ **자료제출 요구제도의 미흡**
  ㉠ 행정소송의 심리 중에 원고가 행정청에 일정한 자료제출을 요구할 수 있는 제도는 「행정소송법」에 규정하고 있지 않다. 02
  ㉡ 이는 행정심판제도에서도 동일한 문제점으로 지적되고 있다.
  ㉢ 다만, 「행정심판법」은 행정심판 진행상에 행정심판위원회의 자료제출요구권은 있으며, 「행정소송법」은 행정소송 진행 중에 법원은 당사자의 신청이 있을 때에 결정으로써 재결을 행한 행정청에 행정심판기록의 제출을 명할 수 있다고 규정하고 있다.
  ㉣ 행정심판기록 제출명령을 받은 행정청은 지체 없이 당해 행정심판의 기록을 법원에 제출하여야 한다.

개념확인 O/X

01 행정심판과 행정소송은 임시구제로서 집행정지와 임시처분제도를 두고 있다. (O / X)

02 행정소송 중 원고는 행정청에 자료 제출요구를 할 수 있다. (O / X)

정답 | 01 X 02 X

4 행정소송의 한계

「행정소송법」은 소송의 대상에 관하여 원칙적으로 위법한 처분은 행정소송대상으로 삼아 개괄주의를 취하고 있으나 헌법상의 명문규정이나 사법본질 또는 권력분립 등에 의해 일정한 한계가 있다.

(1) 헌법의 명문규정에 의한 한계
① 국회의원의 자격심사와 징계(헌법 제64조 제4항)
② 군사재판에 관한 군사법원의 관할 사항(헌법 제110조)
③ 헌법재판소의 관장 사항(헌법 제111조)

(2) 사법적 본질에 의한 한계
법원의 심판대상은 법률상의 쟁송만이 될 수 있다. 따라서 당사자 간의 구체적인 법률관계에 대한 사건성이 결여되었다거나 법적 해결가능성이 없는 경우에는 법원의 심판대상이 될 수 없다.

① 구체적 사건성을 결여한 경우
  ㉠ 추상적인 법령의 효력이나 해석 01
    ⓐ 우리나라 헌법 제107조 제2항은 구체적 규범통제를 취하고 있어 법령의 효력이나 해석을 직접 소송의 대상으로 삼을 수 없다.
    ⓑ 따라서 '재판의 전제가 된 경우'에 해당되지 않는 단순한 법령의 해석이나 효력만 다투는 행정소송은 인정될 수 없다.
  ㉡ 반사적 이익: 반사적 이익은 법규에 의하여 보호되는 이익이 아닌 사실상 이익으로서 침해 시 행정소송을 통하여 다툴 수 있는 소의 이익이 없다고 보았다(통설·판례).
  ㉢ 객관적 소송: 객관적 소송은 법률이 특별히 인정한다는 명문의 규정이 있는 경우를 제외하고는 행정소송의 대상이 되지 않는다.
  ㉣ 학문과 예술의 평가나 우열 및 논쟁에 관한 소송
  ㉤ 단순 사실행위: 법률적 효과가 발생하지 않아 당사자의 권리·의무에 직접 영향이 없으므로 행정소송의 대상이 아니다(단, 권력적 사실행위는 포함된다). 02

> **관련 판례**
>
> ⓒ 국가보훈처장 등이 발행한 책자 등에서 독립운동가 등의 활동상을 잘못 기술하였다는 등의 이유로 그 사실관계의 확인을 구하거나, 국가보훈처장의 서훈추천서의 행사, 불행사가 당연무효 또는 위법임의 확인을 구하는 청구가 항고소송의 대상이 되는지 여부(소극)
>
> 피고 국가보훈처장이 발행·보급한 독립운동사, 피고 문교부장관이 저작하여 보급한 국사교과서 등의 각종 책자와 피고 문화부장관이 관리하고 있는 독립기념관에서의 각종 해설문·전시물의 배치 및 전시 등에 있어서, 일제치하에서의 국내외의 각종 독립운동에 참가한 단체와 독립운동가의 활동상을 잘못 기술하거나, 전시·배치함으로써 그 역사적 의의가 그릇 평가되게 하였다는 이유로 그 사실관계의 확인을 구하고, 또 피고 국가보훈처장은 이들 독립운동가들의 활동상황을 잘못 알고 국가보훈상의 서훈추천권을 행사함으로써 서훈추천권의 행사가 적정하지 아니하였다는 이유로 이러한 서훈추천권의 행사, 불행사가 당연무효임의 확인, 또는 그 부작위가 위법함의 확인을 구하는 청구는 과거의 역사적 사실관계의 존부나 공법상의 구체적인 법률관계가 아닌 사실관계에 관한 것들을 확인의 대상으로 하는 것이거나 행정청의 단순한 부작위를 대상으로 하는 것으로서 항고소송의 대상이 되지 아니하는 것이다(대판 1990.11.23. 90누3553).

개념확인 O/X

01 추상적인 법규명령은 그 자체로서 행정소송대상이 아니다.
(O / X)

02 권력적 사실행위 또는 단순 사실행위는 항고소송대상이 될 수 없다.
(O / X)

| 정답 | 01 O   02 X

| 개념확인 O/X |

01 재량은 사법심사대상이 아니다.
(O/X)

02 현행 「행정소송법」은 재량에 관한 사법심사규정을 두고 있다.
(O/X)

03 현행법상 행정청의 거부처분에 가장 적정한 구제제도는 의무이행소송제도이다.
(O/X)

04 거부행위가 있은 후에 갑이 보조금 지급을 요구하는 의무이행소송을 제기할 수 있다.
14 국가9급 (O/X)

② 법률 적용상 분쟁이 아닌 경우
㉠ 자유재량행위(부당에 그치는 경우)
ⓐ 재량권행사가 재량권의 한계 내에서라면 단순히 재량을 그르치더라도 부당에 그치고 위법이 되지 않아 행정소송의 대상이 되지 않는다.
ⓑ 그러나 재량행위일지라도 재량권을 일탈·남용한 때에는 위법이 되어 행정소송의 대상이 된다(「행정소송법」 제27조). 01 02
ⓒ 따라서 재량의 일탈 또는 남용을 주장하며 제기된 소송이 심리를 통해서 일탈이나 남용이 아님이 밝혀진 경우에 해당 소송은 각하하여야 할 것인지 기각하여야 할 것인지의 문제가 발생하는데, 기각하여야 한다는 것이 일반적인 입장이다(통설·판례).
ⓓ 자유재량도 행정소송의 대상에 사실상 해당되고, 결국 재량권의 일탈이나 남용의 여부는 심판의 대상문제가 아닌 심리범위의 문제가 된다.

㉡ 통치행위
ⓐ '통치행위'란 국가최고기관의 고도의 정치적 행위로서 사법심사의 대상이 되지 않는다고 한다.
ⓑ 우리나라의 헌법재판소는 그것이 국민의 기본권을 직접 침해하는 경우에는 사법심사가 가능하다고 한다.

㉢ 특별권력관계행위: 관계전통적 견해에 의하면 특별권력관계는 사법심사 대상이 아니라고 하나, 오늘날에는 특별권력관계 내부행위라도 사법심사 대상이 된다(통설·판례).

㉣ 방침규정(훈시규정)의 위반행위: 행정청에 단순히 행정의 지침이나 기준만을 제시하고 있는 방침규정에 위반한 행위는 국민의 권리·의무에 대한 법적 문제를 일으키지 않아 행정소송의 대상이 되지 않는다.

㉤ 기타: 검사의 불기소처분, 통고처분, 행정지도 등도 행정소송의 대상이 될 수 없다.

(3) 권력분립상의 한계
① 의무이행소송
㉠ 의의: 법원이 판결로서 행정청에게 일정한 행위를 하도록 명하거나 직접 행정청에 갈음하여 어떠한 처분을 상대방에게 행하는 소송이다.
㉡ 인정 여부: 독일의 명문규정과는 달리 우리나라 「행정소송법」은 이에 관한 명문의 규정을 두고 있지 않아 학설의 대립이 있다. 03 04
ⓐ 부정설: 「행정소송법」 제4조의 항고소송을 열거적·한정적인 것으로 이해하고 제4조 제1호의 변경이란 일부변경, 소극적 변경을 의미하며 법원이 행정청에 갈음하여 일정한 행위를 하는 것은 권력분립원칙에 반한다는 견해이다(판례).
ⓑ 긍정설: 「행정소송법」 제4조의 항고소송을 예시적으로 이해하고 제4조 제1호의 변경을 적극적 변경으로 해석하며, 권력분립을 당사자 권리보호의 측면에서 이해하는 견해이다.
ⓒ 절충설: 원칙적으로 의무이행소송은 인정될 수 없지만 ⅰ) 행정청이 제1차적 판단권을 행사하도록 기다릴 필요가 없을 정도로 관계 법상의 처분요건이 일의적·구체적으로 규정되어 있고, ⅱ) 사전에 구제하지 않으면 회복하기 어려운 손해가 발생할 우려가 있으며, ⅲ) 다른 구제방법이 없는 경우에는 예외적으로 의무이행소송이 인정된다는 견해이다.

| 정답 | 01 X   02 O   03 X   04 X

② 예방적 부작위청구소송(금지소송) 01 02
  ㉠ 의의: 행정청이 특정의 행위나 작용을 하지 않도록 법원에 대하여 청구하는 소송이다. 이는 손해를 사전에 예방하기 위한 소송으로 금지소송이라고도 한다.
  ㉡ 인정 여부
    ⓐ 부정설: 「행정소송법」에 규정되어 있지 않으므로 인정할 수 없다는 견해이다(판례).
    ⓑ 긍정설: 국민의 권익구제적 측면에서 긍정하는 견해이다.

관련 판례

B 의무이행소송은 인정될 수 없다 03

현행 「행정소송법」상 의무이행소송이나 의무확인소송은 인정되지 않으며, 「행정심판법」이 의무이행심판청구를 할 수 있도록 규정하고 있다고 하여 행정소송에서 의무이행청구를 할 수 있는 근거가 되지 못한다(대판 1992.2.11. 91누4126).

C 검사에 대한 압수물 환부이행청구소송이 허용되는지 여부

검사에게 압수물 환부를 이행하라는 청구는 행정청의 부작위에 대하여 일정한 처분을 하도록 하는 의무이행소송으로 현행 「행정소송법」상 허용되지 아니한다(대판 1995.3.10. 94누14018).

C 처분을 직접 행하도록 하는 형성판결을 구하는 소송의 허용 여부

현행 「행정소송법」상 행정청으로 하여금 일정한 행정처분을 하도록 명하는 이행판결을 구하는 소송이나 법원으로 하여금 행정청이 일정한 행정처분을 행한 것과 같은 효과가 있는 행정처분을 직접 행하도록 하는 형성판결을 구하는 소송은 허용되지 아니한다(대판 1997.9.30. 97누3200).

C 준공처분을 하여서는 아니 된다는 판결을 구하는 소송의 인정 여부

건축건물의 준공처분을 하여서는 아니 된다는 내용의 부작위를 구하는 청구는 행정소송에서 허용하지 아니하는 것이므로 부적법하다(대판 1987.3.24. 86누182).

C 보건복지부 고시를 적용하여 요양급여비용을 결정하여서는 아니 된다는 판결을 구하는 소송의 인정 여부

「행정소송법」상 행정청이 일정한 처분을 하지 못하도록 그 부작위를 구하는 청구는 허용되지 않는 부적법한 소송이라 할 것이므로, 피고 국민건강보험공단은 이 사건 고시를 적용하여 요양급여비용을 결정하여서는 아니 된다는 내용의 원고들의 위 피고에 대한 이 사건 청구는 부적법하다 할 것이다(대판 2006.5.25. 2003두11988).

C 「행정소송법」상 행정청이 일정한 처분을 하지 못하도록 그 부작위를 구하는 청구는 허용되지 않는 부적법한 소송이다

「행정소송법」상 행정청이 일정한 처분을 하지 못하도록 그 부작위를 구하는 청구는 허용되지 않는 부적법한 소송이라 할 것이므로, 피고 국민건강보험공단은 이 사건 고시를 적용하여 요양급여비용을 결정하여서는 아니 된다는 내용의 원고들의 위 피고에 대한 이 사건 청구는 부적법하다 할 것이다(대판 2006.5.25. 2003두11988).

개념확인 O/X

01 신축건물의 준공처분을 하여서는 안 된다는 내용의 부작위청구소송은 허용되지 않는다.
12 사회복지 (O / X)

02 「행정소송법」상 행정청이 일정한 처분을 하지 못하도록 그 부작위를 구하는 청구는 허용되지 않는 부적법한 소송이다.
15 지방9급 (O / X)

03 「행정소송법」은 적극적 이행을 구하는 형성소송을 규정하고 있다.
(O / X)

| 정답 | 01 O 02 O 03 X

개념확인 O/X		**행정소송의 한계**	
		사법적 본질에 의한 한계	구체적 사건을 결여한 행위 ① 추상적 법령의 효력이나 해석 ② 객관적 소송 ③ 반사적 이익 ④ 단순 사실행위 ⑤ 학문과 예술의 평가나 우열 및 논쟁에 관한 소송
		법치	법률 적용상의 분쟁이 아닌 경우 ① 자유재량행위 ② 통치행위 ③ 특별권력관계 (위의 ①, ③은 행정소송의 대상이 되며, ②의 경우 국민의 기본권 침해와 직접 관련되는 경우에 헌법소원의 대상이 됨) ④ 방침규정의 위반행위 ⑤ 검사의 불기소처분, 통고처분, 행정지도
		권력분립상의 한계	① 의무이행소송 ② 예방적 부작위청구소송

5 「행정소송법」의 법 적용 예(준용)

① 행정소송에 대하여는 다른 법률에 특별한 규정이 있는 경우를 제외하고는 이 법이 정하는 바에 의한다.
② 행정소송에 관하여 이 법에 특별한 규정이 없는 사항에 대하여는 「법원조직법」과 「민사소송법」 및 「민사집행법」의 규정을 준용한다.

02 행정소송의 종류

01 「행정소송법」 제3조에서는 행정소송을 취소소송, 당사자소송, 민중소송, 기관소송으로 구분한다.
12 지방9급 (O / X)

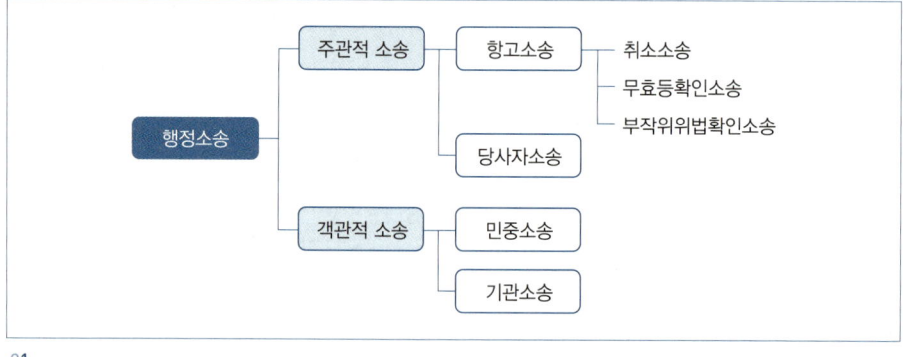

01

1 내용에 의한 분류

(1) 항고소송

행정청의 처분 등이나 부작위에 대하여 제기하는 소송으로서 취소소송, 무효등확인소송, 부작위법확인소송이 「행정소송법」에 규정되어 있다.

① **취소소송**: 행정청의 위법한 처분 등을 취소하거나 변경하는 소송이다. 필요적 행정심판전치주의, 제소기간의 제한, 사정판결, 집행부정지원칙(집행정지) 등이 적용된다. 01
② **무효등확인소송(무효확인, 유효확인, 실효확인, 존재확인, 부존재확인소송)**: 행정청의 처분 등의 효력 유무 또는 존재 여부를 확인하는 소송으로서, 집행부정지원칙(집행정지) 등이 적용되지만 필요적 행정심판전치주의, 제소기간의 제한, 사정판결 등은 적용되지 않는다.
③ **부작위위법확인소송**: 행정청의 부작위가 위법하다는 것을 확인하는 소송으로서 집행부정지원칙(집행정지), 사정판결, 처분변경에 따른 소의 변경 등은 적용되지 않는다.
④ **무명항고소송(법정 외 항고소송)**: 「행정소송법」에 규정하고 있는 항고소송 이외의 항고소송으로서, 의무이행소송, 부작위청구소송, 부작위의무확인소송, 작위의무확인소송 등이 있으나 일반적인 견해와 달리 판례는 모두 부정하고 있다.

(2) 당사자소송
① 행정청의 처분 등을 원인으로 하는 법률관계에 관한 소송 그 밖에 공법상의 법률관계에 관한 소송으로서 그 법률관계의 한쪽 당사자를 피고로 하는 소송을 말한다. 02
② 필요적 행정심판전치주의, 제소기간의 제한, 집행부정지원칙, 사정판결 등은 적용되지 않는다.
③ 그 종류로는 법률관계를 당사자소송으로 진행하는 실질적 당사자소송과 처분을 당사자소송의 형식으로 진행하는 형식적 당사자소송이 있다.

(3) 객관적 소송
① 법률이 정한 경우에만 인정한다.
② 그 종류로는 민중소송과 기관소송이 있다.

관련 법령

「행정소송법」 제3조 【행정소송의 종류】 행정소송은 다음의 네 가지로 구분한다.
1. 항고소송: 행정청의 처분등이나 부작위에 대하여 제기하는 소송
2. 당사자소송: 행정청의 처분등을 원인으로 하는 법률관계에 관한 소송 그 밖에 공법상의 법률관계에 관한 소송으로서 그 법률관계의 한쪽 당사자를 피고로 하는 소송
3. 민중소송: 국가 또는 공공단체의 기관이 법률에 위반되는 행위를 한 때에 직접 자기의 법률상 이익과 관계없이 그 시정을 구하기 위하여 제기하는 소송
4. 기관소송: 국가 또는 공공단체의 기관상호간에 있어서의 권한의 존부 또는 그 행사에 관한 다툼이 있을 때에 이에 대하여 제기하는 소송. 다만, 「헌법재판소법」 제2조의 규정에 의하여 헌법재판소의 관장사항으로 되는 소송은 제외한다. 03

개념확인 O/X

01 취소소송이란 행정청의 위법한 처분 등을 취소 또는 변경하는 소송을 말한다.
12 지방9급 (O / X)

02 당사자소송이란 행정청의 처분 등을 원인으로 하는 법률관계에 관한 소송 그 밖에 공법상의 법률관계에 관한 소송으로서 그 법률관계의 한쪽 당사자를 피고로 하는 소송을 말한다.
12 지방9급 (O / X)

03 기관소송이란 국가 또는 공공단체의 기관 상호간에 있어서의 권한의 존부 또는 그 행사에 관한 다툼이 있을 때에 이에 대하여 제기하는 소송을 말한다.
12 지방9급 (O / X)

2 소송의 목적에 의한 분류

(1) 주관적 소송
개인의 권리구제를 목적으로 하는 행정소송으로서 항고소송과 당사자소송이 있다.

(2) 객관적 소송 01
행정법규의 적정한 적용의 보장을 목적으로 하는 소송으로서 민중소송과 기관소송이 있다.

> **개념확인 O/X**
>
> 01 현행법상 「행정소송법」에는 객관적 소송제도를 인정하고 있지 않다.
> (O/X)

3 소송의 성질에 의한 분류

(1) 형성소송
① 행정행위의 취소·변경을 통해 행정법관계의 변경을 가져오는 소송으로서 인용판결은 직접 법률관계를 설정·변경·폐지하는 효력을 갖는다.
② 형성판결은 집행이 필요하지 않는다.
③ 취소소송이 이에 해당한다.

(2) 이행(급부)소송
① 일정한 행정의 의무(작위·부작위) 이행을 구하는 소송이다.
② 인용판결은 이행(급부)판결로서 특정의 작위·부작위·수인 등을 명하는 판결로 현행 「행정소송법」상 항고소송 중 이행소송은 권력분립을 이유로 인정되지 못하고 있다.
③ 당사자소송에서 인정될 수 있다.

(3) 확인소송
① 법률관계의 존부, 행정행위의 유효·무효 등의 확인을 구하는 소송이다.
② 확인소송의 인용판결은 확인판결로서 법률관계의 변경이 아니라 법률관계의 증명·확인을 행하는 선언적 판결이다.
③ 항고소송에서 무효등확인소송과 부작위위법확인소송이 이에 해당되며, 당사자소송에서 공법상 법률관계의 존부를 확인하는 소송이 이에 해당한다.

03 항고소송

1 의의
'항고소송'이란 행정청의 처분 등이나 부작위에 대하여 제기하는 소송으로서 행정청의 위법한 처분이나 행정심판의 재결 또는 법규나 조리상의 정당한 신청권에 대한 행정청의 무응답(부작위)으로부터 법률상의 이익을 침해받은 경우에 이를 구제받기 위해 제기하는 소송을 말한다.

| 정답 | 01 X

2 취소소송

(1) 개설

① 의의
  ㉠ '취소소송'이란 행정청의 위법한 처분 등을 취소·변경하는 소송으로서 행정소송의 가장 기본적인 형태이다. 01
  ㉡ 위법의 의미
    ⓐ 처분의 객관적인 위법을 의미하는 것이 아니라 당사자가 '처분의 위법을 주장하는 것'이라는 의미이다.
    ⓑ 처분의 위법은 본안에서 이유 여부에 대한 문제이지 청구의 적법성을 의미하는 요건의 문제가 아니다.
  ㉢ 변경의 의미
    ⓐ 다른 처분으로의 적극적인 변경을 의미하는 것이 아니라 일부 취소를 의미한다. 02
    ⓑ 권력분립상 법원은 취소소송의 판결을 통해 다른 처분으로의 변경을 할 수 없다.
  ㉣ 무효선언을 구하는 취소소송도 이에 해당한다.

> **관련 판례**
>
> **ⓒ 무효선언을 구하는 취소소송 인정**
>
> 행정처분의 당연무효를 선언하는 의미에서 그 취소를 구하는 행정소송을 제기하는 경우에는 전치절차와 그 제소기간의 준수 등 취소소송의 제소요건을 갖추어야 한다(대판 1987.6.9. 87누219).

② 성질: 형성소송설, 확인소송설, 구제소송설이 대립하나 공정력이 있는 행정행위의 위법을 취소·변경함으로써 법률관계의 소멸·변경의 효과가 발생하므로 형성소송이라고 보는 견해가 다수설과 판례의 태도이다.

> **관련 판례**
>
> **ⓑ 취소판결의 형성력**
>
> 행정처분을 취소한다는 확정판결이 있으면 그 취소판결의 형성력에 당해 행정처분의 취소나 취소통지 등의 별도의 절차를 요하지 아니하고 당연히 취소의 효과가 발생한다고 한다(대판 1991.1.11. 90누5443).
>
> **ⓒ 취소소송의 본질**
>
> 위법한 행정처분의 취소를 구하는 소는 위법한 처분에 의하여 발생한 위법상태를 배제하여 원상으로 회복시키고, 그 처분으로 침해되거나 방해받은 권리와 이익을 보호하고 구제하고자 하는 소송이다(대판 1996.2.9. 95누14978).

개념확인 O/X

01 취소소송은 처분의 취소뿐만 아니라, 적극적으로 다른 처분으로 변경이 가능한 형성소송이다.
(O / X)
※ 적극적 변경은 안 됨

02 취소소송은 처분의 일부만 취소할 수 있다.
(O / X)

| 정답 | 01 X   02 O

(2) 취소소송과 무효등확인소송의 관계

① 선택의 문제

> **결정적 코멘트** ▶ 취소소송을 청구하여 무효확인을 받을 수 있는 경우(무효선언적 취소소송)의 요건 및 취소소송과 무효등확인소송의 병합문제는 이해를 필요로 하는 부분이다.

　㉠ 의의: 처분의 위법에 대한 정도(중대명백설)에 따라 처분의 상대방 등은 취소소송이나 무효등확인소송의 청구가 가능하다.

　㉡ 유불리의 문제
　　ⓐ 소송의 요건문제: 취소소송은 청구기간의 제한이나 필요적 행정심판의 제한을 받아 무효등확인소송이 원고의 입장에서 유리한 측면이 있다.
　　ⓑ 본안판단의 문제: 취소소송은 처분의 하자가 있다면 중대명백의 정도를 충족하지 않아도 인용될 수 있으나, 무효등확인소송은 처분의 하자가 중대명백하여야 하므로 원고의 입장에서는 취소소송이 유리한 측면이 있다.

② 양자의 병렬관계(병합의 문제)

　㉠ 의의: 취소소송과 무효등확인소송의 양자는 보충적 관계가 아니라 병렬적 관계이다.
　㉡ 병합의 문제: 이에 따라 처분에 대한 취소소송과 무효등확인소송은 서로 양립될 수 없는 청구로서 단순병합이나 선택적 병합은 허용될 수 없다. **01**
　㉢ 주위적·예비적 병합: 양자는 순위를 정하여 청구하는 주위적·예비적으로 병합이 가능하다. **02**
　　ⓐ 요건에서의 병합관계: 주된 청구인 취소소송의 부적법을 대비하여 무효확인의 예비적 병합이 가능하다. 논리적으로 반대의 경우는 허용될 수 없다.
　　ⓑ 본안에서의 병합관계: 주된 청구인 무효등확인소송에서의 기각을 대비하여 취소소송을 예비적으로 병합할 수 있다. 논리적으로 반대의 경우는 허용될 수 없다.

③ 양자의 포섭관계

　㉠ 취소인 처분에 대한 무효등확인소송의 청구
　　ⓐ 개념: 취소사유에 해당되는 처분에 대해 무효등확인소송이 청구되었으나 본안판단에서 중대명백한 하자가 아닌 단순 취소사유의 하자로 판명된 경우에 대한 문제이다.
　　ⓑ 해당 소송(무효등확인소송)이 취소소송의 청구요건을 갖춘 경우
　　　ⅰ) 기각하여야 한다는 견해: 법원은 취소소송의 요건을 구비한 소송이라도 취소를 구하지 않은 소송에 대하여 취소의 인용을 할 수 없고, 석명권을 행사하여 취소소송으로 소변경을 하도록 해서 소변경이 있게 되면 취소판결을 할 수 있다는 견해로서 소변경이 없으면 기각하여야 한다는 입장이다.
　　　ⅱ) 취소판결이 가능하다는 견해: 무효등확인소송에는 취소청구가 포함된 것으로 볼 수 있어 취소판결이 가능하다는 견해이다. 이 견해에 의하면 법원의 석명권행사와 원고의 소변경은 불요하다.
　　　ⅲ) 대법원의 입장: 대법원은 무효확인의 청구취지에는 취소청구의 취지가 포함되어 있다고 보아 취소판결을 할 수 있다는 입장이다.
　　ⓒ 해당 소송(무효등확인소송)이 취소소송의 청구요건을 갖추지 못한 경우: 제소기간이나 필요적 행정심판 등의 취소소송의 청구요건을 갖추지 못한 경우는 법원은 취소판결을 할 수 없고 기각판결을 한다. **03 04 05**

개념확인 O/X

01 처분에 대한 무효확인소송과 취소소송을 선택적 청구로서 병합하여 제기할 수 있다.
21 국회8급　　　　　(O / X)

02 무효확인소송이 「행정소송법」상 취소소송의 적법한 제소기간 안에 제기되었더라도, 적법한 제소기간 이후에는 A처분의 취소를 구하는 소를 추가적·예비적으로 병합하여 제기할 수 없다.
19 지방7급　　　　　(O / X)

03 무효확인소송에 A처분의 취소를 구하는 취지도 포함되어 있고 무효확인소송이 「행정소송법」상 취소소송의 적법요건을 갖추었다 하더라도, 법원은 A처분에 대한 취소판결을 할 수 없다.
19 지방7급　　　　　(O / X)

04 행정처분의 무효확인을 구하는 소에는 특단의 사정이 없는 한 그 취소를 구하는 취지도 포함되어 있다고 보아야 한다.
19 하반기 서울7급　　(O / X)

05 무효확인소송을 제기하였는데 해당 사건에서의 위법이 취소사유에 불과한 때, 법원은 취소소송의 요건을 충족한 경우 취소판결을 내린다.
17 하반기 국가7급　　(O / X)

| 정답 | 01 X　02 X　03 X　04 O　05 O

ⓒ 무효인 처분을 취소소송으로 제기한 경우
  ⓐ 무효선언을 구하는 취지의 취소소송의 경우
    ⅰ) 취소소송의 요건을 구비한 경우: 무효확인을 구하는 취지의 취소소송이 취소소송의 제기요건을 갖추어 제기된 경우에 법원은 이를 심리하여 중대명백한 하자에 해당되는 경우에는 취소판결을 할 수 있다.
    ⅱ) 취소소송의 요건을 갖추지 못한 경우: 무효선언을 구하는 취지의 취소소송이 취소소송의 제기요건을 갖추지 못한 경우에는 비록 무효에 해당되는 처분이라도 각하대상이 된다.
  ⓑ 처분의 취소를 구함이 명백한 경우: 대법원은 부과처분이 취소를 구함이 명백한 경우에 과세처분의 취소청구에는 그 무효확인을 구하는 취지가 포함되어 있다고 볼 수 없고, 그 무효확인을 구하는지 여부를 석명할 의무도 없다고 한다.

관련 판례

B 행정처분의 무효확인을 구하는 소에 취소를 구하는 취지도 포함되어 있는지 여부(원칙적 적극) 및 이때 취소청구를 인용하기 위한 전제 [19 하반기 서울시 7급]

> 행정처분의 무효확인을 구하는 소에는 원고가 그 처분의 취소를 구하지 아니한다고 밝히지 아니한 이상 그 처분이 당연무효가 아니라면 그 취소를 구하는 취지도 포함되어 있는 것으로 보아야 하고, 그와 같은 경우에 취소청구를 인용하려면 먼저 취소를 구하는 항고소송으로서의 제소요건을 구비하여야 한다(대판 2018.10.25. 2015두38856).

C 행정처분의 취소의 소를 무효확인의 소로 변경한 경우에 취소를 구하는 취지도 포함된 것으로 볼 것인지 여부

> 일반적으로 행정처분의 무효확인을 구하는 소에는 원고가 그 처분의 취소는 구하지 아니한다고 밝히고 있지 아니하는 이상 그 처분이 만약 당연무효가 아니라면 그 취소를 구하는 취지도 포함되어 있는 것으로 볼 것이나 행정심판절차를 거치지 아니한 까닭에 행정처분 취소의 소를 무효확인의 소로 변경한 경우에는 무효확인을 구하는 취지 속에 그 처분이 당연무효가 아니라면 그 취소를 구하는 취지까지 포함된 것으로 볼 여지가 전혀 없다고 할 것이므로 법원으로서는 그 처분이 당연무효인가 여부만 심리판단하면 족하다고 할 것이다(대판 1987.4.28. 86누887).

B 행정처분의 당연무효를 선언하는 의미에서 그 취소를 청구하는 행정소송을 제기하는 경우에도 소원의 전치와 제소기간의 준수 등 취소소송의 제소요건을 갖추어야 한다 [19 국회직 8급] 01 02 03

> 행정처분의 당연무효를 선언하는 의미에서 그 취소를 청구하는 행정소송을 제기하는 경우에도 소원의 전치와 제소기간의 준수 등 취소소송의 제소요건을 갖추어야 하는 것이므로 (당원 1976.2.24 75누128 판결 참조) 원심이 확정한 바와 같이 원고 주장의 과세처분의 취소를 청구하는 이 사건 소송(원고의 1983.12.20자 청구취지 및 원인 변경신청 참조)이 제소기간을 도과하여 제소요건을 갖추지 못한 부적법한 것이라면 소론과 같이 원고의 청구 가운데 위 과세처분의 당연무효를 선언하는 의미에서의 취소를 구하는 취지까지 포함되어 있다 하더라도 이는 결국 제소기간 경과 후에 제소한 부적법한 소송으로서 각하를 면할 수 없다 할 것이다(대판 1984.5.29. 84누175).

개념확인 O/X

01 처분의 당연무효를 구하는 취소소송에서 처분이 무효에 해당되는 경우에도 필요적 행정심판을 전치하여야 하는 처분이라면 행정심판을 전치하지 않으면 안 된다.
(O / X)

02 행정처분의 당연무효를 선언하는 의미에서 그 취소를 구하는 행정소송을 제기하는 경우에는 취소소송의 제소기간을 준수하여야 한다.
19 국회8급 (O / X)

03 처분의 무효를 구하는 취소소송은 심리결과 무효에 해당되는 경우에도 취소소송의 요건을 구비하지 못한 경우에는 기각의 대상이 된다.
(O / X)

※ 각하대상

| 정답 | 01 O 02 O 03 X

> **개념확인 O/X**
>
> ⓒ 과세처분의 취소청구에는 그 무효확인을 구하는 취지가 포함되어 있다고 볼 수 없고, 그 무효확인을 구하는 여부를 석명할 의무도 없다
>
> > 원고가 부과처분의 취소를 구하고 있음이 명백하므로 원심이 더 나아가 그 무효확인을 구하는 여부를 석명할 의무는 없다고 할 것이며 과세처분의 취소를 구하는 내용에 그 무효확인을 구하는 취지가 포함되어 있다고 볼 수 없으니(당원 1982.6.22 81누424 판결 참조) 이 점에 관한 소론 또한 이유 없다(대판 1983.7.27. 82누546).
>
> ⓒ 과세처분 취소청구에 무효확인청구의 포함 여부/과세처분의 취소청구에는 그 무효확인을 구하는 취지가 포함되어 있다고 볼 수 없고, 무효확인을 구하는 여부를 석명할 의무도 없다
>
> > 이 사건 원고의 청구에 과세처분의 당연무효를 선언하는 의미에서의 취소를 구하는 취지까지 포함되어 있다고 하더라도 그러한 취소청구는 그것이 외견상 존재하고 있는 행정처분에 관하여 권한 있는 기관에 의한 취소를 구하고 있는 점에서 하나의 항고소송이라고 할 것이므로(당원 1976.2.24. 75누128 전합 참조) 제소기간의 제한을 받는다고 할 것이고(당원 1961.10.12. 4292행상116 참조) 원고가 이 사건 소송에 있어서 그 청구취지로서 과세처분의 취소를 구하고 있는 이상 원심이 원고에게 이 사건 과세처분의 무효확인을 구하는 여부를 석명할 의무는 없다 할 것이며, 과세처분의 취소를 구하는 내용에는 그 무효확인을 구하는 취지도 포함되어 있다고 볼 수는 없다(대판 1982.6.22. 81누424).
>
> ⓒ 행정처분에 대한 무효확인과 취소청구의 선택적 병합 또는 단순병합의 허용 여부(소극)
>
> > 행정처분에 대한 무효확인과 취소청구는 서로 양립할 수 없는 청구로서 주위적·예비적 청구로서만 병합이 가능하고 선택적 청구로서의 병합이나 단순병합은 허용되지 아니한다(대판 1999.8.20. 97누6889).

(3) 취소소송과 당사자소송

행정행위의 공정력으로 단순위법의 하자가 있는 행정행위는 취소소송을 통해서만 그 효력을 부인할 수 있다. 따라서 파면처분을 받은 공무원은 그 파면처분이 단순위법인 경우 파면처분의 취소소송을 제기하여야 하고, 공무원의 지위확인소송을 제기할 수 없다. 만약 제기하면 기각된다.

(4) 소송대상으로서의 소송물

① 소송물의 의의
  ㉠ '소송물'이란 심판대상 또는 심판대상이 되는 단위로서, 소의 병합·변경·기판력의 범위와 관련되어 의미를 갖는다.
  ㉡ 이미 제기된 소송과 동일한 소송물의 소송을 제기하면 이는 이중소송에 해당되며, 하나의 소송절차 중 두 개의 소송물이 있는 경우에는 소 병합이 있는 것이며, 소송물이 변경되면 소의 변경문제가 되고, 소송물의 범위에 의하여 기판력의 객관적 범위가 결정된다.

② 학설
  ㉠ 행정행위의 위법성 그 자체로 보는 견해(처분의 위법성 일반으로 보는 견해, 다수설)
    ⓐ 처분의 위법성이 심리대상이 되고 원고의 주장의 타당성 여부가 법원의 판결에 의해서 확정된다.

ⓑ 이에 취소소송의 소송물은 행정처분의 위법성인데 행정처분의 적법요건을 충족시키지 않는 모든 위법사유가 하나의 소송물을 이루고 있는 것이지 개개의 위법사유가 별개의 소송물을 이루고 있는 것은 아니라고 한다.
ⓒ 이 견해에 의하면 기판력은 다툼의 대상이 된 행정처분의 위법성 일반에 대하여 발생하기 때문에 취소소송에서 기각판결을 받게 되면 다른 위법사유를 들어 동일한 처분에 대하여 새로운 취소소송을 제기할 수 없다. 01
ⓛ 처분의 위법성마다의 취소소송의 소송물로 보는 견해
ⓐ 이 견해는 개개의 위법사유마다 소송물을 달리한다는 견해이다.
ⓑ 이 견해에 의하면 소송 중에 원고가 위법사유를 변경하는 경우 소송물의 변경이 이루어져 소변경이 된다.
ⓒ 이 견해에 의하면 취소소송에서 기각판결이 있어도 원고는 다른 위법사유를 들어 다시 소송을 청구할 수 있다. 따라서 소송이 일회적으로 이루어지지 못한다는 문제가 있다.
ⓒ 위법한 처분으로 자신의 권리를 침해당하였다는 원고의 주장으로 보는 견해: 처분의 위법만으로는 부족하고 원고와의 관계에서 주관적으로 위법하여야 한다는 견해로서 주관적 위법성이란 원고의 권리침해를 의미한다.

③ 판례의 입장
㉠ 대법원은 처분의 위법성 일반을 취소소송의 소송물로 보고 있다. 02
㉡ 대법원은 처분사유의 추가·변경을 기본적 사실관계의 동일성 범위 내에서 허용함으로써 기본적 사실관계의 동일성 여부를 처분의 동일성 여부, 다시 말해서 소송물의 동일성 여부의 기준으로 보고 있다.

> **관련 판례**
>
> **Ⓒ 취소소송의 소송물**
>
> 취소판결의 기판력은 소송물로 된 행정처분의 위법성 존부에 관한 판단 그 자체에만 미치는 것이므로 전소와 후소가 그 소송물을 달리하는 경우에는 전소 확정판결의 기판력이 후소에 미치지 아니한다(대판 1996.4.26. 95누5820).
>
> **Ⓑ 과세처분취소소송의 소송물**
>
> 원래 과세처분이란 법률에 규정된 과세요건이 충족됨으로써 객관적·추상적으로 성립한 조세채권의 내용을 구체적으로 확인하여 확정하는 절차로서, 과세처분취소소송의 소송물은 그 취소원인이 되는 위법성 일반이다. 그 심판의 대상은 과세처분에 의하여 확인된 조세채무인 과세표준 및 세액의 객관적 존부이다(대판 1990.3.23. 89누5386).

(5) 취소소송의 대상

① **소송의 대상에서의 열기주의·개괄주의**: 행정소송에 관하여 열기주의와 개괄주의가 있으나 우리「행정소송법」은 행정소송사항에 관한 입법주의로서 개괄주의를 채택하고 있으며, 취소소송의 대상은 행정청의 위법한 처분 등이다. 처분 등은 행정청의 처분과 재결을 말한다. 03 04

개념확인 O/X

01 취소소송의 소송물을 처분의 위법성 일반으로 보게 되면, 어떠한 처분에 대한 청구기각의 확정판결이 있는 경우에도 후에 제기되는 취소소송에서 그 처분의 위법성을 주장할 수 있다.
18 지방9급 (O / X)

02 판례는 취소소송의 소송물을 처분의 위법성과 그로 인해 원고의 권리가 침해되었다는 원고의 '법적 주장'이라고 보고 있다.
11 지방9급 (O / X)

03 「행정소송법」제2조 소정의 행정처분이라고 하더라도 그 처분의 근거법률에서 행정소송 이외의 다른 절차에 의하여 불복할 것을 예정하고 있는 처분은 항고소송의 대상이 될 수 없다.
19 하반기 서울7급 (O / X)

04 소송의 대상이 되는 행정처분의 존부는 소송요건으로서 직권조사사항이고, 자백의 대상이 될 수 없다.
24 국회9급 (O / X)

| 정답 | 01 X 02 X 03 O 04 O

개념확인 O/X

관련 판례 행정소송의 대상이 되는 행정처분에 해당하는지 여부

ⓒ 항고소송의 대상인 처분의 개념

항고소송의 대상인 '처분'이란 행정청이 행하는 구체적 사실에 관한 법집행으로서의 공권력의 행사 또는 그 거부와 그 밖에 이에 준하는 행정작용을 말한다. 행정청의 행위가 항고소송의 대상이 될 수 있는지는 추상적·일반적으로 결정할 수 없고, 구체적인 경우에 관련 법령의 내용과 취지, 그 행위의 주체·내용·형식·절차, 그 행위와 상대방 등 이해관계인이 입는 불이익 사이의 실질적 견련성, 법치행정의 원리와 그 행위에 관련된 행정청이나 이해관계인의 태도 등을 고려하여 개별적으로 결정하여야 한다. 행정청의 행위가 '처분'에 해당하는지가 불분명한 경우에는 그에 대한 불복방법 선택에 중대한 이해관계를 가지는 상대방의 인식가능성과 예측가능성을 중요하게 고려하여 규범적으로 판단하여야 한다(대판 2022.7.28. 2021두60748).

ⓒ 행정처분을 판단하는 기준

<u>행정청의 어떤 행위를 행정처분으로 볼 것이냐의 문제는 추상적·일반적으로 결정할 수 없고, 구체적인 경우 행정처분은 행정청이 공권력의 주체로서 행하는 구체적 사실에 관한 법집행으로서 국민의 권리·의무에 직접 영향을 미치는 행위라는 점을 고려하고 행정처분이 그 주체, 내용, 절차, 형식에 있어서 어느 정도 성립 내지 효력요건을 충족하느냐에 따라 개별적으로 결정하여야 하며,</u> 행정청의 어떤 행위가 법적 근거도 없이 객관적으로 국민에게 불이익을 주는 행정처분과 같은 외형을 갖추고 있고, 그 행위의 상대방이 이를 행정처분으로 인식할 정도라면 그로 인하여 파생되는 국민의 불이익 내지 불안감을 제거시켜 주기 위한 구제수단이 필요한 점에 비추어 볼 때 행정청의 행위로 인하여 그 상대방이 입는 불이익 내지 불안이 있는지 여부도 그 당시에 있어서의 법치행정의 정도와 국민의 권리의식 수준 등은 물론 행위에 관련한 당해 행정청의 태도 등도 고려하여 판단하여야 한다(대판 1993.12.10. 93누12619).

② 처분 등(행정청의 처분과 행정심판의 재결)
　㉠ 원칙: 원처분주의
　　ⓐ 「행정소송법」은 항고소송의 대상을 행정청의 처분(원처분)과 행정심판의 재결을 항고소송의 대상으로 하고 있다.
　　ⓑ 하지만 「행정소송법」은 취소소송의 대상 중 재결에 대해서는 "재결취소소송의 경우에는 재결 자체에 고유한 위법이 있음을 이유로 하는 경우에 한한다."고 규정하고 있다. **01 02 03**
　　ⓒ 이에 취소소송의 대상은 원칙적으로 원처분임을 규정하고 있고, 재결은 재결에 고유한 위법이 있는 경우로만 제한하고 있다.
　　ⓓ 그러나 일부 개별법에서는 재결을 취소소송의 대상으로 삼는 경우가 있다. 이 경우에는 재결에 고유한 위법이 있는 경우가 아니라도 재결에 대해 취소소송을 청구할 수 있다고 할 것이다.
　㉡ 행정심판의 재결
　　ⓐ 「행정소송법」은 원처분을 취소소송의 대상으로 하는 원처분주의를 택하고 있기 때문에 행정심판의 재결은 원칙적으로 취소소송의 대상이 될 수 없다.
　　ⓑ 예외적으로 재결 자체에 고유한 위법이 있음을 이유로 하는 경우에 한하여 재결이 취소소송의 대상이 될 수 있다. **04**
　　ⓒ 예를 들어 제3자효를 수반하는 행정행위에 대한 행정심판에 있어서 그 청구를 인용하는 내용의 재결로 인하여 비로소 권익을 침해받게 되는 자가 있다면 그 인용재결에 대하여 취소를 구할 수 있다.

---

01 원처분의 하자를 이유로 재결에 대한 취소소송을 청구할 수 있다.
(O / X)

02 재결의 하자를 이유로 원처분의 취소를 구하는 소송을 청구할 수 있다.
(O / X)

03 취소소송은 처분 등을 대상으로 하나, 재결취소소송은 처분 및 재결 자체에 고유한 위법이 있음을 이유로 하는 경우에 한한다.
20 소방 (O / X)

04 재결에 고유한 위법이 있는 경우에 권한이 없는 행정심판위원회에 의한 재결의 경우가 그 예이다.
20 군무원9급 (O / X)

| 정답 | 01 X　02 X　03 X　04 O

ⓓ 재결에 고유한 위법을 이유로 재결에 대한 취소소송이 제기되었으나 본안판단으로 재결에 고유한 위법이 없음이 밝혀진 경우에 법원은 기각한다.

(6) 취소소송대상의 구체적 검토 빈출

결정적 코멘트 ▶ 취소소송의 대상인 처분은 행정법총론에서 핵심적인 단원이다. 대법원 판례에 의해 처분으로 인정된 경우와 부정된 경우를 철저히 구분할 수 있어야 한다.

① 처분의 의의 및 개념적 징표
   ㉠ 의의
   ⓐ '처분'이라 함은 행정청이 행하는 구체적 사실에 관한 법 집행으로서의 공권력의 행사 또는 그 거부와 그 밖에 이에 준하는 행정작용을 말한다.
   ⓑ 행정행위와의 개념 구분은 (이미 행정행위단원에서 전술한 바와 같이) 강학상 행정행위와 쟁송법상의 처분의 개념을 동일하게 해석하는 1원설과 처분의 개념을 넓게 해석하는 2원설의 입장으로 나눌 수 있다.
   ⓒ 일반적으로 강학상 행정행위의 개념보다는 처분의 개념을 넓다고 해석한다.
   ㉡ '행정청'의 행위 01
   ⓐ 처분은 '행정청'의 행위이다. 여기에서 행정청은 조직법적 개념의 행정청보다는 넓은 개념으로 실질적이고 기능적인 의미를 말한다.
   ⓑ 지방의회를 비롯하여 입법기관, 사법(司法)기관, 공무수탁사인 등이 포함되며, 독임제 행정청이나 합의제 행정청을 불문한다.
   ㉢ '구체적 사실에 관한 법 집행'행위 02 03
   ⓐ 추상적인 규범을 정립(입법)하는 행위가 아닌 '구체적 사실에 관한 법 집행행위'이다.
   ⓑ 일반적이고 추상적 규범인 법규 등은 구체적 법 집행이 아닌 입법작용으로 항고소송의 대상이 되지 않는다. 04
   ⓒ 다만, 행정개입 없이 법규 그 자체로서 직접 국민이나 주민의 권리의무에 변동을 일으키는 처분법규는 항고소송의 대상이 된다.
   ⓓ 또한 처분은 구체적으로 법을 집행하는 행위로서 법을 집행하기 이전에 행정 내부에서의 결정 등은 처분이 될 수 없다.
   ㉣ '법적 행위'로서 행위
   ⓐ 처분은 국민이나 주민의 권리나 의무에 직접적인 법적 효과를 발생하는 법적 행위이다.
   ⓑ 따라서 행정 내부행위로서 상급청의 하급청에 대한 지시나 승인, 행정청 간의 합의 또는 처분을 성립시키기 위한 전제로서의 다른 행정청의 동의 등은 처분이 될 수 없다.
   ⓒ 권리나 의무에 변동을 일으키지 않는 사실행위 또한 처분이 될 수 없으나 권력적 사실행위는 수인의 의무를 수반하는 행위(합성처분)로서 처분성을 인정한다.
   ㉤ '공권력의 행사 또는 그 거부'행위 05 06 07
   ⓐ 처분은 행정청이 우월적 지위에서 일방적으로 명령·강제하는 공권력의 행사이다.
   ⓑ 이에 대등한 지위를 전제로 이루어지는 사법(私法)상 일반재산의 대부행위, 대부료의 부과 및 대부료의 납부고지 등 또는 비권력적 작용인 공법상의 계약, 공법상의 합동행위, 행정지도 등은 처분이 아니다.
   ⓒ 행정청의 공권력 행사로서의 거부도 항고소송의 대상이 될 수 있다(이에 대해서는 행정행위 단원에서 전술).
   ㉥ '그 밖에 이에 준하는 행정작용'행위
   ⓐ 강학상 행정행위와 쟁송법상의 처분의 개념을 동일하게 해석하는 견해는 권력적 작용에 준하는 작용으로 해석하여 실체법상의 행정행위와 다르지 않다고 한다.
   ⓑ 이와 달리 강학상 행정행위와 쟁송법상의 처분을 구분하려는 견해는 '그 밖에 이에 준하는 행정작용'을 권력적 작용이 아니라도 사실상 국민에게 지배력을 행사하는 행

개념확인 O/X

01 어떤 행위가 상대방의 권리를 제한하는 행위라 하더라도 행정청 또는 그 소속기관이나 권한을 위임받은 공공단체 등의 행위가 아닌 한 이를 행정처분이라고 할 수 없다.
17 서울7급 (O/X)

02 취소소송의 대상인 처분은 행정청이 행하는 구체적 사실에 관한 법 집행행위이므로 불특정 다수인을 대상으로 하여 반복적으로 적용되는 일반적·추상적 규율은 원칙적으로 처분이 아니다.
17 하반기 국가7급 (O/X)

03 조례가 집행행위의 개입 없이도 그 자체로서 직접 국민의 구체적인 권리·의무나 법적 이익에 영향을 미치는 경우에는 항고소송의 대상이 된다.
16 국가9급 (O/X)

04 일반적·추상적인 법령 그 자체로서 국민의 구체적인 권리의무에 직접적인 변동을 초래하는 것이 아닌 것은 취소소송의 대상이 될 수 없다.
15 지방9급 (O/X)

05 거부행위의 처분성을 인정하기 위한 전제요건이 되는 신청권의 존부는 구체적 사건에서 신청인이 누구인가를 고려하지 말고 관계 법규에서 일반 국민에게 그러한 신청권을 인정하고 있는가를 살펴 추상적으로 결정하여야 한다.
19 사회복지 (O/X)

06 취소소송을 제기하기 위해서는 처분 등이 존재하여야 하며, 거부처분이 성립하기 위해서는 개인의 신청권이 존재하여야 하고, 여기서 신청권이란 신청인이 신청의 인용이라는 만족적 결과를 얻을 권리를 의미하는 것이다.
17 사회복지 (O/X)

07 「국세기본법」에 정한 경정청구기간이 도과한 후 제기된 경정청구에 대하여는 과세관청이 과세표준 및 세액을 결정 또는 경정하거나 거부처분을 할 의무가 없으므로, 과세관청의 경정 거절에 대하여 항고소송을 제기할 수 없다.
19 지방7급 (O/X)

| 정답 | 01 O | 02 O | 03 O | 04 O | 05 O | 06 X | 07 O |

정작용이라 해석하며 이를 형식적 행정행위라 부른다(이에 대해서는 행정행위의 개념 단원에서 전술). 판례는 형식적 행정행위에 대해서 소극적인 입장이다.

ⓢ 기타
ⓐ 행정주체가 상이한 경우: 하나의 행정주체 내부에서의 행위가 아니라 서로 다른 행정주체 간의 행위로서 위 처분의 개념을 충족하는 경우에는 항고소송의 대상이 되며, 처분의 상대가 되는 행정주체는 처분을 행한 행정청을 상대로 취소소송을 청구할 수 있다(이 경우 대법원에 의하면 행정주체가 아닌 행정기관도 원고적격이 될 수 있다).
ⓑ 행정계획의 경우
ⅰ) 행정계획의 법적 성질은 개개의 행정계획에 따라 복수의 성질을 갖고 있다고 보는 견해가 일반적이다. 따라서 일부 행정계획은 처분의 성질을 갖는다.
ⅱ) 예를 들어 (구)도시계획결정, 관리처분계획, 사업시행계획 등이 이에 해당된다(이에 대해서는 행정계획 단원에서 전술).
ⓒ 과세 또는 과징금 등의 증감의 경우
ⅰ) 감액경정의 경우에도 남아있는 부분에 불복하여 소송을 청구하는 경우에는 감액처분 자체는 소송대상이 아니며 감액으로 남아있는 원처분이 소송대상이다. 01 02
ⅱ) 하지만 과징금 부과처분(선행처분)을 한 뒤, 자진신고 등을 이유로 다시 과징금 감면처분(후행처분)을 하였다면, 그 후행처분은 종국적 처분이고, 선행처분은 이러한 종국적 처분을 예정한 일종의 잠정적 처분으로서 후행처분에 흡수되어 소멸하여 이와 같은 경우에는 선행처분의 취소를 구하는 소는 부적법하다.
ⅲ) 증액경정의 경우에는 처음의 과세처분에서 결정한 과세표준과 세액을 그대로 두고 증액부분만을 결정하는 것이 아니라 처음의 세액을 포함하여 전체로서 증액된 과세표준과 세액을 다시 결정하는 것이므로 처음의 과세처분은 뒤의 경정처분의 일부로 흡수되어 독립된 존재가치를 상실하여 소멸하고 오직 경정처분만이 쟁송의 대상이 된다.
ⓓ 중간행위의 경우
ⅰ) 중간행위가 최종적인 행위로서 국민의 권리나 의무에 구체적인 영향을 주는 행위가 아니라면 일반적으로 처분성이 인정되지 않는다.
ⅱ) 하지만 중간행위가 법령의 규정에 따라 그 자체로 독립하여 제소할 수 있도록 허용되고 있다거나, 자체로서 직접 국민의 권리나 이익에 영향을 주는 경우에는 처분성이 인정된다.
ⅲ) 부분허가는 부분적인 법적 효과를 자져오는 처분에 해당되고, 가행정행위, 사전결정의 경우에도 처분성이 인정된다.
ⅳ) 원자로부지사전승인이나, 직위해제처분, 폐기물처리업에 대한 적정성 통보 등이 해당된다.
ⓔ '고시 등'의 행정규칙의 경우
ⅰ) 고시에 대해 헌법재판소는 고시의 내용이 일반적이고 추상적인 경우에는 법규명령 또는 행정규칙이지만, 구체적인 규율을 내용으로 하는 경우에는 항고소송의 대상인 처분이라고 한다. 03

개념확인 O/X

01 행정청이 식품위생법령에 따라 영업자에게 행정제재처분을 한 후 당초 처분을 영업자에게 유리하게 변경하는 처분을 한 경우, 취소소송의 대상 및 제소기간 판단기준은 변경처분이 아니라 변경된 내용의 당초처분이다.
17 서울7급 (O / X)

02 과징금 부과처분 후에 행정청이 과징금을 감액하는 처분을 하였음에도 남아있는 부분에 불복하여 소송을 청구하는 경우에는 감액처분을 소송대상으로 하여야 한다.
(O / X)

03 고시의 형식으로 이루어진 행정작용이라도 구체적인 국민의 권리나 의무에 직접적인 영향을 주는 경우에는 항고소송대상인 처분이 된다.
(O / X)

정답 | 01 O 02 X 03 O

ⅱ) 구체적 규율의 성질로서 처분성을 인정한 예로는 청소년유해매체물결정 고시, 도로구역변경결정 고시, 보건복지부 고시인 약제급여·비급여목록 및 급여상한금액표 등이 이에 해당된다.
ⅲ) 행정규칙은 그 자체로서 국민의 권리나 의무에 직접적인 법적 효과를 발생시키는 구속력을 갖는 것은 아니므로 처분성이 인정될 수 없다. 판례도 같은 입장이다.
ⅳ) 하지만 처분의 근거가 행정규칙이라 하여도 당해 행정작용이 국민에 대한 직접적인 법적 효과가 인정되면 처분성이 인정된다.

ⓕ 다른 법에 따른 불복의 절차가 규정된 경우
ⅰ) 항고소송의 대상인 처분의 개념을 충족하는 행정작용이 다른 법에 따른 불복의 절차가 규정되어 있는 경우에는 항고소송대상인 처분이 되지 못한다.
ⅱ) 검사의 기소나 불기소결정, 형의 집행정지취소, 「농지법」 등의 이행강제금, 통고처분, 과태료 부과처분 등이 이에 해당된다.

ⓖ 반복된 행위
ⅰ) 예를 들어 행정대집행의 계고가 이루어진 이후에 이에 불응하여 이루어지는 반복적인 제2차 계고나 제3차 계고는 새로운 의무를 부여한 행정처분인지가 문제가 되는데, 대법원에 의하면 최초의 계고로서 의무는 부과된 것이고, 반복된 계고에 의해서 새롭게 의무가 다시 부과된 것은 아니며 단순히 계고의 연기에 불과할 뿐이라서 처분이라 할 수 없다고 한다. 01
ⅱ) 신청에 대한 행정청의 거부가 있은 후, 해당 거부가 행정청에 의해서 직권으로 취소되거나 쟁송을 통해 취소되지 않은 상태에서 행정청이 사유를 추가하여 반복적인 거부를 한 경우는 신청 없이 이루어진 반복적인 거부로서 무효에 해당된다.

관련 판례

ⓑ 행정규칙에 의한 불문경고조치가 항고소송의 대상이 되는 행정처분에 해당한다고 한 사례 [12 국가직 9급] 02

행정규칙에 의한 '불문경고조치'가 비록 법률상의 징계처분은 아니지만 위 처분을 받지 아니하였다면 차후 다른 징계처분이나 경고를 받게 될 경우 징계감경사유로 사용될 수 있었던 표창공적의 사용가능성을 소멸시키는 효과와 1년 동안 인사기록카드에 등재됨으로써 그 동안은 장관표창이나 도지사표창 대상자에서 제외시키는 효과 등이 있다는 이유로 항고소송의 대상이 되는 행정처분에 해당한다(대판 2002.7.26. 2001두3532).

ⓑ 금융기관의 임원에 대한 금융감독원장의 문책경고가 항고소송의 대상이 되는 행정처분에 해당한다고 한 사례 [16 국가직 9급, 18 지방직 9급] 03

금융감독위원회공고 제2002-58호로 개정되기 전의 것) 제17조 제2호 (다)목, 제18조 제1호는 제재규정에 따라 문책경고를 받은 자로서 문책경고일로부터 3년이 경과하지 아니한 자는 은행장, 상근감사위원, 상임이사, 외국은행지점 대표자가 될 수 없다고 규정하고 있어서, 문책경고는 그 상대방에 대한 직업선택의 자유를 직접 제한하는 효과를 발생하게 하는 등 상대방의 권리의무에 직접 영향을 미치는 행위로서 행정처분에 해당한다(대판 2005.2.17. 2003두14765).

> **개념확인 O/X**
>
> 01 대집행을 실행하는 행정청이 철거명령과 계고 후에 다시 2차·3차 계고를 하였다면 새로운 의무를 부과한 행정처분이다.
> (O / X)
>
> 02 행정규칙에 의한 불문경고조치는 그 자체가 징계처분은 아니지만 기존의 표창공적을 소멸시키는 효과의 행정처분이다.
> (O / X)
>
> 03 금융기관의 임원에 대한 금융감독원장의 문책경고는 항고소송의 대상인 처분이라 할 수 없다.
> (O / X)

| 정답 | 01 X 02 O 03 X

개념확인 O/X

🅱 (구)「표시·광고의 공정화에 관한 법률」 위반을 이유로 한 공정거래위원회의 경고의결이 행정처분에 해당하는지 여부(적극)

> 위반을 이유로 한 공정거래위원회의 경고의결은 당해 표시·광고의 위법을 확인하되 구체적인 조치까지는 명하지 않는 것으로 사업자가 장래 다시 「표시·광고의 공정화에 관한 법률」 위반행위를 할 경우 과징금 부과 여부나 그 정도에 영향을 주는 고려사항이 되어 사업자의 자유와 권리를 제한하는 행정처분에 해당한다(대판 2013.12.26. 2011두4930).

🅱 처분의 근거나 법적인 효과가 행정규칙에 규정되어 있는 경우, 항고소송의 대상이 되는 행정처분에 해당하기 위한 요건 / 검찰총장이 검사에 대하여 하는 '경고조치'가 항고소송의 대상이 되는 처분인지 여부(적극)

> 검찰총장의 검사에 대한 경고조치 관련 규정을 위 법리에 비추어 살펴보면, 검찰총장이 사무검사 및 사건평정을 기초로 「대검찰청 자체감사규정」 제23조 제3항, 「검찰공무원의 범죄 및 비위 처리지침」 제4조 제2항 제2호 등에 근거하여 검사에 대하여 하는 '경고조치'는 일정한 서식에 따라 검사에게 개별 통지를 하고 이의신청을 할 수 있으며, 검사가 검찰총장의 경고를 받으면 1년 이상 감찰관리 대상자로 선정되어 특별관리를 받을 수 있고, 경고를 받은 사실이 인사자료로 활용되어 복무평정, 직무성과금 지급, 승진·전보인사에서도 불이익을 받게 될 가능성이 높아지며, 향후 다른 징계사유로 징계처분을 받게 될 경우에 징계양정에서 불이익을 받게 될 가능성이 높아지므로, 검사의 권리의무에 영향을 미치는 행위로서 항고소송의 대상이 되는 처분이라고 보아야 한다(대판 2021.2.10. 2020두47564).

🅐 「행정소송법」상 거부처분 취소소송의 대상인 '거부처분'과 부작위위법확인소송의 대상인 '부작위'의 의미 / 검사의 불기소결정에 대하여 「행정소송법」상 항고소송을 제기할 수 있는지 여부(소극) [19 국가직 9급, 19 지방직 9급, 20 국회직 8급]

> 「행정소송법」상 거부처분 취소소송의 대상인 '거부처분'이란 '행정청이 행하는 구체적 사실에 관한 법집행으로서의 공권력의 행사 또는 이에 준하는 행정작용', 즉 적극적 처분의 발급을 구하는 신청에 대하여 그에 따른 행위를 하지 않았다고 거부하는 행위를 말하고, 부작위위법확인소송의 대상인 '부작위'란 '행정청이 당사자의 신청에 대하여 상당한 기간 내에 일정한 처분을 하여야 할 법률상 의무가 있음에도 불구하고 이를 하지 아니하는 것'을 말한다(제2조 제1항 제1호·제2호). 여기에서 '처분'이란 「행정소송법」상 항고소송의 대상이 되는 처분을 의미하는 것으로서, 「행정소송법」 제2조의 처분의 개념 정의에는 해당한다고 하더라도 그 처분의 근거법률에서 행정소송 이외의 다른 절차에 의하여 불복할 것을 예정하고 있는 처분은 항고소송의 대상이 될 수 없다. 검사의 불기소결정에 대해서는 「검찰청법」에 의한 항고와 재항고, 「형사소송법」에 의한 재정신청에 의해서만 불복할 수 있는 것이므로, 이에 대해서는 「행정소송법」상 항고소송을 제기할 수 없다(대판 2018.9.28. 2017두47465).

🅱 정부 간 항공노선의 개설에 관한 잠정협정 및 비밀양해각서와 건설교통부 내부지침에 의한 항공노선에 대한 운수권배분처분이 항고소송의 대상이 되는 행정처분에 해당한다 [12 지방직 9급] 01 02

> 이 사건 각 노선에 대한 운수권배분처분은 이 사건 잠정협정 등과 행정규칙인 이 사건 지침에 근거하는 것으로서 상대방에게 권리의 설정 또는 의무의 부담을 명하거나 기타 법적 효과를 발생하게 하는 등으로 원고의 권리의무에 직접 영향을 미치는 행위로서 항고소송의 대상이 되는 행정처분에 해당한다고 할 것이다(대판 2004.11.26. 2003두10251, 10268).

🅱 금융감독위원회의 부실금융기관에 대한 파산신청이 「행정소송법」상 취소소송의 대상이 되는 행정처분에 해당하는지 여부(소극) [13 지방직 9급] 03

> (구)「금융산업의 구조개선에 관한 법률」(2002.12.26. 법률 제6807호로 개정되기 전의 것) 제16조

---

01 행정청의 내부지침에 의한 항공노선에 대한 운수권배분처분은 처분이다. (O / X)

02 항공노선에 대한 운수권배분은 항고소송의 대상이 되는 행정처분에 해당한다. 12 지방9급 (O / X)

03 금융감독위원회의 부실금융기관에 대한 파산신청은 항고소송대상인 처분이다. (O / X)

정답 | 01 O 02 O 03 X

제1항 및 (구)「상호저축은행법」(2003.12.11. 법률 제6992호로 개정되기 전의 것) 제24조의13에 의하여 금융감독위원회는 부실금융기관에 대하여 파산을 신청할 수 있는 권한을 보유하고 있는바, 위 파산신청은 그 성격이 법원에 대한 재판상 청구로서 그 자체가 국민의 권리·의무에 어떤 영향을 미치는 것이 아닐 뿐만 아니라, 위 파산신청으로 인하여 당해 부실금융기관이 파산절차 내에서 여러 가지 법률상 불이익을 입는다 할지라도 파산법원이 관할하는 파산절차 내에서 그 신청의 적법 여부 등을 다투어야 할 것이므로, 위와 같은 금융감독위원회의 파산신청은 「행정소송법」상 취소소송의 대상이 되는 행정처분이라 할 수 없다(대판 2006.7.28. 2004두13219).

🅑 각 군 참모총장이 '군인 명예전역수당 지급대상자 결정절차'에서 국방부장관에게 수당지급대상자를 추천하거나 신청자 중 일부를 추천하지 않는 행위가 항고소송의 대상이 되는 처분인지 여부(소극)

「군인사법」 제53조의2 제6항의 위임을 받은 「군인 명예전역수당 지급 규정」 제6조 제1항·제3항의 각 규정에 의하면, … (중략) … 이 규정에 따라 각 군 참모총장이 수당지급대상자 결정절차에 대하여 수당지급대상자를 추천하거나 신청자 중 일부를 추천하지 아니하는 행위는 행정기관 상호간의 내부적인 의사결정과정의 하나일 뿐 그 자체만으로는 직접적으로 국민의 권리·의무가 설정, 변경, 박탈되거나 그 범위가 확정되는 등 기존의 권리상태에 어떤 변동을 가져오는 것이 아니므로 이를 항고소송의 대상이 되는 처분이라고 할 수는 없다(대판 2009.12.10. 2009두14231).

🅑 교육부장관이 대학에서 추천한 복수의 총장 후보자들 전부 또는 일부를 임용제청에서 제외하는 행위가 항고소송의 대상이 되는 처분에 해당하는지 여부(적극) [19 국가직 9급]

교육부장관이 자의적인 이유로 해당 대학에서 추천한 복수의 총장 후보자들 전부 또는 일부를 임용 제청하지 않는 경우에는 대통령에 의한 심사와 임용을 받을 기회를 박탈하는 효과가 있으므로, 이를 항고소송의 대상이 되는 처분으로 보지 않는다면, 달리 이에 대하여는 불복하여 침해된 권리 또는 법률상 이익을 구제받을 방법이 없다. 따라서 교육부장관이 대학에서 추천한 복수의 총장 후보자들 전부 또는 일부를 임용제청에서 제외하는 행위는 제외된 후보자들에 대한 불이익처분으로서 항고소송의 대상이 되는 처분에 해당한다고 보아야 한다(대판 2018.6.15. 2015두50092).

🅑 어떠한 처분의 근거가 행정규칙에 규정되어 있는 경우, 그 처분이 항고소송의 대상이 되는 행정처분에 해당하기 위한 요건 [20 국가직 9급] 01

항고소송의 대상이 되는 행정처분이라 함은 원칙적으로 행정청의 공법상 행위로서 특정 사항에 대하여 법규에 의한 권리의 설정 또는 의무의 부담을 명하거나 기타 법률상 효과를 발생하게 하는 등으로 일반 국민의 권리의무에 직접 영향을 미치는 행위를 가리키는 것이지만, 어떠한 처분의 근거가 행정규칙에 규정되어 있다고 하더라도, 그 처분이 상대방에게 권리의 설정 또는 의무의 부담을 명하거나 기타 법적인 효과를 발생하게 하는 등으로 그 상대방의 권리의무에 직접 영향을 미치는 행위라면, 이 경우에도 항고소송의 대상이 되는 행정처분에 해당한다(대판 2004.11.26. 2003두10251·10268).

🅑 어떤 처분이 수익적 행정처분을 구하는 신청에 대한 거부처분이 아니더라도 해당 처분에 대한 이의신청의 내용이 새로운 신청을 하는 취지로 볼 수 있는 경우, 그 이의신청에 대한 결정의 통보를 새로운 처분으로 볼 수 있는지 여부(적극)

갑 시장이 을 소유 토지의 경계확정으로 지적공부상 면적이 감소되었다는 이유로 지적재조사위원회의 의결을 거쳐 을에게 조정금 수령을 통지하자(1차 통지), 을이 구체적인 이의신청 사유와 소명자료를 첨부하여 이의를 신청하였으나, 갑 시장이 지적재조사위원회의 재산정 심의·의결을 거쳐 종전과 동일한 액수의 조정금 수령을 통지한(2차 통지) 사안에서, 2차 통지는 1차 통지와 별도로 행정쟁송의 대상이 되는 처분으로 보는 것이 타당하다(대판 2022.3.17. 2021두53894).

---

01 어떠한 처분의 근거나 법적인 효과가 행정규칙에 규정되어 있다면, 그 처분이 행정규칙의 내부적 구속력에 의하여 상대방의 권리의무에 직접 영향을 미치는 행위라도 항고소송의 대상이 되는 행정처분이라 볼 수 없다.
20 국가9급 (O/X)

| 정답 | 01 X

개념확인 O/X

01 농지개량조합의 직원에 대한 징계처분은 처분성이 인정된다.
17 사회복지 (O / X)

02 국가나 지방자치단체에 근무하는 청원경찰의 징계처분에 대한 소송은 행정소송이다.
18 지방9급 (O / X)

03 한국마사회가 기수의 면허를 취소하는 것은 처분성이 인정된다.
17 사회복지 (O / X)

04 교도소장이 수형자를 '접견내용 녹음·녹화 및 접견 시 교도관 참여대상자'로 지정한 행위는 항고소송의 대상이 된다.
19 소방 (O / X)

05 교도소장이 특정 수형자를 '접견내용 녹음·녹화 및 접견 시 교도관 참여대상자'로 지정한 행위는 수형자의 구체적 권리의무에 직접적 변동을 가져오는 행위로서 항고소송의 대상이 되는 행정처분에 해당한다.
16 국가9급 (O / X)

06 행정재산의 사용료 부과는 처분성이 없다.
17 사회복지 (O / X)

07 행정재산의 사용·수익 허가에 따른 사용료를 미납한 경우에 부과된 가산금의 징수를 다투는 소송은 행정소송이다.
18 지방9급 (O / X)

08 국유재산의 대부계약에 따른 대부료 부과는 처분성이 있다.
17 사회복지 (O / X)

정리

1. 근무관계

처분성 긍정	처분성 부정
① 공공조합직원의 근무관계 · 농지개량조합의 직원에 대한 징계처분 01 · 도시재개발조합과 조합원의 관계 · 농지개량조합의 임직원 근무관계 · 토지개량조합의 직원에 대한 징계처분 ② 국가나 지방자치단체에 근무하는 청원경찰의 근무관계 02 ③ 국립대학교원의 신분관계 ④ 지방계약직 공무원에 대한 보수삭감 조치	① 서울지하철공사의 임·직원에 대한 징계처분 ② 한국도로공사 사장에 의한 한국도로공사 직원의 징계처분 ③ 한국방송공사와 직원 간의 임용관계 ④ 한국조폐공사 직원의 근무관계 ⑤ 주한미군 한국인 직원의료보험조합직원의 근무관계 ⑥ 한국마사회가 조교사 또는 기수의 면허를 부여하거나 취소하는 행위 03 ⑦ 종합유선방송위원회 사무국 직원들의 근로관계(임금과 퇴직금의 지급청구)

2. 특별권력관계

처분성 긍정	처분성 부정
① 국·공립학교 학생의 퇴학·정학처분 ② 구청장에 의한 동장의 면직처분 ③ 재소자에 대한 교도소장의 이송조치 ④ 국가나 지방자치단체에 근무하는 청원경찰에 대한 징계처분 ⑤ 사립학교교원의 징계에 대한 교원징계재심위원회의 결정 ⑥ 국·공립학교교원에 대한 징계처분 ⑦ 검찰총장이 검사에 대하여 하는 경고조치 ⑧ 국가인권위원회의 성희롱결정 및 시정조치권고 ⑨ 교도소장이 특정 수형자를 '접견내용 녹음·녹화 및 접견 시 교도관 참여대상자'로 지정한 행위 04 05 ⑩ 교도소장의 재소자에 대한 영치품(티셔츠)사용 불허 행위	① 사립학교교원에 대한 징계처분

3. 행정재산과 일반재산

처분성 긍정	처분성 부정
① 국유재산의 관리청이 그 무단점유자에 대하여 하는 변상금 부과처분 ② 국·공유재산의 관리청의 행정재산의 사용·수익에 대한 허가, 사용·수익허가취소, 사용·수익하는 자에 대한 사용료 부과 06 07 ③ 「하천법」 및 「공유수면관리법」에 규정된 하천 또는 공유수면의 점용료 부과처분	① 국유 일반재산(구. 잡종재산)의 관리·매각 ② 지방자치단체장이 한 국유 일반재산(구. 잡종재산) 대부신청의 거부 ③ 국유 일반재산(구. 잡종재산)인 국유림을 대부하는 행위와 이에 대한 대부료의 납입고지 08 ④ 「예산회계법」(현,「국가재정법」)에 의한 입찰보증금의 국고귀속조치,「예산회계법」 등에 따른 행정주체의 계약체결 ⑤ 환매권의 행사 ⑥ 국가의 철도운행사업 ⑦ 국가가 부실은행에 출연한 지원금을 자본으로 전환하는 관계 ⑧ 공공사업의 시행자가 토지수용법에 의하여 그 사업에 필요한 토지를 취득하는 경우 ⑨ 농공단지 내 토지매각의 경우 분양대상기업체의 선정행위 ⑩ 체비지의 매각 ⑪ 잡종재산(현. 국유 일반재산)의 사용료 납입고지 ⑫ 국유광업권의 처분

| 정답 | 01 O　02 O　03 X　04 O　05 O　06 X　07 O　08 X

4. 신고

처분성 긍정	처분성 부정
① (구)「액화석유가스의 안전 및 사업관리법」상 사업양수에 의한 지위승계신고의 수리거부 ② 건축주 명의변경 신고수리의 거부 ③ 「수산업법」 제44조의 어업신고수리거부 ④ 채석허가수허가자의 명의변경신고수리거부 ⑤ 예탁금회원제 골프장의 회원모집계획서 제출에 대한 검토결과 통보 ⑥ 「식품위생법」상 행정청의 영업자지위승계신고의 수리 ⑦ 유료노인복지주택의 설치신고수리 ⑧ 관광사업의 양도·양수에 의한 지위승계신고수리 ⑨ 「주민등록법」상 주민등록전입신고수리 ⑩ 혼인신고수리 ⑪ 건축신고 반려행위 또는 수리거부행위 ⑫ 행정청의 착공신고 반려행위 01	① 「체육시설의 설치·이용에 관한 법률」상 골프연습장 이용료 변경신고수리 ② 「체육시설의 설치·이용에 관한 법률」상 신고체육시설업(당구장업)영업신고수리 ③ 「수산업법」상의 수산제조업신고수리

5. 행정입법·고시

처분성 긍정	처분성 부정
① 처분법규 ② 두밀분교폐지에 관한 조례 02 ③ 특정사업자의 납세병마개제조자 지정 국세청 고시 ④ 항정신병 치료제의 요양급여 인정기준에 관한 보건복지부 고시 03 ⑤ 보건복지부 고시인 약제급여·비급여목록 및 급여상한금액표 ⑥ 「청소년 보호법」에 따른 청소년유해매체물 결정·고시 ⑦ 고시가 다른 집행행위의 매개 없이 그 자체로서 직접 국민의 구체적인 권리·의무나 법률관계를 규율하는 성격을 가지는 경우	① 추상적 법령에 대한 해석 ② 행정규칙 ③ 서울시의 '철거민에 대한 국민주택특별공급지침' ④ 의료기관의 명칭표시판에 진료과목을 함께 표시하는 경우 글자 크기를 제한하고 있는 (구)「의료법 시행규칙」 ⑤ 일본산 공기압 전송용 밸브에 대한 덤핑방지관세의 부과에 관한 규칙

6. 행정계획

처분성 긍정	처분성 부정
① (구)「도시계획법」상 도시계획결정 ② (구)「도시계획법」상 관리처분계획(「국토의 계획 및 이용에 관한 법률」상 도시관리계획결정) ③ 「택지개발촉진법」상의 택지개발예정지구지정과 택지개발사업시행자에 대한 택지개발계획 승인 ④ 「도시 및 주거환경정비법」에 따른 주택재건축정비사업시행계획 ⑤ 군수가 도시관리계획구역 내 토지 등을 소유하고 있는 주민의 납골시설에 관한 도시관리계획의 입안 제안을 반려한 처분 ⑥ 도시계획시설결정에 이해관계가 있는 주민에게 도시시설계획의 입안 내지 변경을 요구신청에 대한 거부행위 04 ⑦ 산업단지개발계획상 산업단지 안의 토지소유자의 산업단지개발계획의 신청에 대한 거부행위	① (구)「도시계획법」상 도시기본계획 05 ② 「하수도법」상 하수도정비기본계획 06 ③ 「농어촌도로 정비법」상 농어촌도로기본계획 ④ 환지계획 ⑤ 국토해양부 등의 '4대강 살리기 마스터플랜'

개념확인 O/X

01 구청장의 건축물 착공신고 반려행위는 처분성이 인정된다.
17 국가7급 (O / X)

02 조례가 집행행위의 개입 없이도 그 자체로서 직접 국민의 구체적인 권리의무나 법적 이익에 영향을 미치는 등의 법률상 효과를 발생하는 경우 그 조례는 항고소송의 대상이 되는 행정처분에 해당한다.
20 군무원9급 (O / X)

03 항정신병 치료제의 요양급여 인정기준에 관한 보건복지부 고시가 다른 집행행위의 매개 없이 그 자체로서 제약회사, 요양기관, 환자 및 국민건강보험공단 사이의 법률관계를 직접 규율한다는 이유로 항고소송의 대상이 되는 행정처분에 해당한다.
20 군무원9급 (O / X)

04 도시계획시설결정에 이해관계가 있는 주민으로서는 도시시설계획의 입안권자 내지 결정권자에게 도시시설계획의 입안 내지 변경을 요구할 수 있는 법규상 또는 조리상의 신청권이 있고, 이러한 신청에 대한 거부행위는 항고소송의 대상이 되는 행정처분에 해당한다.
19 사회복지 (O / X)

05 (구)「도시계획법」상 도시기본계획은 처분성이 인정된다.
13 지방9급 (O / X)

06 「하수도법」상 하수도정비기본계획은 처분성이 인정된다.
15 지방9급 (O / X)

| 정답 | 01 O 02 O 03 O 04 O 05 X 06 X

개념확인 O/X

01 공무원에 대한 불문경고조치는 항고소송의 대상이 되는 행정처분에 해당한다.
12 국가9급 (O/X)

02 금융감독원장으로부터 문책경고를 받은 금융기관의 임원이 일정기간 금융업종 임원선임의 자격제한을 받도록 관계 법령에 규정되어 있는 경우, 금융기관 임원에 대한 문책경고는 상대방의 권리의무에 직접 영향을 미치는 행위이므로 행정처분에 해당한다.
16 국가9급 (O/X)

03 지방의회의장에 대한 불신임의결은 의장으로서의 권한을 박탈하는 행정처분의 일종으로서 항고소송의 대상이 된다.
20 군무원9급 (O/X)

04 종합소득세 부과처분을 위한 과세관청의 세무조사결정은 항소소송의 대상이 되는 행정처분이다.
14 국가9급 (O/X)

05 병무청장의 병역의무 기피자의 인적사항 공개결정은 취소소송의 대상이 되는 처분에 해당한다.
20 군무원7급 (O/X)

06 「병역법」상 신체등위판정은 항고소송의 대상이 된다.
19 소방 (O/X)

07 교육부장관이 내신성적산정기준의 통일을 기하기 위해 시·도 교육감에게 통보한 대학입시기본계획 내의 내신성적산정지침은 처분이다.
17 서울9급 (O/X)

08 갑 시장이 감사원으로부터 「감사원법」에 따라 을에 대하여 징계의 종류를 정직으로 정한 징계요구를 받게 되자 감사원에 징계요구에 대한 재심의를 청구하였는데 감사원이 재심의 청구를 기각한 사안에서, 감사원의 징계요구와 재심의청구 기각결정은 항고소송의 대상이 되는 행정처분이다.
21 국회8급 (O/X)

7. 기관 내부행위

처분성 긍정	처분성 부정
① 개별공시지가	① 건교부장관의 기준지가 고시
② 표준공시지가	② 성업공사의 공매결정
③ 횡단보도 설치행위	③ 과세표준결정, 조세행정기관의 내부적인 과세표준결정, 세무서장이 행하는 과세표준결정
④ 행정규칙에 의한 불문경고조치 01	④ 군의관의 신체등위판정 06
⑤ 금융감독원장의 금융기관 임원에 대한 문책경고 02	⑤ 경찰관의 교통사고조사서
⑥ 과세관청이 체납처분으로 행하는 공매처분	⑥ 대학입시기본계획 내의 내신성적산정지침 07
⑦ 「산업재해보상보험법」상 장해보상금결정의 기준이 되는 장애등급결정	⑦ 교통법규 위반에 대한 벌점 부과행위
⑧ 지방의회의장에 대한 지방의회 불신임결의 03	⑧ 국가유공자로 판정받기 위한 신체검사판정
⑨ 지방의회의원징계의결	⑨ 징계위원회의 결정, 징계위원회의 징계의결
⑩ 지방의회의 의장선거	⑩ 감사원의 시장에 대한 징계요구와 재심의결정 08
⑪ 공무원면접시험의 면접불합격결정행위	⑪ 공정거래위원회의 고발조치 및 고발의견
⑫ 국가인권위원회의 성희롱결정 및 시정조치권고	⑫ 재정경제부장관의 정부투자기관에 대한 예산편성지침 통보
⑬ 「공무원연금법」상 재직기간합산처분	⑬ 「국세기본법」상의 국세환급금결정
⑭ 세무조사결정 04	⑭ 지방노동위원회가 노동쟁의에 대하여 행한 중재회부결정
⑮ 친일반민족행위자재산조사위원회의 재산조사개시결정	⑮ 「택지개발촉진법」에 의한 택지공급방법결정
⑯ 병무청장이 「병역법」 제81조의2 제1항에 따라 병역의무 기피자의 인적사항 공개결정 05	⑯ 상급행정기관의 하급행정기관에 대한 승인·지시·동의
	⑰ 「교육공무원법」상 총학장의 임용제청
	⑱ 행정청 간의 협의
	⑲ 검찰총장의 재상고기각결정
	⑳ 아파트분양지침
	㉑ 행정청 간의 국유재산이관 협정
	㉒ 각 군 참모총장이 '군인 명예전역수당 지급대상자 결정절차'에서 국방부장관에게 수당지급대상자를 추천하거나 신청자 중 일부를 추천하지 않는 행위
	㉓ 국세환급금결정이나 그 결정을 구하는 신청에 대한 환급거부결정
	㉔ 상급행정청이나 타행정청의 지시나 통보, 권한의 위임이나 위탁

8. 행정행위
(1) 법률행위적 행정행위

처분성 긍정	처분성 부정
① 주택건설사업계획의 승인(인가)	① 원천징수의무자의 원천징수행위
② 토지수용에서 건교부장관의 사업인정	② 금융감독위원회의 파산신청
③ 노동조합규약의 변경보완시정명령	③ 택시운송사업자에 대한 사업용자동차 증차배정조치
④ 법외노조 통보(형성적 행정행위)	④ 「부가가치세법」상 과세관청의 사업등록 직권말소행위
	⑤ 방송통신위원회의 고지방송명령

| 정답 | 01 O 02 O 03 O 04 O 05 O 06 X 07 X 08 X

(2) 준법률행위적 행정행위

① 공증

처분성 긍정	처분성 부정
ⓐ 지목변경신청에 대한 반려 01 02	ⓐ 임야대장에의 등재행위 및 등재사항 변경행위
ⓑ 지적법령상의 토지분할신청에 대한 거부행위	ⓑ 가옥대장(현. 건축물대장)의 등재행위
ⓒ 「(구)사회단체등록에 관한 법률」에 의한 사회단체등록	ⓒ 자동차운전면허대장의 등재
ⓓ 특허청장의 상표사용권등록행위	ⓓ 인감증명발급
ⓔ 의료유사업자 자격증 갱신발급행위	ⓔ 과세관청이 사업자등록을 관리하는 과정에서 위장사업자의 사업자명의를 직권으로 실사업자의 명의로 정정하는 행위
ⓕ 건축물대장상 용도변경신청에 대한 거부행위	ⓕ 당해 무허가건물을 무허가건물관리대장에서 삭제하는 행위 05
ⓖ 건축물대장 작성신청에 대한 거부행위 03	ⓖ 법무법인의 공증(사인 간의 법률관계에 대한 증명) 06
ⓗ 건축물에 관한 건축물대장의 직권말소	ⓗ 토지대장의 소유자명의 변경신청 거부 07
ⓘ 사업시행자인 한국도로공사의 토지소유자들을 대위하여 토지면적등록 정정신청에 대한 시장의 반려처분 04	ⓘ 지목변경 없이 지적관계를 임야대장 및 임야도에서 토지대장 및 지적도로 옮겨 등록하는 등록전환
ⓙ 「신문 등의 진흥에 관한 법률」상 관할 시·도지사가 하는 신문 등록	ⓙ 경찰공무원시험승진후보자명부에 등재된 자를 시험승진후보자명부에서 삭제한 행위
ⓚ 토지대장의 직권말소	

② 통지

처분성 긍정	처분성 부정
ⓐ 대집행절차인 계고와 대집행영장발부통지	ⓐ 정년퇴직발령
ⓑ 임용기간이 만료된 조교수에 대하여 재임용을 거부하는 취지로 한 임용기간만료의 통지	ⓑ 당연퇴직의 통보·인사발령 08
ⓒ 독촉(강제징수)	ⓒ 공무원임용결격사유자에 대한 공무원 임용취소
ⓓ 「농지법」상 농지처분의무통지	ⓓ 성업공사의 공매통지
ⓔ 소득세원천징수의무자에 대한 소득금액변동통지	ⓔ 공매기일의 공고
ⓕ 「건축법」상 이행강제금 납부의 최초 독촉	ⓕ 심사청구에 대한 감사원의 결정·통지
ⓖ 「(구)부당한 공동행위 자진신고자 등에 대한 시정조치 등 감면제도 운영고시」 제14조 제1항에 따른 시정조치 등 감면신청에 대한 감면불인정통지	ⓖ 행정청의 알선. 권유. 사실상의 통지
ⓗ 관할관청이 주권상장법인에 한 단기매매차익 발생사실의 통보	ⓗ 공무원연금관리공단이 공무원연금법령의 개정사실과 퇴직연금 수급자가 퇴직연금 중 일부 금액의 지급정지 대상자가 되었다는 사실의 통보
ⓘ 총포·화약안전기술협회의 '회비납부통지'	ⓘ 제1차 철거명령 및 계고처분에 대한 의무불이행으로 새로이 발한 제2차·제3차 철거명령 및 대집행계고 09
	ⓙ 지방병무청장이 복무기관을 정하여 공익근무요원 소집통지를 한 후 소집대상자의 원에 의하여 또는 직권으로 그 기일을 연기한 다음 다시 한 공익근무요원 소집통지 및 재소집통지
	ⓚ 「농지법」상 이행강제금
	ⓛ 「국세징수법」상 공매통지
	ⓜ 소득의 귀속자에 대한 소득금액변동통지 10
	ⓝ 국민건강보험공단이 갑 등에게 '직장가입자 자격상실 및 자격변동 안내' 통보 및 '사업장 직권탈퇴에 따른 가입자 자격상실 안내' 통보
	ⓞ 특허청장이 특허협력조약(PCT)에 따라 국제출원에 대한 국제조사기관으로서 한 정정신청불허결정의 통지

개념확인 O/X

01 지목변경신청 반려행위는 처분이다.
16 서울9급 (O / X)

02 지적공부 소관청의 지목변경신청 반려행위는 항고소송의 대상이 되는 행정처분에 해당한다.
12 국가9급 (O / X)

03 건축물대장 소관청의 건축물대장 작성신청 반려행위는 항고소송의 대상이 된다.
19 소방 (O / X)

04 사업시행자인 한국도로공사가 「(구)지적법」에 따라 고속도로 건설공사에 편입되는 토지소유자들을 대위하여 토지면적등록 정정신청을 하였으나 관할 행정청이 이를 반려하였다면, 이러한 반려행위는 항고소송대상이 되는 행정처분에 해당한다.
19 지방9급 (O / X)

05 행정청이 무허가건물관리대장에서 무허가건물을 삭제하는 행위는 처분성이 인정된다.
17 국가7급 (O / X)

06 행정청이 한 행위가 단지 사인 간 법률관계의 존부를 공적으로 증명하는 공증행위에 불과하더라도 그 효력을 둘러싼 분쟁의 해결이 사법원리(私法原理)에 맡겨져 있는 경우에는 항고소송의 대상이 된다.
17 서울7급 (O / X)

07 토지대장의 기재는 토지소유권을 제대로 행사하기 위한 전제요건으로서 토지소유자의 실체적 권리관계에 밀접하게 관련되어 있으므로 토지대장상의 소유자명의 변경신청을 거부한 행위는 국민의 권리관계에 영향을 미치는 것이어서 항고소송의 대상이 되는 행정처분에 해당한다.
16 국가9급 (O / X)

08 공무원에 대한 당연퇴직통지는 처분이다.
17 서울9급 (O / X)

09 반복된 제2차 대집행계고는 처분이다.
16 서울9급 (O / X)

10 법인세법령에 따른 과세관청의 원천징수의무자인 법인에 대한 소득금액변동통지 및 「소득세법 시행령」에 따른 소득의 귀속자에 대한 소득금액변동통지는 항고소송의 대상이다.
17 서울7급 (O / X)

| 정답 | 01 O 02 O 03 O 04 O 05 X 06 X 07 X 08 X 09 X 10 X

개념확인 O/X

01 친일반민족행위자재산조사위원회의 재조사개시결정은 항고소송대상인 처분이 아니다.
13 지방9급 (O/X)

02 근로복지공단이 사업주에 대하여 하는 개별 사업장의 사업종류 변경결정은 사업종류 결정의 주체, 내용과 결정기준을 고려할 때 확인적 행정행위로서 처분에 해당한다.
21 국회8급 (O/X)

03 국가인권위원회의 각하 및 기각결정을 할 경우 피해자인 진정인은 인권침해 등에 대한 구제조치를 받을 권리를 박탈당하게 되므로, 국가인권위원회의 진정에 대한 각하 및 기각결정은 처분에 해당한다.
19 국가9급 (O/X)

04 「국가균형발전 특별법」에 따른 혁신도시 최종입지 선정행위는 항고소송의 대상이 되는 행정처분이다.
12 국가9급 (O/X)

05 구청장이 사회복지법인에 특별감사 결과, 지적사항에 대한 시정지시와 그 결과를 관계서류와 함께 보고하도록 지시한 경우, 그 시정지시는 항고소송의 대상이 되는 행정처분에 해당하지 아니한다
20 군무원9급 (O/X)

06 수도요금체납자에 대한 단수조치는 처분이다.
17 서울9급 (O/X)

07 전기·전화의 공급자에게 위법 건축물에 대한 단전 또는 전화통화 단절조치의 요청행위는 처분이다.
17 서울9급 (O/X)

③ 확인

처분성 긍정	처분성 부정
ⓐ 감사원의 재심의결정 ⓑ 친일반민족행위자재산조사위원회의 친일재산 국가귀속결정 01 ⓒ 개간허가의 준공인가 ⓓ 토지거래허가구역의 지정 ⓔ 「근로기준법」에 의한 평균임금결정 ⓕ 이주대책자의 확인결정 ⓖ 공무원연금관리공단의 퇴직급여결정 ⓗ 기반시설부담금 납부의무자의 환급신청에 대하여 행정청이 전부 또는 일부 환급을 거부하는 결정 ⓘ 지방의료원을 폐업하겠다는 결정 ⓙ 근로복지공단이 사업주에 대하여 하는 '개별 사업장의 사업종류 변경결정' 02 ⓚ 국가인권위원회의 각하 및 기각결정 03 ⓛ 공정거래위원회가 관계 행정기관의 장에게 한 원사업자 또는 수급사업자에 대한 입찰참가자격의 제한을 요청한 결정 ⓜ 공정거래위원회의 입찰참가자격제한 등 요청결정	ⓐ 공장입지기준확인 ⓑ 국가배상심의회의 결정 ⓒ 고충심사결정 ⓓ 혁신도시 최종입지 선정 04 ⓔ 학교안전공제회의 급여결정 ⓕ 「국가유공자 등 예우 및 지원에 관한 법률」 제74조의18 제1항이 정한 이의신청을 받아들이지 아니하는 결정

9. 사실행위

처분성 긍정	처분성 부정
① 권력적 사실행위 ② 체납처분절차에서 압류 ③ 구청장이 사회복지법인에 특별감사 결과 지적사항에 대한 시정지시와 그 결과를 관계서류와 함께 보고하도록 지시 05 ④ 교육감이 학교법인에 대한 감사 실시 후 처리지시를 하고 그와 함께 그 시정조치에 대한 결과를 증빙서를 첨부한 문서로 보고하도록 지시 ⑤ 단수 처분 06	① 비권력적 사실행위 ② 행정지도 ③ 수도사업자의 급수공사 신청자에 대한 급수공사비 납부통지 ④ 추첨에 의한 운수사업면허대상자 선정행위에서의 추첨 ⑤ 택지운송사업자에 대한 사업용자동차 증차배정 조치 ⑥ 아파트 분양지침에 따른 분양을 하지 않는 분양불허의 의사표시 ⑦ 구청장의 한국전력공사에 대한 전기공급불가 회신 07 ⑧ 위법 건물 단속기관이 수도공급기관에 수도공급을 거부하도록 요청하는 행위 ⑨ 행정청이 한국전력공사에게 위법 건축물임을 이유로 전기공급을 하지 않을 것을 요청하는 행위 ⑩ 공무원이 소속장관으로부터 받은 서면에 의한 경고 ⑪ 「방송법」 제100조 제1항·제4항에 따라 제재조치명령과 함께 한 고지방송명령(비권력적 사실행위)

| 정답 | 01 X 02 O 03 O 04 X 05 X 06 O 07 X

10. 각종 거부행위

처분성 긍정	처분성 부정
① 「주민등록법」상 전입신고 미수리처분, 주민등록 전입신고에 따른 등록거부처분 ② 정보제공신청에 대한 거부 ③ 영업허가갱신 신청에 대한 거부행위 ④ 방송위원회의 종합유선방송사업승인거부처분 ⑤ 국·공립대학의 교수재임용거부처분 ⑥ 국가지정문화재 현상변경신청에 대한 불허처분 ⑦ 도시계획구역 내 토지소유자의 도시계획입안 신청에 대한 도시계획입안권자의 거부행위 ⑧ 자신의 토지에 대한 보안림해제 신청에 대한 거부 ⑨ 민주화운동 관련자 명예회복 및 보상심의위원회가 한 보상금 지급신청 기각결정 ⑩ 국민감사청구에 대한 감사원장의 기각결정 ⑪ 택지공급신청권에 대한 거부 ⑫ 건축계획심의 신청에 대한 거부 01 ⑬ 산업재해보상보험 가입자인 사업주의 사업종류변경신청에 대한 근로복지공단의 반려행위 ⑭ 방산물자 지정취소 ⑮ 금강수계 중 상수원 수질보전을 위한 필요 지역의 토지 등의 소유자가 국가에 그 토지 등을 매도하기 위하여 매수신청을 하였으나 유역환경청장의 매수 거부행위 ⑯ 결손금액증액경정청구 거부처분 ⑰ 수도권 소재 갑 주식회사가 본사와 공장을 광주광역시로 이전하는 계획하에 광주광역시장에게 입지보조금 등 지급을 신청하였고 이에 따라 광주광역시장이 지식경제부장관에게 지급신청을 하였는데, 이후 지식경제부장관이 광주광역시장에게 반려하자 광주광역시장이 다시 갑 회사에 반려한 처분 ⑱ 건축주의 귀책사유로 해당 토지를 사용할 권리를 상실한 경우, 토지소유자가 건축허가의 철회 신청을 거부한 행위 02 ⑲ 주민등록번호의 변경을 요구할 신청에, 구청장의 주민등록번호 변경신청 거부행위 03 ⑳ 공공기관이 공개청구의 대상이 된 정보를 청구인이 신청한 공개방법 이외의 방법으로 공개하기로 하는 결정 ㉑ 교육부장관이 대학에서 추천한 복수의 총장 후보자들 전부 또는 일부를 임용제청에서 제외하는 행위 04 ㉒ 나라장터종합쇼핑몰 거래정지조치 ㉓ 「교육공무원법」상 승진후보자 명부에 포함되어 있던 후보자를 승진임용인사발령에서 제외하는 행위 05 06 ㉔ 국방전력발전업무훈령에 따른 연구개발확인서 발급 및 그 거부 07 ㉕ (구)「군인연금법」상 선순위 유족이 유족연금수급권을 상실함에 따라 동순위 또는 차순위 유족이 유족연금수급권 이전청구를 한 경우, 이에 관한 국방부장관의 결정 ㉖ 1차 조정금 수령을 통지 후 이의를 신청한 것에 대한 종전과 동일한 액수의 조정금 수령의 2차 통지	① 법규상 또는 조리상 권고 없이 한 신청에 대한 거부처분 ② 기부채납 부동산의 사용허가기간 연장신청거부행위 ③ 당연퇴직된 공무원의 복직 또는 재임용신청에 대한 행정청의 거부행위 ④ 원과세처분에 대한 경정청구에 대한 거부 ⑤ 전통사찰의 등록말소신청의 거부 ⑥ 교사임용지원자의 특별채용신청의 거부행위 ⑦ 사업개선명령 신청의 거부 ⑧ 산림훼손용도 변경신청에 대한 거부 ⑨ 철거민의 시영아파트 특별분양 신청에 대한 거부 ⑩ 산림 복구설계승인 및 복구준공 통보에 대한 이해관계인의 취소신청을 거부한 행위 ⑪ 수도권매립지관리공사가 갑에게 입찰참가자격을 제한하는 내용의 부정당업자제재처분 ⑫ 수도권 소재 갑 주식회사가 본사와 공장을 광주광역시로 이전하는 계획하에 광주광역시장에게 입지보조금 등 지급을 신청하였고 이에 따라 광주광역시장이 지식경제부장관에게 지급신청을 하였는데, 이후 지식경제부장관이 광주광역시장에게 반려하자 광주광역시장이 다시 갑 회사에 반려한 사안에서, 지식경제부장관의 반려회신은 항고소송대상이 되는 행정처분에 해당하지 않음 ⑬ 행정청이 토지대장의 소유자명의 변경신청을 거부한 행위 ⑭ 법관이 이미 수령한 명예퇴직수당액의 차액의 지급을 신청한 것에 대하여 법원행정처장이 거부하는 의사표시 ⑮ 과세관청이 경정청구기간이 도과한 후 제기된 경정청구에 대하여 경정을 거절할 경우 ⑯ 사업주가 기 발생한 산재사고와 관련하여 사업주를 자신에서 하청 회사로 변경해 줄 것을 신청한 것에 대한 근로복지공단의 거부 ⑰ 시내버스 한정면허를 받은 여객자동차 운송사업자의 보조금지급 신청에 대한 도지사의 회신 ⑱ 보조금지급 신청에 대한 행정청의 거부의 회신 ⑲ 공무원연금관리공단의 퇴직연금지급거부의 의사표시 08

개념확인 O/X

01 건축계획심의 신청에 대한 반려처분은 처분성이 인정된다.
15 지방9급 (O / X)

02 건축주가 토지소유자로부터 토지사용승낙서를 받아 그 토지 위에 건축물을 건축하는 건축허가를 받았다가 착공에 앞서 건축주의 귀책사유로 해당 토지를 사용할 권리를 상실한 경우, 토지소유자의 건축허가 철회 신청을 거부한 행위는 항고소송의 대상이 된다.
19 지방9급 (O / X)

03 인터넷 포털사이트의 개인정보 유출사고로 주민등록번호가 불법 유출되었음을 이유로 주민등록번호 변경신청을 하였으나 관할 구청장이 이를 거부한 경우, 그 거부행위는 처분에 해당하지 않는다.
19 국가9급 (O / X)

04 국립대학교 총장의 임용권한은 대통령에게 있으므로, 교육부장관이 대통령에게 임용제청을 하면서 대학에서 추천한 복수의 총장 후보자들 중 일부를 임용제청에서 제외한 행위는 처분에 해당하지 않는다.
19 국가9급 (O / X)

05 「교육공무원법」상 승진후보자 명부에 의한 승진심사 방식으로 행해지는 승진임용에서 승진후보자 명부에 포함되어 있던 후보자를 승진임용인사발령에서 제외하는 행위는 불이익처분으로서 항고소송의 대상인 처분에 해당한다.
21 국회8급 (O / X)

06 「교육공무원법」상 승진후보자 명부에 의한 승진심사 방식으로 행해지는 승진임용에서 승진후보자 명부에 포함되어 있던 후보자를 승진임용인사발령에서 제외하는 행위는 항고소송의 대상인 처분에 해당하지 않는다.
19 지방9급 (O / X)

07 방위사업법령 및 '국방전력발전업무훈령'에 따른 연구개발확인서 발급은 사업관리기관이 개발업체에게 해당 품목의 양산과 관련하여 수의계약의 방식으로 국방조달계약을 체결할 수 있는 지위가 있음을 인정해 주는 확인적 행정행위로서 처분에 해당한다.
(O / X)

08 공무원연금관리공단의 퇴직연금지급거부의 의사표시는 항고소송대상인 처분이라 할 수 없다.
13 지방9급 (O / X)

| 정답 | 01 O   02 O   03 X   04 X   05 O   06 X   07 O   08 O

11. 기타

처분성 긍정	처분성 부정
① 폐기물처리업허가 전의 사업계획에 대한 적정·부적정 통보(예비결정) ② 원자력부지사전승인제도(예비결정 또는 부분허가) ③ 감사원의 징계요구에 의한 징계처분 ④ 재산압류처분 ⑤ 검사임용 신청에 대한 응답요구권 ⑥ 건설교통부 내부지침에 의한 항공노선에 대한 운수권 배분 ⑦ 이주대책에 따른 특별분양 신청거부 ⑧ 공정거래위원회의 표준약관 사용권장행위 ⑨ 공무원연금관리공단의 환수금 결정·고지 ⑩ 한국환경산업기술원장이 환경기술개발사업 협약을 체결한 갑 주식회사 등에게 연차평가 실시 결과 절대평가 60점 미만으로 평가되었다는 이유로 연구개발 중단 조치 및 연구비 집행중지 조치 ⑪ 산업단지관리공단이 (구)「산업집적활성화 및 공장설립에 관한 법률」 제38조 제2항에 따른 변경계약의 취소 ⑫ 행정기관이 한 입찰참가자격제한처분 　• 서울특별시장의 입찰참가자격제한처분 　• 국방부장관의 입찰참가자격제한처분 ⑬ 한국수력원자력주식회사의 입찰참가자격제한조치 ⑭ 「공공기관 운영에 관한 법률」에 근거하여 공기업 준정부기업으로 위임위탁받아 행하는 조달청장의 입찰참가자격제한조치 ⑮ 결손금 등에 대한 과세관청의 결손금 감액경정 ⑯ 지방자치단체의 장이 「공유재산법」에 근거하여 기부채납 및 사용·수익허가 방식으로 민간투자사업을 추진하는 과정에서 우선협상대상자를 선정하는 행위와 이미 선정된 우선협상대상자를 그 지위에서 배제하는 행위	① 통고처분 ② 검사의 기소처분 또는 불기소처분 01 02 03 ③ 건축허가 및 준공검사 취소청구 ④ 보류처분 ⑤ 지적봉쇄조치 ⑥ 형집행정지 취소처분 ⑦ 국제전기통신연합에 대한 정보통신부장관의 위성망 국제등록신청 ⑧ 해양수산부장관의 항만명칭변경 ⑨ 주식신탁행위 ⑩ 금융감독원이 부실금융기관에 대해 법원에 파산신청 행위 ⑪ 결손처분, 결손취소처분 ⑫ 재단법인 한국연구재단이 갑 대학교 총장에게 연구팀장을 대학 자체에서 징계 요구한 행위 ⑬ 중소기업기술정보진흥원장이 갑 주식회사와 사업의 지원에 관한 협약에서 협약의 해지 및 그에 따른 환수 통보 ⑭ 행정기관이 아닌 공사나 공단이 한 입찰참가자격제한처분 　• 한국전력공사나 그 예하 발전소 등의 대표자가 한 입찰참가자격제한처분 　• 한국토지개발공사를 상대로 한 입찰참가자격제한 내용의 부정당업자재재처분

② 행정심판의 재결

㉠ **의의**: 「행정소송법」상 취소소송의 대상은 원칙적으로 처분이지만 재결의 고유한 위법이 있는 경우에 취소소송의 대상이 된다. 04

㉡ **재결의 고유한 위법**: 재결은 준법률행위적 행정행위로서 처분에 해당된다. 재결의 고유한 위법은 성립당시의 하자를 말하며, 이에는 주체, 내용, 절차, 형식상의 하자가 모두 포함된다. 05 06

　ⓐ **주체상의 하자**: 권한 없는 기관이 재결을 하거나 위원회의 위원에 결격자가 있다거나, 정족수의 하자 등의 하자이다.

　ⓑ **절차상의 하자**: 「행정심판법」상의 심판절차를 준수하지 않은 경우의 하자이다.

　ⓒ **형식상의 하자**: 서면에 의하지 않은 구두재결이나 「행정심판법」 제46조 제2항 소정의 주요 기재사항이 누락되거나 이유기재의 중대한 하자가 있는 경우 등의 하자이다.

㉢ **재결내용의 고유한 위법의 유형**

　ⓐ **각하재결**: 행정심판의 청구가 부적법하지 않은데도 각하재결을 한 경우에는 재결에 고유한 위법에 해당된다. 07

개념확인 O/X

01 검사의 불기소결정은 「행정소송법」상 처분에 해당되어 항고소송을 제기할 수 있다.
19 지방9급 (O/X)

02 검사의 불기소결정에 대해서는 항고소송을 제기할 수 없다.
19 하반기 서울7급 (O/X)

03 검사의 불기소결정은 공권력의 행사에 포함되므로, 검사의 자의적인 수사에 의하여 불기소결정이 이루어진 경우 그 불기소결정은 처분에 해당한다.
19 국가9급 (O/X)

04 취소소송은 처분 등을 대상으로 하나, 재결취소소송의 경우에는 재결 자체에 고유한 위법이 있음을 이유로 하는 경우에 한한다.
12 사회복지 (O/X)

05 재결 자체의 내용상 위법도 재결 자체에 고유한 위법이 있는 경우에 포함된다.
20 군무원9급 (O/X)

06 재결취소소송에 있어서 재결 자체의 고유한 위법은 재결의 주체, 절차 및 형식상의 위법만을 의미하고, 내용상의 위법은 이에 포함되지 않는다.
16 지방9급 (O/X)

07 행정심판청구가 부적법하지 않음에도 각하한 재결은 원처분주의에 의해서 취소소송의 대상이 되지 않는다.
15 지방9급 (O/X)

| 정답 | 01 X　02 O　03 X　04 O　05 O　06 X　07 X

ⓑ 인용재결의 경우
  ⓘ 심판을 청구한 청구인은 인용재결에 대해 권익침해를 받는 자가 아니어서 재결에 대해 소송을 청구할 법률상 이익은 인정될 수 없다.
  ⓘⓘ 제3자효 행정처분에서 제3자 심판청구에 의한 위원회의 인용재결로 비로소 권익침해를 받는 행정의 상대방은 인용재결에 대해 취소를 구할 법률상 이익이 인정된다. 01
  ⓘⓘⓘ 이 경우 인용재결은 원처분에 없는 고유한 하자에 해당되어 행정의 상대방은 취소를 구할 수 있다.
ⓒ 일부인용재결과 수정재결: 판례는 수정재결과 관련하여 원처분을 소송대상이 된다고 한다. 02
ⓓ 기각재결의 경우
  ⓘ 심판청구의 대상이 되지 아니한 사항을 재결한 경우나 원처분보다 청구인에게 불리한 재결을 한 경우, 사정재결을 함에 있어서 공공복리에 대한 판단을 잘못한 재결의 경우가 이에 해당된다.
  ⓘⓘ 그러나 원칙적으로 원처분을 정당하다고 심판청구를 기각재결 한 경우에는 원칙적으로 내용상의 위법을 주장하여 제소할 수 없다. 결국 원처분에 있는 하자와 동일한 하자를 주장하는 것이 되기 때문이다. 03

② 재결소송에서의 대상인 재결
  ⓐ 형성재결의 경우: 위원회로부터의 재결 통보는 처분이 아니라 사실행위에 불과하다. 따라서 형성재결인 취소재결 그 자체가 소송의 대상이 된다. 04
  ⓑ 명령재결의 경우: 재결이 소의 대상인지, 재결에 따른 처분이 소의 대상인지가 문제가 되는데 학설은 다툼이 있으나 판례는 양자 모두 소송의 대상이라고 한다. 05

ⓜ 재결 자체에 고유한 위법이 없는 경우: 재결 자체에 고유한 위법이 없음에도 재결에 소송을 제기한 경우 재결 자체의 고유위법 여부는 본안판단의 문제이므로 기각하여야 한다.

ⓗ 개별법상의 재결주의(재결을 소송대상으로 삼는 경우)
  ⓐ 개설 06
    ⓘ 「행정소송법」상 재결에 대한 취소소송은 재결에 고유한 위법이 있는 경우로 한함으로 규정하고 있다. 하지만 이러한 규정에도 불구하고 재결이 원칙적으로 취소소송의 대상이 되는 경우를 말한다.
    ⓘⓘ 이 경우에는 필요적 행정심판전치주의를 전제로 하는 소송이며, 재결에 대하여 취소소송이 아닌 무효등확인소송도 가능하다.
    ⓘⓘⓘ 재결을 취소소송의 대상으로 하는 개별법의 경우에는 원처분에 대한 소는 인정될 수 없다.
  ⓑ 감사원의 재심판정: 감사원의 변상판정에 대하여서는 행정소송을 제기할 수 없고, 재결에 해당하는 재심의 판정에 대하여서만 감사원을 피고로 하여 행정소송을 제기할 수 있다(대판 1984.4.10. 84누91). 07
  ⓒ 중앙노동위원회의 재심판정: 「노동위원회법」 제19조의2 제1항의 규정은 행정처분의 성질을 가지는 지방노동위원회의 처분에 대하여 중앙노동위원장을 상대로 행정소송을 제기할 경우의 전치요건에 관한 규정이라 할 것이므로 당사자가 지방노동위원회의 처분에 대하여 불복하기 위하여는 처분 송달일로부터 10일 이내에 중앙노동위원회에 재심을 신청하고 중앙노동위원회의 재심판정서 송달일로부터 15일 이내에 중앙노동위원장을 피고로 하여 재심판정취소의 소를 제기하여야 할 것이다(대판 1995.9.15. 95누6724).

개념확인 O/X

01 제3자효를 수반하는 행정행위에 대한 행정심판청구의 인용재결은 원처분과 내용을 달리 하는것이므로 그 인용재결의 취소를 구하는 것은 원처분에는 없는 재결에 고유한 하자를 주장하는 것이라고 하더라도 당연히 항고소송의 대상이 되는 것은 아니다.
20 군무원9급 (O / X)

02 소청심사위원회가 해임처분을 정직 2월로 변경한 경우 저분의 상대방은 소청심사위원회를 피고로 하여 정직 2월의 재결에 대한 취소소송을 제기할 수 있다.
19 국회8급 (O / X)

03 행정처분에 대한 행정심판의 재결에 이유모순의 위법이 있다는 사유는 재결처분 자체에 고유한 하자로서 재결처분의 취소를 구하는 소송에서는 그 위법사유로서 주장할 수 있으나, 원처분의 취소를 구하는 소송에서는 그 취소를 구할 위법사유로서 주장할 수 없다.
20 군무원9급 (O / X)

04 불리한 처분을 받은 사립학교 교원 갑의 소청심사청구에 대하여 교원소청심사위원회가 그 사유 자체가 인정되지 않는다는 이유로 처분을 취소하는 결정을 하고 이에 대하여 학교법인이 제기한 행정소송절차에서 심리한 결과 처분사유 중 일부 사유는 인정된다고 판단되는 경우 법원은 교원소청심사위원회의 결정을 취소하여야 한다.
19 국회8급 (O / X)

05 행정청이 재결에 따라 이전의 신청을 받아들이는 후속처분을 하였더라도 후속처분이 위법한 경우에는 재결에 대한 취소소송을 제기하지 않고도 곧바로 후속처분에 대한 항고소송을 제기하여 다툴 수 있다.
24 국회9급 (O / X)

06 중앙토지수용위원회의 이의재결에 불복하여 취소소송을 제기하는 경우에는 원처분인 수용재결을 대상으로 하여야 한다.
19 국회8급 (O / X)

07 감사원의 변상판정처분에 대하여서는 행정소송을 제기할 수 없고 그 재결에 해당하는 재심의 판정에 대하여만 감사원을 피고로 하여 행정소송을 제기할 수 있다.
24 국회9급, 19 국회8급 (O / X)

| 정답 | 01 X 02 X 03 O 04 O 05 O 06 O 07 O

ⓓ **특허심판원의 심결**: 특허출원에 관한 심사관의 거절사정에 대하여 행정소송을 제기할 수 없고 특허심판원에 심판청구를 한 후 그 심결을 소송대상으로 하여 특허법원에 심결취소를 구하는 소를 제기하여야 한다.

> **관련 판례**
>
> Ⓑ **적법한 심판청구를 각하한 재결은 취소소송의 대상이 된다** [19 국회직 8급, 16 지방직 9급, 15 지방직 9급]
>
> 「행정소송법」제19조에 의하면 행정심판에 대한 재결에 대하여도 그 재결 자체에 고유한 위법이 있음을 이유로 하는 경우에는 항고소송을 제기하여 그 취소를 구할 수 있고, 여기에서 말하는 '재결 자체에 고유한 위법'이란 그 재결 자체에 주체, 절차, 형식 또는 내용상의 위법이 있는 경우를 의미하는데, 행정심판청구가 부적법하지 않음에도 각하한 재결은 심판청구인의 실체심리를 받을 권리를 박탈한 것으로서 원처분에 없는 고유한 하자가 있는 경우에 해당하고, 따라서 위 재결은 취소소송의 대상이 된다(대판 2001.7.27. 99두2970).
>
> Ⓑ **당사자의 신청을 받아들이지 않은 거부처분이 재결에서 취소된 경우, 재결의 취소를 구할 법률상 이익이 있는지 여부(소극)**
>
> 거부처분을 취소하는 재결이 있더라도 그에 따른 후속처분이 있기까지는 제3자의 권리나 이익에 변동이 있다고 볼 수 없고 후속처분 시에 비로소 제3자의 권리나 이익에 변동이 발생하며, 재결에 대한 항고소송을 제기하여 재결을 취소하는 판결이 확정되더라도 그와 별도로 후속처분이 취소되지 않는 이상 후속처분으로 인한 제3자의 권리나 이익에 대한 침해 상태는 여전히 유지된다. 이러한 점들을 종합하면, 거부처분이 재결에서 취소된 경우 재결에 따른 후속처분이 아니라 그 재결의 취소를 구하는 것은 실효적이고 직접적인 권리구제수단이 될 수 없어 분쟁해결의 유효적절한 수단이라고 할 수 없으므로 법률상 이익이 없다(대판 2017.10.31. 2015두45045).
>
> Ⓑ **수정재결에 대한 소송대상**
>
> 항고소송은 원칙적으로 당해 처분을 대상으로 하나, 당해 처분에 대한 재결 자체에 고유한 주체, 절차, 형식 또는 내용상의 위법이 있는 경우에 한하여 그 재결을 대상으로 할 수 있다고 해석되므로, 징계혐의자에 대한 감봉 1월의 징계처분을 견책으로 변경한 소청결정 중 그를 견책에 처한 조치는 재량권의 남용 또는 일탈로서 위법하다는 사유는 소청결정 자체에 고유한 위법을 주장하는 것으로 볼 수 없어 소청결정의 취소사유가 될 수 없다(대판 1993.8.24. 93누5673).
>
> Ⓑ **원처분에 대한 형성적 취소재결이 확정된 후 처분청이 다시 원처분을 취소한 경우, 위 처분이 항고소송의 대상이 되는 처분인지 여부(소극)**
>
> 당해 의약품제조품목 허가처분취소재결은 보건복지부장관이 재결청의 지위에서 스스로 제약회사에 대한 위 의약품제조품목허가처분을 취소한 이른바 형성재결임이 명백하므로, 위 회사에 대한 의약품제조품목허가처분은 당해 취소재결에 의하여 당연히 취소·소멸되었고, 그 이후에 다시 위 허가처분을 취소한 당해 처분은 당해 취소재결의 당사자가 아니어서 그 재결이 있었음을 모르고 있는 위 회사에게 위 허가처분이 취소·소멸되었음을 확인하여 알려주는 의미의 사실 또는 관념의 통지에 불과할 뿐 위 허가처분을 취소·소멸시키는 새로운 형성적 행위가 아니므로 항고소송의 대상이 되는 처분이라고 할 수 없다(대판 1998.4.24. 97누17131).

ⓒ 재결의 취지에 따른 취소처분이 위법할 경우

「행정심판법」 제37조 제1항의 규정에 의하면 재결은 행정청을 기속하는 효력을 가지므로 재결청이 취소심판의 청구가 이유 있다고 인정하여 처분청에게 처분의 취소를 명하면 처분청으로서는 그 재결의 취지에 따라 처분을 취소하여야 하지만, 그렇다고 하여 그 재결의 취지에 따른 취소처분이 위법할 경우 그 취소처분의 상대방이 이를 항고소송으로 다툴 수 없는 것은 아니다(대판 1993.9.28. 92누15093).

ⓒ 재결취소소송에 있어 재결 자체에 고유한 위법이 없는 경우 법원이 취할 조치 [19 국회직 8급] 01

「행정소송법」 제19조는 취소소송은 행정청의 원처분을 대상으로 하되(원처분주의), 다만 '재결 자체에 고유한 위법이 있음을 이유로 하는 경우'에 한하여 행정심판의 재결도 취소소송의 대상으로 삼을 수 있도록 규정하고 있으므로 재결취소소송의 경우 재결 자체에 고유한 위법이 있는지 여부를 심리할 것이고, 재결 자체에 고유한 위법이 없는 경우에는 원처분의 당부와는 상관없이 당해 재결취소소송은 이를 기각하여야 한다(대판 1994.1.25. 93누16901).

ⓑ 복효적 행정행위에서의 재결주의

이른바 복효적 행정행위, 특히 제3자효를 수반하는 행정행위에 대한 행정심판청구에 있어서 그 청구를 인용하는 내용의 재결로 인하여 비로소 권리이익을 침해받게 되는 자는 그 인용재결에 대하여 다툴 필요가 있고, 그 인용재결은 원처분과 내용을 달리하는 것이므로 그 인용재결의 취소를 구하는 것은 원처분에는 없는 재결에 고유한 하자를 주장하는 셈이어서 당연히 항고소송의 대상이 된다(대판 1997.12.23. 96누10911).

(7) 당사자(원고와 피고) · 참가인

① 원고 [빈출]

> **결정적 코멘트** ▶ 취소소송의 원고적격인 법률상 이익이 있는 자에 해당되는지 여부는 개인적 공권과의 연계를 통해 암기하여야 하는 부분이다. 협의의 소익은 출제빈도가 높으며 판례에 관한 이해를 통해 암기를 하여야 한다.

  ㉠ 원고적격

  ⓐ 「행정소송법」상 규정: 취소소송은 '행정청의 위법한 처분이나 재결의 취소 또는 변경을 구할 법률상 이익'이 있는 자가 제기할 수 있다(제12조). 여기에서 법률상 이익의 의미가 무엇인가에 대하여 견해 다툼이 있다.

  ⓑ 법률상 이익

   ⅰ) '법률상 이익'의 의미에 대한 견해

   • 권리구제설: 권리를 침해당한 자만이 법률상 이익이 있는 자로 보는 견해

   • 법률상 보호이익구제설: 전통적인 권리 외에도 법률이 보호하는 이익을 침해당한 자에게도 원고적격을 인정하는 견해(다수설) 02 03 04

   • 보호가치 있는 이익구제설: 권리 및 법률상 보호이익 외에도 법적으로는 반사적 · 사실적 이익에 불과한 것이라도 법이 실질적으로 보호할 가치가 인정되는 이익을 침해당한 자에게 원고적격을 인정하는 견해

   • 적법성보장설: 취소소송의 기능을 행정처분의 적법성 보장에서 찾으려는 견해가 있다.

   ⅱ) '법률상 이익'에 대한 대법원의 입장: 대법원은 법률상 보호이익구제설의 입장을 취한다. 판례는 '법률상 이익'이란 당해 처분의 근거법규 및 관련 법규에 의해서 보호되는 개별적 · 구체적 이익을 말하고, 공익보호의 결과로 국민 일반이 가지는 일반적 · 추상적 이익은 포함되지 않는다는 입장이다. 05

개념확인 O/X

01 재결취소소송의 경우 재결 자체에 고유한 위법이 있는지 여부를 심리할 것이고 재결 자체 고유한 위법이 없는 경우에는 원처분의 당부와는 상관없이 당해 재결취소소송은 기각되어야 한다. 19 국회8급 (O/X)

02 원고적격의 요건으로서 법률상 이익에는 당해 처분의 근거법률에 의하여 보호되는 직접적이고 구체적인 이익뿐만 아니라 간접적이거나 사실적 · 경제적 이해관계를 가지는 경우도 여기에 포함된다. 24 국가9급 (O/X)

03 법률상 이익의 의미에 관하여 법률상 보호이익설(법률상 이익구제설)은 위법한 처분에 의하여 침해되고 있는 이익이 근거법률에 의하여 보호되고 있는 이익인 경우에는 그러한 이익이 침해된 자에게 당해 처분의 취소를 구할 원고적격이 인정된다고 한다. 11 국가9급 (O/X)

04 취소소송의 원고적격은 처분 등의 취소를 구할 법률상 이익이 있는 자에게 인정되기 때문에, 직접 처분 또는 재결을 받은 상대방 이외의 자에게는 인정되지 아니한다. 12 지방9급 (O/X)

05 권리보호의 필요성 유무를 판단할 때에는 국민의 재판청구권을 보장한 헌법 제27조 제1항의 취지와 행정처분으로 인한 권익침해를 효과적으로 구제하려는 「행정소송법」의 목적 등에 비추어 행정처분의 존재로 인하여 국민의 권익이 실제로 침해되고 있는 경우는 물론이고 권익침해의 구체적 · 현실적 위험이 있는 경우에도 이를 구제하는 소송이 허용되어야 한다는 요청을 고려하여야 한다. 24 군무원9급 (O/X)

| 정답 | 01 O 02 X 03 O 04 X 05 O

ⓘ '법률상 이익'에서의 법률
- '법률상의 이익'에서의 '법률'을 당해 처분의 근거법률로 보는 견해와 당해 처분의 근거법률+관련 법률로 보는 견해, 당해 처분의 근거법률+관련 법률+기본권 규정으로 보는 견해 등이 있다.
- 대법원은 이에 대해 근거법률+관련 법률로 보는 견해라고 보여지나 일관성은 없다. 일부 헌법상의 기본권 규정을 인정하는 판례가 있다(헌법상의 자유권 등).

ⓒ 구체적 검토
ⓘ **자격**: 자격은 자연인, 법인, 법인 아닌 사단이나 재단, 처분의 직접 상대방이 아닌 제3자 등도 가능하다. 동·식물의 자연물은 원고적격이 인정될 수 없다.
ⓘ **수익적 처분과 침익적 처분**: 취소소송은 주관적 소송에 해당되어 자신의 권익을 침해당한 자가 청구할 수 있어, 침해적 처분의 상대방은 원고적격이 인정되지만, 원칙적으로 수익적 처분의 상대방은 특별한 사정(@ 부관부 행정행위 등)이 없는 한 원고적격이 인정되지 않는다. 01 02
ⓘ 국가나 공공단체 등
- **국가**: 국가도 지방자치단체의 장의 자치사무에 대한 처분에 대하여 다툴 경우 원고가 될 수 있지만 기관위임사무의 경우에는 인정될 수 없다.
- **국가기관**: 별도의 법인격이 없는 국가기관인 행정청도 다른 행정기관의 조치요구를 불이행하는 경우에 제재적 조치가 예정되어 있다면 항고소송을 청구할 원고적격이 인정된다(소방청장, 시·도선거관리위원장 등).
- **지방자치단체**: 일반적이지는 않지만 실효적 쟁송수단이 없는 경우에는 지방자치단체의 원고적격을 인정한다.
ⓘ 법인이나 단체에 대한 처분의 구성원의 경우
- 법인이나 단체의 구성원 또는 임원이나 주주는 단체에 대한 침익적 처분에 대해서 '직접적이고 구체적인 법률상의 이해관계'를 갖는 자로 볼 수 없어 원칙적으로 원고적격을 인정하지 않는다.
- 하지만 법인에 대한 행정처분에 직접적이고 구체적인 이해관계를 갖는 경우나(@ 사립학교 임원취임승인 취소처분 등), 행정처분이 법인의 존속을 좌우하는 것이고, 주주의 지위에 중대한 영향을 초래하게 되는데도 다른 방법으로 주주의 지위를 보전할 구제방법이 없는 경우 등에는 원고적격을 인정받을 수 있다.
ⓥ 행정심판의 인용재결에 대한 피청구인인 행정청
- 재결에 고유한 위법이 있는 경우 재결도 소송의 대상이 될 수 있는바, 이에 피청구인인 행정청도 인용재결에 대하여 소송을 청구할 수 있는지 여부가 문제가 된다.
- 판례는 처분재결청은 재결에 기속되어 재결의 취지에 따른 처분의무를 부담하게 되므로 이에 불복하여 항고소송을 제기할 수 없다고 한다(대판 1998.5.8. 97누15432).

개념확인 O/X

01 행정처분의 취소를 구할 이익은 불이익처분의 상대방뿐만 아니라 수익처분의 상대방에게도 인정되는 것이 원칙이다.
11 국가9급 (O / X)

02 수익적 처분의 상대방은 어떤 경우에도 원고적격이 인정될 수 없다.
(O / X)

정답 | 01 X   02 X

| 관련 판례 |

B 법률상 보호되는 이익이라 함은 당해 처분의 근거법규 및 관련 법규에 의하여 보호되는 개별적·직접적·구체적 이익이 있는 경우를 말함 01

> 행정처분의 직접 상대방이 아닌 제3자라 하더라도 당해 행정처분으로 인하여 법률상 보호되는 이익을 침해당한 경우에는 그 처분의 무효확인을 구하는 행정소송을 제기하여 그 당부의 판단을 받을 자격이 있다 할 것이며, 여기에서 말하는 법률상 보호되는 이익이라 함은 당해 처분의 근거법규 및 관련 법규에 의하여 보호되는 개별적·직접적·구체적 이익이 있는 경우를 말하고, 공익보호의 결과로 국민 일반이 공통적으로 가지는 일반적·간접적·추상적 이익이 생기는 경우에는 법률상 보호되는 이익이 있다고 할 수 없다(대판 2006.3.16. 2006두330 전합).

B 도롱뇽의 당사자능력을 인정할 수 없다고 한 원심의 판단을 수긍한 사례 [15 국가직 9급] 02 03

> 도롱뇽은 천성산 일원에 서식하고 있는 도롱뇽목 도롱뇽과에 속하는 양서류로서 자연물인 도롱뇽 또는 그를 포함한 자연 그 자체로서는 소송을 수행할 당사자능력을 인정할 수 없다(대결 2006.6.2. 2004마1148·1149).

C 상호저축은행에 대한 금융위원회의 경영관리가 개시된 경우, 상호저축은행을 대표하여 경영관리 또는 영업인가취소처분의 취소소송을 제기할 수 있는 자(= 특별대리인)

> (구)「상호저축은행법」(2007.7.19. 법률 제8522호로 개정되기 전의 것) 제24조의3, 제24조의4, 제24조의5 등에 의하면, 금융위원회의 경영관리에 의하여 직무집행 권한이 정지된 기존의 대표이사가 상호저축은행을 대표하여 경영관리 또는 영업인가취소처분의 취소소송을 제기할 수는 없고, 공익(예금주 등 제3자의 이익) 보호를 위하여 선임된 관리인도 상호저축은행 자체의 이익 보호를 위한 업무임과 동시에 은행의 통상 업무가 아닌 위 취소소송을 제기할 수 없으며, 다만 상호저축은행의 주주나 임원 등 이해관계인은 「행정소송법」 제8조 제2항, 「민사소송법」 제62조, 제64조의 규정에 따라 법원에 특별대리인 선임신청을 하여 위와 같은 취소소송을 제기할 수 있다(대판 2012.3.15. 2008두4619).

C 교원소청심사위원회 결정에 대하여 대학교의 총장도 행정소송을 제기할 수 있는지 여부(적극)

> 학교의 장은 학교법인의 위임 등을 받아 교원에 대한 징계처분, 인사발령 등 각종 업무를 수행하는 등 독자적 기능을 수행하고 있어 이러한 경우 하나의 활동단위로 특정될 수 있는 점까지 아울러 고려하여 보면, 교원소청심사위원회의 결정에 대하여 행정소송을 제기할 수 있는 자에는 「교원지위향상을 위한 특별법」 제10조 제3항에서 명시하고 있는 교원, 「사립학교법」 제2조에 의한 학교법인, 사립학교 경영자뿐 아니라 소청심사의 피청구인이 된 학교의 장도 포함된다고 보는 것이 타당하다(대판 2011.6.24. 2008두9317).

B 국가가 국토이용계획과 관련한 기관위임사무의 처리에 관하여 지방자치단체의 장을 상대로 취소소송을 제기할 수 있는지 여부(소극) 04

> 건설교통부장관은 지방자치단체의 장이 기관위임사무인 국토이용계획 사무를 처리함에 있어 자신과 의견이 다를 경우 행정협의조정위원회에 협의·조정 신청을 하여 그 협의·조정 결정에 따라 의견불일치를 해소할 수 있고, 법원에 의한 판결을 받지 않고서도 「행정권한의 위임 및 위탁에 관한 규정」이나 (구)「지방자치법」에서 정하고 있는 지도·감독을 통하여 직접 지방자치단체의 장의 사무처리에 대하여 시정명령을 발하고 그 사무처리를 취소 또는 정지할 수 있으며, 지방자치단체의 장에게 기간을 정하여 직무이행명령을 하고 지방자치단체의 장이 이를 이행하지 아니할 때에는 직접 필요한 조치를 할 수도 있으므로, 국가가 국토이용계획과 관련한 지방자치단체의 장의 기관위임사무의 처리에 관하여 지방자치단체의 장을 상대로 취소소송을 제기하는 것은 허용되지 않는다(대판 2007.9.20. 2005두6935).

| 개념확인 O/X |

01 체납자는 자신이 점유하는 제3자 소유의 동산에 대한 압류처분의 취소나 무효확인을 구할 원고적격이 있다.
20 국회8급 (O / X)

02 자연물인 도롱뇽 또는 그를 포함한 자연 그 자체로서는 소송을 수행할 당사자능력을 인정할 수 없다는 것이 판례의 태도이다.
(O / X)

03 자연물인 도롱뇽 또는 그를 포함한 자연 그 자체로서는 소송을 수행할 당사자능력을 인정할 수 없다.
15 국가9급 (O / X)

04 국가가 국토이용계획과 관련한 기관위임사무의 처리에 관하여 지방자치단체의 장을 상대로 취소소송을 제기할 수 없다.
(O / X)

| 정답 | 01 ○ 02 ○ 03 ○ 04 ○

개념확인 O/X

01 약제를 제조·공급하는 제약회사는 보건복지부 고시인 '약제급여·비급여 목록 및 급여 상한금액표' 중 약제의 상한금액 인하 부분에 대하여 그 취소를 구할 원고적격이 있다.
19 지방9급 (O / X)

02 소방청장이 처분성이 인정되는 국민권익위원회의 조치요구에 불복하여 조치요구의 취소를 구하는 경우에 원고적격이 인정된다.
21 국가9급 (O / X)

03 법령이 특정한 행정기관으로 하여금 다른 행정기관에 제재적 조치를 취할 수 있도록 하면서, 그에 따르지 않으면 그 행정기관에 과태료 등을 과할 수 있도록 정하는 경우, 권리구제나 권리보호의 필요성이 인정된다면 예외적으로 그 제재적 조치의 상대방인 행정기관에게 항고소송의 원고적격을 인정할 수 있다.
19 국가7급 (O / X)

04 국가기관인 소방청장은 국민권익위원회를 상대로 조치요구의 취소를 구할 당사자능력이 없기 때문에 항고소송의 원고적격이 인정되지 않는다.
20 소방 (O / X)

05 처분성이 인정되는 국민권익위원회의 조치요구에 대해 소방청장은 취소소송을 제기할 당사자능력과 원고적격을 갖는다.
20 군무원7급 (O / X)

ⓒ (구)「임대주택법」상 임차인대표회의도 임대주택 분양전환승인처분에 대하여 취소소송을 제기할 원고적격이 있는지 여부(적극)

> (구)「임대주택법」(2009.12.29. 법률 제9863호로 개정되기 전의 것) 제21조 제5항·제9항, 제34조, 제35조 규정의 내용과 입법 경위 및 취지 등에 비추어 보면, 임차인대표회의도 당해 주택에 거주하는 임차인과 마찬가지로 임대주택의 분양전환과 관련하여 그 승인의 근거법률인 (구)「임대주택법」에 의하여 보호되는 구체적이고 직접적인 이익이 있다고 봄이 상당하다. 따라서 임차인대표회의는 행정청의 분양전환승인처분이 승인의 요건을 갖추지 못하였음을 주장하여 그 취소소송을 제기할 원고적격이 있다고 보아야 한다(대판 2010.5.13. 2009두19168).

Ⓑ 제약회사의 원고적격 여부(긍정) [19 지방직 9급] 01

> 제약회사가 자신이 공급하는 약제에 관하여 「국민건강보험법」, 같은 법 시행령, 「국민건강보험 요양급여의 기준에 관한 규칙」(2001.12.31. 보건복지부령 제207호) 등 약제상한금액 고시의 근거법령에 의하여 보호되는 직접적이고 구체적인 이익을 향유하는데, 보건복지부 고시인 약제급여·비급여목록 및 급여상한금액표(보건복지부 고시 제2002-46호로 개정된 것)로 인하여 자신이 제조·공급하는 약제의 상한금액이 인하됨에 따라 위와 같이 보호되는 법률상 이익이 침해당할 경우, 제약회사는 위 고시의 취소를 구할 원고적격이 있다(대판 2006.9.22. 2005두2506).

ⓒ 사단법인 대한의사협회가 보건복지부 고시인 '건강보험요양급여행위 및 그 상대가치점수 개정'의 취소를 구할 원고적격이 없다고 한 사례

> 사단법인 대한의사협회는 의료법에 의하여 의사들을 회원으로 하여 설립된 사단법인으로서, 「국민건강보험법」상 요양급여행위, 요양급여비용의 청구 및 지급과 관련하여 직접적인 법률관계를 갖지 않고 있으므로, 보건복지부 고시인 '건강보험요양급여행위 및 그 상대가치점수 개정'으로 인하여 자신의 법률상 이익을 침해당하였다고 할 수 없다는 이유로 위 고시의 취소를 구할 원고적격이 없다(대판 2006.5.25. 2003두11988).

Ⓐ 국민권익위원회가 소방청장에게 조치요구의 취소를 구하는 소송에서 소방청장이 예외적으로 당사자능력과 원고적격을 가진다고 한 사례 [21 국가직 9급, 20 소방직, 20 군무원 7급, 19 국회직 8급, 19 국가직 7급] 02 03 04 05

> 국민권익위원회가 소방청장에게 인사와 관련하여 부당한 지시를 한 사실이 인정된다며 이를 취소할 것을 요구하기로 의결하고 그 내용을 통지하자 소방청장이 국민권익위원회 조치요구의 취소를 구하는 소송을 제기한 사안에서, 행정기관인 국민권익위원회가 행정기관의 장에게 일정한 의무를 부과하는 내용의 조치요구를 한 것에 대하여 그 조치요구의 상대방인 행정기관의 장이 다투고자 할 경우에 법률에서 행정기관 사이의 기관소송을 허용하는 규정을 두고 있지 않으므로 이러한 조치요구를 이행할 의무를 부담하는 행정기관의 장으로서는 기관소송으로 조치요구를 다툴 수 없고, 위 조치요구에 관하여 정부 조직 내에서 그 처분의 당부에 대한 심사·조정을 할 수 있는 다른 방도도 없으며, 국민권익위원회는 헌법 제111조 제1항 제4호에서 정한 '헌법에 의하여 설치된 국가기관'이라고 할 수 없으므로 그에 관한 권한쟁의심판도 할 수 없고, 별도의 법인격이 인정되는 국가기관이 아닌 소방청장은 「질서위반행위규제법」에 따른 구제를 받을 수도 없는 점, 「부패방지 및 국민권익위원회의 설치와 운영에 관한 법률」은 소방청장에게 국민권익위원회의 조치요구에 따라야 할 의무를 부담시키는 외에 별도로 그 의무를 이행하지 않을 경우 과태료나 형사처벌까지 정하고 있으므로 위와 같은 조치요구에 불복하고자 하는 '소속기관 등의 장'에게는 조치요구를 다툴 수 있는 소송상의 지위를 인정할 필요가 있는 점에 비추어, 처분성이 인정되는 국민권익위원회의 조치요구에 불복하고자 하는 소방청장으로서는 조치요구의 취소를 구하는 항고소송을 제기하는 것이 유효·적절한 수단으로 볼 수 있으므로 소방청장은 예외적으로 당사자능력과 원고적격을 가진다(대판 2018.8.1. 2014두35379).

| 정답 | 01 O 02 O 03 O 04 X 05 O

Ⓑ **시·도선거관리위원장이 행정소송을 청구할 수 있는 원고적격이 되는지 여부**

갑이 국민권익위원회에「부패방지 및 국민권익위원회의 설치와 운영에 관한 법률」(이하 '국민권익위원회법'이라 한다)에 따른 신고와 신분보장조치를 요구하였고, 국민권익위원회가 갑의 소속기관장인 을 시·도선거관리위원회 위원장에게 '갑에 대한 중징계요구를 취소하고 향후 신고로 인한 신분상 불이익처분 및 근무조건상의 차별을 하지 말 것을 요구'하는 내용의 조치요구를 한 사안에서, 국가기관 일방의 조치요구에 불응한 상대방 국가기관에 국민권익위원회법상의 제재규정과 같은 중대한 불이익을 직접적으로 규정한 다른 법령의 사례를 찾아보기 어려운 점, 그럼에도 을이 국민권익위원회의 조치요구를 다툴 별다른 방법이 없는 점 등에 비추어 보면, 처분성이 인정되는 위 조치요구에 불복하고자 하는 을로서는 조치요구의 취소를 구하는 항고소송을 제기하는 것이 유효·적절한 수단이므로 비록 을이 국가기관이더라도 당사자능력 및 원고적격을 가진다고 보는 것이 타당하고, 을이 위 조치요구 후 갑을 파면하였다고 하더라도 조치요구가 곧바로 실효된다고 할 수 없고 을은 여전히 조치요구를 따라야 할 의무를 부담하므로 을에게는 위 조치요구의 취소를 구할 법률상 이익도 있다고 본 원심판단을 정당하다(대판 2013.7.25. 2011두1214).

Ⓑ **지방자치단체 등이 건축물 소재지 관할 허가권자인 지방자치단체의 장을 상대로 건축협의 취소의 취소를 구할 수 있는지 여부(적극) 01**

(구)「건축법」(2011.5.30. 법률 제10755호로 개정되기 전의 것) 제29조 제1항·제2항, 제11조 제1항 등의 규정내용에 의하면, 건축협의의 실질은 지방자치단체 등에 대한 건축허가와 다르지 않으므로, 지방자치단체 등이 건축물을 건축하려는 경우 등에는 미리 건축물의 소재지를 관할하는 허가권자인 지방자치단체의 장과 건축협의를 하지 않으면, 지방자치단체라 하더라도 건축물을 건축할 수 없다. 그리고 (구)「지방자치법」 등 관련 법령을 살펴보아도 지방자치단체의 장이 다른 지방자치단체를 상대로 한 건축협의 취소에 관하여 다툼이 있는 경우에 법적 분쟁을 실효적으로 해결할 구제수단을 찾기도 어렵다. 따라서 건축협의 취소는 상대방이 다른 지방자치단체 등 행정주체라 하더라도 '행정청이 행하는 구체적 사실에 관한 법집행으로서의 공권력 행사'(「행정소송법」 제2조 제1항 제1호)로서 처분에 해당한다고 볼 수 있고, 지방자치단체인 원고가 이를 다툴 실효적 해결수단이 없는 이상, 원고는 건축물 소재지 관할 허가권자인 지방자치단체의 장을 상대로 항고소송을 통해 건축협의 취소의 취소를 구할 수 있다(대판 2014.2.27. 2012두22980).

Ⓒ **지방자치단체가 (구)「고용보험 및 산업재해보상보험의 보험료징수 등에 관한 법률」 제4조 등에 따라 국민건강보험공단을 상대로 위 처분의 무효확인 및 취소를 구한 사안**

근로복지공단이 갑 지방자치단체에 고용보험료 부과처분을 하자, 갑 지방자치단체가 (구)「고용보험 및 산업재해보상보험의 보험료징수 등에 관한 법률」(2010.1.27. 법률 제9989호로 개정되어 2011.1.1.부터 시행된 것) 제4조 등에 따라 국민건강보험공단을 상대로 위 처분의 무효확인 및 취소를 구한 사안에서, … (중략) … 위 처분의 무효확인 및 취소소송의 피고는 국민건강보험공단이 되어야 함에도, 이와 달리 위 처분의 주체는 여전히 근로복지공단이라고 본 원심판결에 고용보험료 부과고지권자와 항고소송의 피고적격에 관한 법리를 오해한 위법이 있다(대판 2013.2.28. 2012두22904).

Ⓐ **교육부장관이 사학분쟁조정위원회의 심의를 거쳐 갑 대학교를 설치·운영하는 을 학교법인의 이사 등을 선임한 데 대하여 갑 대학교 교수협의회와 총학생회는 이사선임처분을 다툴 법률상 이익을 가지지만, 전국대학노동조합 갑 대학교지부는 법률상 이익이 없다고 한 사례** [17 하반기 국가직 7급, 17 지방직 9급]

교육부장관이 사학분쟁조정위원회의 심의를 거쳐 갑 대학교를 설치·운영하는 을 학교법인의 이사 8인과 임시이사 1인을 선임한 데 대하여 갑 대학교 교수협의회와 총학생회 등이 이사선임처분의 취소를 구하는 소송을 제기한 사안에서, … (중략) … 갑 대학교 교수협의회와 총학생회는 이사선임처분을 다툴 법률상 이익을 가지지만, … (중략) … 학교의 직원으로 구성된 노동조합이 교육받을 권리나 학문의 자유를 실현하는 수단으로서 직접 기능한다고 볼 수는 없으므로, 개방이사에 관한

개념확인 O/X

01 지방자치단체의 장의 건축협의 취소에 대해 지방자치단체의 장이 다른 지방자치단체를 상대로 취소를 구할 법률상 이익이 있다.
(O / X)

| 정답 | 01 O

(구)「사립학교법」과 (구)「사립학교법 시행령」 및 을 법인 정관 규정이 학교직원들로 구성된 전국대학노동조합 을 대학교지부의 법률상 이익까지 보호하고 있는 것으로 해석할 수는 없다(대판 2015.7.23. 2012두19496).

ⓒ 관할청이 (구)「사립학교법」 제25조의3에 따라 하는 정식이사 선임처분에 관하여 '상당한 재산을 출연한 자'와 '학교 발전에 기여한 자'가 법률상 보호되는 이익을 가지는지 여부(적극)

(구)「사립학교법」(2007.7.27. 법률 제8545호로 개정되기 전의 것) 제25조의3은 정식이사 선임에 관하여 상당한 재산을 출연한 자 및 학교 발전에 기여한 자(이하 '상당한 재산출연자 등'이라 한다)의 개별적·구체적인 이익을 보호하려는 취지가 포함되어 있는 것으로 보이고, 상당한 재산출연자 등은 관할청이 정식이사를 선임하는 처분에 관하여 법률상 보호되는 이익을 가진다고 보는 것이 타당하다(대판 2013.9.12. 2011두33044).

Ⓑ 법인의 주주가 당해 법인에 대한 행정처분의 취소를 구할 원고적격이 있는 경우

일반적으로 법인의 주주는 당해 법인에 대한 행정처분에 관하여 사실상이나 간접적인 이해관계를 가질 뿐이어서 스스로 그 처분의 취소를 구할 원고적격이 없는 것이 원칙이라고 할 것이지만, 그 처분으로 인하여 궁극적으로 주식이 소각되거나 주주의 법인에 대한 권리가 소멸하는 등 주주의 지위에 중대한 영향을 초래하게 되는데도 그 처분의 성질상 당해 법인이 이를 다툴 것을 기대할 수 없고 달리 주주의 지위를 보전할 구제방법이 없는 경우에는 주주도 그 처분에 관하여 직접적이고 구체적인 법률상 이해관계를 가진다고 보이므로 그 취소를 구할 원고적격이 있다(대판 2004.12.23. 2000두2648).

Ⓐ 외국인의 사증발급 거부에 대한 법률상 이익 여부 [21 국가직 9급, 21 국회직 8급, 20 군무원 7급, 19 국가직 7급] 01 02 03 04

사증발급의 법적 성질, 출입국관리법의 입법목적, 사증발급 신청인의 대한민국과의 실질적 관련성, 상호주의원칙 등을 고려하면, 우리 「출입국관리법」의 해석상 외국인에게는 사증발급 거부처분의 취소를 구할 법률상 이익이 인정되지 않는다(대판 2018.5.15. 2014두42506).

Ⓑ 지방법무사회 사무원 채용승인 신청 거부처분에서 사무원이 될 수 없게 된 자의 법률상 이익 여부 [21 국가직 9급, 21 국회직 8급] 05 06

지방법무사회가 법무사의 사무원 채용승인 신청을 거부하거나 채용승인을 얻어 채용 중인 사람에 대한 채용승인을 취소한 경우, 그 때문에 사무원이 될 수 없게 된 사람에게 항고소송을 제기할 원고적격이 인정된다(대판 2020.4.9. 2015다34444).

Ⓑ 2종 교과용 도서에 대하여 검정신청을 하였다가 불합격결정처분을 받은 뒤 5종의 수학, 음악, 미술, 한문, 영어과목의 교과용 도서에 대한 합격결정처분의 취소를 구할 원고적격이 인정되는지 여부

원고들은 각 한문, 영어, 음악과목에 관한 교과용 도서에 대하여 검정신청을 하였던 자들이므로 자신들이 검정신청한 교과서의 과목과 전혀 관계가 없는 수학, 미술과목의 교과용 도서에 대한 합격결정처분에 대하여는 그 취소를 구할 법률상의 이익이 없다 할 것이다(대판 1992.4.24. 91누6634).

개념확인 O/X

01 사증발급의 법적 성질과 출입국관리법의 입법목적을 고려할 때 외국인은 사증발급 거부처분의 취소를 구할 법률상 이익이 있다.
20 군무원7급 (O / X)

02 외국인이라고 하더라도 대한민국과의 실질적 관련성 내지 법적으로 보호가치가 있는 이해관계를 형성한 경우에는 사증발급 거부처분의 취소를 구할 원고적격이 인정된다.
21 국회8급 (O / X)

03 중국 국적자인 외국인이 사증발급 거부처분의 취소를 구하는 경우에 법률상 이익이 인정된다.
21 국가9급 (O / X)

04 「출입국관리법」상의 체류자격 및 사증발급의 기준과 절차에 관한 규정들은 대한민국의 출입국 질서와 국경관리라는 공익을 보호하려는 취지로 해석될 뿐이므로, 동법상 체류자격변경 불허가처분, 강제퇴거명령 등을 다투는 외국인에게는 해당 처분의 취소를 구할 법률상 이익이 인정되지 않는다.
19 국가7급 (O / X)

05 지방법무사회가 법무사의 사무원 채용승인 신청을 거부하여 사무원이 될 수 없게 된 자가 지방법무사회를 상대로 거부처분의 취소를 구하는 경우에 원고적격이 인정된다.
21 국가9급 (O / X)

06 지방법무사회가 법무사의 사무원 채용승인 신청을 거부하거나 채용승인을 얻어 채용 중인 사람에 대한 채용승인을 취소하는 것은 처분에 해당하고, 이러한 처분에 대해서는 처분 상대방인 법무사뿐 아니라 그 때문에 사무원이 될 수 없게 된 사람도 이를 다툴 원고적격이 인정된다.
21 국회8급 (O / X)

| 정답 | 01 X | 02 O | 03 X | 04 X | 05 O | 06 O |

ⓒ **복효적 행정행위 및 원고적격의 확대화 경향**: 복효적 행정행위에 있어서 원고적격의 확대는 제3자의 원고적격의 인정문제(인근 주민이나 경업자의 원고적격)이고, 주민 일반에게 공통되는 집단적 내지는 생활적 이익에 있어서의 원고적격의 확대는 단체의 원고적격의 인정문제(소비자단체나 환경단체의 원고적격)로 나타난다. 자세한 내용은 앞의 개인적 공권 단원에서 전술하였다. 01 02 03 04

ⓒ 협의의 소의 이익
  ⓐ 개념
    ⅰ) 원고가 당해 소송에서 실제로 얻어질 수 있는 이익의 여부로 행정소송의 필요성 내지는 가치가 실제 존재하는가를 말한다. 이를 협의의 소익 또는 권리보호의 필요라고 한다.
    ⅱ) 소송을 통해서 실제로 얻어질 실익이 없다거나 권익구제의 현실적 필요성이 없다면 소송에서 다툴 이익이 없어 원칙적으로 소송은 인정될 수 없다.
    ⅲ) 이러한 소익은 불필요한 소송을 방지하는 기능을 갖는다.
  ⓑ **「행정소송법」 규정**: 취소소송은 처분 등의 취소를 구할 법률상 이익이 있는 자가 제기할 수 있는바, 다만 처분 등의 효과가 기간의 경과, 처분 등의 집행 그 밖의 사유로 인하여 소멸된 뒤에는 그 처분 등의 취소로 인하여 회복되는 법률상 이익이 있는 자의 경우에도 또한 같다(「행정소송법」 제12조).
  ⓒ 이미 실효된 처분에 대한 취소소송의 성질
    ⅰ) 문제의 제기: 「행정소송법」상의 취소소송은 주관소송이자 형성소송의 성질을 갖고 있다고 보는 통설적 견해에 의할 경우 취소를 구할 대상이 되는 처분의 효력이 이미 소멸한 경우에는 취소를 통해 배제할 처분의 효력이 없다는 점에서 취소소송을 형성소송으로 볼 수 없게 된다.
    ⅱ) 학설
      • 독일의 계속적 확인소송설: 「행정소송법」 제12조의 전단의 취소를 구할 법률상 이익은 형성소송으로, 후단의 회복될 법률상 이익은 처분의 위법성을 확인하는 소송으로 보는 견해이다. 이 견해에 의하면 회복될 법률상의 이익은 실효된 처분의 위법의 확인을 구하는 권리보호필요성에 대한 규정으로 본다(김남진 등).
      • 예방적 목적의 확인소송설: 이 학설은 실효된 처분에 대해 장래에 발생할 수 있는 불이익을 방지하기 위해 처분의 단순위법을 확인하는 규정이라 본다. 이 설에 의하면 회복될 법률상 이익은 예방적 목적의 규정의 성질을 갖는다(유지태).
      • 소급적 목적의 형성소송설: 이 학설은 「행정소송법」 제12조의 전단의 취소를 구할 법률상의 이익과 후단의 회복될 법률상의 이익을 동일한 성질로 이해하여 위법한 처분의 효력을 배제하기 위한 형송소송으로 이해한다(장태주). 이 학설은 전단의 규정을 현존하는 위법한 처분의 효력배제 규정으로, 후단은 장래에의 불이익을 제거하기 위해 이미 실효된 처분을 소급하여 상실시키는 것으로 이해한다.
  ⓓ '취소를 구할 법률상 이익'과 '회복되는 법률상 이익'에서 법률상 이익의 동일성 여부
    ⅰ) 소극설: 동일하게 해석하는 입장이다. 이 견해에 의하면 「행정소송법」 제12조 전단의 '취소를 구할 법률상 이익'과 후단의 '회복되는 법률상 이익'은 '처분의 근거법에 의해 보호되는 직접적이고 구체적인 이익'이라고 해석한다.
    ⅱ) 적극설: 이 학설은 '회복되는 법률상 이익'을 '취소를 구할 법률상 이익'보다 넓게 해석하여 명예나 신용 등의 인격적이고 사회적인 이익을 협의의 소익 범위에 포함시키는 학설이다.

개념확인 O/X

01 행정처분의 근거법규 또는 관련 법규에 그 처분으로써 이루어지는 행위 등 사업으로 인하여 환경상 침해를 받으리라고 예상되는 영향권의 범위가 구체적으로 규정되어 있는 경우에도 환경상 이익에 대한 침해 또는 침해 우려가 있는 것을 입증하여야만 원고적격이 인정된다.
12 사회복지 (O / X)

02 일반면허를 받은 시외버스운송사업자에 대한 사업계획변경인가처분으로 인하여 노선 및 운행계통의 일부 중복으로 기존에 한정면허를 받은 시외버스운송사업자의 수익감소가 예상된다면, 기존의 한정면허를 받은 시외버스운송사업자는 일반면허 시외버스운송사업자에 대한 사업계획변경 인가처분의 취소를 구할 법률상의 이익이 있다.
19 국가7급 (O / X)

03 처분의 근거법규 또는 관련 법규에 그 처분으로써 이루어지는 행위 등 사업으로 인하여 환경상 침해를 받으리라고 예상되는 영향권의 범위가 구체적으로 규정되어 있는 경우, 그 영향권 내의 주민들에 대하여는 특단의 사정이 없는 한 환경상 이익에 대한 침해 또는 침해 우려가 있는 것으로 사실상 추정된다.
19 국가7급 (O / X)

04 행정처분의 직접 상대방이 아닌 제3자라도 당해 행정처분의 취소를 구할 법률상의 이익이 있는 경우에는 원고적격이 인정된다.
11 국가9급 (O / X)

| 정답 | 01 X 02 O 03 O 04 O

ⅲ **정당한 이익설**: 이 학설은 협의의 소익을 위법확인의 정당한 이익으로 보아 법률상의 이익보다 넓게 해석하여 경제적·사회적·정치적·종교적·문화적인 이익까지도 포함하려는 견해이다(김남진).
ⅳ **판례**: 판례는 원칙적으로 소극설의 입장이나 자격정지처분의 취소청구소송에서 명예, 신용 등 인격적인 이익을 인정한 경우가 있다.

ⓔ 구체적 판단
ⅰ 처분의 효력이 소멸한 경우 01 02
- 처분 등의 효과가 기간의 경과 등으로 소멸됨으로써 그 처분 등의 효력을 다툴 현실적 필요성이 없게 된 때에는 원칙적으로 소의 이익을 인정할 수 없으나, 예외적으로 처분 등의 효과가 소멸된 뒤에도 그 처분 등의 취소로 인하여 회복되는 법률상 이익이 있을 때에는 예외적으로 소의 이익을 인정한다.
- 행정청이 공무원에 대하여 새로운 직위해제사유에 기한 직위해제처분을 한 경우 그 이전에 한 직위해제처분은 이를 묵시적으로 철회하였다고 봄이 상당하므로, 그 이전처분의 취소를 구하는 부분은 존재하지 않는 행정처분을 대상으로 한 것으로서 그 소의 이익이 없다(대판 2003.10.10. 2003두5945).

ⅱ **집행정지결정이 있는 경우**: 기간을 정한 제재적 처분에 대해 집행정지결정이 있는 경우에는 제재기간의 진행이 정지되어 집행정지된 기간만큼 제재기간이 순연되는 데 불과하고 제재적 처분의 효력이 소멸된 것이 아니므로 처분 시 표시된 제재적 처분의 기간이 경과하였어도 그 처분의 취소를 구할 소의 이익이 있다(대판 1974.1.29. 73누202).

ⅲ 제재적 처분이 가중요건일 경우
- 가중요건이 법률로 규정되어 있는 경우
  - 원칙상 인정: 법률에 가중제재를 하도록 규정한 경우에 건축사정지처분의 기간경과 후에 정지처분의 취소를 구할 이익이 있다(대판 1990.10.23. 90누3119).
  - 실제로 가중처분을 받을 위험성이 없어진 경우(부정): 건축사업무정지처분을 받은 후 새로운 업무정지처분을 받음이 없이 1년이 경과하여 실제로 가중된 제재처분을 받을 우려가 없게 된 경우, 업무정지처분에서 정한 정지기간이 경과한 후에 업무정지처분의 취소를 구할 법률상 이익이 없다(대판 2000.4.21. 98두10080). 03 04
- 가중요건이 대통령령에 규정되어 있는 경우(인정): 「건설기술관리법 시행령」에서 감리원에 대한 제재적인 업무정지처분을 일반정지처분과 가중정지처분의 2단계 조치로 규정하면서 전자의 제재처분을 좀 더 무거운 후자의 제재처분의 요건으로 규정하고 있는 이상, 감리원 업무정지처분에서 정한 업무정지기간이 도과되었다 하더라도 위 처분을 그대로 방치하여 둠으로써 장래 가중된 감리원 업무정지의 행정처분을 받게 될 우려가 있다는 점에서 감리원으로서 업무를 행할 수 있는 법률상 지위에 대한 위험이나 불안을 제거하기 위하여 위 처분의 취소를 구할 법률상 이익이 있다고 보아야 할 것이다(대판 1999.2.5. 98두13997).

개념확인 O/X

01 행정처분의 무효확인 또는 취소를 구하는 소가 제소 당시에는 소의 이익이 있어 적법하였더라도, 소송 계속 중 처분청이 다툼의 대상이 되는 행정처분을 직권으로 취소하면 그 처분은 효력을 상실하여 더 이상 존재하지 않는 것이므로 존재하지 않는 그 처분을 대상으로 한 항고소송은 원칙적으로 소의 이익이 소멸하여 부적법하다.
24 군무원9급 (O / X)

02 행정처분에 효력기간이 정하여져 있는 경우, 그 기간의 경과로 그 행정처분의 효력은 상실되므로 그 기간 경과 후에는 그 처분이 외형상 잔존함으로 인하여 어떠한 법률상 이익이 침해되었다고 볼 만한 별다른 사정이 없는 한 그 처분의 취소를 구할 법률상의 이익이 없다.
(O / X)

03 가중처분기준이 없는 경우라면, 영업정지처분에 정하여진 기간이 경과되어 효력이 소멸한 경우에는 그 영업정지처분의 취소를 구할 법률상 이익은 부정된다.
17 지방7급 (O / X)

04 가중요건이 법령에 규정되어 있는 경우, 업무정지처분을 받은 후 새로운 제재처분을 받음이 없이 법률이 정한 기간이 경과하여 실제로 가중된 제재처분을 받을 우려가 없어졌다면 특별한 사정이 없는 한 업무정지처분의 취소를 구할 법률상 이익이 인정되지 않는다.
19 국가9급 (O / X)

| 정답 | 01 O 02 O 03 O 04 O

- 가중요건이 총리령이나 부령에 규정되어 있는 경우
  - 종래(부정): 행정처분에 효력기간이 정하여져 있는 경우, 그 처분의 효력 또는 집행이 정지된 바 없다면 위 기간의 경과로 그 행정처분의 효력은 상실되므로 그 기간 경과 후에는 그 처분이 외형상 잔존함으로 인하여 어떠한 법률상 이익이 침해되고 있다고 볼 만한 별다른 사정이 없는 한 그 처분의 취소를 구할 법률상의 이익이 없고, 행정명령에 불과한 각종 규칙상의 행정처분기준에 관한 규정에서 위반 횟수에 따라 가중처분하게 되어 있다 하여 법률상의 이익이 있는 것으로 볼 수는 없다(대판 1995.10.17. 94누14148 전합).
  - 최근(긍정): 제재적 행정처분이 그 처분에서 정한 제재기간의 경과로 인하여 그 효과가 소멸되었으나, 부령인 시행규칙 또는 지방자치단체의 규칙의 형식으로 정한 처분기준에서 제재적 행정처분을 받은 것을 가중사유나 전제요건으로 삼아 장래의 제재적 행정처분을 하도록 정하고 있는 경우, 선행처분인 제재적 행정처분을 받은 상대방이 그 처분에서 정한 제재기간이 경과하였다 하더라도 그 처분의 취소를 구할 법률상 이익이 있다(대판 2006.6.22. 2003두1684 전합). 01 02 03 04 05 06

ⅳ) 원상회복이 불가능한 경우
- 원칙: 위법한 처분을 취소한다 하더라도 원상회복이 불가능한 경우에는 그 취소를 구할 이익이 없다. 예를 들어 시위나 집회불허처분에 대해 이미 그 행사일자가 경과된 경우 등이다.
- 하지만 판결의 소급효에 의해 처분이 취소됨으로서 부수적으로 급여 등의 이익이 있다면 회복되는 부수적 소의 이익이 인정된다. 예를 들어, 지방의원의 제명의결에 대한 취소소송 중에 임기가 만료되어 지방의원의 신분은 원상회복이 불가능하다고 해도 취소를 통해서 부수적으로 회복될 급여 등이 있는 경우 등이 이에 해당된다.
  ※ 구체적인 사례는 다음의 판례모음 참고

ⅴ) 인가처분 취소소송의 경우: 기본행위의 무효를 내세워 바로 그에 대한 행정청의 인가처분의 취소 또는 무효확인을 구할 법률상의 이익이 없다(대판 1996.5.16. 95누4810 전합).

> **관련 판례**
>
> ⓒ 기본행위인 사업시행계획에는 하자가 없는데 보충행위인 인가처분에 고유한 하자가 있다면 그 인가처분의 무효확인이나 취소를 구하여야 할 것이지만, 인가처분에는 고유한 하자가 없는데 사업시행계획에 하자가 있다면 사업시행계획의 무효확인이나 취소를 구하여야 할 것이지 사업시행계획의 무효를 주장하면서 곧바로 그에 대한 인가처분의 무효확인이나 취소를 구하여서는 아니 된다(대판 2021.2.10. 2020두48031).

ⅵ) 재결취소소송의 경우: 원처분과 재결취소소송이 함께 제기된 경우에 원처분이 위법하다고 취소되면 재결취소소송의 소익은 없게 된다(단, 원처분이 기각되더라도 취소대상의 처분이 재량인 경우에는 재결의 취소소송의 소익은 여전히 남아 있다).

ⅶ) 처분이 실효되었으나 장래에 반복될 가능성이 있는 경우: 대법원에 의하면 소송진행 중에 처분이 실효되었다고 해도 다음과 같은 경우에는 소익이 있다고 한다.
- 동일한 소송 당사자 사이에서 동일한 사유로 위법한 처분이 반복될 위험성이 있는 경우
- 무효확인 또는 취소로써 회복할 수 있는 다른 권리나 이익이 남아 있는 경우

개념확인 O/X

01 부령인 시행규칙 형식으로 정한 처분기준에서 제재적 행정처분을 받은 것을 가중사유나 전제요건으로 삼아 장래의 제재적 행정처분을 하도록 정하고 있는 경우, 선행처분인 제재적 행정처분을 받은 상대방이 그 처분에서 정한 제재기간이 경과하였다 하더라도 그 처분의 취소를 구할 법률상 이익이 있다.
24 군무원9급 (O / X)

02 장래의 제재적 가중처분기준을 대통령령이 아닌 부령의 형식으로 정한 경우에는 이미 제재기간이 경과한 제재적 처분의 취소를 구할 법률상 이익이 인정되지 않는다.
16 국가9급 (O / X)

03 가중처벌에 관한 제재적 처분기준이 행정규칙의 형식으로 되어 있는 경우, 실효된 제재처분의 취소를 구하는 소송은 인정된다.
21 군무원7급 (O / X)

04 시행규칙에 법 위반 횟수에 따라 가중처분하게 되어 있는 제재적 처분기준이 규정되어 있다 하더라도, 기간의 경과로 효력이 소멸한 제재적 처분을 취소소송으로 다툴 법률상 이익은 없다.
17 사회복지 (O / X)

05 가중요건이 부령인 시행규칙상 처분기준으로 규정되어 있는 경우(예「식품위생법 시행규칙」제89조 [별표 23] 행정처분기준), 처분에서 정한 제재기간이 경과하였다면 그에 따라 선행처분을 받은 상대방은 그 처분의 취소를 구할 법률상 이익이 없다.
17 지방9급 (O / X)

06 가중처분기준이「식품위생법」이나 동법 시행령에 규정되어 있는 경우에는 대외적 구속력이 인정되나, 동법 시행규칙에 규정되어 있는 경우에는 대외적 구속력은 부정된다.
17 지방7급 (O / X)

| 정답 | 01 O | 02 X | 03 O | 04 X | 05 X | 06 O |

- 행정처분의 위법성 확인 내지 불분명한 법률문제에 대한 해명이 필요한 경우
- 행정의 적법성 확보와 그에 대한 사법통제, 국민의 권리구제 확대 등의 측면의 경우
- 선행처분과 후행처분이 단계적인 일련의 절차로 연속으로 행하여져 후행처분이 선행처분의 적법성을 전제로 이루어짐에 따라 선행처분의 하자가 후행처분에 승계된다고 볼 수 있어 선행처분의 위법성을 확인하여 줄 필요가 있는 경우 등

ⓥⅲ 이유부분의 판단에만 불복하는 경우: 권리나 의무에 대한 불복 없이 이유부분의 판단만 불복하는 경우에는 처분의 효력이나 사인의 권리 등에 영향을 미칠 수 없어 소익이 인정될 수 없다.

ⅸ 사정의 변경(목적의 실현이나 소멸)
- 예를 들어 도로점용허가신청에 대한 행정청의 거부처분의 취소를 구하는 소송 중에 행정청의 허가가 있게 되는 경우나, 국가시험 불합격처분에 대한 소송 중에 새로 실시된 국가시험에 합격하게 된다면 소익은 상실하게 된다.
- 하지만 대법원은 고등학교 퇴학처분에 대한 취소소송 중에 검정고시를 합격하여 목적을 실현한 경우에도 회복되는 법률상의 이익을 인정한 바 있다.

관련 판례 │ 소의 이익을 긍정한 판례

B 대학입학고사 불합격처분의 취소를 구하는 소송계속 중 당해 연도의 입학시기가 지나고 입학정원에 못 들어가게 된 경우 소의 이익 유무(적극)

> 원고들이 불합격처분의 취소를 구하는 이 사건 소송계속 중 당해 년도의 입학시기가 지났더라도 당해 년도의 합격자로 인정되면 다음 연도의 입학시기에 입학할 수도 있다고 할 것이고, 피고의 위법한 처분이 있게 됨에 따라 당연히 합격하였어야 할 원고들이 불합격처리되고 불합격되었어야 할 자들이 합격한 결과가 되었다면 원고들은 입학정원에 들어가는 자들이라고 하지 않을 수 없다고 할 것이므로 원고들로서는 피고의 불합격처분의 적법 여부를 다툴만한 법률상의 이익이 있다(대판 1990.8.28. 89누8255).

A 건축사업무정지명령의 정지기간이 지났으나, 그 명령이 전제가 되어 건축사사무소 등록이 취소된 경우 그 업무정지명령의 취소를 구할 소의 이익 유무(적극) [19 국가직 9급, 17 서울시 9급, 17 지방직 9급, 17 사회복지직, 16 국가직 9급, 15 국가직 9급, 10 국가직 9급, 10 지방직 9급, 10 서울시 9급] **01 02**

> 행정처분의 효력기간이 경과하였다고 하더라도 그 처분을 받은 전력이 장래에 불이익하게 취급되는 것으로 법정의 가중요건으로 되어 있고, 이후 그 법정가중요건에 따라 새로운 제재적인 행정처분이 가해지고 있다면 선행행정처분의 잔존으로 인하여 법률상의 이익이 침해되고 있다고 볼만한 특별한 사정이 있는 경우에 해당한다고 볼 것인바, 연 2회 이상 건축사의 업무정지명령을 받은 경우 그 정지기간이 통산하여 12월 이상이 된 때를 건축사사무소의 등록을 취소할 경우의 하나로 규정하고 있는 「건축사법」제28조 제1항 제5호의 규정은 제재적인 행정처분의 법정가중요건을 규정해 놓은 것으로 보아야 하고, 원고가 변론재개신청과 함께 이 사건 건축사업무정지명령이 전제가 되어 원고의 건축사사무소 등록이 취소되었음을 알 수 있는 소명자료까지 제출하고 있다면, 이 사건 건축사업무정지명령에서 정한 정지기간이 도과하였다고 하더라도 그 처분으로 인하여 원고에게는 건축사사무소등록취소라는 법률상의 이익이 침해되고 있다는 사정을 나타내 보인 것이라고 할 것이다(대판 1990.10.23. 90누3119).

개념확인 O/X

01 건축사업무정지처분을 받은 후 새로운 업무정지처분을 받음이 없이 1년이 경과하여 실제로 가중된 제재처분을 받을 우려가 없게 된 경우, 그 처분에서 정한 정지기간이 경과한 이상 특별한 사정이 없는 한 업무정지처분의 취소를 구할 법률상 이익이 없다.
17 지방9급 (O / X)

02 행정처분의 효력기간이 경과하였다고 하더라도 그 처분을 받은 전력이 장래에 불이익하게 취급되는 것으로 법정(법률)상 가중요건으로 되어 있고, 법정가중요건에 따라 새로운 제재적인 행정처분이 가해지고 있는 경우에는 협의의 소의 이익(권리보호의 필요)이 인정된다.
17 서울9급 (O / X)

정답 | 01 O 02 O

Ⓐ 고등학교에서 퇴학처분을 당한 후 고등학교졸업학력검정고시에 합격한 경우, 퇴학처분의 취소를 구할 소의 이익 유무(적극) [16 지방직 7급, 15 국가직 9급, 10 서울시 9급] 01 02 03

> 고등학교졸업이 대학입학자격이나 학력인정으로서의 의미밖에 없다고 할 수 없으므로 고등학교졸업학력검정고시에 합격하였다 하여 고등학교 학생으로서의 신분과 명예가 회복될 수 없는 것이니 퇴학처분을 받은 자로서는 퇴학처분의 위법을 주장하여 그 취소를 구할 소송상의 이익이 있다(대판 1992.7.14. 91누4737).

Ⓒ 업무정지처분 경과 이후에도 시행규칙상의 후행처분을 받지 않기 위해서 취소를 구할 소익이 있다는 사례

> 환경영향평가대행업무 정지처분을 받은 환경영향평가 대행업자가 업무정지처분기간 중 환경영향평가대행계약을 신규로 체결하고 그 대행업무를 한 경우 업무정지처분기간 경과 후에도「환경·교통·재해 등에 관한 영향평가법 시행규칙」의 규정에 따른 후행처분을 받지 않기 위하여 위 업무정지처분의 취소를 구할 법률상 이익이 있다(대판 2006.6.22. 2003두1684 전합).

Ⓒ 부실금융기관에 대한 파산결정이 확정되고 이미 파산절차가 상당부분 진행되고 있는 경우에 금융감독위원회의 위 부실금융기관에 대한 영업인가의 취소처분에 대한 취소를 구할 소의 이익이 있는지 여부(적극)

> 부실금융기관에 대한 파산결정이 확정되고 이미 파산절차가 상당부분 진행되고 있다 하더라도 파산종결이 될 때까지는 그 가능성이 매우 적기는 하지만 동의폐지나 강제화의 등의 방법으로 당해 부실금융기관이 영업활동을 재개할 가능성이 여전히 남아 있으므로, 금융감독위원회의 위 부실금융기관에 대한 영업인가의 취소처분에 대한 취소를 구할 소의 이익이 있다(대판 2006.7.28. 2004두13219).

Ⓒ 도시계획시설사업의 시행자가 실시계획에서 정한 사업시행기간 내에 토지에 대한 수용재결 신청을 하였으나 그 신청을 기각하는 내용의 이의재결이 이루어져 그 취소를 구하던 중 사업시행기간이 경과한 경우, 이의재결의 취소를 구할 소의 이익이 있는지 여부(적극)

> 도시계획시설사업의 시행자가 도시계획시설사업의 실시계획에서 정한 사업시행기간 내에 토지에 대한 수용재결 신청을 하였다면, 그 신청을 기각하는 내용의 이의재결의 취소를 구하던 중 그 사업시행기간이 경과하였다 하더라도, 이의재결이 취소되면 도시계획시설사업 시행자의 신청에 따른 수용재결이 이루어질 수 있어 원상회복이 가능하므로 위 사업시행자로서는 이의재결의 취소를 구할 소의 이익이 있다(대판 2007.1.11. 2004두8538).

Ⓑ 계급정년일자 확인의 소를 제기한 국가정보원 소속 공무원이 소의 계속 중 상대방 주장의 계급정년일자가 도래하여 공무원지위가 다투어지자 추가로 공무원지위의 확인을 구한 경우, 공무원지위의 확인 외에 계급정년의 확인을 구할 이익이 있다고 한 사례

> 계급정년일자 확인의 소를 제기한 국가정보원 소속 공무원이 소의 계속 중 상대방 주장의 계급정년일자가 도래하여 공무원지위가 다투어지자 추가로 공무원지위의 확인을 구한 경우, 공무원지위의 확인 외에 계급정년의 확인을 구할 이익이 있다(대판 2007.2.8. 2005두7273).

개념확인 O/X

01 고등학교졸업학력검정고시에 합격하였다 하더라도, 고등학교에서 퇴학처분을 받은 자는 퇴학처분의 취소를 구할 협의의 소익이 있다.
15 국가9급 (O / X)

02 명예, 신분 등 인격적 이익의 침해만으로는 협의의 소익을 인정할 수 없으므로 검정고시에 합격한 경우 퇴학처분의 취소를 구할 이익이 없다.
(O / X)

03 고등학교졸업이 대학입학자격이나 학력인정으로서의 의미밖에 없다고 할 수는 없으므로, 퇴학처분을 받은 자가 고등학교졸업학력검정고시에 합격하였다 하여 퇴학처분의 취소를 구할 소송상의 이익이 없다고 볼 수는 없다.
16 지방7급 (O / X)

개념확인 O/X

01 현역입영대상자가 현역병입영통지처분에 따라 현실적으로 입영을 한 후에는 처분의 집행이 종료되었고 입영으로 처분의 목적이 달성되어 실효되었으므로 입영통지처분을 다툴 법률상 이익이 인정되지 않는다.
19 국가9급 (O / X)

02 현역입영대상자로서 현실적으로 입영을 한 자가 입영 이후의 법률관계에 영향을 미치고 있는 현역병입영통지처분 등을 한 관할 지방병무청장을 상대로 위법을 주장하여 그 취소를 구하는 경우 소의 이익이 있다.
17 서울9급 (O / X)

03 현역입영대상자가 입영한 후에도 현역입영통지처분이 취소되면 원상회복이 가능하므로 이미 처분이 집행된 후라고 할지라도 현역입영통지처분의 취소를 구할 소의 이익이 있다.
16 국가9급 (O / X)

04 지방의회 의원에 대한 제명의결 취소소송 계속 중 의원의 임기가 만료된 경우에도 여전히 제명의결의 취소를 구할 법률상 이익이 인정된다.
19 국가9급 (O / X)

05 지방의회 의원이 제명의결 취소소송 계속 중 임기가 만료되어 제명의결의 취소로 의원 지위를 회복할 수 없다고 할지라도 제명의결 시부터 임기만료일까지의 기간에 대한 월정수당의 지급을 구할 수 있으므로 그 제명의결의 취소를 구할 법률상 이익이 인정된다
16 국가9급 (O / X)

06 지방의회 의원의 제명의결 취소소송 계속 중 임기 만료로 지방의원으로서의 지위를 회복할 수 없는 자는 제명의결의 취소를 구할 소의 이익이 없다.
17 지방9급 (O / X)

07 한국방송공사 사장은 해임처분 무효확인 또는 취소소송 계속 중 임기가 만료되어 해임처분의 무효확인 또는 취소로 지위를 회복할 수 없다고 할지라도, 그 무효확인 또는 취소로 해임처분일부터 임기만료일까지의 기간에 대한 보수 지급을 구할 수 있는 경우에는 해임처분의 무효확인 또는 취소를 구할 법률상 이익이 있다.
16 지방9급 (O / X)

08 학교법인 임원취임승인의 취소처분 후 그 임원의 임기가 만료되고 구 사립학교법 소정의 임원결격사유기간마저 경과한 경우에 취임승인이 취소된 임원은 취임승인취소처분의 취소를 구할 소의 이익이 없다.
18 지방9급 (O / X)

A 현역입영대상자가 입영한 후에 현역병입영통지처분의 취소를 구할 소송상의 이익이 있는지 여부(적극) [19 국가직 9급, 17 서울시 9급, 16 국가직 9급, 10 서울시 9급] **01 02 03**

> 나아가 입영하여 현역으로 복무하는 자에 대한 병적을 당해 군 참모총장이 관리한다는 것은 입영 및 복무의 근거가 된 현역병입영통지처분이 적법함을 전제로 하는 것으로서 그 처분이 위법한 경우까지를 포함하는 의미는 아니라고 할 것이므로, 현역입영대상자로서는 현실적으로 입영을 하였다고 하더라도, 입영 이후의 법률관계에 영향을 미치고 있는 현역병입영통지처분 등을 한 관할지방병무청장을 상대로 위법을 주장하여 그 취소를 구할 소송상의 이익이 있다(대판 2002. 11. 22. 2000두9229).

A 지방의회 의원의 제명의결에 대한 취소소송 중에 임기가 만료된 경우에 소익이 있는지 여부 [19 국가직 9급, 17 지방직 9급, 16 국가직 9급, 16 지방직 9급, 10 서울시 9급] **04 05 06**

> 원고가 이 사건 제명의결 취소소송 계속 중 임기가 만료되어 제명의결의 취소로 지방의회 의원으로서의 지위를 회복할 수는 없다 할지라도, 그 취소로 인하여 최소한 제명의결 시부터 임기만료일까지의 기간에 대해 월정수당의 지급을 구할 수 있는 등 여전히 그 제명의결의 취소를 구할 법률상 이익은 남아 있다고 보아야 한다(대판 2009. 1. 30. 2007두13487).

C (방송공사사장 해임처분) 소송 계속 중 임기가 만료되어 지위를 회복할 수 없는데도 해임처분의 무효확인 또는 취소를 구할 법률상 이익이 있는 경우 및 해임권자와 보수지급의무자가 다른 경우에도 동일한 법리가 적용되는지 여부(적극) [16 지방직 9급, 14 국가직 9급] **07**

> 해임처분 무효확인 또는 취소소송 계속 중 임기가 만료되어 해임처분의 무효확인 또는 취소로 지위를 회복할 수는 없다고 할지라도, 그 무효확인 또는 취소로 해임처분일부터 임기만료일까지 기간에 대한 보수 지급을 구할 수 있는 경우에는 해임처분의 무효확인 또는 취소를 구할 법률상 이익이 있다. 해임권자와 보수지급의무자가 다른 경우에도 마찬가지이다(대판 2012. 2. 23. 2011두5001).

B 취소를 통해 원상회복이 불가능한 경우에도 취소를 구할 소익이 있는 경우

> 행정처분의 취소를 구하는 소는 그 처분에 의하여 발생한 위법상태를 배제하여 원상으로 회복시키고 그 처분으로 침해되거나 방해받은 권리와 이익을 보호·구제하고자 하는 소송이므로, 비록 처분을 취소한다 하더라도 원상회복이 불가능한 경우에는 그 처분의 취소를 구할 이익이 없는 것이 원칙이지만(대판 1997. 1. 24. 95누17403, 대판 2007. 1. 11. 2004두8538 등 참조), 원상회복이 불가능하다고 보이는 경우라 하더라도, 동일한 소송 당사자 사이에서 그 행정처분과 동일한 사유로 위법한 처분이 반복될 위험성이 있어 행정처분의 위법성 확인 내지 불분명한 법률문제에 대한 해명이 필요하다고 판단되는 경우 등에는 행정의 적법성 확보와 그에 대한 사법통제, 국민의 권리구제의 확대 등의 측면에서 여전히 그 처분의 취소를 구할 이익이 있다고 보아야 한다(대판 2008. 2. 14. 2007두13203).

B 학교법인 임원취임승인 취소소송 중 임원결격사유기간 등의 경과 시 소익 여부 [18 지방직 9급, 17 지방직 9급] **08**

> 위와 같은 구체적인 침해의 반복 위험을 방지할 수 있을 뿐 아니라, 후행 임시이사 선임처분의 효력을 다투는 소송에서 기판력에 의하여 최초 내지 선행 임시이사 선임처분의 위법성을 다투지 못하게 함으로써 그 선임처분을 전제로 이루어진 후행 임시이사 선임처분의 효력을 쉽게 배제할 수 있어 국민의 권리구제에 도움이 된다. 그러므로 취임승인이 취소된 학교법인의 정식이사들로서는 그 취임승인취소처분 및 임시이사 선임처분에 대한 각 취소를 구할 법률상 이익이 있고, 나아가 선행 임시이사 선임처분의 취소를 구하는 소송 도중에 선행 임시이사가 후행 임시이사로 교체되었다고 하더라도 여전히 선행 임시이사 선임처분의 취소를 구할 법률상 이익이 있다(대판 2007. 7. 19. 2006두19297 전합).

| 정답 | 01 X 02 O 03 O 04 O 05 O 06 X 07 O 08 X

Ⓑ **처분의 반복 위험이 있는 경우** [24 군무원 9급, 23 지방직 7급] 01 02

> 행정처분의 무효확인 또는 취소를 구하는 소가 제소 당시에는 소의 이익이 있어 적법하였는데, 소송계속 중 해당 행정처분이 기간의 경과 등으로 그 효과가 소멸한 때에 처분이 취소되어도 원상회복이 불가능하다고 보이는 경우라도, 무효확인 또는 취소로써 회복할 수 있는 다른 권리나 이익이 남아 있거나 또는 그 행정처분과 동일한 사유로 위법한 처분이 반복될 위험성이 있어 행정처분의 위법성 확인 내지 불분명한 법률문제에 대한 해명이 필요한 경우에는 행정의 적법성 확보와 그에 대한 사법통제, 국민의 권리구제 확대 등의 측면에서 예외적으로 그 처분의 취소를 구할 소의 이익을 인정할 수 있다. 여기에서 '그 행정처분과 동일한 사유로 위법한 처분이 반복될 위험성이 있는 경우'란 불분명한 법률문제에 대한 해명이 필요한 상황에 대한 대표적인 예시일 뿐이며, 반드시 '해당 사건의 동일한 소송 당사자 사이에서' 반복될 위험이 있는 경우만을 의미하는 것은 아니다(대판 2020.12.24. 2020두30450).

Ⓑ **공장건물의 멸실 여부에 불구하고 그 공장등록취소처분의 취소를 구할 법률상의 이익이 있는 경우** [19 국가직 9급] 03

> 일반적으로 공장등록이 취소된 후 그 공장 시설물이 어떠한 경위로든 철거되어 다시 복구 등을 통하여 공장을 운영할 수 없는 상태라면 이는 공장등록의 대상이 되지 아니하므로 외형상 공장등록취소행위가 잔존하고 있다고 하여도 그 처분의 취소를 구할 법률상의 이익이 없다 할 것이나, 위와 같은 경우에도 유효한 공장등록으로 인하여 공장등록에 관한 당해 법률이나 다른 법률에 의하여 보호되는 직접적·구체적 이익이 있다면, 당사자로서는 공장건물의 멸실 여부에 불구하고 그 공장등록취소처분의 취소를 구할 법률상의 이익이 있다(대판 2002.1.11. 2000두3306).

Ⓒ **행정처분에 정한 기간이 법원의 집행정지가처분결정으로 인한 집행정지 중에 이미 지나간 경우에 그 행정처분의 당부에 관한 본안심판을 요하는지 여부**

> 1. 행정처분의 효력정지가처분결정은 일시 잠정적으로 그 처분의 집행 혹은 효력발생을 정지하는 것이므로 집행정지가처분으로 인하여 그 행정처분이 정한 기간이 그 집행정지 중에 이미 지나갔다 하여도 그 행정처분의 당부에 대한 본안심판을 하여야 하고 본소를 각하하지 못한다(기간을 정한 제재적 처분에 대해 집행정지결정이 있는 경우에는 제재기간의 진행이 정지되어 집행정지된 기간만큼 제재기간이 순연되는 데 불과하고 제재적 처분의 효력이 소멸된 것이 아니므로 처분시 표시된 제재적 처분의 기간이 경과하였어도 그 처분의 취소를 구할 소의 이익이 있다)(대판 1974.1.29. 73누202).
> 2. 행정처분에 그 효력기간이 정하여져 있는 경우에 그 처분의 효력 또는 집행이 정지된 바 없다면 위 기간의 경과로 그 행정처분의 효력은 상실되는 것이므로, 그 기간 경과 후에는 그 처분이 외형상 잔존함으로 인하여 어떠한 법률상 이득이 침해되고 있다고 볼만한 별다른 사정이 없는 한 그 처분의 취소를 구할 법률상의 이득이 없다고 할 것이다(대판 1989.11.14. 89누4833). [23 지방직 7급]

Ⓑ **도시개발사업의 공사 등이 완료되고 원상회복이 사회통념상 불가능하게 된 경우, 도시개발사업의 시행에 따른 도시계획변경결정처분과 도시개발구역지정처분 및 도시개발사업 실시계획인가처분의 취소를 구할 법률상 이익이 있는지 여부(적극)** [17 서울시 9급] 04

> 도시개발사업의 시행에 따른 도시계획변경결정처분과 도시개발구역지정처분 및 도시개발사업 실시계획인가처분은 도시개발사업의 시행자에게 단순히 도시개발에 관련된 공사의 시공권한을 부여하는 데 그치지 않고 당해 도시개발사업을 시행할 수 있는 권한을 설정하여 주는 처분으로서 위 각 처분 자체로 그 처분의 목적이 종료되는 것이 아니고 위 각 처분이 유효하게 존재하는 것을 전제로 하여 당해 도시개발사업에 따른 일련의 절차 및 처분이 행해지기 때문에 위 각 처분이 취소된다면 그것이 유효하게 존재하는 것을 전제로 하여 이루어진 토지수용이나 환지 등에 따른 각종의 처분

개념확인 O/X

01 행정처분과 동일한 사유로 위법한 처분이 반복될 위험성이 있어 행정처분의 위법성 확인 내지 불분명한 법률문제에 대한 해명이 필요한 경우에는 취소를 구할 소의 이익을 인정할 수 있는데 그 행정처분과 동일한 사유로 위법한 처분이 반복될 위험성이 있는 경우란 해당 사건의 동일한 소송당사자 사이에서 반복될 위험이 있는 경우만을 의미한다.
24 군무원9급　　　　　(O / X)

02 행정처분에 그 효력기간이 정하여져 있는 경우, 그 처분의 효력 또는 집행이 정지된 바 없다면 위 기간의 경과로 그 행정처분의 효력은 상실되므로 그 기간 경과 후에는 그 처분이 외형상 잔존함으로 인하여 어떠한 법률상 이익이 침해되고 있다고 볼 만한 별다른 사정이 없는 한 그 처분의 취소를 구할 법률상 이익이 없다.
23 지방7급　　　　　(O / X)

03 공장등록이 취소된 후 그 공장 시설물이 철거되었고 다시 복구를 통하여 공장을 운영할 수 없는 상태라 하더라도 대도시 안의 공장을 지방으로 이전할 경우 조세감면 및 우선입주 등의 혜택이 관계 법률에 보장되어 있다면, 공장등록취소처분의 취소를 구할 법률상 이익이 인정된다.
19 국가9급　　　　　(O / X)

04 도시개발사업의 공사 등이 완료되고 원상회복이 사회통념상 불가능하게 된 경우 도시개발사업의 시행에 따른 도시계획변경결정처분과 도시개발구역지정처분 및 도시개발사업 실시계획인가처분의 취소를 구하는 경우 법률상 이익이 인정된다.
17 서울9급　　　　　(O / X)

| 정답 | 01 X　02 O　03 O　04 O

이나 공공시설의 귀속 등에 관한 법적 효력은 영향을 받게 되므로, 도시개발사업의 공사 등이 완료되고 원상회복이 사회통념상 불가능하게 되었더라도 위 각 처분의 취소를 구할 법률상 이익은 소멸한다고 할 수 없다(대판 2005.9.9. 2003두5402·5419).

C 도시환경정비사업에 대한 사업시행계획이 당연무효인 경우, 분양신청기간 내에 분양신청을 하지 않거나 분양신청을 철회하여 「도시 및 주거환경정비법」 제47조 등에 의하여 조합원의 지위를 상실한 토지 등 소유자에게도 관리처분계획의 무효확인 또는 취소를 구할 법률상 이익이 있는지 여부(적극)

도시환경정비사업에 대한 사업시행계획에 당연무효인 하자가 있는 경우에는 도시환경정비사업조합은 사업시행계획을 새로이 수립하여 관할관청에서 인가를 받은 후 다시 분양신청을 받아 관리처분계획을 수립하여야 한다. 따라서 분양신청기간 내에 분양신청을 하지 않거나 분양신청을 철회함으로 인해 「도시 및 주거환경정비법」 제47조 및 조합 정관 규정에 의하여 조합원의 지위를 상실한 토지 등 소유자도 그때 분양신청을 함으로써 건축물 등을 분양받을 수 있으므로 관리처분계획의 무효확인 또는 취소를 구할 법률상 이익이 있다(대판 2011.12.8. 2008두18342).

C 공무원 파면처분이 있은 후에 금고 이상의 형을 선고받아 당연퇴직된 경우에도 위 파면처분의 취소를 구할 이익이 있는지 여부

파면처분취소소송의 사실심변론종결 전에 동원고가 허위공문서등작성 죄로 징역 8월에 2년간 집행유예의 형을 선고받아 확정되었다면 원고는 「지방공무원법」 제61조의 규정에 따라 위 판결이 확정된 날 당연퇴직되어 그 공무원의 신문을 상실하고, 당연퇴직이나 파면이 퇴직급여에 관한 불이익의 점에 있어 동일하다 하더라도 최소한도 이 사건 파면처분이 있은 때부터 위 법규정에 의한 당연퇴직일자까지의 기간에 있어서는 파면처분의 취소를 구하여 그로 인해 박탈당한 이익의 회복을 구할 소의 이익이 있다 할 것이다(대판 1985.6.25. 85누39).

B 대학교 연구팀장은 국가연구사업 참여제한의 처분에 소송을 청구할 원고적격이 된다

재단법인 한국연구재단이 갑 대학교 총장에게 연구개발비의 부당집행을 이유로 '해양생물유래 고부가식품·향장·한약 기초소재 개발 인력양성사업에 대한 2단계 두뇌한국(BK)21 사업' 협약을 해지하고 연구팀장 을에 대한 국가연구개발사업의 3년간 참여제한 등을 명하는 통보를 하자 을이 통보의 취소를 청구한 사안에서, 「학술진흥 및 학자금대출 신용보증 등에 관한 법률」 등의 입법취지 및 규정내용 등과 아울러 위 법 등 해석상 국가가 두뇌한국(BK)21 사업의 주관연구기관인 대학에 연구개발비를 출연하는 것은 '연구 중심 대학'의 육성은 물론 그와 별도로 대학에 소속된 연구인력의 역량 강화에도 목적이 있다고 보이는 점, 기본적으로 국가연구개발사업에 대한 연구개발비의 지원은 대학에 소속된 일정한 연구단위별로 신청한 연구개발과제에 대한 것이지, 그 소속 대학을 기준으로 한 것은 아닌 점 등 제반사정에 비추어 보면, 을은 위 사업에 관한 협약의 해지 통보의 효력을 다툴 법률상 이익이 있다(대판 2014.12.11. 2012두28704).

C 개발행위가 시행될 지역이나 주변지역의 주민 외에 '개발행위로 자신의 생활환경상의 개별적 이익이 수인한도를 넘어 침해되거나 침해될 우려가 있음을 증명한 자'에게 개발행위허가 처분을 다툴 법률상 이익이 있는지 여부(적극)

토지의 형질변경 등 당해 개발행위에 따른 대기오염 등에 의한 환경오염·생태계파괴·위해발생 등으로 직접적이고도 중대한 환경상 피해를 입을 것으로 예상되는 주민들의 생활환경상의 개별적 이익을 직접적·구체적으로 보호하려는 데 있다고 할 것이다. 따라서 개발행위가 시행될 당해 지역이나 주변지역의 주민은 물론, 그 밖에 '개발행위로 위와 같은 자신의 생활환경상의 개별적 이익이 수인한도를 넘어 침해되거나 침해될 우려가 있음을 증명한 자'는 개발행위허가처분을 다툴 법률상 이익을 인정받을 수 있다(대판 2014.11.13. 2013두6824).

🅑 미얀마 국적의 갑이 위명인 '을' 명의의 여권으로 대한민국에 입국한 뒤 난민불인정 처분에서 갑이 처분의 취소를 구할 법률상 이익이 있는지 여부 [19 국회직 8급]

> 미얀마 국적의 갑이 위명인 '을' 명의의 여권으로 대한민국에 입국한 뒤 을 명의로 난민 신청을 하였으나 법무부장관이 을 명의를 사용한 갑을 직접 면담하여 조사한 후 갑에 대하여 난민불인정 처분을 한 사안에서, 갑이 처분의 취소를 구할 법률상 이익이 있다(대판 2017.3.9. 2013두16852).

🅒 징계처분을 받은 공무원이 자진 퇴직한 경우 징계처분취소소송의 이익

> 징계처분으로서 감봉처분이 있은 후 공무원의 신분이 상실된 경우에도 위법한 감봉처분의 취소가 필요한 경우에는 위 감봉처분의 취소를 구할 소의 이익이 있다(대판 1977.7.12. 74누147).

🅒 원고는 명예전역의 유효성을 현실적으로 인정받지 못하고 있고 적법하고 유효하게 전역한 군인에 대한 혜택을 받지 못할 우려가 있으므로, 이 사건 명예전역명령의 유효확인을 구할 법률상 이익이 있다(대판 2019.2.14. 2017두62587)

🅑 지방의회 의원에 대한 제명의결 취소소송 계속 중 의원의 임기가 만료된 사안에서, 제명의결의 취소로 의원의 지위를 회복할 수는 없다 하더라도 제명의결 시부터 임기만료일까지의 기간에 대한 월정수당의 지급을 구할 수 있는 등 여전히 그 제명의결의 취소를 구할 법률상 이익이 있다고 본 사례

> 「지방자치법」(2007.5.11. 법률 제8423호로 전문 개정되기 전의 것) 제32조 제1항(현행 「지방자치법」 제33조 제1항 참조)은 지방의회 의원에게 지급하는 비용으로 의정활동비(제1호)와 여비(제2호) 외에 월정수당(제3호)을 규정하고 있는바, 이 규정의 입법연혁과 함께 특히 월정수당(제3호)은 지방의회 의원의 직무활동에 대하여 매월 지급되는 것으로서, 지방의회 의원이 전문성을 가지고 의정활동에 전념할 수 있도록 하는 기틀을 마련하고자 하는 데에 그 입법취지가 있다는 점을 고려해 보면, 지방의회 의원에게 지급되는 비용 중 적어도 월정수당(제3호)은 지방의회 의원의 직무활동에 대한 대가로 지급되는 보수의 일종으로 봄이 상당하여 소익이 있다(대판 2009.1.30. 2007두13487).

🅒 영업정지처분에 대한 효력정지결정으로 인하여 그 처분의 효력이 정지되는 동안에 영업정지기간이 도과한 경우에 영업정지처분의 취소를 구할 소익 유무(적극)

> 영업정지처분에 대하여 그 효력정지결정이 있으면 그 처분의 집행 자체 또는 그 효력발생이 정지되고 그 효력정지결정이 취소되거나 실효되면 그때부터 다시 영업정지기간이 진행되는 것이므로 영업정지처분이 그 효력정지결정으로 효력이 정지되어 있을 동안에 영업정지기간이 경과되었다고 하여도 그 처분의 취소를 구할 소송상 이익이 있다(대판 1982.6.22. 81누375).

🅒 개발제한구역 안에서의 공장설립을 승인한 처분이 위법하다는 이유로 쟁송취소되었으나 그 승인처분에 기초한 공장건축허가처분이 잔존하는 경우, 인근 주민들에게 공장건축허가처분의 취소를 구할 법률상 이익이 있는지 여부(적극) [19 지방직 9급] **01**

> (구)「산업집적활성화 및 공장설립에 관한 법률」(2009.2.6. 법률 제9426호로 개정되기 전의 것) 제13조 제1항, 제13조의2 제1항 제16조, 제14조, 제50조, 제13조의5 제4호의 규정을 종합하면, 공장설립승인처분이 있고 난 뒤에 또는 그와 동시에 공장건축허가처분을 하는 것이 허용되므로, 공장설립승인처분이 취소된 경우에는 그 승인처분을 기초로 한 공장건축허가처분 역시 취소되어야 하고, 공장설립승인처분에 근거하여 토지의 형질변경이 이루어진 경우에는 원상회복을 해야 함이 원칙이다. 따라서 개발제한구역 안에서의 공장설립을 승인한 처분이 위법하다는 이유로 쟁송취소되었다고 하더라도 그 승인처분에 기초한 공장건축허가처분이 잔존하는 이상, 공장설립승인처분이

개념확인 O/X

01 개발제한구역 안에서의 공장설립을 승인한 처분이 위법하다는 이유로 쟁송취소되었다면, 설령 그 승인처분에 기초한 공장건축허가처분이 잔존하는 경우에도 인근 주민들에게는 공장건축허가처분의 취소를 구할 법률상 이익이 없다.
19 지방9급 (O / X)

| 정답 | 01 X

취소되었다는 사정만으로 인근 주민들의 환경상 이익이 침해되는 상태나 침해될 위험이 종료되었다거나 이를 시정할 수 있는 단계가 지나버렸다고 단정할 수는 없고, 인근 주민들은 여전히 공장건축허가처분의 취소를 구할 법률상 이익이 있다고 보아야 한다(대판 2018.7.12. 2015두3485).

B 수형자의 영치품에 대한 사용신청 불허처분 후 수형자가 다른 교도소로 이송된 경우, 영치품 사용신청 불허처분의 취소를 구할 이익 [17 지방직 9급] 01

원심판결 이유와 기록에 의하여 알 수 있는 다음과 같은 사정, 즉 원고의 긴 팔 티셔츠 2개(앞 단추가 3개 있고 칼라가 달린 것, 이하 '이 사건 영치품'이라 한다)에 대한 사용신청 불허처분(이하 '이 사건 처분'이라 한다) 이후 이루어진 원고의 다른 교도소로의 이송이라는 사정에 의하여 원고의 권리와 이익의 침해 등이 해소되지 아니한 점, 원고의 형기가 만료되기까지는 아직 상당한 기간이 남아 있을 뿐만 아니라, 진주교도소가 전국 교정시설의 결핵 및 정신질환 수형자들을 수용·관리하는 의료교도소인 사정을 감안할 때 원고의 진주교도소로의 재이송 가능성이 소멸하였다고 단정하기 어려운 점 등을 종합하면, 원고로서는 이 사건 처분의 취소를 구할 이익이 있다고 봄이 상당하다(대판 2008.2.14. 2007두13203).

B 사립학교 교원이 해임처분 시부터 당연퇴직사유 발생 시까지의 보수를 지급받을 권리 내지 이익이「행정소송법」제12조 후문의 법률상 이익에 해당하는지 여부(적극)

사립학교 교원에 대한 해임처분에 관한 소청심사청구 이후 당연퇴직사유가 발생하여 원직복직이 불가능해진 경우에도 해임처분 시부터 당연퇴직사유 발생 시까지의 보수를 지급받을 권리 내지 이익은「행정소송법」제12조 후문의 법률상 이익에 해당한다(대판 2024.2.8. 2022두50571).

관련 판례 | 소의 이익을 부정한 판례

C 대집행완료 후의 계고처분의 취소를 구할 이익이 없다 [20 군무원 9급] 02

계고처분 또는 행정대집행 영장에 의한 통지와 같은 행정처분이 위법인 경우에는 그 가 처분이 무효확인 또는 취소를 소구할 수 있으나 행정대집행이 완료한 후에는 그 처분의 무효확인 또는 취소를 구할 소익이 없다 할 것이며 변론의 전 취지에 의하여 본건 계고처분 행정처분이 위법임을 이유로 배상을 청구하는 취의로 인정될 수 있는 본건에 있어 미리 그 행정처분의 취소판결이 있어야만 그 행정처분의 위법임을 이유로 피고에게 배상을 청구할 수 있는 것은 아니라고 해석함이 상당하다(대판 1972.4.28. 72다337).

C 건축허가를 받아 건축공사를 완료한 경우 그 허가처분의 취소를 구할 이익이 없으며, 소제기 후 사실심 변론종결일 전에 건축공사를 완료한 경우도 마찬가지이다(대판 2007.4.26. 2006두18409) [23 국가직 9급] 03 04

C 정지기간을 도과한 운행정지처분에 대한 취소신청의 소익 유무(소극)

행정청이 자동차운송사업자에게 시기와 종기를 특정하여 사업정지를 명한 경우에,「행정소송법」제10조의 규정에 의한 집행정지결정으로 처분의 집행 또는 그 효력이 정지된 경우를 제외하고는 위 처분에 명시된 기간의 종기가 경과하면 그 처분은 집행할 수 없는 상태에 이르렀다고 봄이 상당하므로 그 처분의 잔존으로 인하여 법률상 이익의 침해가 있다고 볼만한 별다른 사정이 없는한, 동 처분의 취소를 구할 법률상 이익이 없다(대판 1982.6.8. 82누25).

개념확인 O/X

01 수형자의 영치품에 대한 사용신청 불허처분 후 수형자가 다른 교도소로 이송된 경우 원래 교도소로의 재이송 가능성이 소멸되었으므로 그 불허처분의 취소를 구할 소의 이익이 없다.
17 지방9급 (O/X)

02 건물철거 대집행 계고처분 취소소송 계속 중 건물 철거 대집행의 계고처분에 이어 대집행의 실행으로 건물에 대한 철거가 이미 사실행위로서 완료된 경우에는 원고로서는 계고처분의 취소를 구할 소의 이익이 없게 된다.
20 군무원9급 (O/X)

03 판례에 의하면 건축공사가 완료된 후에는 위법 건축물에 대한 건축허가의 취소 등의 조치를 행정청에 요구할 수 있는 권리는 부정된다고 한다.
(O/X)

04 건축물의 하자를 다투는 입주예정자들은 건물의 사용검사처분에 대해 제3자효 행정행위의 차원에서 행정소송을 통해 다툴 수 있다.
23 국가9급 (O/X)

| 정답 | 01 X 02 O 03 O 04 X

ⓒ 불합격처분 이후 새로 실시된 치과의사국가시험에 합격한 경우 불합격처분의 취소를 구할 법률상 이익 유무(소극) 01

> 치과의사국가시험 합격은 치과의사 면허를 부여받을 수 있는 전제요건이 된다고 할 것이나 국가시험에 합격하였다고 하여 위 면허취득의 요건을 갖추게 되는 이외에 그 자체만으로 합격한 자의 법률상 지위가 달라지게 되는 것은 아니므로 불합격처분 이후 새로 실시된 국가시험에 합격한 자들로서는 더 이상 위 불합격처분의 취소를 구할 법률상 이익이 없다(대판 1993. 11. 9. 93누6867).

ⓑ 사법시험 제1차 시험 불합격처분 이후에 새로이 실시된 사법시험 제1차 시험에 합격하였을 경우, 그 불합격처분의 취소를 구할 법률상 이익이 있는지 여부(소극) [15 국가직 9급] 02

> 사법시험령 제5조, 제6조, 제8조의 각 규정을 종합하여 보면, 사법시험 제1차 시험에 합격하였다고 할지라도 그것은 합격자가 사법시험령 제6조, 제8조 제1항의 각 규정에 의하여 당회의 제2차 시험과 차회의 제2차 시험에 응시할 자격을 부여받을 수 있는 전제요건이 되는 데 불과한 것이고, 그 자체만으로 합격한 자의 법률상의 지위가 달라지게 되는 것이 아니므로, 제1차 시험 불합격처분 이후에 새로이 실시된 사법시험 제1차 시험에 합격하였을 경우에는 더 이상 위 불합격처분의 취소를 구할 법률상 이익이 없다(대판 1996. 2. 23. 95누2685).

ⓒ 어업면허취소처분에 대한 면허권자의 행정심판청구를 인용한 재결에 대하여 제3자가 재결취소를 구할 소의 이익이 없다고 본 사례

> 처분상대방이 아닌 제3자가 당초의 양식어업면허처분에 대하여는 아무런 불복조치를 취하지 않고 있다가 도지사가 그 어업면허를 취소하여 처분상대방인 면허권자가 그 어업면허취소처분의 취소를 구하는 행정심판을 제기하고 이에 재결기관인 수산청장이 그 심판청구를 인용하는 재결을 하자 비로소 그 제3자가 행정소송으로 그 인용재결을 다투고 있는 경우, 수산청장의 그 인용재결은 도지사의 어업면허취소로 인하여 상실된 면허권자의 어업면허권을 회복하여 주는 것에 불과할 뿐 인용재결로 인하여 제3자의 권리이익이 새로이 침해받는 것은 없고, 가사 그 인용재결로 인하여 그 면허권자의 어업면허가 회복됨으로써 그 제3자에 대하여 사실상 당초의 어업면허에 따른 효과와 같은 결과를 초래한다고 하더라도 이는 간접적이거나 사실적·경제적인 이해관계에 불과하므로, 그 제3자는 인용재결의 취소를 구할 소의 이익이 없다(대판 1995. 6. 13. 94누15592).

ⓑ 보충역편입처분 및 공익근무요원소집처분의 취소를 구하는 소의 계속 중 병역처분변경신청에 따라 제2국민역편입처분으로 병역처분이 변경된 경우, 종전 보충역편입처분 및 공익근무요원소집처분의 취소를 구할 소의 이익이 없다고 한 사례

> 보충역편입처분 및 공익근무요원소집처분의 취소를 구하는 소의 계속 중 병역처분변경신청에 따라 제2국민역편입처분으로 병역처분이 변경된 경우, 보충역편입처분은 제2국민역편입처분을 함으로써 취소 또는 철회되어 그 효력이 소멸되었고, 공익근무요원소집처분의 근거가 된 보충역편입처분이 취소 또는 철회되어 그 효력이 소멸한 이상 공익근무요원소집처분 또한 그 효력이 소멸하였다는 이유로, 종전 보충역편입처분 및 공익근무요원소집처분의 취소를 구할 소의 이익이 없다(대판 2005. 12. 9. 2004두6563).

ⓑ 취소되어 더 이상 존재하지 않는 행정처분을 대상으로 한 취소소송이 소의 이익이 있는지 여부(소극) [17 서울시 9급] **03 04**

> 행정청이 당초의 분뇨 등 관련 영업 허가신청 반려처분의 취소를 구하는 소의 계속 중, 사정변경을 이유로 위 반려처분을 직권취소함과 동시에 위 신청을 반려하는 내용의 재처분을 한 경우, 당초의 반려처분의 취소를 구하는 소는 더 이상 소의 이익이 없게 된다(대판 2006. 9. 28. 2004두5317).

개념확인 O/X

01 의사국가시험 불합격처분에 대한 취소소송 중에 새로 실시된 의사국가시험에 합격한 경우에 판례는 소익을 인정하였다.
(O / X)

02 사법시험 제2차 시험 불합격처분 이후 새로 실시된 제2차 및 제3차 시험에 합격한 자는 불합격처분의 취소를 구할 협의의 소익이 없다.
15 국가9급 (O / X)

03 행정청이 영업허가신청 반려처분의 취소를 구하는 소의 계속 중 사정변경을 이유로 위 반려처분을 직권취소함과 동시에 위 신청을 재반려하는 내용의 재처분을 한 경우 당초의 반려처분의 취소를 구하는 경우에는 소익이 없다.
(O / X)

04 행정청이 영업허가신청 반려처분의 취소를 구하는 소의 계속 중 사정변경을 이유로 위 반려처분을 직권취소함과 동시에 위 신청을 재반려하는 내용의 재처분을 한 경우 당초의 반려처분의 취소를 구하는 경우에 협의의 소익이 인정된다.
(O / X)

| 정답 | 01 X 02 O 03 O 04 X

개념확인 O/X

ⓒ 위법한 처분을 취소하더라도 원상회복이 불가능한 경우, 그 행정처분취소의 소익 유무

> 위법한 행정처분의 취소를 구하는 소는 위법한 처분에 의하여 발생한 위법상태를 배제하여 원상으로 회복시키고 그 처분으로 침해되거나 방해받은 권리와 이익을 보호 구제하고자 하는 소송이므로 비록 그 위법한 처분을 취소한다고 하더라도 원상회복이 불가능한 경우에는 그 취소를 구할 이익이 없다(대판 2007.1.11. 2004두8538).

ⓑ 건축물이 준공검사를 마친 경우 이격거리 확보를 위하여 위법한 건축허가처분의 취소를 구할 소익이 없다고 한 사례 [21 군무원 7급, 16 국가직 9급] 01 02

> 건축허가처분이 「민법」 제242조 제1항 또는 「건축법」 제41조 제4항, 동법 시행령 제90조 제2항 소정의 이격거리를 두지 아니하고 건축물을 건축하도록 되어 있어 위법하다고 할지라도, 그 건축허가에 기하여 건축공사를 시행하여 원심 변론종결 전에 그 준공검사까지 마쳤다면 위 건축허가처분의 취소를 받아 위와 같은 이격거리를 확보할 수 있는 단계는 이미 지났을 뿐만 아니라 위 처분이 취소된다 하여 위와 같은 이격거리가 확보되는 것도 아니므로 결국 위 건축허가처분의 취소를 소 구할 법률상의 이익이 없다(대판 1987.5.12. 87누98).

ⓑ 소음·진동배출시설에 대한 설치허가가 취소된 후 그 배출시설이 철거된 경우, 위 취소처분의 취소를 구할 소의 이익이 있는지 여부(소극) [20 군무원 9급, 18 지방직 9급] 03 04

> 소음·진동배출시설에 대한 설치허가가 취소된 후 그 배출시설이 어떠한 경위로든 철거되어 다시 복구 등을 통하여 배출시설을 가동할 수 없는 상태라면 이는 배출시설 설치허가의 대상이 되지 아니하므로 외형상 설치허가취소행위가 잔존하고 있다고 하여도 특단의 사정이 없는 한 이제 와서 굳이 위 처분의 취소를 구할 법률상의 이익이 없다(대판 2002.1.11. 2000두2457).

ⓒ 종국처분인 농지처분명령의 취소를 구하는 소를 제기하여 원고 패소의 판결이 확정된 이상, 그 전 단계인 농지처분의무통지의 취소를 구하는 부분의 소는 더 이상 이를 유지할 이익이 없다

> 이 사건 통지와 농지처분명령은 동일한 행정목적을 달성하기 위하여 단계적인 일련의 절차로 연속하여 행하여지는 것으로서 서로 결합하여 원고에게 농지처분의무를 부과하는 법률효과를 발생시키는데, 원고가 종국처분인 위 농지처분명령의 취소를 구하는 소를 제기하여 이 사건 통지의 전제가 되는 위 제7호 소정의 사유가 있다는 판단을 받고 원고 패소의 판결이 확정된 이상, 이 사건 통지의 취소를 구하는 부분의 소는 더 이상 이를 유지할 이익이 없다(대판 2003.11.14. 2001두8742).

ⓒ 병역감면신청서 회송처분과 공익근무요원 소집처분이 직권으로 취소되었는데도, 이에 대한 무효확인과 취소를 구하는 소는 더 이상 존재하지 않는 행정처분을 대상으로 하거나 과거의 법률관계의 효력을 다투는 것에 불과하므로 소의 이익이 없어 부적법하다고 한 사례

> 지방병무청장이 병역감면요건 구비 여부를 심사하지 않은 채 병역감면신청서 회송처분을 하고 이를 전제로 공익근무요원 소집통지를 하였다가, 병역감면신청을 재검토하기로 하여 신청서를 제출받아 병역감면요건 구비 여부를 심사한 후 다시 병역감면 거부처분을 하고 이를 전제로 다시 공익근무요원 소집통지를 한 경우, 병역감면신청서 회송처분과 종전 공익근무요원 소집처분은 직권으로 취소되었다고 볼 수 있으므로, 그에 대한 무효확인과 취소를 구하는 소는 더 이상 존재하지 않는 행정처분을 대상으로 하거나 과거의 법률관계의 효력을 다투는 것에 불과하므로 소의 이익이 없어 부적법하다(대판 2010.4.29. 2009두16879).

---

01 건축허가가 「건축법」에 따른 이격거리를 두지 아니하고 건축물을 건축하도록 되어 있어 위법하다 하더라도 건축이 완료되어 위법한 처분을 취소한다 하더라도 원상회복이 불가능한 경우에는 그 취소를 구할 법률상 이익이 없다.
16 국가9급 (O / X)

02 위법한 건축물에 대한 취소소송 중 건축공사가 완료된 경우에 법률상 이익이 인정된다.
21 군무원7급 (O / X)

03 소음·진동배출시설에 대한 설치허가가 취소된 후 그 배출시설이 어떠한 경위로든 철거되어 다시 복구 등을 통하여 배출시설을 가동할 수 없는 상태라면 이는 배출시설 설치허가의 대상이 되지 아니하므로 외형상 설치허가취소행위가 잔존하고 있다고 하여도 특단의 사정이 없는 한 이제 와서 굳이 위 처분의 취소를 구할 법률상의 이익이 없다.
20 군무원9급 (O / X)

04 배출시설에 대한 설치허가가 취소된 후 그 배출시설이 철거되어 다시 가동할 수 없는 상태라도 그 취소처분이 위법하다는 판결을 받아 손해배상청구소송에서 이를 원용할 수 있다면 배출시설의 소유자는 당해 처분의 취소를 구할 법률상 이익이 있다.
18 지방9급 (O / X)

| 정답 | 01 O 02 X 03 O 04 X

C 법인세 과세표준과 관련하여 과세관청이 법인의 소득처분 상대방에 대한 소득처분을 경정하면서 증액과 감액을 동시에 한 결과 전체로서 소득처분금액이 감소된 경우, 법인이 소득금액변동통지의 취소를 구할 소의 이익이 있는지 여부(소극) [17 지방직 9급] 01

> 법인이 법인세의 과세표준을 신고하면서 배당, 상여 또는 기타소득으로 소득처분한 금액은 당해 법인이 신고기일에 소득처분의 상대방에게 지급한 것으로 의제되어 그때 원천징수하는 소득세의 납세의무가 성립·확정되며, 그 후 과세관청이 직권으로 상대방에 대한 소득처분을 경정하면서 일부 항목에 대한 증액과 다른 항목에 대한 감액을 동시에 한 결과 전체로서 소득처분금액이 감소된 경우에는 그에 따른 소득금액변동통지가 납세자인 당해 법인에 불이익을 미치는 처분이 아니므로 당해 법인은 그 소득금액변동통지의 취소를 구할 이익이 없다(대판 2012.4.13. 2009두5510).

C 「도시 및 주거환경정비법」상 이전 고시가 효력을 발생한 이후에도 조합원 등이 관리처분계획의 취소 또는 무효확인을 구할 법률상 이익이 있는지 여부(소극) [18 지방직 9급] 02

> 이전 고시의 효력발생으로 이미 대다수 조합원 등에 대하여 획일적·일률적으로 처리된 권리귀속 관계를 모두 무효화하고 다시 처음부터 관리처분계획을 수립하여 이전 고시절차를 거치도록 하는 것은 정비사업의 공익적·단체법적 성격에 배치되므로, 이전 고시가 효력을 발생하게 된 이후에는 조합원 등이 관리처분계획의 취소 또는 무효확인을 구할 법률상 이익이 없다고 봄이 타당하다(대판 2012.3.22. 2011두6400 전합).

B 행정청이 공무원에 대하여 새로운 직위해제사유에 기한 직위해제처분을 한 경우, 그 이전 처분의 취소를 구할 소의 이익이 있는지 여부(소극) [16 지방직 7급] 03

> 행정청이 공무원에 대하여 새로운 직위해제사유에 기한 직위해제처분을 한 경우 그 이전에 한 직위해제처분은 이를 묵시적으로 철회하였다고 봄이 상당하므로, 그 이전 처분의 취소를 구하는 부분은 존재하지 않는 행정처분을 대상으로 한 것으로서 그 소의 이익이 없다(대판 2003.10.10. 2003두5945).
> ※ 주의: 직위해제처분은 근로자로서의 지위를 그대로 존속시키면서, 다만 그 직위만을 부여하지 아니하는 처분이므로 만일 어떤 사유에 기하여 근로자를 직위해제한 후 그 직위해제사유와 동일한 사유를 이유로 징계처분을 하였다면 뒤에 이루어진 징계처분에 의하여 그 전에 있었던 직위해제처분은 그 효력을 상실한다. 여기서 직위해제처분이 효력을 상실한다는 것은 직위해제처분이 소급적으로 소멸하여 처음부터 직위해제처분이 없었던 것과 같은 상태로 되는 것이 아니라 사후적으로 그 효력이 소멸한다는 의미이다. 따라서 직위해제처분에 기하여 발생한 효과는 당해 직위해제처분이 실효되더라도 소급하여 소멸하는 것이 아니므로, 인사규정 등에서 직위해제처분에 따른 효과로 승진·승급에 제한을 가하는 등의 법률상 불이익을 규정하고 있는 경우에는 직위해제처분을 받은 근로자는 이러한 법률상 불이익을 제거하기 위하여 그 실효된 직위해제처분에 대한 구제를 신청할 이익이 있다(대판 2010.7.29. 2007두18406).

C 사실심 변론종결일 현재 토석채취 허가기간이 경과한 경우 토석채취허가 취소처분의 취소를 구할 소의 이익 유무

> 사실심 변론종결일 현재 토석채취 허가기간이 경과하였다면 그 허가는 이미 실효되었다고 할 것이어서 새로 토석채취허가를 받지 아니하고는 채석을 계속할 수 없고, 나아가 토석채취허가 취소처분이 외형상 잔존함으로 말미암아 어떠한 법률상 불이익이 있다고 볼 만한 특별한 사정도 없다면 위 취소처분의 취소를 구하는 소는 소의 이익이 없다(대판 1993.7.27. 93누3899).

개념확인 O/X

01 법인세 과세표준과 관련하여 과세관청이 법인의 소득처분 상대방에 대한 소득처분을 경정하면서 증액과 감액을 동시에 한 결과 전체로서 소득처분금액이 감소된 경우, 법인이 소득금액변동통지의 취소를 구할 소의 이익이 없다.
17 지방9급 (O / X)

02 (구)「도시 및 주거환경정비법」상 조합설립추진위원회 구성승인처분을 다투는 소송 계속 중에 조합설립인가처분이 이루어졌다면 조합설립추진위원회 구성승인처분의 취소를 구할 법률상 이익은 없다.
18 지방9급 (O / X)

03 행정청이 직위해제 상태에 있는 공무원에 대하여 새로운 직위해제사유에 기한 직위해제처분을 한 경우 그 이전에 한 직위해제처분의 취소를 구할 소의 이익이 없다.
16 지방7급 (O / X)

| 정답 | 01 O 02 O 03 O

개념확인 O/X

🅑 **공익근무요원 소집해제신청 거부처분 취소소송 중 복무기간의 만료의 경우 소익이 없다**

> 사실관계에 비추어 보면, 피고의 이 사건 각 처분으로 인하여 원고가 입게 되는 권리와 이익의 침해는 피고가 소집해제처분을 함으로써 해소되었다 할 것이므로, 원고로서는 이 사건 각 처분의 취소를 구할 소의 이익이 없다고 할 것이고(이는 공익근무요원소집처분에 대하여 위와 같이 집행정지결정이 있었다고 하여 달리 볼 것이 아니다), 설령 원고가 향후 국가를 상대로 이 사건 각 처분이 위법함을 이유로 손해배상청구를 할 예정이라고 하더라도, 그와 같은 사정만으로 소의 이익이 있다고 할 수 없다(대판 2005.5.13. 2004두4369).

🅒 **납세자가 감액경정청구 거부처분에 대한 취소소송을 제기한 후 증액경정처분이 이루어져서 그 증액경정처분에 대하여도 취소소송을 제기한 경우, 감액경정청구 거부처분에 대한 취소소송의 소의 이익이 있는지 여부(소극)**

> 납세자가 감액경정청구 거부처분에 대한 취소소송을 제기한 후 증액경정처분이 이루어져서 그 증액경정처분에 대하여도 취소소송을 제기한 경우에는 특별한 사정이 없는 한 동일한 납세의무의 확정에 관한 심리의 중복과 판단의 저촉을 피하기 위하여 감액경정청구 거부처분의 취소를 구하는 소는 그 취소를 구할 이익이나 필요가 없어 부적법하다(대판 2005.10.14. 2004두8972).

🅒 **소송 중에 행정청의 거부처분에 대한 직권취소와 재반려의 경우 종래 거부처분은 소익이 없다**

> 행정청이 영업허가신청 반려처분의 취소를 구하는 소의 계속 중, 사정변경을 이유로 위 반려처분을 직권취소함과 동시에 위 신청을 재반려하는 내용의 재처분을 한 경우, 당초의 반려처분의 취소를 구하는 소는 취소되어 더 이상 존재하지 않는 행정처분을 대상으로 한 취소소송이 되므로 더 이상 소의 이익이 없게 된다(대판 2006.9.28. 2004두5317).

🅑 **(구)「토지구획정리사업법」 제61조에 의한 환지확정처분의 일부에 대하여 취소나 무효확인을 구할 법률상 이익이 있는지 여부(소극)**

> (구)「토지구획정리사업법」(2000.1.28. 법률 제6252호로 폐지) 제61조에 의한 환지처분은 사업시행자가 환지계획구역의 전부에 대하여 구획정리사업에 관한 공사를 완료한 후 환지계획에 따라 환지교부 등을 하는 처분으로서, 일단 공고되어 효력을 발생하게 된 이후에는 환지 전체의 절차를 처음부터 다시 밟지 않는 한 그 일부만을 따로 떼어 환지처분을 변경할 길이 없으므로, 환지확정처분의 일부에 대하여 취소나 무효확인을 구할 법률상 이익은 없다(대판 2013.2.28. 2010두2289).

🅑 **(구)「주택법」상 입주자나 입주예정자가 사용검사처분의 무효확인 또는 취소를 구할 법률상 이익이 있는지 여부(소극)** [19 국회직 8급, 18 지방직 9급] 01

> 건물의 사용검사처분은 건축허가를 받아 건축된 건물이 건축허가 사항대로 건축행정 목적에 적합한지 여부를 확인하고 사용검사필증을 교부하여 줌으로써 허가받은 사람으로 하여금 건축한 건물을 사용·수익할 수 있게 하는 법률효과를 발생시키는 것이다. 이러한 사용검사처분은 건축물을 사용·수익할 수 있게 하는 데 그치므로 건축물에 대하여 사용검사처분이 이루어졌다고 하더라도 그 사정만으로는 건축물에 있는 하자나 「건축법」 등 관계 법령에 위배되는 사실이 정당화되지는 아니하며, 또한 그 건축물에 대한 사용검사처분의 무효확인을 받거나 그 처분이 취소된다고 하더라도 사용검사 전의 상태로 돌아가 그 건축물을 사용할 수 없게 되는 것에 그칠 뿐 곧바로 건축물의 하자 상태 등이 제거되거나 보완되는 것도 아니다(대판 2015.1.29. 2013두24976).

---

01 건축물에 대한 사용검사처분이 취소되면 사용검사 전의 상태로 돌아가 건축물을 사용할 수 없게 되므로 (구)「주택법」상 입주자나 입주예정자가 사용검사처분의 무효확인 또는 취소를 구할 법률상 이익이 있다.
18 지방9급 (O / X)

| 정답 | 01 X

ⓒ 상표권자인 법인에 대한 청산종결등기가 되었음을 이유로 한 상표권의 말소등록행위가 항고소송의 대상이 될 수 있는지 여부(소극)

> 상표원부에 상표권자인 법인에 대한 청산종결등기가 되었음을 이유로 상표권의 말소등록이 이루어졌다고 해도 이는 상표권이 소멸하였음을 확인하는 사실적·확인적 행위에 지나지 않고, 말소등록으로 비로소 상표권 소멸의 효력이 발생하는 것이 아니어서, 상표권의 말소등록은 국민의 권리의무에 직접적으로 영향을 미치는 행위라고 할 수 없다. 한편 「상표법」 제39조 제3항의 위임에 따른 특허권 등의 등록령(이하 '등록령'이라 한다) 제27조는 "말소한 등록의 회복을 신청하는 경우에 등록에 대한 이해관계가 있는 제3자가 있을 때에는 신청서에 그 승낙서나 그에 대항할 수 있는 재판의 등본을 첨부하여야 한다."고 규정하고 있는데, 상표권 설정등록이 말소된 경우에도 등록령 제27조에 따른 회복등록의 신청이 가능하고, 회복신청이 거부된 경우에는 거부처분에 대한 항고소송이 가능하다. 이러한 점들을 종합하면, 상표권자인 법인에 대한 청산종결등기가 되었음을 이유로 한 상표권의 말소등록행위는 항고소송의 대상이 될 수 없다(대판 2015.10.29. 2014두2362).

ⓑ 소득처분에 따른 소득의 귀속자가 법인에 대한 소득금액변동통지의 취소를 구할 법률상 이익이 있는지 여부(소극)

> 원천징수의무자에 대한 소득금액변동통지는 원천납세의무의 존부나 범위와 같은 원천납세의무자의 권리나 법률상 지위에 어떠한 영향을 준다고 할 수 없으므로 소득처분에 따른 소득의 귀속자는 법인에 대한 소득금액변동통지의 취소를 구할 법률상 이익이 없다(대판 2015.3.26. 2013두9267).

ⓒ 갑이 공원조성계획 변경입안제안의 반려 후 도시관리계획 변경결정에 따라 공원 전부를 도시자연공원으로 하던 도시계획시설결정이 폐지되고 (구)「도시공원 및 녹지 등에 관한 법률」에 따라 위 토지가 도시자연공원구역으로 변경·지정된 경우, 갑의 변경입안제안 반려처분의 취소에 대한 소익 여부(소극)

> 갑이 (구)「도시공원법」(2005.3.31. 법률 제7476호 도시공원 및 녹지 등에 관한 법률로 전부 개정되기 전의 것)상 도시계획시설인 공원 부지에 포함되어 있던 처와 자녀들 소유 토지(이하 '제안지'라 한다)에 골프연습장을 설치할 수 있도록 공원조성계획을 변경하여 달라는 내용의 변경입안제안을 하자 관할 시장이 반려하였고, 그 후 도시관리계획 변경결정에 따라 공원 전부를 도시자연공원으로 하던 도시계획시설 결정이 폐지되고 (구)「도시공원 및 녹지 등에 관한 법률」(2012.12.18. 법률 제11581호로 개정되기 전의 것)에 따라 제안지가 도시자연공원구역으로 변경·지정되었는데, 갑이 변경입안제안 반려처분의 취소를 구한 사안에서, 제안지는 더 이상 공원조성계획의 대상이 되는 도시계획시설인 공원이 아니게 되었고, 제안지에 관한 공원조성계획 역시 폐지되어 존재하지 않게 되었으므로, 반려처분의 취소를 구하는 것은 더 이상 존재하지 않는 공원조성계획의 변경을 구하는 입안제안을 받아들이지 않은 처분의 위법성을 다투는 것에 불과하여 소의 이익이 없다(대판 2015.12.10. 2013두14221).

ⓑ 행정청이 과징금 부과처분을 한 후 부과처분의 하자를 이유로 감액처분을 한 경우, 감액된 부분에 대한 부과처분 취소청구가 적법한지 여부(소극) [16 서울시 7급] 01

> 행정처분을 한 처분청은 처분에 하자가 있는 경우에는 별도의 법적 근거가 없더라도 스스로 이를 취소하거나 변경할 수 있는바, 과징금 부과처분에서 행정청이 납부의무자에 대하여 부과처분을 한 후 부과처분의 하자를 이유로 과징금의 액수를 감액하는 경우에 감액처분은 감액된 과징금 부분에 관하여만 법적 효과가 미치는 것으로서 당초 부과처분과 별개 독립의 과징금 부과처분이 아니라 실질은 당초 부과처분의 변경이고, 그에 의하여 과징금의 일부취소라는 납부의무자에게 유리한 결과를 가져오는 처분이므로 당초 부과처분이 전부 실효되는 것은 아니다. 따라서 감액처분에 의하여 감액된 부분에 대한 부과처분 취소청구는 이미 소멸하고 없는 부분에 대한 것으로서 소의 이익이 없어 부적법하다(대판 2017.1.12. 2015두2352).

개념확인 O/X

01 행정심판위원회가 1,000만 원의 과징금부과처분에 대한 취소심판에서 500만 원의 과징금 부과처분으로 변경하는 내용의 재결을 하였고 청구인인 처분의 상대방이 관할법원에 취소소송을 제기하였다면 재결에 의한 감액처분을 항고소송의 대상으로 하여야 한다.
16 서울7급 (O / X)

| 정답 | 01 X

> **개념확인 O/X**

© 갑 도지사가 도에서 설치·운영하는 을 지방의료원을 폐업하겠다는 결정을 발표하고 그에 따라 폐업을 위한 일련의 조치가 이루어진 후 을 지방의료원을 해산한다는 내용의 조례를 공포하고 을 지방의료원의 청산절차가 마쳐진 사안에서, 갑 도지사의 폐업결정은 항고소송의 대상에 해당하지만 취소를 구할 소의 이익을 인정하기 어렵다는 사례

> 갑 도지사가 도에서 설치·운영하는 을 지방의료원을 폐업하겠다는 결정을 발표하고 그에 따라 폐업을 위한 일련의 조치가 이루어진 후 을 지방의료원을 해산한다는 내용의 조례를 공포하고 을 지방의료원의 청산절차가 마쳐진 사안에서, … (중략) … 갑 도지사의 폐업결정은 행정청이 행하는 구체적 사실에 관한 법집행으로서의 공권력 행사로서 입원환자들과 소속 직원들의 권리·의무에 직접 영향을 미치는 것이므로 항고소송의 대상에 해당하지만, <u>폐업결정 후 을 지방의료원을 해산한다는 내용의 조례가 제정·시행되었고 조례가 무효라고 볼 사정도 없어 을 지방의료원을 폐업 전의 상태로 되돌리는 원상회복은 불가능하므로 법원이 폐업결정을 취소하더라도 단지 폐업결정이 위법함을 확인하는 의미밖에 없고, 폐업결정의 취소로 회복할 수 있는 다른 권리나 이익이 남아있다고 보기도 어려우므로, 갑 도지사의 폐업결정이 법적으로 권한 없는 자에 의하여 이루어진 것으로서 위법하더라도 취소를 구할 소의 이익을 인정하기 어렵다</u>(대판 2016.8.30. 2015두60617).

Ⓑ 선행처분이 후행처분으로 흡수된 경우 선행처분의 취소를 구하는 소는 부적법하다

> 피고가 (구)「독점규제 및 공정거래에 관한 법률」(2013.7.16. 법률 제11937호로 개정되기 전의 것, 이하 '공정거래법'이라고 한다) 제22조의2에서 정한 자진신고자나 조사협조자에 대하여 과징금 부과처분(이하 '선행처분'이라고 한다)을 한 뒤, 공정거래법 시행령 제35조 제3항에 따라 그 자진신고자 등에 대한 사건을 분리하여 자진신고 등을 이유로 다시 과징금 감면처분(이하 '후행처분'이라고 한다)을 하였다면, 그 후행처분은 자진신고 감면까지 포함하여 자진신고자가 실제로 납부하여야 할 최종적인 과징금액을 결정한 종국적 처분이고, <u>선행처분은 이러한 종국적 처분을 예정한 일종의 잠정적 처분으로서 후행처분에 흡수되어 소멸한다. 따라서 위와 같은 경우에 선행처분의 취소를 구하는 소는 이미 효력을 잃은 처분의 취소를 구하는 것으로서 부적법하다</u>(대판 2015.2.12. 2013두6169).

② 피고(피고적격)
  ㉠ 원칙
    ⓐ 취소소송의 피고적격은 다른 법률에 규정이 없는 한 해당 처분 등을 행한 행정청을 피고로 한다(제13조 제1항).
    ⓑ 논리적으로 보면 피고는 권리주체인 국가나 지방자치단체가 되어야 하지만, 행정소송의 편의적 측면을 고려하여 피고를 행정청으로 규정하고 있다.
    ⓒ '처분을 행한 행정청'은 소송대상인 처분을 외부적으로 그의 명의로 행한 행정청을 말한다. 01
    ⓓ 이러한 행정청에는 단독적 행정기관은 물론이고, 합의제 행정청, 지방자치단체의 장, 지방의회 등이 모두 포함된다.
    ⓔ 행정심판의 재결이 소송대상이 되는 경우에는 행정심판위원회가 피고가 된다.
    ⓕ 대법원은 처분권한의 유무는 법원의 직권조사사항이 아니라는 입장이다.
  ㉡ 예외적인 경우
    ⓐ 권한의 승계: 처분 등이 있은 뒤에 그 처분 등에 관계되는 권한이 다른 행정청에 승계된 때에는 이를 승계한 행정청이 피고가 된다(제13조 제1항). 02
    ⓑ 행정청이 없게 된 경우: 처분청이나 재결을 한 행정청이 없게 된 때에는 그 처분 등에 관한 사무가 귀속되는 국가 또는 공공단체가 피고가 된다(제13조 제2항).

---

01 취소소송에서 피고가 될 수 있는 행정청에는 대외적으로 의사를 표시할 수 있는 기관이 아니더라도 국가나 공공단체의 의사를 실질적으로 결정하는 기관이 포함된다.
20 국가9급 (O/X)

02 처분 등이 있은 뒤에 그 처분 등에 관계되는 권한이 다른 행정청에 승계된 때에는 이를 승계한 행정청을 피고로 한다.
15 국가9급, 12 사회복지 (O/X)

| 정답 | 01 X 02 O

ⓒ **권한의 위임·위탁**: 행정권한의 위임, 위탁이 있는 경우에는 그 위임 또는 위탁받은 행정청(수임청 또는 수탁청)이나 사인(공무수탁사인)이 피고가 된다(제2조 제2항). 01
ⓓ **내부위임의 경우** 02
  ⅰ) 위임기관의 명의로 처분을 하였을 경우: 위임기관이 피고가 된다.
  ⅱ) 수임기관의 명의로 처분을 하였을 경우: 행정처분을 행할 적법한 권한 있는 기관이 있는 상급청으로부터 내부위임을 받은 데 불과한 하급 행정청이 권한 없이 행정처분을 자신의 명의로 한 경우에는 그 처분을 행한 하급청인 수임기관을 피고로 하여야 한다.
ⓔ **권한의 대리의 경우**
  ⅰ) 권한의 대리의 경우에는 원칙적으로 피대리관청이 된다.
  ⅱ) 다만, 대리권을 수여받은 데 불과하여 자신의 명의로 행정처분을 할 수 없는 행정청이 대리관계를 밝히지 않고 그 자신의 명의로 행정처분을 하였다면 처분 명의자인 대리청이 당해 항고소송의 피고가 된다.
  ⅲ) 하지만 이의 경우에도 피대리관청으로부터 대리권한을 수여받아 피대리 행정청을 대리한다는 의사로 행정처분을 하였고, 처분명의자는 물론 그 상대방도 그 행정처분이 피대리관청을 대리한 것임을 알고서 이를 받아들이는 예외적인 경우에는 피대리청이 피고가 된다.
ⓕ **합의제 행정청**
  ⅰ) 처분청이 합의제 행정청일 경우에는 합의제 행정청 자체가 피고이다(例 중앙토지수용위원회, 감사원 등). 03
  ⅱ) 단, 중앙노동위원회의 처분에 대하여서는 중앙노동위원회 위원장이 피고이다(「노동위원회법」 제27조 제1항). 04 05
ⓖ **대통령의 처분**: 공무원에 대하여 징계처분 등을 할 때나 강임·휴직·직위해제 또는 면직처분 그 밖에 본인의 의사에 반한 불리한 처분이나 부작위(不作爲)에 관한 행정소송을 제기할 때에는 대통령의 처분 또는 부작위의 경우에는 소속 장관을 피고로 한다(「국가공무원법」 제16조 제2항).
ⓗ **국회의장의 처분**: 의장이 한 처분에 대한 행정소송의 피고는 사무총장으로 한다(「국회사무처법」 제4조 제3항).
ⓘ **대법원장의 처분**: 대법원장이 한 처분에 대한 피고는 법원행정처장이 된다(「법원조직법」 제70조).
ⓙ **헌법재판소장의 처분**: 헌법재판소장이 한 처분에 대한 행정소송의 피고는 헌법재판소 사무처장으로 한다(「헌법재판소법」 제17조 제5항). 06
ⓚ **중앙선거관리위원장의 처분**: 중앙선거관리위원회위원장의 처분 또는 부작위의 경우에는 중앙선거관리위원회 사무총장을 피고로 한다(「국가공무원법」 제16조 제2항).
ⓛ **지방의회**
  ⅰ) 지방의회는 의결기관이지 행정청이 아니다. 따라서 조례가 항고소송의 대상이 되는 경우에는 지방자치단체장이 피고가 된다(교육이나 학예에 관한 경우는 교육감이 피고). 07 08
  ⅱ) 그러나 지방의회의원에 대한 징계의결이나 지방의회의장선거의 처분청은 지방의회라서 피고는 지방의회가 된다.

개념확인 O/X

01 환경부장관의 권한을 위임받은 서울특별시장이 내린 처분에 대한 취소소송의 피고는 서울특별시장이다.
18 지방9급 (O / X)

02 국토교통부장관으로부터 권한을 내부위임받은 국토교통부차관이 처분을 한 경우에 그에 대한 취소소송은 피고가 국토교통부차관이다.
18 지방9급 (O / X)

03 개별법령에 합의제 행정청의 장을 피고로 한다는 명문규정이 없는 한 합의제 행정청 명의로 한 행정처분의 취소소송의 피고적격자는 당해 합의제 행정청이 아닌 합의제 행정청의 장이다.
21 군무원9급 (O / X)

04 중앙노동위원회의 재심판정에 대한 취소소송에 있어서 그 피고는 중앙노동위원회가 되어야 한다.
16 서울7급 (O / X)

05 합의제 행정청의 처분에 대하여는 합의제 행정청이 피고가 되므로 부당노동행위에 대한 구제명령 등 중앙노동위원회의 처분에 대한 소송에서는 중앙노동위원회가 피고가 된다.
20 국가7급 (O / X)

06 헌법재판소장이 소속 직원에게 내린 징계처분에 대한 취소소송의 피고는 헌법재판소 사무처장이다.
18 지방9급 (O / X)

07 조례가 항고소송의 대상이 되는 경우 피고는 지방자치단체의 의결기관으로서 조례를 제정한 지방의회이다.
18 서울9급 (O / X)

08 지방의회가 의결한 조례가 그 자체로서 직접 주민의 권리·의무에 영향을 미쳐 항고소송의 대상이 되는 경우에도 그 피고는 조례를 공포한 지방자치단체의 장이 된다.
18 소방 (O / X)

| 정답 | 01 O 02 X 03 X 04 X 05 X 06 O 07 X 08 O

개념확인 O/X

01 대통령의 검사임용처분에 대한 취소소송은 법무부장관이 피고가 된다.
18 지방9급 (O / X)

02 공무원에 대한 징계·면직 기타 본인의 의사에 반하는 불이익처분에 있어서 그 처분청이 대통령인 때에는 법무부장관을 피고로 하여야 한다.
(O / X)

관련 판례

Ⓑ 행정소송의 피고적격

행정처분의 취소 또는 무효확인을 구하는 행정소송은 다른 법률에 특별한 규정이 없는 한 소송의 대상인 행정처분 등을 외부적으로 그의 명의로 행한 행정청을 피고로 하여야 하는 것으로서 그 행정처분을 하게 된 연유가 상급행정청이나 타행정청의 지시나 통보에 의한 것이라 하여 다르지 않다고 할 것이며, 권한의 위임이나 위탁을 받아 수임행정청이 정당한 권한에 기하여 그 명의로 한 처분에 대하여는 말할 것도 없고, 내부위임이나 대리권을 수여받은 데 불과하여 원행정청 명의나 대리관계를 밝히지 아니하고는 그의 명의로 처분 등을 할 권한이 없는 행정청이 권한 없이 그의 명의로 한 처분에 대하여도 처분명의자인 행정청이 피고가 되어야 할 것이다(대판 1995.12.22. 95누14688).

Ⓒ 검사임용거부처분에 대한 취소소송의 피고적격 [18 지방직 9급] 01 02

「검찰청법」 제34조, 「국가공무원법」 제3조 제2항 제2호, 제16조, 「행정심판법」 제3조 제2항의 규정 취지를 종합하여 보면, 검사임용처분에 대한 취소소송의 피고는 법무부장관으로 함이 상당하다고 할 것이므로 원심이 피고를 대통령으로 경정하여 줄 것을 구하는 원고의 신청을 각하한 조치는 옳다(대결 1990.3.14. 자 90두4).

Ⓒ 무효등확인소송에 준용되는 「행정소송법」 제13조 제1항 소정의 '그 처분 등에 관계되는 권한이 다른 행정청에 승계된 때'의 의미

무효등확인소송에 준용되는 「행정소송법」 제13조 제1항은 "취소소송은 다른 법률에 특별한 규정이 없는 한 그 처분 등을 행한 행정청을 피고로 한다. 다만, 처분 등이 있은 뒤에 그 처분 등에 관계되는 권한이 다른 행정청에 승계된 때에는 이를 승계한 행정청을 피고로 한다."고 규정하고 있고, 여기서 '그 처분 등에 관계되는 권한이 다른 행정청에 승계된 때'라고 함은 처분 등이 있은 뒤에 행정기구의 개혁, 행정주체의 합병·분리 등에 의하여 처분청의 당해 권한이 타 행정청에 승계된 경우뿐만 아니라 처분 등의 상대방인 사인의 지위나 주소의 변경 등에 의하여 변경 전의 처분 등에 관한 행정청의 관할이 이전된 경우 등을 말한다(대판 2000.11.14. 99두5481).

Ⓒ 에스에이치공사가 택지개발사업 시행자인 서울특별시장으로부터 이주대책 수립권한을 포함한 택지개발사업에 따른 권한을 위임 또는 위탁받은 경우의 피고

서울특별시가 사업시행자가 된 이 사건 택지개발사업과 관련하여 이주대책 대상자라고 주장하는 자들이 피고 공사 명의로 이루어진 이주대책에 관한 처분에 대한 취소소송을 제기함에 있어 정당한 피고는 피고 공사가 된다고 할 것이다(대판 2007.8.23. 2005두3776).

Ⓑ 수임관청이 내부위임에 따라 위임관청의 이름으로 행한 처분의 취소나 무효확인을 구하는 소송의 피고적격(= 위임관청) – 구청장이 서울특별시장의 이름으로 한 직위해제 및 파면처분에 대하여 구청장을 피고로 한 소를 각하한 원심의 판단이 정당하다고 한 사례

행정관청이 특정한 권한을 법률에 따라 다른 행정관청에 이관한 경우와 달리 내부적인 사무처리의 편의를 도모하기 위하여 그의 보조기관 또는 하급행정관청으로 하여금 그의 권한을 사실상 행하도록 하는 내부위임의 경우에는 수임관청이 그 위임된 바에 따라 위임관청의 이름으로 권한을 행사하였다면 그 처분청은 위임관청이므로 그 처분의 취소나 무효확인을 구하는 소송의 피고는 위임관청으로 삼아야 한다. / 내부위임의 경우에는 수임관청이 그 위임된 바에 따라 위임관청의 이름으로 권한을 행사하였다면 그 처분청은 위임관청이므로 그 처분의 취소나 무효확인을 구하는 소송의 피고는 위임관청으로 삼아야 하므로 구청장이 서울특별시장의 이름으로 한 직위해제 및 파면의 처분청은 서울특별시장이므로 구청장을 피고로 한 소를 각하한 원심의 판단이 정당하다(대판 1991.10.8. 91누520).

| 정답 | 01 O   02 X

Ⓐ 내부위임에서 수임기관의 명의로 이루어진 처분의 피고적격 [20 국가직 7급, 20 국가직 9급, 17 사회복지직, 13 서울시 9급] 01 02

> 행정처분의 취소 또는 무효확인을 구하는 행정소송은 다른 법률에 특별한 규정이 없는 한 그 처분을 행한 행정청을 피고로 하여야 하며, 행정처분을 행할 적법한 권한 있는 상급행정청으로부터 내부위임을 받은 데 불과한 하급행정청이 권한 없이 행정처분을 한 경우에도 실제로 그 처분을 행한 하급행정청을 피고로 하여야 할 것이지 그 처분을 행할 적법한 권한 있는 상급행정청을 피고로 할 것은 아니다(대판 1994.8.12. 94누2763, 대판 1991.2.22. 90누5641, 대판 1989.11.14. 89누4765).

Ⓒ ❶ 지방소득세 소득세분의 취소를 구하는 항고소송의 피고적격(= 소득세 납세지를 관할하는 시장·군수) ❷ 납세의무자가 세무서장을 상대로 한 소송에서 소득세 부과처분의 취소판결을 받은 경우, 별도로 지방소득세 소득세분 부과처분의 취소를 구하는 소를 제기하여야 하는지 여부(소극)

> (구)「지방세법」(2010.6.4. 법률 제10340호로 개정되기 전의 것) 제176조의8 제3호는 … (중략) … 세무서장이 소득세분의 과세표준이 된 소득세를 환급한 경우 소득세의 납세지를 관할하는 시장·군수에게 그 내역을 통보하여야 하고 시장·군수는 그 소득세분을 환부하여야 한다고 규정하고 있다(제4항). 따라서 지방소득세 소득세분의 취소를 구하는 항고소송은 세무서장이 아니라 납세의무자의 소득세 납세지를 관할하는 시장·군수를 상대로 하여야 하나, 관련 납세의무자로서는 세무서장을 상대로 한 소송에서 소득세 부과처분의 취소판결을 받으면 족하고 이와 별도로 지방소득세 소득세분 부과처분의 취소를 구하는 소를 제기할 필요도 없다(대판 2016.12.29. 2014두205).

Ⓑ 대리관계를 명시적으로 밝히지 아니하였지만 처분의 명의자가 대리권한을 수여받아 피대리관청을 대리한다는 의사로 행정처분을 하였고 상대방도 대리인 것임을 알고서 이를 받아들이는 경우에는 피고는 피대리관청 [19 지방직 9급, 18 서울시 9급] 03 04

> 대리권을 수여받은 데 불과하여 그 자신의 명의로는 행정처분을 할 권한이 없는 행정청의 경우 대리관계를 밝힘이 없이 그 자신의 명의로 행정처분을 하였다면 그에 대하여는 처분명의자인 당해 행정청이 항고소송의 피고가 되어야 하는 것이 원칙이지만, 비록 대리관계를 명시적으로 밝히지는 아니하였다 하더라도 처분명의자가 피대리 행정청 산하의 행정기관으로서 실제로 피대리 행정청으로부터 대리권한을 수여받아 피대리 행정청을 대리한다는 의사로 행정처분을 하였고 처분명의자는 물론 그 상대방도 그 행정처분이 피대리 행정청을 대리하여 한 것임을 알고서 이를 받아들인 예외적인 경우에는 피대리 행정청이 피고가 되어야 한다(대결 2006.2.23. 자 2005부4).

Ⓑ 조례가 항고소송의 대상이 되는 행정처분에 해당되는 경우 및 그 경우 조례무효확인소송의 피고적격(=지방자치단체의 장)

> 조례가 집행행위의 개입 없이도 그 자체로서 직접 국민의 구체적인 권리의무나 법적 이익에 영향을 미치는 등의 법률상 효과를 발생하는 경우 그 조례는 항고소송의 대상이 되는 행정처분에 해당하고, 이러한 조례에 대한 무효확인소송을 제기함에 있어서 「행정소송법」 제38조 제1항, 제13조에 의하여 피고적격이 있는 처분 등을 행한 행정청은, 행정주체인 지방자치단체 또는 지방자치단체의 내부적 의결기관으로서 지방자치단체의 의사를 외부에 표시할 권한이 없는 지방의회가 아니라, (구)「지방자치법」(1994.3.16. 법률 제4741호로 개정되기 전의 것) 제19조 제2항, 제92조에 의하여 지방자치단체의 집행기관으로서 조례로서의 효력을 발생시키는 공포권이 있는 지방자치단체의 장이다(대판 1996.9.20. 95누8003).

개념확인 O/X

01 권한의 내부위임이 있는 경우 내부수임기관이 착오 등으로 원처분청의 명의가 아닌 자기명의로 처분을 하였다면, 내부수임기관이 그 처분에 대한 항고소송의 피고가 된다.
20 국가7급 (O / X)

02 상급행정청의 지시에 의해 하급행정청이 자신의 명의로 처분을 하였다면, 당해 처분에 대한 취소소송에서는 지시를 내린 상급행정청이 피고가 된다.
20 국가9급 (O / X)

03 대리권을 수여받은 데 불과하여 그 자신의 명의로는 행정처분을 할 권한이 없는 행정청의 경우 대리관계를 밝힘이 없이 그 자신의 명의로 행정처분을 하였다면 그에 대하여는 처분명의자인 당해 행정청이 항고소송의 피고가 되어야 하는 것이 원칙이다.
18 서울9급 (O / X)

04 대리기관이 대리관계를 표시하고 피대리 행정청을 대리하여 행정처분을 한 때에는 피대리 행정청이 피고로 되어야 한다.
19 지방9급 (O / X)

| 정답 | 01 O 02 X 03 O 04 O

개념확인 O/X

01 초등학교의 공용폐지를 내용으로 하는 조례를 대상으로 관할법원에 취소소송을 제기하였다면, 피고는 조례안을 의결한 지방의회가 되어야 한다.
16 서울7급 (O / X)

02 대법원은 처분청과 통지한 자가 다른 경우에는 통지한 자가 피고가 된다고 보았다.
(O / X)

Ⓑ 교육에 관한 조례무효확인소송에 있어서 피고적격(= 교육감) [16 서울시 7급] **01**

(구)「지방교육자치에 관한 법률」(1995.7.26. 법률 제4951호로 개정되기 전의 것) 제14조 제5항, 제25조에 의하면 시·도의 교육·학예에 관한 사무의 집행기관은 시·도 교육감이고 시·도 교육감에게 지방교육에 관한 조례안의 공포권이 있다고 규정되어 있으므로, 교육에 관한 조례의 무효확인소송을 제기함에 있어서는 그 집행기관인 시·도 교육감을 피고로 하여야 한다(대판 1996.9.20. 95누8003).

Ⓒ 인천직할시의 사업장폐쇄명령처분을 통지한 인천직할시 북구청장이 위 처분의 취소를 구하는 소의 피고적격이 없다고 본 사례(처분청과 통지한 기관이 다른 경우)

피고인 인천직할시 북구청장이 인천직할시장으로부터 환경보전법상의 위법시설에 대한 폐쇄 등 명령권한의 사무처리에 관한 내부위임을 받아, 원고들이 공동으로 경영하는 공장에서 같은 법 제15조의 규정에 의한 허가를 받지 아니하고 배출시설을 설치하여 조업하고 있는 것을 적발하고, 인천직할시장 명의의 폐쇄명령서를 발부받아 '환경보전법 위반사업장 고발 및 폐쇄명령'이란 제목으로 위 폐쇄명령서를 첨부하여 위 무허가배출시설에 대한 폐쇄명령통지를 하였다면 위 폐쇄명령처분을 한 행정청은 어디까지나 인천직할시장이고, 피고는 인천직할시장의 위 폐쇄명령처분에 관한 사무처리를 대행하면서 이를 통지하였음에 지나지 않으며, 위 폐쇄명령서나 그 통지서가 정부공문서규정이 정하는 문서양식에 맞지 않는다는 이유만으로 피고를 처분청으로 볼 수는 없으므로, 피고를 위 폐쇄명령처분을 한 행정청으로 보고 제기한 이 사건 소는 피고적격이 없는 자를 상대로 한 것이어서 부적법하다(대판 1990.4.27. 90누233).

Ⓒ 7급 지방공무원 신규임용시험 불합격결정에 대한 취소소송의 피고적격(= 시·도 인사위원회 위원장)

(구)「지방공무원법」(1993.12.27. 법률 제4613호로 개정되기 전의 것) 제7조, 제8조, 제9조, 제32조,「지방공무원임용령」제42조의2 등 관계 규정에 의하면, 시·도 인사위원회는 독립된 합의제 행정기관으로서 7급 지방공무원의 신규임용시험의 실시를 관장한다고 할 것이므로, 그 관서장인 시·도 인사위원회 위원장은 그의 명의로 한 7급 지방공무원의 신규임용시험 불합격결정에 대한 취소소송의 피고적격을 가진다(대판 1997.3.28. 95누7055).

Ⓒ 국무회의에서 건국훈장 독립장이 수여된 망인에 대한 서훈취소를 의결하고 대통령이 결재함으로써 서훈취소가 결정된 후 국가보훈처장을 상대로 서훈취소결정의 무효확인 등의 소를 제기한 사안은 피고를 잘못 지정하였다고 한 사례 **02**

국무회의에서 건국훈장 독립장이 수여된 망인에 대한 서훈취소를 의결하고 대통령이 결재함으로써 서훈취소가 결정된 후 국가보훈처장이 망인의 유족 갑에게 '독립유공자 서훈취소결정 통보'를 하자 갑이 국가보훈처장을 상대로 서훈취소결정의 무효확인 등의 소를 제기한 사안에서, 갑이 서훈취소처분을 행한 행정청(대통령)이 아니라 국가보훈처장을 상대로 제기한 위 소는 피고를 잘못 지정한 경우에 해당하므로, 법원으로서는 석명권을 행사하여 정당한 피고로 경정하게 하여 소송을 진행해야 함에도 국가보훈처장이 서훈취소처분을 한 것을 전제로 처분의 적법 여부를 판단한 원심판결에 법리오해 등의 잘못이 있다(대판 2014.9.26. 2013두2518).

Ⓒ 저작권 등록처분에 대한 무효확인소송에서 피고적격자(= 저작권심의조정위원회)

(구)「저작권법」(2006.12.28. 법률 제8101호로 전문 개정되기 전의 것) 제97조의3 제2호는 '문화관광부장관은 대통령령이 정하는 바에 의하여 법 제53조에 규정된 저작권 등록업무에 관한 권한을 저작권심의조정위원회에 위탁할 수 있다'고 규정하고, 같은 법 시행령(2007.6.29. 대통령령 제20135호로 전문 개정되기 전의 것) 제42조는 '문화관광부장관은 법 제97조의3의 규정에 의하여 저작권 등록업무에 관한 권한을 저작권심의조정위원회에 위탁한다'고 규정하고 있으므로, '저작권

심의조정위원회'가 저작권 등록업무의 처분청으로서 그 등록처분에 대한 무효확인소송에서 피고적격을 가진다(대판 2009.7.9. 2007두16608).

B 납세지 관할 세무서장을 상대로 개인지방소득세 부과처분의 취소를 구하는 소가 피고적격이 없는 자를 상대로 한 것으로 부적법한지 여부(적극)

> 관할 세무서장이 종합소득세 부과고지를 하면서 개인지방소득세 부과고지를 함께하였는데, 개인지방소득세 부과처분의 취소를 구하는 항고소송의 피고적격 내지 소의 이익이 문제된 사안에서, 관할 세무서장을 상대로 개인지방소득세 부과처분의 취소를 구하는 부분은 피고적격이 없는 자를 상대로 한 것이거나 그 취소를 구할 소의 이익이 없어 부적법함에도, 이와 달리 본 원심판결에 법리오해의 잘못이 있다(대판 2023.8.18. 2023두40588).

ⓒ 피고경정
   ⓐ **의의**: '피고의 경정'이란 소송의 계속 중에 피고로 지정된 자를 다른 자로 변경하는 것을 말한다.
   ⓑ **경정사유** 01 02 03 04
      ⅰ) 원고가 피고를 잘못 지정한 경우: 원고의 신청에 의해 법원의 결정으로 경정된다.
      ⅱ) 소 제기 이후에 법령의 개정 등으로 권한이 승계되거나 행정청이 없어지게 되는 경우: 원고의 신청이나 법원의 직권에 의해 경정된다.
   ⓒ **피고경정의 효과** 05
      ⅰ) 피고경정이 있으면 종전의 피고에 대한 소는 취하된 것으로 보고, 새로운 피고에 대한 소송은 처음에 소를 제기한 때에 제기된 것으로 본다(제14조 제4항·제5항).
      ⅱ) 피고경정의 결정 시 결정의 정본을 피고인에게 송달하여야 한다.
   ⓓ **불복**: 피고경정신청을 각하하는 결정에 대해서는 즉시항고할 수 있다. 그러나 판례는 행정소송에서 피고경정신청이 이유 있다 하여 인용한 결정에 대하여는 종전 피고는 항고제기의 방법으로 불복신청할 수 없고,「행정소송법」제8조 제2항에 의하여 준용되는「민사소송법」제449조 소정의 특별항고가 허용될 뿐이라고 한다. 06
   ⓔ **시간적 한계**: 피고경정은 사실심 변론종결 시까지만 가능하다.

구분	「행정심판법」	「행정소송법」
피청구인의 경정이나 피고의 경정	「행정심판법」에서의 피청구인은 당사자의 신청과 행정심판위원회의 직권에 의하여 피고경정이 가능함	「행정소송법」에서의 피고경정은 당사자 신청에 의해서만 가능하고 법원의 직권에 의해서는 이루어질 수 없으나, 예외적으로 권한승계 등의 경우에는 법원의 직권으로 가능함

관련 판례

ⓒ 피고경정의 종기 [21 군무원 9급]

「행정소송법」제14조에 의한 피고경정은 사실심 변론종결에 이르기까지 허용되는 것으로 해석하여야 할 것이고, 굳이 제1심 단계에서만 허용되는 것으로 해석할 근거는 없다(대결 2006.2.23. 자 2005부4).

개념확인 O/X

01 취소소송에서 원고가 처분청 아닌 행정관청을 피고로 잘못 지정한 경우, 법원은 석명권의 행사 없이 소송요건의 불비를 이유로 소를 각하할 수 있다.
20 국가9급 (O / X)

02 원고가 피고를 잘못 지정한 경우 피고경정은 취소소송과 당사자소송 모두에서 사실심 변론종결에 이르기까지 허용된다.
21 군무원9급 (O / X)

03 당사자소송의 원고가 피고를 잘못 지정하여 피고경정신청을 한 경우 법원은 결정으로써 피고의 경정을 허가할 수 있다.
21 군무원9급 (O / X)

04 항고소송에서 원고가 피고를 잘못 지정하였다면 법원은 석명권을 행사하여 피고를 경정하게 하여 소송을 진행하여야 한다.
16 서울7급 (O / X)

05 피고경정의 결정이 있은 때에는 새로운 피고에 대한 소송은 처음에 소를 제기한 때에 제기된 것으로 본다.
(O / X)

06 피고경정의 신청을 각하한 결정에 대하여는 불복할 수 없다.
(O / X)

| 정답 | 01 X   02 O   03 O   04 O   05 O   06 X

| 개념확인 O/X |

ⓒ 행정소송에서 피고경정신청을 인용한 결정에 대한 종전 피고의 불복방법(= 특별항고)

행정소송에서 피고경정신청이 이유 있다 하여 인용한 결정에 대하여는 종전 피고는 항고제기의 방법으로 불복신청할 수 없고, 「행정소송법」 제8조 제2항에 의하여 준용되는 「민사소송법」 제449조 소정의 특별항고가 허용될 뿐이다(대결 2006.2.23. 자 2005부4).

ⓑ 조세소송에서 피고 지정이 잘못된 경우, 법원이 석명권을 행사하여 피고를 경정하게 하지 않고 바로 소를 각하한 것이 위법하다고 한 사례 [20 국가직 7급, 17 사회복지직, 13 서울시 9급]

원고가 피고를 잘못 지정하였다면 법원으로서는 당연히 석명권을 행사하여 원고로 하여금 피고를 경정하게 하여 소송을 진행케 하였어야 할 것임에도 불구하고 이러한 조치를 취하지 아니한 채 피고의 지정이 잘못되었다는 이유로 소를 각하한 것이 위법하다(대판 2004.7.8. 2002두7852).

ⓒ 행정소송에 있어서 예비적인 피고의 변경이 허용되는지 여부(소극)

소위 주관적·예비적 병합은 「행정소송법」 제28조 제3항과 같은 예외적 규정이 있는 경우를 제외하고는 원칙적으로 허용되지 않는 것이고, 또 「행정소송법」상 소의 종류의 변경에 따른 당사자(피고)의 변경은 교환적 변경에 한한다고 봄이 상당하므로 예비적 청구만이 있는 피고의 추가경정신청은 허용되지 않는다(대결 1989.10.27. 89두1).

③ 소송참가
  ㉠ 제3자의 소송참가(제16조)
    ⓐ 의의: 소송계속 중에 소송 외의 제3자가 타인 간의 소송의 결과에 따라 자기의 법률상 이익에 영향을 미치게 될 경우에 자기의 이익을 위하여 그 소송절차에 참가하는 것을 '소송참가'라 하며 제3자의 권익보호를 위해 인정되는 제도이다.
    ⓑ 기능: 소송의 결과에 따라 자기의 법률상의 이익을 침해될 자가 소송에 참가함으로서 실질적 공격과 방어의 기회를 제공받을 수 있으며 심리의 적정성 확보와 재심청구의 미연방지라는 기능을 갖는다. **01**
    ⓒ 참가절차: 제3자의 소송참가는 당사자나 제3자의 신청 또는 법원의 직권에 의하여 결정으로 한다. 그런데 이들의 신청에 대하여 각하하는 결정에 대하여 제3자만 즉시항고를 할 수 있다(제16조 제3항). **02 03**
    ⓓ 지위: 「민사소송법」 제67조 규정(필수적 공동소송)을 준용하도록 하였으나(동법 제16조 제4항), '공동소송적 보조참가'와 비슷하다(피참가인의 소송행위와 저촉되는 행위를 할 수 있다). **04**
    ⓔ 소송참가인에 대한 판결의 효력: 소송참가인으로의 지위를 취득한 제3자는 실제 소송에 참가하여 소송행위를 하였는지 여부를 불문하고 판결의 효력을 받는다. 따라서 참가인이 된 제3자는 판결확정 후 「행정소송법」 제31조에 의해 재심을 청구할 수 없다.
  ㉡ 행정청의 소송참가: '행정청의 소송참가'란 소송당사자인 행정청 이외의 당해 행정청을 소송에 참가시킬 필요가 있다고 인정할 때에 당사자나 그 행정청의 신청 또는 직권에 의하여 결정으로써 행정청을 소송에 참가시킬 수 있는 제도이다. 이 경우 행정청은 단순보조참가로서 피참가인의 소송행위와 저촉되는 행위를 할 수 없다. **05**

---

01 제3자는 판결의 형성력에 의해 권리 또는 이익의 침해를 받을 자를 말하며, 판결의 기속력에 의해 권리 또는 이익의 침해를 받는 경우는 포함되지 않는다.
12 국가9급 (O / X)

02 제3자의 소송참가에는 신청에 의한 경우와 직권에 의한 경우가 있다.
12 국가9급 (O / X)

03 법원은 다른 행정청을 취소소송에 참가시킬 필요가 있다고 인정할 때에는 당사자 또는 당해 행정청의 신청 또는 직권에 의하여 결정으로써 그 행정청을 소송에 참가시킬 수 있다.
18 국가7급 (O / X)

04 행정소송 사건에서 「민사소송법」상 보조참가가 허용된다.
17 사회복지 (O / X)

05 행정청의 소송참가는 처분의 효력 유무가 민사소송의 선결문제가 되어 당해 민사소송의 수소법원이 이를 심리·판단하는 경우에도 허용된다.
18 국가7급 (O / X)

| 정답 | 01 X 02 O 03 O 04 O 05 O

> **관련 판례**
>
> ⓒ 보조참가의 요건으로서 소송의 결과에 대한 이해관계의 의미
>
> 특정 소송사건에서 당사자 일방을 보조하기 위하여 보조참가를 하려면 당해 소송의 결과에 대하여 이해관계가 있어야 할 것이고, 여기서 말하는 이해관계라 함은 사실상·경제상 또는 감정상의 이해관계가 아니라 법률상의 이해관계를 말하는 것으로, 이는 당해 소송의 판결의 기판력이나 집행력을 당연히 받는 경우 또는 당해 소송의 판결의 효력이 직접 미치지는 아니한다고 하더라도 적어도 그 판결을 전제로 하여 보조참가를 하려는 자의 법률상의 지위가 결정되는 관계에 있는 경우를 의미하는 것이다(대판 2007. 4. 26. 2005다19156).
>
> ⓒ 행정소송 사건에서 참가인이 한 보조참가기 「민사소송법」 제78조에 규정된 공동소송적 보조참가인지 여부(적극) 및 이때 참가인이 상소를 할 경우 피참가인이 상소취하나 상소포기를 할 수 있는지 여부(소극)
> [20 지방직 9급] **01**
>
> 행정소송 사건에서 참가인이 한 보조참가가 「행정소송법」 제16조가 규정한 제3자의 소송참가에 해당하지 않는 경우에도, 판결의 효력이 참가인에게까지 미치는 점 등 행정소송의 성질에 비추어 보면 그 참가는 「민사소송법」 제78조에 규정된 공동소송적 보조참가라고 볼 수 있다. 「민사소송법」 제78조의 공동소송적 보조참가에는 필수적 공동소송에 관한 「민사소송법」 제67조 제1항, 즉 "소송목적이 공동소송인 모두에게 합일적으로 확정되어야 할 공동소송의 경우에 공동소송인 가운데 한 사람의 소송행위는 모두의 이익을 위하여서만 효력을 가진다."라고 한 규정이 준용되므로, 피참가인의 소송행위는 모두의 이익을 위하여서만 효력을 가지고, 공동소송적 보조참가인에게 불이익이 되는 것은 효력이 없으므로, 참가인이 상소를 할 경우에 피참가인이 상소취하나 상소포기를 할 수는 없다(대판 2017. 10. 12. 2015두36836).

(8) 재판관할(3심제: 행정법원 ⇨ 고등법원 ⇨ 대법원)

① 원칙(행정법원 전속관할)
  ㉠ 취소소송의 제1심 관할법원은 피고의 소재지를 관할하는 행정법원으로 한다. **02**
  ㉡ 행정법원이 설치되지 않은 지역은 행정법원이 설치될 때까지 지방법원 본원에서 담당하나, 단 춘천지방법원에는 강릉지원에 행정부가 설치되어 있어 강릉지원에서 관할하게 된다.

② 대법원 소재지를 관할하는 행정법원에 제기할 수 있는 경우(임의관할) **03**
  ㉠ 중앙행정기관, 중앙행정기관의 부속기관과 합의제행정기관 또는 그 장이 피고인 경우
  ㉡ 국가의 사무를 위임 또는 위탁받은 공공단체 또는 그 장이 피고인 경우

③ 토지의 수용 등과 관계되는 처분의 경우(임의관할)
  ㉠ 토지의 수용 기타 부동산 또는 특정의 장소에 관계되는 처분 등에 대한 취소소송은 그 부동산 또는 장소의 소재지를 관할하는 행정법원에 이를 제기할 수 있다. **04**
  ㉡ 종래와 달리 토지 등과 관계되는 처분은 전속관할이 아니라 임의관할로 법이 개정되었다.

④ 전속관할·임의관할
  ㉠ 전속관할: 원칙적으로 행정처분에 대한 관할의 1심은 행정법원이다.
  ㉡ 임의관할: 중앙기관의 장 등이 피고인 경우나, 토지 등과 관련된 처분은 종전과 달리 전속관할이 아니고 임의관할이므로 변론(응소)관할이나 합의관할이 가능하다.

개념확인 O/X

01 「행정소송법」상 제3자 소송참가의 경우 참가인이 상소를 하였더라도, 소송당사자 본인인 피참가인은 참가인의 의사에 반하여 상소취하나 상소포기를 할 수 있다.
20 지방9급 (O / X)

02 취소소송의 제1심 관할법원은 피고의 소재지를 관할하는 행정법원으로 함을 원칙으로 한다.
(O / X)

03 취소소송의 제1심 관할법원은 피고의 소재지를 관할하는 행정법원으로 한다. 다만, 중앙행정기관 또는 그 장이 피고인 경우의 관할법원은 대법원 소재지의 행정법원으로 할 수 있다.
(O / X)

04 토지의 수용 기타 부동산 또는 특정의 장소에 관계되는 처분 등에 대한 취소소송은 그 부동산 또는 장소의 소재지를 관할하는 행정법원에 제기해야 하므로, 「민사소송법」상의 합의관할 및 변론관할에 관한 규정은 적용되지 않는다.
(O / X)

| 정답 | 01 X 02 O 03 O 04 X

⑤ 2심제·단심제에 의한 행정소송
  ㉠ 「독점규제 및 공정거래에 관한 법률」, 「약관의 규제에 관한 법률」상의 공정거래위원회에 대한 불복은 2심제에 해당하고 관할법원은 서울고등법원이다(전속관할).
  ㉡ 특허청의 심결은 고등법원급의 특허법원이다(전속관할).
  ㉢ 기초지방자치단체장, 기초의원(비례대표, 지역구 대표), 광역자치단체 지역구의원의 선거소송은 2심제로서 고등법원에 소를 제기한다.
  ㉣ 대통령 및 국회의원, 광역자치단체장, 광역자치단체 비례대표의원의 선거소송은 단심제로서 대법원에 소를 청구한다.

⑥ 심리불속행제도: 행정소송을 상고심사제의 적용대상으로 하여 법에 열거하고 있는 상고이유에 해당하지 않는 경우에는 대법원은 심리하지 않고 판결로 상고를 기각하는 심리불속행제를 채택하고 있다(「상고심절차에 관한 특례법」 제4조).

⑦ 관할 위반의 경우: 법원은 소송의 전부 또는 일부가 그 관할에 속하지 아니함을 인정한 때에는 결정으로 관할법원에 이송한다. 이에 대하여 「행정소송법」은 원고의 고의 또는 중대한 과실 없이 행정소송이 심급을 달리하는 법원에 잘못 제기된 경우에도 이송하도록 규정하고 있다(제7조). 01 02

관련 판례

B 행정사건을 민사사건으로 오해하여 민사소송을 제기한 경우, 수소법원이 취하여야 할 조치 [17 사회복지직]

「행정소송법」 제7조는 원고의 고의 또는 중대한 과실 없이 행정소송이 심급을 달리하는 법원에 잘못 제기된 경우에 「민사소송법」 제31조 제1항을 적용하여 이를 관할법원에 이송하도록 규정하고 있을 뿐 아니라, 관할 위반의 소를 부적법하다고 하여 각하하는 것보다 관할법원에 이송하는 것이 당사자의 권리구제나 소송경제의 측면에서 바람직하므로, 원고가 고의 또는 중대한 과실 없이 행정소송으로 제기하여야 할 사건을 민사소송으로 잘못 제기한 경우, 수소법원으로서는 만약 그 행정소송에 대한 관할도 동시에 가지고 있다면 이를 행정소송으로 심리·판단하여야 하고, 그 행정소송에 대한 관할을 가지고 있지 아니하다면 당해 소송이 이미 행정소송으로서의 전심절차 및 제소기간을 도과하였거나 행정소송의 대상이 되는 처분 등이 존재하지도 아니한 상태에 있는 등 행정소송으로서의 소송요건을 결하고 있음이 명백하여 행정소송으로 제기되었더라도 어차피 부적법하게 되는 경우가 아닌 이상 이를 부적법한 소라고 하여 각하할 것이 아니라 관할법원에 이송하여야 한다(대판 1997.5.30. 95다28960).

B 원고가 고의 또는 중대한 과실 없이 행정소송으로 제기하여야 할 사건을 민사소송으로 잘못 제기하였으나 행정소송으로서의 소송요건을 결하고 있음이 명백한 경우, 수소법원이 취하여야 할 조치(= 각하)

원고가 고의 또는 중대한 과실 없이 행정소송으로 제기하여야 할 사건을 민사소송으로 잘못 제기한 경우, 수소법원으로서는 만약 그 행정소송에 대한 관할도 동시에 가지고 있다면 이를 행정소송으로 심리·판단하여야 하고, 그 행정소송에 대한 관할을 가지고 있지 아니하다면 관할법원에 이송하여야 한다. 다만 해당 소송이 이미 행정소송으로서의 전심절차 및 제소기간을 도과하였거나 행정소송의 대상이 되는 처분 등이 존재하지도 아니한 상태에 있는 등 행정소송으로서의 소송요건을 결하고 있음이 명백하여 행정소송으로 제기되었더라도 어차피 부적법하게 되는 경우에는 이송할 것이 아니라 각하하여야 한다(대판 2020.10.15. 2020다222382).

(9) 관련청구소송의 병합 및 이송

① 관련청구소송의 병합
  ㉠ 취소소송에는 사실심 변론종결 시까지 관련청구소송을 병합하거나 피고 이외의 자를 상대로 한 관련청구소송을 취소소송이 계속된 법원에 병합하여 제기할 수 있다(제10조

개념확인 O/X

01 행정소송으로 제기해야 할 사건을 민사소송으로 잘못 제기한 경우에 수소법원이 행정소송에 대한 관할이 없다면 특별한 사정이 없는 한 관할법원에 이송하여야 한다.
17 사회복지 (O / X)

02 원고의 고의 또는 중대한 과실 없이 행정소송이 심급을 달리하는 법원에 잘못 제기된 경우에 수소법원은 관할법원에 이송한다.
(O / X)

제2항). ⇨ 민사소송과 달리 이질의 소송절차 간에도 소송병합이 인정된다.
ⓒ 이 경우 주된 소송의 청구가 적법하여야 한다.

② 관련청구소송의 이송
㉠ 취소소송과 관련청구소송이 각각 따른 법원에 계속되고 있는 경우에 관련청구소송이 계속된 법원이 상당하다고 인정하는 때에는 당사자의 신청 또는 직권에 의하여 이를 취소소송이 계속된 법원으로 이송할 수 있다(제10조 제1항).
ⓒ 이송결정이 확정된 때에는 소송은 처음부터 이송받은 법원에 계속(係屬)된 것으로 본다.
ⓒ 소송을 이송받은 법원은 이송결정에 따라야 한다.
㉣ 소송을 이송받은 법원은 사건을 다시 다른 법원에 이송하지 못한다.
㉤ 이송결정과 이송신청의 기각결정에 대하여는 즉시항고를 할 수 있다.

③ 관련청구소송의 범위
㉠ 당해 처분 등과 관련되는 손해배상·부당이득반환·원상회복 등 청구소송: 당해 처분이나 재결을 원인으로 하여 발생되는 청구 또는 당해 처분이나 재결의 취소나 변경을 선결문제로 하는 청구의 소송 등이 해당된다.
ⓒ **본체인 항고소송의 대상인 처분 등과 관련되는 취소소송**: 당해 처분 등과 일련의 절차를 구성하는 다른 취소소송이나 당해 처분에 대한 행정심판의 재결의 취소를 구하는 취소소송 등이 해당된다.

④ 관련청구소송의 병합의 요건
㉠ 주된 취소소송이 적법하게 청구되어야 한다. 주된 취소소송 등의 항고소송이 적법하게 청구되지 않으면 병합되어지는 청구도 부적법 각하된다는 것이 대법원의 입장이다.
ⓒ 병합되어지는 청구는 취소소송 등이 계속된 법원으로 병합하여야 한다.
ⓒ 관련된 청구이어야 한다.
㉣ 관련된 청구가 적법하여야 한다.

⑤ 관련청구소송의 병합의 시간적 한계: 사실심 변론종결의 전까지 병합하여야 한다.

⑥ 병합의 태양
㉠ 객관적 병합(같은 원고가 같은 피고를 상대로 하나의 소송절차에서 수개의 청구를 하는 경우)
　ⓐ 「행정소송법」은 「민사소송법」과 달리 관련 청구이면 동종의 소송절차이건 이종의 소송절차이건 관계없다.
　ⓑ 당사자소송과 취소소송의 병합도 가능하다.
　ⓒ 원시적 병합(관련 청구를 병합하여 제소)과 추가적 병합(사실심 변론종결 시까지 추가하여 병합)이 모두 가능하다.
ⓒ 주관적 병합(원고나 피고의 일방 또는 쌍방이 다수인 경우)
　ⓐ 취소소송의 원고는 소송의 상대방 이외의 자를 상대로 하여 관련 소송을 병합 제기할 수 있다.
　ⓑ 수인의 청구 또는 수인에 대한 청구가 처분 등의 취소청구와 관련되는 경우에 한하여 그 수인은 공동소송인이 될 수 있다(「행정소송법」 제15조).
　ⓒ **주관적·예비적 병합문제**: 피고의 지위를 불안정하게 한다는 이유로 부정하는 견해가 일반적이다.

관련 판례

C 「행정소송법」에 의한 관련 청구소송의 병합은 본래의 취소소송이 적법함을 요건으로 하는지 여부(적극)

> 주한 미군 측에서 위 군무원을 고용해제하자 그 통보를 받은 국방부장관이 위 군무원에 대하여 직권면직의 인사발령을 하였다면, 위 군무원은 군무원관계를 소멸시키기 위한 임면권자의 별도 행정처분을 요하지 아니하고 임기만료로 당연퇴직하였고, 위 직권면직의 인사발령은 그 문면상의 표현에도 불구하고 법률상 당연히 발생한 퇴직의 사유 및 시기를 공적으로 확인하여 알려주는 이른바 관념의 통지에 불과할 뿐 군무원의 신분을 상실시키는 새로운 형성적 행위가 아니므로 항고소송의 대상이 되는 행정처분이라고 할 수 없다. … (중략) … 다만, 「행정소송법」제10조 소정의 관련 청구소송의 병합은 본래의 항고소송이 적법할 것을 요건으로 하는 것인데(대판 1997.3.14. 95누13708 참조), 앞서 본 바와 같이 직권면직처분부존재·무효확인 등의 본래의 항고소송이 행정처분이 아닌 것을 대상으로 한 부적법한 것이어서 각하되어야 하는 이상 금원지급청구의 소 역시 각하를 면할 수 없을 것이다(대판 1997.11.11. 97누1990).

B 행정처분의 취소를 구하는 취소소송에 당해 처분의 취소를 선결문제로 하는 부당이득반환청구가 병합된 경우, 그 청구가 인용되려면 소송절차에서 당해 처분의 취소가 확정되어야 하는지 여부(소극) [15 국가직 9급] 01

> 「행정소송법」제10조는 처분의 취소를 구하는 취소소송에 당해 처분과 관련되는 부당이득반환소송을 관련 청구로 병합할 수 있다고 규정하고 있는바, 이 조항을 둔 취지에 비추어 보면, 취소소송에 병합할 수 있는 당해 처분과 관련되는 부당이득반환소송에는 당해 처분의 취소를 선결문제로 하는 부당이득반환청구가 포함되고, 이러한 부당이득반환청구가 인용되기 위해서는 그 소송절차에서 판결에 의해 당해 처분이 취소되면 충분하고 그 처분의 취소가 확정되어야 하는 것은 아니라고 보아야 한다(대판 2009.4.9. 2008두23153).

C 손해배상청구 등의 민사소송이 행정소송에 관련 청구로 병합되기 위한 요건

> 손해배상청구 등의 민사소송이 행정소송에 관련 청구로 병합되기 위해서는 그 청구의 내용 또는 발생 원인이 행정소송의 대상인 처분 등과 법률상 또는 사실상 공통되거나, 그 처분의 효력이나 존부 유무가 선결문제로 되는 등의 관계에 있어야 함이 원칙이다(대판 2000.10.27. 99두561).

B 동일한 행정처분에 대하여 무효확인의 소를 제기하였다가 그 후 그 처분의 취소를 구하는 소를 추가적으로 병합한 경우, 주된 청구인 무효확인의 소가 적법한 제소기간 내에 제기되었다면 추가로 병합된 취소청구의 소도 적법하게 제기된 것으로 볼 수 있는지 여부(적극)

> 하자 있는 행정처분을 놓고 이를 무효로 볼 것인지 아니면 단순히 취소할 수 있는 처분으로 볼 것인지는 동일한 사실관계를 토대로 한 법률적 평가의 문제에 불과하고, 행정처분의 무효확인을 구하는 소에는 특단의 사정이 없는 한 그 취소를 구하는 취지도 포함되어 있다고 보아야 하는 점 등에 비추어 볼 때, 동일한 행정처분에 대하여 무효확인의 소를 제기하였다가 그 후 그 처분의 취소를 구하는 소를 추가적으로 병합한 경우, 주된 청구인 무효확인의 소가 적법한 제소기간 내에 제기되었다면 추가로 병합된 취소청구의 소도 적법하게 제기된 것으로 봄이 상당하다(대판 2005.12.23. 2005두3554).

B 행정처분에 대한 무효확인과 취소청구의 선택적 병합 또는 단순병합의 허용 여부(소극) [19 하반기 서울시 7급, 18 소방직, 15 국가직 9급] 02 03 04

> 행정처분에 대한 무효확인과 취소청구는 서로 양립할 수 없는 청구로서 주위적·예비적 청구로서만 병합이 가능하고 선택적 청구로서의 병합이나 단순병합은 허용되지 아니한다(대판 1999.8.20. 97누6889).

개념확인 O/X

01 취소소송에 당해 처분의 취소를 선결문제로 하는 부당이득반환청구가 병합된 경우 그 청구가 인용되려면 소송절차에서 당해 처분의 취소가 확정되어야 한다.
15 국가9급 (O / X)

02 행정처분에 대한 무효확인과 취소청구는 서로 양립할 수 없는 청구로서 선택적 청구로서의 병합만이 가능하고 단순병합은 허용되지 아니한다.
19 하반기 서울7급 (O / X)

03 행정처분에 대한 무효확인과 취소청구는 서로 양립할수 없는 청구로서 주위적·예비적 청구로서만 병합이 가능하고 선택적 청구로서의 병합이나 단순병합은 허용되지 않는다.
18 소방 (O / X)

04 행정처분에 대한 무효확인과 취소청구는 서로 양립할 수 없는 청구로서 주위적·예비적 청구로서만 병합이 가능하고 선택적 청구로서의 병합은 허용되지 않는다.
15 국가9급 (O / X)

| 정답 | 01 X 02 X 03 O 04 O

ⓒ 주관적 청구와 예비적 청구가 병합된 경우, 예비적 청구의 피고를 경정하는 것은 소의 주관적·예비적 병합에 해당되어 허용되지 아니하므로 법원이 피고경정을 권유할 수 없고, 예비적 청구를 교환적으로 변경할 것을 권유하는 것 역시 석명권의 한계를 일탈이라는 사례

> 택지초과소유부담금 부과처분에 대한 무효확인의 주위적 청구와 그 부과처분에 의한 택지초과소유부담금은 체납처분(공매)에 의하여 강제징수할 수 없음의 확인을 구하는 예비적 청구는 별개의 독립된 청구이고, 이른바 소의 주관적·예비적 병합은 원칙적으로 허용되지 아니하므로, 법원으로서는 적극적으로 예비적 청구의 피고를 국가 또는 공공단체로 경정할 것을 시사하여 그 제출을 권유할 수 없고, 또한 주위적 청구 대신 예비적 청구를 교환적으로 변경할 것을 시사하여 그 제출을 권유하는 것 역시 석명권의 한계를 일탈하는 것이다(대판 2002.11.8. 2001두3181).

(10) 행정심판과의 관계(행정심판전치주의)

> **결정적 코멘트** ▶ 취소소송의 전제로서 행정심판전치주의에 대한 이해와 관련된 요건 및 행정심판전치주의의 예외적 사안들을 구분하는 것이 중요하다.

① 의의
  ㉠ 행정처분에 불복하는 당사자가 처분에 대한 항고소송을 청구하기 전에 행정심판을 전치하여야 하는지에 대한 문제이다. 이에 대해 행정심판을 전치하여야 하는 경우를 '필요적 행정심판전치주의'라 하고, 전치 여부가 임의적 자유인 경우를 '임의적 행정심판전치주의'라 한다.
  ㉡ 행정심판전치주의에서의 행정심판은 「행정심판법」상의 행정심판만을 의미하는 것은 아니고 개별법상의 행정심판의 경우를 포함한다.
  ㉢ 행정심판전치주의 여부는 입법자의 입법정책적인 문제이다.

② 우리나라의 행정심판전치주의
  ㉠ 종래: '필요적 행정심판전치주의'에 해당되어 행정소송 제기에 앞서 행정심판을 반드시 제기하여야 했다.
  ㉡ 현행법
    ⓐ 원칙: 원칙적으로 '임의적 행정심판전치주의'에 해당되어 행정심판을 전치하지 않아도 취소소송을 청구할 수 있다. 01
    ⓑ 예외: 일부 개별법에 필요적 행정심판전치주의를 규정하고 있다.
    ⓒ 필요적 행정심판전치주의의 예: 조세 관련 소송(「국세기본법」, 「관세법」), 공무원 징계처분(「국가공무원법」, 「지방공무원법」), 교원징계처분, 노동위원회결정(「노동위원회법」, 「노동조합 및 노동관계조정법」), 운전면허 취소·정지처분(「도로교통법」), 토지거래불허가처분, 사용료·수수료·분담금부과 징수처분에 대한 불복(「지방자치법」), 징발보상금지급결정(「징발법」) 등이 해당된다.

③ 관련 정도
  ㉠ 2단계 이상의 행정심판절차
    ⓐ 처분청에 대한 이의신청·상급감독청에 대한 행정심판 등 2단계 이상의 행정심판이 인정되고 있는 경우, 어느 하나만 거치면 행정소송을 제기할 수 있음이 원칙이다(통설·판례).
    ⓑ 하지만 「국세기본법」에 따르면 이의신청은 임의적이고 심사청구나 심판청구는 필요적 선택에 해당되어, 이의신청을 거친 경우에도 심사나 심판청구가 없으면 행정소송을 청구할 수 없다.

개념확인 O/X

01 원칙적으로 임의적 행정심판전치주의를 취하고 있다.
16 교육행정 (O/X)

| 정답 | 01 O

ⓒ 인적 관련도: 행정심판의 청구인과 행정소송의 원고는 반드시 동일인일 것을 요하지 않는다. 「행정소송법」은 동종 사건에 관하여 이미 행정심판의 기각재결이 있는 때에는 행정심판을 제기할 필요가 없음을 명시하고 있다(제18조 제3항 제1호).
ⓒ 물적 관련도
  ⓐ 행정심판의 청구원인과 행정소송의 청구원인은 그 기본적인 점에서 동일성을 유지하고 있으면 된다.
  ⓑ 쟁송대상으로서의 처분 등이 행정심판과 행정소송에서 동일하면 반드시 동일한 공격이나 방어의 방법이 아니어도 상관없다.

④ 행정심판청구의 적법성 여부에 따른 요건의 충족문제
  ⓐ 직권조사사항: 행정심판전치가 필요적으로 요구되는 경우 이를 거쳤는지 여부는 소송요건이므로 법원의 직권조사사항이다.
  ⓒ 충족의 시점: 소송요건의 충족 여부는 사실심 변론종결 시를 기준으로 하므로 변론종결 시까지 행정심판을 거치면 그 소는 적법하게 된다.
  ⓒ 행정심판청구가 각하된 경우: 행정심판청구가 부적법하여 각하된 경우에는 소송을 갖추지 못한 것이 되어 취소소송은 각하된다.
  ⓔ 부적법한 행정심판청구를 재결한 경우: 부적법한 행정심판청구를 재결기관이 간과하고 재결하였다 하더라도 그 부적법성이 치유되는 것이 아니므로 취소소송은 각하된다.
  ⓜ 적법한 행정심판청구가 각하된 경우: 적법한 행정심판청구에 대해 재결기관이 이를 부적법하다 하여 각하한 경우에는 전치요건을 구비한 것으로 보아 다시 행정심판을 거칠 필요가 없이 취소소송을 제기할 수 있다.
  ⓗ 오고지의 경우
    ⓐ 필요적 행정심판전치주의가 적용되는 처분: 행정청이 처분을 함에 있어서 행정심판을 전치하지 않아도 된다고 잘못 알린 경우에는 행정심판의 전치 없이 취소소송을 청구할 수 있다.
    ⓑ 필요적 행정심판전치주의가 적용되지 않는 처분: 행정청이 처분을 함에 있어 행정심판을 전치하여야 한다고 잘못 알린 경우에 당사자는 행정심판의 전치 없이 취소소송을 청구할 수 있다.

⑤ 필요적 행정심판전치주의의 예외: 필요적 행정심판전치주의가 적용되는 처분의 경우도 아래의 표와 같이 행정심판을 제기함이 없이 소송을 제기할 수 있는 경우나 행정심판을 제기하되 재결을 거치지 않고 소송을 제기할 수 있는 경우가 있다(제18조). 01 02 03 04 05 06

행정심판을 제기하되 재결을 거치지 않고 소송을 제기할 수 있는 경우(제2항)	행정심판을 제기함이 없이 소송을 제기할 수 있는 경우(제3항)
• 행정심판청구가 있은 날로부터 60일이 지나도 재결이 없는 때 • 처분의 집행 또는 절차의 속행으로 생길 중대한 손해를 예방하여야 할 긴급한 필요가 있는 때 • 법령의 규정에 의한 행정심판기관이 의결 또는 재결을 하지 못할 사유가 있는 때 • 그 밖의 정당한 사유가 있는 때	• 동종 사건에 관하여 이미 행정심판의 기각재결이 있은 때 • 서로 내용상 관련되는 처분 또는 같은 목적을 위하여 단계적으로 진행되는 처분 중 어느 하나가 이미 행정심판의 재결을 거친 때 • 행정청이 사실심의 변론종결 후 소송의 대상인 처분을 변경하여 당해 변경된 처분에 관하여 소를 제기하는 때 • 처분을 행한 행정청이 행정심판을 거칠 필요가 없다고 잘못 알린 때

개념확인 O/X

01 「행정소송법」상 필요적 전치주의가 적용되는 사안에서, 동종 사건에 관하여 이미 행정심판의 기각재결이 있는 경우에는 행정심판의 재결을 기다릴 필요없이 소송을 청구할 수 있다.
17 지방9급 (O/X)

02 동종 사건에 관하여 이미 행정심판의 기각재결이 있은 때에는 행정심판을 전치할 필요가 없다.
16 서울9급 (O/X)

03 서로 내용상 관련되는 처분 또는 같은 목적을 위하여 단계적으로 진행되는 처분 중 어느 하나가 이미 행정심판의 재결을 거친 때에는 행정심판을 전치하지 않아도 된다.
16 서울9급 (O/X)

04 행정청이 사실심의 변론종결 후 소송의 대상인 처분을 변경하여 당해 변경된 처분에 관하여 소를 제기하는 때에는 행정심판을 전치할 필요가 없다.
16 서울9급 (O/X)

05 법령의 규정에 의한 행정심판기관이 의결 또는 재결을 하지 못할 사유가 있는 때에는 행정심판 자체를 전치할 필요가 없다.
16 서울9급 (O/X)

06 처분의 집행 또는 절차의 속행으로 생길 중대한 손해를 예방하여야 할 긴급한 필요가 있는 경우에는 행정심판의 재결을 기다릴 필요없이 소송을 청구할 수 있다.
17 지방9급 (O/X)

| 정답 | 01 X 02 O 03 O 04 O 05 X 06 O

⑥ 적용범위
　㉠ 취소소송과 부작위위법확인소송에는 필요적 행정심판전치주의가 적용되지만, 무효등확인소송과 당사자소송에는 적용되지 않는다. 다만, 무효선언을 구하는 의미의 취소소송에는 적용된다. 01
　㉡ 처분의 직접상대방이 아닌 제3자가 제소하는 경우에도 적용된다.
　㉢ 재결에 대한 취소소송이나 이행재결에 따른 처분의 취소소송에서는 행정심판전치주의가 적용되지 않는다.

> **개념확인 O/X**
>
> 01 갑은 압류처분에 대해 무효확인소송을 제기하려면 무효확인심판을 거쳐야 한다.
> 19 국가7급　　　　　　(O/X)

관련 판례

🅒 교원에 대한 징계처분에 관하여 재심청구를 거치지 아니하고서는 행정소송을 제기할 수 없도록 한 「국가공무원법」 제16조 제2항 중 교원에 대한 부분(이하 '이 사건 법률조항'이라 한다)이 헌법 제107조 제3항에 위반되는지 여부(소극)

> 「교원지위향상을 위한 특별법」(이하 '교원지위법'이라 한다) 제9조 제1항 중 청구기간 부분에 대한 위헌 여부에 따라 당해 사건의 재판의 주문이나 결론이 달라지지는 아니하고, 다만 위 조항의 위헌 여부에 따라 각하판결의 이유가 '같은 법상 재심청구기간의 도과로 인한 전심절차 흠결'에서 '「행정심판법」상 청구기간 도과로 인한 전심절차 흠결'로 달라지게 되나, 각하이유 구성 시 전심절차 흠결의 전제가 되는 청구기간의 근거조문이 달라지는 경우를 재판의 내용과 효력에 관한 법률적 의미가 달라지는 경우라고 보기는 어려우므로, 위 조항의 위헌 여부가 재판의 전제가 된다고 할 수 없다(헌재 2007.1.17. 2005헌바86).

🅒 제기기간을 도과한 행정심판청구의 부적법을 간과한 채 행정청이 실질적 재결을 한 경우의 행정소송의 전치요건 충족 여부(소극)

> 행정처분의 취소를 구하는 항고소송의 전심절차인 행정심판청구가 기간도과로 인하여 부적법한 경우에는 행정소송 역시 전치의 요건을 충족치 못한 것이 되어 부적법 각하를 면치 못하는 것이고, 이 점은 행정청이 행정심판의 제기기간을 도과한 부적법한 심판에 대하여 그 부적법을 간과한 채 실질적 재결을 하였다 하더라도 달라지는 것이 아니다(대판 1991.6.25. 90누8091).

🅒 항고소송에 있어 전심절차에서 주장하지 아니한 공격방어방법을 소송절차에서 주장할 수 있는지 여부(적극)

> 항고소송에 있어서 원고는 전심절차에서 주장하지 아니한 공격방어방법을 소송절차에서 주장할 수 있고 법원은 이를 심리하여 행정처분의 적법 여부를 판단할 수 있는 것이므로, 원고가 전심절차에서 주장하지 아니한 처분의 위법사유를 소송절차에서 새롭게 주장하였다고 하여 다시 그 처분에 대하여 별도의 전심절차를 거쳐야 하는 것은 아니다(대판 1996.6.14. 96누754).

🅒 「산업재해보상보험법」상의 보험급여처분에 대한 보험가입자인 사업주의 원고적격 여부나, 사실심변론종결 시까지의 전심절차 이행과 전심요건 흠결의 하자치유 여부

> 「산업재해보상보험법」상의 보험급여처분에 대한 행정소송은 심사 및 재심사의 2단계 전심절차를 거친 연후에 제기하도록 되어 있으나 행정심판전치주의의 근본취지가 행정청에게 반성의 기회를 부여하고 행정청의 전문지식을 활용하는데 있는 것이므로 제소당시에 비록 전치요건을 구비하지 못한 위법이 있다 하여도 사실심변론종결 당시까지 그 전치요건을 갖추었다면 그 흠결의 하자는 치유되었다고 볼 것이다(대판 1987.9.22. 87누176).

| 정답 | 01 X

개념확인 O/X

01 제소기간의 요건은 처분의 상대방이 소송을 제기하는 경우는 물론이고 법률상 이익이 침해된 제3자가 소송을 제기하는 경우에도 적용된다.
19 국회8급 (O / X)

02 취소소송은 처분 등이 있음을 안 날부터 90일 이내에, 처분 등이 있은 날부터 1년 이내에 제기할 수 있고, 다만 처분 등이 있은 날부터 1년이 경과하여도 정당한 사유가 있다면 취소소송을 제기할 수 있다.
20 소방 (O / X)

03 행정청이 행정심판청구를 할 수 있다고 잘못 알려 행정심판청구를 한 경우 취소소송의 제기기간은 행정심판재결서 정본을 송달받은 날부터 기산한다.
13 지방9급 (O / X)

04 행정심판을 거친 경우에 취소소송의 제기기간은 재결서의 정본을 송달받은 날부터 90일 이내이다.
20 소방 (O / X)

05 상대방이 있는 행정처분에 대하여 행정심판을 거치지 아니하고 바로 취소소송을 제기하는 경우 처분이 있음을 안 날이란 통지, 공고 기타의 방법에 의해 당해 행정처분이 있었다는 사실을 현실적으로 안 날을 의미한다.
17 하반기 국가7급 (O / X)

06 제3자효 행정행위의 경우 제3자가 어떠한 경우로든 행정처분이 있음을 안 이상 그 처분이 있음을 안 날로부터 90일 이내에 취소소송을 제기하여야 한다.
12 사회복지 (O / X)

07 고시에 의한 행정처분의 상대방이 불특정 다수인인 경우, 그 행정처분에 이해관계를 갖는 자는 고시가 있었다는 사실을 현실적으로 알았는지 여부에 관계없이 고시가 효력을 발생하는 날부터 90일 이내에 취소소송을 제기하여야 한다.
16 지방9급 (O / X)

08 취소소송의 제소기간은 불변기간이다.
13 지방9급 (O / X)

© 「행정소송법」 제18조 제3항 제1호 소정의 '동종 사건'의 의미

「행정소송법」 제18조 제3항 제1호 소정의 '동종 사건'에는 당해 사건은 물론이고, 당해 사건과 기본적인 점에서 동질성이 인정되는 사건도 포함되는 것으로서, 당해 사건에 관하여 타인이 행정심판을 제기하여 그에 대한 기각재결이 있었다든지 당해 사건 자체는 아니더라도 그 사건과 기본적인 점에서 동질성을 인정할 수 있는 다른 사건에 대한 행정심판의 기각재결이 있을 때도 여기에 해당한다(대판 1993.9.28, 93누9132).

(11) 제소기간 [빈출]

> **결정적 코멘트** ▶ 제소기간에 관해서는 단순암기가 아닌, 판례의 사안마다 각각의 이해를 필요로 한다.

① **제도적 의의**: 취소소송은 일정한 기간 내에 제기하여야 하며, 그 기간을 경과하면 불가쟁력이 발생하여 더 이상 다툴 수 없게 된다. 이는 행정법관계를 신속히 확정하여 법적 안정성을 기하려는 데 그 취지가 있다(법원의 직권조사사항). **01**

② **원칙**
   ㉠ 취소소송은 처분 등이 있음을 안 날부터 90일(불변기간) 이내, 처분 등이 있은 날부터 1년 이내에 제기하여야 한다. 이 두 기간 중 어느 하나라도 경과하면 취소소송을 제기하지 못한다. **02**
   ㉡ 행정심판을 거친 경우와 그 밖에 행정심판청구를 할 수 있는 경우 또는 행정청이 행정심판청구를 할 수 있다고 잘못 알린 경우에는 재결서의 정본을 송달받은 날로부터 90일, 재결이 있은 날로부터 1년 이내에 제기하여야 한다. **03 04**

③ **'안 날부터 90일' 이내**
   ㉠ 현실적으로 안 날 **05 06**
      ⓐ 처분의 상대방이 특정된 경우에는 처분의 상대방이 현실적으로 안 날을 의미한다.
      ⓑ 또한 처분을 안 날을 의미하며, '처분의 위법'을 안 날을 의미하지는 않는다.
   ㉡ 처분이 고지되지 않았는데 다른 방법으로 안 날을 의미하지 않음
      ⓐ 처분을 현실적으로 안 날은 행정처분이 상대방에게 고지되지 않았으나, 상대방이 다른 경로를 통해 행정처분의 내용을 알게 된 경우를 의미하지 않는다.
      ⓑ 이러한 법리는 행정심판에서도 동일하게 적용된다.
   ㉢ '안 날'의 추정: 대법원에 의하면 처분에 관한 서류가 당사자 주소지에 송달되어 사회통념상 처분이 있음을 당사자가 알수 있는 상태에 놓인 때에 반증이 없는 한 처분이 있음을 알 수 있는 상태에 놓여진 경우라 한다.
   ㉣ 고시나 공고에 의한 처분의 경우 **07**
      ⓐ 특정인을 상대로 한 처분에서 주소불명 등의 이유로 공고한 경우: 대법원은 공고가 효력을 발생하는 날에 상대방이 그 처분이 있음을 알았다고 볼 수는 없고, 상대방이 해당 처분이 있었다는 사실을 현실적으로 안 날에 그 처분이 있음을 알았다고 본다.
      ⓑ 불특정 다수인에게 고시 또는 공고한 처분의 경우: 대법원은 불특정 다수인에 대한 처분을 고시나 공고의 경우에 의해 행한 경우에 처분의 이해관계인의 안 날은 고시나 공고가 있었다는 것을 이해관계인이 현실적으로 알았는지 여부와 상관없이 '고시 등의 효력이 발생하는 날'에 행정처분이 있음을 안 날로 본다.
   ㉤ 불변기간과 소송행위의 추후보완
      ⓐ '안 날로부터 90일 이내'의 기간은 불변기간으로 법원은 이를 줄이거나 늘일 수 없다.
      08

| 정답 | 01 O 02 O 03 O 04 O 05 O 06 O 07 O 08 O

ⓑ 다만, 「민사소송법」 규정에 따라 법원은 불변기간에 대하여 주소 또는 거소가 멀리 떨어진 곳에 있는 사람을 위하여 부가기간(附加期間)을 정할 수 있다.
ⓒ **소송행위의 추후보완**: 당사자가 책임질 수 없는 사유로 말미암아 불변기간을 지킬 수 없었던 경우에는 그 사유가 없어진 날부터 2주 이내에 게을리 한 소송행위를 보완할 수 있다. 다만, 그 사유가 없어질 당시 외국에 있던 당사자에 대하여는 이 기간을 30일로 한다(「민사소송법」 제173조 제1항). 01

④ '있은 날부터 1년' 이내
㉠ **'있은 날'**: 처분이 통지 등에 방법에 따라 대외적으로 표시되어 효력을 발생한 날을 말한다.
㉡ **불변기간의 여부**: 처분 등이 있은 날로부터 1년은 불변기간은 아니나, 정당한 사유(천재지변·전쟁·사변 그밖에 불가항력적인 사유 등)로 인하여 1년 이내에 소송을 제기할 수 없으면 1년이 경과하여도 소송을 제기할 수 있다.
㉢ **정당한 사유**
ⓐ 의미: 대법원에 의하면 「행정소송법」 제20조 제2항 소정의 '정당한 사유'란 불확정개념으로서 그 존부는 사안에 따라 개별적·구체적으로 판단하여야 하나 「민사소송법」 제173조의 '당사자가 책임질 수 없는 사유'나 「행정심판법」 제27조 제2항 소정의 '천재지변, 전쟁, 사변 그 밖에 불가항력적인 사유'보다는 넓은 개념이라고 풀이되므로, 제소기간 도과의 원인 등 여러 사정을 종합하여 지연된 제소를 허용하는 것이 사회통념상 상당하다고 할 수 있는가에 의하여 판단하여야 한다.
ⓑ 제3자효 행정행위에서의 제3자의 제소의 경우: 행정처분의 제3자는 처분의 있음을 알기 곤란한 처지에 놓여 있어 처분이 있은 날부터 1년이 경과되어도 처분이 있음을 알았다는 특별한 사정이 없는 한 정당한 사유로 인정된다.

⑤ 불고지·오고지의 경우
㉠ 행정심판과 달리 행정소송에서는 규정이 없다.
㉡ 대법원은 행정청이 법정 심판기간보다 긴 기간으로 잘못 알린 경우에 잘못 알린 기간 내에 심판청구가 있으면 기간 내에 제기된 것으로 본다는 「행정심판법」의 규정은 행정소송에 적용될 수 없다고 한다. 02
㉢ 또한 이러한 행정청의 오고지가 당사자가 책임질 수 없는 사유에 해당되지 않는다고 한다.

⑥ 소변경과 제소기간
㉠ **청구의 기초에 변경이 없는 범위 내에서 소변경이 이루어지는 경우**: 변경된 소는 처음에 소를 제기한 때에 제기된 것으로 본다.
㉡ **청구취지의 변경에 의한 소변경**: 대법원에 의하면 청구취지를 변경하여 구소가 취하되고 새로운 소가 제기된 것으로 되는 경우에 제소기간은 소변경시점이 기준이라 한다. 03

⑦ 제소기간의 행정소송 적용 04
㉠ 취소소송의 경우에는 적용이 된다.
㉡ 무효등확인소송은 불가쟁력과 무관하므로 적용되지 않는다.
㉢ 부작위법확인소송은 행정심판을 전치한 경우가 아니면 적용되지 않는다.
㉣ 당사자소송에는 제한이 없으나 법령에 제소기간이 정하여져 있는 경우에는 그 기간은 불변기간으로 한다(「행정소송법」 제41조).

개념확인 O/X

01 법원은 취소소송의 제소기간을 확장하거나 단축할 수 없으나 주소 또는 거소가 멀리 떨어진 곳에 있는 자를 위하여 부가기간을 정할 수 있다.
13 지방9급 (O / X)

02 행정청이 법정 심판청구기간보다 긴 기간으로 잘못 알린 경우에 그 잘못 알린 기간 내에 심판청구가 있으면 그 심판청구는 법정 심판청구기간 내에 제기된 것으로 본다는 취지의 「행정심판법」의 규정은 행정소송 제기에도 당연히 적용되는 규정이라고 할 수는 없다.
25 국가9급 (O / X)

03 공정거래위원회의 처분에 대하여 불복의 소를 제기하였다가 청구취지를 추가하는 경우, 추가된 청구취지에 대한 제소기간의 준수 등은 원칙적으로 청구취지의 추가·변경 신청이 있는 때를 기준으로 판단하여야 한다.
20 국회8급 (O / X)

04 「행정소송법」상의 제소기간은 무효등확인소송과 부작위법확인소송에는 준용될 수 없다.
(O / X)

| 정답 | 01 O 02 O 03 O 04 X

| 개념확인 O/X |

| 관련 판례 | 처분이 있음을 안 날

B 특정인에 대한 행정처분을 주소불명 등의 이유로 송달할 수 없어 관보 등에 공고한 경우, 상대방이 그 처분이 있음을 안 날(= 현실적으로 안 날)

> 소정의 제소기간 기산점인 '처분이 있음을 안 날'이라 함은 당사자가 통지, 공고 기타의 방법에 의하여 당해 처분이 있었다는 사실을 현실적으로 안 날을 의미하는바, 특정인에 대한 행정처분을 주소불명 등의 이유로 송달할 수 없어 관보·공보·게시판·일간신문 등에 공고한 경우에는, 공고가 효력을 발생하는 날에 상대방이 그 행정처분이 있음을 알았다고 볼 수는 없고, 상대방이 당해 처분이 있었다는 사실을 현실적으로 안 날에 그 처분이 있음을 알았다고 보아야 한다(대판 2006. 4. 28. 2005두14851).

A 고시 또는 공고에 의하여 행정처분을 하는 경우, 그에 대한 취소소송 제기간의 기산일(= 고시 또는 공고의 효력발생일) [20 지방직 9급, 17 하반기 국가직 7급, 10 국회직 9급] **01**

01 고시 또는 공고에 의하여 행정처분을 하는 경우 그 행정처분에 이해관계를 갖는 사람이 고시 또는 공고가 있었다는 사실을 현실적으로 알았는지 여부에 관계없이 고시 또는 공고가 효력을 발생한 날에 행정처분이 있음을 알았다고 보아야 한다.
20 지방9급 (O / X)

> 통상 고시 또는 공고에 의하여 행정처분을 하는 경우에는 그 처분의 상대방이 불특정 다수인이고 그 처분의 효력이 불특정 다수인에게 일률적으로 적용되는 것이므로, 그 행정처분에 이해관계를 갖는 자가 고시 또는 공고가 있었다는 사실을 현실적으로 알았는지 여부에 관계없이 고시가 효력을 발생하는 날 행정처분이 있음을 알았다고 보아야 한다(대판 2007. 6. 14. 2004두619).

B 처분서의 송달 전에 정보공개청구를 통하여 처분서를 확인한 경우 그 행정처분에 대한 취소소송의 제소기간이 진행하는지 여부(소극) [21 국가직 9급] **02**

02 '처분이 있음을 안 날'은 처분이 있었다는 사실을 현실적으로 안 날을 의미하므로, 처분서를 송달받기 전 정보공개청구를 통하여 처분을 하는 내용의 일체의 서류를 교부받았다면 그 서류를 교부받은 날부터 제소기간이 기산된다.
21 국가9급 (O / X)

> 지방보훈청장이 허혈성심장질환이 있는 갑에게 재심 서면판정 신체검사를 실시한 다음 종전과 동일하게 전(공)상군경 7급 국가유공자로 판정하는 '고엽제후유증전환 재심신체검사 무변동처분' 통보서를 송달하자 갑이 위 처분의 취소를 구한 사안에서, 위 처분이 갑에게 고지되어 처분이 있다는 사실을 현실적으로 알았을 때 「행정소송법」 제20조 제1항에서 정한 제소기간이 진행한다고 보아야 함에도, 갑이 통보서를 송달받기 전에 자신의 의무기록에 관한 정보공개를 청구하여 위 처분을 하는 내용의 통보서를 비롯한 일체의 서류를 교부받은 날부터 제소기간을 기산하여 위 소는 90일이 지난 후 제기한 것으로서 부적법하다고 본 원심판결에 법리를 오해한 위법이 있다(대판 2014. 9. 25. 2014두8254).

C 갑 광역시 교육감이 을 학교법인의 학교장과 직원에 대하여 징계(해임)를 요구하는 처분에 대한 이의신청을 하였다가 기각되자 위 처분의 취소를 구하는 소를 제기한 사안에서, 을 법인이 위 처분이 있었다고 인정되는 날부터 제소기간을 기산하여 위 소가 제소기간의 도과로 부적법하다고 본 사례

> 갑 광역시 교육감이 「공공감사에 관한 법률」(이하 '공공감사법'이라 한다) 등에 따라 을 학교법인이 운영하는 병 고등학교에 대한 특정감사를 실시한 후 병 학교의 학교장과 직원에 대하여 징계(해임)를 요구하는 처분을 하였는데, 을 법인이 위 처분에 대한 이의신청을 하였다가 기각되자 위 처분의 취소를 구하는 소를 제기한 사안에서, 공공감사법상의 재심의신청 및 (구)갑광역시교육청 행정감사규정상의 이의신청은 자체감사를 실시한 중앙행정기관 등의 장으로 하여금 감사결과나 그에 따른 요구사항의 적법·타당 여부를 스스로 다시 심사하도록 한 절차로서 행정심판을 거친 경우의 제소기간의 특례가 적용될 수 없다고 보고, 이의신청에 대한 결과통지일이 아니라 을 법인이 위 처분이 있음을 알았다고 인정되는 날부터 제소기간을 기산하여 위 소가 제소기간의 도과로 부적법하다고 본 원심판단은 정당하다(대판 2014. 4. 24. 2013두10809).

C 처분 당시에는 취소소송의 제기가 법제상 허용되지 않아 소송을 제기할 수 없다가 위헌결정으로 인하여 비로소 취소소송을 제기할 수 있게 된 경우 제소기간의 기산점

> 「행정소송법」 제20조가 제소기간을 규정하면서 '처분 등이 있은 날' 또는 '처분 등이 있음을 안 날'을 각 제소기간의 기산점으로 삼은 것은 그때 비로소 적법한 취소소송을 제기할 객관적 또는 주관적 여지가 발생하기 때문이므로, 처분 당시에는 취소소송의 제기가 법제상 허용되지 않아 소송을

| 정답 | 01 O 02 X

제기할 수 없다가 위헌결정으로 인하여 비로소 취소소송을 제기할 수 있게 된 경우, 객관적으로는 '위헌결정이 있은 날', 주관적으로는 '위헌결정이 있음을 안 날' 비로소 취소소송을 제기할 수 있게 되어 이때를 제소기간의 기산점으로 삼아야 한다(대판 2008.2.1. 2007두20997).

🅒 **행정청이 식품위생법령에 따라 영업자에게 행정제재처분을 한 후 당초 처분을 영업자에게 유리하게 변경하는 처분을 한 경우, 취소소송의 대상 및 제소기간 판단기준이 되는 처분(= 당초 처분)**

> 행정청이 식품위생법령에 따라 영업자에게 행정제재처분을 한 후 그 처분을 영업자에게 유리하게 변경하는 처분을 한 경우, 변경처분에 의하여 당초 처분은 소멸하는 것이 아니고 당초부터 유리하게 변경된 내용의 처분으로 존재하는 것이므로, 변경처분에 의하여 유리하게 변경된 내용의 행정제재가 위법하다 하여 그 취소를 구하는 경우 그 취소소송의 대상은 변경된 내용의 당초 처분이지 변경처분은 아니고, 제소기간의 준수 여부도 변경처분이 아닌 변경된 내용의 당초 처분을 기준으로 판단하여야 한다(대판 2007.4.27. 2004두9302).

🅑 **취소소송에 있어서 소의 변경이 있는 경우, 새로운 소에 대한 소 제기기간 준수 여부의 기준시점(= 소 변경 시)** [17 지방직 9급] **01**

> 취소소송은 처분 등이 있음을 안 날부터 90일 이내에 제기하여야 하고, 처분 등이 있은 날부터 1년을 경과하면 제기하지 못하며(「행정소송법」 제20조 제1항·제2항), 청구취지를 변경하여 구 소가 취하되고 새로운 소가 제기된 것으로 변경되었을 때에 새로운 소에 대한 제소기간의 준수 등은 원칙적으로 소의 변경이 있는 때를 기준으로 하여야 한다(대판 2004.11.25. 2004두7023).

🅑 **행정청이 행정심판청구를 할 수 있다고 잘못 알려 행정심판의 청구를 한 경우에는 그 제소기간은 행정심판 재결서의 정본을 송달받은 날부터 기산하여야 한다** [21 국가직 9급, 17 지방직 9급] **02 03**

> 「행정소송법」 제20조 제1항에 의하면 취소소송은 원칙적으로 처분 등이 있음을 안 날부터 90일 이내에 제기하여야 하나, 행정청이 행정심판청구를 할 수 있다고 잘못 알려 행정심판의 청구를 한 경우에는 그 제소기간은 행정심판 재결서의 정본을 송달받은 날부터 기산하여야 한다(대판 2006.9.8. 2004두947).

🅒 **상호저축은행의 관리인에게 영업인가취소처분을 통지한 경우, 그때를 취소소송의 제소기간 기산점인 '처분이 있음을 안 날'로 볼 수 있는지 여부(적극)**

> 관리인은 상호저축은행의 업무를 집행하고 재산을 관리·처분하는 권한을 가진 자로서 각종 송달이나 행정처분 등을 통지받을 권한이 있으므로, 상호저축은행은 그 관리인에게 영업인가취소처분이 통지된 때에 처분이 있음을 알았다고 보아야 한다(대판 2012.3.15. 2008두4619).

🅐 **행정처분이 있음을 안 날부터 90일을 넘겨 행정심판을 청구하였다가 부적법하다는 이유로 각하재결을 받은 후 재결서를 송달받은 날부터 90일 내에 원래의 처분에 대하여 취소소송을 제기한 경우, 취소소송의 제소기간을 준수한 것으로 볼 수 있는지 여부(소극)** [21 국가직 9급, 17 지방직 7급, 17 지방직 9급] **04**

> 처분이 있음을 안 날부터 90일 이내에 행정심판을 청구하지도 않고 취소소송을 제기하지도 않은 경우에는 그 후 제기된 취소소송은 제소기간을 경과한 것으로서 부적법하고, 처분이 있음을 안 날부터 90일을 넘겨 청구한 부적법한 행정심판청구에 대한 재결이 있은 후 재결서를 송달받은 날부터 90일 이내에 원래의 처분에 대하여 취소소송을 제기하였다고 하여 취소소송이 다시 제소기간을 준수한 것으로 되는 것은 아니다(대판 2011.11.24. 2011두18786).

개념확인 O/X

01 청구취지를 변경하여 종전의 소가 취하되고 새로운 소가 제기된 것으로 변경되었다면 새로운 소에 대한 제소기간 준수 여부는 원칙적으로 소의 변경이 있은 때를 기준으로 한다.
17 지방9급 (O / X)

02 행정청이 행정심판청구를 할 수 있다고 잘못 알려 행정심판을 청구한 경우에는 재결서 정본을 송달받은 날이 아닌 처분이 있음을 안 날로부터 제소기간이 기산된다.
21 국가9급 (O / X)

03 처분의 불가쟁력이 발생하였고 그 이후에 행정청이 당해 처분에 대해 행정심판청구를 할 수 있다고 잘못 알렸다면, 그 처분의 취소소송의 제소기간은 행정심판의 재결서를 받은 날부터 기산한다.
17 지방9급 (O / X)

04 행정심판을 청구하였으나 심판청구기간을 도과하여 각하된 후 제기하는 취소소송은 재결서를 송달받은 날부터 90일 이내에 제기하면 된다.
21 국가9급 (O / X)

| 정답 | 01 O 02 X 03 X 04 X

> 개념확인 O/X

ⓒ 민원사무처리법에 따른 이의신청절차와 제소기간

민원사무처리법에서 정한 민원 이의신청의 대상인 거부처분에 대하여는 민원 이의신청과 상관없이 행정심판 또는 행정소송을 제기할 수 있으며, 사안의 전문성과 특수성을 살리기 위하여 특별한 필요에 따라 둔 행정심판에 대한 특별 또는 특례 절차라 할 수도 없어「행정소송법」에서 정한 행정심판을 거친 경우의 제소기간의 특례가 적용된다고 할 수도 없으므로, 민원 이의신청에 대한 결과를 통지받은 날부터 취소소송의 제소기간이 기산된다고 할 수 없다. 그리고 이와 같이 민원 이의신청절차와는 별도로 그 대상이 된 거부처분에 대하여 행정심판 또는 행정소송을 제기할 수 있도록 보장하고 있는 이상, 민원 이의신청절차에 의하여 국민의 권익 보호가 소홀하게 된다거나 헌법 제27조에서 정한 재판청구권이 침해된다고 볼 수도 없다(대판 2012.11.15. 2010두8676).

Ⓑ 원고가「행정소송법」상 항고소송으로 제기해야 할 사건을 민사소송으로 잘못 제기하여 수소법원이 관할법원에 이송하는 결정을 하고 이송결정이 확정된 후 원고가 항고소송으로 소 변경을 한 경우, 그 항고소송에 대한 제소기간 준수 여부를 판단하는 기준시기(= 처음 소를 제기한 때)

원고가「행정소송법」상 항고소송으로 제기해야 할 사건을 민사소송으로 잘못 제기한 경우에 수소법원이 그 항고소송에 대한 관할을 가지고 있지 아니하여 관할법원에 이송하는 결정을 하였고, 그 이송결정이 확정된 후 원고가 항고소송으로 소 변경을 하였다면, 그 항고소송에 대한 제소기간의 준수 여부는 원칙적으로 처음에 소를 제기한 때를 기준으로 판단하여야 한다(대판 2022.11.17. 2021두44425).

ⓒ「행정소송법」제8조 제2항에 의하여 제소행위의 추완에 준용되는「민사소송법」제173조 제1항에서 말하는 '당사자가 책임질 수 없는 사유'의 의미

취소소송은 처분 등이 있음을 안 날부터 90일 이내에 제기하여야 하고(「행정소송법」제20조 제1항 본문), 그 제소기간은 불변기간이며(같은 조 제3항), 다만 당사자가 책임질 수 없는 사유로 인하여 이를 준수할 수 없었던 경우에는 같은 법 제8조에 의하여 준용되는「민사소송법」제173조 제1항에 의하여 그 사유가 없어진 후 2주일 내에 해태된 제소행위를 추완할 수 있다고 할 것이며, 여기서 당사자가 책임질 수 없는 사유란 당사자가 그 소송행위를 하기 위하여 일반적으로 하여야 할 주의를 다하였음에도 불구하고, 그 기간을 준수할 수 없었던 사유를 말한다고 할 것이다(대판 2001.5.8. 2000두6916 등 참조). 한편,「행정심판법」제18조 제6항에 의하면 행정청이 심판청구기간을 알리지 아니한 때에는 같은 조 제3항의 기간, 즉 처분이 있은 날로부터 180일 이내에 심판청구를 할 수 있다고 규정되어 있지만, 이러한 규정은 행정심판 제기에 관하여 적용되는 규정이지, 행정소송의 제기에도 당연히 유추적용되는 규정이라고 할 수는 없다(대판 2008.6.12. 2007두16875).

ⓒ 위헌결정을 선고받은 법률조항의 합헌성을 신뢰했다는 사정이「행정소송법」제8조에 의하여 소제기행위의 추완에 준용되는「민사소송법」제160조 제1항에서 정한 '당사자가 책임질 수 없는 사유'에 해당하지 아니한다고 한 사례

특정 법률조항의 위헌결정이 선고된 경우에 당해 법률조항이 쟁점인 사건의 당사자는 소의 제기 또는 상소의 제기 등 소송행위를 추완할 수 있다는 결론에 이를 수 있어 사실상 위헌결정의 효력에 소급효를 인정하는 결과가 될 위험성이 있다는 등에 비추어 본다면, 위와 같은 사정만으로는 원고가 그 책임질 수 없는 사유로 인하여 불변기간인 제소기간을 준수할 수 없었던 경우에 해당한다고 볼 수가 없고, 따라서 이 사건 소는 제소기간이 도과한 후에 제기된 것으로서 부적법하다고 할 것이다(대판 2005.1.13. 2004두9951).

B 재결청의 재조사결정에 따른 심사청구기간이나 심판청구기간 또는 행정소송의 제소기간의 기산점 (= 후속 처분의 통지를 받은 날) [17 지방직 9급, 15 지방직 9급] 01

> 이의신청 등에 대한 결정의 한 유형으로 실무상 행해지고 있는 재조사결정은 처분청으로 하여금 하나의 과세단위의 전부 또는 일부에 관하여 당해 결정에서 지적된 사항을 재조사하여 그 결과에 따라 과세표준과 세액을 경정하거나 당초 처분을 유지하는 등의 후속 처분을 하도록 하는 형식을 취하고 있다. 이에 따라 재조사결정을 통지받은 이의신청인 등은 그에 따른 후속 처분의 통지를 받은 후에야 비로소 다음 단계의 쟁송절차에서 불복할 대상과 범위를 구체적으로 특정할 수 있게 된다. … (중략) … 그렇다면 재조사결정은 처분청의 후속 처분에 의하여 그 내용이 보완됨으로써 이의신청 등에 대한 결정으로서의 효력이 발생한다고 할 것이므로, 재조사결정에 따른 심사청구기간이나 심판청구기간 또는 행정소송의 제소기간은 이의신청인 등이 후속 처분의 통지를 받은 날부터 기산된다고 봄이 타당하다(대판 2010.6.25. 2007두12514 전합).

A 동일한 행정처분에 대하여 무효확인소송을 제기하였다가 그 후 그 처분의 취소를 구하는 소송을 추가적으로 병합한 경우, 주된 청구인 무효확인소송이 적법한 제소기간 내에 제기되었다면 추가로 병합된 취소소송도 적법하게 제기된 것으로 볼 수 있는지 여부(적극) [21 국가직 9급, 19 국가직 7급, 19 지방직 7급, 17 지방직 7급] 02 03

> 동일한 행정처분에 대하여 무효확인소송을 제기하였다가 그 후 그 처분의 취소를 구하는 소송을 추가적으로 병합한 경우, 주된 청구인 무효확인소송이 적법한 제소기간 내에 제기되었다면 추가로 병합된 취소소송도 적법하게 제기된 것으로 보아야 한다(대판 2012.11.29. 2012두3743).

B 당사자가 적법한 제소기간 내에 부작위법확인의 소를 제기한 후, 동일한 신청에 대하여 소극적 처분이 있다고 보아 처분취소소송으로 소를 교환적으로 변경한 후 부작위법확인의 소를 추가적으로 병합한 경우, 제소기간을 준수한 것으로 볼 수 있는지 여부(적극) [19 국회직 8급]

> 당사자가 동일한 신청에 대하여 부작위법확인의 소를 제기하였으나 그 후 소극적 처분이 있다고 보아 처분취소소송으로 소를 교환적으로 변경한 후 여기에 부작위법확인의 소를 추가적으로 병합한 경우, 최초의 부작위법확인의 소가 적법한 제소기간 내에 제기된 이상 그 후 처분취소소송으로의 교환적 변경과 처분취소소송에의 추가적 변경 등의 과정을 거쳤다고 하더라도 여전히 제소기간을 준수한 것으로 봄이 상당하다(대판 2009.7.23. 2008두10560).

C 청구가 당초부터 소송물로 주장되고 있음이 분명한 경우 청구취지의 변경 시의 제소기간의 준수기준

> 소장의 청구취지 기재만으로는 당사자가 주장하는 소송물이 포함되어 있는지가 분명하지 아니하지만 청구원인으로 보아 그 청구가 당초부터 소송물로 주장되고 있음이 분명하다면 소장의 청구취지에 그 소송물이 포함되어 있다고 보아야 하고 나중에 당사자가 청구취지변경신청서에 의해 청구취지를 청구원인에 맞게 정리하여 그 소송물을 명확하게 특정하였다고 해서 그때 비로소 그 소송물이 추가되었다고 볼 것은 아니므로, 그 소송물에 관한 제소기간의 준수 여부는 청구취지 변경 시가 아닌 소장 제출 시를 기준으로 판단하여야 한다(대판 2011.1.20. 2009두13474 전합).

C 조세부과처분 취소소송 중 증액경정처분이 있는 경우 전심절차와 제소기간은 불요하다

> 당초의 조세부과처분에 대하여 적법한 취소소송이 계속 중에 동일한 과세목적물에 대하여 당초의 부과처분을 증액 변경하는 경정결정 또는 재경정결정이 있는 경우에 당초 부과처분에 존재하고 있다고 주장되는 취소사유(실체상의 위법성)가 경정결정 또는 재경정결정에도 마찬가지로 존재하고 있어 당초 부과처분이 위법하다고 판단되면 경정결정 또는 재경정결정도 위법하다고 하지 않을 수 없는 경우 원고는 경정결정 또는 재경정결정에 대하여 따로 전심절차를 거칠 필요 없이 청구취지를 변경하여 경정결정 또는 재경정결정의 취소를 구할 수 있고, 이러한 경우 당초의 소송이 적법한

개념확인 O/X

01 납세자의 이의신청에 의한 재조사결정에 따른 행정소송의 제소기간은 이의신청인 등이 재결청으로부터 재조사결정의 통지를 받은 날부터 기산한다.
17 지방9급 (O / X)

02 동일한 처분에 대하여 무효확인의 소를 제기하였다가 그 처분의 취소를 구하는 소를 추가적으로 병합한 경우, 주된 청구인 무효확인의 소가 적법한 제소기간 내에 제기되었다면 추가로 병합된 취소청구의 소도 적법하게 제기된 것으로 볼 수 있다.
21 국가9급 (O / X)

03 압류처분에 대해 무효확인소송을 제기하였다가 압류처분에 대한 취소소송을 추가로 병합하는 경우, 무효확인의 소가 취소소송 제소기간 내에 제기됐더라도 취소청구의 소의 추가 병합이 제소기간을 도과했다면 병합된 취소청구의 소는 부적법하다.
19 국가7급 (O / X)

| 정답 | 01 X   02 O   03 X

| 개념확인 O/X |

제소기간 내에 제기된 것이라면 경정결정 또는 재경정결정에 대한 청구취지변경의 제소기간 준수 여부는 따로 따질 필요가 없다(대판 2012.11.29. 2010두7796).

ⓒ 밀접한 관련성이 있는 처분의 경우

청구취지를 변경하여 구 소가 취하되고 새로운 소가 제기된 것으로 변경되었을 때에 새로운 소에 대한 제소기간의 준수 등은 원칙적으로 소의 변경이 있은 때를 기준으로 하여야 한다. 그러나 선행 처분에 대하여 제소기간 내에 취소소송이 적법하게 제기되어 계속 중에 행정청이 선행 처분서 문언에 일부 오기가 있어 이를 정정할 수 있음에도 선행 처분을 직권으로 취소하고 실질적으로 동일한 내용의 후행 처분을 함으로써 선행 처분과 후행 처분 사이에 밀접한 관련성이 있고 선행 처분에 존재한다고 주장되는 위법사유가 후행 처분에도 마찬가지로 존재할 수 있는 관계인 경우에는 후행 처분의 취소를 구하는 소변경의 제소기간 준수 여부는 따로 따질 필요가 없다(대판 2019.7.4. 2018두58431).

ⓒ 소송요건인 제소기간의 준수 여부는 법원의 직권조사사항으로서 취소소송의 대상이 되는 개개의 처분마다 독립적으로 판단하여야 하는지 여부(적극)

「행정소송법」상 취소소송은 전심절차를 거치는 등 「행정소송법」 제20조 제1항 단서에 규정된 경우를 제외하고는 처분이 있음을 안 날부터 90일 이내에 제기하여야 한다(「행정소송법」 제20조 제1항 본문). 소송요건인 제소기간의 준수 여부는 법원의 직권조사사항으로서 취소소송의 대상이 되는 개개의 처분마다 독립적으로 판단하는 것이 원칙이다(대판 2023.8.31. 2023두39939).

| 관련 판례 | 불고지와 오고지에 대한 판례

ⓒ 행정청이 법정 심판청구기간보다 긴 기간으로 잘못 알린 경우에 그 잘못 알린 기간 내에 심판청구가 있으면 그 심판청구는 법정 심판청구기간 내에 제기된 것으로 본다는 취지의 「행정심판법」 제18조 제5항의 규정은 행정심판 제기에 관하여 적용되는 규정이지, 행정소송 제기에도 당연히 적용되는 규정이라고 할 수는 없다(대판 2001.5.8. 2000두6916)

ⓒ 행정청으로부터 행정처분 시나 그 이후 행정심판 제기기간에 관하여 법정 심판청구기간보다 긴 기간으로 잘못 통지받아 「행정소송법」상 법정 제소기간을 도과한 경우, 그것이 당사자가 책임질 수 없는 사유에 해당하지 않는다(대판 2001.5.8. 2000두6916)

| 정리

구분	행정심판	행정소송
안 날	• 90일 • 예외: 천재지변, 전쟁, 사변(事變) 그 밖의 불가항력 – 국내 14일, 국외 30일	• 90일 • 예외: 소송행위의 추후보완 – 국내 2주, 국외 30일
있은 날	• 180일 • 예외: 정당한 사유가 있는 경우	• 1년 • 예외: 정당한 사유가 있는 경우
불고지, 오고지	규정 있음	규정 없음
적용	• 취소심판: 적용 ㅇ • 무효등확인심판: 적용 × • 의무이행심판: 거부처분 ㅇ / 부작위 ×	• 취소소송: 적용 ㅇ • 무효등확인소송: 적용 × • 부작위위법확인소송: 적용 ㅇ (단, 행정심판을 전치하지 않은 경우에는 ×) • 당사자소송은 제소기간이 없으나, 개별법에 규정 시 불변기간

(12) 소의 변경

소의 변경은 종전의 청구 대신에 새로운 청구로 바꾸거나 종전의 청구에 새로운 청구를 추가시키는 방법으로 청구를 변경하는 것을 말한다.

① 「행정소송법」상의 소변경

> **관련 법령**
>
> 「**행정소송법**」 **제21조【소의 변경】** ① 법원은 취소소송을 당해 처분 등에 관계되는 사무가 귀속하는 국가 또는 공공단체에 대한 당사자소송 또는 취소소송 외의 항고소송으로 변경하는 것이 상당하다고 인정할 때에는 청구의 기초에 변경이 없는 한 사실심의 변론종결 시까지 원고의 신청에 의하여 결정으로써 소의 변경을 허가할 수 있다. 01 02
> ② 제1항의 규정에 의한 허가를 하는 경우 피고를 달리하게 될 때에는 법원은 새로이 피고로 될 자의 의견을 들어야 한다.
> ③ 제1항의 규정에 의한 허가결정에 대하여는 즉시항고할 수 있다.
> ④ 제1항의 규정에 의한 허가결정에 대하여는 제14조 제2항·제4항 및 제5항의 규정을 준용한다.
> **제22조【처분변경으로 인한 소의 변경】** ① 법원은 행정청이 소송의 대상인 처분을 소가 제기된 후 변경한 때에는 원고의 신청에 의하여 결정으로써 청구의 취지 또는 원인의 변경을 허가할 수 있다.
> ② 제1항의 규정에 의한 신청은 처분의 변경이 있음을 안 날로부터 60일 이내에 하여야 한다.
> ③ 제1항의 규정에 의하여 변경되는 청구는 제18조 제1항 단서의 규정에 의한 요건을 갖춘 것으로 본다.

- ㉠ **소의 종류의 변경**: 취소소송의 원고는 해당 소송의 사실심의 변론종결 시까지 청구의 기초에 변경이 없는 한 법원의 허가를 받아 소의 종류를 변경할 수 있으며, 항고소송 상호 간뿐만 아니라 항고소송과 당사자소송 간에도 인정된다(제21조 제1항, 제37조, 제42조). 03 04 05 06 07
- ㉡ **처분변경으로 인한 소의 변경**: 취소소송이 제기된 후에 행정청이 소송의 대상인 처분을 변경한 때에는 법원은 원고의 신청에 의하여 청구의 취지 또는 원인의 변경을 허가할 수 있다(제22조 제1항).
- ㉢ **요건**
  - ⓐ 원고의 소변경허가의 신청은 처분의 변경이 있음을 안 날로부터 60일 이내에 하여야 한다(제22조 제2항). 이 경우에는 행정심판을 거친 것으로 본다(제22조 제3항).
  - ⓑ 법원의 변경허가결정이 있어야 한다.
  - ⓒ 행정소송이 적법하게 제기되어 사실심에 계속 중이어야 하고 변론종결 전이어야 한다. 08
  - ⓓ 청구의 기초에 변경이 없어야 한다.
  - ⓔ 소의 변경에 상당한 이유가 있어야 한다.
  - ⓕ 취소소송을 당해 처분 등에 관계되는 사무가 귀속되는 국가 또는 공공단체에 대한 당사자소송 또는 취소소송 외의 항고소송으로 변경하는 것이어야 한다.
- ㉣ **절차**
  - ⓐ 소의 변경을 위해서 원고의 신청 외에 변경허가로 인해 피고를 달리하게 되는 경우에는 새로이 피고가 될 자의 의견을 들어야 한다. 09
  - ⓑ 의견의 청취방법에는 제한이 없어 구두나 서면을 통해서 가능하며 허가결정이 있게 되면 결정의 정본을 새로운 피고에게 송달하여야 한다.
- ㉤ **효과**: 소의 변경을 허가하는 결정이 있으면 새로운 소는 처음의 소가 제기된 때에 제기된 것으로 보며, 변경된 구소는 취하된 것으로 본다.
- ㉥ **불복방법**
  - ⓐ 소변경허가결정에 대하여 신·구소의 피고는 즉시항고가 가능하다.
  - ⓑ 법원의 소변경불허가결정에 대하여 「민사소송법」상의 특별항고 내지는 별소의 제기도 가능하다.

개념확인 O/X

01 대법원은 여러 차례에 걸쳐 「행정소송법」상 항고소송으로 제기해야 할 사건을 민사소송으로 잘못 제기한 경우 수소법원으로서는 원고로 하여금 항고소송으로 소 변경을 하도록 석명권을 행사하여 「행정소송법」이 정하는 절차에 따라 심리·판단해야 한다고 판시해 왔다.
24 군무원7급 (O / X)

02 소의 종류의 변경은 직권으로도 가능하다.
18 서울9급 (O / X)

03 법원은 당사자소송을 취소소송으로 변경하는 것이 상당하다고 인정할 때에는 청구의 기초에 변경이 없는 한 사실심의 변론종결 시까지 원고의 신청에 의하여 결정으로써 소의 변경을 허가할 수 있다.
21 군무원9급 (O / X)

04 법원은 소의 변경의 필요가 있다고 판단될 때에는 원고의 신청이 없더라도 사실심의 변론종결 시까지 직권으로 소를 변경할 수 있다.
(O / X)

05 소의 변경은 당사자소송을 항고소송으로 변경하는 경우에도 인정된다.
(O / X)

06 당사자소송을 항고소송으로 변경하는 것은 허용되지 않는다.
18 서울9급 (O / X)

07 소의 종류의 변경의 요건을 갖춘 경우 면직처분취소소송을 공무원보수지급청구소송으로 변경하는 것은 가능하다.
18 서울9급 (O / X)

08 항소심에서도 소의 종류의 변경은 가능하다.
18 서울9급 (O / X)

09 법원이 소의 종류의 변경을 허가함으로써 피고를 달리하게 될 때에는 새로이 피고가 될 자의 의견을 반드시 들어야 한다.
(O / X)

| 정답 | 01 O | 02 X | 03 O | 04 X | 05 O | 06 X | 07 O | 08 O | 09 O |

ⓐ 소의 변경은 무효등확인소송, 부작위위법확인소송에의 준용된다. 단, 무효확인의 소송에서 취소소송으로 변경하는 경우에는 소송요건상의 제한이 따른다. 또한 당사자소송에서도 준용된다.

② 「민사소송법」상의 청구변경

> **관련 법령**
>
> 「민사소송법」 제262조 【청구의 변경】 ① 원고는 청구의 기초가 바뀌지 아니하는 한도 안에서 변론을 종결할 때(변론 없이 한 판결의 경우에는 판결을 선고할 때)까지 청구의 취지 또는 원인을 바꿀 수 있다. 다만, 소송절차를 현저히 지연시키는 경우에는 그러하지 아니하다.
> ② 청구취지의 변경은 서면으로 신청하여야 한다.
> ③ 제2항의 서면은 상대방에게 송달하여야 한다.
> 제263조 【청구의 변경의 불허가】 법원이 청구의 취지 또는 원인의 변경이 옳지 아니하다고 인정한 때에는 직권으로 또는 상대방의 신청에 따라 변경을 허가하지 아니하는 결정을 하여야 한다.

㉠ 「행정소송법」 제8조의 규정에 따라 「행정소송법」상의 소변경에 규정이 없는 경우에는 「민사소송법」에 의한 소변경이 가능하여, 소 종류변경이나 처분변경에 따른 소변경이 아닌 경우에 「민사소송법」에 의한 소변경이 가능하다.

㉡ 「행정소송법」상의 특별규정과 달리 「민사소송법」상의 소변경의 경우에는 소변경의 효력이 원소를 제기한 시점으로 볼 수 없고, 신소의 제소기간의 준수 여부는 소변경 시로 판단된다.

③ 행정소송과 민사소송 간의 소의 변경: 「행정소송법」에 행정소송 간의 소의 변경규정은 있으나 행정소송과 민사소송의 소의 변경에 대한 규정은 없어 견해의 대립이 있으나 이에 판례는 명확한 입장이 없다. 다만, 일부 판례[의료비용청구에 대한 민사소송의 청구를 항고소송으로 변경한 사례(대판 1997.5.30. 97다42250)나 석탄가격 안정지원금 지급청구소송의 민사소송을 당사자소송으로 변경한 사례(대판 1997.5.30. 95다28960)]의 예를 토대로 인정하는 것으로 해석하는 견해가 있다.

> **관련 판례**
>
> **B** 당사자소송을 민사소송으로 변경할 수 있는지 여부
>
> 공법상 당사자소송의 소변경에 관하여 「행정소송법」은, 공법상 당사자소송을 항고소송으로 변경하는 경우(「행정소송법」 제42조, 제21조) 또는 처분변경으로 인하여 소를 변경하는 경우(「행정소송법」 제44조 제1항, 제22조)에 관하여만 규정하고 있을 뿐, 공법상 당사자소송을 민사소송으로 변경할 수 있는지에 관하여 명문의 규정을 두고 있지 아니하다. 그러나 공법상 당사자소송에서 민사소송으로의 소변경이 금지된다고 볼 수 없다(대판 2023.6.29. 2022두44262).

⒀ 취소소송 제기의 효과

① 소송법상 효과: 청구에 대한 소송계속상태가 되어 중복제소가 금지되고, 소송참가, 관련청구의 이송, 집행정지의 결정이 가능하게 된다.

② 법원에 대한 효과: 심리·판결할 의무를 진다.

③ 행정청에 대한 효과: 처분청 또는 그 감독청은 소송의 제기와는 관계없이 그 처분을 취소·변경하거나 그 집행을 정지할 수 있다.

④ 행정처분에 대한 효과: 취소소송의 제기는 처분 등의 효력이나 그 집행 또는 절차의 속행에 영향을 주지 아니한다. 집행부정지의 원칙을 채택하고 있다. 01

> **관련 판례**
>
> ⓒ 항소심에서 소의 교환적 변경이 이루어져 환송 후에 항소를 취하하였더라도 그 대상이 없어 아무런 효력이 발생하지 않음에도 항소인의 항소취하를 이유로 소송의 종료를 선언한 원심판결이 위법하다고 한 사례
>
> 항소심에서 소의 교환적 변경이 있으면 제1심판결은 소취하로 실효되고, 항소심의 심판대상은 교환된 청구에 대한 새로운 소송으로 바뀌어져 항소심은 사실상 제1심으로 재판하는 것이 되므로, 그 뒤에 항소인이 항소를 취하한다 하더라도 항소취하는 그 대상이 없어 아무런 효력을 발생할 수 없다(대판 2008.5.29. 2008두2606).

(14) 행정소송과 가구제(임시구제) [빈출]

소송의 확정판결을 통한 구제의 확정 이전에 소송진행 절차상에서의 잠정적인 원고의 권익을 구제하는 제도를 '가구제(임시구제)'라고 한다. 이러한 가구제제도는 「행정심판법」과 달리 「행정소송법」에는 집행정지만을 규정하고 있다.

① 집행부정지의 원칙 02 03 04
  ㉠ 개념: 「행정소송법」은 "취소소송의 제기는 처분 등의 효력이나 그 집행 또는 절차의 속행에 영향을 주지 아니한다."고 규정하여 집행부정지원칙을 채택하고 있다(제23조 제1항). 이는 국민의 권익구제보다는 행정의 신속성과 실효성을 앞세운 것이라 할 수 있다.
  ㉡ 근거
    ⓐ 공정력설: 행정행위는 실체법적 적법성의 추정을 받는 것이기 때문이라는 견해이다.
    ⓑ 입법정책설(다수설·판례): 행정행위의 공정력은 그에 대한 국민의 신뢰보호 및 행정의 실효성 보장을 위하여 인정되는 것으로 보아야 할 것이라는 점에서 보면 행정행위의 집행부정지원칙은 행정행위의 공정력의 필연적 귀결은 아니고 기본적으로 입법정책적 고려의 소산이라 할 것이다.

② 집행정지제도(가구제제도)
  ㉠ 개념
    ⓐ 적극처분에 대한 취소소송이나 무효등확인소송의 소 진행 중에 일정한 요건을 갖춘 경우, 법원의 직권 또는 신청에 의해 처분의 효력 등을 정지시키는 임시구제제도이다.
    ⓑ 「행정소송법」에는 "취소소송이 제기된 경우에 처분 등이나 그 집행 또는 절차의 속행으로 인하여 생길 회복하기 어려운 손해를 예방하기 위하여 긴급한 필요가 있다고 인정할 때에는 본안이 계속되고 있는 법원은 당사자의 신청 또는 직권에 의하여 처분 등의 효력이나 그 집행 또는 절차의 속행의 전부 또는 일부의 정지를 결정할 수 있다. 다만, 처분의 효력정지는 그 집행 또는 절차의 속행을 정지함으로써 그 목적을 달성할 수 있는 경우에는 허용되지 아니한다(제23조 제2항)."고 규정되어 있다.
    ⓒ 이러한 제도의 취지는 행정의 원활한 운용과 원고의 권리보호의 확대를 조화시키기 위한 것이다.
    ⓓ 집행정지결정의 성질에 대해 행정작용설과 사법작용설로 견해의 대립이 있으나 사법작용설이 일반적 견해이다.

개념확인 O/X

01 취소소송의 제기는 처분 등의 효력이나 집행에 영향을 주지 아니한다.
(O / X)

02 「행정소송법」은 집행부정지원칙을 택하면서도 집행정지의 길을 열어 개인(원고)의 권리보호를 목적으로 하고 있다.
11 국가9급   (O / X)

03 현행 「행정소송법」은 집행정지의 원칙을 취하고 있다.
(O / X)

04 취소소송이 제기되면 원칙적으로 대상 처분의 효력은 판결의 확정 시까지 정지된다.
16 교육행정   (O / X)

| 개념확인 O/X |

| 심화 학습 | 처분의 일부정지 |

1. 부관의 경우
    부관이 소송의 대상으로서의 처분성이 있고, 본체인 행정행위의 본질적인 것이 아닌 경우에 집행정지가 가능하다.
2. 가분적인 처분일 경우
    재산의 압류에 대한 일부재산에 대하여 압류의 집행정지, 영업정지처분 중 일정기간에 대한 효력정지, 외국인의 강제퇴거명령 중 수용소수용을 제외한 송환부분의 집행정지 등

ⓒ 집행정지의 요건
  ⓐ 적극적 요건
    ⓘ 본안소송의 계속
      • 집행정지의 신청은 민사소송의 가처분과 달리 본안소송의 계속을 요한다. 01 02 03 04
      • 집행정지의 신청은 본안의 소제기와 동시에 신청하거나 또는 본안의 소제기 이후에 신청하여야 한다.
      • 또한 본안의 소송대상과 집행정지신청의 대상은 동일하거나 또는 밀접한 관련성이 있어야 한다.
      • 본안의 소가 취하되거나 각하되면 집행정지결정은 당연히 소멸하는 관계이므로 본안의 소청구는 적법하여야 한다(다만, 처분의 적법 여부는 집행정지의 대상이 아니다).
      • 따라서 집행정지를 구함에 있어서도 법률상 이익이 있어야 한다.

01 집행정지는 본안소송의 계속을 전제로 한다.
(O/X)

02 처분의 효력정지결정을 하려면 그 효력정지를 구하는 당해 행정처분에 대한 본안소송이 법원에 제기되어 계속 중임을 요건으로 한다.
21 지방9급 (O/X)

03 집행정지는 본안사건이 법원에 계속되어 있을 것을 요건으로 한다.
16 서울9급 (O/X)

04 행정소송은 민사소송과는 달리 본안소송이 법원에 계속되어 있음을 요하므로 행정소송 제기와 동시에 집행정지를 신청할 수 없다.
(O/X)

05 본안문제인 행정처분 자체의 적법 여부는 집행정지 신청의 요건이 되지 아니하는 것이 원칙이지만, 본안소송의 제기 자체는 적법한 것이어야 한다.
14 국가9급 (O/X)

| 관련 판례 |

ⓒ 수도권매립지관리공사의 입찰참가자격제한이 집행정지대상인지와 행정처분의 효력정지나 집행정지를 구하는 신청사건에서 집행정지사건 자체에 의하여도 신청인의 본안청구가 적법한 것이어야 한다는 것을 집행정지의 요건에 포함시켜야 하는지 여부(적극) [14 국가직 9급] 05

행정처분의 효력정지나 집행정지를 구하는 신청사건에서는 행정처분 자체의 적법 여부는 원칙적으로 판단의 대상이 아니고, 그 행정처분의 효력이나 집행을 정지할 것인가에 관한 「행정소송법」 제23조 제2항에서 정한 요건의 존부만이 판단의 대상이 되는 것이다. 다만, 집행정지는 행정처분의 집행부정지원칙의 예외로서 인정되는 것이고, 또 본안에서 원고가 승소할 수 있는 가능성을 전제로 한 권리보호수단이라는 점에 비추어 보면, 집행정지사건 자체에 의하여도 신청인의 본안청구가 적법한 것이어야 한다는 것을 집행정지의 요건에 포함시키는 것이 옳다(대결 2010.11.26. 자 2010무137).

Ⓑ 행정사건의 본안소송의 취하가 행정처분집행정지결정에 미치는 영향 [21 군무원 7급, 16 서울시 9급] 06 07

06 집행정지결정 후 본안소송이 취하되면 집행정지결정의 효력도 상실한다.
21 군무원7급 (O/X)

07 집행정지결정을 한 후에 본안소송이 취하되더라도 그 집행정지결정의 효력이 당연히 소멸하는 것은 아니고, 별도의 취소조치를 필요로 한다.
16 서울9급 (O/X)

행정처분의 집행정지는 행정처분집행 부정지의 원칙에 대한 예외로서 인정되는 일시적인 응급처분이라 할 것이므로 집행정지결정을 하려면 이에 대한 본안소송이 법원에 제기되어 계속 중임을 요건으로 하는 것이므로 집행정지결정을 한 후에라도 본안소송이 취하되어 소송이 계속하지 아니한 것으로 되면 집행정지결정은 당연히 그 효력이 소멸되는 것이고 별도의 취소조치를 필요로 하는 것이 아니다(대판 1975.11.11. 75누97).

Ⓑ 행정처분의 집행정지결정을 하기 위해서는 이에 대한 본안소송이 법원에 제기되어 계속 중이어야 하는지 여부(적극) 및 집행정지신청 기각결정 후 본안소송이 취하된 경우, 위 기각결정에 대한 재항고의 실익이 있는지 여부(소극)

행정처분의 집행정지는 행정처분 집행부정지의 원칙에 대한 예외로서 인정되는 일시적인 응급처분이라 할 것이므로 집행정지결정을 하려면 이에 대한 본안소송이 법원에 제기되어 계속 중임을

| 정답 | 01 O 02 O 03 O 04 X 05 O 06 O 07 X

요하고(대판 1975.11.11. 75누97 등 참조), 따라서 집행정지신청 기각결정 후 본안소송이 취하되었다면 위 기각결정에 대한 재항고는 그 실익이 없어 각하될 수밖에 없다(대결 1980.4.30.자 79두10 등 참조, 대결 2019.6.27.자 2019무622).

ⓒ **행정처분에 대한 효력정지신청을 구할 수 있는 요건으로서의 법률상 이익의 의미**

행정처분에 대한 효력정지신청을 구함에 있어서도 이를 구할 법률상 이익이 있어야 하는바, 이 경우 법률상 이익이라 함은 그 행정처분으로 인하여 발생하거나 확대되는 손해가 당해 처분의 근거 법률에 의하여 보호되는 직접적이고 구체적인 이익과 관련된 것을 말하는 것이고 단지 간접적이거나 사실적·경제적 이해관계를 가지는 데 불과한 경우는 여기에 포함되지 않는다(대결 2000.10.10. 자 2000무17).

ⓒ **타항공사와의 전략적 제휴의 기회를 얻지 못하는 손해는 효력정지를 구할 법률상 이익이 아니다**

경쟁 항공회사에 대한 국제항공노선면허처분으로 인하여 노선의 점유율이 감소됨으로써 경쟁력과 대내외적 신뢰도가 상대적으로 감소되고 연계노선망개발이나 타항공사와의 전략적 제휴의 기회를 얻지 못하게 되는 손해가 위 면허처분의 효력정지를 구할 법률상 이익이 될 수 없다(대결 2000. 10.10. 자 2000무17).

ⅱ) **처분의 존재**
- 집행정지는 취소소송의 대상인 처분이다. 따라서 집행정지의 대상인 처분이 존재하여야 집행정지가 가능하다.
- 부작위의 경우, 처분의 효력이 발생하기 이전의 경우, 처분의 효력이 소멸된 경우, 처분의 목적이 달성된 경우 등에는 집행정지를 구할 수 없다.
- 거부처분에 대해 집행정지 인정 여부 01
  - 긍정설: 거부처분에 대한 집행정지결정으로 신청한 처분이 발생하는 것은 아니지만, 집행정지결정을 통해서 사실상의 구속력을 갖게 되어 인정하여야 한다는 입장이다.
  - 부정설(판례): 집행정지결정이 이루어진다고 해도 단지 거부처분이 없는 상태로 되돌아 갈 뿐이고, 집행정지결정을 인정할 수 없다는 입장이다. 일반적인 견해는 부정설이다.
  - 대법원은 부정설의 입장을 취한다.

관련 판례

Ⓐ **거부처분의 효력정지를 인정하지 않는다** [23 국가직 9급, 21 지방직 9급, 18 서울시 7급, 16 지방직 9급, 14 국가직 9급, 12 국가직 9급] 02 03 04 05

신청에 대한 거부처분의 효력을 정지하더라도 거부처분이 없었던 것과 같은 상태, 즉 거부처분이 있기 전의 신청 시의 태도로 되돌아가는 데에 불과하고, 행정청에게 신청에 따른 처분을 하여야 할 의무가 생기는 것이 아니므로, 거부처분의 효력정지는 그 거부처분으로 인하여 신청인에게 생길 손해를 방지하는데 아무런 보탬이 되지 아니하여 그 효력정지를 구할 이익이 없다(대결 1995.6.21. 95두26).

Ⓑ **교도소장의 접견허가신청에 대한 거부처분과 효력정지의 필요성 유무** [12 국가직 9급] 06

허가신청에 대한 거부처분은 그 효력이 정지되더라도 그 처분이 없었던 것과 같은 상태를 만드는 것에 지나지 아니하는 것이고 그 이상으로 행정청에 대하여 어떠한 처분을 명하는 등 적극적인 상

개념확인 O/X

01 거부처분에 대해서는 집행정지가 인정되지 않는다.
15 국가9급 (O / X)

02 신청에 대한 거부처분의 효력을 정지하더라도 거부처분이 있기 전의 신청 시 상태로 되돌아가는 데에 불과하므로, 신청인에게는 거부처분에 대한 효력정지를 구할 이익이 없다.
16 지방9급 (O / X)

03 거부행위에 대하여 취소소송을 제기하여 다투는 경우에 집행정지를 통한 권리구제는 허용되지 않는다.
14 국가9급 (O / X)

04 거부처분에 대한 집행정지는 그 거부처분으로 인하여 신청인에게 생길 손해를 방지하는 데 아무런 보탬이 되지 아니하므로 허용되지 않는다.
23 국가9급 (O / X)

05 거부처분의 효력정지는 그 거부처분으로 인하여 신청인에게 생길 손해를 방지하는 데 필요하므로 신청인에게는 그 효력정지를 구할 이익이 있다.
21 지방9급 (O / X)

06 접견허가신청에 대한 교도소장의 거부처분은 집행정지의 대상이 된다.
12 국가9급 (O / X)

| 정답 | 01 O 02 O 03 O 04 O 05 X 06 X

태를 만들어 내는 경우를 포함하지 아니하는 것이므로, 교도소장이 접견을 불허한 처분에 대하여 효력정지를 한다 하여도 이로 인하여 위 교도소장에게 접견의 허가를 명하는 것이 되는 것도 아니고 또 당연히 접견이 되는 것도 아니어서 접견허가거부처분에 의하여 생길 회복할 수 없는 손해를 피하는 데 아무런 보탬도 되지 아니하니 접견허가거부처분의 효력을 정지할 필요성이 없다(대결 1991. 5. 2. 자 91두15).

ⅲ) 회복하기 어려운 손해의 예방
- 금전보상이 불능인 경우를 포함한다.
- 금전보상으로는 사회관념상 처분을 받은 당사자가 참고 견딜 수 없거나 또는 참고 견디기가 현저히 곤란한 유형이나 무형의 손해를 말한다. 01 02 03
- 기업의 경우에는 중대한 경영상의 위기도 회복하기 어려운 손해의 예방으로 본다.
- 회복하기 어려운 손해의 주장과 소명책임은 신청인에게 있다.
- 「행정심판법」은 '중대한 손해가 생기는 것을 예방할 필요성이'라고 규정하여 차이가 있다.

관련 판례 | 회복하기 어려운 손해에 해당되는 경우

ⓒ 미결수용 중 다른 교도소로 이송된 피고인이 법원의 이송처분효력정지결정에 의하여 이송처분이 있기 전과 같은 교도소로 다시 이송되어 수용 중인 경우 효력정지신청의 이익 유무(적극)

미결수용 중 다른 교도소로 이송된 피고인이 그 이송처분의 취소를 구하는 행정소송을 제기하고 아울러 그 효력정지를 구하는 신청을 제기한 데 대하여 법원에서 위 이송처분의 효력정지신청을 인용하는 결정을 하였고 이에 따라 신청인이 다시 이송되어 현재 위 이송처분이 있기 전과 같은 교도소에 수용 중이라 하여도 이는 법원의 효력정지결정에 의한 것이어서 그로 인하여 효력정지신청이 그 신청의 이익이 없는 부적법한 것으로 되는 것은 아니다(대결 1992. 8. 7. 92두30).

ⓒ 조합에 특별한 귀책사유가 없는데도 정비사업의 진행이 법적으로 불가능해지는 경우가 회복하기 어려운 손해인지 여부

시장이 도시환경정비구역을 지정하였다가 해당 구역 및 주변지역의 역사·문화적 가치 보전이 필요하다는 이유로 정비구역을 해제하고 개발행위를 제한하는 내용을 고시함에 따라 사업시행예정구역에서 설립 및 사업시행인가를 받았던 갑 도시환경정비사업조합에 대하여 구청장이 조합설립인가를 취소하자, 갑 조합이 해제 고시의 무효확인과 인가취소처분의 취소를 구하는 소를 제기하고 판결 시까지 각 처분의 효력정지를 신청한 사안에서, 각 처분의 효력을 정지하지 않을 경우 갑 조합에 특별한 귀책사유가 없는데도 정비사업의 진행이 법적으로 불가능해져 갑 조합에 회복하기 어려운 손해가 발생할 우려가 있으므로 이러한 손해를 예방하기 위하여 각 처분의 효력을 정지할 긴급한 필요가 있다(대결 2018. 7. 12. 자 2018무600).

ⓒ 현역병입영처분의 효력이 정지되지 아니한 채 본안소송이 진행된다면 병역의무를 중복하여 이행하는 불이익을 입게 되어 '회복하기 어려운 손해'에 해당된다

「행정소송법」제23조 제2항 소정의 '회복하기 어려운 손해'의 의의나, 현역병입영처분의 효력이 정지되지 아니한 채 본안소송이 진행된다면 특례보충역으로 방위산업체에 종사하던 신청인은 입영하여 다시 현역병으로 복무하지 않을 수 없는 결과 병역의무를 중복하여 이행하는 셈이 되어 불이익을 입게 되고 상당한 정신적 고통을 받게 될 것이므로 이는 사회관념상 위 '가'항의 '회복하기 어려운 손해'에 해당된다(대결 1992. 4. 29. 자 92두7).

개념확인 O/X

01 「행정소송법」제23조 제2항 소정의 행정처분 등의 효력이나 집행을 정지하기 위한 요건으로서의 '회복하기 어려운 손해'라 함은 특별한 사정이 없는 한 금전적 보상을 과도하게 요하는 경우, 금전보상이 불가능한 경우, 그 밖에 금전보상으로는 사회관념상 행정처분을 받은 당사자가 참고 견딜 수 없거나 또는 참고 견디기가 현저히 곤란한 경우의 유형·무형의 손해를 일컫는다.
20 소방 (O / X)

02 집행정지요건으로 회복하기 어려운 손해란 행정처분을 받은 당사자가 사회통념상 참고 견디기가 매우 어려운 유형·무형의 손해를 말한다. (O / X)

03 금전과 관련된 행정처분은 회복하기 곤란한 손해라고 볼 수 없어, 비록 기업의 심각한 경영상의 위기가 초래된다고 해도 집행정지는 인정될 수 없다. (O / X)

정답 | 01 X 02 O 03 X

ⓒ 과징금납부명령의 처분이 사업자의 자금사정이나 경영전반에 미치는 파급효과가 매우 중대하다는 이유로 그로 인한 손해는 효력정지 내지 집행정지의 적극적 요건인 '회복하기 어려운 손해'에 해당한다고 한 사례

사업여건의 악화 및 막대한 부채비율로 인하여 외부자금의 신규차입이 사실상 중단된 상황에서 285억 원 규모의 과징금을 납부하기 위하여 무리하게 외부자금을 신규차입하게 되면 주거래은행과의 재무구조개선약정을 지키지 못하게 되어 사업자가 중대한 경영상의 위기를 맞게 될 것으로 보이는 경우, 그 과징금납부명령의 처분으로 인한 손해는 효력정지 내지 집행정지의 적극적 요건인 '회복하기 어려운 손해'에 해당한다(대결 2001.10.10. 자 2001무29).

ⓒ 약제 및 치료재료의 산정기준 등에 관한 보건복지부 고시로 인한 손해가 「행정소송법」 제23조 제2항의 '회복하기 어려운 손해'에 해당한다고 한 사례

신청인은 이 사건 고시의 효력이 계속 유지되는 경우 이로 인한 매출액의 감소, 시장점유율 및 판매신장률의 감소, 거래처의 감소, 신약의 공급중단위기가능성, 이 사건 약제들의 적정한 상한금액을 확보하지 못할 위험성 등의 경제적 손실과 기업 이미지 및 신용의 훼손 등을 입게 되어 앞서 본 신청인의 경영상황에 비추어 볼 때 경영상의 위기를 맞게 될 수도 있으므로, 이러한 손해는 금전보상이 불능인 경우 내지 금전보상으로는 신청인으로 하여금 참고 견딜 수 없거나 또는 참고 견디기가 현저히 곤란한 경우의 유형·무형의 손해로서 「행정소송법」 제23조 제2항의 '회복하기 어려운 손해'에 해당한다(대결 2004.5.12. 자 2003무41).

ⓑ 여객자동차운송사업에 심각한 경영상의 위기를 맞을 우려가 있어 회복하기 어려운 손해에 해당된다고 한 사례

이 사건 처분의 집행으로 인한 운행이 장기화됨에 따라 신청인은 상당한 경제적 손실을 입어 여객자동차운송사업 자체에 중대한 영향을 받거나 심각한 경영상의 위기를 맞을 우려가 있고, 이와 같은 손해는 신청인에게 참고 견디기가 현저히 곤란한 유형·무형의 손해로서 「행정소송법」 제23조 제2항의 '회복하기 어려운 손해'에 해당하고 이를 예방하기 위하여 이 사건 처분의 집행을 정지시킬 긴급한 필요가 있으며, 나아가 이 사건 집행정지가 '공공복리에 중대한 영향을 미칠 우려'가 있다고 보이지 않는다고 판단하여, 이 사건 집행정지 신청을 받아들인 제1심결정을 유지하였는바, 앞서 본 법리와 기록에 비추어 살펴보면, 이러한 원심의 판단 역시 정당한 것으로 수긍이 가고, 거기에 채증법칙 위배로 인한 사실오인, 집행정지의 요건인 '회복하기 어려운 손해의 발생' 및 '공공복리에 중대한 영향을 미칠 우려' 등에 관한 법리오해 등의 위법이 있다고 할 수 없다(대결 2004.5.17. 자 2004무6).

ⓒ 「독점규제 및 공정거래에 관한 법률」에 기한 공정거래위원회의 위반사실공표명령과 과징금납부명령의 집행으로 인한 손해가 「행정소송법」 제23조 제2항 소정의 '회복하기 어려운 손해'에 해당한다고 본 사례

「독점규제 및 공정거래에 관한 법률」에 기한 공정거래위원회의 위반사실공표명령과 과징금납부명령의 효력이 정지되지 아니한 채 본안소송이 진행되는 경우, 신문게재로 대외적 전파에 의한 신용의 실추와 기업운용자금 수급계획의 차질 등에서 상당한 손해를 입을 것임을 쉽게 예상할 수 있다는 이유로 그와 같은 손해가 사회관념상 「행정소송법」 제23조 제2항 소정의 '회복하기 어려운 손해'에 해당한다(대결 1999.4.27. 자 98무57).

| 관련 판례 | 회복하기 어려운 손해에 해당되지 않는 경우 |

C 토지소유권 수용 등으로 인한 손해는 「행정소송법」 제23조 제2항의 효력정지 요건인 금전으로 보상할 수 없거나 사회관념상 금전보상으로는 참고 견디기 어렵거나 현저히 곤란한 경우의 유·무형 손해에 해당하지 않는다

> 국토해양부 등에서 발표한 '4대강 살리기 마스터플랜'에 따른 '한강 살리기 사업' 구간 인근에 거주하는 주민들이 각 공구별 사업실시계획승인처분에 대한 효력정지를 신청한 사안에서, 토지소유권 수용 등으로 인한 손해는 「행정소송법」 제23조 제2항의 효력정지 요건인 금전으로 보상할 수 없거나 사회관념상 금전보상으로는 참고 견디기 어렵거나 현저히 곤란한 경우의 유·무형 손해에 해당하지 않는다(대결 2011.4.21. 자 2010무111).

C 과세처분에 의하여 입은 손해는 배상청구가 가능하므로 그 처분을 정지함에 회복할 수 없는 손해를 피하기 위하여 긴급한 사유가 있는 경우에 해당하지 아니한다

> 행정처분의 무효확인을 본소로 하여 그 행정처분의 집행정지를 구하는 경우에도 「행정소송법」 제10조가 적용된다 할 것이고, 신청인이 이 과세처분에 의하여 입은 손해는 만일 본안소송에서 과세처분이 무효임이 확정되거나 또는 그 처분이 취소되었을 때에는 신청인이 이미 지급한 납세액의 배상을 청구할 수 있을 것이므로 이와 같은 경우에는 과세처분을 정지함에 회복할 수 없는 손해를 피하기 위하여 지급한 사유가 있는 경우에 해당한다고 볼 수 없을 것이다(대결 1971.1.28. 70두7).

C 효력을 정지할 경우 공공복리에 중대한 영향을 미칠 우려가 있다는 이유로 위 효력정지 신청을 기각한 원심의 판단을 긍정한 사례

> 한국문화예술위원회 위원장이 자신의 해임처분의 무효확인을 구하는 소송을 제기한 후 다시 해임처분의 집행정지 신청을 한 사안에서, 해임처분의 경과 및 그 성질과 내용, 처분상대방인 신청인이 그로 인하여 입는 손해의 성질·내용 및 정도, 효력정지 이외의 구제수단으로 상정될 수 있는 원상회복·금전배상의 방법 및 난이, 해임처분의 효력이 정지되면 신청인이 위원장의 지위를 회복하게 됨에 따라 새로 임명된 위원장과 신청인 중 어느 사람이 위 위원회를 대표하고 그 업무를 총괄하여야 할 것인지 현실적으로 해결하기 어려운 문제가 야기됨으로써 위 위원회의 대내외적 법률관계에서 예측가능성과 법적 안정성을 확보할 수 없게 되고, 그 결과 위 위원회가 목적 사업을 원활하게 수행하는 데 지장을 초래할 가능성이 큰 점 등에 비추어, 해임처분으로 신청인에게 회복하기 어려운 손해가 발생할 우려가 있어 이를 예방하기 위하여 긴급한 필요가 있다고 인정되지 않을 뿐 아니라 위 해임처분의 효력을 정지할 경우 공공복리에 중대한 영향을 미칠 우려가 있다(대결 2010.5.14. 2010무48).

C 신청인이 사업계획승인과 관광숙박업 건축허가 등의 취소로 그 사업을 추진할 수 없게 되어 투하한 자본의 회수 등에 상당한 손해를 입게 될 것이라는 사실만으로는 집행정지사유가 있다고 인정하기는 어렵다고 한 사례

> 신청인이 사업계획승인과 관광숙박업 건축허가 등을 받은 후 그 사업수행을 위하여 건축물의 설계, 견본주택의 부지의 임차와 그 건축 등 각종의 계약을 체결하였고, 그에 대한 비용을 지출하는 등 승인받은 사업을 추진하여 왔으므로 「수도권정비계획법」에 의하여 위 승인과 허가가 취소됨으로써 그 취소처분이 취소될 때까지 그 사업을 추진할 수 없게 되어 투하한 자본의 회수 등에 상당한 손해를 입게 될 것이라는 사실만으로는 「행정소송법」 제23조 제2항 소정의 회복하기 어려운 손해에 해당한다거나 이를 예방하기 위하여 긴급한 필요가 있다고 인정하기는 어렵다(대결 1991.10.26. 자 91두28).

ⓒ 제약회사의 경제적 손실, 기업의 이미지 및 신용의 훼손은 회복하기 어려운 손해에 해당하지 않는다

> 항정신병 치료제의 요양급여 인정기준에 관한 보건복지부 고시의 효력이 계속 유지됨으로 인한 제약회사의 경제적 손실, 기업 이미지 및 신용의 훼손은「행정소송법」제23조 제2항 소정의 집행정지의 요건인 '회복하기 어려운 손해'에 해당하지 않는다(대결 2003.10.9. 자 2003무23).

ⓑ 유흥접객영업허가의 취소처분으로 5,000여 만 원의 시설비를 회수하지 못하게 된다면 생계까지 위협받게 되는 결과가 초래될 수 있다는 등의 사정이 행정처분의 효력이나 집행을 정지하기 위한 요건인 '회복하기 어려운 손해'가 생길 우려가 있는 경우에 해당하는지 여부(소극) [20 소방직, 14 국가직 9급] **01**

> 「행정소송법」제23조 제2항 소정의 행정처분 등의 효력이나 집행을 정지하기 위한 요건으로서의 '회복하기 어려운 손해'라 함은 특별한 사정이 없는 한 금전으로 보상할 수 없는 손해로서 이는 금전보상이 불능인 경우뿐만 아니라 금전보상으로는 사회관념상 행정처분을 받은 당사자가 참고 견딜 수 없거나 또는 참고 견디기가 현저히 곤란한 경우의 유형·무형의 손해를 일컫는다고 할 것인바, 유흥접객영업허가의 취소처분으로 5,000여 만 원의 시설비를 회수하지 못하게 된다면 생계까지 위협받게 되는 결과가 초래될 수 있다는 등의 사정은 위 처분의 존속으로 당사자에게 금전으로 보상할 수 없는 손해가 생길 우려가 있는 경우라고 볼 수 없다(대판 1991.3.2. 91두1).

  ⓘⅴ 긴급한 필요: 회복하기 어려운 손해의 발생이 절박하여 손해를 회피하기 위하여 본안판결을 기다릴 여유가 없는 상태를 말한다(대결 1994.1.17. 93두79). **02**
  ⓑ 소극적 요건: 집행정지는 그로 인하여 공공복리에 중대한 영향을 미칠 우려가 있는 경우에는 허용되지 않는다(소명과 주장책임은 행정청에게 있다). **03**

관련 판례

ⓑ 「행정소송법」 제23조 제2항 소정의 집행정지의 적극적 요건인 '회복하기 어려운 손해'의 의미 및 그 주장·소명책임의 소재(= 신청인) /「행정소송법」 제23조 제3항 소정의 집행정지의 소극적 요건인 '공공복리에 중대한 영향을 미칠 우려'의 의미 및 그 주장·소명책임의 소재(= 행정청) [23 국가직 9급, 21 군무원 7급, 20 소방직, 16 서울시 9급, 12 국가직 9급] **04 05**

> 「행정소송법」 제23조 제2항에서 행정청의 처분에 대한 집행정지의 요건으로 들고 있는 '회복하기 어려운 손해'라고 하는 것은 원상회복 또는 금전배상이 불가능한 손해는 물론 종국적으로 금전배상이 가능하다고 하더라도 그 손해의 성질이나 태양 등에 비추어 사회통념상 그러한 금전배상만으로는 전보되지 아니할 것으로 인정되는 현저한 손해를 가리키는 것으로서 이러한 집행정지의 적극적 요건에 관한 주장·소명책임은 원칙적으로 신청인 측에 있다. / 제3항에서 집행정지의 요건으로 규정하고 있는 '공공복리에 중대한 영향을 미칠 우려'가 없을 것이라고 할 때의 '공공복리'는 그 처분의 집행과 관련된 구체적이고도 개별적인 공익을 말하는 것으로서 이러한 집행정지의 소극적 요건에 대한 주장·소명책임은 행정청에게 있다(대결 1999.12.20. 99무42).

 ⓒ 본안소송의 이유 유무 문제
  ⓘ 효력정지나 집행정지사건 자체에 의하여도 신청인의 본안청구가 이유 없음이 명백하지 않아야 한다는 것도 효력정지나 집행정지의 요건에 포함시켜야 하는지에 대한 문제이다.
  ⓘⅰ 처분의 적법 여부는 집행정지의 요건이 아니지만, 집행정지제도의 취지 등에 비추어 본안청구의 이유 없음이 명백하다면 집행정지를 인정할 수 없다. **06 07 08**
  ⓘⅰⅰ 다수설과 판례는 본안청구가 이유 없음이 명백하지 아니할 것을 집행정지의 소극적 요건으로 보고 있다.

개념확인 O/X

01 유흥접객영업허가의 취소처분으로 5,000여 만 원의 시설비를 회수하지 못하게 된다면 생계까지 위협받을 수 있다는 등의 사정이 집행정지를 인정하기 위한 회복하기 어려운 손해가 생길 우려가 있는 경우에 해당하지 아니한다.
14 국가9급 (O / X)

02 집행정지요건으로 긴급한 필요란 회복하기 어려운 손해발생 가능성이 절박하여 본안판단을 기다릴 만한 시간적 여유가 없음을 말한다. (O / X)

03 집행정지의 요건으로 규정하고 있는 '공공복리에 중대한 영향을 미칠 우려'가 없을 것이라고 할 때의 '공공복리'는 그 처분의 집행과 관련된 구체적이고도 개별적인 공익을 말하는 것으로서 이러한 집행정지의 소극적 요건에 대한 주장·소명책임은 행정청에게 있다.
23 국가9급 (O / X)

04 집행정지의 결정을 신청함에 있어서는 그 이유에 대한 소명을 반드시 필요로 하는 것은 아니므로 정당한 사유 등 특별한 사정이 있다면 재판부는 그 소명 없이 직권으로 집행정지에 대한 결정을 하여야 한다.
20 소방 (O / X)

05 집행정지의 결정을 신청함에 있어서는 그 이유에 대한 소명이 있어야 한다.
21 군무원7급 (O / X)

06 행정처분의 집행정지를 구하는 신청사건에서는 행정처분 자체의 적법 여부는 원칙적으로 판단의 대상이 아니나, 집행정지사건 자체에 의하여도 신청인의 본안청구가 이유 없음이 명백할 때에는 행정처분의 집행정지를 명할 수 없다.
23 지방7급 (O / X)

07 신청인의 본안청구의 이유 없음이 명백할 때는 집행정지가 인정되지 않는다.
21 지방9급 (O / X)

08 대법원에 의하면 집행정지는 이유 있음이 명백하여야 한다고 한다.
(O / X)

| 정답 | 01 O | 02 O | 03 O | 04 X | 05 O | 06 O | 07 O | 08 X |

개념확인 O/X

01 「행정소송법」은 처분의 일부에 대한 집행정지도 가능하다고 규정하고 있다.
12 국가9급 (O / X)

02 취소소송이 제기되면 처분의 효력이나 그 집행은 정지되지 않으나 절차의 속행은 정지된다.
19 서울시 사회복지9급 (O / X)

03 처분의 효력정지는 처분 등의 집행 또는 절차의 속행을 정지함으로써 목적을 달성할 수 있는 경우에는 허용되지 아니한다.
21 지방9급, 19 서울시 사회복지9급, 16 지방9급, 14 국가9급 (O / X)

04 집행정지결정은 당사자인 행정청과 그 밖의 관계행정청을 기속한다.
11 국가9급 (O / X)

05 집행정지결정 중 효력정지결정은 효력 그 자체를 잠정적으로 정지시키는 것이므로 행정처분이 없었던 원래 상태와 같은 상태를 가져오지만 장래에 향하여 효력을 발생하는 것이 원칙이다.
11 국가9급 (O / X)

06 집행정지결정의 효력은 정지결정의 대상인 처분의 발령시점에 소급하는 것이 원칙이다.
18 서울7급 (O / X)

07 보조금 교부결정 취소처분에 대하여 법원이 효력정지결정을 하면서 주문에서 그 법원에 계속 중인 본안소송의 판결선고 시까지 처분의 효력을 정지한다고 선언하였을 경우, 본안소송의 판결선고에 의하여 정지결정의 효력은 소멸하고 이와 동시에 당초의 보조금 교부결정 취소처분의 효력이 당연히 되살아난다.
18 국가7급 (O / X)

08 집행정지의 결정이 확정된 후라도 집행정지가 공공복리에 중대한 영향을 미치는 경우 당사자의 신청 또는 직권에 의해 집행정지결정을 취소할 수 있다.
16 서울9급 (O / X)

09 집행정지의 결정에 대하여는 즉시 항고할 수 있으며, 이 경우 집행정지의 결정에 대한 즉시항고에는 결정의 집행을 정지하는 효력이 없다.
19 서울시 사회복지9급, 18 국가7급·서울7급 (O / X)

관련 판례

B 행정처분의 효력정지나 집행정지사건에서 그 자체로 신청인의 본안청구가 이유 없음이 명백하지 않아야 한다는 점이 효력정지나 집행정지의 요건인지 여부(적극) [23 지방직 7급, 21 지방직 9급, 12 국가직 9급]

> 행정처분의 효력정지나 집행정지제도는 신청인이 본안소송에서 승소판결을 받을 때까지 그 지위를 보호함과 동시에 후에 받을 승소판결을 무의미하게 하는 것을 방지하려는 것이어서 본안소송에서 처분의 취소가능성이 없음에도 처분의 효력이나 집행의 정지를 인정한다는 것은 제도의 취지에 반하므로 효력정지나 집행정지사건 자체에 의하여도 신청인의 본안청구가 이유 없음이 명백하지 않아야 한다는 것도 효력정지나 집행정지의 요건에 포함시켜야 한다(대결 2007.7.13. 자 2005무85).

ⓒ **집행정지의 절차**: 집행정지는 당사자의 신청이나 직권에 의하여 행하여지며 그 관할은 본안소송이 계속된 법원이다. 집행정지의 요건 중 공공복리의 요건을 행정청이 소명하여야 하고 그 외의 요건은 신청인이 소명하여야 한다(제23조 제2항·제4항).

ⓔ **집행정지의 내용**
  ⓐ 집행정지결정의 범위는 처분 등의 효력이나 그 집행 또는 절차의 속행의 전부 또는 일부의 정지이다. **01 02**
  ⓑ 다만, 처분의 효력정지는 처분의 집행 또는 절차의 속행을 정지함으로써 그 목적을 달성할 수 있는 경우에는 허용되지 아니한다(제23조 제2항). 따라서 효력정지는 보충적으로 인정된다. **03**

ⓜ **집행정지의 효력**
  ⓐ **형성력**: 처분 등의 효력정지는 행정처분이 없었던 것과 같은 상태를 잠정적으로 실현시키는 것이므로 그 범위 안에서 형성력을 가진다(소급하지 않고 장래에 향해서 발생).
  ⓑ **기속력(대인적 효력)**: 집행정지결정의 효력은 당사자인 신청인과 당해 행정청 및 그 밖의 관계행정청을 기속한다. 그리고 제3자효 행정행위의 경우에는 제3자에게도 그 효력이 미친다. **04**
  ⓒ **시간적 효력(장래효 원칙)**: 집행정지결정의 효력은 장래효이다. 집행정지결정은 주문에 정하여진 시기까지 존속하는 것이나, 특별한 정함이 없는 때에는 본안판결이 확정될 때까지 존속한다. **05 06 07**

ⓗ **집행정지결정의 취소**: 집행정지결정이 확정된 후 집행정지가 공공복리에 중대한 영향을 미치거나 그 정지사유가 없어진 때에는 당사자의 신청 또는 직권에 의하여 당해 집행정지결정을 한 법원은 집행정지결정을 취소할 수 있다. **08**

ⓢ **불복방법**: 당사자는 법원의 집행정지결정·집행정지신청기각결정·집행정지결정취소결정 등에 대하여 즉시항고할 수 있다. 이 경우 즉시항고를 하여도 집행정지결정 또는 기각결정 등의 집행을 정지하는 효력이 없다. **09**

관련 판례

C 행정소송에 있어서 본안판결에 대한 상소 후 본안의 소송기록이 원심법원에 있는 경우, 「행정소송법」 제23조 제2항에 의한 집행정지사건의 관할법원(= 원심법원)

> 행정소송에 있어서 본안판결에 대하여 상소를 한 경우에 소송기록이 원심법원에 있으면 원심법원이 「민사소송법」 제501조, 제500조 제4항의 예에 따라 「행정소송법」 제23조 제2항의 규정에 의한 집행정지에 관한 결정을 할 수 있다고 봄이 상당하다(대결 2005.12.12. 자 2005무67).

| 정답 | 01 O 02 X 03 O 04 O 05 O 06 X 07 O 08 O 09 O

ⓒ 행정소송에 있어서 본안판결에 대한 상소 후 본안의 소송기록이 상소심법원으로 송부되기 전에 원심법원이 한 집행정지결정에 대한 즉시항고사건의 관할법원(= 상소심법원)

> 행정소송에 있어서 본안판결에 대한 상소 후 본안의 소송기록이 송부되기 전에 원심법원이 한 집행정지에 관한 결정은 원심법원이 상소심법원의 재판을 대신하여 하는 2차적 판단이 아니라 그 소송기록을 보관하고 있는 원심법원이 집행정지의 필요 여부에 관하여 그 고유권한으로 하는 1차적 판단이고, 그에 대한 「행정소송법」 제23조 제5항 본문의 즉시항고는 성질상 원심법원의 집행정지에 관한 결정에 대한 것으로서 그에 관한 관할법원은 상소심법원이다(대결 2005.12.12. 자 2005무67).

ⓒ 「행정소송법」 제23조 제2항에서 정한 요건을 결여하였다는 이유로 효력정지 신청을 기각한 결정에 대하여, 행정처분 자체의 적법 여부를 가지고 불복사유로 삼을 수 있는지 여부(소극)

> 행정처분의 효력정지나 집행정지를 구하는 신청사건에서는 행정처분 자체의 적법 여부를 판단할 것이 아니고 행정처분의 효력이나 집행 등을 정지시킬 필요가 있는지 여부, 즉 「행정소송법」 제23조 제2항에서 정한 요건의 존부만이 판단대상이 된다. 나아가 '처분 등이나 그 집행 또는 절차의 속행으로 인한 손해발생의 우려' 등 적극적 요건에 관한 주장·소명 책임은 원칙적으로 신청인 측에 있으며, 이러한 요건을 결여하였다는 이유로 효력정지 신청을 기각한 결정에 대하여 행정처분 자체의 적법 여부를 가지고 불복사유로 삼을 수 없다(대결 2011.4.21.자 2010무111 전합).

ⓒ 관할 구청장의 인가 등에 의해 확정된 재건축사업시행계획에 관한 총회결의의 효력정지를 구하는 방법(= 「행정소송법」상 집행정지신청)

> 「도시 및 주거환경정비법」에 따른 주택재건축정비사업조합은 관할 행정청의 감독 아래 도시정비법상 주택재건축사업을 시행하는 공법인으로서, 그 목적 범위 내에서 법령이 정하는 바에 따라 일정한 행정작용을 행하는 행정주체의 지위를 가진다 할 것인데, 채무자 조합이 이러한 행정주체의 지위에서 도시정비법에 기초하여 수립한 이 사건 사업시행계획은 인가·고시를 통해 확정되면 이해관계인에 대한 구속적 행정계획으로서 독립된 행정처분에 해당하고, 이와 같은 사업시행계획안에 대한 조합 총회결의는 그 행정처분에 이르는 절차적 요건 중 하나에 불과한 것으로서, 그 계획이 확정된 후에는 항고소송의 방법으로 계획의 취소 또는 무효확인을 구할 수 있을 뿐, 절차적 요건에 불과한 총회결의 부분만을 대상으로 그 효력 유무를 다투는 확인의 소를 제기하는 것은 허용되지 아니하고, 한편 이러한 항고소송의 대상이 되는 행정처분의 효력이나 집행 혹은 절차속행 등의 정지를 구하는 신청은 「행정소송법」상 집행정지신청의 방법으로서만 가능할 뿐 「민사소송법」상 가처분의 방법으로는 허용될 수 없다(대판 2009.11.2. 2009마596).

③ 가처분의 문제
  ㉠ 의의: 금전 이외의 특정한 급부를 목적으로 하는 청구권의 집행보전을 도모하거나 쟁이 있는 권리관계에 관하여 임시의 지위를 정함을 목적으로 하는 「민사소송법」상의 보전처분을 '가처분'이라 한다. 01
  ㉡ 가처분의 행정소송에의 준용
    ⓐ 소극설(부정설): 다음과 같은 논거를 제시하고 있다(판례와 다수설). 02 03 04
      ⅰ) 가처분제도를 인정하게 되면 법원이 행정기관에게 일정행위를 명하게 되어 권력분립에 위반된다.
      ⅱ) 「행정소송법」의 집행정지제도는 「민사집행법」상의 가처분제도를 배제함을 의미하는 것이다.
      ⅲ) 가처분제도는 의무이행소송 등이 인정되어 있음을 전제로 하는바, 우리의 「행정소송법」은 의무이행소송이 인정되지 않는다.

개념확인 O/X

01 「행정소송법」은 다툼이 있는 법률관계에 대하여 임시의 지위를 정하기 위한 가처분신청의 경우 현저한 손해나 급박한 위험을 피할 것을 목적으로 한다고 규정하고 있다.
14 국가9급 (O/X)

02 「민사소송법」상 가처분은 항고소송에서 허용된다.
17 사회복지 (O/X)

03 「행정소송법」은 가처분제도를 규정하지 않고 있으나 대법원 판례는 항고소송에서 가처분제도를 긍정하고 있다.
11 국가9급 (O/X)

04 취소소송을 제기한 경우 법원은 당사자의 신청이나 직권으로 「민사집행법」상 가처분을 내릴 수 있다.
16 지방9급 (O/X)

| 정답 | 01 X   02 X   03 X   04 X

개념확인 O/X

01 「민사집행법」상 가처분은 당사자소송에서 허용된다.
17 사회복지 (O / X)

02 「도시 및 주거환경정비법」상 행정주체인 주택재건축정비사업조합을 상대로 관리처분계획안에 대한 조합 총회 결의의 효력을 다투는 소송에 대하여는 「행정소송법」상 집행정지에 관한 규정이 준용되지 아니하므로 이를 본안으로 하는 가처분에 대하여는 「민사집행법」상 가처분에 관한 규정이 준용되어야 한다.
24 국가7급 (O / X)

03 행정소송의 대상이 되는 행정처분의 존부는 소송요건으로서 직권조사사항이고, 자백의 대상이 될 수 없는 것이므로, 설사 그 존재를 당사자들이 다투지 아니한다 하더라도 그 존부에 관하여 의심이 있는 경우에는 이를 직권으로 밝혀 보아야 할 것이다.
15 지방9급 (O / X)

04 행정소송에서 쟁송의 대상이 되는 행정처분의 존재를 당사자들이 다투지 아니한다 하더라도 그 존부에 관하여 의심이 있는 경우에 법원은 이를 직권으로 밝혀야 한다.
19 하반기 서울7급 (O / X)

05 행정소송의 제기요건은 법원의 직권조사사항이므로 행정소송에 있어서 처분청의 처분권의 유무는 직권조사사항이다.
17 서울7급 (O / X)

ⓑ **적극설(긍정설)**: 다음과 같은 논거를 제시하고 있다.
　ⅰ) 「행정소송법」은 가처분을 배제하는 규정이 없으므로 「행정소송법」 제8조 제2항의 규정에 의하여 「민사집행법」의 규정이 준용되어야 한다.
　ⅱ) 국민의 권리보호에 도움이 된다는 것이다.
ⓒ 당사자소송에는 「민사집행법」상의 가처분이 준용된다는 것이 대법원의 입장이다. **01**

관련 판례

Ⓑ ❶ 「도시 및 주거환경정비법」상 주택재건축정비사업조합을 상대로 관리처분계획안에 대한 조합 총회 결의의 효력을 다투는 소송이 「행정소송법」상 당사자소송인지 여부(적극), ❷ 이를 본안으로 하는 가처분에 대하여 「민사집행법」상 가처분에 관한 규정이 준용되는지 여부(적극) [24 국가직 7급] **02**

> 「도시 및 주거환경정비법」(이하 '도시정비법'이라 한다)상 행정주체인 주택재건축정비사업조합을 상대로 관리처분계획안에 대한 조합 총회결의의 효력을 다투는 소송은 행정처분에 이르는 절차적 요건의 존부나 효력 유무에 관한 소송으로서 소송결과에 따라 행정처분의 위법 여부에 직접 영향을 미치는 공법상 법률관계에 관한 것이므로, 이는 「행정소송법」상 당사자소송에 해당한다. 그리고 이러한 당사자소송에 대하여는 「행정소송법」 제23조 제2항의 집행정지에 관한 규정이 준용되지 아니하므로(「행정소송법」 제44조 제1항 참조), 이를 본안으로 하는 가처분에 대하여는 「행정소송법」 제8조 제2항에 따라 「민사집행법」상 가처분에 관한 규정이 준용되어야 한다(대결 2015.8.21. 자 2015무26).

Ⓒ **당사자소송에서 가처분**

> 당사자소송에 대하여는 「행정소송법」 제8조 제2항에 따라 「민사집행법」상 가처분에 관한 규정이 준용되므로, 사업시행자는 「민사집행법」 제300조 제2항에 따라 현저한 손해를 피하기 위해 필요한 경우 '임시의 지위를 정하기 위한 가처분'을 통하여 공익사업을 신속하고 원활하게 수행할 수 있다(대판 2019.9.9. 2016다262550).

Ⓒ 「민사소송법」상의 가처분으로써 행정행위의 금지를 구할 수 있는지 여부(소극)

> 「민사소송법」상의 보전처분은 민사판결절차에 의하여 보호받을 수 있는 권리에 관한 것이므로, 「민사소송법」상의 가처문으로써 행정청의 어떠한 행정행위의 금지를 구하는 것은 허용될 수 없다 할 것이다(대결 1992.7.6. 자 92마54).

⑮ 취소소송의 심리

① **심리내용**

　㉠ 요건심리
　　ⓐ '요건심리'란 법원에 소가 제기된 때에 당해 소가 소송제기요건을 갖춘 적법한 것인지의 여부를 심리하는 것을 말한다.
　　ⓑ 이러한 요건심리는 법원의 직권조사사항으로서 심리결과 요건을 갖추지 못한 것이라고 인정하는 때에는 이를 각하한다.

관련 판례

Ⓑ 행정소송에 있어 행정처분의 존부가 직권조사사항인지 여부(적극) [19 하반기 서울시 7급, 17 서울시 7급, 15 지방직 9급] **03 04 05**

> 행정소송에 있어서 쟁송의 대상이 되는 행정처분의 존부는 소송요건으로서 직권조사사항이라 할 것이고, 자백의 대상이 될 수는 없다(대판 1992.1.21. 91누1684).

| 정답 | 01 O　02 O　03 O　04 O　05 X

ⓒ 소송요건의 내용은 관할권, 제소기간, 처분성, 원고적격, 소의 이익, 전심절차, 당사자능력, 중복소송이 아닐 것, 기판력에 반하는지 여부 등이다.
ⓓ 소송요건의 존부 판단 01 02
  ⅰ) 변론종결 시를 기준으로 판단하므로 제소 시에 요건이 존재하지 못하여도 사실심의 변론종결 시까지 보완하여 갖추면 된다.
  ⅱ) 그러나 소송의 요건은 상고심에서도 계속 유지되어야 한다. 예를 들어 사실심변론종결 시까지 원고적격을 갖추었으나 상고심에서 원고적격이 없게 된 경우에 소송은 각하된다.
ⓔ 공법상 법률관계에 관한 당사자소송의 피고적격 및 원고가 고의 또는 중대한 과실 없이 당사자소송으로 제기하여야 할 것을 항고소송으로 잘못 제기한 경우, 법원이 취할 조치: 공법상의 법률관계에 관한 당사자소송에서는 그 법률관계의 한쪽 당사자를 피고로 하여 소송을 제기하여야 한다(「행정소송법」 제3조 제2호, 제39조). 다만, 원고가 고의 또는 중대한 과실 없이 당사자소송으로 제기하여야 할 것을 항고소송으로 잘못 제기한 경우에, 당사자소송으로서의 소송요건을 결하고 있음이 명백하여 당사자소송으로 제기되었더라도 어차피 부적법하게 되는 경우가 아닌 이상, 법원으로서는 원고가 당사자소송으로 소 변경을 하도록 하여 심리·판단하여야 한다(대판 2016.5.24. 2013두14863).
ⓛ **본안심리**: 본안심리는 그 소에 의한 청구를 인용할 것인지 또는 기각할 것인지를 판단하기 위하여 본안에 대하여 실체적으로 심리하는 것이다.

관련 판례

B 어떠한 처분에 법령상 근거가 있는지, 「행정절차법」에서 정한 처분절차를 준수하였는지가 소송요건 심사단계에서 고려할 요소인지 여부(소극) [21 국회직 8급] 03

> 항고소송의 대상인 '처분'이란 '행정청이 행하는 구체적 사실에 관한 법집행으로서의 공권력의 행사 또는 그 거부와 그 밖에 이에 준하는 행정작용'(「행정소송법」 제2조 제1항 제1호)을 말한다. 행정청의 행위가 항고소송의 대상이 될 수 있는지는 추상적·일반적으로 결정할 수 없고, 구체적인 경우에 관련 법령의 내용과 취지, 그 행위의 주체·내용·형식·절차, 그 행위와 상대방 등 이해관계인이 입는 불이익 사이의 실질적 견련성, 법치행정의 원리와 그 행위에 관련된 행정청이나 이해관계인의 태도 등을 고려하여 개별적으로 결정하여야 한다. 또한 어떠한 처분에 법령상 근거가 있는지, 「행정절차법」에서 정한 처분절차를 준수하였는지는 본안에서 해당 처분이 적법한가를 판단하는 단계에서 고려할 요소이지, 소송요건 심사단계에서 고려할 요소가 아니다(대판 2020.10.15. 2020다222382).

② 심리의 범위
  ㉠ 불고불리원칙과 예외
    ⓐ **불고불리원칙**: 취소소송의 경우에도 법원은 소제기가 없는 사건이나 당사자의 청구범위를 넘어서 심리·재판할 수 없다는 불고불리의 원칙이 적용된다. 04
    ⓑ **예외**: 법원은 필요하다고 인정할 때에는 당사자가 주장하지 아니한 사실에 대하여도 판단할 수 있다고 「행정소송법」 제26조에 규정하여 직권탐지주의를 가미함으로써 불고불리의 원칙에 대한 예외를 인정하고 있다. 05

개념확인 O / X

01 행정소송에서 쟁송의 대상이 되는 행정처분의 존부에 관한 사항이 상고심에서 비로소 주장된 경우에 행정처분의 존부에 관한 사항은 상고심의 심판범위에 해당한다.
20 국가9급 (O / X)

02 소송요건의 존부는 사실심 변론종결 시를 기준으로 판단한다.
14 국가9급 (O / X)

03 어떠한 처분에 법령상 근거가 있는지, 「행정절차법」에서 정한 처분절차를 준수하였는지는 본안에서 당해 처분이 적법한가를 판단하는 단계에서 고려할 요소이지, 소송요건 심사단계에서 고려할 요소가 아니다.
21 국회8급 (O / X)

04 법원은 소송제기가 없는 사건에 대하여 심리·재판할 수 없다.
14 국가9급 (O / X)

05 법원은 원고가 청구하지 않은 것을 심리할 수 없고, 소장 기록에 나타난 사항이라도 주장하지 않은 것은 심리할 수 없다.
(O / X)

| 정답 | 01 O 02 O 03 O 04 O 05 X

관련 판례

ⓒ 행정소송에 있어서의 직권조사의 범위

「행정소송법」제26조가 "법원은 필요하다고 인정할 때에는 직권으로 증거조사를 할 수 있고, 당사자가 주장하지 아니한 사실에 대하여도 판단할 수 있다."라고 규정하고 있지만, 이는 행정소송의 특수성에 연유하는 당사자 주의, 변론주의에 대한 일부 예외규정일 뿐 법원이 아무런 제한 없이 당사자가 주장하지 아니한 사실을 판단할 수 있는 것은 아니고, 일건 기록에 현출되어 있는 사항에 관하여서만 직권으로 증거조사를 하고 이를 기초로 하여 판단할 수 있을 따름이다(대판 1991.11.8. 91누2854).

ⓒ 소청심사위원회가 절차상 하자가 있다는 이유로 의원면직처분을 취소하는 결정을 한 후 징계권자가 징계절차에 따라 당해 공무원에 대하여 징계처분을 하는 경우, 「국가공무원법」제14조 제6항에 정한 불이익변경금지의 원칙이 적용되는지 여부(소극)

「국가공무원법」제14조 제6항은 소청심사결정에서 당초의 원처분청의 징계처분보다 청구인에게 불리한 결정을 할 수 없다는 의미인데, 의원면직처분에 대하여 소청심사청구를 한 결과 소청심사위원회가 의원면직처분의 전제가 된 사의표시에 절차상 하자가 있다는 이유로 의원면직처분을 취소하는 결정을 하였다고 하더라도, 그 효력은 의원면직처분을 취소하여 당해 공무원으로 하여금 공무원으로서의 신분을 유지하게 하는 것에 그치고, 이때 당해 공무원이 「국가공무원법」제78조 제1항 각 호에 정한 징계사유에 해당하는 이상 같은 항에 따라 징계권자로서는 반드시 징계절차를 열어 징계처분을 하여야 하므로, 이러한 징계절차는 소청심사위원회의 의원면직처분취소 결정과는 별개의 절차로서 여기에 「국가공무원법」제14조 제6항에 정한 불이익변경금지의 원칙이 적용될 여지는 없다(대판 2008.10.9. 2008두11853).

ⓒ 원고가 청구하지 아니한 개별토지가격결정처분에 대하여 판결한 것은 「민사소송법」제188조 소정의 처분권주의에 반하여 위법하다고 한 사례

기록을 살펴보아도 피고는 1991.6.29. 이 사건 토지에 대하여 1990년 개별토지가격결정을 한 사실이 없을 뿐만 아니라 원고가 1990년 개별지가결정처분의 취소를 구하고 있지도 아니하다. 그런데도 원심이 원고가 청구하지도 아니한 1990년 개별지가결정처분에 대하여 판결한 것은 「민사소송법」제188조 소정의 서분권주의에 반하여 위법하다 할 것이므로 그 취소(파기)를 면할 수 없다 하겠다(대판 1993.6.8. 93누4526).

ⓒ 법원의 석명권 행사범위(주장하지 않은 것을 권유할 수 없다)

법원의 석명권 행사는 당사자의 주장에 모순된 점이 있거나 불완전·불명료한 점이 있을 때에 이를 지적하여 정정·보충할 수 있는 기회를 주고, 계쟁 사실에 대한 증거의 제출을 촉구하는 것을 그 내용으로 하는 것으로, 당사자가 주장하지도 아니한 법률효과에 관한 요건사실이나 독립된 공격방어방법을 시사하여 그 제출을 권유함과 같은 행위를 하는 것은 변론주의 원칙에 위배되는 것으로 석명권 행사의 한계를 일탈하는 것이 된다(대판 2001.1.16. 99두8107).

ⓛ 재량문제
  ⓐ 「행정소송법」규정: 행정청의 재량에 속하는 처분이라도 재량권의 한계를 넘거나 그 남용이 있는 때에는 법원은 이를 취소할 수 있다(제27조). 01 02 03
  ⓑ 재량의 일탈·남용이 없는 경우: 심리의 결과 재량권의 일탈·남용이 없다고 인정되면 그 청구를 각하(각하설)할 것이 아니라 기각(기각설)해야 한다고 한다.
ⓒ 법률문제·사실문제
  ⓐ 법원은 행정사건을 심리함에 있어 행정처분이나 재결의 실체면·절차면 및 법률문제·사실문제 모든 점에 걸쳐 심리하는 것이 원칙이다.

개념확인 O/X

01 행정청의 재량행위에 속하는 처분은 취소소송의 대상이 되지 않는다.
12 지방9급 (O/X)

02 재량행위의 경우 법원은 독자의 결론을 도출함이 없이 당해 행위에 재량권의 일탈·남용이 있는지의 여부만을 심사한다.
16 국가9급 (O/X)

03 행정청의 재량에 속하는 처분이라도 재량권의 한계를 넘거나 그 남용이 있는 때에는 법원은 이를 취소할 수 있고, 재량권 일탈·남용에 관하여는 피고인 행정청이 증명책임을 부담한다.
20 소방 (O/X)

정답 | 01 X 02 O 03 X

ⓑ 그러나 사실문제에 대한 심리와 관련하여 그것이 전문적·기술적인 지식을 요하는 사항인 경우에는 법원의 심리를 제한하고 있는 입법례가 있다(미국의 판례법으로 확립된 실질적 증거의 법칙).

관련 판례

ⓒ 행정소송에 있어서 형사판결의 증명력

행정소송에 있어서 형사판결이 그대로 확정된 이상 위 형사판결의 사실판단을 채용하기 어렵다고 볼 특별한 사정이 없는 한 이와 배치되는 사실을 인정할 수 없다(대판 1999.11.26. 98두10424).

③ 심리절차상의 원칙
  ㉠ 일반원칙 ─── 결정적 코멘트 ▶ 각 심리원칙에 대한 개념과 행정소송 심리의 특수성으로, 직권심리의 개념과 요건의 이해를 필요로 한다.
    ⓐ **대심주의(쌍방심리주의)**: 대심주의는 대립되는 분쟁 당사자들의 공격·방어를 통하여 심리를 진행하는 제도를 말한다. 심리에 있어 양 당사자에게 공격·방어 방법을 제출할 수 있는 대등한 기회를 보장한다.
    ⓑ **당사자주의**
      ⅰ) **처분권주의** 01 02
        • 소송의 개시, 진행 및 종결을 당사자의 의사에 일임하는 것으로 행정소송에서 일반적으로 적용되는 원칙이다.
        • 다만, 피고의 청구인락이나 포기제도가 없다는 점과 화해제도가 행정소송에는 없다는 점을 들어 처분권주의가 일부 제한되고 있다는 견해가 일반적이다.
      ⅱ) **변론주의**: 재판의 기초가 되는 소송자료의 수집·제출 책임을 당사자에게 지우는 것(대칭개념은 직권탐지주의로서 법원이 판결에 중요한 사실을 당사자의 신청 여부에 관계없이 직접 조사할 수 있는 원칙)을 말한다.
    ⓒ **구술심리주의**: 특별한 규정이 없는 한 소송절차는 구도로 진행되어야 하고, 판결도 구두변론에 근거하여야 한다는 원칙을 말한다. 당사자는 구두변론을 포기할 수도 있다.
    ⓓ **공개심리주의**: 재판의 심리와 판결의 선고를 일반인이 방청할 수 있는 상태에서 행하는 소송원칙을 말한다. 그러나 국가의 안전보장, 안녕질서 또는 선량한 풍속을 해할 염려가 있을 때에는 결정으로 공개를 정지할 수 있으며 이 경우에 이유를 개시하여야 한다.
    ⓔ **직접심리주의**: 판결을 하는 법관이 변론의 청취, 증거조사를 직접하는 것을 말한다.
  ㉡ 특수한 심리절차(원칙)
    ⓐ **직권탐지(심리)주의 가미**
      ⅰ) 현행 「행정소송법」은 변론주의를 그 기본원칙으로 하면서 보충적으로 직권탐지주의를 가미하고 있다. 03 04
      ⅱ) 법원은 필요하다고 인정할 때에는 직권으로 증거조사를 할 수 있고, 당사자가 주장하지 아니한 사실에 대하여도 판단할 수 있다.
      ⅲ) 직권탐지의 범위에 대해서 대법원은 행정소송의 기록상 자료가 나타나 있다면 당사자가 주장하지 않아도 판단할 수 있다는 입장으로 '행정소송의 기록' 범위 내에서 가능함을 말하고 있다.

개념확인 O/X

01 소송에 있어서 처분권주의는 사적자치에 근거를 둔 법질서에 뿌리를 두고 있으므로 취소소송에는 적용되지 않는다.
18 지방9급 (O / X)

02 당사자가 신청하지 아니한 사항에 대하여는 판결하지 못한다는 의미의 처분권주의가 적용된다.
23 국회8급 (O / X)

03 법원은 행정소송에서 기록상 자료가 나타나 있다면 당사자가 주장하지 않았더라도 판단할 수 있다.
23 국회8급, 14 국가9급 (O / X)

04 취소소송의 심리에 있어서 주장책임은 직권탐지주의를 보충적으로 인정하고 있는 한도 내에서 그 의미가 완화된다.
18 지방9급 (O / X)

| 정답 | 01 X 02 O 03 O 04 O

| 개념확인 O/X |

ⓘ 따라서 청구하지 않은 것은 심리할 수 없으나(불고불리원칙), 청구범위 내에서는 주장하지 않아도 심리할 수 있다(직권심리주의).

> **관련 판례**
>
> **ⓑ 행정소송에서 기록상 자료가 나타나 있다면 당사자가 주장하지 않더라도 판단할 수 있는지 여부(적극)**
> [14 국가직 9급]
>
> 행정소송에서 기록상 자료가 나타나 있다면 당사자가 주장하지 않았더라도 판단할 수 있고, 당사자가 제출한 소송자료에 의하여 법원이 처분의 적법 여부에 관한 합리적인 의심을 품을 수 있음에도 단지 구체적 사실에 관한 주장을 하지 아니하였다는 이유만으로 당사자에게 석명을 하거나 직권으로 심리·판단하지 아니함으로써 구체적 타당성이 없는 판결을 하는 것은 「행정소송법」 제26조의 규정과 행정소송의 특수성에 반하므로 허용될 수 없다(대판 2010.2.11. 2009두18035).

ⓑ **행정심판의 기록제출명령**: 행정소송상 입증방법에 있어서 원고의 지위를 보장하기 위하여 우리 「행정소송법」은 행정심판기록 제출명령제도를 두고 있다(제25조). 01 02 03

④ 주장책임과 입증책임
  ㉠ 주장책임
    ⓘ **의의**: '주장책임'이란 주요 사실에 관하여 당사자가 변론에서 주장하지 않으면 판결의 기초로 삼을 수 없다는 것을 말한다. 예외적으로 직권조사주의가 있다.
    ⓘⓘ 주장책임은 변론주의에서 문제가 되며, 소송상의 쟁점형성을 당사자에게 맡기는 제도이다.
    ⓘⓘⓘ **주장책임자**: 행정처분의 적법성에 관하여는 처분청이 주장하고 입증하여야 할 것이나, 행정청의 위법을 들어 그 취소를 청구함에 있어서는 직권조사를 제외하고는 원고가 그 위법된 구체적 사실을 먼저 주장하여야 한다는 것이 판례의 입장이다(대판 2000. 5.30. 98두20162).
    ⓘⓥ **불가쟁력과 주장책임**: 불가쟁력은 법률상의 이익을 침해받은 자가 처분이나 재결의 효력을 더 이상 다툴 수 없다는 의미이지 당사자들이나 법원이 이와 모순되는 주장이나 판단을 할 수 없다는 것은 아니다.

> **관련 판례**
>
> **ⓒ 경정거부처분 취소소송에서 과세관청이 당초의 거부처분사유 외의 새로운 사유를 주장할 수 있는지 여부(적극)**
>
> 감액경정청구를 받은 과세관청으로서는 과세표준신고서에 기재된 과세표준 및 세액이 세법에 의하여 신고하여야 할 객관적으로 정당한 과세표준 및 세액을 초과하는지 여부에 관하여 조사·확인할 의무가 있다. 그러므로 통상의 과세처분 취소소송에서와 마찬가지로 감액경정청구에 대한 거부처분 취소소송 역시 그 거부처분의 실체적·절차적 위법사유를 취소원인으로 하는 것으로서 그 심판의 대상은 과세표준신고서에 기재된 과세표준 및 세액의 객관적인 존부이고, 경정청구가 이유 없다고 내세우는 개개의 거부처분사유는 과세표준신고서에 기재된 과세표준 및 세액이 세법에 의하여 신고하여야 할 객관적으로 정당한 과세표준 및 세액을 초과하는 것이 아니라고 주장하는 공격방어방법에 불과한 것이다. 따라서 <u>과세관청은 당초 내세웠던 거부처분사유 이외의 사유도 그 거부처분 취소소송에서 새로이 주장할 수 있다</u>(대판 2008.12.24. 2006두13497).

---

01 법원으로부터 행정심판기록의 제출명령을 받은 행정청은 지체 없이 당해 행정심판에 관한 기록을 법원에 제출하여야 한다.
23 국회8급 (O / X)

02 「행정소송법」은 법원이 직권으로 관계행정청에 자료제출을 요구할 수 있음을 규정하고 있다.
14 국가9급 (O / X)

03 「행정소송법」에 따르면 법원은 당사자의 신청이 있는 때에는 결정으로써 재결을 행한 행정청에 대하여 행정심판에 관한 기록의 제출을 명할 수 있고, 제출명령을 받은 행정청은 지체 없이 당해 행정심판에 관한 기록을 법원에 제출하여야 한다.
23 지방9급 (O / X)

| 정답 | 01 O   02 X   03 O

ⓒ 입증책임
  ⓐ 의의: 소송상 일정한 사실의 존부가 확정되지 않은 경우에 불리한 법적 판단을 받게 될 당사자가 일방의 위험 내지 불이익을 부담하는 것의 문제를 말한다.
  ⓑ 학설
    ⅰ) 원고책임설(적법성추정설): 행정행위에는 공정력이 있어서 적법성이 추정되므로 행정행위의 취소를 주장하는 원고가 행정행위의 위법성을 주장하여야 한다고 한다.
    ⅱ) 피고책임설(적법성담보설): 법치행정의 원리에 입각하여 행정청의 행위는 행정청이 스스로 적법성을 담보하여야 하기 때문에 피고인 행정청이 입증책임을 부담하여야 한다는 견해이다.
    ⅲ) 법률요건분류설(「민법」상 분류설, 통설·판례): 민사소송의 경우처럼 각 당사자가 자기에게 유리한 법적 효과를 주장하는 모든 요건사실의 존재에 대하여 입증책임을 진다는 견해이다.
    ⅳ) 행정법독자성설(일반원칙비판설): 국민의 권리와 자유를 제한하거나 의무를 과하는 행정행위의 취소소송에서는 피고인 행정청이 그 적법성에 대한 입증책임을 부담하고, 행정청의 자유재량행위에 관한 재량권의 일탈·남용을 이유로 한 취소소송이나 무효확인소송에 있어서 무효사유의 입증책임은 원고가 진다고 한다.
  ⓒ 법률요건분류설에 의한 입증책임의 분배
    ⅰ) 권한행사의 요건사실: 그 처분권의 행사를 주장하는 자
      • 적극적 처분: 피고(행정청)
      • 소극적 처분: 원고(상대방)
    ⅱ) 권한불행사의 요건사실: 그 처분권의 불행사를 주장하는 자
      • 적극적 처분: 원고(상대방)
      • 소극적 처분: 피고(행정청)
  ⓓ 검토
    ⅰ) 재량의 일탈·남용: 원고 01
    ⅱ) 당연무효사유: 원고 02
    ⅲ) 부작위위법확인소송에서 정당한 신청권에 의한 신청과 상당한 기간의 경과: 원고
    ⅳ) 처분의 근거로 삼은 법령의 요건사실에 대한 존재: 행정청(피고)
    ⅴ) 처분의 효력발생요건으로서의 송달: 행정청(피고)
    ⅵ) 부작위위법확인소송에서 상당한 기간이 경과한 것에 대한 정당화의 사유: 행정청(피고)
    ⅶ) 입증책임의 소재가 명확하지 않은 경우: 그로 인해 수익적인 효과를 갖는 당사자가 사실관계의 불확실성에 대한 입증책임을 진다.

관련 판례 입증책임에 관한 판례

ⓒ 행정소송에서의 주장·입증책임

행정소송에 있어서 특별한 사정이 있는 경우를 제외하면 당해 행정처분의 적법성에 관하여는 행정청이 이를 주장·입증하여야 할 것이나 그 취소를 구하는 자가 위법사유에 해당하는 구체적 사실을 먼저 주장하여야 한다고 한다(대판 2001.1.16. 99두8107).

개념확인 O/X

01 재량권의 일탈·남용에 관하여는 행정행위의 효력을 다투는 사람이 주장·증명책임을 부담한다.
24 국가9급   (O/X)

02 행정처분의 당연무효를 주장하여 그 무효확인을 구하는 행정소송에 있어서는 피고 행정청이 그 행정처분에 중대·명백한 하자가 없음을 주장·입증할 책임이 있다.
16 지방9급   (O/X)

| 정답 | 01 O 02 X

개념확인 O/X

A ❶ 행정처분무효확인소송에서 행정처분의 무효사유에 대한 증명책임자(= 원고) ❷ 구치소 등에 구속된 사람에 대한 납세고지서의 송달방법(「행정절차법」 - 처분의 효력) [17 지방직 7급, 16 지방직 9급, 10 국가직 7급]

> 행정처분의 당연무효를 주장하여 그 무효확인을 구하는 행정소송에 있어서는 원고에게 그 행정처분이 무효인 사유를 주장·입증할 책임이 있다. 한편 「국세기본법」에는 「민사소송법」 제182조(구속된 사람 등에게 할 송달)와 같은 특별규정이나 「민사소송법」 중 송달에 관한 규정을 준용하는 규정이 없으므로, 구치소 등에 구속된 사람에 대한 납세고지서의 송달은 특별한 사정이 없으면 「국세기본법」 제8조 제1항에 따라 주소·거소·영업소 또는 사무소로 하면 되고, 이 경우 그 곳에서 송달받을 사람을 만나지 못한 때에는 그 사용인 기타 종업원 또는 동거인으로서 사리를 판별할 수 있는 사람에게 송달할 수 있다(대판 2010. 5. 13. 2009두3460).

A 항고소송에서 처분의 적법성에 대한 증명책임의 소재(= 피고) / 행정처분의 무효확인을 구하는 행정소송에서 행정처분의 무효사유에 대한 증명책임의 소재(= 원고) 및 이는 무효확인을 구하는 뜻에서 행정처분의 취소를 구하는 소송에 있어서도 마찬가지인지 여부(적극) / 행정처분의 무효확인을 구하는 소에서 해당 행정처분의 취소를 구할 수 있는 경우, 무효사유가 증명되지 아니한 때에 법원은 취소사유에 해당하는 위법이 있는지도 심리하여야 하는지 여부(적극) / 조세행정소송에서 위법사유로 무엇을 주장하는지 또는 무효사유의 주장에 취소사유를 주장하는 취지가 포함되어 있는지에 따라 증명책임이 분배되는지 여부(적극)

> 과세처분의 위법을 다투는 조세행정소송의 형식이 취소소송인지 아니면 무효확인소송인지에 따라 증명책임이 달리 분배되는 것이라기보다는 위법사유로 취소사유와 무효사유 중 무엇을 주장하는지 또는 무효사유의 주장에 취소사유를 주장하는 취지가 포함되어 있는지 여부에 따라 증명책임이 분배된다(대판 2023. 6. 29. 2020두46073).

A 과세관청은 소송 중이라도 사실심 변론종결 시까지 처분의 동일성이 유지되는 범위 내에서 처분사유를 교환·변경할 수 있는지 여부(적극) / (구)「법인세법」 제32조 제5항에 대한 헌법재판소의 위헌결정으로 과세단위가 단일한 종합소득세의 세목 아래에서 같은 금액의 소득이 현실적으로 귀속되었음을 이유로 과세근거 규정을 달리 주장하는 것이 처분의 동일성이 유지되는 범위 내의 처분사유의 교환·변경에 해당하는지 여부(적극) / 무효확인소송에서 원고가 당초의 처분사유에 대하여 무효사유를 증명한 경우, 과세관청이 교환·변경된 처분사유를 근거로 하는 처분의 적법성에 대한 증명책임을 부담하는지 여부(적극)

> 과세처분의 무효확인소송에서 소송물은 객관적인 조세채무의 존부확인이므로, 과세관청은 소송 중이라도 사실심 변론종결 시까지 해당 처분에서 인정한 과세표준 또는 세액의 정당성을 뒷받침하기 위하여 처분의 동일성이 유지되는 범위 내에서 처분사유를 교환·변경할 수 있다.
> 특히 (구)「법인세법」(1994. 12. 22. 법률 제4804호로 개정되기 전의 것, 이하 같다) 제32조 제5항에 따라 법인세 과세표준을 경정하면서 익금에 산입한 금액을 그 귀속자에게 소득처분하였음을 이유로 그 의제소득에 대하여 종합소득세를 부과하는 처분에 관하여, (구)「법인세법」 제32조 제5항에 대한 헌법재판소의 위헌결정(헌재 1995. 11. 30. 93헌바32 전원재판부 결정 등)이 있었음을 이유로 처분사유를 교환·변경하면서, 과세단위가 단일한 종합소득세의 세목 아래에서 같은 금액의 소득이 현실적으로 귀속되었음을 이유로 들어 과세근거 규정을 달리 주장하는 것은 처분의 동일성이 유지되는 범위 내의 처분사유의 교환·변경에 해당하므로 허용된다. 그런데 과세처분의 적법성에 대한 증명책임은 과세관청에 있는바, 위와 같이 교환·변경된 사유를 근거로 하는 처분의 적법성 또는 그러한 처분사유의 전제가 되는 사실관계에 관한 증명책임 역시 과세관청에 있고, 특히 무효확인소송에서 원고가 당초의 처분사유에 대하여 무효사유를 증명한 경우에는 과세관청이 그처럼 교환·변경된 처분사유를 근거로 하는 처분의 적법성에 대한 증명책임을 부담한다(대판 2023. 6. 29. 2020두46073).

⑤ **처분사유의 추가·변경** 빈출 — 결정적 코멘트 ▶ 처분사유 추가·변경의 개념 및 허용 정도, 추가·변경이 허용된 판례에 대한 이해를 필요로 한다.
  ㉠ 논의의 이유와 의의
    ⓐ **논의의 이유**: 소송의 심리 중에 행정청이 처분 당시에 제시했던 처분사유와 다른 새로운 사유를 내세워 처분의 적법성을 주장할 수 있는지에 대한 문제이다. 처분사유의 추가·변경을 인정하거나 부정하는 경우에는 다음과 같은 문제가 발생한다.
    ⓑ **처분사유의 추가와 변경을 부정할 경우**: 인용판결의 경우 행정청은 새로운 사유로 재처분을 할 경우에 기속력 위반이 아니라서 분쟁의 1회적 해결이 곤란해진다.
    ⓒ **처분사유의 추가와 변경을 인정할 경우**: 소송 진행 중에 원고가 예측하지 못한 처분사유가 제시됨에 따라 원고의 공격과 방어에 어려움이 발생한다.
  ㉡ **이유제시의 보완과의 구분**: 이유제시의 보완은 처분 시 제시했던 이유를 쟁송제기 이전까지 보완하여 절차상의 이유제시의 하자를 치유하는 행위이고, 처분사유의 추가·변경은 소송의 심리 중에 소송대상인 처분의 적법성에 대한 근거를 추가로 제시하거나 보완하여 처분의 실체적 적법성을 확보하고자 한다는 점에서 차이가 있다. 01

> **심화 학습**
> 1. 처분사유
>   행정행위의 배경이 되는 사실상의 기초와 법률상의 근거(처분 시 제시처분)
> 2. 처분사유의 추가
>   처분 시의 처분사유에 소송 시 새로운 이유를 처분사유로 제시
> 3. 처분사유의 변경
>   처분 시의 처분사유에 대체하여 새로운 이유를 처분사유로 교환

  ㉢ **인정 여부 – 제한 긍정설(다수설과 판례)**
    ⓐ **의의**: 신뢰보호의 원칙상 처분 시의 처분이유와 기본적 사실관계의 동일성이 인정되는 범위 안에서만 인정한다.
    ⓑ **판례상 기본적 사실관계의 동일성의 범위**
      ⅰ) 사실관계는 변경하지 않은 근거법령만의 추가와 변경과 처분 시의 처분사유를 구체화하는 경우에 인정한다.
      ⅱ) 해당 사실관계가 처분 시에 존재하였거나, 사실관계를 상대방이 알고 있었다고 해도 당초 처분 당시 처분사유에 명시되지 않은 경우에는 새로운 사실관계에 해당되어 처분사유의 추가·변경을 허용할 수 없다. 02 03 04 05
      ⅲ) 또한 처분 당시에 존재하지 않았고 처분 이후에 새롭게 발생한 사유는 추가·변경의 범위에 포함되지 않는다. 06
    ⓒ **사실관계의 동일성을 판단하는 기준**: 기본적 사실관계가 동일하다는 것은 처분사유를 법률적으로 평가하기 이전의 구체적인 사실에 착안하여 그 기초적인 사회적 사실관계가 기본적인 점에서 동일한 것을 의미한다. 07
    ⓓ 사실관계의 동일성이 인정되어도 허용되지 않는 경우와 동일성이 인정되지 않아도 허용되는 경우

개념확인 O/X

01 처분사유의 추가·변경이 절차적 위법성을 치유하는 것인데 반해, 처분 이유의 사후제시는 처분의 실체법상의 적법성을 확보하기 위한 것이다.
17 국가9급 (O / X)

02 처분사유의 변경으로 소송물이 변경되는 경우, 반드시 청구가 변경되는 것은 아니므로 처분사유의 추가·변경은 허용될 수 있다.
17 국가7급 (O / X)

03 추가 또는 변경된 사유가 처분 당시 이미 존재하고 있었거나 당사자가 그 사실을 알고 있었던 경우, 이러한 사정만으로도 당초의 처분사유와 동일성이 인정된다.
19 하반기 서울7급 (O / X)

04 추가 또는 변경된 사유가 당초의 처분 시 그 사유를 명기하지 않았을 뿐 처분 시에 이미 존재하고 있었고 당사자도 그 사실을 알고 있었다면 당초의 처분사유와 동일성이 인정된다.
17 국가9급 (O / X)

05 추가 또는 변경된 사유가 당초의 처분 시 그 사유를 명기하지 않았을 뿐 처분 시에 이미 존재하고 있었고 당사자도 그 사실을 알고 있었다 하여 당초의 처분사유와 동일성이 있는 것이라 할 수 없다.
17 서울9급 (O / X)

06 위법판단의 기준시점을 처분 시로 볼 경우, 처분 이후에 발생한 새로운 사실적·법적 사유를 추가·변경하고자 하는 것은 허용될 수 없고 이러한 경우에는 계쟁처분을 직권취소하고 이를 대체하는 새로운 처분을 할 수 있다.
17 국가7급 (O / X)

07 처분사유의 추가·변경이 인정되기 위한 요건으로서의 기본적 사실관계의 동일성 유무는, 처분사유를 법률적으로 평가하기 이전의 구체적인 사실에 착안하여 그 기초적인 사회적 사실관계가 기본적인 점에서 동일한지 여부에 따라 결정된다.
17 국가9급 (O / X)

| 정답 | 01 X 02 X 03 X 04 X 05 O 06 O 07 O

관련 판례

B 사실관계의 동일성이 인정되는 경우에도 근거법령만의 추가나 변경이 허용되지 않는 경우

> 사회적 사실관계의 기본적 동일성이 인정되는 경우라고 하더라도 그에 대한 규범적 평가와 처분의 근거법령의 변경으로, 예를 들어 기속행위가 재량행위로 변경되는 경우와 같이, 당초 처분의 내용을 변경할 필요성이 제기되는 경우에는 해당 처분을 취소한 후 처분청으로 하여금 다시 처분절차를 거쳐 새로운 처분을 하도록 하여야 할 것이지 당초 처분의 내용을 그대로 유지한 채 근거법령만 추가·변경하는 것은 허용될 수 없다고 보아야 한다(대판 2024.11.28. 2023두61349).

B 사실관계의 동일성이 인정되지 않는 경우에도 처분사유의 추가변경이 허용되는 경우

> 처분청이 거부처분에 대한 항고소송에서 기존의 처분사유와 기본적 사실관계가 동일하지 않은 사유를 처분사유로 추가·변경한 것에 대하여 처분상대방이 추가·변경된 처분사유의 실체적 당부에 관하여 해당 소송 과정에서 심리·판단하는 것에 명시적으로 동의하는 경우에는, 법원으로서는 그 처분사유가 기존의 처분사유와 기본적 사실관계가 동일한지와 무관하게 예외적으로 이를 허용할 수 있다(대판 2024.11.28. 2023두61349).

㉣ 허용시점 : 처분사유의 추가·변경은 변론종결 시까지만 허용된다. 01 02 03

관련 판례

A 행정처분의 취소를 구하는 항고소송에 있어서 처분사유의 추가·변경이 허용되는 범위의 한계인 기본적 사실관계의 동일성 유무의 판단기준 및 추가 또는 변경된 사유가 당초 처분 시 이미 존재하고 있었고 당사자도 그 사실을 알고 있었다 하여 당초의 처분사유와 동일성이 있는 것인지 여부(소극) [19 하반기 서울시 7급, 17 서울시 9급, 17 국가직 7급, 17 국가직 9급]

> 행정처분의 취소를 구하는 항고소송에 있어서, 처분청은 당초 처분의 근거로 삼은 사유와 기본적 사실관계가 동일성이 있다고 인정되는 한도 내에서만 다른 사유를 추가하거나 변경할 수 있고, 여기서 기본적 사실관계의 동일성 유무는 처분사유를 법률적으로 평가하기 이전의 구체적인 사실에 착안하여 그 기초인 사회적 사실관계가 기본적인 점에서 동일한지 여부에 따라 결정되며, 추가 또는 변경된 사유가 당초의 처분 시 그 사유를 명기하지 않았을 뿐 처분 시에 이미 존재하고 있었고 당사자도 그 사실을 알고 있었다 하여 당초의 처분사유와 동일성이 있는 것이라 할 수 없다(대판 2003.12.11. 2003두8395).

B 처분청이 처분 당시에 적시한 구체적 사실을 변경하지 않는 범위 내에서 단지 처분의 근거법령만을 추가·변경하거나 당초의 처분사유를 구체적으로 표시하는 것에 불과한 경우, 새로운 처분사유의 추가·변경에 해당하는지 여부(소극) [17 국가직 7급] 04 05

> 행정처분의 취소를 구하는 항고소송에 있어 처분청은 당초 처분의 근거로 삼은 사유와 기본적 사실관계가 동일성이 있다고 인정되는 한도 내에서는 다른 사유를 추가하거나 변경할 수도 있으나 기본적 사실관계가 동일하다는 것은 처분사유를 법률적으로 평가하기 이전의 구체적인 사실에 착안하여 그 기초인 사회적 사실관계가 기본적인 점에서 동일한 것을 말하며, 처분청이 처분 당시에 적시한 구체적 사실을 변경하지 아니하는 범위 내에서 단지 그 처분의 근거법령만을 추가·변경하거나 당초의 처분사유를 구체적으로 표시하는 것에 불과한 경우에는 새로운 처분사유를 추가하거나 변경하는 것이라고 볼 수 없다(대판 2013.10.11. 2012두24825).

개념확인 O/X

01 처분사유의 추가·변경은 사실심의 확정판결 시까지만 허용된다.
19 하반기 서울7급 (O / X)

02 취소소송에서 행정청의 처분사유의 추가·변경은 사실심변론종결 시까지만 허용된다.
17 서울9급 (O / X)

03 처분청은 원고의 권리방어가 침해되지 않는 한도 내에서 당해 취소소송의 대법원 확정판결이 있기 전까지 처분사유의 추가·변경을 할 수 있다.
17 국가9급 (O / X)

04 행정처분의 취소를 구하는 항고소송에서 처분청은 당초 처분의 근거로 삼은 사유와 기본적 사실관계가 동일성이 있다고 인정되는 한도 내에서만 다른 사유를 추가하거나 변경할 수 있다.
17 국가7급 (O / X)

05 처분청이 처분 당시에 적시한 구체적 사실을 변경하지 아니하는 범위 내에서 단지 처분의 근거법령만을 추가·변경하는 것은 새로운 처분사유의 추가라고 볼 수 없다.
17 국가7급 (O / X)

정답 | 01 X 02 O 03 X 04 O 05 O

| 관련 판례 | 인정한 판례 |

● 「건축법」상의 도로와 사실상의 도로의 기본적 동일성 여부

갑이 '사실상의 도로'로서 인근 주민들의 통행로로 이용되고 있는 토지 및 지상의 건물을 매수한 다음 기존 건물을 철거하고 새 건물을 신축하겠다는 내용으로 건축허가를 신청하였으나, 구청장이 위 사실상 도로가 「건축법」상 도로에 해당함을 전제로 '갑의 건축계획이 「건축법」 제46조(건축선 지정)를 위반하였다'는 사유로 건축불허가처분을 하자 갑이 처분의 취소를 구하는 소송을 제기하였는데, 제1심법원이 위 사실상 도로가 「건축법」상 도로에 해당하지 않는다는 이유로 갑의 청구를 인용하는 판결을 선고하자 구청장이 항소하여 '위 사실상 도로가 인근 주민들의 통행로로 이용되어 왔는데, 건물을 신축하는 경우 인근 토지들이 맹지가 되므로 건축을 허용하는 것은 공익상 요구에 반한다'는 주장을 추가한 사안에서, 구청장이 원심에서 추가한 처분사유는 당초 처분사유와 기본적 사실관계가 동일하고, 정당하여 결과적으로 위 처분이 적법한 것으로 볼 여지가 있다(대판 2019. 10. 31. 2018두45954).

● 처분의 사유를 구체적으로 표시하는 경우

성립에 다툼이 없는 을 제3호증의 기재에 의하면 동래구청장은 원고가 제출한 이 사건 허가신청에 대하여 관계 법 및 부산시 고시 동래구 허가기준에 의거 검토한 결과 허가기준에 맞지 않아 허가신청을 반려한다고 하였는바 그 취지는 다른 허가기준에는 들어맞으나 소론과 같은 액화석유가스판매업 허가기준 보완시행 안에 정하여진 허가기준에 맞지 아니하여 허가신청을 반려한다는 의미라고 할 수는 없고 위에서 본 모든 허가기준에 의거하여 검토한 결과 그 허가기준에 맞지 아니하여 반려한다는 것으로 이해되는 바이니 피고가 이 사건에서 이격거리 기준위배를 반려사유로 주장하는 것은 그 처분의 사유를 구체적으로 표시하는 것이지 당초의 처분사유와 기본적 사실관계와 동일성이 없는 별개의 또는 새로운 처분사유를 추가하거나 변경하는 것이라고 할 수 없다(대판 1989. 7. 25. 88누11926).

● 행정처분의 취소를 구하는 항고소송 계속 중 처분청이 당초 처분의 근거로 삼은 사유와 기본적 사실관계가 동일한 범위 내에서 그 처분의 근거법령만을 추가·변경하거나 당초의 처분사유를 구체적으로 표시하는 것이 허용되는지 여부(적극)

행정처분의 취소를 구하는 항고소송에서 처분청은 당초 처분의 근거로 삼은 사유와 기본적 사실관계가 동일성이 있다고 인정되는 한도 내에서는 다른 사유를 추가하거나 변경할 수도 있으나, 기본적 사실관계가 동일하다는 것은 처분사유를 법률적으로 평가하기 이전의 구체적인 사실에 착안하여 그 기초적인 사회적 사실관계가 기본적인 점에서 동일한 것을 말하며, 처분청이 처분 당시에 적시한 구체적 사실을 변경하지 아니하는 범위 내에서 단지 그 처분의 근거법령만을 추가·변경하거나 당초의 처분사유를 구체적으로 표시하는 것에 불과한 경우에는 새로운 처분사유를 추가하거나 변경하는 것이라고 볼 수 없다(대판 2008. 2. 28. 2007두13791).

개념확인 O/X

◉ '준농림지역에서의 행위제한'과 '자연경관 훼손' 등의 처분사유는 기본적 사실관계가 동일하다

> 피고가 당초 이 사건 거부처분의 근거와 이유로 삼은 사유는 이 사건 신청이 법 제15조 제1항 제4호 및 법 시행령 제14조 제1항 제3의2호의 규정에 의한 준농림지역에서의 행위제한사항에 해당한다는 것이고, 피고가 이 사건 소송에서 추가로 주장한 사유는 준농림지역의 경우 원칙적으로 일정 규모 이상의 토지이용행위를 제한하여 환경의 보전을 도모하는 지역으로서 부지면적 30,000㎡ 미만의 개발은 허용된다고 하더라도 환경오염의 우려가 있거나 자연환경의 보전 및 토지의 합리적인 이용이라는 법의 입법취지에 부합하는 한도 내에서만 허용된다고 할 것인데, 원고들이 추진하고자 하는 사업은 비교적 대규모의 전원주택의 부지조성사업으로서 위와 같은 법의 취지에 반하여 이를 허용할 수 없다는 것이므로, 그 내용이 모두 이 사건 임야가 준농림지역에 위치하고 있다는 점을 공통으로 하고 있을 뿐 아니라 그 취지 또한 자연환경의 보전을 위하여 개발행위를 제한할 필요가 있어서 산림형질변경을 불허한다는 것으로서 기본적 사실관계의 동일성이 인정된다고 할 것이다(대판 2004.11.26. 2004두4482).

◉ 당초의 정보공개거부처분사유인 「검찰보존사무규칙」 제20조 소정의 신청권자에 해당하지 아니한다는 사유는 새로이 추가된 거부처분사유인 「공공기관의 정보공개에 관한 법률」 제7조 제1항 제6호의 사유와 그 기본적 사실관계의 동일성이 있다고 한 사례

> 피고의 당초 거부처분사유인 "원고가 「검찰보존사무규칙」 제20조에 규정된 신청권자에 해당하지 아니한다."는 점과 새로이 추가된 거부처분사유인 "정보공개법 제7조 제1항 제6호 본문에 해당한다."는 점 사이에 그 기초가 된 사회적 사실관계상 동일성이 없음을 전제로 위와 같은 처분사유의 추가가 허용되지 아니한다고 보아 추가된 위 처분사유의 당부에 관한 판단 없이 원고의 청구를 인용한 제1심판결을 유지한 조치에는 취소소송의 대상이 된 행정행위의 처분사유 추가에 관한 법리를 오해한 나머지 추가된 처분사유의 당부에 관한 심리를 다하지 아니하고 판단을 유탈한 위법이 있다(대판 2003.12.11. 2003두8395).

◉ 토지형질변경 불허가처분의 당초의 처분사유인 국립공원에 인접한 미개발지의 합리적인 이용대책 수립 시까지 그 허가를 유보한다는 사유와 국립공원 주변의 환경·풍치·미관 등을 크게 손상시킬 우려는 동일성이 인정된다고 한 사례

> 토지형질변경 불허가처분의 당초의 처분사유인 국립공원에 인접한 미개발지의 합리적인 이용대책 수립 시까지 그 허가를 유보한다는 사유와 그 처분의 취소소송에서 추가하여 주장한 처분사유인 국립공원 주변의 환경·풍치·미관 등을 크게 손상시킬 우려가 있으므로 공공목적상 원형유지의 필요가 있는 곳으로서 형질변경허가 금지대상이라는 사유는 기본적 사실관계에 있어서 동일성이 인정된다(대판 2001.9.28. 2000두8684).

◉ 법인의 감사로서 특수관계자로부터 비상장주식을 저가로 양수하였다고 보고 증여세 부과처분을 하였다가, 후에 위 주식의 실질적인 보유자는 특수관계자인 부로부터 주식을 저가로 양수하였다는 처분사유를 예비적으로 추가한 것은, 처분의 동일성이 유지된다고 한 사례

> 갑이 자신의 아버지가 출자에 의하여 지배하고 있는 법인의 감사로서 특수관계자 을로부터 비상장주식을 저가로 양수하였다고 보고 증여세 부과처분을 하였다가, 후에 위 주식의 실질적인 보유자는 갑의 부(父)이고 을은 명의수탁자에 불과하므로 갑이 특수관계자인 부(父)로부터 주식을 저가로 양수하였다는 처분사유를 예비적으로 추가한 것은, 처분의 동일성이 유지되는 범위 내에서의 처분사유의 변경으로서 허용된다(대판 2011.1.27. 2009두1617).

C 품행 미단정과 추가사유 [19 하반기 서울시 7급] 01

외국인 갑이 법무부장관에게 귀화신청을 하였으나 법무부장관이 심사를 거쳐 '품행 미단정'을 불허사유로 「국적법」상의 요건을 갖추지 못하였다며 신청을 받아들이지 않는 처분을 하였는데, 법무부장관이 갑을 '품행 미단정'이라고 판단한 이유에 대하여 제1심 변론절차에서 「자동차관리법」 위반죄로 기소유예를 받은 전력 등을 고려하였다고 주장하였다가 원심 변론절차에서 불법 체류한 전력이 있다는 추가적인 사정까지 고려하였다고 주장한 사안에서, 법무부장관이 원심에서 추가로 제시한 불법 체류 전력 등의 제반사정은 처분사유의 근거가 되는 기초 사실 내지 평가요소에 지나지 않으므로, 추가로 주장할 수 있다(대판 2018.12.13. 2016두31616).

관련 판례 | 부정한 판례

B 기본적 사실관계와 동일성이 인정되지 않는 별개의 사유

행정처분의 취소를 구하는 항고소송에서 당초 처분의 근거로 삼은 사유와 동일성이 인정되지 않는 별개의 사실을 들어, 처분청이 처분사유로 주장하거나 법원이 처분사유로 인정할 수 없다(대판 1992.8.18. 91누3659).

C 행정청이 건축물대장의 작성신청 거부처분의 근거로 삼은 사유와 그 거부처분에 대한 취소소송에서 새로 추가한 처분사유들 사이에 기본적 사실관계의 동일성이 인정되지 않는다는 이유로 추가 처분사유를 허용할 수 없다고 한 사례

원고의 건축신고와 관련된 행정심판이 계속 중이므로 그 건축신고 건이 종결되지 않은 상황에서 이 사건 신청을 처리할 수 없다는 당초의 이 사건 처분사유와 원고가 이 사건 건축물을 건축하면서 사전 허가 없이 「국토의 이용 및 계획에 관한 법률」상의 허가사항인 토지의 형질변경행위를 하였다거나 이 사건 토지가 경상남도의 화포천 유역 종합치수계획에 의하여 화포천 유역의 침수방지를 위한 저류지 부지에 포함되어 하천구역으로 지정·고시될 예정이어서 이 사건 신청을 받아들일 수 없다는 취지로 피고가 이 사건 소송에서 새로이 추가한 처분사유들 사이에 그 각 기본적인 사실관계의 동일성이 인정되지 않는다(대판 2009.2.12. 2007두17359).

C 대법원의 재판 중인 사안의 포함이유와 지방법원의 진행 중인 재판의 사실관계의 동일성 여부

경제개혁연대와 소속 연구원 갑이 금융위원회위원장 등에게 금융위원회의 론스타에 대한 외환은행 발행주식의 동일인 주식보유한도 초과보유 승인과 론스타의 외환은행 발행주식 초과보유에 대한 반기별 적격성 심사와 관련된 정보 등의 공개를 청구하였으나, 금융위원회위원장 등이 현재 대법원에 재판 진행 중인 사안이 포함되어 있다는 이유로 「공공기관의 정보공개에 관한 법률」 제9조 제1항 제4호에 따라 공개를 거부한 사안에서, 금융위원회위원장 등이 위 정보가 대법원 재판과 별개 사건인 서울중앙지방법원에 진행 중인 재판에 관련된 정보에도 해당한다며 처분사유를 추가로 주장하는 것은 당초의 처분사유와 기본적 사실관계가 동일하다고 할 수 없는 사유를 추가하는 것이어서 허용될 수 없다(대판 2011.11.24. 2009두19021).

개념확인 O/X

01 외국인 갑이 법무부장관에게 귀화신청을 하였으나 법무부장관이 '품행 미단정'을 불허사유로 「국적법」상의 요건을 갖추지 못하였다며 신청을 받아들이지 않는 처분을 하였는데, 법무부장관이 갑을 '품행 미단정'이라고 판단한 이유에 대하여 제1심 변론절차에서 「자동차관리법」 위반죄로 기소유예를 받은 전력 등을 고려하였다고 주장한 후, 제2심 변론절차에서 불법 체류 전력 등의 제반사정을 추가로 주장할 수 있다. 19 하반기 서울7급 (O/X)

| 정답 | 01 O

개념확인 O/X

ⓒ 미디어밸리 조성을 위한 시가화예정 지역이라는 이유와 해당 토지 일대가 개발행위허가 제한지역으로 지정되었다는 이유는 구체적인 사실관계가 달라 기본적 사실관계가 동일하다고 볼 수 없다

> 고양시장이 갑 주식회사의 공동주택 건립을 위한 주택건설사업계획승인 신청에 대하여 미디어밸리 조성을 위한 시가화예정 지역이라는 이유로 거부하자, 갑 회사가 거부처분의 취소를 구하는 소송을 제기하여 승소판결을 받았고 위 판결이 그대로 확정되었는데, 이후 고양시장이 해당 토지 일대가 개발행위허가 제한지역으로 지정되었다는 이유로 다시 거부하는 처분을 한 사안에서, 재거부처분은 종전 거부처분 후 해당 토지 일대가 개발행위허가 제한지역으로 지정되었다는 새로운 사실을 사유로 하는 것으로, 이는 종전 거부처분사유와 내용상 기초가 되는 구체적인 사실관계가 달라 기본적 사실관계가 동일하다고 볼 수 없다는 이유로, 「행정소송법」 제30조 제2항에서 정한 재처분에 해당하고 종전 거부처분을 취소한 확정판결의 기속력에 반하는 것은 아니다(대판 2011.10.27. 2011두14401).

ⓒ 「도로법」상의 도로와 「국유재산법」상의 도로

> 행정청이 점용허가를 받지 않고 도로를 점용한 사람에 대하여 「도로법」 제94조에 의한 변상금 부과처분을 하였다가, 처분에 대한 취소소송이 제기된 후 해당 도로가 「도로법」 적용을 받는 도로에 해당하지 않을 경우를 대비하여 처분의 근거법령을 (구)「국유재산법」 제51조와 그 시행령 등으로 변경하여 주장한 사안에서, 위와 같이 근거법령을 변경하는 것은 종전 「도로법」 제94조에 의한 변상금 부과처분과 동일성을 인정할 수 없는 별개의 처분을 하는 것과 다름없어 허용될 수 없으므로, 이와 달리 판단한 원심판결에 법리오해의 위법이 있다(대판 2011.5.26. 2010두28106).

01 주류면허 지정조건 중 제6호 무자료 주류판매 및 위장거래 항목을 근거로 한 면허취소처분에 대한 항고소송에서, 지정조건 제2호 무면허판매업자에 대한 주류판매를 새로이 그 취소사유로 주장하는 것은 기본적 사실관계의 동일성이 인정된다.
17 서울9급 (O / X)

ⓑ 주류면허 지정조건 중 제6호 무자료 주류판매 및 위장거래 항목을 근거로 한 면허취소처분에 대한 항고소송에서, 지정조건 제2호 무면허판매업자에 대한 주류판매를 그 취소사유로 주장할 수는 없다고 한 사례 [17 서울시 9급] **01**

> 주류면허 지정조건 중 제6호 무자료 주류판매 및 위장거래 항목을 근거로 한 면허취소처분에 대한 항고소송에서, 지정조건 제2호 무면허판매업자에 대한 주류판매를 새로이 그 취소사유로 주장하는 것은 기본적 사실관계가 다른 사유를 내세우는 것으로서 허용될 수 없다(대판 1996.9.6. 96누7427).

ⓒ 정당한 이유 없이 계약을 이행하지 않았다는 사실과 공무원에게 뇌물을 준 사실

> 입찰참가자격을 제한시킨 당초의 처분 사유인 정당한 이유 없이 계약을 이행하지 않은 사실과 항고소송에서 새로 주장한 계약의 이행과 관련하여 관계 공무원에게 뇌물을 준 사실은 기본적 사실관계의 동일성이 없다(대판 1999.3.9. 98두18565).

ⓒ 의료보험요양기관 지정취소처분의 당초의 처분사유인 본인부담금 수납대장을 비치하지 아니한 사실과 소송에서 새로 주장한 처분사유인 보건복지부장관의 관계서류 제출명령에 위반하였다는 사실

> 의료보험요양기관 지정취소처분의 당초의 처분사유인 (구)「의료보험법」(1999.2.8. 법률 제5857호로 개정되기 전의 것) 제33조 제1항이 정하는 본인부담금 수납대장을 비치하지 아니한 사실과 항고소송에서 새로 주장한 처분사유인 같은 법 제33조 제2항이 정하는 보건복지부장관의 관계서류 제출명령에 위반하였다는 사실은 기본적 사실관계의 동일성이 없다(대판 2001.3.23. 99두6392).

정답 | 01 X

(16) 판결

① 위법판단의 기준시점: 법원은 어떤 시점에서 당해 소송의 위법성을 판단할 것인가가 문제가 된다.

㉠ 처분시설(통설·판례) 01 02
ⓐ 계쟁처분이 행하여진 당시의 법상태 및 사실상태를 기준으로 위법 여부를 판단하여야 한다고 본다.
ⓑ 처분 시를 기준으로 한다는 것은 처분 시 이후의 사실이나 법령의 개폐로부터 처분의 위법·적법의 판단이 영향을 받지 않는다는 의미이다.
ⓒ 처분 시에 존재했던, 제출되었던 자료나 증거만으로 판단하는 것은 아니고 사실심 변론종결 시까지 제출된 증거 등을 통해 처분 시의 객관적 사실을 판단한다는 의미이다.

> **개념확인 O/X**
>
> 01 과세처분취소소송에서 과세처분의 위법성 판단시점은 처분 시이므로 과세행정청은 처분 당시의 자료만에 의하여 처분의 적법 여부를 판단하고 처분 당시의 처분사유만을 주장할 수 있다.
> 17 사회복지 (O / X)
>
> 02 처분의 위법성을 판단하는 시점은 처분 시를 기준으로 하여 처분 시 이후의 사실이나 법령의 개폐에 의해 처분의 위법 여부는 영향받지 않는다.
> (O / X)

관련 판례

🅱 난민 인정 거부처분 후 국적국의 정치적 상황이 변화하였다고 하여 처분의 적법 여부가 달라지는 것은 아니다

행정소송에서 행정처분의 위법 여부는 행정처분이 행하여졌을 때의 법령과 사실상태를 기준으로 하여 판단하여야 하고, 처분 후 법령의 개폐나 사실상태의 변동에 의하여 영향을 받지는 않으므로, 난민 인정 거부처분의 취소를 구하는 취소소송에서도 그 거부처분을 한 후 국적국의 정치적 상황이 변화하였다고 하여 처분의 적법 여부가 달라지는 것은 아니다(대판 2008.7.24. 2007두3930).

🅱 항고소송에서 행정처분의 적법 여부는 특별한 사정이 없는 한 행정처분 당시를 기준으로 판단하여야 한다

행정처분의 위법 여부를 판단하는 기준시점에 관하여 판결 시가 아니라 처분 시라고 하는 의미는 행정처분이 있을 때의 법령과 사실상태를 기준으로 하여 위법 여부를 판단하며 처분 후 법령의 개폐나 사실상태의 변동에 영향을 받지 않는다는 뜻이지 처분 당시 존재하였던 자료나 행정청에 제출되었던 자료만으로 위법 여부를 판단한다는 의미는 아니다. 그러므로 처분 당시의 사실상태 등에 관한 증명은 사실심 변론종결 당시까지 할 수 있고, 법원은 행정처분 당시 행정청이 알고 있었던 자료뿐만 아니라 사실심 변론종결 당시까지 제출된 모든 자료를 종합하여 처분 당시 존재하였던 객관적 사실을 확정하고 그 사실에 기초하여 처분의 위법 여부를 판단할 수 있다(대판 2017.4.7. 2014두37122).

㉡ 판결시설
ⓐ 계쟁처분 등의 위법 여부는 사실심의 최종구두변론종결 당시의 법상태 및 사실상태를 기준으로 판단하여야 한다고 본다.
ⓑ 부작위위법확인소송과 사정판결의 필요성 판단시점은 판결시설에 의한다.

심화 학습 위법판단의 기준시점

취소소송, 무효등확인소송	처분 시
부작위위법확인소송	판결 시(∵ 성질상 처분의 부존재)

| 정답 | 01 X 02 O

② 판결의 종류
  ㉠ 중간판결·종국판결
    ⓐ 중간판결: 소송진행 중에 생긴 개개의 쟁점을 해결하기 위하여 확인하는 판결이다.
    ⓑ 종국판결: 소송의 전부 또는 일부를 종료시키는 판결이다.
  ㉡ 소송판결·본안판결
    ⓐ 소송판결(각하판결): 요건심리의 결과, 소송의 요건흠결을 이유로 당해 소송을 부적법한 것으로 각하하는 판결이다.
    ⓑ 본안판결
      ⅰ) 기각판결: '기각판결'이란 처분의 취소청구가 이유 없다고 하여 원고의 청구를 배척하는 판결을 말한다. 청구기각의 판결은 원칙적으로 처분의 위법성이 없거나 단순한 부당에 그친 경우 또는 취소소송의 제기 후에 소송대상이나 소의 이익이 소멸된 경우에 행하는 판결이다.
      ⅱ) 인용판결: 원고의 청구가 이유 있다고 인정하여 인용하는 판결이다.
        • 일부위법의 경우, 취소: 주로 국세와 관련하여 나타나는데, 판례는 외형상 하나의 행정처분이라도 가분성이 있거나 그 처분대상의 일부가 특정될 수 있다면 그 일부만 취소가 가능하다고 한다. 그러나 판례는 영업정지처분이 재량권남용에 해당한다고 판단될 때에는 위법한 처분으로서 그 처분의 취소를 명할 수 있을 따름이고, 재량권의 범위 내에서 어느 정도가 적정한 영업정지기간인가를 가리는 일은 사법심사의 범위를 벗어난다고 한다.

> **관련 판례** 일부취소를 긍정한 경우
>
> **B** 일부위법의 경우 법원은 일부만 취소가 가능한지 여부
>
> 과세처분취소소송에 있어 처분의 적법 여부는 정당한 세액을 초과하느냐의 여부에 따라 판단되는 것으로서, 당사자는 사실심 변론종결 시까지 객관적인 조세채무액을 뒷받침하는 주장과 자료를 제출할 수 있고, 이러한 자료에 의하여 적법하게 부과될 정당한 세액이 산출되는 때에는 그 정당한 세액을 초과하는 부분만 취소하여야 할 것이고 그 전부를 취소할 것이 아니다(대판 2001.6.12. 99두8930).
>
> **C** 개발부담금부과처분 취소소송에 있어서 취소의 범위
>
> 개발부담금부과처분 취소소송에 있어 당사자가 제출한 자료에 의하여 적법하게 부과될 정당한 부과금액이 산출할 수 없을 경우에는 부과처분 전부를 취소할 수밖에 없으나, 그렇지 않은 경우에는 그 정당한 금액을 초과하는 부분만 취소하여야 한다(대판 2004.7.22. 2002두11233).

ⓒ 공정거래위원회의 법위반사실공표명령이 하나의 조항으로 이루어졌으나 그 대상이 된 사업자의 광고행위와 표시행위로 인한 각 법 위반사실이 별개로 특정될 수 있는 경우, 그중 하나의 법 위반사실이 인정되지 않는다고 하여 법위반사실공표명령 전부를 취소할 수 있는지 여부(소극)

> 외형상 하나의 행정처분이라 하더라도 가분성이 있거나 그 처분대상의 일부가 특정될 수 있다면 일부만의 취소도 가능하고 그 일부의 취소는 당해 취소부분에 관하여만 효력이 생기는 것인바, 공정거래위원회가 사업자에 대하여 행한 법위반사실공표명령은 비록 하나의 조항으로 이루어진 것이라고 하여도 그 대상이 된 사업자의 광고행위와 표시행위로 인한 각 법 위반사실은 별개로 특정될 수 있어 위 각 법 위반사실에 대한 독립적인 공표명령이 경합된 것으로 보아야 할 것이므로, 이 중 표시행위에 대한 법 위반사실이 인정되지 아니하는 경우에 그 부분에 대한 공표명령의 효력만을 취소할 수 있을 뿐, 공표명령 전부를 취소할 수 있는 것은 아니다(대판 2000.12.12. 99두12243).

ⓑ 공정거래위원회가 여러 개의 위반행위에 대하여 하나의 과징금 납부명령을 하였더라도 일부의 위반행위에 대한 과징금액 부분만을 취소할 수 있는 경우

> 공정거래위원회가 부당지원행위에 대한 과징금을 부과함에 있어 여러 개의 위반행위에 대하여 하나의 과징금 납부명령을 하였으나 여러 개의 위반행위 중 일부의 위반행위만이 위법하고 소송상 그 일부의 위반행위를 기초로 한 과징금액을 산정할 수 있는 자료가 있는 경우에는, 하나의 과징금 납부명령일지라도 그중 위법하여 그 처분을 취소하게 된 일부의 위반행위에 대한 과징금액에 해당하는 부분만을 취소할 수 있다(대판 2006.12.22. 2004두1483).

ⓑ 여러 개의 상이에 대한 국가유공자요건 비해당처분에 대한 취소소송에서 그중 일부 상이가 국가유공자요건이 인정되는 상이에 해당하고 나머지 상이는 해당하지 않는 경우, 비해당처분 전부를 취소해야 하는지 여부(소극)

> 외형상 하나의 행정처분이라 하더라도 가분성이 있거나 그 처분대상의 일부가 특정될 수 있다면 그 일부만의 취소도 가능하고 그 일부의 취소는 당해 취소부분에 관하여 효력이 생긴다고 할 것인 점 등을 종합하면, 여러 개의 상이에 대한 국가유공자요건 비해당처분에 대한 취소소송에서 그중 일부 상이가 국가유공자요건이 인정되는 상이에 해당하더라도 나머지 상이에 대하여 위 요건이 인정되지 아니하는 경우에는 국가유공자요건 비해당처분 중 위 요건이 인정되는 상이에 대한 부분만을 취소하여야 할 것이고, 그 비해당처분 전부를 취소할 수는 없다고 할 것이다(대판 2012.3.29. 2011두9263).

ⓒ 비공개대상 정보에 해당하는 부분과 공개가 가능한 부분이 구별되고 이를 분리할 수 있는 경우, 법원의 판결주문 기재방법

> 법원이 행정청의 정보공개거부처분의 위법 여부를 심리한 결과 공개를 거부한 정보에 비공개대상 정보에 해당하는 부분과 공개가 가능한 부분이 혼합되어 있고 공개청구의 취지에 어긋나지 아니하는 범위 안에서 두 부분을 분리할 수 있음을 인정할 수 있을 때에는, 위 정보 중 공개가 가능한 부분을 특정하고 판결의 주문에 행정청의 위 거부처분 중 공개가 가능한 정보에 관한 부분만을 취소한다고 표시하여야 한다(대판 2003.3.11. 2001두6425).

관련 판례 | 일부취소를 부정한 경우

ⓑ 재량권을 일탈한 과징금 납부명령에 대하여 법원이 적정한 처분의 정도를 판단하여 그 초과되는 부분만 취소할 수 있는지 여부(소극)

> 처분을 할 것인지 여부와 처분의 정도에 관하여 재량이 인정되는 과징금 납부명령에 대하여 그 명령이 재량권을 일탈하였을 경우, 법원으로서는 재량권의 일탈 여부만 판단할 수 있을 뿐이지 재량권의 범위 내에서 어느 정도가 적정한 것인지에 관하여는 판단할 수 없어 그 전부를 취소할 수밖에 없고, 법원이 적정하다고 인정하는 부분을 초과한 부분만 취소할 수는 없다(대판 2009.6.23. 2007두18062).

ⓒ 영업정지처분에 대한 효력정지결정으로 인하여 그 처분의 효력이 정지되는 동안에 영업정지기간이 도과한 경우에 영업정지처분의 취소를 구할 소익 유무(적극)

> 영업정지처분이 재량권 남용에 해당한다고 판단될 때에는 위법한 처분으로서 그 처분의 취소를 명할 수 있을 따름이고 재량권의 한계 내에서 어느 정도가 적정한 영업정지기간인가를 가리는 일은 사법심사의 범위를 벗어나는 것이다(대판 1982.6.22. 81누375).

ⓒ 자동차운수사업면허조건 등을 위반한 사업자에 대한 과징금 부과처분이 법정 최고한도액을 초과하여 위법한 경우, 그 취소 범위

> 자동차운수사업면허조건 등을 위반한 사업자에 대하여 행정청이 행정제재수단으로 사업 정지를 명할 것인지, 과징금을 부과할 것인지, 과징금을 부과키로 한다면 그 금액은 얼마로 할 것인지에 관하여 재량권이 부여되었다 할 것이므로 과징금 부과처분이 법이 정한 한도액을 초과하여 위법할 경우 법원으로서는 그 전부를 취소할 수밖에 없고, 그 한도액을 초과한 부분이나 법원이 적정하다고 인정되는 부분을 초과한 부분만을 취소할 수 없다(금 1,000,000원을 부과한 당해 처분 중 금 100,000원을 초과하는 부분은 재량권 일탈·남용으로 위법하다며 그 일부분만을 취소한 원심판결을 파기한 사례)(대판 1998.4.10. 98두2270).

   ⓛ **사정판결(특수한 기각판결)**
      ⓐ **개념**: 원고의 청구가 이유 있다고 인정하는 경우에도 처분 등을 취소하는 것이 현저히 공공복리에 적합하지 아니하다고 인정하는 때에는 법원은 원고의 청구를 기각할 수 있다(제28조 제1항). 01 02
      ⓑ **취지**: 처분의 위법성보다 처분 등의 취소로 인해 잃게 될 중대한 공공복리의 손실을 방지하려는 공익추구 견지의 제도라 할 수 있으나 법치주의의 형해화라는 문제를 안고 있다.
      ⓒ **요건**
         ⅰ) 취소소송에 있어서 인정되고, 무효등확인소송이나 부작위위법확인소송에는 적용되지 않는다.
         ⅱ) 원고의 청구에 이유가 있어 인용판결을 할 수 있어야 하고, 원고의 청구에 이유가 없거나 처분 등에 적법성이 있으면 당연히 기각판결이다. 03
         ⅲ) 청구의 인용이 현저히 공공복리에 적합하지 않아야 한다. 즉, 원고의 희생이 불가피하여 청구를 기각하는 것만이 공공복리의 유일한 해결책이어야 한다. 04
         ⅳ) 사정판결을 구하는 피고의 신청이 없어도 법원이 직권으로 사정판결을 할 수 있는지가 문제되는데, 판례는 당사자의 명백한 주장이 없는 경우에도 기록에 나타난 여러 사정을 기초로 직권으로 사정판결을 할 수 있다고 본다.

개념확인 O/X

01 원고의 청구가 이유 있다고 인정하는 경우에도 처분을 취소하는 것이 현저히 공공복리에 적합하지 아니하다고 인정하는 때에는 법원은 원고의 청구를 기각할 수 있다.
16 교육행정 (O / X)

02 법원은 처분 등을 취소하는 것이 현저히 공공복리에 적합하지 아니하다고 인정하는 때에는 원고의 청구가 이유 있다고 인정하는 경우에도 원고의 청구를 기각할 수 있다.
16 서울9급 (O / X)

03 사정판결은 처분이 위법하여야 한다.
12 지방9급 (O / X)

04 사정판결은 처분을 취소하는 것이 현저히 공공복리에 적합하지 아니하다고 인정되어야 한다.
12 지방9급 (O / X)

| 정답 | 01 O 02 O 03 O 04 O

ⓓ **사정판결 필요성의 판단시점**: 사정판결은 처분 시부터 위법하였으나 사후의 변화된 사정을 고려하는 제도이기 때문에 사정판결이 필요한가의 판단에 있어 기준이 되는 시점은 판결 시이다. 01
ⓔ **위법성의 명시**: 판결주문에 처분 등의 위법성을 명시하여야 한다(원고구제 및 소송비용 등에 관련 문제를 갖는다). 02 03
ⓕ **기각판결**: 사정판결은 기각판결에 해당한다(사정판결로 처분이 적법하게 되거나 위법이 치유되는 것은 아니다).
ⓖ **원고의 권익구제 및 소송비용**: 「행정소송법」은 원고의 구제수단으로 "원고는 피고인 행정청이 속하는 국가 또는 공공단체를 상대로 손해배상이나 각종 제해시설의 설치 등의 청구를 당해 항고소송 등이 계속된 법원에 병합하여 제기할 수 있다."라고 규정하고 있으며, 소송비용은 일반적인 패소자소송비용부담의 예와는 달리 피고인 행정청이 부담한다. 04 05 06
ⓗ **적용범위**: 취소소송에만 적용될 뿐 무효등확인소송이나 부작위위법확인소송에는 적용되지 않는다.

관련 판례

사정판결을 인정한 판례

재개발조합설립 및 사업시행인가처분이 처분 당시 법정요건인 토지 및 건축물소유자 총수의 각 3분의 2 이상의 동의를 얻지 못하여 위법하나, 그 후 90% 이상의 소유자가 재개발사업의 속행을 바라고 있어 재개발사업의 공익목적에 비추어 그 처분을 취소하는 것은 현저히 공공복리에 적합하지 아니하다고 인정하여 사정판결을 한 사례(대판 1995.7.28. 95누4629)

사정판결을 부정한 판례(검찰조직의 안정과 인화 저해 우려)

이른바 '심재륜 사건'에서의 징계면직된 검사의 복직이 검찰조직의 안정과 인화를 저해할 우려가 있다는 등의 사정은 검찰 내부에서 조정·극복하여야 할 문제일 뿐이고 준사법기관인 검사에 대한 위법한 면직처분의 취소 필요성을 부정할 만큼 현저히 공공복리에 반하는 사유라고 볼 수 없다는 이유로, 사정판결을 할 경우에 해당하지 않는다(대판 2001.8.24. 2000두7704).

건강보험가입자 본인부담금 정산문제의 불편 등은 공공복리에 적합하지 않은 경우에 해당하지 않는다

보건복지부 고시인 약제급여·비급여목록 및 급여상한금액표의 이 사건 약제의 상한금액 부분의 취소로 인하여 이 사건 약제와 관련된 건강보험가입자의 본인부담금 정산문제로 불편이 생길 가능성 등이 있으나, 건강보험재정에 직접적으로 중대한 영향을 미치거나 건강보험제도의 운용상 막대한 지장을 초래한다고 보기 어려우므로, 이 사건 고시 중 이 사건 약제의 상한금액 부분을 취소하는 것이 현저히 공공의 복리에 적합하지 않은 경우에 해당한다고 할 수 없다(대판 2006.9.22. 2005두2506).

개념확인 O/X

01 사정판결의 요건인 처분의 위법성은 변론종결 시를 기준으로 판단하고, 공공복리를 위한 사정판결의 필요성은 처분 시를 기준으로 판단하여야 한다.
23 국가9급 (O / X)

02 사정판결을 하는 경우 법원은 처분의 위법함을 판결의 주문에 표기할 수 없으므로 판결의 내용에서 그 처분 등이 위법함을 명시함으로써 원고에 대한 실질적 구제가 이루어지도록 하여야 한다.
20 소방 (O / X)

03 사정판결을 함에 있어서는 그 판결의 주문에서 그 처분 등이 위법함을 명시하여야 한다.
16 서울9급 (O / X)

04 사정판결이 있는 경우 원고는 피고인 행정청이 속하는 국가 또는 공공단체를 상대로 손해배상청구를 당해 취소소송등이 계속된 법원에 병합하여 제기할 수 없다.
16 서울9급 (O / X)

05 사정판결에서 원고는 취소소송이 계속된 법원에 당해 행정청에 대한 손해배상청구 등을 병합하여 제기할 수 없으므로, 손해배상청구를 담당하는 민사법원의 판결이 먼저 내려진 경우라 할지라도 이 판결의 내용은 취소소송에 영향을 미치지 아니한다.
20 소방 (O / X)

06 사정판결을 하는 경우 법원은 원고의 청구를 기각하는 판결을 하게 되나, 소송비용은 피고의 부담으로 한다.
16 국가7급 (O / X)

| 정답 | 01 X 02 X 03 O 04 X 05 X 06 O

개념확인 O/X

01 법원이 사정판결을 함에 있어서는 미리 원고가 그로 인하여 입게 될 손해의 정도와 배상방법 그 밖의 사정을 조사하여야 한다.
16 서울9급 (O / X)

02 법원은 사정판결을 하기 전에 원고가 그로 인하여 입게 될 손해의 정도와 배상방법 그 밖의 사정을 조사하여야 한다.
20 소방 (O / X)

03 취소판결의 효력은 원칙적으로 소급적이므로, 취소판결에 의해 취소된 영업허가취소처분 이후의 영업행위는 무허가영업에 해당하지 않는다.
20 국가9급 (O / X)

04 행정처분을 취소한다는 확정판결이 있으면 그 취소판결이 형성력에 의하여 당해 행정처분의 취소나 취소통지 등의 별도의 절차를 요하지 아니하고 당연히 취소의 효과가 발생한다.
24 군무원9급 (O / X)

05 (구)「도시 및 주거환경정비법」상 주택재개발 사업조합의 조합설립인가처분이 법원의 재판에 의하여 취소된 경우 그 조합설립인가처분은 소급하여 효력을 상실하지 않는다.
24 군무원9급 (O / X)

C 사정판결을 하기 위한 요건인 '현저히 공공복리에 적합하지 아니한가' 여부의 판단방법 및 사정판결제도의 위헌 여부(소극) [20 소방직, 16 서울시 9급] **01 02**

> 행정처분이 위법한 때에는 이를 취소함이 원칙이고 그 위법한 처분을 취소·변경하는 것이 도리어 현저히 공공의 복리에 적합하지 않은 경우에 극히 예외적으로 위법한 행정처분의 취소를 허용하지 않는다는 사정판결을 할 수 있으므로, 사정판결의 적용은 극히 엄격한 요건 아래 제한적으로 하여야 하고, 그 요건인 '현저히 공공복리에 적합하지 아니한가'의 여부를 판단할 때에는 위법·부당한 행정처분을 취소·변경하여야 할 필요와 그 취소·변경으로 발생할 수 있는 공공복리에 반하는 사태 등을 비교·교량하여 그 적용 여부를 판단하여야 한다. 아울러 사정판결을 할 경우 미리 원고가 입게 될 손해의 정도와 구제방법 그 밖의 사정을 조사하여야 하고, 원고는 피고인 행정청이 속하는 국가 또는 공공단체를 상대로 손해배상 등 적당한 구제방법의 청구를 당해 취소소송 등이 계속된 법원에 청구할 수 있는 점(「행정소송법」 제28조 제2항·제3항) 등에 비추어 보면, 사정판결제도가 위법한 처분으로 법률상 이익을 침해당한 자의 기본권을 침해하고, 법치행정에 반하는 위헌적인 제도라고 할 것은 아니다(대판 2009.12.10. 2009두8359).

B 법원이 직권으로 사정판결을 할 수 있는지 여부(적극) 및 사정판결을 하기 위한 요건인 현저히 공공복리에 적합하지 아니한지 여부의 판단기준

> 행정처분이 위법한 경우에는 이를 취소하는 것이 원칙이나, 예외적으로 그 위법한 처분을 취소·변경하는 것이 도리어 현저히 공공복리에 적합하지 아니하는 경우에는 그 취소를 허용하지 아니하는 사정판결을 할 수 있다. 이러한 사정판결은 당사자의 명백한 주장이 없는 경우에도 기록에 나타난 여러 사정을 기초로 직권으로 할 수 있는 것이나, 그 요건인 현저히 공공복리에 적합하지 아니한지 여부는 위법한 행정처분을 취소·변경하여야 할 필요와 그 취소·변경으로 인하여 발생할 수 있는 공공복리에 반하는 사태 등을 비교·교량하여 판단하여야 한다(대판 2006.9.22. 2005두2506).

> **결정적 코멘트** ▶ 먼저 판결의 효력에 대한 개념이 명확히 형성되어야 한다. 이러한 개념을 토대로 판결효력의 내용을 파악하고 관련된 판례를 이해하여야 한다.

③ **판결의 효력** (빈출): 취소판결이 확정되면 일반적인 민사소송에서 인정되는 자박력·확정력·형성력 등의 효력이 발생하게 된다. 「행정소송법」에는 기속력과 취소판결의 제3자효에 대한 규정을 두고 있고 이를 다른 소송에서 준용하도록 하고 있다.

㉠ 형성력
  ⓐ 의의
    ⅰ) '판결의 형성력'이란 판결의 취지에 따라 법률관계의 발생·변경·소멸을 가져오는 효력을 말한다.
    ⅱ) 취소판결이 확정되면, 처분 등의 효력은 행정청의 별도의 행위를 필요로 하지 않고 처분 시로 소급하여 소멸되고 처분이 없었던 것과 같은 상태가 된다. **03 04 05**
    ⅲ) 이러한 형성력은 취소판결이 확정된 때에 비로소 발생한다.
    ⅳ) 형성력에 관한 명시적 규정은 없으나 「행정소송법」 제29조 제1항(처분 등을 취소하는 확정판결은 제3자에 대하여도 효력이 있다)에 비추어 보면 당연히 인정된다.
  ⓑ 형성력의 범위
    ⅰ) 형성력은 당해 소송의 당사자뿐만 아니라 소송에 관여하지 않은 제3자에게도 미친다(제29조 제1항). 이것을 판결의 대세적 효력 또는 제3자효라고 한다.
    ⅱ) 제3자의 재심청구와 소송참가 인정의 근거가 된다.
    ⅲ) 여기에서 제3자는 원고와 대립되는 이해관계의 제3자를 포함한다고 보는 것이 일반적인데, 공유의 이익을 갖는 제3자가 이에 포함되는지에 대해서는 견해의 대립이 있다.

| 정답 | 01 O 02 O 03 O 04 O 05 X |

ⓘⓥ 이러한 제3자효는 무효등확인소송, 부작위위법확인소송, 집행정지결정, 집행정지취소결정에도 인정된다.
ⓒ **형성력의 대상**: 적극처분의 취소소송에서만 인정된다.

> **관련 판례**
>
> **Ⓑ 취소소송의 형성력의 효력** [12 지방직 9급]
>
> 행정처분을 취소한다는 확정판결이 있으면 그 취소판결의 형성력에 의하여 당해 행정처분의 취소나 취소통지 등의 별도의 절차를 요하지 아니하고 당연히 취소의 효과가 발생한다(대판 1991.10.11. 90누5443).
>
> **Ⓒ 취소 확정판결이 제3자에게 효력이 있다고 해도 제3자의 새로이 형성된 권리까지 처분 전 상태로 환원되는 것은 아니다** [20 국가직 9급] **01**
>
> 행정처분을 취소하는 확정판결이 제3자에 대하여도 효력이 있다고 하더라도 일반적으로 판결의 효력은 주문에 포함한 것에 한하여 미치는 것이니 그 취소판결 자체의 효력으로써 그 행정처분을 기초로 하여 새로 형성된 제3자의 권리까지 당연히 그 행정처분 전의 상태로 환원되는 것이라고는 할 수 없고, 단지 취소판결의 존재와 취소판결에 의하여 형성되는 법률관계를 소송당사자가 아니었던 제3자라 할지라도 이를 용인하지 않으면 아니 된다는 것을 의미하는 것에 불과하다 할 것이며, 따라서 취소판결의 확정으로 인하여 당해 행정처분을 기초로 새로 형성된 제3자의 권리관계에 변동을 초래하는 경우가 있다 하더라도 이는 취소판결 자체의 형성력에 기한 것이 아니라 취소판결의 위와 같은 의미에서의 제3자에 대한 효력의 반사적 효과로서 그 취소판결이 제3자의 권리관계에 대하여 그 변동을 초래할 수 있는 새로운 법률요건이 되는 까닭이라 할 것이다(대판 1986.8.19. 83다카2022).

ⓛ **기판력(旣判力, 실질적 확정력)**
ⓐ **의의**
ⓘ '기판력'이란 확정판결의 내용이 갖는 규준력으로서 당사자는 기판력이 발생한 사건에 대하여 다시 소를 제기할 수 없고, 법원도 그와 모순·저촉되는 판결을 해서는 안 되는 구속력을 말한다.
ⓘⓘ 즉, 확정판결이 있게 되면(인용판결이든 기각판결이든) 처분의 기초가 된 사실관계나 법률관계의 판단이 확정이 되어 판결로서 판단된 내용에 소송의 당사자나 동일시 할 수 있는 자 또는 후소법원은 더 이상 모순되는 주장이나 판단을 하여서는 아니 된다는 효력이다. **02 03**
ⓘⓘⓘ 기판력에 대한 명문의 규정은 없다. 따라서 학설과 판례에 의해서 정리된 영역이다. **04**
ⓘⓥ 논의되는 영역은 기판력이 발생한 소송물과 동일한 소송물을 대상을 후소를 제기하거나, 전소에서 확정된 법적 효과와 상반되는 효과를 주장하는 후소가 제기된다거나, 기판력이 발생한 소송물이 후소의 선결문제가 되는 경우이다.
ⓥ 기판력은 확정판결에 인정되는 효력으로서 행정심판의 재결이나 행정처분의 확정력으로서의 불가쟁력에는 발생하지 않는다.
ⓑ **기판력의 대상**: 확정된 종국판결에 인용판결과 기각판결에 발생한다. **05**
ⓒ **기판력의 범위**
ⓘ **주관적 범위(인적 범위)**: 기판력은 당해 행정소송의 당사자 및 당사자와 동일시 할 수 있는 승계인에게만 미치고, 제3자에게는 미치지 않는다. 이를 기판력의 상대성이라 한다.

개념확인 O/X

01 취소된 행정처분을 기초로 하여 새로 형성된 제3자의 권리가 취소판결 자체의 효력에 의해 당연히 그 행정처분 전의 상태로 환원되는 것은 아니다.
20 국가9급 (O / X)

02 취소확정판결이 있으면 당사자는 동일한 소송물을 대상으로 다시 소를 제기할 수 없다.
14 지방9급 (O / X)

03 과세처분의 취소소송에서 청구가 기각된 확정판결의 기판력은 그 과세처분의 무효확인을 구하는 소송에는 미치지 아니한다.
14 지방9급 (O / X)

04 「행정소송법」은 기판력에 관한 명문의 규정을 두고 있다는 것이 통설·판례의 입장이다.
11 지방9급 (O / X)

05 취소소송의 기각판결이 확정되면 기판력은 발생하나 기속력은 발생하지 않는다.
16 국가9급 (O / X)

| 정답 | 01 O 02 O 03 X 04 X 05 O

개념확인 O/X

01 과세처분 시 납세고지서에 절차 내지 형식의 위법을 이유로 과세처분을 취소하는 판결이 확정된 경우에, 과세처분권자가 그 확정판결에 적시된 위법사유를 보완하여 행한 새로운 과세처분은 확정판결의 기판력에 저촉되지 아니한다.
14 지방9급 (O / X)

02 판례는 기판력의 객관적 범위가 판결의 주문 이외에 판결이유에 설시된 그 전제가 되는 법률관계의 존부에도 미친다고 판시하고 있다.
11 지방9급 (O / X)

03 종전 확정판결의 행정소송 과정에서 한 주장 중 처분사유가 되지 아니하여 판결의 판단대상에서 제외된 부분을 행정청이 그 후 새로이 행한 처분의 적법성과 관련하여 새로운 소송에서 다시 주장하는 것은 확정판결의 기판력에 저촉된다.
17 서울9급 (O / X)

04 세무서장을 피고로 하는 과세처분취소소송에서 패소하여 그 판결이 확정된 자가 국가를 피고로 하여 과세처분의 무효를 주장하여 과오납금반환청구소송을 제기하더라도 취소소송의 기판력에 반하는 것은 아니다.
19 서울9급 (O / X)

05 어떠한 행정처분을 취소하는 판결이 선고되어 확정된 경우에 처분행정청이 그 행정소송의 사실심 변론종결 이전의 사유를 내세워 다시 확정판결에 저촉되는 행정처분을 하는 것은 확정판결의 기판력에 저촉된다.
14 지방9급 (O / X)

ⓖ 객관적 범위(물적 범위)
- 기판력은 소송물에 관한 판단인 판결의 주문에만 미치고 판결이유 중의 판단에 대하여서는 원칙적으로 미치지 않는다. **01 02 03**
- 다만, 판결이유는 판결주문의 해석에 고려된다.
- 판례는 취소판결의 기판력은 소송물로 된 행정처분의 위법성 존부에 관한 그 자체에만 미치는 것이므로 전소와 후소가 그 소송물을 달리하는 경우에는 전소확정판결의 기판력이 후소에 미치지 않는다고 한다(대판 1996.4.26. 95누5820).
- 다만, 전소와 후소의 소송물이 동일하지 아니하여도 전소의 주문에 포함된 법률관계가 후소의 법률관계가 되는 경우에는 전소의 판결의 기판력이 후소에 미쳐 후소의 법원은 전에 한 판단과 모순되는 판단을 할 수 없다(대판 2001.1.16. 2000다41349). **04**

ⓗ 시간적 범위(기판력의 표준시): 기판력은 사실심 변론종결 시를 기준으로 하여 발생한다. 따라서 표준시 이전 또는 이후에도 기판력이 미치지 않는다. **05**

ⓓ 취소소송과 국가배상사건과의 기판력: 취소판결의 기판력이 국가배상청구소송에 미치는지 여부는 국가배상에서의 위법개념과 관련이 있다.

ⓘ 국가배상의 위법개념과 행정쟁송법상의 위법개념을 동일하게 인식: 취소소송에서의 청구기각판결(V.A.적법)의 기판력으로 인해 후의 국가배상소송에서 당해 행정처분의 위법성을 주장할 수 없게 된다.

ⓘⓘ 「국가배상법」상 위법개념을 행정쟁송법상 위법개념보다 넓은 것으로 인식: 인용판결(V.A.위법)의 기판력은 국가배상소송에 미치지만, 기각판결의 기판력은 국가배상소송에 미치지 않는다고 본다. 따라서 청구기각판결이 확정되어도 원고는 그 후의 국가배상청구소송에서 당해 처분의 위법을 주장할 수 있다.

ⓘⓘⓘ 다수설과 판례의 입장
- 취소소송 ⇨ 국가배상소송: 기판력 긍정설(다수설·판례)
- 국가배상소송 ⇨ 취소소송: 선결문제에선 기판력이 없으므로 선결문제에 대하여 기판력을 발생시키기 위해서는 중간확인의 소를 제기하여야 한다(다수설·판례).
- 과세처분취소소송의 기각판결 ⇨ 원고의 무효확인청구소송: 기판력이 미치므로 제기할 수 없다(대판 1996.6.25. 95누1880).
- 과세처분취소소송의 기각판결 ⇨ 무효를 전제로 한 부당이득반환청구소송: 제기할 수 없다(대판 2001.6.12. 99다4605).

관련 판례

B 기판력의 객관적 범위 [10 국가직 9급]

확정판결의 기판력은 소송물로 주장된 법률관계의 존부에 관한 판단의 결론 그 자체에만 미치는 것이고 그 전제가 되는 법률관계의 존부에까지 미치는 것이 아니며, 소송판결은 그 판결에서 확정한 소송요건의 흠결에 관하여 기판력이 발생하는 것이다(대판 1996.11.15. 96다31406).

C 주된 납세의무자가 제기한 전소와 제2차 납세의무자가 제기한 후소가 각기 다른 처분에 관한 것이어서 그 소송물을 달리하는 경우, 전소 확정판결의 기판력이 후소에 미치는지 여부(소극)

주된 납세의무자가 제기한 전소와 제2차 납세의무자가 제기한 후소가 각기 다른 처분에 관한 것이어서 그 소송물을 달리하는 경우, 전소 확정판결의 기판력이 후소에 미치지 않는다(대판 2009.1.15. 2006두14926).

| 정답 | 01 O 02 X 03 X 04 X 05 O

B 과세처분 취소소송에서 청구가 기각된 확정판결의 기판력이 과세처분 무효확인소송에 미친다 [19 서울시 9급, 14 지방직 9급]

> 과세처분의 취소소송은 과세처분의 실체적·절차적 위법을 그 취소원인으로 하는 것으로서 그 심리의 대상은 과세관청의 과세처분에 의하여 인정된 조세채무인 과세표준 및 세액의 객관적 존부, 즉 당해 과세처분의 적부가 심리의 대상이 되는 것이며, 과세처분 취소청구를 기각하는 판결이 확정되면 그 처분이 적법하다는 점에 관하여 기판력이 생기고 그 후 원고가 이를 무효라 하여 무효확인을 소구할 수 없는 것이어서 과세처분의 취소소송에서 청구가 기각된 확정판결의 기판력은 그 과세처분의 무효확인을 구하는 소송에도 미친다(대판 1998.7.24. 98다10854).

ⓒ 기속력(구속력)
  ⓐ 개념
    ⅰ) '판결의 기속력'이란 당사자인 행정청과 관계행정청이 판결의 취지에 따라 행동해야 할 실체법상의 의무를 발생시키는 효력을 말한다(제30조 제1항).
    ⅱ) 이러한 기속력은 처분 등을 취소하는 확정된 인용판결 시에만 발생하고 기각판결이나 각하판결에서는 발생하지 않는다. 01
    ⅲ) 또한 취소판결은 물론이고 무효등확인소송과 부작위위법확인소송 및 당사자소송의 판결에도 인정된다.
  ⓑ 성질: 취소판결의 실효성을 담보하기 위하여 실정법이 부여한 특수한 효력이라는 특수효력설이 통설이나 판례는 기판력설을 취하고 있다(판례는 기판력과 기속력을 혼용한다).
    ⅰ) **특수효력부여설**: 취소판결의 실효성을 담보하기 위하여 실정법이 부여한 특수한 효력이다(다수설).
    ⅱ) **기판력설**: 처분에 대한 확정판결로서 이미 법원에 의하여 위·적법이 판단되었으므로 행정청은 이에 따라야 한다는 견해이다(판례의 태도).
  ⓒ 내용
    ⅰ) **부작위의무(반복금지효)**
      • 취소판결의 경우에는 관계행정청은 확정판결에 저촉되는 행위를 할 수 없다. 02
      • 취소판결이 확정되면 행정청은 동일한 상대방에게 동일한 이유로 동일한 처분을 할 수 없다.
      • 처분의 상대방이 동일하지 않거나, 다른 새로운 사유거나, 과잉금지원칙에 반한다는 이유로 처분이 취소된 경우에는 새로운 가벼운 처분을 할 수 있다. 03
    ⅱ) **결과제거의무(다수설)**: 위법이 된 처분에 의하여 초래된 상태를 제거해야 할 의무를 진다. 04
    ⅲ) **적극적 처분의무**: 적법한 절차에 따라 이전의 신청에 대한 처분을 하여야 한다. 05
      • 재처분의무
        – 행정청은 거부처분에 대한 취소판결이 있거나 또는 부작위위법확인의 판결이 있게 되면 처분청은 판결의 취지에 따라 재처분하여야 할 의무를 진다.
        – 이러한 재처분의 의무는 원고가 행정청에 별도의 신청을 하지 않아도 이전의 신청에 대해 발생하는 의무이다.
        – 이러한 재처분은 판결의 취지에 반하지 않은 내용이어야 하지만, 반드시 원고의 신청을 받아들이는 것이어야 하는 것은 아니다. 당초의 거부처분 이유와 다른 이유로 재차 거부처분을 할 수도 있다.

개념확인 O/X

01 기속력은 청구인용판결뿐만 아니라 청구기각판결에도 미친다.
19 서울9급 (O / X)

02 여러 법규 위반을 이유로 한 영업허가취소처분이 처분의 이유로 된 법규 위반 중 일부가 인정되지 않고 나머지 법규 위반으로는 영업허가취소처분이 비례의 원칙에 위반된다고 취소된 경우에 판결에서 인정되지 않은 법규 위반 사실을 포함하여 다시 영업정지처분을 내리는 것은 동일한 행위의 반복은 아니지만 판결의 취지에 반한다.
17 서울9급 (O / X)

03 법규 위반을 이유로 내린 영업허가취소처분이 비례의 원칙 위반으로 취소된 경우에 동일한 법규 위반을 이유로 영업정지처분을 내리는 것은 기속력에 반하지 않는다.
17 서울9급 (O / X)

04 행정처분의 취소판결이 확정되면 그 판결에서 확인된 위법사유를 배제한 상태에서 다시 처분을 하거나 그 밖에 위법한 결과를 제거하는 조치를 할 의무가 있다.
21 군무원7급 (O / X)

05 거부처분 취소판결이 확정되면 그 처분을 행한 행정청은 판결의 취지에 따라 다시 이전의 신청에 대한 처분을 하여야 한다.
16 교육행정 (O / X)

| 정답 | 01 X 02 O 03 O 04 O 05 O

개념확인 O/X

01 거부처분이 실체적 위법을 이유로 취소된 경우에는 A행정청은 취소판결의 기속력에 의해 다시 거부처분을 할 수 없고, 갑에게 허가처분을 하여야 한다.
16 서울9급 (O/X)

02 갑 시장이 A 주식회사의 공동주택 건립을 위한 주택건설사업계획승인 신청에 대하여 미디어밸리 조성을 위한 시가화예정 지역이라는 이유로 거부하자 A 주식회사가 거부처분 취소소송을 제기하여 승소 확정판결을 받았고 이후 갑 시장이 해당 토지 일대가 개발행위허가 제한지역으로 지정되었다는 이유로 다시 거부하는 처분을 한 사안에서 재거부처분은 종전 거부처분을 취소한 확정판결의 기속력에 반하는 것은 아니다.
19 국회8급 (O/X)

03 취소소송에서 처분 등을 취소하는 확정판결의 기속력은 주로 판결의 실효성 확보를 위하여 인정되는 효력으로서 판결의 주문 외에 그 전제가 되는 처분 등의 구체적 위법사유에 관한 이유 중의 판단에 대하여는 인정되지 않는다.
24 군무원9급 (O/X)

04 취소판결의 기속력은 주로 판결의 실효성 확보를 위하여 인정되는 효력으로서 판결의 주문뿐만 아니라 그 전제가 되는 처분 등의 구체적 위법사유에 관한 이유 중의 판단에 대하여도 인정된다.
20 국가9급 (O/X)

05 행정처분이 판결에 의해 취소된 경우, 취소된 처분의 사유와 기본적 사실관계에서 동일성이 인정되지 않는 다른 사유를 들어 새로이 처분을 하는 것은 기속력에 반한다.
20 국가9급 (O/X)

06 징계처분의 취소를 구하는 소에서 징계사유가 될 수 없다고 판결한 사유와 동일한 사유를 내세워 행정청이 다시 징계처분을 한 것은 확정판결에 저촉되지 않는 행정처분을 한 것으로서 허용될 수 있다.
24 군무원9급 (O/X)

07 제3자효 행정처분의 취소소송에서 절차의 하자로 취소의 확정판결이 있은 경우 당해 행정청은 재처분의무가 있다.
19 국회8급 (O/X)

08 절차상 하자로 인하여 무효인 행정처분이 있은 후 행정청이 관계 법령에서 정한 절차를 갖추어 다시 동일한 행정처분을 하였다면 당해 행정처분은 종전의 무효인 행정처분과 관계없이 새로운 행정처분이라고 보아야 한다.
19 국회8급 (O/X)

- 재처분의무의 구체적 검토
    - 거부처분이 실체적 위법으로 취소된 경우: 행정청은 원칙적으로 이전이 신청에 대해 인용하는 처분을 하여야 한다. 다만, 거부처분 이후에 새로운 사정 등으로 다시 거부할 사유가 있거나 또는 재량인 경우에 재량의 일탈이나 남용이 아닌 범위 내에서 다시 거부할 수 있다. 01
    - 신청에 대한 인용처분이 제3자의 제소에 의해 실체적 이유로 취소된 경우: 동일한 처분을 다시 하게 되면 이는 반복금지효 위반으로 무효가 된다.
    - 거부처분 또는 신청에 대한 인용처분이 절차 위반으로 취소된 경우: 절차를 보완하여 다시 거부나 신청에 대한 인용처분을 할 수 있다.
    - 부작위위법확인소송에서 부작위가 위법으로 확인된 경우: 이 경우에는 '부작위'가 위법임이 확인되었을 뿐이므로 반드시 적극적 처분의 의무가 있는 것은 아니고, 소극적 처분도 가능하다.
- 기속력에 저촉되지 않는 경우
    - 취소사유를 보완하는 경우: 기속력은 위법 일반이 아니라 구체적인 위법사유, 즉 취소사유로 판시된 위법에만 미치는 효력이므로, 특정의 행정처분이 절차상의 위법사유로 인하여 취소된 경우에는 행정청은 이러한 절차상의 하자를 보완하여 다시 새로운 행정처분을 할 수 있다.
    - 새로운 사유에 따른 처분의 경우: 취소판결이 확정된 후 새로운 사실관계나 신법령 등 새로운 사유를 근거로 동일 당사자에 대하여 동일한 내용의 처분을 하여도 기속력에 반하는 것이 아니다. 예를 들어, 징계처분이 취소된 경우 다른 징계사유를 들어 동일한 내용의 징계처분을 하는 것은 기속력에 반하지 않는다. 02

ⓓ 기속력의 범위
  ⅰ) 주관적 범위: 기속력은 당사자인 행정청뿐만 아니라 그 밖의 모든 관계행정청에 미친다.
  ⅱ) 객관적 범위
     - 기속력은 판결의 주문 및 그 전제가 된 요건사실의 인정과 효력의 판단에만 미친다. 03 04
     - 사안의 판단과 관련이 없거나 간접사실의 판단에는 미치지 않는다.
     - 즉, 판결의 이유로서 적시된 '개개의 위법사유'에 미칠 뿐 '위법성 일반'에 미치는 것은 아니다. 05
  ⅲ) 시간적 범위: 기속력은 처분 시까지 존재하던 사유에 대해서만 미치고 그 이후에 발생된 사유에는 미치지 아니한다. 그 이유는 처분의 위법 여부의 판단시점은 사실심 변론종결 시가 아닌 처분 시이기 때문이다. 그러므로 처분 후 사실상태, 법률상태가 변경된 경우에는 동일한 내용의 처분도 다시 가능하다.

ⓔ 기속력 위반의 효과: 기속력에 위반한 행정처분의 효력에 관하여 취소할 수 있는 행위로 보는 견해도 있으나, 당해 처분은 취소사유가 아니라 당연무효라고 해야 할 것이다. 판례는 기판력의 입장에서 당연무효라고 한다. 06

ⓕ 절차나 형식 위반에 의한 인용판결의 경우: 기속력이 없다. 따라서 피고 행정청은 절차나 형식을 보완하여 다시 동일한 처분을 하여도 기속력 위반이 아니다. 07 08

| 정답 | 01 X | 02 O | 03 X | 04 O | 05 X | 06 X | 07 O | 08 O |

관련 판례

B 확정된 거부처분 취소판결의 취지에 따라 이전 신청에 대하여 재처분을 할 의무가 있는 행정청이 종전 처분 후 발생한 '새로운 사유'를 내세워 다시 거부처분을 할 수 있는지 여부(적극) 및 '새로운 사유'인지를 판단하는 기준 [20 국가직 9급, 19 국회직 8급, 17 서울시 7급]

> 「행정소송법」 제30조 제2항에 의하면, 행정청의 거부처분을 취소하는 판결이 확정된 경우에는 처분을 행한 행정청이 판결의 취지에 따라 이전 신청에 대하여 재처분을 할 의무가 있다. 행정처분의 적법 여부는 행정처분이 행하여진 때의 법령과 사실을 기준으로 판단하는 것이므로 확정판결의 당사자인 처분 행정청은 종전 처분 후에 발생한 새로운 사유를 내세워 다시 거부처분을 할 수 있고, 그러한 처분도 위 조항에 규정된 재처분에 해당한다. 여기에서 '새로운 사유'인지는 종전 처분에 관하여 위법한 것으로 판결에서 판단된 사유와 기본적 사실관계의 동일성이 인정되는 사유인지에 따라 판단되어야 하고, 기본적 사실관계의 동일성 유무는 처분사유를 법률적으로 평가하기 이전의 구체적인 사실에 착안하여 그 기초인 사회적 사실관계가 기본적인 점에서 동일한지에 따라 결정되며, 추가 또는 변경된 사유가 처분 당시에 그 사유를 명기하지 않았을 뿐 이미 존재하고 있었고 당사자도 그 사실을 알고 있었다고 하여 당초 처분사유와 동일성이 있는 것이라고 할 수는 없다(대판 2011.10.27. 2011두14401).

A 확정된 거부처분 취소판결의 취지에 따라 이전 신청에 대하여 재처분을 할 의무가 있는 행정청이 종전 처분 후 발생한 '새로운 사유'를 내세워 다시 거부처분을 할 수 있는지 여부(적극) [20 국회직 8급, 19 국가직 9급, 19 사회복지직, 19 국회직 8급, 18 국가직 8급, 16국가직 7급] **01**

> 고양시장이 갑 주식회사의 공동주택 건립을 위한 주택건설사업계획승인 신청에 대하여 미디어밸리 조성을 위한 시가화예정 지역이라는 이유로 거부하자, 갑 회사가 거부처분의 취소를 구하는 소송을 제기하여 승소판결을 받았고 위 판결이 그대로 확정되었는데, 이후 고양시장이 해당 토지 일대가 개발행위허가 제한지역으로 지정되었다는 이유로 다시 거부하는 처분을 한 사안에서, 재거부처분은 「행정소송법」 제30조 제2항에서 정한 재처분에 해당하고 종전 거부처분을 취소한 확정판결의 기속력에 반하는 것은 아니라고 본 원심판단을 수긍한 사례(대판 2011.10.27. 2011두14401).

B 과세처분의 취소소송의 확정판결에 적시된 위법사유를 보완하여 새로이 행한 과세처분은 확정판결의 기판력에 저촉되지 않는다 [11 지방직 9급]

> 과세처분 시 납세고지서에 과세표준, 세율, 세액의 산출근거 등이 누락되어 있어 이러한 절차 내지 형식의 위법을 이유로 과세처분을 취소하는 판결이 확정된 경우에 그 확정판결의 기판력은 확정판결에 적시된 절차 내지 형식의 위법사유에 한하여 미친다고 할 것이므로 과세처분권자가 그 확정판결에 적시된 위법사유를 보완하여 행한 새로운 과세처분은 확정판결에 의하여 취소된 종전의 과세처분과는 별개의 처분으로서 확정판결의 기판력에 저촉되는 것은 아니다(대판 1986.11.11. 85누231).

A 취소소송에서 처분 등을 취소하는 확정판결의 기속력의 범위 [20 국회직 8급, 20 국가직 9급, 17 서울시 7급, 10 국가직 9급]

> 「행정소송법」 제30조 제1항에 의하여 인정되는 취소소송에서 처분 등을 취소하는 확정판결의 기속력은 주로 판결의 실효성 확보를 위하여 인정되는 효력으로서 판결의 주문뿐만 아니라 그 전제가 되는 처분 등의 구체적 위법사유에 관한 이유 중의 판단에 대하여도 인정된다(대판 2001.3.23. 99두5238).

개념확인 O/X

01 행정청의 거부처분을 취소하는 판결이 확정된 경우 확정판결의 당사자인 처분 행정청은 그 행정소송의 사실심 변론종결 이후 발생한 새로운 사유를 내세워 다시 이전의 신청에 대하여 거부처분을 할 수 있다.
19 국회8급　　　　　(O / X)

|정답| 01 O

개념확인 O/X

01 주택건설사업 승인신청 거부처분에 대한 취소의 확정판결이 있은 후 행정청이 재처분을 하였다 하더라도 그 재처분이 종전 거부처분에 대한 취소의 확정판결의 기속력에 반하는 경우, 「행정소송법」상 간접강제신청에 필요한 요건을 갖춘 것으로 보아야 한다.
18 지방9급 (O/X)

02 행정청이 재처분을 하였더라도 기속력에 위반된 경우에는 간접강제의 대상이 된다.
16 서울9급 (O/X)

🅐 **판결의 취지에 따른 재처분을 하지 않고 다시 거부한 경우 무효에 해당된다** [20 국회직 9급, 19 국가직 9급, 18 지방직 9급, 16 서울시 9급, 10 국가직 9급] **01 02**

> 주택건설사업 승인신청 거부처분의 취소를 명하는 판결이 확정되었음에도 행정청이 그에 따른 재처분을 하지 않은 채 위 취소소송 계속 중에 도시계획법령이 개정되었다는 이유를 들어 다시 거부처분을 한 사안에서, 새로운 거부처분이 확정된 종전 거부처분 취소판결의 기속력에 저촉되어 당연무효다(대결 2002.12.11. 자 2002무22).

🅐 **절차상의 하자를 이유로 과세처분을 취소하는 판결이 확정된 경우, 그 위법사유를 보완하여 새로운 부과처분을 하는 것과 위 확정판결의 기판력의 저촉 여부** [19 국회직 8급, 16 서울시 9급, 14 지방직 9급, 11 지방직 9급]

> 과세의 절차 내지 형식에 위법이 있어 과세처분을 취소하는 판결이 확정되었을 때는 그 확정판결의 기판력은 거기에 적시된 절차 내지 형식의 위법사유에 한하여 미치는 것이므로 과세관청은 그 위법사유를 보완하여 다시 새로운 과세처분을 할 수 있고 그 새로운 과세처분은 확정판결에 의하여 취소된 종전의 과세처분과는 별개의 처분이라 할 것이어서 확정판결의 기판력에 저촉되는 것이 아니다(대판 1987.2.10. 86누91).

| 정리

구분	기속력	기판력
주관적 범위	당해 행정청과 관계행정청	당사자 및 당사자와 동일시 할 수 있는 자 및 후소법원
적용판결	인용판결에만 인정	인용·기각판결
시간적 범위	처분 당시	사실심 변론종결 시
객관적 범위	판결주문 O, 이유 O	판결주문 O, 이유 X
위반 시 효과	당연무효	기판력에 저촉되는 소청구는 각하

ⓔ 판결의 집행력(「행정소송법」 제34조)
  ⓐ 의의
    ⓘ 판결의 기속력을 확보하기 위한 제도로서 거부처분의 취소판결이 확정되었음에도, 부작위위법확인소송에서 인용판결이 확정되었음에도 행정청이 재처분의무를 이행하지 않으면 제1심 수소법원은 당사자의 신청에 의하여 손해배상을 할 것을 명할 수 있다. 이를 간접강제결정이라 한다.
    ⓘⓘ 간접강제제도는 금전적 배상제도로서 판결의 기속력의 실효성을 확보하기 위한 재처분의무의 이행을 강제하기 위한 제도이다.
  ⓑ 적용범위
    ⓘ 거부처분 취소소송과 부작위위법확인소송에 적용된다.
    ⓘⓘ 무효등확인소송과는 관련이 없다. 이를 입법의 흠결로 보는 견해가 있다.
  ⓒ 배상금 지급방법: 처분을 하지 아니한 채 상당한 기간이 경과하는 경우에 상당한 기간을 정하고 행정청이 그 기간 내에 이행하지 아니하는 때에는 그 지연기간에 따라 일정한 배상을 할 것을 명하거나 즉시 손해배상을 할 것을 명할 수 있다.
  ⓓ 의무이행기간을 경과하여 이행하는 경우 배상금을 실제로 추심할 수 있는지 여부: 대법원에 의하면 간접강제결정에 기한 배상금은 거부처분 취소판결이 확정된 경우 그 처분을 행한 행정청으로 하여금 확정판결의 취지에 따른 재처분의무의 이행을 확실히

담보하기 위한 것으로서 확정판결의 취지에 따른 재처분의 지연에 대한 제재나 손해배상이 아니고 재처분의 이행에 관한 심리적 강제수단에 불과한 것으로 보아야 하므로, 특별한 사정이 없는 한 간접강제결정에서 정한 의무이행기한이 경과한 후에라도 확정판결의 취지에 따른 재처분의 이행이 있으면 배상금을 추심함으로써 심리적 강제를 꾀할 목적이 상실되어 처분상대방이 더 이상 배상금을 추심하는 것은 허용되지 않는다고 한다.
- ⓔ **간접강제결정의 변경**: 간접강제결정이 있었으나 사후에 사정의 변경이 있을 경우에는 법원은 당사자의 신청으로 그 결정내용을 변경할 수 있다.
- ⓕ **불복절차**: 간접강제신청에 관한 기각결정이나 인용결정에 대하여는 즉시항고를 할 수 있다.

관련 판례

B 「행정소송법」 제34조 소정의 간접강제결정에 기한 배상금의 성질 및 확정판결의 취지에 따른 재처분이 간접강제결정에서 정한 의무이행기한이 경과한 후에 이루어진 경우, 간접강제결정에 기한 배상금의 추심이 허용되는지 여부(소극) [19 국가직 9급, 16 국가직 7급]

> 「행정소송법」 제34조 소정의 간접강제결정에 기한 배상금은 거부처분 취소판결이 확정된 경우 그 처분을 행한 행정청으로 하여금 확정판결의 취지에 따른 재처분의무의 이행을 확실히 담보하기 위한 것으로서, 확정판결의 취지에 따른 재처분의무내용의 불확정성과 그에 따른 재처분에의 해당 여부에 관한 쟁송으로 인하여 간접강제결정에서 정한 재처분의무의 기한 경과에 따른 배상금이 증가될 가능성이 자칫 행정청으로 하여금 인용처분을 강제하여 행정청의 재량권을 박탈하는 결과를 초래할 위험성이 있는 점 등을 감안하면, 이는 확정판결의 취지에 따른 재처분의 지연에 대한 제재나 손해배상이 아니고 재처분의 이행에 관한 심리적 강제수단에 불과한 것으로 보아야 하므로, 특별한 사정이 없는 한 간접강제결정에서 정한 의무이행기한이 경과한 후에라도 확정판결의 취지에 따른 재처분의 이행이 있으면 배상금을 추심함으로써 심리적 강제를 꾀할 목적이 상실되어 처분상대방이 더 이상 배상금을 추심하는 것은 허용되지 않는다(대판 2004.1.15. 2002두2444).

C 「행정소송법」 제34조 소정의 간접강제의 대상(= 거부처분 취소판결)

> 「행정소송법」 제34조는 취소판결의 간접강제에 관하여 규정하면서 제1항에서 행정청이 같은 법 제30조 제2항의 규정에 의한 처분을 하지 아니한 때에 간접강제를 할 수 있도록 규정하고 있고, 같은 법 제30조 제2항은 "판결에 의하여 취소되는 처분이 당사자의 신청을 거부하는 것을 내용으로 하는 경우에는 그 처분을 행한 행정청은 판결의 취지에 따라 다시 이전의 신청에 대한 처분을 하여야 한다."라고 규정함으로써 취소판결에 따라 취소된 행정처분이 거부처분인 경우에 행정청에 다시 처분을 할 의무가 있음을 명시하고 있으므로, 결국 같은 법상 간접강제가 허용되는 것은 취소판결에 의하여 취소된 행정처분이 거부처분인 경우라야 할 것이다(대결 1998.12.24. 자 98무37).

B 거부처분에 대한 무효확인판결이 간접강제의 대상이 되는지 여부(소극) [20 국가직 7급, 19 사회복지직, 19 지방직 9급] 01

> 「행정소송법」 제38조 제1항이 무효확인판결에 관하여 취소판결에 관한 규정을 준용함에 있어서 같은 법 제30조 제2항을 준용한다고 규정하면서도 같은 법 제34조는 이를 준용한다는 규정을 두지 않고 있으므로, 행정처분에 대하여 무효확인판결이 내려진 경우에는 그 행정처분이 거부처분인 경우에도 행정청에 판결의 취지에 따른 재처분의무가 인정될 뿐 그에 대하여 간접강제까지 허용되는 것은 아니라고 할 것이다(대결 1998.12.24. 자 98무37).

개념확인 O/X

01 거부처분에 대하여 무효확인판결이 확정된 경우, 행정청에 대해 판결의 취지에 따른 재처분의무가 인정될 뿐 그에 대하여 간접강제까지 허용되는 것은 아니다.
19 지방9급 (O / X)

> **개념확인 O/X**

A 거부처분 취소판결의 간접강제신청에 필요한 요건 [19 국가직 9급, 18 지방직 9급, 16 국가직 7급, 16 서울시 9급]

> 거부처분에 대한 취소의 확정판결이 있음에도 행정청이 아무런 재처분을 하지 아니하거나, 재처분을 하였다 하더라도 그것이 종전 거부처분에 대한 취소의 확정판결의 기속력에 반하는 등으로 당연무효이라면 이는 아무런 재처분을 하지 아니한 때와 마찬가지라 할 것이므로 이러한 경우에는 「행정소송법」 제30조 제2항, 제34조 제1항 등에 의한 간접강제신청에 필요한 요건을 갖춘 것으로 보아야 한다(대결 2002.12.11. 자 2002무22).

C 갑의 을에 대한 부작위법확인소송의 판결이 확정된 후, 을이 그 취지에 따른 처분을 하였으므로 갑의 간접강제신청은 그에 필요한 요건을 갖추지 못한 것이라고 한 원심을 수긍한 사례

> 원심은 제1심결정을 인용하여 다음과 같이 판단하였다. 즉, 신청인이 피신청인을 상대로 제기한 부작위법확인소송에서 신청인의 제2 예비적 청구를 받아들이는 내용의 확정판결을 받았다. 그 판결의 취지는 피신청인이 신청인의 광주광역시 지방부이사관 승진임용신청에 대하여 아무런 조치를 취하지 아니하는 것 자체가 위법함을 확인하는 것일 뿐이다. 따라서 피신청인이 신청인을 승진임용하는 처분을 하는 경우는 물론이고, 승진임용을 거부하는 처분을 하는 경우에도 위 확정판결의 취지에 따른 처분을 하였다고 볼 것이다. 그런데 위 확정판결이 있은 후에 피신청인은 신청인의 승진임용을 거부하는 처분을 하였다. 따라서 결국 신청인의 이 사건 간접강제신청은 그에 필요한 요건을 갖추지 못하였다는 것이다(대결 2010.2.5. 자 2009무153).

　　ⓜ **불가쟁력(형식적 확정력)**: 당사자가 상소기간의 경과나 기타의 사유로 상소할 수 없을 때에는 판결의 내용에 대하여 더 이상 다툴 수 없는 효력을 말한다.

심화 학습

상소기간: 판결서 정본을 송달받은 날로부터 2주일

　　ⓗ **자박력(불가변력)**: 선고법원 자신도 판결의 내용을 취소·변경할 수 없는 힘을 말한다.

구분	취소판결	무효등 확인판결	부작위위법 확인판결	주관적 범위	객관적 범위
형성력(인용)	○(적극처분)	×	×	대세효	
기판력 (인용·기각)	○	○	○	소송의 당사자, 동일시 할 수 있는 자, 후소법원	판결의 주문
기속력(인용)	○	○	○	행정청, 관계행정청	판결의 주문과 이유(전제가 된 요건사실에만)
(간접)집행력 (인용)	○(거부처분)	×	○		
제3자효 (인용)	○	○	○		

④ **상소 및 제3자의 재심청구**
　　㉠ **상소**: 행정소송의 제1심 관할법원은 피고의 소재를 관할하는 행정법원이기 때문에, 제1심 판결에 대하여 불복하는 자는 고등법원·대법원에 상소할 수 있다. 항소 사건의 경우 제1심 판결의 정본을 송달받은 날로부터 2주 이내에 불복신청을 할 수 있다.

ⓒ 제3자의 재심청구
  ⓐ 의의: 처분 등을 취소하는 판결에 의하여 권리 또는 이익의 침해를 받은 제3자는 자기에게 책임 없는 사유로 소송에 참가하지 못함으로써 판결의 결과에 영향을 미칠 공격 또는 방어방법을 제출하지 못한 때에는 이를 이유로 확정된 종국판결에 대하여 재심청구를 할 수 있다(제31조 제1항). 01 02
  ⓑ 기능 및 재심청구기간: 제3자의 권리보호에 취지가 있으며 확정판결이 있음을 안 날로부터 30일 이내, 판결이 확정된 날로부터 1년 이내에 제기하여야 하며, 그 기간은 불변기간이다(제31조 제2항·제3항).

⑤ 위헌·위법판결의 공고: 취소소송의 선결문제가 된 명령·규칙이 대법원 판결에 의하여 헌법·법률에 위반되는 것이 확정된 경우에는 대법원은 지체 없이 그 사유를 행정안전부장관에게 통보하여야 하며, 통보를 받은 행정안전부장관은 지체 없이 이를 관보에 게재하여야 한다(제6조).

⑥ 소송비용
  ㉠ 원칙: 패소자부담원칙으로서 소송비용은 패소자가 부담하여야 한다.
  ㉡ 예외: 사정판결의 경우 또는 소송 진행 중에 행정청의 처분변경에 따른 각하나 기각의 경우에는 승소한 피고 측에서 부담한다.

3 무효등확인소송

> **결정적 코멘트** ▶ 무효등확인소송이 취소소송을 준용하는 부분과 준용하지 않는 부분을 구분하여야 한다.

(1) 개설
① 의의: 행정청의 처분 등의 효력 유무나 존재 여부를 확인하는 소송이다. 무효는 공정력이 없어서 처음부터 아무런 효력이 없으나 취소와 무효구분이 명확하고 절대적이지 않으며 처분으로서의 외형이 존재하므로, 행정청에 의한 무효인 처분의 집행이 우려됨에 따라 무효의 확인을 요한다고 볼 수 있다.
② 종류: 무효확인소송, 유효확인소송, 실효확인소송, 존재확인소송, 부존재확인소송이 있다.

(2) 적용법규
취소소송에 관한 「행정소송법」상의 규정이 거의 대부분 준용되고 있으나(제38조 제1항), 예외적으로 행정심판전치주의(제18조), 제소기간(제20조), 재량처분의 취소(제27조), 사정판결(제28조)에 관한 규정은 무효등확인소송에 준용되지 않는다. 03 04 05 06 07

심화 학습 취소소송 규정의 준용(제38조 제1항)

- 재판관할(제9조)
- 피고적격(제13조)
- 공동소송(제15조)
- 행정청의 소송참가(제17조)
- 처분변경으로 인한 소의 변경(제22조)
- 집행정지의 취소(제24조)
- 직권심리(제26조)
- 취소판결 등의 기속력(제30조)
- 소송비용에 관한 재판의 효력(제33조)
- 관련청구소송의 이송 및 병합(제10조)
- 피고경정(제14조)
- 제3자 소송참가(제16조)
- 취소소송의 대상(제19조)
- 집행정지(제23조)
- 행정심판기록의 제출명령(제25조)
- 취소판결 등의 효력(제29조)
- 제3자에 의한 재심청구(제31조)

개념확인 O/X

01 「행정소송법」은 제3자 보호를 위하여 제3자의 소송참가 외에 제3자의 재심청구를 인정하고 있다.
12 국가9급   (O/X)

02 소송참가할 수 있는 행정청이 자기에게 책임 없는 사유로 소송에 참가하지 못함으로써 판결의 결과에 영향을 미칠 공격·방어방법을 제출하지 못한 때에는 이를 이유로 확정된 종국판결에 대하여 재심을 청구할 수 있다.
18 국가7급   (O/X)

03 취소소송의 제3자 소송참가에 관한 규정은 무효등확인소송, 부작위법확인소송, 당사자소송에도 준용된다.
12 국가9급   (O/X)

04 무효확인소송에서는 집행정지가 인정되지 않는다.
21 군무원7급   (O/X)

05 행정처분의 무효확인판결은 확인판결이라고 하여도 행정처분의 취소판결과 같이 소송당사자는 물론 제3자에게도 미치는 것이다.
21 군무원7급   (O/X)

06 무효확인소송의 제기는 처분의 효력이나 그 집행 또는 절차의 속행에 영향을 주지 아니한다.
17 지방7급, 16 지방9급   (O/X)

07 처분 등의 무효를 확인하는 확정판결은 소송당사자 이외의 제3자에 대하여는 효력이 미치지 않는다.
19 서울9급   (O/X)

| 정답 | 01 ○ 02 × 03 ○ 04 × 05 ○ 06 ○ 07 ×

(3) 무효확인소송과 당사자소송 간의 관계

처분이 무효인 경우는 이른바 공정력이 없어 누구나 어떠한 방법으로나 그 효력을 부인할 수 있는 것이므로 항고소송으로서 무효확인소송과 당사자소송도 가능하다[예 공무원 파면처분이 무효인 경우 항고소송으로서 파면처분무효확인의 소뿐만 아니라 무효임을 전제로 한 공무원지위확인소송도 가능. 또한 과세처분무효확인의 소(항고소송)와 조세채무부존재확인의 소(당사자소송)도 가능].

(4) 원고의 문제

① **원고적격**: 무효등확인소송은 처분의 효력 유무 또는 존재 여부의 확인을 구할 법률상 이익이 있는 자가 제기할 수 있다(제35조). 여기서 법률상 이익이 있는 자의 의미는 취소소송의 경우와 같다.

② **확인의 이익의 필요성 여부**: 무효등확인소송은 원고적격으로서의 법률상 이익이 요구될 뿐만 아니라 무효등확인소송도 확인의 소이기 때문에 「민사소송법」의 확인의 소에서 요구되는 확인의 이익도 요하는가가 문제가 된다.

　㉠ **필요성(무효확인소송의 보충성)**: 확인의 이익을 요한다는 견해이다(종래 판례).
　㉡ **불요설**: 처분을 다투는 항고소송이므로 확인의 이익을 요하지 않는다는 견해이다(다수설).

> **관련 판례**
>
> Ⓐ 「행정소송법」 제35조에 규정된 '무효확인을 구할 법률상 이익'이 있는지를 판단할 때 행정처분의 무효를 전제로 한 이행소송 등과 같은 직접적인 구제수단이 있는지를 따져보아야 하는지 여부(소극) [23 국가직 7급, 20 지방직 9급, 20 국가직 7급, 16 지방직 9급, 13 서울시 9급, 10 국가직 7급] 01 02 03
>
> 행정소송은 행정청의 위법한 처분 등을 취소·변경하거나 그 효력 유무 또는 존재 여부를 확인함으로써 국민의 권리 또는 이익의 침해를 구제하고 공법상의 권리관계 또는 법 적용에 관한 다툼을 적정하게 해결함을 목적으로 하므로, 대등한 주체 사이의 사법상 생활관계에 관한 분쟁을 심판대상으로 하는 민사소송과는 목적, 취지 및 기능 등을 달리한다. 또한 「행정소송법」 제4조에서는 무효확인소송을 항고소송의 일종으로 규정하고 있고, 「행정소송법」 제38조 제1항에서는 처분 등을 취소하는 확정판결의 기속력 및 행정청의 재처분 의무에 관한 「행정소송법」 제30조를 무효확인소송에도 준용하고 있으므로 무효확인판결 자체만으로도 실효성을 확보할 수 있다. 그리고 무효확인소송의 보충성을 규정하고 있는 외국의 일부 입법례와는 달리 우리나라 「행정소송법」에는 명문의 규정이 없어 이로 인한 명시적 제한이 존재하지 않는다. 이와 같은 사정을 비롯하여 행정에 대한 사법통제, 권익구제의 확대와 같은 행정소송의 기능 등을 종합하여 보면, 행정처분의 근거법률에 의하여 보호되는 직접적이고 구체적인 이익이 있는 경우에는 「행정소송법」 제35조에 규정된 '무효확인을 구할 법률상 이익'이 있다고 보아야 하고, 이와 별도로 무효확인소송의 보충성이 요구되는 것은 아니므로 행정처분의 무효를 전제로 한 이행소송 등과 같은 직접적인 구제수단이 있는지 여부를 따질 필요가 없다고 해석함이 상당하다(대판 2008. 3. 20. 2007두6342).
>
> Ⓑ 행정처분의 취소의 소를 무효확인의 소로 변경한 경우에 취소를 구하는 취지도 포함된 것으로 볼 것인지 여부(소극) [19 지방직 7급, 18 지방직 7급]
>
> 일반적으로 행정처분의 무효확인을 구하는 소에는 원고가 그 처분의 취소는 구하지 아니한다고 밝히고 있지 아니하는 이상 그 처분이 만약 당연무효가 아니라면 그 취소를 구하는 취지도 포함되어 있는 것으로 볼 것이나 행정심판절차를 거치지 아니한 까닭에 행정처분 취소의 소를 무효확인의 소로 변경한 경우에는 무효확인을 구하는 취지 속에 그 처분이 당연무효가 아니라면 그 취소를 구하는 취지까지 포함된 것으로 볼 여지가 전혀 없다고 할 것이므로 법원으로서는 그 처분이 당연무효인가 여부만 심리판단하면 족하다고 할 것이다(대판 1987. 4. 28. 86누887).

개념확인 O/X

01 무효확인소송에서 '무효확인을 구할 법률상 이익'을 판단함에 있어 행정처분의 무효를 전제로 한 이행소송 등과 같은 직접적인 구제수단이 있는지 여부를 따질 필요가 없다.
23 국가직7급　　　　　(O / X)

02 무효확인소송에서 '무효확인을 구할 법률상 이익'이 있는지를 판단할 때, 행정처분의 무효를 전제로 한 이행소송 등과 같은 직접적인 구제수단이 있는지를 먼저 따질 필요는 없다.
20 국가7급　　　　　(O / X)

03 무효인 과세처분에 근거하여 세금을 납부한 경우 부당이득반환청구의 소로써 직접 위법상태의 제거를 구할 수 있는지 여부와 관계없이 「행정소송법」 제35조에 규정된 '무효확인을 구할 법률상 이익'을 가진다.
20 지방9급　　　　　(O / X)

| 정답 | 01 O　02 O　03 O

(5) 소송의 제기

① **제기의 요건**: 취소소송의 경우와 비교할 때 무효확인소송에는 필요적 행정심판전치주의와 제소기간의 요건의 적용이 없다는 점에서 다르고, 대체로 취소소송과 같다. 01

② **제기의 효과**: 무효등확인소송이 제기되면 취소소송의 제기의 경우와 마찬가지로 소송 계속상태가 발생하여 소송참가의 기회가 생기고, 관련 청구의 병합·이송을 할 수 있게 되며 집행정지결정도 할 수 있다.

(6) 소송의 심리

① 구술심리주의, 처분권주의, 변론주의, 공개심리주의, 직권탐지주의, 행정심판기록제출명령제도 등의 취소소송규정이 준용된다.

② **입증책임**: 입증책임에 관하여는 취소소송과 마찬가지로 원칙적으로 피고인 행정청이 져야한다는 설과 원고책임설이 대립되고 있으며, 판례는 원고책임설을 취하고 있다. 02

> **관련 판례**
>
> ○ **무효등확인소송에서 입증책임** [17 지방직 7급]
>
> 행정처분의 당연무효를 주장하여 그 무효확인을 구하는 행정소송에 있어서는 원고에게 그 행정처분이 무효인 사유를 주장·입증할 책임이 있다(대판 1992.3.10. 91누6030).

(7) 판결

① **사정판결의 인정 여부**: 「행정소송법」은 무효등확인소송에 대하여 취소소송에서 같이 사정판결에 관한 규정을 준용한다는 규정이 없기 때문에 무효등확인소송에 있어서 사정판결을 인정하지 않는 견해가 통설·판례이다. 03

> **관련 판례**
>
> ○ **무효등확인소송에서의 사정판결**
>
> 계쟁 중인 행정처분이 무효인 경우에는 존치시킬 효력이 있는 행정행위가 없기 때문에 (구)「행정소송법」(1951.8.24. 법률 제213호) 제12조 소정의 사정판결을 할 수 없다(대판 1987.3.10. 84누158).

② **위법판단의 기준시점**: 취소소송에 있어서와 같이 처분 시를 기준으로 처분의 무효 등을 판단해야 할 것이다.

③ **판결의 효력**: 처분의 무효 등을 확인하는 확정판결은 형식상으로 확인판결이지만 그 효과는 취소소송의 경우와 기본적으로 같다.

개념확인 O/X

01 동일한 행정처분에 대하여 무효확인소송을 제기하였다가 그 후 그 처분에 대한 취소소송을 추가적으로 병합한 경우, 무효확인소송이 취소소송의 제소기간 내에 제기되었다면 제소기간 도과 후 병합된 취소소송도 적법하게 제기된 것으로 볼 수 있다.
17 지방7급 (O / X)

02 행정처분의 당연무효를 주장하여 그 무효확인을 구하는 행정소송에 있어서는 원고에게 그 행정처분이 무효인 사유를 주장·입증할 책임이 있다.
17 지방7급 (O / X)

03 원고의 청구가 이유 있다고 인정하는 경우에도 처분의 무효를 확인하는 것이 현저히 공공복리에 적합하지 아니하다고 인정하는 때에는 법원은 청구를 기각할 수 있다.
17 지방7급 (O / X)

4 부작위위법확인소송

> **결정적 코멘트** ▶ 부작위위법확인소송의 개념을 파악하고, 취소소송의 준용 여부를 구분하여야 한다.

(1) 개설

① **의의**: '부작위위법확인소송'이란 행정청의 부작위가 위법하다는 것을 확인하는 소송을 말한다. 즉, 행정청이 당사자의 신청에 대하여 상당한 기간 내에 일정한 처분을 하여야 할 법률상 의무가 있음에도 불구하고 이를 하지 아니하는 경우에는 그에 대한 위법확인을 구하는 소송이며 확인소송의 성질을 갖는다. 01 02 03

② **소송대상**: 행정청의 부작위(당사자의 신청의 존재, 상당기간의 경과, 법률상 처분의무의 존재, 처분의 부존재)의 위법성이 소송의 대상이다. 따라서 부작위위법확인소송을 진행하는 중에 행정청의 처분이 있게 되면 부작위가 존재하지 않아 소송은 각하된다. 04 05 06

관련 판례

C 거부처분은 부작위위법확인소송을 청구할 수 없다

행정청이 당사자의 신청에 대하여 거부처분을 한 경우에는 항고소송의 대상인 위법한 부작위가 있다고 볼 수 없어 그 부작위위법확인의 소는 부적법하다(대판 1998.1.23. 96누12641).

(2) 적용법규

취소소송에 관한 「행정소송법」상의 규정이 거의 대부분 준용되고 있으나, 처분변경으로 인한 소의 변경(제22조), 집행정지(제23조), 사정판결(제28조), 피고의 소송비용부담(제32조)에 관한 규정은 준용되지 않는다. 또한 처분의 위법성 판단시점의 경우에도 논리적으로 준용될 수 없다. 07 08 09 10

심화 학습 - 취소소송 규정의 준용(제38조 제2항)

- 재판관할(제9조)
- 피고적격(제13조)
- 공동소송(제15조)
- 행정청의 소송참가(제17조)
- 취소소송의 대상(제19조)
- 행정심판기록의 제출명령(제25조)
- 재량처분의 취소(제27조)
- 취소판결 등의 기속력(제30조)
- 소송비용에 관한 재판의 효력(제33조)
- 관할청구소송의 이송 및 병합(제10조)
- 피고경정(제14조)
- 제3자 소송참가(제16조)
- 행정심판과의 관계(제18조)
- 제소기간(제20조)
- 직권심리(제26조)
- 취소판결 등의 효력(제29조)
- 제3자에 의한 재심청구(제31조)
- 거부처분 취소판결의 간접강제(제34조)

(3) 당사자 및 참가인

① **원고적격**: 부작위위법확인소송의 원고적격은 처분의 신청을 한 자로서 부작위의 위법의 확인을 구할 '법률상 이익'이 있는 자만이 제기할 수 있다(제36조). 여기에서의 법률상 이익의 개념도 취소소송과 같이 법적 이익구제로 해석한다(다수설).

관련 판례

B 부작위는 법규상·조리상 정당한 신청권을 전제로 한 신청을 전제로 한다 [12 국시 9급]

행정청이 국민으로부터 어떤 신청을 받고도 그 신청에 따르는 내용의 행위를 하지 아니한 것이 항고소송의 대상이 되는 위법한 부작위가 된다고 하기 위하여는 국민이 행정청에 대하여 그 신청에

개념확인 O/X

01 어떠한 처분에 대하여 그 근거법률에서 행정소송 이외의 다른 절차에 의하여 불복할 것을 예정하고 있는 경우, 그 처분이 「행정소송법」상 처분의 개념에 해당한다고 하더라도 그 처분의 부작위는 부작위위법확인소송의 대상이 될 수 없다.
20 국가9급 (O / X)

02 부작위위법확인소송은 부작위의 위법함을 확인함으로써 행정청의 응답을 신속하게 하여 부작위 내지 무응답이라고 하는 소극적인 위법상태를 제거하는 것을 목적으로 한다.
16 서울7급 (O / X)

03 부작위위법확인소송에서 '부작위'라 함은 행정청이 당사자의 신청에 대하여 상당한 기간 내에 일정한 처분을 하여야 할 법률상 의무가 있음에도 불구하고 처분을 하지 않는다는 의사를 통지하는 것을 말한다.
13 서울9급 (O / X)

04 부작위위법확인소송에서 사인의 신청권의 존재 여부는 부작위의 성립과 관련하므로 원고적격의 문제와는 관련이 없다.
18 지방9급 (O / X)

05 어떠한 행정처분에 대한 법규상 또는 조리상의 신청권이 인정되지 않는 경우, 그 처분의 신청에 대한 행정청의 무응답이 위법하다고 하여 제기된 부작위법확인소송은 적법하지 않다.
20 국가9급 (O / X)

06 부작위가 성립하기 위해서는 법규상 또는 조리상 신청권이 있어야 한다.
12 서울9급 (O / X)

07 취소소송의 제소기간에 관한 규정은 무효등확인소송과 부작위위법확인소송에서는 준용되지 않는다.
13 서울9급 (O / X)

08 집행정지결정은 부작위위법확인소송에 준용되지 않는다.
16 서울7급 (O / X)

09 부작위위법확인소송에서 예외적으로 행정심판전치가 인정될 경우 그 전치되는 행정심판은 의무이행심판이다.
16 서울7급 (O / X)

10 부작위위법확인소송의 확정판결은 제3자에 대하여도 효력이 있다.
20 군무원7급 (O / X)

| 정답 | 01 O 02 O 03 X 04 X 05 O 06 O 07 X 08 O 09 O 10 O

따른 행정행위를 해줄 것을 요구할 수 있는 법규상 또는 조리상의 권리가 있어야 하며, 이러한 권리에 의하지 아니한 신청을 행정청이 받아들이지 아니하였다고 해서 이 때문에 신청인의 권리나 법적 이익에 어떤 영향을 준다고 할 수 없는 것이므로 위법한 부작위라고 할 수 없다(대판 1990. 5. 25. 89누5768).

ⓒ **부작위위법확인소송에서의 법률상 이익**

「행정소송법」상 취소소송이나 부작위위법확인소송에 있어서는 당해 행정처분 또는 부작위의 직접상대방이 아닌 제3자라 하더라도 그 처분의 취소 또는 부작위위법확인을 받을 법률상의 이익이 있는 경우에는 원고적격이 인정되나 여기서 말하는 법률상의 이익은 그 처분 또는 부작위의 근거법률에 의하여 보호되는 직접적이고 구체적인 이익을 말하고, 간접적이거나 사실적·경제적 관계를 가지는 데 불과한 경우는 포함되지 않는다(대판 1989. 5. 23. 88누8135).

ⓒ **압수물의 환부신청에 대한 무응답은 부작위위법확인소송의 대상이 아니다**

형사본안사건에서 무죄가 선고되어 확정되었다면 「형사소송법」 제332조 규정에 따라 검사가 압수물을 제출자나 소유자 기타 권리자에게 환부하여야 할 의무가 당연히 발생한 것이고, 권리자의 환부신청에 대한 검사의 환부결정 등 어떤 처분에 의하여 비로소 환부의무가 발생하는 것은 아니므로 압수가 해제된 것으로 간주된 압수물에 대하여 피압수자나 기타 권리자가 민사소송으로 그 반환을 구함은 별론으로 하고 검사가 피압수자의 압수물 환부신청에 대하여 아무런 결정이나 통지도 하지 아니하고 있다고 하더라도 그와 같은 부작위는 현행 「행정소송법」상의 부작위위법확인소송의 대상이 되지 아니한다(대판 1995. 3. 10. 94누14018).

② 피고적격 : 취소소송의 피고적격에 관한 규정이 준용된다. 따라서 부작위의 행정청이 피고가 된다.

③ 참가인 : 취소소송에 적용되고 있는 제3자의 소송참가(제16조)와 행정청의 소송참가(제17조), 공동소송(제15조)에 관한 규정이 준용된다.

(4) 소송의 제기

① 소제기기간
　㉠ 행정심판을 거친 경우 : 취소소송규정이 준용된다.
　㉡ 행정심판을 거치지 않은 경우 : 견해의 다툼이 있으나 제한이 없다는 견해가 다수견해이다.

관련 판례

Ⓐ **부작위위법확인의 소의 제소기간** [25 국가직 9급, 23 국가직 7급, 20 군무원 7급, 20 국가직 9급, 19 지방직 9급, 19 국회직 8급, 17 지방직 7급, 16 지방직 9급] 01 02 03 04 05 06

부작위위법확인의 소는 부작위상태가 계속되는 한 그 위법의 확인을 구할 이익이 있다고 보아야 하므로 원칙적으로 제소기간의 제한을 받지 않으나, 「행정소송법」 제38조 제2항이 제소기간을 규정한 같은 법 제20조를 부작위위법확인소송에 준용하고 있는 점에 비추어 보면, 행정심판 등 전심절차를 거친 경우에는 「행정소송법」 제20조가 정한 제소기간 내에 부작위위법확인의 소를 제기하여야 할 것이다. 하지만, 당사자의 법규상 또는 조리상의 권리에 기한 신청에 대하여 행정청이 부작위의 상태에 있는지 아니면 소극적 처분을 하였는지는 동일한 사실관계를 토대로 한 법률적 평가의 문제가 개입되어 분명하지 않은 경우가 있을 수 있고, 부작위위법확인소송의 계속 중 소극적 처분이 있게 되면 부작위위법확인의 소는 소의 이익을 잃어 부적법하게 되고 이 경우 소극적 처분에 대한 취소소송을 제기하여야 하는 등 부작위위법확인의 소는 취소소송의 보충적 성격을 지니고 있으며, 부작위위법확인소송의 이러한 보충적 성격에 비추어 동일한 신청에 대한 거부처분의 취소를 구하는 취소소송에는

개념확인 O/X

01 취소소송의 제소기간에 관한 규정은 부작위위법확인소송에 준용되지 않으므로 행정심판 등 전심절차를 거친 경우에도 부작위위법확인소송에 있어서는 제소기간의 제한을 받지 않는다.
20 국가9급　　　　　　　　　(O / X)

02 부작위위법확인의 소는 부작위상태가 계속되는 한 그 위법의 확인을 구할 이익이 있다고 보아야 하므로 제소기간의 제한이 없음이 원칙이나 행정심판 등 전심절차를 거친 경우에는 제소기간의 제한이 있다.
19 국회8급　　　　　　　　　(O / X)

03 행정청의 부작위에 대하여 행정심판을 거치지 않고 부작위위법확인소송을 제기하는 경우에는 제소기간의 제한을 받지 않는다.
19 지방9급　　　　　　　　　(O / X)

04 부작위위법확인소송에서 부작위상태가 계속되는 한 그 위법의 확인을 구할 이익이 있다고 보아야 하므로 행정심판 등 전심절차를 거친 경우에도 제소기간에 관한 규정은 적용되지 않는다.
23 국가7급　　　　　　　　　(O / X)

05 당사자가 적법한 제소기간 내에 부작위위법확인의 소를 제기한 후 동일한 신청에 대하여 소극적 처분이 있다고 보아 처분취소소송으로 소를 교환적으로 변경한 후 부작위위법확인의 소를 추가적으로 병합한 경우 제소기간을 준수한 것으로 볼 수 있다.
19 국회8급　　　　　　　　　(O / X)

06 부작위위법확인의 소는 부작위상태가 계속되는 한 제소기간의 제한을 받지 않으므로, 행정심판 등 전심절차를 거친 경우에도 「행정소송법」상 제소기간이 적용되지 않는다.
25 국가9급　　　　　　　　　(O / X)

| 정답 | 01 X | 02 O | 03 O | 04 X | 05 O | 06 X |

특단의 사정이 없는 한 그 신청에 대한 부작위위법의 확인을 구하는 취지도 포함되어 있다고 볼 수 있다. 이러한 사정을 종합하여 보면, 당사자가 동일한 신청에 대하여 부작위위법확인의 소를 제기하였으나 그 후 소극적 처분이 있다고 보아 처분취소소송으로 소를 교환적으로 변경한 후 여기에 부작위위법확인의 소를 추가적으로 병합한 경우 최초의 부작위위법확인의 소가 적법한 제소기간 내에 제기된 이상 그 후 처분취소소송으로의 교환적 변경과 처분취소소송에의 추가적 변경 등의 과정을 거쳤다고 하더라도 여전히 제소기간을 준수한 것으로 봄이 상당하다(대판 2009.7.23. 2008두10560).

② **소제기의 효과**: 부작위위법확인소송이 제기되면 취소소송과 같이 관련청구소송의 이송·병합(제10조), 소송참가(제16조, 제17조), 의무이행심판을 거친 경우의 제소기간(제20조) 등이 준용된다.

(5) 소송의 심리

① **범위**: 부작위위법확인소송의 심리와 관련하여 실체적 심리설과 절차적 심리설이 대립하고 있다. 부작위위법확인소송에 있어서 법원의 심리는 부작위의 위법성 여부만을 심사하여야 한다는 절차적 심리설이 다수설·판례이다.

관련 판례

B 행정입법부작위는 부작위위법확인소송의 대상이 아니다 [20 국가직 9급]

행정소송은 구체적 사건에 대한 법률상 분쟁을 법에 의하여 해결함으로써 법적 안정을 기하자는 것이므로 부작위위법확인소송의 대상이 될 수 있는 것은 구체적 권리의무에 관한 분쟁이어야 하고 추상적인 법령에 관하여 제정의 여부 등은 그 자체로서 국민의 구체적인 권리의무에 직접적 변동을 초래하는 것이 아니어서 그 소송의 대상이 될 수 없다(대판 1992.5.8. 91누11261).

B 부작위위법확인의 소의 적법요건 [20 국가직 9급]

부작위위법확인소송은 처분의 신청을 한 자로서 부작위의 위법의 확인을 구할 법률상 이익이 있는 자만이 제기할 수 있다 할 것이며 이를 통하여 구하는 행정청의 응답행위는 「행정소송법」제2조 제1항 제1호 소정의 처분에 관한 것이라야 하므로 당사자가 행정청에 대하여 어떠한 행정행위를 하여 줄 것을 신청하지 아니하였거나 그러한 신청을 하였더라도 당사자가 행정청에 대하여 그러한 행정행위를 하여 줄 것을 요구할 수 있는 법규상 또는 조리상의 권리를 갖고 있지 아니하든지 또는 행정청이 당사자의 신청에 대하여 거부처분을 한 경우에는 원고적격이 없거나 항고소송의 대상인 위법한 부작위가 있다고 볼 수 없어 그 부작위위법확인의 소는 부적법하다고 할 것이다(대판 1992.6.9. 91누11278).

② **절차**: 부작위위법확인소송에도 행정심판기록의 제출명령(제25조), 직권심리주의(제26조) 등 취소소송의 관련 규정이 준용된다.

③ **입증책임**
㉠ 신청에 대한 입증책임: 원고 01
㉡ 상당기간 경과의 정당성에 대한 입증책임: 피고

(6) 판결

① **위법판단 기준시점**: 처분이 존재하지 않으므로 판결 시(구두변론종결 시)를 기준으로 본다(통설·판례). 02 03 04 05

개념확인 O/X

01 부작위위법확인소송에서 신청사실 및 신청권의 존재는 소송요건으로 원고에게 입증책임이 있다
12 서울9급 (O / X)

02 부작위위법확인소송의 변론종결 시까지 행정청의 처분으로 부작위상태가 해소된 때에는 부작위위법확인소송은 소의 이익을 상실하게 된다.
12 국가7급 (O / X)

03 처분의 신청 후에 원고에게 생긴 사정의 변화로 인하여, 그 처분에 대한 부작위가 위법하다는 확인을 받아도 종국적으로 침해되거나 방해받은 원고의 권리·이익을 보호·구제받는 것이 불가능하게 되었다면, 법원은 각하판결을 내려야 한다.
20 국가9급 (O / X)

04 부작위가 성립하였지만 소송계속 중 처분이 내려지면 기각판결을 내린다.
12 서울9급 (O / X)

05 부작위위법확인소송에서의 위법판단의 기준시는 처분 시이다.
13 서울9급 (O / X)

| 정답 | 01 O 02 O 03 O 04 X 05 X

② **판결의 효력**: 부작위위법확인판결의 효력에도 제3자효(제29조), 기속력(제30조), 간접강제(제34조) 등 취소소송에 관한 규정이 준용된다. 그러나 부작위위법확인소송에서는 단지 부작위의 위법만을 확인하는 것이므로 형성력은 생기지 않는다.

③ **판결의 기속력과 간접강제**
  ㉠ 부작위위법확인소송의 인용판결의 경우 판결의 기속력의 의하여 처분을 하여야 할 의무를 지게 되는바 여기에서의 처분의 내용에 대하여 행정청은 어떠한 처분만 하면 된다는 소극설(판례)과 원고의 신청을 받아들이는 적극적 처분을 하여야 한다는 견해가 있다.
  ㉡ **간접강제**: 우리「행정소송법」은 의무이행소송을 인정하지 않는 대신에 부작위위법확인판결에 의하여 부과된 재처분 의무를 행정청이 이행하지 아니한 때에는 행정청의 의무이행을 담보하기 위하여 손해배상이라는 간접적 강제수단을 규정하여 판결의 실효성을 확보하고 있다(제34조, 제38조 제2항).

| 정리

구분	취소소송	무효등확인소송	부작위법확인소송	당사자소송
재판관할	○	○	○	○
피고적격	○	○	○	×
공동소송	○	○	○	○
사건의 이송	○	○	○	○
취소소송의 대상	○	○	○	×
집행부정지의원칙	○(거부처분 ×)	○(거부처분 ×)	×	×
필요적 행정심판 전치주의	○	×	○	×
피고의 경정	○	○	○	○
직권심리	○	○	○	○
소송참가	○	○	○	○
사정판결	○	×	×	×
소의 변경	○	○	○	○
제소기한의 제한	○	×	○ (행정심판전치의 경우)	×
제3자에 의한 재심청구	○	○	○	×
판결의 기속력	○	○	○	○
확정판결의 대세적 효력	○	○	○	×
행정심판기록 제출명령	○	○	○	○
판결의 간접강제력	○(거부처분)	×	○	×

04 당사자소송

> **결정적 코멘트** ▶ 당사자소송의 개념과 특수성을 파악하고, 취소소송이 준용되지 않는 영역을 구분하여야 한다.

1 개설

(1) 의의

'당사자소송'이란 행정청의 처분 등을 원인으로 하는 법률관계에 관한 소송 그 밖에 공법상의 법률관계에 관한 소송으로서 그 법률관계의 한쪽 당사자를 피고로 하는 소송을 말한다(제3조 제2호). 01 02

(2) 다른 개념과의 구별

① 항고소송과의 구별
  ㉠ 항고소송: 행정청의 우월한 권력관계, 행정청의 공권력 행사·불행사
  ㉡ 당사자소송: 대등한 당사자 사이, 처분 등을 원인으로 한 법률관계

② 민사소송과의 구별
  ㉠ 민사소송: 사법상의 법률관계를 전제로 한 사법상의 권리
  ㉡ 당사자소송: 공법상의 법률관계를 전제로 한 공법상의 권리

2 「행정소송법」의 규정

(1) 피고적격

당사자소송은 국가·공공단체 그 밖의 권리주체를 피고로 한다(제39조). 03 04

(2) 재판관할

재판관할에 관한 제9조의 규정은 당사자소송의 경우에 준용한다. 다만, 국가 또는 공공단체가 피고인 경우에는 관계행정청의 소재지를 피고의 소재지로 본다(제40조).

(3) 제소기간

당사자소송에 대해 법령에 제소기간이 정하여져 있다면 그 기간은 불변기간으로 한다(제41조). 05

(4) 소의 변경

소의 변경에 관한 제21조의 규정은 당사자소송을 항고소송으로 변경하는 경우에 준용한다(제42조).

(5) 가집행의 선고의 제한(위헌결정)

종래 국가를 상대로 하는 당사자소송의 경우에는 가집행선고를 할 수 없다(제43조)는 규정은 헌법재판소에 의해 위헌결정이 있어 소멸되었다.

> **관련 판례**
>
> ⓒ 국가를 상대로 하는 당사자소송의 경우에는 가집행선고를 할 수 없다고 규정한 「행정소송법」 제43조(이하 '심판대상조항'이라 한다)가 평등원칙에 위배되는지 여부(적극)
>
> > 심판대상조항은 재산권의 청구에 관한 당사자소송 중에서도 피고가 공공단체 그 밖의 권리주체인 경우와 국가인 경우를 다르게 취급한다. 가집행의 선고는 불필요한 상소권의 남용을 억제하고 신

개념확인 O/X

01 납세의무부존재확인의 소는 공법상의 법률관계 그 자체를 다투는 소송으로서 당사자소송이다.
19 지방9급 (O / X)

02 당사자소송은 개인의 권익구제를 주된 목적으로 하는 주관적 소송이다.
13 지방9급 (O / X)

03 공법상 당사자소송으로서 납세의무부존재확인의 소는 과세처분을 한 과세관청이 아니라 「행정소송법」 제3조 제2호, 제39조에 의하여 그 법률관계의 한쪽 당사자인 국가·공공단체 그 밖의 권리주체가 피고적격을 가진다.
20 지방9급 (O / X)

04 「행정소송법」상 당사자소송의 피고적격에 관한 규정은 당사자소송의 경우 피고적격이 인정되는 권리주체를 행정주체로 한정한다는 취지이므로, 사인을 피고로 하는 당사자소송을 제기할 수는 없다.
24 국가직7급 (O / X)

05 당사자소송에 관하여 법령에 제소기간이 정하여져 있는 때에는 그 기간은 불변기간으로 한다.
25 국가9급 (O / X)

| 정답 | 01 O 02 O 03 O 04 X 05 O

속한 권리실행을 하게 함으로써 국민의 재산권과 신속한 재판을 받을 권리를 보장하기 위한 제도이고, 당사자소송 중에는 사실상 같은 법률조항에 의하여 형성된 공법상 법률관계라도 당사자를 달리 하는 경우가 있다. 동일한 성격인 공법상 금전지급 청구소송임에도 피고가 누구인지에 따라 가집행선고를 할 수 있는지 여부가 달라진다면 상대방 소송 당사자인 원고로 하여금 불합리한 차별을 받도록 하는 결과가 된다. 재산권의 청구가 공법상 법률관계를 전제로 한다는 점만으로 국가를 상대로 하는 당사자소송에서 국가를 우대할 합리적인 이유가 있다고 할 수 없고, 집행가능성 여부에 있어서도 국가와 지방자치단체 등이 실질적인 차이가 있다고 보기 어렵다는 점에서, 심판대상조항은 국가가 당사자소송의 피고인 경우 가집행의 선고를 제한하여, 국가가 아닌 공공단체 그 밖의 권리주체가 피고인 경우에 비하여 합리적인 이유 없이 차별하고 있으므로 평등원칙에 반한다(헌재 2022.2.24. 2020헌가12).

(6) 가구제방법 - 「민사집행법」상 가처분이 준용(당사자소송에서의 임시구제)

「도시 및 주거환경정비법」상 주택재건축정비사업조합을 상대로 관리처분계획안에 대한 조합총회결의의 효력을 다투는 소송은 「행정소송법」상 당사자소송에 해당한다. 그리고 이를 본안으로 하는 가처분에 대하여 「민사집행법」상 가처분에 관한 규정이 준용되어야 한다(대결 2015.8.21. 자 2015무26). 01 02 03

(7) 준용규정(제44조) 04 05 06

① 피고경정(제14조)
② 공동소송(제15조)
③ 제3자의 소송참가(제16조)
④ 행정청의 소송참가(제17조)
⑤ 처분변경으로 인한 소의 변경(제22조)
⑥ 행정심판기록의 제출명령(제25조)
⑦ 직권심리(제26조)
⑧ 취소판결 등의 기속력에서의 행정청과 그 밖의 행정청(제30조 제1항)
⑨ 소송비용부담(제32조)
⑩ 소송비용에 관한 재판의 효력(제33조)
⑪ 제10조 규정(관련청구소송의 이송 및 병합)은 당사자소송과 관련청구소송이 각각 다른 법원에 계속되고 있는 경우의 이송과 이들 소송의 병합의 경우 준용된다.

관련 판례

본래의 당사자소송이 부적법하여 각하되는 경우, 「행정소송법」 제44조, 제10조에 따라 병합된 관련청구소송도 소송요건 흠결로 부적합하여 각하되어야 하는지 여부(적극)

택지개발사업지구 내에서 화훼소매업을 하던 갑과 을이 재결절차를 거치지 않고 사업시행자를 상대로 주된 청구인 영업손실보상금 청구에 생활대책 대상자 선정 관련청구소송을 병합하여 제기한 사안에서, 영업손실보상금청구의 소가 부적법하여 각하되는 이상 생활대책 대상자 선정 관련청구소송 역시 부적법하여 각하되어야 한다(대판 2011.9.29. 2009두10963).

개념확인 O/X

01 당사자소송에는 항고소송에서의 집행정지규정은 적용되지 않고 「민사집행법」상의 가처분규정은 준용된다.
21 국가7급 　　　　　　(O / X)

02 「도시 및 주거환경정비법」상 행정주체인 주택재건축정비사업조합을 상대로 관리처분계획안에 대한 조합 총회 결의의 효력을 다투는 소송에 대하여는 「행정소송법」상 집행정지에 관한 규정이 준용되지 아니하므로, 이를 본안으로 하는 가처분에 대하여는 「민사집행법」상 가처분에 관한 규정이 준용되어야 한다.
24 국가7급 　　　　　　(O / X)

03 당사자소송에 대하여는 「행정소송법」에 따라 「민사집행법」상 가처분에 관한 규정이 준용된다.
24 군무원7급 　　　　　(O / X)

04 행정청의 소송참가는 당사자소송에서도 허용된다.
18 국가7급 　　　　　　(O / X)

05 당사자소송에도 제3자의 소송참가가 허용된다.
13 지방9급 　　　　　　(O / X)

06 공법상 당사자소송에 대하여 청구의 기초가 바뀌지 아니하는 한도 안에서 민사소송으로 소 변경은 금지된다.
24 군무원7급 　　　　　(O / X)

| 정답 | 01 ◯　02 ◯　03 ◯　04 ◯　05 ◯　06 X

3 종류

(1) 실질적 당사자소송

① 의의: 대립되는 당사자 사이의 공법상의 법률관계에 관한 소송을 말하며, 대부분의 당사자소송은 이에 속한다.

② 종류
  ㉠ 처분 등을 원인으로 하는 법률관계에 관한 소송: 이 경우 처분의 적법 여부는 선결문제에 그치게 된다.
    ⓐ 처분 등의 무효·취소를 전제로 하는 공법상의 부당이득반환청구소송
      ⅰ) 다수설: 당사자소송
      ⅱ) 판례: 민사소송
    ⓑ 공무원의 직무상 불법행위에 대한 손해배상청구소송
      ⅰ) 다수설: 당사자소송
      ⅱ) 판례: 민사소송
  ㉡ 공법상 법률관계에 관한 소송
    ⓐ 공법상 계약에 관한 소송(예 계약직 공무원의 해촉 등) 01
    ⓑ 공법상의 결과제거청구권
    ⓒ 공법상 금전지급청구소송(예 공무원보수, 연금지급청구, 손실보상청구 등)
      ⅰ) 다수설: 당사자소송
      ⅱ) 판례: 민사소송
    ⓓ 공법상의 신분·지위 등의 확인소송(예 공무원, 지방의회의원, 국·공립학생)
      – 다수설·판례: 당사자소송
    ⓔ 법령에 의해 공법상의 급부청구권이 발생하는 경우: 법령에 규정된 추상적 청구권을 행정청의 결정을 통해 구체적 청구권으로 전환하는 과정을 거치지 않고 법령 그 자체로서 지급청구권이 발생하는 경우에는 당사자소송으로 지급을 청구할 수 있다.

> **관련 판례**
>
> **B** 수신료 부과행위의 법적 성질(= 공권력 행사) 및 수신료 징수권한 여부를 다투는 소송의 성격(= 공법상 당사자소송) [16 교육행정직]
>
> 수신료의 법적 성격, 피고 보조참가인의 수신료 강제징수권의 내용[(구)「방송법」(2008.2.29. 법률 제8867호로 개정되기 전의 것) 제66조 제3항] 등에 비추어 보면 수신료 부과행위는 공권력의 행사에 해당하므로, 피고가 피고 보조참가인으로부터 수신료의 징수업무를 위탁받아 자신의 고유업무와 관련된 고지행위와 결합하여 수신료를 징수할 권한이 있는지 여부를 다투는 이 사건 쟁송은 민사소송이 아니라 공법상의 법률관계를 대상으로 하는 것으로서 「행정소송법」 제3조 제2호에 규정된 당사자소송에 의하여야 한다고 봄이 상당하다(대판 2008.7.24. 2007다25261).

개념확인 O/X

01 공법상 계약의 한쪽 당사자가 다른 당사자를 상대로 효력을 다투거나 이행을 청구하는 소송은 공법상의 법률관계에 관한 분쟁이므로 분쟁의 실질이 공법상 권리·의무의 존부·범위에 관한 다툼이 아니라 손해배상액의 구체적인 산정방법·금액에 국한되는 등의 특별한 사정이 없는 한 공법상 당사자소송으로 제기하여야 한다.
24 국가7급 (O / X)

정답 | 01 O

A 공무원연금관리공단이 공무원연금법령의 개정에 따라 퇴직연금 중 일부 금액에 대하여 지급거부의 의사표시를 한 경우, 그 의사표시가 항고소송의 대상이 되는 행정처분인지 여부(소극) 및 이 경우 미지급 퇴직연금의 지급을 구하는 소송의 성격(= 공법상 당사자소송) [24 군무원 9급, 19 지방직 7급, 18 서울시 7급] **01**

> 공무원연금관리공단의 인정에 의하여 퇴직연금을 지급받아 오던 중 공무원연금법령의 개정 등으로 퇴직연금 중 일부 금액의 지급이 정지된 경우에는 당연히 개정된 법령에 따라 퇴직연금이 확정되는 것이지 (구)'공무원연금법」(2000.12.30. 법률 제6328호로 개정되기 전의 것) 제26조 제1항에 정해진 공무원연금관리공단의 퇴직연금결정과 통지에 의하여 비로소 그 금액이 확정되는 것이 아니므로, 공무원연금관리공단이 퇴직연금 중 일부 금액에 대하여 지급거부의 의사표시를 하였다고 하더라도 그 의사표시는 퇴직연금청구권을 형성·확정하는 행정처분이 아니라 공법상의 법률관계의 한쪽 당사자로서 그 지급의무의 존부 및 범위에 관하여 나름대로의 사실상·법률상 의견을 밝힌 것에 불과하다고 할 것이어서, 이를 행정처분이라고 볼 수는 없고, 그리고 이러한 미지급 퇴직연금에 대한 지급청구권은 공법상 권리로서 그 지급을 구하는 소송은 공법상의 법률관계에 관한 소송인 공법상 당사자소송에 해당한다(대판 2004.12.24. 2003두15195).

C 지방자치단체가 보조금 지급결정을 하면서 일정 기한 내에 보조금을 반환하도록 하는 교부조건을 부가한 사안에서, 보조사업자에 대한 지방자치단체의 보조금반환청구는 「행정소송법」 제3조 제2호에 규정한 당사자소송의 대상이라고 한 사례(대판 2011.6.9. 2011다2951) [21 국가직 7급] **02**

A 부가가치세 환급세액 지급청구가 당사자소송의 대상인지 여부(적극) [21 국가직 7급, 19 하반기 서울시 7급, 18 서울시 7급, 17 사회복지직, 17 서울시 7급, 16 국가직 9급, 15 국가직 9급] **03 04 05**

> 부가가치세법령이 환급세액의 정의 규정, 그 지급시기와 산출방법에 관한 구체적인 규정과 함께 부가가치세 납세의무를 부담하는 사업자(이하 '납세의무자'라 한다)에 대한 국가의 환급세액 지급의무를 규정한 이유는, 입법자가 과세 및 징수의 편의를 도모하고 중복과세를 방지하는 등의 조세정책적 목적을 달성하기 위한 입법적 결단을 통하여, 최종 소비자에 이르기 전의 각 거래단계에서 재화 또는 용역을 공급하는 사업자가 그 공급을 받는 사업자로부터 매출세액을 징수하여 국가에 납부하고, 그 세액을 징수당한 사업자는 이를 국가로부터 매입세액으로 공제·환급받는 과정을 통하여 그 세액의 부담을 다음 단계의 사업자에게 차례로 전가하여 궁극적으로 최종 소비자에게 이를 부담시키는 것을 근간으로 하는 전단계세액공제 제도를 채택한 결과, 어느 과세기간에 거래징수된 세액이 거래징수를 한 세액보다 많은 경우에는 그 납세의무자가 창출한 부가가치에 상응하는 세액보다 많은 세액이 거래징수되게 되므로 이를 조정하기 위한 과세기술상, 조세 정책적인 요청에 따라 특별히 인정한 것이라고 할 수 있다. 따라서 이와 같은 부가가치세법령의 내용, 형식 및 입법 취지 등에 비추어 보면, 납세의무자에 대한 국가의 부가가치세 환급세액 지급의무는 그 납세의무자로부터 어느 과세기간에 과다하게 거래징수된 세액 상당을 국가가 실제로 납부받았는지와 관계없이 부가가치세법령의 규정에 의하여 직접 발생하는 것으로서, 그 법적 성질은 정의와 공평의 관념에서 수익자와 손실자 사이의 재산상태 조정을 위해 인정되는 부당이득반환의무가 아니라 부가가치세법령에 의하여 그 존부나 범위가 구체적으로 확정되고 조세 정책적 관점에서 특별히 인정되는 공법상 의무라고 봄이 타당하다. 그렇다면 납세의무자에 대한 국가의 부가가치세 환급세액 지급의무에 대응하는 국가에 대한 납세의무자의 부가가치세 환급세액 지급청구는 민사소송이 아니라 「행정소송법」 제3조 제2호에 규정된 당사자소송의 절차에 따라야 한다(대판 2013.3.21. 2011다95564).

B 법관의 명예퇴직수당지급청구소송은 당사자소송이다 [24 국가직 7급, 19 지방직 7급, 19 하반기 서울시 7급, 16 교육행정직] **06 07**

> 법관이 이미 수령한 명예퇴직수당액이 (구)「법관 및 법원공무원 명예퇴직수당 등 지급규칙」 제4조 [별표 1]에서 정한 정당한 수당액에 미치지 못한다고 주장하며 차액의 지급을 신청한 것에 대하여 법원행정처장이 거부하는 의사를 표시한 경우, 위 의사표시를 행정처분으로 볼 수 없고 명예퇴직한 법관이 미지급 명예퇴직수당액의 지급을 구하는 경우, 소송 형태는 「행정소송법」의 당사자소송이다(대판 2016.5.24. 2013두14863).

개념확인 O/X

01 공무원연금관리공단이 「공무원연금법령」의 개정사실과 퇴직연금 수급자가 퇴직연금 중 일부 금액의 지급정지 대상자가 되었다는 사실을 통보한 경우, 위 통보는 항고소송의 대상이 되는 행정처분이다.
24 군무원9급 (O / X)

02 지방자치단체가 보조금 지급결정을 하면서 일정 기한 내에 보조금을 반환하도록 교부조건을 부가한 경우, 보조사업자에 대한 지방자치단체의 보조금 반환청구는 당사자소송의 대상이 된다.
21 국가7급 (O / X)

03 부가가치세법령상 납세의무자에 대한 국가의 부가가치세 환급세액 지급의무는 부당이득반환의무이므로 그 지급청구는 당사자소송이 아니라 민사소송의 절차에 따라야 한다.
19 하반기 서울7급 (O / X)

04 국가에 대한 납세의무자의 부가가치세 환급세액 지급청구는 당사자소송이 아니라 민사소송의 절차에 따라야 한다.
21 국가7급 (O / X)

05 납세의무자에 대한 국가의 부가가치세 환급세액 지급의무는 부당이득반환의무에 해당하므로, 그에 대한 지급청구는 민사소송의 절차에 따라야 한다.
16 국가9급 (O / X)

06 법관이 이미 수령한 명예퇴직수당액이 (구)「법관 및 법원공무원 명예퇴직수당 등 지급규칙」에서 정한 정당한 명예퇴직수당액에 미치지 못한다고 주장하며 차액의 지급을 신청한 것에 대하여 법원행정처장이 행한 거부의 의사표시는 행정처분에 해당한다.
24 국가7급, 19 지방7급 (O / X)

07 명예퇴직한 법관이 미지급 명예퇴직수당액에 대하여 가지는 권리는 공법상 법률관계에 관한 권리이므로 그 지급을 구하는 소송은 당사자소송에 해당한다.
19 하반기 서울7급 (O / X)

| 정답 | 01 X 02 O 03 X 04 X 05 X 06 X 07 O

개념확인 O/X

01 사업주가 당연가입자가 되는 고용보험 및 산업재해보상보험에서 보험료 납부의무 부존재확인은 당사자소송으로 나누어야 한다.
24 국가9급 (O / X)

ⓒ 사회보장수급권에 대한 항고소송과 당사자소송의 문제

사회보장수급권은 관계 법령에서 정한 실체법적 요건을 충족시키는 객관적 사정이 발생하면 추상적인 급부청구권의 형태로 발생하고, 관계 법령에서 정한 절차·방법·기준에 따라 관할 행정청에 지급 신청을 하여 관할 행정청이 지급결정을 하면 그때 비로소 구체적인 수급권으로 전환된다(대판 2019.12.27. 2018두46780 등 참조). 급부를 받으려고 하는 사람은 우선 관계 법령에 따라 행정청에 그 지급을 신청하여 행정청이 거부하거나 일부 금액만 지급하는 결정을 하는 경우 그 결정에 대하여 항고소송을 제기하여 취소 또는 무효확인판결을 받아 그 기속력에 따른 재처분을 통하여 구체적인 권리를 인정받아야 한다. 따라서 사회보장수급권의 경우 구체적인 권리가 발생하지 않은 상태에서 곧바로 행정청이 속한 국가나 지방자치단체 등을 상대로 한 당사자소송이나 민사소송으로 급부의 지급을 소구하는 것은 허용되지 않는다(대판 2021.3.18. 2018두47264 전합).

ⓑ 「군인연금법」상 국방부장관의 연금지급거부 등의 결정이 당사자소송대상인지 여부

(구)「군인연금법」(2019.12.10. 법률 제16760호로 전부 개정되기 전의 것, 이하 같다)에 의한 사망보상금 등의 급여를 받을 권리는 법령의 규정에 따라 직접 발생하는 것이 아니라 급여를 받으려고 하는 사람이 소속하였던 군의 참모총장의 확인을 얻어 청구함에 따라 국방부장관 등이 지급결정을 함으로써 구체적인 권리가 발생한다. 국방부장관 등이 하는 급여지급결정은 단순히 급여수급 대상자를 확인·결정하는 것에 그치는 것이 아니라 구체적인 급여수급액을 확인·결정하는 것까지 포함한다. (구)군인연금법령상 급여를 받으려고 하는 사람은 우선 관계 법령에 따라 국방부장관 등에게 급여지급을 청구하여 국방부장관 등이 이를 거부하거나 일부 금액만 인정하는 급여지급결정을 하는 경우 그 결정을 대상으로 항고소송을 제기하는 등으로 구체적 권리를 인정받은 다음 비로소 당사자소송으로 그 급여의 지급을 구해야 한다. 이러한 구체적인 권리가 발생하지 않은 상태에서 곧바로 국가를 상대로 한 당사자소송으로 급여의 지급을 소구하는 것은 허용되지 않는다(대판 2021.12.16. 2019두45944).

ⓒ 사업주가 당연가입자가 되는 고용보험 및 산업재해보상보험에서 보험료 납부의무 부존재확인의 소는 당사자소송인지 여부 [24 국가직 9급] 01

「고용보험 및 산업재해보상보험의 보험료징수 등에 관한 법률」 제4조, 제16조의2, 제17조, 제10조, 제23조의 각 규정에 의하면, 사업주가 당연가입자가 되는 고용보험 및 산재보험에서 보험료 납부의무 부존재확인의 소는 공법상의 법률관계 그 자체를 다투는 소송으로서 공법상 당사자소송이라 할 것이다(대판 2016.10.13. 2016다221658).

ⓒ 「광주민주화운동 관련자 보상 등에 관한 법률」

1. 광주민주화운동 관련자 보상심의위원회의 보상금지급신청에 대한 결정이 취소소송의 대상이 되는 행정처분인지 여부(소극)(= 당사자소송)
   「광주민주화운동 관련자 보상 등에 관한 법률」 제15조 본문의 규정에서 말하는 광주민주화운동 관련자 보상심의위원회의 결정을 거치는 것은 보상금 지급에 관한 소송을 제기하기 위한 전치요건에 불과하다고 할 것이므로 위 보상심의위원회의 결정은 취소소송의 대상이 되는 행정처분이라고 할 수 없다(대판 1992.12.24. 92누3335).

2. 같은 법에 의거하여 관련자 및 유족들이 갖게 되는 보상 등에 관한 권리 및 소송의 성격(= 당사자소송)과 그 지급에 관한 법률관계의 주체(= 대한민국)
   같은 법에 의거하여 관련자 및 유족들이 갖게 되는 보상 등에 관한 권리는 헌법 제23조 제3항에 따른 재산권침해에 대한 손실보상청구나 「국가배상법」에 따른 손해배상청구와는 그 성질을 달리하는 것으로서 법률이 특별히 인정하고 있는 공법상의 권리라고 하여야 할 것이므로 그에 관한 소송은 「행정소송법」 제3조 제2호 소정의 당사자소송에 의하여야 할 것이며 보상금 등의 지급에 관한 법률관계의 주체는 대한민국이다(대판 1992.12.24. 92누3335).

| 정답 | 01 O

B 「민주화운동 관련자 명예회복 및 보상 등에 관한 법률」 [24 군무원 9급, 15 서울시 9급, 10 국회직 9급] 01

민주화운동 관련자 명예회복 및 보상 심의위원회의 보상금 등의 지급 대상자에 관한 결정이 행정처분인지 여부(적극) 및 「민주화운동관련자 명예회복 및 보상 등에 관한 법률」에 따른 보상금 등의 지급을 구하는 소송의 형태(= 취소소송)

「민주화운동 관련자 명예회복 및 보상 등에 관한 법률」 제2조 제1호, 제2호 본문, 제4조, 제10조, 제11조, 제13조 규정들의 취지와 내용에 비추어 보면, 같은 법 제2조 제2호 각 목은 민주화운동과 관련한 피해 유형을 추상적으로 규정한 것에 불과하여 제2조 제1호에서 정의하고 있는 민주화운동의 내용을 함께 고려하더라도 그 규정만으로는 바로 법상의 보상금 등의 지급 대상자가 확정된다고 볼 수 없고, '민주화운동 관련자 명예회복 및 보상 심의위원회'에서 심의·결정을 받아야만 비로소 보상금 등의 지급 대상자로 확정될 수 있다. 따라서 그와 같은 심의위원회의 결정은 국민의 권리의무에 식접 영향을 미치는 행정처분에 해당하므로, 관련자 등으로서 보상금 등을 지급받고자 하는 신청에 대하여 심의위원회가 관련자 해당 요건의 전부 또는 일부를 인정하지 아니하여 보상금 등의 지급을 기각하는 결정을 한 경우에는 신청인은 심의위원회를 상대로 그 결정의 취소를 구하는 소송을 제기하여 보상금 등의 지급대상자가 될 수 있다(대판 2008.4.17. 2005두16185).

C 기타 02 03 04 05 06 07 08

1. 수도료부과처분의 무효로 인한 채무부존재확인소송(대판 1977.2.22. 76다2517)
2. 태극무공훈장을 수여받은 자임을 확인을 구하는 소송(대판 1990.10.23. 90누4440)
3. 영관생계보조기금의 권리자임의 확인을 구하는 소송(대판 1991.1.25. 90누3041)
4. 국립의료원 부설 주차장에 관한 위탁관리용역운영계약의 실질은 행정재산에 대한 「국유재산법」 제24조 제1항의 사용·수익 허가임을 이유로, 위와 관련된 가산금지급채무부존재의 소송은 행정소송이다(대판 2006.3.9. 2004다31074).
5. (구)「도시재개발법」에 의한 재개발조합에 대하여 조합원 자격확인을 구하는 소송(대판 1996.2.15. 94다31235)
6. 국가 등 과세주체가 당해 확정된 조세채권의 소멸시효 중단을 위하여 납세의무자를 상대로 제기한 조세채권존재확인의 소는 공법상 당사자소송에 해당한다(대판 2020.3.2. 2017두41771).
7. 지방소방공무원이 소속 지방자치단체를 상대로 초과근무수당의 지급을 구하는 소송(대판 2013.3.28. 2012다102629).

(2) 형식적 당사자소송

① **의의**: 실질적으로는 행정청의 처분 등을 다투는 항고소송이어야 하나 형식적으로는 처분 등으로 인하여 형성된 법률관계를 다툼으로서 법률관계의 일방당사자를 피고로 제기하는 소송을 말한다.

② **성질**: 실질적으로는 항고소송이지만 형식적으로는 당사자소송이다.

③ **취지**: 분쟁의 실체가 법률관계 당사자 간의 재산적 분쟁이므로 행정청이 빠지는 대신 실질적인 이해관계인 간의 직접분쟁을 해결하도록 함으로써 소송경제와 합리성을 기하려는 제도이다.

④ **종류**: 「공익사업을 위한 토지 등의 취득 및 보상에 관한 법률」, 「특허법」 등이 해당된다.

개념확인 O/X

01 「민주화운동관련자 명예회복 및 보상 등에 관한 법률」에 따른 보상금 등의 지급을 구하는 소송은 공법상 당사자소송이다.
24 군무원9급 (O / X)

02 국가 등 과세주체가 당해 확정된 조세채권의 소멸시효 중단을 위하여 납세의무자를 상대로 제기한 조세채권존재확인의 소는 공법상 당사자소송에 해당한다.
24 군무원9급 (O / X)

03 「도시 및 주거환경정비법」상의 주택재건축정비사업조합을 상대로 관리처분계획안에 대한 조합 총회결의의 무효확인을 구하는 소는 공법관계이므로 당사자소송을 제기하여야 한다.
24 군무원7급, 21 소방 (O / X)

04 「수도법」에 의하여 지방자치단체인 수도사업자가 그 수돗물의 공급을 받는 자에게 하는 수도료 부과·징수와 이에 따른 수도료 납부관계는 공법상의 권리의무관계이므로, 이에 관한 분쟁은 행정소송의 대상이다.
19 국가9급 (O / X)

05 「국토의 계획 및 이용에 관한 법률」상 토지소유자 등이 도시·군계획시설 사업시행자의 토지의 일시 사용에 대하여 정당한 사유 없이 동의를 거부한 경우, 사업시행자가 토지소유자를 상대로 동의의 의사표시를 구하는 소송은 당사자소송으로 보아야 한다.
20 국가7급 (O / X)

06 존재와 범위가 확정되어 있는 과오납부액이나 환급세액의 부당이득반환청구는 그 원인행위가 공법적이므로 당사자소송에 의하여야 한다.
12 국가7급 (O / X)

07 재개발조합은 공법인이므로 재개발조합과 조합원 사이의 선임·해임 등을 둘러싼 법률관계는 공법상 법률관계이고 그 조합장의 지위를 다투는 소송은 공법상 당사자소송이다.
19 하반기 서울7급 (O / X)

08 2020년 4월 1일부터 시행되는 전부개정 「소방공무원법」 이전의 경우, 지방소방공무원의 보수에 관한 법률관계는 사법상의 법률관계이므로 지방소방공무원이 소속 지방자치단체를 상대로 초과근무수당의 지급을 구하는 소송은 행정소송상 당사자소송이 아닌 민사소송절차에 따라야 했다.
21 소방 (O / X)

| 정답 | 01 X | 02 O | 03 O | 04 O | 05 O | 06 X | 07 X | 08 X |

05 객관적 소송

1 의의

'객관적 소송'이란 행정의 적법성 보장 또는 공공이익의 일반적 보호를 목적으로 하는 소송을 말하며, 객관적 소송에는 민중소송과 기관소송이 있다.

2 민중소송

(1) 의의

① '민중소송'이란 국가 또는 공공단체의 기관이 법률에 위반되는 행위를 한 때에 직접 자기의 법률상 이익과 관계없이 그 시정을 구하기 위하여 제기하는 소송을 말한다(제3조 제3호).
② 행정법규의 적정한 집행이 요구되는 분야에서 법률이 민중소송의 제기를 허용하고 있는 경우에 법률이 정한 자에 한하여 제소가 인정된다(제45조).

(2) 민중소송의 종류

① 「국민투표법」상의 국민투표무효소송(「국민투표법」제92조): 국민투표의 효력에 관하여 이의가 있는 투표인은 투표인 10만인 이상의 찬성을 얻어 중앙선거관리위원회 위원장을 피고로 하여 투표일로부터 20일 이내에 대법원에 제소할 수 있다.
② 「공직선거법」상의 선거소송·당선소송(「공직선거법」제222조, 제223조)
  ㉠ 선거소송(제222조)
    ⓐ 대통령선거 및 국회의원선거에 있어서 선거의 효력에 관하여 이의가 있는 선거인·정당(후보자를 추천한 정당에 한한다) 또는 후보자는 선거일부터 30일 이내에 당해 선거구선거관리위원회 위원장을 피고로 하여 대법원에 소를 제기할 수 있다.
    ⓑ 지방의회의원 및 지방자치단체의 장의 선거에 있어서 선거의 효력에 관한 제220조의 결정에 불복이 있는 소청인(당선인을 포함한다)은 해당 소청에 대하여 기각 또는 각하 결정이 있는 경우(제220조 제1항의 기간 내에 결정하지 아니한 때를 포함한다)에는 해당 선거구선거관리위원회 위원장을, 인용결정이 있는 경우에는 그 인용결정을 한 선거관리위원회 위원장을 피고로 하여 그 결정서를 받은 날(제220조 제1항의 기간 내에 결정하지 아니한 때에는 그 기간이 종료된 날)부터 10일 이내에 비례대표 시·도의원선거 및 시·도지사선거에 있어서는 대법원에, 지역구시·도의원선거, 자치구·시·군의원선거 및 자치구·시·군의 장 선거에 있어서는 그 선거구를 관할하는 고등법원에 소를 제기할 수 있다.
    ⓒ ⓐ 또는 ⓑ에 따라 피고로 될 위원장이 궐위된 때에는 해당 선거구선거관리위원회 위원 전원을 피고로 한다.
  ㉡ 당선소송(제223조)
    ⓐ 대통령선거 및 국회의원선거에 있어서 당선의 효력에 이의가 있는 정당(후보자를 추천한 정당에 한한다) 또는 후보자는 당선인결정일부터 30일 이내에 제52조(등록무효) 제1항·제3항 또는 제192조(피선거권상실로 인한 당선무효 등) 제1항부터 제3항까지의 사유에 해당함을 이유로 하는 때에는 당선인을, 제187조(대통령당선인의 결정·공고·통지) 제1항·제2항, 제188조(지역구국회의원당선인의 결정·공고·통지) 제1항 내지 제4항, 제189조(비례대표국회의원의석의 배분과 당선인의 결정·공고·통지)

또는 제194조(당선인의 재결정과 비례대표국회의원의석 및 비례대표지방의회의원 의석의 재배분) 제4항의 규정에 의한 결정의 위법을 이유로 하는 때에는 대통령선거에 있어서는 그 당선인을 결정한 중앙선거관리위원회 위원장 또는 국회의장을, 국회의원선거에 있어서는 당해 선거구선거관리위원회 위원장을 각각 피고로 하여 대법원에 소를 제기할 수 있다.

ⓑ 지방의회의원 및 지방자치단체의 장의 선거에 있어서 당선의 효력에 관한 제220조의 결정에 불복이 있는 소청인 또는 당선인인 피소청인(제219조 제2항 후단에 따라 선거구선거관리위원회 위원장이 피소청인인 경우에는 당선인을 포함한다)은 해당 소청에 대하여 기각 또는 각하 결정이 있는 경우(제220조 제1항의 기간 내에 결정하지 아니한 때를 포함한다)에는 당선인(제219조 제2항 후단을 이유로 하는 때에는 관할선거구선거관리위원회 위원장을 말한다)을, 인용결정이 있는 경우에는 그 인용결정을 한 선거관리위원회 위원장을 피고로 하여 그 결정서를 받은 날(제220조 제1항의 기간 내에 결정하지 아니한 때에는 그 기간이 종료된 날)부터 10일 이내에 비례대표 시·도의원선거 및 시·도지사선거에 있어서는 대법원에, 지역구 시·도의원선거, 자치구·시·군의원선거 및 자치구·시·군의 장 선거에 있어서는 그 선거구를 관할하는 고등법원에 소를 제기할 수 있다.

ⓒ ⓐ 또는 ⓑ에 따라 피고로 될 위원장이 궐위된 때에는 해당 선거관리위원회 위원 전원을, 국회의장이 궐위된 때에는 부의장 중 1인을 피고로 한다.

ⓓ ⓐ 및 ⓑ의 규정에 의하여 피고로 될 당선인이 사퇴·사망하거나 제192조 제2항의 규정에 의하여 당선의 효력이 상실되거나 같은 조 제3항의 규정에 의하여 당선이 무효로 된 때에는 대통령선거에 있어서는 법무부장관을, 국회의원선거·지방의회의원 및 지방자치단체의 장의 선거에 있어서는 관할고등검찰청검사장을 피고로 한다.

③ 「주민투표법」상의 주민투표소송 등(제25조)
㉠ 주민투표의 효력에 관하여 이의가 있는 주민투표권자는 주민투표권자 총수의 100분의 1 이상의 서명으로 제24조 제3항에 따라 주민투표결과가 공표된 날부터 14일 이내에 관할선거관리위원회 위원장을 피소청인으로 하여 시·군·구의 경우에는 시·도선거관리위원회에, 시·도의 경우에는 중앙선거관리위원회에 소청할 수 있다.

㉡ 소청인은 ㉠에 따른 소청에 대한 결정에 불복하려는 경우 관할선거관리위원회 위원장을 피고로 하여 그 결정서를 받은 날(결정서를 받지 못한 때에는 결정기간이 종료된 날을 말한다)부터 10일 이내에 시·도의 경우에는 대법원에, 시·군·구의 경우에는 관할고등법원에 소를 제기할 수 있다.

④ 「지방자치법」상 주민소송(제22조): 공금의 지출에 관한 사항, 재산의 취득·관리·처분에 관한 사항, 해당 지방자치단체를 당사자로 하는 매매·임차·도급 계약이나 그 밖의 계약의 체결·이행에 관한 사항 또는 지방세·사용료·수수료·과태료 등 공금의 부과·징수를 게을리한 사항을 감사 청구한 주민은 법이 정한 사유에 그 감사 청구한 사항과 관련이 있는 위법한 행위나 업무를 게을리한 사실에 대하여 해당 지방자치단체의 장(해당 사항의 사무처리에 관한 권한을 소속 기관의 장에게 위임한 경우에는 그 소속 기관의 장을 말한다. 이하 이 조에서 같다)을 상대방으로 하여 소송을 제기할 수 있다.

(3) 재판관할

① 대통령선거, 국회의원선거, 시·도지사선거에 관한 선거소송과 당선소송 및 국민투표에 관한 민중소송의 경우 대법원이 관할법원이 된다.
② 지방의회의 선거 및 자치구·시·군의 장선거에 관한 선거소송과 당선소송의 경우 당해 선거구를 관할하는 고등법원이 관할법원이 된다.

(4) 준용규정

민중소송의 성질에 반하지 아니한 취소소송·무효등확인소송·부작위위법확인소송·당사자소송에 관한 규정을 준용한다(제46조).

3 기관소송

(1) 의의

'기관소송'이란 국가 또는 공공단체의 기관 상호간에 있어서 권한의 존부 또는 그 행사에 관한 다툼이 있을 때, 이에 대하여 제기하는 소송을 말한다(제3조 제4호).

(2) 기관소송의 종류

① 「지방자치법」상의 기관소송(제120조) : 「지방자치법」은 지방자치단체의 장은 지방의회의 재의결된 사항이 법령에 위반한다고 판단되는 때에 재의결된 날로부터 20일 이내에 지방의회를 피고로 하여 대법원에 소를 제기할 수 있다.

> **관련 법령**
>
> 「**지방자치법**」 제120조【지방의회의 의결에 대한 재의요구와 제소】① 지방자치단체의 장은 지방의회의 의결이 월권이거나 법령에 위반되거나 공익을 현저히 해친다고 인정되면 그 의결사항을 이송받은 날부터 20일 이내에 이유를 붙여 재의를 요구할 수 있다.
> ② 제1항의 요구에 대하여 재의한 결과 재적의원 과반수의 출석과 출석의원 3분의 2 이상의 찬성으로 전과 같은 의결을 하면 그 의결사항은 확정된다.
> ③ 지방자치단체의 장은 제2항에 따라 재의결된 사항이 법령에 위반된다고 인정되면 대법원에 소(訴)를 제기할 수 있다. 이 경우에는 제192조 제4항을 준용한다.

  ㉠ 교육감은 교육·학예에 관한 시·도의회의 의결이 법령에 위반되거나 공익을 현저히 저해한다고 판단될 때에는 그 의결사항을 이송받은 날부터 20일 이내에 이유를 붙여 재의를 요구할 수 있다. 교육감이 교육부장관으로부터 재의요구를 하도록 요청받은 경우에는 시·도의회에 재의를 요구하여야 한다.
  ㉡ 이에 따른 재의요구가 있을 때에는 재의요구를 받은 시·도의회는 재의에 붙이고 시·도의회 재적의원 과반수의 출석과 시·도의회 출석의원 3분의 2 이상의 찬성으로 전과 같은 의결을 하면 그 의결사항은 확정된다.
  ㉢ 위의 규정에 따라 재의결된 사항이 법령에 위반된다고 판단될 때에는 교육감은 재의결된 날부터 20일 이내에 대법원에 제소할 수 있다.
② 「헌법재판소법」 제2조의 규정에 의하여 헌법재판소의 관장사항으로 되는 소송(국가기관 상호간·국가기관과 지방자치단체 및 지방자치단체 상호간의 권한쟁의)은 행정소송으로서의 기관소송에서 제외된다.

심화 학습	권한쟁의심판과 기관소송 등

1. 권한쟁의심판(「헌법재판소법」)과 기관소송(「행정소송법」)
   ① 형식적 해석방법론: 기능 축소(다수의 견해)
   - 국가기관 간의 다툼: 권한쟁의심판
   - 공공단체 간의 다툼: 기관소송
   ② 실질적 해석방법론: 기능 확대
   - 헌법상의 분쟁: 권한쟁의심판
   - 행정상의 분쟁: 기관소송

2. 항고소송과 기관소송
   - 별개의 법주체 내부기관 간의 소송 : 항고소송
   - 동일한 법주체 내부기관 간의 소송 : 기관소송

(3) 준용규정

개별 법령에 정하지 않은 사항에 대해서는 성질에 반하지 않는 한 「행정소송법」의 항고소송과 당사자소송 등을 준용한다(제46조).

(4) 요건

① **원고적격**: 지방자치단체의장(「지방자치법」), 교육감(「지방교육자치에 관한 법률」)이 각각 원고가 된다.

② **피고적격**: 지방의회(「지방자치법」), 시·도의회 또는 교육위원회(「지방교육자치에 관한 법률」)가 각각 피고가 된다.

③ **재판관할**: 대법원을 제1심 관할법원이면서 종심법원으로 규정하고 있다(「지방자치법」, 「지방교육자치에 관한 법률」).

개념 적용문제

06 행정소송

교수님 코멘트 ▶ 출제빈도가 높은 핵심단원이다. 주요 출제포인트로는 소송대상적격으로서의 처분성 여부, 원고적격과 협의의 소익, 피고적격, 관할법원, 제소기간, 필요적 행정심판전치주의, 집행정지, 심리의 특수성, 판결의 효력, 취소소송과 다른 소송의 차이점 등이 있다.

01
2024 군무원 9급

다음 중 「행정소송법」에 대한 내용으로 가장 적절하지 않은 것은?

① 당사자소송은 원칙적으로 당해 처분을 행한 행정청을 피고로 한다.
② 민중소송은 법률이 정한 경우에 법률에 정한 자에 한하여 제기할 수 있다.
③ 기관소송은 법률이 정한 경우에 법률에 정한 자에 한하여 제기할 수 있다.
④ 국가의 사무를 위임 또는 위탁받은 공공단체 또는 그 장에 해당하는 피고에 대하여 취소소송을 제기하는 경우에는 대법원 소재지를 관할하는 행정법원에 제기할 수 있다.

02
2024 국회직 9급

항고소송의 대상인 처분에 해당하는 것만을 〈보기〉에서 모두 고르면? (다툼이 있는 경우 판례에 의함)

―보기―
ㄱ. 국유일반재산을 대부하는 행위
ㄴ. 국유재산의 무단점유자에 대한 변상금부과처분
ㄷ. 기부채납받은 행정재산에 대한 관리청의 사용·수익허가
ㄹ. 무상사용허가를 받은 행정재산을 전대하는 행위
ㅁ. 법령에 근거한 행정기관 등의 입찰참가자격을 제한하는 조치

① ㄱ, ㄴ
② ㄱ, ㄷ, ㅁ
③ ㄴ, ㄷ, ㅁ
④ ㄴ, ㄷ, ㄹ, ㅁ
⑤ ㄱ, ㄴ, ㄷ, ㄹ, ㅁ

03

2019 국가직 9급

항고소송에서 수소법원이 하여야 하는 판결에 대한 설명으로 옳지 <u>않은</u> 것은? (다툼이 있는 경우 판례에 의함)

① 무효확인소송의 제1심 판결 시까지 원고적격을 구비하였는데 제2심 단계에서 원고적격을 흠결하게 된 경우, 제2심 수소법원은 각하판결을 하여야 한다.

② 행정처분이 있음을 안 날부터 90일을 넘겨 행정심판을 청구하였다가 각하재결을 받은 후 그 재결서를 송달받은 날부터 90일 내에 원래의 처분에 대하여 취소소송을 제기한 경우, 수소법원은 각하판결을 하여야 한다.

③ 허가처분신청에 대한 부작위를 다투는 부작위위법확인소송을 제기하여 제1심에서 승소판결을 받았는데 제2심 단계에서 피고 행정청이 허가처분을 한 경우, 제2심 수소법원은 각하판결을 하여야 한다.

④ 행정심판을 청구하여 기각재결을 받은 후 재결 자체에 고유한 위법이 있음을 주장하며 그 기각재결에 대하여 취소소송을 제기한 경우, 수소법원은 심리 결과 재결 자체에 고유한 위법이 없다면 각하판결을 하여야 한다.

정답&해설

01 ① 행정소송

① 당사자소송은 법률관계의 한쪽 당사자가 피고인 소송이다. 따라서 원칙적으로 행정주체(국가나 공공단체 등) 등의 권리주체가 피고가 된다.

> 「행정소송법」 제39조【피고적격】 당사자소송은 국가·공공단체 그 밖의 권리주체를 피고로 한다.

| 오답해설 | ②, ③ 민중소송 및 기관소송은 법률이 정한 경우에 법률에 정한 자에 한하여 제기할 수 있다(「행정소송법」 제45조).
④ 「행정소송법」 제9조의 규정으로 임의관할이 포인트이다.

> 「행정소송법」 제9조【재판관할】 ① 취소소송의 제1심관할법원은 피고의 소재지를 관할하는 행정법원으로 한다.
> ② 제1항에도 불구하고 다음 각 호의 어느 하나에 해당하는 피고에 대하여 취소소송을 제기하는 경우에는 대법원소재지를 관할하는 행정법원에 제기할 수 있다.
>   1. 중앙행정기관, 중앙행정기관의 부속기관과 합의제행정기관 또는 그 장
>   2. 국가의 사무를 위임 또는 위탁받은 공공단체 또는 그 장
> ③ 토지의 수용 기타 부동산 또는 특정의 장소에 관계되는 처분등에 대한 취소소송은 그 부동산 또는 장소의 소재지를 관할하는 행정법원에 이를 제기할 수 있다.

02 ③ 행정소송

ㄴ. (처분성 긍정) 국유재산의 관리청이 그 무단점유자에 대하여 하는 변상금부과처분은 순전히 사경제 주체로서 행하는 사법상의 법률행위라 할 수 없고 이는 관리청이 공권력을 가진 우월적 지위에서 행한 것으로서 행정소송의 대상이 되는 행정처분이라고 보아야 한다(대판 1988.2.23. 87누1046).

ㄷ. (처분성 긍정) 공유재산의 관리청이 하는 행정재산의 사용·수익에 대한 허가는 순전히 사경제주체로서 행하는 사법상의 행위가 아니라 관리청이 공권력을 가진 우월적 지위에서 행하는 행정처분이라고 보아야 할 것이다(대판 2001.6.15. 99두509).

ㅁ. (처분성 긍정) 「공공기관운영법」 제39조 제2항과 그 하위법령에 따른 입찰참가자격제한 조치는 '구체적 사실에 관한 법집행으로서의 공권력의 행사'로서 행정처분에 해당한다. 「공공기관운영법」은 공공기관을 공기업, 준정부기관, 기타공공기관으로 구분하고(제5조), 그중에서 공기업, 준정부기관에 대해서는 입찰참가자격제한처분을 할 수 있는 권한을 부여하였다(대판 2020.5.28. 2017두66541).

| 오답해설 | ㄱ. (처분성 부정) 국유재산의 관리청이 국유잡종재산(현 일반재산)을 대부하거나 무상양여하는 것은 사경제주체로서 행하는 사법상의 법률행위에 해당하고 공권력을 가진 우월적 지위에서 하는 행정행위가 아니므로 행정소송의 대상이 되지 아니한다(대판 1983.8.23. 83누239).

ㄹ. (처분성 부정) 한국공항공단이 무상사용허가를 받은 행정재산에 대하여 하는 전대행위는 통상의 사인간의 임대차와 다를 바가 없고, 그 임대차계약이 임차인의 사용승인신청과 임대인의 사용승인의 형식으로 이루어졌다고 하여 달리 볼 것은 아니다(대판 2003.10.24. 2001다82514·82521).

03 ④ 행정소송

④ 재결에 고유한 위법을 이유로 주장한 소송에서 심리 결과 재결에 고유한 위법이 없는 경우에는 기각판결을 하여야 한다.

| 정답 | 01 ① 02 ③ 03 ④

04

항고소송의 대상인 재결에 대한 설명으로 옳지 않은 것은? (다툼이 있는 경우 판례에 의함)

① 행정심판청구가 부적법하지 않음에도 각하한 재결은 심판청구인의 실체심리를 받을 권리를 박탈한 것으로서 원처분에 없는 고유한 하자가 있는 경우에 해당하고, 따라서 위 재결은 취소소송의 대상이 된다.
② 제3자효를 수반하는 행정행위에 대한 행정심판청구에 있어서 그 청구를 인용하는 내용의 재결로 인하여 비로소 권리이익을 침해받게 되는 자는 그 인용재결에 대하여 다툴 필요가 있고, 그 인용재결은 원처분과 내용을 달리하는 것이므로 그 인용재결의 취소를 구하는 것은 원처분에는 없는 재결에 고유한 하자를 주장하는 셈이어서 당연히 항고소송의 대상이 된다.
③ 토지수용에 관한 행정소송에 있어서 토지소유자는 중앙토지수용위원회의 이의재결에 대하여 불복이 있을 때 제기할 수 있고 수용재결은 행정소송의 대상이 될 수 없다.
④ 제3자효 행정행위에 대하여 재결청이 직접 당해 사업계획승인처분을 취소하는 형성적 재결을 한 경우에는 그 재결 외에 그에 따른 행정청의 별도의 처분이 있지 않기 때문에 재결 자체를 쟁송의 대상으로 할 수 있다.

05

판례의 입장으로 옳지 않은 것은?

① 개인의 고유성·동일성을 나타내는 지문은 그 정보주체를 타인으로부터 식별 가능하게 하는 개인정보이다.
② 거부처분의 처분성을 인정하기 위한 전제 요건이 되는 신청권은 신청인이 그 신청에 따른 단순한 응답을 받을 권리를 넘어서 신청의 인용이라는 만족적 결과를 얻을 권리를 의미한다.
③ 지적공부 소관청의 지목변경신청 반려행위는 국민의 권리관계에 영향을 미치는 것으로서 항고소송의 대상이 되는 행정처분에 해당한다.
④ 산업단지개발계획상 산업단지 안의 토지소유자로서 산업단지개발계획에 적합한 시설을 설치하여 입주하려는 자는 산업단지지정권자 또는 그로부터 권한을 위임받은 기관에 대하여 산업단지개발계획의 변경을 요청할 수 있는 법규상 또는 조리상 신청권이 있다.

06

항고소송의 대상인 처분에 대한 설명으로 옳지 않은 것은?

① 병무청장이 병역의무 기피자의 인적사항 등을 인터넷 홈페이지에 게시하는 등의 방법으로 공개한 경우 병무청장의 공개결정은 항고소송의 대상이 되는 행정처분에 해당하지 않는다.

② 어떠한 처분의 근거나 법적인 효과가 행정규칙에 규정되어 있다고 하더라도, 그 처분이 행정규칙의 내부적 구속력에 의하여 상대방에게 권리의 설정 또는 의무의 부담을 명하거나 기타 법적인 효과를 발생하게 하는 등으로 그 상대방의 권리·의무에 직접 영향을 미치는 행위라면, 이 경우에도 항고소송의 대상이 되는 행정처분에 해당한다.

③ 공정거래위원회가 「하도급거래 공정화에 관한 법률」 제26조(관계 행정기관의 장의 협조)에 따라 관계 행정기관의 장에게 한 원사업자 또는 수급사업자에 대한 입찰참가자격의 제한을 요청한 결정은 항고소송의 대상이 되는 처분에 해당한다.

④ 산업단지개발계획상 산업단지 안의 토지소유자로서 산업단지개발계획에 적합한 시설을 설치하여 입주하려는 자는 산업단지지정권자 또는 그로부터 권한을 위임받은 기관에 대하여 산업단지개발계획의 변경을 요청할 수 있는 법규상 또는 조리상 신청권이 있고, 이러한 신청에 대한 거부행위는 항고소송의 대상이 되는 행정처분에 해당한다.

정답&해설

04 ③ 행정소송
③ 행정소송의 대상은 원칙적으로 원처분주의에 해당되어 (토지)수용재결이 소송대상이 된다(「공익사업을 위한 토지 등의 취득 및 보상에 관한 법률」 제85조 제1항).

05 ② 행정소송
② 거부처분의 처분성을 인정하기 위한 전제요건이 되는 신청권의 존부는 구체적 사건에서 신청인이 누구인가를 고려하지 않고 관계 법규의 해석에 의하여 일반 국민에게 그러한 신청권을 인정하고 있는가를 살펴 추상적으로 결정되는 것이고, 신청인이 그 신청에 따른 단순한 응답을 받을 권리를 넘어서 신청의 인용이라는 만족적 결과를 얻을 권리를 의미하는 것은 아니다(대판 1996.6.11. 95누12460).

06 ① 행정소송
① 병무청장이 「병역법」 제81조의2 제1항에 따라 병역의무 기피자의 인적사항 등을 인터넷 홈페이지에 게시하는 등의 방법으로 공개한 경우 병무청장의 공개결정을 항고소송의 대상이 되는 행정처분으로 보아야 한다(대판 2019.6.27. 2018두49130).

|오답해설| ② 어떠한 처분의 근거나 법적인 효과가 행정규칙에 규정되어 있다고 하더라도, 그 처분이 행정규칙의 내부적 구속력에 의하여 상대방에게 권리의 설정 또는 의무의 부담을 명하거나 기타 법적인 효과를 발생하게 하는 등으로 그 상대방의 권리 의무에 직접 영향을 미치는 행위라면, 이 경우에도 항고소송의 대상이 되는 행정처분에 해당한다(대판 2002.7.26. 2001두3532).

③ 관계 행정기관의 장에게 해당 사업자에 대한 입찰참가자격제한 요청 결정을 하게 되며, 이를 요청받은 관계 행정기관의 장은 특별한 사정이 없는 한 그 사업자에 대하여 입찰참가자격을 제한하는 처분을 해야 하므로, 사업자로서는 입찰참가자격제한 요청 결정이 있으면 장차 후속 처분으로 입찰참가자격이 제한될 수 있는 법률상 불이익이 존재한다. 이때 입찰참가자격제한 요청 결정이 있음을 알고 있는 사업자로 하여금 입찰참가자격제한처분에 대하여만 다툴 수 있도록 하는 것보다는 그에 앞서 직접 입찰참가자격제한 요청 결정의 적법성을 다툴 수 있도록 함으로써 분쟁을 조기에 근본적으로 해결하도록 하는 것이 법치행정의 원리에도 부합한다. 따라서 공정거래위원회의 입찰참가자격제한 요청 결정은 항고소송의 대상이 되는 처분에 해당한다(대판 2023.2.2. 2020두48260).

④ 산업단지개발계획상 산업단지 안의 토지 소유자로서 산업단지개발계획에 적합한 시설을 설치하여 입주하려는 자에게 산업단지지정권자 또는 그로부터 권한을 위임받은 기관에 대하여 산업단지개발계획의 변경을 요청할 수 있는 법규상 또는 조리상 신청권이 있고 이러한 신청에 대한 거부행위가 항고소송의 대상이 되는 행정처분에 해당한다(대판 2017.8.29. 2016두44186).

| 정답 | 04 ③   05 ②   06 ①

07
2025 국가직 9급

항고소송의 피고적격에 대한 설명으로 옳은 것은?

① 조례에 대한 무효확인소송에서 피고적격이 있는 행정청은 지방의회이다.
② 합의제 행정기관의 처분에 대해서는 그 기관 자체가 피고가 되므로, 중앙노동위원회의 처분에 대한 소는 중앙노동위원회가 피고가 된다.
③ 국가공무원에 대한 징계처분의 처분청이 대통령인 경우에는 대통령이 피고가 된다.
④ 대리기관이 대리관계를 표시하고 피대리 행정청을 대리하여 행정처분을 한 때에는 피대리 행정청이 피고가 된다.

08
2020 지방직 9급

판례상 항고소송의 대상으로 인정되는 것만을 모두 고르면?

> ㄱ. 교도소장이 특정 수형자를 '접견내용 녹음·녹화 및 접견 시 교도관 참여대상자'로 지정한 행위
> ㄴ. 행정청이 토지대장상의 소유자명의변경신청을 거부한 행위
> ㄷ. 지방경찰청장의 횡단보도 설치행위
> ㄹ. 상표권자인 법인에 대한 청산종결등기가 되었음을 이유로 특허청장이 행한 상표권 말소등록행위

① ㄱ, ㄴ
② ㄱ, ㄷ
③ ㄴ, ㄹ
④ ㄷ, ㄹ

09

2019 국회직 8급

행정소송의 원고적격을 가지는 자에 해당하지 않는 것은? (다툼이 있는 경우 판례에 의함)

① 지방자치단체가 건축물 소재지 관할 허가권자인 지방자치단체의 장을 상대로 건축협의취소의 취소를 구하는 사안에서의 지방자치단체
② 제3자의 접견허가 신청에 대한 교도소장의 거부처분에 있어서 접견권이 침해되었다고 주장하는 구속된 피고인
③ 미얀마 국적의 갑이 위명(僞名)인 을 명의의 여권으로 대한민국에 입국한 뒤 을 명의로 난민 신청을 하였으나 법무부장관이 을 명의를 사용한 갑을 직접 면담하여 조사한 후 갑에 대하여 난민불인정처분을 한 사안에서의 그 처분의 취소를 구하는 갑
④ 국민권익위원회가 소방청장에게 인사와 관련하여 부당한 지시를 한 사실이 인정된다며 이를 취소할 것을 요구하기로 의결하고 내용을 통지하자 그 국민권익위원회 조치요구의 취소를 구하는 사안에서의 소방청장
⑤ 하자 있는 건축물에 대한 사용검사처분의 무효확인 및 취소를 구하는 (구)「주택법」상 입주자

정답&해설

07 ④ 행정소송

④ 대리기관이 대리관계를 표시하고 피대리 행정청을 대리하여 행정처분을 한 때에는 피대리 행정청이 피고로 되어야 할 것이다(대결 2006.2.23. 자 2005부4).

|오답해설| ① 조례에 대한 무효확인소송을 제기함에 있어서 「행정소송법」 제38조 제1항, 제13조에 의하여 피고적격이 있는 처분 등을 행한 행정청은, … (중략) … 지방자치단체의 집행기관으로서 조례로서의 효력을 발생시키는 공포권이 있는 지방자치단체의 장이다(대판 1996. 9.20. 95누8003).
② 중앙노동위원회의 처분에 대한 소송은 중앙노동위원회 위원장을 피고(被告)로 하여 처분의 송달을 받은 날부터 15일 이내에 제기하여야 한다(「노동위원회법」 제27조 제1항).
③ 제1항에 따른 행정소송을 제기할 때에는 대통령의 처분 또는 부작위의 경우에는 소속 장관(대통령령으로 정하는 기관의 장을 포함한다. 이하 같다)을, 중앙선거관리위원회위원장의 처분 또는 부작위의 경우에는 중앙선거관리위원회사무총장을 각각 피고로 한다(「국가공무원법」 제16조 제2항).

08 ② 행정소송

|오답해설| ㄴ. (부정) 토지대장에 기재된 일정한 사항을 변경하는 행위는, 그것이 지목의 변경이나 정정 등과 같이 토지소유권 행사의 전제요건으로서 토지소유자의 실체적 권리관계에 영향을 미치는 사항에 관한 것이 아닌 한 행정사무집행의 편의와 사실증명의 자료로 삼기 위한 것일 뿐이어서, 그 소유자 명의가 변경된다고 하여도 이로 인하여 당해 토지에 대한 실체상의 권리관계에 변동을 가져올 수 없고 토지소유권이 지적공부의 기재만에 의하여 증명되는 것도 아니다(대판 1984.4.24. 82누308, 대판 2002.4.26. 2000두7612 등 참조). 따라서 소관청이 토지대장상의 소유자명의변경신청을 거부한 행위는 이를 항고소송의 대상이 되는 행정처분이라고 할 수 없다(대판 2012.1.12. 2010두12354).
ㄹ. (부정) 대판 2015.10.29. 2014두2362

09 ⑤ 행정소송

⑤ 건축물의 사용검사처분은 이미 건축이 완공된 이후에 이루어지는 처분이며, 원칙적으로 법률상의 이익을 부정한다. 또한 입주자들은 민사소송을 통한 하자 보수 등의 구제가 가능하여 행정소송의 원고적격을 인정하지 않는다는 것이 대법원의 입장이다(대판 2015.1.29. 2013두24976).

|정답| 07 ④ 08 ② 09 ⑤

10

취소소송의 피고에 대한 설명으로 옳지 않은 것은?

① 취소소송은 다른 법률에 특별한 규정이 없는 한 그 처분 등을 행한 행정청을 피고로 하므로, 대외적으로 의사를 표시할 수 있는 기관이 아닌 내부기관은 실질적인 의사가 그 기관에 의하여 결정되더라도 피고적격을 갖지 못한다.
② 권한의 위임이나 위탁을 받아 수임행정청이 자신의 명의로 한 처분에 관한 취소소송은 원칙적으로 수임행정청을 피고로 하여 제기하여야 한다.
③ 중앙노동위원회의 처분에 대한 소송은 중앙노동위원회 위원장을 피고로 한다.
④ 권한의 대리가 있는 경우, 대리 행정청이 대리관계를 표시하고 피대리 행정청을 대리하여 행정처분을 한 때에는 대리 행정청이 피고로 되어야 한다.

11

항고소송의 대상이 되는 처분에 관한 설명으로 옳지 않은 것은? (다툼이 있는 경우 판례에 의함)

① 과태료의 부과 여부 및 그 당부는 최종적으로 「질서위반행위규제법」의 절차에 의하여 판단되어야 한다고 할 것이므로, 그 과태료 부과처분은 행정청을 피고로 하는 항고소송의 대상이 되는 처분이라고 볼 수 없다.
② 행정청의 행위가 항고소송의 대상이 되는 처분에 해당하는지가 불분명한 경우에는 그에 대한 불복방법 선택에 중대한 이해관계를 가지는 상대방의 인식가능성과 예측가능성을 중요하게 고려해서 규범적으로 판단해야 한다.
③ 어떠한 처분의 근거나 법적인 효과가 행정규칙에 규정되어 있다고 하더라도, 그 처분이 행정규칙의 내부적 구속력에 의하여 상대방에게 권리의 설정 또는 의무의 부담을 명하거나 기타 법적인 효과를 발생하게 하는 등으로 그 상대방의 권리의무에 직접 영향을 미치는 행위라면, 이 경우에도 항고소송의 대상이 되는 처분에 해당한다고 보아야 한다.
④ 「총포·도검·화약류 등의 안전관리에 관한 법률」에 따른 총포·화약안전기술협회가 회비납부의무자에 대하여 한 회비납부통지는 항고소송의 대상이 되는 처분에 해당하지 않는다.

12

2021 지방직 9급

행정소송상 협의의 소익에 대한 설명으로 옳은 것만을 모두 고르면? (다툼이 있는 경우 판례에 의함)

> ㄱ. 월정수당을 받는 지방의회 의원에 대한 제명의결 취소소송 계속 중 의원의 임기가 만료된 경우 지방의회 의원은 그 제명의결의 취소를 구할 법률상 이익이 있다.
> ㄴ. 파면처분 취소소송의 사실심 변론종결 전에 금고 이상의 형을 선고받아 당연퇴직된 경우에도 해당 공무원은 파면처분의 취소를 구할 이익이 있다.
> ㄷ. 공익근무요원 소집해제신청을 기부한 후에 원고가 계속하여 공익근무요원으로 복무함에 따라 복무기간 만료를 이유로 소집해제처분을 한 경우, 원고는 거부처분의 취소를 구할 소의 이익이 있다.

① ㄱ
② ㄴ
③ ㄱ, ㄴ
④ ㄴ, ㄷ

13

2020 지방직 9급

다음은 「행정소송법」상 제소기간에 대한 설명이다. ㉠~㉤에 들어갈 내용은?

> 취소소송은 처분 등이 (㉠)부터 (㉡) 이내에 제기하여야 한다. 다만, 행정심판청구를 할 수 있는 경우 또는 행정청이 행정심판청구를 할 수 있다고 잘못 알린 경우에 행정심판청구가 있은 때의 기간은 (㉢)을 (㉣)부터 기산한다. 한편 취소소송은 처분 등이 있은 날부터 (㉤)을 경과하면 이를 제기하지 못한다. 다만, 정당한 사유가 있는 때에는 그러하지 아니하다.

	㉠	㉡	㉢	㉣	㉤
①	있은 날	30일	결정서의 정본	통지받은 날	180일
②	있음을 안 날	90일	재결서의 정본	송달받은 날	1년
③	있은 날	1년	결정서의 부본	통지받은 날	2년
④	있음을 안 날	1년	재결서의 부본	송달받은 날	3년

정답&해설

10 ④ 행정소송

④ 대리기관이 대리관계를 표시하고 피대리 행정청을 대리하여 행정처분을 한 때에는 피대리 행정청이 피고로 되어야 할 것이다(대결 2006.2.23. 자 2005부4).

|오답해설| ① 취소소송은 다른 법률에 특별한 규정이 없는 한 그 처분 등을 행한 행정청을 피고로 한다(「행정소송법」 제13조 제1항). 여기서 '행정청'이라 함은 국가 또는 공공단체의 기관으로서 국가나 공공단체의 의견을 결정하여 외부에 표시할 수 있는 권한, 즉 처분권한을 가진 기관을 말하고, 대외적으로 의사를 표시할 수 있는 기관이 아닌 내부기관은 실질적인 의사가 그 기관에 의하여 결정되더라도 피고적격을 갖지 못한다(대판 2014.5.16. 2014두274).
② 권한의 위임이나 위탁을 받아 수임행정청이 정당한 권한에 기하여 그 명으로 한 처분에 대하여는 말할 것도 없고, 내부위임이나 대리권을 수여받은 데 불과하여 원행정청 명의나 대리관계를 밝히지 아니하고는 그의 명의로 처분 등을 할 권한이 없는 행정청이 권한 없이 그의 명의로 한 처분에 대하여도 처분명의자인 행정청이 피고가 되어야 할 것이다(대판 1995.12.22. 95누14688).
③ 「노동위원회법」 제27조.

11 ④ 행정소송

④ 「총포·도검·화약류 등의 안전관리에 관한 법률 시행령」 제78조 제1항 제3호, 제79조 및 총포·화약안전기술협회(이하 '협회'라 한다) 정관의 관련 규정의 내용을 위 법리에 비추어 살펴보면, 공법인인 협회가 자신의 공행정활동에 필요한 재원을 마련하기 위하여 회비납부의무자에 대하여 한 '회비납부통지'는 납부의무자의 구체적인 부담금액을 산정·고지하는 '부담금 부과처분'으로서 항고소송의 대상이 된다고 보아야 한다(대판 2021.12.30. 2018다241458).

|오답해설| ① 과태료는 항고소송의 대상인 처분이 아니다. 따라서 불복하는 경우에 이의제기를 함으로써 과태료의 효력을 상실시키고 과태료 재판을 통한 구제가 가능하다.
② 대판 2021.12.30. 2018다241458
③ 대판 2002.7.26. 2001두3532

12 ③ 행정소송

ㄱ. (O) 의원의 지위를 회복할 수는 없다 하더라도 제명의결 시부터 임기만료일까지의 기간에 대한 월정수당의 지급을 구할 수 있는 등 여전히 그 제명의결의 취소를 구할 법률상 이익이 있다(대판 2009.1.30. 2007두13487).
ㄴ. (O) 최소한도 이 사건 파면처분이 있은 때부터 위 법규정에 의한 당연퇴직일자까지의 기간에 있어서는 파면처분의 취소를 구하여 그로 인해 박탈당한 이익의 회복을 구할 소의 이익이 있다 할 것이다(대판 1985.6.25. 85누39).

|오답해설| ㄷ. (X) 이 경우, 원고가 입게 되는 권리와 이익의 침해는 소집해제처분으로 해소되었으므로 소의 이익이 없다(대판 2005.5.13. 2004두4369).

13 ② 행정소송

② 「행정소송법」 제20조

|정답| 10 ④ 11 ④ 12 ③ 13 ②

14

다음 사례에 대한 설명으로 옳지 않은 것은?

> 甲은 토지 위에 컨테이너를 설치하여 사무실로 사용하였다. 관할 행정청인 乙은 甲에게 이 컨테이너는 「건축법」상 건축허가를 받아야 하는 건축물인데 건축허가를 받지 않고 건축하였다는 이유로 甲에게 원상복구명령을 하면서, 만약 기한 내에 원상복구를 하지 않을 경우에는 행정대집행을 통하여 컨테이너를 철거할 것임을 계고하였다. 이후 甲은 乙에게 이 컨테이너에 대하여 가설건축물 축조신고를 하였으나 乙은 이 컨테이너는 건축허가대상이라는 이유로 가설건축물 축조신고를 반려하였다.

① 「건축법」에 특별한 규정이 없더라도 「행정절차법」상 예외에 해당하지 않는 한 乙은 원상복구명령을 하면서 甲에게 원상복구명령을 사전통지하고 의견제출의 기회를 주어야 한다.
② 乙이 행한 원상복구명령과 대집행 계고가 계고서라는 1장의 문서로 이루어진 경우라도 원상복구명령과 계고처분은 독립하여 있는 것으로서 각 그 요건이 충족된 것으로 볼 수 있다.
③ 乙이 대집행영장을 통지한 경우, 원상복구명령이 당연무효라면 대집행영장통지도 당연무효이다.
④ 甲이 제기한 원상복구명령 및 계고처분에 대한 취소소송에서, 乙은 처분 시에 제시한 '甲의 건축물은 건축허가를 받지 않은 건축물'이라는 처분사유에 '甲의 건축물은 신고를 하지 않은 가설건축물'이라는 처분사유를 추가할 수 있다.

15

「행정소송법」에 따른 법률상 이익에 관한 설명으로 옳지 않은 것은? (다툼이 있는 경우 판례에 의함)

① 행정처분의 무효확인 또는 취소를 구하는 소에서, 비록 행정처분의 위법을 이유로 무효확인 또는 취소판결을 받더라도 그 처분에 의하여 발생한 위법상태를 원상으로 회복시키는 것이 불가능한 경우에는 원칙적으로 그 무효확인 또는 취소를 구할 법률상 이익이 없다.
② 행정청이 한 처분 등의 취소를 구하는 것보다 실효적이고 직접적인 구제수단이 있음에도 처분 등의 취소를 구하는 것은 특별한 사정이 없는 한 분쟁해결의 유효적절한 수단이라고 할 수 없어 법률상 이익이 없다.
③ 지방의회 의원에 대한 제명의결 취소소송 계속 중 의원의 임기가 만료되었다면, 제명의결 시부터 임기만료일까지의 기간에 대한 월정수당의 지급을 구할 수 있다고 하더라도 그 제명의결의 취소를 구할 법률상 이익이 없다.
④ 행정처분이 취소되면 그 처분은 취소로 인하여 그 효력이 상실되어 더 이상 존재하지 않는 것이고, 그 처분을 대상으로 한 취소소송의 경우 법률상 이익이 없다.

16   2021 지방직 9급

사정판결에 대한 설명으로 옳지 않은 것은? (다툼이 있는 경우 판례에 의함)

① 사정판결은 본안심리 결과 원고의 청구가 이유 있다고 인정됨에도 불구하고 처분을 취소하는 것이 현저히 공공복리에 적합하지 아니하다고 인정하는 때 원고의 청구를 기각하는 판결을 말한다.
② 사정판결은 항고소송 중 취소소송 및 무효등확인소송에서 인정되는 판결의 종류이다.
③ 법원이 사정판결을 함에 있어서는 미리 원고가 그로 인하여 입게 될 손해의 정도와 배상방법 그 밖의 사정을 조사하여야 한다.
④ 원고는 피고인 행정청이 속하는 국가 또는 공공단체를 상대로 손해배상, 제해시설의 설치 그 밖에 적당한 구제방법의 청구를 당해 취소소송등이 계속된 법원에 병합하여 제기할 수 있다.

17   2020 국회직 8급

판결의 기속력에 대한 설명으로 옳지 않은 것은? (다툼이 있는 경우 판례에 의함)

① 거부처분이 있은 후 법령이 개정되어 시행된 경우에는 개정된 법령과 그에 따른 기준을 새로운 사유로 들어 다시 거부처분을 하더라도 기속력에 반하는 것은 아니다.
② 기속력의 주관적 범위는 그 사건에 관하여 당사자인 행정청과 그 밖의 관계행정청에 미친다.
③ 거부처분 취소소송에서 재처분의무의 실효성을 확보하기 위한 간접강제제도는 부작위위법확인소송에도 준용된다.
④ 기속력의 객관적 범위는 판결의 주문과 판결이유 중에 설시된 개개의 위법사유 및 간접사실이다.
⑤ 기속력을 위반한 행정청의 행위는 당연무효이다.

정답&해설

14 ④ 행정소송

④ 컨테이너를 설치하여 사무실 등으로 사용하는 갑 등에게 관할 시장이 「건축법」 제2조 제1항 제2호의 건축물에 해당함에도 같은 법 제11조의 따른 건축허가를 받지 않고 건축하였다는 이유로 원상복구명령 및 계고처분을 하였다가 이에 대한 취소소송에서 같은 법 제20조 제3항 위반을 처분사유로 추가한 사안에서, 당초 처분사유인 "건축법」 제11조 위반"과 추가한 추가사유인 "건축법」 제20조 제3항 위반"은 위반행위의 내용이 다르고 위법상태를 해소하기 위하여 거쳐야 하는 절차, 건축기준 및 허용가능성이 달라지므로 그 기초인 사회적 사실관계가 동일하다고 볼 수 없어 처분사유의 추가·변경이 허용되지 않는다(대판 2021.7.29. 2021두34756).

|오답해설| ① 원상복구명령은 행정청의 상대방에 대한 의무부과처분으로서 「행정절차법」상의 사전통지와 의견청취의 대상이다.
② 계고서는 명칭의 1장의 문서로서 일정 기간 내에 위법건축물의 자진철거를 명함과 동시에 그 소정 기한 내에 자진철거를 하지 아니할 때에는 대집행할 뜻을 미리 계고한 경우라도 「건축법」에 의한 철거명령과 「행정대집행법」에 의한 계고처분은 독립하여 있는 것으로서 각 그 요건이 충족되었다고 볼 것이다(대판 1992.6.12. 91누13564).
③ 행정대집행의 전제가 되는 의무 부과가 무효인 경우에 이에 기한 행정대집행의 계고 등도 무효가 된다.

|판례|
> 적법한 건축물에 대한 철거명령은 그 하자가 중대하고 명백하여 당연무효라고 할 것이고, 그 후행행위인 건축물철거 대집행계고처분 역시 당연무효라고 할 것이다(대판 1999.4.27. 97누6780).

15 ③ 행정소송

③ 지방의회 의원에 대한 제명의결 취소소송 계속 중 의원의 임기가 만료된 사안에서, 제명의결의 취소로 의원의 지위를 회복할 수는 없다 하더라도 제명의결 시부터 임기만료일까지의 기간에 대한 월정수당의 지급을 구할 수 있는 등 여전히 그 제명의결의 취소를 구할 법률상 이익이 있다(대판 2009.1.30. 2007두13487).

|오답해설| ① 대판 2016.6.10. 2013두1638
② 대판 2017.10.31. 2015두45045
④ 대판 2006.9.28. 2004두5317

16 ② 행정소송

② 무효등확인소송에는 취소소송에서 인정되는 사정판결이 인정되지 않는다.

17 ④ 행정소송

④ 판결의 기속력은 판결의 주문과 판결이유에 설시된 개개의 위법사유에 미치며, 간접적인 사실에는 기속력이 미치지 않는다.

|오답해설| ① 그러한 처분도 「행정소송법」 제30조 제2항에 규정된 재처분이다(대결 1998.1.7. 97두22).
③ 간접강제제도는 거부처분 취소소송과 부작위위법확인소송에서 인정된다.

| 정답 | 14 ④ 15 ③ 16 ② 17 ④

18

2021 국가직 7급

취소판결의 기속력에 대한 설명으로 옳은 것(○)과 옳지 않은 것(×)을 바르게 연결한 것은? (다툼이 있는 경우 판례에 의함)

> ㄱ. 취소 확정판결의 기속력은 판결의 주문(主文)에 대해서만 발생하며, 처분의 구체적 위법사유에 대해서는 발생하지 않는다.
> ㄴ. 처분청이 재처분을 하였는데 종전 거부처분에 대한 취소 확정판결의 기속력에 반하는 경우에는 간접강제의 대상이 될 수 있다.
> ㄷ. 취소 확정판결의 기속력에 대한 규정은 무효확인판결에도 준용되므로, 무효확인판결의 취지에 따른 처분을 하지 아니할 때에는 1심 수소법원은 간접강제결정을 할 수 있다.
> ㄹ. 특별한 사정이 없는 한 간접강제결정에서 정한 의무이행 기한이 경과한 후에라도 확정판결의 취지에 따른 재처분의 이행이 있으면 더 이상 배상금의 추심은 허용되지 않는다.

	ㄱ	ㄴ	ㄷ	ㄹ
①	○	×	○	○
②	×	○	×	○
③	×	○	×	×
④	×	×	○	○

19

2022 지방직 9급

취소소송의 판결에 대한 설명으로 옳은 것은? (다툼이 있는 경우 판례에 의함)

① 원고의 청구가 이유 있다고 인정하는 경우에도 이를 인용하는 것이 현저히 공공복리에 적합하지 않다고 판단되면 법원은 피고 행정청의 주장이나 신청이 없더라도 사정판결을 할 수 있다.
② 영업정지처분에 대한 취소소송에서 취소판결이 확정되면 처분청은 영업정지처분의 효력을 소멸시키기 위하여 영업정지처분을 취소하는 처분을 하여야 할 의무를 진다.
③ 공사중지명령의 상대방이 제기한 공사중지명령취소소송에서 기각판결이 확정된 경우 특별한 사정변경이 없더라도 그 후 상대방이 제기한 공사중지명령해제신청 거부처분 취소소송에서는 그 공사중지명령의 적법성을 다시 다툴 수 있다.
④ 행정청은 취소판결에서 위법하다고 판단된 처분사유와 기본적 사실관계의 동일성이 없는 사유이더라도 처분 시에 존재한 사유를 들어 종전의 처분과 같은 처분을 다시 할 수 없다.

20

2021 국가직 9급

갑 회사는 '토석채취허가지 진입도로와 관련 우회도로 개설 등은 인근 주민들과의 충분한 협의를 통해 민원발생에 따른 분쟁이 생기지 않도록 조치 후 사업을 추진할 것'이란 조건으로 토석채취가를 받았다. 그러나 갑은 위 조건이 법령에 근거가 없다는 이유로 이행하지 아니하였고, 인근 주민이 민원을 제기하자 관할 행정청은 갑에게 공사중지명령을 하였다. 갑은 공사중지명령의 해제를 신청하였으나 거부되자 거부처분 취소소송을 제기하였다. 이에 대한 설명으로 옳지 않은 것은? (다툼이 있는 경우 판례에 의함)

① 일반적으로 기속행위의 경우 법령의 근거 없이 위와 같은 조건을 부가하는 것은 위법하다.
② 공사중지명령의 원인사유가 해소되었다면 갑은 공사중지명령의 해제를 신청할 수 있고, 이에 대한 거부는 처분성이 인정된다.
③ 갑에게는 공사중지명령 해제신청 거부처분에 대한 집행정지를 구할 이익이 인정되지 아니한다.
④ 갑이 앞서 공사중지명령 취소소송에서 패소하여 그 판결이 확정되었더라도, 갑은 그 후 공사중지명령의 해제를 신청한 후 해제신청 거부처분 취소소송에서 다시 그 공사중지명령의 적법성을 다툴 수 있다.

정답&해설

18 ② 행정소송

ㄱ. (X) 확정판결의 기속력은 판결의 주문과 주문의 전제가 된 요건사실의 인정 및 판단에 미친다(대판 2001.3.23. 99두5238).
ㄴ. (O) 거부처분에 대한 취소의 확정판결이 있음에도 행정청이 아무런 재처분을 하지 아니하거나, 재처분을 하였다 하더라도 그것이 종전 거부처분에 대한 취소의 확정판결의 기속력에 반하는 등으로 당연무효라면 이는 아무런 재처분을 하지 아니한 때와 마찬가지라 할 것이므로 이러한 경우에는 「행정소송법」제30조 제2항, 제34조 제1항 등에 의한 간접강제신청에 필요한 요건을 갖춘 것으로 보아야 한다(대결 2002.12.11. 2002무22).
ㄷ. (X) 무효등확인소송은 간접강제대상이 아니다(대결 1998.12.24. 98무37).
ㄹ. (O) 간섭강제세도의 취지는 실질적인 배상이 아니라 행정청의 처분을 이행하도록 함에 있다(대판 2004.1.15. 2002두2444).

19 ① 행정소송

① 사정판결에 대해 「행정소송법」은 신청으로 한정하는 규정을 두고 있지 않다.

> 「행정소송법」제28조 【사정판결】 ① 원고의 청구가 이유 있다고 인정하는 경우에도 처분 등을 취소하는 것이 현저히 공공복리에 적합하지 아니하다고 인정하는 때에는 법원은 원고의 청구를 기각할 수 있다. 이 경우 법원은 그 판결의 주문에서 그 처분 등이 위법함을 명시하여야 한다.

|판례|
> 사정판결은 당사자의 명백한 주장이 없는 경우에도 기록에 나타난 여러 사정을 기초로 직권으로 할 수 있는 것이나, 그 요건인 현저히 공공복리에 적합하지 아니한지 여부는 위법한 행정처분을 취소·변경하여야 할 필요와 그 취소·변경으로 인하여 발생할 수 있는 공공복리에 반하는 사태 등을 비교·교량하여 판단하여야 한다(대판 2006.9.22. 2005두2506).

|오답해설| ② 행정청의 별도 취소 없이 법원의 판결에 의해 취소된다(판결의 형성력).
③ 공사중지명령취소소송에서의 기각판결에 의해 후소에서 공사중지명령의 적법성을 주장할 수 없다(판결의 기판력).
④ 인용판결이 있었다고 해도 행정청은 다른 사유로 다시 동일한 처분을 할 수 있다(판결의 기속력).

20 ④ 행정소송

④ 이 경우 공사중지명령에 대하여 그 명령의 상대방이 해제를 구하기 위해서는 명령의 내용 자체로 또는 성질상으로 명령 이후에 원인사유가 해소되었음이 인정되어야 한다(대판 2014.11.27. 2014두37665).

|오답해설| ② 건축회사에 대한 공사중지명령에 있어서 그 명령의 내용 자체 또는 그 성질상 그 원인사유가 해소되는 경우, 건축회사에게 조리상 당해 공사중지명령의 해제를 요구할 수 있는 권리가 인정된다(대판 1997.12.26. 96누17745).
③ 거부처분에는 집행정지가 인정되지 않는다.

|정답| 18 ② 19 ① 20 ④

21

항고소송의 판결에 대한 설명으로 옳은 것은? (다툼이 있는 경우 판례에 의함)

① 취소소송에서 법원은 사실심 변론종결 당시에 존재하는 사실 및 법률상태를 기준으로 처분의 위법 여부를 판단하여야 한다.
② 「행정소송법」 제4조 제1호에서 취소소송을 행정청의 위법한 처분 등을 취소 또는 변경하는 소송으로 정의하고 있는데, 여기에서 '변경'은 소극적 변경뿐만 아니라 적극적 변경까지 포함하는 의미로 본다.
③ 처분의 취소소송에서 청구를 기각하는 확정판결의 기판력은 다시 그 처분에 대해 무효확인을 구하는 소송에 대해서는 미치지 않는다.
④ 소청심사결정의 취소를 구하는 소송에서 소청심사단계에서 이미 주장된 사유만을 행정소송에서 판단대상으로 삼을 것은 아니고 소청심사결정 후에 생긴 사유가 아닌 이상 소청심사단계에서 주장하지 않은 사유도 행정소송에서 주장하는 것이 가능하다.
⑤ 거부처분의 무효확인판결에 따른 재처분의무를 이행하지 않는 경우에는 법원은 간접강제결정을 할 수 있다.

22

행정소송의 판결에 대한 설명으로 옳지 않은 것은?

① 처분등을 취소하는 확정판결은 제3자에 대하여도 효력이 있다.
② 취소 확정판결의 기속력은 판결의 주문 및 전제가 되는 처분 등의 구체적 위법사유에 관한 판단에도 미치므로, 종전 처분이 판결에 의하여 취소되었다면 종전 처분의 처분사유와 기본적 사실관계에서 동일하지 않은 다른 사유를 들어서 새로이 동일한 내용을 처분하는 것 또한 확정판결의 기속력에 저촉된다.
③ 법원은 원고의 청구가 이유 있다고 인정하는 경우에도 처분 등을 취소하는 것이 현저히 공공복리에 적합하지 아니하다고 인정하는 때에는 원고의 청구를 기각할 수 있다.
④ 과세의 절차 내지 형식에 위법이 있어 과세처분을 취소하는 판결이 확정되었을 경우 과세관청은 그 위법사유를 보완하여 다시 새로운 과세처분을 할 수 있고, 그 새로운 과세처분은 확정판결에 의하여 취소된 종전의 과세처분과는 별개의 처분이다.

23

무효등 확인소송에 대한 설명으로 옳은 것은?

① 무효확인판결에는 취소판결의 기속력에 관한 규정이 준용되지 않는다.
② 무효등확인소송의 제기 당시에 원고적격을 갖추었다면 계속 중에 원고적격을 상실하더라도 그 소는 적법하다.
③ 행정처분의 무효란 행정처분이 처음부터 아무런 효력도 발생하지 아니한다는 의미이므로 무효등 확인소송에 대해서는 집행정지가 인정되지 아니한다.
④ 행정처분의 당연무효를 주장하여 그 무효확인을 구하는 행정소송에 있어서는 원고에게 그 행정처분이 무효인 사유를 주장·입증할 책임이 있다.

24

2023 지방직 9급

「행정소송법」상 당사자소송에 대한 설명으로 옳지 <u>않은</u> 것은?

① '당사자소송'이란 행정청의 처분 등을 원인으로 하는 법률관계에 관한 소송 그 밖에 공법상의 법률관계에 관한 소송으로서 그 법률관계의 한쪽 당사자를 피고로 하는 소송을 의미한다.
② 공법상 계약의 한쪽 당사자가 다른 당사자를 상대로 효력을 다투거나 이행을 청구하는 소송은 공법상의 법률관계에 관한 분쟁이므로 분쟁의 실질이 공법상 권리·의무의 존부·범위에 관한 다툼이 아니라 손해배상액의 구체적인 산정방법·금액에 국한되는 등의 특별한 사정이 없는 한 당사자소송으로 제기하여야 한다.
③ 명예퇴직한 법관이 미지급 명예퇴직수당액에 대하여 가지는 권리는 명예퇴직수당 지급대상자 결정절차를 거쳐 명예퇴직수당규칙에 의하여 확정된 공법상 법률관계에 관한 권리로서, 그 지급을 구하는 소송은 당사자소송에 해당하며, 그 법률관계의 당사자인 국가를 상대로 제기하여야 한다.
④ 당사자소송은 공법상 법률관계에 관한 소송이므로 이를 본안으로 하는 가처분에 대하여는 「민사집행법」상 가처분에 관한 규정이 준용되지 않는다.

정답&해설

24 ④ 행정소송

④ 「행정소송법」에 당사자소송은 임시구제제도가 규정되어 있지 않아 「민사집행법」상의 '가처분'에 관한 규정이 준용된다.

| 판례 |

당사자소송에 대하여는 「행정소송법」 제23조 제2항의 집행정지에 관한 규정이 준용되지 아니하므로(「행정소송법」 제44조 제1항 참조), 이를 본안으로 하는 가처분에 대하여는 「행정소송법」 제8조 제2항에 따라 「민사집행법」상 가처분에 관한 규정이 준용되어야 한다(대결 2015.8.21. 자 2015무26).

|오답해설| ① 「행정소송법」 제3조 제2호
② 공법상 계약에 대한 분쟁은 특별한 사정이 없는 한 당사자소송에 의한다.

| 판례 |

공법상 계약의 한쪽 당사자가 다른 당사자를 상대로 효력을 다투거나 이행을 청구하는 소송은 공법상의 법률관계에 관한 분쟁이므로 분쟁의 실질이 공법상 권리·의무의 존부·범위에 관한 다툼이 아니라 손해배상액의 구체적인 산정방법·금액에 국한되는 등의 특별한 사정이 없는 한 공법상 당사자소송으로 제기하여야 한다(대판 2021.2.4. 2019다277133).

③ 명예퇴직한 법관이 미지급 명예퇴직수당액에 대하여 가지는 권리는 명예퇴직수당 지급대상자 결정절차를 거쳐 명예퇴직수당규칙에 의하여 확정된 공법상 법률관계에 관한 권리로서, 그 지급을 구하는 소송은 「행정소송법」의 당사자소송에 해당하며, 그 법률관계의 당사자인 국가를 상대로 제기하여야 한다(대판 2016.5.24. 2013두14863).

| 정답 | 24 ④

찾아보기

ㄱ

가격시점 826
가명처리 562
가분행위론 26
가산세 711
가중요건 954
가처분 999
가치보장 823
가해자 773
가행정행위 263, 437
간소화지령 224
간접강제결정 1024
간접적·외부적 효력 229
감사원규칙 195
감액처분 708
감정 797
감치 699
강제력 111, 355
강제조사 665
강제집행 614
강행법규 117, 128
개괄주의 878, 931
개발이익 825
개발이익 배제 827
개발이익 환수제 827
개별공시지가 768
개별적 결정설 139
개별적·추상적 규율 252, 262
개별조사계획의 수립 671
개별화·유형화 결정설 217
개인정보 보호위원회 564
개인정보의 처리정지 578
개인정보자기결정권 559
개인정보처리자 562
개인정보파일 562
개인주의 사상 728
객관설 789
객관적 가치보상설 825
객관적 병합 977
객관적 하자 790
갱신허가 298
거부처분 252
거소 157

건물철거 계고처분 388
건축계획심의 신청 943
건축물대장 315
건축주 명의변경신고 172
검증 797
결격사유 495
결과제거청구권 644, 857
결손금액증액경정청구 943
결정서 797
결정서 등본 884
경계이론 823
경과실 777
경비교도 760
경영수행관계 136
경정 885
경제계획 465
경찰개입청구권 130
경찰서 보호실 661
경찰작용 659
경찰행정 28, 53
경험적 개념 272
계속적 확인소송설 953
계약 99
계엄선포 22
계획변경청구권 473
계획재량 469
계획홍수위 792
고발 663
고액·상습체납자 699
고유식별정보의 처리 제한 571
고정형 영상정보처리기기 562
고충민원 506
고충민원처리제도 873
고충심사결정 257
고충처리 873
골재선별·파쇄 신고 170
골프연습장 이용료 변경신고 167
공개대상 정보의 원문공개 546
공개심리주의 1003
공공계약 441
공공단체 27, 100
공공단체 상호간의 사무위탁 447
공공시설 782
공공용물 782

공공의 필요 815
공공 일반의 이익 738
공공조합 101
공과(公課)행정(재무행정) 28
공과금 650
공권과 공의무 112
공급거부 716
공기업특권 115
공동조사 670
공매 648
공매통지 648
공무수탁사인 101
공무수행 781
공무원징계권 153
공무집행방해죄 361, 624
공물 154
공법상 계약 440
공법상 사단관계 134
공법상 의무 622
공법상의 보조계약 447
공법인의 정관작성 310
공법적 효과 162, 300
공보 204
공상 759
공서양속 140
공역무 35
공역무의 계속성원칙 716
공용부담특권 115
공용부담행정 28
공용수용 817, 845
공용제한 853
공용차 781
공용폐지 154
공유재산 350, 622
공의무 132
공익근무요원 760
공익근무요원소집처분 380, 963
공익근무요원 소집해제 966
공익법인의 기본재산 304, 310
공익우선성 34
공익재량 269
공작물점유자 783
공장입지기준확인 942
공적 통제 214

공정력 107	구속적 가치평가 273	규준력설 384
공정성 259	구술심리주의 898, 1003	근거법령 201
공제(控除) 772	국가배상 26, 164	근거불요설 405
공중보건의사 채용계약 450	국가배상심의회의 19, 942	금전급부의무 644
공증 312	국가유공자예우 중단결정 382	금전채권 153
공직선거법 1040	국가인권위원회 867	금지소송 923
공청회 508, 519	국가적 공권 115	급부청구권 1036
공평부담주의 728	국가정보원장의 의원면직처분 387	기각재결 900
공포시점 75	국가행정 27	기간 149
공포한 날 75	국가행정작용권 189	기간 계산 149
공표청구권 714	국고계약 441	기결력설 384
과세자료 387, 674	국고관계 96	기관소송 727, 866, 1040
과실범 687	국고행정 29	기관양태설 18
과실상계 772	국내법 33	기본관계 136
과실의 객관화 이론 750	국민제안의 처리 533	기본권설 62
과실책임 749	국민주권주의 25, 162	기본권의 제한 133
과잉금지의 원칙 51, 454	국민참여 창구 533	기본재산 648
과징금 498	국민투표 24, 195	기본재산전환인가 326
과태료 680	국방전력발전업무훈령 943	기소 745
과태료 납부증명서 700	국세심판 726	기속력 902, 998
과태료 산정 697	국세징수법 618, 644	기술성 33
과태료징수권 154	국세청장 651	기일 149
과학기술기본법령 443	국세환급금결정 940	기준액설 771
과학적 연구 562	국유재산 사용청구권 619	기판력 109
과형절차 686	국정감사 207	기피 882
관계행정청의 소재지 1034	국제그룹 해제조치 459	기한 149, 321
관리관계 97, 140	국제법 33	긴급재정·경제명령 24, 46, 191
관리사무의 귀속주체 795	국제항공운수권배분 실효처분 381	
관리처분계획 305	국토계획 465	
관보 75, 344	국토방위계획 465	ㄴ
관세범 693	국헌문란 23	
관세징수권 154	국회규칙 190	난민인정 499
관습법 47	국회사무총장 880	남북정상회담 23
관습헌법 45	국회 소관 상임위원회 531	납부대행기관 698
관용차 780	국회의 회기기간 150	납세고지서 887
관할 512	군사반란 23	납입고지 152
관할 위반 976	군사행정 28	내란행위 23
관허사업의 제한 699	군인연금법 1038	내부위임 338
광의의 공정력설 107	권력분립 16, 188	내부적 사실행위 476
교원소청심사위원회 904	권력적 사실행위 477, 713	내부적 효력 229
교육계획 465	권리구제설 947	내부질서 규율목적 766
교육규칙 190, 234	권리남용 774	내용적 제한 319
교육부장관의 관선이사 임명 310	권리불행사 151	내인가 436
교통사범 691	권한남용금지의 원칙 74	내허가 436
교통장애물의 제거조치 662	권한불행사 755, 1002	노동위원회 870
교통할아버지 735	권한 승계 882	노선면허거부처분 381
교환적 변경 991	권한의 대리 969	논리적 견해 361
구류 685	귀속설 105	농업손실의 보상 832
구상권 764, 766	귀화신청 177	농지법 638
구성요건적 효력 107, 346	규범적 개념 272	농지처분명령 964
		누범 691

능력규정 ····································· 34

ㄷ

다단계업자의 상호변경신고 ············· 168
다수인을 대상으로 하는 행정지도 ··· 455, 532
단수처분 ···································· 251
단심제 ······································ 976
단체소송 ···································· 584
담보 ··· 648
담보제공 ···································· 768
답변서 ······································ 892
당사자소송 ························· 925, 1028
당사자심판 ································· 877
당사자주의 ······························· 1003
당연 승계 ··························· 513, 884
대기오염물질 총량관리사업장 ········· 302
대리 ··· 310
대물적 일반처분 ·························· 252
대물적 행정행위 ·························· 260
대세효 ······································ 905
대심구조화 ································· 877
대심주의 ······················ 866, 897, 1003
대인적 일반처분 ·························· 252
대인적 행정행위 ·························· 260
대인적 허가 ······························· 291
대집행 ······································ 620
대집행의 실행 ····························· 632
대체가능성설 ······························ 272
대통령령 ···································· 194
대표자 ······································ 513
대한변호사협회 ··························· 101
대형버스의 음주운전 ······················ 73
도라산역사 ································· 772
도시계획법 ································· 814
독립명령 ···································· 191
독립쟁송가능성 ··························· 335
독립한 행정행위 ·························· 403
독자성설 ···································· 462
독촉 ··· 645
등기공무원 ································· 746
등사신청 거부행위 ······················· 746

ㅁ

마약류 관리에 관한 법률 ··············· 662
매각예정가격 ······························ 650
매도청구권 ································· 817
매수보상 ···································· 842

매수인 ······································ 648
매향리사격장 ······························ 786
면제사유 ···································· 793
명단공개 ···································· 683
명령권 ······································ 135
명령·규칙에 대한 심사권 ·············· 210
명령적 행위 ······························· 286
명령적 행정행위 ···················· 285, 286
명예훼손 ···································· 715
명의기관 ···································· 338
명의신탁자 ································· 284
목적론적 견해 ····························· 361
목적물의 멸실 ······················ 149, 410
목적위배설 ································· 820
무과실책임 ························· 728, 783
무과실책임주의 ··························· 728
무증거법칙의 법리 ······················· 272
무허가의 효력 ····························· 294
무효등확인소송 ··························· 394
무효사유 ···································· 384
무효선언적 의미의 취소소송 ·········· 358
문책경고 ···································· 935
문화재보호구역 지정해제 요구권 ····· 254
물건조서 ···································· 846
물권설 ······································ 857
물리적·기술적 유형 ····················· 838
물적 범위 ································ 1020
영·미 실질적 증거법칙 ················· 272
민감정보의 처리 제한 ··················· 570
민사상 강제집행과 구별 ················ 618
민사소송 ···································· 394
민사집행법 ······························· 1000
민원으로의 처리 ·························· 554
민주행정주의 ································ 74
민중소송 ······················ 727, 865, 1040

ㅂ

바이마르헌법 ······················ 730, 825
반대방향의 의사표시 ···················· 440
반복 청구 등의 처리 ···················· 554
반사적 효력설 ····························· 347
발부·납부기한 ··························· 645
발신주의 ···································· 177
방침규정설 ································· 811
방해제거청구권 ··························· 857
배상액 ······································ 771
배상지급 ···································· 797
배후지 ······································ 832
범죄능력 ···································· 688

법 앞의 평등 ································ 40
법규명령 형식의 행정규칙 ············· 218
법규재량 ···································· 269
법규형식 ···································· 286
법령보충(행정)규칙 ······················ 224
법령해석 ···································· 754
법률관계 불능 ····························· 388
법률문제 ···································· 897
법률상 실현불능 ·························· 338
법률상 이익 ······················· 858, 947
법률우위 ······································ 37
법률유보의 원칙 ·························· 136
법률의 법규창조력 ·················· 37, 41
법률의 유보 ································· 37
법률적합성(法律適合性) ················· 106
법률종속명령 ······························ 191
법률행위적 행정행위 ············· 262, 285
법무법인의 공정증서 작성행위 ······· 313
법문상 표현 ······························· 275
법원(法源) ··································· 45
법의 일반원칙 ······························· 50
법의 절대적 우위 ·························· 40
법일원설 ···································· 139
법적실효설 ································· 620
법적 안정성 ································· 62
법적합성 ···································· 259
법적 행위 ·································· 248
법정과실 ···································· 646
법정대리인 ································· 886
법정부관 ···································· 318
법정액 ······································ 708
법정 외 항고소송 ························ 925
법제처장 ···································· 531
법집행행위 ································· 251
법치주의 ······························ 36, 189
변론(응소)관할 ··························· 975
변론종결 시 ····························· 1008
변상금부과처분 ··························· 151
변상명령 ···································· 383
변형된 과징금 ····························· 707
별소의 제기 ······························· 989
병과가능성 ································· 638
병렬관계 ···································· 928
병역감면신청서 ··························· 964
보고요구 ···································· 669
보고요구서 ································· 669
보상계획 ···································· 846
보상금증감청구소송 ····················· 851
보상보호 ······································ 70
보상의무자 ································· 843

| 보상입법부작위 위헌설 ················ 812
| 보상청구권 ······························· 807
| 보안처분 ································· 691
| 보유자 ··································· 780
| 보정 ····································· 178
| 보조금 지급결정 ······················ 1037
| 보증인 ··································· 736
| 보직해임처분 ··························· 512
| 보충성의 원칙 ················· 626, 643
| 보충역편입처분 ························ 380
| 보충행위 ································· 305
| 보통입찰 ································· 648
| 보통지방자치단체 ····················· 100
| 보호가치 ································· 66
| 보호가치 있는 이익구제설 ········ 947
| 보호관리 ································· 158
| 보호이익 ································· 120
| 보훈급여청구 ··························· 762
| 복리행정 ································· 28
| 복수채권 ································· 152
| 복심적 쟁송 ····························· 865
| 복지국가주의 ··························· 74
| 복합민법 ································· 772
| 본래의 과징금 ·························· 706
| 본래적 의미의 신고 ················· 164
| 본세 ····································· 712
| 본안심리 ································· 897
| 본안판결 ································ 1014
| 본질사항유보설 ························ 39
| 본치분권한포함설 ···················· 438
| 부관 ······························· 270, 311
| 부관비구속설 ··················· 334, 335
| 부관의 하자 ···························· 333
| 부담 ····································· 323
| 부담의 부종성 ·························· 324
| 부담적 행정 ···························· 29
| 부담적 행정행위 ··············· 260, 405
| 부당결부금지 ··························· 71
| 부당내부거래 ··························· 706
| 부당이득 ································· 159
| 부동산투기자의 명단 ················ 715
| 부령 ····································· 195
| 부본 ······························· 892, 896
| 부분공개 ································· 549
| 부분인허 ································· 437
| 부작위 ··································· 211
| 부작위위법확인소송 ······· 129, 212, 925
| 부작위의무 ······················ 623, 1021
| 부적법한 신청의 효과 ······· 163, 179
| 부정신고 ································· 388

| 부제소특약 ······························· 331
| 부존재 ··································· 357
| 부존재확인소송 ························ 925
| 부진정일부취소소송 ················· 336
| 부진정입법부작위 ····················· 212
| 분담금부과 ······························· 979
| 분리가능성설 ··························· 336
| 분리이론 ································· 823
| 분할 납부 ······························· 707
| 분할불 ··································· 842
| 불가변력(不可變力) ··················· 110
| 불가분물 ································· 646
| 불가쟁력 ······················ 104, 343, 361
| 불가항력 ································· 791
| 불고지 ··································· 890
| 불기소 ··································· 745
| 불량식품검사 ··························· 665
| 불문경고조치 ··························· 250
| 불문법 ··································· 33
| 불문법원 ································· 47
| 불법영업소 강제폐쇄 ················ 618
| 불법용도변경 시정 ··················· 618
| 불법행위 ································· 734
| 불법행위자 ······························· 736
| 불변기간 ································· 982
| 불복에 대한 고지 ···················· 266
| 불복절차 ······························· 1025
| 불심검문 ································· 665
| 불이익조치금지원칙 ················· 454
| 불확정기한 ······························· 321
| 비공개결정의 통지 ··················· 555
| 비공개기준 수립 ····················· 548
| 비공개대상 정보 ····················· 546
| 비공개 세부기준의 개선 ·········· 549
| 비공개요청 ······························· 558
| 비구속적 행정계획 ··················· 465
| 비권력관계 ······························· 97
| 비권력적 사실행위 ··················· 477
| 비권력적 행정 ·························· 28
| 비대체적 결정 ·························· 273
| 비대체적 작위의무 ··················· 623
| 비례성 ··································· 626
| 비례성의 원칙 ·························· 643
| 비례원칙 ································· 51
| 비법규성설 ······························· 214
| 비산먼지배출업신고 ················· 172
| 비상계엄선포행위 ····················· 23
| 비상명령 ································· 191
| 비신고대상의 수리거부 ············ 175
| 비영리민간단체 ························ 584

| 비용부담자 ······························· 796
| 비진의 의사표시 ······················· 178
| 비행정행위 ······························· 357

ㅅ

| 사건 ····································· 149
| 사면권행사 ······························· 22
| 사면실시건의서 ························ 549
| 사무처리준칙 ··················· 216, 218
| 사법(私法)관계 ························· 97
| 사법부자제설 ··························· 20
| 사법상 계약 ···························· 331
| 사법작용설 ······························· 991
| 사법적 효과 ···························· 300
| 사법제도국가 ··························· 36
| 사법통제 ································· 746
| 사법행위 ································· 148
| 사실관계의 변경 ····················· 406
| 사실문제 ······················· 897, 1002
| 사실상 공무원 ··················· 69, 365
| 사실상의 강제성 ····················· 454
| 사실심 변론종결 시 ················· 896
| 사실오인 ································· 279
| 사실파악형 신고 ······················· 175
| 사실행위 ································· 251
| 사업인정실효 ··························· 155
| 사업인정의 고시 ······················· 845
| 사업폐지 ································· 807
| 사용료 ··································· 500
| 사용인 ··································· 688
| 사유재산권 ······························· 806
| 사익보호성(私益保護性) ············ 117
| 사인의 공권 ···························· 115
| 사인의 공법행위 ······················· 161
| 사적 자치의 원칙 ···················· 33
| 사적 효용설 ···························· 820
| 사전결정 ································· 263
| 사전영장주의 ··························· 660
| 사전적 구제제도 ······················ 504
| 사전통지 ················ 265, 340, 504, 697
| 사정의 변경 ···························· 956
| 사정재결 ······················ 53, 360, 900
| 사정참작 ································· 899
| 사정판결 ····························· 53, 360
| 사회국가원리설 ························ 62
| 사회권 ··································· 116
| 사회보장수급권 ······················· 1038
| 사회보장행정 ··························· 28
| 사회적 제약 ···························· 820

사후부관의 가능성 ········· 332	수권법률 ················· 206	심사청구 ················· 651
산림훼손허가 ············· 55	수도권매립지관리공사 ······ 992	쌍방적 행정행위 ······ 261, 442
산업자원부 공장입지기준 고시 ··· 227	수도료 부과징수 ············ 98	쌍방행위 ············ 164, 436
상당보상설 ··············· 825	수리 ····················· 318	
상대적 금지 ··············· 289	수분양권 ················· 836	**ㅇ**
상소 ···················· 1026	수산제조업 신고 ············ 166	
상소기간 ················· 1026	수용사업 ················· 828	안경사 면허처분 취소 ········ 383
상수원보호구역변경처분 ······ 122	수용유사적 침해 ········ 663, 853	알선 ····················· 509
상이등급 개정 여부에 관한 결정 ··· 380	수용청구권 ··············· 830	압류등기 ················· 647
상이연금 ················· 759	수의계약 ················· 648	압류의 해제 ··············· 646
상호보증 ················· 733	수인의무 ············ 623, 642	약식 기소 ················· 694
상호주의 ················· 733	수인하명 ················· 286	약식청문 ················· 515
생산자물가상승률 ··········· 826	수정인가 ················· 179	양도소득세 ··············· 827
생존권 ·················· 116	순찰업무 ················· 761	양도소득세 부과처분 ········· 382
생존권적 기본권 ············ 834	시기 ····················· 321	양벌규정 ················· 585
생활보상 ················· 834	시료채취 ················· 670	양태설 ···················· 17
생활재건조치 ············· 836	시정 공고 ················· 714	어업면허 ················· 807
서면심리주의 ············· 898	시행시점 ··················· 75	업무위탁에 따른 개인정보의 처리 ··· 573
서울특별시립무용단원의 위촉 ··· 450	시효 ····················· 151	역무제공 ················· 158
서훈취소결정 ··············· 23	시효기간 ················· 153	연도별 행정조사운영계획 ····· 668
석유판매업의 등록 ·········· 261	시효의 중단·정지 ·········· 151	영관생계보조기금 ········· 1039
선거소송 ················ 1040	시효중단 ············ 151, 645	영상정보처리기기 ·········· 571
선결문제방식 ············· 208	신고필증 ················· 166	영업양도 등에 따른 개인정보의 이전 ··· 574
선박안전증 ··············· 766	신뢰보호의 원칙 ········ 62, 495	영업자지위승계신고 ········· 174
선원주의 ················· 291	신분·자격의 박탈 ·········· 518	영장주의 ················· 659
선정대표자 ··············· 883	신용카드 ················· 698	영조물 ·············· 770, 783
선행압류기관 ············· 646	신의성실 ··················· 61	영조물 법인 ··············· 101
설계의 불비 ··············· 785	신의칙설 ·········· 61, 62, 437	영토고권 ··················· 81
설권행위 ················· 301	신청인 ··················· 268	예고통지서 ··············· 374
설치·관리자 ··············· 794	신청행위 ················· 162	예방적 목적의 확인소송설 ····· 953
성문법 개폐적 효력설 ········· 48	신체등위판정 ············· 251	예방적·잠정적 금지 ········· 289
성문법 보충적 효력설 ········· 48	신침해유보설 ··············· 38	예비결정 ············ 263, 437
성문헌법주의 원칙 ··········· 44	신행정수도 ················· 24	예산운용계획 ············· 465
성실의무 ··················· 74	실력행사 ················· 664	예시적 ··················· 195
소극적 행정행위 ············ 261	실비변상 ················· 838	예정공물 ················· 154
소급적 목적의 형성소송설 ····· 953	실시계획승인처분 ······ 302, 310	예측결정 ················· 273
소득금액변동통지 ··········· 103	실질적 법규설 ············· 215	오기 ····················· 355
소멸 ···················· 205	실질적 법치주의 ············· 40	오형량 ··················· 470
소멸시효 ············ 153, 161	실질적 비용부담자설 ········· 796	온라인공청회 ············· 520
소방기본법 ··············· 856	실질적 위헌론 ············· 731	옹벽 ····················· 784
소변경허가결정 ············ 989	실질적 쟁송 ··············· 864	완전보상설 ··············· 825
소송물 ··················· 930	실질적 증거의 법칙 ········· 1003	외국인의 출입국 ············ 870
소송법상의 의무 위반 ········ 694	실질적 표준설 ············· 820	외부적 효력 ··············· 229
소송비용 ············ 1017, 1027	실체적 심사 ··············· 169	요건규정 ················· 271
소송판결 ················ 1014	실체적 하자 ··············· 371	요건재량설 ··············· 271
소추요건 ················· 693	실화책임에 관한 법률 ········ 732	우선협상대상자 선정 ········· 443
속지주의 ··················· 81	실효 ············ 206, 410, 439	운행지배 ················· 780
손실보상 ·········· 662, 728, 806	실효성 확보수단 ············· 71	원고적격 ················· 947
손익상계 ················· 772	심리기일 ················· 897	원상회복청구 ········ 634, 674
송달 ···················· 909	심문 ····················· 698	원상회복청구권 ············ 857

위반사실 등의 공표 ······ 713	일반적·구체적 규율 ······ 251	재량권의 0으로의 수축 ······ 283
위반사실 등의 공표절차 ······ 507	일반적·형식적 부정설 ······ 135	재량권의 남용 ······ 278
위법성의 조각문제 ······ 458	일반처분적 고시 ······ 222	재량권의 일탈 ······ 278
위법성 일반 ······ 930	일방적 행정행위 ······ 261	재량문제 ······ 629
위법행위 ······ 148	일본의 민속법학계 ······ 453	재량행사의 기준 ······ 496
위약금약정 ······ 648	일부면제설 ······ 301	재량행위 ······ 260, 269
위임기관 ······ 338	일부정지 ······ 992	재산권 ······ 116
위임명령 ······ 190, 191	일부취소 ······ 72, 372	재산압류 ······ 646
위임입법 ······ 45, 196	일시불 ······ 842	재심사 ······ 501
위임행정 ······ 27	일신전속적 ······ 640	재심판정 ······ 945
위자료 ······ 771	일일명령 ······ 222	재위임 ······ 201
위헌무효설 ······ 811	임대수입 ······ 833	재정계획 ······ 465
위헌법률의 심사권 ······ 210	임시구제 ······ 266	재정법상 확인 ······ 311
위험평가 ······ 273	임시처분 ······ 895	재처분의 의무 ······ 902
유도(誘導)행정 ······ 28	임시처분제도 ······ 866	재판관할 ······ 975
유료노인복지주택의 설치신고 ······ 171	임의관할 ······ 975	재판청구권 ······ 709
유월 ······ 278	임의적 공용부담 ······ 447	재해보상금 ······ 759, 762
유족보상금 ······ 773	임의적 동의 ······ 133	쟁송취소 ······ 396
유체물 ······ 784	입법방침설 ······ 811	적극적 손해 ······ 791
유추적용설 ······ 139	입법정책설 ······ 991	적극적 행정행위 ······ 261
유치 ······ 661	입법형성권 ······ 77	적법성보장설 ······ 947
유효확인 ······ 925	입찰보증금의 국고귀속 ······ 98	적법절차원리 ······ 505
의견제출 ······ 455, 508	입찰참가자격제한 ······ 99, 445	적법행위 ······ 148
의료유사업자 자격증 갱신발급 ······ 315		전래적 공법관계 ······ 97
의무고지 ······ 911		전문개정 ······ 80
의무이행기간 부여 ······ 639	**ㅈ**	전부유보설 ······ 38
의무적 동의 ······ 133		전시보상 ······ 825
의사력의 존재 ······ 117	자기구속의 법리 ······ 60	전심절차 ······ 981
의사표시 ······ 154, 164	자기구속적 의무 ······ 439	전자문서 ······ 508
의원면직처분 ······ 1002	자기책임설 ······ 776	전자서명 ······ 908
이륜자동차 ······ 73	자동적 처분 ······ 412, 496	전자정보처리조직 ······ 908
이원적 입법권론 ······ 217	자동화된 시스템 ······ 496	전자행정행위 ······ 412
이유제시 ······ 339, 373, 504	자력집행력 ······ 111, 349	전환 ······ 360, 369
이의제기 ······ 697	자료제출요구서 ······ 669	전환의 유형 ······ 376
이장(移葬) ······ 831	자박력 ······ 1026	절대적 소멸설 ······ 154
이전성의 제한 ······ 117	자연공물 ······ 784, 785	절차적 통제 ······ 207
이주정착금 ······ 836	자유권 ······ 116, 948	점유자 면책규정 ······ 783
이행강제금 ······ 635	자유민주주의 ······ 25	점유자의 퇴거 ······ 624
이행(급부)소송 ······ 926	자율관리체제 ······ 673	정기조사 ······ 671
이행통지 ······ 170	자이툰부대 ······ 24	정당방위 ······ 663, 726
인감증명 발급일 ······ 150	자체완성적 신고 ······ 529	정당보상 ······ 824
인공지능기술 ······ 412	자치법규 ······ 47, 493	정당한 이익설 ······ 954
인식의 표시 ······ 312	자치행정 ······ 27	정보공개 여부 결정의 통지 ······ 555
인인(隣人)관계 ······ 120	작위하명 ······ 286	정보공개 여부의 결정 ······ 553
인적 공용부담행정 ······ 34	잔여분 ······ 650	정보목록의 작성·비치 ······ 546
인·허가의제제도 ······ 295	잠정적 효력 ······ 107	정보의 전자적 공개 ······ 556
일괄불 ······ 842	장기계획 ······ 465	정보통신망 ······ 508
일면적·편면적 구속 ······ 215	장사 등에 관한 법률 ······ 641	정보통신수단을 통한 행정조사 ······ 673
일반권력관계 ······ 97	재결 ······ 843, 900	정비기반시설 ······ 823
일반사용 ······ 823	재결기간 ······ 900	정신적 사실행위 ······ 476
	재결신청 ······ 848, 877	

정신적 손해 ·············· 771	중대명백설 ·············· 362	집행정지제도 ·············· 894
정지조건 ·············· 320	중복소송 ·············· 1001	집행책임자 ·············· 629
정지조건부제고 ·············· 630	중복조사의 제한 ·············· 671	징계권 ·············· 135
정책적인 배려 ·············· 840	중앙선거관리위원회사무총장 ·············· 880	징계벌 ·············· 681
정치적 법률분쟁 ·············· 27	중앙행정심판위원회 ·············· 880	징벌위원회의 회의록 ·············· 549
제3자의 재심청구 ·············· 267	중요사항유보설 ·············· 39	
제소기간 ·············· 104, 871, 982	중첩적인 제재 ·············· 636	**ㅊ**
제재력 ·············· 112, 355	즉시강제 ·············· 500, 658	
제재적 처분 ·············· 683, 954	즉시고발 ·············· 691	차상위계층 ·············· 836
제재적 행정처분 ·············· 220	즉시항고 ·············· 698	착공신고 반려행위 ·············· 165
제재처분의 기준 ·············· 496	즉시 확정의 이익 ·············· 451	차오 ·············· 696
제출 의견의 반영 ·············· 521	증거조사 ·············· 698, 898	참고인에 대한 비용지급 ·············· 533
제한능력자 ·············· 140, 177	증명력 ·············· 1003	채권보상 ·············· 842
조건부 행정행위 ·············· 345	증액재결 ·············· 850	책임능력 ·············· 688
조달(調達)행정 ·············· 28	증표의 휴대 ·············· 643	처리 ·············· 531
조달행정작용 ·············· 98	증표제시 ·············· 666	처리의무 ·············· 163
조례제정권 ·············· 197	지방계획 ·············· 465	처벌규정의 위임문제 ·············· 200
조사계획 ·············· 668	지방법원 ·············· 698	처분권주의 ·············· 898, 1003
조사대상자 ·············· 669	지방자치단체 ·············· 100, 447	처분법규 ·············· 939
조사의 연기신청 ·············· 671	지방자치단체 상호간의 협의 ·············· 447	처분사유의 추가 ·············· 899
조성행정 ·············· 28	지방채의 모집 ·············· 98	처분사유의 추가와 변경 ·············· 1007
조세범 ·············· 691	지방토지수용위원회 ·············· 849	처분시설 ·············· 1013
조정적 행정지도 ·············· 455	지상물철거촉구 ·············· 456	처분의 방식 ·············· 528
조직권 ·············· 115	지시 ·············· 222	처분의 정정 ·············· 529
조직법상의 행정청 ·············· 247	지역계획 ·············· 465	처분의 효력 ·············· 495
존속보장 ·············· 824	지역적 효력 ·············· 80	처분재결 ·············· 901
존속보호 ·············· 70	지위승계신고 ·············· 176	처분형식 ·············· 286
존속성(확정성) ·············· 259	직권고지 ·············· 529	천연과실 ·············· 646
종기 ·············· 321	직권면직처분 ·············· 381	철도운행사업 ·············· 747
죄형법정주의 ·············· 33, 680	직권시정 ·············· 726	철도차장 ·············· 736
죄형법정주의 적용 ·············· 680	직권조사사항 ·············· 980	철회 ·············· 178, 403
주거용 건축물 ·············· 809	직권조사의 범위 ·············· 1002	철회권의 근거 ·············· 405
주관적 가치개념 ·············· 272	직권주의 ·············· 897	철회부자유설 ·············· 405
주관적 공권 ·············· 127	직권증거조사 ·············· 897	철회의 원인 ·············· 406
주관적 병합 ·············· 977	직권취소의 제한 ·············· 68	청구권 ·············· 116
주류거래 중지요청 ·············· 456	직근상급행정기관 ·············· 880	청구변경 ·············· 990
주류제조면허 ·············· 121, 293	직무행위 ·············· 737, 739	청구원인 ·············· 980
주소 ·············· 156	직접강제 ·············· 499	청구이유 ·············· 893
주소의 수 ·············· 157	직접적용설 ·············· 139	청구인 ·············· 883
주체 ·············· 204	직접적 폐지 ·············· 205	청구인적격 ·············· 266
주체설 ·············· 105	직접책임 ·············· 690	청문 ·············· 504
주택재건축사업시행 인가 ·············· 330	진술거부권 ·············· 667	청문의 재개 ·············· 519
주택재건축정비사업조합설립 ·············· 306	진실추정력 ·············· 316	청문의 종결과 재개 ·············· 519
준법률행위적 공법행위 ·············· 158	진정일부취소쟁송 ·············· 335	청문의 진행 ·············· 518
준법률행위적 행정행위 ·············· 311	진정입법부작위 ·············· 212	청문절차 ·············· 372
준용하천 ·············· 808	질서위반행위 ·············· 694	청문주재자 ·············· 518
중가산금 ·············· 698, 711	질서위반행위규제법 ·············· 695	체납국세 ·············· 650
중간이자 공제 ·············· 772	집행명령 ·············· 190, 194	체납자 ·············· 648
중간행위 ·············· 934	집행벌 ·············· 618, 635, 682	체비지의 매각 ·············· 938
중기계획 ·············· 465	집행정지 ·············· 266, 628, 698	촉진·조성적 행정지도 ·············· 455

총리령	195
최후의 보충법원	50
추상적 과실이론	750
추상적 규범통제방식	208
축산물판매업 신고	167
출원(신청)	291
취득시효	154
취소권의 제한	398
취소소송	129
취소의 취소	402
취소쟁송제도	204
취소판결의 대세효	252
취하	893
친일반민족행위자 결정	382
침해의 직접성	819
침해적 행정	29

ㅌ

타당성	74
탄핵소추권	207
태극무공훈장	1039
택지개발계획의 승인	463
토지거래허가제	821
토지·건물 등의 인도의무	624
토지등급결정	370
토지수용	99
토지수용위원회	808, 830
토지수용청구	807
토지이용계획	827
통고처분	19, 691
통일벼 장려	458
통치행위	20
통행차량 조사	665
퇴거신고	162
투명성	492
특별권력관계	97, 132
특별한 희생	806
특별항고	973
특별행정법관계의 설정합의	447
특별행정심판	726, 870
특수효력부여설	1021
특정대기유해물질 배출시설	56
특허심판원의 심결	946
특허의 성질	288
특허의 효과	302

ㅍ

판결주문	1024
판례구속성	50
판례법	40
패소자부담원칙	1027
편의재량행위	269
평등	495
평등권	116
평등의 원칙	57
폐차처분	784
포괄적 위임	191
포괄적인 신분관계 설정행위	399
포기의 제한성	118
포섭관계	928
폭음탄 관리	753
표현대리	365
피고경정	973
피고책임설	1005
피성년후견인	388
필수적 공동소송	268
필요성의 원칙	52

ㅎ

하명변경설	301
하위계획	468
하자	203, 355
하자의 개별화 이론	365
하자의 명백성	362
하자의 승계	360, 377
하자의 중대성	362
하자의 치유	108, 360
하천법	789
한계영역	272
한국광고자율심의기구	102
한국방송공사사장 해임	511
한국연구재단	101
한국토지공사	735
한국학중앙연구원	101
한미연합군사훈련	24
한미행정협정	733
한시법	79
한일국교정상화	22
한정액설	771
한지의사면허처분	378
합동행위	164, 445, 452
합성적 행정행위설	632
합의관할	975
합헌적 법률우위	41
항고심판	875
항고쟁송	163
해제조건	320
해제조건의 성취	230
행려병자와 사자의 관리	157
행위능력	177
행위재량설	271
행정강제	53, 105, 324, 616
행정개입청구권	129
행정객체	103
행정계획	53, 252, 461
행정규칙	47, 62, 214, 218
행정규칙의 법규로 전환	61
행정규칙적 고시	222
행정규칙 형식의 법규명령	224
행정 내부행위	248
행정명령	47, 190
행정벌	614, 680
행정법관계의 당사자	100
행정법독자성설	1005
행정법의 일반원칙	51
행정법의 효력	74
행정사법	29, 479
행정사법작용	98
행정상 강제	499
행정상 법률관계	96
행정상 법률요건	148
행정상 입법예고	531
행정선례법	48
행정소송제소기간	155
행정심판	18, 873
행정심판기록·제출 명령	920
행정심판위원회	879
행정심판청구기간	267
행정예고기간	532
행정요건적 신고	168
행정의 민주화	503
행정의 법률종속성	37
행정의 자동화작용	412
행정입법	189
행정입법부작위	211
행정입법예고절차	507
행정자동기계결정	412
행정작용법적 관계	97
행정작용설	991
행정재량	469
행정재판소	35
행정쟁송	114, 864
행정쟁송법	257

행정쟁송법상 확인	311
행정절차	726
행정절차 참가	265
행정정보공개제도	540
행정정보공개 조례	540
행정제도	35
행정제도국가	36
행정조사	658
행정주체	96
행정지도	453
행정지도 실명제	455
행정질서벌	694
행정처분	99
행정청 간의 협조와 응원	512
행정행위	246
행정행위발급청구권	129
행정행위의 부존재	341
행정형벌	686
허가 승계	884
허가의 효력범위	294
허가 자체의 존속기간	322
허가(許可)	287
헌법대위명령	191
헌법불합치결정	368
헌법상 기본권의 공권화	116
헌법원리	25
헌법재판소사무처장	880
헌법재판소장	969
혁신도시 최종입지 선정	942
현물보상	841
현장조사	670
혈액 채취	666
협력절차	340
협의	843
협의의 공정력설	107
형량명령	470
형벌권	115
형사벌	681
형사소송	394
형사판결	1003
형사피고인	745
형성력	408, 895, 905
형성소송	926
형성재결	945
형성적 결정(계획재량)	273
형성적 쟁송설	875
형성적 행위	301
형성판결	923
형성행위설	844
형식적 공권	127
형식적 당사자소송	727, 851, 1039
형식적 요건심사	169
형식적 의미의 취소	397
형식적 쟁송	864
형식적 표준	820
형식적 행정행위	258
형식적 확정력	108
형의 시효기간	150
혼인신고	162
혼합적 허가	291
화해의 권고	849
확약	68, 436, 530
확인	311
확인소송	926
확인의 소	1028
확인의 이익	1028
확인적 쟁송	875
확인행위설	844
확정기한	321
확정력(존속력)	353
확정절차	711
환경규제행정	28
환경영향평가 대상지역	117
환매권의 행사	98
환지처분	390, 464
회복하기 어려운 손해의 예방	994
효과의사표시	162
효과재량설	271
효력기간	220
효력요건	203, 228, 341, 466
효력정지신청	993
후불	842
후행처분	934
훈령	221
휴직근로자의 임금손실	832
희생보상청구권	853

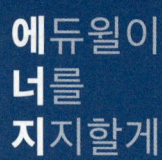

끝이 좋아야 시작이 빛난다.

– 마리아노 리베라(Mariano Rivera)

여러분의 작은 소리
에듀윌은 크게 듣겠습니다.

본 교재에 대한 여러분의 목소리를 들려주세요.
공부하시면서 어려웠던 점, 궁금한 점,
칭찬하고 싶은 점, 개선할 점, 어떤 것이라도 좋습니다.

에듀윌은 여러분께서 나누어 주신 의견을
통해 끊임없이 발전하고 있습니다.

에듀윌 도서몰 book.eduwill.net
- 부가학습자료 및 정오표: 에듀윌 도서몰 → 도서자료실
- 교재 문의: 에듀윌 도서몰 → 문의하기 → 교재(내용, 출간) / 주문 및 배송

2026 에듀윌 7·9급공무원 기본서 행정법총론

발 행 일	2025년 6월 16일 초판
편 저 자	김용철
펴 낸 이	양형남
펴 낸 곳	(주)에듀윌
I S B N	979-11-360-3768-8
등록번호	제25100-2002-000052호
주 소	08378 서울특별시 구로구 디지털로34길 55 코오롱싸이언스밸리 2차 3층

* 이 책의 무단 인용·전재·복제를 금합니다.

www.eduwill.net
대표전화 1600-6700